西洋人物
レファレンス事典

経済・産業篇

日外アソシエーツ

BIOGRAPHY INDEX

8,511 Occidental Persons
on the Economic and Industrial Fields
Appearing in 364 Volumes of
159 Biographical Dictionaries and Encyclopedias

Compiled by

Nichigai Associates, Inc.

©2017 by Nichigai Associates, Inc.

Printed in Japan

本書はディジタルデータでご利用いただくことが
できます。詳細はお問い合わせください。

●編集スタッフ● 城谷 浩／比良 雅治
装丁：赤田麻衣子

刊行にあたって

　本書は、古代から 19 世紀末までの西洋（ヨーロッパ、ロシア、南北アメリカ、オセアニア、アフリカ、中東、インド、中央アジアなど）の経済・産業分野の人物が、どの事典にどのような名前で掲載されているかが一覧できる総索引である。

　人物について調べようとするとき、事典類が調査の基本資料となる。しかし、人名事典、百科事典から専門事典まで、数多くの事典類の中から、特定の人物がどの事典のどこに掲載されているかを把握することは容易ではない。そうした人物調査に役立つ総索引ツールとして、小社では「人物レファレンス事典」シリーズを刊行してきた。外国人を対象とした「外国人物レファレンス事典」シリーズでは、索引対象の事典が多く、収録人名も膨大なため、「古代－19 世紀」「古代－19 世紀 第 II 期（1999-2009）」「20世紀」「20 世紀 第 II 期（2002-2010）」の 4 種を刊行している。それぞれ「欧文名」「漢字名」、五十音順で引く「索引」の 3 種で構成され、時代や地域に応じてご活用いただいているが、特定分野の人物を広範に調べるためには、4 種すべてを検索する必要があった。

　本書では、159 種 364 冊の事典から、商人・職人・実業家・経営者など、西洋の経済・産業に関わる人物を幅広く収録した。古代の商人・職人から、現代のグローバル企業の経営者まで、欧米、イスラム世界、インドなど、日本・東アジア・東南アジアを除く世界各国と多岐にわたる。人名見出しには、人物同定に必要な活動時期、地域、職業、経歴などを簡潔に示した。収録人数は 8,511 人におよび、西洋の経済・産業分野の人物を網羅的に収録した簡略な人名事典ともなっている。

　収録人物には、同一人物でも事典によってカタカナ表記が何種類もに分かれている例、生年・没年が資料によって異なる例なども多い。編集にあたっては、誤りのないよう努めたが、人物確認や記述に不十分な点もあるかと思われる。お気づきの点はご教示いただければ幸いである。

　本書が、西洋の経済・産業分野に関する人物調査の基本ツールとして、図書館・研究機関等で広く利用されることを期待したい。

　2017 年 8 月

日外アソシエーツ

凡　例

1．本書の内容

　　本書は、国内で刊行された人物事典、百科事典、歴史事典に掲載されている、西洋の経済・産業分野の人物の総索引である。アルファベットで表記された見出し人名のほか、その人物の活動年代（世紀）、地域・国名、職業・肩書、業績など、人物の特定に最低限必要なプロフィールを記載し、その人物が掲載されている事典、その事典での見出し表記、生没年を示した。

2．収録範囲と人数

(1) 159種364冊の事典に掲載されている、商人・職人・技術者・実業家・経営者など、古代から現代までの西洋の経済・産業に関わる人物を収録した。

(2) 収録対象事典の詳細は「収録事典一覧」に示した。

(3) 収録範囲は、ヨーロッパ、ロシア、南北アメリカ、オセアニア、アフリカ、中東、インド、中央アジアなど、日本・東アジア・東南アジアを除く世界各地域に及ぶ。

(4) 収録人数は8,511人、事典項目数はのべ38,419項目である。

3．記載事項

(1) 人名見出し（欧文名）

　　　ラテン・アルファベットによる欧文表記を見出しとし、同一人物は一項目にまとめた。欧文表記は、多くの事典に掲載されている一般的な綴りを採用した。

(2) 人物説明

　1) 活動年代　　活動年代が判明している人物は、人名見出しの末尾に〈　〉内にその年代を世紀で示した。

　2) プロフィール　　人物が活動した地域・国名、職業・肩書、業績、

代表作などを簡潔に記載した。

(3) 掲載事典

   1) その人物が掲載されている事典を ⇒ の後に略号で示した。

   2) 略号の後に、各事典における人名見出しおよび生没年を（　）内に示した。見出しは各事典における日本語表記（カタカナ）を示した。欧文表記を見出しに採用している事典は、欧文表記とそのカナ表記を示した。また、見出し形は各事典に記載された通りとしたが、姓名倒置の形式は「姓，名」に統一した。

   3) 生没年に複数の説がある場合は、／（スラッシュ）で区切って示した。

   4) 紀元前は生没年の先頭に「前」で示した。紀元後を示す「後」は、紀元前に生まれ紀元後に没した人物の没年のみに示した。

   5) 事典に生没年の記載がなく、活動年代、在位年などが記載されている場合は、年の前に（活動）（在位）のように示した。

4．排　列

(1) 人名見出しの姓の ABC 順、名の ABC 順に排列した。

(2) 冒頭の al-、as-、at-、il- 等の冠詞、Sir、Dame、Lord、Dr. 等の称号は排列上無視し、斜体で示した。またアクサンテギュなどのアクセント記号も無視した。

(3) Mc は Mac とみなして排列した。

(4) 排列順位が同一の人物は、おおむね活動年代順とした。

5．収録事典一覧

(1) 本書で索引対象にした事典の一覧を (7) 〜 (11) ページの「収録事典一覧」に示した。本文で使用した掲載事典の略号の後に、書名、出版社、刊行年月を記載した。

(2) 掲載順は略号の五十音順とした。

6．カタカナ表記索引

(1) 各事典の人名見出しに使われているすべてのカナ表記のうち、姓の部分を見出しとした。姓・名に分かれていないものは全体を見出しとした。漢字表記を持つ人名は姓名全体を見出しとし〈　〉内に漢字表記を示した。

(2) 排列は五十音順、同音の場合は拗促音の有無など表記ごとにまとめた。

(3) 本文の見出し（欧文表記）とその掲載ページを → に続けて示した。

収録事典一覧

略号	書 名	出版社	刊行年月
ア事	アフリカ系アメリカ人ハンディ事典	南雲堂フェニックス	2006.12
ア人	現代アメリカ人物カタログ	冬樹社	1982.9
アフ	アフリカを知る事典 新訂増補版	平凡社	1999.9
ア文	アメリカ文学作家作品事典	本の友社	1991.12
アメ	アメリカを知る事典 新訂増補	平凡社	2000.1
逸話	世界人物逸話大事典	角川書店	1996.6
イ哲	イギリス哲学・思想事典	研究社	2007.11
イ文	イギリス文学辞典	研究社	2004.1
岩ケ	岩波＝ケンブリッジ世界人名辞典	岩波書店	1997.12
岩世	岩波世界人名大辞典〈1,2〉	岩波書店	2013.12
岩哲	岩波哲学・思想事典	岩波書店	1998.3
英児	英米児童文学辞典	研究社	2001.4
英文	英語文学事典	ミネルヴァ書房	2007.4
英米	英米史辞典	研究社	2000.1
演劇	世界演劇事典	開文社出版	1999.4
演奏	演奏家大事典〈1,2〉	音楽鑑賞教育振興会	1982.7
旺世	旺文社 世界史事典 3訂版	旺文社	2000.10
オセ	オセアニアを知る事典 新訂増補版	平凡社	2000.3
オセ新	オセアニアを知る事典 新版	平凡社	2010.5
オ世	オックスフォード世界英語文学大事典	DHC	2000.9
オ西	オックスフォード西洋美術事典	講談社	1989.6
オペ	オックスフォードオペラ大事典	平凡社	1996.3
音楽	新音楽辞典 人名	音楽之友社	1982.10
音大	音楽大事典〈1〜5〉	平凡社	1981.10〜1983.12
海新	海外文学 新進作家事典	日外アソシエーツ	2016.6
外国	外国人名事典	平凡社	1954.12
海作4	最新海外作家事典 新訂第4版	日外アソシエーツ	2009.7
外女	外国映画人名事典 女優篇	キネマ旬報社	1995.6
外男	外国映画人名事典 男優篇	キネマ旬報社	1997.6
科学	科学・技術人名事典	北樹出版	1986.3
科技	科学技術人名事典	共立出版	1971.4

略号	書　名	出版社	刊行年月
科 史	科学史技術史事典	弘文堂	1983.3
科 人	科学者人名事典	丸善	1997.3
華 人	華僑・華人事典	弘文堂	2002.6
科 大	科学大辞典	丸善	1985.3
科大2	科学大辞典 第2版	丸善	2005.2
角 世	角川世界史辞典	角川書店	2001.10
看 護	看護人名辞典	医学書院	1968.12
監 督	世界映画人名事典 監督(外国)編	キネマ旬報社	1975.12
教 育	教育人名辞典	理想社	1962.2
教 皇	ローマ教皇事典	三交社	2000.8
キ リ	キリスト教人名辞典	日本基督教団出版局	1986.2
ギ リ	古代ギリシア人名事典	原書房	1994.11
ギ ロ	古代ギリシア・ローマ人物地名事典	彩流社	2008.11
ク ラ	クラシック音楽事典	平凡社	2001.7
経 済	経済思想史辞典	丸善	2000.6
芸 術	世界芸術家辞典	順天出版	2006.7
現 ア	現代アメリカ人物カルチャー事典	丸善	2001.11
現 演	現代演奏家事典	修道社	1956.5
現 人	現代人物事典	朝日新聞社	1977.3
幻 想	世界幻想作家事典	国書刊行会	1979.9
建 築	建築家人名事典 西洋歴史建築篇	三交社	1997.6
幻 文	幻想文学大事典	国書刊行会	1999.2
広辞4	広辞苑 第4版	岩波書店	1991.11
広辞5	広辞苑 第5版	岩波書店	1998.11
広辞6	広辞苑 第6版	岩波書店	2008.1
皇 帝	世界皇帝人名辞典	東京堂出版	1977.9
黒 作	黒人作家事典	鷹書房弓プレス	1996.12
国 史	国史大辞典〈1〜15〉	吉川弘文館	1979.3〜1997.4
国 小	ブリタニカ国際大百科事典 小項目事典〈1〜6〉	TBSブリタニカ	1972.9〜1974.12
国 百	ブリタニカ国際大百科事典〈1〜20〉	TBSブリタニカ	1972.5〜1975.8
子 本	子どもの本の事典	第一法規出版	1969.12
世 ス	最新 世界スポーツ人名事典	日外アソシエーツ	2014.1
コン2	コンサイス外国人名事典 改訂版	三省堂	1990.4
コン3	コンサイス外国人名事典 第3版	三省堂	1999.4
最 世	最新ニュースがわかる世界人名事典	学習研究社	2003.2

略号	書名	出版社	刊行年月
作曲	クラシック作曲家事典	学習研究社	2007.11
児イ	児童文学者人名事典 外国人イラストレーター編	出版文化研究会	1998.2
児作	児童文学者人名事典 外国人作家編	出版文化研究会	2000.3
思想	20世紀思想家事典	誠信書房	2001.10
実ク	実用・音楽人名事典 クラシック／洋楽編	ドレミ楽譜出版社	2009.5
児童	児童文学辞典	東京堂出版	1970.3
児文	児童文学事典	東京書籍	1988.4
ジャ	世界ジャズ人名辞典 1981年版	スイングジャーナル社	1981.5
集世	集英社世界文学事典	集英社	2002.2
集文	集英社世界文学大事典〈1～4〉	集英社	1996.10～1998.1
女作	アメリカ女性作家小事典	雄松堂出版	1993.8
新美	新潮世界美術辞典	新潮社	1985.2
人物	世界人物事典	旺文社	1967.11
数学	世界数学者人名事典	大竹出版	1996.11
数学増	世界数学者人名事典 増補版	大竹出版	2004.4
スパ	スーパーレディ 1009〈上，下〉	工作舎	1977.11～1978.1
ス文	スペイン文化事典	丸善	2011.1
スペ	スペイン・ポルトガルを知る事典 新訂増補版	平凡社	2001.10
西騎	西洋騎士道事典 新版	原書房	2002.9
聖書	聖書人名事典 新装版	教文館	2005.7
聖人	聖人事典	三交社	1998.6
西洋	岩波西洋人名辞典 増補版	岩波書店	1981.12
世映	世界映画大事典	日本図書センター	2008.6
世科	世界科学者事典〈1～6〉	原書房	1985.12～1987.12
世芸	世界芸術家辞典 2010年改訂版	エム・エフ・ジー	2010.5
世児	オックスフォード世界児童文学百科	原書房	1999.2
世宗	世界宗教用語大事典 コンパクト版 2007〈上，下〉	新人物往来社	2007.9
世女	世界女性人名大辞典 マクミラン版	国書刊行会	2005.1
世女日	世界女性人名事典―歴史の中の女性たち	日外アソシエーツ	2004.10
世人	世界史のための人名辞典 増補版	山川出版社	2006.4
世ス	世界スポーツ人名事典	日外アソシエーツ	2004.12
世政	世界政治家人名事典 20世紀以降	日外アソシエーツ	2006.4
世西	世界人名辞典 西洋編 新版 増補版	東京堂出版	1993.9
世東	世界人名辞典 東洋編 新版 増補版	東京堂出版	1994.7
世俳	世界映画人名辞典 俳優篇〈1～6〉	科学書院	2007.2

略号	書　名	出版社	刊行年月
世 美	世界美術大事典〈1〜6〉	小学館	1988.12〜1990.3
世 百	世界大百科事典〈1〜23〉	平凡社	1964.7〜1967.11
世百新	世界大百科事典 改訂新版〈1〜30〉	平凡社	2007.9
世 文	新潮世界文学辞典 増補改訂	新潮社	1990.4
全 書	日本大百科全書〈1〜24〉	小学館	1984.11〜1988.11
体 育	体育人名辞典	逍遙書院	1970.3
対 外	対外関係史辞典	吉川弘文館	2009.2
大 辞	大辞林	三省堂	1988.11
大辞2	大辞林 第2版	三省堂	1995.11
大辞3	大辞林 第3版	三省堂	2006.10
大 百	大日本百科事典〈1〜23〉	小学館	1967.11〜1971.9
探検1	世界探検家事典 1 古代〜18世紀	日外アソシエーツ	1997.11
探検2	世界探検家事典 2 19・20世紀	日外アソシエーツ	1997.11
中 国	中国史人名辞典	新人物往来社	1984.5
中 史	中国歴史文化事典	新潮社	1998.2
中 東	中東人名事典	中東調査会	1979.3
中 ユ	中央ユーラシアを知る事典	平凡社	2005.4
朝 人	朝鮮人物辞典	大和書房	1995.5
朝 鮮	朝鮮を知る事典 新訂増補版	平凡社	2000.11
デ ス	大事典 desk	講談社	1983.5
伝 世	世界伝記大事典 世界編〈1〜12〉	ほるぷ出版	1980.12〜1981.6
天 文	天文学人名辞典	恒星社厚生閣	1983.3
東 欧	東欧を知る事典 新訂増補版	平凡社	2001.3
統 治	世界歴代統治者名辞典 紀元前3000〜現代	東洋書林	2001.10
ナ チ	ナチス時代ドイツ人名事典	東洋書林	2002.10
ナ ビ	大事典 NAVIX	講談社	1997.11
南 ア	南アジアを知る事典 新訂増補版	平凡社	2002.4
二 十	20世紀西洋人名事典〈上, 下〉	日外アソシエーツ	1995.2
二十英	20世紀英語文学辞典	研究社	2005.11
日 研	ジャパンスタディ「日本研究」人物事典	日外アソシエーツ	2008.3
日 人	講談社日本人名大辞典	講談社	2001.12
ノ 物	ノーベル賞受賞者人物事典 物理学賞・科学賞	東京書籍	2010.12
ノ ベ	ノーベル賞受賞者業績事典 新訂版	日外アソシエーツ	2003.7
ノベ3	ノーベル賞受賞者業績事典 新訂第3版	日外アソシエーツ	2013.1
俳 優	世界映画人名事典 男女優編	キネマ旬報社	1974.12

略 号	書 名	出版社	刊行年月
バ レ	オックスフォードバレエダンス事典	平凡社	2010.5
東 ア	東南アジアを知る事典 新版	平凡社	2008.6
美 術	現代美術家事典	美術出版社	1970
ヒ 人	ヒップホップ人名事典	音楽之友社	2003.12
百 科	大百科事典〈1〜15〉	平凡社	1984.11〜1985.6
標 音	標準音楽人名事典 クラシック／洋楽編	ドレミ楽譜出版社	2001.11
評 世	世界史事典 新版	評論社	2001.2
ミ ハ	世界ミステリ作家事典 ハードボイルド・警察小説・サスペンス篇	国書刊行会	2003.12
ミ 本	世界ミステリ作家事典 本格派篇	国書刊行会	1998.1
名 詩	世界名詩鑑賞辞典	東京堂出版	1969.12
名 著	世界名著大事典 8 著者編	平凡社	1962.4
メ ジ	メジャー・リーグ人名事典	彩流社	2002.7
山 世	山川世界史小辞典 改訂新版	山川出版社	2004.1
ユ 人	ユダヤ人名事典	東京堂出版	2010.12
洋 ヒ	洋楽ヒットチャート大事典 チャート・歴史・人名辞典	小学館	2009.2
来 日	来日西洋人名事典 増補改訂普及版	日外アソシエーツ	1995.1
ラ テ	ラテン・アメリカを知る事典 新訂増補版	平凡社	1999.12
ラ ル	ラルース世界音楽人名事典	福武書店	1989.11
歴 学	歴史学事典 第5巻 歴史家とその作品	弘文堂	1997.10
歴 史	世界歴史大事典 スタンダード版〈1〜20〉	教育出版センター	1995.9
ロ シ	ロシアを知る事典 新版	平凡社	2004.1
ロ 人	ロック人名事典	音楽之友社	2004.7
ロ マ	古代ローマ人名事典	原書房	1994.7

西洋人物レファレンス事典

経済・産業篇

【 A 】

Aalto, Aino 〈19・20世紀〉
フィンランドの女性建築家, 工芸デザイナー, 写真家。アルヴァル・アールトの妻。「日常生活こそデザインされなければならない」の考えのもとに, 家具・ガラス食器などを製作した。
⇒世女日 (アールト, アイノ　?-1949)

Aalto, Hugo Alvar Henrik 〈20世紀〉
フィンランドの建築家, デザイナー, 都市設計家。パイミオの結核療養所の建築, ヘルシンキの文化の家 (1955〜58) が代表作品。
⇒岩ケ (アールト, (フーゴ・ヘンリック・) アルヴァル　1898-1976)
　岩世 (アールト　1898.2.3-1976.5.11)
　オ西 (アアルト, アルヴァ　1898-1976)
　現人 (アールト　1898.2.3-1976.5.11)
　国小 (アールト　1898-1976.5.11)
　国百 (アールト, アルバー　1898.2.3-1976)
　新美 (アールト, アルヴァー　1898.2.3-1976.5.11)
　人物 (アールト　1898.2.3-1949)
　西洋 (アールトー　1898.2.3-1976)
　世美 (アールト, フーゴー・アルヴァー・ヘンリック　1898-1976)
　世百 (アールト　1898-)
　世百新 (アールトー　1898-1976)
　全書 (アールト　1898-1976)
　大辞2 (アールト　1898-1976)
　大辞3 (アールト　1898-1976)
　大百 (アールト　1898-1976)
　伝世 (アアルト　1898.2.3-1976.5.11)
　ナビ (アールト　1898-1976)
　二十 (アールト, アルヴァー　1898.2.3-1976.5.11)
　百科 (アールトー　1898-1976)

Aarnio, Eero 〈20世紀〉
フィンランドの家具, インダストリアル・デザイナー。
⇒岩世 (アールニオ　1932.7.21-)

Aaronsohn, Aaron 〈19・20世紀〉
ニリ・スパイグループの組織者, 農業技術者。
⇒ユ人 (アロンソン, アロン　1876-1919)

Abadie, Paul 〈19世紀〉
フランスの建築家。
⇒岩世 (アバディ　1812.12.10-1884.8.2)
　新美 (アバディ, ポール　1812.11.9-1884.8.3)
　世美 (アバディ, ポール　1812-1884)

Abalioglu, Nadir Nadi 〈20世紀〉
トルコのジャーナリスト。ジュムフリエット紙社主。
⇒中東 (アバルーオールー　1909-)

Abalkin, Leonid Ivanovich 〈20世紀〉
ロシアの経済学者。
⇒岩ケ (アバルキン, レオニード・イヴァノヴィチ　1930-)
　ロシ (アバルキン　1930-)

Abbadi, Beshir Ahmad 〈20世紀〉
スーダンの政治家, 科学者。鉄道, 航空などスーダンの運輸事業の整備発展に尽力。スーダン科学界の大御所でもある。
⇒中東 (アバディ　1936-)

al-‘**Abbās b.**‘**Abdu'l-Muṭṭalib** 〈6・7世紀〉
アラビアの商人。預言者マホメットの叔父。
⇒角世 (アッバース　565?-653)
　西洋 (アル・アッバース　579頃-653頃)
　世人 (アッバース, アル　579頃-653頃)
　世東 (アッバース　?-653)

Abbe, Cleveland 〈19・20世紀〉
アメリカの気象学者。ヨーロッパにおける気象学の諸論文を編集して『大気力学』(3巻, 1877〜1910) を刊行した。また, プリズム望遠鏡の発明がある (1895)。
⇒岩ケ (アッベ, クリーヴランド　1838-1916)
　岩世 (アッベ　1838.12.3-1916.10.28)
　外国 (アッビ　1838-1916)
　科学 (アッベ　1838.12.3-1916.10.28)
　科技 (アッベ　1838.12.3-1916.10.28)
　科人 (アッベ, クリーヴランド　1838.12.3-1916.10.28)
　コン2 (アッベ　1838-1916)
　コン3 (アッベ　1838-1916)
　人物 (アッベ　1838.12.3-1916.10.28)
　西洋 (アッベ　1838.12.3-1916.10.28)
　世西 (アッベ　1838.12.3-1916.10.28)
　全書 (アッベ　1838-1916)
　大百 (アッベ　1838-1916)
　二十 (アッベ, C.　1838.12.3-1916.10.28)

Abbe, Ernst Karl 〈19・20世紀〉
ドイツの物理学者。天文台長兼気象台長, カール・ツァイス社の会長。
⇒岩ケ (アッベ, エルンスト　1840-1905)
　外国 (アッベ　1840-1905)
　科学 (アッベ　1840.1.23-1905.1.14)
　科史 (アッベ　1840-1905)
　科人 (アッベ, エルンスト　1840.1.23-1905.1.14)
　広辞5 (アッベ　1840-1905)
　広辞6 (アッベ　1840-1905)

国小（アッベ　1840.1.23–1905.1.14）
コン**2**（アッベ　1840–1905）
コン**3**（アッベ　1840–1905）
人物（アッベ　1840.1.23–1905.1.14）
数学（アッベ　1840.1.23–1905.1.14）
数学増（アッベ　1840.1.23–1905.1.14）
西洋（アッベ　1840.1.23–1905.1.14）
世科（アッベ　1840–1905）
世西（アッベ　1840.1.27–1905.1.14）
世百（アッベ　1840–1905）
全書（アッベ　1840–1905）
大辞（アッベ　1840–1905）
大辞**2**（アッベ　1840–1905）
大辞**3**（アッベ　1840–1905）
大百（アッベ　1840–1905）
デス（アッベ　1840–1905）
伝世（アッベ　1840.1.23–1905.1.14）
天文（アッベ　1840–1905）
ナビ（アッベ　1840–1905）
百科（アッベ　1840–1905）

Abbey, Richard 〈19・20世紀〉

イギリスの電信技師。来日し，工部省電信寮技師となる。

⇒日人（アベイ　1841–1913）
　来日（アベイ　1841–1913）

Abbott, Douglas C. 〈20世紀〉

カナダの政治家。1940年下院議員となり，45年国防次官，国防相を経て，46年蔵相となる。54年に，最高裁に転任。

⇒二十（アボット，D.　1899–?）

Abbott, Edgar 〈19世紀〉

イギリスの実業家。ジャパン・ブリワリー・カンパニー（キリンビールの前身）の創立に参加。

⇒日人（アボット　1850?–1890）
　来日（アボット　1850?–1890.7）

Abbott, Edith 〈19・20世紀〉

アメリカの経済学者。

⇒世女（アボット，イーディス　1876–1957）
　世女日（アボット，イーディス　1876–1957）

Abbott, George 〈19・20世紀〉

アメリカの演出家，プロデューサー，劇作家。『1頭の馬に3人の男』（1935）。『パジャマ・ゲーム』（54），『くたばれヤンキース』（55）などがある。64年自伝『ミスター・アボット』を出版。

⇒岩ケ（アボット，ジョージ　1887–1995）
　岩世（アボット　1887.6.25–1995.1.31）
　英文（アボット，ジョージ　1887–1995）
　演劇（アボット，ジョージ　1887–1995）
　国小（アボット　1887.6.25–）
　集文（アボット，ジョージ　1887.6.25–1995.1.31）
　世百（アボット　1889–）

世百新（アボット　1887–1995）
二十（アボット，ジョージ　1887.6.25–?）
二十英（Abbott, George（Francis）　1887–1995）
百科（アボット　1887–）

Abdoh, Jalal 〈20世紀〉

イランの外交官。1971年からイラン銀行協会会長，イラン国連協会会長。

⇒中東（アブドー　1909–）

'Abd al-Rahmān Khān 〈13世紀〉

モンゴルのイスラム教徒商人。蒙古帝国第2皇帝太宗に任え，1239年帝国東半部の財政を一手に握った。

⇒国小（アブドゥル・ラフマーン〔奥都剌合蛮〕?–1246）
　世東（アブドゥル・ラフマーン〔奥都剌合蛮〕?–1246）
　百科（アブドゥル・ラーマン　?–1246）

'Abdu'l-'Azīm 〈9世紀〉

イスラム伝承学者，商人，聖者。

⇒西洋（アブドゥル・アズィーム　?–861頃）

Abdul-Ghani, Abdul-Aziz 〈20世紀〉

イエメンの政治家，財政家。ハマディ政権下で1975年首相に就任。

⇒世政（アブドルガニ，アブドルアジズ　1939.7.4–）
　中東（アブドル・ガーニー　1939–）

Abdul-Wali, Abdul-Aziz 〈20世紀〉

南イエメンの政治家。1975年から工業相，経済計画相代行兼務。

⇒中東（アブデル・ワリー　1945–）

Abegglen, James 〈20世紀〉

アメリカの社会学者。文化人類学的立場から日本の工場の社会組織を研究。

⇒国小（アベグレン　1926.2.15–）
　ナビ（アベグレン　1926–）
　二十（アベグレン，ジェイムズ・クリスチャン　1926–）

Abel, Adolf 〈19・20世紀〉

ドイツの建築家。

⇒岩世（アーベル　1882.11.27–1968.11.3）
　西洋（アーベル　1882.11.27–1968.11.3）

Abel, *Sir* Frederick Augustus 〈19・20世紀〉

イギリスの化学者。火薬の研究，鋼の製造の権威でデューアーと共にコルダイトを発明して，無煙火薬製造の途をひらいた。

⇒岩ケ（エイベル，サー・フレデリック（・オーガス

タス） 1827–1902）
科学（アーベル 1827.7.17–1902.9.6）
科技（エーベル 1827.7.17–1902.9.6）
科人（エイベル, サー・フレデリック・オーガス
タス 1827.7.17–1902.9.6）
西洋（アーベル 1827.7.17–1902.9.6）
世百（アーベル 1827–1902）

Abel, Wilhelm 〈20世紀〉
ドイツの経済史家。とくに農業史, 農業政策を
専攻。
⇒名著（アーベル 1904–）

Abeles, *Sir* (Emil Herbert) Peter
〈20世紀〉
オーストラリアの実業家。
⇒岩ケ（エイブルズ, サー・(イーミル・ハーバー
ト・)ピーター 1924–）

Abercrombie, *Sir* Leslie Patrick
〈19・20世紀〉
イギリスの建築家, 都市計画家。
⇒岩ケ（アバクロンビー, サー・(レズリー・)パト
リック 1879–1957）
岩世（アバクロンビ 1879.6.6–1957.3.23）
才西（アーバークロンビー, パトリック 1879–
1957）
西洋（アバクロンビ 1879–1957.3.23）
世美（アバークロンビー, パトリック 1879–
1957）

Aboltin, V.Ya 〈20世紀〉
ソ連邦の経済学者。ユナイテッド・ネーショ
ン・アソシエーションの学長。主著 “The
Struggle for the Pacific Ocean”。
⇒二十（アボルチン, V. 1899–?）

Abramovich, Roman Arkad'evich
〈20世紀〉
ロシアの企業家, 政治家, チュクチ自治管区
知事。
⇒ロシ（アブラモヴィチ 1966–）

Abramovitz, Max 〈20世紀〉
アメリカの建築家。
⇒世美（アブラーモヴィッツ, マックス 1908–）

Abs, Hermann J. 〈20世紀〉
ドイツ連邦共和国の銀行家。アデナウアー政権
のブレーンとして, 基礎産業への融資を目ざし
た「投資援助法」を制定させるなど, 西ドイツ
経済の「奇跡の復興」に貢献した。
⇒岩世（アプス 1901.10.15–1994.2.5）
現人（アプス 1901.10.15–）
ナチ（アプス, ヘルマン 1901–1994）
二十（アプス, ヘルマン 1901.10.15–1994.2.5）

Abū Ṭāhir
ペルシアの陶工一族の祖。
⇒岩世（アブー・ターヒル）

Abū Zayd Sayyid Shams *al*-Dīn *al*-Hasanī 〈12・13世紀〉
12世紀末から13世紀初頭のペルシアの陶工。
⇒岩世（アブー・ザイド）

Acheson, Edward Goodrich 〈19・20世紀〉
アメリカの化学者, 発明家。電気炉を改良して,
カーボランダムを作る方法を発明, 更に石墨を
主剤としたオイルダグ, アクアダグ, グレダグ
等のコロイド状耐熱潤滑剤を発明した。
⇒岩ケ（アチソン, エドワード・グッドリッチ
1856–1931）
岩世（アチソン 1856.3.9–1931.7.6）
外国（アチソン 1856–1931）
科学（アチソン 1856.3.9–1931.7.6）
科技（アチソン 1856.3.9–1931.7.6）
コン2（アチソン 1856–1931）
コン3（アチソン 1856–1931）
人物（アチソン 1856.3.9–1931.7.6）
西洋（アチソン 1856.3.9–1931.7.6）
世西（アチソン 1856.3.9–1931.7.6）
世百（アチソン 1856–1931）
全書（アチソン 1856–1931）
大辞（アチソン 1856–1931）
大辞2（アチソン 1856–1931）
大辞3（アチソン 1856–1931）
大百（アチソン 1856–1931）
二十（アチソン, E.G. 1856.3.9–1931.7.6）
百科（アチソン 1856–1931）

Achternbusch, Herbert 〈20世紀〉
ドイツ生まれの映画監督, 映画脚本家, 映画製
作者, 男優。
⇒岩世（アハテルンブッシュ 1938.11.23–）
集世（アハテルンブッシュ, ヘルベルト 1938.
11.23–）
集文（アハテルンブッシュ, ヘルベルト 1938.
11.23–）
世映（アハテルンブッシュ, ヘルベルト 1938–）
世俳（アハテルンブッシュ, ヘルベルト 1938.
11.23–）

Ackerman, William 〈20世紀〉
ドイツ生まれの音楽家, 実業家。ウインダムヒ
ルレコード会社会長。代表作『パッセージ』
『月に向かって』など。
⇒二十（アッカーマン, ウイリアム 1949–）

Ackermann, Rudolph 〈18・19世紀〉
ドイツの美術出版業者。
⇒岩ケ（アッカーマン, ルドルフ 1764–1834）

Ackley, Gardner 〈20世紀〉

アメリカの経済学者。専門はインフレ, 物価問題。1964～68年大統領経済諮問委員長。
⇒国小 (アクリー 1915.6.30-)
　世西 (アクリー 1915-)
　二十 (アクリー, ガードナー 1915-)

Ackoff, Russell L. 〈20世紀〉

アメリカの工業経営学者。主著『オペレーションズ・リサーチ序説』(共著)。
⇒数学 (アコフ 1919.2.12-)
　数学増 (アコフ 1919.2.12-)
　名著 (アコフ 生没年不詳)

Acres, Birt 〈19・20世紀〉

アメリカ生まれの発明家, 映画撮影監督。
⇒世映 (エイカーズ, バート 1854-1918)

Acuña, Pedro Bravo de 〈16・17世紀〉

スペインの貿易家。フィリピン群島長官。徳川家康に書簡や贈物を呈し, 国交貿易を復活し, 寺沢広高や, 島津義弘とも書簡を往復した。
⇒岩世 (アクーニャ ?-1606.6.24)
　西洋 (アクニャ ?-1606.6.24)

Acuña de Figueroa, Francisco 〈18・19世紀〉

ウルグアイの詩人。財政担当官, 図書館長, 博物館長を歴任。「詩集」(1857)。
⇒コン2 (アクーニャ・デ・フィゲロア 1791-1862)
　コン3 (アクーニャ・デ・フィゲロア 1791-1862)

Adair, James 〈18世紀〉

インディアンとの交易商。著書『アメリカ・インディアン史』(1775)は史料として重要。
⇒岩世 (アデア 1709頃-1783)
　国小 (アデーア 1709-1783)
　西洋 (アデール 1709頃-1783)

Adair, John 〈17・18世紀〉

スコットランドの測量士, 地図製作者。
⇒岩ケ (アデア, ジョン 1655頃-1722頃)

Adak, Fehim 〈20世紀〉

トルコの土木技師, 政治家。1977年7～12月デミレル連立内閣で農相。
⇒中東 (アダック 1931-)

Adam, James John 〈18世紀〉

イギリスの建築家, 室内装飾家。兄ロバートの協力者として活躍。
⇒国小 (アダム, ジェームズ 1730-1794)
　新美 (アダム, ジェームズ 1734-1794.10.20)

世美 (アダム, ジェイムズ 1732-1794)
伝世 (アダム, ジェームズ 1730.7.21-1794.10.20)
百科 (アダム, ジェームス 1732-1794)

Adam, John 〈18世紀〉

イギリスの建築家。
⇒新美 (アダム, ジョン)
　世美 (アダム, ジョン 1721-1792)

Adam, Robert 〈18世紀〉

イギリスの古典主義建築家, 装飾家, 家具デザイナー。新古典主義様式の復活を導いた。
⇒イ文 (Adam, Robert 1728-1792)
　岩ケ (アダム, ロバート 1728-1792)
　岩世 (アダム 1728.7.3-1792.3.3)
　英米 (Adam, Robert アダム 1728-1792)
　外国 (アダム 1728-1792)
　建築 (アダム, ロバート 1728-1792)
　国小 (アダム, ロバート 1728-1792)
　国百 (アダム, ロバート 1728.7.3-1792.3.3)
　コン2 (アダム 1728-1792)
　コン3 (アダム 1728-1792)
　新美 (アダム, ロバート 1728.7.3-1792.3.3)
　西洋 (アダム 1728-1792.3.3)
　世美 (アダム, ロバート 1728-1792)
　世百 (アダム, ロバート 1728-1792)
　全書 (アダム 1728-1792)
　伝世 (アダム, ロバート 1728.7.3-1792.3.3)
　百科 (アダム, ロバート 1728-1792)

Adam, William 〈17・18世紀〉

イギリスの建築家。
⇒新美 (アダム, ウィリアム)
　世美 (アダム, ウィリアム 1689-1748)

Adamo di Arogno 〈13世紀〉

イタリアの建築家。
⇒世美 (アダーモ・ディ・アローニョ (活動)13世紀前半)

Adams, Henry Carter 〈19・20世紀〉

アメリカの経済学者。イーリとともにアメリカにおける歴史学派の代表者。鉄道適正料金の算定方式を確立したことは彼の大きな功績である。
⇒岩世 (アダムズ 1851.12.31-1921.8.11)
　経済 (アダムズ 1851-1921)
　人物 (アダムズ 1852.12.31-1921.8.11)
　西洋 (アダムズ 1852.12.31-1921.8.11)
　世西 (アダムズ 1852.12.31-1921.8.11)

Adams, Thomas Sewall 〈19・20世紀〉

アメリカ生まれの経済思想学者。
⇒経済 (アダムズ 1873-1933)

経済・産業篇　　　　　　7　　　　　　**adler**

Adams, Truda 〈19・20世紀〉
イギリスの陶芸家。
⇒世女日（アダムス，トルダ　1890–1958）

Adams, William 〈16・17世紀〉
イギリスの通商家。日本に来た最初のイギリス
人。オランダ東方貿易会社の一員として航海中
に豊後に漂着。徳川家康に外交顧問として仕
え，通商に尽力。相模三浦郡に所領を与えられ，
日本名を三浦按針とした。
⇒岩ケ（アダムス，ウィリアム　1564–1620）
　岩世（アダムズ　1564–1620.5.16（26））
　外国（アダムズ　1564–1620）
　科学（アダムズ　1564.9.24–1620.5.16）
　科史（アダムズ　1564?–1620）
　教育（ミウラアンジン　1564–1620）
　キリ（ミウラ・アンジン（三浦按針）　1564.9.24–
　　　1620.5.26（元和6.4.24））
　広辞4（アダムズ　1564–1620）
　広辞6（アダムズ　1564–1620）
　国史（アダムス　1564–1620）
　国小（アダムズ　1564.9.24頃–1620.4.24）
　国百（アダムズ，ウィリアム　1564.9.24洗礼–
　　　1620.4.24）
　コン2（アダムズ　1564–1620）
　コン3（アダムズ　1564–1620）
　人物（アダムズ　1564–1620.5.16/26?）
　西洋（アダムズ　1564–1620.5.16/26）
　世西（アダムズ　1564–1620.5.16）
　世百（アダムズ　1564–1620）
　全書（三浦 按針　みうら あんじん　1564–1620）
　対外（アダムズ　1564–1620）
　大辞（アダムズ　1564–1620）
　大辞3（アダムズ　1564–1620）
　大百（三浦按針　ミウラ・アンジン　1564–1620）
　デス（アダムズ　1564–1620）
　日人（三浦按針　みうら あんじん　1564–1620）
　百科（アダムズ　1564–1620）
　来日（アダムズ　1564.9.24–1620.4.24）
　歴史（ウィリアム＝アダムス）

Adams, William Bridges 〈18・19世紀〉
イギリスの技師，発明家。
⇒岩ケ（アダムズ，ウィリアム（・ブリッジズ）
　　　1797–1872）

Ader, Clément 〈19・20世紀〉
フランスの技師，航空機製作の先駆者。
⇒岩ケ（アデール，クレマン　1841–1926）

Adleman, Leonard Max 〈20世紀〉
アメリカのコンピューター科学者，暗号学者。
⇒岩世（エイドルマン　1945.12.31–）

Adler, Dankmar 〈19世紀〉
アメリカの建築家。ドイツに生まれ1854年渡
米。シカゴの音楽堂（1887～89）が主作品。
⇒国小（アドラー　1844–1900）
　西洋（アードラー　1844–1900）
　世美（アドラー，ダンクマー　1844–1900）

Adler, Elmer 〈19・20世紀〉
アメリカの印刷者，出版者，編集者。
⇒二十英（Adler, Elmer　1884–1962）

Adler, Friedrich 〈19・20世紀〉
ドイツの建築家，考古学者。ベルリンのトマス
教会その他を設計。クルティウスらと共にオ
リュンピアを発掘（1975～81）。
⇒コン2（アードラー　1827–1908）
　コン3（アードラー　1827–1908）
　西洋（アードラー　1827.10.15–1908.9.15）

Adler, Georg 〈19・20世紀〉
ドイツの社会経済学者，社会主義史家。マルク
スの鋭利な批評家で，国際労働法の提唱者。
⇒岩世（アードラー　1863.5.28–1908.6.11）
　コン2（アードラー　1863–1908）
　コン3（アードラー　1863–1908）
　人物（アドラー　1863.5.28–1908.6.11）
　西洋（アードラー　1863.5.28–1908.6.11）
　世西（アドラー　1863.5.28–1908.6.11）

Adler, Lou 〈20世紀〉
アメリカの音楽プロデューサー。
⇒口人（アドラー，ルー　1933–）

Adler, Max 〈19・20世紀〉
オーストリアの社会民主主義者。オーストリ
ア・マルクス主義の理論家。カント思想を基に
マルクス主義を科学として位置づけ，金融資本
理論，私的所有理論に影響を与えた。主著『思
想家としてのマルクス』（1908）。
⇒岩世（アードラー　1873.1.15–1937.6.28）
　岩哲（アドラー, M.　1873–1937）
　外国（アドラー　1873–）
　経済（アドラー　1873–1937）
　国小（アドラー　1873–1952）
　コン2（アードラー　1873–1937）
　コン3（アードラー　1873–1937）
　人物（アドラー　1873.1.15–）
　西洋（アードラー　1873.1.15–1937.6.28）
　世西（アドラー　1873.1.15–）
　世百（アドラー　1873–1937）
　全書（アドラー　1873–1937）
　二十（アードラー，マックス　1873–1937）
　百科（アードラー　1873–1937）
　名著（アドラー　1873–1937）

Adler, Polly 〈20世紀〉
アメリカの実業家。
⇒世女日（アドラー，ポリー　1899–1962）

Adler, Victor 〈19・20世紀〉
プラハ生まれの経済思想学者。
⇒岩世（アードラー　1852.6.24–1918.11.12)
　角世（アードラー　1852–1918)
　経済（アドラー　1852–1918)
　世政（アドラー，ヴィクター　1852.6.24–1918.
　　11.11)
　山世（アードラー　1852–1918)
　ユ人（アドラー，ヴィクトル　1852–1918)

Adlon, Percy 〈20世紀〉
ドイツ生まれの映画監督，映画脚本家，映画製
作者。
⇒世映（アードロン，パーシー　1935–)

Adrià, Ferran 〈20・21世紀〉
スペインの料理人，レストラン経営者。
⇒岩世（アドリア　1962.5.14–)

Adrian 〈20世紀〉
アメリカ生まれの映画衣裳デザイナー。
⇒世映（エイドリアン　1903–1959)

Adsani, Mahmoud 〈20世紀〉
クウェートの石油技術者。クウェートの石油分
野での第1人者で，著書には『オイル・オブ・ク
ウェート』など。
⇒中東（アドサーニー　1934–)

Aereboe, Friedrich 〈19・20世紀〉
ドイツの農業経営学者。主著『農業経営学総
論』(1917)で，農業経営のいわゆる有機体説の
理論を確立し，日本の学界にも甚大の影響を及
ぼした。
⇒岩世（エーレボー　1865.7.23–1942.8.2)
　西洋（エーレボー　1865.7.23–1942.8.2)
　世西（エーレベ　1865.7.23–1942.8.2)
　二十（アーレボー，フレンドリッチ　1865–1942)
　百科（アーレボー　1865–1942)
　名著（エーレボー　1865–1943)

Aftalion, Albert 〈19・20世紀〉
フランスの経済学者。景気変動論の権威として
知られ，消費財生産における変化が生産財生産
の面に拡大して反映されるという原理を強く主
張した。
⇒西洋（アフタリオン　1874–1939)
　世百（アフタリヨン　1874–1956)
　全書（アフタリヨン　1874–1956)
　大百（アフタリヨン　1874–1956)
　デス（アフタリオン　1874–1956)
　二十（アフタリオン，アルバート　1874–1956)
　名著（アフタリオン　1874–1939)

Aftalion, Robert 〈19・20世紀〉
ブルガリア生まれの経済思想学者。

⇒経済（アフタリオン　1874–1956)

Aganbegyan, Abel Gezevich 〈20世
紀〉
ロシアの経済学者，アカデミー会員。
⇒岩ケ（アガンベギャン，アベル　1932–)
　岩世（アガンベギャン　1932.10.8–)
　コン3（アガンベギャン　1932–)
　二十（アガンベギャン，アベル　1932.10.8–)
　ロシ（アガンベギャン　1932–)

**Agassiz, Alexander Emmanuel
Rodolphe** 〈19・20世紀〉
アメリカの実業家，海洋学者，自然科学者。ア
メリカ海洋学の先駆者。銅山の経営に成功し，
研究に多額の出資を行った。
⇒岩ケ（アガシ，アレグザンダー（・エマニュエル・
　　ロドルフ）　1835–1910)
　科学（アガシ　1835.12.17–1910.3.27)
　科史（アガシ　1835–1910)
　国小（アガシー　1835–1910)
　コン2（アガシ　1835–1910)
　コン3（アガシ　1835–1910)
　西洋（アガシ　1835.12.17–1910.3.27)
　世百（アガシ　1835–1910)
　全書（アガシー　1835–1910)
　大辞（アガシー　1835–1910)
　大辞3（アガシー　1835–1910)
　大百（アガシー　1835–1910)
　二十（アガシー，アレクサンダー・エマニュエル
　　1835.12.17–1910.3.27)
　百科（アガシー　1835–1910)

Agee, W.M. 〈20世紀〉
アメリカの実業家。ベンディックス社社長。
⇒二十（エイジー，W.M.　1940–)

Aglietta, Michel 〈20世紀〉
レギュラシオン理論を創設したフランスの経済
学者。
⇒岩世（アグリエッタ　1938.2.18–)
　経済（アグリエッタ　1940–)

Agnelli, Giovanni 〈19・20世紀〉
イタリアの工場主。
⇒岩ケ（アニェリ，ジョヴァンニ　1866–1945)

Agnelli, Giovanni 〈20世紀〉
イタリアの企業経営者。
⇒岩世（アニェッリ　1921.3.12–2003.1.24)
　現人（アニェリ　1921.3.12–)
　西洋（アニェッリ　1921.3.12–)
　世西（アニェッリ　1921.3.12–)
　二十（アニエリ，ジョバンニ　1921.3.12–)

Agnelli, Umberto 〈20世紀〉
イタリアの経営者, 政治家。イタリア・フィアット社副会長, キリスト教民主党上院議員。
⇒二十 (アニエリ, ウンベルト 1934–)

Agnolo di Ventura 〈14世紀〉
イタリアの彫刻家, 建築家。
⇒世美 (アーニョロ・ディ・ヴェントゥーラ ?–1348)

Agostino di Giovanni 〈14世紀〉
イタリアの彫刻家, 建築家。
⇒建築 (アゴスティーノ・ディ・ジョヴァンニ (活動) 1310–1350)
  国小 (アゴスティーノ・ディ・ジョバンニ ?–1350)
  世美 (アゴスティーノ・ディ・ジョヴァンニ 14世紀)

Agrest, Diana 〈20世紀〉
アメリカの建築家。アグレスト&ガンデルソナス事務所代表。主な作品にはラ・ヴィレット再開発計画, ルーズベルト島ハウジング計画などがある。
⇒二十 (アグレスト, ダイアナ)

Agrippa, Marcus Vipsanius 〈前1世紀〉
古代ローマの軍人, 政治家。アウグストゥスの友人。植民市建設, パンテオン建築など公共施設の整備にも尽力。
⇒岩ケ (アグリッパ, マルクス・ウィプサニウス 前63頃–前12)
  旺世 (アグリッパ 前62頃–前12)
  外国 (アグリッパ 前63頃–12)
  角世 (アグリッパ 前64/63–前12)
  ギロ (アグリッパ 前63頃–前12)
  広辞4 (アグリッパ 前63頃–前12)
  広辞6 (アグリッパ 前63頃–前12)
  国小 (アグリッパ 前63/4–12)
  コン2 (アグリッパ 前63頃–前12)
  コン3 (アグリッパ 前63頃–前12)
  人物 (アグリッパ 前62頃–12)
  西洋 (アグリッパ 前63頃–12)
  世西 (アグリッパ 前62頃–12頃)
  世百 (アグリッパ 前62頃–12)
  全書 (アグリッパ 前63頃–12)
  大辞 (アグリッパ 前63頃–前12)
  大辞3 (アグリッパ 前63頃–前12)
  大百 (アグリッパ 前62–12)
  デス (アグリッパ 前63頃–12)
  伝world (アグリッパ 前63/2–12)
  評世 (アグリッパ 前63頃–前12)
  山世 (アグリッパ 前63頃–前12)
  ロマ (アグリッパ ?–前12)

Ahmad 〈13世紀〉
中央アジア, フェナーケット出身の財政家。中国, 元の世祖 (クビライ) に認められ, 財務長官を務めた。
⇒外国 (アフマッド〔阿哈瑪〕 ?–1282)
  角世 (アフマド ?–1282)
  コン2 (アフマド〔阿合馬〕 ?–1282)
  コン3 (アフマド 阿合馬 ?–1282)
  西洋 (アフマド ?–1282)
  世東 (阿合馬 あほま ?–1282)
  世百 (アハマ ?–1282)
  中国 (阿合馬 アーマッド ?–1282)
  中史 (阿合馬 アフマ (アフマッド) ?–1282)
  中ユ (アフマド ?–1282)
  百科 (アフマッド ?–1282)
  評世 (アーマッド ?–1282)
  歴史 (アフマド〔阿合馬〕 ?–1282)

Aḥmad ibn Umar al-Dhaki
イスラームの金工家。
⇒新美 (アフマド・イブン・ウマル・アル=ダーキー)

Ahmed, Tajuddin 〈20世紀〉
バングラデシュの政治家。1972年1月バングラデシュが正式に発足するとラーマン内閣の蔵相となり, 親ソ・親印派の指導者として影響力を強めた。
⇒現人 (アーメド 1925–1975.11)
  世政 (アーメド, T. 1925–1975.11)
  二十 (アーメド, T. 1925–1975.11)

Aichel, Johann Santin 〈17・18世紀〉
ドイツの建築家, 画家。作品にはゼードレッツ, ザール, クラッタリ, ゼーラウ等の修道院附属聖堂がある。
⇒岩世 (アイヒェル 1677.2.3–1723.12.7)
  キリ (アイヒェル, ヨーハン・ザンティーン 1667–1723.12.7)
  西洋 (アイヘル 1667–1723.12.7)

Aickman, Robert Fordyce 〈20世紀〉
イギリスの恐怖小説作家。内陸運河の研究技術者。
⇒才世 (エイクマン, ロバート 1914–1981)
  幻想 (エイクマン, ロバート・フォーダイス 1914–)
  幻文 (エイクマン, ロバート (・フォーダイス) 1914–1981)
  二十英 (Aickman, Robert (Fordyce) 1914–1981)

Aiken, Howard Hathaway 〈20世紀〉
アメリカの計算機科学者。
⇒岩ケ (エイケン, ハワード (・ハサウェイ) 1900–1973)
  岩世 (エイケン 1900.3.8–1973.3.14)
  科人 (エイキン, ハワード・ハサウェイ 1900.3.8–1973.3.14)
  世紀 (エイケン 1900–1973)

A

二十（エイケン, ハワード 1900.3.9–1973.3.14）

Ailnoth 〈12世紀〉
イギリスの建築長。
⇒建築（アイルノース（アルノース, アルノードゥ
ス）（活動）12世紀）

Ainmiller, Max Emanuel 〈19世紀〉
ドイツのガラス画工。ミュンヘンのガラス絵を
ヨーロッパの標準にまで高めた。
⇒キリ（アインミラー, マックス・エマーヌエル
1807.2.14–1870.12.8）
西洋（アインミラー 1807.2.14–1870.12.8）

Aitken, Jane 〈18・19世紀〉
アメリカの出版社主。
⇒世女日（エイトケン, ジェーン 1764–1832頃）

Akerlof, George Arthur 〈20世紀〉
アメリカの経済学者。2001年ノーベル経済
学賞。
⇒二十（アカロフ, ジョージ・アーサー 1940–）
ノベ（アカロフ, G.A. 1940.6.17–）
ノベ3（アカロフ, G.A. 1940.6.17–）
ユ人（アカーロフ, ジョージ 1940–）

Åkerman, Gustaf 〈19・20世紀〉
スウェーデンの経済学者。
⇒二十（オカーマン, G. 1888–1959）

Akers, *Sir* **Wallen Allen** 〈19・20世紀〉
イギリスの工業化学者。
⇒科人（エイカーズ, サー・ウォーレン・アレン
1888.9.9–1954.11.1）

Aksay, Hasan 〈20世紀〉
トルコの教育家, ジャーナリスト, 政治家。国
家救済党准機関紙「ミッリー」紙社主・主筆。
⇒中東（アクサイ 1931–）

Akyol, Mete 〈20世紀〉
トルコのジャーナリスト。1978年9月Dünya新
聞・報道・商事会社社長を兼任。「デュンヤ」
紙主筆。
⇒中東（アクヨル 1935–）

Alaia, Azzedine 〈20世紀〉
チュニジアの服飾デザイナー。
⇒岩ケ（アライア, アズディーン）

Alava, Juan de 〈16世紀〉
スペインの建築家。
⇒建築（アラバ, ファン・デ ?–1537）
新美（アラバ, ホアン・デ ?–1537）

Alban
南ティロル（オーストリア）のバイオリン製作
者一族。
⇒岩世（アルバン）

Alban, Joseph 〈17・18世紀〉
ティロル（オーストリア）のヴァイオリン製
作者。
⇒西洋（アルバン, ヨゼフ 1680–1722）

Alban, Matthias 〈17・18世紀〉
ティロル（オーストリア）のヴァイオリン製
作者。
⇒西洋（アルバン, マティアス 1634–1712）

Alban, Michael 〈17・18世紀〉
ティロル（オーストリア）のヴァイオリン製
作者。
⇒西洋（アルバン, ミハエル 1677頃–1722）

Albanese, Giambattista 〈16・17世紀〉
イタリアの彫刻家, 建築家。
⇒世美（アルバネーゼ, ジャンバッティスタ
1573–1630）

Albee, Edward Franklin 〈19・20世紀〉
アメリカの興行師。
⇒国小（オールビー 1857.10.8–1930.3.11）

Albers, Josef 〈19・20世紀〉
ドイツ生まれのアメリカの画家, 版画家, デザ
イナー。ガラス, 家具のアトリエを主宰, 大量
生産と材料の機能に応じた近代家具のデザイン
を行う。
⇒岩ケ（アルバース, ジョゼフ 1888–1976）
岩世（アルバーズ 1888.3.19–1976.3.25）
オ西（アルバース, ヨーゼフ（ジョゼフ） 1888–
1976）
現人（アルバース 1888.3.19–1976.3.25）
国小（アルバース 1888.3.19–1976.3.25）
コン3（アルバース 1888–1976）
新美（アルバース, ジョーゼフ 1888–1976.
3.24）
西洋（アルバーズ 1888.3.19–1976.3.24）
世芸（アルバース, ジョゼフ 1888–1976）
世美（アルバース, ジョーゼフ 1888–1976）
世百新（アルバース 1888–1976）
全書（アルバース 1888–1976）
大百（アルベルス 1888–1976）
二十（アルバース, ジョーゼフ 1888.3.19–1976.
3.24）
百科（アルバース 1888–1976）

Alberti, Leon Battista 〈15世紀〉
イタリア前期ルネサンスの建築家, 画家, 彫刻
家, 音楽家, 芸術理論家, 詩人, 哲学者。

経済・産業篇　　　　　　　　11　　　　　　　　**aldeg**

⇒岩ケ（アルベルティ，レオン・バッティスタ
　1404-1472）
　岩世（アルベルティ　1404.2.14-1472.4.25）
　岩哲（アルベルティ　1404-1472）
　外国（アルベルティ　1404-1472）
　科学（アルベルチ　1404.2.18-1472.4.25）
　科技（アルベルチ　1404.2.18-1472.4.25）
　科史（アルベルティ　1404-1472）
　角世（アルベルティ　1404-1472）
　教皇（アルベルティ，レオン・バッティスタ
　1404-1472）
　キリ（アルベルティ，レオーネ・バッティスタ
　1404.2.14-1472.4.25）
　建築（アルベルティ，レオン・バッティスタ
　1404-1472）
　広辞4（アルベルティ　1404-1472）
　広辞6（アルベルティ　1404-1472）
　国小（アルベルティ　1404.2.14-1472.4.25）
　国百（アルベルティ，レオン・バティスタ　1404.
　2.14-1472.4.25）
　コン2（アルベルティ　1404-1472）
　コン3（アルベルティ　1404-1472）
　集世（アルベルティ，レオン・バッティスタ
　1404.2.14-1472）
　集文（アルベルティ，レオン・バッティスタ
　1404.2.14-1472）
　新美（アルベルティ，レオン・バッティスタ
　1404.2.14-1472.4.25）
　人物（アルベルティ　1404.2.14-1472.4.25）
　数学（アルベルティ　1404.2.18-1472.4.25）
　数学増（アルベルティ　1404.2.18-1472.4.25）
　西洋（アルベルティ　1404.2.14-1472.4.25）
　世西（アルベルティ　1404.2.14-1472.4.25）
　世美（アルベルティ，レオン・バッティスタ
　1404-1472）
　世百（アルベルティ　1404-1472）
　世文（アルベルティ，レオン・バッティスタ
　1404-1472）
　全書（アルベルティ　1404-1472）
　大辞（アルベルティ　1404-1472）
　大辞3（アルベルティ　1404-1472）
　大百（アルベルティ　1404-1472）
　デス（アルベルティ　1404-1472）
　伝世（アルベルティ　1404.2.14-1472.4?）
　百科（アルベルティ　1404-1472）
　名著（アルベルティ　1404-1472）
　山世（アルベルティ　1404-1472）

Albertolli, Ferdinando 〈18・19世紀〉
イタリアの装飾家，版画家，建築家。
⇒世美（アルベルトッリ，フェルディナンド
　1781-1844）

Albertolli, Giocondo 〈18・19世紀〉
イタリアの装飾家，建築家。
⇒建築（アルベルトッリ，ジョコンド　1742-1839）
　世美（アルベルトッリ，ジョコンド　1742-1839）

Albery, *Sir* Bronson 〈19・20世紀〉
イギリスの劇場支配人。

⇒演劇（アルベリー，サー・ブロンソン　1881-
　1971）

Albini, Franco 〈20世紀〉
イタリアの建築家。
⇒岩世（アルビーニ　1905.10.17-1977.11.1）
　世美（アルビーニ，フランコ　1905-1977）

Albrecht, Gerhard 〈19・20世紀〉
ドイツの経済学者。"Vom Klassenkampf zum
sozialen Frieden"（1932）。
⇒岩世（アルブレヒト　1889.1.22-1971.4.12）
　西洋（アルブレヒト　1889.1.22-1971.4.12）

Albright, Arthur 〈19世紀〉
イギリスの化学者，工業家。
⇒科人（オールブライト，アーサー　1811.3.3-
　1900.7.3）

Albuquerque, Affonso de 〈15・16世紀〉
ポルトガル領インド第2代総督。インド洋方面
ポルトガル領の事実上の開拓者で，航海者。
⇒岩ケ（アルブケルケ，アフォンソ・デ　1453-
　1515）
　旺世（アルブケルケ　1453-1515）
　外国（アルブケルケ　1453-1515）
　角世（アルブケルケ　1453-1515）
　国小（アルブケルケ　1453-1515.12.15）
　コン2（アルブケルケ　1453-1515）
　コン3（アルブケルケ　1453-1515）
　人物（アルブケルケ　1453-1515.12.16）
　スペ（アルブケルケ　1456-1515）
　西洋（アルブケルケ　1453-1515.12.16）
　世人（アルブケルケ　1453-1515）
　世西（アルブケルケ　1453-1515）
　世東（アルブケルケ　1453-1515）
　世百（アルブケルケ　1453-1515）
　全書（アルブケルケ　1453-1515）
　大百（アルブケルケ　1453-1515）
　探検1（アルブケルク　1453?-1515）
　伝世（アルブケルケ　1460頃-1515.12.16）
　南ア（アルブケルケ　1456-1515）
　東ア（アルブケルケ　1453-1515）
　百科（アルブケルケ　1456-1515）
　評世（アルブケルケ　1453-1515）
　山世（アルブケルケ　1462?-1515）
　歴史（アルブケルケ　1453-1515）

Aldegrever, Heinrich 〈16世紀〉
ドイツの版画家，金細工師，画家。
⇒芸術（アルデグレファー，ハインリヒ　1502-
　1555以前）
　新美（アルデグレーファー，ハインリヒ　1502頃
　-1555以後）
　西洋（アルデグレーヴァー　1502-1555以後）
　世美（アルデグレーファー，ハインリヒ　1502頃
　-1555頃）

百科（アルデグレーファー　1502–1555?）

Aldrich, Henry 〈17・18世紀〉

英国教会の聖職，作曲家，建築家，神学者。
⇒音大（オールドリッチ　1648.1.22（洗礼，英国国教会暦1647）–1710.12.14）
キリ（オールドリチ，ヘンリ　1647–1710.12.14）

Aldrich, Nelson Wilmarth 〈19・20世紀〉

アメリカの実業家，政治家，財政専門家。保護貿易論者。
⇒岩ケ（オールドリッチ，ネルソン・W（ウィルマース）　1841–1915）
岩世（オールドリッチ　1841.11.6–1915.4.16）
英米（Aldrich, Nelson Wilmarth　オールドリッチ　1841–1915）
国小（オールドリッチ　1841–1915）
コン2（オールドリッチ　1841–1915）
コン3（オールドリッチ　1841–1915）
西洋（オールドリチ　1841.11.6–1915.4.16）

Aldrich, Winthrop Williams 〈19・20世紀〉

アメリカの銀行家。ニューヨークのチェース・ナショナル・バンク総裁，ウェスティングハウス電気会社社長などを兼任。
⇒岩世（オールドリッチ　1885.11.2–1974.2.25）
西洋（オールドリチ　1885.11.2–1974.2.25）
二十（オールドリッチ，ウィンスロップ・W. 1885.11–?）

Aleandri, Ireneo 〈18・19世紀〉

イタリアの建築家。
⇒世美（アレアンドリ，イレーネオ　1795–1885）

Aleijadinho, Antonio Francisco Lisboa 〈18・19世紀〉

植民地時代ブラジルの彫刻家，建築家。
⇒岩世（アレイジャディーニョ　1738頃?–1814.11. 18）
建築（アレイジャディーニョ，アントニオ・フランシスコ・リスボア（オ・アレイジャディーニョ（通称）　1738–1814）
百科（アレイジャディーニョ　1738–1814）
ラテ（アレイジャディーニョ　1738–1814）

Alekperov, Vagit Yusufovich 〈20世紀〉

ロシアの企業家，石油会社ルクオイル社長。
⇒ロシ（アレクペロフ　1950–）

Aleotti, Giovanni Battista 〈16・17世紀〉

イタリアの建築家。主作品「フェララの教会鐘楼の上層および大学」「パルマのファルネーゼ劇場」。
⇒岩世（アレオッティ　1546–1636.12.12）
建築（アレオッティ，ジョバンニ・バッティスタ　1546–1636）
西洋（アレオッティ　1546–1636.12.9）
世世（アレオッティ，ジョヴァンニ・バッティスタ　1546–1636）

Alessandri Rodriguez, Jorge 〈20世紀〉

チリの政治家，実業家，経済学者。1958〜64年大統領として，親米的政策を進めた。
⇒現人（アレサンドリ　1896.5.19–）
国小（アレサンドリ・ロドリゲス　1896–）
コン3（アレッサンドリ　1896–1986）
世西（アレサンドリ・ロドリゲス　1896–）
伝世（アレッサンドリ　1896.5.19–）
二十（アレサンドリ・ロドリゲス　1896–?）

Alessi, Andrea 〈15・16世紀〉

イタリアの建築家，彫刻家。
⇒世美（アレッシ，アンドレーア　1425頃–1504頃）

Alessi, Galeazzo 〈16世紀〉

イタリアの建築家。バロック初期の名匠。
⇒岩ケ（アレッシ，ガレアッツォ　1512–1572）
岩世（アレッシ　1512–1572.12.30）
建築（アレッシ，ガレアッツォ　1512頃–1572）
新美（アレッシ，ガレアッツォ　1512?–1572.12. 30）
西洋（アレッシ　1512–1572.12.30）
世美（アレッシ，ガレアッツォ　1512–1572）

Alexander 〈13世紀〉

イギリスの建築長。
⇒建築（アレクサンダー　?–1270以前）

Alexander, Christopher 〈20世紀〉

アメリカ（オーストリア生まれ）の建築家，都市デザイナー。『都市は木でない』（1965）を発表，ル・コルビュジエやイギリスのニュータウン運動を批判。
⇒岩世（アレグザンダー　1936.10.4–）
現人（アレクサンダー　1936.10.4–）
日人（アレグザンダー　1936–）

Alexander, Sir George 〈19・20世紀〉

イギリスの俳優，劇場支配人。
⇒演劇（アレグザンダー，サー・ジョージ　1858–1918）

Alexander, Mary 〈17・18世紀〉

アメリカ植民地時代の実業家。
⇒世女日（アレクサンダー，メアリー　1693–1760）

Alexander, Thomas 〈19・20世紀〉
イギリスの土木工学者,教育家。1879年来日し,工部大学校で土木工学を教授した。
⇒日人 (アレキサンダー 1843-1933)
　来日 (アレキサンダー 1843-1933)

Alexanderson, Ernst Frederick Werner 〈19・20世紀〉
アメリカ(スウェーデン生まれ)の電気・ラジオ技術者。彼が得た特許は250種にのぼり,その主要なものは,10〜30キロサイクルのアーク式高周波送信機(1906),高周波電気炉,広帯域空中線など。
⇒岩ケ (アレグザンダーソン,エルンスト・F(フレデリック)・W(ヴェルナー) 1878-1975)
　岩世 (アレグザンダソン 1878.1.25-1975.5.14)
　英米 (Alexanderson, Ernest Frederick Warner アレクサンダーソン 1878-1975)
　コン2 (アレクサンダーソン 1878-1975)
　コン3 (アレクサンダーソン 1878-1975)
　西洋 (アレグザンダソン 1878.1.25-1975.5)
　世西 (アレグザンダソン 1878.1.25-)
　世百 (アレクサンダーソン 1878-)
　全書 (アレクサンダーソン 1878-1975)
　大百 (アレグザンダーソン 1878-1975)
　二十 (アレグザンダソン,エルンスト 1878.1.25-1975.5)

Alfieri, Benedetto 〈18世紀〉
イタリアの建築家。
⇒建築 (アルフィエリ,ベネデット 1700-1767)
　世美 (アルフィエーリ,ベネデット 1700-1767)

Alford, Leon Pratt 〈19・20世紀〉
アメリカの技師。のちに工場管理普及の社会活動に献身。インダストリアル・エンジニアリング部長であった。
⇒名著 (オルフォード 1877-1942)

Algardi, Alessandro 〈16・17世紀〉
イタリアの彫刻家,建築家。
⇒岩ケ (アルガルディ,アレッサンドロ 1598-1654)
　岩世 (アルガルディ 1598-1654.6.10)
　芸術 (アルガルディ,アレッサンドロ 1595-1654)
　国小 (アルガルディ 1595-1654.6.10)
　新美 (アルガルディ,アレッサンドロ 1595/1602-1654.6.10)
　西洋 (アルガルディ 1602-1654.6.10)
　世西 (アルガルディ 1595-1654.6.10)
　世美 (アルガルディ,アレッサンドロ 1595-1654)

Alghisi, Galasso 〈16世紀〉
イタリアの建築家。
⇒世美 (アルギージ,ガラッソ 1523頃-1573)

Ali, Anwar 〈20世紀〉
サウジアラビアの実業家。サウジアラビア通貨庁(SAMA=中央銀行)総裁。
⇒中東 (アリー)

Aliberti, Giovanni Carlo 〈17・18世紀〉
イタリアの画家,建築家。
⇒世美 (アリベルティ,ジョヴァンニ・カルロ 1662-1740頃)

Ali ibn Hammud
イスラームの金工家。
⇒新美 (アリー・イブン・ハムード)

Ali ibn Husayn
イスラームの金工家。
⇒新美 (アリー・イブン・フサイン)

'Alī Mubārak 〈19世紀〉
近代エジプトの技術・行政官僚。『新編地誌』ほか,多数の水利技術書を著す。
⇒岩世 (アリー・ムバーラク 1823-1893.11.15)
　角世 (アリー・ムバーラク 1823-1893)
　百科 (アリー・ムバーラク 1823-1893)
　歴学 (アリー・ムバーラク 1823-1893)

Alinari, Leopoldo 〈19世紀〉
イタリアの写真家,美術書出版者。
⇒世美 (アリナーリ,レオポルド 1832-1865)

Alion, Isaac Alfred 〈19・20世紀〉
オランダの商人。
⇒岩世 (アリオン 1848.3.19-1918.1.13)

Alkatiri, Mari 〈20世紀〉
東ティモールの政治家,独立運動家。東ティモール首相・経済開発相,東ティモール独立革命戦線(フレティリン)中央委員。
⇒世政 (アルカティリ,マリ 1949-)
　東ア (アルカティリ,マリ 1949-)

Allais, Maurice 〈20世紀〉
フランスの経済学者,エンジニア。
⇒岩ケ (アレー,モーリス 1911-)
　岩世 (アレ 1911.5.31-2010.10.10)
　経済 (アレ 1911-)
　最世 (アレ, M. 1911-)
　二十 (アレー,モーリス 1911-)
　ノベ (アレ, M. 1911.5.31-)
　ノベ3 (アレ, M. 1911.5.31-2010.10.9)

Allan, *Sir* Hugh 〈19世紀〉
カナダの資本家。カナダ太平洋鉄道会社の政治献金事件に連座。

⇒岩ケ（アラン, サー・ヒュー　1810–1882）
　国小（アラン　1810–1882）

Allen, George 〈19・20世紀〉
イギリスの出版業者, 彫版師。
⇒岩ケ（アレン, ジョージ　1832–1907）

Allen, George C. 〈20世紀〉
イギリスの経済学者。ロンドン大学名誉教授。
著書 "Japan's Economic Expasion" など。
⇒二十（アレン, ジョージ　1900–1982）

Allen, Lewis 〈20世紀〉
アメリカの映画監督, プロデューサー。
⇒監督（アレン, リュイス　1905.12.25–）

Allen, Louis A. 〈20世紀〉
経営コンサルタント, 教育家, 著述家。1957年
Louis A.Allen Associates, Inc.の会長に就任。
主著『専門経営者』(64)。
⇒国小（アレン　1917.10.8–）

Allen, Roger E. 〈20世紀〉
イギリスの実業家。RSBジャパン社副社長。
⇒二十（アレン, ロジャー　1945–）

Allen, Roy George Douglas 〈20世紀〉
イギリスの数理経済学者。経済学を学ぶ者のた
めの代表的数学書, 統計書の刊行で有名。
⇒岩世（アレン　1906.6.3–1983.9.29）
　経済（アレン　1906–1983）
　二十（アレン, ダグラス　1906–1983）
　名著（アレン　1906–）

Allen, William Mcpherson 〈20世紀〉
アメリカの経営者。1945年ボーイング社の社長
となる。
⇒現人（アレン　1900.9.1–）

Allen, Woody 〈20世紀〉
アメリカの作家, 俳優, 映画監督, 映画製作者。
映画『アニー・ホール』でアカデミー作品, 脚
本, 監督賞受賞。
⇒ア人（アレン, ウディ　1935.12.1–）
　岩ケ（アレン, ウッディ　1935–）
　岩世（アレン　1935.12.1–）
　海作4（アレン, ウディ　1935.12.1–）
　外男（アレン, ウディ　1935.12.1–）
　監督（アレン, ウッディ　1935.12.1–）
　現ア（Allen, Woody　アレン, ウディ　1935–）
　コン3（アレン　1935–）
　最世（アレン, ウッディ　1935–）
　集文（アレン, ウディ　1935.12.1–）
　世映（アレン, ウディ　1935–）

世俳（アレン, ウッディ　1935.12.1–）
全書（アレン　1935–）
ナビ（アレン　1935–）
二十（アレン, ウッディー　1935.12.1–）
二十英（Allen, Woody　1935–）
俳優（アレン, ウッディ　1935.12.1–）
ユ人（アレン, ウディ　1935–）

Allerton, Issac 〈16・17世紀〉
メイフラワー号でプリマスに上陸した商人。ピ
ルグリム・ファーザーズの一人。
⇒キリ（アラトン, アイザク　1586–1658/59）
　国小（アラートン　1586頃–1658/9）

Alley, Rewi 〈20世紀〉
ニュージーランドの工業家。中国に赴き, 綏遠
の飢饉救済事業（1928〜29）, 揚子江水害時の
築堤工事や罹災者救援活動(31)に参加。
⇒岩ケ（アリー, レーウィ　1897–1987）
　岩世（アレー（アリー）　1897.12.2–1987.12.27）
　角世（アレー　1897–1987）
　コン3（アリー　1897–1987）
　西洋（アリ　1897.12.2–）
　世百（アリー　1897–）
　全書（アリー　1897–）
　二十（アリー, リュウイ　1897–?）

Allio, Donato Felice 〈17・18世紀〉
イタリアの建築家。
⇒世美（アッリオ, ドナート・フェリーチェ
　1667–1761）

Allio, Donato Felice d' 〈17・18世紀〉
イタリアの建築家。
⇒建築（ダッリオ, ドナート・フェリーチェ
　1690–1718）

Allston, Aaron 〈20世紀〉
アメリカの作家, 元・ゲーム・デザイナー。
⇒海作4（オールストン, アーロン）

Almeida, João de 〈16世紀〉
ポルトガルの貿易家。ジャヴァ, 経由中国・日
本貿易船隊司令官に勅任され(1568), 長崎に
も入港した。
⇒岩世（アルメイダ　?–1584(-90)）
　西洋（アルメイダ　?–1584/90）

Almodóvar, Pedro 〈20世紀〉
スペインの映画監督, 映画プロデューサー。
⇒広辞6（アルモドバル　1951–）
　ス文（アルモドバル, ペドロ）
　スペ（アルモドーバル　1951–）
　世映（アルモドーバル・カバリェロ, ペドロ
　1949–）

経済・産業篇　　　　　　　　　　15　　　　　　　　　　altma

Almquist, Osvald 〈19・20世紀〉
スウェーデンの建築家。
⇒世美（アルムクヴィスト, オスヴァルド　1884–1950）

Aloisio Nuovo 〈15・16世紀〉
イタリアの建築家。
⇒建築（アロイジオ・ヌオヴォ（ノヴィ, アルヴィシオ）（活動）1499–1531）
　世美（アロイージオ・ヌオーヴォ　（活動）16世紀前半）

Altdorfer, Albrecht 〈15・16世紀〉
ドイツの画家, 版画家, 建築家。銅版画・木版画にも非凡の才をみせた。1505年以後, レーゲンスブルク市政府のために制作。
⇒岩ケ（アルトドルファー, アルブレヒト　1480頃–1538）
　岩世（アルトドルファー　1482 (-85) 頃–1538.2.12）
　キリ（アルトドルファー, アルブレヒト　1480頃–1538.2.12）
　芸術（アルトドルファー, アルブレヒト　1480頃–1538）
　広辞4（アルトドルファー　1480頃–1538）
　広辞6（アルトドルファー　1480頃–1538）
　国小（アルトドルファー　1480頃–1538.2.12）
　国百（アルトドルファー, アルブレヒト　1480頃–1538.2.12）
　コン2（アルトドルファー　1480頃–1538頃）
　コン3（アルトドルファー　1480頃–1538）
　新美（アルトドルファー, アルブレヒト　1480頃–1538.2.12）
　人物（アルトドルファー　1480頃–1538.2.12）
　西洋（アルトドルファー　1480頃–1538.2.12）
　世西（アルトドルファー　1480頃–1538）
　世美（アルトドルファー, アルブレヒト　1480頃–1538）
　世百（アルトドルファー　1480頃–1538）
　全書（アルトドルファー　1480頃–1558）
　大辞（アルトドルファー　1480頃–1538）
　大辞3（アルトドルファー　1480頃–1538）
　大百（アルトドルファー　1480–1538）
　デス（アルトドルファー　1480頃–1538）
　伝世（アルトドルファー　1480頃–1538.2.14）
　百科（アルトドルファー　1480頃–1538）

Altdorfer, Erhard 〈15・16世紀〉
ドイツの画家, 建築家, 版画家。
⇒西洋（アルトドルファー　1485/-90–1562）

Altenstein, Karl, Freiherr von Stein zum 〈18・19世紀〉
プロシアの行政家。蔵相（1808～10）, 最初の文相（17～40）。
⇒外国（アルテンシュタイン　1770–1840）
　教育（アルテンシュタイン　1770–1840）
　キリ（アルテンシュタイン, カール　1770.10.1–1840.5.14）

　コン2（アルテンシュタイン　1770–1840）
　コン3（アルテンシュタイン　1770–1840）
　西洋（アルテンシュタイン　1770.10.1–1840.5.14）

Althea 〈20世紀〉
イギリスの作家, 挿絵画家, 出版社経営者。アルシーア・ブレイスウェイトの筆名。
⇒世児（アルシーア　1940–）

Althusser, Louis 〈20世紀〉
フランスの経済思想家, 哲学者。マルクスの『資本論』を中心に社会構造を分析。主著『マルクスのために』。
⇒イ文（Althusser, Louis　1918–1990）
　岩ケ（アルチュセール, ルイ　1918–1990）
　岩世（アルチュセール　1918.10.16–1990.10.22）
　岩哲（アルチュセール　1918–1990）
　キリ（アルテュセール, ルイ　1918.10.16–）
　経済（アルチュセール　1918–1990）
　現人（アルチュセール　1918.10.16–）
　広辞5（アルチュセール　1918–1990）
　広辞6（アルチュセール　1918–1990）
　国小（アルチュセール　1918–）
　コン3（アルチュセール　1918–1990）
　最世（アルチュセール　1918–1990）
　思想（アルチュセール, ルイ　1918–1990）
　集世（アルチュセール, ルイ　1918.10.16–1990.10.22）
　集文（アルチュセール, ルイ　1918.10.16–1990.10.22）
　西洋（アルチュセール　1918.10.16–）
　世人（アルチュセール　1918–1990）
　世西（アルテュセール　1918.10.16–1990.10.22）
　世百新（アルチュセール　1918–1990）
　世文（アルチュセール, ルイ　1918–）
　全書（アルチュセール　1918–）
　大辞2（アルチュセール　1918–1990）
　大辞3（アルチュセール　1918–1990）
　ナビ（アルチュセール　1918–1990）
　二十（アルチュセル, ルイ　1918.10.16–1990.10.22）
　二十英（Althusser, Louis　1918–1990）
　百科（アルチュセール　1918–）
　歴史（アルテュセール　1918–）

Altman, Benjamin 〈19・20世紀〉
アメリカの実業家, 美術収集家。
⇒岩ケ（アルトマン, ベンジャミン　1840–1913）
　コン3（アルトマン　1840–1913）

Altman, Robert 〈20世紀〉
アメリカの映画監督, 映画製作者。
⇒岩ケ（アルトマン, ロバート　1925–）
　監督（アルトマン, ロバート　1925.2.20–）
　最世（アルトマン, ロバート　1925–）
　世映（アルトマン, ロバート　1925–2006）
　二十（アルトマン, ロバート　1925.2.20–）

Alvares, Alfonso 〈16世紀〉

ポルトガルの建築家。

⇒建築（アルヴァレス, アルフォンソ　（活動）1550-1575）

Alvarez, Jorge

ポルトガルの貿易家。東洋貿易船船長。ザビエルの依頼で『日本見聞記』を著した。ポルトガル人の日本見聞記としては最古のものとなっている。

⇒岩世（アルヴァレス）
国史（アルバレス　16世紀）
西洋（アルヴァレス）
対外（アルバレス　16世紀）
日人（アルバレス　生没年不詳）

Alvino, Enrico 〈19世紀〉

イタリアの建築家。

⇒世美（アルヴィーノ, エンリーコ　1809-1872）

Amadas, Philip 〈16・17世紀〉

イギリスの航海者, 探検家。西インド諸島, アメリカに探検のため遠征。

⇒国小（アマダス　1550-1618）

Amadeo, Giovanni Antonio 〈15・16世紀〉

イタリア・ルネサンスの建築家, 彫刻家。

⇒岩世（アマデーオ　1447-1522.8.27 (28)）
キリ（アマデーオ, ジョヴァンニ・アントーニオ　1447-1522.8.27）
建築（アマデオ, ジョヴァンニ・アントニオ　1447頃-1522）
国小（アマデオ　1447-1522）
コン2（アマデーオ　1447-1522）
コン3（アマデーオ　1447-1522）
新美（アマデーオ, ジョヴァンニ・アントーニオ　1447-1522）
西洋（アマデーオ　1447-1522.8.27）
世美（アマデーオ, ジョヴァンニ・アントーニオ　1447-1522）

Amaral, João Maria Ferreira do 〈19世紀〉

ポルトガルの植民地政治家。澳門総督。香港の自由港政策により澳門の通商が衰え始めたのに対し, 同港の関税廃止, 中国海関の閉鎖を命じた（1849）。

⇒岩世（アマラル　1803.3.4-1849.8.22）
西洋（アマラル　?-1849.8.22）
世東（アマラル　?-1849）

Amarante, Carlos Luiz Ferreira da Cruz 〈18・19世紀〉

ポルトガルの建築家。

⇒建築（アマランテ, カルロス・ルイス・フェレイラ・ダ・クルス　1748-1815）

Amarnat, Hosein 〈20世紀〉

イランの建築家。アルクデザイン・インターナショナルのカナダ事務所長。作品は, 西サモアのバハイ礼拝堂, テヘラン工芸大学など。

⇒二十（アマーナト, ホセイン　1942-）

Amasis 〈前6世紀〉

前6世紀中頃に活躍したギリシアの陶工。

⇒岩世（アマシス）

Amasis Painter 〈前6世紀〉

古代ギリシアの陶工家。

⇒ギリ（アマシス　（活動）前560頃-530）
世美（アマシスの画家　前6世紀後半）

Amati, Andrea 〈16・17世紀〉

イタリアのヴァイオリン製作者。イタリア・クレモナ派の創始者で, ヴァイオリンの形状を確立。

⇒岩ケ（アマーティ, アンドレア　1520頃-1580）
岩世（アマーティ　1511以前-1577）
音楽（アマーティ, アンドレア　1511頃-1580頃）
音大（アマーティ, アンドレア　1505/10頃-1577/80頃）
国小（アマーティ　1520頃-1580頃）
西洋（アマーティ　1500頃-1611頃）
世百（アマーティ, アンドレア　1530頃-1611頃）
百科（アマーティー, アンドレア　1505/10-1577/80頃）
ラル（アマーティ, アンドレア　1505頃-1578頃）

Amati, Antonio 〈16・17世紀〉

イタリア・クレモナの弦楽器製作家。アンドレアの子。主としてヴァイオリンを製作。

⇒音楽（アマーティ, アントーニア　?-1640頃）
世百（アマーティ, アントニオ　1555-1638）
百科（アマーティー, アントニオ　1555-1638）
ラル（アマーティ, アントニオ　1540頃-1600）

Amati, Carlo 〈18・19世紀〉

イタリアの建築家。

⇒世美（アマーティ, カルロ　1776-1852）

Amati, Girolamo II 〈17・18世紀〉

イタリア・クレモナの弦楽器製作者。ニコラの子。アマーティ家最後の製作者である。

⇒音楽（アマーティ, ジロラモ2世　1649-1740）
音大（アマーティ, ジェローラモ　1649.5.26-1740.2.21）
世百（アマーティ, ジロラーモ2世　1649-1740）
百科（アマーティー, ジロラーモ2世　1649-1740）
ラル（アマーティ, ジロラモ2世　1649-1740）

Amati, Girolamo Hieronimus 〈16・

17世紀〉
イタリア・クレモナの弦楽器製作家。
⇒音楽（アマーティ, ジロラモ 1561-1630）
音大（アマーティ, ジェローラモ 1561-1630.11.2）
ラル（アマーティ, ジロラモ 1561-1630）

Amato, Giacomo 〈17・18世紀〉
イタリアの建築家。
⇒世美（アマート, ジャーコモ 1643-1732）

Ambase, Emilio 〈20世紀〉
アルゼンチン生まれの建築・デザイン家。ニューヨーク近代美術館（MOMA）建築・デザイン部門キュレーター。
⇒二十（アンバース, エミリオ 1943-）

Ambrosio, Arthuro 〈19・20世紀〉
イタリアの映画製作者・監督。イタリア映画の黄金時代を築く。『ポンペイ最後の日』（1913）。
⇒コン2（アンブロジオ 1869-1960）
コン3（アンブロジオ 1869-1960）

Amdahl, Gene Myron 〈20世紀〉
アメリカのコンピューター技術者。
⇒岩世（アムダール 1922.11.16-）

Amenemhet II 〈前20・19世紀〉
アメンエムヘト1世の孫（在位前1929頃〜1895頃）。農業を促進, 紅海貿易を再開。
⇒外国（アメネムヘット2世）
皇帝（アメンエムハト2世 ?-前1895）
国小（アメンエムヘト2世）
コン2（アメン・エム・ヘト2世）
コン3（アメン・エム・ヘト2世）
西洋（アメン・エム・ヘト二世）

Amenhotep 〈前15・14世紀〉
エジプトのアメンホテップ3世下の兵籍登録秘書官, 建設事業家。「王子」（エルパ）という特別な称号を受けた。
⇒建築（アメンホテップ（アメノーテス） 前1450頃-前1370）

Amerbach, Johannes 〈15・16世紀〉
スイスのバーゼルの印刷・出版者。
⇒岩世（アーメルバッハ 1430頃-1513）
キリ（アマバハ, ヨハネス 1440頃-1514.12.25）
コン2（アメルバハ 1444頃-1513）
コン3（アメルバハ 1444頃-1513）
西洋（アーメルバハ 1445頃-1514.12.25）

Amies, Sir (Edwin) Hardy 〈20世紀〉
イギリスの婦人服仕立人, エリザベス2世御用達ドレスメーカー。

⇒岩ケ（エイミズ, サー・(エドウィン・) ハーディ 1909-）
岩世（エイミズ 1909.7.17-2003.3.5）

Amīn, Samīr 〈20世紀〉
エジプトの経済学者。第三世界の発展が「先進」国の模倣によって決して実現し得ないことを主張した。
⇒岩世（アミン 1931.9.4-）
経済（アミン 1931-）
現人（アミン 1931.9.4-）
コン3（アミン 1931-）
西洋（アミン 1931.9.4-）
世東（アミーン 1931-）
全書（アミン 1931-）
二十（アミン, S. 1931-）

al-Amiri, Hassan Ali 〈20世紀〉
イラクの政治家。貿易相（1976）。
⇒中東（アミリ 1941-）

Ammanati, Bartolommeo 〈16世紀〉
イタリアの建築家, 彫刻家。代表作にフィレンツェのポンテ・サンタ・トリニタ（1567〜70）など。
⇒岩ケ（アンマナーティ, バルトロメーオ 1511-1592）
岩世（アンマナーティ 1511.6.18-1592.4.13（22））
建築（アンマナーティ, バルトロメオ 1511-1592）
国小（アンマナーティ 1511-1592.4.22）
新美（アンマナーティ, バルトロメーオ 1511.6.18-1592.4.22）
西洋（アンマナーティ 1511.6.18-1592.4.22）
世美（アンマンナーティ, バルトロメーオ 1511-1592）

Ammann, Othmar 〈19・20世紀〉
スイスの建築技師。世界最大の懸吊橋「Golden Gate Bridge」（サンフランシスコ）を築造した。
⇒岩ケ（アンマン, オトマー・ハーマン 1879-1965）
岩世（アンマン 1879.3.26-1965.9.22）
科学（アムマン 1879.3.29-1965.9.22）
西洋（アンマン 1879.3.26-1965.9.22）
二十（アムマン, O.H. 1879.3.29-1965.9.22）

Amonn, Alfred 〈19・20世紀〉
オーストリアの経済学者。東京大学教授（1926〜29）, ベルン大学教授（29〜38）。
⇒岩世（アモン 1883.6.1-1962.11.2）
西洋（アモン 1883.6.1-1962.11.2）
世百（アモン 1883-1962）
世百新（アモン 1883-1962）
全書（アモン 1883-1962）
大百（アモン 1883-1962）
二十（アモン, アルフレッド 1883.6.1-1962.11.

amoro 18 西洋人物レファレンス事典

A

2)
日人（アモン 1883–1962）
百科（アモン 1883–1962）
名著（アモン 1883–）
来日（アモン 1883–1962）

Amoroso, Luigi 〈19・20世紀〉
イタリアの経済学者。ワルラス一般均衡の存在
証明、寡占理論、景気変動論の領域で業績を残
す。主著『数理経済学講義』『市場の経済学』
など。
⇒岩世（アモローゾ 1886.3.26–1965.10.28）
経済（アモローゾ 1886–1965）
二十（アモロゾ, ルイージ 1886–1965）

Amory, Heathcoat 〈20世紀〉
イギリスの政治家。英元蔵相、欧州経済協力機
構理事会議長、恩給相、農相。
⇒岩ケ（エイモリー, デリック・ヒースコート・エ
イモリー, 初代子爵 1899–1981）
世政（エイモリー, ヒースコート 1899–?）
二十（エイモリ, H. 1899–?）

Amuzegar, Jahangir 〈20世紀〉
イランの政治家。1962年蔵相、63年在米経済代
表団長。アムゼガール元首相の兄。
⇒中東（アムゼガール 1920–）

Anastasius I 〈5・6世紀〉
東ローマ皇帝（在位491～518）。対外関係を改
善し、マルモラ海から黒海にいたる長城を建設。
⇒外国（アナスタシオス1世 430–518）
角世（アナスタシオス1世 430?–518）
キリ（アナスターシウス1世 （在位）399.11.27–
401.12.19）
キリ（アナスタシオス1世 431–518.7.9）
皇帝（アナスタシウス1世 431頃–518）
国小（アナスタシウス1世 430?–518）
コン2（アナスタシウス1世 430頃–518）
コン3（アナスタシウス1世 430頃–518）
西洋（アナスタシウス一世 431–518）
全書（アナスタシウス一世 431頃–518）
統治（アナスタシウス一世 （在位）491–518）
百科（アナスタシオス1世 430頃–518）

Andalo, di Savignone
イタリア、ジェノアの商人。
⇒世東（アンダロー）

Anderson, Gerry 〈20世紀〉
イギリスのテレビ用の人形劇の製作者。
⇒岩ケ（アンダーソン, ゲリー 1929–）

Anderson, James 〈18・19世紀〉
イギリスの経済学者。差額地代説の創唱者。
⇒岩世（アンダーソン 1739–1808.10.15）

国小（アンダーソン 1739–1808）
西洋（アンダソン 1739–1808.10.15）
世西（アンダーソン 1739–1808）
百科（アンダーソン 1739–1808）

Anderson, Sir John 〈19・20世紀〉
イギリス（スコットランド）の政治家。チャー
チル挙国内閣の枢相（1940～43）、蔵相（43～
45）を歴任。
⇒西洋（アンダソン 1882.7.8–1958.1.4）
二十（アンダーソン, ジョン 1882–1958）

Anderson, Robert B. 〈20世紀〉
アメリカの政治家。弁護士出身で、銀行頭取、
石油会社社長を経て、海軍長官、国防長官代理
になり、1957年に財務長官となる。
⇒二十（アンダーソン, ロバート・B. 1910.6.4–
1989.8.14）

Andersson, Jan-Aake 〈20世紀〉
スウェーデンの陶芸家。
⇒世芸（アンデルソン, ヤナオカ 1949–）

Andokidēs 〈前6世紀〉
前6世紀後半に活動したギリシアの陶工、陶器
画家。
⇒岩世（アンドキデス）
コン2（アンドキデス 前6世紀末頃）
コン3（アンドキデス 前6世紀末頃）
西洋（アンドキデス）

Andrade, Domingo Antonio de 〈17・
18世紀〉
スペインの建築家、建築理論家。
⇒世美（アンドラーデ, ドミンゴ・アントニオ・デ
1639–1712）

Andrae, Ernst Walter 〈19・20世紀〉
ドイツの考古学者、建築史家、アッシリア学者。
⇒岩世（アンドレー 1875.2.18–1956.7.28）
新美（アンドレ, ヴァルター 1875.2.18–1956.7.
26）
西洋（アンドレー 1875.2.18–1956.7.26）
二十（アンドレ, ヴァルター 1875.2.18–1956.7.
26）

André, Johann 〈18世紀〉
ドイツの作曲家、音楽出版者。
⇒音大（アンドレ, ヨハン 1741.3.28–1799.6.18）
ラル（アンドレ, ヨーハン 1741–1799）

André, Johann Anton 〈18・19世紀〉
ドイツの作曲家、音楽出版者。
⇒音大（アンドレ, アントン 1775.10.6–1842.4.6）
ラル（アンドレ, ヨーハン・アントン 1775–

1842)

André, Karl August 〈19世紀〉
ドイツの音楽出版人，楽器製造業者。
⇒音大（アンドレ，カール・アウグスト 1806.6.15–1887.2.15）

Andreades, Andreas Michael 〈19・20世紀〉
ギリシアの経済史家。主著『ギリシア財政史』。
⇒外国（アンドレアデス 1876–1935）

Andreae, Wilhelm 〈19・20世紀〉
ドイツの経済学者，社会学者。財政学に関する研究で知られる。
⇒岩世（アンドレーエ 1888.4.8–1962.5.20）
西洋（アンドレーエ 1888.4.8–1962.5.25）

Andreani, Aldo 〈19・20世紀〉
イタリアの建築家，彫刻家。
⇒世美（アンドレアーニ，アルド 1887–1971）

Andreoli, Giorgio di Pietro
イタリアの工芸家。
⇒芸術（アンドレオーリ，ジョルジョ）
新美（アンドレオーリ，ジョルジョ 1465/-70–1552/-4）
世美（アンドレオーリ，ジョルジュ 1465/70–1553頃）

Andrews, John B. 〈19・20世紀〉
アメリカの経済学者，法学者。労働法の標準的教科書として知られている『労働法原理』の共著者として名高い。
⇒名著（アンドルーズ 1880–）

Andronicus of Kyrrhos 〈前1世紀〉
古代ギリシアの建築家。
⇒岩ケ（アンドロニコス 前1世紀）
建（アンドロニクス・オブ・キロス 前1世紀）
世美（アンドロニコス(キュロス出身の) 前1世紀）

Andronikos Kyrrhestū 〈前1世紀〉
前1世紀のアテナイの建築家。
⇒岩世（アンドロニコス(キルルホスの)）

Androuet du Cerceau, Jacques 〈17世紀〉
フランスの建築家。
⇒岩世（アンドルーエ・デュ・セルソー ?–1614）

Androutsopoulos, Adamantios 〈20世紀〉
ギリシアの政治家，弁護士。1947年弁護士，大学教授を経て，61年から蔵相，71年から内相を歴任し，73〜74年首相。
⇒世政（アンドルチョプロス，A. 1919–）
二十（アンドルチョプロス，A. 1919–）

Anes Álaverez de Castrillón, Gonzalo 〈20世紀〉
スペインの歴史家，経済学者。
⇒岩世（アネス・アルバレス 1931.12.10–2014.3.31）

Angas, George Fife 〈18・19世紀〉
オーストラリアの船主。
⇒岩ケ（アンガス，ジョージ・ファイフ 1789–1879）

Angel, Robert 〈20世紀〉
アメリカの日米貿易協議会理事長。
⇒二十（エンジェル，ロバート 1943–）

Angell, *Sir* Norman 〈19・20世紀〉
イギリスの経済学者，平和運動家。1933年ノーベル平和賞受賞。
⇒岩ケ（エンジェル，サー・ノーマン 1872–1967）
外国（エンジェル 1874–）
国小 （エンジェル 1872.12.26–1967.10.7）
コン2（エンジェル 1874–1967）
コン3（エンジェル 1874–1967）
最世（エンジェル，サー・ノーマン 1872–1967）
西洋（エンジェル 1874.12.26–1967.10.7）
世百（エンジェル 1872–）
二十（エンジェル・L., ラルフ・ノーマン 1874.12.26–1967.10.7）
ノベ（エンジェル，R.N. 1874.12.26–1967.10.7）

Angelo da Orvieto 〈14世紀〉
イタリアの建築家。
⇒世美（アンジェロ・ダ・オルヴィエート （活動）14世紀前半）

Angelou, Maya 〈20世紀〉
アメリカの小説家，詩人，女優，劇作家，公民権活動家，プロデューサー。
⇒ア事（アンジェロウ，マヤ 1928–）
岩ケ（アンジェルー，マヤ 1928–）
岩世（アンジェロウ 1928.4.4–2014.5.28）
才世（アンジェロウ，マヤ 1928–）
黒作（アンジェロウ，マヤ 1928–）
集世（アンジェロウ，マヤ 1928.4.4–）
集文（アンジェロウ，マヤ 1928.4.4–）
女作（Angelou, Maya アンジェロウ，マヤ 1928.4.4–）
世女（アンジェロウ，マヤ 1928–）

二十英（Angelou, Maya（Marguerite Annie Smith） 1928–）

Anger, Hal Oscar〈20世紀〉

アメリカの医学物理学者。彼の名をとってアンガー・カメラと呼ばれるラジオアイソトープ・カメラを発明。
⇒岩世（アンガー　1920.5.24–2005.10.31）
　科学（アンガー　1920.5.24–）
　西洋（アンガー　1920.5.24–）
　二十（アンガー, ハル・オスカー　1920.5.24–）

Anglin, James Raymond〈19世紀〉

イギリス人のジャーナリスト。ジャパン・ガゼット社主兼理事。
⇒来日（アングリン　?–1891）

Angliss, *Sir* William Charles〈19・20世紀〉

オーストラリアの実業家。
⇒岩ケ（アングリス, サー・ウィリアム・チャールズ　1865–1957）

Anguis, Emmanuel〈20世紀〉

フランスの経済学者。日仏会館研究員。著書 "Investir au Japon：Optique de l'Expert Comptable" など。
⇒二十（アンギス, エマニュエル　1952–）

Annenberg, Walter Hubert〈20世紀〉

アメリカの出版業者, 慈善家。
⇒岩ケ（アネンバーグ, ウォルター（・ヒューバート）　1908–）

Annenskii, Nikolai Fyodorovich〈19・20世紀〉

ロシアの経済学者, 統計学者, 政論家。ニジェゴロト, カザニなどの自治体（ゼムストヴォ）統計の作製を指導。
⇒岩世（アンネンスキー　1843.2.28–1912.7.26）
　外国（アンネンスキー　1843–1912）
　西洋（アンネンスキー　1843–1912）

Anning, Mary〈18・19世紀〉

イギリスの化石発掘・販売業者。
⇒岩世（アニング　1799.5.21–1847.3.9）
　世女（アニング, メアリ　1799–1847）
　世女日（アニング, メアリー　1799–1847）

Annoni, Ambrogio〈19・20世紀〉

イタリアの建築家。
⇒世美（アンノーニ, アンブロージョ　1882–1954）

al-Ansari, Ali bin Ahmed〈20世紀〉

カタールの政治家, 実業家。1970年労働・社会問題相。国際感覚にすぐれ, 多くの国際会議の代表となっている。
⇒中東（アンサリ　1925–）

Ansari, Houshang〈20世紀〉

イランの政治家。イラン蔵相, イラン国有石油会社総裁。
⇒現人（アンサリ　1928–）
　世政（アンサリ, H.　1928–）
　中東（アンサリ　1928–）

Anselmi, Alessandro〈20世紀〉

イタリアの建築家。1964年ローマで結成されたGRAU（都市計画建築家ローマ・グループ）の中心的メンバーの一人。
⇒二十（アンセルミ, アレッサンドロ　1934–）

Ansett, *Sir* Reginald Myles〈20世紀〉

オーストラリアの旅客航空のパイオニア。
⇒岩ケ（アンセット, サー・レジナルド（・マイルズ）　1909–1981）

Ansoff, H.Igor〈20世紀〉

アメリカの経営学者。著書『企業戦略論』『戦略経営論』など。
⇒岩世（アンゾフ　1918.12.12–2002.7.14）
　二十（アンゾフ, H.イゴー　1918–）

Anstey, Vera〈19・20世紀〉

イギリスの女流経済学者。主著『インドの経済発展』。
⇒名著（アンスティ　1889–）

Ant Banks〈20世紀〉

アメリカのヒップホップ系の音楽プロデューサー。
⇒ヒ人（アント・バンクス）

Antelami, Benedetto〈12・13世紀〉

イタリア・ロマネスクの彫刻家, 建築家。代表作パルマ大聖堂の浮彫り『キリスト降架』（1178）。
⇒岩世（アンテーラミ　1150頃–1230頃）
　キリ（アンテーラミ, ベネデット　1150頃–1230頃）
　建築（アンテーラミ, ベネデット　（活動）1177–1233）
　広辞4（アンテラミ　1150頃–1230）
　広辞6（アンテラミ　1150頃–1230）
　国小（アンテラミ　1150頃–1225頃）
　コン2（アンテラミ　1150頃–1233）
　コン3（アンテラミ　1150頃–1233）
　新美（アンテーラミ, ベネデット　1150頃–1230頃）
　西洋（アンテラミ　12世紀）
　世美（アンテーラミ, ベネデット　12世紀末–13

世紀初頭）
全書（アンテーラミ　1150頃-1230頃）

Anthemius of Tralles 〈6世紀〉
ギリシアの建築家。6世紀前半のビザンツ帝国で，イシドロスとともにハギア・ソフィアを造営。
⇒岩世（アンテミオス（トラレスの））
　外国（アンテミオス　6世紀頃）
　建築（アンテミウス・オブ・トラーレス　（活動）6世紀）
　国小（アンテミウス　生没年不詳）
　新美（アンテミオス（トラレイスの）　?-534頃）
　西洋（アンテミオス（トラレスの）　?-534頃）
　世美（アンテミオス　6世紀前半）

Anthony, Douglas William 〈20世紀〉
イギリスの経済学者。シェフィールド大学経済研究部，日本研究センター講師。
⇒二十（アンソニー, ダグラス・ウィリアム　1941-）

Anthony, John D. 〈20世紀〉
オーストラリアの政治家。1次産業相などを経て，1971年2月地方党党首並びに副首相兼貿易産業相を務める。
⇒二十（アンソニー, ジョン・D.　1929-）

Antico 〈15・16世紀〉
イタリアの金銀細工師，彫刻家，メダル制作家。
⇒世美（アンティーコ　1460頃-1528）

Antico, Andrea 〈15世紀〉
イタリアの楽譜出版業者，作曲家。
⇒音大（アンティーコ　1470/-80-?）

Antinori, Giovanni 〈18世紀〉
イタリアの建築家。
⇒世美（アンティノーリ, ジョヴァンニ　1734-1792）

Antisell, Thomas 〈19世紀〉
アメリカの鉱山技師。北海道開拓使顧問ケープロンと共に来日（1871），彼を助けて開拓に従事。
⇒岩世（アンティセル　1817-1893.6.14）
　西洋（アンティセル）
　二十（アンチセル, トーマス）
　日人（アンチセル　1821/23-?）
　来日（アンチセル　1817-1892）

Antoine, André 〈19・20世紀〉
フランスの俳優，演出家，劇場経営者。1887年自由劇場を結成し，フランスに自由主義演劇を紹介。
⇒岩ケ（アントワーヌ, アンドレ　1858-1943）

岩世（アントワーヌ　1858.1.31-1943.10.19）
演劇（アントワーヌ, アンドレ　1858-1943）
外国（アントアーヌ　1858-1943）
国小（アントアーヌ　1858.1.31-1943.10.9）
国百（アントアーヌ, アンドレ　1858.1.31-1943.10.21）
コン2（アントアーヌ　1858-1943）
コン3（アントアーヌ　1858-1943）
集世（アントアーヌ, アンドレ　1858-1943）
集文（アントアーヌ, アンドレ　1858-1943）
西洋（アントアーヌ　1858.1.31-1943）
世映（アントアーヌ, アンドレ　1853-1943）
世西（アントアーヌ　1858-1943）
世百（アントアーヌ　1858-1943）
世文（アントアーヌ, アンドレ　1858-1943）
全書（アントアーヌ　1858-1943）
大百（アントアーヌ　1858-1943）
デス（アントアーヌ　1858-1943）
伝世（アントアーヌ　1858-1943）
二十（アントアーヌ, アンドレ　1858-1943）
百科（アントアーヌ　1858-1943）
名著（アントワーヌ　1858-1943）

Antoine, Jacques Denis 〈18・19世紀〉
フランスの建築家。ガブリエルに次ぐ18世紀最大の建築家で，新古典主義をとった。
⇒岩世（アントワーヌ　1733.8.6-1801.8.24）
　建築（アントワーヌ, ジャック=ドニ　1733-1801）
　西洋（アントアーヌ　1733-1801）

Antolini, Giovanni Antonio 〈18・19世紀〉
イタリアの建築家，理論家。
⇒世美（アントリーニ, ジョヴァンニ・アントーニオ　1754-1842）

Antone, John 〈20世紀〉
インテル社長。
⇒最世（アントン, ジョン　1962-）

Antonelli, Alessandro 〈18・19世紀〉
イタリアの建築家。
⇒岩世（アントネッリ　1798.7.14-1888.10.18）
　建築（アントネッリ, アレッサンドロ　1798-1888）
　世美（アントネッリ, アレッサンドロ　1798-1888）

Antonelli, Cristiano 〈20・21世紀〉
イタリアの経済学者。
⇒岩世（アントネッリ　1951.12.24-）

Antonelli, Étienne 〈19・20世紀〉
フランスの経済学者。M.E.L.ワルラスの弟子。社会保障制度についての業績がある。著書『純粋経済学原理』など。

⇒経済 （アントネリ　1879–1971）
　二十 （アントネリ, E.　1879–1971）

Antonelli, Giovanni Battista 〈19・20世紀〉
イタリア生まれの経済思想学者。
⇒岩世 （アントネッリ　1858–1944）
　経済 （アントネッリ　1858–1944）

Antonio di Vincenzo 〈14・15世紀〉
イタリアの建築家。
⇒世美 （アントーニオ・ディ・ヴィンチェンツォ
　1350頃–1401頃）

Antonov, Aleksei Konstantinovich 〈20世紀〉
ソ連邦の政治家。1961年レニングラード国民経済会議議長となり、65年ソ連邦電気技術工業相などを歴任、80～88年副首相を務める。
⇒二十 （アントノフ, アレクセイ　1912.6.8–）

Antonov, Oleg Konstantinovich 〈20世紀〉
ロシアの飛行機設計者。
⇒岩ケ （アントーノフ, オレグ・コンスタンチノ
　ヴィチ　1906–1984）

Antunes, João 〈17・18世紀〉
ポルトガルの建築家。
⇒建築 （アントゥネス, ジョアン　1683–1734）

Apel, Hans Eberhard 〈20世紀〉
ドイツ連邦共和国の政治家。シュミット政権のもとで、蔵相に就任した。
⇒現人 （アベル　1932.2.25–）
　世政 （アベル, ハンス　1932.2.25–）
　二十 （アベル, H.　1932.2.25–）

Apelman, Jan Amel 〈15世紀〉
イタリアの建築家。
⇒建築 （アッペルマン, ヤン・アメル　（活動）15世紀）

Apollodōros of Damascus 〈1・2世紀〉
古代ギリシアの建築家。トラヤヌス帝（在位97～117）時代にローマで活躍。
⇒岩ケ （アポロドロス　2世紀）
　岩世 （アポロドロス（ダマスコスの））
　建築 （アポロドルス・オブ・ダマスカス　（活動）2世紀初め）
　国小 （アポロドロス（ダマスカスの）　生没年不詳）
　西洋 （アポロドロス（ダマスコスの）　2世紀頃）
　世西 （アポロドロス（ダマスコスの）　100頃）
　世美 （アポロドロス（ダマスクス出身の）　2世紀前半）

百科 （アポロドロス（ダマスクスの）　60頃–130頃）

Appert, Nicolas François 〈18・19世紀〉
パリの料理人。食料品を加熱滅菌して罐詰にする方法を考案した（1809）。
⇒岩世 （アペール, ニコラ・フランソワ　1749–1841）
　岩世 （アペール　1749.11.17–1841.6.1）
　科学 （アペール　1752.10.23–1841.6.3）
　科技 （アペール　1750/49.11.17–1841.6.2）
　科人 （アペール, ニコラ・フランソワ　1750?–1841.6.3）
　コン3 （アペール　1752–1841）
　西洋 （アペール　?–1840頃）
　世科 （アペール　1750頃–1841）
　世西 （アペール　?–1840頃）
　世百 （アペール　1750–1841）
　全書 （アペール　1752–1841）
　大辞 （アペール　1752–1841）
　大辞3 （アペール　1752–1841）
　大百 （アペール　1752–1841）
　百科 （アペール　1750–1841）

Appleton, Daniel 〈18・19世紀〉
アメリカの出版業者。ニューヨークにアプルトン出版会社を創立した（1838）。
⇒西洋 （アプルトン　1785.12.10–1849.2.27）

Appleton, Nathan 〈18・19世紀〉
アメリカの実業家。
⇒岩世 （アプルトン　1779.10.6–1861.7.14）
　西洋 （アプルトン　1779.10.6–1861.7.14）
　伝世 （アプルトン　1779.10.6–1861）

Arachnē
ギリシア神話の機織女。
⇒岩世 （アラクネ）
　新美 （アラクネー）
　世女日 （アラクネ）
　全書 （アラクネ）

Archer, Frederick Scott 〈19世紀〉
イギリスの彫刻家、写真技術家。写真の湿板感光膜にコロディオンを使用する方法を発明した（1850）。
⇒岩世 （アーチャー　1813–1857.5.2）
　西洋 （アーチャー　1813–1857）
　全書 （アーチャー　1813–1857）
　大百 （アーチャー　1813–1857）

Archer, Kenneth 〈20世紀〉
イギリスのデザイナー、バレエ美術の復元家。
⇒バレ （アーチャー, ケネス　1943.2.7–）

Archer, Thomas 〈17・18世紀〉
イギリスの建築家。主作品はウェストミンスターのセント・ジョン聖堂。
⇒岩ケ（アーチャー，トマス 1668–1743）
　岩世（アーチャー 1668頃–1743.5.23）
　キリ（アーチャー，トマス 1668頃–1743.5.23）
　建築（アーチャー，トーマス 1668–1743）
　国小（アーチャー 1668/9–1743）
　新美（アーチャー，トーマス 1668頃–1743.5.23）
　西洋（アーチャー ?–1743）
　世美（アーチャー，トマス 1668–1743）

Archilochos
ギリシアの建築家。
⇒西洋（アルキロコス）

Archimēdēs 〈前3世紀〉
ギリシアの数学者，物理学者，技術者。てこの原理やアルキメデスの原理を発見。
⇒逸話（アルキメデス 前287–前213）
　岩ケ（アルキメデス 前287頃–前212）
　岩世（アルキメデス 前287頃–212）
　岩哲（アルキメデス 前287頃–前212）
　旺世（アルキメデス 前287–前212）
　外国（アルキメデス 前287頃–212）
　科学（アルキメデス 前287頃–前212）
　科技（アルキメデス 前287頃–212頃）
　科史（アルキメデス 前287頃–212）
　科人（アルキメデス 前287–前212）
　角世（アルキメデス 前287?–前212）
　教育（アルキメデス 前287?–212）
　ギリ（アルキメデス 前287–212）
　ギロ（アルキメデス 前287頃–前212）
　広辞4（アルキメデス 前287頃–前212）
　広辞6（アルキメデス 前287頃–前212）
　国小（アルキメデス 前287頃–前212頃）
　国百（アルキメデス 前287–212）
　コン2（アルキメデス 前287–前212）
　コン3（アルキメデス 前287–前212）
　集世（アルキメデス 前287頃–前212）
　集文（アルキメデス 前287頃–前212）
　人物（アルキメデス 前287–212）
　数学（アルキメデス 前287–212）
　数学増（アルキメデス 前287頃–前212）
　西洋（アルキメデス 前287–212）
　世科（アルキメデス 前287–212）
　世人（アルキメデス 前287–前212頃）
　世西（アルキメデス 前287–212）
　世百（アルキメデス 前287–212）
　全書（アルキメデス 前287–212）
　大辞（アルキメデス 前287頃–前212頃）
　大辞3（アルキメデス 前287頃–前212頃）
　大百（アルキメデス 前287頃–212）
　デス（アルキメデス 前287頃–212）
　伝世（アルキメデス 前287頃–212）
　天文（アルキメデス 前287–211）
　百科（アルキメデス 前287頃–前212）
　評世（アルキメデス 前287–前212）
　名著（アルキメデス 前287頃–212）

　山世（アルキメデス 前287頃–前212）
　歴史（アルキメデス 前287頃–前212頃）

Arco, Georg, Graf von 〈19・20世紀〉
ドイツの電気技術者。高周波発振装置を用いる無電送信方法を開拓。
⇒岩世（アルコ 1869.8.30–1940.5.5）
　西洋（アルコ 1869.8.30–1940.5.5）

Ardemáns, Teodoro 〈17・18世紀〉
ドイツの建築家。
⇒建築（アルデマンス，テオドロ 1664–1726）

Arden, Elizabeth 〈19・20世紀〉
カナダの美容師，実業家。
⇒岩ケ（アーデン，エリザベス 1878–1966）
　岩世（アーデン 1878(84).12.31–1966.10.18）
　現ア（Arden, Elizabeth アーデン，エリザベス 1884–1966）
　世女（アーデン，エリザベス 1884?–1966）
　世女日（アーデン，エリザベス 1878–1966）

Ardenne, Manfred, Baron von 〈20世紀〉
ドイツの電気技術者。ベルリンに高周波技術研究所を創設。
⇒岩世（アルデンネ 1907.1.20–1997.5.26）
　西洋（アルデンネ 1907.1.20–）

Arditi, Andrea 〈14世紀〉
イタリアの金銀細工師，エマイユ制作家。
⇒世美（アルディーティ，アンドレーア 14世紀）

Arévalo, Luis de 〈18世紀〉
スペインの建築家。
⇒建築（アレバロ，ルイス・デ （活動）18世紀）

Arfe, Antonio 〈16世紀〉
スペインの金工家。
⇒世美（アルフェ，アントニオ 1510–1578）

Arfe, Enrique 〈16世紀〉
スペインの金工家。
⇒世美（アルフェ，エンリーケ ?–1545以降）

Arfe y Villafañe, Juan de 〈16・17世紀〉
スペインの鋳金家。スペインのルネサンス盛時の古典的様式の代表者。
⇒西洋（アルフェ・イ・ビリャファニェ 1535–1603.4.1）
　世美（アルフェ，フアン 1535–1603）

A

Argand, Aimé 〈18・19世紀〉

スイスの化学者。〈アルガン・ランプ〉の発明者。

⇒岩ケ（アルガン, エメ　1755–1803）
　岩世（アルガン　1750.7.5–1803.10.14）
　外国（アルガン　1755–1803）
　科学（アーガン　1755–1803.10.24）
　人物（アルガン　1755–1803.10.24）
　西洋（アルガン　1755–1803.10.24）
　世西（アルガン　1755–1803.10.24）
　大百（アルガン　1755–1803）

Argos

ギリシャ神話, 船大工。

⇒岩世（アルゴス）

Aribau, Bonaventura Carles 〈18・19世紀〉

スペインの経済学者, 作家。

⇒岩ケ（アリバウ, ボナベントゥーラ・カルレス
　　　1798–1862）
　集世（アリバウ, ボナベントゥラ・カルレス
　　　1798–1862）
　集文（アリバウ, ボナベントゥラ・カルレス
　　　1798–1862）

Arifa, Akwasi A. 〈20世紀〉

ガーナの政治家。1966年クーデターにより解放
議会議員となり, 67年同財政委員, 準将を経て,
69年ガーナ国家解放評議会議長となる。

⇒二十（アリファ, A.A.　1935–）

Aristeidēs 〈前4世紀頃〉

ギリシアの建築家。

⇒世美（アリステイデス　前4世紀頃）

Aristonothos 〈前7世紀〉

ギリシアの陶工, 陶画家。

⇒世美（アリストノトス　前7世紀後半）

Arkwright, *Sir* Richard 〈18世紀〉

イギリスの発明家, 企業家, 紡績機改良者。
1768年, 水力を利用した紡績機械を発明。紡績
工場を建設し, 産業革命に大きな影響を及ぼ
した。

⇒岩ケ（アークライト, サー・リチャード　1732–
　　　1792）
　岩世（アークライト　1732.12.23–1792.8.3）
　英米（Arkwright, Sir Richard　アークライト
　　　1732–1792）
　旺世（アークライト　1732–1792）
　外国（アークライト　1732–1792）
　科学（アークライト　1732.12.23–1792.8.3）
　科技（アークライト　1732.12.23–1792.8.3）
　科史（アークライト　1732–1792）
　科人（アークライト, サー・リチャード　1732.
　　　12.23–1792.8.3）
　角世（アークライト　1732–1792）

　広辞4（アークライト　1732–1792）
　広辞6（アークライト　1732–1792）
　国小（アークライト　1732–1792）
　コン2（アークライト　1732–1792）
　コン3（アークライト　1732–1792）
　人物（アークライト　1732.12.23–1792.8.3）
　西洋（アークライト　1732.12.23–1792.8.3）
　世科（アークライト　1732–1792）
　世人（アークライト　1732–1792）
　世西（アークライト　1732.12.23–1792.8.3）
　世百（アークライト　1732–1792）
　全書（アークライト　1732–1792）
　大辞（アークライト　1732–1792）
　大辞3（アークライト　1732–1792）
　大百（アークライト　1732–1792）
　デス（アークライト　1732–1792）
　伝世（アークライト　1732.12.23–1792.8.3）
　百科（アークライト　1732–1792）
　評世（アークライト　1732–1792）
　山世（アークライト　1732–1792）
　歴史（アークライト　1732–1792）

Armani, Giorgio 〈20世紀〉

イタリアの服飾デザイナー。

⇒岩ケ（アルマーニ, ジョルジョ　1935–）
　岩世（アルマーニ　1934.7.11–）
　広辞6（アルマーニ　1934–）
　最世（アルマーニ, ジョルジョ　1935–）
　ナビ（アルマーニ　1935–）

Armanni, Osvaldo 〈19・20世紀〉

イタリアの建築家。

⇒世美（アルマンニ, オズヴァルド　1855–1929）

Armenault, Daniel 〈18世紀〉

オランダの長崎商館長。

⇒岩世（アルムノー　?–1778.10.3）

Arminjon, Vittorio F. 〈19世紀〉

イタリアの海軍軍人。イタリア通商使節, ジェ
ノヴァ市議会議員。

⇒日研（アルミニヨン, V.F.　1830–1897）

Armitage, Merle 〈20世紀〉

アメリカの著述家, デザイナー, 興行主。

⇒バレ（アーミテイジ, マール　1893.2.12–1975.3.
　　　15）

Armour, Elizabeth Isabel 〈19・20世紀〉

イギリス・スコットランドの陶芸家。

⇒世女日（アーマー, エリザベス・イサベル
　　　1885–1945）

Armour, Philip Danforth 〈19・20世

紀〉
アメリカの精肉業者, 穀物商。
⇒世西 (アーマー 1832.5.16–1901.6.6)
伝世 (アーマー 1832.5.16–1901.1.6)

Armstrong, Edwin Howard 〈19・20世紀〉
アメリカの電気技師。周波数変調 (FM) 方式の送受信機を考案した。
⇒岩ケ (アームストロング, エドウィン・H (ハワード) 1890–1954)
岩世 (アームストロング 1890.12.18–1954.1.31)
科学 (アームストロング 1890.12.18–1954.2.1)
科技 (アームストロング 1890.12.18–1954.2.1)
現人 (アームストロング 1890.12.18–1954.2.1)
コン3 (アームストロング 1890–1954)
人物 (アームストロング 1890.12.18–1954.2.1)
西洋 (アームストロング 1890.12.18–1954.2.1)
世科 (アームストロング 1890–1954)
世西 (アームストロング 1890.12.18–1954.2.1)
世百 (アームストロング 1890–1954)
世百新 (アームストロング 1890–1954)
全書 (アームストロング 1890–1954)
大辞2 (アームストロング 1890–1954)
大辞3 (アームストロング 1890–1954)
二十 (アームストロング, エドウィン・ハワード 1890.12.18–1954.2.1)
百科 (アームストロング 1890–1954)

Armstrong, Michel 〈20世紀〉
アメリカのコラムニスト。経済分析や国際ビジネスを専攻。日本の防衛問題にも深い関心を持つ。
⇒二十 (アームストロング, マイケル)

Armstrong, *Sir* William George 〈19世紀〉
イギリスの発明家, 企業家。水力起重機を発明, クリミヤ戦争の際にアームストロング砲を発明。
⇒岩ケ (アームストロング, ウィリアム・ジョージ, 男爵 1810–1900)
岩世 (アームストロング 1810.11.26–1900.12.27)
外国 (アームストロング 1810–1900)
科学 (アームストロング 1810.11.26–1900.12.27)
広辞4 (アームストロング 1810–1900)
広辞6 (アームストロング 1810–1900)
国小 (アームストロング 1810.11.26–1900.12.27)
コン2 (アームストロング 1810–1900)
コン3 (アームストロング 1810–1900)
人物 (アームストロング 1810.11.26–1900.12.27)
西洋 (アームストロング 1810.11.26–1900.12.27)
世科 (アームストロング 1810–1900)
世西 (アームストロング 1810.11.26–1900.12.27)

世百 (アームストロング 1810–1900)
大辞 (アームストロング 1810–1900)
大辞3 (アームストロング 1810–1900)
百科 (アームストロング 1810–1900)

Arnault, Bernard Jean Étienne 〈20世紀〉
フランスの実業家。
⇒岩世 (アルノー 1949.3.5–)

Arnault de Zwolle, Henri 〈15世紀〉
フランス系のオランダのオルガン奏者, 理論家, 技士, 天文学者, 医者。
⇒ラル (アルノー・ド・ズヴォル, アンリ ?–1466)

Arnd, Karl 〈18・19世紀〉
ドイツの経済学者。A.スミスの影響を受けて自由貿易論を主張。
⇒岩世 (アルント 1788.11.11–1877.8.21)
西洋 (アルント 1788.11.11–1877.8.21)

Arnoff, E.Leonard 〈20世紀〉
アメリカの経営経済学者。主著『オペレーション・リサーチ序説』(共著)。
⇒数学増 (アーノッフ 1922.10.15–)
名著 (アーノフ 生没年不詳)

Arnold, Engelbert 〈19・20世紀〉
ドイツの電気技術者。「直流発電機の発電子巻線」(1891) をはじめ, 電気機器の理論的体系的著述に先駆的役割を果たした。
⇒世百 (アーノルト 1856–1911)

Arnold, Harold DeForest 〈19・20世紀〉
アメリカの電気技術者。
⇒岩世 (アーノルド 1883.9.3–1933.7.10)

Arnold, John Oliver 〈19・20世紀〉
イギリスの技術者。1889年シェフィールド工業学校教授。鋼の微細組織の研究をすすめて, 鉄に対する諸元素の影響を考察した。
⇒世百 (アーノルド 1858–1930)
二十 (アーノルド, ジョン・オリバー 1858–1930)
百科 (アーノルド 1858–1930)

Arnold, Samuel 〈18・19世紀〉
イギリスの作曲家, オルガン奏者, 楽譜出版者。
⇒岩ケ (アーノルド, サミュエル 1740–1802)
音大 (アーノルド 1740.8.10–1802.10.22)

Arnold von Westfalen 〈15世紀〉
ドイツの建築家。

⇒建築（アルノルト・フォン・ヴェストファーレン
（アルノルト・フォン・ヴェストファーリア）
?–1480）

Arnolfo di Cambio 〈13・14世紀〉

イタリアの建築家，彫刻家。

⇒岩ケ（アルノルフォ・ディ・カンビオ　1245頃–
1302）
岩世（アルノルフォ・ディ・カンビオ　1245頃–
1302）
キリ（アルノルフォ・ディ・カンビオ　1245頃–
1302頃）
建築（アルノルフォ・ディ・カンビオ　1232頃–
1302）
国小（アルノルフォ・ディ・カンビオ　1250?–
1320?）
コン2（アルノルフォ・ディ・カンビオ　1245頃–
1310以前）
コン3（アルノルフォ・ディ・カンビオ　1245頃–
1310以前）
新美（アルノルフォ・ディ・カンビオ　1245頃–
1310以前）
西洋（アルノルフォ・ディ・カンビオ　1245頃–
1302）
世美（アルノルフォ・ディ・カンビオ　1245頃–
1302）
世百（アルノルフォディカンビオ　1232頃–1300/
11）
全書（アルノルフォ　1245頃–1301/02）
伝世（アルノルフォ・ディ・カンビオ　1245?–
1302.3.8）

Arnstein, Karl 〈19・20世紀〉

アメリカ（チェコスロヴァキア生まれ）の飛行船
設計および建造家。「グッドイア・ツェッペリ
ン会社」の副社長および主任技師（1925～39）。

⇒岩世（アーンスタイン　1887.3.24–1974.12.13）
西洋（アーンスタイン　1887.3.24–1974.12.13）

Aron, Hermann 〈19・20世紀〉

ドイツの電気工学者。初めて実用に供しうる電
量計を発明し（1884），更に交流用電力計を完
成して（91），これを工業的に製作した。

⇒岩世（アーロン　1845.10.1–1913.8.29）
西洋（アーロン　1845.10.1–1913.8.29）

Aron, Raymond 〈20世紀〉

フランスの政治・社会学者，経済思想家，
ジャーナリスト。

⇒岩世（アロン　1905.3.14–1983.10.17）
岩哲（アロン　1905–1983）
外国（アロン　1905–）
経済（アロン　1905–1983）
現人（アロン　1905.3.14–）
広辞5（アロン　1905–1983）
広辞6（アロン　1905–1983）
国小（アロン　1905.3.14–）
コン3（アロン　1905–1983）
思想（アロン，レイモン（クロード・フェルディナ
ン）　1905–1983）

集世（アロン，レーモン　1905.3.14–1983.10.17）
集文（アロン，レーモン　1905.3.14–1983.10.17）
人物（アロン　1905.3.14–）
西洋（アロン　1905.3.14–）
世西（アロン　1905.3.14–）
全書（アロン　1905–1983）
大辞2（アロン　1905–1983）
大辞3（アロン　1905–1983）
二十（アロン，レーモン　1905.3.14–1983.10.17）

Arrieta, Pedro de 〈18世紀〉

メキシコで活躍した建築家。

⇒建築（アリエータ，ペドロ・デ　?–1738）

Arrol, *Sir* William 〈19・20世紀〉

イギリスの土木技術者，橋梁設計者，政治家。

⇒岩ケ（アロル，サー・ウィリアム　1839–1913）
岩世（アロル　1839.2.13–1913.2.20）
西洋（アロル　1839.2.13–1913.2.20）

Arrow, Kenneth Joseph 〈20世紀〉

アメリカの経済学者。1956年度計量経済学会会
長，73年度アメリカ経済学会会長。72年度ノー
ベル経済学賞をヒックスと共に受賞。

⇒アメ（アロー　1921–）
岩ケ（アロー，ケネス（・ジョゼフ）　1921–）
岩世（アロー　1921.8.23–）
岩哲（アロー　1921–）
経済（アロー　1921–）
現人（アロー　1921.8.23–）
広辞6（アロー　1921–）
コン3（アロー　1921–）
最世（アロー，K.J.　1921–）
思想（アロー，ケネス（ジョーゼフ）　1921–）
数学（アロウ　1921–）
数学増（アロウ　1921.8.23–）
西洋（アロー　1921.8.23–）
世西（アロー　1921.8.23–）
世百新（アロー　1921–）
全書（アロー　1921–）
大辞2（アロー　1921–）
大辞3（アロー　1921–）
二十（アロー，ケネス・ジョセフ　1921.8.23–）
ノベ（アロー，K.J.　1921.8.23–）
百科（アロー　1921–）
ノベ3（アロー，K.J.　1921.8.23–）
ユ人（アロー，ケネス　1921–）

Arruda, Diego de 〈16世紀〉

ポルトガルの建築家。

⇒建築（アルーダ，ディエゴ・デ　?–1527）

'Arūj 〈15・16世紀〉

トルコの海賊。オスマン・トルコ海軍の提督と
なったハイレッディン・パシャの兄。

⇒世東（アルージュ　1474?–1518）

Arup, *Sir* Ove Nyquist 〈19・20世紀〉
イギリスの建築構造デザイナー。
⇒岩ケ（アラップ，サー・オーヴ（・ニクイスト）1895–1988）
　岩世（アラップ　1895.4.16–1988.2.5）

Asam, Cosmas Damian 〈17・18世紀〉
ドイツ，ババリアの建築家，彫刻家。
⇒岩ケ（アザム，コスマス・ダミアン　1686–1739）
　キリ（アーザム，コスマス・ダミアーン　1686.9.28–1739.5.10）
　芸術（アサム兄弟　1686–1739）
　建築（アザム，コスマス・ダミアン　1686–1739）
　国小（アザム　1686.9.21–1739）
　新美（アザム，コスマス・ダミアン　1686.9.27/28–1739.5.10）
　世美（アザム，コスマス・ダミアン　1686–1739）
　世百（アザム，コスマス・ダミアン　1686–1739）
　全書（アサム　1686–1739）
　大百（アサム　1686–1739）
　伝世（アーザム，コスマス・ダーミアン　1686.9.28–1739.5.11）
　百科（アザム，コスマス・ダミアン　1686–1739）

Asam, Egid Quirin 〈17・18世紀〉
ドイツ，ババリアの建築家，彫刻家。
⇒岩ケ（アザム，エーギット・クヴィリン　1692–1750）
　キリ（アーザム，エギート・クヴィリーン　1692.9.1–1750.4.29）
　芸術（アサム兄弟　1692–1750）
　国小（アザム　1692.9.1–1750.4.29）
　新美（アザム，エーギット・クヴィリン　1692.9.1–1750.4.29）
　西洋（アサム　1692.9.1–1750.4.29）
　世美（アザム，エーギット・クヴィリン　1692–1750）
　世百（アザム，エーギット・クヴィリン　1692–1750）
　全書（アサム　1692–1750）
　大百（アサム　1692–1750）
　伝世（アーザム，エギート・クヴィリーン　1692.9.1–1750.4.29）
　百科（アザム，エギト・クウィリレ　1692–1750）

Aschieri, Pietro 〈19・20世紀〉
イタリアの建築家，舞台美術家。
⇒世美（アスキエーリ，ピエトロ　1889–1952）

Ash, Roy Lawrence 〈20世紀〉
アメリカの実業家。1972年ニクソン大統領に請われ，大統領補佐官，行政管理予算局長を75年まで務める。
⇒現人（アッシュ　1918.10.20–）
　二十（アッシュ，R.L.　1918–）

Ashbee, Charles Robert 〈19・20世紀〉
イギリスのデザイナー，建築家，作家。
⇒岩ケ（アシュビー，チャールズ・ロバート　1863–1942）
　岩世（アシュビー　1863.5.17–1942.5.23）
　才国（アシュビー，チャールズ・ロバート　1863–1942）
　新美（アシュビー，チャールズ・ロバート　1863.5.17–1942.5.23）
　世美（アシュビー，チャールズ・ロバート　1863–1942）
　二十（アシュビー，チャールズ・ロバート　1863.5.17–1942.5.23）
　百科（アシュビー　1863–1942）

Ashbey, Arthur Wilfred 〈19・20世紀〉
イギリスの農業経済学者。イギリス農業経済学の研究賞の第1回受賞者（1912）。
⇒岩世（アシュビー　1886.8.19–1953.9.9）
　西洋（アシュビ　1886.8.19–1953.9.9）

Ashburton, Alexander Baring, 1st Baron 〈18・19世紀〉
イギリスの財政家，政治家。1834～35年ピール内閣の通商，鉱業相。
⇒岩世（アシュバートン　1773.10.27–1848.5.12）
　国小（アシュバートン　1774.10.27–1848.5.12）
　西洋（アシュバートン　1774.10.27–1848.5.13）

Ashley, Laura 〈20世紀〉
イギリスのファッション・デザイナー。
⇒岩ケ（アシュリー，ローラ　1925–1985）
　岩世（アシュリー　1925.9.7–1985.9.17）
　世女（アシュレイ，ローラ　1925–1985）
　世女日（アシュレイ，ローラ　1925–1985）

Ashley, William Henry 〈18・19世紀〉
アメリカの毛皮商人，西部探検家。探検隊を率いてグリーン河を渡り，ワイオミングとコロラドを開拓した。
⇒国小（アシュリー　1778–1838.3.26）
　探検2（アシレイ　1778–1838）
　伝世（アシュリー　1778–1838）

Ashley, *Sir* William James 〈19・20世紀〉
イギリスの経済史家，経済学者。経済史学会の初代会長となり（1926），経済史，法制史および思想史に深い造詣をもっていた。
⇒岩世（アシュリー　1860.2.25–1927.7.23）
　外国（アシュリー　1860–1927）
　経済（アシュレー　1860–1927）
　国小（アシュリー　1860.2.25–1927.6.23）
　コン2（アシュリー　1860–1927）
　コン3（アシュリー　1860–1927）
　人物（アシュリー　1860.2.25–1927.7.23）
　西洋（アシュリー　1860.2.25–1927.7.23）
　世西（アシュリー　1860.2.25–1927.7.23）
　世百（アシュリー　1860–1927）
　全書（アシュリー　1860–1927）

A

大百（アシュレー 1860-1927）
二十（アシュリー，ウィリアム・ジェームス 1860-1927）
名著（アシュリー 1860-1927）
歴学（アシュレー 1860-1927）

Ashton, Thomas Southcliffe 〈19・20世紀〉

イギリスの経済史家。

⇒岩世（アシュトン 1889.1.11-1968.9.22）
国小（アシュトン 1889.1.11-1968.9.22）
世百（アシュトン 1889-）
世百新（アシュトン 1889-1968）
全書（アシュトン 1889-1968）
二十（アシュトン，トマス 1889-1968）
百科（アシュトン 1889-1968）
名著（アシュトン 1889-）
歴学（アシュトン 1889-1963）

Asiltürk, O$guzhan 〈20世紀〉

トルコの土木技師，政治家。1977年7～12月の公正党・国家救済党・国民行動党の連立内閣で工業技術相。

⇒中東（アスルテュルク 1935-）

Askew, Reubin O. 〈20世紀〉

アメリカの政治家。フロリダ州上下院議員を経て，1971～79年同州知事となる。79～80年通商交渉大統領特別代表を務める。

⇒二十（アスキュー，R. 1928.9.11-）

Aspdin, Joseph 〈18・19世紀〉

イギリスのレンガ積み職人，発明家。

⇒岩ケ（アスプディン，ジョゼフ 1779-1855）
岩世（アスプディン 1779-1855.3.20）
建築（アスプディン，ヨセフ 1779-1855）
コン2（アスプディン 1779-1855）
コン3（アスプディン 1779-1855）
西洋（アスプディン 1779-1855.3.20）
世百（アスプディン 1779-1855）
全書（アスプディン 1779-1885）
大百（アスプディン 1779-1885）

Aspinall, *Sir* John Audley Frederick 〈19・20世紀〉

イギリスの機械工学士。

⇒岩ケ（アスピノール，サー・ジョン（・オードリー・フレデリック） 1851-1937）

Aspinwall, William Henry 〈19世紀〉

アメリカの商人。パナマ地峡を横切る鉄道を建設，ゴールドラッシュ時代の旅客貨物輸送を独占。

⇒国小（アスピンウォール 1807-1875）

Asplund, Erik Gunnar 〈19・20世紀〉

スウェーデンの建築家。スカンジナビアの近代建築を推進，1930年ストックホルム展をデザイン。

⇒岩ケ（アスプルンド，エリック・グンナル 1885-1940）
岩世（アスプルンド 1885.9.22-1940.10.20）
才西（アスプルンド，エリク・グンナール 1885-1940）
国小（アスプルンド 1885-1940）
新美（アスプルンド，エリク・グンナール 1885.9.22-1940.10.20）
西洋（アスプルンド 1885.9.22-1940.10.20）
世美（アスプルンド，エリク・グンナール 1885-1940）
世百（アスプルント 1885-1940）
世百新（アスプルンド 1885-1940）
全書（アスプルンド 1885-1940）
大百（アスプルント 1885-1940）
伝世（アスプルンド 1885-1945）
ナビ（アスプルンド 1885-1940）
二十（アスプルンド，エリク 1885.9.22-1940.10.20）
百科（アスプルンド 1885-1940）

Asprucci, Antonio 〈18・19世紀〉

イタリアの建築家。

⇒世美（アスプルッチ，アントーニオ 1723-1808）

Astbury, John 〈17・18世紀〉

イギリスの陶工。

⇒岩ケ（アストベリー，ジョン 1688-1743）

Astengo, Giovanni 〈20世紀〉

イタリアの建築家，都市計画家。

⇒世美（アステンゴ，ジョヴァンニ 1915-）

Astley, Philip 〈18・19世紀〉

イギリスの劇場支配人，曲馬師。近代サーカスの創始者。騎兵隊下士官。ロンドンにアストリー円形演技場を創設し，曲馬，曲芸を見せた。

⇒岩ケ（アストリー，フィリップ 1742-1814）
岩世（アストリー 1742.1.8-1814.10.20）
国小（アストリー 1742-1814）
世百（アストリー 1742-1814）

Astor, John Jacob 〈18・19世紀〉

アメリカの毛皮業者。1811年，オレゴンにアストリアを建設。

⇒岩ケ（アスター，ジョン・ジェイコブ 1763-1848）
岩世（アスター 1763.7.17-1848.3.29）
英米（Astor, John Jacob アスター，ジョン 1763-1848）
外国（アスター 1763-1848）
国小（アスター 1763.7.17-1848.3.29）
コン2（アスター 1763-1848）
コン3（アスター 1763-1848）

人物（アスター 1763.7.17–1848.3.29）
西洋（アスター 1763.7.17–1848.3.29）
世西（アスター 1763.7.17–1848.3.29）
世百（アスター 1763–1848）
全書（アスター 1763–1848）
百科（アスター 1763–1848）

Astor, John Jacob 〈19・20世紀〉

アメリカの金融家。毛皮業者ジョン・ジェイコブの曾孫。
⇒岩ケ（アスター, ジョン・ジェイコブ 1864–1912）
コン3（アスター 1864–1912）

Astor, John Jacob, Baron 〈19・20世紀〉

イギリスの新聞経営者。ノースクリフから「ザ・タイムズ」紙を買収し（1922）, 支配権を握った。
⇒岩ケ（アスター（ヒーヴァーの）, ジョン・ジェイコブ・アスター, 男爵 1886–1971）
岩世（アスター 1886.5.20–1971.7.19）
西洋（アスター 1886.5.20–1971.7.19）

Astor, Sarah Todd 〈18・19世紀〉

アメリカの実業家。
⇒岩女日（アスター, サラ・トッド 1761–1832）

Astor, William Waldorf Astor, 1st Viscount 〈19・20世紀〉

イギリスの新聞社社主, 毛皮業者ジョン・ジェイコブ・アスターの曾孫。
⇒岩ケ（アスター, ウィリアム・ウォルドーフ・アスター, 初代子爵 1848–1919）

Atanasoff, John Vincent 〈20世紀〉

アメリカの物理学者, コンピューターの開拓者。
⇒岩ケ（アタナソフ, ジョン（・ヴィンセント）1903–1995）
岩世（アタナソフ 1903.10.4–1995.6.15）
科人（アタナソフ, ジョン・ヴィンセント 1904.10.4–1995.6.15）

Athos, Anthony G. 〈20世紀〉

アメリカの経済学者。ハーバード・ビジネス・スクール, ストラウス記念講座教授。
⇒二十（エイソス, アンソニー）

'Atīqī, 'Abd al-Rahmān Salīm al- 〈20世紀〉

クウェートの政治家。1967年石油相兼財政相に就任。
⇒現人（アチキ 1928.4.5–）
中東（アティーキー 1928–）

Atkinson, Robert D'escourt 〈20世

紀〉
イギリスの天文学者, 発明家。
⇒世科（アトキンソン 1898–）
二十（アトキンソン, ロバート 1898.4.11–?）

Atkinson, Thomas Witlam 〈18・19世紀〉

イギリスの建築家, 旅行家。マンチェスター, リヴァプールの教会建築に携わった。
⇒岩ケ（アトキンソン, トマス（・ウィトラム）1799–1861）
岩世（アトキンソン 1799.3.6–1861.8.13）
キリ（アトキンスン, トマス・ウィットラム 1799.3.6–1861.8.13）
西洋（アトキンソン 1799.3.6–1861.8.13）
世美（アトキンソン, トマス・ウィットラム 1799–1861）

Atlas, Charles 〈20世紀〉

アメリカの映画製作者, デザイナー, 照明家。
⇒バレ（アトラス, チャールズ 1949.3.25–）

Attaignant, Pierre 〈15・16世紀〉

フランスの音楽出版家。音符と譜線部分を一つの活字のように組合わせた印刷法を発明。
⇒音楽（アテニャン, ピエール 1494頃–1551/2）
音大（アテニャン ?–1552）
国小（アテニャン 15世紀頃–1553）
ラル（アテニャン, ピエール 1494–1552）

Attali, Jacques 〈20世紀〉

フランスの経済学者, 思想家。フランス大統領特別顧問, 欧州復興開発銀行（EBRD）総裁。
⇒岩世（アタリ 1943.11.1–）
世政（アタリ, ジャック 1943.11.1–）

al-Attar, Muhammad Said 〈20世紀〉

イエメンの外交官, 財政専門家。共和制発足後イエメン復興開発銀行総裁, 経済相, 経済委員会議長などを歴任。
⇒中東（アッタール 1927–）

Attenborough, David Frederick 〈20世紀〉

イギリスのナチュラリスト, 映画製作者, 著述家。
⇒岩ケ（アッテンボロー, サー・デイヴィド（・フレデリック）1926–）
世科（アッテンボロー 1926–）
二十（アッテンボロー, D.F. 1926.5.8–）

Attenborough, Richard 〈20世紀〉

イギリスの俳優, 監督, プロデューサー。
⇒岩ケ（アッテンボロー・サー・リチャード（・サミュエル）, 男爵 1923–）

外男（アッテンボロー，リチャード　1923.8.29-）
世映（アッテンボロー，リチャード　1923-）
世俳（アッテンボロー，リチャード　1923.8.29-）
俳優（アテンバラ，リチャード　1923.8.29-）

A Atticus, Herodes 〈2世紀〉
ギリシアの建築家。
⇒建築（アッティコス，ヘロデス　（活動）2世紀）

Atticus, Titus Pomponius 〈前2・1世紀〉
ローマの実業家，著述家。キケロの親友で文通の相手。衰退したアテナイの文芸の復興のために出版業を創始した。
⇒岩ケ（アッティクス，ティトゥス・ポンポニウス　前109-32）
岩世（アッティクス　前110-132.3）
外国（アッティクス　前109-32）
ギロ（アッティクス　前109-前23）
国小（アッチクス　前109-32）
コン2（アッティクス　前109-32）
コン3（アッティクス　前109-前32）
集文（アッティクス，ティトゥス・ポンポニウス　前110.11頃-32.3.31）
西洋（アッティクス　前109-32）
世文（アッティクス，ティトゥス・ポンポーニウス　前109-32）
ロマ（アッティクス　前110-32）

al-Attiyah, Khalid bin Abdullah 〈20世紀〉
カタールの政治家，実業家。1970年公共事業相。
⇒中東（アッティーヤ　1930?-）

Attwood, Thomas 〈18・19世紀〉
イギリスの改革運動家，銀行家，貨幣理論家。チャーティスト運動を支持。
⇒岩世（アトウッド　1783.10.6-1856.3.6）
英米（Attwood, Thomas　アトウッド　1783-1856）
外国（アトウッド　1783-1856）
西洋（アトウッド　1783.10.6-1856.3.6）

Atwood, Charles Bowler 〈19世紀〉
アメリカの建築家。
⇒世美（アトウッド，チャールズ・ボーラー　1849-1895）

Aubert, Jean 〈18世紀〉
フランスの建築家。多くの邸宅を建築し，またシャーリの修道院の再建工事に与った。
⇒岩世（オベール　?-1741）
建築（オベール，ジャン　?-1741）
西洋（オーベール　?-1741）

Aubriot Hugues 〈14世紀〉
フランスの建築家。
⇒建築（オーブリオ・ユーグ　?-1383）

Auer von Welsbach, Carl 〈19・20世紀〉
オーストリアの化学者，企業家。
⇒岩ケ（アウアー，カール，ヴェルスバッハ男爵　1858-1929）
岩世（アウアー　1858.9.1-1929.8.4）
科学（アウエル　1858.9.1-1929.8.8）
科技（アウエル　1858.9.1-1929.8.8）
科人（アウエル・フォン・ウェルスバッハ（男爵），カール　1858.9.1-1929.8.4）
科大（アウエル・フォン・ウェルスバッハ　1858-1929）
西洋（アウアー　1858.9.1-1929.8.4）
世科（フォン・ヴェルスバッハ（カール・アウエル）　1858-1929）
世西（アウアー　1858.9.1-1929.8.5）
世百（ヴェルスバハ　1858-1929）
全書（ウェルスバハ　1858-1929）
二十（アウエル，V.　1858.9.1-1929.8.8）
二十（ウェルスバハ，F.von　1858-1929）
二十（フォン・ヴェルスバッハ，F.　1858.9.1-1929）
百科（ウェルスバハ　1858-1929）

Augstein, Rudolf 〈20世紀〉
ドイツの雑誌編集・経営者。1946年ニュース雑誌「デア・シュピーゲル」を創刊。
⇒岩世（アウクシュタイン　1923.11.5-2002.11.7）
キリ（アウクシュタイン，ルードルフ　1923.11.5-）
現人（アウクシュタイン　1923.11.5-）
西洋（アウクシュタイン　1923.11.5-）
二十（アウクシュタイン，ルードルフ　1923.11.5-）

Auguste, Henri 〈18・19世紀〉
フランスの金工家，ブロンズ制作家。
⇒世美（オーギュスト，アンリ　1759-1816）

Auguste, Robert-Joseph 〈18・19世紀〉
フランスの金工家，ブロンズ制作家。
⇒世美（オーギュスト，ロベール=ジョセフ　1723-1805）

Aulenti, Gaetana 〈20世紀〉
イタリアの建築家。
⇒世女（アウレンティ，ガエ（タナ）　1927-）

Auman, Robert 〈20世紀〉
ドイツ出身のイスラエルの経済学者，数学者。ノーベル経済学賞受賞。
⇒数学（アウマン　1930-）
数学増（アウマン　1930-）

二十（オーマン, ロバート・ジョン　1930-）
ノベ3（オーマン, R.J.　1930.6.8-）
ユ人（オーマン, ロバート　1930-）

Auriol, Vincent 〈19・20世紀〉
フランスの政治家, 第4共和制初代大統領（1947〜54）。財政通として知られ, 36年レオン・ブルム内閣の蔵相となってフラン切り下げを実施した。
⇒岩ケ（オリオル, ヴァンサン　1884-1966）
　岩世（オリオル　1884.8.27-1966.1.1）
　旺世（オリオール　1884-1966）
　外国（オリオール　1884-）
　現人（オリオール　1884.8.27-1966.1.1）
　コン3（オリオル　1884-1966）
　人物（オリオール　1884.8.27-）
　西洋（オリオル　1884.8.27-1966.1.1）
　世人（オリオル　1884-1966）
　世政（オリオール, ヴァンサン　1884.8.27-1966.1.1）
　世西（オリオール　1884.8.27-）
　世百（オリオール　1884-）
　全書（オリオール　1884-1966）
　大百（オリオール　1884-1966）
　ナビ（オリオール　1884-1966）
　二十（オリオール, バンサン　1884.8.27-1966.1.1）
　評世（オリオル　1884-）
　山世（オリオル　1884-1966）
　歴史（オリオール　1884-1966）

Auspitz, Rudolf 〈19・20世紀〉
ウィーン生まれの経済学者, 実業家, 政治家。
⇒経済（アウスピッツ　1837-1906）

Austin, Herbert, 1st Baron 〈19・20世紀〉
イギリスの自動車王。
⇒岩ケ（オースティン（ロングブリッジの）, ハーバート・オースティン, 男爵　1866-1941）
　外国（オースティン　1866-1941）

Austin, John Paul 〈20世紀〉
アメリカの企業経営者。コカ・コーラ社会長。米中国交の正常化（1979.12）によって中国におけるコーラ飲料の独占販売権を獲得した。
⇒岩世（オースティン　1915.2.14-1985.12.26）
　西洋（オースティン　1915.2.14-）
　世西（オースティン　1915.2.14-1985.12.26）

Auxtabours, Jean 〈14世紀〉
マントの司教領内で国王の建築長。
⇒建築（オクスタブール, ジャン　（活動）14世紀）

Avakian, George 〈20世紀〉
ロシア生まれのジャズ評論家, プロデューサー。
⇒ジヤ（アバキャン, ジョージ　1919.3.15-）

二十（アバキャン, ジョージ　1919.3.15-）

Avanzini, Bartolomeo 〈17世紀〉
イタリアの建築家。
⇒世美（アヴァンツィーニ, バルトロメーオ　1600頃-1658）

Avenel, Georges, Vicomte d' 〈19・20世紀〉
フランスの歴史家, 経済史家。特にリシュリューの時代を研究。
⇒外国（アヴネル　1855-1939）
　コン2（アヴネル　1855-1939）
　コン3（アヴネル　1855-1939）
　西洋（アヴネル　1855.6.2-1939）

Avenel, Marie France 〈20世紀〉
フランスの工芸家。
⇒世芸（アヴァネル, マリエフランス　1947-）

Avila Giron, Bernardino de
スペインの貿易商人。
⇒岩世（アビラ・ヒロン）
　国史（アビラ＝ヒロン　生没年不詳）
　対外（アビラ＝ヒロン　生没年不詳）
　日人（アビラ＝ヒロン　生没年不詳）

Aweida, Rashid 〈20世紀〉
アラブ首長国連邦の実業家, 編集者。アブダビ商業会議所創設者の一人。1973年日刊紙「アル・ワハダ」の編集長。
⇒中東（アウェイダ　1938-）

Ayari, Chedly 〈20世紀〉
チュニジアの経済学者, 政治家。1972～74年国家経済相。のちアフリカ経済開発銀行総裁。
⇒中東（アヤリ　1933-）

Ayer, Harriet Hubbard 〈19・20世紀〉
アメリカの実業家, ジャーナリスト。
⇒世女（エアー, ハリエット・ハバード　1849-1903）
　世女日（エイヤー, ハリエット・ハバード　1849-1903）

Aymonino, Carlo 〈20世紀〉
イタリアの建築家。ローマ大学建築学部長。
⇒二十（アイモニーノ, カルロ　1926-）

Ayn Ali
オスマン・トルコの財務官僚。
⇒角世（アイン・アリー　生没年不詳）

Ayres, Clarence Edwin 〈20世紀〉
アメリカ生まれの経済思想家。
⇒経済（エアーズ　1891–1972）

Ayrton, William Edward 〈19・20世紀〉
イギリスの物理学者，電気技師，発明家。日本政府に招かれ工学寮（東大工学部の前身）で物理学と電信学を講じた（1873～78）。
⇒岩世（エアトン　1847.9.14–1908.11.8）
　外国（エアトン　1849–1908）
　科学（エアトン　1847.9.14–1908.11.8）
　科史（エアトン　1847–1908）
　科人（エアトン，ウィリアム・エドワード　1847.9.14–1908.11.8）
　広辞4（エアトン　1847–1908）
　広辞5（エアトン　1847–1908）
　広辞6（エアトン　1847–1908）
　国史（エアトン　1847–1908）
　コン2（エアトン　1847–1908）
　コン3（エアトン　1847–1908）
　人物（エアトン　1847.9.14–1908.11.8）
　西洋（エアトン　1847.9.14–1908.11.8）
　世科（エアトン　1847–1908）
　世西（エアトン　1847.9.14–1908.11.8）
　全書（エアトン　1847–1908）
　大辞（エアトン　1847–1908）
　大辞2（エアトン　1847–1908）
　大辞3（エアトン　1847–1908）
　大百（エアトン　1847–1908）
　日人（エアトン　1847–1908）
　百科（エアトン　1847–1908）
　来日（エアトン　1847–1908）

Azevedo, Belmiro de 〈20世紀〉
ポルトガルの企業家。
⇒スペ（アゼベード　1938–）

al-Azzawi, Hikmat 〈20世紀〉
イラクの政治家。経済相。外国貿易相等。一貫して経済畑を歩く。
⇒中東（アッザウィ　1934–）

Azzurri, Francesco 〈19・20世紀〉
イタリアの建築家。
⇒世美（アッズッリ，フランチェスコ　1831–1901）

【B】

Baade, Fritz 〈20世紀〉
ドイツの経済学者。キール大学の世界経済研究所長として同研究所の「紀要」の刊行者。
⇒岩世（バーデ　1893.1.23–1974.5.15）

西洋（バーデ　1893.1.23–1974.5.15）

Baader, Johannes 〈19・20世紀〉
ドイツの作家，建築家。
⇒岩世（バーダー　1875.6.22–1955.1.15）

Babbage, Charles 〈18・19世紀〉
イギリスの数学者。計算機械の創始者として有名。
⇒イ哲（バビッジ，C.　1791–1871）
　岩ケ（バベッジ，チャールズ　1791–1871）
　岩世（バベッジ　1791（92）.12.26–1871.10.18）
　外国（バビジ　1792–1871）
　科学（バベジ　1792.12.26–1871.10.18）
　科技（バベジ　1792.12.26–1871.10.18）
　科史（バベジ　1792–1871）
　科人（バベジ，チャールズ　1792.12.26–1871.10.18）
　広辞4（バベッジ　1792–1871）
　広辞6（バベッジ　1792–1871）
　コン2（バベジ　1792–1871）
　コン3（バベジ　1792–1871）
　人物（バベージ　1792.12.26–1871.10.20）
　数学（バベジ　1792.12.26–1871.10.18）
　数学増（バベジ　1792.12.26–1871.10.18）
　西洋（バベジ　1792.12.26–1871.10.20）
　世科（バベジ　1792–1871）
　世西（バベージ　1792.12.26–1871.10.18）
　全書（バベジ　1792–1871）
　大辞（バベジ　1792–1871）
　大辞3（バベジ　1792–1871）
　大百（バベジ　1792–1871）
　名著（バビジ　1792–1871）

Babbitt, Isaac 〈18・19世紀〉
アメリカの技術者。今日もっとも広く用いられる白色軸受合金〈バビット・メタル〉の発明者として知られる。
⇒岩ケ（バビット，アイザック　1799–1862）
　岩世（バビット　1799.7.26–1862.5.26）
　西洋（バビット　1799.7.26–1862.5.26）

Babcock, George Herman 〈19世紀〉
アメリカの技術者，製造業者。
⇒科史（バブコック　1832–1893）
　コン2（バブコック　1832–1893）
　コン3（バブコック　1832–1893）
　人物（バブコック　1832–1893）
　世科（バブコック　1832–1893）
　世百（バブコック　1832–1893）
　全書（バブコック　1832–1893）
　大百（バブコック　1832–1893）
　百科（バブコック　1832–1893）

Baccani, Gaetano 〈18・19世紀〉
イタリアの建築家。
⇒世美（バッカーニ，ガエターノ　1792–1867）

経済・産業篇　　　　　　　　*33*　　　　　　　　**baeke**

Baccio d'Agnolo 〈15・16世紀〉
イタリアの建築家, 彫刻家。
⇒建築 (バッチョ・ダーニョロ(バルトロメオ・
　ダーニョロ(通称)) 1462–1543)
　新美 (バッチオ・ダーニョロ(・バリオーニ)
　1462–1543)
　世美 (バッチョ・ダーニョロ 1462–1543)

Baccio da Montelupo 〈15・16世紀〉
イタリアの彫刻家, 建築家。
⇒世美 (バッチョ・ダ・モンテルーポ 1469–1535)

Bach, Johann Michael 〈17世紀〉
オルガン奏者, 楽器製作者。
⇒ラル (バッハ, ヨーハン・ミヒャエル 1648–
　1694)

Bach, Julius Carl von 〈19・20世紀〉
ドイツの機械工学者。シュトゥットガルト工業
大学教授(1878来)として技術研究所(81), 材
料試験所(83)を創設。
⇒岩世 (バッハ 1847.3.8–1931.10.10)
　西洋 (バッハ 1847.3.8–1931.10.10)

Bachchan, Amitabh 〈20世紀〉
インド生まれの男優, 映画製作者。
⇒外男 (バッチャン, アミターブ 1942.10.11–)
　世映 (バッチャン, アミターブ 1942–)
　世俳 (バーチューチャン, アーミターブー 1942.
　10.11–)

Bachelier, Nicolas 〈15・16世紀〉
フランスの建築家, 彫刻家。
⇒世美 (バシュリエ, ニコラ 1485頃–1556)

Bachelor, Joy 〈20世紀〉
イギリスのアニメイション作家, プロ
デューサー。
⇒岩ケ (バチェラー, ジョイ 1914–1991)
　監督 (バチェラー, ジョイ 1914–)
　世女 (バチェラー, ジョイ 1914–1991)
　世女日 (バチェラー, ジョイ 1914–1991)

Backer, Steve 〈20世紀〉
アメリカのジャズ・レコード・プロデューサー。
⇒ジヤ (バッカー, スティーブ ?–)
　二十 (バッカー, スティーブ)

Backström, Sven 〈20世紀〉
スウェーデンの建築家, 都市計画家。
⇒世美 (バックストレーム, スヴェン 1903–)

Backus, John Warner 〈20世紀〉
アメリカのコンピューター科学者。

⇒岩世 (バッカス 1924.12.3–2007.3.17)
　科人 (バッカス, ジョン 1924.12.3–)
　全書 (バッカス 1924–)
　ナビ (バッカス 1924–)
　二十 (バッカス, ジョン 1924–)

Bacon, Francis Thomas 〈20世紀〉
イギリスのエンジニア, 実用燃料電池の設計者。
⇒岩ケ (ベーコン, フランシス・トマス 1904–
　1992)

Bacon, Henry 〈19・20世紀〉
アメリカの建築家。リンカーン記念館(1923年
開館)を設計して名声を得, 多くの公共建築,
記念建造物を手がけた。
⇒岩ケ (ベーコン, ヘンリー 1866–1924)
　国小 (ベーコン 1866.11.28–1924.2.16)
　コン3 (ベーコン 1866–1924)

Badajoz, Juan de 〈15世紀〉
スペインの建築家。
⇒建築 (バダホス, ファン・デ 1495頃–?)

Baedeker, Gottschalk 〈18・19世紀〉
ドイツの出版業者。エッセンにゲー・デー・
ベーデカー書店を設立(1798)。
⇒岩世 (ベーデカー 1778.7.13–1841.3.23)
　コン2 (ベーデカー 1778–1841)
　コン3 (ベーデカー 1778–1841)
　西洋 (ベーデカー 1778–1841)

Baedeker, Karl 〈19世紀〉
ドイツの出版業者。1827年コブレンツにベーデ
カー出版社を創立。
⇒岩ケ (ベーデカー, カール 1801–1859)
　コン2 (ベーデカー 1801–1859)
　コン3 (ベーデカー 1801–1859)
　人物 (ベーデカー 1801.11.3–1859.10.4)
　世西 (ベーデカー 1801.11.3–1859.10.4)

Baekeland, Leo Hendrik 〈19・20世紀〉
ベルギー生まれのアメリカの化学者。1889年渡
米。印画紙の改良やベークライトを発明。プラ
スチック工業の先駆者。
⇒岩ケ (ベイクランド, リーオ(・ヘンドリック)
　1863–1944)
　岩世 (ベイクランド 1863.11.14–1944.2.23)
　英米 (Baekeland, Leo Hendrik ベークランド
　1863–1944)
　旺世 (ベークランド 1863–1944)
　科学 (ベークランド 1863.11.14–1944.2.23)
　科技 (ベークランド 1863.11.14–1944.2.23)
　科史 (ベークランド 1863–1944)
　科人 (ベークランド, レオ・ヘンドリック 1863.
　11.14–1944.2.23)
　国小 (ベークランド 1863–1944)
　コン2 (ベークランド 1863–1944)

B

コン3（ベークランド　1863–1944）
人物（ベークランド　1863.11.14–1944.2.23）
西洋（ベークランド　1863.11.14–1944.2.23）
世科（ベークランド　1863–1944）
世西（ベークランド　1863.11.14–1944.2.23）
世百（ベークランド　1863–1944）
全書（ベークランド　1863–1944）
大辞（ベークランド　1863–1944）
大辞2（ベークランド　1863–1944）
大辞3（ベークランド　1863–1944）
大百（ベークランド　1863–1944）
伝世（ベークランド　1863.11.14–1944）
二十（ベーグランド, L.H.　1863.11.14–1944.2.23）
百科（ベークランド　1863–1944）
評世（ベークランド　1863–1944）

Baerwald, Paul 〈19・20世紀〉
アメリカの銀行家, ユダヤ人救援機関ジョイントの会長。
⇒ユ人（ベーアウォルド, ポール　1871–1961）

Baffin, William 〈16・17世紀〉
イギリスの航海家。カナダの極地に旅行し, アジアに抜ける「北西航路」の開拓を試み, ハドソン海峡を調査した。
⇒岩ケ（バッフィン, ウィリアム　1584頃–1622）
岩世（バフィン　1584?–1622.1.23）
英米（Baffin, William　バフィン　1584–1622）
外国（バフィン　1584–1622）
科学（バフィン　1584頃–1622.1.23）
科技（バフィン　1584頃–1622.1.23）
国小（バフィン　1584?–1622.1.23）
コン2（バッフィン　1584頃–1622）
コン3（バッフィン　1584頃–1622）
西洋（バフィン　1584–1622.1.23）
世百（バフィン　1584頃–1622）
全書（バフィン　1584頃–1622）
探検1（バッフィン　1584?–1622）
伝世（バフィン　1584–1622）

Bagehot, Walter 〈19世紀〉
イギリスのジャーナリスト, 経済学者。週刊誌『エコノミスト』の主筆。
⇒イ哲（バジョット, W.　1826–1877）
イ文（Bagehot, Walter　1826–1877）
岩ケ（バジョット, ウォルター　1826–1877）
岩世（バジョット　1826.2.3–1877.3.24）
岩哲（バジョット　1826–1877）
英米（Bagehot, Walter　バジョット　1826–1877）
外国（バジョット　1826–1877）
国小（バジョット　1826.2.23–1877.3.24）
国百（バジョット, ウォルター　1826.2.23–1877.3.24）
コン2（バジョット　1826–1877）
コン3（バジョット　1826–1877）
集世（バジョット, ウォルター　1826.2.3–1877.3.24）

集文（バジョット, ウォルター　1826.2.3–1877.3.24）
人物（バジョット　1826.2.3–1877.3.24）
西洋（バジョット　1826.2.3–1877.3.24）
世西（バジョット　1826.2.3–1877.3.24）
世百（バジョット　1826–1877）
全書（バジョット　1826–1877）
大百（バジョット　1826–1877）
デス（バジョット　1826–1877）
伝世（バジョット　1826.2.23–1877.3.24）
百科（バジョット　1826–1877）
名著（バジョット　1826–1877）

Baglioni, Giuliano 〈15・16世紀〉
イタリアの建築家, インターリオ（装飾彫り）作家。
⇒世美（バリオーニ, ジュリアーノ　1491–1555）

Bahar, Abdul-Aziz Ahmad 〈20世紀〉
クウェートの実業家。クウェート商業銀行頭取。
⇒中東（バハル　1929–）

Bahlsen, Emile 〈19世紀〉
ドイツの鉱山技師。帝国大学工科大学で冶金学を教授。
⇒日人（バールセン　1862–?）
来日（バールセン　1862–）

Bähr, Georg 〈17・18世紀〉
ドイツの建築家。ドレスデンで, 聖マリア教会を建築。
⇒岩世（ベール　1666.3.15–1738.3.16）
キリ（ベール（ベーア）, ゲオルク　1666.3.15–1738.3.16）
建築（ベール, ゲオルク　1666–1738）
西洋（ベール　1666.3.15–1738.3.18）

Baikov, Alexander M. 〈20世紀〉
ロシア人の経済学者。ソヴェート経済論の専門家。
⇒岩世（バイコーフ　1899–1963）
西洋（バイコーフ　1899–）
名著（バイコフ　1899–）

Bailey, Sir Abe 〈19・20世紀〉
南アフリカの鉱山王, 政治家。1910～24年連邦党議員。
⇒コン2（ベーリー　1864–1940）
コン3（ベーリー　1864–1940）

Bailey, Sir Donald Coleman 〈20世紀〉
イギリスのエンジニア。
⇒岩ケ（ベイリー, サー・ドナルド（・コールマン）　1901–1985）

Bailey, Lydia 〈18・19世紀〉
アメリカの印刷業者。
⇒世女日（ベイリー，リディア　1779–1869）

Bailey, Samuel 〈18・19世紀〉
イギリスの哲学者，経済学者。シェフィールド銀行を創設。
⇒岩世（ベイリー　1791.7.5–1870.1.18）
　岩哲（ベイリー　1791–1870）
　西洋（ベーリ　1791–1870.1.18）
　名著（ベイリー　1791–1870）

Baillie, Charles William 〈19世紀〉
イギリスの軍人。軍艦筑波の測量教官。
⇒来日（ベーリー　1844.6.26–1899.7.24）

Baillie, Hugh 〈19・20世紀〉
アメリカのジャーナリスト。UP通信社社長に就任（1935）。以来，第二次大戦から戦後および朝鮮戦争まで20年にわたってUP通信社を指揮した。
⇒岩世（ベイリー　1890.10.23–1966.3.1）
　西洋（ベーリ　1890.10.23–1966.3.1）

Baillieu, William Lawrence 〈19・20世紀〉
オーストラリアの実業家。
⇒岩ケ（ベイリュー，ウィリアム・ローレンス　1859–1936）

Bain, Alexander 〈19世紀〉
イギリスの電気学者。化学式電信機の発明で知られている。
⇒世西（ベーン　1810–1877.1.2）
　大百（ベーン　1810–1877）

Bain, Joe Staten 〈20世紀〉
アメリカの経済学者。産業組織の実証研究で先駆的業績をあげるとともに産業組織論を体系化した。
⇒岩世（ベイン　1912.7.4–1991.9.7）
　経済（ベイン　1912–）
　西洋（ベーン　1912–）
　二十（ベイン, J.S.　1912–）

Baird, James 〈19世紀〉
スコットランドの実業家。
⇒キリ（ベアード，ジェイムズ　1802–1876）

Baird, John Logie 〈19・20世紀〉
イギリスの発明家。テレビ遠距離放送に初めて成功。
⇒岩ケ（ベアード，ジョン・ロージー　1888–1946）
　岩世（ベアード　1888.8.13–1946.6.14）
　英米（Baird, John Logie　ベアード　1888–1946）
　外国（ベアード　1888–1946）
　科学（ベアド　1888.8.13–1946.6.14）
　科人（ベアード，ジョン・ロジー　1888.8.13–1946.6.14）
　広辞5（ベアード　1888–1946）
　広辞6（ベアード　1888–1946）
　国书（ベアード　1888.8.13–1946.6.14）
　コン3（ベアード　1888–1946）
　人物（ベアード　1888.8.13–1946.6.14）
　西洋（ベアド　1888.8.13–1946.6.14）
　世科（ベアード　1888–1946）
　世人（ベアード　1888–1946）
　世西（ベアード　1888.8.13–1946.6.14）
　世百（ベアード　1888–1946）
　全書（ベアード　1888–1946）
　大辞2（ベアード　1888–1946）
　大辞3（ベアード　1888–1946）
　大百（ベアード　1888–1946）
　二十（ベアード, J.L.　1888.8.13–1946.6.14）

Bajenov, Vasilij Ivanovich 〈18世紀〉
ロシアの建築家。
⇒建築（バジェノフ，ヴァシーリー・イヴァノヴィッチ　1737–1799）
　世美（バジェーノフ，ヴァシリー・イヴァノヴィチ　1737/8–1799）

Bakema, Jacob Berend 〈20世紀〉
オランダの建築家。「大阪万国博オランダ館」（1970）の設計にも参加。
⇒現人（バケマ　1914.3.8–）
　世美（バーケマ，ヤーコブ　1914–）

Baker, Sir Benjamin 〈19・20世紀〉
イギリスの土木技術者。ロンドンの地下鉄道，タワー・ブリッジを設計，施工。
⇒岩ケ（ベイカー，サー・ベンジャミン　1840–1907）
　岩世（ベイカー　1840.3.31–1907.5.19）
　西洋（ベーカー　1840–1907.5.19）
　世科（ベーカー　1840–1907）

Baker, George Fisher 〈19・20世紀〉
アメリカの銀行家。1863年ニューヨーク第1銀行の設立に加わり，77年総裁，99年重役会会長。
⇒コン2（ベーカー　1840–1931）
　コン3（ベーカー　1840–1931）

Baker, George Stephen 〈19・20世紀〉
イギリスの造船家。船型試験と船型の権威。
⇒岩世（ベイカー　1877–1949.8.15）
　西洋（ベーカー　1877–1949.8.15）

Baker, Sir Herbert 〈19・20世紀〉
イギリスの建築家。
⇒岩ケ（ベイカー，サー・ハーバート　1862–1946）

世美（ベイカー，ハーバート　1862–1946）

Baker, Keith

アメリカの作家，ゲームデザイナー。
⇒海新（ベイカー，キース）

Bakewell, Robert 〈18世紀〉

イギリスの家畜改良家。畜産物としての家畜の生産に成功。
⇒岩ケ（ベイクウェル，ロバート　1725–1795）
　岩世（ベイクウェル　1725–1795.10.1）
　英米（Bakewell, Robert　ベークウェル　1725–1795）
　外国（ベークウェル　1725–1795）
　科人（ベイクウェル，ロバート　1725–1795.10.1）
　西洋（ベークウェル　1725–1795.10.1）
　大百（ベークウェル　1725–1795）
　評世（ベークウェル　1725–1795）

Balaban, Barney 〈19・20世紀〉

アメリカ生まれの企業家。
⇒世映（バラバン，バーニー　1887–1971）

Balaguer y Cirena, Víctor 〈19・20世紀〉

スペインの政治家，歴史家，詩人。カタロニアの地方自治権を主張し，歴史的にカタロニア民族文化の独立性を研究。公共事業相，植民相，蔵相を歴任（72来）。
⇒西洋（バラゲル・イ・シレナ　1824.12.11–1901.1.14）

Balat, Alphonse 〈19世紀〉

ベルギーの建築家。
⇒建築（バラ，アルフォンス　1819–1895）

Balcerowicz, Leszek 〈20世紀〉

ポーランドの政治家，経済学者。ポーランド副首相。
⇒世政（バルツェロヴィッチ，レシェク　1947.1.19–）
　東欧（バルツェロビチ　1947–）

Balch, Emily Greene 〈19・20世紀〉

アメリカの経済学者。『国際婦人平和および自由同盟』の国際関係事務に携り（1919〜22），ノーベル平和賞を受賞（46）。
⇒岩ケ（ボールチ，エミリー・グリーン　1867–1961）
　岩世（ボルチ　1867.1.8–1961.1.9）
　人物（ボルチ　1867.1.8–1961.1.9）
　西洋（ボルチ　1867.1.8–1961.1.9）
　世女（ボルチ，エミリー・グリーン　1867–1961）
　世女日（ボルチ，エミリー・グリーン　1867–1961）

ノベ（ボルチ，E.G.　1867.1.8–1961.1.9）
ノベ3（ボルチ，E.G.　1867.1.8–1961.1.9）

Balcon, Michael 〈20世紀〉

イギリス生まれの映画製作者。ゲーンズボロー社の創立者。
⇒岩ケ（バルコン，サー・マイケル（・イライアス）　1896–1977）
　外国（バルコン　1896–）
　世映（バルコン，マイクル　1896–1977）
　ユ人（バルコン，マイケル　1896–1977）

Baldessari, Luciano 〈20世紀〉

イタリアの建築家，舞台美術家，画家。
⇒世美（バルデッサーリ，ルチャーノ　1896–1982）

Baldrige, Malcolm 〈20世紀〉

アメリカの官僚，実業家。米国商務長官。
⇒二十（ボールドリッジ，M.　1922.10.4–1987.7.25）

Baldwin, Charles Henry 〈19世紀〉

アメリカの航海士，教育家。京都府英学校他で英語，航海術，測量を教授。京都府舎密局の技術指導にも従事。
⇒日人（ボールドウィン　1834–1896）
　来日（ボールドウィン　1834–1896.6.5）

Baldwin, Mathias William 〈18・19世紀〉

アメリカの工業家。世界有数の機関車工場を経営。
⇒岩ケ（ボールドウィン，マサイアス（・ウィリアム）　1795–1866）
　岩世（ボールドウィン　1795.12.10–1866.9.7）
　コン2（ボールドウィン　1795–1866）
　コン3（ボールドウィン　1795–1866）
　西洋（ボールドウィン　1795.12.10–1866.9.7）

Baldwin of Bewdley, Stanley Baldwin, 1st Earl 〈19・20世紀〉

イギリスの政治家，実業家。1923年以来，三度首相を務め，失業対策・経済政策などに尽力した。
⇒岩ケ（ボールドウィン（ビュードリーの），スタンリー・ボールドウィン，初代伯爵　1867–1947）
　英米（Baldwin, Stanley, 1st Earl Baldwin of Bewdley　ボールドウィン　1867–1947）
　旺世（ボールドウィン　1867–1947）
　外国（ボールドウィン　1867–1947）
　角世（ボールドウィン　1867–1947）
　広辞4（ボールドウィン　1867–1947）
　広辞6（ボールドウィン　1867–1947）
　国小（ボールドウィン　1867.8.3–1947.12.14）
　国百（ボールドウィン，スタンリー　1867.8.3–1947.12.14）
　コン2（ボールドウィン　1867–1947）

コン3（ボールドウィン　1867-1947）
人物（ボールドウィン　1867.8.3-1947.12.13）
世人（ボールドウィン　1867-1947）
世政（ボールドウィン, スタンリー　1867.8.3-1947.12.14）
世西（ボールドウィン　1867.8.3-1947.12.13）
世百（ボールドウィン　1867-1947）
全書（ボールドウィン　1867-1947）
大辞（ボールドウィン　1867-1947）
大辞3（ボールドウィン　1867-1947）
大百（ボールドウィン　1867-1947）
デス（ボールドウィン　1867-1947）
伝世（ボールドウィン, S.　1867.8.3-1947.12.14）
二十（ボールドウィン, スタンレイ　1867.8.3-1947.12.13）
百科（ボールドウィン　1867-1947）
評世（ボールドウィン　1867-1947）
山世（ボールドウィン, スタンレー　1867-1947）
歴史（ボールドウィン　1867-1947）

Balenciaga, Cristóbal 〈20世紀〉
フランスの服飾デザイナー。1940～50年代にはモード界の第一人者の一人とされた。
⇒岩ケ（バレンシアーガ, クリストバル　1895-1972）
　岩世（バレンシアガ　1895.1.21-1972.3.24）
　現人（バレンシアガ　1895.1.21-1972.3.23）
　国小（バレンシアガ　1895.1.21-1972.3.23）
　世百新（バレンシアガ　1895-1972）
　全書（バレンシャガ　1895-1972）
　大辞2（バレンシアガ　1895-1972）
　大辞3（バレンシアガ　1895-1972）
　大百（バレンシャガ　1895-1972）
　ナビ（バレンシアガ　1895-1972）
　百科（バレンシアガ　1895-1972）

Balfour, George 〈19・20世紀〉
イギリスの電気技師, 電気施設の建設業者。
⇒岩ケ（バルフォア, ジョージ　1872-1941）

Balfour, Sir George 〈19世紀〉
イギリスの軍人, 外交官。初代上海領事（43～46）。上海の通商発展に努めた。アヘン戦争（1840）には, マドラス軍の参謀として広東攻撃に参加。
⇒西洋（バルフォア　1809-1894.3.12）
　世東（バルフォア　1809-1894）

Ball, Charles Olin 〈20世紀〉
アメリカの食品技術者。
⇒岩ケ（ボール, C（チャールズ）・オーリン　1893-1970）

Ball, Macmahon 〈20世紀〉
オーストラリアの政治学者, 経済学者。
⇒日人（ボール　1901-1986）

Ballantyne, James 〈18・19世紀〉
イギリスの出版業。
⇒岩ケ（バランタイン, ジェイムズ　1772-1833）

Ballantyne, John 〈18・19世紀〉
イギリスの出版業。
⇒岩ケ（バランタイン, ジョン　1774-1821）

Ballard, Christophe 〈17・18世紀〉
フランスの楽譜出版業者。
⇒音大（バラール, クリストフ　1641.4.12-1715.5.28以前）

Ballard, Christophe Jean-François 〈18世紀〉
フランスの楽譜出版業者。
⇒音大（バラール, クリストフ・ジャン-フランソワ　1701頃-1765.9.5）

Ballard, Jean-Baptiste Christophe 〈17・18世紀〉
フランスの楽譜出版業者。
⇒音大（バラール, ジャン-バティスト・クリストフ　1663頃-1750.5）

Ballard, Pierre 〈16・17世紀〉
フランスの楽譜出版業者。
⇒音大（バラール, ピエール　1575/-80?-1639.10.4）

Ballard, Robert 〈16世紀〉
フランスの楽譜出版業者。
⇒音大（バラール, ロベール　1525/-30?-1588）

Ballard, Robert 〈17世紀〉
フランスの楽譜出版業者。
⇒音大（バラール, ロベール　1610頃-1673）

Ballardini, Gaetano 〈19・20世紀〉
イタリアの陶芸史家。
⇒世美（バッラルディーニ, ガエターノ　1878-1953）

Ballin, Albert 〈19・20世紀〉
ドイツの船主。ハンブルク・アメリカ汽船会社の重役として著名。『独米海上輸送協定』（1902）の著作がある。
⇒岩世（バリーン　1857.8.15-1918.11.9）
　外国（バリン　1857-1918）
　世西（バリン　1857-1918）
　ユ人（バリン, アルベルト　1857-1918）

Ballu, Théodore 〈19世紀〉
フランスの建築家。

⇒世美（バリュ，テオドール 1817–1885）

Balmain, Pierre 〈20世紀〉
フランスの服飾デザイナー。バレエや映画の衣
装をも手がけている。
⇒岩ケ（バルマン，ピエール（・アレクサンドル・ク
ロディウス）1914–1982）
岩世（バルマン 1914.5.18–1982.6.29）
大百（バルマン 1914–）
ナビ（バルマン 1914–1982）

Baltard, Louis-Pierre 〈18・19世紀〉
フランスの建築家，画家，版画家。
⇒世美（バルタール，ルイ＝ピエール 1764–1846）

Baltard, Victor 〈19世紀〉
フランスの建築家。中央市場（1852〜59）（鉄構
造），サン・トーギュスタン教会堂等を建築。
⇒岩世（バルタール 1805.6.10–1874.1.13）
建築（バルタール，ヴィクトール 1805–1874）
西洋（バルタール 1805.6.10–1874.1.13）
世美（バルタール，ヴィクトール 1805–1874）

Baltzer, Franz 〈19・20世紀〉
ドイツの鉄道技師。工部省鉄道技師として
来日。
⇒日人（バルツェル 1857–1927）
来日（バルツェル 1857–1927）

Balzac, Edmé Pierre
フランスの金銀細工師。
⇒国小（バルザック 生没年不詳）
新美（バルザック，エドメ＝ピエール 生没年不
詳）

Balzaretto, Giuseppe 〈19世紀〉
イタリアの折衷主義の建築家。
⇒建築（バルツァレット，ジュゼッペ 1801–1874）

Bambaataa 〈20世紀〉
アメリカのレコード・プロデューサー，編曲家，
DJ。
⇒岩ケ（バンバーター 1958–）

Bamberger, Ludwig 〈19世紀〉
ドイツの財政家。ビスマルクの財政顧問として
活躍。
⇒岩世（バンベルガー 1823.7.22–1899.3.14）
外国（バンベルガー 1823–1899）
国小（バンベルガー 1823.7.22–1899.3.14）
コン2（バンベルガー 1823–1899）
コン3（バンベルガー 1823–1899）
西洋（バンベルガー 1823.7.22–1899.3.14）

Bamberger, Simon 〈19・20世紀〉
アメリカの実業家，ユタ州知事（1916–20）。
⇒ユ人（バンベルガー，サイモン 1846–1926）

Bancroft, Edward 〈18・19世紀〉
イギリスのスパイ，発明家。
⇒岩ケ（バンクロフト，エドワード 1744–1821）

Bancroft, Hubert Howe 〈19・20世紀〉
アメリカの歴史家，出版業者。主著『太平洋諸
州の原住民』（1874〜75）。
⇒岩ケ（バンクロフト，ヒューバート・ハウ
1832–1918）
岩世（バンクロフト 1832.5.5–1918.3.2）
国小（バンクロフト 1832.5.5–1918.3.2）
西洋（バンクロフト 1832.5.5–1918.3.2）
伝世（バンクロフト，H.H. 1832.5.5–1918.3.2）

Bancroft, Marie 〈19・20世紀〉
イギリスの俳優，劇場支配人。
⇒演劇（バンクロフト（旧姓ウィルトン），マリー
1839–1921）

Bancroft, Sir Squire 〈19・20世紀〉
イギリスの俳優，劇場支配人。プリンス・オ
ブ・ウェールズ劇場などを経営。
⇒岩ケ（バンクロフト，サー・スクワイア 1841–
1926）
演劇（バンクロフト，サー・スクワイア 1841–
1926）
国小（バンクロフト 1841.5.14–1926.4.19）
西洋（バンクロフト 1841.5.14–1926.4.19）

Baradino, Carlo 〈18・19世紀〉
イタリアの建築家。
⇒建築（バラディーノ，カルロ 1768–1835）
世美（バラビーノ，カルロ 1768–1835）

Baran, Paul Alexander 〈20世紀〉
アメリカのマルクス主義経済学者。広い視野か
らアメリカ資本主義経済を批判。
⇒経済（バラン 1910–1964）
コン3（バラン 1909–1964）
世西（バラン 1910.12.8–1964.3.26）
世百新（バラン 1909–1964）
全書（バラン 1910–1964）
百科（バラン 1909–1964）

Baranov, Aleksandr Andreevich
〈18・19世紀〉
ロシアの貿易商。アラスカにおけるロシア人移
住地の初代植民長官（1790〜1818）。
⇒国小（バラーノフ 1746–1819）
探検1（バラーノフ 1746–1819）

Baranov, Fyodor Ilich 〈19・20世紀〉
ロシア（ソ連）の水産学者。
⇒岩世（バラーノフ　1886.3.19[4.1]–1965.7.30）

Barbaro, Giosafat 〈15世紀〉
イタリアの商人、外交官。
⇒岩世（バルバロ　1413–1494）

Barbaros Hayreddin Paşa 〈15・16世紀〉
地中海の海賊、オスマン帝国スレイマン1世時代の海軍提督。
⇒岩ケ（バルバロッサ　?–1546）
　岩世（バルバロス・ハイレッディン・パシャ　1483?–1546）

Barber, Anthony 〈20世紀〉
イギリスの財政家1970〜74年蔵相として活躍。のち銀行経営者に転身した。
⇒現人（バーバー　1920.7.4–）
　二十（バーバー, アンソニー　1920–）

Barber, Edward 〈17世紀〉
イギリス・ピューリタン革命期のジェネラル（普遍）バプテスト派牧師、仕立屋。
⇒キリ（バーバー, エドワード　?–1649）

Barbera, Joseph 〈20世紀〉
アメリカのアニメイション作家、アニメイション・プロデューサー。
⇒岩ケ（ハナ＝バーベラ）
　監督（バーベラ, ジョーゼフ　1911–）

Barbon, Nicholas 〈17世紀〉
イギリスの医学者、銀行家、経済学者。火災保険事業創始者として有名。
⇒岩世（バーボン　1640頃–1698）
　国小（バーボン　1640頃–1698）
　人物（バーボン　1640頃–1698）
　西洋（バーボン　1640頃–1698）
　世西（バーボン　1640頃–1698）
　世百（バーボン　1640頃–1698）
　名著（バーボン　1640頃–1698）

Barbosa, Duarte Odoardo 〈16世紀〉
ポルトガルの航海家。
⇒岩世（バルボーザ　?–1545）

Barbosa, Durte Odradŏ 〈15・16世紀〉
ポルトガルの航海家。
⇒西洋（バルボサ　1480頃–1521.5.1）
　南ア（バルボサ　1480頃–1521）
　百科（バルボサ　1480頃–1521）

Barcelo, Gertrudis 〈19世紀〉
アメリカの実業家。
⇒世女日（バルセロ, ゲルトルディス　1820頃–1852）

Barclay, Robert 〈19・20世紀〉
イギリスの銀行家。
⇒岩ケ（バークリー, ロバート　1843–1913）

Bard, Allen J. 〈20世紀〉
アメリカの電気化学者。
⇒岩世（バード　1933.12.18–）

Bardeen, John 〈20世紀〉
アメリカの物理学者。トランジスタを発明した後、超伝導の理論を完成。1956年ノーベル物理学賞受賞。
⇒岩ケ（バーディーン, ジョン　1908–1991）
　岩世（バーディーン　1908.5.23–1991.1.30）
　科学（バーディーン　1908.5.23–）
　科技（バーディーン　1908.5.23–）
　科人（バーディーン, ジョン　1908.5.23–1991.1.30）
　科大（バーディン　1908–）
　科大2（バーディーン　1908–1991）
　現人（バーディーン　1908.5.23–）
　広辞5（バーディーン　1908–1991）
　広辞6（バーディーン　1908–1991）
　国小（バーディーン　1908.5.23–）
　コン3（バーディーン　1908–1991）
　西洋（バーディーン　1908.5.23–）
　世科（バーディーン　1908–）
　世西（バーディーン　1908.5.23–）
　世百（バーディーン　1908–）
　全書（バーディーン　1908–）
　大辞2（バーディーン　1908–1991）
　大辞3（バーディーン　1908–1991）
　大百（バーディーン　1908–）
　二十（バーディーン, ジョン　1908.5.23–1991.1.30）
　ノ物（バーディーン, ジョン　1908–1991）
　ノベ（バーディーン, J.　1908.5.23–1991.1.30）
　ノベ3（バーディーン, J.　1908.5.23–1991.1.30）

Bardin, Ivan Pavlovich 〈19・20世紀〉
ソ連邦の冶金技術者。冶金工場の機械化の設計、新種の冶金原料（ケルチ鉱石・チタン磁鉄鉱等）、西北シベリアとカザフスタンの貧鉱の採取・総合利用を研究した。
⇒コン3（バールジン　1883–1960）

Barebone, Praisegod 〈16・17世紀〉
イギリスの分離派教会牧師、ロンドンのフリート街の鞣皮商人。
⇒岩ケ（ベアボーン, プレイズ＝ゴッド　1596頃–1679）
　キリ（バーボン, プレイズゴッド　1596頃–1679.

1.5（埋葬））

Barelli, Agostino 〈17世紀〉

イタリアの建築家。
⇒世美（バレッリ, アゴスティーノ 1627-1687頃）

Barents, Willem 〈16世紀〉

オランダの航海者。アジアへの北東回りの航路
を探索。
⇒岩ケ（バレンツ, ヴィレム ?-1597)
岩世（バーレンツ 1550頃-1597.6.20)
国小（バレンツ 1550頃-1597.6.20)
コン2（バレンツ 1550頃-1597)
コン3（バレンツ 1550頃-1597)
西洋（バレンツ 1550頃-1597.6.30)
探検1（バレンツ 1550?-1597)
デス（バレンツ 1550-1597)
伝世（バーレンツ 1550頃-1597)

Barigioni, Filippo 〈17・18世紀〉

イタリアの建築家。
⇒世美（バリジョーニ, フィリッポ 1690-1753）

Barili, Antonio di Neri 〈15・16世紀〉

イタリアの建築家, 木彫家, インターリオ（装
飾彫り）作家。
⇒世美（バリーリ, アントーニオ・ディ・ネーリ
1453-1517）

Baring, Alexander 〈18・19世紀〉

イギリスの金融業者。アメリカへの外国資本導
入に活躍, 商務大臣。
⇒外国（ベアリング, アレクサンダー 1794-1848）

Baring, Francis 〈18・19世紀〉

イギリスの金融業者。ベアリングの兄弟商会を
設立, ホイッグ党に属して議席をえた。
⇒外国（ベアリング, フランシス 1740-1810)
伝世（ベアリング 1740-1810）

Baring, Francis Thornhill 〈18・19世紀〉

イギリスの金融業者。1839～44年大蔵大臣, 49
～52年海軍大臣。
⇒外国（ベアリング, フランシス・ソーンヒル
1796-1866）

Baring, Thomas George 〈19・20世紀〉

イギリスの金融業者。1872～76年インド総督,
80～85年海軍大臣。ノースブルック伯爵と
なる。
⇒外国（ベアリング, トマス・ジョージ 1826-
1904）

Barker, Charles Spackmann 〈19世

紀〉
イギリスのオルガン製造者。
⇒ラル（バーカー, チャールズ・スパックマン
1804-1879）

Barkhausen, Georg Heinrich 〈19・20世紀〉

ドイツの物理学者, 電気工学者。磁性材料の磁
化の途中では, 磁化は極めて小さいながら階段
状に進んで行く現象を発見。
⇒岩ケ（バルクハウゼン, ハインリヒ・ゲオルク
1881-1956)
岩世（バルクハウゼン 1881.12.2-1956.2.20)
外国（バルクハウゼン 1881-)
科学（バークハウゼン 1881.12.2-1956.2.20)
科人（バルクハウゼン, ハインリヒ・ゲオルク
1881.12.2-1956.2.20)
コン3（バルクハウゼン 1881-1956)
人物（バルクハウゼン 1881.12.2-)
西洋（バルクハウゼン 1881.12.2-1956.2.20)
世西（バルクハウゼン 1881.12.2-)
全書（バルクハウゼン 1881-1956)
大辞2（バルクハウゼン 1881-1956)
大辞3（バルクハウゼン 1881-1956)
大百（バルクハウゼン 1881-1956)
二十（バークハウゼン, ハインリッヒ・G. 1881.
12.2-1956.2.20)

Barnaby, Sir Nathaniel 〈19・20世紀〉

イギリスの造船家。初めて16インチ砲を採用し
たアドミラル級戦艦を建造。
⇒西洋（バーナビ 1829-1915.6.15）

Barnard, Chester Irving 〈19・20世紀〉

アメリカの実業家, 経営学者。主著『経営者の
役割』(1938) は, アメリカの管理論的経営学の
礎石の一つとなった名著。
⇒岩世（バーナード 1886.11.7-1961.6.7)
経済（バーナード 1886-1961)
西洋（バーナード 1886.11.7-1961.6.7)
世百新（バーナード 1886-1961)
ナビ（バーナード 1886-1961)
二十（バーナード, チェスター・I. 1886.11.7-
1961.6.7)
百科（バーナード 1886-1961)
名著（バーナード 1886-)

Barnato, Barney 〈19世紀〉

南アフリカの資本家, 投機家。
⇒岩ケ（バーナートー, バーニー 1852-1897）

Barnes, Jhane 〈20世紀〉

アメリカのファッション・デザイナー。紳士服
を手がけ, 最年少でコティ賞を受賞。
⇒ア人（バーンズ, ジェーン 1954-）

Barnes, Roger Lewis 〈20世紀〉
アメリカの工芸家。
⇒世芸（バーンズ, ロガー・ルイス　1950–）

Barney, Nora 〈19・20世紀〉
イギリス生まれの建築家。
⇒世女日（バーニー, ノラ　1883–1971）

Barnum, Phineas Taylor 〈19世紀〉
アメリカの興行師。サーカス「地上最大のショー」を興行。
⇒アメ（バーナム　1810–1891）
　岩ケ（バーナム, P（フィニアス）・T（テイラー）　1810–1891）
　岩世（バーナム　1810.7.5–1891.4.7）
　英米（Barnum, Phineas Taylor　バーナム　1810–1891）
　演劇（バーナム, フィニアス・テイラー　1810–1891）
　国小（バーナム　1810.5.7–1891.4.7）
　コン3（バーナム　1810–1891）
　集文（バーナム, P.T.　1810.7.5–1891.4.7）
　西洋（バーナム　1810.7.5–1891.4.7）
　伝世（バーナム　1810–1891.4.7）
　百科（バーナム　1810–1891）

Barnum, Zenus 〈19世紀〉
アメリカの実業家。アメリカ電信会社社長。ニューヨーク, ワシントン間に電信線を架設。
⇒国小（バーナム　1810–1865）

Barone, Enrico 〈19・20世紀〉
イタリアの数理経済学者。パレート理論を発展させた。
⇒岩世（バローネ　1859.12.22–1924.5.14）
　外国（バローネ　1859–1924）
　経済（バローネ　1859–1924）
　国小（バローネ　1859–1924）
　コン2（バローネ　1859–1924）
　コン3（バローネ　1859–1924）
　西洋（バローネ　1859.12.22–1924.5.14）
　世百（バローネ　1859.12.22–1924.4.14）
　世百（バローネ　1859–1924）
　全書（バローネ　1859–1924）
　大百（バローネ　1859–1924）
　デス（バローネ　1859–1924）
　百科（バローネ　1859–1924）
　名著（バローネ　1859–1924）

Barovier, Angelo 〈15世紀〉
イタリアのガラス職人。
⇒世美（バロヴィエル, アンジェロ　1400頃–1460）

Barovier, Bartolomeo 〈14・15世紀〉
イタリアのガラス職人。
⇒世美（バロヴィエル, バルトロメーオ　?–1405以前）

Barovier, Ercole 〈19・20世紀〉
イタリア, ベネチアのガラス工芸家。
⇒国小（バロビエ　1889–）
　世美（バロヴィエル, エルコレ）

Barovier, Marietta
イタリアのガラス職人。
⇒世美（バロヴィエル, マリエッタ）

Barragán, Luis 〈20世紀〉
メキシコの建築家。
⇒ラテ（バラガン　1902–1988）

Barre, Raymond Octave Joseph 〈20世紀〉
フランスの経済学者, 政治家。
⇒岩世（バール　1924.4.12–2007.8.25）

Barrett, Judi 〈20世紀〉
アメリカのデザイナー。
⇒児作（Barrett, Judi　バレット, ジュディ）

Barringer, Daniel Moreau 〈19・20世紀〉
アメリカの鉱山技師, 地質学者。
⇒岩世（バリンジャー　1860.5.25–1929.11.30）
　科人（バリンジャー, ダニエル・モロー　1860.5.25–1929）

Barrow, Wilmer Lainer 〈20世紀〉
アメリカの電気学者。マイクロウェーヴの諸回路の研究者で, その同軸円筒移行型共振器は,〈バロー型空洞共振器〉とも呼ばれている。
⇒岩世（バロー　1903.10.25–1975.8.30）
　コン3（バロー　1903–）
　西洋（バロー　1903.10.25–）

Barr Smith, Robert 〈19・20世紀〉
オーストラリアの牧羊業者, 羊毛ブローカーの先駆者。
⇒岩ケ（バー・スミス, ロバート　1824–1915）

Barry, *Sir* Charles 〈18・19世紀〉
イギリスの建築家。1826年にブライトンのピーター聖堂の設計コンクールに当選。
⇒岩ケ（バリー, サー・チャールズ　1795–1860）
　岩世（バリー　1795.5.23–1860.5.12）
　外国（バリー　1795–1860）
　建築（バーリー, サー・チャールズ　1795–1860）
　国小（バリー　1795.5.23–1860.5.12）
　コン2（バリー　1795–1860）
　コン3（バリー　1795–1860）

新美 (バリー, チャールズ 1795.5.23–1860.5.12)
西洋 (バリ 1795.5.23–1860.5.12)
世西 (バリ 1795–1860)
世美 (バリー, チャールズ 1795–1860)
全書 (バリー 1795–1860)
大百 (バリ 1795–1860)
百科 (バリー 1795–1860)

Bartewe, Thomas 〈16世紀〉
イギリスの建築家。
⇒世美 (バーテュー, トマス 16世紀)

Barth, Jean 〈17・18世紀〉
フランスの私掠船乗組員。
⇒岩ケ (バルト, ジャン 1650–1702)

Bartlett, John 〈19・20世紀〉
アメリカの辞書編集者, 出版業者, 書籍販売業。
『引用句辞典』(1855) で有名。『シェークスピア用語索引』(94) などを刊行。
⇒岩ケ (バートレット, ジョン 1820–1905)
国小 (バートレット 1820.6.14–1905.12.3)

Bartning, Otto 〈19・20世紀〉
ドイツの建築家。ヴァイマルの国立建築大学学長 (1926～30)。教会建築に秀でた。
⇒岩世 (バルトニング 1883.4.12–1959.2.20)
キリ (バルトニング, オットー 1883.4.12–1959.2.20)
西洋 (バルトニング 1883.4.12–1959.2.20)
世美 (バルトニング, オットー 1883–1959)

Bartolino da Novara 〈14・15世紀〉
イタリアの建築家。
⇒世美 (バルトリーノ・ダ・ノヴァーラ 14–15世紀)

Bartolommeo dalla Gatta 〈15・16世紀〉
イタリアの画家, 建築家。代表作『聖母子祭壇画』(1486), 『アヌンティアータ聖堂』。
⇒国小 (バルトロメオ・デッラ・ガッタ 1448–1502)
新美 (バルトロメーオ・デルラ・ガッタ 1448–1502)
世美 (デッラ・ガッタ, バルトロメーオ 1448–1502)

Barton, Gordon Page 〈20世紀〉
オーストラリアの運輸業者, 政治家。
⇒岩ケ (バートン, ゴードン・ペイジ 1929–)

Baruch, Bernard Mannes 〈19・20世紀〉
アメリカの金融家, 政治家, 財政家, ウィルソンからケネディまでの大統領経済顧問を務めた。国連原子力委員会のアメリカ代表として, バルーク案を作成。
⇒岩ケ (バルーク, バーナード (・マニス) 1870–1965)
岩世 (バールック 1870.8.19–1965.6.20)
外国 (バルーク 1870–)
現人 (バルーク 1870.8.19–1965.6.20)
国小 (バルーク 1870.8.19–1965.6.20)
コン2 (バルーク 1870–1965)
コン3 (バルーク 1870–1965)
西洋 (バールック 1870.8.19–1965.6.20)
百科 (バルーク 1870–1965)
ユ人 (バルーク (バループ), バーナード・マンネス 1870–1965)

Basco y Vargas, José 〈18・19世紀〉
スペインの海軍軍人。総督 (在任1778～87)。フィリピンで画期的な経済開発を行った。
⇒角世 (バスコ ?–1805)
コン2 (バスコ・イ・バルガス 生没年不詳)
コン3 (バスコ・イ・バルガス 生没年不詳)
世東 (バルガス 生没年不詳)
東ア (バスコ ?–1805)
百科 (バスコ ?–1805)

Basendwa, Muhammad Salem 〈20世紀〉
イエメンの政治家。解放戦線 (FLOSY) に参加。国連討議の場では南イエメン問題のスポークスマンであったが, 北イエメンに亡命。ハマディ政権により政治問題大統領顧問, 開発相など歴任。
⇒中東 (バセンドワ 1935–)

Basevi, George 〈18・19世紀〉
イギリスの建築家。
⇒岩ケ (バーセイヴィ, ジョージ 1794–1845)

Basil, Colonel de 〈19・20世紀〉
ロシアのバレエ興行師, バレエ・リュス・ド・モンテカルロの共同監督。
⇒岩世 (バジル 1888.9.16–1951.7.27)
バレ (バジル大佐, ド 1888–1951.7.27)

Basile, Ernesto 〈19・20世紀〉
イタリアの建築家。
⇒岩世 (バジーレ 1857.1.31–1932.8.26)
世美 (バジーレ, エルネスト 1857–1932)

Basile, Giovanni Battista Filippo 〈19世紀〉
イタリアの建築家。
⇒世美 (バジーレ, ジョヴァンニ・バッティスタ・フィリッポ 1825–1891)

Baskervill, John 〈18世紀〉

イギリスの活字鋳造者，印刷業者。賞讃を受けた新活字を鋳造してヴィルギリウス（1757），ミルトン（1758）の作や聖書（1763）などを印刷。
⇒岩ケ（バスカヴィル，ジョン　1706–1775）
　岩世（バスカヴィル　1706–1775.1.8）
　西洋（バスカヴィル　1706–1775.1.8）

Basri, Meer S. 〈20世紀〉

イラクの作家，実業家。1944年ニューヨークの国際商業会議にイラク代表として出席。
⇒中東（バスリ　1911–）

Bass, Michael Thomas 〈18・19世紀〉

イギリスの醸造業者。
⇒岩ケ（バス，マイケル・トマス　1799–1884）

Bass, Saul 〈20世紀〉

アメリカのグラフィック・デザイナー。1957年にはアメリカ・アート・ディレクターズ協会から「1957年度のアート・ディレクター」に指名された。
⇒岩世（バス　1920.5.8–1996.4.25）
　監督（バス，ソール　1920.5.8–）
　現人（バス　1920.5.8–）
　新美（バス，ソウル　1921.5.8–）
　世映（バス，ソール　1920–1996）
　大百（バス　1921–）
　二十（バス，ソウル　1921.5.8–）

Bassendyne, Thomas 〈16世紀〉

スコットランドの印刷業者。
⇒キリ（バサンダイン，トマス　?–1577.10.3）

Bassi, Martino 〈16世紀〉

イタリアの建築家。
⇒世美（バッシ，マルティーノ　1542–1591）

Bastable, Charles Francis 〈19・20世紀〉

アイルランドの経済学者。ダブリン大学経済学教授（1882～1932）。
⇒岩世（バスタブル　1855–1945.1）
　経済（バスターブル　1855–1945）
　西洋（バスタブル　1855–1945.1）
　世西（バスタブル　1855–1945）
　名著（バスタブル　1855–1945）

Bastiat, Claude Frédéric 〈19世紀〉

フランスの経済学者，自由貿易論者。自由貿易協会を設立。
⇒岩世（バスティア　1801.6.29–1850.12.24）
　人物（バスチア　1801.6.29–1850.12.24）
　西洋（バスティア　1801.6.29–1850.12.24）
　世西（バスティア　1801.1.19–1850.12.24）

　全書（バスティア　1801–1850）
　大辞3（バスティア　1801–1850）
　名著（バスティア　1801–1850）

Bastien, Edmond Auguste 〈19世紀〉

フランスの建築家。横須賀製鉄所，富岡製糸所を設計。
⇒日人（バスチャン　1839–1888）
　来日（バスチャン　1839.6.27–1888.9.9）

Bat'a, Tomáš 〈19・20世紀〉

チェコスロヴァキアの靴製造業者。
⇒岩世（バチャ，トマーシュ　1876–1932）
　岩世（バチャ　1876.4.3–1932.7.12）
　コン2（バチャ　1876–1932）
　コン3（バチャ　1876–1932）
　西洋（バチャ　1876.4.3–1932.6.21）
　東欧（バチャ　1876–1932）

Bate, John

ロンドンの商人。
⇒国小（ベート　生没年不詳）

Bateman, Hester 〈18世紀〉

イギリスの銀細工職人。
⇒世女（ベイトマン，ヘスター　1709–1794）
　世女日（ベイトマン，ヘスター　1709–1794）

Bateman, Hezekiah Linthicum 〈19世紀〉

アメリカの俳優，劇場支配人。フランスのオペラ・ブッファをアメリカに紹介。
⇒国小（ベートマン　1812.12.6–1875.3.22）

Bates, Alan 〈20世紀〉

ブラック・ライオン，フリータム・レーベルのオーナー，ジャズ・プロデューサー。
⇒ジャ（ベイツ，アラン　?–）
　二十（ベイツ，アラン）

Batey, A. 〈20世紀〉

アメリカの建築家。
⇒二十（ベイティ，アンドリュー　1944–）

Bath, Henry Frederick Thynne, 6th Marquis of 〈20世紀〉

イギリスの邸宅経営者。
⇒岩ケ（バース，ヘンリー・フレデリック・シン，6代侯爵　1905–1992）

Batman, John 〈19世紀〉

イギリスの探険家。オーストラリア南東部の未開地を探検，同国牧畜業の基礎を築いた。
⇒国小（バトマン　1801–1839）

Battagio, Giovanni 〈15世紀〉
イタリアの建築家。
⇒世美（バッタージョ, ジョヴァンニ　1445-?）

Battaglia, Antonio 〈18世紀〉
イタリアの建築家。
⇒世美（バッタリア, アントーニオ　18世紀）

Battaglia, Carmelo 〈18世紀〉
イタリアの建築家。
⇒世美（バッタリア, カルメロ　?-1799）

Battaglia, Francesco 〈18世紀〉
イタリアの建築家。
⇒世美（バッタリア, フランチェスコ　18世紀）

Battlecat 〈20世紀〉
アメリカのヒップホップ系の音楽プロ
デューサー。
⇒ヒ人（バトルキャット）

Baudeau, Nicholas 〈18世紀〉
フランスの経済学者。
⇒岩世（ボードー　1730-1792）
　外国（ボードー　1730-1792）
　西洋（ボードー　1730-1792）

Baudot, Anatole de 〈19・20世紀〉
フランスの建築家。パリ, モンマルトルのサ
ン・ジャン教会堂を建築。
⇒岩世（ボードー　1834-1915）
　キリ（ボドー, アナトール・ド　1834.10.14-
　1915.2.28）
　新美（ボードー, アナトール・ド　1834.10.14-
　1915）
　西洋（ボードー　1834-1915）
　世美（ボード, アナトール・ド　1834-1915）
　二十（ボードー, アナトール・デ　1834.10.14-
　1915.2.28）

Baudot, Jean Maurice Emilie 〈19・
20世紀〉
フランスの電気技術者。高速度印字電信機を
発明。
⇒岩世（ボードー（ボドー）　1845.9.11-1903.3.28）
　西洋（ボードー　1845-1903.3.28）

Bauduin, Albertus Johannes 〈19世
紀〉
オランダの商人, 外交官。
⇒岩世（ボードゥイン　1829.6.24-1890.7.25）

Bauduin, Anthonius Franciscus 〈19

世紀〉
オランダの軍医。1862年長崎養生所教師として
来日。H.ヘルムホルツ発明の検眼鏡を日本に伝
えた。
⇒岩世（ボードゥイン　1822.6-1885.6）
　科学（ボードウイン　1820.6.20-1885.6.7）
　科史（ボードウイン　?-1885）
　看護（ボードウイン　19世紀）
　広辞4（ボードイン　1820-1885）
　広辞6（ボードイン　1820-1885）
　国史（ボードイン　1820-1885）
　国小（ボードイン　1822.6.20-1885.6.7）
　コン3（ボードイン　1822-1885）
　西洋（ボードウイン　生没年不詳）
　全書（ボードイン　1822-1885）
　大辞（ボードイン　1822-1885）
　大辞3（ボードイン　1822-1885）
　大百（ボードイン　1822-1885）
　日人（ボードイン　1822-1885）
　来日（ボードイン　1820.6.20-1885.6.7）

Bauer, Catherinr 〈20世紀〉
アメリカの建築家。
⇒世女日（バウアー, カサリン　1905-1964）

Bauer, Otto 〈19・20世紀〉
オーストリアの経済思想家。社会民主党の指導
的理論家。ドイツとオーストリア合邦の実現や
労働戦線の統一に努めた。
⇒岩世（バウアー　1882.9.5-1938.7.4）
　岩哲（バウアー, O.　1881-1938）
　外国（バウアー　1881-1938）
　角世（バウアー（オットー）　1881-1938）
　経済（バウワー　1881-1938）
　国小（バウアー　1881.9.5-1938.7.4）
　コン3（バウアー　1881-1938）
　人物（バウアー　1882.9.5-1938.7.4）
　西洋（バウアー　1882.9.5-1938.7.4）
　世政（バウアー, オットー　1881.9.5-1938.7.4）
　世百新（バウアー　1881-1938）
　全書（バウアー　1881-1938）
　二十（バウアー, オットー　1881-1938.7.4）
　百科（バウアー　1881-1938）
　山世（バウアー　1882-1938）
　ユ人（バウアー, オットー　1881-1938）
　歴学（バウアー　1881-1938）

Bauer, Wilhelm Sebastian Valentin
〈19世紀〉
ドイツの発明家。対デンマーク戦争（1848～
50）に刺激されて潜航艇を発明（49）。
⇒岩世（バウアー　1822.12.23-1875.6.20）
　西洋（バウアー　1822.12.23-1876.6.18）

Bauernfeind, Karl Maximilian von
〈19世紀〉
ドイツの技術者, 測量学者。
⇒西洋（バウエルンファイント　1818.11.28-1894.

8.3)

Baumé, Antoine 〈18・19世紀〉
フランスの化学者。各種化学工業の製造法に貢献。ボーメ比重計の発明は有名。著書「薬学初歩」など。
⇒岩ケ（ボーメ，アントワーヌ　1728–1804）
　岩世（ボーメ　1728.2.26–1804.10.15）
　外国（ボーメ　1728–1804）
　科学（ボーメ　1728.2.26–1804.10.15）
　科史（ボーメ　1728–1804）
　コン2（ボーメ　1728–1804）
　コン3（ボーメ　1728–1804）
　西洋（ボーメ　1728.2.26–1804）
　全書（ボーメ　1728–1804）
　大辞（ボーメ　1728–1804）
　大辞3（ボーメ　1728–1804）

Baumgart, Klaus 〈20世紀〉
ドイツのグラフィック・デザイナー。
⇒児イ（Baumgart, Klaus　バウムガルト，K.　1951–）

Baumgartner, Ulrich 〈16・17世紀〉
ドイツの家具制作家。
⇒世美（バウムガルトナー，ウルリヒ　1580–1652頃）

Baumgartner, Wilfrid S. 〈20世紀〉
フランスの政治家。フランス蔵相。
⇒二十（バウムガルトナー，W.S.　1902–）

Baumol, William 〈20世紀〉
アメリカ生まれの経済思想家。
⇒岩世（ボーモル　1922.2.26–）
　経済（ボーモル　1922–）
　二十（ボーモル，ウィリアム・ジャック　1922–）

Bautista, Fray Francisco 〈16・17世紀〉
スペインの建築家。17世紀にスペインのバロック建築を推進。
⇒建築（バウティスタ，フランシスコ　1594–1679）
　国小（バウティスタ　生没年不詳）

Bavier, Charles Eugene Edward de 〈19・20世紀〉
スイスの貿易商，外交官。横浜に駐在。バビエ商会の設立者。
⇒日人（バビエ　1843–1926）
　来日（バビエ　1843–1926）

Baxter, John 〈18・19世紀〉
イギリスの印刷業者。
⇒岩ケ（バクスター，ジョン　1781–1858）

Bayard, Hippolyte 〈19世紀〉
フランスの写真発明家，写真家。
⇒岩世（バイヤール　1801.1.20–1887.5.14）

Bayer, Friedrich 〈19世紀〉
ドイツの実業家。合成染料の事業化に着手，バイエル社を創設。
⇒科学（バイヤー　1825–1880）
　デス（バイヤー　1825–1880）

Bayer, Herbert 〈20世紀〉
アメリカのグラフィック・デザイナー。ベルリンで印刷術と地図学を学び，1938年アメリカに移住。
⇒岩世（バイヤー　1900.4.5–1985.9.30）
　現人（バイヤー　1900.4.5–）
　国小（バイヤー　1900–）
　新美（バイヤー，ハーバート　1900.4.5–）
　西洋（バイアー　1900.4.5–）
　世百新（バイヤー　1900–1985）
　大百（バイヤー　1900–）
　ナビ（バイヤー　1900–1985）
　二十（バイヤー，ハーバート　1900.4.5–）
　百科（バイヤー　1900–）

Bayer, Otto George Wilhelm 〈20世紀〉
ドイツの化学技術者。
⇒岩世（バイアー　1902.11.4–1982.8.1）

Baylis, Lilian Mary 〈19・20世紀〉
イギリスの劇場経営者。オールド・ビック劇場でシェークスピア全作品など上演。
⇒岩ケ（ベイリス，リリアン・メアリ　1874–1937）
　演劇（ベイリス，リリアン　1874–1937）
　オベ（ベイリス，リリアン　1874.5.9–1937.11.25）
　国小（ベーリス　1874.5.9–1937.11.25）
　集文（ベイリス，リリアン　1874.5.9–1937.11.25）
　世女（ベイリス，リリアン　1874–1937）
　世女日（ベイリス，リリアン　1874–1937）
　二十英（Baylis, Lilian Mary　1874–1937）
　バレ（ベイリス，リリアン　1874–1937）
　ユ人（バイリス，リリアン・マリー　1874–1937）

Baylis, Nadine 〈20世紀〉
イギリスのデザイナー。
⇒バレ（ベイリス，ナディン　1940.6.15–）

Bazaine, Pierre Dominique 〈18・19世紀〉
フランスの数学者，力学者，技術者。
⇒数学（バゼーヌ　1786.1.13–1838.9.29）
　数学増（バゼーヌ　1786.1.13–1838.9.29）

Bazalgette, *Sir* Joseph William 〈19世紀〉

イギリスの土木技師。
⇒岩ケ（バザルジェット，サー・ジョゼフ・ウィリアム　1819-1891）
世科（バザルジェット　1819-1891）

Bazanka, Kacper 〈17・18世紀〉

ポーランドの建築家。
⇒建築（バサンカ，カクペル　1680-1726）

Bazargan, Mehdi 〈20世紀〉

イランの政治家，技師。1979年ホメイニ師から「イラン・イスラム共和国」樹立のための暫定政府の首相に指名される。
⇒岩世（バーザルガーン　1907.9.1-1995.1.20）
世政（バザルガン，メヘディ　1907.7-1995.1.20）
世東（バーザルガーン　1905-）
全書（バザルガン　1905-）
中東（バザルガン　1905-）
二十（バザルガン，M.　1905-）
歴史（バーザルガーン　1908-）

Beach, Sylvia 〈19・20世紀〉

フランスの出版業者。
⇒岩ケ（ビーチ，シルヴィア・ウッドブリッジ　1887-1962）
集文（ビーチ，シルヴィア　1887.3.14-1962.10.4（5））
世女（ビーチ，シルヴィア　1887-1962）
世女日（ビーチ，シルヴィア　1887-1982）
二十（ビーチ，シルヴィア　1887-1962）

Beard, Charles Austin 〈19・20世紀〉

アメリカの政治学者，経済学者，歴史学者。都市行政の権威で関東大震災後の東京の再建に協力。
⇒アメ（ビアード　1874-1948）
岩ケ（ビアード，チャールズ・A（オースティン）　1874-1948）
岩世（ビアード　1874.11.27-1948.9.1）
英米（Beard, Charles Austin　ビアード　1874-1948）
旺世（ビアド　1874-1948）
外国（ビーアド　1874-1948）
角世（ビアード　1874-1948）
現人（ビアード　1874.11.27-1948.9.1）
広辞4（ビアード　1874-1948）
広辞5（ビアード　1874-1948）
広辞6（ビアード　1874-1948）
国小（ビーアド　1874.11.27-1948.9.1）
国百（ビーアド，チャールズ・オースティン　1874.11.27-1948.9.1）
コン2（ビアード　1874-1948）
コン3（ビアード　1874-1948）
思想（ビアード，チャールズ A（オースティン）　1874-1948）
人物（ビアード　1874.11.27-1948.9.1）

西洋（ビアード　1874.11.27-1948.9.1）
世西（ビアード　1874.11.27-1948.9.1）
世百（ビーアド　1874-1948）
全書（ビアード　1874-1948）
大辞（ビアード　1874-1948）
大辞2（ビーアド　1874-1948）
大辞3（ビーアド　1874-1948）
大百（ビーアド　1874-1948）
デス（ビアード　1874-1948）
伝世（ビアード　1874.11.27-1948.9.1）
二十（ビアード，カルロス・オースティン　1874.11.27-1948.9.1）
二十英（Beard, Charles A（ustin）　1874-1948）
日人（ビーアド　1874-1948）
百科（ビーアド　1874-1948）
評世（ビーアド　1874-1948）
名著（ビーアド　1874-1948）
山世（ビアド　1874-1948）
来日（ビーアド　1874-1948）
歴学（ビーアド　1874-1948）

Bearsted, 1st Viscount, Marcus Samuel 〈19・20世紀〉

イギリスの金融業者。1897年シェル通商会社を設立し，のちロイアル・ダッチ＝シェル社に発展した。
⇒世西（ベアステッド　1853-1927）
ユ人（ベアステッド，マルクス・サムエル，伯爵　1853-1927）

Beato, Felix 〈19・20世紀〉

イギリスの写真家。横浜ベアト写真館経営。
⇒芸術（ベアト，フェリックス　1825-1907）
広辞6（ベアト　1825-1903）
日研（ベアト，フェリーチェ　1825-1904）
日人（ベアト　1834-?）
来日（ベアト　1825-1904?）

Beatty, Alfred Chester 〈19・20世紀〉

イギリスの鉱山技術士，実業家，古文書収集家。
⇒キリ（ビーティ，（アルフレッド・）チェスター　1875.2.7-1968.1.19）

Beatty, Warren 〈20世紀〉

アメリカの俳優，プロデューサー。1982年の主演監督作品『レッズ』でアカデミー監督賞を受賞。
⇒岩ケ（ビーティ，ウォレン　1937-）
外男（ベイティ，ウォーレン　1937.3.30-）
現ア（Beatty, Warren　ビーティ，ウォーレン　1937-）
コン3（ビーティ　1937-）
最世（ビーティ，ウォレン　1937-）
世映（ベイティ，ウォーレン　1937-）
世俳（ビーティ，ウォーレン　1937.3.30-）
二十（ビーティ，ウォーレン　1937.3.30-）
俳優（ビーティ，ウォレン　1937.3.30-）

経済・産業篇　　　47　　　**bebel**

Beauchamp, Pierre 〈17・18世紀〉
フランスの舞踊家。パリ・オペラ座の最初の振付師。バレエの基本の5つのポジションを考案，舞踊譜を発明。
⇒岩ケ（ボーシャン，ピエール　1636–1705）
音大（ボーシャン　1636–1705）
国小（ボーシャン　1636–1719）
西洋（ボーシャン　1639–1705）
全書（ボーシャン　1636–1719）
大百（ボーシャン　1636–1719）
デス（ボーシャン　1636–1705）

Beaudouin, Eugène 〈20世紀〉
フランスの建築家。国立美術学校教授，ジュネーブ大学建築学科主任教授を歴任。
⇒国小（ボードアン　1898–）
世美（ボードゥアン，ウージェーヌ　1898–）

Beaufoy, Mark 〈18・19世紀〉
イギリスの造船学者，天文学者，物理学者。
⇒西洋（ビューフォー　1764–1827.5.4）

Beaumont, Cyril William 〈20世紀〉
イギリスの舞踊評論家，舞踊図書出版業者。主著 "The ballet called Swan Lake" (1952)。
⇒岩世（ボーモント　1891.11.1–1976.5.24）
西洋（ボーモント　1891.11.1–1976.5.24）
世西（ボーモント　1891.11.1–）
バレ（ボーモント，シリル・ウィリアム　1891.11.1–1976.5.24）
名著（ボーモント　1891–）

Beaumont, Hugh 〈20世紀〉
イギリスの興行主。
⇒演劇（ボーモント，ヒュー　1908–1973）

Beauneveu, André 〈14・15世紀〉
フランスの建築家，彫刻家，画家，写本装飾画家。『ベリー公詩篇書』の挿絵を描いた。
⇒岩世（ボーヌヴー　1360頃–1413 (03)）
芸術（ボーヌヴー，アンドレ　1361–1402）
国小（ボーヌブー　1330頃–1410頃）
コン2（ボーヌヴ　1360頃–1403/13）
コン3（ボーヌヴ　1360頃–1403/13）
新美（ボーヌヴー，アンドレ　1335頃–1402以後）
西洋（ボーヌヴ　1360頃–1413/03）
世美（ボーヌヴー，アンドレ　1330頃–1401/02）

Beauregard, Georges de 〈20世紀〉
フランス生まれの映画製作者。
⇒世映（ボールガール，ジョルジュ・ド　1920–1984）
世俳（ボールガール，ジョルジュ・ドゥ　1920.12.23–1984.9.10）

Beauvilliers, Antoine 〈18・19世紀〉
フランスの料理人，レストラン経営者。
⇒岩世（ボーヴィリエ　1754–1817）

Beaverbrook, William Maxwell Aitken 〈19・20世紀〉
カナダ生まれのイギリスの政治家，新聞経営者。『サンデー・エクスプレス』を経営したほか，第2次大戦中は航空生産相，軍需相として活躍。
⇒岩ケ（ビーヴァーブルック（ビーヴァーブルックとチャークリーの），（ウィリアム・）マックス（マクスウェル）・エイトケン，男爵　1879–1964）
英米（Beaverbrook, william Maxwell Aitken, 1st Baron　ビーヴァーブルック男爵　1879–1964）
オ世（ビーヴァーブルック，ウィリアム・マクスウェル（'マックス'）・エイトケン，初代男爵　1879–1964）
外国（ビーヴァーブルック卿　1879–）
角世（ビーヴァーブルック　1879–1964）
国小（ビーバーブルック　1879.5.25–1964.6.9）
コン2（ビーヴァブルック　1879–1964）
コン3（ビーヴァブルック　1879–1964）
西洋（ビーヴァブルック　1879.5.25–1964.6.9）
世政（ビーバーブルック，マックス　1879.5.25–1964.6.9）
世西（ビーヴァーブルック　1879.5.25–）
全書（ビーバーブルック　1879–1964）
大百（ビーバーブルック　1879–1964）
二十（ビーバーブルック，ウィリアム・マクスウェル・エイトケン　1879.5.25–1964.6.9）
二十英（Beaverbrook, Lord　1879–1964）
百科（ビーバーブルック　1879–1964）
山世（ビーヴァブルック　1879–1964）

Bebel, Ferdinand August 〈19・20世紀〉
ドイツの政治家。1875年ドイツ社会主義労働党を創設。
⇒岩ケ（ベーベル，フェルディナント・アウグスト　1840–1913）
岩哲（ベーベル　1840–1913）
旺世（ベーベル　1840–1913）
外国（ベーベル　1840–1913）
角世（ベーベル　1840–1913）
キリ（ベーベル，アウグスト　1840.2.22–1913.8.13）
経済（ベーベル　1840–1913）
広辞4（ベーベル　1840–1913）
広辞6（ベーベル　1840–1913）
国小（ベーベル　1840.2.22–1913.8.13）
コン2（ベーベル　1840–1913）
コン3（ベーベル　1840–1913）
人物（ベーベル　1840.2.22–1913.8.13）
西洋（ベーベル　1840.2.22–1913.8.13）
世西（ベーベル　1840.2.22–1913.8.13）
世百（ベーベル　1840–1913）
全書（ベーベル　1840–1913）
大辞（ベーベル　1840–1913）

大辞3（ベーベル 1840–1913）
大百（ベーベル 1840–1913）
デス（ベーベル 1840–1913）
二十（ベーベル, アウグスト 1840.2.22–1913.8.
13）
百科（ベーベル 1840–1913）
評世（ベーベル 1840–1913）
名著（ベーベル 1840–1913）
山世（ベーベル 1840–1913）
歴史（ベーベル 1840–1913）

Beccaria, Cesare Bonesana 〈18世紀〉
イタリアの刑法学者, 哲学者, 経済学者。
⇒岩ケ（ベッカリア, チェーザレ, 侯爵 1738–
1794）
岩世（ベッカリーア 1738.3.15–1794.11.28）
岩哲（ベッカリーア 1738–1794）
旺世（ベッカリーア 1738–1794）
外国（ベッカリア 1738–1794頃）
角世（ベッカリーア 1738–1794）
広辞4（ベッカリーア 1738–1794）
広辞6（ベッカリーア 1738–1794）
国小（ベッカリーア 1738.3.15–1794.11.28）
コン2（ベッカリーア 1738–1794）
コン3（ベッカリア 1738–1794）
集世（ベッカリーア, チェーザレ 1738.3.15–
1794.11.28）
集文（ベッカリーア, チェーザレ 1738.3.15–
1794.11.28）
人物（ベッカリア 1738.3.15–1794.11.28）
西洋（ベッカリーア 1738.3.15–1794.11.28）
世西（ベッカリア 1735.3.15–1794.11.28）
世百（ベッカリーア 1738–1794）
世文（ベッカリーア, チェーザレ 1738–1794）
全書（ベッカリーア 1738–1794）
大辞（ベッカリア 1738–1794）
大辞3（ベッカリア 1738–1794）
大百（ベッカリーア 1738–1794）
デス（ベッカリーア 1738–1794）
伝世（ベッカリーア 1738.3.15–1794.11.28）
百科（ベッカリーア 1738–1794）
評世（ベッカリア 1738–1794頃）
名著（ベッカリア 1738–1794）
山世（ベッカリーア 1738–1794）

Becerra, Francisco de 〈16・17世紀〉
スペインの建築家。
⇒建築（ベセーラ, フランシスコ・デ ?–1605）
世美（ベセーラ, フランシスコ 1540頃–1605）
百科（ベセラ 1545頃–1605）

Becher, Johann Joachim 〈17世紀〉
ドイツの化学者。医者, 経済学者, 冒険家。
⇒岩ケ（ベッヒャー, ヨハン・ヨアヒム 1635–
1682）
岩世（ベッヒャー 1635–1682）
外国（ベッヒャー 1635–1682）
科学（ベッヒャー 1635.5.6–1682.10）
科技（ベッヒャー 1635.5.6–1682.10）
科史（ベッヒャー 1635–1682）

科人（ベッヒャー, ヨハン・ヨアヒム 1635.5.6–
1682）
教育（ベッヒャー 1635–1682）
国小（ベッヒャー 1635–1682）
コン2（ベッヒャー 1635–1682）
コン3（ベッヒャー 1635–1682）
人物（ベッヒャー 1635–1682.10）
西ハ（ベッハー 1635–1682/5）
世西（ベッヒャー 1635–1682.10）
全書（ベッヒャー 1635–1682）
大百（ベッヒャー 1635–1682/85）
伝世（ベッヒャー, J. 1635–1682）
名著（ベッヒャー 1625/35–1682/5）

Bechstein, Friedrich Wilhelm Carl
〈19世紀〉
ドイツのピアノ製作者。グランド・ピアノは世
界的名声を得た。
⇒岩ケ（ベヒシュタイン, カール 1826–1900）
岩世（ベヒシュタイン 1826.6.1–1900.3.6）
音楽（ベヒシュタイン, カルル 1826.6.1–1900.
3.6）
人物（ベヒシュタイン 1826.6.1–1900.3.6）
西洋（ベヒシュタイン 1826.6.1–1900.3.6）
世百（ベヒシュタイン 1826–1900）
大百（ベヒシュタイン 1826–1900）
ラル（ベヒシュタイン, フリードリヒ・ヴィルヘ
ルム・カール 1826–1900）

Bechtel, Heinrich 〈19・20世紀〉
ドイツの経済史家。主著『ドイツ経済史』。
⇒名著（ベヒテル 1889–）

Beck, Carl Gottlieb 〈18・19世紀〉
ドイツの出版者。ネルトリンゲンに出版社を創
立（1763）。
⇒岩世（ベック 1732.4.20–1802.12.20）
西洋（ベック 1732–1802）

Beck, Julian 〈20世紀〉
アメリカの演劇プロデューサー, 演出家, 俳優。
ユダヤ系。前衛演劇を旗印として, 『営倉』な
どを上演。
⇒岩ケ（ベック, ジュリアン 1925–1985）
岩世（ベック 1925.5.31–1985.9.14）
現人（ベック 1925.5.31–）
コン3（ベック 1925–1985）
世俳（ベック, ジュリアン 1925.5.31–1985.9.
14）
二十（ベック, ジュリアン 1925.5.31–1985）
二十英（Beck, Julian 1925–1985）

Beck, Ludwig 〈19・20世紀〉
ドイツの鉄の技術史家。大著『鉄の歴史』（5巻,
1884～1903）で有名。
⇒岩世（ベック 1841.7.10–1918.7.23）
科学（ベック 1841.7.10–1918.7.23）
西洋（ベック 1841.7.10–1918.7.23）

経済・産業篇　49　beech

世西（ベック　1841.7.10-1918.7.23）
二十（ベック，ルードビヒ　1841.7.10-1918.7.23）
名著（ベック　1841-1918）

Beck, Martin 〈19・20世紀〉
アメリカの興行師。パレス劇場（1913）やマーティン・ベック劇場（24）を開設。
⇒国小（ベック　1870-1940）

Becker, Gary Stanley 〈20世紀〉
アメリカの経済学者。1992年ノーベル経済学賞。
⇒岩ケ（ベッカー, ゲーリー（・スタンリー）1930-）
　岩世（ベッカー　1930.12.2-2014.5.3）
　経済（ベッカー　1930-）
　最世（ベッカー, スタンレー　1930-）
　二十（ベッカー, G.S.　1930-）
　ノベ（ベッカー, G.S.　1930.12.2-）
　ノベ3（ベッカー, G.S.　1930.12.2-）
　ユ人（ベッカー, ゲーリー　1930-）

Beckerath, Erwin von 〈19・20世紀〉
ドイツの経済学者。ボン大学教授。
⇒岩世（ベッケラート　1889.7.31-1964.11.23）
　西洋（ベッケラート　1889.7.31-1964.11.23）

Beckerath, Herbert von 〈19・20世紀〉
ドイツの経済学者。カルルスルーエ，テュービンゲン，ボンの各大学教授。
⇒岩世（ベッケラート　1886.4.4-1966.3.10）
　西洋（ベッケラート　1886.4.4-1966.3.10）

Beckerath, Rudolf von 〈20世紀〉
ドイツのオルガン製作者。
⇒音大（ベッケラート　1907.2.19-1976.11.20）
　ラル（ベッケラート, ルードルフ・フォン　1907-）

Beckman, Arnold Orville 〈20世紀〉
アメリカの化学技術者。
⇒岩世（ベックマン　1900.4.10-2004.5.18）

Beckmann, Ernst Otto 〈19・20世紀〉
ドイツの化学者。ベックマン転移反応，ベックマン温度計の発見，発明で知られる。
⇒岩ケ（ベックマン, エルンスト・オットー　1853-1923）
　外国（ベックマン　1853-1923）
　科学（ベックマン　1853.7.4-1923.7.12）
　科人（ベックマン, エルンスト・オットー　1853.7.4-1923.7.12）
　国小（ベックマン　1853-1923）
　コン2（ベックマン　1853-1923）
　コン3（ベックマン　1853-1923）

人物（ベックマン　1853.7.4-1923.6.13）
西洋（ベックマン　1853.7.4-1923.6.13）
世西（ベックマン　1853.7.4-1923.7.12）
世百（ベックマン　1853-1923）
全書（ベックマン　1853-1923）
大百（ベックマン　1853-1923）
二十（ベックマン, E.O.　1853.7.4-1923.7.12）
百科（ベックマン　1853-1923）

Beckmann, Johan 〈18・19世紀〉
ドイツの技術学の創始者。テヒノロギー（技術学）と名づける新しい学問を切り開いた（1772）。
⇒岩世（ベックマン　1739.6.5-1811.2.3）
　科学（ベックマン　1739.6.4-1811.2.3）
　西洋（ベックマン　1739.6.5-1811.2.3）
　百科（ベックマン　1739-1811）

Becknell, William 〈18・19世紀〉
アメリカの探検家, 交易商。サンタフェへの近道サンタフェ・トレールを発見。
⇒国小（ベックネル　1796-1865）

Beckwourth, Jim 〈19世紀〉
アフリカ系アメリカ人の毛皮猟師, 毛皮取引業者。クロー族の酋長となる。東方から北部カリフォルニアへの進入路を発見。
⇒探検2（ベックワース　1800?-1866）

Bédard, Hubert François 〈20世紀〉
カナダのハープシコード奏者, ハープシコード製作者。
⇒演奏（ベダール, ユベール・フランソワ　1933.12.28-）

Bedos de Celles, François 〈18世紀〉
フランスのオルガン製作者。
⇒ラル（ベドス・ド・セル, フランソワ　1709-1779）

Beeby, Thomas Hall 〈20世紀〉
アメリカの建築家。
⇒二十（ビービー, トマス・H.）

Beech, Olive Ann 〈20世紀〉
アメリカの実業家。
⇒世女日（ビーチ, オリーヴ・アン　1903-1993）

Beecham, Thomas 〈19・20世紀〉
イギリスの製薬業者。
⇒岩世（ビーチャム　1820.12.3-1907.4.6）

Beeching, Richard, Baron 〈20世紀〉
イギリスのエンジニア, 経営者。
⇒岩ケ（ビーチング, リチャード, 男爵　1913-

1985)

Beene, Geoffrey 〈20世紀〉
アメリカの服飾デザイナー。
⇒岩ケ（ビーン, ジェフリー　1927–）
　岩世（ビーン　1927.8.30–2004.9.28)
　広辞6（ビーン　1927–2004)
　二十（ビーン, G.　1927–）

Beer, Georg 〈15世紀〉
ドイツ・ルネサンスの建築家。
⇒建築（ベール, ゲオルク　?–1600)

Beer, Georg 〈17・18世紀〉
ドイツの建築家。ドレスデンで活躍。主作品は
フラウエンキルヘ聖堂（1726〜43)。
⇒国小（ベーア　1666–1738)
　新美（ベーア, ゲオルク　1663.3.15–1738.3.16)
　世美（ベーア, ゲオルク　1666–1738)

Beer, Johann Michael 〈17・18世紀〉
スイスの建築家。
⇒キリ（ベーア, ヨーハン・ミヒャエール　1696頃
　–1780)

Beer, Max 〈19・20世紀〉
ドイツ生まれの歴史家, 社会主義思想家。著書
にイギリスの政治経済を考察した『イギリス社
会主義史』がある。
⇒外国（ベーア　1864–）
　経済（ベーア　1864–1943)
　コン2（ベーア　1864–1940頃)
　コン3（ベーア　1864–1940頃)
　世百（ベア　1864–?)
　全書（ベア　1864–?)
　二十（ベア, M.　1864–?)
　名著（ベーア　1864–1941?)

Beeston, Christopher Hutchinson
〈16・17世紀〉
イギリスの俳優, 劇場経営者。コックピット座
を開設。ヘーウッドの作品などを上演。
⇒国小（ビーストン　1570頃–1638.10.15頃)

Beeton, Samuel Orchart 〈19世紀〉
イギリスの出版業者。
⇒世児（ビートン, サミュエル・オーチャート
　1831–1877)

Behaim, Martin 〈15・16世紀〉
ドイツの航海者, 地理学者。現存する世界最古
の地球儀を作った。
⇒岩ケ（ベハイム, マルティン　1449–1507)
　岩世（ベーハイム　1459頃–1507.7.29)
　旺世（ベハイム　1459頃–1507)

外国（ベハイム　?–1506)
角世（ベハイム　1459–1507)
国小（ベハイム　1436頃–1507.8.8)
コン2（ベハイム　1459頃–1507頃)
コン3（ベハイム　1459頃–1507頃)
人物（ベーハイム　1459頃–1507.7.29)
西洋（ベーハイム　1459頃–1507.7.29)
世西（ベーハイム　1459頃–1506.7.29)
全書（ベハイム　1459頃–1506/07)
大百（ベーハイム　1459–1506)
デス（ベーハイム　1459–1507頃)
百科（ベハイム　1459–1507)
評世（ベハイム　1457–1506)

Beheiry, Mamoun Ahmad 〈20世紀〉
スーダンの政治家, 官僚。1960年スーダン銀行
初代総裁。スーダン随一の財政通。
⇒中東（ベヘイリー　1925–）

Behrendt, Walter Curt 〈19・20世紀〉
ドイツの建築家。近代建築に関する実証的な芸
術論を書いた。
⇒岩世（ベーレント　1884.12.16–1945.4.26)
　西洋（ベーレント　1884–）

Behrens, Friedrich 〈20世紀〉
ドイツ（ドイツ民主共和国）の経済学者。ライ
プチヒのカルル・マルクス大学経済学研究所の
教授並びに所長。
⇒岩世（ベーレンス　1909.9.20–1980.7.19)
　西洋（ベーレンス　1909–）

Behrens, Peter 〈19・20世紀〉
ドイツの建築家, 工業デザイナー。ウィーンの
美術アカデミー教授。主作品, ペテルブルクの
ドイツ大使館（1913）など。
⇒岩ケ（ベーレンス, ペーター　1868–1940)
　岩世（ベーレンス　1868.4.14–1940.2.27)
　オ西（ベーレンス, ペーター　1868–1940)
　外国（ベーレンス　1868–）
　国小（ベーレンス　1868.4.14–1940.2.27)
　コン2（ベーレンス　1868–1940)
　コン3（ベーレンス　1868–1940)
　新美（ベーレンス, ペーター　1868.4.14–1940.2.
　27)
　人物（ベーレンス　1868.4.14–1940.2.27)
　西洋（ベーレンス　1868.4.14–1940.2.27)
　世西（ベーレンス　1868–1940)
　世美（ベーレンス, ペーター　1868–1940)
　世百（ベーレンス　1868–1940)
　全書（ベーレンス　1868–1940)
　大辞2（ベーレンス　1868–1940)
　大辞3（ベーレンス　1868–1940)
　大百（ベーレンス　1868–1940)
　伝世（ベーレンス　1868.4.14–1940.2.27)
　ナビ（ベーレンス　1868–1940)
　二十（ベーレンス, ペーター　1868.4.14–1940.2.
　27)
　百科（ベーレンス　1868–1940)

Beilby, *Sir* **George Thomas** 〈19・20世紀〉
イギリスの工業化学者。石油蒸溜方法を改良。
⇒岩ケ（ビールビー，サー・ジョージ・トマス 1850-1924）
  岩世（ベイルビー 1850.11.17-1924.8.1）
  科学（ビールビ 1850.11.17-1924.8.1）
  科人（バイルビー，サー・ジョージ・トーマス 1850.11.17-1924.8.1）
  西洋（ベールビ 1850.11.17-1924.8.1）
  二十（ビールビ，ジョージ・トーマス 1850.11.17-1924.8.1）
  評世（ベルビ 1850-1924）

Beit, *Sir* **Alfred** 〈19・20世紀〉
南アフリカの財務家。
⇒ユ人（ベイト，サー・アルフレッド 1853-1906）

Beketov, Aleksei Nikolaevich 〈19・20世紀〉
ソ連邦の建築家。「商業銀行」(1899)，ドンバスの住宅・学校・公園など多数設計。
⇒コン2（ベケートフ 1862-1941）
  コン3（ベケートフ 1862-1941）

Belain, Pierre 〈16・17世紀〉
フランスの航海者。サンクリストフ島，マルティニーク島他に基地を建設。
⇒国小（ブラン 1585-1636）

Bélanger, François-Joseph 〈18・19世紀〉
フランスの建築家。
⇒建築（ベランジェ，フランソワ=ジョゼフ 1744-1818）
  世美（ベランジェ，フランソワ=ジョゼフ 1744-1818）

Belasco, David 〈19・20世紀〉
アメリカの演出家，劇作家，劇場経営者。代表作はジョン・ルサー・ロングの小説を脚色した『蝶々夫人』(1900)。
⇒ア文（ベラスコ，ディヴィッド 1853.7.25-1931.5.14）
  岩ケ（ベラスコ，デイヴィド 1853-1931）
  岩世（ベラスコ 1853.7.25-1931.5.14）
  英文（ベラスコ，デイヴィッド 1853-1931）
  演劇（ベラスコ，デイヴィッド 1853-1931）
  才世（ベラスコ，デイヴィッド 1859-1931）
  国小（ベラスコ 1859.7.25-1931.5.14）
  コン2（ベラスコ 1854-1931）
  コン3（ベラスコ 1853-1931）
  集世（ベラスコ，デイヴィッド 1853.7.25-1931.5.14）
  集文（ベラスコ，デイヴィッド 1853.7.25-1931.5.14）
  西洋（ベラスコ 1859.7.25-1931.5.14）
  世西（ベラスコ 1859.7.25-1931.5.14）
  世百（ベラスコ 1859-1931）
  世文（ベラスコ，デイヴィッド 1853-1931）
  全書（ベラスコ 1853-1931）
  大百（ベラスコ 1859-1931）
  二十（ベラスコ，デイビッド 1853-1931）
  二十英（Belasco, David 1853-1931）
  百科（ベラスコ 1853-1931）

Belaunde Terry, Fernando 〈20世紀〉
ペルーの建築家，政治家。1956年人民行動党を創設し党首となる。63〜68大統領。
⇒現人（ベラウンデ・テリー 1912.10.7-）
  国小（ベラウンデ・テリー 1912.10.7-）
  コン3（ベラウンデ・テリ 1912-）
  世政（ベラウンデ・テリー，フェルナンド 1912.10.7-2002.6.4）
  世百新（ベラウンデ・テリー 1912-2002）
  全書（ベラウンデ 1912-）
  二十（ベラウンデ・テリー，フェルナンド 1912.10.7-）
  百科（ベラウンデ・テリー 1912-）
  ラテ（ベラウンデ・テリー 1912-2002）

Belgioioso, Ludovico Barbiano di 〈20世紀〉
イタリアの建築家。
⇒世美（ベルジョイオーゾ，ルドヴィーコ・バルビアーノ・ディ 1909-）

Belgrand, Marie François Eugène 〈19世紀〉
フランスの土木技術者。パリに大規模な上水道の給水網と下水網を設計。
⇒岩世（ベルグラン 1810.4.23-1878.4.8）
  西洋（ベルグラン 1810.4.23-1878.4.8）

Bélidor, Bernard Forest de 〈17・18世紀〉
フランスの土木技術者。近代建設工学の体系化にまず第1に貢献した人物。
⇒岩ケ（ベリドール，ベルナール・フォレ・ド 1698-1761）
  世百（ベリドール 1693-1761）
  百科（ベリドール 1693-1761）

Belka, Marek 〈20世紀〉
ポーランドの政治家，経済学者。ポーランド首相。
⇒世政（ベルカ，マレク 1952.1.28-）

Bell, Alexander Graham 〈19・20世紀〉
アメリカの物理学者。電話機の発明者として著名。のちベル電話会社を設立。
⇒アメ（ベル 1847-1922）
  逸話（ベル 1847-1922）
  岩ケ（ベル，アレグザンダー・グレアム 1847-

bell 52 西洋人物レファレンス事典

B

1922)
岩世 （ベル　1847.3.3–1922.8.2)
英米 （Bell, Alexander Graham　ベル　1847–
1922)
旺世 （ベル　1847–1922)
外国 （ベル　1847–1922)
科学 （ベル　1847.3.3–1922.8.2)
科技 （ベル　1847.3.3–1922.8.2)
科史 （ベル　1847–1922)
科人 （ベル, アレグザンダー・グレアム　1847.3.
3–1922.8.2)
科大 （ベル　1847–1922)
科大2 （ベル　1847–1922)
角世 （ベル　1847–1922)
広辞4 （ベル　1847–1922)
広辞5 （ベル　1847–1922)
広辞6 （ベル　1847–1922)
国小 （ベル　1847.3.3–1922.8.2)
コン2 （ベル　1847–1922)
コン3 （ベル　1847–1922)
人物 （ベル　1847.3.3–1922.8.1)
西洋 （ベル　1847.3.3–1922.8.1)
世科 （ベル　1847–1922)
世人 （ベル　1847–1922)
世西 （ベル　1847.3.3–1922.8.2)
世百 （ベル　1847–1922)
全書 （ベル　1847–1922)
大辞 （ベル　1847–1922)
大辞2 （ベル　1847–1922)
大辞3 （ベル　1847–1922)
大百 （ベル　1847–1922)
デス （ベル　1847–1922)
伝世 （ベル, A.G.　1847.3.3–1922.8.2)
ナビ （ベル　1847–1922)
二十 （ベル, アレキサンダー・グラハム　1847.3.
3–1922.8.2)
百科 （ベル　1847–1922)
評世 （ベル　1847–1922)
山世 （ベル　1847–1922)
歴史 （ベル　1847–1922)

Bell, Daniel 〈20世紀〉
アメリカの社会学者, 経済思想家。アメリカの
経済・政治状況から, ヨーロッパ的社会主義思
想の意味を問い直した。
⇒岩世 （ベル　1919.5.10–2011.1.25)
経済 （ベル　1919–)
現人 （ベル　1919.5.10–)
国小 （ベル　1919.5.10–)
コン3 （ベル　1919–)
思想 （ベル, ダニエル　1919–)
西洋 （ベル　1919.5.10–)
全書 （ベル　1919–)
大辞2 （ベル　1919–)
大辞3 （ベル　1919–)
ナビ （ベル　1919–)
二十 （ベル, ダニエル　1919.5.10–)

Bell, Henry 〈18・19世紀〉
イギリス（スコットランド）の技術家。ヨー
ロッパにおける最初の蒸気船を製作。

⇒岩ケ （ベル, ヘンリー　1767–1830)
岩世 （ベル　1767.4.7–1830.11.14)
科学 （ベル　1767.4.7–1830.11.14)
コン2 （ベル　1767–1830)
コン3 （ベル　1767–1830)
人物 （ベル　1767.4.7–1830.11.14)
西洋 （ベル　1767.4.7–1830.11.14)
世西 （ベル　1767.4.7–1830.11.14)

Bell, *Sir* Issac Lowthian 〈19・20世紀〉
スコットランドの冶金化学者, 工業家。
⇒岩世 （ベル　1816.2.15–1904.12.20)
西洋 （ベル　1816–1904.12.20)

Bell, Lawrence Dale 〈20世紀〉
アメリカの航空機デザイナー, 航空機製造者。
⇒岩ケ （ベル, ローレンス（・デイル）　1894–1956)
コン3 （ベル）

Bell, Patric 〈18・19世紀〉
イギリスの聖職者, 発明家。
⇒岩ケ （ベル, パトリック　1799–1869)
世科 （ベル　1799–1869)

Bell, Robert Anning 〈19・20世紀〉
イギリスの画家, 工芸デザイナー, 挿絵画家,
室内装飾家。
⇒岩ケ （ベル, ロバート・アニング　1863–1933)

Bell, Vanessa 〈19・20世紀〉
イギリスの画家, 装飾デザイナー。
⇒岩ケ （ベル, ヴァネッサ　1879–1961)
岩世 （ベル　1879.5.30–1961.4.7)
世女 （ベル, ヴァネッサ　1879–1961)
世女日 （ベル, ヴァネッサ　1879–1961)

Bellenghi, Giuseppe 〈19・20世紀〉
イタリアの音楽出版者, チェロ, マンドリン奏
者, 作曲家, 教育者。フィレンツェに楽器販
売・楽譜出版会社フォルリヴェーシを設立, 自
身の作品を含む多数のマンドリンのための楽譜
を出版。
⇒演奏 （ベレンギ, ジュゼッペ　1847–1902.10.17)

Belli, Valerio 〈15・16世紀〉
イタリアの宝石細工師, メダル制作家。
⇒世美 （ベッリ, ヴァレーリオ　1460–1546)

Bello, Antoine 〈20世紀〉
フランスの作家, 実業家。
⇒海作4 （ベロ, アントワーヌ　1970–)

Belmont, August 〈19世紀〉
アメリカの金融業者。ニューヨーク市にアウグ

スト・ベルモント商会を設立。1853〜57年オランダ駐在大使。
⇒世西（ベルモント　1816.12.8–1890.11.24）

Beltrami, Luca 〈19・20世紀〉
イタリアの建築家。
⇒岩世（ベルトラーミ　1854.11.13–1933.8.8）
世美（ベルトラーミ，ルーカ　1854–1933）

Belyaev, Mitrofan Petrovich 〈19・20世紀〉
ロシアの楽譜出版業者。ロシア国民派の作品を多く出版。
⇒音楽（ベリャエフ，ミトロファン・ペドロヴィチ　1836.2.22–1904.1.4）
音大（ベリャーエフ　1836.2.22–1904.1.10）
国小（ベリャーエフ　1836–1904）
コン2（ベリャーエフ　1836–1904）
コン3（ベリャーエフ　1836–1904）
ラル（ベリャーエフ，ミトロファン・ペトローヴィチ　1836–1903）

Benardos, Nikolai Nikolaevich 〈19・20世紀〉
ロシアの発明家。電弧熔接の創始者。
⇒コン2（ベナルドース　1842–1905）
コン3（ベナルドス　1842–1905）

Benassy, Jean Pascal 〈20世紀〉
フランスの経済学者。
⇒岩世（ベナシー　1948–）

Benci di Cione, Dami 〈14世紀〉
イタリアの建築家。
⇒世美（ベンチ・ディ・チョーネ，ダーミ　(活動)14世紀）

Bendix, Vincent 〈19・20世紀〉
アメリカの発明家。
⇒岩ケ（ベンディックス，ヴィンセント　1882–1945）

Bendixen, Friedrich 〈19・20世紀〉
ドイツの銀行家，経済学者。貨幣指図証券説を主張。
⇒岩世（ベンディクセン　1864.9.30–1920.7.29）
国小（ベンディクセン　1864.9.30–1920.7.29）
西洋（ベンディクセン　1864.9.30–1920.7.29）
世百（ベンディクセン　1864–1920）
全書（ベンディクセン　1864–1920）
二十（ベンディクセン，F.　1864–1920）
名著（ベンディクセン　1868–1920）

Benedetto da Rovezzano 〈15・16世紀〉
イタリアの建築家，彫刻家。

⇒世美（ベネデット・ダ・ロヴェッツァーノ　1474–1552以降）

Benedict, Manson 〈20世紀〉
アメリカの技術家。
⇒科学（ベネディクト　1907.10.9–）
二十（ベネディクト，M.　1907.10.9–）

Benedikt, Ried von Piesting 〈15・16世紀〉
ボヘミアでの後期ゴシックを代表する建築家。
⇒建築（ベネディクト，リート・フォン・ピエスティング　1454–1535）

Benediktsson, Einar 〈19・20世紀〉
アイスランドの詩人，実業家。詩集『物語と詩』(1897)，『なぎ』(1906)，『波』(13)，『怒濤』(21)，『谷間』(30) がある。
⇒岩世（ベネディクトソン，エイナル　1864–1940）
国小（ベネディクトソン　1864.10.31–1940.1.14）
集文（ベネディクトソン，エイナル　1864.10.31–1940.1.12）
世文（ベーネディクトソン，エイナル　1864–1940）
全書（ベネディクトソン　1864–1940）
大百（ベネディクトソン　1864–1940）
二十（ベネディクトソン，エイナル　1864–1940）

Benetton, Giuliana 〈20世紀〉
イタリアのデザイナー，実業家。
⇒世女（ベネトン，ジュリアーナ　1938?–）

Benevolo, Leonardo 〈20世紀〉
イタリアの建築家，建築史家。
⇒世美（ベネーヴォロ，レオナルド　1923–）

Benge, Elden 〈20世紀〉
アメリカのトランペット奏者，トランペット製作者。
⇒演奏（ベンジ，エルデン　1904.7.12–1960.12.12）

Bennett, James Gordon 〈18・19世紀〉
アメリカの新聞編集者。『ニューヨーク・ヘラルド』紙を創刊，1867年まで編集長。
⇒岩ケ（ベネット，ジェイムズ・ゴードン　1795–1872）
英米（Bennett, James Gordon　ベネット　1795–1872）
国小（ベネット　1795–1872.6.1）
コン3（ベネット　1795–1872）
人物（ベネット　1795.9.1–1872.6.1）
西洋（ベネット（父）　1795.9.1–1872.6.1）
世百（ベネット　1795–1872）
全書（ベネット　1795–1872）
大百（ベネット　1795–1872）

benne 54 西洋人物レファレンス事典

Bennett, James Gordon 〈19・20世紀〉

アメリカの新聞経営者。父の仕事を引きつぎ
(1867)、「イーヴニング・テレグラム」紙を
創刊。

⇒岩ケ（ベネット，ジェイムズ・ゴードン　1841–
1918）
コン**2**（ベネット　1841–1918）
コン**3**（ベネット　1841–1918）
西洋（ベネット（子）　1841.5.10–1918.5.14）

Bennett, Willard Harrison 〈20世紀〉

アメリカの物理学者，発明家。

⇒岩ケ（ベネット，ウィラード・ハリソン　1903–
1987）

Benoni, Giuseppe 〈17世紀〉

イタリアの土木技術者，建築家。

⇒世美（ベノーニ，ジュゼッペ　1618–1684）

Ben-Salah, Ahmad 〈20世紀〉

チュニジアの政治家。1961〜64年計画・大蔵
相，64〜69年経済企画相。

⇒角世（ベン・サラー　1926–）
全書（ベン・サラー　1926–）
中東（ベン・サラーハ　1926–）
二十（ベン・サラー，A.　1926–）

Benslimane, Abdul-Qadir 〈20世紀〉

モロッコの政治家。1966年マグレブ協議会常任
代表。74〜77年蔵相。

⇒中東（ベンスリマン　1932–）

Bent, Charles 〈18・19世紀〉

アメリカの開拓者，商人。ニューメキシコの文
民総督を務めた。

⇒国小（ベント　1799.11.11–1847.1.19）

Bentham, Jeremy 〈18・19世紀〉

イギリスの法学者，倫理学者，経済学者。功利
主義の基礎を築いたことで有名。政治運動にも
たずさわった。

⇒イ哲（ベンサム，J.　1748–1832）
イ文（Bentham, Jeremy　1748–1832）
岩ケ（ベンサム，ジェレミー　1748–1832）
岩世（ベンサム　1748.2.15–1832.6.6）
岩哲（ベンサム　1748–1832）
英米（Bentham, Jeremy　ベンサム　1748–
1832）
旺世（ベンサム　1748–1832）
外国（ベンサム　1748–1832）
科史（ベンサム　1748–1832）
角世（ベンサム　1748–1832）
教育（ベンサム　1748–1832）
キリ（ベンサム，ジェレミ　1748.2.15–1832.6.6）
広辞**4**（ベンサム　1748–1832）
広辞**6**（ベンサム　1748–1832）

国小（ベンサム　1748.2.15–1832.6.6）
コン**2**（ベンサム　1748–1832）
コン**3**（ベンサム　1748–1832）
集世（ベンタム，ジェレミー　1748.2.15–1832.6.
6）
集文（ベンタム，ジェレミー　1748.2.15–1832.6.
6）
人物（ベンタム　1748.2.15–1832.6.6）
西洋（ベンサム　1748.2.15–1832.6.6）
世人（ベンサム　1748–1832）
世西（ベンサム　1748.2.15–1832.6.6）
世百（ベンサム　1748–1832）
世文（ベンサム，ジェレミー　1748–1832）
全書（ベンサム　1748–1832）
大辞（ベンサム　1748–1832）
大辞**3**（ベンサム　1748–1832）
大百（ベンサム　1748–1832）
デス（ベンサム　1748–1832）
伝世（ベンサム　1748.2.15–1832.6.6）
百科（ベンサム　1748–1832）
評世（ベンサム（ベンタム）　1748–1832）
名著（ベンサム　1748–1832）
山世（ベンサム　1748–1832）
歴史（ベンサム　1748–1832）

Bentham, *Sir* Samuel 〈18・19世紀〉

イギリスの発明家，造船技師。

⇒岩ケ（ベンサム，サー・サミュエル　1757–1831）

Bentley, John Francis 〈19・20世紀〉

イギリスの建築家。主作品はウェストミンス
ターのローマ・カトリック大聖堂（1895〜
1903）。

⇒国小（ベントリー　1839–1902）

Benton, Jim 〈20世紀〉

アメリカの作家，漫画家，アニメプロ
デューサー。

⇒海新（ベントン，ジム　1960.10.31–）

Bentsen, Lloyd Millard（Jr.）〈20世紀〉

アメリカの政治家，弁護士。アメリカ財務長官。

⇒世政（ベンツェン，ロイド（Jr.）　1921.2.11–）

Bentz, Melitta 〈19・20世紀〉

ドイツ国籍。西ドイツ出身。コーヒー用ペー
パーフィルターで知られるドイツのメリタ社創
業者。

⇒二十（ベンツ，メリタ　1873–1950）

Benvenuto da Bologna 〈14世紀〉

イタリアの建築家。

⇒世美（ベンヴェヌート・ダ・ボローニャ　（活
動）14世紀）

Ben Yahya, Muhammad Sedik〈20世紀〉
アルジェリアの政治家。1970〜77年高等教育・科学研究相。77年財政相。
⇒中東（ベン・ヤヒヤ　1932–）

Benz, Carl Friedrich〈19・20世紀〉
ドイツの技術者，発明家。自動三輪車を製作（1885）。
⇒岩ケ（ベンツ，カール（・フリードリヒ）　1844–1929）
　岩世（ベンツ　1844.11.25–1929.4.4）
　外国（ベンツ　1844–1929）
　科人（ベンツ，カール・フリードリヒ　1844.11.25–1929.4.4）
　角世（ベンツ　1844–1929）
　広辞4（ベンツ　1844–1929）
　広辞5（ベンツ　1844–1929）
　広辞6（ベンツ　1844–1929）
　コン2（ベンツ　1844–1929）
　コン3（ベンツ　1844–1929）
　人物（ベンツ　1844.11.25–1929.4.5）
　西洋（ベンツ　1844.11.25–1929.4.5）
　世科（ベンツ　1844–1929）
　世西（ベンツ　1844.11.26–1929.4.3）
　世百（ベンツ　1844–1929）
　全書（ベンツ　1844–1929）
　大辞（ベンツ　1844–1929）
　大辞2（ベンツ　1844–1929）
　大辞3（ベンツ　1844–1929）
　大百（ベンツ　1844–1929）
　デス（ベンツ　1844–1929）
　ナビ（ベンツ　1844–1929）
　二十（ベンツ，カール・フリードリヒ　1844.11.26–1929.4.4）
　百科（ベンツ　1844–1929）

Bérain, Jean Louis〈17・18世紀〉
フランスの装飾図案家，工芸家，舞台装置家。ルイ14世に仕えた。同名の息子（1678〜1726）は彫版師。
⇒岩ケ（ベラン，ジャン　1637頃–1711）
　芸術（ベラン，ジャン　1637–1711）
　建築（ベラン，ジャン・ルイ　1637–1711）
　国小（ベラン　1637.10.28–1711.1.24）
　新美（ベラン，ジャン　1637/39/40.10.28–1711.1.25）
　世美（ベラン，ジャン　1640–1711）
　百科（ベラン　1637–1711）
　ラル（ベラン，ジャン　1640–1711）

Berendt, Joachim Ernst〈20世紀〉
ドイツのジャズ・プロデューサー，ジャズ評論家。1964年よりベルリン・ジャズ音楽祭を手がける。日本のミュージシャンをヨーロッパに紹介した。
⇒ジヤ（ベーレント，ヨアヒム・E　1922.7.20–）
　二十（ベーレント，ヨアヒム・E.　1922.7.20–）

Beretta, Lodovico〈16世紀〉
イタリアの建築家。
⇒世美（ベレッタ，ロドヴィーコ　1518–1572）

Berezovsky, Boris Abramovich〈20世紀〉
ロシアの政商。
⇒岩世（ベレゾフスキー　1946.1.23–2013.3.23）
　ロシ（ベレゾフスキー　1946–）

Berg, Aksel Ivanovich〈20世紀〉
ソ連邦の電気工学者。無線工学の発展に貢献。
⇒コン3（ベールク　1893–）

Berg, Fritz〈20世紀〉
ドイツ連邦共和国の財界人。ドイツ産業連盟（BDI）の会長として，西ドイツ経済の発展と労使関係の安定に指導的役割を果たした。
⇒岩世（ベルク　1901.8.27–1979.2.3）
　現人（ベルク　1901.8.27–）

Berg, Johann〈16世紀〉
ドイツの楽譜出版業者。
⇒音大（ベルク　?–1563.8.7）

Berg, Max〈19・20世紀〉
ドイツの建築家。ブレスラウ市に『世紀館』（1913）を建てた。
⇒岩世（ベルク　1870.4.17–1947.1.24）
　西洋（ベルク　1870.4.17–1947.1.24）
　世美（ベルク，マックス　1870–1947）

Berger, Alfred von〈19・20世紀〉
オーストリアの劇場支配人，文学者。自然主義的な現代劇と対立。
⇒西洋（ベルガー　1853.4.30–1912.8.24）

Bergius, Friedrich〈19・20世紀〉
ドイツの工業化学者。石炭の液化などを研究。1931年ノーベル化学賞受賞。
⇒岩ケ（ベルギウス，フリードリヒ　1884–1949）
　岩世（ベルギウス　1884.10.11–1949.3.31）
　外国（ベルギウス　1884–1949）
　科学（ベルギウス　1884.10.11–1949.3.30）
　科技（ベルギウス　1884.10.11–1949.3.30）
　科人（ベルギウス，フリードリヒ・カール・ルドルフ　1884.10.11–1949.3.30）
　科大（ベルギウス　1884–1949）
　科大2（ベルギウス　1884–1949）
　広辞5（ベルギウス　1884–1949）
　広辞6（ベルギウス　1884–1949）
　国小（ベルギウス　1884–1949）
　コン3（ベルギウス　1884–1949）
　最世（ベルギウス，フリードリヒ　1884–1949）
　人物（ベルギウス　1884.10.11–1949.3.31）

西洋 （ベルギウス　1884.10.11–1949.3.31）
世科 （ベルギウス　1884–1949）
世西 （ベルギウス　1884.10.11–1949.3.30）
世百 （ベルギウス　1884–1949）
世百新 （ベルギウス　1884–1949）
全書 （ベルギウス　1884–1949）
大百 （ベルギウス　1884–1949）
二十 （ベルギウス, フレドリッヒ　1884.10.11–
　1949.3.31）
ノ物 （ベルギウス, フリードリッヒ　1884–1949）
ノベ （ベルギウス, F.K.R.　1884.10.11–1949.3.
　30）
百科 （ベルギウス　1884–1949）
ノベ3 （ベルギウス, F.K.R.　1884.10.11–1949.
　3.30）

Bergonzoni, Giovanni Battista 〈17世紀〉
イタリアの建築家。
⇒世美 （ベルゴンツォーニ, ジョヴァンニ・バッ
　ティスタ　1628頃–1692）

Bergson, Abram 〈20世紀〉
現代アメリカ（ユダヤ系）の経済学者。ソ連経
済の専門家。
⇒岩世 （バーグソン　1914.4.21–2003.4.23）
経済 （バーグソン　1914–）
西洋 （バーグソン　1914.4.21–）
二十 （バーグソン, A.　1914–）
名著 （バーグソン　1914–）

Beri, Sridhara Govinda 〈20世紀〉
インドの経済学者。イギリス領インドのボンベ
イ州にあって長らく教育行政官を務めた。主著
『インド経済論』（共著）。
⇒名著 （ベリ　1894–1943）

Bering, Vitus Jonassen 〈17・18世紀〉
ロシアの航海者。デンマーク生まれ。ロシア海
軍に入り, カムチャツカ探検隊隊長となる。の
ちにベーリング海峡と呼ばれる海峡を発見。
⇒岩ケ （ベーリング, ヴィトゥス（・ヨナセン）
　1681–1741）
旺世 （ベーリング　1681–1741）
外国 （ベーリング　1681–1741）
科学 （ベーリング　1681–1741.12.19）
広辞4 （ベーリング　1681–1741）
広辞6 （ベーリング　1681–1741）
国小 （ベーリング　1681–1741.12.19）
コン2 （ベーリング　1681–1741）
コン3 （ベーリング　1681–1741）
人物 （ベーリング　1681–1741.12.19）
西洋 （ベーリング　1681–1741.12.19）
世人 （ベーリング　1681–1741）
世西 （ベーリング　1680–1741.12.19）
世東 （ベーリング　1681–1741）
世百 （ベーリング　1681–1741）
全書 （ベーリング　1681–1741）
大辞 （ベーリング　1681–1741）

大辞3 （ベーリング　1681–1741）
探検1 （ベーリング　1681–1741）
デス （ベーリング　1681–1741）
伝世 （ベーリング　1681–1741.12.8）
百科 （ベーリング　1681–1741）
評世 （ベーリング）
山世 （ベーリング　1681–1741）
歴史 （ベーリング　1680–1741）
ロシ （ベーリング　1681–1741）

Berken, Ludwig von 〈15世紀〉
ネーデルラントの宝石細工人。
⇒外国 （ベルケン　15世紀）

Berlage, Hendrik Peterus 〈19・20世紀〉
オランダの建築家, 都市計画家。代表的作品ア
ムステルダム株式取引所（1898～1903）。02～
15年の南アムステルダム都市計画を立てた。
⇒岩ケ （ベルラーヘ, ヘンドリック・ペトルス
　1856–1934）
岩世 （ベルラーヘ　1856.2.21–1934.8.12）
才西 （ベルラーヘ, ヘンドリック・ペトルス
　1856–1934）
外国 （ベルラーヘ　1856–1934）
国小 （ベルラーヘ　1856.2.21–1934.8.12）
コン2 （ベルラーヘ　1858–1934）
コン3 （ベルラーヘ　1856–1934）
新美 （ベルラーヘ, ヘンドリック・ペトリス
　1856.2.21–1934.8.12）
人物 （ベルラーヘ　1856.2.21–1934.8.12）
西洋 （ベルラーヘ　1856.2.21–1934.8.12）
世西 （ベルラーヘ　1856–1934）
世美 （ベルラーヘ, ヘンドリック・ペトルス
　1856–1934）
世百 （ベルラーヘ　1856–1934）
全書 （ベルラーヘ　1856–1934）
大百 （ベルラーヘ　1856–1934）
二十 （ベルラーヘ, ヘンドリック・ペトルス
　1856.2.21–1934.8.12）
百科 （ベルラーヘ　1856–1934）

Berle, Adolf Augustus (Jr.) 〈20世紀〉
アメリカの経済思想家, 法律家, 外交官。F.
ルーズベルト政権の国務次官。共著書に経営者
資本主義論の古典『近代株式会社と私有財産』
がある。
⇒岩ケ （バーリ, A（アドルフ）・A（オーガスタス）
　1895–1971）
外国 （バーリ　1895–）
経済 （バーリ　1895–1971）
国小 （バーレ　1895.1.29–1971.2.17）
コン3 （バーリ　1895–1971）
西洋 （バーリ　1895.1.29–1971）
名著 （バーリ　1895–）

Berliner, Emile 〈19・20世紀〉
ドイツ系アメリカの発明家。1904年蓄音器レ

経済・産業篇　　　　　　　　57　　　　　　　　**berni**

コードを発明。現在使用されているレコードは
彼の設計したものである。
⇒岩ケ（バーリナー，イーミル　1851–1929）
　外国（バーリナー　1851–1929）
　科学（ベルリネル　1851.5.20–1929.8.3）
　科技（ベルリネル　1851.5.20–1929.8.3）
　コン3（バーリナー　1851–1929）
　世百（バーリナー　1851–1929）
　二十（ベルリネル，E.　1851.5.20–1929.8.3）
　百科（バーリナー　1851–1929）
　ユ人（バーリナー（ベルリナー），エミール
　　1851–1929）

Berlusconi, Silvio〈20世紀〉
イタリアの政治家，実業家。イタリア首相，
フィニンベスト・グループ会長。
⇒岩世（ベルルスコーニ　1936.9.29–）
　最世（ベルルスコーニ，シルヴィオ　1936–）
　世政（ベルルスコーニ，シルヴィオ　1936.9.29–）

Berman, Pandro S.〈20世紀〉
アメリカ生まれの映画製作者。
⇒世映（バーマン，パンドロ・S　1905–1996）

Bernabei, Domenico〈15・16世紀〉
イタリアの建築家。
⇒世美（ベルナベイ，ドメーニコ　1470–1545）

Bernadot, Marie Vincent〈19・20世
紀〉
フランス出身のドミニコ会修道士，著作家，編
集者，出版者。
⇒キリ（ベルナドー，マリー・ヴァンサン　1883.6.
　14–1941.6.25）

Bernanke, Benjamin Shalom〈20・21
世紀〉
アメリカの経済学者。
⇒岩世（バーナンキ　1953.12.13–）

Bernard de Soissons〈13世紀〉
フランスの建築家。
⇒世美（ベルナール・ド・ソワッソン　13世紀）

Bernardo da Venezia〈14・15世紀〉
イタリアの建築家，彫刻家。
⇒世美（ベルナルド・ダ・ヴェネーツィア　（活
　動）14世紀末–15世紀初頭）

Bernays, Edward L〈20世紀〉
アメリカの広報会社経営者。
⇒岩ケ（バーネイズ，エドワード・L　1891–1995）

Berners-Lee, Tim〈20・21世紀〉
イギリスのコンピューター工学者。
⇒岩世（バーナーズ＝リー　1955.6.8–）

Berneval, Alexandre〈15世紀〉
フランスの建築長。
⇒建築（ベルヌヴァル，アレクサンドル　?–1440）

Bernheim-Jeune, Alexandre〈19・20
世紀〉
フランスの画商，出版業者。
⇒岩世（ベルネーム＝ジューヌ　1839.4.3–1915.3.
　2）

Berniker, Mike〈20世紀〉
アメリカのプロデューサー。
⇒二十（バーニカー，マイク）

Bernini, Giovanni Lorenzo〈16・17世
紀〉
イタリアの彫刻家，建築家。バチカン宮殿の建
築や彫刻に従事。
⇒岩ケ（ベルニーニ，ジャン・ロレンツォ　1598–
　1680）
　岩世（ベルニーニ　1598.12.7–1680.11.28）
　旺世（ベルニーニ　1598–1680）
　外国（ベルニーニ　1598–1680）
　角世（ベルニーニ　1598–1680）
　教皇（ベルニーニ，ジャン・ロレンツォ　1598–
　　1680）
　キリ（ベルニーニ，ジョヴァンニ・ロレンツォ
　　1598.12.7–1680.11.28）
　芸術（ベルニニ，ジォヴァンニ　1598–1680）
　建築（ベルニーニ，ジョヴァンニ・ロレンツォ
　　1598–1680）
　広辞4（ベルニーニ　1598–1680）
　広辞6（ベルニーニ　1598–1680）
　国小（ベルニーニ　1598.12.7–1680）
　国百（ベルニーニ，ジョバンニ・（ジャン）・ロレ
　　ンツォ　1598.12.7–1680.11.28）
　コン2（ベルニーニ　1598–1680）
　コン3（ベルニーニ　1598–1680）
　新美（ベルニーニ，ジャン（ジョヴァンニ）・ロレ
　　ンツォ　1598.12.7–1680.11.28）
　人物（ベルニーニ　1598.12.7–1680.11.28）
　西洋（ベルニーニ　1598.12.7–1680.11.28）
　世西（ベルニーニ　1598.12.7–1680.11.28）
　世美（ベルニーニ，ジャン・ロレンツォ　1598–
　　1680）
　世百（ベルニーニ　1598–1680）
　全書（ベルニーニ　1598–1680）
　大辞（ベルニーニ　1598–1680）
　大辞3（ベルニーニ　1598–1680）
　大百（ベルニーニ　1598–1680）
　デス（ベルニーニ　1598–1680）
　伝世（ベルニーニ　1598.12.7–1680.11.28）
　百科（ベルニーニ　1598–1680）
　評世（ベルニーニ　1598–1680）

B

歴史 （ベルニーニ　1598–1680）

Bernward 〈10・11世紀〉

中世ドイツの画家，建築家，工芸家。ヒンデス
ハイムに聖堂と修道院を建造。
⇒キリ（ベルンヴァルト（ヒルデスハイムの）　960
　　頃–1022.11.20）
　国小（ベルンワルト　960頃–1022）
　新美（ベルンヴァルト　（在位）993–1022）
　聖人（ベルンヴァルト　960頃–1022）
　西洋（ベルンヴァルト　960頃–1022.11.20）

Berov, Lyuben 〈20世紀〉

ブルガリアの経済学者。ブルガリア首相。
⇒世政（ベロフ，リューベン　1925.10.6–）

Berri, Claude 〈20世紀〉

フランス・パリ生まれの映画監督，映画製作者。
⇒世映（ベリ，クロード　1934–）
　世俳（ベリ，クロード　1934.7.1–）

Berruguete, Alonso 〈15・16世紀〉

スペインの彫刻家，画家，建築家。カルロス5世
の宮廷画家を務めた。
⇒岩ケ（ベルゲテ，アロンソ　1489頃–1561）
　岩世（ベルゲーテ　1488頃–1561.9.13-26）
　キリ（ベルゲーテ，アロンソ　1489–1561.9）
　芸術（ベルゲーテ，アロンソ　1486頃–1561）
　国小（ベルゲテ　1486頃–1561.9）
　新美（ベルゲーテ，アロンソ　1489–1561.9）
　スペ（ベルゲーテ　1486頃–1561）
　西洋（ベルゲテ　1486頃–1561.9）
　世美（ベルゲーテ，アロンソ　1490頃–1561）
　百科（ベルゲーテ　1486頃–1561）

Bertani, Giovanni Battista 〈16世紀〉

イタリアの建築家，画家。
⇒世美（ベルターニ，ジョヴァンニ・バッティスタ
　　1516–1576）

Berthollet, Claude Louis, Comte de 〈18・19世紀〉

フランスの化学者。1789年に塩素を使った漂白
法を編み出した。また染色について研究，化学
命名法の制定でラボアジェに協力した。
⇒岩ケ（ベルトレ，クロード・ルイ，伯爵　1748–
　　1822）
　岩世（ベルトレ　1748.12.9–1822.11.6）
　岩哲（ベルトレ　1748–1822）
　外国（ベルトレー　1748–1822）
　科学（ベルトーレ　1748.12.9–1822.11.6）
　科技（ベルトレ　1748.12.9–1822.11.6）
　科史（ベルトレ　1748–1822）
　科人（ベルトレー（伯爵），クロード - ルイ
　　1748.12.9–1822.11.6）
　看護（ベルトレ　1748–1822）
　国小（ベルトレ　1748.12.9–1822.11.6）

コン2（ベルトレ　1748–1822）
コン3（ベルトレ　1748–1822）
人物（ベルトレ　1748.11.9–1822.11.6）
西洋（ベルトレ　1748.11.9–1822.11.6）
世科（ベルトレ　1748–1822）
世西（ベルトレ　1748.12.9–1822.11.7）
世百（ベルトレ　1748–1822）
全書（ベルトレ　1748–1822）
大辞（ベルトレ　1748–1822）
大辞3（ベルトレ　1748–1822）
大百（ベルトレ　1748–1822）
伝世（ベルトレ　1748.12.9–1822.11.6）
百科（ベルトレ　1748–1822）

Berthoud, Ferdinand 〈18・19世紀〉

スイスの時計師，科学機器製作者。
⇒世科（ベルトゥー　1727–1807）

Bertin, Louis Émile 〈19・20世紀〉

フランスの海軍軍人，造船技術家。軍艦の設計，
改良に活躍。
⇒岩世（ベルタン　1840.3.23–1924.10.22）
　科学（ベルタン　1840.3.23–1924.10.22）
　国小（ベルタン　1840.3.23–1924.12.2）
　西洋（ベルタン　1840.3.23–1924.10.22）
　二十（ベルタン，L.E.　1840.3.23–1924.10.22）
　日人（ベルタン　1840–1924）
　来日（ベルタン　1840–1924）

Bertin, Rose 〈18・19世紀〉

フランスの婦人服仕立師。王妃マリー・アン
トアネットの衣装係。
⇒岩世（ベルタン　1747.7.2–1813.9.22）
　国小（ベルタン　1744–1812）

Bertoia, Harry 〈20世紀〉

アメリカの彫刻家，工芸デザイナー。
⇒岩ケ（ベルトイア，ハリー　1915–1978）

Bertola, Antonio 〈17・18世紀〉

イタリアの建築家，軍事技術者。
⇒世美（ベルトーラ，アントーニオ　1647–1719）

Bertotti-Scamozzi, Ottavio 〈18世紀〉

イタリアの建築家，建築理論家。
⇒新美（スカモッツィ，オッターヴィオ・ベルトッ
　　ティ　1719.4.5–1790.10.25）
　世美（ベルトッティ＝スカモッツィ，オッター
　　ヴィオ　1719–1790）

Bertuch, Friedrich Justin 〈18・19世紀〉

ドイツの作家，出版業者。スペイン文学にすぐ
れ，1775年『ドンキホーテ』を翻訳，1790年
『スペイン語読本』を発表。彼の名声は『子供
のための絵本』(1790～1822）の発行による。

⇒教育（ベルツフ 1747–1822）

Berucci, Bartolomeo 〈16世紀〉
イタリアの建築家。
⇒建築（ベルッチ, バルトロメオ ?–1537）

Bessel', Vasiliĭ Vasil'evich 〈19・20世紀〉
ロシアの出版者。
⇒ラル（ベッセリ, ワシーリー・ワシーリエヴィチ 1843–1907）

Bessemer, Sir Henry 〈19世紀〉
イギリスの発明家。1855年ベッセマー製鋼法（転炉法）を発明し，その企業化に成功。
⇒岩ケ（ベッセマー, サー・ヘンリー 1813–1898）
　岩世（ベッセマー 1813.1.19–1898.3.15）
　英米（Bessemer, Sir Henry ベッセマー 1813–1898）
　外国（ベッセマー 1813–1898）
　科学（ベッセマー 1813.1.19–1898.3.15）
　科技（ベッセマー 1813.1.19–1898.3.15）
　科史（ベッセマー 1813–1898）
　科人（ベッセマー, サー・ヘンリー 1813.1.19–1898.3.15）
　角世（ベッセマー 1813–1898）
　国小（ベッセマー 1813.1.19–1898.3.15）
　コン2（ベッセマー 1813–1898）
　コン3（ベッセマー 1813–1898）
　人物（ベッセマー 1813.1.19–1898.3.15）
　西洋（ベッセマー 1813.1.19–1898.3.15）
　世科（ベッセマー 1813–1898）
　世西（ベッセマー 1813.1.19–1898.3.15）
　世百（ベッセマー 1813–1898）
　全書（ベッセマー 1813–1898）
　大辞（ベッセマー 1813–1898）
　大辞3（ベッセマー 1813–1898）
　大百（ベッセマー 1813–1898）
　デス（ベッセマー 1813–1898）
　伝世（ベッセマー 1813.1.19–1898.3.15）
　百科（ベッセマー 1813–1898）
　名著（ベッセマー 1813–1898）
　山世（ベッセマー 1813–1898）

Besson, Jacques 〈16世紀〉
フランスの数学者，エンジニア，発明家。
⇒岩ケ（ベソン, ジャック 1535頃–1575頃）

Béthancourt, Jean de 〈14・15世紀〉
フランスの航海者，探検家。1402年カナリア諸島に到達。パルマ島その他にヨーロッパ人最初の植民地を設置。
⇒国小（ベタンクール 1360頃–1406以後）

Bethell, Ernest Thomas 〈19・20世紀〉
イギリス出身の新聞経営者。朝鮮で大韓毎日申報社を創業。朝鮮名は裴説。

⇒岩世（ベセル 1872.11.3–1909.5.1）
　朝人（ベッセル 1872–1909）
　朝鮮（ベセル 1872–1909）
　二十（ベセル, E.T. 1872–1909）
　百科（ベセル 1872–1909）

Bethune, Louise 〈19・20世紀〉
アメリカの建築家。
⇒世女（ベチューン, ルイーズ（ブランチャード） 1856–1913）
　世女日（ベスーン, ルイーズ 1856–1913）

Betjeman, Sir John 〈20世紀〉
イギリスの詩人，地誌作者，建築評論家。主著『シオン山』(1933)。
⇒イ文（Betjeman, Sir John 1906–1984）
　岩ケ（ベッチマン, サー・ジョン 1906–1984）
　英文（ベッチマン, ジョン 1906–1984）
　オ世（ベッチマン, ジョン 1906–1984）
　現人（ベチェマン 1906–）
　国小（ベッチェマン 1906.4.6–）
　集世（ベッチマン, ジョン 1906.4.6–1984.5.19）
　集文（ベッチマン, ジョン 1906.4.6–1984.5.19）
　西洋（ベチャマン 1906.4.6–）
　世文（ベッチェマン, サー・ジョン 1906–1984）
　全書（ベッチマン 1906–1984）
　二十（ベッチマン, ジョン 1906–1984）
　二十英（Betjeman, Sir John 1906–1984）

Bettelheim, Charles 〈20世紀〉
フランスの経済学者。経済計画理論の専門家。1948年以降高等学術研究院教授。
⇒岩世（ベトレーム 1913.11.20–2006.6.20）
　現人（ベッテルハイム 1913.11.20–）
　西洋（ベットレーム 1913.11.20–）
　全書（ベートゥレーム 1913–）
　二十（ベートゥレーム, C. 1913–）
　名著（ベトレーム 1913–）

Bettoli, Nicola 〈18・19世紀〉
イタリアの建築家。
⇒世美（ベットーリ, ニコーラ 1780–1854）

Beurdeley, Louis-Auguste-Alfred 〈19世紀〉
フランスの家具制作家，家具商。
⇒世美（ブールドレー, ルイ＝オーギュスト＝アルフレッド 1808–1882）

Bevan, Edward John 〈19・20世紀〉
イギリスの工業化学者。クロスと共に，人造絹糸を作ることに成功。
⇒岩ケ（ベヴァン, エドワード（・ジョン） 1856–1921）
　岩世（ベヴァン 1856.12.11–1921.10.17）
　科学（ビヴァン 1856–1921）

bever *60* 西洋人物レファレンス事典

科人（ベヴァン，エドワード・ジョン　1856.12.
　11–1921.10.17)
西洋（ビーヴァン　1856–1920)
世百（ビーヴァン　1856–1921)
全書（ビーバン　1856–1921)
大百（ビーバン　1856–1921)
二十（ビヴァン，エドワード・ジョン　1856–
　1921)

B **Beveridge, William Henry**
Beveridge, 1st Baron, of Tuggal
〈19・20世紀〉
イギリスの法律，経済学者。主著『失業問題』
(1909)，『自由社会における完全雇用』(44)。
⇒イ哲（ベヴァリッジ，W.　1879–1963)
岩ケ（ベヴァリッジ，ウィリアム・ヘンリー・ベ
　ヴァリッジ，男爵　1879–1963)
岩世（ビヴァリッジ　1879.3.5–1963.3.16)
経済（ベヴァリッジ　1879–1963)
現人（ベバリッジ　1879.3.5–1963.3.16)
国小（ベバリッジ　1879.3.5–1963.3.16)
コン2（ベヴァリッジ　1879–1963)
コン3（ビヴァリッジ　1879–1963)
人物（ビーバリッジ　1879.3.5–1963)
西洋（ベヴァリジ　1879.3.5–1963.3)
世西（ベヴァリッジ　1879.3.5–1963)
世百（ビヴァリッジ　1879–1963)
全書（ビバリッジ　1879–1963)
大百（ビバリッジ　1879–1963)
伝世（ベヴァリッジ　1879.3.5–1963.3.16)
二十（ベバリッジ，ウィリアム・ヘンリー　1879.
　3.5–1963.3.16)
二十英（Beveridge, William Henry, Baron
　1879–1963)
百科（ベバリッジ　1879–1963)
評世（ベバリッジ　1879–1963)
名著（ビヴァリジ　1879–)

Bevignate, Fra 〈13・14世紀〉
イタリアの建築家，彫刻家。
⇒世美（ベヴィニャーテ，フラ　（記録)1277–
　1305)

Beyaert, Henri-Joseph-François 〈19
世紀〉
ベルギーの建築家。
⇒世美（ベイヤール，アンリ＝ジョゼフ＝フランソ
　ワ　1823–1894)

Bezaleel
聖所建設工事の主任技術者，現場監督（出エジ
プト記）。
⇒聖書（ベツァルエル）

Bhagwati, Jagdish N. 〈20世紀〉
インド出身の経済学者。
⇒岩世（バグワティー　1934.6.26–)

Bhatty, Emanuel Charles 〈20世紀〉
インドの経済学者，神学者。
⇒キリ（ブハティ，エマニュエル・チャールズ
　1898.11.13–)

Bianchi, Padre Andrés 〈18世紀〉
ジェスイット会の僧で建築家。
⇒建築（ビアンキ，パドレ・アンドレス　（活動)18
　世紀)

Bianco, Bartolomeo 〈16・17世紀〉
イタリアの建築家。ジェノバの大宮殿パラッ
ツォ・ドゥラッツォなどを設計。
⇒国小（ビアンコ　1590–1657)
世美（ビアンコ，バルトロメーオ　?–1651頃)

Bibiena, Alessandro Galli da 〈17・18
世紀〉
イタリアの建築家，プファルツ選挙侯の主席建
築家(1719)。
⇒芸術（ビビエナ一族　?–1760)
西洋（ビビエーナ　1687–1769以前)
世美（ビビエーナ，アレッサンドロ　1686–1748)

Bibiena, Antonio 〈17・18世紀〉
フィレンツェの建築家。ボローニャのテアト
ロ・コミュナーレの設計者。
⇒演劇（ビビエナ一家）
芸術（ビビエナ一族　1700–1774)
国小（ビビエナ，アントニオ　1700–1774)
世美（ビビエーナ，アントーニオ　1697–1774)

Bibiena, Carlo 〈18世紀〉
フィレンツェの建築家。舞台装置家として
有名。
⇒芸術（ビビエナ一族　1725–1787)
国小（ビビエナ，カルロ　1728–1787)
世美（ビビエーナ，カルロ　1721–1787)

Bibiena, Ferdinando 〈17・18世紀〉
フェレンツェの建築家。アレオッティのテアト
ロ・ファルネーゼの建設に協力。
⇒芸術（ビビエナ一族　1658–1743)
国小（ビビエナ，フェルディナンド　1657–1743)
西洋（ビビエーナ　1657.8.18–1743.1.3)
世美（ビビエーナ，フェルディナンド　1657–
　1743)
デス（ビビエナ，フェルディナンド　1657–1743)

Bibiena, Francesco 〈17・18世紀〉
フィレンツェの建築家。宮廷の催しの演出や装
置を担当。
⇒芸術（ビビエナ一族　1659–1739)
国小（ビビエナ，フランチェスコ　1659–1739)
世美（ビビエーナ，フランチェスコ　1659–1739)

経済・産業篇　　　　　　　　　61　　　　　　　　**bill**

Bibiena, Galli da 〈17・18世紀〉
17-18世紀イタリアで建築家, 画家として活躍
した一族。
⇒岩世（ビビエーナ一族）

Bibiena, Giovanni Carlo Sicinio 〈18
世紀〉
イタリアの建築家, 舞台美術家。
⇒世美（ビビエーナ, ジョヴァンニ・カルロ・シ
チーニオ　1713-1760）

Bibiena, Giovanni Maria 〈17世紀〉
イタリアの建築家, 舞台美術家。
⇒芸術（ビビエナ一族　1619-1665）
世美（ビビエーナ, ジョヴァンニ・マリーア
1625-1665）

Bibiena, Giuseppe 〈17・18世紀〉
フィレンツェの建築家。バイロイト宮廷劇場の
設計者。
⇒芸術（ビビエナ一族　1696-1756）
国小（ビビエナ, ジュゼッペ　1696-1757）
西洋（ビビエーナ　1696.1.5-1756）
世美（ビビエーナ, ジュゼッペ　1695-1757）
デス（ビビエナ, ジュゼッペ　1696-1756）

Bickford, William 〈18・19世紀〉
イギリスの発明家, 鉱山技術者。
⇒岩ケ（ビックフォード, ウィリアム　1774-1834）
科学（ビックフォード　1774-1834）
世科（ビックフォード　1774-1834）

Bidder, George Parker 〈19世紀〉
イギリスのエンジニア, 数学者。
⇒岩ケ（ビダー, ジョージ・パーカー　1806-1878）

Biddle, Nicholas 〈18・19世紀〉
アメリカの銀行家。
⇒岩世（ビドル　1786.1.8-1844.2.27）
英米（Biddle, Nicholas　ビドル　1786-1844）
外国（ビドル　1786-1844）
コン2（ビドル　1786-1844）
コン3（ビドル　1786-1844）
西洋（ビドル　1786.1.8-1844.2.27）

Bieda, Ken 〈20世紀〉
オーストラリアの経済学者。国際通商や南アジ
ア経済, 日本経済などの研究が専門。
⇒二十（ビーダ, ケン）

**Bienville, Jean Baptiste le Moyne
de** 〈17・18世紀〉
フランスの植民地経営者, 行政官。ルイジアナ
植民地総督としてニューオーリンズを建設。

⇒岩世（ビアンヴィル, ジャン・バティスト・ル・
モワン, 卿　1680-1768）
伝世（ビヤンヴィル　1680.2.23-1767.3.7）

Bier, Woldemar 〈19・20世紀〉
ドイツのドレスデン体操師範学校長。『体操術
年鑑』『体操者新聞』の出版者。
⇒体育（ビール　1840-1906）

Biffen, *Sir* Rowland Harry 〈20世紀〉
イギリスの遺伝学者, 植物品種改良家。
⇒岩ケ（ビッフェン, サー・ローランド・ハリー
1874-1949）
科人（ビッフェン, サー・ロウランド・ハリー
1894.5.28-1949.7.12）

Biffi, Andrea 〈17世紀〉
イタリアの建築家。
⇒世美（ビッフィ, アンドレーア　1645-1686）

Bigelow, Erastus Brigham 〈19世紀〉
アメリカの発明家。
⇒岩ケ（ビゲロー, イラスタス（・ブリガム）
1814-1879）
世科（ヒゲロウ　1814-1879）

Bijleveld, Willem 〈17世紀〉
オランダ東インド会社の商務員。
⇒岩世（ベイレフェルト　1619頃-1649頃）
西洋（バイレフェルト　17世紀）

Bik, Pieter Albert 〈18・19世紀〉
オランダの出島商館長。
⇒岩世（ビック（ビク）　1798.7.18-1855.4.10）
西洋（ビク　1798.7.18-1855.4.10）

Biles, *Sir* John Harvard 〈19・20世紀〉
イギリスの造船家。グラスゴー大学教授（1891
～1921）。駆逐艦〈ウォルフ〉号を用い, 強度実
験を船渠で行い（01～03）, 理論と実験の一致
を確めた。
⇒岩世（バイルズ　1854-1933.10.27）
西洋（バイルズ　1854-1933.10.27）

Bill, Max 〈20世紀〉
スイスの建築家, 彫刻家, デザイナー。1944年
世界最初の「コンクレーテ・クンスト（具体芸
術）」国際展を組織し, その運動の主導者と
なる。
⇒岩ケ（ビル, マックス　1908-1994）
岩世（ビル　1908.12.22-1994.12.9）
才西（ビル, マックス　1908-）
現人（ビル　1908.12.22-）
広辞5（ビル　1908-1994）
広辞6（ビル　1908-1994）
国小（ビル　1908-）

新美（ビル，マックス　1908.12.22-）
西洋（ビル　1908.12.22-）
世芸（ビル，マックス　1908-）
世西（ビル　1908.12.22-）
世美（ビル，マックス　1908-）
全書（ビル　1908-）
大辞3（ビル　1908-1994）
大百（ビル　1908-）
二十（ビル，マックス　1908.12.22-）

Bill, Tony 〈20世紀〉
アメリカの映画俳優，プロデューサー，監督。
⇒外男（ビル，トニー　1940.8.23-）
世俳（ビル，トニー　1940.8.3-）
二十（ビル，トニー　1940.8.23-）
俳優（ビル，トニー　1940.8.23-）

Binago, Lorenzo 〈16・17世紀〉
イタリアの建築家。
⇒世美（ビナーゴ，ロレンツォ　1556-1629）

Bindesbøll, Michael Gottlieb Birckner 〈19世紀〉
デンマークの新古典主義の建築家。
⇒岩世（ビネスベル　1800.9.5-1856.7.14）

Bindesbøll, Thorwald 〈19・20世紀〉
デンマークの建築家，装飾家。
⇒世美（ビーネスボル，トーヴァル　1846-1908）

Binet, René 〈19・20世紀〉
フランスの建築家，画家。
⇒世美（ビネ，ルネ　1866-1911）

Bing, _Sir_ Rudolf 〈20世紀〉
イギリスのオペラ企画運営者。
⇒岩ケ（ビング，サー・ルドルフ　1902-1997）
オペ（ビング，ルドルフ　1902.1.9-）

Bing, Samuel 〈19・20世紀〉
ドイツの画商。日本美術研究家。のちフランスに帰化。
⇒岩世（ビング　1838.2.26-1905.9.6）
新美（ビング，サミュエル　1838-1905）
世美（ビング，サミュエル　1838-1905）
二十（ビング，サミュエル　1838-1905）
日研（ビング，サムエル　1838.2.26-1905）
来日（ビング　1838-1905）

Birala, Ghanaśyam Dasa 〈19・20世紀〉
インドの実業家。1958年からビルラ兄弟商会の会長で，インド財界でも重きをなす立志伝中の人。
⇒岩世（ビルラー　1894.4.10-1983.6.11）

外国（ビルラ　1894-）
現人（ビルラ　1894.4.10-）
コン3（ビルラー　1894-1983）
西洋（ビルラ　1894.4.10-）
全書（ビルラ　1894-1983）
二十（ビルラ，G.D.　1894-1983）

Birdseye, Clarence 〈19・20世紀〉
アメリカのビジネスマン，発明家。
⇒岩ケ（バーズアイ，クラレンス　1886-1956）

Birkbeck, George 〈18・19世紀〉
イギリスの医師。ロンドン職工学院を設立。
⇒岩ケ（バークベック，ジョージ　1776-1841）
岩世（バークベック　1776.1.10-1841.12.1）
教育（バークベック　1776-1841）
国小（バークベック　1776.1.10-1841.12.1）

Birkner Bindesøll, Michael Gottlieb 〈19世紀〉
デンマークの建築家。
⇒建築（ビルクナー・ビンデソル，ミッカエル・ゴットリーブ　1800-1856）

Birnie, Cyril Montague 〈19・20世紀〉
イギリス出身の貿易商。神戸のブラウン商会の経営者。
⇒来日（バーニー　1868-1958）

Biro, Ladislao Jose 〈20世紀〉
アルゼンチンの発明家。
⇒岩ケ（ビロ，ラディスラオ・ホセ　1899-1985）
科人（ビロ，ラディスラオ・ホセ　1899.9.29-1985.10.24）

Bishop, Hazel 〈20世紀〉
アメリカの実業家。
⇒世女日（ビショップ，ヘイゼル　1906-1998）

Bisi, Luigi 〈19世紀〉
イタリアの画家，建築家。
⇒世美（ビージ，ルイージ　1814-1886）

Bissell, Melville Reuben 〈19世紀〉
アメリカの発明家。
⇒岩ケ（ビッセル，メルヴィル（・ルーベン）　1843-1889）

Bisticci, Vespasiano da 〈15世紀〉
イタリアの書籍商，著述家。
⇒キリ（ビスティッチ，ヴェスパシアーノ・ダ　1421-1498）
集世（ヴェスパジアーノ・ダ・ビスティッチ　1421-1498）
集文（ヴェスパジアーノ・ダ・ビスティッチ

経済・産業篇　　　　　　　　　*63*　　　　　　　　　**black**

1421-1498)
百科（ベスパジアーノ・ダ・ビスティッチ
　1421-1498)

Bitterlich, Walter 〈20世紀〉
オーストリアの林学者，技術者。国有林の経営
に従事し，定角測定法を発案，その計測器を考
案した（1948）。
⇒岩世（ビッターリヒ　1908.2.19-2008.2.9)
　科学（ビッターリヒ　1908.2.19-)
　西洋（ビッターリヒ　1908.2.19-)
　二十（ビッターリヒ，W.　1908.2.19-)

Bjerknes, Vilhelm Frimann Koren
〈19・20世紀〉
ノルウェーの気象学者，海洋学者。気圧の絶対
単位（ミリバール）の導入などで有名。気団・
前線の理論を提唱し，気象学・海洋学を創始。
天気予報の先駆者。
⇒岩ケ（ビェルクネス，ヴィルヘルム・F（フリーマ
　ン）・K（コーレン）　1862-1951)
　外国（ビェルクネス　1862-1951)
　科学（ビェルクネス　1862.3.14-1951.4.9)
　科人（ビャークネス，ウィルヘルム・フリマン・
　コレン　1862.3.14-1951.4.9)
　国小（ビエルクネス　1862.3.14-1951.4.10)
　コン2（ビェルクネス　1862-1951)
　コン3（ビェルクネス　1862-1951)
　人物（ビェルクネス　1862.3.14-1951.4.9)
　西洋（ビャルクネス　1862.3.14-1951.4.9)
　世百（ビヤルクネス　1862-1951)
　全書（ビャークネス　1862-1951)
　大辞（ビェルクネス　1862-1951)
　大辞2（ビェルクネス　1862-1951)
　大辞3（ビェルクネス　1862-1951)
　大百（ビエルクネス　1862-1951)
　二十（ビェルクネス，ヴィルヘルム・フリーマ
　ン・コーレン　1862.3.14-1951.4.9)
　百科（ビヤークネス　1862-1951)

Black, Conrad Moffat 〈20世紀〉
イギリスの実業家。
⇒岩ケ（ブラック，コンラッド・モファット
　1944-)

Black, Eugene Robert 〈20世紀〉
アメリカの銀行家。1949～63年世銀総裁。66
年のアジア開発銀行設立にも貢献した。
⇒岩ケ（ブラック，ユージン・ロバート　1898-
　1992)
　現人（ブラック　1898.5.1-)
　国小（ブラック　1898.5.1-)
　コン3（ブラック　1898-1992)
　世西（ブラック　1898.5.1-)
　二十（ブラック，E.ロバート　1898-1992.2.19)

Black, Fischer 〈20世紀〉
アメリカの経済学者，金融工学者。

⇒岩世（ブラック　1938.1.11-1995.8.30)

Black, George 〈19・20世紀〉
イギリスの劇場支配人。多くのミュージック・
ホールを経営。
⇒国小（ブラック　1890-1945)

Black, Harold Stephen 〈20世紀〉
アメリカの電気工学者。
⇒世百新（ブラック　1898-1983)
　二十（ブラック，H.S.　1898-?)
　百科（ブラック　1898-)

Black, John Donald 〈19・20世紀〉
アメリカの経済学者。ハーヴァード大学経済学
教授（1927来）。
⇒岩世（ブラック　1883.6.6-1960.4.12)
　西洋（ブラック　1883.6.6-1960.4.12)

Black, Misha 〈20世紀〉
イギリスのデザイナー。各種の国際的な博覧会
の展示を担当。
⇒岩ケ（ブラック，サー・ミーシャ　1910-1977)
　国小（ブラック　1910-1977)
　世芸（ブラック，ミッシャ　1910-1979)

Blackburn, Robert 〈19・20世紀〉
イギリスの技師。世界で初めて全金属製の飛行
機を設計・製作（1909）。
⇒岩ケ（ブラックバーン，ロバート　1885-1955)
　岩世（ブラックバーン　1885.3.26-1955.9.10)
　国小（ブラックバーン　1885.3.26-1955.9.10)
　西洋（ブラックバーン　1885.3.26-)

Blacket, Edmund Thomas 〈19世紀〉
オーストラリアの建築家。
⇒岩ケ（ブラケット，エドマンド・トマス　1817-
　1883)

Blackton, James Stuart 〈19・20世紀〉
イギリス生まれの漫画家，映画製作者，監督，
脚本家，男優，アニメーション作家。アメリカ
におけるドキュメンタリー監督の草分けの一
人。『ロミオとジュリエット』をはじめシェイ
クスピアを映画化した。
⇒監督（ブラックトン，ジェイムズ・スチュアート
　1875.1.5-1941.8.13)
　世映（ブラックトン，ジェイムズ・スチュアート
　1875-1941)

Blackwell, *Sir* Basil Henry 〈19・20世
紀〉
イギリスの出版業者，書籍販売業者。
⇒岩ケ（ブラックウェル，サー・バジル（・ヘン
　リー）　1889-1984)
　岩世（ブラックウェル　1889.5.29-1984.4.9)

B

Blackwell, Mr. Richard 〈20世紀〉

アメリカのデザイナー，ファッション評論家。
⇒現ア（Blackwell, Mr.（Richard）ブラック
　ウェル，リチャード　1925-）

Blackwood, William 〈18・19世紀〉

イギリスの出版業者。『ブラックウッズ・エ
ディンバラ・マガジン』誌を創刊。
⇒岩ケ（ブラックウッド，ウィリアム　1776-1834）
　国小（ブラックウッド　1776.11.20-1834.9.16）

Blades, William 〈19世紀〉

イギリスの印刷者，書誌学者。ウィリアム・
キャクストンを研究。
⇒名著（ブレーズ　1824-1890）

Blaeu, Willem Janszoon 〈16・17世紀〉

オランダの数学者，地理学者，天文学者。地球
図，天空図および地図を刊行。
⇒岩世（ブラウ　1571-1638.10.18）
　科史（ブラーウ　1571-1638）
　科人（ブラウ，ウィレム・ヤンソン　1571-1638.
　　10.21）
　国史（ブラウ　1571-1638）
　西洋（ブラウ　1571-1638.10.18）
　世西（ブラウ　1571-1638）
　デス（ブラウ　1571-1638）

Blair, Catherine 〈19・20世紀〉

イギリス・スコットランドの陶芸家。
⇒世女日（ブレア，キャサリン　1872-1946）

Blake, William Philipps 〈20世紀〉

アメリカの地質学者。パンペリと共に来日。北
海道各地の鉱山を調査して地質調査図を作成す
るほか，鉱山技術を教えた。
⇒西洋（ブレーク　生没年不詳）
　日人（ブレーク　1826-1910）
　来日（ブレーク　1826-1910）

Blakiston, Thomas Wright 〈19世紀〉

イギリスの軍人，貿易商，博物学者。1862年
（文久2）箱館に来着。津軽海峡に動物分布上の
境界線（ブラキストン・ライン）を設定。
⇒岩世（ブレイキストン（ブラキストン）　1832.12.
　　27-1891.10.15）
　外国（ブラキストン　1832-1891）
　科学（ブレーキストン　1832.12.27-1891.10.15）
　科史（ブレーキストン　1832-1891）
　広辞4（ブラキストン　1832-1891）
　広辞6（ブラキストン　1832-1891）
　コン2（ブレーキストン　1832-1891）
　コン3（ブレーキストン　1832-1891）
　人物（ブレーキストン　1832.12.27-1891.10.15）
　西洋（ブレーキストン　1832.12.27-1891.10.15）
　世西（ブレーキストン　1832.12.27-1891.10.15）

全書（ブレーキストン　1832-1891）
大辞（ブラキストン　1832-1891）
大辞3（ブラキストン　1832-1891）
日研（ブラキストン，T.W.　1832.12.27-1891.
　10.15）
日人（ブラキストン　1832-1891）
百科（ブラキストン　1832-1891）
来日（ブラキストン　1832.12.27-1891.10.15）

Blakney, Benbruce 〈20世紀〉

アメリカの弁護士。極東裁判米弁護士，千代田
機械製靴社長。
⇒二十（ブレークニー，ベン・ブルース　1908-
　1963）

Blanchard, Jean Pierre 〈18・19世紀〉

フランスの航空学者，気球操縦者。パラシュー
トの発明者。1785最初のイギリス海峡気球横
断を行った。
⇒岩ケ（ブランシャール，ジャン・ピエール・フラ
　　ンソワ　1753-1809）
　科学（ブランシャール　1753-1809.3.7）
　科技（ブランシャール　1753-1809.3.7）
　国小（ブランシャール　1753.7.4-1809.3.7）
　西洋（ブランシャール　1753.7.4-1809.3.7）

Blanchard, Thomas 〈18・19世紀〉

アメリカの機械技術者。1812年高速度の釘製造
機を発明。
⇒コン2（ブランチャード　1788-1864）
　コン3（ブランチャード　1788-1864）
　世百（ブランチャード　1788-1864）
　百科（ブランチャード　1788-1864）

Blanqui, Adolphe Jérôme 〈18・19世紀〉

フランスの経済学者。サン・シモンの影響を受
けた。
⇒岩世（ブランキ　1798.11.21-1854.1.28）
　コン2（ブランキ　1798-1854）
　コン3（ブランキ　1798-1854）
　西洋（ブランキ　1798.11.21-1854.1.28）

Blass, Bill 〈20世紀〉

アメリカの服飾デザイナー。
⇒岩ケ（ブラス，ビル　1922-）
　岩世（ブラス　1922.6.22-2002.6.12）
　現ア（Blass, Bill　ブラス，ビル　1922-）

Blatt, Anny 〈20世紀〉

女性編物デザイナー。パリに店をもつほか，イ
ギリスでは毛織物の研究をし，コレクションの
発表もした。
⇒大百（ブラット　?-）

Blaug, Mark 〈20世紀〉

オランダ生まれの経済思想家。

経済・産業篇

⇒岩世（ブラウグ　1927.4.3-2011.11.18）
経済（ブラウグ　1927-）

Blaustein, Jacob 〈20世紀〉
アメリカの実業家。
⇒ユ人（ブラウシュタイン、ジェイコブ　1892-1970）

Bleichröder, Gerson von 〈19世紀〉
ドイツの銀行家。
⇒岩世（ブライヒレーダー　1822.12.22-1893.2.19）
外国（ブライヒレーダー　1822-1893）

Blériot, Louis 〈19・20世紀〉
フランスの飛行家、飛行機設計家。ドーヴァー海峡の横断飛行に初めて成功（1909）。
⇒岩ケ（ブレリオ、ルイ　1872-1936）
岩世（ブレリオ　1872.7.1-1936.8.3）
外国（ブレリオー　1872-1936）
コン2（ブレリオ　1872-1936）
コン3（ブレリオ　1872-1936）
人物（ブレリオ　1872.7.1-1936.8.3）
西洋（ブレリオ　1872.7.1-1936.8.3）
世西（ブレリオ　1872.7.1-1936.8.3）
世百（ブレリオ　1872-1936）
全書（ブレリオ　1873-1936）
デス（ブレリオ　1872-1936）
ナビ（ブレリオ　1872-1936）
二十（ブレリオ、ルイス　1872-1936）
百科（ブレリオ　1872-1936）

Blessing, Karl 〈20世紀〉
ドイツの銀行幹部。西独連邦銀行総裁。
⇒二十（ブレッシング、カール　1900-1971）

Bliss, Cornelius Newton 〈19・20世紀〉
アメリカの紡績業者。1896～98年内務長官。
⇒国小（ブリス　1833-1911）

Bloch, Julia Chang 〈20世紀〉
アメリカの外交官、実業家。銀行重役。中国系。
⇒華人（ブロック、ジュリア・チャン　1942-）

Blockhuys, Edward Joseph 〈19・20世紀〉
ベルギーの経済学者。東京高等商業学校他で会計学を教授。
⇒日人（ブロックホイス　1860-1931）
来日（ブロックホイス　1862-1931）

Blomberg, Erik 〈20世紀〉
フィンランド生まれの映画監督、撮影監督、映画製作者。
⇒監督（ブロムベルイ、エリック　1913.9.18-）
世映（ブロムベルイ、エーリク　1913-1996）

Blomhoff, Jan Cock 〈18・19世紀〉
オランダの長崎出島商館長。日本での英語教育の先駆け。
⇒岩世（ブロムホフ（コック・ブロムホフ）　1779.8.5-1853.10.13）
国史（ブロンホフ　1779-1853）
西洋（ブロンホフ　1779.8.5-1853.10.13）
世西（ブロムホッフ　1779.8.5-1853.10.13）
対外（ブロンホフ　1779-1853）
日人（ブロンホフ　1779-1853）
来日（ブロムホフ　1779.8.5-1853.10.3）

Blomstedt, Yrjö Aulis Uramo 〈20世紀〉
フィンランドの建築家。
⇒岩世（ブルムステット　1906.7.28-1979.12.21）

Blondeel, Lanceloot 〈15・16世紀〉
フランスの画家、版画家、建築家。
⇒世美（ブロンデール、ランセロート　1498-1561）

Blondel, Jacques François 〈18世紀〉
フランスの建築家、建築史学者。建築史学を確立。
⇒岩世（ブロンデル　1705.9.8-1774.1.9）
建築（ブロンデル、ジャック=フランソワ　1705-1774）
国小（ブロンデル　1705.9.8-1774.1.9）
コン2（ブロンデル　1705-1774）
コン3（ブロンデル　1705-1774）
新美（ブロンデル、ジャック=フランソワ　1705.1.8-1774.1.9）
西洋（ブロンデル　1705.9.8-1774.1.9）
世西（ブロンデル　1705-1774）
世美（ブロンデル、ジャック=フランソワ　1705-1774）
大百（ブロンデル　1705-1774）
百科（ブロンデル　1705-1774）
名著（ブロンデル　1705-1774）

Blondel, Nicolas-François 〈17世紀〉
フランスの建築家、建築理論家。主作品にサン・ドニ門（1671、パリ）、主著『建築教科書』（75）がある。
⇒岩世（ブロンデル　1617-1686.1.21）
建築（ブロンデル、ニコラ=フランソワ　1617-1686）
国小（ブロンデル　1617-1668）
新美（ブロンデル、フランソワ　1618-1686.1.21）
西洋（ブロンデル　1617-1686.1.21）
世西（ブロンデ　1618-1686）
世美（ブロンデル、ニコラ=フランソワ　1618-1686）
世百（ブロンデル　1617-1686）
大百（ブロンデル　1618-1686）
百科（ブロンデル　1617-1686）

blond

B

Blough, Roger M. 〈20世紀〉

アメリカの経営者。1955年から69年までUSス
チール社社長。
⇒現人（ブロウ　1904.1.19–）

Blücher, Franz 〈20世紀〉

ドイツの政治家, 実業家。自由民主党副党首。
アデナウアー首相のドイツ連邦共和国政府の副
首相, ヨーロッパ経済協力相などを歴任。
⇒外国（ブリュッヒャー　1896–）
　　西洋（ブリュッハー　1896.3.24–1959.3.26）
　　世政（ブリュッハー, フランツ　1896.3.24–1959.
　　3.26）
　　二十（ブリュッハー, フランツ　1896.3.24–1959.
　　3.26）

Blum, Julius Blum Pasha 〈19・20世
紀〉

オーストリアの財務家。
⇒ユ人（ブルム, ユリウス（ブルム・パシャ）
　　1843–1919）

Blum, René 〈19・20世紀〉

フランスのバレエ興行師。
⇒岩ケ（ブルム, ルネ　1878–1942）
　　岩世（ブルム　1878.3.13–1942.9.28）
　　西洋（ブルム　1878–1942.9.28）
　　世西（ブルム　1884–1944.9.28）
　　バレ（ブリュム, ルネ　1878.3.13–1942.9.28/
　　1943.4.28）

Blumenthal, Oskar 〈19・20世紀〉

ドイツの劇作家, 劇評家。ベルリンの「レッシ
ング座」創設者, 支配人（1888～97）。
⇒岩世（ブルーメンタール　1852.3.13–1917.4.24）
　　西洋（ブルーメンタール　1852.3.13–1917.4.24）

Blumenthal, Tuvia 〈20世紀〉

イスラエルの経済学者。ベン・グリオン大学準
教授, 日本理論経済学会会員, ヨーロッパ日本
学会会員。
⇒二十（ブルーメンタール, T.　1936–）

Blumenthal, W.Michael 〈20世紀〉

アメリカの政治家。アメリカ財務長官。
⇒二十（ブルメンソール, W.M.　1926–）

Blüthner, Julius Ferdinand 〈19・20世
紀〉

ドイツのピアノ製造業者。
⇒ラル（ブリュートナー, ユリウス・フェルディナ
　　ント　1824–1910）

Bobcat 〈20世紀〉

アメリカのヒップホップ系の音楽プロ
デューサー。
⇒ヒ人（ボブキャット）

Boberg, Gustav Ferdinand 〈19・20世
紀〉

スウェーデンの建築家。百貨店, 公共建築物を
多く建設した。
⇒岩世（ブーベリ　1860.4.11–1946.5.7)
　　西洋（ボーベリ　1860.4.11–1946）

Böblinger, Hans der Ältere 〈15世紀〉

ドイツの建築家。
⇒岩世（ベーブリンガー　?–1482.1.4）
　　国小（ベーブリンガー, ハンス　?–1482）
　　西洋（ベーブリンガー　?–1482.1.4）

Böblinger, Lucas 〈15・16世紀〉

ドイツの建築家。
⇒国小（ベーブリンガー, ルーカス　?–1502）

Böblinger, Matthäus 〈15・16世紀〉

ドイツの建築家。
⇒岩世（ベーブリンガー　1450–1505）
　　国小（ベーブリンガー, マットイス　?–1505）
　　新美（ベーブリンガー, マテーウス　?–1505）
　　西洋（ベーブリンガー　?–1505）

Bock, Richard 〈20世紀〉

アメリカのジャズ・プロデューサー。レーベル
「パシフィック・ジャズ」の創立者。
⇒ジャ（ボック, リチャード　?–）
　　二十（ボック, リチャード　1927–1988.2.5）

Böckh, Philipp August 〈18・19世紀〉

ドイツの古代学者。主著『アテナイ人の財政』
（1817）。
⇒音大（ベック　1785.11.24–1867.8.3）
　　外国（ベック　1785–1867）
　　コン2（ベック　1785–1867）
　　コン3（ベック　1785–1867）
　　西洋（ベック　1785.11.24–1867.8.3）
　　世西（ベック　1795.11.24–1867.8.3）
　　百科（ベック　1785–1867）
　　名著（ベック　1785–1867）

Böckmann, Wilhelm 〈19・20世紀〉

ドイツ建築家。1886年に来日し, 国会議事堂の
設計に参与した。
⇒岩世（ベックマン　1832.1.29–1902.10.22）
　　国史（ベックマン　1832–1902）
　　コン2（ベックマン　1832–1902）
　　コン3（ベックマン　1832–1902）
　　西洋（ベックマン　1832.1.29–1902.10.22）
　　全書（ベックマン　1832–1902）
　　日人（ベックマン　1832–1902）

来日（ベックマン　1832–1902）

Bocuse, Paul 〈20世紀〉
フランスの料理人，レストラン経営者。
⇒岩世（ボキューズ　1926.2.11–）

Bodard, Mag 〈20世紀〉
イタリア生まれの映画製作者。
⇒世映（ボダール，マグ　1916–）

Bode, Johann Joachim 〈18世紀〉
ドイツの翻訳家。印刷屋, 出版業, 最後はヘッセン＝ダルムシュタットの宮廷顧問官。
⇒外国（ボーデ　1720–1793）

Bodin, Jean 〈16世紀〉
フランスの政治学者，経済学者。1576年ブロアの三部会に出席。近代的な主権概念の創始者。物価騰貴の原因として貨幣数量説を唱えた国民経済学の先駆者。主著『国家論6巻』(76)。
⇒岩ケ（ボダン，ジャン　1530–1596）
　岩世（ボダン　1530–1596）
　岩哲（ボダン　1530–1596）
　旺世（ボーダン　1530–1596）
　外国（ボーダン　1530–1596）
　角世（ボーダン　1530?–1596）
　キリ（ボダン，ジャン　1530–1596）
　広辞4（ボーダン　1530–1596）
　広辞6（ボーダン　1530–1596）
　国小（ボーダン　1529/30–1596）
　国百（ボーダン，ジャン　1529/30–1596）
　コン2（ボーダン　1530–1596）
　コン3（ボーダン　1530–1596）
　集世（ボダン，ジャン　1530頃–1596）
　集文（ボダン，ジャン　1530頃–1596）
　人物（ボーダン　1530–1596）
　西洋（ボダン　1530–1596）
　世人（ボーダン　1530–1596）
　世西（ボーダン　1530頃–1596）
　世百（ボーダン　1530–1596）
　全書（ボーダン　1529/30–1596）
　大辞（ボーダン　1530–1596）
　大辞3（ボーダン　1530–1596）
　大百（ボーダン　1530–1596）
　デス（ボダン　1530–1596）
　伝世（ボダン　1529/30–1596）
　百科（ボーダン　1529/30–1596）
　評世（ボーダン　1530–1596）
　名著（ボーダン　1529/30–1596）
　山世（ボダン　1530–1596）
　歴学（ボダン　1530–1596）
　歴史（ボダン　1530–1596）

Bodley, George Frederick 〈19・20世紀〉
イギリスの建築家。ゴシック様式の教会堂を建築。

⇒キリ（ボドリ，ジョージ・フレドリク　1827–1907.10.21）
　西洋（ボドリ　1827–1907.10.21）

Bodmer, Johann Georg 〈18・19世紀〉
スイスの機械技術者。
⇒岩ケ（ボードマー，ヨハン・ゲオルク　1786–1864）
　世百（ボードマー　1786–1864）
　全書（ボードマー　1786–1864）
　百科（ボードマー　1786–1864）

Bodoni, Giambattista 〈18・19世紀〉
イタリアの印刷者，活字開発者。
⇒岩ケ（ボドーニ，ジャンバッティスタ　1740–1813）
　岩世（ボドーニ　1740.2.16–1813.11.29）
　集文（ボドーニ，ジャンバッティスタ　1740.2.26–1813.11.30）
　西洋（ボドーニ　1740.2.16–1813.11.29）
　世美（ボドーニ，ジャンバッティスタ　1740–1813）

Bodt, Jean de 〈17・18世紀〉
フランスの建築家。
⇒建築（ボッド，ジャン・ド　1670–1745）

Boeghem, Louis van 〈15・16世紀〉
フランドルの建築家。
⇒建築（ブーゲン，ルイ・ヴァン（ボデゲン，ルイ・ヴァン）　1470頃–1540）
　世美（ファン・ボーデヘム，ルイ　1470頃–1540）

Boehmer, Louis 〈19世紀〉
アメリカの園芸家。日本政府に招かれて来日，開拓使園芸作物主任。
⇒日人（ベーマー　1841–1892）
　来日（ベーマー　1843.5.30–1895頃）

Boeing, William Edward 〈19・20世紀〉
アメリカの航空機企業の創立者。
⇒岩ケ（ボーイング，ウィリアム・E（エドワード）　1881–1956）
　岩世（ボーイング　1881.10.1–1956.9.28）
　コン3（ボーイング　1881–1956）
　西洋（ボーイング　1881.10.1–1956.9.28）
　世西（ボーイング　1881.10.1–1956.9.28）
　全書（ボーイング　1881–1956）
　二十（ボーイング，ウィリアム・エドワード　1881–1956）

Boeke, Julius Herman 〈19・20世紀〉
オランダの植民地学者。東インド（インドネシア）社会の資本主義化は不可能かつ危険だとして，西欧とは異なる独自の「二元経済学」の必要を説いた。
⇒岩世（ブーケ　1884.11.15–1956.1.9）

boele   *68*   西洋人物レファレンス事典

華人（ブーケ，ユリウス・ヘルマン　1884–）
コン3（ブーケ　1884–1956）
世百新（ブーケ　1884–1956）
二十（ブーケ，J.H.　1884–1956）
東ア（ブーケ　1884–1956）
百科（ブーケ　1884–1956）
名著（ブーケ　1884–1956）

B

Boelen, David 〈18世紀〉
オランダの長崎商館長。
⇒岩世（ブーレン　1720–1775.3.20)

Boesky, Ivan 〈20世紀〉
アメリカの金融家。
⇒岩ケ（ベスキー，アイヴァン　1937–)

Boetto, Giovènale 〈17世紀〉
イタリアの建築家。
⇒世美（ボエット，ジョヴェナーレ　1603頃–1678)

Boffrand, Gabriel-Germain 〈17・18世
紀〉
フランスの建築家。ロココ様式の創始者の
一人。
⇒岩世（ボフラン　1667–1754)
建築（ボフラン，ガブリエル＝ジェルマン　1667–
1754)
国小（ボッフラン　1667.5.7–1754.3.18)
新美（ボフラン，ガブリエル＝ジェルマン　1667.
5.7–1754.3.18)
西洋（ボフラン　1667–1754)
世美（ボフラン，ガブリエル＝ジェルマン　1667–
1754)
全書（ボフラン　1667–1754)
伝世（ボフラン　1667–1754)
百科（ボフラン　1667–1754)

Bofill, Guillen 〈15世紀〉
スペインの建築長。
⇒建築（ボフィール，ギジェン　　(活動)1400頃)

Bofill, Ricardo 〈20世紀〉
建築家。ジュネーブ建築大学で学び，パリなど
を中心に活動する。代表作品に『バリオ・ガウ
ディ』『マルヌ＝ラ＝ヴァレの集合住宅』等が
ある。
⇒二十（ボフィル，リカルド　1939–)

Bogardus, James 〈19世紀〉
アメリカの発明家。
⇒科学（ボガーダス　1800.3.14–1874.4.13)
建築（ボガーダス，ジェームズ　1800–1874)
世西（ボガーダス　1800.3.14–1874.4.13)
世美（ボガーダス，ジェイムズ　1808–1874)

Bogart, Ernest Ludlow 〈19・20世紀〉
アメリカの経済史家。アメリカ経済学会会長
(1931)。
⇒岩世（ボガート　1870.3.16–1958.11.4)
外国（ボガート　1870–)
人物（ボガート　1870.3.16–)
西洋（ボガート　1870.3.16–1958.11.4)

**Bogdanov, Aleksandr
Aleksandrovich** 〈19・20世紀〉
ロシアの革命家，哲学者，経済学者，文筆家，
医師。前進党を組織しG.プレハーノフ，レーニ
ンなどと対立。
⇒岩世（ボグダーノフ　1873.8.10[22]–1928.4.7)
外国（ボグダーノフ　1873–1928)
国小（ボグダーノフ　1873.8.22–1928.4.7)
コン2（ボグダーノフ　1873–1928)
コン3（ボグダーノフ　1873–1928)
集文（ボグダーノフ，アレクサンドル・アレクサ
ンドロヴィチ　1873.8.10–1928.4.7)
西洋（ボグダーノフ　1873–1928)
世西（ボグダーノフ　1873–1928.4)
世百（ボグダーノフ　1873–1928)
世文（ボグダーノフ，アレクサンドル・アレクサ
ンドロヴィチ　1873–1928)
全書（ボグダーノフ　1873–1928)
大百（ボグダーノフ　1873–1928)
二十（ボグダーノフ，A.　1873–1928)
名著（ボグダーノフ　1873–1928)
ロシ（ボグダーノフ　1873–1928)

Bogianckino, Massimo 〈20世紀〉
イタリアのピアノ奏者，事業家。
⇒演奏（ボジャンキーノ，マッシモ　1922.11.10–)
オペ（ボジャンキーノ，マッシモ　1922.11.10–)

Bogle, George 〈18世紀〉
イギリスの東インド会社員。
⇒外国（ボーグル　1747–1781)
世東（ボーグル　1746–1781)

Bogolepov, Mikhail Ivanovich 〈19・
20世紀〉
ソ連邦の経済学者。財政問題の専門家。
⇒岩世（ボゴレーポフ　1879.1.9[21]–1945.8.7)
外国（ボゴレーポフ　1879–1945)
西洋（ボゴレーポフ　1879–1945)

Bohigas, Oriol 〈20世紀〉
スペインの建築家。
⇒二十（ボイーガス，オリオール　1925–)

Böhm, Dominikus 〈19・20世紀〉
ドイツの建築家。カトリック教会建築に現代的
構造を用いた。
⇒岩世（ベーム　1880.10.23–1955.8.6)

キリ（ベーム，ドミーニクス　1880.10.23-1955.
　8.6）
西洋（ベーム　1880.10.23-1955.8.6）
世美（ベーム，ドミニクス　1880-1955）

Böhm, Gottfried 〈20世紀〉
ドイツの建築家。アーヘン工科大学教授。
⇒二十（ベーム，ゴットフリート　1920-）

Bohm, Hark 〈20世紀〉
ドイツ生まれの映画監督，映画脚本家，映画製作者，男優。
⇒世映（ボーム，ハルク　1939-）
世俳（ボーム，ハルク　1939.5.18-）

Böhm, Theobald 〈18・19世紀〉
ドイツのフルート奏者，楽器製作者，作曲家。ベーム式フルートの発明者。
⇒岩ケ（ベーム，テオバルト　1794-1881）
岩世（ベーム　1794.4.9-1881.11.25）
音楽（ベーム，テーオバルト　1794.4.9-1881.11.25）
音大（ベーム　1794.4.9-1881.11.25）
クラ（ベーム，テオバルト　1794-1881）
広辞4（ベーム　1794-1881）
広辞6（ベーム　1794-1881）
西洋（ベーム　1794.4.9-1881.11.25）
全書（ベーム　1794-1881）
ラル（ベーム，テーオバルト　1794-1881）

Böhm-Bawerk, Eugen von 〈19・20世紀〉
オーストリアの経済学者。ウィーン学派を形成。1889年大蔵省参事官ののち蔵相，財政改革に尽力。主著『資本と資本利子』（84〜89），『マルクス体系の終結』（96）。
⇒岩世（ベーム＝バーヴェルク　1851.2.12-1914.8.27）
外国（ベーム・バヴェルク　1851-1914）
経済（ベーム・バヴェルク　1851-1914）
国小（ベーム・バウェルク　1851.2.12-1914.8.27）
コン2（ベーム・バヴェルク　1851-1914）
コン3（ベーム・バヴェルク　1851-1914）
人物（ベーム・バベルク　1851.2.12-1914.8.27）
西洋（ベーム・バーヴェルク　1851.2.12-1914.8.27）
世西（ベーム・バヴェルク　1851.2.12-1914.8.27）
世百（ベームバヴェルク　1851-1914）
全書（ベーム・バヴェルク　1851-1914）
大辞2（ベーム・バウェルク　1851-1914）
大辞3（ベーム・バウェルク　1851-1914）
大百（ベーム・バベルク　1851-1914）
デス（ベーム・バヴェルク　1851-1914）
伝世（ベーム・バーヴェルク　1851.2.12-1914）
ナビ（ベーム＝バヴェルク　1851-1914）
二十（ベーム・バヴェルク，E.　1851-1914）
百科（ベーム・バウェルク　1851-1914）

名著（ベーム・バヴェルク　1851-1914）

Boiardi, Helen 〈20世紀〉
イタリアの実業家。
⇒世女日（ボヤルディ，ヘレン　1905-1995）

Boileau, Louis-Auguste 〈19世紀〉
フランスの建築家。
⇒世美（ボワロー，ルイ＝オーギュスト　1812-1896）

Boine Broke, Jehan 〈13・14世紀〉
ドゥーエーの毛織物商，都市貴族。
⇒外国（ボアヌ・ブローク　?-1300/11）

Boinville, C.de 〈19世紀〉
フランスの建築家。来日し（1872），公共建築物の設計計画にあたった。
⇒岩世（ボワンヴィル　1850-1897.4.25）
国史（ボアンビル　1849-?）
新美（ボアンヴィル　1849-?）
西洋（ボアンヴィル　1849-?）
二十（ボアンヴィル，C.d.　1849-?）
日人（ボワンビル　1849-?）

Boisguillebert, Pierre Le Pesant, Sieur de 〈17・18世紀〉
フランスの行政官，経済学者。重農主義の先駆者とみられる。
⇒岩世（ボワギルベール　1646.2.17-1714.10.10）
外国（ボアギーユベール　1646-1714）
国小（ボアギギュベール　1646.2.17-1714.10.10）
コン2（ボアギュベール　1646-1714）
コン3（ボアギュベール　1646-1714）
集文（ボワギルベール，ピエール・ル・プザン・ド　1646.2.17-1714.10.10）
人物（ボアギュベール　1646.2.17-1714.10.10）
西洋（ボアギュベール　1646.2.17-1714.10.10）
世西（ボアギユベール　1646.2.17-1714.10.10）
全書（ボワギルベール　1646-1714）
デス（ボアギユベール　1646-1714）
百科（ボアギュベール　1646-1714）
名著（ボワギユベール　1646-1714）

Boit, Elizabeth Eaton 〈19・20世紀〉
アメリカの実業家。
⇒世女日（ボイト，エリザベス・イートン　1849-1932）

Boiteux, Marcel Paul 〈20世紀〉
フランスの経済学者。フランス電力会社社長。
⇒二十（ボアトー，M.P.　1922-）

Boito, Camillo 〈19・20世紀〉
イタリアの建築家，著述家。

bokii 70 西洋人物レファレンス事典

⇒岩世 （ボーイト　1836.10.30–1914.6.28）
　集世 （ボーイト, カミッロ　1836.10.30–1914.6.
　　28）
　集文 （ボーイト, カミッロ　1836.10.30–1914.6.
　　28）
　世美 （ボイト, カミッロ　1836–1914）
　世文 （ボイト, カミッロ　1836–1914）

Bokii, Boris Ivanovich 〈19・20世紀〉
ソ連邦の鉱山学者。石炭採掘システムの改革を
行い, 鉱山労働を改善。
⇒コン2 （ボーキィ　1873–1927）
　コン3 （ボーキー　1873–1927）

Bolaños, Enrique 〈20世紀〉
ニカラグアの政治家, 実業家。ニカラグア大統
領, ボラニョス・サイムサ・グループ総裁。
⇒世政 （ボラニョス, エンリケ　1928.5.13–）

Bolger, Dermot 〈20世紀〉
アイルランドの小説家, 戯曲家, 詩人, 出版者。
⇒オ世 （ボルジャー, ダーモット　1959–）
　二十英 （Bolger, Dermot　1959–）

Bologna, Giovanni da 〈16・17世紀〉
イタリアのフランドル系の建築家, 彫刻家。
フィレンツェに赴き, メディチ家の宮廷画家と
なる。
⇒岩ケ （ボローニャ, ジョヴァンニ・ダ　1529–
　　1608）
　キリ （ジョヴァンニ・ダ・ボローニャ　1529–
　　1608.8.13）
　芸術 （ジャンボローニャ　1529–1608）
　国小 （ジョバンニ・ダ・ボローニャ　1529–1603.
　　8.13）
　コン2 （ジョヴァンニ・ダ・ボローニャ　1529–
　　1608）
　コン3 （ジョヴァンニ・ダ・ボローニャ　1529–
　　1608）
　新美 （ジョヴァンニ・ダ・ボローニャ　1529–
　　1608.8.13）
　人物 （ボローニャ　1529–1608.8.13）
　西洋 （ボローニャ　1529–1608.8.13）
　世亥 （ボローニャ　1524頃–1608.8.13）
　世美 （ジャンボローニャ　1529–1608）
　世百 （ジョヴァンニダボローニャ　1524頃–1608）
　伝世 （ジョヴァンニ・ダ・ボローニャ　1529–
　　1608.8.13）
　百科 （ジョバンニ・ダ・ボローニャ　1529–1608）

Bomberg, Daniel 〈15・16世紀〉
ベネチアの印刷業者。
⇒キリ （ボンベルク, ダーニエル　1470/80–1550）

Bompiani, Valentino 〈20世紀〉
イタリアの作家, 出版者。
⇒集世 （ボンピアーニ, ヴァレンティーノ　1898.9.

27–1992.2.23）
　集文 （ボンピアーニ, ヴァレンティーノ　1898.9.
　　27–1992.2.23）

Bonanno Pisano 〈12世紀〉
イタリアの建築家, 彫刻家。
⇒新美 （ボナンノ）
　世美 （ボナンノ・ピサーノ　（活動）12世紀）

Bonar, James 〈19・20世紀〉
イギリスの経済学者。イギリス古典学派および
オーストリア学派についての研究者として評価
される。
⇒経済 （ボナー　1852–1941）
　名著 （ボナー　1852–1941）

Bonascia, Bartolomeo 〈15・16世紀〉
イタリアの画家, 寄木細工師, 建築家。
⇒世美 （ボナーシャ, バルトロメーオ　1450頃–
　　1527）

Bonatz, Paul 〈19・20世紀〉
ドイツの建築家。1911年F.ショラーと共同事務
所を開く。
⇒岩世 （ボーナッツ　1877.12.6–1956.12.20）
　オ西 （ボナッツ, パウル　1877–1951）
　国小 （ボーナッツ　1877–1951）
　西洋 （ボーナッツ　1877.12.6–1956.12.20）
　世美 （ボナッツ, パウル　1877–1951）

Bonavia, Giacomo 〈18世紀〉
イタリアの画家, 建築家。
⇒建築 （ボナビア, サンティアゴ　?–1759）
　世美 （ボナヴィーア, ジャーコモ　?–1759）

Bond, Alan 〈20世紀〉
オーストラリアの実業家。
⇒岩ケ （ボンド, アラン　1938–）

Bone, Sir Muirhead 〈19・20世紀〉
イギリスの建築デザイナー, 銅版画家。1937年
ナイト爵を受けた。主作品 "The Great
Gantry" (06)。
⇒岩ケ （ボーン, サー・ミュアヘッド　1876–1953）
　国小 （ボーン　1876.3.23–1953.10.21）

Boner, Hans 〈15・16世紀〉
ポーランドのドイツ系商人。
⇒岩世 （ボーナー　1463以前–1523）
　西洋 （ボーナー　1463以前–1523）

Bonham, Sir Samuel George 〈19世
紀〉
イギリスの香港総督, 駐中国貿易監督官。

経済・産業篇　　　　　　　　71　　　　　　　　borch

⇒外国（ボナム　1803–1863）
西洋（ボナム　1803–1863）
世東（ボナム　1803–1863）

Boni, Giacomo 〈19・20世紀〉
イタリアの建築家, 考古学者。古代ローマのフォールムを発掘（1898～1904）。
⇒岩世（ボーニ　1859.4.25–1925.7.10）
西洋（ボーニ　1859–1925.7.10）
世美（ボーニ, ジャーコモ　1859–1925）

Bonné, Alfred 〈20世紀〉
イスラエルの経済学者。西アジアの社会・経済を組織的に研究し, 戦後, 欧米諸国の西アジア経済研究に大きく寄与した。
⇒名著（ボンネ　1891–1960）

Bonnet, Georges Etienne 〈19・20世紀〉
フランスの政治家, 外交官。急進社会党下院議員として（1924来）, 蔵相, 外相などを歴任。
⇒岩世（ボネ　1889.7.23–1973.6.18）
外国（ボネー　1889–）
コン3（ボネ　1889–1973）
西洋（ボネ　1889.7.23–1973.6.18）

Bonneville, Benjamin Louis Eulalie de 〈18・19世紀〉
アメリカの軍人, 交易家。陸軍士官。アメリカ西部の毛皮取引ルートを個人的に開拓した人とされる。W.アービングの『ボンヌビル隊長の冒険』（1837）で英雄として描かれた。
⇒国小（ボンヌビル　1796.4.14–1878.6.12）
探検2（ボンヌビル　1796–1878）

Bonney, Anne 〈19世紀〉
アイルランド生まれの海賊。
⇒世女（ボニー, アン　（活動）1718–1720頃）
世女日（ボニー, アン　?–1820頃）

Bonomi, Joseph 〈18・19世紀〉
イタリア出身のイギリスの建築家。
⇒世美（ボノーミ, ジョーゼフ　1739–1808）

Bonsignore, Ferdinando 〈18・19世紀〉
イタリアの建築家。
⇒世美（ボンシニョーリ, フェルディナンド　1760–1843）

Bonwill, W.G.A. 〈19世紀〉
アメリカの歯科用エンジン考案者。
⇒全書（ボンウィル　1833–1899）

Booksteijn, Pieter 〈17世紀〉
オランダの出島商館長。4期駐在。

⇒岩世（ボークステイン　1680頃–?）
西洋（ボークスタイン　1680頃–?）

Boot, Sir Jesse, Baron Trent 〈19・20世紀〉
イギリスの薬品製造業者。
⇒岩ケ（ブート, サー・ジェシー, トレント男爵　1850–1931）

Booth, Charles 〈19・20世紀〉
イギリスの海運業経営者, 統計学者, 社会改良家。
⇒岩ケ（ブース, チャールズ　1840–1916）
岩世（ブース　1840.3.30–1916.11.23）
英米（Booth, Charles　ブース（チャールズ）1840–1916）
外国（ブース　1840–1916）
角世（ブース　1840–1916）
国小（ブース　1840.3.30–1916.11.23）
コン2（ブース　1840–1916）
コン3（ブース　1840–1916）
人物（ブース　1840.3.30–1916.11.16）
西洋（ブース　1840.3.30–1916.11.16）
全書（ブース　1840–1916）
大辞2（ブース　1840–1916）
大辞3（ブース　1840–1916）
伝世（ブース, C.　1840.3.30–1916.11.23）
二十（ブース, チャールズ　1840–1916）
百科（ブース　1840–1916）
名著（ブース　1840–1916）

Booth, Frank Stelle 〈19・20世紀〉
アメリカの水産業者。
⇒日人（ブース　1881–1957）
来日（ブース　1881–1957）

Booth, Herbert Cecil 〈19・20世紀〉
イギリスの機械・土木技術者。1901年, 真空掃除機を発明したことで知られる。
⇒岩ケ（ブース, ヒューバート・セシル　1871–1955）
世科（ブーズ　1871–1955）
二十（ブーズ, H.C.　1871.7.4–1955.1.14）

Booth, Junius Brutus Junior 〈19世紀〉
アメリカのプロデューサー, 劇場経営者。俳優としては成功しなかった。
⇒世百（ブース, ジュニアス・ブルタス2世　1821–1883）
全書（ブース　1821–1883）

Borch, Fred J. 〈20世紀〉
アメリカの企業経営者。1963年GE社長, 68～72年会長。この間, GEを情報化社会のパイオニア企業に築きあげたが, 60年代末には経営不振に陥り, 会長の座を譲った。

borda　　　72　　　西洋人物レファレンス事典

⇒岩世（ボーチ　1910.4.28–1995.3.1）
　西洋（ボーチ　1910.4.28–）

Bordallo-Pinheiro, Raphael〈19・20世紀〉

ポルトガルのカリカチュア画家, 陶芸家。

⇒世美（ボルダーリョ＝ピネイロ, ラファエル
　　1846–1904）

Borden, Gail〈19世紀〉

アメリカの発明家, 食物学者。南極探険隊の人
にも役立つようなペミカンという携帯食糧を作
成した。1853年濃縮ミルクの製造に成功。

⇒科学（ボーデン　1801.11.9–1874.1.11）
　科技（ボーデン　1801.11.9–1874.1.11）

Borella, Carlo〈17・18世紀〉

イタリアの建築家。

⇒世美（ボレッラ, カルロ　17–18世紀）

Boreman, Thomas〈18世紀〉

ロンドンの書籍販売業者, 出版社。

⇒世児（ボアマン, トマス　（活動）1730–1743）

Borman, Jan〈15・16世紀〉

フランドルの木彫師。

⇒世美（ボルマン, ヤン　15–16世紀）

Borough, Stephen〈16世紀〉

イギリスの航海者。アジアへの北東回り航路を
探索。

⇒国小（バロ　1525–1584）

Borra, Giambattista〈18世紀〉

イタリアの建築家。

⇒世美（ボッラ, ジャンバッティスタ　1747–1786）

Borromini, Francesco〈16・17世紀〉

イタリアの建築家, 彫刻家。作品にローマのサ
ン・カルロ・アレ・クァトロ・フォンターネ聖
堂など。

⇒岩ケ（ボロミーニ, フランチェスコ　1599–1667）
　岩世（ボッロミーニ　1599.9.25–1667.8.3）
　キリ（ボルロミーニ, フランチェスコ　1599.9.
　　25–1667.8.2）
　建築（ボッロミーニ, フランチェスコ・カステッ
　　リ　1599–1667）
　国小（ボロミーニ　1599.9.25–1667.8.2）
　国百（ボロミーニ, フランチェスコ　1599.9.25–
　　1667.8.2）
　コン2（ボロミーニ　1599–1667）
　コン3（ボロミーニ　1599–1667）
　新美（ボルロミーニ, フランチェスコ　1599.9.
　　25–1667.8.2）
　人物（ボロミーニ　1599–1667.8.2）

西洋（ボロミーニ　1599.9.25–1667.8.2）
世西（ボロミーニ　1599–1667）
世美（ボッロミーニ, フランチェスコ　1599–
　1667）
世百（ボロミニ　1599–1667）
全書（ボロミーニ　1599–1667）
大辞3（ボロミーニ　1599–1667）
大百（ボロミーニ　1599–1667）
伝世（ボロミーニ　1599.9.25–1667.8.3）
百科（ボロミーニ　1599–1667）

Borsig, August〈19世紀〉

ドイツの機械・機関車製造業者。

⇒岩世（ボルジヒ　1804.6.23–1854.7.6）
　外国（ボルジッヒ　1804–1854）
　西洋（ボルジヒ　1804.6.23–1854.7.6）

Bortkiewicz, Ladislaus von〈19・20世紀〉

ドイツ（ロシア生まれ）の経済学者, 統計学者。
ベルリン大学教授（1907）。"Wertrechnung und
Preisrechnung im Marxschen System"（06～
07）他, マルクス批判の論客がある。

⇒岩世（ボルトキエーヴィチ　1868.8.7–1931.7.15）
　経済（ボルトキェヴィッチ　1868–1931）
　数学（ボルトキエーヴィチ　1868.8.7–1931.7.15）
　数学増（ボルトキエーヴィチ　1868.8.7–1931.7.
　　15）
　西洋（ボルトキエーヴィチ　1868.8.7–1931.7.15）
　世百（ボルトキエヴィチ　1868–1931）
　全書（ボルトキエビッチ　1868–1931）
　大百（ボルトキエビッチ　1868–1931）
　二十（ボルトキェヴィッチ, L.　1868–1931）
　百科（ボルトキエビチ　1868–1931）
　名著（ボルトキエヴィチ　1868–1931）

Bosch, Karl〈19・20世紀〉

ドイツの工業化学者。1919年バディシェ・アニ
リン・ウント・ソーダ会社社長。

⇒岩ケ（ボッシュ, カール　1874–1940）
　岩世（ボッシュ　1874.8.27–1940.4.26）
　外国（ボッシュ　1874–1940）
　科学（ボッシュ　1874.8.27–1940.4.27）
　科技（ボッシュ　1874.8.27–1940.4.26）
　科人（ボッシュ, カール　1874.8.27–1940.4.26）
　科大（ボッシュ　1874–1940）
　科大2（ボッシュ　1874–1940）
　広辞4（ボッシュ　1874–1940）
　広辞5（ボッシュ　1874–1940）
　広辞6（ボッシュ　1874–1940）
　国小（ボッシュ　1874.8.27–1940.4.26）
　コン2（ボッシュ　1874–1940）
　コン3（ボッシュ　1874–1940）
　人物（ボッシュ　1874.8.27–1940.4.27）
　西洋（ボッシュ　1874.8.27–1940.4.26）
　世科（ボッシュ　1874–1940）
　世西（ボッシュ　1874.8.27–1940.4.27）
　世百（ボッシュ　1874–1940）
　全書（ボッシュ　1874–1940）

経済・産業篇　73　**bouga**

大辞（ボッシュ　1874-1940）
大辞2（ボッシュ　1874-1940）
大辞3（ボッシュ　1874-1940）
大百（ボッシュ　1874-1940）
デス（ボッシュ　1874-1940）
ナビ（ボッシュ　1874-1940）
二十（ボッシュ, カルル　1874.8.27-1940.4.27）
ノ物（ボッシュ, カール　1874-1940）
ノベ（ボッシュ, C.　1874.8.27-1940.4.26）
百科（ボッシュ　1874-1940）
ノベ3（ボッシュ, C.　1874.8.27-1940.4.26）

Bosch, Robert August 〈19・20世紀〉

ドイツの電気技術者, 工業家。シュトゥットガ
ルトに小工場を設け（1886）, 高圧磁石発電機
を完成した（93）。
⇒岩世（ボッシュ　1861.9.23-1942.3.9）
　西洋（ボッシュ　1861.9.23-1942.3.9）

Bosch Bernat-Verí Jorge 〈18世紀〉

スペインのオルガン製作者。
⇒音大（ボスク・ベルナート・ベリ　1747.11.8-
　1800.12.2）

Bose, *Sir* Jagadish Chandra 〈19・20 世紀〉

インドの物理学者。カルカッタ州大学教授
（1885〜1915）。電波の性質を測定する装置を
考案（95）, 電波の屈折, 反射, 成極作用等を明
らかにした。
⇒岩ケ（ボース, サー・ジャガディーシュ・チャン
　ドラ　1858-1937）
　科学（ボース　1858.11.30-1937.11.23）
　科人（ボース, サー・ジャガディス・チャンドラ
　1858.11.30-1937.11.23）
　コン2（ボース　1858-1937）
　コン3（ボース　1858-1937）
　西洋（ボース　1858-1937.11.23）
　二十（ボース, J.C.　1858.11.30-1937.11.23）

Bosustow, Stephen 〈20世紀〉

アメリカのアニメイション・プロデューサー。
⇒監督（ボサストウ, スティーヴン　1911.11.6-）
　世映（ボサストウ, スティーヴン　1911-1981）

Botero, Giovanni 〈16・17世紀〉

イタリアの作家, 政治経済学者。主著『国家理
由論』『普遍的報告』など。
⇒集文（ボテーロ, ジョヴァンニ　1543/44-1617）
　百科（ボテロ　1544-1617）

Botta, Mario 〈20世紀〉

スイスの建築家。ローザンヌ連邦大学教授, ア
メリカ建築家協会名誉会員。
⇒岩世（ボッタ　1943.4.1-）
　二十（ボッタ, マリオ　1943-）

Böttger, Johann Friedrich 〈17・18世紀〉

ドイツの錬金術師, 陶芸家。1707年ヨーロッパ
で初めて磁器の製造に成功。
⇒岩世（ベットガー　1682.2.4-1719.3.13）
　芸術（ボットゥガー, ヨハン・フリードリヒ
　1682-1719）
　国小（ベットガー　1682-1719）
　コン2（ベットガー　1682-1719）
　コン3（ベットガー　1682-1719）
　新美（ベットガー, ヨーハン・フリードリヒ
　1682.2.4-1719.3.13）
　西洋（ベトガー　1682.2.4-1719.3.13）
　世百（ベットガー　1682-1719）
　全書（ベットガー　1682-1719）
　大百（ベートガー　1682-1719）
　百科（ベットガー　1682-1719）

Bötticher, Karl 〈19世紀〉

ドイツの建築家, 美術史家, 考古学者。ベルリ
ンの高等建築学校教授（1831〜）。
⇒岩世（ベッティヒャー　1806.5.29-1889.6.19）
　西洋（ベッティハー　1806.5.29-1889.6.21）

Boucheljon, Joan 〈17世紀〉

オランダの出島商館長。3期駐在（1655〜56, 57
〜58, 59〜60）。
⇒岩世（ボヘリオン（ブシェリオン））
　西洋（ブーヘリオン　17世紀）

Boucher, Guillaume

金銀細工師。
⇒世東（ブーシェ　生没年不詳）

Boucicaut, Aristide 〈19世紀〉

フランスの実業家。パリで最初の百貨店ボン・
マルシェの経営に成功。
⇒岩世（ブシコー　1810.7.14-1877.12.26）
　百科（ブーシコー　1810-1877）

Boudin, Léonard 〈18・19世紀〉

フランスの家具制作家。
⇒世美（ブーダン, レオナール　1735-1804）

Bougainville, Louis Antoine, comte de 〈18・19世紀〉

フランスの航海者, 軍人。1766〜69年フランス
の太平洋探検隊の隊長となり, 世界一周。著書
に『世界周航記』。
⇒岩ケ（ブーガンヴィル, ルイ・アントワーヌ, 伯
　爵　1729-1811）
　岩世（ブーガンヴィル　1729.11.11-1811.8.31）
　オセ（ブーゲンビル　1729-1811）
　外国（ブーガンヴィル　1729-1811）
　国小（ブーゲンビル　1729.11.11-1811.8.31）
　コン2（ブーゲンヴィル　1729-1811）

B

コン3（ブーゲンヴィル　1729–1811）
集世（ブーガンヴィル, ルイ＝アントワーヌ・ド
　1729.11.12–1811.8.20）
集文（ブーガンヴィル, ルイ＝アントワーヌ・ド
　1729.11.12–1811.8.20）
人物（ブーゲンビル　1729.11.11–1811.8.31）
数学（ブーガンヴィル　1729.11.11–1811.8.31）
数学増（ブーガンヴィル　1729.11.11–1811.8.31）
西洋（ブーガンヴィル　1729.11.11–1811.8.31）
世西（ブーゲンヴィル　1729.11.11–1814.8.31）
世百（ブーガンヴィル　1729–1811）
全書（ブーゲンビル　1729–1811）
大辞（ブーゲンビル　1729–1811）
大辞3（ブーゲンビル　1729–1811）
探検1（ブーゲンビル　1729–1811）
伝世（ブーガンヴィル　1729.11.12–1811.8.31）
百科（ブーゲンビル　1729–1811）
名著（ブーゲンヴィル　1729–1811）
山世（ブーゲンヴィル　1729–1811）
歴史（ブーゲンヴィル　1729–1811）

Boulding, Kenneth Ewart 〈20世紀〉
アメリカの近代経済学者, 未来学や平和研究の
開拓者。1971年コロラド大学行動科学研究所
長。主著『経済政策の原理』(58)。
⇒岩世（ボールディング　1910.1.18–1993.3.18）
経済（ボールディング　1910–1993）
現人（ボールディング　1910.1.18–）
広辞5（ボールディング　1910–1993）
広辞6（ボールディング　1910–1993）
国小（ボールディング　1910.1.18–）
コン3（ボールディング　1910–1993）
西洋（ボールディング　1910.1.18–）
世西（ボールディング　1910.1.18–）
全書（ボールディング　1910–）
大辞2（ボールディング　1910–1993）
大辞3（ボールディング　1910–1993）
二十（ボールディング, K.E.　1910–1993.3.18）
歴史（ボールディング　1910–）

Boulle, André Charles 〈17・18世紀〉
フランスの家具製作者。王族の宮廷用の家具を
作った。
⇒岩ケ（ブール, アンドレ・シャルル　1642–1732）
岩世（ブール　1642.11.11–1732.2.28）
国小（ブール　1642.11.11–1732.2.29）
新美（ブール, アンドレ・シャルル　1642–1732）
西洋（ブール　1642.11.11–1732.2.28）
世美（ブール, アンドレ＝シャルル　1642–1732）
百科（ブール　1642–1732）

Boullée, Étienne Louis 〈18世紀〉
フランスの建築家。建築アカデミー会員。ベル
サイユ宮殿の改築計画などに活躍。
⇒岩ケ（ブレー, エティエンヌ＝ルイ　1728–1799）
岩世（ブレー　1728.2.12–1799.2.6）
建築（ブーレー, エティエンヌ＝ルイ　1728–
　1799）
国小（ブーレ　1728.2.12–1799.2.16）

新美（ブレー, エティエンヌ＝ルイ　1728.2.12–
　1799.2.6）
西洋（ブレー　1728–1799）
世美（ブーレー, エティエンヌ＝ルイ　1728–
　1799）
百科（ブレー　1728–1799）

Boullier, Jean 〈17世紀〉
フランスの建築家。
⇒世美（ブーリエ, ジャン　17世紀）

Boulting, John 〈20世紀〉
イギリスの映画監督, プロデューサー。ロイは
双生児の兄弟。
⇒監督（ボールティング, ジョン　1914.11.12–）

Boulting, Roy 〈20世紀〉
イギリスの映画監督, プロデューサー。ジョン
は双生児の兄弟。
⇒監督（ボールティング, ロイ　1914.11.12–）
世映（ボールティング, ロイ　1913–2001）

Boulton, Matthew 〈18・19世紀〉
イギリスの技術者, 企業家。
⇒岩ケ（ボールトン, マシュー　1728–1809）
岩世（ボールトン　1728.9.3–1809.8.18）
英米（Boulton, Matthew　ボールトン　1728–
　1809）
外国（ボールトン　1728–1809）
科史（ボールトン　1728–1809）
科人（ボールトン, マシュー　1728.9.3–1809.8.
　17）
コン2（ボールトン　1728–1809）
コン3（ボールトン　1728–1809）
西洋（ボールトン　1728.9.3–1809.8.18）
世科（ボールトン　1728–1809）
全書（ボールトン　1728–1809）
大百（ボールトン　1728–1809）

Bouniatian, Mentor 〈20世紀〉
フランスで活躍する国際的経済学者。近代景気
論生成期の代表的景気理論家の1人。主著『経
済恐慌論』。
⇒名著（ブーニアティアン　生没年不詳）

Bouquet de la Grye, Jean Jacques Anatole 〈19・20世紀〉
フランスの水理技術者。ロアール河航行工事
(1853)。
⇒西洋（ブケ・ド・ラ・グリー　1827.5.20–1909）

Bourdon, Eugène 〈19世紀〉
フランスの機械技術者。
⇒岩ケ（ブルドン, ユージェーヌ　1808–1884）
科学（ブールドン　1808.4.8–1884.9.29）
世科（ブルドン　1808–1884）

経済・産業篇　75　boyd

全書（ブルドン　1808–1884）
大百（ブルドン　1808–1884）

Bourgeois, Victor 〈20世紀〉

ベルギーの建築家。主作品「ヴァイセンホーフ
集合住宅」（1927）。
⇒岩世（ブルジョワ　1897–1962.7.24）
　世洋（ブルジョア　1897–）
　世美（ブルジョワ，ヴィクトール　1897–1962）

Bourne, *Sir* Frederick Samuel Augustus 〈19・20世紀〉

イギリスの司法官，外交官。領事として中国に
赴任（1876）。通商使節団を率いて，四川，雲
南，貴州，広西方面を調査した（96～97）。
⇒西洋（ボーン　1854.10.3–1940.8.23）
　世東（ボーン　1854.10.3–1940.8.23）

Bousaidi, Salim bin Nasr al- 〈20世紀〉

オマーンの行政官。民間航空局長官を経て1978
年民間航空・道路・港湾相。
⇒中東（ブーサイーディー　1933–）

Boussac, Marcel 〈19・20世紀〉

フランスの実業家，競走馬生産者，馬主。
⇒岩世（ブーサック　1889.4.17–1980.3.21）

Bouygues, Francis 〈20世紀〉

フランスの土木技術者，企業家。
⇒岩世（ブイグ　1922.12.5–1993.7.24）

Bovell, Dennis 〈20世紀〉

バルバドス生まれのギタリスト，プロ
デューサー。
⇒実ク（ボヴェール，デニス）
　標音（ボヴェール，デニス）
　口人（ボーヴェル，デニス　1953–）

Bowker, Richard Rogers 〈19・20世紀〉

アメリカの編集者，出版業者。1876年「アメリ
カ図書館協会」設立，『ライブラリー・ジャー
ナル』Library Journal創刊。
⇒国小（ボーカー　1848.9.4–1933.11.12）

Bowles, Samuel 〈18・19世紀〉

アメリカの新聞編集者。「スプリングフィール
ド・リパブリカン」紙を刊行。
⇒コン2（ボールズ　1797–1851）
　コン3（ボールズ　1797–1851）

Bowles, Samuel 〈19世紀〉

アメリカの新聞経営者。
⇒岩世（ボールズ　1826.2.9–1878.1.16）

コン2（ボールズ　1826–1878）
コン3（ボールズ　1826–1878）
西洋（ボールズ　1826.2.9–1878.1.16）

Bowles, Samuel 〈20世紀〉

アメリカ生まれの経済思想家。
⇒経済（ボールズ　1936–）

Bowley, *Sir* Arthur Lyon 〈19・20世紀〉 B

イギリスの数理経済学者，経済統計学者。
⇒岩世（バウリー　1869.11.6–1957.1.21）
　経済（ボーリー　1869–1957）
　数学（バウリー　1869.11.6–1957.1.21）
　数学増（バウリ　1869.11.6–1957.1.21）
　西洋（バウリ　1869.11.6–1957.1.21）
　二十（ボーリー，A.L.　1869–1957）
　名著（バウリー　1869–1958）

Bowring, *Sir* John 〈18・19世紀〉

イギリスの政治経済学者，著述家。
⇒岩世（バウリング（慣ボウリング）　1792.10.17–
　　1872.11.23）

Bowyer, William 〈17・18世紀〉

イギリスの印刷業者，古典学者。
⇒岩ケ（ボーヤー，ウィリアム　1699–1777）

Box, Betty 〈20世紀〉

イギリスの映画プロデューサー。
⇒世女（ボックス，ベティ（イーヴリン）　1920–
　　1999）

Box, C.J. 〈20世紀〉

アメリカの作家，旅行マーケティング会社経営。
⇒海新（ボックス，C.J.　1967–）
　海作4（ボックス，C.J.）

Box, Sidney 〈20世紀〉

イギリスの映画プロデューサー，脚本家。『第7
のヴェール』（1945）で注目された。
⇒外国（ボクス　1907–）

Boyd, Arthur Merric Bloomfield 〈20世紀〉

オーストラリアの画家，彫刻家，陶芸家。
⇒岩ケ（ボイド，アーサー・メリック・ブルーム
　　フィールド　1920–）
　岩世（ボイド　1920.7.20–1999.4.24）
　世芸（ボイド，アーサー　1920–）

Boyd, Benjamin 〈18・19世紀〉

オーストラリアの植民地開拓者。
⇒岩ケ（ボイド，ベンジャミン　1796頃–1851）

Boyd, Robin Gerard Penleigh 〈20世紀〉

オーストラリアの建築家，批評家，作家。

⇒岩ケ（ボイド，ロビン・ジェラード・ベンリー 1919–1971）

Boyd, Thomas Alvin 〈19・20世紀〉

アメリカの石油工学者。ゼネラル・モーターズ会社研究顧問（1947来）。

⇒西洋（ボイド 1888.10.10–）
二十（ボイド，トマス・アルビン 1888.10.10–?）

Boyd, William Merric 〈19・20世紀〉

オーストラリアの陶芸家。

⇒岩ケ（ボイド，（ウィリアム・）メリック 1888–1959）

Boydell, John 〈18・19世紀〉

イギリスの版画家，印刷，出版業者。シェークスピアの戯曲のシリーズの銅版印刷で知られる。

⇒国小（ボイデル 1719.1.19–1804.12.19）

Boyden, Seth 〈18・19世紀〉

アメリカの発明家。エナメル革の製法（1819），黒心可鍛鋳鉄（26）を発明。

⇒岩世（ボイデン 1788.11.17–1870.5.31）
西洋（ボイデン 1788.11.17–1870.5.31）

Boyer, Herbert 〈20世紀〉

アメリカの遺伝子工学スペシャリスト。1976年，ロバート・スワンソンとジェネンテク社を創業し，副社長となる。

⇒ア人（ボイヤー，ハーバート 1936–）
岩ケ（ボイヤー，ハーバート（・ウェイン） 1936–）
科人（ボイヤー，ハーバート・ウェイン 1936.7.10–）

Boyer, Robert 〈20世紀〉

南フランス生まれの経済思想家。

⇒岩世（ボワイエ 1943.3.25–）
経済（ボワイエ 1943–）

Boyle, Richard Vicars 〈19・20世紀〉

イギリスの鉄道技師。1872年来日し，工部省鉄道局建築師長となる（72～76）。

⇒岩世（ボイル 1822–1908.1.3）
西洋（ボイル 1822–1908.1.3）
日人（ボイル 1822–1908）
来日（ボイル 1822–1908）

Boyle, Robert 〈17世紀〉

イギリスの物理学者。フックとともに真空ポンプを完成。気体に関するボイルの法則を発見。粒子論による元素概念を提起。

⇒イ哲（ボイル，R. 1627–1691）
岩ケ（ボイル，ロバート 1627–1691）
岩世（ボイル 1627.1.25–1691.12.30）
岩哲（ボイル 1627–1671）
英米（Boyle, Robert ボイル，ロバート 1627–1691）
旺世（ボイル 1627–1691）
外国（ボイル 1627–1691）
科学（ボイル 1627.1.25–1691.12.30）
科技（ボイル 1627.1.25–1691.12.30）
科人（ボイル，ロバート 1627.1.25–1691.12.30）
科大（ボイル 1627–1691）
角世（ボイル 1627–1691）
キリ（ボイル，ロバート 1627.1.25–1691.12.30）
広辞4（ボイル 1627–1691）
広辞6（ボイル 1627–1691）
国小（ボイル 1627.1.25–1691.12.30）
国百（ボイル，ロバート 1627.1.25–1691.12.30）
コン2（ボイル 1627–1691）
コン3（ボイル 1627–1691）
人物（ボイル 1627.1.25–1691.12.30）
西洋（ボイル 1627.1.25–1691.12.30）
世科（ボイル 1627–1691）
世人（ボイル 1627–1691）
世西（ボイル 1627.1.25–1691.12.30）
世百（ボイル 1627–1691）
全書（ボイル 1627–1691）
大辞（ボイル 1627–1691）
大辞3（ボイル 1627–1691）
大百（ボイル 1627–1691）
デス（ボイル 1627–1691）
伝世（ボイル 1627.1.25–1691.12.30）
百科（ボイル 1627–1691）
評世（ボイル 1627–1691）
名著（ボイル 1627–1691）
山世（ボイル 1626–1691）
歴史（ボイル 1627–1691）

Boytac 〈16世紀〉

フランスの建築家。

⇒建築（ボイタック （活動）1500頃）

Bracci, Sebastiano 〈16・17世紀〉

イタリアの建築家。

⇒世美（ブラッチ，セバスティアーノ 16–17世紀）

Brackett, Charles 〈20世紀〉

アメリカの映画脚本家，プロデューサー。主作品『サンセット大通り』（1950）。

⇒西洋（ブラケット 1892.11.26–1969）
世映（ブラケット，チャールズ 1892–1969）

Bradbury, John Swanwick Bradbury, 1st Baron 〈19・20世紀〉

イギリスの政治家。第1次世界大戦中，蔵相として活躍。「ブラッドベリー紙幣」に名を残す。

⇒国小（ブラッドベリー 1872.9.23–1950.5.3）

経済・産業篇　　　77　　　**brama**

Bradbury, William Batchelder 〈19世紀〉
アメリカの作曲家，出版者。
⇒キリ（ブラッドベリ，ウィリアム・バチェルダー 1816.10.6–1868.1.7）

Bradfield, John Job Crew 〈19・20世紀〉
オーストラリアの土木エンジニア，土木設計家。
⇒岩ケ（ブラッドフィールド，ジョン・ジョブ・クルー 1867–1943）

Bradford, Andrew 〈17・18世紀〉
アメリカの印刷出版業者。アメリカ最初の雑誌 "American Magazine"（1741）を創刊。
⇒西洋（ブラッドフォード 1686–1742.11.24）

Bradford, William 〈17・18世紀〉
アメリカ（イギリス生まれ）の印刷業者。
⇒岩世（ブラッドフォード 1663.5.20–1752.5.23）
　西洋（ブラッドフォード 1663.5.20–1752.5.23）
　伝世（ブラッドフォード，W. 1663.5.20–1752.5.23）

Bradford, William 〈18世紀〉
アメリカの出版業者。
⇒コン2（ブラッドフォード 1722–1791）
　コン3（ブラッドフォード 1722–1791）
　西洋（ブラッドフォード 1722.1.19–1791.9.25）
　伝世（ブラッドフォード，W. 1722–1791.9.25）

Bradley, Humphery 〈17世紀〉
フランドルの技師。
⇒岩世（ブラッドレー ?–1639）

Bradshaw, George 〈19世紀〉
イギリスの印刷業者，版画家。クエーカー教徒。
⇒岩ケ（ブラッドショー，ジョージ 1801–1853）
　国小（ブラッドショー 1801–1853）

Brady, James Buchanan 〈19・20世紀〉
アメリカの金融家。
⇒岩ケ（ブレイディ，ジェイムズ・ブキャナン 1856–1917）
　コン3（ブレーディー 1856–1917）

Brady, Mildred Eddie 〈20世紀〉
アメリカの消費者同盟編集者。
⇒世女日（ブラディ，ミルドレッド・エディー 1906–1965）

Brady, William A. 〈19・20世紀〉
アメリカの劇場経営者。48番通り劇場などを経営。

⇒国小（ブレイディ 1863.6.19–1950.1.6）

Braille, Louis 〈19世紀〉
フランスの盲目教育家，オルガン奏者。幼時に失明し，盲学校の教師となる。3点2行点字を発明。ブライユ式点字として広く使われ，ブライユの名が点字を指す語となった。
⇒岩ケ（ブライユ，ルイ 1809–1852）
　岩世（ブライユ 1809.1.4–1852.1.6）
　音大（ブライユ 1809.1.4–1852.1.6）
　教育（ブライユ 1809–1852）
　広辞6（ブライユ 1809–1852）
　国小（ブレーユ 1809.1.4–1852.1.6）
　西洋（ブラーユ 1809.1.4–1852.1）
　世西（ブレーユ 1806.1.4–1852.1.6）
　ラル（ブライユ，ルイ 1809–1852）

Bramah, Joseph 〈18・19世紀〉
イギリスの技術家，発明家。
⇒岩ケ（ブラマ，ジョゼフ 1748–1814）
　岩世（ブラマ 1748.4.13–1814.12.9）
　外国（ブラーマ 1748–1814）
　科学（ブラーマ 1748.4.13–1814.12.9）
　科史（ブラマ 1748–1814）
　科人（ブラマー，ジョゼフ 1748.4.13–1814.12.9）
　コン2（ブラマ 1748–1814）
　コン3（ブラマ 1748–1814）
　西洋（ブラマ 1748.4.13–1814.12.9）
　世科（ブラーマ 1748–1814）
　世西（ブラマー 1749.4.13–1814.12.9）
　全書（ブラマー 1749–1814）
　大百（ブラマー 1748–1814）
　伝世（ブラマー 1749.4.13–1814）

Bramante, Donato d'Angelo 〈15・16世紀〉
イタリアの建築家，画家。ローマのサン・ピエトロ・イン・モントリオ修道院の小聖堂などを建築。
⇒岩ケ（ブラマンテ，ドナート 1444–1514）
　岩世（ブラマンテ 1444–1514.3.11）
　旺世（ブラマンテ 1444–1514）
　外国（ブラマンテ 1444–1514）
　角世（ブラマンテ 1444–1514）
　教皇（ブラマンテ，ドナート 1444–1514）
　キリ（ブラマンテ，ドナート・ダンジェロ 1444–1514.3.14）
　芸術（ブラマンテ，ドナト 1444頃–1514）
　建築（ブラマンテ，ドナト・ダンジェロ（通称）（ドナート・ディ・パスクイッチョ・ディ・アントニオ） 1444–1514）
　広辞4（ブラマンテ 1444–1514）
　広辞6（ブラマンテ 1444–1514）
　国小（ブラマンテ 1444–1514.4.11）
　国百（ブラマンテ，ドナト 1444–1514.4.11）
　コン2（ブラマンテ 1444–1514）
　コン3（ブラマンテ 1444–1514）
　新美（ブラマンテ，ドナート 1444–1514.3.14）

B

人物（ブラマンテ　1444–1514.3.11）
西洋（ブラマンテ　1444–1514.3.11）
世人（ブラマンテ　1444–1514）
世西（ブラマンテ　1444–1514.3.11）
世美（ブラマンテ，ドナート　1444–1514）
世百（ブラマンテ　1444頃–1514）
全書（ブラマンテ　1444頃–1514）
大辞（ブラマンテ　1444–1514）
大辞3（ブラマンテ　1444–1514）
大百（ブラマンテ　1444頃–1514）
デス（ブラマンテ　1444–1514）
伝世（ブラマンテ　1444–1514.3.11）
百科（ブラマンテ　1444頃–1514）
評世（ブラマンテ　1444–1514）
山世（ブラマンテ　1444–1514）
歴史（ブラマンテ　1444–1514）

Bramantino 〈15・16世紀〉

イタリアの画家，建築家。ミラノのサン・ナザ
ロ聖堂のトリブルツィオ礼拝堂（1511）などを
建築。
⇒岩世（ブラマンティーノ　1465頃–1530頃）
キリ（ブラマンティーノ　1465頃–1530頃）
芸術（ブラマンティーノ　1465/66頃–1530）
建築（ブラマンティーノ（通称）（バルトロメオ・
スアルディ）　1465–1536頃）
国小（ブラマンティーノ　1450/66頃–1530/66）
新美（ブラマンティーノ　1465/66頃–1530）
西洋（ブラマンティーノ　1455頃–1530頃）
世美（ブラマンティーノ　1465頃–1536頃）

Branca, Giovanni 〈16・17世紀〉

イタリアの建築家，機械技師。1629年『建築概
論』『機械概論』を発表。
⇒国小（ブランカ　1571–1645）
世百（ブランカ　?–1629）
百科（ブランカ　1571–1645頃）

Branco, Paulo 〈20世紀〉

ポルトガル映画の名プロデューサー。
⇒スペ（ブランコ　1950–）
世映（ブランコ，パウロ　1950–）

Brand, Hennig 〈17世紀〉

ハンブルクの商人，錬金術師。
⇒科学（ブランド　1630頃–?）
科技（ブランド）
科人（ブラント，ヘニッヒ　1670?）
国小（ブランド　17世紀）
コン2（ブラント　?–1692頃）
コン3（ブラント　?–1692頃）
西洋（ブラント　?–1692頃）
大百（ブラント　?–1692?）

Brandt, Max August Scipio von

〈19・20世紀〉
ドイツの外交官。駐日プロシア公使。1860年来
日，日普修好通商条約の締結に尽力。

⇒岩世（ブラント　1835.10.8–1920.8.24）
広辞4（ブラント　1835–1920）
広辞6（ブラント　1835–1920）
国史（ブラント　1835–1920）
国小（ブラント　1835.10.8–?）
コン2（ブラント　1835–?）
コン3（ブラント　1835–?）
西洋（ブラント　1835.10.8–?）
日人（ブラント　1835–1920）
来日（ブラント　1835.10.8–1920）

Branly, Edouard Eugène Désiré

〈19・20世紀〉
フランスの物理学者。無線通信技術の発達に
貢献。
⇒岩世（ブランリ　1844.10.23–1940.3.25）
外国（ブランリー　1844–1940）
コン2（ブランリー　1844–1940）
コン3（ブランリー　1844–1940）
西洋（ブランリ　1844.10.23–1940.3.25）
世科（ブランリー　1844–1940）
世西（ブランリ　1844.10.23–1940.3.25）
世百（ブランリー　1844–1940）
全書（ブランリー　1844–1940）
大百（ブランリー　1844–1940）
二十（ブランリー，エドワード　1844.10.23–
1940.3.24）

Brasch, Heinz 〈20世紀〉

スイスの実業家。リートベルグ財団理事，スイ
ス・アジア学会理事。
⇒二十（ブラッシュ，H.　1906–）

Brassey, Thomas 〈19世紀〉

イギリスの鉄道建設請負人。
⇒岩ケ（ブラッシー，トマス　1805–1870）
伝世（ブラッシー　1805–1870.12.8）

Brătianu, G.I. 〈20世紀〉

ルーマニアの経済史家。中世商業史，ビザンチ
ン史を専攻。主著『ビザンチン社会経済史
研究』。
⇒名著（ブラティアヌ　1897–）

Braudel, Fernand 〈20世紀〉

フランスの経済学者，アナール派の歴史家。市
場経済の深部に連綿と持続する層を研究。
⇒岩ケ（ブローデル，フェルナン　1902–1985）
岩世（ブローデル　1902.8.24–1985.11.28）
岩哲（ブローデル　1902–1985）
旺世（ブローデル　1902–1985）
キリ（ブロデール，フェルナン　1902.8.24–1985.
11.27）
経済（ブローデル　1902–1985）
広辞5（ブローデル　1902–1985）
広辞6（ブローデル　1902–1985）
コン3（ブローデル　1902–1985）
最世（ブローデル，フェルナン　1902–1985）

思想（ブローデル，フェルナン　1902–1985）
集世（ブローデル，フェルナン　1902.8.24–1985.
　11.28）
集文（ブローデル，フェルナン　1902.8.24–1985.
　11.28）
西洋（ブローデル　1902.8.24–）
世西（ブローデル　1902.8.24–1985.11.28）
世百新（ブローデル　1902–1985）
大辞2（ブローデル　1902–1985）
大辞3（ブローデル　1902–1985）
ナビ（ブローデル　1902–1985）
二十（ブローデル，フェルナン　1902.8.24–1985.
　11.27）
百科（ブローデル　1902–）
歴学（ブローデル　1902–1985）
歴史（ブローデル　1902–）

Braun, Karl Ferdinand 〈19・20世紀〉
ドイツの物理学者。1897年に陰極線管を発明，
ブラウン管と呼ばれた。また，化学平衡の移動
に関するル＝シャトリエ–ブラウンの法則で知
られる。1909年ノーベル物理学賞受賞。
⇒岩ケ（ブラウン，（カール・）フェルディナント
　　1850–1918）
　岩世（ブラウン　1850.6.6–1918.4.20）
　外国（ブラウン　1850–1918）
　科学（ブラウン　1850.6.6–1918.6.20）
　科技（ブラウン　1850.6.6–1918.4.20）
　科人（ブラウン，カール・フェルディナント
　　1850.5.6–1918.4.20）
　科大（ブラウン　1850–1918）
　科大2（ブラウン　1850–1918）
　広辞4（ブラウン　1850–1918）
　広辞5（ブラウン　1850–1918）
　広辞6（ブラウン　1850–1918）
　国小（ブラウン　1850.6.6–1918.4.20）
　コン2（ブラウン　1850–1918）
　コン3（ブラウン　1850–1918）
　人物（ブラウン　1850.6.6–1918.4.20）
　西洋（ブラウン　1850.6.6–1918.4.20）
　世科（ブラウン　1850–1918）
　世西（ブラウン　1850.6.6–1918.4.20）
　世百（ブラウン　1850–1918）
　全書（ブラウン　1850–1918）
　大辞（ブラウン　1850–1918）
　大辞2（ブラウン　1850–1918）
　大辞3（ブラウン　1850–1918）
　大百（ブラウン　1850–1918）
　伝世（ブラウン　1850–1918.6.20）
　ナビ（ブラウン　1850–1918）
　二十（ブラウン，カール・フェルディナンド
　　1850.6.6–1918.6.20）
　ノ物（ブラウン，カール・フェルデナント
　　1850–1918）
　ノベ（ブラウン，K.F.　1850.6.6–1918.6.20）
　百科（ブラウン　1850–1918）
　ノベ3（ブラウン，K.F.　1850.6.6–1918.4.20）

Braunberger, Pierre 〈20世紀〉
フランス・パリ生まれの映画製作者。
⇒世映（ブロンベルジェ，ピエール　1905–1990）

世俳（ブローンベルジェ，ピエール　1905.7.29–
　1990.11.16）

Braunsweg, Julian 〈20世紀〉
ポーランド生まれのイギリスの興行師，バレエ
監督。
⇒バレ（ブラウンズウェグ，ジュリアン　1897–
　1978.3.26）

Braverman, Harry 〈20世紀〉
アメリカ生まれの経済思想家。
⇒経済（ブレーヴァーマン　1920–1976）

Brazzi, Rossano 〈20世紀〉
イタリアの俳優，監督，プロデューサー。
⇒外男（ブラッツイ，ロッサノ　1916.9.18–1994.
　12.24）
　世映（ブラッツイ，ロッサノ　1916–1994）
　世俳（ブラッツイ，ロッサノ　1916.9.18–1994.
　12.24）
　二十（ブラッツイ，ロッサノ　1916.9.18–）
　俳優（ブラッツイ，ロッサノ　1917.9.18–）
　洋ヒ（ブラッツイ，ロッサノ　1916–）

Breen, Joseph L. 〈19・20世紀〉
アメリカ生まれの企業家。
⇒世映（ブリーン，ジョゼフ・L　1890–1965）

Bregel', Enokh Yakovlevich 〈20世紀〉
ソ連邦の経済学者。マルクスの『資本論』や再
生産論の研究家。
⇒名著（ブレーゲリ　?–）

Bregno, Andrea 〈15・16世紀〉
イタリアの建築家，彫刻家。
⇒世美（ブレーニョ，アンドレーア　1418頃–1503）

Bregno, Giovanni Battista 〈15・16世紀〉
イタリアの彫刻家，建築家。ロレンツォの兄弟。
⇒世美（ブレーニョ，ジョヴァンニ・バッティスタ
　15–16世紀）

Bregno, Lorenzo 〈15・16世紀〉
イタリアの彫刻家，建築家。バッティスタの
兄弟。
⇒世美（ブレーニョ，ロレンツォ　15–16世紀）

Bréguet, Abraham Louis 〈18・19世紀〉
フランスの時計製造業者。軸承に初めてルビー
を用いた。
⇒岩世（ブレゲ　1747.1.10–1823.9.17）
　外国（ブレゲー　1747–1823）

コン2（ブレゲ　1747–1823）
コン3（ブレゲ　1747–1823）
西洋（ブレゲ　1747.1.10–1823.9.17）
大百（ブレゲ　1747–1823）

Bréguet, Louis Charles〈19・20世紀〉

フランスの飛行機設計家，実業家。ブレゲ型飛
行機の創始者。空輸会社を創業(1919)，今日
のエール・フランスとなる。
⇒岩世（ブレゲ　1880.1.2–1955.5.4）
コン2（ブレゲ　1881–1955）
コン3（ブレゲ　1881–1955）
西洋（ブレゲ　1880.1.2–1955.5.4）
全書（ブレゲー　1880–1955）
大百（ブレゲ　1880–1955）
二十（ブレゲー，ルイズ・シャルル　1880–1955）

Breithaupt, Johann Christian〈18世紀〉

ドイツの測量器械製造業者。カッセルに機械工
場を設け(1762)，測量器械を製造。
⇒岩世（ブライトハウプト　1736.6.23–1799.4.1）
西洋（ブライトハウプト　1736.6.23–1799.4.1）

Breitkopf, Johann Gottlob Immanuel〈18世紀〉

ドイツの出版業者。
⇒岩世（ブライトコプ　1719.11.23–1794.1.29）
西洋（ブライトコプフ　1719.11.23–1794.1.29）

Breitscheid, Rudolf〈19・20世紀〉

ドイツの政治家，経済学者。初め民主党，つい
で社会党(1912)，独立社会民主党(17)，更に
合同後の社会党に属した。
⇒岩世（ブライトシャイト　1874.11.2–1944.8.24）
西洋（ブライトシャイト　1874.11.2–1943）

Brent, Margaret〈17世紀〉

イギリス生まれの女性。植民地経営者。
⇒世女（ブレント，マーガレット　1600–1671）
世女日（ブレント，マーガレット　1601頃–1671）

Brentano, Lujo〈19・20世紀〉

ドイツの経済学者。労働組合結成の権利を認
め，労働保険，工場法による労働保護の必要を
主張。主著『現代労働組合論』(1871～72)。
⇒岩ケ（ブレンターノ，ルーヨ　1844–1931）
岩世（ブレンターノ　1844.12.18–1931.9.9）
岩哲（ブレンターノ，L.　1844–1931）
外国（ブレンターノ　1844–1931）
角世（ブレンターノ　1844–1931）
経済（ブレンターノ　1844–1931）
国小（ブレンターノ　1844.12.18–1931.9.9）
コン2（ブレンターノ　1844–1931）
コン3（ブレンターノ　1844–1931）
人物（ブレンターノ　1844.12.18–1931.9.9）
西洋（ブレンターノ　1844.12.18–1931.9.9）

世西（ブレンターノ　1844.12.18–1931.9.9）
世百（ブレンターノ　1844–1931）
全書（ブレンターノ　1844–1931）
大辞2（ブレンターノ　1844–1931）
大辞3（ブレンターノ　1844–1931）
デス（ブレンターノ　1844–1931）
二十（ブレンターノ，L.　1844–1931）
百科（ブレンターノ　1844–1931）
名著（ブレンターノ　1844–1931）
山世（ブレンターノ　1844–1931）
歴学（ブレンターノ　1844–1931）

Bresciani-Turroni, Costantino〈19・20世紀〉

イタリアの経済学者。ミラノ大学(1940来)の
経済学教授，ローマ銀行総裁。主著 "The
economics of inflation" (1932)。
⇒岩世（ブレシャーニ＝トゥッローニ　1882–1963）
外国（ブレシャーニ・トゥローニ　1882–）
経済（ブレッシャーニ・トゥッローニ　1882–1963）
西洋（ブレシャーニ・トゥッローニ　1882–）

Brett, Edwin〈19世紀〉

イギリスの出版者。
⇒世児（ブレット，エドウィン　1828–1895）

Breuer, Marcel Lajos〈20世紀〉

ハンガリー生まれのアメリカの建築家。1937年
渡米。バウハウス運動を推進。主作品は，ドル
ダータール・アパート(34～36)，ニュー・ホ
イットニー美術館(66)など。
⇒岩ケ（ブロイアー，マルセル（・ラヨシュ）
1902–1981）
岩世（ブロイアー　1902.5.21–1981.7.1）
才西（ブロイアー，マルセル　1902–1981）
現人（ブロイヤー　1902.5.22–）
国小（ブロイアー　1902.5.21–）
コン3（ブロイヤー　1902–1981）
新美（ブロイヤー，マルセル　1902.5.21–1981.7.1）
人物（ブロイヤー　1902.5.21–）
西洋（ブロイアー　1902.5.21–1981.7.1）
世芸（ブロイア，マルセル　1902–）
世美（ブロイア，マルセル　1902–1981）
世百（ブロイア　1902–）
世百新（ブロイヤー　1902–1981）
全書（ブロイアー　1902–1981）
大辞2（ブロイアー　1902–1981）
大辞3（ブロイアー　1902–1981）
大百（ブロイヤー　1902–）
伝世（ブロイア　1902.5.21–）
二十（ブロイヤー，マルセル・L.　1902.5.22
(21)–1981.7.1）
百科（ブロイヤー　1902–1981）

Briati, Giuseppe〈17・18世紀〉

イタリアのガラス職人。
⇒世美（ブリアーティ，ジュゼッペ　1686–1772）

Brice, Calvin Stewart 〈19世紀〉
アメリカの鉄道建設業者。
⇒西洋（ブライス　1845.9.17–1898.12.15）

Bricklin, Dan 〈20・21世紀〉
アメリカの発明家。
⇒岩世（ブリックリン　1951.7.16–）

Bridgens, R.P. 〈20世紀〉
アメリカの建築家。明治初年に来日し，民間建築師として東京，横浜で働いた。新橋駅（1872）横浜駅（72）は彼の作である。
⇒岩世（ブリジェンス　1819.4.19–1891.6.9）
　西洋（ブリジンス）
　日人（ブリジェンス　1819–1891）
　来日（ブリジェンス　1819.4.19–1891.6.9）

Bridger, James 〈19世紀〉
アメリカの毛皮商人の案内人。
⇒岩ケ（ブリッジャー，ジェイムズ　1804–1881）

Bridgewater, Francis Egerton, 3rd Duke of 〈18・19世紀〉
イギリス最初の内陸航行運河の建設者。
⇒国小（ブリッジウォーター　1736.5.21–1803.3.8）
　西洋（ブリジウォーター　1736.5.21–1803.3.8）
　百科（ブリッジウォーター公　1736–1803）

Briefs, Goetz 〈19・20世紀〉
ドイツの経済学者，社会学者。ジョージタウン大学教授（1937来）。主著『プロレタリア論』。
⇒岩世（ブリーフス　1889.1.1–1974.5.16）
　西洋（ブリーフス　1889.1.1–1974.5.16）

Brierley, *Sir* Ronald Alfred 〈20世紀〉
ニュージーランドの実業家。
⇒岩ケ（ブライアリー，サー・ロナルド（・アルフレッド）　1937–）

Brin, Sergey 〈20・21世紀〉
アメリカの企業家，コンピューター技術者。
⇒岩世（ブリン　1973.8.21–）

Brindley, James 〈18世紀〉
イギリスの技術者。ワースリー――マンチェスターの運河など，多数の運河を建設。
⇒岩ケ（ブリンドリー，ジェイムズ　1716–1772）
　岩世（ブリンドリー　1716–1772.9.27）
　英米（Brindley, James　ブリンドリー　1716–1772）
　外国（ブリンドリー　1716–1772）
　国小（ブリンドリー　1716–1772.9.30）
　人物（ブリンドリー　1716–1772.9.30）
　西洋（ブリンドリ　1716–1772.9.30）
　世科（ブリンドリー　1716–1772）
　世西（ブリンドリー　1716–1772.9.30）
　世百（ブリンドリー　1716–1772）

Brinell, Johann August 〈19・20世紀〉
スウェーデンの技術者。パリ万国博覧会（1900）に，初めて金属材料の硬さを測定する装置を陳列。
⇒岩ケ（ブリネル，ヨハン・アウグスト　1849–1925）
　岩世（ブリネル　1849.11.21–1925.11.17）
　科学（ブリネル　1849.6.21–1925.11.17）
　西洋（ブリネル　1849.11.21–1925.11.17）
　世科（ブリネル　1849–1925）
　世西（ブリネル　1849.11.21–1925.11.17）
　二十（ブリネル，J.A.　1849.6.21–1925.11.17）

Brinkley, Francis 〈19・20世紀〉
イギリス人ジャーナリスト，海軍軍人。1867年来日。海軍砲術学校教師に就任（71）。「ジャパン・メイル」紙の経営者兼主筆となる（81）。
⇒岩世（ブリンクリー　1841.12.30–1912.10.12）
　外国（ブリンクリー　1841–1912）
　広辞4（ブリンクリー　1841–1912）
　広辞5（ブリンクリー　1841–1912）
　広辞6（ブリンクリー　1841–1912）
　国史（ブリンクリ　1841–1912）
　コン3（ブリンクリー　1841–1912）
　西洋（ブリンクリー　1841.11.9–1912.10.22）
　大辞（ブリンクリー　1841–1912）
　大辞2（ブリンクリー　1841–1912）
　大辞3（ブリンクリー　1841–1912）
　日人（ブリンクリー　1841–1912）
　来日（ブリンクリー　1841–1912）

Brinkley, Jack Ronald 〈19・20世紀〉
イギリスの教育者，出版者。
⇒二十（ブリンクリー，ジョン・R.　1887–1964）
　来日（ブリンクリー　1887–1964）

Brinkley, Stephen 〈16世紀〉
イングランドのローマ・カトリック教徒，翻訳家，印刷出版者。
⇒キリ（ブリンクリ，スティーヴン　16世紀）

Brinkman, Johannes Andreas 〈20世紀〉
オランダの建築家。ロッテルダムの『ファン・ネレたばこ工場』（1928〜30）は20年代の近代建築の代表的な作例となった。
⇒岩世（ブリンクマン　1902.3.22–1949.5.6）
　西洋（ブリンクマン　1902.3.22–1949.5.6）
　世美（ブリンクマン，ヨハネス・アンドレアス　1902–1949）

Brinkmann, Carl 〈19・20世紀〉
ドイツの経済史家，社会学者。ハイデルベルク（1923），テュービンゲン（46）の各大学教授を

歴任。
⇒岩世 （ブリンクマン 1885.3.19–1954.5.20）
　西洋 （ブリンクマン 1885.3.19–1954.5.20）
　名著 （ブリンクマン 1885–）

Brinkmann, Theodor 〈19・20世紀〉
ドイツの農業経営学者。その著『農業経営経済学』(1922) は，理想型を想定して演繹的に農業経営における経済原理の実現を論じたもので，我国の農業経営学にも大きい影響を与えた。
⇒岩世 （ブリンクマン 1877.7.24–1951.8.11）
　人物 （ブリンクマン 1877.7.24–1951.8.11）
　西洋 （ブリンクマン 1877.7.24–1951.8.11）
　二十 （ブリンクマン，セオドーア 1877.7.24–1951.8.11）
　百科 （ブリンクマン 1877–1951）
　名著 （ブリンクマン 1877–1951）

Briosco, Andrea 〈15・16世紀〉
イタリアの彫刻家，建築家。
⇒世美 （ブリオスコ，アンドレーア 1470–1532）

Briske, Rudolf 〈19・20世紀〉
ドイツの鉄道技術者。
⇒日人 （ブリスク 1884–?）
　来日 （ブリスク 1884–）

Brittan, Leon 〈20世紀〉
イギリスの政治家，銀行家。EU欧州委員会副委員長，イギリス下院議員 (保守党)。
⇒岩ケ （ブリタン，サー・リーオン 1939–）
　世政 （ブリタン，レオン 1939.9.25–）

Britton, John 〈18・19世紀〉
イギリスの古物，地誌研究家。著書に『イギリスの建築美』(1805～14) など。
⇒国小 （ブリトン 1771–1857）

Brix, Joseph 〈19・20世紀〉
ドイツの土木工学者，都市計画家。
⇒世美 （ブリックス，ヨーゼフ 1859–1943）

Broadwood, John 〈18・19世紀〉
イギリスのピアノ職人。
⇒岩ケ （ブロードウッド，ジョン 1732–1812）

Broca, Phillippe de 〈20世紀〉
フランス・パリ生まれの映画監督，映画脚本家，映画製作者。
⇒世映 （ブロカ，フィリップ・ド 1933–）

Brock, William Emerson III. 〈20世紀〉
アメリカの政治家。米国労働長官，ブロック・

グループ社長。
⇒二十 （ブロック，ウィリアム・E.(3世) 1930.11.23–）

Brockhaus, Friedrich Arnold 〈18・19世紀〉
ドイツの出版業者。
⇒岩ケ （ブロックハウス，フリードリヒ・アルノルト 1772–1823）
　岩世 （ブロックハウス 1772.5.4–1823.8.20）
　外国 （ブロックハウス 1772–1823）
　コン2 （ブロックハウス 1772–1823）
　コン3 （ブロックハウス 1772–1823）
　人物 （ブロックハウス 1772.5.4–1823.8.20）
　西洋 （ブロックハウス 1772.5.4–1823.8.20）
　世西 （ブロックハウス 1772.5.4–1823.8.20）

Broeck, Abraham van den 〈16世紀〉
オランダの遣日使節。平戸に商館を開設して館長スペックス等の館員を置き，初めて日蘭間の国交貿易を開いた。
⇒岩世 （ブルック 1579–?）
　西洋 （ブルック 1579–?）

Broeucq, Jacques 〈16世紀〉
フランドルの彫刻家，建築家。
⇒世美 （ブルック，ジャック 1500/10–1584）

Broggi, Luigi 〈19・20世紀〉
イタリアの建築家。
⇒世美 （ブロッジ，ルイージ 1851–1926）

Bronfenbrenner, Martin 〈20世紀〉
アメリカの経済学者。
⇒二十 （ブロンフェンブレンナー，マーチン 1914–）

Bronfman, Samuel 〈19・20世紀〉
カナダの実業家。
⇒ユ人 （ブロンフマン，サムエル 1890–1971）

Brongniart, Alexandre 〈18・19世紀〉
フランスの地質学者，鉱物学者。陶磁器製造所を経営し (1800来)，ガラスに彩色する方法を復活させ，陶磁器化学を発展させた。
⇒岩ケ （ブロンニャール，アレクサンドル 1770–1847）
　岩世 （ブロニャール 1770.2.5–1847.10.7）
　科学 （ブロンニャール 1770.2.5–1847.10.7）
　科人 （ブロニアール，アレキサンドル 1770.2.5–1847.10.7）
　人物 （ブロンニャール 1770.2.5–1847.10.7）
　西洋 （ブロニャール 1770.2.5–1847.10.7）
　世西 （ブロンニャール 1770.2.5–1847.10.7）
　全書 （ブロンニャール 1770–1847）
　大百 （ブロンニャール 1770–1847）

Brongniart, Alexandre Théodore
〈18・19世紀〉
フランスの建築家。古代復帰主義者。パリでフランシスコ会修道院を制作(1783)。
⇒岩世（ブロニャール 1739–1813）
建築（ブロンニアール，アレクサンドル＝テオドール 1739–1813）
新美（ブロンニャール，アレクサンドル・テオドール 1739.2.15–1813.6.6）
西洋（ブロニャール 1739–1813）
世美（ブロンニアール，アレクサンドル＝テオドール 1739–1813）

Brooke, John Mercer 〈19・20世紀〉
アメリカの海軍科学者。咸臨丸の技術指導を行った。
⇒国史（ブルック 1826–1906）
日人（ブルック 1826–1906）
来日（ブルック 1826–1906）

Brookings, Robert Somers 〈19・20世紀〉
アメリカの実業家，慈善家。政治，経済研究機関を設立，運営。
⇒国小（ブルーキングズ 1850.1.22–1932.11.15）

Brooks, Benjamin Talbott 〈19・20世紀〉
アメリカの化学者。アメリカ・キューバ・グリセリン会社の副社長(1948来)。
⇒西洋（ブルックス 1885.12.29–1962.8）

Brooks, Fred 〈20世紀〉
アメリカのコンピューター技術者。
⇒岩世（ブルックス 1931.4.19–）

Brooks, James L. 〈20世紀〉
アメリカ生まれの映画監督，映画製作者。
⇒世映（ブルックス，ジェイムズ・L 1940–）

Brooks, Mel 〈20世紀〉
アメリカ・ニューヨーク生まれの映画監督，映画脚本家，映画製作者，男優。
⇒岩ケ（ブルックス，メル 1926–）
監督（ブルックス，メル 1927–）
世映（ブルックス，メル 1926–）
世俳（ブルックス，メル 1926.6.28–）
ユ人（ブルックス，メル 1926–）

Brosse, Salomon de 〈16・17世紀〉
フランスの建築家。1615年頃からルクセンブルク宮殿建築の着工。
⇒岩ケ（ブロス，サロモン・ド 1565–1626）
岩世（ブロス 1562(65, 71)頃–1626）
建築（ブロス，サロモン・ド 1565頃–1626）

国小（ブロス 1571–1626）
コン2（ブロス 1565頃–1627）
コン3（ブロス 1565頃–1627）
新美（ブロッス，サロモン・ド 1562–1626.12.9）
西洋（ブロス 1562/5/71頃–1626）
世美（ブロス，サロモン・ド 1570頃–1626）
百科（ブロス 1565/71–1626）

Brount, Winton C. 〈20世紀〉
アメリカの実業家。郵政長官。
⇒二十（ブラウント，ウィントン・C. 1921–）

Brouwer, Hendrik 〈16・17世紀〉
オランダ領東インド(現インドネシア)総督。平戸に来着し(1612.8)，スペックスに代って商館長となる(～14)。
⇒岩世（ブラウエル 1581.4頃–1643.8.7）
西洋（ブローエル 1581.4頃–1643.8.7）

Brown, Albert Richard 〈19・20世紀〉
イギリスの航海士，技師。灯台船船長，日本郵船会社ゼネラル・マネージャー。
⇒日人（ブラウン 1839–1913）
来日（ブラウン 1839–1913）

Brown, Alexander 〈18・19世紀〉
アイルランド生まれのアメリカの財政家。
⇒国小（ブラウン 1764–1834）

Brown, David 〈20世紀〉
アメリカ・ニューヨーク生まれの映画製作者。
⇒世映（ブラウン，デイヴィッド 1916–）

Brown, George Harold 〈20世紀〉
アメリカの電気技術者。カラーTVの放送実験に貢献。
⇒科学（ブラウン 1908.10.14–）
二十（ブラウン，ジョージ・ハロルド 1908.10.14–）

Brown, Joseph Rogers 〈19世紀〉
アメリカの発明家，工場主。自動分度機(1850)等を製作し，測定器具および加工機械の進歩に寄与。
⇒岩世（ブラウン 1810.1.26–1876.7.23）
西洋（ブラウン 1810–1876）
全書（ブラウン 1810–1876）
大百（ブラウン 1810–1876）

Brown, Lancelot 〈18世紀〉
イギリスの造園家，古典主義建築家。自然の風景を取り入れた新しい庭園様式を創案。
⇒イ文（Brown, Lancelot 1715–1783）
岩ケ（ブラウン，ランスロット 1715–1783）
岩世（ブラウン 1716–1783.2.6）

英米（Brown, Lancelot　ブラウン, ラーンス
ロット　1715–1783）
建築（ブラウン, ランスロット（ケイパビリ
ティー・ブラウン（通称））　1716–1783）
国小（ブラウン　1716–1783.2.6）
新美（ブラウン, ランスロット　1716–1783.2.6）
世美（ブラウン, ランスロット　1716–1783）
百科（ブラウン　1716–1783）

B

Brown, Lew 〈20世紀〉

アメリカの作曲家, 作詞家, 製作者。
⇒世俳（ブラウン, ルー　1893.12.10–1958.2.5）
　二十（ブラウン, リュー　1893.12.10–1958.2.5）

Brown, Sidney George 〈19・20世紀〉

イギリスの電気技術者, 発明家。長距離海底電
線の通信を中継する為に, 継電器と磁気シャン
トを作る（1899）。
⇒岩世（ブラウン　1873.7.6–1948.8.7）
　コン2（ブラウン　1873–1948）
　コン3（ブラウン　1873–1948）
　西洋（ブラウン　1873–1948）

Browning, John Moses 〈19・20世紀〉

アメリカの銃器発明家。アメリカ陸軍で広く使
われている各種の銃を発明。
⇒岩ケ（ブラウニング, ジョン・モーゼズ　1855–
1926）
　国小（ブラウニング　1855.1.21–1926.11.26）
　コン3（ブラウニング　1855–1926）
　人物（ブローニング　1855–1926）
　世百（ブラウニング　1855–1926）
　全書（ブローニング　1855–1926）
　大百（ブローニング　1855–1926）
　二十（ブローニング, ジョン・M.　1855–1926）
　百科（ブラウニング　1855–1926）

Bruant, Léibral 〈17世紀〉

フランスの建築家。パリの廃兵院を設計し, そ
の初期の工事を指導。
⇒岩世（ブリュアン　1635頃–1697）
　建築（ブリュアン, リベラル　1637–1697）
　新美（ブリュアン, リベラル　1637頃–1697.11.
22）
　西洋（ブリュアン　1635頃–1697）
　世美（ブリュアン, リベラル　1637–1697）

Bruce, Stanley Melbourne 〈19・20世紀〉

オーストラリアの政治家。連邦政府の首相を務
め, 経済の発展, 財政の健全化を目差す政策を
遂行。オーストラリアの自治を弱めずにイギリ
ス帝国との密接な関係を維持しようと努めた。
⇒岩ケ（ブルース（メルボルンの）, スタンリー・メ
ルボルン・ブルース, 初代子爵　1883–1967）
　伝世（ブルース, S.　1883–1967）

Brück, Karl Anton 〈19世紀〉

ドイツの印刷技師。印刷局雇技師として来日
し, 日本印刷界に貢献。
⇒来日（ブリュック　1839–1880.11.9）

Brüggemann, Hans 〈15・16世紀〉

ドイツの木彫家。
⇒岩世（ブリュッゲマン　1480頃–1540頃）
　キリ（ブリュッゲマン, ハンス　1480頃–1540頃）
　芸術（ブリュッゲマン, ハンス　1480頃–1540頃）
　西洋（ブリュッゲマン　1480頃–1540頃）
　世美（ブリュッゲマン, ハンス　1480頃–1540頃）

Brugos 〈前5世紀〉

古代ギリシアの陶工。
⇒ギリ（ブリュゴス　（活動）前490頃–470）

Brun, Donald 〈20世紀〉

スイスのデザイナー。ポスター, ディスプレー
に活躍。
⇒国小（ブルン　1900–）

Bruna, Dick 〈20世紀〉

オランダの絵本作家, グラフィックデザイナー。
⇒岩ケ（ブルーナ, ディック　1937–）
　岩世（ブルーナ　1927.8.23–）
　英児（Bruna, Dick　ブルーナ, ディック
1927–）
　児イ（Bruna, Dick　ブルーナ, D.　1927–）
　児文（ブルーナ, ディック　1927–）
　世児（ブルーナ, ディック　1927–）
　二十（ブルーナ, ディック　1927–）

Brunat, Paul 〈19・20世紀〉

フランスの技術者。富岡製糸場技師として日本
製糸産業の育成に貢献。
⇒コン2（ブリューナ　1840–?）
　コン3（ブリューナ　1840–?）
　日人（ブリューナ　1840–?）
　来日（ブリューナ　1840–1908?）

Brunel, Isambard Kingdom 〈19世紀〉

イギリスの造船, 土木技術者。1837年世界最初
の大西洋横断定期汽船を建造。
⇒岩ケ（ブルーネル, イザンバード・キングダム
1806–1859）
　岩世（ブルーネル　1806.4.9–1859.9.15）
　英米（Brunel, Isambard Kingdom　ブルーネル
1806–1859）
　科学（ブルネル　1806.4.9–1859.9.15）
　国小（ブルーネル　1806.4.9–1859.9.15）
　西洋（ブルーネル　1806.4.9–1859.9.15）
　世紀（ブルーネル　1806–1859）
　世百（ブルネル　1806–1859）
　全書（ブルーネル　1806–1859）
　大百（ブルーネル　1806–1859）

伝世（ブルーネル　1806.4.9–1859.9.15）

Brunel, *Sir* Marc Isambard　〈18・19世紀〉
イギリス（フランス生まれ）の技術者，発明家。
⇒岩ケ（ブルーネル，サー・マーク・イザンバード　1769–1849）
岩世（ブルーネル　1769.4.25–1849.12.12）
科学（ブルネル　1769.4.25–1849.12.12）
コン2（ブルーネル　1769–1849）
コン3（ブルーネル　1769–1849）
西洋（ブルーネル　1769–1849）
世科（ブルーネル　1769–1849）
全書（ブルーネル　1769–1849）
大百（ブルーネル　1769–1849）
百科（ブルネル　1769–1849）

Brunelleschi, Filippo　〈14・15世紀〉
イタリアの建築家，発明家。フィレンツェのサンタ・マリア・デル・フィオーレ大聖堂のドームを完成。
⇒岩ケ（ブルネレスキ，フィリッポ　1377–1446）
旺世（ブルネレスキ　1377–1446）
外国（ブルネレスキ　1377–1446）
科史（ブルネッレスキ　1377–1446）
角世（ブルネレスキ　1377–1446）
キリ（ブルネレスキ（ブルネレスコ），フィリッポ　1377–1446.4.15/16）
建築（ブルネレスキ，フィリッポ　1377–1446）
広辞4（ブルネレスキ　1377–1446）
広辞6（ブルネレスキ　1377–1446）
国小（ブルネレスキ　1377–1446.4.16）
国百（ブルネレスキ，フィリッポ　1377–1446.4.16）
コン2（ブルネレスキ　1377頃–1446）
コン3（ブルネレスキ　1377頃–1446）
新美（ブルネルレスキ，フィリッポ　1377–1446.4.15/16）
人物（ブルネレスキ　1377–1446.4.15）
数学（ブルネレスキ　1377–1446.4.16）
数学増（ブルネレスキ　1377–1446.4.16）
西洋（ブルネレスキ　1377–1446.4.15）
世人（ブルネレスキ　1377頃–1446）
世西（ブルネレスコ（ブルネレスキ）　1377–1446.4.15）
世美（ブルネッレスキ，フィリッポ　1377–1446）
世百（ブルネレスキ　1377–1446）
全書（ブルネレスキ　1377–1446）
大辞（ブルネレスキ　1377–1446）
大辞3（ブルネレスキ　1377–1446）
大百（ブルネレスキ　1377–1446）
デス（ブルネレスキ　1377–1446）
伝世（ブルネレスキ　1377–1446.4.15）
百科（ブルネレスキ　1377–1446）
評世（ブルネレスキ　1377–1446）
山世（ブルネレスキ　1377–1446）
歴世（ブルネレスキ　1377–1446）

Brunner, *Sir* John Tomlinson　〈19・20世紀〉
イギリスの実業家。
⇒科人（ブルンナー，サー・ジョン・トムリンソン　1842.2.8–1919.7.1）

Brunner Schwer, Hans Georg　〈20世紀〉
ドイツ連邦共和国のジャズ・プロデューサー。MPSレコードのオーナー。
⇒ジヤ（ブルナーシュワー，ハンス・ゲォルク　?–）

Brunton, Richard Henry　〈19・20世紀〉
イギリスの技術者。1868年来日。観音崎灯台その他を設計，建築した。
⇒岩世（ブラントン　1841.12–1901.4.24）
西洋（ブラントン）
全書（ブラントン　1841–1901）
日研（ブラントン，リチャード・ヘンリー　1841.12–1901.4.24）
日人（ブラントン　1841–1901）
来日（ブラントン　1841–1901）

Brus, Wlodzimierz　〈20世紀〉
ポーランドの経済学者。ワルシャワ大学教授。
⇒全書（ブルス　1921–）
二十（ブルス，W.　1921–）

Brush, Charles Francis　〈19・20世紀〉
アメリカの発明家，電気技術者。高圧直流発電機（1876）およびアーク灯を発明（78），クリーヴランドにブラッシュ電気会社を設立して社長となった（81～91）。
⇒岩世（ブラッシュ　1849.3.17–1929.1.15）
西洋（ブラッシュ　1849.3.17–1929.1.15）
二十（ブラッシュ，C.F.　1849–1929）
百科（ブラッシュ　1849–1929）

Brustolon, Andrea　〈17・18世紀〉
イタリアの彫刻家。バロック調の家具などを製作。
⇒国小（ブルストロン　1662.7.20–1732.10.25）
世美（ブルストロン，アンドレーア　1660–1732）

Brutzkus, Boris Davidovich　〈19・20世紀〉
ロシアの経済学者。農業経済論および経済計算論の専門家。
⇒岩世（ブルツクス　1874.10.3[15]–1938.12.7）
西洋（ブルツクス　1874–）

Bruyn, Guillaume de　〈17・18世紀〉
フランドルの建築家。
⇒建築（ブリュアン，ギョーム・ド　?–1719）

Bry, Théodore de 〈16世紀〉
ドイツの版画家，出版業者。旅行案内書の出版
で有名。
⇒国小（ブリ　1528–1598.3.28）

Bryan, Samuel Magill 〈19・20世紀〉
アメリカの郵便技師。日本への外国郵便制度導
入に貢献。
⇒日人（ブライアン　1847–1903）
　来日（ブライアン　1847–1903）

Bryant, Hazel 〈20世紀〉
アメリカの興行師，プロデューサー。
⇒世女（ブライアント，ヘーゼル　1939–1983）
　世女日（ブライアント，ヘイゼル　1939–1983）

Bryant, Lane 〈19・20世紀〉
アメリカの企業家。
⇒世女日（ブライアント，レイン　1879–1951）

Bryggman, Erik 〈20世紀〉
フィンランドの建築家。ヴィールメーキの体育
学校（1936），オーボの図書館等の公共建築物
を建築。
⇒岩世（ブリッグマン　1891.2.7–1955.12.21）
　西洋（ブリッグマン　1891–1955.12.21）
　世美（ブリュグマン，エリク　1891–1956）

Brygos 〈前5世紀〉
ギリシアの陶画家，陶工。
⇒岩世（ブリュゴス）
　西洋（ブリュゴス　前5世紀）

Bryullov, Aleksandr Pavlovich 〈18・
19世紀〉
ロシアの建築家，画家。代表作「プルコフ天
文台」。
⇒コン2（ブリュローフ　1798–1877）
　コン3（ブリュロフ　1798–1877）
　世美（ブリュローフ，アレクサンドル・パヴロ
　ヴィチ　1798–1877）

Bubnov, Ivan Grigorievich 〈19・20世
紀〉
ロシアの造船技師，工学者で数学者。
⇒数学（ブブノフ　1872.1.18–1919.3.13）
　数学増（ブブノフ　1872.1.18–1919.3.13）

**Buchan, *Sir* John, 1st Baron
Tweedsmuir** 〈19・20世紀〉
スコットランドの著述家，出版者。情報部長
（1917〜18），カナダ総督（35〜40）。妹は作家
のAnna Buchan。
⇒イ文（Buchan, John, 1st Baron Tweedsmuir
　1875–1940）
　岩文（バハン，ジョン，トゥイーズミュア男爵
　1875–1940）
　岩世（バハン（バカン）　1875.8.26–1940.2.11）
　英児（Buchan, John　バカン，ジョン　1875–
　1940）
　才世（バカン，ジョン，初代トゥイーズミュア男
　爵　1875–1940）
　幻想（バカン，ジョン　1875–1940）
　幻文（バカン，ジョン（トゥイーズミュア男爵）
　1879–1940）
　児童（バッカン，ジョン　1875–1940）
　集世（バカン，ジョン　1875.8.26–1940.2.11）
　集文（バカン，ジョン　1875.8.26–1940.2.11）
　西洋（バカン　1875.8.26–1940）
　世児（バカン，ジョン　1875–1940）
　世文（バカン，ジョン　1875–1940）
　全書（バカン　1875–1940）
　二十（バカン，ジョン　1875–1940）
　二十英（Buchan, John, Baron Tweedsmuir
　1875–1940）

Buchanan, Colin 〈20世紀〉
イギリスの都市計画家。1963年にイギリス政府
が発表した報告書『Traffic in Towns』の調査
委員長。「ブキャナン–レポート」として世界的
に知られる。
⇒ナビ（ブキャナン　1907–）

Buchanan, Daniel Houston 〈19・20世
紀〉
アメリカの経済学者。主著『インドにおける資
本制企業の発達』。
⇒名著（ブキャナン　1883–）

Buchanan, David 〈18・19世紀〉
イギリスの経済学者，ジャーナリスト。自由貿
易を主張し，スミスの著作を編集。
⇒岩世（ブキャナン　1779–1848.8.13）
　西洋（ブカナン　1779–1848）

Buchanan, James Mcgill 〈20世紀〉
アメリカの経済学者。1986年「新政治経済学」
の理論研究によりノーベル経済学賞受賞。
⇒岩ケ（ブキャナン，ジェイムズ・M（マッギル）
　1919–）
　経済（ブキャナン　1919–）
　最世（ブキャナン，J.M.　1919–）
　大辞2（ブキャナン　1919–）
　二十（ブキャナン，ジェイムズ・M.　1919.10.2–）
　ノベ（ブキャナン，J.M.　1919.10.2–）
　ノベ3（ブキャナン，J.M.　1919.10.2–）

Buchanan, James McGill（Jr.） 〈20
世紀〉
アメリカの財政学者，経済思想家。
⇒岩世（ブキャナン　1919.10.3–2013.1.9）

経済・産業篇　87　bulfi

Bücher, Karl 〈19・20世紀〉

ドイツの経済学者，新歴史学派の代表者。新聞の社会学的研究に先鞭をつけた。
⇒岩世（ビューヒャー　1847.2.16–1930.11.12）
音大（ビューヒャー　1847.2.16–1930.11.12）
外国（ビュッヒャー　1847–1930）
角世（ビューヒャー　1847–1930）
経済（ビューヒャー　1847–1930）
国小（ビューヒャー　1847.2.16–1930.11.12）
コン2（ビュヒャー　1847–1930）
コン3（ビュヒャー　1847–1930）
人物（ビューハー　1847.2.16–1930.11.12）
西洋（ビューハー　1847.2.16–1930.11.12）
世西（ビュッヒャー　1847.2.16–1930.11.12）
世百（ビュヒャー　1847–1930）
全書（ビュッヒャー　1847–1930）
デス（ビュヒャー　1847–1930）
二十（ビュッヒャー，カール　1847–1930）
百科（ビュヒャー　1847–1930）
名著（ビューヒャー　1847–1930）

Buck, John Lossing 〈19・20世紀〉

アメリカの農業経済学者。中国農民銀行の顧問，国連の食糧農業機構（FAO）農業部の土地利用班長などを歴任。
⇒岩世（バック　1890.11.27–1975.9.27）
角世（バック（ロッシング）　1890–1962）
コン3（バック　1890–1962）
人物（バック　1890.11.27–）
西洋（バック　1890.11.27–1975.9.27）
世西（バック　1890.11.27–）
評世（ロッシング＝バック　1890–1975）
名著（バック　1890–）
山世（バック　1890–1975）

Buckingham, Earle 〈19・20世紀〉

現代アメリカの機械工学者。マサチューセッツ理工科大学教授。歯車および計測学者として知られる。
⇒岩世（バキンガム　1887.9.4–1978）
西洋（バキンガム　1887.9.4–）

Buddha Gupta 〈5世紀〉

400年頃にベンガル湾海域で活動したインド人海商。
⇒岩世（ブッダ・グプタ）

Buffett, Warren Edward 〈20世紀〉

アメリカの投資会社経営者。
⇒現ア（Buffett, Warren Edward　バフェット，ウォーレン・エドワード　1930–）

Bugatti, Carlo 〈19・20世紀〉

イタリアの家具制作者。
⇒世美（ブガッティ，カルロ　1855–1940）

Bugatti, Ettore Arco Isidoro 〈19・20世紀〉

イタリアの自動車製造業者。
⇒岩ケ（ブガッティ，エットレ（・アルコ・イジドロ）　1881–1947）

Bukharin, Nikolai Ivanovich 〈19・20世紀〉

ソ連邦の経済学者，政治家。亡命時代に『世界経済と帝国主義』を執筆。党中央委員となり，機関紙『プラウダ』の編集に務めたが，1938年の反革命陰謀のかどで処刑。
⇒岩ケ（ブハーリン，ニコライ・イヴァノヴィチ　1888–1938）
岩世（ブハーリン　1888.9.27[10.9]–1938.3.15）
岩哲（ブハーリン　1888–1938）
旺世（ブハーリン　1888–1938）
外国（ブハーリン　1888–1937）
角世（ブハーリン　1888–1938）
経済（ブハーリン　1888–1938）
広辞5（ブハーリン　1888–1938）
広辞6（ブハーリン　1888–1938）
国小（ブハーリン　1888.9.27–1938.3.14）
国百（ブハーリン，ニコライ・イワノビッチ　1888.9.27–1938.3）
コン3（ブハーリン　1888–1938）
集文（ブハーリン，ニコライ・イワノヴィチ　1888.9.27–1938.3.15）
人物（ブハーリン　1888.9.27–1938.3.15）
西洋（ブハーリン　1888.9.27–1938.3.15）
世人（ブハーリン　1888–1938）
世政（ブハーリン，ニコライ　1888.9.27–1938.3.15）
世西（ブハーリン　1888.9.27–1938.3.15）
世百（ブハーリン　1888–1938）
世百新（ブハーリン　1888–1938）
世文（ブハーリン，ニコライ・イワノヴィッチ　1888–1938）
全書（ブハーリン　1888–1938）
大辞2（ブハーリン　1888–1938）
大辞3（ブハーリン　1888–1938）
大百（ブハーリン　1887–1938）
伝世（ブハーリン　1888–1938.3）
ナビ（ブハーリン　1888–1938）
二十（ブハーリン，ニコライ　1888–1938）
百科（ブハーリン　1888–1938）
評世（ブハーリン　1888–1938）
名著（ブハーリン　1888–1938）
山世（ブハーリン　1888–1938）
歴史（ブハーリン　1888–1938）
ロシ（ブハーリン　1888–1938）

Bulfinch, Charles 〈18・19世紀〉

アメリカの建築家。主作品はマサチューセッツ州会議事堂（1787）など。
⇒岩ケ（ブルフィンチ，チャールズ　1763–1844）
岩世（ブルフィンチ　1763.8.8–1844.4.15）
建築（ブルフィンチ，チャールズ　1763–1844）
国小（ブルフィンチ　1763.8.8–1844.4.4）
コン3（ブルフィンチ　1763–1844）
新美（ブルフィンチ，チャールズ　1763.8.8–

bulga　88　西洋人物レファレンス事典

1844.4.4)
西洋（ブルフィンチ　1763.8.8-1844.4.15)
大辞3（ブルフィンチ　1763-1844)

Bulgakov, Boris Vladimirovich 〈20世紀〉
ソ連邦の学者，工学分野での専門家。
⇒数学（ブルガーコフ　1900.6.24-1952.4.29)
　数学増（ブルガーコフ　1900.6.24-1952.4.29)

Bulgakov, Sergei Nikolaevich 〈19・20世紀〉
ロシアの経済学者，神学者。神学体系の確立とエキュメニズム運動に貢献。
⇒岩ケ（ブルガーコフ，セルゲイ・ニコラエヴィチ　1871-1944)
　岩世（ブルガーコフ　1871.7.16[28]-1944.7.13)
　岩哲（ブルガーコフ　1871-1944)
　外国（ブルガーコフ　1871-1927)
　キリ（ブルガーコフ，セルゲーイ・ニコラーエヴィチ　1871.7.16-1944.7.13)
　国小（ブルガーコフ　1871.6.16-1944.7.12)
　コン2（ブルガーコフ　1871-1944)
　コン3（ブルガーコフ　1871-1944)
　集世（ブルガーコフ，セルゲイ・ニコラエヴィチ　1871.7.16-1944.7.13)
　集文（ブルガーコフ，セルゲイ・ニコラエヴィチ　1871.7.16-1944.7.13)
　西洋（ブルガーコフ　1871.7.16-1944)
　世文（ブルガーコフ，セルゲイ・ニコラエヴィチ　1871-1944)
　全書（ブルガーコフ　1871-1944)
　二十（ブルガーコフ，セルゲーイ　1871.7.16-1944.7.13)

Bullant, Jean 〈16世紀〉
フランスの建築家，著述家。マニエリスモの作家。
⇒岩世（ビュラン　1515頃-1578.10.13(10))
　建築（ビュラン，ジャン　1510頃-1578)
　国小（ビュラン　1515-1578)
　コン2（ビュラン　1515頃-1578)
　コン3（ビュラン　1515頃-1578)
　新美（ビュラン，ジャン　1520頃-1578.10.13)
　西洋（ビュラン　1515頃-1578.10.13/10)
　世美（ビュラン，ジャン　1510頃-1578)

Bullet, Pierre 〈17・18世紀〉
フランスの建築家。
⇒岩世（ビュレ　1639頃-1716)
　建築（ビュレ，ピエール　1639-1716)
　西洋（ビュレ　1639頃-1716)
　世美（ビュレ，ピエール　1639-1716)

Bullet de Chamblain, Jean-Baptiste 〈17・18世紀〉
フランスの建築家，インテリア・デザイナー。
⇒建築（ビュレ・ド・シャンブラン，ジャン=バ

ティスト　1667-1737)

Bullock, Charles Jesse 〈19・20世紀〉
アメリカの経済学者。ハーヴァード大学経済学教授(1908～35)。財政学を専攻した。
⇒岩世（ブロック　1869-1941)
　西洋（バロック　1869-1941)

Bulnes, Francisco 〈19・20世紀〉
メキシコの社会学者，教育家，評論家，技師。『わが国の歴史の虚構』(1904)，『フアレスの真実』(05)『メキシコの大問題』(20～24)。
⇒コン2（ブルネス　1847-1924)
　コン3（ブルネス　1847-1924)

Bunau-Varilla, Philippe Jean 〈19・20世紀〉
フランスの技師。パナマ運河建設に尽力。
⇒岩ケ（ビュノー=ヴァリーヤ，フィリップ・ジャン　1859-1940)
　岩世（ビュノー=ヴァリヤ　1859.7.26-1940.5.18)
　国小（ビュノー・バリヤ　1859.7.26-1940.5.18)
　コン2（ビュノー・ヴァリーヤ　1860-1940)
　コン3（ビュノー・ヴァリーヤ　1860-1940)
　伝世（ビュノー・ヴァリヤ　1859.7.26-1940.5.18)

Bunge, Nikolai Khristianovich 〈19世紀〉
ロシアの経済学者，政治家。蔵相(1881)。
⇒岩世（ブンゲ　1823.11.11-1895.6.3)
　コン2（ブーンゲ　1823-1895)
　コン3（ブーンゲ　1823-1895)
　西洋（ブンゲ　1823.11.23-1895.6.15)

Bunker, Ellsworth 〈20世紀〉
アメリカの実業家，外交官。米州機構(OAS)アメリカ代表，駐南ベトナム大使を歴任。
⇒現人（バンカー　1894.5.11-)

Bunn, Alfred 〈18・19世紀〉
イギリスの劇場支配人。
⇒演劇（バン，アルフレッド　1798-1860)

Buon, Bartolomeo 〈14・15世紀〉
イタリアの建築家。
⇒岩世（ブオン　1405頃-1467頃)
　建築（ブオン，バルトロメオ(ボン，バルトロメオ)　1374頃-1464頃)
　新美（ブオン，バルトロメーオ　1374?-1469?)
　西洋（ブオン　?-1467以後)
　世美（ボン，バルトロメーオ(年長)　14世紀末-1464/67頃)

Buonamici, Giovan Francesco 〈17・

経済・産業篇　　　　　　　89　　　　　　　**burgh**

18世紀〉
イタリアの建築家, 画家。
⇒世美（ブオナミーチ, ジョヴァン・フランチェス
　　コ　1692–1759）

Buontalenti, Bernardo 〈16・17世紀〉
イタリアの建築家, 彫刻家, 技術家。トスカー
ナ大公の保護を受けフィレンツェで活躍。
⇒岩世（ブオンタレンティ　1523（31, 36）–1608.6.
　　6）
　　建築（ブォンタレンティ, ベルナルド　1536–
　　1608）
　　国小（ブオンタレンティ　1536–1608）
　　新美（ブオンタレンティ, ベルナルド　1536–
　　1608.6.6）
　　西洋（ブオンタレンティ　1536–1608.6.6）
　　世美（ブオンタレンティ, ベルナルド　1536–
　　1608）

Burbage, Cuthbert 〈16・17世紀〉
イギリスの劇場経営者。1599年グローブ座を
開場。
⇒国小（バーベッジ　1566頃–1636）
　　世百（バーベージ, カスバート　1566頃–1636）
　　全書（バーベッジ　1566頃–1636）

Burbage, James 〈16世紀〉
イギリスの俳優, 劇場経営者。イギリス劇場経
営の先駆者として活躍。
⇒国小（バーベッジ　1531頃–1597）
　　コン2（バーベジ　?–1597）
　　コン3（バーベジ　?–1597）
　　世百（バーベージ, ジェームズ　1530頃–1597）
　　全書（バーベッジ　1530頃–1597）

Burbage, Richard 〈16・17世紀〉
イギリスの俳優, 劇場経営者。ハムレットなど,
シェークスピアの主要な役を最初に演じた。
⇒イ文（Burbage, Richard　1567?–1619）
　　岩ケ（バーベッジ, リチャード　1569頃–1619）
　　岩世（バーベッジ　1568頃–1619.3.13）
　　英米（Burbage, Richard　バーベッジ　1567頃–
　　1619）
　　演劇（バーベッジ, リチャード　1567頃–1619）
　　国小（バーベッジ　1567頃–1619.3.9/13）
　　集世（バーベッジ, リチャード　1567?–1619.3.
　　13）
　　集文（バーベッジ, リチャード　1567?–1619.3.
　　13）
　　西洋（バーベジ　1567頃–1619.3.13）
　　世百（バーベージ, リチャード　1567頃–1619）
　　全書（バーベッジ　1567頃–1619）
　　百科（バーベッジ　1567頃–1619）

Burbank, Luther 〈19・20世紀〉
アメリカの園芸家。種なしスモモなど, 多くの
新種, 改良種の育成に成功。
⇒岩ケ（バーバンク, ルーサー　1849–1926）

岩世（バーバンク　1849.3.7–1926.10.11）
外国（バーバンク　1849–1926）
科学（バーバンク　1849.3.7–1926.4.11）
科技（バーバンク　1849.3.7–1926.4.11）
科史（バーバンク　1849–1926）
科人（バーバンク, ルーサー　1849.3.7–1926.4.
　11）
国小（バーバンク　1849.3.7–1926.4.11）
コン2（バーバンク　1849–1926）
コン3（バーバンク　1849–1926）
人物（バーバンク　1849.3.7–1926.10.11）
西洋（バーバンク　1849.3.7–1926.10.11）
世西（バーバンク　1849.3.7–1926.4.11）
世百（バーバンク　1849–1926）
全書（バーバンク　1849–1926）
大百（バーバンク　1849–1926）
デス（バーバンク　1849–1926）
伝世（バーバンク　1849.3.7–1926.4.11）
二十（バーバンク, ルーサー　1849.3.7–1926.4.
　11）
百科（バーバンク　1849–1926）

Burberry, Thomas 〈19・20世紀〉
イギリスの服飾デザイナー, 実業家。
⇒岩世（バーバリー　1835.8.27–1926.4.4）

Burdin, Claude 〈18・19世紀〉
フランスの工学者。主として水タービンの研究
に従事し, 1822年に反動水車を設計製作。
⇒世百（ビュルダン　1790–1873）
　　全書（ビュルダン　1790–1873）
　　大百（ビュルダン　1790–1873）

Burger, Matthias 〈18・19世紀〉
ドイツの製パン職人, ニュルンベルクにおける
「ドイツ・キリスト教協会」の指導者のひとり。
⇒キリ（ブルガー, マティーアス　1750.1.19–1825.
　　4.2）

Burges, William 〈19世紀〉
イギリスの建築家。聖堂や学校の建築設計に
活躍。
⇒岩ケ（バージェス, ウィリアム　1827–1881）
　　岩世（バージェス　1827.12.2–1881.4.20）
　　建築（バージェス, ウィリアム　1827–1881）
　　国小（バージェス　1827–1881）
　　新美（バージェス, ウィリアム　1827.10.2–1881.
　　4.20）
　　世美（バージェス, ウィリアム　1827–1881）

Burgess, Gregory 〈20世紀〉
オーストラリアの建築家。
⇒二十（バージェス, グレゴリー　1945–）

Burghausen, Hans von 〈14・15世紀〉
ドイツの建築家。
⇒岩世（ブルクハウゼン　1360頃–1432.8.10）

B

Burle-marx, Roberto 〈20世紀〉
ブラジルのランドスケープ・デザイナー，造
園家。
⇒オ西（ブールレ＝マルクス，ロベルト 1909–)

**Burlington, Richard Boyle, 3rd
Earl of** 〈17・18世紀〉
イギリスの芸術愛好家，古典主義建築家。
⇒岩ケ（バーリントン，リチャード・ボイル，3代伯
爵 1694–1753）
岩世（バーリントン 1694.4.25–1753.12.4）
建築（バーリントン卿，リチャード・ボイル
1694–1753）
新美（バーリントン伯リチャード・ボイル 1695.
4.25–1753.12.4）
西洋（バーリントン 1695.4.25–1753.12.4）
世美（バーリントン伯リチャード・ボイル
1694–1753）
百科（バーリントン伯 1694–1753）

Burn, William 〈18・19世紀〉
スコットランドの建築家。
⇒建築（バーン，ウィリアム 1789–1870）

Burnacini, Lodovico Ottavio 〈17・18
世紀〉
イタリアの建築家，舞台美術家。
⇒世美（ブルナチーニ，ロドヴィーコ・オッター
ヴィオ 1636–1707）

Burnett, I.R. 〈20世紀〉
アメリカのOECD（経済協力開発機構）職員。
OECD東京広報センター所長。
⇒二十（バーネット，I.R. 1930–)

Burnham, Daniel Hudson 〈19・20世
紀〉
アメリカの建築家。『リライアンス・ビル』
（1890～95）などを建設。初期高層建築の代表
的作例となった。
⇒岩ケ（バーナム，ダニエル・H（ハドソン）
1846–1912）
岩世（バーナム 1846.9.4–1912.6.1）
国小（バーナム 1846.9.4–1912.6.1）
コン3（バーナム 1846–1912）
新美（バーンハム，ダニエル・ハドソン 1846.9.
4–1912.6.1）
西洋（バーナム 1846.9.4–1912.6.1）
世美（バーナム，ダニエル・ハドソン 1846–
1912）
世百（バーナム 1846–1912）
二十（バーンハム，ダニエル・ハドソン 1846.9.
4–1912.6.1）
百科（バーナム 1846–1912）

Burnham, Edward Levy Lawson,

1st Baron 〈19・20世紀〉
イギリスの新聞経営者。「デーリー・テレグラ
フ」紙を経営。
⇒国小（バーナム 1833–1916）

Burnham, James 〈20世紀〉
現代アメリカの政治評論家。ニューヨーク大学
哲学科教授（1929来）。経営者主義を基礎とす
る社会改良主義を提唱。
⇒岩世（バーナム 1905.11.22–1987.7.28）
経済（バーナム 1905–1987）
コン3（バーナム 1905–1985）
思想（バーナム，ジェームズ 1905–1987）
西洋（バーナム 1905.11.22–)
世百新（バーナム 1905–1987）
全書（バーナム 1905–)
二十（バーナム，ジェイムズ 1905.11.22–)
百科（バーナム 1905–)
名著（バーナム 1905–)

Burns, Arthur Frank 〈20世紀〉
アメリカの経済学者。国立経済研究所所長。ニ
クソン大統領の顧問などを務めた。
⇒岩ケ（バーンズ，アーサー・F（フランク）
1904–1987）
現人（バーンズ 1904.4.27–)
国小（バーンズ 1904.4.27–)

Burr, William Hubert 〈19・20世紀〉
アメリカの工学者。ハーヴァード大学教授
（1892～93），ハドワン河のジョージ・ワシント
ン橋の建設（1925）に関与。
⇒西洋（バー 1851.7.14–1934.12.13）
来日（バー 1851–1934）

Burroughs, William Seward 〈19世
紀〉
アメリカの発明家，企業家。
⇒岩ケ（バローズ，ウィリアム・シーワド 1855–
1898）
岩世（バローズ 1855.1.28–1898.9.15）
コン3（バローズ 1855–1898）

Burton, Decimus 〈19世紀〉
イギリスの建築家。主作品ロンドンの『チャー
リング・クロス病院』（1831）がある。
⇒岩ケ（バートン，デシマス 1800–1881）
建築（バートン，デシムス 1800–1881）
国小（バートン 1800–1881）
世美（バートン，デシマス 1800–1881）

Burton, *Sir* Montague 〈19・20世紀〉
イギリスの実業家，バートン衣料産業の創業者。
⇒ユ人（バートン，サー・モンタギュー 1885–
1952）

Burton, William Evans 〈19世紀〉
イギリス出身の俳優，劇場経営者。
⇒国小（バートン　1804-1860.2.10）

Burton, William Meriam 〈19・20世紀〉
アメリカの化学技術者。1913年原油の分解蒸留の工業化に成功，石油化学工業発展の基礎を築いた。
⇒コン2（バートン　1865-1954）
　コン3（バートン　1865-1954）
　世百（バートン　1865-1954）
　全書（バートン　1865-1954）
　大百（バートン　1865-1954）
　二十（バートン，ウィリアム・M．1865-1954）
　百科（バートン　1865-1954）

Busch, Emil 〈19世紀〉
ドイツの光学器械製作者。
⇒岩世（ブッシュ　1820.8.6-1888.4.1）
　西洋（ブッシュ　1820.8.6-1888.4.1）

Buscheto 〈11・12世紀〉
イタリアの建築家。
⇒建築（ブシェート（ブシェット）　?-1080頃）
　世美（ブスケート　（活動）11世紀末-12世紀初頭）

Busemann, Adolf 〈20世紀〉
現代ドイツの流体空気力学の権威で，高速飛行機の後退翼の創案者。
⇒岩世（ブーゼマン　1901.4.20-1986.11.3）
　西洋（ブーゼマン　1901-）

Bush, Jeb 〈20世紀〉
アメリカの政治家，実業家。フロリダ州知事（共和党），ブッシュ・クライン・リアリティ社会長。
⇒世政（ブッシュ，ジェブ　1953-）

Bush, Vannevar 〈19・20世紀〉
アメリカの電気工学者。1939〜55年までワシントンのカーネギー協会会長。
⇒岩ケ（ブッシュ，ヴァニーヴァー　1890-1974）
　岩世（ブッシュ　1890.3.11-1974.6.28）
　科学（ブッシュ　1890.3.11-1974.6.28）
　科技（ブッシュ　1890.3.11-）
　現人（ブッシュ　1890.3.11-1974.6.28）
　コン3（ブッシュ　1890-1974）
　数学（ブッシュ　1890.3.11-1974）
　数学増（ブッシュ　1890.3.11-1974）
　西洋（ブッシュ　1890.3.11-1974.6.28）
　世科（ブッシュ　1890-1974）
　世百新（ブッシュ　1890-1974）
　全書（ブッシュ　1890-1974）
　二十（ブッシュ，バヌバー　1890.3.11-1974.6.28）
　百科（ブッシュ　1890-1974）

Bushiri 〈19世紀〉
東アフリカのアラブの族長，交易商人。ドイツの東アフリカ侵略に抵抗した。
⇒角世（ブシリ　?-1889）
　コン2（ブシリ　?-1888）
　コン3（ブシリ　?-1888）

Bushnell, David 〈18・19世紀〉
アメリカの発明家，医者。
⇒岩ケ（ブッシュネル，デイヴィド　1742?-1824）

Bushnell, Nolan 〈20世紀〉
アメリカのビデオ・ゲームの発明家。
⇒岩ケ（ブッシュネル，ノーラン　1943-）
　岩世（ブッシュネル　1943.2.5-）

Busiri-Vici, Andorea 〈19・20世紀〉
イタリアの建築家の一族。
⇒世美（ブジーリ＝ヴィーチ，アンドレア　1817-1911）

Busiri-Vici, Carlo 〈19・20世紀〉
イタリアの建築家。
⇒世美（ブジーリ＝ヴィーチ，カルロ　1856-1925）

Bustamante, Bartolomé de 〈15・16世紀〉
スペインの建築家。
⇒世美（ブスタマンテ，バルトロメ・デ　1492頃-1570）

Bustelli, Franz Anton 〈18世紀〉
スイスの陶芸家。陶器原型作者。『キューピット』などの像を制作。
⇒岩世（ブステリ　1723.4.12-1763.4.18）
　国小（ブステリ　1723-1763）
　新美（ブステリ，フランツ・アントン　1723.4.12-1763.4.18）
　西洋（ブステリ　1723.4.12-1763.4.18）
　世美（ブステッリ，フランツ・アントン　1723-1763）
　百科（ブステリ　1723-1763）

Butler, George 〈20世紀〉
アメリカのCBSレコード副社長，ジャズ・プログレッシブ部門担当チーフ・プロデューサー。
⇒ジヤ（バトラー，ジョージ　1940.9.2-）
　二十（バトラー，ジョージ　1940.9.2-）

Butler, Richard Austen 〈20世紀〉
イギリスの政治家。保守党内閣で，蔵相，内相，副首相，外相を歴任。

butte   92   西洋人物レファレンス事典

⇒岩ケ（バトラー，R（リチャード）・A（オースティン），バトラー男爵 1902–1982）
英米（Butler, Richard Austen, Baron Butler of Saffron Walden バトラー（リチャード） 1902–1982）
外国（バトラー 1902–）
国小（バトラー 1902.12.9–）
人物（バトラー 1902.12.9–）
西洋（バトラー 1902.12.9–）
世政（バトラー，リチャード 1902.12.9–1982.3.8）
世西（バトラー 1902.12.9–）
世百（バトラー 1902–）
二十（バトラー，リチャード 1902.12.9–1982.3.8）
山世（バトラー 1902–1982）

Butterfield, William〈19世紀〉
イギリスの建築家。ゴシック・リバイバルの指導者の一人。主作品『オール・セインツ』（1850）など。
⇒岩ケ（バタフィールド，ウィリアム 1814–1900）
岩世（バタフィールド 1814.9.7–1900.2.23）
キリ（バタフィールド，ウィリアム 1814.9.7–1900.2.23）
国小（バターフィールド 1814.9.7–1900.2.23）
新美（バターフィールド，ウィリアム 1814.9.7–1900.2.23）
百科（バターフィールド 1814–1900）

Button, *Sir* Thomas〈16・17世紀〉
イギリスの航海家。
⇒岩世（バトン 1575頃–1634.4.8頃）

Buttrose, Ita Clare〈20世紀〉
オーストラリアのジャーナリスト，出版業者，キャスター。
⇒岩ケ（バトローズ，アイタ・クレア 1942–）

Butz, Earl L.〈20世紀〉
アメリカの農業経済学者。農務長官，インジアナ大学経済学部長。
⇒二十（バッツ，E.L. 1909–）

Buytenhem, Hendrick van
オランダの長崎商館長。
⇒岩世（バイテンヘム）

Buzurg ibn Šahriyār al-Rāmhurmuzī〈10世紀頃〉
イランの航海者。
⇒岩世（ブズルグ・イブン・シャフリヤール）
コン2（ブズルグ・ブン・シャハリヤール 10世紀頃）
コン3（ブズルグ・ブン・シャハリヤール 生没年不詳）
集文（ブズルグ・イブン・シャフリヤール 10世紀頃）

西洋（ブズルグ・イブン・シャハリヤール 10世紀頃）
百科（ブズルグ・ブン・シャフリヤール （活躍）10世紀後半）

Byrd, William〈17・18世紀〉
アメリカ植民地時代の大農園主，商人。
⇒伝世（バード，W. 1652–1704）

Byrd II, William〈17・18世紀〉
アメリカ植民地時代の政治家。大タバコ・プランター，毛皮商人たる父1世の財を継ぐ。
⇒ア文（バード，ウィリアム，2世 1674.3.28–1744.8.26）
岩ケ（バード，ウィリアム 1674–1744）
外国（バード2世 1674–1744）
コン3（バード 1674–1744）
集世（バード，ウィリアム 1674.3.28–1744.8.26）
集文（バード，ウィリアム 1674.3.28–1744.8.26）
伝世（バード，W.，2世 1674.3.28–1744.8.26）

Byrne, John〈20世紀〉
イギリスの劇作家，舞台デザイナー。
⇒岩ケ（バーン，ジョン 1940–）
二十英（Byrne, John 1940–）

Byrom, John〈17・18世紀〉
イギリスの詩人。讃美歌の作者として有名。また，速記術の発明者。
⇒キリ（バイアラム，ジョン 1692.2.29–1763.9.26）
国小（バイロム 1692–1763）

Byron, Augusta Ada, Countess of Lovelace〈19世紀〉
イギリスのコンピュータの開拓者。
⇒科人（バイロン（ラヴレース伯爵夫人），オーガスタ・エイダ 1815.12.10–1852.11.29）

【 C 】

Cabarrus, François〈18・19世紀〉
フランスの財政家。1808～10年蔵相。
⇒国小（カバルス 1752–1810）

Caboto, Giovanni〈15・16世紀〉
イタリアの航海者。ヴェネチア出身の航海探検家。1497年6月24日新大陸を発見。
⇒岩ケ（カボート，ジョヴァンニ 1425–1500頃）
岩世（カボート 1450頃–1498）

英米（Cabot, John　カボット，ジョン　1450頃
　–1498）
旺世（カボット（ジョバンニ）　1450頃–1498頃）
外国（カボット　1450–1498）
科学（カボート　1450–1498）
角世（カボット（ジョン）　1450?–1498）
国小（カボート（父）　1450頃–1499頃）
コン2（カボート　1450–1498）
コン3（カボート　1450–1498）
人物（カボート　1450頃–1498）
西洋（カボート　1425頃–1498/9）
世人（カボート（カボット）（父），ジョヴァンニ
　1450頃–1498）
世西（カボート　1425頃–1498）
世百（カボット，ジョヴァンニ　1450?–1498）
全書（カボート　1425/50頃–1499）
大百（カボット　1450–1498）
探検1（カボート　1451?–1498）
伝世（カボート　1450頃–1498）
百科（カボット　?–1498）
山世（カボート（父）　1450?–1498）

Caboto, Sebastiano 〈15・16世紀〉

イタリアの航海者。1497年新大陸への北方航路
を探索。
⇒岩ケ（カボート，セバスティアーノ　1474頃–
　1557）
　岩世（カボート　1476 (-82)–1557）
　英米（Cabot, Sebastian　カボット，セバスチャ
　　ン　1476–1557）
　旺世（カボット（セバスティアーノ）　1476頃–
　　1557）
　外国（カボット　1476頃–1557）
　角世（カボット（セバスティアン）　1476?–1557）
　国小（カボット（子）　1476頃–1557）
　コン2（カボート　1480–1557）
　コン3（カボート　1480–1557）
　西洋（カボート　1472–1557以後）
　世人（カボート（カボット）（子），セバスティ
　　アーノ　1472/76/80–1557）
　世百（カボット，セバスティアン　1476?–1557）
　全書（カボート　1476頃–1557頃）
　探検1（カボート　1484–1557）
　伝世（カボート　1476頃–1557）
　山世（カボート（子）　1476?–1557）

Cabral, Pedro Álvarez 〈15・16世紀〉

ポルトガルの航海者。1500年，国王の命により
インドへと向かう往路，針路を大きく南西にと
り，4月22日ブラジルに漂着，同地をポルトガル
領とした。
⇒岩ケ（カブラル，ペドロ・アルヴァレス　1467頃
　–1520頃）
　岩世（カブラル　1467頃–1520頃）
　旺世（カブラル　1460頃–1526）
　外国（カブラル　1460頃–1526）
　角世（カブラル（ペドロ・アルヴァレス）
　　1467?–1520?）
　キリ（カブラル，ペドロ・アルバレス　1467頃–
　　1518/20頃）
　広辞4（カブラル　1460?–1526）

広辞6（カブラル　1460?–1526）
国小（カブラル　1467/8–1520?）
コン2（アルバレス・カブラル　1467–1516）
コン3（アルバレス・カブラル　1467–1516）
人物（カブラル　1460頃–1526頃）
スベ（カブラル　1467頃–1520）
西洋（カブラル　1467頃–1520頃）
世人（カブラル　1460/67–1520/26）
世西（カブラル　1460頃–1526）
世百（カブラル　1460頃–1526）
全書（カブラル　1467?–1520?）
大辞（カブラル　1467頃–1520頃）
大辞3（カブラル　1467頃–1520頃）
大百（カブラル　1460頃–1526）
探検1（カブラル　1467–1519?）
伝世（カブラル　1468?–1520）
百科（カブラル　1467頃–1520）
評世（カブラル　1460頃–1526）
山世（カブラル，ペドロ・アルヴァレス　1467?–
　1520?）
ラテ（カブラル　1467頃–1520）
歴史（カブラル　1460–1526）

Cabrera, Luis 〈19・20世紀〉

メキシコの法律家。蔵相（1914～17，19～20），
メキシコ市で弁護士開業（20～）。
⇒岩世（カブレーラ　1876.7.17–1954.4.12）
　コン2（カブレラ　1876–1954）
　コン3（カブレラ　1876–1954）
　西洋（カブレラ　1876–1954）

Cabrillo, Juan Rodríguez 〈15・16世紀〉

スペインの航海者。ポルトガル人。カリフォル
ニア太平洋沿岸を探検し，サンディエゴ湾など
を発見（1542）。
⇒岩世（カブリーリョ　?–1543.1.3）
　国小（カブリリョ　?–1543）
　コン2（ロドリーゲス・カブリージョ　15世紀末–
　　1543）
　コン3（ロドリーゲス・カブリージョ　15世紀末–
　　1543）
　西洋（カブリリョ　?–1543.1.3）
　探検1（カブリリョ　?–1543）

Caccini, Giovanni Battista 〈16・17世紀〉

イタリアの彫刻家，建築家。
⇒世美（カッチーニ，ジョヴァンニ・バッティスタ
　1556–1612/13）

Cachon, l'Abbé Mermet de 〈19世紀〉

フランスのイエズス会宣教師。1858年，日仏通
商条約締結の際，全権グロの通訳として江戸に
おもむく。
⇒外国（カション　19世紀）
　キリ（カション，メルメー・ド　1828.9.10–1871
　　頃）
　国史（カション　1828–?）

国小（カション　生没年不詳）
コン2（カション　19世紀）
コン3（カション　19世紀中頃）
人物（カション　生没年不詳）
西洋（カション）
日研（カション，メルメ・ド　1828.9.11–1871.?）
日人（カション　1828–1871）
百科（メルメ・ド・カション　1828–1870?）
来日（カション　1828.9.11–1871.?）

Cacialli, Giuseppe 〈18・19世紀〉
イタリアの建築家。
⇒世美（カチャッリ，ジュゼッペ　1770–1828）

Cada Mosto, Alvise da 〈15世紀〉
ヴェネツィアの商人，航海者。ポルトガルのエ
ンリケ航海王子の支援により，西アフリカの大
西洋岸の南下を試みる。
⇒アフ（カダ・モスト　1432–1488）
　岩世（カダ・モースト　1432頃–1483.7.16）
　角世（カダ・モスト　1432–1488）
　国小（カダ・モスト　1432–1488頃）
　集世（カ・ダ・モスト，アルヴィーゼ　1432–
　　1488.7.18）
　集文（カ・ダ・モスト，アルヴィーゼ　1432–
　　1488.7.18）
　西洋（カダ・モースト　1432頃–1477頃）
　探検1（カダモースト　1432–1488）
　伝世（カダモスト　1428頃–1483）

Cadbury, George 〈19・20世紀〉
イギリスの企業経営者，社会改革家。カドベ
リー・ココア・チョコレート製造会社を創立。
⇒岩ケ（キャドベリー，ジョージ　1839–1922）
　キリ（キャドベリ，ジョージ　1839.9.19–1922.
　　10.24）
　国小（カドベリー　1839–1922）

Cadbury, John 〈19世紀〉
イギリスのクエーカー教徒のビジネスマン。
⇒岩ケ（キャドベリー，ジョン　1801–1889）

Cadena, Ozzie 〈20世紀〉
アメリカのジャズ・プロデューサー。Prestige
の契約プロデューサーを経て，自己のブッキン
グ・エイジェンシーをハリウッドで経営。
⇒ジャ（カデナ，オジー　1924.9.26–）
　二十（カデナ，オジー　1924.9.26–）

Cadillac, Antoine Laumet de la Mothe, sieur de 〈17・18世紀〉
フランスの植民地経営者。デトロイトの建設
者。ルイジアナ植民地の総督（1713）。
⇒岩ケ（カディヤック，アントワーヌ・ロメ・ド・
　ラ・モート，卿　1658–1730）
　国小（カディヤック　1656頃–1730）

Caezar, Martinus 〈17世紀〉
オランダの出島商館長。1670年から3期在勤。
⇒岩世（セーザル　?–1679.11.29）
　西洋（ケーザル　?–1679.11.29）

Caffieri, Daniele 〈17世紀〉
イタリアの家具制作家。
⇒世美（カッフィエーリ，ダニエーレ　1603–1639）

Caffieri, Filippo 〈17・18世紀〉
イタリアの家具制作家。
⇒世美（カッフィエーリ，フィリッポ　1634–1716）

Caffieri, Giacomo 〈17・18世紀〉
イタリアの家具制作家。
⇒世美（カッフィエーリ，ジャーコモ　1673–1755）

Caffiéri, Jacques 〈17・18世紀〉
フランスの彫刻家，鋳金家，彫金家。彫刻作品
『ブザンバル男爵像』のほか，装飾デザインに
すぐれた。
⇒芸術（キャフィエリ，ジャック　1678–1755）
　国小（キャフィエリ　1678.8.25–1755）
　コン2（カフィエリ　1678–1755）
　コン3（カフィエリ　1678–1755）
　新美（カフィエリ，ジャック　1678–1755）
　百科（カフィエリ　1678–1755）

Caffiéri, Jean Jacques 〈18世紀〉
フランスの彫刻家，鋳金家，彫金家。J.キャ
フィエリの息子。
⇒岩世（カフィエリ　1725.4.30–1792.6.21）
　芸術（キャフィエリ，ジャン・ジャック　1725–
　　1792）
　国小（キャフィエリ　1725.4.29–1792.6.21）
　新美（カフィエリ，ジャン＝ジャック　1725.4.
　　30–1792.6.21）
　西洋（カフィエリ　1725.4.30–1792.5.21）
　世美（カッフィエーリ，ジャン・ジャーコモ
　　1725–1792）

Cage, Nicolas 〈20世紀〉
アメリカ生まれの男優，映画製作者。
⇒外男（ケイジ，ニコラス　1964.1.7–）
　世映（ケイジ，ニコラス　1964–）
　世俳（ケイジ，ニコラス　1964.1.7–）
　二十（ケージ，ニコラス　1964–）

Cagniard de la Tour, Charles 〈18・19世紀〉
フランスの物理学者，技術者。サイレンを用い
て音の振動数を発見する方法を発明。
⇒岩世（カニャール・ド・ラ・トゥール　1777.3.
　　31–1859.7.5）
　外国（カニャール・ド・ラ・トゥール　1777–

1859)
科学（カニヤール 1777.3.31–1859.7.5）
科人（カニャール・ド・ラ・トゥール，シャルル 1777.5.31–1859.7.5）
人物（カニャール・ド・ラ・トゥール 1777.3.31–1859.7.5）
西洋（カニャール・ド・ラ・トゥール 1777.3.31–1859.7.5）
世西（カニャール・ド・ラ・トゥール 1777.3.31–1859.7.5）
大百（カニャール・ド・ラトゥール 1777–1859）

Cagnola, Luigi 〈18・19世紀〉
イタリアの建築家。バロック風の建築をし，ミラノの凱旋門は彼の傑作とされている。
⇒岩世（カニョーラ 1762.6.9–1833.8.14）
西洋（カニョーラ 1762.6.9–1833.8.14）
世美（カニョーラ，ルイージ 1762–1833）

Caiger-Smith, Alan 〈20世紀〉
イギリスの陶芸家。
⇒岩ケ（ケイガー＝スミス，アラン 1930–）

Caillaux, Joseph Pierre Marie Auguste 〈19・20世紀〉
フランスの政治家，財政家。ドゥメルグ内閣の蔵相となったが(1913〜14)，「フィガロ」紙編集長カルメットの攻撃をうけ，妻が彼を射殺した(14.3.16)，いわゆる「カイヨー事件」で辞職した。
⇒岩ケ（カイヨー，ジョゼフ（・マリー・オーギュスト） 1863–1944）
岩世（カイヨー 1863.3.30–1944.11.21）
外国（カイヨー 1863–1944）
コン2（カイヨー 1863–1944）
コン3（カイヨー 1863–1944）
人物（カイヨー 1863.3.30–1944.11.22）
西洋（カイヨー 1863.3.30–1944.11.22）
世西（カイヨー 1863.3.30–1944.11.21）
世百（カイヨー 1863–1944）
全書（カイヨー 1863–1944）
二十（カイヨー，ヨセフ 1863–1944）
百科（カイヨー 1863–1944）

Cailletet, Louis Paul 〈19・20世紀〉
フランスの物理学者，工学者。鉄工場主。
⇒岩ケ（カイユテ，ルイ・ポール 1832–1913）
岩世（カイユテ 1832.9.21–1913.1.5）
外国（カイユテ 1832–1913）
科学（カイユテ 1832.9.21–1913.1.5）
科技（カイユテ 1832.9.21–1913.1.5）
科史（カイユテ 1832–1913）
科人（カイユテ，ルイ・ポール 1832.9.21–1913.1.5）
国小（カイユテ 1832.9.21–1913.1.5）
コン2（カイユテ 1832–1913）
コン3（カイユテ 1832–1913）
西洋（カイユテ 1832.9.21–1913.1.5）
世科（カイユテ 1832–1913）

世西（カイユテ 1832.9.21–1913.1.5）
全書（カイユテ 1832–1913）
大辞（カイユテ 1832–1913）
大辞2（カイユテ 1832–1913）
大辞3（カイユテ 1832–1913）
大百（カイユテ 1832–1913）
二十（カイユテ, L.P. 1832.9.21–1913.1.5）

Caird, Sir James 〈19世紀〉
イギリスの経済学者。政府の農業行政に携わった。
⇒岩世（ケアード 1816–1892.2.9）
西洋（ケアド 1816–1892）

Cairnes, John Elliott 〈19世紀〉
イギリスの経済学者。
⇒岩世（ケアンズ 1823.12.26–1875.7.8）
国小（ケアンズ 1823.12.26–1875.7.8）
コン2（ケアンズ 1823–1875）
コン3（ケアンズ 1823–1875）
西洋（ケアンズ 1823.12.26–1875.7.8）
世西（ケアンズ 1823.12.26–1875.7.8）
世百（ケアンズ 1823–1875）
全書（ケアンズ 1823–1875）
大百（ケアンズ 1823–1875）
名著（ケアンズ 1823–1875）

Calamecca, Andrea 〈16世紀〉
イタリアの建築家，彫刻家。
⇒世美（カラメッカ，アンドレーア 1524–1589）

Calas, Jean 〈17・18世紀〉
フランスの商人。息子殺しの判決を受けてトゥールーズで車裂きの刑に処せられた。
⇒岩ケ（カラス，ジャン 1698–1762）
外国（カラス 1698–1762）
キリ（カラス，ジャン 1698.3.19–1762.3.10）
コン2（カラス 1698–1762）
コン3（カラス 1698–1762）
西洋（カラス 1698.3.19–1762.3.10）

Calcagni, Tiberio 〈16世紀〉
イタリアの彫刻家，建築家。
⇒世美（カルカーニ，ティベーリオ 1532–1565）

Calderini, Guglielmo 〈19・20世紀〉
イタリアの建築家。
⇒世美（カルデリーニ，グリエルモ 1837–1916）

Caldwell, Sarah 〈20世紀〉
アメリカのオペラ・インプレザリオ，指揮者，プロデューサー。
⇒岩ケ（コールドウェル，セアラ 1924–）
演奏（コールドウェル，サラ 1924.3.6–）
オペ（コールドウェル，サラ 1924.3.6–）
スパ（コールドウェル，サラ 1924–）

世女（コールドウェル，セアラ　1924–）

Calendario, Filippo 〈14世紀〉
イタリアの建築家，彫刻家。
⇒世美（カレンダーリオ，フィリッポ　1315以前–
1355）

Callahan, Patrick Henry 〈19・20世紀〉
アメリカのカトリック実業家，社会改革運動家。
⇒キリ（キャラハン，パトリク・ヘンリ　1865.10.
15–1940.2.4）

Callender, Marie 〈20世紀〉
アメリカの実業家。
⇒世女日（カレンダー，マリー　1907–1995）

Callil, Carmen Therese 〈20世紀〉
イギリスで活動するオーストラリア人の出版
業者。
⇒世女（カリル，カルメン（テレーズ）　1938–）

Callinicus of Heliopolis 〈7世紀〉
シリアの発明家。
⇒科人（カリニコス，ヘリオポリスの　620?–?）

Calonne, Charles Alexandre de
〈18・19世紀〉
フランスの政治家。財務総監（1783～87）。
⇒岩世（カロンヌ　1734.1.20–1802.10.30）
　旺世（カロンヌ　1734–1802）
　外国（カロンヌ　1734–1802）
　角世（カロンヌ　1734–1802）
　国小（カロンヌ　1734.1.20–1802.10.29/30）
　コン2（カロンヌ　1734–1802）
　コン3（カロンヌ　1734–1802）
　人物（カロンヌ　1734.1.20–1802.10.30）
　西洋（カロンヌ　1734.1.20–1802.11.30）
　世百（カロンヌ　1734–1802）
　全書（カロンヌ　1734–1802）
　大百（カロンヌ　1734–1802）
　デス（カロンヌ　1734–1802）
　百科（カロンヌ　1734–1802）
　評世（カロンヌ　1734–1802）
　山世（カロンヌ　1734–1802）

Calvi, Robert 〈20世紀〉
イタリアの銀行家，投資家。
⇒岩ケ（カルヴィ，ロバート　1920–1982）

Calvo Sotelo, José 〈20世紀〉
スペインの財政家，政治家。1925～30年蔵相を
つとめる。
⇒岩世（カルボ・ソテーロ　1893.5.6–1936.7.13）
　全書（カルボ・ソテロ　1893–1936）
　二十（カルボ・ソテロ，ホセ　1893–1936）

Cam, Diogo 〈15世紀〉
ポルトガルの航海者，探検家。コンゴ川を発見
し（1482.8），アフリカ西海岸を探検。
⇒岩ケ（カウン　15世紀）
　岩世（カウン）
　国小（カム　生没年不詳）
　コン2（カウン　15世紀）
　コン3（カウン　15世紀）
　西洋（カウン）

Cambellotti, Duilio 〈19・20世紀〉
イタリアの画家，彫刻家，舞台美術家，建築家。
⇒世美（カンベッロッティ，ドゥイリーオ　1876–
1960）

Cambias, James L.
アメリカの作家，ゲームデザイナー。
⇒海新（キャンビアス，ジェイムズ・L.）

Cambó, Francisco 〈19・20世紀〉
スペインの政治家，実業家。
⇒スペ（カンボー　1876–1947）
　二十（カンボー，フランシスコ　1876–1947）
　百科（カンボー　1876–1947）

Cambon, Pierre Joseph 〈18・19世紀〉
フランスの政治家，革命家。フランス革命に際
し，財政安定に貢献。
⇒岩ケ（カンボン，ジョゼフ　1756–1820）
　岩世（カンボン　1754(56).6.17–1820.2.15）
　外国（カンボン　1754–1820）
　国小（カンボン　1754/6–1820.2.15）
　コン2（カンボン　1756–1820）
　コン3（カンボン　1756–1820）
　西洋（カンボン　1754/6.6.17–1820.2.15）

Camelio, Vittore 〈15・16世紀〉
イタリアのメダル制作家，彫刻家，金銀細工師。
⇒世美（カメーリオ，ヴィットーレ　1455頃–1537）

Cameron, Charles 〈18・19世紀〉
イギリスの建築家，版画家。
⇒建築（キャメロン，チャールズ　1740–1812）
　世美（キャメロン，チャールズ　1740頃–1812）

Camilliani, Camillo 〈16・17世紀〉
イタリアの建築家，彫刻家。
⇒世美（カミッリアーニ，カミッロ　16–17世紀）

Camilliani, Francesco 〈16世紀〉
イタリアの建築家，彫刻家。
⇒世美（カミッリアーニ，フランチェスコ　?–
1586）

Camm, *Sir* Sydney 〈20世紀〉
イギリスの航空機設計家。
⇒岩ケ（キャム，サー・シドニー 1893–1966）

Campagna, Gerolamo 〈16・17世紀〉
イタリアの建築家，彫刻家。
⇒世美（カンパーニャ，ジェローラモ 1550頃–1626以降）

Campani, Giuseppe 〈17・18世紀〉
イタリアの装置製作者。
⇒天文（カムパーニ 1635–1715）

Campbell, Colen 〈17・18世紀〉
イギリス，スコットランドの建築家。著書『ビトルビュース・ブリタニカス』がある。
⇒建築（キャンベル，コリン（キャンベル，コレン）?–1729）
　国小（キャンベル ?–1729）
　世美（キャンベル，コレン 1676–1729）

Campbell, Persia Crawford 〈20世紀〉
アメリカの経済学者。
⇒世女日（キャンベル，パーシア・クロフォード 1898–1974）

Campbell-Bannerman, *Sir* Henry 〈19・20世紀〉
イギリスの実業家，政治家，自由党内閣首相（1905〜08）。種々の社会立法を行い，トランスバールおよびオレンジ自由国に自治権を与えた。
⇒岩ケ（キャンベル＝バナマン，サー・ヘンリー 1836–1908）
　英米（Campbell-Bannerman, Sir Henry　キャンベル・バナマン 1836–1908）
　外国（キャンベル・バナマン 1836–1908）
　角世（キャンベル・バナマン 1836–1908）
　国小（キャンベル・バナマン 1836.9.7–1908.4.22）
　コン2（カンベル・バナマン 1836–1908）
　コン3（カンベル・バナマン 1836–1908）
　西洋（カンベル・バナマン 1836.9.7–1908.4.22）
　全書（キャンベル・バナマン 1836–1908）
　デス（キャンベル・バナマン 1836–1908）
　ナビ（キャンベル＝バナマン 1836–1908）
　二十（キャンベル・バナマン，ヘンリー 1836–1908）
　百科（キャンベル・バナマン 1836–1908）
　山世（キャンベル・バナマン 1836–1908）

Campe, Julius Johann Wilhelm 〈18・19世紀〉
ドイツの出版者。
⇒岩世（カンペ 1792.2.18–1867.11.14）

Camphausen, Ludolf 〈19世紀〉
ドイツの実業家，政治家。
⇒岩世（カンプハウゼン 1803.1.10–1890.12.3）

Camphausen, Otto von 〈19世紀〉
ドイツの政治家。プロシア蔵相。自由貿易主義者。
⇒外国（カンプハウゼン 1812–1896）
　国小（カンプハウゼン 1812–1896）
　コン2（カンプハウゼン 1812–1896）
　コン3（カンプハウゼン 1812–1896）
　人物（カンプハウゼン 1812.10.21–1896.5.18）
　西洋（カンプハウゼン 1812.10.12–1896.5.18）
　世西（カンプハウゼン 1812.10.21–1896.5.15）

Camphijs, Johannes 〈17世紀〉
オランダの長崎オランダ出島商館長。
⇒岩世（カンプハイス（慣カンフェイス） 1634.7.18（一説に≒35.7.14）–1695.7.18）
　国史（カンファイス 1634–1695）
　西洋（カンファイス 1634.7.18–1695.7.18）
　対外（カンファイス 1634–1695）
　日人（カンファイス 1634–1695）
　来日（カンファイス 1634.7.18–1695.7.18）

Campi, Giulio 〈16世紀〉
イタリアの画家，建築家。クレモナ派を成立。
⇒岩ケ（カンピ，ジュリオ 1502–1572）
　国小（カンピ 1502–1572）
　新美（カンピ，ジューリオ 1502頃–1572）
　世美（カンピ，ジューリオ 1505頃–1572）

Campi, Mario 〈20世紀〉
スイスの建築家。
⇒二十（カンピ，マリオ 1936–）

Campomanes, Conde de, Pedro Rodríguez 〈18・19世紀〉
スペインの政治家，経済学者。枢密院議長，王室歴史学会会長を歴任。
⇒岩世（カンポマネス 1723.7.1–1803.2.3）
　外国（カンポマネス伯 1723–1802）
　角世（カンポマネス 1723–1802）
　国小（カンポマネス 1723.7.1–1802.2.3）
　コン2（カンポマネス 1723–1802）
　コン3（カンポマネス 1723–1802）
　西洋（カンポマネス 1723.7.1–1803.2.3）
　世百（カンポマネス 1723–1802）
　山世（カンポマネス 1723–1802）

Camporese, Giuseppe 〈18・19世紀〉
イタリアの建築家。
⇒世美（カンポレーゼ，ジュゼッペ 1763–1822）

campo 98 西洋人物レファレンス事典

Camporesi, Francesco 〈18・19世紀〉
イタリアの建築家。
⇒世美（カンポレージ, フランチェスコ 1747–1831）

Campos, Humberto de 〈19・20世紀〉
ブラジルの商人, ジャーナリスト, 小説家, 学者, 政治家。主著『追憶』(1939), 『評論』など。
⇒国小（カンポス 1886–1934）

Camps, Leonard 〈16・17世紀〉
オランダの平戸商館長。平戸のオランダ商館館長(1621〜23)。
⇒岩世（カンプス ?–1623.11.21)
西洋（カンプス ?–1623.11.21)

Canalejas y Méndez, José 〈19・20世紀〉
スペインの政治家。法相(1888), 蔵相(89), 首相(1910〜11)などを歴任。
⇒岩世（カナレハス 1854.7.31–1912.11.12)
外国（カナレハス 1854–1912)
国小（カナレハス・イ・メンデス 1854–1912)
西洋（カナレハス・イ・メンデス 1854.7.31–1912.11.12)

Candela, Félix 〈20世紀〉
メキシコの建築家。メキシコシティの聖母教会(1954)は彼の名を世界的にした代表作。
⇒岩ケ（カンデーラ, (オテリーニョ・)フェリックス 1910–)
新美（キャンデラ, フェリックス 1910.1.27–)
世美（カンデラ, フェリックス 1910–)
全書（カンデラ 1910–)
大百（キャンデラ 1910–)
二十（キャンデラ, フェリックス 1910.1.27–)

Candid, Pieter 〈16・17世紀〉
オランダの画家, 建築家。ミュンヘンの宮廷画家(1568〜)。祭壇画や壁画を描いた。
⇒キリ（カンディド, ビエートロ 1548頃–1628)
芸術（カンディド, ペーター 1548頃–1628)
西洋（カンディド 1548頃–1628)
世美（カンディド, ビエトロ 1548–1628)

Candilis, Georges 〈20世紀〉
ロシア出身のフランスの建築家, 都市計画家。
⇒世美（カンディリス, ジョルジュ 1913–)

Candler, Asa Griggs 〈19・20世紀〉
アメリカの実業家。1892年コカ・コーラ社を創設。
⇒デス（カンドラー 1851–1929)

Canella, Guido 〈20世紀〉
ルーマニア生まれの建築家。ミラノ工科大学教授。
⇒二十（カネッラ, グイド 1931–)

Canevari, Antonio 〈17・18世紀〉
イタリアの建築家。
⇒建築（カネヴァーリ, アントニオ 1681–1750頃)
世美（カネヴァーリ, アントーニオ 1681–1750頃)

Canga Argüelles, José 〈18・19世紀〉
スペインの政治家, 経済学者。革命議会(1812)の議員。
⇒西洋（カンガ・アルグェリェス 1770–1843)

Caniana, Antonio
イタリアの寄木細工師, 木彫師。
⇒世美（カニアーナ, アントーニオ)

Caniana, Caterina
イタリアの寄木細工師, 木彫師。
⇒世美（カニアーナ, カテリーナ)

Caniana, Giacomo 〈18世紀〉
イタリアの寄木細工師, 木彫師。
⇒世美（カニアーナ, ジャーコモ 1750–1790頃)

Caniana, Gian Antonio
イタリアの寄木細工師, 木彫師。
⇒世美（カニアーナ, ジャン・アントーニオ)

Caniana, Gian Battista 〈17・18世紀〉
イタリアの寄木細工師, 木彫師。
⇒世美（カニアーナ, ジャン・バッティスタ 1671–1754)

Caniana, Giuseppe
イタリアの寄木細工師, 木彫師。
⇒世美（カニアーナ, ジュゼッペ)

Canina, Luigi 〈18・19世紀〉
イタリアの建築家, 考古学者。
⇒岩世（カニーナ 1795.10.23–1856.10.17)
西洋（カニーナ 1795.10.23–1856.10.17)
世美（カニーナ, ルイージ 1795–1856)

Cannan, Edwin 〈19・20世紀〉
イギリスの経済学者。主著『生産と分配に関する学説の歴史』(1903), 『イギリスにおける地方税の歴史』(12)。
⇒岩世（キャナン 1861.2.3–1935.4.8)

外国（キャナン　1861-1941）
経済（キャナン　1861-1935）
国小（キャナン　1861.2.3-1935.4.8）
コン2（キャナン　1861-1935）
コン3（キャナン　1861-1935）
西洋（カナン　1861.2.3-1935.4.8）
世西（キャナン　1861-1935.4.8）
世百（キャナン　1861-1935）
全書（キャナン　1861-1935）
二十（キャナン，エドウィン　1861-1935）
名著（キャナン　1861-1935）

Cannell, Stephen J. 〈20世紀〉
アメリカの映画プロデューサー，脚本家，作家。
⇒海作4（キャネル，スティーヴン　1942-）

Canning, Sir Samuel 〈19・20世紀〉
イギリスの土木技術者。大西洋，地中海，北海の海底電線を敷設した（1865～66, 69）。
⇒西洋（カニング　1828-1908.9.24）

Cano, Alonso 〈17世紀〉
スペインの画家，彫刻家，建築家。
⇒岩ケ（カノ，アロンソ　1601-1667）
岩世　（カノ　1601.3.19（受洗）-1667.9.3）
キリ　（カノ，アロンソ　1601.3.19-1667.9.3）
芸術　（カノ，アロンソ　1601-1667）
建築　（カーノ，アロンソ　1601-1667）
国小　（カノ　1601.3.19-1667.9.3）
新美　（カーノ，アロンソ　1601.3-1667.9.3）
スペ　（カーノ　1601-1667）
西洋　（カノ　1601.3.19-1667.9.3）
世美　（カーノ，アロンソ　1601-1667）
百科　（カーノ　1601-1667）

Cano, Juan Sebastian del 〈15・16世紀〉
スペインの航海者。別称エルカノ。マゼランの世界周航に参加。
⇒岩ケ（カノ，ファン・セバスティアン・デル　?-1526）
岩世　（カノ　1476頃-1526.8.4）
科学　（カノ　1460頃-1526.8.4）
科技　（カノ　1460頃-1526.8.4）
国小　（カノ　?-1526）
コン2　（カノ　?-1526）
コン3　（カノ　?-1526）
西洋　（カノ　?-1526）
世西　（カノー　?-1526.8.4）

Canonica, Luigi 〈18・19世紀〉
スイスの建築家。専らイタリアで活動し，ミラノのアカデミア・ディ・ブレラの教授。
⇒岩世（カノーニカ　1764.3.9-1844.2.7）
建築　（カノニカ，ルイジ　1762-1844）
西洋　（カノーニカ　1762-1844.2.7）
世美　（カノーニカ，ルイージ　1762-1844）

Canot, Theodore 〈19世紀〉
イタリアのアレッサンドリア出身の冒険家，奴隷商人。
⇒伝世（カノー　1804-1860）

Canozi da Lendinara, Andrea 〈15世紀〉
イタリアの寄木細工師，版画家。
⇒世美（カノーツィ・ダ・レンディナーラ，アンドレーア　15世紀）

Canozi da Lendinara, Cristoforo 〈15・16世紀〉
イタリアの寄木細工師，版画家。
⇒世美（カノーツィ・ダ・レンディナーラ，クリストーフォロ　15-16世紀）

Canozi da Lendinara, Lodovico 〈15・16世紀〉
イタリアの寄木細工師，版画家。
⇒世美（カノーツィ・ダ・レンディナーラ，ロドヴィーコ　15-16世紀）

Canozi da Lendinara, Lorenzo 〈15世紀〉
イタリアの寄木細工師，版画家。
⇒新美（レンディナラ，ロレンツォ・カノッツィ　1425-1477）
世美（カノーツィ・ダ・レンディナーラ，ロレンツォ　1425-1477）

Cantillon, Richard 〈17・18世紀〉
フランスで活動したイギリス（アイルランド）の経済学者。重農主義の先駆者。
⇒岩世（カンティロン（カンティヨン）　1697(80)-1734.5.14）
外国　（カンティヨン　1680頃-1734）
コン2　（カンティヨン　1680頃-1734）
コン3　（カンティヨン　1680頃-1734）
人物　（カンティヨン　1680頃-1734.5.15）
西洋　（カンティヨン　1680-1734.5.15）
世西　（カンティヨン　1680/90-1734.5.15）
世百　（カンティヨン　1680頃-1734）
全書　（カンティヨン　1697-1734）
大百　（カンティヨン　1680/90?-1734）
デス　（カンティヨン　1680頃-1734）
百科　（カンティヨン　1697-1734）
名著　（カンティヨン　1680/90頃-1734）

Cantone, Simone 〈18・19世紀〉
イタリアの建築家。
⇒世美（カントーネ，シモーネ　1736-1818）

Cape, Jonathan 〈19・20世紀〉
イギリスの出版者。

⇒岩世 （ケイプ 1879.11.15–1960.2.10）

Capellani, Albert 〈19・20世紀〉

フランスの映画監督。1909年に劇作家文学者映画協会の監督兼製作責任者となり数々の文芸作品の映画化を手がけ、12年に映画化したユーゴ原作の長尺物『噫無情』がアメリカで大ヒットした。
⇒監督 （カペラニ、アルベール 1870–1931）
　世映 （カペラーニ、アルベール 1870–1931）

C Capelo, Hermenegildo de Brito
〈19・20世紀〉
ポルトガルの海軍士官。アンゴラ北部地域を探検。アンゴラとモザンビークを結ぶ大陸横断路の開拓に努めた。
⇒探検2 （カペーロ 1841–1917）

Capodiferro, Gianfrancesco 〈16世紀〉

イタリアの寄木細工師。
⇒世美 （カポディフェッロ、ジャンフランチェスコ ?–1534）

Caporali, Giovan Battista 〈15・16世紀〉

イタリアの建築家、画家。
⇒世美 （カポラーリ、ジョヴァン・バッティスタ 1476頃–1560頃）

Cappelletti, Giovanni Battista Vincenzo Giuseppe 〈19世紀〉

イタリアの建築家。
⇒岩世 （カッペッレッティ 1843.6.6–1891頃）

Cappelletti, Giovanni Vincenzo 〈19世紀〉

イタリアの建築家。1876年来日し、工部大学校で建築を教授。
⇒国史 （カッペレッティ ?–1887）
　新美 （カッペレッティ、ジョヴァンニ・ヴィンチェンツォ ?–1887）
　西洋 （カッペレッティ ?–1887）
　日人 （カッペレッティ ?–1887）
　百科 （カペレッティ 生没年不詳）
　来日 （カッペレッティ ?–1887?）

Cappi, Giovanni 〈18・19世紀〉

オーストリアの音楽出版者。
⇒音大 （カッピ、ジョヴァンニ 1765.11.30–1815.1.23）

Cappi, Pietro

オーストリアの音楽出版者。
⇒音大 （カッピ、ピエトロ 生没年不詳）

Capriani, Francesco 〈16・17世紀〉

イタリアの建築家。
⇒世美 （カプリアーニ、フランチェスコ （活動）1560–1601）

Capron, Horace 〈19世紀〉

アメリカの農政家。1871年北海道開拓使顧問として来日。
⇒アメ （ケプロン 1804–1885）
　岩世 （ケプロン（ケイプロン） 1804.3.31–1885.2.22）
　広辞4 （ケプロン 1804–1885）
　広辞6 （ケプロン 1804–1885）
　国史 （ケプロン 1804–1885）
　コン2 （ケプロン 1804–1883）
　コン3 （ケプロン 1804–1885）
　人物 （ケプロン 1804.3.31–1885.2.22）
　西洋 （ケープロン 1804.3.31–1885.2.22）
　全書 （ケプロン 1804–1885）
　大辞 （ケプロン 1804–1885）
　大辞3 （ケプロン 1804–1885）
　大百 （ケプロン 1804–1885）
　日研 （ケプロン、ホーレス 1804.3.31–1885.2.22）
　日人 （ケプロン 1804–1885）
　百科 （ケプロン 1804–1885）
　来日 （ケプロン 1804.3.31–1885.2.22）

Caproni, Giovanni Battista 〈19・20世紀〉

イタリアの飛行機製作者。カプローニ型爆撃機を製作した。
⇒岩世 （カプローニ 1886.7.3–1957.10.27）
　西洋 （カプローニ 1886.7.3–1957.10.27）

Captain Kidd 〈17・18世紀〉

イギリスの海賊。本名ウィリアム・キッド。
⇒百科 （キャプテン・キッド 1645?–1701）

Carabin, François-Rupert 〈19・20世紀〉

フランスの彫刻家、家具制作家。
⇒世美 （カラバン、フランソワ＝リュペール 1862–1932）

Caracalla, Marcus Aurelius Antoninus 〈2・3世紀〉

ローマ皇帝。マルクス＝アウレリウス＝アントニヌス（在位211～217）の通称。ローマ市内に大公共浴場（カラカラ浴場）を建設。メソポタミア遠征の途次、部下により暗殺された。
⇒岩ケ （カラカラ 188–217）
　旺世 （カラカラ帝 188頃–217）
　外国 （カラカラ 186–217）
　角世 （カラカラ 188–217）
　キリ （カラカラ、マールクス・アウレーリウス・セウェールス・アントーニーヌス 188–217.8.4）

ギロ　（カラカラ　188-217）
広辞4　（カラカラ　188-217）
広辞6　（カラカラ　188-217）
皇帝　（カラカラ　188-217）
国小　（カラカラ　188?-217.4.6）
コン2　（カラカラ　188-217）
コン3　（カラカラ　188-217）
新美　（カラカラ　186.4.4-217.4.8）
人物　（カラカラ　188.4-217.4.6）
西洋　（カラカラ　188-217.4.6）
世人　（カラカラ　188-217）
世西　（カラカラ　186.4.4-217.4.6）
世百　（カラカラ　188-217）
全書　（カラカラ　188-217）
大辞　（カラカラ　188-217）
大辞3　（カラカラ　188-217）
大百　（カラカラ　186-217）
デス　（カラカラ　186-217）
伝世　（カラカッラ　188-217）
統治　（カラカラ(M.アウレリウス・アントニヌス）（在位）211-217）
百科　（カラカラ　188-217）
評世　（カラカラ　188頃-217）
山世　（カラカラ　188-217）
歴史　（カラカラ　188-217）
ロマ　（カラカラ　（在位）211-217）

Caradosso, Cristoforo Foppa 〈15・16世紀〉
イタリアの金工。教皇ユリウス2世、クレメンス7世らのため金銀宝石細工などを制作。
⇒国小　（カラドッソ　1425頃-1526/7）
　世美　（カラドッソ　1452頃-1526頃）

Caramuel, Juan 〈17世紀〉
スペイン出身の著述家、建築家。シトー会修道士、倫理神学者、数学者。
⇒キリ　（カラムエル、ホアン（ロブコヴィツの）1606.5.23-1682.9.8）
　世美　（カラムエル・ロブコヴィツ、ファン・デ　1606-1682）

Caratti, Francesco 〈17世紀〉
イタリアの建築家。
⇒建築　（カラッティ、フランチェスコ　?-1675頃）

Carbonel, Alonso 〈17世紀〉
スペインの建築家、彫刻家。
⇒建築　（カルボネル、アルフォンソ　?-1660）
　世美　（カルボネル、アロンソ　?-1660）

Cardew, Michael 〈20世紀〉
イギリスの陶芸家。
⇒岩ケ　（カーデュー、マイケル　1901-1982）

Cardin, Pierre 〈20世紀〉
フランスの服飾デザイナー。C.ディオールの店の裁断師を経て、1953年独立。62年以来、紳士、子供服も手がける。
⇒岩ケ　（カルダン、ピエール　1922-）
　岩世　（カルダン　1922.7.2-）
　現人　（カルダン　1922.7.7-）
　国小　（カルダン　1922.7.7-）
　コン3　（カルダン　1922-）
　最世　（カルダン、ピエール　1922-）
　人物　（カルダン　1924-）
　世百　（カルダン　1922.7.2-）
　世百新　（カルダン　1922-）
　全書　（カルダン　1922-）
　大百　（カルダン　1924-）
　ナビ　（カルダン　1922-）
　二十　（カルダン、ピエール　1922.7.7-）
　百科　（カルダン　1922-）

Carducci, Bartolommeo 〈16・17世紀〉
スペインの画家、建築家。
⇒国小　（カルドゥッチ　1560頃-1610）
　西洋　（カルドゥッチ　1560-1608）
　世美　（カルドゥーチョ、バルトロメ　1560-1610頃）

Carême, Antonin 〈18・19世紀〉
フランスの料理人、菓子職人。
⇒岩世　（カレーム　1784-1833）

Carey, Henry Charles 〈18・19世紀〉
アメリカの経済学者、社会学者。
⇒岩ケ　（ケアリー、ヘンリー・C（チャールズ）1793-1879）
　岩世　（ケアリ　1793.12.15-1879.10.13）
　外国　（ケアリー　1793-1879）
　国小　（ケアリー　1793.12.15-1879.10.13）
　コン2　（ケアリー　1793-1879）
　コン3　（ケアリー　1793-1879）
　西洋　（ケアリ　1793.12.15-1879.10.13）
　世西　（ケアリー　1793.12.15-1879.10.13）
　世百　（ケアリー　1793-1879）
　全書　（ケアリー　1793-1879）
　大百　（ケアリー　1793-1879）
　デス　（ケアリー　1793-1879）
　伝世　（ケアリー、H.C.　1793.12.15-1879.10.13）
　名著　（ケアリー　1793-1879）

Carey, Mathew 〈18・19世紀〉
アメリカの実業家、出版者、政治評論家。ローマ・カトリック教会信徒。
⇒キリ　（ケアリ、マシュー　1760.1.28-1839.9.16）
　国小　（ケアリー　1760.1.28-1839.9.16）
　世百　（ケアリー　1760-1839）
　全書　（ケアリー　1760-1839）

Carimini, Luca 〈19世紀〉
イタリアの建築家。
⇒世美　（カリミーニ、ルーカ　1830-1890）

Carletti, Francesco 〈16・17世紀〉

イタリアの商人。
⇒岩世（カルレッチ（カルレッティ） 1573 (74) –1636)

Carli, Giovanni Rinaldo, Conte 〈18世紀〉

イタリアの天文学者，経済学者，古代研究家。神聖ローマ皇帝ヨゼフ2世に進言して宗教裁判を廃止させた。
⇒岩世（カルリ 1720.4.11–1795.2.22)
　西洋（カルリ 1720.4.11–1795.2.22)

Carli, Guido 〈20世紀〉

イタリアの銀行家。中央銀行総裁時代，国際収支の改善とインフレ抑制のために金融引き締めを断行，イタリアの経済危機克服に尽くした。
⇒現人（カルリ 1914–)

Carlin, Martin 〈18世紀〉

フランスの家具制作家。ドイツ出身。
⇒世美（カルラン，マルタン 1730–1785)

Carlisle, John Griffin 〈19・20世紀〉

アメリカの法律家，政治家。1893〜96年財務長官。
⇒国小（カーライル 1835–1910)

Carlone, Antonio di Battista 〈16世紀〉

イタリアの芸術家，装飾家，彫刻家，建築家。
⇒世美（カルローネ，アントーニオ・ディ・バッティスタ 16世紀初頭)

Carlone, Carlo Antonio 〈17・18世紀〉

イタリアの芸術家，装飾家，建築家。
⇒世美（カルローネ，カルロ・アントーニオ ?–1708)

Carlone, Taddeo 〈16・17世紀〉

イタリアの芸術家，装飾家，建築家，彫刻家。
⇒世美（カルローネ，タッデーオ 1543–1613)

Carlson, Chester Floyd 〈20世紀〉

アメリカの技術者。
⇒岩ケ（カールソン，チェスター（・フロイド） 1906–1968)
　岩世（カールソン 1906.2.8–1968.9.19)
　科学（カールソン 1906.2.8–1968.9.19)
　科人（カールソン，チェスター・フロイド 1906.2.2–1968.9.19)
　最世（カールソン，チェスター 1906–1968)
　西洋（カールソン 1906.2.8–1968.9.19)
　二十（カールソン，チェスター 1906.2.8–1968.9.19)

Carlu, Jean Georges Léon 〈20世紀〉

フランスのグラフィック・デザイナー。エール・フランスその他の多くの会社の顧問アート・ディレクターとして活躍。
⇒岩世（カルリュ 1900.5.3–1997.4.22)
　西洋（カルリュー 1900.5.3–)

Carmi, Eugenio 〈20世紀〉

イタリアの画家，彫刻家，インダストリアル・デザイナー。
⇒世美（カルミ，エウジェーニオ 1920–)

Carmontelle, Louis de 〈18・19世紀〉

フランスの劇作家，画家，建築家。箴言劇を創始。
⇒岩世（カルモンテル 1717.8.15–1806.12.26)
　集世（カルモンテル 1717.8.15–1806.12.26)
　集文（カルモンテル 1717.8.15–1806.12.26)
　西洋（カルモンテル 1717.8.15–1806.12.26)
　世美（カルモンテル 1717–1806)

Carnegie, Andrew 〈19・20世紀〉

アメリカの鉄鋼王。ホームステッド製鋼工場，カーネギー鉄鋼株式会社を経営。
⇒アメ（カーネギー 1835–1919)
　逸話（カーネギー 1835–1919)
　岩ケ（カーネギー，アンドリュー 1835–1919)
　岩世（カーネギー 1835.11.25–1919.8.11)
　英米（Carnegie, Andrew カーネギー 1835–1919)
　旺世（カーネギー 1835–1919)
　外国（カーネギー 1835–1919)
　角世（カーネギー 1835–1919)
　教育（カーネギー 1835–1919)
　キリ（カーネギ，アンドルー 1835.11.25–1919.8.11)
　広辞4（カーネギー 1835–1919)
　広辞5（カーネギー 1835–1919)
　広辞6（カーネギー 1835–1919)
　国小（カーネギー 1835.11.25–1919.8.11)
　国百（カーネギー，アンドルー 1835.11.25–1919.8.11)
　コン2（カーネギー 1835–1915)
　コン3（カーネギー 1835–1919)
　集文（カーネギー，アンドルー 1835.11.25–1919.8.11)
　人物（カーネギー 1835.11.25–1919.8.11)
　西洋（カーネギー 1835.11.25–1919.8.11)
　世科（カーネギー 1835–1919)
　世人（カーネギー 1835–1919)
　世西（カーネギー 1835.11.25–1919.8.11)
　全書（カーネギー 1835–1919)
　大辞（カーネギー 1835–1919)
　大辞2（カーネギー 1835–1919)
　大辞3（カーネギー 1835–1919)
　大百（カーネギー 1835–1919)
　デス（カーネギー 1835–1919)
　伝世（カーネギー 1835.11.25–1919.8.11)
　ナビ（カーネギー 1835–1919)

経済・産業篇

二十（カーネギー，アンドルー　1835.11.25–
　1919.8.11）
百科（カーネギー　1835–1919）
評世（カーネギー　1835–1919）
山世（カーネギー　1835–1919）
歴史（カーネギー　1835–1919）

Carnegie, Hattie 〈19・20世紀〉
アメリカの企業家。
⇒世女日（カーネギー，ハティー　1886–1956）

Carnegie, Louise 〈19・20世紀〉
アメリカの慈善事業家。
⇒世女日（カーネギー，ルイーズ　1857–1946）

Carnelivari, Matteo 〈15世紀〉
イタリアの建築家。
⇒世美（カルネリヴァーリ，マッテーオ　15世紀後
　半）

Caro, Heinrich 〈19・20世紀〉
ドイツの有機化学技術者。アリザリンの工業的
製造法を考案。カロ酸を発見。
⇒岩世（カロ　1834.2.13–1910.9.11）
　科学（カロ　1834.2.13–1910.11.10）
　科人（カロ，ハインリヒ　1834.2.13–1910.9.11）
　国小（カロ　1834–1910）
　西洋（カロ　1834.2.13–1910.9.11）
　世百（カロ　1834–1910）
　全書（カロ　1834–1910）
　大百（カロ　1834–1910）
　二十（カロ，ハインリッヒ　1834.2.13–1910.11.
　　10）
　百科（カロ　1834–1910）

Caro Idrogo, Pedro 〈18世紀〉
スペインの建築家。
⇒建築（カーロ・イドローゴ，ペドロ　?–1732）

Caron, François 〈17世紀〉
江戸時代初期の平戸オランダ商館長（1639〜
41）。
⇒岩世（カロン（大）　1600–1673.4.5）
　外国（カロン　1600–1673）
　広辞4（カロン　1600–1673）
　広辞6（カロン　1600–1673）
　国史（カロン　1600–1673）
　国小（カロン　1600–1673.4.5）
　コン2（カロン　1600–1673）
　コン3（カロン　1600–1673）
　人物（カロン　1600–1673.4.5）
　西洋（カロン（大）　1600–1673.4.5）
　世西（カロン　1600頃–1673.4.6）
　世東（カロン　1600–1673.4.5）
　全書（カロン　1600–1673）
　対外（カロン　1600–1673）
　大辞（カロン　1600–1673）

大辞3（カロン　1600–1673）
大百（カロン　1600–1673）
日研（カロン，フランソア　1600–1673.4.5）
日人（カロン　1600–1673）
百科（カロン　1600–1673）
名著（カロン　1600–1673）
来日（カロン　1600–1673.4.5）

Carothers, Wallace Hume 〈20世紀〉
アメリカの有機化学者。合成ゴム（1931），ナ
イロン（37）を発明。
⇒岩ケ（カラザーズ，ウォレス（・ヒューム）
　1896–1937）
　岩世（カロザーズ　1896.4.27–1937.4.29）
　英米（Carothers, Wallace Hume　カロザーズ
　1896–1937）
　外国（カロザーズ　1896–1937）
　科学（カラザーズ　1896.4.27–1937.4.29）
　科技（カロザーズ　1896.4.27–1937.4.29）
　科史（カロザーズ　1896–1937）
　科人（カロザース，ウォーレス・ヒューム　1896.
　　4.27–1937.4.29）
　科大（カラザーズ　1896–1939）
　科大2（カラザース　1896–1939）
　広辞5（カロザーズ　1896–1937）
　広辞6（カロザーズ　1896–1937）
　国小（カロザーズ　1896.4.27–1937.4.29）
　コン3（カロザーズ　1896–1937）
　人物（カロザーズ　1896–1937）
　西洋（カロザーズ　1896–1937）
　世科（カラザーズ　1896–1937）
　世西（カロザーズ　1896.4.26–1937.4.29）
　世百（カロザーズ　1896–1937）
　世百新（カロザーズ　1896–1937）
　全書（カロザーズ　1896–1937）
　大辞2（カロザーズ　1896–1937）
　大辞3（カロザーズ　1896–1937）
　大百（カロザーズ　1896–1937）
　伝世（カラザーズ　1896.4.27–1937）
　ナビ（カロザーズ　1896–1937）
　二十（カラザース，W.H.　1896.4.27–1937.4.29）
　百科（カロザーズ　1896–1937）
　評世（カロザーズ　1896–1937）
　名著（カロザース　1896–1937）

Carpenter, Josse Fairfield 〈19・20世紀〉
アメリカの技術者。圧搾空気の研究に従事。
⇒岩世（カーペンター　1853.8.8–1901.3.6）
　西洋（カーペンター　1853.8.8–1901.3.6）

Carr, John 〈18・19世紀〉
イギリスの建築家。
⇒建築（カー，ジョン　1723–1807）
　世美（カー，ジョン　1723–1807）

Carrère, John Merven 〈19・20世紀〉
アメリカ（ブラジル生まれ）の建築家。ヘース
ティングズと共に「カレール・ヘースティング

ズ」会社を設立した (1884)。
⇒岩世（カレール　1858–1911）
　西洋（カレール　1854–1911）

Carrier, Willis Haviland 〈19・20世紀〉
アメリカのエンジニア，発明家。
⇒岩ケ（キャリアー，ウィリス（・ハヴィランド）
　1876–1950）

Carrol, Earl 〈20世紀〉
アメリカの演出家，製作者。
⇒二十（キャロル，アール　1893.9.16–?）

Carson, Johnny 〈20世紀〉
アメリカのテレビ・タレント，ビジネスマン。
⇒岩ケ（カーソン，ジョニー　1925–）
　現ア（Carson, Johnny　カーソン，ジョニー
　1925–）

Cartelier, Jean 〈20世紀〉
フランス生まれの経済思想家。
⇒岩世（カルトリエ　1942.4.9–）
　経済（カルトリエ　1942–）

Carteret, Philip 〈18世紀〉
イギリスの海軍軍人，航海者。バイロンの世界
周航で第2船を指揮して南太平洋を航した
(1766)。
⇒岩ケ（カータレット，フィリップ　?–1769）
　岩世（カートレット　1733.1.22–1796.7.21）
　西洋（カータレト　?–1796.7.21）
　探検1（カータレト　1734–1796）

Cartier, Jacques 〈15・16世紀〉
フランスの探検家，航海者。ニューファンドラ
ンド付近の諸島を発見。
⇒岩ケ（カルティエ，ジャック　1491–1557）
　岩世（カルティエ　1491–1557.9.1）
　外国（カルティエ　1494頃–1557）
　国小（カルティエ　1491–1557）
　コン2（カルティエ　1491–1557）
　コン3（カルティエ　1491–1557）
　集世（カルチエ，ジャック　1491–1557.9.1）
　集文（カルチエ，ジャック　1491–1557.9.1）
　人物（カルチエ　1494.12.21–1557.9.1）
　西洋（カルティエ　1494.12.21–1557.9.1）
　世百（カルティエ　1491–1557）
　全書（カルティエ　1491–1557）
　大辞（カルティエ　1491–1557）
　大辞3（カルティエ　1491–1557）
　大百（カルティエ　1491–1557）
　探検1（カルティエ　1491–1557）
　伝世（カルティエ，J.　1495–1557.9.1）
　百科（カルティエ　1491–1557）
　山世（カルチエ　1491–1557）

Cartier, Louis-François 〈19・20世紀〉
フランスの宝石商。
⇒岩世（カルティエ　1819–1904）

Cartwright, Edmund 〈18・19世紀〉
イギリスの実業家，技術者。前半生は牧師生活
を送った。1785年に蒸気動力を利用した力織機
を製作し，産業革命推進に貢献した。
⇒岩世（カートライト，エドマンド　1743–1823）
　岩世（カートライト　1743.4.24–1823.10.30）
　英米（Cartwright, Edmund　カートライト，エ
　　ドマンド　1743–1823）
　旺世（カートライト　1743–1823）
　外国（カートライト　1743–1823）
　科学（カートライト　1743.4.24–1823.10.30）
　科史（カートライト　1743–1823）
　科人（カートライト，エドマンド　1743.4.24–
　　1823.10.30）
　角世（カートライト　1743–1823）
　キリ（カートライト，エドマンド　1743.4.24–
　　1823.10.30）
　広辞6（カートライト　1743–1823）
　国小（カートライト　1743.4.24–1823.10.30）
　コン2（カートライト　1743–1823）
　コン3（カートライト　1743–1823）
　西洋（カートライト　1743.4.24–1823.10.30）
　世科（カートライト　1743–1828）
　世人（カートライト　1743–1823）
　世西（カートライト　1743.4.24–1823.10.30）
　世百（カートライト　1743–1823）
　全書（カートライト　1743–1823）
　大辞（カートライト　1743–1823）
　大辞3（カートライト　1743–1823）
　大百（カートライト　1743–1823）
　百科（カートライト　1743–1823）
　評世（カートライト　1743–1823）
　山世（カートライト　1743–1823）
　歴史（カートライト　1743–1823）

Cartwright, Sir Richard John 〈19・20世紀〉
カナダの政治家。蔵相，通産相などを歴任。
⇒国小（カートライト　1835–1912）

Carty, John Joseph 〈19・20世紀〉
アメリカの電話技術者。
⇒科人（カーティ，ジョン・ジョゼフ　1861.4.14–
　1932.12.27）

Carvalho, Lopo Sarmento de 〈17世紀〉
ポルトガルの日本貿易船隊司令官。日本とマニ
ラ貿易の特権を買取り (29)，3カ年間にわたり
毎年貿易船隊を指揮して長崎に来航した (32,
33, 34)。
⇒岩世（カルヴァーリョ　?–1646）
　人物（カルバリュ　生没年不詳）
　西洋（カルヴァリョ　?–1646）

経済・産業篇　　　　　　　　　105　　　　　　　　　**casso**

Carver, Thomas Nixon 〈19・20世紀〉

アメリカの経済学者。アメリカ経済学会長
(1916〜)。著書『社会正義論』等。
⇒岩世（カーヴァー　1865.3.25–1961.3.8）
　西洋（カーヴァー　1865.3.25–1961.3.8）
　世西（カーヴァー　1865.3.25–）
　名著（カーヴァー　1865–?）

Cary, John 〈18世紀〉

イギリスの商人，経済学者。主著『イギリス貿
易論』(1695)。
⇒岩世（ケアリ　1649.3頃–1717 (22)）
　国小（ケアリー　?–1720）
　コン2（ケアリー　?–1720頃）
　コン3（ケアリー　?–1720頃）
　西洋（ケアリ　?–1720頃）
　世百（ケアリー　?–1720）
　全書（ケアリー　?–1720頃）

Casas y Novoa, Fernando 〈18世紀〉

スペインの建築家。
⇒建築（カサス・イ・ノボア, フェルナンド・デ
　　　?–1749）
　新美（カーサス・イ・ノボア, フェルナンド　?–
　　　1751）
　世美（カサス・イ・ノボア, フェルナンド　?–
　　　1749頃）

Cascella, Andrea 〈20世紀〉

イタリアの彫刻家，陶芸家。
⇒世美（カシェッラ, アンドレーア　1920–）

Cascella, Pietro 〈20世紀〉

イタリアの彫刻家，陶芸家。
⇒世美（カシェッラ, ピエトロ　1921–）

Cascella, Tommaso 〈19・20世紀〉

イタリアの画家，陶芸家。
⇒世美（カシェッラ, トンマーゾ　1890–）

Casey, Edward Pearce 〈19・20世紀〉

アメリカの建築家。ワシントンの国会図書館そ
の他の建築に従事。
⇒西洋（ケーシ　1864–1940）

Caslon, William 〈17・18世紀〉

イギリスの活字鋳造業者。読易い活字の型を案
出し，欧米に広く行われた。
⇒岩ケ（カズロン, ウィリアム　1692–1766）
　岩世（カズロン　1692–1766.1.23）
　西洋（カズロン　1692–1766.1.23）

Caspar

オランダの測量家。
⇒日人（カスパル　生没年不詳）

Cassel, Sir Ernest Joseph 〈19・20世紀〉

イギリスの財政家。
⇒ユ人（カッセル, サー・アーネスト・ジョセフ
　　　1853–1921）

Cassel, John 〈19世紀〉

イギリスの出版業者。
⇒岩ケ（カッセル, ジョン　1817–1865）
　岩世（カッセル　1817.1.23–1865.4.2）
　集文（キャッセル, ジョン　1817.1.23–1865.4.2）
　西洋（カッセル　1817–1865）
　世西（カッセル　1817.2.23–1865.4.2）

Cassel, Karl Gustav 〈19・20世紀〉

スウェーデンの経済学者。主著『購買力平価
説』(1922)。
⇒岩ケ（カッセル, (カール・)グスタヴ　1866–
　　　1945）
　岩世（カッセル　1866.10.20–1945.1.15）
　外国（カッセル　1866–1944）
　経済（カッセル　1866–1944）
　国小（カッセル　1866.10.20–1945.1.4）
　コン2（カッセル　1866–1945）
　コン3（カッセル　1866–1945）
　人物（カッセル　1866.10.20–1945.1.15）
　西洋（カッセル　1866.10.20–1945.1.15）
　世西（カッセル　1866.10.20–1945.1.15）
　世百（カッセル　1866–1945）
　全書（カッセル　1866–1945）
　大百（カッセル　1866–1945）
　デス（カッセル　1866–1945）
　ナビ（カッセル　1866–1945）
　二十（カッセル, カール・グスタフ　1866.10.20–
　　　1945.1.15）
　百科（カッセル　1866–1945）
　名著（カッセル　1866–1945）

Cassini, Oleg 〈20世紀〉

アメリカのファッション・デザイナー。
⇒岩ケ（カッシーニ, オレグ　1913–）
　最世（カッシーニ, オレグ　1913–）

Cassirer, Bruno 〈19・20世紀〉

ドイツの出版者。
⇒岩世（カッシーラー　1872.12.12–1941.10.29）

Casson, Sir Hugh Maxwell 〈20世紀〉

イギリスの建築家。
⇒岩ケ（カッソン, サー・ヒュー(・マクスウェル)
　　　1910–）

Casson, Sir Lewis 〈19・20世紀〉

イギリスの俳優兼監督，映画プロデューサー。
⇒岩ケ（カッソン, サー・ルイス　1875–1969）

C

Castaldi, Pamfilo 〈14・15世紀〉

イタリアの印刷術の先駆者。
⇒コン2（カスタルディ　1398–1479）
　コン3（カスタルディ　1398–1479）
　西洋（カスタルディ　1398–1474頃）

Castelbajac, Jean-Charles de 〈20世紀〉

フランスの服飾デザイナー。モロッコ生まれ。作風は機能性重視と天然素材を多く使うのが特徴。
⇒ナビ（カステルバジャック　1949–1991）

Castellamonte, Amedeo 〈17世紀〉

イタリアの建築家。
⇒世美（カステッラモンテ，アメデーオ　1610–1680）

Castellamonte, Carlo 〈16・17世紀〉

イタリアの建築家。
⇒世美（カステッラモンテ，カルロ　1560–1641）

Castelli, Leo 〈20世紀〉

アメリカの画商。1957年マンハッタンに最初の画廊を開き、60年代アメリカ美術を先導した。
⇒ア人（カステリ，レオ　?–）

Castello, Giambattista 〈16世紀〉

イタリアの建築家，画家。
⇒建築（カステッロ，ジャンバッティスタ（イル・ベルガマスコ（通称））　1509頃–1569）
　世美（カステッロ，ジャンバッティスタ　1509頃–1569）

Castello, Matteo da 〈16・17世紀〉

イタリア・ルネサンスの建築家。主作品に〈サンタ・マリア教会，1575〉（ローマ）がある。
⇒西洋（カステロ　1525頃–1600以後）

Castigliano, Carlo Alberto 〈19世紀〉

イタリアの技術者。静力学，特に弾性論の分野ですぐれた研究がある。
⇒岩ケ（カスティリャーノ，（カルロ・）アルベルト　1847–1884）
　岩世（カスティリアーノ　1847.11.9–1884.10.25）
　科学（カスティリアーノ　1847.11.9–1884.10.25）
　コン3（カスティリャーノ　1847–1884）
　西洋（カスティリャーノ　1847.11.9–1884.10.25）
　大辞（カスティリャーノ　1847–1884）
　大辞3（カスティリャーノ　1847–1884）

Castiglione, Giuseppe 〈17・18世紀〉

イタリアのイエズス会士，画家，建築家。1715年中国に渡り，康熙・雍正・乾隆の三代の皇帝に仕え，宣教の傍ら，絵画・土木建築の技法を伝えた。作品に『円明園全図』（1737）など。
⇒世世（カスティリオーネ　1688.7.19–1766.7.16）
　旺世（カスティリオーネ　1688–1766）
　角世（カスティリオーネ（ジュゼッペ）　1688–1766）
　キリ（カスティリョーネ，ジュゼッペ　1688.7.19–1766.7.16）
　芸術（カスティリオーネ，ジュゼッペ　1688–1766頃）
　広辞4（カスティリョーネ　1688–1766）
　広辞6（カスティリョーネ　1688–1766）
　国小（カスティリョーネ　1688–1766）
　コン2（カスティリオーネ　1688–1766頃）
　コン3（カスティリオーネ　1688–1766）
　新美（カスティリオーネ，ジュゼッペ　1688–1766.7.16（乾隆31））
　人物（カスティリョーネ　1688–1766）
　西洋（カスティリョーネ　1688.7.19–1766.7.16）
　世人（カスティリオーネ　1688–1766）
　世西（カスチリョーネ　1688.7.19–1766.7.16）
　世東（カスティリョーネ　1688–1764）
　全書（カスティリョーネ　1688–1766）
　大辞（カスティリョーネ　1688–1766）
　大辞3（カスティリョーネ　1688–1766）
　大百（カスティリオーネ　1688–1766）
　中国（カスティリオーネ　1688–1766）
　百科（カスティリオーネ　1688–1766）
　評世（カスティリオーネ　1688–1766）
　山世（カスティリオーネ　1688–1766）
　歴史（カスティリョーネ　1688（康熙27）–1766（乾隆31））

Castiglioni, Enrico 〈20世紀〉

イタリアの建築家，都市計画家。
⇒世美（カスティリオーニ，エンリーコ　1914–）

Castilho, João de 〈16世紀〉

ポルトガルの建築家。
⇒建築（カスティーリョ，ジョアン・デ　（活動）1515–1552）
　世美（カスティリョ，ジョアン・デ　?–1553）

Castillo, Antonio Canovas del 〈20世紀〉

スペイン生まれの服飾デザイナー。ジャンヌ＝ランバンが自分の店のデザイナーとして迎え入れた。1964年独立。
⇒大百（カスティヨ）

Castillo, Hernando del 〈16世紀〉

中世のスペインの抒情詩集 "Cancionero general"（1511）の出版者。
⇒岩世（カスティーリョ）
　西洋（カスティリョ）

Castle, William 〈20世紀〉

アメリカの映画製作者，監督。
⇒監督（カースル，ウイリアム　1914.4.24–）

幻文（キャッスル，ウィリアム　1914–1977）
世俳（キャッスル，ウィリアム　1914.4.24–1977.
　　 5.31）

Castner, Hamilton Young〈19世紀〉
アメリカの化学技術者。電解工業の先駆者。
⇒岩ケ（キャストナー，ハミルトン（・ヤング）
　　 1859–1899）
　科学（カストナー　1859–1899）
　科人（カストナー，ハミルトン・ヤング　1858.9.
　　 11–1898.10.11）
　世百（カストナー　1859–1899）
　百科（カストナー　1858–1899）

Catalano, Eduard Fernando〈20世紀〉
アメリカの建築家。
⇒国小（カタラーノ　1917–）

Catchpole, Allen〈17世紀頃〉
イギリス東印度会社支那支店初代の代理。1699
年駐支イギリス領事を兼任，支那貿易の開発に
あたった。
⇒世西（キャッチポール）
　世東（キャッチポール　17世紀頃）

Catnach, James〈18・19世紀〉
イギリス，チャップブックの印刷業者。
⇒世児（キャトナク家（ジョン・キャトナク，ジェ
　　イムズ）　1769–1813）

Catnach, John〈18・19世紀〉
イギリス，チャップブックの印刷業者。
⇒世児（キャトナク家（ジョン・キャトナク，ジェ
　　イムズ）　1792–1841）

Cattaneo, Carlo〈19世紀〉
イタリアの歴史家，経済学者，政治活動家。
⇒岩世（カッターネオ　1801.6.15–1869.2.6）
　国小（カッターネオ　1801.6.15–1869.2.6）
　集文（カッターネオ，カルロ　1801.6.15–1869.2.
　　 5）
　人物（カッターネオ　1801.6.15–1869.2.6）
　西洋（カッターネオ　1801.6.15–1869.2.6）
　全書（カッターネオ　1801–1869）
　百科（カッターネオ　1801–1869）

Cattaneo, Danese di Michele〈16世紀〉
イタリアの彫刻家，建築家，詩人。
⇒国小（カタネオ　1509頃–1573）
　世美（カッターネオ，ダネーゼ　1509頃–1573）

Cattaneo, Raffaele〈19世紀〉
イタリアの建築家，建築史家。
⇒世美（カッターネオ，ラッファエーレ　1861–
　　 1889）

Caus, Salomon de〈16・17世紀〉
フランスの王室建築家，同技師，物理学者。ド
イツのハイデルベルク城庭園を作った。
⇒岩世（コー　1576頃–1626）
　科史（コー　1576頃–1626）
　コン2（コー　1576–1626）
　コン3（コー　1576–1626）
　西洋（コー　1576–1626）
　世西（ド・コー　1576–1626）

Cavaco Silva, Aníbal〈20世紀〉
ポルトガルの政治家，経済学者。ポルトガル大
統領。
⇒スペ（カバコ・シルバ　1939–）
　世政（カバコ・シルバ，アニバル　1939.7.15–）

Cavaillé, Jean-Pierre〈18・19世紀〉
フランスのオルガン製作者。
⇒音大（カヴァイエ，ジャン・ピエール　1743.10.
　　 11–1809.3.13）
　ラル（ジャン・ピエール・カヴァイエ　1743–
　　 1809）

Cavaillé, Joseph〈18世紀〉
フランスのオルガン製作者。
⇒音大（カヴァイエ，ジョゼフ　1700頃–1767頃）

Cavaillé-Coll, Aristide〈19世紀〉
フランスのオルガン製作者。また製作上幾多の
改良を成就。
⇒岩世（カヴァイエ＝コル　1811.2.4–1899.10.13）
　音楽（カヴァイエ・コル，アリスティード　1811.
　　 2.4–1899.10.13）
　音大（カヴァイエ-コル，アリスティド　1811.2.
　　 4–1899.10.13）
　キリ（カヴァイエ-コール，アリスティド　1811.
　　 2.4–1899.10.13）
　西洋（カヴァイエ・コル　1811.2.4–1899.10.13）
　ラル（アリスティド・カヴァイエ-コル　1811–
　　 1899）

Cavaillé-Coll, Dominique〈18・19世紀〉
フランスのオルガン製作者。
⇒音大（カヴァイエ・コル，ドミニク　1771.4.16–
　　 1862.6.1）

Cavalcanti, Alberto〈20世紀〉
ブラジル生まれの映画監督，プロデューサー。
1926年『時のほか何もなし』でアヴァンギャル
ド映画におけるドキュメンタリースタイルを
確立。
⇒岩ケ（カヴァルカンティ，アルベルト　1897–
　　 1982）
　外国（カヴァルカンティ　1897–）
　監督（カヴァルカンティ，アルベルト　1897.2.
　　 6–）

コン**3**（カヴァルカンティ　1897–1982）
世映（カヴァルカンティ，アルベルト　1897–1982）
世俳（カヴァルカンティ，アルベルト　1897.2.6–1982.8.23）
世百新（カバルカンティ　1897–1982）
二十（カバルカンティ，A.　1897.2.6–1982.8.23）
百科（カバルカンティ　1897–1982）

Cavalcanti, Andrea di Lazzaro 〈15世紀〉
イタリアの彫刻家，建築家。
⇒世美（カヴァルカンティ，アンドレーア・ディ・ラッザーロ　1412–1462）

Cavallo, Domingo Felipe 〈20世紀〉
アルゼンチンの政治家。アルゼンチン経済財政相，エクアドル政府経済顧問。
⇒世政（カバロ，ドミンゴ・フェリペ　1946.7.21–）

Cave, Edward 〈17・18世紀〉
ロンドンの印刷，出版業者。イギリスで最初の総合雑誌『紳士の雑誌』（1731〜1907）を創刊。
⇒国小（ケイブ　1691–1754）

Cavendish, Thomas 〈16世紀〉
イギリスの航海家。3人目の世界一周航海者。
⇒岩ケ（キャヴェンディッシュ，サー・トマス　1555頃–1592頃）
　岩世（キャベンディシュ　1560.9.19?–1592.5（6））
　英米（Cavendish, Thomas　キャベンディッシュ，トマス　1560頃–1592）
　オセ（キャベンディシュ　1560–1592）
　西洋（カヴェンディシュ　1555頃–1592）
　百科（キャベンディシュ　1560–1592）

Caxton, William 〈15世紀〉
イギリス最初の印刷業者。『カンタベリー物語』など約100種類の書物を出版。
⇒逸話（カクストン　1424頃–1491頃）
　イ文（Caxton, William　1422頃–1491）
　岩ケ（カクストン，ウィリアム　1422頃–1491頃）
　岩世（カクストン　1422頃–1491）
　英米（Caxton, William　キャクストン　1422頃–1491）
　外国（カクストン　1422–1491）
　教育（カクストン　1422?–1491）
　キリ（キャクストン，ウィリアム　1422頃–1491）
　広辞**4**（キャクストン　1422?–1491）
　広辞**6**（キャクストン　1422?–1491）
　国小（カクストン　1422?–1491）
　コン**3**（カクストン　1422頃–1491）
　集世（キャクストン，ウィリアム　1422頃–1491）
　集文（キャクストン，ウィリアム　1422頃–1491）
　人物（カクストン　1422頃–1491）
　西騎（カクストン，ウィリアム　1422頃–1491）
　西洋（カクストン　1422頃–1491）

世児（キャクストン，ウィリアム　1420頃–1491）
世西（カクストン　1422頃–1491）
世百（キャクストン　1422?–1491）
全書（カクストン　1422?–1491）
大辞（カクストン　1422頃–1491）
大辞**3**（カクストン　1422頃–1491）
大百（カクストン　1422–1491）
伝世（キャクストン　1422頃–1491）
百科（カクストン　1422頃–1491）

Cayley, Sir George 〈18・19世紀〉
イギリスの航空科学者。イギリス航空技術の開拓者。固定翼の飛行機の原理を初めて明らかにした。
⇒岩ケ（ケイリー，サー・ジョージ　1773–1857）
　科人（ケイリー，サー・ジョージ　1773.12.27–1857.12.15）
　国小（ケイリー　1773.12.27–1857.12.15）
　西洋（ケーリ　1773.12.27–1857.12.15）
　世科（ケイリー　1773–1857）
　世百（ケーリー　1773–1857）
　全書（ケーリー　1773–1857）
　百科（ケーリー　1773–1857）

Cazin, Jean Charles 〈19・20世紀〉
フランスの画家，銅版画家，陶芸家。
⇒岩世（カザン　1841.5.25–1901.3.27）
　国小（カザン　1841–1901）
　西洋（カザン　1841.5.25–1901.3.27）

Celer 〈1世紀〉
古代ローマの建築家。
⇒建築（チェレール　（活動）1世紀）

Cellini, Benvenuto 〈16世紀〉
イタリア・ルネサンス期の彫刻家，金工家，作家。作品に『金製の塩入れ』『コシモ1世の胸像』など。
⇒岩ケ（チェリーニ，ベンヴェヌート　1500–1571）
　岩世（チェッリーニ　1500.11.3–1571.2.13）
　旺世（チェリーニ　1500–1571）
　外国（チェリニ　1500–1571）
　角世（チェリーニ　1500–1571）
　教皇（チェッリーニ，ベンヴェヌート　1500–1571）
　キリ（チェルリーニ，ベンヴェヌート　1500.11.2–1571.2.13）
　芸術（チェルリーニ，ベンベヌト　1500–1571）
　広辞**4**（チェッリーニ　1500–1571）
　広辞**6**（チェッリーニ　1500–1571）
　国小（チェリーニ　1500.11.3–1571.2.13）
　国百（チェリーニ，ベンベヌート　1500.11.3–1571.2.13）
　コン**2**（チェリーニ　1500–1571）
　コン**3**（チェリーニ　1500–1571）
　集世（チェッリーニ，ベンヴェヌート　1500.11.3–1571.2.13）
　集文（チェッリーニ，ベンヴェヌート　1500.11.3–1571.2.13）

新美（チェルリーニ, ベンヴェヌート 1500.11.
 1–1571.21.4）
人物（チェリーニ 1500.11.2–1571.2.13）
西洋（チェリーニ 1500.11.2–1571.2.13）
世伝（チェルリーニ 1500.11.13–1571.2.3）
世美（チェッリーニ, ベンヴェヌート 1500–
 1571）
世百（チェリーニ 1500–1571）
世文（チェッリーニ, ベンヴェヌート 1500–
 1571）
大辞3（チェッリーニ 1500–1571）
大百（チェリーニ 1500–1571）
デス（チェリーニ 1500–1571）
伝世（チェリーニ 1500–1571.2.13）
百科（チェリーニ 1500–1571）
評世（チェリーニ 1500–1571）
名著（チェリーニ 1500–1571）

Cennini, Bernardo 〈15世紀〉
イタリアの金工家, 印刷業者。
⇒世美（チェンニーニ, ベルナルド 1415–1498頃）

Ceppi, Carlo 〈19・20世紀〉
イタリアの建築家。
⇒世美（チェッピ, カルロ 1829–1921）

Cerano 〈16・17世紀〉
イタリアの画家, 建築家。
⇒岩世（チェラーノ 1557頃–1633）
世美（チェラーノ 1575頃–1632）
百科（チェラノ 1575頃–1632）

Cerdà i Sunyer, Ildefonso 〈19世紀〉
スペインのエンジニア, 都市計画プランナー。
⇒建築（セルダ・イ・スニェール, イルデフォンソ 1816–1876）

Cerf, Bennett Alfred 〈20世紀〉
アメリカの出版者。Random Houseの創立者。
⇒幻想（サーフ, ベネット・アルフレッド 1898–1971）
二十英（Cerf, Bennett（Alfred） 1898–1971）
ユ人（サーフ, ベネット・アルフレッド 1898–1971）

Cerf, Vinton Gray 〈20世紀〉
アメリカのコンピューター工学者, 科学技術行政官。
⇒岩世（サーフ 1943.6.23–）

Cernuschi, Enrico 〈19世紀〉
イタリアの政治家, 経済学者, 美術蒐集家。死後〈チェルヌスキ美術館〉が創立された（1898）。
⇒岩世（チェルヌスキ 1821–1896.5.12）
人物（チェルヌスキ 1821–1896.5.12）
西洋（チェルヌスキ 1821–1896.5.12）
世東（チェルヌスキ 1821–1896）

Cerruti, Nino 〈20世紀〉
イタリアのファッション・デザイナー。
⇒二十（チェルッティ, ニノ 1930–）

Cersifrón of Croisos 〈前6世紀〉
クレタ島の建築家。
⇒建築（セルシフロン・オブ・クロイソス（活動）前6世紀）

Červený, Václav František 〈19世紀〉
チェコの楽器製作者。金属吹管楽器製作所を設立（1842）。
⇒岩世（チェルヴェニー 1819.9.27–1896.1.19）
西洋（チェルヴェニ 1819–1896.1.19）

Cesariano, Cesare 〈15・16世紀〉
イタリアの建築家, 建築理論家。
⇒世美（チェザリアーノ, チェーザレ 1483–1543）

Chabaneix, Philippe 〈20世紀〉
フランスの詩人, 経営者。
⇒集文（シャバネー, フィリップ 1898–1982）
二十（シャバネー, フィリップ 1898–?）

Chadwick, Roy 〈20世紀〉
イギリスの航空機エンジニア。
⇒岩ケ（チャドウィック, ロイ 1893–1947）

Chaffey, George 〈19・20世紀〉
カナダ生まれの灌漑技術者, 実業家で, オーストラリアの灌漑事業の先駆者。
⇒オセ新（チャフィー兄弟 1848–1932）

Chaffey, William 〈19・20世紀〉
カナダ生まれの灌漑技術者, 実業家で, オーストラリアの灌漑事業の先駆者。
⇒オセ新（チャフィー兄弟 1856–1926）

Chagnon, Donald R. 〈20世紀〉
GHQ民間運輸局（CTS）鉄道課長。アメリカ陸軍大佐。国鉄など日本の鉄道の復興, 整備に当たった。
⇒現人（シャグノン）

Chailly, Luciano 〈20世紀〉
イタリアの作曲家, 批評家, 事業家。
⇒オペ（シャイイ, ルチャーノ 1920.1.19–）
ラル（シャイイ, ルチャーノ 1920–）

Chalgrin, Jean-François Thérèse

〈18・19世紀〉
フランスの古典主義の建築家。アカデミー会員。エトワール広場の凱旋門の設計者。
⇒岩世（シャルグラン　1739–1811.1.20)
　建築（シャルグラン, ジャン=フランソワ・テレーズ　1739–1811)
　国小（シャルグラン　1739–1811)
　コン2（シャルグラン　1739–1811)
　コン3（シャルグラン　1739–1811)
　人物（シャルグラン　1739–1811.1.20)
　西洋（シャルグラン　1739–1811.1.20)
　世美（シャルグラン, ジャン=フランソワ　1739–1811)
　世百（シャルグラン　1739–1811)
　全書（シャルグラン　1739–1811)
　大百（シャルグラン　1739–1811)

Chalmers, James 〈18・19世紀〉
イギリスの本屋, 発明家。
⇒岩ケ（チャーマーズ, ジェイムズ　1782–1853)

Chamberlain, Arthur Neville 〈19・20世紀〉
イギリスの政治家。J.チェンバレンの2男。保健相・蔵相を経て, 1937〜40年首相。世界恐慌下の蔵相としてブロック経済を推進。
⇒岩ケ（チェンバレン, （アーサー・）ネヴィル　1869–1940)
　岩世（チェンバレン　1869.3.18–1940.11.9)
　英米（Chamberlain, Neville　チェンバレン（ネヴィル）　1869–1940)
　旺世（チェンバレン（ネヴィル）　1869–1940)
　外国（チェンバレン　1869–1940)
　角世（チェンバレン（ネヴィル）　1869–1940)
　広辞4（チェンバレン　1869–1940)
　広辞5（チェンバレン　1869–1940)
　広辞6（チェンバレン　1869–1940)
　国小（チェンバレン　1869.3.18–1940.11.9)
　国百（チェンバレン, アーサー・ネビル　1869.3.18–1940.11.9)
　コン2（チェンバリン　1869–1940)
　コン3（チェンバレン　1869–1940)
　人物（チェンバレン　1869.3.18–1940.11.9)
　西洋（チェンバリン　1869.3.18–1940.11.9)
　世人（チェンバレン, ネヴィル　1869–1940)
　世政（チェンバレン, アーサー・ネビル　1869.3.18–1940.11.9)
　世西（チェンバレン　1869.4.18–1940.11.9)
　世百（チェンバリン　1869–1940)
　全書（チェンバレン　1869–1940)
　大辞（チェンバレン　1869–1940)
　大辞2（チェンバレン　1869–1940)
　大辞3（チェンバレン　1869–1940)
　大百（チェンバレン　1869–1940)
　デス（チェンバレン　1869–1940)
　伝世（チェンバリン, A.N.　1869.3.18–1940.11.9)
　ナビ（チェンバレン　1869–1940)
　二十（チェンバレン, アーサー・N.　1869–1940)
　百科（チェンバレン　1869–1940)

　評世（チェンバレン　1869–1940)
　山世（チェンバレン, ネヴィル　1869–1940)

Chamberlain, Sir Joseph Austen
〈19・20世紀〉
イギリスの政治家。J.チェンバレンの長子。蔵相・郵政相を歴任。ロカルノ条約の成立を主導するなど, 西ヨーロッパの安全に尽くした。
⇒岩世（チェンバレン, サー・（ジョゼフ・）オースティン　1863–1937)
　英米（Chamberlain, Sir Austen　チェンバレン（オースティン）　1863–1937)
　外国（チェンバレン　1863–1937)
　角世（チェンバレン（オースティン）　1863–1937)
　広辞4（チェンバレン　1863–1937)
　広辞5（チェンバレン　1863–1937)
　広辞6（チェンバレン　1863–1937)
　国小（チェンバレン　1863.10.16–1937.3.16)
　コン2（チェンバリン　1863–1937)
　コン3（チェンバレン　1863–1937)
　人物（チェンバレン　1863.10.16–1937.3.16)
　西洋（チェンバリン　1863.10.16–1937.3.16)
　世政（チェンバレン, ジョセフ・オースティン　1863.10.16–1937.3.16)
　世西（チェンバレン　1863.10.16–1937.3.6)
　世百（チェンバリン　1863–1937)
　全書（チェンバレン　1863–1937)
　大辞（チェンバレン　1863–1937)
　大辞2（チェンバレン　1863–1937)
　大辞3（チェンバレン　1863–1937)
　大百（チェンバレン　1863–1936)
　デス（チェンバレン　1863–1937)
　伝世（チェンバリン, J.A.　1863.10.16–1937.3.16)
　ナビ（チェンバレン　1863–1937)
　二十（チェンバレン, ジョセフ・A.　1863–1937)
　ノベ（チェンバレン, J.A.　1863.10.16–1937.3.16)
　百科（チェンバレン　1863–1937)
　ノベ3（チェンバレン, J.A.　1863.10.16–1937.3.16)
　評世（チェンバレン　1863–1937)
　山世（チェンバレン, オースティン　1863–1937)

Chamberlayne, Edward 〈17・18世紀〉
イギリスの出版者, 著者。
⇒岩世（チェンバレン　1616.12.13–1703.5.27（埋葬))

Chamberlayne, John 〈17・18世紀〉
イギリスの出版者, 翻訳家。
⇒岩世（チェンバレン　1669–1723.11.2)

Chamberlin, Edward Hastings 〈20世紀〉
アメリカの経済学者。『独占的競争の理論』(1933)で学界の注目を浴びた。
⇒岩ケ（チェンバリン, エドワード・ヘイスティン

グズ 1899-1967)
岩世（チェンバリン 1899.5.18-1967.7.16)
経済（チェンバリン 1899-1967)
広辞6（チェンバリン 1899-1967)
コン3（チェンバリン 1899-1967)
西洋（チェンバリン 1899.5.18-1967)
世西（チェンバリン 1899.5.18-)
全書（チェンバリン 1899-1967)
大百（チェンバリン 1899-)
二十（チェンバリン，エドワード・ヘイスティングズ 1898-1967)
名著（チェンバリン 1899-)

Chambers, Aidan 〈20世紀〉
イギリスの作家，評論家．児童書出版社経営者．
⇒英児（Chambers, Aidan チェンバーズ，エイダン 1934-)
児作（Chambers, Aidan チェンバーズ，エイダン 1934-)
世児（チェインバーズ，エイダン 1934-)

Chambers, George Michael 〈20世紀〉
トリニダード・トバゴの政治家．首相・蔵相．
⇒世政（チェンバーズ，ジョージ・マイケル 1928.10.4-1997.11.4)

Chambers, Sir Paul 〈20世紀〉
イギリスの企業経営者．巨大企業ICI（インペリアル・ケミカル・インダストリーズ）の基盤を築いた．
⇒西洋（チェーンバーズ 1904.4.2-)

Chambers, Robert 〈19世紀〉
スコットランドの出版者，著述家．"Books of days"（1862～64）等を刊行．
⇒岩ケ（チェンバーズ，ロバート 1802-1871)
岩世（チェンバーズ 1802.7.10-1871.3.17)
科人（チェインバーズ，ロバート 1802.6.10-1871.2.17)
キリ（チェンバーズ，ロバート 1802.7.10-1871.3.17)
コン2（チェンバーズ 1802-1871)
コン3（チェンバーズ 1802-1871)
集文（チェインバーズ，ロバート 1802.7.10-1871.3.17)
人物（チェンバーズ 1802.7.10-1871.3.17)
西洋（チェーンバーズ 1802.7.10-1871.3.17)
世西（チェインバーズ 1802.7.10-1871.3.17)
名著（チェンバーズ 1802-1871)

Chambers, Sir (Stanley) Paul 〈20世紀〉
イギリスの官僚，実業家．
⇒岩世（チェンバーズ 1904.4.2-1981.12.23)

Chambers, Sir William 〈18世紀〉
イギリスの建築家．1761年王室建築家となる．

作品『サマセット・ハウス』(75)など．
⇒岩ケ（チェンバーズ，サー・ウィリアム 1726-1796)
岩世（チェンバーズ 1723.2.23-1796.3.8)
建築（チェンバース，サー・ウィリアム 1723-1796)
国小（チェンバーズ 1723-1796.3.8)
コン2（チェンバーズ 1726-1796)
コン3（チェンバーズ 1726-1796)
新美（チェンバーズ，ウィリアム 1723.2.23-1796.3.8)
西洋（チェーンバーズ 1726-1796.3.8)
世美（チェンバーズ，ウィリアム 1723-1796)
全書（チェンバーズ 1723-1796)
大百（チェンバーズ 1726-1796)
デス（チェンバーズ 1726-1796)

Chambers, William 〈19世紀〉
イギリスの出版業者，著述家．
⇒岩ケ（チェンバーズ，ウィリアム 1800-1883)
キリ（チェインバーズ，ウィリアム 1800.4.16-1883.5.20)

Chambiges, Léger
フランスの建築家．
⇒世美（シャンビージュ，レジェ）

Chambiges, Louis 〈16・17世紀〉
フランスの建築家．
⇒世美（シャンビージュ，ルイ ?-1619)

Chambiges, Martin 〈15・16世紀〉
フランスの建築家．サンス，トロアなどの諸寺院工事に参加．
⇒岩世（シャンビージュ ?-1532.8.29)
キリ（シャンビージュ，マルタン 15世紀末-1532.8.29)
新美（シャンビージュ，マルタン）
西洋（シャンビージュ ?-1532.8.29)
世美（シャンビージュ，マルタン ?-1532)

Chambiges, Pierre I 〈16世紀〉
フランスの建築家．パリ市庁舎建築工事を監督．
⇒岩世（シャンビージュ ?-1544)
新美（シャンビージュ，ピエール一世 ?-1544.1.19)
西洋（シャンビージュ ?-1544)
世美（シャンビージュ，ピエール一世 ?-1544)

Chambiges, Pierre II 〈16・17世紀〉
フランスの建築家．ルーヴル宮回廊の工事に当った（1560/4頃)．
⇒岩世（シャンビージュ）
新美（シャンビージュ，ピエール二世 ?-1616頃)
西洋（シャンビージュ）

世美（シャンビージュ, ピエール二世 1544–1615)

Chambrette, Jacques 〈18世紀〉
フランスの陶芸家。
⇒世美（シャンブレット, ジャック 1705–1758)

Chāmorro, Vieleta Barrios de 〈20世紀〉
ニカラグアの政治家, 新聞人。ニカラグア大統領, ラプレンサ紙社主。
⇒旺世（チャモロ 1920–)
　世政（チャモロ, ビオレタ・バリオス・デ 1929.10.18–)
　世西（チャモロ 1929.10.18–)

Champernowne, David Gawen 〈20世紀〉
イギリスの経済学者。
⇒二十（チャンパーノウン, デビッド・G. 1912–)

Chance, Alexander Macomb 〈19・20世紀〉
イギリスの工業化学者。
⇒科人（チャンス, アレグザンダー・メイコム 1844.6.28–1917)

Chancellor, Richard 〈16世紀〉
イギリスの航海家。1553年ロシア皇帝と会見。これによって55年モスクワ会社が設立された。
⇒岩ケ（チャンセラー, リチャード ?–1556)
　岩世（チャンスラー ?–1556)
　英米（Chancellor, Richard チャンセラー ?–1556)
　外国（チャンセラー ?–1556)
　国小（チャンセラー ?–1556.11.10)
　コン2（チャンセラー ?–1556)
　コン3（チャンセラー ?–1556)
　西洋（チャンセラー ?–1556)
　探検1（チャンセラー ?–1556)
　伝世（チャンセラー ?–1556)

Chandler, Alfred 〈20世紀〉
アメリカの経営学者, 経営史学者。
⇒岩世（チャンドラー 1918.9.15–2007.5.9)
　大辞3（チャンドラー 1918–)
　二十（チャンドラー, アルフレッド・デュポン（Jr.) 1918–)

Chandler, Chas 〈20世紀〉
イギリス生まれのベーシスト, プロデューサー。
⇒口人（チャンドラー, チャス 1938–1996)

Chandos, Oliver Lyttelton

Chandos, 1st Viscount 〈20世紀〉
イギリスの政治家, 企業家。
⇒岩ケ（チャンドス, オリヴァー・リトルトン・チャンドス, 初代子爵 1893–1972)

Chandralekha 〈20世紀〉
インドのダンサー, 振付家, デザイナー, 作家。
⇒岩ケ（チャンドラレーカー 1929.12.6–2006.12.26)
　バレ（チャンドラレカー 1929.12.6–2006.12.26)

Chanel, Gabrielle 〈19・20世紀〉
通称ココ・シャネル。パリの女性デザイナー。活動的なスタイルを発表し, 従来の服飾の伝統を破った。また香水, シャネル5番も有名。
⇒岩ケ（シャネル, ココ 1883頃–1971)
　岩世（シャネル 1883.8.19–1971.1.10)
　現人（シャネル 1883.8.19–1971.1.10)
　広辞5（シャネル 1883–1971)
　広辞6（シャネル 1883–1971)
　国小（シャネル 1883.8.19–1971.1.10)
　コン3（シャネル 1883–1971)
　人物（シャネル 1883.8.19–)
　スパ（シャネル, ガブリエル 1883–1971)
　世女（シャネル, ココ 1883頃–1971)
　世女日（シャネル, ココ 1883?–1971)
　世百新（シャネル 1883–1971)
　全書（シャネル 1883–1971)
　大辞2（シャネル 1883–1971)
　大辞3（シャネル 1883–1971)
　大百（シャネル 1884–1971)
　ナビ（シャネル 1883–1971)
　二十（シャネル, ココ 1883.8.19–1971.1.10)
　百科（シャネル 1883–1971)

Chanute, Octave 〈19・20世紀〉
アメリカの航空技術者。複葉の翼に支柱と張線を使う構造を考案した。
⇒岩世（シャヌート 1832.2.18–1910.11.24)
　国小（シャヌート 1832.2.18–1910.11.23)
　西洋（シャニュト 1832.2.18–1910.11.24)

Chapel, Alain 〈20世紀〉
フランスの料理人, レストラン経営者。
⇒岩世（シャペル 1937.12.30–1990.7.10)

Chapin, Aaron Lucius 〈19世紀〉
アメリカの経済学者。古典派経済学を通俗的に祖述。
⇒岩世（チェイピン 1817–1892)
　西洋（チェーピン 1817–1892)

Chaplet, Ernest 〈19・20世紀〉
フランスの陶芸家。
⇒世美（シャプレ, エルネスト 1835–1909)

経済・産業篇 113 chard

Chaplin, Charles Spencer 〈19・20世紀〉

イギリスの喜劇俳優，映画監督，映画製作者。
『モダン・タイムズ』(1936)，反ヒトラーの『独裁者』(40) などの傑作を残した。

⇒アメ（チャップリン　1889–1977）
逸話（チャップリン　1889–1977）
岩ケ（チャップリン，チャーリー　1899–1977）
岩世（チャップリン　1889.4.16–1977.12.25）
英米（Chaplin, Charlie　チャップリン　1889–1977）
旺世（チャップリン　1889–1977）
外国（チャップリン　1889–）
外男（チャップリン，チャールズ　1889.4.16–1977.12.25）
角世（チャップリン　1889–1977）
監督（チャップリン，チャールズ　1889.4.16–）
現ア（Chaplin, Charlie　チャップリン，チャーリー　1889–1977）
現人（チャプリン　1889.4.16–）
広辞5（チャップリン　1889–1977）
広辞6（チャップリン　1889–1977）
国小（チャップリン　1889.4.16–1977.12.25）
国百（チャップリン，チャーリー　1889.4.16–）
コン3（チャップリン　1889–1977）
最世（チャップリン，チャーリー　1889–1977）
集文（チャップリン，チャールズ　1889.4.16–1977.12.15）
人物（チャップリン　1889.4.16–）
西洋（チャップリン　1889.4.16–1977.12.25）
世映（チャップリン，チャールズ　1889–1977）
世人（チャップリン　1889–1977）
世西（チャプリン　1889.4.16–）
世俳（チャップリン，チャールズ　1889.4.16–1977.12.25）
世百（チャップリン　1889–）
世百新（チャップリン　1889–1977）
全書（チャップリン　1889–1977）
大辞2（チャップリン　1889–1977）
大辞3（チャップリン　1889–1977）
大百（チャップリン　1889–1977）
伝世（チャップリン　1889.4.16–1977.12.25）
ナビ（チャップリン　1889–1977）
二十（チャップリン，チャールズ・スペンサー　1889.4.16–1977.12.25）
俳優（チャップリン，チャールズ　1889.4.16–1977.12.15）
百科（チャップリン　1889–1977）
山世（チャップリン　1889–1977）

Chaplin, Winfield 〈19・20世紀〉

アメリカの土木技師。来日し，東京開成学校および東京大学理学部土木工学教師となる (1877～82)。

⇒岩世（チャップリン　1847.8.22–1918.3.12）
西洋（チャップリン　1847.8.22–1918.3.11）
日人（チャプリン　1847–1918）
来日（チャプリン　1847–1918）

Chappe, Claude 〈18・19世紀〉

フランスの技術家。視信号を用いた通信機を発明。

⇒岩ケ（シャップ，クロード　1763–1805）
岩世（シャップ　1763–1805）
科人（シャップ，クロード　1763.12.25–1805.1.23）
コン2（シャップ　1763–1805）
コン3（シャップ　1763–1805）
西洋（シャップ　1763–1805）
世西（シャップ　1763–1805.1.23）
世百（シャップ　1763–1805）
全書（シャップ　1763–1805）
大百（シャップ　1763–1805）

Chaptal, Jean Antoine, Comte de Chanteloup 〈18・19世紀〉

フランスの化学者，政治家。硫酸，明礬，ソーダの製造，葡萄酒醸造の改良を行った。

⇒外国（シャプタル　1756–1832）
科学（シャプタル　1756.6.4–1832.7.30）
科技（シャプタル　1756.6.4–1832.7.30）
科人（シャプタル，ジャン・アントワーヌ・クロード　1756.6.4–1832.7.30）
教育（シャプタル　1756–1832）
コン2（シャプタル　1756–1832）
コン3（シャプタル　1756–1832）
人物（シャプタル　1756.6.4–1832.7.30）
西洋（シャプタル　1756.6.4–1832.7.30）
世西（シャプタル　1756.6.4–1833.7.30）

Chardin, Jean 〈17・18世紀〉

フランスの宝石商，旅行家。中東，インドへ旅行。

⇒岩世（シャルダン　1643.11.16–1713.1）
外国（シャルダン　1643–1713）
角世（シャルダン　1643–1713）
国小（シャルダン　1643.11.16–1713.12.25）
集世（シャルダン，ジャン　1643.12.16–1713.1.26）
集文（シャルダン，ジャン　1643.12.16–1713.1.26）
西洋（シャルダン　1643.11.16–1712.12.25）
世東（シャルダン　1643–1713）

Chardonnet, Hilaire Bernigaud come de 〈19・20世紀〉

フランスの化学者，工業家。人造絹糸を発明した。

⇒岩ケ（シャルドネ，（ルイ・マリー・）イレール・ベリニョー，伯爵　1839–1924）
科学（シャルドネ伯　1839.5.1–1924.3.12）
科技（シャルドンネ　1839.5.1–1924.3.12）
科人（シャルドンネ(伯爵)，ルイ・マリー・イレール・ベルニゴー　1839.5.1–1925.3.12）
広辞4（シャルドネ　1839–1924）
広辞5（シャルドネ　1839–1924）
広辞6（シャルドネ　1839–1924）
国小（シャルドンネ　1839–1924）

chari 114 西洋人物レファレンス事典

コン**2** （シャルドンネ　1839-1924）
コン**3** （シャルドンネ　1839-1924）
西洋 （シャルドネ　1839.5.1-1924.3.12）
世科 （シャルドンネ　1839-1924）
世百 （シャルドンネ　1839-1924）
全書 （シャルドンネ　1839-1924）
大百 （シャルドンネ　1839-1924）
デス （シャルドンネ　1839-1924）
ナビ （シャルドンネ　1839-1924）
二十 （シャルドンネ, L.C.　1839.5.1-1924.3.12）
百科 （シャルドンネ　1839-1924）

C Charignon, Antoine J.H. 〈19・20世紀〉

フランスの鉄道技師。中国に渡り（1898），京漢線，隴海線等の建設に従事。民国政府技術顧問。
⇒西洋 （シャリニョン　1872.9.22-1930.8.17）
世東 （シャリニョン　1872-1930.8.17）

Charles V le Sage 〈14世紀〉

フランス王（在位1364～80）。イギリスから失地の大半を回復，財政を改善，学芸を奨励，賢君と称せられた。
⇒岩ケ （シャルル5世　1338-1380）
旺世 （シャルル（5世）　1337-1380）
外国 （シャルル5世（賢明王）　1337-1380）
広辞**4** （シャルル五世　1337-1380）
広辞**6** （シャルル五世　1337-1380）
皇帝 （シャルル5世　1337-1380）
国小 （シャルル5世　1338.1.21-1380.9.16）
コン**2** （シャルル5世（賢明王）　1337-1380）
コン**3** （シャルル5世（賢明王）　1337-1380）
人物 （シャルル五世　1337.12.3-1380.9.16）
西洋 （シャルル五世（賢明王）　1337.12.3-1380.9.16）
世人 （シャルル5世（賢明王）　1337-1380）
世西 （シャルル五世（賢明）　1337.1.2-1380.9.10）
世百 （シャルル5世　1337-1380）
全書 （シャルル五世　1337-1380）
大辞 （シャルル五世　1337-1380）
大辞**3** （シャルル五世　1337-1380）
大百 （シャルル五世　1337-1380）
伝世 （シャルル5世　1338.1.21-1380.9.16）
統治 （シャルル五世，賢明王　（在位）1364-1380）
百科 （シャルル5世　1337-1380）
評世 （シャルル5世　1337-1380）
山世 （シャルル5世（賢明王）　1337-1380）
歴史 （シャルル5世　1339-1380）

Charlip, Remy 〈20世紀〉

アメリカのダンサー，振付家，デザイナー，作家，俳優，アーティスト，教師。
⇒児文 （シャーリップ, レミ　1929-）
二十 （シャーリップ, レミ　1929-）
バレ （チャーリップ, レミー　1929.1.10-）

Charlot, Andrè 〈19・20世紀〉

イギリスの演出家，興行主。フランス生まれ。
⇒演劇 （シャルロ, アンドレ　1882-1956）
世俳 （シャルロー, アンドレ）
二十 （シャルロ, アンドレ　1882.7.26-1956.5.20）

Charpentier, Alexandre 〈19・20世紀〉

フランスの彫刻家，出版業者。アール・ヌーボーの家具デザイナー。印象派の愛好者，パトロン。
⇒国小 （シャルパンティエ　生没年不詳）
新美 （シャルパンティエ, アレクサンドル　1856.6.10-1909.3.3）
二十 （シャルパンティエ, アレクサンドル　1856-1909）
百科 （シャルパンティエ　1856-1909）

Charpentier, Georges 〈19・20世紀〉

フランスの出版業者，美術品コレクター。
⇒岩世 （シャルパンティエ　1846.12.22-1905.11.15）
国小 （シャルパンティエ　生没年不詳）
新美 （シャルパンティエ, ジョルジュ　1846-1905.11.15）
二十 （シャルパンティエ, ジョルジュ　1846-1905.11.15）

Charrier, Jacques 〈20世紀〉

フランスの俳優，プロデューサー。
⇒外男 （シャリエ, ジャック　1936.11.6/11-）
世俳 （シャリエ, ジャーク）
俳優 （シャリエ, ジャック　1936.11.6-）

Chase, Lucia 〈20世紀〉

アメリカのバレエ団経営者。
⇒岩世 （チェイス　1907.3.24-1986.1.9）
西洋 （チェース　1907.3.24-）
世女 （チェイス, ルシア　1907-1986）
世女日 （チェイス, ルシア　1907-1986）
バレ （チェイス, ルシア　1907.3.24-1986.1.9）

Chase, Stuart 〈19・20世紀〉

アメリカの経済学者。著書『浪費の悲劇』（1925）など。
⇒コン**3** （チェース　1888-）

Chastillon, Claude 〈16・17世紀〉

フランスの建築家，版画家。
⇒世美 （シャスティヨン, クロード　1560-1616）

Chattopadhyay, Kamaldevi 〈20世紀〉

インドの社会改良家，工芸運動指導者。
⇒世女 （チャットーバーディヤーヤ, カマルデーヴィー　1903-）

経済・産業篇　　115　　**cherm**

世女日（チャトパドヤヤ, カマラデヴィ　1903–
1988）

Chaudhri, Sachindra〈20世紀〉
インドの弁護士, 政治家。インド蔵相。
⇒二十（チョードリ, S.　1903–）

Chaumet, Joseph〈19・20世紀〉
フランスの宝飾デザイナー。
⇒岩世（ショーメ　1852–1928）

Chavan, Yeshwantrao Balwantrao〈20世紀〉
インドの政治家。1970年に蔵相, 74年から外相
となり, 対米関係の改善に力を注いでいる。
⇒現人（チャバン　1913.3.12–）
　　コン3（チャヴァン　1913–）
　　世政（チャバン, イェシュワントラオ　1913.3.
　　12–1984.11.25）
　　二十（チャバン, Y.B.　1913.3.12–1984.11.25）

Chayanov, Aleksandr Vasil'ervich〈19・20世紀〉
ロシアの農業経済学者。小農経済論を中心とす
る農業経済論で有名。1920年代後半に反革命を
企て, 失脚。
⇒岩世（チャヤーノフ　1888.1.17［29］–1937.10.3）
　　岩哲（チャヤーノフ　1888–1939）
　　経済（チャヤーノフ　1888–1937）
　　広辞5（チャヤーノフ　1888–1937）
　　広辞6（チャヤーノフ　1888–1937）
　　国小（チャヤーノフ　1888–?）
　　集世（チャヤーノフ, アレクサンドル・ワシリエ
　　ヴィチ　1888.1.17–1937.10.3）
　　集文（チャヤーノフ, アレクサンドル・ワシリエ
　　ヴィチ　1888.1.17–1937.10.3）
　　西洋（チャヤーノフ　1888–1939頃）
　　世百（チャヤーノフ　1888–?）
　　世百新（チャヤーノフ　1888–?）
　　全書（チャヤーノフ　1888–1939?）
　　大辞2（チャヤーノフ　1888–1939頃）
　　大辞3（チャヤーノフ　1888–1939頃）
　　二十（チャヤーノフ, アレクサンダー　1888–
　　1939?）
　　百科（チャヤーノフ　1888–?）
　　名著（チャーヤノフ　1888–1930?）
　　ロシ（チャヤーノフ　1888–1937）

Chebychev, Pafnutiy Lvovich〈19世紀〉
ロシアの数学者。「チェビシェフの関数」,
「チェビシェフの不等式」で知られる。
⇒岩ケ（チェブイショフ, パフヌチー・リヴォヴィ
　　チ　1821–1894）
　　科大（チェビシェフ　1821–1894）
　　広辞4（チェビシェフ　1821–1894）
　　広辞6（チェビシェフ　1821–1894）
　　国小（チェビシェフ　1821.5.26–1894.12.8）

コン2（チェブイショーフ　1821–1894）
コン3（チェビシェフ　1821–1894）
数学（チビショーフ　1821.5.16–1894.12.8）
数学増（チビショーフ　1821.5.16–1894.12.8）
西洋（チェブイショーフ　1821.5.14–1894.11.26）
世西（チェブイシェフ　1821.5.14–1894.11.26）
世百（チェビシェフ　1821–1894）
全書（チェビシェフ　1821–1894）
大辞（チェビシェフ　1821–1894）
大辞3（チェビシェフ　1821–1894）
大百（チェビシェフ　1821–1894）
百科（チェビシェフ　1821–1894）

Chelis〈前6・5世紀〉
ギリシアの陶工。
⇒世美（ケリス　前6–前5世紀）

Chelly, Tijani〈20世紀〉
チュニジアの政治家。1969年マグレブ化学工業
社長に就任。70～72年には国民経済相。
⇒中東（シェリー　1931–）

Chemetov, Paul〈20世紀〉
フランスの建築家。国立土木工学校建築教授。
⇒二十（シュメトフ, ポール　1928–）

Chen, Olivia〈20世紀〉
女優, 陶芸家。
⇒外女（チェン, オリヴィア　1960.2.14–）

Chenery, Hollis Burnley〈20世紀〉
アメリカの経済学者。
⇒二十（チェネリー, H.B.　1918–）

Cheney, Dick〈20世紀〉
アメリカの政治家, 実業家。ブッシュ政権の副
大統領。
⇒岩世（チェイニー　1941.1.30–）
　　最世（チェイニー, リチャード　1941–）
　　世政（チェイニー, ディック　1941.1.30–）
　　世西（チェイニー　1941.1.30–）

Chen Lin〈20世紀〉
アメリカの企業家。中国系。
⇒華人（チェン・リン　1915–）

Chermayeff, Serge〈20世紀〉
アメリカの建築家。ロシアに生まれ, イギリス
に渡り, デ・ラ・ワール・パビリオン（1934～
35）を制作。40年アメリカに渡る。
⇒岩ケ（チェルマイエフ, サージ　1900–1996）
　　国小（シェルメイエフ　1900–）
　　西洋（チェルマイエフ　1900.10.8–）
　　世美（チャマーイエフ, サージ・アイヴァン
　　1900–）

Chernomyrdin, Viktor 〈20世紀〉

ロシアの政治家, 企業家。

⇒岩世 (チェルノムイルジン 1938.4.9–2010.11.3)
世政 (チェルノムイルジン, ヴィクトル 1938.4.9–)
世西 (チェルノムイルジン 1938–)
ロシ (チェルノムイルジン 1938–)

Chernyshevsky, Nikolai Gavrilovich 〈19世紀〉

ロシアの文学者, 哲学者, 経済学者。革命的民主主義の立場から文学・哲学・経済学の各分野に健筆をふるい, 獄中で書かれた長編小説「何をなすべきか」はナロードニキ運動に大きな影響を与えた。ほかに「ミル経済学原理への注釈」など。

⇒岩世 (チェルヌイシェフスキー 1828.7.12–1889.10.17)
岩哲 (チェルヌイシェフスキイ 1828–1889)
旺世 (チェルヌイシェフスキー 1828–1889)
外国 (チェルヌイシェフスキー 1828–1889)
広辞4 (チェルヌイシェフスキー 1828–1889)
広辞6 (チェルヌイシェフスキー 1828–1889)
国小 (チェルヌイシェフスキー 1828.7.1–1889.10.29)
コン2 (チェルヌイシェーフスキィ 1828–1889)
コン3 (チェルヌイシェフスキー 1828–1889)
集世 (チェルヌイシェフスキー, ニコライ・ガブリーロヴィチ 1828.7.12–1889.10.17)
集文 (チェルヌイシェフスキー, ニコライ・ガブリーロヴィチ 1828.7.12–1889.10.17)
人物 (チェルヌイシェフスキー 1828.7.24–1889.10.29)
西洋 (チェルヌイシェフスキー 1828.7.24–1889.10.29)
世人 (チェルヌイシェフスキー 1828–1889)
世西 (チェルヌイシェーフスキー 1828.7.1–1889.10.29)
世百 (チェルヌイシェフスキー 1828–1889)
世文 (チェルヌイシェフスキー, ニコライ・ガヴリロヴィチ 1828–1889)
全書 (チェルヌイシェフスキー 1828–1889)
大辞 (チェルヌイシェフスキー 1828–1889)
大辞3 (チェルヌイシェフスキー 1828–1889)
大百 (チェルヌイシェフスキー 1828–1889)
デス (チェルヌイシェフスキー 1828–1889)
伝世 (チェルヌイシェフスキー 1828.7.1–1889.10.29露)
百科 (チェルヌイシェフスキー 1828–1889)
名著 (チェルヌイシェーフスキー 1828–1889)
山世 (チェルヌイシェフスキー 1828–1889)
歴学 (チェルヌイシェフスキー 1828–1889)
ロシ (チェルヌイシェフスキー 1828–1889)

Chersiphron 〈前6世紀〉

ギリシアの建築家。

⇒岩世 (ケルシフロン)
世美 (ケルシフロン 前6世紀前半)

Chetham, Humphrey 〈16・17世紀〉

イギリスの商人, 慈善家。

⇒岩ケ (チェタム, ハンフリー 1580–1653)

Cheval, Joseph Ferdinand 〈19・20世紀〉

フランスの素人建築家。死後ブルトンらによって発見された。"郵便配達夫シュバル"と呼ばれる。

⇒二十 (シュバル, ジョセフ・フェルデナンド 1836–1924)
百科 (シュバル 1836–1924)

Chevalier, Michel 〈19世紀〉

フランスの経済学者, 政治家。サン=シモン主義者。上院議員。

⇒岩世 (シュヴァリエ 1806.1.13–1879.11.28)
国小 (シュバリエ 1806–1879)
百科 (シュバリエ 1806–1879)

Chevénement, Jean Pierre 〈20世紀〉

フランスの政治家。研究・技術相, 文相。

⇒岩世 (シュヴェヌマン 1939.3.9–)
二十 (シュベヌマン, ジーン.P. 1939.3.9–)

Cheves, Langdon 〈18・19世紀〉

アメリカの政治家。1819年合衆国銀行取締役, ついで同総裁。

⇒外国 (チヴス 1776–1857)

Chevotet, Jean-Michel 〈17・18世紀〉

フランスの建築家。

⇒建築 (シュヴォテ, ジャン=ミシェル 1698–1772)

Chevrolet, Louis 〈19・20世紀〉

アメリカの自動車製作者, レーサー。インディアナポリスのレースで自ら設計した車で連続優勝 (1920, 21)。

⇒岩ケ (シェヴロレー, ルイ 1878–1941)
コン2 (シェヴロレー 1879–1941)
コン3 (シェヴロレー 1879–1941)

Chew, Thomas Foon 〈19・20世紀〉

アメリカの企業家。中国系。

⇒華人 (チュウ, トーマス・フォーン 1890–1931)

Chew Chong 〈19・20世紀〉

ニュージーランドの企業家。中国系。

⇒華人 (チュー・チォン 1830–1920)

Chézy, Antoine de 〈18世紀〉

フランスの土木技術者。

⇒岩世 (シェジー 1718.9.1–1798.10.4)

経済・産業篇　　　　　　　　　　　*117*　　　　　　　　　　　chios

Chiattone, Mario 〈20世紀〉
イタリアの建築家。ミラノで「新都市」のための諸建築のスケッチを展示し(1914)、未来派建築の発展に寄与した。
⇒岩世（キアットーネ　1891.11.11-1957.8.21）
　西洋（キアットーネ　1891-1957）
　世美（キアットーネ, マーリオ　1891-1957）

Chiaveri, Gaetano 〈17・18世紀〉
イタリアの建築家。ドレスデンでバロック風のカトリック宮廷聖堂を建築（1735〜55）。
⇒岩世（キアヴェーリ　1689-1770.3.5）
　建築（キアヴェリ, ガエターノ　1689-1770）
　西洋（キャヴェーリ　1689-1770.3.5）
　世美（キアヴェーリ, ガエターノ　1689-1770）

Chicherin, Georgi Vasilievich 〈19・20世紀〉
ソ連邦の政治家。第1次大戦中ロンドンで反戦運動、ロシア政治亡命者救援運動を組織。1918年帰国し、列国との外交通商関係の回復に活躍。
⇒角世（チチェーリン　1872-1936）
　国小（チチェリン　1872.12.2-1936.7.7）
　国百（チチェーリン, ゲオルギー・ワシリエビッチ　1872.12.2-1936.7.7）
　コン2（チチェーリン　1872-1936）
　コン3（チチェーリン　1872-1936）
　人物（チチェーリン　1872.11.20-1936.7.10）
　西洋（チチェーリン　1872.11.24-1936.7.7）
　世政（チチェーリン, ゲオルギー　1872-1936.7.7）
　世西（チチェーリン　1872-1936.7.7）
　世百（チチェリン　1872-1936）
　全書（チチェーリン　1872-1936）
　伝世（チチェーリン　1872-1936.7.7）
　二十（チチェーリン, ゲオルギイ　1872-1936）
　百科（チチェーリン　1872-1936）
　山世（チチェーリン　1872-1936）
　ロシ（チチェーリン　1872-1936）

Chiggio, Ennio 〈20世紀〉
イタリアのデザイナー。
⇒世美（キッジョ, エンニオ　1938-）

Chijs, Jacobus Anne van der 〈19・20世紀〉
オランダの植民史家、経済史家。東インド総督府の官吏。バタヴィアの文書館初代館長（1892〜1905）。著に『東インド会社設立史』(1857)、『日本の開国とオランダの寄与』(67) など。
⇒岩世（シェイス　1831.6.1-1905.1.23）
　西洋（シャイス　1821.6.1-1905.1.23）

Child, Sir Josiah 〈17世紀〉
イギリスの商人。1677年東インド会社総裁。『新貿易論』(90) などで重商主義を説いた。
⇒岩世（チャイルド　1630-1699.6.22）

　外国（チャイルド　1630-1699）
　国小（チャイルド　1630-1699.6.22）
　コン2（チャイルド　1630-1699）
　コン3（チャイルド　1630-1699）
　人物（チャイルド　1630-1699.6.22）
　西洋（チャイルド　1630-1699.6.22）
　世百（チャイルド　1630-1699）
　全書（チャイルド　1630-1699）
　百科（チャイルド　1630-1699）
　名著（チャイルド　1630-1699）

Child, Julia 〈20世紀〉
アメリカの料理研究家。「アメリカ第一級のフレンチ・シェフ」といわれる。
⇒ア人（チャイルド, ジュリア　1912.8.15-）
　現ア（Child, Julia　チャイルド, ジュリア　1912-）
　世女（チャイルド, ジュリア　1912-）

Chinard, Philippe 〈13世紀〉
ナポリ王国の軍事技術者。
⇒建築（シナール, フィリップ　(活動)13世紀）

Chin Gee Hee 〈19・20世紀〉
アメリカの実業家。中国系。
⇒華人（チン・ギーヒー　1844-1929）

Chiossone, Edoardo 〈19世紀〉
イタリアの銅版彫刻家。1875年来日。大蔵省紙幣寮で各種紙幣・郵便切手などを製作。日本における印刷技術の基礎づくりに貢献。
⇒岩世（キヨソーネ(キオッソーネ)　1832.1.21-1898.4.11）
　外国（キヨソネ　1833-1898）
　芸術（キヨソーネ, エドアルド　1832-1898）
　広辞4（キヨソーネ　1832-1898）
　広辞6（キヨソーネ　1832-1898）
　国史（キオソーネ　1832-1898）
　国小（キオソーネ　1833-1892）
　コン2（キオソーネ　1832-1898）
　コン3（キオソーネ　1832-1898）
　新美（キヨソーネ, エドアルド　1832.1.21-1898.4.11）
　人物（キオソーネ　1832.1.21-1898.4.11）
　西洋（キオソーネ(キョソネ)　1832.1.21-1898.4.11）
　世美（キオッソーネ, エドアルド　1832-1898）
　世百（キヨソネ　1831/2-1898）
　全書（キヨソネ　1832-1898）
　大辞（キオソーネ　1832-1898）
　大辞3（キヨソネ　1832-1898）
　大百（キオソーネ　1832-1898）
　日人（キヨソネ　1832-1898）
　百科（キヨソネ　1832-1898）
　来日（キヨソネ　1832.1.21-1898.4.11）
　歴史（キオソーネ　1832-1898）

chipi　　　　　　　　　　　*118*　　　　　西洋人物レファレンス事典

Chipiez, Charles〈19・20世紀〉
フランスの建築家。アルマンティエールの国立
学校を建築。
⇒岩世（シピエ　1835–1901）
　西洋（シピエ　1835–1901）
　世美（シピエ，シャルル　1835–1901）

Chippendale, Thomas〈18世紀〉
イギリスの家具意匠家。チペンデール様式の創
始者。1754年家具図集『家具総鑑』を出版。
⇒岩ケ（チッペンデイル，トマス　1718–1779）
　英米（Chippendale, Thomas　チッペンデール
　　1718頃–1779）
　芸術（チッペンデール，トーマス　1718–1779）
　建築（チッペンデール，トーマス　1718–1779）
　国小（チペンデール　1718.6.5–1779.9.11）
　コン**2**（チッペンデール　1718–1779）
　コン**3**（チッペンデール　1718–1779）
　新美（チッペンデール，トーマス　1718頃–1779）
　世美（チッペンデイル，トマス　1718–1779）
　世百（チッペンデール　1718–1779）
　全書（チッペンデール　1718頃–1779）
　大百（チッペンデール　1718?–1779）
　デス（チッペンデール　1718–1779）
　伝世（チッペンデイル　1718.6.5–1779.11）
　百科（チッペンデール　1718–1779）

Chisum, John Simpson〈19世紀〉
アメリカの牧畜業者。
⇒岩ケ（チザム，ジョン・シンプソン　1824–1884）

Chkalov, Valeri Pavlovich〈20世紀〉
ソ連邦の航空士。1937年第1回北極経由米ソ連
絡飛行に成功。
⇒外国（チカロフ　1904–1938）
　コン**3**（チカーロフ　1904–1938）
　世西（チカーロフ　1904–1938）

Chohol, Josef〈19・20世紀〉
チェコスロヴァキアの建築家。
⇒世美（ホホル，ヨセフ　1880–1956）

Choisy, François Auguste〈19・20世
紀〉
フランスの考古学者，技師。土木橋梁学校建築
学教授。
⇒岩世（ショワジ　1841.2.7–1909.9.18）
　西洋（ショアジ　1841–1909）
　二十（ショアジー，A.　1841–1909）
　百科（ショアジー　1841–1909）
　名著（ショワジー　1841–1909）

Christ, Carl Finley〈20世紀〉
アメリカの経済学者。
⇒二十（クリスト，カール・フィンレイ　1923–）

Christian-Jaque〈20世紀〉
フランスの映画監督。『カルメン』(1943)，『パ
ルムの僧院』(47) などを製作した多作家。
⇒外国（ジャック　1905–）
　監督（クリスチャン・ジャック　1904.9.4–）
　集文（クリスチャン＝ジャック　1904.9.4–1994.
　　7.8）
　世映（クリスチャン＝ジャック　1904–1994）
　世百（クリスティアンジャック　1904–）
　二十（クリスティアン，ジャック　1904.9.4–）

Christy, Frederick Collier
イギリスの技師。来日し(1871)，工部省鉄道
寮の汽車監察方となった。
⇒岩世（クリスティ）
　西洋（クリスティ）

Chrysler, Walther Percy〈19・20世紀〉
アメリカの自動車技術者。クライスラー・コー
ポレーションを創立。
⇒岩ケ（クライスラー，ウォルター（・パーシー）
　　1875–1940）
　岩世（クライスラー　1875.4.2–1940.8.18）
　コン**2**（クライスラー　1875–1940）
　コン**3**（クライスラー　1875–1940）
　西洋（クライスラー　1875.4.2–1940.8.18）
　伝世（クライスラー　1875–1940）

Chubais, Anatolii Borisovich〈20世
紀〉
ロシアの企業家，政治家，統一エネルギーシス
テム社長。
⇒ロシ（チュバイス　1955–）

Chubb, Charles〈18・19世紀〉
イギリスの錠前工。
⇒岩ケ（チャブ，チャールズ　1772–1846）

Chudleigh, Elizabeth〈18世紀〉
イギリスの実業家，冒険家。
⇒世女（チャドリー，エリザベス　1720–1788）
　世女日（チュドレイ，エリザベス　1720–1788）

Chueca Goitia, Fernando〈20世紀〉
スペインの建築家，建築史家。
⇒岩世（チュエカ　1911.5.29–2004.10.30）

Chugaev, Lev Aleksandrovich〈19・
20世紀〉
ソ連邦の化学者。〈チュガーエフ試薬〉（ジメチ
ル・グリオキシム）を開発。
⇒科学（チューガエフ　1873.10.17–1922.9.23）
　コン**2**（チュガーエフ　1873–1922）
　コン**3**（チュガーエフ　1873–1922）
　二十（チューガエフ，レフ　1873.10.17–1929.9.

23)

Chuman, Frank F. 〈20世紀〉
アメリカの日系弁護士。日本総領事館法律顧問, 南カリフォルニア日本商業会議所会頭。
⇒二十 (チューマン, フランク・F. 1917-)

Church, Alexander Hamilton 〈19・20世紀〉
イギリスの電気技師。論文『間接費の適正配賦』(1901)で, 間接費配賦理論の基礎をつくった。
⇒国小 (チャーチ 1866-1936)
名著 (チャーチ 生没年不詳)

Churchill, *Lord* Randolph Henry Spencer 〈19世紀〉
イギリスの政治家。「トーリー民主主義」を主張, 保守党勢力の挽回をはかった。インド相, 蔵相を歴任。
⇒岩ケ (チャーチル, ロード・ランドルフ(・ヘンリー・スペンサー) 1849-1895)
英米 (Churchill, Lord Randolph Henry Spencer チャーチル, ランドルフ 1849-1895)
外国 (チャーチル 1849-1895)
国小 (チャーチル 1849.2.13-1895.1.24)
コン2 (チャーチル 1849-1895)
コン3 (チャーチル 1849-1895)
人物 (チャーチル 1849.2.13-1895.1.24)
西洋 (チャーチル 1849.2.13-1895.1.24)
世西 (チャーチル 1849.2.13-1895.1.24)

Churchman, Charles West 〈20世紀〉
アメリカの哲学者。アメリカ・オペレーションズ・リサーチ協会員で, 経営管理の研究にも詳しい。
⇒名著 (チャーチマン 1913-)

Churchward, George Jackson 〈19・20世紀〉
イギリスの機関車技師。グレートウェスタン鉄道における機関車の性能および設計の進歩に大きな貢献をなした。
⇒岩ケ (チャーチウォード, ジョージ・ジャクソン 1857-1933)
世科 (チャーチウォード 1857-1933)
二十 (チャーチウォード, ジョージ・ジャクソン 1857-1933.12.19)

Churriguera
スペインの建築家, 彫刻家一族。
⇒岩世 (チュリゲーラ一族)

Churriguera, Alberto 〈17・18世紀〉
スペインの建築家, 彫刻家。
⇒コン2 (チュリゲーラ・アルベルト 1676頃-1750)
コン3 (チュリゲーラ・アルベルト 1676頃-1750)

Churriguera, Joaquín 〈17・18世紀〉
スペインの建築家, 彫刻家。
⇒コン2 (チュリゲーラ・ホアキン 1674-1720)
コン3 (チュリゲーラ・ホアキン 1674-1720)

Churriguerra, José Benito de 〈17・18世紀〉
スペインの建築家, 画家。「チュリゲリスム」と呼ばれる新様式を発展させた。
⇒岩ケ (チュリゲーラ, ドン・ホセ 1650-1725)
国小 (チュリゲラ 1665.3.21-1725.3.2)
コン2 (チュリゲーラ・ホセ 1665-1725)
コン3 (チュリゲーラ・ホセ 1665-1725)
西洋 (チュリゲラ 1650-1723)
伝世 (チュリゲラ 1665-1725)

Chute, John 〈18世紀〉
イギリスの建築家。
⇒世美 (チュート, ジョン 1701-1776)

Chydenius, Anders 〈18・19世紀〉
スウェーデン, フィンランドの経済学者, 政治家, 宗教家。
⇒岩世 (シュデーニウス 1729.2.26-1803.2.1)

Cibber, Caius Gabriel 〈17世紀〉
デンマークの彫刻家, 建築家。代表作『荒れる狂気』(1677)など。
⇒国小 (シバー 1630-1700)
世美 (シバー, カイ・ガブリエル 1630-1700)

Cierva, Juan de la 〈20世紀〉
スペインの飛行家, 航空機設計家。1923年にオートジャイロを設計した。
⇒岩ケ (シエルバ, フアン・デ・ラ 1895-1936)
岩世 (シエルバ 1895.9.21-1936.12.9)
国小 (シエルバ 1895-1936)
西洋 (シエルバ 1895.9.21-1936.12.9)
世科 (シエルバ 1895-1936)
二十 (シエルバ, J.de la 1895.9.21-1936.11.9)

Cigoli, Lodovico Cardi da 〈16・17世紀〉
イタリアの画家, 建築家。フィレンツェ絵画におけるバロック様式の創始者の一人。
⇒岩世 (チーゴリ 1559.9.12-1613.6.8)
国小 (チーゴリ 1559.9.21-1613.6.8)
新美 (チーゴリ, ロドヴィーコ・カルディ・ダ 1559.9.12-1613.6.8)
西洋 (チーゴリ 1559.9.12-1613.6.8)
世美 (チーゴリ 1559-1613)

Cino, Giuseppe 〈17・18世紀〉
イタリアの建築家。
⇒世美（チーノ, ジュゼッペ　1644–1722）

Cipriani, Sebastiano 〈17・18世紀〉
イタリアの建築家。
⇒世美（チプリアーニ, セバスティアーノ　17–18
世紀）

Ciriani, Henri 〈20世紀〉
ペルー生まれのフランスの建築家。
⇒二十（シリアニ, アンリ　1936–）

Citroën, André Gustav 〈19・20世紀〉
フランスの産業経営者, シトロエンの創業者。
⇒岩ケ（シトロエン, アンドレ・ギュスターヴ
1878–1935）
　岩世（シトロエン　1878.2.5–1935.7.3）
　西洋（シトロエン　1878–1935）
　ユ人（シトロエン, アンドレ・ギュスタブ
1878–1935）

Citters, Jan Willem Fredrik van
〈18・19世紀〉
オランダの長崎商館長。
⇒岩世（シッテルス　1785.7.5–1836.5.4）

Civerchio, Vincenzo 〈15・16世紀〉
イタリアの画家, 建築家。
⇒世美（チヴェルキオ, ヴィンチェンツォ　1470頃
–1544）

Civitali, Matteo 〈15・16世紀〉
イタリアの建築家, 彫刻家。
⇒岩ケ（チヴィターリ, マッテーオ　1435–1510）
　新美（チヴィターリ・マッテーオ　1436.6.5–1501.
10.12）
　世美（チヴィターリ, マッテーオ　1436–1501）

Civitali, Nicolao 〈15・16世紀〉
イタリアの彫刻家, 建築家。
⇒世美（チヴィターリ, ニコラーオ　1482–1560）

Claiborne, Craig 〈20世紀〉
アメリカのシェフ, 著述家。
⇒岩ケ（クレイボーン, クレイグ　1920–）

Clapeyron, Benoit Pierre Émile
〈18・19世紀〉
フランスの物理学者。橋梁, 鉄道の建設に貢献。
クラペイロン＝クラウジウスの式を導いた。
⇒岩ケ（クラペイロン, ブノワ・ポール・エミール
1799–1864）

岩世（クラペーロン　1799.2.26–1864.1.28）
外国（クラペーロン　1799–1864）
科学（クラペイロン　1799.2.26–1864.1.28）
科史（クラペーロン　1799–1864）
広辞6（クラペイロン　1799–1864）
国小（クラペイロン　1799.2.21–1864.1.28）
コン2（クラペーロン　1799–1864）
コン3（クラペイロン　1799–1864）
人物（クラペロン　1799.2.26–1864.7.28）
西洋（クラペーロン　1799.2.26–1864.1.28）
世西（クラペーロン　1799.2.21–1864.1.28）
世書（クラペイロン　1799–1864）
全書（クラペイロン　1799–1864）
大辞（クラペイロン　1799–1864）
大辞3（クラペイロン　1799–1864）
大百（クラペイロン　1799–1864）
伝世（クラペーロン　1799.2.26–1864.1.28）
百科（クラペイロン　1799–1864）

Clapham, John Harold 〈19・20世紀〉
イギリスの経済史家。大著『イングランド銀行
史』（2巻, 1944）の他, 『近代イギリス経済史』
（3巻, 1926～38）, 『経済史の研究』（29）など
がある。
⇒岩世（クラバム　1873.9.13–1946.3.29）
　外国（クラバム　1873–1946）
　経済（クラバム　1873–1946）
　国小（クラバム　1873.9.13–1946.3.29）
　コン2（クラバム　1873–1946）
　コン3（クラバム　1873–1946）
　西洋（クラバム　1873.9.13–1946.3.29）
　世西（クラバム　1873.9.13–1946.3.29）
　世百（クラッバム　1873–1946）
　全書（クラッバム　1873–1946）
　伝世（クラバム　1873–1946）
　二十（クラッバム, ジョン・ハロルド　1873.9.
13–1946.3.29）
　百科（クラバム　1873–1946）
　名著（クラバム　1873–1946）

Clapham, Michael John Sinclair
〈20世紀〉
イギリスの財界人。インペリアル・メタル・イ
ンダストリーズ社の会長。
⇒現人（クラッバム　1912.1.17–）

Clapp, _Sir_ Harold Winthrop 〈19・20
世紀〉
オーストラリアの電気技術者。電気鉄道事業に
従事。
⇒岩世（クラップ　1875.5.7–1952.10.21）
　西洋（クラップ　1875.5.7–1952.10）

Claretie, Jules 〈19・20世紀〉
フランスのジャーナリスト, 劇作家。コメ
ディー・フランセーズ座の支配人。
⇒岩ケ（クラルティ, ジュール　1840–1913）
　西洋（クラルシー　1840.12.3–1913.12.23）
　二十（クラルシー, J.　1840–1913）

Clark, Alvan 〈19世紀〉

アメリカの天文機械製造家。世界第一のヤーキース天文台の40インチの大レンズなどを製作。

⇒岩世（クラーク　1804.3.8–1887.8.19）
　外国（クラーク　1804–1887）
　コン2（クラーク　1804–1887）
　コン3（クラーク　1804–1887）
　人物（クラーク　1804.3.8–1887.8.19）
　西洋（クラーク　1804.3.8–1887.8.19）
　世西（クラーク　1804.3.8–1887.8.19）
　世百（クラーク　1804–1887）
　全書（クラーク　1804–1887）
　大百（クラーク　1804–1887）

Clark, Alvan Graham 〈19世紀〉

アメリカの天文学者。天体望遠鏡の製作に従事。シリウスの伴星を発見（1861）。

⇒科学（クラーク　1832.7.10–1897.6.9）
　科技（クラーク　1832.7.10–1897.6.9）
　科人（クラーク，アルヴァン・グレアム　1832.7.10–1897.6.9）
　国小（クラーク　1832–1897）
　天文（クラーク　1832–1897）

Clark, Colin Grant 〈20世紀〉

イギリスの経済学者。国民所得の統計的実証的研究の世界的権威。主著『経済進歩の諸条件』（1940）。

⇒岩世（クラーク　1905.11.2–1989.9.4）
　外国（クラーク　1905–）
　経済（クラーク　1905–）
　現人（クラーク　1905.11.2–）
　国小（クラーク　1905.11.2–）
　コン3（クラーク　1905–）
　人物（クラーク　1905.11.2–）
　西洋（クラーク　1905.11.2–）
　世西（クラーク　1905.11.2–）
　世百（クラーク　1905–）
　世百新（クラーク　1905–1989）
　全書（クラーク　1905–）
　大辞2（クラーク　1905–）
　大辞3（クラーク　1905–1989）
　大百（クラーク　1905–）
　伝世（クラーク，C.　1905.11.2–）
　二十（クラーク，コリン・G.　1905.11.2–）
　百科（クラーク　1905–）
　名著（クラーク　1905–）

Clark, George Rogers 〈18・19世紀〉

アメリカの測量技師，市民兵指揮官。

⇒岩ケ（クラーク，ジョージ・ロジャーズ　1752–1818）
　岩世（クラーク　1752.11.19–1818.2.13）
　英米（Clark, George Rogers　クラーク　1752–1818）
　外国（クラーク　1752–1818）
　国小（クラーク　1752–1818）
　コン2（クラーク　1752–1818）
　コン3（クラーク　1752–1818）
　西洋（クラーク　1752.11.19–1818.2.13）
　伝世（クラーク，G.R.　1752–1818.2.13）

Clark, John Bates 〈19・20世紀〉

アメリカの経済学者。私有財産制と自由競争原理とを基礎として限界効用理論の体系を樹立。

⇒岩世（クラーク　1847.1.26–1938.3.21）
　外国（クラーク　1847–1938）
　経済（クラーク　1847–1938）
　コン2（クラーク　1847–1938）
　コン3（クラーク　1847–1938）
　人物（クラーク　1847.1.27–1938.3.21）
　西洋（クラーク　1847.1.27–1938.3.21）
　世西（クラーク　1847.1.26–1938.3.21）
　世百（クラーク　1847–1938）
　全書（クラーク　1847–1938）
　大百（クラーク　1847–1938）
　デス（クラーク　1847–1938）
　二十（クラーク，ジョン・B.　1847–1938）
　百科（クラーク　1847–1938）
　名著（クラーク　1847–1938）

Clark, John Maurice 〈19・20世紀〉

アメリカの経済学者。アメリカ制度学派の権威。主著『間接費の経済理論』（1923）。

⇒岩世（クラーク　1884.11.30–1963.6.27）
　経済（クラーク　1884–1963）
　国小（クラーク　1884.11.30–1963.6.27）
　コン3（クラーク　1884–1963）
　西洋（クラーク　1884.11.30–1963.6.27）
　世百（クラーク　1884–1963）
　全書（クラーク　1884–1963）
　伝世（クラーク，J.M.　1884–1963）
　二十（クラーク，ジョン・M.　1884.11.30–1963.6.27）
　名著（クラーク　1884–）

Clark, John Willis 〈19・20世紀〉

イギリスの科学者，考古学者。ケンブリジ大学建築史の完成を委嘱されてから終始ケンブリジに尽くした。

⇒名著（クラーク　1833–1910）

Clark, Josiah Latimor 〈19世紀〉

イギリスの電気技術者。標準電池として用いられたクラーク電池を発明。

⇒岩ケ（クラーク，ジョサイア・ラティマー　1822–1898）
　岩世（クラーク　1822.3.10–1898.10.30）
　科学（クラーク　1822.3.10–1898.10.30）
　西洋（クラーク　1822.3.10–1898.10.30）

Clark, Rodney 〈20世紀〉

イギリスの人類学者。ロンドン大学助教授，ロバート・フレミング銀行証券。

⇒二十（クラーク，R.　1945–）

Clark, Samuel 〈19世紀〉
出版社の共同経営者。
⇒世児（クラーク，サミュエル 1810–1875）

Clark, Victor Selden 〈20世紀〉
アメリカの経済史家。主著は『アメリカ製造工業史』。
⇒名著（クラーク 生没年不詳）

Clarke, Edith 〈19・20世紀〉
アメリカの電気エンジニア。
⇒岩ケ（クラーク，イーディス 1883–1959）
　世女日（クラーク，イーディス 1883–1959）

Claude, Georges 〈19・20世紀〉
フランスの化学者，物理学者，技術者。ネオン燈や蛍光燈の基礎になる研究を行った。
⇒岩ケ（クロード，ジョルジュ 1870–1960）
　外国（クロード 1870–）
　科学（クロード 1870.9.24–1960.5.23）
　科技（クロード 1870.9.24–1960.5.23）
　科史（クロード 1870–1960）
　科人（クロード，ジョルジュ 1870.9.24–1960.5.23）
　国小（クロード 1870.9.24–1960.5.23）
　コン2（クロード 1870–1960）
　コン3（クロード 1870–1960）
　人物（クロード 1870–1960）
　西洋（クロード 1870–1960.5.23）
　世百（クロード 1870–1960）
　全書（クロード 1870–1960）
　大百（クロード 1870–1960）
　二十（クロード，ジョルジュ 1870.9.24–1960.5.23）
　百科（クロード 1870–1960）

Claudius Caecus, Appius 〈前4・3世紀〉
古代ローマの政治家。アッピア街道の建設者。前307年コンスル。
⇒岩ケ（クラウディウス，アッピウス 前4世紀–前3世紀）
　外国（アッピウス・クラウディウス・カイクス 前4/3世紀）
　ギロ（クラウディウス・カエクス 正式にはAppius Claudius Caecus 前4–前3世紀）
　国小（クラウディウス 前4世紀頃）
　コン2（クラウディウス・カエクス 前4世紀）
　コン3（クラウディウス・カエクス 生没年不詳）
　集文（クラウディウス・カエクス，アッピウス 前4世紀–前3世紀）
　西洋（クラウディウス・カエクス 前4世紀）
　世百（クラウディウス 生没年不詳）
　全書（クラウディウス・カエクス 生没年不詳）
　大百（クラウディウス・カエクス 生没年不詳）
　百科（クラウディウス 生没年不詳）
　ロマ（クラウディウス・カエクス （在任）前370，前296）

Clausen, Alden Winship 〈20世紀〉
アメリカの銀行家。バンク・オブ・アメリカの頭取。世界銀行総裁。
⇒岩世（クローセン 1923.2.17–2013.1.21）
　現人（クラウセン 1923.2.17–）
　西洋（クローセン 1923.2.17–）
　世西（クローセン 1923.2.17–）

Clausing, Roth 〈20世紀〉
アメリカの経済史家，経済学者。特に古代ローマのコロナートゥスに関する研究で知られている。主著は『ローマのコロナートゥス制』。
⇒名著（クロージング 1891–）

Clavell, James du Maresq 〈20世紀〉
イギリスの映画監督，脚本家，プロデューサー，小説家。『大脱走』の脚本を担当。小説『ショーグン』が1980年アメリカで大ヒット。
⇒岩ケ（クラヴェル，ジェイムズ（・デュ・マレスク） 1924–1994）
　才世（クラヴェル，ジェイムズ 1924–1994）
　監督（クラヴェル，ジェイムズ 1922–）
　集文（クラヴェル，ジェイムズ 1924.10.10–1994.9.6）
　二十英（Clavell, James（du Maresq） 1924–1994）

Clavière, Étienne 〈18世紀〉
フランスの財政家，政治家。フランス革命後，最初のジロンド党内閣の大蔵大臣。
⇒外国（クラヴィエール 1735–1793）

Clay, Henry 〈19・20世紀〉
イギリスの経済学者。主著 "Economics, an introduction for the general reader"（1929）。
⇒岩世（クレイ 1883.5.9–1954.7.30）
　西洋（クレー 1883.5.9–1954.7.30）

Clay, Lucius Dubignon 〈20世紀〉
アメリカの軍人，実業家。1948年のベルリン封鎖に対して，西ベルリンへの物資補給の大空輸を発案，指揮した。
⇒岩ケ（クレイ，ルーシャス（・デュビニョン） 1897–1978）
　岩世（クレイ 1897.4.23–1978.4.16）
　現人（クレイ 1897.4.23–）
　国小（クレー 1897–1978）
　コン3（クレー 1897–1978）
　西洋（クレー 1897.4.23–1978.4.16）
　世西（クレー 1897.4.23–）
　二十（クレイ，L.D. 1897.4.23–1978.4.16）

Clearmountain, Bob 〈20世紀〉
アメリカの音楽プロデューサー，ミックス・エンジニア。
⇒口人（クリアマウンテン，ボブ）

Clegg, Samuel 〈18・19世紀〉
イギリスの化学技術者。初期ガス工業の技術的基礎を開拓。
⇒岩ケ（クレッグ，サミュエル　1781-1861）
　世百（クレッグ　1781-1861）
　百科（クレッグ　1781-1861）

Clemens I 〈1・2世紀〉
教皇（在位88〜97または92〜101）。「ローマのクレメンス」と呼ばれる。石工の保護聖人。
⇒岩ケ（聖クレメンス1世　1世紀後半）
　外国（クレメンス(ローマの)　30頃-100頃）
　教皇（聖クレメンス1世　(在位)88-97）
　キリ（クレーメンス1世(ローマのクレーメンス) 30頃-101頃）
　ギロ（クレメンス1世(聖)　?-101頃）
　広辞6（クレメンス(ローマの)　30頃-101頃）
　国小（クレメンス1世　30頃-101頃）
　コン3（クレメンス　30頃-101頃）
　聖人（クレメンス一世　?--1世紀末）
　西洋（クレメンス一世　30頃-101頃）
　大辞（クレメンス　30頃-101頃）
　大辞3（クレメンス　30頃-101頃）
　百科（クレメンス(ローマの)　30-101）
　名著（クレメンス　生没年不詳）
　ロマ（クレメンス(ローマの)　(活動)96頃）

Clementi, Muzio 〈18・19世紀〉
イタリアのピアノ奏者，ピアノ製作者，教育家，作曲家。
⇒岩ケ（クレメンティ，ムジオ　1752-1832）
　岩世（クレメンティ　1752.1.23-1832.3.10）
　音楽（クレメンティ，ムツィオ　1752.1.23-1832.3.10）
　音大（クレメンティ　1752.1.23/24-1832.3.10）
　外国（クレメンティ　1746-1832）
　クラ（クレメンティ，ムツィオ　1752-1832）
　広辞4（クレメンティ　1752-1832）
　広辞6（クレメンティ　1752-1832）
　国小（クレメンティ　1752.1.23-1832.3.10）
　コン2（クレメンティ　1752-1832）
　コン3（クレメンティ　1752-1832）
　作曲（クレメンティ，ムツィオ　1752-1832）
　人物（クレメンチ　1752.1.23-1832.3.10）
　西洋（クレメンティ　1752.1.23-1832.3.10）
　世西（クレメンティ　1746.4.12-1832.3.10）
　世百（クレメンティ　1752-1832）
　全書（クレメンティ　1752-1832）
　大辞（クレメンティ　1752-1832）
　大辞3（クレメンティ　1752-1832）
　大百（クレメンティ　1752-1832）
　百科（クレメンティ　1752-1832）
　ラル（クレメンティ，ムツィオ　1752-1832）

Clements, Sir John 〈20世紀〉
イギリスの男優，劇場支配人，演出家。
⇒演劇（クレメンツ，サー・ジョン　1910-1988）
　世俳（クレメンツ，ジョン　1910.4.25-1988.4.6）

Clements, William P. (Jr.) 〈20世紀〉
アメリカの実業家，政治家。米国国防次官。
⇒二十（クレメンツ，ウィリアム　1917-）

Clerici, Felice 〈18世紀〉
イタリアの陶芸家。
⇒世美（クレーリチ，フェリーチェ　1719-1774）

Clérisseau, Charles Louis 〈18・19世紀〉
フランスの画家，建築家。エカテリーナ2世に招かれ，ペテルブルグ博物館を建築。
⇒岩世（クレリソー　1721.8.28-1820.1.9）
　建築（クレリソー，シャルル＝ルイ　1722-1820）
　新美（クレリッソー，シャルル＝ルイ　1721-1820.1.20）
　西洋（クレリソー　1722-1820）
　世美（クレリソー，シャルル＝ルイ　1722-1820）

Clerk, Sir Dugald 〈19・20世紀〉
スコットランドの土木技師。2サイクル機関を設計し(1877)，改良した(78)。
⇒岩ケ（クラーク，サー・ドゥーガルド　1854-1932）
　岩世（クラーク　1854.3.31-1932.11.12）
　西洋（クラーク　1854.3.31-1932）

Clevenger, Thomas R. 〈20世紀〉
アメリカの実業家。日本硝子社長。
⇒二十（クレベンジャー，トーマス・R.　1931-）

Clewlow, Warren Alexander Morten 〈20世紀〉
南アフリカのビジネスマン。
⇒岩ケ（クルーロー，ウォレン・アレグザンダー・モートン　1936-）

Cleyer, Andreas 〈17・18世紀〉
ドイツの医者。出島のオランダ商館長。帰任後日本植物に関する論文を発表。
⇒看護（クライアー　?-1710）
　国史（クライエル　生没年不詳）
　人物（クライアー　?-1710）
　西洋（クライアー　?-1710頃）
　世百（クライヤー）
　全書（クライアー　?-1697）
　日人（クライエル　1634-1698?）

Clicquot, François Henri 〈18世紀〉
フランスのオルガン製作者。
⇒音大（クリコ，フランソワ・アンリ　1732-1790）

Clicquot, Robert 〈17・18世紀〉
フランスの17世紀末から18世紀に仕事をしたオ

ルガン製作者。
⇒音大（クリコ, ロベール　1645頃–1719頃）

Cliff, Clarice 〈20世紀〉
イギリスの陶芸家。
⇒岩ケ（クリフ, クラリス　1899–1972）
　世女（クリフ, クラリス　1899–1972）
　世女日（クリフ, クラリス　1899–1972）

Clinton, George 〈20世紀〉
アメリカの歌手, 作曲家, 音楽プロデューサー。
⇒岩世（クリントン　1941.7.22–）

Clive, Robert, Baron Clive of Plassey 〈18世紀〉
イギリスの軍人, 政治家。1765年初代ベンガル知事, 東インド会社の統治組織を整備。
⇒岩ケ（クライヴ（プラッシーの）, ロバート・クライヴ, 男爵　1725–1774）
　英米（Clive, Robert, Baron Clive of Plassey クライヴ　1725–1774）
　旺世（クライヴ　1725–1774）
　外国（クライヴ　1725–1774）
　角世（クライブ　1725–1774）
　広辞4（クライヴ　1725–1774）
　広辞6（クライヴ　1725–1774）
　国小（クライブ　1725.9.29–1774.11.22）
　国百（クライブ, ロバート　1725.9.29–1774.11.22）
　コン2（クライヴ　1725–1774）
　コン3（クライヴ　1725–1774）
　人物（クライブ　1725.9.29–1774.11.22）
　西洋（クライヴ　1725.9.29–1774.11.22）
　世人（クライヴ　1725–1774）
　世西（クライヴ　1725.9.29–1774.11.12）
　世東（クライヴ　1725.9.29–1774.11.12）
　世百（クライヴ　1725–1774）
　全書（クライブ　1725–1774）
　大辞（クライブ　1725–1774）
　大辞3（クライブ　1725–1774）
　大百（クライブ　1725–1774）
　中国（クライブ　1725–1774）
　デス（クライブ　1725–1774）
　伝世（クライヴ　1725.9.29–1774.11.22）
　南ア（クライブ　1725–1774）
　百科（クライブ　1725–1774）
　評世（クライブ　1725–1774）
　山世（クライヴ　1725–1774）
　歴史（クライヴ　1725–1774）

Clopton, Sir Hugh 〈15世紀〉
イギリスの絹織物商, 慈善家。
⇒岩ケ（クロプトン, サー・ヒュー　?–1497）

Clower, Robert Wayne 〈20世紀〉
アメリカ生まれの経済思想家。
⇒経済（クラウアー　1926–）

二十（クラウアー, ロバート・W.　1926–）

Clowes, William 〈18・19世紀〉
イギリスの印刷業者。
⇒岩ケ（クローズ, ウィリアム　1779–1847）

Clunes, Alec Sheriff de Moro 〈20世紀〉
イギリスの俳優, 演出家, 劇場支配人。
⇒世俳（クラネス, アレック　1912.5.17–1970.3.13）
　二十英（Clunes, Alec Sheriff de Moro　1912–1970）

Clurman, Harold 〈20世紀〉
アメリカの演出家, 劇評家。演劇制作者, 劇場支配人。
⇒演劇（クラーマン, ハロルド　1901–1980）
　世百新（クラーマン　1901–1980）
　二十英（Clurman, Harold　1901–1980）

Clymer, George 〈18・19世紀〉
アメリカ植民地独立達成期の政治家。フィラデルフィアの商人。独立宣言の署名者。
⇒国小（クライマー　1739–1813）

Coanda, Henri 〈19・20世紀〉
ルーマニアの航空工学者。
⇒岩ケ（コアンダ, ヘンリ　1885–1972）

Coase, Ronald 〈20世紀〉
アメリカの法律学者, 経済学者。
⇒岩ケ（コース, ロナルド（・ハリー）　1910–）
　岩世（コース　1910.12.29–2013.9.2）
　二十（コース, ロナルド　1910–）

Coase, Ronald Harry 〈20世紀〉
アメリカの経済学者。1991年ノーベル経済学賞。
⇒経済（コース　1910–）
　最世（コース, R.H.　1910–）
　ノベ（コース, R.H.　1910.12.29–）
　ノベ3（コース, R.H.　1910.12.29–）

Coata, Don 〈20世紀〉
アメリカ・マサチューセッツ州生まれのプロデューサー, 編曲家, バンドリーダー。イタリア系。フランク・シナトラなどのレコードを制作。
⇒洋ヒ（コスタ, ドン　1925–1983）

Coates, Gordon 〈19・20世紀〉
ニュージーランドの政治家。改革党に属して第1次世界大戦後に建設相, 首相, 蔵相などを務

めた。
⇒伝世（コーツ　1878–1943.5.27）

Coates, Wells 〈20世紀〉
イギリスの都市計画家，デザイナー。
⇒岩ケ（コーツ，ウェルズ・ウィントミュート　1895–1958）
　国小（ウェルズ・コーツ　1895–）
　世美（コーツ，ウェルズ　1895–1958）

Coats, Alfred William 〈20世紀〉
イギリス生まれの経済思想家。
⇒岩世（コーツ　1924.9.3 (1) –2007.4.9）
　経済（コーツ　1924–）

Coats, Thomas 〈19世紀〉
イギリスの製造業者。
⇒世西（コーツ　1809.10.18–1883.10.15）

Cobb, Henry Ives 〈19・20世紀〉
アメリカの建築家。シカゴのニューベリー図書館，大学の諸建築物などを建築。
⇒西洋（コップ　1859.8.19–1931.3.27）

Cobb, John 〈18世紀〉
イギリスの指物師，家具製作者。
⇒国小（コブ　?–1778）

Cobbett, William 〈18・19世紀〉
イギリスのジャーナリスト，出版者。農村疲弊の実情見聞録『農村騎行』(1830)がある。
⇒イ哲（コベット，W.　1763–1835）
　イ文（Cobbett, William　1763–1835）
　岩ケ（コベット，ウィリアム　1763–1835）
　岩世（コベット　1763.3.9–1835.6.18）
　英米（Cobbett, William　コベット　1762–1835）
　外国（コベット　1762–1835）
　角世（コベット　1763–1835）
　国小（コベット　1763.3.9–1835.6.18）
　コン2（コベット　1763–1835）
　コン3（コベット　1763–1835）
　集世（コベット，ウィリアム　1763.3.9–1835.6.18）
　集英（コベット，ウィリアム　1763.3.9–1835.6.18）
　西洋（コベット　1763.3.9–1835.6.18）
　世百（コベット　1762–1835）
　世文（コベット，ウィリアム　1763–1835）
　全書（コベット　1763–1835）
　伝世（コベット　1763.3.9–1835.6.18）
　百科（コベット　1763–1835）
　名著（コベット　1762–1835）
　山世（コベット　1762–1835）
　歴史（コベット　1763–1835）

Cobbold, Cameron F. 〈20世紀〉
イギリスの政治家，銀行家。英国宮内相，イングランド銀行総裁。
⇒二十（コボルト，キャメロン・F.　1904.9.14–）

Cobden, Richard 〈19世紀〉
イギリスの政治家。J.ブライトとともに自由貿易運動の代表者。自由貿易を唱えて穀物法廃止に成功。クリミア戦争反対・対仏通商条約締結など，国際平和に努力。
⇒岩ケ（コブデン，リチャード　1804–1865）
　岩世（コブデン　1804.6.3–1865.4.2）
　英米（Cobden, Richard　コブデン　1804–1865）
　旺世（コブデン　1804–1865）
　外国（コブデン　1804–1865）
　角世（コブデン　1804–1865）
　広辞4（コブデン　1804–1865）
　広辞6（コブデン　1804–1865）
　国小（コブデン　1804.6.3–1865.4.2）
　コン2（コブデン　1804–1865）
　コン3（コブデン　1804–1865）
　人物（コブデン　1804.6.3–1865.4.2）
　西洋（コブデン　1804.6.3–1865.4.2）
　世人（コブデン　1804–1865）
　世西（コブデン　1804.6.3–1865.4.2）
　世百（コブデン　1804–1865）
　全書（コブデン　1804–1865）
　大辞（コブデン　1804–1865）
　大辞3（コブデン　1804–1865）
　大百（コブデン　1804–1865）
　デス（コブデン　1804–1865）
　伝世（コブデン　1804.6.3–1865.4.2）
　百科（コブデン　1804–1865）
　評世（コブデン　1804–1865）
　山世（コブデン　1804–1865）
　歴史（コブデン　1804–1865）

Cobden-Sanderson, Thomas James 〈19・20世紀〉
イギリスの印刷業者，装丁製本者。
⇒岩ケ（コブデン＝サンダーソン，トマス・ジェイムズ　1840–1922）
　岩世（コブデン＝サンダーソン　1840.12.2–1922.9.7）
　国小（コブデン・サンダーソン　1840.12.2–1922.9.7）
　西洋（コブデン・サンダソン　1840.12.2–1922.9.7）

Cobergher, Wenceslas 〈16・17世紀〉
フランドルの画家，建築家。
⇒国小（コベルゲール　1561頃–1634.11.24）

Coburn, John 〈20世紀〉
オーストラリアの芸術家，タペストリー・デザイナー。
⇒岩ケ（コバーン，ジョン　1925–）

cocce   126   西洋人物レファレンス事典

Cocceius Auctus, Lucius 〈前1世紀〉
古代ローマの建築家。
⇒世美（コッケイウス・アウクトゥス，ルキウス
　　前1世紀–後1世紀）

Cochran, *Sir* Charles Blake 〈19・20世
紀〉
イギリスの興行師。M.ラインハルト演出の『奇
跡』(1911)や，N.カワードの多くの作品を上演。
⇒岩ケ（コクラン，サー・チャールズ・ブレイク
　　1872–1951）
　岩世（コクラン　1872.9.25–1951.1.31）
　演劇（コクラン，サー・チャールズ　1872–1951）
　国小（コクラン　1872.9.25–1951.1.31）
　コン2（コクラン　1872–1951）
　コン3（コクラン　1872–1951）
　西洋（コクラン　1872.9.25–1951.1.31）
　世百（コクラン　1872–1951）
　二十（コクラン，チャールズ　1872.9.25–1951.1.
　　31）
　二十英（Cochran, Sir Charles Blake　1873–
　　1951）

Cock, Hieronymus 〈16世紀〉
フランドルの版画家，版画出版者，美術商。
⇒世美（コック，ヒエロニムス　1510頃–1570）
　百科（コック　1510–1570）

Cockayne, *Sir* William 〈16・17世紀〉
イギリスの大商人，ロンドン市長(1619〜20)。
⇒外国（コケーン　?–1626）

Cocke, John 〈20世紀〉
アメリカのコンピューター工学者。
⇒岩世（コック　1925.5.30–2002.7.16）

Cockerell, Charles Robert 〈18・19世
紀〉
イギリスの建築家，考古学者。サミュエル・
ピープス・コカレルの息子。
⇒岩ケ（コカレル，チャールズ・ロバート　1788–
　　1863）
　岩世（コッカレル　1788.4.27–1863.9.17）
　建築（コッカレル，チャールズ・ロバート
　　1788–1863）
　国小（コカラル　1788.4.28–1863.9.17）
　新美（コッカレル，チャールズ・ロバート　1788.
　　4.28–1863.9.17）
　西洋（コッカレル　1788.4.28–1863.9.17）
　世美（コッカレル，チャールズ・ロバート
　　1788–1863）
　百科（コッカレル　1788–1863）

Cockerell, *Sir* Christopher Sydney
〈20世紀〉
イギリスの技術者。ホバークラフトの発明者。
⇒岩ケ（コカレル，サー・クリストファー(・シド

　　ニー)　1910–)
　岩世（コッカレル　1910.6.4–1999.6.1）
　西洋（コックレル　1910.6.4–)
　世科（コカレル　1910–)
　二十（コッカレル，クリストファー　1910–)

Cockerell, Samuel Pepys 〈18・19世紀〉
イギリスの建築家。
⇒岩ケ（コカレル，サミュエル・ピープス　1754–
　　1827）
　世美（コッカレル，サミュエル・ピープス
　　1754–1827）

Cockerill, Wilham 〈18・19世紀〉
イギリスの技術者。ヨーロッパ繊維機械工業の
創設者と見なされている。
⇒世科（コッカリル　1759–1832）

Cocking, Samuel 〈19・20世紀〉
イギリスの貿易商。横浜で外商を営む一方，江
の島植物園を設立。
⇒日人（コッキング　1842–1914）
　来日（コッキング　1845–1914）

Cocks, Richard 〈16・17世紀〉
平戸のイギリス商館長。
⇒岩世（コックス　1566.1–1624.3.27）
　広辞4（コックス　1566–1624）
　広辞6（コックス　1566–1624）
　国史（コックス　1566–1624）
　国小（コックス　?–1624.3.27）
　コン2（コックス　?–1624）
　コン3（コックス　?–1624）
　人物（コックス　?–1624.3.27）
　西洋（コックス　?–1624.3.27）
　世西（コックス　?–1624）
　世百（コックス　?–1624）
　全書（コックス　?–1624）
　対外（コックス　1566–1624）
　大辞3（コックス　?–1624）
　大百（コックス　?–1624）
　デス（コックス　?–1624）
　日研（コックス，リチャード　1566.1.20–1624.3.
　　27）
　日人（コックス　1566–1624）
　百科（コックス　?–1624）
　名著（コックス　?–1624）
　来日（コックス　1566.1.20–1624.3.27）

Codd, Edgar Frank 〈20世紀〉
イギリス出身のアメリカのコンピューター科学
者，工学者。
⇒岩世（コッド　1923.8.23–2003.4.18）

Coducci, Mauro 〈15・16世紀〉
イタリアの建築家。

⇒建築（コドゥッチ, マウロ（コドゥッシ, マウロ）
　　1440頃–1504）
　新美（コドゥッチ, マウロ　1440頃–1504.4）
　世美（コドゥッチ, マウロ　1440–1504）

Cody, William Frederick 〈19・20世紀〉
アメリカの冒険家, 興行師。通称「野牛のビ
ル」。1883年「荒野の西部」劇団を結成。
⇒岩ケ（コーディ, ウィリアム・F（フレデリック）
　　1846–1917）
　岩ケ（コーディ　1846.2.26–1917.1.10）
　英米（Cody, William Frederick　コーディ
　　1846–1917）
　国小（コディ　1846.2.26–1917.1.10）
　コン3（コーディ　1846–1917）
　集文（コーディ, ウィリアム・フレデリック
　　1846.2.26–1917.1.10）
　西洋（コーディ　1846.2.26–1917.1.10）
　伝世（コーディ　1846–1917）
　二十（コディ, ウイリアム・フレデリック
　　1846–1917）
　二十（バッファロー・ビル　1846–1917）
　百科（バッファロー・ビル　1846–1917）

Coeckebacker, Nicolaes 〈17世紀〉
オランダの植民地行政官。1633〜39年平戸のオ
ランダ商館長。島原の乱では幕府に協力。
⇒国史（クーケバッケル　1597–?）
　国小（クーケバッケル　生没年不詳）
　西洋（クーケバッケル）
　対外（クーケバッケル　1597–?）
　日人（クーケバッケル　1597–?）

Coecke van Aelst, Pieter 〈16世紀〉
フランドルの画家, 彫刻家, 建築家。
⇒岩世（クック・ファン・アールスト　1502.8.14–
　　1550.12.6）
　西洋（クック・ファン・アールスト　1502.8.14–
　　1550.12.6）
　世美（ファン・アールスト, ピーテル　?–1532
　　頃）
　百科（クック　1502–1550）

Coehoorn, Menno van 〈17・18世紀〉
オランダの軍人, 軍事技術者。築城技術の改革
につとめた。
⇒コン2（クーホルン　1641–1704）
　コン3（クーホルン　1641–1704）
　人物（クーホルン　1641–1704.3.17）
　西洋（クーホルン　1641–1704.3.17）
　世西（クーホルン　1641–1704.3.17）
　世美（クーホールン, メンノー　1641–1704）

Coen, Jan Pieterszoon 〈16・17世紀〉
東インド会社の第4代および第6代総督。ジャカ
ルタを獲得してオランダ植民地経営の基礎を築
いた。
⇒岩世（クーン　1587.1.8–1629.9.21）

　国史（クーン　1587–1629）
　国小（クーン　1587.1.8–1629.9.21）
　国百（クーン, ヤン・ピーテルスゾーン　1587–
　　1629.9.21）
　コン2（クーン　1587–1629）
　コン3（クーン　1587–1629）
　西洋（クーン　1587.1.8–1629.9.21）
　世東（クーン　1587–1629）
　世百（クーン　1587–1629）
　全書（クーン　1586–1629）
　伝世（クーン　1586頃–1629.9.21）
　東ア（クーン　1587–1629）
　百科（クーン　1587–1629）
　評世（クーン　1587–1629）

Coeur, Jacques 〈14・15世紀〉
フランスの大商人, 実業家。
⇒岩世（クール　1395頃–1456.11.25）
　旺世（ジャック＝クール　1395頃–1456）
　外国（クール　1395–1456）
　角世（クール　1395–1456）
　国小（クール　1395–1456.11.25）
　コン2（クール　1395頃–1456）
　コン3（クール　1395–1456）
　人物（クール　1395–1456.11.25）
　西洋（クール　1395–1456.11.25）
　世人（クール（ジャック＝クール）　1395頃–
　　1456）
　世西（クール　1395–1456.11.25）
　世百（クール　1395頃–1456）
　全書（クール　1395–1456）
　大百（クール　1395頃–1456）
　デス（クール　1395–1456）
　百科（クール　1395頃–1456）
　評世（クール　1395–1456）
　評世（ジャック＝クール　1395頃–1456）
　山世（クール　1395頃–1456）

Coffin, Levi 〈18・19世紀〉
アメリカのクエイカー派の商人, 奴隷解放運
動家。
⇒キリ（コフィン, リーヴァイ　1789.10.28–1877.
　　9.16）

Cohan, George Michael 〈19・20世紀〉
アメリカの劇作家, 劇場支配人。軽喜劇や
ミュージカルの作者として活躍。自伝『ブロー
ドウェー生活20年』（1925）がある。
⇒ア文（コーハン, ジョージ・M（マイケル）
　　1878.7.3–1942.11.5）
　岩ケ（コーハン, ジョージ・マイケル（・キーア
　　ン）　1878–1942）
　演劇（コーハン, ジョージ・M.　1878–1942）
　音楽（コーアン, ジョージ　1878.7.3–1942.10.5）
　音大（コーハン　1878.7.3–1942.11.5）
　現ア（コーハン, ジョージ・M　1878–1942）
　国小（コーハン　1878.7.3–1942.11.5）
　西洋（コーハン　1878.7.3–1942.11.5）
　世百（コーハン　1878–1942）
　二十（コハン, ジョージ・M.　1878.7.3–1942.11.

cohen 128 西洋人物レファレンス事典

5)

Cohen, Jerome Bernald 〈20世紀〉
アメリカの経済学者。ニューヨーク大学教授。
⇒二十（コーエン，ジェローム）

Cohen, R. 〈20世紀〉
イタリアの実業家。欧州コンサルタント会社
PMC社長。
⇒二十（コーヘン，R. ?-）

Cohen, Sir Robert Waley 〈19・20世紀〉
イギリスの実業家，石油専門家。
⇒ユ人（コーヘン，サー・ロバート・ウェリー
1877–1952）

Cohen, Ruth Louisa 〈20世紀〉
イングランド生まれの経済思想家。
⇒岩世（コーエン 1906.11.10–1991.7.27）
経済（コーエン 1906–）

Cohl, Emile 〈19・20世紀〉
フランスのアニメーション映画作家。風刺漫画
家，アニメーション漫画映画の発明者。1908年
に，最初のフィルム＝アニメーション作品
『ファントーシュ』シリーズを発表して好評を
博した。
⇒岩ケ（コール，エミール 1857–1938）
監督（コール，エミール 1857.1.4–1938.1.21）
世映（コール，エミール 1857–1938）
大百（コール 1857–1938）

Cohn, Gustav 〈19・20世紀〉
ドイツの経済学者，財政学者，交通学者。新歴
史学派の一人。主著『国民経済学体系』（1885～
98）。
⇒岩世（コーン 1840.12.12–1919.9.17）
国小（コーン 1840.12.12–1918.9.20）
西洋（コーン 1840.12.12–1919.9.17）
世百（コーン 1840–1919）

Cohn, Harry 〈20世紀〉
アメリカ・ニューヨーク生まれの映画製作者，
企業家。
⇒世映（コーン，ハリー 1891–1958）

Coignet, François 〈19・20世紀〉
フランスの鉱山技師。1868年明治政府の最初の
お雇い外国人として招かれ，生野鉱山の再開に
活躍。
⇒科学（コワニエ 1837.3.10–1902.6.18）
科史（コワニエ 1835–1902）
コン2（コアニー 1835–1902）
コン3（コアニー 1835–1902）

世西（コワニエ 1835–1902.6.18）
全書（コワニー 1835–1902）
日人（コワニエ 1837–1902）
来日（コワニエ 1837–1902）

Coke, Humphrey 〈15世紀〉
ゴシック期のイギリスの大工。
⇒建築（コック，ハンフリー（コーク，ハンフリー）
（活動）1496以降–1531）

Coke, Thomas William, Earl of Leicester of Holkham 〈18・19世紀〉
イギリスの農業改良家。
⇒岩世（クック 1754.5.6–1842.6.30）
英米（Coke of Holkham, Thomas William, 1st
Earl of Leicester クック・オヴ・ホルカム
1752/54–1842）
外国（コーク 1752–1842）
国小（クック 1754–1842）
西洋（コーク 1754.5.4–1842.6.30）

Coker, Ernest George 〈19・20世紀〉
イギリスの工学者。弾性体の中に生ずる応力の
分布を測定。
⇒岩世（コーカー 1869.4.26–1946.4.9）
西洋（コーカー 1869.4.26–1946.4.9）

Cola da Caprarola 〈15・16世紀〉
イタリアの建築家。
⇒新美（コーラ・ダ・カプラローラ）
世美（コーラ・ダ・カプラローラ 15世紀末–16
世紀初頭）

Cola dell'Amatrice 〈15・16世紀〉
イタリアの建築家，画家。
⇒世美（コーラ・デッラマトリーチェ 1489–1559
頃）

Colbert, Jean Baptiste 〈17世紀〉
フランスの政治家。重商主義理論を体系化し，
富国強兵策を進め，政治面では王権の中央集権
化を推進。
⇒岩ケ（コルベール，ジャン・バティスト 1619–
1683）
岩世（コルベール 1619.8.29–1683.7.6）
旺世（コルベール 1619–1683）
外国（コルベール 1619–1683）
角世（コルベール 1619–1683）
広辞4（コルベール 1619–1683）
広辞6（コルベール 1619–1683）
国小（コルベール 1619.8.29–1683.9.6）
国百（コルベール，ジャン・バティスト 1619.8.
29–1683.9.6）
コン2（コルベール 1619–1683）
コン3（コルベール 1619–1683）
人物（コルベール 1619.8.29–1683.7.6）
西洋（コルベール 1619.8.29–1683.7.6）
世人（コルベール 1619–1683）

世西（コルベール　1619.8.29–1683.9.6）
世百（コルベール　1619–1683）
全書（コルベール　1619–1683）
大辞（コルベール　1619–1683）
大辞3　（コルベール　1619–1683）
大百（コルベール　1619–1683）
デス（コルベール　1619–1683）
伝世（コルベール　1619.8.29–1683.9.6）
百科（コルベール　1619–1683）
評世（コルベール　1619–1683）
山世（コルベール　1619–1683）
歴史（コルベール　1619–1683）

Cole, George Douglas Howard 〈19・20世紀〉
イギリスの社会主義者，反体制的経済学者．
⇒イ哲（コール, G.D.H.　1889–1959）
　岩ケ（コール, ジョージ・ダグラス・ハワード　1889–1958）
　岩世（コール　1889.9.25–1959.1.14）
　英米（Cole, George Douglas Howard　コール　1889–1959）
　オ世（コール, G.D.H.（ジョージ・ダグラス・ハワード）　1889–1959）
　外国（コール　1889–）
　角世（コール（G.D.H.）　1889–1959）
　経済（コール　1889–1959）
　現人（コール　1889.9.25–1959.1.14）
　国小（コール　1889.9.25–1959.1.14）
　国百（コール, ジョージ・ダグラス・ハワード　1889.9.25–1959.1.14）
　コン3（コール　1889–1959）
　集文（コール, G.D.H.　1889.9.25–1959.9.14）
　人物（コール　1889.9.25–1959）
　西洋（コール　1889.9.25–1959.1.14）
　世西（コール　1889.9.25–）
　世百（コール　1889–1959）
　世百新（コール　1889–1959）
　全書（コール　1889–1959）
　大百（コール　1889–1959）
　伝世（コール　1889–1959）
　二十（コール, ジョージ・ダグラス　1889.9.25–1959.1.14）
　二十英（Cole, G(eorge) D(ouglas) H(oward)　1889–1959）
　百科（コール　1889–1959）
　ミ本（コール, G・D・H&M　1889–1959）
　名著（コール　1889–1959）
　歴学（コール　1889–1959）

Cole, Sir Henry 〈19世紀〉
イギリスの工芸家，公官史，産業美術運動の推進者．
⇒岩ケ（コール, サー・ヘンリー　1808–1882）
　芸術（コール, ヘンリー　1808–1882）
　国小（コール　1808.7.15–1882.4.18）
　世児（コール, ヘンリー　1808–1882）
　世百（コール　1808–1882）

Colgate, William 〈18・19世紀〉
アメリカの実業家，慈善家．石鹸などの化粧品を製造した．
⇒岩世（コルゲート　1783.1.25–1857.3.25）
　コン2（コルゲート　1783–1857）
　コン3（コルゲート　1783–1857）
　西洋（コルゲート　1783–1857）

Colladon, Daniel 〈19世紀〉
スイスの技術者．
⇒科学（コラドン　1802–1893）

Collasse, Richard 〈20世紀〉
フランスの実業家，作家．
⇒海作4（コラス, リシャール　1953.7.8–）

Collet, Clara Elizabeth 〈19・20世紀〉
イギリスのフェミニスト，社会経済学者．
⇒世女（コレット, クララ（エリザベス）　1860–1948）

Collier, Peter Fenelon 〈19・20世紀〉
アメリカの出版業者．予約分割支払方式で出版販売する出版社を創立．
⇒岩世（コリアー　1849.12.12–1909.4.24）
　国小（コリアー　1849.12.12–1909.4.21）
　コン2（コリアー　1849–1909）
　コン3（コリアー　1849–1909）
　西洋（コリアー　1846–1909.4.24）

Collings, Jesse 〈19・20世紀〉
イギリスの政治家，農業改良家．
⇒岩ケ（コリングズ, ジェシー　1831–1920）
　岩世（コリングズ　1831.1.9–1920.11.20）
　国小（コリングズ　1831–1920）
　西洋（コリングズ　1831.1.9–1920.11.20）

Collins, William 〈18・19世紀〉
イギリスの出版者．
⇒岩ケ（コリンズ, ウィリアム　1789–1853）

Colm, Gerhard 〈20世紀〉
アメリカの経済学者，財政学者．フィスカル・ポリシーと経済予測の研究に従事し，コルム方式として知られる積上げ方式の予測法を開発した．
⇒岩世（コルム　1897.6.30–1968.12.25）
　西洋（コルム　1897.6.30–1968.12.25）
　全書（コルム　1897–1968）
　二十（コルム, ゲルハルド　1897–1968）
　名著（コルム　1897–）

Colman, George 〈18世紀〉
イギリスの劇場経営者，劇作家．30余の劇作を発表．

⇒イ文 (Colman, George 1732–1794)
　岩ケ (コールマン, ジョージ 1732–1794)
　岩世 (コールマン〈父〉 1732–1794.8.14)
　集文 (コールマン, ジョージ〈父〉 1732.4.18–
　　1794.8.14)
　西洋 (コールマン〈父〉 1732–1794.8.14)
　世西 (コールマン 1732–1794.8.14)

Colman, George 〈18・19世紀〉
イギリスの劇場経営者, 劇作家。多くの喜劇を
書いた。
⇒岩ケ (コールマン, ジョージ 1762–1836)
　岩世 (コールマン〈子〉 1762.10.21–1836.10.17)
　集文 (コールマン, ジョージ〈子〉 1762.10.21–
　　1836.10.17)
　西洋 (コールマン〈子〉 1762.10.21–1836.10.17)

Colocassides, Michael G. 〈20世紀〉
キプロスのギリシア系銀行家。1972～76年商工
相。76年10月以来キプロス銀行頭取。
⇒中東 (コロカシデス 1933–)

Colomb, Philip Howard 〈19世紀〉
イギリスの海軍軍人, 歴史家。蒸気艦の戦術の
考案, 信号方式の改良で知られる。
⇒国小 (コロンブ 1831–1899)

Colombo, Joe 〈20世紀〉
イタリアの建築家, デザイナー。
⇒岩ケ (コロンボ, ジョー・チェーザレ 1931–
　1971)
　世美 (コロンボ, ジョー 1930–1971)

Colpitts, Edwin Henry 〈19・20世紀〉
アメリカの通信工学者。ATT副社長, ベル・テ
レフォン副社長。
⇒全書 (コルピッツ 1872–1949)
　二十 (コルピッツ, エドウィン・ヘンリー
　　1872–1949)

Colt, Samuel 〈19世紀〉
アメリカの兵器発明家。コルト拳銃によって名
高い。
⇒アメ (コルト 1814–1862)
　岩ケ (コルト, サミュエル 1814–1862)
　岩世 (コルト 1814.7.19–1862.1.10)
　外国 (コルト 1814–1862)
　国小 (コルト 1814.7.19–1862.1.10)
　コン2 (コルト 1814–1862)
　コン3 (コルト 1814–1862)
　人物 (コルト 1814.7.19–1862.1.10)
　西洋 (コルト 1814.7.19–1862.1.10)
　世科 (コルト 1814–1862)
　世西 (コルト 1814.6.19–1862.1.10)
　世百 (コルト 1814–1862)
　全書 (コルト 1814–1862)
　大百 (コルト 1814–1862)

　伝世 (コルト 1814–1862)
　百科 (コルト 1814–1862)

Colter, John 〈18・19世紀〉
アメリカの毛皮猟師。
⇒探検1 (コルター 1774?–1813)

Colter, Mary Elizabeth 〈19・20世紀〉
アメリカの建築家。
⇒世女日 (コルター, メアリー・エリザベス
　1869–1949)

Colton, Frank Benjamin 〈20世紀〉
アメリカの化学者, 発明家。
⇒岩ケ (コルトン, フランク・ベンジャミン
　1923–)

Columbus, Christopher 〈15・16世紀〉
イタリアの航海者。「新大陸」の発見者。ジェ
ノバ商人の息子として地中海商船の業務に従
事。のち, スペイン女王イサベルの後援を得て,
インドとの通商のための西回り航路を求め,
1492年出港。
⇒逸話 (コロンブス 1451–1506)
　岩ケ (コロンブス, クリストファー 1451–1506)
　岩世 (コロンブス 1446頃–1506.5.20)
　旺世 (コロンブス 1451頃–1506)
　外国 (コロンブス 1446頃–1506)
　科学 (コロンブス 1451.8.26–1506.5.20)
　科技 (コロンブス 1451–1506.5.20)
　科史 (コロンブス 1451–1506)
　角世 (コロンブス 1451?–1506)
　キリ (コロン, クリストバル 1451.9/10–1506.5.
　　20)
　広辞4 (コロンブス 1446頃–1506)
　広辞6 (コロンブス 1446頃–1506)
　国小 (コロンブス 1451–1506.5.19)
　国百 (コロンブス, クリストファー 1451–1506.
　　5.20)
　コン2 (コロンブス 1451–1506)
　コン3 (コロンブス 1451–1506)
　人物 (コロンブス 1446–1506)
　スペ (コロンブス 1451–1506)
　西洋 (コロンブス 1446頃–1506.5.20)
　世人 (コロンブス 1446/51–1506)
　世西 (コロンブス 1441頃–1506.5.2)
　世百 (コロンブス 1446頃/51–1506)
　全書 (コロンブス 1451–1506)
　大辞 (コロンブス 1451–1506)
　大辞3 (コロンブス 1451頃–1506)
　大百 (コロンブス 1451–1506)
　探検1 (コロンブス 1451–1506)
　デス (コロンブス 1446頃–1506)
　伝世 (コロンブス 1451.8/-10–1506.5.20)
　百科 (コロンブス 1451–1506)
　評世 (コロンブス 1451–1506)
　山世 (コロンブス 1451?–1506)
　ラテ (コロン 1451頃–1506)
　歴史 (コロンブス 1446/51–1506)

Columella, Lucius Junius Moderatus 〈1世紀〉

ローマの作家。スペイン出身。『農事論』(全12巻)の著者。造園・養蜂・養魚・畜産・農場経営などを体系的に論じた。

⇒外国(コルメラ　1世紀)
角世(コルメラ　1世紀)
教育(コルメラ　1世紀)
国小(コルメラ　1世紀頃)
コン2(コルメラ　1世紀)
コン3(コルメラ　生没年不詳)
集世(コルメッラ, ルキウス・ユニウス・モデラトゥス　1世紀)
集文(コルメッラ, ルキウス・ユニウス・モデラトゥス　1世紀)
西洋(コルメラ　1世紀頃)
世西(コルメラ　1世紀頃)
世百(コルメラ　1世紀)
大辞3(コルメラ　1世紀)
百科(コルメラ　1世紀)
名著(コルメラ　生没年不詳)
ロマ(コルメラ　1世紀中期)

Colvin, Brenda 〈20世紀〉

イギリスのランドスケープ・アーキテクト(景観技師)。

⇒世女(コルヴィン, ブレンダ　1897–1981)

Combi, Enrico 〈19・20世紀〉

イタリアの建築家。

⇒世美(コンビ, エンリーコ　1832–1906)

Commons, John Rogers 〈19・20世紀〉

アメリカの経済学者, 社会改良運動家。移民問題, 労働問題等の調査に活躍。制度経済学を主張。家族や株式会社などの個別的経済行動と制度との関係を明らかにしようとした。

⇒岩世(コモンズ　1862.10.13–1945.5.11)
外国(コモンズ　1862–1944)
キリ(コモンズ, ジョン・ロジャーズ　1862.10.13–1945(44).5.11)
コン2(コモンズ　1862–1945)
コン3(コモンズ　1862–1945)
人物(コモンズ　1862.10.13–1945.5.11)
西洋(コモンズ　1862.10.13–1945.5.11)
世西(コモンズ　1862.10.13–1945.5.11)
全書(コモンズ　1862–1945)
大辞(コモンズ　1862–1945)
大辞2(コモンズ　1862–1945)
大辞3(コモンズ　1862–1945)
大百(コモンズ　1862–1945)
デス(コモンズ　1862–1945)
二十(コモンズ, ジョン　1862.10.13–1945.5.11)
百科(コモンズ　1862–1945)
名著(コモンズ　1862–1945)

Compagni, Dino 〈13・14世紀〉

フィレンツェの年代記作者。同市の大商人。

⇒岩世(コンパーニ　1246(47)頃–1324.2.26)
外国(コムパーニ　1257–1324)
コン2(コンパーニ　?–1324)
コン3(コンパーニ　?–1324)
集世(コンパーニ, ディーノ　1260頃–1324)
集文(コンパーニ, ディーノ　1260頃–1324)
西洋(コンパーニ　?–1323.2.26)
世文(コンパーニ, ディーノ　1260頃–1324)
名著(コンパーニ　1260頃–1324)

Comper, Sir John Ninian 〈19・20世紀〉

イギリスの教会建築家。

⇒才西(コンパー, ジョン・ニニアン　1864–1960)

Comstock, Henry Tompkins Paige 〈19世紀〉

カナダの鉱山の開発者。

⇒岩ケ(カムストック, ヘンリー(・トンプキンズ・ペイジ)　1820–1870)

Conable, Baber Benjamin 〈20世紀〉

アメリカの政治家。国際復興開発銀行総裁。

⇒二十(コナブル, バーバー・ベンジャミン　1922.11.2–)

Conant, Charles Arthur 〈19・20世紀〉

アメリカのジャーナリスト, 経済学者, 銀行家。1896年に著わした『近代発券銀行史』は, 中央銀行制度の優越性を説き, その必要を早期に推奨した。

⇒世百(コナント　1861–1915)
全書(コナント　1861–1915)
二十(コナント, チャールズ・アーサー　1861–1915)

Conant, Kenneth John 〈20世紀〉

アメリカの考古学者, 建築史家。クリュニー修道院遺構の発掘調査にあたり(1927～), 三期にわたる建築や浮彫装飾の復原に努めた。

⇒岩世(コナント　1894.6.28–1984)
西洋(コナント　1894.6.28–)

Conconi, Luigi 〈19・20世紀〉

イタリアの画家, 建築家。

⇒世美(コンコーニ, ルイージ　1852–1917)

Condell, Henry 〈17世紀〉

イギリスの俳優。役者としてより, シェークスピア第一フォリオの出版者として有名。

⇒国小(コンデル　?–1627.12)
集文(コンデル, ヘンリー　?–1627.12)

Conder, Claude Reignier 〈19・20世

紀〉
イギリスの技術者，探検家。技術将校としてパ
レスチナの測量を指揮。
⇒岩世（コンダー　1848–1910）
　西洋（コンダー　1848–1910）

Conder, Josiah 〈19・20世紀〉
イギリスの建築家。1876年来日。日本の近代建
築の発展に多大の貢献をなした。主要作品『旧
帝室博物館』(78〜82)，『鹿鳴館』(81〜83)
など。
⇒岩世（コンドル（コンダー）　1852.9.28–1920.6.
　　　　21)
　科学（コンドル　1852.9.28–1920.6.21)
　科史（コンドル　1852–1920)
　広辞4（コンドル　1852–1920)
　広辞5（コンドル　1852–1920)
　広辞6（コンドル　1852–1920)
　国史（コンドル　1852–1920)
　国小（コンダー　1852.9.28–1920.6.21)
　コン2（コンドル　1852–1920)
　コン3（コンドル　1852–1920)
　新美（コンドル，ジョサイア　1852.9.28–1920.6.
　　　　21)
　人物（コンドル　1852.9.28–1920.6.21)
　西洋（コンドル　1852.9.28–1920.6.21)
　世西（コンドル　1852.9.28–1920.6.15)
　世百（コンダー　1852–1920)
　全書（コンドル　1852–1920)
　大辞（コンドル　1852–1920)
　大辞2（コンドル　1852–1920)
　大辞3（コンドル　1852–1920)
　大百（コンドル　1852–1920)
　デス（コンドル　1852–1920)
　ナビ（コンドル　1852–1920)
　二十（コンドル，ジョサイア　1852.9.28–1920.6.
　　　　21)
　日研（コンドル，ジョサイア　1852.9.28–1920.6.
　　　　21)
　日人（コンドル　1852–1920)
　百科（コンドル　1852–1920)
　来日（コンドル　1852–1920)

Conforto, Gian Giacomo 〈17世紀〉
イタリアの建築家。
⇒世美（コンフォルト，ジャン・ジャーコモ　?–
　　　　1631)

Congreve, *Sir* William Bart 〈18・19世紀〉
イギリスの技術者。実用ロケットを発明
(1804)。
⇒岩ケ（コングリーヴ，サー・ウィリアム　1772–
　　　　1828)
　岩世（コングリーヴ　1772.5.20–1828.5.16)
　外国（コングリーヴ　1772–1828)
　科学（コングリーヴ　1772.5.20–1828.5.12)
　コン2（コングリーヴ　1772–1828)
　コン3（コングリーヴ　1772–1828)

　西洋（コングリーヴ　1772.5.20–1828.5.16)
　世西（コングリーヴ　1772.5.20–1828.5.16)
　全書（コングリーブ　1772–1828)

Conlon, Richard P. 〈20世紀〉
アメリカの実業家。コンロン・アソシエーツ
社長。
⇒二十（コンロン，リチャード・P.　1920–)

Connally, John Bowden (Jr.) 〈20世紀〉
アメリカの政治家。ニクソン大統領のもとで財
務長官を務めた。
⇒現人（コナリー　1917.2.27–)
　コン3（コナリー　1917–1993)
　世政（コナリー，ジョン　1917.2.27–1993.6.15)
　二十（コナリー，ジョン・ボーデン　1917.2.27–
　　　　1993.6.15)

Connel, Amyas Douglas 〈20世紀〉
イギリスの建築家。
⇒世美（コネル，エイミアス・ダグラス　1901–
　　　　1980)

Conover, Willis Clark 〈20世紀〉
アメリカのジャズ・コンサート・プロ
デューサー。
⇒ジヤ（コノバー，ウイリス　1920.12.18–)
　二十（コノバー，ウイリス・クラーク　1920.12.
　　　　18–)

Conrad, Frank 〈19・20世紀〉
アメリカの電気技術者，ラジオ放送の先駆者。
1920年11月2日世界最初の公共放送を開始。
⇒世百（コンラッド　1874–1941)

Conrad, Johannes 〈19・20世紀〉
ドイツの経済学者。主著『経済学研究の概念』
(1896〜1910)など。
⇒岩世（コンラート　1839.2.28–1915.4.25)
　国小（コンラート　1839.2.28–1915.4.25)
　西洋（コンラート　1839.2.28–1915.4.25)
　世西（コンラート　1839.2.28–1915.4.25)
　名著（コンラート　1839–1915)

Conran, Jasper 〈20世紀〉
イギリスのファッション・デザイナー。
⇒岩ケ（コンラン，ジャスパー　1959–)

Conran, Shirley 〈20世紀〉
イギリスの作家，編集者，デザイナー。
⇒海作4（コンラン，シャーリー　1932.9.21–)
　世女（コンラン，シャーリー（アイダ）　1932–)
　二十英（Conran, Shirley　1932–)

Conran, Sir Terence Orby 〈20世紀〉
イギリスのデザイナー，実業家。
⇒岩ケ（コンラン，サー・テレンス(・オービー)
1931–）

Conried, Heinrich 〈19・20世紀〉
ドイツのオペラ興行師，支配人。
⇒オペ（コンリート，ハインリヒ　1848.9.13–1909.
4.27）

Conroy, Frank 〈19・20世紀〉
イギリスの俳優，劇場支配人。アメリカに渡り，
グリニッチ・ビレッジ劇場を設立，チェスター
神秘劇を復活上演する。
⇒国小（コンロイ　1890.10.14–1964.2.24）
世俳（コンロイ，フランク　1890.10.14–1964.2.
24）

Cons, Emma 〈19・20世紀〉
イギリスの工芸家，住宅改善運動家，オール
ド・ヴィック劇場の創設者。
⇒世女（コンズ，エマ　1838–1912）

Consolmagno, Edison 〈20世紀〉
ブラジルの実業家。サンパウロ州農務局モジ・
ダス・クルーゼス地方事務所長。
⇒二十（コンソルマーニョ，E.　1915–）

Constable, Archibald 〈18・19世紀〉
スコットランドの出版業者。Manchester
Review誌を創刊（1802）。
⇒岩ケ（コンスタブル，アーチボルド　1774–1827）
岩世（カンスタブル　1774.2.24–1827.7.21）
西洋（コンスタブル　1774.2.24–1827.7.21）

Contamin, Victor 〈19世紀〉
フランスの土木技術者。
⇒建築（コンタマン，ヴィクトール　1840–1893）
世美（コンタマン，ヴィクトール　1840–1893）

Contant d'Ivry, Pierre 〈17・18世紀〉
フランスの建築家。パリのパンテモン修道院
（1747～56）などを建築。
⇒岩世（コンタン・ディヴリ　1698.5.11–1777.10.
1）
建築（コンタン・ディヴリー（ピエール・コンタ
ン（通称））　1698–1777）
西洋（コンタン・ディヴリ　1698–1777）
世美（コンタン・ディヴリー　1698–1777）

Conti, Bill 〈20世紀〉
アメリカ，ロード・アイランド州生まれの映画
音楽の作曲家，プロデューサー。
⇒洋ヒ（コンティ，ビル　1942–）

Conti, Niccolò de' 〈14・15世紀〉
イタリアの商人，旅行家。著書『15世紀のイ
ンド』。
⇒岩世（コンティ　1385(95)–1469）
国小（コンティ　1395頃–1469）
コン2（コンティ　1395頃–1469）
コン3（コンティ　1395頃–1469）
人物（コンティ　1395頃–1469）
西洋（コンティ　1395頃–1469）
世東（コンティ　15世紀）
伝世（コンティ　1396頃–1469）

Contini, Gianbattista 〈17・18世紀〉
イタリアの建築家。
⇒世美（コンティーニ，ジャンバッティスタ
1641–1723）

Contino, Antonio 〈16世紀〉
イタリアの建築家。
⇒世美（コンティーノ，アントーニオ　16世紀後半）

Cooder, Ry 〈20世紀〉
アメリカのギター奏者，歌手，作詞作曲家，プ
ロデューサー。世界各国のルーツミュージック
に造詣が深く，レコードを制作。
⇒岩世（クーダー　1947.3.15–）
実ク（クーダー，ライ）
二十（クーダー，ライ　1947.3.15–）
標音（クーダー，ライ）
洋ヒ（クーダー，ライ　1947–）
口人（クーダー，ライ　1947–）

Cook, David Caleb 〈19・20世紀〉
アメリカの日曜学校指導者，出版者。
⇒キリ（クック，デイヴィド・カレブ　1850.8.28–
1927.7.29）

Cook, James 〈18世紀〉
イギリスの航海者，探検家。通称キャプテン・
クック。
⇒岩ケ（クック，ジェイムズ　1728–1779）
岩世（クック　1728.10.27–1779.2.14）
英米（Cook, James　クック　1728–1779）
旺世（クック　1728–1779）
オセ（クック　1728–1779）
外国（クック　1728–1779）
科学（クック　1728.10.28–1779.2.14）
科技（クック　1728.10.28–1779.2.14）
科人（クック，ジェイムズ　1728.10.27–1778.2.
14）
角世（クック（ジェームス）　1728–1779）
広辞4（クック　1728–1779）
広辞6（クック　1728–1779）
国小（クック　1728.10.27–1779.2.14）
国百（クック，ジェームズ　1728.10.27–1779.2.
14）
コン2（クック　1728–1779）

コン3 （クック　1728-1779）
人物 （クック　1728.10.28-1779.2.14）
西洋 （クック　1728.10.27-1779.2.14）
世児 （クック船長, ジェイムズ　1728-1779）
世人 （クック, ジェームス　1728-1779）
世西 （クック　1728.10.28-1779.2.14）
世百 （クック　1728-1779）
全書 （クック　1728-1779）
大辞 （クック　1728-1779）
大辞3 （クック　1728-1779）
大百 （クック　1728-1779）
探検1 （クック　1728-1779）
デス （クック　1728-1779）
伝世 （クック　1728.10.27-1779.2.14）
百科 （クック　1728-1779）
評世 （クック（コック）　1728-1779）
名著 （クック　1728-1779）
山世 （クック, ジェームズ　1728-1779）
歴史 （クック　1728-1779）

Cook, Peter 〈20世紀〉
イギリスの建築家。
⇒二十 （クック, ピーター　1936-）

Cook, Thomas 〈19世紀〉
イギリスの旅行事務代理業者。世界各地への旅行団体を組織。
⇒岩ケ （クック, トマス　1808-1892）
岩世 （クック　1808.11.22-1892.7.18）
コン2 （クック　1808-1892）
コン3 （クック　1808-1892）
西洋 （クック　1808-1892）
世人 （クック, トーマス　1808-1892）
全書 （クック　1808-1892）
大辞 （クック　1808-1892）
大辞3 （クック　1808-1892）
百科 （クック　1808-1892）
山世 （クック, トマス　1808-1892）

Cook, William Paul 〈19・20世紀〉
アメリカの私家本印刷家。アメリカ幻想小説作家を中心とした文芸誌を刊行。
⇒幻想 （クック, ウィリアム・ポール　1881-1948）

Cooke, Jay 〈19・20世紀〉
アメリカの銀行家。
⇒岩世 （クック　1821.8.12-1905.2.16）
英米 （Cooke, Jay　クック　1821-1905）
世西 （クック　1821.8.10-1905.2.16）
百科 （クック　1821-1905）

Cooke, Morris Llewellyn 〈19・20世紀〉
アメリカの機械工学者。
⇒岩ケ （クック, モリス（・ルウェリン）　1872-1960）

Cooke, *Sir* William Fothergill 〈19世

紀〉
イギリスの電気技術者。初めて実用的な電信機を作った（1937）。
⇒岩ケ （クック, サー・ウィリアム・フォザギル　1806-1879）
岩ケ （クック　1806.5.4-1879.6.25）
外国 （クック　1806-1879）
科人 （クック, サー・ウィリアム・フォザギル　1806.5.4-1879.6.25）
人物 （クック　1806-1879.6.25）
西洋 （クック　1806-1879.6.25）
世百 （クック　1806-1879）
全書 （クック　1806-1879）
大百 （クック　1806-1879）

Cookworthy, William 〈18世紀〉
イギリスの磁器製造業者。
⇒岩ケ （クックワージー, ウィリアム　1705-1780）

Coolidge, Charles Allerton 〈19・20世紀〉
アメリカの建築家。
⇒世美 （クーリッジ, チャールズ・アラートン　1858-1936）

Coolidge, William David 〈19・20世紀〉
アメリカの物理学者, 電気工学者。タングステンを用いた長寿命の電球用フィラメント, クーリッジ管を開発。
⇒岩ケ （クーリッジ, ウィリアム・D（デイヴィド）　1873-1975）
岩世 （クーリッジ　1873.10.23-1975.2.3）
外国 （クーリッジ　1873-）
国小 （クーリッジ　1873.10.23-1975.2.3）
コン2 （クーリッジ　1873-1975）
コン3 （クーリッジ　1873-1975）
人物 （クーリッジ　1873.10.23-）
西洋 （クーリッジ　1873.10.23-1975.2.3）
世西 （クーリッジ　1873.10.23-?）
世百 （クーリッジ　1873-）
全書 （クーリッジ　1873-1975）
大辞2 （クーリッジ　1873-1975）
大辞3 （クーリッジ　1873-1975）
大百 （クーリッジ　1873-1975）
二十 （クーリッジ, ウィリアム・デビッド　1873.10.23-1975.2.3）

Cooney, Ray 〈20世紀〉
イギリスの俳優, 劇作家, 演出家, 映画プロデューサー。
⇒イ文 （Cooney, Ray（mond George Alfred）　1932-）
海作4 （クーニー, レイ　1932.5.30-）
二十英 （Cooney, Ray（mond）George Alfred　1932-）

Cooper, Hugh Lincoln 〈19・20世紀〉
アメリカの水力技術者。水力工学を応用してナ

イヤガラ瀑布をはじめアメリカ・カナダ・ソ連など各地の水力設備を設計。
⇒世西（クーパー　1865.4.28–1937.6.24）

Cooper, Jackie 〈20世紀〉
アメリカの俳優，プロデューサー，映画監督。
⇒外男（クーパー，ジャッキー　1921.9.15–）
　世俳（クーパー，ジャッキー　1922.9.15–）
　二十（クーパー，ジャッキー　1921.9.15–）
　俳優（クーパー，ジャッキー　1922.9.15–）

Cooper, Kent 〈19・20世紀〉
アメリカのジャーナリスト。1925年AP通信社支配人，43年専務理事。著者『知る権利』（1956）。
⇒岩世（クーパー　1880.2.22–1965.1.31）
　国小（クーパー　1880.3.22–1965.1.31）
　西洋（クーパー　1880.2.22–1965.1.31）
　世百（クーパー　1880–）
　二十（クーパー，ケント　1880.2.22–1965.1.31）
　百科（クーパー　1880–1965）

Cooper, Kyle 〈20世紀〉
アメリカ生まれの映画タイトル・デザイナー。
⇒世映（クーパー，カイル　1963–）

Cooper, Mary 〈18世紀〉
ロンドンの印刷・出版業者。
⇒世児（クーパー，メアリ　?–1761）

Cooper, Merian Coldwell 〈20世紀〉
アメリカの映画監督，製作者。
⇒監督（クーパー，メリアン・C．1893.10.24/5–1973.4.21）
　世映（クーパー，メリアン・C　1893–1973）
　世俳（クーパー，メリアン・コールドウェル　1893.10.24–1973.4.21）

Cooper, Peter 〈18・19世紀〉
アメリカの工業家，発明家，慈善家。アメリカ最初の機関車を完成（1830）。
⇒岩ケ（クーパー，ピーター　1791–1883）
　岩世（クーパー　1791.2.12–1883.4.4）
　外国（クーパー　1791–1883）
　コン2（クーパー　1791–1883）
　コン3（クーパー　1791–1883）
　人物（クーパー　1791.2.12–1883.4.4）
　西洋（クーパー　1791.2.12–1883.4.4）
　世西（クーパー　1791.2.12–1883.4.4）
　伝世（クーパー，P．1791–1883）

Cooper, Susie 〈20世紀〉
イギリスの陶磁器デザイナー，陶磁器製造業者。
⇒岩ケ（クーパー，スージー　1902–1995）
　世女（クーパー，スージー　1902–1995）

世女日（クーパー，スージー　1902–1995）

Cooper, Thomas 〈18・19世紀〉
アメリカの経済学者，自然科学者。1821年サウスカロライナ・カレッジ学長。
⇒岩ケ（クーパー，トマス　1759–1839）
　岩世（クーパー　1759.10.22–1840 (39).5.11）
　国小（クーパー　1759.10.22–1839.5.11）
　西洋（クーパー　1759–1840/39）
　伝世（クーパー，T．1759.10.22–1839.5.11）

Cooper, Thomas Thorniville 〈19世紀〉
イギリスの探検家。『新商業路開拓のためアッサムからチベット入国を企図した旅行記』の著者。
⇒人物（クーパー　1839–1878.4.24）
　世東（クーパー　1839–1878.4.24）

Cooper, Warren E. 〈20世紀〉
ニュージーランドの政治家。ニュージーランド外相・外国貿易相。
⇒世政（クーパー，ウォーレン　1933.2.21–）

Copeau, Jacques 〈19・20世紀〉
フランスの演出家。1909年『新フランス評論』の創刊に参画，13年ビュー・コロンビエ座を創立，商業主義を排して芸術としての演劇を目指した。
⇒岩世（コポー　1879.2.4–1949.10.21）
　演劇（コポー，ジャック　1879–1949）
　外国（コポー　1879–1949）
　現人（コポー　1879.2.4–1949.10.21）
　国小（コポー　1879.2.4–1949.10.21）
　国百（コポー，ジャック　1879.2.4–1949.10.20）
　コン2（コポー　1879–1949）
　コン3（コポー　1879–1949）
　集世（コポー，ジャック　1879.2.4–1949.10.20）
　集文（コポー，ジャック　1879.2.4–1949.10.20）
　西洋（コポー　1879.2.4–1949.10.21）
　世映（コポー，ジャック　1879–1949）
　世西（コポー　1879.2.4–1949.10.21）
　世百（コポー　1879–1949）
　世文（コポー，ジャック　1879–1949）
　全書（コポー　1879–1949）
　大辞（コポー　1879–1949）
　大辞2（コポー　1879–1949）
　大辞3（コポー　1879–1949）
　大百（コポー　1879–1949）
　デス（コポー　1879–1949）
　伝世（コポー　1879.2.4–1949）
　ナビ（コポー　1879–1949）
　二十（コポー，ジャック　1879.2.4–1949.10.21）
　百科（コポー　1879–1949）
　名著（コポー　1879–1949）

copel　　　　　　　　　　　*136*　　　　　　　　　西洋人物レファレンス事典

Copeland, Miles 〈20世紀〉
アメリカのプロデューサー、レーベル・オーナー。ヴァージニア州生まれ。
⇒ロ人（コープランド，マイルス）

Copeland, Morris Albert 〈20世紀〉
アメリカの経済学者。金融論を中心に多くの業績をもつ。『アメリカにおける貨幣の流れに関する研究』(1952)は，資金循環分析の先駆的業績として有名。
⇒国小（コープランド　1895.8.6–）
　世百（コープランド　1895–）
　二十（コープランド，モリス・アルバート　1895–?）

Copeland, William 〈19・20世紀〉
アメリカの醸造技師。横浜でビール（天沼ビアザケ）を製造。
⇒日人（コープランド　1834–1902）
　来日（コープランド　1832–1902）

Copeland, William Taylor 〈18・19世紀〉
イギリスの陶器製造業者。
⇒岩ケ（コープランド，ウィリアム・テイラー　1797–1868）

Coper, Hans 〈20世紀〉
ドイツの陶芸家。
⇒岩ケ（コーパー，ハンス　1920–1981）

Coppedé, Gino 〈19・20世紀〉
イタリアの建築家，彫刻家。
⇒世美（コッペデ，ジーノ　1866–1927）

Coppola, Francis Ford 〈20世紀〉
アメリカの映画監督，製作者。代表作『ゴッドファーザー』『ゴッドファーザーPartII』（アカデミー監督賞），『盗聴』。
⇒ア人（コッポラ，フランシス　1939–）
　岩ケ（コッポラ，フランシス・フォード　1939–）
　岩世（コッポラ　1939.4.7–）
　監督（コッポラ，フランシス・フォード　1939.4.7–）
　コン3（コッポラ　1939–）
　全書（コッポラ　1939–）
　大辞2（コッポラ　1939–）
　ナビ（コッポラ　1939–）
　二十（コッポラ，フランシス　1939.4.7–）

Coquelin, Charles 〈19世紀〉
フランスの経済学者。時局評論家となり，新聞雑誌に多くの寄稿をした。
⇒岩世（コクラン　1803–1853）
　西洋（コクラン　1803–1853）

Corbató, Fernando José 〈20世紀〉
アメリカのコンピューター工学者。
⇒岩世（コルバト　1926.7.1–）

Corbett, Harvey Wiley 〈19・20世紀〉
アメリカの建築家。
⇒世美（コーベット，ハーヴィ・ウィリー　1873–1954）

Corbineau, Étienne 〈17世紀〉
フランスの建築家。
⇒世美（コルビノー，エティエンヌ　17世紀）

Corbineau, Jacques 〈17世紀〉
フランスの建築家。
⇒世美（コルビノー，ジャック　?–1634以前）

Corbineau, Pierre 〈17世紀〉
フランスの建築家。
⇒世美（コルビノー，ピエール　1600–1678）

Cordes, Simon de 〈16世紀〉
オランダの貿易商，航海家。東洋貿易のため副司令官として航海中，チリ沖でスペイン人に殺された。
⇒岩世（コルデス　1559頃–1599.11）
　西洋（コルデス　1559頃–1599.11）

Corey, Lewis 〈20世紀〉
アメリカの経済学者。「ニュー・フリーマン」誌等の進歩的雑誌に経済評論を寄稿。
⇒岩世（コーリー　1892.10.7–1953.9.16）
　コン3（コーリー　1894–）
　西洋（コーリ　1894.10.13–）
　二十（コーリー，ルイス　1894–?）

Coriat, Benjamin 〈20世紀〉
フランスの経済学者。
⇒岩世（コリア　1948–）

Corliss, George Henry 〈19世紀〉
アメリカの機械技術者。コーリス蒸気機関を発明(1850)。
⇒岩ケ（コーリス，ジョージ・ヘンリー　1817–1888）
　岩世（コーリス　1817.6.2–1888.2.2）
　西洋（コーリス　1817.6.2–1888.2.2）
　世科（コーリス　1817–1888）

Corman, Roger William 〈20世紀〉
アメリカの映画監督，プロデューサー。1950年代に "安手の三流映画" を量産しつづけたアウトロー・フィルムメーカー。
⇒ア人（コーマン，ロジャー　1926–）

監督（コーマン，ロジャー・ウイリアム　1926.4.5-）
幻文（コーマン，ロジャー　1926-）
世映（コーマン，ロジャー　1926-）
世俳（コーマン，ロジャー　1926.4.5-）
世百新（コーマン　1926-）
二十（コーマン，ロジャー　1926.4.5-）
百科（コーマン　1926-）

Cormont, Thomas de 〈13世紀〉
フランスの建築家。1228年頃ノートルダム大聖堂の建築に従事。
⇒国小（コルモン　生没年不詳）

Cornelia 〈17世紀〉
バタヴィアの富裕な日蘭混血女性商人。
⇒岩世（コルネリア　1629-1692）

Cornelius, Publius 〈前1世紀〉
古代ローマの陶工。
⇒世美（コルネリウス，プブリウス　前42-後37）

Cornelys, Theresa 〈18世紀〉
イタリア生まれのクラブ経営者。
⇒世女日（コーネリス，テレサ　1723-1797）

Coronelli, Marco Vincenzo 〈17・18世紀〉
イタリア（ヴェネツィア）の修道士，地図製作者。
⇒岩世（コロネッリ　1650.8.16-1718.12.9）
　西洋（コロネリ　1650.8.10-1718）
　天文（コロネリ　1650-1718）

Correa, Charles M. 〈20世紀〉
インドの建築家。
⇒二十（コリア，チャールズ　1930-）

Corrozet, Gilles 〈16世紀〉
パリ生まれの著作家，翻訳家，出版業者。主著『パリの名所旧跡』など。
⇒集文（コロゼ，ジル　1510-1568）

Corson, Juliet 〈19世紀〉
アメリカの料理法教師。
⇒岩ケ（コーソン，ジュリエット　1841-1897）
　世女日（コーソン，ジュリエット　1841-1897）

Cort, Henry 〈18世紀〉
イギリスの製鉄業者。反射炉熔融法を発明（1784）。
⇒岩ケ（コート，ヘンリー　1740-1800）
　岩世（コート　1740-1800）
　英米（Cort, Henry　コート　1740-1800）
　旺世（コート　1740-1800）
　外国（コート　1740-1800）
　科人（コート，ヘンリー　1740-1800）
　角世（コート　1740-1800）
　コン2（コート　1740-1800）
　コン3（コート　1740-1800）
　西洋（コート　1740-1800）
　世科（コート　1740-1800）
　世西（コート　1740-1800）
　全書（コート　1740-1800）
　大百（コート　1740-1800）
　百科（コート　1740-1800）
　評世（コート　1740-1800）

Cortona, Pietro da 〈16・17世紀〉
イタリアの画家，建築家。バロック様式の装飾画を描き，ローマの聖マルティナ聖堂を設計。
⇒岩ケ（コルトーナ，ピエトロ・（ベレッティーニ・）ダ　1596-1669）
　岩世（ピエトロ・ダ・コルトーナ　1596.11.1-1669.5.16）
　キリ（ピエートロ・ダ・コルトーナ　1596.11.1-1669.5.16）
　芸術（コルトナ，ピエトロ・ダ　1596-1669）
　芸術（ピエトロ・ダ・コルトーナ　1596-1669）
　建築（ピエトロ・ダ・コルトーナ（通称）（ピエトロ・ベレッティーニ）　1596-1669）
　コン2（コルトーナ　1596-1669）
　コン3（コルトーナ　1596-1669）
　新美（ピエトロ・ダ・コルトーナ　1596.11.1-1669.5.16）
　人物（ピエトロ・ダ・コルトナ　1596.11.1-1669.5.16）
　西洋（コルトーナ　1596.11.1-1669.5.16）
　世西（コルトーナ　1596-1669）
　世美（ピエトロ・ダ・コルトーナ　1596-1669）
　世百（コルトナ　1596-1669）
　全書（ピエトロ・ダ・コルトーナ　1596-1669）
　大百（ピエトロ・ダ・コルトナ　1596-1669）
　デス（コルトナ　1596-1669）
　伝世（ピエトロ・ダ・コルトーナ　1596.11.1-1669.5.16）
　百科（ピエトロ・ダ・コルトナ　1596-1669）

Cosa, Juan de la 〈15・16世紀〉
スペインの航海者。
⇒岩世（コサ　1460頃-1510.2.28）
　西洋（コサ　1460頃-1510.2.28）

Cosimo the Elder 〈15世紀〉
イタリア，フィレンツェの商人。メディチ家の当主（1434-1464）。
⇒統治（コジモ・イル・ヴェッキオ（長老）（在位）1434-1464）

Cossutius 〈前2世紀〉
古代ローマの建築家。
⇒新美（コッスティウス）
　世美（コッスティウス　前2世紀）

Costa, Lúcio 〈20世紀〉

ブラジルの建築家，都市計画者。

⇒岩ケ（コスタ，ルシオ　1902–）
　才西（コスタ，ルシオ　1902–1963）
　新美（コスタ，ルシオ　1902.2.27–）
　世百新（コスタ　1902–1998）
　二十（コスタ，L.　1902.2.27–）
　百科（コスタ　1902–）
　ラテ（コスタ　1902–1998）

Coster, Laurens Janszoon 〈14・15世紀〉

オランダの印刷業者。

⇒岩世（コスター　1370頃–1440）
　外国（コステル　1405頃–1484）
　コン2（コスター　1370頃–1440）
　コン3（コスター　1370頃–1440）
　西洋（コスター　1370頃–1440）
　世西（コステル　1370頃–1440頃）
　世百（コステル　1370頃–1440）
　百科（コステル　1405–1484）

Cotta, Johann Georg 〈17世紀〉

ドイツの出版業者。チュービンゲンに出版社を設立。

⇒コン2（コッタ，ヨハン　1631–1692）
　コン3（コッタ，ヨハン　1631–1692）

Cottard, Pierre 〈17世紀〉

フランスの王室建築家。

⇒建築（コタール，ピエール　（活動）17世紀）

Cotta von Cottendorf, Johann Friedrich Freiherr 〈18・19世紀〉

ドイツの出版業者。ゲーテ，シラーの著作を出版。

⇒岩世（コッタ　1764.4.27–1832.12.29）
　コン2（コッタ，フリードリヒ　1764–1832）
　コン3（コッタ，フリードリヒ　1764–1832）
　集文（コッタ，ヨハン・フリードリヒ　1764.4.27–1832.12.29）
　人物（コッタ　1764.4.27–1832.12.29）
　西洋（コッタ　1764.4.27–1832.12.29）
　世西（コッタ　1764.4.27–1832.12.29）

Cotte, Robert de 〈17・18世紀〉

フランスの建築家。1708年王室付き主席建築家。

⇒岩世（コット　1656–1735.7.15）
　建築（コット，ロベール・ド　1656–1735）
　国小（ド・コット　1656–1735.7.15）
　新美（コット，ロベール・ド　1656–1735.7.15）
　西洋（コット　1656–1735.7.15）
　世美（コット，ロベール・ド　1656–1735）

Cotton, William 〈18・19世紀〉

イギリスの発明家，財務専門家，博愛主義者。

⇒世科（コットン　1786–1866）

Cottrell, Frederick Gardner 〈19・20世紀〉

アメリカの化学者，技術者。

⇒岩世（コットレル　1877.1.10–1948.11.16）

Coty, François 〈19・20世紀〉

フランスの香水・化粧品製造業者，新聞社主。「香水王」と呼ばれ，日刊紙「フィガロ」を所有。

⇒岩ケ（コティ，フランソワ　1874–1934）
　岩世（コティ　1874–1934.7.25）
　外国（コティー　1874–1934）
　コン2（コティ　1874–1934）
　コン3（コティ　1874–1934）
　人物（コティ　1874–1934.7.25）
　西洋（コティ　1874–1934.7.25）
　世西（コティ　1874–1934.7.25）
　大辞（コティ　1874–1934）
　大辞2（コティ　1874–1934）
　大辞3（コティ　1874–1934）

Couckebacker, Nicolaes

オランダの平戸商館長。

⇒岩世（クーケバッケル）

Coullet 〈19世紀〉

フランスの実業家。帝国郵船会社副支配人。

⇒国史（クーレ　生没年不詳）
　国小（クーレー　生没年不詳）
　日人（クーレ　生没年不詳）

Coulomb, Charles Augustin de 〈18・19世紀〉

フランスの物理学者，土木技術者，電気学者。ねじり秤を発明。クーロンの法則を見出した（1785）。

⇒岩ケ（クーロン，シャルル（・オーギュスタン・ド）　1736–1806）
　岩世（クーロン　1736.6.14–1806.8.23）
　外国（クーロン　1736–1806）
　科学（クーロン　1736.6.14–1806.8.23）
　科技（クーロン　1736.6.14–1806.8.23）
　科史（クーロン　1736–1806）
　科人（クーロン，シャルル・オーギュスタン・ド　1736.6.14–1806.8.23）
　広辞4（クーロン　1736–1806）
　広辞6（クーロン　1736–1806）
　国小（クーロン　1736.6.14–1806.8.23）
　コン2（クーロン　1736–1806）
　コン3（クーロン　1736–1806）
　人物（クーロン　1736.6.14–1806.8.23）
　西洋（クーロン　1736.6.14–1806.8.23）
　世科（クーロン　1736–1806）
　世西（クーロン　1736.6.14–1806.8.23）

世百（クーロン　1736–1806）
全書（クーロン　1736–1806）
大辞（クーロン　1736–1806）
大辞3（クーロン　1736–1806）
大百（クーロン　1736–1806）
デス（クーロン　1736–1806）
伝世（クーロン　1736.6.14–1806.8.23）
百科（クーロン　1736–1806）

Cournot, Antoine Augustin 〈19世紀〉
フランスの数学者，経済学者，哲学者。
⇒岩世（クールノー　1801.8.28–1877.3.31）
外国（クールノー　1801–1877）
教育（クールノー　1801–1877）
広辞4（クールノー　1801–1877）
広辞6（クールノー　1801–1877）
国小（クールノ　1801.8.28–1877.3.31）
コン2（クールノー　1801–1877）
コン3（クールノー　1801–1877）
人物（クールノ　1801.8.28–1877.3.31）
数学（クールノー　1801.8.20–1877.4.2）
数学増（クールノー　1801.8.20–1877.4.2）
西洋（クールノー　1801.8.28–1877.3.31）
世西（クルノー　1801.8.23–1877.3.31）
世百（クールノー　1801–1877）
全書（クールノー　1801–1877）
大辞3（クールノー　1801–1877）
デス（クールノー　1801–1877）
伝世（クルノー　1801.8.28–1877）
百科（クールノー　1801–1877）
名著（クールノ　1801–1877）

Courrèges, André 〈20世紀〉
フランスの服飾デザイナー。1965年にミニスカートを発表して脚光を浴びた。
⇒岩ケ（クレージュ，アンドレ　1923–）
岩世（クレージュ　1923.3.9–）
現人（クレージュ　1923.3.9–）
ナビ（クレージュ　1923–）
二十（クレージュ，A.　1923.3.9–）

Courtauld, Samuel 〈19・20世紀〉
イギリスの実業家。
⇒岩ケ（コートールド，サミュエル　1876–1947）
才西（コートールド，サミュエル　1876–1947）
二十（コートールド，サミュエル　1876–1947）
百科（コートールド　1876–1947）

Courteen, Sir William 〈16・17世紀〉
イギリスの商人，船主。
⇒国小（コーティーン　1572–1636）

Courtois, Bernard 〈18・19世紀〉
フランスの工業化学者。アヘン研究からモルフィンを発見。
⇒岩世（クールトワ　1777.2.8–1838.9.27）
外国（クールトア　1777–1838）

科学（クールトア　1777.2.8–1838.9.27）
科技（クールトア　1777.2.8–1838.9.27）
科人（クールトワ，ベルナール　1777.2.8–1836.8.27）
国小（クールトア　1777.2.8–1838.9.27）
コン2（クールトア　1777–1838）
コン3（クールトア　1777–1838）
人物（クールトア　1777–1838.9.27）
西洋（クールトア　1777.2.8–1838.9.27）
世西（クールトア　1777–1838.9.27）
全書（クールトア　1777–1838）

Courtonne, Jean 〈17・18世紀〉
フランスの建築家。
⇒建築（クールトンヌ,，ジャン　1671–1739）
新美（クルトンヌ，ジャン　1671–1739.1.17）

Cousteau, Jacques-Yves 〈20世紀〉
フランスの海中探検家。1943年アクアラングを発明し，世界各地の海を撮影した。『沈黙の海』で56年のカンヌ映画祭グランプリを受賞。
⇒岩ケ（クストー，ジャック（・イヴ）　1910–1997）
岩世（クストー　1910.6.11–1997.6.25）
科学（クーストー　1910–）
科人（クストー，ジャック・イヴ　1910.6.11–）
監督（クーストー，ジャック・イヴ　1910.6.11–）
現人（クストー　1910–）
広辞5（クストー　1910–1997）
広辞6（クストー　1910–1997）
コン3（クストー　1910–1997）
世映（クストー，ジャック＝イヴ　1910–1997）
世科（クストー　1910–）
世ス（クストー，ジャック・イヴ　1910.6.11–1997.6.25）
世西（クストー　1910.6.11–）
世百新（クストー　1911–1997）
全書（クストー　1910–）
大辞2（クストー　1911–）
大辞3（クストー　1911–1997）
探検2（クストー　1910–）
ナビ（クストー　1911–1997）
二十（クストー，ジャック・イヴ　1911.6.11–）
百科（クストー　1911–）

Coutaud, Lucien 〈20世紀〉
フランスのシュールレアリスムの代表的画家。タペストリーの下絵，建築，舞台装飾などデザインの方面にも活躍。
⇒外国（クートー　1904–）
国小（クートー　1904.12.13–1977.6.21）
新美（クートー，リュシアン　1904.12.13–）
人物（クトー　1904.12.13–）
西洋（クトー　1904.12.13–1977.6.21）
世芸（クートー，ルシアン　1904–1973）
世西（クートー　1904–）
世百（クートー　1904–）
全書（クートー　1904–）
大百（クートー　1904–）
二十（クートー，リュシアン　1904.12.13–1977.

6.21)

Coutts, Morton 〈20世紀〉
ニュージーランドの醸造業者。
⇒岩ケ（クーツ, モートン　1904–）

Coutts, Thomas 〈18・19世紀〉
イギリスの銀行家。
⇒岩ケ（クーツ, トマス　1735–1822）

Couturier, Pierre Marie Alain 〈20世紀〉
フランスの教会芸術家, 建築家。
⇒キリ（クテュリエ, ピエール・マリー・アラン　1897.11.15–1954.2.8）

Couve de Murville, Maurice 〈20世紀〉
フランスの外交官, 政治家。1958年外相。68年蔵相を経て首相。
⇒岩ケ（クーヴ・ド・ミュルヴィル, （ジャック・）モーリス-　1907–）
　現人（クーブ・ド・ミュルビル　1907.1.24–）
　国小（クーブ・ド・ミュルビル　1907.1.24–）
　世政（クーヴ・ド・ミュルヴィル, モーリス　1907.1.24–1999.12.24）
　世西（クーブ・ド・ミュルビル　1907.1.24–）
　全書（クーブ・ド・ミュルビル　1907–）
　ナビ（クーブ＝ド＝ミュルビル　1907–）
　二十（クーブ・ド・ミュルビル, M.　1907.1.24–）

Covarrubias, Alonso de 〈15・16世紀〉
スペインの建築家。
⇒建築（コバルビアス, アロンソ・デ　1488–1570）
　新美（コバルビアス, アロンソ・デ　1488頃–1564/70）
　世美（コバルビアス, アロンソ・デ　1488–1564）

Covici, Pat 〈19・20世紀〉
アメリカの出版者, 編集者。
⇒二十英（Covici, Pat（Pascal）　1885–1964）

Cowie, William Clark 〈19・20世紀〉
イギリス人の冒険家, 実業家。
⇒岩世（カウィ　1849.4.8–1910.9.14）

Cox, James Middleton 〈19・20世紀〉
アメリカの政治家, 新聞業者。デーリー・ニューズ紙（1898）などを入手, 経営。オハイオ州知事などを務めた。
⇒岩世（コックス　1870.3.31–1957.7.15）
　外国（コックス　1870–）
　コン2（コックス　1870–1957）
　コン3（コックス　1870–1957）
　西洋（コックス　1870.3.31–1957.7.15）

Cox, Phillip, Sutton 〈20世紀〉
オーストラリアの建築家。
⇒岩ケ（コックス, フィリップ・サットン　1939–）

Cox, William 〈18・19世紀〉
オーストラリアの土木技術者。道路設計の草分け。
⇒岩ケ（コックス, ウィリアム　1764–1837）

Coxe, Tench 〈18・19世紀〉
アメリカの政治家, 経済思想家, 貿易商。
⇒百科（コックス　1755–1824）

Coxey, Jacob Sechler 〈19・20世紀〉
アメリカの企業経営者, 政治家。珪土砂石採取業を経営。1931〜33年マシロン市長。
⇒国小（コクシー　1854.4.10–1951.5.18）

Coyett, Frederik 〈17世紀〉
オランダの出島商館長。後, 台湾長官。
⇒岩世（コイエット　1620頃–1678頃）
　国史（コイエット　生没年不詳）
　人物（コイエット　1620頃–1678頃）
　西洋（コイエット　1620頃–1678頃）
　世東（コイエット　1615頃–1674）
　対外（コイエット　生没年不詳）
　日人（コイエット　1620頃–1678頃）

Cozzarelli, Giacomo 〈15・16世紀〉
イタリアの建築家, 彫刻家。主にシエナで活動。
⇒建築（コッツァレッリ, ジャコモ　1453–1515）
　新美（コッザレルリ, ジャーコモ　1453.11.20–1515.3.23）
　世美（コッツァレッリ, ジャーコモ　1453–1515）

Crafts, Prescott C.（Jr.） 〈20世紀〉
アメリカの銀行家。ボストン・ファースト・ナショナル銀行副頭取, ボストン日本協会会長。
⇒二十（クラフツ, P.C.（Jr）　1926–）

Cram, Ralph Adams 〈19・20世紀〉
アメリカの建築家。代表作はプリンストン大学大学院（1913）と礼拝堂（29）。
⇒幻想（クラム, ラルフ・アダムズ　1863–1942）
　幻文（クラム, ラルフ・アダムズ　1863–1942）
　国小（クラム　1863.12.16–1942.9.22）

Crampton, Thomas Russell 〈19世紀〉
イギリスの技術者。クランプトン式機関車を発明。
⇒岩ケ（クランプトン, トマス・ラッセル　1816–1888）
　岩世（クランプトン　1816.8.6–1888.4.19）
　科学（クランプトン　1816–1888）

西洋（クランプトン　1816.8.6–1888.3.19）
全書（クランプトン　1816–1888）
大百（クランプトン　1816–1888）

Cranfield, Lionel, 1st Earl of Middlesex 〈16・17世紀〉
イギリスの商人，財産家。
⇒英米（Cranfield, Lionel, 1st Earl of Middlesex　クランフィールド　1575–1645）

Crans, Jan 〈18世紀〉
オランダの長崎商館長。
⇒岩世（クランス　1733.4–1780.5.3）

Cranston, Kate 〈19・20世紀〉
イギリス・スコットランドの茶廊経営者。
⇒世女日（クランストン，ケイト　1850–1934）

Craponne, Adam de 〈16世紀〉
フランスの土木技術者。
⇒世美（クラポンヌ，アダン・ド　1526–1576）

Cratander, Andreas 〈16世紀〉
バーゼルの印刷業者，人文主義学者。
⇒キリ（クラタンダー・アンドレーアス　?–1540.8）

Craven, Alfred Wingate 〈19世紀〉
アメリカの土木技術者。アメリカ土木学会の創立者の一人で，会長（1869～71）。
⇒西洋（クレーヴン　1810.10.20–1879.3.29）

Crawford, Cheryl 〈20世紀〉
アメリカのミュージカル製作者，演出家。
⇒世女（クローフォード，チェリル　1902–1986）
　世女日（クローフォード，シェリル　1902–1986）
　二十（クローフォード，シェリル　1902.9.24–）

Crawford, Joan 〈20世紀〉
アメリカの女優。作品『何がジェーンに起ったか?』（1962）など。59～76年ペプシ・コーラ社副社長。
⇒岩ケ（クローフォド，ジョーン　1908–1977）
　外国（クロフォード　1908–）
　外女（クロフォード，ジョーン　1906/04/08.3.23–1977.5.13）
　現ア（Crawford, Joan　クロフォード，ジョーン　1904–1977）
　コン3（クロフォード　1908–1977）
　スパ（クロフォード，ジョーン　1906–1976）
　世映（クロフォード，ジョーン　1904/1905–1977）
　世女（クロフォード，ジョーン　1908–1977）
　世女日（クローフォード，ジョーン　1906–1977）
　世俳（クローフォード，ジョーン　1904.3.23–1977.5.10）
　全書（クロフォード　1908–1977）
　二十（クロフォード, J.　1908–1977）
　俳優（クローフォード，ジョーン　1906/04/08.3.23–1977.5.10）

Crawford, Sir John Grenfell 〈20世紀〉
オーストラリアの経済学者，行政官。
⇒岩ケ（クローフォド，サー・ジョン（・グレンフェル）　1910–1985）

Crawford, Joseph Ury 〈19・20世紀〉
アメリカの土木技師，鉄道技師。来日し，手宮—札幌間の鉄道を建設。
⇒岩世（クローフォード　1842–1924.11.21）
　西洋（クローフォード　1842–1924）
　日人（クローフォード　1842–1924）
　来日（クローフォード　1842–1924）

Crawford, William Harris 〈18・19世紀〉
アメリカの政治家。フランス駐在公使，陸軍長官，財務長官を歴任。
⇒外国（クロフォード　1772–1834）

Cray, Seymour Roger 〈20世紀〉
アメリカのコンピューター技術者。
⇒岩ケ（クレイ，シーモア・R　1925–1996）
　岩世（クレイ　1925.9.28–1996.10.5）

Creed, Frederick George 〈19・20世紀〉
カナダの発明家。
⇒岩ケ（クリード，フレデリック・ジョージ　1871–1957）

Crelle, August Leopold 〈18・19世紀〉
ドイツの数学者。ドイツ最初の鉄道を設計。
⇒岩世（クレレ　1780.3.11–1855.10.6）
　外国（クレレ　1780–1855）
　コン2（クレレ　1780–1855）
　コン3（クレレ　1780–1855）
　人物（クレレ　1780.3.11–1855.10.6）
　数学（クレレ　1780.3.11–1855.10.6）
　数学増（クレレ　1780.3.11–1855.10.6）
　西洋（クレレ　1780.3.11–1855.10.6）
　世西（クレレ　1780.3.11–1855.10.6）
　世百（クレレ　1780–1855）
　百科（クレレ　1780–1855）

Cremona, Italo 〈20世紀〉
イタリアの画家，デザイナー，実業家。
⇒世美（クレモーナ，イターロ　1905–1979）

Crescenzi, Giovanni Battista 〈16・17世紀〉
イタリアの建築家，画家。

⇒世美（クレシェンツィ, ジョヴァンニ・バッティスタ 1577–1660）

Cressent, Charles 〈17・18世紀〉
フランスの家具職人, 彫刻家, 金工。
⇒芸術（クレッサン, シャルル 1685–1766）
国小（クレッサン 1685.12.16–1768.1.10）
コン2（クレッサン 1685–1768）
コン3（クレッサン 1685–1768）
新美（クレッサン, シャルル 1685.12.16–1768.1.10）
世美（クレサン, シャルル 1685–1768）
百科（クレサン 1685–1768）

Creswell, Archibald 〈19・20世紀〉
イギリスのイスラム建築史学者。
⇒岩世（クレスウェル 1879.9.13–1974.4.8）
新美（クレスウェル, アーチボルド 1879.9.13–1974.4.8）
二十（クレスウェル, アーチボルド 1879.9.13–1974.4.8）
百科（クレスウェル 1879–1974）

Cripps, *Sir* Richard Stafford 〈19・20世紀〉
イギリスの政治家, 労働党員。1947年アトリー内閣商相, ついで経済相兼蔵相。
⇒岩ケ（クリップス, サー・(リチャード) スタッフォード 1889–1952）
英米（Cripps, Sir Richard Stafford クリップス 1889–1952）
外国（クリップス 1889–1952）
現人（クリップス 1889.4.24–1952.4.21）
国小（クリップス 1889.4.24–1952.4.21）
コン3（クリップス 1889–1952）
人物（クリップス 1889.4.24–1952.4.21）
西洋（クリップス 1889.4.24–1952.4.21）
世西（クリップス 1889.4.24–1952.4.21）
世百新（クリップス 1889–1952）
大百（クリップス 1889–1952）
二十（クリップス, リチャード・スタッフォード 1889.4.24–1952.4.21）
百科（クリップス 1889–1952）
評世（クリップス 1889–1952）
山世（クリップス 1889–1952）

Cristaldi, Franco 〈20世紀〉
イタリア生まれの映画製作者。
⇒世映（クリスタルディ, フランコ 1924–1992）

Cristiani, Alfredo F. 〈20世紀〉
エル・サルバドルの政治家, 実業家。大統領。
⇒世政（クリスティアニ, アルフレド 1947.11.22–）

Cristofori, Bartolommeo di Francesco 〈17・18世紀〉
イタリアのハープシコード製作者。ピアノの発明者。
⇒岩ケ（クリストフォリ, バルトロメーオ 1655–1731）
岩世（クリストフォリ 1655.5.4–1732.1.27）
音楽（クリストーフォリ, バルトロメオ 1655.5.4–1731.1.27）
音大（クリストフォリ 1655.5.4–1731.1.27）
クラ（クリストフォリ, バルトロメーオ 1655–1731）
コン2（クリストフォリ 1655–1731）
コン3（クリストフォリ 1655–1731）
西洋（クリストフォリ 1655.5.4–1731.1.27）
ラル（クリストフォリ, バルトロメオ 1655–1731）

Cristoforo di Beltramo da Conigo 〈14・15世紀〉
イタリアの建築家。
⇒世美（クリストーフォロ・ディ・ベルトラーモ・ダ・コニーゴ （活動）14–15世紀）

Cristoforo di Geremia 〈15世紀〉
イタリアの金銀細工師。
⇒世美（クリストーフォロ・ディ・ジェレミーア 1430頃–1476頃）

Croce, Francesco 〈17・18世紀〉
イタリアの建築家。
⇒世美（クローチェ, フランチェスコ 1696–1773）

Cromer, Evelyn Baring, 1st Earl of 〈19・20世紀〉
イギリスの植民地政治家。1883～1907年エジプト駐在総領事。エジプトの財政再建や鉄道, 司法, 教育の改革に尽力。
⇒岩ケ（クローマー, イヴリン・ベアリング, 初代伯爵 1841–1917）
岩世（クローマー 1841.2.26–1917.1.29）
外国（ベアリング, エヴリン（クローマー伯）1841–1917）
角世（クローマー 1841–1917）
国小（クローマー 1841.2.26–1917.1.29）
コン2（クローマー 1841–1917）
コン3（クローマー 1841–1917）
人物（クローマー 1841.2.26–1917.1.29）
西洋（クローマー 1841.2.26–1917.1.29）
世東（クローマー 1841–1917）
世百（クローマー 1841–1917）
全書（クローマー 1841–1917）
大百（クローマー 1841–1917）
デス（クローマー 1841–1917）
伝世（クローマー初代伯 1841.2.26–1917.1.29）
ナビ（クローマー 1841–1917）
二十（クローマー 1841–1917）
百科（クローマー 1841–1917）
評世（クローマー 1841–1917）

Crompton, Rookes Evelyn Bell

〈19・20世紀〉
イギリスの技術者。
⇒岩ケ（クロンプトン，ルークス・イヴリン・ベル 1845–1940）
世科（クロンプトン 1845–1940）
二十（クロンプトン，R.E.B. 1845.5.31–1940.2.15）

Crompton, Samuel 〈18・19世紀〉

イギリスの発明家。ハーグリーヴズの紡績機の欠点を改良し，新しい紡績機を完成（1779）。
⇒岩ケ（クロンプトン，サミュエル 1753–1827）
岩世（クロンプトン 1753.12.3–1827.6.26）
英米（Crompton, Samuel クロンプトン 1753–1827）
旺世（クロンプトン 1753–1827）
外国（クロンプトン 1753–1827）
科学（クロンプトン 1753.12.3–1827.6.26）
角世（クロンプトン 1753–1827）
コン2（クロンプトン 1753–1827）
コン3（クロンプトン 1753–1827）
人物（クロンプトン 1753.12.3–1827.6.26）
西洋（クロンプトン 1753.12.3–1827.6.26）
世科（クロンプトン 1753–1827）
世人（クロンプトン 1753–1827）
世西（クロンプトン 1753.12.3–1827.6.26）
世百（クロンプトン 1753–1827）
全書（クロンプトン 1753–1827）
大辞（クロンプトン 1753–1827）
大辞3（クロンプトン 1753–1827）
大百（クロンプトン 1753–1827）
デス（クロンプトン 1753–1827）
百科（クロンプトン 1753–1827）
評世（クロンプトン（クロムトン） 1753–1827）
山世（クロンプトン 1753–1827）
歴史（クロンプトン 1753–1827）

Cronaca, Il 〈15・16世紀〉

イタリア，ルネサンス期の建築家。
⇒岩世（クローナカ 1457.10.20–1508.9.22）
キリ（クローナカ 1457.10.30–1508.9.27）
建築（クロナカ（通称）（シモーネ・デル・ポライオーロ） 1457–1508）
国小（クローナカ 1457.10.30–1508.9.21）
新美（クローナカ 1457.10.30–1508.9.27）
西洋（クローナカ 1457.10.20–1508.9.8）
世美（クローナカ 1457–1509）
世百（クロナカ 1457–1508）
全書（クロナカ 1457–1504）

Crookes, Sir William 〈19・20世紀〉

イギリスの化学者，物理学者。新元素タリウムを発見。ラジオメーター（放射計）の発明やクルックス管による真空放電の研究で知られる。
⇒岩ケ（クルックス，サー・ウィリアム 1832–1919）
外国（クルックス 1832–1919）
科学（クルックス 1832.6.17–1919.4.4）
科技（クルックス 1832.6.17–1919.4.4）
科史（クルックス 1832–1919）
科人（クルックス，サー・ウィリアム 1832.6.17–1919.4.4）
科大（クルックス 1832–1919）
科大2（クルックス 1832–1919）
国小（クルックス 1832.6.17–1919.4.4）
コン2（クルックス 1832–1919）
コン3（クルックス 1832–1919）
人物（クルックス 1832.6.17–1919.4.4）
西洋（クルックス 1832.6.17–1919.4.4）
世科（クルックス 1832–1919）
世百（クルックス 1832.6.17–1919.4.4）
世百（クルックス 1832–1919）
全書（クルックス 1832–1919）
大辞（クルックス 1832–1919）
大辞2（クルックス 1832–1919）
大辞3（クルックス 1832–1919）
大百（クルックス 1832–1919）
デス（クルックス 1832–1919）
伝世（クルックス 1832.6.17–1919.4.4）
ナビ（クルックス 1832–1919）
二十（クルックス，ウィリアム 1832.6.17–1919.4.4）
百科（クルックス 1832–1919）

Cros, Emile Hortensius Charles 〈19世紀〉

フランスの詩人，科学者，発明家。自動電信機（1867），蓄音機（77）などの原理を発表。
⇒音大（クロ 1842.10.1–1888.8.9）
幻想（クロ，シャルル 1842–1888）
国小（クロス 1842.10.1–1888.8.9）
集世（クロ，シャルル 1842.10.1–1888.8.9）
集文（クロ，シャルル 1842.10.1–1888.8.9）
世文（クロ，シャルル 1842–1888）
全書（クロ 1842–1888）
デス（クロス 1842–1888）
百科（クロス 1842–1888）
ラル（クロ，シャルル 1842–1888）

Crosby, Caresse 〈20世紀〉

アメリカの女性詩人，出版者。
⇒二十英（Crosby, Caresse 1892–1970）

Crosby, Harry 〈20世紀〉

アメリカの詩人，出版者。
⇒二十英（Crosby, Harry 1898–1929）

Crosby, Theo 〈20世紀〉

イギリスの都市計画家，随筆家。
⇒世美（クロズビー，シオー 1925–）

Cross, Charles Frederick 〈19・20世紀〉

イギリスの有機化学者。ビスコース繊維の製法を発明（1892）。
⇒岩ケ（クロス，チャールズ（・フレデリック） 1855–1935）

岩世 （クロス　1855.12.11–1935.4.15）
科学 （クロス　1855–1935.4.15）
科人 （クロス, チャールズ・フレデリック　1855.
　12.11–1935.4.15）
国小 （クロス　1855–1935）
西洋 （クロス　1855–1935.4.15）
世百 （クロス　1855–1935）
全書 （クロス　1855–1935）
大百 （クロス　1855–1935）
二十 （クロス, チャールズ・フレデリック
　1855–1935.4.15）
百科 （クロス　1855–1935）

Cross, Joan 〈20世紀〉
イギリスのソプラノ歌手, オペラ・プロ
デューサー。
⇒演奏 （クロス, ジョーン　1900.9.7–）
オペ （クロス, ジョーン　1900.9.7–）
現演 （クロス, ジョウン　1900–）
世女 （クロス, ジョーン　1900–1993）
世女日 （クロス, ジョーン　1900–1993）

Crossley, *Sir* Francis 〈19世紀〉
イギリスの絨毯製造業者, 慈善家。
⇒岩ケ （クロスリー, サー・フランシス　1817–
　1872）

Crowe, *Dame* Sylvia 〈20世紀〉
イギリスのランドスケープ・アーキテクト（景
観技師）。
⇒世女 （クロウ, シルヴィア　1901–1997）

Crowley, Bob 〈20世紀〉
イギリスの舞台設計者。
⇒岩ケ （クローリー, ボブ　1954–）

Crowley, Robert 〈16世紀〉
イギリスの印刷業者, 聖職者。
⇒外国 （クローリー　1518頃–1588）
キリ （クロウリ, ロバート　1518頃–1588.6.18）
コン2 （クローリー　1518頃–1588）
コン3 （クローリー　1518頃–1588）
西洋 （クローリ　1518頃–1588）
評世 （クローリー　1518頃–1588）

Crowther, Geoffrey Crowther, Baron 〈20世紀〉
イギリスの経済学者。
⇒岩ケ （クラウザー, ジェフリー・クラウザー, 男
　爵　1907–1972）

Crowther, James Gerald 〈20世紀〉
イギリスの科学史家, 科学ジャーナリスト。第
1次大戦後, ソ連邦の科学・技術の実態を調査,
西欧に紹介。
⇒コン3 （クラウザー　1899–1962）

世百 （クラウザー　1899–）
二十 （クラウザー, ジェームス・ジェラルド
　1899–1962）
名著 （クラウザー　1899–）

Crozier, William 〈19・20世紀〉
アメリカの陸軍軍人, 発明家。1896年バッフィ
ントン＝クロジャー銃架装置を発明し, さらに
螺旋銃, 野戦用重火器を多数発明。
⇒国小 （クロジャー　1855.2.19–1942.11.10）

Crucy, Mathurin 〈18・19世紀〉
フランスの建築家。
⇒建築 （クリュシー, マチュラン　1749–1826）

Cruden, Alexander 〈17・18世紀〉
ロンドンの書籍商。資料編集出版で成功。主著
"Biblical Concordance"（1737）。
⇒岩ケ （クルーデン, アレグザンダー　1701–1770）
キリ （クルーデン, アレグザーンダ　1701.5.31–
　1770.11.1）
国小 （クルーデン　1699–1770）

Cruft, Charles 〈19・20世紀〉
イギリスの興行師。
⇒岩ケ （クラフト, チャールズ　1852–1939）

Crusius, Klaus 〈20世紀〉
ドイツの物理化学者。アイソトープ分離用の
〈クルージウス分離管〉を発明。
⇒西洋 （クルージウス　1903.3.19–）

Ctesibius of Alexandria 〈前3世紀〉
ギリシアの発明家。
⇒科学 （テシビウス　（活躍）前270頃）
科人 （クテシビオス, アレキサンドリアの　前
　270頃?）

Cubitt, Thomas 〈18・19世紀〉
イギリスの建築業者。
⇒岩ケ （キュービット, トマス　1788–1855）

Cubitt, *Sir* William 〈18・19世紀〉
イギリスの土木技師。
⇒岩ケ （キュービット, サー・ウィリアム　1785–
　1861）

Cudlipp, Reginald 〈20世紀〉
イギリスの実業家。日英経済協会会長, ニュー
ス・オブ・ザ・ワールド社取締役編集長。
⇒二十 （カドリップ, R.　1911–）

Cugnot, Nicolas-Joseph 〈18・19世紀〉
フランスの軍事技術者。1769年蒸気機関を使っ

経済・産業篇　145　cunow

た世界最初の三輪自動車を製作。
⇒岩ケ（キュニョー, ニコラ・ジョゼフ　1725–1804）
　岩世（キュニョ　1725.2.26–1804.10.2）
　外国（キュニョー　1725–1804）
　科学（キュニョ　1725–1804）
　科人（キュニョー, ニコラ・ジョゼフ　1725.9.25–1804.10.2）
　広辞4（キュニョー　1725–1804）
　広辞6（キュニョー　1725–1804）
　国小（キュニョー　1725.9.25–1804.10.2）
　コン2（キュニョー　1725–1804）
　コン3（キュニョー　1725–1804）
　西洋（キュニョ　1725–1804）
　世科（キュニョー　1725–1804）
　世西（キュニョ　1725–1804）
　世百（キュニョー　1725–1804）
　全書（キュニョー　1725–1804）
　大辞（キュニョー　1725–1804）
　大辞3（キュニョー　1725–1804）
　大百（キュニョー　1725–1804）
　伝世（キュニョー　1725–1804）
　百科（キュニョー　1725–1804）

Culmann, Karl 〈19世紀〉
ドイツの橋梁技術者, 力学者。チューリヒの工業大学学長（1872〜75）。
⇒岩ケ（クールマン, カール　1821–1881）
　岩世（クールマン　1821.7.10–1881.12.9）
　西洋（クールマン　1821.7.10–1881.12.9）

Cunard, Nancy Clara 〈20世紀〉
イギリスの女性文学者, 編集出版者。
⇒集文（キュナード, ナンシー　1896.3.10–1965.3.16）
　世女日（キュナード, ナンシー　1896–1965）
　二十英（Cunard, Nancy　1896–1965）

Cunard, *Sir* Samuel, 1st Baronet
〈18・19世紀〉
イギリスの実業家。
⇒岩ケ（キュナード, サー・サミュエル　1787–1865）
　岩世（キュナード　1787.11.21–1865.4.28）
　西洋（キュナード　1787.11.21–1865.4.28）

Cundall, Joseph 〈19世紀〉
ロンドンの出版業者。
⇒世児（カンドール, ジョーゼフ　1818–1895）

Cunha, João Serrão da
ポルトガル領マカオ総督, 遣日貿易船隊司令官。
⇒岩世（クーニャ）
　西洋（クーニャ）

Cunha, Tristão da 〈15・16世紀〉
ポルトガルの航海者。クーニャ諸島を発見

（1506）。
⇒岩世（クーニャ　1460頃–1540頃）
　外国（クーニャ　1460頃–1540頃）
　国小（クーニャ　1460頃–1540頃）
　コン2（クーニャ　1460頃–1540頃）
　コン3（クーニャ　1460頃–1540頃）
　西洋（クーニャ　1460頃–1540頃）

Cunningham, Allan 〈18・19世紀〉
イギリスの植物学者, 土地開拓者。シドニー西部および北部の探検を試み, イギリス植民地の人々のためにオーストラリアでもっとも肥沃な土地を開拓した。
⇒岩ケ（カニンガム, アラン　1791–1839）
　探検2（カニンガム　1791–1839）

Cunningham, John 〈20世紀〉
イギリスの航空機パイロット。
⇒岩ケ（カニンガム, ジョン　1917–）

Cunningham, William 〈19・20世紀〉
イギリスの歴史学派の経済学者。主著『イギリス商工業の発達』（1982）。
⇒岩世（カニンガム　1849.12.29–1919.6.10）
　外国（カニンガム　1849–1919）
　経済（カニンガム　1849–1919）
　国小（カニンガム　1849.12.29–1919.6.10）
　コン2（カニンガム　1849–1919）
　コン3（カニンガム　1849–1919）
　人物（カニンガム　1849.12.29–1919.6.10）
　西洋（カニンガム　1849.12.29–1919.6.10）
　世西（カニンガム　1849.12.29–1919.6.10）
　世百（カニンガム　1849–1919）
　全書（カニンガム　1849–1919）
　名著（カニンガム　1849–1919）
　歴学（カニンガム　1849–1919）

Cuno, Wilhelm 〈19・20世紀〉
ドイツの実業家, 政治家。1922年首相となり, 穏和な右翼内閣を組織したが, 翌年辞職。
⇒岩世（クーノ　1876.7.2–1933.1.3）
　外国（クノー　1876–1933）
　コン2（クーノー　1876–1933）
　コン3（クーノー　1876–1933）
　西洋（クーノー　1876.7.2–1933.1.3）

Cunow, Heinrich Wilhelm Carl
〈19・20世紀〉
ドイツの経済史家, 人類学者, 社会学者。主著『マルクス主義の歴史, 社会, 国家学説』（1920〜21）, 『経済全史』（4巻, 26〜31）のほか, 『オーストラリアネグロの親族組織』（1894）, 『母権制の経済的基礎』（97〜98）など。
⇒岩世（クーノー　1862.4.11–1936.8.20）
　外国（クノー　1862–）
　国小（クーノー　1862.4.11–1936）
　コン2（クーノー　1862–1936）

コン3（クーノー 1862–1936）
人物（クーノー 1862.4.11–1936）
西洋（クーノー 1862.4.11–1936）
世西（クーノウ 1862.4.11–1936）
世百（クノ 1862–1936）
全書（クノー 1862–1936）
大百（クノー 1862–1936）
二十（クノー, ヘンリッチ・ウィルヘルム・カール 1862–1936）
名著（クーノー 1862–1936）

Curb, Mike 〈20世紀〉
アメリカ生まれの作曲家, プロデューサー。
ヴァーヴ・レコード社長などを務めた。
⇒洋ヒ（カーブ, マイク 1944–）

Currier, Nathaniel 〈19世紀〉
アメリカの石版工。石版印刷会社"カリアー・アンド・アイヴス商会"の共同経営者。
⇒伝世（カリアー 1813–1888）

Curtice, Harlowe Herbert 〈20世紀〉
アメリカの自動車産業幹部。
⇒岩ケ（カーティス, ハーロー・H（ハーバート） 1893–1962）

Curtis, Charles Goldon 〈19・20世紀〉
アメリカの発明家, 実業家。「カーティス蒸気タービン」を発明した（1895）。
⇒岩ケ（カーティス, チャールズ（・ゴードン） 1860–1953）
岩世（カーティス 1860.4.20–1953.3.10）
科学（カーチス 1860.4.20–1953.3.10）
コン2（カーティス 1860–1953）
コン3（カーティス 1860–1953）
西洋（カーティス 1860.4.20–1953.3.10）
世西（カーティス 1860.4.20–1953.3.10）
世百（カーティス 1860–1953）
全書（カーティス 1860–1953）
二十（カーティス, チャールズ・ゴードン 1860.4.20–1953.3.10）
百科（カーティス 1860–1953）

Curtis, Cyrus Hermann Kotzschmar 〈19・20世紀〉
アメリカの出版業者。多くの新聞雑誌を発行。
⇒国小（カーチス 1850.6.18–1933.6.7）
西洋（カーチス 1850.6.18–1933.6.7）

Curtiss, Glenn Hammond 〈19・20世紀〉
アメリカの発明家, 飛行家, 実業家。カーティス航空会社を創設した（1923）。
⇒岩ケ（カーティス, グレン（・ハモンド） 1878–1930）
岩世（カーティス 1878.5.21–1930.7.23）
コン3（カーティス 1878–1930）

人物（カーチス 1878.5.21–1930.7.23）
西洋（カーティス 1878.5.21–1930.7.23）
世西（カーティス 1878.5.21–1930.7.23）
全世（カーティス 1878–1930）
大百（カーチス 1878–1930）
二十（カーティス, グレン・ハモンド 1878–1930）

Curtiz, Michael 〈19・20世紀〉
ハンガリー, のちアメリカの映画監督。1930年代から40年代, 黄金時代のハリウッドで, さまざまなジャンルで映画を制作。
⇒岩ケ（カーティス, マイケル 1888–1962）
外国（カーティス 1888–）
監督（カーティズ, マイクル 1888.12.24–1962.4.11）
最世（カーティス, マイケル 1888–1962）
世映（カーティズ, マイケル 1888/1886–1962）
世俳（カーティス, マイケル 1886.12.24–1962.4.10）
世俳（ケルテース, ミハーイ 1886.12.24–1962.4.10）
世俳（ケルテス, ミヒャエル 1886.12.24–1962.4.10）
世百新（カーティス 1888–1962）
二十（カーティス, ミッシェル 1888.12.24–1962.4.11）
百科（カーティス 1888–1962）

Curwen, John 〈19世紀〉
イギリスの音楽教育家, 出版者。
⇒岩ケ（カーウェン, ジョン 1816–1880）
音大（カーウェン, ジョン 1816.11.14–1880.5.26）

Curwen, John Spencer 〈19・20世紀〉
イギリスの教育家, 出版者。
⇒音大（カーウェン, ジョン・スペンサー 1847.9.30–1916.8.6）

Cuscuna, Michael 〈20世紀〉
アメリカのジャズ・プロデューサー。アトランティック・レコード, モータウン・レコードなどで活躍。
⇒ジヤ（カスクーナ, マイケル 1948.9.20–）
二十（カスクーナ, マイケル 1948.9.20–）

Custodi, Pietro 〈18・19世紀〉
イタリアの経済学者。19世紀以前のイタリア経済学者の主要著作を集めた。
⇒岩世（クストーディ 1771–1842）
西洋（クストーディ 1771–1842）

Cuthbert, St 〈7世紀〉
スコットランド, リンディスファーンの司教。航海者の守護聖人。
⇒岩ケ（聖カスバート 635頃–687）

英米（Cuthbert　カスバート　634頃–687）
キリ（クスベルト　635–687）
国小（クトベルツス　635頃–687.3.20）
コン2（クスベルト　635頃–687）
コン3（クスベルト　635頃–687）
聖人（カスバート　634頃–687）
西洋（カスバート　635頃–687.3.20）

Cutler, Manasseh 〈18・19世紀〉

アメリカの組合教会牧師，植物学者。居住地建設者。オハイオ土地会社の創設者の一人。
⇒外国（カトラー　1742–1823）
　　キリ（カトラー，マナセ　1742.5.13–1823.7.28）

Cuvilliés, Jean François de 〈17・18世紀〉

ドイツの建築家，室内装飾家。
⇒岩世（キュヴィエ　1695.10.23–1768.4.14）
　　建築（キュヴィエ，ジャン＝フランソワ・ド　1695–1768）
　　国小（キュビイエ　1695–1768）
　　新美（キュヴィイエ，フランソワ　1695.10.23–1768.4.14）
　　西洋（キュヴィーエ　1695.10.23–1768.4.14）
　　世美（キュヴィイエ，フランソワ・ド　1695–1768）
　　世百（キュヴィエ　1695–1768）
　　伝世（キュヴィエ　1695.10.23–1768.4.14）
　　百科（キュビエ　1695–1768）
　　歴史（キュヴィイエ　1698–1768）

Cuypers, Petrus Josephus Hubertus 〈19・20世紀〉

オランダの建築家。アムステルダムの国立美術館や中央駅が代表作。
⇒岩世（コイペルス（カイペルス）　1827.5.16–1921.3.3）
　　キリ（コイペルス，ペトリュス・ヨセフュス・フベルテュス　1827.5.16–1921.3.3）
　　国小（コイペルス　1827.5.16–1921.3.3）
　　新美（カイペルス，ペートルス・ヨセフス・ヒュベルタス　1827.5.16–1921.3.3）
　　西洋（コイペルス　1827.5.16–1921.3.3）
　　世美（カイペルス，ペトルス・ヨゼフス・ヒュベルトゥス　1827–1921）
　　二十（カイペルス，ペートルス・ヨセフス・ヒュベルタス　1827.5.16–1921.3.3）
　　百科（カイペルス　1827–1921）

Cyriacus Ciriacus Anconitanus 〈14・15世紀〉

イタリアの商人。古代遺跡の発掘者。ギリシア，エジプト，近東に旅し，碑文や彫刻を収集。
⇒岩世（キリアクス（アンコナの）　1391–1449以後）
　　国小（シリアクス（アンコーナの）　1391–1452）
　　西洋（キリアクス（アンコーナの）　1391–1449頃以後）

Czinner, Paul 〈19・20世紀〉

ドイツ，のちイギリスの映画監督，脚本家，映画製作者。
⇒監督（ツィンナー，パウル　1890–1972.2）
　　世映（ツィナー，パウル　1890–1972）

【 D 】

Daddy O 〈20世紀〉

アメリカのヒップホップ系の音楽プロデューサー。
⇒ヒ人（ダディ・オー）

Daglous, William K. 〈20世紀〉

カナダの実業家。ヘレンカーチスジャパン社長。
⇒二十（ダグラス，ウイリアム・K.）

Dagouret, P. 〈20世紀〉

フランスの料理研究家，著述家。パリの料理業協会長。のちに『調理要覧』と『ユニヴァーサル・バーテンダー』の2冊となった『司厨小百科』を，1900年に発表している。
⇒名著（ダグーレ　生没年不詳）

D'Agrate, Gian Francesco Ferreri 〈15・16世紀〉

イタリアの建築家，彫刻家。
⇒世美（ダグラーテ，ジャン・フランチェスコ・フェッレーリ　1489–1547以降）

Daguerre, Louis Jacques Mandé 〈18・19世紀〉

フランスの画家，発明家。迫真的な幻影を出現させる「ジオラマ」の経営者だったが，写真の発明に進出。1839年銀板写真をタゲレオタイプの名で発表。
⇒岩ケ（タゲール，ルイ・ジャック・マンデ　1789–1851）
　　岩世（ダゲール　1787.11.18–1851.7.10）
　　旺世（ダゲール　1789–1851）
　　外国（ダゲール　1789–1851）
　　科学（ダゲール　1787.11.18–1851.7.10）
　　科技（ダゲール　1789.11.18–1851.7.10）
　　科人（ダゲール，ルイ・ジャック・マンデ　1789.11.18–1851.7.10）
　　芸術（ダゲール，ルイ・ジャック・マンデ　1787–1851）
　　広辞4（ダゲール　1787–1851）
　　広辞6（ダゲール　1787–1851）
　　国小（ダゲール　1789.11.18–1851.7.12）
　　コン2（ダゲール　1787–1851）
　　コン3（ダゲール　1787–1851）

新美 （ダゲール, ルイ＝ジャック＝マンデ 1789.
11.18–1851.7.12)
西洋 （ダゲール 1787.11.18–1851.7.10)
世科 （ダゲール 1789.11.18–1851.7.12)
世美 （ダゲール, ルイ＝ジャック＝マンデ 1787–
1851)
世百 （ダゲール 1789–1851)
全書 （ダゲール 1787–1851)
大辞 （ダゲール 1787–1851)
大辞3 （ダゲール 1787–1851)
大百 （ダゲール 1787–1851)
デス （ダゲール 1787–1851)
伝世 （ダゲール 1787.11.18–1851.7.10)
百科 （ダゲール 1789–1851)
評世 （ダゲール 1787–1851)

D　Dahl, Ole-Johan 〈20世紀〉
ノルウェーのコンピューター科学者。
⇒岩世 （ダール 1931.10.12–2002.6.29)

Dahlberg, Erik 〈17・18世紀〉
スウェーデンの軍事エンジニア, 建築家。
⇒岩世 （ダールベリ 1625.10.10–1703.1.16)
建築 （ダールベルク, エリック 1625–1703)

Dahlgren, John Adolphus Bernard
〈19世紀〉
アメリカの軍人。ダールグレン砲を発明。
⇒岩ケ （ダルグレン, ジョン（・アドルファス・バー
ナード） 1809–1870)
国小 （ダールグレン 1809–1870)

Daidalos
ギリシャ神話, ギリシアの天才的な工人。建築
や彫刻の伝説の名人。ミノス王の求めにより
クレタ島の迷宮ラビリンスを建設した。
⇒岩世 （ダイダロス）
ギリ （ダイダロス）
ギロ （ダイダロス）
コン2 （ダイダロス）
コン3 （ダイダロス）
新美 （ダイダロス）
世美 （ダイダロス 前4世紀）
大辞 （ダイダロス）
大辞3 （ダイダロス）

Daimler, Gottlieb Wilhelm 〈19世紀〉
ドイツの機械技術者, 発明家。高速ガソリンエ
ンジンの製作に成功。1886年4輪ガソリン自動
車を完成。
⇒岩ケ （ダイムラー, ゴットリープ（・ヴィルヘル
ム） 1834–1900)
岩世 （ダイムラー 1834.3.17–1900.3.6)
旺世 （ダイムラー 1834–1900)
外国 （ダイムラー 1834–1900)
科学 （ダイムラー 1834.3.17–1900.3.6)
科技 （ダイムラー 1834.3.17–1900.3.6)
科史 （ダイムラー 1834–1900)

科人 （ダイムラー, ゴットリープ・ヴィルヘルム
1834.3.17–1900.3.6)
角世 （ダイムラー 1834–1900)
広辞4 （ダイムラー 1834–1900)
広辞6 （ダイムラー 1834–1900)
国小 （ダイムラー 1834.3.17–1900.3.6)
コン2 （ダイムラー 1834–1900)
コン3 （ダイムラー 1834–1900)
人物 （ダイムラー 1834.3.17–1900.3.6)
西洋 （ダイムラー 1834.3.17–1900.3.6)
世科 （ダイムラー 1834–1900)
世人 （ダイムラー 1834–1900)
世西 （ダイムラー 1834.3.17–1900.3.6)
世百 （ダイムラー 1834–1900)
全書 （ダイムラー 1834–1900)
大辞 （ダイムラー 1834–1900)
大辞3 （ダイムラー 1834–1900)
大百 （ダイムラー 1834–1900)
デス （ダイムラー 1834–1900)
伝世 （ダイムラー 1834.3.17–1900.3.6)
百科 （ダイムラー 1834–1900)
評世 （ダイムラー 1834–1900)
山世 （ダイムラー 1834–1900)

Dajani, Ali Taher 〈20世紀〉
ヨルダンの実業家, 著述家。著作に『ヨルダン,
希望の国』(1975) 等がある。
⇒中東 （ダジャーニ 1914–)
二十 （ダジャーニイ, アリ・D.T. 1914–)

D'Albisola, Tullio 〈20世紀〉
イタリアの陶芸家, 彫刻家。
⇒世美 （ダルビソーラ, トゥッリオ 1899–)

Dale, David 〈18・19世紀〉
スコットランドの工場主。博愛主義者。
⇒教育 （デール 1739–1806)

Dale, Earnest 〈20世紀〉
アメリカの経営学者。経験学派の中心。
"Management：Theory and Practice" (1965)
は有名。
⇒国小 （デール 1917.2.4–)

Dale, Margaret 〈20世紀〉
イギリスのダンサー, 振付家, テレビ・プロ
デューサー。
⇒バレ （デイル, マーガレット 1922.12.30–)

Dalén, Nils Gustaf 〈19・20世紀〉
スウェーデンの技術者。1906年アセチレンガス
の自動調節を行う燈台燈を発明。12年ノーベル
物理学賞を受賞。
⇒岩ケ （ダレーン, （ニルス・）グスタヴ 1869–
1937)
岩世 （ダレーン 1869.11.30–1937.12.9)
外国 （ダレーン 1869–1937)

科学（ダレイン　1869.11.30–1937.12.9）
科史（ダレーン　1869–1937）
科人（ダレン，ニールス・グスタフ　1869.11.30–
　1937.12.9）
国小（ダレーン　1869.11.30–1937.12.9）
コン2（ダレーン　1869–1937）
コン3（ダレーン　1869–1937）
人物（ダレ　1869.11.30–1937.12.9）
西洋（ダレン　1869.11.30–1937.12.9）
世西（ダレン　1869.11.30–1937.12.9）
世百（ダレーン　1869–1937）
全書（ダレーン　1869–1937）
大百（ダレーン　1869–1937）
二十（ダレイン，ニルス・グスタフ　1869.11.30–
　1937.12.9）
ノ物（ダレーン，ニルス・グスタフ　1869–1937）
ノベ（ダレーン，N.G.　1869.11.30–1937.12.9）
ノベ3（ダレーン，N.G.　1869.11.30–1937.12.9）

Dalí, Salvador　〈20世紀〉

スペインの画家，版画家，映画製作者。シュールレアリスムの代表的画家。
⇒岩ケ（ダリ，サルバドール（・フェリペ・ハシント）　1904–1989）
　岩世（ダリ　1904.5.11–1989.1.23）
　旺世（ダリ　1904–1989）
　才西（ダリ，サルバドール　1904–1989）
　外国（ダリ　1904–）
　角世（ダリ　1904–1989）
　キリ（ダリ，サルバドール　1904.5.11–）
　現人（ダリ　1904.5.11–）
　広辞5（ダリ　1904–1989）
　広辞6（ダリ　1904–1989）
　国小（ダリ　1904.5.11–）
　国百（ダリ，サルバドール　1904.5.11–）
　コン3（ダリ　1904–1989）
　最世（ダリ，サルバドール　1904–1989）
　新美（ダリ，サルバドール　1904.5.11–）
　人物（ダリ　1904.5.11–）
　ス文（ダリ，サルバドール　1904.5.11–1989.1.23）
　スペ（ダリ　1904–1989）
　西洋（ダリ　1904.5.11–）
　世芸（ダリ，サルバドール　1904–1989）
　世人（ダリ　1904–1989）
　世西（ダリ　1904.5.11–）
　世俳（ダリ，サルヴァドール）
　世美（ダリ，サルバドール　1904–1989）
　世百（ダリ　1904–）
　世百新（ダリ　1904–1989）
　全書（ダリ　1904–）
　大辞2（ダリ　1904–1989）
　大辞3（ダリ　1904–1989）
　大百（ダリ　1904–）
　伝世（ダリ　1904–）
　ナビ（ダリ　1904–1989）
　二十（ダリ，サルバドール　1904.5.11–1989.1.23）
　バレ（ダリ，サルバドール　1904.3.11–1989.1.23）
　百科（ダリ　1904–）

評世（ダリ　1904–1989）
山世（ダリ　1904–1989）

Dalle Masegne, Iacobello　〈14・15世紀〉

イタリアの彫刻家，建築家。
⇒建築（ダッレ・マゼーニェ，ジャコベッロおよびピエール・パオロ　（活動）14–15世紀）
　世美（ダッレ・マゼーニェ，ヤコベッロ　（記録）1383–1409）

Dalle Masegne, Pier Paolo　〈14・15世紀〉

イタリアの彫刻家，建築家。
⇒建築（ダッレ・マゼーニェ，ジャコベッロおよびピエール・パオロ　（活動）14–15世紀）
　世美（ダッレ・マゼーニェ，ピエル・パーオロ　（記録）1383–1403）

Dālmiā, Ramkrishna　〈20世紀〉

インドの実業家。インド5財閥の一つダルミア家の一族。
⇒外国（ダルミア　1893–）
　コン3（ダールミア　1893–?）
　全書（ダルミア　1893–）
　二十（ダルミア，R.　1893–?）

Dalrymple, Alexander　〈18・19世紀〉

スコットランドの地理学者。1795〜1808年，イギリス海軍の水路測量者を勤めた。
⇒国小（ダルリンブル　1737–1808）

Dalton, Edward Hugh John Neale　〈19・20世紀〉

イギリスの政治家，経済学者。労働党に属し，蔵相，都市計画相などを歴任。
⇒岩ケ（ドールトン，（エドワード・）ヒュー・（ジョン・ニール）ドールトン，男爵　1887–1962）
　岩世（Dalton，1887.8.26–1962.2.13）
　英米（Dalton, Hugh, Baron Dalton　ドルトン（ヒュー）　1887–1962）
　外国（ドールトン　1887–）
　経済（ドールトン　1887–1962）
　コン3（ドルトン　1887–1962）
　人物（ドールトン　1887.8.26–）
　西洋（ドールトン　1887.8.26–1962.2.13）
　世西（ドールトン　1887–）
　全書（ドールトン　1887–1962）
　二十（ドールトン，E.H.J.N.　1887–1962）

Dalton, George　〈20世紀〉

経済人類学者。アメリカ合衆国ノースウエスタン大学の人類学者である。
⇒二十（ダルトン，ジョージ　1926–）

Daly, Herman 〈20世紀〉

アメリカの経済学者。環境経済学の先駆者の一人で，過度の自由貿易は環境破壊につながると指摘。著書に『定常経済学』など。

⇒大辞2（デイリー　1938-）

Daly, John Augustin 〈19世紀〉

アメリカの劇作家，劇場支配人。ニューヨーク，ロンドンにデーリー劇場を開設。

⇒ア文（ディリー，オーガスティン　1838.7.20-1899.6.7）
　岩ケ（デイリー，（ジョン・）オーガスティン　1838-1899）
　岩世（デイリー　1838.7.20-1899.6.7）
　演劇（デイリー，オーガスティン　1838-1899）
　国小（デーリー　1838.7.20-1899.6.7）
　コン3（デーリー　1838-1899）

Daly, Marcus 〈19世紀〉

アメリカの鉱山資本家。アナコンダ銅山会社を設立。

⇒国小（デーリー　1841-1900）

Dalziel Brothers

ヴィクトリア時代の木口木版印刷業者。

⇒世児（ダルジェル兄弟）

Damadian, Raymond Vahan 〈20世紀〉

アメリカの物理学者，発明家。

⇒岩ケ（ダマディアン，レイモンド（・ヴァーン）　1936-）

Dame Greace 〈20世紀〉

アメリカのプロデューサー。

⇒人人（デイム・グリース）

Damon Dash 〈20世紀〉

アメリカのレーベル経営者。

⇒人人（デイモン・ダッシュ）

Dampier, Alfred 〈19・20世紀〉

オーストラリアの俳優，劇作家，興行師。

⇒岩世（ダンビア　1847（43, 45, 48）.2.28-1908.5.23）

Dampier, William 〈17・18世紀〉

イギリスの航海者。海賊として活躍し，海軍の命でオーストラリア周辺を探検。ダンピア諸島，ダンピアランドはその名にちなむ。

⇒岩ケ（ダンビア，ウィリアム　1652-1715）
　岩世（ダンビア　1651.8-1715）
　英米（Dampier, William　ダンビア　1652頃-1715）
　オセ（ダンビア　1652-1715）

外国（ダンビアー　1652-1715）
科学（ダンビア　1652-1715.3）
国小（ダンビア　1652-1715.3）
コン2（ダンビア　1652-1715）
コン3（ダンビア　1652-1715）
人物（ダンビア　1652-1715）
西洋（ダンビア　1652-1715.3）
世西（ダンビア　1652頃-1715）
世百（ダンビア　1652-1715）
全書（ダンビア　1652-1715）
大辞（ダンビア　1652-1715）
大辞3（ダンビア　1652-1715）
探検1（ダンビア　1651-1715）
伝世（ダンビア　1652.6-1715.3）
百科（ダンビア　1652-1715）
名著（ダンビア　1652-1715）

Dampier, *Sir* William Cecil 〈19・20世紀〉

イギリスの科学史家。自然科学，農学，経済学，社会学などを研究。

⇒外国（ダンビアー　1867-）
　西洋（ダンビア　1867.12-1952.12.11）
　名著（ダンビア　1867-1952）

Dampmartin, Drouet 〈14・15世紀〉

フランスの建築家。

⇒世美（ダンマルタン，ドルーエ　?-1415）

Dampmartin, Guy 〈14世紀〉

フランスの建築家。

⇒世美（ダンマルタン，ギー　?-1398頃）

Dampmartin, Jean 〈15世紀〉

フランスの建築家。

⇒世美（ダンマルタン，ジャン　?-1454）

Dance, George 〈17・18世紀〉

イギリスの建築家。

⇒岩ケ（ダンス，ジョージ　1695-1768）
　世美（ダンス，ジョージ（父）　1700-1768）

Dance, George 〈18・19世紀〉

イギリスの古典主義建築家。

⇒岩世（ダンス　1741.4.1-1825.1.14）
　建築（ダンス・ザ・ヤンガー，ジョージ　1741-1825）
　国小（ダンス　1741.3.20-1825.1.14）
　新美（ダンス，ジョージ　1741.3.20-1825.1.14）
　世美（ダンス，ジョージ（子）　1741-1825）

Dancer, John Benjamin 〈19世紀〉

イギリスの光学器械製作者。

⇒世科（ダンサー　1812-1887）

Dandolo, Giovanna 〈15世紀〉
イタリアの貴族夫人。印刷業のパトロン。
⇒世女（ダンドロ，ジョヴァンナ　15世紀頃活躍）
　世女日（ダンドロ，ジョヴァンナ　15世紀）

D'Andrade, Alfredo 〈19・20世紀〉
イタリアの建築家，画家。ポルトガル出身。
⇒世美（ダンドラーデ，アルフレード　1839-1915）

Dandre, Victor E. 〈19・20世紀〉
ロシアのバレエ興行師。
⇒バレ（ダンドレ，ヴィクトル　1870-1944）

Daneri, Luigi Carlo 〈20世紀〉
イタリアの建築家。
⇒世美（ダネーリ，ルイージ・カルロ　1900-1972）

Daniel, Thomas 〈18・19世紀〉
イギリスの建築家。
⇒建築（ダニエル，トーマス　1749-1810）

Danieli, Cecilia 〈20世紀〉
イタリアの産業資本家。
⇒世女（ダニエーリ，チェチーリア　1943-）

Daniell, John Frederic 〈18・19世紀〉
イギリスの化学者，物理学者，発明家。1820年露点湿度計，自記高温計を考案。36年ダニエル電池を完成。
⇒岩ケ（ダニエル，ジョン・フレデリック　1790-1845）
　岩世（ダニエル　1790.3.12-1845.3.13）
　外国（ダニエル　1790-1845）
　科学（ダニエル　1790.3.12-1845.3.13）
　科技（ダニエル　1790.3.12-1845.3.13）
　科史（ダニエル　1790-1845）
　科人（ダニエル，ジョン・フレデリック　1790.3.12-1845.3.13）
　広辞4（ダニエル　1790-1845）
　広辞6（ダニエル　1790-1845）
　国小（ダニエル　1790.3.12-1845.3.13）
　コン2（ダニエル　1790-1845）
　コン3（ダニエル　1790-1845）
　人物（ダニエル　1790.3.12-1845.3.13）
　西洋（ダニエル　1790.3.12-1845.3.13）
　世科（ダニエル　1790-1845）
　世西（ダニエル　1790.5.22-1845.5.13）
　世百（ダニエル　1790-1845）
　全書（ダニエル　1790-1845）
　大辞（ダニエル　1790-1845）
　大辞3（ダニエル　1790-1845）
　大百（ダニエル　1790-1845）
　伝世（ダニエル　1790.3.12-1845.3.13）
　百科（ダニエル　1790-1845）

Daniel'son, Nikolai Frantsevich
〈19・20世紀〉
ロシアの経済学者。『資本論』の最初のロシア語訳者。主著『改革後のわが国の社会経済概要』(1893)。筆名Nikolaion。
⇒岩世（ダニエリゾーン　1844.1.26[2.7]-1918.7.3）
　外国（ダニエリソン　1844-1918）
　国小（ダニエリソン　1844-1918）
　コン2（ダニエリゾーン　1844-1918）
　コン3（ダニエリソン　1844-1918）
　西洋（ダニエリソーン　1844-1918）
　世百（ダニエルソン　1844-1918）
　全書（ダニエルソン　1844-1918）
　百科（ダニエリソーン　1844-1918）
　名著（ダニエリソン　1844-1918）

Danilevskij, Viktor Vasil'evich 〈20世紀〉
ソ連邦の技術史家。唯物史観に基づいた最初の技術史家の1人。
⇒名著（ダニレーフスキー　1898-）

Dan'ko, Nataliia Shioevna 〈19・20世紀〉
ロシアの陶芸家。
⇒世女日（ダニコ，ナターリヤ　1882-1958）

Dan The Autometer 〈20世紀〉
日系アメリカ人のヒップホップ系の音楽プロデューサー。
⇒ヒ人（ダン・ジ・オートメーター）

Danti, Giulio 〈16世紀〉
イタリアの建築家，金工家。
⇒世美（ダンティ，ジューリオ　1500-1575）

Danti, Vincenzo 〈16世紀〉
イタリアの彫刻家，建築家。
⇒岩世（ダンティ　1530-1576.5.26）
　建築（ダンティ，ヴィンチェンツォ　1530-1576）
　新美（ダンティ，ヴィンチェンツォ　1530-1576.5.26）
　世美（ダンティ，ヴィンチェンツォ　1530-1576）

D'Antoni, Philip 〈20世紀〉
アメリカの映画監督，プロデューサー。
⇒監督（ダントニ，フィリップ　1925.2.19-）

Da Ponte, Antonio 〈16世紀〉
イタリアの建築家。
⇒世美（ダ・ポンテ，アントーニオ　1512頃-1579）

Darby, Abraham I 〈17・18世紀〉
イギリスの製鉄業者。ダービ家の祖。石炭による製鉄法を最初に実施。

⇒岩ケ（ダービー, エイブラハム　1678頃-1717）
岩世（ダービー　1678-1717.3.8）
旺世（ダービー（アブラハム）　1677-1717）
外国（ダービー1世　1677-1717）
科史（ダービー　1677-1717）
科人（ダービー, エイブラハム　1678?-1717.3.
8）
キリ（ダービ, エイブラハム1世　1678.4.14-
1715.5.5）
西洋（ダービ（父）　1677-1717.3.8）
世科（ダービー　1677-1717）
世人（ダービー, エブラハム（父）　1677-1717）
全書（ダービー　1677-1717）
伝世（ダービー　1678?-1717）
百科（ダービー1世　1678-1717）
歴史（ダービー父子　1678?-1717（父）, 1711-
1763（子））

Darby, Abraham II 〈18世紀〉
イギリスの製鉄業者。石炭をコークス化して燃
料とする鉄鉱の熔鉱炉処理に成功（1735）。
⇒岩世（ダービー　1711.3.12-1763.3.31）
旺世（ダービー（アブラハム）　1711-1763）
外国（ダービー2世　1711-1763）
科史（ダービー　1711-1763）
コン2（ダービー　1711-1763）
コン3（ダービー　1711-1763）
西洋（ダービ（子）　1711.3.12-1763.3.31）
世人（ダービー, エブラハム（子）　1711-1763）
百科（ダービー2世　1711-1763）

Darby, Abraham III 〈18世紀〉
イギリスの製鉄業者。同名の祖父, 父の跡を継
ぐ。1779年最初の鉄橋を建設。
⇒旺世（ダービー（アブラハム）　1750-1791）
外国（ダービー3世　1750-1791）
国小（ダービー　1750-1791）
世百（ダービー　1750-1791）
百科（ダービー3世　1750-1789）

Darcy, Henri Philibert Gaspard 〈19
世紀〉
フランスの土木技師。
⇒岩世（ダルシー　1803.6.10-1858.1.2）
科学（ダルシー　1808.6.10-1858.1.3）

D'Arcy, William Knox 〈19・20世紀〉
オーストラリア人金融業者, 企業家。ブリ
ティッシュ・ペトロリアム（BP）を設立, 外国
資本による中東石油開発の端緒をひらく。
⇒コン2（ダーシー　1849-1917）
コン3（ダーシー　1849-1917）
世東（ダーシー　1849-1917）
二十（ダーシー, ウィリアム・ノックス　1849-
1917）
百科（ダーシー　1849-1917）

D'Aronco, Raimondo 〈19・20世紀〉
イタリアの建築家。
⇒世美（ダロンコ, ライモンド　1857-1932）

Darrow, Charles 〈19・20世紀〉
イギリスのモノポリーゲームの発明家。
⇒岩ケ（ダロー, チャールズ　1889-1967）
最世（ダロー, チャールズ　1889-1967）

Darwish, Yusuf 〈20世紀〉
カタールの実業家。財閥ダルウィッシュ家の一
員。カタール初の英字週刊誌「ガルフ・タイム
ズ」の発行元ガルフ・パブリッシング・アン
ド・プリンティング支配人。
⇒中東（ダルウィッシュ）

Dashe, Lilly 〈20世紀〉
フランス生まれの服飾デザイナー。
⇒世女日（ダッシェ, リリー　1892-1988）

Dassault, Madeleine 〈20世紀〉
フランスの実業家夫人。
⇒世女日（ダッソー, マドレーヌ　1901-1992）

Dassault, Marcel 〈20世紀〉
フランスの航空機製造業者, ダッソー社の創業
者。また政治家。
⇒岩ケ（ダソー, マルセル　1892-1986）
岩世（ダッソー　1892.1.22-1986.4.17）
ユ人（ダッソー, マルセル　1892-1986）

Dassler, Horst 〈20世紀〉
ドイツのスポーツ用具メーカー経営者。
⇒岩世（ダスラー　1936.3.12-1987.4.9）

Dattaro, Francesco 〈16世紀〉
イタリアの建築家。
⇒世美（ダッタロ, フランチェスコ　16世紀）

Daubeny, *Sir* Peter 〈20世紀〉
イギリスの興行主, 劇場支配人。
⇒演劇（ドーブニー, サー・ピーター　1921-1975）

Daum, Antoine 〈19・20世紀〉
フランスの装飾家, ガラス工芸家。
⇒新美（ドーム兄弟）
世美（ドーム, アントワーヌ　1864-1930）
世美（ドーム（兄弟））

Daum, Auguste 〈19・20世紀〉
フランスの装飾家, ガラス工芸家。
⇒新美（ドーム兄弟）

経済・産業篇　　　　　　　　　*153*　　　　　　　　　**davis**

世美（ドーム，オーギュスト　1853–1909）
世美（ドーム（兄弟））

Dauman, Anatole 〈20世紀〉
ポーランド生まれの映画製作者。
⇒世映（ドーマン，アナトール　1925–1998）

Davenant, Charles 〈17・18世紀〉
イギリスの経済学者。輸出入総督（1705）。
⇒岩世（ダヴェナント　1656–1714.11.6）
　外国（ダヴェナント　1656–1714）
　コン**2**（ダヴェナント　1656–1714）
　コン**3**（ダヴェナント　1656–1714）
　西洋（ダヴェナント　1656–1714.11.6）
　名著（ダヴナント　1656–1714）

Davenant, *Sir* William 〈17世紀〉
イギリスの劇作家，劇場支配人。イギリスオペ
ラの父と称された。作品に，喜劇『才人』
（1633）など。
⇒イ文（D'Avenant, Sir William　1606–1668）
　岩ケ（ダヴェナント，サー・ウィリアム　1606–
　　1668）
　英文（ダヴェナント，ウィリアム　1606–1668）
　演劇（ダヴェナント，サー・ウィリアム　1606–
　　1668）
　国小（ダベナント　1606.3.3頃–1668.4.7）
　コン**2**（ダヴェナント　1606–1668）
　コン**3**（ダヴェナント　1606–1668）
　集世（ダヴィナント，ウィリアム　1606.2–1668.
　　4.7）
　集文（ダヴィナント，ウィリアム　1606.2–1668.
　　4.7）
　人物（ダブナント　1606.2.28–1668.4.7）
　西洋（ダヴェナント　1606.2–1668.4.7）
　世西（ダヴェナント　1606.2.28–1668.4.7）
　世百（ダヴェナント　1606–1668）
　世文（ダヴナント，サー・ウィリアム　1606–
　　1668）
　全書（ダブナント　1606–1668）
　大百（ダブナント　1606–1668）
　百科（ダベナント　1606–1668）

Davenport, Herbert Joseph 〈19・20世紀〉
アメリカの経済学者。主著 "Value and
distribution"（1908）。
⇒岩世（ダヴェンポート　1861.8.10–1931.6.15）
　経済（ダヴェンポート　1861–1931）
　西洋（ダヴェンポート　1861–1931）

David, Eduard 〈19・20世紀〉
ドイツの社会主義経済学者，政治家。著『社会
主義と農業』（1903）。
⇒岩世（ダーヴィト　1863.6.11–1930.12.24）
　西洋（ダーヴィト　1863.6.11–1930.12.24）

David, Edward E.（Jr.）〈20世紀〉
アメリカの技術者。米国大統領科学顧問兼科学
技術局長官。
⇒二十（デービット，エドワード・E.（Jr.）　1925.
　1.25–）

David, *Sir* Percival Victor 〈20世紀〉
イギリスの実業家，東洋美術愛好家，研究者。
中国美術，とくに歴代の陶磁器を収集，研究。
デーヴィド財団を設立し，一般に公開。
⇒西洋（デーヴィド　1892.6.21–1964.10.9）

Davidson, David 〈19・20世紀〉
スウェーデンの経済学者。
⇒経済（ダヴィドソン　1854–1942）
　二十（デビッドソン，デーヴィッド　1854–1942）

Davidson, Paul 〈20世紀〉
アメリカ生まれの経済思想家。
⇒経済（デヴィッドソン　1930–）

Daviller, Charles Augustin 〈17世紀〉
フランスの建築家。南フランスの各地で制作。
⇒岩世（ダヴィレ　1653–1700）
　建築（ダヴィレ，シャルル＝オーギュスタン
　　1653–1700）
　西洋（ダヴィレ　1653–1700）
　世美（ダヴィレール，シャルル・オーギュスタン
　　1653–1700）

Davioud, Gabriel Jean Antoine 〈19世紀〉
フランスの建築家。パリの諸公園の設計に
当った。
⇒岩世（ダヴィウ　1823.10.30–1881.4.6）
　西洋（ダヴィウ　1823.10.30–1881.4.6）

Davis, Alexander Jackson 〈19世紀〉
アメリカの建築家。19世紀アメリカ建築の復古
主義的風潮の生みの親。
⇒建築（デイヴィス，アレクサンダー・ジャクソン
　　1803–1892）
　国小（デービス　1803.7.24–1892）

Davis, Arthur Powell 〈19・20世紀〉
アメリカの土木技術者。「ボールダー・ダムの
父」と呼ばれた。
⇒西洋（デーヴィス　1861–1933）

Davis, Arthur Vining 〈19・20世紀〉
アメリカの工場経営者，慈善家。
⇒岩ケ（デイヴィス，アーサー・ヴァイニング
　　1867–1962）

D

Davis, John 〈16・17世紀〉

イギリスの航海者。1591年フォークランド諸島
を発見。
⇒岩ケ（デイヴィス, ジョン　1550頃-1605）
　岩世（デイヴィス　1550頃-1605.12.29 (30)）
　外国（デーヴィス　1550?-1605）
　国小（デービス　1550?-1605.12.29/30）
　コン2（デーヴィス　1550頃-1605）
　コン3（デーヴィス　1550頃-1605）
　人物（デービス　1550頃-1605.12.29/30）
　西洋（デーヴィス　1550頃-1605.12.29/30）
　世西（デーヴィス　1550頃-1605）
　探検1（デービス　1550-1605）
　デス（デービス　1550頃-1605）
　名著（デーヴィス　1550?-1605）

Davis, W.Kenneth 〈20世紀〉

アメリカの化学工学者。米工学アカデミー副社
長, ベクテルパワー副社長。
⇒二十（デービス, W.ケネス　1918-）

Davison, Henry Pomeroy 〈19・20世紀〉

アメリカの銀行家。J.P.モルガン・カンパニー
の共同経営者。
⇒国小（デービソン　1867-1922）

Davit IV 〈11・12世紀〉

グルジア王（在位1089～1125）。建設者（アグマ
シェネベリ）と呼ばれる。
⇒百科（ダビト4世　1073?-1125）

Davut, Aga 〈16世紀〉

トルコの建築家。
⇒建築（ダヴット, アガ　?-1599）

Dawani, Abdul Hussain Khalil 〈20世紀〉

バハレーンの実業家。アル・ジャジラ冷凍会社
を買収。同社の事業を拡張。
⇒中東（ダワニ　1937-）

Dawber, Edward Guy 〈19・20世紀〉

イギリスの建築家。
⇒世美（ドーバー, エドワード・ガイ　1861-1938）

Dawes, Charles Gates 〈19・20世紀〉

アメリカの財政家, 銀行家。アメリカ副大統領
（1925～29）。
⇒岩ケ（ドーズ, チャールズ・G（ゲイツ）　1865-
　1951）
　岩世（ドーズ　1865.8.27-1951.4.23）
　外国（ドーズ　1865-1951）
　国小（ドーズ　1865.8.27-1951.4.23）
　コン2（ドーズ　1865-1951）

コン3（ドーズ　1865-1951）
人物（ドーズ　1865.8.27-1951.4.23）
西洋（ドーズ　1865.8.27-1951.4.23）
世人（ドーズ　1865-1951）
世政（ドーズ, チャールズ　1865.8.27-1951.4.
　23）
世西（ドーズ　1865.8.27-）
世百（ドーズ　1865-1951）
全書（ドーズ　1865-1951）
二十（ドーズ, チャールズ・G.　1865.8.27-1951.
　4.23）
ノベ（ドーズ, C.G.　1865.8.27-1951.4.23）
ノベ3（ドーズ, C.G.　1865.8.27-1951.4.23）

Dawes, William 〈18世紀〉

ボストンの皮なめし工, 雑貨商。アメリカ独立
戦争の際, イギリス軍の来襲を馬を駆って知ら
せた。
⇒国小（ドーズ　1745-1799）

Dawood, Ahmed 〈20世紀〉

パキスタンの実業家。1950年の朝鮮戦争前後の
相場で成功, パキスタン有数のダウッド財閥を
つくりあげる。
⇒現人（ダウッド　1904-）

Day, John 〈16世紀〉

イギリスの印刷業者。
⇒岩ケ（デイ, ジョン　1522-1584）

Day, Sir (Judson) Graham 〈20世紀〉

カナダの実業家。
⇒岩ケ（デイ, サー・（ジャドソン・）グレアム
　1933-）

Day, Murray S.

アメリカの測量技師。北海道開拓使測量長。
⇒日人（デー　生没年不詳）
　来日（ディ　生没年不詳）

Day, Robin 〈20世紀〉

イギリスのデザイナー。1948年ニューヨーク近
代美術館主催の家具デザイン国際コンクールで
1等に当選。
⇒国小（デー　1915-）
　世芸（デイ, ロビン　1915-1984）

Daydé, Bernard 〈20世紀〉

フランスのデザイナー。
⇒バレ（ダイデ, ベルナール　1921.2.3-1986）

Daz Dillinger 〈20世紀〉

アメリカのヒップホップ系の音楽プロ
デューサー。
⇒ヒ人（ダズ・ディリンジャー）

Deacon, Henry 〈19世紀〉
イギリスのアルカリ工業技術者。アルカリ工業全般にわたる数々の特許を提出。
⇒科学（ディーコン　1822.7.30–1876.7.23）
　科人（ディーコン, ヘンリー　1822.7.30–1876.7.23）
　全書（ディーコン　1822–1878）
　大百（ディーコン　1822–1876）

Dean, Basil 〈19・20世紀〉
イギリス生まれの映画製作者、映画監督。
⇒監督（ディーン, ベジル　1888–）
　世映（ディーン, バジル　1888–1978）
　二十英（Dean, Basil　1888–1978）

Dean, Joel 〈20世紀〉
アメリカの経営学者, 経営コンサルタント。
⇒国小（ディーン　1906.10.5–）
　二十（ディーン, J.　1906–1979）

Deane, Silas 〈18世紀〉
最初のアメリカ使節。大陸会議代表（1774～76）。フランスと通商、同盟条約を締結。
⇒岩ケ（ディーン, サイラス　1737–1789）
　岩世（ディーン　1737.12.24–1789.9.23）
　外国（ディーン　1737–1789）
　国小（ディーン　1737.12.24–1789.9.23）
　コン2（ディーン　1737–1789）
　コン3（ディーン　1737–1789）
　西洋（ディーン　1737.12.24–1789.9.23）
　伝世（ディーン　1737.12.24–1789）

Dearden, Basil 〈20世紀〉
イギリスの映画監督、映画製作者。
⇒監督（ディアデン, ベジル　1911.1.1–1971.3.23）
　世映（ディアデン, バジル　1911–1971）

Debrett, John 〈18・19世紀〉
イギリスの出版業者。
⇒岩ケ（デブレット, ジョン　1750頃–1822）

Debreu, Gerard 〈20世紀〉
アメリカの経済学者。1983年ノーベル経済学賞。
⇒岩ケ（ドブルー, ジェラール　1921–）
　岩世（ドブリュー（ドブルー）　1921.7.4–2004.12.31）
　経済（ドブリュー　1921–）
　最世（ドブルー, G.　1921–）
　二十（ドブルー, ジェラルド　1921–）
　ノベ（ドブリュー, G.　1921.7.4–）
　ノベ3（ドブリュー, G.　1921.7.4–2004.12.31）

De Brito, Filipe 〈17世紀〉
ポルトガルの冒険商人、傭兵隊長。ビルマ（ミャンマー）で活躍。
⇒岩世（デ・ブリート　?–1613.4）

De Carlo, Giancarlo 〈20世紀〉
イタリアの建築家、都市計画家、著述家。
⇒世美（デ・カルロ, ジャンカルロ　1919–）

Decker, Paul 〈17・18世紀〉
ドイツの建築家、版画家。ベルリン城の建設に参加。
⇒芸術（デッカー, パウル　1677–1713）
　国小（デッカー　1677–1713）
　新美（デッカー, パウル　1677.12.27–1713.11.18以前）

De Clerk, Willy 〈20世紀〉
ベルギーの政治家。ベルギー蔵相。
⇒二十（ドクレルク, ウイリー　1927.7.8–）

Decœur, Émile 〈19・20世紀〉
フランスの陶芸家。
⇒世美（ドクール, エミール　1876–1953）

De Colmar, Charles Xavier Thomas 〈18・19世紀〉
フランスの発明家、企業家。
⇒岩世（ド・コマ　1785.5.5–1870.3）

Dedeyan, Claire 〈20世紀〉
フランスの作家、デザイナー、スタイリスト。
⇒海作4（デデヤン, クレール　1959–）

De Dominicis, Carlo 〈17・18世紀〉
イタリアの建築家。
⇒世美（デ・ドミーニチス, カルロ　1696–1758）

Dee, John 〈16・17世紀〉
イギリスの錬金術師、地理学者、数学者。
⇒イ哲（ディー, J.　1527–1609）
　岩ケ（ディー, ジョン　1527–1608）
　岩哲（ディー　1527–1608）
　英米（Dee, John　ディー　1527–1608）
　集世（ディー, ジョン　1527.7.13–1608.12）
　集文（ディー, ジョン　1527.7.13–1608.12）
　百科（ディー　1527–1608）

Deere, John 〈19世紀〉
アメリカの鋼鉄プラウ（鋤）の完成者、製造家。この発明により中部平原の開拓を可能にした。
⇒岩ケ（ディア, ジョン　1804–1886）
　岩世（ディアー　1804.2.7–1886.5.17）
　コン2（ディアー　1804–1886）
　コン3（ディアー　1804–1886）

西洋（ディアー　1804–1886）
百科（ディア　1804–1886）

Deering, William 〈19・20世紀〉

アメリカの農機具製造業者。農機具の発明・製造では，とくに結束機の生産にすぐれていた。
⇒世西（ディーリング　1826.4.25–1913.12.9）

De Finetti, Giuseppe 〈20世紀〉

イタリアの建築家。
⇒世美（デ・フィネッティ，ジュゼッペ　1892–1951）

Def Jef 〈20世紀〉

アメリカのヒップホップ系の音楽プロデューサー。
⇒ヒ人（デフ・ジェフ）

Defoe, Daniel 〈17・18世紀〉

イギリスのジャーナリスト，小説家。新興ブルジョアの清教徒的精神で，「ロビンソン＝クルーソー」など，写実小説を開拓。諷刺文『非国教徒処理捷径』(1702)などで政府を攻撃。
⇒逸話（デフォー　1660–1731）
イ哲（デフォー，D.　1660頃–1731）
イ文（Defoe, Daniel　1660–1731）
岩ケ（デフォー，ダニエル　1660–1731）
岩世（デフォー　1660–1731.4.24）
英文（デフォー，ダニエル　1660–1731）
英米（Defoe, Daniel　デフォー　1660–1731）
旺世（デフォー　1660–1731）
外国（デフォー　1660–1731）
角世（デフォー　1660?–1731）
教育（デフォー　1661?–1731）
キリ（デフォウ，ダニエル　1660頃–1731.4.26）
幻想（デフォー，ダニエル　1661–1731）
広辞4（デフォー　1660頃–1731）
広辞6（デフォー　1660頃–1731）
国小（デフォー　1660–1731.4.24）
国百（デフォー，ダニエル　1660–1731.4.24）
子本（デフォー，ダニエル　1660–1731）
コン2（デフォー　1660–1731）
コン3（デフォー　1660–1731）
児作（Defoe, Daniel　ダニエル・デフォー　1661–1731）
児童（デフォー，ダニエル　1660–1731）
児文（デフォー，ダニエル　1660–1731）
集世（デフォー，ダニエル　1660–1731.4.24）
集文（デフォー，ダニエル　1660–1731.4.24）
人物（デフォー　1660–1731.4.26）
西洋（デフォー　1660–1731.4.26）
世児（デフォー，ダニエル　1660?–1731）
世人（デフォー　1660–1731）
世西（デフォー　1660頃–1731.4.26）
世百（デフォー　1660–1731）
世文（デフォー，ダニエル　1660?–1731）
全書（デフォー　1660?–1731）
大辞（デフォー　1660–1731）

大辞3（デフォー　1660頃–1731）
大百（デフォー　1660?–1731）
デス（デフォー　1660頃–1731）
伝世（デフォー　1660–1731.4.24）
百科（デフォー　1660–1731）
評世（デフォー　1660頃–1731）
名著（デフォー　1660?–1731）
山世（デフォー　1660–1731）
歴史（デフォー　1660頃–1731）

De Forest, Lee 〈19・20世紀〉

アメリカの電気工学者。3極真空管を発明(1907)。ラジオ放送に関する業績で，「ラジオの父」と呼ばれる。
⇒岩ケ（ド・フォレスト，リー　1873–1961）
岩世（ド・フォレスト　1873.8.26–1961.6.30）
外国（ド・フォレスト　1873–）
科学（デ・フォレスト　1873.8.26–1961.6.20）
科技（ド・フォレスト　1873.8.26–1961.6.30）
科史（ド・フォレスト　1873–1961）
科人（デ・フォレスト，リー　1873.8.26–1961.6.30）
広辞4（ド・フォレスト　1873–1961）
広辞5（デ・フォレスト　1873–1961）
広辞6（デ・フォレスト　1873–1961）
国小（デ・フォレスト　1873.8.26–1961.6.30）
コン2（デ・フォレスト　1873–1961）
コン3（デ・フォレスト　1873–1961）
人物（デ・フォレスト　1873.8.26–）
西洋（デ・フォレスト　1873.8.26–1961.6.30）
世科（ド・フォレスト　1873–1961）
世西（デ・フォレスト　1873.8.26–1961.6.30）
世西（ド・フォレスト　1873–）
世書（ドフォレスト　1873–1961）
全書（ド・フォレスト　1873–1961）
大辞（ド・フォレ　1873–1961）
大辞2（ド・フォレ　1873–1961）
大辞3（ド・フォレ　1873–1961）
大百（ド・フォレスト　1873–1961）
伝世（デ・フォレスト　1873.8.26–1961.6.30）
ナビ（ド＝フォレスト　1873–1961）
二十（デ・フォレスト，リー　1873.8.26–1961.6.30(20)）
百科（デ・フォレスト　1873–1961）

De'Grassi, Giovannino 〈14世紀〉

イタリアの画家，写本装飾画家，建築家，彫刻家。
⇒世美（デ・グラッシ，ジョヴァンニーノ　(活動)14世紀末）

De Groff, Willem 〈17・18世紀〉

フランドルの彫刻家，ストゥッコ装飾家，家具制作家。
⇒世美（デ・グロフ，ウィレム　1680–1742）

De Havilland, Sir Geoffrey 〈19・20世紀〉

イギリスの飛行機設計および製造家。G.トマス

と共にデ・ハヴィランド航空機会社を創設(1911)。
⇒岩ケ（デ・ハヴィランド, サー・ジェフリー 1882-1965）
岩世（デ・ハヴィランド　1882.7.27-1965.5.21）
西洋（デ・ハヴィランド　1882.7.27-1965.5.21）
世科（デ・ハヴィランド　1882-1965）
全書（デ・ハビランド　1882-1965）
二十（デ・ハビランド, ジョフリー　1882.7.27-1965）

Deinocrates 〈前3世紀〉
マケドニアの建築家。
⇒建築（ディノクラテス　?-前278頃）

Deinokratēs 〈前4世紀〉
ギリシア時代の建築家。アレクサンドロス大王の宮廷建築家として活躍。
⇒岩世（デイノクラテス）
ギロ（ディノクラテス　前4世紀）
国小（デイノクラテス　生没年不詳）
コン2（デイノクラテス　前4世紀）
コン3（デイノクラテス　生没年不詳）
新美（デイノクラテース）
西洋（デイノクラテス）
世美（デイノクラテス）
百科（デイノクラテス　生没年不詳）

Delamair, Pierre-Alexis 〈17・18世紀〉
フランスの建築家。
⇒建築（ドラメル, ピエール=アレクシス　1676-1745）

De Lancy, James (Jr.) 〈18世紀〉
アメリカの政治家, 商人。ニューヨーク代議会を支配（1768〜75）。
⇒外国（ド・ランシー　1732-1800）

De Lancy, Oliver 〈18世紀〉
アメリカ革命期の商人, 軍人。積極的な勤王派として独立軍と交戦。
⇒外国（ド・ランシー　1718-1785）

De la Renta, Oscar 〈20世紀〉
アメリカのファッション・デザイナー。
⇒岩ケ（デ・ラ・レンタ, オスカー　1932-）
最世（デ・ラ・レンタ, オスカー　1932-）
ナビ（デ=ラ=レンタ　1934-）

Delaulne, Étienne 〈16世紀〉
フランスの金銀細工師, 版画家。
⇒世美（ドローヌ, エティエンヌ　1518頃-1595）

De la Vallée, Jean 〈17世紀〉
スウェーデンの建築家。1671年ストックホルム市長。主要建築物はボンデス宮（67）。
⇒建築（ラ・ヴァレー, ジャン・ド　1620-1696）
国小（デ・ラ・バレ　1620-1693.3.9）

Del Debbio, Enrico 〈20世紀〉
イタリアの建築家。
⇒世美（デル・デッビオ, エンリーコ　1891-）

Del Duca, Jacopo 〈16・17世紀〉
イタリアの建築家, 彫刻家。
⇒世美（デル・ドゥーカ, ヤーコポ　1520-1604頃）

Del Grande, Antonio 〈17世紀〉
イタリアの建築家。
⇒世美（デル・グランデ, アントーニオ　1625-1672）

Dell, Edmund 〈20世紀〉
イギリスの政治家。英貿易相。
⇒二十（デル, E.　1921-）

Della Greca, Felice 〈17世紀〉
イタリアの建築家。
⇒世美（デッラ・グレーカ, フェリーチェ　1626-1677）

Della Greca, Vincenzo 〈17世紀〉
イタリアの建築家。
⇒世美（デッラ・グレーカ, ヴィンチェンツォ　17世紀）

Della Porta, Giovanni, Giacomo 〈15・16世紀〉
イタリアの建築家, 彫刻家。
⇒世美（デッラ・ポルタ, ジョヴァンニ・ジャーコモ　1485頃-1555）

Dellinger, John Howard 〈19・20世紀〉
アメリカの物理学者, 電気学者。1935年に電波のデリンジャー現象を発見。
⇒岩世（デリンジャー　1886.7.3-1962.12.28）
外国（デリンジャー　1886-）
科史（デリンジャー　1886-1962）
科大（デリンジャー　1886-1962）
科大2（デリンジャー　1886-1962）
国小（デリンジャー　1886.7.3-1962.12.28）
コン3（デリンジャー　1886-1962）
人物（デリンジャー　1886.7.3-）
西洋（デリンジャー　1886.7.3-1962.12.28）
世百（デリンジャー　1886-）
全書（デリンジャー　1886-1962）
大百（デリンジャー　1886-）
二十（デリンジャー, ジョン・ハワード　1886.7.3-1962.12.28）

De Long, Charles E. 〈19世紀〉

アメリカの外交官。1869年来日。特命全権公使として鉄道建設をイギリスと争った。
⇒岩世（デロング　1832.8.13–1876.10.26）
　国史（デ＝ロング　生没年不詳）
　国小（デ・ロング　生没年不詳）
　西洋（デ・ロング　生没年不詳）
　日人（デ＝ロング　生没年不詳）
　来日（デ・ロング　生没年不詳）

Delorme, Philibert 〈16世紀〉

フランス・ルネサンスの建築家，建築理論家。サン・モール城などを建設。
⇒岩ケ（ドロルム，フィリベール　1510頃–1570）
　岩世（ドロルム　1515頃–1570）
　建築（ドロルム，フィリベール（ド・ロルム，フィリベール，ド・ロルム，フィリベール）　1510頃–1570）
　国小（ドロルム　1510/5–1570.1.8）
　コン2（ドロルム　1512頃–1570）
　コン3（ドロルム　1512頃–1570）
　新美（ドロルム，フィリベール　1512頃–1570.1.8）
　西洋（ドロルム　1515頃–1570）
　世西（ドゥロルム　1510頃–1570）
　世美（ドロルム，フィリベール　1510頃–1570）
　世百（ドロルム　1512頃–1570）
　全書（ドロルム　1515頃–1570）
　伝世（ド・ロルム　1510/5–1570）
　百科（ドロルム　1510頃–1570）

Del Ruth, Roy 〈19・20世紀〉

アメリカの映画監督。多作で，ミュージカルを得意とした。1933年ダリル・ザナックの20世紀（フォックス）社設立に参加。
⇒監督（デル・ルース，ロイ　1845.10.18–1961.6.27）

Del Vecchio, Gustavo 〈19・20世紀〉

中部イタリア生まれの経済思想家。
⇒岩世（デル・ヴェッキオ　1883.6.22–1972.9.6）
　経済（デル・ヴェッキオ　1883–1972）

De Marchi, Francesco 〈16世紀〉

イタリアの軍事建築家。
⇒世美（デ・マルキ，フランチェスコ　1504–1576）

De Maré, Rolf 〈19・20世紀〉

スウェーデンのバレーの保護者，実業家。パリに国際舞踊博物館を創設。
⇒岩世（マレ　1888.5.9–1964.4.28）
　西洋（ド・マレ　1886–1964.4.28）
　バレ（マレ，ロルフ・ド　1888.5.9–1964.4.28）

Demel, Anna 〈19・20世紀〉

オーストリアの菓子店経営者。
⇒世女日（デメル，アンナ　1872–1956）

De Mestral, Georges 〈20世紀〉

スイスのエンジニア。
⇒岩ケ（ド・メストラル，ジョルジュ　1907–1990）

Dēmētrios 〈前4世紀〉

ギリシアの建築家，彫刻家。アレクサンドロス大王の都市建築家。
⇒建築（デメトリオ・オブ・エフェソス　（活動）前4世紀）
　国小（デメトリオス　生没年不詳）

Demetrius

エフェソの銀細工師（使徒言行録）。
⇒岩世（デメテリオ）
　キリ（デメテリオ（デメトリオ））
　聖書（デメトリオ）
　西洋（デメテリオ）

Demidov, Nikita Demidovich 〈17・18世紀〉

ロシアの鉱山経営者。
⇒岩世（デミードフ　1656.3.26–1725.11.17）

De Mille, Cecil Blount 〈19・20世紀〉

アメリカの映画監督，製作者。スペクタクル映画を手がけ，作品『十戒』など。
⇒アメ（デ・ミル　1881–1959）
　岩ケ（デ・ミル，セシル・B（ブラント）　1881–1959）
　岩世（デ・ミル　1881.8.12–1959.1.21）
　外国（デ・ミル　1881–）
　監督（デミル，セシル・B　1881.8.12–1959.1.21）
　現ア（De Mille, Cecil B.　デ・ミル，セシル・B　1881–1959）
　広辞5（デ・ミル　1881–1959）
　広辞6（デ・ミル　1881–1959）
　国小（デ・ミル　1881.8.12–1959.1.21）
　コン3（デ・ミル　1881–1959）
　人物（デ・ミル　1881.8.12–1959）
　西洋（デ・ミル　1881.8.12–1959.1.21）
　世映（デミル，セシル・B　1881–1959）
　世俳（デ・ミル，セシル・B　1881.8.12–1959.1.21）
　世百（デミル　1881–1959）
　世百新（デミル　1881–1959）
　全書（デミル　1881–1959）
　大辞2（デ・ミル　1881–1959）
　大辞3（デミル　1881–1959）
　大百（デミル　1881–1959）
　ナビ（デミル　1881–1959）
　二十（デミル，セシル・B.　1881.8.12–1959.1.21）
　百科（デミル　1881–1959）

Demirel, Süleyman 〈20世紀〉

トルコの治水技術者，政治家。ダム局長などを経て1965～71，75～77年首相。
⇒岩ケ（デミレル，スレイマン　1924–）

岩世（デミレル，スレイマン　1924.11.1–）
現人（デミレル　1924–）
国小（デミレル　1924–）
西洋（デミレル　1924–）
世政（デミレル，スレイマン　1924–）
世西（デミレル　1924–）
全書（デミレル　1924–）
中東（デミレル　1924–）
二十（デミレル，S.　1924–）

Demme, Jonathan 〈20世紀〉
アメリカ生まれの映画監督，映画脚本家，映画製作者。
⇒世映（デミ，ジョナサン　1944–）

Demorest, Ellen Louise 〈19世紀〉
アメリカの実業家。
⇒世女日（デモレスト，エレン・ルイーズ　1824–1898）

De Morgan, William 〈19・20世紀〉
イギリスの陶芸家，デザイナー，小説家。小説『不名誉な出来事』(1910) など。
⇒岩ケ（ド・モーガン，ウィリアム(・フレンド)　1839–1917）
　岩世（ド・モーガン　1839.11.16–1917.1.15）
　才世（ド・モーガン，ウィリアム(・フレンド)　1839–1917）
　国小（ドゥ・モルガン　1839.11.16–1917.1.15）
　新美（ド・モーガン，ウィリアム　1832–1917.1.15）
　二十（ド・モーガン，ウィリアム・フレンド　1839–1917）
　二十英（De Morgan, William（Frend）　1839–1917）
　百科（ド・モーガン　1839–1917）

Denham, Sergei 〈20世紀〉
ロシア，アメリカの興行師。
⇒バレ（デナム，セルゲイ　1897–1970.1.30）

Den Hartog, Jacob Pieter 〈20世紀〉
アメリカ（オランダ生まれ）の機械工学者。マサチューセッツ工科大学機械工学教授（1945来）。
⇒岩世（デン・ハルトーグ　1901.7.23–1989.3.17）
　西洋（デン・ハルトーグ　1901.7.23–）
　二十（デン・ハルトーグ，J.P.　1901.7.23–）

Denny, William 〈19世紀〉
イギリスの造船家。デニー兄弟造船所をイギリス一流の造船所にした。
⇒岩世（デニー　1847.5.25–1887.3.17）
　西洋（デニ　1847.5.25–1887.3.17）

Denon, Dominique Vivant de 〈18・19世紀〉
フランスの画家，版画家，考古学者，外交官。石版画技術をフランスに紹介。
⇒国小（デノン　1747.1.4–1825.4.27）
　西洋（ドノン　1747.1.4–1825.4.25）
　世美（ドノン，ドミニック・ヴィヴァン・ド　1747–1825）

Dent, Sir Alfred 〈19・20世紀〉
イギリス人実業家。
⇒岩世（デント　1844.12.12–1927.11.23）

Dent, Edward Joseph 〈19・20世紀〉
イギリスの音楽理論家，教育家。国際音楽学協会会長（1932～49）。
⇒岩ケ（デント，エドワード・ジョゼフ　1876–1957）
　岩世（デント　1876.7.16–1957.8.22）
　オベ（デント，エドワード・ジョーゼフ　1876.7.16–1957.8.22）
　音楽（デント，エドワード　1876.7.16–1957.8.22）
　音大（デント　1876.7.16–1957.8.22）
　西洋（デント　1876.7.16–1957.8.22）
　ラル（デント，エドワード・ジョゼフ　1876–1957）

Dent, Frederick B. 〈20世紀〉
アメリカの実業家，政治家。アメリカ商務長官，アメリカ通商交渉特別代表。
⇒二十（デント，フレデリック・B.　1922–）

Dent, Joseph Mallaby 〈19・20世紀〉
イギリスの出版業者。
⇒岩ケ（デント，ジョゼフ(・マラビー)　1849–1926）

Denzinger, Franz Joseph 〈19世紀〉
ドイツの建築家。レーゲンスブルクの聖堂を完成（1859～72）。
⇒岩世（デンツィンガー　1821.2.24–1894.2.14）
　キリ（デンツィンガー，フランツ・ヨーゼフ　1821.2.26–1894.2.14）
　西洋（デンツィンガー　1821.2.26–1894.2.14）

Depew, Chauncey Mitchell 〈19・20世紀〉
アメリカの鉄道関係法律家，政治家。ニューヨーク・セントラル鉄道社長（1885～98）。
⇒岩ケ（デピュー，チョーンシー・ミッチェル　1834–1928）
　国小（デピュー　1834.4.23–1928.4.5）

Depeyster, Abraham 〈17・18世紀〉
アメリカ，植民地時代の商人，政治家。
⇒国小（デパイスター　1657–1726）

Deprez, Marcel 〈19・20世紀〉

フランスの電気技術者。最初の長距離電力輸送
（ミュンヘン～ミースバハ間）に成功。
⇒コン2（デプレ　1843-1918）
　コン3（デプレ　1843-1918）
　世百（デプレ　1843-1918）
　二十（ドブレ，マーシェル　1843-1918）
　百科（ドブレ　1843-1918）

Derek, John 〈20世紀〉

アメリカの俳優，監督，プロデューサー。
⇒外男（デレク，ジョン　1926.8.12-）
　世俳（デレク，ジョン　1926.8.12-1998.5.22）
　俳優（デレク，ジョン　1926.8.12-）

De Renzi, Mario 〈20世紀〉

イタリアの建築家。
⇒世美（デ・レンツィ，マーリオ　1897-1967）

Déri, Max 〈19・20世紀〉

オーストリア・ハンガリーの電気技術者。
⇒百科（デリ　1854-1938）

De Rijke, Johannes 〈19・20世紀〉

オランダの土木技師。1873年大阪築港のために
招かれ来日。東京に我国最初の洋式下水道を設
けた。
⇒岩世（ド・レイケ（デ・レーケ）　1842.12.4-
　1913.1.20）
　西洋（ド・レイケ　1842.12.4-?）
　ナビ（デ=レーケ　1842-1913）
　二十（デ・レーケ，J.　1842-1913）
　日研（デ・レーケ，ヨハネス　1842.12.4-1913.1.
　20）
　日人（デ=レーケ　1842-1913）
　百科（デ・レーケ　1842-1913）
　来日（デ・レーケ　1842-1913）
　歴史（デ=レーケ　1842-?）

Deringer, Henry 〈18・19世紀〉

アメリカの武器製造業者。短い銃身のピストル
〈デリンジャー〉を考案。
⇒岩ケ（デリンジャー，ヘンリー　1786-1868）
　コン2（デリンジャー　1786-1869）
　コン3（デリンジャー　1786-1869）
　全書（デリンジャー　1786-1868）

Deripaska, Oleg Vladimirovich 〈20世紀〉

ロシアの企業家，ロシア・アルミニウム社長。
⇒ロシ（デリパスカ　1968-）

Der Kinderen, Antonius Johannes 〈19・20世紀〉

オランダの画家，ステンドグラス窓のデザイ
ナーおよび版画出版者。
⇒オ西（デル・キンデレン，アントニウス・ヨハネ
　ス　1859-1925）

Derleth, August William 〈20世紀〉

アメリカの小説家，詩人，アンソロジスト，出
版者。〈Arkham House〉の創立者。
⇒幻想（ダーレス，オーガスト・ウィリアム
　1909-1971）
　幻文（ダーレス，オーガスト・W（ウィリアム）
　1900-1971）
　集世（ダーレス，オーガスト　1909.2.24-1971.7.
　4）
　集文（ダーレス，オーガスト　1909.2.24-1971.7.
　4）
　二十（ダーレス，オーガスト・W.　1909-1971）
　ミ本（ダーレス，オーガスト　1909-1971）

Derosne, Louis Charles 〈18・19世紀〉

フランスの化学者。粗糖を精製する方法を発明
（1808）。
⇒岩世（ドローヌ　1780-1846.9）
　西洋（ドロネ　1780-1846.9）

De Rossi, Giovanni, Antonio 〈17世紀〉

イタリアの建築家。
⇒世美（デ・ロッシ，ジョヴァンニ・アントーニオ
　1616-1695）

Derringer, Rick 〈20世紀〉

アメリカのギタリスト，シンガー，コンポー
ザー，プロデューサー。オハイオ州生まれ。
⇒洋ヒ（デリンジャー，リック　1947-）
　ロ人（デリンジャー，リック　1947-）

Derviş, Kemal 〈20世紀〉

トルコの政治家，経済学者。国連開発計画
（UNDP）総裁，トルコ財務相。
⇒世政（デルビシュ，ケマル　1949-）

Desai, Shri Morarji Ranchhodji 〈20世紀〉

インドの政治家。M.ガンジーの不服従運動に参
加。1967～69年I.ガンジー内閣の首相兼蔵相。
⇒岩ケ（デサーイー，モラールジー（・ランチョード
　ジー）　1896-1995）
　角世（デーサーイー　1896-1995）
　現人（デサイ　1896.2.29-）
　国小（デサイ　1896.2.29-）
　コン3（デサイ　1896-1995）
　最世（デサーイー，モラールジー　1896-1995）
　世人（デサイ　1896-）
　世政（デサイ，モラルジ　1896.2.29-1995.4.10）
　世百新（デサイ　1896-1995）
　全書（デサイ　1896-）
　ナビ（デサイ　1896-1995）

南ア（デサイ　1896–1995）
二十（デサイ, M.　1896 (98).2.29–?）
百科（デサイ　1896–）

De Sanctis, Francesco 〈17・18世紀〉
イタリアの建築家。
⇒世美（デ・サンクティス、フランチェスコ　1693–1740）

Desargues, Gérard 〈16・17世紀〉
フランスの建築家，数学者。『透視画法論』(1636)を著し，射影幾何学の基礎をつくった。
⇒岩ケ（デザルグ，ジラール　1591–1661）
岩世（デザルグ　1591.2.21–1661.10)
外国（デザルグ　1593–1662)
科学（デザルグ　1593.2.21–1661.9)
科史（デザルグ　1591–1661)
科人（デザルグ、ジェラール　1593.3.2–1662.10)
国小（デザルグ　1591.3.2–1661.10.8)
コン2（デザルグ　1593–1662)
コン3（デザルグ　1593–1662)
人物（ドザルグ　1591.3.2–1661)
数学（デザルグ　1593.3.2–1662.10.8)
数学増（デザルグ　1593.3.2–1662.10.8)
西洋（デザルグ　1593–1662)
世西（ドザルグ（デザルグ）　1593–1662)
世百（デザルグ　1593–1662)
全書（デザルグ　1593–1662)
大辞（デザルグ　1593–1662)
大辞3（デザルグ　1593–1662)
大百（デザルグ　1593–1662)
デス（デザルグ　1593–1662)
百科（デザルグ　1593–1662)
名著（デザルグ　1593–1662)

Deshmukh, *Sir* **Chintaman Dwarkanath** 〈20世紀〉
インドの銀行家。1950年インド連邦政府財政相，同年国際通貨基金および国際復興開発銀行の理事に就任。
⇒外国（デシュムク　1896–）
二十（デシムク，チンタマン・D.　1896–?）

Desprez, Jean-Louis 〈18・19世紀〉
フランスの建築家，画家，舞台美術家。
⇒世美（デプレ，ジャン＝ルイ　1743–1804）

Deterding, *Sir* **Henri Wilhelm August** 〈19・20世紀〉
オランダの石油王。1907年ロイヤル・ダッチ・シェル社の設立を進め，国際石油業界の指導的存在となる。
⇒岩世（デターディング　1866.4.19–1939.2.4）
外国（デターディング　1866–1939）
国小（デターディング　1866.4.19–1939.2.4）
コン2（デタディング　1866–1939）
コン3（デターディング　1866–1939）
西洋（デタディング　1866–1939.2.4）
世百（デターディング　1866–1938）
全書（デターディング　1866–1939）
二十（デターディング，ヘンリー・ウィルヘルム・オーガスト　1866–1939）
百科（デターディング　1866–1939）

Deutsch, André 〈20世紀〉
イギリスの出版者。
⇒岩世（ドイッチ　1917.11.15–2000.4.11）

De Vick, Henri
ドイツの時計師。
⇒全書（ド・ビック　生没年不詳）
大百（ド・ビック　生没年不詳）

De Ville, Antoine 〈16・17世紀〉
フランスの建築家。
⇒岩世（ド・ヴィル　1596–1656）

De Ville, Arnold 〈17・18世紀〉
低地地方（現ベルギー）の企業家。
⇒岩世（ド・ヴィル　1653.5.15–1722.2.22）

De Vinne, Theodore Low 〈19・20世紀〉
アメリカの印刷技術者。
⇒国小（デ・ビニ　1828–1914）

De Vos, Cornelis 〈16・17世紀〉
フランドルの肖像画家，美術商。
⇒岩世（デ・フォス　1584頃–1651.5.9）

Devyatkov, Nikolai Dmitrievich 〈20世紀〉
ソ連邦の電子工学学者。
⇒二十（デヴャートコフ，ニコライ　1907.4.11–）

Dewar, *Sir* **James** 〈19・20世紀〉
イギリスの化学者，物理学者。1895年空気液化に成功。デューア壜を発明 (92)。
⇒岩ケ（デュアー，サー・ジェイムズ　1842–1923）
外国（デュアー　1842–1923）
科学（デュワー　1842.9.20–1923.3.27）
科技（デュワー　1842.9.20–1923.3.27）
科史（デューアー　1842–1923）
科人（デュワー，サー・ジェイムズ　1842.9.20–1923.3.27）
科大（デューア　1842–1923）
科大2（デュワー　1842–1923）
国小（デュワー　1842.9.20–1923.3.27）
コン2（デュアー　1842–1923）
コン3（デュアー　1842–1923）
西洋（デューアー　1842.9.20–1923.3.27）
世科（デュワー　1842–1923）

世百 （デュワー　1842-1932）
全書 （デュワー　1842-1923）
大百 （デュワー　1842-1923）
二十 （デュワー, ジェームズ　1842.9.20-1923.3.
27）
百科 （デュワー　1842-1923）

Dewez, Laurent-Benoît 〈18・19世紀〉
フランドルの建築家。
⇒建築 （ドヴェ, ローラン＝ブノワ　1731-1812）

De Wolfe, Elsie 〈19・20世紀〉
アメリカの室内装飾デザイナー。
⇒岩ケ （デ・ウルフ, エルジー　1865-1950）
世女日 （デ＝ウォルフ, エルジー　1865-1950）

Dexter, Brad 〈20世紀〉
アメリカの俳優, プロデューサー。
⇒外男 （デクスター, ブラッド　1922.4.9-）
世俳 （デクスター, ブラッド）
俳優 （デクスター, ブラッド　1922.4.9-）

Dezhnyov, Semyon Ivanovich 〈17世
紀〉
ロシアの航海者。
⇒岩世 （デジニョフ　?-1673）

Dharker, Imtiaz 〈20世紀〉
インド在住の女性詩人, 視覚芸術家, 映画製
作者。
⇒二十英 （Dharker, Imtiaz　1954-）

D'Honnecourt, Villard 〈13世紀〉
フランスの建築家。
⇒コン2 （ドンクール　（活躍）1225頃-1250頃）
コン3 （ドンクール　（活躍）1225頃-1250頃）

Diabelli, Anton 〈18・19世紀〉
オーストリアの作曲家, 音楽出版者。ベートー
ベンの『ディアベリのワルツによる33の変奏
曲』で知られる。
⇒岩世 （ディアベッリ　1781.9.5-1858.4.7）
音楽 （ディアベリ, アントン　1781.9.6-1858.4.
7）
音大 （ディアベッリ　1781.9.6-1858.4.7）
国小 （ディアベリ　1781.9.6-1858.4.7）
作曲 （ディアベッリ, アントン　1781-1858）
西洋 （ディアベリ　1781.9.5-1858.4.8）
全書 （ディアベリ　1781-1858）
大百 （ディアベリ　1781-1858）
ラル （ディアベッリ, アントン　1781-1858）

Diack, John 〈19世紀〉
イギリスの鉄道技師。新橋・横浜間の測量など
鉄道工事に従事。

⇒日人 （ダイアック　1828-1900）
来日 （ダイアック　1828-1900.9.7）

Diaghilev, Sergei Pavlovich 〈19・20
世紀〉
ロシアのバレエのプロデューサー, 舞台美術
家。1909年バレエ団「バレエ・リュッス」をパ
リで結成した。
⇒岩ケ （ディアギレフ, セルゲイ（・パーヴロヴィ
チ）　1872-1929）
岩世 （ディアギレフ（ジャーギレフ）　1872.3.19
［31］-1929.8.19）
オ西 （ディアギレフ, セルゲイ・パヴロヴィッチ
1872-1929）
オベ （ディアギレフ, セルゲイ　1872.3.31-1929.
8.19）
音楽 （ディアギレフ, セルゲイ・パヴロヴィチ
1872.3.31-1929.8.19）
外国 （ディアギレフ　1872-1929）
広辞4 （ディアギレフ　1872-1929）
広辞5 （ディアギレフ　1872-1929）
広辞6 （ディアギレフ　1872-1929）
国小 （ディアギレフ　1872.3.19-1929.8.19）
国百 （ディアギレフ, セルゲイ・パブロビッチ
1872.3.19-1929.8.19）
コン2 （ディアギレフ　1872-1929）
コン3 （ディアギレフ　1872-1929）
集世 （ジャーギレフ, セルゲイ・パーヴロヴィチ
1872.3.19-1929.8.19）
集文 （ジャーギレフ, セルゲイ・パーヴロヴィチ
1872.3.19-1929.8.19）
新美 （ディアーギレフ, セルゲイ　1872.3.19
（31）-1929.8.19）
人物 （ディアギレフ　1872.3.19-1929.8.19）
西洋 （ジアーギレフ　1872.3.19-1929.8.19）
世西 （ジアギレフ　1872.3.10-1929.8.29）
世百 （ディアギレフ　1872-1929）
全書 （ディアギレフ　1872-1929）
大辞 （ディアギレフ　1872-1929）
大辞2 （ディアギレフ　1872-1929）
大辞3 （ディアギレフ　1872-1929）
大百 （ディアギレフ　1872-1929）
デス （ディアギレフ　1872-1929）
ナビ （ディアギレフ　1872-1929）
二十 （ディアギレフ, セルゲイ　1872.3.19（31）-
1929.8.19）
バレ （ディアギレフ, セルゲイ　1872.3.31-1929.
8.19）
百科 （ディアギレフ　1872-1929）
ラル （ディアギレフ, セルゲイ・パーヴロヴィチ
1872-1929）
ロシ （ディアギレフ　1872-1929）

Diamant-Berger, Henri 〈20世紀〉
フランスの映画監督, 映画製作者, 映画脚本家。
⇒監督 （ディアマン・ベルジェ, アンリ　1895.6.9-
1972.5）
世映 （ディアマン＝ベルジェ, アンリ　1895-
1972）

Diamond, Charles 〈19・20世紀〉
アイルランドの独立運動家, 新聞社主。
⇒キリ（ダイアモンド, チャールズ 1858.11.17–1934.2.19）

Diamond, Peter A. 〈20世紀〉
アメリカの経済学者, ノーベル経済学賞受賞者, マサチューセッツ工科大学（MIT）教授。2010年ノーベル経済学賞受賞。
⇒ノベ3（ダイアモンド, P.A. 1940.4.29–）
ユ人（ダイヤモンド, ピーター・A 1940–）

Diamond D 〈20世紀〉
アメリカのヒップホップ系の音楽プロデューサー。
⇒ヒ人（ダイアモンド・ディー）

Dias, Bartholomeu 〈15世紀〉
ポルトガルの航海者。1488年喜望峰を発見。ヨーロッパ人として初めてアフリカ南端を通過。
⇒岩ケ（ディアス, バルトロメウ 1450頃–1500）
岩世（ディアス 1450頃–1500.5.29）
旺世（バルトロメウ＝ディアス 1450頃–1500）
外国（ディアシュ 1450頃–1500）
角世（ディアス（バルトロメウ） 1450?–1500）
広辞4（ディアス 1450頃–1500）
広辞6（ディアス 1450頃–1500）
国小（ディアス・デ・ノバエス 1450頃–1500.5.29）
コン2（ディアス 1450頃–1500）
コン3（ディアス 1450頃–1500）
人物（ディアス 1450頃–1500.5.29）
スペ（ディアス ?–1500）
西洋（ディアス 1450頃–1500.5.29）
世人（ディアス, バルトロメウ 1450頃–1500）
世西（ディアス（ディアシュ） 1450頃–1500.5.12）
世百（ディアシュ 1450頃–1500）
全書（ディアス 1450?–1500）
大辞（ディアス 1450頃–1500）
大辞3（ディアス 1450頃–1500）
大百（ディアス 1450?–1500）
探検1（ディアス 1450?–1500）
デス（ディアス 1450頃–1500）
百科（ディアス ?–1500）
評世（ディアズ 1450頃–1500）
山世（ディアス, バルトロメウ ?–1500）
歴史（ディアス 1450?–1500）

Dibdin, Charles 〈18・19世紀〉
イギリスの作曲家, 作家, 劇場支配人。
⇒岩ケ（ディブディン, チャールズ 1745–1814）
音大（ディブディン 1745.3.4（洗礼）–1814.7.25）

Dicey, Albert Venn 〈19・20世紀〉
イギリスの憲法学者。『憲法序説』で法の支配を説いた。後に, 経済の自由放任主義に否定的な時代へ推移したことを指摘。
⇒イ哲（ダイシー, A.V. 1835–1922）
岩世（ダイシー 1835.2.4–1922.4.7）
外国（ダイシー 1835–1922）
経済（ダイシー 1835–1922）
国小（ダイシー 1835.2.4–1922.4.7）
コン2（ダイシー 1835–1922）
コン3（ダイシー 1835–1922）
人物（ダイシー 1835.2.4–1922.4.7）
西洋（ダイシ 1835–1922）
世西（ダイシー 1835.2.4–1922.4.7）
世百（ダイシー 1835–1922）
全書（ダイシー 1835–1922）
大百（ダイシー 1835–1922）
ナビ（ダイシー 1835–1922）
二十（ダイシー, アルベルト・V. 1835–1922）
百科（ダイシー 1835–1922）
名著（ダイシー 1835–1922）

Dickinson, Henry Winram 〈19・20世紀〉
イギリスの技術史家。1895～1930年ロンドンの科学博物館に勤め, 多くの技術史書を著した。
⇒名著（ディキンソン 1870–1952）

Dicksee, Cedric Bernard 〈19・20世紀〉
イギリスのエンジン設計技師。
⇒世科（ディクシー 1888–1981）
二十（ディクシー, セドリック・バーナード 1888–1981）

Dickson, William Kennedy Laurie 〈19・20世紀〉
アメリカの映画監督。1887年からエジソンのもとで, 映画の発明開発にあたる。アメリカ最初の監督でありカメラマンといわれる。
⇒監督（ディクスン, ウイリアム・ケネディ・ローリー 1860–1937）
世映（ディクスン, ウィリアム・ケネディ＝ローリー 1860–1935）

Didot, Ambroise Firmin 〈18・19世紀〉
フランスの学者, 印刷出版者。
⇒百科（ディド 1790–1876）

Didot, Firmin 〈18・19世紀〉
フランスの印刷業者。
⇒岩ケ（ディドー, フィルマン 1764–1836）

Didot, François 〈17・18世紀〉
フランスの出版業者, 印刷業者。パリで出版業を創め（1713）, のち印刷業をも兼ねた（54～）。
⇒岩世（ディドー 1689–1757（59））

西洋（ディドー 1689–1757/9）

Didot, François Ambroise 〈18・19世紀〉

フランスの印刷出版業者。活字の等級を示す従来のポイント方式を改良して「ディド方式」をたてた。
⇒人物（ディド 1730–1804）
西洋（ディドー 1730–1804）
世西（ディド 1730–1804）

Dieckmann, Max 〈19・20世紀〉

ドイツの電気学者。空中電気，テレビジョン，航空無電技術，無線航法に関する諸種の発明をした。
⇒岩世（ディークマン 1882.7.5–1960.7.28）
西洋（ディークマン 1882.7.5–1960.7.28）

Diederichs, Eugen 〈19・20世紀〉

ドイツの出版業者。文化哲学，教育学に関する図書，叢書等を出版。
⇒岩世（ディーデリヒス 1867.6.22–1930.9.10）
西洋（ディーデリヒス 1867.6.22–1930.9.10）

Diehl, Karl 〈19・20世紀〉

ドイツの経済学者。主著『マルクス経済学における価値と価格の関係について』(1898)。
⇒岩世（ディール 1864.3.27–1943.5.12）
キリ（ディーカンプ，フランツ 1864.11.8–1943.10.10）
経済（ディール 1864–1943）
国小（ディール 1864.3.27–1943.5.12）
人物（ディール 1864.3.27–1943.5.12）
西洋（ディール 1864.3.27–1943.5.12）
世西（ディール 1864.3.27–1943.5.12）
全書（ディール 1864–1943）
二十（ディール，K. 1864–1943）
名著（ディール 1864–1943）

Dientzenhofer, Christoph 〈17・18世紀〉

ドイツの建築家。
⇒岩世（ディーンツェンホーファー 1655.7.7–1722.6.20）
国小（ディーンツェンホーファー，クリストフ 1655–1722）
西洋（ディーンツェンホーファー 1655–1722.6.20）
世美（ディーンツェンホーファー，クリストフ 1655–1722）

Dientzenhofer, Georg 〈17世紀〉

ドイツの建築家。
⇒世美（ディーンツェンホーファー，ゲオルク 1643–1689）

Dientzenhofer, Johann 〈17・18世紀〉

ドイツの建築家。クリストフの弟。
⇒岩世（ディーンツェンホーファー 1663.5.25–1726.7.20）
キリ（ディーンツェンホーファー，ヨーハン 1663–1726.6.20）
国小（ディーンツェンホーファー，ヨハン 1665–1726）
西洋（ディーンツェンホーファー ?–1726.6.20）
世美（ディーンツェンホーファー，ヨハン 1663–1726）

Dientzenhofer, Johann Leonhard 〈17・18世紀〉

ドイツの建築家。
⇒世美（ディーンツェンホーファー，ヨハン・レオンハルト 1660–1707）

Dientzenhofer, Kilian Ignaz 〈17・18世紀〉

ドイツの建築家。クリストフの息子。プラハで活躍。
⇒岩世（ディーンツェンホーファー 1689.9.1–1751.12.18）
国小（ディーンツェンホーファー，キリアン・イグナーツ 1689–1751）
西洋（ディーンツェンホーファー 1689/90–1751.12.18）
世美（ディーンツェンホーファー，キリアーン・イグナーツ 1689–1751）

Diesbach, Heinrich

ドイツの画材顔料製作者。
⇒岩世（ディースバッハ）

Diesel, Rudolf 〈19・20世紀〉

ドイツの機械技術者。ディーゼル機関の発明者。
⇒岩ケ（ディーゼル，ルドルフ(・クリスティアン・カール) 1858–1913）
岩世（ディーゼル 1858.3.18–1913.9.29 (30)）
旺世（ディーゼル 1858–1913）
外国（ディーゼル 1858–1913）
科学（ディーゼル 1858.3.18–1913.9.30）
科技（ディーゼル 1858.3.18–1913.9.30）
科史（ディーゼル 1858–1913）
科人（ディーゼル，ルドルフ・クリスティアン・カール 1858.3.18–1913.9.29）
角世（ディーゼル 1858–1913）
広辞4（ディーゼル 1858–1913）
広辞5（ディーゼル 1858–1913）
広辞6（ディーゼル 1858–1913）
国小（ディーゼル 1858.3.18–1913.9.29）
コン2（ディーゼル 1858–1913）
コン3（ディーゼル 1858–1913）
人物（ディーゼル 1858.3.18–1913.9.29）
西洋（ディーゼル 1858.3.18–1913.9.29/30）
世科（ディーゼル 1853–1913）
世人（ディーゼル 1858–1913）

世西（ディーゼル　1858.3.18–1913.9.30）
世百（ディーゼル　1858–1913）
全書（ディーゼル　1858–1913）
大辞（ディーゼル　1858–1913）
大辞2（ディーゼル　1858–1913）
大辞3（ディーゼル　1858–1913）
大百（ディーゼル　1858–1913）
デス（ディーゼル　1858–1913）
伝世（ディーゼル　1858.3.18–1913.9.29）
ナビ（ディーゼル　1858–1913）
二十（ディーゼル，ルドルフ　1858.3.18–1913.9.30）
百科（ディーゼル　1858–1913）
評世（ディーゼル　1858–1913）
名著（ディーゼル　1858–1913）
山世（ディーゼル　1858–1913）
歴史（ディーゼル　1858–1913）

Dietterlin, Wendel 〈16世紀〉

ドイツの画家，建築家，版画家。『建築論』（1593～94）でバロック建築の展開に影響を及ぼす。
⇒国小（ディターリーン　1550頃–1599）
世美（ディッターリン，ヴェンデル　1550頃–1599）

Dietz, Johann Christian 〈18・19世紀〉

ドイツの楽器製造家。メロディオン，クラヴィハープを発明。
⇒世西（ディーツ　1778–1845）

Dietzel, Heinrich 〈19・20世紀〉

ドイツの経済学者。新古典派の立場に立って自由貿易を主張。
⇒岩世（ディーツェル　1857.1.19–1935.5.22）
経済（ディーツェル　1857–1935）
コン2（ディーツェル　1857–1935）
コン3（ディーツェル　1857–1935）
人物（ディーツェル　1857.1.19–1935.5.22）
西洋（ディーツェル　1857.1.19–1935.5.22）

Dietzel, Karl August 〈19世紀〉

ドイツの経済学者。財政学を研究。
⇒岩世（ディーツェル　1829.1.7–1894.8.3）
西洋（ディーツェル　1829–1894）

Dieulafoy, Marcel Auguste 〈19・20世紀〉

フランスの土木技師，考古学者。
⇒岩世（デューラフォワ　1844.8.3–1920.2.24）
外国（デュラフォア　1844–1920）
国小（デュラフォア　1844–1920）
コン2（デュラフォア　1844–1920）
コン3（デュラフォア　1844–1920）
新美（デュラフォア，マルセル　1844.8.3–1920.2.24）
西洋（デューラフォア　1844.8.3–1920.2.24）
二十（デュラフォア，マルセル・A.　1844.8.3–1920.2.24）

Dijckman, Hendrick

オランダの長崎商館長。
⇒岩世（デイクマン）

Dijkstra, Edsger Wybe 〈20世紀〉

オランダの情報科学者。
⇒岩世（ダイクストラ（デイクストラ）　1930.5.11–2002.8.6）
数学（ディークストラ　1930–）
数学増（ディークストラ　1930–）

Dikushin, Vladimir Ivanovich 〈20世紀〉

ソ連邦の機械技師。初めてソ連邦式綜合機械を製作し，これを企業化。
⇒岩世（ジクーシン　1902.7.26［8.8］–1979.1.12）
西洋（ジクシン　1902–1978.1.12）
二十（ジクシン，V.　1902–1978.1.12）

Dillon, Clarence Douglas 〈20世紀〉

アメリカの実業家，外交官，政治家。ディロン・リード会社会長。駐仏大使。財務長官などを歴任。
⇒現人（ディロン　1909.8.21–）
国小（ジロン　1909.8.21–）
コン3（ディロン　1909–）
二十（ディロン，クラレンス・D.　1909–）

Dimock, Marshall Edward 〈20世紀〉

アメリカの経営学者。1967～68年日本の国際基督教大学客員教授。主著 “Philosophy of Administration” (58)。
⇒岩世（ディモック　1903.10.24–1991.11.14）
国小（ディモック　1903.11.24–）
西洋（ディモック　1903.10.24–）
二十（ディモック，マーシャル・E.）

Dines, William Henry 〈19・20世紀〉

イギリスの気象学者。ダインズ自記風速計を発明。
⇒岩世（ダインズ　1855.8.5–1927.12.24）
外国（ダインズ　1855–1927）
国小（ダインズ　1855.8.5–1927.12.24）
コン2（ダインズ　1855–1927）
コン3（ダインズ　1855–1927）
西洋（ダインズ　1855.8.5–1927.12.24）
世百（ダインズ　1855–1927）

Dinglinger, Johann Melchior 〈17・18世紀〉

ドイツの工芸家。バロック様式の宮廷装飾品を多く制作。
⇒岩世（ディングリンガー　1664.12.26–1731.3.6）
芸術（ディングリンガー，ヨハン　1664–1731）

新美（ディングリンガー，ヨーハン・メルヒオール　1664.12.26–1731.3.6)
西洋（ディングリンガー　1664.12.26–1731.3.6)
百科（ディングリンガー　1664–1731)

Dini, Lamberto 〈20世紀〉
イタリアの政治家，エコノミスト。イタリア首相・外相・蔵相。
⇒世政（ディーニ，ランベルト　1931.3.1–)

Dinkevich, Anarolii 〈20世紀〉
ソ連邦の経済学者。ソ連科学アカデミー東洋経済学研究所教授。
⇒二十（ジィンケヴィッチ，アナトーリ　1923–)

Diocletianus, Gaius Aurelius Valerius 〈3・4世紀〉
ローマ皇帝（在位284～305)。帝国を東西に分け正帝・副帝をおく四分割統治を実施した。農業課税制度などを設けて財政を再建したが，徴税負担が増大し，都市上層民の没落と都市からの逃亡を招いた。晩年には最後のキリスト教大迫害を行った。
⇒岩ケ（ディオクレティアヌス　245–316)
岩世（ディオクレティアヌス　245頃–313頃)
旺世（ディオクレティアヌス　230頃–313)
外国（ディオクレティアヌス　245–313)
角世（ディオクレティアヌス　230?–313)
キリ（ディオクレティアーヌス，ガーイウス・アウレーリウス・ウァレリウス　245頃–316.12.3)
ギロ（ディオクレティアヌス　245/248–313/316)
広辞4（ディオクレティアヌス　230頃–313頃)
広辞6（ディオクレティアヌス　245頃–313)
皇帝（ディオクレティアヌス　245頃–313頃)
国小（ディオクレチアヌス　245–313)
コン2（ディオクレティアヌス　245–313)
コン3（ディオクレティアヌス　245頃–313頃)
人物（ディオクレティアヌス　230–316頃)
西洋（ディオクレティアヌス　230頃–316頃)
世人（ディオクレティアヌス　245頃–313)
世百（ディオクレティアヌス　245–313)
世百（ディオクレティアヌス　230頃–313頃)
全書（ディオクレティアヌス　?–311頃)
大辞（ディオクレティアヌス　245頃–313頃)
大辞3（ディオクレティアヌス　245頃–313頃)
大百（ディオクレティアヌス　230頃–313)
デス（ディオクレティアヌス　230頃–313)
伝世（ディオクレティアヌス　245–313頃)
統治（ディオクレティアヌス（C.アウレリウス・ウァレリウス・ディオクレティアヌス）（在位)284–305)
百科（ディオクレティアヌス　?–311頃)
評世（ディオクレチアヌス　245頃–316頃)
山世（ディオクレティアヌス　240?–313頃)
歴史（ディオクレティアヌス　245頃–313)
ロマ（ディオクレティアヌス　（在位)284–305)

Dior, Christian 〈20世紀〉
フランスの服飾デザイナー。チューリップライン，Hラインなどのスタイルを創作し，ライン時代を築く。1956年レジョン・ドヌール勲賞受賞。
⇒岩ケ（ディオール，クリスチャン　1905–1957)
岩世（ディオール　1905.1.21–1957.10.24)
外国（ディオール　1905–)
現人（ディオール　1905.1.21–1957.10.24)
広辞5（ディオール　1905–1957)
広辞6（ディオール　1905–1957)
国小（ディオール　1905.1.21–1957.10.24)
国百（ディオール，クリスチャン　1905–1957)
コン3（ディオール　1905–1957)
最世（ディオール，クリスチャン　1905–1957)
人物（ディオール　1905–1957)
世百（ディオール　1905–1957)
世百新（ディオール　1905–1957)
全書（ディオール　1905–1957)
大辞2（ディオール　1905–1957)
大辞3（ディオール　1905–1957)
大百（ディオール　1905–1957)
ナビ（ディオール　1905–1957)
二十（ディオール，クリスチャン　1905.1.21–1957.10.24)
百科（ディオール　1905–1957)

Diotisalvi 〈12世紀〉
イタリアの建築家。
⇒世美（ディオティサルヴィ　12世紀中頃)

Dirck Hartog 〈17世紀〉
17世紀オランダの航海者。
⇒オセ（ハルトホ　17世紀)

Dischinger, Franz 〈19・20世紀〉
ドイツの構造力学者。曲面版構造（シャーレ)理論の開拓者として著名。
⇒岩世（ディッシンガー　1887.10.8–1953.1.9)
世百（ディッシンガー　1887–1953)

Disney, Walt 〈20世紀〉
アメリカのアニメーション作家・製作者，大衆文化事業家。
⇒アメ（ディズニー　1901–1966)
逸話（ディズニー　1901–1966)
岩世（ディズニー　1901.12.5–1966.12.15)
英児（Disney, Walt　ディズニー，ウォルト　1901–1966)
英米（Disney, Walter Elias　ディズニー　1901–1966)
現ア（Disney, Walt　ディズニー，ウォルト　1901–1966)
広辞6（ディズニー　1901–1966)
最世（ディズニー，ウォルト　1901–1966)
児イ（Disney, Walt　ディズニー，W.　1901–1966)
世映（ディズニー，ウォルト　1901–1966)

世児（ディズニー，ウォルト（ウォルター・イライアス）1901–1966）
世人（ディズニー 1901–1966）
世俳（ディズニー，ウォルト 1901.12.5–1966.12.15）
世百新（ディズニー 1901–1966）
大辞3（ディズニー 1901–1966）
二十英（Disney, Walt (er)（Elias）1901–1966）
山世（ディズニー 1901–1966）

Disraeli, Benjamin, 1st Earl of Beaconsfield 〈19世紀〉
イギリスの政治家。ダービー内閣の蔵相。
⇒イ哲（ディズレーリ，B. 1804–1881）
イ文（Disraeli, Benjamin, 1st Earl of Beaconsfield 1804–1881）
岩ケ（ディズレーリ，ベンジャミン，初代ビーコンズフィールド伯爵 1804–1881）
岩世（ディズレイリ 1804.12.21–1881.4.19）
英米（Disraeli, Benjamin, Earl of Beaconsfield ディズレーリ 1804–1881）
旺世（ディズレーリ 1804–1881）
外国（ディズレーリ 1804–1881）
角世（ディズレーリ 1804–1881）
看護（ディスレリー・ベンジャミン 1804–1881）
広辞4（ディズレーリ 1804–1881）
広辞6（ディズレーリ 1804–1881）
国小（ディズレーリ 1804.12.21–1881.4.19）
国百（ディズレーリ，ベンジャミン 1804.12.21–1881.4.19）
コン2（ディズレーリ 1804–1881）
コン3（ディズレーリ 1804–1881）
集世（ディズレイリ，ベンジャミン 1804.12.21–1881.4.19）
集文（ディズレイリ，ベンジャミン 1804.12.21–1881.4.19）
人物（ディズレーリ 1804.12.21–1881.4.19）
西洋（ディズレーリ 1804.12.21–1881.4.19）
世人（ディズレーリ 1804–1881）
世西（ディズレーリ 1804.12.21–1881.4.9）
世百（ディズレーリ 1804–1881）
世文（ディズレイリ，ベンジャミン 1804–1881）
全書（ディズレーリ 1804–1881）
大辞（ディズレーリ 1804–1881）
大辞3（ディズレーリ 1804–1881）
大百（ディズレーリ 1804–1881）
デス（ディズレーリ 1804–1881）
伝世（ディズレーリ 1804.12.21–1881.4.19）
百科（ディズレーリ 1804–1881）
評世（ディズレーリ 1804–1881）
山世（ディズレーリ 1804–1881）
歴史（ディズレーリ 1804–1881）

Diver, Jenny 〈17・18世紀〉
イギリスの裁縫師。
⇒世女日（ダイヴァー，ジェニー 1700–1740）

Divini, Eustachio 〈17世紀〉
イタリアの光学器械製作者。
⇒天文（ディヴィーニ 1610–1685）

Divisia, François 〈19・20世紀〉
フランスの経済学者。
⇒二十（ディヴィジア，フランシス 1889–1964）

D'Ixnard, Michel 〈18世紀〉
フランスの建築家。
⇒世美（ディクスナール，ミシェル 1723–1795）

Dixon, Jeremiah 〈18世紀〉
イギリスの測量家。
⇒国小（ディクソン 生没年不詳）
天文（ディクソン 1733–1779）

Dixon, Willie 〈20世紀〉
アメリカのシンガー，ベーシスト，プロデューサー。
⇒実ク（ディクソン，ウィリー）
標音（ディクソン，ウィリー）

Djinji Brown 〈20世紀〉
アメリカの音楽プロデューサー。
⇒ヒ人（ジンジ・ブラウン）

DJ Premier 〈20世紀〉
アメリカのDJ，プロデューサー。ヒップホップ界を代表するプロデューサー。自身のレーベルも発足させた。
⇒実ク（D.J.プレミア）
ヒ人（ディー・ジェイ・プレミア 1974–）
標音（D.J.プレミア）

Dobb, Maurice Herbert 〈20世紀〉
イギリスの代表的マルクス経済学者。『資本主義発展の研究』は日本の経済史学者も含め国際的な論議を呼んだ。
⇒岩世（ドッブ 1900.7.24–1976.8.17）
才世（ドッブ，モーリス・ハーバート 1900–1976）
外国（ドッブ 1900–）
経済（ドッブ 1900–1976）
現人（ドッブ 1900–1976.8.17）
国小（ドッブ 1900–）
コン3（ドッブ 1900–1976）
人物（ドッブ 1900–）
西洋（ドッブ 1900–1976.8.17）
世西（ドッブ 1900–）
世百（ドッブ 1900–）
世百新（ドッブ 1900–1976）
全書（ドッブ 1900–1976）
大辞2（ドッブ 1900–1976）
大百（ドッブ 1900–1976）
二十（ドッブ，モーリス・ハーバート 1900–1976.8.17）
百科（ドッブ 1900–1976）

名著（ドップ　1900-）

Dobrovinskii, Boris N. 〈20世紀〉
ソ連邦の経済学研究者。国際関係研究所学術研究員。
⇒二十（ドブロヴィンスキー，ボリス・N.　1912-）

D'Ocagne, Maurice 〈19・20世紀〉
フランスの技術者で数学者。
⇒数学（ドカニュー　1862.3.25-1938.10.23）
　数学増（ドカニュー　1862.3.25-1938.10.23）

Docherty, Peter 〈20世紀〉
イギリスのデザイナー。
⇒バレ（ドカティ，ピーター　1944.6.21-）

Döcker, Richard 〈20世紀〉
現代ドイツの建築家。シュトゥットガルト工業大学教授（1940来）。
⇒岩世（デッカー　1894.6.13-1968.11.9）
　西洋（デッカー　1894.6.13-）

Dockwra, William 〈17・18世紀〉
ロンドンの商人。1683年私企業として1ペニー郵便システムを開始。
⇒国小（ドックラ　1640?-1716）

Dodge, Joseph Morrell 〈19・20世紀〉
アメリカの銀行家，財政金融専門家。第2次大戦後，占領軍の財政金融顧問として西ドイツや日本の経済安定に尽力。
⇒岩世（ドッジ　1890.11.18-1964.12.2）
　現人（ドッジ　1890.11.18-1964.12.2）
　国小（ドッジ　1890.11.18-1964.12）
　コン3（ドッジ　1890-1964）
　人物（ドッジ　1890.11.18-1964.12.2）
　西洋（ドッジ　1890.11.18-1964.12.12）
　世西（ドッジ　1890.11.18-）
　二十（ドッジ，ジョセフ・M.　1890.11.18-1964.12.2）
　日人（ドッジ　1890-1964）

Dodsley, Robert 〈18世紀〉
イギリスの出版業者，作家。
⇒岩ケ（ドズリー，ロバート　1704-1764）
　岩世（ドズリー　1703.2.13-1764.9.23）
　国小（ドズリー　1703-1764）
　コン2（ドズリー　1703-1764）
　コン3（ドズリー　1703-1764）
　集文（ドズリー，ロバート　1703.2.13-1764.9.23）
　西洋（ドズリ　1703.2.13-1764.9.25）
　世西（ドッズリー　1704.2.13-1764.9.25）

Doebbelin, Karl Theophilus 〈18世紀〉
ドイツの俳優，劇場支配人。
⇒西洋（デッベリン　1722.4.27-1793.12.10）

Doeff, Hendrik (Jr.) 〈18・19世紀〉
オランダの長崎出島商館長。蘭日辞書の編纂をはじめ，蘭学の興隆に貢献。
⇒岩世（ドゥーフ〈慣ズーフ，ドゥフ〉　1777.12.2-1835.10.19）
　外国（ドゥーフ　1777-1835）
　広辞4（ズーフ　1777-1835）
　広辞6（ズーフ　1777-1835）
　国史（ドゥーフ　1777-1835）
　国小（ズーフ　1772.12.2-1835.10.19）
　コン2（ドゥーフ〈ズーフ〉　1777-1835）
　コン3（ドゥーフ〈ズーフ〉　1777-1835）
　人物（ドゥーフ　1772.12.2-1835.10.19）
　西洋（ドゥフ〈ズーフ〉　1777.12.2-1835.10.19）
　世百（ドゥーフ　1777-1835）
　全書（ドゥーフ　1777-1835）
　対外（ドゥーフ　1777-1835）
　大辞（ズーフ　1777-1835）
　大辞3（ズーフ　1777-1835）
　大百（ドゥーフ　1777-1835）
　日研（ズーフ，ヘンドリック　1777-1835.10.19）
　日人（ズーフ　1777-1835）
　百科（ドゥーフ　1777-1835）
　名著（ドゥーフ　1777-1835）
　来日（ズーフ　1777-1835.10.19）

Doeker, Richard 〈20世紀〉
ドイツの建築家，随筆家。
⇒世美（デカー，リヒャルト　1894-）

Doesburg, Theo van 〈19・20世紀〉
オランダの画家，美術理論家，建築家。「要素主義（エレメンタリズム）」を提唱し，作風は純粋抽象主義。
⇒岩ケ（ドゥースブルフ，テオ・ファン　1883-1931）
　岩世（ファン・ドゥースブルフ　1833-1931）
　才西（ファン・ドゥースブルフ，テオ　1883-1931）
　外国（ドゥエスブルグ　1883-1931）
　国小（ドースブルフ　1883-1931.3.7）
　コン3（デースブルク　1883-1931）
　新美（ドゥースブルフ，テオ・ファン　1883.8.30-1931.3.7）
　人物（バン・ドースブルク　1883-1931）
　西洋（デースブルク　1883-1931）
　世芸（ドースブルク，テオ・ヴァン　1883-1931）
　世芸（ファン・ドゥースブルフ，テオ　1883-1931）
　世西（ドースブルグ　1883-1931）
　世美（ファン・ドゥースブルフ，テオ　1883-1931）
　世百（ドースブルフ　1883-1931）
　世百新（ファン・ドゥースブルフ　1883-1931）
　全書（ドースブルフ　1883-1931）

大辞2（ドゥースブルフ　1883–1931）
大辞3（ドゥースブルフ　1883–1931）
大百（ドースブルク　1883–1931）
伝世（ドゥースブルフ　1883.8.30–1931.5.7）
二十（ドースブルフ，T.フォン　1883.8.30–1931.
　3.7）
二十（ファン・ドゥースブルフ，T.　1883–1931）
百科（ファン・ドゥースブルフ　1883–1931）

Doheny, Edward Laurence〈19・20世紀〉

アメリカの石油業者。カリフォルニアとメキシコで活躍。
⇒国小（ドヘニー　1856–1935）
　コン2（ドヘニー　1856–1935）
　コン3（ドヘニー　1856–1935）

Dolby, Thomas〈20世紀〉

イギリスのサウンド・エンジニア，ミュージシャン。
⇒実ク（ドルビー，トーマス　1958–）
　二十（ドルビー，トーマス　1958–）
　標音（ドルビー，トーマス）
　洋ヒ（ドルビー，トーマス　1958–）
　ロ人（ドルビー，トーマス　1958–）

Dolcebuono, Gian Giacomo〈15・16世紀〉

イタリアの建築家，彫刻家。
⇒世美（ドルチェブオーノ，ジャン・ジャーコモ　1440頃–1506）

Dolci, Giovanni di Pietro de'〈15世紀〉

イタリアの建築家，彫刻家。
⇒岩世（ドルチ　?–1486.2.26）
　キリ（ドルチ，ジョヴァンニ・デイ・ピエートロ・デ　?–1486.2.26）
　西洋（ドルチ　?–1486.2.26）

Dolet, Étienne〈16世紀〉

フランスのユマニスト，詩人，出版者。瀆聖罪で火刑となる。主著『ラテン語考』（1536～38）。
⇒岩ケ（ドレ，エティエンヌ　1506–1546）
　キリ（ドレー，エティエンヌ　1509.8.3–1546.8.3）
　国小（ドレ　1509.8.3–1546.8.3）
　コン2（ドレ　1509–1546）
　コン3（ドレ　1509–1546）
　集世（ドレ，エチエンヌ　1509.8.3–1546.8.3）
　集文（ドレ，エチエンヌ　1509.8.3–1546.8.3）
　西洋（ドレ　1509.8.3–1546.8.3）

Dolivo-Dobrowolski, Michail〈19・20世紀〉

ドイツ（ロシア生まれ）の電気工学者。ドイツ

の電気会社AEGの技師長（1909来）。
⇒岩世（ドリヴォ＝ドブロヴォルスキー　1862.12.
　21［1.2］–1919.11.15）
　コン2（ドリーヴォ・ドブロヴォーリスキィ　1862–1919）
　コン3（ドリーヴォ・ドブロヴォリスキー　1862–1919）
　西洋（ドリヴォ・ドブロヴォルスキー　1862.1.2–1919.11.15）
　世百（ドリヴォドブロヴォルスキー　1862–1919）
　全書（ドリボ・ドブロボルスキー　1862–1919）
　大百（ドリボ・ドブロボルスキー　1862–1919）
　二十（ドリボ・ドブロウォルスキー，M.v.　1862–1919）
　百科（ドリボ・ドブロウォルスキー　1862–1919）

Dollar, Robert〈19・20世紀〉

アメリカのダラー汽船会社の創立者（1901年）。
⇒国小（ダラー　1844.3.20–1932.5.16）
　世百（ダラー　1844–1932）

Dollond, John〈18世紀〉

イギリスの光学技術者，眼鏡製造業者。望遠鏡レンズを進歩させた。
⇒岩ケ（ドロンド，ジョン　1706–1761）
　岩世（ドロンド　1706.6.10–1761.11.30）
　外国（ドロンド　1706–1761）
　科学（ドロンド　1706.6.10–1761.11.30）
　科技（ドロンド　1706.6.10–1761.11.30）
　科人（ドロンド，ジョン　1706.6.10–1761.11.30）
　コン2（ドロンド　1706–1761）
　コン3（ドロンド　1706–1761）
　人物（ドロンド　1706.6.10–1761.11.30）
　西洋（ドロンド　1706.6.10–1761.11.30）
　世西（ドロンド　1706.6.10–1761.11.30）
　大百（ドロンド　1706–1761）
　天文（ドロンド　1706–1761）

Dolmetsch, Arnold〈19・20世紀〉

イギリスの音楽学者，楽器製作者，古楽器研究家。古楽器の収集，演奏に力を注いだ。主著『17, 8世紀の演奏解釈』。
⇒岩ケ（ドルメッチ，（ユージェーヌ・）アルノルド　1858–1940）
　岩世（ドルメッチ　1858.2.24–1940.2.28）
　演奏（ドルメッチ，アーノルド　1858.2.24–1940.2.28）
　音楽（ドルメッチ，アーノルド　1858.2.24–1940.2.28）
　音大（ドルメッチ　1858.2.24–1940.2.28）
　クラ（ドルメッチ，アーノルド　1858–1940）
　国小（ドルメッチ　1858.2.24–1940.2.28）
　西洋（ドルメッチ　1858.2.24–1940.2.28）
　全書（ドルメッチ　1858–1940）
　二十（ドルメッチ，アーノルド　1858.2.24–1940.2.28）
　百科（ドルメッチ　1858–1940）
　ラル（ドルメッチ，アーノルド　1858–1940）

Domar, Evsey David 〈20世紀〉
アメリカの経済学者。投資の二重性に着目して
経済成長率を定式化した。
⇒岩ケ（ドーマー，エヴセイ・D（デイヴィド）
　　1914-）
　岩世（ドーマー　1914.4.16-1997.4.1）
　経済（ドーマー　1914-）
　現人（ドーマー　1914.4.16-）
　コン3（ドーマー　1914-）
　西洋（ドマー　1914.4.16-）
　全書（ドーマー　1914-）
　二十（ドーマー，E.デービッド　1914.4.16-）
　名著（ドーマー　1914-）

**Dombasle, Christophe Joseph
Alexandre Mathieu de** 〈18・19世紀〉
フランスの農学者。農業経営の技術教育を
推進。
⇒岩世（ドンバール　1777.2.26-1843.12.27）
　西洋（ドンバール　1777.2.26-1843.11.27）

Doménech y Montaner, Lluis 〈19・
20世紀〉
スペインの建築家。
⇒スペ（ドメネク・イ・モンタネール　1850-1923）
　世美（ドメネック・イ・モンタネル，ルイス
　　1850-1924）

Domenico da Cortona 〈15・16世紀〉
フランスで活躍したイタリアの建築家。
⇒建築（ボッカドーロ，ドメニコ・ベルナベイ（ドメ
　　ニコ・ダ・コルトーナ（通称））　?-1549頃）
　新美（ドメーニコ・ダ・コルトーナ　1470頃-
　　1549）

Domenico di Niccolò de'Cori 〈14・15
世紀〉
イタリアの木彫家。
⇒世美（ドメーニコ・ディ・ニッコロ・デ・コーリ
　　1363-1453以前）

Domingues, Afonso 〈14世紀〉
ポルトガルの建築家。
⇒建築（ドミンゲス，アフォンソ　（活動）14世紀）

Dominique-Hyacinthe Cavaillé-Coll
〈18・19世紀〉
フランスのオルガン製作者。
⇒ラル（ドミニク・イアサント・カヴァイエ-コル
　　1771-1862）

Domitius Ahenobarbus, Gnaeus 〈前
2世紀〉
ローマの軍人，政治家。道路の建設に着手し，
ドミチア道と名づけた。
⇒国小（ドミチウス・アヘノバルブス　?-前104）

ロマ（ドミティウス・アヘノバルブス，グナエウ
　ス　（在任）前122）

Domitius Ahenobarbus, Gnaeus 〈前
2・1世紀〉
ローマの政治家。ナルボの植民市建設に参加。
⇒国小（ドミチウス・アヘノバルブス　?-前92以
　　後）

Donald, Henry 〈20世紀〉
イギリス・スコットランド生まれの児童文学
者，BBC放送のプロデューサー。
⇒児作（Donald, Henry　ドナルド，ヘンリー）

Donaldson, Walter 〈20世紀〉
アメリカのソングライター，出版者。作詞・作
曲で『私の青空』『ラブ・ミー・オア・リーブ・
ミー』といった傑作を生んだ。
⇒音楽（ドナルドソン，ウォルター　1893.2.15-
　　1947.7.15）

Donati, Danilo 〈20世紀〉
イタリア生まれの映画衣裳デザイナー，映画美
術監督。
⇒世映（ドナーティ，ダニーロ　1926-2001）
　世俳（ドナティ，ダニーロ　1926-2001.12.1）

Dondi, Giovanni de 〈14世紀〉
イタリアの天文学者，時計製作者。
⇒科人（ドンディ，ジョヴァンニ・デ　1318-1389）

Donker-Curtius, Jan Hendrik 〈19世
紀〉
オランダの長崎商館長，外交官。長崎出島のオ
ランダ商館長として来日（1852）。
⇒岩世（ドンケル＝クルチウス（クルティウス）
　　1813.4.21-1879.11.27）
　外国（クルティウス　19世紀）
　国史（ドンクル＝キュルシウス　1813-1879）
　国小（ドンクル・クルシウス　1813.4.12-1879.
　　11.17）
　コン2（クルティウス　1813-1879）
　コン3（クルティウス　1813-1879）
　西洋（クルティウス　1813.4.21-1879.11.27）
　対外（ドンクル＝キュルシウス　1813-1879）
　大百（ドンケル・クルチウス　1813-1879）
　日人（ドンケル＝クルティウス　1813-1879）
　来日（クルティウス　1813.4.21-1879.11.27）

Donkin, Bryan 〈18・19世紀〉
イギリスの発明家。
⇒岩ケ（ドンキン，ブライアン　1768-1855）
　世科（ドンキン　1768-1855）
　世百（ドンキン　1768-1855）
　百科（ドンキン　1768-1855）

経済・産業篇　　　　　　*171*　　　　　　**dosio**

Donoso, José Ximenez 〈17世紀〉

スペインの画家, 建築家。

⇒芸術（ドノソ, ホセ・ジメネス　1628–1690）
　建築（ヒメネス・ドノーソ, ホセ　1628–1690）
　国小（ドノソ　1628–1690）
　新美（ヒメーネス・ドノーソ, ホセー　1628–
　　1690.9.14）

Dopsch, Alfons 〈19・20世紀〉

オーストリアの経済史家。発展段階説を批判
し, 古代末期と中世初期の文化連続を主張し
た。主著『世界史における自然経済と貨幣経
済』（1930）。

⇒岩世（ドープシュ　1868.6.14–1953.9.1）
　外国（ドープシュ　1868–1953）
　角世（ドープシュ　1868–1953）
　国小（ドプシュ　1868.6.14–1953.1.9）
　コン2（ドープシュ　1868–1953）
　コン3（ドープシュ　1868–1953）
　人物（ドープシュ　1868.6.14–1953.9.1）
　西洋（ドープシュ　1868.6.14–1953.9.1）
　世西（ドープシュ　1868.6.14–1953.9.1）
　世百（ドープシュ　1868–1953）
　全書（ドープシュ　1868–1953）
　大百（ドープシュ　1868–1953）
　デス（ドープシュ　1868–1953）
　二十（ドプシュ, アルフォン　1868.6.14–1953.9.
　　1）
　百科（ドプシュ　1868–1953）
　名著（ドープシュ　1868–1953）
　山世（ドープシュ　1868–1953）
　歴学（ドプシュ　1868–1953）
　歴史（ドープシュ　1868–1953）

Dorbay, François 〈17世紀〉

フランスの建築家, 彫刻家。ヴェルサイユ,
ルーブル宮などの諸工事に参加。

⇒岩世（ドルベ　1634–1697）
　建築（ドルベ, フランソワ　1634–1697）
　西洋（ドルベー　1634–1697）

Dorfman, Joseph 〈20世紀〉

ロシア生まれの経済思想家。植民地時代から現
代にいたるアメリカ人の経済思想を発展史的に
あとづけた。

⇒外国（ドーフマン　1904–）
　経済（ドーフマン　1904–1991）
　コン3（ドーフマン　1904–）
　名著（ドーフマン　1904–）

Dorfman, Robert 〈20世紀〉

アメリカの経済学者。ハーヴァード大学教授。

⇒経済（ドーフマン　1916–）
　名著（ドーフマン　1916–）

Dorn, Marion 〈20世紀〉

イギリスの織物デザイナー。

⇒世女日（ドーン, マリオン　1900–1964）

Dornbusch, Rudiger 〈20世紀〉

アメリカの経済学者。

⇒経済（ドーンブッシュ　1942–）
　二十（ドーンブッシュ, R.　1942.8.6–）

Dornier, Claudius 〈19・20世紀〉

ドイツの航空工学者, 航空機製造事業家。1929
年, 巨人飛行艇Do Xを建造。第2次大戦後はDo
27, 28などSTOL機の先駆的な機体を発表。

⇒岩ケ（ドルニエ, クロード　1884–1969）
　岩世（ドルニエ　1884.5.14–1969.12.5）
　国小（ドルニエ　1884.5.14–1969.12.5）
　コン3（ドルニエ　1884–1969）
　西洋（ドルニエ　1884.5.14–1969.12.5）
　世百（ドルニエ　1884–）
　大百（ドルニエ　1884–1969）
　二十（ドルニエ, C.　1884–1969）

Dörpfeld, Wilhelm 〈19・20世紀〉

ドイツの建築家, 考古学者。シュリーマンの跡
を継いでトロイを発掘。

⇒岩ケ（デルプフェルト, ヴィルヘルム　1853–
　　1940）
　岩世（デルプフェルト　1853.12.26–1940.4.25）
　外国（デルプフェルト　1853–1940）
　国小（デルプフェルト　1853–1940）
　新美（デルプフェルト, ヴィルヘルム　1853.12.
　　26–1940.4.25）
　人物（デルプフェルト　1853.12.26–1940.4.25）
　西洋（デルプフェルト　1853.12.26–1940.4.25）
　世西（デルプフェルト　1853.12.26–1940.4.26）
　世美（デルプフェルト, ヴィルヘルム　1853–
　　1940）
　世百（デルプフェルト　1853–1940）
　全書（デルプフェルト　1853–1940）
　デス（デルプフェルト　1853–1940）
　二十（デルプフェルト, ヴィリヘルム　1853.12.
　　26–1940.4.25）
　百科（デルプフェルト　1853–1940）
　名著（デルプフェルト　1853–1940）

Doshi, Balkrishna Vithaldas 〈20世紀〉

インドの建築家。

⇒岩ケ（ドシー, バルクリシュナ・ヴィタルダス
　　1927–）

Dosio, Giovanni, Antonio 〈16・17世紀〉

イタリアの建築家, 彫刻家。

⇒建築（ドシオ, ジョバンニ・アントニオ　1533–
　　1609頃）
　世美（ドージオ, ジョヴァンニ・アントーニオ
　　1533–1609）

D

Dotti, Carlo Francesco 〈17・18世紀〉
イタリアの建築家。
⇒建築（ドッティ, カルロ・フランチェスコ　1670
　頃–1759頃）
　世美（ドッティ, カルロ・フランチェスコ
　1670–1759）

Doubleday, Frank Nelson 〈19・20世
紀〉
アメリカの出版業者。
⇒岩ケ（ダブルデイ, フランク（・ネルソン）
　1862–1943）

Douglas, Abraham 〈17・18世紀〉
オランダの出島商館長。ベンガル, マラッカの
商館を経て, 出島の商館長として来日（1701）。
⇒西洋（ドゥフラス）

Douglas, Donald Wills 〈20世紀〉
米航空機会社マグドネル・ダグラス社名誉会
長。1920年ダグラス社を創立。天才的な飛行機
設計家としても知られる。
⇒岩ケ（ダグラス, ドナルド（・ウィルズ）　1892–
　1981）
　岩世（ダグラス　1892.4.6–1981.2.1）
　科学（ダグラス　1892.4.6–1981.2.1）
　科人（ダグラス, ドナルド・ウィリス　1892.4.6–
　1981.2.1）
　コン3（ダグラス　1892–1981）
　西洋（ダグラス　1892.4.2–1981.2.1）
　全書（ダグラス　1892–1981）
　伝世（ダグラス, D.　1892–）
　二十（ダグラス, ドナルド・ウィルス　1892.4.2–
　1981.2.1）

Douglas, Kirk 〈20世紀〉
アメリカの俳優, プロデューサー。作品に
『チャンピオン』, 『炎の人ゴッホ』など。カン
ヌ映画祭審査委員長としても活躍。
⇒岩世（ダグラス　1916.12.9–）
　外国（ダグラス　1916–）
　外男（ダグラス, カーク　1916.12.9–）
　現ア（Douglas, Kirk　ダグラス, カーク
　1916–）
　人物（カーク・ダグラス　1916.12.9–）
　世映（ダグラス, カーク　1916–）
　世俳（ダグラス, カーク　1916.12.9–）
　二十（ダグラス, カーク　1916.12.9–）
　俳優（ダグラス, カーク　1916.12.9–）

Douglas, Lewis Williams 〈20世紀〉
アメリカの実業家, 政治家。1944年財務次官
補。47年駐英大使。
⇒外国（ダグラス　1894–）

Douglas, Michael 〈20世紀〉
アメリカ生まれの男優, 映画製作者。

⇒岩世（ダグラス　1944.9.25–）
　外男（ダグラス, マイケル　1944.9.25–）
　現ア（Douglas, Michael　ダグラス, マイケル
　1944–）
　世映（ダグラス, マイクル　1944–）
　世俳（ダグラス, マイケル　1944.9.25–）
　二十（ダグラス, マイケル　1944.9.25–）

Douglas, Paul Howard 〈20世紀〉
アメリカの経済学者, 政治家。「コッブ=ダグラ
ス型生産関数」を考案。
⇒岩世（ダグラス　1892.3.26–1976.9.24）
　経済（ダグラス　1892–1976）
　国小（ダグラス　1892.3.26–）
　西洋（ダグラス　1892.3.26–）
　世百（ダグラス　1892–）
　二十（ダグラス, P.ハワード　1892.3.26–1976）
　名著（ダグラス　1892–）

Doulton, *Sir* Henry 〈19世紀〉
イギリスの陶器製造業者。
⇒岩ケ（ドールトン, サー・ヘンリー　1820–1897）

Douris 〈前6・5世紀〉
アッチカの陶工, 陶画家。赤像式素画家。前
500年頃から470年頃に活躍。
⇒芸術（ドゥリス　前6世紀末）
　国小（ドゥーリス　生没年不詳）
　コン2（ドゥリス　前500頃–450頃）
　コン3（ドゥリス　前500頃–前450頃）
　西洋（ドゥリス　前510–465頃）
　世美（ドゥリス　前6世紀末–前5世紀前半）

Dow, Herbert Henry 〈19・20世紀〉
アメリカの工業化学者, 実業家。ダウ・ケミカ
ル社の創立者。1930年パーキン・メダルを
授賞。
⇒岩ケ（ダウ, ヘンリー（・ハーバート）　1866–
　1930）
　岩世（ダウ　1866.2.26–1930.10.15）
　国小（ダウ　1866.2.26–1930.10.15）
　西洋（ダウ　1866–1930）

Dowd, Tom 〈20世紀〉
アメリカのプロデューサー。ニューヨーク生ま
れ。アトランティック・レコードの躍進に大き
く貢献。
⇒口人（ダウド, トム　1925–2002）

Downing, Andrew Jackson 〈19世紀〉
アメリカの庭園設計家, 建築批評家。『造園論』
（1841）は造園学の名著。
⇒岩世（ダウニング　1815.10.31–1852.7.28）
　建築（ダウニング, アンドリュー・ジャクソン
　1815–1852）
　国小（ダウニング　1815–1852）
　新美（ダウニング, アンドルー・ジャクソン

1815–1852)
西洋（ダウニング　1815–1852）

Dowty, George 〈20世紀〉
イギリスの技術者，実業家。特殊部品を多数の産業に供給することを考案した。
⇒世科（ダウティー　1901–1975）
　二十（ダウティー，ジョージ　1901.4.27–1975）

Doxiadis, Konstantinos Apostolos 〈20世紀〉
ギリシアの建築家，都市計画家。世界中に進行する都市化現象に対応する人間の生活圏の科学「エキスティクス」を提唱。
⇒現人（ドクシアディス　1913.5.14–1975.6.28）
　新美（ドクシアディス，コンスタンティノス　1913–1975）
　世百新（ドクシアディス　1913–1975）
　大辞2（ドクシアディス　1913–1975）
　大辞3（ドクシアディス　1913–1975）
　ナビ（ドクシアデス　1913–1975）
　二十（ドクシアディス，コンスタンチノス・A.　1913.5.14–1975.6.28）
　百科（ドクシアディス　1913–1975）

D'Oyly Carte, Richard 〈19・20世紀〉
イギリスの劇場興行主。
⇒岩ケ（ドイリー・カート，リチャード　1844–1901）

Drais, Karl, Freiherr von Sauerbronn 〈18・19世紀〉
ドイツの山林官。両脚で運転する四輪車『ドライジーネ』を発明（1813）。
⇒岩世（ドライス　1785.4.29–1851.12.10）
　西洋（ドライス　1785.4.29–1851.12.10）
　世西（ドライス　1785.4.29–1851.12.10）
　全書（ドライス　1785–1851）
　大百（ドライス　1785–1851）

Drake, Edwin Laurentine 〈19世紀〉
アメリカの石油掘鑿者。綱掘式鑿井法に成功し，石油工業発展の基礎をつくった。
⇒岩世（ドレーク　1819.3.29–1881.11.9）
　国小（ドレーク　1819.3.29–1880.11.8）
　コン2（ドレーク　1819–1880）
　コン3（ドレーク　1819–1880）
　西洋（ドレーク　1819.3.29–1881.11.18）
　世百（ドレーク　1819–1880）
　全書（ドレーク　1819–1881）
　大百（ドレーク　1819–1881）
　百科（ドレーク　1819–1880）

Drake, Eric 〈20世紀〉
イギリスの財界人。1969年国際石油企業のブリティッシュ・ペトロリアム（BP）会長に就任。
⇒現人（ドレイク　1910.11.29–）

Drake, Sir Francis 〈16世紀〉
イギリスの航海者・海賊。最初の世界周航をした船乗り。ドレーク海峡を発見。1588年，イギリス艦隊を率いてスペイン艦隊を打ち破った。
⇒イ文（Drake, Sir Francis　1545頃–1596）
　岩ケ（ドレイク，サー・フランシス　1540頃–1596）
　岩世（ドレイク　1540.2頃–1596.1.27）
　英米（Drake, Sir Francis　ドレーク　1543頃–1596）
　旺世（ドレーク　1543頃–1596）
　オセ（ドレーク　1545?–1595）
　外国（ドレーク　1545頃–1596）
　角世（ドレーク　1545?–1596）
　広辞4（ドレーク　1543?–1596）
　広辞6（ドレーク　1543?–1596）
　国小（ドレーク　1543頃–1596.1.27）
　コン2（ドレーク　1540頃–1596）
　コン3（ドレーク　1543頃–1596）
　人物（ドレーク　1545–1596.1.28）
　西洋（ドレーク　1545頃–1596.1.28）
　世人（ドレーク　1543/45頃–1596）
　世西（ドレーク　1545頃–1596.1.28）
　世百（ドレーク　1545頃–1596）
　全書（ドレーク　1543?–1596）
　大辞（ドレーク　1543頃–1596）
　大辞3（ドレーク　1543頃–1596）
　大百（ドレーク　1543?–1596）
　探検1（ドレーク　1543–1596）
　デス（ドレーク　1543頃–1596）
　伝世（ドレイク　1541頃–1596.1.28）
　百科（ドレーク　1543?–1596）
　評世（ドレーク　1546頃–1596）
　山世（ドレーク　1540頃–1596）
　ラテ（ドレーク　1543?–1596）
　歴史（ドレイク　1545頃–1596）

Draper, William Henry 〈20世紀〉
アメリカの実業家。1947～48年の間に対日賠償調査団の団長として来日し，「ドレーパー報告」を出した。
⇒岩世（ドレイパー　1894.8.10–1974.12.26）
　外国（ドレイパー　1894–）
　現人（ドレイパー　1894.8.10–1974.12.26）
　コン3（ドレーパー　1894–1974）
　人物（ドレーパー　1894.8.10–）
　西洋（ドレーパー　1894.8.10–1974.12.26）
　世西（ドレーパー　1894.8.10–）
　二十（ドレーパー，ウィリアム・H.　1894.8.10–1974.12.26）

Dr.Dre 〈20世紀〉
アメリカの音楽プロデューサー，ヒップ・ホップミュージシャン，実業家。ヘッドフォンのブランドも設立した。
⇒実ク（ドクター・ドレー）
　ヒ人（ドクター・ドレ　1965–）
　標音（ドクター・ドレー）

drebb　　　　　　　　　　*174*　　　　　西洋人物レファレンス事典

Drebbel, Cornelis 〈16・17世紀〉
オランダの物理学者。1624年に潜航艇を発明。
⇒岩ケ（ドレッベル, コルネリス（・ヤコブスゾーン）　1572頃–1633）
　科史（ドレッベル　1572–1633）
　看護（ファン・ドレッベル　1572–1634）
　国小（ドレベル　1572–1634）
　世西（ファン・ドレッベル　1572–1634）
　全書（ドレッベル　1572–1633）
　大百（ドレッベル　1572–1634）

Drechsel, Thomas 〈16世紀〉
ドイツ再洗礼派初期指導者のひとり, 手織物職人。
⇒キリ（ドレクセル, トーマス　（活躍）1521前後）

Dresser, Christopher 〈19・20世紀〉
イギリス最初の職業的工業デザイナーの一人。著書『日本の建築・芸術・工芸』(1882) など。
⇒岩ケ（ドレッサー, クリストファー　1834–1904）
　国小（ドレッサー　1834.7.4–1904.11.24）
　百科（ドレッサー　1834–1904）

Drew, Daniel 〈18・19世紀〉
アメリカの実業家, 証券投機業者。1867年イリー鉄道の支配をめぐってヴァンダビルトと争って勝った。
⇒外国（ドルー　1797–1879）
　世西（ドルー　1797.7.29–1879.9.18）

Drew, Jane 〈20世紀〉
イギリスの女性建築家。
⇒世女（ドリュー, ジェイン（ビヴァリー）　1911–1996）
　世女日（ドリュー, ジェーン・ビヴァリー　1911–1996）
　世美（ドルー, ジェイン　1911–）

Drew, John 〈19世紀〉
アイルランドの俳優。1842年頃渡米, 喜劇のアイルランド人役を演じた。フィラデルフィアでアーチ・ストリート劇場を経営。
⇒国小（ドゥルー, ジョン　1827–1862）

Drew, Richard 〈20世紀〉
アメリカのマスキング・テープの発明者。
⇒岩ケ（ドルー, リチャード　1899–1980）

Drexel, Anthony Joseph 〈19世紀〉
アメリカの財政家。ドレクセル工学研究所を創設, 慈善事業家としても有名。
⇒国小（ドレクセル　1826.9.13–1893.6.30）

Drexel, Francis Martin 〈18・19世紀〉
アメリカの銀行家。フィラデルフィアに銀行,

ドレクセル会社を設立。
⇒国小（ドレクセル　1792–1863）
　世西（ドレクセル　1792.4.7–1863.6.5）

Dreyfus, Pierre 〈20世紀〉
フランスの実業家。1955年ルノー公団の2代目の総裁に就任。
⇒岩世（ドレフュス　1907.11.18–1994.12.25）
　現人（ドレヒュス　1907.11.18–）
　西洋（ドレフュス　1907.11.18–）

Dreyfuss, Henry 〈20世紀〉
アメリカの工業デザイナー。家庭用品から航空機まで, 広範囲にわたる活動を通じて工業デザインの開拓者となる。
⇒岩ケ（ドレフュス, ヘンリー　1904–1972）
　岩世（ドレフュス　1904.3.2–1972.10.5）
　西洋（ドレフュス　1904.3.2–）
　大百（ドレフュス　1904–）
　二十（ドレフェス, ヘンリー　1904.3.2–1972.10.5）

Dreyse, Johann Nikolaus von 〈18・19世紀〉
ドイツの小銃製作者。前装銃, 後装銃 (1836) を発明。
⇒岩世（ドライゼ　1787.11.20–1867.12.9）
　西洋（ドライゼ　1787.11.20–1867.12.9）

Driessen, M.G. 〈20世紀〉
オランダの選炭技師, 発明家。重液選炭の装置を発明。
⇒岩世（ドリーセン　1899.4.1–1950.7.17）
　西洋（ドリーセン　1899–1950.7.16）
　二十（ドリーセン, M.G.　1899–1950.7.16）

Droppers, Garrett 〈19・20世紀〉
アメリカの経済学者。慶応義塾大学で経済学を教授。日本経済史研究の著作がある。
⇒岩世（ドロッパーズ　1860.4.12–1927.7.7）
　経済（ドロッパーズ　1860–1927）
　西洋（ドロッパーズ　1860.4.12–1927.7.7）
　日人（ドロッパーズ　1860–1927）
　来日（ドロッパーズ　1860–1927）

Drucker, Peter Ferdinand 〈20世紀〉
オーストリア生まれのアメリカの経営学者。1942年『産業にたずさわる人の未来』を発表し, 「産業人の社会」の概念を提示した。
⇒岩ケ（ドラッカー, ピーター・F（ファーディナンド）　1909–）
　岩世（ドラッカー　1909.11.19–2005.11.11）
　経済（ドラッカー　1909–）
　現人（ドラッカー　1909.11.19–）
　広辞6（ドラッカー　1909–2005）
　国小（ドラッカー　1909.11.19–）
　コン3（ドラッカー　1909–）

最世（ドラッカー, ピーター 1909–）
西洋（ドラッカー 1909.11.19–）
世西（ドラッカー 1909.11.19–）
全書（ドラッカー 1909–）
大辞2（ドラッカー 1909–）
大辞3（ドラッカー 1909–2005）
大百（ドラッカー 1909–）
ナビ（ドラッカー 1909–）
二十（ドラッカー, ピーター・フェルディナンド 1909.11.19–）
名著（ドラッカー 1909–）

Drummond, Dugald 〈19・20世紀〉
イギリスの機関車技術者。
⇒岩ケ（ドラモンド, ドゥーガルド 1840–1912）

Drummond, George 〈17・18世紀〉
イギリスの企業家, 慈善家。
⇒岩ケ（ドラモンド, ジョージ 1687–1766）

Drummond, Henry 〈18・19世紀〉
イギリスの銀行家, 政治家, 著作家。
⇒岩ケ（ドラモンド, ヘンリー 1786–1860）
キリ（ドラモンド, ヘンリ 1786.12.6–1860.2.20）

Drummond, Sir John 〈20世紀〉
イギリスの作家, テレビ・プロデューサー, バレエ団理事, 舞踊活動家。
⇒バレ（ドラモンド, ジョン 1934.11.25–2006.9.6）

Drummond, Thomas 〈18・19世紀〉
イギリスの技術者, 政治家。イギリス国土の三角測量隊に参加。
⇒岩ケ（ドラモンド, トマス 1797–1840）
国小（ドラモンド 1797.10.10–1840.4.15）

Drysdale, Peter 〈20世紀〉
オーストラリアの経済学者。オーストラリア国立大学勤務, 一橋大学研究員, 豪日研究センター所長。
⇒二十（ドライスデール, ピーター 1938–）

Duarte da Gama 〈16世紀〉
ポルトガルの航海家, 貿易商。
⇒国史（ガーマ 16世紀）
対外（ガーマ 16世紀）
日人（ガーマ 生没年不詳）

Duban, Félix Louis Jacques 〈18・19世紀〉
フランスの建築家。ルーヴル宮建築家。
⇒岩世（デュバン 1797.10.14–1870.10.8）
西洋（デュバン 1797.10.14–1870.10.8）

Dubois, Jacques 〈17・18世紀〉
フランスの家具制作家。
⇒世美（デュボワ, ジャック 1693頃–1763）

Dubois, Urbain François 〈19・20世紀〉
フランスの料理人。
⇒岩世（デュボワ 1818–1901）

Dubrunfaut, Auguste Pierre 〈18・19世紀〉
フランスの工業化学者。アルコール蒸留および製糖技術に業績が多い。
⇒世百（デュブランフォー 1797–1881）
百科（デュブランフォー 1797–1881）

Dubuque, Julien 〈18・19世紀〉
フランスの商人。1788年アメリカ, アイオワ州で鉛採掘の許可を得た。
⇒国小（デュビュク 1762–1810）

Ducasse, Alain 〈20・21世紀〉
フランスの料理人, レストラン経営者。
⇒岩世（デュカス 1956.9.13–）

Duccio, Agostino di 〈15世紀〉
イタリアの彫刻家, 建築家。フィレンツェ派の主要な大理石彫刻家の一人。
⇒岩ケ（アゴスティーノ・ディ・ドゥッチョ 1418–1481）
キリ（アゴスティーノ・ディ・ドゥッチョ 1418–1481）
芸術（ドゥッチオ, アゴスティーノ 1418–1481以後）
建築（アゴスティーノ・ディ・ドゥッチオ 1418頃–1481）
国小（ドゥッチオ 1418–1481頃）
コン2（ドゥッチョ 1418–1481）
コン3（ドゥッチョ 1418–1481）
新美（アゴスティーノ・ディ・ドゥッチオ 1418–1481以後）
世美（アゴスティーノ・ディ・ドゥッチョ 1418–1481頃）
伝世（アゴスティーノ・ディ・ドゥッチオ 1418–1481?）
百科（アゴスティーノ・ディ・ドゥッチョ 1418–1481）

Du Cerceau, Baptiste Androuet 〈16・17世紀〉
フランスの建築家。ジャック・アンドルーエ・デュ・セルソーの子。ポン・ヌフを建造。
⇒岩世（アンドルーエ・デュ・セルソー 1560頃–1602以前）
西洋（デュ・セルソー 1560頃–1602以前）
世美（デュ・セルソー, バティスト・アンドルーエ 1545頃–1590）
世百（デュセルソー, バプティスト・アンドルー

エ 1560頃–1602)

Du Cerceau, Jacques Androuet
〈16・17世紀〉

フランスの建築家。バプティスト・デュ・セル
ソーの弟。王宮の建築主任。
⇒岩世 （アンドルーエ・デュ・セルソー 1515頃–
1584頃）
国小 （デュ・セルソー 1510頃–1585頃）
西洋 （デュ・セルソー ?–1614）
世美 （デュ・セルソー, ジャック・アンドルーエ1
世 1510頃–1585頃）
世百 （デュセルソー, ジャック・アンドルーエ
1515頃–1584頃）
世百 （デュセルソー, ジャック2世 1576–1614）
百科 （デュ・セルソー 1510頃–1585）

Du Cerceau, Jean Androuet 〈16・17世紀〉

フランスの建築家。バプティスト・デュ・セル
ソーの子。ルイ13世の建築家として知られる。
⇒岩世 （アンドルーエ・デュ・セルソー ?–1649以
後）
西洋 （デュ・セルソー ?–1649以後）
世美 （デュ・セルソー, ジャン・アンドルーエ
1585頃–1649頃）
世百 （デュセルソー, ジャン ?–1649頃）

Du Chemin, Nicolas 〈16世紀〉

フランスの楽譜出版業者。
⇒音大 （デュ・シュマン 1515頃–1576）
ラル （デュ・シュマン, ニコラ 1520頃–1576）

Ducos du Hauron, Louis 〈19・20世紀〉

フランスの写真技術者。三色写真法および写真
による三色版印刷を発明 (1868)。
⇒岩ケ （デュクロ・デュ・オーロン, ルイ 1837–
1920）
岩世 （デュコ・デュ・オーロン 1837.12.8–1920.
8.31）
広辞5 （デュコ・デュ・オーロン 1837–1920）
広辞6 （デュコ・デュ・オーロン 1837–1920）
西洋 （デュコ・デュ・オーロン 1837–1920）
デス （デュコ・デュ・オーロン 1837–1920）

Duddell, William du Bois 〈19・20世紀〉

イギリスの電気技術者。熱電流計を考案。
⇒岩ケ （ダデル, ウィリアム・デュ・ボワ 1872–
1917）
岩世 （ダッデル 1872.7.1–1917.11.4）
科学 （ダッデル 1872–1917.11.4）
西洋 （ダッデル 1872–1917.11.4）
二十 （ダッデル, ウィリアム・デュ・ボワ 1872–
1917.11.4）

Dudgeon, Gus 〈20世紀〉

イギリス生まれの音楽プロデューサー。デッ
カ・レコードを経て, 自身の会社を設立。
⇒口人 （ダッジョン, ガス 1942–2002）

Dudley, Dud 〈16・17世紀〉

イギリスの製鉄業者。石炭熔鉄法を工夫して特
許を得た (1621)。
⇒岩世 （ダドリー 1599–1684.10.25）
科史 （ダドリ 1599–1684）
コン2 （ダッドリー 1599–1684）
コン3 （ダッドリー 1599–1684）
西洋 （ダッドリ 1599–1684.10.25）
世西 （ダッドリー 1599–1684.10.25）
世百 （ダッドリー 1599–1684）
全書 （ダッドリー 1599–1684）
大百 （ダッドリー 1599–1684）
百科 （ダッドリー 1599–1684）

Dudley, Sir Edmund 〈15・16世紀〉

イギリスの法律家, 財政家。
⇒岩世 （ダドリー 1462頃–1510.8.17）
英米 （Dudley, Sir Edmund ダドリー, エドマ
ンド 1462頃–1510）
外国 （ダッドリー 1462頃–1510）
西洋 （ダッドリ 1462頃–1510.8.17/8）

Dudley, Sir Robert 〈16・17世紀〉

イギリスの航海者。『航海術秘伝』(1646～47)
を著した。
⇒国小 （ダッドリー 1574.8.7–1649.9.6）

Dudok, Willem Marinus 〈19・20世紀〉

オランダの建築家。代表作はヒルベルシュム市
の市庁舎。
⇒岩ケ （ドゥドック, ヴィレム・マリヌス 1884–
1974）
岩世 （デュドック（ドゥドック） 1884.7.6–1974.
4.6）
才西 （デュドック, ウィレム・マリヌス 1884–
1974）
国小 （デュードク 1884.7.6–）
新美 （デュドック, ウィレム 1884.7.6–1974.4.
6）
西洋 （デュドック 1884–1923）
世美 （デュドック, ウィレム・マリヌス 1884–
1974）
世百 （デュドック 1884–）
二十 （デュドク, ウィレム・M. 1884.7.6–1974.
4.6）

Duesenberry, James Stemble 〈20世紀〉

アメリカの経済学者。マクロ経済学におけるモ
デル・ビルディングの中心的存在となる消費関
数の理論に大きく貢献した。
⇒岩世 （デューゼンベリ 1918.7.18–2009.10.5）
現人 （デューゼンベリー 1918.7.18–）
西洋 （デューゼンベリ 1918–）
全書 （デューゼンベリー 1918–）

二十（デューゼンベリ，ジェイムズ・ステンブル 1918–）
名著（デューゼンベリー　1918–）

Duff-Gordon, Lucy 〈19・20世紀〉
イギリスのファッション・デザイナー。
⇒世女日（ダフ＝ゴードン，ルーシー　1862–1935）

Duhamel-Dumonceau, Henri Louis 〈18世紀〉
フランスの農学者，農業技術家。
⇒岩ケ（デュアメル・デュ・モンソー，アンリ＝ルイ　1700–1782）
岩世（デュアメル・デュ・モンソー　1700–1782.8.23）
科学（デュアメル・デュ・モンソー　1700–1782.8.23）
科人（デュアメル・デュ・モンソー，アンリ‐ルイ　1700–1782.8.23）
西洋（デュアメル・デュモンソー　1700–1782.8.23）

Dühring, Karl Eugen 〈19・20世紀〉
ドイツの哲学者，経済学者。マルクスを批判。エンゲルスにより，『反デューリング論』(1878)が書かれる。
⇒岩世（デューリング　1833.1.12–1921.9.21）
外国（デューリング　1833–1921）
経済（デューリング　1833–1921）
国小（デューリング　1833.1.12–1921.9.21）
コン２（デューリング　1833–1921）
コン３（デューリング　1833–1921）
人物（デューリング　1833.1.12–1921.9.21）
西洋（デューリング　1833.1.12–1921.9.21）
世西（デューリング　1833.1.12–1921.9.21）
世百（デューリング　1833–1921）
全書（デューリング　1833–1921）
大辞（デューリング　1833–1921）
大辞２（デューリング　1833–1921）
大辞３（デューリング　1833–1921）
大百（デューリング　1833–1921）
デス（デューリング　1833–1921）
二十（デューリング，カール・ユーゲン　1833–1921）
百科（デューリング　1833–1921）
名著（デューリング　1833–1921）

Duiffoprugcar, Gaspard 〈16世紀〉
バイエルン地方の小村ティーフェンブルック出身の弦楽器製造者。
⇒音大（デュイフォブリュカール，ガスパール　1514–1571.12.16）

Duiffoprugcar, Léonard 〈15・16世紀〉
バイエルン地方の小村ティーフェンブルック出身の弦楽器製造者。
⇒音大（デュイフォブリュカール，レオナール　15–16世紀）

Duiffoprugcar, Léonardo l'aîné 〈16世紀〉
バイエルン地方の小村ティーフェンブルック出身の弦楽器製造者。
⇒音大（デュイフォブリュカール，レオナルド（活躍）16世紀）

Duiffoprugcar, Magno 〈16・17世紀〉
バイエルン地方の小村ティーフェンブルック出身の弦楽器製造者。
⇒音大（デュイフォブリュカール，マーニョ　1589–1621）

Duiffoprugcar, Magno le vieux 〈15世紀頃〉
バイエルン地方の小村ティーフェンブルック出身の弦楽器製造者。
⇒音大（デュイフォブリュカール，マーニョ　15世紀頃）

Duiffoprugcar, Wendelin 〈16・17世紀〉
バイエルン地方の小村ティーフェンブルック出身の弦楽器製造者。
⇒音大（デュイフォブリュカール，ヴェンデリン（活躍）1551–1611）

Duiker, Johannes 〈19・20世紀〉
オランダの建築家。
⇒世美（ダイケル，ヨハネス　1890–1935）

Duisberg, Carl 〈19・20世紀〉
ドイツの化学者，工業家。新染料を製出。
⇒岩世（デュイスベルク　1861.9.29–1935.3.19）
外国（ドゥイスベルク　1861–1935）
人物（デュイスベルク　1861.9.29–1935.3.19）
西洋（デュースベルク　1861.9.29–1935.3.19）
世西（ドゥイスベルク　1861.9.29–1935.3.19）
全書（デュースベルク　1861–1935）
大百（デュスベルク　1861–1935）
二十（デュースベルク，フレドリッヒ・C.　1861–1935）

Duisenberg, Willem 〈20世紀〉
オランダ生まれの政治家，銀行家。欧州中央銀行（ECB）総裁。
⇒岩世（ダイセンベルフ（ドイセンベルク）　1935.7.9–2005.7.31）
最世（ダウゼンベルヒ，ウィレム　1935–）

Duke, Angier Brddle 〈20世紀〉
アメリカの実業家。米日財団会長。
⇒二十（デューク，A.B.　1914–）

Duke, Benjamin Newton 〈19・20世紀〉
アメリカの実業家。1874年アメリカン・タバコ

D

会社を創設。
⇒国小（デューク　1855.4.27–1929.1.8）

Duke, James Buchanan 〈19・20世紀〉
アメリカのタバコ製造業者。英国のインペリアル・タバコ会社と提携して，タバコ製造販売の国際的独占を確立した。
⇒世西（デューク　1856.12.23–1925.12.10）

Duke Bootee 〈20世紀〉
アメリカのヒップホップ系の音楽プロデューサー。
⇒ヒ人（デューク・ブーティ）

D Dukes, Ashley 〈19・20世紀〉
イギリスの劇作家，劇評家，劇場支配人。主著『若い演劇』(1923)。
⇒演劇（デュークス，アシュレイ　1885–1959）
　外国（デュークス　1885–）
　国小（デュークス　1885.5.29–1959.5.4）

Dulac, Edmund 〈19・20世紀〉
イギリスの挿絵画家，舞台デザイナー，建築家。スティーブンソンの『宝島』(1927)などの挿絵を製作。
⇒英児（Dulac, Edmund　デュラク，エドマンド　1882–1953）
　幻想（デュラック，エドマンド　1882–1957）
　国小（デュラク　1882.10.22–1953.5.25）
　児文（Dulac, Edmund　デュラック，E.　1882–1953）
　児文（デュラック，エドマンド　1882–1953）
　世児（デュラク，エドマンド　1882–1953）
　世美（デュラク，エドモン　1882–1953）
　世百新（デュラック　1882–1953）
　二十（デュラック，エドマンド　1882–1953）
　二十英（Dulac, Edmund　1882–1953）
　百科（デュラック　1882–1953）

Dülfer, Martin 〈19・20世紀〉
ドイツの建築家。主作品，リューベクの劇場(1908)など。
⇒岩世（デュルファー　1859.1.1–1942.12.12）
　西洋（デュルファー　1859.1.1–1942.12.12）

Dulhut, Daniel Greysolon, Sieur 〈17・18世紀〉
フランスの毛皮商，探検家。五大湖地方でのフランス支配の基礎を固めた。
⇒国小（デュリュット　1636–1710）

Dulles, Eleanor Lansing 〈20世紀〉
アメリカの経済学者。
⇒世女日（ダレス，エレノア・ランシング　1895–1996）

Dullin, Charles 〈19・20世紀〉
フランスの俳優，演出家，劇場支配人。1921～41年アトリエ座を主宰。数々の現代戯曲を紹介した。
⇒岩世（デュラン　1885.5.8–1949.12.11）
　演劇（デュラン，シャルル　1885–1949）
　外国（デュラン　1885–1950）
　外男（デュラン，シャルル　1885.5.8–1949.12.11）
　国小（デュラン　1885.5.8–1949.12.11）
　コン3（デュラン　1885–1949）
　集世（デュラン，シャルル　1885.5.8–1949.12.11）
　集文（デュラン，シャルル　1885.5.8–1949.12.11）
　西洋（デュラン　1885–1949.12.12）
　世映（デュラン，シャルル　1885–1949）
　世俳（デュラン，シャルル　1885.5.12–1949.12.11）
　世百（デュラン　1885–1949）
　世百新（デュラン　1885–1949）
　世文（デュラン，シャルル　1885–1949）
　全書（デュラン　1885–1949）
　大百（デュラン　1885–1949）
　二十（デュラン，チャールズ　1885–1949.12.12）
　俳優（デュラン，シャルル　1885.5.8–1949.12.11）
　百科（デュラン　1885–1949）

Du Maurier, *Sir* Gerald Hubert Edward Busson 〈19・20世紀〉
イギリスの俳優，劇場支配人。
⇒岩ケ（デュ・モーリア，サー・ジェラルド　1873–1934）
　演劇（デュ・モーリア，サー・ジェラルド　1871–1934）
　国小（デュ・モーリエ　1873.3.26–1934.4.11）
　集文（デュ・モーリエ，ジェラルド　1873.3.26–1934.4.11）
　二十英（du Maurier, Sir Gerald Hubert Edward Busson　1873–1934）

Du Mont, Allen Balcom 〈20世紀〉
アメリカの電気技師。
⇒岩ケ（デュ・モント，アレン・B（バルカム）　1901–1965）

DuMont, Reinhold Neven 〈20世紀〉
ドイツの出版者。
⇒岩世（デュモン　1936.11.12–）

Dumont d'Urville, Jules Sébastien César 〈18・19世紀〉
フランスの航海者。南極地方探検でフィリップ岬(1837)，アデリー海岸(40)などを発見。
⇒岩ケ（デュモン・デュルヴィル，ジュール・セバスティアン・セザール　1790–1842）
　岩世（デュモン・デュルヴィル　1790.5.23–1842.5.8）

外国（デュモン・デュルヴィル　1790–1842）
国小（デュモン・デュルビル　1790.5.23–1842.5.
8）
コン2（デュモン・デュルヴィル　1790–1842）
コン3（デュモン・デュルヴィル　1790–1842）
西洋（デュモン・デュルヴィル　1790.5.23–1842.
5.8）
探検2（デュモン＝デュルビル　1790–1842）

Dun, Edwin 〈19・20世紀〉

アメリカの農業技師，教師，外交官。来日して
酪農，土地改良技術などを伝える。のち駐日ア
メリカ公使として日清戦争時に講和の斡旋に努
めた。
⇒岩世（ダン　1848.7.19–1931.5.15）
コン3（ダン　1847–1931）
西洋（ダン　1847.7–）
大辞（ダン　1847–?）
大辞2（ダン　1847–?）
大辞3（ダン　1847–?）
二十（ダン，エドウィン　1848–1931）
日人（ダン　1848–1931）
来日（ダン　1848–1931）

Dunand, Jean 〈19・20世紀〉

スイスの彫刻家，金銀細工師。
⇒芸術（デュナン，ジャン　1877–1942）
国小（デュナン　1877–1942）
世芸（デュナン，ジャン　1877–1942）

Dunant, Jean Henri 〈19・20世紀〉

スイスの銀行家，実業家，人道主義者，国際赤
十字の創始者。またYMCA創立者の一人。
⇒岩ケ（デュナン，（ジャン・）アンリ　1828–1910）
岩世（デュナン　1828.5.8–1910.10.30）
旺世（デュナン　1828–1910）
外国（デュナン　1828–1910）
角世（デュナン　1828–1910）
看護（アンリ・デュナン　1828–1910）
キリ（デュナン，ジャン・アンリ　1828.5.8–
1910.10.30）
広辞4（デュナン　1828–1910）
広辞5（デュナン　1828–1910）
広辞6（デュナン　1828–1910）
国小（デュナン　1828.5.8–1910.10.30）
コン2（デュナン　1828–1910）
コン3（デュナン　1828–1910）
人物（デュナン　1828.5.8–1910.10.30）
西洋（デュナン　1828.5.8–1910.10.30）
世人（デュナン　1828–1910）
世西（デュナン　1828.5.8–1910.10.30）
世百（デュナン　1828–1910）
全書（デュナン　1828–1910）
大辞（デュナン　1828–1910）
大辞2（デュナン　1828–1910）
大辞3（デュナン　1828–1910）
大百（デュナン　1828–1910）
ナビ（デュナン　1828–1910）
二十（デュナン，ジャン・アンリ　1828.5.8–
1910.10.30）

ノベ（デュナン，J.H.　1828.5.8–1910.10.30）
百科（デュナン　1828–1910）
ノベ3（デュナン，J.H.　1828.5.8–1910.10.30）
評世（デュナン　1828–1910）
山世（デュナン　1828–1910）
歴史（デュナン　1828–1910）

Dunbar, Charles Franklin 〈19世紀〉

アメリカの経済学者。リカード経済学を研究。
⇒岩世（ダンバー　1830.7.28–1900.1.29）
西洋（ダンバー　1830.7.28–1900.1.29）

Duncan, Charles W. 〈20世紀〉

アメリカの実業家，政治家。米国エネルギー長
官，コカコーラ会長。
⇒二十（ダンカン，チャールズ・W.　1927–）

Duncker, Karl 〈18世紀〉

ドイツの出版業者。ベルリンに
Duncker&Humbolt出版社を創立（1809）。
⇒岩世（ドゥンカー　1781.3.25–1869.7.15）
西洋（ドゥンカー　1781.3.25–1869.7.15）

Dunlap, William 〈18・19世紀〉

アメリカの戯曲家，画家，俳優，プロ
デューサー。
⇒ア文（ダンラップ，ウィリアム　1766.2.19–1839.
9.28）
岩世（ダンラップ　1776.2.1–1839.9.28）
演劇（ダンラップ，ウィリアム　1766–1839）
国小（ダンラップ　1766.2.19–1839.9.28）
集世（ダンラップ，ウィリアム　1766.2.11/19–
1839.9.28）
集文（ダンラップ，ウィリアム　1766.2.11/19–
1839.9.28）
新美（ダンラップ，ウィリアム　1766.2.19–1839.
9.28）

Dunlop, John Boyd 〈19・20世紀〉

イギリスの空気タイヤ発明家。ダンロップ・ゴ
ム会社の基礎を築く。
⇒岩ケ（ダンロップ，ジョン・ボイド　1840–1921）
岩世（ダンロップ　1840.2.5–1921.10.23）
外国（ダンロップ　1840–1921）
国小（ダンロップ　1840–1921）
コン2（ダンロップ　1840–1921）
コン3（ダンロップ　1840–1921）
人物（ダンロップ　1840–1921）
西洋（ダンロップ　1840–1921）
世科（ダンロップ　1840–1921）
世西（ダンロップ　1840.2.5–1921.10.22）
世百（ダンロップ　1840–1921）
全書（ダンロップ　1840–1921）
大辞2（ダンロップ　1840–1921）
大辞3（ダンロップ　1840–1921）
大百（ダンロップ　1840–1921）
ナビ（ダンロップ　1840–1921）
二十（ダンロップ，ジョン・B.　1840.2.5–1921）

百科 (ダンロップ 1840-1921)

Dunlop, John Thomas 〈20世紀〉

アメリカの経済学者。近代経済学における賃金面の研究で著名。

⇒経済 (ダンロップ 1914-)
国小 (ダンロップ 1914.7.5-)
人物 (ダンロップ 1914-)
世百 (ダンロップ 1914-)
二十 (ダンロップ, ジョン・トーマス 1914-)

Dunne, Griffin 〈20世紀〉

アメリカの男優, プロデューサー。

⇒外男 (ダン, グリフィン 1955.6.8-)
世俳 (ダン, グリフィン 1955.6.8-)
二十 (ダン, グリフィン 1955.6.8-)

Dunne, John William 〈19・20世紀〉

イギリスの哲学者, 飛行機設計技師。

⇒イ文 (Dunne, J(ohn) W(illiam) 1875-1949)
岩ケ (ダン, J(ジョン)・W(ウィリアム) 1875-1949)
才世 (ダン, J.W.(ジョン・ウィリアム) 1875-1949)
世児 (ダン, J(ジョン・) W(ウィリアム) 1875-1949)
世文 (ダン, J.W. 1875-1949)
二十英 (Dunne, J(ohn) W(illiam) 1875-1949)

Dunoyer, Barthélemy Charles Pierre Joseph 〈18・19世紀〉

フランスの経済学者。コントと共に "Le Censeur"紙を創刊 (1814)。

⇒岩世 (デュノワイエ 1786.5.20-1862.12.4)
コン2 (デュノアイエ 1786-1862)
コン3 (デュノアイエ 1786-1862)
人物 (デュノアイエ 1786.5.20-1862.12.4)
西洋 (デュノアイエ 1786.5.20-1862.12.4)
世西 (デュノアイエ 1786.5.20-1862.12.4)

Du Paquier, Claudius Innocentius 〈18世紀〉

ドイツの磁器工場主。

⇒世美 (デュ・パキエ, クラウディウス・インノケンティウス ?-1751)

Dupérac, Etienne 〈16・17世紀〉

フランスの建築家, 画家。

⇒西洋 (デュペラク 1525頃-1604)
世美 (デュペラック, エティエンヌ 1525-1604)

Dupleix, Joseph François 〈17・18世紀〉

フランスの植民地政治家。フランス東インド会社のポンディシェリ知事 (在任1741~54)。貿易拠点であったポンディシェリーの総督。カルナータカ戦争で活躍。

⇒旺世 (デュプレクス 1697-1763)
外国 (デュプレクス 1697-1763)
角世 (デュプレクス 1697-1763)
国小 (デュプレクス 1697.1.1-1763.11.10)
コン2 (デュプレクス 1697-1763)
コン3 (デュプレクス 1697-1763)
人物 (デュプレクス 1697.1.1-1763.11.10)
西洋 (デュプレクス 1697.1.1-1763.11.10)
世人 (デュプレクス 1697-1763)
世西 (デュプレックス 1697.1.1-1763.11.10)
世東 (デュプレクス 1697.1.1-1763.11.10)
世百 (デュプレックス 1697-1763)
全書 (デュプレクス 1697-1764)
大百 (デュプレクス 1697-1763)
中国 (デュプレクス 1697-1763)
デス (デュプレクス 1697-1763)
伝世 (デュプレクス 1697.1.1-1763.11.10)
南ア (デュプレックス 1697-1763)
百科 (デュプレックス 1697-1763)
評世 (デュプレ(デュプレックス) 1697-1763)
山世 (デュプレクス 1697-1764)

Dupont, Emil

フランスの技術者。

⇒日人 (デュポン 生没年不詳)

Dupont, Ewald André 〈20世紀〉

ドイツ生まれの映画監督, 映画脚本家, 映画製作者。1927年アメリカに渡り, 31年以降アメリカに定住。

⇒外国 (デュポン 1891-)
監督 (デュポン, E.A. 1891.12.25-1956.12.12)
世映 (デュポン, エーヴァルト・アンドレ 1891-1956)

Du Pont, Pierre Samuel 〈19・20世紀〉

アメリカの実業家。第1次世界大戦時に莫大な利益を上げ, 世界最大の総合化学メーカーを築いた。

⇒岩ケ (デュ・ポン, ピエール・サミュエル 1870-1954)
コン3 (デュ・ポン 1870-1954)
伝世 (デュポン 1870.1.15-1954.4.5)

Du Pont de Nemours, Eleuthère Irénée 〈18・19世紀〉

アメリカの実業家。パリからアメリカに亡命 (1799), デラウェア州に火薬工場を建設 (1802)。

⇒岩世 (デュ・ポン・ド・ヌムール 1771.6.24-1834.10.31)
外国 (デュ・ポン 1771-1834)
科学 (デュポン 1771-1834)
人物 (デュポン・ド・ヌムール 1771-1834)
西洋 (デュ・ポン・ド・ヌムール 1771-1834)
全書 (デュポン 1771-1834)

Du Pont de Nemours, Henry 〈19世紀〉
アメリカの製造業者。デュポン財閥の基礎を確立。
⇒世西（デュポン・ド・ヌムール　1812.8.8–1889.8.8）

Du Pont de Nemours, Pierre Samuel 〈18・19世紀〉
フランスの経済学者，政治家。一貫して重農主義を唱え，A.テュルゴーの経済改革に協力。
⇒岩世（デュ・ポン・ド・ヌムール　1739.12.14–1817.8.6）
外国（デュ・ポン・ド・ヌムール　1739–1817）
教育（デュポン　1739–1817）
国小（デュポン・ド・ヌムール　1739.9.14–1817.8.7）
西洋（デュ・ポン・ド・ヌムール　1739.12.14–1817.8.6）
世西（ヌムール　1739.12.18–1817.8.7）
全書（デュポン・ド・ヌムール　1739–1817）
伝世（デュ・ポン・ド・ヌムール　1739.9.14–1817.8.7）
百科（デュポン・ド・ヌムール　1739–1817）
名著（デュポン・ド・ヌムール　1739–1817）

Du Pont de Nemours, Thomas Coleman 〈19・20世紀〉
アメリカの実業家。曾祖父の建設した火薬工場を発展させ，アメリカ最大の化学コンツェルンとした。
⇒岩世（デュ・ポン・ド・ヌムール　1863.12.11–1930.11.11）
コン2（デュ・ポン・ド・ヌムール　1863–1930）
コン3（デュ・ポン・ド・ヌムール　1863–1930）
西洋（デュ・ポン・ド・ヌムール　1863–1930）

Du Pont de Nemours, Victor Marie 〈18・19世紀〉
アメリカの実業家，外交家。フランスに生まれ，アメリカに帰化。フィラデルフィアの合衆国銀行の重役となる。
⇒岩世（デュ・ポン・ド・ヌムール　1767.10.1–1827.1.30）
西洋（デュ・ポン・ド・ヌムール　1767–1827）

Dupri, Jermaine 〈20世紀〉
アメリカの音楽プロデューサー。ヒップホップのレーベルを設立。
⇒実ク（デュプリー，ジャーマイン）
ヒ人（デュプリ，ジャーメイン　1973–）
標音（デュプリー，ジャーマイン）

Dupuis, Jean 〈19・20世紀〉
フランスの貿易商。ソンコイ川の通商路をひらく。
⇒岩世（デュビュイ　1829.12.8–1912.11.28）

コン2（デュビュイ　1829–1912）
コン3（デュビュイ　1829–1912）
世東（デュビュイ　1829–1912）
百科（デュビュイ　1829–1912）

Dupuit, Jule Juvénal 〈19世紀〉
フランスの経済学者，土木技術者。現在の厚生経済学，財政学，公共財理論の先駆者の一人。
⇒岩世（デュビュイ　1804.5.18–1866.9.5）
百科（デュビュイ　1804–1866）

Durand, Jean Nicolas Louis 〈18・19世紀〉
フランスの建築家，理論家，教育者。
⇒岩ケ（デュラン，J（ジャン）・N（ニコラ）・L（ルイ）　1760–1834）
岩世（デュラン　1760.9.18–1834.12.30）
建築（デュラン，ジャン・ニコラ・ルイ・ダヴィッド　1760–1834）
新美（デュラン，ジャン・ニコラ・ルイ　1760.9.18–1834.12.31）
世美（デュラン，ジャン=ニコラ=ルイ　1760–1834）

Durand, William Frederick 〈19・20世紀〉
アメリカのエンジニア。
⇒科人（デュランド，ウィリアム・フレデリック　1859.3.5–1958.8.9）

Durand-Ruel, Paul 〈19・20世紀〉
フランスの画商。印象主義の画家の擁護者として有名。
⇒岩世（デュラン=リュエル　1831.8.31–1922.2.5）
国小（デュラン・リュエル　1831–1922）
世美（デュラン=リュエル，ポール　1831–1922）

Durant, William Crapo 〈19・20世紀〉
アメリカの産業資本家。ジェネラル・モーターズ会社を組織（1908）。
⇒コン2（デュラント　1861–1947）
コン3（デュラント　1861–1947）
西洋（デュラント　1861.12.8–1947.3.18）
伝世（デュラント　1861.12.8–1947.3.18）

Durbin, Evan Frank Mottram 〈20世紀〉
イギリスの社会民主主義者，経済学者。ケインズ経済理論と議会主義の強調を主眼とする著書『民主社会主義の政治理論』は，第2次大戦後の右派社会民主主義の理論的基礎を与えているとみられる。
⇒二十（ダービン，エヴァン・フランク・M.　1906–1948）
名著（ダービン　1906–1948）

Durkoop, Hendrik Godfried 〈18世

紀〉
長崎出島オランダ商館長。
⇒来日（デュルコープ　1736.5.5-1778.7.28）

Durrer, Robert 〈19・20世紀〉
スイスの技術者。酸素上吹転炉製鋼法（LD法）の発明者。
⇒岩世（ドゥラー　1890.11.18-1978.2.13）
　科学（ドゥラー　1890.11.18-1978.2.13）
　西洋（ドゥラー　1890.11.18-1978.2.13）
　二十（ドゥラー，ロバート　1890.11.18-1978.2.13）

Duryea, Charles Edgar 〈19・20世紀〉
アメリカの発明家。アメリカ初の内燃機関を備えた自動車を製作（1892）。
⇒岩世（ドゥリェイ　1861.12.15-1938.9.28）
　西洋（ドゥリェー　1861-1938）

Dutert, Ferdinand Charles Louis
〈19・20世紀〉
フランスの建築家。1869年ローマ賞受賞。89年鉄骨建築の傑作，パリ万国博覧会の機械館を設計。
⇒国小（デュテール　1845-1906）
　世美（デュテール，シャルル=ルイ=フェルディナン　1845-1906）

Dutt, Guru 〈20世紀〉
インド生まれの映画監督，男優，映画製作者。
⇒世映（ダット，グル　1925-1964）
　世俳（ドゥット，グールー）

Duurkoop, Hendrik Godfried 〈18世紀〉
オランダ商館長。
⇒日人（デュールコープ　1736-1778）

Duveen, Joseph Duveen, Baron
〈19・20世紀〉
イギリスの美術収集家，美術商。
⇒岩ケ（デュヴィーン（ミルバンクの），ジョゼフ・デュヴィーン，男爵　1869-1939）
　新美（デュヴィーン，ジョーゼフ　1869.10.14-1939.3.25）
　世美（デュヴィーン，ジョーゼフ　1869-1939）
　二十（デュビーン，ジョーゼフ　1869.10.14-1939.3.25）
　ユ人（デュベーン，ジョセフ卿　1869-1939）

Duvet, Jean 〈15・16世紀〉
フランスの金銀細工師，版画家。
⇒新美（デュヴェ，ジャン　1485-1570頃）
　世美（デュヴェ，ジャン　1485-1561以降）
　百科（デュベ　1485-1576）

Dvolaitski, Sholom Moiseevich 〈20世紀〉
ソ連邦の経済学者，共産主義者。価値論，市場論，恐慌論および世界経済にかんする専門家。
⇒外国（ドヴォライツキー　1893-）

Dwight, John 〈17・18世紀〉
イギリスの陶芸家。フラム磁器を制作。
⇒岩世（ドワイト，ジョン　1637頃-1703）
　国小（ドワイト　1637頃-1703）
　世美（ドワイト，ジョン　1635頃-1703）

Dyckenhoff, Eugen 〈19・20世紀〉
ドイツのセメント工業家，コンクリート建築請負業者。
⇒西洋（デュッケンホフ　1844-1924.8.4）

Dyer, Henry 〈19・20世紀〉
イギリスの工学者。工部省工学寮，工部大学校で土木工学，機械工学を講じた（1873～82）。
⇒岩世（ダイアー（ダイエル）　1848.8.16-1918.9.25）
　科学（ダイアー　1848-1918.9.4）
　科史（ダイアー　1848-1918）
　国史（ダイアー　1848-1918）
　コン2（ダイアー　1848-1918）
　コン3（ダイアー　1848-1918）
　西洋（ダイアー　1848-1918）
　世西（ダイヤー　1848.8.16-1907.9.25）
　全書（ダイエル　1848-1918）
　大百（ダイエル　1848-1918）
　二十（ダイエル，ヘンリー　1848-1918.9.4）
　日人（ダイアー　1848-1918）
　来日（ダイエル　1848-1918）

Dyer, Samuel 〈19世紀〉
イギリスの宣教師。ロンドン伝道会よりマラッカに派遣され，印刷活字鋳造に従事。澳門（マカオ）で客死。
⇒岩世（ダイアー　1804.1.20-1843.10.21）
　キリ（ダイアー，サミュエル　1804.1.20-1843.10.21）
　西洋（ダイアー　1804.1.20-1843.10.21）

Dykstra, John Charles 〈20世紀〉
アメリカの特殊撮影技術者。
⇒岩世（ダイクストラ　1947.6.3-）

Dymshits, Veniamin Emmanuilovich 〈20世紀〉
ソ連邦の建設技師，政治家。ソ連邦閣僚会議副議長。
⇒二十（ドゥイムシツ，ヴェニアミーン　1910（09）.9.26-）

【 E 】

Eads, James Buchanan 〈19世紀〉
アメリカの建設技術家。
⇒岩ケ（イーズ，ジェイムズ・B（ブキャナン）1820-1887）
　英米（Eads, James Buchanan　イーズ　1820-1887）
　コン3（イーズ　1820-1887）
　世科（イーズ　1820-1887）
　世百（イーズ　1820-1887）
　全書（イーズ　1820-1887）
　大百（イーズ　1820-1887）
　百科（イーズ　1820-1887）

Eames, Charles 〈20世紀〉
アメリカの工業デザイナー。1961年カウフマン国際デザイン大賞を受賞。
⇒岩ケ（イームズ，チャールズ　1907-1978）
　岩世（イームズ　1907.6.17-1978.8.21）
　現人（イームズ　1907.6.17-）
　コン3（イームズ　1907-1978）
　新美（イームズ，チャールズ　1907.6.17-1978.8.21）
　人物（イームズ　1907-）
　西洋（イームズ　1907.6.17-1978.8.21）
　世美（イームズ，チャールズ・オーマンド　1907-1978）
　世百（イームズ　1907-）
　世百新（イームズ　1907-1978）
　大辞2（イームズ　1907-1978）
　大辞3（イームズ　1907-1978）
　大百（イームズ　1907-1978）
　伝世（イームズ　1907-1978.8.21）
　ナビ（イームズ　1907-1978）
　二十（イームズ，チャールズ　1907.6.17-1978.8.21）
　百科（イームズ　1907-1978）

Eanes, Gil 〈15世紀〉
ポルトガルの航海者。
⇒コン2（エアネス　15世紀）
　コン3（エアネス　15世紀）
　探検1（ヤーネシ　15世紀）

East, Edward Murray 〈19・20世紀〉
アメリカの育種家。トウモロコシの品種改良事業に携った。
⇒岩世（イースト　1879.10.4-1938.11.9）
　西洋（イースト　1879-1938）

East, Thomas 〈16・17世紀〉
イギリスの印刷業者，出版業者。

⇒ラル（イースト，トマス　1540頃-1608）

Eastlake, Charles Lock 〈19・20世紀〉
イギリスの建築家，家具のデザイナー，作家。
⇒岩ケ（イーストレイク，チャールズ・ロック　1836-1906）

Eastman, George 〈19・20世紀〉
アメリカの発明・企業家。1892年イーストマン-コダック社を設立。
⇒アメ（イーストマン　1854-1932）
　岩ケ（イーストマン，ジョージ　1854-1932）
　岩世（イーストマン　1854.7.12-1932.3.14）
　英米（Eastman, George　イーストマン　1854-1932）
　外国（イーストマン　1854-1932）
　科学（イーストマン　1854.7.12-1932.3.14）
　科技（イーストマン　1854.7.12-1932.3.14）
　科人（イーストマン，ジョージ　1854.6.12-1932.3.14）
　現ア（イーストマン，ジョージ　1854-1932）
　広辞4（イーストマン　1854-1932）
　広辞5（イーストマン　1854-1932）
　広辞6（イーストマン　1854-1932）
　国小（イーストマン　1854.7.12-1932.3.14）
　コン2（イーストマン　1854-1932）
　コン3（イーストマン　1854-1932）
　人物（イーストマン　1854.6.24-1932.3.14）
　西洋（イーストマン　1854.7.12-1932.3.14）
　世映（イーストマン，ジョージ　1854-1932）
　世科（イーストマン　1854-1932）
　世西（イーストマン　1854.7.12-1932.3.14）
　世百（イーストマン　1854-1932）
　全書（イーストマン　1854-1932）
　大辞（イーストマン　1854-1932）
　大辞2（イーストマン　1854-1932）
　大辞3（イーストマン　1854-1932）
　大百（イーストマン　1854-1932）
　デス（イーストマン　1854-1932）
　伝世（イーストマン　1854.7.12-1932.3.14）
　ナビ（イーストマン　1854-1932）
　二十（イーストマン，G.　1854.7.12-1932.3.14）
　百科（イーストマン　1854-1932）

Eastwood, Eric 〈20世紀〉
イギリスの電子技術者。
⇒世科（イーストウッド　1910-）
　二十（イーストウッド，E.　1910.3.12-）

Easy Mo Bee 〈20世紀〉
アメリカのヒップホップ系の音楽プロデューサー。
⇒ヒ人（イージー・モー・ビー）

Eaton, Cyrus Stephen 〈19・20世紀〉
アメリカの実業家。一代にして巨富を蓄えたが，核兵器廃絶を訴えたラッセル・アインシュタイン宣言（1955）に共鳴し，そのための科学

者の国際会議を後援した。
⇒岩世（イートン　1883.12.27–1979.5.9）
　西洋（イートン　1883.12.27–1979.5.9）

Eaton, Theophilus 〈16・17世紀〉
イギリスの商人。ニューヘーブン植民地の建設者。
⇒国小（イートン　1590–1658）

Eaton, William
イギリスの商人。
⇒国史（イートン　生没年不詳）
　対外（イートン　生没年不詳）
　日人（イートン　生没年不詳）

Eberle, Josef 〈20世紀〉
ドイツの詩人、出版者、新聞編集者。
⇒キリ（エーバレ，ヨーゼフ　1901.9.8–）

Eberle, William Denman 〈20世紀〉
アメリカの実業家。ニクソン政権の大統領特別通商交渉代表となる。その後全米自動車工業会会長を務める。
⇒現人（エバリー　1923.6.5–）
　二十（エバリー，ウイリアム・D.　1923–）

Ebersol, Dick 〈20世紀〉
アメリカのテレビ会社社長。
⇒岩世（エバソール　1947.7.28–）

Ebert, Carl 〈19・20世紀〉
ドイツの演出家、支配人。
⇒オペ（エーベルト，カール　1887.2.20–1980.5.14）
　世俳（エーベルト，カルル　1887.2.20–1980.5.14）

Ebhardt, Bodo 〈19・20世紀〉
ドイツの建築家。諸方の城の修復に従事した。
⇒岩世（エーブハルト　1865.1.5–1945.2.13）
　西洋（エーブハルト　1865.1.5–1945.2.13）

Ebtehaj, Abol Hassan 〈20世紀〉
イランの銀行家、行政官。1959年からイラニアン銀行総裁。
⇒中東（エブテハージ　1899–）

Eccles, Marriner S. 〈19・20世紀〉
アメリカ生まれの地方銀行家でモルモン教徒。
⇒経済（エクルズ　1890–1977）

Ecclestone, Bernie 〈20世紀〉
自動車F1レース運営組織の最高責任者。
⇒岩世（エクレストン　1930.10.28–）

Eckener, Hugo 〈19・20世紀〉
ドイツの飛行船設計者、操縦者。ツェッペリン会社取締役会長となり（1920），飛行船を操縦して第1回のアメリカへの飛行（24）をはじめ、世界一周航行をした。
⇒岩ケ（エッケナー，フーゴ　1868–1954）
　岩世（エッケナー　1868.8.10–1954.8.14）
　コン2（エッケナー　1868–1954）
　コン3（エッケナー　1868–1954）
　人物（エッケナー　1868.8.10–1954.8.14）
　西洋（エッケナー　1868.8.10–1954.8.14）
　世西（エッケナー　1868.8.10–1954.8.14）
　大百（エッケナー　1868–1954）
　二十（エッケナー，H.　1868–1954）

Eckeren, Gerard van 〈19・20世紀〉
オランダの小説家、出版者。主著 “Ida Westerman”（1908）。
⇒西洋（エッケレン　1876.11.29–1951.10.23）

Eckersley, Peter Pendleton 〈20世紀〉
イギリスの無線技術者。長波の大電力放送を提案実施し（1925）イギリスに放送網をしいた。
⇒岩世（エカズリー　1892.1.6–1963.3.18）
　西洋（エッカズリ　1892–1963.3.18）
　二十（エッカズリ，ピーター　1892–1963.3.18）

Eckert, John Presper 〈20世紀〉
アメリカの電気工学者。最初の電子計算機ENIACなどのコンピューター開発によりハリ・グード記念賞，ジョン・スコット賞など多くの賞を受賞。
⇒岩ケ（エッカート，J（ジョン）・ブレスバー，ジュニア　1919–1995）
　岩世（エッカート　1919.4.9–1995.6.3）
　科学（エッカート　1919.4.9–）
　科人（エッカート，ジョン・プロスパー二世　1919.4.1–1995）
　現人（エッカート　1919.4.9–）
　コン3（エッカート　1919–1995）
　世科（エッカート　1919–）
　大辞2（エッカート　1919–1995）
　大辞3（エッカート　1919–1995）
　ナビ（エッカート　1919–1995）
　二十（エッカート，ジョン・P.　1919.4.9–）

Eckmann, Otto 〈19・20世紀〉
ドイツの画家、工芸家。ドイツ青年派様式の首唱者で、装飾的意匠を創作（1897），エックマン活字体を創案。
⇒岩世（エックマン　1865.11.19–1902.6.11）
　西洋（エックマン　1865.11.19–1902.6.11）
　世美（エックマン，オットー　1865–1902）

Eczacibasi, Nejat F. 〈20世紀〉
トルコの化学者、実業家。製薬会社，製陶会社その他16会社を設立。

経済・産業篇　　　　　　*185*　　　　　　ediso

⇒中東（エジザジュバシュ　1913–）

Eden, *Sir* Frederick Morton 〈18・19世紀〉
イギリスの経済学者。アダム・スミスの弟子。
⇒岩世（イーデン　1766–1809）
　外国（イーデン　1766–1809）
　西洋（イーデン　1766–1809）

Eder, Manfred A. J. 〈20世紀〉
ドイツのチェス史研究者, 収集家, 企業家。
⇒岩世（エーダー　1937.6.1–）

Edgar, Graham 〈19・20世紀〉
アメリカの石油工学者。炭化水素の酸化・合成, アンチノック（耐爆）性の測定法などに関する研究をした。
⇒西洋（エドガー　1887.9.19–1955.9.8）

Edgell, George Harold 〈19・20世紀〉
アメリカの建築学者, 美術史家。キンボールと『建築史』を書き, 後進に寄与。
⇒名著（エッジェル　1887–）

Edgerton, Harold Eugene 〈20世紀〉
アメリカの電気技師。
⇒岩ケ（エジャートン, ハロルド・E（ユージン）　1903–1990）
　科学（エジャトン　1903.4.6–）
　二十（エジャトン, ハロルド・E.　1903.4.6–1990.1.4）

Edgeworth, Francis Ysidro 〈19・20世紀〉
イギリスの経済学者。主な学問的業績は, 確率論と統計理論, および経済学にある。
⇒イ哲（エッジワース, F.Y.　1845–1926）
　岩世（エッジワース　1845.2.8–1926.2.13）
　経済（エッジワース　1845–1926）
　コン2（エッジワース　1845–1926）
　コン3（エッジワース　1845–1926）
　人物（エッジワース　1845.2.8–1926.2.13）
　西洋（エッジワース　1845.2.8–1926.2.13）
　世西（エッジワース　1845.2.8–1926.2.13）
　世百（エッジワース　1845–1926）
　全書（エッジワース　1845–1926）
　大辞（エッジワース　1845–1926）
　大辞2（エッジワース　1845–1926）
　大辞3（エッジワース　1845–1926）
　大百（エッジワース　1845–1926）
　デス（エッジワース　1845–1926）
　二十（エッジワース, フランシス・イシドロ　1845–1926）
　百科（エッジワース　1845–1926）
　名著（エッジワース　1845–1926）

Edgeworth, Richard Lovell 〈18・19世紀〉
イギリスの著述家, 発明家。主著 "Practical education"（1798）。
⇒岩世（エッジワース　1744.5.31–1817.6.13）
　教育（エッジワース　1744–1817）
　西洋（エッジワース　1744–1817）

Edison, Thomas Alva 〈19・20世紀〉
アメリカの発明家。電気式投票記録装置・株式相場表示装置などの発明で資金を得て, 研究所を設立。白熱電球, 活動写真など1100を越す発明を達成。世界最初の中央発電所を設立, 直流による電灯事業を営んだ。
⇒アメ（エジソン　1847–1931）
　逸話（エジソン　1847–1931）
　岩ケ（エディソン, トマス・アルヴァ　1847–1931）
　岩世（エディソン（慣エジソン）　1847.2.11–1931.10.18）
　英米（Edison, Thomas Alva　エディソン　1847–1931）
　旺世（エジソン　1847–1931）
　外国（エジソン　1847–1931）
　科学（エジソン　1847.2.11–1931.10.18）
　科技（エジソン　1847.2.11–1931.10.18）
　科史（エジソン　1847–1931）
　科人（エディソン, トーマス・アルヴァ　1847.2.11–1931.10.18）
　科大（エジソン　1847–1931）
　科大2（エジソン　1847–1931）
　角世（エディソン　1847–1931）
　キリ（エディスン（エジソン）, トマス・アルヴァ　1847.2.11–1931.10.18）
　広辞4（エジソン　1847–1931）
　広辞5（エジソン　1847–1931）
　広辞6（エジソン　1847–1931）
　国小（エジソン　1847.2.11–1931.10.18）
　国百（エジソン, トーマス・アルベ　1847.2.11–1931.10.18）
　コン2（エジソン　1847–1931）
　コン3（エジソン　1847–1931）
　人物（エジソン　1847.2.11–1931.10.18）
　西洋（エディソン　1847.2.11–1931.10.18）
　世映（エディスン, トーマス・アルヴァ　1847–1931）
　世科（エディソン　1847–1931）
　世人（エディソン　1847–1931）
　世西（エディソン　1847.2.11–1931.10.18）
　世百（エディソン　1847–1931）
　全書（エジソン　1847–1931）
　大辞（エジソン　1847–1931）
　大辞2（エジソン　1847–1931）
　大辞3（エジソン　1847–1931）
　大百（エジソン　1847–1931）
　デス（エジソン　1847–1931）
　伝世（エディソン　1847.2.11–1931.10.18）
　ナビ（エジソン　1847–1931）
　二十（エジソン, トーマス・アルヴァ　1847.2.11–1931.10.18）
　百科（エジソン　1847–1931）
　評世（エジソン　1847–1931）

名著（エディソン　1847–1931）
山世（エディソン　1847–1931）
歴史（エディソン　1847–1931）

Edmunds, Dave 〈20世紀〉
イギリスのギタリスト，コンポーザー，プロデューサー。ウェールズ生まれ。1970年以降，オールディーズのカヴァを中心にレコードを制作。
⇒二十（エドマンズ，デイブ　1944–）
　　ロ人（エドモンズ，デイヴ　1944–）

Edström, Johannes Sigfrid 〈19・20世紀〉
スウェーデンの体育家，実業家。国際オリンピック委員会会長（1946～52）。国際商業会議所名誉会長。
⇒岩世（エードストレム　1870.11.21–1964.3.18）
　　外国（エドストローム　1870–）
　　コン2（エドストレム　1870–1964）
　　コン3（エドストレム　1870–1964）
　　西洋（エドストレム　1870–1964.3.19）
　　世百（エドストレーム　1870–1964）
　　大百（エドストレーム　1870–1964）
　　二十（エドストレム，S.　1870–1964.3.19）
　　百科（エドストレム　1870–1964）

Edwardes, George 〈19・20世紀〉
ロンドンの劇場支配人。ゲイエティ劇場を経営。
⇒演劇（エドワーズ，ジョージ　1852–1915）
　　国小（エドワーズ　1852.10.14–1915.10.4）

Edwardes, Sir Michael Owen 〈20世紀〉
イギリスのビジネスマン。
⇒岩ケ（エドワーズ，サー・マイケル（・オーウェン）　1930–）

Edwards, Agustín 〈19・20世紀〉
チリの銀行家，外交官。1922年国際連盟の議長もつとめる。
⇒コン2（エドワーズ　1878–1941）
　　コン3（エドワーズ　1878–1941）

Edwards, Corwin D. 〈20世紀〉
アメリカの経済学者。日本の財閥解体の指針を作成するための多くの提案を行った。
⇒現人（エドワーズ　1901.11.1–）
　　二十（エドワーズ，コーウィン・D.　1901.11.1–）

Edwards, Esmond 〈20世紀〉
アメリカのジャズ・プロデューサー。ジャマイカ系。数多くのミュージシャンの作品を制作。
⇒ジャ（エドワーズ，エズモンド　?–）
　　二十（エドワーズ，エズモンド）

Edwards, George 〈20世紀〉
イギリスの航空工学者。
⇒岩ケ（エドワーズ，サー・ジョージ（・ロバート）　1908–）
　　世科（エドワーズ　1908–）
　　二十（エドワーズ，ジョージ　1908.7.9–）

Effenberger, Theodor 〈19・20世紀〉
ドイツの建築家。主作品，ベーベルヴィッツ集合住宅。
⇒岩世（エッフェンベルガー　1882.8.21–1968.3.6）
　　西洋（エッフェンベルガー　1882.8.21–1968.3.6）

Effner, Joseph 〈17・18世紀〉
ドイツの建築家。バイエルンの宮廷建築家を勤めた。
⇒岩世（エフナー　1687.2.4–1745.2.23）
　　建築（エフナー，ヨーゼフ　1687–1745）
　　国小（エフナー　1687.2.4–1745.2.23）
　　新美（エフナー，ヨーゼフ　1687.2.4–1745.2.23）
　　西洋（エッフナー　1687.2.4–1745.2.23）
　　世美（エッフナー，ヨーゼフ　1687–1745）

Efimov 〈20世紀〉
大韓民国生まれの実業家。
⇒二十（エフィモフ）

Egan, Sir John Leopold 〈20世紀〉
イギリスの経営者。
⇒岩ケ（イーガン，サー・ジョン・リーオポルド　1939–）

Egas, Enrique 〈15・16世紀〉
スペインの建築家。
⇒建築（エガス，エンリッケ・デ　1455頃–1534頃）
　　新美（エガス，エンリーケ　1455頃–1534頃）
　　世美（エガス，エンリーケ　1455頃–1534頃）

Egas, Hanequin 〈15世紀〉
フランドル出身のスペインの建築家，彫刻家。
⇒世美（エガス，アネキン　?–1494頃）

Egedacher, Johann Christoph 〈17・18世紀〉
ドイツのオルガン製作者。
⇒音大（エーゲダッハー，ヨハン・クリストフ　1664–1747）

Egedacher, Johann Ignaz 〈17・18世紀〉
ドイツのオルガン製作者。
⇒音大（エーゲダッハー，イグナーツ　1675–1744）

Egedacher, Joseph Christoph 〈17・

18世紀〉
ドイツのオルガン製作者。
⇒音大（エーゲダッハー, ヨーゼフ・クリストフ 1646–1706.4.5）

Egell, Paul 〈17・18世紀〉
ドイツの彫刻家、ストゥッコ装飾家、家具彫製作家。主要作品はマンハイム宮殿の装飾など。
⇒芸術（エゲル, パウル　1691–1752）
　国小（エゲル　1691.4.9–1752.1.10）
　新美（エーグル, パウル　1691.4.9–1752.1.10）
　世美（エーゲル, パウル　1691–1752）

Eggert, Udo 〈19世紀〉
ドイツの経済学者。来日して(1887)、帝国大学法科大学講師、大蔵省顧問を兼ねた。
⇒岩世（エッゲート（エッゲルト）　1848.6.19–1893.2.28(3.1)）
　外国（エッゲルト　1846–1893）
　国史（エッゲルト　1848–1893）
　西洋（エッゲルト　1848.6–1893）
　日人（エッゲルト　1848–1893）
　来日（エッゲルト　1848.6.19–1893.2.28）

Eghbal, Manuchehr 〈20世紀〉
イランの政治家。1948年ツデー党（共産党）を非合法化した法案の提案者。64〜77年イラン国有石油会社（NIOC）総裁兼社長。
⇒現人（イクバル　1909–）
　コン3（エグバール　1908–）
　人物（エグバル　1909–）
　中東（エクバール　1908–1977）
　二十（エクバル, M.　1909–）

Egloff, Gustav 〈19・20世紀〉
アメリカの工業化学者、石油化学者。Mr. Petroleum（石油）と呼ばれた。
⇒科大（エグロフ　1886–1955）
　科大2（エグロフ　1886–1955）
　国小（エグロッフ　1886–1955）
　世百（エグロフ　1886–）

Ehrenbaum, Ernst 〈19・20世紀〉
ドイツの魚類学者、水産学者。著書 "Naturgeschichte und wirtschaftliche Bedeutung der Seefische Nordeuropas" (1936) がある。
⇒西洋（エーレンバウム　1861–?）

Ehrenberg, Richard 〈19・20世紀〉
ドイツの経済学者。ヨーロッパ経済史専門家。
⇒岩世（エーレンベルク　1857.2.5–1921.12.17）
　国小（エーレンベルク　1857–1921）
　人物（エーレンベルク　1857.2.5–1921.12.17）
　西洋（エーレンベルク　1857.2.5–1921.12.17）
　世西（エーレンベルク　1857.2.5–1921.12.17）
　名著（エーレンベルク　1857–1921）

Ehrlich, Paul 〈19・20世紀〉
ドイツの細菌学者、化学者。秦佐八郎とともに、梅毒の特効薬サルバルサンを発明。化学療法の先駆的業績を残した。免疫に関する研究で、1908年度のノーベル生理・医学賞を受賞。
⇒逸話（エールリ（ッ）ヒ　1854–1915）
　岩ケ（エールリヒ, パウル　1854–1915）
　岩世（エールリヒ　1854.3.14–1915.8.20）
　岩哲（エーアリヒ, P.　1854–1915）
　外国（エールリッヒ　1854–1915）
　科学（エールリッヒ　1854.3.14–1915.8.20）
　科技（エールリヒ　1854.3.14–1915.8.20）
　科人（エールリヒ, パウル　1854.3.14–1915.8.20）
　科大（エールリッヒ　1854–1915）
　科大2（エールリッヒ　1854–1915）
　看護（エールリヒ　1854–1915）
　広辞4（エールリッヒ　1854–1915）
　広辞5（エールリッヒ　1854–1915）
　広辞6（エールリッヒ　1854–1915）
　国小（エールリヒ　1854.3.14–1915.8.20）
　国百（エールリヒ, パウル　1854.3.14–1915.8.20）
　コン2（エールリヒ　1854–1915）
　コン3（エールリヒ　1854–1915）
　人物（エールリヒ　1854.3.14–1915.8.20）
　西洋（エールリヒ　1854.3.14–1915.8.20）
　世纪（エールリヒ　1854–1915）
　世西（エールリッヒ　1854.3.14–1915.8.20）
　世百（エールリヒ　1854–1915）
　全書（エールリヒ　1854–1915）
　大辞（エールリヒ　1854–1915）
　大辞2（エールリッヒ　1854–1915）
　大辞3（エールリヒ　1854–1915）
　大百（エールリッヒ　1854–1915）
　デス（エールリヒ　1854–1915）
　伝世（エールリヒ　1854.3.14–1915.8.20）
　ナビ（エールリヒ　1854–1915）
　二十（エールリッヒ, ポール　1854.3.14–1915.8.20）
　ノベ（エールリヒ, P.　1854.3.14–1915.8.20）
　百科（エールリヒ　1854–1915）
　ノベ3（エールリヒ, P.　1854.3.14–1915.8.20）
　評世（エールリヒ　1854–1915）
　ユ人（エールリヒ, パウル　1854–1915）

Eichel, Hans 〈20世紀〉
ドイツの政治家。ドイツ財務相。
⇒世政（アイヘル, ハンス　1941.12.24–）

Eicher, Manfred 〈20世紀〉
ドイツ連邦共和国のECMレコードのオーナー、ジャズ・プロデューサー。
⇒ジヤ（アイヒヤー, マンフレート　1943.7.9–）
　二十（アイヒャー, マンフレート　1943.7.9–）

Eichinger, Bernd 〈20世紀〉

ドイツ生まれの映画製作者。
⇒世映（アイヒンガー，ベルント　1949-）

Eichner, Alfred Solomon 〈20世紀〉

アメリカ生まれの経済思想家。
⇒経済（アイクナー　1937-1988）

Eidson, Tom 〈20世紀〉

アメリカの実業家。
⇒海作4（イードソン，トーマス　1944-）

Eiermann, Egon 〈20世紀〉

ドイツの建築家。ベルリンの『ヴィルヘルム皇帝記念教会』(1959〜62)は，戦災による廃墟と新建築を共存させることによって劇的効果をもたらしたものとして有名。
⇒岩世（アイアーマン　1904.9.29-1970.7.19）
　新美（アイアマン，エーゴン　1904.9.29-1970.7.19）
　西洋（アイエルマン　1904.9.29-1970.7.19）
　世美（アイエルマン，エゴン　1904-1970）
　二十（アイアマン，エーゴン　1904.9.29-1970.7.19）

Eiffel, Alexandre Gustave 〈19・20世紀〉

フランスの建築家。『エッフェル塔』やパナマ運河の水門を設計。
⇒岩ケ（エッフェル，（アレクサンドル・）ギュスターヴ　1832-1923）
　岩世（エッフェル　1832.12.15-1923.12.28）
　才西（エッフェル，ギュスターヴ　1832-1923）
　外国（エッフェル　1832-1923）
　科学（エッフェル　1832.12.15-1923.12.28）
　国小（エッフェル　1832.12.15-1923.12.28）
　コン2（エッフェル　1832-1923）
　コン3（エッフェル　1832-1923）
　新美（エッフェル，ギュスターヴ　1832.12.15-1923.12.23）
　人物（エッフェル　1832.12.15-1923.12.28）
　西洋（エッフェル　1832.12.15-1923.12.28）
　世科（エッフェル　1832-1923）
　世西（エッフェル　1832.12.15-1923.12.28）
　世美（エッフェル，アレクサンドル=ギュスターヴ　1832-1923）
　世百（エッフェル　1832-1923）
　全書（エッフェル　1832-1923）
　大辞（エッフェル　1832-1923）
　大辞2（エッフェル　1832-1923）
　大辞3（エッフェル　1832-1923）
　大百（エッフェル　1832-1923）
　デス（エッフェル　1832-1923）
　伝世（エッフェル　1832-1923）
　ナビ（エッフェル　1832-1923）
　二十（エッフェル，アレクサンドル・ギュスターブ　1832.12.15-1923.12.28）
　百科（エッフェル　1832-1923）
　　評世（エッフェル　1832-1923）

Eigtved, Nicolai 〈18世紀〉

デンマークの建築家。宮廷建築師(1735以後)。主作品『レベッツァウ宮殿』(44)。
⇒岩世（アイクトヴェズ　1701.6.12-1754.6.7）
　建築（エイトヴェド，ニルス　1701-1754）
　西洋（エイグトヴェト　1701.6.12-1754.6.7）
　世美（アイトヴェズ，ニコライ　1701-1754）

Eilbertus aus Köln 〈12世紀〉

ドイツの金工家。ロマネスク工芸の発達に重要な役割を果す。ベルリン美術館の祭檀を制作。
⇒国小（アイルベルトゥス　生没年不詳）
　世美（エイルベルトゥス　12世紀前半）

Einaudi, Luigi 〈19・20世紀〉

イタリアの政治家，経済学者。自由主義の立場からファシスト体制を批判。1948〜55年，共和国初代の大統領をつとめた。
⇒岩世（エイナウディ　1874.3.24-1961.10.30）
　外国（エイナウディ　1874-）
　角世（エイナウディ　1874-1961）
　経済（エイナウディ　1874-1961）
　コン2（エイナウディ　1874-1961）
　コン3（エイナウディ　1874-1961）
　人物（エイナウディ　1874.3.24-1961.10.30）
　西洋（エイナウディ　1874.3.24-1961.10.30）
　世西（エイナウディ　1874.5.24-）
　全書（エイナウディ　1874-1961）
　二十（エイナウディ，L.　1874.3.4-1961.10.30）
　百科（エイナウディ　1874-1961）
　山世（エイナウディ　1874-1961）

Einthoven, Willem 〈19・20世紀〉

オランダの生理学者。神経・筋肉などに生ずる活動電流を測る弦電流計を発明。心臓電位の変化を示す心電図を案出した。1924年ノーベル生理・医学賞受賞。
⇒岩ケ（アイントホーフェン，ヴィレム　1860-1927）
　岩世（アイントホーフェン　1860.5.21-1927.9.28）
　外国（アイントーヴェン　1860-1927）
　科学（アイントーフェン　1860.5.21-1927.9.28）
　科技（アイントーフェン　1860.5.22-1927.9.29）
　科人（アイントーフェン，ウィレム　1860.5.21-1927.9.28）
　科大（アイントーベン　1860-1927）
　科大2（アイントーベン　1860-1927）
　看護（アイントホーフェン　1860-1927）
　広辞4（アイントーフェン　1860-1927）
　広辞5（エイントーフェン　1860-1927）
　広辞6（エイントーフェン　1860-1927）
　国小（アイントーフェン　1860.5.21-1927.9.29）
　コン2（アイントホーフエン　1860-1927）
　コン3（アイントホーフエン　1860-1927）
　西洋（アイントホーフェン　1860.5.21-1927.9.

29)
世西（エイントーフェン（アイントーフェン）
　1860.5.22–1927.9.29)
世百（アイントホーヴェン　1860–1927)
全書（アイントーフェン　1860–1927)
大辞（エイントーフェン　1860–1927)
大辞2（エイントーフェン　1860–1927)
大辞3（エイントーフェン　1860–1927)
大百（エイントーフェン　1860–1927)
二十（アイントホーフェン, ウィレム　1860.5.
　21–1927.9.28)
ノベ（アイントホーフェン, W.　1860.5.22–
　1927.9.29)
ノベ3（アイントホーフェン, W.　1860.5.21–
　1927.9.29)

Einzig, Paul 〈20世紀〉
イギリスの経済評論家。世界経済，国際金融の問題に健筆をふるい，著書だけでも40冊に達する。
⇒外国（アインチッヒ　1897–)
　コン3（アインチヒ　1897–1973)
　世百（アインチヒ　1897–)
　全書（アインチヒ　1897–1973)
　二十（アインチヒ, ポール　1897–1973)

Eisner, Michael 〈20世紀〉
アメリカの企業幹部。
⇒現ア（Eisner, Michael　アイズナー, マイケル　1942–)

Eisner, Robert 〈20世紀〉
アメリカの経済学者。マクロ経済理論，経済政策，国民経済計算の分野で貢献。主著『資本的支出の決定』『企業の投資決定要因』など。
⇒二十（アイスナー, ロベルト　1922–)

Elcano, Juan Sebastián 〈15・16世紀〉
スペインの航海者。スペインで最初の世界周航者。
⇒角世（エルカーノ　1476?–1526)
　スペ（エルカーノ　1476頃–1526)

Elder, Sir Thomas 〈19世紀〉
オーストラリアの事業家。
⇒岩ケ（エルダー, サー・トマス　1818–1897)

Elgin, James Bruce, 8th Earl of, and 12th Earl of Kincardine 〈19世紀〉
イギリスの外交官。天津条約・日英通商条約・北京条約締結の際の全権使節。1857年アロー号事件後の清国に特派全権使節として派遣された。
⇒外国（エルジン伯　1811–1863)
　角世（エルギン　1811–1863)
　広辞4（エルギン　1811–1863)

広辞6（エルギン　1811–1863)
国史（ブルース　1811–1863)
国小（エルギン　1811.7.20–1863.11.20)
コン2（ブルース　1811–1863)
コン3（エルギン　1811–1863)
人物（エルギン　1811.7.20–1863.11.20)
西洋（ブルース　1811–1863.11.20)
世西（エルギン　1811.7.20–1863.11.20)
世東（エルギン　1811.7.20–1863.11.20)
世百（エルギン　1811–1863)
全書（エルギン　1811–1863)
大辞（エルギン　1811–1863)
大百（エルギン　1811–1863)
伝世（エルギン　1811.7.20–1863.11.20)
日人（エルギン　1811–1863)
評世（エルギン　1811–1863)
山世（エルギン　1811–1863)
来日（エルギン　1811.7.20–1863.11.20)
歴史（エルギン　1811–1863)

Eliav, Arie 〈20世紀〉
イスラエルの政治家。1966〜67年工業・商業相代理，69年移民受入相。
⇒中東（エリアフ　1921–)

Eligh 〈20世紀〉
アメリカのラッパー，プロデューサー。
⇒ヒ人（イーライ）

Eligius 〈6・7世紀〉
北フランスのノアイヨンの司教，金工家。鍛冶，金工師の保護聖人。
⇒岩世（エリギウス（ノワヨンの）　590頃–660.12.1)
　キリ（エリギウス（ノワヨンの）　588頃–660.12.1)
　芸術（エリギウス　588?–659)
　国小（エリギウス　588/590–659/660)
　新美（エリギウス（聖））
　人物（エリギウス　590–660.12.1)
　聖人（エリギウスまたはエロワ　588頃–660)
　西洋（エリギウス　590頃–660.12.1)
　世西（エリギウス　590–660)
　百科（エリギウス　588頃–660頃)

Elkington, George Richards 〈19世紀〉
イギリスの発明家，製造業者。
⇒岩ケ（エルキントン, ジョージ・リチャーズ　1801–1865)
　世科（エルキントン　1801–1865)

Elkins, Stephen Benton 〈19・20世紀〉
アメリカの政治家，法律家，実業家。上院議員（1895〜1911)，鉄道，鉱山，財政方面にも活動。
⇒岩世（エルキンズ　1841.9.26–1911.1.4)
　外国（エルキンズ　1841–1911)
　西洋（エルキンズ　1841–1911)

Ellet, Charles 〈19世紀〉
アメリカの技術者。アメリカで最初の吊橋を架した(1842)。〈アメリカのブリューネル〉と呼ばれた。
⇒岩ケ (エレット, チャールズ 1810–1862)
　岩世 (エレット 1810.1.1–1862.6.21)
　科人 (エレット, チャールズ 1810.1.1–1862.6.21)
　西洋 (エレト 1810–1862)
　世科 (エレト 1810–1862)

Ellicott, Andrew 〈18・19世紀〉
アメリカの土地測量家。ウェストポイント陸軍士官学校の数学教授。
⇒国小 (エリコット 1754–1820)

Elliot, Sir Henry Miers 〈19世紀〉
イギリス東インド会社の文官, インド研究家。
⇒岩世 (エリオット 1808.3.1–1853.12.20)

Elliott, John Dorman 〈20世紀〉
オーストラリアのビジネスマン。
⇒岩ケ (エリオット, ジョン・ドーマン 1941–)

Elliott, Missy 〈20世紀〉
アメリカ・ヴァージニア州生まれのシンガー・ソングライター, ラッパー, 女優, プロデューサー。ファッションブランドも設立。
⇒ヒ人 (エリオット, ミッシー 1971–)
　洋ヒ (エリオット, ミッシー 1971–)

Ellis, Sir Albert 〈19・20世紀〉
オーストラリアの実業家。
⇒岩ケ (エリス, サー・アルバート 1869–1951)

Ellis, Howard Sylvester 〈20世紀〉
現代アメリカの経済学者。貨幣論, 外国為替論の研究で知られる。
⇒岩世 (エリス 1898.7.2–1992.4.15)
　西洋 (エリス 1898.7.2–)

Elmslie, George Grant 〈19・20世紀〉
イギリス出身のアメリカの建築家。
⇒世美 (エルムズリー, ジョージ・グラント 1871–1952)

Elphinstone, Mountstuart 〈18・19世紀〉
イギリス東インド会社の行政官, 歴史家。ボンベイ知事(在任1819–27年)。著書に『インド史』がある。
⇒岩世 (エルフィンストン 1779.10.6–1859.11.20)
　英米 (Elphinstone, Mountstuart エルフィンストン 1779–1859)
　角世 (エルフィンストン 1779–1859)

国小 (エルフィンストーン 1779.10.6–1859.11.20)
西洋 (エルフィンストン 1779.10.6–1859.11.20)
世東 (エルフィンストン 1779–1859)
世百 (エルフィンストン 1779–1859)
南ア (エルフィンストン 1779–1859)
百科 (エルフィンストン 1779–1859)
山世 (エルフィンストン 1779–1859)

Elsässer, Martin 〈19・20世紀〉
ドイツの建築家。主作品, フランクフルト大市場(1927～28)。
⇒岩世 (エルゼッサー 1884.5.28–1957.8.5)
　キリ (エルゼッサー, マルティーン 1884.5.28–1957.8.5)
　西洋 (エルゼッサー 1884.5.28–1957.8.5)

Elser, Johann Georg 〈20世紀〉
ヒトラー暗殺に失敗した大工, 箪笥職人。
⇒ナチ (エルザー, ヨハン・ゲオルク 1903–1945)

Elserack, Jan van 〈17世紀〉
オランダの出島商館長。
⇒岩世 (ファン・エルセラック)
　西洋 (エルセラック)

Elster, Ludwig 〈19・20世紀〉
ドイツの経済学者。コンラートの継承者。
⇒名著 (エルスター 1856–1935)

El Wakil, Abdel Wahed 〈20世紀〉
エジプトの建築家。
⇒二十 (エル・ワキル, アブドゥル・ワヘッド 1943–)

Ely, Reginald 〈15世紀〉
イギリスの建築家。
⇒建築 (イーリー, レジナルド(イーリー, レイノル) 1438–1471)
　世美 (イーリー, レジナルド 15世紀)

Ely, Richard Theodore 〈19・20世紀〉
アメリカの経済学者, 社会改良家, 社会福音運動の指導者。キリスト教主義に基づく社会改良運動に従事, 新渡戸稲造, 片山潜などが影響を受けた。
⇒岩世 (イーリー 1854.4.13–1943.10.4)
　キリ (イーリ, リチャード・セアドア 1854.4.13–1943.10.4)
　経済 (イーリー 1854–1943)
　国小 (イーリー 1854.4.13–1943.10.4)
　人物 (イーリー 1854.4.13–1943.10.4)
　西洋 (イーリ 1854.4.13–1943)
　世西 (イーリ 1854.4.13–1943.10.4)
　名著 (イリー 1854–1943)
　歴史 (イーリー 1854–1943)

Elzevir
オランダの出版業, 印刷業者の一族。
⇒岩世 (エルゼヴィル)

Elzevir, Abraham 〈16・17世紀〉
オランダの出版業, 印刷業者。ライデン大学の出版書店となった。
⇒西洋 (エルセヴィル, アブラハム 1592–1652)

Elzevir, Bonaventura 〈16・17世紀〉
オランダの出版業, 印刷業者。ライデン大学の出版書店となった。
⇒西洋 (エルセヴィル, ボナヴェントゥラ 1583–1652)

Elzevir, Lodewijk 〈16・17世紀〉
オランダの出版業, 印刷業者。独立の出版書店を創立。
⇒外国 (エルゼヴィール, ルイ 1540頃–1617)
　キリ (エルゼヴィール, ローデウェイク 1540頃–1617)
　西洋 (エルセヴィル, ローデウァイク 1540頃–1617)

Emanuel, Arghiri 〈20世紀〉
ギリシア生まれの経済思想家。
⇒経済 (エマニュエル 1911–)

Emerick, Geoff 〈20世紀〉
イギリス生まれのレコーディング・エンジニア, プロデューサー。ザ・ビートルズの後期のアルバムでエンジニアを担当。
⇒口人 (エメリック, ジェフ 1946–)

Émérigon, Balthazard Marie 〈18世紀〉
フランスの保険業者, 保険論研究者。海上保険, 海事法に詳しい。
⇒名著 (エメリゴン 1716–1784)

Emerson, Harrington 〈19・20世紀〉
アメリカの経営コンサルタント。科学的管理法の名の普及に貢献。
⇒国小 (エマソン 1853.8.2–1931.9.2)
　名著 (エマソン 1853–1931)

Emmanuel, Arghiri 〈20世紀〉
ギリシアの経済学者。
⇒岩世 (エマニュエル 1911.6.22–2001.12.14)

Emmett Brothers 〈19世紀〉
イギリスの少年雑誌の出版業者。
⇒世児 (エメット兄弟　19世紀後半)

Emminger, Otmar 〈20世紀〉
ドイツ連邦共和国の銀行家。西ドイツ金融界の中心人物の1人でインフレのない安定成長の実現に努力した。
⇒現人 (エミンガー　1911.3.2–)
　二十 (エミンガー, O. 1911.3.2–1986.8.3)

Emperger, Fritz von 〈19・20世紀〉
オーストリアの土木技術者。
⇒岩世 (エンペルガー　1862.1.11–1942.2.7)

Ende, Hermann 〈19・20世紀〉
ドイツの建築家。来日 (1886～91), 議事堂, 司法省, 裁判所等の建築設計に従事し, 日本の現代建築に大きな影響を与えた。
⇒岩世 (エンデ　1829.3.4–1907.8.10)
　外国 (エンデ　1829–1907)
　国史 (エンデ　1829–1907)
　新美 (エンデ, ヘルマン　1829.3.4–1907.8.10)
　西洋 (エンデ　1829.3.4–1907.8.10)
　全書 (エンデ　1829–1907)
　ナビ (エンデ　1829–1907)
　二十 (エンデ, ヘルマン　1829.3.4–1907.8.10)
　日人 (エンデ　1829–1907)
　来日 (エンデ　1829–1907)

Endell, August 〈19・20世紀〉
ドイツの建築・工芸家。
⇒オ西 (エンデル, アウグスト　1871–1925)
　新美 (エンデル, アウグスト　1871.4.12–1925.6)
　世美 (エンデル, アウグスト　1871–1925)
　二十 (エンデル, アウグスト　1871.4.12–1925.6)
　百科 (エンデル　1871–1925)

Enderby, Samuel 〈19世紀〉
イギリスの企業家。ゴードン将軍の祖父。
⇒岩ケ (エンダービー, サミュエル　(活躍) 1830–1839)

Enfantin, Barthélemy Prosper 〈18・19世紀〉
フランスの社会理論家, 実業家。サン=シモン派の頭領。主著『永遠, 現在, 将来の生』(1861)。
⇒岩世 (アンファンタン　1796.2.8–1864.8.31)
　外国 (アンファンタン　1796–1864)
　建築 (アンファンタン, バルテルミ=プロスペル　1796–1864)
　国小 (アンファンタン　1796.2.8–1864.8.31/(9.1))
　コン2 (アンファンタン　1796–1864)
　コン3 (アンファンタン　1796–1864)
　西洋 (アンファンタン　1796.2.8–1864.9.1)
　世百 (アンファンタン　1796–1864)
　全書 (アンファンタン　1796–1864)
　大百 (アンファンタン　1796–1864)
　百科 (アンファンタン　1796–1864)

名著（アンファンタン　1796–1864）

Engel, Christian Lorenz Ernst 〈19世紀〉

ドイツの統計学者，経済学者。「エンゲルの法則」を発案。著書に『人間の価値』『ベルギー労働者家族の生活費』など。
⇒岩世（エンゲル　1821.3.26–1896.12.8）
外国（エンゲル　1821–1896）
広辞4（エンゲル　1821–1896）
広辞6（エンゲル　1821–1896）
コン2（エンゲル　1821–1896）
コン3（エンゲル　1821–1896）
人物（エンゲル　1821.3.21–1896.12.8）
西洋（エンゲル　1821.3.26–1896.12.8）
世西（エンゲル　1821.3.26–1896.12.8）
世百（エンゲル　1821–1896）
全書（エンゲル　1821–1896）
大辞（エンゲル　1821–1896）
大辞3（エンゲル　1821–1896）
大百（エンゲル　1821–1896）
デス（エンゲル　1821–1896）
伝世（エンゲル　1821.3.26–1896）
百科（エンゲル　1821–1896）
名著（エンゲル　1821–1896）

Engel, Johann Carl Ludwig 〈18・19世紀〉

フィンランドの建築家。ヘルシンキの都市計画の創案者。
⇒岩世（エンゲル　1778.7.3–1840.5.14）
建築（エンゲル，カール・ルートヴィヒ　1778–1840）
西洋（エンゲル　1778.7.3–1840.5.14）

Engelbart, Douglas Carl 〈20世紀〉

アメリカのコンピューター工学者。
⇒岩世（エンゲルバート　1925.1.30–2013.7.2）

Engelbrekt, Engelbrektsson 〈14・15世紀〉

スウェーデンの小貴族，鉱山経営者。民衆反乱の指導者。カルマル同盟の支配に反対する農民，貴族の叛乱を指導。
⇒岩世（エンゲルブレクト　1390–1436.4.27）
角世（エンゲルブレクト　?–1436）
国小（エンイエルブレクト　1390–1436）
西洋（エンゲルブレクト　1390–1436.4.27）
全書（エンゲルブレクト　?–1436）
百科（エンイエルブレクト　1380以後–1436）

Engelman, Godefroy 〈18・19世紀〉

フランスの印刷技術者。
⇒岩世（アンジェルマン　1788.8.17–1839.4.25）

Engels, Friedrich 〈19世紀〉

ドイツの経済学者，哲学者，社会主義者。マル
クスとともに並ぶマルクス主義創設者。
⇒逸話（エンゲルス　1820–1895）
イ哲（エンゲルス，F.　1820–1895）
イ文（Engels, Friedrich　1820–1895）
岩ケ（エンゲルス，フリードリヒ　1820–1895）
岩世（エンゲルス　1820.11.28–1895.8.5）
岩哲（エンゲルス　1820–1895）
旺世（エンゲルス　1820–1895）
外国（エンゲルス　1820–1895）
科史（エンゲルス　1820–1895）
角世（エンゲルス　1820–1895）
教育（エンゲルス　1820–1895）
キリ（エンゲルス，フリードリヒ　1820.11.28–1895.8.5）
広辞4（エンゲルス　1820–1895）
広辞6（エンゲルス　1820–1895）
国小（エンゲルス　1820.11.28–1895.8.5）
国百（エンゲルス，フリードリヒ　1820.11.28–1895.8.5）
コン2（エンゲルス　1820–1895）
コン3（エンゲルス　1820–1895）
集世（エンゲルス，フリードリヒ　1820.11.28–1895.8.5）
集文（エンゲルス，フリードリヒ　1820.11.28–1895.8.5）
人物（エンゲルス　1820.11.28–1895.8.5）
西洋（エンゲルス　1820.11.28–1895.8.5）
世人（エンゲルス　1820–1895）
世西（エンゲルス　1820.9.28–1895.8.5）
世百（エンゲルス　1820–1895）
全書（エンゲルス　1820–1895）
大辞（エンゲルス　1820–1895）
大辞3（エンゲルス　1820–1895）
大百（エンゲルス　1820–1895）
デス（エンゲルス　1820–1895）
伝世（エンゲルス　1820.11.28–1895.8.5）
百科（エンゲルス　1820–1895）
評世（エンゲルス　1820–1895）
名著（エンゲルス　1820–1895）
山世（エンゲルス　1820–1895）
歴学（エンゲルス　1820–1895）

Engerth, Wilhelm, Freiherr von 〈19世紀〉

オーストリアの技術者。ドナウ河の治水工事に成功し，連動装置〈エンゲルト・システム〉を創案。
⇒岩世（エンゲルト　1814.5.26–1884.9.4）
西洋（エンゲルト　1814.5.26–1884.9.4）

Engibous, Thomas 〈20世紀〉

テキサス・インスツルメンツ（TI）会長兼最高経営責任者（CEO）。
⇒最世（エンジバス，トーマス　1953–）

England, John 〈19世紀〉

イギリスの鉄道技師。工部省鉄道局建築副長として，新橋―横浜間の鉄道敷設工事に従事。
⇒岩世（イングランド　1824–1877.9.14）

西洋（イングランド　?–1877）
日人（イングランド　1824–1877）
来日（イングランド　1824–1877.9.14）

Engle, Robert F. 〈20世紀〉
アメリカの経済学者。［賞］2003年ノーベル経済学賞受賞。
⇒ノベ3（エングル，R.F.　1942.11.10–）

Eno, Brian 〈20世紀〉
イギリス生まれの音楽家，プロデューサー。アンビエント・ミュージック（環境音楽）の先駆者。
⇒岩世（イーノ　1948.5.15–）
作曲（イーノ，ブライアン　1948–）
実ク（イーノ，ブライアン）
二十（イーノ，ブライアン　1948.5.15–）
標音（イーノ，ブライアン）
口人（イーノ，ブライアン　1948–）

Enocq, Étienne 〈17世紀〉
フランスのオルガン製造者。
⇒ラル（エノク，エティエンヌ　?–1682）

Enrique, Maestro 〈13世紀〉
フランス出身の建築長。
⇒建築（エンリッケ，マエストロ　?–1277）

Enroth, David D. 〈20世紀〉
アメリカの実業家。アラスカ海運エージェンシー副社長。
⇒二十（エンロース，デビッド・D.　1943–）

Ensingen, Ulrich von 〈14・15世紀〉
ドイツのゴシック建築家。
⇒岩世（エンジンガー　1359頃–1419.2.10）
キリ（エンジンゲン，ウルリヒ・フォン　1350頃–1419.2.10）
建築（ウルリヒ・フォン・エンジンガー　1350頃–1419頃）
新美（エンジンゲン，ウルリヒ・フォン　1359頃–1419.2.10）
西洋（エンジンガー　1359頃–1419.2.10）
世美（エンジンゲン，ウルリヒ・フォン　1350頃–1419）
世百（エンジンゲン　1350?–1419）

Enzola, Gianfrancesco 〈15世紀〉
イタリアの金銀細工師，メダル制作家。
⇒世美（エンツォーラ，ジャンフランチェスコ　15世紀後半）

Eosander, Johann Friedrich von 〈17・18世紀〉
ドイツの建築家。ベルリンの宮廷附建築師とし

てベルリン宮殿の増築に従事した（1707〜13）。
⇒岩世（エオザンダー　1669.8.23–1728.5.22）
建築（エオザンダー，ヨハン・フリードリヒ（ゲーテ男爵）　1670–1729）
新美（エオザンダー，ヨーハン・フリードリヒ・フォン　1670頃–1729）
西洋（エオザンデル　1670頃–1729）

Ephron, Nora 〈20世紀〉
アメリカ・ニューヨーク生まれの映画監督，映画製作者，映画脚本家，小説家。代表作は『クレイジー・サラダ』（1975）。
⇒ア人（エフロン，ノラ　1941–）
世映（エフロン，ノーラ　1941–）

Epicles 〈前6世紀〉
シラクサ丘のアポロンの神殿の階段の最上部蹴上げに名が刻まれている石工長。
⇒建築（エピクレス　（活動）前6世紀）

Epiktētos 〈前6世紀〉
前6世紀末のギリシアの陶工兼画工。
⇒岩世（エピクテトス）
新美（エピクテートス）
世美（エピクテトス　（活動）前525–500）

Epimachos 〈前4世紀〉
ギリシアの軍事建築家。
⇒世美（エピマコス　前4世紀）

Erard, Charles 〈16・17世紀〉
フランスの建築家，インテリア・デザイナー，画家。
⇒建築（エラール，シャルル（老エラール（通称））　1570頃–1635）

Érard, Pierre 〈18・19世紀〉
フランスのピアノ，ハープ，オルガンの製作者。
⇒ラル（エラール，ピエール　1794–1865）

Erard, Sébastien 〈18・19世紀〉
フランスの楽器製作者。フランスで初めて近代風のピアノを製作。
⇒岩ケ（エラール，セバスティアン　1752–1831）
岩世（エラール　1752.4.5–1831.8.5）
西洋（エラール　1752.4.5–1831.8.5）
世西（エラール　1752.4.5–1831.8.5）
ラル（エラール，セバスティアン　1752–1831）

Erbakan, Necmettin 〈20世紀〉
トルコの機械技師，政治家。1974年1〜9月，75年4月〜77年6月，77年7〜12月副首相。
⇒岩世（エルバカン　1926.10.29–2011.2.27）
世政（エルバカン，ネジメティン　1926–）
世東（エルバカン　1926–）

中東（エルバカン　1926-）

Erberfelt, Pieter 〈17・18世紀〉

ジャワの民族運動の先駆者。ドイツ系とタイ系
混血の富裕な商人。

⇒外国（エルベルフェルト　?-1722）
国小（エルベルフェルト　1671-1722.4.22）
世東（エルベルフェルト　1671-1722）
世百（エルベルフェルト　?-1722）
百科（エルベルフェルト　1671-1722）

Erdei Ferenc 〈20世紀〉

ハンガリーの農業社会経済学者，政治家。

⇒東欧（エルデイ　1910-1971）

Erdman, Paul E. 〈20世紀〉

アメリカの小説家，経済学者，政治学者。作品
『オイルクラッシュ』『シルバー・ショック』
など。

⇒二十（アードマン，ポール・E.　1910-）

Erdmannsdorff, Friedrich Wilhelm von 〈18世紀〉

ドイツの建築家。ドイツ初期古典主義様式の
代表。

⇒岩世（エルトマンスドルフ　1736.5.18-1800.3.9）
建築（エールトマンスドルフ，フリードリヒ・
　ヴィルヘルム・フォン　1736-1800）
国小（エルトマンスドルフ　1736.5.18-1800.3.9）
新美（エーアトマンスドルフ，フリードリヒ・
　ヴィルヘルム　1736.5.18-1800.3.9）
西洋（エルトマンスドルフ　1736.5.18-1800.3.9）
世美（エルトマンスドルフ，フリードリヒ・ヴィ
　ルヘルム・フォン　1736-1800）

Ergotimos 〈前6世紀〉

ギリシアの陶工。

⇒国小（エルゴティモス　前6世紀）
新美（エルゴティーモス）
世美（エルゴティモス　前6世紀前半）

Erhard, Ludwig 〈20世紀〉

ドイツ連邦共和国の政治家，経済学者。1963年
首相となり，アデナウアーの外交政策を手直し
して，東方政策を展開した。

⇒岩ケ（エアハルト，ルートウィヒ　1897-1977）
岩世（エアハルト　1897.2.4-1977.5.5）
旺世（エアハルト　1897-1977）
外国（エアハルト　1897-）
角世（エーアハルト　1897-1977）
現人（エアハルト　1897.2.4-）
広辞5（エアハルト　1897-1977）
広辞6（エアハルト　1897-1977）
国小（エアハルト　1897.2.4-1977.5.5）
コン3（エアハルト　1897-1977）
人物（エアハルト　1897.2.4-）
西洋（エアハルト　1897.2.4-1977.5.5）

世人（エアハルト　1897-1977）
世政（エアハルト，ルートウィヒ　1897.2.4-
　1977.5.5）
世東（エアハルト　1897.2.4-）
世西（エアハルト　1897-）
全書（エアハルト　1897-1977）
大百（エアハルト　1897-1977）
伝世（エーアハルト　1897.2.4-1977.5.5）
ナビ（エアハルト　1897-1977）
二十（エアハルト，ルートウィヒ　1897.2.4-
　1977.5.5）
評世（エアハルト　1897-1977）
山世（エアハルト　1897-1977）
歴史（エアハルト　1897-1977）

Erickson, Arthur Charles 〈20世紀〉

カナダの建築家。

⇒岩ケ（エリックソン，アーサー・チャールズ
　1924-）
最世（エリックソン，チャールズ　1924-）

Ericsson, John 〈19世紀〉

アメリカの造船家，発明家。螺旋推進器（スク
リュー）を実用化し，特許を得た（1836）。

⇒岩ケ（エリクソン，ジョン　1803-1889）
岩世（エリクソン　1803.7.31-1889.3.8）
外国（エリクソン　1803-1889）
科学（エリクソン　1803.7.31-1889.3.8）
科技（エリクソン　1803.7.31-1889.3.8）
コン2（エリクソン　1803-1889）
コン3（エリクソン　1803-1889）
西洋（エリクソン　1803.1.31-1889.3.8）
世科（エリクソン　1803-1889）
世西（エリクソン　1803.7.31-1889.3.8）
世百（エリクソン　1803-1889）
全書（エリクソン　1803-1889）
大辞（エリクソン　1803-1889）
大辞3（エリクソン　1803-1889）
大百（エリクソン　1803-1889）
伝世（エリクソン　1803.7.31-1889.3.8）
百科（エリクソン　1803-1889）

Ericsson, Nils 〈19世紀〉

スウェーデンの技術者。

⇒西洋（エリクソン　1802.1.31-1870.9.8）

Erik Raudi 〈10世紀〉

ノルウェーのノルマン人の航海者。

⇒外国（エリック・ラウディ　10世紀）

Erskine, Ralph 〈20世紀〉

イギリス生まれの建築家。ニューキャッスルの
再開発計画で賞賛を得る。

⇒二十（アースキン，ラルフ　1914-）

Ervine, St.John Greer 〈19・20世紀〉

イギリス（アイルランド）の劇作家，小説家，劇

場支配人。小説，演劇論のほか，アイルランド
問題研究などもある。
⇒岩ケ（アーヴィン，セント・ジョン（・グリーア）
1883–1971）
岩世（アーヴィン 1883.12.28–1971.1.24）
演劇（アーヴィン，シンジョン 1883–1971）
才世（アーヴィン，セント・ジョン（・グリア）
1883–1971）
集世（アーヴィン，スン・ジョン 1883.12.28–
1971.1.24）
集文（アーヴィン，スン・ジョン 1883.12.28–
1971.1.24）
西洋（アーヴィン 1883.12.28–1971.1.24）
世西（アーヴィン 1883.12.28–）
二十（アーヴィン，シン・ジョン・ギア 1883.
12.28–1971.1.24）
二十英（Ervine,（John）St.John（Greer）
1883–1971）
名著（アーヴィン 1883–）

Erwin von Steinbach 〈13・14世紀〉
ドイツの建築家。
⇒岩世（エルヴィン 1244頃–1318.1.17）
建築（エルヴィン・フォン・シュタインバッハ
?–1318）
西洋（エルヴィン 1244頃–1318）
世美（エルヴィン・フォン・シュタインバッハ
1244頃–1318）

Erzberger, Matthias 〈19・20世紀〉
ドイツ中央党の政治家。蔵相，首相代理を歴任。
⇒岩ケ（エルツベルガー，マティアス 1875–1921）
岩世（エルツベルガー 1875.9.20–1921.8.26）
外国（エルツベルガー 1875–1921）
角世（エルツベルガー 1875–1921）
国小（エルツベルガー 1875.9.20–1921.8.26）
コン2（エルツベルガー 1875–1921）
コン3（エルツベルガー 1857–1921）
人物（エルツベルガー 1875.9.20–1921.8.26）
西洋（エルツベルガー 1875.9.20–1921.8.26）
世西（エルツベルガー 1875.9.20–1921.8.26）
世百（エルツベルガー 1875–1921）
全書（エルツベルガー 1875–1921）
大百（エルツベルガー 1875–1921）
デス（エルツベルガー 1875–1921）
伝世（エルツベルガー 1875.9.20–1921.8.26）
二十（エルツベルガー，M. 1875–1921.8.26）
百科（エルツベルガー 1875–1921）
山世（エルツベルガー 1875–1921）

Escher, Alfred 〈19世紀〉
スイスの政治家，銀行家，鉄道業者。
⇒岩世（エッシャー 1819.2.20–1882.12.6）

Escher, George Arnold 〈19・20世紀〉
オランダの土木技師。1873年来日，淀川，九頭
竜川の改修・治水工事を指導。
⇒岩世（エッセル（エッシャー，エッシェル）
1843.5.10–1939.6.14）

ナビ（エッセル 1843–1939）
日人（エスヘル 1843–1939）
来日（エッシャー 1843–1939）

Escher von der Linth, Johann Konrad 〈18・19世紀〉
スイスの自然科学者，技術者。アルプス地質学
の建設者。ヴァーレン湖とチューリヒ湖との間
の土地を開発。
⇒岩世（エッシャー・フォン・デア・リント 1767.
8.24–1823.3.9）
西洋（エッシャー・フォン・デル・リント 1767.
8.24–1823.3.9）

Eschig, Max 〈19・20世紀〉
フランスの出版者。
⇒ラル（エシーク，マックス 1872–1927）

Escoffier, Auguste 〈19・20世紀〉
フランスの料理人。フランス料理を改良し，新
しい料理を創案。
⇒岩ケ（エスコフィエ，（ジョルジュ・）オーギュス
ト 1847頃–1935）
岩世（エスコフィエ 1846.10.28–1935.2.12）
西洋（エスコフィエ 1847.10.28–1935.2.12）
ナビ（エスコフィエ 1846–1935）
名著（エスコフィエ 1847–1935）

Eseler, Niclaus 〈15世紀〉
石工兼建築家。
⇒建築（エッセラー，ニクラウス（老エッセラー（通
称）） ?–1482）

Eshbach, Lloyd Arthur 〈20世紀〉
アメリカの出版業者，作家。
⇒二十（エシュバック，ロイド・アーサー 1910–）

Esmein, Jean 〈20世紀〉
実業家。ユバフー・アラブ・フランス連合銀行
東京支店総支配人。
⇒二十（エスマン，ジーン 1923–）

Espejo, Antonio de 〈16世紀〉
スペインの商人。1581～83年頃メキシコで
活躍。
⇒国小（エスペホ 生没年不詳）

Espenschied, Lloyd 〈19・20世紀〉
アメリカの電気技術者。
⇒岩世（エスペンシード 1889.4.27–1986.6.1）

Esquiber, Adolfo Parez 〈20世紀〉
アルゼンチンの平和運動家，建築家。平和と正
義奉仕協会会長。
⇒キリ（エスキベル，アドルフォ・ペレス 1931.

11.26–)
二十（エスキベル，アドルフォ・ベレス　1931–）

Esser, Max 〈19・20世紀〉
ドイツの彫刻家，工芸家。マイセンの陶器工場のために雛型を作った。
⇒西洋（エッサー　1885.5.16–1945.12.23）

Estienne, Henri 〈16世紀〉
フランスの古典学者，出版業者。"Thesaurus linguae graecae"（1572）編。
⇒岩世（エティエンヌ　1531（28）–1598.3）
外国（エティエンヌ　1528/31–1598）
キリ（エティエンヌ，アンリ　1528–1598.1）
広辞4（エティエンヌ　1531頃–1598）
広辞6（エティエンヌ　1531頃–1598）
コン2（エスティエンヌ　1531–1598）
コン3（エティエンヌ　1531–1598）
西洋（エティエンヌ　1531/28–1598.3）
名著（ステファヌス　1531–1598）

Estienne, Robert 〈16世紀〉
フランスの出版業者。"Thesaurus linguae latinae"（1532）編。
⇒岩世（エティエンヌ　1503–1559.9.7）
キリ（エティエンヌ，ロベール　1503–1559.9.7）
広辞4（エティエンヌ　1503–1559）
広辞6（エティエンヌ　1503–1559）
西洋（エティエンヌ　1503–1559.9.7）
大辞（エティエンヌ　1503–1559）
大辞3（エティエンヌ　1503–1559）
名著（エティエンヌ　1503–1559）

Estrées, Jean 〈15・16世紀〉
フランスの貴族。砲術の大家。火砲の改良などにつとめた。
⇒外国（エストレ，ジャン　1486–1571）

Etex, Antoine 〈19世紀〉
フランスの彫刻家，画家，建築家。作品中にナポレオン1世の墓，革命（1848）記念碑などがある。
⇒岩世（エテックス　1808.3.20–1888.7.14）
西洋（エテクス　1808.3.20–1888.7.14）

Étienne de Bonneuil 〈13世紀〉
石工。
⇒建築（エティエンヌ・ド・ボヌイユ　（活動）13世紀）
世美（ボンヌイユ，エティエンヌ・ド　13世紀）

Ettinger, Akiva Jacob 〈19・20世紀〉
パレスチナの農業経済学者，開拓計画者。
⇒ユ人（エッティンガー，アキバ・ヤコブ　1872–1945）

Eucken, Walter 〈20世紀〉
ドイツの経済学者。年鑑「Ordo」を創刊。
⇒岩世（オイケン　1891.1.17–1950.3.20）
経済（オイケン　1891–1950）
西洋（オイケン　1891.1.17–1950.3.20）
世百（オイケン　1891–1950）
世百新（オイケン　1891–1950）
全書（オイケン　1891–1950）
大百（オイケン　1891–1950）
二十（オイケン，ワルター　1891.1.17–1950.3.20）
百科（オイケン　1891–1950）
名著（オイケン　1891–1950）

Eudes de Metz 〈9世紀〉
カロリング朝時代の建築家。アーヘンにあるシャルルマーニュの宮廷礼拝堂の建設をした。
⇒建築（オド・ド・メッツ　（活動）800頃）

Eudes de Montreuil 〈13世紀〉
フランスの建築家，彫刻家。
⇒岩世（ウード・ド・モントルイユ　1220頃–1289）
キリ（ユード・ド・モントルイユ　1220頃–1289）
西洋（ユード・ド・モントルイユ　1220頃–1289）
世美（ウード・ド・モントルイユ　1220頃–1289）

Eudoxos ho Kyzikēnos 〈前2世紀〉
前2世紀後半のギリシア人航海者。
⇒岩世（エウドクソス（キュジコスの））

Eudoxos of Cyzicus 〈前2世紀〉
古代ギリシアの航海家。
⇒外国（エウドクソス　前2世紀）
キリ（エウドクソス（キュジコスの）　（活動）前125頃–100）
国小（エウドクソス（キュジコスの）　前2世紀）
コン2（エウドクソス　前2世紀）
コン3（エウドクソス　前2世紀）
西洋（エウドクソス（ギュジコスの）　前2世紀）

Eulenburg, Ernst 〈19・20世紀〉
ドイツの音楽出版者。1874年オイレンブルク社をライプチヒに創立し，小型総譜を出版。
⇒人物（オイレンブルク　1847.11.30–1926.9.11）
ラル（オイレンブルク，エルンスト　1847–1926）

Eulenburg, Franz 〈19・20世紀〉
ドイツ・ベルリン生まれの経済思想学者。
⇒経済（オイレンブルク　1867–1943）

Eulenburg, Friedrich Albert 〈19世紀〉
プロシア（ドイツ）の政治家。遣日使節。1861年日普修好通商航海条約を締結。
⇒外国（オイレンブルク伯　1815–1881）
国史（オイレンブルク　1815–1881）

国小（オイレンブルク　1815.6.29-1881.6.2）
コン2（オイレンブルク　1815-1881）
コン3（オイレンブルク　1815-1881）
人物（オイレンブルク　1815.6.29-1881.6.2）
西洋（オイレンブルク　1815.6.29-1881.6.2）
世西（オイレンブルク　1815.6.29-1881.6.2）
日研（オイレンブルク，フリードリッヒ　1815.6.29-1881.6.2）
日人（オイレンブルク　1815-1881）
来日（オイレンブルク　1815.6.29-1881.6.2）

Eupalinos 〈前6世紀〉
前6世紀中頃のギリシアの土木技術者。
⇒岩世（エウパリノス）
　科学（エウパリヌス　（活躍）前6世紀頃）
　科技（エウパリヌス）
　建築（エウパリヌス　（活動）前6世紀）
　世美（エウパリノス　前6世紀後半）
　全書（エウパリノス（メガラの）　生没年不詳）
　大百（エウパリノス（メガラの）　?-前522）

Euphronios 〈前6・5世紀〉
ギリシアの陶工，陶画家。作品『ヘラクレスとアンタイオス』。
⇒岩ケ（エウフロニオス　前520頃-前470）
　岩世（エウフロニオス）
　ギリ（エウフロニオス　（活動）前520頃-500）
　芸術（エウフロニオス　前510-前470）
　国小（エウフロニオス　生没年不詳）
　新美（エウフロニオス）
　西洋（エウフロニオス　前6/5世紀）
　世美（エウフロニオス　（活動）前510-470頃）
　百科（エウフロニオス　（活躍）前6世紀末）

Eupolemos 〈前5世紀〉
ギリシアの建築家。
⇒世美（エウポレモス　前5世紀末）

Euthymenēs 〈前6世紀〉
古代ギリシアの航海者。大西洋岸の航海記作者とされるが，航海範囲，正確な書名は不詳。
⇒集文（エウテュメネス（マッシリアの）　前6世紀後半）

Euthymidēs 〈前6世紀〉
前6世紀末のギリシアの陶工兼画工。
⇒岩ケ（エウテュミデス　前6世紀-前5世紀）
　岩世（エウテュミデス）
　新美（エウテューミデース）
　世美（エウテュミデス　（活動）前6世紀末）
　百科（エウテュミデス　（活躍）前6世紀末-前5世紀初）

Evans, Edmund 〈19・20世紀〉
イギリスの彫刻家，出版企画・印刷業者。
⇒児文（エバンズ，エドマンド　1826-1905）
　世児（エヴァンズ，エドマンド　1826-1905）

二十（エバンズ，エドマンド　1826-1905）

Evans, Oliver 〈18・19世紀〉
アメリカの発明家。蒸気しゅんせつ船などを開発。
⇒岩ケ（エヴァンズ，オリヴァー　1755-1819）
　岩世（エヴァンズ　1755.9.13-1819.4.15）
　科学（エヴァンズ　1755.9.13-1819.4.15）
　科史（エヴァンズ　1755-1819）
　国小（エバンズ　1755-1819.4.21）
　コン2（エヴァンズ　1755-1819）
　コン3（エヴァンズ　1755-1819）
　西洋（エヴァンズ　1755.9.13-1819.4.15）
　世科（エヴァンズ　1755-1819）
　世史（エヴァンズ　1755-1819）
　全書（エバンズ　1755-1819）
　大辞3（エバンズ　1755-1819）
　大百（エバンズ　1755-1819）
　百科（エバンズ　1755-1819）

Everding, Augst 〈20世紀〉
ドイツの劇場支配人，演出家。
⇒オペ（エーフェルディンク，アウグスト　1928.10.31-）
　クラ（エヴァーディング，アウグスト　1928-1999）

Everleigh, Ada 〈19・20世紀〉
アメリカの売春宿経営者（姉）。
⇒世女日（エヴァーリー姉妹　1875-1960）

Everleigh, Minna 〈19・20世紀〉
アメリカの売春宿経営者（妹）。
⇒世女日（エヴァーリー姉妹　1878-1948）

Évrard d'Orléans 〈13・14世紀〉
フランスの画家，彫刻家，建築家。
⇒世美（エヴラール・ドルレアン　1270頃-1357頃）

Ewing, Sir James Alfred 〈19・20世紀〉
スコットランドの物理学者，機械工学者。1878年来日し，東京大学教授。地震観測所の設立，地震計の製作など日本の地震学の先駆をなした。83年帰国。
⇒岩ケ（ユーイング，サー・（ジェイムズ・）アルフレッド　1855-1935）
　外国（ユーイング　1855-1935）
　科学（ユーイング　1855.3.27-1935.1.7）
　科史（ユーイング　1855-1935）
　科人（ユーイング，サー・ジェイムズ・アルフレッド　1855.3.27-1935.1.7）
　広辞4（ユーイング　1855-1935）
　広辞5（ユーイング　1855-1935）
　広辞6（ユーイング　1855-1935）
　国史（ユーイング　1855-1935）
　国小（ユーイング　1855.3.27-1935.1.7）
　コン2（ユーイング　1855-1935）

コン3 （ユーイング　1855-1935）
人物 （ユーイング　1855.3.27-1935.1.7）
西洋 （ユーイング　1855.3.27-1935.1.7）
世西 （ユーイング　1855.3.27-1935.1.7）
世百 （ユーイング　1855-1935）
全書 （ユーイング　1855-1935）
大辞 （ユーイング　1855-1935）
大辞2 （ユーイング　1855-1935）
大辞3 （ユーイング　1855-1935）
大百 （ユーイング　1855-1935）
二十 （ユーイング, ジェームス・アルフレッド
　　1885.3.27-1935.1.7）
日人 （ユーイング　1855-1935）
百科 （ユーイング　1855-1935）
来日 （ユーイング　1855-1935）

Exēkias 〈前6世紀〉
前6世紀後半のギリシアの陶工, 陶画家。黒絵
様式の作品を創った。主作品『将棋をさすアキ
レウスとアイアス』。
⇒岩ケ （エクセキアス　前550頃-前525）
　岩世 （エクセキアス）
　ギリ （エクセキアス　（活動）前550頃-530）
　国小 （エクセキアス　生没年不詳）
　新美 （エクセーキアース）
　西洋 （エクセキアス　前6世紀）
　世美 （エクセキアス　（活動）前550-525）

Exner, Christian Friedrich 〈18世紀〉
ドイツの建築家。
⇒世美 （エクスナー, クリスティアン・フリードリ
　ヒ　1718-1798）

Exner, Heinrich Ottomar 〈19世紀〉
ドイツの製紙技術者。
⇒日人 （エキスネル　1849-?）

Exter, Aleksandra 〈19・20世紀〉
ロシアの女性舞台美術家, 衣装デザイナー。
⇒世女 （エクステル, アレクサンドラ・アレクサン
　ドロヴナ　1882-1949）
　世女日 （エクスター, アレクサンドラ　1882-
　1949）
　世美 （エクステル, アレクサンドラ　1882-1949）
　ロシ （エクステル　1882-1949）

Eyde, Samuel 〈19・20世紀〉
ノルウェーの技術者。
⇒科人 （エイデ, サムエル　1866.10.29-1940.6.21）
　世科 （エイデ　1866-1940）
　全書 （アイデ　1866-1940）
　大百 （アイデ　1866-1940）
　二十 （エイデ, サミュエル　1866-1940）
　百科 （エイデ　1866-1940）

Eyre, Edward 〈19・20世紀〉
アメリカの財政家。ペルーとチリの対外的財政
問題の解決に尽力。

⇒名著 （エイル　1851-1937）

Eyskens, Gaston 〈20世紀〉
ベルギーの政治家, 経済学者。蔵相を歴任した
ベルギー政界の重鎮。
⇒岩世 （エイスケンス　1905.4.1-1988.1.3）
　現人 （エイスケンス　1905.4.1-）
　西洋 （エイスケンス　1905.4.1-）
　世政 （エイスケンス, ガストン　1905.4.1-1988.
　1.3）
　二十 （エイスケンス, ガストン　1905.4.1-1988.
　1.3）

Eyth, Max von 〈19・20世紀〉
ドイツの工業技術者, 農業組織者。「ドイツ農
事協会」を組織し（1883）, 農事改良に貢献。
⇒岩世 （アイト　1836.5.6-1906.8.25）
　西洋 （アイト　1836.5.6-1906.8.25）
　名著 （アイト　1836-1906）

【 F 】

Faber du Faur, Friedrich von 〈18・
19世紀〉
ドイツの鉱山技師。熔鉱炉, 平炉等を改良して
製鉄事業を促進。
⇒岩世 （ファベル・デュ・フォール　1786.12.2-
　1855.3.22）
　西洋 （ファベル・デュ・フォール　1786.12.2-
　1855.3.22）

Fabergé, Peter Carl 〈19・20世紀〉
ロシアの金工家。金細工による精巧な動物, 人
物, 草花などを制作。
⇒岩ケ （ファベルジェ, ピーター・カール　1846-
　1920）
　国小 （ファベルジェ　1846-1920）

Fabiani, Max 〈19・20世紀〉
イタリアの建築家, 都市計画家。
⇒世美 （ファビアーニ, マックス　1865-1962）

Fabius, Gerhardes 〈19世紀〉
オランダの海軍軍人。長崎海軍伝習所教官。
⇒岩世 （ファビウス　1806.12.13-1888.3.24）
　外国 （ファビウス　1806-1888）
　国史 （ファビウス　1806-1888）
　コン2 （ファビウス　1806-1888）
　コン3 （ファビウス　1806-1888）
　西洋 （ファビウス　1806.12.13-1888.3.24）
　日人 （ファビウス　1806-1888）
　来日 （ファビアス　1806.12.13-1888.3.24）

Factor, Max 〈19・20世紀〉
マックスファクターのブランド名で知られる化粧品メーカーの創業者。
⇒ユ人（ファクター，マックス　1877–1938）

Fagan, James Bernard 〈19・20世紀〉
イギリスの劇作家，演出家，プロデューサー。
⇒演劇（フェイガン，J.B.　1873–1933）
　二十英（Fagan, J(ames) B(ernard)　1873–1933）

Fahim, Muhammad Abdul Jalil al- 〈20世紀〉
アラブ首長国連邦の実業家。アリード・エンジニアリング・エンタープライズ社長。
⇒中東（ファーヒム　1915?–）

Fahlberg, Konstantin 〈19・20世紀〉
ドイツの化学者。サッカリンを発見し（1879），のちその工業的生産を開始した（84）。
⇒科学（ファールバーグ　1850.12.22–1910.8.15）
　西洋（ファールベルク　1850.12.12–1910.8.15）
　世西（ファールベルク　1850.12.22–1910.8.15）
　全書（ファールベルク　1850–1910）
　大百（ファールベルク　1850–1910）

Fahrenheit, Gabriel Daniel 〈17・18世紀〉
ドイツの物理学者，科学器具製作者。アルコールの代りに水銀を用いた寒暖計（華氏寒暖計）を発明した（1720）。
⇒岩ケ（ファーレンハイト，ガブリエル・ダニエル　1686–1736）
　岩世（ファーレンハイト　1686.5.24–1736.9.16）
　外国（ファーレンハイト　1686–1736）
　科学（ファーレンハイト　1686.5.24–1736.9.16）
　科技（ファーレンハイト　1686.5.14–1736.9.16）
　科人（ファーレンハイト，ガブリエル・ダニエル　1686.5.24–1736.9.16）
　看護（ファーレンハイト　1686–1736）
　コン2（ファーレンハイト　1686–1736）
　コン3（ファーレンハイト　1686–1736）
　人物（ファーレンハイト　1686.5.14–1736.9.16）
　西洋（ファーレンハイト　1686.5.24–1736.9.16）
　世科（ファーレンハイト　1686–1736）
　世西（ファーレンハイト　1686.5.14–1736.9.16）
　全書（ファーレンハイト　1686–1736）
　大辞（ファーレンハイト　1686–1736）
　大辞3（ファーレンハイト　1686–1736）
　大百（ファーレンハイト　1686–1736）
　伝世（ファーレンハイト　1686.5.14–1736.9.16）
　百科（ファーレンハイト　1686–1736）

Fahrenkamp, Emil 〈19・20世紀〉
ドイツの建築家。デュッセルドルフ工芸学校教授，同地美術学校研究科教授（1945）。
⇒岩世（ファーレンカンプ　1885.11.8–1966.5.24）
　西洋（ファーレンカンプ　1885.11.8–1966.5.24）
　世美（ファーレンカンプ，エーミル　1885–1966）

Faidherbe, Lucas 〈17世紀〉
フランドルの彫刻家，建築家。バロック風のはなやかな作風をもつ。
⇒芸術（ファイデルベ，ルカス　1617–1697）
　国小（フェイデルブ　1617–1697）

Fairbairn, Sir William 〈18・19世紀〉
イギリスの技術家。錬鉄，鋳鉄を造船，橋梁建築に応用。
⇒岩ケ（フェアベアン，サー・ウィリアム　1789–1874）
　岩世（フェアベアン　1789.2.19–1874.8.18）
　国小（フェアベアン　1789.2.19–1874.8.18）
　コン2（フェアベアン　1789–1874）
　コン3（フェアベアン　1789–1874）
　西洋（フェアベアン　1789.2.19–1874.8.18）
　世科（フェアベアン　1789–1874）
　世百（フェアベアン　1789–1874）
　百科（フェアベアン　1789–1874）

Fairbanks, Douglas 〈19・20世紀〉
アメリカの映画俳優，製作者。作品に『バグダッドの盗賊』（1924）など。
⇒岩ケ（フェアバンクス，ダグラス（・エルトン），シニア　1883–1939）
　岩世（フェアバンクス　1883.5.23–1939.12.12）
　外国（フェアバンクス　1883–1939）
　外男（フェアバンクス，ダグラス　1883.5.23–1939.12.10）
　現ア（Fairbanks, Douglas, Sr.　フェアバンクス，ダグラス，シニア　1883–1939）
　国小（フェアバンクス　1883.5.23–1939.12.12）
　コン3（フェアバンクス　1883–1939）
　西洋（フェアバンクス　1883.5.23–1939.12.12）
　世映（フェアバンクス，ダグラス　1883–1939）
　世俳（フェアバンクス，ダグラス　1883.5.23–1939.12.12）
　世百（フェアバンクス　1883–1939）
　世百新（フェアバンクス　1883–1939）
　全書（フェアバンクス　1883–1939）
　大百（フェアバンクス　1884–1939）
　ナビ（フェアバンクス　1883–1939）
　二十（フェアバンクス，ダグラス　1883.5.23–1939.12.10）
　俳優（フェアバンクス，ダグラス　1883.5.23–1939.12）
　百科（フェアバンクス　1883–1939）

Fairbanks, Erastus 〈18・19世紀〉
アメリカの工業家。バーモント州知事を務めた。
⇒国小（フェアバンクス　1792–1864）

Fairchild, Sherman Mills 〈20世紀〉
アメリカの航空写真創始者。

⇒岩ケ（フェアチャイルド，シャーマン　1896–
1971）
科学（フェアチャイルド　1896–1971）
二十（フェアチャイルド，S.M.　1896–1971）

Fairey, *Sir* Charles Richard 〈19・20世紀〉
イギリスの飛行機設計家。「フェアリ飛行機会
社」を創設し（1915），優秀な飛行機を設計，製
作した。
⇒岩ケ（フェアリー，サー・（チャールズ・）リ
チャード　1887–1956）
岩世（フェアリ　1887.5.5–1956.9.30）
西洋（フェアリ　1887.5.5–1956.9.30）

Fairfax, John 〈19世紀〉
オーストラリアの新聞社社主。
⇒岩ケ（フェアファックス，ジョン　1804–1877）

Fairless, Bemjamin F. 〈19・20世紀〉
アメリカの実業家。カーネギー・スチール社
長，米国相互安全保障法諮問委員長。
⇒二十（フェアレス，ベンジャミン・F.　1890–?）

Faisal bin Thani al-Thani, Sheikh 〈20世紀〉
カタールの政治家。1970年工業・農業相。
⇒中東（ファイサル　1900?–）

Faithfull, Emily 〈19世紀〉
イギリスの出版業者，フェミニスト。
⇒岩ケ（フェイスフル，エミリー　1835–1895）
世女（フェイスフル，エミリー　1835–1895）
世女日（フェイスフル，エミリー　1835–1895）

Falcone, Silvio 〈15・16世紀〉
イタリアの建築家，インターリオ（装飾彫り）
作家。
⇒世美（ファルコーネ，シルヴィオ　1468–1535）

Falconet, Étienne-Maurice 〈18世紀〉
フランスの彫刻家。セーブル王立陶器製作所監
督として，繊細で優雅な作風を確立。
⇒岩ケ（ファルコネ，エティエンヌ・モーリス
1716–1791）
岩世（ファルコネ　1716.12.1–1791.1.24）
芸術（ファルコネ，エティエンヌ・モーリス
1716–1791）
国小（ファルコネ　1716.12.1–1791.1.24）
コン2（ファルコネ　1716–1791）
コン3（ファルコネ　1716–1791）
新美（ファルコネ，エティエンヌ　1716.12.1–
1791.1.24）
人物（ファルコネ　1716.12.1–1791.1.24）
西洋（ファルコネ　1716.12.1–1791.1.24）
世美（ファルコネ，エティエンヌ＝モーリス

1716–1791）
世百（ファルコネ　1716–1791）
全書（ファルコネ　1716–1791）
大百（ファルコネ　1716–1791）
伝珂（ファルコネ　1716.12.1–1791.1.24）
百科（ファルコネ　1716–1791）

Falconetto, Giovanni Maria 〈15・16世紀〉
イタリアの画家，建築家。
⇒建築（ファルコネット，ジョヴァンニ・マリア
1468–1534）
世美（ファルコネット，ジョヴァンニ・マリーア
1468–1534/35）

Fallon, Valère 〈19・20世紀〉
ベルギーの経済学者，モラリスト。
⇒キリ（ファロン，ヴァレール　1875.5.24–1955.1.
21）

Fancelli, Luca 〈15世紀〉
イタリア初期ルネサンスの建築家，彫刻家，技
術家。
⇒岩世（ファンチェッリ　1430–1495）
キリ（ファンチェルリ，ルーカ　1430–1495）
西洋（ファンチェリ　1430–1495）
世美（ファンチェッリ，ルーカ　1430–1495）

Fanck, Arnold 〈19・20世紀〉
ドイツの映画監督。スキー，登山映画を製作，
スポーツ映画の一様式を創始した。
⇒岩世（ファンク　1889.3.6–1974.9.27）
監督（ファンク，アーノルト　1889–1974.9.27）
西洋（ファンク　1889.3.6–1974.9.27）
世映（ファンク，アルノルト　1889–1974）
二十（ファンク，アーノルド　1889.3.6–1974.9.
27）

Faneuil, Peter 〈18世紀〉
アメリカの商人，慈善家。
⇒岩ケ（ファニエル，ピーター　1700–1743）

Fanfani, Amintore 〈20世紀〉
イタリアの政治家，経済学者。労働相として活
躍したのち，首相，国連総会議長などを務めた。
⇒岩ケ（ファンファーニ，アミントーレ　1908–）
岩世（ファンファーニ　1908.2.6–1999.11.20）
角世（ファンファーニ　1908–）
現人（ファンファーニ　1908.2.16–）
国小（ファンファーニ　1908.2.16–）
西洋（ファンファーニ　1908.2.6–）
世政（ファンファーニ，アミントーレ　1908.2.
16–1999.11.20）
世西（ファンファーニ　1908.2.6–）
世百（ファンファーニ　1908–）
世百新（ファンファーニ　1908–1999）
全書（ファンファーニ　1908–）

二十（ファンファーニ, A. 1908.2.16–）
百科（ファンファーニ 1908–）
山世（ファンファーニ 1908–1999）

Fanning, John Thomas 〈19・20世紀〉
アメリカの土木・水利技術者。マンチェスター市をはじめニューイングランド地方の多くの都市の上下水道設備を設計した。
⇒科学（ファンニング 1837.1.1–1911.2.6）
西洋（ファンニング 1837.12.31–1911）
二十（ファンニング, ジョン・トマス 1837.1.1–1911.2.6）

Fano, Robert Mario 〈20世紀〉
イタリア生まれのアメリカの電子工学者。1956年マサチューセッツ工科大学教授。
⇒現人（ファノ 1917.11.11–）
二十（ファノ, ロバート・M. 1917.11.11–）

Fansaga, Cosimo 〈16・17世紀〉
イタリアの建築家, 彫刻家。ナポリで制作した (1615〜)。
⇒岩ケ（ファンザーゴ（ファンサーガ） 1591.10.12–1678.2.13（埋葬））
キリ（ファンサーガ, コージモ 1591–1678.2.13）
建築（ファンツァーゴ, コジモ（ファンサーゴ, コジモ） 1591–1678）
西洋（ファンサーガ（ファンサーゴ） 1591–1678.2.13埋葬）
世美（ファンツァーゴ, コージモ 1593–1678）

Fargo, William George 〈19世紀〉
アメリカ通運業界の先駆者。アメリカン・エクスプレス社を設立。
⇒岩ケ（ファーゴ, ウィリアム（・ジョージ） 1818–1881）
国小（ファーゴ 1818.5.20–1881.8.3）

Farina, Battista 〈20世紀〉
イタリアの自動車デザイナー。
⇒岩ケ（ファリーナ, バッティスタ 1893–1966）

Farinati, Paolo 〈16・17世紀〉
イタリアの画家, 彫刻家, 建築家。マントバ大聖堂の聖壇の制作に従事。
⇒国小（ファリナッチ 1524頃–1606頃）
世美（ファリナーティ, パーオロ 1524頃–1606）

Farman, Henri 〈19・20世紀〉
フランスの飛行家, 飛行機製造家。弟と共にファルマン飛行機会社を設立 (1912) して「ファルマン複葉機」を製作, 第一次大戦にフランスおよび連合軍に飛行機を供給した。
⇒岩ケ（ファルマン, アンリ 1874–1958）
岩世（ファルマン 1874.5.26–1958.7.18）
外国（ファルマン 1874–）

コン2（ファルマン 1874–1958）
コン3（ファルマン 1874–1958）
人物（ファルマン 1874.5.26–）
西洋（ファルマン 1874.5.26–1958.7.18）
世西（ファルマン 1874.5.27–）
百科（ファルマン兄弟）

Farman, Maurice 〈19・20世紀〉
フランスの航空技術者。兄はアンリ・ファルマン。
⇒百科（ファルマン, モーリス 1877–1964）
百科（ファルマン兄弟）

Farmanfarmaian, Khodadad 〈20世紀〉
イランの経済学者, 実業家。1964〜69年イラン中央銀行総裁。73年パルス石油会社社長。
⇒中東（ファルマンファルマイヤーン 1928–）

Farmer, Peter 〈20世紀〉
イギリスのデザイナー。
⇒バレ（ファーマー, ピーター 1941.11.3–）

Farrell, Terry 〈20世紀〉
イギリスの建築家。
⇒二十（ファレル, テリー 1938–）

Farrer, William James 〈19・20世紀〉
オーストラリアの植物の品種改良家。1901年にフェデレーション小麦を育成。以後, 10年間に濠州小麦の作付の7割以上を占めた。
⇒岩ケ（ファラー, ウィリアム・ジェイムズ 1845–1906）
西洋（ファラー 1845–1906）
伝世（ファラー 1845.4.3–1906.4.16）

Farsari, A.
アメリカの写真館経営者。
⇒日人（ファサリ 生没年不詳）

Fatboy Slim 〈20世紀〉
イングランド生まれのミュージシャン, 音楽プロデューサー, DJ。
⇒実ク（ファットボーイ・スリム）
標音（ファットボーイ・スリム）
洋ヒ（ファットボーイ・スリム 1963–）

Fath, Jacques 〈20世紀〉
フランスの服飾デザイナー。アメリカ映画界で人気を得た。
⇒岩世（ファット 1912.9.6–1954.11.13）
国小（ファト 1912–1954）
世俳（ファート, ジャーク 1912.9–1954）
世俳（ファット, ジャーク 1912.9.12–1954.11.14）

世百（ファット　1912–1954）
全書（ファット　1912–1954）
大百（ジャック・ファット　1912–1954）
ナビ（ファット　1912–1954）
二十（ファット, ジャック　1912–1954）

Fat Jon The Ample Soul Physician 〈20世紀〉
アメリカのヒップホップ系の音楽プロ
デューサー。
⇒ヒ人（ファット・ジョン・ジ・アンプル・ソウ
ル・フィジシャン　1975–）

Fattoretto, Giovan Battista 〈17・18世紀〉
イタリアの建築家。
⇒世美（ファットレット, ジョヴァン・バッティス
タ　（活動）17世紀末–18世紀初頭）

Fauconnier, Jacques-Henri 〈18・19世紀〉
フランスの金銀細工師。
⇒世美（フォーコニエ, ジャック＝アンリ　1776–1839）

Faulkner, Harold Underwood 〈19・20世紀〉
アメリカの経済史家。スミス・カレッジ教授
（1931来）。
⇒岩世（フォークナー　1890.2.25–1968.6.17）
西洋（フォークナー　1890.2.25–1968.6.17）
名著（フォークナー　1890–）

Favre, Joseph 〈19・20世紀〉
スイス生まれの料理人。
⇒岩世（ファーヴル　1849–1903）

Favre-Brandt, James 〈19・20世紀〉
スイス人の時計貿易商。
⇒日人（ファーブル・ブラント　1841–1923）
来日（ファブル・ブラント　1841–1923）

Fawcett, Henry 〈19世紀〉
イギリスの経済学者, 政治家。グラッドストン
内閣の逓相となり（1880）, 小包郵便制度を設
けた（82）。
⇒岩世（フォーセット　1833.8.26–1884.11.6）
英米（Fawcett, Henry　フォーセット, ヘンリー
1833–1884）
外国（フォーセット　1833–1884）
西洋（フォーセット　1833.8.26–1884.11.6）

Fawcett, *Dame* Millicent Garrett 〈19・20世紀〉
イギリスの経済思想学者。婦人参政権運動の指
導者。Dameの尊称を送られた。

⇒岩ケ（フォーセット, デイム・ミリセント
1847–1929）
英米（Fawcett, Dame Millicent Garrett
フォーセット（ミリセント）　1847–1929）
外国（フォーセット夫人　1847–1929）
経済（フォーセット　1847–1929）
国小（フォーセット　1847.6.11–1929.8.5）
世女（フォーセット, ミリセント・ギャレット
1847–1929）
世女日（フォーセット, ミリセント　1847–1929）
二十（フォーセット, ミリセント・ガレット
1847–1929）
百科（フォーセット　1847–1929）

Fawzī, Ahmad 〈20世紀〉
ヨルダンの技師, 行政家。アンマン市長（1968
～73）。
⇒中東（ファウジイ　1928–）

Faydherbe, Lucas 〈17世紀〉
フランドルの彫刻家, 建築家。
⇒建築（ファイトヘルプ, ルック　1617–1697）
世美（フェデルブ, リューカス　1617–1697）

Fayol, Henri 〈19・20世紀〉
フランスの経営学者。経営者としての経験に基
づき管理の原理を研究。著書に『産業および一
般管理論』がある。
⇒岩世（ファヨール　1841.7.29–1925.11.19）
デス（フェイヨール　1841–1925）
二十（フェイヨル, アンリ　1841–1925）
百科（フェイヨル　1841–1925）
名著（ファイヨル　1841–1925）

Fechner, Max 〈20世紀〉
ドイツの政治家。工具製作工の出身。ドイツ民
主共和国（東独）法相（1949～53）。
⇒コン3（フェヒナー　1892–1973）
西洋（フェヒナー　1892.7.27–1973.9.13）
二十（フェヒナー, マックス　1892.7.27–1973.9.
13）

Fedden, *Sir*（Albert Hubert）Roy 〈19・20世紀〉
イギリスの飛行機エンジンの設計家。
⇒岩ケ（フェドン, サー・（アルバート・ヒューバー
ト・）ロイ　1885–1973）

Federici, Cesare 〈16・17世紀〉
ヴェネツィアの商人。
⇒岩世（フェデリーチ　1521頃–1602頃）

Federighi, Antonio 〈15世紀〉
イタリアの彫刻家, 建築家。
⇒建築（フェデリーギ, アントニオ　1420頃–1490）
世美（フェデリーギ, アントーニオ　1439–1490）

経済・産業篇　　　　　　　　　　*203*　　　　　　　　　　**fenol**

Fedorovitch, Sophie 〈20世紀〉
ロシア, イギリスの舞台デザイナー。
⇒バレ（フョードロヴィッチ, ソフィ　1893.12.15–
　1953.1.25)

Fedotiev, Pavel Pavlovich 〈19・20世
紀〉
ソ連邦の化学工学者。ソルヴェー法によるソー
ダの工業的採取理論, 電気分解によるアルミニ
ウム生産の物理化学的理論を提出。
⇒コン2（フェードチエフ　1864–1934)
　コン3（フェドチエフ　1864–1934)

Fehling, Herman 〈20世紀〉
ドイツの建築家。ベルリン工科大学名誉教授。
⇒二十（フェーリング, ヘルマン　1909–)

Fehn, Sverre 〈20世紀〉
ノルウェーの建築家。
⇒最世（フェーン, スベーレ　1924–)

Feigenbaum, Edward Albert 〈20世
紀〉
アメリカのコンピューター科学者。
⇒科人（ファイゲンバウム, エドワード・アルバー
　ト　1936.1.20–)
　ナビ（ファイゲンバウム　1936–)

Feith, Arend Willem 〈18世紀〉
オランダの出島商館長。初め商館の次席館員を
務め, のち商館長となり, 5期駐在した（1771～
81)。
⇒岩世（フェイト　1747頃–1781)
　国史（フェイト　1745–1782)
　西洋（フェイト　1747頃–1781)
　対外（フェイト　1745–1782)
　日人（フェイト　1745–1782)
　来日（フェイト　1745–1782.5.14)

Fel'dman, Grigoriy Aleksandrovich
〈19・20世紀〉
ロシアの経済学者。
⇒経済（フェルトマン　1884–1958)
　全書（フェリトマン　1884–1958)
　二十（フェリトマン, G.　1884–1958)

Feldstein, Martin S. 〈20世紀〉
アメリカの計量経済学者。大統領経済諮問委員
長, ハーバード大学教授。
⇒二十（フェルドスタイン, M.S.　1939.11.25–)

Fellner, Ferdinand 〈19・20世紀〉
ドイツの建築家。ハンブルクのドイツ劇場
（1900)など多くの劇場を建築した。

⇒岩世（フェルナー　1847.4.19–1916.3.22)
　西洋（フェルナー　1847.4.19–1916.3.22)

Fellner, William John 〈20世紀〉
アメリカのマクロ経済学者。
⇒岩世（フェルナー　1905.5.31–1983.9.15)
　経済（フェルナー　1905–1983)
　二十（フェルナー, ウイリアム・ジョン　1905–
　1983)

Feltrinelli, Giangiacomo 〈20世紀〉
イタリアの出版社主。
⇒集世（フェルトリネッリ, ジャンジャーコモ
　1926.6.19–1972.3.14)
　集文（フェルトリネッリ, ジャンジャーコモ
　1926.6.19–1972.3.14)

Fenollosa, Ernest Francisco 〈19・20世
紀〉
アメリカの哲学者, 日本美術研究家。日本古美
術の研究や, 伝統的な日本画の復興に努力。ま
た, 日本の官学での最初の経済学講義を行い,
経済学教育の先駆者となった。
⇒アメ（フェノロサ　1853–1908)
　イ文（Fenollosa, Ernest（Francisco）　1853頃–
　1908)
　岩世（フェノロサ　1853.2.18–1908.9.21)
　オ世（フェノロサ, アーネスト（・フランシスコ）
　1853–1908)
　外国（フェノロサ　1853–1908)
　角世（フェノロサ　1853–1908)
　教育（フェノローサ　1853–1908)
　経済（フェノロサ　1853–1908)
　広辞4（フェノロサ　1853–1908)
　広辞5（フェノロサ　1853–1908)
　広辞6（フェノロサ　1853–1908)
　国史（フェノロサ　1853–1908)
　国小（フェノロサ　1853.2.18–1908.9.21)
　国百（フェノロサ, アーネスト・フランシスコ
　1853.2.18–1908.9.21)
　コン2（フェノロサ　1853–1908)
　コン3（フェノロサ　1853–1908)
　集世（フェノロサ, アーネスト　1853.2.18–1908.
　9.21)
　集文（フェノロサ, アーネスト　1853.2.18–1908.
　9.21)
　新美（フェノロサ, アーネスト　1853.2.16–1908.
　9.21)
　人物（フェノロサ　1853.2.18–1908.9.21)
　西洋（フェノローサ　1853–1908.9.21)
　世宗（フェノロサ　1853–1908)
　世西（フェノロサ　1853.2.18–1908.9.21)
　世百（フェノロサ　1853–1908)
　世文（フェノロサ, アーネスト・F.　1853–1908)
　全書（フェノロサ　1853–1908)
　大辞2（フェノロサ　1853–1908)
　大辞3（フェノロサ　1853–1908)
　大百（フェノロサ　1853–1908)
　デス（フェノロサ　1853–1908)

ナビ（フェノロサ　1853-1908）
二十（フェノロサ，アーネスト・F.　1853.2.16-
1908.9.21）
日研（フェノロサ，アーネスト・フランシスコ
1853.2.18-1908.9.21）
日人（フェノロサ　1853-1908）
百科（フェノロサ　1853-1908）
名著（フェノロサ　1853-1908）
来日（フェノロサ　1853-1908）
歴史（フェノロサ　1853-1908）

Fenske, Merrell Robert 〈20世紀〉
アメリカの化学技術者。ペンシルヴァニア州立
大学化学工学教授（1934来）。
⇒西洋（フェンスケ　1904.6.5-1971.9.28）

Féraud, Louis 〈20世紀〉
フランスの服飾デザイナー。伝統的・形式的な
束縛を打ち破り，解放的で若々しく魅力的。
⇒人物（フェロー　1920-）
大百（ルイ・フェロー　1920-）

Ferguson, Henry George 〈19・20世紀〉
イギリスの技術者。農業用トラクタの自動牽引
制御を開発した。
⇒岩ケ（ファーガソン，ハリー・ジョージ　1884-
1960）
世科（ファーガソン　1884-1960）
二十（ファーガソン，ヘンリー・ジョージ
1884-1960.10.25）

Ferguson, Patrick 〈18世紀〉
イギリスの軍人，発明家。
⇒岩ケ（ファーガソン，パトリック　1744-1780）

Fergusson, James 〈19世紀〉
スコットランドの建築史家。インドで商業に従
事する傍ら，古代インドの建築を踏査し，建築
史を比較研究。
⇒岩世（ファーガソン　1808.1.22-1886.1.9）
新美（ファーガスン，ジェームズ　1808.1.22-
1886.1.9）
人物（ファーガソン　1808.1.22-1886.1.9）
西洋（ファーガソン　1808.1.22-1886.1.9）
世東（ファガーソン　1808.1.2-1886.1.9）
世百（ファーガソン　1808-1886）
全書（ファーガソン　1808-1886）

Ferlinghetti, Lawrence 〈20世紀〉
アメリカの詩人，出版業者。「サンフランシス
コ・ルネサンス」の推進者。
⇒岩ケ（ファーリンゲッティ，ローレンス（・モンサ
ント）1919-）
岩世（ファーリンゲティ　1919.3.24-）
英文（ファーリンゲティ，ロレンス　1919-）
才世（ファーリンゲティ，ローレンス　1920-）
国小（ファリンゲッティ　1919.3.24-）

コン3（ファーリンゲッティ　1919-）
集世（ファーリンゲティ，ロレンス　1919.3.24-）
集文（ファーリンゲティ，ロレンス　1919.3.24-）
全書（ファリンゲッティ　1919-）
二十（ファーリンゲッティ，ロレンス　1919-）
二十英（Ferlinghetti, Lawrence　1919-）
名詩（ファーリンゲティ，ローレンス　1919-）

Fernandes, Francisco Hermenegildo
〈19・20世紀〉
ポルトガル人（マカオ生まれ）の実業家，印刷業
者で新聞社主。
⇒岩世（フェルナンデス　1863.2.2-1923）

Fernandes, Mateus 〈15・16世紀〉
ポルトガルの建築家。
⇒建築（フェルナンデス，マテウス　?-1515）

Ferragamo, Fiamma 〈20世紀〉
イタリアのデザイナー。
⇒世女日（フェラガモ，フィアンマ　1941-1998）

Ferragamo, Salvatole 〈20世紀〉
イタリアの靴デザイナー。
⇒ナビ（フェラガモ　1898-1960）
二十（フェラガモ，S.　1898-1960）

Ferranti, Sebastian Ziani de 〈19・20世紀〉
イギリスの電気技術者。高圧発電および配電に
関する業績のほか，大型単相交流発電機を初め，
176種を発明，特許を得た。
⇒岩ケ（フェランティ，セバスチャン・ジアーニ・
ド　1864-1930）
岩世（フェランティ　1864.4.6-1930.1.13）
西洋（フェランティ　1864.4.6-1930）
世科（フェランティ　1864-1930）
世百（フェランティ　1864-1933）
全書（フェランティ　1864-1930）
二十（フェランティ，セバスチャン・Z.　1864.4.
9-1930.1.13）
百科（フェランティ　1864-1930）

Ferrari, Enzo 〈20世紀〉
イタリアのレーシングカーの設計者。
⇒岩ケ（フェラーリ，エンツォ　1898-1988）

Ferraris, Galileo 〈19・20世紀〉
イタリアの電気技術者。
⇒岩世（フェラーリス　1847.10.31-1897.2.7）
キリ（フェルラータ，ドメーニコ　1847.3.4-
1914.10.10）
コン2（フェラーリス　1847-1897）
コン3（フェラーリス　1847-1897）
西洋（フェラーリス　1847.10.30-1897.2.7）
世百（フェラリス　1847-1897）

経済・産業篇

全書（フェラリス　1847–1897）

Ferrer, Mel〈20世紀〉
アメリカの俳優，映画プロデューサー。
⇒外男（ファーラー，メル　1917.8.25–）
　児作（Ferrer, Melchor　フェラー，メルコール）
　世俳（ファーラー，メル　1917.8.25–）
　二十（ファラー，メル　1917.8.25–）
　俳優（フェラー，メル　1917.8.25–）

Ferris, George Washington Gale
〈19世紀〉
アメリカのエンジニア。
⇒岩ケ（フェリス，ジョージ（・ワシントン・ゲイル）　1859–1896）

Ferstel, Heinrich von〈19世紀〉
オーストラリアの建築家。
⇒新美（フェルステル，ハインリヒ・フォン　1828.7.7–1883.7.14）
　世美（フェルステル，ハインリヒ・フォン　1828–1883）

Fessenden, Reginald Aubrey〈19・20世紀〉
アメリカの物理学者，無線工学者。高周波交流発電機・電解検波器・ヘテロダイン受信方式を発明。
⇒岩ケ（フェッセンデン，レジナルド・オーブリー　1866–1932）
　岩世（フェッセンデン　1866.10.6–1932.7.22）
　外国（フェッセンデン　1866–1932）
　科技（フェッセンデン　1866.10.6–1932.7.22）
　科人（フェッセンデン，レジナルド・オーブリー　1866.10.6–1932.7.22）
　コン2（フェッセンデン　1866–1932）
　コン3（フェッセンデン　1866–1932）
　世科（フェッセンデン　1866–1932）
　世西（フェッセンデン　1866.10.6–1932.7.22）
　世百（フェッセンデン　1866–1932）
　全書（フェッセンデン　1866–1932）
　大百（フェッセンデン　1866–1932）
　二十（フェセンデン，R.A.　1866.10.6–1932.7.22）

Fetter, Frank Albert〈19・20世紀〉
アメリカの経済学者。主意心理学の立場から限界理論を批判した。
⇒岩世（フェッター　1863.3.8–1949.3.21）
　西洋（フェッター　1863.3.8–1949.3）

Fettes, *Sir* William〈18・19世紀〉
スコットランドの商人，慈善家。
⇒岩ケ（フェティズ，サー・ウィリアム　1750–1836）

Feuer, Cy〈20世紀〉
アメリカのミュージカル製作者，演出家。
⇒二十（フォイアー，サイ　1911.1.15–）

Feuerabend, Sigismund〈16世紀〉
ドイツの木版画家。木版画の制作のほか，印刷業者に協力して書物の装飾や装幀にたずさわった。
⇒西洋（フォイエルアーベント　1528–1590）

Feuillade, Louis〈19・20世紀〉
フランスの映画監督，製作者。トリック映画・連続映画・シネ・ロマン等を確立。シリーズ『ファントマ』（1913〜14）など。
⇒監督（フイヤード，ルイ　1873.2.19–1925.2.26）
　コン2（フイヤード　1874–1925）
　コン3（フィヤード　1874–1925）
　世映（フイヤード，ルイ　1873–1925）
　二十（フイヤード，ルイス　1873–1925）
　百科（フイヤード　1873–1925）

Fibonacci, Leonardo〈12・13世紀〉
イタリアの商人，数学者。
⇒岩ケ（フィボナッチ，レオナルド　1170頃–1250頃）
　外国（レオナルド　1180/70–1250/40）
　科学（フィボナッチ　1170頃–1250頃）
　科技（フィボナッチ　1170頃–1250頃）
　科史（レオナルド（ピサの）　1170頃–1240以後）
　科人（フィボナッチ，レオナルド　1170?–1250?）
　科大（フィボナッチ　1174頃–1250頃）
　角世（フィボナッチ　1170?–1240?）
　広辞4（フィボナッチ　1170頃–1250頃）
　広辞6（フィボナッチ　1170頃–1250頃）
　コン2（フィボナッチ　1170頃–1250頃）
　コン3（フィボナッチ　1180頃–1250）
　数学（レオナルド（ピサの）　1180–1250頃）
　数学増（レオナルド（ピサノ）　1180–1250頃）
　西洋（レオナルド・ピサーノ　1180頃–1250頃）
　世科（フィボナッチ（ピサのレオナルド）　1180頃–1250頃）
　世西（フィボナッチ　1174頃–1250）
　全書（フィボナッチ　1174頃–1250頃）
　大辞（フィボナッチ　1170頃–1250頃）
　大辞3（フィボナッチ　1180頃?–1250頃?）
　大百（フィボナッチ　1170?–1250?）
　伝世（フィボナッチ　1180頃–1250頃）
　百科（フィボナッチ　1170頃–1240以後）
　名著（レオナルド・ダ・ピサ　1170頃–1250頃）

Field, Agnes Mary〈20世紀〉
イギリスの映画プロデューサー。
⇒世女（フィールド（アグネス），メアリ　1896–1968）
　世女日（フィールド，メアリー　1896–1968）

Field, Cyrus West 〈19世紀〉

アメリカの技術者。アメリカ・ヨーロッパ間の
海底ケーブルを初めて布設(1857～58, 65～
66)。
⇒岩ケ (フィールド, サイラス・W (ウェスト)
　　1819–1892)
　英米 (Field, Cyrus West　フィールド　1819–
　　1892)
　科学 (フィールド　1819.11.30–1892.7.12)
　科技 (フィールド　1819.11.30–1892.7.12)
　コン2 (フィールド　1819–1892)
　コン3 (フィールド　1819–1892)
　西洋 (フィールド　1819.11.30–1892.7.12)
　世西 (フィールド　1819.11.30–1892.7.12)
　世百 (フィールド　1819–1892)
　全書 (フィールド　1819–1892)
　大百 (フィールド　1819–1892)

Field, Joshua 〈18・19世紀〉

イギリスの土木技術者。
⇒岩世 (フィールド　1786–1863.8.11)

Field, Marshall 〈19・20世紀〉

アメリカの実業家。需要を見越しての廉価大量
仕入れと現金正価の公正取引による大量販売な
どの新商法によって, シカゴで正札制の百貨店
経営に成功。
⇒岩ケ (フィールド, マーシャル　1834–1906)
　世西 (フィールド　1834.8.18–1906.1.16)
　デス (フィールド　1834–1906)
　伝世 (フィールド　1834–1906.1.16)

Fields, James Thomas 〈19世紀〉

アメリカの出版業者, 伝記作家, 詩人。
⇒岩世 (フィールズ　1817.12.31–1881.4.24)
　国小 (フィールズ　1817.12.31–1881.4.24)

Fields, Joe 〈20世紀〉

アメリカのジャズ・プロデューサー。ミュー
ズ・レコードを設立, オーナーを務めるなど,
数々のレーベルを設立し, レコードを制作した。
⇒ジヤ (フィールズ, ジョー　?–)
　二十 (フィールズ, ジョー)

Figges, John 〈20世紀〉

イギリスの実業家, 東洋美術研究家。
⇒二十 (フィゲス, ジョン　1910–)

Figini, Luigi 〈20世紀〉

イタリアの建築家。
⇒世美 (フィジーニ, ルイージ　1903–1984)

Figueroa, Leonardo de 〈17・18世紀〉

スペインの建築家。
⇒岩ケ (フィゲロア, レオナルド・デ　1650頃–

1730)

Filarete, Antonio 〈15世紀〉

イタリアのルネサンスの彫刻家, 建築家。ロー
マの聖ペテロ聖堂の青銅扉の浮彫りを製作。
⇒岩ケ (フィラレテ, アントニオ　1400頃–1469頃)
　岩世 (フィラレーテ　1400頃–1469頃)
　芸術 (フィラレーテ　1400頃–1469)
　建築 (フィラレーテ (通称) (アントニオ・デ・ピ
　　エトロ・アヴェルリーノ)　1400頃–1469/70)
　国小 (フィラレテ　1400頃–1469)
　新美 (フィラレーテ, アントーニオ　1400頃–
　　1469頃)
　西洋 (フィラレテ　1400頃–1469頃)
　世美 (フィラレーテ, アントーニオ　1400頃–
　　1469頃)
　百科 (フィラレーテ　1400頃–1469)

Filippi, Gian Maria 〈16・17世紀〉

イタリアの建築家。
⇒世美 (フィリッピ, ジャン・マリーア　16–17世
　　紀)

Filippo da Campello 〈13世紀〉

イタリアの建築家。
⇒世美 (フィリッポ・ダ・カンペッロ　(活動)13世
　　紀)

Filo, David 〈20・21世紀〉

アメリカの企業家, コンピューター技術者。
⇒岩世 (ファイロ　1966.4.20–)

Filocalus, Furius Dionysius 〈4世紀〉

ローマの能画工, 刻字工, 年代記作者。
⇒キリ (フィロカルス, フーリウス・ディオニュー
　　シウス　4世紀)
　ロマ (フィロカルス　4世紀後半)

Filocles 〈前5世紀〉

ギリシアの建築家。
⇒建築 (フィロクレス　(活動)前400頃)

Filon of Eleusis 〈前4世紀〉

古代の建築家。
⇒建築 (フィロン・オブ・エレウシス　(活動)前4
　　世紀)

Finch, Alfred William 〈19・20世紀〉

ベルギー出身の画家, 陶芸家。
⇒岩世 (フィンチ　1854.11.28–1930.4.28)

Finiguerra, Maso 〈15世紀〉

イタリアの金工家, 版画家。象嵌細工の下絵で
知られる。
⇒国小 (フィニグエラ　1426.3?–1464.8?)

新美（フィニグエルラ, マーソ（トマーソ）
1418/26頃–1460/-4）
世美（フィニグエッラ, マーゾ 1426–1464）
百科（フィニグエラ 1426頃–1464頃）

Fink, Albert 〈19世紀〉
アメリカの建築技師。
⇒岩ケ（フィンク, アルバート 1827–1897）

Finley, James 〈18・19世紀〉
アメリカの土木技術者。
⇒岩ケ（フィンリー, ジェイムズ 1762–1828）
岩世（フィンリー 1762–1828）

Finsterlin, Hermann 〈19・20世紀〉
ドイツの建築家, 画家。B.タウトによって始め
られた「ユートピア通信」のグループ「ガラス
の鎖」にも参加。
⇒岩世（フィンステルリン 1887.8.18–1973.9.16）
西洋（フィンステルリン 1887.8.18–1973.9.16）
世美（フィンステルリン, ヘルマン・ヴィルヘル
ム・ルートーヴィヒ 1887–1973）

Finsterwalder, Sebastian 〈19・20世紀〉
ドイツの数学者, 測地学者。写真測量に関し輻
射三角測量法の創始, 氷河の測量等がある。
⇒岩ケ（フィンスターヴァルダー 1862.10.4–1951.
12.4）
西洋（フィンステルヴァルダー 1862.10.4–1951.
12.4）

Fioravanti, Aristoteli 〈15世紀〉
イタリアの建築家, 土木技術家。
⇒建築（フィオラヴァンティ, アリストティレ（ア
リストティレ・ダ・ボローニャ（通称）） 1415–
1485）
コン2（フィオラヴァーンティ 1415/20–1486
頃）
コン3（フィオラヴァーンティ 1415/20–1486
頃）
世美（フィオラヴァンティ, アリストーティレ
1415頃–1486頃）

Fiorentino, Jacobo 〈16世紀〉
フィレンツェの建築家, 彫刻家, 画家。
⇒建築（フィオレンティーノ, ジャコボ（インダコ
（通称）） ?–1526）

Fiorentino, Mario 〈20世紀〉
イタリアの建築家, 都市計画家。
⇒世美（フィオレンティーノ, マーリオ 1918–）

Firestone, Harvey Samuel 〈19・20世
紀〉
アメリカの実業家。ファイアストン・タイヤ・
アンド・ラバー社を創立。

⇒岩ケ（ファイアストーン, ハーヴィー・S（サミュ
エル） 1868–1938）
伝世（ファイアストン 1868.12.20–1938.2.7）

Firmin, Peter 〈20世紀〉
イギリスの絵本作家, 人形・漫画映画製作者。
⇒二十（ファーミン, ピーター 1928–）

Firmin, Thomas 〈17世紀〉
イギリスの慈善家, ロンバード街の織物商。
⇒イ哲（ファーミン, T. 1632–1697）

Firth, Mark 〈19世紀〉
イギリスの会社経営者, 慈善家。
⇒岩ケ（ファース, マーク 1819–1880）

Fischer, Alfred 〈19・20世紀〉
ドイツの建築家。エッセンの工芸学校校長
（1911来）。工場建築の設計者として知られる。
⇒岩世（フィッシャー 1881.8.29–1950.4.10）
西洋（フィッシャー 1881.8.29–1950.4.10）

Fischer, Carl 〈19・20世紀〉
アメリカの音楽出版者。
⇒岩ケ（フィッシャー, カール 1849–1923）
コン3（フィッシャー 1849–1923）

Fischer, Guido 〈20世紀〉
ドイツのカトリック企業経済学者。
⇒キリ（フィッシャー, ギード 1899.6.8–）

Fischer, Johann Michael 〈17・18世紀〉
ドイツのバロック建築家。教会建築家として
（1724～66）, 32の教会堂, 23の修道院を建立。
⇒岩世（フィッシャー 1692.2.18–1766.5.6）
キリ（フィッシャー, ヨーハン・ミヒャエル
1691–1766.5.6）
建築（フィッシャー, ヨハン・ミヒャエル
1692–1766）
新美（フィッシャー, ヨーハン・ミヒャエル
1691頃–1766.5.6）
西洋（フィッシャー 1691頃–1766.5.6）
世美（フィッシャー, ヨハン・ミヒャエル
1692–1766）
全書（フィッシャー 1692–1766）

Fischer, Reinhard 〈18・19世紀〉
ドイツの建築家。
⇒世美（フィッシャー, ラインハルト 1746–1813）

Fischer, Samuel von 〈19・20世紀〉
ドイツの出版業者。フランクフルト（マイン河
畔）にフィッシャー書店を設けた（1886）。
⇒岩世（フィッシャー 1859.12.24–1934.10.15）
西洋（フィッシャー 1859.12.24–1934.10.15）

fisch 208 西洋人物レファレンス事典

F

Fischer, Theodor 〈19・20世紀〉
ドイツの建築家。旧来の様式に近代的要素を加味した建築をし，またその門下から多くのすぐれた建築家を出した。
⇒岩世（フィッシャー 1862.5.28–1938.12.25）
外国（フィッシャー 1862–1938）
キリ（フィッシャー，テーオドーア 1862.5.28–1938.12.25）
コン2（フィッシャー 1862–1938）
コン3（フィッシャー 1862–1938）
西洋（フィッシャー 1862.5.28–1938.12.25）
世美（フィッシャー，テオドル 1862–1938）
大百（フィッシャー 1862–1938）

Fischer von Erlach, Johann Bernhard 〈17・18世紀〉
オーストリアの建築家。ウィーンの貴族や皇帝などのために制作。
⇒岩ケ（フィッシャー，フォン・エルラッハ，ヨハン・ベルナルト 1656–1723）
岩世（フィッシャー・フォン・エルラッハ 1656.7.20–1723.4.5）
キリ（フィッシャー・フォン・エルラハ，ヨーハン・ベルンハルト 1656.7.20–1723.4.5）
建築（フィッシャー・フォン・エルラッハ，ヨハン・ベルンハルト 1656–1723）
国小（フィッシャー・フォン・エルラハ 1656.7.20–1723.4.5）
コン2（フィッシャー・フォン・エルラハ 1656–1723）
コン3（フィッシャー・フォン・エルラハ 1656–1723）
新美（フィッシャー・フォン・エルラッハ，ヨーハン・ベルンハルト 1656.7.20–1723.4.5）
西洋（フィッシャー・フォン・エルラハ 1656.7.20–1723.4.5）
世美（フィッシャー・フォン・エルラッハ，ヨハン・ベルンハルト 1656–1723）
世百（フィッシャーフォンエルラハ 1656–1723）
全書（フィッシャー・フォン・エルラハ 1656–1723）
伝世（フィッシャー・フォン・エルラハ 1656.7.18–1723.4.5）
百科（フィッシャー・フォン・エルラハ 1656–1723）

Fischer von Erlach, Joseph Emanuel 〈17・18世紀〉
オーストリアの建築家。広くヨーロッパを旅行し，父の死後，仕事を引継いだ。
⇒岩世（フィッシャー・フォン・エルラッハ 1693.9.13–1742.6.29）
建築（フィッシャー・フォン・エルラッハ，ヨーゼフ・エマヌエル 1693–1742）
コン2（フィッシャー・フォン・エルラハ 1693–1742）
コン3（フィッシャー・フォン・エルラハ 1693–1742）
西洋（フィッシャー・フォン・エルラハ 1693.9.13–1742.6.29）
世美（フィッシャー・フォン・エルラッハ，ヨー

ゼフ・エマヌエーレ 1693–1742）

Fisher, Allen 〈20世紀〉
イギリスの詩人，出版者。
⇒二十英（Fisher, Allen 1944–）

Fisher, Alva John 〈19・20世紀〉
アメリカの家庭用電気洗濯機の発明者。
⇒岩ケ（フィッシャー，アルヴァ・ジョン 1862–1947）
コン3（フィッシャー 1862–1947）

Fisher, Franklin Marvin 〈20世紀〉
アメリカの経計量経済学者。
⇒二十（フィッシャー，フランクリン・M. 1934–）

Fisher, Irving 〈19・20世紀〉
アメリカの経済学者，統計学者。主著『価値と価格の理論の数学的研究』(1892)。
⇒岩世（フィッシャー 1867.2.27–1947.4.29）
外国（フィッシャー 1867–1947）
経済（フィッシャー 1867–1947）
国小（フィッシャー 1867.2.27–1947.4.29）
コン2（フィッシャー 1867–1947）
コン3（フィッシャー 1867–1947）
思想（フィッシャー，アーヴィング 1867–1947）
人物（フィッシャー 1867.2.27–1947.4.29）
西洋（フィッシャー 1867.2.27–1947.4.29）
世西（フィッシャー 1867.2.27–1947.4.29）
世百（フィッシャー 1867–1947）
全書（フィッシャー 1867–1947）
大辞（フィッシャー 1867–1947）
大辞2（フィッシャー 1867–1947）
大辞3（フィッシャー 1867–1947）
大百（フィッシャー 1867–1947）
デス（フィッシャー 1867–1947）
伝世（フィッシャー 1867.2.27–1947）
二十（フィッシャー，I. 1867.2.27–1947.4.29）
百科（フィッシャー 1867–1947）
名著（フィッシャー 1867–1947）

Fisher, Mark 〈20世紀〉
カナダの実業家，作家。
⇒海作4（フィッシャー，マーク 1953.3.13–）

Fisk, Sir Ernest Thomas 〈19・20世紀〉
イギリスの無線通信の先駆者。
⇒岩ケ（フィスク，サー・アーネスト・トマス 1886–1965）

Fisk, James 〈19世紀〉
アメリカの金融業者，投機業者。
⇒岩世（フィスク 1834.4.1–1872.1.7）
外国（フィスク 1834–1872）
西洋（フィスク 1834–1872.1.7）
世西（フィスク 1834.4.1–1872.1.7）

経済・産業篇　　　　209　　　　**flaig**

Fiske, Bradley Allen 〈19・20世紀〉
アメリカの軍人。雷撃飛行機など多数の発明を
した。
⇒国小（フィスク　1854.6.13–1942.4.6）

Fiske, Harrison Grey 〈19・20世紀〉
アメリカの劇場支配人, 劇作家。マンハッタン
劇場を経営し, 新しい戯曲を上演。
⇒国小（フィスク　1861.7.30–1942.9.2）

Fisker, Kay Otto 〈19・20世紀〉
デンマークの建築家, デザイナー, 文筆家。
⇒岩世（フィスカー　1893.2.14–1965.6.21）
　国小（フィスカ　1893–）
　伝世（フィスカー　1893–1965）

Fitch, James Marston 〈20世紀〉
アメリカの建築保存家, 歴史学者。
⇒岩ケ（フィッチ, ジェイムズ・マーストン
　1909–）

Fitch, John 〈18世紀〉
アメリカ初期の発明家, 蒸気機関の発明者。汽
船航海術の開拓者。
⇒岩ケ（フィッチ, ジョン　1743–1798）
　外国（フィッチ　1743–1798）
　科学（フィッチ　1743.1.21–1798.7.2）
　科技（フィッチ　1743.1.21–1798.7.2）
　国小（フィッチ　1743.1.21–1798.7.2）
　コン2（フィッチ　1743–1798）
　コン3（フィッチ　1743–1798）
　西洋（フィッチ　1743.1.21–1798.7.2）
　世西（フィッチ　1743.1.24–1798.7.2）
　世百（フィッチ　1743–1798）
　全書（フィッチ　1743–1798）
　大百（フィッチ　1743–1798）
　伝世（フィッチ　1743.1.21–1798）
　百科（フィッチ　1743–1798）
　評世（フィッチ　1743–1798）

Fitch, Ralph 〈16・17世紀〉
イギリスの商人, 旅行家。インド, ビルマ,
シャムなどを旅行。
⇒岩世（フィッチ　1550?–1611.10）
　外国（フィッチ　?–1606）
　国小（フィッチ　1550頃–1611.10）
　コン2（フィッチ　?–1606）
　コン3（フィッチ　?–1606）
　西洋（フィッチ）

Fitzgerald, John Francis 〈19・20世紀〉
アメリカのビジネスマン, 市長。
⇒岩ケ（フィッツジェラルド, ジョン・フランシス
　1863–1950）

Fitz-Gibbon, Bernice Bowles 〈20世
紀〉
アメリカの広告コンサルタント。
⇒岩ケ（フィッツ＝ギボン, バーニス・ボールズ
　1895?–1982）
　世女日（フィッツギボン, バーニス　1895?–
　1982）

Fitzpatrick, Thomas 〈18・19世紀〉
アメリカの毛皮業者。
⇒国小（フィッツパトリック　1799–1854）

Flagg, Ernest 〈19・20世紀〉
アメリカの建築家。
⇒世美（フラッグ, アーネスト　1857–1947）

Flagg, James Montgomery 〈19・20世
紀〉
アメリカの画家, 版画家。ペン画の商業用の作
品で有名。
⇒岩ケ（フラッグ, ジェイムズ・モンゴメリー
　1877–1960）
　国小（フラッグ　1877.6.18–1960.5.27）

Flaherty, Robert Joseph 〈19・20世紀〉
アメリカの映画製作者, 探検家。北極地方を探
検し, 長篇記録映画『北極の怪異』(1922)を
発表。
⇒岩ケ（フラハティ, ロバート（・ジョゼフ）
　1884–1951）
　岩世（フラハーティ　1884.2.16–1951.7.23）
　外国（フラーティー　1884–1951）
　監督（フラハティ, ロバート　1884.2.16–1951.7.
　23）
　広辞5（フラハティ　1884–1951）
　広辞6（フラハティ　1884–1951）
　国小（フラハティ　1884.2.16–1951.7.23）
　コン3（フラハティ　1884–1951）
　西洋（フラハーティ　1884.2.16–1951）
　世映（フラハティ, ロバート　1884–1951）
　世俳（フラハーティ, ロバート・J　1884.2.16–
　1951.7.23）
　世百（フラハティ　1884–1951）
　世百新（フラハティ　1884–1951）
　全書（フラハーティ　1884–1951）
　大辞2（フラハティ　1884–1951）
　大辞3（フラハティ　1884–1951）
　大百（フラハーティ　1884–1951）
　二十（フラハティ, ロバート　1884.2.16–1951.7.
　23）
　百科（フラハティ　1884–1951）

Flaig, Karl 〈19・20世紀〉
ドイツ人の帝国ホテル総支配人。日本のホテル
業界の草分け的存在。
⇒来日（フレイク　1865–1907）

F

flamm 210 西洋人物レファレンス事典

Flamming, John Stanton 〈20世紀〉
イギリスの経済学者。政府経済顧問。
⇒二十（フレミング, ジョン・S. 1941-）

Flanigan, Peter M. 〈20世紀〉
アメリカの実業家, 外交官。駐英大使。
⇒二十（フラニガン, P.M. 1923-）

Flémal, Bartholet 〈17世紀〉
フランドルの画家, 建築家。
⇒岩世（フレマール 1614.5.23（受洗）-1675.7.10
（18））

Fleming, _Sir_ John Ambrose 〈19・20世紀〉
イギリスの電気技術者。1885年電磁現象におけるフレミングの法則を発見。1904年2極真空管を発明するなど, 電気通信技術の発展に多くの業績を残す。
⇒岩ケ（フレミング, サー・ジョン・アンブローズ 1849-1945）
岩世（フレミング 1849.11.29-1945.4.18）
外国（フレミング 1849-1945）
科学（フレミング 1849.11.29-1945.4.19）
科技（フレミング 1849.11.29-1945.4.19）
科史（フレミング 1849-1945）
科人（フレミング, サー・ジョン・アンブローズ 1849.11.29-1945.4.18）
科大（フレミング 1849-1945）
科大2（フレミング 1849-1945）
広辞4（フレミング 1849-1945）
広辞5（フレミング 1849-1945）
広辞6（フレミング 1849-1945）
国小（フレミング 1849.11.29-1945.4.19）
コン2（フレミング 1849-1945）
コン3（フレミング 1849-1945）
人物（フレミング 1849.11.29-1945.4.18）
西洋（フレミング 1849.11.29-1945.4.18）
世科（フレミング 1849-1945）
世西（フレミング 1849.11.29-1945.4.19）
世百（フレミング 1849-1945）
全書（フレミング 1849-1945）
大辞（フレミング 1849-1945）
大辞2（フレミング 1849-1945）
大辞3（フレミング 1849-1945）
大百（フレミング 1849-1945）
デス（フレミング 1849-1945）
伝世（フレミング, J.A. 1849.11.29-1945.4.18）
ナビ（フレミング 1849-1945）
二十（フレミング, ジョン・A. 1849.11.29-1945.4.18（19））
百科（フレミング 1849-1945）
名著（フレミング 1849-1945）
歴史（フレミング）

Fleming, _Sir_ Sandford 〈19・20世紀〉
カナダの鉄道技師。
⇒岩ケ（フレミング, サー・サンドフォード

1827-1915）
国小（フレミング 1827.1.7-1915.7.22）
コン2（フレミング 1822-1915）
コン3（フレミング 1822-1915）
西洋（フレミング 1827.1.7-1915.7.22）
全書（フレミング 1827-1915）
大百（フレミング 1827-1915）
伝世（フレミング, S. 1827.1.7-1915.7.22）
二十（フレミング, S. 1827-1915）

Fletcher, _Sir_ Banister 〈19世紀〉
イギリスの建築家, 積算士。比較分析法による『比較建築史』を書いた。
⇒名著（フレッチャー 1833-1899）

Fletcher, _Sir_ Banister Flight 〈19・20世紀〉
イギリスの建築家, 建築史家。父バニスターとの共著『比較的方法に基づく建築史』(1896)を出版。
⇒国小（フレッチャー 1866-1953）
世美（フレッチャー, バニスター・フライト 1866-1953）

Flettner, Anton 〈19・20世紀〉
ドイツの技術者。補助翼つきの新しい舵を考案し, またフレットナー・ローターをも発明した(1924)。
⇒岩世（フレットナー 1885.11.1-1961.12.29）
科学（フレットナー 1885.11.1-1961.12.29）
西洋（フレットナー 1885.11.1-1961.12.29）
二十（フレットナー, A. 1885.11.1-1961.12.29）

Fleury, André Hercule de 〈17・18世紀〉
フランスの枢機卿, 政治家。首相兼枢機卿として財政の再建や平和の維持に努めた。
⇒岩ケ（フルーリー, アンドレ＝エルキュール・ド 1653-1743）
岩世（フルリ 1653.6.26-1743.1.29）
外国（フルーリー 1653-1743）
キリ（フルリー, アンドレー・エルキュール・ド 1653.6.26-1743.1.29）
国小（フルーリ 1653.6.22-1743.1.29）
コン2（フルーリ 1653-1743）
コン3（フルーリー 1653-1743）
西洋（フルーリ 1653.6.26-1743.1.29）
百科（フルリー 1653-1743）
評世（フルーリー 1653-1743）

Fleury Hérard, Paul 〈19世紀頃〉
フランスの銀行家。フランス政府の日本の輸入商社結成のため来日。
⇒国小（フルーリ・エラール 生没年不詳）

Flick, Friedrich 〈19・20世紀〉
ドイツの工業家。鉱山業のみならず, 鉄鋼業を

も含むフリック・コンツェルンを形成した。
⇒岩世（フリック　1883.7.10-1972.7.20）
　外国（フリック　1883-）
　コン3（フリック　1883-1972）
　西洋（フリック　1883.7.10-1972.7.20）
　ナチ（フリック, フリードリヒ　1883-1972）

Flitcroft, Henry〈17・18世紀〉
イギリスの建築家。
⇒世美（フリットクロフト, ヘンリー　1697-1769）

Flöge, Emilie〈19・20世紀〉
オーストリアのファッション・デザイナー。
⇒世女日（フレーゲ, エミリー　1874-1952）

Florent, Louis-Felix〈19世紀〉
フランスの土木技師。横須賀製鉄所建築課長と
して来日。
⇒日人（フロラン　1830-1900）
　来日（フローラン　1830.4.21-1900.8.24）

Florent, Vincent Clément〈19・20世紀〉
フランスの技師。兄の後任で横須賀製鉄所（造
船所）建築課長として来日。
⇒日人（フロラン　1833-1908）
　来日（フローラン　1833-1908）

Florenzuoli, Pier Francesco〈16世紀〉
イタリアの軍事技術者, 築城技師。
⇒世美（フロレンツォーリ, ピエル・フランチェス
コ　16世紀）

Flores Canelo, Raúl〈20世紀〉
メキシコのダンサー, 振付家, デザイナー,
監督。
⇒バレ（フローレス・カネロ, ラウル　1929.4.19-
1992.2.3）

Floris de Vriendt, Cornelis〈16世紀〉
フランドルの建築家, 彫刻家。グロテスク装飾
をフランドルにもたらした。
⇒岩ケ（フローリス　1514頃-1575）
　岩世（フローリス　1514-1575.10.20）
　芸術（フロリス, コルネリス　1514-1575）
　建築（フロリス (通称)（コルネリス・ド・ヴリー
　ント）1514-1575）
　国小（フローリス　1514-1575.10.20）
　新美（フロリス, コルネリス　1514-1575.10.20）
　西洋（フローリス　1514-1575.10.20）
　世美（フロリス, コルネリス二世　1514-1575）
　百科（フローリス　1514頃-1575）

Flötner, Peter〈15・16世紀〉
ドイツの彫刻家, 工芸家, 建築家。

⇒芸術（フロェトナー, ペーター　1490/95-1546）
　建築（フレットナー, ペーター　1485頃-1546）
　国小（フロットナー　1495頃-1546）
　新美（フレートナー, ペーター　1490頃-1546.10.
　23）
　西洋（フレートナー　1485頃-1546.10.23）
　世美（フレトナー, ペーター　1485頃-1546）
　世百（フレートナー　1490/5-1546）
　全書（フレートナー　1490頃-1546）

Flower, Walter Newman〈19・20世紀〉
イギリスの著述家, 出版業者。
⇒音大（フラワー　1879.7.8-1964.3.12）
　二十（フラワー, ウォルター・ニューマン　1879.
　7.8-1964.3.12）

Flügge-Lotz, Irmgard〈20世紀〉
ドイツ生まれの航空工学者。
⇒世女日（フリュッゲ=ロッツ, イルムガルド
　1903-1974）

Flürscheim, Michael〈19・20世紀〉
ドイツの経済学者, 土地改革論者。主著 "Auf
friedlichem Wege"（1884）で土地の国有を提唱
した。
⇒岩世（フリュールシャイム　1844.1.27-1912.4.
　26）
　西洋（フリュールシャイム　1844.1.27-1912.4.
　26）

Flynt, Larry〈20世紀〉
アメリカの出版業者。
⇒現ア（Flynt, Larry　フリント, ラリー　1942-）

Focke, Heinrich〈19・20世紀〉
ドイツの飛行機製作者。フォッケ・アハゲリス
飛行機製作会社をデルメンホルストに設立。
⇒岩世（フォッケ　1890.10.8-1979.2.25）
　西洋（フォッケ　1890.10.8-1979.2.25）

Foetus, Jim〈20世紀〉
オーストラリア生まれのコンポーザー, プロ
デューサー, リミキサー。
⇒二十（フィータス, ジム　1960-）
　ロ人（フィータス, ジム　1960-）

Fogel, Robert William〈20世紀〉
アメリカの経済学者。1993年ノーベル経済
学賞。
⇒最世（フォーゲル, ロバート　1926-）
　ノベ（フォーゲル, R.W.　1926.7.1-）
　ノベ3（フォーゲル, R.W.　1926.7.1-）
　ユ人（フォーゲル, ロバート　1926-）
　歴学（フォーゲル　1926-）

Foggini, Giovanni Battista〈17・18世

紀〉
イタリアの彫刻家，建築家。
⇒世美（フォッジーニ，ジョヴァンニ・バッティスタ　1652–1725）

Foggini, Giulio　〈17・18世紀〉
イタリアの建築家。
⇒世美（フォッジーニ，ジューリオ　17–18世紀）

Fokker, Anthony Herman Gerard　〈19・20世紀〉
オランダの航空設計家，飛行機製作者。ドイツ政府と契約し，第1次世界大戦中，約40種の飛行機を製作。
⇒岩ケ（フォッカー，アントニー・ヘルマン・ゲラルト　1890–1939）
　岩世（フォッカー　1890.4.6–1939.12.23）
　国小（フォッカー　1890.4.6–1939.12.23）
　コン3（フォッカー　1890–1939）
　西洋（フォッカー　1890.4.6–1939.12.23）
　世百（フォッカー　1890–1939）
　全書（フォッカー　1890–1939）
　大百（フォッカー　1890–1939）
　二十（フォッカー，アンソニー・ハーマン・ジェラルド　1890–1939）

Folger, Henry Clay　〈19・20世紀〉
アメリカの法律家，ビジネスマン。
⇒岩ケ（フォルジャー，ヘンリー・クレイ　1857–1930）
　コン3（フォルジャー　1857–1930）

Follet, Mary Parker　〈19・20世紀〉
アメリカの政治学者，行政学者，経営学者。国家のほかに社会的集団組織の心理分析から政治的機能をとらえようとした点で，政治的多元論の立場に近く，政治過程論の礎石者ともみられている。
⇒岩世（フォレット　1868.9.3–1933.12.18）
　世女（フォレット，メアリ・パーカー　1868–1933）
　世女日（フォレット，メアリー・パーカー　1868–1933）
　二十（フォレット，マリー・パーカー　1868–1933）
　百科（フォレット　1868–1933）
　名著（フォレット　1868–1933）

Folsom, Marion Bayard　〈20世紀〉
アメリカの実業家，官僚。保健・教育・厚生長官。
⇒二十（フォルサム，M.B.　1893–?）

Fomin, Ivan Aleksandrovich　〈19・20世紀〉
ソ連邦の建築家，建築史家。作品にモスクワ地下鉄の「クラスヌィエ・ヴォロタ駅」。

⇒コン2（フォミーン　1872–1936）
　コン3（フォミーン　1872–1936）

Fonduti, Agostino　〈15・16世紀〉
イタリアの彫刻家，建築家。
⇒世美（フォンドゥーティ，アゴスティーノ　15–16世紀）

Fong, Hiram　〈20世紀〉
ハワイの実業家，政治家。中国系。
⇒華人（フォン，ハイラム　1907–）

Fonoll, Rainard　〈14世紀〉
イギリス出身の建築長，石碑作家。スペイン・カタルーニャで活躍。
⇒建築（フォノル，ライナード（フォノイル，ライナルドゥス）　(活動)14世紀後半）

Fontaine, Hippolyte　〈19・20世紀〉
フランスのエンジニア。
⇒岩ケ（フォンテーヌ，イポリット　1833–1917）

Fontaine, Pierre François Léonard　〈18・19世紀〉
フランスの建築家。ナポレオン・ルイ18世らに仕えた。カルーセル凱旋門(1806)などを製作。
⇒岩世（フォンテーヌ　1762.9.20–1853.10.10）
　建築（フォンテーヌ，ピエール＝フランソワ＝レオナール　1762–1853）
　国小（フォンテーヌ　1762.9.20–1853.10.10）
　コン2（フォンテーヌ　1762–1853）
　コン3（フォンテーヌ　1762–1853）
　新美（フォンテーヌ，フランソワ　1762.9.20–1853.10.10）
　西洋（フォンテーヌ　1762.9.20–1853.10.10）
　世美（フォンテーヌ，ピエール＝フランソワ＝レオナール　1762–1853）
　全書（フォンテーヌ　1762–1853）
　デス（フォンテーヌ　1762–1853）
　百科（フォンテーヌ　1762–1853）

Fontana, Carlo　〈17・18世紀〉
イタリアの建築家。後期バロックのローマ派建築の指導者。
⇒岩ケ（フォンターナ，カルロ　1634/38–1714）
　岩世（フォンターナ　1638.4.22–1714.2.5）
　キリ（フォンターナ，カルロ　1634–1714.2.5）
　建築（フォンターナ，カルロ　1634–1714）
　国小（フォンタナ　1638–1714.2.5）
　新美（フォンターナ，カルロ　1634–1714.2.5）
　西洋（フォンターナ　1634/8–1714.2.5）
　世美（フォンターナ，カルロ　1634–1714）
　全書（フォンタナ　1634–1714）

Fontana, Domenico　〈16・17世紀〉
イタリアの建築家。

⇒岩ケ（フォンターナ，ドメニコ　1543–1607）
　岩世（フォンターナ　1543–1607.6.28）
　教皇（フォンターナ，ドメニコ　?–1607）
　キリ（フォンターナ，ドメーニコ　1543–1607）
　建築（フォンターナ，ドメニコ　1543–1607）
　国小（フォンタナ　1543–1607）
　コン2（フォンターナ　1543–1607）
　コン3（フォンターナ　1543–1607）
　新美（フォンターナ，ドメーニコ　1543–1607）
　西洋（フォンターナ　1543–1607）
　世美（フォンターナ，ドメーニコ　1543–1607）
　全書（フォンタナ　1543–1607）
　百科（フォンタナ　1543–1607）

Föppl, August　〈19・20世紀〉

ドイツの工学者。橋梁理論，材料試験法，材料
力学の分野で優れた業績がある。
⇒岩世（フェップル　1854.1.25–1924.10.12）
　西洋（フェップル　1854.1.25–1924.8.12）

Föppl, Ludwig　〈19・20世紀〉

ドイツの工学者。A.フェップルの子。ミュンヘ
ン工業大学機械工学研究所長。
⇒岩世（フェップル　1887.2.27–1976.5.13）
　西洋（フェップル　1887.2.27–1976.5.13）
　二十（フェップル，L.　1887.2.27–1976.5.13）

Forbes, Brian　〈20世紀〉

イギリスの俳優，監督，プロデューサー。
⇒岩ケ（フォーブズ，ブライアン　1926–）
　外男（フォーブズ，ブライアン　1926.7.22–1982.
　　8.12）
　監督（フォーブズ，ブライアン　1926.7.22–）
　世映（フォーブズ，ブライアン　1926–）
　世俳（フォーブズ，ブライアン　1926.7.22–）
　俳優（フォーブズ，ブライアン　1926.7.22–）

Forbes, George　〈19・20世紀〉

イギリスの物理学者。電気技師。
⇒岩ケ（フォーブズ，ジョージ　1849–1936）
　科学（フォーブズ　1849–1936.10.22）
　二十（フォーブズ，ジョージ　1849–1936.10.22）

Forbes, Leslie　〈20世紀〉

イギリスのデザイナー，イラストレーター，料
理研究家。
⇒海作4（フォーブス，レスリー）

Forbes, Malcolm Stevenson　〈20世紀〉

アメリカの出版業者。
⇒岩ケ（フォーブズ，マルカム（・スティーヴンソ
　　ン）　1919–1990）
　現ア（Forbes, Malcolm S.　フォーブス，マルカ
　　ム・S　1919–1990）

Forbes, Robert James　〈20世紀〉

オランダの技術史家。冶金方面でとくにすぐれ
た研究成果をあげた。
⇒科学（フォーブス　1900–1974）
　科史（フォーブス　1900–）
　現人（フォーブス　1900–1974）
　二十（フォーブス，R.J.　1900–1974）

Forbes, Steve　〈20世紀〉

アメリカの出版社『フォーブス』社主。
⇒最世（フォーブス，スティーヴ　1947–）

Forbes, William Cameron　〈19・20世紀〉

アメリカの実業家，外交官。
⇒国小（フォーブズ　1870–1959）
　来日（フォーブス　1870–1959）

Forbes-Robertson, *Sir* Johnston　〈19・20世紀〉

イギリスの俳優，劇場経営者。当時最高のハム
レット役者とされた。
⇒岩ケ（フォーブズ＝ロバートソン，サー・ジョン
　　ストン　1853–1937）
　演劇（フォーブス＝ロバートソン，サー・ジョン
　　ストン　1853–1937）
　国小（フォーブズ・ロバートソン　1853.1.16–
　　1937.11.6）
　集文（フォーブズ＝ロバートソン，ジョンストン
　　1853.1.16–1937.11.6）
　二十（フォーブズ・ロバートソン，J.　1853–
　　1937）
　二十英（Forbes-Robertson, Sir Johnston
　　1853–1937）
　百科（フォーブズ・ロバートソン　1853–1937）

Force, Juliana Rieser　〈19・20世紀〉

アメリカの美術館経営者。
⇒世女日（フォース，ジュリアナ・リーサー
　　1876–1948）

Ford, Glenn　〈20世紀〉

カナダ生まれの男優，映画製作者。
⇒外男（フォード，グレン　1916.5.1–）
　世映（フォード，グレン　1916–2006）
　世俳（フォード，グレン　1916.5.1–）
　二十（フォード，グレン　1916.5.1–）
　俳優（フォード，グレン　1916.5.1–）

Ford, Henry　〈19・20世紀〉

アメリカの実業家。フォード・モーターの設
立者。
⇒アメ（フォード　1863–1947）
　岩ケ（フォード，ヘンリー　1863–1947）
　岩世（フォード　1863.7.30–1947.4.7）
　英米（Ford, Henry　フォード（ヘンリー））

ford 214 西洋人物レファレンス事典

1863–1947）
旺世（フォード（実業家） 1863–1947）
外国（フォード 1863–1947）
科学（フォード 1863.7.30–1947.4.7）
科技（フォード 1863.7.30–1947.4.7）
科史（フォード 1863–1947）
角世（フォード（ヘンリー） 1863–1947）
現ア（フォード，ヘンリー 1863–1947）
広辞4（フォード 1863–1947）
広辞5（フォード 1863–1947）
広辞6（フォード 1863–1947）
国小（フォード 1863.7.30–1947.4.7）
国百（フォード，ヘンリー 1863.7.30–1947.4.7）
コン2（フォード 1863–1947）
コン3（フォード 1863–1947）
人物（フォード 1863.7.30–1947.4.7）
西洋（フォード 1863.7.30–1947.4.7）
世科（フォード 1863–1947）
世人（フォード，ヘンリー 1863–1947）
世百（フォード 1863.7.30–1947.4.7）
世百（フォード 1863–1947）
全書（フォード 1863–1947）
大辞（フォード 1863–1947）
大辞2（フォード 1863–1947）
大辞3（フォード 1863–1947）
大百（フォード 1863–1947）
デス（フォード 1863–1947）
伝世（フォード 1863.7.30–1947.4.7）
ナビ（フォード 1863–1947）
二十（フォード，ヘンリー 1863.7.30–1947.4.7）
百科（フォード 1863–1947）
評世（フォード 1863–1947）
名著（フォード 1863–1947）
山世（フォード，ヘンリ 1863–1947）
歴史（フォード 1863–1947）

Ford, Henry, II 〈20世紀〉

アメリカの実業家。フォード・モーター社創立者フォード，ヘンリーの孫。1960年から会長。
⇒岩世（フォード 1917.9.4–1987.9.29）
現人（フォードII 1917.9.4–）
西洋（フォード 1917.9.4–）
世西（フォード 1917.9.4–）
伝世（フォード，H, II 1917.9.4–）
二十（フォード，ヘンリー（2世） 1917.9.4–1987.9.29）

Fornovo, Giovanni Battista 〈16世紀〉

イタリアの建築家。
⇒世美（フォルノーヴォ，ジョヴァンニ・バッティスタ 1521–1573）

Forrestal, James Vincent 〈19・20世紀〉

アメリカの銀行家，初代国防長官。三軍の再編などを行った。
⇒岩ケ（フォレスタル，ジェイムズ 1892–1949）
岩世（フォレスタル 1892.2.15–1949.5.22）
現人（フォレスタル 1892.2.15–1949.5.22）
国小（フォレスタル 1892.2.15–1945.5.22）
コン3（フォレスタル 1892–1949）
人物（フォレスタル 1892.2.15–1949.5.22）
西洋（フォレスタル 1892.2.15–1949.5.22）
世百新（フォレスタル 1892–1949）
全書（フォレスタル 1892–1949）
伝世（フォレスタル 1892.2.15–1949.5.22）
二十（フォレスタル，ジェームズ・V. 1892.2.15–1949.5.22）
百科（フォレスタル 1892–1949）

Forrester, Jay Wright 〈20世紀〉

アメリカのコンピューター工学者，システム科学者。企業活動をフィード・バック系としてとらえ，差分方程式を用いて工学的に解明した。
⇒岩ケ（フォレスター，ジェイ・ライト） 1918–）
岩世（フォレスター 1918.7.14–）
科学（フォリッツァ 1918.7.14–）
現人（フォレスター 1918.7.14–）
二十（フォレスター，J.W. 1918.7.14–）

Forster, Georg 〈16世紀〉

ドイツの医者，作曲家，出版者。
⇒音大（フォルスター 1510頃–1568.11.12）
ラル（フォルスター，ゲオルク 1510頃–1568）

Förster, Ludwig von 〈18・19世紀〉

ドイツの建築家。イタリア・ルネサンス風の建築で知られている。
⇒岩世（フェルスター 1797.10.8–1863.6.16）
建築（フェルスター，ルートヴィヒ・フォン 1797–1863）
西洋（フェルスター 1797.10.8–1863.6.16）

Forsyth, Alexander John 〈18・19世紀〉

スコットランドの聖職者，発明家。
⇒岩世（フォーサイス 1769.12.28–1843.6.11）
キリ（フォーサイス，アレグザーンダ・ジョン 1769.12.27–1843.6.11）
西洋（フォーサイス 1769.12.27–1843.6.11）

Forsyth, Bill 〈20世紀〉

イギリスの映画製作者。
⇒岩ケ（フォーサイス，ビル 1947–）
世映（フォーサイス，ビル 1946–）

Forsyth, Gordon Mitchell 〈19・20世紀〉

イギリスの陶芸デザイナー，教師。
⇒岩ケ（フォーサイス，ゴードン・ミッチェル 1879–1953）

Fortin, Jean Nicholas 〈18・19世紀〉

フランスの計器製作者。
⇒世科（フォルタン 1750–1831）

Fortuny, Mariano 〈19・20世紀〉

スペイン出身の服飾デザイナー。
⇒岩世（フォルチュニー　1871.5.11–1949.5.3）

Fosse, Bob 〈20世紀〉

アメリカ生まれの映画監督, プロデューサー,
ダンサー, 振付師, 舞台演出家。
⇒岩ケ（フォッシー, ボブ　1927–1987）
　監督（フォッシー, ボブ　1925/27.6.23–）
　広辞6（フォッシー　1927–1987）
　コン3（フォッシー　1927–1987）
　世映（フォッシー, ボブ　1925–1987）
　世俳（フォッシー, ボブ　1927.6.23–1987.9.23）
　ナビ（フォッシー　1927–1987）
　二十（フォッシー, ボブ　1927.6.23–1987.9.23）
　バレ（フォッシー, ボブ　1927.6.23–1987.9.23）

Foster, Norman Robert, Baron F. of Thames Bank 〈20世紀〉

イギリスのポスト・モダニズム建築家。
⇒岩ケ（フォスター, サー・ノーマン（・ロバート）
　1935–）
　岩世（フォスター　1935.6.1–）
　二十（フォスター, ノーマン　1935–）

Foster, *Sir* William 〈19・20世紀〉

イギリスのインド史研究家, 経済史家。東イン
ド会社関係の古記録を編集, 刊行し, またその
史料研究を発表した。
⇒西洋（フォスター　1863.11.19–1951）

Foster, William Trufant 〈19・20世紀〉

アメリカの経済学者, オレゴン州ポートランド
のリード・カレッジの初代学長（1911〜20）。
キャッチングズと共同して『豊富への道』(28),
『金』(23) を著わした。
⇒教育（フォースター　1879–1950）
　経済（フォースター　1879–1950）

Foucault, Jean Bernard Léon 〈19世紀〉

フランスの物理学者, パリ天文台技師。1851年
フーコーの振子により地球の自転を実証。ま
た, ジャイロスコープを発明し, フーコー電流
（渦電流）を発見。
⇒岩ケ（フーコー,（ジャン・ベルナール・）レオン
　1819–1868）
　岩世（フーコー　1819.9.18–1868.2.11）
　旺世（フーコー（物理学者）　1819–1868）
　外国（フーコー　1819–1868）
　科学（フーコー　1819.9.19–1868.2.11）
　科技（フーコー　1819.9.18–1868.2.11）
　科史（フーコー　1819–1868）
　科人（フーコー, ジャン・ベルナール・レオン
　1819.9.19–1868.2.11）
　科大（フーコー　1819–1868）
　広辞4（フーコー　1819–1868）

広辞6（フーコー　1819–1868）
国小（フーコー　1819.9.18–1868.2.11）
国百（フーコー, ジャン・ベルナール・レオン
　1819.9.18–1868.2.11）
コン2（フーコー　1819–1868）
コン3（フーコー　1819–1868）
人物（フーコー　1819.9.18–1868.2.11）
西洋（フーコー　1819.9.18–1868.2.11）
世紀（フーコー　1819–1868）
世西（フーコー　1819.9.18–1868.2.11）
世百（フーコー　1819–1868）
全書（フーコー　1819–1868）
大辞（フーコー　1819–1868）
大辞3（フーコー　1819–1868）
大百（フーコー　1819–1868）
伝世（フーコー　1819.9.18–1868.2.11）
天文（フーコー　1819–1868）
百科（フーコー　1819–1868）
評世（フーコー　1819–1868）

Foucault, Michel 〈20世紀〉

フランスの哲学者。資本主義と権力を考察。主
著『狂気の歴史』『知の考古学』など。
⇒イ文（Foucault, Michel　1926–1984）
　岩ケ（フーコー, ミシェル　1926–1984）
　岩世（フーコー　1926.10.15–1984.6.25）
　岩哲（フーコー, M.　1926–1984）
　旺世（フーコー（哲学者）　1926–1984）
　角世（フーコー　1926–1984）
　キリ（フコー, ミシェル　1926.10.15–1984.6.25）
　経済（フーコー　1926–1984）
　現人（フーコー　1926.10.15–）
　幻想（フーコー, ミシェル　1928–）
　広辞5（フーコー　1926–1984）
　広辞6（フーコー　1926–1984）
　国小（フーコー　1926.10.15–）
　コン3（フーコー　1926–1984）
　最世（フーコー, ミッシェル　1926–1984）
　思想（フーコー, ミシェル（ポール）　1926–
　1984）
　集世（フーコー, ミシェル　1926.10.15–1984.6.
　25）
　集文（フーコー, ミシェル　1926.10.15–1984.6.
　25）
　西洋（フーコー　1926.10.15–）
　世人（フーコー　1926–1984）
　世西（フーコー　1926.10.15–1984.6.25）
　世百新（フーコー　1926–1984）
　世文（フーコー, ミシェル　1926–1984）
　全書（フーコー　1926–1984）
　大辞2（フーコー　1926–1984）
　大辞3（フーコー　1926–1984）
　ナビ（フーコー　1926–1984）
　二十（フーコー, ミシェル　1926.10.15–1984.6.
　25）
　二十英（Foucault, Michel　1926–1984）
　百科（フーコー　1926–1984）
　歴学（フーコー　1926–1984）
　歴史（フーコー　1926–1984）

Fould, Achille 〈19世紀〉

フランスの政治家。ユダヤ人銀行家。保守派と
してルイ・ナポレオンのクーデタを歓迎。
⇒外国 （フー　1800-1867）
　コン2 （フールド　1800-1867）
　コン3 （フールド　1800-1867）
　西洋 （フルド　1800.11.17-1867.11.5）

Fouquet, Nicolas 〈17世紀〉

フランス，ルイ14世期の財務卿。コルベールと
の権力闘争に巻込まれ獄死。
⇒岩ケ （フーケ，ニコラ，ムラン・エ・ド・ヴォー子
　爵，ベリール侯爵　1615-1680）
　旺世 （フーケ　1615-1680）
　外国 （フーケー　1615-1680）
　国小 （フーケ　1615.1.27-1680.3.23?）
　コン2 （フーケ　1615-1680）
　コン3 （フーケ　1615-1680）
　人物 （フーケ　1615.1.27-1680.3.23）
　西洋 （フーケ　1615.1.27-1680.3.23）
　全書 （フーケ　1615-1680?）
　大百 （フーケ　1615-1680）
　百科 （フーケ　1615-1680）

Fourcade, Jean-Pierre 〈20世紀〉

フランスの政治家，銀行幹部。蔵相，動産貯蓄
会社社長。
⇒二十 （フルカード，ジェーン・ピエール　1929-）

Fourdrinier, Henry 〈18・19世紀〉

イギリスの事業家。
⇒岩ケ （フォードリニア，ヘンリー　1766-1854）
　世百 （フードリニア　1766-1854）

Fourier, François Marie Charles 〈18・19世紀〉

フランスの空想的社会主義者，経済学者。商業
に支配される文明を批判し人間性の全体的回復
を唱えた。二月革命期のフランスなどで彼の理
論の実現が企てられた。
⇒岩ケ （フーリエ，（フランソワ・マリー・）シャル
　ル　1772-1837）
　岩哲 （フーリエ，C.　1772-1837）
　旺世 （フーリエ　1772-1837）
　外国 （フーリエ　1772-1837）
　角世 （フーリエ　1772-1837）
　キリ （フーリエ，フランソワ・マリー・シャルル
　1772.4.7-1837.10.10）
　幻想 （フーリエ，シャルル　1772-1837）
　広辞4 （フーリエ　1772-1837）
　広辞6 （フーリエ　1772-1837）
　国小 （フーリエ　1772.4.7-1837.10.10）
　コン2 （フーリエ　1772-1837）
　コン3 （フーリエ　1772-1837）
　集世 （フーリエ，シャルル　1772.4.7-1837.10.
　10）
　集文 （フーリエ，シャルル　1772.4.7-1837.10.
　10）

　人物 （フーリエ　1772.4.7-1837.10.10）
　西洋 （フーリエ　1772.4.7-1837.10.10）
　世人 （フーリエ　1772-1837）
　世西 （フーリエ　1772.4.7-1835.11.9）
　世百 （フーリエ　1772-1837）
　世文 （フーリエ，シャルル　1772-1837）
　全書 （フーリエ　1772-1837）
　大辞 （フーリエ　1772-1837）
　大辞3 （フーリエ　1772-1837）
　大百 （フーリエ　1772-1837）
　デス （フーリエ　1772-1837）
　伝世 （フーリエ，F.M.C.　1772.4.7-1837.10.10）
　百科 （フーリエ　1772-1837）
　評世 （フーリエ　1772-1837）
　名著 （フーリエ　1772-1837）
　山世 （フーリエ　1772-1837）
　歴史 （フーリエ　1772-1837）

Fourneyron, Benoît 〈19世紀〉

フランスの技術者，発明家。
⇒岩ケ （フルネロン，ブノワ　1802-1867）
　外国 （フールネーロン　1802-1867）
　科学 （フールネイロン　1802.10.31-1867.7.8）
　科史 （フルネイロン　1802-1867）
　科人 （フルネーロン，ブノワ　1837.8.31-1837.7.
　31）
　コン2 （フネロン　1802-1867）
　コン3 （フネロン　1802-1867）
　世科 （フルネイロン　1802-1867）
　世百 （フルネーロン　1802-1867）
　全書 （フルネーロン　1802-1867）
　大百 （フルネーロン　1802-1867）

Fournier, François Ernest 〈19・20世紀〉

フランスの軍人。フランスがトンキン攻撃を開
始した際（1883），艦長として李鴻章と天津に
会し，「季・フルニエ協約」を締結（84），清の
アンナンに対する宗主権の放棄，雲南貿易の許
可等に成功した。
⇒外国 （フールニエ　1842-1934）
　コン2 （フルニエ　1842-1934）
　コン3 （フルニエ　1842-1934）
　西洋 （フルニエ　1842-1934）

Fournier, Pierre Simon 〈18世紀〉

フランスの印刷家。
⇒岩世 （フルニエ　1712.9.15-1768.10.8）

Fowke, Francis 〈19世紀〉

イギリスのエンジニア，建築家。
⇒岩ケ （フォーク，フランシス　1823-1865）

Fowler, Charles 〈18・19世紀〉

イギリスの建築家。商業建築にすぐれた設計を
残した。
⇒国小 （ファウラー　1792.5.17-1867.9.26）

Fowler, Henry H. 〈20世紀〉
アメリカの政治家。米国財務長官。
⇒二十（ファウラー, ヘンリー・H. 1908–）

Fowler, John 〈19世紀〉
イギリスの技術者。蒸気機械の生産工場を
設立。
⇒岩世（ファウラー 1826.7.8–1864.12.4）
　国小（ファウラー 1826.7.11–1864.12.4）
　西洋（ファウラー 1826.7.8–1864.12.4）

Fowler, *Sir* John 〈19世紀〉
イギリスの土木技術者。鉄道建設に活躍。准男
爵に叙せられた。
⇒岩ケ（ファウラー, サー・ジョン 1817–1898）
　岩世（ファウラー 1817.7.15–1898.11.20）
　国小（ファウラー 1817.7.15–1898.11.20）
　西洋（ファウラー 1817.7.15–1898.11.19）
　世科（ファウラー 1817–1898）

Fowley, Kim 〈20世紀〉
アメリカのシンガー・ソングライター, プロ
デューサー。ロサンジェルス出身。ガールズバ
ンド「ランナウェイズ」のプロデューサーを務
めるなど, 個性的なアーティストを送り出した。
⇒口人（フォーリー, キム 1942–）

Fox, Carol 〈20世紀〉
アメリカの経営者。
⇒オペ（フォックス, キャロル 1926.6.15–1981.7.
　21）

Fox, Vicente 〈20世紀〉
メキシコの政治家, 実業家。メキシコ大統領,
グアナファアト州知事, コカ・コーラ・メキシコ
社長。
⇒最世（フォックス, ビセンテ 1942–）
　世政（フォックス, ビセンテ 1942.7.2–）

Fox, William 〈19・20世紀〉
アメリカの映画制作者。「フォックス・フィル
ム」を設立。
⇒岩世（フォックス 1879–1952.5.8）
　外国（フォックス 1879–1952）
　国小（フォックス 1879.1.1–1952.5.1）
　コン2（フォックス 1879–1952）
　コン3（フォックス 1879–1952）
　西洋（フォックス 1879–1952.5.8）
　世映（フォックス, ウィリアム 1879–1952）
　世百（フォックス 1879–1952）
　二十（フォックス, ウィリアム 1879–1952.5.8）

Foxwell, Ernest 〈19・20世紀〉
イギリスの経済学者。東京帝国大学法科大学,
東京高等商業学校で経済学を教授。

⇒来日（フォックスウェル 生没年不詳）

Foxwell, Herbert Somerton 〈19・20世
紀〉
イングランド生まれの経済思想学者。
⇒経済（フォックスウェル 1849–1936）

Foyn, Svend 〈19世紀〉
ノルウェーの発明家。捕鯨技術を近代化した。
⇒世科（フォイン 1809–1894）

Frahm, Hermann 〈19・20世紀〉
ドイツの造船家。船舶の機関, 船体の構造等に
関する研究を行い, 多数の艦船を建造した。
⇒岩世（フラーム 1867.12.8–1939.12.28）
　西洋（フラーム 1867.12.8–1939.12.28）

Frampton, *Sir* George James 〈19・20
世紀〉
イギリスの彫刻家, 工芸家。主作品は『ビクト
リア女王の像』。
⇒岩ケ（フランプトン, サー・ジョージ・ジェイム
　ズ 1860–1928）
　芸術（フラムプトン, ジョージ 1860–1928）
　国小（フランプトン 1860.6.16–1928.5.21）
　世芸（フラムプトン, ジョージ 1860–1928）

Frampton, Kenneth 〈20世紀〉
イギリス生まれの建築家。コロンビア大学
教授。
⇒二十（フランプトン, ケネス 1930–）

Francart, Jacques 〈16・17世紀〉
ベルギーの建築家。イタリアのバロック様式を
フランドルに伝えた。
⇒建築（フランカル, ジャック 1583頃–1651）
　国小（フランカール 1577?–1651）
　新美（フランカール, ジャック 1582/83–1651）
　人物（フランカール 1577–1651）
　世美（フランカール, ジャック 1582頃–1651）

Francesco di Giorgio Martini 〈15・16
世紀〉
イタリアの画家, 彫刻家, 建築家。建築学書や
啓蒙書も著した。
⇒岩ケ（フランチェスコ・ディ・ジョルジョ
　1439–1502）
　岩世（フランチェスコ・ディ・ジョルジョ・マル
　ティーニ 1439.9.23–1501.11.29）
　建築（フランチェスコ・ディ・ジョルジョ・マル
　ティーニ 1439–1502）
　国小（フランチェスコ・ディ・ジョルジョ 1439.
　9.23–1501.11.29）
　新美（フランチェスコ・ディ・ジョルジオ・マル
　ティーニ 1439.9.23–1501.11）
　西洋（フランチェスコ・ディ・ジョルジョ 1439.

9.23–1502.11.29)

世美（フランチェスコ・ディ・ジョルジョ・マル
ティーニ　1439–1501）
百科（フランチェスコ・ディ・ジョルジョ・マル
ティーニ　1439–1501）

Francheville, Pierre〈16・17世紀〉

フランスの彫刻家，画家，建築家。ルイ13世の
宮廷彫刻家となり，「アンリ4世像」（ルーヴル）
等を制作。
⇒岩ケ（フランシュヴィル，ピエール　1548–1616）
　コン2（フランシュヴィル　1553–1615）
　コン3（フランシュヴィル　1553–1615）
　西洋（フランシュヴィル　1548頃–1615.8.25）

Francia, Francesco〈15・16世紀〉

イタリアの画家，金工家。作品には『フェリチ
ニの聖母子』（1494）など。
⇒岩ケ（フランチャ　1450–1517）
　岩世（フランチャ　1460頃–1517.1.5）
　芸術（フランチア　1450頃–1517頃）
　国小（フランチア　1450頃–1517.1.5）
　新美（フランチア　1450頃–1517.1.5）
　人物（フランチア　1450頃–1517頃）
　西洋（フランチャ　1450頃–1517.1.5）
　世美（フランチャ　1460頃–1517）
　世百（フランチア　1450–1517）
　全書（フランチア　1450頃–1517）

Francione〈15世紀〉

イタリアの建築家，インターリオ（装飾彫り）
作家。
⇒世美（フランチョーネ　1428–1495）

Francis, James Bicheno〈19世紀〉

アメリカ（イギリス生まれ）の土木技術者。
⇒岩ケ（フランシス，ジェイムズ（・ビシェノ）
　　1815–1892）
　西洋（フランシス　1815.5.15–1892.9.18）
　世科（フランシス　1815–1892）
　全書（フランシス　1815–1892）
　大百（フランシス　1815–1892）

Franck, Kaj〈20世紀〉

フィンランドの指導的プロダクト・デザイ
ナー。スカンディナヴィア・デザインの旗手
で，グッド・デザイン運動の契機を開いた。
⇒岩世（フランク　1911.11.9–1989.9.26）
　新美（フランク，カイ　1911–）
　伝世（フランク，K.　1911–）
　二十（フランク，カイ　1911–）

Francke, Paul〈16・17世紀〉

ドイツの建築家。
⇒建築（フランケ，パウル　1537–1615）

Franckenstein, Klemens, Freiherr

von〈19・20世紀〉

ドイツの作曲家。ミュンヘンのバイエルン国立
劇場総支配人（1924～34）。
⇒演奏（フランケンシュタイン，クレメンス・フォ
　　ン　1875.7.14–1942.8.19）
　西洋（フランケンシュタイン　1875.7.14–1942.8.
　　19）

François Crahay, Jules〈20世紀〉

フランスの服飾デザイナー。1964年ランバン店
の専属デザイナーとなり著名となった。
⇒大百（フランソア・クラエー　1917–）

Francqui, Lucien Joseph Émile〈19・

20世紀〉
ベルギーの銀行家，政治家。
⇒岩世（フランキ　1863.6.25–1935.11.1）

Frank, Adolf〈19・20世紀〉

ドイツの化学者。カリ鉱床を発見し（1860），
ドイツのカリ製造を工業化し，これを指導した
（～76）。
⇒西洋（フランク　1834.1.20–1916.5.30）

Frank, Andre Gunder〈20世紀〉

ドイツの経済学者。主著『ラテン・アメリカに
おける資本主義と低開発』（1967）。
⇒岩世（フランク　1929.2.24–2005.4.23）
　岩哲（フランク，A.G.　1929–）
　経済（フランク　1929–）
　現人（フランク　1929–）
　西洋（フランク　1929.2.24–）
　全書（フランク　1929–）
　大辞3（フランク　1929–2005）
　二十（フランク，A.G.　1929–）
　歴学（フランク　1929–）

Frank, Josef〈19・20世紀〉

オーストリアの建築家。
⇒世美（フランク，ヨーゼフ　1885–1967）

Frank, Melvin〈20世紀〉

アメリカの映画監督，製作者。
⇒監督（フランク，メルヴィン　1917/13–）

Frankel Leó〈19世紀〉

ハンガリーの国際労働運動活動家。金属加工職
人出身。
⇒角世（フランケル　1844–1896）
　東欧（フランケル　1844–1896）
　百科（フランケル　1844–1896）

Frankel, Sally Herbert〈20世紀〉

南アフリカ共和国の経済学者。多民族社会の経
済問題の権威。

経済・産業篇　　　　　　　219　　　　　　　**fraun**

⇒名著（フランケル　1903-）

Frankl, Paul 〈19・20世紀〉

ドイツの建築史家, 美術批評家。ヴェルフリン
の思想をついで形式主義的立場をとり, 近代建
築の発展における概念体系の具体化を証示
した。
⇒岩世（フランクル　1878.4.22-1962.1.30）
　外国（フランクル　1878-）
　キリ（フランクル, パウル　1878.4.22-1962.1.
　　30）
　西洋（フランクル　1878.4.22-1962.1.30）
　全書（フランクル　1878-1962）
　二十（フランクル, パウル　1878.4.22-1962.1.
　　30）
　名著（フランクル　1878-）

Franklin, Ann Smith 〈17・18世紀〉

アメリカ植民地時代の印刷業者。
⇒世女日（フランクリン, アン・スミス　1696-
　1763）

Franklin, Benjamin 〈18世紀〉

アメリカの印刷・出版人, 政治家, 科学者。
1752年凧を揚げ, 雷と電気とが同一であること
を立証し, 避雷針を発明。
⇒ア文（フランクリン, ベンジャミン　1706.1.17-
　1790.4.17）
　アメ（フランクリン　1706-1790）
　逸話（フランクリン　1706-1790）
　岩ケ（フランクリン, ベンジャミン　1706-1790）
　岩世（フランクリン　1706.1.17-1790.4.17）
　岩哲（フランクリン　1706-1790）
　英文（フランクリン, ベンジャミン　1706-1790）
　英米（Franklin, Benjamin　フランクリン, ベン
　　ジャミン　1706-1790）
　旺世（フランクリン　1706-1790）
　外国（フランクリン　1706-1790）
　科学（フランクリン　1706.1.17-1790.4.17）
　科技（フランクリン　1706.1.17-1790.4.17）
　科史（フランクリン　1706-1790）
　科人（フランクリン, ベンジャミン　1706.1.17-
　　1790.4.17）
　科大（フランクリン　1706-1790）
　角世（フランクリン　1706-1790）
　キリ（フランクリン, ベンジャミン　1706.1.17-
　　1790.4.17）
　広辞4（フランクリン　1706-1790）
　広辞6（フランクリン　1706-1790）
　国小（フランクリン　1706.1.17-1790.4.17）
　国百（フランクリン, ベンジャミン　1706.1.17-
　　1790.4.17）
　コン2（フランクリン　1706-1790）
　コン3（フランクリン　1706-1790）
　集世（フランクリン, ベンジャミン　1706.1.17-
　　1790.4.17）
　集文（フランクリン, ベンジャミン　1706.1.17-
　　1790.4.17）
　人物（フランクリン　1706.1.17-1790.4.17）
　西洋（フランクリン　1706.1.17-1790.4.17）

　世科（フランクリン　1706-1790）
　世人（フランクリン　1706-1790）
　世西（フランクリン　1706.11.17-1790.4.17）
　世百（フランクリン　1706-1790）
　世文（フランクリン, ベンジャミン　1706-1790）
　全書（フランクリン　1706-1790）
　体育（フランクリン　1706-1790）
　大辞（フランクリン　1706-1790）
　大辞3（フランクリン　1706-1790）
　大百（フランクリン　1706-1790）
　デス（フランクリン　1706-1790）
　伝世（フランクリン, B.　1706-1790.4.17）
　百科（フランクリン　1706-1790）
　評世（フランクリン　1706-1790）
　名著（フランクリン　1706-1790）
　山世（フランクリン　1706-1790）
　歴史（フランクリン　1706-1790）

Franklin, James 〈17・18世紀〉

アメリカの印刷業者。B.フランクリンの兄。
⇒国小（フランクリン　1697-1735）

Franks, Oliver 〈20世紀〉

イギリスの銀行家。南北問題は東西対立ととも
に世界の二大問題であると演説し, この言葉が
一般に流布するもととなった。
⇒国小（フランクス　1905.2.16-）
　二十（フランクス, オリバー　1906-）

Frasch, Hermann 〈19・20世紀〉

ドイツの化学技術者。深層の硫黄鉱床から容易
に純粋な硫黄を採取する「フラッシュ法」を発
明（1890）。
⇒岩ケ（フラッシュ, ハーマン　1851-1914）
　岩世（フラッシュ　1851.12.25-1914.5.1）
　科学（フラッシュ　1851.12.25-1914.5.1）
　科技（フラッシュ　1851.12.25-1914.5.1）
　科人（フラッシュ, ハーマン　1851.12.25-1914.
　　5.1）
　西洋（フラッシュ　1851.12.25-1914.5.1）
　二十（フラッシュ, H.　1851.12.25-1914.5.1）

Fraser, Simon 〈18・19世紀〉

カナダの探検家, 毛皮商人。
⇒岩ケ（フレイザー, サイモン　1776-1862）
　全書（フレーザー　1776-1862）
　探検1（フレーザー　1776-1862）
　伝世（フレイザー, S.　1776-1862.8.18）
　百科（フレーザー　1776-1862）

Fraunhofer, Joseph von 〈18・19世紀〉

ドイツの物理学者, 光学機器技術者。太陽スペ
クトル中の黒線を見出し, それらの波長を測定。
⇒岩ケ（フラウンホーファー, ヨーゼフ・フォン
　　1787-1826）
　岩世（フラウンホーファー　1787.3.6-1826.6.7）
　外国（フラウンホーファー　1787-1826）

F

科学（フラウンホーファー　1787.3.6–1826.6.7）
科技（フラウンホーファー　1787.3.6–1826.6.7）
科史（フラウンホーファー　1787–1826）
科人（フラウンホーファー，ヨーゼフ・フォン　1787.3.6–1826.6.7）
科大（フラウンホーファー　1787–1826）
国小（フラウンホーファー　1787.3.6–1826.6.7）
コン2（フラウンホーファー　1787–1826）
コン3（フラウンホーファー　1787–1826）
人物（フラウンホーファー　1787.3.6–1826.6.7）
西洋（フラウンホーファー　1787.3.6–1826.6.7）
世伝（フラウンホーファー　1787–1826）
世西（フラウンホーファー　1787.3.6–1826.6.7）
世百（フラウンホーファー　1787–1826）
全書（フラウンホーファー　1787–1826）
大辞（フラウンホーファー　1787–1826）
大辞3（フラウンホーファー　1787–1826）
大百（フラウンホーファー　1787–1826）
デス（フラウンホーファー　1787–1826）
伝世（フラウンホーファー　1787.3.6–1826.6.7）
天文（フラウンホーファー　1787–1826）
百科（フラウンホーファー　1787–1826）

F

Fréart, de Chambrai Roland 〈17世紀〉
フランスの建築家，著述家。
⇒世美（フレアール・ド・シャンブレー，ロラン　?–1676）

Fred Wreck 〈20世紀〉
アメリカのヒップホップ系の音楽プロデューサー。
⇒ヒ人（フレッド・レック　1972頃–）

Freed, Arthur 〈20世紀〉
アメリカ生まれの映画製作者。
⇒世映（フリード，アーサー　1894–1973）
世俳（フリード，アーサー　1894.9.9–1973.4.12）

Freedley, Vinton 〈20世紀〉
アメリカの製作者。
⇒二十（フリードリー，ヴィントン　1891.11.5–1969.6.5）

Freeman, Morgan 〈20世紀〉
アメリカ生まれの俳優，映画監督，映画製作者。
⇒ア事（フリーマン，モーガン　1937–）
岩世（フリーマン　1937.6.1–）
外男（フリーマン，モーガン　1937.6.1–）
世映（フリーマン，モーガン　1937–）
世俳（フリーマン，モーガン　1937.6.1–）

Freeman, *Sir* Ralph 〈19・20世紀〉
イギリスの土木技術者，橋梁技術者。
⇒岩ケ（フリーマン，サー・ラルフ　1880–1950）
岩世（フリーマン　1880.11.27–1950.3.11）

Freer, Charles Lang 〈19・20世紀〉
アメリカの美術品収集家，ビジネスマン。
⇒岩ケ（フリーア，チャールズ・ラング　1856–1919）
コン3（フリーア　1856–1919）
来日（フリーア　1856–1919）

Freese, Heinrich 〈19・20世紀〉
ドイツの工業家，社会政策家。自家の工場に諸般の社会政策的改革を導入（賃金契約，労働者への利潤分配，八時間労働制）。
⇒西洋（フレーゼ　1853.5.13–1944.9.29）

Freij, Elias 〈20世紀〉
ベツレヘム市長，実業家。ギリシア教会派クリスチャン。ベツレヘムの経済開発のため「ベツレヘム財団」を発足させた。
⇒中東（フレイジ　1918–）

Fremont, John Charles 〈19世紀〉
アメリカの探検家，軍人，政治家。アメリカ陸軍測量部の将校として西部探検に従事。
⇒岩ケ（フリーモント，ジョン・C（チャールズ）　1813–1890）
岩世（フレモント　1813.1.21–1890.7.13）
英米（Frémont, John Charles　フリーモント　1813–1890）
外国（フレモント　1813–1890）
国小（フリーモン　1813.1.21–1890.7.13）
コン2（フレモント　1813–1890）
コン3（フレモント　1813–1890）
西洋（フレモント　1813.1.21–1890.7.13）
探検2（フレモント　1813–1890）
百科（フレモント　1813–1890）

Frère-Orban, Hubert Joseph Walther 〈19世紀〉
ベルギーの自由主義的政治家。公共事業相，財務相を歴任ののち，首相（1868～70，78～84外相兼任）。
⇒外国（フレール・オルバン　1812–1896）
国小（フレール・オルバン　1812.4.24–1896.1.1）
コン2（フレール・オルバン　1812–1896）
コン3（フレール・オルバン　1812–1896）
西洋（フレール・オルバン　1812.4.24–1896.1.2）
百科（フレール・オルバン　1812–1896）

Fréron, Élie Catherine 〈18世紀〉
フランスの政治経済学者，評論家。主著『今日のいくつかの作品に関する書簡』（1749～54）。
⇒岩世（フレロン　1718.1.20–1776.3.10）
国小（フレロン　1718–1776）
集文（フレロン，エリ＝カトリーヌ　1718.1.20–1776.3.10）

Fresnel, Augustin Jean 〈18・19世紀〉
フランスの物理学者。1818年光の波動説を唱

経済・産業篇　221　fried

え，不動エーテル仮説と随伴係数を導入。また，平行光線を送れるフレネル–レンズを発明，灯台でのレンズに広く利用された。
⇒岩ケ（フレネル，オーギュスタン・ジャン　1788–1827）
岩世（フレネル　1788.5.10–1827.7.14）
外国（フレネル　1788–1827）
科学（フレネル　1788.5.10–1827.7.14）
科技（フレネル　1788.5.10–1827.7.14）
科史（フレネル　1785–1827）
科人（フレネル，オーギュスタン・ジャン　1788.5.10–1827.7.14）
広辞4（フレネル　1788–1827）
広辞6（フレネル　1788–1827）
国小（フレネル　1788.5.10–1827.7.14）
コン2（フレネル　1788–1827）
コン3（フレネル　1788–1827）
人物（フレネル　1788.5.10–1827.7.14）
数学（フレネル　1788.5.10–1827.7.14）
数学増（フレネル　1788.5.10–1827.7.14）
西洋（フレネル　1788.5.10–1827.7.14）
世科（フレネル　1788–1827）
世西（フレネル　1788.5.10–1827.7.14）
世百（フレネル　1788–1827）
全書（フレネル　1788–1827）
大辞（フレネル　1788–1827）
大辞3（フレネル　1788–1827）
大百（フレネル　1788–1827）
デス（フレネル　1788–1827）
伝世（フレネル　1788.5.10–1827.7.14）
百科（フレネル　1788–1827）

Freund, Peter 〈20世紀〉
ドイツの作家，脚本家，映画プロデューサー。
⇒海新（フロイント，ペーター　1952.2.17–）

Freycinet, Charles Louis de Saulces de 〈19・20世紀〉
フランスの政治家。1877年土木相。その後首相（1879～80, 82, 86, 90～92），88～93, 98～99年陸相。
⇒岩世（フレシネ　1828.11.14–1923.5.14）
外国（フレーシネー　1828–1923）
国小（フレーシネ　1828.11.14–1923.5.14）
コン2（フレシネ　1828–1923）
コン3（フレシネ　1828–1923）
西洋（フレシネ　1828.11.14–1923.5.14）
百科（フレシネ　1828–1923）

Freyssinet, Eugène 〈19・20世紀〉
フランスの建築技師。オルリーの飛行船格納庫の制作者として有名。
⇒岩ケ（フレシネ，マリー・ユージェーヌ・レオン　1879–1962）
岩世（フレシネ　1879.7.13–1962）
国小（フリッシネ　1879.7.13–1962.6.8）
新美（フレッシネ，ウジェーヌ　1879.7.13–1962.6.8）
西洋（フレシネ　1879.7.13–1962）

世美（フレッシネ，ウージェーヌ　1879–1962）
世百（フレッシネ　1879–1962）
全書（フレシネ　1879–1962）
大百（フレシネ　1879–1962）
二十（フレッシネ，ウジューヌ　1879.7.13–1962.6.8）

Frick, Henry Clay 〈19・20世紀〉
アメリカの実業家。ペンシルヴァニアのコンルズヴィル炭鉱地方にコークス製造会社を設立して（1871）成功。
⇒岩ケ（フリック，ヘンリー（・クレイ）　1849–1919）
岩世（フリック　1849.12.19–1919.12.2）
外国（フリック　1849–1919）
西洋（フリック　1849.12.19–1919.12.2）
伝世（フリック　1849–1919）

Fridmann, Dave 〈20世紀〉
アメリカのベーシスト，エンジニア，プロデューサー，ロック・ミュージシャン。
⇒ロ人（フリッドマン，デイヴ）

F

Friedman, Milton 〈20世紀〉
アメリカの経済学者。1976年度ノーベル経済学賞受賞。
⇒アメ（フリードマン　1912–）
岩ケ（フリードマン，ミルトン　1912–）
岩世（フリードマン　1912.7.31–2006.11.6）
才世（フリードマン，ミルトン　1912–）
経済（フリードマン　1912–）
現人（フリードマン　1912.7.31–）
広辞5（フリードマン　1912–）
広辞6（フリードマン　1912–2006）
コン3（フリードマン　1912–）
最世（フリードマン，ミルトン　1912–）
思想（フリードマン，ミルトン　1912–）
西洋（フリードマン　1912.7.31–）
世西（フリードマン　1912.7.31–）
世百新（フリードマン　1912–2006）
全書（フリードマン　1912–）
大辞2（フリードマン　1912–）
大辞3（フリードマン　1912–）
大百（フリードマン　1912–）
ナビ（フリードマン　1912–）
二十（フリードマン，M.　1912.7.31–）
ノベ（フリードマン，M.　1912.7.31–）
百科（フリードマン　1912–）
ノベ3（フリードマン，M.　1912.7.31–2006.11.16）
名著（フリードマン　1912–）
ユ人（フリードマン，ミルトン　1912–2006）

Friedman, Yona 〈20世紀〉
ハンガリーの建築家，都市計画家。
⇒世美（フリードマン，ヨナ　1923–）

Friedrich, Ernst 〈19・20世紀〉
ドイツの経済地理学者。主著『経済地理学』。
⇒名著（フリードリヒ　1867-）

Friese-Greene, William 〈19・20世紀〉
イギリス映画製作の先駆者。キネマトグラフ・カメラを完成して特許をとり，1890年公開の席で試写を行った。
⇒岩ケ（フリーズ＝グリーン，ウィリアム　1855-1921）
監督（フリーズ・グリーン，ウイリアム　1865-1921）
世映（フリーズ＝グリーン，ウィリアム　1855-1921）
世科（フリーズ - グリーン　1855-1921）
二十（フリーズ・グリーン，ウイリアム　1855.9.7-1921.5.5）

Frigimelica, Gerolamo 〈17・18世紀〉
イタリアの建築家。
⇒世美（フリジメーリカ，ジェローラモ　1653-1732）

Frisch, Max 〈20世紀〉
スイスの小説家，劇作家，建築家。
⇒岩世（フリッシュ　1911.5.15-1991.4.4）

Frisch, Ragner Anton Kittil 〈20世紀〉
ノルウェーの経済学者，統計学者。計量経済学会の創設に参加。1969年最初のノーベル経済学賞を受賞。
⇒岩世（フリッシュ　1895.3.3-1973.1.31）
外国（フリッシュ　1895-）
経済（フリッシュ　1895-1973）
現人（フリッシュ　1895.3.3-1973.1.31）
国小（フリッシュ　1895.3.3-1973.1.31）
コン3（フリッシュ　1895-1973）
最世（フリッシュ，ラーナー　1895-1973）
思想（フリッシュ，ラグナー（アントン・キッティル）　1895-1973）
西洋（フリッシュ　1895-1973.1.31）
世百新（フリッシュ　1895-1973）
全書（フリッシュ　1895-1973）
大辞2（フリッシュ　1895-1973）
大辞3（フリッシュ　1895-1973）
大百（フリッシュ　1895-1973）
二十（フリッシュ，ラグナー・アントン・キッテル　1895.3.3-1973.1.31）
ノベ（フリッシュ，R.A.K.　1895.3.3-1973.1.31）
百科（フリッシュ　1895-1973）
ノベ3（フリッシュ，R.A.K.　1895.3.3-1973.1.31）
名著（フリッシュ　1895-）

Frisoni, Donato Giuseppe 〈17・18世紀〉
イタリアの建築家，ストゥッコ装飾家。

⇒建築（フリゾーニ，ドナート・ジュゼッペ　1683-1735）
世美（フリゾーニ，ドナート・ジュゼッペ　1683-1735）

Fritsch, Elizabeth 〈20世紀〉
イギリスの陶工。
⇒岩ケ（フリッチュ，エリザベス　1940-）

Fritzsche, Gottfried 〈16・17世紀〉
ドイツのオルガン製作者。
⇒キリ（フリッチェ，ゴットフリート　1578-1638）
ラル（フリッチェ，ゴットフリート　1578-1638）

Froben, Johann 〈15・16世紀〉
ドイツの印刷業者，書籍出版者。
⇒岩世（フローベン　1460頃-1527.10）
外国（フローベン　1460頃-1527）
キリ（フローベン，ヨーハン　1460頃-1527.10.26）
国小（フローベン　1460頃-1527.10.26）
西洋（フローベン　1460頃-1527.10）

Frobisher, Sir Martin 〈16世紀〉
イギリスの航海家，海賊。1553〜54年ギニア探検に参加。
⇒岩ケ（フロビッシャー，サー・マーティン　1535頃-1594）
岩世（フロービッシャー　1535頃-1594.11.22）
英米（Frobisher, Sir Martin　フロービシャー　1535頃-1594）
外国（フロビッシャー　1535頃-1594）
国小（フロービシャー　1535頃-1594.11.22）
西洋（フロービッシャー　1535頃-1594.11.22）
探検1（フロービッシャー　1539-1594）

Froelich, Carl 〈19・20世紀〉
ドイツ・ベルリン生まれの映画監督，撮影監督，製作者。
⇒世映（フレーリヒ，カール　1875-1953）

Frohman, Charles 〈19・20世紀〉
アメリカの劇場経営者。
⇒演劇（フローマン，チャールズ　1860-1915）
国小（フローマン　1860.7.17-1915.5.7）

Frolich, Per Keyser 〈20世紀〉
アメリカ（ノルウェー生まれ）の化学者，化学技術者。石油化学，コロイド化学，薬化学等の領域で多くの業績をあげた。
⇒西洋（フローリク　1899.6.29-）

Froment-Meurice, François-Désiré 〈19世紀〉
フランスの金工家。
⇒世美（フロマン＝ムーリス，フランソワ＝デジレ

1802–1855）

Frommann, Karl Friedrich Ernst
〈18・19世紀〉
ドイツの出版業者。イェナで印刷業，出版業を
創めた（1798）。
⇒岩世（フロンマン　1765.9.14–1839.6.12）
　西洋（フロンマン　1765–1839）

Frontinus, Sextus Julius 〈1・2世紀〉
ローマの政治家，著述家。執政官，ブリタニア
総督，水道長官などを歴任。技術書を著述。
⇒英米（Frontinus, Sextus Julius　フロンティヌ
　ス　30頃–104）
　外国（フロンティヌス　?–104）
　科学（フロンティヌス　30頃–104）
　科技（フロンティヌス　30頃–104）
　科史（フロンティヌス　40頃–103頃）
　科人（フロンティヌス，セクストゥス・ユリウス
　35?–104?）
　国小（フロンチヌス　35頃–103頃）
　コン2（フロンティヌス　30頃–104）
　コン3（フロンティヌス　30頃–104）
　集世（フロンティヌス，セクストゥス・ユリウス
　30頃–103/104）
　集文（フロンティヌス，セクストゥス・ユリウス
　30頃–103/104）
　西洋（フロンティヌス　30頃–104）
　世百（フロンティヌス　30頃–104頃）
　世文（フロンティーヌス，セクストゥス・ユーリ
　ウス　30頃–104）
　全書（フロンティヌス　30頃–104頃）
　大百（フロンティヌス　30頃–104頃）
　伝世（フロンティヌス　35頃–104頃）
　百科（フロンティヌス　30頃–104頃）
　名著（フロンティヌス　40–103）
　ロマ（フロンティヌス　(在任) 73, 98, 100）

Froschauer, Christoph 〈15・16世紀〉
スイスの印刷業者。
⇒キリ（フロシャウアー，クリストフ　1490頃–
　1564.5.1）

Frost, *Sir* David Paradine 〈20世紀〉
イギリスの放送者，ビジネスマン。
⇒岩ケ（フロスト，サー・デイヴィド（・パラディ
　ン）1939–）

Froude, William 〈19世紀〉
イギリスの造船技術者。
⇒岩ケ（フルード，ウィリアム　1810–1879）
　岩世（フルード　1810.11.28–1879.5.4）
　科学（フルード　1810.11.28–1879.5.4）
　数学（フルード　1810–1879）
　数学増（フルード　1810–1879）
　西洋（フルード　1810.11.28–1879.5.4）
　世科（フルード　1810–1879）
　デス（フルード　1810–1879）

Fry, Edwin Maxwell 〈20世紀〉
イギリスの建築家。ナイジェリア，ガーナの多
くの学校建築を設計。
⇒オ西（フライ，エドウィン・マックスウェル
　1899–1987）
　国小（フライ　1899–）
　西洋（フライ　1899.8.2–）
　世美（フライ，エドウィン・マックスウェル
　1899–）

Fry, Joseph 〈18世紀〉
イギリスのクエーカー派のビジネスマン，活字
鋳造業者。
⇒岩ケ（フライ，ジョゼフ　1728–1787）

Fry, Laura Ann 〈19・20世紀〉
アメリカの陶芸家。
⇒世女日（フライ，ローラ・アン　1857–1943）

Fryer, Robert 〈20世紀〉
アメリカのミュージカル製作者。
⇒二十（フライヤー，ロバート　1920.11.18–）

Fuchs, Johann Gregor 〈17・18世紀〉
ドイツの建築家。
⇒世美（フックス，ヨハン・グレゴル　1650–1715）

Fuchs, Karl Johannes 〈19・20世紀〉
ドイツの経済学者。農業経済学および商業政策
を講じた。
⇒岩世（フックス　1865.8.7–1934.12.4）
　西洋（フックス　1865.8.7–1934.12.4）

Fuga, Ferdinando 〈17・18世紀〉
イタリアの建築家。
⇒岩世（フーガ　1699–1782）
　建築（フーガ，フェルディナンド　1699–1782）
　新美（フーガ，フェルディナンド　1699–1781）
　西洋（フーガ　1699–1781）
　世美（フーガ，フェルディナンド　1699–1781）

Fugger
ドイツの商業財閥の一族。
⇒岩世（フッガー家）

Fugger, Anton 〈16世紀〉
ドイツの大富豪。
⇒世西（フッガー，アントン　1525–1560）

Fugger, Hans Jacob 〈16世紀〉
南ドイツの財閥。
⇒科史（フッガー，ハンス・ヤコブ　1516–1575）

fugge 224 西洋人物レファレンス事典

Fugger, Jacob 〈15世紀〉
ドイツのアウグスブルク市の豪商。「百合紋の
フッガー」の礎を築いた。
⇒外国（フッガー，ヤーコプ 1412–1469）
科史（フッガー，ヤコプI世 1407頃–1469）

Fugger, Jacob II 〈15・16世紀〉
ドイツ，アウクスブルクの大商人。カトリック
教会と深く関係。
⇒外国（フッガー，ヤーコプ2世 1459–1525）
科史（フッガー，ヤコプII世 1459–1525）
国小（フッガー 1459–1525）
コン2（ヤコプ2世・フッガー 1459–1525）
コン3（ヤコプ2世・フッガー 1459–1525）
人物（ヤコプ・フッガー二世 1459–1525）
西洋（フッガー，ヤーコプ二世 1459–1525）
世人（ヤコプ＝フッガー（ヤコプ2世） 1459–
1525）
世西（フッガー，ヤコプ ?–1522）
伝世（フッガー 1459.3.6–1525.12.30）

F Fugger, Johannes 〈14・15世紀〉
ドイツの商業財閥の創始者。
⇒外国（フッガー，ハンス 1348–1408）
科史（フッガー，ヨハネス 1348–1409）
西洋（フッガー，ヨハネス 1348–1409）
世西（フッガー，ハンス）

Fujii, Emi 〈20世紀〉
スウェーデンの陶芸家。
⇒世芸（フジイ，エミ）

***al*-Fulaij, Faisal Saud** 〈20世紀〉
クウェートの実業家。1964年以降クウェート航
空社長。
⇒中東（フライジュ 1934–）

Fulbert de Chartres 〈10・11世紀〉
フランスの聖職者。シャルトル学派の開祖，
聖人。
⇒岩世（フュルベール（シャルトルの） 960頃–
1028）
外国（フュルベール（シャルトルの） 960頃–
1028）
教育（フュルベール（シャルトルの） 960?–
1028?）
キリ（フルベルトゥス（シャルトルの） 960頃–
1028.4.10）
建築（フュルベール （活動）11世紀）
国小（フルベルツス（シャルトルの） 960頃–
1028.4.10）
コン2（フュルベール（シャルトルの） 950/-60–
1028）
コン3（フュルベール（シャルトルの） 950/60–
1028）
集世（フルベルトゥス（シャルトルの） 960頃–
1028.4.10）
集文（フルベルトゥス（シャルトルの） 960頃–

1028.4.10）
西洋（フュルベール（シャルトルの） 960頃–
1028）
百科（フュルベール 960頃–1028）

Fullarton, John 〈18・19世紀〉
イギリスの経済学者。通貨学派対銀行学派の論
争では主著 "On the regulation of currencies"
(44) で後者の立場を守った。
⇒岩世（フラートン 1780–1849.10.24）
西洋（フラートン 1780–1849）
全書（フラートン 1780?–1849）
名著（フラートン 1780–1849）

Fuller, Richard Buckminster 〈20世
紀〉
アメリカの技術家，建築家。1953年『ジオデ
シック・ドーム』を発表。
⇒アメ（フラー 1895–1983）
岩ケ（フラー，(リチャード・)バックミンスター
1895–1983）
岩世（フラー 1895.7.12–1983.7.1）
オ西（フラー，リチャード・バックミンスター
1895–1983）
現人（フラー 1895.7.12–）
コン3（フラー 1895–1983）
思想（フラー，R(リチャード）バックミンスター
1895–1983）
集世（フラー，バックミンスター 1895.7.12–
1983.7.1）
集文（フラー，バックミンスター 1895.7.12–
1983.7.1）
新美（フラー，リチャード・バックミンスター
1895.7.12–1983.7.1）
西洋（フラー 1895.7.12–）
世百新（フラー 1895–1983）
全書（フラー 1895–1983）
大辞2（フラー 1895–1983）
大辞3（フラー 1895–1983）
大百（フラー 1895–）
伝世（フラー，R.B. 1895–）
ナビ（フラー 1895–1983）
二十（フラー，リチャード・バックミンスター
1895.7.12–1983.7.1）
百科（フラー 1895–1983）

Fulton, Robert 〈18・19世紀〉
アメリカの技術者。汽船の発明者とされる。
⇒アメ（フルトン 1765–1815）
岩ケ（フルトン，ロバート 1765–1815）
岩世（フルトン 1765.11.14–1815.2.24）
英米（Fulton, Robert フルトン 1765–1815）
旺世（フルトン 1765–1815）
外国（フルトン 1765–1815）
科学（フルトン 1765.11.14–1815.2.14）
科技（フルトン 1765.11.14–1815.2.24）
科史（フルトン 1765–1815）
角世（フルトン 1765–1815）
広辞4（フルトン 1765–1815）
広辞6（フルトン 1765–1815）

経済・産業篇　　　225　　　**fyodo**

国小（フルトン　1765.11.14–1815.2.24）
コン**2**（フルトン　1765–1815）
コン**3**（フルトン　1765–1815）
人物（フルトン　1765.11.14–1815.2.24）
西洋（フルトン　1765.11.14–1815.2.24）
世科（フルトン　1765–1815）
世人（フルトン　1765–1815）
世西（フルトン　1765–1815.2.24）
世百（フルトン　1765–1815）
全書（フルトン　1765–1815）
大辞（フルトン　1765–1815）
大辞**3**（フルトン　1765–1815）
大百（フルトン　1765–1815）
デス（フルトン　1765–1815）
伝世（フルトン　1765.11.14–1815.2.24）
百科（フルトン　1765–1815）
評世（フルトン　1765–1815）
山世（フルトン　1765–1815）
歴史（フルトン　1765–1815）

Fulton, Thomas Alexander Wemyss 〈19・20世紀〉

スコットランドの水産学者。水産動物学，統計学，漁業制度等に関する多くの論文がある。
⇒岩世（フルトン　1855–1929.10.7）
　西洋（フルトン　1855–1929.10.7）

Funk, Isaac Kauffman 〈19・20世紀〉

アメリカの出版業者。友人ワグナルズとともに出版社を設立，社長となり，成功した。
⇒名著（ファンク　1839–1912）

Funk, Walter 〈19・20世紀〉

ドイツの経済学者。経済相，国立銀行総裁などを歴任したが，戦後ニュルンベルク戦犯裁判で終身刑に処せられた。
⇒岩ケ（フンク，ヴァルター　1890–1960）
　岩世（フンク　1890.8.18–1960.5.31）
　コン**3**（フンク　1890–1960）
　西洋（フンク　1890.8.18–1960.5.31）
　ナチ（フンク，ヴァルター　1890–1960）
　二十（フンク，ワルター　1890.8.18–1960.5.31）

Funky DL 〈20世紀〉

イギリスのヒップホップ系の音楽プロデューサー。
⇒ヒ人（ファンキー・ディー・エル　1979–）

Furness, Frank 〈19・20世紀〉

アメリカの建築家。
⇒岩ケ（ファーネス，フランク　1839–1912）
　コン**3**（ファーネス　1839–1912）

Furnival, John Sydenham 〈19・20世紀〉

イギリスの植民地経済学者。ヨーロッパ人・東洋外国人（華僑・印僑）・土着原住民の「混在するれど融合しない」複合社会論を唱えた。
⇒岩世（ファーニヴァル　1878.2.14–1960.7.7）
　コン**3**（ファーニヴァル　1878–1960）
　集文（ファーニヴァル・J.S.　1878.2.4–1960.7.7）
　名著（ファーニヴァル　生没年不詳）

Furse, Margaret 〈20世紀〉

イギリスの衣装デザイナー。
⇒世女日（ファース，マーガレット　1911–1974）

Furtado, Celso 〈20世紀〉

ブラジルの経済学者。パリ第一大学教授。著書に『ラテン・アメリカの経済発展』(1969) など。
⇒現人（フルタード　1920.7.26–）

Furttenbach, Joseph 〈16・17世紀〉

ドイツの建築家，建築理論家。
⇒岩世（フルテンバッハ　1591.12.30–1667.1.17）
　キリ（フルテンバハ，ヨーゼフ　1591.12.30–1667.1.12/17）
　西洋（フルテンバハ　1591.12.30–1667.1.17）
　世百（フルテンバハ　1591–1667）

Fusina, Andrea 〈16世紀〉

イタリアの彫刻家，建築家。
⇒世美（フジーナ，アンドレーア　?–1526）

Fust, Johann 〈15世紀〉

ドイツの印刷業者。1457年旧約聖書詩編などのインキュナビュラを出版。
⇒岩ケ（フスト，ヨハン　1400頃–1466）
　岩世（フスト　?–1466）
　外国（フスト　1400頃–1466頃）
　国小（フスト　?–1466）
　コン**2**（フスト　1400頃–1466）
　コン**3**（フスト　1400頃–1466）
　人物（フスト　?–1466）
　西洋（フスト　?–1466）
　世西（フスト　1400頃–1466頃）

al-Futtaim, Majid Muhammad 〈20世紀〉

アラブ首長国連邦の実業家。ドバイ商工会議所第一副会頭，中東銀行頭取。トヨタの現地エージェントを経営。1977年10月に日本政府から在ドバイ名誉領事に任命される。
⇒中東（フタイム　1936–）

Fyodorov, Boris Grigor'evich 〈20世紀〉

ロシアの政治家，ロシア連邦副首相・財務相。
⇒ロシ（フョードロフ　1958–）

Fyodorov, Evgenii Stepanovich

F

fysh 226 西洋人物レファレンス事典

〈19・20世紀〉
ロシアの発明家。1890年代のはじめ，飛行実験
を行う。
⇒コン2（フョードロフ　1851-1909）
　コン3（フョードロフ　1851-1909）

Fysh, *Sir* (Wilmot) Hudson 〈20世紀〉
オーストラリアの民間航空の先駆者。
⇒岩ケ（フィッシュ，サー・(ウィルモット・)ハド
　ソン　1895-1974）

【 G 】

Gabelsberger, Franz Xaver 〈18・19世紀〉
ドイツの官僚，発明家。速記術の考案者。その
方法は，速記記号を出来る限り語のアルファ
ベットに相応させようとするものだった。
⇒岩ケ（ガベルスベルガー，フランツ・クサー
　ファー　1789-1848）
　岩世（ガーベルスベルガー　1789.2.9-1849.1.4）
　西洋（ガーベルスベルガー　1789.2.9-1849.1.4）

Gabetti, Roberto 〈20世紀〉
イタリアの建築家。
⇒世美（ガベッティ，ロベルト　1925-）

Gablenz, Carl August 〈20世紀〉
ドイツの飛行家。第二次大戦中は，盲目飛行お
よび航空輸送を指揮。
⇒岩世（ガブレンツ　1893.10.13-1942.8.21）
　西洋（ガブレンツ　1893.10.13-1942.8.21）

Gabler, Joseph 〈18世紀〉
ドイツのオルガン製作者。
⇒キリ（ガーブラー，ヨーゼフ　1700.7.6-1771.11.
　8）
　ラル（ガブラー，ヨーゼフ　1700-1771）

Gabler, Milt 〈20世紀〉
アメリカのジャズ・プロデューサー。自身の
レーベル，コモドア・レコーズを設立。
⇒二十（ゲイブラー，ミルト　?-?）

Gabriel, Jacques I 〈17世紀〉
フランスの建築家。
⇒世美（ガブリエル，ジャック1世　?-1628頃）

Gabriel, Jacques IV 〈17世紀〉
フランスの建築家。
⇒世美（ガブリエル，ジャック4世　1636頃-1686）

Gabriel, Jacques V 〈17・18世紀〉
フランスの建築家。
⇒世美（ガブリエル，ジャック5世　1667-1742）

Gabriel, Jacques Ange 〈17・18世紀〉
フランスの建築家。
⇒岩ケ（ガブリエル，ジャック・アンジュ　1698-
　1782）
　岩世（ガブリエル　1698.10.23-1782.1.4）
　建築（ガブリエル　（活動）17-18世紀）
　国小（ガブリエル　1698.10.23-1782.1.4）
　コン2（ガブリエル　1698-1782）
　コン3（ガブリエル　1698-1782）
　新美（ガブリエル，アンジュ＝ジャック　1698.
　10.23-1782.1.4）
　西洋（ガブリエル　1698.10.23-1782.1.4）
　世美（ガブリエル，アンジュ＝ジャック　1698-
　1782）
　伝世（ガブリエル　1698-1782）
　百科（ガブリエル　1698-1782）

Gachard, Louis Prosper 〈19世紀〉
ベルギーの歴史家，建築家。ベルギー史の史料
を出版。
⇒岩世（ガシャール　1800.3.12-1885.12.24）
　西洋（ガシャール　1800.3.12-1885.12.24）

Gaddi, Agnolo di Taddeo 〈14世紀〉
イタリアの画家，建築家。T.ガッディの息子。
主作品はサンタ・クローチェ聖堂の連作壁画。
⇒岩ケ（ガッティ，アニョロ　1350頃-1396）
　岩世（ガッディ　1333頃-1396.10.16）
　キリ（ガッディ，アニョロ・ディ・タッデーオ
　1340頃-1396.10.16）
　国小（ガッディ　1350頃-1396）
　新美（ガッティ，アーニョロ　1333?-1396.10）
　西洋（ガッディ　1333頃-1396.10.16）
　世西（ガッディ　1333頃-1396）
　世美（ガッティ，アーニョロ　?-1396）

Gādgīl, Dhananjay Ramchandra 〈20世紀〉
インドの経済学者。現代インドの政治・経済の
研究に取り組み多くの研究者を育成。協同組合
信用の発展にも貢献し，全インド州協同銀行連
合総裁（1964）などを歴任。
⇒岩世（ガードギール　1901.4.10-1971.5.3）
　コン3（ガードギール　1901-1971）
　西洋（ガードギール　1901.4.10-1971.5.3）
　世東（ガードギール　1901-1971）
　全書（ガドギル　1901-1971）
　二十（ガドギル，D.R.　1901-1971）
　名著（ガドギル　1901-）

Gadier, Pierre 〈16世紀〉
フランスの建築家。ツールで活動。
⇒国小（ガディエ　?-1531）

Gadio, Bartolomeo 〈15世紀〉
イタリアの建築家, 軍事技術者。
⇒世美（ガーディオ, バルトロメーオ　1414-1484）

Gadsden, Christopher 〈18・19世紀〉
アメリカ, サウスカロライナ植民地の商人。アメリカ独立戦争の指導者の一人。
⇒岩ケ（ガズデン, クリストファー　1724-1805）
　国小（ガズデン　1724-1805）
　西洋（ガズデン　1724-1805.8.28）

Gaede, Wolfgang 〈19・20世紀〉
ドイツの実験物理学者。回転ポンプ（1905）, 分子ポンプ（12）, 拡散ポンプ（15）などを発明。
⇒岩世（ゲーデ　1878.5.25-1945.6.24）
　外国（ゲーデ　1878-1945）
　国小（ゲーデ　1878.5.25-1945.6.24）
　コン2（ゲーデ　1878-1945）
　コン3（ゲーデ　1878-1945）
　人物（ゲーデ　1878.5.25-1945.6.24）
　西洋（ゲーデ　1878.5.25-1945.6.24）
　世西（ゲーデ　1878.5.25-1945.6.24）
　世百（ゲーデ　1878-1945）
　全書（ゲーデ　1878-1945）
　大百（ゲーデ　1878-1945）
　二十（ゲーデ, W.　1878.5.25-1945.6.24）

Gaertner, R.
プロシアの商人。
⇒日人（ガルトネル　生没年不詳）

Gagini, Bernardino 〈16世紀〉
イタリアの彫刻家, 建築家。
⇒世美（ガジーニ, ベルナルディーノ（活動）1513-1544）

Gagini, Domenico 〈15世紀〉
イタリアの彫刻家, 建築家。
⇒世美（ガジーニ, ドメーニコ　1420頃-1492）

Gagini, Elia 〈15・16世紀〉
イタリアの彫刻家, 建築家。
⇒世美（ガジーニ, エーリア　?-1511以前）

Gagini, Giovanni 〈15・16世紀〉
イタリアの彫刻家, 建築家。
⇒世美（ガジーニ, ジョヴァンニ　?-1517）

Gagini, Pace 〈15・16世紀〉
イタリアの彫刻家, 建築家。
⇒世美（ガジーニ, パーチェ（記録）1470-1522）

Gagliano, Alessandro 〈17・18世紀〉
イタリアのヴァイオリン製作者。名匠ストラディヴァーリの弟子。
⇒西洋（ガリァーノ　1660頃-1725）

Gagliano, Alessandro 〈18世紀〉
イタリアのバイオリン製作者。
⇒岩世（ガリアーノ　1700頃-1735頃）

Gagneux, Marie Christine 〈20世紀〉
建築家, 改革の闘士。ボザール第8分校教授。
⇒二十（ガニュー, マリー・クリスチーヌ　1947-）

Gailhard, Pierre 〈19・20世紀〉
フランスのバス歌手, オペラ座支配人。
⇒オペ（ガイヤール, ピエール　1848.8.1-1918.10.12）

Gaine, Hugh 〈18・19世紀〉
ニューヨークの印刷業者。
⇒世児（ゲイン, ヒュー　1726-1807）

Gainsbourg, Serge 〈20世紀〉
フランスの歌手, 作詞・作曲家, プロデューサー, 映画監督, 俳優。1965年『夢みるシャンソン人形』がヒット。ほかに『ジュ・テーム』など。
⇒岩世（ゲンズブール　1928.4.2-1991.3.2）
　音楽（ガンズブール, セルジュ　1928.4.2-）
　外男（ゲンズブール, セルジュ　1928.4.2-1991）
　世映（ゲンズブール, セルジュ　1928-1991）
　世俳（ゲンズブール, セルジュ　1928.4.2-1991.3.2）
　二十（ゲンズブール, セルジュ　1928.4.2-1991.3.2）
　俳優（ゲンズブール, セルジュ　1928.4.2-）

Gainza, Martín de 〈16世紀〉
スペインの建築家。
⇒世美（ガインサ, マルティン・デ　1500頃-1555頃）

Gaitskell, Hugh Todd Naylor 〈20世紀〉
イギリスの政治家, 経済学者。1950年蔵相。55〜63年労働党党首。
⇒岩ケ（ゲイツケル, ヒュー（・トッド・ネイラー）　1906-1963）
　岩世（ゲイツケル　1906.4.9-1963.1.18）
　英米（Gaitskell, Hugh　ゲーツケル　1906-1963）
　外国（ゲーツケル　1906-）
　角世（ゲイツケル　1906-1963）

現人（ゲイツケル　1906.4.9–1963.1.18）
国小（ゲイツケル　1906.4.9–1963.1.18）
西洋（ゲーツケル　1906.4.9–1963.1.18）
世西（ゲーツケル　1906.4.9–）
世西（ゲイツケル　1906–1963）
世百（ゲーツケル　1906–1963）
世百新（ゲーツケル　1906–1963）
全書（ゲイツケル　1906–1963）
大百（ゲイツケル　1906–1963）
伝世（ゲイツケル　1906–1963）
ナビ（ゲイツケル　1906–1963）
二十（ガイツキル，ヒュー・トッド・N.　1906–1963）
二十（ゲイツケル，ヒュー・T.N.　1906–1963）
百科（ゲーツケル　1906–1963）
山世（ゲイツケル　1906–1963）

Galbraith, John Kenneth 〈20世紀〉
アメリカの経済学者。『アメリカ資本主義』(1951)，『ゆたかな社会』(58)など著書多数。ケネディ大統領のブレーントラストの1人であった。
⇒アメ（ガルブレース　1908–）
岩ケ（ガルブレイス，J（ジョン）・ケネス　1908–）
岩世（ガルブレイス　1908.10.15–2006.4.29）
才世（ガルブレイス，J.K.（ジョン・ケネス）　1908–）
角世（ガルブレイス　1908–）
経済（ガルブレイス　1908–）
現人（ガルブレイス　1908.10.15–）
広辞5（ガルブレイス　1908–）
広辞6（ガルブレイス　1908–2006）
国小（ガルブレース　1908.10.15–）
コン3（ガルブレイス　1908–）
思想（ガルブレイス，ジョン・ケネス　1908–）
人物（ガルブレイス　1908–）
西洋（ガルブレース　1908.10.15–）
世西（ガルブレイス　1908.10.15–）
世百（ガルブレース　1908–）
世百新（ガルブレース　1908–2006）
全書（ガルブレイス　1908–）
大辞2（ガルブレイス　1908–）
大辞3（ガルブレイス　1908–2006）
大百（ガルブレイス　1908–）
伝世（ギャルブレイス　1908–）
ナビ（ガルブレース　1908–）
二十（ガルブレイス，ジョン・ケネス　1908.10.15–）
二十英（Galbraith, John Kenneth　1908–）
百科（ガルブレース　1908–）
名著（ガルブレイス　1908–）
歴史（ガルブレイス　1908–）

Gale, Douglas Maxwell 〈20世紀〉
イギリスの経済学者。
⇒二十（ゲイル，ダグラス・マクスウェル　1950–）

Galiani, Ferdinando 〈18世紀〉
イタリアの文筆家，経済学者。『貨幣』(1750)，

『商業に関する会話』(70)などの論文を発表。
⇒岩世（ガリアーニ　1728.12.2–1787.10.30）
キリ（ガリアーニ，フェルディナンド　1728.12.2–1787.10.30）
国小（ガリアーニ　1728.12.2–1787.10.30）
コン2（ガリャーニ　1728–1787）
コン3（ガリャーニ　1728–1787）
西洋（ガリァーニ　1728.12.2–1787.10.30）
世百（ガリアニ　1728–1787）
名著（ガリアニ　1728–1787）

Galignani, John Anthony 〈18・19世紀〉
イギリスの出版業者。
⇒岩ケ（ガリニャーニ，ジョン・アントニー　1796–1873）

Galilei, Alessandro 〈17・18世紀〉
イタリアの建築家。
⇒建築（ガリレイ，アレッサンドロ　1691–1736）
世美（ガリレイ，アレッサンドロ　1691–1736）

Gall, Heinrich Ludwig Lambert 〈18・19世紀〉
ドイツの社会主義者，発明家。
⇒百科（ガル　1791–1863）

Gallatin, Abraham Alfonse Albert 〈18・19世紀〉
アメリカの政治家，外交官。1801～14年財務長官。ガン条約締結(14)に活躍。
⇒アメ（ギャラティン　1761–1849）
岩ケ（ガラティン，（エイブラハム・アルフォンス・）アルバート　1761–1849）
岩世（ガラティン　1761.1.29–1849.8.12）
英米（Gallatin, Albert　ギャラティン　1761–1849）
外国（ギャラティン　1761–1849）
国小（ガラティン　1761–1849）
西洋（ガラティン　1761.1.29–1849.8.12）
伝世（ギャラティン　1761.1.29–1849.8.13）
百科（ギャラティン　1761–1849）

Gallé, Emile 〈19・20世紀〉
フランスの工芸家。アール・ヌーボーの代表的作家。
⇒岩ケ（ガレ，エミール　1846–1904）
岩世（ガレ　1846.5.4–1904.9.23）
芸術（ガレ，エミール　1846–1904）
広辞6（ガレ　1846–1904）
国小（ガレー　1846.5.8–1904.9.23）
新美（ガレ，エミール　1846.5.4–1904.9.23）
西洋（ガレ　1846.5.4–1904.9.23）
世美（ガレ，エミール　1846–1904）
世百（ガレ　1846–1904）
全書（ガレ　1846–1904）
大辞3（ガレ　1846–1904）

ナビ（ガレ　1846-1904）
二十（ガレ，エミール　1846.5.4-1904.9.23）
百科（ガレ　1846-1904）

Gallimard, Gaston 〈19・20世紀〉
フランスの大出版社の創業者。
⇒岩世（ガリマール　1881.1.8-1975.12.25）
　世百新（ガリマール　1881-1965）
　大辞2（ガリマール　1881-1975）
　大辞3（ガリマール　1881-1975）
　二十（ガリマール，ガストン　1881.1.16-1975.12.27）
　百科（ガリマール　1881-1965）

Gallo, Ernest 〈20世紀〉
アメリカのワイン製造業者。
⇒岩ケ（ガロー，アーネスト　1910-）

Gallo, Francesco 〈17・18世紀〉
イタリアの建築家。
⇒世美（ガッロ，フランチェスコ　1672-1750）

Gallup, George Horace 〈20世紀〉
アメリカの心理学者，企業家。質問郵送，面接などのサンプル調査により，大統領選挙予測をはじめ各種世論調査の方法を確立した。
⇒アメ（ギャラップ　1901-1984）
　岩ケ（ギャラップ，ジョージ（・ホラス）　1901-1984）
　岩世（ギャラップ　1901.11.18-1984.7.27）
　旺世（ギャラップ　1901-1984）
　外国（ギャラップ　1901-）
　現ア（Gallup, George　ギャラップ，ジョージ　1901-1984）
　現人（ギャラップ　1901.11.18-）
　国小（ギャラップ　1901-）
　コン3（ギャラップ　1901-1984）
　人物（ギャラップ　1901.11.18-）
　西洋（ギャラップ　1901.11.18-）
　世西（ギャラップ　1901.11.18-）
　世百（ギャラップ　1901-）
　世百新（ギャラップ　1901-1984）
　全書（ギャラップ　1901-1984）
　大辞2（ギャラップ　1901-1984）
　大辞3（ギャラップ　1901-1984）
　伝世（ギャラップ　1901.11.18-）
　二十（ギャラップ，ジョージ・H．1901.11.18-1984）
　百科（ギャラップ　1901-1984）
　評世（ギャラップ　1901-1964）

Galt, *Sir* Alexander Tilloch 〈19世紀〉
カナダの政治家。1867年カナダ自治領の最初の蔵相に就任。
⇒岩ケ（ゴールト，サー・アレグザンダー・ティロッホ　1817-1893）
　国小（ゴールト　1817-1893）
　伝世（ガルト　1817.9.6-1893.9.19）

Gálvez, José 〈18世紀〉
スペインの植民地行政官。ヌエバ・エスパニア（メキシコ）の行政，財政などの改革を行った。
⇒国小（ガルベス　1729-1787）

Gama, Duarte da 〈16世紀〉
ポルトガルの東アジア貿易船長，商人。
⇒岩世（ガマ　?-1555以後）
　西洋（ガマ　?-1555以後）

Gama, Vasco da 〈15・16世紀〉
ポルトガルの航海者。1497年インド航路開拓のためリスボンを出航。24年インド総督。
⇒逸話（バスコ＝ダ＝ガマ　1469頃-1524）
　岩ケ（ガマ，ヴァスコ・ダ　1469頃-1525）
　岩世（ガマ　1469頃-1524.12.24）
　旺世（ヴァスコ＝ダ＝ガマ　1469頃-1524）
　外国（ガマ　1469頃-1524）
　科史（ガマ　1469?-1524）
　角世（ヴァスコ・ダ・ガマ　1469?-1524）
　キリ（ガマ，ヴァスコ・ダ　1469-1524.12.25）
　広辞4（ヴァスコ・ダ・ガマ　1469頃-1524）
　広辞6（ヴァスコ・ダ・ガマ　1469頃-1524）
　国小（バスコ・ダ・ガマ　1460-1524.12.24）
　国百（バスコ・ダ・ガマ　1460-1524.12.24）
　コン2（ヴァスコ・ダ・ガマ　1469頃-1524）
　コン3（ヴァスコ・ダ・ガマ　1469頃-1524）
　人物（バスコ・ダ・ガマ　1469-1524.12.24）
　スペ（ガマ　1469-1524）
　西洋（ガマ　1469頃-1524.12.24）
　世人（ガマ（ヴァスコ＝ダ＝ガマ）　1469頃-1524）
　世西（ガマ　1469頃-1524.12.24）
　世東（ガマ　1469頃-1524.12.24）
　世百（ガマ　1469?-1524）
　全書（ガマ　1469-1524）
　大辞（ガマ　1469?-1524）
　大辞3（ガマ　1469?-1524）
　大百（バスコ・ダ・ガマ　1460?-1524）
　探検1（ダ＝ガマ　1460?-1524）
　中国（ヴァスコ・ダ・ガマ　?-1524）
　デス（ガマ　1469頃-1524）
　伝世（ヴァスコ・ダ・ガマ　1469頃-1524.12.24）
　南ア（ガマ　1469-1524）
　百科（ガマ　1469-1524）
　評世（バスコ＝ダ＝ガマ　1469頃-1524）
　山世（ヴァスコ・ダ・ガマ　1469?-1524）
　歴史（ガマ　1469頃-1524）

Gamage, Albert Walter 〈19・20世紀〉
イギリスの商人。
⇒岩ケ（ギャミジ，アルバート・ウォルター　1855-1930）

Gambino, Christopher J. 〈20世紀〉
アメリカの作家，実業家。
⇒海新（ガンビーノ，クリストファー・J．）

海作4（ガンビーノ，クリストファー・J.）

Gamble, Josias Christopher ⟨18・19世紀⟩
イギリスの産業経営者。
⇒岩ケ（ギャンブル，ジョサイアス・クリスト
　　ファー　1776–1848）
　科人（ギャンブル，ジョサイアス・クリスト
　　ファー　1776–1848.1.27）

Gamble, William ⟨19世紀⟩
アメリカの長老派教会宣教師。上海美華書館技
師，長崎で本木昌造に印刷技術を伝授。
⇒岩世（ギャンブル　?–1886）
　キリ（ギャンブル（ガンブル），ウィリアム　?–
　　1886）
　人物（ガンブル　生没年不詳）
　西洋（ガンブル）
　大辞（ガンブル　?–1886）
　大辞3（ガンブル　?–1886）
　来日（ガンブル　?–1886）

Gamboa, João Caiado ⟨17世紀⟩
ポルトガルの日本貿易船隊司令官。
⇒岩世（ガンボア　?–1619）
　西洋（ガンボア　?–1619）

Games, Abram ⟨20世紀⟩
イギリスのグラフィック・デザイナー。
⇒国小（ゲームズ　1914.7.29–）
　大百（ゲームズ　1914–）

Gāndhī, Mohandās Karamchand
⟨19・20世紀⟩
インドの政治家。通称マハトマ（大聖）。非暴
力・不服従主義によりインド民族運動を指導。
インド国産木綿の使用を呼びかけ，村落手工業
協会を設立，『村落工業の経済』を著した。
⇒逸話（ガンジー　1869–1948）
　岩ケ（ガンディー　1869–1948）
　岩哲（ガーンディー　1869–1948）
　旺世（ガンディー　1869–1948）
　外国（ガンディー　1869–1948）
　角世（ガーンディー（マハートマー）　1869–
　　1948）
　看護（ガンディー　1869–1948）
　教育（カンジー　1869–1948）
　キリ（ガンディー，モハンダス・カラムチャンド
　　1869.10.2–1948.1.30）
　経済（ガンディー　1869–1948）
　現人（ガンジー　1869.10.2–1948.1.30）
　広辞4（ガンディー　1869–1948）
　広辞5（ガンディー　1869–1948）
　広辞6（ガンディー　1869–1948）
　国小（ガンジー　1869.10.2–1948.1.30）
　国百（ガンジー，マハトマ（モハンダス・カラム
　　チャンド）　1869.10.2–1948.1.30）
　コン2（ガンディー（偉大なる魂）　1869–1948）

　コン3（ガンディー（偉大なる魂）　1869–1948）
　思想（ガンディー，モハンダス（カラムチャン
　　ド），マハトマ　1869–1948）
　集世（ガンディー，M.K.　1869.10.2–1948.1.30）
　集文（ガンディー，M.K.　1869.10.2–1948.1.30）
　人物（ガンジー　1869.10.2–1948.1.30）
　西洋（ガンディー　1869.10.2–1948.1.30）
　世宗（ガンディー　1869–1948）
　世人（ガンディー（マハトマ）　1869–1948）
　世政（ガンジー，モハンダス　1869.10.2–1948.1.
　　30）
　世西（ガンディー　1869.10.2–1948.1.30）
　世百（ガンディ　1869–1948）
　全書（ガンディー　1869–1948）
　大辞（ガンジー　1869–1948）
　大辞2（ガンジー　1869–1948）
　大辞3（ガンジー　1869–1948）
　大百（ガンジー　1869–1948）
　中国（ガンディー　1869–1948）
　デス（ガンジー　1869–1948）
　伝世（ガーンディー，M.K.　1869.10.2–1948.1.
　　30）
　ナビ（ガンディー　1869–1948）
　南ア（ガンディー　1869–1948）
　二十（ガンディー，モハンダス・カラムチャンド
　　1869.10.2–1948.1.30）
　二十英（Gandhi, M (ohandas) K (aram-
　　chand)　1869–1948）
　百科（ガンディー　1869–1948）
　評世（ガンジー　1869–1948）
　名著（ガンディー　1869–1948）
　山世（ガンディー　1869–1948）
　歴史（ガンディー　1869–1948）

Gandon, James ⟨18・19世紀⟩
イギリスの建築家。
⇒世美（ガンドン，ジェイムズ　1743–1823）

Gandy, Joseph Michall ⟨18・19世紀⟩
イギリスの画家，建築家。王立アカデミー会員。
⇒国小（ガンディー　1771–1843）
　世美（ガンディ，ジョーゼフ・マイケル　1771–
　　1843）

Gandy, Michael ⟨18・19世紀⟩
イギリスの建築家。
⇒世美（ガンディ，マイケル　1778–1862）

Gandy, Peter ⟨18・19世紀⟩
イギリスの建築家。
⇒世美（ガンディ，ピーター　1787–1850）

Gantt, Henry Laurence ⟨19・20世紀⟩
アメリカの機械技師，経営コンサルタント。ガ
ント課業賞与制度とガント・チャートを創案。
主著 "Work, Wages, and Profits" (1910) 他。
⇒国小（ガント　1861.5.18–1919.11.23）

Garabani, Valentino 〈20世紀〉
イタリアの服飾デザイナー。作風は洗練された女性らしさを強調。1958年独立。
⇒ナビ（ガラバーニ　1932-）

Garamond, Claude 〈16世紀〉
フランスの活字彫刻者。従来のゴシック活字の代りにローマン・タイプを流通させた。
⇒岩世（ガラモン　1500頃-1561.11.18）
　西洋（ガラモン　?-1561）

Garavani, Valentino 〈20世紀〉
イタリアの服飾デザイナー。
⇒岩ケ（ガラヴァーニ, ヴァレンティノ　1933-）
　岩世（ガラヴァーニ　1932.5.11-）
　最世（ガラヴァーニ, ヴァレンティノ　1933-）

Garber, Joseph R. 〈20世紀〉
アメリカの作家, 文芸評論家, ビジネスアナリスト。
⇒海作4（ガーバー, ジョゼフ　?-2005.5.27）

García, Manuel 〈19・20世紀〉
スペインの歌手。喉頭鏡の発明もある（1855）。
⇒音大（ガルシア, マヌエル・パトリシオ・ロドリゲス　1805.3.17-1906.7.1）
　科学（ガルシア　1805.3.17-1906.7.1）
　西洋（ガルシア　1805.3.17-1906.7.1）

García de Quinñones, Andrés 〈18世紀〉
スペインの建築家。
⇒建築（ガルシア・デ・キニョーネス, アンドレス（活動）18世紀）

Gardano, Antonio 〈16世紀〉
イタリアの楽譜出版業者, 作曲家。
⇒音大（ガルダーノ　1509-1569.10.28）
　ラル（ガルダーノ, アントニオ　1509頃-1569）

Gardella, Ignazio 〈20世紀〉
イタリアの建築家。
⇒新美（ガルデルラ, イグナツィオ　1905.3.30-）
　世美（ガルデッラ, イニャーツィオ　1905-）
　二十（ガルディラ, イグナツィオ　1905.3.30-）

Gardiner, James MacDonald 〈19・20世紀〉
アメリカの聖公会宣教師, 建築家。立教大学校校長。東京築地立教大学校, 日光真光教会他を設計。
⇒日人（ガーディナー　1857-1925）
　来日（ガーディナー　1857-1925）

Garegnani, Pierangelo 〈20世紀〉
イタリア生まれの経済思想家。
⇒岩世（ガレニャーニ　1930.8-2011.10.14）
　経済（ガレッニャーニ　1930-）

Garfield, Eugene 〈20世紀〉
アメリカの情報科学者。
⇒岩世（ガーフィールド　1925.9.16-）

Garnaut, Ross 〈20世紀〉
オーストラリアの経済学者。
⇒オセ新（ガーノー　1946-）

Garner, John Nance 〈19・20世紀〉
アメリカ実業家, 政治家。アメリカ副大統領。
⇒岩ケ（ガーナー, ジョン・ナンス　1868-1967）

Garnier, Germain, Marquis 〈18・19世紀〉
フランスの経済学者。A.スミスの『国富論』の仏語翻訳者として著名。
⇒岩世（ガルニエ　1754.11.8-1821.10.4）
　西洋（ガルニエ　1754.11.8-1821.10.4）

Garnier, Jean Louis Charles 〈19世紀〉
フランスの建築家。パリのオペラ座（1861～75）の設計者。
⇒岩世（ガルニエ　1825.11.6-1898.8.3）
　外国（ガルニエ　1825-1898）
　キリ（ガルニエ, シャルル　1606/05-1649.12.7）
　建築（ガルニエ, シャルル　1825-1898）
　国小（ガルニエ　1825.11.6-1898.8.3）
　コン2（ガルニエ　1825-1898）
　コン3（ガルニエ　1825-1898）
　新美（ガルニエ, シャルル　1825.11.6-1898.8.2）
　人物（ガルニエ　1825-1898）
　西洋（ガルニエ　1825.11.6-1898.8.3）
　世美（ガルニエ, シャルル　1825-1898）
　世百（ガルニエ　1825-1898）
　全書（ガルニエ　1825-1898）
　大辞3（ガルニエ　1825-1898）
　大百（ガルニエ　1825-1898）
　伝世（ガルニエ, J.L.C.　1825.11.6-1898.8.3）
　百科（ガルニエ　1825-1898）

Garnier, Pierre 〈18世紀〉
フランスの家具制作家。
⇒世美（ガルニエ, ピエール　1720-1800）

Garnier, Tony 〈19・20世紀〉
フランスの建築家。20世紀フランス近代建築の先駆者。「工業都市」計画案で, 1899年ローマ大賞受賞。リヨン市建設に貢献。
⇒岩ケ（ガルニエ, トニー　1869-1948）

garni 232 西洋人物レファレンス事典

岩世 （ガルニエ　1869.8.13-1948）
才西 （ガルニエ, トニー　1869-1948）
国小 （ガルニエ　1869.8.13-1948）
新美 （ガルニエ, トニー　1869.8.13-1948.1.19）
西洋 （ガルニエ　1869.8.13-1948）
世美 （ガルニエ, トニ　1869-1948）
世百 （ガルニエ　1868-1948）
全書 （ガルニエ　1869-1948）
大百 （ガルニエ　1869-1948）
デス （ガルニエ　1869-1948）
ナビ （ガルニエ　1869-1948）
二十 （ガルニエ, トニー　1869.8.13-1948）
百科 （ガルニエ　1869-1948）
歴史 （ガルニエ　1869-1949）

Garnier-Pagès, Louis Antoine 〈19世紀〉
フランスの政治家。1848年臨時政府蔵相。
⇒岩世 （ガルニエ＝パジェス　1803.7.10-1878.10.31）
外国 （ガルニエ・パジェス　1803-1878）
国小 （ガルニエ・バージェス　1803-1878）
コン2 （ガルニエ・パジェス　1803-1878）
コン3 （ガルニエ・パジェス　1803-1878）
西洋 （ガルニエ・パジェス　1803.2.16-1878.10.31）
評世 （ガルニエ＝パジュス　1803-1878）

Garove, Michelangelo 〈17・18世紀〉
イタリアの建築家。
⇒世美 （ガローヴェ, ミケランジェロ　1650-1713）

Garrick, David 〈18世紀〉
イギリスの俳優, 劇場支配人, 劇作家。シェークスピア劇を復興し, ドゥルーリー・レーンの全盛期を築いた。
⇒イ文 （Garrick, David　1717-1779）
岩ケ （ギャリック, デイヴィド　1717-1779）
岩世 （ギャリック　1717.2.19-1779.1.20）
英米 （Garrick, David　ギャリック　1717-1779）
演劇 （ギャリック, デイヴィッド　1717-1779）
外国 （ギャリック　1714-1779）
国小 （ガリック　1717.2.19-1779.1.20）
コン2 （ギャリック　1717-1779）
コン3 （ギャリック　1717-1779）
集世 （ギャリック, デイヴィッド　1717.2.19-1779.1.20）
集文 （ギャリック, デイヴィッド　1717.2.19-1779.1.20）
西洋 （ガリック　1717.2.19-1779.1.20）
世西 （ガリック　1717.2.20-1779.1.20）
世百 （ギャリック　1717-1779）
全書 （ギャリック　1717-1779）
百科 （ギャリック　1717-1779）

Garstin, Sir William Edmund 〈19・20世紀〉
イギリスのエンジニア。

⇒岩ケ （ガースティン, サー・ウィリアム・エドマンド　1849-1925）

Gärtner, Friedrich von 〈18・19世紀〉
ドイツの建築家。1820年ミュンヘン美術学校建築科教授, 42年同校長。
⇒岩世 （ゲルトナー　1792.12.10-1847.4.21）
建築 （ゲルトナー, フリードリヒ・フォン　1792-1847）
国小 （ゲルトナー　1792.12.10-1847.4.21）
西洋 （ゲルトナー　1792.12.10-1847.4.21）
世美 （ゲルトナー, フリードリヒ・フォン　1792-1847）
全書 （ゲルトナー　1792-1847）
大百 （ゲルトナー　1792-1847）

Gary, Elbert Henry 〈19・20世紀〉
アメリカの弁護士, 実業家。USスティール社の創立に尽力。
⇒伝世 （ゲアリー　1846.10.8-1927.8.15）
二十 （ゲーリー, エルバート・ヘンリー　1846-1927）
百科 （ゲーリー　1846-1927）

Gascoigne, William 〈17世紀〉
イギリスの光学機械製造業者, 天文学者。
⇒天文 （ガスコイン　1612-1644）

Gaspari, Antonio 〈17・18世紀〉
イタリアの建築家, 画家。
⇒世美 （ガスパリ, アントーニオ　1670頃-1738頃）

Gasparin, Adrien Étienne Pierre, Comte de 〈18・19世紀〉
フランスの農学者, 経済学者。
⇒岩世 （ガスパラン　1783.6.29-1862.9.7）
西洋 （ガスパラン　1783-1862）

Gasse, Étienne 〈18・19世紀〉
イタリアの建築家。
⇒世美 （ガッセ, エティエンヌ　1778-1840）

Gates, Bill 〈20世紀〉
アメリカの技術者, 実業家。マイクロソフト社の創業者の一人。
⇒アメ （ゲイツ　1955-）
岩ケ （ゲイツ, ウィリアム・ヘンリー　1955-）
岩世 （ゲイツ　1955.10.28-）
現ア （Gates, Bill　ゲイツ, ビル　1955-）
広辞6 （ゲイツ　1955-）
ナビ （ゲイツ　1955-）

Gatling, Richard Jordan 〈19・20世紀〉
アメリカの発明家。麦の種まき機や, ガトリング機関銃を発明。

⇒岩ケ（ガットリング, リチャード・ジョーダン
　1818–1903)
　国小（ガトリング　1818–1903)
　世科（ガトリング　1818–1903)
　伝世（ギャトリング　1818.9.12–1903.2.26)

Gattapone〈14世紀〉
イタリアの建築家。
⇒世美（ガッタボーネ　(活動)14世紀)

Gatti-Casazza, Giulio〈19・20世紀〉
イタリアの興行師。
⇒オペ（ガッティ＝カザッツァ, ジュリオ　1869.2.
　3–1940.9.2)
　音大（ガッティ‐カザッツァ　1869.2.3–1940.9.
　2)
　二十（ガッティ・カザッツァ, G.　1869.2.3–
　1940.9.2)

Gau, Franz Christian〈18・19世紀〉
フランスの建築家, 考古学者。代表建築『聖ク
ロティルド教会堂』(1846〜57)。
⇒岩世（ゴー　1790.6.15–1853.12.31)
　キリ（ゴー, フラーンス・クリスチャン　1790.6.
　15–1853.12.31)
　建築（ガウ, フランツ・クリスティアン　1790–
　1853)
　西洋（ゴー　1790.6.15–1853.12.31)

Gaucher de Reims〈13世紀〉
フランスの建築家。
⇒建築（ゴシェ・ド・ランス　(活動)13世紀)

Gaudin, Antoine Marc〈20世紀〉
アメリカ（フランス系）の選鉱学者。マサチュ
セッツ工業大学教授(1939来)。
⇒岩世（ゴーダン　1900.8.8–1974.8.23)
　西洋（ゴーダン　1900.8.8–1974.8.23)
　二十（ゴーダン, アントン　1900.8.8–1974.8.23)

Gaudin, Martin Michel Charles, duc de Gaète〈18・19世紀〉
フランスの財政家。大蔵大臣となり(1799〜
1814), 直接税の体系を再編成し, 間接税を
再設。
⇒外国（ゴーダン　1756–1841)

Gaudí y Cornet, Antonio〈19・20世紀〉
スペインの建築家。代表作はグエル公園(1900
〜02), カサ・ミラ(05〜10)など。
⇒逸話（ガウディ　1852–1926)
　岩ケ（ガウディ（・イ・コルネット）, アントニ
　1852–1926)
　岩世（ガウディ　1852.6.25–1926.6.10)
　旺世（ガウディ　1852–1926)
　才西（ガウディ・イ・コルネ, アントニオ　1852–
　1926)
　角世（ガウディ　1852–1926)
　キリ（ガウディ・イ・コルネット, アントニオ
　1852.6.25(26)–1926.6.10)
　広辞4（ガウディ　1852–1926)
　広辞5（ガウディ　1852–1926)
　広辞6（ガウディ　1852–1926)
　国小（ガウディ　1852.6.26–1926.6.7)
　国百（ガウディ・イ・コルネト, アントニオ
　1852.6.26–1926.6.7)
　コン2（ガウディ　1852–1926)
　コン3（ガウディ　1852–1926)
　新美（ガウディ, アントニ(オ)　1852.6.26–
　1926.6.10)
　人物（ガウディ　1852–1926.6.10)
　ス文（ガウディ・イ・コルネット, アントニ
　1852–1926)
　スペ（ガウディ　1852–1926)
　西洋（ガウディ　1852.6.25–1926.6.10)
　世人（ガウディ　1852–1926)
　世西（ガウディ　1852.6.26–1926.6.10)
　世美（ガウディ・イ・コルネ, アントニ　1852–
　1926)
　世百（ガウディ　1852–1926)
　全書（ガウディ　1852–1926)
　大辞（ガウディ　1852–1926)
　大辞2（ガウディ　1852–1926)
　大辞3（ガウディ　1852–1926)
　大百（ガウディ　1852–1926)
　デス（ガウディ　1852–1926)
　伝世（ガウディ　1852.6.25–1926.6.10)
　ナビ（ガウディ　1852–1926)
　二十（ガウディ・イ・コルネット, アントニオ
　1852.6.26–1926.6.10)
　百科（ガウディ　1852–1926)
　山世（ガウディ　1852–1926)

Gaudreau, Antoine Robert〈17・18世紀〉
フランスの家具制作家。
⇒新美（ゴードゥロー, アントワーヌ・ロベール
　1680頃–1751)
　世美（ゴードロー, アントワーヌ＝ロベール
　1680–1751)

Gaugler, Eduard〈20世紀〉
ドイツの経済学者。マンハイム大学学長。
⇒二十（ガウクラー, E.　1928–)

Gaultier, Jean-Paul〈20世紀〉
フランスの服飾デザイナー。
⇒ナビ（ゴルティエ　1952–)

Gaumont, Léon〈19・20世紀〉
フランスの映画企業家・製作者。フランス・レ
アリスム, 喜劇映画の形成・確立に貢献した。
⇒岩ケ（ゴーモン, レオン・エルネスト　1864–
　1946)
　岩世（ゴーモン　1864.5.10–1946.8.9)

コン2 （ゴーモン　1864-1946）
コン3 （ゴーモン　1864-1946）
世映 （ゴーモン, レオン　1864-1946）
デス （ゴーモン　1864-1946）

Gaveau, Étienne 〈19・20世紀〉

フランスのピアノ製作者。父の後を継ぐ。
⇒音大 （ガヴォー, エティエンヌ　1872.10.7-1943.
　5.26）
　ラル （ガヴォー, エティエンヌ　1872-1943）

Gaveau, Gabriel-Joseph-Emmanuel
〈19・20世紀〉

フランスのピアノ製作者。自身の製作所を
作った。
⇒音大 （ガヴォー, ガブリエル・ジョゼフ・エマ
　ニュエル　1866-1935）
　ラル （ガヴォー, ガブリエル・ジョゼフ・エマ
　ニュエル　1866-1935）

Gaveau, Joseph-Emmanuel 〈19・20世紀〉

フランスのピアノ製作者（1824—1903）。1847
年ガヴォー社を設立。
⇒音大 （ガヴォー, ジョゼフ・エマニュエル　1824.
　11.29-1893）
　ラル （ガヴォー, ジョゼフ・エマニュエル
　1824-1903）

Gay, Edwin Francis 〈19・20世紀〉

アメリカの経済史家。第1次エンクロージャー
の先駆的研究に業績がある。
⇒国小 （ゲイ　1867.10.27-1946.2.8）
　コン3 （ゲイ　1867-1946）
　世百 （ゲー　1867-1946）
　全書 （ゲイ　1867-1946）
　二十 （ゲイ, エドウィン・フランシス　1867-
　1946）
　百科 （ゲイ　1867-1946）

Geddes, Sir Eric Campbell 〈19・20世紀〉

イギリスの政治家, 実業家。中央鉄道委員会議
長（1914）, 海相（17～19）, 運輸相（19～21）。
⇒岩世 （ゲッデス　1875.9.26-1937.6.22）
　西洋 （ゲッデス　1875.9.26-1937.6.22）

Geddes, Norman Bel 〈19・20世紀〉

アメリカの舞台美術家, 工業デザイナー。主要
作品『奇跡』（1923）, 『ハムレット』（31）,
『デッド・エンド』（35）など。
⇒岩ケ （ベル・ゲディス, ノーマン　1893-1958）
　岩世 （ゲッデス　1893.4.27-1958.5.8）
　演劇 （ベル・ゲデス, ノーマン　1893-1958）
　外国 （ゲデス　1893-）
　国小 （ゲッディズ　1893.4.21-1958.5.8）
　国小 （ベル・ゲデス　1893.4.27-1958.5.8）

コン3 （ゲッデス　1893-1958）
コン3 （ベル・ゲディス　1893-1958）
西洋 （ゲッデス　1893.4.27-1958.5.8）
世芸 （ベル・ゲデズ, ノルマン　1893-1962）
世百 （ゲッデス　1893-1958）
二十 （ゲッデス, ノーマン・ベル　1893.4.27-
　1958.5.8）

Geekie, James P. 〈19世紀〉

イギリスの技師。工部省鉄道寮絵図方。
⇒来日 （ギーキー　?-1886）

Geelen, Harrie 〈20世紀〉

オランダの映画監督, グラフィックデザイナー,
作曲家。
⇒児イ （Geelen, Harrie　ゲーレン, H.　1936-）
　児作 （Geelen, Harrie　ゲーレン, ハリー）

Geer, Louis de 〈16・17世紀〉

ベルギー出身の鉱業開発者。スウェーデンの経
済発展に寄与。
⇒国小 （ヘール　1587-1652）
　百科 （ジェール　1587-1652）

Gehry, Frank O. 〈20世紀〉

アメリカの建築家。
⇒二十 （ゲーリー, フランク　1929-）

Geiger, Hans Wilhelm 〈19・20世紀〉

ドイツの物理学者。ガイガー尖端計数管, ガイ
ガー＝ミュラー計数管を考案。
⇒岩ケ （ガイガー, ハンス・ヴィルヘルム　1882-
　1945）
　外国 （ガイガー　1882-1945）
　科学 （ガイガー　1882.9.30-1945.9.24）
　科技 （ガイガー　1882.9.30-1945.9.24）
　科史 （ガイガー　1882-1945）
　科人 （ガイガー, ハンス・ヴィルヘルム　1882.9.
　30-1945.9.24）
　看護 （ガイガー　1882-1945）
　現人 （ガイガー　1882.9.30-1945.9.24）
　国小 （ガイガー　1882.9.30-1945.9.24）
　コン3 （ガイガー　1882-1945）
　人物 （ガイガー　1882.9.30-1945.9.24）
　西洋 （ガイガー　1882.9.30-1945.9.24）
　世科 （ガイガー　1882-1945）
　世西 （ガイガー　1882.9.30-1945.9.24）
　世百 （ガイガー　1882-1945）
　世百新 （ガイガー　1882-1945）
　全書 （ガイガー　1882-1945）
　大辞2 （ガイガー　1882-1945）
　大辞3 （ガイガー　1882-1945）
　大百 （ガイガー　1882-1945）
　伝世 （ガイガー　1882.9.30-1945.9.24）
　ナビ （ガイガー　1882-1945）
　二十 （ガイガー, ハンス・ウイルヘルム　1882.9.
　30-1945.9.24）
　百科 （ガイガー　1882-1945）

名著（ガイガー　1882-1945）

Geissler, Heinrich 〈19世紀〉
ドイツの機械技師。ガイスラー放電管を作った。
⇒岩ケ（ガイスラー, ハインリヒ　1814-1879）
　岩世（ガイスラー　1815.5.26-1879.1.24）
　外国（ガイスラー　1814-1879）
　科学（ガイスラー　1814.5.26-1879.1.24）
　科技（ガイスラー　1814.5.26-1879.1.24）
　国小（ガイスラー　1814.5.26-1879.1.24）
　コン2（ガイスラー　1814-1879）
　コン3（ガイスラー　1814-1879）
　人物（ガイスラー　1815.5.26-1879.1.24）
　西洋（ガイスラー　1815.5.26-1879.1.24）
　世西（ガイスラー　1814.5.26-1879.1.24）
　世百（ガイスラー　1815-1879）
　全書（ガイスラー　1815-1879）
　大辞（ガイスラー　1814-1879）
　大辞3（ガイスラー　1814-1879）
　デス（ガイスラー　1815-1879）

Geneen, Harold Sydney 〈20世紀〉
アメリカの企業家。1959年にインタナショナル・テレフォン・テレグラフ（ITT）社の社長に迎えられ, ITTを多国籍企業に仕立てあげた。
⇒岩ケ（ゲニーン, ハロルド（・シドニー）　1910-）
　岩世（ジェニーン　1910.1.22-1977.11.21）
　現人（ジェニーン　1910.1.22-）
　西洋（ジェニーン　1910.1.22-）

Genga, Girolamo 〈15・16世紀〉
イタリアの画家, 建築家。代表作はペザロのビラ・インペリアーレおよびその内部装飾画。
⇒国小（ジェンガ　1476頃-1551）
　世美（ジェンガ, ジローラモ　1476-1551）

Genovese, Gaetano 〈18・19世紀〉
イタリアの建築家。
⇒世美（ジェノヴェーゼ, ガエターノ　1795-1860）

Genovesi, Antonio 〈18世紀〉
イタリアの哲学者, 経済学者。『商業, すなわち市民経済講義』（1765）など多方面にわたる著作がある。
⇒岩世（ジェノヴェージ　1712.11.1-1769.9.22）
　国小（ジェノベージ　1713.11.1-1769.9.23）
　西洋（ジェノヴェーシ　1712.11.1-1769.9.22）

Gentile, Bernardino, il Giovane
〈18・19世紀〉
イタリアの陶工。
⇒世美（ジェンティーレ, ベルナルディーノ（年少）1727-1813）

Gentile, Bernardino I 〈16世紀〉
イタリアの陶工。
⇒世美（ジェンティーレ, ベルナルディーノ一世　16世紀）

Gentile, Bernardino II 〈17世紀〉
イタリアの陶工。
⇒世美（ジェンティーレ, ベルナルディーノ二世　?-1683）

Gentile, Carmine 〈17・18世紀〉
イタリアの陶工。
⇒世美（ジェンティーレ, カルミネ　1678-1763）

Gentile, Giacomo I 〈17・18世紀〉
イタリアの陶工。
⇒世美（ジェンティーレ, ジャーコモ一世　1668-1713）

Gentile, Giacomo II 〈18世紀〉
イタリアの陶工。
⇒世美（ジェンティーレ, ジャーコモ二世　1717-1765）

Gentz, Heinrich 〈18・19世紀〉
ドイツの建築家。
⇒建築（ゲンツ, ハインリヒ　1766-1811）
　国小（ゲンツ　1766.2.5-1811.10.3）

George, Henry 〈19世紀〉
アメリカの社会改革論者, 経済学者。土地制度改革を唱えた。
⇒アメ（ジョージ　1839-1897）
　岩ケ（ジョージ, ヘンリー　1839-1897）
　岩世（ジョージ　1839.9.2-1897.10.29）
　英米（George, Henry ジョージ　1839-1897）
　外国（ジョージ　1839-1897）
　国小（ジョージ　1839.9.2-1897.10.29）
　コン2（ジョージ　1839-1897）
　コン3（ジョージ　1839-1897）
　人物（ジョージ　1839.9.2-1897.10.29）
　西洋（ジョージ　1839.9.2-1897.10.29）
　世西（ジョージ　1839.9.2-1897.10.29）
　世百（ジョージ　1839-1897）
　全書（ジョージ　1839-1897）
　大百（ジョージ　1839-1897）
　伝世（ジョージ　1839.9.2-1897.10.29）
　百科（ジョージ　1839-1897）
　名著（ジョージ　1839-1897）

Georgescu-Roegen, Nicholas 〈20世紀〉
アメリカ（ルーマニア出身）の数学者, 統計学者, 経済学者。
⇒岩ケ（ジョージェスク＝ローゲン, ニコラス　1906-）

G

岩世（ジョージェスク＝レーゲン　1906.2.4-
1994.10.30）
岩哲（ジョージェスク＝レーゲン　1906-1994）
経済（ジョージェスク・レーゲン　1906-1994）
大辞2（ジョージェスク・レーゲン　1906-1994）
二十（ジョルジェスク・レーゲン，ニコラス
1906-）

Gerardus 〈13世紀〉
ケルンのカテドラルの初代の建築家。
⇒建築（ジェラルドゥス（ゲルハルト）　（活動）13
世紀）

Gerashchenko, Viktor Vladimirovich 〈20世紀〉
ロシアの企業家，ロシア中央銀行総裁。
⇒ロシ（ゲラシチェンコ　1937-）

Gerbault, Allain 〈20世紀〉
フランスの作家，航空士。
⇒二十（ジェルボー，A．1893-1942）

Gerber, Daniel Frank 〈19・20世紀〉
アメリカのベビーフード製造業者。
⇒岩ケ（ガーバー，（ダニエル・）フランク　1873-
1952）

Gerber, Johann Gottfried Heinrich 〈19・20世紀〉
ドイツの土木技術者。橋梁設計者として著名。
ゲルバー桁の発案者。
⇒西洋（ゲルバー　1832.11.18-1912.1.3）

Gerbier, Balthasar 〈16・17世紀〉
フランドル出身のイギリスの建築家。
⇒世美（ガービア，バルサザー　1592-1667）

Gerkan, Armin von 〈19・20世紀〉
ドイツの建築学者，地形学者。ミレトス発掘の
報告書 "Milet, Ergebnis der Ausgrabungen" に
執筆。
⇒西洋（ゲルカン　1884.11.30-1969.12.22）

Gerlach, Philipp 〈17・18世紀〉
ドイツの建築家。代表作はポツダムの守備隊教
会（1730〜35）。
⇒岩世（ゲルラッハ　1679.7.24-1748.9.17）
西洋（ゲルラハ　1679-1748）

Gerle, Hans 〈15・16世紀〉
ドイツのリュート奏者，リュート製造者。
⇒ラル（ゲルレ，ハンス　15世紀末/16世紀初頭-
1570）

Gerloff, Wilhelm 〈19・20世紀〉
ドイツの財政学者，社会学者。貨幣論の研究が
ある。
⇒岩世（ゲルロフ　1880.6.24-1954.7.23）
音大（ケルロイター　1915.9.2-）
西洋（ゲルロフ　1880.6.24-1954.7.23）
名著（ゲルロフ　1880-1958）

Germain, Antoine Marie Henri 〈19・20世紀〉
フランスの実業家，政治家。
⇒岩世（ジェルマン　1824.2.19-1905.2.2）

Germain, Thomas 〈17・18世紀〉
フランスの金工家。
⇒世美（ジェルマン，トマ　1673-1748）

Gerschenkron, Alexander 〈20世紀〉
アメリカ（ロシア生まれ）の経済学者。
⇒岩世（ガーシェンクロン　1904-1978.10.26）
経済（ガーシェンクロン　1904-1978）
二十（ガーシェンクロン，A．1904-1978）

Gerstacker, Carl A. 〈20世紀〉
アメリカの実業家。ダウ・ケミカル会長。
⇒二十（ガースタッカー，カール・A．1916-）

Gerstenberg, Richard C. 〈20世紀〉
アメリカの実業家。米国GM会長。
⇒二十（ガーステンバーグ，リチャード　1909-）

Gerstner, Paul 〈19・20世紀〉
ドイツの経営学者。貸借対照表分析論や貸借対
照表監査論を専攻。著書に『経営監査および貸
借対照表監査の案内書』（1941）。
⇒世百（ゲルストナー　1880-）
全書（ゲルストナー　1880-?）
二十（ゲルストナー，パウル　1880-?）

Gesell, Silvio 〈19・20世紀〉
ドイツの商人，経済学者。貨幣問題を研究。主
著『貨幣の国有化』（1891）。
⇒岩世（ゲゼル　1862.3.17-1930.3.11）
国小（ゲゼル　1862.3.17-1930.3.11）
コン2（ゲゼル　1862-1930）
コン3（ゲゼル　1862-1930）
西洋（ゲゼル　1862.3.17-1930.3.11）
世百（ゲゼル　1862-1930）
二十（ゲゼル，S．1862-1930）
百科（ゲゼル　1862-1930）

Gesellius, Herman 〈19・20世紀〉
フィンランドの建築家。
⇒世美（ゲセッリウス，ヘルマン　1874-1916）

経済・産業篇　　　　　　　　　　237　　　　　　　　　　　　gianc

Gesner, Abraham 〈18・19世紀〉
カナダの地質学者，発明家。石油蒸溜工程の発見者。
⇒国小（ゲスナー　1797.5.2–1864.4.29）

Gešov, Ivan Evstratiev 〈19・20世紀〉
ブルガリアの政治家，経済学者。
⇒東欧（ゲショフ　1849–1924）

Gestetner, Sigmund 〈20世紀〉
イギリスの実業家，シオニスト。
⇒ユ人（ゲステトナー，ジークムント　1897–1956）

Getty, Jean Paul 〈20世紀〉
アメリカの石油王，大富豪。1920年代にゲッティ・オイル社を設立，50年タイドウォーターなど石油会社3社を買収した。
⇒岩ケ（ゲティー，J（ジーン）・ポール　1892–1976）
　岩世（ゲティ　1892.12.15–1976.6.6）
　現ア（Getty, J.Paul　ゲティ，J・ポール　1892–1976）
　西洋（ゲッテイ　1892.12.15–1976.6.6）
　世人（ゲッティー　1892–1976）
　全書（ゲティ　1892–1976）
　二十（ゲティ，ジャン・ポール　1892–1976）

Gherardi, Antonio 〈17・18世紀〉
イタリアの建築家，画家。
⇒世美（ゲラルディ，アントーニオ　1644–1702）

Gherardi, Piero 〈20世紀〉
イタリア生まれの映画美術監督，衣裳デザイナー。
⇒世映（ゲラルディ，ピエロ　1909–1971）

Ghiberti, Lorenzo 〈14・15世紀〉
イタリアの彫刻家，画家，建築家，文筆家。
⇒岩ケ（ギベルティ，ロレンツォ　1378–1455）
　岩世（ギベルティ　1378–1455.12.1）
　旺世（ギベルティ　1378–1455）
　外国（ギベルティ　1378–1455）
　角世（ギベルティ　1378?–1455）
　キリ（ギベルティ，ロレンツォ　1378–1455.12.1）
　芸術（ギベルティ，ロレンツォ　1378–1455）
　広辞4（ギベルティ　1378–1455）
　広辞6（ギベルティ　1378–1455）
　国小（ギベルティ　1378–1455.12.1）
　国百（ギベルティ，ロレンツォ　1378–1455.12.1）
　コン2（ギベルティ　1378–1455）
　コン3（ギベルティ　1378–1455）
　新美（ギベルティ，ロレンツォ　1378/81頃–1455.12.1）
　人物（ギベルチ　1378–1455.12.1）
　西洋（ギベルティ　1378–1455.12.1）
　世人（ギベルティ　1378–1455）
　世西（ギベルティ　1378–1455.12.1）
　世美（ギベルティ，ロレンツォ　1378–1455）
　世百（ギベルティ　1378–1455）
　全書（ギベルティ　1378–1455）
　大辞（ギベルティ　1378–1455）
　大辞3（ギベルティ　1378–1455）
　大百（ギベルティ　1378–1455）
　デス（ギベルティ　1378–1455）
　伝世（ギベルチ　1378–1455.12.1）
　百科（ギベルティ　1378–1455）
　評世（ギベルティ　1378–1455）
　歴史（ギベルティ　1378–1455）

Ghiringhelli, Antonio 〈20世紀〉
イタリアの事業家。
⇒オペ（ギリンゲッリ，アントニオ　1903.3.5–1979.7.11）

Ghiyāth al-Dīn 'Alī Yezdī 〈16世紀頃〉
イランの織物師。
⇒国小（ギヤース・ウッディーン・アリー・ヤズディー　16世紀頃）
　コン2（ギヤースッ・ディーン・アリー　16世紀頃）
　コン3（ギヤースッ・ディーン・アリー　生没年不詳）

Ghiyāth al-Dīn Jāmī 〈16世紀頃〉
イランの織物師。
⇒国小（ギヤース・ウッディーン・ジャーミー　16世紀頃）
　コン2（ギヤースッ・ディーン・ジャーミー　16世紀）
　コン3（ギヤースッ・ディーン・ジャーミー　生没年不詳）

Ghosn, Carlos 〈20・21世紀〉
フランス（ブラジル生まれ）の実業家。
⇒岩世（ゴーン　1954.3.9–）

Ghozali, Said Ahmad 〈20世紀〉
アルジェリアの実業家，政治家。1966年SONATRACH（炭化水素輸送・販売国営会社）社長。
⇒世政（ゴザリ，シド・アハメド　1937.3.31–）
　中東（ゴザーリー　1937–）

al-Ghunaim, Khalifa Khalid 〈20世紀〉
クウェートの政治家。1964～65年商業相。その後国民議会議員，議長。
⇒中東（グナイム　1921–）

Giancristoforo Romano 〈15・16世紀〉
イタリアの彫刻家，金銀細工師，建築家。
⇒世美（ジャンクリストーフォロ・ロマーノ　1470頃–1512）

G

Giannini, Amadeo Peter 〈19・20世紀〉

アメリカの銀行家。アメリカ銀行の設立者。
⇒岩ケ（ジアニーニ, アマデオ・ピーター 1870–
1949）
コン3（ジアニーニ 1870–1949）
世西（ジャニーニ 1870.5.6–）
世百（ジャンニーニ 1870–1949）
二十（ジャンニーニ, A.P. 1870–1949）
百科（ジャンニーニ 1870–1949）

Gibb, *Sir* Alexander 〈19・20世紀〉

イギリスの土木技師。
⇒岩ケ（ギブ, サー・アレグザンダー 1872–1958）

Gibberd, *Sir* Frederick 〈20世紀〉

イギリスの建築家。代表作にロンドンのアパー
ト『プルマン・コート』(1934・35)，『ロンド
ン空港のターミナル・ビル』(50) など。
⇒岩世（ギバード 1908.1.7–1984.1.9）
西洋（ギッバード 1908.1.7–）

Gibbs, James 〈17・18世紀〉

イギリスの建築家。
⇒岩ケ（ギブズ, ジェイムズ 1682–1754）
岩世（ギブズ 1682.12.23–1754.8.5）
キリ（ギップス, ジェイムズ 1682.12.23–1754.
8.5）
建築（ギップス, ジェームズ 1682–1754）
国小（ギブズ 1682.12.23–1754.8.5）
新美（ギブズ, ジェームズ 1682.12.23–1754.
8.5）
西洋（ギブズ 1682.12.23–1754.8.5）
世美（ギブズ, ジェイムズ 1682–1754）
全書（ギップス 1682–1754）
百科（ギップス 1682–1754）

Gibbs, William Francis 〈19・20世紀〉

アメリカの海軍建築技師，造船家。
⇒岩ケ（ギブズ, ウィリアム・フランシス 1886–
1967）
科学（ギップス 1886.8.24–1967.9.6）
科人（ギブズ, ウィリアム・フランシス 1886.8.
24–1967.9.7）
二十（ギブズ, ウィリアム・フランシス 1886.8.
24–1967.9.6）

Gibney, Frank 〈20世紀〉

アメリカのジャーナリスト，実業家。TBSブリ
タニカ社副会長。
⇒二十（ギブニー, フランク 1924.9.21–）

Gibson, Ronald 〈20世紀〉

アメリカの美術収集家，経済学者。ワシント
ン・カレッジ大学教授。
⇒二十（ギブソン, ロナルド 1902–）

Gide, Charles 〈19・20世紀〉

フランスの経済学者，消費協同組合の理論的指
導者。主著『経済学原理』(1883) など。
⇒岩世（ジッド 1847.6.29–1932.3.13）
経済（ジード 1847–1932）
広辞4（ジード 1847–1932）
国小（ジード 1847.6.29–1932.3.13）
コン2（ジード 1847–1932）
コン3（ジード 1847–1932）
人物（ジード 1847.6.29–1932.3.13）
西洋（ジード 1847.6.29–1932.3.13）
世西（ジード 1847.6.29–1932.3.13）
世百（ジード 1847–1932）
全書（ジード 1847–1932）
二十（ジード, C. 1847–1932）
名著（ジード 1847–1932）

Giffard, Henri Jacques 〈19世紀〉

フランスの技術者。3馬力蒸汽機関での半硬式
飛行船推進に成功(1852)。
⇒岩ケ（ジファール, アンリ 1825–1882）
岩世（ジファール 1825.1.8–1882.4.14）
外国（ジファール 1825–1882）
西洋（ジファール 1825.1.8–1882.4.14）
世科（ジファール 1825–1882）
世西（ジファール 1825.1.8–1882.4.14）
全書（ジファール 1825–1882）
大百（ジファール 1825–1882）

Giffen, Robert 〈19・20世紀〉

イギリスの経済学者，統計学者。
⇒岩世（ギッフェン 1837.7.21–1910.4.12）
経済（ギッフェン 1837–1910）
大辞2（ギッフェン 1837–1910）
大辞3（ギッフェン 1837–1910）
二十（ギッフェン, ロバート 1837–1910）

Gilardi, Domenico 〈18・19世紀〉

スイスの建築家。
⇒世美（ジラルディ, ドメーニコ 1788–1845）

Gilbert, *Sir* Alfred 〈19・20世紀〉

イギリスの彫刻家，金工家。代表作はシャフツ
ベリー公記念『エロスの噴水』(1893) など。
⇒岩ケ（ギルバート, サー・アルフレッド 1854–
1934）
才西（ギルバート, アルフレッド 1854–1934）
国小（ギルバート 1854.8.12–1934.11.4）
新美（ギルバート, アルフレッド 1854.8.12–
1934.10.30）
人物（ギルバート 1854–1934）
世美（ギルバート, アルフレッド 1854–1934）
二十（ギルバート, アルフレッド 1854.8.12–
1934.10.30）

Gilbert, Carl J. 〈20世紀〉

アメリカの弁護士。米通商特別代表。

⇒二十（ギルバート，カール・J. 1905-）

Gilbert, Cass 〈19・20世紀〉
アメリカの建築家。主要建築にミネソタ州会議事堂（1896～1903），ウールウォース・タワー（1911～13），ワシントン最高裁判所など。
⇒岩ケ（ギルバート，キャス 1859-1934）
国小（ギルバート 1859.11.24-1934.5.17）
コン3（ギルバート 1858(59)-1934）
世美（ギルバート，キャス 1859-1934）

Gilbert, Gustav Jean Marie 〈19・20世紀〉
フランス出身の貿易商。横浜英一番館の生糸鑑定人。
⇒来日（ジルベル 1855-1930）

Gilbert, Sir Humphrey 〈16世紀〉
イギリスの貴族，航海者。「北西航路」の発見を企て，ニューファンドランドに北アメリカ最初のイギリス植民地を建設した。
⇒岩ケ（ギルバート，サー・ハンフリー 1539頃-1583）
岩世（ギルバート 1539頃-1583.9.9）
英米（Gilbert, Sir Humphrey ギルバート，ハンフリー 1539頃-1583）
外国（ギルバート 1539-1583）
国小（ギルバート 1537頃-1583）
コン2（ギルバート 1539頃-1583）
コン3（ギルバート 1539頃-1583）
西洋（ギルバート 1539頃-1583.9.9）
世西（ギルバート 1539頃-1583）
探検1（ギルバート 1539-1583）
伝世（ギルバート，H. 1537頃-1583.9.9）
評世（ギルバート 1539-1583）

Gilbert, James William 〈18・19世紀〉
イギリスの銀行家，銀行問題の著述家。1833年ロンドン・ウェストミンスター銀行の総支配人。
⇒国小（ギルバート 1794.3.21-1863.8.8）
世百（ギルバート 1794-1863）

Gilbert, Philéas 〈19・20世紀〉
フランスの料理人。
⇒岩世（ジルベール 1857.9.11-1942.6.5）

Gilbey, Sir Walter 〈19・20世紀〉
イギリスのワイン商人。
⇒岩ケ（ギルビー，サー・ウォルター 1831-1914）

Gilbreth, Frank Bunker 〈19・20世紀〉
アメリカの技師。動作研究の開発者。「微細動作研究」を発案。
⇒岩ケ（ギルブレス・アンド・ギルブレス）
国小（ギルブレス 1868.7.7-1924.6.14）
コン3（ギルブレス 1868-1924）

世百（ギルブレス 1868-1924）
全書（ギルブレス（夫妻））
大百（ギルブレス 1868-1924）
デス（ギルブレス 1868-1924）
ナビ（ギルブレス 1868-1924）
二十（ギルブレス，フランク 1868-1924）
百科（ギルブレス 1868-1924）
名著（ギルブレス 1868-1924）

Gilbreth, Lilian Evelyn 〈19・20世紀〉
アメリカの経営学者，工場管理法研究者。
⇒岩ケ（ギルブレス，リリアン・（イーヴリン・）1878-1972）
コン3（ギルブレス 1878-1972）
世女日（ギルブレス，リリアン・モラー 1878-1972）
全書（ギルブレス 1878-1972）
二十（ギルブレス，リリアン 1868-1972）

Gil de Hontañon, Juan 〈15・16世紀〉
スペインの建築家。
⇒建築（ヒル・デ・オンタニョン，ファン 1480頃-1526）
新美（ヒル・デ・オンタニョーン，ホアン ?-1526）
世美（ヒル・デ・オンタニョーン，フアン 1480頃-1531）

Gil de Hontañon, Rodrigo 〈15・16世紀〉
スペインの建築家。
⇒新美（ヒル・デ・オンタニョーン，ロドリーゴ 15世紀末-1577）
世美（ヒル・デ・オンタニョーン，ロドリーゴ 1500-1577）

Gill, Arthur Eric Rowton 〈19・20世紀〉
イギリスの石彫刻者，彫版工，活字書体（タイポグラフィー）デザイナー，美術評論家。主著『芸術と愛』（1927），『キリスト教と芸術』（28）。
⇒イ文（Gill,（Arthur）Eric（Rowton） 1882-1940）
岩ケ（ギル，（アーサー・）エリック（・ラウトン）1882-1940）
才世（ギル，（アーサー・）エリック（・ロートン）1882-1940）
外国（ギル 1882-1940）
キリ（ギル，エリック 1882.2.22-1940.11.7）
国小（ギル 1882.2.22-1940.11.17）
コン3（ギル 1882-1940）
集文（ギル，エリック 1882.2.22-1940.11.17）
西洋（ギル 1882.2.22-1940.12.17）
世美（ギル，エリック 1882-1940）
世百（ギル 1882-1940）
世百新（ギル 1882-1940）
世文（ギル，エリック 1882-1940）
全書（ギル 1882-1940）

大辞**2**（ギル　1882–1940）
大辞**3**（ギル　1882–1940）
二十（ギル，エリック　1882.2.22–1940.11.7）
二十英（Gill,（Arthur）Eric（Rowton）　1882–1940）
百科（ギル　1882–1940）

Gill, Irving John 〈19・20世紀〉
アメリカの建築家。
⇒世美（ギル，アーヴィング・ジョン　1870–1936）

Gillespie, Alastair 〈20世紀〉
カナダの政治家。カナダ科学技術相，同通産相，同エネルギー・鉱業・資源相。
⇒二十（ギレスビー，アラステアー　1922–）

Gillette, King Camp 〈19・20世紀〉
アメリカの発明家，企業家。1901年安全かみそりを発明，ジレット安全かみそり会社を設立。
⇒岩ケ（ジレット，キング・C（キャンプ）　1855–1932）
岩世（ジレット　1855.1.5–1932.7.9）
コン**2**（ジレット　1855–1932）
コン**3**（ジレット　1855–1932）
人物（ジレット　1855.1.5–1932.7.10）
西洋（ジレット　1855.1.5–1932.7.10）
大百（ジレット　1855–1932）

Gilli, Marcel 〈20世紀〉
フランスの彫刻家。サロン・ド・メの創立に参加，テラコッタや木彫による建築的なモニュメンタルな作品を制作。
⇒国小（ジリ　1914.2.12–）
世芸（ジリ，マルセル　1914–1983）

Gilliat, Sidney 〈20世紀〉
イギリスの映画監督，映画製作者。1945年フランク・ローンダーとインディヴィジュアル・ピクチャーズ・プロを創立。
⇒監督（ギリアット，シドニー　1908.2.15–）
世映（ギリアット，シドニー　1908–1994）

Gilly, David 〈18・19世紀〉
ドイツの建築家。ベルリンに高等建築学校を創設。
⇒岩世（ギリ　1748.1.7–1808.5.5）
建築（ジリー，ダヴィト　1748–1808）
西洋（ギリ　1748.1.7–1808.5.5）
世美（ジリー，ダーヴィト　1748–1808）

Gilly, Friedrich 〈18世紀〉
ドイツの建築家。1800年プロシア国立劇場をベルリンに建造。
⇒岩世（ギリ　1772.2.16–1800.8.3）
国小（ギリー　1772–1800）
新美（ギリ，フリードリヒ　1772.2.16–1800.8.7）

西洋（ギリ　1772.2.16–1800.8.3）
世美（ジリー，フリードリヒ　1772–1800）

Gilruth, Robert Rowe 〈20世紀〉
アメリカの航空エンジニア。
⇒岩ケ（ギルルース，ロバート（・ロー）　1913–）

Gimson, Ernest William 〈19・20世紀〉
イギリスの設計家。
⇒岩ケ（ギムソン，アーネスト・ウィリアム　1864–1919）

Gini, Corrado 〈19・20世紀〉
イタリアの社会学，統計学者，経済思想家。
⇒岩世（ジニ　1884.5.23–1965.3.13）
外国（ジニ　1884–）
経済（ジニ　1884–1965）
国小（ジーニ　1884.5.23–）
コン**3**（ジーニ　1884–1965）
人物（ジニ　1884.5.23–）
数学（ジニ　1884–1965）
数学増（ジニ　1884–1965）
西洋（ジーニ　1884–1965）
世西（ジニ　1884.5.23–）
世百（ジニ　1884–）
二十（ジニ，C.　1884–1956）
名著（ジーニ　1884–）

Ginn, Edward 〈19・20世紀〉
アメリカの出版業者。教科書の出版で成功。
⇒コン**2**（ギン　1838–1914）
コン**3**（ギン　1838–1914）

Ginzburg, Moisei 〈20世紀〉
ソ連邦の建築家。現代建築協会を創立。
⇒岩世（ギンズブルグ　1892.5.23[6.4]–1946.1.7）
外国（ギンズブルグ　1892–）
西洋（ギンズブルグ　1892–1946.1.7）
二十（ギンズブルグ，M.　1892–1946.1.7）

Ginzburg, Vera Genrikhovna 〈20世紀〉
ロシアの経済学者。
⇒世女日（ギンツブルク，ヴェーラ　1892–1967）

Giocondo, Fra Giovanni 〈15・16世紀〉
イタリアの建築家，古典学者。
⇒岩世（フラ・ジョコンド　1433頃–1515.7.1）
建築（ジョコンド，フラ・ジョバンニ　1433頃–1515）
国小（ジョコンド　1433頃–1515.7.1）
コン**2**（ジョコンド　1433頃–1515）
コン**3**（ジョコンド　1433頃–1515）
新美（ジョコンド，フラ　1433頃–1515.7.1）
西洋（ジョコンド　1433頃–1515.7.1）

経済・産業篇　　　　　　　　　241　　　　　　　　　**giova**

Giocondo, Lisa del 〈15世紀〉
イタリアの商人夫人。
⇒世女日（ジョコンド，リサ　1474–?）

Gioffredo, Mario 〈18世紀〉
イタリアの建築家，著述家。
⇒世美（ジョッフレード，マーリオ　1718–1785）

Gioia, Melchiorre 〈18・19世紀〉
イタリアの哲学者，経済学者。主著『経済学の
新しい展望』(1815～19)。
⇒岩世（ジョーヤ　1767.9.20–1828.1.2）
　国小（ジョイア　1767–1829）
　西洋（ジョーヤ　1767.9.20–1828.1.2）

Gioja, Flavio 〈14世紀〉
イタリアの航海者。
⇒外国（ジォヤ　14世紀）

Giordani, Gian Luigi 〈20世紀〉
イタリアの建築家。ミラノ空港の設計者。
⇒国小（ジョルダーニ　1909–）

Giotto di Bondone 〈13・14世紀〉
イタリアの画家，建築家。
⇒岩ケ（ジョット・ディ・ボンドネ）　1266頃–
　　1337）
　岩世（ジョット　1266頃–1337.1.8）
　旺世（ジョット　1266/67–1337）
　外国（ジョット―　1266/–76–1336/7）
　角世（ジョット　1266?–1337）
　キリ（ジョット　1266/7/76/77–1337.1.8）
　芸術（ジオット・ディ・ボンドーネ　1266頃–
　　1337）
　建築（ジョット・ディ・ボンドーネ　1266頃–
　　1337）
　広辞4（ジョット　1266頃–1337）
　広辞6（ジョット　1266頃–1337）
　国小（ジョット　1266/7–1337）
　国百（ジョット・ディ・ボンドーネ　1266/7–
　　1337）
　コン2（ジョット　1266頃–1337）
　コン3（ジョット　1266頃–1337）
　新美（ジオット・ディ・ボンドーネ　1266頃–
　　1337）
　人物（ジョット―　1266/76頃–1337.1.8）
　西洋（ジョット　1266/76頃–1337.1.8）
　世人（ジョット―（ジオット）　1266頃–1337）
　世西（ジョット―（ディ・ボンドーネ）　1266頃–
　　1337.1.8）
　世美（ジョット・ディ・ボンドーネ　1267頃–
　　1337）
　世百（ジョット　1266/7–1337）
　全書（ジョット　1266頃–1337）
　大辞（ジョット　1266頃–1337頃）
　大辞3（ジョット　1266頃–1337頃）
　大百（ジョット　1266–1337）
　デス（ジョット　1266頃–1337）

伝世（ジョット　1267頃–1337.1.8）
百科（ジョット　1267頃–1337）
評世（ジオット　1266–1337頃）
評世（ジョット　1266頃–1337）
山世（ジオット　1267頃–1337）
歴史（ジオネット　1266–1337）

Giovanni da Campione 〈14世紀〉
イタリアの建築家，彫刻家。
⇒世美（ジョヴァンニ・ダ・カンピオーネ　（活
　動）14世紀）

Giovanni d'Agostino 〈14世紀〉
イタリアの彫刻家，建築家。
⇒世美（ジョヴァンニ・ダゴスティーノ　1311頃–
　1348）

Giovanni da Gubbio 〈12世紀〉
イタリアの建築家。
⇒世美（ジョヴァンニ・ダ・グッビオ　（活動）12世
　紀）

Giovanni Dalmata 〈15・16世紀〉
イタリアの彫刻家，建築家。パウロ2世の墓を
制作。
⇒芸術（ジョヴァンニ・ダルマタ　1440頃–1509以
　後）
　国小（ジョバンニ・ダルマータ　1440頃–1509以
　後）
　新美（ジョヴァンニ・ダルマタ　1440頃–1509）
　世美（ジョヴァンニ・ダルマタ　1440頃–1509）

Giovanni d'Ambrogio 〈14世紀〉
イタリアの彫刻家，建築家。
⇒世美（ジョヴァンニ・ダンブロージョ　14世紀）

Giovanni da Verona 〈15・16世紀〉
イタリアの彫刻家，寄木工芸家，木彫家。
⇒世美（ジョヴァンニ・ダ・ヴェローナ　1457頃–
　1525）

Giovanni degli Eremitani 〈13・14世紀〉
イタリアの建築家。
⇒世美（ジョヴァンニ・デッリ・エレミターニ
　（活動）13–14世紀）

Giovanni di Balduccio 〈14世紀〉
イタリアの彫刻家，建築家。
⇒世美（ジョヴァンニ・ディ・バルドゥッチョ
　（記録）1317–1349）

Giovanni di Bonino 〈14世紀〉
イタリアのステンドグラス職人。
⇒世美（ジョヴァンニ・ディ・ボニーノ　（活動）14
　世紀）

G

giova　242　西洋人物レファレンス事典

Giovannino de' Grassi〈14世紀〉
イタリアの画家，写本装飾画家，建築家。
⇒岩世（ジョヴァンニーノ・デ・グラッシ　?–1398.
　　7.5）

Giovannoni, Gustavo〈19・20世紀〉
イタリアの建築家，美術著述家。
⇒世美（ジョヴァンノーニ，グスターヴォ　1873–
　　1947）

Girard, Philippe Henri de〈18・19世
紀〉
フランスの発明家。
⇒岩世（ジラール　1775.2.9–1845.8.26）
　科学（ジラール　1775–1845）
　西洋（ジラール　1775.2.1–1845.8.26）

Girard, Stephen〈18・19世紀〉
アメリカ貿易商，銀行家，博愛主義者。フィラ
デルフィアのジラード大学創立者。
⇒岩ケ（ジラール，ステファン　1750–1831）
　外国（ジラード　1750–1831）
　教育（ジラード　1750–1831）

Girardin, Émile de〈19世紀〉
フランスの新聞経営者，政治家。1836年『ラ・
プレス』を創刊。
⇒岩世（ジラルダン　1806.6.22–1881.4.27）
　外国（ジラルダン　1806–1881）
　国小（ジラルダン　1806.6.21–1881.4.27）
　コン2（ジラルダン　1806–1881）
　コン3（ジラルダン　1806–1881）
　集世（ジラルダン，エミール・ド　1806.6.22–
　　1881.4.27）
　集文（ジラルダン，エミール・ド　1806.6.22–
　　1881.4.27）
　西洋（ジラルダン　1806.6.22–1881.4.27）
　世百（ジラルダン　1806–1881）
　全書（ジラルダン　1806–1881）
　大百（ジラルダン　1808–1881）
　百科（ジラルダン　1806–1881）

Girkon, Paul〈19・20世紀〉
ドイツの牧師，教会建築家。
⇒キリ（ギルコン，パウル　1889.3.10–）

Girolamo da Carpi〈16世紀〉
イタリアの画家，建築家。
⇒世美（ジローラモ・ダ・カルピ　1501–1556）

Giroldo di Iacopo da Como〈13世紀〉
イタリアの彫刻家，建築家。
⇒世美（ジロルド・ディ・ヤーコポ・ダ・コーモ
　　13世紀）

Giroux, Robert〈20世紀〉
アメリカの編集者，出版者。
⇒二十英（Giroux, Robert　1914–）

Gisors〈18・19世紀〉
フランスの建築家。パリで国の建築物，公共記
念碑の制作に従事。
⇒国小（ジゾール，アレクサンドル・ジャン・バ
　　ティスト　1762–1835）

Gisors〈18・19世紀〉
フランスの建築家。パリで国の建築物，公共記
念碑の制作に従事。
⇒国小（ジゾール，アンリ・アルフォンス　1796–
　　1866）

Gisors〈18・19世紀〉
フランスの建築家。パリで国の建築物，公共記
念碑の制作に従事。
⇒国小（ジゾール，ジャック・ピエール　1755–
　　1828）

Gitiadas〈前6世紀〉
ギリシアの建築家，彫刻家，詩人。
⇒世美（ギティアダス　前6世紀）

Gittard, Daniel〈17世紀〉
フランスの宮廷建築家。
⇒岩世（ジタール　1625–1686）
　キリ（ジタール，ダニエル　1625–1686）
　建築（ジタール，ダニエル　1625–1686）
　西洋（ジタール　1625–1686）
　世美（ジタール，ダニエル　1625–1686）

Giugiaro, Giorgio〈20世紀〉
イタリアの自動車デザイナー，工業デザイナー。
⇒岩ケ（ジュジャーロ，ジョルジョ　1938–）

Giuliano da Maiano〈15世紀〉
イタリアの建築家，インターリオ（装飾彫り）
作家。
⇒建築（ジュリアーノ・ダ・マイアーノ　1432頃–
　　1490頃）
　新美（マイヤーノ，ジュリアーノ・ダ　1432–
　　1490.10.17）
　世美（ジュリアーノ・ダ・マイアーノ　1432–
　　1490）

Giulio Romano〈15・16世紀〉
イタリアの建築家，画家。マニエリスムの創始
者の一人。
⇒岩ケ（ジュリオ・ロマーノ　1499–1546）
　岩世（ジュリオ・ロマーノ　1499–1546.11.1）
　キリ（ジューリオ・ロマーノ　1492（99）–1546.
　　11.1）
　芸術（ロマーノ，ジューリオ　1499–1546）

建築（ジュリオ・ロマーノ（通称）（ジュリオ・
　ピッピ・デ・ジャヌッツイ）　1492–1546）
国小（ロマーノ　1492/9–1546.11.1）
コン2（ロマーノ　1499–1546）
コン3（ロマーノ　1499–1546）
新美（ロマーノ，ジューリオ　1499–1546.11.1）
西洋（ジュリョ・ロマーノ　1499–1546.11.1）
世西（ロマーノ　1492/9–1546.11.1）
世美（ジューリオ・ロマーノ　1499頃–1546）
世百（ロマーノ　1499–1546）
全書（ロマーノ　1499–1546）
大百（ロマーノ　1499–1546）
デス（ロマーノ　1499–1546）
伝世（ロマーノ　1499–1546.11.1）
百科（ジュリオ・ロマーノ　1499–1546）

Giunti, Domenico 〈16世紀〉
イタリアの画家，建築家。
⇒世美（ジュンティ，ドメーニコ　1505–1560）

Givenchy, Hubert De 〈20世紀〉
フランスの服飾デザイナー。「モード界の聖者」
と呼ばれる。
⇒岩ケ（ジヴァンシー，ユーベル・ジェイムズ・マ
　ルセル・タファン・ド　1927–）
　岩世（ジヴァンシー　1927.2.21–）
　現人（ジバンシー　1927.2.21–）
　最世（ジヴァンシー　1927–）
　大百（ジバンシー　1927–）
　ナビ（ジバンシー　1927–）
　二十（ジバンシー，ユベール　1927.2.21–）

Glaser, Milton 〈20世紀〉
アメリカのグラフィック・デザイナー，イラス
トレーター。
⇒岩ケ（グレイザー，ミルトン　1929–）
　児イ（Glaser, Milton　グレイサー，M.　1929–）

Glasse, Hannah 〈18世紀〉
イギリスの料理研究家。
⇒世女（グラッセ，ハンナ　1708–1770）
　世女日（グラス，ハナ　1708–1770）

Glauber, Johann Rudolf 〈17世紀〉
ドイツの化学者，技術者。硫酸ナトリウムを
発見。
⇒岩ケ（グラウバー，ヨハン・ルドルフ　1604–
　1668）
　岩世（グラウバー　1604?–1670.3.10）
　外国（グラウバー　1604–1670）
　科学（グラウバー　1604–1668.3）
　科技（グラウバー　1604–1668）
　科史（グラウバー　1604–1670）
　科人（グラウバー，ヨハン・ルドルフ　1604–
　1668.3.10）
　国小（グラウバー　1604–1668.3.10）
　コン2（グラウバー　1604–1668）
　コン3（グラウバー　1604–1668）

西洋（グラウバー　1604–1668）
世科（グラウバー　1604–1670）
全書（グラウバー　1604–1670）
大百（グラウバー　1604–1670）
デス（グラウバー　1604–1668）
百科（グラウバー　1604–1670）

Glaukos 〈前6世紀頃〉
キオス島（またはサモス島）の技術者。
⇒岩世（グラウコス）
　コン2（グラウコス　前6世紀頃）
　コン3（グラウコス　生没年不詳）
　西洋（グラウコス　前6世紀頃）

Glazer, Herbert 〈20世紀〉
アメリカの経済学者。上智大学客員教授，アメ
リカン大学教授，ワシントン・ジャパン・ソサ
エティー会員。
⇒二十（グレーザー，ハーバート　1928–）

Gleason, Kate 〈19・20世紀〉
アメリカの実業家。
⇒世女日（グリーソン，ケイト　1865–1933）

Glennan, T.Keith 〈20世紀〉
アメリカの実業家，科学者。米航空宇宙局長，
ケース工科大学学長。
⇒二十（グレナン，T.K.　1905–）

Glickman, Norman J. 〈20世紀〉
アメリカの都市経済学者。ペンシルバニア大学
都市・地域計画学科教授。
⇒二十（グリックマン，ノーマン・J.　1942–）

Glidden, Joseph Farwel 〈19・20世紀〉
アメリカの農民，発明家。
⇒岩ケ（グリッデン，ジョゼフ（・ファーウェル）
　1813–1906）
　コン3（グリッデン　1813–1906）

Gloria, Giovanni 〈17・18世紀〉
イタリアの建築家。
⇒世美（グローリア，ジョヴァンニ　1684頃–1753）

Glover, Danny 〈20世紀〉
アメリカ生まれの男優，映画監督，映画製作者。
⇒ア事（グローヴァー，ダニー　1946–）
　外男（グローヴァー，ダニー　1947.7.22–）
　世映（グローヴァー，ダニー　1947–）
　世俳（グラヴァー，ダニー　1947.7.22–）
　世俳（グローヴァー，ダニー　1946.7.22–）
　二十（グローバー，ダニー　1947.7.22–）

glove　244　西洋人物レファレンス事典

Glover, John 〈19・20世紀〉
イギリスの化学技術者。グラバー塔（グローバー塔）を発明。
⇒国小（グラバー　1817–1902）
　世百（グラヴァー　1817–1902）
　全書（グラバー　1817–1902）

Glover, Thomas Blake 〈19・20世紀〉
イギリス商人。1859年長崎に渡来。大浦にグラバー商会を設立し、海産物や武器を扱った。
⇒岩世（グラヴァー　1838.6.6–1911.12.16）
　国史（グラバー　1838–1911）
　国小（グラバー　1838–1911）
　西洋（グラヴァー　1838–1911.12.16）
　ナビ（グラバー　1838–1911）
　日人（グラバー　1838–1911）
　百科（グラバー　1838–1911）
　来日（グラバー　1838–1911）

Glückel von Hameln 〈17・18世紀〉
ドイツのユダヤ人商人の妻、イディッシュ語の回想録作者。
⇒岩世（グリュッケル　1645–1724）

G　Gobelin 〈15世紀〉
フランスの染色業者。
⇒岩世（ゴブラン）
　コン2（ゴブラン　15世紀）
　コン3（ゴブラン　15世紀）
　西洋（ゴブラン　15世紀）

Gočár, Josef 〈19・20世紀〉
チェコスロヴァキアの建築家。
⇒世美（ゴチャール、ヨセフ　1880–1945）

Godard, André 〈19・20世紀〉
フランスの建築家、オリエント考古学者。イラン考古局長、テヘラン考古博物館長。
⇒コン3（ゴダール　1881–1965）
　新美（ゴダール、アンドレ　1881–1965）
　二十（ゴダール、アンドレ　1881–1965）

Goddard, Mary Katherine 〈18・19世紀〉
アメリカの印刷業者。
⇒世女日（ゴダード、メアリー・カサリン　1738–1816）

Goddard, Sarah Updike 〈17・18世紀〉
アメリカの印刷業者。
⇒世女日（ゴダード、サラ・アプダイク　1700頃–1770）

Godeffroy, Johan Cesar 〈19世紀〉
ドイツの商人。ハンブルクに博物館を設立

（1861）。
⇒岩世（ゴドフロワ　1813.7.1–1885.2.10）
　西洋（ゴドフロア　1813.7.1–1885.2.10）

Godefroid de Huy 〈12世紀〉
フランドルの金銀細工師。
⇒新美（ゴッドフロワ・ド・ユイ　?–1174）
　世美（ゴトフロワ・ド・ユイ　1135–1173）

Godefroy de Huy de Claire 〈12世紀〉
東ベルギーの金工師。
⇒コン2（ゴドフロア・ド・ユイ　12世紀）
　コン3（ゴドフロア・ド・ユイ　生没年不詳）

Godey, Louis Antoine 〈19世紀〉
アメリカの出版業者。
⇒岩ケ（ゴーディー、ルイ・アントワーヌ　1804–1878）

Godfather Don 〈20世紀〉
アメリカのヒップホップ系の音楽プロデューサー。
⇒ヒ人（ゴッドファーザー・ドン）

Godfrey, Bob 〈20世紀〉
イギリスのアニメ・プロデューサー、アニメ監督。
⇒岩ケ（ゴドフリー、ボブ　1921–）
　世映（ゴッドフレイ、ボブ　1922–）

Godfrey, Dave 〈20世紀〉
カナダの作家、出版者、大学教授。
⇒二十英（Godfrey, Dave　1938–）

Godin, Jean-Baptiste André 〈19世紀〉
フランスの実業家、社会改革家。空想的社会主義を産業の基礎の上に実現。
⇒岩世（ゴダン　1817.1.26–1888.1.14）
　外国（ゴダン　1817–1888）
　コン2（ゴダン　1817–1888）
　コン3（ゴダン　1817–1888）
　西洋（ゴダン　1817.1.26–1888.1.15）

Godwin, Edward William 〈19世紀〉
イギリスの建築家。ノーサンプトンの市庁舎（1861）、『ホワイト・ハウス』(78)などを設計。
⇒岩世（ゴドウィン、エドワード・ウィリアム　1833–1886）
　国小（ゴドウィン　1833.5.26–1886.10.6）
　百科（ゴドウィン　1833–1886）

Godwin, William 〈18・19世紀〉
イギリスの思想家、児童書出版者。主著『政治的正義』(1793)、小説『ケイレブ・ウィリアム

ズ』(94) など。
⇒イ哲 （ゴドウィン, W. 1756-1836）
　イ文 （Godwin, William 1756-1836）
　岩ケ （ゴドウィン, ウィリアム 1756-1836）
　岩世 （ゴドウィン 1756.3.3-1836.4.7）
　岩哲 （ゴドウィン 1756-1836）
　英文 （ゴドウィン, ウィリアム 1756-1836）
　英米 （Godwin, William ゴドウィン, ウィリア
　　　ム 1756-1836）
　外国 （ゴッドウィン 1756-1836）
　角世 （ゴドウィン 1756-1836）
　教育 （ゴドウィン 1756-1836）
　キリ （ゴドウィン, ウィリアム 1756-1836.
　　　4.7）
　幻想 （ゴドウィン, ウィリアム 1756-1836）
　広辞4 （ゴドウィン 1756-1836）
　広辞6 （ゴドウィン 1756-1836）
　国小 （ゴドウィン 1756.3.3-1836.4.7）
　コン2 （ゴドウィン 1756-1836）
　コン3 （ゴドウィン 1756-1836）
　集世 （ゴドウィン, ウィリアム 1756.3.3-1836.
　　　4.7）
　集文 （ゴドウィン, ウィリアム 1756.3.3-1836.
　　　4.7）
　人物 （ゴドウィン 1756.3.3-1836.4.7）
　西洋 （ゴドウィン 1756.3.3-1836.4.7）
　世児 （ゴドウィン, ウィリアム&メアリ・ジェイ
　　　ン 1756-1836）
　世西 （ゴドウィン 1756-1839.4.7）
　世百 （ゴッドウィン 1756-1836）
　世文 （ゴドウィン, ウィリアム 1756-1836）
　全書 （ゴドウィン 1756-1836）
　大辞 （ゴドウィン 1756-1836）
　大辞3 （ゴドウィン 1756-1836）
　大百 （ゴドウィン 1756-1836）
　デス （ゴドウィン 1756-1836）
　伝世 （ゴドウィン 1756.3.3-1836.4.7）
　百科 （ゴドウィン 1756-1836）
　名著 （ゴドウィン 1756-1836）
　山世 （ゴドウィン 1756-1836）
　歴史 （ゴドウィン 1756-1836）

Godwin-Austen, Henry Haversham
〈19・20世紀〉
イギリスの兵士，測量技師。
⇒岩ケ （ゴドウィン＝オースティン, ヘンリー・ハ
　　　ヴァシャム 1834-1923）

Goeritz, Mathias 〈20世紀〉
ドイツ生まれのメキシコの建築家。
⇒オ西 （ゲリッツ, マティアス 1915-）

Goertz, Hans Jürgen 〈20世紀〉
ドイツのキリスト教社会経済史家。
⇒キリ （ゲルツ, ハンス・ユールゲン 1937.4.16-）

Goerz, Carl Paul 〈19・20世紀〉
ドイツの光学器械製作者。

⇒西洋 （ゲルツ 1854.7.21-1923.1.14）

Goethals, George Washington 〈19・20世紀〉
アメリカの技師。1907年からパナマ運河建設に
着手。14年8月15日完成。
⇒岩ケ （ゴーサルズ, ジョージ・ワシントン
　　　1858-1928）
　英米 （Goethals, George Washington ゴーサル
　　　ズ 1858-1928）
　外国 （ゴーサルズ 1858-1928）
　国小 （ゴーサルズ 1858.6.29-1928.1.21）
　コン2 （ゴーサルズ 1858-1928）
　コン3 （ゴーサルズ 1858-1928）
　西洋 （ゴーサルズ 1858.6.29-1928.1.21）
　世西 （ゴータルス 1859-）

Goff, Bruce 〈20世紀〉
アメリカの建築家。オクラホマ大学教授。
⇒新美 （ガフ, ブルース 1904.6.8-）
　二十 （ガフ, ブルース 1904.6.8-）

Gogel, Daniel 〈20世紀〉
ドイツの建築家。ベルリン工科大学客員教授。
⇒二十 （ゴーゲル, ダニエル 1927-）

Gogh, Theodor van 〈19世紀〉
オランダの画商。画家V.ゴッホの弟。
⇒国小 （ゴッホ 1857.5.1-1891.1.25）

Golan, Menahem 〈20世紀〉
イスラエルの映画監督，映画プロデューサー。
作品に "Eldorado" (1963), "Casablanca"
(73), 『暗黒街の顔役』(74) など。
⇒岩世 （ゴーラン 1929.10.31-）
　監督 （ゴーラン, メナヘム 1931-）
　世俳 （ゴーラン, メナヘム 1929.5.31-）

Gold, Stuart Avery 〈20世紀〉
アメリカの実業家。
⇒海作4 （ゴールド, スチュアート・A.）

Goldberg, Whoopi 〈20世紀〉
アメリカ・ニューヨーク生まれの女優，映画製
作者。
⇒ア事 （ゴールドバーグ, ウーピー 1955-）
　外女 （ゴールドバーグ, ウーピー 1949.11.13-）
　現ア （Goldberg, Whoopi ゴールドバーグ,
　　　ウーピー 1950-）
　最世 （ゴールドバーグ, ウーピー 1955-）
　世映 （ゴールドバーグ, ウーピー 1955-）
　世俳 （ゴールドバーグ, ウーピー 1949.11.13-）

Goldie, George Dashwood

Taubman 〈19・20世紀〉
イギリスの実業家。王立ナイジャー会社総裁。
⇒コン2（ゴルディー　1846–1925）
　コン3（ゴルディー　1846–1925）
　二十（ゴルディー, ジョージ・D.T.　1846–1925）

Goldmark, Peter Carl 〈20世紀〉
アメリカの技師、発明家。
⇒岩ケ（ゴールドマーク, ピーター（・カール）
　1906–1977）

Goldschmidt, Hans 〈19・20世紀〉
ドイツの化学者。金属酸化物の還元を行うテルミット法を発明。
⇒岩ケ（ゴールドシュミット, ハンス　1861–1923）
　岩世（ゴルトシュミット　1861.1.18–1923.5.21）
　科学（ゴルドシュミット　1861.1.18–1923.5.20）
　科技（ゴルトシュミット　1861.1.18–1923.5.20）
　科人（ゴルトシュミット, ヨハン・（ハンス・）
　ヴィルヘルム　1861.1.18–1923.5.21）
　国小（ゴルトシュミット　1861–1923）
　コン2（ゴルトシュミット　1861–1923）
　コン3（ゴルトシュミット　1861–1923）
　西洋（ゴルトシュミット　1861.1.18–1923.5.21）
　全書（ゴルトシュミット　1861–1923）
　二十（ゴルトシュミット, H.　1861.1.18–1923.5.20）

Goldschmidt, Rudolf 〈19・20世紀〉
ドイツの技術家。高周波発電機を製作し無線電信に応用。
⇒岩世（ゴルトシュミット　1876.3.19–1950）
　西洋（ゴルトシュミット　1876.3.19–1950）

Goldwyn, Samuel 〈19・20世紀〉
アメリカの映画プロデューサー。1917年ゴールドウィン社創立、24年他社を合併してメトロ・ゴールドウィン・メーヤー（MGM）に発展、世界最大の映画会社となる。
⇒岩ケ（ゴールドウィン, サミュエル　1882–1974）
　岩世（ゴールドウィン　1879.8.17–1974.1.31）
　外国（ゴールドウィン　1884–）
　現ア（Goldwyn, Samuel　ゴールドウィン, サミュエル　1882–1974）
　国小（ゴールドウィン　1884–1974.1.31）
　コン3（ゴールドウィン　1882–1974）
　西洋（ゴールドウィン　1882–1974.1.31）
　世映（ゴールドウィン, サミュエル　1879–1974）
　世百（ゴールドウィン　1882–）
　世百新（ゴールドウィン　1882–1974）
　大百（ゴールドウィン　1884–1974）
　伝世（ゴールドウィン　1882.8.17–1974）
　二十（ゴールドウィン, サミュエル　1882–1974.1.31）
　百科（ゴールドウィン　1882–1974）
　ユ人（ゴールドウィン, サムエル　1882–1973）

Gollancz, Sir Victor 〈20世紀〉
イギリスの出版業者、著作家、慈善家。
⇒岩ケ（ゴランツ, サー・ヴィクター　1893–1967）
　岩世（ゴランツ　1893.4.9–1967.2.8）
　集文（ゴランツ, ヴィクター　1893.4.9–1967.2.8）
　二十英（Gollancz, Sir Victor　1893–1967）
　ユ人（ゴランツ, サー・ビクター　1893–1967）

Golosov, Ilya Aleksandrovich 〈19・20世紀〉
ソ連邦の建築家。幾何学的形態を採用した『モスクワ市従業員クラブ』（1928～29）の建築は、構成主義的傾向を示す代表作。
⇒岩世（ゴーロソフ　1883.7.19［31］–1945.1.29）
　西洋（ゴロソフ　1883.7.31–1945.1.29）
　世美（ゴロソフ, イリヤ・アレクサンドロヴィチ　1883–1945）

Golovnin, Vasilii Mikhailovich 〈18・19世紀〉
ロシアの航海者、海軍将官。沿海測量に従事する中、1811年、国後島上陸中に幕吏に捕らえられた。13年高田屋嘉兵衛と交換に釈放され帰国。著書に『日本幽囚記』
⇒外国（ゴロヴニン　1776–1831）
　角世（ゴロヴニン　1776–1831）
　広辞4（ゴロウニン　1776–1831）
　広辞6（ゴロウニン　1776–1831）
　国史（ゴロウニン　1776–1831）
　国小（ゴローニン　1776.4.8–1831.7.12）
　コン2（ゴロヴニーン　1776–1831）
　コン3（ゴローニン　1776–1831）
　集世（ゴロヴニーン, ワシーリー・ミハイロヴィチ　1776.4.8–1831.6.29）
　集文（ゴロヴニーン, ワシーリー・ミハイロヴィチ　1776.4.8–1831.6.29）
　人物（ゴロブニーン　1776.4.8–1831.6.30）
　西洋（ゴロヴニン　1776.4.19–1831.7.11）
　世西（ゴローヴニン　1776–1831）
　世百（ゴローニン　1776–1831）
　世文（ゴロヴニン, ワシリー・ミハイロヴィチ　1776–1831）
　全書（ゴロウニン　1776–1831）
　対外（ゴロウニン　1776–1831）
　大辞（ゴローニン　1776–1831）
　大辞3（ゴローニン　1776–1831）
　大百（ゴロブニン　1776–1831）
　デス（ゴローニン　1776–1831）
　日人（ゴローブニン　1776–1831）
　百科（ゴロブニン　1776–1831）
　名著（ゴロヴニン　1776–1831）
　山世（ゴロヴニン　1776–1831）
　来日（ゴローヴニン　1776.4.19–1831.7.11）
　歴史（ゴローニン　1776–1831）
　ロシ（ゴロヴニン　1776–1831）

Goltz, Theodor Baron von der 〈19・

20世紀〉
ドイツの農政学者。主著『農業経営学便覧』(1886),『ドイツ農業史』(2巻, 1902~03)など。
⇒岩世 （ゴルツ 1836.7.10–1905.11.6）
国小 （ゴルツ 1836.7.10–1905.11.6）
コン2 （ゴルツ 1836–1905）
コン3 （ゴルツ 1836–1905）
人物 （ゴルツ 1836.7.10–1905.11.6）
西洋 （ゴルツ 1836.7.10–1905.11.6）
世西 （ゴルツ 1836.7.10–1905.11.6）
二十 （ゴルツ, テオドーア・F.フォン 1836–1905）
百科 （ゴルツ 1836–1905）
名著 （ゴルツ 1836–1905）

Gomberg, Léon 〈19・20世紀〉
スイスの経営学者。1903年ドイツ商業教育協会の援助を得て『商業経営学と個別経済学』を公刊。
⇒名著 （ゴンベルク 1866–1934）

Gómez de Mora, Juan 〈16・17世紀〉
スペインの建築家。
⇒建築 （ゴメス・デ・モーラ, ファン 1586–1648）
世美 （ゴメス・デ・モーラ, ファン 1580–1647/48）

Gomory, Ralph E. 〈20世紀〉
アメリカの数学者で技術者。
⇒数学 （ゴモリ 1929.5.7–）
数学増 （ゴモリ 1929.5.7–）

Gonçalves, Jorge Manuel Jardim 〈20世紀〉
ポルトガルの銀行家。
⇒スペ （ゴンサルベス 1935–）

Gonçalves, Manuel
ポルトガルの貿易商人。
⇒国史 （ゴンサロ 生没年不詳）
対外 （ゴンサロ 生没年不詳）
日人 （ゴンサロ 生没年不詳）

Gondoin, Jacques 〈18・19世紀〉
ネオ・クラシック時代のフランスの建築家。
⇒建築 （ゴンドゥアン, ジャック 1737–1818）

Gongrijp, G. 〈20世紀〉
オランダの経済学者。オランダにおける代表的な自由主義経済学者。
⇒名著 （ホングレイプ 生没年不詳）

Gontard, Karl Philipp Christian von 〈18世紀〉
ドイツの建築家。フリードリヒ2世に仕えた。
⇒岩世 （ゴンタルト 1731.1.13–1791.9.23）
建築 （ゴンタルト, カール・フォン 1731–1791）
新美 （ゴンタルト, カール・フォン 1731.1.13–1791.9.23）
西洋 （ゴンタール 1731.1.13–1791.9.23）
世美 （ゴンタルト, カール・フォン 1731–1791）

Gonzaga, Pietro 〈18・19世紀〉
イタリアの舞台美術家, 建築家, 画家。
⇒世美 （ゴンザーガ, ピエトロ 1751–1831）

Gonzalez, Victor 〈19・20世紀〉
スペイン生まれのフランスのパイプ・オルガン製造者。
⇒ラル （ゴンザレス, ヴィクトル 1877–1956）

González Velázquez, Isidro 〈18・19世紀〉
スペインの建築家。
⇒建築 （ゴンサーレス・ベラスケス, イシドロ 1765–1829）

Gooch, Daniel 〈19世紀〉
イギリスの機関車技術者・設計者。
⇒世科 （グーチ 1816–1889）

Goodhart-Rendel, Harry Stuart 〈19・20世紀〉
イギリスの建築家。主要建築にプリンクナッシュ修道院, エトン少年会館。主著 "English Architecture since the Regency" (1953)。
⇒国小 （グッドハート・レンデル 1887.5.29–1959.6.21）

Goodhue, Bertram Grosvenor 〈19・20世紀〉
アメリカの建築家。主要建築, ネブラスカのリンカーンのカピトル, ロサンゼルスの図書館, ワシントン国立科学アカデミーなど。
⇒音大 （グッドマン 1909.5.30–）
広辞5 （グッドマン 1909–1986）
国小 （グッドヒュー 1869.4.28–1924.4.24）
全書 （グッドマン 1909–）
大辞2 （グッドマン 1909–1986）
ナビ （グッドマン 1909–1986）
百科 （グッドマン 1909–）

Goodrich, Benjamin Franklin 〈19世紀〉
アメリカのゴム製造業者, 医者。
⇒コン2 （グッドリッチ 1841–1888）
コン3 （グッドリッチ 1841–1888）

Goodrich, Chauncy Allen 〈18・19世紀〉

アメリカの辞典編集者, 出版業者。N.ウエブスターは彼の義理の父。

⇒教育（グッドリッチ　1790-1860）
　キリ（グッドリチ, チョーンシ・アレン　1790.10.23-1860.2.25）

Goodrich, Samuel Griswold 〈18・19世紀〉

アメリカの出版業者。

⇒岩ケ（グッドリッチ, サミュエル・グリズウォルド　1793-1860）
　岩世（グッドリッチ　1793.8.19-1860.5.9）
　コン3（グッドリッチ　1793-1860）
　児文（グッドリッチ, サミュエル　1793-1860）
　世児（グッドリッチ, サミュエル・グリズウォルド　1793-1860）

Goodwin, Richard Murphey 〈20世紀〉

アメリカの経済学者。シエナ大学名誉教授。

⇒グッドウィン　1913.2.24-1996.8.13）
　経済（グッドウィン　1913-1996）
　二十（グッドウィン, リチャード・マーフィ　1913-）

Goodyear, Charles 〈19世紀〉

アメリカの発明家。彼の名のついたタイヤがある。

⇒岩ケ（グッドイヤー, チャールズ　1800-1860）
　岩世（グッドイヤー　1800.12.29-1860.7.1）
　外国（グッドイア　1800-1860）
　科学（グッドイヤー　1800.12.29-1860.7.1）
　科技（グッドイヤー　1800.12.29-1860.7.1）
　コン2（グッドイヤー　1800-1860）
　コン3（グッドイヤー　1800-1860）
　人物（グッドイヤ　1800.12.29-1860.7.1）
　西洋（グッドイヤ　1800.12.29-1860.7.1）
　世科（グッドイヤー　1800-1860）
　世西（グッドイヤー　1800.12.29-1860.7.1）
　世百（グッドイア　1800-1860）
　全書（グッドイヤー　1800-1860）
　大百（グッドイヤー　1800-1860）
　伝世（グッドイヤー　1800.12.29-1860）
　百科（グッドイヤー　1800-1860）

Goon Dip 〈19・20世紀〉

アメリカの実業家。中国系。

⇒華人（グーン・ディップ　1862-1933）

Gordon, David M. 〈20世紀〉

アメリカ生まれの経済思想家。

⇒経済（ゴードン　1944-1996）

Gordon, Peter 〈19世紀〉

イギリスの東洋貿易船の船長。日本貿易開始のため, 1818年浦賀に来航。

⇒岩世（ゴードン（慣ゴルドン））
　西洋（ゴードン）

Gordon, Robert Aaron 〈20世紀〉

アメリカの経営学者。主著『ビジネス・リーダーシップ』（1945）。

⇒国小（ゴードン　1908.7.26-）
　名著（ゴードン　1908-）

Goretta, Claude 〈20世紀〉

フランスの映画製作者。

⇒世映（ゴレッタ, クロード　1929-）
　二十（ゴレッタ, クロード　1929-）

Görges, Johannes 〈19・20世紀〉

ドイツの電気学者。ドレスデン工業大学教授（1901～30）。交流電動機の磁界分布に関する基礎的研究などがある。

⇒岩世（ゲルゲス　1859.9.21-1946.10.7）
　西洋（ゲルゲス　1859.9.21-1946.10.7）

Gorham, William R. 〈19・20世紀〉

アメリカの工業技師。

⇒来日（ゴーハム　1888-1949）

Goryachkin, Vasilii Prokhorovich 〈19・20世紀〉

ソ連邦の農業機械工作技師。

⇒コン2（ゴリャーチキン　1868-1935）
　コン3（ゴリャーチキン　1868-1935）

Goryunov, Dmitriy 〈20世紀〉

ソ連（ロシア）の政治家。ソ連邦共産党中央委員候補, タス通信社長, 駐モロッコ大使。

⇒二十（ゴリュノーフ, ドミートリイ　1915-）

al-Gosaibi, Ahmad Hamad 〈20世紀〉

サウジアラビアの実業家。サウジ国立保険会社社長。

⇒中東（ゴサイビー）

Goschen, George Joachim Goschen, 1st Viscount 〈19・20世紀〉

イギリスの政治家。1886年自由統一党に加わり, 蔵相（86～92）, 海相（95～1900）。

⇒英米（Goschem, George Joachin, 1st Viscount Goschen　ゴーシェン　1831-1907）
　国小（ゴーシェン　1831.8.10-1907.2.7）
　コン2（ゴーシェン　1831-1907）
　コン3（ゴーシェン　1831-1907）
　人物（ゴーシェン　1831.8.10-1907.2.7）
　西洋（ゴーシェン　1831.8.10-1907.2.7）
　全書（ゴーシェン　1831-1907）
　大百（ゴーシェン　1831-1907）

二十（ゴーシェン，ジョージ 1831–1907）
名著（ゴッシェン 1831–1907）

Göschen, Georg Joachim 〈18・19世紀〉
ドイツの出版業者。ゲーテ，シラー，クロプシュトック等の著作を出版。ゲッシェン叢書を刊行。
⇒岩世（ゲッシェン 1752.4.22–1828.4.5）
西洋（ゲッシェン 1752.4.22–1828.4.5）

Gosnold, Bartholomew 〈16・17世紀〉
イギリスの航海者。北アメリカを探検。1606年バージニア植民地の建設を指導。
⇒国小（ゴスノールド ?–1607.8.22）

Gossen, Hermann Heinrich 〈19世紀〉
ドイツの経済学者。著書『人類交通の法則ならびにそれより生ずる人間行為の標準の研究』（1854）。
⇒岩世（ゴッセン 1810.9.7–1858.2.13）
外国（ゴッセン 1810–1858）
国小（ゴッセン 1810.9.7–1858.2.13）
コン2（ゴッセン 1810–1858）
コン3（ゴッセン 1810–1858）
人物（ゴッセン 1810.9.7–1858.2.13）
西洋（ゴッセン 1810.9.7–1858.2.13）
世西（ゴッセン 1810.9.7–1858.2.13）
世百（ゴッセン 1810–1858）
全書（ゴッセン 1810–1858）
大辞（ゴッセン 1810–1858）
大辞3（ゴッセン 1810–1858）
デス（ゴッセン 1810–1858）
百科（ゴッセン 1810–1858）
名著（ゴッセン 1810–1858）

Gosset, William Sealy 〈19・20世紀〉
イギリスの醸造技術者，数理統計学者。筆名 Student。
⇒コン2（ゴセット 1876–1937）
コン3（ゴセット 1876–1936）
数学（ゴセット 1876.6.13–1937.10.16）
数学増（ゴセット 1876.6.13–1937.10.16）
西洋（ステューデント 1876–1936）
世科（ゴセット 1876–1937）
大辞（ゴセット 1876–1936）
大辞2（ゴセット 1876–1936）
大辞3（ゴセット 1876–1936）
デス（ゴーセット 1876–1936）
二十（ゴセット，ウィリアム 1876–1937）

Gotell, Walter 〈20世紀〉
アメリカの俳優。エンジニアリング会社グループ重役。
⇒外男（ゴテル，ウォルター 1924.3.15–）
世俳（ゴーテル，ウォルター）
二十（ゴテル，ウォルター 1924.3.15–）

Gothein, Eberhard 〈19・20世紀〉
ドイツ近代の文化史家，経済史家。
⇒岩世（ゴータイン 1853.10.29–1923.11.13）
国小（ゴータイン 1853.10.29–1923.11.13）
西洋（ゴータイン 1853.10.29–1923.11.13）
歴史（ゴートハイン 1853–1923）

Gottlieb, Robert 〈20世紀〉
アメリカの編集者。アルフレッド・クノッフ社社長。
⇒ア人（ゴットリーブ，ロバート）
岩ケ（ゴットリーブ，ロバート（・アダムズ） 1931–）

Gottl-Ottlilienfeld, Friedrich von 〈19・20世紀〉
ドイツの経済学者。主著『経済の本質および根本概念』(1933)，『民衆，国家，経済，法律』(36)。
⇒岩世（ゴットル＝オットリーリエンフェルト 1868.11.13–1958.10.19）
外国（ゴットル・オットリリエンフェルト 1868–）
経済（ゴットル - オットリリエンフェルト 1868–1958）
国小（ゴットル・オットリリエンフェルト 1868.11.13–1958.10.19）
コン2（ゴットル・オットリリエンフェルト 1868–1958）
コン3（ゴットル・オットリリエンフェルト 1868–1958）
人物（ゴットル・オットリリエンフェルト 1868.11.13–）
西洋（ゴットル・オットリーリエンフェルト 1868.11.13–1958.10.19）
世西（ゴットル・オットリリエンフェルト 1868.11.13–1958.10.19）
世百（ゴットル 1868–1958）
全書（ゴットル・オットリリエンフェルト 1868–1958）
二十（ゴットル・オトリリエンフェルト，フリードリッヒ 1868.11.13–1958.10.19）
百科（ゴットル・オトリリエンフェルト 1868–1958）
名著（ゴットル・オットリーリエンフェルト 1868–）

Goudy, Frederic William 〈19・20世紀〉
アメリカの活字デザイナー，印刷業者。
⇒岩ケ（ガウディー，フレデリック・ウィリアム 1865–1947）
コン3（ガウディー 1865–1947）

Gouffé, Jules 〈19世紀〉
フランスの料理人，菓子職人。
⇒岩世（グーフェ 1807–1877）

Goujon, Jean 〈16世紀〉
フランスの彫刻家，建築家。ルーブル宮の造営

に参加。イタリア初期ルネサンス形式と古典的様式とを融和させた作風で，特に浮き彫りにすぐれた。

⇒岩ケ（グージョン，ジャン　1510頃–1568頃）
　岩世（グージョン　1510頃–1565頃）
　外国（グージョン　1520頃–1566頃）
　国小（グージョン　1510頃–1564/8）
　コン2（グージョン　1510頃/-4–1566/-8）
　コン3（グージョン　1510頃–1566/68）
　新美（グージョン，ジャン　1510頃–1564/69）
　西洋（グージョン　1510頃–1564/8）
　世西（グージョン　1510頃–1566頃）
　世美（グージョン，ジャン　1510頃–1565頃）
　世百（グージョン　1510–1564）
　全書（グージョン　1510頃–1568頃）
　大辞（グージョン　1510頃–1566頃）
　大辞3（グージョン　1510頃–1566頃）
　大百（グージョン　1510頃–1566頃）
　デス（グージョン　1510頃–1568頃）
　伝世（グージョン　1510頃–1568頃）
　百科（グージョン）

Gould, Benjamin Apthorp 〈18・19世紀〉

アメリカの教育家，商人。ボストン・ラテン語学校長（1814〜28）。

⇒教育（グールド　1787–1859）

Gould, Jay 〈19世紀〉

アメリカの企業家，銀行家。

⇒岩ケ（グールド，ジェイ　1836–1892）
　岩世（グールド　1836.5.27–1892.12.2）
　外国（グールド　1836–1892）
　国小（グールド　1836–1892）
　コン2（グールド　1836–1892）
　コン3（グールド　1836–1892）
　西洋（グールド　1836.5.27–1892.12.2）
　世西（グールド　1836.5.27–1892.12.2）
　伝世（グールド　1836.5.27–1892.12.2）

Gould, John 〈19世紀〉

イギリスの鳥類学者，出版業者。

⇒岩ケ（グールド，ジョン　1804–1881）
　岩世（グールド　1804.9.14–1881.2.3）
　西洋（グールド　1804–1881）

Gourgues, Dominique de 〈16世紀〉

フランスの軍人，海賊。西インド貿易に従事，また対スペイン戦争で活躍。

⇒国小（グルグ　1530頃–1593）

Gournay, Jean Claude Marie Vincent de 〈18世紀〉

フランスの経済学者。商相（1757）。自由貿易の主唱者で，重商主義の先駆者。

⇒岩世（グルネー　1712.5.28–1759.6.27）
　外国（グールネー　1712–1759）

コン2（グールネー　1712–1759）
コン3（グールネー　1712–1759）
西洋（グールネー　1712–1759）

Goutier, Paul Ferdinand 〈19・20世紀〉

フランスの天体観測機械製造業者。

⇒天文（ゴーチエ　1842–1909）
　二十（ゴーチェ，ポール.F.　1842–1909）

Gower, Erasmus H.M. 〈19・20世紀〉

イギリスの鉱山技師。日本政府に雇われて炭鉱の近代化計画に参画。

⇒日人（ガワー　1830–1903）
　来日（ガワー　1830–1903）

Gowland, William 〈19・20世紀〉

イギリスの工芸技師。大阪造幣局技師として来日，古墳の研究を行い「日本考古学の父」と呼ばれる。

⇒岩世（ガウランド（慣ゴーランド）　1842–1922.6.10）
　科学（ゴーランド　1842–1922.6.9）
　コン2（ガウランド　1842–1922）
　コン3（ガウランド　1842–1922）
　二十（ガウランド，ウイリアム　1842–1922）
　日研（ガウランド，ウィリアム　1842–1922.6.10）
　日人（ガウランド　1842–1922）
　来日（ガウランド　1842–1922）

Goyer, Pieter van 〈17世紀〉

オランダの遣清使節。カイセルと共に広東から陸路北京に到り（1656），順治帝の広東貿易許可の勅書を得た。

⇒岩世（ホイエル　?–1662）
　西洋（ホイエル　?–1662）

Graaff, Sir David Pieter de Villers 〈19・20世紀〉

南アフリカの政治家，実業家。南アフリカに冷蔵施設を導入。

⇒コン2（グラーフ　1859–1931）
　コン3（グラーフ　1859–1931）

Grabski, Władysław 〈19・20世紀〉

ポーランドの保守的政治家，経済学者。ポーランド国立銀行設立者。

⇒コン2（グラブスキ　1874–1938）
　コン3（グラブスキ　1874–1938）
　東欧（グラブスキ　1874–1938）

Grace, William Russell 〈19・20世紀〉

アメリカの貿易商。1878年ペルー政府の顧問となり，79年対チリ戦争後，政府負債を肩代りし代償として莫大な利権を得る。

⇒コン2（グレース　1832–1904）

コン3（グレース　1832-1904）

Graf, Urs 〈15・16世紀〉
スイスの画家，版画家，金工家。『戦争』(1515)は油彩画の傑作。
- ⇒岩世（グラーフ　1485頃-1529以降）
- 国小（グラーフ　1485頃-1527）
- 新美（グラーフ，ウルス　1485頃-1527）
- 西洋（グラーフ　1485頃-1527頃）
- 世美（グラーフ，ウルス　1485頃-1527/28）
- 百科（グラーフ　1485頃-1527/28）

Grafton, Richard 〈16世紀〉
イギリスの出版業者。
- ⇒キリ（グラフトン，リチャード　?-1572頃）

Graham, Frank Dunstone 〈19・20世紀〉
アメリカの経済学者。古典的相互需要説に対しはげしい批判的態度をとり，国際価値論の再構成に努力した。
- ⇒経済（グレアム　1890-1949）
- 世百（グレアム　1890-1949）
- 全書（グレアム　1890-1949）
- 二十（グレアム，フランク・D.　1890-1949）

Graham, George 〈17・18世紀〉
イギリスの装置製作者。
- ⇒科史（グレアム　1674-1751）
- 天文（グレイアム　1674-1751）

Graham, Katharine 〈20世紀〉
アメリカの新聞社経営者。
- ⇒世女（グレアム，キャサリン　1917-2001）
- 世女日（グレアム，キャサリン　1917-2001）

Grahame, Kenneth 〈19・20世紀〉
イギリスの銀行家。児童文学の古典『楽しい川べ』(1908)の作者。
- ⇒イ文（Grahame, Kenneth　1859-1932）
- 岩ケ（グレアム，ケネス　1859-1932）
- 岩世（グレアム　1859.3.8-1932.7.6）
- 英文（グレアム，ケネス　1859-1932）
- 幻想（グレアム，ケニス　1859-1932）
- 国小（グレアム，ケネス　1859-1932）
- 子本（グレアム，ケネス　1859-1932）
- コン2（グレーアム　1859-1932）
- コン3（グレアム　1859-1932）
- 児作（Grahame, Kenneth　グレアム，ケネス　1858-1932）
- 児童（グレーアム，ケネス　1858-1933）
- 児文（グレーアム，ケネス　1859-1932）
- 集世（グレアム，ケネス　1859.3.8-1932.7.6）
- 集文（グレアム，ケネス　1859.3.8-1932.7.6）
- 西洋（グレアム　1859.3.3-1932.7.6）
- 世児（グレアム，ケニス　1859-1932）
- 世百（グレアム　1859-1932）
- 世文（グレアム，ケネス　1859-1932）
- 全書（グレアム　1859-1932）
- 二十（グレアム，ケネス　1859-1932）
- 二十英（Grahame, Kenneth　1859-1932）
- 百科（グレアム　1859-1932）
- 名著（グレアム　1859-1932）

Grahame-White, Claude 〈19・20世紀〉
イギリスの飛行家。飛行機製造家。多くの飛行機競技に参加。
- ⇒岩ケ（グレアム＝ホワイト，クロード　1879-1959）
- 岩世（グレアム＝ホワイト　1879.8.21-1959.8.19）
- 西洋（グレーアム・ホワイト　1879.8.21-1959.8.19）

Gramme, Zénobe Théophile 〈19・20世紀〉
ベルギーの電気学者。発電機の回転子を作った(1870)。
- ⇒岩ケ（グラム，ゼノブ・テオフィル　1826-1901）
- 岩世（グラム　1826.4.4-1901.1.20）
- 科史（グラム　1826-1901）
- コン2（グラム　1826-1901）
- コン3（グラム　1826-1901）
- 西洋（グラム　1826.4.4-1901.1.20）
- 世西（グラム　1826.4.4-1901.1.20）
- 世百（グラム　1826-1901）
- 全書（グラム　1826-1901）
- 大百（グラム　1826-1901）
- 百科（グラム　1826-1901）

Gramsci, Antonio 〈20世紀〉
イタリアの共産党指導者，マルクス主義思想家。資本主義の発展段階を経ずに行われた社会主義革命を評価。1921年イタリア共産党の創立に参加，コミンテルン執行委員を経て党指導者。主著『ノート』，『獄中からの手紙』(1947)。
- ⇒岩ケ（グラムシ，アントニオ　1891-1937）
- 岩世（グラムシ　1891.1.22-1937.4.27）
- 岩哲（グラムシ　1891-1937）
- 旺世（グラムシ　1891-1937）
- 外国（グラムシ　1891-1937）
- 角世（グラムシ　1891-1937）
- キリ（グラムシ，アントーニオ　1891-1937）
- 経済（グラムシ　1891-1937）
- 広辞5（グラムシ　1891-1937）
- 広辞6（グラムシ　1891-1937）
- 国小（グラムシ　1891.1.23-1937.4.27）
- 国百（グラムシ，アントニオ　1891.1.23-1937.4.27）
- コン3（グラムシ　1891-1937）
- 思想（グラムシ，アントニオ　1891-1937）
- 集世（グラムシ，アントーニオ　1891.1.22-1937.4.25）
- 集文（グラムシ，アントーニオ　1891.1.22-1937.4.25）

人物（グラムシ　1891–1937）
西洋（グラムシ　1891.1.22–1937.4.27）
世人（グラムシ　1891–1937）
世政（グラムシ，アントニオ　1891.1.23–1937.4.
27）
世西（グラムシ　1891.1.22–1937.4.27）
世百（グラムシ　1891–1937）
世百新（グラムシ　1891–1937）
世文（グラムシ，アントーニオ　1891–1937）
全書（グラムシ　1891–1937）
大辞2（グラムシ　1891–1937）
大辞3（グラムシ　1891–1937）
大百（グラムシ　1891–1937）
伝世（グラムシ　1891–1937）
ナビ（グラムシ　1891–1937）
二十（グラムシ，アントニオ　1891–1937.4.27）
百科（グラムシ　1891–1937）
山世（グラムシ　1891–1937）
歴学（グラムシ　1891–1937）
歴史（グラムシ　1891–1937）

Grandisson, Edouard 〈18世紀〉
オランダの長崎商館長。
⇒岩世（フランディソン　1798.9.11–?）

G Grange, Kenneth Henry 〈20世紀〉
イギリスの工業デザイナー。
⇒岩ケ（グレインジ，ケネス・ヘンリー　1929–）

Granger, Clive W.J. 〈20世紀〉
イギリスの経済学者。［賞］2003年ノーベル経済
学賞受賞。
⇒ノベ3（グレンジャー，C.W.J.　1934.9.4–）

Grant, Donald Metcalf 〈20世紀〉
アメリカのファンタジー出版者。
⇒幻想（グラント，ドナルド・メトカーフ　1927–）

Granville-Barker, Harley 〈19・20世紀〉
イギリスの演出家，俳優，劇作家，プロデュー
サー。戯曲の代表作は『ボイシーの遺産』
（1905）。
⇒イ文（Granville-Barker, Harley　1877–1946）
岩ケ（グランヴィル=バーカー，ハーリー　1877–
1946）
英文（グランヴィル=バーカー，ハーリー　1877–
1946）
演劇（グランヴィル=バーカー，ハーリー　1877–
1946）
才世（グランヴィル=バーカー，ハーリー　1877–
1946）
外国（グランヴィル・バーカー　1877–1946）
国小（グランビル・バーカー　1877.11.25–1946.
8.31）
コン2（グランヴィル・バーカー　1877–1946）
コン3（グランヴィル・バーカー　1877–1946）
集世（グランヴィル=バーカー，ハーリー　1877.
11.25–1946.8.31）
集文（グランヴィル=バーカー，ハーリー　1877.
11.25–1946.8.31）
西洋（グランヴィル・バーカー　1877.11.25–
1946.8.31）
世百（グランヴィルバーカー　1877–1946）
世文（グランヴィル=バーカー，ハーリー　1877–
1946）
全書（グランビル・バーカー　1877–1946）
大百（バーカー　1877–1946）
二十（グランビル・バーカー，ハーリー　1877–
1946）
二十（バーカー，ハーレイ・G.　1877.11.25–
1946.8.31）
二十英（Granville-Barker, Harley　1877–1946）
百科（バーカー　1877–1946）

Granz, Norman 〈20世紀〉
アメリカのジャズ・プロデューサー。パブロ・
レコードのオーナー。
⇒ジヤ（グランツ，ノーマン　1918.8.6–）
世百（グランツ　1918–）
二十（グランツ，ノーマン　1918.8.6–）

Gras, Norman Scott Brien 〈19・20世紀〉
アメリカの経済史家。企業史を専攻。
⇒岩世（グラス　1884.7.18–1956.10.9）
コン3（グラース　1884–1956）
西洋（グラス　1884.7.18–1956）
世西（グラース　1884.7.18–1956.10.9）

Graslin, Jean Joseph Louis 〈18世紀〉
フランスの経済学者。
⇒国小（グラスラン　1727–1790）
世百（グラスラン　1727–1790）
全書（グラスラン　1727–1790）

Grässel, Hans 〈19・20世紀〉
ドイツの建築家。墓地および墓碑の現代的改革
を試みた。
⇒岩世（グレッセル　1860.8.8–1939.3.11）
西洋（グレッセル　1860.8.18–1939.3.11）

Grasset, Bernard 〈19・20世紀〉
フランスの出版業者。
⇒岩世（グラッセ　1881.3.6–1955.10.20）
二十（グラッセ，ベルナード　1881–?）

Grassi, Orazio 〈16・17世紀〉
イタリアの建築家，数学者。
⇒世美（グラッシ，オラーツィオ　1583–1654）

Grassley, Charles Ernest 〈20世紀〉
アメリカの政治家，農場経営者。
⇒二十（グラスリー，チャールズ・アーネスト

1933.9.17–）

Grau, Maurice 〈19・20世紀〉
チェコの興行師。
⇒オペ（グラウ，モリス　1849–1907.3.14）

Graunt, John 〈17世紀〉
イギリスの統計学者，商人。人口統計学を開拓。
⇒岩世（グラント　1620.4.24–1674.4.18）
　科史（グラント　1620–1674）
　人物（グラント　1620.4.24–1674.4.18）
　数学（グラント　1620–1674）
　数学増（グラント　1620–1674）
　西洋（グラント　1620.4.24–1674.4.18）
　世西（グラウント　1620.4.24–1674.4.18）
　世百（グラント　1620–1674）
　全書（グラント　1620–1674）
　百科（グラント　1620–1674）
　名著（グラント　1620–1674）

Graves, Michael 〈20世紀〉
アメリカの建築家。作品に四角いビルを凱旋（がいせん）門をかたどって装飾したポートランド–センターなど。
⇒ナビ（グレイブス　1934–）
　二十（グレーブス，マイケル　1934–）

Gray, Eileen 〈19・20世紀〉
アイルランド生まれのイギリスの建築家，家具デザイナー，工芸家。作品にロタ通りの家，E–1027など。
⇒世女（グレイ，アイリーン　1879–1976）
　世女日（グレイ，アイリーン　1878–1976）
　ナビ（グレイ　1879–1976）

Gray, Elisha 〈19・20世紀〉
アメリカの発明家。電信および電話に関する多くの発明がある。
⇒岩ケ（グレイ，イライシャ　1835–1901）
　岩世（グレイ　1835.8.2–1901.1.21）
　コン3（グレー　1835–1901）
　西洋（グレー　1835.8.2–1901.1.21）
　世百（グレー　1835–1901）
　全書（グレー　1835–1901）
　大百（グレー　1835–1901）

Gray, Jim 〈20世紀〉
アメリカのコンピューター科学者。
⇒岩世（グレイ　1944.1.12–?）

Gray, Milner Connorton 〈20世紀〉
イギリスのグラフィック・デザイナー。
⇒岩ケ（グレイ，ミルナー・コナトン　1899–）

Gray, Robert 〈18・19世紀〉
アメリカの航海者，探検家。1787～90年アメリカ人による最初の世界周航に成功。
⇒国小（グレー　1755.5.10–1806）

Graydon, Jay 〈20世紀〉
アメリカのアレンジャー，プロデューサー，ソングライター，ギタリスト。ロサンゼルス生まれ。
⇒ジヤ（グレイドン，ジェイ　?–）
　ロ人（グレイドン，ジェイ　1949–）

Greanias, Thomas 〈20世紀〉
アメリカの実業家，作家。
⇒海作4（グレニーアス，トマス）

Greathead, James Henry 〈19世紀〉
イギリスの土木技師。
⇒岩ケ（グレイトヘッド，ジェイムズ・ヘンリー　1844–1896）

Green, Hetty 〈19・20世紀〉
アメリカの実業家。
⇒世女（グリーン，ヘティ（ヘンリエッタ）（ハウランド・ロビンソン）　1835–1916）
　世女日（グリーン，ヘティ　1834–1916）

Greenaway, Peter 〈20世紀〉
イギリスの映画製作者，画家。
⇒岩ケ（グリーナウェイ，ピーター　1942–）
　岩世（グリーナウェイ　1942.4.5–）
　世映（グリーナウェイ，ピーター　1942–）

Greener, William 〈19世紀〉
イギリスの発明家，銃砲製造業者。小銃弾を発明。
⇒国小（グリーナー　1806–1869）

Greenewalt, Crawford Hallock 〈20世紀〉
アメリカの経営者。デュポン社の10代目社長。
⇒現人（グリンウォルト　1902.8.16–）

Greenough, Horatio 〈19世紀〉
アメリカの彫刻家，建築理論家。代表作『ラファイエットの胸像』（1831）。
⇒岩ケ（グリーノー，ホレイシオ　1805–1852）
　国小（グリーノウ　1805–1852）
　コン3（グリーノー　1805–1852）
　新美（グリーノー，ホレイショー　1805.9.6–1852.9.18）
　世美（グリーノー，ホレイショー　1805–1852）
　百科（グリノー　1805–1852）

Greenspan, Alan 〈20世紀〉

アメリカのエコノミスト，実業家。手腕を買われて1968年の大統領選挙では，ニクソン候補の経済問題顧問をつとめた。
⇒岩ケ（グリーンスパン，アラン　1926-）
　岩世（グリーンスパン　1926.3.6-）
　現人（グリーンスパン　1926-）
　ユ人（グリーンスパン，アラン　1926-）

Greenway, Francis Howard 〈18・19世紀〉

イギリスの建築家。
⇒岩ケ（グリーンウェイ，フランシス・ハワード　1777-1837）

Gref, German Oskarovich 〈20世紀〉

ロシアの政治家，経済発展貿易相。
⇒ロシ（グレフ　1964-）

Gregg, John Robert 〈19・20世紀〉

アメリカの出版業者，速記法考案者。
⇒岩ケ（グレッグ，ジョン・ロバート　1867-1948）
　コン3（グレッグ　1867-1948）

Gregorini, Domenico 〈18世紀〉

イタリアの建築家。
⇒世美（グレゴリーニ，ドメーニコ　1700-1777）

Gregory, Sir Augustus 〈19・20世紀〉

イギリスの測量士。オーストラリア北部から東部へ至るルートを開拓。また，ブリズベンからアデレードまで初めて陸路で旅行した。
⇒岩ケ（グレゴリー，オーガスタス・チャールズ　1819-1905）
　探検2（グレゴリー　1819-1905）

Gregory, Gene Adrian 〈20世紀〉

アメリカの経済学者。上智大学教授。
⇒二十（グレゴリー，G.A.　1923-）

Gregory, James 〈17世紀〉

スコットランドの数学者，発明家。反射望遠鏡を発明。
⇒岩ケ（グレゴリー，ジェイムズ　1638-1675）
　岩世（グレゴリー　1638.11-1675.10）
　外国（グレゴリー　1638-1675）
　科学（グレゴリ　1638.11-1675.10）
　科技（グレゴリ　1638.11-1675.10）
　科史（グレゴリ　1638-1675）
　科人（グレゴリー，ジェイムズ　1638.11-1675.10）
　人物（グレゴリー　1638-1675）
　数学（グレゴリー，ジェームズ　1638.12.14-1675.6.26）
　数学増（グレゴリー，ジェームズ　1638.12.14-1675.6.26）

　西洋（グレゴリ　1638-1675）
　世西（グレゴリー　1638.11-1675.10）
　天文（グレゴリー　1638-1675）

Gregotti, Vittorio 〈20世紀〉

イタリアの建築家。ミラノ工科大学教授，パレルモ大学教授，ベネチア大学教授。
⇒世美（グレゴッティ，ヴィットーリオ　1927-）
　二十（グレゴッティ，ヴィットリオ　1928-）

Greig, James 〈20世紀〉

戦後ニュージーランドの代表的な陶芸家。
⇒オセ新（グリーグ　1936-1986）

Grenander, Alfred Frederik Elias 〈19・20世紀〉

スウェーデンの建築家。
⇒世美（グレナンデル，アルフレッド・フレデリック・エリアス　1863-1931）

Grès, Alix 〈19・20世紀〉

フランスの服飾デザイナー。
⇒岩世（グレ　1899（1903?）-1993.11.24）
　世女日（グレス，アリックス　1910-1993）
　ナビ（グレ　1899-1993）

Gresham, Sir Thomas 〈16世紀〉

イギリスの商人，王室財務官。ロンドンの王立取引所の設立者。
⇒イ哲（グレシャム，T.　1518頃-1579）
　岩ケ（グレシャム，サー・トマス　1519-1579）
　岩世（グレシャム　1518頃-1579.11.21）
　英米（Gresham, Sir Thomas　グレシャム　1519頃-1579）
　旺世（グレシャム　1519-1579）
　外国（グレシャム　1519-1579）
　角世（グレシャム　1519?-1579）
　広辞4（グレシャム　1519-1579）
　広辞6（グレシャム　1519-1579）
　国小（グレシャム　1519-1579.11.21）
　コン2（グレシャム　1519頃-1579）
　コン3（グレシャム　1519頃-1579）
　人物（グレシャム　1519-1579.11.21）
　西洋（グレシャム　1519頃-1579.11.21）
　世人（グレシャム　1519頃-1579）
　世西（グレシャム　1519頃-1579.11.21）
　世百（グレシャム　1519頃-1579）
　全書（グレシャム　1519?-1579）
　大辞（グレシャム　1519-1579）
　大辞3（グレシャム　1519頃-1579）
　大百（グレシャム　1519?-1579）
　デス（グレシャム　1519-1579）
　評世（グレシャム　1519-1579）

Gresley, Nigel 〈19・20世紀〉

イギリスの蒸気機関車技術者。グレートノーザン鉄道および，のちにロンドン・アンド・ノー

スイースタン鉄道の機関車設計に革命をもたらした。
⇒岩ケ（グレズリー, サー・(ハーバート・)ナイジェル 1876–1941）
世科（グレズリー 1876–1941）
二十（グレズリー, N. 1876–1941）

Gretsch, Hermann 〈20世紀〉
ドイツの工芸家。
⇒世芸（グレッチュ, ヘルマン 1895–1950）

Grierson, John 〈20世紀〉
イギリスの映画製作者。ドキュメンタリー映画の確立者。主作品『流し網漁船』(1929),『セイロンの歌』(34),『夜行郵便』(36)。
⇒岩ケ（グリアソン, ジョン 1898–1972）
監督（グリアスン, ジョン 1898.4.26–1972.2）
国小（グリアソン 1898.4.26–1972.2.19）
コン3（グリアスン 1898–1972）
世映（グリアスン, ジョン 1898–1972）
世百（グリアソン 1898–）
大辞2（グリアスン 1898–1972）
大辞3（グリアスン 1898–1972）
ナビ（グリアスン 1898–1972）
二十（グリアソン, ジョン 1898.4.26–1972.2）

Griffe, Jacques 〈20世紀〉
フランスの服飾デザイナー。1949年, パリ＝モード界の大御所, モリヌーに才能を評価され, 翌年同店の後継者となった。
⇒大百（ジャック・グリフ 1915–）

Griffin, Charles Summer 〈19・20世紀〉
アメリカの経済学者。東京帝国大学法科大学で経済学, 財政学を教授。
⇒来日（グリフィン 1872–1904）

Griffin, Marion 〈19・20世紀〉
アメリカの建築家。
⇒世女日（グリフィン, マリオン 1871–1961）

Griffin, Walter Burley 〈19・20世紀〉
アメリカの建築家, 都市計画者。
⇒岩ケ（グリフィン, ウォルター・バーリー 1876–1937）
才西（グリフィン, ウォルター・バーリー 1876–1937）
コン3（グリフィン 1876–1937）
世美（グリフィン, ウォルター・バーリー 1876–1937）

Griffini, Enrico 〈19・20世紀〉
イタリアの建築家。
⇒世美（グリッフィーニ, エンリーコ 1887–1952）

Griffith, David Lewelyn Wark 〈19・20世紀〉
アメリカの映画監督。映画草創期の一大開拓者。
⇒アメ（グリフィス 1875–1948）
岩ケ（グリフィス, D(デイヴィド)・W(ウォーク) 1875–1948）
英米（Griffith, David Lewelyn Wark グリフィス(デーヴィッド) 1875–1948）
外国（グリフィス 1880–1948）
監督（グリフィス, デイヴィッド・ウオーク 1875.1.23/22–1948.7.23）
広辞4（グリフィス 1875–1948）
広辞5（グリフィス 1875–1948）
広辞6（グリフィス 1875–1948）
国小（グリフィス 1875.1.22–1948.7.23）
国百（グリフィス, デービッド・ワーク 1875.1.22–1948.7.23）
コン2（グリフィス 1875–1948）
コン3（グリフィス 1875–1948）
西洋（グリフィス 1875.1.22–1948.7.23）
世映（グリフィス, デイヴィッド・ウォーク 1875–1948）
世百（グリフィス 1875–1948）
全書（グリフィス 1875–1948）
大辞（グリフィス 1875–1948）
大辞2（グリフィス 1875–1948）
大辞3（グリフィス 1875–1948）
大百（グリフィス 1875–1948）
デス（グリフィス 1875–1948）
伝世（グリフィス, D.L.W. 1875.1.22–1948）
ナビ（グリフィス 1875–1948）
二十（グリフィス, デビッド・ワーク 1875.1.22(23)–1948.7.23）
百科（グリフィス 1875–1948）

Griffith, Sir Richard John 〈18・19世紀〉
アイルランドの地質学者, 土木技師。
⇒岩ケ（グリフィス, サー・リチャード・ジョン 1784–1878）

Grigoriev, Afanasy Grigorievich 〈18・19世紀〉
ロシアの建築家。
⇒世美（グリゴーリエフ, アファナシー・グリゴリエヴィチ 1782–1868）

Grigson, Jane 〈20世紀〉
イギリスの料理研究家。
⇒世女日（グリグソン, ジェーン 1928–1990）

Grimaldi, Fabrizio 〈16・17世紀〉
イタリアのバロック建築家。
⇒新美（グリマルディ, ファブリツィオ 1543–1613頃）

Grimaldi, Francesco ⟨16・17世紀⟩
イタリアの建築家。
⇒建築（グリマルディ，フランチェスコ　1543–
　　1630頃）
　世美（グリマルディ，フランチェスコ　1545–
　　1630頃）

Grimaldi, Giovanni Francesco ⟨17世紀⟩
イタリアの画家，建築家，彫刻家。
⇒建築（グリマルディ，ジョヴァンニ・フランチェ
　　スコ（イル・ボロニェーゼ（通称））　1606–
　　1680）
　国小（グリマルディ　1606–1680）
　西洋（グリマルディ　1606–1680.11.28）
　世美（グリマルディ，ジョヴァンニ・フランチェ
　　スコ　1606–1680）

Grimthorpe, Edmund Beckett Denison Grimthorpe, Baron ⟨19・20世紀⟩
イギリスの弁護士，建築と時計学の権威。
⇒岩ケ（グリムソープ，エドマンド・ベケット・デ
　　ニソン・グリムソープ，男爵　1816–1905）

Grinnell, Henry ⟨18・19世紀⟩
アメリカの商人，海運業者。
⇒岩ケ（グリネル，ヘンリー　1799–1874）
　国小（グリンネル　1799.2.18–1874.6.30）

Groenewegen, Jacob van ⟨16・17世紀⟩
オランダ東インド会社の上席商務員。日本貿易
開始の使命を帯びた東洋派遣艦隊の指揮者。
⇒岩世（フルーネヴェーヘン　?–1609.5.22）
　西洋（フルーネヴェーヘン　?–1609.5.22）

Grohmann, Nikolaus ⟨16世紀⟩
ドイツの建築家。
⇒世美（グローマン，ニコラウス　16世紀）

Grolier de Servieres, Jean, Vicomte d'Aguisy ⟨15・16世紀⟩
フランス中世末の愛書家。ミラノ公国の宮廷財
務官，ローマ法王付大使，フランス政府財務官
（1534）などを歴任。貨幣，メダル類の収集家
でもあった。
⇒岩ケ（グロリエ（・ド・セルヴィエール），ジャン，
　　アギジ子爵　1479–1565）
　国小（グロリエー　1479–1565.10.22）
　西洋（グロリエ　1479–1565）

Groom, Arthur Hesketh ⟨19・20世紀⟩
イギリスの貿易商。日本にゴルフを移入。
⇒体育（グルーム　1846–1918）

来日（グルーム　1846–1918）

Groot, Ferdinand de ⟨18世紀⟩
オランダの長崎商館長。
⇒岩世（フロート　?–1718頃）

Gropius, Walter ⟨19・20世紀⟩
ドイツ生まれのアメリカの建築家。1919年バウ
ハウスを創立。34～37年イギリスに亡命，37年
よりハーバード大学教授，38～52年同大学院建
築学部長。主な作品に「バウハウス校舎」
「ハーバード大学院センター」など。
⇒アメ（グロピウス　1883–1969）
　岩ケ（グロピウス，ヴァルター（・アドルフ）
　　1883–1969）
　岩世（グロピウス　1883.5.18–1969.7.5）
　才西（グロピウス，ヴァルター　1883–1969）
　外国（グロピウス　1883–）
　科学（グロピウス　1883.5.18–1969.7.5）
　科史（グロピウス　1883–1969）
　角世（グロピウス　1883–1969）
　現人（グロピウス　1883.5.18–1969.7.5）
　広辞5（グロピウス　1883–1969）
　広辞6（グロピウス　1883–1969）
　国小（グロピウス　1883.5.18–1969.7.5）
　国百（グロピウス，ワルター　1883.5.18–1969.7.5）
　コン3（グロピウス　1883–1969）
　思想（グロピウス，ワルター　1883–1969）
　新美（グローピウス，ヴァルター　1883.5.18–1969.7.5）
　人物（グロピウス　1883.5.18–）
　西洋（グロピウス　1883.5.18–1969.7.5）
　世人（グロピウス　1883–1969）
　世西（グロピウス　1883–）
　世美（グロピウス，ヴァルター　1883–1969）
　世百（グロピウス　1883–）
　世百新（グロピウス　1883–1969）
　全書（グロピウス　1883–1969）
　大辞2（グロピウス　1883–1969）
　大辞3（グロピウス　1883–1969）
　大百（グロピウス　1883–1969）
　伝世（グロピウス　1883.5.18–1969）
　ナビ（グロピウス　1883–1969）
　二十（グロピウス，ヴォルター　1883.5.18–1969.7.5）
　百科（グロピウス　1883–1969）
　名著（グロピウス　1883–）

Grosch, Christian Heinrik ⟨19世紀⟩
北欧で活躍した建築家。
⇒建築（グロッシュ，クリスティアン・ヘンリック
　　1801–1865）

Groseilliers, Medard Chouart des ⟨17世紀⟩
フランスの探検家。北アメリカの主要な毛皮交
易地域を開拓し，ハドソン湾会社の設立に貢献
した。

経済・産業篇　257　grue

⇒探検1（グロセイエ　1618–1696?）

Gross, Charles 〈19・20世紀〉
アメリカの歴史学者。主著『商人ギルド』
（1933）。
⇒外国（グロッス　1857–1909）
　名著（グロス　1857–1909）

Grossinger, Jennie 〈20世紀〉
アメリカのホテル経営者。
⇒世女日（グロッシンガー, ジェニー　1892–1972）

Grossmann, Henryk 〈19・20世紀〉
ポーランド生まれのドイツの経済学者。独ソ戦
中は特別通信員として前線で活動。
⇒岩世（グロースマン　1881.4.14–1950.11.24）
　外国（グロスマン　1895–）
　経済（グロスマン　1881–1950）
　西洋（グロースマン　1881–1950）
　名著（グロスマン　1891–1950）

Grosso, Niccolò Il Caparra 〈15・16世紀〉
イタリアの鋳金師。1500年頃活躍。フィレン
ツェのストロッツィ宮殿の鋳鉄細工を制作。
⇒国小（グロッソ　生没年不詳）

Grote, George 〈18・19世紀〉
イギリスの歴史家, 哲学者, 銀行家, 政治家。
ロンドン大学設立に尽力。主著『ギリシア史』
（8巻, 46〜56）を著す。
⇒イ哲（グロート, G.　1794–1871）
　岩世（グロート　1794.11.17–1871.6.18）
　外国（グロート　1794–1871）
　教育（グロート　1794–1871）
　国小（グロート　1794.11.17–1871.6.18）
　コン2（グロート　1794–1871）
　コン3（グロート　1794–1871）
　人物（グロート　1794.11.17–1871.6.18）
　西洋（グロート　1794.11.17–1871.6.18）
　世西（グロート　1794.11.17–1871.6.18）
　世百（グロート　1794–1871）
　全書（グロート　1794–1871）
　大百（グロート　1794–1871）
　名著（グロート　1794–1871）
　歴学（グロート　1794–1871）

Grotell, Maija 〈20世紀〉
フィンランド生まれの陶芸家。
⇒世女日（グローテル, マヤ　1899–1973）

Grove, Sir William Robert 〈19世紀〉
イギリスの法律家, 物理学者。王室弁護人, 高
等民事裁判所判事。グローブ電池を発明し
（39）, 酸水素電池, アーク燈, 白金フィラメン
トの電燈などを作った。

⇒岩ケ（グローヴ, サー・ウィリアム・ロバート
　　1811–1896）
　科学（グローヴ　1811.7.11–1896.8.11）
　科人（グローヴ, サー・ウィリアム・ロバート
　　1811.7.11–1896.8.1）
　国小（グローブ　1811.7.11–1896.8.1）
　西洋（グローヴ　1811.7.14–1896.8.2）
　世西（グローヴ　1817.7.11–1896.8.1）
　全書（グローブ　1811–1896）
　大百（グローブ　1811–1896）

Gruamonte 〈12世紀〉
イタリアの彫刻家, 建築家。
⇒世美（グルアモンテ　12世紀）

Grubb, Sir Howard 〈19・20世紀〉
アイルランドのダブリンの望遠鏡製造業者。
⇒天文（グラップ　1844–1931）
　二十（グラップ, ハワード　1844–1931）

Gruber, Johann Gottfried 〈18・19世紀〉
ドイツの文学史家, 辞典編纂者, 出版者。
ヴィーラントの全集出版に尽力し, これに
ヴィーラント伝を添えた。
⇒岩世（グルーバー　1774.11.29–1851.8.7）
　西洋（グルーバー　1774.11.29–1851.8.7）
　世西（グルーバー　1774.11.29–1851.8.7）

Gruber, Otto von 〈19・20世紀〉
ドイツの測地学者。氷河測量, 高山写真測量を
行い, ツァイス工場の学術的協力者となった。
⇒岩世（グルーバー　1884.8.9–1942.5.3）
　西洋（グルーバー　1884.8.9–1942.5.3）

Grue, Carlantonio 〈17・18世紀〉
イタリアの陶芸家。
⇒世美（グルーエ, カルラントーニオ　1655–1723）

Grue, Francesco Antonio 〈16・17世紀〉
イタリアの陶芸家。
⇒世美（グルーエ, フランチェスコ・アントーニオ
　　1595頃–1673）

Grue, Francesco Antonio Saverio 〈17・18世紀〉
イタリアの陶芸家。
⇒世美（グルーエ, フランチェスコ・アントーニ
　　オ・サヴェーリオ　1686–1746）

Grue, Liborio 〈18世紀〉
イタリアの陶芸家。
⇒世美（グルーエ, リボーリオ　1702–1776）

G

Grue, Saverio 〈18・19世紀〉
イタリアの陶芸家。
⇒世美（グルーエ, サヴェーリオ　1731–1806）

Gruijs, Jacob 〈17世紀〉
オランダの出島商館長（1664～65）。
⇒看護（フライス　?–1666）
　西洋（フライス　?–1666.6.31）

Grumbach, Antoine 〈20世紀〉
フランスの建築家。UP6教授, 文化省環境委員
会メンバー。
⇒二十（グランバック, アントワーヌ　1942–）

Grumman, Leroy Randle 〈20世紀〉
アメリカの航空機製造業者。
⇒岩ケ（グラマン, リロイ（・ランドル）　1895–
　1982）
　コン3（グラマン　1895–1982）
　二十（グラマン, L.R.　1895–1982）

Grünberg, Carl 〈19・20世紀〉
ルーマニア生まれの経済思想学者。ウィーン大
学の経済学私講師。
⇒岩世（グリューンベルク　1861.2.10–1940.2.10）
　経済（グリューンベルク　1861–1940）

Grundig, Lea 〈20世紀〉
ドイツのグラフィック・デザイナー。
⇒世女日（グルンディヒ, レア　1906–1977）

Grunebaum, Hermann 〈19・20世紀〉
イギリスの指揮者。プロデューサーのT.C.フェ
アベアンとともにロンドン・オペラ学校を創立
した。
⇒演奏（グルーネバウム, ヘルマン　1872.1.8–
　1954.4.5）
　オペ（グルーネバウム, ヘルマン　1872.1.8–
　1954.4.5）

Grünewald, Matthias 〈15・16世紀〉
ドイツの画家, 噴水建造技師, 建築家。代表作
「イーゼンハイムの祭壇画」（1512～15）。
⇒岩ケ（グリューネヴァルト, マティアス　1470?–
　1528）
　岩世（グリューネヴァルト　1470(-80)頃–1528.
　9.1以前）
　外国（グリューネヴァルト　1455/-75頃–1528/-
　30頃）
　角世（グリューネヴァルト　1480?–1528?）
　キリ（グリューネヴァルト, マテーウス（マティ
　アス）　1475/80頃–1528.8.31）
　芸術（グリューネヴァルト, マティアス　1470/
　75–1528）
　広辞4（グリューネヴァルト　1470頃–1528）
　広辞6（グリューネヴァルト　1470頃–1528）

国小（グリューネワルト　1460頃–1528.8.29）
国百（グリューネワルト, マティアス　1460頃–
　1528.8.31）
コン2（グリューネヴァルト　1470/83–1528）
コン3（グリューネヴァルト　1470/83–1528）
新美（グリューネヴァルト, マティーアス
　1470/-5頃–1528.8.31）
人物（グリューネワルド　1455–1528.8.27）
西洋（グリューネワルト　1455/60–1528.8.27/
　31）
世西（グリューネワルト　1460頃–1528）
世美（グリューネヴァルト, マティアス　1480頃
　–1528）
世百（グリューネワルト　1455頃–1528）
全書（グリューネワルト　1475頃–1528）
大辞（グリューネワルト　1470頃–1528）
大辞3（グリューネワルト　1470頃–1528）
大百（グリューネワルト　1460/70–1528）
デス（グリューネワルト　1460頃–1528頃）
伝世（グリューネワルト　1475頃–1528.8）
百科（グリューネワルト　1472–1528）

Gruson, Claude 〈20世紀〉
フランスの経済学者。
⇒キリ（グリュゾン, クロード　1910.8.12–）

Gruson, Hermann August Jacques
〈19世紀〉
ドイツの発明家, 企業家。
⇒岩世（グルーゾン　1821.3.13–1895.1.30）
　国小（グルソン　1821–1895）
　西洋（グルーゾン　1821.5.13–1895.1.30）

Gruyter, Walter de 〈19・20世紀〉
ドイツの出版業者。伝統ある出版社を合同し
て, ベルリンにVereinigung wissenschaftlicher
Verlager W.de G.& Co.という出版社を創設し
た（1919）。
⇒岩世（ド・グロイター　1862.5.10–1923.9.6）
　西洋（グレイター　1862.5.10–1923.9.6）

Guadagnini, Giovanni Battista 〈18
世紀〉
イタリアのヴァイオリン製作者。
⇒音大（グァダニーニ, ジョヴァンニ・バッティス
　タ　1711–1786.9.18）

Guadagnini, Giuseppe 〈18・19世紀〉
イタリアのヴァイオリン製作者。
⇒音大（グァダニーニ, ジュゼッペ　1736頃–1805
　頃）

Guarini, Guarino 〈17世紀〉
イタリア・バロックの代表的建築家。数学者,
神学者, テアト教団神父。
⇒岩ケ（グアリーニ, グアリーノ　1642–1683）
　岩世（ガリーニ　1624.1.17–1683.3.6）

建築 〈グァリーニ, グァリーノ 1624-1683〉
国小 〈グアリーニ 1624.1.17-1683.3.6〉
コン2 〈グアリーニ 1624-1683〉
コン3 〈グアリーニ 1624-1683〉
新美 〈グァリーニ, グァリーノ 1624.1.17-1683. 3.6〉
西洋 〈グアリーニ 1624.1.17-1683.3.6〉
世美 〈グァリーニ, グァリーノ 1624-1683〉
世百 〈グァリニ 1624-1683〉
全書 〈グァリーニ 1624-1683〉
大百 〈グァリーニ 1624-1683〉
デス 〈グァリーニ 1624-1683〉
伝世 〈グァリーニ 1624.1.17-1683.5.6〉
百科 〈グァリーニ 1624-1683〉

Guarneri, Andrea 〈17世紀〉

イタリアのヴァイオリン製作者。アマーティの弟子。
⇒岩世 〈グアルネーリ 1623.7.13-1698.12.7〉
音楽 〈グアルネーリ, アンドレア 1626頃-1698〉
西洋 〈グアルネリ, アンドレア 1626頃-1698〉
ラル 〈グアルネリ, アンドレア 1626頃-1698〉

Guarneri, Giuseppe 〈17・18世紀〉

イタリアのヴァイオリン製作者。A・グアルネーリの息子。
⇒音楽 〈グアルネーリ, ジュゼッペ・ジョヴァンニ 1666-1739/40〉
ラル 〈グアルネリ, ジュゼッペ 1666-1740〉

Guarneri, Giuseppe Antonio 〈17・18世紀〉

イタリアのヴァイオリン製作者。A.グアルネリの甥。ストラディヴァーリに学んだ。
⇒岩ケ 〈グアルニエリ, ジュゼッペ 1687-1745〉
音楽 〈グアルネーリ, バルトロメオ・ジュゼッペ 1698-1744〉
人物 〈ガルネリ 1698.8.21-1744.10.17〉
西洋 〈グアルネリ 1698-1744〉
ラル 〈グアルネリ, ジュゼッペ・アントニオ 1698-1744〉

Guarneri, Pietro 〈17・18世紀〉

イタリアのヴァイオリン製作者。ジュゼッペ・グアルネーリの息子。
⇒音楽 〈グアルネーリ, ピエトロ 1695-1762〉
ラル 〈グアルネリ, ピエトロ 1695-1762〉

Guarneri, Pietro Giovanni 〈17・18世紀〉

イタリアのヴァイオリン製作者。A・グアルネーリの息子。
⇒音楽 〈グアルネーリ, ピエトロ・ジョヴァンニ 1655-1720〉
ラル 〈グアルネリ, ピエトロ・ジョヴァンニ 1655-1720〉

Guas, Juan 〈15世紀〉

スペインの建築家。
⇒建築 〈グアス, ファン 1420-1496〉
新美 〈グアス, ホアン ?-1498〉
世美 〈グアス, フアン ?-1496〉

Gucci, Santi 〈16・17世紀〉

イタリアの彫刻家, 建築家。
⇒世美 〈グッチ, サンティ 1550頃-1600頃〉

Guccio di Mannaia 〈13世紀〉

イタリアの金銀細工師。
⇒世美 〈グッチョ・ディ・マンナイア (活動) 13世紀〉

Guérard, Michel 〈20世紀〉

フランスの料理人, レストラン経営者。
⇒岩世 〈ゲラール 1933.3.27-〉

Guericke, Otto von 〈17世紀〉

ドイツの政治家, 物理学者, 技術者。1646~81年マグデブルク自由市の市長。また, 真空ポンプを発明。真空の研究は半球実験などで有名。硫黄の球を摩擦して静電気を得た。
⇒岩ケ 〈ゲーリケ, オットー・フォン 1602-1686〉
岩世 〈ゲーリッケ 1602.11.20-1686.5.11〉
外国 〈ゲーリケ 1602-1686〉
科学 〈ゲーリケ 1602.11.20-1686.5.11〉
科技 〈ゲーリケ 1602.11.20-1686.5.11〉
科史 〈ゲーリケ 1602-1686〉
科人 〈ゲーリケ, オットー・フォン 1602.11.20-1686.5.11〉
国小 〈ゲーリケ 1602.11.20-1686.5.11〉
コン2 〈ゲーリケ 1602-1686〉
コン3 〈ゲーリケ 1602-1686〉
人物 〈ゲーリケ 1602.11.20-1686.5.11〉
西洋 〈ゲーリッケ 1602.11.20-1686.5.11〉
世科 〈ゲーリケ 1602-1686〉
世西 〈ゲーリッケ 1602.11.20-1686.5.11〉
世百 〈ゲーリケ 1602-1686〉
全書 〈ゲーリケ 1602-1686〉
大辞 〈ゲーリケ 1602-1686〉
大辞3 〈ゲーリケ 1602-1686〉
大百 〈ゲーリケ 1602-1686〉
デス 〈ゲーリケ 1602-1686〉
伝世 〈ゲーリケ 1602.11.20-1686.5.11〉
百科 〈ゲーリケ 1602-1686〉
名著 〈ゲーリッケ 1602-1686〉

Guerlain, Pierre Francois Pascal 〈18・19世紀〉

フランスの調香師, 実業家。
⇒岩世 〈ゲラン (ゲルラン) 1798-1864〉

Guerra, Giovanni 〈16・17世紀〉

イタリアの画家, 建築家。

⇒世美（グエッラ，ジョヴァンニ　1540頃–1618）

Guerra y Sanchez, Ramiro　〈20世紀〉

キューバの経済史家。キューバの砂糖を中心とする社会の発展史の研究で有名。
⇒コン3（ゲラ・イ・サンチェス　1880–1970）

Guerreiro, Helio Mario　〈20世紀〉

ブラジルの銀行家。サンタ・カタリーナ州農地改革院総裁，サンタ・カタリーナ州投融資銀行総裁総裁。
⇒二十（ゲレイロ，H.M.　1931–）

Guerrero, Manuel Perez　〈20世紀〉

ベネズエラの外交官。国連貿易開発会議（UNCTAD）の事務局長。
⇒現人（ゲレロ　1911.9.18–）

Guevara de la Serna, Ernest（Che）〈20世紀〉

ラテン・アメリカの医師，革命家。キューバ革命でカストロらとゲリラ戦争を展開，革命成功後，国立銀行総裁，工業相などを歴任。通商大使として各国との交渉にもあたる。1967年ボリビアで活動中，政府軍に銃殺された。主著『ゲリラ戦争』(61)，『ゲバラ日記』(68)。
⇒岩ケ（ゲバラ，チェ　1928–1967）
　岩哲（ゲバラ　1928–1967）
　旺世（ゲバラ　1928–1967）
　角世（ゲバラ　1928–1967）
　現人（ゲバラ　1928.6.14–1967.10.9）
　広辞5（ゲバラ　1928–1967）
　広辞6（ゲバラ　1928–1967）
　国小（ゲバラ　1928.6.24–1967.10.9）
　コン3（ゲバラ　1928–1967）
　最世（ゲバラ，チェ　1928–1967）
　思想（ゲバラ，チェ　1928–1967）
　人物（ゲバラ　1928–）
　西洋（ゲバラ　1928.6.14–1967.10.9）
　世人（ゲバラ　1928–1967）
　世政（ゲバラ，エルネスト・チェ　1928.6.14–1967.10.9）
　世西（ゲバラ　1928.6.24–1967.10.9）
　世百新（ゲバラ　1928–1967）
　全書（ゲバラ　1928–1967）
　大辞2（ゲバラ　1928–1967）
　大辞3（ゲバラ　1928–1967）
　大百（ゲバラ　1928–1967）
　伝世（ゲバラ　1928.6.14–1967.10.9）
　ナビ（ゲバラ　1928–1967）
　二十（ゲバラ，E.C.　1928.6.14–1967.10.9）
　百科（ゲバラ　1928–1967）
　評世（ゲバラ　1928–1967）
　山世（ゲバラ　1928–1967）
　ラテ（ゲバラ　1928–1967）
　歴史（ゲバラ　1928–1967）

Guggenheim, Daniel　〈19・20世紀〉

アメリカの企業家，財団設立者。
⇒英米（Guggenheim, Daniel　グッゲンハイム　1856–1930）

Guggenheim, Meyer　〈19・20世紀〉

アメリカの金融資本家，財務家。1901年には一大トラストであるアメリカ精錬会社を設立。
⇒アメ（グッゲンハイム　1828–1905）
　岩ケ（グッゲンハイム，マイアー　1828–1905）
　岩世（グッゲンハイム　1828.2.1–1905.3.15）
　コン3（グッゲンハイム　1828–1905）
　世西（グッゲンハイム　1828.2.1–1905.3.15）
　伝世（グゲンハイム　1828.2.1–1905.3.15）
　二十（グッゲンハイム，マイヤー　1828–1905）
　百科（グッゲンハイム　1828–1905）

Guggenheim, Solomon Robert　〈19・20世紀〉

アメリカの実業家，美術収集家。スイス出身。
⇒岩ケ（グッゲンハイム，ソロモン・R（ロバート）1861–1949）
　集文（グッゲンハイム，ソロモン・R.　1861.2.2–1949.11.3）
　世美（グッゲンハイム，ソロモン・ロバート　1861–1949）
　世美（グッゲンハイム（一族））

Guglielmo, Fra　〈13・14世紀〉

イタリアの彫刻家，建築家。
⇒新美（グリエルモ，フラ　1235頃–1310/11）
　世美（グリエルモ，フラ　1235頃–1310頃）

Guidetti, Guidetto　〈16世紀〉

イタリアの建築家。
⇒世美（グイデッティ，グイデット　?–1564）

Guidetto　〈12・13世紀〉

イタリアの彫刻家，建築家。
⇒世美（グイデット　（活動）12–13世紀）

Guidobono, Bartolomeo　〈17・18世紀〉

イタリアの画家，陶芸家。
⇒世美（グイドボーノ，バルトロメーオ　1654–1709）

Guidobono, Domenico　〈17・18世紀〉

イタリアの陶芸家。
⇒世美（グイドボーノ，ドメーニコ　1670–1746）

Guidobono, Giovanni Antonio　〈17世紀〉

イタリアの陶芸家。
⇒世美（グイドボーノ，ジョヴァンニ・アントーニオ　1605頃–1685）

Guidobono, Niccolò
イタリアの陶芸家。
⇒世美（グイドボーノ, ニッコロ　生没年不詳）

Guillaume de Sens 〈12世紀〉
フランス中世の工匠, 建築家。12世紀後半活躍。
⇒岩世（ギヨーム・ド・サンス）
　キリ（ギヨーム（サーンスの）　?–1180）
　建築（ギヨーム・ド・サンス　（活動）12世紀）
　国小（ウィリアム（サンスの）　生没年不詳）
　新美（ギヨーム・ド・サンス）
　西洋（ギヨーム・ド・サンス　12世紀）
　世美（ギヨーム・ド・サンス　12世紀）

Guimard, Hector 〈19・20世紀〉
フランスの建築家, デザイナー。代表作はアール・ヌーボー様式の『カステル・ベランジェ』（1897～98）, パリの地下鉄の入口（1899～1904）。
⇒岩ケ（ギマール, エクトール・ジェルマン　1867–1942）
　岩世（ギマール　1867.3.10–1942.5.20）
　才西（ギマール, エクトル　1867–1942）
　国小（ギマール　1867–1942）
　コン3（ギマール　1867–1942）
　新美（ギマール, エクトル　1867.3.10–1942.6）
　世美（ギマール, エクトール　1867–1942）
　全書（ギマール　1867–1942）
　大辞2（ギマール　1867–1942）
　大辞3（ギマール　1867–1942）
　大百（ギマール　1867–1942）
　ナビ（ギマール　1867–1942）
　二十（ギマール, H.　1867–1942）
　百科（ギマール　1867–1942）

Guimet, Emile Etienne 〈19・20世紀〉
フランスの実業家, 蒐集家。諸国で集めた蒐集品を基にしてギメ博物館を設け国家に献じた（1884）。特に日本・中国・近東方面の蒐集で有名。
⇒岩世（ギメ　1836.6.2–1918.10.12）
　外国（ギーメ　1836–1918）
　コン2（ギメ　1836–1918）
　コン3（ギメ　1836–1918）
　西洋（ギメ　1836–1918）
　世美（ギメ, エミール　1836–1918）
　日研（ギメ, エミール　1836.6.2–1918.10.12）
　来日（ギメ　1836–1918）

Guinness, Sir Benjamin Lee 〈18・19世紀〉
アイルランドの醸造業者。
⇒岩ケ（ギネス, サー・ベンジャミン・リー　1798–1868）

Guizot, François Pierre Guillaume
〈18・19世紀〉
フランスの政治家, 歴史家。文相として初等教育法令（1933）を打出し, フランス史協会を設立。
⇒岩ケ（ギゾー, フランソワ・ピエール・ギョーム　1787–1874）
　岩哲（ギゾー　1787–1874）
　旺世（ギゾー　1787–1874）
　外国（ギゾー　1787–1874）
　角世（ギゾー　1787–1874）
　教育（ギゾー　1787–1874）
　キリ（ギゾー, フランソワ・ピエール・ギョーム　1787.10.14–1874.9.12）
　広辞4（ギゾー　1787–1874）
　広辞6（ギゾー　1787–1874）
　国小（ギゾー　1787.10.4–1874.10.12）
　国百（ギゾー, フランソワ・ピエール・ギョーム　1787.10.4–1874.10.12）
　コン2（ギゾー　1787–1874）
　コン3（ギゾー　1787–1874）
　集（ギゾー, フランソワ　1787.10.4–1874.10.12）
　集文（ギゾー, フランソワ　1787.10.4–1874.10.12）
　人物（ギゾー　1787.10.4–1874.9.12）
　西洋（ギゾー　1787.10.4–1874.9.12）
　世人（ギゾー　1787–1874）
　世西（ギゾー　1787.10.4–1874.10.12）
　世百（ギゾー　1787–1874）
　世文（ギゾー, フランソワ　1787–1874）
　全書（ギゾー　1787–1874）
　大辞（ギゾー　1787–1874）
　大辞3（ギゾー　1787–1874）
　大百（ギゾー　1787–1874）
　デス（ギゾー　1787–1874）
　伝世（ギゾー　1787.10.4–1874.9.12）
　百科（ギゾー　1787–1874）
　評世（ギゾー　1787–1874）
　名著（ギゾー　1787–1874）
　山世（ギゾー　1787–1874）
　歴学（ギゾー　1787–1874）
　歴史（ギゾー　1787–1874）

Gulbenkian, Calouste Sarkis 〈19・20世紀〉
イギリスの財政家, 実業家, 外交家。
⇒岩ケ（グルベンキアン, カルースト（・サーキス）　1869–1955）

Gunsbourg, Raoul 〈19・20世紀〉
ルーマニア生まれのフランスの作曲家, 興行師。
⇒オペ（ガンスブール, ラウル　1859.12.25–1955.5.31）

Gunter, Edmund 〈16・17世紀〉
イギリスの天文学者, 数学者, 物理学者, 技術者。正弦, 正切の毎分区切りの常用対数表を初めて出版。
⇒岩ケ（ガンター, エドマンド　1581–1626）

岩世 （ガンター　1581-1626.12.10)
科学 （ガンター　1581-1626.12.10)
数学 （ガンター　1581-1626.12.10)
数学増 （ガンター　1581-1626.12.10)
西洋 （ガンター　1581-1626.12.10)

Günther, Eberhard 〈20世紀〉
ドイツ連邦共和国の法律家。カルテル庁の初代
長官。独占禁止法の運用に力を入れ，多くの企
業にきびしい課徴金を課した。
⇒現人 （ギュンター　1911.12.25-)

Günther, Franz Ignaz 〈18世紀〉
ドイツ，ババリアの彫刻家，建築家。代表作は
ロット・アム・イン聖堂の祭壇（1760～62)。
⇒キリ （ギュンター，イグナーツ　1725.11.22-
　　1775.6.28)
芸術 （ギュンター，イグナス　1725-1775)
国小 （ギュンター　1725.11.22-1775.6.26)
新美 （ギュンター，イグナーツ　1725.11.22-
　　1775.6.28)
西洋 （ギュンター　1725.11.22-1775.6.26)
世美 （ギュンター，イグナーツ　1725-1775)
伝世 （ギュンター　1725.11.2-1775.6.26)
百科 （ギュンター　1725-1775)

Gurevich, Mikhail Iosifovich 〈20世紀〉
ソ連邦の航空機設計家。
⇒岩ケ （グレヴィチ，ミハイル・イオシフォヴィチ
　　1893-1976)

Gurley, John Grey 〈20世紀〉
アメリカの経済学者。
⇒二十 （ガーリー，ジョン・グレー　1920-)

Gurney, *Sir* Goldsworthy 〈18・19世紀〉
イギリスの発明家。
⇒岩ケ （ガーニ，サー・ゴールズワージー　1793-
　　1875)

Gurney, Joseph John 〈18・19世紀〉
イギリスの福音派クエイカー信徒，銀行家。刑
務所改良運動家，奴隷制廃止運動家，伝道者。
⇒キリ （ガーニ，ジョウゼフ・ジョン　1788.8.2-
　　1847.1.4)

Gusinskii, Vladimir Aleksandrovich 〈20世紀〉
ロシアの企業家，モスト・グループ総帥。
⇒ロシ （グシンスキー　1952-)

Gutenberg, Erich 〈20世紀〉
ドイツの経営経済学者。主著『経営経済学原
理』(1955)。
⇒岩世 （グーテンベルク　1897.12.13-1984.5.22)

国小 （グーテンベルク　1897.12.13-)
西洋 （グーテンベルク　1897.12.13-)
世百 （グーテンベルク　1897-)
世百新 （グーテンベルク　1897-1984)
全書 （グーテンベルク　1897-)
ナビ （グーテンベルク　1897-1984)
二十 （グーテンベルク，エーリッヒ　1897.12.13-
　　1984)
百科 （グーテンベルク　1897-)
名著 （グーテンベルク　1897-)

Gutenberg, Johannes Gensfleisch 〈14・15世紀〉
ドイツの印刷業者，活字印刷の発明者。1434年
頃，プレス印刷機を考案。活版印刷術を実用化
した。活版印刷術は近世の知識普及に貢献
した。
⇒逸話 （グーテンベルク　1400頃-1468)
岩ケ （グーテンベルク，ヨハネス（・ゲンスフライ
　　シュ）1400-1468)
岩世 （グーテンベルク　1394(-99)-1468.2.3)
岩哲 （グーテンベルク　1397頃-1468)
旺世 （グーテンベルク　1400頃-1468)
外国 （グーテンベルク　1400頃-1468頃)
科学 （グーテンベルク　1398頃-1468.2.3)
科技 （グーテンベルク　1398頃-1468頃)
科史 （グーテンベルク　1400頃-1468)
角世 （グーテンベルク　1394/99-1468)
教育 （グーテンベルク　1397?-1468?)
キリ （グーテンベルク，ヨーハン　1394/99頃-
　　1468.2.3)
広辞4 （グーテンベルク　1400頃-1468)
広辞6 （グーテンベルク　1400頃-1468)
国小 （グーテンベルク　1398/9-1468)
国百 （グーテンベルク，ヨハン　1394/-9-1468.2.
　　3)
コン2 （グーテンベルク　1400頃-1468頃)
コン3 （グーテンベルク　1400頃-1468)
集文 （グーテンベルク，ヨハネス　1400頃-1468.
　　2.3)
人物 （グーテンベルク　1394/9-1468.2.23)
西洋 （グーテンベルク　1394/9-1468.2.3)
世科 （グーテンベルク　1397頃-1468)
世人 （グーテンベルク　1394/99-1468)
世西 （グーテンベルク　1400頃-1468.2.23)
世百 （グーテンベルク　1394/9-1468)
全書 （グーテンベルク　1398頃-1468)
大辞 （グーテンベルク　1398頃-1468)
大辞3 （グーテンベルク　1398頃-1468)
大百 （グーテンベルク　1398頃-1468)
デス （グーテンベルク　1399頃-1468)
伝世 （グーテンベルク　1398頃-1468.2.3)
百科 （グーテンベルク　1397-1468)
評世 （グーテンベルグ　1394頃-1468)
山世 （グーテンベルク　1400頃-1468)
歴史 （グーテンベルク　1399頃-1468)

Guthrie, Alexander 〈18・19世紀〉
スコットランド出身の企業家。
⇒岩世 （ガスリー　1796-1865.3.12)

経済・産業篇　　　263　　　haber

Guthrie, Donna W. 〈20世紀〉
キッズコーナー会社の社長。
⇒児作（Guthrie, Donna W.　ガスリー, ドナ）

Gutiérrez de San Martin, Pedro Luis 〈18世紀〉
スペインの建築家。
⇒建築（グティエレス・デ・サン・マルティン, ペ
ドロ・ルイス　1705–1792）

Gutkind, Erwin Anton 〈20世紀〉
ドイツ出身のアメリカの建築家, 都市計画家。
⇒世美（ガトキント, アーウィン・アントン
1896–1968）

Gutnov, Alexei 〈20世紀〉
ソ連邦の建築家。
⇒二十（グトノフ, アレクセイ）

Guyot, Yves 〈19・20世紀〉
フランスの経済学者, 政治家。公共相（1889〜
92）。
⇒岩世（ギュイヨー　1843.9.6–1928.2.22）
外国（ギュイヨー　1843–1928）
西洋（ギュイヨー　1843–1928）

Guzevatyi, Yaropolk Nikolaevich 〈20世紀〉
ソ連邦の経済学者。
⇒二十（グゼヴァトゥイ, Y.　1921–）

Guzhenko, Timofei Borisovich 〈20世紀〉
ソ連邦の政治家。ソ連邦海運相。
⇒二十（グジェンコ, ティモフェーイ　1918.2.15–）

Gwinner, Arthur von 〈19・20世紀〉
ドイツの大銀行家。1894〜1919年の間ドイツ
銀行の総裁。帝国主義開始期におけるドイツの
最も典型的な金融資本家。
⇒外国（グヴィンナー　1856–?）

Gwinnett, Button 〈18世紀〉
アメリカの商人。独立戦争の政治運動家。独立
宣言に署名。
⇒国小（グインネット　1735.2.3–1777.5.19）

Gyllenhammar, Pehr Gustaf 〈20世紀〉
スウェーデンの企業経営者。自動車会社ボルボ
社長。世界にさきがけて, ベルトコンヴェア・
システムを廃止した。
⇒岩ケ（ジュレンハンマル, ペール・グスタフ
1935–）

現人（イーレンハンマー　1935.4.28–）
西洋（ユーレンハマー　1935.4.28–）

【 H 】

Haas, Dirck de 〈17世紀〉
オランダの出島商館長。2期在勤（1876〜77, 78
〜79）。
⇒西洋（ハース　17世紀）

Haase, Carl 〈19世紀〉
ドイツの製鉄技師。八幡製鉄所の招きで来日
し, 技術指導を行った。
⇒日人（ハーゼ　1868–?）
来日（ハーゼ　1868–）

Haavelmo, Trygve 〈20世紀〉
ノルウェーの経済学者。1989年ノーベル経済
学賞。
⇒岩世（ホーヴェルモ　1911.12.13–1999.7.26）
経済（ハーヴェルモ　1911–）
最世（ホーヴェルモ, T.　1911–1993）
西洋（ホーヴェルモ　1911–）
世百新（ホーベルモ　1911–）
二十（ホーヴェルモ, T.　1911–）
ノベ（ハーヴェルモ, T.　1911.12.13–1993.3.18）
百科（ホーベルモ　1911–）
ノベ3（ホーヴェルモ, T.　1911.12.13–1999.7.
26）
名著（ホーヴェルモ　?–）

Habashi, Wadi 〈20世紀〉
スーダンの農業経済学者, 政治家。国際的評価
を受けるスーダン一の農政家で, スーダン以外
のアフリカ諸国の農業問題の解決にも当って
いる。
⇒中東（ハバシ　1917–）

Habel, Daniel 〈20世紀〉
フランスの実業家。経済学博士。フランスの貿
易会社副支配人として2年間滞日。主著『ニッ
ポンの総合商社』。
⇒二十（アベル, D.）

Haber, Fritz 〈19・20世紀〉
ドイツの物理・電気化学者。アンモニア合成法
を発見し, ボッシュの協力で工業化に成功。ま
た, 熱力学・電気化学に多くの業績をあげた。
1918年ノーベル化学賞を受賞。
⇒岩ケ（ハーバー, フリッツ　1868–1934）
岩世（ハーバー　1868.12.9–1934.1.29）
外国（ハーバー　1868–1934）

H

科学 （ハーバー　1868.12.9–1934.1.29）
科技 （ハーバー　1868.12.9–1934.1.29）
科史 （ハーバー　1868–1934）
科人 （ハーバー, フリッツ　1868.12.9–1934.1.29）
科大 （ハーバー　1868–1934）
科大2 （ハーバー　1868–1934）
広辞4 （ハーバー　1868–1934）
広辞5 （ハーバー　1868–1934）
広辞6 （ハーバー　1868–1934）
国小 （ハーバー　1868.12.9–1934.1.29）
国百 （ハーバー, フリッツ　1868.12.9–1934.1.29）
コン2 （ハーバー　1868–1934）
コン3 （ハーバー　1868–1934）
人物 （ハーバー　1868.12.9–1934.1.29）
西洋 （ハーバー　1868.12.9–1934.1.29）
世科 （ハーバー　1868–1934）
世西 （ハーバー　1868.12.9–1934.1.29）
世百 （ハーバー　1868–1934）
全書 （ハーバー　1868–1934）
大辞 （ハーバー　1868–1934）
大辞2 （ハーバー　1868–1934）
大辞3 （ハーバー　1868–1934）
大百 （ハーバー　1868–1934）
デス （ハーバー　1868–1934）
伝世 （ハーバー　1868.12.9–1934.1.29）
ナチ （ハーバー, フリッツ　1868–1934）
二十 （ハーバー, フリッツ　1868.12.9–1934.1.29）
ノ物 （ハーバー, フリッツ　1868–1934）
ノベ （ハーバー, F.　1868.12.9–1934.1.29）
百科 （ハーバー　1868–1934）
ノベ3 （ハーバー, F.　1868.12.9–1934.1.29）
評世 （ハーベル　1868–1934）
名著 （ハーバー　1868–1934）
ユ人 （ハーバー, フリッツ　1868–1934）
来日 （ハーバー　1868–1934）

Haberler, Gottfried 〈20世紀〉
オーストリアの経済学者。主著『国際貿易論』(1933)，『好況および不況の理論』(37)。
⇒岩世 （ハーバラー　1900.7.20–1995.5.6）
外国 （ハーバラー　1900–）
経済 （ハーバラー　1900–）
現人 （ハーバラー　1900.7.20–）
国小 （ハーバラー　1900.7.20–）
コン3 （ハーバラー　1900–）
人物 （ハーバラー　1900.7.20–）
西洋 （ハーバラー　1900.7.20–）
世西 （ハーバラー　1900.7.20–）
世百 （ハーバラー　1900–）
全書 （ハーバラー　1900–）
二十 （ハーバラー, G.フォン　1900.7.20–）
名著 （ハーバラー　1900–）

Hachette, Louis Christophe François 〈19世紀〉
フランスの出版業者。アシェット出版社をパリに設立 (1826)。

⇒岩世 （アシェット　1800.5.5–1864.7.31）
西洋 （アシェット　1800–1864）
百科 （アシェット　1800–1864）

Hacker, Louis Morton 〈20世紀〉
アメリカの経済史家，歴史学者。コロンビア大学経済学教授 (1948来)。アメリカ史を専攻。
⇒外国 （ハッカー　1899–）
コン3 （ハッカー　1899–）
人物 （ハッカー　1899.3.17–）
西洋 （ハッカー　1899.3.17–）
名著 （ハッカー　1899–）
歴学 （ハッカー　1899–1987）

Hackworth, Timothy 〈18・19世紀〉
イギリスの蒸気機関車技師。
⇒岩ケ （ハックワース, ティモシー　1786–1850）

Hadfield, *Sir* Robert Abbott 〈19・20世紀〉
イギリスの冶金学者。1883年マンガン鋼の特許をとった。
⇒岩ケ （ハドフィールド, サー・ロバート・アボット　1858–1940）
科学 （ハッドフィールド　1859.11.29–1940.9.30）
科技 （ハッドフィールド　1858.11.29–1940.9.30）
科人 （ハドフィールド, サー・ロバート・アボット　1858.11.28–1940.9.30）
世科 （ハッドフィールド　1858–1940）
全書 （ハドフィールド　1858–1940）
二十 （ハッドフィールド, ロバート・A.　1958(59).11.29–1940.9.30）
百科 （ハドフィールド　1858–1940）

Hadid, Muhammad Haj Hussein 〈20世紀〉
イラクの政治家，実業家。バグダードに現代企業会社を創設。
⇒中東 （ハディード　1906–）

Hadid, Zaha 〈20世紀〉
レバノンの建築家。AAスクール講師。
⇒二十 （ハーディド, ザハ　1950年代–）

Hadley, Arthur Twining 〈19・20世紀〉
アメリカ生まれの経済思想学者。
⇒経済 （ハドリー　1856–1930）

Hadley, Eleanor Martha 〈20世紀〉
アメリカの女性エコノミスト。1946年春GHQの民政局に財閥担当調査官として配属された。
⇒現人 （ハドレー　1916.7.17–）
二十 （ハドレ, E.M.　1916.7.17–）

Haesler, Otto 〈19・20世紀〉
ドイツの建築家。ツェレ, ラーテノーで活動。

経済・産業篇　　　　　　265　　　　　　**halde**

⇒岩世（ヘースラー　1880.6.13–1962.4.2）
西洋（ヘースラー　1880.6.13–1962.4.2）
世美（ヘスラー, オットー　1880–1962）

Hagen, Gotthilf 〈18・19世紀〉
ドイツの河川工学者。ヴィルヘルムス・ハーフェン港を設計。
⇒西洋（ハーゲン　1797.3.3–1884.2.3）

Hagenauer, Friedrich 〈16世紀〉
ドイツの木彫家, メダル制作家。
⇒世美（ハーゲナウアー, フリードリヒ　16世紀前半）

Hagenauer, Wolfgang 〈18・19世紀〉
ドイツの建築家。
⇒世美（ハーゲナウアー, ヴォルフガング　1726–1801）

Hagenbeck, Karl 〈19・20世紀〉
ドイツの動物園経営者。1907年ハンブルクに新しい構想の動物園を開設した。
⇒岩世（ハーゲンベック　1844.6.10–1913.4.14）
広辞4（ハーゲンベック　1844–1913）
広辞5（ハーゲンベック　1844–1913）
広辞6（ハーゲンベック　1844–1913）
国小（ハーゲンベック　1844.6.10–1913.4.14）
コン2（ハーゲンベック　1844–1913）
コン3（ハーゲンベック　1844–1913）
人物（ハーゲンベック　1844.6.10–1913.4.14）
西洋（ハーゲンベック　1844.6.10–1913.4.14）
世西（ハーゲンベック　1844.6.10–1913.4.14）
世百（ハーゲンベック　1844–1913）
大辞（ハーゲンベック　1844–1913）
大辞2（ハーゲンベック　1844–1913）
大辞3（ハーゲンベック　1844–1913）

Hague, Thomas M. 〈20世紀〉
アメリカの実業家。グッドイヤー・タイヤ社長, ボルグウォーナー・コーポレーション副社長。
⇒二十（ヘイグ, トマス・M.　1921–）

Hahn, Albert 〈19・20世紀〉
ドイツの銀行家, 貨幣理論家。
⇒岩世（ハーン　1889.10.12–1968.10.4）

Hahn, Albert 〈19・20世紀〉
ドイツの植民地行政官。ドイツ領ニューギニア島知事（1902～14）を歴任し, ニューギニア会社社長となる（19～35）。
⇒西洋（ハーン　1868.9.10–1935）

Hahn, Eduard 〈19・20世紀〉
ドイツの経済史家。家畜飼育が非経済的な動機に由来すると論じた。

⇒国小（ハーン　1856.8.7–1928.2.14）
コン2（ハーン　1856–1928）
コン3（ハーン　1856–1928）
歴史（ハーン　1856–1928）

Hahn, Frank 〈20世紀〉
ドイツ・ベルリン生まれの経済思想家。
⇒岩世（ハーン　1925–2013.1.29）
経済（ハーン　1925–）

Hahn, Ludwig Albert 〈19・20世紀〉
ドイツの銀行家, 経済学者。『ケインズ一般理論の基本的誤謬』（1950）がある。
⇒国小（ハーン　1889.10.12–1968.10.4）
コン3（ハーン　1889–1968）
西洋（ハーン　1889.10.12–）
世西（ハーン　1889–）
世百（ハーン　1889–）
名著（ハーン　1889–）

Hahn, Ulrich 〈15世紀〉
ドイツの印刷業者。
⇒音大（ハーン　?–1478頃）

Haig, Matt 〈20世紀〉
イギリスの作家, ビジネスコンサルタント。
⇒海新（ヘイグ, マット　1975–）
海作4（ヘイグ, マット　1975–）

Hainisch, Michael 〈19・20世紀〉
オーストリアの政治家, 経済学者。オーストリア連邦大統領（1920～24, 24～28）, のち商務・交通相（29～30）。
⇒外国（ハイニッシュ　1859–1940）
西洋（ハイニシュ　1858.8.15–1940.2.6）

Hakim, Robert 〈20世紀〉
エジプト生まれの映画製作者。
⇒世映（アキム, ロベール　1907–1992）

Halas, John 〈20世紀〉
イギリスのアニメイション作家, プロデューサー。
⇒岩ケ（ハラス, ジョン　1912–1995）
監督（ハラス, ジョン　1912–）
世映（ハラス, ジョン　1912–1995）

Haldeman, Harry Robbins 〈20世紀〉
アメリカの実業家。ニクソン大統領首席補佐官。
⇒現人（ハルデマン　1926.10.27–）
世政（ハルドマン, ハリー　1926.10.27–1993.11.12）

Hale, George Ellery 〈19・20世紀〉

アメリカの天文学者。ウィルソン山天文台を新
設，初代台長。パロマー天文台の200インチ（約
5メートル）の望遠鏡の製作を指導。分光太陽写
真儀を発明（1890）し，黒点内部の磁場を発見
した。
⇒岩ケ（ヘイル，ジョージ・エラリー　1868–1938）
　岩世（ヘイル　1868.6.29–1938.2.21）
　外国（ヘール　1868–1938）
　科学（ヘール　1868.6.29–1938.2.21）
　科技（ヘール　1868.6.29–1938.2.21）
　科人（ヘール，ジョージ・エラリー　1868.6.29–
　　1938.2.21）
　科大（ヘール　1868–1938）
　科大2（ヘール　1868–1938）
　広辞4（ヘール　1868–1938）
　広辞5（ヘール　1868–1938）
　広辞6（ヘール　1868–1938）
　国小（ヘール　1868.6.29–1938.2.21）
　コン2（ヘール　1868–1938）
　コン3（ヘール　1868–1938）
　人物（ヘール　1868.6.29–1938.2.21）
　西洋（ヘール　1868.6.29–1938.2.21）
　世科（ヘイル　1868–1938）
　世西（ヘール　1868.6.29–1938.2.22）
　世百（ヘール　1868–1938）
　全書（ヘール　1868–1938）
　大辞（ヘール　1868–1938）
　大辞2（ヘール　1868–1938）
　大辞3（ヘール　1868–1938）
　大百（ヘール　1868–1938）
　天文（ヘール　1868–1938）
　ナビ（ヘール　1868–1938）
　二十（ヘイル，ジョージ・アーリー　1868.6.29–
　　1938.2.21）
　百科（ヘール　1868–1938）

Halfpenny, William 〈18世紀〉

イギリスの建築家。著述家。
⇒建築（ハーフペニー，ウィリアム　?–1755）
　国小（ヘーブニー　生没年不詳）
　新美（ヘイブニイ，ウィリアム　?–1755）

Hall, Alfred Rupert 〈20世紀〉

イギリスの科学史・技術史家。主著『科学
革命』。
⇒科史（ホール　1920–）

Hall, Charles Martin 〈19・20世紀〉

アメリカの化学者，冶金学者。1886年アルミニ
ウムの電解冶金法を発明し，アルミニウム工業
を企業化。
⇒岩ケ（ホール，チャールズ（・マーティン）
　　1863–1914）
　岩世（ホール　1863.12.6–1914.12.27）
　外国（ホール　1863–1914）
　科学（ホール　1863.12.6–1914.12.27）
　科技（ホール　1863.12.6–1914.12.27）
　科人（ホール，チャールズ・マーティン　1863.

　　12.6–1914.12.27）
　広辞4（ホール　1863–1914）
　広辞5（ホール　1863–1914）
　広辞6（ホール　1863–1914）
　国小（ホール　1863.12.6–1914.12.27）
　コン3（ホール　1863–1914）
　人物（ホール　1863.12.6–1914.12.27）
　西洋（ホール　1863.12.6–1914.12.27）
　世科（ホール　1863–1914）
　世西（ホール　1863.12.6–1914.12.27）
　世百（ホール　1863–1914）
　全書（ホール　1863–1914）
　大辞（ホール　1863–1914）
　大辞2（ホール　1863–1914）
　大辞3（ホール　1863–1914）
　大百（ホール　1863–1914）
　二十（ホール，チャールズ・マーティン　1863.
　　12.6–1914.12.27）
　百科（ホール　1863–1914）

Hall, Ken G. 〈20世紀〉

オーストラリア生まれの映画監督，映画製作者。
⇒世映（ホール，ケン・G　1901–1994）

Hallstrom, *Sir* Edward John Lees
〈19・20世紀〉

オーストラリアの冷蔵装置製作の草分け。
⇒岩ケ（ホールストロム，サー・エドワード・ジョ
　　ン・リーズ　1886–1970）

Halm, Georg 〈20世紀〉

現代ドイツの経済学者。A.ハルムの子。
⇒岩世（ハルム　1901.9.10–1984）
　西洋（ハルム　1901.9.10–）

Halma, François 〈17・18世紀〉

オランダの書籍商，出版業者。
⇒岩世（ハルマ　1653.1.3–1722.1.13）
　国史（ハルマ　1653–1722）
　西洋（ハルマ　1653.1.3–1722.1.13）

Halperin, James L. 〈20世紀〉

アメリカの作家，実業家。
⇒海作4（ハルペリン，ジェイムズ・L.）

Halpert, Edith Gregor 〈20世紀〉

アメリカの美術商。
⇒世女日（ハルパート，イーディス・グレゴール
　　1900?–1970）

Halske, Georg 〈19世紀〉

ドイツの機械学者。ジーメンスと共に電信機製
作会社を設けた（1847）。
⇒岩世（ハルスケ　1814.7.30–1890.3.18）
　西洋（ハルスケ　1814.7.30–1890.3.18）

al-Hamad, Abdul-Latif Yousuf 〈20世紀〉

クウェートの実業家, 経済専門家。クウェート・プレハブ建築会社社長。
⇒中東（ハマド 1936–）

al-Hamad, Yacob Yousuf 〈20世紀〉

クウェートの実業家。クウェート国立銀行総裁。
⇒中東（ハマド 1928–）

Hamby, William 〈20世紀〉

アメリカの建築家。
⇒世美（ハンビー, ウィリアム 1902–）

Hamdan bin Rashid al-Maktoum, Sheikh 〈20世紀〉

アラブ首長国連邦の政治家。1973年から連邦財政工業相。連邦通貨委員会議長やIMF代表を兼任し連邦の経済開発の中心にいる。
⇒中東（ハムダン 1945–）

Hameel, Alart du 〈15・16世紀〉

ベルギーの建築長。
⇒建築（ハメール, アラート・ドゥ 1449頃–1509）

Hamel, Hendric 〈17世紀〉

オランダの東インド会社所属の船員。西洋世界に初めて朝鮮を紹介した『蘭船済州島難波記』の著書。
⇒角世（ハメル ?–1692）
朝鮮（ハメル ?–1692）

Hamilton, Alexander 〈18・19世紀〉

アメリカの政治家。独立戦争に参加。終結後, 大陸会議に出席, ワシントン政権の財務長官などを勤めた。
⇒アメ（ハミルトン 1755?–1804）
岩ケ（ハミルトン, アレグザンダー 1757–1804）
岩世（ハミルトン 1757.1.11–1804.7.12）
英米（Hamilton, Alexander ハミルトン, アレグザンダー 1755/57–1804）
旺世（ハミルトン 1757–1804）
外国（ハミルトン 1757–1804）
角世（ハミルトン 1755–1804）
国小（ハミルトン 1755.1.11–1804.7.12）
コン2（ハミルトン 1757–1804）
コン3（ハミルトン 1757–1804）
人物（ハミルトン 1757.1.11–1804.7.12）
西洋（ハミルトン 1757.1.11–1804.7.12）
世人（ハミルトン 1757–1804）
世百（ハミルトン 1757–1804）
全書（ハミルトン 1757–1804）
大百（ハミルトン 1755–1804）
デス（ハミルトン 1755/7–1804）
伝世（ハミルトン, A. 1755.1.11?–1804.7.11）

百科（ハミルトン 1755?–1804）
評世（ハミルトン 1757–1804）
名著（ハミルトン 1757–1804）
山世（ハミルトン 1755–1804）
歴史（ハミルトン 1755–1804）

Hamilton, Earl Jefferson 〈20世紀〉

アメリカの経済学者, 経済史家。スペイン近代初期の経済史が専門。
⇒国小（ハミルトン 1899.5.17–）

Hamilton, Hamish 〈20世紀〉

イギリスの出版者, ロンドンの出版社ハミッシュ・ハミルトン社の創業者。
⇒岩ケ（ハミルトン, ハミッシュ 1900–1988）

Hamilton, Thomas 〈18・19世紀〉

イギリス（スコットランド）の建築家。
⇒岩ケ（ハミルトン, トマス 1784–1858）
西洋（ハミルトン 1784–1858）

Hamilton, Walton Hale 〈19・20世紀〉

アメリカ生まれの経済思想家。
⇒経済（ハミルトン 1881–1958）

Hamlyn, Paul Bertrand 〈20世紀〉

イギリスの企業家, 出版者。
⇒岩ケ（ハムリン, ポール（・バートランド） 1926–）

Hammadi, Saadoun 〈20世紀〉

イラクの政治家, 経済学者。イラク首相。
⇒世政（ハマディ, サアドン 1930.6.22–）

Hammarskjöld, Dag Hjalmar Agne Carl 〈20世紀〉

スウェーデンの経済学者, 政治家。国立銀行総裁, 外務次官。国連事務総長としてスエズ紛争, コンゴ紛争の処理に尽力した。1961年死後ノーベル平和賞を受賞。
⇒岩ケ（ハマーショルド, ダグ（・ヤルマル・アグネ・カール） 1905–1961）
岩世（ハマーショルド（ハンマルシェルド） 1905.7.29–1961.9.18）
旺世（ハマーショルド 1905–1961）
外国（ハマーショルド 1905–）
角世（ハマーショルド（ダグ） 1905–1961）
現人（ハマーショルド 1905.7.29–1961.9.18）
広辞5（ハマーショルド 1905–1961）
広辞6（ハマーショルド 1905–1961）
国小（ハマーショルド 1905.7.29–1961.9.18）
国百（ハマーショルド, ダグ 1905.7.29–1961.9.18）
コン3（ハマーショルド 1905–1961）
人物（ハマーショルド 1905.7.29–1960.9.17）
西洋（ハマーショルド 1905.7.29–1961.9.18）

世人 （ハマーショルド　1905–1961）
世政 （ハマーショルド, ダグ　1905.7.29–1961.9.18）
世西 （ハマーショルド　1905.7.29–1961.9.18）
世百 （ハマーショルド　1905–1961）
世百新 （ハマーショルド　1905–1961）
全書 （ハマーショルド　1905–1961）
大辞2 （ハマーショルド　1905–1961）
大辞3 （ハマーショルド　1905–1961）
大百 （ハマーショルド　1905–1961）
伝世 （ハマーショルド　1905.7.19–1961.9.17）
ナビ （ハマーショルド　1905–1961）
二十 （ハマーショルド, ダーグ・H.A.C.　1905.7.29–1961.9.18）
ノベ （ハマショールド, D.H.A.C.　1905.7.29–1961.9.18）
百科 （ハマーショルド　1905–1961）
ノベ3 （ハマショールド, D.H.A.C.　1905.7.29–1961.9.18）
評世 （ハマーショルド　1905–1961）
山世 （ハマーショルド　1905–1961）
歴史 （ハマーショルド　1905–1961）

Hammer, Armand 〈20世紀〉

アメリカの企業経営者。一代でオクシデンタル・ペトロリアム社をアメリカの有力石油会社に築き上げた。
⇒岩ケ （ハマー, アーマンド　1899–1990）
　岩世 （ハマー　1898.5.21–1990.12.10）
　西洋 （ハマー　1898.5.21–）
　世西 （ハマー　1898.5.21–1990.12.10）

Hammerstein, Oscar 〈19・20世紀〉

ドイツの, のちにアメリカの興行師。
⇒オペ （ハマースタイン, オスカー　1846.5.8–1919.8.1）

Hammerstein, Oscar, II 〈19・20世紀〉

アメリカの作家, 作詞家, 演劇プロデューサー。
⇒岩世 （ハマースタイン　1895.7.12–1960.8.23）

Hamming, Richard Wesley 〈20世紀〉

アメリカの数学者, 情報科学者。
⇒岩世 （ハミング　1915.2.11–1998.1.7）

Hammond, Frederick Dawson 〈19・20世紀〉

イギリスの軍人, 鉄道専門家。イギリス政府の特別使節として中国に派遣され, 鉄道建設, 鉱山開発に関する調査を行った。
⇒西洋 （ハモンド　1881.11.10–1952.11.29）

Hammond, John Hays (Jr.) 〈19・20世紀〉

アメリカの発明家。
⇒音大 （ハモンド　1888.4.13–1965.2.12）
　二十 （ハモンド, ジョン・H.(Jr.)　1888.4.13–1965.2.12）

Hammond, John Henry (Jr.) 〈20世紀〉

アメリカのジャズ・プロデューサー, ジャズ評論家。人種偏見を打破するため, 1937年以降は黒人地位向上協会（NAACP）副総裁となり, 白人黒人混成の録音や放送, バンド編成にも尽力。
⇒岩世 （ハモンド　1910.12.15–1987.7.10）
　ジヤ （ハモンド, ジョン　1910.12.15–）
　二十 （ハモンド, ジョン・ヘンリ(Jr.)　1910.12.15–1987.7.10）

Hammond, John Lawrence Le Breton 〈19・20世紀〉

イギリスのジャーナリスト, 経済史家。特にイギリス産業革命を研究。"Manchester Guardian"紙, "Daily News"紙等に多くの時事論文を寄せた。
⇒岩世 （ハモンド　1872.7.18–1949.4.7）
　外国 （ハモンド　1872–1949）
　コン2 （ハモンド　1872–1949）
　コン3 （ハモンド　1872–1949）
　西洋 （ハモンド　1872–1949.4.7）
　伝世 （ハモンド, J.L.　1872.7.18–1952.4.7）
　二十 （ハモンド, ジョン・L.L.B.　1872–1949）
　百科 （ハモンド　1872–1949）
　名著 （ハモンド　1872–1949）
　歴学 （ハモンド　1872–1949）

Hammond, Laurence 〈20世紀〉

アメリカの発明家, 製造業者。ハモンド・オルガンとして知られる電気オルガンを考案。
⇒音大 （ハモンド　1895.1.11–1973.6.1）
　コン3 （ハモンド　1895–1973）
　二十 （ハモンド, ローレンス　1895.1.11–1973.6.1）

Hamnett, Katharine 〈20世紀〉

イギリスのファッション・デザイナー。
⇒岩ケ （ハムネット, キャサリン　1948–）
　世女 （ハムネット, キャサリン　1952–）

Hanau, Marthe 〈19・20世紀〉

フランスの投資家。
⇒世女日 （ハナウ, マルテ　1884?–1935）

Hancock, John 〈18世紀〉

アメリカの政治家, 貿易商。アメリカ独立戦争の指導者。『独立宣言書』の最初の署名者。
⇒アメ （ハンコック　1737–1793）
　岩ケ （ハンコック, ジョン　1737–1793）
　岩世 （ハンコック　1737.1.12–1793.10.8）
　英米 （Hancock, John　ハンコック　1737–1793）
　外国 （ハンコック　1737–1793）
　角世 （ハンコック　1737–1793）

国小（ハンコック　1737.1.12–1793.10.8）
コン2（ハンコック　1737–1793）
コン3（ハンコック　1737–1793）
西洋（ハンコク　1737.1.23–1793.10.8）
伝世（ハンコック　1737.1.23–1793.10.8）
百科（ハンコック　1737–1793）
評世（ハンコック　1737–1793）

Hancock, Joseph 〈18世紀〉
イギリスの銀細工師。
⇒世美（ハンコック，ジョーゼフ　18世紀後半）

Hancock, Lang (ley) George 〈20世紀〉
オーストラリアの鉱山業者。
⇒岩ケ（ハンコック，ラング（ラングリー）・ジョージ　1909–1992）

Hancock Thomas 〈18・19世紀〉
イギリスの発明家。ゴムに関する数々の特許を取得。
⇒世科（ハンコック　1786–1865）

Handler, Ruth 〈20世紀〉
アメリカの実業家。
⇒世女日（ハンドラー，ルース　1918–2002）

Handley Page, Fredrick 〈19・20世紀〉
イギリスの航空技術者。
⇒世科（ハンドリ・ページ　1885–1962）
二十（ハンドリー・ページ，フレデリック　1885–1962）

Handy, Charles Brian 〈20世紀〉
イギリスの経営学の教育者，経営学を扱った本の執筆者。
⇒岩ケ（ハンディ，チャールズ（・ブライアン）　1932–）

Hankar, Paul 〈19・20世紀〉
ベルギーの建築家，装飾家。
⇒新美（アンカール，ポール　1859.12.11–1901.1.19）
世美（ハンカル，パウル　1859–1901）

Hanna, Marcus Alonzo 〈19・20世紀〉
アメリカの資本家，政治家。W.マッキンリー大統領の後援者。
⇒岩ケ（ハナ，マーク　1837–1904）
岩世（ハナ　1837.9.24–1904.2.15）
英米（Hanna, Marcus Alonzo　ハナ　1837–1904）
外国（ハナ　1837–1904）
角世（ハンナ　1837–1904）
国小（ハンナ　1837.9.24–1904.12.15）
コン2（ハナ　1837–1904）
コン3（ハナ　1837–1904）
西洋（ハナ　1837.9.24–1904.2.15）
世西（ハンナ　1837.9.24–1904.2.15）
世百（ハナ　1837–1904）
全書（ハナ　1837–1904）
二十（ハナ，M.A.　1837.9.24–1904）
百科（ハナ　1837–1904）
評世（ハンナ　1837–1904）

Hanna, William 〈20世紀〉
アメリカのアニメイション作家，アニメイション・プロデューサー。
⇒岩ケ（ハナ＝バーベラ）
監督（ハナ，ウイリアム　1920–）

Hannett, Martin 〈20世紀〉
イギリスのプロデューサー，エンジニア。
⇒口人（ハネット，マーティン　?–1991）

Hannnong, Paul-Anton 〈18世紀〉
ドイツの陶工。
⇒世美（ハンノング，パウル＝アントン　1700–1760）

Hanno 〈5・6世紀〉
カルタゴの航海者。
⇒岩ケ（ハンノ）
岩世（ハンノ）
外国（ハンノ　5世紀）
科学（ハンノ　（活躍）前500頃）
科技（ハンノ）
コン2（ハンノ　前6–5世紀頃）
コン3（ハンノ　前6–前5世紀頃）
集世（ハンノ　前5世紀）
集文（ハンノ　前5世紀）
西洋（ハンノ）
探検1（ハンノ　前500頃）
デス（ハンノ　前6世紀頃）
百科（ハンノ　生没年不詳）

Hanrahan, Kip 〈20世紀〉
アメリカのレコード・プロデューサー。フランスでも活躍。
⇒二十（ハンラハン，キップ　1956–）

Hansard, Luke 〈18・19世紀〉
イギリスの印刷業者。
⇒岩ケ（ハンサード，ルーク　1752–1828）

Hansard, Thomas Curson 〈18・19世紀〉
イギリスの印刷業者。
⇒百科（ハンサード　1776–1833）

Hansemann, David 〈18・19世紀〉
ドイツ（プロイセン）の実業家，政治家。プロシ

ア国家生活の自由主義化と中央集権化運動を
推進。
⇒岩世 （ハンゼマン　1790.7.12–1864.8.4)
　外国 （ハンゼマン　1790–1864)
　角世 （ハンゼマン　1790–1864)
　国小 （ハンゼマン　1790.7.12–1864.8.4)
　コン2 （ハンゼマン　1790–1864)
　コン3 （ハンゼマン　1790–1864)
　世西 （ハンゼマン　1790.7.12–1864.8.4)
　全書 （ハンゼマン　1790–1864)
　百科 （ハンゼマン　1790–1864)
　評世 （ハンゼマン　1790–1864)

Hansen, Alvin Harvey 〈19・20世紀〉
アメリカのケインズ学派の経済学者。主著『ア
メリカの経済』(1957) など。
⇒アメ （ハンセン　1887–1975)
　岩世 （ハンセン　1887.8.23–1975.6.6)
　外国 （ハンセン　1887–)
　経済 （ハンセン　1887–1975)
　現人 （ハンセン　1887.8.23–1975.6.6)
　国小 （ハンセン　1887.8.23–1975.6.6)
　コン3 （ハンセン　1887–1975)
　人物 （ハンセン　1887.8.23–)
　西洋 （ハンセン　1887.8.23–1975.6.6)
　世西 （ハンセン　1887.8.23–)
　世百 （ハンセン　1887–)
　世百新 （ハンセン　1887–1975)
　全書 （ハンセン　1887–1975)
　大百 （ハンセン　1887–1975)
　伝世 （ハンセン　1887.8.23–1975)
　ナビ （ハンセン　1887–1975)
　百科 （ハンセン　1887–1975)
　名著 （ハンセン　1887–)

Hansen, Christian Frederik 〈18・19世紀〉
デンマークの建築家。古典主義様式の建築を
した。
⇒岩世 （ハンセン　1756.2.29–1845.7.10)
　建築 （ハンセン，クリスティアン・フレデリック
　　1756–1845)
　西洋 （ハンセン　1756.2.29–1845.7.10)
　世美 （ハンセン，クリスティアン・フレゼリク
　　1756–1845)

Hansen, Hans Christian 〈19世紀〉
デンマークの建築家。コペンハーゲンの美術学
校教授（1857〜）。
⇒西洋 （ハンセン　1803.4.20–1883.5.2)

Hansen, Theophilus Edvard 〈19世紀〉
デンマークの建築家。初期の作品は，イタリ
ア・ビザンツ式であるが，後期のものは厳格な
古典様式である。
⇒建築 （ハンゼン，テオフィル・フォン　1813–
　1891)
　西洋 （ハンセン　1813.7.13–1891.2.17)

Hanser, Carl 〈20世紀〉
ドイツの出版者。
⇒岩世 （ハンザー　1901.12.30–1985.5.10)

Hansom, Joseph Aloysius 〈19世紀〉
イギリスの発明家，建築家。
⇒岩ケ （ハンサム，ジョゼフ・アロイシアス
　1803–1882)

Hanson-Dyer, Louise Berta Mosson 〈19・20世紀〉
オーストラリアの音楽出版者，後援者。
⇒岩ケ （ハンソン＝ダイアー，ルイーズ・バータ・
　モソン　1884–1962)
　世女日 （ハンソン＝ダイヤー，ルイーズ　1884–
　1962)

Happer, John Stewart 〈19・20世紀〉
アメリカの貿易会社支配人。広重研究で知ら
れる。
⇒日人 （ハッパー　1863–1936)
　来日 （ハッパー　1863–1936)

Harari, Manya 〈20世紀〉
ロシア生まれの出版社主。
⇒世女日 （ハラリ，マニヤ　1905–1969)

Harcourt, Alfred 〈19・20世紀〉
アメリカの出版者，編集者。
⇒二十英 （Harcourt, Alfred　1881–1954)

Harcourt, *Sir* William George Granville Venables Vernon 〈19・20世紀〉
イギリスの政治家。自由党に属し，内相，蔵相
を歴任。
⇒岩ケ （ハーコート，サー・ウィリアム（・ジョー
　ジ・グランヴィル・ヴェナブルズ・ヴァーノン）
　1827–1904)
　英米 （Harcourt, Sir William Vernon　ハーコー
　ト　1827–1904)
　国小 （ハーコート　1827.10.14–1904.10.1)
　西洋 （ハーコート　1827.10.14–1904.10.1)

Hardenberg, Karl August, Fürst von 〈18・19世紀〉
プロシアの政治家。フランスとの解放戦争を指
導。財政再建・自由営業の確立などを推進。
ウィーン会議に全権代表として出席，領土の拡
大に成功。
⇒岩ケ （ハルデンベルク，カール・アウグスト，公
　爵　1750–1822)
　旺世 （ハルデンベルク　1750–1822)
　外国 （ハルデンベルク侯　1750–1822)
　角世 （ハルデンベルク　1750–1822)
　広辞6 （ハルデンベルク　1750–1822)

経済・産業篇　271　harir

国小（ハルデンベルク　1750.5.31–1822.11.26）
コン2（ハルデンベルク　1750–1822）
コン3（ハルデンベルク　1750–1822）
人物（ハルデンベルク　1750.5.3–1822.11.26）
西洋（ハルデンベルク　1750.5.31–1822.11.26）
世人（ハルデンベルク　1750–1822）
世西（ハルデンベルク　1750.5.31–1822.11.26）
世百（ハルデンベルク　1750–1822）
全書（ハルデンベルク　1750–1822）
大辞（ハルデンベルク　1750–1822）
大辞3（ハルデンベルク　1750–1822）
大百（ハルデンベルク　1750–1822）
デス（ハルデンベルク　1750–1822）
伝世（ハルデンベルク　1750.5.31–1822.11.26）
百科（ハルデンベルク　1750–1822）
評世（ハルデンベルク　1750–1822）
山世（ハルデンベルク　1750–1822）
歴史（ハルデンベルク　1750–1822）

Hardes, Hendrik 〈19世紀〉
オランダの海軍士官，機械技術者。1857年来日。長崎熔鉄所技師。
⇒国史（ハルデス　1815–1871）
　西洋（ハルデス　生没年不詳）
　日人（ハルデス　1815–1871）
　来日（ハルデス　1815.1.10–1871.4.10）

Hardin, Clifford W. 〈20世紀〉
アメリカの農業経済学者。米農務長官，ウィスコンシン大学教授。
⇒二十（ハーディン，クリフォード・W.　1915–）

Hardwick, Philip 〈18・19世紀〉
イギリスの建築家。
⇒岩ケ（ハードウィック，フィリップ　1792–1870）
　建築（ハードウィック，フィリップ　1792–1870）

Hare, Sir John 〈19・20世紀〉
イギリスの俳優，劇場支配人。
⇒国小（ヘアー　1844.5.16–1921.12.28）

Hare, Robert 〈18・19世紀〉
アメリカの化学者。多くの実験器具を発明。
⇒科学（ヘア　1781.1.17–1858.5.15）
　科技（ヘア　1781.1.17–1858.5.15）
　科人（ヘア，ロバート　1781.1.17–1858.5.15）
　西洋（ヘア　1781.1.17–1858.5.15）

Hargrave, Lawrence 〈19・20世紀〉
オーストラリアの航空界の先駆者。箱型凧とフラップ翼を発明。
⇒岩ケ（ハーグレイヴ，ローレンス　1850–1915）
　岩世（ハーグレイヴ　1850.1.29–1915.7.6）
　西洋（ハーグレーヴ　1850–1915.7.6）

Hargreaves, James 〈18世紀〉
イギリスの紡績技術者。数本の糸を同時に紡ぐことができるジェニー紡績機を発明。靴下・下着用の紡糸工場を設立。生産性を向上させ，産業革命の発端をつくった。
⇒岩ケ（ハーグリーヴズ，ジェイムズ　1720頃–1778）
　岩世（ハーグリーヴズ　?–1778）
　英米（Hargreaves, James　ハーグリーヴズ　?–1778）
　旺世（ハーグリーヴズ　1720頃–1778）
　外国（ハーグリーヴズ　1745–1778）
　科学（ハーグリーヴス　1720–1778.4.22）
　科史（ハーグリーヴズ　?–1778）
　科人（ハーグリーヴズ，ジェイムズ　?–1778.4.22）
　角世（ハーグリーヴス　?–1778）
　広辞4（ハーグリーヴス　1720頃–1778）
　広辞6（ハーグリーヴス　1720–1778）
　国小（ハーグリーブズ　?–1778.4.22）
　コン2（ハーグリーヴス　?–1778）
　コン3（ハーグリーヴス　?–1778）
　人物（ハーグリーブズ　1745–1778.4）
　西洋（ハーグリーヴス　?–1778）
　世科（ハーグリーヴス　1720頃–1778）
　世人（ハーグリーヴス　?–1778）
　世西（ハーグリーヴス　1745頃–1778.4）
　世百（ハーグリーヴス　1745?–1778）
　全書（ハーグリーブズ　?–1778）
　大辞（ハーグリーブズ　?–1778）
　大辞3（ハーグリーブズ　?–1778）
　大百（ハーグリーブズ　?–1778）
　デス（ハーグリーブズ　?–1778）
　伝世（ハーグリーブズ　?–1778）
　百科（ハーグリーブズ　1720?–1778）
　評世（ハーグリーブズ　1745–1778）
　山世（ハーグリーヴズ　?–1778）
　歴史（ハーグリーヴス　?–1778）

Hargreaves, James 〈19・20世紀〉
イギリスの化学工業者。硫酸，燐酸工業の廃物から薬品の回収法その他電解によるソーダの製造法など多方面の研究がある。
⇒科学（ハーグリーヴズ　1834–1915.4.4）
　西洋（ハーグリーヴズ　1834–1915.4.4）
　二十（ハーグリーヴス，ジェームス　1834–1915.4.4）

Häring, Hugo 〈19・20世紀〉
ドイツの建築家。自ら〈新建築〉と称する〈有機的建築〉の理念を発展させた。
⇒岩世（ヘーリング　1882.5.22–1958.5.17）
　西洋（ヘーリング　1882.5.22–1958.5.17）
　世美（ヘーリング，フーゴー　1882–1958）
　大百（ヘーリング　1882–1958）

Hariri, Rafik Bahaa Edinburghe 〈20世紀〉
レバノンの政治家，実業家。レバノン首相。

H

⇒世政 （ハリリ, ラフィク 1944.11.1–2005.2.14）

Harkness, Stephen Vanderburg 〈19世紀〉

アメリカの実業家, 石油業者。J.D.ロックフェラーとスタンダード石油会社の経営にあたった。
⇒世西 （ハークネス 1818–1888）

Harkort, Friedrich Wilhelm 〈18・19世紀〉

ドイツの事業家, 政治家。ライン自由主義の指導者として活躍。
⇒岩世 （ハルコルト 1793.2.25–1887.3.6）
外国 （ハルコルト 1793–1880）
国小 （ハルコルト 1793.2.22–1880.3.6）
西洋 （ハルコルト 1793.2.22–1887.3.6）

Harland, Sir Edward James 〈19世紀〉

イギリスの造船家。
⇒岩ケ （ハーランド, サー・エドワード・ジェイムズ 1831–1896）

Harmel, Léon 〈19・20世紀〉

フランスの実業家, カトリック社会事業家。
⇒キリ （アルメル, レオン 1829.1.17–1915.11.25）

Harms, Bernhard 〈19・20世紀〉

オランダ生まれの経済思想学者。
⇒経済 （ハルムス 1876–1939）

Harper, James 〈18・19世紀〉

アメリカの出版者。弟と共に出版業を創め（1817）, 文学, 伝記, 医書, 工学書等を刊行。
⇒岩ケ （ハーパー, ジェイムズ 1795–1869）
岩世 （ハーパー 1795.4.13–1869.3.27）
コン2 （ハーパー 1795–1869）
コン3 （ハーパー 1795–1869）
西洋 （ハーパー 1795–1867）

Harper, Stephen 〈20世紀〉

カナダの政治家, 経済学者。カナダ首相, カナダ保守党党首。
⇒世政 （ハーパー, スティーブン 1959–）

Harriman, Edward Henry 〈19・20世紀〉

アメリカの実業家。1901年の経済不況の原因をつくった。
⇒アメ （ハリマン 1848–1909）
岩世 （ハリマン 1848.2.20–1909.9.9）
英米 （Harriman, Edward Henry ハリマン 1848–1909）
旺世 （ハリマン 1848–1909）
外国 （ハリマン 1848–1909）
国史 （ハリマン 1848–1909）
国小 （ハリマン 1848.2.25–1909.9.9）
コン2 （ハリマン 1848–1909）
コン3 （ハリマン 1848–1909）
人物 （ハリマン 1848–1909）
西洋 （ハリマン 1848.2.20–1909.9.9）
世人 （ハリマン 1848–1909）
世西 （ハリマン 1848.2.20–1909.9.9）
世東 （ハリマン 1848–1909）
世百 （ハリマン 1848–1909）
全書 （ハリマン 1848–1909）
大辞 （ハリマン 1848–1909）
大辞2 （ハリマン 1848–1909）
大辞3 （ハリマン 1848–1909）
大百 （ハリマン 1848–1909）
伝世 （ハリマン 1848.2.20–1909）
日人 （ハリマン 1848–1909）
百科 （ハリマン 1848–1909）
評世 （ハリマン 1848–1909）
山世 （ハリマン, エドワード 1848–1909）

Harriman, William Averell 〈19・20世紀〉

アメリカの実業家, 外交官。1954年ニューヨーク州知事。68年ベトナム和平パリ会議アメリカ首席代表を務めた。
⇒岩ケ （ハリマン, W（ウィリアム）アヴァレル 1891–1986）
岩世 （ハリマン 1891.11.15–1986.7.26）
外国 （ハリマン 1891–）
現人 （ハリマン 1891.11.15–）
国小 （ハリマン 1891.11.15–）
コン3 （ハリマン 1891–1986）
人物 （ハリマン 1891.11.5–）
西洋 （ハリマン 1891.11.15–）
世政 （ハリマン, ウィリアム・アベレル 1891.11.15–1986.7.26）
世西 （ハリマン 1891.11.15–）
世百新 （ハリマン 1891–1986）
全書 （ハリマン 1891–1986）
ナビ （ハリマン 1891–1986）
百科 （ハリマン 1891–）
山世 （ハリマン（アヴェレル） 1891–1986）
歴史 （ハリマン 1891–）

Harris, Sir Augustus 〈19世紀〉

イギリスの劇場支配人。
⇒演劇 （ハリス, サー・オーガスタス 1852–1896）

Harris, Benjamin 〈17・18世紀〉

イギリスの印刷業者。アメリカ最初の新聞『パブリック＝オカーレンセズ』の発行者。
⇒世児 （ハリス, ベンジャミン （活動）1673–1716）
全書 （ハリス ?–1716）
大百 （ハリス 1673–1716）

Harris, John 〈17・18世紀〉

イギリスの牧師, 著作家, 辞典編集者。1704年

『技術百科事典』を編集。イギリスでアルファ
ベット順の最初の百科事典となった。
⇒国小（ハリス　1666頃–1719.9.7)

Harris, John 〈18・19世紀〉
イギリスの出版業者。
⇒児文（ハリス，ジョン　1756–1846)
　世児（ハリス，ジョン　1756–1846)

Harris, Seymour Edwin 〈20世紀〉
アメリカの経済学者。ハーヴァード大学教授
(1945来)。ケインズ学派。
⇒岩世（ハリス　1897.9.8–1974.10)
　経済（ハリス　1897–1975)
　コン3（ハリス　1897–1974)
　西洋（ハリス　1897.9.8–1974.10)

Harris, Townsend 〈19世紀〉
アメリカの外交官。幕末最初の駐日公使。幕府
との間に日米修好通商条約，貿易章程を締結。
62年帰国。著書『日本滞在記』。
⇒アメ（ハリス　1804–1878)
　岩世（ハリス　1804.10.3–1878.2.25)
　英米（Harris, Townsend　ハリス　1804–1878)
　外国（ハリス　1804–1878)
　広辞4（ハリス　1804–1878)
　広辞6（ハリス　1804–1878)
　国史（ハリス　1804–1878)
　国小（ハリス　1804.10.4–1878.2.25)
　国百（ハリス，タウンセンド　1804.10.4–1878.2.
　　25)
　コン2（ハリス　1804–1878)
　コン3（ハリス　1804–1878)
　人物（ハリス　1804.10.4–1878.2.25)
　西洋（ハリス　1804.10.3–1878.2.25)
　世西（ハリス　1804.10.4–1878.2.25)
　世東（ハリス　1804.10.3–1878.2.25)
　世百（ハリス　1804–1878)
　全書（ハリス　1804–1878)
　大辞（ハリス　1804–1878)
　大辞3（ハリス　1804–1878)
　大百（ハリス　1804–1878)
　デス（ハリス　1804–1878)
　日人（ハリス　1804–1878)
　百科（ハリス　1804–1878)
　名著（ハリス　1804–1878)
　山世（ハリス　1804–1878)
　来日（ハリス　1804.10.4–1878.2.25)
　歴史（ハリス　1804–1878)

Harrison, John 〈17・18世紀〉
イギリスの時計師。正確な船舶用時計をつく
り，イギリス政府から賞金を獲得。
⇒岩ケ（ハリソン，ジョン　1693–1776)
　岩世（ハリソン　1693.3.24–1776.3.24)
　外国（ハリソン　1693–1776)
　科学（ハリスン　1693.3.24–1776.3.24)
　科技（ハリソン　1693.3–1776.3.24)

　科史（ハリソン　1693–1776)
　国小（ハリソン　1693.3.28–1776.3.24)
　コン2（ハリソン　1693–1776)
　コン3（ハリソン　1693–1776)
　西洋（ハリソン　1693.3.28–1776.3.24)
　世科（ハリソン　1693–1776)
　世西（ハリソン　1693–1776.3.24)
　世百（ハリソン　1693–1776)
　全書（ハリソン　1693–1776)
　大辞（ハリソン　1693–1776)
　大辞3（ハリソン　1693–1776)
　大百（ハリソン　1693–1776)
　天文（ハリソン　1693–1776)
　百科（ハリソン　1693–1776)

Harrison, Peter 〈18世紀〉
イギリスの建築家。
⇒建築（ハリソン，ピーター　1716–1775)
　世美（ハリソン，ピーター　1716–1775)

Harrison, Thomas 〈18・19世紀〉
イギリスの建築家。
⇒建築（ハリソン，トーマス　1744–1829)

Harrison, Wallace Kirkman 〈20世紀〉
アメリカの建築家。主作品はニューヨークの
『国連本館』(1947～52)。
⇒岩世（ハリソン　1895.9.28–1981.12.2)
　国小（ハリソン　1895–)
　コン3（ハリソン　1895–1981)
　西洋（ハリソン　1895.9.28–)
　世美（ハリソン，ウォーレス・カークマン
　　1895–1981)
　世百（ハリソン　1895–)

Harrod, Sir Roy Forbes 〈20世紀〉
イギリスの経済学者。近代成長理論の先駆者の
一人。主著『国際経済学』(1933)。
⇒岩ケ（ハロッド，サー・(ヘンリー・)ロイ・(・
　　フォーブズ)　1900–1978)
　岩世（ハロッド　1900.2.13–1978.3.8 (9))
　才世（ハロッド，ロイ・フォーブズ　1900–1978)
　外国（ハロッド　1900–1978)
　経済（ハロッド　1900–1978)
　現人（ハロッド　1900.2.13–)
　広辞5（ハロッド　1900–1978)
　広辞6（ハロッド　1900–1978)
　国小（ハロッド　1900.2.13–1978.3.9)
　コン3（ハロッド　1900–1978)
　人物（ハロッド　1900.2.13–)
　西洋（ハロッド　1900.2.13–1978.3.9)
　世西（ハロッド　1900.2.13–)
　世百（ハロッド　1900–)
　世百新（ハロッド　1900–1978)
　全書（ハロッド　1900–1978)
　大辞2（ハロッド　1900–1978)
　大辞3（ハロッド　1900–1978)
　大百（ハロッド　1900–1978)
　ナビ（ハロッド　1900–1978)

百科（ハロッド　1900–1978）
名著（ハロッド　1900–）

Harryhausen, Ray 〈20世紀〉
アメリカの映画製作者。
⇒岩世（ハリーハウゼン　1920.6.29–2013.5.7）
世映（ハリーハウゼン，レイ　1920–）
全書（ハリーハウゼン　1920–）

Harsanyi, John Charles 〈20世紀〉
アメリカの経済学者。1994年ノーベル経済学賞。
⇒岩世（ハーサニ　1920.5.29–2000.8.9）
経済（ハルサニ　1920–）
最世（ハーサニー・ジョン　1920–2000）
二十（ハーサニー，ジョン・チャールズ　1920–）
ノベ（ハーサニ, J.C.　1920.5.29–2000.8.9）
ノベ3（ハーサニ, J.C.　1920.5.29–2000.8.9）
ユ人（ハーサニ（ハルシャーニ），ジョン　1920–2000）

Hart, Albert Gailord 〈20世紀〉
現代アメリカの経済学者。コロンビア大学教授（1947来）。
⇒岩世（ハート　1909.3.9–1997.9.19）
西洋（ハート　1909.3.9–）

H　Hart, Josephine 〈20世紀〉
アイルランド出身の女性小説家，演劇プロデューサー。
⇒海作4（ハート，ジョゼフィン）
二十英（Hart, Josephine　1942–）

Hart, Sir Robert 〈19・20世紀〉
イギリスの外交官。中国，清代の税関行政の最高責任者。清朝の外交，財政，通商にも大きな発言力をもった。
⇒旺世（ハート　1835–1911）
外国（ハート　1835–1911）
国小（ハート　1835–1911）
コン2（ハート　1835–1911）
コン3（ハート　1835–1911）
人物（ハート　1834.2.20–1911.9.20）
西洋（ハート　1834.2.20–1911.9.20）
世東（ハート　1835.2.10–1911.9.20）
全書（ハート　1835–1911）
デス（ハート　1835–1911）
二十（ハート，ロバート　1835.2.20–1911.9.20）
百科（ハート　1835–1911）
評世（ハート　1835–1911）
山世（ハート　1835–1911）

Hart-Davis, Sir Rupert 〈20世紀〉
イギリスの文人，出版者。
⇒二十英（Hart-Davis, Sir Rupert　1907–1999）

Hartenstein, Gustav 〈19世紀〉
ドイツの哲学者。ライプチヒ大学教授（1836～59）。カントの全集（10巻, 1838），ヘルバルトの全集（12巻, 1850）の出版者。
⇒岩世（ハルテンシュタイン　1808.3.18–1890.2.2）
西洋（ハルテンシュタイン　1808.3.18–1890.2.2）

Hartingh, Nicolaas
オランダ東インド会社の上級社員。
⇒岩世（ハルティング）

Hartley, Sir Charles Augustus 〈19・20世紀〉
イギリスの技術者。ドナウ河の航行改善のための全欧ドナウ河委員会の技術部長（1856～72），スエズ運河拡大に関する技術委員会委員（84～1906）。
⇒岩世（ハートリー　1825.2.3–1915.2.20）
西洋（ハートリー　1825–1915）
全書（ハートリー　1825–1915）
大百（ハートリー　1825–1915）
二十（ハートレー，チャールズ・A.　1825–1915）

Hartley, David 〈18・19世紀〉
イギリスの発明家。
⇒岩ケ（ハートリー，デイヴィド　1731–1813）

Hartmann, Rudolf 〈20世紀〉
ドイツのオペラ演出家，経営者。R.シュトラウスと親しく，1952年『ダナエの恋』を初演，大いに称賛された。
⇒オペ（ハルトマン，ルドルフ　1900.10.11–1988.8.26）
音楽（ハルトマン，ルードルフ　1900.10.11–）

Hartnell, Sir Norman 〈20世紀〉
イギリスの服飾デザイナー，王室のドレス・メーカー。
⇒岩ケ（ハートネル，サー・ノーマン　1901–1978）
岩世（ハートネル　1901.6.12–1979.6.8）

Hartnett, Sir Laurence John 〈20世紀〉
オーストラリアの自動車エンジニア。
⇒岩ケ（ハートネット，サー・ローレンス・ジョン　1898–1986）

Hartogh, Joan de 〈17世紀〉
オランダの出島商館長（1725～26）。江戸で栗崎道有が彼に蒸溜法を訊ねた。
⇒西洋（ハルトホ　1684–?）

Hartsinck, Carel 〈17世紀〉
オランダの東インド総督府政務総監。トンキン在留日本人の和田理左衛門と書簡と贈物を贈答

経済・産業篇　275　hassa

し，貿易に援助を受けた。
⇒西洋（ハルチンク　1611–1667.9.24）

Hartung, Adolf 〈19・20世紀〉
ドイツの建築家。エンデ・ベックマンの指導下
に東京裁判所およびブリュンのドイツ館の設計
計画に参与した。
⇒岩世（ハルトゥング　1850.5.29–1910.3.30）
　西洋（ハルトゥング　1850.5.29–1910.3.30）

Harvard, John 〈17世紀〉
アメリカ（イギリス生まれ）のピューリタン，植
民地開拓者，慈善家。ハーヴァード・カレッジ
の主要な後援者。
⇒岩ケ（ハーヴァード，ジョン　1607–1638）
　岩世（ハーヴァード　1607–1638.9.14）
　教育（ハーヴァード　1607–1638）
　キリ（ハーヴァード，ジョン　1607.11–1638.9.
　　14）
　広辞4（ハーヴァード　1607–1638）
　広辞6（ハーヴァード　1607–1638）
　国小（ハーバード　1607.11–1638.9.14）
　人物（ハーバード　1607.11.29–1638.9.14）
　西洋（ハーヴァード　1607–1638.9.14）
　世西（ハーヴァード　1607.11.29頃–1638.9.24）

Harvey, Sir John Martin 〈19・20世紀〉
イギリスの俳優，劇場支配人。『ただ一つの道』
（1899）が成功。
⇒岩ケ（ハーヴィー，サー・ジョン・マーティン
　　1863–1944）
　演劇（マーティン＝ハーヴェイ，サー・ジョン
　　1863–1944）
　国小（ハーベー　1863.6.22–1944.5.14）

Harvey, Michael 〈20世紀〉
作家，ドキュメンタリー番組製作者。『報いの
街よ，暁に眠れ』著者。
⇒海新（ハーヴェイ，マイケル）
　海作4（ハーヴェイ，マイケル）

Harvey-Jones, Sir John Henry 〈20世紀〉
イギリスの会社経営者。
⇒岩ケ（ハーヴィー＝ジョーンズ，サー・ジョン（・
　　ヘンリー）　1929–）

Háry János
伝説的人物とされている陶工。
⇒東欧（ハーリ・ヤーノシュ）

Hasan Beyzâde Ahmed Paşa 〈17世紀〉
オスマン帝国の財務官僚，歴史家。
⇒岩世（ハサン・ベイザーデ・アフメト・パシャ
　　?–1636（37））

Hasbach, Wilhelm 〈19・20世紀〉
ドイツの経済学者。主著 "Die englischen
Landarbeiter in den letzten hundert Jahren
und die Einhegungen" (1894) は，イギリス農
業における諸変化を扱った史的研究として
著名。
⇒岩世（ハースバッハ　1849.8.25–1920.4.30）
　西洋（ハースバハ　1849.8.25–1920.4.30）

Hasdai ibn Shaprut 〈10世紀〉
ウマイヤ朝の指導的ユダヤ人。外交活動，国家
財政，科学文献のアラビア語への翻訳などに
活躍。
⇒科史（ハスダーイ　915頃–970/90）
　国小（ハスダイ・イブン・シャブルト　915–975）

Hasebroek, Johannes 〈20世紀〉
ドイツの経済史家。
⇒全書（ハーゼブレック　1893–1957）
　二十（ハーゼブレック，J.　1893–1957）

Haselwander, Friedrich August 〈19・20世紀〉
ドイツの技術者。直流発電機の発明に成功
（1887），さらに予備燃焼室つきの彼の名を冠す
るディーゼル機関を考案した（1901）。
⇒岩世（ハーゼルヴァンダー　1859.10.18–1932.3.
　　14）
　西洋（ハーゼルヴァンダー　1859.10.18–1932.3.
　　14）

Hasib, Khair al-Din 〈20世紀〉
イラクの経済学者，行政官。IMF（国際通貨基
金）IBRD（世界銀行）のイラク代表（1963～
74）。
⇒中東（ハシブ　1929–）

Haslett, Caroline 〈20世紀〉
イギリスの電気技師。
⇒世女日（ハスレット，カロライン　1895–1957）

Haslinger, Carl 〈19世紀〉
オーストリアの音楽家，音楽出版業者。ハスリ
ンガー，トビアスの子。
⇒音大（ハスリンガー，カール　1816.6.11–1868.
　　12.26）

Haslinger, Tobias 〈18・19世紀〉
オーストリアの音楽家，音楽出版業者。ハスリ
ンガー，カールの父。
⇒音大（ハスリンガー，トビアス　1787.3.1–1842.
　　6.18）

Hassan, Mahmud Ali 〈20世紀〉
エジプトの技術者。革命以降のエジプトで工業

H

畑のテクノクラートを経て，鉱工業相に(1974
～75)。現在は，エンジニアリングコンサルタ
ントとして活躍。
⇒中東　(ハッサン　1915-)

Hassan bin Talal 〈20世紀〉
ヨルダンの皇太子，フセイン国王の弟。ヨルダ
ン3カ年開発計画(1973～75)および5カ年計画
(76～80)の責任者。
⇒世政　(ハッサン・ビン・タラール　1947.3.20-)
　中東　(ハッサン　1947-)

Hastings, Thomas 〈19・20世紀〉
アメリカの建築家。主作品，アメリカ大使館
(ロンドン)，カーネギー研究所(1906)など。
⇒岩ケ　(ヘイスティングズ，トマス　1860-1929)
　コン3　(ヘースティングス　1860-1929)
　西洋　(ヘースティングズ　1860.3.11-1929.10.22)

Hastings, Warren 〈18・19世紀〉
イギリスの初代インド総督。東インド会社の財
政を確立，領土を拡大した。
⇒岩ケ　(ヘイスティングズ，ウォレン　1732-1818)
　岩世　(ヘイスティングズ　1732.12.6-1818.8.22)
　英米　(Hastings, Warren　ヘースティングズ　1732-1818)
　旺世　(ヘースティングズ　1732-1818)
　外国　(ヘースティングズ　1732-1818)
　角世　(ヘースティングズ　1732-1818)
　広辞4　(ヘースティングズ　1732-1818)
　広辞6　(ヘースティングズ　1732-1818)
　国小　(ヘースティングズ　1732.12.6-1818.8.22)
　国百　(ヘースティングズ，ウォーレン　1732.12.6-1818.8.22)
　コン2　(ヘースティングズ　1732-1818)
　コン3　(ヘースティングズ　1732-1818)
　人物　(ヘースチングズ　1732.12.6-1818.8.22)
　西洋　(ヘースティングズ　1732.12.6-1818.8.22)
　世西　(ヘスティングズ　1732.12.6-1818.8.22)
　世東　(ヘースティングズ　1732.12.6-1818.8.22)
　世百　(ヘースティングズ　1732-1818)
　全書　(ヘースティングズ　1732-1818)
　大辞　(ヘースティングズ　1732-1818)
　大辞3　(ヘースティングズ　1732-1818)
　大百　(ヘースティングズ　1732-1818)
　デス　(ヘースティングズ　1732-1818)
　伝世　(ヘイスティングズ　1732.12.6-1818.8.22)
　南ア　(オゼル　1732-1818)
　百科　(ヘースティングズ　1732-1818)
　評世　(ヘースチングズ　1732-1818)
　山世　(ヘースティングズ　1732-1818)

Haswell, John 〈19世紀〉
イギリスの機械技術者。オーストリアの機関車
製作の創始者。1861年にはハーズウェル鍛造水
圧プレスを発明。
⇒世百　(ハーズウェル　1812-1896)

Hatfield, Henry Rand 〈19・20世紀〉
アメリカの会計学者。保守主義原則を強調した
SHM『会計原則』(1938)を公刊し，わが国の企
業会計原則制定に非常に多くの影響を及ぼ
した。
⇒名著　(ハトフィールド　1866-1945)

Hātim, Muhammad 'Abd al-Qādir 〈20世紀〉
エジプトの政治家。1971年サブリーらの失脚と
ともに副首相に就任。74年4月科学・技術・生
産・公共事業に関する国家評議会担当の大統領
補佐官になる。
⇒現人　(ハテム　1917-)
　中東　(ハーテム　1918-)
　二十　(ハテム, A.K.　1920-)

Hatshepsut 〈前16・15世紀〉
エジプト第18王朝の女王(在位前1503頃～1482
頃)。紅海を下ってプントとの交易を開いた。
⇒岩ケ　(ハトシェプスト　前1540頃-前1481頃)
　外国　(ハトシェプスト)
　皇帝　(ハトシェプスト　?-前1468頃)
　国小　(ハトシェプスト　生没年不詳)
　コン2　(ハトシェプスト)
　コン3　(ハトシェプスト　生没年不詳)
　新美　(ハトシェプスト)
　人物　(ハトシェプスト)
　西洋　(ハトシェプスト)
　世女　(ハトシェプスト　前1503-前1482)
　世女日　(ハトシェプスト　前1540頃-前1481頃)
　全書　(ハトシェプスト　生没年不詳)
　大百　(ハトシェプスト　生没年不詳)
　伝世　(ハトシェプスト　?-前1482頃)
　百科　(ハトシェプスト　(在位)前1490頃-1468頃)

Haupt, Albrecht 〈19・20世紀〉
ドイツの建築家，美術史家。ハノーヴァーの工
業大学教授。
⇒岩世　(ハウプト　1852.3.18-1932.10.27)
　西洋　(ハウプト　1852.3.18-1932.10.27)

Hauser, Henri 〈19・20世紀〉
フランスの経済学者。ソルボンヌ大学歴史学教
授(1919～36)。
⇒岩世　(オゼル　1866.7.19-1946.5.27)
　外国　(オーゼル　1866-1946)
　西洋　(オゼル　1866-1946)
　名著　(オーゼル　1866-1946)

Hauser, Otto 〈19・20世紀〉
スイスの古美術商，先史学者。
⇒岩世　(ハウザー　1874.4.27-1932.6.19)
　西洋　(ハウザー　1874.4.27-1932.6.19)

Haussherr, Hans〈20世紀〉

ドイツの経済史家。近世史, 特に社会経済史を
専攻。主著『近代経済史』。
⇒名著 (ハウスヘル　1898-)

Haussmann, Georges Eugéne〈19世紀〉

フランスの政治家, 財務官, 都市計画者。セー
ヌ県知事(1853〜70)。道路・広場・橋などの建
設や整備を行い, 現在のパリ市の街を形作った。
⇒岩ケ (オスマン, ジョルジュ・ユージェーヌ, 男
　　爵　1809-1891)
　外国 (オースマン　1809-1891)
　建築 (オースマン, バロン・ジョルジュ=ウ
　　ジェーヌ　1809-1891)
　国小 (オスマン　1809.3.27-1891.1.11)
　コン2 (オスマン　1809-1891)
　コン3 (オスマン　1809-1891)
　新美 (オースマン, ジョルジュ=ウジェーヌ
　　1809.3.27-1891.1.11)
　人物 (オスマン　1809.3.27-1891.1.12)
　西洋 (オスマン　1809.3.27-1891.1.12)
　世美 (オースマン, ジョルジュ=ウージェーヌ
　　1809-1891)
　全書 (オスマン　1809-1891)
　大辞3 (オースマン　1809-1891)
　デス (オスマン　1809-1891)
　伝世 (オスマン　1809-1891)
　百科 (オスマン　1809-1891)
　山世 (オスマン　1809-1891)

Haüy, Valentin〈18・19世紀〉

フランスの聾唖教育者。1784年世界最初の盲学
校を設立, 凸字プリントを発明。
⇒岩世 (アユイ　1745.11.13-1822.3.18)
　教育 (アユイ　1745-1822)
　国小 (アユイ　1745-1822)
　西洋 (アユイ　1745.1.11-1822.3.18)

Havemeyer, Henry Osborne〈19・20世紀〉

アメリカの精糖業者。1891年持株会社アメリカ
砂糖会社を設立。国内消費量の半分を生産する
独占的地位を築いた。
⇒コン2 (ハヴマイアー　1847-1907)
　コン3 (ハヴマイアー　1847-1907)

Haven, Lambert van〈17世紀〉

ノルウェーの建築家, 画家。
⇒世美 (ハーヴェン, ランベルト・ヴァン　1630-
　1695)

Havlíček, Josef〈20世紀〉

チェコスロヴァキアの建築家。
⇒世美 (ハヴリーチェク, ヨセフ　1899-1961)

Hawes, Elizabeth〈20世紀〉

アメリカのファッション・デザイナー。
⇒世女日 (ホウズ, エリザベス　1903-1971)

Hawkins, Sir John〈16世紀〉

イギリスの軍人, 航海者, 奴隷貿易業者。海軍
の改良に貢献, 病院を建設。1588年ナイト爵。
⇒岩ケ (ホーキンズ, サー・ジョン　1532-1595)
　英米 (Hawkins, Sir John　ホーキンズ　1532-
　　1595)
　旺世 (ホーキンズ　1532-1595)
　外国 (ホーキンズ　1532-1595)
　角世 (ホーキンズ　1532-1595)
　国小 (ホーキンズ　1532-1595.11.12)
　コン2 (ホーキンズ　1532-1595)
　コン3 (ホーキンズ　1532-1595)
　人物 (ホーキンズ　1532-1595.11.12)
　西洋 (ホーキンズ　1532-1595.11.12)
　世人 (ホーキンズ(父), ジョン　1532-1595)
　世西 (ホーキンズ　1532-1595)
　全書 (ホーキンズ　1532-1595)
　伝世 (ホーキンズ　1532-1595.11.12水葬)
　百科 (ホーキンズ　1532-1595)
　評世 (ホーキンズ　1532-1595)
　山世 (ホーキンズ　1532-1595)
　ラテ (ホーキンズ　1532-1595)

Hawkins, Sir Richard〈16・17世紀〉

イギリスの航海者。スペイン無敵艦隊との戦闘
に『スワロー号』船長として参加。1604年デボ
ン海軍中将。
⇒国小 (ホーキンズ　1560頃-1622.4.18)
　コン2 (ホーキンズ　1562頃-1622)
　コン3 (ホーキンズ　1562頃-1622)
　西洋 (ホーキンズ　1562頃-1622.4.17)
　世人 (ホーキンズ(子), リチャード　1562頃-
　　1622)
　全書 (ホーキンズ　1562?-1622)

Hawkins, Williams〈16・17世紀〉

イギリスの航海者, 商人。インドのムガール王
廷に寵を得て3年間滞留。
⇒岩世 (ホーキンズ　1585頃-1613.4)
　西洋 (ホーキンズ　1585頃-1613.4)
　世東 (ホーキンズ　?-1613)

Hawks, Haward Winchester〈20世紀〉

アメリカの映画監督, 映画製作者。活劇物を得
意とする商業映画の大物。
⇒岩ケ (ホークス, ハワード(・ウィンチェスター)
　　1896-1977)
　岩世 (ホークス　1896.5.30-1977.12.26)
　外国 (ホークス　1896-)
　監督 (ホークス, ハウアド　1896.6.5-)
　コン3 (ホークス　1896-1977)
　世映 (ホークス, ハワード　1896-1977)
　世百新 (ホークス　1896-1977)

全書（ホークス　1896–1977）
大辞2（ホークス　1896–1977）
大辞3（ホークス　1896–1977）
大百（ホークス　1896–1977）
ナビ（ホークス　1896–1977）
二十（ホークス，H.　1896.6.5–1977）
百科（ホークス　1896–1977）

Hawkshaw, *Sir* John 〈19世紀〉
イギリスの土木技術者，鉄道技術者。セバーン・トンネルの開掘で知られる。
⇒岩ケ（ホークショー，サー・ジョン　1811–1891）
　岩世（ホークショー　1811.4.9–1891.6.2）
　西洋（ホークショー　1811–1891.6.2）

Hawksmoor, Nicholas 〈17・18世紀〉
イギリスの建築家。代表作はスピタルフィールズのクライスト聖堂（1723〜29）。
⇒岩ケ（ホークスムア，ニコラス　1661–1736）
　岩世（ホークスムア　1661頃–1736.3.25）
　英米（Hawksmoor, Nicholas　ホークスムア　1661–1736）
　建築（ホークスムア，ニコラス　1661–1736）
　国小（ホークスムア　1661頃–1736）
　新美（ホークスモア，ニコラス　1661–1736.3.25）
　世美（ホークスムア，ニコラス　1661–1736）
　百科（ホークスムア　1661–1736）

Hawtrey, *Sir* Charles 〈19・20世紀〉
イギリスの俳優，劇場支配人。
⇒演劇（ホートレイ，サー・チャールズ　1858–1923）

Hawtrey, Ralph George 〈19・20世紀〉
イギリスの経済学者。主著 "Currency and credit" (1919)。
⇒岩世（ホートリー　1879.11.22–1975.3.21）
　経済（ホートレー　1879–1975）
　西洋（ホートリ　1879–1975.3.21）
　全書（ホートリー　1879–1975）
　二十（ホートリー，R.G.　1879–1975/1971）
　名著（ホートリー　1879–）

Haxthausen, August von 〈18・19世紀〉
ドイツの経済学者。主著『ロシアの国内状態—国民生活および農業の実態』。
⇒角世（ハクストハウゼン　1792–1866）
　国小（ハクストハウゼン　1792.2.3–1866.12.31）
　世百（ハクスタウゼン　1792–1866）
　ロシ（ハクストハウゼン　1792–1866）

Hay, Alexandre 〈20世紀〉
スイスの法律家，財政家。
⇒世西（エイ　1919.10.29–?.8.3）

Hay, Keith A. 〈20世紀〉
カナダの経済学者。カールトン大学教授。
⇒二十（ヘイ，K.A.）

Hayden, Charles 〈19・20世紀〉
アメリカの金融業者。1892年ブローカーとしてヘイドン・ストーン商会を設立。
⇒世西（ヘイドン　1870.7.9–1937.1.8）

Hayden, Sophia Gregoria 〈19・20世紀〉
アメリカの建築家。
⇒世女日（ヘイドン，ソフィア・グレゴリア　1868–1953）

Hayek, Friedrich August von 〈20世紀〉
オーストリアの経済学者。1947年に自由主義者を集めた国際団体「モンペルラン・ソサエティー」を創立してその初代会長となった。74年ノーベル経済学賞受賞。
⇒イ哲（ハイエク，F.A.　1899–1992）
　岩ケ（ハイエク，フリードリヒ・A（アウグスト・フォン）　1899–1992）
　岩世（ハイエク　1899.5.8–1992.3.23）
　岩哲（ハイエク　1899–1992）
　旺世（ハイエク　1899–1992）
　外国（ハイエク　1899–）
　経済（ハイエク　1899–1992）
　現人（ハイエク　1899.5.8–）
　広辞5（ハイエク　1899–1992）
　広辞6（ハイエク　1899–1992）
　国小（ハイエク　1899.5.8–）
　コン3（ハイエク　1899–1992）
　最世（ハイエク，フリードリヒ・A　1899–1992）
　思想（ハイエク，フリードリヒ（アウグスト）フォン　1899–1992）
　人物（ハイエック　1899.5.8–）
　西洋（ハイエク　1899.5.8–）
　世西（ハイエク　1899.5.8–）
　世百（ハイエク　1899–1992）
　世百新（ハイエク　1899–1992）
　全書（ハイエク　1899–）
　大辞2（ハイエク　1899–1992）
　大辞3（ハイエク　1899–1992）
　大百（ハイエク　1899–）
　ナビ（ハイエク　1899–1992）
　二十（ハイエク，フリードリッヒ・A.フォン　1899.5.8–1992.3.23）
　ノベ（ハイエク，F.A.　1899.5.8–1992.3.23）
　百科（ハイエク　1899–）
　ノベ3（ハイエク，F.A.　1899.5.8–1992.3.23）
　名著（ハイエク　1899–）

Hayes, Edward Carey 〈19・20世紀〉
アメリカの社会学者。マイアミ大学経済学社会学教授。
⇒教育（ヘイズ　1868–1928）

世西（ヘーズ　1868.2.10-1928.8.7）

Haynes, Elwood 〈19・20世紀〉
アメリカの発明家。一種の自動車を設計, 製作（1893〜94）。
⇒岩ケ（ハインズ, エルウッド　1857-1925）
　岩世（ヘインズ　1857.10.14-1925.4.13）
　科学（ヘインズ　1857.10.14-1925.4.13）
　コン2（ヘーンズ　1857-1925）
　コン3（ヘーンズ　1857-1925）
　西洋（ヘーンズ　1857.10.14-1925.4.13）
　世百（ヘーンズ　1857-1925）
　二十（ハインズ, E.　1857.10.14-1925.4.13）
　百科（ヘインズ　1857-1925）

Hays, David 〈20世紀〉
アメリカのデザイナー。
⇒バレ（ヘイズ, デイヴィッド　1930-）

Hays, Will 〈19・20世紀〉
アメリカ映画製作者配給者協会（MPPDA）会長。
⇒世映（ヘイズ, ウィル　1879-1954）

Hayward, Leland 〈20世紀〉
アメリカのミュージカル製作者。
⇒二十（ヘイワード, リーランド　1902.9.13-1971.3.18）

Head, Edith 〈20世紀〉
アメリカ生まれの映画衣裳デザイナー。
⇒岩世（ヘッド　1897.10.28-1981.10.24）
　スバ（ヘッド, エディス　1907-）
　世映（ヘッド, イーディス　1897-1981）
　世女（ヘッド, イーディス　1907-1981）
　世女日（ヘッド, イーディス　1907-1981）
　世俳（ヘッド, エディス　1897.10.28-1981.10.24）
　大百（ヘッド　?-）

Heal, Sir Ambrose 〈19・20世紀〉
イギリスの家具デザイナー。
⇒岩ケ（ヒール, サー・アンブローズ　1872-1959）

Hearst, George 〈19世紀〉
アメリカ西部の鉱山主, 上院議員。1859年ネバダの鉱山ブームで事業を拡大。
⇒国小（ハースト　1820-1891）
　伝世（ハースト, G.　1820.9.3-1891.2.28）

Hearst, Phoebe 〈19・20世紀〉
アメリカの鉱山主, 上院議員G.ハーストの妻。慈善事業家とし知られる。
⇒国小（ハースト　1842-1919）
　世女日（ハースト, フィービ　1842-1919）

Hearst, William Randolph 〈19・20世紀〉
アメリカの新聞経営者。独特の経営法で巨大な「ハースト・チェーン」を築いた。
⇒アメ（ハースト　1863-1951）
　岩ケ（ハースト, ウィリアム・ランドルフ　1863-1951）
　岩世（ハースト　1863.4.29-1951.8.14）
　英米（Hearst, William Randolph　ハースト　1863-1951）
　外国（ハースト　1863-1951）
　角世（ハースト　1863-1951）
　現ア（ハーネスト, ウィリアム・ランドルフ　1863-1951）
　広辞4（ハースト　1863-1951）
　広辞5（ハースト　1863-1951）
　広辞6（ハースト　1863-1951）
　国小（ハースト　1863.4.29-1951.4.14）
　国百（ハースト, ウィリアム・ランドルフ　1863.4.29-1951.8.14）
　コン2（ハースト　1863-1951）
　コン3（ハースト　1863-1951）
　人物（ハースト　1863.4.29-1951.8.14）
　西洋（ハースト　1863.4.29-1951.8.14）
　世西（ハースト　1863.4.29-1951.8.14）
　世百（ハースト　1863-1951）
　全書（ハースト　1863-1951）
　大辞（ハースト　1863-1951）
　大辞2（ハースト　1863-1951）
　大辞3（ハースト　1863-1951）
　大百（ハースト　1863-1951）
　伝世（ハースト, W.R.　1863.4.29-1951.8.14）
　ナビ（ハースト　1863-1951）
　二十（ハースト, ウィリアム・ランドルフ　1863.4.29-1951.8.14）
　二十英（Hearst, William Randolph　1863-1951）
　百科（ハースト　1863-1951）
　評世（ハースト　1863-1951）
　山世（ハースト　1863-1951）
　歴史（ハースト　1863-1951）

Hearst, William Randolph (Jr.) 〈20世紀〉
アメリカのジャーナリスト, 実業家。米ハースト系新聞総主幹。
⇒二十（ハースト, ウィリアム・R.(Jr.)　1908.1.27-1993.5.14）

Heath, Sir Thomas Little 〈19・20世紀〉
イギリスのギリシア数学史家。大蔵省その他の財政関係の官庁に勤務し（1884〜1926）, 傍らギリシア数学を研究した。
⇒科史（ヒース　1861-1940）
　数学（ヒース　1861.10.5-1940.3.16）
　西洋（ヒース　1861.10.5-1940.3.16）
　世科（ヒース　1861-1940）
　二十（ヒース, トーマス・L.　1861-1940.3.16）
　名著（ヒース　1861-1940）

heath   *280*   西洋人物レファレンス事典

Heathcoat, John 〈18・19世紀〉
イギリスの発明家。
⇒岩ケ（ヒースコート, ジョン　1783–1861）
　世科（ヒースコート　1783–1861）

Heaton, Herbert 〈19・20世紀〉
イギリスの経済史家。ミネソタ大学教授
（1927）。
⇒岩世（ヒートン　1890.6.6–1973.1.24）
　西洋（ヒートン　1890.6.6–1973.1.24）
　名著（ヒートン　1890–）

Heaviside, Oliver 〈19・20世紀〉
イギリスの電気工学者, 物理学者。通信工学の
分野でさまざまな業績を残した。マクスウェル
方程式の研究から演算子法を生みだした。
⇒岩ケ（ヘヴィサイド, オリヴァー　1850–1925）
　岩世（ヘヴィサイド　1850.5.18–1925.2.3）
　外国（ヘヴィサイド　1850–1925）
　科学（ヘヴィサイド　1850.3.13–1925.2.3）
　科技（ヘビサイド　1850.5.13–1925.2.3）
　科史（ヘヴィサイド　1850–1925）
　科人（ヘヴィサイド, オリヴァー　1850.4.18–
　　1925.2.3）
　国小（ヘビサイド　1850.5.13–1925.2.3）
　コン**2**（ヘヴィサイド　1850–1925）
　コン**3**（ヘヴィサイド　1850–1925）
　数学（ヘヴィサイド　1850.5.18–1925.2.3）
　数学増（ヘヴィサイド　1850.5.18–1925.2.3）
　西洋（ヘヴィサイド　1850.5.18–1925.2.3）
　世科（ヘヴィサイド　1850–1925）
　世百（ヘヴィサイド　1850–1925）
　全書（ヘビサイド　1850–1925）
　大辞**3**（ヘビサイド　1850–1925）
　大百（ヘビサイド　1850–1925）
　デス（ヘビサイド　1850–1925）
　二十（ヘビサイド, オリバー　1850.3.13/5.13/5.
　　18–1925.2.3）
　百科（ヘビサイド　1850–1925）

Hébertot, Jacques 〈19・20世紀〉
劇場経営者。コメディー・デ・シャン・ゼリゼ,
エベルト一座などを経営。
⇒二十（エベルトー, J.　1886–?）

Heckel, Johann Adam 〈19世紀〉
ドイツの木管楽器製作者。
⇒岩ケ（ヘッケル, ヨハン・アダム　1812頃–1877）

Heckman, James Joseph 〈20世紀〉
アメリカの経済学者。2000年ノーベル経済
学賞。
⇒ノベ（ヘックマン, J.J.　1944.4.19–）
　ノベ**3**（ヘックマン, J.J.　1944.4.19–）

Heckroth, Hein 〈20世紀〉
ドイツ生まれの映画美術監督, 衣裳デザイナー。
⇒世映（ヘックロース, ハイン　1901–1970）

Heckscher, Eli Filip 〈19・20世紀〉
スウェーデンの経済史家。スウェーデンにおけ
る経済史学の自立に努力。
⇒岩世（ヘクシャー（ヘクシェル）　1879–1952.12.
　　22）
　外国（ヘクシャー　1879–1953）
　経済（ヘクシャー　1879–1952）
　現人（ヘクシャー　1879.11.24–1952.12.22）
　国小（ヘクシェル　1879.11.24–1952.12.22）
　西洋（ヘクシェル　1879–1952.12.22）
　全書（ヘクシャー　1879–1952）
　二十（ヘクシャー, E.F.　1879–1952）
　名著（ヘクシャー　1879–1952）
　歴学（ヘクシャー　1879–1952）

Hedley, William 〈18・19世紀〉
イギリスの発明家。
⇒岩ケ（ヘドリー, ウィリアム　1779–1843）

Heely, Desmond 〈20世紀〉
イギリスのデザイナー。
⇒バレ（ヒーリー, デズモンド　1932–）

Heeren, Arnold Hermann Ludwig
〈18・19世紀〉
ドイツの歴史家。商業史の研究に業績を残
した。
⇒国小（ヘーレン　1760.10.25–1842.3.6）
　名著（ヘーレン　1760–1842）

Hefner, Hugh 〈20世紀〉
アメリカの雑誌編集者, 出版業者。
⇒現ア（Hefner, Hugh　ヘフナー, ヒュー
　　1926–）

Hefner-Alteneck, Friedrich von
〈19・20世紀〉
ドイツの電気技術者。「ヘーフナー・ランプ」
を製作。
⇒岩世（ヘーフナー＝アルテネック　1845.4.27–
　　1904.1.7）
　西洋（ヘーフナー・アルテネック　1845.4.26–
　　1904.1.7）
　全書（アルテネック　1845–1904）

Hegedüs András 〈20世紀〉
ハンガリーの経済学者, 政治家。
⇒岩世（ヘゲデューシュ　1922.10.31–1999.10.23）

Hegt, Marinus Johannes Benjamin

Noordhoek 〈19世紀〉
オランダの貿易商。横浜にヘクト商会を設立。
横浜ゲーテー座を創立。
⇒日人（ヘクト　1821–1894）
　来日（ヘクト　1821.9.24–1894.5.21）

**Heidkämper, George Friedrich
Hermann** 〈19世紀〉
ドイツの靴職人。和歌山藩雇製靴技師として来
日，和歌山製靴工業の元になった。
⇒日人（ハイトケンペル　1843–1900）
　来日（ハイトケンペル　1843.12.31–1900.4.26）

Heilbroner, Robert L. 〈20世紀〉
アメリカ生まれの経済思想家。
⇒岩世（ハイルブローナー　1919.3.24–2005.1.4）
　経済（ハイルブローナー　1919–）

Heim, Jacques 〈20世紀〉
フランスの服飾デザイナー。ビキニの発案者。
⇒大百（ジャック・エイム　1899–1967）

Heimann, Eduard 〈19・20世紀〉
ドイツの経済学，社会政策学者。民主社会主義
の立場にたち，社会政策および社会主義研究の
世界的権威として知られる。
⇒キリ（ハイマン，エードゥアルト　1889.7.11–
　1967.5.31）
　名著（ハイマン　1889–）

Heincke, Johann Friedrich 〈19・20世
紀〉
ドイツの水産学者。
⇒岩世（ハインケ　1852.1.6–1929.6.5）
　西洋（ハインケ　1852.1.6–1929.6.5）

Heine, Ernst W. 〈20世紀〉
ドイツ生まれの建築家，小説家。
⇒海作4（ハイネ，E.W.）

Heineken, Alfred Henry Freddy 〈20
世紀〉
オランダの実業家。
⇒岩世（ヘイネケン（ハイネケン）　1923.11.4–
　2002.1.3）

Heinemann, Edward 〈20世紀〉
アメリカの航空機設計技師。
⇒世西（ハイネマン　1908.5.14–1991.11.26）

Heinemann, William 〈19・20世紀〉
イギリスの出版業者。
⇒岩ケ（ハイネマン，ウィリアム　1863–1920）

Heinkel, Ernst 〈19・20世紀〉
ドイツの飛行機設計家。ハインケル飛行機製作
所を設立（1922），第二次大戦中多くの優秀な
飛行機を製造した。
⇒岩ケ（ハインケル，エルンスト（・ハインリヒ）
　1888–1958）
　岩世（ハインケル　1888.1.24–1958.1.30）
　西洋（ハインケル　1888.1.24–1958.1.30）
　世百（ハインケル　1888–1958）
　全書（ハインケル　1888–1958）
　大百（ハインケル　1888–1958）
　ナチ（ハインケル，エルネスト・ハインリヒ
　1888–1958）
　二十（ハインケル，エルンスト　1888–1958）

Heintz, Joseph der Ältere 〈16・17世
紀〉
スイスの画家，建築家。
⇒世美（ハインツ，ヨーゼフ（父）　1564–1609）

Heinz, Henry John 〈19・20世紀〉
アメリカの食品かんづめ業者。アメリカにおけ
る自然食運動の先駆者として知られる。
⇒岩ケ（ハインツ，H（ヘンリー）・J（ジョン）
　1844–1919）
　キリ（ハインツ，ヘンリ・ジョン　1844.10.11–
　1919.5.14）
　コン2（ハインツ　1844–1919）
　コン3（ハインツ　1844–1919）

Heinze, Frederick Augustus 〈19・20
世紀〉
アメリカの銅鉱山経営者，投機家。
⇒国小（ハインゼ　1869–1914）

Heise, Wilhelm 〈19世紀〉
ドイツの機械技師。1871年金沢藩に招かれて来
日，のち工部省兵庫製作所技師。
⇒日人（ハイゼ　1846–1895）
　来日（ハイゼ　1846.7.27–1895.4.23）

Helen Rose 〈20世紀〉
アメリカの服飾デザイナー。映画衣装のデザイ
ナーとして有名。
⇒大百（ヘレン・ローズ　?–）

Helfferich, Karl 〈19・20世紀〉
ドイツの政治家，資本家。1915年蔵相となり戦
時公債による財政政策を推進。
⇒岩世（ヘルフェリヒ　1872.7.22–1924.4.23）
　旺世（ヘルフェリヒ　1872–1924）
　外国（ヘルフェリッヒ　1872–1924）
　経済（ヘルフェリヒ　1872–1924）
　国小（ヘルフェリヒ　1872.7.22–1924.4.24）
　コン2（ヘルフェリヒ　1872–1924）
　コン3（ヘルフェリヒ　1872–1924）

人物（ヘルフェリヒ　1872.7.22–1924.4.23）
西洋（ヘルフェリヒ　1872.7.22–1924.4.23）
世西（ヘルフェリッヒ　1872.7.22–1924.4.23）
全書（ヘルフェリヒ　1872–1924）
大百（ヘルフェリヒ　1872–1924）
二十（ヘルフェリヒ, カール　1872–1924）
百科（ヘルフェリヒ　1872–1924）
評世（ヘルフェリヒ　1872–1924）
山世（ヘルフェリヒ　1872–1924）

Helibertus 〈12世紀〉
ケルンのザンクト・パンタレオンの金工。エ
マーユ工房の指導者。
⇒新美（ヘリベルトゥス　12世紀）

Hellauer, Josef 〈19・20世紀〉
ドイツの経営学者。世界商業学の分野で業績を
残し, トルコ, 中国, アルゼンチンなどの売買
慣習についての調査は異色がある。
⇒名著（ヘラウァー　1871–1956）

Heller, Walter W. 〈20世紀〉
アメリカの経済学者。ミネソタ大学経済学
教授。
⇒経済（ヘラー　1915–1987）
二十（ヘラー, ウォルター・W.　1915–1987.6.
15）

Hellriegel, Hermann 〈19世紀〉
ドイツの農芸化学者。甜菜の改良・栽培を研究。
⇒岩世（ヘルリーゲル　1831.10.21–1895.9.24）
科学（ヘルリーゲル　1831.10.21–1895.9.24）
西洋（ヘルリーゲル　1831.10.21–1895.9.24）

Helmsley, Leona M. 〈20世紀〉
アメリカの高級ホテル・チェーン経営者。
⇒現ア（Helmsley, Leona M.　ヘルムズリー, レオ
ナ・M　1920–）

Hemmendinger, Noel 〈20世紀〉
アメリカの実業家。ワシントン日米協会理事。
⇒二十（ヘメンディンガー, ノエル　1916–）

Hemmij, Gijsbert 〈18世紀〉
オランダの長崎商館長。
⇒岩世（ヘンミ（ヘンメイ）　1747.6.16–1798.6.8）
国史（ヘンミー　1747–1798）
国小（ヘンメイ　1747.6.16–1798.4.24）
西洋（ヘンメイ　1747.6.16–1798.6.8）
対外（ヘンミー　1747–1798）
日人（ヘンミ　1747–1798）
来日（ヘンミ　1747.6.16–1798.6.8）

Henderson, Bill 〈20世紀〉
アメリカの編集者。1976年プッシュカート社を
設立, 同時に「プッシュカート賞」をスタート
させ新人作家の登龍門となっている。
⇒ア人（ヘンダースン, ビル　1942–）

Henderson, Hubert Douglas 〈19・20世紀〉
イングランド生まれの経済思想家。
⇒経済（ヘンダーソン　1890–1952）

Henderson, Richard 〈18世紀〉
アメリカの土地投機業者。
⇒外国（ヘンダーソン　1734–1785）

Henkel, Hans-Olaf 〈20世紀〉
ドイツの経営者。
⇒岩世（ヘンケル　1940.3.14–）

Hennebique, François 〈19・20世紀〉
フランスの建築家。
⇒岩ケ（エヌビク, フランソワ　1842–1921）
岩世（エヌビク　1842.4.25–1921.3.20）
国小（エンヌビク　1842–1921）
西洋（アンヌビク　1842.4.25–1921.3.20）

Henning-Jensen, Astrid 〈20世紀〉
デンマークの映画監督。夫のビャルネとともに
映画製作するほか, 国連で演劇・テレビのプロ
デューサーとしても活躍。
⇒監督（ヘニング・イェンスン, アストリッド
1914.12.10–）

Henningsen, Poul 〈19・20世紀〉
デンマークの家具デザイナー, 建築家, 批評家,
映画監督。
⇒岩世（ヘニングセン　1894.9.9–1967.1.31）

Henrique o Navegador 〈14・15世紀〉
ポルトガルの王子。ジョアン1世の王子航海の
研究やアフリカ西岸の探検に尽力し, 探検隊を
派遣。ポルトガル人のアフリカ周航およびイン
ド航路開拓の先駆者。
⇒岩ケ（エンリケ　1394–1460）
岩世（エンリケ（航海者）　1394.3.4–1460.11.13）
旺世（エンリケ航海王子　1394–1460）
外国（エンリケ（航海者）　1394–1460）
科学（ヘンリー（航海者）　1394.3.4–1460.11.13）
科技（エンリケ（航海者）　1394.3.4–1460.11.13）
角世（エンリケ（航海王子）　1394–1460）
広辞4（エンリケ　1394–1460）
広辞6（エンリケ　1394–1460）
国小（エンリケ（航海者）　1394.3.4–1460.11.13）
国百（ヘンリー航海王　1394.3.4–1460.11.13）
コン2（エンリケ（航海親王）　1394–1460）
コン3（エンリケ（航海親王）　1394–1460）
人物（エンリケ　1394.3.4–1460.11.13）
スペ（エンリケ（航海王子）　1394–1460）
西洋（エンリケ（航海者）　1394.3.4–1460.11.13）

経済・産業篇　　　　　　　　　283　　　　　　　　　　**herin**

世人（エンリケ航海王子　1394–1460）
世西（ヘンリ（エンリケ）（航海者）　1394.3.13–
　　1460.11.13）
世百（ヘンリー航海王　1394–1460）
全書（エンリケ(航海王子)　1394–1460）
大辞（エンリケ　1394–1460）
大辞3（エンリケ　1394–1460）
大百（ヘンリー（航海王）　1394–1460）
探検1（エンリケ航海王子　1394–1460）
デス（ヘンリー（航海王）　1394–1460）
伝世（エンリケ　1394.3.4–1460.11.13）
百科（エンリケ(航海王子)　1394–1460）
評世（エンリケ航海王子　1394–1460）
山世（エンリケ航海王子　1394–1460）
歴史（エンリケ航海王子　1394–1460）

Henry, Joseph 〈18・19世紀〉

アメリカの物理学者。電磁式電信機を発明。そ
のほか広くアメリカの科学向上に尽力。
⇒岩ケ（ヘンリー, ジョセフ　1797–1878）
　岩世（ヘンリー　1797.12.17–1878.5.13）
　英米（Henry, Joseph　ヘンリー, ジョーゼフ
　　1797–1878）
　外国（ヘンリー　1797–1878）
　科学（ヘンリー　1797.12.17–1878.5.13）
　科技（ヘンリー　1797.12.17–1878.5.13）
　科史（ヘンリ　1797–1878）
　科人（ヘンリー, ジョセフ　1797.12.17–1878.5.
　　13）
　国小（ヘンリー　1797.12.17–1878.5.13）
　コン2（ヘンリー　1797–1878）
　コン3（ヘンリー　1797–1878）
　人物（ヘンリー　1797.12.17–1878.5.13）
　西洋（ヘンリー　1797.12.17–1878.5.13）
　世科（ヘンリー　1797–1878）
　世西（ヘンリ　1797.12.17–1878.5.13）
　世百（ヘンリー　1797–1878）
　全書（ヘンリー　1797–1878）
　大辞（ヘンリー　1797–1878）
　大辞3（ヘンリー　1797–1878）
　大百（ヘンリー　1797–1878）
　デス（ヘンリー　1797–1878）
　伝世（ヘンリー, J.　1797.12.17–1878）
　百科（ヘンリー　1797–1878）

Henry of Reyns 〈13世紀〉

イギリスで活躍の建築長。
⇒建築（ヘンリー・オブ・レインズ　?–1253）

Henslowe, Philip 〈16・17世紀〉

イギリスの劇場経営者。記録『ヘンズローの日
記』は, エリザベス朝演劇を解明する重要資料。
⇒イ文（Henslowe, Philip　1556?–1616）
　岩ケ（ヘンズロー, フィリップ　1550頃–1616）
　岩世（ヘンズロー　1550頃–1616.1.6）
　演劇（ヘンズロウ, フィリップ　?–1616）
　国小（ヘンズロー　?–1616）
　集文（ヘンズロー, フィリップ　?–1616.1.16）

Henson, Jim 〈20世紀〉

アメリカの人形師。
⇒岩ケ（ヘンソン, ジム　1936–1990）
　最世（ヘンソン, ジム　1936–1990）
　世映（ヘンスン, ジム　1936–1990）

Hephaistos

ギリシア・ローマ神話, 火と鍛冶の神。ローマ
神話のウルカヌス。
⇒岩世（ヘファイストス）
　ギロ（ヘパイストス）

Hepplewhite, George 〈18世紀〉

イギリスの家具デザイナー。家具デザイン集
『家具製造家と室内装飾家のための手引』
（1788）がある。
⇒岩ケ（ヘップルワイト, ジョージ　?–1786）
　芸術（ヘップルホワイト, ジョージ　?–1786）
　建築（ヘップルホワイト, ジョージ　?–1786）
　国小（ヘップルワイト　?–1786）
　新美（ヘプルホワイト, ジョージ　?–1786）
　世美（ヘップルホワイト, ジョージ　?–1786）
　世百（ヘップルホワイト　?–1786）
　全書（ヘップルホワイト　?–1786）
　大百（ヘップルホワイト　?–1786）
　伝世（ヘップルホワイト　?–1786）
　百科（ヘプルホワイト　?–1786）

Hepworth, Cecil M. 〈19・20世紀〉

ロンドン生まれの映画製作者, 監督, 脚本家。
⇒監督（ヘプワース, セシル・M　1874–1953）
　国小（ヘップワース　1874–1953）
　世映（ヘップワース, セシル　1874–1953）

Herder, Bartholomä 〈18・19世紀〉

ドイツの出版業者。フライブルクで出版社を
経営。
⇒岩世（ヘルダー　1774.8.22–1839.3.11）
　西洋（ヘルダー　1774–1839）

Héré de Corny, Emmanuel 〈18世紀〉

フランスの建築家。スタニスラフ1世の建築長
（1740）, ナンシー市の美化・整理をした。
⇒岩世（エレ　1705.10.12–1763.2.2）
　建築（エレ・ド・コルニ, エマニュエル　1705–
　　1763）
　西洋（エレ　1705–1763）
　世美（エレ・ド・コルニー, エマニュエル　1705–
　　1763）

Hering, Richard 〈20世紀〉

オーストリア人の料理研究家。ヴィーノのメト
ロポール・ホテルの食堂監督。『料理事典』の
編者。
⇒名著（ヘーリング　?–）

H

Heriot, George 〈16・17世紀〉
スコットランド, エディンバラの宝石商人。ヘ
リオット病院を創設。
⇒国小（ヘリオット　1563–1624）

Herkner, Heinrich 〈19・20世紀〉
ドイツの経済学者。社会政策, 労働問題を専攻。
⇒岩世（ヘルクナー　1863.6.27–1932.5.27）
　経済（ヘルクナー　1863–1932）
　西洋（ヘルクナー　1863.6.27–1932.5.27）
　世西（ヘルクナー　1863.6.27–1932.5.27）
　名著（ヘルクナー　1863–1932）

Herland, Hugh 〈14・15世紀〉
イギリスの最高の大工。
⇒建築（ハーランド, ヒュー（ハーロンド, ヒュー）
　1360–1405）

Hermann, Friedrich Benedikt Wilhelm von 〈18・19世紀〉
ドイツの経済学者。政治的には大ドイツ主義の
立場をとった。
⇒岩世（ヘルマン　1795.12.5–1868.11.23）
　人物（ヘルマン　1795.12.5–1868.11.23）
　西洋（ヘルマン　1795.12.5–1868.11.23）

Hermodoros 〈前2世紀〉
ギリシアの建築家。
⇒新美（ヘルモドーロス）
　世美（ヘルモドロス（サラミス出身の）　前2世紀）

Hermogenes 〈前3・2世紀〉
ギリシアの建築家。
⇒岩世（ヘルモゲネス）
　ギリ（ヘルモゲネス　前2世紀）
　建築（ヘルモゲネス　（活動)前2世紀）
　国小（ヘルモゲネス　生没年不詳）
　新美（ヘルモゲネース）
　西洋（ヘルモゲネス　前200頃）
　世美（ヘルモゲネス　前3世紀後半–前2世紀前半）
　百科（ヘルモゲネス　前2世紀）

Hernu, Charles 〈20世紀〉
フランスの政治家。フランス国防相,「ジャコ
バン」紙社長。
⇒二十（エルニュ, チャールス　1923.7.3–1990.1.
　17）

Herold, Renate 〈20世紀〉
ドイツのジャーナリスト, 経済学者。外務省研
修所専任講師。
⇒二十（ヘロルト, R.　1949–）

Heron, Patrich 〈20世紀〉
イギリスの画家, 作家, 染織家。

　⇒岩ケ（ヘロン, パトリック　1920–）
　世芸（ヘラン, パトリック　1920–1999）

Heron of Alexandria 〈前2・1世紀〉
アレキサンドリア時代のギリシアの数学者, 技
術者。アレクサンドリアで活躍。ヘロンの公式
で有名。『機械術』『気体学』『測量術』『幾何
学』などを著した。
⇒岩ケ（ヘロン（アレクサンドリアの)　1世紀）
　外国（ヘロン（アレクサンドリアの)　前1/後1世
　紀）
　科学（ヘロン　前80頃?–60頃）
　科技（ヘロン）
　科史（ヘロン）
　科人（ヘロン, アレクサンドリアの　62?）
　ギリ（ヘロン（アレクサンドリアの)　100頃）
　ギロ（ヘロン　紀元1世紀）
　広辞4（ヘロン　前200頃–前150頃）
　広辞6（ヘロン　前200頃–前150頃）
　国小（ヘロン）
　集世（ヘロン（アレクサンドリアの)　1世紀?）
　集文（ヘロン（アレクサンドリアの)　1世紀?）
　人物（ヘロン　生没年不詳）
　数学（ヘロン（アレクサンドリアの)　1世紀頃）
　数学増（ヘロン（アレクサンドリアの)　1世紀頃）
　西洋（ヘロン）
　世科（ヘロン　60頃）
　世西（ヘロン　2世紀頃）
　世百（ヘロン　生没年不詳）
　全書（ヘロン　生没年不詳）
　大辞（ヘロン　生没年不詳）
　大辞3（ヘロン　生没年不詳）
　大百（ヘロン　62頃–150頃）
　伝世（ヘロン　1世紀）
　百科（ヘロン（アレクサンドリアの)　生没年不
　詳）
　名著（ヘロン　生没年不詳）

Héroult, Paul Louis Toussaint 〈19・20世紀〉
フランスの冶金技術者。アメリカのホールと殆
んど同時にアルミニウム電解製造の工業的方法
を発明した（1886）。
⇒岩ケ（エルー, ポール・ルイ・トゥサン　1863–
　1914）
　岩世（エルー　1863.4.10–1914.5.9）
　外国（エルー　1863–1914）
　科学（エルー　1863.4.10–1914.5.9）
　科技（エルー　1863.4.10–1914.5.9）
　科人（エルー, ポール・ルイ・トゥッサン　1863.
　4.10–1914.5.9）
　広辞4（エルー　1863–1914）
　広辞5（エルー　1863–1914）
　広辞6（エルー　1863–1914）
　コン2（エルー　1863–1914）
　コン3（エルー　1863–1914）
　西洋（エルー　1863.4.10–1914.5.9）
　世科（エルー　1863–1914）
　世西（エルー　1863.4.10–1914.5.9）
　世百（エルー　1863–1914）

経済・産業篇　　　　　　285　　　　　　hess

全書（エルー　1863-1914）
大辞（エルー　1863-1914）
大辞2（エルー　1863-1914）
大辞3（エルー　1863-1914）
大百（エルー　1863-1914）
伝世（エルー　1863.4.10-1914）
二十（エルー, ポール・ルイス・T.　1863.4.10-1914.5.9）
百科（エルー　1863-1914）

Herrera, Francisco de el Joven 〈17世紀〉

スペインの画家。多年ローマに住み, 特に魚の絵を描いた。
⇒岩ケ（エレーラ, フランシスコ　1622-1685）
　建築（エレーラ, フランシスコ（エル・モソ（通称））　1622-1685）
　新美（エレーラ, フランシスコ・デ（子）　1622-1685.8.25）
　西洋（エレラ（小）　1622-1685.8.25）
　世美（エレーラ, フランシスコ・デ（子）　1622-1685）

Herrera, Juan Bautista de 〈16世紀〉

スペインの建築家。ルネサンス期に活躍。フェリペ2世に仕えた。
⇒岩世（エレーラ　1530頃-1597.1.15）
　角世（エレーラ　1530-1597）
　キリ（エレーラ, ホアン・バウティスタ・デ　1530-1597.1.15）
　建築（エレーラ・イ・グティエレス・デ・ラ・ベーガ, ファン・デ　1530-1597）
　国小（エレラ　1530頃-1597）
　コン2（エレーラ　1530頃-1597）
　コン3（エレーラ　1530頃-1597）
　新美（エレーラ, ホアン・デ　1530頃-1597.1.15）
　西洋（エレラ　1530頃-1597.1.15）
　世美（エレーラ, フアン・デ　1530頃-1577）
　伝世（エレーラ　1530-1597.1.15）

Herrick, Myron Timothy 〈19・20世紀〉

アメリカの弁護士, 銀行家, 外交官。第1次大戦当初の戦争犠牲者救済活動に尽力, レジョン・ド・ヌール勲章を受けた。
⇒国小（ヘリック　1854.10.9-1929.3.31）

Herrington, William Charles 〈20世紀〉

アメリカの水産学者。アメリカ国務省水産顧問として, 日・米・カナダ間の漁業協定に主導的役割を務めた。
⇒岩世（ヘリントン　1903.1.24-1991）
　西洋（ヘリントン　1903.1.24-）

Hersant, Robert Joseph Émile 〈20世紀〉

フランスのメディア経営者。

⇒岩世（エルサン　1920.1.31-1996.4.21）

Hershey, Milton Snavely 〈19・20世紀〉

アメリカの製菓業者。町の公共・教育施設に多額の寄付を行った。
⇒コン2（ハーシー　1857-1945）
　コン3（ハーシー　1857-1945）

Hertzberger, Herman 〈20世紀〉

オランダの建築家。デルフト工科大学教授。
⇒二十（ヘルツベルハー, ヘルマン　1932-）

Herz, Henri 〈19世紀〉

オーストリア生まれの作曲家, ピアノ奏者, ピアノ製作者。
⇒岩世（エルツ　1803.1.6-1888.1.5）
　音楽（ヘルツ, アンリ（ハインリヒ）　1803.1.6-1888.1.5）
　西洋（エルツ　1803.1.6-1888.1.5）
　ラル（エルツ, アンリ　1803-1888）

Herzberg, Frederick 〈20世紀〉

アメリカの経営行動科学研究者。
⇒二十（ハーズバーグ, フレデリック　1923-）

Herzfelde, Wieland 〈19・20世紀〉

ドイツの作家, 出版者。
⇒岩世（ヘルツフェルデ　1896.4.11-1988.11.23）

Herzmanovsky-Orlando, Fritz von 〈19・20世紀〉

オーストリアの作家, グラフィックデザイナー。
⇒岩世（ヘルツマノフスキー＝オルランド　1877.4.30-1954.5.27）

Herzog, Bertram 〈20世紀〉

アメリカのコンピュータ科学者。ミシガン大学インダストリアル・エンジニアリング教授, コロラド大学教授。
⇒世科（ヘルツォーグ　1929-）
　二十（ヘルツォーグ, B.　1929.2.28-）

Heseltine, Michael Ray Dibdin, Baron 〈20世紀〉

イギリスの政治家, 実業家。
⇒岩世（ヘゼルタイン　1933.3.21-）

Hesius, Willem 〈17世紀〉

ベルギーの建築家。
⇒建築（ヘジウス, ウィレム　1601-1690）

Hess, Carl Jakob 〈19世紀〉

スイス出身の料理家。パン製造指導者。1872年に来日。築地西洋軒ホテルの初代料理長。

H

⇒来日（ヘス　1838.5.7-1897.11.13）

Hetherington, Henry〈18・19世紀〉
イギリスの印刷業者，チャーティスト。
⇒外国（ヘザリントン　1792-1849）
　世西（ヘザリントン　1792-1849.8.24）

Hetsch, Gustav Friedrich〈18・19世紀〉
ドイツの建築家。
⇒世美（ヘッチュ，グスタフ・フリードリヒ
　1788-1864）

Hewins, William Albert Samuel〈19・20世紀〉
イングランド生まれの経済思想学者。
⇒経済（ヒュインズ　1865-1931）

Hewitt, Abram Stevens〈19・20世紀〉
アメリカの事業家，政治家。アメリカ最初の鋼
鉄生産に成功。
⇒国小（ヒューイット　1822.7.31-1903.1.18）

Hewitt, James〈18・19世紀〉
アメリカのヴァイオリン奏者，作曲家，出版
業者。
⇒音大（ヒューイット　1770.6.4-1827.8.1）
　ラル（ヒューイット，ジェームズ　1770-1827）

Hewitt, Peter Cooper〈19・20世紀〉
アメリカの電気技術者。水銀整流器を発明
（1904）。その他ラジオ用の真空管増幅器の基
礎原理を発見。
⇒岩世（ヒューイット　1861.5.5-1921.8.25）
　西洋（ヒューイット　1861-1921）

Hewlett, William〈20世紀〉
アメリカの企業家（1913—）。ヒューレット＝
パッカード・エレクトロニクス・コンピュータ
社の創立者。
⇒岩ケ（ヒューレットとパッカード）

Hewson, John〈20世紀〉
オーストラリアの政治家，経済学者。オースト
ラリア自由党党首。
⇒岩ケ（ヒューソン，ジョン　1946-）
　世政（ヒューソン，ジョン　1946.10.28-）

Heyd, Wilhelm〈19・20世紀〉
ドイツの経済史家。中世商業史研究に先駆的業
績を残した。
⇒名著（ハイト　1823-1906）

Heyman, Jacques〈20世紀〉
イギリスの土木技術者。
⇒世科（ハイマン　1925-）
　二十（ハイマン, J.　1925.3.8-）

Hibbert, Robert〈18・19世紀〉
ジャマイカ生まれのイギリスの事業家，慈善家。
⇒岩ケ（ヒバート，ロバート　1770-1849）
　キリ（ヒッバート，ロバート　1770-1849.9.23）

Hickel, Walter J.〈20世紀〉
アメリカの政治家，実業家。内務長官，天然ガ
ス会社社長。
⇒二十（ヒッケル，ウォルター・J.　1919-）

Hickman, Kenneth Claude Devereux〈20世紀〉
アメリカの化学工学者。分溜型油拡散ポンプを
発明（1936）して真空技術の発展を促進した。
⇒西洋（ヒックマン　1896.2.4-）
　二十（ヒックマン, K.C.D.　1896.2.4-?）

Hickman, Tracy〈20世紀〉
アメリカの作家，ゲームデザイナー。
⇒海作4（ヒックマン，トレイシー　1955-）

Hicks, Sir John Richard〈20世紀〉
イギリスの経済学者。現代の景気変動理論およ
び経済成長理論の発展に貢献し，1972年度ノー
ベル経済学賞を受賞。
⇒岩ケ（ヒックス，サー・ジョン・リチャード
　1904-1989）
　岩世（ヒックス　1904.4.8-1989.5.20）
　オ世（ヒックス，ジョン（・リチャード）　1904-
　1989）
　外国（ヒックス　1904-）
　経済（ヒックス　1904-1989）
　現人（ヒックス　1904.4.8-）
　広辞5（ヒックス　1904-1989）
　広辞6（ヒックス　1904-1989）
　国小（ヒックス　1904.4.8-）
　コン3（ヒックス　1904-1989）
　最世（ヒックス，リチャード　1904-1989）
　思想（ヒックス，ジョン（リチャード）　1904-
　1989）
　人物（ヒックス　1904.4.8-）
　西洋（ヒックス　1904.4.8-）
　世西（ヒックス　1904.4.8-）
　世百（ヒックス　1904-）
　世百新（ヒックス　1904-1989）
　全書（ヒックス　1904-）
　大辞2（ヒックス　1904-1989）
　大辞3（ヒックス　1904-1989）
　伝世（ヒックス　1904.4.8-）
　ナビ（ヒックス　1904-1989）
　二十（ヒックス，ジョン・リチャード　1904.4.8-
　1989.5.20）

経済・産業篇　287　hilfe

ノベ（ヒックス, J.R.　1904.4.8–1989.5.20）
百科（ヒックス　1904–）
ノベ3（ヒックス, J.R.　1904.4.8–1989.5.20）
名著（ヒックス　1904–）

Hierōn 〈前5世紀〉
ギリシアの陶工（前5世紀前半頃）。
⇒岩世（ヒエロン）
　新美（ヒエローン）
　西洋（ヒエロン）

Higazi, Abdul-Aziz 〈20世紀〉
エジプトの政治家, 経済学者。1974〜75年首相としてエジプト経済の再建に取り組んだ。
⇒中東（ヒガーズィー　1923–）

Higginson, Henry Lee 〈19・20世紀〉
アメリカの金融業者。ボストンにリー・ヒギンソン商会を設立。
⇒世西（ヒギンソン　1834.11.18–1919.11.14）

Higgs, Henry 〈19・20世紀〉
イギリスの経済学者。経済学文献学者, 特に重農主義経済学に精しい。
⇒岩世（ヒッグズ　1864.3.4–1940.5.21）
　西洋（ヒッグズ　1864–1940）

Higueras, Fernando 〈20世紀〉
スペイン生まれの建築家。代表的作品として1965年「サントンハの家」, 1983年「トルレス邸」などがある。
⇒二十（イーゲラス, フェルナンド　1930–）

Hilberseimer, Ludwig 〈19・20世紀〉
ドイツの建築家, 都市設計家。農業と工業を結ぶ地域的研究で有名。
⇒岩世（ヒルバースアイマー　1885.9.14–1967.5.6）
　外国（ヒルベルスアイマー　1885–）
　国小（ヒルバーザイマー　1885.9.14–1967.5.6）
　西洋（ヒルベルスアイマー　1885.9.14–1967.5.6）
　世美（ヒルベルスアイマー, ルートヴィヒ　1885–1967）

Hildebrand, Bruno 〈19世紀〉
ドイツの経済学者, 統計学者。経済発展段階説を唱えた。初期ドイツ歴史学派の創立者の一人。
⇒岩世（ヒルデブラント　1812.3.6–1878.1.29）
　外国（ヒルデブラント　1812–1878）
　国小（ヒルデブラント　1812.3.6–1878.1.29）
　コン2（ヒルデブラント　1812–1878）
　コン3（ヒルデブラント　1812–1878）
　西洋（ヒルデブラント　1812.3.6–1878.1.29）
　世西（ヒルデブラント　1812.3.6–1878.1.29）
　世百（ヒルデブラント　1812–1878）
　全書（ヒルデブラント　1812–1878）

大百（ヒルデブラント　1812–1878）
デス（ヒルデブラント　1812–1878）
百科（ヒルデブラント　1812–1878）
名著（ヒルデブラント　1812–1878）

Hildebrandt, Johann Lucas von 〈17・18世紀〉
オーストリアの建築家。宮廷建築家として聖堂, 小礼拝堂などを建築。
⇒岩ケ（ヒルデブラント, ヨハン・ルーカス・フォン　1668–1745）
　岩世（ヒルデブラント　1668.11.14–1745.11.16）
　キリ（ヒルデガルト（ビンゲンの）　1098–1179.9.17）
　建築（ヒルデブラント, ヨハン・ルーカス・フォン　1668–1745）
　国小（ヒルデブラント　1668.11.16–1745.11.16）
　新美（ヒルデブラント, ヨーハン・ルーカス・フォン　1668.11.14–1745.11.16）
　西洋（ヒルデブラント　1668.11.14–1745.11.16）
　世美（ヒルデブラント, ヨハン・ルーカス・フォン　1668–1745）
　世百（ヒルデブラント　1668–1745）
　全書（ヒルデブラント　1668–1745）
　大百（ヒルデブラント　1668–1745）
　デス（ヒルデブラント　1668–1745）
　伝世（ヒルデブラント　1663.11.14–1745.11.16）
　百科（ヒルデブラント　1668–1745）

Hildenbrand, Werner 〈20世紀〉
ドイツの経済学者。
⇒二十（ヒルデンブランド, ベルナー　1936–）

Hilferding, Rudolf 〈19・20世紀〉
ドイツ（ユダヤ系）の医者, 経済学者, 政治家。主著『金融資本論』（1910）で知られる。
⇒岩世（ヒルファーディング　1877.8.10–1941.2）
　岩哲（ヒルファディング　1877–1941）
　旺世（ヒルファーディング　1877–1941）
　外国（ヒルファーディング　1877–1943）
　角世（ヒルファーディング　1877–1941）
　経済（ヒルファーディング　1877–1941）
　広辞4（ヒルファーディング　1877–1941）
　広辞5（ヒルファーディング　1877–1941）
　広辞6（ヒルファーディング　1877–1941）
　国小（ヒルファーディング　1877.8.10–1941.2.11）
　コン2（ヒルファーディング　1877–1941）
　コン3（ヒルファーディング　1877–1941）
　人物（ヒルフェルディング　1877.8.10–1941.2）
　西洋（ヒルファーディング　1877.8.10–1941.2）
　世人（ヒルファーディング　1877–1941）
　世政（ヒルファーディング, ルドルフ　1877.8.10–1941.2.11）
　世西（ヒルファーディング　1887.8.10–1943）
　世百（ヒルファーディング　1877–1941）
　全書（ヒルファーディング　1877–1941）
　大辞（ヒルファディング　1877–1941）
　大辞2（ヒルファディング　1877–1941）
　大辞3（ヒルファディング　1877–1941）

H

大百　（ヒルファーディング　1877-1941）
デス　（ヒルファーディング　1877-1941）
ナチ　（ヒルファーディング, ルドルフ　1877-
　1941）
ナビ　（ヒルファーディング　1877-1941）
二十　（ヒルファーディング, ルドルフ　1877-
　1941）
百科　（ヒルファディング　1877-1941）
評世　（ヒルファーディング　1877-1941）
名著　（ヒルファディング　1877-1941）
山世　（ヒルファーディング　1877-1941）
歴史　（ヒルファーディング　1877-1941）

Hill, James Jerome　〈19・20世紀〉
アメリカの鉄道業者。大北鉄道会社を設立
（1890）。鉱山経営から得た収益により, 多く
の鉄道会社, 汽船会社を吸収し, 帝国建設者と
呼ばれた。
⇒岩ケ　（ヒル, ジェイムズ（・ジェローム）　1838-
　1916）
　岩世　（ヒル　1838.9.16-1916.5.29）
　英米　（Hill, James Jerome　ヒル（ジェームズ）
　1838-1916）
　外国　（ヒル　1838-1916）
　西洋　（ヒル　1838.9.16-1916.5.29）
　世西　（ヒル　1838.9.16-1916.5.29）
　伝世　（ヒル　1838.9.16-1916）
　二十　（ヒル, ジェイムズ・ジェローム　1838-
　1916）
　百科　（ヒル　1838-1916）

Hill, Samuel　〈19・20世紀〉
アメリカの土木技師。日本の道路改良の功
労者。
⇒来日　（ヒル　1857-1931）

Hillhouse, Percy Archibald　〈19・20世紀〉
イギリスの造船家。
⇒岩世　（ヒルハウス　1869.3.4-1942.9.28）
　西洋　（ヒルハウス　1869.3.4-1942.9.28）
　日人　（ヒルハウス　1869-1942）
　来日　（ヒルハウス　1869-1942）

Hillier, Edward Guy　〈19世紀〉
イギリスの銀行家。
⇒世東　（ヒリアー　1857-?）

Hills, Carla Anderson　〈20世紀〉
アメリカの弁護士, 前米通商代表部代表。
⇒世西　（ヒルズ　1934.1.3-）

Hilton, Conrad Nicholson　〈19・20世紀〉
アメリカのホテル経営者。第二次大戦後ホテル
の買収をし始め, 40カ国に進出, 57都市に63の
ホテルを持った。

⇒岩ケ　（ヒルトン, コンラッド（・ニコルソン）
　1887-1979）
　岩世　（ヒルトン　1887.12.25-1979.1.3）
　現人　（ヒルトン　1887.12.25-）
　コン3　（ヒルトン　1887-1979）
　人物　（ヒルトン　1887.12.25-）
　西洋　（ヒルトン　1887.12.25-1979.1.3）
　全書　（ヒルトン　1887-1979）
　二十　（ヒルトン, コンラッド・N.　1887.12.25-
　1979.1.3）

Himmelstein, Lena　〈19・20世紀〉
アメリカのドレスメーカー。
⇒ユ人　（ヒンメルシュタイン, レナ　1881-1951）

Hine, Rupert　〈20世紀〉
イギリス生まれのキーボード奏者, コンポー
ザー, プロデューサー。
⇒ロ人　（ハイン, ルパート）

Hinze, Chris　〈20世紀〉
アメリカのジャズ・フルート, ピアノ奏者。
「キートン・レーベル」を主宰し, プロデュー
サーとしても活躍。
⇒ジヤ　（ヒンゼ, クリス　1938.6.30-）
　二十　（ヒンゼ, クリス）

Hippodamos
ギリシアの建築家, 都市計画家。
⇒岩世　（ヒッポダモス）

Hippodamos of Miletus　〈前5世紀〉
ギリシアの哲学者, 建築家。
⇒外国　（ヒッポダモス　5世紀）
　角世　（ヒッポダモス　前5世紀）
　ギリ　（ヒッポダモス　前5世紀）
　ギロ　（ヒッポダモス　前5世紀）
　建築　（ヒッポダモス　（活動）前5世紀）
　国小　（ヒッポダモス（ミレトスの）　生没年不詳）
　コン2　（ヒッポダモス　前5世紀）
　コン3　（ヒッポダモス　前5世紀）
　新美　（ヒッポダモス）
　西洋　（ヒッポダモス　前5世紀）
　世美　（ヒッポダモス　前5世紀）

Hiram　〈前10世紀〉
フェニキアの建築家, 彫刻家。
⇒世美　（ヒーラーム　（活動）前10世紀）

Hirsch, Baron Maurice de　〈19世紀〉
ユダヤ人の銀行家。
⇒百科　（ヒルシュ　1813-1896）

Hirsch, Paul Adolf　〈19・20世紀〉
ドイツの音楽資料収集家, 実業家。

⇒音大（ヒルシュ　1881.2.24–1951.11.25）

Hirschman, Albert Otto 〈20世紀〉
ドイツ・ベルリン生まれの経済思想家。
⇒オ世（ハーシュマン，アルバート・オットー
　1915–）
　経済（ハーシュマン　1915–）

Hirschmeier, Johannes 〈20世紀〉
ドイツの経済学者。南山大学学長。
⇒二十（ヒルシュマイヤー，ヨハネス　1921–1983）

Hirshhorn, Joseph Herman 〈20世紀〉
アメリカの財政家，美術収集家。
⇒岩ケ（ハーシュホーン，ジョゼフ・H（ハーマン）
　1899–1981）

Hirshleifer, Jack 〈20世紀〉
アメリカの経済学者。
⇒二十（ハーシュライファー，ジャック　1925–）

Hirt, Georg 〈19・20世紀〉
ドイツの著述家，出版業者。"Münchner
Neuesten Nachrichten"紙を引受けて，これを
有力な自由主義的日刊新聞紙にした。
⇒西洋（ヒルト　1841.7.13–1916.3.28）
　名著（ヒルト　1841–1916）

Hitch, Charles Johnston 〈20世紀〉
アメリカの経済学者。1961年から65年まで財政
担当の国防次官補。
⇒現人（ヒッチ　1910.1.9–）

Hitchcock, Lambert 〈18・19世紀〉
アメリカの家具デザイナー。
⇒岩ケ（ヒッチコック，ランバート　1795–1852）

Hi-Tek 〈20世紀〉
アメリカのヒップホップ系の音楽プロ
デューサー。
⇒ヒ人（ハイ・テック）

Hittorff, Jacques Ignace 〈18・19世紀〉
フランスの建築家，考古学者。パリのコンコル
ド広場と噴水（1833〜40）などを設計。
⇒岩世（イトルフ　1792.8.20–1867.3.25）
　建築（ヒットルフ，ヤーコプ・イグナーツ
　1792–1867）
　国小（ヒットルフ　1792.8.20–1867.3.25）
　西洋（イットルフ　1792.8.20–1867.3.25）
　世美（イットルフ，ジャック・イニャース
　1792–1867）

Hitzig, Georg Heinrich Friedrich

〈19世紀〉
ドイツの建築家。ベルリンの〈新取引所〉（1859
〜64）は，ルネサンス様式を示している。
⇒岩世（ヒッツィヒ　1811.11.8–1881.10.11）
　西洋（ヒッツィヒ　1811.4.8–1881.10.11）

Hjorth, Michael 〈20世紀〉
スウェーデンの作家，映画監督，プロ
デューサー。
⇒海新（ヨート，ミカエル　1963–）

Hoare, Sir Richard 〈17・18世紀〉
イギリスの銀行家。
⇒岩ケ（ホア，サー・リチャード　1648–1718）

Hoban, James 〈18・19世紀〉
アイルランド生まれのアメリカの建築家。ホワ
イト・ハウスの設計者，建築家。
⇒建築（ホーバン，ジェームズ　1758–1831）
　国小（ホーバン　1762頃–1831.12.8）

Hobart Pasha 〈19世紀〉
イギリスの海軍軍人。南アメリカで奴隷貿易を
禁圧し，クリミヤ戦争で勲功をたてた。
⇒国小（ホーバート・パシャ　1822.4.1–1886.6.19）

Hobhouse, Leonard Trelawney 〈19・20世紀〉
イギリスの哲学者，社会学者。1907年ロンドン
大学社会学教授。主著『社会進化と政治理論』
（11）。社会ダーウィニズムの経済的搾取の思
想を批判し，修正自由主義と社会改良を結びつ
けた新しい自由主義を提唱。
⇒イ哲（ホブハウス，L.T.　1864–1929）
　岩世（ホブハウス　1864.9.8–1929.6.21）
　外国（ホブハウス　1864–1929）
　経済（ホブハウス　1864–1929）
　国小（ホブハウス　1864.9.8–1929.6.21）
　コン2（ホブハウス　1864–1929）
　コン3（ホブハウス　1864–1929）
　人物（ホブハウス　1864.9.8–1928.6.21）
　西洋（ホブハウス　1864.9.8–1929.6.21）
　世西（ホップハウス　1864.9.8–1929.6.21）
　世百（ホップハウス　1864–1929）
　全書（ホップハウス　1864–1929）
　大百（ホップハウス　1864–1929）
　伝世（ホブハウス　1864.9.8–1929.6.21）
　二十（ホブハウス，レオナルド・T.　1864–1929）
　百科（ホブハウス　1864–1929）
　名著（ホップハウス　1864–1929）

Hobsbawm, Eric John Ernest 〈20世紀〉
イギリスのマルクス主義社会史家，経済思想家，
労働史家。
⇒イ哲（ホブズボーム，E.　1917–）

岩世 (ホブズボーム　1917.6.9–2012.10.1)
才世 (ホブズボウム, エリック (・ジョン・アーネスト)　1917–)
経済 (ホブズボーム　1917–)
現人 (ホブズボーム　1917.6.9–)
コン3 (ホブズボーム　1917–)
西洋 (ホブズボウム　1917.6.9–)
世西 (ホブズボーム　1917.6.9–)
全書 (ホブズボーム　1917–)
二十 (ホブズボーム, エリック・ジョン　1917–)
二十英 (Hobsbaum, Eric (John Ernest)　1917–)
歴学 (ホブズボーム　1917–)

Hobson, John Atkinson 〈19・20世紀〉
イギリスの改良主義的経済学者。主著『帝国主義論』(1902) で帝国主義の原因を説き, 南アフリカ戦争を批判。
⇒イ哲 (ホブソン, J.A.　1858–1940)
岩世 (ホブソン　1858.7.6–1940.4.1)
外国 (ホブソン　1858–1940)
角世 (ホブソン　1858–1940)
経済 (ホブスン　1858–1940)
国小 (ホブソン　1857.7.6–1940.4.1)
コン2 (ホブソン　1858–1940)
コン3 (ホブソン　1858–1940)
人物 (ホブソン　1858.7.6–1940.4.1)
西洋 (ホブソン　1858.7.6–1940.4.1)
世西 (ホブソン　1858.7.6–1940.4.1)
世百 (ホブソン　1858–1940)
全書 (ホブソン　1858–1940)
大辞 (ホブソン　1858–1940)
大辞2 (ホブソン　1858–1940)
大辞3 (ホブソン　1858–1940)
大百 (ホブソン　1858–1940)
デス (ホブソン　1858–1940)
伝世 (ホブソン　1858.7.6–1940.4.1)
ナビ (ホブソン　1858–1940)
二十 (ホブソン, ジョン・A.　1858–1940)
百科 (ホブソン　1858–1940)
名著 (ホブソン　1858–1940)
山世 (ホブソン　1858–1940)
歴史 (ホブソン　1858–1940)

Hobson, Thomas 〈16・17世紀〉
ケンブリッジの運送および宿屋経営者。
⇒岩ケ (ホブソン, トマス　1554頃–1631)

Hockaday, Margaret 〈20世紀〉
アメリカの広告会社社長。
⇒世女日 (ホッカデイ, マーガレット　1907–1992)

Hodel, Donald P. 〈20世紀〉
アメリカの政治家, 事業家。米国内務長官。
⇒二十 (ホーデル, ドナルド・P.　1935.5.23–)

Hodgkin, Thomas 〈19・20世紀〉
イギリスの歴史家。銀行業経営のかたわら, 主

として中世初期イタリアの研究に従った。
⇒外国 (ホジキン　1831–1913)

Hodgkinson, Eaton 〈18・19世紀〉
イギリスの機械学者。ブリタニア橋を完成。
⇒岩ケ (ホジキンソン, イートン　1789–1861)
岩世 (ホジキンソン　1789.2.26–1861.6.18)
西洋 (ホジキンソン　1789.2.26–1861.6.18)
世科 (ホジキンソン　1789–1861)

Hodgskin, Thomas 〈18・19世紀〉
イギリスの社会思想家, 評論家。一切の富が労働の産物であり, 労働しない資本家の利潤要求権を否認。
⇒イ哲 (ホジスキン, T.　1787–1869)
岩世 (ホジスキン　1787.12.12–1869.8.21)
外国 (ホジスキン　1787–1869)
国小 (ホジスキン　1787.12.12–1869.8.21)
コン2 (ホジスキン　1787–1869)
コン3 (ホジスキン　1787–1869)
西洋 (ホジスキン　1787.12.12–1869.8.21)
世西 (ホジスキン　1787.12.12–1869.8.21)
世百 (ホジスキン　1787–1869)
全書 (ホジスキン　1787–1869)
百科 (ホジスキン　1787–1869)
名著 (ホジスキン　1787–1869)

Hodgson, James D. 〈20世紀〉
アメリカの政治家。ロッキード航空機会社副社長, 労働長官, 駐日大使。
⇒二十 (ホジソン, J.D.　1915.12.3–)

Hoe, Richard March 〈19世紀〉
アメリカの発明家, 産業資本家。
⇒岩ケ (ホー, リチャード (・マーチ)　1812–1886)
岩世 (ホー　1812.9.12–1886.6.7)
世科 (ホー　1812–1886)

Hoeprich, Eric 〈20世紀〉
アメリカのクラリネット奏者, 楽器製作者。
⇒クラ (ホープリッチ, エリック　1955–)

Hoetger, Bernhard 〈19・20世紀〉
ドイツの彫刻家, 建築家。プロイセンの〈芸術家コロニー〉派に属した (1919〜)。
⇒西洋 (ヘトガー　1874.5.4–1949.7.18)

Hofer, Andreas 〈18・19世紀〉
オーストリアのティロルの愛国者の指導者, 宿屋の経営者。
⇒岩ケ (ホーファー, アンドレアス　1767–1810)
岩世 (ホーファー　1767.11.22–1810.2.20)
外国 (ホーファー　1767–1810)
国小 (ホーファー　1767.11.22–1810.2.20)
コン2 (ホーファー　1767–1810)

コン3（ホーファー　1767–1810）
西洋（ホーファー　1767.11.22–1810.2.20）
全書（ホーファー　1767–1810）

Hoff, Ted 〈20世紀〉

アメリカのマイクロプロセッサーの考案者。
⇒岩ケ（ホフ，テッド　1937–）
岩世（ホフ　1937.10.28–）

Hoffman, Paul 〈20世紀〉

アメリカの政治家。ステュードベーカー自動車
会社社長のほか実業界で活躍。
⇒外国（ホフマン　1891–）
世西（ホフマン　1891.4.26–）

Hoffman, Samuel Kurtz 〈20世紀〉

アメリカのロケット技術者。北米航空会社ロ
ケット・ダイン部長。
⇒岩ケ（ホフマン，サミュエル（・カーツ）　1902–）
科学（ホフマン　1902.4.15–）
二十（ホフマン，サミュエル・カーツ　1902.4.
15–）

Hoffmann, Alexander 〈19世紀〉

ドイツの経営学者，経済学者。研究は法学的傾
向を示し，経営学の集成を行った。
⇒名著（ホフマン　1879–）

Hoffmann, Bruno 〈20世紀〉

ドイツのグラスハーモニカ奏者，同製作者。
⇒演奏（ホフマン，ブルーノ　1913.9.15–）
二十（ホフマン，ブルーノ　1913.9.15–）

Hoffmann, Friedrich 〈19世紀〉

ドイツの窯業技術者。1857年輪窯を考案。経営
者としてもすぐれ，多くの窯業工場を創立。
⇒世百（ホフマン　1818–1900）

Hoffmann, Josef 〈19・20世紀〉

オーストリアの建築家。1903年ウィーン工房の
建築運動を起した。
⇒岩ケ（ホフマン，ヨーゼフ　1870–1956）
岩世（ホフマン　1870.12.15–1956.5.7）
才西（ホフマン，ヨーゼフ　1870–1956）
芸術（ホフマン，ヨゼフ　1870–1956）
国小（ホフマン　1870–1956）
コン3（ホフマン　1870–1956）
新美（ホフマン，ヨーゼフ　1870.2.19–1956.5.8）
人物（ホフマン　1870.12.15–1956）
西洋（ホフマン　1870.12.15–1956.5.7）
世芸（ホフマン，ヨゼフ　1870–1956）
世西（ホフマン　1870–1956）
世美（ホフマン，ヨーゼフ　1870–1956）
世百（ホフマン　1870–1956）
全書（ホフマン　1870–1956）

大辞2（ホフマン　1870–1956）
大辞3（ホフマン　1870–1956）
大百（ホフマン　1870–1956）
デス（ホフマン　1870–1956）
ナビ（ホフマン　1870–1956）
二十（ホフマン，ヨーゼフ・フランツ・マリア
1870.12.15–1956.5.7）
百科（ホフマン　1870–1956）

Hoffmann, Ludwig 〈19・20世紀〉

ドイツの建築家。主作品，ドイツ大審院（1886
～95，ライプチヒ）。
⇒岩世（ホフマン　1852.7.30–1932.11.11）
西洋（ホフマン　1852.7.30–1932.11.11）

Hoffmann, Lutz 〈20世紀〉

ドイツ生まれの経済思想家。
⇒経済（ホフマン　1934–）

Hoffmann, Paul G. 〈20世紀〉

アメリカの国連職員。国連開発計画局長。
⇒二十（ホフマン，ポール・G.　1891–?）

Hoffmann, Walther Gustav 〈20世紀〉

ドイツの経済学者，統計学者。
⇒二十（ホフマン，W.G.）

Hoffmeister, Franz Anton 〈18・19世紀〉

ドイツの作曲家，出版者。『イタカの王子』
（1795）を含む9つのオペラ，66の交響曲などを
作曲。
⇒音楽（ホフマイスター，フランツ・アントン
1754.5.12–1812.2.9）
音大（ホフマイスター　1754.5.12–1812.2.9）
作曲（ホフマイスター，フランツ・アントン
1754–1812）
ラル（ホフマイスター，フランツ・アントン
1754–1812）

Hofmann, August Wilhelm von 〈19世紀〉

ドイツの有機化学者。1868年ドイツ化学会を創
設。ホーフマン反応（81）の発見で有名。
⇒岩ケ（ホフマン，アウグスト・ヴィルヘルム・
フォン　1818–1892）
岩世（ホーフマン　1818.4.8–1892.5.5）
外国（ホフマン　1818–1892）
科学（ホフマン　1818.4.8–1892.5.5）
科技（ホフマン　1818.4.8–1892.5.5）
科人（ホフマン，アウグスト・ヴィルヘルム・
フォン　1818.4.8–1892.5.2）
科大（ホフマン　1818–1892）
広辞4（ホフマン　1818–1892）
広辞6（ホーフマン　1818–1892）
国小（ホーフマン　1818.4.8–1892.5.5）
コン2（ホーフマン　1818–1892）

コン3（ホーフマン　1818–1892）
人物（ホーフマン　1818.4.8–1892.5.5）
西洋（ホーフマン　1818.4.8–1892.5.5）
世科（ホフマン　1818–1892）
世西（ホーフマン　1818.4.8–1892.3.5）
世百（ホフマン　1818–1892）
全書（ホフマン　1818–1892）
大辞（ホフマン　1818–1892）
大辞3（ホーフマン　1818–1892）
大百（ホフマン　1818–1892）
デス（ホフマン　1818–1892）
伝世（ホーフマン　1818.4.8–1892.5.2）
百科（ホフマン　1818–1892）

Hofmann, Konrad 〈19・20世紀〉
ドイツのキリスト教文書出版者。
⇒キリ（ホーフマン, コンラート　1890.10.27–）

Höger, Fritz 〈19・20世紀〉
ドイツの建築家。チリー館(1922, ハンブルク), 市庁舎(29, リュストリンゲン), 教会(ベルリン, ハンブルク等) などを制作。
⇒岩世（ヘーガー　1877.6.12–1949.6.21）
　新美（ヘーガー, フリッツ　1877.6.12–1949.6.21）
　西洋（ヘーガー　1877.6.12–1949.6.21）
　世美（ヘーガー, フリッツ　1877–1949）
　二十（ヘーガー, フリッツ　1877.6.12–1949.6.21）

Hohner, Matthias 〈19・20世紀〉
ドイツのハーモニカ製作者。
⇒岩ケ（ホーナー, マティアス　1833–1902）

Hohuman, Amerigo 〈19・20世紀〉
オーストリアの砂防工学者。
⇒日人（ホフマン　1875–1945）

Holabird, William 〈19・20世紀〉
アメリカの建築家。『タコマ・ビルディング』を建てた(1888)。
⇒西洋（ホラバード　1854–1923）
　世美（ホラバード, ウィリアム　1854–1923）

Holaday, William M. 〈20世紀〉
アメリカの航空燃料専門家。米国防省ミサイル長官。
⇒二十（ホラデー, ウィリアム・M.　1901–）

Holanda, Francisco de 〈16世紀〉
ポルトガルの著述家, 画家, 建築家。
⇒世美（オランダ, フランシスコ・デ　1517頃–1584頃）

Holden, Charles 〈19・20世紀〉
イギリスの建築家。

⇒オ西（ホールデン, チャールズ　1875–1960）

Holden, Sir Edward Wheewall 〈20世紀〉
オーストラリアの自動車製造業者。
⇒岩世（ホールデン, サー・エドワード・ウィーウォール　1896–1978）

Holford, William 〈20世紀〉
イギリスの建築家, 都市計画家。
⇒世美（ホールフォード, ウィリアム　1907–）

Holl, Elias 〈16・17世紀〉
ドイツの建築家。1602年以来多数の公共建築を建てた。代表作アウクスブルク市役所(1615～20)。
⇒岩世（ホル　1573.2.28–1646.1.6）
　建築（ホル, エリアス　1573–1646）
　国小（ホル　1573.2.28–1646.1.6）
　新美（ホル, エリアス　1573.2.28–1646.1.6）
　西洋（ホル　1573.2.28–1646.1.6）
　世美（ホル, エリアス　1573–1646）
　百科（ホル　1573–1646）

Holl, Steven 〈20世紀〉
アメリカの建築家。
⇒二十（ホール, スティーブン　1947–）

Holland, Clifford Milburn 〈19・20世紀〉
アメリカの土木技術者。ハドソン河の下にニューヨークとニュージャージを連絡する車輌用トンネルを設計, 施工。このトンネルは彼の没後, 「ホランド・トンネル」と名づけられる。
⇒岩世（ホランド　1883.3.13–1924.10.27）
　西洋（ホランド　1883.3.13–1924.10.27）

Holland, Henry 〈18・19世紀〉
イギリスの建築家。代表作はヘリファドシャーのバーリントン・ホール(1778)。
⇒岩ケ（ホランド, ヘンリー　1746–1806）
　建築（ホランド, ヘンリー　1745–1806）
　国小（ホランド　1745.7.20–1806.6.17）
　新美（ホランド, ヘンリー　1745.7.20–1806.6.17）
　世美（ホランド, ヘンリー　1745–1806）

Holland, John Philip 〈19・20世紀〉
アイルランド生まれのアメリカの発明家。1895年会社を設立, 潜水艦の原型といえる『ホランド号』は1900年アメリカ海軍に正式採用。
⇒岩ケ（ホランド, ジョン（・フィリップ）　1840–1914）
　国小（ホランド　1840.2.29–1914.8.12）
　世百（ホーランド　1841–1914）
　伝世（ホランド　1840–1914.8.12）

Holland, Perry G. 〈20世紀〉
アメリカの銀行家。カルフォルニア銀行副会長兼国際部支配人。
⇒二十（ホーランド，ペリー・G. 1930-）

Holland, Sidney George 〈20世紀〉
ニュージーランドの政治家。国民党党首（1940～49），首相兼蔵相（49来）。
⇒岩ケ（ホランド，サー・シドニー・ジョージ 1893-1961）
岩世（ホランド 1893.10.18-1961.8.5）
外国（ホランド 1893-）
人物（ホーランド 1893.10.18-）
西洋（ホランド 1893.10.18-1961.8.5）
世西（ホーランド 1893.10.18-）
二十（ホランド，シドニー・ジョージ 1893（92）.10.18-1961.8.5）

Hollander, Samuel 〈20世紀〉
カナダの経済学者。
⇒岩世（ホランダー 1937.4.6-）
経済（ホランダー 1937-）

Hollein, Hans 〈20世紀〉
オーストリアの建築家。作品に『レッティろうそく店』（俗称鍵穴の店）など。
⇒現人（ホライン 1934.3.30-）
新美（ホライン，ハンス 1934.3.30-）
ナビ（ホライン 1934-）
二十（ホライン，ハンス 1934.3.30-）

Hollerith, Herman 〈19・20世紀〉
アメリカの機械技術者。タビュレイティング・マシン社（後のIBM社）を設立。
⇒岩ケ（ホレリス，ハーマン 1860-1929）
岩世（ホレリス 1860.2.29-1929.11.17）
科人（ホレリス，ヘルマン 1860.2.29-1929.11.17）
広辞4（ホレリス 1860-1929）
広辞5（ホレリス 1860-1929）
広辞6（ホレリス 1860-1929）
コン3（ホレリス 1860-1929）
世科（ホレリス 1860-1929）
全書（ホレリス 1860-1929）
二十（ホレリス，ハーマン 1860.2.29-?）

Holloway, Thomas 〈19世紀〉
イギリスの売薬業者、慈善家。1885年精神病院を創設、86年女子大学を開設。
⇒国小（ホロウェー 1800.9.22-1883.12.26）

Holmes a Court, Michael Robert Hamilton 〈20世紀〉
オーストラリアの企業家。
⇒岩ケ（ホームズ・ア・コート，（マイケル・）ロバート・ハミルトン 1937-1990）

Holt, Harold Edward 〈20世紀〉
オーストラリアの政治家。1958～66年の蔵相在任中に十進法通貨制採用。66年首相に就任。
⇒岩ケ（ホルト，ハロルド（・エドワード） 1908-1967）
現人（ホルト 1908.8.5-1967.12.17）
世西（ホルト 1908.8.5-1967.12.17）
二十（ホルト，ハロルド・E. 1908.8.5-1967.12.17）

Holt, N.W. 〈19世紀〉
アメリカの機械技術者。
⇒日人（ホルト 1836頃-?）

Holthaus Fusako 〈20世紀〉
料理研究家。
⇒スパ（ホルトハウス・フサコ（房子） 1930-）

Holzauber, Wilhelm 〈20世紀〉
オーストリアの建築家。ウィーン国立工芸美術アカデミー教授。
⇒二十（ホルツバウアー，ヴィルヘルム 1930-）

Holzmann, Johann Philipp 〈19世紀〉
ドイツの建築業者。ドイツ最大の建築会社をつくりあげた。
⇒岩世（ホルツマン 1805.4.22-1870.2.15）
西洋（ホルツマン 1805-1870）

Holzmeister, Clemens 〈19・20世紀〉
ドイツの建築家。デュッセルドルフ美術学校教授（1924～33）。
⇒岩世（ホルツマイスター 1886.3.27-1983.6.12）
西洋（ホルツマイスター 1886.3.27-）
世美（ホルツマイスター，クレメンス 1886-1983）

Homobonus（Cremona）〈12世紀〉
イタリアの商人，聖人。
⇒キリ（ホモボーヌス（クレモーナの） ?-1197.11.13）

Homoet, Hendrik van
オランダの長崎商館長。
⇒岩世（ホムート）

Hone, Philip 〈18・19世紀〉
アメリカの実業家。1820年代後半運河や鉄道の発展に寄与、25年ニューヨーク市長に当選。
⇒国小（ホーン 1780.10.25-1851.5.5）

Honey, William Bowyer 〈19・20世紀〉
イギリスの陶芸家，陶芸研究家。著書『中国および極東諸国の陶芸』（1945）など。

⇒国小（ハニー　1886.4.13-1956.9.13）

Hood, Raymond Mathewson 〈19・20世紀〉

アメリカの建築家。
⇒岩ケ（フッド，レイモンド・M（マシューソン）
　　1881-1934）
　コン3（フッド　1881-1934）

Hooker, Stanley 〈20世紀〉

イギリスの技術者。
⇒岩ケ（フッカー，サー・スタンリー・ジョージ
　　1907-1984）
　世科（フッカー　1907-）
　二十（フッカー，スタンレー　1907.9.30-）

Hoorn, Nicolaas Joan van 〈17・18世紀〉

オランダの長崎商館長。
⇒岩世（ホールン　1685.3.25-1746.8.12）

Hoorn, Pieter van 〈17世紀〉

オランダの対清特派使節。康熙帝に謁し，自由
貿易を交渉（1667）。
⇒岩世（ホールン　1619-1682.1.17）
　西洋（ホールン　1619-1682.1.17）
　評世（ホールン　1619-1682）

Hoover, William Henry 〈19・20世紀〉

アメリカの経営者。
⇒岩ケ（フーヴァー，ウィリアム（・ヘンリー）
　　1849-1932）
　コン3（フーヴァー　1849-1932）

Hope, Alexander James Beresdorf 〈19世紀〉

イギリスの建築家，随筆家。
⇒世美（ホープ，アレグザンダー・ジェイムズ・ベ
　　レスドーフ　1820-1887）

Hope, Thomas 〈18・19世紀〉

イギリスの美術鑑識家。考古的な装飾や家具復
興の指導者。
⇒岩ケ（ホープ，トマス　1769-1831）
　国小（ホープ　1770-1831）
　百科（ホープ　1769-1831）

Hopkins, Johns 〈18・19世紀〉

アメリカ，ボルティモアの実業家。ジョンズ・
ホプキンズ大学と同病院の創立者。
⇒岩ケ（ホプキンズ，ジョンズ　1795-1873）
　岩世（ホプキンズ　1795.5.19-1873.12.24）
　外国（ホプキンズ　1795-1873）
　看護（ホプキンズ　1795-1873）
　国小（ホプキンズ　1795-1873）

　コン2（ホプキンズ　1795-1873）
　コン3（ホプキンズ　1795-1873）
　西洋（ホプキンズ　1795-1873）

Hopkinson, Francis 〈18世紀〉

アメリカの著述家，発明家，音楽家，政治家。
最初のアメリカ生まれの作曲家。アメリカ国旗
の図案を創出した。
⇒ア文（ホプキンソン，フランシス　1737.10.2-
　　1791.5.9）
　音大（ホプキンソン　1737.9.21-1791.5.9）
　キリ（ホプキンスン，フラーンシス　1737.9.21-
　　1791.5.9）
　国小（ホプキンソン　1737.9.21-1791.5.9）
　伝世（ホプキンソン　1737.10.2-1791.5.9）
　ラル（ホプキンソン，フランシス　1737-1791）

Hopkinson, John 〈19世紀〉

イギリスの電気技術者。〈ホプキンソン効果〉を
発見。
⇒岩世（ホプキンソン　1849.7.27-1898.8.27）
　コン2（ホプキンソン　1849-1898）
　コン3（ホプキンソン　1849-1898）
　西洋（ホプキンソン　1849.7.27-1898.8.27）
　世百（ホプキンソン　1849-1898）
　全書（ホプキンソン　1849-1898）

Hopper, Grace Murray 〈20世紀〉

アメリカの女性コンピュータ技術者。商用コン
ピュータや事務計算用コンパイラーなどを開
発。のち，海軍大佐。
⇒岩世（ホッパー　1906.12.9-1992.1.1）
　世女（ホッパー，グレイス（ブルースター）
　　1906-1992）
　世女日（ホッパー，グレイス・マレー　1906-
　　1992）
　全書（ホッパー　1906-）
　二十（ホッパー，G.M.　1906-1992.1.1）

Horeau, Hector 〈19世紀〉

フランスの建築家。鉄骨建築の主唱者。
⇒岩世（オロー　1801-1872）
　建築（オロー，ヴィクトール　1801-1872）
　西洋（オロー　1801-1872）
　世美（オロー，エクトール　1801-1872）

Horlock, John 〈20世紀〉

イギリスの工学研究者。ソルフォード大学副総
長，オープン・ユニバーシティ副総長。
⇒世科（ホーロック　1928-）
　二十（ホーロック，ジョン　1928.4.19-）

Horn, Trevor 〈20世紀〉

イギリス生まれのミュージシャン，プロデュー
サー。自身のレーベル「ZTTレコーズ」も設立。
⇒ロ人（ホーン，トレヴァー　1949-）

Hornblower, Jonathan 〈18世紀〉
イギリスの技術者。
⇒西洋（ホーンブローアー 1717–1780）

Hornblower, Jonathan Carter 〈18・19世紀〉
イギリスの技術者。回転式蒸気機関について特許を得たほか，蒸気機関の改良に寄与。
⇒岩ケ（ホーンブローアー，ジョナサン・カーター 1753–1815）
岩世（ホーンブローアー 1753.7.5–1815.2.23）
科史（ホーンブロウア 1753–1815）

Hornby, Frank 〈19・20世紀〉
イギリスの組み立て式玩具発明家。
⇒岩ケ（ホーンビー，フランク 1863–1936）

Horniman, Annie Elizabeth Fredericka 〈19・20世紀〉
イギリスの劇場経営者。レパートリー劇場運動の先駆者。
⇒岩ケ（ホーニマン，アニー・E（エリザベス）・F（フレデリカ） 1860–1937）
演劇（ホーニマン，ミス・アニー・E.F. 1860–1937）
国小（ホーニマン 1860.10.3–1937.8.6）
集文（ホーニマン，A.E.F. 1860.10.3–1937.8.6）
世女（ホーニマン，アニー（エリザベス・フレデリカ） 1860–1937）
世女日（ホーニマン，アニー・エリザベス 1860–1937）
二十英（Horniman, Annie Elizabeth Fredericka 1860–1937）

Horowitz, David 〈20世紀〉
イスラエルの経済学者。イスラエル政府の経済的助言者として知られ，1954～71年イスラエル銀行総裁。
⇒現人（ホロウィッツ 1899.2.15–）
中東（ホロビッツ 1899–）
ユ人（ホロビッツ，ダビッド 1899–1979）

Horta, Victor Pierre 〈19・20世紀〉
ベルギーの建築家。アール・ヌーボーの先駆者。
⇒岩ケ（オルタ，ヴィクトル，男爵 1861–1947）
岩世（オルタ 1861.1.6–1947.9.8）
才西（オルタ，ヴィクトール 1861–1947）
国小（オルタ 1861.1.6–1947.9.11）
コン3（オルタ 1861–1947）
新美（オルタ，ヴィクトル 1861.1.6–1947.9.11）
西美（オルタ 1861.1.6–1947.9.8）
世美（オルタ，ヴィクトール 1861–1947）
世百（オルタ 1861–1947）
全書（オルタ 1861–1947）
大辞2（オルタ 1861–1947）
大辞3（オルタ 1861–1947）
大百（オルタ 1861–1947）

ナビ（オルタ 1861–1947）
二十（オルタ，ヴィクトル 1861.1.6–1947.9.8）
百科（オルタ 1861–1947）

Horvat, Branko 〈20世紀〉
ユーゴスラビアの経済学者。ザグレブ大学教授。
⇒全書（ホルバート 1928–）
二十（ホルバート，B. 1928–）

Horvat, Dmitrii Leonidovich 〈19・20世紀〉
ロシアの鉄道技術者，軍人。
⇒国史（ホルバート 1858–1937）

Hoschedé, Ernest 〈19世紀〉
フランスの実業家，コレクター，美術批評家。
⇒岩世（オシュデ 1837.12.18–1891.3.18）

Hoskins, William George 〈20世紀〉
イギリスの経済史家。とくに中世・近世農業史を専攻。イギリス地方史研究の第一人者。
⇒岩ケ（ホスキンズ，W（ィリアム）・G（ジョージ） 1908–1992）
名著（ホスキンズ ?–）

Hotchkiss, Benjamin Berkeley 〈19世紀〉
アメリカの兵器発明家，製造家。
⇒岩ケ（ホッチキス，ベンジャミン（・バークリー） 1826–1885）
国小（ホチキス 1826.10.1–1885.2.14）
コン3（ホッチキス 1826–1885）
世百（ホッチキス 1826–1885）
百科（ホッチキス 1826–1885）

Hotelling, Harold 〈20世紀〉
アメリカの数理統計学者，数理経済学者。
⇒経済（ホテリング 1895–1973）
数学（ホテリング 1895.9.29–1973.12.26）
数学増（ホテリング 1895.9.29–1973.12.26）
世百新（ホテリング 1895–1973）
二十（ホテリング，ハロルド 1895–1973）
百科（ホテリング 1895–1973）

Hotteterre, Jean 〈17・18世紀〉
フランスの楽器（管楽器）製作者。
⇒ラル（オトテール，ジャン 1648頃–1732）

Hotteterre, Martin 〈17・18世紀〉
フランスのポワトゥ・ミュゼット製作者。
⇒音大（オットテール，マルタン ?–1712）
ラル（オトテール，マルタン 1640頃–1712）

Hotteterre, Nicolas 〈17世紀〉

フランスのバスーン演奏者。楽器製造人。
⇒音大 （オットテール, ニコラ　?-1693）
　ラル （オトテール, ニコラ　1637頃-1694）

Houbigant, Jean-François 〈18・19世紀〉

フランスの調香師, 実業家。
⇒岩世 （ウビガン　1752-1807）

Houdry, Eugène Jules 〈19・20世紀〉

アメリカの工業技術者。製油業において〈フードリ法〉と呼ばれる接触分解法を工業化するのに成功した。
⇒岩世 （フードリ（ウドリ）　1892.4.18-1962.7.18）
　西洋 （フードリ（ウドリ）　1892-1962）

Houghton, Alanson Bigelow 〈19・20世紀〉

アメリカの実業家, 外交官。コーニング・ガラス会社を経営。1825〜29年駐英大使を勤めた。
⇒国小 （ホートン　1863.10.10-1941.9.16）
　コン2 （ハウトン　1863-1941）
　コン3 （ハウトン　1863-1941）

Houghton, Henry 〈19世紀〉

イギリスの鉄道技師。神戸鉄道客車荷車頭取。
⇒来日 （ホートン　1840-1878.2.9）

Houlston, Frances 〈19世紀〉

イギリスの印刷業者, 書店主。
⇒世児 （ホウルストン, F（フランシス）　（活動）1807-1840）

Hounsfield, Godfrey Newbold 〈20世紀〉

イギリスの技術者。X線コンピューター断層装置を開発。1979年ノーベル生理・医学賞を受賞。
⇒岩ケ （ハウンズフィールド, サー・ゴドフリー（・ニューボールド）　1919-）
　岩世 （ハウンズフィールド　1919.8.28-2004.8.12）
　科学 （ハウンズフィールド　1919.8.28-）
　科人 （ホーンズフィールド, ゴドフリー・ニューボールド　1919.8.28-）
　コン3 （ハウンズフィールド　1919-）
　最世 （ハウンズフィールド, ゴドフリー　1919-）
　西洋 （ハウンズフィールド　1919.8.28-）
　世科 （ハウンズフィールド　1919-）
　二十 （ハウンズフィールド, G.N.　1919.8.28-）
　ノベ （ハウンズフィールド, G.N.　1919.8.28-）
　ノベ3 （ハウンスフィールド, G.N.　1919.8.28-2004.8.12）

Houptman, Emanuel 〈20世紀〉

イギリスの技師。
⇒新美 （ホープトマン, エマニュエル　生没年不詳）
　二十 （ホープトマン, エマニュエル　?-）

Houseman, John 〈20世紀〉

ブカレスト（ルーマニア）生まれの俳優。1925年渡米。34歳で演劇プロデューサーとなり, マーキュリー劇団を組織し演劇活動を行う。52年『悪人と美女』で5部門のアカデミー賞を獲得。
⇒岩ケ （ハウスマン, ジョン　1902-1989）
　演劇 （ハウスマン, ジョン　1902-1988）
　外男 （ハウズマン, ジョン　1902.9.22-1988.10.31）
　世映 （ハウスマン, ジョン　1902-1988）
　世俳 （ハウスマン, ジョン　1902.9.22-1988.10.31）
　二十 （ハウスマン, ジョン　1902.9.22-1988.10.31）

Houthakker, Hendriks Samuel 〈20世紀〉

アメリカの経済学者。スタンフォード大学教授, ハーバード大学教授, 米国大統領経済諮問委員。
⇒二十 （ハウタッカー, H.S.　1924-）

Houtman, Cornelis de 〈16世紀〉

ネーデルラントの航海家。アジアに到達した最初のオランダ艦隊の指揮官。ポルトガルのインド航路独占を打破し, その地の植民地化の契機をつくった。
⇒岩世 （デ・ハウトマン　1565頃-1599.9.11）
　角世 （ハウトマン　1565?-1599）
　国小 （ハウトマン　1560-1599.9.1）
　西洋 （ハウトマン　?-1599.9.1）
　世東 （ハウトマン　?-1599）
　百科 （ハウトマン　1565?-1599）

Houtman, Cornelius 〈16世紀〉

オランダの商人。現在のインドネシアに向かう最初のオランダ貿易遠征隊を指揮した。
⇒探検1 （ハウトマン　1540-1599）

Hovgaard, William 〈19・20世紀〉

アメリカ（デンマーク生まれ）の造船学者。軍艦の設計, 研究に従事。
⇒岩世 （ホーヴガード　1857.11.28-1950.1.5）
　西洋 （ホーヴガード　1857-1950.1.5）

How, Clearence Decature 〈19・20世紀〉

カナダの政治家。貿易商業相兼国防生産相。
⇒二十 （ハウ, C.D.　1886-?）

経済・産業篇　　　　　297　　　　　**hudso**

Howard, *Sir* Ebenezer 〈19・20世紀〉

イギリスの都市計画家。大都市の弊害を除くた
め，職住一体となった共同体である田園都市を
構想。1920年ウェルウィンガーデンシティーを
創立。著書『明日の田園都市』。

⇒岩ケ（ハワード, サー・エビニーザー　1850–
　1928）
　岩世（ハワード　1850.1.29–1928.5.1）
　英米（Howard, Sir Ebenezer　ハワード（エベ
　　ニーザー）　1850–1928）
　国小（ハワード　1850.1.29–1928.5.1）
　コン2（ハワード　1850–1928）
　コン3（ハワード　1850–1928）
　新美（ハワアード, エビニーザー　1850.1.29–
　　1928.5.1）
　西洋（ハワード　1850.1.29–1928.5.1）
　世美（ハワード, エベニーザー　1850–1928）
　世百（ハワード　1850–1928）
　全書（ハワード　1850–1928）
　大辞（ハワード　1850–1928）
　大辞2（ハワード　1850–1928）
　大辞3（ハワード　1850–1928）
　ナビ（ハワード　1850–1928）
　二十（ハウアード, エビニーザー　1850.1.29–
　　1928.5.1）
　百科（ハワード　1850–1928）

Howard, Roy Wilson 〈19・20世紀〉

アメリカのジャーナリスト，新聞経営者。
『ニューヨーク・ワールド・テレグラム』の社
長兼編集主幹。

⇒岩世（ハワード　1883.1.1–1964.11.20）
　国小（ハワード　1883.1.1–1964）
　人物（ハワード　1888.1.1–）
　西洋（ハワード　1883.1.1–1964.11.20）
　世西（ハワード　1883.1.1–）
　全書（ハワード　1883–1964）
　大百（ハワード　1883–1964）

Howe, Elias 〈19世紀〉

アメリカの発明家。ミシンを開発。

⇒岩ケ（ハウ, イライアス　1819–1867）
　岩世（ハウ　1819.7.9–1867.10.3）
　英米（Howe, Elias　ハウ　1819–1867）
　科学（ハウ　1819.7.9–1867.10.3）
　科技（ハウ　1819.7.9–1867.10.3）
　広辞4（ハウ　1819–1867）
　広辞6（ハウ　1819–1867）
　国小（ハウ　1819.7.9–1867.10.3）
　コン2（ハウ　1819–1867）
　コン3（ハウ　1819–1867）
　人物（ハウ　1819.7.9–1867.10.3）
　西洋（ハウ　1819.7.9–1867.10.3）
　世科（ハウ　1819–1867）
　世百（ハウ　1819–1867）
　全書（ハウ　1819–1867）
　大辞（ハウ　1819–1867）
　大辞3（ハウ　1819–1867）
　大百（ハウ　1819–1867）
　伝世（ハウ, E.　1819–1867）

　百科（ハウ　1819–1867）

Howe, George 〈19・20世紀〉

アメリカの建築家。

⇒世美（ハウ, ジョージ　1886–1955）

Howes, Betsy 〈20世紀〉

アメリカの実業家。ボストン・ジャパン・ソサ
エティー副会長。

⇒二十（ハウズ, B.　1955–）

Howie Tee 〈20世紀〉

イギリス生まれのヒップホップ系の音楽プロ
デューサー。

⇒ヒ人（ハウイー・ティー）

Hubbard, Elbert Green 〈19・20世紀〉

アメリカの著述家，編集者，出版業者。世紀末
の前衛的な芸術誌「ペリシテ人」（1895～1915）
を発行した。

⇒岩ケ（ハバード, エルバート　1856–1915）
　国小（ハバード　1856.6.19–1915.5.7）
　二十（ハバード, エルバート　1856–1915）

Huber, Wolf 〈15・16世紀〉

オーストリアおよびドイツの画家，素描家，建
築家。ドナウ派を形成。

⇒岩ケ（フーバー　1485頃–1553.6.3）
　芸術（フーバー, ヴォルフ　1485頃–1553）
　国小（フーバー　1490–1553）
　新美（フーバー, ヴォルフ　1480/-5–1553.6.3）
　世美（フーバー, ヴォルフ　1480以降–1553）

Huberman, Leo 〈20世紀〉

アメリカのマルクス主義経済学者。独立社会主
義雑誌 "Monthly Review" の編集者として有名。

⇒岩世（ヒューバーマン　1903.10.17–1968.11.9）
　外国（ヒューバーマン　1904–）
　広辞5（ヒューバーマン　1903–1968）
　広辞6（ヒューバーマン　1903–1968）
　国小（ヒューバーマン　1903.10.17–1968.11.8）
　コン3（ヒューバーマン　1903–1969）
　西洋（ヒューバーマン　1903.10.17–1968.11.9）
　全書（ヒューバーマン　1903–1968）
　大百（ヒューバーマン　1903–1969）
　二十（ヒューバマン, レオ　1903.10.17–1968.11.
　　9）

Hudson, George 〈19世紀〉

イギリスの財政家。

⇒岩ケ（ハドソン, ジョージ　1800–1871）
　英米（Hudson, George　ハドソン, ジョージ
　　1800–1871）

H

Hudson, Henry 〈16・17世紀〉
イギリスの航海者,探検家。北東・北西航路の開拓をめざし,4回の航海を行う。アメリカのハドソン川,カナダのハドソン湾などはその名に因む。
⇒岩ケ (ハドソン,ヘンリー ?-1611)
岩世 (ハドソン ?-1611)
英米 (Hudson, Henry ハドソン,ヘンリー 1550頃-1611)
旺世 (ハドソン 1550頃-1611)
外国 (ハドソン ?-1611)
科学 (ハドソン 1550-1611.6.23)
角世 (ハドソン 1550?-1611)
広辞4 (ハドソン 1550頃-1611)
広辞6 (ハドソン 1550頃-1611)
国小 (ハドソン 1550頃-1611)
コン2 (ハドソン ?-1611)
コン3 (ハドソン ?-1611)
人物 (ハドソン 1550頃-1611.6.22)
西洋 (ハドソン 1550頃-1611.6.22)
世人 (ハドソン 1550頃-1611)
世西 (ハドソン 1550頃-1611)
世百 (ハドソン ?-1611)
全書 (ハドソン 1550頃-1611)
大辞 (ハドソン 1550頃-1611)
大辞3 (ハドソン 1550頃-1611)
大百 (ハドソン 1550?-1611)
探検1 (ハドソン ?-1611)
デス (ハドソン 1550-1611)
伝世 (ハドソン ?-1611?)
百科 (ハドソン ?-1611)
評世 (ハドソン 1550頃-1611)
山世 (ハドソン ?-1611)
歴世 (ハドソン 1550頃-1611)

Hudson, Sir William 〈20世紀〉
オーストラリアの水力電気技術者。
⇒岩ケ (ハドソン,サー・ウィリアム 1895-1978)

Hue, Otto 〈19・20世紀〉
ドイツの労働運動家,政治家。鉱山労働組合運動指導者。
⇒岩世 (フエ 1868.11.2-1922.4.18)
西洋 (フエ 1868.11.2-1922.4.18)

Huebner, C. William 〈19・20世紀〉
アメリカのプロセス(写真)製版システムの開発者。
⇒岩世 (ヒューブナー 1886-1966)

Huebsch, Ben W. 〈19・20世紀〉
アメリカの出版者,編集者。
⇒二十英 (Huebsch, B(en) W. 1876-1964)

Huerta, Adolfo de la 〈19・20世紀〉
メキシコの政治家。1920年大統領,20~23年蔵相。

⇒岩世 (ウエルタ 1881.5.26-1955.7.9)
国小 (ウエルタ 1881/3頃-1954.7.9)
西洋 (ウエルタ 1881-1954)
二十 (ウエルタ, A. 1881-1954)

Huet, Pièrre 〈19世紀〉
フランスの製鉄技師。横須賀製鉄所鑢鑿頭目。
⇒来日 (ユエット 1840-1870.12.29)

Hugenberg, Alfred 〈19・20世紀〉
ドイツの実業家,政治家。フーゲンベルク・コンツェルンを形成。1933年ヒトラー内閣の農相および経済相として入閣。
⇒岩世 (フーゲンベルク 1865.6.19-1951.3.12)
外国 (フーゲンベルク 1865-1951)
角世 (フーゲンベルク 1865-1951)
国小 (フーゲンベルク 1865.6.19-1951.3.12)
コン2 (フーゲンベルク 1865-1951)
コン3 (フーゲンベルク 1865-1951)
人物 (フーゲンベルク 1865.6.19-1951.3.12)
西洋 (フーゲンベルク 1865.6.19-1951.3.12)
世百 (フーゲンベルク 1865-1951)
全書 (フーゲンベルク 1865-1951)
大百 (フーゲンベルク 1865-1951)
ナチ (フーゲンベルク,アルフレート 1865-1951)
ナビ (フーゲンベルク 1865-1951)
二十 (フーゲンベルク,アルフレッド 1865.6.19-1951.3.12)
百科 (フーゲンベルク 1865-1951)
山世 (フーゲンベルク 1865-1951)

Hughes, David Edward 〈19世紀〉
イギリス生まれのアメリカの発明家,物理学者。1855年印刷電信機を発明。
⇒岩ケ (ヒューズ,デイヴィド(・エドワード) 1831-1900)
岩世 (ヒューズ 1831.5.16-1900.1.22)
外国 (ヒューズ 1831-1900)
科学 (ヒューズ 1831.5.16-1900.1.22)
国小 (ヒューズ 1831.5.16-1900.1.22)
コン2 (ヒューズ 1831-1900)
コン3 (ヒューズ 1831-1900)
人物 (ヒューズ 1831.5.16-1900.1.22)
西洋 (ヒューズ 1831.5.16-1900.1.22)
世西 (ヒューズ 1831.5.16-1900.1.22)
世百 (ヒューズ 1831-1900)
全書 (ヒューズ 1831-1900)
大百 (ヒューズ 1831-1900)

Hughes, Howard Robard 〈20世紀〉
アメリカの企業家,飛行家,映画プロデューサー。
⇒岩ケ (ヒューズ,ハワード(・ロバード) 1905-1976)
岩世 (ヒューズ 1905.12.24-1976.4.5)
監督 (ヒューズ,ハウアド 1905.12.24-)
現ア (Hughes, Howard ヒューズ,ハワード 1905-1976)

現人（ヒューズ　1905.12.24–1976.4.5）
コン3（ヒューズ　1905–1976）
人物（ヒューズ　1905.12.24–）
西洋（ヒューズ　1905.12.24–1976.4.5）
世映（ヒューズ, ハワード　1905–1976）
世人（ヒューズ　1905–1976）
世西（ヒューズ　1905.12.24–1976.4.5）
世百新（ヒューズ　1905–1976）
全書（ヒューズ　1905–1976）
大辞3（ヒューズ　1905–1976）
二十（ヒューズ, ハワード　1905.12.24–1976.4.5）
百科（ヒューズ　1905–1976）

Hughes, John 〈20世紀〉

アメリカ生まれの映画監督, 映画脚本家, 映画製作者。
⇒世映（ヒューズ, ジョン　1950–）
　世俳（ヒューズ, ジョン　1950.2.18–）

Hughes, Thomas Parke 〈20世紀〉

アメリカの技術史家。
⇒岩世（ヒューズ　1923–2014.2.3）

Hugo d'Oignie 〈前13世紀〉

1230年頃活躍していたモザンの金工作家。
⇒新美（ユゴー・ドニー）

Hull, Albert Wallace 〈19・20世紀〉

アメリカの実験物理学者, 電気工学者。電子管に関する研究, X線による結晶解析の研究などがある。
⇒世百（ハル　1880–）
　全書（ハル　1880–1966）

Hulton, *Sir* Edward George Warris 〈20世紀〉

イギリスの雑誌経営者, ジャーナリスト。
⇒岩ケ（ハルトン, サー・エドワード・ジョージ・ウォリス）　1906–1988）

Hültz, Johann 〈15世紀〉

ドイツの建築家。
⇒建築（ヒュルツ, ヨハン　?–1449）
　世美（ヒュルツ, ヨハン　?–1449）

Humann, Carl 〈19世紀〉

ドイツの技師, 考古学者。
⇒岩世（フーマン　1839.1.4–1896.4.12）
　西洋（フーマン　1839.1.4–1896.4.12）
　世美（フーマン, カール　1839–1896）

Hume, David 〈18世紀〉

イギリスの哲学者, 歴史家, 政治および経済思想家。主著『人間悟性論』(1758)。

⇒逸話（ヒューム　1711–1776）
　イ哲（ヒューム, D.　1711–1776）
　イ文（Hume, David　1711–1776）
　岩ケ（ヒューム, デイヴィド　1711–1776）
　岩映（ヒューム　1711.4.26–1776.8.25）
　岩哲（ヒューム　1711–1776）
　英文（ヒューム, デイヴィッド　1711–1776）
　英米（Hume, David　ヒューム, デーヴィッド　1711–1776）
　旺世（ヒューム　1711–1776）
　外国（ヒューム　1711–1776）
　科史（ヒューム　1711–1776）
　科人（ヒューム, デヴィッド　1711.5.7–1776.8.25）
　角世（ヒューム　1711–1776）
　教育（ヒューム　1711–1776）
　キリ（ヒューム, デイヴィド　1711.4.26–1776.8.25）
　広辞4（ヒューム　1711–1776）
　広辞6（ヒューム　1711–1776）
　国小（ヒューム　1711.5.7–1776.8.25）
　国百（ヒューム, デービッド　1711.4.26–1776.8.25）
　コン2（ヒューム　1711–1776）
　コン3（ヒューム　1711–1776）
　集世（ヒューム, デイヴィッド　1711.4.26–1776.8.25）
　集文（ヒューム, デイヴィッド　1711.4.26–1776.8.25）
　人物（ヒューム　1711.4.26–1776.8.25）
　西洋（ヒューム　1711.4.26–1776.8.25）
　世人（ヒューム　1711–1776）
　世西（ヒューム　1711.4.26–1776.8.25）
　世百（ヒューム　1711–1776）
　世文（ヒューム, デイヴィッド　1711–1776）
　全書（ヒューム　1711–1776）
　大辞（ヒューム　1711–1776）
　大辞3（ヒューム　1711–1776）
　大百（ヒューム　1711–1776）
　デス（ヒューム　1711–1776）
　伝世（ヒューム　1711.4.26–1776.8.25）
　百科（ヒューム　1711–1776）
　評世（ヒューム　1711–1776）
　名著（ヒューム　1711–1776）
　山世（ヒューム　1711–1776）
　歴学（ヒューム　1711–1777）
　歴史（ヒューム　1711–1776）

Hume, Joseph 〈18・19世紀〉

イギリスの政治家, 社会改革家。下院議員。燈台や港湾施設の改良に貢献。
⇒岩世（ヒューム　1777.1.22–1855.2.20）
　英米（Hume, Joseph　ヒューム, ジョーゼフ　1777–1855）
　外国（ヒューム　1777–1855）
　国小（ヒューム　1777.1.22–1855.2.20）
　コン2（ヒューム　1777–1855）
　コン3（ヒューム　1777–1855）
　西洋（ヒューム　1777.1.22–1855.2.20）

humph 300 西洋人物レファレンス事典

Humphrey, George M. 〈19・20世紀〉
アメリカの実業家, 銀行幹部。財務長官。
⇒二十 (ハンフリー, ジョージ・M. 1890-?)

Humphreys, David 〈18・19世紀〉
アメリカの軍人, 外交官, 事業家, 詩人。独立戦争中ジョージ・ワシントンの副官。作品『合衆国の軍隊に告ぐ詩』など。
⇒集文 (ハンフリーズ, デイヴィッド 1752.7.10–1818.2.21)

Hundertwasser, Friedensreich 〈20世紀〉
オーストリアの画家, 版画家, デザイナー, 建築家, 造形作家。
⇒岩世 (フンデルトヴァッサー 1928.12.15–2000.2.19)

Hunsaker, Jerome Clarke 〈19・20世紀〉
アメリカの航空技術者。海軍航空機設計主任 (1916〜23) として航空機を設計し, その〈NC4〉号飛行艇は, 初めて大西洋横断に成功した。
⇒岩世 (ハンセイカー 1886.8.26–1984.9.10)
　科人 (ハンスエイカー, ジェローム・クラーク 1886.8.26–1984.9.10)
　西洋 (ハンセーカー 1886.8.26-)

Hunt, Richard Morris 〈19世紀〉
アメリカの建築家。最初の高層建築を建てた。
⇒岩ケ (ハント, リチャード・モリス 1827–1895)
　建築 (ハント, リチャード・モリス 1827–1895)
　国小 (ハント 1828.10.31–1895.7.31)
　新美 (ハント, リチャード・モリス 1827.10.31–1895.7.31)

Hunt, Wilson Price 〈18・19世紀〉
アメリカの毛皮商会の雇い人。オレゴン山道を開拓。
⇒探検1 (ハント 1782–1842)

Hunter, Edward Huzlitt 〈19・20世紀〉
イギリスの造船技師。大阪鉄工所 (後の日立造船所) を創立。
⇒日人 (ハンター 1843–1917)
　来日 (ハンター 1843–1917)

Hunter, Ross 〈20世紀〉
アメリカ生まれの映画製作者。
⇒世映 (ハンター, ロス 1920–1996)

Huntington, Collis Potter 〈19世紀〉
アメリカの実業家。大陸横断鉄道を計画し, セントラル・パシフィック鉄道を完成 (1861〜69)。

⇒岩ケ (ハンティントン, コリス・P (ポーター) 1821–1900)
　岩世 (ハンティントン 1821.10.22–1900.8.13)
　コン2 (ハンティントン 1821–1900)
　コン3 (ハンティントン 1821–1900)
　西洋 (ハンティントン 1821.10.22–1900.8.13)

Huntington, Henry E. 〈19・20世紀〉
アメリカの鉄道業者, 不動産業者。
⇒岩世 (ハンティントン 1850.2.27–1927.5.23)

Huntsman, Benjamin 〈18世紀〉
イギリスの技術者。るつぼ製鋼法の発明者。時計材料の必要からるつぼ鋼を発明, のちイギリス製鋼業発展の基礎となった。
⇒岩ケ (ハンツマン, ベンジャミン 1704–1776)
　岩世 (ハンツマン 1704–1776.6.20 (21))
　外国 (ハンツマン 1704–1776)
　コン2 (ハンツマン 1704–1776)
　コン3 (ハンツマン 1704–1776)
　人物 (ハンツマン 1704–1776)
　西洋 (ハンツマン 1704–1776)
　世西 (ハンツマン 1704–1776)
　世百 (ハンツマン 1704–1776)
　全書 (ハンツマン 1704–1776)
　大辞 (ハンツマン 1704–1776)
　大辞3 (ハンツマン 1704–1776)
　大百 (ハンツマン 1704–1776)
　百科 (ハンツマン 1704–1776)

Hurock, Solomon 〈19・20世紀〉
ロシア生まれのアメリカの音楽, 舞踊の興行師。国際的な興行師として有名。
⇒国小 (ヒューロック 1888–1974)
　大百 (ヒューロック 1888–1974)
　バレ (ヒューロック, ソロモン 1888.4.9–1974.3.5)
　ユ人 (ヒューロック, ソロモン 1890–1974)

Hurricane Smith 〈20世紀〉
イギリス・ロンドン生まれのプロデューサー。EMIレコードのエンジニア。
⇒洋ヒ (ハリケーン・スミス 1923-)

Hurst, Margery 〈20世紀〉
イギリスの事業家。
⇒世女 (ハースト, マージョリー 1914–1989)
　世女日 (ハースト, マージャリー 1914–1989)

Hurtado, Francisco 〈17・18世紀〉
スペインの建築家。
⇒建築 (ウルタード, フランシスコ 1669–1725)
　新美 (ウルタード, フランシスコ 1669–1725)
　世美 (ウルタード, フランシスコ 1669–1725)

H

Hurwicz, Leonid 〈20世紀〉
ポーランド出身のアメリカの経済学者，数学者。2007年ノーベル経済学賞受賞。
⇒二十（ハーヴィッツ，L. 1917–）
ノベ3（ハーウィッツ，L. 1917.8.21–）
ユ人（ハーウィッツ（フルヴィッツ），レオニド 1917–2008）

Husayn, Uday 〈20世紀〉
イラクの政治家，実業家。イラク国会議員。
⇒世政（フセイン，ウダイ 1964–2003.7.22）

Huskisson, William 〈18・19世紀〉
イギリスの政治家，財政家。1823～27年商務院総裁自由貿易主義の立場から関税改革などに取組んだ。
⇒岩ケ（ハスキッソン，ウィリアム 1770–1830）
岩世（ハスキソン 1770.3.11–1830.9.15）
英米（Huskisson, Willam ハスキッソン 1770–1830）
外国（ハスキッソン 1770–1830）
国小（ハスキッソン 1770.3.11–1830.9.15）
人物（ハスキッソン 1770.3.11–1830.9.15）
西洋（ハスキッソン 1770.3.11–1830.9.15）
世西（ハスキッソン 1770.3.11–1830.9.15）
世百（ハスキッソン 1770–1830）

Hussey, Obed 〈18・19世紀〉
アメリカの発明家。
⇒岩ケ（ハシー，オーベド 1792–1860）
世科（ハッシー 1792–1860）

Huston, Anjelica 〈20世紀〉
アメリカ生まれの女優，映画監督，映画製作者。
⇒外女（ヒューストン，アンジェリカ 1951.7.9–）
世映（ヒューストン，アンジェリカ 1951–）
世俳（ヒューストン，アンジェリカ 1951.7.8–）
二十（ヒューストン，アンジェリカ 1951.7–）

Hutchison, Terence Wilmot 〈20世紀〉
イギリスの経済学者。
⇒岩世（ハチソン 1912.8.13–2007.10.6）
経済（ハチスン 1912–）

Hutton, Barbara 〈20世紀〉
アメリカの富豪夫人。
⇒現ア（Hutton, Barbara ハットン，バーバラ 1912–1979）
世女日（ハットン，バーバラ 1912–1979）

Huygens, Christiaan 〈17世紀〉
オランダの物理学者，天文学者，数学者。ホイヘンスの原理を含む光の波動論を発表し，望遠鏡を改良して土星の環を発見。また，時計を改良し振り子時計を発明。
⇒岩ケ（ホイヘンス，クリスティアーン 1629–1695）
岩世（ホイヘンス（ハウヘンス） 1629.4.14–1695.7.8）
岩哲（ホイヘンス 1629–1695）
旺世（ホイヘンス 1629–1695）
外国（ホイゲンス 1629–1695）
科学（ホイヘンス 1629.4.14–1695.7.8）
科技（ホイヘンス 1629.4.14–1695.6.8）
科史（ホイヘンス 1629–1695）
科人（ホイヘンス，クリスティアン 1629.4.14–1695.7.8）
科大（ホイヘンス 1629–1695）
角世（ハイヘンス 1629–1695）
広辞4（ホイヘンス 1629–1695）
広辞6（ホイヘンス 1629–1695）
国小（ホイヘンス 1629.4.14–1695.6.8）
国百（ホイヘンス，クリスチアン 1629.4.14–1695.6.8）
コン2（ホイヘンス 1629–1695）
コン3（ホイヘンス 1629–1695）
人物（ホイヘンス 1629.4.14–1695.6.8）
数学（ホイヘンス 1629.4.14–1695.7.8）
数学増（ホイヘンス 1629.4.14–1695.7.8）
西洋（ホイヘンス 1629.4.14–1695.7.8）
世科（ホイヘンス 1629–1695）
世人（ホイヘンス 1629–1695）
世西（ハイヘンス（ホイヘンス） 1629.4.14–1695.6.8）
世百（ホイヘンス 1629–1695）
全書（ホイヘンス 1629–1695）
大辞（ホイヘンス 1629–1695）
大辞3（ホイヘンス 1629–1695）
大百（ホイヘンス 1629–1695）
デス（ホイヘンス 1629–1695）
伝世（ホイヘンス 1629.4.14–1695.7.8）
天文（ホイヘンス 1629–1695）
百科（ホイヘンス 1629–1695）
評世（ホイヘンス 1629–1695）
名著（ホイヘンス 1629–1695）

Huyssens, Piter 〈16・17世紀〉
ジェスイット会の僧で建築家。
⇒建築（フューセンス，ピーテル 1577–1637）

Hwang, John 〈20世紀〉
アメリカの政治家。クリントン政権下のアメリカ民主党全国委員会財務副委員長。
⇒華人（ホアン，ジョン 1945–）

Hyatt, John Wesley 〈19・20世紀〉
アメリカの発明家。セルロイドの製法を発明。
⇒岩ケ（ハイアット，ジョン・ウェズリー 1837–1920）
科学（ハイアット 1837.11.28–1920.5.10）
科技（ハイアット 1837.11.28–1920.5.10）
コン3（ハイアット 1837–1920）
世科（ハイアット 1837–1920）
世百（ハイアット 1837–1920）
全書（ハイアット 1837–1920）

大百 （ハイアット　1837–1920）
二十 （ハイアット，ジョン・W.　1837.11.28–
1920.5.10）
百科 （ハイアット　1837–1920）

Hymer, Stephen 〈20世紀〉

アメリカの経済学者。1968年「急進的政治経済
学のための連合（URPE）」の結成に参加，多国
籍企業の研究者として知られる。
⇒現人 （ハイマー　1934–）

Hyndman, Henry Mayers 〈19・20世紀〉

イギリスの経済思想家，社会民主主義者。イギ
リスにおけるマルクス主義の最初の紹介者。
⇒岩世 （ハインドマン　1842.3.7–1921.11.22）
英米 （Hyndman, Henry Mayers　ハインドマン
1842–1921）
旺世 （ハインドマン　1842–1921）
外国 （ハインドマン　1842–1921）
角世 （ハインドマン　1842–1921）
経済 （ハインドマン　1842–1921）
国小 （ハインドマン　1842.3.7–1921.11.22）
コン2 （ハインドマン　1842–1921）
コン3 （ハインドマン　1842–1921）
人物 （ハインドマン　1842.3.7–1921.11.22）
西洋 （ハインドマン　1842.3.7–1921.11.22）
世西 （ハインドマン　1842.3.7–1921.11.22）
世百 （ハインドマン　1842–1921）
全書 （ハインドマン　1842–1921）
デス （ハインドマン　1842–1921）
ナビ （ハインドマン　1842–1921）
二十 （ハインドマン，ヘンリー・M.　1842–1921）
百科 （ハインドマン　1842–1921）
名著 （ハインドマン　1842–1921）
山世 （ハインドマン　1842–1921）

【 I 】

Iacocca, Lido Anthony Lee 〈20世紀〉

アメリカの企業経営者。フォード社社長
（1968），のちクライスラー社社長（78）。
⇒岩ケ （アイアコッカ，リー　1924–）
岩世 （アイアコッカ　1924.10.15–）
現ア （Iacocca, Lee　アイアコッカ，リー
1924–）
最世 （アイアコッカ，リー　1924–）
西洋 （アイアコッカ　1924.10.15–）
世西 （アイアコッカ　1924.10.15–）
二十 （アイアコッカ，リド・アンソニー・リー
1924.10.15–）

Iacopo da Pietrasanta 〈15世紀〉

イタリアの建築家，彫刻家。

⇒世美 （ヤーコポ・ダ・ピエトラサンタ　?–1495
頃）

Iacopo Tedesco 〈13世紀〉

イタリアの建築家。
⇒世美 （ヤーコポ・テデスコ　（活動）13世紀）

Ibn Firnās, Abū'l-Qāsim 'Abbās 〈9世紀〉

スペインのアラブ系音楽家，発明家。
⇒岩世 （イブン・フィルナース　810–887）
西洋 （イブン・フィルナース　?–888）

Ibn Mājid, Shihāb al-Dīn Aḥmad 〈15・16世紀〉

15世紀のアラブの航海者。1498年喜望峰を回航
したバスコ・ダ・ガマの水先案内人。
⇒岩世 （イブン・マージド　1436頃–1500頃）
角世 （イブン・マージド　生没年不詳）
国小 （イブン・マージド　生没年不詳）
コン2 （イブン・マージド　15世紀）
コン3 （イブン・マージド　15世紀）
西洋 （イブン・マージド　15世紀）
世人 （イブン＝マージド　1430頃–?）
世東 （イブン・マージド）
百科 （イブン・マージド　生没年不詳）
歴史 （イブン＝マージド　1430–?）

Ibn Sa'ūd, 'Abd al-'Azīz 〈19・20世紀〉

サウジアラビア王国の建設者（在位1932～53）。
アラビア一帯を制圧し，王朝を再編成。欧米の
石油会社に採掘権を与え，国家の財源とし，油
田の開発・鉄道の敷設などを進めた。
⇒岩ケ （イブン・サウード，アブド・アル＝アジー
ズ　1880–1953）
旺世 （イブン＝サウード　1880–1953）
外国 （イブン・サウド　1880–1953）
角世 （アブド・アルアジーズ　1880–1953）
現人 （アブドル・アジズ　1880–1953.11.9）
広辞4 （イブン・サウード　1880–1953）
広辞5 （イブン・サウード　1880–1953）
広辞6 （イブン・サウード　1880–1953）
国小 （イブン・サウード　1880頃–1953.11.9）
国百 （イブン・サウード，アブドゥル・アジーズ・
イブン・アブドゥッ・ラフマーン・イブン・ファ
イサル・アッサウード　1880頃–1953.11.9）
コン2 （イブン・サウード　1880–1953）
コン3 （イブン・サウード　1880–1953）
人物 （イブン・サウド　1880–1953.11.9）
西洋 （イブン・サウード　1880–1953.11.9）
世人 （イブン＝サウード（アブド＝アルアジーズ＝
ブン＝サウード）　1880–1953）
世政 （イブン・サウード，アブドル・アジズ
1880–1953.11.9）
世西 （イブン・サウド　1880–1953.11.9）
世東 （イブン・サウード　1880頃–1953）
世百 （イブンサウド　1880–1953）
全書 （イブン・サウド　1880–1953）
大辞 （イブン・サウード　1880–1953）

経済・産業篇　　　　　　　　　303　　　　　　　　　ilyus

大辞2（イブン・サウド　1880–1953）
大辞3（イブン・サウド　1880–1953）
大百（イブン・サウド　1880–1953）
中国（イブン・サウド　1880–1953）
中国（イブン＝サウド　1880–1953）
デス（イブン・サウド　1880頃–1953）
伝世（イブン・サウード　1880–1953）
統治（アブド・アル＝アズィーズ　（在位）1902–
　　　1953）
ナビ（イブン＝サウード　1880–1953）
二十（アブド・アルアジーズ・ブン・サウード
　　　1880–1953.11.9）
百科（アブド・アルアジーズ・ブン・サウード
　　　1880–1953）
評世（イブン＝サウド　1880–1953）
山世（アブドゥルアジーズ　1880–1953）

Ides, Ebert Isbrand〈17・18世紀〉
ロシアの貿易商。1692～95年ピョートル1世の
命により，シベリア経由中国に赴く。
⇒外国（イデス　1660?–1704/-09）

Iffland, August Wilhelm〈18・19世紀〉
ドイツの俳優，劇場総支配人，劇作家。
⇒岩世（イフラント　1759.4.19–1814.9.22）
演劇（イフラント，アウグスト・ヴィルヘルム
　　　1759–1814）
国小（イフラント　1759.4.19–1814.9.22）
コン2（イフラント　1759–1814）
コン3（イフラント　1759–1814）
集文（イフラント，アウグスト・ヴィルヘルム
　　　1759.4.19–1814.9.22）
西洋（イフラント　1759.4.19–1814.9.22）
世百（イフラント　1759–1814）
世文（イフラント，アウグスト・ヴィルヘルム
　　　1759–1814）
全書（イフラント　1759–1814）
大百（イフラント　1759–1814）
百科（イフラント　1759–1814）

Igor I Ryurikovich〈9・10世紀〉
キエフ大公（在位912～945）。944年ビザンツ帝
国へ遠征，通商条約を結ぶ。
⇒旺世（イーゴリ（1世）　877–945）
外国（イーゴリ　?–945）
角世（イーゴリ1世　877–945）
キリ（イーゴリ1世　877–945）
国小（イーゴリ1世（大公）　?–945）
コン2（イーゴリ　?–945）
コン3（イーゴリ　?–945）
西洋（イーゴリ一世　877–945）
世百（イーゴリ公　?–945）
全書（イーゴリ　?–945）
大百（イーゴリ　875?–945）
デス（イーゴリ1世　877–945）
統治（イーゴリ一世　（在位）924–945）
百科（イーゴリ公　?–945）
評世（イゴル（イーゴリ）　877–945）
ロシ（イーゴリ　?–945）

Ihne, Ernst von〈19・20世紀〉
ドイツの建築家。主作品，カイザー・フリード
リヒ博物館（1904）。
⇒岩世（イーネ　1848.5.23–1917.4.21）
西洋（イーネ　1848.5.23–1917.4.21）

Iktinos〈前5世紀〉
ギリシアの建築家。ペリクレス時代にアテネで
活躍，パルテノンの設計者。
⇒岩ケ（イクティノス　前5世紀）
岩世（イクティノス）
外国（イクティノス　前5世紀頃）
角世（イクティノス　前5世紀）
ギリ（イクティノス　（活躍）前450頃–420）
ギロ（イクティヌス　前5世紀）
建築（イクティノス（イクティヌス）　（活動）前5
　　　世紀）
広辞4（イクティノス）
広辞6（イクティノス　前5世紀）
国小（イクティノス　前5世紀）
コン3（イクティノス　前5世紀頃）
新美（イクティーノス）
人物（イクティノス　生没年不詳）
西洋（イクティノス　前5世紀）
世西（イクティノス　前5世紀頃）
世美（イクティノス　前5世紀頃）
世百（イクティノス）
全書（イクティノス　生没年不詳）
大辞3（イクティノス　前5世紀頃）
大百（イクティノス　生没年不詳）
伝世（イクティノス　前5世紀）
百科（イクティノス）
山世（イクティノス　前5世紀）

Ilg, Alfred〈19・20世紀〉
スイスの技術家。エチオピアに赴き（1878），
橋梁を築造，またジブティ，アディス・アベバ
間の鉄道を敷設して国土の開発を図った。
⇒岩世（イルク　1854.3.30–1916.1.7）
西洋（イルク　1854.3.30–1916.1.7）

Iliinskii, Mikhail Aleksandorovich
〈19・20世紀〉
ソ連邦の有機化学者，化学技術者。アリザリン
染料工学・吸着染色法を完成。
⇒コン2（イリーンスキィ　1856–1941）
コン3（イリンスキー　1856–1941）

Il'in, Yakov Naumovich〈20世紀〉
ソ連邦の作家。新聞記者として第1次5ヵ年計画
のスターリングラード・トラクター工場の建設
に参加，『大コンベヤー』を書いた。
⇒名著（イリン　1905–1932）

Ilyushin, Sergei Vladimirovich〈20世
紀〉
ソ連邦の航空機設計家。IL・62などを設計。ス

imadi 304 西洋人物レファレンス事典

ターリン賞，レーニン賞受賞。
⇒岩ケ（イリューシン，セルゲイ（・ウラジーミロ
　ヴィチ）1894–1977）
　現人（イリューシン 1894.3.30–）
　国小（イリューシン 1894–1977）
　コン3（イリューシン 1894–1977）
　大百（イリューシン 1894–1977）
　二十（イリューシン，S. 1894–1977）

Imadi, Muhammad 〈20世紀〉
シリアの経済学者，政治家。著作に『経済発展
と計画』(1968)がある。
⇒中東（イマデイ 1930–）

Imbault, Jean Jérôme 〈18・19世紀〉
フランスのヴァイオリン奏者，音楽出版業者。
⇒音大（アンボー 1753.3.9–1832.4.15）
　ラル（アンボー，ジャン・ジェローム 1753–
　1832）

Imhetep
エジプト第3王朝のジュセル王に仕えた大臣，
建築家。ヘリオポリスの神官。
⇒百科（イムヘテプ）

Imhoff, Gustaaf Willem van 〈18世紀〉
オランダの東インド会社総督(1743～50)。
⇒国小（インホフ 1705–1750）
　コン2（イムホフ 1705–1750）
　コン3（イムホフ 1705–1750）
　西洋（ファン・インホフ 1705.8.8–1750.11.6）

Imhotep 〈前27世紀〉
エジプト第3王朝期の書記，医者の守護者，建
築家。
⇒岩ケ（イムヘテプ 〔活躍〕前27世紀）
　科学（イムホテプ 〔活躍〕前2980–2950）
　科技（イムホテプ）
　建築（イムホテプ 〔活動〕前2650頃）
　国小（インホテプ）
　コン2（イムホテプ 前2650頃）
　コン3（イム・ホテプ 前2650前後）
　西洋（イムホテプ 前2650頃）
　世美（イムヘテプ 前2650–前2600頃）

Immelt, Jeffrey R. 〈20世紀〉
ゼネラル・エレクトリック（GE）の最高経営責
任者（CEO）。
⇒最世（イメルト，ジェフリー 1956–）

Immermann, Max Franz 〈19・20世紀〉
ドイツの戦闘機操縦者。「インメルマン旋回」
の発明者。
⇒岩ケ（インメルマン，マックス 1890–1916）
　科学（インメルマン 1890.9.21–1916.6.18）

　西洋（インメルマン 1890.9.21–1916.6.18）

Inama-Sternegg, Karl Theodor Ferdinand Michael von 〈19・20世紀〉
ドイツ歴史学派の経済学者。
⇒岩世（イナーマ＝シュテルネック 1843.1.20–
　1908.11.28）
　外国（イナマ・シュテルネッグ 1843–1908）
　国小（イナーマ・シュテルネック 1843–1908）
　人物（イナーマ・シュテルネック 1843.1.20–1908.
　11.30）
　西洋（イナーマ・シュテルネック 1843.1.20–
　1908.11.30）
　世西（イナマ・シュテルネック 1843.1.20–1908.
　11.28）
　全書（イナマ・シュテルネック 1843–1908）
　二十（イナマ，シュテルネック 1843–1908）
　名著（イナマ・シュテルネック 1843–1908）

Ince, Thomas Harper 〈19・20世紀〉
アメリカの映画製作者，監督。撮影台本の形式
を完成，制作者の制度を確立。代表作『シビリ
ゼーション』(1916)など。
⇒岩世（インス 1882.11.6–1924.11.19）
　外国（インス 1882–1924）
　監督（インス，トマス・ハーバー 1882.11.6–
　1924.11.19）
　国小（インス 1882.11.6–1924）
　コン3（インス 1880–1924）
　世映（インス，トーマス・ハーバー 1882–1924）
　世俳（インス，トーマス・H 1882.11.6–1924.11.
　19）
　世百（インス 1880–1924）
　大百（インス 1880–1924）

Inchcape, Kenneth J.W.M. 〈20世紀〉
イギリスの財界人。イギリスで最古の歴史をも
つ大手海運会社P&O（ペニンシュラー・アン
ド・オリエンタル・スチーム・ネービゲーショ
ン）の会長。
⇒現人（インチケープ 1917.12.27–）

Indijck, Hendrick 〈17世紀〉
出島のオランダ商館長。
⇒西洋（インダイク ?–1664.5.4）

Ingersoll, Robert Stephen 〈20世紀〉
アメリカの実業家。世界最大の自動車部品メー
カー，ボルグ・ワーナー社の会長。
⇒現人（インガソル 1914.1.28–）
　コン3（インガソル 1914–）
　二十（インガソル，ロバート 1914.1.28–）

Ingram, John Kells 〈19・20世紀〉
イギリス（アイルランド）の経済学者。『大英百
科辞典，第9版』に経済学史および伝記に関す
る項目を執筆した(1885)。

I

⇒岩世（イングラム　1823.7.7-1907.5.1）
コン2（イングラム　1823-1907）
コン3（イングラム　1823-1907）
人物（イングラム　1823.7.7-1907.5.1）
西洋（イングラム　1823.7.7-1907.5.1）
世西（イングラム　1823.7.7-1907.5.1）
二十（イングラム，ジョン・ケルズ　1823-1907）

Inkster, Ian 〈20世紀〉
オーストラリアの経済史家。日本の工業技術史の研究に従事。1979年一橋大学経済研究所客員教授を務める。
⇒二十（インクスター, I.　1949-）

Innis, Harold Adams 〈20世紀〉
カナダの政治経済学者，コミュニケーション理論の先駆者。
⇒岩ケ（イニス，ハロルド・アダムズ　1894-1952）
　経済（インニス　1894-1952）

Insolera, Italo 〈20世紀〉
イタリアの建築家，著述家。
⇒世美（インソレーラ，イターロ　1929-）

Insull, Samuel 〈19・20世紀〉
アメリカの公益事業投資家。1892年シカゴ・エディソン会社社長。
⇒世西（インスル　1859.11.11-1938.7.16）

Inwood, Henry William 〈18・19世紀〉
イギリスの建築家。
⇒建築（インウッド，ヘンリー・ウィリアム　1794-1843）

Iofan, Boris Mikhailovich 〈20世紀〉
ソ連邦の建築家。パリ万国博覧会のソヴェート館などを設計した。
⇒岩世（ヨファン　1891.4.16[28]-1976.3.11）
　西洋（ヨファン　1891.4.28-）
　世美（ヨファン，ボリス・ミハイロヴィチ　1891-）

Ipatieff, Vladimir Nikolaevich 〈19・20世紀〉
アメリカ（ロシア生まれ）の工業化学者。有名な高圧ボンベを製作し（1903～04），化学反応における加圧研究の先駆をなした。
⇒岩ケ（イパーチェフ，ウラジーミル・ニコラエヴィチ　1867-1952）
　岩世（イパチエフ　1867.11.9[21]-1952.11.29）
　外国（イパーチェフ　1867-1952）
　科学（イパチェフ　1867.11.9-1952.11.29）
　科技（イパチェフ　1867.11.29-1952.11.29）
　科人（イパティエフ，ウラディミル・ニコラエヴィッチ　1867.11.21-1952.11.29）
　コン2（イパーチエフ　1867-1952）
　コン3（イパーチエフ　1867-1952）
　西洋（イパーチエフ　1867.11.9-1952）
　世科（イパチェフ　1867-1952）
　世西（イパチエフ　1867.11.21-1952.11.29）
　世百（イパーチェフ　1867-1952）
　全書（イパーチェフ　1867-1952）
　大百（イパーチェフ　1867-1952）
　二十（イパーチェフ, V.　1867.11.9-1952）
　百科（イパーチエフ　1867-1952）
　ロシ（イパーチエフ　1867-1952）

Irving, Sir Henry 〈19・20世紀〉
イギリスの俳優，劇場経営者。
⇒イ文（Irving, Sir Henry　1838-1905）
　岩ケ（アーヴィング，サー・ヘンリー　1838-1905）
　岩世（アーヴィング　1838.2.6-1905.10.13）
　演劇（アーヴィング，サー・ヘンリー　1838-1905）
　外国（アーヴィング　1838-1905）
　国小（アービング　1838.2.6-1905.10.13）
　コン2（アーヴィング　1838-1905）
　コン3（アーヴィング　1838-1905）
　集文（アーヴィング，ヘンリー　1838.2.6-1905.10.13）
　西洋（アーヴィング　1838.2.6-1905.10.13）
　世西（アーヴィング　1838.2.6-1905.10.13）
　世百（アーヴィング　1838-1905）
　全書（アーヴィング　1838-1905）
　大百（アービング　1838-1905）
　デス（アービング　1838-1905）
　百科（アービング　1838-1905）

Irving, Henry Brodribb 〈19・20世紀〉
イギリスの俳優。サー・ヘンリーの長男。『ジキル博士とハイド氏』を演出して成功。サボイ劇場の支配人。
⇒国小（アービング，ヘンリー・ブロドリブ　1870.8.5-1919.10.17）

Irwin, Robert Walker 〈19・20世紀〉
アメリカの貿易商。三井物産，台湾製糖創立功労者。のち日本駐剳ハワイ公使として移民事業にも尽力。
⇒日人（アーウィン　1844-1925）
　来日（アーウィン　1844-1925）

Isabello, Pietro 〈15・16世紀〉
イタリアの建築家。
⇒世美（イザベッロ，ピエトロ　1480頃-1555頃）

Isard, Walter 〈20世紀〉
アメリカの経済学者。地域科学および平和研究のパイオニアの一人。
⇒岩世（アイザード　1919.4.19-2010.11.6）
　西洋（アイサード　1919.4.19-）

Isărescu, Constantin Mugurel 〈20世紀〉

ルーマニアの政治家, 経済学者。ルーマニア首相, ルーマニア中央銀行総裁。
⇒世政（イサレスク, ムグル 1949.8.1–）
　東欧（イサレスク 1949–）

Isherwood, *Sir* Joseph William 〈19・20世紀〉

イギリスの造船家, 発明家。〈イシャウッド縦肋骨構造方式〉を発明（1906）, 他に水面下の船型, 船倉口蓋等の発明考案がある。
⇒岩世（イシャウッド 1870.5.22–1937.10.24）
　西洋（イシャウッド 1870.5.22–1937.10.24）

Isidōros ho Milēsios 〈6世紀〉

6世紀前半のビザンツ帝国の建築家。
⇒岩世（イシドロス（ミレトスの））

Isidōros of Miletus 〈6世紀頃〉

ギリシアの建築家。聖ソフィア教会をコンスタンチノープルに築造。
⇒外国（イシドロス（ミレトスの） 6世紀頃）
　科史（イシドロス（ミレトスの））
　国小（イシドロス（ミレトスの） 生没年不詳）
　コン2（イシドロス 532頃）
　コン3（イシドロス 532頃）
　新美（イシドーロス（ミーレートスの））
　数学（イシドロス（ミレトスの） 6世紀）
　数学増（イシドロス（ミレトスの） 6世紀）
　西洋（イシドロス（ミレトスの））
　世美（イシドロス（ミレトス出身の） 6世紀）

Ismā'il 〈13世紀〉

イランの砲術家。中国元朝に回回砲（投石機）を伝えた。別馬里斯丹の人。
⇒岩世（イスマーイール ?–1274［世祖至元11］）
　角世（イスマーイール ?–1274）
　国小（イスマーイール〔亦思馬因〕 ?–1274（至元11））
　コン2（イスマーイール〔亦思馬因〕 ?–1274）
　コン3（イスマーイール 亦思馬因 ?–1274）
　西洋（イスマーイール）
　世東（イスマイル〔亦思馬因〕 ?–1274）
　中ユ（イスマーイール ?–1274）

Isola, Maija 〈20世紀〉

フィンランドのテキスタイル・デザイナー。
⇒岩世（イソラ 1927.3.15–2001.3.3）

Issigonis, Alec 〈20世紀〉

イギリスの自動車技術者。小型量産自動車の設計において科学的なコンポーネントパッケージを初めて開発した。
⇒岩ケ（イシゴニス, サー・アレック 1906–1988）
　世科（イシゴニス 1906–）
　二十（イシゴニス, A. 1906.11.18–1988.10.2）

Italus, Franciscus 〈15・16世紀〉

ポーランドの建築家。
⇒建築（イタルス, フランシスクス ?–1516）

Itten, Johannes 〈19・20世紀〉

スイスの画家, 美術教育家。チューリヒ工芸博物館長（1938～53）, リートベルク美術館長（52～55）などを歴任。
⇒岩ケ（イッテン, ヨハネス 1888–1967）
　岩世（イッテン 1888.11.11–1967.5.27）
　才西（イッテン, ヨハネス 1888–1967）
　新美（イッテン, ヨハネス 1888.11.11–1967.3.25）
　西洋（イッテン 1888.11.11–1967.3.25）
　世芸（イッテン, ヨハネス 1888–1967）
　世美（イッテン, ヨハネス 1888–1967）
　世百（イッテン 1888–）
　世百新（イッテン 1888–1967）
　大辞2（イッテン 1888–1967）
　大辞3（イッテン 1888–1967）
　大百（イッテン 1888–）
　二十（イッテン, ヨハネス 1888.11.11–1967.3.25）
　百科（イッテン 1888–1967）

Iuvara, Eutichio 〈17・18世紀〉

イタリアの金工家。
⇒世美（ユヴァーラ, エウティーキオ 17–18世紀）

Iuvara, Francesco 〈17・18世紀〉

イタリアの金工家。
⇒世美（ユヴァーラ, フランチェスコ 17–18世紀）

Iuvara, Francesco Natale 〈17・18世紀〉

イタリアの金工家。
⇒世美（ユヴァーラ, フランチェスコ・ナターレ 17–18世紀）

Iuvara, Pietro 〈17・18世紀〉

イタリアの金工家。
⇒世美（ユヴァーラ, ピエトロ 17–18世紀）

Iuvara, Sebastiano 〈17・18世紀〉

イタリアの金工家。
⇒世美（ユヴァーラ, セバスティアーノ 17–18世紀）

Ivanov, Il'ya Ivanovich 〈19・20世紀〉

ソ連邦の畜産学者。1914年モスクワ農業アカデミー教授。良種繁殖学・品種改良・動物の風土馴化を研究。人工授精の技術を畜産に初めて応用。
⇒コン2（イワーノフ 1871–1935）
　コン3（イワノフ 1871–1935）

経済・産業篇　　　　　　　　*307*　　　　　　　　**jacks**

世百（イヴァーノフ　1870–1932）
二十（イワーノフ, I.　1870–1932）
百科（イワノーフ　1870–1932）
ロシ（イワノーフ　1870–1932）

Iveagh, Edward Cecil Guinness, 1st Earl of 〈19・20世紀〉

ギネス醸造会社社長（1886～1927）。リスター
予防医学研究所を設立。
⇒国小（イーバー　1847.11.10–1927.10.7）

Ives, Frederick Eugene 〈19・20世紀〉

アメリカの写真家，発明家。
⇒岩ケ（アイヴズ, フレデリック（・ユージン）
1856–1937）
コン3（アイヴズ　1856–1937）

Ives, James Merritt 〈19世紀〉

アメリカの石版工。石版印刷会社 "カリアー・
アンド・アイヴズ商会" の共同経営者。
⇒伝世（アイヴズ　1824–1895）

Iwerks, Ubbe Ert Iwwerks 〈20世紀〉

アメリカのアニメイション作家，特殊技術部門
監督。
⇒岩ケ（アイワークス, U.B.　1901–1971）
監督（アイワークス, アブ　1901.3.24–1971.7.7）
世映（アイワークス, アブ　1901–1971）
世俳（アイワークス, アップ　1901.3.24–1971.7.
7）

Ixchel

マヤの予言，機織り，妊娠，出産，豊穣，産婆の
女神。
⇒岩世（イシュチェル）

Ixnard, Pierre-Michel d' 〈18世紀〉

フランス生まれの建築家。ドイツで活躍。ネオ
クラシズムの代表的建築家。
⇒建築（ディクスナール, ピエール＝ミシェル
1726–1795）

【 J 】

Jabir ibn Hayyan 〈8・9世紀〉

アラビアの化学者。アッバース朝時代の錬金術
師。金属の精錬，染色法を初めて記載し，酢を
蒸溜して酢酸をつくる方法を考案。中世科学に
多大な影響を及ぼした。
⇒岩世（ジャービル・イブン・ハイヤーン　8世紀–
9世紀初）
岩哲（ジャービル・イブン＝ハイヤーン　8世紀）

外国（ジャービル・イブン・ハイヤン　721/2–
777/8）
科技（ゲーバー　721頃–815頃）
科史（ジャービル・イブン・ハイヤーン　?–804）
角世（ジャービル・ブン・ハイヤーン　721?–
815?）
国小（ジャービル・イブン・ハイヤーン　?–815
頃）
コン2（ジャービル・ブン・ハッヤーン　?–777/
80）
コン3（ジャービル・ブン・ハッヤーン　721頃–
815頃）
人物（ゲーベル　702?–765?）
西洋（ジーベル　8世紀）
世東（ジャービル　?–815頃）
世百（ジャービルビンハイヤーン　?–780頃）
全書（ジャービル・ビン・ハイヤーン　721/722–
?）
大辞（ジャービル・ブン・ハッヤーン　721?–
815?）
大辞3（ジャービル・ブン・ハッヤーン　721?–
815?）
大百（ジャービル・イブン・ハイヤーン　生没年
不詳）
伝世（ジャービル　8世紀）
百科（ジャービル・ブン・ハイヤーン　721頃–
815頃）
評世（ジャービル＝ブン＝ハイヤーン　?–815）
歴史（ジャービル＝ブン＝ハイヤーン　721頃–
815頃）

Jacini, Stefano 〈19世紀〉

イタリアの経済学者，政治家。
⇒岩世（ヤチーニ　1826.6.20–1891.3.25）

Jack of Newbury 〈16世紀〉

バークシャー地方ニューベリーの織物商。本名
ジョン・ウィンチコム。
⇒西騎（ジャック・オブ・ニューベリー　1513生存）

Jackson, Barbara 〈20世紀〉

イギリスの経済学者。
⇒世女日（ジャクソン, バーバラ　1914–1981）

Jackson, *Sir* Barry Vincent 〈19・20世紀〉

イギリスの演出家。バーミンガム・レパート
リー劇場を創設。著書に『演劇と市民生活』
（1922）がある。
⇒演劇（ジャクソン, サー・バリー　1879–1961）
国小（ジャクソン　1879–1961）
集文（ジャクソン, バリー　1879.7.6–1961.4.3）
西洋（ジャクソン　1879.7.6–1961.4.3）
世百（ジャクソン　1879–1961）
二十（ジャクソン, バリー・ヴィンセント　1879.
7.6–1961.4.3）
二十英（Jackson, Sir Barry Vincent　1879–
1961）

J

Jackson, Sir Thomas Graham 〈19・20世紀〉
イギリスの建築家。
⇒岩ケ（ジャクソン, サー・トマス・グレアム 1835–1924）

Jacob, Georges 〈18・19世紀〉
フランスの家具製造業者。
⇒岩世（ジャコブ 1739.7.6–1814.7.5）
　西洋（ジャコブ 1739.7.6–1814.7.5）
　世美（ジャコブ, ジョルジュ 1739–1814）
　百科（ジャコブ 1739–1814）

Jacobi, Moritz Hermann 〈19世紀〉
ロシアの物理学, 電気工学者。電動モーターを設計。
⇒コン2（ヤコービ 1801–1874）
　コン3（ヤコービ 1801–1874）
　世西（ヤコービ 1801.9.21–1874.3.10）
　世百（ヤコビ 1801–1874）
　全書（ヤコービ 1801–1874）
　大百（ヤコービ 1801–1874）
　デス（ヤコービ 1801–1874）
　百科（ヤコビ 1801–1874）

Jacobsen, Arne 〈20世紀〉
デンマークの建築家, 家具デザイナー。鋭い方形やガラスの壁面に特徴づけられた機能的建築を設計し, 主作品はベラ・ビスタ共同住宅（1933）, スカンジナビア航空ビル（59）。
⇒岩ケ（ヤコブセン, アーネ 1902–1971）
　岩世（ヤコブセン 1902.2.11–1971.3.24）
　現人（ヤコブセン 1902.2.11–1971.3.24）
　国小（ヤコブセン 1902–1971）
　新美（ヤコブセン, アルネ 1902.2.11–1971.3.24）
　西洋（ヤコブセン 1902.2.11–1971.3.24）
　世美（ヤコブセン, アーネ 1902–1971）
　全書（ヤコブセン 1902–1971）
　大百（ヤコブセン 1902–1971）
　二十（ヤコブセン, アルネ 1902.2.11–1971.3.24）

Jacobsen, Jacob Christian 〈19世紀〉
デンマークのビール醸造家。
⇒岩世（ヤコブセン 1811.9.2–1887.4.30）

Jacobsen, Johan 〈20世紀〉
デンマーク生まれの映画監督, 映画製作者。
⇒世映（ヤーコブセン, ヨーハン 1912–1972）

Jacobson, Maurice 〈20世紀〉
イギリスのピアノ奏者, 作曲家。1950〜72年カーウェンズ社社長。
⇒演奏（ジェーコブソン, モーリス 1896.1.1–1976.2.2）

Jacobsson, Per 〈20世紀〉
スウェーデンの国際金融専門家。1956年IMF専務理事就任「ヤコブソン案」（「IMFの機能強化案」）(61) で知られる。
⇒現人（ヤコブソン 1894.2.5–1963.5.5）
　二十（ヤコブソン, ペール 1894–1963）

Jacoby, Johann 〈19世紀〉
プロシアの政治家。ユダヤ人商人の子。
⇒外国（ヤコービ 1805–1877）
　西洋（ヤコービ 1805.5.1–1877.3.6）
　百科（ヤコービー 1805–1877）
　評世（ヤコービ 1805–1877）

Jacquard, Joseph Marie 〈18・19世紀〉
フランスの発明家, ジャカード織機の発明者。
⇒岩ケ（ジャカール, ジョゼフ・マリー 1752–1834）
　岩世（ジャカール（ジャカード） 1752.7.7–1834.8.7）
　外国（ジャカール 1752–1834）
　科学（ジャカール 1752.7.7–1834.8.7）
　科史（ジャカール 1752–1834）
　国小（ジャカール 1752.7.7–1834.8.7）
　コン2（ジャカール 1752–1834）
　コン3（ジャカール 1752–1834）
　人物（ジャカール 1752.7.7–1834.8.7）
　西洋（ジャカール 1752.7.7–1834.8.7）
　世科（ジャカール 1752–1834）
　世西（ジャカール 1752.7.7–1834.8.7）
　全書（ジャカール 1752–1834）
　大百（ジャカール 1752–1834）
　デス（ジャカール 1752–1834）
　伝世（ジャカール 1752.7.7–1834）
　百科（ジャカール 1752–1834）

Jacuzzi, Candido 〈20世紀〉
イタリアの発明家。
⇒岩ケ（ジャクッツィ, カンディド 1903–1986）

Jaffé, William 〈20世紀〉
アメリカ生まれの経済思想家。
⇒経済（ジャッフェ 1898–1980）

Jaffee, Dwight M. 〈20世紀〉
アメリカの経済学者。
⇒二十（ジャッフェ, D.M. 1943–）

Jagdeo, Bharrat 〈20世紀〉
ガイアナの政治家, 経済学者。ガイアナ大統領, ガイアナ人民進歩党（PPP）党首。
⇒世政（ジャグデオ, バラト 1964.1.23–）

Jahn, Gunner 〈19・20世紀〉
ノルウェーの経済学者, 統計学者。ノーベル平和賞委員長, 国際通貨基金総裁。

⇒二十（ヤーン, G. 1883–?）

Jahn, Helmut 〈20世紀〉
ドイツの建築家。マーフィーアソシエイツ副
社長。
⇒最世（ヤーン, ヘルムート　1940–）
　二十（ヤーン, ヘルムート　1940–）

Jahnn, Hans Henny 〈19・20世紀〉
ドイツの劇作家, 小説家, パイプオルガン製作
者, ホルモン研究者, 馬の飼育業者。代表作は
厖大な長篇3部作『岸辺なき川』(1949〜61)。
⇒岩世（ヤーン　1894.12.17–1959.11.29）
　現人（ヤーン　1894.12.17–1959.11.29）
　幻想（ヤーン, ハンス・ヘニー　1894–1959）
　国小（ヤーン　1894.12.17–1959.11.29）
　コン3（ヤーン　1894–1959）
　集世（ヤーン, ハンス・ヘニー　1894.12.17–
　　1959.11.29）
　集文（ヤーン, ハンス・ヘニー　1894.12.17–
　　1959.11.29）
　西洋（ヤーン　1894.12.17–1959.11.29）
　世百新（ヤーン　1894–1959）
　世文（ヤーン, ハンス・ヘニー　1894–1959）
　全書（ヤーン　1894–1959）
　大百（ヤーン　1894–1959）
　二十（ヤーン, ハンス・ヘニー　1899(94).12.
　　17–1959.11.29）
　百科（ヤーン　1894–1959）

Jaidah, Ali Muhammad 〈20世紀〉
カタールの石油問題行政官。1966年財政・石油
省経済局長。OPEC, OAPEC, その他の石油
関係の国際会議のカタール代表団長を務める。
⇒中東（ジェイダ　1941–）

Jakubowska, Wanda 〈20世紀〉
ポーランド生まれの映画監督, 映画プロ
デューサー。
⇒監督（ヤクボウスカ, ワンダ　1907.11.10–）
　世映（ヤクボフスカ, ヴァンダ　1907–1998）
　世女（ヤクボウスカ, ワンダ　1907–）

Jalal, Muhammad bin Yousuf 〈20世紀〉
バハレーンの実業家。ビルディング・コントラ
クティング社を創設。商業会議所会頭。
⇒中東（ジャラル　1914–）

Jameel, Fathulla 〈20世紀〉
モルジブの政治家。外相兼計画・開発相。
⇒世政（ジャミール, ファトラ　1942–）

James, Eleanor 〈18世紀〉
イギリスの印刷業者。
⇒世女日（ジェームズ, エレノア　18世紀）

James, John 〈17・18世紀〉
イギリスの建築家。
⇒世美（ジェイムズ, ジョン　1672頃–1746）

James, Peter 〈20世紀〉
イギリスの作家, 脚本家, 映画プロデューサー。
⇒海作4（ジェイムズ, ピーター　1948–）

James of St.George, Master 〈13・14
世紀〉
エドワード1世（在位1272–1307年）時代の城塞
建築家。
⇒西騎（ジェームズ・オブ・セント・ジョージ（マ
スター）　エドワード1世時代(1272–1307頃)）

Jameson, Sir Leander Starr 〈19・20世
紀〉
南アフリカの政治家。C.ローズと親交を結び,
南アフリカ会社の設立に関与(1888〜89)。植
民地政府首相となり(1904〜08), 南アフリカ
連邦の成立(10)に尽力。
⇒岩ケ（ジェイムソン, サー・リアンダー・スター
　1853–1917）
　外国（ジェームソン　1853–1917）
　コン2（ジェームソン　1853–1917）
　コン3（ジェームソン　1853–1917）
　西洋（ジェームソン　1853.2.9–1917.11.26）

Jamieson, John Kenneth 〈20世紀〉
アメリカの国際石油資本経営者。1963年にアメ
リカ国内最大の石油会社でアメリカ・エクソン
の前身ハンブル石油社長, 69年会長。
⇒現人（ジェイミソン　1910.8.28–）
　二十（ジェーミソン, ジョン・K.　1910–）

Jamjoom, Ahmad Salah 〈20世紀〉
サウジアラビアの実業家, 政治家。サウジアラ
ビア航空会長(1967)。
⇒中東（ジャムジューム　1925–）

Jamnitzer, Albrecht 〈16世紀〉
ドイツの金工家。
⇒新美（ヤムニッツァー, アルブレヒト　?–1555）

Jamnitzer, Christoph 〈16・17世紀〉
ドイツ皇帝のお抱え細工師。
⇒コン2（ヤムニッツァー, クリストフ　1563–
　1618）
　コン3（ヤムニッツァー, クリストフ　1563–
　1618）

Jamnitzer, Wenzel 〈16世紀〉
オーストリアの金工。ルネサンス時代を代表す
る鋳金家の一人, ウィーンで制作した。
⇒岩世（ヤムニッツァー　1508–1585.12.19）

J

コン2（ヤムニッツァー, ヴェンツェル 1508–
　　1585）
コン3（ヤムニッツァー, ヴェンツェル 1508–
　　1585）
新美（ヤムニッツァー, ヴェンツェル 1508–
　　1585.12.19）
西洋（ヤムニッツァー 1508–1585.12.19）
世美（ヤムニッツァー, ヴェンツェル 1508–
　　1585）
百科（ヤムニッツァー 1508–1585）

Janák, Pavel 〈19・20世紀〉

チェコの建築家。
⇒岩世（ヤナーク 1881.3.12–1956.8.1）
　世美（ヤナーク, パヴェル 1882–1956）

Jane, Mary 〈18・19世紀〉

イギリスの児童書出版者。
⇒世児（ゴドウィン, ウィリアム＆メアリ・ジェイ
　　ン 1766–1841）

Jan Joosten van Loodenstijn 〈17世
紀〉

オランダの船員, 貿易商。帆船リーフデ号に乗
り込んでW.アダムズらとともに豊後に漂着。
徳川家康に用いられて江戸に屋敷を授かり（八
重洲河岸の名はこれに因むという）。シャム,
コーチシナなど東南アジア方面との朱印船貿易
に活躍。のち南シナ海で難破し溺死。
⇒岩世（ヤン・ヨーステン ?–1623）
　外国（ヤン・ヨーステン ?–1623頃）
　広辞4（ヤン・ヨーステン 1557頃–1623）
　広辞6（ヤン・ヨーステン 1557頃–1623）
　国史（ヤン＝ヨーステン ?–1623）
　国小（ヤン・ヨーステン 1557以前–1623.10以
　　後）
　コン2（ヤンーヨーステン ?–1623）
　コン3（ヤンーヨーステン ?–1623）
　人物（ヤン・ヨーステン 生没年不詳）
　西洋（ヤン・ヨーステン ?–1623）
　世西（ヤン・ヨーステン ?–1623）
　世百（ヤンヨーステン 1557?–1623）
　全書（ヤン・ヨーステン ?–1623）
　対外（ヤン＝ヨーステン ?–1623）
　大辞（ヤン・ヨーステン 1556?–1623）
　大辞3（ヤン・ヨーステン 1556?–1623）
　大百（ヤン・ヨーステン ?–1623）
　デス（ヤン・ヨーステン 1556頃–1623）
　日人（ヤン＝ヨーステン ?–1623）
　百科（ヤン・ヨーステン 1557?–1623）
　来日（ヤン・ヨーステン ?–1623）
　歴史（ヤン＝ヨーステン 556?–1623）

Jankó, Paul von 〈19・20世紀〉

ハンガリーの数学者, ピアノ奏者。6列の鍵盤
を有するピアノ（ヤンコー・ピアノ）を発明。
⇒音楽（ヤンコー, パウル・フォン 1856.6.2–
　　1919.3.17）
　音大（ヤンコ 1856.6.2–1919.3.17）

西洋（ヤンコー 1856.6.2–1919.3.17）

Jannings, Emil 〈19・20世紀〉

ドイツの俳優, 映画製作者。『最後の人』
（1924）, 『バリエテ』（25）, 『嘆きの天使』
（30）などの名作に出演。
⇒逸話（ヤニングス 1884–1950）
　岩ケ（ヤニングス, エーミール 1884–1950）
　岩世（ヤニングス 1884.7.23–1950.1.2）
　外国（ヤニングス 1886–1950）
　外男（ヤニングス, エミール 1884/82/86.7.23–
　　1950.1.2）
　広辞5（ヤニングス 1884–1950）
　広辞6（ヤニングス 1884–1950）
　国小（ヤニングス 1884.7.23–1950.1.20）
　コン3（ヤニングス 1886–1950）
　集文（ヤニングス, エーミル 1884.7.23–1950.1.
　　2）
　西洋（ヤニングス 1886.7.23–1950.1.2）
　世映（ヤニングス, エーミール 1884–1950）
　世俳（ヤニングス, エミール 1884.7.23–1950.1.
　　3）
　世百（ヤニングス 1886–1950）
　全書（ヤニングス 1884–1950）
　大百（ヤニングス 1884–1950）
　ナチ（ヤニングス, エミール 1884–1950）
　ナビ（ヤニングス 1884–1950）
　二十（ヤニングス, エミール 1884.7.23–1950.1.
　　2）
　俳優（ヤニングス, エミール 1884.7.23–1950.1.
　　2）

Jansen, Zacharias 〈16・17世紀〉

オランダの発明家, 光学器械製作者。リッペル
スハイとならんで望遠鏡の発明者と伝えら
れる。
⇒外国（ヤンセン 生没年不詳）
　科学（ヤンセン 1588–1628/–31）
　科史（ヤンセン 1588–1628頃）
　科人（ヤンセン, ツァハリアス 1580–1638?）
　看護（ヤンセン 16世紀–17世紀）
　世西（ヤンセン）

Jansky, Karl Guthe 〈20世紀〉

アメリカのラジオ技師。出所不明の弱い電波が
宇宙から地球に届くことをつきとめ, 電波天
文学の基礎を築いた。
⇒岩ケ（ジャンスキー, カール（・グーテ） 1905–
　　1950）
　岩世（ジャンスキー 1905.10.22–1950.2.14）
　科学（ジャンスキー 1905.10.22–1950.2.14）
　科技（ジャンスキー 1905.10.22–1950.2.14）
　科人（ジャンスキー, カール・ガス 1905.10.22–
　　1950.2.14）
　科大（ジャンスキー 1905–1950）
　科大2（ジャンスキー 1905–1950）
　現人（ジャンスキー 1905.10.22–1950.2.14）
　広辞5（ジャンスキー 1905–1950）
　広辞6（ジャンスキー 1905–1950）
　コン3（ジャンスキー 1905–1950）

西洋（ジャンスキー　1905.10.22–1950.2.14）
世科（ジャンスキー　1905–1950）
大辞2（ジャンスキー　1905–1950）
大辞3（ジャンスキー　1905–1950）
天文（ジャンスキー　1905–1950）
二十（ジャンスキー，カール・G.　1905.10.22–1950.2.14）

Jansz, Willem
オランダの航海者。
⇒オセ（ヤンス　生没年不詳）

Janszoon, Laurens 〈14・15世紀〉
オランダの役人。ハールレム大聖堂の聖具室係。一説には，グーテンベルクより前の印刷術発明者。
⇒岩ケ（ヤンスゾーン，ラウレンス　1370頃–1440頃）

Janszoon, Willem
オランダ東インド会社の遣日特派使節。
⇒岩世（ヤンスゾーン）
　西洋（ヤンスゾーン　17世紀）

Janszoon, Willem 〈16世紀〉
オランダの船長。ヨーロッパ人として初めてオーストラリアを発見した。
⇒探検1（ヤンスゾーン　1570–?）

Japelli, Giuseppe 〈18・19世紀〉
イタリアの建築家。
⇒岩世（ヤッペッリ　1783.5.14–1852.5.8）
　建築（ヤッペッリ，ジュゼッペ　1783–1852）
　世美（ヤッペリ，ジュゼッペ　1783–1852）

Jaques-Droz, Pierre 〈18世紀〉
スイスの機械工。
⇒科学（ジャク・ドローズ　1721–1790）

Jaracz, Stefan 〈19・20世紀〉
ポーランドの俳優。ワルシャワの劇場「アテネウム」の創立者および支配人の一人。
⇒コン3（ヤーラチ　1883–1945）

Jardin, Nicolas 〈18世紀〉
フランスの建築家。コペンハーゲンおよびヘルシンキ附近に教会や宮殿の作品がある。
⇒岩世（ジャルダン　1720.3.22(23)–1799.8.31）
　建築（ジャルダン，ニコラ＝アンリ　1720–1799）
　西洋（ジャルダン　1720.3.22/23–1799.8.31）
　世美（ジャルダン，ニコラ＝アンリ　1720–1799）

Jardine, Doctor William 〈18・19世紀〉
イギリスの貿易商。アヘン密貿易に従事，アヘン戦争開戦の急先鋒となる。

⇒岩世（ジャーディン　1784.2.24–1843.2.27）
　コン2（ジャーディン　1784–1843）
　コン3（ジャーディン　1784–1843）
　世東（ジャーディン　1784–1843）

Jarman, Derek 〈20世紀〉
イギリス生まれの映画監督，映画製作者。
⇒最世（ジャーマン，デレク　1942–1994）
　世映（ジャーマン，デレク　1942–1994）

Jaspar, Henri 〈19・20世紀〉
ベルギーの政治家。首相兼内相。さらに，蔵相，外相等を歴任。外相（1920～24）としてベルギーの国際連盟加入を実現。
⇒岩世（ジャスパール　1870.7.28–1939.2.15）
　西洋（ジャスパール　1870.7.28–1939）

Jassim bin Muhammad al-Thani, Sheikh 〈20世紀〉
カタールの政治家，実業家。1970年電力・水利相。
⇒中東（ジャーシム　1917–）

Jathar, Ganesh Bhaskar 〈19・20世紀〉
インドの経済学者。『インド経済論』の共著者として知られている。
⇒名著（ジャタール　1887–）

Jatho, Karl 〈19・20世紀〉
ドイツの飛行機製造家。ライト兄弟よりも4カ月前に動力つき三葉飛行機による飛行に成功。またドイツにおける最初の飛行学校の創立者。
⇒岩世（ヤトー　1873.2.3–1933.12.8）
　西洋（ヤトー　1873.2.3–1933.12.8）

Jay, Douglas Patrick Thomas 〈20世紀〉
イギリスの政治家，ジャーナリスト。「デーリー・ヘラルド」紙編集長。大蔵省経済次官，財務次官を歴任し，商相。
⇒外国（ジェー　1907–）
　国小（ジェイ　1907.3.23–）
　西洋（ジェー　1907.3.23–）
　二十（ジェイ，ダグラス・パトリック・トーマス　1907–）

Jay Dee 〈20世紀〉
アメリカのヒップホップ系の音楽プロデューサー。
⇒ヒ人（ジェイ・ディー）

Jazze Pha 〈20世紀〉
アメリカのヒップホップ系の音楽プロデューサー。
⇒ヒ人（ジャジー・フェイ）

Jean, Wyclef 〈20世紀〉
ハイチ生まれのヒップホップミュージシャン，
プロデューサー。
⇒ヒ人（ジョン，ワイクリフ　1972–）

Jean d'Andely 〈13世紀〉
フランスの建築家。
⇒建築（ジャン・ダンドリィ　（活動）13世紀）

Jean de Bayeux 〈14世紀〉
フランス，ルーアンの建築長。
⇒建築（ジャン・ド・バユー　?–1398）

Jean de Chelles 〈13世紀〉
フランスの建築家。
⇒建築（ジャン・ド・シェル　（活動）13世紀）
　新美（ジャン・ド・シェル　?–1270頃）
　世美（ジャン・ド・シェル　13世紀）

Jean de Loubière 〈14世紀〉
フランスの建築家。
⇒建築（ジャン・ド・ルビエル　（活動）14世紀）
　世美（ジャン・ド・ルービエール　14世紀前半）

Jean de Rouen 〈16世紀〉
フランス生まれのポルトガル・ルネサンス期の
彫刻家，建築家。
⇒岩世（ジャン・ド・ルアン　1500頃–1580）
　西洋（ジャン・ド・ルーアン　?–1580頃）

Jean Deschamps 〈13世紀〉
フランスの建築家。
⇒岩世（ジャン・デシャン）
　建築（デシャン，ジャン　1218–1295）
　西洋（ジャン・デシャン　13世紀頃）
　世美（ジャン・デ・シャン　13世紀）

Jean d'Oisy 〈14世紀〉
フランドルの建築家。
⇒世美（ジャン・ドワジー　14世紀）

Jean d'Orbais 〈13世紀〉
フランスの建築家。
⇒建築（ジャン・ドルベ　?–1231）
　世美（ジャン・ドルベー　13世紀）

Jeanneret, Pierre 〈20世紀〉
スイスの建築家。
⇒世美（ジャンヌレ，ピエール　1896–1968）

Jecht, Horst 〈20世紀〉
ドイツの経済学者。主著『社会科学辞典』（共
編）。

⇒名著（イェヒト　1901–）

Jefferson, Carl E. 〈20世紀〉
アメリカのジャズ・プロデューサー。レコード
会社「コンコード」を設立。
⇒ジヤ（ジェファーソン，カール・E.　1919–）
　二十（ジェファーソン，カール　1919.12.10–）

Jefferson, Thomas 〈18・19世紀〉
アメリカの政治家，建築家。第3代大統領（1801
～09）。
⇒ア文（ジェファーソン，トマス　1743.4.13–1826.
　　7.4）
　アメ（ジェファソン　1743–1826）
　逸話（ジェファーソン　1743–1826）
　岩ケ（ジェファソン，トマス　1743–1826）
　岩世（ジェファソン　1743.4.2–1826.7.4）
　岩哲（ジェファソン　1743–1826）
　英文（ジェファソン，トマス　1743–1826）
　英米（Jefferson, Thomas　ジェファソン
　　1743–1826）
　旺世（ジェファソン　1743–1826）
　外国（ジェファソン　1743–1826）
　科学（ジェファソン　1743.4.13–1826.7.4）
　角世（ジェファーソン　1743–1826）
　教育（ジェファソン　1743–1826）
　キリ（ジェファスン，トマス　1743.4.13/2–1826.
　　7.4）
　建築（ジェファーソン，トーマス　1743–1826）
　広辞4（ジェファソン　1743–1826）
　広辞6（ジェファソン　1743–1826）
　国小（ジェファーソン　1743.4.13–1826.7.4）
　国百（ジェファーソン，トマス　1743.4.13–1826.
　　7.4）
　コン2（ジェファソン　1743–1826）
　コン3（ジェファソン　1743–1826）
　集文（ジェファソン，トマス　1743.4.2–1826.7.
　　4）
　新美（ジェファソン，トーマス　1743.4.13–1826.
　　7.4）
　人物（ジェファソン　1743.4.2–1826.7.4）
　西洋（ジェファソン　1743.4.2–1826.7.4）
　世人（ジェファソン　1743–1826）
　世西（ジェファソン　1743.4.2–1826.7.14）
　世美（ジェファーソン，トマス　1743–1826）
　全書（ジェファソン　1743–1826）
　体育（ジェファーソン　1743–1826）
　大辞（ジェファソン　1743–1826）
　大辞3（ジェファソン　1743–1826）
　大百（ジェファソン　1743–1826）
　デス（ジェファーソン　1743–1826）
　伝世（ジェファーソン　1743.4.13–1826.7.4）
　百科（ジェファソン　1743–1826）
　評世（ジェファーソン　1743–1826）
　山世（ジェファソン　1743–1826）
　歴史（ジェファソン　1743–1826）

Jekyll, Gertrude 〈19・20世紀〉
イギリスの園芸家，庭園デザイナー。
⇒岩ケ（ジーキル，ガートルード　1843–1932）

世女（ジーキル，ガートルード　1843–1932）
世女日（ジェキル，ガートルード　1843–1932）

Jel 〈20世紀〉
アメリカのヒップホップ系の音楽プロデューサー。
⇒ヒ人（ジェル）

Jelly Roll 〈20世紀〉
アメリカのヒップホップ系の音楽プロデューサー。
⇒ヒ人（ジェリー・ロール）

Jenin, Alexis 〈19世紀〉
アメリカ出身の技師，鉱山技術研究家。佐渡鉱山の技師。
⇒来日（ジェニン　?–1897）

Jenkins, Charles Francis 〈19・20世紀〉
アメリカの発明家。電送写真に関心をもち，1923年ハーディング大統領の肖像を無線でワシントンからフィラデルフィアに送ることに成功した。
⇒世百（ジェンキンズ　1867–1934）
　全書（ジェンキンズ　1867–1934）
　二十（ジェンキンズ，チャールズ・フランシス　1867–1934）

Jenkins, Robert 〈18世紀〉
イギリスの商船の船長。1731年乗船レベッカ号が西インド諸島でスペイン人に略奪され，耳を切落され，「ジェンキンズの耳の戦争」の発端となる。
⇒岩ケ（ジェンキンズ，ロバート　18世紀）
　国小（ジェンキンズ　生没年不詳）

Jenkins, Roy Harris 〈20世紀〉
イギリスの政治家，評論家。イギリス内相・蔵相，欧州共同体（EC）委員長，社会民主党党首。
⇒岩ケ（ジェンキンズ（ヒルヘッドの），ロイ・ハリス・）ジェンキンズ，男爵　1920–）
　現人（ジェンキンス　1920.11.11–）
　国小（ジェンキンズ　1920.11.11–）
　世政（ジェンキンズ，ロイ　1920.11.11–2003.1.5）
　全書（ジェンキンズ　1920–）
　二十（ジェンキンズ，ロイ・ハリス　1920.11.11–）

Jenkinson, Anthony 〈16・17世紀〉
イギリスの商人，旅行家。北極海廻りでモスクワに赴き，その後，中央アジアのブハラやイランを訪問した。
⇒角世（ジェンキンソン　?–1611）
　コン2（ジェンキンソン　?–1611頃）
　コン3（ジェンキンソン　?–1611頃）
　西洋（ジェンキンソン　?–1611頃）

探検1（ジェンキンソン　?–1611）
中ユ（ジェンキンソン　?–1611）

Jenner, Edward 〈18・19世紀〉
イギリスの臨床医。種痘法を発明，予防接種の創始者となる。
⇒岩ケ（ジェンナー，エドワード　1749–1823）
　岩世（ジェンナー　1749.5.17–1823.1.26）
　英米（Jenner, Edward　ジェンナー　1749–1823）
　旺世（ジェンナー　1749–1823）
　外国（ジェンナー　1749–1823）
　科学（ジェンナー　1749.5.17–1823.1.26）
　科技（ジェンナー　1749.5.17–1823.1.24）
　科史（ジェンナー　1749–1823）
　科人（ジェンナー，エドワード　1749.5.17–1823.1.24）
　科大（ジェンナー　1749–1823）
　角世（ジェンナー　1749–1823）
　看護（ジェンナー　1749–1823）
　広辞4（ジェンナー　1749–1823）
　広辞6（ジェンナー　1749–1823）
　国小（ジェンナー　1749.5.17–1823.1.26）
　国百（ジェンナー，エドワード　1749.5.17–1823.1）
　コン2（ジェンナー　1749–1823）
　コン3（ジェンナー　1749–1823）
　人物（ジェンナー　1749.5.17–1823.1.26）
　西洋（ジェンナー　1749.5.17–1823.1.26/4）
　世科（ジェンナー　1749–1823）
　世人（ジェンナー　1749–1823）
　世西（ジェンナー　1749.5.17–1823.1.26）
　世百（ジェンナー　1749–1823）
　全書（ジェンナー　1749–1823）
　大辞（ジェンナー　1749–1823）
　大辞3（ジェンナー　1749–1823）
　大百（ジェンナー　1749–1823）
　デス（ジェンナー　1749–1823）
　伝世（ジェンナー　1749.5.17–1823.1.26）
　百科（ジェンナー　1749–1823）
　評世（ジェンナー　1749–1823）
　名著（ジェンナー　1749–1823）
　山世（ジェンナー　1749–1823）
　歴史（ジェンナー　1749–1823）

Jennewein, Carl Paul 〈19・20世紀〉
ドイツ生まれのアメリカの建築家。ナショナル・アカデミー会員。
⇒国小（ジェヌワイン　1890–）

Jenney, William Le Baron 〈19・20世紀〉
アメリカの建築家。鉄骨とガラスを用いて斬新なオフィス・ビルディングの様式を創造した。
⇒岩世（ジェニー　1832–1907）
　国小（ジェニー　1832.9.25–1907.6.14）
　コン2（ジェニー　1832–1907）
　コン3（ジェニー　1832–1907）
　新美（ジェンニイ，ウィリアム・レ・バロン　1832.9.25–1907.6.15）

西洋（ジェニ　1832–1907）
世美（ジェニー，ウィリアム・ル・バロン　1832–1907）
世百（ジェニー　1832–1907）

Jensen, Georg 〈19・20世紀〉
デンマークの銀細工師，彫刻家。
⇒岩ケ（イェンセン，ゲオア　1866–1935）
　岩世（イェンセン　1866.8.31–1935.10.2）
　世美（イェンセン，ゲオウ　1866–1935）

Jensen-Klint, Peder Vilhelm 〈19・20世紀〉
デンマークの建築家。
⇒世美（イェンセン＝クリント，ペザー・ウィルヘルム　1853–1930）

Jenson, Nicolaus 〈15世紀〉
フランスの印刷者，活字彫刻者。
⇒岩世（ジャンソン　1420頃–1480）
　コン2（ジャンソン　1420頃–1480）
　コン3（ジャンソン　1420頃–1480）
　西洋（ジャンソン　1420頃–1480）

Jeronimo de Jesus 〈16・17世紀〉
ポルトガルのフランシスコ会士。1594年来日。日本＝フィリピン通商交渉の仲介者。
⇒キリ（ジロニム・デ・ジズス　?–1602）
　国小（ゼロニモ・デ・ゼズス　?–1602）
　人物（ジェロニモ　?–1602）
　西洋（ヘズス　?–1601.10.6）
　世百（ゼロニモデゼズス　?–1602）
　全書（ゼロニモ・デ・ゼズス　?–1601）
　大百（ゼロニモ・デ・ゼズス　?–1601）
　日人（ジェロニモ＝デ＝ジェズス　?–1601）
　百科（ジェロニモ・デ・ジェズス　?–1601）

Jessop, William 〈18・19世紀〉
イギリスの土木技術者。
⇒岩ケ（ジェソップ，ウィリアム　1745–1814）
　岩世（ジェソップ　1745.1.23–1814.11.18）
　世科（ジェソップ　1745–1814）

Jetelová, Magdalena 〈20世紀〉
チェコスロバキア生まれの木彫作家。
⇒世芸（ヘテロア，マグダレーナ　?–）

Jevons, William Stanley 〈19世紀〉
イギリスの経済学者，論理学者。限界効用理論を樹立した。主著『経済学理論』(1871)。
⇒イ哲（ジェヴォンズ，W.S.　1835–1882）
　岩ケ（ジェヴォンズ，ウィリアム・スタンリー　1835–1882）
　岩世（ジェヴォンズ　1835.9.1–1882.8.13）
　外国（ジェヴォンズ　1835–1882）
　科史（ジェヴォンズ　1835–1882）

広辞6（ジェヴォンズ　1835–1882）
国小（ジェボンズ　1835.9.1–1882.8.13）
コン2（ジェヴォンズ　1835–1882）
コン3（ジェヴォンズ　1835–1882）
人物（ジェボンズ　1835.9.1–1882.8.13）
西洋（ジェヴォンズ　1835.9.1–1882.8.13）
世西（ジェヴォンズ　1835.9.1–1882.8.13）
世百（ジェヴォンズ　1835–1882）
全書（ジェボンズ　1835–1882）
大辞（ジェボンズ　1835–1882）
大辞3（ジェボンズ　1835–1882）
大百（ジェボンズ　1835–1882）
デス（ジェボンズ　1835–1882）
伝世（ジェヴォンズ　1835.9.1–1882）
百科（ジェボンズ　1835–1882）
名著（ジェヴォンズ　1835–1883）

Jewell, Marshall 〈19世紀〉
アメリカの工業経営者，政治家。連邦郵政長官。
⇒国小（ジュウェル　1825.10.20–1883.2.10）

Jewett, Frank Baldwin 〈19・20世紀〉
アメリカの物理学者，電気技術者，科学政策担当者。
⇒岩世（ジュウェット　1879.9.5–1949.11.18）
　西洋（ジューエット　1879.9.5–1949.11.18）

Jèze, Gaston 〈19・20世紀〉
フランスの法学者，財政学者。パリ大学名誉教授。国際公法図書館および国際財政学図書館長。
⇒岩世（ジェーズ　1869.3.2–1953.8.6）
　西洋（ジェーズ　1869.3.2–1953）
　名著（ジェーズ　1869–）

al-Jishi, Majid Jawad 〈20世紀〉
バハレーンの技術者，政治家。1975年公共事業・電力・水利相。
⇒中東（ジシ　1930?–）

Joannes III Doucus Vatatzes 〈12・13世紀〉
ビザンチン帝国皇帝（在位1222〜54）。効果的な経済政策を推進，領土の多くを回復した。
⇒外国（ヨハンネス3世　1193–1254）
　角世（ヨハネス3世　1192?–1254）
　キリ（ヨーアンネース3世・ドゥカス・ウァタツェス　12世紀末–1254.10.30）
　皇帝（ヨハネス3世（バタウエス）　1193–1254）
　国小（ヨハネス3世　1193–1254.11.3）
　コン2（ヨアンネス3世　1193–1254）
　コン3（ヨアンネス3世　1193–1254）
　西洋（ヨアンネス三世　1193–1254.11.3）
　全書（ヨハネス三世　1193–1254）
　統治（ヨアンネス三世ウァタゼス　（在位）1222–1254）

João da Nova〈15・16世紀〉
ガリシア生まれの貴族、ポルトガル王に仕えた航海者。
⇒岩世（ジョアン・ダ・ノヴァ 1460頃–1509.7）

Jobs, Steven〈20世紀〉
アメリカのコンピュータ発明家、企業家。
⇒岩ケ（ジョブズ、スティーヴン 1955–）
岩世（ジョブズ 1955.2.24–2011.10.5）
現ア（Jobs, Steven Paul ジョブズ、スティーヴン・ポール 1955–）
ナビ（ジョブズ 1955–）

Jodoin, René〈20世紀〉
カナダ生まれのアニメーション作家、映画製作者。
⇒世映（ジョドアン、ルネ 1920–）

Joffe, Eliezer Lipa〈19・20世紀〉
農業開拓者、モシャブ（協同組合村）運動の指導者。
⇒ユ人（ヨッフェ、エリエゼル・リパ 1882–1944）

Johannes XXII〈13・14世紀〉
教皇（在位1316～34）。教皇庁の財政を再建し、全司教の任命権を掌握。
⇒岩ケ（ヨハネス22世 1249頃–1334）
旺世（ヨハネス（22世） 1249–1334）
外国（ヨハンネス22世 1249頃–1334）
角世（ヨハネス22世 1244–1334）
教皇（ヨハネス22世 （在位）1316–1334）
キリ（ヨハネス22世 1245/1334.12.4）
国小（ヨハネス22世 1249–1334.12.4）
コン2（ヨハネス22世 1249–1334）
コン3（ヨハネス22世 1249–1334）
西洋（ヨハネス二十二世 1249–1334.12.4）
世西（ヨハンネス二十二世 1249–1334）
世百（ヨハネス22世 1249–1334）
全書（ヨハネス二二世 1245頃–1334）
大百（ヨハネス二二世 1249–1334）
百科（ヨハネス22世 1249–1334）
評世（ヨハネス2世 1249–1334）
山世（ヨハネス22世 1245?–1334）
歴史（ヨハネス22世 1249–1334）

Johannsen, Otto〈19・20世紀〉
ドイツの製鉄技術史家、冶金学者。『鉄の歴史』を著わし1939年からは製鉄史、工場史の研究に専念した。
⇒名著（ヨハンゼン 1882–1960）

Johansen, John Maclane〈20世紀〉
アメリカの建築家。
⇒世美（ヨハンセン、ジョン・マクレイン 1916–）

Johansen, Leif〈20世紀〉
ノルウェーの経済学者。
⇒経済（ヨハンセン 1930–1982）
二十（ヨハンセン、L. 1930–1982）

John Henry〈19世紀〉
アメリカ黒人のフォーク・ヒーロー。1870年頃ウェスト・バージニアあたりで伝説化された怪力の巨人鉄道工夫。
⇒アメ（ジョン・ヘンリー）
百科（ジョン・ヘンリー）

Johnny J〈20世紀〉
アメリカのヒップホップ系の音楽プロデューサー。
⇒匕人（ジョニー・ジェイ）

John of Gloucester〈13世紀〉
イギリスの建築家。ジョン・オブ・メースンの名でも知られている。
⇒建築（ジョン・オブ・グローチェスター 1245–1260）

Johns, Glyn〈20世紀〉
イギリス生まれの音楽プロデューサー。多くのロック・ミュージシャンのレコードを制作。
⇒口人（ジョンズ、グリン 1942–）

Johnson, Alvin Saunders〈19・20世紀〉
アメリカ生まれの経済思想学者。
⇒経済（ジョンソン 1874–1971）

Johnson, Bryan Stanley〈20世紀〉
イギリスの小説家、詩人、映画製作者。
⇒イ文（Johnson, B(ryan) S(tanley William) 1933–1973）
オ世（ジョンソン、B.S.（ブライアン・スタンリー・ウィリアム） 1933–1973）
集世（ジョンソン、B.S. 1933.2.5–1973.11.13）
集文（ジョンソン、B.S. 1933.2.5–1973.11.13）
世文（ジョンソン、B.S. 1933–1973）
二十（ジョンソン、ブライアン・スタンレイ 1923–）
二十英（Johnson, B(ryan) S(tanley William) 1933–1973）

Johnson, Clarence Leonard〈20世紀〉
アメリカの航空機の設計者。
⇒岩ケ（ジョンソン、クラレンス・レナード 1910–1990）

Johnson, Edward〈19・20世紀〉
カナダのテノール歌手、興行師。
⇒演奏（ジョンソン、エドワード 1878.8.22–1959.

4.20）
オベ（ジョンソン, エドワード　1878.8.22–1959.
4.20）
現演（ジョンソン, エドワード　1881–）
西洋（ジョンソン　1881.8.22–1959.4.20）

Johnson, Emory Richard　〈19・20世紀〉
アメリカの経済学者。ホウォートン財政経済専門学校学部長（1919～33）。主著 "Transport facilities, services and polices"（47）。
⇒岩世（ジョンソン　1864.3.22–1950.3.6）
西洋（ジョンソン　1864.3.22–1950.3.6）

Johnson, Harry Gordon　〈20世紀〉
カナダ生まれの経済思想家。
⇒経済（ジョンソン　1923–1977）
二十（ジョンソン, ハーリー・ゴードン　1923–1979）

Johnson, Howard Deering　〈20世紀〉
アメリカの会社経営名。
⇒岩ケ（ジョンソン, ハワード（・ディアリング）
1896–1972）

Johnson, Hugh Samuel　〈19・20世紀〉
アメリカの銀行家, 政治家。1933年ニュー・ディールにおけるローズヴェルトのブレーン・トラストの一員となり, 新設の産業復興局長官をつとめた。
⇒外国（ジョンソン　1874–1942）

Johnson, Isaac Charles　〈19・20世紀〉
イギリスのセメント工場の支配人。ポルトランド・セメント製造技術に直結するすぐれた製造方法を発明した。
⇒世百（ジョンソン　1811–1911）

Johnson, Philip Cortelyou　〈20世紀〉
アメリカの建築家。代表作は『シーグラム・ビルディング』（1958）。著書『国際様式』（32）は建築批評の先駆的な作品として有名。
⇒岩ケ（ジョンソン, フィリップ・C（コートリュー）　1906–）
岩世（ジョンソン　1906.7.8–2005.1.25）
才西（ジョンスン, フィリップ　1906–）
現人（ジョンソン　1906.7.8–）
国小（ジョンソン　1906–）
コン3（ジョンソン　1906–）
新美（ジョンソン, フィリップ　1906.7.8–）
西洋（ジョンソン　1906.7.8–）
世美（ジョンソン, フィリップ　1906–）
世百新（ジョンソン　1906–）
全書（ジョンソン　1906–）
大辞2（ジョンソン　1906–）
大辞3（ジョンソン　1906–2005）
大百（ジョンソン　1906–）

ナビ（ジョンソン　1906–）
二十（ジョンソン, フィリップ・C.　1906.7.8–）
百科（ジョンソン　1906–）

Johnson, *Sir* William　〈18世紀〉
アメリカの商人, 植民地管理官。インディアン女性と結婚, 部族と親交があった為に就任。
⇒岩ケ（ジョンソン, サー・ウィリアム　1715–1774）
英米（Johnson, Sir William　ジョンソン, ウィリアム　1715–1774）
国小（ジョンソン　1715–1774.7.11）
コン3（ジョンソン　1715–1774）
西洋（ジョンソン　1715–1774.7.11）

Johnston, Eric　〈20世紀〉
アメリカの実業家。中東派遣アメリカ大統領特使, 米日協会長。
⇒世映（ジョンストン, エリック　1896–1963）
二十（ジョンストン, エリク　1896–1963）

Johnstone, Anna Hill　〈20世紀〉
アメリカの衣装デザイナー。
⇒世女日（ジョンストン, アンナ・ヒル　1913–1992）

Jolivet, André　〈20世紀〉
フランスの作曲家。コメディ・フランセーズの音楽支配人。ラムルー管弦楽団の会長。主要作品に『オンド・マルトノ協奏曲』など。
⇒岩世（ジョリヴェ　1905.8.8–1974.12.20）
音楽（ジョリヴェ, アンドレ　1905.8.8–1974.12.20）
音大（ジョリヴェ　1905.8.8–1974.12.20）
外国（ジョリヴェ　1905–）
クラ（ジョリヴェ, アンドレ　1905–1974）
現人（ジョリベ　1905.8.8–1974.12.19）
広辞5（ジョリヴェ　1905–1974）
広辞6（ジョリヴェ　1905–1974）
国小（ジョリベ　1905–1974.12.19）
コン3（ジョリヴェ　1905–1974）
作曲（ジョリヴェ, アンドレ　1905–1974）
人物（ジョリベ　1905.8.8–）
西洋（ジョリヴェ　1905.8.8–1974.12.20）
世西（ジョリヴェ　1905–）
世百（ジョリヴェ　1905–）
世百新（ジョリベ　1905–1974）
全書（ジョリベ　1905–1974）
大百（ジョリベ　1905–1974）
二十（ジョリベ, アンドレ　1905.8.8–1974.12.19）
百科（ジョリベ　1905–1974）
ラル（ジョリヴェ, アンドレ　1905–1974）

Jonas, Frederick Maurice　〈19・20世紀〉
イギリスの貿易商。神戸F.M.ジョネス商会を経営。日本産蝶類の収集家。

⇒来日（ジョナス　1851–1924）

Jones, David 〈20世紀〉

アメリカの実業家。1961年以来大相撲本場所優勝力士へのトロフィー授与を続け，81年に日本相撲協会より表彰された。
⇒二十（ジョーンズ，デビッド　1915–）

Jones, Eliot 〈19・20世紀〉

アメリカの経済学者。鉄道，石炭，公益事業などにおける企業結合に関する彼の実証的研究は，アメリカのトラストについての古典的著作とみなされている。
⇒名著（ジョーンズ　1887–）

Jones, Inigo 〈16・17世紀〉

イギリスの建築家，舞台美術家。
⇒イ文（Jones, Inigo　1573–1652）
　岩ケ（ジョーンズ，イニゴー　1573–1652）
　岩世（ジョーンズ　1573.7.15–1652.6.21）
　英米（Jones, Inigo　ジョーンズ，イニゴー　1573–1652）
　演劇（ジョウンズ，イニゴ　1573–1652）
　外国（ジョーンズ　1573–1652）
　キリ（ジョウンズ，イニゴウ　1573.7.15–1652.6.21）
　建築（ジョーンズ，イニゴ　1573–1652）
　国小（ジョーンズ　1573.7.15–1652.6.21）
　国百（ジョーンズ，イニゴ　1573.7.19–1652.6.21）
　集世（ジョーンズ，イニゴー　1573.7.15頃–1652.6.21）
　集文（ジョーンズ，イニゴー　1573.7.15頃–1652.6.21）
　新美（ジョーンズ，イニゴ　1573.7.15–1652.6.21）
　西洋（ジョーンズ　1573.7.15–1652.6.21）
　世西（ジョーンズ　1573–1652）
　世美（ジョーンズ，イニゴー　1573–1652）
　世百（ジョーンズ　1573–1652）
　全書（ジョーンズ　1573–1652）
　大百（ジョーンズ　1573–1652）
　伝世（ジョーンズ　1573.7.15–1652.6.21）
　百科（ジョーンズ　1573–1652）

Jones, Owen 〈19世紀〉

イギリスのデザイナー，建築家。主著は『装飾の根本原理』(1856)。
⇒岩ケ（ジョーンズ，オーウェン　1809–1874）
　建築（ジョーンズ，オーエン　1807–1874）
　国小（ジョーンズ　1809–1874）

Jones, Quincy 〈20世紀〉

アメリカの音楽プロデューサー，編曲者。シカゴ生まれ。
⇒ア事（ジョーンズ，クインシー　1933–）
　現ア（Jones, Quincy　ジョーンズ，クウィンシー　1933–）
　実ク（ジョーンズ，クインシー）
　世映（ジョーンズ，クインシー　1933–）
　大辞3（ジョーンズ　1933–）
　標音（ジョーンズ，クインシー）
　洋ヒ（ジョーンズ，クインシー　1933–）

Jones, Richard 〈18・19世紀〉

イギリスの古典派経済学者。
⇒岩世（ジョーンズ　1790–1855.1.20）
　国小（ジョーンズ　1790–1855.1.26）
　コン2（ジョーンズ　1790–1855）
　コン3（ジョーンズ　1790–1855）
　西洋（ジョーンズ　1790–1855.1.26）
　世西（ジョーンズ　1790–1855.1.26）
　世百（ジョーンズ　1790–1855）
　全書（ジョーンズ　1790–1855）
　大百（ジョーンズ　1790–1855）
　デス（ジョーンズ　1790–1855）
　名著（ジョーンズ　1790–1855）

Jones, Samuel Milton 〈19・20世紀〉

イギリス生まれのアメリカの政治家，社会改革者。1897～1904年トレド市長。石油採掘機を発明しトレドに製造工場を建設。
⇒岩世（ジョーンズ　1846.8.8–1904.7.12）
　西洋（ジョーンズ　1846.8.8–1904.7.12）

Jordan, Neil 〈20・21世紀〉

アイルランドの映画製作者，作家。
⇒岩ケ（ジョーダン，ニール　1950–）
　岩世（ジョーダン　1950.2.25–）
　英文（ジョーダン，ニール　1950–）
　才世（ジョーダン，ニール　1951–）
　世映（ジョーダン，ニール　1950–）
　二十英（Jordan, Neil　1951–）

Jorgenson, Dale Weldeau 〈20世紀〉

アメリカの経済学者。
⇒二十（ジョルゲンソン，D.W.　1933–）

Joseph 〈前1・後1世紀〉

カトリックの聖人。マリアの夫。イエス・キリストの養夫。ナザレの大工，木工職人（マタイ福音書，ルカ福音書）。
⇒岩ケ（聖ヨセフ　前1世紀）
　外国（ヨセフ　前1世紀）
　キリ（ヨセフ）
　広辞4（ヨセフ）
　広辞6（ヨセフ）
　国小（ヨセフ）
　コン2（ヨセフ）
　コン3（ヨセフ）
　新美（ヨセフ（キリストの養父））
　人物（ヨセフ　1世紀）
　聖書（ヨセフ）
　聖人（ヨセフ）
　西洋（ヨセフ）

世美 （ヨセフ（聖） 前1–後1世紀）
世百 （ヨセフ）
全書 （ヨセフ）
大辞 （ヨセフ）
大辞3 （ヨセフ）
大百 （ヨセフ）
百科 （ヨセフ）

Joseph, Keith Sinjohn 〈20世紀〉

イギリスの政治家。イギリス教育科学相，ボービス社会長。
⇒岩ケ （ジョゼフ（ポートソーケンの），キース・（シンジョン・）ジョゼフ，男爵 1918–1994）
　現人 （ジョセフ 1918.1.17–）
　世政 （ジョセフ，キース 1918.1.17–1994.12.10）
　ユ人 （ジョセフ，サー・キース 1918–1994）

Joseph II 〈18世紀〉

神聖ローマ皇帝（在位1765～90）。啓蒙専制君主。マリア・テレジアの長男。中央集権化，農奴解放，商工業育成，修道院解散などの改革を進めた。
⇒岩ケ （ヨーゼフ2世 1741–1790）
　旺世 （ヨーゼフ（2世） 1741–1790）
　外国 （ヨーゼフ2世 1741–1790）
　角世 （ヨーゼフ2世 1741–1790）
　教育 （ヨーゼフ二世 1741–1790）
　キリ （ヨーゼフ2世 1741.3.13–1790.2.20）
　広辞4 （ヨーゼフ二世 1741–1790）
　広辞6 （ヨーゼフ二世 1741–1790）
　皇帝 （ヨーゼフ2世 1741–1790）
　国小 （ヨーゼフ2世 1741.3.13–1790.2.20）
　コン2 （ヨゼフ2世 1741–1790）
　コン3 （ヨゼフ2世 1741–1790）
　人物 （ヨゼフ二世 1741.3.31–1790.2.20）
　西洋 （ヨゼフ二世 1741.3.13–1790.2.20）
　世人 （ヨーゼフ2世 1741–1790）
　世西 （ヨーゼフ二世 1741.3.13–1790.2.20）
　全書 （ヨーゼフ二世 1741–1790）
　大辞 （ヨーゼフ二世 1741–1790）
　大辞3 （ヨーゼフ二世 1741–1790）
　大百 （ヨーゼフ二世 1741–1790）
　デス （ヨーゼフ2世 1741–1790）
　伝世 （ヨーゼフ2世 1741.3.13–1790.2.20）
　東欧 （ヨーゼフ（2世） 1741–1790）
　統治 （ヨーゼフ二世 （在位）1765–1790）
　百科 （ヨーゼフ2世 1741–1790）
　評世 （ヨーゼフ2世 1741–1790）
　山世 （ヨーゼフ2世 1741–1790）
　歴史 （ヨーゼフ2世 1741–1790）

Joseph Cavaillé 〈18世紀〉

フランスの修道士，オルガン製作者。
⇒ラル （ジョゼフ・カヴァイエ 1700頃–1767頃）

Jōshī, Gopāl Vāsudev 〈19・20世紀〉

インドの経済学者，教育家。マハーラーシュトラの青年の民族的覚醒に寄与。プーナ民衆協会の設立に参与，社会奉仕の面でも活動。

⇒コン2 （ジョーシー 1851–1911）
　コン3 （ジョーシー 1851–1911）

Jouffroy d'Abbans, Claude François Dorothée, Marquis de 〈18・19世紀〉

フランスの発明家。蒸汽船の発明者として知れる。
⇒世西 （ジュフロア・ダバン 1751.9.30–1832.7.18）

Joukhdar, Muhammad Salem 〈20世紀〉

サウジアラビアの経済学者，政治家。サウジアラビアの石油政策の重鎮。
⇒中東 （ジュフダル 1932–）

Jourdain, Frantz 〈19・20世紀〉

フランスの建築家，随筆家。ベルギー出身。
⇒新美 （ジュールダン，フランツ 1847.10.30–1935）
　世美 （ジュールダン，フランツ 1847–1935）
　二十 （ジュールダン，フランツ 1847.10.30–1935）

Jourdain, John 〈16・17世紀〉

イギリスの東インド会社重役，航海家。
⇒岩世 （ジュールダン 1572頃–1619.7.17）
　西洋 （ジュールデン 1572頃–1619.7.17）

Joy, Bill 〈20・21世紀〉

アメリカのコンピューター技術者。
⇒岩世 （ジョイ 1954.11.8–）

Joyeuse, Jean de 〈17世紀〉

フランスのオルガン製作者。
⇒ラル （ジョワユーズ，ジャン・ド 1638–1698）

Joyner, Henry Batson 〈19世紀〉

イギリスの土木技師。来日して鉄道建設，測量に従事。日本初の気象観測を行った。
⇒日人 （ジョイナー 1839–1884）
　来日 （ジョイネル 1839.7.9–1884.11.23）

Joyner, Marjorie 〈20世紀〉

アメリカの発明家。
⇒世女日 （ジョイナー，マージョリー 1896–1994）

J.Rawls 〈20世紀〉

アメリカのヒップホップ系の音楽プロデューサー。
⇒ヒ人 （ジェイ・ロウルズ）

Juchheim, Karl 〈19・20世紀〉

ドイツの製菓会社（神戸ユーハイム）設立者。

⇒日人（ユーハイム　1886-1945）
　来日（ユーハイム　1886-1945）

Judeich, Johann Friedrich 〈19世紀〉
ドイツの林学者。ザクセン式林分経済法とよばれる経営法を創案。世界の国有林および大森林の経営に採用された。
⇒岩世（ユーダイヒ　1828.1.27-1894.3.28）
　西洋（ユーダイヒ　1828.1.27-1894.3.28）

Juel, Christian Sophus 〈19・20世紀〉
デンマークの数学者で技術者。
⇒数学（ジュエル　1855.1.25-1935.1.24）
　数学増（ジュエル　1855.1.25-1935.1.24）

Juffali, Ahmad 〈20世紀〉
サウジアラビアの実業家。アラビア金属工業社長，アラビア電力会社社長（1976）。
⇒中東（ジュファリ　1924-）

Juglar, Joséph Clément 〈19・20世紀〉
フランスの経済学者。景気循環の理論的実証的研究を行った。
⇒コン3（ジュグラー　1819-1905）
　人物（ジュグラール　1819-1905）
　西洋（ジュグラール　1819-1905）
　世西（ジュグラー　1819-1905）
　全書（ジュグラー　1819-1905）
　大辞（ジュグラー　1819-1905）
　大辞2（ジュグラー　1819-1905）
　大辞3（ジュグラー　1819-1905）
　大百（ジュグラー　1819-1905）
　名著（ジュグラール　1819-1905）

Juhl, Finn 〈20世紀〉
デンマークの建築家，デザイナー。デンマーク・モダン・スタイルの創始者。
⇒岩世（ユール　1912.1.30-1989.5.17）
　国小（ジュール　1912-）
　世美（ユール，フィン　1912-）

Julius, Lacer 〈2世紀〉
古代ローマの建築家。トラヤヌス帝のもとで働いた。
⇒建築（ジュリウス・ラチェル　（活動）100頃）

Juncker, Jean-Claude 〈20世紀〉
ルクセンブルクの政治家。ルクセンブルク首相・蔵相。
⇒世政（ユンケル，ジャンクロード　1954.12.9-）

Juneau, Solomon Laurent 〈18・19世紀〉
アメリカの毛皮取引商人。ミルウォーキーの最初の植民者。ミルウォーキー初代市長。

⇒国小（ジュノー　1793-1856）

Jungk, Robert 〈20世紀〉
ドイツ連邦共和国の著作家。多くの資料によったノン・フィクションを執筆。技術革新と能率の追求が逆に人類の未来をおびやかすことを一貫して警告。
⇒岩世（ユンク　1913.5.11-1994.7.14）
　キリ（ユンク，ローベルト　1913.5.11-）
　西洋（ユンク　1913.5.11-）
　二十（ユンク，ローベルト　1913.5.11-1994.7.14）

Jung-Stilling, Johann Heinrich 〈18・19世紀〉
ドイツの医者，経済学者，敬虔主義の作家。作品に『ハインリヒ・シュティリングの青春時代』（1777）に始る一連の自伝的作品ほか。
⇒外国（ユング・シュティリング　1740-1817）
　看護（ユング　1740-1817）
　キリ（ユング・シュティリング，ヨーハン・ハインリヒ　1740.9.12-1817.4.2）
　国小（ユング・シュティリング　1740.9.12-1817.4.2）
　集世（ユング＝シュティリング，ヨハン・ハインリヒ　1740.9.12-1817.4.2）
　集文（ユング＝シュティリング，ヨハン・ハインリヒ　1740.9.12-1817.4.2）
　西洋（ユング　1740.9.12-1817.4.2）
　世文（ユング＝シュティリング　1740-1817）
　全書（ユング・シュティリング　1740-1817）
　大百（ユング・シュティリング　1740-1817）
　デス（ユング・シュティリング　1740-1817）
　百科（ユング・シュティリング　1740-1817）

Junkers, Hugo 〈19・20世紀〉
ドイツの工業技術家，飛行機設計・製造家。アーヘン工科大学熱工学教授。
⇒岩ケ（ユンカース，フーゴ　1859-1935）
　岩世（ユンカース（ユンケルス）　1859.2.3-1935.2.3）
　コン2（ユンカース　1859-1935）
　コン3（ユンカース　1859-1935）
　西洋（ユンケルス　1859.2.3-1935.2.3）
　世百（ユンカース　1859-1935）
　全書（ユンカース　1859-1935）
　大辞2（ユンカース　1859-1935）
　大辞3（ユンカース　1859-1935）
　二十（ユンカース，H.　1859-1935）

Just Blaze 〈20世紀〉
アメリカのヒップホップ系の音楽プロデューサー。
⇒ヒ人（ジャスト・ブレイズ）

Juster, Norton 〈20世紀〉
アメリカの建築家。
⇒児作（Juster, Norton　ジャスター，ノートン

Justi, Johann Heinrich Gottlieb von 〈18世紀〉
1929–)

ドイツの経済学者, 官房学の集大成者。
⇒国小 (ユスティ　1720.12.25–1771.7.20)
　西洋 (ユスティ　1705/20.12.25–1771.7.20)
　世西 (ユスティ　1705頃–1771.7.20)
　名著 (ユスティ　1705/20–1771)

Juvarra, Filippo 〈17・18世紀〉
イタリアの建築家, 舞台装置家。
⇒岩ケ (ユヴァーラ, フィリッポ　1678–1736)
　岩世 (ユヴァーラ　1678.3.7–1736.1.31)
　建築 (ユヴァーラ, フィリッポ　1678–1736)
　国小 (ユバラ　1678.3.7–1736.1.31)
　新美 (ユヴァーラ, フィリッポ　1676.6.16–1736.
　　1.31)
　西洋 (ユヴァーラ　1676.6.16–1736.1.31)
　世美 (ユヴァーラ, フィリッポ　1676–1736)
　伝世 (ユヴァーラ　1678.3.27–1736.1.31/(2.1))
　百科 (ユバラ　1678–1736)

Juwaynī, 'Alā' al-Dīn 'Aṭā' Malik
〈13世紀〉
イランの政治家, 歴史家。イル・ハン国 (フレグ・ウルス) の財務官僚, 歴史家。フラグ・ハン (在位1258–65), アバカ・ハン (在位1265–82) に仕えた。著書『世界征服者の歴史』(1260) はモンゴル史研究の史料としてきわめて重要。
⇒岩世 (ジュヴァイニー　1226–1283)
　角世 (ジュワイニー　1226?–1283)
　国小 (ジュワイニー　1226–1283.3.6)
　コン2 (ジュワイニー　1225–1283)
　コン3 (ジュワイニー　1225–1283)
　人物 (アラー・ウッディーン・ジュワイニー
　　1225–1283.3.6)
　西洋 (ジュワイニー　1225–1283.3.6)
　世東 (アラー・ウッディーン・ジュワイニー　?–
　　1283)
　世百 (ジュワイニー　1225–1283)
　百科 (ジュワイニー　1226–1286)
　評世 (ジュワイニー　1225–1283)
　名著 (ジュワイニー　1225–1283)
　山世 (ジュワイニー　?–1283)
　歴学 (ジュワイニー　1226–1283)

【 K 】

Kabeiroi
ギリシャ神話, エーゲ海北部を中心に祀られた神々で, 穀物の豊作, 航海の安全, 鍛冶の術を司った。
⇒岩世 (カベイロイ)

Kabīr 〈14・15世紀〉
中世インドの宗教改革者。織工。
⇒岩世 (カビール　1440頃–1518頃 (一説に1398頃–
　　1448頃))
　岩哲 (カビール　1398–1448, 異説1440–1518)
　旺世 (カビール　1425–1492頃)
　外国 (カビール　1398/1440–1518頃)
　角世 (カビール　1440–1518)
　広辞6 (カビール　1398–1448頃)
　国小 (カビール　1398?–1518)
　コン2 (カビール　1425/40–1492/1518)
　コン3 (カビール　1425/40–1492/1518)
　集世 (カビール　1398–1448頃)
　集文 (カビール　1398–1448頃)
　西洋 (カビール　1440–1518)
　世人 (カビール　1425–1492, 異説1440–1518)
　世東 (カビール　1425–1492)
　世百 (カビール　1440–1518)
　世文 (カビール　15世紀中葉)
　全書 (カビール　1440–1518頃)
　大百 (カビール　1440?–1518)
　デス (カビール　1440–1518)
　伝世 (カビール　1440–1518)
　南ア (カビール　1440–1518頃)
　百科 (カビール　1440–1518頃)
　評世 (カビール　1440–1518頃)
　名著 (カビール　?–1518)
　山世 (カビール　1398–1448頃, 異説1440–1518
　　頃)
　歴史 (カビール　1440?–1518)

Kadoorie, Sir Ellis 〈19・20世紀〉
バグダッド出身の実業家。
⇒ユ人 (カドーリ, サー・エリス (エリー)　1865–
　　1992)

Kaempfert, Bert 〈20世紀〉
ドイツの作曲家, 編曲家, 指揮者, プロデューサー。第二次世界大戦後, 独立して自分の楽団を結成, 運営。作曲では『星空のブルース』『ダンケ=シェーン』『夜のストレンジャー』など。
⇒岩世 (ケンプフェルト　1923.10.16–1980.6.21)
　音楽 (ケンプフェルト, ベルト　1924.10.16–)
　全書 (ケンプフェルト　1923–1980)
　大百 (ケンプフェルト　1923–1980)
　二十 (ケンプフェルト, ベルト　1923–1980.6.
　　22)

Kahale, Subhi 〈20世紀〉
シリアの技師者, 行政家。ユーフラティス・ハイダムを完成に導いた (1973)。
⇒中東 (カッハーレ　1911–)

Kahn, Albert 〈19・20世紀〉
ドイツ生まれのアメリカの建築家。鉄筋コンクリート建築を研究して工場建築に応用。
⇒岩世 (カーン　1869.3.21–1942.12.8)
　国小 (カーン　1869.3.21–1942.12.8)

コン2（カーン 1869–1942）
コン3（カーン 1869–1942）
西洋（カーン 1869.3.21–1942.12.8）
世美（カーン，アルバート 1869–1942）
世百（カーン 1869–1942）
デス（カーン 1869–1942）
歴史（カーン 1869–1942）

Kahn, Louis Isadore 〈20世紀〉
アメリカの建築家。1963年バングラデシュ（当時パキスタン）の第2首都ダッカ計画を委託される。
⇒岩ケ（カーン，ルイス・I（イザドア） 1901–1974）
　岩世（カーン 1901.2.20–1974.3.17）
　才西（カーン，ルイス 1901–1974）
　現人（カーン 1901.2.20–1974.3.17）
　コン3（カーン 1901–1974）
　新美（カーン，ルイス 1901.2.20–1974.3.17）
　西洋（カーン 1901.2.20–1974.3.17）
　世美（カーン，ルイス・イザドア 1901–1974）
　世百新（カーン 1901–1974）
　大辞2（カーン 1901–1974）
　大辞3（カーン 1901–1974）
　大百（カーン 1901–）
　伝世（カーン 1901.2.20–1974.3.17）
　ナビ（カーン 1901–1974）
　二十（カーン，ルイス・I. 1901.2.20–1974.3.17）
　百科（カーン 1901–1974）
　ユ人（カーン，ルイス 1901–1974）

Kahn, Otto Hermann 〈19・20世紀〉
アメリカ（ドイツ生まれ）の銀行家。
⇒岩ケ（カーン，オットー（・ヘルマン） 1867–1934）
　岩世（カーン 1867.2.21–1934.3.29）
　西洋（カーン 1867.2.21–1934.3.29）
　ユ人（カーン，オットー・ハーマン 1867–1934）

Kahn, Richard Ferdinand 〈20世紀〉
イギリスの経済学者。ケインズに大きな影響を与えた学者として有名。論文『国内投資と失業との関係』（1931）がある。
⇒岩世（カーン 1905.8.10–1989.6.6）
　経済（カーン 1905–1989）
　国小（カーン 1905.8.10–）
　西洋（カーン 1905.8.10–）
　世百（カーン 1905–）
　世百新（カーン 1905–1989）
　百科（カーン 1905–）

Kahn, Robert Elliot 〈20世紀〉
アメリカのコンピューター工学者。
⇒岩世（カーン 1938.12.23–）

Kahneman, Daniel 〈20世紀〉
イスラエル，アメリカの経済学者。［賞］2002年ノーベル経済学賞受賞。

⇒岩世（カーネマン 1934.3.5–）
　広辞6（カーネマン 1934–）
　ノベ（カーネマン，D. 1934.3.5–）
　ノベ3（カーネマン，D. 1934.3.5–）
　ユ人（カーネマン，ダニエル 1934–）

Kahnt, Christian Friedrich 〈19世紀〉
ドイツの音楽出版者。
⇒音大（カーント 1823.5.10–1897.6.5）

Kahnweiler, Daniel Henry 〈19・20世紀〉
パリの画商，美術評論家。ドイツ生まれ。1907年パリ・ヴィニョン街に画廊を開き，前衛美術の有力な支持者となった。
⇒岩世（カーンワイラー 1884.6.25–1979.1.11）
　才西（カーンワイラー，ダニエル＝アンリ 1884–1976）
　新美（カーンウェイレル，ダニエル＝アンリ 1884.6.25–1979.1.11）
　世美（カーンヴァイラー，ダニエル・ヘンリー 1884–1979）
　世百（カーンヴァイラー 1884–）
　世百新（カーンワイラー 1884–1979）
　全書（カーンバイラー 1884–1979）
　二十（カーンワイラー，D.H. 1884.6.25–1979.1.11）
　百科（カーンワイラー 1884–1979）

Kaipiainen, Birger 〈20世紀〉
フィンランドの陶磁デザイナー。
⇒岩世（カイピアイネン 1915.7.1–1988.7.18）

Kaiser, Henry John 〈19・20世紀〉
アメリカの実業家。第二次大戦中は組合せ式スピード造船の方法を考案し，貨物船隊建設に功があった。
⇒岩ケ（カイザー，ヘンリー・J（ジョン） 1882–1967）
　岩世（カイザー 1882.5.9–1967.8.24）
　西洋（カイザー 1882.5.9–1967.8.24）
　伝世（カイザー，H.J. 1882.5.9–1967.8.24）

al-Kaissi, Fawzi Abdullah 〈20世紀〉
イラクの学者，政治家。イラクきっての金融財政通。
⇒中東（カイシ 1926–）

Kalam, Abdul 〈20世紀〉
インドの核兵器開発者。インド大統領。
⇒世政（カラム，アブドル 1931.10.15–）

Kalashnikov, Mikhail 〈20世紀〉
ロシアの銃設計者。
⇒岩ケ（カラシニコフ，ミハイル 1919–）
　最世（カラシニコフ，ミハイル 1919–）

Kaldor, Nicholas 〈20世紀〉

ハンガリー系イギリスの経済学者。巨視的動態論による景気分析モデルを作成。

⇒岩ケ （カルドア（ニューナムの）, ニコラス・カルドア, 男爵　1908–1986）
　岩世 （カルドア　1908.5.12–1986.9.30）
　才世 （カルドア, ニコラス　1908–1986）
　経済 （カルドア　1908–1986）
　現人 （カルドア　1908.5.12–）
　広辞6 （カルドア　1908–1986）
　国小 （カルドア　1908.5.12–）
　西洋 （カルドア　1908.5.12–）
　世百 （カルドア　1908–）
　世百新 （カルドア　1908–1986）
　全書 （カルドア　1908–）
　大辞2 （カルドア　1908–1986）
　大辞3 （カルドア　1908–1986）
　大百 （カルドア　1908–）
　ナビ （カルドア　1908–1986）
　二十 （カルドア, ニコラス　1908.5.12–1986.10.1）
　百科 （カルドア　1908–）

Kalecki, Michał 〈20世紀〉

ポーランドの経済学者。景気論, 分配論を研究。主著"Essays on the Theory of Economic Fluctuations"（1939）など。

⇒岩ケ （カレツキ, ミハウ　1899–1970）
　岩世 （カレツキ　1899.6.22–1970.4.17）
　経済 （カレツキ　1899–1970）
　現人 （カレツキ　1899–1970.4.17）
　広辞5 （カレツキ　1899–1970）
　広辞6 （カレツキ　1899–1970）
　国小 （カレツキー　1910.6.22–）
　コン3 （カレツキ　1899–1970）
　西洋 （カレツキ　1899.6.22–1970.4.17）
　世百 （カレツキ　1910–）
　世百新 （カレツキ　1899–1970）
　大辞2 （カレツキ　1899–1970）
　大辞3 （カレツキ　1899–1970）
　東欧 （カレツキ　1899–1970）
　二十 （カレツキ, M.　1899.6.22–1970.4.17）
　百科 （カレツキ　1899–1970）
　名著 （カレツキ　1910?–）

Kalf, Willem 〈17世紀〉

オランダの静物画家, 美術商。

⇒岩世 （カルフ　1619–1693.7.31）
　芸術 （カルフ, ウィレム　1622–1693）
　国小 （カルフ　1619/22–1693.7.31）
　新美 （カルフ, ウィレム　1619/22–1693.7.30）
　西洋 （カルフ　1622–1693.7.31）
　世美 （カルフ, ウィレム　1619–1693）
　世百 （カルフ　1621/2–1693）
　全書 （カルフ　1619–1693）
　大百 （カルフ　1619–1693）
　百科 （カルフ　1619–1693）

Kalichevsky, Vladimir Anatole 〈20

世紀〉

アメリカの化学工学者。接触分解, 潤滑油, アスファルト, グリースの研究で有名。

⇒コン3 （カリチェフスキー　1895–）
　西洋 （カリチェフスキー　1895.4.9–）
　二十 （カリチェフスキー, V.A.　1895.4.9–?）

Kalliérgēs, Zacharías 〈15・16世紀〉

クレタ出身の古典学者, 印刷者。

⇒キリ （カリエルギス, ザカリアス　1473–1524頃）

Kallikratēs 〈前6世紀〉

ギリシアの彫金家。

⇒世美 （カリクラテス（スパルタ出身の）　前6世紀）

Kallikratēs 〈前5世紀〉

ギリシアの建築家。パルテノン神殿やアテナ・ニケ神殿（前425頃）の造営にあたった。

⇒岩世 （カリクラテス）
　外国 （カリクラテス　前5世紀頃）
　ギロ （カリクラテス　前5世紀）
　建築 （カリクラテス　（活動）前5世紀）
　国小 （カリクラテス　生没年不詳）
　コン2 （カリクラテス　前5世紀）
　コン3 （カリクラテス　前5世紀）
　新美 （カリクラテース）
　人物 （カリクラテス　生没年不詳）
　西洋 （カリクラテス　前5世紀）
　世西 （カリクラテス　前5世紀頃）
　世美 （カリクラテス　前5世紀）
　世百 （カリクラテス）
　全書 （カリクラテス　生没年不詳）
　大百 （カリクラテス　生没年不詳）
　デス （カリクラテス　前5世紀）
　百科 （カリクラテス）

Kallimachos ho Athenaios 〈前5・4世紀〉

ギリシアの彫刻家, 彫金家。

⇒岩ケ （カリマコス　前5世紀）
　外国 （カリマコス（アテナイ?の）　前5世紀）
　芸術 （カリマコス）
　コン2 （カリマコス　前5世紀）
　コン3 （カリマコス　生没年不詳）
　新美 （カリマコス）
　人物 （カリマコス　生没年不詳）
　西洋 （カリマコス　前5世紀頃）
　世百 （カリマコス　?–前396）
　世美 （カリマコス（アテナイ出身の）　前5世紀後半）

Kalm, Pehr 〈18世紀〉

スウェーデンの博物学者, 経済学者。

⇒岩世 （カルム　1716.3–1779.11.16）

Kálmán, Rudolf Emile 〈20世紀〉

アメリカの数学者で電気技術者。

経済・産業篇　　　　　　　　　　　　　　*323*　　　　　　　　　　　　　　kao

⇒数学（カルマン（ルドルフ）　1930.5.19–）
　数学増（カルマン（ルドルフ）　1930.5.19–）

Kalmus, Natalie 〈20世紀〉
アメリカの企業家。
⇒世女日（カルムス，ナタリー　1892–1965）

Kamenitser, Solomon Efremovich 〈20世紀〉
ソヴェト有数の経営学者。主著『社会主義工業企業の組織と計画』。
⇒名著（カメニツェル　?–）

Kampen, Jakob van 〈16・17世紀〉
オランダの建築家，画家。アムステルダムの旧市庁舎（1655），ハーグのマウリッツホイスを設計。
⇒岩ケ（カンペン，ヤーコブ・ファン　1595–1657）
　岩世（ファン・カンペン　1595.2.2–1657.9.13）
　建築（ファン・カンペン，ヤコブ　1595–1657）
　国小（カンペン　1595/8–1657）
　新美（カンペン，ヤコブ・ファン　1595.7.16–1657.9.13）
　西洋（カンペン　1595.2.2–1657.9.13）
　世美（ファン・カンペン，ヤーコブ　1595–1657）
　世百（カンペン　1595?–1657）
　百科（カンペン　1595–1657）

Kan, Yue-Sai 〈20世紀〉
アメリカの女性TVジャーナリスト，プロデューサー。中国系。化粧品ブランドも設立。
⇒華人（カン，ユエーサイ　1947–）

Kändler, Johann Joachim 〈18世紀〉
ドイツの工芸家。1733年マイセン王位磁器工場の磁器彫刻の首席原型作者，40年美術総監。
⇒岩世（ケンドラー　1706–1775.5.18）
　芸術（ケンドラー，ヨハン・ヨアヒム　1706–1775）
　国小（ケンドラー　1706–1775.5.18）
　新美（ケンドラー，ヨーハン・ヨ（一）アヒム　1706–1775.5.18）
　西洋（ケンドラー　1706頃–1775.5.18）
　世美（ケンドラー，ヨハン・ヨアヒム　1706–1775）
　世百（ケンドラー　1706–1775）
　全書（ケンドラー　1706–1775）
　百科（ケンドラー　1706–1775）

Kankrin, Egor Frantsevich 〈18・19世紀〉
ロシアの財政家，政治家。1823～44年蔵相。保護関税を擁護し，幣制改革を断行。
⇒岩世（カンクリーン　1774.11.16–1845.9.9）
　角世（カンクリーン　1774–1845）
　国小（カンクリン　1774–1845）
　コン2（カンクリーン　1774–1845）

　コン3（カンクリン　1774–1845）
　西洋（カンクリン　1774–1845）

Kann, Eduard 〈19・20世紀〉
オーストリア出身の貨幣・金融研究者。中国で活躍。
⇒岩世（カン　1880–1962.6.30）

Kann, Jacobus Henricus 〈19・20世紀〉
オランダの銀行家，シオニスト。
⇒ユ人（カン，ヤコブス・ヘンリクス　1872–1944/5）

Kanoo, Ahmad Ali 〈20世紀〉
バハレーンの実業家。ユーセフ・ビン・アハマド・カヌー・グループ代表。バハレーン・ナショナル銀行頭取，バハレーン船舶修理技術会社社長，バハレーン・ホテル社長など幅広く活動。
⇒中東（カヌー　1922–）

Kantorovich, Leonid Vital'evich 〈20世紀〉
ソ連邦の数理経済学者。ソ連数理経済学派創始者の1人。1949年数学上の業績で国家賞受賞，65年レーニン賞受賞，75年ノーベル経済学賞受賞。
⇒岩ケ（カントロヴィチ，レオニード・ヴィタリエヴィチ　1912–1986）
　岩世（カントローヴィチ　1912.1.6[19]–1986.4.7）
　経済（カントロヴィッチ　1912–1986）
　現人（カントロビッチ　1912.1.19–）
　最世（カントロヴィッチ，L　1946–）
　数学（カントロヴィチ　1912.1.19–1986.4.7）
　数学増（カントロヴィチ　1912.1.19–1986.4.7）
　西洋（カントロビッチ　1912.1.19–）
　世西（カントロビッチ　1912.1.19–1986.4.7）
　世百新（カントロビチ　1912–1986）
　全書（カントロビチ　1912–）
　大辞2（カントロビチ　1912–1986）
　大辞3（カントロビチ　1912–1986）
　二十（カントロビチ，レオニード　1912.1.19–1986.4.7）
　ノベ（カントロヴィッチ，L.V.　1912.1.19–1986.4.7）
　百科（カントロビチ　1912–）
　ノベ3（カントロヴィッチ，L.V.　1912.1.19–1986.4.7）
　ユ人（カントロビチ，レオニード　1912–1986）
　ロシ（カントロヴィチ　1912–1986）

Kao, Charles Kuen 〈20世紀〉
アメリカ，イギリスの電気工学者。中国・上海生まれ。2009年ノーベル物理学賞受賞。
⇒岩世（カオ　1933.11.4–）
　華人（カオ，チャールズ・クーエン　1933–）
　世百新（カオ　1933–）

K

kapla　　　　　　　　　　324　　　　　　　　西洋人物レファレンス事典

二十（カオ，チャールズ　1933-）
ノ物（カオ，チャールズ・K　1933-）
百科（カオ　1933-）
ノベ**3**（カオ，C.　1933.11.4-）

Kaplan, Eliezer 〈20世紀〉
イスラエルの労働指導者，初代財務相。
⇒ユ人（カプラン，エリエゼル　1891-1952）

Kaplan, Robert S. 〈20世紀〉
アメリカの経営学者。
⇒岩世（キャプラン　1940-）

Kaplan, Viktor 〈19・20世紀〉
オーストリアの技術者。彼の名が付いたタービンを発明したことで知られる。
⇒岩ケ（カプラン，ヴィクトール　1876-1934）
世科（カプラン　1876-1934）
二十（カプラン，ヴィクター　1876.11.27-1934.8.23）

Kapoor, Raj 〈20世紀〉
パキスタン生まれの男優，映画監督，映画製作者。
⇒外男（カプール，ラージ　1924.12.14-1988）
監督（カプール，ラージ　1924.12.4-）
世映（カプール，ラージ　1924-1988）
世伝（カプール，ラージュ　1924.12.14-1988.6.2）

Kapp, Ernst 〈19世紀〉
ドイツの技術哲学者。著書『技術哲学要綱』は，個人の技術能力から説き起こして，道具的存在としての国家にまで及ぶ，雄大な構想をもつ1つの哲学書。
⇒名著（カップ　1808-1896）

K

Kapp, Karl William 〈20世紀〉
スイスの経済学者。公害・環境問題を研究，環境破壊現象と資本主義社会の経済体制との関係を初めて解明した。
⇒岩世（カップ　1910.10.27-1976.4.10）
経済（カップ　1910-1976）
現人（カップ　1910.10.27-1976.4.10）
西洋（カップ　1910.10.27-1976.4.10）
世西（カップ　1910.10.27-1976.4.10）
世百新（カップ　1910-1976）
二十（カップ，カール・ウィリアム　1910.10.27-1976.4.10）
百科（カップ　1910-1976）

Karakas, Cahit 〈20世紀〉
トルコの土木技師，政治家。1971年3月第1次エリム内閣で公共事業相・運輸相。
⇒中東（カラカシュ　1928-）

Karan, Donna 〈20世紀〉
アメリカのファッション・デザイナー。
⇒現ア（Karan, Donna　キャラン，ダナ　1948-）

Kardorff, Wilhelm von 〈19・20世紀〉
ドイツの政治家。自由保守党（帝国党）を創立指導して，ユンカーと大工業家の利害を議会において調停仲介し，ビスマルクの絶大な信任を受けた。
⇒外国（カルドルフ　1828-1907）

Karinska, Barbara 〈19・20世紀〉
ロシアの衣装デザイナー。
⇒世女（カリンスカ，バーバラ　1886-1983）
世女日（カリンスカ，バルバーラ　1886-1983）
バレ（カリンスカ，バルバラ（カリンスカヤ，ワルワーラ）　1886.10.3-1983.10.18）

Karl I der Grosse 〈8・9世紀〉
フランク王（在位768〜814），神聖ローマ皇帝（在位800〜814）。法制を確立，商工業および学芸・教育を奨励。
⇒岩ケ（カール大帝　742-814）
旺世（カール（1世）　742-814）
外国（カール大帝　742-814）
角世（カール（大帝）　747-814）
教育（カール大帝　742-814）
キリ（カール1世（大帝）　742.4.2-814.1.28）
広辞**4**（シャルルマーニュ　742-814）
広辞**6**（シャルルマーニュ　742-814）
皇帝（カール1世　742-814）
国小（カルル大帝　742/3-814.1.28）
国百（カルル大帝　742/3-814.1.28）
コン**2**（カール1世（大帝）　742-814）
コン**3**（カール1世（大帝）　742-814）
新美（カロルス大帝　742.4.2-814.1.28）
人物（カール一世　742.4.2-814.1.28）
西騎（シャルルマーニュ　742-814）
西洋（カルル一世（大帝）　742.4.2-814.1.28）
世人（カール1世（大帝，シャルルマーニュ）　742/743-814）
世西（カール一世（大帝）　742.4.2-814.1.28）
世百（カール大帝　742-814）
全書（カール（大帝）　742-814）
大辞（カール（大帝）　742-814）
大辞**3**（カール大帝　742-814）
大百（カール（大帝）　742-814）
デス（カール（大帝）　742-814）
統治（カール一世，大帝（シャルルマーニュ）（在位）800-814）
統治（シャルル大帝（シャルルマーニュ）（在位）768-814）
百科（カール（大帝）　742-814）
評世（カール1世（大帝）　742-814）
山世（カール大帝（1世）　742-814）
歴史（カール大帝　742-814）

Kármán, Theodore von 〈19・20世紀〉
アメリカの流体力学者, 航空工学者。カルマン渦の研究のほか, 境界層の理論 (1921), 高速気流の理論 (39) など先駆的業績がある。
⇒岩ケ（カルマン, テオドール・フォン　1881–1963）
岩世（カルマン　1881.5.11–1963.5.7）
外国（カールマーン　1881–）
科学（カーマーン　1881.5.11–1963.5.7）
科史（カールマン　1881–1963）
科人（フォン・カルマン, テオドール　1881.5.11–1963.5.7）
科大（カルマン　1881–1963）
科大2（カルマン　1881–1963）
国小（カルマン　1881.5.11–1963.5.6）
コン3（カルマン　1881–1963）
最世（カルマン, テオドール・フォン　1881–1963）
人物（カルマン　1881.5.11–1963.5.6）
数学（カルマン（テオドール）　1881.5.11–1963.5.7）
数学増（カルマン（テオドール）　1881.5.11–1963.5.7）
西洋（カルマン　1881.5.11–1963.7.5）
世科（フォン・カルマン　1881–1963）
世西（カルマン　1881.5.11–1963.5.6）
世百（カルマン　1881–1963）
世百新（カルマン　1881–1963）
全書（カルマン　1881–1963）
大百（カルマン　1881–1963）
伝世（カールマーン　1881.5.11–1963）
天文（カルマン　1881–1963）
ナビ（カルマン　1881–1963）
二十（カルマン, セオドア　1881.5.11–1963.5.6）
二十（フォン・カルマン, テオドール　1881.5.11–1963.5.7）
百科（カルマン　1881–1963）
ユ人（カルマン, セオドア・フォン　1881–1963）

Karmarsch, Karl 〈19世紀〉
ドイツの技術教育家。1834年ハノーヴァの高等工業学校初代校長。技術学史および技術辞典の著作で知られる。
⇒名著（カールマルシュ　1803–1879）

Karmitz, Marin 〈20世紀〉
ルーマニア生まれの映画製作者, 映画監督。
⇒監督（カルミツ, マラン　1938–）
世映（カルミッツ, マラン　1938–）

Karsten, Karl Johann Bernhard 〈18・19世紀〉
ドイツの冶金学者。鉱山最高枢機官として (1821〜), プロイセンにおける製鉄製塩業を統率。
⇒岩世（カルステン　1782.11.26–1853.8.22）
西洋（カルステン　1782.11.26–1853.8.22）
名著（カルステン　1782–1853）

Karu, Erkki 〈19・20世紀〉
フィンランドの映画監督, プロデューサー。
⇒監督（カル, エルッキ　1887.4.10–1935.12.8）
世映（カル, エルッキ　1887–1935）

Kassab, Adnan Ali 〈20世紀〉
イラクの実業家。1972年以来国営建設請負会社社長。
⇒中東（カッサブ　1934–）

Kathy
アメリカの陶芸家。
⇒芸術（キャッシー）

Katona, George 〈20世紀〉
ハンガリー生まれの心理学者, 経済学者。ミシガン大学にて, The Survey Research Centerを設立。
⇒二十（カトーナ, ジョージ　1901–）

Katsenbogen, B.Ya. 〈20世紀〉
ソ連邦の第2次大戦前の代表的な経営学者。主著『機械製造工業組織論』(編)。
⇒名著（カーツェンボゲン　生没年不詳）

Kattendijke, Willem Johan Cornelis, Ridder Huijssen van 〈19世紀〉
オランダの海軍士官, 航海技術者。幕府の招きで1857年来日。海軍伝習所で勝海舟・榎本武揚らに航海術・砲術・測量術などを教授。著書『長崎海軍伝習所の日々』。
⇒岩世（カッテンデイク（カッテンディーケ）　1816.1.22–1866.2.6）
外国（カッテンダイケ　?–1866）
広辞4（カッテンディーケ　1816–1866）
広辞6（カッテンディーケ　1816–1866）
国史（カッテンダイケ　1816–1866）
国小（カッテンダイケ　1816.1.22–1866.2.6）
コン2（カッテンダイケ　1816–1866）
コン3（カッテンダイケ　1816–1866）
西洋（カッテンダイケ　1816.1.22–1866.2.6）
全書（カッテンダイケ　1816–1866）
大辞（カッテンダイケ　1816–1866）
大辞3（カッテンダイケ　1816–1866）
大百（カッテンディーケ　1816–1866）
日研（カッテンディーケ, ヴィレム・ホイセン・ファン　1816.1.22–1866.2.6）
日人（カッテンダイケ　1816–1866）
百科（カッテンダイケ　1816–1866）
来日（カッテンディーケ　1816.1.22–1866.2.6）

Katz, Gary 〈20世紀〉
アメリカの音楽プロデューサー。
⇒口人（カッツ, ゲイリー）

Kaufman, Bob Garnell 〈20世紀〉
アメリカのアフリカ系詩人，出版者。
⇒二十英（Kaufman, Bob（Garnell）1925–1986）

Kaufman, Henry 〈20世紀〉
アメリカの経済学者，銀行家。
⇒岩ケ（カウフマン，ヘンリー　1927–）

Kaufmann, Eugen 〈20世紀〉
ドイツの建築家。E.マイの許でフランクフルト（マイン河畔の）の新住居区計画を指導。
⇒岩世（カウフマン　1892.1.9–1994.6.21）
　西洋（カウフマン　1892–）

Kaufmann, Oskar 〈19・20世紀〉
ドイツの建築家。劇場建築設計の権威。
⇒岩世（カウフマン　1873.2.2–1956.9.8）
　西洋（カウフマン　1873.2.2–1956.9.8）
　世百（カウフマン　1873–1942）

Kautsky, Karl Johann 〈19・20世紀〉
ドイツのマルクス主義経済学者，政治家。著書『唯物史観』(1927)ほか多数。
⇒岩世（カウツキー　1854.10.16–1938.10.17）
　岩哲（カウツキー　1854–1938）
　旺世（カウツキー　1854–1938）
　外国（カウツキー　1854–1938）
　角世（カウツキー　1854–1938）
　キリ（カウツキー，カール・ヨーハン　1854.10.16–1938.10.17）
　経済（カウツキー　1854–1938）
　広辞4（カウツキー　1854–1938）
　広辞5（カウツキー　1854–1938）
　広辞6（カウツキー　1854–1938）
　国小（カウツキー　1854.10.16–1938.10.17）
　国百（カウツキー，カルル　1854.10.16–1938.10.17）
　コン2（カウツキー　1854–1938）
　コン3（カウツキー　1854–1938）
　思想（カウツキー，カール（ヨハン）　1854–1938）
　人物（カウツキー　1854.10.16–1938.10.17）
　西洋（カウツキー　1854.10.16–1938.10.17）
　世人（カウツキー　1854–1938）
　世政（カウツキー，カール・ヨハン　1854.10.16–1938.10.17）
　世西（カウツキー　1854.10.16–1938.10.17）
　世百（カウツキー　1854–1938）
　全書（カウツキー　1854–1938）
　大辞（カウツキー　1854–1938）
　大辞2（カウツキー　1854–1938）
　大辞3（カウツキー　1854–1938）
　大百（カウツキー　1854–1938）
　デス（カウツキー　1854–1938）
　伝世（カウツキー　1854–1938）
　ナビ（カウツキー　1854–1938）
　二十（カウツキー，カール・ヨーハン　1854.10.16–1938.10.17）
　百科（カウツキー　1854–1938）
　評世（カウツキー　1854–1938）
　名著（カウツキー　1854–1938）
　山世（カウツキー　1854–1938）
　歴学（カウツキー　1854–1938）
　歴史（カウツキー　1854–1938）

Kawai, Jose Tatsuo Komori 〈20世紀〉
ペルーの財界人。ラパス日本人会会長，トヨタ・ボリビアナ社長。
⇒二十（カワイ，ホセ・タツオ　1923–）

Kay, Alan Curtis John 〈20世紀〉
アメリカのコンピューター科学者。
⇒岩世（ケイ　1940.5.17–）
　大辞3（ケイ　1940–）

Kay, Barry 〈20世紀〉
オーストラリアのデザイナー。
⇒バレ（ケイ，バリー　1932–1985.4.16）

Kay, John 〈18世紀〉
イギリスの飛杼(とびひ)発明家。自動飛杼を発明し(1733)，織布工程の能率増進に貢献。
⇒岩ケ（ケイ，ジョン　1704–1764頃）
　岩世（ケイ　1704–1764）
　英米（Kay, John　ケイ　1704?–1764）
　旺世（ジョン＝ケイ　1704–1764）
　外国（ケー　1704–1764頃）
　科史（ケー　1704–1764?）
　角世（ケイ　1704–1764）
　広辞4（ケイ　1704頃–1780）
　広辞6（ケイ　1704–1764）
　コン2（ケー　1704–1764）
　コン3（ケイ　1704–1764）
　西洋（ケー　1704–1764）
　世科（ケイ　1704頃–1780）
　世人（ケイ　1704–1764）
　世西（ケイ　1704.7.16–1764）
　世百（ケー　1704–1774?）
　全書（ケイ　1704–1764）
　大辞（ケイ　1704–1764）
　大辞3（ケイ　1704–1764）
　大百（ケイ　1704–1764）
　デス（ケー　1704–1764?）
　伝世（ケイ　1704–?）
　評世（ケイ　1704–1764）
　山世（ケイ　1704頃–1764頃）
　歴史（ジョン＝ケイ　1704–1764）

Kaysen, Carl 〈20世紀〉
アメリカの経済専門家。マサチューセッツ工科大学科学技術社会学部長。
⇒二十（ケイセン，カール　1920.3.5–）

経済・産業篇　　　　　　327　　　　　　**kelvi**

Kaysering, Leon H. 〈20世紀〉
アメリカの経済学者。民主党顧問。
⇒二十（カイザーリング，レオン・H.　1908-）

Kazakov, Matvei Fëdorovich 〈18・19世紀〉
ロシアの建築家。教会および宮殿を建築。
⇒岩世（カザコーフ　1738-1812.11.7）
建築（カザコフ，マトヴェイ・フェオドロヴィッチ　1733-1812）
コン2（カザコーフ　1738-1812）
コン3（カザコフ　1738-1812）
西洋（カザコーフ　1733-1812/3）

Keene, Laura 〈19世紀〉
イギリスの女優，アメリカ最初の女性劇場経営者。本名Mary Moss。
⇒国小（キーン　1820-1873.11.4）
世女日（キーン，ローラ　1826頃-1873）

Keepnews, Orin 〈20世紀〉
アメリカのジャズ・プロデューサー。自己のレーベル「リバーサイド」を設立。
⇒ジヤ（キープニュース，オリン　1923.3.2-）
二十（キープニュース，オリン　1923.3.2-）

Keillor, Garrison 〈20世紀〉
アメリカのラジオパーソナリティー・プロデューサー，脚本家，小説家。
⇒岩ケ（キーラー，ギャリソン　1942-）
才世（キーラ，ギャリソン（・エドワード）1942-）
二十英（Keillor, Garrison　1942-）

Keir, James 〈18・19世紀〉
イギリスの化学者，工業家。
⇒科人（ケイア，ジェイムズ　1735.9.29-1820.10.11）

Keith, Benjamin Franklin 〈19・20世紀〉
アメリカの興行師。キース＝オールビー・ボードビル興行社を設立。ボードビル界に君臨。
⇒国小（キース　1846.1.22-1914.3.26）

Keith, Minor Cooper 〈19・20世紀〉
アメリカの実業家。1871～90年コスタリカ政府の要請で鉄道建設を担当，成功させた。
⇒コン2（キース　1848-1929）
コン3（キース　1848-1929）

Keldermans, Andries 〈15世紀〉
フランドルの建築家，彫刻家。
⇒世美（ケルデルマンス，アンドリース　?-1481）

Keldermans, Antoon 〈15・16世紀〉
フランドルの建築家，彫刻家。
⇒世美（ケルデルマンス，アントーン　1450頃-1512）

Keldermans, Antoon II
フランドルの建築家，彫刻家。
⇒世美（ケルデルマンス，アントーン二世）

Keldermans, Jan 〈15世紀〉
フランドルの建築家，彫刻家。
⇒世美（ケルデルマンス，ヤン　?-1425頃）

Keldermans, Jan II 〈15世紀〉
フランドルの建築家，彫刻家。
⇒世美（ケルデルマンス，ヤン二世　（記録）1445）

Keldermans, Rombout II 〈16世紀〉
フランドルの建築家，彫刻家。
⇒世美（ケルデルマンス，ロンバウト二世　?-1531）

Keller, Friedrich Gottlob 〈19世紀〉
ドイツの製紙技術者。砕木パルプの製法とそれに要する機械を1844年に考案。
⇒世百（ケラー　1816-1895）

Kellner, Karl 〈19・20世紀〉
オーストリアの工業化学者。
⇒科人（ケルナー，カール　1851.9.1-1905.6.7）

Kellogg, Clara Louise 〈19・20世紀〉
アメリカのオペラ歌手（ソプラノ），興行師。
⇒オペ（ケロッグ，クララ・ルイーズ　1842.7.9-1916.5.13）
世女日（ケロッグ，クララ・ルイーズ　1842-1916）

Kellogg, Willie Keith 〈19・20世紀〉
アメリカの穀物加工業者，慈善家。
⇒岩ケ（ケロッグ，W（ウィリー）・K（キース）1852-1943）
コン3（ケロッグ　1860-1951）

Kelly, William 〈19世紀〉
アメリカの発明家。ベッセマー法と同一原理の熱風炉を発明。
⇒岩ケ（ケリー，ウィリアム　1811-1888）
岩世（ケリー　1811.8.21-1888.2.11）
西洋（ケリ　1811-1888）
世科（ケリー　1811-1888）

Kelvin, William Thomson, Baron

K

〈19・20世紀〉
イギリスの物理学者。誘電体のヒステレシス現象を発見。熱力学第2法則を導き，高周波電流を研究。また，各種電気計の考案，大西洋海底電線の敷設，ジャイロ・コンパスの発明など電気工学の確立に貢献した。
⇒イ哲 （ケルヴィン卿　1824-1907）
　岩ケ （ケルヴィン（ラーグズの），ウィリアム・トムソン，男爵　1824-1907）
　岩哲 （トムソン（ケルヴィン）　1824-1907）
　外国 （ケルヴィン　1824-1907）
　科学 （ケルヴィン　1824.6.26-1907.12.27）
　科技 （ケルビン　1824.6.26-1907.12.17）
　科史 （トムソン　1824-1907）
　科人 （ケルヴィン卿，ウィリアム・トムソン（ラーグスのケルヴィン男爵）　1824.6.26-1907.12.17）
　科大 （ケルビン　1824-1907）
　キリ （トムスン，ウィリアム　1824.6.26-1907.12.27）
　広辞4 （ケルヴィン　1824-1907）
　広辞5 （ケルヴィン　1824-1907）
　広辞6 （ケルヴィン　1824-1907）
　国小 （ケルビン　1824.6.26-1907.12.17）
　コン2 （ケルヴィン　1824-1907）
　コン3 （ケルヴィン　1824-1907）
　人物 （ケルビン　1824.6.26-1907.12.17）
　数学 （トムソン（ケルヴィン）　1824.6.2-1907.12.17）
　数学増 （トムソン（ケルヴィン）　1824.6.2-1907.12.17）
　西洋 （ケルヴィン　1824.6.26-1907.12.17）
　世科 （ケルヴィン　1824-1907）
　世西 （ケルヴィン　1824.6.26-1907.12.17）
　世百 （ケルヴィン　1824-1907）
　全書 （ケルビン　1824-1907）
　大辞 （ケルビン　1824-1907）
　大辞2 （ケルビン　1824-1907）
　大辞3 （ケルビン　1824-1907）
　大百 （ケルビン　1824-1907）
　デス （ケルビン　1824-1907）
　伝世 （ケルヴィン　1824.6.26-1907.12.17）
　天文 （トムソン　1824-1907）
　ナビ （ケルビン　1824-1907）
　二十 （トムソン，ウィリアム　1824.6.26-1907.12.27）
　百科 （ケルビン　1824-1907）
　名著 （ケルヴィン　1824-1907）

Kemble, Charles　〈18・19世紀〉

イギリスの俳優。ロミオなどを得意とし，コベント・ガーデン劇場の経営にも関係。
⇒国小 （ケンブル，チャールズ　1775-1854）
　世百 （ケンブル，チャールズ　1775-1854）

Kemény Zoltán　〈20世紀〉

ハンガリー出身のスイスの彫刻家，画家，建築家。1964年ベネチア・ビエンナーレの彫刻部門でグランプリを獲得。
⇒国小 （ケメーニュ　1908.3.21-1965.6.23）

　新美 （ケメニー，ゾルタン　1907.3.21-1965.6.14）
　世美 （ケメーニ，ゾルタン　1907-1965）
　二十 （ケメニー，ゾルタン　1907.3.21-1965.6.14）

Kemmerer, Edwin Walter　〈19・20世紀〉

アメリカの経済学者。14の政府の金融顧問を歴任して各国の通貨制度の改革に貢献。主著『連邦準備制度のABC』(1918)。
⇒岩世 （ケメラー　1875.6.29-1945.12.16）
　国小 （ケンメラー　1875.6.29-1945.12.16）
　コン2 （ケメラー　1875-1945）
　コン3 （ケメラー　1875-1945）
　西洋 （ケメラー　1875.6.29-1945）
　世百 （ケンメラー　1875-1945）
　全書 （ケンメラー　1875-1945）
　二十 （ケンメラー，エドウィン・ワルター　1875.6.29-1945）

Kemp, Murray　〈20世紀〉

オーストラリアの経済学者。
⇒二十 （ケンプ，M.　1926-）

Kempelen, Wolfgang von　〈18・19世紀〉

ハンガリー生まれの発明家。
⇒百科 （ケンプレン　1734-1804）

Kempf, Günther　〈19・20世紀〉

ドイツの造船学者。模型水槽試験により，船の抵抗推進や強度を研究。
⇒西洋 （ケンプフ　1885-）

Kemsley, Viscount　〈19・20世紀〉

イギリスの新聞チェーン経営者。イギリス最大の新聞チェーンを築いた。1945年子爵。
⇒岩ケ （ケムズリー，ジェイムズ・ゴーマー・ベリー，初代子爵　1883-1968）
　岩世 （ケムズリー　1883.5.7-1968.2.6）
　国小 （ケムズレー　1883.5.7-1968.2.6）
　西洋 （ケムズリ　1883.5.7-1968.2.6）

Kendal, William Hunter　〈19・20世紀〉

イギリスの俳優，劇場支配人。
⇒国小 （ケンダル　1843.12.16-1917）

Kendall, Donald McIntosh　〈20世紀〉

アメリカの企業経営者。ペプシコ会長。ニクソン大統領の内命を受け日米繊維交渉の打開に活躍。
⇒岩世 （ケンドル　1921.3.16-）
　現人 （ケンドール　1921.3.16-）
　西洋 （ケンドル　1921.3.16-）
　二十 （ケンダル，ドナルド・M.　1921.3.16-）

Kennedy, David M. 〈20世紀〉
アメリカの政治家, 外交官。財務長官, 米国無任所大使。
⇒二十 (ケネディ, デビッド・M. 1905–)

Kennedy, John Russell 〈19・20世紀〉
イギリスの新聞記者。渡米後, AP通信社日本駐在員として1907年来日。14年日本初の国際通信社を設立。
⇒岩世 (ケネディ　1861.11.5–1928.1.16)
　西洋 (ケネディ　1861.11.5–1928.1.16)
　来日 (ケネディ　1861–1928)

Kennedy, Joseph Patrick 〈19・20世紀〉
アメリカの銀行家, 外交官。J.ケネディ大統領の父。1937～40年駐英大使。
⇒岩ケ (ケネディ, ジョゼフ・P (パトリック)　1888–1969)
　国小 (ケネディ　1888–1969)

Kennedy, Rose Fitzgerald 〈19・20世紀〉
アメリカの実業家夫人。
⇒世女日 (ケネディ, ローズ・フィッツジェラルド　1890–1995)

Kennelly, Arthur Edwin 〈19・20世紀〉
イギリス系アメリカの電気技師。エジソンの助手, その後ハーバード大学教授。大気上空中の電離層が電磁波を反射することを発見 (1902)。
⇒岩ケ (ケネリー, アーサー・E (エドウィン)　1861–1939)
　岩世 (ケネリー　1861.12.17–1939.6.18)
　外国 (ケネリー　1861–1939)
　科学 (ケネリー　1861.12.17–1939.6.18)
　科技 (ケネリー　1861.12.17–1939.6.18)
　科史 (ケネリ　1861–1939)
　科人 (ケネリー, アーサー・エドウィン　1861.10.17–1939.6.18)
　国小 (ケネリー　1861.12.7–1939.6.18)
　コン2 (ケネリー　1861–1939)
　コン3 (ケネリー　1861–1939)
　人物 (ケネリー　1861.12.7–1939.6.18)
　西洋 (ケネリ　1861.12.7–1939.6.18)
　世科 (ケネリー　1861–1939)
　世百 (ケネリー　1861–1939)
　二十 (ケネリー, アーサー・エドウィン　1861.12.17–1939.6.18)
　百科 (ケネリー　1861–1939)

Kenny Dope 〈20世紀〉
アメリカのDJ, プロデューサー。
⇒ヒ人 (ケニー・ドープ　1970–)

Kent, Clark 〈20世紀〉
アメリカのDJ, プロデューサー。
⇒ヒ人 (ケント, クラーク)

Kent, William 〈17・18世紀〉
イギリスの新古典主義建築家, 造園家, 画家, 家具設計家。1735年王室付工匠頭。
⇒岩ケ (ケント, ウィリアム　1685–1748)
　岩世 (ケント　1685頃–1748.4.12)
　英米 (Kent, William　ケント　1684–1748)
　建築 (ケント, ウィリアム　1686–1748)
　国小 (ケント　1686–1748.4.12)
　コン2 (ケント　1684–1748)
　コン3 (ケント　1684–1748)
　新美 (ケント, ウィリアム　1685–1748.4.12)
　西洋 (ケント　1684–1748.4.12)
　世美 (ケント, ウィリアム　1685–1748)

Kepes, György 〈20世紀〉
アメリカのデザイナー, 教育者。
⇒岩世 (ケペッシュ　1906.10.4–2001.12.29)

Kerguélen-Trémarec, Yves Joseph de 〈18世紀〉
フランスの航海者。1772年ケルゲレン諸島を発見。
⇒岩ケ (ケルゲラン=トレマレク, イヴ・ジョゼフ・ド　1745–1797)
　国小 (ケルゲレン・トレマレク　1734–1797)

Kern, Alfred 〈20世紀〉
フランスのオルガン製作者。
⇒ラル (ケルン, アルフレッド　1910–)

Kerr, Clark 〈20世紀〉
アメリカの労働経済学者。
⇒岩ケ (カー, クラーク　1911–)
　二十 (カー, クラーク　1911–)

Kessler, Hermann 〈19・20世紀〉
ドイツの電機技師。日本シーメンス社技師。
⇒日人 (ケスレル　1860–1927)
　来日 (ケスレル　1860–1927)

Keswick, William 〈19・20世紀〉
イギリスの貿易商。ジャーデン・マジソン商会支配人。横浜英一番館を建て横浜外商の先駆者として活躍。
⇒日人 (ケズウィック　1834–1912)
　来日 (ケズウィック　1835–1912)

Kettering, Charles Franklin 〈19・20世紀〉
アメリカの発明家。
⇒岩ケ (ケタリング, チャールズ・F (フランクリン)　1876–1958)
　コン3 (ケタリング　1876–1958)

Keutgen, Friedrich 〈19・20世紀〉
　ドイツの経済史家。ハンブルク大学経済史教授
（1919〜33）。
　⇒西洋（コイトゲン　1861.7.28–1936.9.30）

Key, Lieven de 〈16・17世紀〉
　オランダの建築家。ハーレムのブーシェール市
場を建築。
　⇒建築（ケイ，リーヴェン・デ　1560頃–1627）
　　国小（ケイ　1560–1627）
　　新美（ケイ，リーフェン・デ　1560頃–1627.7.17）

Keynes, John Maynard 〈19・20世紀〉
　イギリスの経済学者。著書『平和の経済的帰
結』（1919），『貨幣改革論』（23），『貨幣論』
（30），『説得評論集』（31），『雇用，利子およ
び貨幣の一般理論』（36）。
　⇒逸話（ケインズ　1883–1946）
　　イ哲（ケインズ，J.M.　1883–1946）
　　岩ケ（ケインズ（ティルトンの），ジョン・メイ
　　　ナード・ケインズ，男爵　1883–1946）
　　岩世（ケインズ　1883.6.5–1946.4.21）
　　岩哲（ケインズ　1882–1946）
　　英米（Keynes, John Maynard, 1st Baron
　　　Keynes　ケインズ　1883–1946）
　　旺世（ケインズ　1883–1946）
　　才世（ケインズ，ジョン・メイナード　1883–
　　　1946）
　　外国（ケインズ　1883–1946）
　　科史（ケインズ　1883–1946）
　　経済（ケインズ　1883–1946）
　　現人（ケインズ　1883.6.5–1946.4.21）
　　広辞5（ケインズ　1883–1946）
　　広辞6（ケインズ　1883–1946）
　　国小（ケインズ　1883.6.5–1946.4.21）
　　国百（ケインズ，ジョン・メイナード　1883.6.5–
　　　1946.4.21）
　　コン3（ケインズ　1883–1946）
　　最世（ケインズ，ジョン　1883–1946）
　　思想（ケインズ，ジョン・メイナード　1883–
　　　1946）
　　集世（ケインズ，ジョン・メイナード　1883.6.5–
　　　1946.4.21）
　　集文（ケインズ，ジョン・メイナード　1883.6.5–
　　　1946.4.21）
　　人物（ケインズ　1883.6.5–1946.4.21）
　　西洋（ケーンズ　1883.6.5–1946.4.21）
　　世人（ケインズ　1883–1946）
　　世西（ケーンズ　1883.6.5–1946.4.21）
　　世百（ケインズ　1883–1946）
　　世百新（ケインズ　1883–1946）
　　全書（ケインズ　1883–1946）
　　大辞2（ケインズ　1883–1946）
　　大辞3（ケインズ　1883–1946）
　　大百（ケインズ　1883–1946）
　　伝世（ケインズ　1883.6.5–1946.4.21）
　　ナビ（ケインズ　1883–1946）
　　二十（ケインズ，ジョン・M.　1883.6.5–1946.4.
　　　21）
　　二十英（Keynes, J（ohn）M（aynard）　1883–

　　　1946）
　　百科（ケインズ　1883–1946）
　　名著（ケインズ　1883–1946）
　　山世（ケインズ　1883–1946）
　　歴史（ケインズ　1883–1946）

Keynes, John Neville 〈19・20世紀〉
　イギリスの論理学者，経済学者。主著『政治経
済学の範囲と方法』（1890）。
　⇒岩世（ケインズ　1852.8.31–1949.11.15）
　　経済（ケインズ　1852–1949）
　　西洋（ケーンズ　1852.8.31–1949.11.15）
　　二十（ケインズ，ジョン・ネビル　1852–1949）

Keyser, Hendrik de 〈16・17世紀〉
　オランダの建築家，彫刻家。
　⇒岩ケ（ケイゼル，ヘンドリック・デ　1565–1621）
　　岩世（デ・ケイセル　1565.5.15–1621.5.15）
　　建築（ケイゼル，ヘンドリック・ド　1565–1621）
　　国小（カイザー　1565.5.15–1621.5.15）
　　新美（ケイセル，ヘンドリック・デ　1565.5.15–
　　　1621.5.15）
　　西洋（カイセル　1565.5.15–1621.5.15）
　　世美（デ・ケイセル，ヘンドリック　1565–1621）
　　百科（ケイセル　1565–1621）

Keyser, Jacob de 〈17世紀〉
　オランダの遣清使節。広東から陸路北京に赴い
て（1656〜57）順治帝の広東貿易許可の勅書を
得た。
　⇒西洋（カイセル　?–1665）

Keyser, Thomas de 〈16・17世紀〉
　オランダの画家，建築家。建築家，彫刻家の父
ヘンドリク（1565〜1621）に学ぶ。
　⇒国小（ケイセル　1596頃–1667.7.7）
　　新美（ケイセル，トーマス・デ　1596/97–1667.
　　　6）
　　西洋（カイセル　1596–1667.6.7）

Khabarov, Erofei Pavlovich 〈17世紀〉
　ロシアの探検家，企業家。1649〜52年アムール
川の流域を調査。アムール河に至るルートを開
拓し，この河の渓谷一帯をロシア領と宣言した。
　⇒岩世（ハバーロフ　1610頃–1667以降）
　　外国（ハバロフ　17世紀頃）
　　科学（ハバロフ　17世紀初期–1670）
　　国小（ハバロフ　生没年不詳）
　　人物（ハバロフ　生没年不詳）
　　西洋（ハバーロフ　?–1667）
　　世西（ハバロフ　17世紀頃）
　　世東（ハバロフ　17世紀初–1670）
　　世百（ハバロフ　生没年不詳）
　　探検1（ハバロフ　1610?–1670?）
　　ロシ（ハバーロフ　1610頃–67以後）

Khalid bin Muhammad *al-Mani* 〈20

世紀〉
カタールの政治家，実業家。1972年保健相。アル・マーナ・エンジニアリング・アンド・コンストラクティング会社社長。
⇒中東（ハーリド　1914?-）

Khalil, Mustafa〈20世紀〉
エジプトの政治家。1941年エジプト国有鉄道勤務，その後，政界へ進出。78年10月首相に就任。民間技術者アメリカ協会会員。アメリカ鉄道技術協会会員。
⇒中東（ハリール　1920-）

Khashoggi, Adnan Muhammad〈20世紀〉
サウジアラビアの実業家。トライアド・ホールディング・コーポレーション社長。
⇒中東（カシューギ　1935-）

Khayru'd-Dīn at-Tūnīsī〈19世紀〉
チュニジアの改革主義者。フランスの財政管理下で，税制を改革し小作制度やギルドの改良にも尽力。
⇒西洋（ハイレッ・アッディーン　1820-1889）
世東（ハイル・アッディーン　1820-1890）
全書（ハイルディーン　1820-1890）
百科（ハイル・アッディーン　1820-1890）
歴史（ハイル＝アッディーン　1820-1890）

Kheradjou, Abol-Qassem〈20世紀〉
イランの銀行家。1963年イラン工・鉱業開発銀行総裁。
⇒中東（ヘラッドジュー　1915-）

Khlynov, Vladimir Nikolaevich〈20世紀〉
ソ連邦の経済学者。上級学術研究員。
⇒二十（フルイノフ，ウラディミール　1929-）

Khodja, Kamel Abdullah-〈20世紀〉
アルジェリアの経済学者，政治家。1962年臨時政府のメンバー。独立後財政省計画庁事務総長。
⇒中東（ホッジャ）

Khodorkovskii, Mikhail Borisovich〈20・21世紀〉
ロシアの企業家，石油会社ユコス社長。
⇒岩世（ホドルコフスキー　1963.6.23-）
ロシ（ホドルコフスキー　1963-）

Khoshkesh, Yussof〈20世紀〉
イランの銀行家。1978年2月からイラン中央銀行総裁。
⇒中東（ホシケシ　1906-）

Kiby, Jack St.Clair〈20世紀〉
アメリカの電子技術者。
⇒科人（キルビー，ジャック・セントクレア　1903.11.8-）
二十（キルビ，ジャック　1923.11.8-）

Kidd, William〈17・18世紀〉
イギリスの私掠船船長，のちに海賊。通称キャプテン・キッド。
⇒岩ケ（キッド，ウィリアム　1645頃-1701）
岩世（キッド　1645頃-1701.5.23）
英米（Kidd, William　キッド　1645頃-1701）
国小（キッド　1645頃-1701.5.23）
コン2（キッド　1645頃-1701）
コン3（キッド　1645頃-1701）
西洋（キッド　1650頃-1701.5.23）
世百（キッド　1645頃-1701）
全書（キッド　1645?-1701）
大辞（キッド　1645?-1701）
大辞3（キッド　1645?-1701）

Kiesler, Frederick John〈20世紀〉
アメリカの建築家。1925年のパリ万国装飾博覧会オーストリア館に『空中都市』『エンドレス劇場』案を発表。
⇒オ西（キースラー，フレデリック　1896-1965）
現人（キースラー　1896.9.22-1965.12.27）
新美（キースラー，フレデリック・ジョン　1890.9.22-1965.12.27）
世美（キースラー，フレデリック・ジョン　1896-1965）
世百新（キースラー　1890-1965）
全書（キースラー　1890-1965）
大百（キースラー　1896-1965）
ナビ（キースラー　1890-1965）
二十（キースラー，フレデリック・ジョン　1890.9.22-1965.12.27）
百科（キースラー　1890-1965）

Kiffin, William〈17・18世紀〉
イギリスの毛織物貿易商人。パティキュラー（特定）・バプテスト派牧師の中心人物。
⇒キリ（キッフィン，ウィリアム　1616-1701）

Kiki, Albert Maori〈20世紀〉
パプア・ニューギニアの政治家，実業家。
⇒オセ新（キキ　1931-）
歴史（アルバート＝マオリ＝キキ　1931-）

Kilburn, Tom〈20世紀〉
イギリスのコンピュータ科学者。
⇒岩ケ（キルバーン，トム　1921-）

Kilby, Jack St.Clair〈20世紀〉
アメリカの電子技術者。テキサス・インスツルメント会社で集積回路の原型の特許を取得した（1959）。同社辞職（70）後は独立発明家として

kilda 332 西洋人物レファレンス事典

活動。
⇒岩世 (キルビー 1923.11.8-2005.6.20)
広辞6 (キルビー 1923-2005)
西洋 (キルビ 1923.11.8-)
ノ物 (キルビー, ジャック・S 1923-2005)
ノベ (キルビー, J. 1923.11.8-)
ノベ3 (キルビー, J. 1923.11.8-2005.6.20)

Kildall, Gary 〈20世紀〉
アメリカのコンピュータ・ソフトの設計家。
⇒岩ケ (キルドール, ゲーリー 1942-)

Kiliç, Selahattin 〈20世紀〉
トルコの土木技師, 政治家。1977年7〜12月公
共事業相。
⇒中東 (クルチ 1922-)

Killian, James (Jr.) 〈20世紀〉
アメリカの工学者。アメリカ大統領特別補
佐官。
⇒二十 (キリアン, ジェームズ(Jr.) 1904-1988.1.
29)

Killigrew, Thomas 〈17世紀〉
イギリスの劇場経営者, 劇作家。ドルアリー・
レーンの支配人として活躍。
⇒岩世 (キリグルー 1612.2.7-1683.3.19)
英文 (キリグルー, トマス 1612-1683)
演劇 (キリグルー, トマス 1612-1683)
国小 (キリグルー 1612.2.7-1683.3.19)
集世 (キリグルー, トマス 1612.2.7-1683.3.19)
集文 (キリグルー, トマス 1612.2.7-1683.3.19)
西洋 (キリグルー 1612-1683)

Kim, Youn Suk 〈20世紀〉
アメリカの経済学者。キーンズ・カレッジ大学
教授。
⇒二十 (キム, ヨン・スク 1934-)

Kimball, Fiske 〈19・20世紀〉
アメリカの建築家, 建築史家。ジェファソンの
家, リー将軍の家など, アメリカの歴史建築物
の復元修理などを手がけた。
⇒名著 (キンボール 1888-)

Kimball, George E. 〈20世紀〉
アメリカの物理学者, 経営学者。
⇒名著 (キンボール 1906-)

Kinder, Thomas William 〈19世紀〉
イギリスの技師。
⇒国史 (キンダー 生没年不詳)
コン2 (キンドル 1816頃-?)
コン3 (キンドル 1816頃-?)

日人 (キンダー 1817-1884)
来日 (キンドル 1817.11.10-1884.9.2)

Kindermann, Hans Gerhard 〈20世
紀〉
ドイツの財界人。ドイツ写真産業協会会長。
⇒二十 (キンダーマン, ハンス・ゲルハルト
1917-)

Kindleberger, Charles 〈20世紀〉
アメリカ生まれの経済学者。
⇒岩世 (キンドルバーガー 1910.10.12-2003.7.7)

Kindleberger, Charles Poor 〈20世紀〉
アメリカの経済学者。国際経済の各分野にわた
る労作がある。
⇒経済 (キンドルバーガー 1910-)
二十 (キンドルバーガー, チャールズ・P.
1910-)
名著 (キンドルバーガー 1910-)

King, Allan 〈20世紀〉
カナダ生まれの映画監督, 映画製作者。
⇒世映 (キング, アラン 1930-)

King, Archbald 〈19世紀〉
イギリスの技師。工部省工学寮造船技師。
⇒日人 (キング 1848-1886)
来日 (キング 1848-1886.8.28)

King, Cecil Harmsworth 〈20世紀〉
イギリスの新聞社社主, ハームズワース兄弟
の甥。
⇒岩ケ (キング, セシル(・ハームズワース)
1901-1987)

King, Charles 〈18世紀〉
イギリスの経済評論家, 商人。著書『イギリス
の商人』(1721)。
⇒国小 (キング 生没年不詳)
世百 (キング)
名著 (キング 生没年不詳)

King, Edward Julian 〈19・20世紀〉
アメリカの航海士, 貿易商。函館駐在アメリカ
領事。
⇒日人 (キング 1866-?)
来日 (キング 1866-1919?)

King, Henrietta 〈19・20世紀〉
アメリカの実業家。
⇒世女日 (キング, ヘンリエッタ 1832-1925)

King, James Foster 〈19・20世紀〉

イギリスの造船家。英国海事協会副検査長として非常に進歩的な造船規則を作る。

⇒岩世（キング　1863-1947.8.11）
　西洋（キング　1863-1947.8.11）

King, Jessie Marion 〈19・20世紀〉

イギリスのデザイナー，イラストレーター。

⇒岩ケ（キング，ジェシー・マリオン　1875-1945）
　世女日（キング，ジェシー・マリオン　1875-1949）

Kingsbury, Albert 〈19・20世紀〉

アメリカの技術者。ウェスティングハウスで，主として大型発電機や水タービンの大型推力軸受の設計に当り，キングズバリ推力軸受の特許をえた（1907）。

⇒岩世（キングズベリ　1862.12.23-1943.7.28）
　西洋（キングズバリ　1862.12.23-1943）

Kintner, Robert E. 〈20世紀〉

アメリカのジャーナリスト。NBC社長。

⇒二十（キントナー，ロバート　1909-1980.12.22）

Kippenberg, Anton 〈19・20世紀〉

ドイツの出版業者。インゼル書店の社主。

⇒集文（キッペンベルク，アントン　1874.5.22-1950.9.21）

Kirby, Edward Charles 〈19世紀〉

イギリスの貿易商。小野浜鉄工場を設立。

⇒日人（カービー　1836-1883）
　来日（カービー　1836-1883.12.8）

Kirby, Edward Stuart 〈20世紀〉

イギリスの経済学者。アントニーズ大学準教授。

⇒二十（カービー，エドワード・スチュアート）

Kirby, Jack 〈20世紀〉

アメリカの漫画キャラクターデザイナー，原作者。

⇒岩世（カービー　1917.8.28-1994.2.6）

Kircher, Athanasius 〈17世紀〉

スイスの自然科学者，数学者，考古学者。イエズス会士。疾病の原因探求に顕微鏡を応用。また，ヒエログリフの解読に取り組み，幻灯機を発明するなど多彩な業績を残す。

⇒岩世（キルヒャー　1601.5.2-1680.11.27）
　岩哲（キルヒャー　1602-1680）
　音楽（キルヒャー，アタナジウス　1601.5.2-1680.11.27）
　音大（キルヒャー　1601.5.2-1680.11.27）
　科学（キルヘア　1601.5.2-1680.11.28）
　科史（キルヒャー　1601/2-1680）
　キリ（キルヒャー，アタナージウス　1601.5.2-1690.10.30）
　広辞4（キルヒャー　1601-1680）
　コン3（キルヒャー　1601-1680）
　集文（キルヒャー，アタナージウス　1602.5.2-1680.11.27）
　人物（キルハー　1601.5.2-1680.11.27）
　数学（キルハー　1601.5.2-1680.11.27）
　数学増（キルハー　1601.5.2-1680.11.27）
　西洋（キルハー　1601.5.2-1680.11.27）
　世西（キルヒャー　1601.5.2-1680.11.27）
　大辞（キルヒャー　1601-1680）
　大辞3（キルヒャー　1601-1680）
　百科（キルヒャー　1602-1680）

Kirchner, Johann Gottlob 〈18世紀〉

ドイツの彫刻家，工芸家，陶芸家。

⇒芸術（キルヒナー，ヨハン・ゴットロープ　1706頃-1768以前）
　新美（キルヒナー，ヨーハン・ゴットロープ　1706頃-?）

Kirdorf, Emil 〈19・20世紀〉

ドイツの企業家。ライン-ウエストファーレン石炭シンジケートの創設者。

⇒岩世（キルドルフ　1847.4.8-1938.7.13）
　ナチ（キルドルフ，エミール　1847-1938）
　評世（キルドルフ　1847-1938）

Kirkby, John 〈13世紀〉

イギリスの聖職者，財務官僚。

⇒英米（Kirkby, John　カークビー　?-1290）

Kirstein, Lincoln Edward 〈20世紀〉

アメリカのバレー団経営者。「アメリカ・バレー学校」「キャラヴァン・バレー団」を合体して「アメリカ・バレー団」を創設。

⇒岩ケ（カースティン，リンカーン　1907-）
　岩世（カースティーン　1907.5.4-1996.1.5）
　外国（カースタイン　1907-）
　コン3（カーステン　1907-）
　西洋（カーステン　1907.5.4-）
　大百（カースティン　1907-）
　名著（カーステイン　1907-）

Kirton, Lisa Keiko 〈20世紀〉

イギリスの陶芸家，彫刻家。

⇒世芸（キルトン，リサ・ケイコ　1947-）

Kirzner, Israel M. 〈20世紀〉

イギリス・ロンドン生まれの経済思想家。

⇒岩世（カーズナー　1930.2.13-）
　経済（カーズナー　1930-）

K

kitch   *334*   西洋人物レファレンス事典

Kitchin, Joseph 〈19・20世紀〉
アメリカの経済思想学者。
⇒経済（キチン 1861–1932）

Kitchin, Joseph Armstrong 〈20世紀〉
アメリカの経済学者。
⇒二十（キチン, J.アームストロング 1910–）

Kjærholm, Poul 〈20世紀〉
デンマークの建築家, 家具デザイナー。
⇒岩世（ケアホルム 1929.1.8–1980.4.18)
　新美（ケヤホルム, パウル 1929–1980）
　二十（ケヤホルム, パウル 1929–1980）

Klabin, Mauricio 〈19・20世紀〉
ブラジルの実業家, ユダヤ人社会の指導者。
⇒ユ人（クラビン, モーリシオ 1860–1923）

Klasen, Karl 〈20世紀〉
ドイツの銀行家。西ドイツ連邦銀行総裁。
⇒二十（クラーゼン, カール 1909(10)–1991.4.
　22)

Klaus, Josef 〈20世紀〉
オーストリアの政治家。1961〜63年蔵相。63
年国民党党首。64〜70年首相。
⇒岩世（クラウス 1910.8.15–2001.7.25)
　国小（クラウス 1910.8.15–）
　世政（クラウス, ヨゼフ 1910.8.15–2001.7.25)
　二十（クラウス, ヨゼフ 1910–）

Klaus, Václav 〈20世紀〉
チェコの政治家, 経済学者。チェコ大統領。
⇒岩世（クラウス 1941.6.19–）
　世政（クラウス, ヴァツラフ 1941.6.19–）
　東欧（クラウス 1941–）

Klauser, Arther E. 〈20世紀〉
アメリカの実業家, 日本研究家。アメリカ三井
物産上級副社長。
⇒二十（クラウザー, アーサー・E. 1923–）

Klein, Anne Hannah 〈20世紀〉
アメリカのファッション・デザイナー。
⇒岩ケ（クライン, アン(・ハナ) 1921?–1974）
　最世（クライン, アン 1921–1974）
　世女日（クライン, アン・ハナ 1923–1974）

Klein, Calvin 〈20世紀〉
アメリカのファッション・デザイナー。ニュー
ヨーク・ファッション界の大物の一人。
⇒ア人（クライン, カルバン 1943–）
　岩ケ（クライン, カルヴァン(・リチャード)

1942–)
　現ア（Klein, Calvin クライン, カルヴァン
　1942–)
　最世（クライン, カルヴァン 1942–）
　ナビ（クライン 1943–）
　二十（クライン, カルバン 1943–）

Klein, Lawrence Robert 〈20世紀〉
アメリカの経済学者。経済動学の計量経済学的
研究に新しい分野を開拓。
⇒岩ケ（クライン, ローレンス(・ロバート)
　1920–)
　岩世（クライン 1920.9.14–2013.10.20)
　経済（クライン 1920–）
　コン3（クライン 1920–）
　最世（クライン, L.R. 1920–）
　思想（クライン, ローレンス R(ロバート)
　1920–)
　人物（クライン 1920.9.14–）
　西洋（クライン 1920.9.14–）
　世西（クライン 1920.9.14–）
　世百新（クライン 1920–）
　全書（クライン 1920–）
　大辞2（クライン 1920–）
　大辞3（クライン 1920–）
　二十（クライン, ローレンス・ロバート 1920.9.
　14–)
　ノベ（クライン, L.R. 1920.9.14–）
　百科（クライン 1920–）
　ノベ3（クライン, L.R. 1920.9.14–）
　名著（クライン 1920–）
　ユ人（クライン, ローレンス・ロバート 1920–）

Klein, Matthew
アメリカの作家, 起業家, プログラマー。
⇒海新（クライン, マシュー）
　海作4（クライン, マシュー）

Kleist, Ewald Georg von 〈18世紀〉
ドイツの物理学者。1745年ライデン壜を発明。
⇒国小（クライスト 1700.6.10–1748.12.11)
　人物（クライスト ?–1748.12.11)
　世西（クライスト ?–1748.12.11)
　大百（クライスト ?–1748)

Kleist, Heinrich von 〈18・19世紀〉
ドイツの劇作家, 物語作家, 詩人, 出版者,
軍人。
⇒逸話（クライスト 1777–1811）
　岩ケ（クライスト, (ベルント・)ハインリヒ・
　(ヴィルヘルム・)フォン 1777–1811）
　岩世（クライスト 1777.10.10–1811.11.21)
　演劇（クライスト, ハインリヒ・フォン 1777–
　1811)
　外国（クライスト 1777–1811）
　角世（クライスト 1777–1811）
　キリ（クライスト, ハインリヒ・フォン 1777.
　10.18–1811.11.21)
　幻想（クライスト, ハインリヒ・フォン 1777–

1811)
幻文（クライスト, ハインリッヒ・（ヴィルヘル
ム・）フォン　1777–1811）
広辞4（クライスト　1777–1811）
広辞6（クライスト　1777–1811）
国小（クライスト　1777.10.18–1811.11.21）
国百（クライスト, ハインリヒ・フォン　1777.
10.18–1811.11.21）
コン2（クライスト　1777–1811）
コン3（クライスト　1777–1811）
集世（クライスト, ハインリヒ・フォン　1777.
10.18–1811.11.21）
集文（クライスト, ハインリヒ・フォン　1777.
10.18–1811.11.21）
人物（クライスト　1777.10.18–1811.11.21）
西洋（クライスト　1777.10.18–1811.11.21）
世西（クライスト　1777.10.18–1811.11.21）
世百（クライスト　1777–1811）
世文（クライスト, ハインリヒ・フォン　1777–
1811）
全書（クライスト　1777–1811）
体育（クライスト　1777–1811）
大辞（クライスト　1777–1811）
大辞3（クライスト　1777–1811）
大百（クライスト　1777–1811）
デス（クライスト　1777–1811）
伝世（クライスト　1777.10.18–1811.11.21）
百科（クライスト　1777–1811）
評世（クライスト　1777–1811）
名著（クライスト　1777–1811）
山世（クライスト　1777–1811）
歴史（クライスト　1777–1811）

Klemm, Hanns 〈19・20世紀〉
ドイツの軽飛行機設計製作者。
⇒岩世（クレム　1885.4.4–1961.4.30）
　西洋（クレム　1885.4.4–1961.4.30）

Klenze, Leo von 〈18・19世紀〉
ドイツの建築家, 考古学者。アテネの古代遺品
を研究してドイツの考古学を創始。代表的建築
はペテルブルクのエルミタージュ美術館（1839
～49）, ミュンヘンのグリュプトテーク（16～
31）, ピナコテーク（26～36）, プロピュレーオ
ン（46～60）など。
⇒岩世（クレンツェ　1784.2.29–1864.1.27）
　建築（クレンツェ, レオ・フォン（クレンツェ, レ
　　オポルト・フォン）　1784–1864）
　国小（クレンツェ　1784.2.29–1864.1.27）
　新美（クレンツェ, レーオ・フォン　1784.2.29–
　　1864.1.27）
　西洋（クレンツェ　1784.2.29–1864.1.27）
　世美（クレンツェ, レオ・フォン　1784–1864）
　デス（クレンツェ　1784–1864）
　百科（クレンツェ　1784–1864）

Kleomenes of Naukratis 〈前4世紀〉
エジプトの財務官, 東部デルタの長官。アレク
サンドロス大王に仕えた。
⇒外国（クレオメネス　前4世紀）

ギリ（クレオメネス（ナウクラティスの）　?–前
322）
国小（クレオメネス（ナウクラテスの）　前4世紀
頃）

Kleophrades 〈前5世紀〉
前500–480頃に活躍したギリシアの陶工。
⇒岩世（クレオフラデス）

Klerk, Michaël de 〈19・20世紀〉
オランダの建築家。代表作にアムステルダムの
集合住宅（1917）。
⇒岩世（デ・クレルク（クラーク）　1884.11.24–
　　1923.11.24）
　国小（デ・クレルク　1884–1923）
　西洋（クラーク　1884.11.24–1923.11.24）
　世美（デ・クレルク, ミヒェル　1884–1923）
　全書（クラーク　1884–1923）
　大百（クラーク　1884–1923）
　二十（クラーク, ミッチェル・デ　1884–1923）

Klíč, Karel 〈19・20世紀〉
グラビア印刷の発明者。
⇒岩世（クリーチュ　1841.5.30–1926.11.16）

Klima, Viktor 〈20世紀〉
オーストリアの政治家, 実業家。オーストリア
首相, オーストリア社民党党首。
⇒岩世（クリマ　1947.6.4–）
　世政（クリマ, ヴィクトール　1947.6.4–）

Klimov, Vladimir Yakovlevich 〈20世紀〉
航空技師。航空発動機等の改良・設計で知ら
れる。
⇒コン3（クリーモフ　1892–1962）

Klint, Kaare Jensen 〈19・20世紀〉
デンマークの家具デザイナー, 建築家。代表作
はコペンハーゲンのグルンドビグ聖堂（1926）。
⇒岩ケ（クリント, コーレ　1888–1954）
　岩世（クリント　1888.12.15–1954.3.28）
　国小（クリント　1888–1954）
　新美（クリント, カーレ　1888–1954）
　世美（クリント, コーレ　1888–1954）
　二十（クリント, カーレ　1888–1954）

Klöpfer, Eugen 〈19・20世紀〉
ドイツの俳優, 劇場支配人。
⇒外男（クレプファー, オイゲン　1886–1950）
　世俳（クレプファー, オイゲン　1886.3.10–1950.
　　3.3）
　俳優（クレプファー, オイゲン　1886–1950）

Klotz, Ägidius Sebastian 〈18・19世紀〉
ドイツのヴァイオリン製作者。
⇒音大（クロッツ, エギディウス・ゼバスティアン 1733–1805）

Klotz, Anton 〈19世紀〉
ドイツのヴァイオリン製作者。
⇒音大（クロッツ, アントン 1802–1851）

Klotz, Balthasar 〈19・20世紀〉
ドイツのヴァイオリン製作者。
⇒音大（クロッツ, バルタザル 1854–1936）

Klotz, Georg 〈17・18世紀〉
ドイツのヴァイオリン製作者。
⇒音大（クロッツ, ゲオルク 1687–1737）

Klotz, Johann Karl 〈18世紀〉
ドイツのヴァイオリン製作者。
⇒音大（クロッツ, ヨハン・カール 1709–1790頃）

Klotz, Josef Anton 〈18・19世紀〉
ドイツのヴァイオリン製作者。
⇒音大（クロッツ, ヨーゼフ・アントン 1761–1842）

Klotz, Josef Thomas 〈18・19世紀〉
ドイツのヴァイオリン製作者。
⇒音大（クロッツ, ヨーゼフ・トーマス 1743–1809）

Klotz, Matthias 〈17・18世紀〉
ドイツのヴァイオリン製作者。ミッテンヴァルトでヴァイオリン製造業を確立（1683～）。
⇒岩世（クロッツ 1653.6.11–1743.8.16）
　音大（クロッツ, マティアス 1653–1743）
　西洋（クロッツ 1653.6.11–1745.8.16）

Klotz, Sebastian 〈17・18世紀〉
ドイツのヴァイオリン製作者。
⇒音大（クロッツ, ゼバスティアン 1762–1825）

Klüver, Billy 〈20世紀〉
アメリカの技術者。
⇒岩世（クルーヴァー 1927.11.13–2004.1.11）

Knapp, Georg Friedrich 〈19・20世紀〉
ドイツの経済学者。貨幣国定学説を提唱。
⇒岩世（クナップ 1842.3.7–1926.2.20）
　外国（クナップ 1842–1926）
　経済（クナップ 1842–1926）
　国小（クナップ 1842.3.7–1926.2.20）
　コン2（クナップ 1842–1926）

コン3（クナップ 1842–1926）
人物（クナップ 1842.3.7–1926.2.20）
西洋（クナップ 1842.3.7–1926.2.20）
世西（クナップ 1842.3.7–1926.2.20）
世百（クナップ 1842–1926）
全書（クナップ 1842–1926）
大百（クナップ 1842–1926）
二十（クナップ, G.フリードリッヒ 1842–1926）
百科（クナップ 1842–1926）
名著（クナップ 1842–1926）

Knapp, Seaman Asahel 〈19・20世紀〉
アメリカの農学者。ルイジアナ州開発会社の顧問となり（1886）, アイオワ州近辺の稲作を成功させた。
⇒岩世（ナップ 1833.12.10–1911.4.1）
　西洋（ナップ 1833–1911）

Knapper, Gerd 〈20世紀〉
ドイツ生まれの陶芸家, 造形家。
⇒世芸（クナッパー, ゲルト 1943–）

Kneese, Allen Victor 〈20世紀〉
アメリカの経済学者。環境・資源問題を研究する。
⇒岩世（クネーゼ 1930.4.5–2001.3.14）
　西洋（クニース 1930.4.5–）

Knies, Karl Gustav Adolf 〈19世紀〉
ドイツの経済学者。歴史学派の創設者。
⇒岩世（クニース 1821.3.29–1898.8.3）
　外国（クニース 1821–1898）
　国小（クニース 1821.3.29–1898.8.3）
　コン2（クニース 1821–1898）
　コン3（クニース 1821–1898）
　人物（クニース 1821.3.29–1898.8.3）
　西洋（クニース 1821.3.29–1898.8.3）
　世西（クニース 1821.3.29–1898.8.3）
　世百（クニース 1821–1898）
　全書（クニース 1821–1898）
　大百（クニース 1821–1898）
　百科（クニース 1821–1898）
　名著（クニース 1821–1898）

Knietsch, Theophil Josef Rudolf 〈19・20世紀〉
ドイツの化学技術者。最初の合成インジゴを市販（1897）。
⇒国小（クニーチ 1854–1906）
　コン2（クニーチ 1854–1906）
　コン3（クニーチ 1854–1906）
　世百（クニーチ 1854–1906）
　全書（クニーチ 1854–1906）
　大百（クニーチ 1854–1906）
　二十（クニーチ, T.J.ルドルフ 1854–1906）
　百科（クニーチ 1854–1906）

Knight, Charles 〈18・19世紀〉
イギリスの出版業者，著述家。
⇒世西（ナイト　1791.3.5–1873.3.9）

Knight, Frank Hyneman 〈19・20世紀〉
アメリカの経済学者。シカゴ大学教授（1928～）。シカゴ学派創始者のひとり。
⇒岩世（ナイト　1885.11.7–1972.4.15）
　岩哲（ナイト　1885–1972）
　経済（ナイト　1885–1972）
　思想（ナイト，フランク H（ハイネマン）　1885–1972）
　西洋（ナイト　1885.11.7–1972.4.15）
　世百新（ナイト　1885–1972）
　全書（ナイト　1885–1972）
　二十（ナイト，フランク・ハイネマン　1885.11.7–1972.4.15）
　百科（ナイト　1885–1972）
　名著（ナイト　1885–）

Knight, Margaret 〈19・20世紀〉
アメリカの発明家。
⇒世女（ナイト，マーガレット（マティー）E　1838–1914）
　世女日（ナイト，マーガレット　1838–1914）

Knight, Sarah Kemble 〈17・18世紀〉
アメリカの教師，実業家。
⇒岩世（ナイト　1666.4.19–1727.9.25）
　女作（Knight, Sarah Kemble　セアラ・ケンブル・ナイト　1666.4.19–1727.9.25）
　世女日（ナイト，サラ・ケンブル　1666–1727）

Knipping, Erwin 〈19・20世紀〉
ドイツ気象技術者。暴風警報事業の創設にあたり，全国に15カ所の測候所を創設し天気図を作った（1883）。
⇒岩世（クニッピング　1844.4.27–1922.11.22）
　コン3（クニッピング　1844–1922）
　西洋（クニッピング　1844.4.27–1922.11.22）
　世西（クニッピング　1844.4.27–1922.11.22）
　世百（クニッピング　1844–1922）
　全書（クニッピング　1844–1922）
　大辞（クニッピング　1844–1922）
　大辞2（クニッピング　1844–1922）
　大辞3（クニッピング　1844–1922）
　大百（クニッピング　1844–1922）
　二十（クニッピング，E.　1844–1922）
　日研（クニッピング，エルヴィン　1844.4.27–1922.11.22）
　日人（クニッピング　1844–1922）
　百科（クニッピング　1844–1922）
　来日（クニッピング　1844–1922）

Knobelsdorf, Georg Wenzeslaus von 〈17・18世紀〉
ドイツの画家，建築家。ベルリンのオペラ座，サンスシー宮の広間などを設計ののち，1730年画家に転向。
⇒岩世（クノーベルスドルフ　1699.2.17–1753.9.16）
　建築（クノーベルスドルフ，ゲオルク・ヴェンツェスラウス・フォン　1699–1753）
　国小（クノーベルスドルフ　1699.2.17–1753.9.16）
　新美（クノーベルスドルフ，ヴェンツェスラウス・フォン　1699.2.17–1753.9.16）
　西洋（クノーベルスドルフ　1697.2.17–1753.9.16）
　世百（クノーベルスドルフ，ゲオルク・ヴェンツェスラウス・フォン　1699–1753）
　百科（クノーベルスドルフ　1699–1753）

Knoeppel, Charles Edward 〈19・20世紀〉
アメリカの経営学者。主著『図表的生産統制』（1920），『利益工学』（33）など。
⇒国小（ノイッペル　1881.4.15–1936.11.29）

Knopf, Alfred Abraham 〈20世紀〉
アメリカの出版業者。1915年，出版業をおこし，50年間で5000種の本を出版。現代文学とくに外国文学の翻訳・紹介に貢献。
⇒岩ケ（クノップ，アルフレッド・A　1892–1984）
　コン3（クノップ　1892–1984）
　集文（クノップ，アルフレッド　1892.9.12–1984.8.11）
　二十英（Knopf, Alfred A（braham）　1892–1984）

Knopf, Blanche 〈20世紀〉
アメリカの出版社主。
⇒世女日（クノップ，ブランシ　1894–1966）

Knowles, Beyonce 〈20世紀〉
アメリカのミュージシャン，レコード・プロデューサー，俳優，ファッション・デザイナー。
⇒ア事（ノウルズ，ビヨンセ　1981–）

Knowles, Lilian Charlotte Anne 〈19・20世紀〉
イギリスの女流経済史家。カンニンガムの"Growth of English industry and commerce"（1882～1910）の著述を助けた。
⇒岩世（ノールズ　1870–1926.4.25）
　外国（ノールズ　1870–1926）
　西洋（ノールズ　1870–1926）
　名著（ノールズ　1870–1926）
　歴史（ノールズ　1870–1926）

Knowles, William Standish 〈20世紀〉
アメリカの有機化学者，工業化学者。
⇒岩世（ノールズ　1917.6.1–2012.6.13）

Knox, Archibald 〈19・20世紀〉
イギリスの宝飾デザイナー。
⇒岩ケ（ノックス，アーチボルド　1864–1933）

Knox, Robert 〈17・18世紀〉
イギリスの商人。
⇒岩世（ノックス　1641.2.8–1720.6.19）
　角世（ノックス（ロバート）　1641–1720）

Knox, Rose 〈19・20世紀〉
アメリカの実業家。
⇒世女日（ノックス，ローズ　1857–1950）

Knox, William Franklin 〈19・20世紀〉
アメリカのジャーナリスト。1931年シカゴ・デ
イリー・ニュース社の社長に就任。
⇒外国（ノックス　1874–1944）
　人物（ノックス　1875.1.1–1944.4.28）
　西洋（ノックス　1874.1.1–1944.4.28）

Knudsen, William Signius 〈19・20世
紀〉
デンマーク生まれのアメリカの実業家。1899年
渡米，自転車製造の後シヴォレー・モーター会
社副社長，ゼネラル・モータース会社社長。第
二次大戦には国防省生産局長（1942〜45）。
⇒岩ケ（ヌードセン，ウィリアム・S（シグニウス）
　1879–1948）
　岩世（ヌードセン　1879.3.25–1948.4.27）
　コン2（ヌードセン　1879–1948）
　コン3（ヌードセン　1879–1948）
　西洋（ヌードセン　1879.3.25–1948.4.27）

Koberger, Anton 〈15・16世紀〉
ドイツの印刷者。
⇒岩世（コーベルガー　1440頃–1513.10.3）
　西洋（コーベルガー　1440頃–1513.10.3）

Koç, Vehbi 〈20世紀〉
トルコの実業家。1949年ジェネラル・エレクト
リック・トルコ社創立。その他50以上の会社を
設立。
⇒岩世（コチ　1901–1996.2.25）
　中東（コチ　1901–）

Koch, Gaetano 〈19・20世紀〉
イタリアの建築家。
⇒世美（コッホ，ガエターノ　1849–1910）

Koch, Howard W. 〈20世紀〉
アメリカの映画監督。TVプロデューサーとし
て『ハワイアン・アイ』なども手がけた。
⇒監督（コッチ，ハワード・W.　1916.4.11–）

Koch, Robert 〈19・20世紀〉
ドイツの医師。近世細菌学の開祖。ツベルクリ
ンを発明。敗血症の研究，結核菌・コレラ病原
菌の発見などの業績を残した。結核研究の業績
で1905年ノーベル生理・医学賞受賞。
⇒逸話（コッホ　1843–1910）
　岩ケ（コッホ，（ハインリヒ・ヘルマン）ロベルト
　1843–1910）
　岩世（コッホ　1843.12.11–1910.5.27）
　岩哲（コッホ　1843–1910）
　旺世（コッホ　1843–1910）
　外国（コッホ　1843–1910）
　科学（コッホ　1843.12.11–1910.5.27）
　科技（コッホ　1843.12.11–1910.5.27）
　科史（コッホ　1843–1910）
　科人（コッホ，ハインリヒ・ヘルマン・ロベルト
　1843.12.11–1910.5.27）
　科大（コッホ　1843–1910）
　科大2（コッホ　1843–1910）
　角世（コッホ　1843–1910）
　看護（コッホ　1843–1910）
　広辞4（コッホ　1843–1910）
　広辞5（コッホ　1843–1910）
　広辞6（コッホ　1843–1910）
　国小（コッホ　1843.12.11–1910.5.27）
　国百（コッホ，ロベルト　1843.12.11–1910.5.27）
　コン2（コッホ　1843.12.11–1910.5.27）
　コン3（コッホ　1843–1910）
　人物（コッホ　1843.12.11–1910.5.27）
　西洋（コッホ　1843.12.11–1910.5.27）
　世科（コッホ　1843–1910）
　世人（コッホ　1843–1910）
　世西（コッホ　1843.12.11–1910.5.27）
　世百（コッホ　1843–1910）
　全書（コッホ　1843–1910）
　大辞（コッホ　1843–1910）
　大辞2（コッホ　1843–1910）
　大辞3（コッホ　1843–1910）
　大百（コッホ　1843–1910）
　デス（コッホ　1843–1910）
　伝世（コッホ　1843.12.11–1910.5.27）
　ナビ（コッホ　1843–1910）
　二十（コッホ，ロベルト　1843.12.11–1910.5.27）
　日人（コッホ　1843–1910）
　ノベ（コッホ，H.H.R.　1843.12.11–1910.5.27）
　百科（コッホ　1843–1910）
　評世（コッホ　1843–1910）
　名著（コッホ　1843–1910）
　山世（コッホ　1843–1910）
　来日（コッホ　1843–1910）
　歴史（コッホ　1843–1910）

Kochin, Nikolai Evgrafovich 〈20世
紀〉
ソ連邦の数学者，機械技師。流体力学研究の
権威。
⇒コン3（コーチン　1901–1944）
　数学（コーチン　1901.5.19–1944.12.31）
　数学増（コーチン　1901.5.19–1944.12.31）

Koehler, Florence 〈19・20世紀〉
アメリカの宝石細工師。
⇒世女日（ケーラー, フローレンス　1861-1944）

Koenen, Mathias 〈19・20世紀〉
ドイツの建築家。鉄筋コンクリート構造の設計理論を実験研究。
⇒岩世（ケーネン　1849.3.3-1924.12.26）
　西洋（ケーネン　1849.3.3-1924.12.26）

Koenig, John 〈20世紀〉
アメリカのジャズ・プロデューサー。
⇒ジヤ（ケーニッヒ, ジョン　?-）

Koenig, Lester 〈20世紀〉
アメリカのジャズ・プロデューサー。1950年代初頭からオーナー兼プロデューサーとして、アート・ペッパーらを起用。
⇒ジヤ（ケーニッヒ, レスター　1919-1977.11.21）
　二十（ケーニッヒ, レスター　1919-1977）

Köhler, Horst 〈20世紀〉
ドイツの政治家、銀行家。ドイツ大統領。
⇒岩世（ケーラー　1943.2.22-）
　最近（ケーラー, ホルスト　1943-）
　世政（ケーラー, ホルスト　1943.2.22-）

Kohlhase, Hans 〈16世紀〉
ブランデンブルク、ケルンの商人。
⇒岩世（コールハーゼ　1500頃-1540.3.22）
　国小（コールハーゼ　?-1540.3.22）
　西洋（コールハーゼ　?-1540.3.22）

Kohlmey, Gunther 〈20世紀〉
ドイツ民主共和国の経済学者。ドイツ民主共和国の経済学界において指導的地位を占めている。
⇒名著（コールマイ　1913-）

Kohlrausch, Rudolph Herrmann Arndt 〈19世紀〉
ドイツの物理学者。デルマン電気計を改良(1847～48)、電池の起電力を測定。
⇒科史（コールラウシュ　1809-1858）

Kohr, Leopold 〈20世紀〉
オーストリアの経済学者、文筆家。
⇒岩ケ（コール, レオポルト　1909-1994）

Koivisto, Mauno Henrik 〈20世紀〉
フィンランドの政治家。1966～67年蔵相。68年フィンランド銀行頭取。68～70年首相。社会民主党党首。
⇒岩世（コイヴィスト　1923.11.25-）
　角世（コイヴィスト　1925-）
　国小（コイビスト　1923-）
　世政（コイビスト, マウノ　1923.11.25-）
　世西（コイビスト　1923.11.25-）
　二十（コイビスト, M.　1923.11.25-）

Koldewey, Robert Johann 〈19・20世紀〉
ドイツの古代学者、建築史学者。バビロニア、ヒッタイトなどで発掘。
⇒新美（コルデヴァイ, ローベルト　1855.10.9-1925.2.4）
　西洋（コルデヴァイ　1855.9.10-1925.2.4）
　世東（コルデヴァイ　1855-1925）
　世百（コルデヴァイ　1855-1925）
　二十（コルデヴァイ, ローベルト・J.　1855.10.9-1925.2.4）

Komarov, Aleksandr Vasil'evich 〈20世紀〉
ソ連邦の経済学者。
⇒二十（コマロフ, アレクサンドル・V.　1920-）

Kondrat'ev, Nikolai Dmitrievich 〈20世紀〉
ソ連邦の経済学者。景気の長期循環論を定式化したことで有名。コンドラチエフの波と呼ばれている。
⇒岩世（コンドラーチエフ　1892.3.4[16(17)]-1938.9.17）
　外国（コンドラーチエフ　1892-）
　経済（コンドラチエフ　1892-1938）
　広辞5（コンドラチエフ　1892-1938）
　広辞6（コンドラチエフ　1892-1938）
　国小（コンドラチエフ　1892-1930頃）
　コン3（コンドラチエフ　1892-1938）
　西洋（コンドラチエフ　1892-1938.10.17）
　世西（コンドラチエフ　1892-）
　世百（コンドラチエフ　1892-）
　大辞2（コンドラチエフ　1892-1938）
　大辞3（コンドラチエフ　1892-1938）
　二十（コンドラチエフ, ニコライ　1892-1938）
　ロシ（コンドラチエフ　1892-1938）

König, Friedrich 〈18・19世紀〉
ドイツの印刷技術者。1811年シリンダ（円筒式）輪転印刷機を開発。
⇒岩世（ケーニヒ　1774.4.17-1833.1.17）
　広辞4（ケーニッヒ　1774-1833）
　広辞6（ケーニッヒ　1774-1833）
　国小（ケーニヒ　1774.4.17-1833.1.17）
　コン3（ケーニッヒ　1774-1833）
　西洋（ケーニヒ　1774.4.17-1833.1.17）
　世西（ケーニヒ　1774.4.17-1833.1.17）
　世百（ケーニヒ　1774-1833）
　全書（ケーニヒ　1774-1833）
　大辞（ケーニッヒ　1774-1833）

大辞3（ケーニッヒ　1774-1833）
大百（ケーニヒ　1774-1833）
百科（ケーニヒ　1774-1833）

König, Karl Rudolph 〈19・20世紀〉

ドイツの印刷技術者。最初の円圧型印刷機を製作 (1811)。
⇒音大（ケーニヒ　1832.11.26-1901.10.2）
外国（ケーニッヒ　1832-1901）
科学（ケーニッヒ　1832.11.26-1901.10.2）
世西（ケーニヒ　1832.11.26-1901.1.2）
全書（ケーニヒ　1832-1901）
大百（ケーニヒ　1832-1901）

Konovalov, Aleksandr Ivanovich 〈19・20世紀〉

帝政ロシアの政治家，巨大繊維工場主。
⇒二十（コノワーロフ，アレクサンドル　1875-1948）
百科（コノワーロフ　1875-1948）

Koolhaas, Rem 〈20世紀〉

オランダの建築家。
⇒岩世（コールハース（クールハウス）　1944.11.17-）
二十（クールハース，レム　1944-）

Koontz, Harold 〈20世紀〉

アメリカの経営学者。主著『経営管理の原則』(1955, オドンネルとの共著), 『取締役会』(67), 編著『経営の統一理論』(64)。
⇒国小（クーンツ　1908.5.19-）

Koopmans, Tjalling Charles 〈20世紀〉

アメリカ（オランダ生まれ）の経済学者。早くから計量経済学に推計学を適用。
⇒岩ケ（コープマンズ，チャリング・C（チャールズ）　1910-1985）
岩世（クープマンス　1910.8.28-1985.2.26）
経済（クープマンス　1910-1984）
コン3（クープマンス　1901-1985）
最世（クープマンズ，T.C.　1910-1985）
数学（クープマンス　1910.8.28-1985）
数学増（コープマンス　1910.8.28-1985）
西洋（コープマンス　1910-）
世百新（クープマンス　1910-1985）
全書（クープマンス　1910-1985）
二十（クープマンス，T.チャールズ　1910-1985）
ノベ（クープマンス，T.C.　1910.8.28-1985.2.26）
百科（クープマンス　1910-）
ノベ3（クープマンス，T.C.　1910.8.28-1985.2.26）
名著（クープマンス　1910-）

Köprülü Zadeh Muṣṭafa Pasha 〈17

世紀〉
オスマン・トルコの政治家, 宰相 (1689～91)。軍隊の改善, 海軍力の再建, および国家財政の改善を計った。
⇒西洋（キョプリュリュ・ザデ・ムスタファ・パシャ　1637-1691.9.19）

Korda, Sir Alexander 〈20世紀〉

イギリスの映画監督, プロデューサー。監督作品『ヘンリー8世の私生活』(1933) プロデュース作品『落ちた偶像』(49)『第三の男』(49) などがある。
⇒岩ケ（コルダ, サー・アレグザンダー　1893-1956）
岩世（コルダ　1893.9.16-1956.1.23）
外国（コルダ　1893-）
監督（コルダ, アリグザーンダ　1893.9.16-1956.1.13）
国小（コルダ　1893.9.16-1956.1.23）
コン3（コルダ　1893-1956）
西洋（コルダ　1893.9.16-1956.1.23）
世映（コルダ, アレグザンダー　1893-1956）
世西（コルダ　1893.9.16-）
世百（コルダ　1893-1956）
世百新（コルダ　1893-1956）
大百（コルダ　1893-1956）
二十（コルダ, アレグザンダー　1893.9.16-1956.1.23）
百科（コルダ　1893-1956）
ユ人（コルダ, サー・アレグザンダー　1893-1956）

Kornai János 〈20世紀〉

ハンガリーの経済学者。著書に『反均衡論』(1971), 『不足の経済学』(1980) など。
⇒経済（コルナイ　1928-）
全書（コルナイ　1928-）
東欧（コルナイ　1928-）
二十（コルナイ, J.　1928-）

Korolev, Sergei Pavlovich 〈20世紀〉

ソ連邦のロケット工学者。大陸間弾道弾の開発に貢献。
⇒岩ケ（コロリョフ, セルゲイ（・パーヴロヴィチ）　1907-1966）
岩世（コロリョフ　1906.12.30[07.1.12]-1966.1.14）
科人（コロレフ, セルゲイ・パヴロヴィッチ　1907.1.14-1966.1.14）
国小（コロレフ　1906-1966）
世科（コロレフ　1906-1966）
二十（コロレフ, セルゲイ　1906.12.30-1966.1.14）
ロシ（コロリョフ　1907-1966）

Korsch, Karl 〈19・20世紀〉

ドイツのマルクス主義者, 経済思想家。『マルクス主義と哲学』(1923) を発表, 第二インターの実証主義的史的唯物論の独断性を批判。

⇒岩哲（コルシュ　1886–1961）
　経済（コルシュ　1886–1961）
　思想（コルシュ, カール　1886–1961）
　西洋（コルシュ　1886.8.15–1961.10.21）
　世百新（コルシュ　1886–1961）
　全書（コルシュ　1886–1961）
　二十（コルシュ, カール　1886–1961）
　百科（コルシュ　1886–1961）

Kosiol, Erich 〈20世紀〉
ドイツの経営経済学者。
⇒国小（コジオール　1892.2.18–）

Kosmas 〈6世紀頃〉
アレクサンドリアの商人, 探検家, 神学者, 地理学者。エチオピアとアジアを広く旅行。『キリスト教地誌学』を著した。
⇒岩ケ（コスマス　6世紀）
　岩世（コスマス（アレクサンドリアの））
　外国（コスマス　6世紀頃）
　角世（コスマス・インディコプレウステス　6世紀）
　キリ（コスマス・インディコプレウステース　6世紀）
　国小（コスマス・インディコプレウステス　6世紀頃）
　コン2（コスマス（アレクサンドリアの）　6世紀）
　コン3（コスマス　生没年不詳）
　集文（コスマス・インディコプレウステス　6世紀）
　人物（コスマス　生没年不詳）
　西洋（コスマス（アレクサンドレイアの）　6世紀）
　世東（コスマス　6世紀）
　南ア（コスマス・インディコプレウステス　6世紀）
　百科（コスマス・インディコプレウステス　6世紀）

Kostov, Ivan Jordanov 〈20世紀〉
ブルガリアの政治家, 経済学者。首相。民主勢力同盟指導者。
⇒世政（コストフ, イワン　1949.12.23–）
　東欧（コストフ　1949–）

Kosygin, Aleksei Nikolaevich 〈20世紀〉
ソ連邦の政治家, 首相。1948年以降蔵相, 軽工業相, 民需物資生産相などを歴任。64年10月のフルシチョフ失脚ののち閣僚会議議長（首相）。
⇒岩ケ（コスイギン, アレクセイ・ニコラエヴィチ　1904–1980）
　岩世（コスイギン　1904.2.21[3.5]–1980.12.18）
　旺世（コスイギン　1904–1980）
　外国（コスィギン　1904–）
　角世（コスイギン　1904–1980）
　現人（コスイギン　1904.2.20–）
　広辞6（コスイギン　1904–1980）
　国小（コスイギン　1904.2.20–）
　国百（コスイギン, アレクセイ・ニコラエビッチ　1904.2.20–）
　コン3（コスイギン　1904–1980）
　最世（コスイギン, ニコラエヴィチ　1904–1980）
　人物（コスイギン　1904.2.20–）
　西洋（コスイギン　1904–1980.12.19）
　世人（コスイギン　1904–1980）
　世政（コスイギン, アレクセイ　1904.2.21–1980.12.18）
　世西（コスイギン　1904.2.21–）
　世百（コスイギン　1904–）
　世百新（コスイギン　1904–1980）
　全書（コスイギン　1904–1980）
　大辞2（コスイギン　1904–1980）
　大百（コスイギン　1904–1980）
　伝世（コスイギン　1904.2.21–）
　ナビ（コスイギン　1904–1980）
　二十（コスイギン, アレクセイ　1904.2.21–1980.12.18）
　百科（コスイギン　1904–1980）
　評世（コスイギン　1904–1980）
　山世（コスイギン　1904–1980）
　歴史（コスイギン　1904–1980）
　ロシ（コスイギン　1904–1980）

Kotchian, Archibold Carl 〈20世紀〉
アメリカの実業家。ロッキード社社長。
⇒二十（コーチャン, アーチボルト　1914.7.17–）

Kotěra, Jan 〈19・20世紀〉
チェコスロヴァキアの建築家。
⇒岩世（コチェラ　1871.12.18–1923.4.17）
　世美（コチェラ, ヤン　1871–1923）
　東欧（コチェラ　1871–1923）

Kotler, Philip 〈20世紀〉
アメリカの経営学者。
⇒岩世（コトラー　1931.5.27–）

Kotzebue, Otto von 〈18・19世紀〉
ドイツの航海者, 探検家。2回の世界周航を行った。その間アラスカ北西海岸を探検して1816年コッツェブ湾を発見。
⇒岩ケ（コッツェブー, オットー　1787–1846）
　岩世（コッツェブー　1787.12.30–1846.2.15）
　オセ（コツェブー　1787–1846）
　外国（コッツェブー　1787–1846）
　国小（コッツェブー　1787.12.30–1846.2.15）
　西洋（コッツェブー　1787.12.30–1846.2.5）
　伝世（コッツェブ　1787.12.30–1846.2.15露）
　歴史（コツェブー　1787–1846）

Kötzschke, Rudolf 〈19・20世紀〉
ドイツの経済史家。主著『大荘園行政史の研究』(1899),『中世経済史』(1924),『東ドイツ植民地運動の研究』(37)。
⇒岩世（ケチュケ　1867.7.8–1949.8.3）
　国小（ケチュケ　1867.7.8–1949.8.3）
　西洋（ケチュケ　1867.7.8–1949.8.3）

世百 (ケチュケ 1867-1949)
全書 (ケチュケ 1867-1949)
二十 (ケチュケ, ルドルフ 1867.7.8-1949.8.3)
名著 (ケチュケ 1867-1949)

Kouwenhoven, William Bennet 〈19・20世紀〉
アメリカの電気技術者。
⇒岩ケ (コーエンホーヴェン, ウィリアム・ベネット 1886-1975)
科学 (クーウェンホーヴェン 1886.1.13–)
科人 (コーウェンホーヴェン, ウィリアム・ベネット 1886.1.13-1975.11.10)
二十 (クーウェンホーベン, ウィリアム・ベネット 1886.1.13-?)

Kováč, Michal 〈20世紀〉
スロバキアの政治家, エコノミスト。初代大統領。
⇒岩世 (コヴァーチ 1930.8.5–)
世政 (コヴァチ, ミハル 1930.8.5–)
世西 (コバチ 1930.8–)
東欧 (コバーチ 1930–)

Koyama, Micael S. 〈20世紀〉
アメリカの作家。ワシントン大学経済学名誉教授。
⇒海作4 (コヤマ, マイケル・S.)

Koželuch, Leopold 〈18・19世紀〉
ボヘミアの作曲家, ピアノ奏者, 出版者。
⇒音楽 (コジェルフ, レーオポルト 1747.6.26-1818.5.7)
音大 (コジェルフ, レオポルト 1747.6.26-1818.5.7)
クラ (コジェルフ, レオポルト 1747-1818)
ラル (コジェルフ, ヤン・アントニーン 1747-1818)

Kozintsev, Grigorii Mikhailovich 〈20世紀〉
ソ連邦の映画監督。『十月っ子の冒険』(1924) などの前衛映画を製作, 『マキシム3部作』で名声を確立。
⇒監督 (コージンツェフ, グリゴーリー 1905.3.22-1973.5.11)
コン3 (コジンツェフ 1905-1973)
集文 (コージンツェフ, グリゴーリー・ミハイロヴィチ 1905.3.9-1973.5.11)
世映 (コージンツェフ, グリゴーリー 1905-1973)
全書 (コジンツェフ 1905-1973)
大百 (コジンツェフ 1905-1973)
二十 (コジンツェフ, グリゴリー 1905.3.22-1973.5.11)

Kozlov, G.A. 〈20世紀〉
ソ連邦の貨幣・財政理論家。主著『ソヴェート貨幣論』(1939)。
⇒岩世 (コズローフ 1901.2.4[17]-1981)
西洋 (コズローフ 1901.2.4–)

Kraemer, Adolf 〈19・20世紀〉
スイス(ドイツ生まれ)の農学者, 農民組織者。農業経営学を主とした。
⇒岩世 (クレーマー 1832.5.25-1910.12.2)
西洋 (クレーマー 1832.5.25-1910.12.3)

Krahe, Peter Joseph 〈18・19世紀〉
ドイツの建築家。
⇒世美 (クラーエ, ペーター・ヨーゼフ 1758-1840)

Kramer, Pieter Lodewijk 〈19・20世紀〉
オランダの建築家。
⇒世美 (クラーメル, ピーテル・ローデウェイク 1881-1961)

Kramer, Raymond C. 〈20世紀〉
アメリカの実業家, 陸軍軍人。GHQの初代経済科学局長。三井, 三菱, 住友, 安田4大財閥の解体に着手, これを推進した。
⇒岩世 (クレイマー 1901.5.25-1957.1.25)
現人 (クレーマー 1901.5.25-1957.1.25)
日人 (クレーマー 1906-1957)

Kramer, Stanley 〈20世紀〉
アメリカの映画製作者, 監督。『チャンピオン』(1949),『真昼の決闘』(52)を制作する一方,『手錠のままの脱獄』(58),『渚にて』(59),『ニュールンベルグ裁判』(61)などを監督。
⇒外国 (クレーマー 1913–)
監督 (クレイマー, スタンリー 1913.9.29–)
国小 (クレイマー 1913.9.29–)
コン3 (クレーマー 1913–)
人物 (クレーマー 1913.9.19–)
西洋 (クレーマー 1913.9.29–)
世百 (クレーマー 1913–)
大百 (クレイマー 1913–)
伝世 (クレーマー 1913.9.29–)
二十 (クレーマー, スタンレイ 1913.9.29–)

Kramer, Stanley Earl 〈20世紀〉
アメリカの映画製作者, 監督。
⇒岩世 (クレイマー 1913.9.29-2001.2.19)
現ア (Kramer, Stanley E. クレイマー, スタンリー・E 1913-2001)
世映 (クレイマー, スタンリー 1913-2001)

Krasin, Leonid Borisovich 〈19・20世紀〉
ソ連邦の政治家。新経済政策(ネップ)の時代に手腕を発揮。

⇒岩世（クラーシン　1870.7.3［15］-1926.11.24）
コン2（クラーシン　1870-1926）
コン3（クラーシン　1870-1926）
西洋（クラーシン　1870.7.15-1926.11.24）

Kratēs Chalkideus 〈前4世紀〉
古代ギリシアの技術者。
⇒岩ケ（クラテス（カルキスの）　（活躍）前335-前
325）

Kraus, Johannes Baptista 〈20世紀〉
ドイツの聖職者，経済史家。上智大学教授とな
り（1930），『カトリック大辞典』を企画，出版。
⇒岩世（クラウス　1892.5.21-1946.3.3）
キリ（クラウス，ヨハネス・バプティスタ　1892.
5.21-1946.3.3）
コン3（クラウス　1892-1946）
人物（クラウス　1892.5.21-1946.3.3）
西洋（クラウス　1892.5.21-1946.3.3）
世百（クラウス　1892-1946）
大百（クラウス　1892-1946）
二十（クラウス，ヨハネス・バプティスタ　1892
（90）.5.21-1946.3.3）
来日（クラウス　1892-1946）

Krautheimer, Richard 〈20世紀〉
ドイツの建築史学者。
⇒岩ケ（クラウトハイマー，リヒャルト　1897-）

Kregel, Jan Allen 〈20世紀〉
アメリカの経済学者。
⇒経済（クレーゲル　1944-）
二十（クリーゲル，ジャン・アレン　1944-）

Kreis, Wilhelm 〈19・20世紀〉
ドイツの建築家。主作品ヴィルヘルム・マルク
ス館（1924）（デュッセルドルフ）。
⇒岩世（クライス　1873.3.17-1955.8.13）
西洋（クライス　1873.3.17-1955.8.13）

Kreps, Juanita 〈20世紀〉
アメリカの経済学者，政治家。
⇒世女（クレプス，ファニータ　1921-）

Kresge, Sebastian Spering 〈19・20世紀〉
アメリカの実業家，慈善家。
⇒岩ケ（クレズギ，S（セバスチャン）・S（スペリン
グ）　1867-1966）

Kreuger, Ivar 〈19・20世紀〉
スウェーデンの企業家，金融資本家。1917年
「スウェーデン・マッチ会社」を設立。
⇒角世（クリューゲル　1880-1932）
国小（クロイガー　1880.5.2-1932.3.12）
コン2（クリューゲル　1880-1932）

コン3（クリューゲル　1880-1932）
西洋（クリューゲル　1880.3.2-1932.3.12）
世西（クリューゲル　1880.3.12-1932.3.12）
世百（クロイガー　1880-1932）
全書（クリューゲル　1880-1932）
デス（クリューゲル　1880-1932）
二十（クリューゲル，I.　1880-1932）
百科（クリューゲル　1876-1932）

Krier, Rob 〈20世紀〉
ベルギーの建築家。ウィーン工科大学建築学部
教授。
⇒二十（クリエ，ロブ　1938-）

Krishnamachari, Tiruvallur T. 〈20世紀〉
インドの政治家。蔵相。
⇒二十（クリシュナマチャリ，T.T.　1899-?）

Kristensen, Thorkil 〈20世紀〉
デンマークの経済学者，政治家。OECD事務総
長，デンマーク蔵相，コペンハーゲン商科大学
教授。
⇒現人（クリステンセン　1899.10.9-）
世政（クリステンセン，T.　1899.10.9-）
世西（クリステンセン　1899.10.9-）
全書（クリステンセン　1899-）
二十（クリステンセン，トールキル　1899-?）

Kroc, Ray A. 〈20世紀〉
アメリカの外食産業経営者。マクドナルド社の
創立者。
⇒岩ケ（クロック，レイ　1902-1984）
岩世（クロック　1902.10.5-1984.1.1）
現ア（Kroc, Ray　クロック，レイ　1905-1984）
西洋（クロック　1902.10.5-）
世西（クロック　1902.10.5-1984.1.14）

Krohne, Gottfried Heinrich 〈18世紀〉
ドイツの建築家。
⇒建築（クローネ，ゴットフリート・ハインリヒ
1700-1756）

Kroll, Lucien 〈20世紀〉
ベルギーの建築家。
⇒二十（クロール，リュシアン　1927-）

Kroll, Wilhelm J. 〈19・20世紀〉
ルクセンブルク生まれの冶金技術者。ハンター
法に基づいて工業に適するチタンの製錬法開発
に取組み（1928），アルゴンガス中でカルシウ
ムによる四塩化チタン還元法を発明（37.6），マ
グネシウムによるよう改め（クロール法），ジル
コニウム製錬にも拡張した。
⇒岩世（クロル（クロール）　1889.11.24-1973.3.
30）

K

西洋　（クロール　1889.11.24–1973.3)
二十　（クロール，ウィリヘルム　1889.11.24–1973.3)

Kromhout, Willem 〈19・20世紀〉
オランダの建築家。
⇒世美　（クロムハウト，ウィレム　1864–1940)

Kröner, Adolf von 〈19・20世紀〉
ドイツの出版業者。シラー，ゲーテの記念出版をした。
⇒岩世　（クレーナー　1836.5.26–1911.1.29)
　西洋　（クレーナー　1836.5.26–1911.1.29)

Kröner, Alfred 〈19・20世紀〉
ドイツの出版業者。A.クレーナーの子。ニーチェの著作集のほか哲学書を多く出版。
⇒西洋　（クレーナー　1861.2.28–1922.1.2)

Kropotkin, Pëtr Alekseevich 〈19・20世紀〉
ロシアの地理学者，無政府主義の理論家。相互扶助の重要性を説いた。著書に『近代科学とアナーキズム』『相互扶助論』など。
⇒岩ケ　（クロポトキン，ピョートル・アレクセエヴィチ，公爵　1842–1921)
　岩世　（クロポートキン　1842.11.27[12.9]–1921.2.8)
　岩哲　（クロポトキン　1842–1921)
　旺世　（クロポトキン　1842–1921)
　外国　（クロポトキン　1842–1921)
　科史　（クロポトキン　1842–1921)
　角世　（クロポトキン　1842–1921)
　経済　（クロポトキン　1842–1921)
　広辞4　（クロポトキン　1842–1921)
　広辞5　（クロポトキン　1842–1921)
　広辞6　（クロポトキン　1842–1921)
　国小　（クロポトキン　1842.12.21–1921.2.8)
　国百　（クロポトキン，ピョートル・アレクセイビッチ　1842.12.21–1921.2.8)
　コン2　（クロポートキン　1842–1921)
　コン3　（クロポトキン　1842–1921)
　集世　（クロポトキン，ピョートル・アレクセーヴィチ　1842.12.9–1921.2.8)
　集六　（クロポトキン，ピョートル・アレクセーヴィチ　1842.12.9–1921.2.8)
　人物　（クロポトキン　1842.12.9–1921.2.8)
　西洋　（クロポトキン　1842.12.9–1921.2.8)
　世人　（クロポトキン　1842–1921)
　世西　（クロポトキン　1842.12.8–1921.2.8)
　世百　（クロポトキン　1842–1921)
　世文　（クロポトキン，ピョートル・アレクセーヴィチ　1842–1921)
　全書　（クロポトキン　1842–1921)
　大辞　（クロポトキン　1842–1921)
　大辞2　（クロポトキン　1842–1921)
　大辞3　（クロポトキン　1842–1921)
　大百　（クロポトキン　1842–1921)
　デス　（クロポトキン　1842–1921)

K

伝世　（クロポートキン　1842.12.9–1921.2.8)
ナビ　（クロポトキン　1842–1921)
二十　（クロポトキン，P.　1842–1921)
百科　（クロポトキン　1842–1921)
評世　（クロポトキン　1842–1921)
名著　（クロポトキン　1842–1921)
山世　（クロポトキン　1842–1921)
歴史　（クロポトキン　1842–1921)
ロシ　（クロポトキン　1842–1921)

Krueger, Anne O. 〈20世紀〉
アメリカ生まれの経済思想家。
⇒経済　（クルーガー　1934–)

Krugman, Paul 〈20・21世紀〉
アメリカの経済学者，ノーベル経済学賞受賞者。
⇒岩世　（クルーグマン　1953.2.28–)
　ユ人　（クルーグマン，ポール　1953–)

Krugman, Paul Robin 〈20世紀〉
アメリカの経済学者。[賞]2008年ノーベル経済学賞受賞。
⇒ノベ3　（クルーグマン，P.R.　1953.2.28–)

Krumgold, Joseph Quincy 〈20世紀〉
アメリカの作家，劇作家，映画プロデューサー。『やっとミゲルの番です』で，1954年ニューベリー賞を受賞。『オニオン・ジョン』(1959)で，再度ニューベリー賞を受賞。
⇒英児　（Krumgold, Joseph Quincy　クルームゴールド，ジョーゼフ・クィンシー　1908–1980)
　児童　（クラムゴールド，ジョゼフ　1908–)
　児文　（クラムゴールド，ジョゼフ　1908–1980)
　世児　（クルームゴールド，ジョーゼフ(・クィンシー)　1908–1980)
　二十　（クラムゴールド，ジョセフ　1908–1980)

Krumper, Hans 〈16・17世紀〉
ドイツの彫刻家，建築家。青銅彫刻を制作。代表作『パトローナ・ババリアエ』(1616)。
⇒国小　（クルンパー　1570頃–1634)
　新美　（クルンパー，ハンス　1570頃–1634.5)
　世美　（クルンパー，ハンス　1570–1634)

Krumpholtz, Johann Baptist 〈18世紀〉
チェコの作曲家，ハープ奏者，楽器製作者。
⇒音大　（クルムフォルツ　1742.5.8–1790.2.19)
　クラ　（クルムホルツ，ジャン＝バプティスト　1742–1790)
　ラル　（クルムフォルツ，ヨーハン・バプティスト　1742–1790)

Krupp, Alfred 〈19世紀〉
ドイツの製鋼業者，兵器工場の経営者。F.クルップの子。

⇒岩世（クルップ　1812.4.26–1887.7.14）
外国（クルップ, アルフレッド　1812–1887）
科学（クルップ　1812.4.16–1887.7.14）
国百（クルップ, アルフレート　1812.4.26–1887.
　7.14）
コン2（クルップ　1812–1887）
コン3（クルップ　1812–1887）
人物（クルップ　1812.4.26–1887.7.14）
西洋（クルップ　1812.4.26–1887.7.14）
世科（クルップ　1812–1887）
世人（クルップ　1812–1887）
世西（クルップ　1812.4.26–1887.7.14）
世百（クルップ　1812–1887）
全書（クルップ　1812–1887）
大辞（クルップ　1812–1887）
大辞3（クルップ　1812–1887）
大百（クルップ　1812–1887）
伝世（クルップ, アルフレート　1812.4.26–1887.
　7.14）
百科（クルップ　1812–1887）
名著（クルップ　1812–1887）

Krupp, Bertha 〈19・20世紀〉

ドイツの実業家。
⇒世女日（クループ, ベルタ　1886–1957）

Krupp, Friedrich 〈18・19世紀〉

ドイツの製鋼業者。兵器工場主として著名なク
ルップ家の祖。
⇒岩世（クルップ　1787.7.17–1826.10.8）
外国（クルップ, フリードリッヒ　1787–1826）
科学（クルップ　1787.7.17–1871.10.8）
国百（クルップ, フリードリヒ　1787.7.17–1826.
　10.8）
コン2（クルップ　1787–1826）
コン3（クルップ　1787–1826）
西洋（クルップ　1787.7.17–1826.10.8）
伝世（クルップ, フリードリヒ　1787–1826）
評世（クルップ）

Krupp, Friedrich Alfred 〈19・20世紀〉

ドイツの製鉄業主。
⇒外国（クルップ, フリードリッヒ・アルフレッド
　1854–1902）
科学（クルップ　1854–1902）
国百（クルップ, フリードリヒ・アルフレート
　1854.2.17–1902.11.22）
世西（クルップ　1854.2.17–1902.11.29）
伝世（クルップ, フリードリヒ・アルフレート
　1854.2.17–1902.11.22）
二十（クルップ, フリードリッヒ・アルフレート
　1854–1902）
歴史（クルップ　1854–1902）

Krupp von Bohen und Halbach, Gustav 〈19・20世紀〉

ドイツの実業家。クルップの娘と結婚（1906）
して同家に入り, クルップ重工業コンツェルン
の経営に当った。

⇒岩ケ（クルップ, グスタフ　1870–1950）
岩世（クルップ　1870.8.7–1950.1.16）
外国（クルップ, フォン・ボーレン　1870–1949）
コン2（クルップ　1870–1950）
コン3（クルップ　1870–1950）
人物（クルップ　1870.8.7–1950.1.16）
西洋（クルップ　1870.8.7–1950.1.16）
世西（クルップ　1870.8.7–1950.1.16）
全書（クルップ　1870–1950）
伝世（クルップ, グスタフ・フォン・ボーレン・
　ウント・ハルバハ　1870.8.7–1950.1.6）
ナチ（クルップ（・フォン・ボーレン・ウント・ハ
　ルバハ）, グスタフ　1870–1950）
二十（クルップ, グスタフ　1870–1950）

Krupp von Bohlen und halbach, Alfried 〈20世紀〉

ドイツの財界人。第一次・第二次大戦でドイツ
の兵器廠といわれたクルップ商会の5代目。

⇒岩ケ（クルップ, （・フォン・ボーレン・ウント・
　ハルバッハ）, アルフリート（・アルヴィン・
　フェリックス）　1906–1967）
現人（クルップ　1907.8.13–1967.7.30）
国百（クルップ・フォン・ボーレン・ウント・ハ
　ルバハ, アルフリート）
世西（クルップ　1907.8.13–）
伝世（クルップ, アルフリート　1907.8.13–1967.
　7.30）
ナチ（クルップ（・フォン・ボーレン・ウント・ハ
　ルバハ）, アルフリート　1907–1967）
二十（クルップ, アルフリート　1907–1967）

Krylov, Aleksei Nikolaevich 〈19・20世紀〉

ソ連邦の数学者, 機械工学者, 造船技師。船の
ピッチングとローリングの理論, 造船力学・
ジャイロスコープ理論などで知られる。

⇒コン2（クルイローフ　1863–1945）
コン3（クルイロフ　1863–1945）
数学（クルイロフ（アレクセイ）　1863.8.15–
　1945.10.26）
数学増（クルイロフ（アレクセイ）　1863.8.15–
　1945.10.26）
世西（クルイローフ）

Krzhizhanovskii, Gleb Maksimilianovich 〈19・20世紀〉

ソ連邦の工学者, 政治家。国家計画委員会議長
（1921～30）などの要職に就いた。レーニン勲
章受章。

⇒岩世（クルジジャノフスキー　1872.1.12［24］–
　1959.3.31）
外国（クルジジャノーフスキー　1874–）
コン2（クルジジャノフスキィ　1872–1959）
コン3（クルジジャノフスキー　1872–1959）
西洋（クルジジャノーフスキー　1872.1.24–1959.
　3.31）
二十（クルジジャノフスキー, G.　1872.1.24–
　1959.3.31）

Ktēsibios 〈前3・2世紀〉

ギリシアの数学者, 発明家。

⇒岩ケ（クテシビオス　前2世紀）
　岩世（クテシビオス）
　外国（クテシビオス（アレクサンドリアの）　前3
　　世紀）
　科技（クテシビウス）
　科史（クテシビオス）
　ギリ（クテシビオス　（活動）前275頃–260）
　コン2（クテシビオス　前2世紀）
　コン3（クテシビオス　前2世紀）
　西洋（クテシビオス　前2世紀）
　世西（クテシビウス　前250頃）
　全書（クテシビオス　生没年不詳）
　大百（クテシビオス　生没年不詳）
　百科（クテシビオス　生没年不詳）
　ラル（クテシビオス　前3世紀）

Kuczynski, Jürgen Peter 〈20世紀〉

ドイツ生まれの経済学者, マルクス主義経済史
家, 経済統計学者。主著『資本主義下の労働者
の状態の歴史』(7巻, 1948～50)。

⇒岩世（クチンスキー　1904.9.17–1997.8.6）
　外国（クチンスキー　1904–）
　経済（クチンスキー　1904–1997）
　現人（クチンスキー　1904.9.17–）
　国小（クチンスキー　1904.9.17–）
　コン3（クチーンスキー　1904–）
　人物（クチンスキー　1904.9.17–）
　西洋（クチンスキー　1904.9.17–）
　世百（クチンスキー　1904–）
　世百新（クチンスキー　1904–）
　全書（クチンスキー　1904–）
　大百（クチンスキー　1904–）
　二十（クチンスキー, J.　1904.9.17–）
　百科（クチンスキー　1904–）
　名著（クチンスキー　1904–）

K　**Kudrin, Aleksei Leonidovich** 〈20世
紀〉

ロシアの政治家, ロシア連邦副首相・財務相。

⇒ロシ（クドリン　1960–）

Kuhlmann, Charles Fréderic 〈19世
紀〉

フランスの化学工業家。

⇒科学（クールマン　1803–1881）

Kuhn, Thomas Samuel 〈20世紀〉

アメリカの科学史家, 経済思想家。著書『科学
革命の構造』(1962) で, 科学史学界, 科学哲学
学界に大きな波紋を投げかけた。

⇒アメ（クーン　1922–1996）
　岩ケ（クーン, トマス（・サミュエル）　1922–
　　1996）
　岩世（クーン　1922.7.18–1996.6.17）
　岩哲（クーン　1922–1996）
　科史（クーン　1922–）

　科人（クーン, トーマス・サミュエル　1922.7.
　　18–1996.6.17）
　経済（クーン　1922–1996）
　現人（クーン　1922.7.18–）
　広辞5（クーン　1922–1996）
　広辞6（クーン　1922–1996）
　コン3（クーン　1922–1996）
　思想（クーン, トマス S（サミュエル）　1922–
　　1996）
　集文（クーン, トマス　1922.7.18–1996.6.17）
　西洋（クーン　1922.7.18–）
　世百新（クーン　1922–1996）
　全書（クーン　1922–）
　大辞2（クーン　1922–）
　大辞3（クーン　1922–1996）
　二十（クーン, トーマス・サミュエル　1922.7.
　　18–）
　二十英（Kuhn, Thomas S.　1922–1996）
　百科（クーン　1922–）
　歴学（クーン　1922–1996）
　歴史（クーン　1922–）

Kühne, Max Hans 〈19・20世紀〉

ドイツの建築家。義父ロッソーと共にライプチ
ヒの中央停車場(1905～16), およびドレスデ
ンの劇場(13～14)を建築した。

⇒岩世（キューネ　1874.6.3–1942.7.9）
　西洋（キューネ　1874.6.3–1942.7.29）

Kula, Witold 〈20世紀〉

ポーランド人社会・経済史家。

⇒歴学（クラ　1916–1988）

Kulibin, Ivan Petrovich 〈18・19世紀〉

ロシアの機械学者, 発明家。

⇒コン2（クリービン　1735–1818）
　コン3（クリービン　1735–1818）

Kulischer, Joseph 〈19・20世紀〉

ロシア生まれの経済史家。主著『中世・近代経
済史概説』(2巻, 1928～29)。

⇒岩世（クーリシェル　1878.8.1–1934.11.17）
　外国（クーリシェル　1878–）
　国小（クーリッシャー　1878–1934）
　コン2（クーリシェル　1878–1934）
　コン3（クーリシェル　1878–1934）
　西洋（クーリッシェル　1878–1934）
　名著（クーリッシャー　1878–1934）

Kurako, Mikhail Konstantinovich
〈19・20世紀〉

ソ連邦の冶金学者, 溶鉱炉技師。

⇒コン2（クラーコ　1872–1920）
　コン3（クラーコ　1872–1920）

Kurchatov, Igor Vasilievich 〈20世紀〉

ソ連邦の物理学者, 技術者。ヨーロッパ最初の

経済・産業篇　　　　　　　347　　　　　　　　**labri**

原子炉の建設，原子爆弾の開発，世界最初の水素爆弾の開発など，数々の国家的事業を手がけた。1957年レーニン賞受賞，レーニン勲章受章5回，4回にわたるソ連邦国家賞受賞。
⇒岩ケ（クルチャトフ，イーゴリ（・ヴァシリエヴィチ）’1903–1960）
　岩世（クルチャートフ　1902.12.30［1903.1.12］–1960.2.7）
　科学（クルチャトフ　1903.1.12–1960.2.7）
　科技（クルチャトフ　1903.1.12–1960.2.7）
　科人（クルチャトフ，イゴール・ヴァシリェヴィッチ　1903.1.12–1960.2.7）
　看護（クルチャトフ　1903–）
　現人（クルチャトフ　1903.1.12–1960.2.7）
　コン3（クルチャトフ　1903–1960）
　西洋（クルチャートフ　1903.1.12–1960.2.7）
　世西（クルチャートフ　1903.1.12–）
　二十（クルチャトフ，イーゴリ　1903.1.12–1960.2.7）

Kurihara, Kenneth K.　〈20世紀〉
日本生まれのアメリカの経済学者。アメリカにおける有数なケインジアンの1人。
⇒名著（クリハラ　1910–）

Kurzhanskii, Aleksandr Borisovich　〈20世紀〉
ソ連邦の制御過程工学分野の学者。
⇒数学（クルジァンスキー　1939.10.19–）
　数学増（クルジァンスキー　1939.10.19–）

Kutmasta Kurt　〈20世紀〉
アメリカのヒップホップ系の音楽プロデューサー。
⇒ヒ人（カットマスター・カート　1970–）

Kuznets, Simon Smith　〈20世紀〉
ロシア生まれのアメリカの経済学者，統計学者。1971年ノーベル経済学賞受賞。主著"National Income：A Summary of Findings"（1946）など。
⇒岩ケ（クズネッツ，サイモン（・スミス）　1901–1985）
　岩世（クズネッツ　1901.4.30–1985.7.8）
　経済（クズネッツ　1901–1985）
　現人（クズネッツ　1901.4.30–）
　広辞5（クズネッツ　1901–1985）
　広辞6（クズネッツ　1901–1985）
　国小（クズネッツ　1901.4.30–）
　コン3（クズネッツ　1901–1985）
　最世（クズネッツ，S.S.　1901–1985）
　思想（クズネッツ，サイモン（スミス）　1901–1985）
　人物（クズネッツ　1901.4.30–）
　西洋（クズネッツ　1901.4.30–）
　世西（クズネッツ　1901.4.30–1985.7.9）
　世百（クズネッツ　1901–）
　世百新（クズネッツ　1901–1985）
　全書（クズネッツ　1901–1985）

　大辞2（クズネッツ　1901–1985）
　大辞3（クズネッツ　1901–1985）
　大百（クズネッツ　1901–）
　伝世（クズネッツ　1901–）
　二十（クズネック，サイモン・スミス　1901.4.30–）
　ノベ（クズネッツ，S.S.　1901.4.30–1985.7.9）
　百科（クズネッツ　1901–）
　ノベ3（クズネッツ，S.S.　1901.4.30–1985.7.9）
　ユ人（クズネッツ，サイモン　1901–1985）

Kuznetsov, Stepan Matveevich　〈20世紀〉
ソ連邦の政治家。1926年にはソ連財務人民委員代理となる。
⇒外国（クズネツォフ　1891–）

Kyan, John Howard　〈18・19世紀〉
アイルランドの発明家。
⇒岩ケ（カイアン，ジョン・ハワード　1774–1850）

Kydland, Finn K.　〈20世紀〉
アメリカの経済学者。［賞］2004年ノーベル経済学賞受賞。
⇒ノベ3（キドランド，F.K.　1943.12.1–）

Kyrk, Hazel　〈19・20世紀〉
アメリカの経済学者。
⇒世女日（カーク，ヘイゼル　1886–1957）

【 L 】

Labacco, Antonio　〈15・16世紀〉
イタリアの建築家。
⇒世美（ラバッコ，アントーニオ　1495–1558以降）

Labenwolf, Pankraz　〈15・16世紀〉
ドイツの彫刻家，鋳金家。
⇒芸術（ラーベンヴォルフ，パンクラーツ　1492–1563）
　国小（ラーベンボルフ　1492–1563）

Labò, Mario　〈19・20世紀〉
イタリアの建築家。
⇒世美（ラボ，マーリオ　1884–1961）

Labriola, Arturo　〈19・20世紀〉
イタリアの社会主義者，経済学者。
⇒岩世（ラブリオーラ　1873.1.22–1959.6.23）
　二十（ラブリオーラ，A.　1873–1959）

百科（ラブリオーラ　1873-1959）

Labrousse, Camille Ernest 〈20世紀〉

フランスの社会経済史家。社会経済史学の確立に指導的な役割を果たし、ラブルース学派と呼ばれる新しい世代の歴史家たちを育てた。

⇒岩世（ラブルース　1895.3.16-1988）
　現人（ラブルース　1895.3.16-）
　西洋（ラブルース　1895.3.16-）
　世西（ラブルース　1895.3.16-）
　世百新（ラブルース　1895-1988）
　二十（ラブルース, E.　1895.3.16-?）
　百科（ラブルース　1895-）
　歴学（ラブルース　1895-1983）

Labrousse, François Marie Théodore 〈18・19世紀〉

フランスの建築家。ローマ賞獲得。

⇒コン2（ラブルスト　1799-1885）
　コン3（ラブルスト　1799-1885）

Labrouste, Pierre François Henri 〈19世紀〉

フランスの建築家。主作品はパリのセント・ジュヌビエーブ図書館（1843～50）。

⇒岩世（ラブルースト　1801.5.11-1875.6.24）
　建築（ラブルースト, アンリ　1801-1875）
　国小（ラブルスト　1801-1875）
　新美（ラブルスト, アンリ　1801.5.11-1875.6.24）
　西洋（ラブルスト　1801.5.11-1875.6.24）
　世美（ラブルースト, アンリ＝ピエール＝フランソワ　1801-1875）
　世百（ラブルースト　1801-1875）
　全書（ラブルースト　1801-1875）
　大百（ラブルースト　1801-1875）
　伝世（ラブルースト　1801.5.11-1875.6.24）
　百科（ラブルースト　1801-1875）

Labuda, Ben 〈20世紀〉

ドイツ生まれの工芸家、版画家。

⇒世芸（ラブダ, ベン　1938-）

Lacam, Pierre 〈19・20世紀〉

フランスの製菓職人。

⇒岩世（ラカン　1836-1902）

Lacer, Caius Iulius 〈1・2世紀〉

古代ローマの建築家。

⇒世美（ラケル, カイウス・ユリウス　1-2世紀）

La Chapelle, Vincent 〈17・18世紀〉

フランスの料理人。

⇒岩世（ラ・シャペル　1690頃-1745頃）

La Chevardière, Louis Balthasar de 〈18・19世紀〉

フランスの音楽出版業者。

⇒音大（ラ・シュヴァルディエール　1730.2-1812.4.8）

Laclède, Pierre 〈18世紀〉

フランスの毛皮取引業者、北アメリカ開拓者。

⇒国小（ラクレード　1724?-1778.6.20）

Lacroix, Christian 〈20・21世紀〉

フランスの婦人服デザイナー。

⇒岩ケ（ラクロワ, クリスティアン　1951-）
　岩世（ラクロワ　1951.5.16-）

Ladatte, François 〈18世紀〉

イタリア出身のフランスの彫刻家、彫金家。

⇒世美（ラダット, フランソワ　1706-1787）

Laemmle, Carl 〈19・20世紀〉

アメリカ（ドイツ生まれ）の映画事業家。ユニヴァーサル社を創立。代表作品'Showboat'（1929）。

⇒岩世（レムリ　1867.1.17-1939.9.24）
　コン2（レムレ　1867-1939）
　コン3（レムレ　1867-1939）
　西洋（レムレ　1867-1939）
　世映（レムリ, カール　1867-1939）
　ユ人（レムリー, カール　1867-1939）

Laënnec, René Théophile Hyacinthe 〈18・19世紀〉

フランスの医師。聴診器の発明者。

⇒岩ケ（レネック, ルネ・テオフィル・イアサント　1781-1826）
　岩世（ラエネク　1781.2.17-1826.8.13）
　科学（ラエネック　1781.2.17-1826.8.13）
　科技（ラエネック　1781.2.17-1826.8.13）
　科史（ラエンネック　1781-1826）
　科人（ラエンネック, ルネ・テオフィル・イアサント　1781.2.17-1826.8.13）
　科大（ラエンネック　1781-1826）
　看護（ラエネック　1781-1826）
　国小（ラエネック　1781.2.17-1826.8.13）
　コン2（レネック　1781-1826）
　コン3（レネック　1781-1826）
　人物（ラエネック　1781.2.17-1826.8.13）
　西洋（ラエネク　1781.2.17-1826.8.13）
　世科（ラエネック　1781-1826）
　世西（ラエネック　1781.2.17-1826.8.13）
　世百（ラエネク　1781-1826）
　全書（ラエネク　1781-1826）
　大百（ラエネク　1781-1826）
　百科（ラエネク　1781-1826）
　名著（レンネク　1781-1826）

La Farge, Christopher 〈20世紀〉
アメリカの小説家，詩人，画家，建築家。
⇒二十（ラ・ファージ，クリストファー　1897–1956)

Lafargue, Paul 〈19・20世紀〉
フランスの政治家，社会主義思想家。著書に
『社会経済学講義』『怠ける権利』など。
⇒岩世（ラファルグ　1842.1.15–1911.11.25)
　外国（ラファルグ　1842–1911)
　経済（ラファルグ　1842–1911)
　広辞4（ラファルグ　1842–1911)
　広辞5（ラファルグ　1842–1911)
　広辞6（ラファルグ　1842–1911)
　国小（ラファルグ　1842.1.15–1911.11.25)
　コン2（ラファルグ　1842–1911)
　コン3（ラファルグ　1842–1911)
　人物（ラファルグ　1842.1.15–1911.11.25)
　西洋（ラファルグ　1842.1.15–1911.11.25)
　世西（ラファルグ　1842.1.15–1911.11.25)
　世百（ラファルグ　1842–1911)
　全書（ラファルグ　1842–1911)
　大辞（ラファルグ　1842–1911)
　大辞2（ラファルグ　1842–1911)
　大辞3（ラファルグ　1842–1911)
　大百（ラファルグ　1842–1911)
　二十（ラファルグ，P.　1842–1911.11.25)
　百科（ラファルグ　1842–1911)
　名著（ラファルグ　1842–1911)

Laffemas, Barthélemy de, Sieur de Beausemblant 〈16・17世紀〉
フランスの商人，アンリ4世の従者。1602年通
産相となり，重商主義政策をとった。
⇒国小（ラフマス　1545–1612?)
　百科（ラフマ　1545–1612頃)

Laffer, Arthur 〈20世紀〉
アメリカの経済学者。
⇒岩世（ラッファー　1940.8.14?–)

Laffite, Jean 〈18・19世紀〉
アメリカで活躍した海賊。
⇒岩ケ（ラフィット，ジャン　1780?–1825?)
　コン3（ラフィット　1780頃–1825頃)

Laffitte, Jacques 〈18・19世紀〉
フランスの銀行家，政治家。七月王政を成立さ
せ，一時国務相，首相を務めた。
⇒岩世（ラフィット　1767.10.24–1844.5.26)
　旺世（ラフィット　1767–1844)
　外国（ラフィット　1767–1844)
　国小（ラフィット　1767.10.24–1844.5.26)
　コン2（ラフィット　1767–1844)
　コン3（ラフィット　1767–1844)
　西洋（ラフィット　1767.11.24–1844.5.26)
　世百（ラフィット　1767–1844)

　全書（ラフィット　1767–1844)
　百科（ラフィット　1767–1844)

Lafontaine, Oskar 〈20世紀〉
ドイツの政治家。ドイツ蔵相，ドイツ社会民主
党（SPD）党首。
⇒岩世（ラフォンテーヌ，オスカー　1943–)
　岩世（ラフォンテーヌ　1943.9.16–)
　世政（ラフォンテーヌ，オスカー　1943.9.16–)

LaForge, Margaret 〈19世紀〉
アメリカの実業家。
⇒世女日（ラフォージ，マーガレット　1841–1880)

La Fosse, Louis-Rémy de 〈18世紀〉
ドイツの建築家。
⇒世美（ラ・フォッス，ルイ＝レミー・ド　?–1726)

Lafrèri, Antonio 〈16世紀〉
フランスの印刷業者，版画家。
⇒世美（ラフレーリ，アントーニオ　1512–1577)

Lagerfeld, Karl Otto 〈20世紀〉
フランスの服飾デザイナー。
⇒岩世（ラガーフェルド　1933.9.10–)
　二十（ラガーフェルド，カール　1938–)

Lagos, Ricardo 〈20世紀〉
チリの政治家，経済学者。チリ大統領。
⇒最世（（リカルド・）ラゴス，エスコバル　1938–)
　世政（ラゴス，リカルド　1938.3.2–)

Lagrené, Théodose Marie Melchior Joseph de 〈19世紀〉
フランスの外交官，政治家。特命全権公使とし
て中国に派遣され，仏・清最初の通商条約を
締結。
⇒コン2（ラグルネ　1800–1862)
　コン3（ラグルネ　1800–1862)
　西洋（ラグルネ　1800.3.14–1862.4.27)

La Hire, Philippe de 〈17・18世紀〉
フランスの数学者，天文学者，エンジニア。著
書に"Traité de mécanique"(1696)がある。
⇒岩ケ（イール，フィリップ・ド・ラ　1640–1718)
　数学（ラ・イール　1640.3.18–1718.4.21)
　数学増（ラ・イール　1640.3.18–1718.4.21)
　西洋（ラ・イール　1640.3.18–1718.4.21)
　天文（ド・ラ・イール　1640–1718)

Laird, Donald Anderson 〈20世紀〉
現代アメリカの心理学者。経営および販売技術
の心理学的研究を行った。
⇒西洋（レアド　1897.5.14–)

Laird, Macgregor 〈19世紀〉
イギリスの探検家, 商人。
⇒岩ケ (レアード, マッグレガー　1808–1861)

Laithwaite, Eric Roberts 〈20世紀〉
イギリスの電気技師, 発明家。
⇒岩ケ (レイスウェイト, エリック・ロバーツ 1921–)
世科 (レイスウェイト　1921–)
二十 (レイスウェイト, エリック・ロバート 1921.6.14–)

Lake, Simon 〈19・20世紀〉
アメリカの造船機械技師。1897年潜水艦『アルゴノート号』を建造し, アメリカ初の公海での潜航に成功。
⇒岩ケ (レイク, サイモン　1866–1945)
岩世 (レイク　1866.9.4–1945.6.25)
国小 (レーク　1866.9.4–1945.6.23)
西洋 (レーク　1866–1945)

Laker, *Sir* Freddie 〈20世紀〉
イギリスの企業家。
⇒岩ケ (レイカー, サー・フレディ　1922–)

Lalande, Georg de 〈19・20世紀〉
ドイツの建築家。
⇒日人 (ララランド　1872–1914)

Lalanne, Maxine 〈19世紀〉
フランスのエッチング制作者, 石版工。
⇒岩ケ (ラランヌ, マキシーヌ　1827–1886)

Lalique, René 〈19・20世紀〉
フランスの工芸家。金, 銀, エマイユ, 宝石などの材料を使って装飾品や工芸品を制作。
⇒岩ケ (ラリック, ルネ　1860–1945)
芸術 (ラリック　1860–1945)
国小 (ラリック　1860.4.6–1945.5.5)
新美 (ラリック, ルネ　1860.4.6–1945.5.5)
世芸 (ラリック, ルネ　1860–1945)
世美 (ラリック, ルネ　1860–1945)
二十 (ラリック, ルネ　1860.4.6–1945.5.5)
百科 (ラリック　1860–1945)

Lalonde, Richard de 〈18世紀〉
フランスの家具制作家。
⇒世美 (ラロンド, リシャール・ド　1780–1797)

Lamb, Thomas 〈17世紀〉
イギリスの聖職者。ピューリタン革命期のジェネラル (普遍) バプテスト派牧師, 石鹸製造師。
⇒キリ (ラム, トマス　?–1673)

Lambert, Johann Heinrich 〈18世紀〉
ドイツの哲学者, 物理学者, 天文学者, 数学者。光度計を発明した。また, ランベルト級数を発見して双曲線関数を創始。多くの地図投影法を考案。主著『新オルガノン』(1764)。
⇒岩ケ (ランバート, ヨハン・ハインリヒ　1728–1777)
岩世 (ランベルト　1728.8.26–1777.9.25)
岩哲 (ランベルト, J.　1728–1777)
外国 (ランバート　1728–1777)
科学 (ランベルト　1728.8.26–1777.9.25)
科技 (ランベルト　1728.8.26–1777.9.25)
科史 (ランベルト　1728–1777)
科人 (ランベルト, ヨハン・ハインリヒ　1728.8.26–1777.9.23)
看護 (ランベルト　1728–1777)
国小 (ランベルト　1728.8.26–1777.9.25)
コン2 (ランバート　1728–1777)
コン3 (ランバート　1728–1777)
人物 (ランベルト　1728.8.26–1777.9.25)
数学 (ランベルト　1728.8.26–1777.9.25)
数学増 (ランベルト　1728.8.26–1777.9.25)
西洋 (ランベルト　1728.8.26–1777.9.25)
世西 (ランベルト　1728.8.26–1777.9.25)
全書 (ランベルト　1728–1777)
大辞 (ランベルト　1728–1777)
大辞3 (ランベルト　1728–1777)
大百 (ランベルト　1728–1777)
天文 (ラムベルト　1728–1777)
百科 (ランバート　1728–1777)

Lamberti, Niccolò 〈14・15世紀〉
イタリアの建築家, 彫刻家。
⇒世美 (ランベルティ, ニッコロ　1370–1451)

Lamé, Gabriel 〈18・19世紀〉
フランスの数学者, 技術者。パリ大学教授 (1851)。
⇒岩世 (ラメ　1795.7.22–1870.5.1)
外国 (ラメ　1795–1870)
科学 (ラメ　1795.7.22–1870.5.1)
コン2 (ラメ　1795–1870)
コン3 (ラメ　1795–1870)
人物 (ラメー　1795.7.22–1870.5.1)
数学 (ラメ　1795.7.22–1870.5.1)
数学増 (ラメ　1795.7.22–1870.5.1)
西洋 (ラメ　1795.7.22–1870.5.1)
世西 (ラーメ　1795.7.22–1870.5.1)
全書 (ラメ　1795–1870)
大百 (ラメ　1795–1870)

Lamont, Norman Stewart Hughson 〈20世紀〉
イギリスの政治家。イギリス蔵相。
⇒世政 (ラモント, ノーマン　1942.5.8–)

Lamont, Thomas William 〈19・20世

紀〉

アメリカの銀行家。モーガン商会改組後の重役
会会長。
⇒岩世（ラモント　1870.9.30–1948.2.2）
　コン2（ラモント　1870–1948）
　コン3（ラモント　1870–1948）
　西洋（ラモント　1870.9.30–1948.2.2）

Lamour, Jean 〈17・18世紀〉

フランスの鍛鉄細工師。
⇒世美（ラムール, ジャン　1698–1771）

Lampson, Butler W. 〈20世紀〉

アメリカのコンピューター工学者。
⇒岩世（ランプソン　1943.12.23–）

Lamrani, Mohammed Karim 〈20世紀〉

モロッコの政治家, 経済学者。モロッコ首相。
⇒世政（ラムラニ, モハメド・カリム　1919.5.1–）

Lam See-Chai, David 〈20世紀〉

カナダの銀行家, 不動産業者, 慈善家。中国系。
前ブリティッシュ・コロンビア州総督（連邦副
総督）。
⇒華人（ラム, デイビッド　1923–）

Lancaster, Burt 〈20世紀〉

アメリカの映画俳優, 映画製作者, 映画監督。
アカデミー主演男優賞受賞作『エルマー・ガン
トリー』（1960）のほか, 『ダラスの熱い日』
（73）など, 数々の名作・異色作を製作。
⇒岩ケ（ランカスター, バート　1913–1994）
　外国（ランカスター　1913–）
　外男（ランカスター, バート　1913.11.2–1994.
　　10.20）
　現ア（Lancaster, Burt　ランカスター, バート
　　1913–1995）
　現人（ランカスター　1913.11.2–）
　コン3（ランカスター　1913–1994）
　世映（ランカスター, バート　1913–1994）
　世俳（ランカスター, バート　1913.11.2–1994.
　　10.20）
　全書（ランカスター　1913–）
　ナビ（ランカスター　1913–1994）
　二十（ランカスター, バート　1913.11.2–1994.
　　11）
　俳優（ランカスター, バート　1913.11.2–）

Lancaster, Sir James 〈16・17世紀〉

イギリスの航海者。東インド会社の船隊を率い
て, 東南アジア地域で活躍。
⇒岩世（ランカスター　1554(55)–1618.6.6）
　国小（ランカスター　1554頃–1618.6.6）
　西洋（ランカスター　1550頃–1618.5）

Lancaster, Sir Osbert 〈20世紀〉

イギリスの漫画家, 作家, 劇場設計者。
⇒岩ケ（ランカスター, サー・オズバート　1908–
　1986）
　才世（ランカスター, オズバート　1908–1986）
　オベ（ランカスター, オズバート　1908.8.4–
　　1986.7.27）
　二十英（Lancaster, Sir Osbert　1908–1986）
　バレ（ランカスター, オズバード　1908–1986.7.
　　27）

Lanchester, Frederick William 〈19・20世紀〉

イギリスの技術者, 発明家。航空学に大きく
貢献。
⇒岩ケ（ランチェスター, フレデリック・ウィリア
　ム　1868–1946）
　岩世（ランチェスター　1868.10.23–1946.3.8）
　国小（ランチェスター　1868.10.23–1946.3.8）
　西洋（ランチェスター　1868.10.23–1946.3.8）
　世科（ランチェスター　1868–1946）
　二十（ランチェスター, フレデリック・ウィリア
　ム　1868.10.23(28)–1946.3.8）

Lanci, Baldassarre 〈16世紀〉

イタリアの建築家。
⇒世美（ランチ, バルダッサッレ　1510頃–1571）

Land, Edwin Herbert 〈20世紀〉

アメリカの発明家。ポラロイド・ランド・カメ
ラを発明。
⇒岩ケ（ランド, エドウィン（・ハーバート）
　1909–1991）
　岩世（ランド　1909.5.7–1991.3.1）
　科学（ランド　1909.5.7–）
　科技（ランド　1909.5.7–）
　科人（ランド, エドウィン・ハーバート　1909.5.
　　7–1991.3.1）
　現人（ランド　1909.5.7–）
　広辞5（ランド　1909–1991）
　広辞6（ランド　1909–1991）
　最世（ランド, エドウィン　1909–1991）
　西洋（ランド　1909.5.7–）
　大辞2（ランド　1909–1991）
　二十（ランド, エドウィン・ハーバート　1909.5.
　　7–1991.3.1）

Landau, Jon 〈20世紀〉

アメリカのプロデューサー。
⇒ロ人（ランドウ, ジョン）

Landeiro Vaz, Bartolomeu 〈16世紀〉

ポルトガルの豪商。
⇒岩世（ランデイロ　?–1586?）

Landon, Alfred Mossman 〈19・20世

紀〉

アメリカの石油業者，政治家。石油会社を設立
して巨万の富を得る。カンザス州知事（1933～
37）となるが，1936年大統領選で敗れた。
⇒岩ケ（ランドン，アルフ 1887–1987）
　外国（ランドン 1887–）
　世政（ランドン，アルフレッド 1887–1987.10.
　　12）

Landriani, Paolo 〈18・19世紀〉

イタリアの舞台美術家，建築家。
⇒世美（ランドリアーニ，パーオロ 1755–1839）

Lane, *Sir* Allen 〈20世紀〉

イギリスの出版業者。
⇒岩ケ（レイン，サー・アレン 1902–1970）
　二十英（Lane, Sir Allen 1902–1970）

Lane, John 〈19・20世紀〉

イギリスの出版業者。季刊誌「イエロー・ブッ
ク」を発行。
⇒集文（レイン，ジョン 1854.3.14–1925.2.2）
　二十英（Lane, John 1854–1925）

Lanfranco 〈11・12世紀〉

イタリアの建築家。
⇒建築（ランフランコ （活動）11–12世紀）
　世美（ランフランコ （活動）11–12世紀）

Lang, Fritz 〈19・20世紀〉

オーストリアの映画監督，映画脚本家，映画製
作者。『死滅の谷』（1921），『M』（31）などを
制作。
⇒岩ケ（ラング，フリッツ 1890–1976）
　岩世（ラング 1890.12.5–1976.8.2）
　外国（ラング 1890–）
　監督（ラング，フリッツ 1890.12.5–）
　広辞5（ラング 1890–1976）
　広辞6（ラング 1890–1976）
　国小（ラング 1890.12.5–1976.8.2）
　コン3（ラング 1890–1976）
　集文（ラング，フリッツ 1890.12.5–1976.8.2）
　西洋（ラング 1890.12.5–1976.8.2）
　世映（ラング，フリッツ 1890–1976）
　世俳（ランク，フリッツ 1890.12.5–1976.8.2）
　世百（ラング 1890–）
　世百新（ラング 1890–1976）
　全書（ラング 1890–1976）
　大辞2（ラング 1890–1976）
　大辞3（ラング 1890–1976）
　大百（ラング 1890–1976）
　ナビ（ラング 1890–1976）
　二十（ラング，フリッツ 1890.12.5–1976.8.2）
　百科（ラング 1890–1976）

Lange, Ludwig 〈19世紀〉

ドイツの建築家，画家。主作品ライプチヒ美術
館，ミュンヘン議事堂の設計。
⇒岩ケ（ランゲ 1808.3.22–1868.3.31）
　西洋（ランゲ 1808.3.22–1868.3.31）

Lange, Mads Johansen 〈19世紀〉

デンマークの冒険商人。
⇒岩世（ランゲ 1807.9.18–1856.5.13）

Lange, Oscar Richard 〈20世紀〉

ポーランドの経済学者。論文『社会主義の経済
理論』により一躍その名を高めた。
⇒岩世（ランゲ 1904.7.27–1965.10.2）
　外国（ランゲ 1904–）
　角世（ランゲ 1904–1965）
　経済（ランゲ 1904–1965）
　現人（ランゲ 1904.7.27–）
　コン3（ランゲ 1904–1965）
　人物（ランゲ 1904.7.27–）
　西洋（ランゲ 1904.7.27–1965.10.2）
　世西（ランゲ 1904.7.27–1965.10.2）
　世百（ランゲ 1904–1965）
　世百新（ランゲ 1904–1965）
　全書（ランゲ 1904–1965）
　大百（ランゲ 1904–1965）
　伝世（ランゲ 1904–1965.10）
　東欧（ランゲ 1904–1965）
　ナビ（ランゲ 1904–1965）
　二十（ランゲ，オスカー・R. 1904.7.27–1965.
　　10.2）
　百科（ランゲ 1904–1965）
　名著（ランゲ 1904–）

Lange, Robert John Mutt 〈20世紀〉

ザンビア出身のイギリスのプロデューサー。ヘ
ヴィ・メタルのレコードを制作。
⇒口人（ラング，ロバート・ジョン・"マット"）

Langenscheidt, Gustav 〈19世紀〉

ドイツの語学教師，出版業者。
⇒岩世（ランゲンシャイト 1832.10.21–1895.11.
　　11）
　西洋（ランゲンシャイト 1832.10.21–1895.11.
　　11）

Langewiesche, Karl Robert 〈19・20世紀〉

ドイツの出版業者。デュッセルドルフで出版業
を始め（1902），廉価な絵入りの新書を刊行
した。
⇒西洋（ランゲヴィーシェ 1874.12.18–1931.9.12）

Langewiesche, Wilhelm 〈19・20世紀〉

ドイツの作家，出版業者。"Jugend und
Heimat"（1916）。

経済・産業篇　　　　　　　　*353*　　　　　　　　**lapin**

⇒西洋（ランゲヴィーシェ　1866.3.18–1934.1.9）

Langham, Simon〈14世紀〉
イングランドの聖職者。イングランドの蔵相
（1360），大法官（63）。
⇒国小（ランガム　?–1376.7.22）

Langhans, Carl Ferdinand〈18・19世
紀〉
ドイツの建築家。ブレスラウ及びベルリンで，
特に劇場建築家として活動。
⇒岩世（ラングハンス　1782.1.14–1869.11.22）
　西洋（ラングハンス　1782.1.14–1869.11.22）

Langhans, Carl Gotthard〈18・19世
紀〉
ドイツの建築家。ベルリンのブランデンブルク
門（1789～94）を設計。
⇒岩世（ラングハンス　1732.12.15–1808.10.1）
　建築（ラングハンス，カール・ゴットハート
　　1732–1808）
　国小（ランクハンス　1732–1808）
　新美（ラングハンス，カール・ゴットハルト
　　1732.12.15–1808.10.1）
　人物（ラングハンス　1732.12.15–1808.10.1）
　西洋（ラングハンス　1732.12.15–1808.10.1）
　世西（ラングハンス　1732–1808）
　世美（ラングハンス，カール・ゴットハルト
　　1732–1808）
　全書（ラングハンス　1732–1808）
　大百（ラングハンス　1732–1808）

Langlois, Pierre〈18世紀〉
フランスの家具制作家。
⇒世美（ラングロワ，ピエール　（記録）1759以降）

Lankford, Terrill〈20世紀〉
アメリカの作家，脚本家，映画プロデューサー。
⇒海作4（ランクフォード，テリル）

Lanois, Daniel〈20世紀〉
カナダ出身のプロデューサー，アーティスト。
⇒口人（ラノア，ダニエル）

Lansing, Sherry〈20世紀〉
アメリカ生まれの映画製作者，企業家。教師，
女優を経て1980年20世紀フォックス・映画製作
プロダクションの社長となる。
⇒ア人（ランシング，シェリー　1944–）
　世映（ランシング，シェリー　1944–）
　世女（ランシング，シェリー（リー）　1944–）

Lanston, Tolbert〈19・20世紀〉
アメリカの発明家。
⇒岩ケ（ランストン，トルバート　1844–1913）

岩世（ランストン　1844.2.3–1913.2.18）

Lantana, Giovanni Battista〈16・17世
紀〉
イタリアの建築家。
⇒世美（ランターナ，ジョヴァンニ・バッティスタ
　　1581–1627）

Lantz, Walter〈20世紀〉
アメリカの漫画映画プロデューサー。
⇒岩ケ（ランツ，ウォルター　1900–1994）
　監督（ランツ，ウオルター　1900.4.27–）
　世映（ランツ，ウォルター　1899–1994）
　世俳（ランツ，ウォルター　1899.4.27–1994.3.
　　22）

Lanvin, Jeanne〈20世紀〉
フランスの女性服飾デザイナー。1926年レジオ
ン・ドヌール賞受賞。
⇒岩世（ランヴァン　1867.1.1–1946.7.6）
　世女日（ランヴァン，ジャンヌ　1867–1946）
　大百（ランバン　?–1946）
　ナビ（ランバン　1867–1946）

**La Pérouse, Jean François de
Galaup, Comte de**〈18世紀〉
フランスの航海者。ルイ16世の命令で探検旅行
中に中部太平洋で消息を絶った。
⇒岩ケ（ラ・ペルーズ，ジャン・フランソワ・ド・
　　ガロ，伯爵　1741–1788）
　オセ（ラ・ペルーズ　1741–1788）
　外国（ラ・ペルーズ　1741–1788）
　角世（ラ・ペルーズ　1741–1788）
　国史（ラ＝ペルーズ　1741–1788）
　国小（ラ・ペルーズ　1741.8.22–1788）
　コン2（ラ・ペルーズ　1741–1788頃）
　コン3（ラ・ペルーズ　1741–1788頃）
　人物（ラ・ペルーズ　1741.8.21–1788）
　西洋（ラ・ペルーズ　1741.8.21–1788）
　世人（ラ＝ペルーズ　1741–1788）
　世西（ラ・ペルーズ　1741.8.22–1788.12）
　世百（ラペルーズ　1741–1788）
　全書（ラ・ペルーズ　1741–1788）
　対外（ラ＝ペルーズ　1741–1788）
　探検1（ラ＝ペルーズ　1741–1788）
　デス（ラ・ペルーズ　1741–1788）
　日人（ラ＝ペルーズ　1741–1788?）
　百科（ラ・ペルーズ　1741–1788）
　歴史（ラ＝ペルーズ　1741–1788）

Lapidus, Ted〈20世紀〉
フランスの服飾デザイナー。
⇒ナビ（ラピドス　1929–）

Lapin, Sergei Georgievich〈20世紀〉
ソ連邦の外交官，政治家。タス通信社社長，ソ
連邦テレビ・ラジオ国家委員会議長。

L

lapin 354 西洋人物レファレンス事典

⇒二十 （ラーピン, セルゲイ　1912.7.15–1990.10）

Lapinskii, Pavel 〈19・20世紀〉
ロシアの共産主義者, 経済学者。ポーランド社会民主党員となって国内およびロシアの革命運動に奔走した。コミンテルン経済理論の権威としても有名。
⇒世西 （ラピンスキー　1876–）

Lardijn, Cornelis 〈17世紀〉
オランダの出島商館長（1711～12, 13～14）。
⇒西洋 （ラルダイン　1690–?）

Large Professor 〈20世紀〉
アメリカのラッパー, プロデューサー。
⇒ヒ人 （ラージ・プロフェッサー）

Lari, Anton Maria 〈16世紀〉
イタリアの建築家。
⇒世美 （ラーリ, アントン・マリーア　16世紀）

Laroche, Guy 〈20世紀〉
フランスのファッション・デザイナー。
⇒岩ケ （ラロシュ, ギー　1923–1989）

Larousse, Pierre Athanase 〈19世紀〉
フランスの出版業者, 文法学者, 辞典編集者。『19世紀世界大辞典』（1864～）の刊行で知られる。
⇒逸話 （ラルース　1817–1875）
　岩ケ （ラルース, ピエール（・アタナーズ）　1817–1875）
　岩世 （ラルース　1817.10.23–1875.1.3）
　広辞4 （ラルース　1817–1875）
　広辞6 （ラルース　1817–1875）
　国小 （ラルース　1817.10.23–1875.1.3）
　集世 （ラルース, ピエール＝アタナーズ　1817.10.23–1875.1.3）
　集文 （ラルース, ピエール＝アタナーズ　1817.10.23–1875.1.3）
　人物 （ラルース　1817.10.23–1875.1.3）
　西洋 （ラルース　1817.10.23–1875.1.3）
　世西 （ラルース　1817.10.23–1875.1.3）
　大辞 （ラルース　1817–1875）
　大辞3 （ラルース　1817–1875）
　デス （ラルース　1817–1875）
　百科 （ラルース　1817–1875）
　名著 （ラルース　1817–1875）

L'Arronge, Adolf 〈19・20世紀〉
ドイツの劇作家, 劇場経営者。"Doktor Klaus"（1878）。
⇒岩世 （ラロンジュ　1838.3.8–1908.12.25）
　集文 （ラロンジュ, アードルフ　1838.3.8–1908.5.25）
　西洋 （ラロンジュ　1838.3.8–1908.12.25）

大百 （ラロンジュ　1838–1908）

Larsen, Henning 〈20世紀〉
デンマークの建築家。
⇒岩ケ （ラーセン, ヘニング　1925–）

Larus, Eliane 〈20世紀〉
フランス生まれの工芸作家。
⇒世芸 （ラリュス, エリアンヌ　1944–）

Lasdun, Sir Denys Louis 〈20世紀〉
イギリスの建築家。
⇒岩ケ （ラズダン, サー・デニス（・ルイス）　1914–）

Lasky, Jesse L. 〈19・20世紀〉
アメリカ生まれの映画製作者。
⇒世映 （ラスキー, ジェシー・L　1880–1958）

Laspeyres, Étienne 〈19・20世紀〉
ドイツの統計学者, 経済学者。
⇒二十 （ラスパイレス, E.　1834–1913）

Lassus, Jean Baptiste Antoine 〈19世紀〉
フランスの建築家, 考古学者。シャルトル聖堂の鐘楼, ノートルダム聖堂の修理を行った。
⇒岩世 （ラシュス　1807.3.19–1857.7.15）
　キリ （ラシュス, ジャン・バティスト・アントワーヌ　1807–1857）
　西洋 （ラシュス　1807–1857）
　世美 （ラシュー, ジャン＝バティスト＝アントワーヌ　1807–1857）

Laswell, Bill 〈20世紀〉
アメリカのベーシスト, コンポーザー, プロデューサー。
⇒二十 （ラズウェル, ビル　1955.2.12–）
　ロ人 （ラズウェル, ビル　1955–）

Latimer, Lewis Howard 〈19・20世紀〉
アメリカの発明家, エンジニア。
⇒岩ケ （ラティマー, ルイス・ハワード　1848–1929）

Latrobe, Benjamin Henry 〈18・19世紀〉
イギリス生まれのアメリカの建築家, エンジニア。
⇒岩ケ （ラトローブ, ベンジャミン（・ヘンリー）　1764–1820）
　岩世 （ラトローブ　1764.5.1–1820.9.3）
　英米 （Latrobe, Benjamin Henry　ラトローブ　1764–1820）

建築（ラトローブ，ベンジャミン・ヘンリー　1764-1820）
国小（ラトローブ　1764.5.1-1820.9.3）
コン3（ラトローブ　1764-1820）
新美（ラトローブ，ベンジャミン・ヘンリー　1764.5.1-1820.9.3）
西洋（ラトローブ　1764.5.1-1820.9.3）
世美（ラトローブ，ジョン・ベンジャミン・ヘンリー　1764-1820）
百科（ラトローブ　1764-1820）

Laubeuf, Maxim ⟨19・20世紀⟩
フランスの技術者。
⇒科学（ローブーフ　1864-1938）
二十（ローブーフ，マキシム　1864-1938）

Lauder, Estée ⟨20世紀⟩
アメリカの女性実業家。
⇒岩ケ（ローダー，エスティ　1910頃-）
岩世（ローダー　1906.7.1-2004.4.24）
現ア（Lauder, Estee　ローダー，エスティー　1908-）
世女（ローダー，エスティ　1908-2004）

Lauderdale, James Maitland, 8th Earl of ⟨18・19世紀⟩
イギリス（スコットランド）の政治家，経済学者。
⇒岩世（ローダデール　1759.1.26-1839.9.13）
西洋（ローダデール　1759-1839.9.13）
名著（ローダテール　1759-1839）

Läuger, Max ⟨19・20世紀⟩
ドイツの画家，建築家，陶工。カルルスルーエの工芸学校および工業大学で指導。
⇒岩世（ロイガー　1864.9.30-1952.12.12）
西洋（ロイガー　1864.9.30-1952.12.12）

Laughlin, James (Jr.) ⟨20世紀⟩
アメリカの詩人，編集者，出版社社主。
⇒集世（ロックリン，ジェイムズ　1914.10.30-1997.11.12）
集文（ロックリン，ジェイムズ　1914.10.30-）
二十英（Laughlin, James　1914-1997）

Laughlin, James Laurence ⟨19・20世紀⟩
アメリカの経済学者。専攻は貨幣論。"Journal of Political Economy"誌を編集。
⇒岩世（ラフリン　1850.4.2-1933.11.28）
経済（ラフリン　1850-1933）
西洋（ラフリン　1850.4.2-1933.11.28）

Laugier, Marc Antoine ⟨18世紀⟩
フランスの人文主義者，建築理論家。
⇒岩世（ロージエ　1713.1.22-1769.4.5）

キリ（ロジエ，マルク・アントワーヌ　1713.1.22-1769.5.5）
建築（ロージェ，マルク・アントワーヌ　1713-1769）
世美（ロージエ，マルカントワーヌ　1713-1769）

Launder, Frank ⟨20世紀⟩
イギリス生まれの映画脚本家，映画監督，映画製作者。
⇒監督（ローンダー，フランク　1907-）
世映（ローンダー，フランク　1906-1997）

Laur, Ernst ⟨19・20世紀⟩
スイスの農業経済学者。農業経営，農業計理の研究を行い，スイス農民の経済的地位の向上に貢献した。
⇒岩世（ラウル　1871.3.27-1964.5.30）
西洋（ラウル　1871.3.27-1964.5.30）

Laurana, Francesco da ⟨15世紀⟩
イタリアの彫刻家，メダイユ作家，建築家。主作品『バッティスタ・フフォルツァ夫人像』。
⇒岩世（ラウラーナ　1430頃-1502）
芸術（ラウラナ，フランチェスコ　1420-1503）
国小（ラウラーナ　1420頃-1500）
新美（ラウラーナ，フランチェスコ　1425?-1502?）
西洋（ラウラーナ　1420/5頃-1502）
世美（ラウラーナ，フランチェスコ　1430頃-1502）

Laurana, Luciano da ⟨15世紀⟩
イタリアの建築家。カステルヌオーボの凱旋門（1451〜55）は彼の作。
⇒岩ケ（ラウラナ，ルチャーノ　1420頃-1479）
岩世（ラウラーナ　1420頃-1479）
建築（ラウラーナ，ルチアーノ　1420頃-1479）
国小（ラウラーナ　1425頃-1479）
コン2（ラウラナ　1420頃-1479）
コン3（ラウラナ　1420頃-1479）
新美（ラウラーナ，ルチアーノ　?-1479）
西洋（ラウラーナ　1420頃-1479）
世美（ラウラーナ，ルチアーノ　1420頃-1479）
百科（ラウラーナ　?-1479）

Lauren, Ralph ⟨20世紀⟩
アメリカのファッション・デザイナー。1968年紳士服，71年婦人服を手がけ「ポロ」ブランドを確立。
⇒ア人（ローレン，ラルフ　1940-）
岩ケ（ローレン，ラルフ　1939-）
岩世（ローレン　1939.10.14-）
現ア（Lauren, Ralph　ローレン，ラルフ　1939-）
ナビ（ローレン　1940-）

Laurentiis, Dino De 〈20世紀〉

イタリア出身の映画製作者。国際的プロデューサーとして活躍。作品,『にがい米』(1948),『異邦人』(67) など。
⇒コン3 (デ・ラウレンティス 1919-)
　世映 (デ・ラウレンティース, ディーノ 1919-)
　世百新 (ラウレンティス 1919-)
　二十 (ラウレンティス, ディーノ・ド 1919.8.8-)
　百科 (ラウレンティス 1919-)

Laursen, Paul Kristian 〈20世紀〉

デンマークの実業家。
⇒二十 (ラウルセン, P.K. 1910-)

Lauterer, Arch 〈20世紀〉

アメリカの装置・照明デザイナー。
⇒バレ (ローテラー, アーチ 1904-1957)

Laval, Carl Gustaf Patrik de 〈19・20世紀〉

スウェーデンの技術者,発明家。衝動タービン (1988) などを発明。
⇒岩ケ (ラヴァル, カール・グスタフ・パトリック・ド 1845-1913)
　岩世 (ラヴァル 1845.5.9-1913.2.2)
　外国 (ラヴァル 1845-1913)
　科学 (デ・ラヴァル 1845.5.9-1913.2.2)
　科学 (ラヴァール 1845.5.9-1913.2.2)
　科史 (ド・ラヴァル 1843-1913)
　国小 (ラバル 1845.5.9-1913.2.2)
　コン2 (ラヴァル 1845-1913)
　コン3 (ラヴァル 1845-1913)
　西洋 (ラヴァル 1845.5.9-1913.2.2)
　世科 (ド・ラヴァル 1845-1913)
　世百 (ラヴァル 1845-1913)
　全書 (ド・ラバル 1845-1913)
　大辞 (ラバル 1845-1913)
　大辞2 (ラバル 1845-1913)
　大辞3 (ラバル 1845-1913)
　大百 (ド・ラバル 1845-1913)
　ナビ (ド=ラバル 1845-1913)
　二十 (デ・ラヴァル, カール・グスタフ・パトリック 1845.5.9-1913.2.2)
　二十 (ラバル, カール・グスタフ・P.ド 1845-1913)
　百科 (ド・ラバル 1845-1913)

La Varenne 〈17世紀〉

フランスの料理人。
⇒岩世 (ラ・ヴァレンヌ 1615頃-1678)

Laveleye, Emile Louis Victor de 〈19世紀〉

ベルギーの法学者,経済学者。リエージュ大学教授。自由貿易論者。
⇒岩世 (ラヴレー 1822.4.5-1892.1.3)

西洋 (ラヴレー 1822.4.5-1892.1.3)

Lavirotte, Jules-Aimé 〈19・20世紀〉

フランスの建築家。
⇒世美 (ラヴィロット, ジュール=エメ 1864-1924)

Lavochkin, Semyon Alekseevich 〈20世紀〉

ソ連邦の航空機設計家。
⇒コン3 (ラーヴォチキン 1900-1960)

Lavrentiev, Mikhail Alekseevich 〈20世紀〉

ソ連邦の数学者。1950～53年ソ連科学アカデミー精密機械・計数技術研究所所長。
⇒コン3 (ラヴレンチエフ 1900-1980)
　数学 (ラヴレーンチエフ (アレクセーヴィチ) 1900.11.19-1980.10.15)
　数学増 (ラヴレーンチエフ (アレクシェーヴィチ) 1900.11.19-1980.10.15)

Law, John 〈17・18世紀〉

イギリスの財政家。一般銀行を設立し,1718年フランス王立銀行に改組。
⇒岩世 (ロー 1671.4.21-1729.3.21)
　旺世 (ロー (ジョン) 1671-1729)
　外国 (ロー (ジョン) 1671-1729)
　国小 (ロー 1671.4.16-1729.3.21)
　コン2 (ロー 1671-1729)
　コン3 (ロー 1671-1729)
　人物 (ロー 1671.4.16-1729.3.21)
　西洋 (ロー 1671.4.16-1729.3.21)
　世西 (ロー 1671.4.21-1729.3.21)
　世百 (ロー 1671-1729)
　全書 (ロー 1671-1729)
　大百 (ロー 1671-1729)
　百科 (ロー 1671-1729)
　評世 (ロー 1671-1729)
　名著 (ロー 1671-1729)
　山世 (ロー, ジョン 1671-1729)

Lawes, Sir John Bennet 〈19世紀〉

イギリスの農学者。肥料工業の基礎を築いた。
⇒岩ケ (ローズ, サー・ジョン・ベネット 1814-1900)
　科学 (ローズ 1814.12.28-1900.8.31)
　科人 (ローズ, サー・ジョン・ベネット 1814.12.28-1900.8.31)
　国小 (ローズ 1814-1900)
　コン2 (ローズ 1814-1900)
　コン3 (ローズ 1814-1900)
　人物 (ローズ 1814.12.28-1899.8.31)
　西洋 (ローズ 1814.12.28-1899.8.31)
　世西 (ローズ 1814.12.28-1900.8.31)
　世百 (ローズ 1814-1900)
　全書 (ローズ 1814-1900)

経済・産業篇　　　　　　357　　　　　　learn

百科（ローズ　1814-1900）

Lawrence, Mary 〈20世紀〉
アメリカの広告会社取締役。
⇒世女（ローレンス, メアリ（ジョージーン・ウェルズ）1928-）

Lawson, Nigel 〈20世紀〉
イギリスの政治家。イギリス蔵相。
⇒岩ケ（ローソン, ナイジェル　1932-）
世政（ローソン, ナイジェル　1932.3.11-）

Lay, Horatio Nelson 〈19世紀〉
イギリスの清国総税務司, 対日事業家。1869年来日, レイ鉄道借款を締結。
⇒岩世（レイ　1832-1898.5.4）
国史（レイ　1832-1898）
国小（レイ　1840-?）
西洋（レー）
日人（レイ　1832-1898）
来日（レイ　1832.7.27-1898.5.4）

Layens, Mathieu de 〈15世紀〉
フランドルの建築家。
⇒建築（レーアン, マティウ・ド　?-1483）

Lea, Henry Charles 〈19・20世紀〉
アメリカの歴史家。出版業を営みながら, 教会史の研究に従い, 晩年アメリカ史学協会長になった。
⇒外国（リー　1825-1909）
キリ（リー, ヘンリ・チャールズ　1825.9.19-1909.10.24）

Leach, Bernard Howell 〈19・20世紀〉
イギリスの陶芸家。日本で製陶を学びイギリスに帰り, 窯を築く。著書に『陶工の本』として有名な "A Potter's Book" など。
⇒逸話（リーチ　1887-1979）
岩ケ（リーチ, バーナード（・ハウエル）1887-1979）
岩世（リーチ　1887.1.5-1979.5.6）
外国（リーチ　1887-）
角世（リーチ　1887-1979）
現人（リーチ　1887.1.5-）
広辞5（リーチ　1887-1979）
広辞6（リーチ　1887-1979）
コン3（リーチ　1887-1979）
集文（リーチ, バーナード　1887.1.5-1979.5.6）
新美（リーチ, バーナード　1887.1.5-1979.5.6）
人物（リーチ　1887.1.5-）
西洋（リーチ　1887-1979.5.6）
世芸（リーチ, バーナード　1887-1979）
世百（リーチ　1887-）
世百新（リーチ　1887-1979）
全書（リーチ　1887-1979）
大辞2（リーチ　1887-1979）

大辞3（リーチ　1887-1979）
大百（リーチ　1887-1979）
ナビ（リーチ　1887-1979）
二十（リーチ, バーナード・H.　1887.1.5-1979.5.6）
日人（リーチ　1887-1979）
百科（リーチ　1887-1979）
来日（リーチ　1887-1979）

Leacock, Richard 〈20世紀〉
カナリア諸島生まれの映画監督, 撮影監督, 映画製作者。
⇒世映（リーコック, リチャード　1921-）

Leacock, Stephen Butler 〈19・20世紀〉
イギリス系カナダのユーモア小説家, 経済学者。『ナンセンス小説集』(1911) などを発表。
⇒岩ケ（リーコック, スティーヴン（・バトラー）1869-1944）
才世（リーコック, スティーヴン　1869-1944）
国小（リーコック　1869.12.30-1944.3.28）
コン2（リーコック　1869-1944）
コン3（リーコック　1869-1944）
集世（リーコック, スティーヴン　1869.12.30-1944.3.28）
集文（リーコック, スティーヴン　1869.12.30-1944.3.28）
西洋（リーコック　1869.12.30-1944.3.28）
世文（リーコック, スティーヴン・バトラー　1869-1944）
全書（リーコック　1869-1944）
二十（リーコック, スティーヴン・B.　1869-1944）
二十英（Leacock, Stephen（Butler）1869-1944）
百科（リーコック　1869-1944）

Leahy, J.Michael J. 〈20世紀〉
オーストラリアの金鉱開拓者。金鉱を求めてニューギニアの広大な地域を探検した。
⇒探検2（リービー　1901-1979）

Lear, Norman 〈20世紀〉
アメリカのプロデューサー, 演出家。
⇒現ア（Lear, Norman　リア, ノーマン　1922-）

Lear, William Powell 〈20世紀〉
アメリカの発明家, 電子工学技師。
⇒岩ケ（リア, ウィリアム・P（パウエル）1902-1978）

Learned, Dwight Whitney 〈19・20世紀〉
アメリカのアメリカン・ボード派宣教師, 経済思想家。同志社で経済学を教授。
⇒岩世（ラーネッド　1848.10.12-1943.3.19）
外国（ラーネッド　1848-?）

キリ（ラーネッド，ドワイト・ホウィットニ
1848.10.12-1943.3.19）
経済（ラーネッド　1848-1943）
国史（ラーネッド　1848-1943）
コン2（ラーネッド　1848-1943）
コン3（ラーネッド　1848-1943）
西洋（ラーネッド　1848.10.12-1943.3.19）
世宗（ラーネッド　1848-1943）
デス（ラーネッド　1848-1943）
二十（ラーネッド，ドワイト・ホウィットニ
1848.10.12-1943.3.19）
日人（ラーネッド　1848-1943）
百科（ラーネッド　1848-1943）
来日（ラーネッド　1848-1943）

Le Bas, Louis Hippolyte 〈18・19世紀〉
フランスの建築家。
⇒岩世（ル・バ　1782.3.31-1867.6.12）
建築（ルバ，イポリート　1782-1867）
西洋（ル・バ　1782-1867）

Lebedev, Sergei Vasilievich 〈19・20世紀〉
ソ連邦の化学者。1932年合成ゴム工業的生産に
成功。
⇒コン2（レーベデフ　1874-1934）
コン3（レベデフ　1874-1934）
全書（レーベデフ　1874-1934）
二十（レーベデフ，サージイー　1874-1934）

Leblanc, Nicolas 〈18・19世紀〉
フランスの化学者。食塩から炭酸ナトリウムを
作る「ルブラン法」を発明（1790）。
⇒岩ケ（ルブラン，ニコラ　1742-1806）
岩世（ルブラン　1742.12.6-1806.1.16）
外国（ルブラン　1742-1806）
科学（ルブラン　1742.12.6-1806.1.16）
科技（ルブラン　1742.12.6-1806.2.16）
科人（ルブラン，ニコラ　1742.1.6-1806.2.16）
コン2（ルブラン　1742-1806）
コン3（ルブラン　1742-1806）
人物（ルブラン　1742.12.6-1806.1.16）
西洋（ルブラン　1742.12.6-1806.1.16）
世科（ルブラン　1742-1806）
世西（ルブラン　1742.12.6-1806.1.16）
世百（ルブラン　1742-1806）
全書（ルブラン　1742-1806）
大辞（ルブラン　1742-1806）
大辞3（ルブラン　1742-1806）
大百（ルブラン　1742-1806）
伝世（ルブラン　1742-1806）
百科（ルブラン　1742-1806）

Le Blond, Alexandre Jean Baptiste 〈17・18世紀〉
フランスの造園家，建築家。ピョートル1世の
主席建築家としてペテルブルクの離宮などを
設計。

⇒岩世（ル・ブロン　1679-1719）
建築（ル・ブロン，ジャン＝バティスト＝アレク
サンドル　1679-1719）
国小（ル・ブロン　1679-1719）
西洋（ル・ブロン　1679-1719）
世美（ル・ブロン，ジャン・バティスト・アレク
サンドル　1679-1719）

Le Blond, Jacques Christophe 〈17・18世紀〉
ドイツの版画家。三原色の配合による色彩版画
を考案。著書『色彩論』（1730）。
⇒国小（ル・ブロン　1667.5.5-1741.5.16）
西洋（ル・ブロン　1667.5.21-1741.5.16）

Lebon, Philippe 〈18・19世紀〉
フランスの発明家。
⇒岩世（ルボン　1767.5.29-1804.12.1）
科史（ルボン　1767-1804）
西洋（ルボン　1769-1804）
世科（ルボン　1767-1804）
世百（ルボン　1769-1804）
百科（ルボン　1769-1804）

Le Bouteillier, Jean 〈14世紀〉
フランスの建築家。ジャン・ラヴィの甥。
⇒建築（ル・ブテリエル，ジャン　（活動）14世紀）

Le Breton, Gilles 〈16世紀〉
フランスの建築家。
⇒建築（ル・ブルトン，ジル　?-1553）
世美（ル・ブルトン，ジル　（記録）1526-1552）

Lebrun, Charles François, Duc de Plaisance 〈18・19世紀〉
フランスの政治家。1799～1804年第三統領。
04～14年帝政下の財政総監。
⇒国小（ルブラン　1739.3.19-1824.6.16）
西洋（ルブラン　1739.3.17-1824.6.15）

Le Chatelier, Henry Louis 〈19・20世紀〉
フランスの化学者。熱力学的平衡移動に関す
る，ル・シャトリエの法則を発見（1848）。ま
た，高温計を改良。高温度の測定法・冶金・窯
業などに貢献。
⇒岩ケ（ル・シャトリエ，アンリ　1850-1936）
岩世（ル・シャトリエ　1850.10.8-1936.9.17）
外国（ル・シャトリエ　1850-1936）
科学（ル・シャトリエ　1850.10.8-1936.9.17）
科技（ル・シャトリエ　1850.10.8-1936.9.17）
科史（ル・シャトリエ　1850-1936）
科人（ル・シャトリエ，アンリ・ルイ　1850.10.
8-1936.9.17）
科大（ル・シャトリエ　1850-1936）
科大2（ル・シャトリエ　1850-1936）
広辞4（ル・シャトリエ　1850-1936）

経済・産業篇　　　　　　　　　　　359　　　　　　　　　　　　　　　leder

広辞5　（ル・シャトリエ　1850–1936）
広辞6　（ル・シャトリエ　1850–1936）
国小　（ル・シャトリエ　1850.10.8–1936.9.17）
コン2　（ル・シャトリエ　1850–1936）
コン3　（ル・シャトリエ　1850–1936）
人物　（ル・シャトリエ　1850.10.8–1936.9.17）
西洋　（ル・シャトリエ　1850.10.8–1936.9.17）
世科　（ル・シャトリエ　1850–1936）
世西　（ル・シャトリエ　1850.10.8–1936.9.17）
世百　（ルシャトリエ　1850–1936）
全書　（ル・シャトリエ　1850–1936）
大辞　（ル・シャトリエ　1850–1936）
大辞2　（ル・シャトリエ　1850–1936）
大辞3　（ル・シャトリエ　1850–1936）
大百　（ル・ジャトリエ　1850–1936）
デス　（ル・シャトリエ　1850–1936）
伝世　（ル・シャトリエ　1850.10.8–1936.9.17）
ナビ　（ル＝シャトリエ　1850–1936）
二十　（ル・シャトリエ　1850.10.8–1936.9.17）
百科　（ル・シャトリエ　1850–1936）

Lechner, Leonhard　〈16・17世紀〉
オーストリア出身のドイツの作曲家，音楽出版者。
⇒音楽　（レヒナー，レオンハルト　1553頃–1609.9.9）
　音大　（レヒナー　1553頃–1606.9.9）
　キリ　（レヒナー，レーオンハルト　1553頃–1601.9.9）
　クラ　（レヒナー，レオンハルト　1553頃–1606）
　ラル　（レヒナー，レーオンハルト　1553頃–1606）

Lechner Ödön　〈19・20世紀〉
ハンガリーの建築家。代表作はブダペストの工芸博物館（1893～97），地質研究所（98～99）など。
⇒岩世　（レヒネル　1845.8.27–1914.6.10）
　新美　（レヒネル・エデン　1845.8.17–1914.6.10）
　東欧　（レヒネル　1845–1914）
　二十　（レヒネル，エデン　1845.8.17–1914.6.10）

Lechter, Melchior　〈19・20世紀〉
ドイツの画家。ケルン工芸博物館のパレンベルク広間の祭壇画，ガラス絵および壁面装飾（1899～1902）。
⇒岩世　（レヒター　1865.10.2–1937.10.8）
　西洋　（レヒター　1865.10.2–1937.10.8）

Leclair, Antoine　〈17・18世紀〉
フランスの飾り紐職人，チェロ奏者，舞踏家。
⇒ラル　（ルクレール，アントワーヌ　17世紀末–18世紀初頭）

Leclerc, Charles Victor Emmanuel　〈18・19世紀〉
フランスの軍人。商人の出身。イタリア戦争（1796），エジプト遠征（98）に参加。
⇒岩世　（ルクレール　1772.3.17–1802.11.2）

　外国　（ルクレール　1772–1802）
　コン2　（ルクレール　1772–1802）
　コン3　（ルクレール　1772–1802）
　西洋　（ルクレール　1772.3.17–1802.11.2）

Lecomte, Roger André　〈20世紀〉
フランスの料理人。
⇒日人　（ルコント　1931–1999）

Le Corbusier　〈19・20世紀〉
スイスの建築家，都市設計家。主作品はロンシャンの聖堂（1955），上野西洋美術館（56）など。
⇒岩ケ　（ル・コルビュジエ　1887–1965）
　岩世　（ル・コルビュジエ　1887.10.6–1965.8.27）
　オ西　（ル・コルビュジエ　1887–1965）
　外国　（ル・コルビュジエ　1887–）
　科史　（ル・コルビュジエ　1887–1966）
　角世　（ル・コルビュジエ　1887–1965）
　キリ　（ル・コルビュジエ　1887.10.6–1965.8.27）
　現人　（ル・コルビュジエ　1887.10.6–1965.9.25）
　広辞5　（ル・コルビュジエ　1887–1965）
　広辞6　（ル‐コルビュジエ　1887–1965）
　国小　（ル・コルビュジエ　1887.10.6–1965.8.27）
　国百　（ル・コルビュジエ　1887.10.6–1965.8.27）
　コン3　（ル・コルビュジエ　1887–1965）
　思想　（ル・コルビュジエ　1887–1965）
　新美　（ル・コルビュジエ　1887.10.6–1965.8.27）
　人物　（ル・コルビュジエ　1887.10.6–1965.8.27）
　西洋　（ル・コルビュジエ　1887.10.6–1965.8.27）
　世人　（ル＝コルビュジェ　1887–1965）
　世西　（ル・コルビュジエ　1887.10.6–1965）
　世美　（ル・コルビュジエ　1887–1965）
　世百　（ルコルビュジエ　1887–1965）
　世百新　（ル・コルビュジエ　1887–1965）
　全書　（ル・コルビュジエ　1887–1965）
　大辞2　（ル・コルビュジエ　1887–1965）
　大辞3　（ル・コルビュジエ　1887–1965）
　大百　（ル・コルビュジエ　1887–1965）
　伝世　（ル・コルビュジエ　1887.10.6–1965.8.27）
　ナビ　（ル＝コルビュジエ　1887–1965）
　二十　（ル・コルビュジエ　1887.10.6–1965.9.25）
　百科　（ル・コルビュジエ　1887–1965）
　名著　（ル・コルビュジエ　1887–）
　山世　（ル・コルビュジェ　1887–1965）
　歴史　（ル＝コルビュジェ　1887–1965）

Le Coutre, Walter　〈19・20世紀〉
ドイツの経済学者。一般経営経済学を発展させて，経営および企業に関する有機的，機能的学説を立てた。
⇒岩世　（ル・クトル　1885.11.21–1965.9.24）
　西洋　（ル・クトル　1885.11.21–1965.9.24）

Lederer, Emil　〈19・20世紀〉
ドイツの経済学者。社会主義的立場から資本主義を批判した。主著『理論経済学概要』（1931）。
⇒岩世　（レーデラー　1882.7.22–1939.5.29）
　国小　（レーデラー　1882.7.22–1939.5.29）

コン3（レーデラー　1882–1939）
人物（レーデラー　1882.7.22–1939.5.29）
西洋（レーデラー　1882.7.22–1939.5.29）
世西（レーデラー　1882.7.22–1939.5.29）
世百（レーデラー　1882–1939）
全書（レーデラー　1882–1939）
二十（レーデラー，エミール　1882–1939）
日人（レーデラー　1882–1939）
名著（レーデラー　1882–1939）
来日（レーデラー　1882–1939）

Ledoux, Claude Nicolas 〈18・19世紀〉
フランスの建築家。
⇒岩ケ（ルドゥー，クロード・ニコラ　1736–1806）
　岩世（ルドゥー　1736.3.21–1806.11.19）
　建築（ルドゥー，クロード＝ニコラ　1736–1806）
　広辞4（ルドゥー　1736–1806）
　広辞6（ルドゥー　1736–1806）
　国小（ルド　1736.3.21–1806.11.19）
　コン3（ルドゥー　1736–1806）
　新美（ルドゥー，クロード＝ニコラ　1736–1806.11.19）
　西洋（ルドゥー　1736–1806.11.19）
　世美（ルドゥー，クロード＝ニコラ　1736–1806）
　全書（ルドゥー　1736–1806）
　大辞（ルドゥー　1736–1806）
　大辞3（ルドゥー　1736–1806）
　大百（ルドー　1736–1806）
　伝世（ルドゥー　1736.3.21–1806.11.19）
　百科（ルドゥー　1736–1806）

Ledoux, Louis Vernon 〈19・20世紀〉
アメリカの実業家，日本研究家。化学分析を業とするルドゥー会社社長。
⇒西洋（ルドゥー　1880.6.6–1948）

Le Duc, Auguste 〈18・19世紀〉
フランスの出版者。
⇒音大（ルデュク，オーギュスト　1779–1823.5.25）
　ラル（ル・デュク，オーギュスト　1779–1823）

Le Duc, Pierre 〈18・19世紀〉
フランスのヴァイオリン奏者，出版者。
⇒音大（ルデュク，ピエール　1755–1816.10）
　ラル（ル・デュク，ピエール　1755–1816）

Le Duc, Simon 〈18世紀〉
フランスのヴァイオリン奏者，作曲家，出版者。
⇒音大（ルデュク，シモン　1748以前–1777.1.22/5（埋葬））
　ラル（ル・デュク，シモン　1748以前–1777）

Lee, James Paris 〈19・20世紀〉
アメリカの発明家。
⇒岩ケ（リー，ジェイムズ（・パリス）　1831–1904）

Lee, Joseph
アメリカの経営コンサルタント，作家。香港出身。
⇒海新（リー，ジョセフ）
　海作4（リー，ジョセフ）

Lee, Lester 〈20世紀〉
アメリカの企業家。中国系。
⇒華人（リー，レスター　1933–）

Lee, Ming Cho 〈20世紀〉
アメリカの舞台装置の設計家，水彩画家。
⇒岩ケ（リー，ミン・チョー　1930–）
　世俳（リー，ミン・C）

Lee, Spike 〈20・21世紀〉
アメリカの映画監督，製作者，脚本家，俳優。
⇒ア事（リー，スパイク　1957–）
　岩ケ（リー，スパイク　1957–）
　岩世（リー　1957.3.20–）
　現ア（Lee, Spike　リー，スパイク　1957–）
　最世（リー，スパイク　1957–）
　世映（リー，スパイク　1957–）
　世俳（リー，スパイク　1957.3.20–）

Lee, William 〈16・17世紀〉
イギリスの聖職者，発明家。靴下編機を発明（1589）。
⇒岩世（リー　?–1614）
　科史（リー　?–1610頃）
　キリ（リー，ウィリアム　?–1610）
　西洋（リー　?–1610）
　百科（リー　?–1610頃）

Leeuwenhoek, Antoni van 〈17・18世紀〉
オランダの顕微鏡学者，博物学者。商業のかたわら単レンズ顕微鏡を製作し，筋内の横紋や昆虫の複眼などを観察。また，細菌・原生動物や動物の精子などを発見。
⇒岩ケ（レーウェンフック，アントニー・ファン　1632–1723）
　外国（レーウェンフック　1632–1723）
　科学（レーウェンフック　1632.10.24–1723.8.26）
　科技（レーウェンフック　1632.10.24–1723.8.26）
　科史（レーウェンフック　1632–1723）
　科人（レーウェンフック，アントン・ファン　1632.10.24–1723.8.26）
　看護（レウエンフック　1632–1723）
　広辞4（レーウェンフック　1632–1723）
　広辞6（レーウェンフック　1632–1723）
　国小（レーウェンフック　1632.10.24–1723.8.26）
　国百（レーウェンフク，アントン・ファン　1632.10.24–1723.8.26）
　コン2（レーウェンフク　1632–1723）
　コン3（レーウェンフク　1632–1723）
　人物（レーウェンフック　1632.10.24–1723.8.27）

西洋（レーウェンフク 1632.10.24–1723.8.27）
世科（レーウェンフック 1632–1723）
世西（レウエンフック 1632.10.24–1723.8.26）
世百（レーウェンフーク 1632–1723）
全書（レーウェンフック 1632–1723）
大辞（レーウェンフック 1632–1723）
大辞3（レーウェンフック 1632–1723）
大百（レーウェンフック 1632–1723）
デス（レーウェンフック 1632–1723）
伝世（レーヴェンフック 1632.10.24–1723.8.26）
百科（レーウェンフーク 1632–1723）

Lefrak, Samuel Jayson 〈20世紀〉
アメリカの不動産開発業者。
⇒岩ケ（レフラク，サミュエル・J（ジェイソン） 1918–）

Lefuel, Hector Martin 〈19世紀〉
フランスの建築家。ルーヴルおよびテュイルリ宮の建築長。パリの万国博覧会の産業館を建築した（1855）。
⇒岩世（ルフュエル 1810.11.14–1881.12.31）
建築（ルフュエル，エクトール・マルタン 1810–1881）
新美（ルフュエル，エクトル 1810.11.14–1880.12.31）
西洋（ルフュエル 1810–1881）

Le Gallienne, Eva 〈20世紀〉
アメリカの女優，製作者，演出家。1926年シビック・レパートリー劇場を創立。
⇒岩ケ（ル・ガリエンヌ，イーヴァ 1899–1991）
岩世（ル・ガリエンヌ 1899.1.11–1991.6.3）
演劇（ル・ガリエンヌ，エヴァ 1899–1991）
外国（ル・ギャリエンヌ 1899–）
国小（ル・ガリエンヌ 1899.1.11–）
コン3（ル・ガリエンヌ 1899–1991）
西洋（ル・ガリエンヌ 1899.1.11–）
世女日（ル＝ガリエンヌ，エヴァ 1899–1991）
世俳（ギャリエンヌ，イーヴァ・レ 1899.1.11–1991.6.3）
世俳（ルガリアンヌ，エヴァ 1899.1.11–1991.6.3）
二十（ル・ガリエンヌ，エバ 1899.1.11–?）

Legge, Walter 〈20世紀〉
イギリスの音楽プロデューサー。クラシックのレコードを数多く制作。
⇒岩ケ（レッグ，ウォルター 1906–1979）
ラル（レッグ，ウォルター 1906–1979）

Leguía y Salcedo, Augusto Bernardino 〈19・20世紀〉
ペルーの政治家。1903～08年蔵相，08～12年，19～30年大統領。
⇒岩世（レギア 1863.2.19–1932.2.7）
角世（レギア 1863–1932）
国小（レギア・イ・サルセド 1863.2.19–1932.2.

6）
コン2（レギーア 1834–1932）
コン3（レギーア 1834–1932）
西洋（レギア・イ・サルセド 1863–1932）
全書（レギア 1863–1932）
伝世（レギーア 1863.2.19–1932.2.6）
ナビ（レギーア＝イ＝サルセド 1863–1932）
二十（レギア, A. 1863–1932）
百科（レギーア 1863–1932）
山世（レギーア 1863–1932）
ラテ（レギア 1863–1932）

Lehman, Herbert henry 〈19・20世紀〉
アメリカの銀行家，政治家，国連救済復興機関（UNRRA）事務局長。
⇒岩ケ（レーマン，ハーバート（・ヘンリー） 1878–1963）
ユ人（リーマン，ハーバート・ヘンリー 1878–1963）

Lehman, Robert 〈20世紀〉
アメリカの銀行家，美術品収集家。
⇒岩ケ（レーマン，ロバート 1891–1969）

Lehmann, Carl Wilhelm Heinrich 〈19世紀〉
ドイツ出身の技師，貿易商。貿易会社レーマン・ハルトマンを設立。ドルフ・レーマンの兄。
⇒来日（レーマン 1831.9.28–1874.4.21）

Lehmann, Ernst August 〈19・20世紀〉
ドイツの航空技術者。ツェッペリン飛行船の南米定期航路の司令（1928～36）。
⇒岩世（レーマン 1886.5.12–1937.5.7）
西洋（レーマン 1886–1937.5.7）

Lehmann, Maurice 〈20世紀〉
フランスの演出家，劇場経営者。
⇒オペ（レーマン，モリス 1895.5.14–1974.5.17）

Lehmann, Max Rudolf 〈19・20世紀〉
ドイツの経営学者。ニュルンベルク商科大学教授。工業経営経済学，経営計算論の分野にすぐれた業績がある。
⇒名著（レーマン 1886–）

Lehmann, Rudolf 〈19・20世紀〉
ドイツの技術者。大阪レーマン・ハルトマン商会製紙技師。
⇒岩世（レーマン 1842.10.15–1914.2.4）
数学（レーマン（ルドルフ） 1842.10–1914.2.4）
数学増（レーマン，ルドルフ 1842.10–1914.2.4）
西洋（レーマン 1842.10–1914.2.4）
二十（レーマン，ルドルフ 1842–1914）
日人（レーマン 1842–1914）
来日（レーマン 1842–1914）

Leibenstein, Harvey 〈20世紀〉

アメリカの経済学者。
⇒経済（ライベンシュタイン　1922-）
　二十（ライベンスタイン, H.　1922-）

Leif Ericsson 〈10・11世紀〉

ノルウェーの航海者。
⇒岩ケ（レイフ・エリクソン　（活躍）1000頃）
　岩世（レイヴル・エイリフソン　970頃-1020頃）
　外国（レーフ・エリックソン　11世紀）
　角世（レイヴ・エイリークスソン　生没年不詳）
　コン2（エリクソン　生没年不詳）
　コン3（エリクソン　生没年不詳）
　西洋（レーフ・エリクソン　10世紀）
　世人（エリクソン　生没年不詳）

Leigh, Jennifer Jason 〈20世紀〉

アメリカ生まれの女優，映画製作者。
⇒外女（リー，ジェニファー・ジェイソン　1962.2.
　　6-）
　世映（リー，ジェニファー・ジェイソン　1962-）
　世俳（リー，ジェニファー・ジェイソン　1962.2.
　　5-）

**Leigh-Pemberton, Robert
（Robin）Leigh-Pemberton, Baron**
〈20世紀〉

イギリスの銀行家。
⇒岩ケ（リー＝ペンバートン, ロバート・(ロビン・)
　　リー＝ペンバートン, 男爵　1927-）

Leijonhufvud, Axel 〈20世紀〉

スウェーデンの経済学者。
⇒岩世（レイヨンフーヴッド　1933-）
　経済（レイヨンフーヴッド　1933-）

Leijonhufvud, Axel Stig Bengt 〈20
世紀〉

スウェーデン生まれのアメリカの経済学者。ケ
インズ経済学解釈，貨幣理論の研究で有名。
⇒二十（レイヨンフーヴド, アクセル・スティグ・
　　ベン　1933-）

Leistikow, Hans 〈20世紀〉

ドイツの工芸家。カッセルの国立工芸専門学校
教授。
⇒西洋（ライスティコー　1892.5.4-1962.3.22）

Leith-Ross, *Sir* **Frederick William**
〈19・20世紀〉

イギリスの財政家。エジプト国立銀行総裁
（1946〜51），同行顧問となる（51来）。
⇒外国（リース・ロス　1887-）
　角世（リース・ロス　1887-1968）
　コン3（リース・ロス　1887-1968）

人物（リース・ロス　1887-）
西洋（リース・ロス　1887-1968.8.22）
伝世（リース・ロス　1887.2.4-1968.8.22）
二十（リース・ロス, F.W.　1887-1968.8.22）

Leitner, Friedrich 〈19・20世紀〉

ドイツの経済学者。"Wirtschaftslehre der
Unternehmung" (1930)。
⇒岩世（ライトナー　1874.1.26-1945.7.3）
　西洋（ライトナー　1874.1.26-1945.7.3）
　名著（ライトナー　1874-1945）

Leitz, Ernst 〈19・20世紀〉

ドイツの光学機械製造業者。エルンスト・ライ
ツ会社を設立し(1869)，諸種の光学機械を製
作したほか，ライカ写真機を作った。
⇒岩世（ライツ　1843.4.26-1920.7.10）
　西洋（ライツ　1843.4.26-1920.7.10）

Leleu, Jean-François 〈18・19世紀〉

フランスの家具制作家。
⇒世美（ルルー，ジャン＝フランソワ　1729-1807）

Lelong, Lucien 〈19・20世紀〉

フランスの服飾デザイナー。1937年にはフラン
ス政府からレジオン＝ドヌール賞を受けた。
⇒大百（ルロン　1889-）

Le Maire, Jacob 〈16・17世紀〉

オランダの航海者。
⇒オセ（ル・メール　1585-1616）

Le Maire, Maximiliaen

オランダの貿易商。
⇒岩世（メール）
　岩世（ル・メール　?-1673）
　国史（ル＝メール　生没年不詳）
　西洋（メーレ　17世紀）
　対外（ル＝メール　生没年不詳）
　日人（ル＝メール　生没年不詳）

**Le Marchand, Fordinandus
Johannes** 〈19世紀〉

オランダの靴職人。のち日本に帰化。桜製靴技
術顧問。
⇒日人（ル＝マルシャン　1837-1884）
　来日（ル・マルシャン　1837.11.14-1884.2.1）

Lemercier, Jacques 〈16・17世紀〉

フランスの建築家。1618年宮廷建築家。
⇒岩世（ルメルシエ　1585頃-1654.6.4）
　外国（ルメルシエ　1585頃-1654）
　キリ（ルメルシエ, ジャーク　1585頃-1654.6.4）
　建築（ルメルシエ, ジャック　1585頃-1654）
　国小（ルメルシエ　1585頃-1654.6.4）

コン2　（ルメルシエ　1585頃–1654）
コン3　（ルメルシエ　1585頃–1654）
新美　（ルメルシエ，ジャック　1585頃–1654.6.4）
西洋　（ルメルシエ　1585頃–1654.6.4）
世美　（ルメルシエ，ジャック　1585頃–1654）
全書　（ルメルシエ　1585頃–1654）
百科　（ルメルシエ　1582–1654）

Le Muet, Pierre 〈16・17世紀〉
フランスの建築家。ヴァル・ド・グラス聖堂の正面部を作り，円蓋を架した。
⇒岩地　（ル・ミュエ　1591–1669）
　建築　（ル・ミュエ，ピエール　1591–1669）
　新美　（ル・ミュエ，ピエール　1591.10.7–1669.9.28）
　西洋　（ル・ミュエ　1591–1669）
　世美　（ル・ミュエ，ピエール　1591–1669）

Lenat, Douglas 〈20世紀〉
アメリカのコンピューター科学者。
⇒科人　（レナート，ダグラス　1950–）

Lencker, Christoph 〈16・17世紀〉
ドイツの金工家。
⇒世美　（レンカー，クリストフ　?–1613）

Lencker, Elias der Ältere 〈16世紀〉
ドイツの金工家。
⇒世美　（レンカー，エリアス（年長）　?–1591）

Lencker, Hans der Ältere 〈16世紀〉
ドイツの金工家。
⇒世美　（レンカー，ハンス（年長）　?–1585）

Lencker, Johannes 〈16・17世紀〉
ドイツの金工家。
⇒世美　（レンカー，ヨハンネス　1573頃–1637）

Lendinara, Cristoforo da 〈15世紀〉
イタリアのインタールシオ（寄木細工）師。レンディナラ，ロレンツォ・カノッツィの兄。
⇒新美　（レンディナラ，クリストーフォロ　1420?–1491）

L'Enfant, Pierre Charles 〈18・19世紀〉
フランス生まれのアメリカの建築家，工学者。連邦政府の首都ワシントンの設計にあたった。
⇒岩ケ　（ランファン，ピエール・シャルル　1754–1825）
　建築　（ランファン，ピエール=シャルル　1754–1825）
　国小　（ランファン　1754.8.2–1825.6.14）
　コン3　（ランファン　1754–1825）
　世美　（ランファン，ピエール=シャルル　1754–1825）

Lenginour, Richard 〈13・14世紀〉
イギリスの建築家，エンジニア。
⇒建築　（レンジノー，リチャード　1272–1313）

Lenica, Jan 〈20世紀〉
ポーランド生まれのアニメーション作家，グラフィック・デザイナー。
⇒監督　（レニツァ，ヤン　1928–）
　新美　（レニツァ，ヤン　1928.1.4–）
　世映　（レニツァ，ヤン　1928–2001）
　二十　（レニツァ，ヤン　1928.1.4–）

Lenin, Vladimir Iliich 〈19・20世紀〉
ロシアの革命家。ロシア内外で革命運動を組織。マルクス主義を帝国主義とプロレタリア革命の時代における理論として発展させた。著書に『ロシアにおける資本主義の発展』『帝国主義論』『国家と革命』など。
⇒逸話　（レーニン　1870–1924）
　岩ケ　（レーニン，ウラジーミル・イリイチ　1870–1924）
　岩哲　（レーニン　1870–1924）
　旺世　（レーニン　1870–1924）
　外国　（レーニン　1870–1924）
　角世　（レーニン　1870–1924）
　教育　（レーニン　1870–1924）
　キリ　（レーニン，ヴラジーミル・イリイーチ　1870.4.10（22）–1924.1.21）
　経済　（レーニン　1870–1924）
　広辞4　（レーニン　1870–1924）
　広辞5　（レーニン　1870–1924）
　広辞6　（レーニン　1870–1924）
　国小　（レーニン　1870.4.22–1924.1.21）
　国百　（レーニン，ウラジーミール・イリイッチ　1870.4.22–1924.1.21）
　コン2　（レーニン　1870–1924）
　コン3　（レーニン　1870–1924）
　思想　（レーニン，ウラヂーミル・イリイチ　1870–1924）
　集世　（レーニン，ウラジーミル・イリイチ　1870.4.10–1924.1.21）
　集文　（レーニン，ウラジーミル・イリイチ　1870.4.10–1924.1.21）
　人物　（レーニン　1870.4.22–1924.1.21）
　西洋　（レーニン　1870.4.22–1924.1.21）
　世宗　（レーニン　1870–1924）
　世人　（レーニン　1870–1924）
　世政　（レーニン，ウラジーミル　1870.4.22–1924.1.21）
　世西　（レーニン　1870.4.22–1924.1.21）
　世百　（レーニン　1870–1924）
　世文　（レーニン，ヴラジーミル・イリイチ　1870–1924）
　全書　（レーニン　1870–1924）
　大辞　（レーニン　1870–1924）
　大辞2　（レーニン　1870–1924）
　大辞3　（レーニン　1870–1924）
　大百　（レーニン　1870–1924）
　中ユ　（レーニン　1870–1924）
　デス　（レーニン　1870–1924）

伝世（レーニン　1870.4.10–1924.1.21露）
ナビ（レーニン　1870–1924）
二十（レーニン，ヴラジーミル・イリイーチ
　　1870.4.10（22）–1924.1.21）
百科（レーニン　1870–1924）
評世（レーニン　1870–1924）
名著（レーニン　1870–1924）
山世（レーニン　1870–1924）
ユ人（レーニン，（ウリヤノフ）ウラジミル・イリ
　　イチ　1870–1924）
歴学（レーニン　1870–1924）
歴史（レーニン　1870–1924）
ロシ（レーニン　1870–1924）

Lenoir, Jean Joseph Etienne 〈19世紀〉

フランスの技術者。1860年無圧縮，電気点火方式のガソリン機関の製作に成功。
⇒岩ケ（ルノワール，ジャン・ジョゼフ（・エティエンヌ）　1822–1900）
　岩世（ルノワール　1822.1.12–1900.8.4）
　外国（ルノアール　1822–1900）
　科学（ルノアール　1822.1.22–1900.8.14）
　科技（ルノアール　1822.1.22–1900.8.4）
　科人（ルノワール，ジャン・ジョゼフ・エティエンヌ　1822.1.12–1900.8.4）
　国小（ルノアール　1822.1.12–1900.8.4）
　コン2（ルノアール　1822–1900）
　コン3（ルノアール　1822–1900）
　西洋（ルノアール　1822–1900）
　世科（ルノアール　1822–1900）
　世西（ルノアール　1822.1.12–1900.8.7）
　世百（ルノワール　1822–1900）
　全書（ルノアール　1822–1900）
　大百（ルノアール　1822–1900）

Le Nôtre, André 〈17世紀〉

フランスの建築家，造園家。約30年を費やしてベルサイユ宮庭園を制作。
⇒岩ケ（ル・ノートル，アンドレ　1613–1700）
　建築（ル・ノートル，アンドレ　1613–1700）
　広辞4（ル・ノートル　1613–1700）
　広辞6（ル・ノートル　1613–1700）
　国小（ル・ノートル　1613.3.12–1700.9.15）
　コン2（ル・ノートル　1613–1700）
　コン3（ル・ノートル　1613–1700）
　新美（ル・ノートル，アンドレ　1613.3.12–1700.9.15）
　人物（ルノートル　1612.3.12–1700.9.15）
　西洋（ルノートル　1613.3.12–1700.9.15）
　世西（ル・ノートル　1613.3.12–1700.9.15）
　世美（ル・ノートル，アンドレ　1613–1700）
　世百（ルノートル　1613–1700）
　全書（ル・ノートル　1613–1700）
　大辞（ル・ノートル　1613–1700）
　大辞3（ル・ノートル　1613–1700）
　大百（ル・ノートル　1613–1700）
　デス（ル・ノートル　1613–1700）
　伝世（ル・ノートル　1613.3.12–1700.9.15）
　百科（ル・ノートル　1613–1700）

Lenôtre, Gaston 〈20世紀〉

フランスの菓子職人，ケータリング業者。
⇒岩世（ルノートル　1920.5.28–2009.1.8）

Leo, Ludwich 〈20世紀〉

ドイツの建築家。作品はベルリン工科大学流体力学実験棟（1976）など。
⇒二十（レオ，ルートヴィヒ　1924–）

Leonardo da Vinci 〈15・16世紀〉

イタリアの画家，彫刻家，建築家，科学者。主作品『最後の晩餐』（1495〜1508頃），『モナ・リザ』（1504）。
⇒逸話（レオナルド＝ダ＝ヴィンチ　1452–1519）
　岩ケ（レオナルド・ダ・ヴィンチ　1452–1519）
　岩世（レオナルド・ダ・ヴィンチ　1452.4.15–1519.5.2）
　岩哲（レオナルド・ダ・ヴィンチ　1452–1519）
　旺世（レオナルド＝ダ＝ヴィンチ　1452–1519）
　外国（レオナルド・ダ・ヴィンチ　1452–1519）
　科学（レオナルド・ダ・ヴィンチ　1452.4.15–1519.5.2）
　科技（レオナルド・ダ・ビンチ　1452.4.15–1519.5.2）
　科史（レオナルド・ダ・ヴィンチ　1452–1519）
　科大（レオナルド・ダ・ヴィンチ　1452–1519）
　角世（レオナルド・ダ・ヴィンチ　1452–1519）
　教育（レオナルド・ダ・ヴィンチ　1452–1519）
　キリ（レオナルド・ダ・ヴィンチ　1452.4.15–1519.5.2）
　芸術（レオナルド・ダ・ヴィンチ　1452–1519）
　建築（レオナルド・ダ・ヴィンチ　1452–1519）
　広辞4（レオナルド・ダ・ヴィンチ　1452–1519）
　広辞6（レオナルド・ダ・ヴィンチ　1452–1519）
　国小（レオナルド・ダ・ビンチ　1452.4.15–1519.5.2）
　国百（レオナルド・ダ・ビンチ　1452.4.15–1519.5.2）
　コン2（レオナルド・ダ・ヴィンチ　1452–1519）
　コン3（レオナルド・ダ・ヴィンチ　1452–1519）
　集世（レオナルド・ダ・ヴィンチ　1452.4.15–1519.5.2）
　集文（レオナルド・ダ・ヴィンチ　1452.4.15–1519.5.2）
　新美（レオナルド・ダ・ヴィンチ　1452.4.15–1519.5.2）
　人物（レオナルド・ダ・ビンチ　1452.4.15–1519.5.2）
　数学（レオナルド・ダ・ヴィンチ　1452.4.5–1519.5.2）
　数学増（レオナルド・ダ・ヴィンチ　1452.4.5–1519.5.2）
　西洋（レオナルド・ダ・ヴィンチ　1452.4.15–1519.5.2）
　世科（ダ・ヴィンチ　1452–1519）
　世科（レオナルド・ダ・ヴィンチ　1452–1519）
　世人（レオナルド＝ダ＝ヴィンチ　1452–1519）
　世西（レオナルド・ダ・ヴィンチ　1452.4.15–1519.5.2）
　世美（レオナルド・ダ・ヴィンチ　1452–1519）
　世百（レオナルドダヴィンチ　1452–1519）

世文（レオナルド・ダ・ヴィンチ　1452–1519）
全書（レオナルド・ダ・ビンチ　1452–1519）
大辞（レオナルド・ダ・ビンチ　1452–1519）
大辞3（レオナルド・ダ・ビンチ　1452–1519）
大百（レオナルド・ダ・ビンチ　1452–1519）
デス（レオナルド・ダ・ビンチ　1452–1519）
伝世（レオナルド・ダ・ヴィンチ　1452.4.15–1519.5.2）
百科（レオナルド・ダ・ビンチ　1452–1519）
評世（レオナルド＝ダ＝ビンチ　1452–1519）
名著（レオナルド・ダ・ヴィンチ　1452–1519）
山世（レオナルド・ダ・ヴィンチ　1452–1519）
歴史（レオナルド＝ダ＝ヴィンチ　1452–1519）

Leong, Paul 〈20世紀〉
アメリカの工学者。中国系。
⇒華人（ロン，ポール　1923–）

Leonhardt, Fritz 〈20世紀〉
ドイツの橋梁技術者。
⇒岩世（レオンハルト　1909.7.12–1999.12.30）

Leoni, Giacomo 〈17・18世紀〉
イタリアの建築家。
⇒建築（レオーニ，ジャコモ　1686頃–1746）
新美（レオーニ，ジャコモ　1686頃–1746.6.8）
世美（レオーニ，ジャーコモ　1686頃–1746）

Leoni, Leone 〈16世紀〉
イタリアの彫刻家，金工家，メダル製作者。
⇒岩世（レオーニ，レオーネ　1509–1590）
岩世（レオーニ　1509頃–1590.7.22）
西洋（レオーニ　1509–1590.7.22）
世美（レオーニ，レオーネ　1509頃–1590）

Leonidas 〈前4世紀〉
ギリシアの建築家。
⇒世美（レオニダス　前4世紀後半）

Leonidov, Ivan Iliich 〈20世紀〉
ソ連邦の建築家。『文化の宮殿』(1930)その他多くの競技設計作品を通じて国際的に名声を博した。
⇒岩世（レオニードフ　1902.1.27[2.9]–1959.11.6）
西洋（レオニードフ　1902.1.22–1959.11.6）
世美（レオニードフ，イヴァン・イリイチ　1902–1959）
ロシ（レオニードフ　1902–1959）

Leontief, Wassily W. 〈20世紀〉
アメリカの計量経済学者。産業連関（投入産出）分析の創始者として知られる。1973年ノーベル経済学賞受賞。
⇒岩ケ（レオンティエフ，ヴァシリー　1906–）
岩世（レオンチェフ　1905.8.5–1999.2.5）

英米（Leontief, Wassily　レオンチエフ　1906–1999）
外国（レオンチェフ　1905–）
経済（レオンティエフ　1906–1999）
現人（レオンチェフ　1906.8.5–）
広辞5（レオンティエフ　1906–）
広辞6（レオンチェフ　1906–1999）
国小（レオンティエフ　1906.8.5–）
コン3（レオンチエフ　1906–1999）
最世（レオンチェフ，ワシリー　1906–）
思想（レオンチェフ，ワシリー（W）　1906–1999）
人物（レオンチーフ　1906.8.5–）
西洋（レオンティエフ　1906.8.5–）
世西（レオンチエフ　1906.8.5–）
世百新（レオンチェフ　1906–1999）
全書（レオンチェフ　1906–）
大辞2（レオンチェフ　1906–）
大辞3（レオンチェフ　1906–1999）
大百（レオンチェフ　1906–）
伝世（レオンチーフ　1906–）
ナビ（レオンチェフ　1906–）
二十（レオンチェフ，ワズリィー・W．　1906.8.5–1925）
ノベ（レオンチェフ，W.W.　1906.8.5–1999.2.5）
百科（レオンチェフ　1906–）
ノベ3（レオンチェフ，W.W.　1906.8.5–1999.2.5）
名著（レオンチェフ　1905–）
ユ人（レオンチェフ，ワシリー　1906–1999）
ロシ（レオンチェフ　1906–1999）

Leontiev, Lev Abramovich 〈20世紀〉
ソ連邦の経済学者。社会主義経済および資本主義経済についての原論的な著述が多い。
⇒岩世（レオーンチエフ　1901.4.27[5.10]–1974.6.30）
外国（レオンチェフ　1901–）
コン3（レオーンチェフ　1901–1974）
西洋（レオーンチエフ　1901.5.10–）

Leopardi, Alessandro 〈15・16世紀〉
イタリアの彫刻家，建築家。『コレオーニ将軍騎馬像』の鋳造。
⇒国小（レオパルディ　?–1522/3）
西洋（レオパルディ　?–1522/3）
世美（レオパルディ，アレッサンドロ　1465頃–1522/23）

Leowald, Georg 〈20世紀〉
ドイツの工芸家。
⇒世芸（レオワルト，ゲオルク　1908–1977）

Lepautre, Antoine 〈17世紀〉
フランスの建築家，装飾家。主作品『オテル・ド・ボーベ』(1652～55)
⇒岩世（ルポートル　1621–1691）
建築（ル・ポトル，アントワーヌ　1621–1691）

国小 （ルポートル　1621-1691）
新美 （ル・ポートル, アントワーヌ　1621-1681）
西洋 （ルポートル　1621-1691）
世美 （ル・ポートル, アントワーヌ　1621-1691）

L Lepautre, Jean 〈17世紀〉

フランスの建築家, 金工家, 工芸意匠家, 銅版彫刻家。ルイ14世様式装飾意匠の創造者の一人。
⇒芸術 （ルポートル, ジャン　1617-1682）
　国小 （ルポートル　1618.6.28-1682.2.2）
　新美 （ル・ポートル, ジャン　1618.5.28-1682.2.2）
　西洋 （ルポートル　1618.6.28-1682.2.2）
　世美 （ル・ポートル, ジャン　1618-1682）

Lepautre, Pierre 〈17・18世紀〉

フランスの建築家, 装飾家。彫刻家。彫刻大賞を得, 14年間ローマに滞在。作品にはテュイルリの庭園にある「アイネイアスとアンキセス」等がある。
⇒西洋 （ルポートル　1660-1744）
　世美 （ル・ポートル, ピエール　1648-1716）

Le Play, Pierre Guillaume Frédéric 〈19世紀〉

フランスの社会学者, 経済学者。
⇒岩世 （ル・プレー　1806.4.11-1882.4.5）
　外国 （ル・プレー　1806-1882）
　キリ （ル・プレー, フレデリク・ピエール・ギヨーム　1806.4.11-1882.4.5）
　国小 （ル・プレー　1806.4.11-1882.4.5）
　コン2 （ループレー　1806-1882）
　コン3 （ル・プレー　1806-1882）
　人物 （ル・プレ　1806.4.11-1882.4.13）
　西洋 （ル・プレ　1806.4.11-1882.4.13）
　世西 （ル・プレ　1806-1882）
　世百 （ルプレー　1806-1882）
　全書 （ル・プレー　1806-1882）
　大百 （ル・プレー　1806-1882）
　デス （ル・プレー　1806-1882）
　伝世 （ル・プレー　1806.4.11-1882.4.5）
　百科 （ル・プレー　1806-1882）
　名著 （ル・プレー　1806-1882）

Lequeu, Jean-Jacques 〈18・19世紀〉

フランスの建築家。
⇒岩世 （ルクー　1757.9.14-1826.3.28）
　建築 （ルク, ジャン＝ジャック　1757-1825）
　世美 （ルクー, ジャン＝ジャック　1757-1815以降）

Lerdo de Tejada, Miguel 〈19世紀〉

メキシコの政治家。財務長官, 最高裁判所判事を歴任。〈レルド法〉を制定（1856）。
⇒岩世 （レルド・デ・テハーダ　1812-1861.3.22）
　キリ （レルド・デ・テハーダ, ミゲル　1812.7.6-1861.3.22）

コン2 （レルド・デ・テハーダ　1814頃-1861）
コン3 （レルド・デ・テハーダ　1814頃-1861）
西洋 （レルド・デ・テハダ　1812-1861）
伝世 （レルド・デ・テハーダ　1812-1861.3.22）

Lerner, Abba 〈20世紀〉

アメリカ（イギリス生まれ）の経済学者。ケーンズの「一般理論」の祖述家としても知られ, その「機能財政論」はケインズ理論を財政学的にやや体系化したもの。
⇒経済 （ラーナー　1903-1982）
　西洋 （ラーナー　1903.10.28-）
　世百新 （ラーナー　1903-1982）
　二十 （ラーナー, A.P.　1903.10.28-1982）
　百科 （ラーナー　1903-1982）
　名著 （ラーナー　1903-）

Le Roux, Roland 〈16世紀〉

フランスの建築家, 彫刻家。
⇒建築 （ルルー, ローラン　?-1526/27）
　新美 （ル・ルー, ロラン　?-1527）
　世美 （ル・ルー, ロラン　?-1527）

Le Roy, Adrian 〈16世紀〉

フランスの楽譜出版業者, リュート奏者, ギター奏者, 歌手, 作曲家。
⇒音大 （ル・ロワ　1520頃-1598）
　ラル （ル・ロワ, アドリアン　1520頃-1598）

Le Roy, Julien-David 〈18・19世紀〉

フランスの建築家, 建築史家。
⇒岩世 （ル・ロワ　1724-1803.1.27）

Leroy-Beaulieu, Pierre Paul 〈19・20世紀〉

フランスの経済学者。「Economiste français」誌を創刊。自由放任主義思想の代表者。
⇒岩世 （ルロワ＝ボーリユー　1843.12.9-1916.12.9）
　コン2 （ルロア・ボーリュー　1843-1916）
　コン3 （ルロア・ボーリュー　1843-1916）
　西洋 （ルロア・ボーリュー　1843.12.9-1916.12.9）
　二十 （ルロア・ボーリュー, ポール　1843-1916）
　百科 （ルロア・ボーリュー　1843-1916）
　名著 （ルロワ・ボーリュー　1843-1916）

Lersch, Heinrich 〈19・20世紀〉

ドイツの詩人。本職はボイラ工。詩集『鉄のなかの人間』（1925）など。
⇒岩世 （レルシュ　1889.9.12-1936.6.18）
　外国 （レルシュ　1889-1936）
　国小 （レルシュ　1889.9.12-1936.6.18）
　集世 （レルシュ, ハインリヒ　1889.9.12-1936.6.18）
　集文 （レルシュ, ハインリヒ　1889.9.12-1936.6.18）

西洋（レルシュ　1889.9.12–1936.6.18）
世百（レルシュ　1889–1936）
世百新（レルシュ　1889–1936）
世文（レルシュ，ハインリヒ　1889–1936）
全書（レルシュ　1889–1936）
大百（レルシュ　1889–1936）
二十（レルシュ，ハインリッヒ　1889–1936）
百科（レルシュ　1889–1936）

Lescasse, Jules 〈19世紀〉
フランスの建築家，土木技術者。
⇒日人（レスカス　1841?–?）

Lescaze, William 〈20世紀〉
スイス出身のアメリカの建築家。
⇒世美（レスカーズ，ウィリアム　1896–1969）

Lescot, Pierre 〈16世紀〉
フランスの建築家。ルーブル宮の増築を担当し，1551年南西翼を完成。
⇒岩ケ（レスコー，ピエール　1515頃–1578）
岩世（レスコ　1510(-15)–1578.9.10）
キリ（レスコー，ピエール　1510頃–1578.9.10）
建築（レスコー，ピエール　1510–1578）
国小（レスコー　1515頃–1578）
コン2（レスコー　1510頃–1578）
コン3（レスコー　1510頃–1578）
新美（レスコー，ピエール　1510頃–1578.9.10）
西洋（レスコ　1510頃–1578.9.10）
世西（レスコー　1515頃–1578）
世美（レスコ，ピエール　1510/15–1578）
世百（レスコ　1510頃–1578）
全書（レスコー　1501/10–1578）
伝世（レスコー　1510頃–1578）
百科（レスコ　1510頃–1578）

Leslie, Thomas Edward Cliffe 〈19世紀〉
アイルランドの経済学者，哲学者。イギリスの歴史学派経済学の建設者。
⇒岩世（レスリー（レズリー）　1825?–1882.1.27）
西洋（レスリ（レズリ）　1827–1882.1.27）

Lesseps, Ferdinand Marie, Vicomte de 〈19世紀〉
フランスの外交官，実業家。カイロ領事時代にエジプト王家と接近，外交官をやめて会社を設立し，エジプトの許可を得て，1859年スエズ運河の開削に着工，69年完成。また，パナマ運河開削をも計画したが果たせなかった。
⇒岩ケ（レセップス，フェルディナン（・マリー），子爵　1805–1894）
岩世（レセップス　1805.11.19–1894.12.7）
旺世（レセプス　1805–1894）
外国（レセプス　1805–1894）
角世（レセップス　1805–1894）
広辞4（レセップス　1805–1894）

広辞6（レセップス　1805–1894）
国小（レセプス　1805.11.19–1894.12.7）
コン2（レセップス　1805–1894）
コン3（レセップス　1805–1894）
人物（レセップス　1805.11.19–1894.12.7）
西洋（レセプス　1805.11.19–1894.12.7）
世科（レセップス　1805–1894）
世人（レセップス　1805–1894）
世西（レセップス　1805.11.9–1894.12.7）
世東（レセップス　1805.11.9–1894.12.7）
世百（レセップス　1805–1894）
全書（レセップス　1805–1894）
大辞（レセップス　1805–1894）
大辞3（レセップス　1805–1894）
大百（レセップス　1805–1894）
デス（レセップス　1805–1894）
伝世（レセップス　1805.11.19–1894.12.7）
百科（レセップス　1805–1894）
評世（レセップス　1805–1894）
山世（レセップス　1805–1894）
歴史（レセップス　1805–1894）

Letarouilly, Paul-Marie 〈18・19世紀〉
フランスの建築家，建築史家。
⇒世美（ルタルイイ，ポール＝マリー　1795–1855）

Lethaby, William Richard 〈19・20世紀〉
イギリスの建築家，著述家，教育者。主作品，メルセッター家(1898)，主著『建築』(1912)。
⇒岩ケ（レサビー，ウィリアム・リチャード　1857–1931）
岩世（レサビー　1857.1.18–1931.7.17）
オ西（レサビー，ウィリアム・リチャード　1857–1931）
国小（レサビー　1857.1.18–1931.7.17）
新美（リーサビイ，ウィリアム・リチャード　1857.1.18–1931.7.17）
西洋（レサビ　1857–1931）
世美（レサビー，ウィリアム・リチャード　1857–1931）
二十（リーサビイ，ウィリアム・リチャード　1857.1.18–1931.7.17）

Le Trone, Guillaume François 〈18世紀〉
フランスの重農主義経済学者。穀物の自由貿易を主張。
⇒外国（ル・トローヌ　1728–1780）
名著（ル・トローヌ　1728–1780）

Letts, Thomas 〈19世紀〉
イギリスの製本業者。
⇒岩ケ（レッツ，トマス　1803–1873）

Letzel, Jan 〈19・20世紀〉
チェコスロヴァキアの建築家。のちの広島原爆ドームを設計。

leupi 368 西洋人物レファレンス事典

⇒岩世 （レツル（レッツェル） 1880.4.9–1925.12.
26）
東欧 （レツル 1880–1925）
日人 （レツェル 1880–1925）
来日 （レッツェル 1880–1926）

Leupin, Herbert 〈20世紀〉
スイスの挿絵画家，商業デザイナー。グリム童
話の挿絵などで知られている。
⇒国小 （ロイビン 1916–）

Leupold, Jacob 〈17・18世紀〉
ドイツの機械学者。
⇒名著 （ロイポルト 1674–1727）

Levasseur, Pierre Emile 〈19・20世紀〉
フランスの経済学者。主著『フランス労働者階
級の歴史』（1855～67），『フランス商業史』
（1911）。
⇒岩世 （ルヴァスール 1828.12.8–1911.7.10）
国小 （ルバスール 1828.12.8–1911.7.10）
西洋 （ルヴァスール 1828.12.8–1911.7.10）
世西 （ルヴァスール 1828.12.8–1911.7.10）
名著 （ルヴァスール 1828–1911）

Levassor, Émile 〈19世紀〉
フランスの実業家。
⇒岩世 （ルヴァソール 1843–1897）

Le Vau, Louis 〈17世紀〉
フランスの建築家。ルーブル宮，チュイルリー
宮の建築総監。ベルサイユ宮の拡張工事に
従事。
⇒岩ケ （ル・ヴォー，ルイ 1612–1670）
岩世 （ル・ヴォー 1612–1670.10.11）
建築 （ル・ヴォー，ルイ 1612–1670）
国小 （ル・ボー 1612頃–1670.10.11）
コン2 （ル・ヴォー 1612–1670）
コン3 （ル・ヴォー 1612–1670）
新美 （ル・ヴォー，ルイ 1612–1670.10.11）
西洋 （ル・ヴォー 1621頃–1670.10.11）
世西 （ルヴォ 1612–1670）
世美 （ル・ヴォー，ルイ 1612–1670）
世百 （ルヴォー 1612–1670）
全書 （ル・ヴォー 1612–1670）
大百 （ル・ボー 1612–1670）
デス （ル・ボー 1612–1670）
伝世 （ル・ヴォー 1612–1670）
百科 （ル・ボー 1612–1670）

Leverhulme, William Hesketh, 1st Viscount 〈19・20世紀〉
イギリスの実業家。世界最大の油脂工業トラス
トの創設者。
⇒岩ケ （リーヴァーヒューム（ウェスタン・アイル
ズの），ウィリアム・ヘスキス・リーヴァー，初
代子爵 1851–1925）

岩世 （リーヴァヒューム 1851.9.19–1925.5.7）
西洋 （リーヴァーヒューム 1851.9.19–1925.5.7）
世西 （レヴァーヒューム 1851–1925）

Levey, Barnett 〈18・19世紀〉
オーストラリアの開拓者。
⇒岩ケ （リーヴィ，バーネット 1798–1837）

Lèvi, Rino 〈20世紀〉
ブラジルの建築家，都市計画家。
⇒世美 （レーヴィ，リノ 1901–）

Levi Montalcini, Gino 〈20世紀〉
イタリアの建築家。
⇒世美 （レーヴィ・モンタルチーニ，ジーノ
1902–）

Levin, Solomon 〈20世紀〉
アメリカの経営学者。
⇒二十 （レビン，ソロモン・バーナード 1920–）

Levina, Revekka Saulovna 〈20世紀〉
ロシアの経済学者。
⇒世女日 （レーヴィナ，レヴェカ 1899–1964）

Levingston, Robert Marcelo 〈20世紀〉
アルゼンチンの軍人，政治家。第34代大統領
（1970～71）。経済開発に重点をおいた政策を
とった。
⇒国小 （レビングストン 1920.1.10–）

Levinstein, Ivan 〈19・20世紀〉
ドイツ，イギリスの工業化学者。
⇒科人 （レヴィンシュタイン，イヴァン 1845.7.4–
1916.5.15）

Lévi-Strauss, Claude 〈20世紀〉
フランスの社会人類学者。構造言語学の方法を
人類学に導入，いわゆる構造主義を確立。経済
人類学にも大きな影響を与えた。
⇒イ文 （Lévi-Strauss, Claude 1908–）
岩ケ （レヴィ＝ストロース，クロード 1908–）
岩世 （レヴィ＝ストロース 1908.11.28–2009.10.
30）
岩哲 （レヴィ＝ストロース 1908–）
旺世 （レヴィ＝ストロース 1908–）
角世 （レヴィ＝ストロース 1908–）
キリ （レヴィ・ストロース，クロード 1908.11.
28–）
経済 （レヴィ・ストロース 1908–）
現人 （レビ・ストロース 1908.11.28–）
広辞5 （レヴィ・ストロース 1908–）
広辞6 （レヴィ・ストロース 1908–）
国小 （レビ・ストロース 1908.11.28–）

コン3（レヴィ・ストロース　1908-）
最世（レヴィ=ストロース, クロード　1908-）
思想（レヴィ=ストロース, クロード　1908-）
集世（レヴィ=ストロース, クロード　1908.11.
　28-）
集文（レヴィ=ストロース, クロード　1908.11.
　28-）
西洋（レヴィ・ストロース　1908.11.28-）
世宗（レビ・ストロース　1908-）
世人（レヴィ=ストロース　1908-）
世西（レヴィ・ストロース　1908.11.28-）
世百（レヴィ・ストロース　1908-）
世百新（レビ・ストロース　1908-）
世文（レヴィ=ストロース, クロード　1908-）
全書（レビ・ストロース　1908-）
大辞2（レビ・ストロース　1908-）
大辞3（レビ・ストロース　1908-）
伝世（レヴィーストロース　1908.11.28-）
ナビ（レヴィ=ストロース　1908-）
二十（レビ・ストロース, クロード　1908.11.
　28-）
二十英（Lévi-Strauss, Claude　1908-）
百科（レビ・ストロース　1908-）
山世（レヴィ・ストロース　1908-）
ユ人（レヴィ・ストロース, クロード　1908-
　2009）
ラテ（レビ・ストロース　1908-）
歴学（レヴィ=ストロース　1908-）
歴史（レヴィ=ストロース　1908-）

Levitt, Theodore 〈20世紀〉
アメリカの経営学者。
⇒岩世（レヴィット　1925.3.1-2006.6.28）

Levy, Marc 〈20世紀〉
フランスの作家, 建築家。
⇒海新（レヴィ, マルク　1961.10.16-）
　海作4（レヴィ, マルク　1961.10.16-）

Lévy, Maurice 〈19・20世紀〉
フランスの数学者, 技術者。
⇒岩世（レヴィ　1838.2.28-1910.9.30）
　科学（レヴィ　1838.2.28-1910.9.30）
　西洋（レヴィ　1838.2.28-1910.9.30）
　二十（レビ, モーリス　1838.2.28-1910.9.30）

Lévy, Raoul J. 〈20世紀〉
フランスの映画プロデューサー。ブリジッド・
バルドーを世界的スターにのしあげた『素直な
悪女』などを手がけた。
⇒監督（レヴィ, ラウール・J.　1922.4.14-1966.12.
　31）
　世映（レヴィ, ラウール　1922-1966）

Levyssohn, Joseph Henry 〈19世紀〉
オランダの出島商館長（1845～50）。
⇒岩世（レフィスゾーン　1798.9.11-?）
　国史（レビッソーン　?-1883）

西洋（レフィスゾーン）
対外（レビッソーン　?-1883）
日人（レフィスゾーン　1800?-1883）

Lewerentz, Sigurd 〈19・20世紀〉
スウェーデンの建築家。
⇒世美（レーヴェレンツ, シーグルド　1885-1975）

Lewis, David 〈20世紀〉
イギリスの航海家, 作家。
⇒岩ケ（ルイス, デイヴィド　1919-）

Lewis, Isaac Newton 〈19・20世紀〉
アメリカの陸軍軍人, 技術家。1891年ルイス式
照準器を発明し, 特許を得た。1911年にルイス
式機関銃を考案。
⇒国小（ルイス　1858.10.12-1931.11.9）

Lewis, Karl 〈19・20世紀〉
アメリカの事業家, 日本切手蒐集家。横浜市に
写真館を開業。
⇒来日（ルイス　1863-1942）

Lewis, Rosa 〈19・20世紀〉
イギリスのホテル経営者。
⇒世女日（ルイス, ローザ　1867-1952）

Lewis, *Sir* William Arthur 〈20世紀〉
イギリスの経済学者。「労働の無制限供給下の
経済発展の理論」で知られる。1979年ノーベル
経済学賞受賞。
⇒岩ケ（ルイス, サー・（ウィリアム・）アーサー
　1915-）
　岩世（ルイス　1915.1.23-1991.6.15）
　経済（ルイス　1915-1991）
　最世（ルイス, アーサー　1915-1991）
　西洋（ルーイス　1915.1.23-）
　世西（ルイス　1915.1.23-）
　世百新（ルイス　1915-1991）
　二十（ルイス, ウィリアム・A.　1915.1.23-1991.
　6.15）
　ノベ（ルイス, W.A.　1915.1.23-1991.6.15）
　百科（ルイス　1915-）
　ノベ3（ルイス, W.A.　1915.1.23-1991.6.15）

Lewton, Val 〈20世紀〉
ウクライナ生まれの映画製作者。
⇒幻文（リュートン, ヴァル　1904-1951）
　世映（ルートン, ヴァル　1904-1951）

Lexis, Wilhelm 〈19・20世紀〉
ドイツの経済学者, 統計学者。
⇒岩世（レクシス　1837.7.17-1914.8.25）
　数学（レキシス　1837-1914）
　数学増（レキシス　1837-1914）

西洋　（レクシス　1837.7.17–1914.8.24）
世西　（レクシス　1837.7.13–1914.8.24）
名著　（レクシス　1837–1914）

Libera, Adalberto 〈20世紀〉

イタリアの建築家, 都市計画家。
⇒岩世　（リベラ　1903.7.16–1963.3.17）
世美　（リーベラ, アダルベルト　1903–1963）

Libergier, Hughues 〈13世紀〉

フランスの建築家。
⇒建築　（リベルジェ, ユーグ（レ・ベルジェ, ユーグ）　?–1263）

Liberman, Evsej Grigorievich 〈20世紀〉

ソ連邦の経済学者。「リーベルマン方式」で, 利潤論争の火付け役となった。
⇒現人　（リーベルマン　1897.10.2–）
コン3　（リーベルマン　1897–1982）
世西　（リーベルマン　1897–）
全書　（リーベルマン　1897–1985）
二十　（リーベルマン, Y.G.　1897–?）
ロシ　（リーベルマン　1897–1982）

Libeskind, Daniel 〈20世紀〉

ポーランドの建築家。
⇒二十　（リベスキン, ダニエル　1946–）

Libōn ho Ēleios 〈前5世紀〉

前5世紀半ばのギリシアのペロポンネソス半島北西部エリス地方の建築家。
⇒岩世　（リボン（エリスの））
世美　（リボン　前5世紀）

Liccioni, Antoine 〈19世紀〉

フランスの航海士。横須賀製鉄所運転方頭目。
⇒日人　（リッチオーニ　1842–1874）
来日　（リッチオーニ　1842–1874.3.20）

Lick, James 〈18・19世紀〉

アメリカの実業家, 慈善家。
⇒岩ケ　（リック, ジェイムズ　1796–1876）
コン3　（リック　1796–1876）

Licklider, Joseph Carl Robnett 〈20世紀〉

アメリカの心理学者, コンピューター工学者, 行政官。
⇒岩世　（リックライダー　1915.3.11–1990.6.26）

Lieben, Richard 〈19・20世紀〉

ウィーン生まれの経済思想学者。
⇒経済　（リーベン　1842–1919）

Lieben, Robert von 〈19・20世紀〉

オーストリアの物理学者。彼の名を冠した増幅真空管を発展させた（1906〜10）。
⇒岩世　（リーベン　1878.9.5–1913.2.20）
西洋　（リーベン　1878.9.5–1913.2.20）

Liebermann, Karl Theodor 〈19・20世紀〉

ドイツの化学者。アリザリンを初めて合成し, その工業化に成功。
⇒外国　（リーバーマン　1842–1914）
コン2　（リーベルマン　1842–1914）
コン3　（リーベルマン　1842–1914）
西洋　（リーベルマン　1842.2.23–1914.12.28）
世西　（リーベルマン　1842.2.23–1914.12.28）
世百　（リーベルマン　1842–1914）
全書　（リーベルマン　1842–1914）
大百　（リーベルマン　1842–1914）
伝世　（リーバーマン　1842.2.23–1915）
二十　（リーバーマン, K.T.　1842–1914）
百科　（リーバーマン　1842–1914）

Liebermann, Rolf 〈20世紀〉

スイスの作曲家, 批評家, オペラ支配人。代表作は『ペネローペ』(1954）などのオペラ。
⇒オペ　（リーバーマン, ロルフ　1910.7.14–）
音楽　（リーバーマン, ロルフ　1910.9.14–）
音大　（リーバーマン　1910.9.14–）
作曲　（リーバーマン, ロルフ　1910–1999）
世百新　（リーバーマン　1910–1999）
二十　（リーバーマン, ロルフ　1910.9.14–）
百科　（リーバーマン　1910–）
ラル　（リーバーマン, ロルフ　1910–）

Liefmann, Robert 〈19・20世紀〉

ドイツの経済学者。主著『企業合同論』(1905), 『経済学原論』(24）。
⇒岩世　（リーフマン　1874.2.4–1941.3.21）
外国　（リーフマン　1874–1941）
国小　（リーフマン　1874.2.4–1941.3.21）
コン2　（リーフマン　1874–1941）
コン3　（リーフマン　1874–1941）
人物　（リーフマン　1874.2.4–1941.3.21）
数学　（リープマン　1874.10.22–1939.6.12）
西洋　（リーフマン　1874.2.4–1941.3.21）
世西　（リーフマン　1874.2.4–1941.3.21）
世百　（リーフマン　1874–1941）
全書　（リーフマン　1874–1941）
二十　（リーフマン, ロベルト　1874–1941）
名著　（リーフマン　1874–1941）

Ligorio, Pirro 〈16世紀〉

イタリアの建築家。教皇庁附建築家。主作品：ビウス4世のカジノ（ヴァティカン）。
⇒岩世　（リゴーリオ　1513頃–1583.10.30）
建築　（リゴリオ, ピッロ　1510–1583）
西洋　（リゴーリョ　1550頃–1583.10.13）

世美（リゴーリオ，ピッロ　1510頃–1583）
百科（リゴリオ　1513頃–1583）

Likert, Rensis 〈20世紀〉
アメリカの社会心理学者。リッカート法を創出。主著『経営の新形態』(1961)，『人間組織』(68)。
⇒岩ケ（リカート，レンシス　1903–1981）
　国小（リッカート　1903.8.5–）
　二十（リッカート，R.　1903–）

Lilienthal, Otto 〈19世紀〉
ドイツ航空技師，機械工場主。グライダーの発明者。鳥の飛翔を研究し，翼をもつ滑空機を開発した。飛行実験中に墜死。
⇒岩ケ（リリエンタール，オットー　1848–1896）
　岩世（リーリエンタール　1848.5.23–1896.8.10）
　科学（リリエンタール　1848.5.23–1896.8.10）
　科技（リリエンタール　1848.5.23–1896.8.10）
　科史（リリエンタール　1848–1896）
　科人（リリエンタール，オットー　1848.5.24–1896.8.10）
　広辞4（リリエンタール　1848–1896）
　広辞6（リリエンタール　1848–1896）
　国小（リリエンタール　1848.5.23–1896.8.9）
　コン2（リリエンタール　1848–1896）
　コン3（リリエンタール　1848–1896）
　人物（リリエンタール　1848.5.23–1896.8.10）
　西洋（リーリエンタール　1848.5.23–1896.8.10）
　世科（リリエンタール　1848–1896）
　世西（リリエンタール　1848.5.23–1896.8.10）
　世百（リリエンタール　1848–1896）
　全書（リリエンタール　1848–1896）
　体育（リリエンタール　1848–1896）
　大辞（リリエンタール　1848–1896）
　大辞3（リリエンタール　1848–1896）
　大百（リリエンタール　1848–1896）
　デス（リリエンタール　1848–1896）
　百科（リリエンタール　1848–1896）

Lil Jon 〈20世紀〉
アメリカのヒップホップ系の音楽プロデューサー。
⇒ヒ人（リル・ジョン）

Lillywhite, Steve 〈20世紀〉
イギリス生まれの音楽プロデューサー，エンジニア。
⇒ロ人（リリーホワイト，スティーヴ　1955–）

Lim, Harry 〈20世紀〉
アメリカのジャズ・プロデューサー。
⇒ジヤ（リム，ハリー　?–）
　二十（リム，ハリー　1919.2.23–）

Limosin, Léonard 〈16世紀〉
フランスの七宝細工師。主作品は『アンリ2世像』。
⇒岩ケ（リムザン，レオナール　1505頃–1577頃）
　岩世（リモザン　1505頃–1577(75)頃）
　国小（リモザン　1505頃–1577頃）
　西洋（リモザン　1505頃–1577/5頃）
　世美（リモザン，レオナール　1505–1575頃）
　百科（リムーザン　1505頃–1577頃）

Lin, Maya Ying 〈20・21世紀〉
アメリカの建築家，彫刻家。中国系，オハイオ州生まれ。
⇒岩世（リン　1959.10.5–）
　華人（リン，マヤ　1959–）

Lincoln, Mary Johnson 〈19・20世紀〉
アメリカの料理研究家。
⇒世女日（リンカーン，メアリー・ジョンソン　1844–1921）

Lindahl, Erik Robert 〈20世紀〉
スウェーデンの経済学者。著書に『課税の公正』(1919)，『貨幣および資本理論の研究』などがあり，北欧学派の代表者の1人。
⇒岩世（リンダール　1891.11.21–1960.1.6）
　外国（リンダール　1891–）
　経済（リンダール　1891–1960）
　全書（リンダール　1891–1960）
　二十（リンダール，E.R.　1891–1960）
　名著（リンダール　1891–）

Lindbeck, Assar 〈20世紀〉
スウェーデンの経済学者。『貨幣分析の研究』(1963)『ニューレフトの政治経済学』(71)などで知られる。
⇒現人（リンドベック　1930.1.26–）

Lindberg, Stig 〈20世紀〉
スウェーデンのイラストレーター，プロダクト・デザイナー。
⇒岩世（リンドベリ　1916.8.17–1982.4.7）

Lindbergh, Charles Augustus 〈20世紀〉
アメリカの飛行家，技術者。ライン・セントルイスの民間航空便パイロットとして勤務した後，1927年5月20～21日愛機『スピリット・オブ・セントルイス号』に乗り，ニューヨーク～パリ間の大西洋無着陸単独飛行に初めて成功した。
⇒アメ（リンドバーグ　1902–1974）
　岩ケ（リンドバーグ，チャールズ・A（オーガスタス）　1902–1974）
　岩世（リンドバーグ　1902.2.4–1974.8.26）
　外国（リンドバーグ　1902–）
　科技（リンドバーグ　1902.2.4–）
　角世（リンドバーグ　1902–1974）
　看護（リンドバーグ　1902–）
　現ア（Lindbergh, Charles　リンドバーグ，

linde 　　　　　　　　372 　　　　　西洋人物レファレンス事典

チャールズ 1902–1974)
現人 (リンドバーグ 1902.2.4–1974.8.26)
広辞5 (リンドバーグ 1902–1974)
広辞6 (リンドバーグ 1902–1974)
国小 (リンドバーグ 1902.2.4–1974.8.26)
コン3 (リンドバーグ 1902–1974)
最世 (リンドバーグ, チャールズ 1902–1974)
児作 (Lindbergh, Charles Augustus リンド
　バーグ, チャールズ・A 1902–1974)
人物 (リンドバーグ 1902.2.4–)
西洋 (リンドバーグ 1902.2.4–1974.8.26)
世人 (リンドバーグ 1902–1974)
世西 (リンドバーグ 1902.2.4–)
世俳 (リンドバーグ・チャールズ・A 1902.2.4–
　1974.8.26)
世百 (リンドバーグ 1902–)
世百新 (リンドバーグ 1902–1974)
全書 (リンドバーグ 1902–1974)
大辞2 (リンドバーグ 1902–1974)
大辞3 (リンドバーグ 1902–1974)
大百 (リンドバーグ 1903–1974)
探検2 (リンドバーグ 1902–1974)
伝世 (リンドバーグ 1902.2.4–1974)
ナビ (リンドバーグ 1902–1974)
二十 (リンドバーグ, チャールズ・A. 1902.2.4–
　1974.8.26)
二十英 (Lindbergh, Charles Augustus 1902–
　1974)
百科 (リンドバーグ 1902–1974)
山世 (リンドバーグ 1902–1974)
歴史 (リンドバーグ 1902–1974)

Linde, Carl von 〈19・20世紀〉
ドイツの工学者。1895年空気の液化に成功。
⇒岩世 (リンデ 1842.6.11–1934.11.16)
外国 (リンデ 1842–1934)
科学 (リンデ 1842.6.11–1934.11.16)
科技 (リンデ 1842.6.11–1934.11.16)
科史 (リンデ 1842–1934)
科人 (リンデ, カール・フォン 1842.6.11–1934.
　11.16)
国小 (リンデ 1842.6.11–1934.11.16)
コン2 (リンデ 1842–1934)
コン3 (リンデ 1842–1934)
人物 (リンデ 1842.6.11–1934.11.16)
西洋 (リンデ 1842.6.11–1934.11.16)
世西 (リンデ 1842.6.11–1934.11.16)
世百 (リンデ 1842–1934)
全書 (リンデ 1842–1934)
大辞 (リンデ 1842–1934)
大辞2 (リンデ 1842–1934)
大辞3 (リンデ 1842–1934)
大百 (リンデ 1842–1934)
二十 (リンデ, C.P.G.R.v. 1842.6.1–1934.11.
　16)

Lindegren, Yrijö 〈20世紀〉
フィンランドの建築家。
⇒世美 (リンデグレン, ユリヨ 1900–1952)

Lindenthal, Gustav 〈19・20世紀〉
アメリカ(オーストリア生まれ)の土木技術者。
ハドソン, イースト両河の河底トンネル建設の
顧問技師。
⇒西洋 (リンデンソール 1850.5.21–1935)

Linder, Harold F. 〈20世紀〉
アメリカの銀行家。ワシントン輸出入銀行
総裁。
⇒二十 (リンダー, H.F. 1900 (10)–)

Lindo, Isaac Anne 〈19・20世紀〉
オランダの土木技師。
⇒岩世 (リンド 1848–1941)

Lindow, L.H. 〈19世紀〉
オランダの土木技師。大蔵省土木寮で利根川な
どの改修に当った。
⇒西洋 (リンドウ)

Lingeri, Pietro 〈20世紀〉
イタリアの建築家。
⇒世美 (リンジェーリ, ピエトロ 1894–)

Link, Edwin Albert 〈20世紀〉
アメリカの発明家, 飛行機製造業者。
⇒岩ケ (リンク, エドウィン (・アルバート)
　1904–1981)

Linnebach, Adolf 〈19・20世紀〉
ドイツの舞台装置家。ウィーン, マンハイムな
どの諸劇場の舞台装置に近代的技術を導入。
⇒西洋 (リンネバハ 1878.6.4–1963.1.13)

Linowitz, Sol Myron 〈20世紀〉
アメリカの法律家, 外交家, 経営家。
⇒岩ケ (リノヴィチ, ソル・マイロン 1913–)

Lin Tung Yen 〈20世紀〉
アメリカの工学者。中国系。
⇒華人 (リン・トンイェン 1911–)

Lion, Alfred 〈20世紀〉
ドイツ生まれのプロデューサー。ブルーノー
ト・レコードの創始者。モダン・ジャズ史に残
る幾多の名作を生み出す。
⇒岩ジ (ライオン 1909.4.21–1987.2.2)
ジヤ (ライオン, アルフレッド ?–)
二十 (ライオン, アルフレッド 1908.4.21–1987.
　2.2)

Lionelli, Niccolò 〈14・15世紀〉
イタリアの建築家, 金工家。

⇒世美（リオネッリ, ニッコロ 1390/1400–1462頃）

Lionni, Leo 〈20世紀〉
オランダ生まれのグラフィックデザイナー, 挿絵画家, 絵本作家。
⇒英児（Lionni, Leonard レオーニ, レナード 1910–1999）
英文（レオーニ, レオ 1910–1999）
子本（レオ・レオーニ 1910–）
児イ（Lionni, Leo レオーニ, L. 1910–）
児文（レオーニ, レオ 1910–）
世児（リオンニ, レオ 1910–）
二十（レオーニ, レオ 1910–）

Lippershey, Hans 〈16・17世紀〉
オランダのゼーランド州ミデルブルフの眼鏡職人の親方。望遠鏡の最初の発明者の1人。
⇒岩ケ（リッペルスヘイ, ハンス 1570頃–1619頃）
科史（リッペルスハイ ?–1619）
科人（リッペルスハイ, ハンス 1570?–1619?）

Lippincott, Joseph Wharton 〈19・20世紀〉
アメリカの作家, 出版業者。
⇒英児（Lippincott, Joseph Wharton リピンコット, ジョーゼフ・ウォートン 1887–1976）
世児（リッピンコット, ジョーゼフ・ウォートン 1887–1976）

Lippincott, Joshua Ballinger 〈19世紀〉
アメリカの出版業者。
⇒岩ケ（リピンコット, ジョシュア（・バリンジャー） 1813–1886）
コン2（リッピンコット 1813–1886）
コン3（リッピンコット 1813–1886）
西洋（リッピンコット 1813–1886）
世西（リッピンコット 1813.3.18–1886.1.5）

Lippmann, Gabriel 〈19・20世紀〉
フランスの物理学者。パリ大学実験物理学教授。電気・光学を研究し, 毛管電位計を発明。また, 光の干渉を応用した天然色写真法を発明した。ノーベル物理学賞を受賞。
⇒岩ケ（リップマン, ガブリエル 1845–1921）
岩世（リップマン 1845.8.16–1921.7.13）
外国（リップマン 1845–1921）
科学（リップマン 1845.8.16–1921.7.12）
科人（リップマン, ガブリエル 1845.8.16–1921.7.13）
広辞4（リップマン 1845–1921）
広辞5（リップマン 1845–1921）
広辞6（リップマン 1845–1921）
コン2（リップマン 1845–1921）
コン3（リップマン 1845–1921）
人物（リップマン 1845.8.16–1921.7.13）
西洋（リップマン 1845.8.16–1921.7.13）
世西（リップマン 1845.8.16–1921.7.13）
世百（リップマン 1845–1921）
全書（リップマン 1845–1921）
大辞（リップマン 1845–1921）
大辞2（リップマン 1845–1921）
大辞3（リップマン 1845–1921）
大百（リップマン 1845–1921）
二十（リップマン, G. 1845.8.16–1921.7.12）
ノ内（リップマン, ガブリエル 1845–1921）
ノベ（リップマン, G. 1845.8.16–1921.7.13）
百科（リップマン 1845–1921）
ノベ3（リップマン, G. 1845.8.16–1921.7.13）
ユ人（リップマン, ガブリエル 1845–1921）

Lipsey, Richard George 〈20世紀〉
カナダ生まれの経済思想家。
⇒経済（リプシー 1928–）

Lipskin, Mike 〈20世紀〉
アメリカのジャズ・プロデューサー。
⇒ジヤ（リップスキン, マイク ?–）

Lipson, Ephram 〈19・20世紀〉
イギリスの経済史家。「Economic History Review」誌の創刊, 編集者（1921～34）。
⇒岩世（リプソン 1888.9.1–1960.4.22）
国小（リプソン 1888.9.1–1960.4.22）
コン3（リプソン 1888–1960）
人物（リプソン 1888.9.1–）
西洋（リプソン 1888.9.1–1960.4.22）
世西（リプソン 1888.9.1–）
名著（リプソン 1888–）

Lipton, Sir Thomas Johnstone 〈19・20世紀〉
イギリスの商人。セイロンで紅茶, コーヒーおよびココアの栽培園を経営。また国際的なヨット操縦者。
⇒岩ケ（リプトン, サー・トマス・ジョンストン 1850–1931）
岩世（リプトン 1850.5.10–1931.10.2）
コン2（リプトン 1850–1931）
コン3（リプトン 1850–1931）
西洋（リプトン 1850.5.10–1931.10.2）
デス（リプトン 1850–1931）

Lipuma, Tommy 〈20世紀〉
アメリカのジャズ・プロデューサー。
⇒ジヤ（リピューマ, トミー 1936–）

Lisa, Manuel 〈18・19世紀〉
アメリカの開拓者, 毛皮交易業者。
⇒国小（リーザ 1772.9.8–1820.8.12）

Lisbôa, António Francisco 〈18・19世

紀〉
ブラジルの彫刻家，建築家。
⇒キリ（リズボア，アントニオ・フランシスコ
　　1738頃–1814.11.18）
　　新美（リスボア，アントーニオ・フランシスコ
　　1738頃–1814）
　　世美（リスボア，アントーニオ・フランシスコ
　　1730頃–1814）

Lisitskij, Lazar' Markovich 〈19・20世紀〉
ソ連邦の画家，デザイナー，建築家。El'
Lisitskiiの名で知られる。主作品は『コンスト
ラクション99』（1924〜25）。
⇒岩ケ（リシツキー，エリ（ラザリ・マルコヴィチ）
　　1890–1941）
　　岩世（リシツキー　1890.11.11［23］–1941.12.30）
　　オ西（リシツキー，エル　1890–1947）
　　国小（リシツキー　1890.11.10–1941）
　　新美（リシツキー，エル　1890.11.10（22）–1941.
　　12.30）
　　西洋（リシツキー　1890.11.23–1941.12.30）
　　世美（リシツキー，ラーザリ・マルコヴィチ
　　1890–1941）
　　世百新（リシッキー　1890–1941）
　　全書（リシツキー　1890–1941）
　　大百（リシツキー　1890–1941）
　　ナビ（リシツキー　1890–1941）
　　二十（リシツキー，エル　1890.11.10–1941.12.
　　30）
　　百科（リシツキー　1890–1941）
　　ロシ（リシツキー　1890–1941）

List, Friedrich 〈18・19世紀〉
ドイツの経済学者。主著『政治経済学の国民的
体系』（1841）。
⇒岩世（リスト　1789.8.6–1846.11.30）
　　岩哲（リスト　1789–1846）
　　旺世（リスト（フリードリヒ）　1789–1846）
　　外国（リスト　1789–1846）
　　角世（リスト（フリードリヒ）　1789–1846）
　　広辞4（リスト　1789–1846）
　　広辞6（リスト　1789–1846）
　　国小（リスト　1789.8.6–1846.11.30）
　　コン2（リスト　1789–1846）
　　コン3（リスト　1789–1846）
　　人物（リスト　1789.8.6–1846.11.30）
　　西洋（リスト　1789.8.6–1846.11.30）
　　世人（リスト，フリードリヒ　1789–1846）
　　世西（リスト　1789.8.6–1846.11.30）
　　世百（リスト　1789–1846）
　　全書（リスト　1789–1846）
　　大辞（リスト　1789–1846）
　　大辞3（リスト　1789–1846）
　　大百（リスト　1789–1846）
　　デス（リスト　1789–1846）
　　伝世（リスト　1789.8.6–1846.11.30）
　　百科（リスト　1789–1846）
　　評世（リスト　1789–1846）
　　名著（リスト　1789–1846）

　　山世（リスト，フリードリヒ　1789–1846）
　　歴史（リスト　1789–1846）

Lister, Joseph Jackson 〈18・19世紀〉
イギリスのワイン商人，アマチュア顕微鏡制
作者。
⇒岩ケ（リスター，ジョゼフ・ジャクソン　1786–
　　1869）
　　科人（リスター，ジョゼフ・ジャクソン　1786.1.
　　11–1869.10.24）

Lister, Samuel Cunliffe, 1st Baron Masham 〈19・20世紀〉
イギリスの発明家。
⇒岩ケ（リスター，サミュエル・カンリフ，初代マ
　　シャム男爵　1815–1916）

Litolff, Henry Charles 〈19世紀〉
ドイツのピアニスト，作曲家，音楽書出版業者。
⇒岩世（リトルフ　1818.8.7–1891.8.5）
　　音楽（リトルフ，ヘンリー　1818.8.7–1891.8.5）
　　音大（リトルフ　1818.8.7–1891.8.5）
　　西洋（リートルフ　1818.2.6–1891.8.6）
　　ラル（リトルフ，アンリ　1818–1891）

Little, Archibald John 〈19・20世紀〉
イギリスの実業家。中国に赴き四川の鉱山開発
会社を設立。
⇒岩世（リトル　1838.4.18–1908.11.5）
　　人物（リトル　1838.4.18–1908.11.5）
　　西洋（リトル　1838.4.18–1908.11.5）
　　世東（リットル　1838–1908.11.5）

Littlewood, Joan Maud 〈20世紀〉
イギリスの演出家，シアター・ワークショップ
の創設者および支配人。
⇒世女（リトルウッド，ジョウン（モード）　1914–
　　2002）
　　二十英（Littlewood, Joan（Maud）　1914–
　　2002）

Littmann, Max 〈19・20世紀〉
ドイツの建築家。ミュンヘン大学教授。劇場建
築家。主作品『国立劇場（シュトゥットガル
ト）』。
⇒岩世（リットマン　1862.1.3–1931.9.20）
　　西洋（リットマン　1862.1.3–1931.9.20）

Liveright, Horace Brisbin 〈19・20世紀〉
アメリカの出版者，編集者。
⇒二十英（Liveright, Horace（Brisbin）　1886–
　　1933）

Livingston, Philip 〈18世紀〉
アメリカの商人，独立宣言署名者。キングズ・

カレッジ（のちのコロンビア大学）創立に尽力。
⇒外国（リヴィングストン 1716–1778）
国小（リビングストン 1716.1.15–1778.6.12）

Livingstone, David 〈19世紀〉

イギリスの探検家，伝道師。19世紀最大のアフリカ探検を行った。1871年タンガニーカ湖畔でのスタンリーとの邂逅で知られる。奴隷貿易廃止に貢献。
⇒アフ（リビングストン 1813–1873）
逸話（リヴィングストン 1813–1873）
イ哲（リヴィングストン，D. 1813–1873）
岩ケ（リヴィングストン，デイヴィド 1813–1873）
岩世（リヴィングストン 1813.3.19–1873.4.30）
英米（Livingston, David リヴィングストン 1813–1873）
旺世（リヴィングストン 1813–1873）
外国（リヴィングストン 1833–1873）
角世（リヴィングストン 1813–1873）
看護（リヴィングストン 1813–1873）
キリ（リヴィングストン，デイヴィド 1813.3.19–1873.5.1）
広辞4（リヴィングストン 1813–1873）
広辞6（リヴィングストン 1813–1873）
国小（リビングストン 1813.3.19–1873.5.1）
国百（リヴィングストン，デービッド 1813.3.19–1873.5.1）
コン2（リヴィングストン 1813–1873）
コン3（リヴィングストン 1813–1873）
人物（リビングストン 1813.3.19–1873.6.1）
西洋（リヴィングストン 1813.3.19–1873.6.1）
世人（リヴィングストン 1813–1873）
世西（リヴィングストン 1813.3.19–1873.5.1）
世百（リヴィングストン 1813–1873）
全書（リビングストン 1813–1873）
大辞（リヴィングストン 1813–1873）
大辞3（リビングストン 1813–1873）
大百（リビングストン 1813–1873）
探検2（リビングストン 1813–1873）
デス（リビングストン 1813–1873）
伝世（リヴィングストン 1813.5.19–1873.5.1）
百科（リビングストン 1813–1873）
評世（リビングストン 1813–1873）
名著（リヴィングストン 1813–1873）
山世（リヴィングストン 1813–1873）
歴史（リヴィングストン 1813–1873）

Ljungstedt, Sir Andrew J. 〈18・19世紀〉

スウェーデンの澳門（マカオ）商館長。澳門の外国貿易，カトリックの中国布教につき研究。
⇒西洋（ユングステッド 1760–1835.11）

Lloyd, Edward 〈18世紀〉

イギリスのコーヒー店経営者。ロイド保健人組合の創始者。
⇒岩ケ（ロイド，エドワード ?–1730頃）
岩世（ロイド 1648頃–1713.2.15）

コン2（ロイド ?–1726）
コン3（ロイド ?–1726）
西洋（ロイド）

Lloyd George, David, 1st Earl of Dufor 〈19・20世紀〉

イギリスの政治家。自由党急進派に属し，議員・蔵相時代に富裕者への負担増や国民保険法制定により社会保障制度を導入。第1次世界大戦中に組閣し，イギリスを勝利へ導いた。
⇒岩ケ（ロイド＝ジョージ（ドゥーイヴォーの），デイヴィド・ロイド＝ジョージ，初代伯爵 1863–1945）
英米（Lloyd George, David, 1st Earl Lloyd George of Dwyfor ロイド・ジョージ 1863–1945）
旺世（ロイド＝ジョージ 1863–1945）
外国（ロイド・ジョージ 1863–1945）
角世（ロイド・ジョージ 1863–1945）
広辞4（ロイド・ジョージ 1863–1945）
広辞5（ロイド・ジョージ 1863–1945）
広辞6（ロイド・ジョージ 1863–1945）
国小（ロイド・ジョージ 1863.1.17–1945.3.26）
国百（ロイド・ジョージ，デビッド 1863.1.17–1945.3.26）
コン2（ロイド・ジョージ 1863–1945）
コン3（ロイド・ジョージ 1863–1945）
人物（ロイド・ジョージ 1863.1.17–1945.3.26）
西洋（ロイド・ジョージ 1863.1.17–1945.3.26）
世人（ロイド＝ジョージ 1863–1945）
世政（ロイド・ジョージ，デービッド 1863.1.17–1945.3.26）
世西（ロイド・ジョージ 1863.1.17–1945.3.25）
世百（ロイドジョージ 1863–1945）
全書（ロイド・ジョージ 1863–1945）
大辞2（ロイド・ジョージ 1863–1945）
大辞3（ロイド・ジョージ 1863–1945）
大百（ロイド・ジョージ 1863–1945）
デス（ロイド・ジョージ 1863–1945）
伝世（ロイド・ジョージ 1863.1.17–1945.3.26）
ナビ（ロイド＝ジョージ 1863–1945）
二十（ロイド・ジョージ，デビッド 1863.1.17–1945.3.26）
百科（ロイド・ジョージ 1863–1945）
評世（ロイド＝ジョージ 1863–1945）
名著（ロイド・ジョージ 1863–1945）
山世（ロイド・ジョージ 1863–1945）
ユ人（ロイド・ジョージ，ディビッド（伯爵） 1863–1945）
歴史（ロイド＝ジョージ 1863–1945）

Lobo, Agostinho

ポルトガルの遣日貿易船隊司令官。度々長崎に赴いて貿易に従事。
⇒岩世（ロボ）
西洋（ロボ）

Locke, Joseph 〈19世紀〉

イギリスの土木技師。

lockh　　　　　　　　　　*376*　　　　　西洋人物レファレンス事典

⇒岩ケ（ロック，ジョゼフ　1805–1860）
　世科（ロック　1805–1860）

Lockheed, Allan Haines 〈19・20世紀〉
アメリカの航空機製造業者。
⇒コン3（ロッキード　1889–1969）
　二十（ロッキード，アラン・H.　1889–1969）

Lockwood, William W. 〈20世紀〉
アメリカの経済学者。ボードン大学教授，プリンストン大学ウッドロー・ウィルソン・スクール教授。
⇒二十（ロックウッド，ウィリアム・W.　1906–）

Lodoli, Carlo 〈17・18世紀〉
イタリアの建築理論家。
⇒建築（ロードリ，カルロ　1690–1761）
　世美（ロードリ，カルロ　1690–1761）

Lods, Marcel 〈20世紀〉
フランスの建築家。主作品は1937年の国際博覧会の『光の祭典』など。
⇒国小（ローツ　1891–）
　世美（ロッズ，マルセル　1891–）

Lodygin, Aleksandr Nikolaevich 〈19・20世紀〉
ロシアの発明家。1890年，モリブデン電球・タングステン電球を発明。
⇒コン2（ロディーギン　1847–1923）
　コン3（ロディーギン　1847–1923）
　全書（ロディーギン　1847–1923）

Loeb, James 〈19・20世紀〉
アメリカの銀行家，学者。『ローブ古典叢書』を刊行。
⇒岩ケ（ローブ，ジェイムズ　1867–1933）
　岩世（ローブ　1867.8.6–1933.5.27）
　外国（ローブ　1867–1933）
　西洋（ローブ　1867.8.6–1933.5.28）
　世西（レーブ　1867.8.6–1933.5.29）

Loeb, Solomon 〈19・20世紀〉
アメリカ（ドイツ生まれ）の実業家。クーン・ローブ会社を創立して金融業を始め，アメリカの一財閥となった。
⇒コン2（ローブ　1828–1903）
　コン3（ローブ　1828–1903）
　西洋（ローブ　1828–1903）

Loening, Grover Cleveland 〈19・20世紀〉
アメリカの飛行機製造業者。グローヴァー・ローニング飛行機会社社長（1928～38）。
⇒岩世（ローニング　1888.9.12–1976.2.29）

西洋（ローニング　1888.9.12–1976.2.2）

Loew, Marcus 〈19・20世紀〉
アメリカの映画企業家，製作者。1924年メトロ・ゴールドウィン・メーヤーの社長。
⇒コン2（ロウ　1870–1927）
　コン3（ロウ　1870–1927）
　世映（ロウ，マーカス　1870–1927）

Loewenfeldt, Charles von 〈20世紀〉
アメリカの財界人。パレス・ホテル広報支配人。
⇒二十（ローエンフェルト，チャールズ・フォン　1916–）

Loewy, Raymond 〈20世紀〉
アメリカのインダストリアル・デザイナー。代表作に，たばこ「ラッキー・ストライク」（1942）など。
⇒岩ケ（ローウィ，レイモンド（・ファーナンド）　1893–1987）
　岩世（ローウィ　1893.11.5–1986.7.14）
　現人（ローウィ　1893.11.5–）
　新美（ローウィ，レイモンド　1893.11.5–）
　人物（ローイ　1893–）
　西洋（ローウィ　1893.11.5–）
　世芸（ローウィ，レイモンド　1893–1962）
　全書（ローイ　1893–1986）
　大百（ローイ　1893–）
　ナビ（ローウィ　1893–1986）
　二十（ローウィ，レイモンド・F.　1893.11.5–1986.7.14）

Lofting, Hugh John 〈19・20世紀〉
イギリスの鉄道技師，児童文学者。『ドリトル先生』シリーズが有名。
⇒イ文（Lofting, Hugh　1886–1947）
　岩ケ（ロフティング，ヒュー（・ジョン）　1886–1947）
　岩世（ロフティング　1886.1.14–1947.9.26）
　英児（Lofting, Hugh John　ロフティング，ヒュー・ジョン　1886–1947）
　英文（ロフティング，ヒュー（・ジョン）　1886–1947）
　幻想（ロフティング，ヒュー　1886–1947）
　子本（ロフティング，ヒュー　1886–1947）
　コン3（ロフティング　1886–1947）
　児作（Lofting, Hugh　ロフティング，ヒュー　1886–1947）
　児童（ロフティング，ヒュー　1886–1947）
　児文（ロフティング，ヒュー　1886–1947）
　集世（ロフティング，ヒュー　1886.1.14–1947.9.27）
　集文（ロフティング，ヒュー　1886.1.14–1947.9.27）
　人物（ロフティング　1886–1947.9.26）
　西洋（ロフティング　1886–1947.9.26）
　世百（ロフティング　1886–1947）
　世文（ロフティング，ヒュー　1886–1947）
　全書（ロフティング　1886–1947）

経済・産業篇　　　　　377　　　　　**long**

大百（ロフティング　1886–1947）
伝世（ロフティング　1886.1.14–1947）
ナビ（ロフティング　1886–1947）
二十（ロフティング, ヒュー・ジョン　1886–
　　1947.9.26）
名著（ロフティング　1886–1947）

Logali, Hilary Paul 〈20世紀〉
スーダンの政治家。キリスト教徒。経済学や財
政通の南部政治家で1972年の南部自治権獲得に
功績があった。
⇒中東（ロガリ　1931–）

Löhnholm 〈19世紀〉
ドイツの法学者。日本政府に招かれ大蔵省の財
政経済新報を編集。東大名誉教師。
⇒西洋（レーンホルム　1854–?）
　日研（レーンホルム, ルードヴィヒ・ヘルマン
　　1854–?）
　日人（レーンホルム　1854–?）
　来日（レーンホルム　1854–）

Löhr, Albert 〈20・21世紀〉
ドイツの経営学者, 倫理学者。
⇒岩世（レール　1955–）

Loiseau, Bernard 〈20世紀〉
フランスの料理人。
⇒岩世（ロワゾー　1951.1.13–2003.2.24）

Lokanathan, Palamadai Samu 〈20世紀〉
インドの経済学者。1947～56年アジア極東経済
委員会（ECAFE）事務局長。
⇒コン3（ローカナータン　1894–1972）
　二十（ロカナサン, パラマデ・S.　1894–?）

Lolli, Antonio 〈16・17世紀〉
イタリアの陶工。
⇒世美（ロッリ, アントーニオ　1550頃–1619）

Lomako, Petr Fadeevich 〈20世紀〉
ソ連（ロシア）の政治家。下・ソ連邦非鉄金属
冶金相。
⇒二十（ロマーコ, ピョートル　1904–）

Lombard, Lambert 〈16世紀〉
オランダ（フランドル）の画家, 建築家。フラン
ドル画派の擬古的方向を確立。
⇒岩世（ロンバール　1505頃–1566.8）
　建築（ロンバール, ランベール　1505–1566）
　西洋（ロンバルト　1505/6–1566.8）
　世美（ロンバール, ランベール　1506–1566）
　百科（ロンバール　1505–1566）

Lombardo, Antonio 〈15・16世紀〉
イタリアの彫刻家, 建築家。主作品はカメリ
ニ・アルバストロの神話などの浮彫り。
⇒国小（ロンバルド, アントニオ　1458頃–1516）
　世美（ロンバルド, アントーニオ　1458頃–1516
　　頃）

Lombardo, Cristoforo 〈16世紀〉
イタリアの建築家, 彫刻家。
⇒世美（ロンバルド, クリストーフォロ　?–1555
　　頃）

Lombardo, Pietro 〈15・16世紀〉
イタリアの彫刻家, 建築家。スイス生まれ。主
作品はサンタ・マリア・ディ・ミラユーリ聖堂
（1489）。
⇒岩ケ（ロンバルド, ピエトロ　1435頃–1515）
　岩世（ロンバルド　1435頃–1515）
　建築（ロンバルド, ピエトロ　1435頃–1515）
　国小（ロンバルド, ピエトロ　1435–1515）
　コン2（ロンバルド　1435–1515）
　コン3（ロンバルド　1435–1515）
　新美（ロンバルド, ピエトロ　1435頃–1516.6）
　西洋（ロンバルド　1435頃–1515）
　世美（ロンバルド, ピエトロ　1435頃–1515）
　世百（ロンバルド, ピエトロ　1435頃–1515）
　全書（ロンバルド　1435–1515）

Lombardo, Tullio 〈15・16世紀〉
イタリアの彫刻家, 建築家。主作品『G.ギダレ
リ像』（1525）。
⇒国小（ロンバルド, テュリオ　1455頃–1532）
　西洋（ロンバルド　1455頃–1532）
　世美（ロンバルド, トゥッリオ　1455–1532）
　世百（ロンバルド, トゥリオ　1455頃–1532）

Loménie de Brienne, Etienne Charles de 〈18世紀〉
フランスの聖職者, 政治家。名士会の議長, 財
務総監を務めた。
⇒岩世（ロメニ・ド・ブリエンヌ　1727.10.9–1794.
　　2.16）
　外国（ロメニー・ド・ブリエンヌ　1727–1794）
　キリ（ロメニー・ド・ブリエンヌ, エティエンヌ・
　　シャルル・ド　1727.10.9–1794.2.16）
　国小（ブリエンヌ　1727.10.9–1794.2.16）
　西洋（ロメニ・ド・ブリエンヌ　1727.10.9–1794.
　　2.16）

Long, Huey Pierce 〈20世紀〉
アメリカの政治家。ルイジアナ州知事（1928～
31）となり, 大規模な公共土木事業を興し, 州
政で人気を得た。
⇒アメ（ロング　1893–1935）
　岩ケ（ロング, ヒューイ（・ピアース）　1893–
　　1935）
　岩世（ロング　1893.8.30–1935.9.10）

英米（Long, Huey (Pierce) ロング 1893–1935）
コン3（ロング 1893–1935）
西洋（ロング 1893.8.30–1935.9.10）
世百新（ロング 1893–1935）
全書（ロング 1893–1935）
伝世（ロング 1893.8.30–1935.9.8）
二十（ロング, H.P. 1893.8.30–1935.9.10）
二十英（Long, Huey (Pierce) 1893–1935）
百科（ロング 1893–1935）

Long, Stephen Harriman 〈18・19世紀〉
アメリカの軍人。土木技師。ミシシッピ川以西の土地調査にあたった。
⇒国小（ロング 1784.2.30–1864.9.4）
探検2（ロング 1784–1864）

Longe, Francis Davy 〈19・20世紀〉
イングランド生まれの経済思想学者。
⇒経済（ロング 1831–1905?）

Longhena, Baldassare 〈16・17世紀〉
イタリアの建築家。ベネチアのバロック盛期に活躍。
⇒岩世（ロンゲーナ 1598–1682.2.18）
建築（ロンゲーナ, バルダッサーレ 1598–1682）
国小（ロンゲーナ 1598–1682.2.18）
新美（ロンゲーナ, バルダッサーレ 1598–1682.2.18）
西洋（ロンゲーナ 1598–1682.2.18）
世美（ロンゲーナ, バルダッサーレ 1598–1682）
全書（ロンゲーナ 1598–1682）
百科（ロンゲーナ 1596/99–1682）

Longhi il Giovane, Martino 〈17世紀〉
イタリアの建築家。
⇒世美（ロンギ, マルティーノ (年少) 1602–1660）

Longhi il Vecchio, Martino 〈16世紀〉
イタリアの建築家。
⇒世美（ロンギ, マルティーノ (年長) ?–1591）

Longman, Thomas 〈17・18世紀〉
イギリスの出版業者。E.チェーンバーズの"Cyclopaedia" (1728) などを出版。
⇒岩ケ（ロングマン, トマス 1699–1755）
岩世（ロングマン 1699–1755.6.18）
集文（ロングマン, トマス 1699–1755.6.18）
西洋（ロングマン 1699–1755）

Longuelune, Zacharias 〈17・18世紀〉
フランスの建築家。
⇒建築（ロングリューヌ, ザカリアス 1669–1748）
世美（ロングリューヌ, ザカリー 1669–1748）

Loos, Adolf 〈19・20世紀〉
オーストリアの建築家。主作品はハウス・シュタイナ(1910, ウィーン)。
⇒岩ケ（ロース, アドルフ 1870–1933）
岩世（ロース 1870.12.10–1933.8.23）
才西（ロース, アドルフ 1870–1933）
国小（ロース 1870.12.10–1933.8.23）
コン3（ロース 1870–1933）
新美（ロース, アードルフ 1870.12.10–1933.8.22）
西洋（ロース 1870.12.10–1933.8.23）
世美（ロース, アドルフ 1870–1933）
大辞2（ロース 1870–1933）
大辞3（ロース 1870–1933）
二十（ロース, アードルフ 1870.12.10–1933.8.22）
百科（ロース 1870–1933）

López Aguado, Antonio 〈18・19世紀〉
スペインの建築家。
⇒建築（ロペス・アグアート, アントニオ 1764–1831）

Loquasto, Santo 〈20世紀〉
アメリカ生まれの映画美術監督、衣裳デザイナー。
⇒世映（ロクァスト, サント 1944–）
バレ（ロカスト, サント 1944頃–）

Lörcher, Siegfried 〈20世紀〉
ドイツ（西）の経済学者。著書に"Wirtschaftsplanung in Japan 1955–1969" (1971) などがある。
⇒二十（レルヒャー, S.）

Lord Avebury 〈19・20世紀〉
イギリスの銀行家, 政治家, 科学者, 著述家。ロンドン大学副学長。
⇒二十（ロード・エーブリー 1834–1913）
百科（ロード・エーブリー 1834–1913）

Lord Finesse 〈20世紀〉
アメリカのヒップホップ系の音楽プロデューサー。
⇒ヒ人（ロード・フィネス 1970–）

Lorenzen, Peter Hiort 〈18・19世紀〉
デンマーク系スリースヴィ (シュレースヴィヒ) 人の政治家, 商人。
⇒岩世（ロレンセン 1791.1.24–1845.3.17）

Lorenzo da Bologna 〈15世紀〉
イタリアの建築家。
⇒世美（ロレンツォ・ダ・ボローニャ 15世紀）

Lorgna, Antonio Maria 〈18世紀〉
イタリアの数学者，力学者で技術者。
⇒数学（ロールニヤ　1735.10.18–1796.6.28）
　数学増（ロールニヤ　1735.10.18–1796.6.28）

Loria, Achille 〈19・20世紀〉
イタリアの経済学者，社会学者。経済が社会発展の唯一の決定的力であるとする経済史観の立場を代表した。
⇒岩世（ローリア　1857.3.2–1943.11.6）
　経済（ローリア　1857–1943）
　西洋（ローリア　1857.3.2–1943.11.6）
　世百（ロリア　1857–1943）
　全書（ロリア　1857–1943）
　二十（ロリア, A.　1857–1943）
　名著（ローリア　1857–1943）

Lösch, August 〈20世紀〉
ドイツの経済学者。キールの世界経済研究所の研究員として貿易論，人口論，経済立地論の分野で業績を残した。
⇒岩世（レッシュ　1906.10.15–1945.5.30）
　西洋（レッシュ　1906–1945.5.30）
　世百新（レッシュ　1906–1945）
　二十（レッシュ，アウグスト　1906–1945.5.30）
　百科（レッシュ　1906–1945）

Losev, Sergei Andrrevich 〈20世紀〉
ソ連邦の連邦閣僚会議付属タス通信社社長。
⇒二十（ローセフ，セルゲイ　1927–1988.10.3）

Lothar, Ernst 〈19・20世紀〉
オーストリアの作家，劇場支配人。
⇒岩世（ロータル　1890.10.25–1974.10.30）
　西洋（ロタール　1890.10.25–1974.10.30）
　世西（ロタール　1890.10.25–）
　世俳（ロタール，エルネスト　1890.10.25–1974.10.30）
　世俳（ロタール，エルンスト　1890.10.25–1974.10.30）

Lotka, Alfred James 〈19・20世紀〉
アメリカの数理生物学者，経済思想学者。オーストリア生まれ。
⇒岩世（ロトカ　1880.3.2–1949.12.5）
　経済（ロトカ　1880–1949）
　コン3（ロトカ　1880–1949）
　西洋（ロトカ　1880.3.2–1949.12.5）
　ナビ（ロトカ　1880–1949）
　二十（ロトカ，アルフレッド・ジェームズ　1880.3.2–1949.12.5）
　百科（ロトカ　1880–1949）

Lotti, Lorenzo 〈15・16世紀〉
イタリアの彫刻家，建築家。
⇒世美（ロッティ，ロレンツォ　1490–1541）

Lotz, Johann Friedrich Eusebius 〈18・19世紀〉
ドイツの自由主義経済学者。
⇒岩世（ロッツ　1770.1.13–1838.11.13）
　西洋（ロッツ　1770.1.13–1838.11.13）

Loucheur, Louis 〈19・20世紀〉
フランスの政治家，実業家。国際鋼鉄カルテル結成の首唱者。
⇒岩世（ルシュール　1872.8.12–1931.11.22）
　外国（ルーシュール　1872–1931）
　コン2（ルシュール　1872–1931）
　コン3（ルシュール　1872–1931）
　西洋（ルシュール　1872.8.12–1931.11.22）

Loudon, John 〈20世紀〉
オランダの財界人。シェル・グループ全体の代表として，国際石油業界の各方面で活躍。
⇒現人（ラウドン　1905.6.27–）

Loudon, John Claudius 〈18・19世紀〉
イギリスの園芸評論家，建築家。
⇒岩ケ（ラウドン，ジョン・クローディアス　1783–1843）

Louis, Victor 〈18・19世紀〉
フランスの建築家。作品にブザンソンの総督官邸，ボルドーの劇場などがある。
⇒岩世（ルイ　1731.5.10–1800.7.2）
　建築（ルイ，ヴィクトール　1731–1792）
　西洋（ルイ　1735–1807）

Louis XIV le Grand 〈17・18世紀〉
フランス国王（在位1643～1715）。13世の子。太陽王・大王と呼ばれた。コルベールを登用し重商主義政策を推進。治世の晩年には財政窮乏・農民反乱を招いた。
⇒逸話（ルイ14世　1638–1715）
　岩ケ（ルイ14世　1638–1715）
　旺世（ルイ（14世）　1638–1715）
　音大（ルイ14世　1638.9.5–1715.9.1）
　外国（ルイ14世　1638–1715）
　角世（ルイ14世（太陽王）　1638–1715）
　キリ（ルイ14世（太陽王，大王）　1638.9.16–1715.9.1）
　広辞4（ルイ一四世　1638–1715）
　広辞6（ルイ一四世　1638–1715）
　皇帝（ルイ14世　1638–1715）
　国小（ルイ14世　1638.9.5–1715.9.1）
　国百（ルイ14世　1638.9.5–1715.9.9）
　コン2（ルイ14世（大王，太陽王）　1638–1715）
　コン3（ルイ14世（大王，太陽王）　1638–1715）
　新美（ルイ十四世　1638.9.5–1715.9.1）
　人物（ルイ十四世　1638.9.5–1715.9.1）
　西洋（ルイ十四世（大王，太陽王）　1638.9.5–1715.9.1）
　世人（ルイ14世（大王，太陽王）　1638–1715）

世西 （ルイ十四世（大王, 太陽） 1638.9.5–1715.
　9.1）
世百 （ルイ14世 1638–1715）
全書 （ルイ一四世 1638–1715）
大辞 （ルイ一四世 1638–1715）
大辞3 （ルイ一四世 1638–1715）
大百 （ルイ一四世 1638–1715）
デス （ルイ14世 1638–1715）
伝世 （ルイ14世 1638.9.5–1715）
統治 （ルイ十四世（太陽王） （在位）1643–1715）
百科 （ルイ14世 1638–1715）
評世 （ルイ14世 1638–1715）
山世 （ルイ14世（太陽王） 1638–1715）
歴史 （ルイ14世 1638–1715）

Louis XVI 〈18世紀〉

フランスの国王（在位1774～93）。15世の孫,
皇太子ルイの第3子。チュルゴー, ネッケルら
を用いて財政再建を図った。フランス革命で妻
マリー＝アントワネットとともに処刑された。

⇒岩ケ （ルイ16世 1754–1793）
　旺世 （ルイ（16世） 1754–1793）
　外国 （ルイ16世 1754–1793）
　角世 （ルイ16世 1754–1793）
　広辞4 （ルイ一六世 1754–1793）
　広辞6 （ルイ一六世 1754–1793）
　皇帝 （ルイ16世 1754–1793）
　国小 （ルイ16世 1754.8.23–1793.1.21）
　コン2 （ルイ16世 1754–1793）
　コン3 （ルイ16世 1754–1793）
　人物 （ルイ十六世 1754.8.23–1793.1.21）
　西洋 （ルイ十六世 1754.8.23–1793.1.21）
　世人 （ルイ16世 1754–1793）
　世西 （ルイ十六世 1754.8.27–1793.1.21）
　世百 （ルイ16世 1754–1793）
　全書 （ルイ一六世 1754–1793）
　大辞 （ルイ一六世 1754–1793）
　大辞3 （ルイ一六世 1754–1793）
　大百 （ルイ一六世 1754–1793）
　デス （ルイ16世 1754–1793）
　伝世 （ルイ16世 1754–1793.1.21）
　統治 （ルイ十六世 （在位）1774–1792）
　百科 （ルイ16世 1754–1793）
　評世 （ルイ16世 1754–1793）
　山世 （ルイ16世 1754–1793）
　歴史 （ルイ16世 1754–1793）

Low, Frederick Ferdinand 〈19世紀〉

アメリカの銀行家, 外交官。

⇒岩世 （ロウ 1828.6.30–1894.7.21）
　西洋 （ロー 1828.6.30–1894.7.21）

Lowder, John Frederic 〈19・20世紀〉

イギリスの外交官。貿易商。神戸イギリス領事
他, 横浜税関顧問。ラングフェルト商会経営。

⇒二十 （ラウダー, ジョン・F. 1843–1902）
　来日 （ラウダー 1843–1902）

Lowe, Adolph 〈20世紀〉

ドイツ生まれの経済思想家。

⇒経済 （ローウェ 1893–1995）

Lowe, Robert, 1st Viscount Sherbrooke 〈19世紀〉

イギリスの政治家。枢密院教育委員会副総裁,
第一次グラッドストン内閣の蔵相, 内相を歴任。

⇒外国 （ロー 1811–1892）
　西洋 （ロー 1811.12.4–1892.7.27）

Lowell, Francis Cabot 〈18・19世紀〉

アメリカの紡績業者。アメリカにおける最初の
力織機を製作。

⇒岩ケ （ローウェル, フランシス・キャボット
　　　 1775–1817）
　岩世 （ローウェル 1775.4.7–1817.8.10）
　外国 （ローエル 1775–1817）
　コン2 （ローウェル 1775–1817）
　コン3 （ローウェル 1775–1817）
　西洋 （ローエル 1775–1817）
　百科 （ローエル 1775–1817）

Lowndes, Robert Augustine Ward 〈20世紀〉

アメリカのSF作家, 雑誌出版者。音楽, 歴史,
心霊学, インド哲学, 占星術にも造詣が深い。

⇒幻想 （ラウンズ, ロバート・オーガスティン・
　　　 ウォード 1916–）
　二十 （ラウンズ, ロバート・オーガスティン
　　　 1916–）

Lowther, William 〈19・20世紀〉

イギリスの労働運動家。1939年全国炭鉱労働者
連盟議長となり炭鉱経営に努力。

⇒世西 （ローサー 1889.5.20–）

al-Lozi, Salim 〈20世紀〉

レバノンの新聞記者, 新聞社社主。『ハワー
ディス』誌（1955）『イベンツ』（76）を創刊。

⇒中東 （ロージイ 1922–）

Lu, David John 〈20世紀〉

アメリカの経済学者。日本の中国大陸征服政策
を主に研究。著書は『松岡洋右とその時代』
（1981）他。

⇒二十 （ルー, ダビッド・J. 1928–）

Lu, William 〈20世紀〉

オーストラリアの貿易家。中国系商人の先
駆者。

⇒華人 （リュウ, ウィリアム 1893–1983）

Lubbock, Sir John, 1st Baron

Avebury 〈19・20世紀〉
イギリスの銀行家, 著述家. 『先史時代』(1965)で, 初めて旧石器と新石器とを区別した.
⇒岩世（ラボック　1834.4.30–1913.5.28）
　旺世（ラボック　1834–1913）
　外国（ラボック　1834–1913）
　科人（ラボック, ジョン（エイヴベリー男爵初代公）　1834.4.30–1913.5.28）
　コン2（ラボック　1834–1913）
　コン3（ラボック　1834–1913）
　人物（ラボック　1834.4.30–1913.5.28）
　西洋（ラボック　1834.4.30–1913.5.28）
　世西（ラボック　1834.4.30–1913.5.28）
　世百（ラボック　1834–1913）
　全書（ラボック　1834–1913）
　大百（ラボック　1834–1913）
　ナビ（ラボック　1834–1913）
　二十（ラボック, ジョン　1834–1913）
　評世（ラボック　1834–1913）
　名著（ラボック　1834–1913）

Lubetkin, Berthold 〈20世紀〉
イギリス（ロシア生まれ）のモダニズム建築家.
⇒岩ケ（ルベトキン, バーソルド　1901–1990）
　岩世（リューベトキン　1901.12.14–1990.10.23）
　世美（ルベトキン, バートールド　1901–）

Lubin, David 〈19・20世紀〉
アメリカ（ポーランド生まれ）の農業事業家. 46ヵ国参加の下にローマに「国際農事協会」を設立（1910〜43）.
⇒岩ケ（ルービン, デイヴィド　1849–1919）
　岩世（ルービン　1849.6.10–1919.1.1）
　西洋（ルービン　1849.6.10–1919.1.1）

Lubin, Sigmund 〈19・20世紀〉
ドイツ生まれの映画製作者.
⇒世映（ルービン, シグマンド　1851–1923）

Lubitsch, Ernst 〈20世紀〉
ドイツ出身のアメリカの映画監督, プロデューサー. 主作品『パッション』(1919),『結婚哲学』(24) など.
⇒岩ケ（ルビッチ, エルンスト　1892–1947）
　岩世（ルビッチ（ルビッチュ　1892.1.29–1947.11.30）
　外国（ルービッチュ　1892–1947）
　監督（ルビッチュ, エルンスト　1892.1.28–1947.11.30）
　広辞5（ルビッチ　1892–1947）
　広辞6（ルビッチ　1892–1947）
　国小（ルビッチ　1892.1.28–1947.11.30）
　コン3（ルビッチ　1892–1947）
　西洋（ルビッチ　1892.1.29–1947.11.30）
　世映（ルビッチ, エルンスト　1892–1947）
　世俳（ルビッチュ, エルンスト　1892.1.28–1947.11.30）
　世百（ルビッチ　1892–1947）

世百新（ルビッチ　1892–1947）
全書（ルビッチ　1892–1947）
大辞2（ルビッチ　1892–1947）
大辞3（ルビッチ　1892–1947）
大百（ルビッチ　1892–1947）
伝世（ルービッチ　1892.1.28–1947）
ナビ（ルビッチ　1892–1947）
二十（ルビッチ, E.　1892.1.29 (28) –1947.11.30）
百科（ルビッチ　1892–1947）
ユ人（ルビッチ, エルンスト　1892–1947）

Lubowski, Adolph 〈19世紀〉
ドイツの靴職人. 和歌山藩西洋沓製法伝習所, 警視庁石川島監獄製革場教師.
⇒日人（ルボウスキー　1833–1897）
　来日（ルボウスキー　1833.9.13–1897.9.22）

Lucas, Colin Anderson 〈20世紀〉
イギリスの建築家.
⇒岩ケ（ルーカス, コリン・アンダーソン　1906–）

Lucas, George 〈20世紀〉
アメリカ生まれの映画監督, 映画製作者.
⇒岩世（ルーカス　1944.5.14–）
　監督（ルーカス, ジョージ　1945–）
　現ア（Lucas, George　ルーカス, ジョージ　1945–）
　コン3（ルーカス　1945–）
　最世（ルーカス, ジョージ　1944–）
　世映（ルーカス, ジョージ　1944–）
　全書（ルーカス　1944–）
　ナビ（ルーカス　1944–）
　二十（ルーカス, ジョージ　1945 (44) .5–）

Lucas, Robert E.（Jr.）〈20世紀〉
アメリカの経済学者. マクロ経済モデルに合理的期待の概念を取り入れた.
⇒岩世（ルーカス　1937.9.15–）
　経済（ルーカス　1937–）
　最世（ルーカス, ロバート　1937–）
　二十（ルーカス, ロバート・E.(Jr.)　1937–）
　ノベ（ルーカス, R.E.　1937.9.15–）
　ノベ3（ルーカス, R.E.　1937.9.15–）

Luce, Henry Robinson 〈20世紀〉
アメリカのジャーナリスト, 出版業者. 1923年「タイム」, 30年「フォーチュン」, 36年「ライフ」(72廃刊) を創刊した.
⇒岩ケ（ルース, ヘンリー・R (ロビンソン)　1898–1967）
　岩世（ルース　1898.4.3–1967.2.28）
　外国（ルース, ヘンリー　1898–）
　現人（ルース　1898.4.3–1967.2.28）
　国小（ルース　1898.4.3–1967.2.28）
　コン3（リュース　1898–1967）
　コン3（ルース　1898–1967）

lucia 382 西洋人物レファレンス事典

西洋 （ルース 1898.4.5–1967.2.28）
全書 （ルース 1898–1967）
大辞3 （ルース 1898–1967）
大百 （ルース 1898–1967）
伝世 （ルース 1898–1967）
二十 （ルース, ヘンリー・ロビンソン 1898.4.3–
1967.2.28）
二十英 （Luce, Henry R (obinson) 1898–
1967）

Lucia Mingarro, Luis 〈20世紀〉
スペイン生まれの映画監督，映画脚本家，映画
製作者。
⇒世映 （ルシア・ミンガロ, ルイス 1914–1984）

Luckhard, Hans 〈19・20世紀〉
ドイツの建築家。主作品はベルリンのテル
ショー・ハウス，アレクサンドル広場 (1929)。
⇒岩世 （ルックハルト 1890.6.16–1954.10.12）
国小 （ルックハルト 1890.6.16–1954.10.12）
西洋 （ルックハルト 1890.6.16–1954.10.12）
世美 （ルックハルト（兄弟））

Luckhardt, Wassili 〈19・20世紀〉
ドイツの建築家。
⇒世美 （ルックハルト（兄弟））

Lud, Ned 〈18世紀〉
イギリスのレスターシャーの労働者。靴下製造
機械を手工業者の職を奪うものとして破壊。
⇒岩ケ （ラッド, ネッド （活躍）1779）
外国 （ラッド 18世紀）
コン2 （ラッド）
コン3 （ラッド）
西洋 （ラッド 18世紀）

Lüderitz, Adolf 〈19世紀〉
ドイツのタバコ商人。ブレーメン附近の大
地主。
⇒岩世 （リューデリッツ 1834.7.16–1886.10.24）
外国 （リューデリッツ 1834–1886）
西洋 （リューデリッツ 1834.7.16–1886.10）

Ludwig, Daniel Keith 〈20世紀〉
アメリカの企業家。タンカー王。ナショナル・
バルク・キャリアーズ社を一代で築きあげた。
⇒西洋 （ルードウィク 1897.6.24–?）

Ludwig, Johann Friedrich 〈17・18世
紀〉
ドイツ・バロックの建築家。
⇒建築 （ルートヴィヒ, ヨハン・フリードリヒ（ルー
ドヴィセ（通称）） 1670–1752）

Lueder, August Ferdinand 〈18・19世
紀〉
ドイツの経済学者，統計学者。主著『統計学お
よび政治学批判ならびに政治哲学の建設』。
⇒名著 （リューダー 1760–1819）

Lue Gim-Gong 〈19・20世紀〉
アメリカの園芸職人。中国系。
⇒華人 （ルー・ギムゴン 1858–1925）

Lufft, Hans 〈15・16世紀〉
ドイツのヴィッテンベルクの印刷業者。
⇒キリ （ルフト, ハンス 1495–1584.9.2）

Lukács György 〈19・20世紀〉
ハンガリーの哲学者，文芸理論家。商品世界の
物象化論を展開した。主著『小説の理論』
(1920)，『歴史と階級意識』(23)。
⇒岩ケ （ルカーチ, ジェルジュ 1885–1971）
岩世 （ルカーチ 1885.4.13–1971.6.4）
岩哲 （ルカーチ 1885–1971）
外国 （ルカーチ 1885–）
角世 （ルカーチ 1885–1971）
経済 （ルカーチ 1885–1971）
現人 （ルカーチ 1885.4.13–1971.6.4）
広辞5 （ルカーチ 1885–1971）
広辞6 （ルカーチ 1885–1971）
国小 （ルカーチ 1885.4.13–1971.6.4）
国百 （ルカーチ・ジェルジェ（ゲオルク） 1885.
4.13–1971.6.4）
コン3 （ルカーチ 1885–1971）
思想 （ルカーチ, ジェルジ 1885–1971）
集世 （ルカーチ・ジェルジュ 1885.4.13–1971.6.
4）
集文 （ルカーチ・ジェルジュ 1885.4.13–1971.6.
4 (5) ）
人物 （ルカーチ 1885.4.13–）
西洋 （ルカーチ 1885.4.13–1971.6.4）
世人 （ルカーチ 1885–1971）
世西 （ルカーチ 1885.4.13–1971.6.4）
世百 （ルカーチ 1885–）
世百新 （ルカーチ 1885–1971）
世文 （ルカーチ・ジェルジュ 1885–1971）
全書 （ルカーチ 1885–1971）
大辞2 （ルカーチ 1885–1971）
大辞3 （ルカーチ 1885–1971）
大百 （ルカーチ 1885–1971）
伝世 （ルカーチ 1885–1971.6.4）
東欧 （ルカーチ 1885–1971）
ナビ （ルカーチ 1885–1971）
二十 （ルカーチ, ジェルジ 1885.4.13–1971.6.4）
二十英 （Lukács, György 1885–1971）
百科 （ルカーチ 1885–1971）
名著 （ルカーチ 1885–）
山世 （ルカーチ 1885–1971）
歴学 （ルカーチ 1885–1971）
歴史 （ルカーチ 1885–1971）

Lukas, Eduard 〈19・20世紀〉
ドイツの経済学者。ミュンヘン大学教授 (1938)。
⇒岩世 (ルーカス 1890.4.19–1953.9.14)
　西洋 (ルーカス 1890.4.19–1953.9.14)

Lukáts Kató 〈20世紀〉
ハンガリーの閨秀意匠家。室内装飾, 服飾, 工芸品, 化粧品などの広い分野に活躍。
⇒外国 (ルカーツ 1900–)

Lukens, Rebecca Pennock 〈18・19世紀〉
アメリカの実業家。
⇒世女 (ルーケンス, レベッカ・ウェブ 1794–1854)
　世女日 (リューケンス, レベッカ・ペンノック 1794–1854)

Luk'yanova, Mariya Ivanovna 〈20世紀〉
ソ連邦の経済学者。ソ連科学アカデミーで世界政治・経済問題や東洋学を研究。
⇒二十 (ルキャノヴァ, マリヤ 1904–)

Lumière, Auguste 〈19・20世紀〉
フランスの映画発明者。生理学, 医学方面に多くの仕事を残している。
⇒岩ケ (リュミエール兄弟)
　世科 (リュミエール, ルイニコラス 1862–1954)
　世科 (リュミエール兄弟)
　世人 (リュミエール兄弟 1862–1954)
　世百 (リュミエール, オーギュスト 1862–1954)
　全書 (リュミエール(兄弟))
　ナビ (リュミエール(兄弟))
　二十 (リュミエール, オーギュスト 1862.10.19–1954.4.10)

Lumière, Louis Jean 〈19・20世紀〉
フランスの映画機械シネマトグラフの発明者。大勢が同時に鑑賞できるスクリーンへの上映方法を完成した (1894)。
⇒岩ケ (リュミエール兄弟)
　岩世 (リュミエール 1864.10.5–1948.6.6)
　外国 (リュミエール 1864–1948)
　科学 (ルミエール 1864–1948)
　監督 (リュミエール, ルイ 1864.10.5–1948.6.7)
　広辞4 (リュミエール 1864–1948)
　広辞5 (リュミエール 1864–1948)
　広辞6 (リュミエール 1864–1948)
　国小 (リュミエール 1864.10.5–1948.6.6)
　コン2 (リュミエール 1864–1948)
　コン3 (リュミエール 1864–1948)
　西洋 (リュミエール 1864.10.5–1948.6.6)
　世映 (リュミエール, ルイ 1864–1948)
　世科 (リュミエール, ルイ 1864–1948)
　世科 (リュミエール兄弟)

世人 (リュミエール兄弟 1864–1948)
世西 (リュミエール 1864.10.5–1948.6.6)
世百 (リュミエール, ルイ 1864–1948)
全書 (リュミエール(兄弟))
大辞 (リュミエール 1864–1948)
大辞2 (リュミエール 1864–1948)
大辞3 (リュミエール 1864–1948)
大百 (リュミエール 1864–1948)
デス (リュミエール 1864–1948)
伝世 (リュミエール 1864.10.5–1948)
ナビ (リュミエール(兄弟))
二十 (リュミエール, ルイ 1864.10.5–1948.6.6)
百科 (リュミエール 1864–1948)

Lumsden, J. 〈18・19世紀〉
グラスゴウの出版業者。
⇒世児 (ラムゼン, J(親子)) (最盛期)1790–1840)

Lundberg, Erik 〈20世紀〉
現代スウェーデンの経済学者。国立景気循環研究所所長。
⇒経済 (ルンドベリ 1907–1987)
　二十 (ルントベリー, エリック・フィリップ 1907–)
　名著 (ルンドベリ 1907–)

Lundström, Johan Edvard 〈19世紀〉
スウェーデンの工業家。
⇒科学 (ルンドストレーム 1815–1888)

Lunge, Georg 〈19・20世紀〉
ドイツの工業化学者。チューリヒの国立工業大学教授。クロル石灰の製造, 硝酸製造等に大きな業績をあげた。
⇒岩世 (ルンゲ 1839.9.15–1923.1.3)
　外国 (ルンゲ 1839–1923)
　科大 (ルンゲ 1839–1923)
　科大2 (ルンゲ 1839–1923)
　コン2 (ルンゲ 1839–1923)
　コン3 (ルンゲ 1839–1923)
　西洋 (ルンゲ 1839.9.15–1923.1.3)
　世西 (ルンゲ 1839.9.15–1923.1.3)
　全書 (ルンゲ 1839–1923)
　二十 (ルンゲ, G. 1839–1923)

Lupot, Nicolas 〈18・19世紀〉
ドイツ出身のフランスのヴァイオリン製作者。
⇒国小 (リュポー 1758–1824)

Lupton, Thomas Goff 〈18・19世紀〉
イギリスの版画家。鋼鉄版による新しい技術を試みた。
⇒国小 (ラプトン 1791–1873)

Lurago, Anselmo Martino 〈18世紀〉
イタリアの建築家, 彫刻家。

⇒世美(ルラーゴ, アンセルモ・マルティーノ 1702頃-1765)

Lurago, Antonio 〈17世紀〉

イタリアの建築家, 彫刻家。
⇒世美(ルラーゴ, アントーニオ 17世紀)

Lurago, Carlo 〈17世紀〉

イタリアの建築家, 彫刻家。
⇒世美(ルラーゴ, カルロ 1618頃-1684)

Lurago, Rocco 〈16世紀〉

イタリアの建築家, 彫刻家。
⇒世美(ルラーゴ, ロッコ 1501頃-1590)

Lurçat, André 〈20世紀〉

フランスの建築家, 都市計画家。
⇒世美(リュルサ, アンドレ 1894-1970)

Lütge, Friedrich 〈20世紀〉

ドイツの経済史家。中世の農業経済, 土地制度の研究で著名。主著『イェナ書店史』(1929)。
⇒岩世(リュトゲ 1901.10.21-1968.8.25)
国小(リュトゲ 1901.10.21-)
西洋(リュトゲ 1901.10.21-1968.8.25)
名著(リュトゲ 1901-)

Lütgens, Rudolf 〈19・20世紀〉

ドイツの経済地理学者。『大地と世界経済』(双書5巻)を企画・編集し, 第1, 2巻を執筆した。
⇒名著(リュートゲンス 1881-)

Lutyens, Sir Edwin Landseer 〈19・20世紀〉

イギリスの建築家, 都市計画家。
⇒岩ケ(ラチェンズ, サー・エドウィン・ランシア 1869-1944)
岩世(ラッチェンズ 1869.3.29-1944.1.1)
才西(ラッチェンズ, エドウィン・ランシア 1869-1944)
世美(ラッチェンズ, エドウィン・ランシア 1869-1944)
二十(ラッチェンズ, E.L. 1869-1944)
百科(ラッチェンズ 1869-1944)

Lutz, Friedrich August 〈20世紀〉

フランスの経済学者。オーストリア学派の流れを汲み, 景気循環論, 利子論, 企業の投資理論の分野で貢献。
⇒二十(ルッツ, フレドリッヒ・オーガスト 1901-1975)

Luxemburg, Rosa 〈19・20世紀〉

ドイツの婦人革命家。1817年K.リープクネヒトと, ドイツ共産党の前身「スパルタクス団」

を設立。
⇒岩ケ(ルクセンブルク, ローザ 1871-1919)
岩世(ルクセンブルク 1870.3.5-1919.1.15)
岩哲(ルクセンブルク 1870-1919)
旺世(ルクセンブルク(ローザ) 1871-1919)
外国(ルクセンブルク 1871-1919)
角世(ルクセンブルク 1871-1919)
経済(ルクセンブルク 1870/71-1919)
広辞4(ルクセンブルク 1870-1919)
広辞5(ルクセンブルク 1870-1919)
広辞6(ルクセンブルク 1870-1919)
国小(ルクセンブルク 1871.3.5-1919.1.15)
コン2(ルクセンブルク 1870-1919)
コン3(ルクセンブルク 1870-1919)
思想(ルクセンブルク, ローザ 1871-1919)
集文(ルクセンブルク, ローザ 1870.3.5-1919.1.15)
人物(ルクセンブルク, ローザ 1870.3.5-1919.1.15)
スパ(ルクセンブルク, ローザ 1871-1919)
西洋(ルクセンブルク 1870.3.5-1919.1.15)
世女(ルクセンブルク, ローザ 1870-1919)
世女日(ルクセンブルグ, ローザ 1871-1919)
世人(ルクセンブルク(ローザ＝ルクセンブルク) 1870-1919)
世西(ルクセンブルク 1870.12.26-1919.1.15)
世百(ルクセンブルク 1870-1919)
世文(ルクセンブルク, ローザ 1870-1919)
全書(ルクセンブルク 1870-1919)
大辞(ルクセンブルク 1870-1919)
大辞2(ルクセンブルク 1870-1919)
大辞3(ルクセンブルク 1870-1919)
大百(ルクセンブルク 1871-1919)
デス(ルクセンブルク 1870-1919)
伝世(ルクセンブルク 1870-1919.1)
東欧(ルクセンブルク 1870-1919)
ナビ(ルクセンブルク 1870-1919)
二十(ルクセンブルク, ローザ 1870-1919)
百科(ルクセンブルク 1870-1919)
評世(ルクセンブルク 1870-1919)
名著(ルクセンブルク 1871-1919)
山世(ルクセンブルグ, ローザ 1871-1919)
ユ人(ルクセンブルク, ローザ(ロザリア) 1871-1919)
歴学(ルクセンブルク 1871-1919)
歴史(ルクセンブルク 1871-1919)

Luzzatti, Luigi 〈19・20世紀〉

イタリアの政治家, 経済学者。首相(1910～11)。経済学, 社会学に関する著書がある。
⇒岩世(ルッツァッティ 1841.3.11-1927.3.29)
西洋(ルツァッティ 1841.3.11-1927.3.10)

Luzzatto, Gino 〈19世紀〉

イタリアの経済史家。
⇒名著(ルツァット 1878-)

Lvov, Nikolai Aleksandrovich 〈18・19世紀〉

ロシアの詩人。建築・音楽・絵画・文学などの

分野で創作活動と組織活動に才能を発揮し，近代ロシア文化の確立に貢献。
⇒集文（リヴォフ，ニコライ・アレクサンドロヴィチ 1751.3.4–1803.12.22（西暦1804.1.3)）
　名詩（リヴォフ，ニコライ・アレクサンドロヴィチ 1751–1803）

Lyashchenko, Pëtr Ivanovich 〈19・20世紀〉
ソ連邦の経済学者。科学アカデミー通信会員。農業問題，ソ連経済史の専門家。
⇒岩世（リャーシチェンコ 1875.10.9[21]–1955.7.24）
　外国（リャシチェンコ 1876–）
　コン2（リャーシチェンコ 1876–1955）
　コン3（リャーシチェンコ 1876–1955）
　西洋（リャーシチェンコ 1876.10.21–1955.7.24）
　名著（リヤシチェンコ 1876–1955）

Lydos 〈前6世紀〉
ギリシアの陶工，陶画家。
⇒新美（リュードス）
　世美（リュドス　前6世紀）

Lykourgos 〈前4世紀〉
古代アテネの政治家，弁論家，財政家。
⇒岩ケ（リュクルゴス　前390頃–前325頃）
　外国（リュクルゴス　?–前324）
　角世（リュクルゴス　前390?–前324）
　ギリ（リュクルゴス　前390頃–324）
　ギロ（リュクルゴス　前390頃–324）
　国小（リュクルゴス　前390頃–324）
　集世（リュクルゴス　前396頃–前324）
　集文（リュクルゴス　前396頃–前324）
　人物（リュクルゴス　前390頃–324）
　西洋（リュクルゴス　前390頃–324）
　世西（リュクルゴス　前390–325）
　世文（リュクールゴス　前396頃–324）
　全書（リクルゴス　前390頃–325/324）
　伝世（リュクルゴス　前390頃–324頃）
　百科（リュクルゴス　前390頃–前324）
　歴史（リュクルゴス　前390–前324頃）

Lyman, Benjamin Smith 〈19・20世紀〉
アメリカの地質学者，鉱山技師。1872年（明治5）北海道開拓使に招かれて来日。北海道の炭鉱や石油・硫黄資源を調査。また，鉱山開発に尽力。81年に帰国。『日本油田之地質及地形図』(1877)を作成。
⇒アメ（ライマン 1835–1920）
　岩世（ライマン 1835.12.11–1920.8.30）
　外国（ライマン 1835–1920）
　科学（ライマン 1835.12.11–1920.8.30）
　科史（ライマン 1835–1920）
　広辞4（ライマン 1835–1920）
　広辞5（ライマン 1835–1920）
　広辞6（ライマン 1835–1920）
　国史（ライマン 1835–1920）

国小（ライマン 1835.12.11–1920.8.30）
コン2（ライマン 1835–1920）
コン3（ライマン 1835–1920）
人物（ライマン 1835.12.11–1920.8.30）
西洋（ライマン 1835.12.11–1920.8.30）
世西（ライマン 1835.12.11–1920.8.30）
世百（ライマン 1835–1920）
全書（ライマン 1835–1920）
大辞（ライマン 1835–1920）
大辞2（ライマン 1835–1920）
大辞3（ライマン 1835–1920）
大百（ライマン 1835–1920）
二十（ライマン，B. 1835.12.11–1920.8.30）
日研（ライマン，ベンジャミン・スミス 1835.12.11–1920.8.30）
日人（ライマン 1835–1920）
百科（ライマン 1835–1920）
来日（ライマン 1835–1920）

Lyminge, Robert 〈17世紀〉
イギリスの建築家。
⇒建築（リミンジ，ロバート　（活動）17世紀）

Lynch, Kevin 〈20世紀〉
アメリカの都市計画家，建築家。著書に『都市のイメージ』『敷地計画の技法』など。
⇒世美（リンチ，ケヴィン 1918–1984）
　ナビ（リンチ 1918–1984）

Lynch, Philip R. 〈20世紀〉
オーストラリアの政治家。産業商業相，蔵相などを務める。
⇒二十（リンチ，P.R. 1933–）

Lynne, Jeff 〈20世紀〉
イギリス生まれのシンガー，ギタリスト，プロデューサー。
⇒ロ人（リン，ジェフ 1947–）

Lyons, Sir Joseph 〈19・20世紀〉
イギリスのビジネスマン。
⇒岩ケ（ライアンズ，サー・ジョゼフ 1848–1917）
　ユ人（ライアンズ，サー・ジョセフ 1848–1917）

Lyot, Bernard Ferdinand 〈20世紀〉
フランスの天文学者。コロナグラフの発明者。
⇒岩ケ（リヨ，ベルナール（・フェルディナン） 1897–1952）
　岩世（リヨー 1897.2.27–1952.4.2）
　外国（リヨー 1897–1952）
　科学（リオー 1897.2.27–1952.4.2）
　科人（リオ，ベルナール・フェルディナン 1897.2.27–1952.4.2）
　国小（リヨ 1897.2.27–1952.4.2）
　人物（リヨ 1897.2.27–1952.4.2）
　西洋（リヨー 1897.2.27–1952.4.2）
　世科（リヨ 1897–1952）

世西（リヨ　1897-）
世百（リヨ　1897-1952）
世百新（リヨ　1897-1952）
全書（リヨー　1897-1952）
大百（リヨー　1897-1952）
天文（リヨ　1897-1952）
二十（リヨ, B.F.　1897.2.27-1952.4.2）
百科（リヨ　1897-1952）

Lȳsiās 〈前5・4世紀〉

古代ギリシアの雄弁家。盾製造業の富豪の出身。アテネ十大演説家の一人。
⇒岩ケ（リュシアス　前445-前380）
　岩世（リュシアス　前450頃-380頃）
　外国（リュシアス　前450頃-380頃）
　角世（リュシアス　前459/458?-前382以降）
　ギリ（リュシアス　前459-380）
　広辞6（リュシアス　前5・4世紀）
　国小（リュシアス　前459頃-380頃）
　コン2（リュシアス　前459頃-380頃）
　コン3（リュシアス　前459頃-前380頃）
　集世（リュシアス　前459頃-前380以後?）
　集世（リュシアス　前459頃-前380以後?）
　西洋（リュシアス　前450頃-380頃）
　世文（リューシアース　前458頃-380頃）
　全書（リシアス　前458頃-380頃）
　大百（リシアス　前458頃-380頃）
　デス（リュシアス　前459頃-380頃）
　百科（リュシアス　前445頃-前382以降）
　山世（リュシアス　前459頃-前380頃）

Lysippos 〈前4世紀〉

古代ギリシアの彫刻家, 銅細工師。前4世紀後半にアルゴス・シキオニア派の代表的な作家として活躍。アレクサンドロス大王に仕え, 大王の肖像を多数製作した。
⇒岩ケ（リュシッポス（シキュオンの）　前4世紀）
　岩世（リュシッポス　前370-10年頃）
　外国（リュシッポス）
　角世（リュシッポス　前400/390-?）
　ギリ（リュシッポス　（活動）前360頃-315）
　ギロ（リュシッポス　前380頃-前318頃）
　芸術（リュシッポス　前4世紀）
　広辞4（リュシッポス）
　広辞6（リュシッポス　前4世紀）
　国小（リシッポス　生没年不詳）
　コン2（リュシッポス　前4世紀）
　コン3（リュシッポス　前4世紀）
　新美（リューシッポス）
　人物（リュシッポス　生没年不詳）
　西洋（リュシッポス　前4世紀）
　世西（リュシッポス　前4世紀）
　世美（リュシッポス　（活動）前4世紀後半）
　世百（リュシッポス　前4世紀）
　全書（リシッポス　生没年不詳）
　体育（リュシッポス）
　大辞（リュシッポス　前4世紀）
　大辞3（リュシッポス　前4世紀）
　大百（リュシッポス　生没年不詳）
　デス（リュシッポス　生没年不詳）

百科（リュシッポス　前4世紀）
評世（リシッポス　前380頃-前318頃）

Lyssorgues, Guillaume de 〈16世紀〉

フランスの建築家。
⇒世美（リソルグ, ギヨーム・ド　16世紀）

Lyttelton of Frankley, George Lyttelton, 1st Baron 〈18世紀〉

イギリスの政治家, 著述家。1944～54年, 55～56年蔵相。
⇒国小（リトルトン　1709-1773）

Lyubimov, Lev Yakovlevich 〈19・20世紀〉

ソ同盟の経済学者。主著には『婦人運動と社会主義』などあり, とくに『地代論』(松村四郎訳) は日本でも広く知られている。
⇒外国（リュビモフ　1879-）
　経済（リュビーモフ　1879-?）
　名著（リュビーモフ　1879-?）

Lyudogovskii, Aleksei Petrovich 〈19世紀〉

ロシアの農業経済学者。著書に『農業経済および簿記の基礎』がある。
⇒岩世（リュドゴーフスキー　1840-1882.2.11）
　西洋（リュドゴーフスキー　1840-1882）

【 M 】

M 〈20世紀〉

イギリスのテクノ・ポップ・アーティスト, プロデューサー。
⇒洋ヒ（M　1947-）
　ロ人（エム　1947-）

Maassen, Karl Georg 〈18・19世紀〉

プロシアの政治家。モッツとともに関税同盟締結を準備, モッツの没後は蔵相として関税同盟成立に寄与。
⇒外国（マーセン　1769-1834）

Maazel, Lorin 〈20世紀〉

アメリカの指揮者, ヴァイオリン奏者。1982年ウィーン国立オペラの総支配人, 芸術監督就任。
⇒岩ケ（マゼル, ロリン（・ヴァレンコヴ）　1930-）
　演奏（マゼル, ロリン　1930.3.6-）
　オペ（マゼール, ロリン　1930.3.6-）
　音楽（マゼール, ロリン　1930.3.6-）
　音大（マーゼル　1930.3.6-）

クラ（マゼール，ロリン　1930–）
国小（マーゼル　1930.3.6–）
コン3（マゼール　1930–）
実ク（マゼール，ロリン　1930–）
人物（マゼール　1930.3.5–）
世百新（マゼール　1930–）
全書（マゼール　1930–）
大百（マーゼル　1930–）
二十（マゼール　1930.3.6–）
百科（マゼール　1930–）
標音（マゼール，ロリン　1930–）
ラル（マーゼル，ロリン　1930–）

McAdam, John Loudon 〈18・19世紀〉
スコットランドの発明家。砕石による道路舗装法（マカダム法）を発明。
⇒岩ケ（マカダム，ジョン・ラウドン　1756–1836）
岩世（マッカダム　1756.9.21–1836.11.26）
外国（マッカダム　1756–1836）
科学（マカダム　1756.9.23–1836.11.26）
科技（マカダム　1756.9.23–1836.11.26）
科人（マカダム，ジョン・ルードン　1756.9.21–1836.11.26）
コン2（マカダム　1756–1836）
コン3（マカダム　1756–1836）
西洋（マカダム　1756.9.21–1836.11.26）
世ケ（マカダム　1756–1836）
世西（マカダム　1756.9.21–1836.11.26）
世百（マッカダム　1756–1836）
全書（マカダム　1756–1836）
大辞3（マカダム　1756–1836）
大百（マカダム　1756–1836）
百科（マッカダム　1756–1836）

McAdoo, William Gibbs 〈19・20世紀〉
アメリカの政治家。弁護士，鉄道経営者。財務長官（1913～18）。上院議員（33～39）。
⇒岩世（マッカドゥー　1863.10.31–1941.2.1）
外国（マカドゥー　1863–1941）
コン2（マカドゥー　1863–1941）
コン3（マカドゥー　1863–1941）
西洋（マカドゥー　1863.10.31–1941.2.1）
伝世（マカドゥー　1863–1941）

McAlmon, Robert 〈20世紀〉
アメリカの詩人，作家，出版者。
⇒才世（マコールモン，ロバート　1896–1956）
集世（マコールモン，ロバート　1896.3.9–1956.2.2）
集文（マコールモン，ロバート　1896.3.9–1956.2.2）
二十英（McAlmon, Robert（Menzies）1896–1956）

McAlpine, William Jarvis 〈19世紀〉
アメリカの土木技術者。初めて，橋脚に潜函工法を設計施工した（1860～61）。
⇒西洋（マカルピン　1812.4.30–1890.2.16）

Macarthur, Elizabeth 〈18・19世紀〉
オーストラリアの開拓者。
⇒岩ケ（マッカーサー，エリザベス　1766–1850）
世女（マッカーサー，エリザベス　1767–1850）
世女日（マッカーサー，エリザベス　1766–1850）

MacArthur, John 〈18・19世紀〉
オーストラリアの開拓者，羊毛商人。イギリスから羊を輸入して飼育に成功。
⇒岩ケ（マッカーサー，ジョン　1767–1834）
岩世（マッカーサー　1767–1834.4.11）
オセ（マッカーサー　1767–1834）
国小（マッカーサー　1767–1834）
西洋（マカーサー　1767–1834）
伝世（マカーサー，J.　1767.9.3洗礼–1834.4.11）

Macartney, Sir George 〈19・20世紀〉
イギリスの外交官。中国との友好関係を樹立。インドとカーシュガル地方との貿易を促進。
⇒西洋（マカートニ　1867.1.19–1945.5.19）
世西（マカートニー　1867.1.19–1945.5.19）

Macartney, George 1st Earl 〈18・19世紀〉
イギリスの外交家，政治家。対清貿易拡大のため，1792年イギリス初の中国への最初の使節として乾隆帝に謁見。
⇒英米（Macartney, George Macartney, 1st Earl　マカートニー伯　1737–1806）
旺世（マカートニー　1737–1806）
角世（マッカートニー　1737–1806）
広辞6（マカートニー　1737–1806）
コン3（マカートニー　1737–1806）
人世（マカートニー　1737–1806）
大辞3（マカートニー　1737–1806）
評世（マカートニー　1737–1806）
山世（マカートニー　1737–1806）

McCardell, Claire 〈20世紀〉
アメリカのファッション・デザイナー。
⇒世女日（マッカーデル，クレア　1905–1958）

McCarey, Leo 〈20世紀〉
アメリカの映画監督，映画製作者，映画脚本家。『明日は来らず』（1937），『善人サム』（48）などにほのぼのとした人間的温情を描いた。
⇒外国（マッケリー　1898–）
監督（マッケアリー，レオ　1898.10.3–1969.7）
世映（マッケリー，レオ　1898–1969）
世俳（マッケリー，レオ　1898.10.3–1969.7.5）

McCarthy, John 〈20世紀〉
アメリカの数学者で技術者。
⇒科人（マッカーシー，ジョン　1927.9.4–）
数学（マカーシー　1927.9.4–）
数学増（マカーシー　1927.9.4–）

macca 388 西洋人物レファレンス事典

大辞2（マッカーシー 1927-）
大辞3（マッカーシー 1927-）
ナビ（マッカーシー 1927-）

Maccarucci, Bernardino 〈18世紀〉
イタリアの建築家。
⇒建築（マッカルッツィ, ベルナルディーノ ?-1798）
世美（マッカルッチ, ベルナルディーノ 1728頃-1798）

McCloy, John J. 〈20世紀〉
アメリカの弁護士, 銀行家。国際復興開発銀行総裁, チェース・マンハッタン銀行頭取。
⇒岩ケ（マックロイ, ジョン（・ジェイ） 1895-1989）
二十（マクロイ, ジョン・J. 1895-?）

McCone, John A. 〈20世紀〉
アメリカの建築技師, 実業家。カリフォルニア造船会社社長, 米国AEC委員長, 米国中央情報局長官。
⇒二十（マッコーン, ジョン・A. 1902-）

McCormick, Cyrus Hall 〈19世紀〉
アメリカの発明家, 実業家。1834年刈取機を発明。農業機械産業の振興に貢献した。
⇒岩ケ（マッコーミック, サイラス（・ホール）1809-1884）
岩世（マコーミック 1809.2.15-1884.5.13）
英米（McCormick, Cyrus Hall マコーミック 1809-1884）
旺世（マコーミック 1809-1884）
角世（マコーミク 1809-1884）
国小（マッコーミック 1809.2.15-1884.5.13）
コン2（マコーミック 1809-1884）
コン3（マコーミック 1809-1884）
西洋（マコーミック 1809.2.15-1884.5.13）
世科（マコーミック 1809-1884）
世西（マコーミック 1809.2.15-1884.5.13）
伝世（マコーミック 1809-1884）
百科（マコーミック 1809-1884）
山世（マコーミク 1809-1884）

McCormick, Cyrus Hall 〈19・20世紀〉
アメリカの農機具製造業者。1902年農機具トラストの国際収穫機会社を組織し社長。
⇒世西（マコーミック 1859.5.16-1936.6.2）

McCormick, Nettie Fowler 〈19・20世紀〉
アメリカの実業家。
⇒世女日（マッコーミック, ネティ・ファウラー 1835-1923）

McCormick, Robert Rutherford

〈19・20世紀〉
アメリカの新聞業者。
⇒岩世（マコーミック 1880.7.30-1955.4.1）

McCoy, Van 〈20世紀〉
アメリカ・ワシントンDC生まれのプロデューサー, ソングライター。ディスコ, ソウル系のレコードを制作。
⇒洋ヒ（マッコイ, ヴァン 1940-1979）

McCracken, Paul Winston 〈20世紀〉
アメリカの経済学者。1969年ニクソン政権の経済諮問委員会委員長に就任。
⇒現人（マクラッケン 1915.12.29-）
二十（マクラッケン, ポウル・W. 1915-）

MacCready, Paul Beattie 〈20世紀〉
アメリカの航空工学エンジニア, 発明家。
⇒岩ケ（マックリーディ, ポール（・ビーティ）1925-）

MacCulloch, John Ramsay 〈18・19世紀〉
イギリスの経済学者。主著『経済学原理』（1825）。
⇒岩世（マカロック 1789.3.1-1864.11.11）
国小（マッカロック 1789.3.1-1864.11.11）
コン2（マカロック 1789-1864）
コン3（マカロック 1789-1864）
人物（マカロック 1789.3.1-1864.11.11）
西洋（マカロック 1789.3.1-1864.11.11）
世西（マカロック 1789.3.1-1864.11.11）
世百（マカロック 1789-1864）
名著（マカロック 1789-1864）

McCutcheon, Wallace 〈19・20世紀〉
ニューヨーク生まれの映画製作者, 監督。
⇒世映（マッカッチョン, ウォレス 1858-1928）

McDermott, Gerald 〈20世紀〉
アメリカの絵本作家, 映画製作者。
⇒児イ（McDermott, Gerald マクダーモット, G. 1941-）
児文（マクダーモット, ジェラルド 1941-）
二十（マクダーモット, ジェラルド 1941-）

Macdonald, Donald S. 〈20世紀〉
カナダの政治家。カナダ蔵相。
⇒二十（マクドナルド, D.S. 1932-）

MacDonald, James Ramsay 〈19・20世紀〉
イギリスの政治家。1924年, 最初の労働党内閣の首相兼外相。29年再び組閣し, 31年の財政危機に保守党・自由党と挙国内閣を組織し, 労働

党と訣別。
⇒岩ケ（マクドナルド,（ジェイムズ・）ラムジー 1866–1937）
岩世（マクドナルド 1866.10.12–1937.11.9）
英米（MacDonald, James Ramsay マクドナルド（ラムジー） 1866–1937）
旺世（マクドナルド 1866–1937）
外国（マクドナルド 1866–1937）
角世（マクドナルド（ラムゼイ） 1866–1937）
広辞4（マクドナルド 1866–1937）
広辞5（マクドナルド 1866–1937）
広辞6（マクドナルド 1866–1937）
国小（マクドナルド 1866.10.12–1937.11.9）
国百（マクドナルド, ジェームズ・ラムゼー 1866.10.12–1937.11.9）
コン2（マクドナルド 1866–1937）
コン3（マクドナルド 1866–1937）
人物（マクドナルド 1866.10.12–1937.11.9）
西洋（マクドナルド 1866.10.12–1937.11.9）
世人（マクドナルド 1866–1937）
世政（マクドナルド, ジェームズ・ラムゼイ 1866.10.12–1937.11.9）
世西（マクドナルド 1866.10.12–1937.11）
世百（マクドナルド 1866–1937）
全書（マクドナルド 1866–1937）
大辞（マクドナルド 1866–1937）
大辞2（マクドナルド 1866–1937）
大辞3（マクドナルド 1866–1937）
大百（マクドナルド 1866–1937）
デス（マクドナルド 1866–1937）
伝世（マクドナルド, J.R. 1866.10–1937.11）
ナビ（マクドナルド 1866–1937）
二十（マクドナルド, J.R. 1866–1937）
百科（マクドナルド 1866–1937）
評世（マクドナルド 1866–1937）
山世（マクドナルド, ラムゼイ 1866–1937）
ユ人（マクドナルド, ジェームズ・ラムジー 1866–1937）
歴史（マクドナルド 1866–1937）

McDonald, Richard 〈20世紀〉
アメリカの実業家。
⇒広辞6（マクドナルド 1909–1998）

McDonnell, James Smith 〈20世紀〉
アメリカの企業経営者。1967年ダグラス社を買収して米最大の航空機メーカー, マクドネル・ダグラス社を創立。
⇒岩ケ（マクドネル, ジェイムズ・S（スミス） 1899–1980）
岩世（マクドネル 1899.4.9–1980.8.22）
コン3（マクドネル 1899–1980）
西洋（マクドネル 1899.4.9–1980.8.22）
二十（マクドネル, ジェイムス・スミス（Jr.） 1899–1980）

Mace, Ronald L. 〈20世紀〉
アメリカの建築家, デザイナー。
⇒大辞3（メース 1941–1998）

MacEachron, David 〈20世紀〉
アメリカの財界人。ジャパン・ソサエティー会長。
⇒二十（マッケクロン, D. 1923–）

MacEchen, Alan J. 〈20世紀〉
カナダの政治家。カナダ副首相, 蔵相。
⇒二十（マケッカン, A.J. 1921.7.6–）

Macedo de Carvalho, Jerónimo 〈17世紀〉
ポルトガルの日本貿易船隊司令官。
⇒岩世（マセード ?–1632.12）
西洋（マセド ?–1632.12）

McElroy, Neil H. 〈20世紀〉
アメリカの実業家, 政治家。クライスラー自動車会社取締役, 米国国防長官。
⇒二十（マッケロイ, ニール・H. 1904.10.30–1972）

Macero, Teo 〈20世紀〉
アメリカのジャズ・プロデューサー。
⇒ジヤ（マセロ, テオ 1925.10.30–）
二十（マセロ, テオ 1925.10.30–）

McEwen, John 〈20世紀〉
オーストラリアの政治家。日本との貿易促進に尽くした功で1973年勲一等旭日大綬章を贈られた。67〜68年首相。
⇒岩世（マッキュアン 1900.3.29–）
世政（マッキュアン, ジョン 1900.3.29–1980.11.20）
二十（マッキュアン, ジョン 1900–1980.11.20）

McFadden, Daniel Little 〈20世紀〉
アメリカの経済学者。2000年ノーベル経済学賞。
⇒ノベ（マクファデン, D.L. 1937.7.29–）
ノベ3（マクファデン, D.L. 1937.7.29–）

MacGibbon, Ross 〈20世紀〉
イギリスのダンサー, 映画製作者。
⇒バレ（マクギボン, ロス 1955.1.29–）

McGill, James 〈18・19世紀〉
カナダの事業家, 慈善家。
⇒岩ケ（マッギル, ジェイムズ 1744–1813）

McGregor, Douglas M. 〈20世紀〉
アメリカの経営学者。
⇒二十（マクレガー, ダグラス・M. 1906–1964）

macgr 390 西洋人物レファレンス事典

McGregor, *Sir* Ian Kinloch 〈20世紀〉
イギリスの会社経営者。
⇒岩ケ（マッグレガー, サー・イアン（・キンロホ）
1912-）

McGuire, Peter J. 〈19・20世紀〉
アメリカ（アイルランド系）の労働運動家。「ア
メリカ労働総同盟（A.F.L.）」を創設して改良
主義的労働組合運動に携った。
⇒コン3（マガイアー 1852-1914）
西洋（マガイアー 1852-1906）

Machado 〈20世紀〉
アルゼンチンの建築家。ロード・アイランド・
スクール・オブ・デザイン建築学部長。
⇒二十（マカード, ルドルフォ 1942-）

Machault d'Arnouville, Jean-Baptiste de 〈18世紀〉
フランスの政治家。1745年12月財務総監, 20分
の1税を創設。
⇒国小（マショー 1701.12.13-1794.7.13）

Machida, Shigenobu 〈20世紀〉
アメリカのコンピューター・プログラマー。中
国生まれ, 父は日本人。ジョージア・トラスト
会社のプログラマーを経て, イースタン航空の
技術専門家。
⇒二十（マチダ, S. 1943-）

Machlup, Fritz 〈20世紀〉
アメリカの経済学者。ウィーン学派の流れをく
み, 国際経済論, 国際金融論の分野で活躍。
⇒岩世（マハルプ 1902.12.15-1983.1.30）
経済（マッハルプ 1902-1983）
西洋（マハルプ 1902.12.25-）
全書（マハルプ 1902-）
二十（マハループ, F. 1902-1983）

Machuca, Pedro de 〈16世紀〉
スペインの建築家, 画家。16世紀イタリア美術
の成果を最初にスペインに取入れた。
⇒芸術（マチューカ, ペードロ ?-1550）
建築（マチューカ, ペドロ ?-1550）
国小（マチューカ ?-1555）
新美（マチューカ, ペドロ ?-1572）
世美（マチューカ, ペドロ ?-1550）

Maciachini, Carlo 〈19世紀〉
イタリアの建築家。
⇒世美（マチャキーニ, カルロ 1818-1899）

McIntire, Samuel 〈18・19世紀〉
アメリカの建築家, 工芸家。

⇒国小（マキンタイヤー 1757.1-1811.2.6）
伝世（マキンタイア 1757-1811.2）

Macintosh, Charles 〈18・19世紀〉
イギリスの製造化学者。
⇒岩ケ（マッキントッシュ, チャールズ 1766-1843）
科人（マッキントッシュ, チャールズ 1766.12.29-1834.7.25）

McIntyre, Alfred Robert 〈19・20世紀〉
アメリカの出版者。
⇒二十英（McIntyre, Alfred R（obert） 1886-1948）

Mack, M. 〈20世紀〉
オーストリアの建築家。
⇒二十（マック, マーク 1949-）

Mack, Nila 〈20世紀〉
アメリカのラジオ番組プロデューサー。
⇒世女日（マック, ナイラ 1891-1953）

MacKaye, James Morrison Steele 〈19世紀〉
アメリカの俳優, 劇作家, 劇場経営者, 演出家。
⇒岩世（マッカイ 1842.6.6-1894.2.25）

McKenna, Reginald 〈19・20世紀〉
イギリスの政治家。アスキス内閣に海相（1908〜11）, 内相（11〜15）, 蔵相（15〜16）を歴任。
⇒西洋（マケナ 1863.7.6-1943.9.6）

Mackenzie, *Sir* Alexander 〈18・19世紀〉
スコットランド出身の探検家, 毛皮商。1793年
白人としてメキシコ以北における最初のアメリ
カ大陸横断を成し遂げた。
⇒岩ケ（マッケンジー, サー・アレグザンダー 1755頃-1820）
英米（Mackenzie, Sir Alexander マッケンジー 1764-1820）
外国（マッケンジー 1755-1820）
国小（マッケンジー 1755?-1820.3.11）
コン2（マッケンジー 1764-1820）
コン3（マッケンジー 1764-1820）
西洋（マッケンジ 1755/64頃-1820.3.11/2）
世西（マッケンジー 1755-1820.5.11）
世百（マッケンジー 1764頃-1820）
全書（マッケンジー 1764-1820）
探検1（マッケンジー 1764-1820）
デス（マッケンジー 1755-1820）
伝世（マッケンジー, A. 1764-1820.3.12）
百科（マッケンジー 1764-1820）

Mackenzie, *Sir* Compton 〈19・20世紀〉
イギリスの小説家，軍人，実業家。『シニス
ター・ストリート』(1913〜14)により，名声を
確立。
⇒イ文（Mackenzie, Sir（Edward
Montague) Compton　1883–1972)
　岩ケ（マッケンジー，サー・(エドワード・モンタ
ギュー・)コンプトン　1883–1972)
　才世（マッケンジー，(エドワード・モンタ
ギュー・)コンプトン　1883–1972)
　国小（マッケンジー　1883.1.17–1972.11.30)
　集世（マッケンジー，コンプトン　1883.1.17–
1972.11.30)
　集文（マッケンジー，コンプトン　1883.1.17–
1972.11.30)
　西洋（マケンジ　1882.1.17–1972.11.30)
　世百（マッケンジー　1883–)
　世百新（マッケンジー　1883–1972)
　世文（マッケンジー，サー・コンプトン　1883–
1972)
　全書（マッケンジー　1883–1972)
　二十（マッケンジー，コンプトン　1883–1972.11.
30)
　二十英（Mackenzie, Sir（Edward Montague)
Compton　1883–1972)
　百科（マッケンジー　1883–1972)

McKenzie, Lionel Wilfred 〈20世紀〉
アメリカの経済学者。
⇒経済（マッケンジー　1919–)
　二十（マッケンジー，ライネル　1919–)

Mackenzie, William 〈18・19世紀〉
イギリスの土木技術者。
⇒岩世（マッケンジー　1794.3.20–1851.10.29)

McKim, Charles Follen 〈19・20世紀〉
アメリカの建築家。ローマのアメリカン・アカ
デミーの創立者。
⇒岩ケ（マッキム，チャールズ・フォレン　1847–
1909)
　岩世（マッキム　1847.8.24–1909.9.14)
　国小（マッキム　1847.8.24–1909.9.14)
　コン3（マッキム　1847–1909)
　西洋（マキム　1847.8.24–1909.9.14)
　世美（マッキム，チャールズ・フォレン　1847–
1909)
　伝世（マキム　1847.8.24–1909.9.14)

Mackintosh, Cameron Anthony 〈20世紀〉
イギリスの興行主。
⇒岩ケ（マッキントッシュ，キャメロン(・アント
ニー)　1946–)

Mackintosh, Charles Rennie 〈19・20世紀〉
スコットランドの建築家，デザイナー，水彩画

家。1904年ハネマン・ケッピー建築会社の共同
経営者。主作品はグラスゴー美術学校校舎
(1896〜1909)。
⇒岩ケ（マッキントッシュ，チャールズ・レニー
1868–1928)
　岩世（マッキントッシュ　1868.6.7–1928.12.10)
　才西（マッキントッシュ，チャールズ・レニー
1868–1928)
　国小（マッキントッシュ　1868.6.7–1928.12.10)
　コン2（マッキントッシュ　1868–1928)
　コン3（マッキントッシュ　1868–1928)
　新美（マッキントッシュ，チャールズ・レンニー
1868.1.7–1928.12.10)
　人物（マッキントッシュ　1868.1.7–1928.12.10)
　西洋（マキントッシュ　1868.1.7–1928.12.10)
　世洋（マッキントッシュ，チャールズ・レニー
1868–1928)
　世百（マッキントッシュ　1868–1928)
　全書（マッキントッシュ　1868–1928)
　大辞（マッキントッシュ　1868–1928)
　大辞2（マッキントッシュ　1868–1928)
　大辞3（マッキントッシュ　1868–1928)
　大百（マッキントッシュ　1868–1928)
　デス（マッキントッシュ　1868–1928)
　伝世（マキントッシュ　1868.6.7–1928.12.10)
　ナビ（マッキントッシュ　1868–1928)
　二十（マッキントッシュ，チャールズ・R.　1868.
1.7–1928.12.10)
　百科（マッキントッシュ　1868–1928)
　歴史（マッキントッシュ　1868–1928)

Mackintosh, Margaret 〈19・20世紀〉
イギリス・スコットランドの建築家。
⇒世女日（マッキントッシュ，マーガレット
1865–1933)

Mackmurdo, Arthur Heygate 〈19・20世紀〉
イギリスの素描家，建築家。芸術家のための組
織である〈センチュリー・ギルド〉を創立。
⇒岩ケ（マクマード，アーサー・ヘイゲイト
1851–1942)
　才西（マクマード，アーサー・H.　1851–1942)
　国小（マクマード　1851–1942)
　新美（マックマード，アーサー　1851.12.12–
1942.3.15)
　世美（マックマード，アーサー・ヘイゲイト
1851–1942)
　二十（マックマード，アーサー　1851.12.12–
1942.3.15)

Mcknight Kauffer, Edward 〈19・20世紀〉
アメリカの商業デザイナー。1915年，ロンドン
ではじめて地下鉄のポスターを制作。
⇒岩ケ（マクナイト・カウファー，エドワード
1890–1954)
　岩世（コーファー　1891.12.14–1954.10.22)
　国小（コーファー　1890–)
　コン3（マクナイト・カウファー　1890–1954)

macla 392 西洋人物レファレンス事典

M

西洋（コーファー　1891–1954.10.22）
世百（コーファー　1890–1954）
二十（コーファー, エドワード・M.　1891–1954.
10.22）

Mclachlan, Edward 〈20世紀〉
デザイナー, 漫画家。
⇒児イ（Mclachlan, Edward　マクラクラン, E.）

McLane, Louis 〈18・19世紀〉
アメリカの政治家。大統領ジャクソンの財政長
官, ついで国務長官。
⇒外国（マックレーン　1786–1857）

McLaren, Louise Leonard 〈19・20世
紀〉
アメリカの学校経営者。
⇒世女日（マクラレン, ルイーズ・レオナード
1885–1968）

McLaughlin, Louise 〈19・20世紀〉
アメリカの陶芸家。
⇒世女日（マックローリン, ルイーズ　1847–1939）

McLennan, Ian Munro 〈20世紀〉
オーストラリアの財界人。日本・オーストラリ
ア経済合同委員会の初代オーストラリア側委
員長。
⇒現人（マクレナン　1909.11.30–）

Macleod, Henry Dunning 〈19・20世
紀〉
イギリスの経済学者。主著『銀行業務の理論と
実際』（1855）。
⇒国小（マクラウド　1821.3.31–1902.7.16）
世百（マクラウド　1821–1902）
全書（マクラウド　1821–1902）
名著（マクロード　1821–1902）

Macleod, Ian N. 〈20世紀〉
イギリスの政治家。英国蔵相。
⇒岩ケ（マクラウド, イアン（・ノーマン）　1913–
1970）
二十（マクラウド, イアン　1913–1970）

McMahon, Vince 〈20世紀〉
プロレス団体オーナー, プロモーター, プロレ
スラー, 実業家。
⇒岩世（マクマホン　1945.8.24–）

Macmillan, Alexander 〈19世紀〉
イギリスの書籍商, 出版業者。
⇒岩ケ（マクミラン, アレグザンダー　1818–1896）

McMillan, Charles J. 〈20世紀〉
カナダの経営学者。ヨーク大学教授。
⇒二十（マクミラン, チャールズ・J.　1945–）

Macmillan, Daniel 〈19世紀〉
スコットランドの出版業者。
⇒岩ケ（マクミラン, ダニエル　1813–1857）
岩世（マクミラン　1813.9.13–1859.6.27）
教育（マクミラン　1813–1857）
人物（マクミラン　1813.9.13–1859.6.27）
西洋（マクミラン　1813.9.13–1859.6.27）
世西（マクミラン　1813.7.13–1857.6.27）

Macmillan, Kirkpatrick 〈19世紀〉
イギリスの鍛冶屋。
⇒岩ケ（マクミラン, カークパトリック　1813–
1878）

Macmillan, Maurice Harold 〈20世紀〉
イギリスの政治家。1957年首相, 英米関係の強
化などに努力。63年以降マクミラン出版社
会長。
⇒岩ケ（マクミラン,（モーリス・）ハロルド, 初代
ストックトン伯爵　1894–1986）
英米（Macmillan, Maurice Harold　マクミラン
1894–1986）
旺世（マクミラン　1894–1986）
外国（マクミラン　?–）
角世（マクミラン　1894–1986）
現人（マクミラン　1894.2.10–）
広辞6（マクミラン　1894–1986）
国小（マクミラン　1894.2.10–）
コン3（マクミラン　1894–1986）
最世（マクミラン, ハロルド　1894–1986）
人物（マクミラン　1894.2.10–）
西洋（マクミラン　1894–1986）
世人（マクミラン　1894–1986）
世政（マクミラン, モーリス・ハロルド　1894.2.
10–1986.12.29）
世西（マクミラン　1894.2.10–）
世百（マクミラン　1894–）
世百新（マクミラン　1894–1986）
大百（マクミラン　1894–）
伝世（マクミラン　1894.2.10–）
ナビ（マクミラン　1894–1986）
二十（マクミラン, M.H.　1894.2.10–1986.12.
29）
百科（マクミラン　1894–）
評世（マクミラン　1894–）
山世（マクミラン　1894–1986）

McMurray, Bette 〈20世紀〉
アメリカの発明家。
⇒世女日（マクマレイ, ベッティ　1924–1980）

Macnaghten, Anne 〈20世紀〉
イギリスのコンサート興行主でヴァイオリン
奏者。

⇒世女（マクノートン，アン（キャサリン）　1908–2001）

McNamara, Frank 〈20世紀〉

アメリカのビジネスマン，改革者。
⇒岩ケ（マクナマラ，フランク　1917–1957）

McNamara, Robert Strange 〈20世紀〉

アメリカの実業家，高級官僚。1961年以来7年間，国防長官として世界最大の国防編制を統括した。68年世界銀行（IBRD）の総裁に就任。
⇒岩ケ（マクナマラ，ロバート・S（ストレインジ）　1916–）
　岩世（マクナマラ　1916.6.9–2009.7.6）
　現人（マクナマラ　1916.6.9–）
　広辞6（マクナマラ　1916–）
　国小（マクナマラ　1916.6.9–）
　国百（マクナマラ，ロバート・ストレンジ　1916.6.9–）
　コン3（マクナマラ　1916–）
　人物（マクナマラ　1916.6.9–）
　西洋（マクナマラ　1916.6.9–）
　世政（マクナマラ，ロバート　1916.6.9–）
　世西（マクナマラ　1916.6.9–）
　全書（マクナマラ　1916–）
　ナビ（マクナマラ　1916–）
　二十（マクナマラ，ロバート・S.　1916.6.9–）

McNaught, William 〈19世紀〉

イギリスのエンジニア，発明家。
⇒岩ケ（マクノート，ウィリアム　1813–1881）
　世科（マクノート　1813–1881）

Macon, Nathaniel 〈18・19世紀〉

アメリカの法律家，政治家。国立銀行，保護関税，国内開発法などに徹底的に反対し，奴隷制度を支持。
⇒外国（メーコン　1758–1837）
　国小（メーコン　1758.12.17–1837.6.29）
　西洋（メーコン　1758頃–1837.6.29）

Macrae, Norman 〈20世紀〉

イギリスのジャーナリスト。「エコノミスト」副編集長。
⇒二十（マクレー，ノーマン　1923–）

MacVeagh, Charles 〈19・20世紀〉

アメリカの実業家，法律家。駐日特命全権公使（1925〜29）。
⇒岩世（マクヴェイ　1860.6.6–1931.12.4）
　西洋（マクヴェーグ　1860.6.6–1931）
　来日（マクベイ　1860–1931）

McWhirter, Norris Dewar 〈20世紀〉

イギリスの出版業者，作家，ジャーナリスト，

キャスター。
⇒岩ケ（マクワーター，ノリス・デュアー　1925–）

Maddison, Angus 〈20世紀〉

イギリスの経済学者。OECDディベロップメント・センター技術援助部長。
⇒二十（マディソン，A.　1927–）

Maderna, Carlo 〈16・17世紀〉

イタリアの建築家。1605年サン・ピエトロ大聖堂の身廊などを建造。
⇒岩ケ（マデルナ，カルロ　1556–1629）
　岩世（マデルナ　1556–1629.1.30）
　キリ（マデルナ（マデルノ），カルロ　1556–1629.1.30）
　建築（マデルナ，カルロ（マデルノ，カルロ）　1556–1629）
　国小（マデルナ　1556–1629.1.30）
　コン2（マデルナ　1556–1629）
　コン3（マデルナ　1556–1629）
　新美（マデルナ（マデルノ），カルロ　1556–1629.1.30）
　西洋（マデルナ　1556–1629.1.30）
　世西（マデルノ　1556–1629）
　世美（マデルナ，カルロ　1556–1629）
　世百（マデルノ　1556–1629）
　全書（マデルナ　1556–1629）
　大百（マデルナ　1556–1629）
　伝世（マデルノ　1556–1629.1.30）
　百科（マデルノ　1556頃–1629）

Madersperger, Joseph 〈18・19世紀〉

オーストリアの裁縫師。ミシンを発明（1839）。
⇒岩世（マーデルスベルガー　1768.10.6–1850.10.2）
　西洋（マーデルスベルガー　1768.10.6–1850.9.3）

Madlib 〈20世紀〉

アメリカのDJ，ヒップホップ系の音楽プロデューサー。
⇒ヒ人（マッドリブ）

Maduro, Ricardo 〈20世紀〉

ホンジュラスの政治家，実業家。ホンジュラス大統領。
⇒世政（マドゥロ，リカルド　1946.4.20–）

Maelzel, Johann Nepomuk 〈18・19世紀〉

ドイツの音楽教師，発明家。メトロノーム，パンハーモニコン，自動式トランペット（1808）等を発明した。
⇒音楽（メルツェル，ヨハン・ネーボムク　1722.8.15–1838.7.21）
　西洋（メルツェル　1772.8.15–1838.7.21）
　ラル（メルツェル，ヨーハン・ネーポムク　1772–1838）

Maetsuycker, Joan 〈17世紀〉

オランダの法学者, 東インド会社 (VOC) 総督。
⇒岩世（マーツァイケル　1606.10.14–1678.1.4）

Magellan, Ferdinand 〈15・16世紀〉

ポルトガルの航海者。最初の地球周航者。1519
年, スペイン王カルロス一世の勅許を得て, 西
回りで香料の原産地マルク諸島へ向かう航海に
出発。同年マゼラン海峡を発見。
⇒逸話（マゼラン　1480頃–1521）
　岩ケ（マゼラン, フェルディナンド　1480頃–
　　1521）
　岩世（マガリャンイス　1480頃–1521.4.27）
　旺世（マゼラン　1480頃–1521）
　オセ（マゼラン　1480–1521）
　外国（マガリャインシュ　1480頃–1521）
　科学（マゼラン　1480頃–1521.4.27）
　科技（マゼラン　1480頃–1521.4.27）
　科史（マガリャンイス　1480?–1521）
　角世（マゼラン　1470?–1521）
　キリ（マガリャエンシュ, フェルナン・デ（マゼラ
　　ン, フェルディナンド）　1480頃–1521.4.27）
　広辞4（マゼラン　1480頃–1521）
　広辞6（マゼラン　1480頃–1521）
　国小（マゼラン　1480–1521.4.27）
　国百（マゼラン, フェルディナンド　1480–1521.
　　4.27）
　コン2（マゼラン　1480頃–1521）
　コン3（マゼラン　1480頃–1521）
　人物（マゼラン　1480頃–1521.4.27）
　スペ（マゼラン　1480–1521）
　西洋（マガリャンイス　1480頃–1521.4.27）
　世人（マゼラン（マガリャエンシュ）　1480頃–
　　1521）
　世西（マガリャインシュ（マジェラン）　1480頃–
　　1521.4.27）
　世東（マガリャインシユ（マジェラン）　1480–
　　1521.4.27）
　世百（マジェラン　1480?–1521）
　全書（マジェラン　1480?–1521）
　大辞（マゼラン　1480頃–1521）
　大辞3（マゼラン　1480頃–1521）
　大百（マゼラン　1480?–1521）
　探検1（マゼラン　1480?–1521）
　デス（マゼラン　1480–1521）
　伝世（マゼラン　1480–1521.4.27）
　百科（マゼラン　1480–1521）
　評世（マゼラン　1480頃–1521）
　山世（マゼラン　1480頃–1521）
　歴史（マゼラン　1480–1521）

Magenta, Giovanni Ambrogio 〈16・
17世紀〉

イタリアの建築家。
⇒世美（マジェンタ, ジョヴァンニ・アンブロー
　ジョ　1565–1635）

Maggi, Julius 〈19・20世紀〉

スイスの食料品工業家。即席スープその他を考
案。マッギ・コンツェルンを設立。

⇒岩世（マギー　1846.10.9–1912.10.19）
　西洋（マッギ　1846.10.9–1912.10.19）

Maggini, Giovanni Paolo 〈16・17世紀〉

イタリアの弦楽器製作者。
⇒音楽（マッジーニ, ジョヴァンニ・パオロ　1581
　頃–1632頃）
　音大（マッジーニ　1579.11.29（洗礼）–1630以
　　降）

Maggiolini, Giuseppe 〈18・19世紀〉

イタリアの家具制作家。
⇒建築（マッジョリーニ, ジュゼッペ　1738–1814）
　世美（マッジョリーニ, ジュゼッペ　1738–1814）

Magistretti, Vico 〈20世紀〉

イタリアの建築家。
⇒世美（マジストレッティ, ヴィーコ（またはルド
　ヴィーコ）　1920–）

Magnin, Cyril 〈20世紀〉

アメリカの財界人。サンフランシスコ大商業会
議所会頭。
⇒二十（マグニン, シリル　1909–）

Magnocavallo, Francesco Ottavio
〈18世紀〉

イタリアの建築家。
⇒世美（マニョカヴァッロ, フランチェスコ・オッ
　ターヴィオ　1707–1789）

Maguire, John William Rochfort
〈19・20世紀〉

アメリカのヴィアトル会士, 経済学者, 労働争
議調停者。
⇒キリ（マグワイア, ジョン・ウィリアム・ロック
　フォート　1883.8.11–1940.2.11）

Mahalanobis, Prasanta Chandra
〈20世紀〉

インドの統計学者, 計量経済学・開発経済学
者。1949年から政府の統計顧問, 国民所得委員
長などを歴任し, インドの5カ年計画の立案に
重要な役割を果たした。
⇒岩世（マハラノビス　1893.6.29–1972.6.28）
　経済（マハラノビス　1893–1971）
　現人（マハラノビス　1893.1.29–）
　コン3（マハーラノビス　1893–1972）
　数学（マハラノビス　1893.6.29–1972.6.28）
　数学増（マハラノビス　1893.6.29–1972.6.28）
　西洋（マハラノビス　1893.6.29–1972.6.28）
　世東（マハーラノビス　1893–1972）
　全書（マハラノビス　1893–1972）
　大辞3（マハラノビス　1893–1972）
　南ア（マハラノビス　1893–1972）
　二十（マハラノビス, P.C.　1893–1972）

Mahroug, Samil 〈20世紀〉

アルジェリアの経済学者, 行政官。1970～76年財政相。77年地中海諸国銀行連盟 (パリ) 議長。
⇒中東 (マフルーグ 1926–)

Mahu, Jacques 〈16世紀〉

オランダの貿易商, 航海家。東洋貿易の総司令官としてホープ号に乗り, アフリカ西岸を南航中病没。
⇒西洋 (マヒュー 1564–1598.9.24)

Maiano, Benedetto da 〈15世紀〉

イタリアの彫刻家, 建築家。兄は, 建築家のジュリアーノ。
⇒岩世 (マイアーノ 1442–1497.5.27)
　芸術 (マヤノ, ベネデットー・ダ 1442–1497)
　建築 (ベネデット・ダ・マイアーノ (通称) (ベネデット・ディ・レオナルド) 1442–1497)
　国小 (マイアーノ 1442–1497.5.27)
　新美 (マイヤーノ, ベネデット・ダ 1442–1497. 5.24)
　西洋 (マヤーノ 1442–1497.5.27)
　世美 (ベネデットー・ダ・マヤーノ 1442–1497)
　世美 (ベネデット・ダ・マイアーノ 1442–1497)
　全書 (マヤーノ 1442–1497)
　大百 (マヤーノ 1442–1497)

Maievskii, Nikolai Vladimirovich 〈19世紀〉

ロシアの砲術技術者。外弾道学の詳細な研究を行い, 1870年『外弾道学講義』を著した。
⇒コン2 (マイエーフスキィ 1823–1892)
　コン3 (マイエフスキー 1823–1892)
　数学 (マイーフスキー 1823.5.11–1892.2.23)
　数学増 (マイーフスキー 1823.5.11–1892.2.23)
　世百 (マイエフスキー 1823–1892)
　全書 (マイエフスキー 1823–1892)

Maillart, Robert 〈19・20世紀〉

スイスの建築技師。茸型円柱構造の創案者。主作品はタバナサ橋 (1905) など。
⇒岩ケ (マヤール, ロベール 1872–1940)
　岩世 (マイヤール 1872.2.6–1940.4.5)
　才西 (マイヤール, ロベール 1872–1892)
　国小 (マイヤール 1872.6.2–1940.5.4)
　新美 (マイヤール, ロベール 1872.2.6–1940.4. 5)
　西洋 (マイヤール 1872.2.6–1940.4.5)
　世美 (マイヤール, ロベール 1872–1940)
　世百 (マイヤール 1872–1940)
　全書 (マイヤール 1872–1940)
　大百 (マイヤール 1872–1940)
　ナビ (マイヤール 1872–1940)
　二十 (マイヤール, ロベール 1872.2.6–1940.4. 5)
　百科 (マイヤール 1872–1940)

Maillu, David 〈20世紀〉

ケニアの大衆小説家, 出版者, 画家。
⇒集世 (マイルー, デイヴィッド 1939–)
　集文 (マイルー, デイヴィッド 1939–)
　世文 (マイルー, デイヴィッド 1939–)
　二十英 (Maillu, David 1939–)

Maiman, Theodore Harold 〈20世紀〉

アメリカの物理学者で, レーザーの発明者。
⇒岩ケ (メイマン, シーオドア・H (ハロルド) 1927–)
　科人 (メイマン, セオドア・ハロルド 1927.7. 11–)
　コン3 (メーマン 1927–)
　世科 (メイマン 1927–)
　世百新 (メーマン 1927–)
　大辞2 (メーマン 1927–)
　大辞3 (メーマン 1927–)
　二十 (メーマン, T.H. 1927.7.11–)
　百科 (メーマン 1927–)

Mainbocher 〈20世紀〉

アメリカのファッション・デザイナー。
⇒岩ケ (マンボシェ 1890頃–1976)

Maitani, Lorenzo 〈13・14世紀〉

イタリアの建築家, 彫刻家。
⇒建築 (マイターニ, ロレンツォ 1275頃–1330)
　新美 (マイターニ, ロレンツォ 1275頃–1330.6)
　世美 (マイターニ, ロレンツォ 1275頃–1330)

Maiurov, Aleksei Ivanovich 〈18・19世紀〉

ロシアの数学者, 技師。
⇒数学 (マユーロフ 1780–1848.10.28)
　数学増 (マユーロフ 1780–1848.10.28)

Majorelle, Louis 〈19・20世紀〉

フランスのアール・ヌーボー様式を代表する家具作家。
⇒新美 (マジョレル, ルイ 1859–1926)
　二十 (マジョレル, ルイ 1859–1926)
　百科 (マジョレル 1859–1926)

Makarova, Natalia Romanovna 〈20世紀〉

ロシアのバレリーナ, バレエ・プロデューサー, 女優。
⇒世女 (マカロヴァ, ナタリア・ロマーノヴナ 1940–)
　バレ (マカロワ, ナタリヤ 1940.11.21–)

Makeev, Viktor Prtrovich 〈20世紀〉

ソ連 (ロシア) の政治家, 設計技師。ソ連邦共産党中央委員, ソ連邦最高会議代議員。

⇒二十（マケーイェフ，ヴィクトル　1924.10.25–1985.10.27）

Makovecz Imre 〈20世紀〉
ハンガリーの建築家。ハンガリー国立都市計画研究所設計課長。
⇒二十（マコヴェッツ，イムレ　1935–）

M　Maksutov, Dmitrii Dmitrievich 〈20世紀〉
ソ連邦の天文学者。多数の光学機械の設計者。スターリン賞受賞（1941, 46）。
⇒西洋（マクストフ　1896.4.23–1964.8.12）

Maldonado, Tomás 〈20世紀〉
アルゼンチンのデザイナー，批評家。
⇒世美（マルドナード，トマス　1922–）

Malesherbes, Chrétien Guillaume de Lamoignon de 〈18世紀〉
フランスの政治家。1744年パリ高等法院評定官，50年租税院長，書籍出版販売取締官。
⇒岩ケ（マルゼルブ，クレティアン・（ギョーム・ド・ラモワニョン・）ド　1721–1794）
　岩世（マルゼルブ　1721.12.6–1794.4.24）
　外国（マルゼルブ　1721–1794）
　国小（マルゼルブ　1721.12.6–1794.4.22）
　コン2（マルゼルブ　1721–1794）
　コン3（マルゼルブ　1721–1794）
　集文（マルゼルブ，クレチヤン＝ギョーム・ド・ラモワニョン・ド　1721.12.6–1794.4.22）
　西洋（マルゼルブ　1721.12.6–1794.4.22）
　全書（マルゼルブ　1721–1794）

Malevskii-Malevich, Nikolai 〈20世紀〉
ロシアの外交官。日露通商航海条約の交渉（1907）では，全権委員，ついで駐日特命全権大使として来日（08）。
⇒西洋（マレーフスキー・マレーヴィチ）

Malfatti, Franco Maria 〈20世紀〉
イタリアの政治家。1969年国家投資相，郵政相。70年5月EC委員長。
⇒国小（マルファッティ　1927.6.13–）
　二十（マルファッティ，F.M.　1927–）

Malikyar, Abdullah 〈20世紀〉
アフガニスタンの政治家，外交官。1953～62年ヒルマンド渓谷開発公社総裁。67～77年駐米大使。
⇒中東（マリキヤル　1900–）

Malinvaud, Edmond 〈20世紀〉
フランスの計量経済学者。著書『ミクロ経済理論講義』『計量経済学の統計的方法』など。
⇒岩世（マランヴォー　1923.4.25–）
　経済（マランヴォー　1923–）
　全書（マランボー　1923–）
　二十（マランヴォー，E.C.　1923–）

Mallet, Rodert 〈19世紀〉
アイルランドの実業家，地震学者。
⇒科人（マレット，ロバート　1810.6.3–1881.11.5）

Mallet-Stevens, Robert 〈19・20世紀〉
フランスの建築家。
⇒岩世（マレ＝ステヴァン　1886.3.24–1945.2.8）
　世美（マレ＝ステヴァンス，ロベール　1886–1945）

Malthus, Thomas Robert 〈18・19世紀〉
イギリスの経済学者。主著『人口論』（1798）を執筆。1805年東インド大学歴史学，経済学教授に就任。
⇒イ哲（マルサス，T.R.　1766–1834）
　イ文（Malthus, Thomas Robert　1766–1834）
　岩ケ（マルサス，トマス・ロバート　1766–1834）
　岩世（マルサス　1766.2.13–1834.12.29）
　岩哲（マルサス　1766–1834）
　英米（Malthus, Thomas Robert　マルサス　1766–1834）
　旺世（マルサス　1766–1834）
　外国（マルサス　1766–1834）
　科技（マルサス　1766.2.14–1834.12.23）
　科史（マルサス　1766–1834）
　科人（マルサス，トーマス・ロバート　1766.2.14–1834.12.23）
　角世（マルサス　1766–1834）
　広辞4（マルサス　1766–1834）
　広辞6（マルサス　1766–1834）
　国小（マルサス　1766.2.14–1834.12.23）
　国百（マルサス，トマス・ロバート　1766.2.14–1834.12.23）
　コン2（マルサス　1766–1834）
　コン3（マルサス　1766–1834）
　人物（マルサス　1766.2.17–1834.12.13）
　西洋（マルサス　1766.2.17–1834.12.13）
　世科（マルサス　1766–1834）
　世人（マルサス　1766–1834）
　世西（マルサス　1766.2.17–1834.12.23）
　世百（マルサス　1766–1834）
　全書（マルサス　1766–1834）
　大辞（マルサス　1766–1834）
　大辞3（マルサス　1766–1834）
　大百（マルサス　1766–1834）
　デス（マルサス　1766–1834）
　伝世（マルサス　1766–1834.12.29）
　百科（マルサス　1766–1834）
　評世（マルサス　1766–1834）
　名著（マルサス　1766–1834）
　山世（マルサス　1766–1834）
　歴史（マルサス　1766–1834）

Malvy, Louis Jean 〈19・20世紀〉
フランスの政治家。急進社会党に属し, ブリアン内閣の内相, 財政委員長。
⇒岩世（マルヴィ　1875.12.1–1949.6.9）
　外国（マルヴィー　1875–1949）
　西洋（マルヴィ　1875.12.1–1949.6.9）

Malynes, Gerard de 〈20世紀〉
イギリスの経済学者。主著『イギリス国家の癌についての1論』。
⇒名著（マリーン　生没年不詳）

Mamontov, Savva Ivanovich 〈19・20世紀〉
帝政ロシアの実業家, 民芸運動家。
⇒岩世（マーモントフ　1841.10.3[15]–1918.4.6）
　ロシ（マーモントフ　1841–1918）

Manasseh ben Israel 〈17世紀〉
ユダヤの神学者, 律法学者, 出版者, 外交家。
⇒岩世（マナセ・ベン・イスラエル　1604–1657）

Mandel, Ernest 〈20世紀〉
ベルギーの経済学者。急進的マルクス主義の立場に立ち, 最左派の運動を指導。
⇒岩世（マンデル　1923.4.4–1995.7.20）
　経済（マンデル　1923–1995）
　西洋（マンデル　1923.4.4–）
　全書（マンデル　1923–）
　二十（マンデル, E.　1923–）

Mandel, Frank 〈19・20世紀〉
アメリカの脚本家, 映画プロデューサー。
⇒二十（マンダル, フランク　1884.5.31–1958.4.20）

Manes, Alfred 〈19・20世紀〉
ドイツの保険学者, 経済学者。保険論の世界的権威。
⇒二十（マーネス, アルフレッド　1877–1963）
　百科（マーネス　1877–1963）
　名著（マーネス　1877–）

Manetti, Antonio di Tuccio 〈15世紀〉
イタリアの建築家, 彫刻家。
⇒集文（マネッティ, アントーニオ・ディ・トゥッチョ　1423.7.6–1497.5.26）
　世美（マネッティ, アントーニオ　1423–1497）

Mangeot, Edouard Joseph 〈19世紀〉
フランスのピアノ製作者。
⇒音大（マンジョ　1835.4.24–1898.5.31）

Mangiarotti, Angelo 〈20世紀〉
イタリアの建築家。
⇒世美（マンジャロッティ, アンジェロ　1921–）

Mangone, Fabio 〈16・17世紀〉
イタリアの建築家。
⇒世美（マンゴーネ, ファービオ　1587–1629）

Mankiewicz, Joseph Leo 〈20世紀〉
アメリカ生まれの映画監督, 映画製作者, 映画脚本家。作品に『3人の妻への手紙』『ジュリアス・シーザー』など。
⇒外国（マンキウィッツ　1909–）
　監督（マンキァヴィチュ, ジョーゼフ・L.　1909.2.11–）
　西洋（マンキウィッツ　1909.2.11–）
　世映（マンキウィッツ, ジョゼフ・L　1909–1993）
　世百新（マンキウィッツ　1909–1993）
　全書（マンキウィッツ　1909–）
　大百（マンキウィッツ　1902–）
　二十（マンキーウィッツ, ジョセフ・L.　1909.2.11–1993.2.5）
　百科（マンキウィッツ　1909–）

al-Mankour, Sheikh Nasser 〈20世紀〉
サウジアラビアの政治家, 外交官。1962年リヤド電力国際事長, サウジアラビア・セメント会社社長。64年在日大使。
⇒中東（アルマンクール　1927–）
　中東（マンクール　1917–）

Manly, Charles Matthews 〈19・20世紀〉
アメリカの機械技術者。5気筒星型50馬力の内燃機関を製作(1898)。
⇒岩世（マンリー　1876.4.24–1927.10.16）
　西洋（マンリ　1876.4.24–1927.10.16）

Mann, Fritz Karl 〈19・20世紀〉
ドイツの財政学者, 経済学者。財政社会学の開拓者として知られている。
⇒名著（マン　1883–）

Mann, Thomas 〈19・20世紀〉
イギリスの労働組合指導者。通称トム・マン。1896年国際船舶・港湾・河川労働組合連盟を創設, 第1代委員長。著書『ある社会主義者の宗教観』。
⇒外国（マン　1856–1941）
　国小（マン　1856.4.15–1941.3.13）
　コン2（マン　1856–1941）
　コン3（マン　1856–1941）
　西洋（マン　1856.4.16–1941.3.13）

Mannai, Ahmed 〈20世紀〉

カタールの実業家。「マンナイ・トレイディング・カンパニー」，「ミドゥイースト・コントラクターズ・エンジニアーズ・アンド・コンストラクターズ」などの会長。

⇒中東（マンナイ　1932-）

Manners, Charles 〈19・20世紀〉

アイルランドのバス歌手，興行師。ワーグナーの歌劇を得意とした。

⇒演奏（マナーズ，チャールズ　1857.12.27-1935.5.3）
オペ（マナーズ，チャールズ　1857.12.27-1935.5.3）
音大（マナーズ　1857.12.27-1935.5.3）
西洋（マナーズ　1857.12.27-1935.5.3）

Mannesman, Reinhard 〈19・20世紀〉

ドイツの製鉄業者。シームレス鋼管の製造法を発明。

⇒世科（マンネスマン　1856-1922）
二十（マンネスマン，ラインハルト　1856.5.13-1922）

Mannie fresh 〈20世紀〉

アメリカのヒップホップ系の音楽プロデューサー。

⇒ヒ人（マニー・フレッシュ）

Mannlicher, Ferdinand, Ritter von 〈19・20世紀〉

オーストリアの兵器発明家。1885年後装式連発銃を発明。

⇒岩世（マンリヒャー　1848.1.30-1904.1.20）
国小（マンリッヒャー　1848.1.30-1904.1.20）
西洋（マンリハー　1848.1.30-1904.1.20）
世西（マンリッヒャー　1848.1.30-1904.1.20）
全書（マンリハー　1848-1904）
大百（マンリハー　1848-1904）

Mannucci, Edgardo 〈20世紀〉

イタリアの彫刻家，金工家。

⇒世美（マンヌッチ，エドガルド　1904-）

Mansart, François 〈16・17世紀〉

フランスの建築家。主作品，メゾン・ラフィット（1642〜51）。

⇒岩ケ（マンサール，フランソワ　1598-1666）
岩世（マンサール　1598.1.23-1666.9.23）
外国（マンサール　1598-1666）
建築（マンサール，フランソワ　1598-1666）
国小（マンサール　1598.1.13-1666.9）
国百（マンサール，フランソワ　1598.1.13-1666.9）
コン2（マンサール　1598-1666）
コン3（マンサール　1598-1666）
新美（マンサール，フランソワ　1598.1.23-1666.9.23）
西洋（マンサール　1598.1.23-1666.9.23）
世西（マンサール　1598-1666）
世美（マンサール，フランソワ　1598-1666）
世百（マンサール　1598-1666）
全書（マンサール　1598-1666）
大辞（マンサール　1598-1666）
大辞3（マンサール　1598-1666）
大百（マンサール　1598-1666）
伝世（マンサール，F.　1598.1.13-1666.9.3）
百科（マンサール　1598-1666）

Mansart, Jules Hardouin 〈17・18世紀〉

フランスの建築家。1678年宮廷の首席建築家としてベルサイユ宮殿の拡大造営を指揮，設計。

⇒岩ケ（マンサール，ジュール・アルドゥアン　1645-1708）
岩世（アルドゥアン＝マンサール　1646.4.16-1708.5.11）
外国（マンサール　1646-1708）
角世（マンサール　1646-1708）
キリ（アルドワン‐マンサール，ジュール　1646.4.16-1708.5.11）
建築（アルドアン＝マンサール，ジュール　1646-1708）
国小（マンサール　1644.4.16頃-1708.5.11）
国百（マンサール，ジュール・アルドゥアン　1646.4.16頃-1708.5.11）
コン2（マンサール　1646-1708）
コン3（マンサール　1646-1708）
新美（アルドゥアン＝マンサール，ジュール　1646.4.16-1708.5.11）
人物（マンサール　1646.4.16-1708.5.11）
西洋（マンサール　1646.4.16-1708.5.11）
世西（マンサール　1646.4.16-1708.5.11）
世美（アルドゥアン＝マンサール，ジュール　1646-1708）
世百（マンサール　1646-1708）
全書（マンサール　1646-1708）
大百（マンサール　1646-1708）
デス（マンサール　1646-1708）
伝世（マンサール，J.H.　1646.4-1708.5.11）
百科（マンサール　1646-1708）
評世（マンサール　1646-1708）

Mansour, Ibrahim Moneim 〈20世紀〉

スーダンの政治家。1971〜73年経済・貿易相。73〜75年経済・大蔵相。

⇒中東（マンソール　1923-）

Manutius, Aldus 〈15・16世紀〉

イタリアの印刷業者，古典学者。Paulusの長子。ベネチアに印刷所を設立。エラスムスらと交わり，多くのギリシア・ラテンの古典作品を刊行。美しいローマ字活字は，のちのイタリック体のモデルとなった。

⇒岩ケ（アルドゥス・マヌティウス　1450頃-1515）
岩世（マヌティウス　1450頃-1515.2.6）
外国（マヌティウス　1449-1515）

キリ（マヌティウス，アルドゥス　1450–1512.2.
　6）
広辞6（マヌーツィオ　1450–1515）
コン3（マヌティウス　1450–1515）
集世（マヌーツィオ，アルド　1450頃–1515.2.6)
集文（マヌーツィオ，アルド　1450頃–1515.2.6)
西洋（マヌティウス　1547.2.13–1597.10.28)
大辞（マヌティウス　1450–1515）
大辞3（マヌティウス　1450–1515）

Manutius, Paulus 〈16世紀〉
イタリアの印刷業者。ラテン古典の出版に力を
注ぎ，キケロの校訂版を出した。
⇒キリ（マヌティウス，パウルス　1512.6.12–1574.
　4.16)
西洋（マヌティウス　1512.6.12–1574.4.6)

Manzanera, Phil 〈20世紀〉
イギリスのギタリスト，レコード・プロデュー
サー。ロンドン生まれ。
⇒洋ヒ（マンザネラ，フィル　1951–)
ロ人（マンザネラ，フィル　1951–)

Mapilton, Thomas 〈15世紀〉
イギリスの建築家。
⇒建築（マピルトン，トーマス（マプトン，トーマ
　ス）（活動）1418–1438)
世美（メイビルトン，トマス　（活動）1408–
　1438)

Marc Bohan 〈20世紀〉
フランスの服飾デザイナー。1958年クリスチャ
ン・ディオールなきあと，ディオール店の専任
デザイナーとなった。
⇒大百（マルク・ボアン　1926–)

Marcel, Étienne 〈14世紀〉
フランスの政治家。1355年パリ商人会頭。
⇒岩世（マルセル　?–1358.7.31)
外国（マルセル　?–1358)
国小（マルセル　1315頃–1358.7.31)
コン2（マルセル　?–1358)
コン3（マルセル　?–1358)
西洋（マルセル　?–1358.7.31)
世百（マルセル　?–1358)
全書（マルセル　1315?–1358)
大百（マルセル　?–1358)
百科（マルセル　1316?–1358)
歴史（マルセル＝エティエンヌ　?–1358)

Marcelli, Paolo 〈16・17世紀〉
イタリアの建築家。
⇒建築（マルチェッリ，パオロ（マリスチェッリ，パ
　オロ）　1594–1649)
世美（マルチェッリ，パーオロ　1594–1649)

Marchand, Nicolas Jean 〈17・18世紀〉
フランスの工芸家。
⇒芸術（マルシャン，ニコラ・ジャン　1697?–
　1760?)

Marchat, Jean 〈20世紀〉
フランスの俳優。マチュラン座共同支配人。
⇒世俳（マルシャ，ジャン　1902.6.8–1966.10.2)
二十（マルシャ，J.　1902–)

Marchesi, Andrea di Pietro 〈15・16世紀〉
イタリアの建築家，彫刻家，木彫家。
⇒世美（マルケージ，アンドレーア・ディ・ピエト
　ロ　1480/90–1559)

Marchesi, Giorgio 〈15世紀〉
イタリアの建築家。
⇒世美（マルケージ，ジョルジョ　（記録）1471–
　1483)

Marchesi, Gualtiero 〈20世紀〉
イタリアの料理人，レストラン経営者。
⇒岩世（マルケージ　1930.3.19–)

Marchi, Virgilio 〈20世紀〉
イタリアの建築家，舞台美術家。
⇒世美（マルキ，ヴィルジーリオ　1895–1960)

Marchionni, Calro 〈18世紀〉
イタリアの建築家，彫刻家。
⇒建築（マルキオンニ，カルロ　1702–1786)
世美（マルキオンニ，カルロ　1702–1786)

Marconi, Guglielmo 〈19・20世紀〉
イタリアの電気技師。1902年鉱石検波器，07年
円板放電器を発明。09年ノーベル物理学賞
受賞。
⇒岩ケ（マルコーニ，グリエルモ　1874–1937)
岩世（マルコーニ　1874.4.25–1937.7.20)
旺世（マルコーニ　1874–1937)
外国（マルコーニ　1874–1937)
科学（マルコーニ　1874.4.25–1937.7.20)
科技（マルコーニ　1874.4.25–1937.7.20)
科史（マルコーニ　1874–1937)
科人（マルコーニ（侯爵），グリエルモ　1874.4.
　25–1937.7.20)
科大（マルコーニ　1874–1937)
科大2（マルコーニ　1874–1937)
角世（マルコーニ　1874–1937)
広辞4（マルコーニ　1874–1937)
広辞5（マルコーニ　1874–1937)
広辞6（マルコーニ　1874–1937)
国小（マルコーニ　1874.4.25–1937.7.20)
国百（マルコーニ，グリエルモ　1874–1937.

7.20）
コン2（マルコーニ　1874–1937）
コン3（マルコーニ　1874–1937）
人物（マルコーニ　1874.4.25–1937.7.20）
西洋（マルコーニ　1874.4.25–1937.7.20）
世科（マルコーニ　1874–1937）
世人（マルコーニ　1874–1937）
世西（マルコーニ　1874.4.25–1937.7.20）
世百（マルコーニ　1874–1937）
全書（マルコーニ　1874–1937）
大辞（マルコーニ　1874–1937）
大辞2（マルコーニ　1874–1937）
大辞3（マルコーニ　1874–1937）
大百（マルコーニ　1874–1937）
デス（マルコーニ　1874–1937）
伝世（マルコーニ　1874.4.25–1937.7.20）
ナビ（マルコーニ　1874–1937）
二十（マルコーニ, G.　1874.4.25–1937.7.20）
ノ物（マルコーニ, グリエルモ　1874–1937）
ノベ（マルコーニ, G.　1874.4.25–1937.7.20）
百科（マルコーニ　1874–1937）
ノベ3（マルコーニ, G.　1874.4.25–1937.7.20）
評世（マルコーニ　1874–1937）
山世（マルコーニ　1874–1937）
歴史（マルコーニ　1874–1937）

Marco Polo 〈13・14世紀〉
イタリアの商人。フビライ・ハンに仕えた際の
話をまとめたものが『東方見聞録』。
⇒逸話（マルコ＝ポーロ　1254–1324）
岩ケ（ポーロ, マルコ　1254–1324）
岩世（マルコ・ポーロ　1254–1324.1.8）
旺世（マルコ＝ポーロ　1254–1324）
外国（マルコ・ポーロ　1254–1324）
科学（マルコポーロ　1254頃–1324.1.9）
科技（ポーロ, マルコ　1254頃–1324.1.9）
科史（マルコ・ポーロ　1254–1324）
角世（マルコ・ポーロ　1254–1324）
広辞4（マルコ・ポーロ　1254–1324）
広辞6（マルコ・ポーロ　1254–1324）
国史（ポーロ　1254–1324）
国小（マルコ・ポーロ　1254–1324.1.8）
国百（マルコ・ポーロ　1254–1324.1.8）
コン2（マルコ・ポーロ　1254–1324）
コン3（マルコ・ポーロ　1254–1324）
集世（ポーロ, マルコ　1254–1324.1.8）
集文（ポーロ, マルコ　1254–1324.1.8）
人物（マルコ・ポーロ　1254–1324.1.8）
西洋（マルコ・ポーロ　1254–1324.1.8）
世人（マルコ＝ポーロ　1254–1324）
世西（ポーロ　1254–1324）
世東（マルコ・ポーロ　1254–1324）
世百（ポーロ　1254–1324）
世文（ポーロ, マルコ　1254–1324）
全書（マルコ・ポーロ　1254–1324）
大辞（マルコ・ポーロ　1254–1324）
大辞3（マルコ・ポーロ　1254–1324）
大百（マルコ・ポーロ　1254–1324）
探検1（ポーロ　1254?–1324）
中国（マルコ・ポーロ　1254–1342）

中史（Marco Polo　ポーロ, マルコ　1254頃–
1324）
中ユ（マルコ・ポーロ　1254–1324）
デス（マルコ・ポーロ　1254–1324）
伝世（ポーロ　1254頃–1324頃）
日研（マルコ・ポーロ　1254.9.15–1324.1.8）
百科（ポーロ　1254–1324）
評世（マルコ＝ポーロ　1254–1324）
名著（ポーロ　1254–1324）
山世（マルコ・ポーロ　1254–1324）
歴史（マルコ＝ポーロ　1254–1324）

Mardin, Arif 〈20世紀〉
トルコ人の音楽プロデューサー, 編曲家。
⇒岩世（マーディン　1932.3.15–2006.6.25）
ジヤ（マーディン, アリフ　1932.3.15–）
二十（マーディン, アリフ　1932.3.15–）

Maresca, Francesco 〈18・19世紀〉
イタリアの建築家。
⇒世美（マレスカ, フランチェスコ　1757–1824）

Marey, Étienne Jules 〈19・20世紀〉
フランスの生理学者, 発明家。1860年脈波計,
82年連続撮影カメラを発明。
⇒岩ケ（マレー, エティエンヌ・ジュール　1830–
1903）
岩世（マレ　1830.3.5–1904.5.15）
科人（マレイ, エティエンヌ - ジュール　1830.5.
5–1904.3.15）
看護（マレ　1830–1904）
国小（マレー　1830.3.5–1904.5.16）
西洋（マレ　1830.3.5–1904.5.16）
全書（マレー　1830–1904）
大百（マレー　1830–1904）

Margai, Albert Michael 〈20世紀〉
シエラ・レオネの政治家。教育相, 蔵相を経て,
1964年首相に就任。シエラ・レオネ人民党
党主。
⇒世西（マルガイ　1910.10.10–）
二十（マルガイ, A.　1911–）

Margiela, Martin 〈20・21世紀〉
ベルギーの服飾デザイナー。
⇒岩世（マルジェラ　1957.4.9–）

Mari, Iela 〈20世紀〉
イタリアのデザイナー, 絵本作家。
⇒児イ（Mari, Iela　マリ, I.　1932–）
児文（マリ, イエラ　?–）
二十（マリ, イエラ　1932–）

Marigny, Enguerrand de 〈13・14世紀〉
フランスの政治家, 財政家。フランス王フィ
リップ4世に仕え, 1313〜4年頃宰相。

⇒国小（マリニー　1260頃-1315.4.11/30）
百科（マリニー　1260頃-1315）

Marinot, Maurice 〈19・20世紀〉
フランスの画家，ガラス工芸家。
⇒国小（マリノ　1882-1960）

Markar'yan, Seda Bagdasarovna 〈20世紀〉
ソ連邦の経済学者。ソ連科学アカデミー東洋学研究所学術研究員。
⇒二十（マルカリヤン，S.　1928-）

Markelius, Sven Gottfried 〈19・20世紀〉
スウェーデンの建築家，新建築運動の指導者。主作品『国連経済社会理事会会議室』。
⇒岩世（マルケリウス　1889.10.25-1972.2.24）
才西（マルケリウス，スヴェン　1889-1972）
国小（マルケリウス　1889.10.25-）
西洋（マルケリウス　1889.10.25-1972.2.24）
世美（マルケリウス，スヴェン・ゴットフリート　1889-1972）

Marković, Ante 〈20世紀〉
旧ユーゴの政治家，企業家。ユーゴスラビア首相。
⇒世政（マルコヴィチ，アンテ　1924.11.25-）
世西（マルコビッチ　1924.11.25-）

Markowitz, Harry 〈20世紀〉
アメリカの経済学者。1990年ノーベル経済学賞受賞者。
⇒岩世（マーコウィッツ　1927.8.24-）
最世（マコービッツ，ハリー　1927-）
ノベ（マーコビッツ，H.M.　1927.8.24-）
ノベ3（マーコビッツ，H.M.　1927.8.24-）
ユ人（マーコビッツ，ハリー　1927-）

Marks, Samuel 〈19・20世紀〉
南アフリカの実業家。
⇒ユ人（マークス，サムエル　1845-1920）

Marks, Simon 〈19・20世紀〉
イギリスの実業家，シオニスト指導者。
⇒岩ケ（マークス（ブロートンの），サイモン・マークス，男爵　1888-1964）
ユ人（マークス，サイモン　1888-1964）

Marley Marl 〈20世紀〉
アメリカのヒップホップ系の音楽プロデューサー。
⇒ヒ人（マーリー・マール　1962-）

Marot, Daniel 〈17・18世紀〉
フランスの建築家，装飾図案家。建築家J.マロの子。
⇒岩世（マロ　1663頃-1752.6.4）
国小（マロ　1661-1752.6.4）
西洋（マロ　1663頃-1752.6.4）
世美（マロ，ダニエル　1663-1752）

Marot, Daniel 〈17・18世紀〉
フランスの工芸家。
⇒芸術（マロー，ダニエル　1660-1718）

Marot, Jean 〈17世紀〉
フランスの建築家，建築図版画家。建築図版『ル・プティ・マロ』『ル・グラン・マロ』を描いた。
⇒国小（マロ　1619頃-1679.12.15）
世美（マロ，ジャン　1619-1679）

Marquand, Hilery A. 〈20世紀〉
イギリスの政治家，経済学者。ILO国際労働研究所長。
⇒二十（マーカンド，H.A.　1901-）

Marquis, Frederick James, 1st Earl of Woolton 〈19・20世紀〉
イギリスの政治家，実業家。
⇒岩世（マークィス　1883.8.23-1964.12.14）

Marriott, John Willard 〈20世紀〉
アメリカのホテル・外食産業経営者。
⇒岩世（マリオット　1900.9.17-1985.8.13）

Marris, Robin Lapthorn 〈20世紀〉
イギリスの経済学者。
⇒経済（マリス　1924-）

Marrison, Warren 〈20世紀〉
アメリカの電気エンジニア。
⇒岩ケ（マリソン，ウォレン　1896-1980）

Marsalis, Delfeayo 〈20世紀〉
アメリカのジャズ・ミュージシャン，プロデューサー。
⇒二十（マルサリス，デルフィーヨ　1965.7.28-）

Marschak, Jacob 〈20世紀〉
アメリカの経済学者。
⇒経済（マルシャック　1898-1977）
二十（マーシャック，J.　1898-1977）

Marsh, Jonathan 〈20世紀〉
アメリカの建築家，作家。

⇒海作4（マーシュ，ジョナサン）

Marshal, John 〈18・19世紀〉
ロンドンの印刷業者，書籍販売業者。
⇒世児（マーシャル，ジョン　（活動）1783-1828）

Marshall, Alfred 〈19・20世紀〉
イギリスの経済学者。1885年ケンブリッジ大学
経済学教授。主著『経済学原理』（90）は，経済
学史上不朽の大著。
⇒イ哲（マーシャル，A.　1842-1924）
　岩世（マーシャル　1842.7.26-1924.7.13）
　岩哲（マーシャル　1842-1924）
　旺世（マーシャル（アルフレッド）　1842-1924）
　外国（マーシャル　1842-1924）
　角世（マーシャル（アルフレッド）　1842-1924）
　広辞4（マーシャル　1842-1924）
　広辞5（マーシャル　1842-1924）
　広辞6（マーシャル　1842-1924）
　国小（マーシャル　1842.7.26-1924.7.13）
　国百（マーシャル，アルフレッド　1842.7.24-）
　コン2（マーシャル　1842-1924）
　コン3（マーシャル　1842-1924）
　人物（マーシャル　1842.7.26-1924.7.13）
　西洋（マーシャル　1842.7.26-1924.7.13）
　世西（マーシャル　1842.7.26-1924.7.13）
　世百（マーシャル　1842-1924）
　全書（マーシャル　1842-1924）
　大辞（マーシャル　1842-1924）
　大辞2（マーシャル　1842-1924）
　大辞3（マーシャル　1842-1924）
　大百（マーシャル　1842-1924）
　デス（マーシャル　1842-1924）
　伝世（マーシャル，A.　1842.7.26-1924.7.13）
　ナビ（マーシャル　1842-1924）
　二十（マーシャル，A.　1842-1924）
　百科（マーシャル　1842-1924）
　評世（マーシャル　1842-1924）
　名著（マーシャル　1842-1924）
　歴史（マーシャル　1842-1924）

Marshall, George Catlett 〈19・20世紀〉
アメリカの軍人，政治家。第二次世界大戦後の
ヨーロッパの経済復興を目的とした援助計画
（マーシャル・プラン）の提唱者。1953年ノー
ベル平和賞受賞。
⇒アメ（マーシャル　1880-1959）
　逸話（ジョージ＝マーシャル　1880-1959）
　岩ケ（マーシャル，ジョージ・C（キャトレット）
　　1880-1959）
　岩世（マーシャル　1880.12.31-1959.10.16）
　英米（Marshall, George C（atlett）　マーシャル
　　（ジョージ）　1880-1959）
　旺世（マーシャル（ジョージ）　1880-1959）
　外国（マーシャル　1880-）
　角世（マーシャル（ジョージ）　1880-1959）
　現人（マーシャル　1880.12.31-1959.10.16）
　広辞4（マーシャル　1880-1959）
　広辞5（マーシャル　1880-1959）
　広辞6（マーシャル　1880-1959）
　国小（マーシャル　1880.12.31-1959.12.16）
　コン2（マーシャル　1880-1959）
　コン3（マーシャル　1880-1959）
　最世（マーシャル，ジョージ　1880-1959）
　人物（マーシャル　1880.12.31-1959.10.16）
　西洋（マーシャル　1880.12.31-1959.10.16）
　世人（マーシャル　1880-1959）
　世政（マーシャル，ジョージ・カートレット
　　1880.12.31-1959.10.16）
　世西（マーシャル　1880.12.31-1959）
　世百（マーシャル　1880-1959）
　全書（マーシャル　1880-1959）
　大辞（マーシャル　1880-1959）
　大辞2（マーシャル　1880-1959）
　大辞3（マーシャル　1880-1959）
　大百（マーシャル　1880-1959）
　デス（マーシャル　1880-1959）
　伝世（マーシャル，G.C.　1880.12.31-1959.10.
　　16）
　ナビ（マーシャル　1880-1959）
　二十（マーシャル，ジョージ・C.　1880.12.31-
　　1959.10.16）
　ノベ（マーシャル，G.C.　1880.12.31-1959.10.
　　16）
　百科（マーシャル　1880-1959）
　ノベ3（マーシャル，G.C.　1880.12.31-1959.10.
　　16）
　評世（マーシャル　1880-1959）
　山世（マーシャル　1880-1959）
　歴史（マーシャル　1888-1959）

Marshall, John 〈19世紀〉
イギリスの港湾技師。神戸港港長。
⇒日人（マーシャル　1833-1887）
　来日（マーシャル　1833.8.5-1887.8.7）

Marshall, Penny 〈20世紀〉
アメリカ・ニューヨーク生まれの映画監督，女
優，映画製作者。
⇒世映（マーシャル，ペニー　1943-）
　世俳（マーシャル，ペニー　1942.10.15-）
　二十（マーシャル，ペニー　1943/42/44.10.15-）

Marshall, William 〈18・19世紀〉
イギリスの農業改良家。
⇒岩世（マーシャル　1745-1818）
　西洋（マーシャル　1745-1818）

Marsyas
ギリシア神話上の，オーボエ音楽の発明者。
⇒岩世（マルシュアス）
　ギロ（マルシュアス）
　コン3（マルシュアス）

Martellange 〈16・17世紀〉
フランスの建築家。

⇒建築（マルテランジュ, エティエンヌ＝アンジュ・マルテル 1569-1661）
　世美（マルテランジュ 1564/69-1641）

Martenot, Maurice 〈20世紀〉
フランスの音楽教育家，楽器発明家。マルトノ芸術学校創設，初代学長。1922年電子鍵盤楽器を発明。
⇒演奏（マルトノ, モーリス 1898.10.14-1980.10.8）
　音楽（マルトノ, モリス 1898.10.14-）
　音大（マルトノ 1898.10.14-1980.10.8）
　国小（マルトノ 1898.10.14-）
　世百（マルトノ 1898-）
　二十（マルトノ, モーリス 1898.10.14-1980.10.8）
　ラル（マルトノ, モーリス 1898-1980）

Martens, Adolf 〈19・20世紀〉
ドイツの鉄鋼の科学者。
⇒全書（マルテンス 1850-1914）
　二十（マルテンス, A. 1850-1914）

Martin, C.K.Marshall 〈19・20世紀〉
イギリスの横浜外商。ジャパン・ガゼット社長。
⇒来日（マーチン 1862-1949）

Martin, Étienne-Simon 〈18世紀〉
フランスの塗装工芸の専門職人。
⇒世美（マルタン, エティエンヌ＝シモン ?-1770）

Martin, François 〈17・18世紀〉
フランスの植民地建設者。1672年ポンディシェリーに商館を建設，商館長となった。
⇒外国（マルタン 1640頃-1706）
　国小（マルタン 1640頃-1706.12.3）
　西学（マルタン 1640頃-1706.12.31）
　世東（マルタン 1640頃-1706）
　世百（マルタン 1640頃-1706）

Martin, Sir George Henry 〈20世紀〉
イギリスの音楽プロデューサー。ロンドン生まれ。ビートルズのプロデューサーとして知られる。
⇒岩世（マーティン 1926.1.3-）
　世俳（マーティン, ジョージ 1926.1.3-）
　口人（マーティン, ジョージ 1926-）

Martin, Germain 〈19・20世紀〉
フランスの経済学者，政治家。大臣職を数度歴任。主著『ルイ14世治下のフランスの信用貸の歴史』(1913)。
⇒国小（マルタン 1872-1948）

Martin, Glenn Luther 〈19・20世紀〉
アメリカの飛行機設計家，製造業者，飛行家。1918～19年マーティン爆撃機を設計。
⇒岩ケ（マーティン, グレン・L（ルーサー） 1886-1955）
　岩世（マーティン 1886.1.17-1955.12.5）
　国小（マーティン 1886.1.17-1955.12.4）
　コン3（マーティン 1886-1955）
　人物（マーチン 1886.1.17-1955）
　西洋（マーティン 1886.1.17-1955.12）
　世西（マーティン 1886.1.17-1955.12.4）
　二十（マーティン, グレン・L. 1886(93)-?）

Martin, Guillaume 〈18世紀〉
フランスの塗装工芸の専門職人。
⇒世美（マルタン, ギヨーム ?-1749）

Martin, James 〈20世紀〉
イギリスのアルスター出身の航空技師。
⇒世科（マーティン 1893-1981）
　二十（マーティン, ジェイムス 1893.9.11-1981.1）

Martin, John Leslie 〈20世紀〉
イギリスの建築家。
⇒世美（マーティン, ジョン・レズリー 1908-）

Martin, Karl Heinz 〈19・20世紀〉
ドイツの舞台監督，劇場経営者。ウィーンの諸劇場の舞台監督（1933～45）。
⇒外国（マルティン 1881-）
　集文（マルティン, カール＝ハインツ 1888.5.6-1948.1.13）
　西洋（マルティン 1888.5.6-1948.1.13）

Martin, Pierre Émile 〈19・20世紀〉
フランスの製鋼技術者。溶鉱炉を作り，溶鋼に成功。ジーメンス・マルタン法という。1915年ベッセマー賞受賞。
⇒岩ケ（マルタン, ピエール・エミール 1824-1915）
　岩世（マルタン 1824.8.18-1915.5.23）
　科学（マルタン 1824.8.16-1915.5.24）
　科大（マルタン 1824-1915）
　広辞4（マルタン 1824-1915）
　広辞5（マルタン 1824-1915）
　広辞6（マルタン 1824-1915）
　国小（マルタン 1824.8.18-1915.5.23）
　コン2（マルタン 1824-1915）
　コン3（マルタン 1824-1915）
　人物（マルタン 1824.8.18-1915.5.24）
　西洋（マルタン 1824.8.18-1915.5.23）
　世西（マルタン 1824.8.18-1915.5.23）
　世百（マルタン 1824-1915）
　全書（マルタン 1824-1915）
　大辞（マルタン 1824-1915）
　大辞2（マルタン 1824-1915）

大辞3（マルタン　1824-1915）
大百（マルタン　1824-1915）
二十（マルタン, P.　1824.8.16-1915.5.24）
百科（マルタン　1824-1915）

Martin, Ruby Elizabeth 〈20世紀〉
ジャマイカの実業家。生花インターナショナ
ル・キングストン支部副会長，小原流インター
ナショナル・キングストン支部長。
⇒二十（マーティン, R.E.　1937-）

Martineau, Harriet 〈19世紀〉
イギリスの女流小説家，政治経済学者，児童文
学作家。
⇒イ哲（マルティノー, H.　1802-1876）
イ文（Martineau, Harriet　1802-1876）
岩ケ（マーティノー, ハリエット　1802-1876）
岩世（マーティノー　1802.6.12-1876.6.27）
英米（Martineau, Harriet　マーティノー
1802-1876）
外国（マーティノー　1802-1876）
国小（マーティノー　1802-1876）
集世（マーティノー, ハリエット　1802.6.12-
1876.6.27）
集文（マーティノー, ハリエット　1802.6.12-
1876.6.27）
西洋（マーティノー　1802.6.12-1876.6.27）
世児（マーティノー, ハリエット　1802-1876）
世女（マーティノー, ハリエット　1802-1876）
世女日（マーティノー, ハリエット　1802-1876）
百科（マーティノー　1802-1876）

Martinelli, Domenico 〈17・18世紀〉
イタリアの建築家。
⇒建築（マルティネッリ, ドメニコ　1650-1718）

Martini, Giovanni 〈16世紀〉
イタリアの画家，寄木細工師。
⇒世美（マルティーニ, ジョヴァンニ　?-1535）

Martius, Karl Alexander von 〈19・
20世紀〉
ドイツの化学工業家。アニリン染料（マルティ
ン黄）を発見（1867）。
⇒西洋（マルティウス　1838.1.19-1920.2.26）

Marvuglia, Venanzio 〈18・19世紀〉
イタリアの建築家。
⇒建築（マルヴーリア, ベナンツィオ　1729-1824）
世美（マルヴーリア, ヴェナンツィオ・ジュゼッ
ペ　1729-1814）

Marx, Josef 〈20世紀〉
ドイツ系アメリカのオーボエ奏者。1945年マギ
ニス&マークス出版社を設立。
⇒演奏（マークス, ジョゼフ　1913.9.9-）

Marx, Karl Heinrich 〈19世紀〉
ドイツの経済学者，哲学者，革命指導者。1848
年『共産党宣言』執筆。
⇒逸話（マルクス　1818-1883）
イ哲（マルクス, K.　1818-1883）
イ文（Marx, Karl　1818-1883）
岩ケ（マルクス, カール（・ハインリヒ）　1818-
1883）
岩世（マルクス　1818.5.5-1883.3.14）
岩哲（マルクス, K.　1818-1883）
旺世（マルクス（カール）　1818-1883）
外国（マルクス　1818-1883）
科史（マルクス　1818-1883）
角世（マルクス　1818-1883）
教育（マルクス　1818-1883）
キリ（マルクス, カール・ハインリヒ　1818.5.5-
1883.3.14）
広辞4（マルクス　1818-1883）
広辞6（マルクス　1818-1883）
国小（マルクス　1818.5.5-1883.3.14）
国百（マルクス, カルル・ハインリヒ　1818.5.5-
1883.3.14）
コン2（マルクス　1818-1883）
コン3（マルクス　1818-1883）
集世（マルクス, カール　1818.5.5-1883.3.14）
集文（マルクス, カール　1818.5.5-1883.3.14）
人物（マルクス　1818.5.5-1883.3.14）
西洋（マルクス　1818.5.5-1883.3.14）
世人（マルクス　1818-1883）
世西（マルクス　1818.5.5-1883.3.14）
世百（マルクス　1818-1883）
世文（マルクス, カール　1818-1883）
全書（マルクス　1818-1883）
大辞（マルクス　1818-1883）
大辞3（マルクス　1818-1883）
大百（マルクス　1818-1883）
デス（マルクス　1818-1883）
伝世（マルクス, K.　1818.5.5-1883.3.14）
百科（マルクス　1818-1883）
評世（マルクス　1818-1883）
名著（マルクス　1818-1883）
山世（マルクス, カール　1818-1883）
歴学（マルクス　1818-1883）
歴史（マルクス　1818-1883）

Mascherino, Ottaviano 〈16・17世紀〉
イタリアの建築家。
⇒建築（マスケリーノ, オッタヴィオ（マスケリー
ノ, オッタヴィアーノ）　1524-1606）
世美（マスケリーノ, オッタヴィアーノ　1542-
1606）

Mas-Colell, Andrew 〈20世紀〉
アメリカの経済学者。
⇒二十（マスコーレル, アンドリュー　1944-）

Masire, Guett Ketumile Joni 〈20世
紀〉
ボツワナの政治家。新聞記者から政治家に進

み, 1962年ボツワナ民主党 (BDP) を結党, 65
年自治政府の副首相, 66年独立で初代大統領, 蔵
相兼任, 80年開発計画相も兼任する。
⇒世西 (マシーレ　1925.7.23-)

Maskin, Eric 〈20世紀〉
アメリカの経済学者。2007年ノーベル経済学賞
受賞者。
⇒ノベ3 (マスキン, E.S.　1950.12.12-)
　　ユ人 (マスキン, エリック　1950-)

Mason, Biddy 〈19世紀〉
アメリカの実業家。
⇒世女日 (メイソン, ビディ　1818-1891)

Mason, Edward Sagendorph 〈20世紀〉
アメリカ生まれの経済思想家。
⇒経済 (メイソン　1899-)

Mason, Lowell 〈18・19世紀〉
アメリカの音楽教育の開拓者。1832年にボスト
ン音楽院を創立。
⇒岩世 (メイソン　1792.1.24-1872.8.11)
　　音大 (メーソン, ローエル　1792.1.8-1872.8.11)
　　キリ (メイスン, ロウエル　1792.1.8-1872.8.11)
　　国小 (メーソン, ローエル　1792-1872)
　　西洋 (メイソン　1792.1.24-1872.8.11)
　　ラル (メーソン, ローウェル　1792-1872)

Mason, William Benjamin 〈19・20世紀〉
イギリス電信技師。工部省電信取扱方として来
日。第一高等学校で英語を教授。
⇒国史 (メーソン　1853-1923)
　　二十 (メーソン, ウィリアム・ベンジャミン
　　1853-1923)
　　日人 (メーソン　1853-1923)
　　来日 (メーソン　1853-1923)

al-Masoud, Rahma Muhammad 〈20世紀〉
アラブ首長国連邦の政治家, 実業家。連邦議会
議員。アル・アイン・アハリア保険会社などの
役員。
⇒中東 (マスード　1939-)

Massa, Frank 〈20世紀〉
アメリカの音響学者。1945年マッサ研究所を設
立。約50件の発明のほか, 多くの研究論文を発
表している。
⇒名著 (マッサ　1906-)

Massari, Giorgio 〈17・18世紀〉
イタリアの建築家。

⇒世美 (マッサーリ, ジョルジョ　1687-1766)

Massey, Chesler D. 〈19・20世紀〉
カナダの実業家。マシー財団を創設し, カナダ
文化の向上に努めた。
⇒コン2 (マシー　1850-1926)
　　コン3 (マシー　1850-1926)

Massie, Joseph 〈18世紀〉
イギリスの重商主義経済学者。保護貿易論者。
⇒名著 (マッシー　?-1784)

Massol, Joseph 〈18世紀〉
フランスの建築家。
⇒世美 (マソル, ジョゼフ　1706頃-1771)

Massoudi, Farhad 〈20世紀〉
イランの新聞社主。『エッテラーアート』紙創
刊者アッバース・マスウーディーの子。
⇒中東 (マスウーディー　1939-)

Masters, Sybilla 〈18世紀〉
アメリカ植民地時代の発明家。
⇒世女日 (マスターズ, シビラ　?-1720)

Mas'ūd Bey 〈13世紀〉
モンゴル帝国の行政, 財務官。チャガタイ・ハ
ン国の財務長官。
⇒国小 (マスウード・ベイ〔馬思忽惕別乞〕　生没
年不詳)
　　人物 (マスード・ベイ　?-1289)
　　西洋 (マスウード・ベク　?-1289)
　　世百 (マスウードベイ　?-1289)

Matas, Niccolò 〈18・19世紀〉
イタリアの建築家。
⇒世美 (マータス, ニッコロ　1798-1872)

Matelief de Jonge, Cornelis 〈16・17世紀〉
オランダの東洋遠征艦隊司令官。東インド会社
の設立に参画。
⇒岩世 (マテリーフ　1569頃-1632.10.17)
　　西洋 (マテリーフ　1596-1632.10.17)

Mateo 〈12・13世紀〉
スペインの建築家, 彫刻家。
⇒岩世 (マテオ　1168?-1217以降)

Mateo, El maestro 〈12・13世紀〉
スペインの建築家, 彫刻家。
⇒建築 (マテオ, マエストロ　1161-1217)
　　新美 (マテオ, エル・マエストロ)

Mather, Samuel Livingston 〈19世紀〉

アメリカの実業家。1850年ごろクリーヴランド
鉄鉱採掘会社を設立。
⇒世西（メーザー　1817.7.1–1890.10.8）

Matheson, Hugh 〈19世紀〉

イギリスの知日家。ジャーディン・マジソン会
社社長。伊藤博文と親交。
⇒コン2（マジソン　生没年不詳）
　コン3（マジソン　生没年不詳）

Matheson, James 〈18・19世紀〉

イギリスの商人。インドと中国を結んで貿易活
動を行う。
⇒コン2（マジソン　1796–1878）
　コン3（マジソン　1796–1878）
　世東（マジソン　1796–1878）

Mathews, Charles James 〈19世紀〉

イギリスの俳優。コベント・ガーデン劇場など
を経営。
⇒国小（マシューズ　1803.12.26–1878.6.24）
　西洋（マシューズ　1803.12.26–1878.6.24）

Mathieu d'Arras 〈14世紀〉

フランスの建築家。
⇒建築（マテュー・ダラース　?–1352）
　世美（マテュー・ダラース　?–1352）

Mathy, Karl 〈19世紀〉

ドイツ（バーデン）の政治家。首相（1866），蔵
相，商相を務めた。
⇒岩世（マティ　1806.3.17–1868.2.3）
　外国（マティ　1807–1868）
　西洋（マティ　1806.3.17–1868.2.3）

Matschoß, Conrad 〈19・20世紀〉

ドイツの工学者，技術史家。
⇒岩世（マチョス　1871.6.9–1942.4.20）
　外国（マチョス　1871–1942）
　西洋（マチョス　1871.6.9–1942.4.20）

Mattarnovi, Georg Johann 〈17・18世
紀〉

ドイツの建築家。
⇒世美（マッタルノヴィ，ゲオルク・ヨハン　?–
1719）

Mattei, Enrico 〈20世紀〉

イタリアの実業家。国営の炭化水素会社（ENI）
の創設者。
⇒現人（マッテイ　1906.4.29–1962.10.27）
　世西（マッテイ　1906.4.29–1962.10.27）
　世百新（マッテイ　1906–1962）
　全書（マッテイ　1906–1962）
　二十（マッテイ，エンリコ　1906.4.29–1962.10.
27）
　百科（マッテイ　1906–1962）

Matteo da Campione 〈14世紀〉

イタリアの建築家，彫刻家。
⇒世美（マッテーオ・ダ・カンピオーネ　?–1396）

Matteo de' Pasti 〈15世紀〉

イタリアのメダル制作家，建築家。
⇒世美（マッテーオ・デ・パスティ　1420頃–1467/
68）

Matthew, Robert Hogg 〈20世紀〉

イギリスの建築家。エディンバラ大学教授。
⇒新美（マシュー，ロバート・ホッグ　1906.12.12–
1975）
　二十（マシュー，ロバート・ホッグ　1906.12.12–
1975）

Matthöfer, Hans 〈20世紀〉

ドイツの政治家。ドイツ蔵相。
⇒二十（マットヘーファー，H.　1926–）

Matzeliger, Jan Earnst 〈19世紀〉

アメリカの発明家。
⇒岩ケ（マッツェリガー，ヤン・アーンスト
1852–1889）

Mauá 〈19世紀〉

ブラジル帝政期の民族資本家，企業家。
⇒角世（マウアー子爵　1813–1889）
　ラテ（マウアー子爵　1813–1889）

Mauch, Thomas 〈20世紀〉

ドイツ生まれの撮影監督，映画監督，映画製
作者。
⇒世映（マオホ，トーマス　1937–）

Mauchly, John 〈20世紀〉

アメリカの電子工学技術者。アーサイナス・カ
レッジ大学教授。
⇒岩ケ（モークリー，ジョン・W（ウィリアム）
1907–1980）
　科人（モークリー，ジョン・ウィリアム　1907.8.
30–1980.1.8）
　コン3（モークリー　1907–1980）
　世科（モークリー　1907–1980）
　全書（モークリー　1907–1980）
　大辞2（モークリー　1907–1980）
　大辞3（モークリー　1907–1980）
　ナビ（モークリー　1907–1980）
　二十（モークリー，ジョン　1907.8.30–1980.1.8）

Maude, Cyril Francis 〈19・20世紀〉
イギリスの俳優,劇場支配人。1893年『第2の タンカレー夫人』のドランメル役で成功。
⇒国小(モード 1862.4.24-1951.2.20)
二十英(Maude, Cyril Francis 1862-1951)

Maudling, Reginald 〈20世紀〉
イギリスの政治家。蔵相在任時には「1年置きのポンド危機」を回避,ヒース内閣内相になったが北アイルランド紛争の責任をとり1972年辞職。
⇒岩ケ(モードリング,レジナルド 1917-1979)
現人(モードリング 1917.3.7-)
世政(モードリング,レジナルド 1917.3.7-1979)
全書(モードリング 1917-1979)
二十(モードリング, R. 1917-1979)

Maudslay, Henry 〈18・19世紀〉
イギリスの機械技術者。旋盤におけるスライド・レストを発明。
⇒岩ケ(モーズリー,ヘンリー 1771-1831)
岩世(モーズリー 1771.8.22-1831.2.14)
外国(モーズレー 1771-1831)
科史(モーズリ 1771-1831)
科人(モーズリー,ヘンリー 1771.8.22-1831.2.14)
コン2(モーズレー 1771-1831)
コン3(モーズレー 1771-1831)
西洋(モーズリ 1771-1831)
世科(モーズリー 1771-1831)
世百(モーズレー 1771-1831)
全書(モーズリー 1771-1831)
大辞3(モーズレー 1771-1831)
大百(モーズリー 1771-1831)
伝世(モーズレイ 1771.8.22-1831.2.15)
百科(モーズレー 1771-1831)
評伝(モーズレー 1771-1831)

Maurice 〈19・20世紀〉
フランスの機体開発者。
⇒二十(モーリス 1877-1964)

Mauro, Alessandro 〈18世紀〉
イタリア出身の舞台美術家,劇場建築家の一族。
⇒世美(マウロ,アレッサンドロ (活動)1709-1748)

Mauro, Antonio 〈18世紀〉
イタリア出身の舞台美術家,劇場建築家の一族。
⇒世美(マウロ,アントーニオ (活動)18世紀末)

Mauro, Domenico 〈18世紀〉
イタリア出身の舞台美術家,劇場建築家の一族。
⇒世美(マウロ,ドメーニコ (活動)1750-1788)

Mauro, Francesco 〈17・18世紀〉
イタリア出身の舞台美術家,劇場建築家の一族。
⇒世美(マウロ,フランチェスコ 17世紀初頭-18世紀末)

Mauro, Gaspare 〈17・18世紀〉
イタリア出身の舞台美術家,劇場建築家の一族。
⇒世美(マウロ,ガスパレ (活動)1657-1719)

Mauro, Girolamo 〈18世紀〉
イタリア出身の舞台美術家,劇場建築家の一族。
⇒世美(マウロ,ジローラモ 1725-1766)

Mauro, Giuseppe 〈17・18世紀〉
イタリア出身の舞台美術家,劇場建築家の一族。
⇒世美(マウロ,ジュゼッペ (活動)1699-1722)

Mauro, Pietro 〈17世紀〉
イタリア出身の舞台美術家,劇場建築家の一族。
⇒世美(マウロ,ピエトロ (活動)1662-1697)

Mauro, Romualdo 〈17・18世紀〉
イタリア出身の舞台美術家,劇場建築家の一族。
⇒世美(マウロ,ロムアルド (活動)1699-1756)

Mauser, Peter Paul 〈19・20世紀〉
ドイツの銃砲技術者。近代小銃の父といわれる。
⇒岩ケ(モーゼル,(ペーター・)パウル・フォン 1838-1914)
全書(モーゼル 1838-1914)
大百(モーゼル 1838-1914)
二十(モーゼル, P.P. 1838-1914)

Maxim, Sir Hiram Stevens 〈19・20世紀〉
アメリカで生まれ,イギリスで活躍した兵器発明家。1881年レジヨン・ドヌール受賞。83年マクシム機関銃などを発明。84年マクシム兵器会社設立。
⇒岩ケ(マクシム,サー・ハイラム(・スティーヴンズ) 1840-1916)
岩世(マクシム 1840.2.5-1916.11.24)
国小(マクシム 1840.2.5-1916.11.24)
コン2(マクシム 1840-1916)
コン3(マクシム 1840-1916)
人物(マクシム 1840.2.5-1916.11.24)
西洋(マクシム 1840.2.5-1916.11.24)
世科(マキシム 1840-1916)
世西(マクシム 1840.2.5-1916.11.24)
世百(マクシム 1840-1916)
全書(マキシム 1840-1916)
大百(マキシム 1840-1916)
二十(マキシム, H.S. 1840.2.5-1916.11.26)
百科(マクシム 1840-1916)

M

Maxwell, Ian Robert 〈20世紀〉

イギリスの出版・新聞業者。
⇒岩ケ （マクスウェル，（イアン・）ロバート
　　1923–1991）
　世西 （マクスウェル　1923.6.10–1991.11.5）

Maxwell, Vera 〈20世紀〉

アメリカのファッション・デザイナー。
⇒世女日 （マクスウェル，ヴェーラ　1901–1996）

May, Ernst 〈19・20世紀〉

ドイツの建築家，都市設計家。1927年建築誌
「ノイエ・フランクフルト」を創刊，編集。30
〜34年ソ連都市計画を担当。
⇒岩世 （マイ　1886.7.27–1970.9.11）
　国小 （マイ　1886.6.27–1970.9.11）
　西洋 （マイ　1886.7.27–1970.9.11）
　世美 （マイ，エルンスト　1886–1970）

May, Joe 〈19・20世紀〉

オーストリア生まれ，アメリカの映画製作者，
監督。作品『春のいざない』(1933) など。
⇒監督 （マイ，ヨーエ　1880.11.7–1954.5.5）
　世映 （マイ，ジョー　1880–1954）

Maybach, Wilhelm 〈19・20世紀〉

ダイムラーとともに初期の自動車の開発に携
わったドイツ人技術者，発明家。
⇒岩ケ （マイバッハ，ヴィルヘルム　1846–1929）
　世科 （マイバハ　1847–1929）
　二十 （マイバハ，ウィルヘルム　1847–1929）

Maybeck, Bernard Ralph 〈19・20世紀〉

アメリカの建築家，カリフォルニア大学建築学
部創立者。
⇒キリ （メイベック，バーナード　1862.2.7–1957.
　　10.3）
　世美 （メイベック，バーナード・ラルフ　1862–
　　1957）

Mayer, Hans 〈19・20世紀〉

オーストリアの経済学者。1923年ウィーン大学
教授。伝統的オーストリア学派の理論的基礎を
確立。主著『現代の経済学理論』(32)。
⇒国小 （マイアー　1879.2.7–1955.10.28）
　世百 （マイヤー　1879–1955）

Mayer, Leopold 〈20世紀〉

オーストリアの経営経済学者。ウィーンの世界
貿易専門学校教授。
⇒名著 （マイヤー　1896–）

Mayer, Louis Burt 〈19・20世紀〉

アメリカの映画制作者。「MGM」を設立。

⇒岩ケ （メイヤー，ルイス・B（バート）　1885–
　　1957）
　岩世 （メイヤー　1885 (84) .7.4–1957.10.29）
　現ア （Mayer, Louis B.　メイヤー，ルイス・B
　　1885–1957）
　国小 （メイヤー　1885–1957）
　コン3 （メーヤー　1885–1957）
　世映 （メイヤー，ルイス・B　1885–1957）
　世百新 （メイヤー　1885–1957）
　二十 （メイヤー，ルイス・B.　1885–1957.10.29）
　百科 （メイヤー　1885–1957）
　ユ人 （メーヤー，ルイス・バート　1885–1957）

Mayer, René 〈20世紀〉

フランスの政治家。1951年首相。鉄道，交通界
の権威で，エール・フランスの創設にも貢献。
⇒外国 （マイエル　1895–）
　国小 （マイエル　1895.5.4–1972.12.13）
　西洋 （マイエール　1895.5.4–1972.12.13）
　二十 （マイエール，ルネ　1895.5.4–1972.12.13）
　ユ人 （マイヤー，ルネ　1895–1972）

Mayer, Theodor 〈19・20世紀〉

ドイツの経済史家。ベルリン大学名誉教授。ド
イツ中世の経済史，法制史を専攻。
⇒岩世 （マイアー　1883.8.24–1972.11.26）
　コン3 （マイアー　1883–1972）
　西洋 （マイアー　1883.8.24–1972.11.28）
　全書 （マイヤー　1883–1972）
　二十 （マイヤー，T.　1883–1972）
　名著 （マイヤー　1883–）
　山世 （マイアー（テーオドール）　1883–1972）
　歴学 （マイヤー，T.　1883–1972）

Mayet, Paul 〈19・20世紀〉

ドイツの御雇教師。東京医学校でドイツ語を教
授。大蔵省・農商務省の顧問を歴任，保険制度
を設立。
⇒岩世 （マイエト　1846.5.11–1920.1.9 (20)）
　外国 （マイエット　19世紀）
　経済 （マイエット　1846–1920）
　広辞4 （マイエット　1846–1920）
　広辞5 （マイエット　1846–1920）
　広辞6 （マイエット　1846–1920）
　国史 （マイエット　1846–1920）
　コン2 （マイエト　1846–1920）
　コン3 （マイエト　1846–1920）
　西洋 （マイエト　1846–1920）
　世百 （マイエット　1846–1920）
　全書 （マイエット　1846–1920）
　二十 （マイエット，ポール　1846–1920）
　日研 （マイエット，パウル　1846–1920.1.9）
　日人 （マイエット　1846–1920）
　百科 （マイエット　1846–1920）
　名著 （マイエット　1846–1920）
　来日 （マイエット　1846–1920）

Mayfield, Curtis 〈20世紀〉
アメリカのシカゴで活躍した歌手, ギタリスト, ソングライター, プロデューサー。
⇒ア事（メイフィールド, カーティス　1942–1999)
　岩世（メイフィールド　1942.6.3–1999.12.26)
　実ク（メイフィールド, カーティス　1942–1999)
　標音（メイフィールド, カーティス）
　洋ヒ（メイフィールド, カーティス　1942–1999)

Maymont, Paul 〈20世紀〉
フランスの建築家, 都市計画家。
⇒世美（メイモン, ポール　1926–)

Mayneord, William Valentine 〈20世紀〉
イギリスの医学物理学者。アイソトープの人体内分布を記録する装置, アイソトープ・スキャナーの発明者。
⇒岩世（メイノード　1902.2.14–1988.8.10)
　西洋（メイノード　1902.2.14–)

Mayo, Richard Southwell Bourke, 6th Earl of 〈19世紀〉
イギリスの植民地政治家。インド総督(1869〜72)。在任中にインド財政の地方分権政策が始まり, また各藩王国との間にも平和が維持された。
⇒西洋（メーヨー　1822.2.21–1872.2.8)

Mayo-Smith, Richmond 〈19・20世紀〉
アメリカの経済学者。歴史学派に属し, 社会科学の中に統計学を導入した先駆者。
⇒岩世（メイヨー=スミス　1854.2.9–1901.11.11)
　西洋（メーヨー・スミス　1854.2.9–1901.11.11)

Mayr, Georg von 〈19・20世紀〉
ドイツの統計学者, 経済学者。ドイツで成立した社会統計学の確立者。主著『社会生活における合法性』(1877)。
⇒岩世（マイアー　1841.2.12–1925.9.6)
　国小（マイル　1841.2.12–1925.9.6)
　コン2（マイル　1841–1925)
　コン3（マイル　1841–1925)
　西洋（マイル　1841.2.12–1925.9.6)
　世美（マイル　1841.2.12–1925.9.6)
　世百（マイル　1841–1925)
　全書（マイヤ　1841–1925)
　大辞（マイヤー　1841–1925)
　大辞2（マイヤー　1841–1925)
　大辞3（マイヤー　1841–1925)
　二十（マイヤ, ゲオルグ　1841–1925)
　名著（マイル　1841–1925)

al-Mazidi, Faisal M. 〈20世紀〉
クウェートの実業家。1976年以降クウェート国際資源・技術・経営会社社長。

⇒中東（マジーディー　1933–)

Mazzoni, Sebastiano 〈17世紀〉
イタリアの画家, 建築家, 詩人。
⇒世美（マッツォーニ, セバスティアーノ　1611頃–1678)

Mazzuccotelli, Alessandro 〈19・20世紀〉
イタリアの金工家。
⇒世美（マッツッコテッリ, アレッサンドロ　1865–1938)

Mead, William Rutherford 〈19・20世紀〉
アメリカの建築家。マキムおよびホワイトと共にニューヨークに「マキム・ミード・アンド・ホワイト」会社を設立(1879)。
⇒西洋（ミード　1846.8.20–1928.6.30)

Meade, Holly 〈20世紀〉
アメリカの教師, グラフィックデザイナー。
⇒児作（Meade, Holly　ミード, ホリー）

Meade, James Edward 〈20世紀〉
イギリスの経済学者。[賞]1977年ノーベル経済学賞受賞。
⇒岩ケ（ミード, ジェイムズ・エドワード　1907–1995)
　岩世（ミード　1907.6.23–1995.12.22)
　経済（ミード　1907–1995)
　最世（ミード, エドワード　1907–1995)
　西洋（ミード　1907.6.23–)
　世西（ミード　1907.6.23–)
　世百新（ミード　1907–1995)
　全書（ミード　1907–)
　大百（ミード　1907–)
　二十（ミード, J.E.　1907.6.23–)
　ノベ（ミード, J.E.　1907.6.23–1995.12.22)
　百科（ミード　1907–)
　ノベ3（ミード, J.E.　1907.6.23–1995.12.22)
　名著（ミード　1907–)

Means, Gardiner Coit 〈20世紀〉
アメリカの経済学者。全国資源計画局経済顧問を歴任するなど, ニュー・ディール政策に参与。
⇒岩世（ミーンズ　1896.6.8–1988.2.15)
　経済（ミーンズ　1896–)
　コン3（ミーンズ　1896–1988)
　二十（ミーンズ, ガーディナー・コイト　1896–1988.2.15)
　名著（ミーンズ　1896–)

Meckenem, Israhel van 〈15・16世紀〉
ドイツの銅版画家, 金銀細工師。『トランプ遊びをする人』や『輪舞』などの風俗画を残す。

⇒岩世 （メッケネム　1440頃-1503）
　国小 （メッケネム　1450頃-1503）
　コン2 （メッケネム　1450以前-1503）
　コン3 （メッケネム　1450以前-1503）
　新美 （メッケネム, イスラエル・ファン　1450以
　　前-1503.11.10）
　西洋 （メッケネム　1450以前-1503.11.10）
　世美 （メッケネム, イスラエル・ファン　1450以
　　前-1503）
　百科 （メッケネム　1445頃-1503）

Meda, Giuseppe 〈16世紀〉
イタリアの建築家, 土木技術者, 画家。
⇒世美 （メーダ, ジュゼッペ　?-1599）

Medici 〈15～18世紀〉
イタリアの商人の家系。15-18世紀にフィレン
ツェに繁栄したイタリアの商業・金融家系。
⇒岩世 （メディチ家）

Medici, Cosimo I de' 〈16世紀〉
イタリアの財閥, 貴族。トスカーナ大公。一家
の全盛期に, フィレンツェ共和国の政治を左右
し, 巨万の富を蓄積。
⇒外国 （メディチ, コシモ1世　1519-1574）
　コン2 （コジモ1世・デ・メディチ　1519-1574）
　コン3 （コジモ1世・デ・メディチ　1519-1574）
　西洋 （メディチ, コジモ一世　1519-1574）
　世西 （メディチ, デ, コジモ一世　1519.6.11-
　　1574.4.21）
　統治 （コジモ一世　（在位）1537-1574）

Medici, Cosimo de' 〈14・15世紀〉
イタリア, フィレンツェの金融業者, 政治家,
慈善家。1435年ゴンフォロニエーリ（正義の旗
手）, 事実上の僣主。
⇒岩ケ （コジモ・デ・メディチ　1389-1464）
　旺世 （コシモ=デ=メディチ　1389-1464）
　外国 （メディチ, コシモ　1389-1464）
　角世 （メディチ（コジモ）　1389-1464）
　国小 （メディチ　1389-1464.8.1）
　コン2 （コジモ・デ・メディチ　1389-1464）
　コン3 （コジモ・デ・メディチ　1389-1464）
　人物 （コシモ・デ・メジチ　1389-1464）
　西洋 （メディチ, コジモ　1389-1464）
　世人 （コジモ=デ=メディチ　1389-1464）
　世西 （メディチ, コジモ・デ　1389-1465.8.1）
　世百 （コシモデメディチ　1389-1464）
　全書 （コジモ・デ・メディチ　1389-1464）
　デス （コシモ・デ・メディチ　1389-1464）
　伝世 （コジモ・デ・メディチ　1389.9.27-1464.8.
　　1）
　百科 （メディチ　1389-1464）
　山世 （メディチ, コージモ　1389-1464）
　歴史 （コシモ=デ=メディチ　1389-1464）

Medici, Giovanni di Bicci de' 〈14・
15世紀〉
イタリアの財閥。人民党の首領。
⇒外国 （メディチ, ジョヴァンニ　1360頃-1428）
　コン2 （ジョヴァンニ・ディ・ビッチ・デ・メディ
　　チ　1360-1429）
　コン3 （ジョヴァンニ・ディ・ビッチ・デ・メディ
　　チ　1360-1429）
　西洋 （メディチ, ジョヴァンニ・ディ・ビッチ
　　1360-1429）
　世西 （メディチ, ジョヴァンニ　1360-1429）
　世百 （メディチ, ジョヴァンニ（ビッチ）　1360-
　　1429）

Medici, Piero II 〈15・16世紀〉
ルネサンス期フィレンツェの大金融業者。
⇒外国 （メディチ, ピエトロ　1471-1503）
　世百 （メディチ, ピエロ2世　1471-1503）

Medici, Piero de 〈15世紀〉
ルネサンス朝フィレンツェの大金融業者。〈痛風
病み il Gottoso〉と呼ばれた。
⇒コン2 （ピエロ（メディチ家の）　1419-1469）
　コン3 （ピエロ（メディチ家の）　1419-1469）
　世西 （メディチ, ピエロ・デ　1416-1469.12.3）
　世百 （メディチ, ピエロ　1414-1469）

Meech, Annette 〈20世紀〉
イギリスのガラス工芸家。
⇒世芸 （ミーチ, アネッテ　?-）

Meech Wells 〈20世紀〉
アメリカのヒップホップ系の音楽プロ
デューサー。
⇒ヒ人 （ミーチ・ウェルズ）

Meek, Ronald L. 〈20世紀〉
イギリスのマルクス主義経済学者。新左翼の理
論的指導者の1人。
⇒経済 （ミーク　1917-1978）
　全書 （ミーク　1917-1978）
　二十 （ミーク, ロナルド・L.　1917-1978）
　名著 （ミーク　1917-）

Mees, Charles Edward Kenneth
〈19・20世紀〉
イギリス生まれのアメリカの企業経営者, 研究
組織者。イーストマン・コダック社社長。ゴド
ウスキーとマンネスの発明したカラー・フィル
ムに注目し, 2人を同社に招いて市販に成功。
⇒科人 （ミーズ, チャールズ・エドワード・ケネス
　　1882.5.26-1960.8.15）
　西洋 （ミーズ　1882.5.26-1960.8.15）

Megahertz 〈20世紀〉
アメリカのヒップホップ系の音楽プロ
デューサー。

⇒ヒ人（メガハーツ）

Mège Mouriés, Hippolyte 〈19世紀〉
フランスの化学者，発明家。
⇒岩ケ（メージュ・ムリエス，イポリット　1817–1880）

Mehr, Farhang 〈20世紀〉
イランの法律家，経済・財政家。1966年首相補佐官を経て，67年イラン保険会社総裁兼社長。
⇒中東（メヘル　1924–）

Mehran, Hassan Ali 〈20世紀〉
イランの行政官。1978年アズハリ内閣経済・蔵相。
⇒中東（メヘラーン　1937–）

Mehring, Franz 〈19・20世紀〉
ドイツの文芸評論家，歴史家，マルクス主義者。プロイセンの軍人の家の生まれ。ドイツ共産党の創設に参加。修正主義を批判した。
⇒岩世（メーリング　1846.2.27–1919.1.28）
　岩哲（メーリング　1846–1919）
　外国（メーリング　1846–1919）
　角世（メーリング　1846–1919）
　経済（メーリンク　1846–1919）
　広辞4（メーリング　1846–1919）
　広辞5（メーリング　1846–1919）
　広辞6（メーリング　1846–1919）
　国小（メーリング　1846.2.27–1919.1.28）
　コン2（メーリング　1846–1919）
　コン3（メーリング　1846–1919）
　集文（メーリング，フランツ　1846.2.27–1919.1.29）
　人物（メーリング　1846.2.27–1919.1.28）
　西洋（メーリング　1846.2.27–1919.1.28）
　世西（メーリング　1846.2.27–1919.1.28）
　世百（メーリング　1846–1919）
　世文（メーリング，フランツ　1846–1919）
　全書（メーリング　1846–1919）
　大百（メーリング　1846–1919）
　二十（メーリング，フランツ　1846–1919.1.28）
　百科（メーリング　1846–1919）
　名著（メーリング　1846–1919）
　山世（メーリング　1846–1919）
　歴史（メーリング　1846–1919）

Meidias 〈前5・4世紀頃〉
ギリシアの陶工。
⇒岩世（メイディアス）
　ギリ（メイディアス　（活動）前4世紀中期）
　西洋（メイディアス　前5世紀）

Meier, Richard 〈20世紀〉
アメリカの建築家。
⇒二十（マイヤー，リチャード　1934–）

Meigs, Montgomery Cunningham 〈19世紀〉
アメリカのエンジニア。
⇒岩ケ（メグズ，モンゴメリー・カニングハム　1816–1892）

Meijlan, Germain Felix 〈18・19世紀〉
オランダの長崎出島商館長。文政10（1827）年長崎に着任した。
⇒岩世（メイラン　1785–1831.6.12）
　国史（メイラン　1785–1831）
　国小（メイラン　1775–1831.6.12）
　西洋（メイラン　1785–1831.6.12）
　対外（メイラン　1785–1831）
　日人（メイラン　1785–1831）
　来日（メイラン　1785–1831.6.12）

Meik, Charles Scott 〈19・20世紀〉
イギリスの土木技師。北海道開拓使港湾土木技師長。
⇒日人（メーク　1853–1923）
　来日（メーク　1853–1923）

Meikle, Andrew 〈18・19世紀〉
イギリスの水車大工，発明家。1786年今日のものの原型である回転鼓胴を応用した実用的脱穀機を発明。
⇒岩ケ（ミークル，アンドリュー　1719–1811）
　外国（ミクル　1719–1811）

Meillassoux, Claude 〈20世紀〉
フランスの経済人類学者。
⇒二十（メイヤスー，C.　1925–）

Meisenbach, Georg 〈19・20世紀〉
ドイツの印刷業者。網版印刷法を発明（1881）。
⇒岩世（マイゼンバッハ　1841.5.27–1912.9.24（25））
　西洋（マイゼンバハ　1841.5.27–1912.9.25）

Meissner, Alexander 〈19・20世紀〉
オーストリアの無線技術者。3極管発振器を発明（1913），また再生検波方式とヘテロダイン受信の発明者。
⇒岩世（マイスナー　1883.9.14–1958.1.3）
　西洋（マイスナー　1883.9.14–1958.3.1）

Meissner, Herrmann 〈20世紀〉
ドイツの指揮者。1922～23年エッセン市立劇場主任指揮者。
⇒現演（マイスナー，ヘルマン　1895–）

Meissonier, Juste Aurèle 〈17・18世紀〉
フランス（イタリア生まれ）の室内装飾家，金

工，建築家。
⇒岩世（メソニエ 1693(95)-1750.7.31)
　芸術（メッソニエ，オーレール 1693-1750)
　建築（メッソニエ，ジュスト＝オレール 1695-1750)
　国小（メソニエ 1693/5-1750.7.31)
　コン2（メッソニエ 1695頃-1750)
　コン3（メッソニエ 1695頃-1750)
　新美（メッソニエ，ジュスト＝オレール 1695-1750.7.31)
　西洋（メソニエ 1693/5-1750.7.31)
　世美（メッソニエ，ジュスト＝オーレル 1693-1750)
　全書（メソニエ 1695-1750)
　大百（メソニエ 1695-1750)
　百科（メソニエ 1695-1750)

Meistermann, Georg 〈20世紀〉
ドイツのステインドグラス製作者。
⇒キリ（マイスターマン，ゲオルク 1911.6.16-)

Mekler, Grigorii Kononovich 〈20世紀〉
ソ連邦の経済学者。
⇒二十（メクレル，G.K. 1919-)

Melan, Joseph 〈19・20世紀〉
オーストリアの土木技術者。
⇒岩世（メラン 1853.11.18-1941.2.6)

Melchett, Alfred Moritz, Lord 〈19・20世紀〉
イギリスの実業家，政治家，シオニスト。
⇒ユ人（メルチェット（モンド），アルフレッド・モリッツ卿 1868-1930)

Melchior, Carl Joseph 〈19・20世紀〉
ドイツの銀行家。国際連盟財政委員会の委員および議長をつとめ，ドイツの賠償問題の解決に尽力した。
⇒外国（メルヒオール 1871-1933)

Méliès, Georges-Jean 〈19・20世紀〉
フランスパリ生まれの初期映画製作者。手品師として出発，リュミエール兄弟の映画に出会い映画製作を開始。草創期の映画に，ストーリーをもち込み，特撮も行うなど，映画による空想の世界を作りあげ，今日の商業映画の基礎を築く。代表作「月世界旅行」。
⇒岩ケ（メリエス，ジョルジュ 1861-1938)
　岩世（メリエス 1861.12.8-1938.1.21)
　外国（メリエー 1861-1938)
　監督（メリエス，ジョルジュ 1861.12.8-1938.1.21)
　広辞4（メリエス 1861-1938)
　広辞5（メリエス 1861-1938)
　広辞6（メリエス 1861-1938)

国小（メリエス 1861.12.8-1938.1.21)
コン2（メリエス 1861-1938)
コン3（メリエス 1861-1938)
世映（メリエス，ジョルジュ 1861-1938)
世百（メリエス 1861-1938)
全書（メリエス 1861-1938)
大辞2（メリエス 1861-1938)
大辞3（メリエス 1861-1938)
大百（メリエス 1861-1938)
デス（メリエス 1861-1938)
ナビ（メリエス 1861-1938)
二十（メリエス，G. 1861-1938)
百科（メリエス 1861-1938)

Méline, Félix Jules 〈19・20世紀〉
フランスの政治家。1890～1902年農業問題専門家として保護貿易主義立法に指導的役割を演じた。1883～85年農相，96～98年首相兼農相。
⇒岩世（メリーヌ 1838.5.20-1925.12.21)
　国小（メリーヌ 1838.5.20-1925.12.20)
　西洋（メリーヌ 1838-1925)

Mellerowicz, Konrad 〈20世紀〉
ドイツの経営経済学者。第2次世界大戦後のE.グーテンベルクとの費用論争は有名。主著『原価および原価計算』(2巻，1933～36)など。
⇒国小（メレローウィチ 1891.12.24-)
　コン3（メレロヴィッツ 1891-)
　世百（メレロヴィチ 1891-)
　名著（メレロヴィチ 1891-)

Mellon, Andrew William 〈19・20世紀〉
アメリカの財政家。ハーディング，クーリッジ，フーヴァーの各大統領の下に財務長官として減税を行い(1921～32)，第一次大戦による国債償却に尽した。
⇒岩ケ（メロン，アンドリュー・W（ウィリアム） 1855-1937)
　岩世（メロン 1855.3.24-1937.8.26)
　外国（メロン 1855-1937)
　コン2（メロン 1855-1937)
　コン3（メロン 1855-1937)
　西洋（メロン 1855.3.24-1937.8.26)
　世西（メロン 1855.3.24-1937.8.26)
　全書（メロン 1855-1937)
　大辞3（メロン 1855-1937)
　伝世（メロン 1855.3.24-1937.8.26)
　二十（メロン，アンドルー・W. 1855-1937)
　百科（メロン 1855-1937)

Mellon, Thomas 〈19・20世紀〉
アメリカの巨大財閥の一つであるメロン財閥の創始者。
⇒百科（メロン 1813-1908)

Mel-Man 〈20世紀〉
アメリカのヒップホップ系の音楽プロ

経済・産業篇　　　　　　　　*413*　　　　　　　　**menge**

デューサー。
⇒匕人（メル・マン）

Melnikov, Konstantin Stepanovich
〈19・20世紀〉
ソ連邦の建築家。「パリ装飾美術博覧会のソ
ヴェート館」(1925) は、新しい空間構成による
ソ連独自の近代建築を示すものとして高く評価
された。
⇒岩世（メーリニコフ　1890.7.22〔8.3〕–1974.11.
　28)
　西洋（メリニコフ　1890.8.3–1974)
　世美（メリニコフ（またはメーリニコフ），コンス
　　タンチン・ステパノヴィチ　1890–1974)

Meltzer, Allan H. 〈20世紀〉
アメリカ生まれの経済思想家。
⇒経済（メルツァー　1928–)
　二十（メルツァー, A.H.　1928–)

Mendaña de Neyra, Álvaro de 〈16世紀〉
スペインの航海者，探検家。1568年ソロモン諸
島を発見。
⇒岩世（メンダーニャ　1541–1595)
　オセ（メンダーニャ　1542?–1595)
　国小（メンダニャ・デ・ネイラ　1541–1595)
　探検1（メンダーニャ　1541–1595)
　伝世（メンダーニャ・デ・ネイラ　1542?–1595.
　　10)
　百科（メンダーニャ　1542?–1595)
　歴史（メンダナ　1541–1595)

Mendelsohn, Erich 〈19・20世紀〉
アメリカで活躍したユダヤ系の建築家。ドイツ
表現主義建築の代表作といわれるアインシュタ
イン塔 (1920) などを設計。
⇒岩ケ（メンデルゾーン, エーリヒ　1887–1953)
　岩世（メンデルゾーン　1887.3.21–1953.9.15)
　オ西（メンデルゾーン, エリヒ　1887–1953)
　外国（メンデルゾーン　1887–)
　キリ（メンデルゾーン, エーリヒ　1887.3.21–
　　1953.9.15)
　国小（メンデルスゾーン　1887.5.21–1953.10.15)
　コン3（メンデルゾーン　1887–1953)
　新美（メンデルゾーン, エーリヒ（エリック）
　　1887.3.21–1953.9.16)
　人物（メンデルゾーン　1887.3.21–1953.9.15)
　西洋（メンデルゾーン　1887.3.21–1953.9.15)
　世美（メンデルゾーン, エーリヒ（またはエリッ
　　ク）　1887–1953)
　世百（メンデルゾーン　1887–1953)
　世百新（メンデルゾーン　1887–1953)
　全書（メンデルゾーン　1887–1953)
　大辞2（メンデルゾーン　1887–1953)
　大辞3（メンデルゾーン　1887–1953)
　大百（メンデルゾーン　1887–1953)
　伝世（メンデルゾーン　1887.3.21–1953.9.15)

　ナビ（メンデルゾーン　1887–1953)
　二十（メンデルゾーン, エーリヒ　1887.3.21–
　　1953.9.15)
　百科（メンデルゾーン　1887–1953)
　ユ人（メンデルゾーン, エリッヒ　1887–1953)

Mendel'son, Lev Abramovich 〈20世紀〉
ソ連邦の経済学者。
⇒全書（メンデリソン　1899–1962)
　二十（メンデリソン, L.　1899–1962)

Mendonça, Manoel de
ポルトガルのマカオ総督。日本貿易総司令官。
⇒国史（メンドンサ　生没年不詳)
　対外（メンドンサ　生没年不詳)
　日人（メンドンサ　生没年不詳)

Menéndez de Avilés, Pedro 〈16世紀〉
スペインの航海者，植民地政治家。アメリカ大
陸のフロリダにヨーロッパ人最初の入植地セン
トオーガスティンを建設。初代フロリダ総督と
なる (1565)。
⇒外国（メネンデス・デ・アビレス　1519–1574)
　伝世（メネンデス・デ・アビレース　1519.2.15–
　　1574.9.17)

Menger, Anton 〈19・20世紀〉
オーストリアの法学者。経済学者カール・メン
ガーの弟。法曹社会主義の代表者で，改良主義
的な社会主義的立法による経済の改革を主張。
主著『全労働収益権史論』。
⇒岩世（メンガー　1841.9.12–1906.2.6)
　外国（メンガー　1841–1906)
　経済（メンガー　1841–1906)
　広辞5（メンガー　1841–1906)
　広辞6（メンガー　1841–1906)
　国小（メンガー　1841.9.12–1906.2.6)
　コン2（メンガー　1841–1906)
　コン3（メンガー　1841–1906)
　人物（メンガー　1841.9.12–1906.2.6)
　西洋（メンガー　1841.9.12–1906.2.6)
　世西（メンガー　1841.9.12–1906.2.6)
　世百（メンガー　1841–1906)
　全書（メンガー　1841–1906)
　大百（メンガー　1841–1906)
　二十（メンガー, アントン　1841–1906)
　百科（メンガー　1841–1906)
　名著（メンガー　1841–1906)

Menger, Karl von 〈19・20世紀〉
オーストリアの経済学者。オーストリア学派の
祖であり，限界効用理論の確立者の一人として
著名。主著『国民経済学原理』(1871)。
⇒岩世（メンガー　1840.2.28–1921.2.26)
　岩哲（メンガー, C.　1840–1921)
　旺世（メンガー　1840–1921)
　外国（メンガー　1840–1921)

経済（メンガー　1840-1921)
広辞4（メンガー　1840-1921)
広辞5（メンガー　1840-1921)
広辞6（メンガー　1840-1921)
国小（メンガー　1840.2.23-1921.2.26)
コン2（メンガー　1840-1921)
コン3（メンガー　1840-1921)
人物（メンガー　1840.11.23-1921.2.26)
西洋（メンガー　1840.2.23-1921.2.26)
世西（メンガー　1840.11.23-1921.2.26)
世百（メンガー　1840-1921)
全書（メンガー　1840-1921)
大辞（メンガー　1840-1921)
大辞2（メンガー　1840-1921)
大辞3（メンガー　1840-1921)
大百（メンガー　1840-1921)
デス（メンガー　1840-1921)
ナビ（メンガー　1840-1921)
二十（メンガー, カール　1840-1921)
百科（メンガー　1840-1921)
評世（メンガー　1840-1921)
名著（メンガー　1840-1921)
山世（メンガー　1849-1921)
歴史（メンガー　1840-1921)

Mengoni, Giuseppe〈19世紀〉
イタリアの建築家。
⇒建築（メンゴーニ, ジュゼッペ　1829-1877)
　世美（メンゴーニ, ジュゼッペ　1829-1877)

Menni, Alfredo〈19・20世紀〉
イタリアの建築家。
⇒世美（メンニ, アルフレード　1870-1946)

Menotti, Ciro〈18・19世紀〉
リソルジメント期イタリアの商人, 愛国者。
⇒岩世（メノッティ　1798.1.22-1831.5.26)

Menssingh, Hermanus
オランダの長崎商館長。
⇒岩世（メンシング）

Mercadier de Bélesta, Jean
　Baptiste〈18・19世紀〉
フランスの技術者, 音楽理論家。
⇒音大（メルカディエ　1750.4.18-1815.1.14)

Mercer, John〈18・19世紀〉
イギリスの染色化学者。
⇒岩ケ（マーサー, ジョン　1791-1866)
　科学（マーサー　1791.2.21-1866.11.30)
　科人（マーサー, ジョン　1791.2.21-1866.11.30)

Mercier de la Rivière〈18世紀〉
フランスの経済学者, 重農主義者。
⇒岩世（メルシエ・ド・ラ・リヴィエール　1720頃
　-1793(1801)）)
　外国（メルシエ・ド・ラ・リヴィエール　1720-
　1794)
　コン2（メルシエ・ド・ラ・リヴィエール　1720-
　1794)
　コン3（メルシエ・ド・ラ・リヴィエール　1720-
　1794)
　西洋（メルシエ・ド・ラ・リヴィエール　1720-
　1793/4)
　名著（ル・メルシエ・ド・ラ・リヴィエール
　1720-1793/4)

Merck, George Wilhelm Emanuel
〈20世紀〉
アメリカの化学薬品会社経営者。
⇒岩ケ（マーク, ジョージ・W（ウィルヘルム・エ
　マニュエル）　1894-1957)

Mergenthaler, Ottmar〈19世紀〉
ドイツの印刷機械発明者。リノタイプ植字機を
発明した(1885)。
⇒岩ケ（メルゲンターラー, オトマー　1854-1899)
　岩世（メルゲンターラー　1854.5.11-1899.10.28)
　科学（マーゲンターラー　1854.5.11-1899.10.28)
　コン3（メルゲンターラー　1854-1899)
　西洋（メルゲンターラー　1854.5.11-1899.10.28)
　世科（マーゲンサーラー　1854-1899)

Merian, Matthäus〈16・17世紀〉
スイスの版画家, 出版業者。聖書の挿絵やドイ
ツの町の風景画などを制作出版。
⇒国小（メーリアン　1593-1650)
　西洋（メーリアン（父）　1593.9.25-1650.6.19)
　世美（メリアン, マトイス　1593-1650)

Merkl, Willy〈20世紀〉
ドイツの登山家。鉄道省技師。アルプスで数々
の初登攀をなす。
⇒外国（メルクル　1900-1934)
　体育（メルクル　1900-1934)

Merlo, Carlo Giuseppe〈17・18世紀〉
イタリアの建築家。
⇒建築（メルロ, カルロ・ジュゼッペ　1690-1761)
　世美（メルロ, カルロ・ジュゼッペ　1690-1761)

Merola, Gaetano〈19・20世紀〉
イタリア生まれの指揮者, 劇場支配人。
⇒演奏（メローラ, ガエターノ　1881.1.4-1953.8.
　30)
　オペ（メロラ, ガエターノ　1881.1.4-1953.8.30)
　現演（メローラ, ガエタノ　?-1953)

Merrick, David〈20世紀〉
アメリカの演劇プロデューサー。
⇒ア人（メリック, デビド）

岩世（メリック 1911.11.27–2000.4.25）
演劇（メリック, デイヴィッド 1912–）
二十（メリク, デイヴィッド 1911.11.27–）

Merrill, Charles Edward ⟨19・20世紀⟩
アメリカの投資銀行家。
⇒岩ケ（メリル, チャールズ・E (エドワード) 1885–1956）

Merriman, John Xavier ⟨19・20世紀⟩
南アフリカの政治家。首相兼蔵相(1908～10)となり, 南アフリカ連邦の成立に尽力, 連邦成立後ボータ内閣を支持した。
⇒岩世（メリマン 1841.3.15–1926.8.2）
 コン2（メリマン 1841–1926）
 コン3（メリマン 1841–1926）
 西洋（メリマン 1841.3.15–1926.8.2）

Merriman, Mansfield ⟨19・20世紀⟩
アメリカの土木技術者。水理学および土木の各分野の研究がある。
⇒西洋（メリマン 1848–1925.6.7）

Merton, Robert C. ⟨20世紀⟩
アメリカの経済学者。1997年ノーベル経済学賞。
⇒岩世（マートン 1944.7.31–）
 ノベ（マートン, R.C. 1944.7.31–）
 ノベ3（マートン, R.C. 1944.7.31–）

Merton, Sir Thomas Ralph ⟨19・20世紀⟩
イギリスの物理学者, 発明家。
⇒科人（マートン, サー・トーマス・ラルフ 1888.1.12–1969.10.10）

Mesa, Juan de ⟨16・17世紀⟩
スペインの彫刻家, 建築家。
⇒新美（メーサ, ホアン・デ 1583–1627.11.26）

Mesarovic, Mihajlo D. ⟨20世紀⟩
アメリカのシステム工学者。一般システム理論の基礎を確立。
⇒現人（メサロビッツ 1928.7.2–）
 二十（メサロビッツ, M.D. 1928.7.2–）

Mesbahzadeh, Mostafa ⟨20世紀⟩
イランの新聞社主。「ケイハーン」紙を発行。1975年から上院議員。
⇒中東（メスバーザーデ 1908–）

Messaududine, Said ⟨20世紀⟩
アルジェリアの軍人, 政治家。大統領航空問題顧問。1972～77年郵便通信相。

⇒中東（メサウディン 1933–）

Messel, Alfred ⟨19・20世紀⟩
ドイツの建築家。主作品はベルリンのウェルトハイム百貨店(1896～1904)。
⇒岩世（メッセル 1853.7.22–1909.3.24）
 才西（メッセル, アルフレート 1853–1909）
 外国（メッセル 1853–1909）
 国小（メッセル 1853–1909）
 コン2（メッセル 1853–1909）
 コン3（メッセル 1853–1909）
 西洋（メッセル 1853.7.22–1909.3.24）
 大百（メッセル 1853–1909）

Messel, Rudolph ⟨19・20世紀⟩
ドイツ―イギリスの工業化学者。
⇒科人（メッセル, ルドルフ 1848.1.14–1920.4.18）

Messerschmitt, Wilhelm ⟨20世紀⟩
ドイツの航空機設計者。
⇒岩ケ（メッサーシュミット, ウィリー 1898–1978）
 岩世（メッサーシュミット 1898.6.26–1978.9.15）
 科学（メッサーシュミット 1898.6.26–1978.9.15）
 広辞5（メッサーシュミット 1898–1978）
 広辞6（メッサーシュミット 1898–1978）
 国小（メッサーシュミット 1898.6.26–）
 コン3（メッサーシュミット 1898–1978）
 人物（メッサーシュミット 1898.6.26–）
 西洋（メッセルシュミット 1898.6.26–1978.9.15）
 世科（メッサーシュミット 1898–1978）
 世西（メッサーシュミット 1898.6.26–）
 世百（メッサーシュミット 1898–）
 全書（メッサーシュミット 1898–1978）
 ナチ（メッサーシュミット, ヴィルヘルム 1898–1978）
 二十（メッサーシュミット 1898.6.26–1978.9.15）

Messner, Zbiqniew ⟨20世紀⟩
ポーランドの政治家, 経済学者。ポーランド首相。
⇒世政（メスネル, Z. 1929.3–）

Messter, Oskar ⟨19・20世紀⟩
ドイツの映画技師・製作者。創成期映画の先駆者で「ドイツ映画の父」と呼ばれる。
⇒外国（メスター 1886–1944）
 世映（メスター, オスカー 1866–1943）

Mesta, Perle ⟨19・20世紀⟩
アメリカの実業家。
⇒世女日（メスタ, パール 1889–1975）

Metagenes 〈前6世紀〉
ギリシアの建築家。
⇒世美（メタゲネス　前6世紀）

Metcalf, John 〈18・19世紀〉
イギリスのエンジニア。
⇒岩ケ（メトカーフ, ジョン　1717–1810）

Metcalfe, Robert Melancton 〈20世紀〉
アメリカの電気工学者。
⇒岩世（メトカーフ　1946.4.7–）

Metezeau, Clément 〈15・16世紀〉
フランスの建築家。
⇒岩世（メトゾー（大）　1479–1555）
　西洋（メトゾー（大）　1479–1555）

Metezeau, Clément 〈16・17世紀〉
フランスの建築家。Thibautの子。ルイ13世の宮廷建築家（1615〜）。
⇒岩世（メトゾー（小）　1581–1652）
　西洋（メトゾー（小）　1581–1652）

Metezeau, Louis 〈16・17世紀〉
フランスの建築家。Thibautの子。アンリ4世, ルイ13世の宮廷建築家（1594〜）。
⇒岩世（メトゾー　1559頃–1615）
　西洋（メトゾー　1559頃–1615）

Metezeau, Thibaut 〈16世紀〉
フランスの建築家。Clément（大）の子。宮廷建築家。パリのポン・ヌフの建築計画に参加。
⇒岩世（メトゾー　1533.10.21–1596）
　西洋（メトゾー　1533頃–1600）

Metford, William Ellis 〈19世紀〉
イギリスのエンジニア。
⇒岩ケ（メトフォード, ウィリアム・エリス
　1824–1899）

Methuen, *Sir* Algernon Methuen Marshall 〈19・20世紀〉
イギリスの出版業者。キップリング, ワイルド, メーテルランク, マスフィールド等の著作を出版。
⇒岩ケ（メシュエン, サー・アルジャーノン（・メ
　シュエン・マーシャル）　1856–1924）
　岩世（メスエン　1856.2.23–1924.9.20）
　集文（メシュエン, アルジャーノン　1856.2.23–
　1924.9.20）
　西洋（メスエン　1856–1924）

Metius, Jacobus 〈16・17世紀〉
オランダの光学器具製作者。
⇒科人（メティウス, ヤコブス　1580–1628.6）

Metlicovitz, Leopoldo 〈19・20世紀〉
イタリアのデザイナー, 石版画家。
⇒世美（メトリコヴィッツ, レオポルト　1868–1944）
　世美（メトリコヴィッツ, レオポルド　1868–1944）

Metsue, Adriaan Anthonisz 〈16・17世紀〉
オランダの軍事技術者, 地図作製者。
⇒数学（メツ　1543–1620.11.20）
　数学増（メツー）

Metzler, Lloyd Appleton 〈20世紀〉
アメリカの経済学者。
⇒経済（メッツラー　1913–1980）
　世百新（メッツラー　1913–1980）
　二十（メツラー, L.A.　1913–1980）
　百科（メツラー　1913–1980）

Meucci, Antonio 〈19世紀〉
イタリア生まれの発明家。
⇒伝世（メウッチ　1808–1889）

Mevissen, Gustav von 〈19世紀〉
ドイツの実業家, 政治家。ライン鉄道社長, ケルン商工会議所会頭としてライン地方の財界の巨頭となった。
⇒岩世（メヴィッセン　1815.5.20–1899.8.13）
　外国（メヴィッセン　1815–1899）
　国小（メビッセン　1815.5.20–1899.8.13）
　西洋（メヴィッセン　1815.5.20–1899.8.13）

Meyer, Adolf 〈19・20世紀〉
ドイツの建築家, 家具デザイナー。主作品はイェナのツァイス工場プラネタリウム（1925〜26）。
⇒岩世（マイアー　1881–1929）
　国小（マイアー　1881–1929）
　西洋（マイアー　1881–1929）

Meyer, Agnes Ernst 〈19・20世紀〉
アメリカの慈善事業家。
⇒世女日（マイヤー, アグネス・エルンスト
　1887–1970）

Meyer, Hannes 〈19・20世紀〉
スイス生まれのドイツの建築家。主作品はベルナウの労働組合学校校舎（1927）。
⇒岩世（マイアー　1889.11.18–1954.7.19）
　国小（マイアー　1889–1954）
　新美（マイヤー, ハンネス　1889.11.18–1954.7.19）

西洋（マイアー　1889–1954.7.19）
世美（マイヤー, ハンネス　1889–1954）
二十（マイヤー, ハンネス　1889.11.18–1954.7.
19）

Meyer, Joseph 〈18・19世紀〉

ドイツの出版業者, 実業家。古典作家の作品を
出版, また『百科全書』(52巻, 1840～52) を
刊行。
⇒岩世（マイアー　1796.5.9–1856.6.27）
外国（マイヤー　1796–1856）
コン2（マイアー　1796–1856）
コン3（マイアー　1796–1856）
西洋（マイアー　1796.5.9–1856.6.27）

Meyer, Rudolf Hermann 〈19世紀〉

ドイツの経済学者。ビスマルクに反対して有罪
の宣告をうけ, 海外に逃れた (1877)。
⇒西洋（マイアー　1839.12.10–1899.1.16）

Meyerhof, Otto Fritz 〈19・20世紀〉

ドイツの生化学者。1922年筋肉内の酸素消費と
乳酸代謝の研究で, ノーベル生理・医学賞受
賞。主著『生命現象の化学力学』(24)。
⇒岩ケ（マイアーホーフ, オットー・フリッツ
1884–1951）
外国（マイヤーホーフ　1884–1951）
科学（マイヤーホーフ　1884.4.12–1951.10.6）
科技（マイエルホーフ　1884.4.12–1951.10.6）
科人（マイヤーホフ, オットー・フリッツ　1884.
4.12–1951.10.6）
科大（マイエルホーフ　1884–1951）
科大2（マイエルホーフ　1884–1951）
看護（マイエルホーフ　1884–1951）
広辞5（マイヤーホーフ　1884–1951）
広辞6（マイヤーホーフ　1884–1951）
国小（マイアーホフ　1884.4.12–1951.10.6）
コン3（マイヤーホーフ　1884–1951）
最世（マイアーホーフ, オットー　1884–1951）
人物（マイヤーホーフ　1884.4.12–1951.10.6）
西洋（マイエルホーフ　1884.4.12–1951.10.6）
世科（マイヤホーフ　1884–1951）
世西（マイヤーホーフ　1884.4.12–1951.10.9）
世百（マイヤーホフ　1884–1951）
全書（マイヤーホーフ　1884–1951）
大辞2（マイアーホーフ　1884–1951）
大辞3（マイヤーホーフ　1884–1951）
大百（マイヤーホフ　1884–1951）
伝世（マイアホーフ　1884.4.12–1951.10.6）
ナチ（マイヤーホフ, オットー　1884–1951）
二十（マイヤーホーフ, オットー・F.　1884.4.
12–1951.10.6）
ノベ（マイヤーホーフ, O.F.　1884.4.12–1951.
10.6）
ノベ3（マイヤーホーフ, O.F.　1884.4.12–1951.
10.6）
ユ人（マイヤーホフ, オットー・フリッツ
1884–1951）

Meynell, *Sir* Francis 〈19・20世紀〉

イギリスの出版者, 装丁家。
⇒岩世（メネル　1891.5.12–1975.7.9）

Mezger, Adolph 〈19世紀〉

ドイツの鉱山技師。工部省鉱山局器械師長, 阿
仁銅山技師。東京大学理学部で採鉱冶金学を
教授。
⇒日人（メッゲル　生没年不詳）
来日（メッゲル　生没年不詳）

Michel, Ed 〈20世紀〉

アメリカのジャズ・プロデューサー。
⇒ジヤ（ミッシェル, エド　?–）
二十（ミシェル, エド）

Michel, Smark 〈20世紀〉

ハイチの政治家, 実業家。ハイチ首相。
⇒世政（ミシェル, スマーク　1937.3.29–）

Michela, Costanzo 〈17・18世紀〉

イタリアの建築家。
⇒世美（ミケーラ, コスタンツォ　1689–1754）

Michelangelo Buonarroti 〈15・16世紀〉

イタリアの画家, 彫刻家, 建築家。1496～1501
年『ピエタ』, 01～5年『ダビデ』制作。
⇒逸話（ミケランジェロ　1475–1564）
岩ケ（ミケランジェロ　1475–1564）
岩世（ミケランジェロ　1475.3.6–1564.2.18）
旺世（ミケランジェロ　1475–1564）
外国（ミケランジェロ　1475–1564）
角世（ミケランジェロ　1475–1564）
教皇（ミケランジェロ　1475–1564）
キリ（ミケランジェロ, ブォナルローティ　1475.
3.6–1564.2.18）
芸術（ミケランジェロ・ブォナローティ　1475–
1564）
建築（ミケランジェロ・ブォナロッティ　1475–
1564）
広辞4（ミケランジェロ　1475–1564）
広辞6（ミケランジェロ　1475–1564）
国小（ミケランジェロ　1475.3.6–1564.2.18）
国百（ミケランジェロ　1475.3.6–1564.2.18）
コン2（ミケランジェロ　1475–1564）
コン3（ミケランジェロ　1475–1564）
集世（ブオナッローティ, ミケランジェロ　1475.
3.6–1564.2.18）
集文（ブオナッローティ, ミケランジェロ　1475.
3.6–1564.2.18）
新美（ミケランジェロ・ブォナルローティ　1475.
3.6–1564.2.18）
人物（ミケランジェロ　1475.3.6–1564.2.18）
西洋（ミケランジェロ　1475.3.6–1564.2.18）
世人（ミケランジェロ　1475–1564）
世西（ミケランジェロ　1475.3.6–1564.2.18）
世美（ミケランジェロ・ブオナッローティ

1475–1564)
世百（ミケランジェロ　1475–1564）
世文（ミケランジェロ・ブオナッローティ
　　　1475–1564）
全書（ミケランジェロ　1475–1564）
大辞（ミケランジェロ　1475–1564）
大辞3（ミケランジェロ　1475–1564）
大百（ミケランジェロ　1475–1564）
デス（ミケランジェロ　1475–1564）
伝世（ミケランジェロ　1475.3.6–1564.2.18）
百科（ミケランジェロ　1475–1564）
評世（ミケランジェロ　1475–1564）
山世（ミケランジェロ　1475–1564）
歴史（ミケランジェロ　1475–1564）

Michelin, André 〈19・20世紀〉
フランスのタイヤ製造業者。
⇒岩ケ（ミシュラン，アンドレ　1853–1931）

Michelin, François 〈20世紀〉
フランスの実業家。ミシュラン・グループの3
代目。
⇒現人（ミシュラン　1926.7.3–）

Michell, Humfrey 〈19・20世紀〉
イギリスの経済学者。1919～48年カナダのマク
マスター大学政治経済学教授。
⇒名著（ミッチェル　1883–）

Michell, *Sir* Lewis Loyd 〈19・20世紀〉
南アフリカの銀行家，政治家。1895～1902年ス
タンダード銀行南ア総支配人。03～05年ジェー
ムソン内閣無任所相をつとめる。
⇒コン2（マイケル　1842–1928）
　コン3（マイケル　1842–1928）

Michelozzo di Bartolommeo 〈14・15世紀〉
イタリアの彫刻家，建築家。1446年フィレン
ツェの大聖堂を完成。
⇒岩ケ（ミケロッツィ（・ディ・バルトロンメオ）
　　　1396–1472）
　岩世（ミケロッツォ　1396–1472.10.7）
　キリ（ミケロッツィ（ミケロッツォ）・ディ・バル
　　　トロメーオ　1396–1472.10.7）
　芸術（ミケロッツォ・ディ・バルトロメオ
　　　1396–1472）
　建築（ミケロッツォ・ディ・バルトロメオ
　　　1396–1472）
　国小（ミケロッツォ・ディ・バルトロメオ
　　　1396–1472）
　コン2（ミチェロッツォ　1396–1472）
　コン3（ミケロッツォ　1396–1472）
　新美（ミケロッツォ・ディ・バルトロメーオ
　　　1396–1472）
　人物（ミケロッツィ　1396–1472.10.7）
　西洋（ミケロッツィ　1396–1472.10.7）
　世美（ミケロッツォ・ディ・バルトロメーオ・ミ
　　　ケロッツィ　1396–1472）

世百（ミケロッツォディバルトロメオ　1396–
　　　1472）
全書（ミケロッツォ・ディ・バルトロメオ
　　　1396–1472）
大百（ミケロッツォ・ディ・バルトロメオ
　　　1396–1472）
伝世（ミケロッツォ・ディ・バルトロメオ
　　　1396–1472.10.7）
百科（ミケロッツォ・ディ・バルトロメオ
　　　1396–1472）

Michelucci, Giovanni 〈20世紀〉
イタリアの建築家。
⇒世美（ミケルッチ，ジョヴァンニ　1891–）

Mickvitz, Gunner 〈20世紀〉
フィンランドの経済史家。古代商業史に関する
すぐれた業績がある。
⇒名著（ミックヴィツ　1906–1939）

Midgley, Thomas 〈19・20世紀〉
アメリカの工業化学者。アンチノック剤とし
て，4エチル鉛を発見（1922）。また冷凍液とし
てフルオレンを使用することを創案。
⇒岩ケ（ミジリー，トマス，ジュニア　1889–1944）
　岩世（ミジリー　1889.5.18–1944.11.2）
　科学（ミッジリー　1889.5.18–1944.11.2）
　科技（ミッドグレー　1889.5.18–1944.11.2）
　科人（ミジリー，トマス二世　1889.5.18–1944.
　　　11.2）
　西洋（ミジリ　1889.5.18–1944）
　世科（ミジリ　1889–1944）
　二十（ミジリ，トーマス（Jr.）　1889.5.18–1944.
　　　11.2）

Midler, Bette 〈20世紀〉
アメリカの喜劇女優，歌手，映画製作者。
⇒ア人（ミドラー，ベット　1945.12.1–）
　岩ケ（ミドラー，ベット　1945–）
　外女（ミドラー，ベット　1945.12.1–）
　現ア（Midler, Bette　ミドラー，ベット
　　　1945–）
　最世（ミドラー，ベット　1945–）
　実ク（ミドラー，ベット　1945–）
　世映（ミドラー，ベット　1945–）
　世女（ミドラー，ベット　1945–）
　世俳（ミドラー，ベット　1945.12.1–）
　二十（ミドラー，ベット　1945.12.1–）
　標音（ミドラー，ベット）
　洋ヒ（ミドラー，ベット　1945–）
　口人（ミドラー，ベット　1945–）

Miege, Guy 〈17・18世紀〉
イギリスの著者，出版者。
⇒岩世（ミージュ　1644.5.30–1718以後）

経済・産業篇　　　*419*　　　**mikul**

Mielziner, Jo 〈20世紀〉

アメリカ（フランス生まれ）の舞台装置家，舞台照明デザイナー。代表作『ウィンターセット』（1935），『ハムレット』（36）。

⇒岩ケ（ミールジナー，ジョー　1901–1976）
岩世（ミルジーナー　1901.3.19–1976.3.15）
演劇（ミールジーナー，ジョー　1901–1976）
外国（ミールジナー　1901–）
国小（ミールツィーナー　1901.3.19–1976.3.15）
コン3（ミールジナー　1901–1976）
西洋（ミルジーナー　1901.3.19–1976.5.15）
二十（ミールツィナー，ジョー　1901.3.19–）

Mies van der Rohe, Ludwig 〈19・20世紀〉

ドイツの建築家。1929年バルセロナ万国博覧会のドイツ館の設計で国際的評価を得た。

⇒岩ケ（ミース，ヴァン・デル・ローエ，ルートヴィヒ　1886–1969）
岩世（ミース・ヴァン・デル・ローエ　1886.3.27–1969.8.17）
オ西（ミース・ファン・デア・ローエ，ルートヴィヒ　1886–1969）
科史（ミース・ファン・デル・ローエ　1886–1969）
現人（ミース・ファン・デル・ローエ　1886.3.27–1969.8.17）
広辞5（ミース・ファン・デル・ローエ　1886–1969）
広辞6（ミース-ファン-デル-ローエ　1886–1969）
国小（ミース・ファン・デル・ローエ　1886.3.27–1969.8.18）
コン3（ミース・ヴァン・デル・ローエ　1886–1969）
新美（ミース・ファン・デル・ローエ，ルートヴィヒ　1886.3.27–1969.8.18）
西洋（ミース・ヴァン・デル・ローエ　1886.3.27–1969.8.17）
世美（ミース・ファン・デル・ローエ，ルートヴィヒ　1886–1969）
世百（ミースファンデルローエ　1886–）
世百新（ミース・ファン・デル・ローエ　1886–1969）
全書（ミース・ファン・デル・ローエ　1886–1969）
大辞2（ミース・ファン・デル・ローエ　1886–1969）
大辞3（ミース　ファン　デル　ローエ　1886–1969）
大百（ミース・ファン・デル・ローエ　1886–1969）
伝世（ミース・ファン・デル・ロー　1886.3.27–1969.8.18）
ナビ（ミース=ファン=デル=ローエ　1886–1969）
二十（ミース・ファン・デル・ローエ，ルートヴィヒ　1886.3.27–1969.8.17）
百科（ミース・ファン・デル・ローエ　1886–1969）

Migeon II, Pierre 〈18世紀〉

フランスの家具作家。

⇒新美（ミジョン二世，ピエール　1701–1758.9.4）

Migne, Jacques-Paul 〈19世紀〉

フランスのカトリック司祭，神学書の出版者。『教父全集』の出版は有名。

⇒岩世（ミーニュ　1800.10.25–1875.10.24）
外国（ミーニュ　1800–1875）
キリ（ミーニュ，ジャーク・ポル　1800.10.25–1875.10.24）
広辞6（ミーニュ　1800–1875）
国小（ミーニュ　1800.10.25–1875.10.25）
コン2（ミーニュ　1800–1875）
コン3（ミーニュ　1800–1875）
西洋（ミーニュ　1800.10.25–1875.10.24）
全書（ミーニュ　1800–1875）
百科（ミーニュ　1800–1875）
名著（ミーニュ　1800–1875）
歴学（ミーニュ　1800–1875）

Mika 〈20世紀〉

イギリスのシンガーソングライター，プロデューサー，グラフィックデザイナー。レバノン生まれ。

⇒実ク（ミーカ）

Mikati, Najib 〈20世紀〉

レバノンの政治家，実業家。レバノン首相。

⇒世政（ミカティ，ナジブ　1955.11.24–）

Mike Ladd 〈20世紀〉

アメリカのプロデューサー，ラッパー。

⇒ヒ人（マイク・ラッド）

Mikhelis, Panayotis A. 〈20世紀〉

ギリシアの美学者，建築家。創作論など一般美学の研究をも残した。

⇒岩世（ミヘリス　1903–1969.11.11）
西洋（ミヘリス　1903–1969.11.11）
全書（ミヘリス　1903–1969）
二十（ミヘリス，P.A.　1903–1969）

Mikulicz-Radecki, Johann von 〈19・20世紀〉

オーストリアの医者。食道鏡の発明者，手術マスク着用の最初の人。

⇒看護（ミクリチ・ラデッキー　1850–1905）
国小（ミクリチ・ラデツキー　1850.5.16–1905.6.4）
西洋（ミクリチ・ラデツキー　1850.5.16–1905.6.14）
世西（ミクリッチ・ラデツキ　1850.5.16–1905.6.14）
世百（ミクリッチラデツキー　1850–1905）
二十（ミクリッツ・R.，J.フォン　1850–1905）

Mikulin, Aleksandr Aleksandrovich

M

〈20世紀〉
ソ連邦の航空機エンジンの設計者。北極経由北
アメリカへの遠距離無着陸飛行をした飛行機の
エンジンを設計。
⇒コン3（ミクーリン　1895-1985）

Mikunis, Shmuel 〈20世紀〉
イスラエルの土木技師，ジャーナリスト，政治
家。1949年以来国会議員。共産党書記長。
⇒中東（ミクニス　1903-）

Mil, Mikhail L. 〈20世紀〉
ソ連邦の航空機設計者。ヘリコプターの開発に
あたり，とくに1960年代初めに設計した巨大な
M・6で一躍有名となった。
⇒大百（ミル　1909-1970）

Milken, Michael Robert 〈20世紀〉
アメリカの投資仲介人。
⇒岩ケ（ミルケン，マイケル（・ロバート）　1946-）

Mill, Henry
イギリスの発明家。世界最初のタイプライター
の特許を取得（1714）。
⇒岩世（ミル）
　西洋（ミル　生没年不詳）

Mill, James 〈18・19世紀〉
イギリスの歴史家，経済学者，心理学者。『英領
インド史』（1818～19）が代表作。
⇒イ哲（ミル, J.　1773-1836）
　岩ケ（ミル，ジェイムズ　1773-1836）
　岩世（ミル　1773.4.6-1836.6.23）
　岩哲（ミル, J.　1773-1836）
　英米（Mill, James　ミル，ジェームズ　1773-
　　1836）
　外国（ミル　1773-1836）
　角世（ミル（ジェイムズ）　1773-1836）
　教育（ミル　1773-1836）
　広辞4（ミル　1773-1836）
　広辞6（ミル　1773-1836）
　国小（ミル　1773.4.6-1836.6.23）
　コン2（ミル　1773-1836）
　コン3（ミル　1773-1836）
　人物（ミル　1773.4.6-1836.6.23）
　西洋（ミル　1773.4.6-1836.6.23）
　世西（ミル　1773.4.6-1836.6.23）
　世百（ミル　1773-1836）
　全書（ミル　1773-1836）
　大辞（ミル　1773-1836）
　大辞3（ミル　1773-1836）
　大百（ミル　1773-1836）
　デス（ミル　1773-1836）
　伝世（ミル, J.　1773-1836）
　百科（ミル　1773-1836）
　名著（ミル　1773-1836）
　山世（ミル，ジェームズ　1773-1836）

　歴学（ミル　1773-1836）

Mill, John Stuart 〈19世紀〉
イギリスの思想家，経済学者。主著『論理学体
系』（1843）。
⇒逸話（ミル　1806-1873）
　イ哲（ミル, J.S.　1806-1873）
　イ文（Mill, John Stuart　1806-1873）
　岩ケ（ミル，ジョン・スチュアート　1806-1873）
　岩世（ミル　1806.5.20-1873.5.7）
　岩哲（ミル, J.S.　1806-1873）
　英文（ミル，ジョン・スチュアート　1806-1873）
　英米（Mill, John Stuart　ミル，ジョン・ステュ
　　アート　1806-1873）
　旺世（ジョン=ステュアート=ミル　1806-1873）
　外国（ミル　1806-1873）
　科史（ミル　1806-1873）
　角世（ミル（ジョン・ステュアート）　1806-
　　1873）
　教育（ミル　1806-1873）
　広辞4（ミル　1806-1873）
　広辞6（ミル　1806-1873）
　国小（ミル　1806.5.20-1873.5.8）
　国百（ミル，ジョン・スチュアート　1806.5.20-
　　1873.5.8）
　コン2（ミル　1806-1876）
　コン3（ミル　1806-1873）
　集世（ミル，ジョン・スチュアート　1806.5.20-
　　1873.5.8）
　集文（ミル，ジョン・スチュアート　1806.5.20-
　　1873.5.8）
　人物（ミル　1806.5.20-1873.5.7）
　西洋（ミル　1806.5.20-1873.5.7）
　世人（ミル（ジョン=ステュアート=ミル）
　　1806-1873）
　世西（ミル　1806.5.20-1873.5.7）
　世百（ミル　1806-1873）
　世文（ミル，ジョン・スチュアート　1806-1873）
　全書（ミル　1806-1873）
　大辞（ミル　1806-1873）
　大辞3（ミル　1806-1873）
　大百（ミル　1806-1873）
　デス（ミル　1806-1873）
　伝世（ミル, J.S.　1806.5.20-1873.5.8）
　百科（ミル　1806-1873）
　評世（ミル　1806-1873）
　名著（ミル　1806-1873）
　山世（ミル，ジョン・ステュアート　1806-1873）
　歴史（ミル　1806-1873）

Miller, Aleksei Borisovich 〈20世紀〉
ロシアの企業家，ガスプロム社長。
⇒ロシ（ミレル　1962-）

Miller, Ferdinand von 〈19世紀〉
ドイツの鋳金家。大鋳像の鍍金法や新しい鋳型
を発明。
⇒西洋（ミラー（父）　1813.10.18-1887.2.11）

Miller, Jimmy 〈20世紀〉
アメリカ生まれのプロデューサー。ローリング・ストーンズのレコード制作で知られる。
⇒ロ人（ミラー, ジミー 1944-）

Miller, Jonathan 〈20世紀〉
イギリスの演出家, 作家, プロデューサー。
⇒オペ（ミラー, ジョナサン 1934.7.21-）
　二十英（Miller, Sir Jonathan（Wolfe） 1934-）

Miller, Merton Howard 〈20世紀〉
アメリカの経済学者。1990年ノーベル経済学賞。
⇒岩世（ミラー 1923.5.16-2000.6.3）
　最世（ミラー, メルトン 1923-2000）
　ノベ（ミラー, M.H. 1923.5.16-2000.6.3）
　ノベ3（ミラー, M.H. 1923.5.16-2000.6.3）
　ユ人（ミラー, マートン・ハワード 1923-2000）

Miller, Oskar von 〈19・20世紀〉
ドイツの電気工学者, 起業家。諸方に水力発電所を建設。
⇒岩世（ミラー 1855.5.7-1934.4.9）
　西洋（ミラー 1855.5.7-1934.4.9）
　全書（ミラー 1855-1934）
　大百（ミラー 1855-1934）
　二十（ミラー, オスカー・フォン 1855-1934）

Miller, William G. 〈20世紀〉
アメリカの政治家。テキストロン社社長, 米国財務長官, カンボー・コーポレーション会長・最高経営責任者。
⇒二十（ミラー, ウィリアム・G. 1925-）

Mills, Frederick Cecil 〈20世紀〉
アメリカの経済学者, 統計学者。経済現象の統計的, 実証的研究に従った。
⇒岩世（ミルズ 1892.5.24-1964.2.9）
　西洋（ミルズ 1892.5.24-1964.2.9）

Mills, Robert 〈18・19世紀〉
アメリカの建築家。主作品は記念教会堂（1814）。
⇒建築（ミルズ, ロバート 1781-1855）
　国小（ミルズ 1781.8.12-1855.3.3）
　新美（ミルズ, ロバート 1781.8.12-1855.3.3）

Mills, Wilbur Daigh 〈20世紀〉
アメリカの政治家。1970年4月通商法案（ミルズ法案）を提案, 日米繊維交渉に大きな役割を果す。
⇒岩ケ（ミルズ, ウィルバー（・デイ） 1909-1992）
　現人（ミルズ 1909.5.24-）
　国小（ミルズ 1909.5.24-）
　世政（ミルズ, ウィルバー 1909.5.24-1992.5.2）

二十（ミルズ, W.D. 1909-1992.5.2）

Millspaugh, Arthur Chester 〈19・20世紀〉
アメリカの財政専門家。イランのレザー・シャー・パフレヴィー政権の財政顧問。
⇒コン3（ミルスポー 1883-1955）

Milne, John 〈19・20世紀〉
イギリスの地震学者, 鉱山技師。1876年来日, 日本地震学会を創立。主著『地震学』(98)。
⇒岩世（ミルン 1850.12.30-1913.7.31）
　科学（ミルン 1850.12.30-1913.7.31）
　科技（ミルン 1850.12.30-1913.7.30）
　科史（ミルン 1850-1913）
　科人（ミルン, ジョン 1850.12.30-1913.7.30）
　国史（ミルン 1850-1913）
　国小（ミルン 1850-1913）
　コン2（ミルン 1850-1913）
　コン3（ミルン 1850-1913）
　人物（ミルン 1850.12.30-1913.7.31）
　西洋（ミルン 1850.12.30-1913.7.31）
　世西（ミルン 1850.12.30-1913.7.31）
　世百（ミルン 1850-1913）
　全書（ミルン 1850-1913）
　大辞（ミルン 1850-1922）
　大辞2（ミルン 1850-1922）
　大辞3（ミルン 1850-1922）
　大百（ミルン 1850-1913）
　二十（ミルン, ジョン 1850.12.30-1913.7.31）
　日研（ミルン, ジョン 1850.12.30-1913.7.31）
　日人（ミルン 1850-1913）
　百科（ミルン 1850-1913）
　来日（ミルン 1850-1913）

Milward, Reginald Stutfield 〈20世紀〉
イギリスの財界人。
⇒二十（ミルワード, R.スタッツフィールド 1911-）

Milyutin, Nikolay Aleksandrovich 〈19・20世紀〉
ソ連邦の建築家, 都市計画家。
⇒世美（ミリューチン, ニコライ・アレクサンドロヴィチ 1889-1942）

Milyutin, Vladimir Alekseevich 〈19世紀〉
ロシアの経済学者, 評論家。著書『ロシアにおける教会不動産について』(1859~61)。
⇒コン2（ミリューチン 1826-1855）
　コン3（ミリューチン 1826-1855）

Milyutin, Vladimir Pavlovich 〈19・20世紀〉
ソ連邦の経済学者。十月革命後は農業人民委員,

最高経済会議議長代理，その他の要職についた。
⇒岩世（ミリューチン　1884.10.24[11.5]-1937.
　10.30)
　外国（ミリューチン　1884-)
　西洋（ミリューチン　1884-1937.10.30)

Minc, Alain Jacques Richard 〈20世紀〉
フランスの経済学者，ジャーナリスト。
⇒岩世（マンク　1949.4.15-)

Minc, Hilary 〈20世紀〉
ポーランドの政治家。ポーランドの工業相
(1945～47)，副首相(47来)。
⇒岩世（ミンツ　1905.8.24-1974.11.26)
　西洋（ミンツ　1905-)
　二十（ミンツ，ヒラリー　1905-)

Mindlin, José Ephin 〈20世紀〉
ブラジルの財界人。
⇒二十（ミンドリン，J.E.　1914-)

Minerva
ローマ神話，ローマの技芸，工芸，思慮の女神。
⇒岩世（ミネルヴァ）
　ギロ（ミネルヴァ）
　コン3（ミネルヴァ）
　世女日（ミネルヴァ）

Minghetti, Marco 〈19世紀〉
イタリアの政治家。教皇領で自由主義的な改革
活動に従事。イタリア王国の蔵相(62～3年)，
首相(63～4, 73～6年)を務めた。
⇒岩世（ミンゲッティ　1818.11.8-1886.12.10)
　国小（ミンゲッティ　1818.11.8-1886.12.10)
　西洋（ミンゲッティ　1818.11.8-1886.12.10)

Minié, Claude Étienne 〈19世紀〉
フランスの軍人，兵器発明家。大尉の頃，ミニ
エ銃を発明。兵器会社を創設。
⇒国小（ミニエ　1814.2.13-1879.12.14)

Minsky, Hyman Philip 〈20世紀〉
アメリカ生まれの経済思想家。
⇒経済（ミンスキー　1919-1996)

Minton, Thomas 〈18・19世紀〉
イギリスの陶芸家，ミントン社の創始者。
⇒岩ケ（ミントン，トマス　1765-1836)

Mintz, Charles 〈20世紀〉
アメリカのアニメーションプロデューサー。
⇒世映（ミンツ，チャールズ　1896-1940)

Mintzberg, Henry 〈20世紀〉
カナダの経営学者。
⇒岩世（ミンツバーグ　1939.9.2-)

Mique, Richard 〈18世紀〉
フランスの建築家。ルイ16世の王室建築長。
⇒岩世（ミック　1728-1794)
　建築（ミーク，リシャール　1728-1794)
　西洋（ミック　1728-1794)
　世美（ミック，リシャール　1728-1794)

Miquel, Johannes von 〈19・20世紀〉
ドイツの政治家。1887年ドイツ帝国議会下院議
員。90～1900年プロシア蔵相として税制改革を
指導。
⇒岩世（ミーケル　1828.2.19-1901.9.8)
　外国（ミーケル　1828-1901)
　国小（ミーケル　1828.2.19-1901.9.8)
　コン2（ミケル　1828-1901)
　コン3（ミケル　1828-1901)
　西洋（ミーケル　1828.2.19-1901.9.8)

Miranda, Aires Gonçalves 〈16世紀〉
ポルトガルの澳門（マカオ）総督，遣日貿易船隊
司令官。貿易船で長崎に来航。
⇒岩世（ミランダ）
　西洋（ミランダ　16世紀）

Mirisch, Walter 〈20世紀〉
アメリカ・ニューヨーク生まれの映画製作者。
⇒世映（ミリッシュ，ウォルター　1921-)

Mīr Jumla 〈17世紀〉
インド，ムガール帝国アウランジーブ帝の宰相，
財政家。
⇒世百（ミールジュムラ　?-1663)

Miroglio, Jean-Baptiste 〈18世紀〉
イタリアのヴァイオリン奏者，作曲家，音楽出
版者。
⇒ラル（ミロリオ，ジャン・バティスト　1725頃-
　1785頃)

Mirrlees, James Alexander 〈20世紀〉
イギリスの経済学者。1996年ノーベル経済
学賞。
⇒ノベ（マーリーズ，J.A.　1936.7.5-)
　ノベ3（マーリーズ，J.A.　1936.7.5-)

Miseroni, Dionisio 〈17世紀〉
イタリアの宝石細工師。
⇒世美（ミゼローニ，ディオニージオ　1607-1661)

Miseroni, Ottavio 〈17世紀〉

イタリアの宝石細工師。
⇒世美（ミゼローニ, オッターヴィオ　?–1624)

Mises, Ludwig Edler von 〈19・20世紀〉

アメリカの経済学者。新オーストリア学派の先駆者。主著『貨幣および流通手段の理論』(1912)。
⇒岩世（ミーゼス　1881.9.29–1973.10.10)
岩哲（ミーゼス, L.　1881–1973)
外国（ミーゼス　1888–)
経済（ミーゼス　1881–1973)
国小（ミーゼス　1881.9.29–1973.10.10)
コン3（ミーゼス　1881–1973)
人物（ミーゼス　1881.9.29–)
西洋（ミーゼス　1881.9.29–1973.10.10)
世西（ミーゼス　1881.9.29–)
世百（ミーゼス　1881–)
世百新（ミーゼス　1881–1973)
全書（ミーゼス　1881–1973)
大辞3（ミーゼス　1881–1973)
大百（ミーゼス　1881–)
伝世（ミーゼス　1881.9.29–1973)
二十（ミーゼス, ルートヴィヒ・E.　1881.9.29–1973.10.10)
百科（ミーゼス　1881–1973)
名著（ミーゼス　1881–)

Mishal, Said Muhammad 〈20世紀〉

カタールの行政官, 技師。カタールの工業化の中心として発展しつつあるウム・サイド開発計画の立案・推進者。
⇒中東（ミシャル　1928?–)

Mishan, Edward Joshua 〈20世紀〉

イギリスの経済学者。主著『経済成長の代償』(1967),『費用便益分析』(71)。
⇒岩世（ミシャン　1917–)
経済（ミシャン　1917–)
現人（ミシャン　1917–)
西洋（ミシャン　1917–)
全書（ミシャン　1917–)
二十（ミシャン, E.J.　1917–)

Missoni, Tai Otavio 〈20世紀〉

イタリアのニットウェアのデザイナー。
⇒岩ケ（ミッソーニ, タイ・オタヴィオ　1921–)
ナビ（ミッソーニ　1921–)

Mitchel, Reginald Joseph 〈20世紀〉

イギリスの航空技術者。
⇒岩ケ（ミッチェル, R（レジナルド）J（ジョゼフ）1895–1937)
世科（ミッチェル　1895–1937)
二十（ミッチェル, R.J.　1895.5.20–1937.6.11)

Mitchell, James Fitzallen 〈20世紀〉

セントビンセントグレナディーンの政治家。セントビンセントグレナディーン首相・蔵相。
⇒岩ケ（ミッチェル, ジェイムズ・フィッツアレン　1931–)
世政（ミッチェル, ジェームズ　1931.5.15–)

Mitchell, John Cameron 〈20世紀〉

アメリカの映画監督, 俳優, 脚本家, プロデューサー。
⇒世俳（ミッチェル, ジョン・キャメロン　1963.4.21–)

Mitchell, Sir Thomas Livingstone 〈18・19世紀〉

スコットランドの探検家。1835年ニューサウスウェールズ植民地の測量図を公刊。
⇒岩ケ（ミッチェル, サー・トマス・リヴィングストン　1792–1855)
国小（ミッチェル　1792–1855)
全書（ミッチェル　1792–1855)
探検2（ミッチェル　1792–1855)

Mitchell, Wesley Clair 〈19・20世紀〉

アメリカの経済学者。全米経済調査会理事長(1920〜45)。主著『景気循環論』(13)。
⇒岩世（ミッチェル　1874.8.5–1948.10.29)
外国（ミッチェル　1874–1948)
経済（ミッチェル　1874–1948)
国小（ミッチェル　1874.8.5–1948.10.29)
コン2（ミッチェル　1874–1948)
コン3（ミッチェル　1874–1948)
思想（ミッチェル, ウェスリー C（クレア）1874–1948)
西洋（ミッチェル　1874.8.5–1946.10.29)
世西（ミッチェル　1874.8.5–1946.10.29)
世百（ミッチェル　1874–1949)
全書（ミッチェル　1874–1948)
大辞（ミッチェル　1874–1948)
大辞2（ミッチェル　1874–1948)
大辞3（ミッチェル　1874–1948)
デス（ミッチェル　1874–1948)
二十（ミッチェル, W.C.　1874.8.5–1948)
百科（ミッチェル　1874–1948)
名著（ミッチェル　1874–1949)

Mitchell, W.H. 〈19世紀〉

イギリスの商人。
⇒岩世（ミッチェル）
コン2（ミッチェル　生没年不詳)
コン3（ミッチェル　生没年不詳)
世東（ミッチェル　生没年不詳)

Mitchell, Willie 〈20世紀〉

アメリカ・ミシシッピー州生まれのソングライター, プロデューサー。ハイ・レコードでソウル系のレコードを多く制作。

M

mnesi   *424*   西洋人物レファレンス事典

⇒洋ヒ（ミッチェル，ウイリー　1928-）

Mnēsiklēs 〈前5世紀〉
ギリシアの建築家。プロピュロン（前437）の作者。
⇒岩世（ムネシクレス）
　建築（ムネシデ（ムネシクレ）（活動）前5世紀）
　国小（ムネシクレス　生没年不詳）
　新美（ムネーシクレース）
　西洋（ムネシクレス　前5世紀）
　世美（ムネシクレス　前5世紀）
　百科（ムネシクレス　生没年不詳）

Moderne, Jacques 〈15・16世紀〉
フランスの印刷業者（イタリア人）。フランス第二の楽譜出版業者となる。
⇒音楽（モデルヌ，ジャック　1495/1500頃-1562以後）
　音大（モデルヌ　1495/-1500頃-1562以後）

Moderno 〈15・16世紀〉
イタリアの金工家。
⇒世美（モデルノ　15-16世紀）

Modigliani, Franco 〈20世紀〉
アメリカの経済学者。1985年ノーベル経済学賞。
⇒岩ケ（モディリアーニ，フランコ　1918-）
　岩世（モディリアーニ　1918.6.18-2003.9.25）
　経済（モディリアーニ　1918-）
　最世（モディリアーニ，フランコ　1918-）
　二十（モディリアーニ，フランコ　1918-）
　ノベ（モディリアーニ，F.　1918.6.18-）
　ノベ3（モディリアーニ，F.　1918.6.18-2003.9.25）
　ユ人（モディリアーニ，フランコ　1918-2003）

Modjeski, Ralph 〈19・20世紀〉
アメリカ（ポーランド生まれ）の土木技術者。アメリカにおける橋梁の設計・建設の権威で金門橋（1937）の建設委員。
⇒岩世（モジェスキー　1861.1.27-1940.6.26）
　西洋（モジェスキー　1861.1.27-1940.6.26）

Moede, Walter 〈19・20世紀〉
ドイツの心理学者。労働科学，経営心理学，産業心理学の専門家。
⇒西洋（メーデ　1888.9.3-1958.5.30）
　二十（メーデ，ウォルター　1888-1958）

Mogensen, Børge Vestergaard 〈20世紀〉
デンマークの家具デザイナー。
⇒岩世（モーエンセン　1914.4.13-1972.10.5）

Moglia, Domenico 〈18・19世紀〉
イタリアの建築家，装飾家。
⇒世美（モーリア，ドメーニコ　1782-1867）

Mohr, Bernhard 〈19・20世紀〉
ドイツ人技師。
⇒来日（モール　1881-1950）

Mohr, Karl Friedrich 〈19世紀〉
ドイツの化学者，薬学者。化学器械の発明がある。
⇒岩世（モール　1806.11.4-1879.9.28）
　科学（モーア　1806.11.4-1879.7.28）
　西洋（モール　1806.11.4-1879.9.27）
　大百（モール　1806-1879）

Moissan, Ferdinand Frédéric Henri 〈19・20世紀〉
フランスの化学者。電解によりフッ素の単離に成功。電気炉を製作し，高温化学・電熱化学工業の基礎を築く。
⇒岩ケ（モワサン，（フェルディナン・フレデリック・）アンリ　1852-1907）
　岩世（モワッサン　1852.9.28-1907.2.20）
　外国（モワッサン　1852-1907）
　科学（モアッサン　1852.9.28-1907.2.20）
　科技（モアッサン　1852.9.28-1907.2.20）
　科人（モアッサン，フェルディナン・フレデリック・アンリ　1852.9.28-1907.2.20）
　科大（モアッサン　1852-1907）
　科大2（モアッサン　1852-1907）
　広辞4（モアッサン　1852-1907）
　広辞5（モアッサン　1852-1907）
　広辞6（モアッサン　1852-1907）
　国小（モアッサン　1852.9.28-1907.2.20）
　コン2（モアサン　1852-1907）
　コン3（モアッサン　1852-1907）
　人物（モアッサン　1852.9.28-1907.2.20）
　西洋（モアサン　1852.9.28-1907.2.20）
　世科（モアッサン　1852-1907）
　世西（モアッサン　1852.9.28-1907.2.20）
　世百（モワッサン　1852-1907）
　全書（モアッサン　1852-1907）
　大辞（モアッサン　1852-1907）
　大辞2（モアッサン　1852-1907）
　大辞3（モアッサン　1852-1907）
　大百（モアッサン　1852-1907）
　二十（モアッサン，F.F.H.　1852.9.28-1907.2.20）
　ノ物（モアッサン，アンリ　1852-1907）
　ノベ（モアッサン，H.　1852.9.28-1907.2.20）
　百科（モアッサン　1852-1907）
　ノベ3（モアッサン，H.　1852.9.28-1907.2.20）
　ユ人（モワッサン，アンリ　1852-1907）

Molchanov, Pavel Aleksandrovich 〈20世紀〉
ソヴェトの気象学者。『大気圏外の物理学』

(1928)で,現行のラジオゾンデにおけるような,上層大気の気温・気圧・風などを観測するのに電波による遠隔観測の可能性をとき,その設計を公表した。
⇒世百（モルチャノフ　1893–1941）

Moldenhauer, Friedrich 〈18・19世紀〉
ドイツの化学者。蠟マッチを発明。
⇒岩世（モルデンハウアー　1797.1.25–1866.3.27）
　西洋（モルデンハウアー　1797.1.25–1866.3.27）

Moller, Georg 〈18・19世紀〉
ドイツの建築家。
⇒世美（モラー，ゲオルク　1784–1852）

Mollino, Carlo 〈20世紀〉
イタリアの建築家。
⇒世美（モッリーノ，カルロ　1905–1973）

Molteni, Giuseppe 〈19世紀〉
イタリアの画家，修復家。
⇒世美（モルテーニ，ジュゼッペ　1800–1867）

Molyneux, Edward 〈20世紀〉
フランスの服飾デザイナー。第二次世界大戦勃発を機にロンドンに戻り，ロンドン店の収益をすべて国家防衛のため献金したことは有名。
⇒岩ケ（モリニュー，エドワード（・ヘンリー）　1891–1974）
　大百（モリヌー　1894–1974）

Monash, Sir John 〈19・20世紀〉
オーストラリアの技術者，軍人。
⇒岩ケ（モナッシュ，サー・ジョン　1865–1931）
　ユ人（モナシュ，サー・ジョン　1865–1931）

Monckton, Walter Turner 〈20世紀〉
イギリスの政治家，銀行家。
⇒岩ケ（マンクトン（ブレンチリーの），ウォルター・ターナー・マンクトン，初代子爵　1891–1965）
　二十（モンクトン，W.T.　1891–1965）

Mond, Alfred Moritz, Baron Melchett 〈19・20世紀〉
イギリスの実業家，政治家。
⇒岩ケ（モンド，アルフレッド・モーリッツ，メルチェット男爵　1868–1930）
　二十（モンド，アルフレッド・M.　1868–1930）

Mond, Ludwig 〈19・20世紀〉
イギリス（ドイツ生まれ）の化学者，技術者。ソルベー法による炭酸ソーダ製造法をイギリスに導入し，アルカリ工業企業を設立。デーヴィ・ファラデー研究室を設けるなどイギリス化学工業の発達に貢献。
⇒岩ケ（モンド，ルートヴィヒ　1839–1909）
　岩世（モンド　1839.3.7–1909.12.11）
　科学（モンド　1839.3.7–1909.12.11）
　科人（モンド，ルートヴィヒ　1839.3.7–1909.12.11）
　コン2（モンド　1839–1900）
　コン3（モンド　1839–1909）
　西洋（モンド　1839.3.7–1909.12.11）
　世科（モンド　1839–1909）
　世百（モント　1839–1909）
　大辞3（モンド　1839–1900）
　大百（モンド　1839–1909）
　二十（モンド，ルードビッヒ　1839.3.7–1909.12.11）
　百科（モント　1839–1909）

Mond, Robert Ludwig 〈19・20世紀〉
イギリスの工業家，考古学者。
⇒二十（モンド，ロバート・ルードビッヒ　1868–1938）

Monge, Gaspard, Comte de Péluse 〈18・19世紀〉
フランスの数学者，技術者。設計技術の進歩に貢献すると共に，近世綜合幾何学への端緒を与えた。
⇒岩ケ（モンジュ，ガスパール，ペリューズ伯爵　1746–1818）
　岩世（モンジュ　1746.5.10–1818.7.28）
　外国（モンジュ　1746–1818）
　科学（モンジュ　1746.5.9–1818.7.28）
　科史（モンジュ　1746–1818）
　科人（モンジュ，ガスパール　1740.5.10–1818.7.28）
　科大（モンジュ　1746–1818）
　広辞4（モンジュ　1746–1818）
　広辞6（モンジュ　1746–1818）
　コン2（モンジュ　1746–1818）
　コン3（モンジュ　1746–1818）
　人物（モンジュ　1746.5.10–1818.7.28）
　数学（モンジュ　1746.5.10–1818.7.28）
　数学増（モンジュ　1746.5.10–1818.7.28）
　西洋（モンジュ　1746.5.10–1818.7.28）
　世科（モンジュ　1746–1818）
　世西（モンジュ　1746.5.10–1818.7.28）
　世百（モンジュ　1746–1818）
　全書（モンジュ　1746–1818）
　大辞（モンジュ　1746–1818）
　大辞3（モンジュ　1746–1818）
　大百（モンジュ　1746–1818）
　百科（モンジュ　1746–1818）
　名著（モンジュ　1746–1818）

Monier, Joseph 〈19・20世紀〉
フランスの園芸家，技術者，コンクリートの発明者。鉄筋コンクリートを考案，1867年に特許を取得。

⇒岩世（モニエ　1823.11.8–1906.3.13）
　外国（モニエ　1823–1906）
　コン3（モニエ　1823–1906）
　西洋（モニエ　1823–1906.3.13）
　世西（モニエ　1823–1906.3.13）
　世百（モニエ　1823–1906）
　全書（モニエ　1823–1906）
　大辞2（モニエ　1823–1906）
　大辞3（モニエ　1823–1906）
　百科（モニエ　1823–1906）

Monk, Meredith 〈20世紀〉
アメリカのダンサー，振付家，作曲家，映画製作者，パフォーマンス・アーティスト。
⇒岩ケ（マンク，メレディス　1943–）
　クラ（モンク，メレディス　1942–）
　作曲（モンク，メレディス　1942–）
　バレ（モンク，メレディス　1942.11.20–）

Monnet, Jean 〈19・20世紀〉
フランスの経済学者。戦後はいわゆるモネ・プランを提案してフランス経済の復興に努力し，1950年シューマン・プランの作成に決定的な役割を果した。
⇒岩ケ（モネ，ジャン　1888–1979）
　岩世（モネ　1888.11.9–1979.3.16）
　外国（モネー　1888–）
　現人（モネ　1888.11.9–）
　国小（モネ　1888.11.9–）
　人物（モネ　1888.11.9–）
　西洋（モネ　1888.11.9–1979.3.16）
　世政（モネ，ジャン　1888.11.9–1979.3.16）
　世西（モネ　1888.11.9–）
　全書（モネ　1888–1979）
　大辞3（モネ　1888–1979）
　伝世（モネ　1888.11.9–）
　二十（モネ，ジャン　1888.11.9–1979.3.16（17））

Monot, Pierre 〈20世紀〉
フランスの実業家。
⇒キリ（モノー，ピエール　1918.1.12–）

Monro, Harold Edward 〈19・20世紀〉
イギリスの詩人。雑誌『詩評論』（1912）や書店「詩書肆」（13）の創設者として重要。
⇒イ文（Monro, Harold (Edward)　1879–1932）
　岩世（モンロー　1879.3.14–1932.3.16）
　才世（モンロー，ハロルド（・エドワード）　1879–1932）
　国小（モンロー　1879.3.14–1932.3.16）
　集世（マンロー，ハロルド　1879.3.14–1932.3.16）
　集文（マンロー，ハロルド　1879.3.14–1932.3.16）
　西洋（モンロー　1879.3.14–1932.3.16）
　世西（モンロー　1879.3.10–1932.3.14）
　二十英（Monro, Harold (Edward)　1879–1932）

Monroe, Steve 〈20世紀〉
アメリカの作家，不動産仲介業者。
⇒海作4（モンロー，スティーヴ　1961–）

Montagnana, Domenico 〈17・18世紀〉
ベネチアの弦楽器製造者。
⇒ラル（モンタニャーナ，ドメーニコ　1690頃–1750）

Montagné, Prosper 〈19・20世紀〉
フランスの料理人，レストラン経営者。主著『ラルース美食事典』（共）。
⇒岩世（モンタニェ　1865.11.14–1948.4.22）
　名著（モンタニェ　1864–1948）

Montagu, Samuel, Baron Swaythling 〈19・20世紀〉
イギリス（ユダヤ系）の金融業者，博愛家。ユダヤ教徒で社会事業に尽した。
⇒岩世（モンタギュー　1832.12.21–1911.1.12）
　外国（モンタギュー　1832–1911）
　コン2（モンタギュー　1832–1911）
　コン3（モンタギュー　1832–1911）
　西洋（モンタギュー　1832–1911）

Montalembert, Marc René, Marquis de 〈18世紀〉
フランスの軍人，築城技術者，設計者。新しい野戦用の要塞体系を発展させたことで有名。
⇒国小（モンタランベール　1714.7.16–1800.3.29）

Montana, Claude 〈20世紀〉
フランスの服飾デザイナー。
⇒ナビ（モンタナ　1949–）

Montblanc, Comte des Cantons de 〈19世紀〉
フランスの外交官，政商。フランス，ベルギー両国籍をもつ貴族。在パリ公務弁理職。
⇒国史（モンブラン　1832–1893）
　国小（モンブラン　1832–1893）
　コン2（モンブラン　1832–1893）
　コン3（モンブラン　1832/3–1893/4）
　人物（モンブラン　生没年不詳）
　西洋（モンブラン　1832–1893）
　日研（モンブラン，C.　1832–1893）
　日人（モンブラン　1832–1893）
　百科（モンブラン　1833–1894）
　来日（モンブラン　1832–1893）

Montchrétien, Antoine de 〈16・17世紀〉
フランスの劇作家，経済学者。『スコットランドの女王』（1601）などの韻文劇を6作残した。
⇒岩世（モンクレティアン　1575頃–1621.10.7）

外国（モンクレティアン　1575頃-1621）
国小（モンクレチアン　1575/6-1621.10.8）
集世（モンクレチヤン，アントワーヌ・ド　1575頃-1621.10.7）
集文（モンクレチヤン，アントワーヌ・ド　1575頃-1621.10.7）
西洋（モンクレティアン　1575/6-1621.10.8）
百科（モンクレティアン　1575頃-1621）
名著（モンクレティアン　1575頃-1621）

Montefiore, Sir Moses Haim, 1st Baronet 〈18・19世紀〉
イギリスの実業家。
⇒岩世（モンテフィオーリ　1784.10.24-1885.7.28）

Montes, Fernando 〈20世紀〉
チリ生まれの建築家。
⇒二十（モンテス，フェルナンド）

Montgelas, Maximilian Joseph, Graf von 〈18・19世紀〉
ドイツ，バイエルンの政治家。国務相（1799），蔵相（1803～06，1809～17），内相（1806～09）を歴任。
⇒外国（モントゲラス伯　1759-1838）

Montgolfier, Jacques-Étienne 〈18世紀〉
フランスの発明家。熱空気球浮揚の公開実験を行い成功。ほかに，模造紙製法を開発。
⇒岩ケ（モンゴルフィエ，ジャック・エティエンヌ　1745-1799）
外国（モンゴルフィエ　1745-1799）
科学（モンゴルフィエ　1745.1.6-1799.8.1）
科技（モンゴルフィエ　1745.1.7-1799.8.2）
科史（モンゴルフィエ　1745-1799）
科人（モンゴルフィエ，エティエンヌ・ジャック・ド　1745.6.1-1799.8.1）
国小（モンゴルフィエ，ジャック　1745.1.6-1799.8.2）
コン2（モンゴルフィエ　1745-1799）
コン3（モンゴルフィエ　1745-1799）
世科（モンゴルフィエ，ジャック　1745-1799）
世百（モンゴルフィエ　1745-1799）
全書（モンゴルフィエ　1745-1799）
伝世（モンゴルフィエ，ジャック・エティエンヌ　1745.1.7-1799.8.2）
百科（モンゴルフィエ，ジャック　1745-1799）

Montgolfier, Joseph Michel 〈18・19世紀〉
フランスの発明家。弟（Jacques Etienne M. 1745～1799）とともに熱気球を研究，1783年人類初の昇空に成功。
⇒岩ケ（モンゴルフィエ，ジョゼフ・ミシェル　1740-1810）
岩世（モンゴルフィエ　1740.8.26-1810.6.26）
外国（モンゴルフィエ　1740-1810）

科技（モンゴルフィエ　1740-1810.6.26）
科史（モンゴルフィエ　1740-1810）
科人（モンゴルフィエ，ミッシェル・ジョゼフ・ド　1740.8.26-1810.6.26）
広辞4（モンゴルフィエ　1740-1810）
広辞6（モンゴルフィエ　1740-1810）
国小（モンゴルフィエ，ジョセフ　1740.8.26-1810.6.28）
コン2（モンゴルフィエ　1740-1810）
コン3（モンゴルフィエ　1740-1810）
人物（モンゴルフィエ　1740.8.26-1810.6.26）
西洋（モンゴルフィエ　1740.8.26-1810.6.26）
世科（モンゴルフィエ，ジョゼフ　1740-1810）
世百（モンゴルフィエ　1740-1810）
全書（モンゴルフィエ　1740-1810）
大辞（モンゴルフィエ　1740-1810）
大辞3（モンゴルフィエ　1740-1810）
大百（モンゴルフィエ　1740-1810）
デス（モンゴルフィエ　1740-1810）
伝世（モンゴルフィエ，ジョゼフ・ミッチェル　1740-1810.6.26）
百科（モンゴルフィエ，ジョセフ　1740-1810）

Montreau, Eudes de 〈13世紀〉
フランスの建築家。
⇒国小（モントロー　?-1289）

Moody, John 〈19・20世紀〉
アメリカの財政分析家。1905年投資家向け月刊雑誌「ムーディー・マガジン」を創刊。
⇒コン2（ムーディー　1868-1958）
コン3（ムーディー　1868-1958）

Moon, William 〈19世紀〉
イギリスの発明家。
⇒岩ケ（ムーン，ウィリアム　1818-1894）

Mooney, James David 〈19・20世紀〉
アメリカの経営学者。ゼネラル・モーターズの重役，NYCの経営顧問などを経て，1953年よりデトロイトのF.ヤコブス社社長。経営管理過程論学派に属す。
⇒国小（ムーニー　1884.2.18-1957.9.21）

Moór, Emánuel 〈19・20世紀〉
ハンガリー生まれの作曲家，ピアノ奏者，発明家。
⇒音大（モール　1863.2.19-1931.10.20）

Moorcroft, William 〈18・19世紀〉
イギリスの獣医，中央アジア旅行家。インドの馬匹改良を行い，のちカシュミールに入り，カシミア織ショールの見本を入手して本国に送り，イギリスの毛織物産業の発達を促進。
⇒岩世（ムーアクロフト　1767.6頃-1825.8.27）
西洋（モーアクロフト　1765/70頃-1825.8）
世東（ムアクロフト　1765頃-1825）

Moorcroft, William ⟨19・20世紀⟩
イギリスの陶芸家。
⇒岩ケ（ムーアクロフト，ウィリアム　1872-1945）

Moore, Bernard ⟨19・20世紀⟩
イギリスの陶芸家。
⇒岩ケ（ムーア，バーナード　1850-1935）

Moore, Billy ⟨20世紀⟩
アメリカのジャズ・ピアニスト，作曲家，楽譜
出版業。
⇒ジヤ（ムーア，ビリー　1916.12-）

Moore, Charles Willard ⟨20世紀⟩
アメリカの建築家。『シーランチ週末共同住宅
群』（1965年着工）。『カリフォルニア大学職員
クラブ』（68）などが代表作。
⇒現人（ムーア　1925.10.31-）
　新美（ムア，チャールズ　1925.10.31-）
　二十（ムーア，チャールズ　1925.10.31-1993.12.
　16）

Moore, Daniel McFarlan ⟨19・20世紀⟩
アメリカの電気技術者。無線電送写真受信用の
ガス放電管の発明（1924）がある。
⇒岩世（ムーア　1869.2.27-1936.6.15）
　西洋（ムア　1869-1926）

Moore, Demi ⟨20世紀⟩
アメリカの女優，映画製作者。
⇒外女（ムーア，デミ　1962.11.11-）
　現ア（Moore, Demi　ムーア，デミ　1962-）
　世映（ムーア，デミ　1962-）
　世俳（ムーア，デミ　1962.11.11-）
　二十（ムーア，デミー　1962.11.11-）

Moore, George Edward ⟨19・20世紀⟩
イギリスの哲学者。理想主義的功利主義を提唱
し，ケインズやL.ウルフに影響を与えた。
⇒イ哲（ムア，G.E.　1873-1958）
　イ文（Moore, G（eorge）E（dward）　1873-
　1958）
　岩世（ムーア，G（ジョージ）・E（エドワード）
　1873-1958）
　岩世（ムーア　1873.11.4-1958.10.24）
　岩哲（ムーア，G.　1873-1958）
　外国（ムーア　1873-）
　キリ（ムーア，ジョージ・エドワード　1873.11.
　4-1958.10.24）
　経済（ムーア　1873-1958）
　現人（ムーア　1873.11.4-1958.10.24）
　広辞4（ムーア　1873-1958）
　広辞5（ムーア　1873-1958）
　広辞6（ムーア　1873-1958）
　国小（ムーア　1873.11.4-1958.10.24）
　コン2（ムーア　1873-1958）

コン3（ムーア　1873-1958）
思想（ムーア，G（ジョージ）E（エドワード）
　1873-1958）
集世（ムア，G.E.　1873.11.4-1958.10.24）
集文（ムア，G.E.　1873.11.4-1958.10.24）
西洋（ムア　1873.11.4-1958.10.24）
世宗（ムーア　1873-1959）
世西（ムーア　1873-）
世百（ムーア　1873-1958）
世文（ムア，G.E.　1873-1958）
全書（ムーア　1873-1958）
大辞（ムーア　1873-1958）
大辞2（ムーア　1873-1958）
大辞3（ムーア　1873-1958）
大百（ムーア　1873-1958）
デス（ムーア　1873-1958）
伝世（ムーア，G.E.　1873.11.4-1958.10.24）
二十（ムーア，ジョージ・エドワード　1873.11.
　4-1958.10.24）
二十英（Moore, G（eorge）E（dward）　1873-
　1958）
百科（ムーア　1873-1958）
名著（ムーア　1873-）

Moore, Henry Ludwell ⟨19・20世紀⟩
アメリカの経済学者。主著 "Economic cycles"
（1914）。
⇒岩世（ムーア　1869.11.21-1958.4.28）
　外国（ムーア　1869-）
　経済（ムーア　1869-1958）
　西洋（ムア　1869-1958）
　全書（ムーア　1869-1958）
　二十（ムーア，H.L.　1869-1958）
　名著（ムーア　1869-）

Moore, Michael Kenneth ⟨20世紀⟩
ニュージーランドの政治家。世界貿易機関
（WTO）事務局長，ニュージーランド首相。
⇒世政（ムーア，マイケル　1949.1.28-）

Moores, Sir John ⟨20世紀⟩
イギリスのビジネスマン。
⇒岩ケ（ムーアズ，サー・ジョン　1896-1993）

Moosbrugger, Caspar ⟨17・18世紀⟩
オーストリアの建築家。
⇒新美（モースブルッガー，カスパール　1656.5.
　15-1723.8.26）
　世美（モースブルッガー，カスパル　1656-1723）

Mora, Francisco de ⟨16・17世紀⟩
スペインの建築家。
⇒建築（モーラ，フランシスコ・デ　?-1610）

Morandi, Antonio ⟨16世紀⟩
イタリアの建築家。
⇒世美（モランディ，アントーニオ　?-1568）

経済・産業篇　　　　　　　　　429　　　　　　　　　morge

Morauta, Mekere 〈20世紀〉
パプア・ニューギニアの政治家。首相・財務相,
パプア・ニューギニア人民民主運動党党首。
⇒世政（モラウタ, メケレ　1946.6.12-）

Moreira, Jorge Machado 〈20世紀〉
ブラジルの建築家。
⇒才西（モレイラ, ホルヘ・マシャード　1904-）

Morel, Edmund 〈19世紀〉
イギリスの鉄道技師。東京・横浜間, 神戸・大
阪間の鉄道敷設事業を主宰。
⇒岩世（モレル　1840.11.7-1871.11.5）
　科学（モレル　1841.11.17-1871.9.24）
　国史（モレル　1841-1871）
　コン3（モレル　1841-1871）
　西洋（モレル　?-1871）
　世西（モレル　?-1871.9.24）
　全書（モレル　1841-1871）
　大辞（モレル　1841-1871）
　大辞3（モレル　1841-1871）
　大百（モレル　1841-1871）
　日人（モレル　1840-1871）
　百科（モレル　1841-1871）
　来日（モレル　1841.11.17-1871.11.5）

Morelli, Cosimo 〈18・19世紀〉
イタリアの建築家。
⇒建築（モレッリ, コジモ　1732-1812）
　世美（モレッリ, コージモ　1732-1812）

Moretti, Gaetano 〈19・20世紀〉
イタリアの建築家。
⇒世美（モレッティ, ガエターノ　1860-1938）

Morey, Samuel 〈18・19世紀〉
アメリカの発明家。
⇒岩ケ（モーリー, サミュエル　1762-1843）

Morgan, Charles 〈18・19世紀〉
アメリカの船舶・鉄道経営者。ニューヨーク〜
ニューオリンズ間にモーガン航路を設けた。
⇒コン2（モーガン　1795-1878）
　コン3（モーガン　1795-1878）

Morgan, John Pierpont 〈19・20世紀〉
アメリカの実業家, 金融資本家。モルガン財閥
の創始者。1895年J.P.モルガン商会を創設。鉄
道・鉄鋼・海運・銀行などにわたる広範な企業
グループを確立し, アメリカ金融界の中心人物,
経済力集中のシンボルとなった。
⇒アメ（モーガン　1837-1913）
　逸話（モルガン　1837-1913）
　岩ケ（モーガン, J（ジョン）・P（ピアポント）
　　1837-1913）

　岩世（モーガン　1837.4.17-1913.3.31）
　英米（Morgan, John Pierpont　モーガン（J.P)
　　1837-1913）
　旺世（モルガン（ジョン）　1837-1913）
　外国（モーガン　1837-1913）
　広辞4（モルガン　1837-1913）
　広辞5（モルガン　1837-1913）
　広辞6（モルガン　1837-1913）
　国小（モーガン　1837.4.17-1913.3.31）
　国百（モーガン, ジョン・ピアポント　1837-
　　1913.3.31）
　コン2（モーガン　1837-1913）
　コン3（モーガン　1837-1913）
　人物（モーガン　1837.4.17-1913.3.31）
　西洋（モーガン　1837.4.17-1913.3.31）
　世人（モルガン（モーガン）　1837-1913）
　世西（モーガン　1837.4.17-1913.3.31）
　全書（モルガン　1837-1913）
　大辞（モルガン　1837-1913）
　大辞2（モルガン　1837-1913）
　大辞3（モルガン　1837-1913）
　大百（モルガン　1837-1913）
　伝世（モーガン, J.P.　1837.4.17-1913.3.31）
　二十（モルガン, ジョン・P.　1837-1913）
　二十（モーガン, ジョン・P.　1837-1913）
　百科（モーガン　1837-1913）
　評世（モーガン　1837-1913）
　山世（モーガン, ジョン・ピアポント　1837-
　　1913）

Morgan, John Pierpont, II 〈19・20世紀〉
アメリカのモーガン財閥の3代目。篤志家で,
慈善事業への寄付を惜しまなかった。
⇒国百（モーガン, ジョン・ピアポント, II　1867.
　　9.7-1943.3.13）
　国百（モーガン, ジョン・ピアポント, 二世
　　1867.9.7-1943.3.13）
　伝世（モーガン, J.P., II　1867.9.7-1943.3.13）

Morgan, Julia 〈19・20世紀〉
アメリカの建築家。
⇒世女日（モーガン, ジュリア　1872-1957）

Morgan, Junius S. 〈19世紀〉
アメリカのモーガン財閥の創始者。ロンドンに
J.S.モーガン商会を創設。
⇒国百（モーガン, ジュニアス・スペンサー　1813.
　　4.14-1890）
　伝世（モーガン, J.S.　1813.4.14-1890.4.8）

Morgenstern, Oskar 〈20世紀〉
アメリカの経済学者。ドイツ生まれ。ノイマン
と共同でゲームの理論を開発したことで知ら
れる。
⇒岩世（モルゲンシュテルン　1902.1.24-1977.7.
　　26）
　経済（モルゲンシュテルン　1902-1977）
　コン3（モルゲンシュテルン　1902-1977）

M

数学（モルゲンシュテルン　1902.1.24-1977）
数学増（モルゲンシュテルン　1902.1.24-1977）
西洋（モルゲンシュテルン　1902.1.24-1977.7.
　26）
全書（モルゲンシュテルン　1902-1977）
二十（モルゲンシュテルン, O.　1902-1977）
名著（モルゲンシュテルン　1902-）

Morgenthau, Henry（Jr.）〈20世紀〉
アメリカの政治家。財務長官。1944年ドイツを
徹底的に非軍事化、非工業化し、農牧の国に転
換を目指すモーゲンソー計画を立案した。
⇒外国（モーゲンソー　1891-）
国小（モーゲンソー　1891.5.11-1967.2.6）
国百（モーゲンソー II, ヘンリー　1891.5.11-
　1967.2.6）
人物（モーゲンソー　1891.5.11-）
西洋（モーゲンソー　1891.5.11-1967.2.6）
世美（モーゲンソー, ヘンリー　1891.5.11-1967.
　2.6）
全書（モーゲンソー　1891-1967）
伝世（モーゲンソー　1891.5.11-1967.2.6）
二十（モーゲンソー, ヘンリー　1891-1967）

Morigia, Camillo〈18世紀〉
イタリアの建築家。
⇒世美（モリージャ, カミッロ　1743-1795）

Morley, Thomas〈16・17世紀〉
イギリスの作曲家, オルガン奏者, 音楽理論家,
音楽出版者。
⇒岩ケ（モーリー, トマス　1557/8-1602）
岩世（モーリー　1557（58）-1602.10）
音楽（モーリー, トマス　1557/58-1602.10）
音大（モーリー　1557/58-1602.10月初旬）
キリ（モーリー, トマス　1557-1602.10）
クラ（モーリー, トマス　1557/58-1602）
国小（モーリー　1557/8-1603?）
コン2（モーリー　1557-1602）
コン3（モーリー　1557-1602）
大辞3（モーリー　1557?-1602）
ラル（モーリー, トマス　1557/58-1602）

Moroder, Giorgio〈20世紀〉
イタリアのプロデューサー, ソングライター。
⇒二十（モロダー, ジョルジオ　1941-）
洋ヒ（モローデル, ジョルジオ　1940-）
ロ人（モロダー, ジョルジオ　1940-）

Moroni, Andrea〈16世紀〉
イタリアの建築家。
⇒世美（モローニ, アンドレーア　1500頃-1560）

Moroni, Giovanni Battista〈16世紀〉
イタリアの画家。主作品『裁縫師』。
⇒岩ケ（モローニ, ジョヴァンニ・バッティスタ

　1525-1578）
芸術（モローニ, ジョヴァンニ・バッティスタ
　1520/25-1578）
国小（モローニ　1525頃-1578.2.5）
新美（モローニ, ジョヴァンニ・バッティスタ
　1525頃-1578.2.5）
西洋（モローニ　1523-1578.2.5）
世美（モローニ, ジョヴァンニ・バッティスタ
　1520/24-1578）
全書（モローニ　1520頃-1578）
大百（モローニ　1523頃-1578）

Morozoff, Fedorovich Dimitriich
〈19・20世紀〉
ロシアの事業家。神戸にモロゾフ製菓を設立。
⇒来日（モロゾフ　1880-1971）

Morozov〈19世紀〉
ロシアの工業家。ニコリスク紡績工場を経営。
⇒外国（モロゾフ　?-1862）

Morozov, Ivan Aleksandrovich〈19・
20世紀〉
ロシアの実業家。
⇒新美（モロゾフ, イワン　1871-1921）
二十（モロゾフ, イワン　1871-1921）
百科（モロゾフ　1871-1921）
ロシ（モロゾフ　1871-1921）

Morozov, Savva Timofeevich〈19・20
世紀〉
帝政ロシアの実業家, 社会運動家。
⇒岩世（モロゾフ　1862-1905.5.13）

Morrell, Jacque Cyrus〈20世紀〉
アメリカの石油工学者, 実業家。非芳香族炭化
水素からの芳香族炭化水素の製造等に関する研
究がある。
⇒西洋（モレル　1893.1.18-）

Morris, Gouverneur〈18・19世紀〉
アメリカの政治家。財政専門家として貨幣制度
を確立し, ドル, セントという名称を提唱。
⇒岩ケ（モリス, ガヴァヌーア　1752-1816）
岩世（モリス　1752.1.31-1816.11.6）
外国（モリス　1752-1816）
国小（モリス　1752.1.31-1816.11.6）
コン2（モリス　1752-1816）
コン3（モリス　1752-1816）
西洋（モリス　1752.1.31-1816.11.6）

Morris, John〈20世紀〉
イギリスの放送技術者。放送解説者として大戦
中特に対日放送に活躍。
⇒岩世（モリス　1895.8.27-1980.12.13）
西洋（モリス　1895.8.27-）

Morris, Joseph 〈19・20世紀〉
イギリスの通信技師。工部省電信寮建築技師。
⇒日人（モリス　1849–1911）
　来日（モリス　1849–1911）

Morris, May 〈19・20世紀〉
イギリスの工芸家。
⇒世女日（モリス, メイ　1863–1938）

Morris, Robert 〈18・19世紀〉
アメリカ（イギリス生まれ）の財政家, 政治家。
⇒岩ケ（モリス, ロバート　1734–1806）
　岩世（モリス　1734.1.20–1806.5.8）
　英米（Morris, Robert　モリス, ロバート　1734–1806）
　外国（モリス　1734–1806）
　国小（モリス　1734.1.31–1806.5.7）
　コン2（モリス　1734–1806）
　コン3（モリス　1734–1806）
　西洋（モリス　1734.1.31–1806.5.8）
　百科（モリス　1734–1806）

Morris, William 〈19世紀〉
イギリスの工芸家, 詩人, 画家, 社会主義者。産業革命後の芸術の機械化に反発, 壁紙・椅子から書体の設計に至る工芸の広範な分野で活躍。『無可有郷だより』(1891)が代表作。
⇒逸話（モリス　1834–1896）
　イ哲（モリス, W.　1834–1896）
　イ文（Morris, William　1834–1896）
　岩ケ（モリス, ウィリアム　1834–1896）
　岩世（モリス　1834.3.24–1896.10.3）
　英文（モリス, ウィリアム　1834–1896）
　英米（Morris, William　モリス, ウィリアム　1834–1896）
　外国（モリス　1834–1896）
　角世（モリス　1834–1896）
　キリ（モリス, ウィリアム　1834.3.24–1896.10.3）
　芸術（モリス, ウィリアム　1834–1896）
　幻想（モリス, ウィリアム　1834–1896）
　建築（モリス, ウィリアム　1834–1896）
　広辞4（モリス　1834–1896）
　広辞6（モリス　1834–1896）
　国小（モリス　1834.3.24–1896.10.3）
　国百（モリス, ウィリアム　1834.3.24–1896.10.3）
　コン2（モリス　1834–1896）
　コン3（モリス　1834–1896）
　集世（モリス, ウィリアム　1834.3.24–1896.10.3）
　集文（モリス, ウィリアム　1834.3.24–1896.10.3）
　新美（モリス, ウィリアム　1834.3.24–1896.10.3）
　西洋（モリス　1834.3.24–1896.10.3）
　世児（モリス, ウィリアム　1834–1896）
　世西（モリス　1834.3.24–1896.10.3）
　世美（モリス, ウィリアム　1834–1896）
　世百（モリス　1834–1896）
　世文（モリス, ウィリアム　1834–1896）
　全書（モリス　1834–1896）
　大辞（モリス　1834–1896）
　大辞3（モリス　1834–1896）
　大百（モリス　1834–1896）
　デス（モリス　1834–1896）
　伝世（モリス　1834.3.24–1896.10.3）
　百科（モリス　1834–1896）
　評世（モーリス　1834–1896）
　名著（モリス　1834–1896）

Morrison, James 〈18・19世紀〉
イギリスの商人, 政治家。
⇒外国（モリソン　1790–1857）

Morrison, William Ralls 〈19・20世紀〉
アメリカの法律家, 政治家。1892〜97年イリノイ州際商業委員会委員長として, 鉄道の特権, 鉄道による差別, リベートなどを攻撃した。
⇒国小（モリソン　1825.9.14–1909.9.29）

Morrow, Dwight Whitney 〈19・20世紀〉
アメリカの弁護士, 銀行家, 外交官。1930年ロンドン軍縮会議代表。
⇒コン2（モロー　1873–1931）
　コン3（モロー　1873–1931）
　伝世（モロー　1873.1.11–1931.10.5）

Mörsch, Emil 〈19・20世紀〉
ドイツの土木技術者。
⇒岩世（メルシュ　1872.4.30–1950.12.29）

Morse, Christopher Jeremy 〈20世紀〉
イギリスの銀行家。国際通貨問題の権威。
⇒現人（モース　1928.12.10–）

Morse, Philip McCord 〈20世紀〉
アメリカの物理学者, 経営学者。1950年以来はアメリカ海軍のオペレーションズ・リサーチ・グループの1員。
⇒名著（モース　1903–）

Morse, Samuel Finley Breese 〈18・19世紀〉
アメリカの画家, 発明家。モールス符号を創案。
⇒アメ（モース　1791–1872）
　岩ケ（モース, サミュエル・F（フィンリー）・B（ブリーズ）　1791–1872）
　岩世（モース（モールス）　1791.4.27–1872.4.2）
　英米（Morse, Samuel Finley Breese　モース　1791–1872）
　旺世（モールス　1791–1872）
　外国（モース　1791–1872）
　科学（モース　1791.4.27–1872.4.2）

科技（モールス　1791.4.27–1872.4.2）
科人（モールス, サミュエル　1791.4.27–1872.4.2）
広辞4（モース　1791–1872）
広辞6（モース　1791–1872）
国小（モース（モールス）　1791.4.27–1872.4.2）
コン2（モース　1791–1872）
コン3（モース　1791–1872）
新美（モース, サミュエル・フィンリー・ブリース　1791.4.27–1872.4.2）
人物（モールス　1791.4.27–1872.4.2）
西洋（モース（モールス）　1791.4.27–1872.4.2）
世科（モース　1791–1872）
世人（モールス　1791–1872）
世西（モールス（モース）　1791.4.27–1872.4.2）
世百（モース　1791–1872）
全書（モース　1791–1872）
大辞（モース　1791–1872）
大辞3（モース　1791–1872）
大百（モース　1791–1872）
伝世（モース　1791.4.27–1872.4.2）
百科（モース　1791–1872）
評世（モース（モールス）　1791–1872）
山世（モールス　1791–1872）
歴史（モールス　1791–1872）

Mort, Thomas Sutcliffe 〈19世紀〉

イギリスのビジネスマン, 冷凍設備の発明者。
⇒岩ケ（モート, トマス・サトクリフ　1816–1878）

Mortensen, Dale T. 〈20世紀〉

アメリカの経済学者。[賞]2010年ノーベル経済学賞受賞。
⇒ノベ3（モーテンセン, D.T.　1939.2.2–）

Mortensen, Erik 〈20世紀〉

フランスのデンマーク人のファッション・デザイナー。
⇒岩ケ（モーテンセン, エリック　1926–）

Morton, Charles 〈19・20世紀〉

イギリスの興行師。ミュージック・ホールの父と称された。
⇒国小（モートン　1819–1904）

Morton, Levi Parsons 〈19・20世紀〉

アメリカの銀行家, 政治家。1863年モートン銀行を設立。89〜93年B.ハリソンのもとで副大統領。
⇒岩ケ（モートン, リーヴァイ（・パーソンズ）　1824–1920）
　国小（モートン　1824.5.16–1920.5.16）

Morton, Rogers 〈20世紀〉

アメリカの政治家, 実業家。アメリカ大統領顧問。
⇒二十（モートン, ロジャーズ　1914–）

Morton, Thomas 〈16・17世紀〉

イギリスの冒険家, 交易家。アメリカの植民地の初期入植者。多くの小説や戯曲の題材となった。
⇒岩世（モートン　1579頃–1647）
　国小（モートン　1590頃–1647頃）

Mosca, Giovanni Maria 〈16世紀〉

イタリアの彫刻家, 建築家, メダル制作家。
⇒世美（モスカ, ジョヴァンニ・マリーア　?–1573頃）

Mosca, Simone 〈15・16世紀〉

イタリアの彫刻家, 建築家。
⇒世美（モスカ, シモーネ　1492–1553）

Moser, Karl 〈19・20世紀〉

スイスの建築家。代表作アントニウス聖堂（1926）。
⇒岩世（モーザー　1860.8.10–1936.2.28）
　キリ（モーザー, カール　1860.8.10–1936.2.28）
　国小（モーザー　1860.8.10–1936.2.28）
　西洋（モーザー　1860.8.10–1936.2.28）
　世美（モーザー, カール　1860–1936）
　世百（モーザー　1860–1936）
　大百（モーザー　1860–1936）

Moses, Sir Charles Joseph Alfred 〈20世紀〉

オーストラリアのブロードキャスター, 経営者。
⇒岩ケ（モーゼズ, サー・チャールズ・ジョゼフ・アルフレッド　1900–1988）

Moss, Eric Owen 〈20世紀〉

アメリカの建築家。
⇒二十（モス, エリック・O.　1943–）

Most, Johann Joseph 〈19・20世紀〉

ドイツ生まれの経済思想学者。
⇒岩ケ（モスト, ヨハン・ヨーゼフ　1846–1906）
　経済（モスト　1846–1906）
　二十（モスト, J.　1846–1906）
　百科（モスト　1846–1906）

Most, Mickie 〈20世紀〉

イギリス生まれのプロデューサー。RAKレコードを設立。
⇒ロ人（モスト, ミッキー　1938–2003）

Mo'tamedi, Karim 〈20世紀〉

イランの通信工学者。1974年から郵便・電信・電話相。
⇒中東（モオタメディ　1926–）

Motta, Antonio da 〈16世紀〉
ポルトガルの商人。1543（天文12）年種子島に
漂着し、火縄銃を初めて伝えた。
⇒外国（モッタ）
　国小（モッタ　生没年不詳）
　日人（モッタ　生没年不詳）

**Motz, Friedrich Christian Adolf
von** 〈18・19世紀〉
プロシアの政治家。財政、および税制の改革に
尽力。
⇒岩世（モーツ　1775.11.18–1830.6.30）
　外国（モッツ　1775–1830）
　西洋（モーツ　1775.11.18–1830.6.30）

Mouchet, Emile Theophile 〈19世紀〉
フランスの鉱業技師。生野鉱山技師長。
⇒日人（ムーシェ　1845–1895）
　来日（ムーシェ　1845–1895.12.3）

Mouer, Ross E. 〈20世紀〉
アメリカの社会学者、経済学者。グリフィス大
学教授。
⇒二十（マオア, R.E.　1944–）

Moullet, Luc 〈20世紀〉
フランスの映画監督、プロデューサー。
⇒監督（ムーレ, リュック　1937.10.14–）
　世映（ムレ, リュック　1937–）

Moulton, Harold Glenn 〈19・20世紀〉
アメリカの経済学者。ブルッキングズ研究所長
（1922来）。金融論を専攻。
⇒岩世（モールトン　1883.11.7–1965.12.14）
　経済（モールトン　1883–1965）
　西洋（モールトン　1883.11.7–1966.12）

Mourguet, Laurent 〈18・19世紀〉
フランスの興行師。リヨンに人形劇場を創立。
"ギニョール"を生み出した。
⇒伝世（ムルゲ　1745/6–1844.12.30）

Moxon, Edward 〈19世紀〉
イギリスの出版業者。
⇒国小（モクソン　1801.12–1858.6.3）

Mozhaiskii, Aleksandr Fёdorovich
〈19世紀〉
ロシアの発明家。1880年、自費で飛行機をつく
り特許を取得。
⇒コン2（モジャーイスキィ　1825–1890）
　コン3（モジャーイスキィ　1825–1890）

al-Mualla, Muhammad Said 〈20世紀〉
アラブ首長国連邦の政治家、実業家。1973年連
邦通信相。連邦通貨委員会役員も勤めている。
⇒中東（ムアッラ　1925?–）

al-Muayyid, Yousuf Khalil 〈20世紀〉
バハレーンの実業家。アル・モアイード・Y・
K・アンド・サンズ社社長。バハレーン・ナ
ショナル銀行副頭取。
⇒中東（モアイード　1921–）

Mucchi, Gabriele 〈20世紀〉
イタリアの画家、建築家。
⇒世美（ムッキ, ガブリエーレ　1899–）

Mudie, Charles Edward 〈19世紀〉
イギリスの書店主。
⇒百科（ミューディ　1818–1890）

Mueller, George E 〈20世紀〉
アメリカのエンジニア。
⇒岩ケ（マラー, ジョージ・E　1918–）

Mugler, Thierry 〈20世紀〉
フランスの服飾デザイナー。写真家としても知
られる。
⇒大辞2（ミュグレー　1945–）
　大辞3（ミュグレー　1945–）

**Muhammad bin Jabir al-Thani,
Sheikh** 〈20世紀〉
カタールの政治家、実業家。1972年自治相。航
空代理店、建設業など手広く事業活動をして
いる。
⇒中東（ムハンマド・ビン・ジャービル　1916?–）

Muḥammad ibn al-Zayn 〈13世紀〉
13世紀末から14世紀初頭にかけて活躍したエジ
プトまたはシリアの金属器職人。
⇒岩世（ムハンマド・イブン・ザイン）
　新美（ムハンマド・イブン・アル=ザイン）

Muhammad Yusuf al-Ali 〈20世紀〉
カタールの技師、実業家。前カタール・ナショ
ナル・セメント会社会長。
⇒中東（ムハマド・ユースフ　1941?–）

Muir, Jean Elizabeth 〈20世紀〉
イギリスのファッション・デザイナー。
⇒岩ケ（ミューア, ジーン（・エリザベス）　1933–
　　1995）
　世女（ミューア, ジーン（エリザベス）　1931?–
　　1995）
　世女日（ミュア, ジーン　1928–1995）

Muir, Percy 〈20世紀〉

古書籍商，児童文学史家。

⇒英児（Muir, Percy ミュア，パーシー 1849–1981）
世児（ミューア，パーシー 1841–1981）

Mukerjee, Radhakamal 〈19・20世紀〉

インドの経済学者，社会学者。1936年にはインド人口問題調査研究所長となり，第1回全インド人口問題会議を召集。

⇒名著（ムケルジー 1890–）

Mukhitdinov, Nuritdin Akramovich 〈20世紀〉

ソ連邦の政治家。1959年ソ連最高会議民族会議の外交委員長としてインドを訪問，精油所建設協定などを結んだ。

⇒現人（ムヒトジーノフ 1917–）

Mulcken, Arnold van 〈16世紀〉

ベルギーの建築家。

⇒建築（ムルケン，アールト・ヴァン（ムルケン，アーノルド・ヴァン）（活動）16世紀）

Mulder, Anthome Thomas Lubertus Rouwenhorst 〈19・20世紀〉

オランダの土木技師。利根運河改修などに携わる。

⇒日人（ムルデル 1848–1901）
来日（ムルデル 1848–1901）

Müller, Adam Heinrich 〈18・19世紀〉

ドイツの保守的国家学者，経済学者。代表的なドイツ・ロマン主義者。

⇒外国（ミュラー 1779–1829）
角世（ミュラー（アダム） 1779–1829）
キリ（ミュラー，アーダム・ハインリヒ 1779.6.30–1829.1.17）
国小（ミュラー 1779.6.30–1829.1.17）
コン2（ミュラー 1779–1829）
コン3（ミュラー 1779–1829）
集世（ミュラー，アーダム・ハインリヒ 1779.6.30–1829.1.17）
集文（ミュラー，アーダム・ハインリヒ 1779.6.30–1829.1.17）
人物（ミュラー 1779.6.30–1829.1.17）
西洋（ミュラー 1779.6.30–1829.1.17）
世西（ミュラー 1779.6.30–1829.1.17）
世百（ミュラー 1779–1829）
全書（ミュラー 1779–1829）
大百（ミュラー 1779–1829）
百科（ミュラー 1779–1829）
評世（ミュラー 1779–1829）
名著（ミュラー 1779–1829）
山世（ミュラー，アダム 1779–1829）

Müller, Albert 〈19世紀〉

ドイツの蹄鉄師。東京農林学校，東京帝国大学農科大学で蹄鉄技術を教授，剪蹄法を普及。

⇒日人（ミュラー 1865–?）
来日（ミュルレル 1865–）

Müller, Caspar 〈19世紀〉

スイスの製糸技術者。

⇒日人（ミュラー 1835–?）

Müller, Franz Hermann 〈20世紀〉

アメリカの経営経済学者，社会学者。第2次大戦後はドイツのカトリック社会事業や組合学校にも関係した。

⇒名著（ミュラー 1900–）

Muller, Gertrude 〈19・20世紀〉

アメリカの実業家。

⇒世女日（ミュラー，ガートルード 1887–1954）

Müller-Armack, Alfred 〈20世紀〉

ドイツ生まれの経済思想家。

⇒経済（ミュラー・アルマック 1901–1978）

Mumford, Lewis 〈20世紀〉

アメリカの建築評論家，技術史家。『歴史の都市・明日の都市』（1961）などで都市計画における人間生活の復権を主張。

⇒岩ケ（マンフォード，ルイス 1895–1990）
岩世（マンフォード 1895.10.19–1990.1.26）
岩哲（マンフォード 1895–1990）
才世（マンフォード，ルイス 1895–1990）
外国（マンフォード 1895–）
科史（マンフォード 1895–）
現人（マンフォード 1895.10.19–）
広辞5（マンフォード 1895–1990）
広辞6（マンフォード 1895–1990）
国小（マンフォード 1895.10.19–）
コン3（マンフォード 1895–1990）
思想（マンフォード，ルイス 1895–1990）
集文（マンフォード，ルイス 1895.10.19–1990.1.26）
新美（マンフォード，ルイス 1895.10.19–）
人物（マンフォード 1895.10.19–）
西洋（マンフォード 1895.10.19–）
世西（マンフォード 1895.10.19–）
世美（マンフォード，ルイス 1895–）
世百（マンフォード 1895–）
世百新（マンフォード 1895–1990）
世文（マンフォード，ルイス 1895–1990）
全書（マンフォード 1895–）
大辞2（マンフォード 1895–1990）
大辞3（マンフォード 1895–1990）
大百（マンフォード 1895–）
伝世（マンフォード 1895.10.19–）
ナビ（マンフォード 1895–1990）
二十（マンフォード，ルイス 1895.10.19–1990.

1.26)
二十英（Mumford, Lewis 1895-1990）
百科（マンフォード 1895-）
名著（マンフォード 1895-）
歴学（マンフォード 1895-1990）

Mummery, Albert Frederick 〈19世紀〉
イギリスの登山家, 経済学者。アルプス登山を経験, カフカズ登山に成功 (1888, 90)。
⇒岩世（ママリー 1855.9.10-1895.8頃）
外国（マンマリー 1855-1895）
国小（マンメリー 1855.9.10-1895.8.23頃）
コン2（ママリー 1855-1895）
コン3（ママリー 1855-1895）
西洋（ママリ 1855-1895）
世百（ママリー 1855-1895）
全書（ママリー 1855-1895）
大百（ママリー 1855-1895）
百科（ママリー 1855-1895）
名著（マンメリー 1855-1895）

Mun, Thomas 〈16・17世紀〉
イギリスの経済学者。
⇒イ哲（マン, T. 1571-1641）
岩世（マン 1571.6.17-1641.7.21）
旺世（トマス＝マン（イギリス） 1571-1641）
外国（マン 1571-1641）
角世（マン（トマス） 1571-1641）
国小（マン 1571.6.17洗礼-1641.7.21埋葬）
コン2（マン 1571-1641）
コン3（マン 1571-1641）
人物（マン 1571.6.17-1641.7.21）
西洋（マン 1571.6.17-1641.7.21）
世人（マン, トマス（イギリス） 1571-1641）
世西（マン 1571.6.17-1641.7.21）
世百（マン 1571-1641）
全書（マン 1571-1641）
大百（マン 1571-1641）
伝世（マン 1571-1641）
百科（マン 1571-1641）
評世（マン 1571-1641）
名著（マン 1571-1641）

Munari, Bruno 〈20世紀〉
イタリアのデザイナー, 装丁家, 児童文学者。
⇒岩世（ムナーリ 1907.10.24-1998.9.30）
広辞6（ムナーリ 1907-1998）
児イ（Munari, Bruno ムナーリ, B. 1907-）
児童（ムナリ, ブルノ 1907-）
児文（ムナリ, ブルーノ 1907-）
新美（ムナリ, ブルーノ 1907-）
世美（ムナリ, ブルーノ 1907-）
二十（ムナリ, ブルーノ 1907-）
美術（ムナリ, ブルノ 1917-）

Mundell, Robert 〈20世紀〉
アメリカの経済学者。

⇒岩世（マンデル 1932.10.24-）

Mundell, Robert Alexander 〈20世紀〉
カナダ, アメリカの経済学者。[賞] 1999年ノーベル経済学賞受賞。
⇒二十（マンデル, ロバート・アレクサンダー 1932-）
ノベ（マンデル, R.A. 1932.10.24-）
ノベ3（マンデル, R.A. 1932.10.24-）

Munro, Sir Thomas 〈18・19世紀〉
イギリスの軍人, 植民地政治家。東インド会社のマドラス管区知事 (1820-24)。1812年以降マドラスでライーヤトワーリー制度施行。
⇒英米（Munro, Sir Thomas マンロー 1761-1827）
角世（マンロー 1761-1827）
国小（マンロー 1761-1826）
世東（マンロー 1761-1827）
全書（マンロー 1761-1827）
大百（マンロー 1761-1827）
南ア（マンロー 1761-1827）
百科（マンロー 1761-1827）
山世（マンロー 1761-1827）

Munsey, Frank Andrew 〈19・20世紀〉
アメリカの出版業者, 新聞社主。「マンジーズ・マガジン」など創刊。
⇒岩世（マンシー 1854.8.21-1925.12.22）
幻想（マンシー, フランク・アンドルー 1854-1925）
国小（マンジー 1854.8.21-1925.12.22）
西洋（マンシ 1854.8.21-1925.12.22）
伝世（マンシー 1854.8.21-1925.12.22）

Münzenberg, Willi 〈19・20世紀〉
ドイツの共産党指導者, 出版経営者。
⇒岩世（ミュンツェンベルク 1889.8.14-1940?）

Murdoch, John 〈19・20世紀〉
イギリスの長老派教会員, セイロン, インドへの宣教師, 出版者。
⇒キリ（マードック, ジョン 1819-1904）

Murdoch, Keith Rupert 〈20世紀〉
オーストラリアの新聞経営者。ロンドンに進出し, 1968年世界最大の部数を誇っていた日曜全国紙「ニューズ・オブ・ザ・ワールド」の経営権を入手した。
⇒岩ケ（マードック,（キース・）ルパート 1931-）
岩世（マードック 1931.3.11-）
オセ新（マードック 1931-）
現ア（Murdoch, K.Rupert マードック, K・ルパート 1931-）
西洋（マードック 1931.3.11-）
世映（マードック, ルパート 1931-）
世西（マードック 1931.3.11-）

全書 （マードック 1931-）
二十 （マードック, K.R. 1931.3.11-）

Murdock, Louise Caldwell 〈19・20世紀〉

アメリカのインテリア・デザイナー。
⇒世女日 （マードック, ルイーズ・コールドウェル 1858-1915）

Murdock, William 〈18・19世紀〉

イギリスの発明家。1792年石炭ガスで点燈に成功。1807年ガス燈はロンドンの街路燈に用いられた。
⇒岩ケ （マードック, ウィリアム 1754-1839）
岩世 （マードック 1754.8.21-1839.11.15）
英米 （Murdock, William マードック 1754-1839）
外国 （マードック 1754-1839）
科学 （マードック 1754.8.21-1839.11.15）
科技 （マードック 1754.8.21-1839.11.15）
科史 （マードック 1754-1839）
国小 （マードック 1754.8.21-1839.11.15）
コン2 （マードック 1754-1839）
コン3 （マードック 1754-1839）
西洋 （マードック 1754.8.21-1839.11.15）
世科 （マードック 1754-1839）
世西 （マードック 1754.8.21-1839.11.15）
世百 （マードック 1754-1839）
全書 （マードック 1754-1839）
大百 （マードック 1754-1839）
百科 （マードック 1754-1839）

Murphy, Franklin D. 〈20世紀〉

アメリカの文化人。カルフォルニア大学ロサンゼルス校総長, タイムス・ミラー社会長。
⇒二十 （マーフィ, フランクリン・D. 1916-）

Murphy, John Joseph 〈19世紀〉

アメリカの出版業者。
⇒キリ （マーフィ, ジョン・ジョウゼフ 1812.3.12-1880.3.27）

Murphy, William Martin 〈19・20世紀〉

アイルランドの新聞社主。
⇒キリ （マーフィ, ウィリアム・マーティン 1884.11.21-1919.6.26）

Murray, John 〈18世紀〉

イギリスの出版業者。ロンドンで出版業を創始（1768）。
⇒岩世 （マリー 1737.1.1-1793.11.6）
集文 （マリー, ジョン 1745-1793.11.6）
西洋 （マーリ 1745-1793.11.6）

Murray, John 〈18・19世紀〉

イギリスの出版業者。雑誌『クォータリー・レビュー』創刊（1809）。
⇒国小 （マレー 1778-1843）
西洋 （マーリ 1778-1843）

Murray, Keith Bay Pearce 〈20世紀〉

イギリスの陶磁器デザイナー。
⇒岩ケ （マリー, キース・・ベイ・ピアース）
1892-1991）

Murray, Matthew 〈18・19世紀〉

イギリスの発明家, 機械技師。
⇒岩ケ （マリー, マシュー 1765-1826）

Murray, William Staite 〈19・20世紀〉

イギリスの陶芸家。
⇒岩ケ （マリー, ウィリアム・ステイト 1881-1962）

Murton, John 〈16・17世紀〉

イギリスのジェネラル（普遍）バプテスト派牧師, 毛皮商人。
⇒キリ （マートン, ジョン 1587頃-1626頃）

Musgrave, Richard Abel 〈20世紀〉

アメリカの財政学者。政府予算の決定問題にケインズ理論と厚生経済学を適用して財政理論の水準を高めた。
⇒岩世 （マスグレイヴ 1910.12.14-2007.1.15）
経済 （マスグレイブ 1910-）
西洋 （マスグレーヴ 1910.12.14-）
全書 （マスグレーブ 1910-）
二十 （マスグレイブ, リチャード・A. 1910-）

Mushet, David 〈18・19世紀〉

イギリスの製鉄業者。
⇒岩ケ （マシェット, デイヴィド 1772-1847）

Muslim ibn al-Dahhān 〈11世紀〉

1000年頃に活躍したエジプトの陶工。
⇒岩世 （ムスリム・イブン・ダッハーン）

Muspratt, James 〈18・19世紀〉

イギリスの化学工業家。イギリスに初めて重化学工業を創設。
⇒岩世 （マスプラット 1793.8.12-1886.5.4）
科学 （マスプラット 1793.8.12-1886.5.4）
科人 （マスプラット, ジェイムズ 1793.8.12-1886.5.4）
コン2 （マスプラット 1793-1886）
コン3 （マスプラット 1793-1886）
人物 （マスプラット 1793.8.12-1886.5.4）
西洋 （マスプラット 1793.8.12-1886.5.4）
世百 （マスプラット 1793-1886）

全書（マスプラット　1793–1886）
大百（マスプラット　1793–1886）
百科（マスプラット　1793–1886）

Musschenbroek, Petrus van 〈17・18世紀〉
オランダの物理学者。1725年高温計，46年ライデン瓶を発明。
⇒**外国**（ムッセンブルック　1692–1761）
　科学（ミュッセンブルーク　1692.3.14–1761.9.19）
　科史（ミュセンブルーク　1692–1761）
　科人（ミュッセンブルーク，ピーター・ファン　1692.3.14–1761.9.19）
　国小（ミュッセンブルーク　1692.3.14–1761.9.19）
　コン2（ミュッセンブルーク　1692–1761）
　コン3（ミュッセンブルーク　1692–1761）
　西洋（ミュッセンブルーク　1692.3.14–1761.9.19）
　世西（ムッセンブルーク　1692.3.14–1761.9.19）
　世百（ミュッセンブルーク　1692–1761）
　全書（ミュシェンブルーク　1692–1761）
　大百（ミュッシェンブローク　1692–1761）
　伝世（ミュッセンブルーク　1692–1761）
　百科（ミュッセンブルーク　1692–1761）

Muth, John Fraser 〈20世紀〉
アメリカ生まれの経済思想家。
⇒**経済**（ミュース　1930–）

Muthesius, Hermann 〈19・20世紀〉
ドイツの建築家。国会議事堂等の建築技師。
⇒**岩世**（ムージウス　1861.4.20–1927.10.26）
　新美（ムージウス，ヘルマン　1861.4.20–1927.10.26）
　西洋（ムージウス　1861.4.20–1927.10.26）
　世美（ムテジウス，ヘルマン　1861–1927）
　全書（ムテジウス　1861–1927）
　大百（ムテジウス　1861–1927）
　二十（ムージウス，ヘルマン　1861.4.20–1927.10.26）
　日人（ムージウス　1861–1927）
　来日（ムージウス　1861–1927）

Muttoni, Francesco Antonio 〈17・18世紀〉
イタリアの建築家。
⇒**建築**（ムットーニ，フランチェスコ　1668–1747）
　世美（ムットーニ，フランチェスコ・アントーニオ　1668–1747）

Muzio, Giovanni 〈20世紀〉
イタリアの建築家，都市計画家。
⇒**岩世**（ムツィオ　1893.2.12–1982.5.21）
　世美（ムーツィオ，ジョヴァンニ　1893–1982）

Muzio, Virginio 〈19・20世紀〉
イタリアの建築家。
⇒**世美**（ムーツィオ，ヴィルジーニオ　1864–1904）

Myerson, Roger 〈20世紀〉
アメリカの経済学者，数学者，ノーベル経済学賞受賞者。
⇒**ユ人**（マイヤーソン，ロジャー　1951–）

Myerson, Roger B. 〈20世紀〉
アメリカの経済学者。[賞]2007年ノーベル経済学賞受賞。
⇒**ノベ3**（マイヤーソン，R.B.　1951.3.29–）

Myint, Hla 〈20世紀〉
イギリスの経済学者。ビルマ生まれ。発展途上諸国の経済開発論の専門家。
⇒**岩世**（ミント　1920.3.20–1989.1.9）
　経済（ミント　1920–）
　現人（ミント　1920.3.20–）
　西洋（ミント　1920.3.20–）
　世百新（ミント　1920–1989）
　全書（ミント　1920–）
　二十（ミント，H.　1920.3.20–）
　百科（ミント　1920–）

Mylne, Robert 〈18・19世紀〉
スコットランド出身の建築家，エンジニア，測量士。
⇒**建築**（メルン，ロバート　1733–1811）

Myrdal, Karl Gunnar 〈20世紀〉
スウェーデンの経済学者，社会学者。1945～47年商相，47～57年国連ヨーロッパ経済委員会委員長として活躍。74年ノーベル経済学賞受賞。主著『貧困からの挑戦』(68)。
⇒**岩ケ**（ミュルダール，（カール・）グンナル　1898–1987）
　岩世（ミュルダール（ミューダール）　1898.12.6–1987.5.17）
　オ世（ミュルダール，グンナール　1898–1987）
　外国（ミュルダール　1896–）
　角世（ミュルダール　1898–1987）
　経済（ミュルダール　1898–1987）
　現人（ミュルダール　1898.12.6–）
　広辞5（ミュルダール　1898–1987）
　広辞6（ミュルダール　1898–1987）
　国小（ミュルダール　1898.12.6–）
　コン3（ミュルダール　1898–1987）
　最世（ミュルダール，グンナー　1898–1987）
　思想（ミュルダール，（カール）グンナール　1898–1987）
　人物（ミュルダール　1898.12.6–）
　西洋（ミュルダール　1898.12.6–）
　世美（ミルダール　1898.12.6–）
　世百（ミュルダール　1898–）
　世百新（ミュルダール　1898–1987）

全書（ミュルダール　1898–1987）
大辞2（ミュルダール　1898–1987）
大辞3（ミュルダール　1898–1987）
大百（ミュルダール　1898–）
伝世（ミールダール　1898.12.6–）
ナビ（ミュルダール　1898–1987）
二十（ミュルダール, カール・グンナール　1898.
　12.6–1987.5.17）
二十英（Myrdal, Karl Gunnar　1898–1987）
ノベ（ミュルダール, K.G.　1898.12.6–1987.5.
　17）
百科（ミュルダール　1898–）
ノベ3（ミュルダール, K.G.　1898.12.6–1987.5.
　17）
名著（ミュルダール　1898–）
歴学（ミュルダール　1899–1987）

【 N 】

Nabb, Magdalen 〈20世紀〉
イタリアの作家, 劇作家, 陶芸家。
⇒児作（Nabb, Magdalen　ナブ, マグダレン
　1947–）

Nader, Ralph 〈20世紀〉
アメリカの消費者運動家, 弁護士。1965年に
『どんなスピードでも自動車は危険だ』という
本を書き, ゼネラル・モーターズ社の欠陥車を
告発して有名になった。
⇒岩世（ネイダー　1934.2.27–）
　現ア（Nader, Ralph　ネイダー, ラルフ
　　1934–）
　現人（ネーダー　1934.2.27–）
　コン3（ネーダー　1934–）
　西洋（ネーダー　1934.2.27–）
　世西（ネーダー　1934.2.27–）
　全書（ネーダー　1934–）
　大辞2（ネーダー　1934–）
　大辞3（ネーダー　1934–）
　伝世（ネイダー　1934.2.27–）
　ナビ（ネーダー　1934–）
　二十（ネーダー, ラルフ　1934.2.27–）

Naderman, Henri 〈18・19世紀〉
フランスの楽器製作者。
⇒音大（ナデルマン, アンリ　1780頃–1835以後）

Naderman, Jean Henri 〈18世紀〉
フランスの出版者, 楽器製作者。
⇒音大（ナデルマン, ジャン・アンリ　1735–1799.
　2.4）

Nadi, Giuseppe 〈18・19世紀〉
イタリアの建築家。

⇒建築（ナディ, ジュゼッペ　1780–1814）
　世美（ナーディ, ジュゼッペ　1780–1814）

al-Naḍr ibn al-Ḥārith 〈7世紀〉
マッカ（メッカ）のクライシュ族の商人。
⇒岩世（ナドル・イブン・ハーリス　?–624）

Nägeli, Hans Georg 〈18・19世紀〉
スイスの音楽教育家, 作曲家, 出版者。ペスタ
ロッチの教育思想を音楽の上に発展させ, 音楽
と体操および一切の美的教育との緊密な関連に
努めた。
⇒岩世（ネーゲリ　1773.5.26–1836.12.26）
　音楽（ネーゲリ, ハンス・ゲオルク　1773.5.26–
　　1836.12.26）
　音大（ネーゲリ　1773.5.26–1836.12.26）
　教育（ネーゲリー　1773–1836）
　西洋（ネーゲリ　1773.5.26–1836.12.26）

Naguib, Ibrahim 〈20世紀〉
エジプトの建築家, 政治家。ロンドンで建築家
としての資格を得た後, 1941年エジプト灌漑省
を振り出しに建築の分野の官吏として歩む。50
年代後半から60年代にかけて都市や農村問題に
関係し, 62〜67年住宅・公益事業省次官を務
めた。
⇒中東（ナギーブ　1911–）

Nahavandi, Hushang 〈20世紀〉
イランの経済学者, 教育家, 政治家。1978年
シャリフ・エマミ内閣科学高等教育相ののち,
政治活動に入る。
⇒中東（ナハーバンディ　1931–）

Najīb Muẕhir al-Dīn 〈12世紀〉
12世紀中頃に中国に渡来したムスリム商人。
⇒岩世（ナジーブ・ムズヒルッディーン）
　西洋（ナジーブ・ムズヒルッ・ディーン　12世紀
　　頃）

Najmabadi, Farrokh 〈20世紀〉
イランの工学者。1974〜77年工鉱業相。
⇒中東（ナジマバーディ　1922–）

Nakamura, James I. 〈20世紀〉
アメリカの経済学者。コロンビア大学経済学
教授。
⇒二十（ナカムラ, ジェイムズ・I.　1919–）

Nakashima, George 〈20世紀〉
アメリカのインテリア・デザイナー, 建築家。
⇒新美（ナカシマ, ジョージ　1905–）
　ナビ（ナカシマ　1905–1990）
　二十（ナカシマ, ジョージ　1905.5.24–1990.6.
　　15）

日人（ナカシマ＝ジョージ　1905-1990）

Nano, Fatos Thanas 〈20世紀〉
アルバニアの政治家，経済学者。アルバニア首相。
⇒世政（ナノ，ファトス　1954.6.16-）
　東欧（ナノ　1952-）

Nansen, Peter 〈19・20世紀〉
デンマークの自然主義作家。出版社ギルデンダルの支配人（1896～1916）。
⇒集文（ナンセン，ピーター　1861.1.20-1918.7.31）
　西洋（ナンセン　1861.1.20-1918.7.31）

Nanteuil, Robert 〈17世紀〉
フランスの版画家。独自の彫版技法を確立し，ルイ14世などの肖像を多数制作。
⇒岩世（ナントゥイユ　1623-1678.12.9）
　芸術（ナンテュイユ，ロベール　1623-1678）
　国小（ナンテーユ　1623/30頃-1678.12.9）
　新美（ナントゥイユ，ロベール　1623-1678.12.9）
　西洋（ナントイユ　1618/23-1678.12.9）
　世美（ナントゥイユ，ロベール　1623頃-1678）
　百科（ナントゥイユ　1623-1678）

Napier, John, Laird of Merchiston 〈16・17世紀〉
イギリス（スコットランド）の数学者，技術者。指数表示による計算法を研究し，対数の概念を導入。計算用具も発明した。小数点記号を用いた小数記法の導入にも貢献。
⇒岩ケ（ネイピア，ジョン　1550-1617）
　岩世（ネイピア　1550-1617.4.4）
　外国（ネーピア　1550-1617）
　科学（ネイピア　1550-1617.4.4）
　科技（ネイピア　1550-1617.4.4）
　科史（ネーピア　1550-1617）
　科人（ネイピア，ジョン　1550-1617.4.4）
　広辞4（ネーピア　1550-1617）
　広辞6（ネーピア　1550-1617）
　国小（ネーピア　1550-1617.4.4）
　コン2（ネーピア　1550-1617）
　コン3（ネーピア　1550-1617）
　人物（ネイピア　1550-1617.4.4）
　数学（ネーピア　1550-1617.4.4）
　数学増（ネーピア　1550-1617.4.4）
　西洋（ネーピア　1550-1617.4.4）
　世科（ネーピア　1550-1617）
　世西（ネーピア　1550-1617.4.4）
　世百（ネーピア　1550-1617）
　全書（ネーピア　1550-1617）
　大辞（ネーピア　1550-1617）
　大辞3（ネーピア　1550-1617）
　大百（ネーピア　1550-1617）
　デス（ネーピア　1550-1617）
　伝世（ネイピア，J.　1550-1617）

　百科（ネーピア　1550-1617）
　名著（ネーピア　1550-1617）

Napier, William John, 8th Baron of 〈18・19世紀〉
イギリスの海軍軍人。1833年中国貿易の首席監督官に。
⇒旺世（ネイピア　1786-1834）
　国小（ネーピア　1786-1834）
　コン2（ネーピア　1786-1834）
　コン3（ネーピア　1786-1834）
　人物（ネーピア　1786.10.13-1834.10.10）
　西洋（ネーピア　1786.10.13-1834.10.10）
　世人（ネーピア　1786-1834）
　世東（ネーピア　1786-1834.10.10）
　世百（ネーピア　1786-1834）
　全書（ネーピア　1786-1834）
　大百（ネーピア　1786-1834）
　伝世（ネイピア，W.J.　1786.10.13-1834.10.11）
　山世（ネイピア　1786-1834）

Napoleon XIV 〈20世紀〉
アメリカ・ニューヨーク生まれのレコーディング・エンジニア，ソングライター。
⇒洋ヒ（ナポレオン14世　1938-）

Narutowicz, Gabrjel 〈19・20世紀〉
ポーランドの技術者，政治家。公共事業相，外相（1920），大統領（22）。
⇒岩世（ナルトヴィチ　1865.3.17-1922.12.16）
　西洋（ナルトヴィチ　1865.3.30-1922.12.16）

Nash, John 〈18・19世紀〉
イギリスの建築家。リージェント公園，リージェント通りなどの設計，施工に従事。
⇒岩ケ（ナッシュ，ジョン　1752-1835）
　岩世（ナッシュ　1752-1835.5.13）
　英米（Nash, John　ナッシュ，ジョン　1752-1835）
　建築（ナッシュ，ジョン　1752-1835）
　国小（ナッシュ　1752-1835.5.13）
　新美（ナッシュ，ジョン　1752-1835.5.13）
　人物（ナッシュ　1752-1835）
　西洋（ナッシュ　1752-1835.5.13）
　世美（ナッシュ，ジョン　1752-1835）
　全書（ナッシュ　1752-1835）
　大百（ナッシュ　1752-1835）
　伝世（ナッシュ　1752.9-1835.5.13）
　百科（ナッシュ　1752-1835）

Nash, John Forbes (Jr.) 〈20世紀〉
アメリカの数学者。1994年ノーベル経済学賞。
⇒岩世（ナッシュ　1928.6.13-）
　広辞6（ナッシュ　1928-）
　最世（ナッシュ，ジョン　1928-）
　数学（ナッシュ　1928-）
　数学増（ナッシュ　1928.6.13-）

二十（ナッシュ, ジョン・F.(Jr.)　1928-）
ノベ（ナッシュ, J.F.　1928.6.13-）

Nasi, Gracia Mendes〈16世紀〉
ポルトガルの実業家。
⇒世女日（ナシ, グラツィア・メンデス　1510-
　1569）

Nasi, Joseph〈16世紀〉
オスマン・トルコのユダヤ教徒の商人, 政治家。
⇒百科（ナシ　?-1579）

Nasir bin Khalid al-Thani, Sheikh
〈20世紀〉
カタールの政治家, 実業家。1970年経済・商業
相。カタール・イスラエル・ボイコット委員長。
⇒中東（ナーシル　1915?-）

Nasmyth, James〈19世紀〉
スコットランドの技術者。蒸気ハンマー
(1839), 平削盤, 杭打機械, 各種の水圧機械な
どをも発明。
⇒岩ケ（ネイスミス, ジェイムズ　1808-1890）
　岩世（ナズミス　1808.8.19-1890.5.7）
　外国（ナスミス　1808-1890）
　科学（ネーズミス　1808.8.19-1890.3.7）
　科史（ナスミス　1808-1890）
　科人（ネイスミス, ジェイムズ　1808.8.19-1890.
　5.7）
　コン2（ナズミス　1808-1890）
　コン3（ナズミス　1808-1890）
　西洋（ナズミス　1808.8.19-1890.5.7）
　世科（ナズミス　1808-1890）
　世西（ナスミス　1808.8.19-1890.5.7）
　世百（ネスミス　1808-1890）
　全書（ナスミス　1808-1890）
　大百（ナスミス　1808-1890）
　伝世（ネイズミス　1808-1890）
　天文（ナスミス　1808-1890）
　百科（ネスミス　1808-1890）
　名著（ナスミス　1808-1890）

Nasriddinova, Yadgal Sadikovna
〈20世紀〉
ソ連邦の技術者, 政治家。1970年連邦最高会議
民族会議議長。
⇒国小（ナスリジノワ　1920-）
　二十（ナスリディーノワ, ヤドガル　1920.12.
　26-）

Nassoni, Niccolò〈18世紀〉
北部ポルトガルで活躍したイタリアの建築家。
⇒建築（ナッソーニ, ニッコロ　?-1773）

Nast, Condé Montrose〈19・20世紀〉
アメリカの出版業者。

⇒岩ケ（ナスト, コンデ(・モントローズ)　1873-
　1942）

Natalini, Adolfo〈20世紀〉
イタリアの建築家。フィレンツェ大学建築学部
教授。
⇒二十（ナタリーニ, アドルフォ　1941-）

Natēsan, G.A.〈19世紀〉
インドの出版業者。
⇒コン2（ナテーサン　1873-?）
　コン3（ナテーサン　1873-?）

Nathan, Jacques〈20世紀〉
フランスのデザイナー。アート・ディレクター
として活躍。
⇒国小（ナタン　1910.3.26-）

Nathusius, Hermann Engelhard von〈19世紀〉
ドイツの畜産改良家。イギリスから種畜を輸入
して家畜を改良し, 家畜競売所を創設。
⇒西洋（ナトゥージウス　1809-1879）

Naundorff, Karl Wilhelm〈18・19世紀〉
ドイツの時計工。ルイ17世と容姿が酷似して
いた。
⇒国小（ナウンドルフ　1787-1845）

Naur, Peter〈20世紀〉
デンマークのコンピューター科学者。
⇒岩世（ナウア　1928.10.25-）

Navier, Louis Marie Henri〈18・19世紀〉
フランスの工学者。ナビエ=ストークス方程式
を導き(1823), 流体力学, 弾性力学に貢献。
⇒岩ケ（ナヴィエ, クロード(・ルイ・マリー・アン
　リ)　1785-1836）
　科史（ナヴィエ　1785-1836）
　国小（ナビエ　1785-1836）
　数学（ナヴィエ　1785.2.15-1836.8.23）
　数学増（ナヴィエ　1785.2.15-1836.8.23）
　西洋（ナヴィエ　1785.2.15-1836.8.23）
　世百（ナヴィエ　1785-1836）
　全書（ナビエ　1785-1836）
　大百（ナビエ　1785-1836）

Nawal Kishōr, Munshī〈19世紀〉
インドの出版業者。ヒンドゥー教徒。
⇒岩世（ナワル・キショール　1836.1.3-1895.2.19）
　西洋（ナワル・キショール　1836-1895）

Nawāz Sharīf, Miyān Muḥammad

〈20世紀〉
パキスタンの政治家，実業家。
⇒岩世（ナワーズ・シャリーフ 1949.12.25-）

Neal, Michael A. 〈20世紀〉
ゼネラル・エレクトリック（GE）キャピタルの社長兼最高業務執行責任者（COO）。
⇒最世（ニール，マイケル・A）

Nearchos 〈前6世紀〉
ギリシアの陶工家。
⇒世美（ネアルコス　前6世紀）

Nearing, Scott 〈19・20世紀〉
アメリカの経済学者。進歩的思想家で，『アメリカ帝国』（1921）は好評を博した。
⇒岩世（ニアリング　1883.8.6-1983.8.24）
　コン3（ニアリング　1883-1983）
　西洋（ニアリング　1883.8.6-）

Nebenius, Karl Friedrich 〈18・19世紀〉
ドイツの経済学者，政治家。バーデン公国に出仕（1811〜）。
⇒岩世（ネーベニウス　1784.9.29-1857.6.8）
　人物（ネベニウス　1784.9.29-1857.6.8）
　西洋（ネベーニウス　1784.9.29-1857.6.8）
　世西（ネベニウス　1784.9.29-1857.6.8）

Nebiolo, Primo 〈20世紀〉
イタリアの実業家，スポーツ協会役員。
⇒岩世（ネビオロ　1923.7.14-1999.11.7）

Necker, Jacques 〈18・19世紀〉
フランス，ルイ16世時代の財務総監。1781年『財政報告書』を提出。
⇒岩ケ（ネッケル，ジャック　1732-1804）
　岩世（ネッケル　1732.9.30-1804.4.9）
　旺世（ネッケル　1732-1804）
　外国（ネッケル　1732-1804）
　角世（ネッケル　1732-1804）
　広辞4（ネッケル　1732-1804）
　広辞6（ネッケル　1732-1804）
　国小（ネッケル　1732.9.30-1804.4.9）
　コン2（ネッケル　1732-1804）
　コン3（ネッケル　1732-1804）
　人物（ネッケル　1732.9.30-1804.4.9）
　西洋（ネケル　1732.9.30-1804.4.9）
　世人（ネッケル　1732-1804）
　世西（ネッケル　1732.9.1-1804.4.9）
　世百（ネッケル　1732-1804）
　全書（ネッケル　1732-1804）
　大辞（ネッケル　1732-1804）
　大辞3（ネッケル　1732-1804）
　大百（ネッケル　1732-1804）
　伝世（ネッケル　1732-1804.4.9）
　百科（ネッケル　1732-1804）
　評世（ネッケル　1732-1804）
　山世（ネッケル　1732-1804）
　歴史（ネッケル　1732-1804）

Neckermann, Joseph 〈20世紀〉
ドイツの通信販売業者。フランクフルトにネッカーマン商会を設立し，ディスカウントの百貨店として経営を発展させた。
⇒世西（ネッカーマン　1912.6.5-）

Needham, Joseph 〈20世紀〉
イギリスの生化学者，科学史家，技術史家。主著『中国の科学と文明』。
⇒岩ケ（ニーダム，ジョゼフ　1900-1995）
　岩世（ニーダム　1900.12.9-1995.3.24）
　岩哲（ニーダム　1900-1995）
　科学（ニーダム　1900.12.9-）
　科史（ニーダム　1900-）
　科人（ニーダム，ジョゼフ　1900.12.9-1995.3.24）
　現人（ニーダム　1900.12.9-）
　広辞5（ニーダム　1900-1995）
　広辞6（ニーダム　1900-1995）
　コン3（ニーダム　1900-1995）
　西洋（ニーダム　1900-）
　世科（ニーダム　1900-）
　世人（ニーダム　1900-1995）
　世西（ニーダム　1900-1995）
　世百新（ニーダム　1900-1995）
　全書（ニーダム　1900-）
　大辞2（ニーダム　1900-1995）
　大辞3（ニーダム　1900-1995）
　大百（ニーダム　1900-）
　二十（ニーダム，ジョゼフ　1900.12.9-）
　二十英（Needham, Joseph　1900-1995）
　百科（ニーダム　1900-）
　名著（ニーダム　1900-）
　山世（ニーダム　1900-1995）
　歴学（ニーダム　1900-1995）

Neef, Joseph 〈18・19世紀〉
フランスの教育者。1803年パリでペスタロッチー精神に基づく孤児院を経営。
⇒教育（ニーフ　1770-1854）

Nef, John Ulric 〈19・20世紀〉
アメリカの経済史家，文明史家，教育家。主著『アメリカ文明』（1942, 67）。
⇒岩世（ネフ　1899.7.13-1988.12.25）
　国小（ネフ　1899-）
　西洋（ネフ　1899.7.13-）

Negrin, Juan 〈20世紀〉
スペインの政治家，生理学者，社会党領袖。共和政府の首相兼蔵相（1937〜39）。
⇒岩世（ネグリン　1892.2.3-1956.11.12）
　角世（ネグリン　1892-1956）

neije *442* 西洋人物レファレンス事典

コン3（ネグリン　1887-1956）
スペ（ネグリン　1889-1956）
西洋（ネグリン　1892.2.13-1956）
世百新（ネグリン　1889-1956）
全書（ネグリン　1887-1956）
二十（ネグリン・ロペス，ジュアン　1889-1956.
　11.14）
百科（ネグリン　1889-1956）
山世（ネグリン　1892-1956）

Neijenroode, Conelis van 〈17世紀〉

オランダの平戸商館長。日本の対外関係変動期
に対応し，オランダ商権の拡張に努めた。日本
婦人との間に2女をもうけた。
⇒岩世（ネイエンローデ　?-1633.1.31）
　西洋（ナイエンローデ　?-1633.1.31）

Neilson, James Beaumont 〈18・19世紀〉

イギリスの技術者。1824年製鉄用熱風炉を研究
開発。
⇒岩世（ニールソン　1792.6.22-1865.1.18）
　外国（ニールソン　1792-1865）
　国小（ニールソン　1792.6.22-1865.1.18）
　コン2（ニールソン　1792-1865）
　コン3（ニールソン　1792-1865）
　人物（ニールソン　1792.6.22-1865.1.18）
　西洋（ニールソン　1792.6.22-1865.1.18）
　世西（ニールソン　1792.6.22-1865.1.18）
　世百（ニールソン　1792-1865）
　全書（ニールソン　1792-1865）
　百科（ニールソン　1792-1865）

Nekrasov, Aleksandr Ivanovich 〈19・20世紀〉

ソ連邦の機械工学者。非圧縮性の重い流体の表
面波について研究，精密な理論化を行った。
⇒コン3（ネクラーソフ　1883-1957）
　数学（ネクラーソフ　1883.12.9-1957.5.21）
　数学増（ネクラーソフ　1883.12.9-1957.5.21）

Nelson, George 〈20世紀〉

アメリカのインダストリアル・デザイナー，建
築家。単純な構造による一連の家具を制作。
⇒岩ケ（ネルソン，ジョージ　1907-1986）
　岩世（ネルソン　1908.5.29-1986.3.5）
　国小（ネルソン　1908-）
　コン3（ネルソン　1907(08)-1986）
　西洋（ネルソン　1908-）
　世芸（ネルソン，ジョージ　1906-1975）
　世百（ネルソン　1908-）
　全書（ネルソン　1908-）
　大百（ネルソン　1908-）
　二十（ネルソン，ジョージ　1908-）

Nelson, Richard R. 〈20世紀〉

アメリカの経済学者。
⇒岩世（ネルソン　1930-）

Nelson, Ricky 〈20世紀〉

アメリカの歌手，俳優，テレビ・プロ
デューサー。
⇒外男（ネルソン，リッキー　1940.5.8-1985.12.
　11）
　世俳（ネルソン，リッキー　1940.5.8-1985.12.
　31）
　二十（ネルソン，リッキー　1940-1985）
　俳優（ネルスン，リッキー　1940.5.8-）
　洋ヒ（ネルソン，リッキー　1940-1985）

Nelson, Thomas 〈18・19世紀〉

イギリスの出版業者。
⇒岩ケ（ネルソン，トマス　1780-1861）

Nelson, Thomas (Jr.) 〈18世紀〉

アメリカの商人，政治家。独立宣言の署名者の
一人。1781年バージニア知事。
⇒国小（ネルソン　1738-1789）

Nelson, Wilbur Lundin 〈20世紀〉

アメリカの石油工学者。蒸溜，石油精製法，微
結晶性石蝋に関する研究で有名。
⇒西洋（ネルソン　1904.10.1-）

Nemchinov, Vasilii Sergeevich 〈20世紀〉

ソ連邦の経済学者。ソ連数理経済学派の創始者
の1人。死後1965年レーニン賞受賞。
⇒岩世（ネムチーノフ　1894.1.2[14]-1964.11.5）
　外国（ネムチノフ　1894-）
　現人（ネムチノフ　1894.1.14-1964.11.5）
　西洋（ネムチノフ　1894.1.14-1964.5.11）
　全書（ネムチノフ　1894-1964）
　二十（ネムチノフ，ヴァシーリイ　1894.1.14-
　1964.11.5）
　ロシ（ネムチーノフ　1894-1964）

Németh Miklós 〈20世紀〉

ハンガリーの政治家，銀行家。
⇒岩世（ネーメト　1948.1.14-）

Nepveau, Pierre 〈16世紀〉

フランスの建築家。
⇒建築（ネーブヴォー，ピエール　?-1538）

Neretti, Horatio 〈16・17世紀頃〉

ポルトガルの遣日使節，遣日貿易船隊司令官。
駿府で家康に謁し，貿易許可の朱印状を得た。
⇒岩世（ネレッティ）
　西洋（ネレッティ）

Nering, Johann Arnold 〈17世紀〉

ドイツの建築家。
⇒世美（ネーリング，ヨハン・アルノルト　1659-

1695)

Neroni, Bartolomeo 〈16世紀〉
イタリアの建築家，画家，写本装飾画家。
⇒世美（ネローニ，バルトロメーオ 1500-1571）

Nervi, Pier Luigi 〈20世紀〉
イタリアの建築家，エンジニア。代表作はフィレンツェのスタジアム（1930～32），トリノの展示場（48～50），ローマのオリンピックの競技場（56）など。
⇒岩ケ（ネルヴィ，ピエール・ルイジ 1891-1979）
　岩世（ネルヴィ 1891.6.21-1979.1.9）
　オ西（ネルヴィ，ピエール・ルイジ 1891-1979）
　現人（ネルビ 1891.6.21-）
　広辞6（ネルヴィ 1891-1979）
　国小（ネルビ 1891.6.21-）
　新美（ネルヴィ，ピエル・ルイジ 1891.6.21-1979.1.9）
　西洋（ネルヴィ 1891.6.21-1979.1.9）
　世百新（ネルビ 1891-1979）
　全書（ネルビ 1891-1979）
　大百（ネルビ 1891-）
　伝世（ネルヴィ 1891.6.21-1979）
　二十（ネルヴィ，ピエル・ルイージ 1891.6.21-1979.1.9）
　百科（ネルビ 1891-1979）

Nesfield, William Eden 〈19世紀〉
イギリスの建築家。
⇒建築（ネスフィールド，ウィリアム・イーデン 1835-1888）

Netto, Curt Adolph 〈19・20世紀〉
ドイツの鉱山冶金技師。東京大学理学部で鉱山学を教授。
⇒岩世（ネットー 1847.8.21-1909.2.7）
　科学（ネットー 1847.8.21-1909.2.7）
　西洋（ネットー 1847.8-?）
　世西（ネットー 1847.8-?）
　日人（ネットー 1847-1909）
　来日（ネットー 1847-1909）

Neuber, Friederike Caroline 〈17・18世紀〉
ドイツの女優，劇場支配人。夫ヨハンとともに劇団を結成。
⇒岩世（ノイバー 1697.3.9-1760.11.30）
　演劇（ノイバー，フレデリカ・カロリーナ 1697-1760）
　国小（ノイバー 1697.3.9-1760.11.30）
　集文（ノイバー，フリデリーケ・カロリーネ 1697.3.9-1760.11.30）
　西洋（ノイバー 1697.3.9-1760.11.30）
　世女（ノイバー，フレデリーケ(カロリーネ) 1697-1760）
　世女日（ノイバー，カロリン 1697-1760）
　世百（ノイバー 1697-1760）
　全書（ノイバー 1697-1760）
　百科（ノイバー 1697-1760）

Neuber, Heinz 〈20世紀〉
ドイツの工学者。材料に切り欠きのある場合に，内部に生ずる応力分布に関する著作で知られている。
⇒岩世（ノイバー 1906.11.22-1989.11.18）
　西洋（ノイバー 1906.11.22-）

Neufville, Carl de 〈19・20世紀〉
ドイツの銀行家，敬虔派信徒。
⇒キリ（ノイフヴィレ，カール・デ 1849.7.23-1938.2.21）

Neumann, Angelo 〈19・20世紀〉
オーストリアのバリトン歌手，興行師。
⇒オペ（ノイマン，アンジェロ 1838.8.18-1910.12.20）

Neumann, Johann Balthasar 〈17・18世紀〉
ドイツの建築家。ヴュルツブルク宮殿はバロック様式の代表作。
⇒岩ケ（ノイマン，(ヨハン・)バルタザール 1687-1753）
　岩世（ノイマン 1687.1.30-1753.7.18）
　キリ（ノイマン，バルタザル 1687.1.30-1753.7/8.18）
　建築（ノイマン，ヨハン・バルタザール 1687-1753）
　国小（ノイマン 1687.1.30-1753.7.18）
　コン2（ノイマン 1687-1753）
　コン3（ノイマン 1687-1753）
　新美（ノイマン，バルタザル 1687.1.30-1753.8.18）
　西洋（ノイマン 1687.1.30-1753.7.18）
　世西（ノイマン 1687-1753）
　世美（ノイマン，ヨハン・バルタザル 1687-1753）
　世百（ノイマン 1687-1753）
　全書（ノイマン 1687-1753）
　伝世（ノイマン，J.B. 1687.1-1753.7.18）
　百科（ノイマン 1687-1753）

Neumann, Johann(Janos) Ludwig von 〈20世紀〉
ハンガリー生まれのアメリカの数学者，経済思想家。経済成長モデル，ゲーム理論に大きく貢献。1944年量子力学の数学的基礎づけを行った。コンピューターの開発にも指導的役割を果たす。
⇒岩ケ（フォン・ノイマン，ジョン 1903-1957）
　岩哲（フォン・ノイマン 1903-1957）
　外国（ノイマン 1903-）
　科学（ノイマン 1903.12.28-1957.2.8）
　科技（ノイマン 1903.12.28-1957.2.8）

N

科史（ノイマン 1903–1957）
科人（フォン・ノイマン, ジョン（ヨハン）
　　1903.12.28–1957.2.8）
科大（フォン・ノイマン 1903–1957）
科大2（フォン・ノイマン 1903–1957）
経済（ノイマン 1903–1957）
現人（ノイマン 1903.12.28–1957.2.28）
広辞5（フォン・ノイマン 1903–1957）
広辞6（フォン-ノイマン 1903–1957）
国小（ノイマン 1903.12.28–1957.2.8）
コン3（ノイマン 1903–1957）
思想（フォン・ノイマン, ジョン 1903–1957）
人物（ノイマン 1903.12.28–1957）
数学（フォン・ノイマン 1903.12.28–1957.2.8）
数学増（フォン・ノイマン 1903.12.28–1957.2.
　　8）
西洋（ノイマン 1903.12.28–1957.2.8）
世科（フォン・ノイマン 1903–1957）
世西（ノイマン 1903.12.28–1957.2.8）
世百（ノイマン 1903–1957）
世百新（フォン・ノイマン 1903–1957）
全書（ノイマン 1903–1957）
大辞2（フォン・ノイマン 1903–1957）
大辞3（フォン ノイマン 1903–1957）
大百（ノイマン 1903–1957）
伝世（ニューマン, J.L. 1903.12.28–1957.2.8）
ナビ（ノイマン 1903–1957）
二十（フォン・ノイマン, J.L. 1903.12.28–
　　1957.2.8）
百科（フォン・ノイマン 1903–1957）
名著（ノイマン 1903–1957）

Neumann, Stanislav Kostka 〈19・20世紀〉

チェコの社会主義詩人, 出版事業家, 政治家。
抒情詩集『森と水と丘の書』(1914),『新しい
歌』(18),『赤い歌』(23) などが代表作。
⇒国小（ノイマン 1875.6.5–1947.6.28）
　集世（ノイマン, スタニスラフ・コストカ 1875.
　　6.5–1947.6.28）
　集文（ノイマン, スタニスラフ・コストカ 1875.
　　6.5–1947.6.28）
　西洋（ノイマン 1875.6.5–1947）
　世文（ノイマン, スタニスラフ・コストカ
　　1875–1947）
　全書（ノイマン 1875–1947）
　東欧（ノイマン 1875–1947）
　二十（ノイマン, スタニスラフ・コストカ 1875.
　　6.5–1947.6.28）
　百科（ノイマン 1875–1947）
　名詩（ノイマン, スタニスラフ 1875–1947）

Neumark, Nathan Mortimore 〈20世紀〉

アメリカの構造技術者。
⇒科学（ニューマーク 1910.9.22–）
　二十（ニューマーク, N.M. 1910.9.22–）

Neurath, Otto 〈19・20世紀〉

オーストリアの経済学者, 哲学者, 社会学者。

主著『古代経済史』(1909),『社会学の基礎』
(44) など。
⇒岩ケ（ノイラート, オットー 1882–1945）
　岩世（ノイラート 1882.12.10–1945.12.22）
　岩哲（ノイラート 1882–1945）
　広辞6（ノイラート 1882–1945）
　国小（ノイラート 1882.12.10–1945.12.22）
　コン3（ノイラート 1882–1945）
　思想（ノイラート, オットー 1882–1945）
　人物（ノイラート 1882.12.10–1945.12.22）
　西洋（ノイラート 1882.12.10–1945.12.22）
　世西（ノイラート 1882.12.10–1945.12.22）
　世百（ノイラート 1882–1945）
　世百新（ノイラート 1882–1945）
　全書（ノイラート 1882–1945）
　大辞3（ノイラート 1903–1957）
　大百（ノイラート 1882–1945）
　百科（ノイラート 1882–1945）
　名著（ノイラート 1882–1946）

Neurath, Wilhelm 〈19・20世紀〉

オーストリアの経済学者。関税論, カルテル,
経済学概論等多方面の著作がある。
⇒岩世（ノイラート 1840.5.31–1901.3.9）
　西洋（ノイラート 1840.6.1–1901.3.9）

Neusidler, Hans 〈16世紀〉

ハンガリー系のドイツのリュート奏者, 作曲家,
リュート製作者。リュート曲集を1536～49年に
8冊出版。
⇒音楽（ノイジードラー, ハンス 1508/9頃–1563.
　　2.2）
　音大（ノイジードラー, ハンス 1510以前–1563.
　　2.2）
　ラル（ノイジードラー, ハンス 1508/09頃–
　　1563）

Neutra, Richard Josef 〈20世紀〉

オーストリア出身のアメリカの建築家。1946年
パームスプリングの砂漠に傑作カウフマン邸を
建設。
⇒岩世（ノイトラ 1892.4.8–1970.4.16）
　オ西（ノイトラ, リチャード 1892–1970）
　外国（ノイトラ 1892–）
　国小（ノイトラ 1892.4.8–1970.4.16）
　コン3（ノイトラ 1892–1970）
　新美（ノイトラ, リチャード 1892.4.8–1970.4.
　　16）
　人物（ノイトラ 1892.4.8–）
　西洋（ノイトラ 1892.4.8–1970.4.16）
　世栄（ノイトラ, リチャード・ジョーゼフ
　　1892–1970）
　世百（ノイトラ 1892–）
　世百新（ノイトラ 1892–1970）
　全書（ノイトラ 1892–1970）
　大百（ノイトラ 1892–1970）
　二十（ノイトラ, リチャード 1892.4.8–1970.4.
　　16）
　百科（ノイトラ 1892–1970）

Nevile, John W. 〈20世紀〉
オーストラリアの経済学者。応用経済研究センター所長。
⇒二十（ネビル，ジョン・W．）

Newbery, John 〈18世紀〉
イギリスの児童図書出版業者。
⇒岩ケ（ニューベリー，ジョン　1713–1767）
キリ（ニューベリー，ジョン　1713–1767.12.22）
児童（ニューベリー，ジョン　1713–1767）
人物（ニューベリー　1713–1767）
世児（ニューベリ，ジョン　1713–1767）
全書（ニューベリー　1713–1767）

Newcomb, Simon 〈19・20世紀〉
アメリカの理論天文学者，経済学者。カナダ生まれ。経済学では，ストックとフローの概念を応用した社会的流通理論を提唱した。門下にH.L.ムーアがいる。
⇒岩ケ（ニューカム，サイモン　1835–1909）
岩世（ニューカム　1835.3.12–1909.7.11）
外国（ニューカム　1835–1909）
科学（ニューカム　1835.3.12–1909.7.11）
科技（ニューカム　1835.3.12–1909.7.11）
科史（ニューカム　1835–1909）
科人（ニューカム，サイモン　1835.3.12–1909.7.11）
経済（ニューカム　1835–1909）
国小（ニューカム　1835.3.12–1909.7.11）
国百（ニューカム，サイモン　1835.3.12–1909.7.11）
コン2（ニューカム　1835–1909）
コン3（ニューカム　1835–1909）
人物（ニューカム　1835.3.12–1909.7.11）
数学（ニューカム　1835–1909）
数学増（ニューカム　1835–1909）
西洋（ニューカム　1835.3.12–1909.7.11）
世科（ニューカム　1835–1909）
世西（ニューカム　1835.3.12–1909.7.11）
世百（ニューカム　1835–1909）
全書（ニューカム　1835–1909）
大辞（ニューカム　1835–1909）
大辞2（ニューカム　1835–1909）
大辞3（ニューカム　1835–1909）
大百（ニューカム　1835–1909）
天文（ニューカム　1835–1909）
ナビ（ニューカム　1835–1909）
二十（ニューカム，サイモン　1835.3.12–1909.7.11）
百科（ニューカム　1835–1909）

Newcomen, Thomas 〈17・18世紀〉
イギリスの技術者。1705年蒸気機関を発明。
⇒岩ケ（ニューカメン，トマス　1663–1729）
岩世（ニューコメン　1663.2–1729.8）
英米（Newcomen, Thomas　ニューコメン　1663–1729）
旺世（ニューコメン　1663–1729）
外国（ニューコメン　1663–1729）

科学（ニューコメン　1663.2–1729.8.5）
科技（ニューコメン　1663–1729.8.5）
科史（ニューコメン　1663–1729）
科人（ニューコメン，トーマス　1663–1729.8.5）
角世（ニューコメン　1663–1729）
キリ（ニューコメン，トマス　1663–1729）
広辞4（ニューコメン　1663–1729）
広辞6（ニューコメン　1663–1729）
国小（ニューコメン　1663.2.28–1729.8.5）
コン2（ニューコメン　1663–1729）
コン3（ニューコメン　1663–1729）
人物（ニューコメン　1663.2–1729.8）
西洋（ニューコメン　1663.2–1729.8）
世科（ニューコメン　1663–1729）
世人（ニューコメン　1663–1729）
世西（ニューコメン　1663.2–1729.8）
世百（ニューコメン　1663–1729）
全書（ニューコメン　1663–1729）
大辞（ニューコメン　1663–1729）
大辞3（ニューコメン　1663–1729）
大百（ニューコメン　1663–1729）
デス（ニューコメン　1663–1729）
伝世（ニューコメン　1663.2.24–1729.8.5）
百科（ニューコメン　1663–1729）
評世（ニューコメン　1663–1729）
山世（ニューコメン　1663–1729）
歴史（ニューコメン　1663–1729）

Newell, Allan 〈20世紀〉
アメリカのコンピューター科学者。
⇒科人（ニューエル，アラン　1927.5.19–）
数学（ニューエル　1927–）
数学増（ニューエル　1927–）

Newham, Annabel 〈20世紀〉
イギリスのガラス工芸家。
⇒世芸（ニューハム，アナベル　?–）

Newhouse, Samuel 〈20世紀〉
アメリカの著名な地方新聞企業グループの経営者。地方紙を次々に買収し，ニューハウス新聞グループを築いた。
⇒岩世（ニューハウス　1895.5.24–1979.8.29）
西洋（ニューハウス　1896–1979.8.29）

Newman, Paul 〈20世紀〉
アメリカ生まれの男優，映画監督，映画製作者。代表作『傷だらけの栄光』『ハスラー』『明日に向って撃て』『評決』。
⇒岩ケ（ニューマン，ポール（・レナード）　1925–）
外男（ニューマン，ポール　1925.1.26–）
監督（ニューマン，ポール　1925.1.26–）
現ア（Newman, Paul　ニューマン，ポール　1925–）
コン3（ニューマン　1925–）
最世（ニューマン，ポール　1925–）
世映（ニューマン，ポール　1925–）
世俳（ニューマン，ポール　1925.1.26–）

全書（ニューマン 1926-）
ナビ（ニューマン 1925-）
二十（ニューマン，ポール 1926.1.26-）
俳優（ニューマン，ポール 1926.1.26-）

Newman, Susan Kendall 〈20世紀〉
アメリカの女優，プロデューサー。
⇒外女（ニューマン，スーザン・ケンドール 1953.
　2.21-）
　世俳（ニューマン，スーザン・ケンダール 1953.
　2.21-）
　二十（ニューマン，スーザン・ケンドール 1953.
　2.21-）

Newman, Tom 〈20世紀〉
イギリス生まれのエンジニア，コンポーザー。
⇒ロ人（ニューマン，トム 1943-）

Newman, William H. 〈20世紀〉
アメリカの経営学者。主著『経営方針』(1940)，
『経営管理』(51) など。
⇒国小（ニューマン 1909.10.19-）

Newnes, *Sir* George 〈19・20世紀〉
イギリスの出版業者。
⇒岩ケ（ニューンズ，サー・ジョージ 1851-1910）

Newton, John 〈19世紀〉
アメリカの軍人，工学者。
⇒国小（ニュートン 1823-1895）

Ne-Yo 〈20世紀〉
アメリカ出身のR&Bシンガーソングライター，
プロデューサー。モータウン・レコードの
A&R部門のバイス・プレジデント。
⇒実ク（ニーヨ）

Niarchos, Stavros Spyros 〈20世紀〉
ギリシアの企業家，馬主，美術品収集家。
⇒岩世（ニアルコス 1909.7.3-1996.4.16）

Niccolini, Antonio 〈18・19世紀〉
イタリアの建築家，舞台美術家。
⇒建築（ニッコリーニ，アントニオ 1772-1850）
　世美（ニッコリーニ，アントーニオ 1772-1850）

Nicephorus I Logothus 〈9世紀〉
東ローマ皇帝（在位802～811）。財政を建直し，
宗教上の過激派を押えた。
⇒外国（ニケフォロス1世 ?-811）
　角世（ニケフォロス1世 760?-811）
　キリ（ニケーフォロス1世 （在位)802-811.7.
　26）
　皇帝（ニケフォルス1世ロゴテトス ?-811）

国小（ニケフォロス1世 ?-811）
コン2（ニケフォルス1世 ?-811）
コン3（ニケフォルス1世 ?-811）
西洋（ニケフォルス一世 ?-811）
全書（ニケフォルス一世 ?-811）
統治（ニケフォルス一世 （在位) 802-811）

Nicephorus II Phocas 〈10世紀〉
東ローマ皇帝（在位963～969）。財政政策で不
評を買い，暗殺された。
⇒外国（ニケフォロス2世 913-969）
　角世（ニケフォロス2世 912-969）
　キリ（ニケーフォロス2世（フォーカス） 912頃-
　969.12.10）
　皇帝（ニケフォロス2世 913-969）
　国小（ニケフォロス2世 913-969）
　コン2（ニケフォルス2世 912-969）
　コン3（ニケフォルス2世 912-969）
　西洋（ニケフォルス二世 913-969.12）
　全書（ニケフォルス二世 912-969）
　統治（ニケフォルス二世フォカス （在位) 963-
　969）
　百科（ニケフォロス2世 912-969）

Nicholas de Verdun 〈12・13世紀〉
ドイツの金工家。ケルン大聖堂の三王礼拝の聖
遺物箱などが代表作。
⇒キリ（ニコラ（ヴェルダンの） 1130/50-1205以
　降）
　芸術（ニコラウス，フェルドゥン）
　国小（ニコラ・ド・ベルダン 生没年不詳）
　新美（ニコラ・ド・ヴェルダン）
　西洋（ニコラウス（ヴェルダンの））
　世美（ニコラ・ド・ヴェルダン （活躍）12-13世
　紀）
　百科（ニコラ・ド・ベルダン 生没年不詳）

Nichols, John 〈18・19世紀〉
イギリスの文筆家，出版者。『文人逸話集』
(1812～15) の著者。
⇒岩世（ニコルズ 1745.2.2-1826.11.26）
　国小（ニコルズ 1745-1826）
　西洋（ニコルズ 1745.2.2-1826.11.26）

Nichols, Minerva Parker 〈19・20世紀〉
アメリカの建築家。
⇒世女日（ニコルズ，ミネルヴァ・パーカー
　1861-1949）

Nichols, Roger 〈20世紀〉
アメリカのレコーディング・エンジニア。
⇒ロ人（ニコルズ，ロジャー）

Nicholson, Joseph Shield 〈19・20世紀〉
イギリスの経済学者。主著 "Principles of
political economy" (3巻，1893～1901) は，歴史
学派的方法と数理的方法を取入れたもの。

⇒岩世（ニコルソン　1850.11.9-1927.5.12）
経済（ニコルソン　1850-1927）
コン2（ニコルソン　1850-1927）
コン3（ニコルソン　1850-1927）
人物（ニコルソン　1850.11.9-1927.5.12）
西洋（ニコルソン　1850.11.9-1927.5.12）
世西（ニコルソン　1850.11.9-1927.5.12）

Nicholson, William 〈18・19世紀〉
イギリスの科学者，著述家。初めて水の電気分解に成功。ニコルソンの浮き秤を発明。
⇒岩ケ（ニコルソン，ウィリアム　1753-1815）
科学（ニコルソン　1753-1815.5.21）
科技（ニコルソン　1753-1815.5.21）
科人（ニコルソン，ウィリアム　1753-1815.5.21）
全書（ニコルソン　1753-1815）
大百（ニコルソン　1753-1815）

Nicklisch, Heinrich 〈19・20世紀〉
ドイツの経営経済学の創始者。主著"Wirtschaftliche Betriebslehre"（1922）など。
⇒岩世（ニックリシュ　1876.7.19-1946.4.28）
外国（ニックリッシュ　1876-）
国小（ニックリッシュ　1876.7.19-1946.4.28）
西洋（ニックリシュ　1876-1946）
全書（ニックリッシュ　1876-1946）
二十（ニックリシュ，ハインリッヒ　1876-1946）
名著（ニックリッシュ　1876-1946）

Nicol, William 〈18・19世紀〉
イギリスの物理学者。1828年ニコルのプリズムを発明。
⇒岩ケ（ニコル，ウィリアム　1768-1851）
岩世（ニコル　1768-1851.9.2）
外国（ニコル　1768-1851）
科学（ニコル　1768-1851.9.2）
科技（ニコル　1768頃-1851.9.2）
科史（ニコル　1768-1851）
科人（ニコル，ウィリアム　1768-1852.9.2）
国小（ニコル　1768-1851）
コン2（ニコル　1768-1851）
コン3（ニコル　1768-1851）
人物（ニコル　1768-1851.9.2）
西洋（ニコル　1768-1851.9.2）
世科（ニコル　1768-1851）
世西（ニコル　1768-1851.9.2）
全書（ニコル　1768-1851）
大辞（ニコル　1768-1851）
大辞3（ニコル　1768-1851）
大百（ニコル　1768-1851）

Nicola da Guardiagrele 〈15世紀〉
イタリアの金銀細工師，彫刻家。
⇒世美（ニコーラ・ダ・グアルディアグレーレ　1400頃-1462）

Nicolai, Christoph Friedrich 〈18・19世紀〉
ドイツの出版業者，信徒神学者。ドイツ啓蒙期の通俗哲学者。
⇒岩世（ニコライ　1733.3.18-1811.1.11）
キリ（ニコライ，クリストフ・フリードリヒ　1733.3.18-1811.1.8）
国小（ニコライ　1733.3.18-1811.1.8）
コン2（ニコライ　1733-1811）
コン3（ニコライ　1733-1811）
集文（ニコライ，クリストフ・フリードリヒ　1733.3.18-1811.1.8）
西洋（ニコライ　1733.3.18-1811.1.8）
全書（ニコライ　1733-1811）
百科（ニコライ　1733-1811）

Nicolas de Chaumes 〈14世紀〉
フランスの建築家。
⇒建築（ニコラ・ド・ショーム　（活躍）14世紀）

Nicolaus 〈12・13世紀〉
1181-1205年の間に活動し，ロマネスク様式からゴシック様式への移行を完成したフランス（ロレーヌ）の金銀細工師，七宝細工師。
⇒岩世（ニコラウス（ヴェルダンの）　1130頃-1205頃）

Nidetch, Jean 〈20世紀〉
アメリカの企業家。
⇒岩ケ（ナイディッチ，ジーン　1923-）

Niebuhr, Carsten 〈18・19世紀〉
ドイツの旅行家，測量技師，数学者。エジプト，アラビア，シリアの科学的探検隊に参加（1760）。デンマークによるアラビア探検隊の唯一の生存者。
⇒岩世（ニーブール　1733.3.17-1815.4.26）
国小（ニーブール　1733.3.17-1815.4.26）
西洋（ニーブール　1733.3.17-1815.4.26）
探検1（ニーブール　1733-1815）

Nielsen, Arthur Charles 〈20世紀〉
アメリカのビジネスマン，マーケット・リサーチの専門家。
⇒岩ケ（ニールセン，A（アーサー）・C（チャールズ）　1897-1980）

Niemann, Johannes Erdewin 〈18・19世紀〉
オランダの東インド会社員，長崎商館長。1835年長崎オランダ出島商館長として来日。
⇒岩世（ニーマン　1796.2.21-1850.6.18）
国史（ニーマン　1796-1850）
西洋（ニーマン　1797-?）
全書（ニーマン　1796-?）
対外（ニーマン　1796-1850）
大百（ニーマン　1796-?）
日人（ニーマン　1796-1850）

来日（ニーマン 1796.2.21-1850）

Niemeyer, Oscar Saores Filho 〈20世紀〉

ブラジルの建築家。1950〜60年ブラジリアの主要な公共建築の大部分を設計。

⇒岩ケ（ニーマイアー, オスカル 1907-）
岩世（ニーマイアー 1907.12.15-2012.12.5）
オ西（ニーマイアー, オスカー 1907-）
外国（ニーマイヤー 1907-）
現人（ニーマイヤー 1907.12.15-）
国小（ニーマイヤー 1907.12.15-）
コン3（ニーマイヤー 1907-）
新美（ニーマイヤー, オスカー 1907.12.15-）
人物（ニーマイヤー 1907.12.15-）
西洋（ニーマイヤー 1907.12.15-）
世美（ニーマイヤー, オスカー 1907-）
世百新（ニーマイヤー 1907-）
全書（ニーマイヤー 1907-）
大辞2（ニーマイヤー 1907-）
大辞3（ニーマイヤー 1907-）
大百（ニーマイヤー 1907-）
伝ビ（ニーマイヤー 1907.12.15-）
ナビ（ニーマイヤー 1907-）
二十（ニーマイヤー, オスカー 1907.12.15-）
百科（ニーマイヤー 1907-）
ラテ（ニーマイヤー 1907-）

Niépce, Joseph-Nicéphore 〈18・19世紀〉

フランスの写真発明家。最初の写真版画を制作。

⇒岩ケ（ニエプス,（ジョゼフ・）ニセフォール 1765-1833）
岩世（ニエプス 1765.3.7-1833.7.5）
科学（ニエープス 1765.3.7-1833.7.5）
科人（ニエプス, ジョゼフ・ニセフォア 1765.3.7-1833.7.5）
芸術（ニエプス, ジョゼフ・ニセフォール 1765-1833）
広辞6（ニエプス 1765-1833）
国小（ニエプス 1765.3.7-1833.7.3）
コン2（ニエプス 1765-1833）
コン3（ニエプス 1765-1833）
西洋（ニエプス 1765.3.7-1833.7.5）
世西（ニエープス 1765.3.7-1833.7.3）
世百（ニエプス 1765-1833）
全書（ニエプス 1765-1833）
大辞（ニエプス 1765-1833）
大辞3（ニエプス 1765-1833）
大百（ニエプス 1765-1833）
デス（ニエプス 1765-1833）
百科（ニエプス 1765-1833）

Niépce de Saint-Victor, Claude Félix Abel 〈19世紀〉

フランスの写真工学者。アルブミンを使用してガラス板に写像を定着させる方法を発明。

⇒岩世（ニエプス・ド・サン=ヴィクトール 1805.7.26-1870.4.5）
西洋（ニエプス・ド・サン・ヴィクトル 1805.7.26-1870.4.5）

Nigetti, Matteo 〈16・17世紀〉

イタリアの建築家。

⇒世美（ニジェッティ, マッテーオ 1560-1649）

Nignon, Édouard 〈19・20世紀〉

フランスの料理人, レストラン経営者。

⇒岩世（ニニョン 1865-1934）

Nikitin, Afanasii 〈15世紀〉

ロシアの商人。インドの旅行記『三つの海のかなたへの旅』を著した。

⇒角世（ニキーチン ?-1472）
集文（ニキーチン, アファナーシー 15世紀）

Nikosthenes 〈前6世紀〉

ギリシアの陶工。

⇒新美（ニーコステネース）
世美（ニコステネス 前6世紀後半）

Nimatallah, Yousuf Abdullah Wahib 〈20世紀〉

オマーンの行政官, 経済学者。サウジアラビア人。1975年オマーン開発省の経済顧問として招かれる。現在, オマーン中央銀行副総裁。

⇒中東（ニマタッラー 1940-）

Nipkow, Paul Gottlieb 〈19・20世紀〉

ドイツ（ロシア生まれ）の発明家。テレビジョンの開拓者。最初の渦巻型円板式テレビジョンを作った（1883）。

⇒岩ケ（ニプコー, パウル 1860-1940）
岩世（ニプコー 1860.8.22-1940.8.24）
コン2（ニプコー 1860-1940）
コン3（ニプコー 1860-1940）
西洋（ニプコー 1860.8.22-1940.8.24）
世西（ニプコー 1860.8.22-1940.8.24）
世百（ニプコー 1860-1940）
全書（ニプコー 1860-1940）
大百（ニプコー 1860-1940）
二十（ニプコー, P.G. 1860-1940）

Nisenson, Samuel 〈20世紀〉

デザイナー, イラストレーター。

⇒児イ（Nisenson, Samuel）

Nitot, Marie-Étienne 〈18・19世紀〉

フランスの宝飾デザイナー, 宝石店ショーメの創始者。

⇒岩世（ニト 1750-1809）

Nitti, Francesco Saverio 〈19・20世紀〉
イタリアの経済学者，政治家。1919～20年に首相を務める。
⇒岩世（ニッティ 1868.7.19-1953.2.20）
国小（ニッティ 1868.7.19-1953.2.20）
コン2（ニッティ 1868-1953）
コン3（ニッティ 1868-1953）
人物（ニッティ 1868.7.19-1953.2.20）
西洋（ニッティ 1868.7.19-1953.2.20）
世西（ニッティ 1868.7.19-1953.2.20）
世百（ニッティ 1868-1953）
二十（ニッティ，フランチェスコ・S. 1868.7.19-1953.2.20）
百科（ニッティ 1868-1953）

Nix, Don 〈20世紀〉
アメリカのコンポーザー，ヴォーカリスト，プロデューサー。テネシー州生まれ。
⇒ロ人（ニックス，ドン 1941-）

Nizzoli, Marcello 〈19・20世紀〉
イタリアの建築家，インダストリアル・デザイナー，グラフィック・デザイナー。
⇒世美（ニッツォーリ，マルチェッロ 1887-1969）

Nobel, Alfred Bernhard 〈19世紀〉
スウェーデンの化学者，事業家。ノーベル賞の提供者。
⇒逸話（ノーベル 1833-1896）
岩ケ（ノーベル，アルフレッド・ベルンハルト 1833-1896）
岩世（ノーベル（ノベル） 1833.10.21-1896.12.10）
岩哲（ノーベル 1833-1896）
旺世（ノーベル 1833-1896）
外国（ノーベル 1833-1896）
科学（ノーベル 1833.10.21-1896.12.10）
科技（ノーベル 1833.10.21-1896.12.10）
科史（ノーベル 1833-1896）
科人（ノーベル，アルフレッド・ベルンハルト 1833.10.21-1896.12.10）
科大（ノーベル 1833-1896）
看護（ノーベル 1833-1896）
教育（ノーベル 1833-1896）
広辞4（ノーベル 1833-1896）
広辞6（ノーベル 1833-1896）
国小（ノーベル 1833.10.21-1896.12.10）
国百（ノーベル，アルフレッド・バールンハルド 1833.10.21-1896.12.10）
コン2（ノーベル 1833-1896）
コン3（ノーベル 1833-1896）
人物（ノーベル 1833.10.22-1896.12.10）
西洋（ノーベル 1833.10.21-1896.12.10）
世科（ノーベル 1833-1896）
世人（ノーベル 1833-1896）
世西（ノーベル 1833.10.21-1896.12.10）
世百（ノーベル 1833-1896）
全書（ノーベル 1833-1896）
大辞（ノーベル 1833-1896）

大辞3（ノーベル 1833-1896）
大百（ノーベル 1833-1896）
デス（ノーベル 1833-1896）
伝世（ノーベル 1833.10.21-1896.12.10）
ノベ（ノーベル，A. 1833.10.21-1896.12.10）
百科（ノーベル 1833-1896）
評世（ノーベル 1833-1896）
山世（ノーベル 1833-1896）
歴史（ノーベル 1833-1896）

Nobile, Pietro 〈18・19世紀〉
スイスの建築家。
⇒世美（ノービレ，ピエトロ 1774-1854）

Nobile, Umberto 〈19・20世紀〉
イタリアの軍人，航空技術者。北極探検家。
⇒岩ケ（ノビレ，ウンベルト 1885-1978）
岩世（ノービレ 1885.1.21-1978.7.29）
外国（ノビレ 1885-）
科学（ノビーレ 1885.1.12-1978.7.29）
広辞5（ノビレ 1885-1978）
広辞6（ノビレ 1885-1978）
人物（ノビレ 1885.1.21-）
西洋（ノビレ 1885.1.12-1978.7.29）
世西（ノビーレ 1885.1.21-）
世百（ノビレ 1885-）
世百新（ノビレ 1885-1978）
全書（ノビレ 1885-1978）
大百（ノビレ 1885-1978）
探検2（ノビレ 1885-1978）
伝世（ノビレ 1885.1.21-1978）
二十（ノビレ，U. 1885.1.12-1978.7.29）
百科（ノビレ 1885-1978）

Noble, Alfred 〈19・20世紀〉
アメリカの土木技術者。セント・メアリ運河の通船改良工事を担当（1870～82），ワシントン橋（86～87），メンフィス橋（88～92）など多くの橋梁の建設に携わった。
⇒西洋（ノーブル 1844.8.7-1914.4.19）

Nobody 〈20世紀〉
アメリカのヒップホップ系の音楽プロデューサー。
⇒ヒ人（ノーバディ）

Noehren, Robert 〈20世紀〉
アメリカのオルガン奏者，オルガン製作者，作曲家。
⇒演奏（ネーレン，ロバート 1910.12.16-）
現演（ノーレン，ロバート）

Noffsinger, James Philip 〈20世紀〉
アメリカの建築学者。神戸大学客員教授。
⇒二十（ノフシンガー，ジェイムズ・フィリップ 1925-）

noid

No I.D. 〈20世紀〉
アメリカのラッパー，プロデューサー。
⇒ヒ人（ノー・アイ・ディー）

Noke, Charles John 〈19・20世紀〉
イギリスの製陶業者，模型制作者，デザイナー。
⇒岩ケ（ノーク，チャールズ・ジョン 1858-1941）

Nollet, Jean Antoine, Abbé 〈18世紀〉
フランスの物理学者。滲透圧を発見（1748），
電位計を発明（47）。
⇒岩（ノレ，ジャン・アントワーヌ 1700-1770）
岩世（ノレ 1700.11.19-1770.4.12）
科学（ノレ 1700.11.19-1770.4.24）
科史（ノレ 1700-1770）
科人（フォーレ，アベ・ジャン・アントワーヌ
1700.11.18-1770.4.24）
看護（ノレ 1700-1770）
西洋（ノレ 1700.11.19-1770.4.12）
大百（ノレー 1700-1770）

Norden, Carl Lucas 〈19・20世紀〉
アメリカの機械工学士。
⇒岩ケ（ノーデン，カール（・ルーカス） 1880-
1965）

Nordhoff, Heinrich 〈20世紀〉
ドイツ連邦共和国の産業家。フォルクス・ワー
ゲン（VW）社工場を再建し，1967年会長に
就任。
⇒現人（ノルトホッフ 1899.1.6-1968.4.12）
西洋（ノルトホフ 1899.1.6-1968.4.12）
二十（ノルトホフ，ハインリッヒ ?-1968）

Nordsieck, Fritz 〈20世紀〉
ドイツの経営学者。主著『組織論原理』。
⇒名著（ノルトジーク 1906-）

Norell, Norman 〈20世紀〉
アメリカのファッションデザイナー。
⇒ユ人（ノレル，ノーマン 1900-1972）

Norman, Leslie 〈20世紀〉
イギリスの映画監督，プロデューサー。
⇒監督（ノーマン，レスリー 1911-）

Norman, Montagu Collet 〈19・20世
紀〉
イギリスの銀行家。1944年ノーマン男爵。
⇒岩世（ノースクリフ 1871.9.6-1950.2.4）
外国（ノーマン 1871-1950）
国小（ノーマン 1871.9.6-1950.2.4）
コン2（ノーマン 1871-1950）
コン3（ノーマン 1871-1950）
西洋（ノーマン 1871.9.6-1950.2.4）

世百（ノーマン 1871-1950）
二十（ノーマン，M.C. 1871.9.6-1950.2.4）

Norman, Robert 〈16世紀〉
イギリスの航海器具製作者。著書『新引力』
（1581）。
⇒科史（ノーマン）
科人（ノーマン，ロバート 1560?-?）

Norman, Robert Wentworth 〈20世
紀〉
オーストラリアの財界人。ニュー・サウス・
ウェールズ（NSW）銀行頭取，日豪経済合同委
員会の副会長などを務めた。
⇒現人（ノーマン 1912.4.10-）

Normand, Charles-Pierre-Joseph
〈18・19世紀〉
フランスの建築家。
⇒世美（ノルマン，シャルル＝ピエール＝ジョゼフ
1765-1840）

Norrington, Sir Arthur Lionel Pugh
〈19・20世紀〉
イギリスの出版者，大学長。
⇒岩世（ノリントン 1899.10.27-1982.5.21）

North, Douglass Cecil 〈20世紀〉
アメリカの経済学者。1993年ノーベル経済
学賞。
⇒岩世（ノース 1920.11.5-）
経済（ノース 1920-）
最世（ノース，D.C. 1920-）
ノベ（ノース，D.C. 1920.11.5-）
ノベ3（ノース，D.C. 1920.11.5-）

North, John Dudley 〈20世紀〉
イギリスの応用数学者，航空技師，設計者。
⇒岩ケ（ノース，ジョン・ダドリー 1893-1968）

**Northcliffe, Alfred Charles William
Harmsworth, Viscount** 〈19・20世紀〉
イギリスの新聞経営者。マス・ジャーナリズム
の草分けの一人。アイルランド生まれ。大衆的
商業紙「デーリー―メール」「デーリー―ミラー」
および「タイムズ」を創刊し，大量生産，大量
販売に成功。1905年男爵。
⇒岩ケ（ハームズワース，アルフレッド（・チャール
ズ・ウィリアム），初代ノースクリフ子爵
1865-1922）
岩世（ノースクリフ 1865.7.15-1922.8.14）
英児（Harmsworth, Alfred ハームズワス，アル
フレッド 1865-1922）
英米（Northcliffe, Alfred Charles William
Harmsworth, Viscount ノースクリフ子
1865-1922）

外国（ノースクリフ卿　1865–1922）
広辞4（ノースクリフ　1865–1922）
広辞5（ノースクリフ　1865–1922）
広辞6（ノースクリフ　1865–1922）
国小（ノースクリフ　1865.7.15–1922.8.14）
国百（ノースクリフ　1865.7.15–1922.8.14）
コン2（ノースクリフ　1865–1922）
コン3（ノースクリフ　1865–1922）
人物（ノースクリフ　1865.7.15–1922.8.14）
西洋（ノースクリフ　1865.7.15–1922.8.14）
世児（ハームズワス, アルフレッド（・チャール
　ズ・ウィリアム）,（ノースクリフ子爵）　1865–
　1922）
世西（ノースクリフ　1865.7.15–1922.8.4）
世百（ノースクリフ　1865–1922）
全書（ノースクリフ　1865–1922）
大辞（ノースクリフ　1865–1922）
大辞2（ノースクリフ　1865–1922）
大辞3（ノースクリフ　1865–1922）
デス（ノースクリフ　1865–1922）
ナビ（ノースクリフ　1865–1922）
二十英（Northcliffe, Lord　1865–1922）
百科（ノースクリッフ　1865–1922）
山世（ノースクリフ　1865–1922）

Northcote, *Sir* Stafford Henry, 1st Earl of Iddesleigh ⟨19世紀⟩

イギリスの保守党政治家。商務院総裁, インド
事務相, 蔵相, 外相を歴任。
⇒岩世（ノースコート　1818.10.27–1887.1.12）
　西洋（ノースコート　1818.10.27–1887.1.12）
　世西（イッデスリー　1818.10.27–1887.1.12）

Northrop, John Kundsen ⟨20世紀⟩

アメリカの航空機設計技師, 製造業者。
⇒岩ケ（ノースロップ, ジョン・K（ヌードセン）
　1895–1981）

Norwood, Richard ⟨16・17世紀⟩

イギリスの数学者, 航海者。大圏航路表を作成
し, 大圏航海算法を創始。
⇒天文（ノーウッド　1590–1665）

Nott, Eliphalet ⟨18・19世紀⟩

アメリカの長老派牧師, 教育家, 発明家。ユニ
オン・カレッジ学長（1804～66）。主著
"Councels to Young Men"（1845）。
⇒教育（ノット　1773–1866）
　キリ（ノット, エリファレット　1773.6.25–1866.
　1.29）

Nott, *Sir* John William Frederick ⟨20世紀⟩

イギリスの政治家, 銀行家。
⇒岩ケ（ノット, サー・ジョン（・ウィリアム・フレ
　デリック）　1932–）

Nottolini, Lorenzo ⟨18・19世紀⟩

イタリアの建築家。
⇒世美（ノットリーニ, ロレンツォ　1787–1851）

Nourse, Edwin Griswold ⟨19・20世紀⟩

アメリカの経済学者。ブルッキングズ研究所研
究員（1929～42）, 大統領経済顧問となる（46～
49）。
⇒岩世（ノース（ナース）　1883.5.20–1974.4.7）
　西洋（ナース　1883.5.20–1974.3.7）

Nouvel, Jean ⟨20世紀⟩

フランスの建築家。
⇒岩世（ヌーヴェル　1945.8.12–）
　二十（ヌーヴェル, ジャン　1945–）

Novello, Joseph Alfred ⟨19世紀⟩

イギリスの出版者。
⇒音大（ノヴェロ, アルフレッド　1810.8.12–1896.
　7.16）

Novello, Vincent ⟨18・19世紀⟩

イギリスの音楽家。ロンドンに音楽書の出版
社, ロンドン・フィルハーモニー協会を設立。
⇒岩ケ（ノヴェロ, ヴィンセント　1781–1861）
　岩世（ノヴェロ　1781.9.6–1861.8.9）
　音大（ノヴェロ, ヴィンセント　1781.9.6–1861.
　8.9）
　キリ（ノヴェッロウ, ヴィンセント　1781.9.6–
　1861.8.9）
　西洋（ノヴェロ　1781.9.6–1861.8.9）
　ラル（ノヴェッロ, ヴィンセント　1781–1861）

Novikov, Ignaty Trofimovich ⟨20世紀⟩

ソ連邦の政治家。1962年以降副首相兼国家建設
委員長。
⇒国小（ノビコフ　1906–）
　二十（ノビコフ, イグナチイ　1907（06）.1.2–）

Novikov, Nikolai Ivanovich ⟨18・19世紀⟩

ロシアの啓蒙思想家, 作家, 評論家, 出版者。
哲学, 経済学, 教育学に関する著作がある。
⇒岩世（ノヴィコーフ　1744.4.27–1818.7.31）
　外国（ノヴィコフ　1744–1818）
　角世（ノヴィコフ　1744–1818）
　広辞4（ノヴィコフ　1744–1818）
　広辞6（ノヴィコフ　1744–1818）
　国小（ノビコフ　1744.5.8–1818.7.30）
　コン2（ノヴィコーフ　1744–1818）
　コン3（ノヴィコフ　1744–1818）
　集世（ノヴィコフ, ニコライ・イワノヴィチ
　1744.4.27–1818.7.31）
　集文（ノヴィコフ, ニコライ・イワノヴィチ
　1744.4.27–1818.7.31）

人物　（ノビコフ　1744.5.8–1818.8.12）
西洋　（ノーヴィコフ　1744.5.8–1818.8.12）
世西　（ノヴィコフ　1744.5.8–1818.8.12）
世百　（ノーヴィコフ　1744–1818）
全書　（ノビコフ　1744–1818）
大辞　（ノビコフ　1744–1818）
大辞3　（ノビコフ　1744–1818）
伝世　（ノーヴィコフ　1744.4.27–1818.7.31露）
百科　（ノービコフ　1744–1818）
ロシ　（ノヴィコフ　1744–1818）

Novozhilov, Viktor Valentinovich
〈20世紀〉
ソ連邦の数理経済学者。主著は『最適計画化における支出と成果測定の諸問題』。1965年レーニン賞を受賞。
⇒現人　（ノボジーロフ　1892.10.27–）
全書　（ノボジーロフ　1892–1970）
二十　（ノボジーロフ, ヴィクトル　1892–1970）

Noyce, Robert Norton 〈20世紀〉
アメリカの電子技術者。1957年最初の実用的集積回路の開発に成功。68年インテル会社を創立。
⇒岩世　（ノイス　1927.12.12–1990.6.3）
科人　（ノイス, ロバート・ノートン　1927.12.12–）
西洋　（ノイス　1927.12.12–）
二十　（ノイス, ロバート・ノートン　1927.12.12–1990.6.3）

Noyes, Eliot 〈20世紀〉
アメリカの工業デザイナー, 建築家。
⇒岩ケ　（ノイズ, エリオット　1910–1977）
最世　（ノイズ, エリオット　1910–1977）

Nozick, Robert 〈20世紀〉
アメリカの哲学者, 経済思想家。国家の役割を論じ, 所得再配分を行う「拡張国家」を許容できないとした。
⇒イ哲　（ノージック, R.　1938–2002）
岩世　（ノージック　1938.11.16–2002.1.23）
岩哲　（ノージック）
才世　（ノージック, ロバート　1938–）
経済　（ノージック　1938–）
広辞6　（ノージック　1938–2002）

Nubar Pasha 〈19世紀〉
エジプトの政治家。カイロ, スエズ間鉄道の敷設, スエズ運河開掘に尽力。
⇒コン2　（ヌーバール・パシャ　1825–1899）
コン3　（ヌーバール・パシャ　1825–1899）
西洋　（ヌバル・パシャ　1825–1899.1.14）
世西　（ヌバル・パシャ　1825–1899）

Nuffield, William Richard Morris,

1st Viscount of 〈19・20世紀〉
イギリスの自動車工業家。
⇒岩ケ　（ナフィールド, ウィリアム・リチャード・モリス, 初代子爵　1877–1963）
英米　（Nuffield, William Richard Morris, 1st Viscount　ナフィールド子　1877–1963）
外国　（ナフィールド　1877–）

Nunes, Pedro 〈15・16世紀〉
ポルトガルの数学者。航海術, 天文学に長じ, また副尺の発明者。
⇒科史　（ヌネシュ　1502–1578）
西洋　（ヌネシュ　1502–1578.8.11）
天文　（ヌネシュ　1492–1578）

Nuñez Yanowsky, Manolo 〈20世紀〉
サマルカンド（ソ連）生まれの建築家。
⇒二十　（ニュネズ・ヤノヴスキイ, マノロ　1942–）

Nurkse, Ragnar 〈20世紀〉
アメリカの経済学者。主著に『国際資本移動論』(1935), 『国際通貨』(44) など。
⇒岩世　（ヌルクセ　1907.10.5–1959.5.6）
経済　（ヌルクセ　1907–1959）
現人　（ヌルクセ　1907.10.5–1959.5.6）
国小　（ヌルクセ　1907.10.5–1959.5.6）
コン3　（ヌルクセ　1907–1959）
西洋　（ヌルクセ　1907–1959）
世百　（ヌルクセ　1907–1959）
全書　（ヌルクセ　1907–1959）
大百　（ヌルクセ　1907–1959）
二十　（ヌルクセ, R.　1907.10.5–1959.5.6）
名著　（ヌルクセ　1907–1959）

Nurmesniemi, Vuokko Eskolin- 〈20世紀〉
フィンランドの陶磁器およびテキスタイル・デザイナー。
⇒岩世　（ヌルメスニエミ　1930.2.12–）

Nuyts, Pieter 〈16・17世紀頃〉
オランダ東インド会社の台湾長官（在位1627～29）。
⇒岩世　（ノイツ　1598–1655）
国史　（ヌイツ　1598–1655）
国小　（ノイツ　生没年不詳）
人物　（ノイツ　生没年不詳）
西洋　（ヌイツ　17世紀頃）
全書　（ヌイツ　生没年不詳）
対外　（ヌイツ　1598–1655）
日人　（ヌイツ　1598–1655）
百科　（ヌイツ　1598–1655）
評世　（ノイツ）

Nye, Steve 〈20世紀〉
イギリスのプロデューサー。

⇒口人（ナイ，スティーヴ）

Nygaard, Kristen 〈20世紀〉
ノルウェーのコンピューター科学者。
⇒岩世（ニューゴー 1926.8.27–2002.8.10）

Nyquist, Harry 〈19・20世紀〉
スウェーデン出身の工学者。
⇒岩世（ナイキスト 1889.2.7–1976.4.4）
  数学（ナイクィスト 1889–1976）
  数学増（ナイクィスト 1889–1976）
  世百新（ナイキスト 1889–1976）
  二十（ナイキスト，ハリー 1889.2.7–1976.4.4）
  百科（ナイキスト 1889–1976）

Nyrop, Martin 〈19・20世紀〉
デンマークの建築家。主作品，コペンハーゲンの新議事堂（1892〜1903）。
⇒岩世（ニューロプ 1849.11.11–1921.5.15）
  西洋（ニューロプ 1849.11.11–1921.5.15）

Nystrom, Paul Henry 〈19・20世紀〉
アメリカの経済学者。マーケティングの権威。
⇒名著（ニストロム 1878–）

【O】

Oatley, *Sir* Charles 〈20世紀〉
イギリスの電子工学学者，発明家。
⇒岩ケ（オートリー，サー・チャールズ 1904–）

Obraztsov, Vladimir Nikolaevich 〈19・20世紀〉
ソ連邦の土木技術者。
⇒コン2（オブラズツォーフ 1874–1949）
  コン3（オブラズツォフ 1874–1949）

O'Brien, Brendan 〈20世紀〉
プロデューサー，エンジニア。
⇒口人（オブライエン，ブレンダン）

O'Brien, John 〈20世紀〉
イギリスのダンサー，教師，書店経営者。
⇒バレ（オブライエン・ジョン 1933.8.29–）

O'Brien, Patrick Karl 〈20世紀〉
イギリスの経済史家。
⇒岩世（オブライエン 1932.8.12–）

Ocagne, Maurice d' 〈19・20世紀〉
フランスの数学者，技術者。パリの理工科大学教師（1893），同教授。
⇒岩世（オカーニュ 1862.3.26–1938.9.23）
  西洋（オカニュ 1862–1938）
  名著（ドカーニュ 1862–1938）

Oddi, Muzio 〈16・17世紀〉
イタリアの建築家，数学者。
⇒世美（オッディ，ムーツィオ 1569–1639）

Odeh, Hanna 〈20世紀〉
ヨルダンの行政家。ヨルダンの経済的自立をめざす「開発3カ年計画」および「経済社会開発5カ年計画」の実質的責任者。
⇒中東（オーデ 1932–）

Odiot, Jean-Baptiste-Claude 〈18・19世紀〉
フランスの金工家。
⇒世美（オディオ，ジャン＝バティスト＝クロード 1763–1850）

Odner, Vitgolid Teofilovich 〈19・20世紀〉
ロシアの技師。
⇒数学（オードネル 1845–1905.9.15）
  数学増（オードネル 1845–1905.9.15）

O'Donnell, Cyril 〈20世紀〉
アメリカの大学教授，経営コンサルタント。主著『経営管理の原則』。
⇒国小（オドンネル 1900.12.9–）

Odría, Manuel 〈20世紀〉
ペルーの軍人，政治家。1948年クーデターによりブスタマンテ政権を倒し大統領に就任（〜56）。アプラ党を徹底的に弾圧し，他方，外資の積極的導入により鉱業発展をはかった。
⇒コン3（オドリア 1897–1974）

Oeben, Jean François 〈18世紀〉
フランスの家具作家。ロココの家具構造と寄木細工技法の大成者。
⇒新美（エバン，ジャン・フランソア 1720頃–1763）
  世美（エバン，ジャン＝フランソワ 1710頃–1763）
  全書（エーバン 1720頃–1763）
  大百（エーバン 1715?–1763）
  百科（エバン 1721頃–1763）

Oehler, Dale Dixon 〈20世紀〉
アメリカのジャズ・作曲家，ピアニスト，プロデューサー。

⇒ジヤ（オーラー，デイル・ディクスン　1941.10.
　　1-）

Oehmichen, Étienne 〈19・20世紀〉
フランスの発明家。
⇒科学（エーミシェン　1884-1955）
　二十（エーミシェン，É.　1884-1955）

Ogden, Peter Skene 〈18・19世紀〉
イギリスの猟師・毛皮貿易商，探検家。5度に
わたりアメリカ西部を広範囲に探検した。
⇒国小（オグデン　1794-1854）
　探検2（オグデン　1790-1854）
　伝世（オグデン　1794-1854.9.27）

Ogilby, John 〈17世紀〉
イギリスの地誌作者，印刷業者，地図製作者。
⇒岩ケ（オーグルビー，ジョン　1600-1676）

Ogilvie Thompson, Julian 〈20世紀〉
南アフリカのビジネスマン。
⇒岩ケ（オーグルヴィー・トンプソン，ジュリアン
　　1934-）

Ogilvy, David 〈20世紀〉
アメリカの広告代理店経営者（イギリス生ま
れ）。
⇒現ア（Ogilvy, David　オギルヴィ，デイヴィッ
　　ド　1911-1999）

Oglethorpe, James Edward 〈17・18世
紀〉
イギリスの軍人，都市計画家，博愛事業家。
ジョージア植民地を建設（1733）。
⇒岩ケ（オーグルソープ，ジェイムズ・エドワード
　　1696-1785）
　岩世（オグルソープ　1696.12.22-1785.7.1）
　英米（Oglethorpe, James Edward　オーグル
　　ソープ　1696-1785）
　外国（オーグルソープ　1696-1785）
　国小（オグルソープ　1696-1785）
　コン2（オーグルソープ　1696-1785）
　コン3（オーグルソープ　1696-1785）
　西洋（オーグルソープ　1696.12.21-1785.7.1）
　世百（オグルソープ　1696-1785）
　百科（オグルソープ　1696-1785）

O'Gorman, Juan 〈20世紀〉
メキシコの画家，建築家，版画家。
⇒岩ケ（オゴルマン，フアン　1905-1982）
　才西（オゴルマン，フアン　1905-1982）
　世百新（オゴルマン　1905-1982）
　二十（オゴルマン，J.　1905-1982）
　百科（オゴルマン　1905-1982）

Ogunde, Hubert 〈20世紀〉
ナイジェリアのヨルバ語の劇作家，劇団経営者。
⇒集世（オグンデ，ヒュバート（ヒュベルト）
　　1916-1990）
　集文（オグンデ，ヒュバート（ヒュベルト）
　　1916-1990）

O'Higgins, Ambrosio 〈18・19世紀〉
スペインの商人，政治家，軍人。チリ総督を経
てペルー副王（1796～1800）。
⇒国小（オイギンス　1720頃-1801.3.18）

Ohlin, Bertil Gotthard 〈20世紀〉
スウェーデンの経済学者，政治家。J.M.ケーン
ズと「トランスファー」問題で論争。
⇒岩ケ（オリーン，ベルティル（・ゴットハルド）
　　1899-1979）
　岩世（オリーン　1899.4.23-1979.8.3）
　経済（オリーン　1899-1979）
　コン3（オリーン　1899-1979）
　最世（オーリン，B.G.　1899-1979）
　人物（オーリン　1899.4.23-）
　西洋（オリーン　1899.4.23-1979.8.3）
　世西（オリーン　1899.4.23-1979.7.30）
　世百（オリーン　1899-）
　世百新（オリーン　1899-1979）
　全書（オリーン　1899-1979）
　大百（オリーン　1899-1979）
　二十（オリーン，B.G.　1899-1979）
　ノベ（オリーン，B.G.　1899.4.23-1979.8.3）
　百科（オリーン　1899-1979）
　ノベ3（オリーン，B.G.　1899.4.23-1979.8.3）
　名著（オリーン　1899-）

Ojjeh, Akram 〈20世紀〉
サウジアラビアの実業家。1977年仏豪華客船フ
ランス号を買収し注目された。
⇒中東（オジェ　1922頃-）

O'Keefe, David Dean 〈19・20世紀〉
アメリカ出身のヤップの事業家。
⇒オセ（オキーフ　1825-1901）
　歴史（オキーフ　1825-1901）

Okun, Arthur 〈20世紀〉
アメリカの経済学者。大統領経済諮問委員。
⇒経済（オーカン　1928-1980）
　二十（オーカン，アーサー　1928-1981）

Okwei, Omu 〈19・20世紀〉
ナイジェリアの大商人，社会活動家。
⇒世女（オクウェイ，オムー　1872-1943）
　世女日（オクウェイ，オム　1872-1943）

Olbrich, Joseph Maria 〈19・20世紀〉
オーストリアの建築家，デザイナー。

経済・産業篇

⇒岩世（オルブリヒ　1867.11.22–1908.8.8)
才西（オルブリヒ, ヨーゼフ・マリーア　1867–1908)
国小（オルブリッヒ　1867.11.22–1908.8.8)
コン2（オルブリヒ　1867–1908)
コン3（オルブリヒ　1867–1908)
新美（オルブリヒ, ヨーゼフ・マリーア　1867.12.22–1908.8.8)
西洋（オルブリヒ　1867.11.22–1908.8.8)
世西（オルブリヒ　1867–1908)
世美（オルブリヒ, ヨーゼフ・マリーア　1867–1908)
世百（オルブリヒ　1867–1908)
全書（オルブリッヒ　1867–1908)
大百（オルブリヒ　1867–1908)
二十（オルブリヒ, ヨーゼフ・マーリア　1867.12.22–1908.8.8)
百科（オルブリヒ　1867–1908)

Oldenbourg, Rudolf 〈19・20世紀〉
ドイツの出版業者。オルデンブルク出版社をミュンヘンに創立した(1858)。
⇒西洋（オルデンブルク　1811.12.15–1903.10.10)

Oldfield, Bruce 〈20世紀〉
イギリスのファッション・デザイナー。
⇒岩ケ（オールドフィールド, ブルース　1950–)

Oldham, Andrew Loog 〈20世紀〉
イギリスのプロデューサー。
⇒口人（オールダム, アンドリュー・(ルーグ)　1944–)

Oldham, John 〈17世紀〉
アメリカ植民地時代のイギリス人交易業者。
⇒岩世（オールダム　1600頃–1636)
国小（オールダム　1600頃–1636)
西洋（オールダム　1600頃–1636)

Oleg 〈9・10世紀〉
最初のキエフ公(在位879～912)。ビザンチン帝国に遠征し, 911年通商条約を締結。
⇒岩世（オレーグ　?–912)
外国（オレーク　?–912)
角世（オレーグ　?–912)
皇帝（オレーク　?–912/922)
国小（オレーグ　?–912)
西洋（オレーグ　?–912)
世百（オレーグ　?–911?)
全書（オレーグ　?–912/922)
大百（オレーグ　?–912)
統治（オレーク　(在位) 893–924)
百科（オレーグ　?–912)
評世（オレーグ　?–912)
山世（オレーグ　?–912)
ロシ（オレーグ　?–912)

Oliveira Martins, Joaquim Pedro

de 〈19世紀〉
ポルトガルの歴史家, 出版事業家, 政治家。
⇒岩世（オリヴェイラ・マルティンス　1845.4.30–1894.8.24)
キリ（オリベイラ・マルティンス, ジョアン・ペドロ・デ　1845.4.30–1894.8.24)
国小（マルチンス　1845.4.30–1894.8.24)
西洋（オリヴェイラ・マルティンス　1845–1894)

Oliver, James 〈19・20世紀〉
アメリカの発明家, 製造業者。農業用鋤の改良を手がけ, オリヴァー冷剛鋳物鋤を完成。
⇒伝世（オリヴァー　1823.8.28–1908.3.2)

Oliver, Raymond 〈20世紀〉
フランスの料理人, レストラン経営者。
⇒岩世（オリヴェ　1909.3.27–1990.11.5)

Olivetti, Adriano 〈20世紀〉
イタリアの製造業者。
⇒岩ケ（オリヴェッティ, アドリアーノ　1901–1960)

Olivier, Sir Laurence Kerr 〈20世紀〉
イギリスの代表的俳優, 演出家, 劇場支配人。多彩な演出, 正確な演技で英国国立劇場のチーフ・ディレクターとして活躍。映画の代表作『ハムレット』『リチャード3世』。
⇒岩ケ（オリヴィエ(ブライトンの), ローレンス・(カー・)オリヴィエ, 男爵　1907–1989)
岩世（オリヴィエ　1907.5.22–1989.7.11)
演劇（オリヴィエ, サー・ロレンス, のちにロード　1907–1989)
外国（オリヴィエ　1907–)
外男（オリヴィエ, ローレンス　1907.5.22–1989.7.11)
監督（オリヴィエ, ローレンス　1907.5.22–)
現人（オリビエ　1907.5.22–)
広辞5（オリヴィエ　1907–1989)
広辞6（オリヴィエ　1907–1989)
国小（オリビエ　1907.5.22–)
コン3（オリヴィエ　1907–1989)
集英（オリヴィエ, ローレンス　1907.5.22–1989.7.11)
集文（オリヴィエ, ローレンス　1907.5.22–1989.7.11)
人物（オリビエ　1907.5.22–)
西洋（オリヴィエ　1907.5.22–)
世映（オリヴィエ, ローレンス　1907–1989)
世西（オリヴィエ　1907.5.22–)
世俳（オリヴィエ, ローレンス　1907.5.22–1989.7.11)
世百（オリヴィエ　1907–)
世百新（オリビエ　1907–1989)
全書（オリヴィエ　1907–)
大辞2（オリビエ　1907–1989)
大辞3（オリビエ　1907–1989)
大百（オリビエ　1907–)
伝世（オリヴィエ　1907–)

ナビ（オリビエ　1907–1989）
二十（オリビエ, ローレンス・カー　1907.5.22–
1989.7.11）
二十英（Olivier, Laurence Kerr, Baron　1907–
1989）
俳優（オリヴィエ, ローレンス　1907.5.22–）
百科（オリビエ　1907–）

Olmsted, Frederick Law 〈19・20世紀〉
アメリカの農業実際家, 庭園建築家。ニュー
ヨーク市のセントラル・パーク（1857）を設計
した。
⇒**アメ**（オルムステッド　1822–1903）
岩ケ（オルムステッド, フレデリック（・ロー）
1822–1903）
岩世（オルムステッド　1822.4.26–1903.8.28）
英米（Olmsted, Frederick Law　オルムステッド
1822–1903）
コン3（オルムステッド　1822–1903）
新美（オルムステッド, フレデリック・ロー
1822.4.26–1903.8.28）
西洋（オルムステッド　1822.4.27–1903.8.28）
大辞2（オルムステッド　1822–1903）
大辞3（オルムステッド　1822–1903）
大百（オルムステッド　1822–1903）
伝世（オルムステッド　1822.4.26–1903.8.28）
ナビ（オルムステッド　1822–1903）
百科（オルムステッド　1822–1903）
名著（オームステッド　1822–1903）

Olsen, Kenneth Harry 〈20世紀〉
アメリカのコンピューター科学者, 企業家。
⇒**岩ケ**（オルセン, ケン　1926–）
科人（オルセン, ケネス・ハリー　1926.2.20–）

Olson, Harry F. 〈20世紀〉
アメリカの音響学者。各種の電気音響機器に対
する広範な研究で, 現代音響工学の発展に著し
く貢献した。
⇒**岩ケ**（オルソン, ハリー（・ファーディナンド）
1901–1982）
名著（オルソン　1903–）

Olyphant, Davin Washington Cincinnatus 〈18・19世紀〉
アメリカの商人。ニューヨークで中国貿易会社
に入り, のちタルボット・オリファント商会を
組織。
⇒**岩世**（オリファント　1789.3.7–1851.6.10）
コン2（オリファント　1789–1851）
コン3（オリファント　1789–1851）
西洋（オリファント　1789.3.7–1851.6.10）

Omid 〈20世紀〉
アメリカのヒップホップ系の音楽プロ
デューサー。
⇒**ヒ人**（オミッド）

Onahan, William James 〈19・20世紀〉
アメリカの実業家, 著述家。
⇒**キリ**（オナハン, ウィリアム・ジェイムズ　1836.
11.24–1919.1.12）

Onasis, Christina 〈20世紀〉
ギリシアの富豪。
⇒**世女日**（オナシス, クリスティナ　1950–1988）

Onassis, Aristotle Socrates 〈20世紀〉
ギリシアの船舶王。ケネディ米大統領の未亡人
ジャクリーンと再婚して, 話題となった。
⇒**岩世**（オナシス　1906–1975.3.15）
現人（オナシス　1906.1.15–1975.3.15）
西洋（オナシス　1907.1.15–1975.3.15）
世西（オナシス　1907.1.15–1975.3.15）
世百（オナシス　1906–）
世百新（オナシス　1906–1975）
全書（オナシス　1906–1975）
二十（オナシス, アリストテレス・ソクラテス
1906.1.15–1975.3.15）
百科（オナシス　1906–1975）

Oncken, August 〈19・20世紀〉
ドイツの経済学者。古典派経済思想を代表
した。
⇒**岩世**（オンケン　1844.4.10–1911.7.10）
西洋（オンケン　1844.4.10–1911.7.10）
世西（オンケン　1884.4.10–1911.7.10）
世百（オンケン　1844–1911）
全書（オンケン　1844–1911）
二十（オンケン, A.　1844–1911）

O'Neill, Paul 〈20世紀〉
アメリカの財務長官。
⇒**最世**（オニール, ポール　1935–）

Opdyke, George 〈19世紀〉
アメリカの経済学者。小学校教師, 乾物商, 銀
行業者などを経てニューヨーク市長となった。
⇒**岩世**（オプダイク　1805–1880.6.12）
西洋（オプダイク　1805–1880）

Opel, Fritz von 〈20世紀〉
ドイツの自動車製造業者。
⇒**岩ケ**（オペル, フリッツ・フォン　1899–1971）

Oporinus, Johannes 〈16世紀〉
ドイツの出版業者, 古典語学者。
⇒**西洋**（オポリヌス　1507.1.25–1568.7.6）

Oppenheimer, *Sir* Ernest 〈19・20世紀〉
イギリスの企業家。世界ダイヤモンド市場の9
割を支配した「ダイヤ王」。
⇒**岩ケ**（オッペンハイマー, サー・アーネスト

1880–1957)
岩世（オッペンハイマー　1880.5.22–1957.11.25）
西洋（オッペンハイマー　1880.5.22–1957.12.25）
世西（オッペンハイマー　1880.5.22–1957.12.25）
ユ人（オッペンハイマー，サー・アーネスト　1880–1957）

Oppenheimer, Franz ⟨19・20世紀⟩
ドイツの経済学者，社会学者。ユダヤ系。主著『社会学大系』(1929)。
⇒岩ケ（オッペンハイマー　1864.3.30–1943.9.30）
　外国（オッペンハイマー　1864–1946）
　経済（オッペンハイマー　1864–1943）
　広辞4（オッペンハイマー　1864–1943）
　広辞5（オッペンハイマー　1864–1943）
　広辞6（オッペンハイマー　1864–1943）
　国小（オッペンハイマー　1864–1943）
　コン2（オッペンハイマー　1864–1943）
　コン3（オッペンハイマー　1864–1943）
　人物（オッペンハイマー　1864.3.30–1943.9.30）
　西洋（オッペンハイマー　1864.3.30–1943.9.30）
　世西（オッペンハイマー　1864.3.30–1943.9.30）
　世百（オッペンハイマー　1864–1943）
　全書（オッペンハイマー　1864–1943）
　大百（オッペンハイマー　1864–1943）
　デス（オッペンハイマー　1864–1943）
　二十（オッペンハイマー，フランツ　1864–1943）
　名著（オッペンハイマー　1864–1943）
　ユ人（オッペンハイマー，フランツ　1864–1943）
　歴史（オッペンハイマー　1864–1943）

Oppenheimer, Harry Frederick ⟨20世紀⟩
南アフリカの金鉱王。ダイヤモンド鉱の最大手会社「南ア・アングロ・アメリカン」社の会長。
⇒岩ケ（オッペンハイマー，ハリー(・フレデリック)　1908–）
　岩世（オッペンハイマー　1908.10.28–2000.8.19）
　現人（オッペンハイマー　1908.10.28–）
　コン3（オッペンハイマー　1908–）

Oppenordt, Gilles Marie ⟨17・18世紀⟩
フランスの建築家，室内装飾家。
⇒岩世（オブノール　1672–1742）
　建築（オブノール，ジル＝マリー　1672–1742）
　国小（オブノール　1672–1742）
　新美（オブノール，ジル＝マリー　1672.7.27–1742.3.13）
　西洋（オッペノール　1672–1742）
　世美（オブノール，ジル＝マリー　1672–1742）

Oppert, Ernst Jacob ⟨19世紀⟩
ドイツのユダヤ系商人。東洋渡航者。上海を拠点に三度の朝鮮探検を企て，大院君の養父南延君墳の陵墓を発掘。
⇒岩世（オッペルト　1832.12.5–1903.9.19）
　西洋（オッペルト　1832–?）
　朝人（オッペルト　1832–?）
　朝鮮（オッペルト　1832–?）

Orbit, William ⟨20世紀⟩
イギリス生まれのコンポーザー，エンジニア，プロデューサー，リミキサー。
⇒洋ヒ（オービット，ウイリアム）
　ロ人（オービット，ウィリアム）

Orcagna, Andrea ⟨14世紀⟩
イタリアの建築家，彫刻家，画家。フィレンツェ大聖堂造営などに従事。
⇒岩世（オルカーニャ　1308頃–1368頃）
　岩世（オルカーニャ）
　キリ（オルカーニャ，アンドレーア　1308頃–1375頃）
　芸術（オルカーニャ，アンドレア　1343/44–1368頃活動）
　建築（オルカーニャ(アンドレア・ディ・チオーネ(通称))　1310頃–1368）
　国小（オルカーニャ　1308頃–1368.8.25）
　コン2（オルカーニャ　1308頃–1368）
　コン3（オルカーニャ　1308頃–1368）
　新美（オルカーニャ，アンドレーア）
　人物（オルカーニャ　1308頃–1368）
　西洋（オルカーニャ　1308頃–1368）
　世西（オルカーニャ　1308頃–1368）
　世美（オルカーニャ　?–1368）
　世百（オルカーニャ　?–1368?）
　全書（オルカーニャ　生没年不詳）
　大百（オルカーニャ　1308?–1368?）
　伝世（オルカーニャ　1308?–1368?）
　百科（オルカーニャ　?–1368?）

Orcutt, William Dana ⟨19・20世紀⟩
アメリカの著作家，書籍デザイナー。主著『完全な書物の探求』など。
⇒名著（オーカット　1870–1953）

Ordini, Pietro degli ⟨15世紀⟩
イタリアの建築家。
⇒世美（オルディニ，ピエトロ・デッリ　?–1484）

Ordzhonikidze, Grigorii Konstantinovich ⟨19・20世紀⟩
ソ連邦の政治家。重工業人民委員として5カ年計画の実施を指導。
⇒外国（オルジョニキーゼ　1886–1937）
　看護（オルニョニキーゼ　1886–1937）
　コン3（オルジョニキーゼ　1886–1937）
　人物（オルジョニキーゼ　1886.10.28–1937.2.18）
　西洋（オルジョニキーゼ　1886–1937.2.18）
　世西（オルジョニキッゼ　1886.10.28–1937.2.18）
　世百新（オルジョニキーゼ　1886–1937）
　二十（オルジョニキーゼ，グリゴリイ　1886–1937）
　百科（オルジョニキーゼ　1886–1937）
　ロシ（オルジョニキーゼ　1886–1937）

oreil 458 西洋人物レファレンス事典

O'Reilly, Tony 〈20世紀〉
アイルランドのラグビー選手，実業家。
⇒岩世（オライリー　1936.5.7-）

Oresme, Nicole d' 〈14世紀〉
フランスの聖職者，科学者，経済学者。著書
『貨幣論』で14世紀経済学の第一人者となる。
⇒岩哲（オレーム　1320頃-1382）
外国（ニコラウス・オレスミウス　1330頃-1382）
科史（オレム　1325頃-1382）
教育（オレーム　1325?-1383）
キリ（オレーム，ニコル　1320頃-1382.7.11）
広辞4（オレーム　1330頃-1382）
広辞6（オレーム　1330頃-1382）
国小（オレーム　1320頃-1382.7.11）
コン2（オレーム　1330-1382）
コン3（オレーム　1330-1382）
集世（オレーム，ニコル　1322頃-1382.7.11）
集文（オレーム，ニコル　1322頃-1382.7.11）
数学（オレーム　1323-1382.7.11）
数学増（オレーム　1323-1382.7.11）
西洋（オレーム　1320/30頃-1382.7.11）
大辞（オレーム　1320頃-1382）
大辞3（オレーム　1320頃-1382）
大百（オレーム　1325?-1382）
伝世（オレーム　1330頃-1382.7.11）
百科（ニコル・オレーム　1325頃-1382）

Orlich, Francisco J. 〈20世紀〉
コスタリカの政治家。コスタリカ有数の農商業
経営者。1962～66年大統領。
⇒世西（オルリッチ　1907.3.10-）
二十（オルリッチ，ジョゼ・フランシスコ
1908-）

Orme, Robert 〈18・19世紀〉
イギリスのインド近世史家。東インド会社の史
料編集員（1769～1801）。
⇒岩世（オーム　1728.12.25-1801.1.13）
西洋（オーム　1728.12.25-1801.1.13）

Ormond, John 〈20世紀〉
イギリスの詩人，映画製作者。
⇒岩ケ（オーモンド，ジョン　1923-1990）
才世（オーモンド，ジョン　1923-1990）
二十英（Ormond, John　1923-1990）

O'Rourke, Jim 〈20世紀〉
アメリカのマルチ・インストゥルメンタル・プ
レイヤー，コンポーザー，プロデューサー。イ
リノイ州生まれ。
⇒口人（オルーク，ジム　1969-）

Orry-Kelly 〈20世紀〉
オーストラリア生まれの映画衣裳デザイナー。
⇒世映（オリー＝ケリー　1897-1964）

Orsini, Giorgio 〈15世紀〉
イタリアの建築家，彫刻家。
⇒岩世（オルシーニ　?-1475.11.10）
西洋（オルシーニ　?-1475.11.10）
世美（オルシーニ，ジョルジョ　?-1475）

Ortes, Giammaria 〈18世紀〉
イタリアの経済学者。重商主義の反対者。
⇒岩世（オルテス　1713-1790）
西洋（オルテス　1713-1790）
世西（オルテス　1713-1790）

Orwin, Charles Stewart 〈19・20世紀〉
イギリスの経済史家。オクスフォード大学農業
経済研究所の初代所長。
⇒名著（オーウィン　1876-1955）

Orwin, Christabel Susan 〈20世紀〉
イギリスの経済史家。
⇒名著（オーウィン　?-）

Osborn, Alex F. 〈19・20世紀〉
アメリカの広告会社BBDOの創立者で副社長。
ブレンストーミングを考案。
⇒国小（オズボーン　1888.5.24-1966.5.4）

Osende-Afana 〈20世紀〉
カメルーンの革命家，経済学者。カメルーン人
民同盟（UPC）幹部としてアヒジョ政権打倒に
献身。1965年UPC書記長。「マキ」（ゲリラ組
織）を指導した。
⇒コン3（オセンディー・アファナ　1933-1966）

Oshima, Harry T. 〈20世紀〉
アメリカの経済学者。ハワイ大学教授，フィリ
ピン大学客員教授。
⇒二十（オオシマ，ハリー・T.　1917-）

Osmond, Floris 〈19・20世紀〉
フランスの技術家。鉄合金学の基礎をきずき，
ベッセマー賞などを受賞。
⇒世百（オスモン　1849-1912）
全書（オスモン　1849-1912）
二十（オスモン，F.　1849-1912）
百科（オスモン　1849-1912）

Ossendowski, Ferdynand Antoni
〈19・20世紀〉
ポーランドの作家，科学者。鉱山技師として蒙
古，シベリアを調査。
⇒岩世（オッセンドフスキ　1878.5.27-1945.1.3）
外国（オッセンドフスキー　1876-）
西洋（オッセンドフスキ　1876.5.27-1945）

Ossola, Rinaldo 〈20世紀〉

イタリアの銀行家。イタリア銀行筆頭副総裁。
1964年先進10カ国蔵相会議が設置した「準備資
産創設に関する研究グループ」の議長。
⇒現人（オッソラ　1913.11-）

Östberg, Ragnar 〈19・20世紀〉

スウェーデンの建築家。代表作『ストックホル
ム市庁舎』（1909〜23）。
⇒岩世（エストベリ　1866.7.14-1945.2.5）
才西（エストベリ, ラグナー　1866-1945）
国小（エストベリ　1866-1945）
新美（エストベリ, ラグナー　1866.7.14-1945.2.6）
西洋（エストベリ　1866.7.14-1945）
世美（エストベリ, ラングナール　1866-1945）
世百（エストベリー　1866-1945）
二十（エストベリ, ラグナー　1866.7.14-1945.2.6）
百科（エストベリ　1866-1945）

Ostendorf, Friedrich 〈19・20世紀〉

ドイツの建築家, 建築理論家。新古典主義の立
場をとった。
⇒岩世（オステンドルフ　1871.10.17-1915.3.16）
西洋（オステンドルフ　1871.7.14-1915.3.16）

Osterman, Natan Abramovich 〈20世紀〉

ソ連邦の建築家。
⇒岩世（オステルマン　1916-1969）

Ostrovityanov, Konstantin Vasilievich 〈20世紀〉

ソ連邦の経済学者。社会主義経済法則, 社会主
義経済の発展におけるソヴェート国家の役割に
ついて多くの研究がある。
⇒岩世（オストロヴィーチャノフ　1892.5.18［30］-1969.2.9）
外国（オストロヴィチャーノフ　1892-）
コン3（オストロヴィチャノフ　1892-1969）
人物（オストロビチャノフ　1892-）
西洋（オストロヴィチャーノフ　1892-1969.2.9）
世百（オストロヴィチャノフ　1892-）
二十（オストロビチャノフ, K.V.　1892-1969.2.9）

Ostwald, Friedrich Wilhelm 〈19・20世紀〉

ドイツの化学者。あらゆる現象をエネルギー論
的に説明し尽そうとした。物理化学の建設者の
一人。1888年光の分析法を発見。1909年ノー
ベル化学賞受賞。
⇒岩ケ（オストヴァルト,（フリードリヒ・）ヴィル
ヘルム　1853-1932）
岩世（オストヴァルト（慣オストワルト）　1853.9.2-1932.4.4）
岩哲（オストヴァルト　1853-1932）
外国（オストヴァルト　1853-1932）
科学（オストワルド　1853.9.2-1932.4.4）
科技（オストワルト　1853.9.2-1932.4.4）
科史（オストワルト　1853-1932）
科人（オストヴァルト, フリードリヒ・ヴィルヘ
ルム　1853.9.2-1932.4.4）
科大（オストワルト　1853-1932）
科大2（オストワルト　1853-1932）
広辞4（オストワルト　1853-1932）
広辞5（オストワルト　1853-1932）
広辞6（オストワルト　1853-1932）
国小（オストワルト　1853.9.2-1932.4.4）
コン2（オストワルト　1853-1932）
コン3（オストワルト　1853-1932）
人物（オストワルト　1853.9.2-1932.4.4）
西洋（オストワルト　1853.9.2-1932.4.4）
世科（オストヴァルト　1853-1932）
世西（オストワルト　1853.9.2-1932.4.4）
世百（オストワルト　1853-1932）
全書（オストワルト　1853-1932）
大辞（オストワルト　1853-1932）
大辞2（オストワルト　1853-1932）
大辞3（オストワルト　1853-1932）
大百（オストワルト　1853-1932）
デス（オストワルト　1853-1932）
伝世（オストヴァルト　1853.9.2-1932.4.4）
ナビ（オストワルト　1853-1932）
二十（オストワルト, F.ウイルヘルム　1853.9.2-1932.4.4）
二十（オストヴァルト, フリードリッヒ・ウイル
ヘルム　1853.9.2-1932.4.4）
ノ物（オストヴァルト, ウィルヘルム　1853-1932）
ノベ（オストワルト, F.W.　1853.9.2-1932.4.4）
百科（オストワルト　1853-1932）
ノベ3（オストワルト, F.W.　1853.9.2-1932.4.4）
名著（オストワルト　1853-1932）

Oswald, John Clyd 〈19・20世紀〉

アメリカの印刷史研究家。印刷技術者と経営家
としての技術の歴史を研究。
⇒名著（オスワルド　1858-1933）

Oswald, Richard 〈19・20世紀〉

オーストリア生まれの映画監督, 脚本家, 製作
者。主にドイツで活躍。
⇒監督（オスヴァルト, リヒャルト　1880.11.5-1963）
世映（オスヴァルト, リヒャルト　1880-1963）

al-Otaiba, Saeed bin Ahmad 〈20世紀〉

アラブ首長国連邦の実業家。オタイバ石油鉱物
資源相の父。1972年にはアブダビ商業会議所副
会頭。
⇒中東（オタイバ　1919-）

Otis, Elisha Graves 〈19世紀〉

アメリカの発明家。乗用エレベータの製作に成功し(1857)，エレベータ製造会社を設立。
⇒岩ケ（オーティス，イライシャ（・グレイヴズ）1811–1861）
　岩世（オーティス　1811.8.3–1861.4.8）
　外国（オティス　1811–1861）
　コン2（オーティス　1811–1861）
　コン3（オーティス　1811–1861）
　人物（オーチス　1811–1861）
　西洋（オーティス　1811–1861）
　世科（オーティス　1811–1861）
　世百（オーティス　1811–1861）
　全書（オーティス　1811–1861）
　大百（オーチス　1811–1861）
　伝世（オーティス，E.　1811–1861）
　百科（オーチス　1811–1861）

Ott, Hans 〈16世紀〉

ドイツの楽譜出版業者。
⇒音大（オット　?–1546）

Otto, Frei 〈20世紀〉

ドイツの建築家。モントリオール万博西ドイツ館(1967年)，ミュンヘン・オリンピック競技場(72年)で新しい建築世代の注目を集める。
⇒岩世（オットー　1925.5.31–）
　現人（オットー　1925.5.31–）
　新美（オットー，フライ　1925.5.31–）
　世美（オットー，フライ　1925–）
　二十（オットー，フライ　1925.5.31–）

Otto, Nikolaus August 〈19世紀〉

ドイツの技術者。4サイクルのガス機関を発明し(1876)，内燃機関の発達に寄与。
⇒岩ケ（オットー，ニコラウス（・アウグスト）1832–1891）
　岩世（オットー　1832.6.14–1891.1.26）
　外国（オットー　1832–1891）
　科学（オットー　1832.6.14–1891.1.26）
　科技（オットー　1832.6.14–1891.1.26）
　科史（オットー　1832–1891）
　科人（オットー，ニコラウス　1832.6.10–1891.1.26）
　コン2（オットー　1832–1891）
　コン3（オットー　1832–1891）
　西洋（オットー　1832.6.14–1891.1.26）
　世科（オットー　1832–1891）
　世西（オットー　1832.6.14–1891.1.26）
　世百（オットー　1832–1891）
　全書（オットー　1832–1891）
　大辞（オットー　1832–1891）
　大辞3（オットー　1832–1891）
　大百（オットー　1832–1891）
　伝世（オットー　1832.6.14–1891）
　百科（オットー　1832–1891）

Ouchi, William G. 〈20世紀〉

アメリカの経営学者。シカゴ大学比較組織プロジェクト研究所長，アメリカ世論調査機関準研究局長，スタンフォード大学教授，カリフォルニア大学教授。
⇒二十（オオウチ，ウィリアム・G.　1943–）

Oud, Jacobus Johannes Pieter 〈19・20世紀〉

オランダの建築家，デザイナー。主作品はロッテルダムの集合住宅。
⇒岩ケ（アウト，ヤコブス・ヨハネス・ピーテル　1890–1963）
　岩世（アウト（オウト）　1890.2.9–1963.4.5）
　オ西（アウト，ヤコーブス・ヨハネス・ピーター　1890–1963）
　国小（アウト　1890–1963）
　新美（アウト，ヤコブス・ヨハネス・ピーテル　1890.2.9–1963.4.5）
　西洋（アウト　1890.2.9–1963.4.5）
　世美（アウト，ヤコブス・ヨハネス・ピーテル　1890–1963）
　世百（アウト　1890–1963）
　世百新（アウト　1890–1963）
　全書（アウト　1890–1963）
　大百（アウト　1890–1963）
　伝世（アウト　1890–1963.4.5）
　二十（アウト，ヨハネス・ピーテル　1890.2.9–1963.4.5）
　百科（アウト　1890–1963）

Ouguete 〈14・15世紀〉

ポルトガルの建築家。
⇒建築（オウゲテ　(活動)14–15世紀）

Oursler, Charles Fulton 〈20世紀〉

アメリカのカトリック作家。マクファデン出版社副社長(1941)。
⇒西洋（アウズラー　1893.1.22–1952.5.24）

Outhoorn, Cornelis van 〈18世紀〉

オランダの長崎商館長。
⇒岩世（アウトホールン　?–1708以前）

Ouvrard, Gabriel Julien 〈18・19世紀〉

フランスの企業家，金融業者。ナポレオン1世の軍費を調達。
⇒岩世（ウヴラール　1770.10.11–1846.10）
　外国（ウーヴラール　1770–1846）
　コン2（ウヴラール　1770–1846）
　コン3（ウヴラール　1770–1846）
　西洋（ウヴラール　1770.10.11–1846.10）

Overstone, Samuel Jones Loyd, Baron 〈18・19世紀〉

イギリスの銀行家。通貨主義の代表者で，〈銀行法〉(1884)の原案者。

⇒岩世（オーヴァストン　1796.9.25–1883.11.17）
　西洋（オーヴァストン　1796.9.25–1883.11.17）
　名著（オーヴァーストン　1796–1883）

Overtwater, Pieter Anthoniszoon 〈17世紀〉
オランダの長崎商館長（1642～43, 44～45）。退官後, 東インド総督府参議員。
⇒岩世（オーフェルトワーテル　1612頃–1682.4.27）
　西洋（オーフェルワーテル　1612頃–1682.4.27）

Owen, Henry D. 〈20世紀〉
アメリカの経済学者。米国国務省政策企画委員長。
⇒二十（オーエン, ヘンリー・D.　1920–）

Owen, Robert 〈18・19世紀〉
イギリスの社会思想家。人道主義的な工場経営者。『自伝』（1857～58）が著名。共産社会建設を試みたが失敗。その後は労働組合運動・労働立法・協同組合運動に従事。
⇒イ哲（オウエン, R.　1771–1858）
　イ文（Owen, Robert　1771–1858）
　岩ケ（オーウェン, ロバート　1771–1858）
　岩世（オーウェン　1771.5.14–1858.11.17）
　岩哲（オーウェン　1771–1858）
　英米（Owen, Robert　オーエン, ロバート　1771–1858）
　旺世（ロバート＝オーウェン　1771–1858）
　外国（オーウェン　1771–1858）
　角世（オーウェン　1771–1858）
　教育（オーウェン　1771–1858）
　キリ（オウエン, ロバート　1771.5.14–1858.11.17）
　建築（オーウェン, ロバート　1771–1858）
　広辞4（オーウェン　1771–1858）
　広辞6（オーウェン　1771–1858）
　国小（オーウェン　1771.5.14–1858.11.17）
　国百（オーウェン, ロバート　1771.5.14–1858.11.17）
　コン2（オーエン　1771–1858）
　コン3（オーエン　1771–1858）
　人物（オーエン　1771.5.14–1858.11.17）
　西洋（オーエン　1771.5.14–1858.11.17）
　世人（オーウェン（ロバート＝オーウェン）1771–1858）
　世百（オーエン　1771.5.14–1858.11.17）
　世百（オーエン　1771–1858）
　全書（オーエン　1771–1858）
　大辞（オーエン　1771–1858）
　大辞3（オーエン　1771–1858）
　大百（オーエン　1771–1858）
　デス（オーエン　1771–1858）
　伝世（オーエン, R.　1771.5.14–1858.11.17）
　百科（オーエン　1771–1858）
　評世（オーウェン　1771–1858）
　名著（オーエン　1771–1858）
　山世（オーウェン　1771–1858）

　歴史（オーウェン　1771–1858）

Owens, Michael Joseph 〈19・20世紀〉
アメリカの発明家, 企業家。自動製びん機械を発明。
⇒岩世（オーウェンズ　1859.1.1–1923.12.27）
　外国（オーエンズ　1859–1923）
　コン2（オーエンズ　1859–1923）
　コン3（オーエンズ　1859–1923）
　西洋（オーエン　1859–1923）
　世百（オーエンズ　1859–1923）
　全書（オーエンズ　1859–1923）
　大百（オーエンズ　1859–1923）
　二十（オーエンズ, マイケル・ジョセフ　1859–1923）
　百科（オーエンズ　1859–1923）

Owens, Robert Bowie 〈19・20世紀〉
アメリカの電気技術者, 化学者。トロン, α線を発見。
⇒岩世（オーウェンズ　1870.10.29–1940.11.1）
　外国（オーエンズ　1870–1940）
　科学（オーインズ　1870.10.29–1940.11.1）
　コン2（オーエンズ　1870–1940）
　コン3（オーエンズ　1870–1940）
　西洋（オーエンズ　1870.10.29–1940.11.1）
　世百（オーエンズ　1870–1940）
　二十（オーエンズ, ロバート・B.　1870.10.29–1940.11.1）

Owston, Alan 〈19・20世紀〉
イギリスの貿易商, 博物学者。横浜外商に従事。日本産貝類の研究家。
⇒日人（オーストン　1853–1915）
　来日（オーストン　1853–1915）

Oýe-Mba, Casimir 〈20世紀〉
ガボンの政治家, 銀行家。ガボン首相。
⇒世政（オイ・ムバ, カシミル　1942.4.20–）

Özal, Korkut 〈20世紀〉
トルコの土木技師, 学者, 政治家。1977年8～12月デミレル3党連立内閣で内相。
⇒中東（オザル　1929–）

Özkan, Mustafa 〈20世紀〉
トルコのジャーナリスト。1974年以来『ソン・ハワディス』紙の社主。
⇒中東（オズカン　1939–）

【 P 】

Paccasi, Nikolaus von 〈18世紀〉
オーストリアで活躍の建築家。
⇒建築 （パッカーシ, ニコラウス・フォン 1716–1790）

Pacinotti, Antonio 〈19・20世紀〉
イタリアの電気工学者。電磁気器械を発明。
⇒世百 （パチノッティ 1841–1912）
　全書 （パチノッティ 1841–1912）
　大百 （パチノッティ 1841–1912）
　二十 （パチノッティ, アントニオ 1841–1912）

Packard, David 〈20世紀〉
アメリカの実業家, 政治家。米国防次官,
ヒューレット・パッカード社会長。
⇒岩ケ （ヒューレットとパッカード）
　二十 （パッカード, デイビット 1912–）

Packard, James Ward 〈19・20世紀〉
アメリカの発明家, 自動車製造業者。白熱灯に
関する数種の特許をもつ。のち, 自動車の製作
に転じ, パッカード自動車会社の社長となる。
⇒コン2 （パッカード 1863–1928）
　コン3 （パッカード 1863–1928）

Packer, *Sir* Douglas Frank Hewson
〈20世紀〉
オーストラリアの新聞経営者。
⇒岩ケ （パッカー, サー・（ダグラス・）フランク（・
　ヒューソン） 1906–1974）

Pagano Pogatschnig, Giuseppe 〈20
世紀〉
イタリアの建築家, 都市計画家。1924年から新
しい都市住宅計画を提案。トリエンナーレ造形
展を主唱。
⇒国小 （パガーノ 1896–1945）
　世芸 （パガーノ, ジュゼッペ 1896–1965）
　世美 （パガーノ・ポガシュニック, ジュゼッペ
　1896–1945）

Page, *Sir* Frederick Handley 〈19・20
世紀〉
イギリスの飛行機製造家。イギリスで最初の飛
行機製作所を設け（1909）, 主として大型飛行
機を製造。
⇒岩ケ （ペイジ, サー・フレデリック・ハンドリー
　1885–1962）

岩世 （ペイジ 1885.11.15–1962.4.21）
科学 （ページ 1885–1962.4.21）
西洋 （ページ 1885–1962.4.21）
大百 （ページ 1885–1962）
二十 （ページ, F.ハンドレー 1885–1962.4.21）

Page, Larry 〈20・21世紀〉
アメリカの企業家, コンピューター技術者。
Googleの共同創業者。
⇒岩世 （ペイジ 1973.3.26–）

Page, Walter Hines 〈19・20世紀〉
アメリカのジャーナリスト, 外交官。1900年ダ
ブルデイ＝ページ出版社設立,「ワールズ・
ワーク」誌を創刊。駐英大使（13～18）。主著
『旧国家の再建』（02）。
⇒岩世 （ペイジ 1855.8.15–1918.12.21）
　外国 （ページ 1855–1918）
　国小 （ページ 1855.8.15–1918.12.21）
　コン2 （ページ 1855–1918）
　コン3 （ページ 1855–1918）
　西洋 （ページ 1855.8.15–1918.12.21）

Paine, James 〈18世紀〉
イギリスの建築家。
⇒建築 （ペーン, ジェームズ 1716頃–1789）

Paiōnios ho Ephesios 〈前4世紀〉
前4世紀半ばのギリシアの建築家。
⇒岩世 （パイオニオス（エフェソスの））

Pais, Francisco 〈16世紀〉
16世紀ポルトガルの日本貿易船隊司令官。
⇒岩世 （パイス）
　西洋 （パイシュ 16世紀）

**Pais, Sidónio Bernardino Cardosa
da Silva** 〈19・20世紀〉
ポルトガルの政治家。共和運動に従い, 革命
（1910）後, 蔵相。大統領B.マシャドを倒し
（17）, 自ら大統領（18）となったが, リスボン
で暗殺された。
⇒西洋 （パイシュ 1872.5.1–1918.12.14）

Paixhans, Henri Joseph 〈18・19世紀〉
フランスの軍人, 技術家。爆裂弾を発射する榴
弾カノン砲を発明。
⇒国小 （ペクサン 1783.1.22–1854.4.20）

Pajot, Charles 〈19世紀〉
フランスの産科医。難産の際に胎児の頭を切る
器具を発明。また助産方式についての考案が
ある。
⇒看護 （パジョ 1816–1896）
　西洋 （パジョー 1816–1896）

Pakula, Alan J. 〈20世紀〉
アメリカ・ニューヨーク生まれの映画製作者、映画監督。代表作にジェイン・フォンダ主演の『コール・ガール』などがある。
⇒監督（パクラ, アラン・J. 1928.4.7–）
　世映（パクラ, アラン・J 1928–1998）

Pal, George 〈20世紀〉
アメリカの人形アニメイション作家、劇映画プロデューサー。
⇒監督（パル, ジョージ 1908.2.1–）
　世映（パル, ジョージ 1908–1980）

Palagi, Pelagio 〈18・19世紀〉
イタリアの画家、建築家。
⇒建築（パラージ, ペラージョ 1775–1860）
　世美（パラージ, ペラージョ 1775–1860）

Palearo, Francesco 〈16・17世紀〉
イタリアの軍事建築家。
⇒世美（パレアーロ, フランチェスコ 1568–1638）

Palearo, Giacomo 〈16世紀〉
イタリアの軍事建築家。
⇒世美（パレアーロ, ジャーコモ ?–1587）

Palearo, Giorgio 〈16世紀〉
イタリアの軍事建築家。
⇒世美（パレアーロ, ジョルジョ ?–1593）

Paley, William S. 〈20世紀〉
アメリカの実業家。テレビ・ラジオ局経営者。1928年、CBS社長、46年、会長に就任。戦後のテレビ時代にNBCとの激しい競争関係の中で、トップの座を守った。
⇒岩世（ペイリー 1901.9.28–1990.10.26）
　西洋（ペーリ 1901.9.28–）

Palfyn, Jean 〈17・18世紀〉
フランスの解剖学者、外科学者。分娩鉗子を発明。
⇒看護（パルフィン 1650–1730）
　国小（パルフィン 1650.11.28–1730.4.21）
　西洋（パルファン 1650.11.28–1730.4.21）

Palgrave, Sir Robert Henry Inglis 〈19・20世紀〉
イギリスの経済学者、銀行家。経済学的著作は1870年の王立統計学会テイラー賞論文『大ブリテンおよびアイルランドの地方税』が最初。銀行問題の権威。
⇒名著（パルグレーヴ 1827–1919）

Palissy, Bernard 〈16世紀〉
フランスの陶工。フランス国王らのために製作。
⇒岩ケ（パリシー, ベルナール 1510頃–1590）
　岩世（パリシー 1510頃–1589頃）
　科学（パリーシ 1510–1589）
　科史（パリッシ 1510頃–1589頃）
　芸術（パリッシー, ベルナール 1510頃–1590）
　国小（パリシー 1510–1589）
　集世（パリシー, ベルナール 1510頃–1590）
　集文（パリシー, ベルナール 1510頃–1590）
　新美（パリシー, ベルナール 1510頃–1590）
　西洋（パリシー 1510頃–1589頃）
　世西（パリッシー 1510頃–1590）
　世美（パリシー, ベルナール 1510–1590）
　全書（パリシー 1510頃–1590）
　大百（パリッシー 1510頃–1589）
　デス（パリシー 1510頃–1590）

Palladio, Andrea 〈16世紀〉
イタリアの建築家。多くの宮殿形式の会堂、別邸、劇場を設計。
⇒岩ケ（パラーディオ, アンドレア 1508–1580）
　岩世（パッラーディオ 1508.11.30–1580.8.19）
　外国（パラディオ 1518–1580）
　科史（パラーディオ 1508–1580）
　角世（パッラーディオ 1508–1580）
　キリ（パルラーディオ, アンドレーア 1508.11.30–1580.8.19）
　建築（パッラーディオ, アンドレア・ディ・ピエトロ・デッラ・ゴンドラ 1508–1580）
　広辞4（パラディオ 1508–1580）
　広辞6（パラディオ 1508–1580）
　国小（パラディオ 1508.11.30–1580.8.19）
　国百（パラディオ, アンドレア 1508.11.30–1580.8.19）
　コン2（パラーディオ 1508–1580）
　コン3（パラーディオ 1508–1580）
　新美（パルラーディオ, アンドレーア 1508.11.30–1580.8.19）
　西洋（パラーディオ 1508.11.30–1580.8.19）
　世西（パラディオ 1508.11.30–1580.8.19）
　世美（パッラーディオ, アンドレーア 1508–1580）
　世百（パラディオ 1508–1580）
　全書（パラディオ 1508–1580）
　大辞（パラディオ 1508–1580）
　大辞3（パラディオ 1508–1580）
　大百（パラディオ 1508–1580）
　伝世（パッラーディオ 1508.11.30–1580.8.19）
　百科（パラディオ 1508–1580）

Palm, Johann Philipp 〈18・19世紀〉
ドイツ（ニュルンベルク）の出版・書籍商。
⇒岩世（パルム 1766.12.18–1806.8.26）
　外国（パルム 1768–1806）
　西洋（パルム 1766.12.18–1806.8.26）

Palmer, Frances Flora 〈19世紀〉

イギリス生まれの印刷業者。
⇒世女日（パーマー, フランセス・フローラ
　1812–1876）

Palmer, Henry Spencer 〈19世紀〉

イギリスの技術者，測地天文観測家。
⇒岩世（パーマー　1838.4.30–1893.2.10）
　人物（パーマー　1838.4.30–1893.9）
　西洋（パーマー　1838.4.30–1893.9）
　日研（パーマー, H.S.　1838–1893）
　日人（パーマー　1838–1893）
　来日（パーマー　1838.4.30–1893.3.10）

Palmer, John 〈18・19世紀〉

イギリスの建築家。
⇒建築（パーマー, ジョン　1738–1817）

Palmstedt, Erik 〈18・19世紀〉

スウェーデンの建築家。
⇒建築（パルムシュテット, エリック　1741–1803）

Panckoucke, Charles Joseph 〈18世紀〉

フランスの出版業者，編集者。
⇒岩世（パンクック　1736.11.26–1798.12.19）

Panhard, René 〈19・20世紀〉

フランスのエンジニア，発明家，自動車工業の
先駆者。
⇒岩ケ（パナール, ルネ　1841–1908）
　科学（パナール　1841–1908）
　二十（パナール, R.　1841–1908）

Panić, Milan 〈20世紀〉

セルビア出身の政治家，実業家。新ユーゴスラ
ビア連邦首相。
⇒世政（パニッチ, ミラン　1929.12.20–）
　世西（パニッチ　1930–）

Pankok, Bernhardt 〈19・20世紀〉

ドイツの建築家，工芸家，グラフィック・アー
ティスト。ナチス政権下に，著書を焚かれ執筆
を禁止された（1933）。のちデュッセルドルフ
国立美術学校教授（45）。
⇒西洋（パンコーク　1872.6.6–1943.4.45）
　世美（パンコック, ベルンハルト　1872–1943）

Pantaleoni, Maffeo 〈19・20世紀〉

イタリアの経済学者，政治家。イタリアのファ
シスト運動を援け，ファシスト最初の上院議員
の一人に。主著 "Principi di economia pura"
（1889）は限界効用理論を展開したもの。
⇒岩世（パンタレオーニ　1857.7.2–1924.10.29）
　経済（パンタレオーニ　1857–1924）
　人物（パンタレオーニ　1857.7.2–1924.10.29）
　西洋（パンタレオーニ　1857.7.2–1924.10.29）
　世西（パンタレオーニ　1857.7.2–1924.10.29）
　百科（パンタレオーニ　1857–1924）
　名著（パンタレオーニ　1857–1924）

Panton, Verner 〈20世紀〉

デンマークの家具プロダクト・デザイナー，建
築家。
⇒岩世（パントン　1926.2.13–1998.9.5）

Papanek, Victor 〈20世紀〉

オーストリアのデザイナー，教師，作家。
⇒岩ケ（パパネック, ヴィクトール　1925–）

Papin, Denis 〈17・18世紀〉

フランスの物理学者。発明家。1679年安全弁を
備えた加圧蒸気蒸し器を発明。
⇒岩ケ（パパン, ドニ　1647–1712頃）
　岩世（パパン　1647.8.22–1712頃）
　外国（パパン　1647–1712頃）
　科学（パパン　1647.8.22–1712）
　科技（パパン　1647.8.22–1712）
　科史（パパン　1647–1712頃）
　科人（パパン, ドニ　1647.8.22–1712?）
　国小（パパン　1647.8.22–1712頃）
　コン2（パパン　1647–1714）
　コン3（パパン　1647–1714）
　人物（パパン　1647.8.22–1712頃）
　西洋（パパン　1647.8.22–1712頃）
　世科（パパン　1647–1712頃）
　世西（パパン　1647.8.22–1712頃）
　世百（パパン　1647–1712?）
　全書（パパン　1647–1712頃）
　大辞（パパン　1647–1712頃）
　大辞3（パパン　1647–1712頃）
　大百（パパン　1647–1712）
　百科（パパン　1647–1712頃）

Papp, Joseph 〈20世紀〉

アメリカの演出家。1953年にパブリック・シア
ターを設立，毎年シェークスピア劇の無料公演
を行う。
⇒ア人（パップ, ジョセフ　1921.6.21–）
　岩ケ（パップ, ジョー　1921–1991）
　英文（パップ, ジョウゼフ　1921–1991）
　演劇（パップ, ジョウゼフ　1921–1991）
　国小（パップ　1921.6.22–）
　コン3（パップ　1921–1991）
　世俳（パップ, ジョセフ　1921.6.22–1991.10.31）
　世新（パップ　1921–1991）
　ナビ（パップ　1921–1991）
　二十（パップ, ジョセフ　1921.6.22–1991.10.31）
　百科（パップ　1921–）

Papworth, John Buonarroti 〈18・19

世紀〉
イギリスの建築家。
⇒建築（パップワース，ジョン・ブオナロッティ 1775-1847）

Parbo, Sir Arvi Hillar 〈20世紀〉
オーストラリアの生産業者。
⇒岩ケ（バーボー，サー・アーヴィ・ヒラー 1926-）

Pareto, Vilfredo 〈19・20世紀〉
イタリアの経済学者，社会学者。主著『経済学講義』(1896〜97）。
⇒岩ケ（パレート，ヴィルフレード 1848-1923)
　岩世（パレート 1848.7.15-1923.8.20）
　岩哲（パレート 1848-1923）
　外国（パレート 1848-1923）
　角世（パレート 1848-1923）
　経済（パレート 1848-1923）
　広辞4（パレート 1848-1923）
　広辞5（パレート 1848-1923）
　広辞6（パレート 1848-1923）
　国小（パレート 1848.7.15-1923.8.20）
　国百（パレート，ウィルフレド 1848.7.15-1923.8.20）
　コン2（パレート 1848-1923）
　コン3（パレート 1848-1923）
　思想（パレート，ヴィルフレード 1848-1923）
　人物（パレート 1848.7.15-1923.8.20）
　数学（パレート 1848.7.15-1923.8.20）
　数学増（パレート 1848.7.15-1923.8.20）
　西洋（パレート 1848.7.15-1923.8.20）
　世西（パレート 1848.7.15-1923.8.20）
　世百（パレート 1848-1923）
　全書（パレート 1848-1923）
　大辞（パレート 1848-1923）
　大辞2（パレート 1848-1923）
　大辞3（パレート 1848-1923）
　大百（パレート 1848-1923）
　デス（パレート 1848-1923）
　伝世（パレート 1848.7.15-1923）
　ナビ（パレート 1848-1923）
　百科（パレート 1848-1923）
　名著（パレート 1848-1923）
　山世（パレート 1848-1923）
　歴史（パレート 1848-1923）

Parigi, Alfonnso 〈17世紀〉
イタリアの建築家。
⇒世美（パリージ，アルフォンソ 1606-1656）

Parigi, Alfonso 〈16世紀〉
イタリアの建築家。
⇒世美（パリージ，アルフォンソ ?-1590）

Parigi, Giulio 〈16・17世紀〉
イタリアの建築家。

⇒世美（パリージ，ジューリオ 1571-1635）

Parker, Carleton Hubbell 〈19・20世紀〉
アメリカの経済学者。労使対立の問題に興味をもち，特に自由労働者に関し，I.W.W.（世界産業労働者組合）の闘争的戦術等を研究した。
⇒岩世（パーカー 1878.3.31-1918.3.17）
　西洋（パーカー 1878.3.31-1918.3.17）

Parker, Daniel S. 〈20世紀〉
アメリカの実業家。米国際開発局長官，バーカーペン会長。
⇒二十（パーカー，ダニエル・S. 1925-）

Parkes, Alexander 〈19世紀〉
イギリスの化学技術者，ゴムの冷加硫法のちのセルロイドの前身を発明。
⇒岩ケ（パークス，アレグザンダー 1813-1890）
　岩世（パークス 1813.12.29-1890.6.29）
　外国（パークス 1813-1890）
　科学（パークス 1813.12.29-1890.6.29）
　科人（パークス，アレグザンダー 1813.12.29-1890.6.29）
　国小（パークス 1813.12.29-1890.6.29）
　コン2（パークス 1813-1890）
　コン3（パークス 1813-1890）
　人物（パークス 1813.12.29-1890.6.29）
　西洋（パークス 1813.12.29-1890.6.29）
　世西（パークス 1813.12.29-1890.6.29）
　全書（パークス 1813-1890）
　大百（パークス 1813-1890）

Parkes, Sir Henry 〈19世紀〉
オーストラリアの政治家。経済的自立化と自由貿易の発展，連邦の結成などに貢献。
⇒岩ケ（パークス，サー・ヘンリー 1815-1896）
　国小（パークス 1815.5.27-1896.4.27）
　西洋（パークス 1815.5.27-1896.4.27）
　伝世（パークス 1815.5.27-1896.4.27）

Parkinson, Cyril Northcote 〈20世紀〉
イギリスの歴史学者，経営研究者。主著に『パーキンソンの法則』(1957）など。
⇒岩ケ（パーキンソン，C（シリル）・ノースコート 1909-1993）
　現人（パーキンソン 1909.7.30-）
　広辞5（パーキンソン 1909-1993）
　広辞6（パーキンソン 1909-1993）
　国小（パーキンソン 1909.7.30-）
　最世（パーキンソン，C・ノースコート 1909-1993）
　世百（パーキンソン 1909-）
　大辞2（パーキンソン 1909-1993）
　大辞3（パーキンソン 1909-1993）
　二十（パーキンソン，C.N. 1909.7.30-1993.3.9）

Parler, Heinrich

ドイツの建築家。パルラー一家の初代。
⇒国小（パルラー，ハインリヒ　生没年不詳）

Parler, Peter 〈14世紀〉

ドイツの建築家，彫刻家。皇帝カルル4世に招かれ，プラハ大聖堂と祭壇を造った。
⇒キリ（パルラー，ペーター　1330–1399.7.13）
　国小（パルラー，ペーター　1330–1399.7.13）

Parley, Peter 〈18・19世紀〉

アメリカの出版業者，児童文学者。1828年から『トークン』誌を編集。
⇒国小（パーリー　1793.8.19–1860.5.9）
　集文（パーレー，ピーター　1793.8.19–1860.5.9）
　西洋（グッドリチ　1793.8.19–1860.5.9）

Parnas, David Lorge 〈20世紀〉

カナダの工学者。
⇒岩世（パーナス　1941.2.10–）

Parrot, Robert Parker 〈19世紀〉

アメリカの陸軍軍人，発明家。パロット砲の発明者。
⇒国小（パロット　1804–1877）

Parry, *Sir* William Edward 〈18・19世紀〉

イギリスの航海家。北欧のスヴァールバル諸島で捕鯨業の保護に従事。グリーンランドからベーリング海峡に至る北西航路を開拓した。
⇒岩世（パリー　1790.12.19–1855.7.8）

Parseval, August von 〈19・20世紀〉

ドイツの飛行船設計者。半硬式飛行船を発明。
⇒岩世（パルゼヴァル　1861.2.5–1942.2.22）
　西洋（パルゼヴァル　1861.2.5–1942.2.22）

Parsons, *Sir* Charles Algernon 〈19・20世紀〉

イギリスの技術者。1884年パーソンズ・タービンを発明。電気機器や世界最初の蒸気タービン船を製作した。
⇒岩ケ（パーソンズ，サー・チャールズ（・アルジャーノン）　1854–1931）
　岩世（パーソンズ　1854.7.13–1931.2.11）
　英米（Parsons, Sir Charles Algernon　パーソンズ（チャールズ）　1854–1931）
　外国（パーソンズ　1854–1931）
　科学（パースンズ　1854.6.13–1931.2.11）
　科技（パースンス　1854.6.13–1931.2.11）
　科人（パーソンズ，サー・チャールズ・アルジャーノン　1854.6.13–1931.2.11）
　国小（パーソンズ　1854.6.13–1931.2.11）
　コン2（パーソンズ　1854–1931）

コン3（パーソンズ　1854–1931）
西洋（パーソンズ　1854.7.13–1931.2.11）
世科（パーソンズ　1854–1931）
世西（パーソンズ　1854.6.13–1931.2.11）
世百（パーソンズ　1854–1931）
全書（パーソンズ　1854–1931）
大辞（パーソンズ　1854–1931）
大辞2（パーソンズ　1854–1931）
大辞3（パーソンズ　1854–1931）
大百（パーソンズ　1854–1931）
伝世（パーソンズ, C　1854.6.13–1931.2.11）
ナビ（パーソンズ　1854–1931）
二十（パーソンズ，チャールズ・A.　1854.6.13–1931.2.11）
百科（パーソンズ　1854–1931）

Parsons, Talcott 〈20世紀〉

アメリカの社会学者。生産，消費などの家族の機能を考察。主著に『社会的行為の構造』（1937），『社会体系』(51)。
⇒アメ（パーソンズ　1902–1979）
　岩ケ（パーソンズ，タルコット　1902–1979）
　岩世（パーソンズ　1902.12.13–1979.5.8）
　岩哲（パーソンズ　1902–1979）
　英米（Parsons, Talcott　パーソンズ（トールコット）　1902–1979）
　教育（パーソンズ　1902–）
　経済（パーソンズ　1902–1979）
　現人（パーソンズ　1902.12.13–）
　広辞5（パーソンズ　1902–1979）
　広辞6（パーソンズ　1902–1979）
　国小（パーソンズ　1902.12.13–）
　国百（パーソンズ，タルコット　1902.12.13–）
　コン3（パーソンズ　1902–1979）
　思想（パーソンズ，タルコット　1902–1979）
　西洋（パーソンズ　1902.12.13–1979.5.8）
　世西（パーソンズ　1902.12.13–1979.5.8）
　世百（パーソンズ　1902–）
　世百新（パーソンズ　1902–1979）
　全書（パーソンズ　1902–1979）
　大辞2（パーソンズ　1902–1979）
　大辞3（パーソンズ　1902–1979）
　大百（パーソンズ　1902–1979）
　伝世（パーソンズ　1902.12.13–）
　ナビ（パーソンズ　1902–1979）
　二十（パーソンズ, T.　1902.12.13–1979.5.8）
　百科（パーソンズ　1902–1979）
　名著（パーソンズ　1902–）
　歴史（パーソンズ　1902–1979）

Parvus, Alexander 〈19・20世紀〉

ロシア出身のドイツ社会民主党理論家。ベラルーシ生まれ。資本主義の旺盛な生命力を認め，労働者階級の革命性に注目した。
⇒経済（パルヴス　1867–1924）
　百科（パルブス　1867–1923）
　ロシ（パルヴス　1867–1923）

Pascale, Richard Tanner 〈20世紀〉
アメリカの経済学者。スタンフォード大学ビジネス・スクール教授。
⇒二十（パスカル, リチャード・タナー　1938–）

Pasinetti, Luigi Lodovico 〈20世紀〉
イタリア生まれの経済思想家。
⇒岩世（パシネッティ　1930.9.12–）
　経済（パシネッティ　1930–）
　二十（パシネッティ, L.L.　1930–）

Pasion 〈前5・4世紀〉
アテナイの商工業者。
⇒ギリ（パシオン　前430頃–370/69）
　コン2（パシオン　前4世紀）
　コン3（パシオン　生没年不詳）
　百科（パシオン　?–前370）

Passche, Hermann 〈19・20世紀〉
ドイツの経済学者。「パーシェ算式」を考案した事で知られる。
⇒二十（パーシェ, ハーマン　1851–1925）

Passy, Frédéric 〈19・20世紀〉
フランスの経済学者。1868年国際平和連盟設立。1901年ノーベル平和賞受賞。
⇒岩世（パッシー　1822.5.20–1912.6.12）
　広辞4（パッシー　1822–1912）
　広辞5（パッシー　1822–1912）
　国小（パッシー　1822.5.20–1912.6.12）
　人物（パシー　1822.5.22–1912.6.12）
　西洋（パシー　1822.5.20–1912.6.12）
　世西（パシ　1822.5.20–1912.6.12）
　世百（パッシー　1822–1912）
　全書（パシー　1822–1912）
　大百（パシー　1822–1912）
　二十（パシー, フレデリック　1822–1912）
　ノベ（パシー, F.　1822.5.20–1912.6.12）
　ノベ3（パシー, F.　1822.5.20–1912.6.12）

Pasteur, Louis 〈19世紀〉
フランスの化学者, 細菌学者。低温殺菌法を考案。脾脱疽菌や狂犬病のワクチンを発明。近代微生物学の祖といわれる。
⇒岩ケ（パストゥール, ルイ　1822–1895）
　岩世（パストゥール　1822.12.27–1895.9.28）
　岩哲（パストゥール　1822–1895）
　旺世（パストゥール　1822–1895）
　外国（パストゥール　1822–1895）
　科学（パストゥール　1822.12.27–1895.9.28）
　科技（パストゥール　1822.12.27–1895.9.28）
　科史（パストゥール　1822–1895）
　科人（パストゥール, ルイ　1822.12.27–1895.9.28）
　科大（パストゥール　1822–1895）
　角世（パストゥール　1822–1895）
　看護（パストゥール　1822–1895）
　広辞4（パストゥール　1822–1895）
　広辞6（パストゥール　1822–1895）
　国小（パストゥール　1822.12.27–1895.9.28）
　国百（パストゥール, ルイ　1822.12.27–1895.9.28）
　コン2（パストゥール　1822–1895）
　コン3（パストゥール　1822–1895）
　人物（パストゥール　1822.12.27–1895.9.28）
　西洋（パストゥール　1822.12.27–1895.9.28）
　世科（パストゥール　1822–1895）
　世人（パストゥール　1822–1895）
　世西（パストゥール　1822.12.27–1895.9.28）
　世百（パストゥール　1822–1895）
　全書（パストゥール　1822–1895）
　大辞（パストゥール　1822–1895）
　大辞3（パストゥール　1822–1895）
　大百（パストゥール　1822–1895）
　デス（パストゥール　1822–1895）
　伝世（パストゥール　1822.12.27–1895.9.28）
　百科（パストゥール　1822–1895）
　評世（パストゥール　1822–1895）
　名著（パストゥール　1822–1895）
　山世（パストゥール　1822–1895）
　歴史（パストゥール　1822–1895）

Patanazzi, Alfonso 〈16・17世紀〉
イタリアの陶工。
⇒世美（パタナッツィ, アルフォンソ　（活動）1580頃–1625）

Patanazzi, Antonio 〈16・17世紀〉
イタリアの陶工。
⇒世美（パタナッツィ, アントーニオ　（活動）1580頃–1625）

Patanazzi, Francesco 〈16・17世紀〉
イタリアの陶工。
⇒世美（パタナッツィ, フランチェスコ　（活動）1580頃–1625）

Patanazzi, Lodovico 〈16・17世紀〉
イタリアの陶工。
⇒世美（パタナッツィ, ロドヴィーコ　（活動）1580頃–1625）

Patanazzi, Vincenzo 〈16・17世紀〉
イタリアの陶工。
⇒世美（パタナッツィ, ヴィンチェンツォ　（活動）1580頃–1625）

Paterson, William 〈17・18世紀〉
イギリスの実業家。イングランド銀行の創立者。国債制度の確立などに努力。
⇒岩ケ（パターソン, ウィリアム　1658–1719）
　岩世（パターソン　1658.4–1719.1.22頃）
　英米（Paterson, William　パターソン　1658–1719）
　外国（パターソン　1658–1719）
　国小（パターソン　1658.4–1719.1.22）

コン2 (パターソン 1658–1719)
コン3 (パターソン 1658–1719)
西洋 (パタソン 1658.4–1719.1.22)

Pathé, Charles 〈19・20世紀〉

フランスの映画製作者。1896年パテ兄弟会社を
設立し、製作、配給に活躍、パテ時代を築いた。
⇒岩ケ (パテ、シャルル 1863–1957)
岩世 (パテ 1863.12.25–1957.12.25)
国小 (パテ 1863.12.25–1957.12.26)
コン2 (パテ 1863–1957)
コン3 (パテ 1863–1957)
世映 (パテ、シャルル 1863–1957)
デス (パテ 1863–1957)

Patil, Sadashiv K. 〈20世紀〉

インドの政治家。インド鉄道相、インド国民会
議派幹部。
⇒二十 (パチル、S.K. 1900–)

Patinkin, Don 〈20世紀〉

イスラエルの経済学者。
⇒岩世 (パティンキン 1922.1.8–1995.8.7)
経済 (パティンキン 1922–1995)
二十 (パティンキン、ドン 1922–)

Patiño, Simón Ituri 〈19・20世紀〉

ボリビアの大資本家、外交官。全権公使として
フランスに駐在 (1926～41)。
⇒岩世 (パティーニョ 1860.6.1–1947.4.20)
角世 (パティーニョ 1860–1947)
コン2 (パティーニョ 1862–1947)
コン3 (パティーニョ 1862–1947)
西洋 (パティニョ 1867/0.6.1–1947.4.21)
伝世 (パティーニョ 1862.6–1947.4.20)
二十 (パティニョ、S.I. 1862–1947.4.21)
百科 (パティニョ 1862–1947)
山世 (パティーニョ 1860/68–1947)
ラテ (パティーニョ 1862–1947)

Patolichev, Nikolaj Semenovich 〈20世紀〉

ソ連邦の政治家。1958年外国貿易相に就任し、
72年米ソ通商協定をまとめた。
⇒現人 (パトリチェフ 1908.9.23–)
二十 (パトリチェフ、ニコライ 1908.9.23–1989.12)

Patou, Jean 〈19・20世紀〉

フランスの服飾デザイナー。
⇒岩ケ (パトゥー、ジャン 1880–1936)
岩世 (パトゥ 1888.9.27–1936.3.8)
全書 (ジャン・パツー ?–1936)
大百 (ジャン・パツー ?–1936)

Patrick, Hugh 〈20世紀〉

アメリカの経済学者。主著『アジアの巨人』
(1978)。
⇒二十 (パトリック、H.)

Patsalides, Andreas 〈20世紀〉

キプロスのギリシア系行政官、政治家。1968～
74年蔵相。74年8月以来再度蔵相。
⇒中東 (パツァリデス 1922–)

Patte, Pierre 〈18・19世紀〉

フランスの建築家、理論家、版画家。フランス
とドイツで活躍。
⇒建築 (パット、ピエール 1723–1816)

Patten, Simon Nelson 〈19・20世紀〉

アメリカの経済学者。当時のアメリカの指導的
な経済学者の一人であり、はじめJ.S.ミルの研
究者、のちにその批判者となる。
⇒岩世 (パッテン 1852.5.1–1922.7.24)
外国 (パッテン 1852–1922)
経済 (パッテン 1852–1922)
西洋 (パッテン 1852.5.1–1922.7.24)
世西 (パッテン 1852.5.1–1922.7.24)

Patterson, Joseph Medill 〈19・20世紀〉

アメリカのジャーナリスト、出版業者。1919年
「ニューヨーク・デイリー・ニューズ」紙を
創刊。
⇒国小 (パターソン 1879.1.6–1946.5.26)

Patzak, Peter 〈20世紀〉

オーストリア生まれの映画監督、映画脚本家、
映画製作者。
⇒世映 (パツァック、ペーター 1945–)

Paul, Bruno 〈19・20世紀〉

ドイツの建築家。事務所や住宅を建築し、また
折衷的な新古典主義と青年派様式とを結合した
家具を作った。ベルリン美術学校校長 (1907
来)。
⇒岩世 (パウル 1874.1.19–1968.8.17)
西洋 (パウル 1874.1.19–1968.8.17)
世美 (パウル、ブルーノ 1874–1954)

Paul, Charles Kegan 〈19・20世紀〉

イギリスの出版業者、著述家。1877～99年、H.
S.キングの出版事業を譲り受けてゴードン将軍
の最後の日記を初め、テニソン、ハーディらの
作品を出版。
⇒岩ケ (ポール、チャールズ・キーガン 1828–1902)
外国 (ポール 1828–1902)

Paul, Les 〈20世紀〉
アメリカのギター奏者, 発明家。
⇒岩ケ（ポール, レス　1915-）
　岩世（ポール　1915.6.9-2009.8.13）
　ジヤ（ポール, レス　1916.6.9-）
　二十（ポール, レス　1916.6.9-）

Paul, Lewis 〈18世紀〉
イギリスの発明家。1738年に, 羊毛や綿の繊維をそろえたものを, ちがった速度で回される2組のローラーの間に緊張させて, 引き伸しを行わせる装置の特許を取得。
⇒岩ケ（ポール, ルイス　?-1759）
　外国（ポール　?-1759）
　人物（ポール　?-1759.4）
　世西（ポール　?-1759.4）
　世百（ポール　?-1759）
　全書（ポール　?-1759）
　大百（ポール　?-1759）
　デス（ポール　?-1759）
　百科（ポール　?-1759）

Paul, Robert William 〈19・20世紀〉
イギリス生まれの映画製作者, 撮影監督, 監督。イギリスにおける映画産業の創始者。
⇒監督（ポール, ロバート・ウイリアム　1869-1943）
　世映（ポール, ロバート・ウィリアム　1869-1943）

Paul C 〈20世紀〉
アメリカのヒップホップ系の音楽プロデューサー。
⇒ヒ人（ポール・シー　?-1989）

Pauley, Edwin Wendell 〈20世紀〉
アメリカの実業家。石油産業家。敗戦後, アメリカ賠償委員団長として来日。
⇒現人（ポーレー　1903.1.7-）
　日人（ポーレー　1903-1981）

Paulos 〈1世紀頃〉
キリスト教史上最大の使徒, 聖人。テント作りの職人。殉教者。
⇒岩ケ（聖パウロ　10?-65/7）
　岩世（パウロ　紀元前後-60頃）
　岩哲（パウロ　紀元後頃-60頃）
　旺世（パウロ　生没年不詳）
　外国（パウロ　?-前67頃）
　角世（パウロ　?-65?）
　キリ（パウロ）
　ギリ（パウロ　?-64頃）
　ギロ（パウロ（聖）ローマ名はパウロス　?-62/68）
　広辞4（パウロ）
　広辞6（パウロ）
　国小（パウロ　1世紀初頭-67頃）
　国百（パウロ　紀元前後頃-67頃）
　コン2（パウロ　?-62/5）
　コン3（パウロ　?-62/5）
　新美（パウロ（使徒））
　人物（パウロ　?-64頃）
　聖書（パウロ）
　聖人（パウロ　?-67頃）
　西洋（パウロ）
　世人（パウロ　?-64頃）
　世西（パウロ）
　世東（パウロ）
　世百（パウロ　前2頃-後67）
　全書（パウロ　?-64頃）
　大辞（パウロ　生没年不詳）
　大辞3（パウロ　?-60頃）
　デス（パウロ　前1世紀）
　伝世（パウロ　?-66/7）
　百科（パウロ）
　評世（パウロ　?-65頃）
　山世（パウロ　?-60以降）
　歴史（パウロ　1?-60?）
　ロマ（パウロ　?-66頃）

Paulus II 〈15世紀〉
教皇（在位1464～71）。教皇庁改革を推進。また, 初めてローマに印刷術を導入。
⇒外国（パウルス2世　1417-1471）
　教皇（パウルス2世　（在位）1464-1471）
　キリ（パウルス2世　1417.2.23-1471.7.26）
　国小（パウルス2世　1417.2.23-1471.7.26）

Pavlov, Ivan Nikolaevich 〈19世紀〉
ソ連邦の版画家。木彫協会会長も務めた。
⇒人物（パブロフ　1872-）

Paxton, Sir Joseph 〈19世紀〉
イギリスの造園家, 建築家。1851年のロンドン万国博覧会用の会場建築である水晶宮を設計。
⇒岩ケ（パクストン, サー・ジョゼフ　1801-1865）
　岩世（パクストン　1801.8.3-1865.6.8）
　建築（パクストン, サー・ジョセフ　1803-1865）
　国小（パックストン　1801.8.3-1865.6.8）
　コン2（パクストン　1801-1865）
　コン3（パクストン　1801-1865）
　新美（パクストン, ジョーゼフ　1801.8.3-1865.6.8）
　西洋（パクストン　1801.8.3-1865.6.8）
　世美（パクストン, ジョーゼフ　1803-1865）
　世百（パクストン　1801-1865）
　全書（パクストン　1803-1865）
　大百（パクストン　1803-1865）
　百科（パクストン　1803-1865）

Paz, Alberto Gainza 〈20世紀〉
アルゼンチンのジャーナリスト。最有力日刊紙「ラ・プレンサ」第3代社長。
⇒西洋（パス　1899-1977.12.26）

Pazdírek, Bohumil 〈19・20世紀〉
モラヴィア出身の出版業者の兄弟。
⇒音大（パジーレク，ボフミル 1839.1.19-1919.5.17）

Pazdírek, František 〈19・20世紀〉
モラヴィア出身の出版業者の兄弟。
⇒音大（パジーレク，フランティシェク 1848.12.18-1915.2.14）

Peabody, Cecil Hobart 〈19・20世紀〉
アメリカの工学者。札幌農学校で数学，土木学他を教授。
⇒科学（ピーボディ 1855.8.9-1934.5.4）
  二十（ピーボディ，セシル・ホバート 1855.8.9-1934.5.4）
  日人（ピーボディ 1855-1934）
  来日（ピーボディ 1855-1934）

Peabody, George 〈18・19世紀〉
アメリカの実業家，慈善家。
⇒岩ケ（ピーボディ，ジョージ 1795-1869）
  岩世（ピーボディ 1795.2.18-1869.11.4）
  教育（ピーボディ 1795-1869）
  人物（ピーボディ 1795.2.18-1869.11.4）
  西洋（ピーボディ 1795.2.18-1869.11.4）
  世西（ピーボディ 1795.2.18-1869.11.4）

Pearce, Richard William 〈19・20世紀〉
ニュージーランドの発明家，飛行家のはしり。
⇒岩ケ（ピアース，リチャード・ウィリアム 1877-1953）

Pearsall, Phyllis Isobel 〈20世紀〉
イギリスの出版社主。
⇒世女日（ピアソール，フィリス・イソベル 1906-1996）

Pearson, John Loughborough 〈19世紀〉
イギリスの建築家。作品にウェストミンスターのトリニティ教会堂（1850）。
⇒キリ（ピアスン，ジョン・ラフバラ 1817-1897.12.11）
  建築（ピアソン，ジョン・ローボーロー 1817-1897）
  西洋（ピアソン 1817-1897.12.11/9）

Peccei, Aurelio 〈20世紀〉
イタリアの実業家，国際民間団体「ローマ・クラブ」の創始者。
⇒現人（ペッチェイ 1908.7.4-）
  世西（ペッチェイ 1908.7.14-1984.3.1）
  二十（ペッチェイ，A. 1908.7.14-1984.3.14）

Pecqueur, Constantin 〈19世紀〉
フランスの社会主義者，経済学者。
⇒岩世（ペクール 1801.10.4-1887.12.27）
  西洋（ペクール 1801.10.4-1887.12.27）
  名著（ペクール 1801-1887）

Pede, Henri van 〈16世紀〉
ブリュッセル生まれの建築家。
⇒建築（ペーデ，ヘンリー・ヴァン （活動）16世紀）

Pedersen, Peder Oluf 〈19世紀〉
デンマークの電気技術者。ロイアル・カレッジの通信工学教授。ポールセンの助手として，テレグラフォンを研究。
⇒岩世（ペーダセン 1874.6.19-1941.8.30）
  西洋（ペーデルセン 1874.6.19-）

Pegolotti, Francesco dé Balducci 〈14世紀〉
イタリアの商人，旅行家。
⇒岩世（ペゴロッティ）
  角世（ペゴロッティ 1290以前-1347?）
  人物（ペゴロッチ 生没年不詳）
  西洋（ペゴロッティ 14世紀）
  世東（ペゴロッティ 生没年不詳）

Péguy, Charles Pierre 〈19・20世紀〉
フランスの詩人，評論家，出版者。代表作，劇詩『ジャンヌ・ダルクの慈愛のミステール』（1909）。
⇒岩ケ（ペギー，シャルル・ピエール 1873-1914）
  岩世（ペギー 1873.1.7-1914.9.5）
  外国（ペギー 1873-1914）
  キリ（ペギー，シャルル・ピエール 1873.1.7-1914.9.5）
  広辞4（ペギー 1873-1914）
  広辞6（ペギー 1873-1914）
  国小（ペギー 1873.1.7-1914.9.5）
  国百（ペギー，シャルル 1873.1.7-1914.9.5）
  コン2（ペギー 1873-1914）
  コン3（ペギー 1873-1914）
  集世（ペギー，シャルル 1873.1.7-1914.9.5）
  集文（ペギー，シャルル 1873.1.7-1914.9.5）
  人物（ペギー 1873.1.7-1914.9.5）
  西洋（ペギー 1873.1.7-1914.9.5）
  世西（ペギー 1873.1.7-1914.9.5）
  世日（ペギー 1873-1914）
  世文（ペギー，シャルル 1873-1914）
  全書（ペギー 1873-1914）
  大辞（ペギー 1873-1914）
  大辞3（ペギー 1873-1914）
  大百（ペギー 1873-1914）
  デス（ペギー 1873-1914）
  伝世（ペギー 1873.8.7-1914.9.5）
  二十（ペギー，シャルル・ピエール 1873.1.7-1914.9.5）
  百科（ペギー 1873-1914）

名詩（ペギー，シャルル　1873–1914）
名著（ペギー　1873–1914）

Pei, Ieoh Ming 〈20世紀〉
アメリカの建築家。中国生まれ。
⇒岩ケ（ペイ，I(イオ)・M(ミン)　1917–）
　岩世（ペイ　1917.4.26–）
　華人（ペイ，イオミン　1917–）
　世美（ペイ・ヨー・ミン　1917–）
　大辞2（ペイ　1917–）
　大辞3（ペイ　1917–）
　ナビ（ペイ　1917–）

Peichl, Gustav 〈20世紀〉
オーストリアの建築家。ウィーン美術アカデミー教授。
⇒二十（パイヒル，グスタフ　1928–）

Peisistratos 〈前7・6世紀〉
アテナイの僭主。小農民の保護，農業の奨励，大土木建築事業などの政策をとり，アテネ繁栄期を築いた。
⇒岩ケ（ペイシストラトス　前600頃–前527）
　岩世（ペイシストラトス　前600頃–前527）
　旺世（ペイシストラトス　前600頃–前527）
　外国（ペイシストラトス　?–前527）
　角世（ペイシストラトス　前600?–前527）
　教育（ペイシストラトス　前605?–527）
　ギリ（ペイシストラトス　(在位)前560頃–527）
　ギロ（ペイシストラトス　?–前527頃）
　広辞4（ペイシストラトス　前600頃–前527）
　広辞6（ペイシストラトス　前600頃–前527）
　国小（ペイシストラトス　前605?–528/7）
　コン2（ペイシストラトス　?–前527）
　コン3（ペイシストラトス　?–前527）
　新美（ペイシストラトス　前605頃–前527）
　人物（ペイシストラトス　前600頃–527）
　西洋（ペイシストラトス　前600頃–527）
　世人（ペイシストラトス　前600頃–527）
　世西（ペイシストラトス　前612頃–527）
　世百（ペイシストラトス　?–前528）
　全書（ペイシストラトス　前600頃–527）
　大辞（ペイシストラトス　?–前527）
　大辞3（ペイシストラトス　?–前527）
　大百（ペイシストラトス　前600頃–527）
　デス（ペイシストラトス　?–前527）
　伝世（ペイシストラトス　前605/600–528/7）
　百科（ペイシストラトス　前600頃–前528/527）
　評世（ペイシストラトス　?–前527）
　山世（ペイシストラトス　?–前527）
　歴史（ペイシストラトス）

Peixotto, Jessica 〈19・20世紀〉
アメリカの経済学者。
⇒世女日（ペイショートー，ジェシカ　1864–1941）

Pelegrin, Henri Auguste 〈19世紀〉
フランスの技師。横浜ガス主任技師として横浜に初めてガス灯を点火。
⇒日人（プレグラン　1841–1882）
　来日（プレグラン　1841.11.30–1882.10.25）

Pelham, Mary Singleton 〈18世紀〉
アメリカ植民地時代の商人。
⇒世女日（ペラム，メアリー・シングルトン　1710頃–1789）

Péligot, Eugène Melchior 〈19世紀〉
フランスの化学者。パリの工芸学校化学教授（1845）。
⇒岩世（ペリゴ　1811.2.24–1890.4.15）
　科学（ペリゴ　1811.2.24–1890.4.15）
　科人（ペリゴー，ウジェーヌ・メルキオール　1811.2.24–1890.4.15）
　西洋（ペリゴ　1812–1890）

Pella, Giuseppe 〈20世紀〉
イタリアの政治家，経済学者。1953年首相兼外相。首相辞任後IMF理事，OEEC代表，54～56年ヨーロッパ石炭鉄鋼共同体議長。
⇒国小（ペッラ　1902.4.18–）
　二十（ペラ，G.　1902–）

Pellegrini, Glauco 〈20世紀〉
イタリアの映画監督。すぐれたドキュメンタリー映画を製作している。
⇒監督（ペッレグリーニ，グラウコ　1919.1.14–）

Pelli, Cesar 〈20世紀〉
アルゼンチン生まれの建築家。イエール大学建築学部長。
⇒二十（ペリ，シーザー　1926–）

Pelliccioli, Donato Buono dei 〈16世紀〉
イタリアの建築家。
⇒世美（ペッリッチョーリ，ドナート・ブオーノ・デイ　16世紀）

Pelton, Lester Allen 〈19・20世紀〉
アメリカの発明家，エンジニア。
⇒岩ケ（ペルトン，レスター（・アレン）　1829–1918）
　世科（ペルトン　1829–1908）
　二十（ペルトン，L.A.　1829–1908）

Pender, Harold 〈19・20世紀〉
アメリカの電気工学者。
⇒岩世（ペンダー　1879.1.13–1959.9.5）
　西洋（ペンダー　1879.1.13–1959.9.5）

Pender, *Sir* John 〈19世紀〉
イギリスの実業家。

⇒岩世 （ペンダー　1816.9.10–1896.7.7）
人物 （ペンダー　1816.9.10–1896.7.7）
西洋 （ペンダー　1816.9.10–1896.7.7）
世西 （ペンダー　1816.9.10–1896.7.7）

Pénicaud, Léonard 〈15・16世紀〉
フランスのエマイユ工芸家（七宝画師）。
⇒キリ （ペニコー, レオナール　1470頃–1542.5.3）
西洋 （ペニコー　1470頃–1542.5）
世美 （ペニコー, レオナール　1470頃–1542頃）

Penk, A.R. 〈20世紀〉
ドイツ, ドレスデン生まれの画家, 作家, 映画製作者。
⇒世芸 （ペンク, A・R　1939–）

Penn, Sean 〈20世紀〉
アメリカ生まれの俳優, 映画監督, 映画製作者, 映画脚本家。
⇒外男 （ペン, ショーン　1960.8.17–）
世映 （ペン, ショーン　1960–）
世俳 （ペン, ショーン　1960.8.17–）
二十 （ペン, ショーン　1960.8.17–）

Penn, William 〈17・18世紀〉
イギリスのクェーカー教徒の開拓者, 植民地経営者。遺産相続により特許状を得, ペンシルベニア（「ペンの森」の意）植民地を建設。先住民との間に土地取引の大協定を結んだ。
⇒アメ （ペン　1644–1718）
岩ケ （ペン, ウィリアム　1644–1718）
岩世 （ペン　1644.10.14–1718.7.30）
英米 （Penn, William　ペン　1644–1718）
旺世 （ウィリアム＝ペン　1644–1718）
外国 （ペン　1644–1718）
角世 （ペン　1644–1718）
教育 （ペン　1644–1718）
キリ （ペン, ウィリアム　1644.10.14–1718.7.30）
国小 （ペン　1644.10.14–1718.7.30）
コン2 （ペン　1644–1718）
コン3 （ペン　1644–1718）
人物 （ウィリアム・ペン　1644.10.14–1718.7.29）
西洋 （ペン　1644.10.14–1718.7.29）
世人 （ペン　1644–1718）
世西 （ペン　1644.10.14–1718.7.30）
世百 （ペン　1644–1718）
全書 （ペン　1644–1718）
大辞 （ペン　1644–1718）
大辞3 （ペン　1644–1718）
大百 （ペン　1644–1718）
デス （ペン　1644–1718）
伝世 （ペン　1644.10.14–1718.7.30）
百科 （ペン　1644–1718）
評世 （ペン　1644–1718）
名著 （ペン　1644–1718）
山世 （ペン　1644–1718）

Pennebaker, Donn Alan 〈20世紀〉
アメリカ生まれの映画監督, 撮影監督, 映画製作者。
⇒世映 （ペニベイカー, D（ドン）・A（アラン）　1925–）

Pennethorne, James 〈19世紀〉
イギリスの建築家, 都市計画家。
⇒世美 （ペネソーン, ジェイムズ　1801–1871）

Penney, James Cash 〈19・20世紀〉
アメリカの小売業者, 博愛主義者。
⇒岩ケ （ペニー, J（ジェイムズ）・C（キャッシュ）　1875–1971）

Pennington, Mary Engle 〈19・20世紀〉
アメリカの化学者, 冷凍技術の専門家。
⇒岩ケ （ペニントン, メアリ・エングル　1872–1952）
世女日 （ペニントン, メアリー・エングル　1872–1952）

Penrose, Edith 〈20世紀〉
アメリカの経済学者。
⇒経済 （ペンローズ　1914–）
世女日 （ペンローズ, イーディス　1914–1996）

Penrose, Francis Crammer 〈19・20世紀〉
イギリスの建築家, 考古学者, 天文学者。古代ギリシアの建築物を実測し, 他方また日食観測にも従事した。
⇒岩世 （ペンローズ　1817.10.29–1903.2.15）
外国 （ペンローズ　1817–1903）
西洋 （ペンローズ　1817.10.29–1903.2.15）

Peonio of Efesos 〈前4世紀〉
ギリシアの建築家。
⇒建築 （エフェソスのペオニオ　（活動）前4世紀）

Pepperrell, William 〈17・18世紀〉
アメリカの商人, 軍人。植民地時代に主としてマサチューセッツ植民地で活躍。
⇒伝世 （ペッパレル　1696.6.27–1759.7.6）

Perceval, John de Burgh 〈20世紀〉
オーストラリアの陶芸家, 画家。
⇒岩ケ （パーシヴァル, ジョン・ド・バーグ　1923–）

Perceval, Spencer 〈18・19世紀〉
イギリスの政治家。ポートランドの内閣に蔵相を務め（1807）, 首相となった（09）。
⇒岩ケ （パーシヴァル, スペンサー　1762–1812）

岩世（パーシヴァル 1762.11.1–1812.5.11）
英米（Perceval, Spencer パーシヴァル 1762–1812）
外国（パーシヴァル 1762–1812）
西洋（パーシヴァル 1762.11.1–1812.5.11）

Percier, Charles 〈18・19世紀〉
フランスの建築家, 家具デザイナー。ナポレオンのためにテュイルリーなどの宮殿を改築, 修理。
⇒岩世（ペルシエ 1764.8.22–1838.9.5）
建築（ペルシエ, シャルル 1764–1838）
国小（ペルシエ 1764.8.22–1838.9.5）
コン2（ペルシエ 1764–1838）
コン3（ペルシエ 1764–1838）
新美（ペルシエ, シャルル 1764.8.22–1838.9.5）
西洋（ペルシエ 1764.8.22–1838.9.5）
世美（ペルシエ, シャルル 1764–1838）
百科（ペルシエ 1764–1838）

Percy, Charles H. 〈20世紀〉
アメリカの政治家。1949～61年ベル・アンド・ハウエル社社長。61年上院議員に当選。
⇒現人（パーシー 1919.9.27–）
世政（パーシー, チャールズ 1919.9.27–）
二十（パーシー, チャールズ 1919–）

Perdiguier, Agricol 〈19世紀〉
フランスの指物師, 組合運動家。
⇒百科（ペルディギエ 1805–1875）

Perdue, Franklin Parsons 〈20世紀〉
アメリカの食品会社経営者。
⇒岩ケ（パーデュー, フランク（フランクリン・パーソンズ） 1920–）

Pereira, Diogo 〈16世紀〉
ポルトガルの商人。
⇒岩世（ペレイラ ?–1587?）

Pereira, Galeote
ポルトガルの商人。
⇒岩世（ペレイラ）

Pereira, Jacob Rodriguez 〈18世紀〉
スペインの商人, 聾教育者。
⇒教育（ペレーラ 1715–1780）

Pereira, João
ポルトガルの豪商, マカオ司令官, 日本貿易船隊司令官。
⇒岩世（ペレイラ）

Pereire
フランスの実業家。
⇒岩世（ペレール兄弟）

Pereire, Isaac 〈19世紀〉
フランスの銀行家。立法院議員。兄とともに動産銀行を創設。
⇒国小（ペレール 1806.11.25–1880.7.13）
百科（ペレール, イザク 1806–1880）

Pereire, Jacob Emile 〈19世紀〉
フランスの銀行家。立法院議員。弟とともに動産銀行を創設。
⇒外国（ペレール 1800–1875）
国小（ペレール 1800.12.3–1875.1.6）
百科（ペレール, エミール 1800–1875）

Perennius, Marcus 〈前1世紀〉
古代ローマの陶工。
⇒世美（ペレンニウス, マルクス 前1世紀–後1世紀）

Pereslegin 〈20世紀〉
ソヴェト経済学者。主著『社会主義工業企業経済学』（共編）。
⇒名著（ペレスレーギン ?–）

Peressutti, Enrico 〈20世紀〉
イタリアの建築家。
⇒世美（ペレッスッティ, エンリーコ 1908–1976）

Pérez Ezquivel, Adolfo 〈20世紀〉
アルゼンチンのキリスト教平和運動指導者。彫刻家, 建築家として活躍すると同時に, 人権擁護活動にも献身。ノーベル平和賞受賞（1980）。
⇒西洋（ペレス 1931–）

Perikles 〈前5世紀〉
アテネの政治家。民主派の指導者として政権を掌握。民主政治を徹底させ, 土木・建築・学芸にも功績を挙げ, アテネを繁栄に導いた。
⇒逸話（ペリクレス 前495頃–前429）
岩ケ（ペリクレス 前495頃–前429）
岩世（ペリクレス 前495頃–429）
旺世（ペリクレス 前495頃–429）
外国（ペリクレス 前495頃–429）
角世（ペリクレス 前495?–前429）
教育（ペリクレス 前495?–429）
ギリ（ペリクレス ?–前429）
ギロ（ペリクレス 前495頃–前429）
広辞4（ペリクレス 前490頃–前429）
広辞6（ペリクレス 前490頃–前429）
国小（ペリクレス 前495頃–429）
国百（ペリクレス 前495頃–429）
コン2（ペリクレス 前495頃–前429）
コン3（ペリクレス 前495頃–前429）
新美（ペリクレース 前495頃–前429）
人物（ペリクレス 前495?–429）

西洋 （ペリクレス　前495頃–429）
世人 （ペリクレス　前495頃–前429）
世西 （ペリクレス　前498–429）
世百 （ペリクレス　前495頃–429）
全書 （ペリクレス　前495頃–429）
大辞 （ペリクレス　前495–前429頃）
大辞3 （ペリクレス　前495頃–前429）
大百 （ペリクレス　前495頃–429）
デス （ペリクレス　前495頃–429）
百科 （ペリクレス　前490頃–前429）
評世 （ペリクレス　前495頃–前429）
山世 （ペリクレス　前495頃–前429）
歴史 （ペリクレス　前495頃–前429頃）

Périn, Henri Charles Xavier 〈19・20世紀〉

ベルギーの経済学者。ルーヴァン大学教授（1844～81）。カトリックの立場から法律学，経済学と宗教との関係等を論じた。
⇒岩世 （ペラン　1815.8.29–1905.4.4）
　キリ （ペラン，アンリ・シャルル・グザヴィエ　1815.8.29–1905.4.4）
　西洋 （ペラン　1815.8.29–1905）

Perkin, *Sir* William Henry 〈19・20世紀〉

イギリスの有機化学者，化学技術者。最初の合成染料工業を起した（1857）。
⇒岩ケ （パーキン，サー・ウィリアム・ヘンリー　1838–1907）
　岩世 （パーキン　1860.6.17–1929.9.17）
　外国 （パーキン　1838–1907）
　科学 （パーキン　1838.3.12–1907.7.14）
　科技 （パーキン　1838.3.12–1907.7.14）
　科史 （パーキン　1838–1907）
　科人 （パーキン，サー・ウィリアム・ヘンリー　1838.3.12–1907.7.14）
　科大 （パーキン　1838–1907）
　科大2 （パーキン　1838–1907）
　広辞4 （パーキン　1838–1907）
　広辞5 （パーキン　1838–1907）
　広辞6 （パーキン　1838–1907）
　国小 （パーキン　1838.3.12–1907.7.14）
　コン2 （パーキン　1838–1907）
　コン3 （パーキン　1838–1907）
　人物 （パーキン　1838.3.12–1907.7.14）
　西洋 （パーキン　1838.3.12–1907.7.14）
　世科 （パーキン　1838–1907）
　世西 （パーキン　1838.3.12–1907.7.14）
　世百 （パーキン　1838–1907）
　全書 （パーキン　1838–1907）
　大辞 （パーキン　1838–1907）
　大辞2 （パーキン　1838–1907）
　大辞3 （パーキン　1838–1907）
　大百 （パーキン　1838–1907）
　デス （パーキン　1838–1907）
　ナビ （パーキン　1838–1907）
　二十 （パーキン，ウィリアム・ヘンリー　1838.3.12–1907.7.14）
　百科 （パーキン　1838–1907）

Perkins, Elizabeth Peck 〈18・19世紀〉

アメリカの実業家。
⇒世女日 （パーキンス，エリザベス・ペック　1735頃–1807）

Perkins, Jacob 〈18・19世紀〉

アメリカの発明家，物理学者。銀行紙幣の鋼製彫り版を作るためにイギリスに渡り（1818），これに成功。
⇒岩ケ （パーキンズ，ジェイコブ　1766–1849）
　岩世 （パーキンズ　1766–1849.7.30）
　西洋 （パーキンズ　1766–1849.7.30）

Perlis, Alan Jay 〈20世紀〉

アメリカのコンピューター科学者，教育者。
⇒岩世 （パーリス　1922.4.1–1990.2.7）

Perlo, Victor 〈20世紀〉

アメリカの経済学者。マルクス主義の立場から，アメリカ金融資本の巨大な権力支配の実態を実証的に解明。
⇒コン3 （パーロ　1912–）
　名著 （パーロ　1908–）

Perojo González, Benito 〈20世紀〉

スペイン生まれの映画監督，映画脚本家，映画製作者。
⇒世映 （ペロホ・ゴンサレス，ベニート　1894–1974）

Perot, Henry Ross 〈20世紀〉

アメリカの実業家，政治家。
⇒岩ケ （ペロー，（ヘンリー・）ロス　1930–）
　岩世 （ペロー　1930.6.27–）

Perot, Ross 〈20世紀〉

アメリカの実業家。
⇒現ア （Perot, Ross　ペロー，ロス　1930–）

Perrault, Claude 〈17世紀〉

フランスの建築家，科学者。フランス宮廷の建築デザインに従事。
⇒岩世 （ペロー　1613.9.25–1688.10.9）
　科史 （ペロー　1613–1688）
　科人 （ペロー，クロード　1613.9.25–1688.11.11）
　建築 （ペロー，クロード　1613–1688）
　国小 （ペロー　1613.9.25–1688.10.9）
　新美 （ペロー，クロード　1613.9.25–1688.10.9）
　人物 （ペロー　1613.9.25–1688.10.9）
　数学 （ペロー　1613.9.25–1688.10.9）
　数学増 （ペロー　1613.9.25–1688.10.9）
　西洋 （ペロー　1613.9.25–1688.10.9）
　世西 （ペロー　1613頃–1688.10.9）
　世美 （ペロー，クロード　1613–1688）
　世百 （ペロー　1613–1688）

伝世（ベロー，C. 1613.9.25–1688.10.9）
百科（ベロー 1613–1688）

Perreira, João 〈16世紀〉

ポルトガルの豪商，澳門（マカオ）総督，遣日貿易船隊司令官。
⇒西洋（ペレイラ 16世紀）

Perret, Auguste 〈19・20世紀〉

ブリュッセル生まれのフランスの建築家。鉄筋コンクリート建築の発展に貢献。
⇒岩世（ペレ 1874.2.12–1954.2.25）
才西（ペレー，オーギュスト 1874–1954）
外国（ペレー 1874–1954）
キリ（ペレー，オギュスト 1874.2.12–1954.2.25）
国小（ペレ 1874.2.12–1954.2.25）
コン3（ペレ 1874–1954）
新美（ペレ，オーギュスト 1874.2.12–1954.2.25）
人物（ペレ 1874.2.12–1954）
西洋（ペレ 1874.2.12–1954.3.4）
世西（ペレ 1874–?）
世美（ペレ，オーギュスト 1874–1955）
世百（ペレ，オーギュスト 1874–1955）
全書（ペレー 1874–1954）
大辞2（ペレ 1874–1954）
大百（ペレ 1874–1954）
デス（ペレ 1874–1954）
伝世（ペレ 1874.2.12–1954.2.25）
ナビ（ペレ 1874–1954）
二十（ペレ，オーギュスト 1874.2.12–1954.3.4（2.25））
百科（ペレ 1874–1954）

Perret, Claude 〈19・20世紀〉

ブリュッセル生まれのフランスの建築家。2人の兄と協力し，早くから新しい建築材料鉄筋コンクリートにとりくんだ。
⇒世百（ペレ，クロード 1880–）

Perret, Gustave 〈19・20世紀〉

ブリュッセル生まれのフランスの建築家。兄オーギュストと協力し，早くから新しい建築材料鉄筋コンクリートにとりくんだ。
⇒世百（ペレ，ギュスタヴ 1876–1952）

Perriand, Charlotte 〈20世紀〉

フランスのインテリア・デザイナー，工芸家，建築家。機能的な家具を研究。
⇒岩世（ペリアン 1903.10.24–1999.10.27）
国小（ペリアン 1902–）
新美（ペリアン，シャルロット 1902–）
人物（ペリアン 1903–）
西洋（ペリアン 1903–）
世女日（ペリアン，カルロット 1903–1999）
ナビ（ペリアン 1902–）
二十（ペリアン，シャルロット 1902–）

Perriand, Charlotte 〈20世紀〉

フランスの工芸家。
⇒世芸（ペリアン，シャルロット 1902–1971）

Perrin, Jacques 〈20世紀〉

フランスの俳優，映画プロデューサー。
⇒外男（ペラン，ジャック 1941.7.13–）
世俳（ペラン，ジャーク 1941.7.13–）
二十（ペラン，ジャック 1941.7.13–）
俳優（ペラン，ジャック 1941.7.31–）

Perronet, Jean Rodolphe 〈18世紀〉

フランスの土木技術家。パリの土木学校の初代校長（1747）。
⇒岩ケ（ペロネ，ジャン・ロドルフ 1708–1794）
岩世（ペロネ 1708.10.25–1794.2.27）
科史（ペロネ 1708–1794）
西洋（ペロネ 1708.10.25–1794.2.27）

Perroux, François 〈20世紀〉

フランスの経済学者。1944年より応用経済研究所（のち応用数学・経済研究所）を創立，主宰。
⇒経済（ペルー 1903–1987）
現人（ペルー 1903.12.19–）
二十（ペルー，フランソア 1903.12.19–1987.6.2）

Perry, Andrew J. 〈20世紀〉

オーストラリアの政治経済学者。モナシュ大政治経済学部講師。
⇒二十（ペリー，A.J.）

Perry, Arthur Latham 〈19・20世紀〉

アメリカの経済学者。自由貿易論者で，古典派経済学を祖述した通俗的な経済学教科書を著わした。
⇒岩世（ペリー 1830.2.27–1905.7.9）
経済（ペリー 1830–1905）
西洋（ペリ 1830–1905）

Perry, John 〈19・20世紀〉

イギリス（アイルランド）の応用数学者，技師。1875年来日し，工部大学校土木助教師となる。
⇒岩世（ペリー 1850.2.14–1920.8.4）
外国（ペリー 1850–1920）
コン3（ペリー 1850–1920）
人物（ペリー 1850.2.14–1920.8.4）
西洋（ペリ 1850.2.14–1920.8.4）
世西（ペリー 1850.2.14–1920.8.4）
世百（ペリー 1850–1920）
全書（ペリー 1850–1920）
大辞（ペリー 1850–1920）
大辞2（ペリー 1850–1920）
大辞3（ペリー 1850–1920）
大百（ペリー 1850–1920）
二十（ペリー，ジョン 1850–1920）

日人（ペリー　1850–1920）
名著（ペリー　1850–1920）
来日（ペリー　1850–1920）

Perry, Lee "Scratch" 〈20世紀〉
ジャマイカの作曲家，プロデューサー，DJ。
⇒岩世（ペリー　1936.3.20–）
実ク（ペリー，リー・スクラッチ）
標音（ペリー，リー・スクラッチ）

Perthes, Friedrich Andreas 〈19世紀〉
ドイツの出版業者。Friedrich Christophの子。
⇒西洋（ペルテス　1813.12.16–1890.1.1）

Perthes, Friedrich Christoph 〈18・19世紀〉
ドイツの出版業者。
⇒岩世（ペルテス　1772.4.21–1843.5.18）
キリ（ペルテス，フリードリヒ・クリストフ
　　　1772.4.21–1843.5.18）
西洋（ペルテス　1772.4.21–1843.5.18）

Perthes, Johann Georg Justus 〈18・19世紀〉
ドイツの出版業者。ゴータにJ.ペルテス書店を
開いた（1785）。
⇒岩世（ペルテス　1749.9.11–1816.5.1）
西洋（ペルテス　1749.9.11–1816）

Peruzzi, Baldassare Tommaso 〈15・16世紀〉
イタリアの画家，建築家。サン・ピエトロ大聖
堂の造営主任を務めた。
⇒岩世（ベルッツィ，バルダッサーレ（・トマーゾ）
　　　1481–1536）
岩世（ベルッツイ　1481.3.7–1536.1.6）
キリ（ベルッツイ，バルダッサーレ　1481.3.7–
　　　1536.1.6）
建築（ベルッツイ，バルダッサーレ　1481–1536）
国小（ベルッツイ　1481.3.7–1536.1.6）
コン2（ベルッツイ　1481–1536）
コン3（ベルッツイ　1481–1536）
新美（ベルッツイ，バルダッサーレ　1481–1536.
　　　1.6）
人物（ベルツイ　1481.3.7–1536.1.6）
西洋（ベルッツイ　1481.3.7–1536.1.6）
世美（ベルッツイ，バルダッサーレ　1481–1536）
世百（ベルッツイ　1481–1536）
全書（ベルッツイ　1481–1536）
大百（ベルッツイ　1481–1536）
百科（ベルッツイ　1481–1536）

Pesch, Heinrich 〈19・20世紀〉
ドイツの経済学者。キリスト教的連帯主義を首
唱し，カトリック的社会倫理に基づく経済学を
建設，発展させた。
⇒岩世（ペッシュ　1854.9.17–1926.4.1）

キリ（ペシュ，ハインリヒ　1854.9.17–1926.4.1）
経済（ペシュ　1854–1926）
西洋（ペッシュ　1854.9.17–1926.3.31）

Pessoa, André 〈16・17世紀〉
ポルトガル貿易船隊司令官。資金をゴアのイン
ド太守に呈して日本，中国への貿易船派遣の権
利を得た。
⇒岩世（ペソア　?–1610.1.9）
西洋（ペッソア　?–1609.1.9）

Peters, Carl 〈19・20世紀〉
ドイツの植民地政治家。ドイツの植民地帝国主
義の推進者，東アフリカのドイツ植民地の建
設者。
⇒外国（ペテルス　1856–1918）
コン2（ペータース　1856–1918）
コン3（ペータース　1856–1918）
西洋（ペーテルス　1856.9.27–1918.9.10）
世西（ペーテルス　1856.9.27–1918.9.9）
伝世（ペータース　1856–1918）

Peters, David 〈20世紀〉
アメリカの商業アーティスト。
⇒児作（Peters, David　ピーターズ，デイビッド）

Peterson, Peter G. 〈20世紀〉
アメリカの実業家。1971年「国際経済政策会議
（CIEP）」の事務局長兼大統領補佐官に就任。
⇒現人（ピーターソン　1926.6.5–）
二十（ピーターソン，ピーター・G.　1926–）

Peterson, Rudolph A. 〈20世紀〉
アメリカの銀行家。アメリカ銀行名誉取締役，
大統領直属作業部会議長。
⇒二十（ピーターソン，ルドルフ・A.　1904–）

Pethahiah of Regensburg 〈12世紀〉
中央ヨーロッパ出身のユダヤ人商人，ユダヤ教
司祭。ロシアとコーカサス山脈を通って中東ま
で陸路で旅した。
⇒探検1（ペタヒア　12世紀後半）

Petit, Georges 〈19・20世紀〉
フランスの画商。
⇒岩世（プティ　1856.3.11–1920.5.12）

Petit, Pascal 〈20世紀〉
フランスの経済学者。
⇒岩世（プティ　1943–）

Petitot, Ennemond-Alexandre 〈18・19世紀〉
フランスの建築家，素描家。

⇒建築（プティト, アンヌモン=アレクサンドル 1727–1801）
世美（プティト, エンヌモン=アレクサンドル 1727–1801）

Pëtr I Alekseevich 〈17・18世紀〉
ロシアのツァーリ, 皇帝. 中央集権化を推し進めた. 新首都ペテルブルグを建設. 西欧技術の普及, 官僚制の整備, 農奴制の安定, 商工業の育成を図り, 絶対主義を確立.
⇒逸話（ピョートル大帝1世 1672–1725）
岩ケ（ピョートル1世 1672–1725）
旺世（ピョートル（1世） 1672–1725）
外国（ピョートル1世 1672–1725）
角世（ピョートル1世（大帝） 1672–1725）
キリ（ピョートル1世（大帝） 1672.5.30/6.9–1725.1.28/2.8）
広辞4（ピョートル大帝 1672–1725）
広辞6（ピョートル大帝（一世） 1672–1725）
皇帝（ピョートル1世 1672–1725）
国小（ピョートル1世 1672.6.9–1725.2.8）
国百（ピョートル一世 1672.6.9–1725.2.8）
コン2（ピョートル1世 1672–1725）
コン3（ピョートル1世 1672–1725）
新美（ピョートル大帝（一世） 1672.5.30/6.9–1725.1.28/2.8）
人物（ピョートル一世 1672.6.9–1725.2.8）
西洋（ピョートル一世（大帝） 1672.6.9–1725.2.8）
世人（ピョートル1世（大帝） 1672–1725）
世西（ピョートル一世（大帝） 1672.6.9–1725.3.8）
世百（ピョートル1世 1672–1725）
全書（ピョートル一世 1672–1725）
大辞（ピョートル一世 1672–1725）
大辞3（ピョートル一世 1672–1725）
大百（ピョートル一世 1672–1725）
中ユ（ピョートル（1世） 1672–1725）
デス（ピョートル1世 1672–1725）
伝世（ピョートル1世 1672.5.30–1725.1.28露）
統治（ピョートル一世, 大帝 （在位）1682–1725）
百科（ピョートル1世 1672–1725）
評世（ピョートル1世 1672–1725）
山世（ピョートル1世（大帝） 1672–1725）
歴史（ピョートル1世 1672–1725）
ロシ（ピョートル（1世） 1672–1725）

Petrakov, Nikolai Yakovlevich 〈20世紀〉
ロシアの改革派経済学者.
⇒ロシ（ペトラコフ 1937–）

Petreius, Johann 〈15・16世紀〉
ドイツの印刷出版業者.
⇒音大（ペトレイウス 1497–1550.3.18）

Petrini, Antonio 〈17・18世紀〉
イタリア出身の建築家.

⇒建築（ペトリーニ, アントニオ 1625–1701）

Petrucci, Ottaviano 〈15・16世紀〉
イタリアの出版業者. 初めて植字印刷方式の楽譜印刷に成功, 定量音楽などの楽譜を印刷.
⇒岩世（ペトルッチ 1466.6.18–1539.5.7）
音楽（ペトルッチ, オッタヴィアーノ 1466.6.18–1539.5.7）
音大（ペトルッチ 1466.6.18–1539.5.7）
国小（ペトルッチ 1466.6.18–1539.5.7）
人物（ペトルッチ 1466.6.18–1539.5.7）
ラル（ペトルッチ, オッタヴィアーノ 1466–1539）

Pettenkofer, Max Joseph von 〈19・20世紀〉
ドイツの衛生学者, 化学者. ミュンヘン市の下水道を完成させ, 腸チフスを一掃.
⇒岩世（ペッテンコーファー 1818.12.3–1901.2.10）
科学（ペッテンコーファー 1818.12.3–1901.2.10）
科技（ペッテンコーファー 1818.12.3–1901.2.10）
科人（ペッテンコーフェル, マックス・ヨーゼフ・フォン 1818.12.13–1901.2.10）
看護（ペッテンコーファー 1818–1901）
国小（ペッテンコーファー 1818.12.3–1901.2.10）
コン2（ペッテンコーファー 1818–1901）
コン3（ペッテンコーファー 1818–1901）
人物（ペッテンコーファー 1818.12.3–1901.2.10）
西洋（ペッテンコーファー 1818.12.3–1901.2.10）
世西（ペッテンコーファー 1818.12.3–1901.2.10）
世百（ペッテンコーファー 1818–1901）
全書（ペッテンコーファー 1818–1901）
大百（ペッテンコーファー 1818–1901）
ナビ（ペッテンコーファー 1818–1901）
百科（ペッテンコーファー 1818–1901）

Petty, Norman 〈20世紀〉
アメリカのプロデューサー. ニュー・メキシコ州生まれ.
⇒ロ人（ペティ, ノーマン 1927–1984）

Petty, Sir William 〈17世紀〉
イギリスの経済学者, 統計学者. 主著『租税貢納論』(1662), 『政治算術』(90).
⇒イ哲（ペティ, W. 1623–1687）
岩ケ（ペティ, サー・ウィリアム 1623–1687）
岩世（ペティ 1623.5.26–1687.12.26）
外国（ペティ 1623–1687）
科史（ペティ 1623–1687）
角世（ペティ 1623–1687）
看護（ペティ 1623–1687）
教育（ペティ 1623–1687）

petuk   *478*   西洋人物レファレンス事典

国小（ペティ　1623.5.26-1687.12.16）
コン2（ペティ　1623-1687）
コン3（ペティ　1623-1687）
人物（ペティ　1623.5.26-1687.12.16）
数学（ペティ　1623.5.26-1687.12.16）
数学増（ペテイ　1623.5.26-1687.12.16）
西洋（ペティ　1623.5.26-1687.12.16）
世西（ペッティ　1623.5.26-1689.7.16）
世百（ペティ　1623-1687）
全書（ペティ　1623-1687）
大辞（ペティー　1623-1687）
大辞3（ペティー　1623-1687）
大百（ペティ　1623-1687）
デス（ペティ　1623-1687）
百科（ペティ　1623-1687）
評世（ペチー　1623-1687）
名著（ペティ　1623-1687）

Petukhov, Konstantin D. 〈20世紀〉
ソ連邦の政治家。ソ連国家科学技術委議長。
⇒二十（ペトウホフ，K.　1914-）

Peuerl, Paul 〈16・17世紀〉
オーストリアの作曲家，オルガン奏者，オルガ
ン製作者。
⇒音大（ポイエルル　1570.6.13（洗礼）-1625以後）

Peugeot, Armand Pierre Geoffroy 〈19・20世紀〉
フランスの実業家。
⇒岩世（プジョー　1848.2.18-1915.2.4）

Pevsner, *Sir* Nikolaus 〈20世紀〉
ドイツ生まれのイギリスの美術史家，建築史
家。主著『ヨーロッパ建築概観』（1942），『現
代デザインの先駆者たち』（49）。
⇒岩ケ（ペヴズナー，サー・ニコラウス（・ベルンハ
ルト・レオン）　1902-1983）
才世（ペヴスナー，ニコラウス（・ベルンハルト・
レオン）　1902-1983）
キリ（ペヴスナー，ニコラウス　1902.1.30-）
現人（ペブスナー　1902.1.30-）
幻想（ペヴズナー，ニコラス　1902-）
国小（ペブスナー　1902.1.30-）
新美（ペヴスナー，ニコラ（ウ）ス　1902.1.30-）
人物（ペヴスナー　1902-）
西洋（ペフスナー　1902.1.30-）
世美（ペヴスナー，ニコラウス　1902-1983）
大辞2（ペブスナー　1902-1983）
大辞3（ペブスナー　1902-1983）
二十（ペブスナー，ニコラス　1902.1.30-1983.8.
18）
二十英（Pevsner, Sir Nikolaus（Bernhad
Leon）　1902-1983）

Pevzner, Yakov Khatskelevich 〈20世紀〉
ソ連邦の経済学者。科学アカデミー世界経済お

よび国際関係研究所研究員。
⇒二十（ペヴズネル，Y.　1914-）

Peyre, Antoine François 〈18・19世紀〉
フランスの建築家。建築大賞を受賞（1762）。
⇒岩世（ペール　1739.4.5-1823.2.7）
西洋（ペール　1739.4.5-1823.3.7）

Peyre, Antoine Marie 〈18・19世紀〉
フランスの建築家。Marie Josephの子。初めて
鉄骨構造を作った。
⇒岩世（ペール　1770-1843）
西洋（ペール　1770-1843）

Peyre, Marie Joseph 〈18世紀〉
フランスの建築家。建築大賞を得た（1751）。
ヴァイイと共に，フランス座（現在のオデオン
座）を建築。
⇒岩世（ペール　1730-1785）
建築（ペール，ジョゼフ　1730-1785）
西洋（ペール　1730-1785）

Pfister, Marcus 〈20世紀〉
スイスのグラフィック・デザイナー，イラスト
レーター。
⇒児イ（Fister, Marcus　フィスター，M.　1960-）
児作（Pfister, Marcus　フィスター，マーカス
1960-）

Phalèse, Pierre 〈16世紀〉
オランダの音楽出版業者。1561年にはゴシック
式ネウマ記譜法による楽譜を出版。
⇒音楽（ファレーズ，ピエール　1510頃-1573/-6）
音大（ファレーズ　1510頃-1576頃）
ラル（ファレーズ，ピエール　1510頃-1573頃）

Phalke, Dhundiraj Govind 〈19・20世紀〉
インド生まれの映画監督，製作者。
⇒世映（ファールケー，ドゥンディーラージ・ゴー
ヴィンド　1870-1944）

Pheidias 〈前5世紀〉
ギリシアの彫刻家，建築家。パルテノン神殿建
設の総監督。
⇒逸話（フェイディアス　前490頃-前432頃）
岩ケ（フェイディアス　前5世紀）
岩世（フェイディアス　前490（-85）頃-430頃）
旺世（フェイディアス　前490頃-前430頃）
外国（フェイディアス　前490頃-432頃）
角世（フェイディアス　前465?-前425）
ギリ（フェイディアス　（活動）前450頃-430）
ギロ（フィディアス　前490-前430）
芸術（フェイディアス）
広辞4（フェイディアス　前500頃-前432頃）
広辞6（フェイディアス　前500頃-前432頃）

国小（フェイディアス　生没年不詳）
コン2（フェイディアス　前490頃–415頃）
コン3（フェイディアス　前490頃–前415頃）
新美（フェイディアース）
人物（フェイディアス　前490頃–432頃）
西洋（フェイディアス　前490/85頃–430頃）
世人（フィディアス（フェイディアス）　前490/485頃–前430頃）
世西（フェイディアス　前490頃–438/2頃）
世美（フェイディアス　前490頃–前430頃）
世百（フェイディアス　前490頃–430頃）
全書（フェイディアス　生没年不詳）
体育（フィディアス　前490–430頃）
大辞（フェイディアス　前5世紀後半頃）
大辞3（フェイディアス　前5世紀後半頃）
大百（フェイディアス　生没年不詳）
デス（フェイディアス　前490頃–430頃）
伝世（ペイディアス　前490頃–425頃）
百科（フェイディアス）
評世（フィディアス（フェイディアス）　前490頃–前430頃）
山世（フェイディアス　前5世紀）
歴史（フィディアス）

Phelps, Edmund Strother 〈20世紀〉
アメリカの経済学者。フィリップス曲線の理論的根拠を示す。
⇒二十（フェルプス, エドモンド・ストローザー　1933–）
ノベ3（フェルプス, E.S.　1933.7.26–）

Phelps Brown, Ernest Henry 〈20世紀〉
イングランド生まれの経済思想家。
⇒経済（フェルプス・ブラウン　1906–1994）

Philippović, Eugen, Freiherr von Philippsberg 〈19・20世紀〉
オーストリアの経済学者、社会学者。初めドイツ歴史学派に属し、のち限界効用理論の立場に移った。
⇒岩世（フィリッポヴィチ　1858.3.15–1917.6.4）
経済（フィリッポヴィッチ　1858–1917）
コン2（フィリッポヴィッチ　1858–1917）
コン3（フィリッポヴィッチ　1858–1917）
人物（フィリッポビッチ　1858.3.15–1917.6.4）
西洋（フィリッポヴィッチ　1858.3.15–1917.6.4）
世西（フィリッポヴィッチ　1853.3.15–1917.6.4）
名著（フィリッポヴィチ　1858–1917）

Philippson, Franz M 〈19・20世紀〉
ベルギーの銀行家。
⇒ユ人（フィリップソン, フランツ・M　1851–1925）

Philips, Anton Frederik 〈19・20世紀〉
オランダの大企業経営者。
⇒岩ケ（フィリップス, アントン　1874–1951）
岩世（フィリップス　1874.3.14–1951.10.7）
西洋（フィリップス　1874.3.14–1951.10.7）
二十（フィリップス, アントン　1874.3.14–1951.10.7）
百科（フィリップス　1874–1951）

Philips, Frederick 〈17・18世紀〉
植民地時代のニューヨークの商人。
⇒国小（フィリップス　1626–1702）

Philips, Frederik J. 〈20世紀〉
オランダの財界人。父のフィリップス, アントンは、フィリップス社を創業した人。1971年から同社会長。
⇒現人（フィリップス　1905.4.16–）

Philipse, Margaret 〈17世紀〉
アメリカ植民地時代の商人。
⇒世女日（フィリップス, マーガレット　?–1690）

Phillips, Alban William Housego 〈20世紀〉
イギリスの経済学者。フィリップス曲線の発見者。
⇒岩世（フィリップス　1914.11.18–1975.3.4）
二十（フィリップス, A.ウィリアム・H.　1914–1975）

Phillips, Julia 〈20世紀〉
アメリカの映画プロデューサー。
⇒世女日（フィリップス, ジュリア　1944–2002）

Phillips, Sir Lionel 〈19・20世紀〉
南アフリカの鉱山王。
⇒ユ人（フィリップス, サー・ライオネル　1855–1936）

Phillips, Sam 〈20世紀〉
アメリカのプロデューサー。アラバマ州生まれ。
⇒二十（フィリップス, サム　1923–）
口人（フィリップス, サム　1923–2003）

Philoklēs 〈前5世紀〉
古代ギリシアの建築家。
⇒集文（ピロクレス　前5世紀）
世美（フィロクレス　前5世紀後半）

Philōn 〈前4世紀〉
ギリシアの建築家。
⇒世美（フィロン　前4世紀後半）

Philōn 〈前2世紀頃〉
ギリシアの技術者。

⇒岩ケ（フィロン　2世紀）
科学（フィロ　（活躍）前2世紀頃）
科史（フィロン（ビュザンティオンの））
科人（フィロン，ビザンチウムの　前100?）
ギリ（フィロン（ビュザンティオンの）　前2世紀後半）
集文（ピロン（ビザンティウムの）　前3世紀後半）

Philoxenos 〈前2世紀〉
ギリシアの建築家。
⇒世美（フィロクセノス　前2世紀前半）

Phintias 〈前6世紀〉
ギリシアの陶工，陶画家。
⇒世美（フィンティアス　前6世紀末）

Phyfe, Duncan 〈18・19世紀〉
アメリカの家具作家。
⇒新美（ファイフ，ダンカン　1768–1854.8.16）
百科（ファイフ　1768–1854）

Piacentini, Marcello 〈19・20世紀〉
イタリアの建築家，都市設計家。
⇒岩世（ピアチェンティーニ　1881.12.8–1960.5.18）
国小（ピアチェンティーニ　1881.12.8–1960）
世美（ピアチェンティーニ，マルチェッロ　1881–1960）

Piano, Renzo 〈20世紀〉
イタリアの建築家。
⇒岩世（ピアノ　1937.9.14–）
ナビ（ピアノ　1937–）
二十（ピアノ，レンゾ　1937–）
日人（ピアノ　1937–）

Picart le Doux, Jean 〈20世紀〉
フランスのデザイナー。
⇒国小（ピカール・ル・ドゥ　1902–）

Piccard, Donald Louis 〈20世紀〉
ジャン・ピカールの末子で，父の気球実験に協力し，1950年代に牛乳壜型の気球を設計した。
⇒国百（ピカール，ドナルド・ルイ　1926–）
大百（ピカール，ドナルド　1926–）

Piccard, Jean Felix 〈19・20世紀〉
アメリカ（スイス生まれ）の化学者，航空技術者。気球で成層圏へ到達。オーギュスト・ピカールの双生児兄弟。
⇒岩ケ（ピカール，ジャン（・フェリックス）　1884–1963）
岩世（ピカール　1884.1.28–1963.1.28）
国小（ピカール　1884.1.28–1963.1.28）
国百（ピカール，ジャン・フェリックス　1884–1963.1.28）

コン3（ピカール　1884–1963）
人物（ピカール　1884.1.28–1963.1.28）
西洋（ピカール　1884.1.28–1963.1.28）
世百（ピカール　1884–1963）
大百（ピカール　1884–1963）
二十（ピカール，ジャン・フェリックス　1884.1.28–1963.1.28）

Piccinato, Luigi 〈20世紀〉
イタリアの建築家，都市計画家。
⇒世美（ピッチナート，ルイージ　1899–）

Pick, Frank 〈19・20世紀〉
イギリスの会社経営者，デザイナーのパトロン。
⇒岩ケ（ピック，フランク　1878–1941）

Pick, Lupu 〈19・20世紀〉
ドイツの映画監督，映画脚本家，映画製作者，俳優。
⇒監督（ピック，ルプ　1886.1.2–1931.3.9）
世映（ピック，ループ　1886–1931）

Pickens, Thomas Boone (Jr.) 〈20世紀〉
アメリカの投資会社会長，企業買収家。
⇒世西（ピケンズ　1928.5.22–）

Pickering, William Hayward 〈20世紀〉
アメリカの宇宙開発工学者。1958年に打ち上げられたアメリカ最初の人工衛星エクスプローラー1号の開発などを指導。
⇒科学（ピカリング　1910.12.24–）
現人（ピカリング　1910.12.24–）
二十（ピカリング，ウィリアム・ヘイワード　1910.12.24–）

Piëch Porche, Louise 〈20世紀〉
オーストリア生まれの実業家。
⇒世女日（ピエヒ＝ポルシェ，ルイーゼ　1904–1999）

Pierce, George Washington 〈19・20世紀〉
アメリカの電気学者。水晶発振器の回路研究者。ピアース回路。
⇒岩世（ピアース　1872.1.11–1956.8.25）
コン2（ピアース　1872–1956）
コン3（ピアース　1872–1956）
西洋（ピアース　1872.1.11–1956.8.25）
世百（ピアース　1872–1956）
全書（ピアース　1872–1956）
大百（ピアース　1872–1956）
二十（ピアース，ジョージ・ワシントン　1872.1.11–1956.8.25）

Pierce, John Robinson 〈20世紀〉
アメリカの電気技師。通信衛星の実用化に取り組み，1960年に打ち上げられたエコー1号の完成に主役を果たした。
⇒岩ケ（ピアース，ジョン・ロビンソン　1910–）
　岩世（ピアース　1910.3.27–2002.4.2)
　科学（ピアース　1910.3.27–)
　科技（ピアース　1910.3.27–)
　科人（ピアース，ジョン・ロビンソン　1910.3.27–)
　現人（ピアース　1910.3.27–)
　コン3（ピアース　1910–)
　西洋（ピアス　1910.3.27–)
　世西（ピアス　1910.3.27–)
　二十（ピアース，ジョン・ロビンソン　1910.3.27–)

Pierce, Samuel Riley（Jr.）〈20世紀〉
アメリカの政治家。住宅都市開発長官。
⇒二十（ピアース，サミュエル・R.（Jr.）　1922.9.8–)

Piermarini, Giuseppe 〈18・19世紀〉
イタリアの建築家。
⇒建築（ピエルマリーニ，ジュゼッペ　1734–1808）
　世美（ピエルマリーニ，ジュゼッペ　1734–1808）

Piérola, Nicolás de 〈19・20世紀〉
ペルーの政治家。J.バルタの下で蔵相となったが予算問題で攻撃され亡命。チリとの太平洋戦争に際し帰国を許され(1879)，大統領（79～81）となったが戦争指導に失敗して再び追われた。
⇒岩世（ピエロラ　1839.1.5–1913.6.24)
　西洋（ピエロラ　1839.1.5–1913.6.24)
　ラテ（ピエロラ　1839–1913)

Pierre d'Angicourt 〈13世紀〉
フランスの建築家。
⇒建築（ピエール・ダンジクール　（活動）13世紀)

Pierre de Cébazat 〈14世紀〉
フランスの建築長。
⇒建築（ピエール・ド・セバザ　（活動）14世紀)

Pierre de Montreau 〈13世紀〉
フランスの建築家。
⇒岩世（ピエール・ド・モントロー　?–1267.3.17)
　キリ（ピエール・ド・モントロー（モントルイユ）　1200–1266.3.17)
　建築（モントルイユ，ピエール・ド　1200頃–1267)
　国小（モントロー　?–1267)
　新美（ピエール・ド・モントゥルイユ（モントゥロー）　1200–1266)
　西洋（ピエール・ド・モントロー　?–1266.3.17)
　世美（ピエール・ド・モントルイユ　1200頃–1266)
　伝世（ピエール・ド・モントルイユ　13世紀)

Pierson, Nicolaas Gerard 〈19・20世紀〉
オランダの経済学者，政治家。蔵相兼首相（1897～1901）。経済学者としてオランダの経済立法に影響を与えた。
⇒岩世（ピールソン　1839.2.7–1909.12.24)
　西洋（ピールソン　1839.2.7–1909.11.24)

Pietilä, Reima 〈20世紀〉
フィンランドの建築家。
⇒世美（ピエティラ，レイマ　1923–)

Piffetti, Pietro 〈18世紀〉
イタリアの家具制作家。
⇒建築（ピフェッティ，ピエトロ　1700頃–1777)
　世美（ピッフェッティ，ピエトロ　1700頃–1777)

Pigafetta, Antonio 〈15・16世紀〉
イタリアの航海者。マゼランの世界周航に同行。
⇒岩世（ピガフェッタ　1480(-91)–1534頃)
　国小（ピガフェッタ　1491–1534頃)
　西洋（ピガフェッタ　1491–1534頃)
　百科（ピガフェッタ　1480/-91頃–1534頃)
　名著（ピガフェッタ　1491–1534)

Pigage, Nicolas de 〈18世紀〉
フランスの建築家。
⇒建築（ピガージュ，ニコラ・ド　1723–1796)
　世美（ピガージュ，ニコラ・ド　1723–1796)

Pignatel, Victor 〈19・20世紀〉
フランスの貿易商。ピニャテール商会経営。
⇒日人（ピニャテル　1846–1922)
　来日（ピニャテール　1846–1922)

Pigott, Nathaniel 〈18・19世紀〉
イギリスの測量技師，アマチュア天文家。
⇒天文（ピゴット　?–1804)

Pigou, Arthur Cecil 〈19・20世紀〉
イギリスの経済学者。主著『厚生経済学』(1920)。ピグー効果でも有名。
⇒岩世（ピグー　1877.11.18–1959.3.7)
　外国（ピグー　1877–)
　経済（ピグー　1877–1959)
　現人（ピグー　1877.11.18–1959.3.7)
　広辞4（ピグー　1877–1959)
　広辞5（ピグー　1877–1959)
　広辞6（ピグー　1877–1959)
　国小（ピグー　1877.11.18–1959.3.7)
　コン2（ピグー　1877–1959)

コン3（ピグー 1877-1959）
人物（ピグー 1877-1959）
西洋（ピグー 1877-1959.3.7）
世西（ピグー 1877-1957.3.7）
世百（ピグー 1877-1959）
全書（ピグー 1877-1959）
大辞（ピグー 1877-1959）
大辞2（ピグー 1877-1959）
大辞3（ピグー 1877-1959）
大百（ピグー 1877-1959）
デス（ピグー 1877-1959）
伝世（ピグー 1877.11.18-1959.3.7）
ナビ（ピグー 1877-1959）
二十（ピグー, アーサー・セシル 1877.11.18-
1959.3.7）
百科（ピグー 1877-1959）
名著（ピグー 1877-1959）

Pigulevskaya, Evgeniya Aleksandrovna 〈20世紀〉
ソ連邦の経済学者。
⇒二十（ピグレフスカヤ, エヴジニア 1909-）

Pilger, John Richard 〈20世紀〉
オーストラリアのジャーナリスト, ドキュメンタリー映画製作者。
⇒岩ケ（ピルジャー, ジョン（・リチャード）
1939-）

Pilgram, Anton II 〈15・16世紀〉
ドイツの建築家, 彫刻家。
⇒建築（ビルグラム, アンソニー 1460頃-1515頃）
世美（ビルグラム, アントン2世 1450/60頃-
1515頃）

Pilkington, Sir Lionel Alexander Bethume 〈20世紀〉
イギリスの技術者。フロート・ガラスの発明者。
⇒岩ケ（ピルキントン, サー・アラスター 1920-
1995）
岩世（ピルキントン 1920.1.7-1995.5.5）
西洋（ピルキントン 1920.1.7-）
二十（ピルキントン, ライオネル・アレクサンダー・B. 1920.1.7-）

Pillsbury, Charles Alfred 〈19世紀〉
アメリカの製粉業者。
⇒岩ケ（ピルズベリー, チャールズ・アルフレッド
1842-1899）

Pilyugin, Nikolai Alekseevich 〈20世紀〉
ソ連邦のオートメーション化・リモンコン専門学者, 宇宙ロケット設計者。
⇒二十（ピリューギン, ニコライ 1908.5.18-
1982）

Pinault, François 〈20世紀〉
フランスの実業家。
⇒岩世（ピノー 1936.8.21-）

Pinay, Antoine 〈20世紀〉
フランスの政治家。1955～56年外相, 58～60年ド・ゴール政権の下で蔵相を務めた。
⇒岩世（ピネー 1891.12.30-1994.12.13）
現人（ピネー 1891.12.30-）
国小（ピネー 1891.12.30-）
コン3（ピネー 1891-1994）
西洋（ピネー 1891.12.30-）
世政（ピネー, アントワーヌ 1891.12.30-1994.
12.13）
世百新（ピネ 1891-1994）
全書（ピネー 1891-）
二十（ピネー, A. 1891.12.30-?）
百科（ピネ 1891-）

Pinchbeck, Christopher 〈17・18世紀〉
イギリスの時計職人, 玩具職人。
⇒岩ケ（ピンチベック, クリストファー 1670頃-
1732）

Pinchot, Gifford 〈19・20世紀〉
アメリカの森林官。ビルトモアでアメリカにおける最初の組織的林業経営を行い（1892）, 注目を惹いた。
⇒岩世（ピンショー 1865.8.11-1946.10.4）
外国（ピンショー 1865-1946）
西洋（ピンショー 1865.8.11-1946.10.4）
二十（ピンショー, G. 1865.8.11-1946.10.4）
百科（ピンショー 1865-1946）

Pinckney, Eliza Lucas 〈18世紀〉
アメリカの女性。農場経営者。1741年藍の栽培に成功して普及に尽力。
⇒外国（ピンクニー 1722-1793）
世女（ピンクニー, エリザ（エリザベス） 1723-
1793）
世女日（ピンクニー, エリザベス 1722頃-1793）

Pineau, Christian 〈20世紀〉
フランスの政治家, 作家。第2次大戦中はレジスタンス運動に従事。戦後蔵相, 外相などを務めた（1956～57）。
⇒国小（ピノー 1904.10.14-）
世政（ピノー, クリスチャン 1904.10.14-1995.
4.5）
二十（ピノー, クリスチャン 1904-）

Pineau, Nicolas 〈17・18世紀〉
フランスの建築家, 彫刻家。ペテルブルクのペーターホーフ城の建立（1721完成）に従事。
⇒国小（ピノー 1684.10.8-1754.4.24）

経済・産業篇　　　　　　　　　483　　　　　　　　　　　　　　pisan

Pinkham, Lydia 〈19世紀〉
アメリカの薬剤師，薬品販売者。
⇒岩ケ（ピンクハム，リディア・エステス　1819–1883）
　世女（ピンクハム，リディア・E（エステス）1819–1883）
　世女日（ピンカム，リディア　1819–1883）

Pinto, Aníbal 〈19世紀〉
チリの政治家，法学者。大統領（1876～81）として鉄道建設，軍の近代化に努めた。
⇒国小（ピント　1825–1884）

Pinto, Fernão Mendes 〈16世紀〉
ポルトガルの商人，冒険家。21年間，アジア，アフリカ諸国を遍歴。種子島に鉄砲を伝えた一行の一人という。
⇒岩世（ピント　1509頃–1583.6）
　外国（ピントゥー　1509頃–1583）
　科学（ピント　1514頃–1583）
　キリ（ピント，フェルナン・メンデス　1510頃–1583.7.8）
　広辞4（ピント　1509頃–1583）
　広辞6（ピント　1509頃–1583）
　国史（ピント　1509–1583）
　国小（ピント　1510頃–1583.7.8）
　コン2（ピント　1509頃–1583）
　コン3（ピント　1509頃–1583）
　集世（ピント，メンデス　1510頃–1583）
　集文（ピント，メンデス　1510頃–1583）
　人物（ピント　1509–1583.6）
　スペ（ピント　1514?–1583）
　西洋（ピント　1509頃–1583.6）
　世西（ピント　1509頃–1583）
　世東（ピント　1514頃–1583）
　世文（ピント，フェルナン・メンデス　1510?–1583）
　全書（ピント　1509?–1583）
　対外（ピント　1509–1583）
　大百（ピント　1509?–1583）
　探検1（ピント　1509–1583）
　伝世（ピント　1510頃–1583.7.8）
　日研（ピント，F.メンデス　1509.?–1583.7.8）
　日人（ピント　1509?–1583）
　百科（ピント　1514?–1583）
　名著（ピント　1509?–1583）
　山世（ピント　1514?–1583）
　来日（ピント　1509?–1583.7.8）

Pintori, Giovanni 〈20世紀〉
イタリアの画家，デザイナー。「オリベッティ」のアート・ディレクター。
⇒国小（ピントーリ　1912–）
　新美（ピントーリ，ジョヴァンニ　1912.7.14–）
　二十（ピントリー，ジョヴァンニ　1912.7.14–）

Pinzón, Martín Alonso 〈15世紀〉
スペインの航海者，造船業者。コロンブスの第一航海を援助。
⇒岩世（ピンソン　1440頃–1493）
　西洋（ピンソン　1440頃–1493）
　全書（ピンソン　?–1493）

Pinzon, Vicente Yañez 〈15・16世紀〉
スペインの航海者。クリストファー・コロンブスの最初の航海でニーニャ号の船長として同行。1隻の船を指揮。その後，独自に数回アメリカに渡り，ブラジルやアマゾン河に到達した。
⇒岩ケ（ピンソン，ビセンテ・ヤニェス　1460頃–1524頃）
　全書（ピンソン　?–1514）
　探検1（ピンソン　1463–1514）

Piper, William Thomas 〈19・20世紀〉
アメリカの航空機製造者。
⇒岩ケ（パイパー，ウィリアム（・トマス）　1881–1970）

Piranesi, Giambattista 〈18世紀〉
イタリアの建築家，銅版画家。エッチングにすぐれ，多数の「ローマ景観図」や古代建築図を残す。
⇒岩ケ（ピラネージ，ジャンバッティスタ　1720–1778）
　岩世（ピラネージ　1720.10.4–1778.11.9）
　芸術（ピラネージ，ジョヴァンニ・バティスタ　1720–1778）
　幻想（ピラネージ，ジョヴァンニ・バティスタ　1720–1778）
　建築（ピラネージ，ジョヴァンニ・バッティスタ　1720–1778）
　広辞4（ピラネージ　1720–1778）
　広辞6（ピラネージ　1720–1778）
　国小（ピラネージ　1720.10.4–1778.11.9）
　コン2（ピラネージ　1720–1778）
　コン3（ピラネージ　1720–1778）
　新美（ピラネージ，ジョヴァンニ・バッティスタ　1720.10.4–1778.11.9）
　西洋（ピラネージ　1720.10.4–1778.11.9）
　世美（ピラネージ　1720頃–1778）
　世美（ピラネージ，ジャンバッティスタ　1720–1778）
　大辞（ピラネージ　1720–1778）
　大辞3（ピラネージ　1720–1778）
　デス（ピラネジ　1720–1778）
　伝世（ピラネージ　1720.10.4–1778.11.9）
　百科（ピラネージ　1720–1778）

Pirani, Marcello 〈19・20世紀〉
ドイツの物理学者。熱線真空計の発明者。
⇒岩世（ピラーニ（慣ピラニ）　1880.7.1–1968.1.11）
　西洋（ピラーニ　1880.7.1–1968.1.11）

Pisanello, Antonio 〈14・15世紀〉
イタリアの画家，彫金家。ヴェローナで活躍。作品には，フレスコ『聖告』（1422～26）など。

pisan *484* 西洋人物レファレンス事典

⇒岩ケ（ピサネロ，アントニオ　1395頃–1455）
　外国（ピザネロ　1380頃–1456頃）
　キリ（ピサネルロ　1395?.11.12–1455.9）
　芸術（ピサネロ　1395頃–1455頃）
　広辞4（ピサネロ　1395頃–1455頃）
　広辞6（ピサネロ　1395頃–1455頃）
　国小（ピサネロ　1395頃–1455頃）
　国百（ピサネロ，アントニオ　1395頃–1455頃）
　コン2（ピサネロ　1395–1455頃）
　コン3（ピサネロ　1395–1455頃）
　新美（ピサネルロ　1395頃–1455頃）
　人物（ピサネロ　1395.11.12–1455.9）
　西洋（ピサーノ　1395.11.12–1455.9）
　世西（ピサネルロ　1395頃–1450）
　世美（ピサネッロ　1395以前–1455頃?）
　世百（ピサネロ　1395頃–1450/5?）
　全書（ピサネロ　1395頃–1455）
　大百（ピサネロ　1395–1456）
　デス（ピサネロ　1395頃–1455頃）
　伝世（ピサネッロ　1395以前–1455.10）
　百科（ピサネロ　?–1455頃）

Pisano, Andrea 〈13・14世紀〉
イタリアの彫刻家，建築家。フィレンツェの大聖堂の建築を完成。
⇒岩ケ（ピサーノ，アンドレア　1270頃–1349）
　岩世（ピサーノ　1290頃–1348頃）
　外国（ピサーノ　1273–1348）
　キリ（ピサーノ，アンドレーア　1290頃–1348頃）
　芸術（ピサーノ，アンドレア　1290頃–1348）
　建築（アンドレア・ピサーノ（アンドレア・ダ・ポンテデラ（通称））　1290頃–1348/49）
　広辞4（ピサーノ　1290頃–1348）
　広辞6（ピサーノ　1290頃–1348）
　国小（ピサーノ　1290頃–1348/9）
　国百（ピサーノ，アンドレア　1290頃–1347頃）
　コン2（ピサーノ　1270頃–1348）
　コン3（ピサーノ　1270頃–1348）
　新美（ピサーノ，アンドレーア　1290頃–1348）
　西洋（ピサーノ　1290頃–1348）
　世西（ピサーノ　1290頃–1348頃）
　世美（アンドレーア・ピサーノ　1290頃–1349頃）
　世百（ピサーノ　1270頃/95–1348/9）
　全書（ピサーノ　1290頃–1348）
　大百（ピサーノ　1270頃–1348）
　伝世（アンドレア・ピサーノ　1290/5頃–1348.7.19以前）
　百科（ピサーノ　1290頃–1348）

Pisano, Giovanni 〈13・14世紀〉
イタリアの彫刻家，建築家。N.ピサーノの子。父とともにペルジアの聖堂前広場の噴水などを製作。
⇒岩ケ（ピサーノ，ジョヴァンニ　1250頃–1320頃）
　岩世（ピサーノ　1250頃–1314以後）
　外国（ピサーノ　1250頃–1328頃）
　キリ（ピサーノ，ジョヴァンニ　1250頃–1314以降）
　芸術（ピサーノ，ジョヴァンニ　1250頃–1314以後）

建築（ジョバンニ・ピサーノ　1248頃–1315頃）
　広辞4（ピサーノ　1245頃–1314頃）
　広辞6（ピサーノ　1245頃–1314頃）
　国小（ピサーノ，ジョバンニ　1250頃–1314以後）
　国百（ピサーノ，ジョバンニ　1250頃–1314以後）
　コン2（ピサーノ　1250頃–1320頃）
　コン3（ピサーノ　1250頃–1314頃）
　新美（ピサーノ，ジョヴァンニ　1245/50–1314以後）
　人物（ピサーノ　1250頃–1314以後）
　西洋（ピサーノ　1250頃–1314以後）
　世西（ピサーノ　1252頃–1314頃）
　世美（ジョヴァンニ・ピサーノ　1248頃–1314以降）
　世百（ピサーノ　1245頃–1317頃）
　全書（ピサーノ　1248頃–1314以後）
　大辞（ピサーノ　1250?–1314頃）
　大辞3（ピサーノ　1250?–1314頃）
　大百（ピサーノ　1250頃–1314）
　デス（ピサーノ　1240頃–1314頃）
　伝世（ジョヴァンニ・ピサーノ　1250頃–1314/7）
　百科（ピサーノ　1248頃–1319頃）

Pisano, Nicola 〈13世紀〉
イタリアの彫刻家，建築家。1259年ピサの洗礼堂を製作。
⇒岩ケ（ピサーノ，ニコロ　1225頃–1278/84）
　岩世（ピサーノ　1225頃–1280頃）
　外国（ピサーノ　1215頃–1280頃）
　キリ（ピサーノ，ニッコロ（ニコーラ）　1225/20頃–1278/84頃）
　芸術（ピサーノ，ニッコロ　1220–1284）
　建築（ニコラ・ピサーノ　1210/15–1278/84）
　広辞4（ピサーノ　1220頃–1280頃）
　広辞6（ピサーノ　1220頃–1280頃）
　国小（ピサーノ，ニコラ　1220頃–1283）
　国百（ピサーノ，ニッコロ　1220頃–1279/-84）
　コン2（ピサーノ　1220頃–1280頃）
　コン3（ピサーノ　1220頃–1280頃）
　新美（ピサーノ，ニコラ　1220頃–1278/84）
　人物（ピサーノ　1225頃–1280頃）
　西洋（ピサーノ　1225頃–1280頃）
　世西（ピサーノ　1215頃–1277頃）
　世美（ニコーラ・ピサーノ　1220/30–1278/84）
　世百（ピサーノ　1220頃–1278/87）
　全書（ピサーノ　1210/15–1278/84）
　大百（ピサーノ　1220/5–1287）
　デス（ピサーノ　1220頃–1283頃）
　伝世（ニコラ・ピサーノ　1220/5頃–1278/84）
　百科（ピサーノ　1220頃–1278/84）

Pisano, Nino 〈14世紀〉
イタリアの彫刻家，金銀細工師。
⇒コン2（ピサーノ　1315頃–1368頃）
　コン3（ピサーノ　1315頃–1368頃）
　世美（ニーノ・ピサーノ　14世紀初頭–1368）

Pissarides, Christopher 〈20世紀〉
キプロスの経済学者。[賞]2010年ノーベル経済

学賞受賞。
⇒ノベ3（ピサリデス, C. 1948.2.20–）

Pissarro, Lucien 〈19・20世紀〉
イギリスの画家, デザイナー, 木版画家, 印刷業者。
⇒岩ケ（ピサロ, リュシアン 1863–1944）
　新美（ピサロ, リュシアン 1863.2.20–1944）
　二十（ピサロ, リュシアン 1863.2.20–1944）

Pistocchi, Giuseppe 〈18・19世紀〉
イタリアの建築家。
⇒世美（ピストッキ, ジュゼッペ 1744–1814）

Pistrucci, Benedetto 〈18・19世紀〉
イタリアの宝石細工師, メダル制作家。
⇒世美（ピストルッチ, ベネデット 1784–1855）

Pitcairn, Robert 〈18世紀〉
イギリスの航海者。スウォロー（Swallow）号の乗組員として最初にピトケアン島（大洋州）を発見し（1767.7.2）, 島の名の由来となった。
⇒岩ケ（ピトケアン, ロバート 1745頃–1770）
　岩世（ピトケアン 1752.5.6–1770頃）
　西洋（ピトケアン 1747頃–1770頃）

Pitman, Sir Isaac 〈19世紀〉
イギリスの教育家。ピットマン式速記法を発明した。
⇒岩ケ（ピットマン, サー・アイザック 1813–1897）
　岩世（ピットマン 1813.1.4–1897.1.22）
　国小（ピットマン 1813.1.4–1897.1.12）
　西洋（ピットマン 1813.1.4–1897.1.22）

Pitot, Henri 〈17・18世紀〉
フランスの水力工学者, 土木工学者。流体力学を研究し「ピトー管」を発明（1928）, 流体内の流速分布を測定。
⇒岩ケ（ピトー, アンリ 1695–1771）
　岩世（ピトー 1695–1771）
　西洋（ピトー 1695–1771）

Pitt, Thomas 〈17・18世紀〉
イギリスの商人。巨大なダイヤモンドをフランス王室に売却。
⇒岩ケ（ピット, トマス 1653–1726）
　岩世（ピット 1653.7.5–1726.4.28）
　国小（ピット 1653.7.5–1726.4.28）
　西洋（ピット 1653.7.5–1726.4.28）

Pitt, William 〈18・19世紀〉
イギリスの政治家。ピット（大）の2男。1783年首相に就任。自由貿易を振興し, アメリカ独立戦争で疲弊した財政を再建。アイルランド合併

を行った。
⇒イ文（Pitt, William, the Younger 1759–1806）
　岩ケ（ピット, ウィリアム 1759–1806）
　岩世（ピット（小） 1759.5.28–1806.1.23）
　英米（Pitt, William（the Younger） （小）ピット 1759–1806）
　旺世（ピット（小） 1759–1806）
　外国（ピット（小） 1759–1806）
　角世（ピット（小～） 1759–1806）
　広辞4（ピット（小） 1759–1806）
　広辞6（ピット（小） 1759–1806）
　国小（ピット（小） 1759.5.28–1806.1.23）
　国百（ピット（小） 1759.5.28–1806.1.23）
　コン2（ピット 1759–1806）
　コン3（ピット 1759–1806）
　人物（ピット 1759.5.28–1806.1.23）
　西洋（ピット（小） 1759.5.28–1806.1.23）
　世人（ピット（小ピット） 1759–1806）
　世西（ピット（小） 1759.5.28–1806.1.23）
　世百（ピット 1759–1806）
　全書（ピット（小） 1759–1806）
　大辞（ピット（小ピット） 1759–1806）
　大辞3（ピット 1759–1806）
　大百（ピット（小） 1759–1806）
　デス（ピット（小） 1759–1806）
　伝世（ピット（小） 1759.5.28–1806.1.23）
　百科（ピット 1759–1806）
　評世（ピット（小） 1759–1806）
　山世（ピット（小） 1759–1806）
　歴史（ピット（小） 1759–1806）

Pixii, Antoine-Hippolyte 〈19世紀〉
フランスの物理機械器具製造家。1832年に最初の発電器を製造。
⇒世科（ピクシ 1808–1835）
　百科（ピキシ 1808–1835）

Planck, Conny 〈20世紀〉
ドイツ生まれの音楽プロデューサー, エンジニア。ドイツ生まれ。
⇒口人（プランク, コニー）

Planté, Raimond Louis Gaston 〈19世紀〉
フランスの電気学者。最初の実用的な鉛蓄電池を1859年に発明（1859）。
⇒岩ケ（プランテ, ガストン 1834–1889）
　岩世（プランテ 1834.4.22–1889.5.21）
　外国（プランテ 1834–1889）
　科学（プランテ 1834–1889）
　科人（プランテ, ガストン 1834.4.22–1889.5.21）
　国小（プランテ 1834–1889）
　コン2（プランテ 1834–1889）
　コン3（プランテ 1834–1889）
　人物（プランテ 1834.4.22–1889.5.21）
　西洋（プランテ 1834.4.22–1889.5.21）
　世西（プランテ 1834.4.22–1889.5.21）

P

大辞3（プランテ　1834–1889）
大百（プランテ　1834–1889）

Plantery, Gian Giacomo 〈17・18世紀〉
イタリアの建築家。
⇒建築（プランテリー（プランテリ，プランティエ
リ），ジャン・ジャコモ　1680–1756）
世美（プランテーリ，ジャン・ジャーコモ
1680–1756）

Plantin, Christophe 〈16世紀〉
フランスの製本家，印刷家，出版者。『多国語新
訳聖書』（1569〜72）を出版。
⇒岩ケ（プランタン，クリストフ　1520頃–1589）
岩世（プランタン　1520頃–1589.7.1）
音大（プランタン　1520?–1589.7.1）
キリ（プランタン，クリストフェル　1514頃–
1589.7.1）
集文（プランタン，クリストフ　1520頃–1589.7.
1）
西洋（プランタン　1514頃–1589.7.1）
百科（プランタン　1520頃–1589）

Plaskett, John Stanley 〈19・20世紀〉
カナダの技術者。
⇒岩ケ（プラスケット，ジョン・スタンリー
1865–1941）
科人（プラスケット，ジョン・スタンリー　1865.
11.17–1941.10.17）
世科（プラスケット　1865–1941）
天文（プラスケット　1865–1941）
二十（プラスケット，ジョン・S.　1865.11.17–
1941.10.17）

Platter, Thomas 〈15・16世紀〉
スイスの作家，人文主義者，出版者，学校長。
『自伝』（1576）が代表作。
⇒角世（プラッター（トマス）　1499–1582）
教育（プラッター　1499/1507–1582）
キリ（プラッター（プラーター），トーマス
1499.2.10/?–1582.1.26）
国小（プラッター　1499.2.10–1582.1.26）
西洋（プラッター　1499.2.10–1582.1.26）

Platz, Gustav Adolf 〈19・20世紀〉
ドイツの建築家。マンハイム市の建築課長
（1923来）。
⇒岩世（プラッツ　1881.11.21–1947.9.13）
西洋（プラッツ　1881–）

Playfair, Sir Nigel 〈19・20世紀〉
イギリスの演出家，劇場支配人。
⇒演劇（プレイフェア，サー・ナイジェル　1874–
1934）
二十英（Playfair, Sir Nigel Ross　1874–1934）

Playfair, William Henry 〈18・19世紀〉
イギリスの建築家。
⇒岩ケ（プレイフェア，ウィリアム・ヘンリー
1789–1857）
世美（プレイフェア，ウィリアム・ヘンリー
1789–1857）

Playford, Henry 〈17・18世紀〉
イギリスの音楽出版・販売業者の一族。
⇒音大（プレーフォード，ヘンリー　1657頃–1707
頃）

Playford, John 〈17世紀〉
イギリスの音楽出版業者。
⇒音楽（プレイフォード，ジョン　1623–1686.12?）
音大（プレーフォード，ジョン　1623–1686.12?）
国小（プレーフォード　1623–1686頃）

Pleasant, Mary Ellen 〈19・20世紀〉
アメリカの実業家。
⇒世女日（プレザント，メアリー・エレン　1814頃
–1904）

Plečnik, Jože 〈19・20世紀〉
スロベニア生まれの建築家。
⇒岩世（プレチュニク　1872.1.23–1957.1.7）
東欧（プレチニク　1872–1957）

Plekhanov, Georgii Valentinovich
〈19・20世紀〉
ロシアの革命家，思想家。ロシア初のマルクス
主義グループ「労働解放団」を組織。著書に，
マルクス主義の先駆的なロシア資本主義分析で
ある『われらの意見の相違』などがある。
⇒岩ケ（プレハーノフ，ゲオルギー・ヴァレンチノ
ヴィチ　1856–1918）
岩哲（プレハーノフ　1856–1918）
旺世（プレハーノフ　1856–1918）
外国（プレハーノフ　1856–1918）
角世（プレハーノフ　1856–1918）
経済（プレハーノフ　1856–1918）
広辞4（プレハーノフ　1856–1918）
広辞5（プレハーノフ　1856–1918）
広辞6（プレハーノフ　1856–1918）
国小（プレハーノフ　1856.12.11–1918.5.30）
コン2（プレハーノフ　1856–1918）
コン3（プレハーノフ　1856–1918）
集世（プレハーノフ，ゲオールギー・ワレンチノ
ヴィチ　1856.11.29–1918.5.30）
集文（プレハーノフ，ゲオールギー・ワレンチノ
ヴィチ　1856.11.29–1918.5.30）
人物（プレハノフ　1856.11.26–1918.5.30）
西洋（プレハーノフ　1856.12.11–1918.5.30）
世人（プレハーノフ　1856–1918）
世政（プレハーノフ，ゲオルギー　1856.12.11–
1918.5.30）
世西（プレハーノフ　1856.11.25–1918.5.31）
世百（プレハーノフ　1856–1918）

世文（プレハーノフ, ゲオルギー・ワレンチノ
　　ヴィチ　1856–1918）
全書（プレハーノフ　1856–1918）
大辞（プレハーノフ　1856–1918）
大辞2（プレハーノフ　1856–1918）
大辞3（プレハーノフ　1856–1918）
大百（プレハーノフ　1856–1918）
デス（プレハーノフ　1856–1918）
伝世（プレハーノフ　1856.11.29–1918.5.30露）
ナビ（プレハーノフ　1856–1918）
二十（プレハーノフ, ゲオルギー　1856–1918.5）
百科（プレハーノフ　1856–1918）
評世（プレハノフ　1856–1918）
名著（プレハーノフ　1856–1918）
山世（プレハーノフ　1856–1918）
歴学（プレハーノフ　1856–1918）
歴史（プレハーノフ　1856–1918）
ロシ（プレハーノフ　1856–1918）

Plenge, Johann 〈19・20世紀〉
ドイツの社会学者, 経済学者。組織学研究所を設立し, 社会学を人間関係の知識の組織学たらしめ, 哲学と同一の地位に置かんと試みた。
⇒外国（プレンゲ　1874–）
　世西（プレンゲ　1874.6.7–）

Pleydell-Bouverie, Katherine 〈20世紀〉
イギリスの陶芸家。
⇒岩ケ（プレイデル＝ブーヴェリー, キャサリン　1895–1985）
　世女日（プレイデル＝ブーヴェリー, カテリーン　1895–1985）

Pleyel, Camille Josephe Stephen 〈18・19世紀〉
オーストリア出身のフランスの作曲家, ピアノ奏者, 実業家。
⇒音大（プレイエル, カミーユ　1788.12.18–1855.5.4）
　ラル（プレイエル, カミーユ　1788–1855）

Pleyel, Ignaz 〈18・19世紀〉
オーストリアの作曲家, ピアノ製作者。
⇒音楽（プライエル, イグナツ　1757.6.18–1831.11.14）
　音大（プレイエル, イグナス　1757.6.18–1831.11.14）
　クラ（プレイエル, イグナーツ　1757–1831）
　作曲（プレイエル, イグナス（イニャース）　1757–1831）
　世百（プレイエル　1757–1831）
　ラル（プレイエル, イグナーツ　1757–1831）

Plimsoll, Samuel 〈19世紀〉
イギリスの船積改良家, 政治家。
⇒岩ケ（プリムソル, サミュエル　1824–1898）
　岩世（プリムソル　1824.2.10–1898.6.3）

西洋（プリムソル　1824.2.10–1898.6.3）

Plunkett, Walter 〈20世紀〉
アメリカ生まれの映画衣裳デザイナー。
⇒世映（プランケット, ウォルター　1902–1982）
　世俳（プランケット, ウォルター　1902.6.5–1982.3.8）

Poccianti, Pasquale 〈18・19世紀〉
イタリアの建築家。
⇒建築（ポッチャンティ, パスクアーレ　1774–1858）
　世美（ポッチャンティ, パスクアーレ　1774–1858）

Podbielniak, Walter Joseph 〈20世紀〉
アメリカの技術家, 実業家。ポドビールニアク会社を設立して（1928）社長となる。
⇒コン3（ポドビールニャック　1899–）
　西洋（ポドビールニアク　1899.3.13–）

Podrecca, Borris 〈20世紀〉
ユーゴスラビア生まれの建築家。
⇒二十（ポートレッカ, ボリス　1940–）

Poelaert, Joseph 〈19世紀〉
ベルギーの建築家。代表作はブリュッセル裁判所。
⇒岩世（プーラールト（プーラール）　1817.3.21–1879.11.3）
　建築（プラルト, ヨセフ　1817–1879）
　国小（ポーレルト　1817.3.21–1879.11.3）
　新美（プラールト, ヨゼフ　1817.3.21–1879.11.3）
　西洋（プーラルト　1817.3.21–1879.11.3）

Poelzig, Hans 〈19・20世紀〉
ドイツの建築家。マックス・ラインハルト劇場（1919）の建築で知られる。
⇒岩ケ（ベルツィヒ, ハンス　1869–1936）
　岩世（ベルツィヒ, ハンス　1869.4.30–1936.6.14）
　オ西（ベルツィヒ, ハンス　1869.4.30–1936.6.14）
　国小（ベルツィヒ, ハンス　1869.4.30–1936.6.14）
　新美（ベルツィッヒ, ハンス　1869.4.30–1936.6.14）
　西洋（ベルツィヒ　1869.4.30–1936.6.14）
　世美（ベルツィヒ, ハンス　1869–1936）
　世百（ベルチヒ　1869–1936）
　全書（ベルツィヒ　1869–1936）
　大百（ベルツィッヒ　1869–1936）
　二十（ベルツィヒ, ハンス　1869.4.30–1936.6.14）
　百科（ベルツィヒ　1869–1936）

Pogany, William（Willy）Andrew 〈19・20世紀〉
アメリカのイラストレーター, 舞台デザイ

ナー。ハンガリー生まれ。
⇒英児（Pogány, Willy　ポガーニー, ウィリー
　1882–1955）
　児イ（Pogany, William（Willy）Andrew　ポガ
　ニー, W.A.　1882–1955）
　世児（ポーガーニ, ウィリー・（ヴィルモーシュ）
　1882–1956）

Poggi, Giuseppe 〈19・20世紀〉
イタリアの建築家, 都市設計家。
⇒国小（ポッジ　1811–1901）
　世美（ポッジ, ジュゼッペ　1811–1901）

Pöhl, Karl Otto 〈20世紀〉
ドイツの銀行家。
⇒岩世（ペール　1929.12.1–）

P Pohlke, Karl Wilhelm 〈19世紀〉
ドイツの数学者で技術者。
⇒数学（ポールケ　1810.1.28–1876.11.27）
　数学増（ポールケ　1810.1.28–1876.11.27）

Poincaré, Raymond Nicolas Landry
〈19・20世紀〉
フランスの政治家, 弁護士。文相・蔵相・首相
を経て, 1913～20年大統領。大統領として第1
次世界大戦下「神聖連合」の挙国一致体制を成
立させた。大戦後の23年に首相としてルールを
占領。26～29年首相兼蔵相としてフランの安定
に成功。
⇒逸話（ポアンカレ　1860–1934）
　岩ケ（ポワンカレ, レモン（・ニコラ・ランドリ）
　1860–1934）
　岩世（ポワンカレ　1860.8.20–1934.10.15）
　旺世（ポワンカレ　1860–1934）
　外国（ポアンカレ　1860–1934）
　角世（ポアンカレ　1860–1934）
　広辞4（ポアンカレ　1860–1934）
　広辞5（ポアンカレ　1860–1934）
　広辞6（ポアンカレ　1860–1934）
　国小（ポアンカレ　1860.8.20–1934.10.15）
　コン2（ポアンカレ　1860–1934）
　コン3（ポアンカレ　1860–1934）
　人物（ポアンカレー　1860.8.20–1934.10.15）
　西洋（ポアンカレ　1860.8.20–1934.10.15）
　世人（ポワンカレ（ポアンカレ）　1860–1934）
　世政（ポアンカレ, レモン　1860.8.20–1934.10.
　15）
　世西（ポアンカレ　1860.8.20–1934.10.15）
　世百（ポアンカレ　1860–1934）
　全書（ポアンカレ　1860–1934）
　大辞（ポアンカレ　1860–1934）
　大辞2（ポアンカレ　1860–1934）
　大辞3（ポアンカレ　1860–1934）
　大百（ポアンカレ　1860–1934）
　デス（ポアンカレ　1860–1934）
　伝世（ポワンカレ　1860.8.20–1934.10.15）
　ナビ（ポアンカレ　1860–1934）
　二十（ポアンカレ, R.N.L.　1860–1934）

　百科（ポアンカレ　1860–1934）
　評世（ポアンカレー　1860–1934）
　山世（ポワンカレ　1860–1934）
　歴史（ポアンカレ　1860–1934）

Point, Fernand 〈19・20世紀〉
フランスの料理人, レストラン経営者。
⇒岩世（ポワン　1897.2.25–1955.3.5）

Poiret, Paul 〈19・20世紀〉
フランスの服飾デザイナー。
⇒岩ケ（ポワレ, ポール　1879–1944）
　岩世（ポワレ　1879.4.20–1944.4.28（30））
　広辞6（ポワレ　1879–1944）
　全書（ポワレ　1880–1944）
　ナビ（ポアレ　1879–1944）
　二十（ポアレ, ポール　1879–1944）
　百科（ポアレ　1879–1944）

Poisson, Pierre 〈13世紀〉
フランスの建築家。
⇒建築（ポワソン, ピエール　1285頃–?）

Poisson, Pierre 〈19・20世紀〉
フランスの彫刻家, 工芸家。記念碑, 胸像, レ
リーフを制作。
⇒芸術（ポアソン, ピエル　1876–1953）
　国小（ポアソン　1876–1953）
　世芸（ポアソン, ピエル　1876–1953）

Polansky, Lois 〈20世紀〉
アメリカ生まれの工芸家, 画家。
⇒世芸（ポランスキー, ルイ　1939–）

Polanyi, Karl 〈19・20世紀〉
ハンガリー生まれの経済学者, 歴史学者。経済
人類学の創始者の一人。社会と経済との関係を
追究し, 経済人類学の生成・発展に強い刺激を
与えた。
⇒岩世（ポラーニ（ポランニー）　1886–1964.4.23）
　岩哲（ポランニー, K.　1886–1964）
　経済（ポラニー　1886–1964）
　広辞5（ポランニー　1886–1964）
　広辞6（ポランニー　1886–1964）
　コン3（ポランニー　1886–1964）
　西洋（ポラニー　1886–1964.4.23）
　世西（ポラーニ　1886–1964.4.23）
　世百新（ポランニー　1886–1964）
　全書（ポラニー　1886–1964）
　大辞2（ポランニー　1886–1964）
　大辞3（ポランニー　1886–1964）
　伝世（ポランニー　1886.10.25–1964.4.23）
　東欧（ポランニー　1886–1964）
　ナビ（ポランニー　1886–1964）
　二十（ポランニー, K.　1886–1964.4.23）
　百科（ポランニー　1886–1964）

歴学（ポラーニ　1886–1964）

Polanyi, Michael 〈20世紀〉
ハンガリーの物理化学者，社会科学者。カールの弟。マンチェスターのヴィクトリア大学社会科学教授（1947～）。「暗黙知」のあり方を指摘。分散化した知識のモデルで経済学にも影響を与えた。
⇒イ哲　（ポランニー，M.　1891–1976）
　岩ケ　（ポランニー，マイケル　1891–1976）
　岩世　（ポランニー　1891.3.12–1976.2.22）
　外国　（ポラニー　1891–）
　科学　（ポランニー　1891.3.12–）
　科史　（ポランニー　1891–1976）
　科人　（ポラニ，ミヒャエル　1891.3.12–1976.2.22）
　経済　（ポランニー　1891–1976）
　広辞6（ポランニー　1891–1976）
　コン3（ポランニー　1891–1976）
　最世　（ポランニー，マイケル　1891–1976）
　思想　（ポランニー，マイケル　1891–1976）
　西洋　（ポラーニ　1891.3.12–1976.2.22）
　世科　（ポランニー　1891–1976）
　世百新（ポランニー　1891–1976）
　全書　（ポランニー　1891–1976）
　大辞2（ポランニー　1891–1976）
　大辞3（ポランニー　1891–1976）
　大百　（ポラニ　1891–1976）
　東欧　（ポランニー　1891–1976）
　ナビ　（ポランニー　1891–1976）
　二十　（ポランニー，M.　1891.3.12–1976.2.22）
　百科　（ポランニー　1891–1976）

Poletti, Luigi 〈18・19世紀〉
イタリアの建築家。
⇒建築　（ポレッティ，ルイジ　1792–1869）

Polhem, Christopher 〈17・18世紀〉
スウェーデンの技術者，発明家。種々の機械を発明し，時に「スウェーデン機械学の父」とよばれる。
⇒岩世　（プールヘム　1661.12.18–1751.8.30）
　科学　（プールヘム　1661.12.18–1751.8.30）
　科技　（プールヘム　1661.12.18–1751.8.30）
　西洋　（プールヘム　1661–1751）

Polikarpov, Nikolai Nikolaevich 〈20世紀〉
ソ連邦の航空機設計家。多数の軍用機を設計，1936年戦闘機に火砲を装備。
⇒コン3（ポリカルポフ　1892–1944）

Pollack, Agoston 〈19世紀〉
オーストリアの建築家の一族。
⇒世美　（ポラック，アゴストン　1807–1872）

Pollack, Joseph 〈18・19世紀〉
オーストリアの建築家の一族。
⇒世美　（ポラック，ヨーゼフ　1779–1857）

Pollack, Leopold 〈18・19世紀〉
オーストリアの建築家の一族。
⇒建築　（ポラック，レオポルト　1751–1806）
　世美　（ポラック，レオポルト　1751–1806）

Pollack, Michael Johann 〈18・19世紀〉
オーストリアの建築家の一族。
⇒世美　（ポラック，ミヒャエル・ヨハン　1773–1855）

Pollack, Sydney 〈20世紀〉
アメリカ生まれの映画監督，男優，映画製作者。代表作『ひとりぼっちの青春』（1969年），『大いなる勇者』（72）。
⇒監督　（ポラック，シドニー　1934.7.1–）
　世映　（ポラック，シドニー　1934–2008）
　世俳　（ポラック，シドニー　1934.7.1–）

Pollaiuolo, Antonio 〈15世紀〉
イタリアの建築家，鋳金家，彫刻家，画家，版画家。絵画『裸体の男たちの闘争』が主作品。
⇒岩ケ　（ポライウオロ，アントニオ　1432頃–1498）
　岩世　（ポッライウオーロ　1432頃–1498.2.4）
　キリ　（ポルライウォーロ，アントーニオ　1431頃–1498.2.4）
　芸術　（ポライウォーロ兄弟　1432–1498頃）
　国小　（ポライウオロ　1431/2–1498.2.4）
　コン2（ポライウォロ　1429/33–1498）
　コン3（ポライウォーロ　1432頃–1498）
　新美　（ポルライウオーロ，アントーニオ　1432頃–1498.2.4）
　人物　（ポライウォーロ　1433.1.14–1498.2.4）
　西洋　（ポライウォーロ　1433.1.14/29頃–1498.2.4）
　世西　（ポライウォーロ　1426–1498.2.4）
　世美　（ポッライウオーロ，アントーニオ　1431頃–1498）
　世百　（ポライウォロ，アントニオ　1429頃–1498）
　大百　（ポライウオロ　1429–1498）
　デス　（ポライウオロ　1430頃–1498）
　百科　（ポライウオロ　1432頃–1498）

Pollini, Gino 〈20世紀〉
イタリアの建築家。
⇒世美　（ポッリーニ，ジーノ　1903–）

Polo, Maffeo 〈13・14世紀〉
ベネツィアの商人。マルコ・ポーロの伯父。中国ハーンの宮廷に赴き，使節としてヨーロッパに戻った。
⇒探検1（ポーロ　?–1310?）

Polo, Nicolo 〈12世紀〉

ベネツィアの商人。マルコ・ポーロの父。中国
ハーンの宮廷に赴き，使節としてヨーロッパに
戻った。

⇒探検1（ポーロ　?-1300?）

Polock, Moses 〈19・20世紀〉

アメリカの出版業者，書籍愛好家。アメリカ文
献専門の最初の稀覯（きこう）本商。

⇒国小（ポロック　1817-1903）

**Polonceau, Jean Barthélemy
Camille** 〈19世紀〉

フランスの鉄道技師，建築家。オルレアンの鉄
道局長となる（1848～）。

⇒岩世（ポロンソー　1813.10.29-1859.9.21）
　西洋（ポロンソー　1813-1859）

Polsbroeck, Dirk de Graeff van 〈19
世紀〉

幕末のオランダ駐日外交官。伯爵。オランダ商
人スネルの奥羽大同盟支援の件で首席判事を務
めた。

⇒国史（ポルスブルック　生没年不詳）
　国小（ポルスブルック　生没年不詳）
　西洋（ポルスブルック）
　日人（ポルスブルック　生没年不詳）
　来日（ポルスブルック　生没年不詳）

Polukleitos 〈前5世紀〉

ギリシアの彫刻家，建築家。

⇒岩ケ（ポリュクレイスト　前5世紀）
　岩世（ポリュクレイトス　前452-05年頃）
　旺世（ポリクレイトス　生没年不詳）
　外国（ポリュクレイトス　前5世紀）
　角世（ポリュクレイトス　生没年不詳）
　ギリ（ポリュクレイトス　（活動）前450頃-420）
　ギロ（ポリュクレイトス　前5世紀）
　芸術（ポリュクレイトス）
　広辞4（ポリュクレイトス）
　広辞6（ポリュクレイトス）
　国小（ポリュクレイトス　生没年不詳）
　国百（ポリュクレイトス　生没年不詳）
　コン2（ポリュクレイトス　前5世紀）
　コン3（ポリュクレイトス　生没年不詳）
　新美（ポリュクレイトス）
　人物（ポリュクレイトス　前452-405）
　西洋（ポリュクレイトス）
　世人（ポリュクレイトス　生没年不詳）
　世西（ポリュクレイトス　前460/70-423頃）
　世美（ポリュクレイトス（大）　（活動）前5世紀後
　　半）
　世百（ポリュクレイトス　生没年不詳）
　全書（ポリクレイトス　生没年不詳）
　大辞（ポリュクレイトス　生没年不詳）
　大辞3（ポリュクレイトス　前5世紀）
　大百（ポリュクレイトス　生没年不詳）
　デス（ポリュクレイトス　生没年不詳）

　伝世（ポリュクレイトス　前5世紀）
　百科（ポリュクレイトス　生没年不詳）
　評世（ポリクレイトス　前5世紀後半）
　山世（ポリュクレイトス　前5世紀）

Polykleitos 〈前5・4世紀〉

ギリシアの彫刻家，建築家。エピダウロスの劇
場を設計。

⇒世美（ポリュクレイトス（小）　前5-前4世紀）

Polykleitos 〈前4世紀〉

古代ギリシアの彫刻家，建築家。

⇒国小（ポリュクレイトス　生没年不詳）
　世美（ポリュクレイトス　前4世紀）

Pommer, Erich 〈19・20世紀〉

ドイツ無声映画の黄金時代を築いた大プロ
デューサー。トーキーでは『会議は踊る』
（1931）など。

⇒岩世（ポマー　1889.7.20-1966.5.8）
　外国（ポンマー　1889-）
　国小（ポマー　1889.7.20-1966.5.11）
　世映（ポマー，エーリヒ　1889-1966）
　世百新（ポマー　1889-1966）
　大百（ポマー　1889-1966）
　伝世（ポマー　1889-1966）
　二十（ポマー，エリック　1889.4-1966）
　百科（ポマー　1889-1966）

Pompei, Alessandro 〈18世紀〉

イタリアの建築家，画家，建築著述家。

⇒世美（ポンペイ，アレッサンドロ　1705-1772）

Pompeius Magnus, Gnaeus 〈前2・1世
紀〉

ローマの軍人，政治家。長年ローマを悩ませて
いた海賊を掃蕩，東方平定などで権勢を伸ばし
た。第1回三頭政治の一員。のち，カエサルと
争い暗殺された。

⇒岩ケ（ポンペイウス　前106-前48）
　旺世（ポンペイウス　前106-前48）
　外国（ポンペイウス　前106-48）
　角世（ポンペイウス　前106-前48）
　キリ（ポンペーイウス・マグヌス，グナエウス
　　前106.9.29-前48.9.28）
　ギロ（ポンペイウス・マグヌス（大）　前106-前
　　48）
　広辞4（ポンペイウス　前106-前48）
　広辞6（ポンペイウス　前106-前48）
　国小（ポンペイウス・マグヌス，グナエウス（大ポ
　　ンペイウス）　前106.9.29-48.9.28）
　コン2（ポンペイウス　前106-48）
　コン3（ポンペイウス　前106-48）
　人物（ポンペイウス　前106.6.30-48.9.28）
　西洋（ポンペイウス　前106.9.29-48.9.28）
　世人（ポンペイウス　前106-前48）
　世西（ポンペイウス　前106.6.30-48.9.28）
　世百（ポンペイウス　前106-48）

全書（ポンペイウス　前106-48）
大辞（ポンペイウス　前106-前48）
大辞3（ポンペイウス　前106-前48）
大百（ポンペイウス　前106-48）
デス（ポンペイウス　前106-48）
伝世（ポンペイウス　前106.9.29-48）
百科（ポンペイウス　前106-前48）
評世（ポンペイウス　前106-前48）
山世（ポンペイウス　前106-前48）
歴史（ポンペイウス　前106-前48）
ロマ（ポンペイウス　前106-48）

Poncelet, Jean Victor 〈18・19世紀〉

フランスの数学者，機械工学者。1822年『図形の射影的特性の研究』を発表。
⇒岩世（ポンスレ　1788.7.1-1867.12.23）
外国（ポンスレー　1788-1867）
科学（ポンスレ　1788.7.1-1867.12.23）
科技（ポンスレ　1788.7.1-1867.12.23）
科史（ポンスレ　1788-1867）
科人（ポンスレ，ジャン・ヴィクトール　1788.7.1-1867.12.22）
科大（ポンスレー　1788-1867）
国小（ポンスレ　1788.7.1-1867.12.22）
コン2（ポンスレ　1788-1867）
コン3（ポンスレ　1788-1867）
人物（ポンスレ　1788.7.1-1867.12.23）
数学（ポンスレ　1788.7.1-1867.12.12）
数学増（ポンスレ　1788.7.1-1867.12.12）
西洋（ポンスレ　1788.7.1-1867.12.23）
世科（ポンスレ　1788-1867）
世西（ポンスレ　1788.7.1-1867.12.23）
世百（ポンスレ　1788-1867）
全書（ポンスレ　1788-1867）
大辞（ポンスレ　1788-1867）
大辞3（ポンスレ　1788-1867）
大百（ポンスレ　1788-1867）
百科（ポンスレ　1788-1867）
名著（ポンスレ　1788-1867）

Poniatoff, Alexander 〈20世紀〉

アメリカの電子エンジニア，発明家。
⇒岩ケ（ポニアトフ，アレグザンダー　1892-1980）

Pontelli, Baccio 〈15世紀〉

イタリアの寄木細工師，建築家。
⇒世美（ポンテッリ，バッチョ　1450頃-1492）

Ponti, Carlo 〈20世紀〉

イタリアの映画製作者。作品に『ふたりの女』『ドクトル・ジバゴ』など。女優ソフィア・ローレンは妻。
⇒現人（ポンティ　1913.12.11-）
世映（ポンティ，カルロ　1910-2007）
二十（ポンティ，C.　1913（10）.12.11-）

Ponti, Gio 〈20世紀〉

イタリアの建築家。1928年雑誌「ドムス」を創刊。ミラノ・トリエンナーレの推進者。
⇒岩世（ポンティ　1891.11.18-1979.9.16）
国小（ポンティ　1891.11.18-）
コン3（ポンティ　1891-1979）
新美（ポンティ，ジオ　1891.11.18-1979.9.15）
西洋（ポンティ　1891.11.18-1979.9.16）
世美（ポンティ，ジオ　1891-1979）
全書（ポンティ　1891-1979）
大辞2（ポンティ　1891-1979）
大辞3（ポンティ，ジオ　1891-1979）
二十（ポンティ，ジオ　1891.11.18-1979.9.15）

Pontifs, Guillaume 〈15世紀〉

ルーアンのカテドラルの建築長。
⇒建築（ポンティフ，ギョーム　?-1497頃）

Ponzello, Domenico 〈16世紀〉

イタリアの大理石彫刻家，建築家の一族。
⇒世美（ポンツェッロ，ドメーニコ　16世紀）

Ponzello, Giovanni 〈16世紀〉

イタリアの大理石彫刻家，建築家。
⇒世美（ポンツェッロ，ジョヴァンニ　16世紀）

Ponzio, Flaminio 〈16・17世紀〉

イタリアの建築家。
⇒建築（ポンツィオ，フラミニオ　1560頃-1613）
世美（ポンツィオ，フラミーニオ　1559/60-1613）

Poole, Jack 〈20・21世紀〉

カナダの実業家。
⇒世ス（プール，ジャック　1933.4.14-2009.10.23）

Popov, Aleksandr Stepanovich 〈19・20世紀〉

ロシアの物理学者。無線電信を発見し，彼の発明したアンテナを用いて最初の無線電報を伝達し（1895），最初の発信局を創設した（96）。
⇒岩ケ（ポポフ，アレクサンドル・ステパノヴィチ　1859-1905）
岩世（ポポーフ　1859.3.4-1905.12.31）
科学（ポポフ　1859.3.16-1905.1.13）
科技（ポポフ　1859.3.16-1905.1.13）
科史（ポポフ　1859-1906）
科人（ポポフ，アレクサンドル・ステパノヴィッチ　1859.3.16-1906.1.13）
コン2（ポポーフ　1859-1906）
コン3（ポポフ　1859-1906）
西洋（ポポフ　1859.3.4-1905.12.31）
世百（ポポフ　1859-1905）
全書（ポポフ　1859-1906）
大辞（ポポフ　1859-1905）
大辞2（ポポフ　1859-1905）
大辞3（ポポフ　1859-1905）
大百（ポポフ　1859-1906）

デス（ポポフ　1859-1905）
二十（ポポフ，アレクサンドール　1859.3.16
　(4) -1905.1.13（12.31)）
百科（ポポフ　1859-1905）
ロシ（ポポフ　1859-1906）

Popov, Gavriil Kharitonovich 〈20世紀〉

ソ連・ロシアの経済学者，政治家。
⇒岩世（ポポーフ　1936.10.31-）
　ロシ（ポポフ　1936-）

Popov, Konstantin Mikhailovich 〈20世紀〉

ソ連邦の経済学者。ソ連科学アカデミー東洋学研究所学術研究員。
⇒二十（ポポフ，コンスタンティン　1900-）

Pöppelmann, Matthäus Daniel 〈17・18世紀〉

ドイツの建築家。主作品はドレスデンのバロック風の内庭ツウィンガー(1711~22)。
⇒岩世（ペッペルマン　1662.5.3-1736.1.17）
　建築（ペッペルマン，マテウス・ダニエル
　1662-1736）
　国小（ペッペルマン　1662-1736）
　コン2（ペッペルマン　1662-1736）
　コン3（ペッペルマン　1662-1736）
　新美（ペッペルマン，マテウス・ダニエル　1662.
　5-1736.1.17）
　西洋（ペッペルマン　1662-1736.1.17）
　世美（ペッペルマン，マテウス・ダニエル　1662
　頃-1736）
　世百（ペッペルマン　1662-1736）
　全書（ペッペルマン　1662-1736）

Porsche, Ferdinand 〈19・20世紀〉

ボヘミア生まれのドイツの技術者。フォルクスワーゲン社の「ビートル」を設計。
⇒岩ケ（ポルシェ，フェルディナント　1875-1951）
　岩世（ポルシェ　1875.9.3-1951.1.30）
　広辞4（ポルシェ　1875-1951）
　広辞5（ポルシェ　1875-1951）
　広辞6（ポルシェ　1875-1951）
　西洋（ポルシェ　1875.9.3-1951.1.30）
　世科（ポルシェ　1875-1951）
　ナチ（ポルシェ，フェルディナント　1875-1951）
　二十（ポルシェ，F.　1875.9.3-1951.1.30）

Porta, Giacomo della 〈16・17世紀〉

イタリアの建築家。
⇒岩ケ（ポルタ，ジャコモ・デラ　1541頃-1604）
　岩世（ポルタ　1532?-1602）
　キリ（ポルタ，ジャーコモ・デルラ　1541/37-
　1604/02）
　建築（デッラ・ポルタ，ジャコモ　1540頃-1602）
　国小（ポルタ　1537頃-1602）
　コン2（ポルタ　1537-1602）

コン3（ポルタ　1537-1602）
新美（ポルタ，ジャーコモ・デルラ　1540頃-
　1602）
西洋（ポルタ　1541-1604）
世美（デッラ・ポルタ，ジャーコモ　1540-1602）
世百（ポルタ　1540頃-1604）
全書（ポルタ　1541-1604）
大百（ポルタ　1540-1602）
百科（ポルタ　1532頃-1602）

Portales, Diego Jose Victor 〈18・19世紀〉

チリの実業家，政治家。閣僚(1830~37)として憲法制定(33)に尽力したが，軍部の反感を買い暗殺された。
⇒角世（ポルタレス　1793-1837）
　コン2（ポルタレス　1793-1837）
　コン3（ポルタレス　1793-1837）
　西洋（ポルタレス　1793-1837）
　全書（ポルターレス　1793-1837）
　伝世（ポルタレス　1793-1837.6.6）
　百科（ポルタレス　1793-1837）
　ラテ（ポルタレス　1793-1837）

Portela, Cesar 〈20世紀〉

スペインの建築家。
⇒二十（ポルテーラ，セサール　1937-）

Porten, Henny 〈19・20世紀〉

ドイツの映画女優，映画製作者。
⇒外女（ポルテン，ヘンニ　1888.4.7-1960）
　世映（ポルテン，ヘニー　1890-1960）
　世女日（ポルテン，ヘニー　1890-1960）
　世俳（ポルテン，ヘンニー　1890.1.7-1960.10.
　15）
　俳優（ポルテン，ヘンニ　1888.4.7-1960）

Porter, Alexandre Pope 〈19世紀〉

イギリスの貿易商。開拓使雇附属船航海長，函館港長。
⇒日人（ポーター　1823-1891）
　来日（ポーター　1823-1891.11.18）

Porter, Bob 〈20世紀〉

アメリカのジャズ・プロデューサー。
⇒ジャ（ポーター，ボブ　1940.6.20-）
　二十（ポーター，ボブ　1940.6.20-）

Porter, Edwin Stratton 〈19・20世紀〉

アメリカの撮影技師，映画監督。1900年頃にT.エジソンに弟子入りし，カメラマン，監督となる。
⇒岩世（ポーター　1870.4.21-1941.4.30）
　監督（ポーター，エドウイン・ストラトン
　1869-1941.4.30）
　国小（ポーター　1869頃-1941.4.30）
　コン2（ポーター　1870-1941）

コン3（ポーター　1870–1941）
世映（ポーター, エドウィン・スタントン
1870–1941）
全書（ポーター　1869–1941）
二十（ポーター, エドウィン・S.　1869–1941）

Porter, Michael 〈20世紀〉
アメリカの経営学者。
⇒岩ケ（ポーター, マイケル　1947頃–）
岩世（ポーター　1947.5.23–）

Portoghesi, Paolo 〈20世紀〉
イタリアの建築家。ミラノ工業大学建築学
部長。
⇒岩世（ポルトゲージ　1931.11.2–）
世美（ポルトゲージ, パーオロ　1931–）
二十（ポルトゲージ, パオロ　1931–）

Portugal, Paulo de 〈16・17世紀〉
ポルトガルの植民地政治家, 貿易家。領澳門
（マカオ）総督, 遣日貿易船隊司令官。日本貿易
三期経営の許可を得（1596）, 澳門総督として
ネレッティを派遣し, 巨利を収めた。
⇒西洋（ポルトゥガル　?–1605）

Portzamparc, Christian de 〈20世紀〉
フランスの建築家。
⇒岩世（ポルザンパルク　1944.5.9–）
二十（ポルザンパルク, クリスチャン・ド
1944–）

Pošepný, Ferencz 〈19世紀〉
オーストリア（ベーメン）の地質学者, 鉱山
技師。
⇒西洋（ポセプニ　1836–1895）

Posner, Richard A. 〈20世紀〉
アメリカ生まれの経済思想家。
⇒経済（ポズナー　1939–）

Pososhkov, Ivan Tikhonovich 〈17・18世紀〉
ロシアの経済学者。ピョートル1世の時代に重
商主義を主張した。
⇒岩世（ポソシコーフ　1652–1726.2.1）
外国（ポソーシコフ　1652頃–1726）
角世（ポソシコフ　1655–1725）
コン2（ポソシコフ　1652–1726）
コン3（ポソシコフ　1652–1726）
集世（ポソシコーフ, イワン・チーホノヴィチ
1652–1726）
集文（ポソシコーフ, イワン・チーホノヴィチ
1652–1726）
西洋（ポソシコーフ　1652–1726）
百科（ポソシコフ　1652–1726）
名著（ポソシコーフ　1652–1726）

ロシ（ポソシコフ　1652–1726）

Post, George Browne 〈19・20世紀〉
アメリカの建築家。ニューヨークにセント・
ポール・ビルディングを初め, 多くの事務所を
建築。
⇒岩世（ポースト　1837.12.15–1913.11.28）
西洋（ポースト　1837–1913）

Post, Pieter Jansz 〈17世紀〉
オランダの画家, 建築家。1633年に建てたマウ
リッツホイスは代表作。
⇒建築（ポスト, ピーテル　1608–1669）
国小（ポスト　1608.5.1–1669）
新美（ポスト, ピーテル　1608頃–1669）

Postan, Michael Moisei 〈20世紀〉
イギリスの経済史家。ケンブリッジ大学経済史
教授。"Economic History Review" を編集。
⇒岩世（ポスタン　1898.9.24?–1981.12.12）
外国（ポスタン　1898–）
国小（ポスタン　1899.9–）
コン3（ポスタン　1899–1981）
西洋（ポスタン　1898.9–）
世百（ポスタン　1898–）
世百新（ポスタン　1899–1981）
全書（ポスタン　1898–1981）
二十（ポスタン, M.M.　1899–1981）
百科（ポスタン　1899–1981）
名著（ポスタン　1898–）
歴学（ポスタン　1898–1981）
歴史（ポスタン　1899–1981）

Potanin, Vladimir Olegovich 〈20世紀〉
ロシアの企業家, インターロス・グループ総帥。
⇒ロシ（ポターニン　1961–）

Potter, Stephen Meredith 〈20世紀〉
イギリスの作家, ラジオ・プロデューサー。
⇒岩ケ（ポッター, スティーヴン・メレディス
1900–1969）
才世（ポッター, スティーヴン（・メレディス）
1900–1969）
二十英（Potter, Stephen（Meredith）　1900–
1969）

Poujade, Pierre Marie 〈20世紀〉
フランスの実業家, 政治家。1954年に「商工業
者防衛同盟」を設立。
⇒岩ケ（プジャード, ピエール　1920–）
岩世（プジャド　1920.12.1–2003.8.27）
現人（プジャード　1920.12.1–）
世政（プジャド, ピエール　1920–2003.8.27）

Poulsen, Valdemar 〈19・20世紀〉

デンマークの電気技術者，発明家。円板，綿或いはリボン状の鋼に，局部的磁化により音声を記録・再生し得るテレグラフォンを発明（1898），テープ・レコーダーの端緒に。

⇒岩ケ（パウルセン，ヴァルデマー　1869–1942）
　岩世（パウルゼン（ポウルセン）　1869.11.23–1942.7.23）
　コン2（パウルセン　1869–1942）
　コン3（パウルセン　1869–1942）
　人物（ポールセン　1869.11.23–1942.7）
　西洋（パウルセン　1869.11.23–1942.7.23）
　世百（ポールセン　1869.11.23–1942.7.23）
　世百（パウルセン　1869–1942）
　全書（パウルセン　1869–1942）
　二十（パウルセン，V.　1869–1942）

Pounds, John 〈18・19世紀〉

イギリスの社会事業家，貧民学校の創始者。

⇒岩ケ（パウンズ，ジョン　1766–1839）
　岩世（パウンズ　1766.6.17–1839.1.11）
　教育（パウンズ　1766–1839）
　国小（パウンズ　1766–1839）
　西洋（パウンズ　1766–1839）

Pourbus, Pieter I 〈16世紀〉

フランドルの画家，素描家，地図製作者。
⇒岩世（プールビュス　1523（24）–1584.1.30）

Pourtalès-Gorgier, Comte 〈18・19世紀〉

フランス（スイス生まれ）の銀行家，美術品コレクター。
⇒岩世（プルタレス=ゴルジエ　1776.11.28–1855.3.24）

Powell, Adam Clayton (Jr.) 〈20世紀〉

アメリカのキリスト教牧師，実業家，政治家。下院議員。

⇒ア事（パウエル，アダム・クレイトン，ジュニア　1908–1972）
　岩ケ（パウエル，アダム・クレイトン，ジュニア　1908–1972）

Powell, Michael 〈20世紀〉

イギリスの映画製作者，映画監督。

⇒岩ケ（パウエル，マイケル　1905–1990）
　岩世（パウエル　1905.9.30–1990.2.19）
　外国（ポーエル　1905–）
　監督（パウエル，マイケル　1905.9.30–）
　世映（パウエル，マイケル　1905–1990）
　世俳（パウエル，マイケル　1905.9.30–1990.2.19）

Power, Eileen Edna 〈19・20世紀〉

イギリスの経済史家。
⇒岩世（パワー　1889.1.9–1940.8.8）

Powers, Harriet 〈19・20世紀〉

アメリカの織物師。
⇒世女日（パワーズ，ハリエット　1837–1911）

Powers, Pat 〈19・20世紀〉

アイルランド生まれの映画製作者。
⇒世映（パワーズ，パット　1869–1948）

Pownall, C.A.W. 〈19世紀〉

イギリスの鉄道技師。1882年に来日，工部省鉄道寮鉄道建設技師長となる。碓氷峠アプト式鉄道開通に成功。

⇒岩世（パウナル　1848.10.11–?）
　西洋（パウネル　生没年不詳）

Pozzo, Andrea dal 〈17・18世紀〉

イタリアの画家，建築家。主作品はローマの聖イグナチオ聖堂の天井画『イエズス会伝道の寓話』（1691～94）。

⇒岩世（ポッツォ　1642.11.30–1709.8.31）
　芸術（ポッツォ，アンドレア　1642–1709）
　建築（ポッツォ，アンドレア　1642–1709）
　国小（ポッツォ　1642.11.30–1709.8.31）
　コン2（ポッツォ　1642–1709）
　コン3（ポッツォ　1642–1709）
　新美（ポッツォ，アンドレーア　1642.11.30–1709.8.31）
　西洋（ポッツォ　1642.11.30–1709.8.31）
　世美（ポッツォ，アンドレーア　1642–1709）
　百科（ポッツォ　1642–1709）

Praetorius, Hieronymus 〈16・17世紀〉

ドイツのオルガン奏者，出版者。1586年父の後任としてハンブルクの聖ヤコビ教会のオルガン奏者に就任。

⇒音楽（プレトーリウス，ヒエロニュムス　1560.8.10–1629.1.27）
　音大（プレトリウス，ヒエロニムス　1560.8.10–1629.1.27）
　キリ（プレトーリウス，ヒエローニムス　1560.8.10–1629.1.27）
　ラル（プレトリウス，ヒエローニュムス　1560–1629）

Prandtauer, Jakob 〈17・18世紀〉

オーストリアの建築家。メルク等の修道院を建築。

⇒岩世（プランタウアー　1660–1726.9.16）
　キリ（プランタウアー（プランダウアー），ヤーコプ　1660.7.15/16頃–1726.9.16）
　建築（プランタウアー，ヤーコプ　1658–1726）
　新美（プランタウアー，ヤーコプ　1660.7.15/16–1726.9.16）

西洋（ブランタウアー　1658頃–1726.9.18）
世美（ブランタウアー, ヤーコプ　1660–1726）
伝世（ブランタウアー　1660.7–1726.9.16）
百科（ブランタウアー　1660–1726）

Pratt, Enoch 〈19世紀〉

アメリカの実業家, 慈善家。アメリカで最初の
貸出部を設けた図書館をバルティモアに設立
（1886）。1860〜1896年の間は国立農民植民銀
行の頭取を務めた。
⇒教育（プラット　1808–1896）

Pratt, *Sir* Roger 〈17世紀〉

イギリスの古典主義建築家。
⇒建築（プラット, ロジャー　1620–1684）
新美（プラット, ロージャー　1620頃–1685.2.
20）

Prebisch, Raúl 〈20世紀〉

アルゼンチンの経済学者。1948〜62年国連ラテ
ン・アメリカ経済委員会（ECLA）の初代事務
局長。
⇒岩世（プレビッシュ　1901.4.17–1986.4.29）
角世（プレビッシュ　1901–1986）
現人（プレビッシュ　1901.4.17–）
国小（プレビッシュ　1901.4.17–）
コン3（プレビッシュ　1901–1986）
西洋（プレビッシュ　1901.4.17–）
世政（プレビッシュ, ラウル　1901.4.17–1986.4.
29）
世西（プレビッシュ　1901.4.17–）
全書（プレビッシュ　1901–1986）
二十（プレビッシュ, R.　1901.4.17–1986.4.29）

Preece, *Sir* William Henry 〈19・20世紀〉

イギリスの電気工学者。誘導による無線通信の
実験を試みた。
⇒岩ケ（プリース, サー・ウィリアム・ヘンリー
1834–1913）
世百（プリース　1834–1913）

Preiser, Erich 〈20世紀〉

ドイツ生まれの経済思想家。
⇒経済（プライザー　1908–1967）

Preminger, Otto 〈20世紀〉

アメリカの映画監督, プロデューサー, 俳優。
「黄金の腕」（1955）,「悲しみよこんにちわ」
（58）など多くの作品を手がけた。
⇒岩ケ（プレミンジャー, オットー　1906–1986）
監督（プレミンガー, オトー　1906.12.5–）
コン3（プレミンジャー　1906–1986）
世映（プレミンジャー, オットー　1906–1986）
世俳（プレミンジャー, オットー　1906.12.5–
1986.4.23）
全書（プレミンジャー　1906–1986）

大百（プレミンジャー　1906–）
二十（プレミンジャー, オットー　1906–1986）
ユ人（プレミンジャー, オットー　1906–1986）

Preobrazhen-skii, Evhenii Alekseevich 〈19・20世紀〉

ソ連邦の経済学者。ロシア社会民主労働党機関
誌「プラウダ」編集員。共著『共産主義の
ABC』。
⇒岩世（プレオプラジェンスキー　1886.2.3[15]–
1937.7.13）
外国（プレオプラジェンスキー　1886–）
角世（プレオプラジェンスキー　1886–1937）
経済（プレオプラジェンスキー　1886–1937）
コン3（プレオプラジェンスキー　1886–1937）
西洋（プレオプラジェンスキー　1886–1937）
世百新（プレオプラジェンスキー　1886–1937）
全書（プレオプラジェンスキー　1886–1937）
二十（プレオプラジェンスキー, E.　1886–1937）
百科（プレオプラジェンスキー　1886–1937）
ロシ（プレオプラジェンスキー　1886–1937）

Prescott, Edward C. 〈20世紀〉

アメリカの経済学者。[賞]2004年ノーベル経済
学賞受賞。
⇒ノベ3（プレスコット, E.C.　1940.12.26–）

Pressburger, Emeric 〈20世紀〉

イギリス（ハンガリーのミシュコルツ生まれ）
の映画脚本家, 製作者, 監督。
⇒岩世（プレスバーガー　1902.12.5–1988.2.5）
監督（プレスバーガー, エメリック　1902.12.5–
1975）
世映（プレスバーガー, エメリック　1902–1988）
世俳（プレスバーガー, エメリック　1902.12.5–
1988.2.5）
世俳（プレスブルガー, エメリッヒ　1902.12.5–
1988.2.5）

Preston, Lewis T. 〈20世紀〉

アメリカの銀行家。
⇒世西（プレストン　1926.8.5–）

Preti, Francesco Maria 〈18世紀〉

イタリアの建築家。
⇒世美（プレーティ, フランチェスコ・マリーア
1701–1774）

Price, Ken 〈20世紀〉

アメリカの陶芸家。
⇒世芸（プライス, ケン　1935–）

Price, Langford Lovell Frederick Rice 〈19・20世紀〉

ロンドン生まれの経済思想学者。
⇒経済（プライス　1862–1950）

Price, William Hyde 〈19・20世紀〉

アメリカの経済学者。東京帝国大学経済学部で経済学，経済学史を教授。
⇒来日（プライス 1880–1921）

Primakov, Evgenii Maksimovich
〈20世紀〉

ソ連邦の政治家，経済学者。
⇒最世（プリマコフ，エフゲニー 1929–）
世政（プリマコフ，エフゲニー 1929.10.29–）
世西（プリマコフ 1929.10.29–）
二十（プリマコーフ，イェフゲーニイ 1929.10.29–）
ロシ（プリマコフ 1929–）

Primaticcio, Francesco 〈16世紀〉

イタリアの画家，彫刻家，建築家，室内装飾家。第1次フォンテンブロー派の代表。
⇒岩世（プリマティッチョ 1505.4.30–1570）
キリ（プリマティッチョ，フランチェスコ 1505.4.30–1570）
芸術（プリマティッチオ，フランチェスコ 1505–1570）
建築（プリマティッチオ，フランチェスコ 1504–1570）
国小（プリマティッチオ 1504.4.30–1570）
コン2（プリマティッチョ 1504–1570）
コン3（プリマティッチョ 1504–1570）
新美（プリマティッチオ，フランチェスコ 1505.4.30–1570）
西洋（プリマティッチョ 1504.4.30–1570.5.15/（9.14））
世美（プリマティッチョ，フランチェスコ 1504–1570）
伝世（プリマティッチオ 1504.4.30–1570.5.15/-9.14）
百科（プリマティッチョ 1504–1570）

Prince 〈20・21世紀〉

アメリカのソウル，ロック歌手，ギター奏者，作詞作曲家，音楽プロデューサー。
⇒ア事（プリンス 1958–）
岩ケ（プリンス 1958–）
岩世（プリンス 1958.6.7–）
現ア（Prince プリンス 1958–）
最世（プリンス 1958–）
実ク（プリンス）
世俳（プリンス 1958.6.7–）
ナビ（プリンス 1958–）
二十（プリンス 1958–）
標音（プリンス）
洋ヒ（プリンス 1958–）
ロ人（プリンス 1958–）

Prince, Harold 〈20世紀〉

アメリカの舞台演出家，プロデューサー。
⇒岩ケ（プリンス，ハル 1928–）
岩世（プリンス 1928.1.30–）
演劇（プリンス，ハロルド 1928–）
二十（プリンス，ハロルド 1928.1.30–）

Prince Markie Dee 〈20世紀〉

アメリカのラッパー，ソングライター，プロデューサー。
⇒ヒ人（プリンス・マーキー・ディー）

Prince Paul 〈20世紀〉

アメリカのDJ，プロデューサー。
⇒ヒ人（プリンス・ポール 1967–）

Prince-Smith, John 〈19世紀〉

ドイツの経済学者。ドイツにおけるマンチェスター学派の代表者で，自由貿易運動を指導。
⇒岩世（プリンス＝スミス 1809.1.20–1874.2.3）
西洋（プリンス・スミス 1809.1.20–1874.2.3）

Pringle, Elizabeth 〈19・20世紀〉

アメリカの農場経営者。
⇒世女日（プリングル，エリザベス 1845–1921）

Procopé, Hjalmar Johan 〈19・20世紀〉

フィンランドの経済学者，外交官。外相（1924〜25，27〜31），アメリカ駐在大使（39〜44）。
⇒岩世（プロコペ 1889.8.8–1954.3.8）
西洋（プロコペ 1889–1954）

Procter, William 〈19世紀〉

アメリカの企業家。
⇒岩世（プロクター 1801.12.7–1884.4.4）
西洋（プロクター 生没年不詳）

Proctor, Frederick Francis 〈19・20世紀〉

アメリカの劇場経営者。
⇒国小（プロクター 1851–1929）

Proctor, Redfield 〈19・20世紀〉

アメリカの政治家，法律家。1869年ヴァーモント大理石会社を設立，社長となる。
⇒外国（プロクター 1831–1908）

Prodi, Romano 〈20世紀〉

イタリアの政治家，経済学者。イタリア首相，イタリア産業復興公社（IRI）総裁。
⇒岩世（プローディ 1939.8.9–）
最世（プロディ，ロマーノ 1939–）
世政（プローディ，ロマーノ 1939.8.9–）

Proesler, Hans 〈19・20世紀〉

ドイツの社会経済学者。ニュルンベルクの経済および社会学大学教授（1922〜34，45来）。

⇒岩世（プレースラー 1888.12.30–1956.11.29）
西洋（プレースラー 1888.12.30–1956.11.29）

Prokopovich, Sergei Nikolaevich 〈19世紀〉
ロシアの経済学者，社会運動家。1917年，二月革命後ケレンスキーの臨時政府の商工大臣となる。
⇒外国（プロコポヴィッチ 1871–?）

Promis, Carlo 〈19世紀〉
イタリアの建築家，建築史家，考古学者。
⇒建築（プロミス，カルロ 1808–1872）
世美（プローミス，カルロ 1808–1872）

Prony, Gaspard Clair François Marie Riche, Baron de 〈18・19世紀〉
フランスの土木および機械技術者。ボー河の治水工事，諸港湾の改修工事に従事（1805〜12）。
⇒岩ケ（プロニ，ガスパール・フランソワ・クレール・マリー・リッシュ，男爵 1755–1839）
岩世（プロニ 1755.7.22–1839.7.29）
西洋（プロニ 1755.7.11–1839.7.28）

Prouvé, Jean 〈20世紀〉
フランスの建築家。自動車，船舶，飛行機と同じレベルで部材製作を試みはじめた最初の技術家。
⇒岩世（プルーヴェ 1901.4.8–1984.3.23）
現人（プルーベ 1901.4.8–）
新美（プルーヴェ，ジャン 1901.4.8–）
西洋（プルーヴェ 1901.4.8–）
世美（プルーヴェ，ジャン 1901–1984）
二十（プルーヴェ，ジャン 1901.4.8–）

Prouvost, Jean Eugène 〈19・20世紀〉
フランスの実業家，メディア経営者。
⇒岩世（プルヴォスト 1885.4.24–1978.10.17）

Prunnar, Johann Michael 〈17・18世紀〉
オーストリアの建築家。
⇒建築（プルンナー，ヨハン・ミヒャエル 1669–1739）
世美（プルンナー，ヨハン・ミヒャエル 1669–1739）

Pucci, Emilio, marchese de Barsento 〈20世紀〉
イタリアのファッション・デザイナー。
⇒岩ケ（プッチ，エミリオ，バルセント侯爵 1914–1992）

Puchsbaum, Hans 〈14・15世紀〉
ドイツまたはオーストリアの建築家。

⇒建築（プーフスバウム，ハンス 1390頃–1454/55）

Puff Daddy 〈20世紀〉
アメリカ・ニューヨーク生まれのヒップ・ホップ歌手，音楽プロデューサー。本名ショーン・コムズ（Sean Combs46）。ファッション・ブランド「ショーン・ジョン」も運営。
⇒実ク（パフ・ダディ）
標音（パフ・ダディ）
洋ヒ（パフ・ダディ 1969–）

Puget, Pierre 〈17世紀〉
フランスの彫刻家，画家，建築家。
⇒岩ケ（ピュジェ，ピエール 1620–1694）
岩世（ピュジェ 1620.10.16–1694.12.2）
外国（ピュジェー 1622–1694）
キリ（ピュジェー，ピエール 1620.10.16–1694.12.2）
芸術（ピュジェ，ピエル 1622–1694）
国小（ピュジェ 1620.10.16–1694.12.2）
コン2（ピュジェ 1622–1694）
コン3（ピュジェ 1622–1694）
新美（ピュジェ，ピエール 1620.10.16–1694.12.2）
人物（ピュジェ 1622.10.31–1694.12.2）
西洋（ピュジェ 1622.10.31–1694.12.2）
世西（ピュジェ 1622.10.16–1694.12.2）
世美（ピュジェ，ピエール 1620–1694）
世百（ピュジェ 1622–1694）
全書（ピュジェ 1620–1694）
大百（ピュジェ 1622–1694）
百科（ピュジェ 1620–1694）

Pugin, Augustus-Charles 〈18・19世紀〉
フランスの建築家，画家。
⇒世美（ピュジャン，オーギュステュス＝シャルル 1762–1832）

Pugin, Augustus Welby Northmore 〈19世紀〉
イギリスの建築家，著述家。英国におけるローマ・カトリックとゴシック建築の復興に貢献。
⇒岩ケ（ピュージン，オーガスタス（・ウェルビー・ノースモア） 1812–1852）
岩世（ピュージン 1812.3.1–1852.9.14）
キリ（ピュージン，オーガスタス・ウェルビ・ノースモア 1812.3.1–1852.9.14）
建築（ピュージン，オーガスタス・ウェルビー・ノースモアー 1812–1852）
国小（ピュージン 1812.3.1–1852.9.14）
国百（ピュージン，オーガスタス・ウェルビー・ノースモア 1812.3.1–1852.9.14）
新美（ピュージン，オーガスタス・ウェルビー 1812.3.1–1852.9.14）
西洋（ピュージン 1812.3.1–1852.9.14）
世美（ピュージン，オーガスタス・ウェルビー・ノースモア 1812–1852）

デス（ビュージン　1812–1852)
伝世（ビュージン　1812.5.1–1852.9.14)
百科（ビュージン　1812–1852)

Puig i Cadafalch, Josep 〈19・20世紀〉

スペインの建築家であり美術史家であり政
治家。
⇒スペ（プーチ・イ・カダファルク　1867–1957)
世美（プッチ・イ・カダファルク，ジュジップ
1867–1956)

Pulfrich, Karl 〈19・20世紀〉

ドイツの光学技術家。ツァイス会社の科学顧問
となり(1890～)，光学器械の研究，製作に
従事。
⇒岩世（プルフリヒ　1858.9.24–1927.8.12)
西洋（プルフリヒ　1858.9.24–1927.8.12)

P Pulitzer, Joseph 〈19・20世紀〉

ハンガリー生まれのアメリカの新聞経営者。
『イブニング・ワールド』の創業者。「ピュリッ
ツァー賞」の設定など，新聞界に貢献。
⇒アメ（ピュリッツァー　1847–1911)
岩ケ（ピュリッツァー，ジョゼフ　1847–1911)
岩世（ピュリッツァー　1847.4.10–1911.10.29)
旺世（ピュリッツァー　1847–1911)
外国（ピュリッツァー　1847–1911)
角世（ピューリッツァー　1847–1911)
国小（ピュリッツァー　1847.4.10–1911.10.29)
国百（ピュリッツァー，ジョーゼフ　1847.4.10–
1911.10.29)
コン2（ピュリッツァー　1847–1911)
コン3（ピュリッツァー　1847–1911)
集文（ピュリッツァ，ジョーゼフ　1847.4.10–
1911.10.29)
人物（ピュリッツァー　1847.4.10–1911.10.29)
西洋（ピュリツァー（プリツァー）　1847.4.10–
1911.10.29)
世人（ピュリッツァー　1847–1911)
世西（ピューリッツァー　1847.4.10–1911.10.29)
世百（ピュリッツァー　1847–1911)
全書（ピュリッツァー　1847–1911)
大辞3（ピュリッツァー　1847–1911)
大百（ピュリッツァー　1847–1911)
デス（ピュリッツァー　1847–1911)
伝世（ピュリッツァー　1847.4–1911.10.29)
ナビ（ピュリッツァー　1847–1911)
二十（ピュリッツアー，ジョゼフ　1847–1911)
二十英（Pulitzer, Joseph　1847–1911)
百科（ピュリッツァー　1847–1911)
評世（ピュリッツァ　1847–1911)
山世（ピューリツァー　1847–1911)
ユ人（ピュリッツァー，ジョゼフ　1847–1911)

Pullman, George Mortimer 〈19世紀〉

アメリカの発明家，企業家。「プルマン・カー」
を設計して特許を得た(1864, 65)。
⇒岩ケ（プルマン，ジョージ（・モーティマー）
1831–1897)

岩世（プルマン　1831.3.3–1897.10.19)
コン2（プルマン　1831–1897)
コン3（プルマン　1831–1897)
西洋（プルマン　1831.3.3–1897.10.19)
伝世（プルマン　1831.3.3–1897.10.19)
百科（プルマン　1831–1897)

Pumpelly, Raphael 〈19・20世紀〉

アメリカの地質学者，鉱山技術者。徳川幕府の
要請で来日(1862)。
⇒岩世（パンペリー　1837.9.8–1923.8.10)
外国（パンペリー　1837–1923)
科学（パンペリー　1837.9.8–1923.8.10)
国史（パンペリー　1837–1923)
国小（パンペリー　1837.9.8–1923.8.10)
コン2（パンペリー　1837–1923)
コン3（パンペリー　1837–1923)
西洋（パンペリ　1837.9.8–1923.8.10)
世西（パンペリー　1837.9.8–1923.8.10)
全書（パンペリー　1837–1923)
二十（パンペリー，R.　1837.9.8–1923.8.10)
日人（パンペリー　1837–1923)
来日（パンペリー　1837.9.8–1923.8.10)

Pupin, Michael Idvorsky 〈19・20世紀〉

アメリカの物理学者。1898年2次X線を発見，
蛍光板やX線写真法を発明。
⇒岩ケ（ピューピン，マイケル（・イドヴォルス
キー）　1858–1935)
岩世（プーピン（ピュービン）　1858.10.4–1935.
3.12)
科学（プーピン　1858.10.4–1935.3.12)
科技（プーピン　1858.10.4–1935.3.12)
国小（プーピーン　1858.10.4–1935.3.12)
コン2（プービン　1858–1935)
コン3（プービン　1858–1935)
人物（プピン　1858.10.4–1935.3.12)
西洋（プーピン（ピュービン）　1858.10.4–1935.
3.12)
世百（プーピン　1858–1935)
全書（ピュービン　1858–1935)
大辞（プービン　1858–1935)
大辞2（プービン　1858–1935)
大辞3（プービン　1858–1935)
大百（ピュービン　1858–1935)
二十（ピュービン，M.I.　1858–1935)

Purcell, William R. 〈20世紀〉

オーストラリアの経済学者。ニューイングラン
ド大学講師。
⇒二十（パーセル，ウィリアム・R.）

Purini, Franco 〈20世紀〉

イタリアの建築家。「テンデンツァ」運動の一
翼を担う。ローマ大学建築学部教授。
⇒二十（プリーニ，フランコ　1941–)

Purvis, Frank Prior〈19・20世紀〉
イギリスの造船家。1901年来日し，東京，九州帝国大学教師として，日本造船教育に功績を残した。
⇒岩世（パーヴィス　1850.4.18–1940.2.20）
西洋（パーヴィス　1850.4.18–1940.2.20）
日人（パービス　1850–1940）
来日（パルヴィス　1850–1940）

Pustet, Friedrich〈18・19世紀〉
ドイツの出版業者。レーゲンスベルクに出版社および印刷所を設立（1826）。
⇒西洋（プステト　1798.2.24–1882.3.6）

Putman, Andrée〈20世紀〉
フランスのインテリアデザイナー。
⇒最世（プットマン，アンドレ　1930–）

Putnam, George Palmer〈19世紀〉
アメリカの出版業者。
⇒岩ケ（パトナム，ジョージ・パーマー　1814–1872）
西洋（パトナム　1814–1872）

Puttnam, David〈20世紀〉
イギリス・ロンドン生まれの映画製作者。
⇒岩ケ（パトナム，デイヴィド（・テレンス）1941–）
世映（パットナム，デイヴィッド　1941–）

Puyck, Nicolaes〈17世紀〉
オランダ東インド会社の最初の遣日特使の一人。
⇒岩世（パイク　?–1663頃）
西洋（パイク　?–1663頃）

Pynchon, William〈16・17世紀〉
アメリカ植民地時代の商人，官吏。コネティカット地方への移住促進，行政に努力。
⇒国小（ピンチョン　1590?–1662）

Pynson, Richard〈16世紀〉
フランスの印刷業者。
⇒岩ケ（ピンソン，リシャール　?–1530）

Pytheas of Massalia〈前4・3世紀〉
ギリシア人の航海者，地理学者。マルセイユの出身。
⇒岩ケ（ピュテアス　前4世紀）
岩世（ピュテアス）
外国（ピュテアス（マッシリアの）　4世紀）
科学（ピティアス　前4世紀–?）
科技（ピテウス）
科人（ピュティアス，マッサリアの　前4世紀?）
コン2（ピュテアス　前4世紀）
コン3（ピュテアス　生没年不詳）
集文（ピュテアス　前4世紀中頃–前3世紀初頃）
西洋（ピュテアス　前4世紀）
探検1（ピュテアス　前380?–300?）
デス（ピュテアス　前4世紀頃）

Pytheos〈前4世紀〉
ギリシアの建築家。
⇒岩世（ピュテオス）
建築（ピティオス（活動）前4世紀）
国小（ピュテアス　生没年不詳）
新美（ビューテオス）
世美（ピュテオス　前4世紀中頃）

【Q】

Qaboos bin Said〈20世紀〉
オマーンの政治家。オマーン国王・首相・国防相・外相・財務相。
⇒岩ケ（カーブース・ブン・サイード　1940–）
現人（カブース　1940–）
コン3（カーブース　1940–）
世政（カブース・ビン・サイド　1940.11.18–）
世事（カーブース　1940–）
中東（カブース　1940–）
二十（カーブース, S.　1940–）

Qaddori, Fakhri Yasin〈20世紀〉
イラクの政治家。バクル政権経済相として1971年まで経済開発計画の立案などで腕を振った。
⇒中東（カッドーリ　1932–）

al-Qadi, Abdel Qadr〈20世紀〉
カタールの財政・金融問題行政官。1972年ハリーファ首長の就任とともに財政・石油省財政局長。財政・金融面での実力者。
⇒中東（カーディ　1930?–）

Qassem, Habeeb Ahmad〈20世紀〉
バハレーンの政治家。1976年商業・農業相となった。アルミニウム・バハレーン（ALBA）役員。
⇒中東（カセム　1940–）

Qayṣar ibn Abī al-Qāsim〈12・13世紀〉
エジプトの数学者，天文学者，技術者。ハナフィー派の法学者。
⇒科史（カイサル・イブン・アビル・カースィム　1178/9–1251）

Q.D.III〈20世紀〉
イギリス生まれの音楽プロデューサー。

qiwam   *500*   西洋人物レファレンス事典

⇒ヒ人（キュー・ディー・スリー　1969–）

Qiwāmu'd-Dīn, Ustād 〈14・15世紀〉
イランの建築家。
⇒岩世（キヴァームッディーン）
コン2（カワームッ・ディーン　15世紀頃）
コン3（カワームッ・ディーン　生没年不詳）
西洋（キワームッ・ディーン　14世紀–15世紀）
世東（キワーム・ウッディーン）
百科（カワーム・アッディーン　?–1440）

Q-Tip 〈20世紀〉
ヒップホップミュージシャン，プロデューサー。
⇒ヒ人（キュー・ティップ）

Quadrio, Antonio
イタリアの建築職人，建築家。
⇒世美（クアドリオ，アントーニオ）

Quadrio, Giovanni Battista 〈16世紀〉
イタリアの建築職人，建築家。
⇒建築（クァドリオ，ジョヴァンニ・バッティスタ
　?–1590頃）

Quadrio, Giovanni Battista 〈17・18世紀〉
イタリアの建築職人，建築家。
⇒世美（クアドリオ，ジョヴァンニ・バッティスタ
　1659–1723）

Quadrio, Girolamo 〈17世紀〉
イタリアの建築職人，建築家。
⇒世美（クアドリオ，ジローラモ　?–1679）

Quaglio, Angelo I 〈18・19世紀〉
イタリア出身のドイツの舞台美術家，建築家，
画家。
⇒世美（クアーリオ，アンジェロ一世　1784–1815）

Quaglio, Angelo II 〈19世紀〉
イタリア出身のドイツの舞台美術家，建築家，
画家。
⇒世美（クアーリオ，アンジェロ二世　1829–1890）

Quaglio, Giovanni Maria I 〈18世紀〉
イタリア出身のドイツの舞台美術家，建築家，
画家。
⇒世美（クアーリオ，ジョヴァンニ・マリーア一世
　1700–1765）

Quaglio, Giulio I 〈17世紀〉
イタリア出身のドイツの舞台美術家，建築家，
画家。
⇒世美（クアーリオ，ジューリオ一世　1601–1658）

Quaglio, Giulio II 〈17・18世紀〉
イタリア出身のドイツの舞台美術家，建築家，
画家。
⇒世美（クアーリオ，ジューリオ二世　1668–1751）

Quaglio, Giuseppe 〈18・19世紀〉
イタリア出身のドイツの舞台美術家，建築家，
画家。
⇒世美（クアーリオ，ジュゼッペ　1747–1828）

Quaglio, Lorenzo I 〈18・19世紀〉
イタリア出身のドイツの舞台美術家，建築家，
画家，劇場装飾家。
⇒世美（クアーリオ，ロレンツォ一世　1730–1804）

Quaglio, Simon 〈18・19世紀〉
イタリアの舞台美術家，建築家，画家。D.ク
アーリョの弟。
⇒西洋（クアーリョ　1795.10.23–1878.3.8）
世美（クアーリオ，シモン　1795–1878）

Quant, Mary 〈20世紀〉
イギリスのデザイナーで実業家。
⇒岩ケ（クオント，メアリ　1934–）
岩世（クワント　1934.2.11–）
現人（クワント　1934.2.11–）
国小（クワント　1934.2.11–）
スパ（クワント，マリー　1934–）
世女（クォント，マリー　1934–）
全書（クワント　1934–）
大辞2（クワント　1934–）
大辞3（クワント　1934–）
大百（マリー・クワント　?–）
ナビ（クワント　1934–）
二十（クワント，メアリー　1934–）

Quarenghi, Giacomo Antonio Domenico 〈18・19世紀〉
イタリアの建築家。
⇒岩世（クァレンギ　1744.9.20–1817.2.18）
建築（クァレンギ，ジャコモ　1744–1817）
西洋（クアレンギ　1744.9.20–1817.2.18）
世美（クアレンギ，ジャーコモ・アントーニオ・
　ドメーニコ　1744–1817）

Quarini, Mario Ludovico 〈18世紀〉
イタリア出身の建築家。
⇒建築（クァリーニ，マリオ・ルドヴィコ　1736–
　1800頃）
世美（クアリーニ，マーリオ・ルドヴィーコ
　1736–1800）

Quaritch, Bernard 〈19世紀〉
イギリスの書籍商，出版業者。古書・稀覯書界
の権威。

⇒国小（クォーリッチュ　1819.4.23–1899.12.17）

Quarles, Donald A. 〈20世紀〉
アメリカの経営者，政治家。米国国防長官。
⇒二十（クォールズ，ドナルド・A．　1894–1959.5.8）

Quast, Hendricksen Matthijs 〈17世紀〉
オランダの航海家。シャムから日本に航しようとした。
⇒岩世（クアスト　1601–1641.10.5）
　西洋（クワスト　?–1641.10.5）

Quay, Matthew Stanley 〈19・20世紀〉
アメリカの政治家。1885～87年ペンシルバニア州財務長官。のち上院議員。
⇒国小（クウェイ　1833.9.30–1904.5.28）

Queen, Emma 〈19・20世紀〉
アピア（現・西サモア）生まれの実業家。
⇒二十（クイーン，エマ　1850–1913）

Quesnay, François 〈17・18世紀〉
フランスの医者，経済学者。ルイ15世の侍医。『経済表』（1758）を発表し，経済学に大きく貢献。
⇒岩ケ（ケネー，フランソワ　1694–1774）
　岩世（ケネー　1694.6.4–1774.12.16）
　岩哲（ケネー　1694–1774）
　旺世（ケネー　1694–1774）
　外国（ケネー　1694–1774）
　角世（ケネー　1694–1774）
　看護（ケネー　1694–1774）
　広辞4（ケネー　1694–1774）
　広辞6（ケネー　1694–1774）
　国小（ケネー　1694.6.4–1774.12.16）
　国百（ケネー，フランソア　1694.6.4–1774.12.16）
　コン2（ケネー　1694–1774）
　コン3（ケネー　1694–1774）
　集世（ケネー，フランソワ　1694.6.4–1774.12.16）
　集文（ケネー，フランソワ　1694.6.4–1774.12.16）
　人物（ケネー　1694.6.4–1774.12.16）
　西洋（ケネー　1694.6.4–1774.12.16）
　世人（ケネー　1694–1774）
　世西（ケネ　1694.6.4–1774.12.16）
　世百（ケネー　1694–1774）
　全書（ケネー　1694–1774）
　大辞（ケネー　1694–1774）
　大辞3（ケネー　1694–1774）
　大百（ケネー　1694–1774）
　デス（ケネー　1694–1774）
　伝世（ケネー　1694–1774）
　百科（ケネー　1694–1774）
　評世（ケネー　1694–1774）

　名著（ケネー　1694–1774）
　山世（ケネー　1694–1774）
　歴史（ケネー　1694–1774）

Questluv 〈20世紀〉
アメリカのドラマー，プロデューサー。
⇒ヒ人（クエストラヴ）

Quimby, Fred C. 〈19・20世紀〉
アメリカのアニメイション・プロデューサー。
⇒監督（クインビー，フレッド・C　1886–1965）
　世映（クインビー，フレッド　1883–1965）

Quiros, Pedro Fernandez de 〈16・17世紀〉
ポルトガルの航海者，探検家。バヌアツ諸島のスペイン植民地建設に努めた。
⇒オセ（キロス　1565–1615）
　キリ（キロッシュ，ペドロ・フェルナンデス・デ　1565頃–1615頃）
　探検1（キロス　1565–1615）

al-Quraishi, Abdul-Aziz 〈20世紀〉
サウジアラビアの政治家，銀行家。中央銀行であるサウジアラビア通貨庁（SAMA）総裁（1974）。
⇒中東（クライシ　1930–）

【 R 】

Rabanne, Paco 〈20世紀〉
スペイン出身の服飾デザイナー。
⇒岩世（ラバンヌ　1934.2.18–）
　広辞6（ラバンヌ　1934–）

Rabbitt, James Aloiysius 〈19・20世紀〉
アメリカの機械技師。F.W.ホーン社マネージャー，日本農業研究家。
⇒日人（ラビット　1877–1969）
　来日（ラビット　1877–1969）

Rabīh Zubayr 〈19世紀〉
スーダンの奴隷商人。
⇒アフ（ラービフ　1840頃–1900）
　コン2（ラビーフ　1845–1900）
　コン3（ラビーフ　1845–1900）
　世人（ラビーフ　1840頃–1900）
　百科（ラビフ　1840頃–1900）
　歴史（ラービフ　1840–1900）

Rabirius

ローマの建築家。フラビア宮殿は彼の作とされる。
⇒国小（ラビリウス　生没年不詳）
　新美（ラビーリウス）

Raboff, Ernes 〈20世紀〉

アメリカのアーティスト，美術評論家，画商，美術品コレクター。
⇒児作（Raboff, Ernes　ラボフ，アーネスト）

Rachman, Peter 〈20世紀〉

イギリスの不動産開発者，地主。
⇒岩ケ（ラックマン，ピーター　1919–1962）

Radi, Lorenzo 〈19世紀〉

イタリアのガラス職人。
⇒世美（ラーディ，ロレンツォ　1803–1874）

Radisson, Pierre Esprit, Sieur de 〈17・18世紀〉

フランスの探検家，毛皮商人。ハドソン湾会社の要請で数回カナダ各地を探検。
⇒国小（ラディソン　1636–1710?）
　探検1（ラディソン　1636?–1710）
　伝世（ラディソン　1636頃–1710）

Radner, Roy 〈20世紀〉

アメリカの経済学者。
⇒二十（ラドナー，R.　1927–）

Raffaelli, Jean François 〈19・20世紀〉

フランスの画家，彫刻家，銅版画家。クレヨンを発明。
⇒芸術（ラファエリ，ジャン・フランソア　1850–1924）
　国小（ラファエリ　1850–1924）
　新美（ラファエリ，ジャン＝フランソワ　1850.4.20–1924.2.29）
　人物（ラファエリ　1850.4.20–1924.2.29）
　西洋（ラファエリ　1850.4.20–1924.2.29）
　世芸（ラファエリ，ジャン・フランソア　1850–1924）
　世西（ラファエリ　1850–1924.2.11）
　二十（ラファエリ，ジャン・フランソワ　1850.4.20–1924.2.29）

Raffaello da Montelupo 〈16世紀〉

イタリアの彫刻家，建築家。
⇒世美（ラッファエッロ・ダ・モンテルーポ　1505頃–1566）

Raffaello Santi 〈15・16世紀〉

イタリアの画家，建築家。ルネサンスの古典的芸術を完成した三大芸術家の一人。サン・ピエトロ大聖堂の建築監督。主作品は『システィナの聖母子』。
⇒逸話（ラファエッロ　1483–1520）
　岩ケ（ラファエロ　1483–1520）
　旺世（ラファエロ　1483–1520）
　外国（ラファエロ　1483–1520）
　角世（ラファエッロ　1483–1520）
　教皇（ラファエロ　1483–1520）
　キリ（ラファエルロ，サンティ（サンツィオ）1483.4.8–1520.4.6）
　芸術（ラファエロ・サンティ　1483–1520）
　建築（ラッファエロ・サンツィオ　1483–1520）
　広辞4（ラファエロ　1483–1520）
　広辞6（ラファエロ　1483–1520）
　国小（ラファエロ　1483.4.6–1520.4.6）
　国百（ラファエロ・サンティ　1483.4.6–1520.4.6）
　コン2（ラファエロ　1483–1520）
　コン3（ラファエロ　1483–1520）
　新美（ラファエルロ・サンティ　1483.4.6–1520.4.6）
　人物（ラファエロ　1483.4.6–1520.4.6）
　西洋（ラファエロ　1483.4.6/（3.28）–1520.4.6）
　世人（ラファエロ　1483–1520）
　世西（ラファエロ　1483.3.28（4.6）–1520.4.6）
　世美（ラッファエッロ・サンツィオ　1483–1520）
　世百（ラファエロ　1483–1520）
　全書（ラファエッロ　1483–1520?）
　大辞（ラファエロ　1483–1520）
　大辞3（ラファエロ　1483–1520）
　大百（ラファエロ　1483–1520）
　デス（ラファエロ　1483–1520）
　伝世（ラファエロ　1483.4.6–1520）
　百科（ラファエロ　1483–1520）
　評世（ラファエロ　1483–1520）
　山世（ラファエロ　1483–1520）
　歴史（ラファエロ　1483–1520）

Raffles, Sir Thomas Stamford 〈18・19世紀〉

イギリスの植民地統治者。シンガポール島を獲得，貿易基地建設に尽力。著『ジャワ誌』。
⇒岩ケ（ラッフルズ，サー・（トマス・）スタンフォード　1781–1826）
　岩世（ラッフルズ　1781.7.5–1826.7.5）
　英米（Raffles, Sir Thomas Stanford　ラッフルズ　1781–1826）
　旺世（ラッフルズ　1781–1826）
　外国（ラッフルズ　1781–1826）
　角世（ラッフルズ　1781–1826）
　広辞4（ラッフルズ　1781–1826）
　広辞6（ラッフルズ　1781–1826）
　国史（ラッフルズ　1781–1826）
　国小（ラッフルズ　1781.7.6–1826.7.5）
　国百（ラッフルズ，トマス・スタンフォード　1781.7.6–1826.7.5）
　コン2（ラッフルズ　1781–1826）
　コン3（ラッフルズ　1781–1826）
　人物（ラッフルズ　1781.7.5–1826.7.5）
　西洋（ラッフルズ　1781.7.5–1826.7.5）
　世人（ラッフルズ　1781–1826）

世西（ラッフルズ　1781.7.5-1826.7.5）
世東（ラッフルズ　1781.7.5-1826.7.5）
世百（ラッフルズ　1781-1826）
全書（ラッフルズ　1781-1826）
大辞（ラッフルズ　1781-1826）
大辞3（ラッフルズ　1781-1826）
大百（ラッフルズ　1781-1826）
デス（ラッフルズ　1781-1826）
伝世（ラッフルズ　1781.7.6-1826.7.5）
東ア（ラッフルズ　1781-1826）
百科（ラッフルズ　1781-1826）
評世（ラッフルズ　1781-1826）
名著（ラッフルズ　1781-1826）
山世（ラッフルズ　1781-1826）
歴史（ラッフルズ　1781-1826）

Ragheb, Ali Abu al 〈20世紀〉
ヨルダンの政治家，実業家。ヨルダン首相・国防相。
⇒世政（ラゲブ，アリ・アブ・アル　1946-）

Raguzzini, Filippo 〈17・18世紀〉
イタリアの建築家。
⇒建築（ラグッツィーニ，フィリッポ　1680頃-1771）
世美（ラグッツィーニ，フィリッポ　1680頃-1771）

Rahman, Allah Rakka 〈20・21世紀〉
インドの作曲家，歌手，プロデューサー。
⇒岩世（ラフマーン　1966.1.6-）

Rainaldi, Carlo 〈17世紀〉
イタリアの建築家。主作品はカピテリのサンタ・マリア聖堂（1663～67）。
⇒建築（ライナルディ，カルロ　1611-1691）
国小（ライナルディ　1611-1691）
新美（ライナルディ，カルロ　1611.5.4-1691.2.8）
世美（ライナルディ，カルロ　1611-1691）
百科（ライナルディ　1611-1691）

Rainaldi, Girolamo 〈16・17世紀〉
イタリアの建築家。
⇒建築（ライナルディ，ジローラモ　1570-1655）
世美（ライナルディ，ジローラモ　1570-1655）

Rainaldo 〈12世紀〉
イタリアの建築家。
⇒建築（ライナルド（活動）12世紀）
世美（ライナルド（活動）12世紀）

Raineri, Giorgio 〈20世紀〉
イタリアの建築家。
⇒世美（ライネーリ，ジョルジョ　1927-）

Rajaratnam, Sinnathamby 〈20世紀〉
スリランカ生まれのシンガポールの政治家。新聞記者から財界入りし，1965年の独立以来外相。80年6月第2副首相（外交担当）。
⇒現人（ラジャラトナム　1915.2.23-）
二十（ラジャラトナム，S.　1915.2.23-）

Raleigh, *Sir* Walter 〈16・17世紀〉
イギリスの軍人，航海家。エリザベス1世の廷臣。詩人，散文作家でもあった。多方面に才能を発揮した典型的なルネサンス人。ヴァージニア植民地に入植を試み，タバコとジャガイモをイギリスに最初に輸入したとされる。
⇒逸話（ローリー　1552-1618）
イ文（Ralegh, Sir Walter　1552?-1618）
岩ケ（ローリー，サー・ウォルター　1552-1618）
英文（ローリー，サー・ウォルター　1554?-1618）
英米（Raleigh, Sir Walter　ローリー　1552頃-1618）
旺世（ローリー　1552頃-1618）
外国（ローリー　1552頃-1618）
科学（ラーリ　1552-1618）
角世（ローリー　1552?-1618）
国小（ローリー　1552/4-1618.10.29）
コン2（ローリー　1552頃-1618）
コン3（ローリー　1552頃-1618）
集世（ローリー，ウォルター　1554?-1618.10.28）
集文（ローリー，ウォルター　1554?-1618.10.28）
人物（ローリー　1552頃-1618.10.29）
西洋（ローリ　1552頃-1618.10.29）
世人（ローリー　1552頃-1618）
世西（ローリー　1552頃-1618.10.29）
世百（ローリー　1552頃-1618）
世文（ローリー，サー・ウォルター　1552頃-1618）
全書（ローリー　1552?-1618）
大辞（ローリー　1552頃-1618）
大辞3（ローリー　1552頃-1618）
大百（ローリー　1552?-1618）
探検1（ローリー　1552-1618）
デス（ローリー　1552頃-1618）
伝世（ローリー　1552頃-1618.10.29）
百科（ローリー　1554?-1618）
評世（ローリー　1552-1618）
名詩（ローリー，サー・ウォルター　1552?-1618）
山世（ローリ　1552頃-1618）
ラテ（ローリー　1554?-1618）
歴学（ローリー　1554-1618）
歴史（ローリー　1552?-1618）

Rama Rao, Nandamuri Taraka 〈20世紀〉
インド生まれの男優，映画監督，映画製作者。
⇒世映（ラーマラーオ，ナンダムーリ・ターラカ　1923-1996）

Ramelli, Agostino 〈16世紀〉

イタリアの技術者。『各種の巧妙な機械』
(1588) を著した。
⇒科史 (ラメッリ 1530頃–1590頃)

Rämiev, Mökhämmädshakir 〈19・20
世紀〉

タタール人の金採掘業者, 慈善・啓蒙活動家
(兄)。
⇒中ユ (ラミーエフ兄弟 1859–1921)

Ramo di Paganello 〈13・14世紀〉

イタリアの建築家, 彫刻家。
⇒世美 (ラーモ・ディ・パガネッロ (記録)1281–
1320)

Ramone, Phil 〈20世紀〉

アメリカの音楽プロデューサー, バイオリニス
ト, 作曲家。
⇒口人 (ラモーン, フィル)

Rams, Dieter 〈20世紀〉

ドイツの工業デザイナー。
⇒岩ケ (ラムス, ディーター 1932–)
岩世 (ラムス 1932.5.20–)

Ramsaye, Terry 〈19・20世紀〉

アメリカ生まれの映画製作者, 映画批評家。
⇒世映 (ラムゼイ, テリー 1885–1954)

Ramsden, Jesse 〈18世紀〉

イギリスの天文機械製造業者。
⇒岩世 (ラムズデン 1735.10.6–1800.11.5)
科学 (ラムズデン 1735.10.6–1800.11.5)
科史 (ラムズデン 1735–1800)
科人 (ラムズデン, ジェス 1735.10.6–1800.11.
5)
人物 (ラムズデン 1735.10.6–1800.11.5)
西洋 (ラムズデン 1735.10.6–1800.11.5)
世西 (ラムズデン 1735.10.6–1800.11.5)
天文 (ラムズデン 1735–1800)

Ramsey, Frank Plumpton 〈20世紀〉

イギリスの哲学者, 経済学者。主著『数学の基
礎と論理学的諸論文』(1931)。
⇒イ哲 (ラムジー, F.P. 1903–1930)
岩ケ (ラムジー, フランク(・プランプトン)
1903–1930)
岩世 (ラムジー 1903.2.22–1930.1.19)
岩哲 (ラムジー 1903–1930)
経済 (ラムゼー 1903–1930)
国小 (ラムゼー 1903.2.22–1930.1.19)
数学 (ラムジー 1903.2.22–1930.1.19)
数学増 (ラムジー 1903.2.22–1930.1.19)
世百新 (ラムゼー 1903–1930)

二十 (ラムゼー, フランク・P. 1903–1930
(60))
百科 (ラムゼー 1903–1930)

Ramzes, Vadim Borisovich 〈20世紀〉

ソ連邦の経済学者。
⇒二十 (ラムゼス, V. 1933–)

Rana, Carlo Amedeo 〈18・19世紀〉

イタリアの建築家, 軍事技術者, 版画家。
⇒世美 (ラーナ, カルロ・アメデーオ 1715–1804)

Rand, Paul 〈20世紀〉

アメリカのグラフィック＝デザイナー。著書に
『デザイン思考』(1947) がある。
⇒岩世 (ランド 1914.8.15–1996.11.26)
児イ (Rand, Paul ランド, P. 1914–)
大百 (ランド 1914–)

Randall, Samuel Jackson 〈19世紀〉

アメリカの実業家, 政治家。グラント政府のス
キャンダル暴露と下院手続の改革者。
⇒国小 (ランダル 1828.10.10–1890.4.13)

Rank, _Sir_ Joseph Arthur 〈19・20世紀〉

イギリスの映画企業家, 制作者。質量ともにイ
ギリス映画の空前の黄金時代を築く。
⇒岩ケ (ランク(サットン・スコットニーの), J
(ジョゼフ)・アーサー・ランク, 男爵 1888–
1972)
岩世 (ランク 1888.12.22–1972.3.29)
外国 (ランク 1888–)
国小 (ランク 1888–1972)
コン3 (ランク 1888–1972)
人物 (ランク 1888.12.23–)
西洋 (ランク 1888.12.23–1972.3.29)
世映 (ランク, J・アーサー 1888–1972)
世西 (ランク 1888.12.23–)
世百 (ランク 1888–)
世百新 (ランク 1888–1972)
大百 (ランク 1888–1972)
伝世 (ランク 1888–1972)
二十 (ランク, J.A. 1888.12.23–1972.3.29)
百科 (ランク 1888–1972)

Rankine, William John Macquorn
〈19世紀〉

イギリスの工学者, 物理学者。材料力学, 熱力
学などを研究。
⇒岩ケ (ランキン, ウィリアム(・ジョン・マック
オーン) 1820–1872)
岩世 (ランキン 1820.7.5–1872.12.24)
外国 (ランキン 1820–1872)
科学 (ランキン 1820.7.5–1872.12.24)
科技 (ランキン 1820.7.5–1872.12.24)
科史 (ランキン 1820–1872)
科人 (ランキン, ウィリアム・ジョン・マッコー

ン 1820.7.5-1872.12.24)
広辞4 (ランキン 1820-1872)
広辞6 (ランキン 1820-1872)
国小 (ランキン 1820.7.5-1872.12.24)
コン2 (ランキン 1820-1872)
コン3 (ランキン 1820-1872)
人物 (ランキン 1820.7.5-1872.12.24)
西洋 (ランキン 1820.7.5-1872.12.24)
世科 (ランキン 1820-1872)
世西 (ランキン 1820.7.5-1872.12.24)
世百 (ランキン 1820-1872)
全書 (ランキン 1820-1872)
大辞3 (ランキン 1820-1872)
大百 (ランキン 1820-1872)
百科 (ランキン 1820-1872)
名著 (ランキン 1820-1872)

Ransome, James Edward 〈19・20世紀〉
イギリスの技術者, 経営者。
⇒世科 (ランサム 1839-1905)
二十 (ランサム, ジェームズ・エドワード 1839.7.13-1905.1.30)

Ranst, Constantijn 〈17世紀〉
オランダの出島商館長。
⇒西洋 (ランスト 17世紀)

Rāo, Vijayēndra Kastūri Ranga Varadērāja 〈20世紀〉
インドの経済学者。社会・経済変動研究所初代所長。
⇒全書 (ラーオ 1908-)
二十 (ラーオ, V.K.R.V. 1908-)

Raposo Tavares, Antônio 〈16・17世紀〉
ブラジルの奴隷商人。南米で大規模な旅をした。
⇒探検1 (ラポソ=タバーレス 1598-1659)

Rappard, William Emmanuel 〈19・20世紀〉
スイスの社会経済学者, 歴史家。ジュネーヴ大学教授(1913)。
⇒西洋 (ラパール 1883.4.22-)

Raschig, Friedrich 〈19・20世紀〉
ドイツの化学者, 工業家。タールおよびその分溜による諸製品を製造する工場を設立(1890)。
⇒科学 (ラシッヒ 1863.6.8-1928.2.4)
西洋 (ラシヒ 1863.6.8-1928.2.4)
世百 (ラシヒ 1863-1928)
二十 (ラシッヒ, F. 1863.6.8-1928.2.4)

Rashīd al-Dīn Faḍl Allāh 〈13・14世紀〉
ペルシアの医師, 政治家, 歴史家。モンゴル帝国の2代のハンにわたり, 政治・財政顧問。行政長官, 宰相を務めた。著書に『集史』がある。
⇒旺世 (ラシード=ウッディーン 1247-1318)
外国 (ラシード・ウッディーン 1247頃-1318)
角世 (ラシードウッディーン 1247-1318)
看護 (ラシード 1247-1318)
広辞4 (ラシード・アッディーン 1247-1318)
広辞6 (ラシード・アッディーン 1247-1318)
国小 (ラシード・ウッディーン 1247-1318)
コン2 (ラシード・ウッディーン 1247-1318)
コン3 (ラシード・アッディーン 1247-1318)
新美 (ラシード・アッ=ディーン 1247頃-1318)
人物 (ラシード・ウッディン 1247-1318.7.18)
西洋 (ラシードゥッ・ディーン・ファズルッラー 1247-1318.7.18)
世人 (ラシード=ウッディーン 1247-1318)
世東 (ラシード・ウッディン 1247頃-1318)
世百 (ラシードウッディーン 1247-1318)
全書 (ラシード・ウッディーン 1247-1318)
大辞 (ラシード・アッディーン 1247-1318)
大辞3 (ラシード・アッディーン 1247-1318)
大百 (ラシッド・ウッディーン 1274頃-1318)
デス (ラシード・ウッディーン 1247頃-1318)
伝世 (ラシードゥッ・デイーン 1247頃-1318.7.18)
百科 (ラシード・アッディーン 1247-1318)
評世 (ラシッド=ウッディン 1247-1318)
名著 (ラシード・ウッ・ディーン・ファズル・ウッラー 1247-1318)
山世 (ラシードゥッディーン 1249/50-1318)
歴学 (ラシード・アッディーン 1247-1318)
歴史 (ラシード=アッディーン 1247頃-1318)

Rasin, Alois 〈19・20世紀〉
チェコの政治家。チェコスロバキアの創設者の一人で, 第1代蔵相。
⇒国小 (ラシーン 1867.10.18-1923.2.18)
東欧 (ラシーン 1867-1923)

Rasminsky, Louis 〈20世紀〉
カナダ国立銀行総裁, カナダを代表する経済, 財政専門家のひとり。
⇒ユ人 (ラズミンスキー, ルイス 1908-1998)

Rasmussen, Knud Johan Victor 〈19・20世紀〉
デンマークの探検家, 民族学者。1910年エスキモーの貿易センターと探検の基地を設立し, エスキモーの精神的物質的水準の向上に努めた。
⇒岩ケ (ラスムッセン, クヌード(・ヨハン・ヴィクトア) 1879-1933)
科学 (ラスムッセン 1879-1938)
国小 (ラスムッセン 1879.6.7-1933.12.21)
コン2 (ラスムッセン 1879-1933)
コン3 (ラスムッセン 1879-1933)
西洋 (ラスムッセン 1879.6.7-1933.12.21)
伝世 (ラスムッセン 1879.6.7-1933.12.22)

二十（ラスムッセン，K.J.V. 1879–1938）
名著（ラスムッセン 1879–1933）

Rassam, Jean-Pierre 〈20世紀〉
フランスの映画製作者。
⇒世映（ラッサム，ジャン＝ピエール 1941–1985）

Rastell, John 〈15・16世紀〉
イングランドの弁護士，著述家，印刷出版者。
⇒キリ（ラステル，ジョン 1475頃–1536.6.25）

Rastell, William 〈16世紀〉
イングランドの法律家，著述家，印刷出版者。
⇒キリ（ラステル，ウィリアム 1508–1565.8.27）

Rastrelli, Bartolomeo Francesco 〈18世紀〉
イタリアの建築家。
⇒岩世（ラストレッリ 1700–1771.4.29）

Rastrelli, Caro Bartolomeo 〈17・18世紀〉
イタリアの建築家。ピョートル1世（大帝）によってロシアに招かれた（1715）。
⇒建築（ラストレッリ，バルトロメオ・カルロ 1675頃–1744）
コン2（ラストレールリ 1670/-5–1744）
コン3（ラストレールリ 1670/5–1744）
西洋（ラストレリ ?–1744）
世美（ラストレッリ，バルトロメーオ・カルロ 1675–1744）

Rastrelli, Varfolomei Varfolomeevich 〈18世紀〉
ロシアの建築家。カルロ・バルトロメオの子。
⇒建築（ラストレッリ，バルトロメオ・フランチェスコ 1700頃–1771）
コン2（ラストレールリ 1700–1771）
コン3（ラストレールリ 1700–1771）
新美（ラストレルリ，バルトロメーオ・フランチェスコ 1700頃–1771）
世美（ラストレッリ，バルトロメーオ・フランチェスコ 1700頃–1771）
百科（ラストレリ 1700頃–1771）
ロシ（ラストレリ 1700頃–1771）

Rastrick, John Urpeth 〈18・19世紀〉
イギリスの土木技師，機械技師。
⇒岩ケ（ラストリック，ジョン（・アーペス）1780–1856）

Ratdolt, Erhard 〈15・16世紀〉
ドイツの出版業者。
⇒岩世（ラートドルト 1447–1527（28））
コン2（ラートドルト 1443頃–1528）

コン3（ラートドルト 1443頃–1528）
西洋（ラートドルト 1447–1527/8）

Rateau, Camille Edmond Auguste 〈19・20世紀〉
フランスの技術家。タービンに関する研究で知られ，初めて排気ガスタービンを製作した（1918頃）。
⇒岩世（ラトー 1863.10.13–1930.1.13）
科学（ラトー 1863.10.13–1930.1.13）
西洋（ラトー 1863–1930）
世西（ラトー 1863–1930）
世百（ラトー 1863–1930）
全書（ラトー 1863–1930）
大百（ラトー 1863–1930）
二十（ラトー，C.E.A. 1863.10.13–1930.1.13）
百科（ラトー 1863–1930）

Rathbone, Eleanor Florence 〈19・20世紀〉
イギリスの政治家，社会改良家。
⇒岩ケ（ラスボーン，エレナー（・フローレンス）1872–1946）
岩世（ラスボーン 1872.5.12–1946.1.2）
世女（ラスボーン，エレノア 1872–1946）
世女日（ラスボーン，エレノア 1872–1946）

Rathenau, Emil 〈19・20世紀〉
ドイツ（ユダヤ系）の電気技術者，工業家。ドイツに電灯，電信を輸入。
⇒岩世（ラーテナウ 1838.12.11–1915.6.20）
コン2（ラーテナウ 1838–1915）
コン3（ラーテナウ 1838–1915）
西洋（ラーテナウ 1838.12.11–1915.6.20）
世西（ラテナウ 1838.12.11–1915.6.20）
世百（ラーテナウ 1838–1915）
全書（ラーテナウ 1838–1915）
二十（ラーテナウ，E. 1838–1915）
百科（ラーテナウ 1838–1915）

Rathenau, Walther 〈19・20世紀〉
ドイツの政治家，実業家。1921年5〜11月K.ビルト内閣の再建相，22年1月外相。
⇒岩ケ（ラーテナウ，ヴァルター 1867–1922）
岩世（ラーテナウ 1867.9.29–1922.6.24）
旺世（ラーテナウ 1867–1922）
外国（ラーテナウ 1867–1922）
角世（ラーテナウ 1867–1922）
経済（ラテナウ 1867–1922）
国小（ラーテナウ 1867.9.29–1922.6.24）
コン2（ラーテナウ 1867–1922）
コン3（ラーテナウ 1867–1922）
人物（ラーテナウ 1867.9.29–1922.6.24）
西洋（ラーテナウ 1867.9.29–1922.6.24）
世西（ラテナウ 1867.9.29–1922.6.24）
世百（ラーテナウ 1867–1922）
全書（ラーテナウ 1867–1922）
大百（ラーテナウ 1867–1922）

デス（ラーテナウ 1867–1922)
伝世（ラーテナウ 1867.9.29–1922.6.24)
ナビ（ラーテナウ 1867–1922)
二十（ラーテナウ, W. 1867–1922)
百科（ラーテナウ 1867–1922)
名著（ラーテナウ 1867–1922)
山世（ラーテナウ 1867–1922)
ユ人（ラーテナウ, ヴァルター 1867–1922)

Rathgen, Karl 〈19・20世紀〉
ドイツの法学者, 経済学者。1882年に来日。ドイツ財政学の日本への受容の先駆者。著書に『日本の国民経済と国家財政』がある。
⇒岩世（ラートゲン 1855.3.1–1921.11.6)
外国（ラートゲン 1855–?)
経済（ラートゲン 1855–1921)
コン3（ラートゲン 1855–1921)
人物（ラートゲン 1855.3–?)
西洋（ラートゲン 1855.3–?)
日人（ラートゲン 1855–1921)
来日（ラートゲン 1855–1921)

Ratia, Armi 〈20世紀〉
フィンランドのデザイナー, 実業家。
⇒世女（ラティア, アルミ 1912–1979)
世女日（ラティア, アルミ 1912–1979)

Rau, Sir Benegal Rama 〈19・20世紀〉
インドの外交官。インド準備銀行総裁(1949来)。
⇒外国（ラウ 1889–)
西洋（ラウ 1889.1.10–1969.12.13)
二十（ラウ, ベネガル・R. 1889.1.10–1969.12.13)

Rau, Karl Heinrich 〈18・19世紀〉
ドイツの経済学者。
⇒岩世（ラウ 1792.11.29–1870.3.18)
西洋（ラウ 1792.11.29–1870.3.18)
世西（ラウ 1792.11.29–1870.3.18)

Rauchmiller, Matthias 〈17世紀〉
ドイツの彫刻家, 画家, 建築家。
⇒世美（ラウフミラー, マティアス 1645–1686)

Ravalomanana, Marc 〈20世紀〉
マダガスカルの政治家, 実業家。マダガスカル大統領, TIKO創業者。
⇒岩世（ラヴァルマナナ（ラヴァロマナナ） 1949.12.12–)
世政（ラバロマナナ, マルク 1949.12.12–)

Ravenscroft, George 〈17世紀〉
イギリスのガラス製造家。
⇒新美（レイヴンズクロフト, ジョージ 1632–1683)

Ravenscroft, Thomas 〈16・17世紀〉
イギリスの作曲家, 音楽理論家, 出版業者。
⇒音楽（レーヴェンスクロフト, トマス 1582頃–1635頃)
キリ（レイヴンズクロフト, トマス 1582頃–1635頃)
ラル（レーヴンスクロフト, トマス 1582頃–1633頃)

Ravy, Jean 〈14世紀〉
フランスの彫刻家, 建築家。
⇒建築（ラヴィ, ジャン （活動)1318–1320, 1345)
世美（ラヴィ, ジャン 14世紀)

Rāy, Sir Prafulla Chandra 〈19・20世紀〉
インドの化学者, 実業家。水銀と硝酸の化合法を発見（1895)。
⇒コン2（ローイ 1861–1944)
コン3（ローイ 1861–1944)
西洋（ラーイ 1861–1944.6.16)

Raymon, Carl W. 〈20世紀〉
ドイツの技師。
⇒日人（レイモン 1894–1987)
来日（レイモン 1894–1987)

Raymond, Antonin 〈19・20世紀〉
チェコスロバキア生まれのアメリカの建築家。聖路加病院, フランス大使館, 東京女子大学などを設計。
⇒岩世（レイモンド 1888.5.10–1976.10.25)
現人（レーモンド 1888.5.10–1976.10.25)
国小（レイモンド 1888.5.10–1976.10.25)
コン3（レーモンド 1888–1976)
新美（レイモンド, アントニン 1889.5.10–1976.10.25)
人物（レーモンド 1888.5.10–)
西洋（レーモンド 1888.5.10–)
世百（レーモンド 1889–)
世百新（レーモンド 1888–1976)
大辞2（レーモンド 1888–1976)
大辞3（レーモンド 1888–1976)
大百（レーモンド 1888–1976)
ナビ（レーモンド 1888–1976)
二十（レーモンド, アントニン 1888.5.10–1976.10.25)
日人（レーモンド 1888–1976)
百科（レーモンド 1888–1976)
来日（レーモンド 1888–1976)

Raymond du Temple 〈14・15世紀〉
フランスの建築家。
⇒建築（レイモン・デュ・タンプル ?–1405頃)
新美（タンプル, レーモン, デュ 14世紀後半)
世美（タンプル, レイモン, デュ ?–1405頃)

Raynaud, Jean-Pierre 〈20世紀〉

フランス生まれの工芸家。

⇒世芸（レイノー，ジャン・ピエール　1939–)

al-Rāzī, Muḥammad 〈9世紀〉

アンダルシアのイラン系アラブ商人，歴史家。

⇒岩世（ラーズィー，ムハンマド）
コン2（ラーズィー　9世紀）
コン3（ラーズィー　9世紀）
西洋（アッ・ラーズィー　9世紀頃）

Read, John B. 〈20世紀〉

イギリスの照明デザイナー。

⇒バレ（リード，ジョン・B.　?–)

Reagan, Ronald 〈20世紀〉

アメリカの政治家。第40代大統領（1981～89）。前政権からのスタグフレーションの解決に向け，供給重視の立場から，減税・財政支出削減・規制撤廃などを進めた。その経済政策は「レーガノミクス」と呼ばれた。

⇒アメ（レーガン　1911–)
岩ケ（レーガン，ロナルド（・ウィルソン）
　　1911–)
岩世（レーガン　1911.2.6–2004.6.5)
英米（Reagan, Ronald Wilson　レーガン
　　1911–)
旺世（レーガン　1911–)
外男（レーガン，ロナルド　1911.2.6–)
角世（レーガン　1911–)
現ア（Reagan, Ronald　レーガン，ロナルド
　　1911–)
現人（リーガン　1911.2.6–)
広辞5（レーガン　1911–)
広辞6（レーガン　1911–2004)
コン3（レーガン　1911–)
最世（レーガン，ロナルド　1911–)
西洋（レーガン（リーガン）　1911.2.6–)
世人（レーガン　1911–2004)
世政（レーガン，ロナルド　1911.2.6–2004.6.5)
世西（リーガン　1911.2.6–)
世俳（リーガン，ロナルド　1911.2.6–)
全書（レーガン　1911–)
大辞2（レーガン　1911–)
ナビ（レーガン　1911–)
二十（レーガン，ロナルド・ウィルソン　1911.2.
　　6–)
俳優（リーガン，ロナルド　1912.2.6–)
評世（レーガン　1911–)
山世（レーガン　1911–)

Réard, Louis 〈20世紀〉

フランスのファッション・デザイナー。

⇒岩ケ（レアール，ルイ　1897–1984)

Reber, Grote 〈20世紀〉

アメリカの電気学者。規準局のラジオ普及研究

所に勤務（1947来）。銀河系や，星雲から来る波長20センチメートルの電波を研究。

⇒岩ケ（リーバー，グロート　1911–)
岩世（リーバー　1911.12.22–2002.12.20)
科技（リーバー　1911.12.22–)
科人（リーバー，グロート　1911.12.22–)
コン3（リーバー　1911–)
西洋（リーバー　1911.12.22–)
世科（レーバー　1911–)
大百（リーバー　1911–)
天文（レーバー　1911–)
二十（レーバー，グルート　1911–)

Reclam, Anton Philipp 〈19世紀〉

ドイツの出版業者。〈レークラム世界文庫〉を刊行（1867～）。

⇒岩世（レクラム　1807.6.28–1896.1.5)
コン2（レクラム　1807–1896)
コン3（レクラム　1807–1896)
人物（レクラム　1807.6.28–1896.1.5)
西洋（レークラム　1807.6.28–1896.1.5)
世西（レクラム　1807.6.28–1896.1.5)

Redford, Robert 〈20世紀〉

アメリカ生まれの男優，映画監督，映画プロデューサー。主演作に『コンドル』（1975）など。80年監督作品『普通の人々』でアカデミー監督賞受賞。

⇒岩ケ（レッドフォード，（チャールズ・）ロバート
　　1937–)
外男（レッドフォード，ロバート　1937.8.18–)
現ア（Redford, Robert　レッドフォード，ロ
　　バート　1937–)
コン3（レッドフォード　1937–)
最世（レッドフォード，ロバート　1937–)
世映（レッドフォード，ロバート　1937–)
世俳（レッドフォード，ロバート　1937.8.18–)
全書（レッドフォード　1937–)
ナビ（レッドフォード　1937–)
二十（レッドフォード，ロバート　1937.8.18–)
俳優（レッドフォード，ロバート　1937.8.18–)

Redman, Henry 〈16世紀〉

イギリスの建築家。

⇒建築（レッドマン，ヘンリー　?–1528)

Redtenbacher, Ferdinand 〈19世紀〉

ドイツの機械学者，技術家。

⇒岩世（レーテンバッハー　1809.7.25–1863.4.16)
西洋（レーテンバッハー　1809.7.25–1863.4.16)

Reed, Alexander Wyclif 〈20世紀〉

ニュージーランドの作家，出版業者。

⇒英児（Reed, Alexander Wyclif　リード，アリグ
　　ザンダー・ウィクリフ　1908–1979)

Reed, *Sir* Edward James 〈19・20世紀〉

イギリスの造船技術者。木造艦を装甲艦に造り変えるために多くの新方式を採用，代表的新型装甲艦「Bellerophon」号の建造に成功。
⇒岩世（リード　1830.9.20–1906.11.30）
　西洋（リード　1830.9.30–1906.11.30）

Reed, Ishmael Scott 〈20世紀〉

アメリカの小説家，詩人，エッセイスト，作詞家，プロデューサー，出版者。
⇒ア事（リード，イシュメール　1938–）
　岩世（リード　1938.2.22–）
　英文（リード，イシュメール・スコット）
　　1938–）
　才世（リード，イシュメール・スコット）
　　1938–）
　黒作（リード，イシュミエル　1938–）
　集世（リード，イシュメイル　1938.2.22–）
　二十英（Reed, Ishmael　1938–）

Regan, Donald Thomas 〈20世紀〉

アメリカの実業家。アメリカ財務長官，メリルリンチ会長。
⇒岩ケ（リーガン，ドナルド（・トマス）　1918–）
　世政（リーガン，ドナルド　1918.12.21–2003.6.10）
　二十（リーガン，ドナルド・トーマス　1918.12.21–）

Reibey, Molly 〈18・19世紀〉

オーストラリアの実業家。
⇒世女（レイビー，メアリ　1777–1855）
　世女日（レイビー，モリー　1777–1855）

Reich, Robert Bernard 〈20世紀〉

アメリカの経済学者。
⇒岩世（ライシュ　1946.6.24–）

Reichel, Hans 〈16・17世紀〉

ドイツの彫刻家，建築家。北方バロック初期の作風を確立。主作品は『ローマ皇帝胸像』（1620）。
⇒芸術（ライヘル，ハンス　1570頃–1642）
　国小（ライヘル　1570頃–1642）
　新美（ライヒレ，ハンス　1570頃–1642）
　西洋（ライヒレ　1570頃–1642）
　世美（ライヒレ，ハンス　1570頃–1642）

Reichenbach, Georg von 〈18・19世紀〉

ドイツの土木技師，光学機械製作者。ミュンヘンに光学機械製作所を設立（1809）。
⇒岩ケ（ライヘンバッハ，ゲオルク・（フリードリヒ・）フォン　1772–1826）
　岩世（ライヒェンバッハ　1771.8.24–1826.5.21）
　西洋（ライヘンバハ　1772.8.24–1826.5.21）
　世西（ライヘンバッハ　1772.8.24–1826.5.21）

天文（ライヘンバッハ　1771–1826）

Reichenbach, Karl, Freiherr von 〈18・19世紀〉

ドイツの工業家。木タール中にパラフィンとクレオソートを発見。
⇒岩ケ（ライヘンバッハ，カール，男爵　1788–1869）
　科学（ライヘンバッハ　1788.2.12–1869.1.19）
　看護（ライヘンバハ　1788–1869）
　西洋（ライヘンバッハ　1788.2.12–1869.1.19）
　世西（ライヘンバッハ　1788.2.12–1869.1.19）

Reichilin, Bruno 〈20世紀〉

スイス生まれの建築家。
⇒二十（ライヒリン，ブルーノ　1941–）

Reichle, Hans 〈16・17世紀〉

ドイツの彫刻家，建築家。
⇒岩世（ライヒレ　1565(-70)頃–1642）

Reid, *Sir* Bob 〈20世紀〉

イギリスの会社社長。
⇒岩ケ（リード，サー・ボブ　1934–）

Reid, Helen 〈19・20世紀〉

アメリカの新聞社主。
⇒世女日（リード，ヘレン　1882–1970）

Reid, Rose Marie 〈20世紀〉

カナダ生まれの実業家。
⇒世女日（リード，ローズ・マリー　1906–1978）

Reidy, Affonso Eduardo 〈20世紀〉

ブラジルの建築家，都市計画家。
⇒才西（レイディー，アフォンソ・エドゥアルド　1909–1964）
　世美（レイディ，アフォンソ・エドゥアルド　1909–1964）

Reinhardt, Max 〈19・20世紀〉

ドイツの演劇プロデューサー，演出家。『オイディプス大王』（1910），『奇跡』（11）を手がける。
⇒岩ケ（ラインハルト，マックス　1873–1943）
　岩世（ラインハルト　1873.9.9–1943.10.31）
　演劇（ラインハルト，マックス　1873–1943）
　オベ（ラインハルト，マックス　1873.9.9–1943.10.31）
　外国（ラインハルト　1873–1943）
　監督（ラインハルト，マックス　1873.9.8–1943.10.31）
　広辞4（ラインハルト　1873–1943）
　広辞5（ラインハルト　1873–1943）
　広辞6（ラインハルト　1873–1943）

国小（ラインハルト　1873.9.9-1943.10.31）
国百（ラインハルト，マックス　1873.9.9-1943.
　10.31）
コン2（ラインハルト　1873-1943）
コン3（ラインハルト　1873-1943）
集文（ラインハルト，マックス　1873.9.9-1943.
　10.30）
人物（ラインハルト　1873.9.9-1943.10.31）
西洋（ラインハルト　1873.9.9-1943.10.31）
世西（ラインハルト　1873.9.9-1943.10.31）
世百（ラインハルト　1873-1943）
全書（ラインハルト　1873-1943）
大辞（ラインハルト　1873-1943）
大辞2（ラインハルト　1873-1943）
大辞3（ラインハルト　1873-1943）
大百（ラインハルト　1873-1943）
デス（ラインハルト　1873-1943）
伝世（ラインハルト　1873-1943.10.30）
ナビ（ラインハルト　1873-1943）
二十（ラインハルト，マックス　1873.9.9-1943.
　10.31）
二十英（Reinhardt, Max　1873-1943）
百科（ラインハルト　1873-1943）
ユ人（ラインハルト（ゴールドマン），マックス
　1873-1943）

R　Reinius, Leif　〈20世紀〉
スウェーデンの建築家，都市計画家。
⇒世美（レイニウス，レイフ　1907-）

Reis, Johann Philipp　〈19世紀〉
ドイツの物理学者。最初の電話を製作。
⇒岩世（ライス　1834.1.7-1874.1.14）
　西洋（ライス　1834.1.7-1874.1.14）
　世百（ライス　1834-1874）
　百科（ライス　1834-1874）

Reiter-Soffer, Domy　〈20世紀〉
イスラエルのダンサー，振付家，デザイナー。
⇒バレ（ライター＝ソファー，ドミー　1950.10.
　24-）

Reith (of Stonehaven), John (Charles Walsham) Reith, Baron
〈19・20世紀〉
イギリスの政治家，エンジニア。
⇒岩ケ（リース（ストーンヘイヴンの），ジョン・
　（チャールズ・ウォルシャム・）リース，男爵
　1889-1971）

Reitman, Ivan　〈20世紀〉
スロヴァキア生まれの映画監督，映画製作者。
⇒世映（ライトマン，アイヴァン　1946-）

Rellstab, Johann Carl Friedrich
〈18・19世紀〉
ドイツの著述家，出版者。

⇒音大（レルシュタープ，フリードリヒ　1759.2.
　27-1813.8.19）

Remington, Eliphalet　〈18・19世紀〉
アメリカの兵器製造業者，兵器の改良考案家。
レミントン製銃会社の創設者。
⇒国小（レミントン　1793.10.28-1861.8.12）

Remington, Philo　〈19世紀〉
アメリカの企業家，発明家。レミント式タイプ
ライターを発明。
⇒岩ケ（レミントン，ファイロ　1816-1889）
　岩世（レミントン　1816.10.31-1889.4.5）
　科学（レミントン　1816.10.31-1889.4.5）
　西洋（レミントン　1816.10.31-1889.4.5）
　世科（レミントン　1816-1889）
　百科（レミントン　1816-1889）

Renault, Louis　〈19・20世紀〉
フランスの自動車製造業者。
⇒岩ケ（ルノー，ルイ　1877-1944）
　岩世（ルノー　1877.2.12-1944.10.24）
　科学（ルノー　1877-1944）
　二十（ルノー，レナルト　1877-1944）

Rendel, James Meadows　〈18・19世紀〉
イギリスの土木技術者。
⇒岩世（レンデル　1799.12-1856.11.21）

Renier de Huy　〈12世紀〉
フランスのモザン地方の金細工師。
⇒キリ（ルニエ（ユイの）　1110頃-1150頃）
　新美（ルニエ・ド・ユイ）
　世美（ルニエ・ド・ユイ　（記録）1107-1125）

Renner, Karl　〈19・20世紀〉
オーストリアの政治家，法社会学者，経済学者。
南モラヴィア生まれ。1918年オーストリア共和
国の初代首相。第二次大戦後の1945年に暫定首
相，大統領。民法や国民経済学の理論でも業績
を残した。
⇒岩ケ（レンナー，カール　1870-1950）
　岩世（レンナー　1870.12.14-1950.12.31）
　外国（レンナー　1870-1950）
　角世（レンナー　1870-1950）
　経済（レンナー　1870-1950）
　国小（レンナー　1870.12.14-1950.12.31）
　コン2（レンナー　1870-1950）
　コン3（レンナー　1870-1950）
　西洋（レンナー　1870.12.14-1950.12.31）
　世政（レンナー，カール　1870.12.14-1950.12.
　31）
　世西（レンナー　1870.12.14-1950.12.30）
　世百（レンナー　1870-1950）
　全書（レンナー　1870-1950）
　大辞（レンナー　1870-1950）
　大辞2（レンナー　1870-1950）

大辞**3**（レンナー　1870–1950）
大百　（レンナー　1870–1951）
伝世　（レンナー　1870.12.14–1950.12.31）
二十　（レンナー, カール　1870.12.14–1950.12.31）
百科　（レンナー　1870–1950）
評世　（レンナー　1870–1950）
名著　（レンナー　1870–1950）
山世　（レンナー　1870–1950）

Rennie, George 〈18・19世紀〉
イギリスの土木技師。イギリス海軍のために最初のスクリュー推進による〈Dwarf〉号を建造。
⇒西洋（レニ　1791–1866）

Rennie, John 〈18・19世紀〉
イギリスの土木技師。橋梁, 防波堤などの建設に腕をふるったが, ロンドン橋架設中に死亡。
⇒岩ケ（レンニー, ジョン　1761–1821）
　岩世（レニー　1761.6.7–1821.10.4）
　英米（Rennie, John　レニー　1761–1821）
　国小（レニー　1761.6.7–1821.10.4）
　西洋（レニ　1761.6.7–1821.10.4）
　世科（レニー　1761–1821）
　世西（レニー　1761.6.7–1821.10.4）
　世百（レニー　1761–1821）

Rennie, *Sir John* 〈18・19世紀〉
イギリスの土木技師。ロンドン橋を完成し, ナイトに叙せらる（1831）。
⇒岩世（レニー　1794.8.30–1874.9.3）
　西洋（レニ　1794.8.30–1874.9.3）

Renwick, James 〈19世紀〉
アメリカの建築家。主作品はニューヨークのセント・パトリック聖堂（1850〜79）。
⇒国小（レンウィック　1818.11.3–1895.6.23）

Reppe, Walter 〈19・20世紀〉
ドイツの工業化学者, 技術者。高圧アセチレンを使用する, 一連の合成反応を発見。
⇒岩世（レッペ　1892.7.29–1969.7.26）
　外国（レッペ　1892–）
　科史（レッペ　1892–1969）
　科大（レッペ　1892–1969）
　科大**2**（レッペ　1892–1969）
　広辞**5**（レッペ　1892–1969）
　広辞**6**（レッペ　1892–1969）
　国小（レッペ　1892.7.29–1969.7.26）
　コン**3**（レッペ　1892–1969）
　人物（レッペ　1892.7.29–）
　西洋（レッペ　1892.7.29–1969.7.26）
　世西（レッペ　1892.7.29–）
　世百（レッペ　1892–）
　世百新（レッペ　1892–1969）
　全書（レッペ　1892–1969）
　大百（レッペ　1892–1969）
　二十（レッペ, ウォルター・J.　1892.7.29–1969.7.26）
　百科（レッペ　1892–1969）

Repsold, Johann Adolf 〈19・20世紀〉
ドイツの天文装置製作者。時間調整メカニズム用のバネ振子を発明, マイクロメーターを改良。観測精度向上に貢献。
⇒天文（レプソルト　1838–1919）
　二十（レプソルト, ヨハン・アドルフ　1838–1919）

Repsold, Johann Georg 〈18・19世紀〉
ハンブルクに精密機械と光学機械会社を設立した人。
⇒科学（レプソルト　1770.9.19–1830.1.14）
　科史（レプソルト　1771–1830）

Repton, George Stanley 〈18・19世紀〉
イギリスの建築家。
⇒世美（レプトン, ジョージ・スタンリー　1786–1858）

Repton, Humphry 〈18・19世紀〉
イギリスの建築家, 庭園技師。造園設計における指導的地位を占めた。
⇒岩ケ（レプトン, ハンフリー　1752–1818）
　岩世（レプトン　1752.4.21–1818.3.24）
　建築（レプトン, ハンフリー　1752–1818）
　国小（レプトン　1752.4.21–1818.3.24）
　新美（レプトン, ハンフリー　1752.5.2–1818.3.14）
　世美（レプトン, ハンフリー　1752–1818）

Repton, John Adey 〈18・19世紀〉
イギリスの建築家。
⇒世美（レプトン, ジョン・エイディ　1775–1860）

Reuleaux, Franz 〈19・20世紀〉
ドイツの機械工学者。ベルリン工科大学教授（1865〜96）。主著『理論運動学』（75）。
⇒岩世（ルーロー　1829.9.30–1905.8.20）
　西洋（ルーロー　1829.9.30–1905.8.20）
　世西（ルーロー　1829.9.30–1905.8.20）
　全書（ルーロー　1829–1905）
　大百（ルーロー　1829–1905）
　名著（ルーロー　1829–1905）

Reuter, Paul Julius, Freiherr von 〈19世紀〉
イギリス（ドイツ生まれ）の通信事業家。
⇒岩ケ（ロイター, パウル・ユリウス, 男爵　1816–1899）
　岩世（ロイター　1816.7.21–1899.2.25）
　外国（ロイター　1816–1899）
　コン**2**（ロイター　1816–1899）
　コン**3**（ロイター　1816–1899）

revan 512 西洋人物レファレンス事典

人物 （ロイター　1816.7.21–1899.2.25）
西洋 （ロイター　1816.7.21–1899.2.25）
世人 （ロイター　1816–1899）
世西 （ロイター　1821.7.25–1899.2.25）
評世 （ロイター　1821–1899）

Revans, Reginald William 〈20世紀〉
イギリスの経営コンサルタント。
⇒岩ケ （レヴァンズ, レジナルド・ウィリアム 1907–）

Revell, Viljo 〈20世紀〉
フィンランドの建築家, 都市計画家。
⇒世美 （レヴェル, ヴィリュオ　1910–1964）

Revett, Nicholas 〈18・19世紀〉
イギリスの建築家。
⇒岩世 （リヴェット　1720–1804）

Revson, Charles Haskell 〈20世紀〉
アメリカの事業経営者。
⇒岩ケ （レヴソン, チャールズ（・ハスケル） 1906–1975）

Rewbell, Jean François 〈18・19世紀〉
フランスの政治家。総裁政府に入り財務, 司法, 外務を担任, 同政府首席（1796）。
⇒外国 （ルーベル　1747–1807）
コン2 （ルーベル　1747–1807）
コン3 （ルーベル　1747–1807）
西洋 （ルベル　1747.11.8–1807.11.23）

Reynaud, Emile 〈19・20世紀〉
フランスの発明家, 興業師。フラクシノスコープを発明し, パリで公開（1872～1900）。
⇒国小 （レイノー　1844–1918）

Rezánov, Nikolai Petrovich 〈18・19世紀〉
ロシアの事業家, 外交官。ロシア最初の世界周航隊に参加し1804年来日。
⇒岩世 （レザーノフ　1764.3.28–1807.3.1）
旺世 （レザノフ　1764–1807）
外国 （レザノフ　1776–1807）
広辞4 （レザノフ　1764–1807）
広辞6 （レザノフ　1764–1807）
国史 （レザーノフ　1764–1807）
国小 （レザノフ　1764.4.8–1807.3.13）
国百 （レザノフ, ニコライ・ペトロビッチ　1764. 4.8–1807.3.13）
人物 （レザノフ　1764–1807.3.1）
西洋 （レザーノフ　1764–1807.3.1）
世人 （レザノフ　1764–1807）
世西 （レザノフ　1764–1807.3.14）
世百 （レザノフ　1764–1807）
全書 （レザノフ　1764–1807）

対外 （レザーノフ　1764–1807）
大辞 （レザノフ　1764–1807）
大辞3 （レザノフ　1764–1807）
大百 （レザノフ　1764–1807）
デス （レザノフ　1764–1807）
日研 （レザノフ, ニコライ・ペトロヴィッチ 1764.4.8–1807.3.13）
日人 （レザノフ　1764–1807）
百科 （レザノフ　1764–1807）
評世 （レザノフ　1776–1807）
山世 （レザーノフ　1764–1807）
来日 （レザノフ　1764.4.8–1807.3.13）
ロシ （レザノフ　1764–1807）

Rhau, Georg 〈15・16世紀〉
ドイツの出版業者, 作曲家。
⇒音楽 （ラウ, ゲオルク　1488–1548.8.6）
音大 （ラウ　1488–1548.8.6）
キリ （ラウ, ゲオルク　1488–1548.8.6）

Rheede tot de Parkeler, Johan Frederik van 〈18・19世紀〉
オランダの長崎商館長。
⇒岩世 （レーデ・トット・デ・パルケレル　1757– 1802.9.11）

Rhodes, Cecil John 〈19・20世紀〉
イギリス生まれの南アフリカの政治家, 実業家。鉱山王。ケープ植民地の首相。ローデシアは彼の名にちなむ。
⇒アフ （ローズ　1853–1902）
岩ケ （ローズ, セシル（・ジョン）　1853–1902）
岩世 （ローズ　1853.7.5–1902.3.26）
英米 （Rhodes, Cecil John　ローズ　1853– 1902）
旺世 （セシル＝ローズ　1853–1902）
外国 （ローズ　1853–1902）
角世 （ローズ　1853–1902）
広辞4 （ローズ　1853–1902）
広辞5 （ローズ　1853–1902）
広辞6 （ローズ　1853–1902）
国小 （ローズ　1853.7.5–1902.3.26）
国百 （ローズ, セシル・ジョン　1853.7.5–1902. 3.26）
コン2 （ローズ　1853–1902）
コン3 （ローズ　1853–1902）
人物 （ローズ　1853.7.5–1902.3.26）
西洋 （ローズ　1853.7.5–1902.3.26）
世人 （ローズ（セシル＝ローズ）　1853–1902）
世西 （ローズ　1853.7.5–1902.3.26）
世百 （ローズ　1853–1902）
全書 （ローズ　1853–1902）
大辞 （ローズ　1853–1902）
大辞2 （ローズ　1853–1902）
大辞3 （ローズ　1853–1902）
大百 （ローズ　1853–1902）
デス （ローズ　1853–1902）
伝世 （ローズ　1853.7.5–1902.3.26）
ナビ （ローズ　1853–1902）

百科 （ローズ 1853–1902）
評世 （ローズ 1853–1902）
山世 （ローズ 1853–1902）
歴史 （ローズ 1853–1902）

Rhodes, James Ford 〈19・20世紀〉
アメリカの実業家，歴史家。『1850年の妥協以後の合衆国史』(1906) で有名。
⇒岩世 （ローズ 1848.5.1–1927.1.22）
外国 （ローズ 1848–1927）
国小 （ローズ 1848–1927）
西洋 （ローズ 1848.5.1–1927.1.22）
世百 （ローズ 1848–1927）

Rhodes, Zandra 〈20世紀〉
イギリスのファッション・デザイナー。
⇒岩ケ （ローズ，ザンドラ 1940–）

Rhoikos
古代ギリシアの建築家，青銅鋳造師。青銅鋳造技術を開発。
⇒国小 （ロイコス　生没年不詳）

Rhoikos ho Samios 〈前6世紀〉
前6世紀中頃のギリシアの建築家。
⇒岩世 （ロイコス（サモスの））

Rhondda, *Lady* Margaret Haig Thomas 〈19・20世紀〉
イギリス・ウェールズの出版業者。
⇒世女 （ロンダ，マーガレット（ハイグ・トーマス）1883–1958）

Rhone, Trevor 〈20世紀〉
ジャマイカの劇作家，映画製作者。
⇒オ世 （ローン，トレヴァー 1940–）
二十英 （Rhone, Trevor D. 1940–）

Riaño, Diego de 〈16世紀〉
スペインの建築家。
⇒世美 （リアーニョ，ディエゴ・デ ?–1534）

Ribera, Pedro de 〈17・18世紀〉
スペインの建築家。
⇒建築 （リベーラ，ペドロ・デ 1683頃–1742）
新美 （リベーラ，ペドロ ?–1742）
世美 （リベーラ，ペドロ・デ 1683頃–1742）

Ribot, Alexandre Félix Joseph 〈19・20世紀〉
フランスの政治家。外相，蔵相，首相を歴任。
⇒岩世 （リボー 1842.2.7–1923.1.13）
国小 （リボー 1842.2.7–1923.1.13）
西洋 （リボー 1842.2.7–1923.1.13）

Ricard de Montferrand, Auguste 〈18・19世紀〉
フランスの建築家。聖ペテルブルグ教会堂，聖イザークス教会堂の再建に携る。
⇒岩世 （リカール・ド・モンフェラン 1786.1.24–1858.6.28）
キリ （リカール・ド・モンフェラン，オギュスト 1786.1.24–1858.6.28）
建築 （リシャール・ド・モンフェラン，オーギュスト 1786–1859）
西洋 （リカール・ド・モンフェラン 1786.1.24–1858.6.28）

Ricardo, David 〈18・19世紀〉
イギリスの経済学者。アダム＝スミスに続く，古典派経済学の完成者。投下労働価値説を唱えた。労働価値説・差額地代論，また国際貿易に関する比較生産費説などを説く。主著『経済学および課税の原理』。
⇒イ哲 （リカード，D. 1772–1823）
イ文 （Ricardo, David 1772–1823）
岩ケ （リカード，デイヴィド 1772–1823）
岩世 （リカード 1772.4.19(18)–1823.9.11）
岩哲 （リカード 1772–1823）
英米 （Ricardo, David　リカード 1772–1823）
旺世 （リカード 1772–1823）
外国 （リカード 1772–1823）
角世 （リカード 1772–1823）
広辞4 （リカード 1772–1823）
広辞6 （リカード 1772–1823）
国小 （リカード 1772.4.19–1823.9.12）
国百 （リカード，デービッド 1772.4.19–1823.9.12）
コン2 （リカード 1772–1823）
コン3 （リカード 1772–1823）
人物 （リカード 1772.4.19–1823.9.11）
西洋 （リカード 1772.4.19–1823.9.11）
世人 （リカード 1772–1823）
世西 （リカード 1772.4.19–1823.9.11）
世百 （リカード 1772–1823）
全書 （リカード 1772–1823）
大辞 （リカード 1772–1823）
大辞3 （リカード 1772–1823）
大百 （リカード 1772–1823）
デス （リカード 1772–1823）
伝世 （リカード 1772.4.19–1823.9.11）
百科 （リカード 1772–1823）
評世 （リカード 1772–1823）
名著 （リカード 1772–1823）
山世 （リカード 1772–1823）
歴史 （リカード 1772–1823）

Ricardo, Harry Ralph 〈19・20世紀〉
内熱機関の発展に，指導的な役割を果たしたイギリス人技術者。
⇒岩ケ （リカード，サー・ハリー（・ラルフ）1885–1974）
世科 （リカード 1885–1974）
二十 （リカード，ハリー・ラルフ 1885.1.26–1974.5.18）

Ricci, Nina 〈19・20世紀〉

イタリア出身の服飾デザイナー。パリでファッションブランドを創業。立体裁断に独特の腕前を示した。

⇒岩世（リッチ　1883.1.14–1970.11.30）
　世女日（リッチ, ニーナ　1883–1970）
　大百（ニナ・リッチ　?–1970）
　ナビ（リッチ　1883–1973）

Riccio, Andrea 〈15・16世紀〉

イタリアの彫刻家, 金工家。

⇒芸術（リッチオ, アンドレア　1470–1532）
　国小（リッチオ　1470頃–1530）
　西洋（リッチョ　1470.4.1–1532）

Rice, George Samuel 〈19・20世紀〉

アメリカの鉱山技術家。鉱山における爆発予防, 火災, 落盤その他の対策, 通洞に関する研究など, 鉱山保安技術の改良に努めた。

⇒西洋（ライス　1866.9.8–1950.1.4）

Rich, John 〈17・18世紀〉

イギリスの劇場経営者, 俳優。1732年コベントガーデン劇場を開設。

⇒イ文（Rich, John　1692?–1761）
　演劇（リッチ, ジョン　1682頃–1761）
　監督（リッチ, ジョン　1925.7.6–）
　国小（リッチ　1692頃–1761.11.26）

Richard 〈13・14世紀〉

数学者, 天文学者, 発明家。大修道院長。

⇒科史（リチャード（ウォリングフォードの）
　1292頃–1336）
　科人（リチャード, ウォリングフォードの
　1291/92?–1336.5.23）
　キリ（リチャード（ウォリングフォードの）
　1292頃–1336.3.23）

Richard, François 〈18・19世紀〉

フランスの工業家。

⇒科学（リシャール　1765–1839）

Richard of Farleight 〈14世紀〉

イギリスの建築家。

⇒建築（リチャード・オブ・ファーレイ　1332–
　1363）

Richards, Ellen Henrietta 〈19・20世紀〉

アメリカの化学者, 衛生工学者, 教育者。

⇒岩ケ（リチャーズ, エレン・ヘンリエッタ
　1842–1911）
　世女（リチャーズ, エレン（ヘンリエッタ）
　1842–1911）
　世女日（リチャーズ, エレン　1842–1911）

Richardson, Charles Lenox 〈19世紀〉

イギリスの商人, 生麦事件被害者。

⇒岩世（リチャードソン　1834.4.16–1862.9.14）
　人物（リチャードソン　?–1862.9.14）
　西洋（リチャードソン　?–1862.9.14）
　日人（リチャードソン　1827–1862）
　来日（リチャードソン　1827–1862）

Richardson, C.S. 〈20世紀〉

カナダの作家, ブックデザイナー。

⇒海新（リチャードソン, C.S.　1955–）
　海作4（リチャードソン, C.S.　1955–）

Richardson, Henry Hobson 〈19世紀〉

アメリカの建築家。主作品はボストンのトリニティ聖堂（1872～77）。

⇒岩ケ（リチャードソン, ヘンリー・ホブソン
　1838–1886）
　岩世（リチャードソン　1838.10.28–1886.4.27）
　英米（Richardson, Henry Hobson　リチャードソン, ヘンリー・ホブソン　1838–1886）
　キリ（リチャードスン, ヘンリ・ホブスン　1838.
　9.29–1886.4.27）
　建築（リチャードソン, ヘンリー・ホブソン
　1838–1886）
　国小（リチャードソン　1838.9.29–1886.4.27）
　コン3（リチャードソン　1838–1886）
　新美（リチャードソン, ヘンリー・ホブソン
　1838.9.29–1886.4.27）
　西洋（リチャードソン　1838.10.28–1886.4.27）
　世美（リチャードソン, ヘンリー・ホブソン
　1838–1886）
　全書（リチャードソン　1838–1886）
　大辞3（リチャードソン　1838–1886）
　デス（リチャードソン　1838–1886）
　伝世（リチャードソン, H.H.　1838.9.29–1886.4.
　27）
　百科（リチャードソン　1838–1886）

Richardson, *Sir* Owen Willans 〈19・20世紀〉

イギリスの物理学者。真空管を改善, 無線放送時代への端緒を開いた。1928年ノーベル物理学賞受賞。

⇒岩ケ（リチャードソン, サー・オーウェン・ウィランズ　1879–1959）
　外国（リチャードソン　1879–）
　科学（リチャードソン　1879.4.26–1959.2.15）
　科技（リチャードソン　1879.4.26–1959.2.15）
　科史（リチャードソン　1879–1959）
　科人（リチャードソン, サー・オーウェン・ウィランズ　1879.4.24–1959.2.15）
　科大（リチャードソン　1879–1959）
　科大2（リチャードソン　1879–1959）
　国小（リチャードソン　1879.4.26–1959.2.15）
　コン2（リチャードソン　1879–1959）
　コン3（リチャードソン　1879–1959）
　最世（リチャードソン, ウィランズ　1879–1959）
　人物（リチャードソン　1879.4.20–1959.2.15）

西洋（リチャードソン　1879.4.26–1959.2.15）
世西（リチャードソン　1879.4.26–1959.2.15）
世百（リチャードソン　1879–1959）
全書（リチャードソン　1879–1959）
大百（リチャードソン　1879–1959）
二十（リチャードソン，O.W.　1879.4.26–1959.2.15）
ノ物（リチャードソン，オーエン・ウィランズ　1879–1959）
ノベ（リチャードソン，O.W.　1879.4.26–1959.2.15）
百科（リチャードソン　1879–1959）
ノベ3（リチャードソン，O.W.　1879.4.26–1959.2.15）

Richardson, Samuel 〈17・18世紀〉
イギリスの小説家，印刷業者。代表作に『パミラ』(1740〜41)，『クラリッサ』(47〜48)。
⇒イ文（Richardson, Samuel　1689–1761）
岩ケ（リチャードソン，サミュエル　1689–1761）
岩世（リチャードソン　1689.8.19(受洗)–1761.7.4）
英文（リチャードソン，サミュエル　1689–1761）
英米（Richardson, Samuel　リチャードソン，サミュエル　1689–1761）
外国（リチャードソン　1689–1761）
広辞4（リチャードソン　1689–1761）
広辞6（リチャードソン　1689–1761）
国小（リチャードソン　1689.8.19.洗礼–1761.7.4）
国百（リチャードソン，サミュエル　1689–1761）
コン2（リチャードソン　1689–1761）
コン3（リチャードソン　1689–1761）
集世（リチャードソン，サミュエル　1689.8.19–1761.7.4）
集文（リチャードソン，サミュエル　1689.8.19–1761.7.4）
人物（リチャードソン　1689–1761.7.4）
西洋（リチャードソン　1689–1761.7.4）
世児（リチャードスン，サミュエル　1689–1761）
世西（リチャードソン　1689–1761.7.4）
世百（リチャードソン　1689–1761）
世文（リチャードソン，サミュエル　1689–1761）
全書（リチャードソン　1689–1761）
大辞（リチャードソン　1689–1761）
大辞3（リチャードソン　1689–1761）
大百（リチャードソン　1689–1761）
デス（リチャードソン　1689–1761）
伝世（リチャードソン，S.　1689–1761.7.4）
百科（リチャードソン　1689–1761）
名著（リチャードソン　1689–1761）

Richey, Charles A. 〈20世紀〉
アメリカの造園技師。
⇒日人（リッチー　1904–1970）

Richini, Francesco Maria 〈16・17世紀〉
イタリアの建築家。1631〜38年にミラノ大聖堂の建築工事を担当。
⇒建築（リッキーノ（リッキーニ，リッキーニ），フランチェスコ・マリア　1583–1658）
国小（リッキーニ　1584–1658）
世美（リッキーニ，フランチェスコ・マリーア　1584–1658）

Richter, Christian I 〈17世紀〉
ドイツの建築家。
⇒世美（リヒター，クリスティアン1世　?–1684）

Richter, Christian II 〈17・18世紀〉
ドイツの建築家。
⇒世美（リヒター，クリスティアン2世　1655–1722）

Richter, Johann Adolf 〈17・18世紀〉
ドイツの建築家。
⇒世美（リヒター，ヨハン・アドルフ　1682–1768）

Richter, Johann Moritz I 〈17世紀〉
ドイツの建築家。
⇒世美（リヒター，ヨハン・モーリッツ1世　1620–1667）

Richter, Johann Moritz II 〈17・18世紀〉
ドイツの建築家。
⇒世美（リヒター，ヨハン・モーリッツ2世　1647–1705）

Richter, Johann Moritz III 〈17・18世紀〉
ドイツの建築家。
⇒世美（リヒター，ヨハン・モーリッツ3世　1679–1735）

Rickerby, Charles 〈20世紀〉
イギリスの銀行家，ジャーナリスト。週刊英字新聞 "Japan Times" を創刊した（1865〜69頃）。
⇒西洋（リッカビ）

Rickerby, Charles D. 〈19世紀〉
イギリスの銀行員，ジャーナリスト。
⇒岩世（リカビー　?–1879.9）

Rickert, Heinrich 〈19・20世紀〉
ドイツの哲学者。カント派の立場から，西南ドイツ学派の代表的哲学者となった。歴史科学は政治・経済・芸術などの文化価値から重要な個別的特徴を把握する「価値関係的」なものであることを主張。
⇒岩ケ（リッケルト，ハインリヒ　1863–1936）
岩世（リッケルト　1863.5.25–1936.7.25）
岩哲（リッカート　1863–1936）
旺世（リッケルト　1863–1936）

外国 （リッケルト 1863–1936)
角世 （リッケルト 1863–1936)
教育 （リッケルト 1863–1936)
キリ （リッカート, ハインリヒ 1863.5.25–1936.
7.25)
経済 （リッカート 1863–1936)
広辞4 （リッケルト 1863–1936)
広辞5 （リッケルト 1863–1936)
広辞6 （リッカート 1863–1936)
国小 （リッケルト 1863.5.25–1936.7.30)
コン2 （リッケルト 1863–1936)
コン3 （リッケルト 1863–1936)
人物 （リッケルト 1863.5.25–1936.7.25)
西洋 （リッケルト 1863.5.25–1936.7.25)
世宗 （リッケルト 1863–1936)
世人 （リッケルト 1863–1936)
世西 （リッケルト 1863.5.25–1936.7.25)
世百 （リッケルト 1863–1936)
全書 （リッケルト 1863–1936)
大辞 （リッケルト 1863–1936)
大辞2 （リッケルト 1863–1936)
大辞3 （リッケルト 1863–1936)
大百 （リッケルト 1863–1936)
デス （リッケルト 1863–1936)
二十 （リッケルト, H. 1863–1936)
百科 （リッケルト 1863–1936)
評世 （リッケルト 1863–1936)
名著 （リッケルト 1863–1936)
山世 （リッケルト 1863–1936)
歴史 （リッケルト 1863–1936)

Ricketts, Charles 〈19・20世紀〉
イギリスの画家, 美術批評家, 出版者, 舞台装
置家。
⇒二十英 (Ricketts, Charles 1866–1931)

Rickey, Branch Wesley 〈19・20世紀〉
アメリカの野球監督, 経営者。
⇒岩ケ （リッキー, ブランチ（・ウェスリー)
1881–1965)

Rickman, Thomas 〈18・19世紀〉
イギリスの建築家。ゴシック様式の建築を多く
手がけた。
⇒岩世 （リックマン 1776.6.8–1841.1.4)
国小 （リックマン 1776.6.8–1841.1.4)
新美 （リックマン, トーマス 1776.6.8–1841.1.
4)
人物 （リックマン 1776–1841.1.4)
世西 （リックマン 1776–1841.1.4)
世美 （リックマン, トマス 1776–1841)
百科 （リックマン 1776–1841)

Ricordi, Giovanni 〈18・19世紀〉
イタリアの音楽出版社リコルディの創立者。
⇒音大 （リコルディ, ジョヴァンニ 1785–1853.3.
15)

Ricordi, Giulio 〈19・20世紀〉
イタリアの音楽出版業者, 作曲家。
⇒オペ （リコルディ, ジュリオ 1840–1912)
音大 （リコルディ, ジューリオ 1840.12.19–
1912.6.6)

Ricordi, Tito I 〈19世紀〉
イタリアの音楽出版業者。ローマ, ロンドン,
パリなどに支店を置き, 事業を発展させた。
⇒音大 （リコルディ, ティート1世 1811.10.29–
1888.9.7)

Ricordi, Tito II 〈19・20世紀〉
イタリアの音楽出版業者。リコルディ家最後の
当主。1919年に社業から身を退いた。
⇒音大 （リコルディ, ティート2世 1865.5.17–
1933.3.30)

Ric Rock 〈20世紀〉
アメリカのヒップホップ系の音楽プロ
デューサー。
⇒ヒ人 （リック・ロック)

Ridgeway, Robert 〈19・20世紀〉
アメリカ土木技師。難工事の丹那トンネルを技
術指導。
⇒日人 （リッジウェー 1862–1938)
来日 （リッジウェイ 1862–1938)

Ridolfi, Mario 〈20世紀〉
イタリアの建築家。
⇒世美 （リドルフィ, マーリオ 1904–1984)

Ridolfo, Fioraventi 〈15世紀〉
イタリアの建築家。ミラノ公宮殿などの建築。
⇒国小 （リドルフォ 1415–1485以後)

Rie, Dame Lucie 〈20世紀〉
イギリスのアトリエ陶芸家。
⇒岩ケ （リー, デイム・ルーシー 1902–1995)
世女 （リー, ルーシー 1902–1995)
世女日 （リー, ルシー 1902–1995)

Ried, Benedikt 〈15・16世紀〉
チェコスロバキアの建築家。主作品はウラジス
ラフ・ホール（1493〜1502)。
⇒国小 （リード 1454–1534)
世美 （リート, ベネディクト 1454頃–1534)

Riedinger, Georg 〈16・17世紀〉
ドイツの建築家。
⇒建築 （リーディンガー, ゲオルク 1568–1616)

Rieger, Wilhelm 〈19・20世紀〉

ドイツの経済学者。経営学の主流に対してあえて論争をいどんだり，反対の言葉を使用するという研究態度から，ドイツ経営学の異端者といわれる。
⇒名著（リーガー　1878-）

Riemerschmid, Richard 〈19・20世紀〉

ドイツの工芸デザイナー，建築家。
⇒岩ケ（リーマーシュミット，リヒャルト　1868-1957）
岩世（リーマーシュミート　1868.6.20-1957.4.13）
西洋（リーメルシュミット　1868.6.26-1957.4.13）
世美（リーマーシュミット，リヒャルト　1868-1957）

Riepp, Karl Joseph 〈18世紀〉

ドイツ生まれのフランスのオルガン製作者。
⇒ラル（リエップ，カール・ジョゼフ　1710-1775）

Ries, Franz 〈19・20世紀〉

ドイツのヴァイオリン奏者，出版業者。
⇒音大（リース，フランツ　1846.4.7-1932.6.20）

Riesener, Jean Henri 〈18・19世紀〉

ドイツの家具作家。フランスで活躍，王妃マリー・アントアネットのために多くの家具を製作。
⇒岩ケ（リーゼネル，ジャン・アンリ　1734-1806）
岩世（リーズネル　1734.7.11-1806.1.16）
芸術（リーズネー，ジャン・アンリ　1735-1806）
建築（リーゼナー，ジャン・ヘンリー（ハンス・ハインリヒ）　1734-1806）
国小（リーズネー　1734-1806.1.6）
新美（リーズネル，ジャン=アンリ　1734-1806.1.6）
西洋（リーゼナー　1734.7.11-1806.1.16）
世美（リーズネル，ジャン=アンリ　1734-1806）
百科（リースナー　1734-1806）

Rietveld, Gerrit Thomas 〈19・20世紀〉

オランダの建築家。デザインをエレメンタルな視覚単位に分け，それを空間的に構成して建築や家具を設計した。
⇒岩ケ（リートフェルト，ヘリット・トマス　1888-1964）
岩世（リートフェルト　1888.6.24-1964.6.25）
オ西（リートフェルト，ヘリト・トマス　1888-1964）
国小（リートフェルト　1888-1964）
新美（リートフェルト，ヘリット　1888.6.24-1964.6.25）
西洋（リートフェルト　1888.6.24-1964.7.25）
世百（リートフェルト　1888.6.2-1964.6.26）
世美（リートフェルト，ヘリット・トーマス　1888-1964）

世百新（リートフェルト　1888-1964）
大辞2（リートフェルト　1888-1964）
大辞3（リートフェルト　1888-1964）
大百（リートフェルト　1888-1964）
伝世（リートフェルト　1888.6.24-1964.6.25）
ナビ（リートフェルト　1888-1964）
二十（リートフェルト，ヘリット・トーマス　1888.6.24-1964.7.25（6.25））
百科（リートフェルト　1888-1964）

Rifai, Kashid al- 〈20世紀〉

イラクの技術者，政治家。1962年米国へ研究生として派遣，インディア大学とGEで勉学。
⇒中東（リファーイ　1929-）

Rigby, Harry 〈20世紀〉

アメリカのミュージカル製作者。
⇒二十（リグビー，ハリー　1925.2.21-）

Righini, Pietro 〈17・18世紀〉

イタリアの建築家，舞台美術家。
⇒世美（リギーニ，ピエトロ　1683-1742）

Rigotti, Annibale 〈19・20世紀〉

イタリアの建築家。
⇒世美（リゴッティ，アンニーバレ　1870-1968）

Rillieux, Norbert 〈19世紀〉

アメリカの化学技術者。
⇒コン2（リリュー　1806-1894）
コン3（リリュー　1806-1894）
世百（リリュー　1806-1894）
百科（リリュー　1806-1894）

Rinaldi, Antonio 〈18世紀〉

イタリアの建築家。
⇒建築（リナルディ，アントニオ　1709頃-1794）
世美（リナルディ，アントーニオ　1709-1794）

Ringer, Frederick 〈19・20世紀〉

イギリスの実業家。
⇒日人（リンガー　1840-1908）

Ripley, Thomas 〈17・18世紀〉

イギリスの建築家。
⇒建築（リプリー，トーマス　1683頃-1758）
世美（リプリー，トマス　1683-1758）

Riquet, Pierre Paul de 〈17世紀〉

フランスの技術者。
⇒科学（リケー　1604-1680）

Rischer, Johann Jakob 〈17・18世紀〉

ドイツの建築家。

⇒世美（リッシャー，ヨハン・ヤーコプ 1662–1755）

Risenburgh, Bernard I van 〈18世紀〉
パリで活躍したオランダ出身の家具職人。1722～38年頃工房を開いて活躍。
⇒国小（リーゼンブルヒ，ベルナルド1世）

Risenburgh, Bernard II van 〈18世紀〉
パリで活躍したオランダ出身の家具職人。ルイ15世時代の傑出した職人。
⇒国小（リザンブルヒ，ベルナルド2世）
新美（リザンブール二世，ベルナール・ヴァン 1700頃–1765頃）
世美（ファン・リーゼンブルフ，ベルナルト ?–1765頃）

Risenburgh, Bernard III van 〈18世紀〉
パリで活躍したオランダ出身の家具職人。ベルナルド2世の子で，1773～5年頃まで製作活動。
⇒国小（リーゼンブルヒ，ベルナルド3世）

Rist, Charles 〈19・20世紀〉
フランスの経済学者。主著として『経済学史』（Charles Gideと共著，1909）がある。
⇒岩世（リスト 1874.1.1–1955.1.11）
コン2（リスト 1874–1955）
コン3（リスト 1874–1955）
人物（リスト 1874.1.1–1955.1.11）
西洋（リスト 1874.1.1–1955.1.11）
世百（リスト 1874–1955）
全書（リスト 1874–1955）
二十（リスト，シャルル 1874.1.1–1955.1.11）
名著（リスト 1874–1955）

Ristoro, Fra 〈13世紀〉
イタリアの建築家。
⇒世美（リストーロ，フラ ?–1284）

Ritchie, Dennis MacAlistair 〈20世紀〉
アメリカのコンピューター工学者。
⇒岩世（リッチー 1941.9.9–2011.10.12）

Ritschl, Hans 〈20世紀〉
ドイツの経済学者。ハンブルク大学教授（1946）として，理論経済学および財政学を講じた。
⇒岩世（リッチュル 1897.12.19–1993.11.12）
西洋（リッチュル 1897.12.19–）
名著（リッチュル 1897–）

Ritter, Karl 〈19・20世紀〉
ドイツ生まれの映画監督，映画製作者。

⇒監督（リッター，カール 1888–）
世映（リッター，カール 1888–1977）
ナチ（リッター，カール 1888–1977）

Rittinger, Franz, Ritter von 〈19世紀〉
オーストリアの鉱山技術者。粉砕に要するエネルギーに関する法則をたてた。
⇒岩世（リッティンガー 1811.1.23–1872.12.7）
西洋（リッティンガー 1811.1.23–1872.12）

Ritz, César 〈19・20世紀〉
スイス出身のホテル経営者。
⇒岩世（リッツ 1850.2.23–1918.10.26）

Rivest, Ronald Linn 〈20世紀〉
アメリカのコンピューター科学者，暗号学者。
⇒岩世（リヴェスト 1947–）

Rix, Sir Brian Norman Roger 〈20世紀〉
イギリスの俳優，劇団経営者。
⇒岩ケ（リックス，サー・ブライアン（・ノーマン・ロジャー） 1924–）
演劇（リックス，ブライアン 1924–）
二十英（Rix, Brian（Norman Roger） 1924–）

Rizzo, Antonio 〈15世紀〉
イタリアの彫刻家，建築家。
⇒岩世（リッツォ 1430頃–1499頃）
建築（リッツォ，アントニオ 1430頃–1498以降）
コン2（リッツォ 1430頃–1499/1500）
コン3（リッツォ 1430頃–1499/1500）
新美（リッツォ，アントーニオ）
西洋（リッツィ 1430頃–1497以後）
世美（リッツォ，アントーニオ 1430頃–1499頃）

Rjd2 〈20世紀〉
アメリカのヒップホップ系の音楽プロデューサー。
⇒ヒ人（アール・ジェイ・ディー・トゥー）

Roach, Hal 〈20世紀〉
アメリカの映画製作者。
⇒岩ケ（ローチ，ハル 1892–1992）
世映（ローチ，ハル 1892–1992）

Robbia, Andrea della 〈15・16世紀〉
イタリアの彫刻家，陶芸家。フィレンツェで活動。L.ロビアの甥。主作品『嬰児』『聖マリア』。
⇒岩世（ロッビア 1435.10.20–1525.8.4）
キリ（デラ・ロッビア，アンドレーア 1435.10.28–1525.8.4）
芸術（ロビア，アンドレア・デルラ 1435–1525）
国小（ロビア 1435.10.20–1525.8.4）

国百（ロビア, アンドレア・デラ 1435.10.20–
　　1525.8.4）
人物（ロッビア 1435.10.20–1525.8.4）
西洋（ロッビア 1435.10.20–1525.8.4）
世西（ロッビア 1435–1525）
世美（デッラ・ロッビア, アンドレーア 1435–
　　1525）

Robbia, Luca della 〈14・15世紀〉

イタリアの彫刻家, 陶芸家。テラコッタの浮彫
に釉薬を施して彩色する技法を創始。1437年頃
『合唱隊』の制作。
⇒岩ケ（ロッビア, ルカ・デラ 1400頃–1482）
　岩世（ロッビア 1400頃–1482.2.10）
　外国（ロビア 1400頃–1482）
　キリ（デルラ・ロッビア, ルーカ 1399/1400–
　　1482.2.20）
　芸術（デラ・ロッビア, ルカ 1400–1482）
　芸術（ロビア, ルカ・デルラ 1399–1482）
　広辞4（ロビア 1400頃–1482）
　広辞6（ロッビア 1400頃–1482）
　国小（ロビア 1399頃–1482.2.20）
　国百（ロビア, ルカ・デラ 1399頃–1482.2.20）
　コン2（ロッビア 1400頃–1482）
　コン3（ロッビア 1400頃–1482）
　新美（ルーカ・デルラ・ロッビア 1399/1400–
　　1482.2.20）
　人物（ロッビア 1399–1482.2.10）
　西洋（ロッビア 1399/400–1482.2.10）
　世西（ロッビア 1399–1482）
　世百（ロッビア 1399/1400–1482）
　全書（ロッビア 1399/1400–1482）
　大辞（ロッビア 1400頃–1482）
　大辞3（ロッビア 1400頃–1482）
　大百（ロッビア 1400–1482）
　伝世（ロッビア 1399/1400–1482.2）
　百科（ロッビア 1400頃–1482）
　評世（ルカ=デラ=ロビア 1400頃–1482）

Robbins, Lionel Charles 〈20世紀〉

イギリスの経済学者。ロンドン大学教授（1929
～38）。
⇒岩ケ（ロビンズ（クレア・マーケットの）, ライオ
　　ネル・チャールズ・ロビンズ, 男爵 1898–
　　1984）
　岩世（ロビンズ 1898.11.22–1984.5.15）
　才世（ロビンズ, ライオネル・チャールズ
　　1898–1984）
　経済（ロビンズ 1898–1984）
　コン3（ロビンズ 1898–1984）
　思想（ロビンズ, ライオネル・チャールズ
　　1898–1984）
　西洋（ロビンズ 1898.11.22–）
　世西（ロビンズ 1898.11.22–）
　全書（ロビンズ 1898–1984）
　大辞2（ロビンズ 1898–1984）
　大辞3（ロビンズ 1898–1984）
　二十（ロビンズ, ライオネル・チャールズ
　　1898–1984）
　名著（ロビンズ 1898–）

Robbins, Tim 〈20世紀〉

アメリカ生まれの男優, 映画監督, 映画製作者,
映画脚本家。
⇒外男（ロビンス, ティム 1958.10.16–）
　世映（ロビンス, ティム 1958–）
　世俳（ロビンス, ティム 1958.10.16–）

Robens (of Woldingham), Alfred Robens, Baron 〈20世紀〉

イギリスの労働組合員, 実業家。
⇒岩ケ（ロービンズ（ウォールディンガムの）, アル
　　フレッド・ロービンズ, 男爵 1910–）

Robert, Phillipe 〈20世紀〉

フランスの建築学者。
⇒二十（ロベール, フィリップ 1972–）

Robert de Coucy 〈13世紀〉

フランスの建築長。
⇒建築（ロベール・ド・クシー （活動）13世紀）

Robert de Luzarches 〈13世紀〉

フランスの建築家。
⇒建築（ロベール・ド・リュザルシュ ?–1223頃）
　新美（リュザルシュ, ロベール・ド）
　世美（ロベール・ド・リュザルシュ 13世紀前半）

Robert of Beverley 〈13世紀〉

イギリスの建築長。
⇒建築（ロバート・オブ・ベヴァリー （活
　　動）1253–1284）

Robert of Saint-Albans 〈11世紀〉

イギリスの建築長。
⇒建築（ロバート・オブ・セント=アルバンス （活
　　動）11世紀）

Roberts, Sir Gilbert 〈20世紀〉

イギリスの土木技師。
⇒岩ケ（ロバーツ, サー・ギルバート 1899–1978）

Roberts, Richard 〈18・19世紀〉

イギリスの発明家。自動紡績機を発明。
⇒岩ケ（ロバーツ, リチャード 1789–1864）
　岩世（ロバーツ 1789.4.22–1864.3.16）
　コン2（ロバーツ 1789–1864）
　コン3（ロバーツ 1789–1864）
　西洋（ロバーツ 1789.4.22–1864.3.16）
　世科（ロバーツ 1789–1864）
　世百（ロバーツ 1789–1857）
　百科（ロバーツ 1789–1857）

Robertson, Sir Dennis Holme 〈19・

20世紀〉
イギリスの経済学者。ピグー，ケインズと並ぶ
ケンブリッジ学派の巨匠。『産業変動の研究』
(1915) を著わし，その地位を確立。

⇒岩世（ロバートソン　1890.5.23–1963.4.21)
　外国（ロバートソン　1890–)
　経済（ロバートソン　1890–1963)
　国小（ロバートソン　1890.10.23–1963.4.21)
　コン3（ロバートソン　1890–1963)
　思想（ロバートソン，D（デニス）H（ホーム）
　　1890–1963)
　人物（ロバートソン　1890.10.23–)
　西洋（ロバートソン　1890.10.23–1963.4.21)
　世百（ロバートソン　1890–1963)
　世百新（ロバートソン　1890–1963)
　全書（ロバートソン　1890–1963)
　大辞2（ロバートソン　1890–1963)
　大百（ロバートソン　1890–1963)
　伝世（ロバートソン　1890.5.23–1963.4.21)
　二十（ロバートソン，デニス・H.　1890.10.23–
　　1963.4.21)
　百科（ロバートソン　1890–1963)
　名著（ロバートソン　1890–)
　歴史（ロバートソン　1890–1963)

R Robertson, George 〈19・20世紀〉
オーストラリアの出版社アンガス＝ロバートソ
ン社の創設者。
⇒オセ新（ロバートソン　1860–1933)

Robertson, *Sir* Howard Morley 〈19・20世紀〉
アメリカ生まれのイギリスの建築家，建築理論
家。主作品はウエストミンスターの造園協会展
示館(1928)。
⇒国小（ロバートソン　1888.8.16–1963)

Robertson, *Sir* William Robert 〈19・20世紀〉
イギリスの軍人，出版業者。オーストラリアの
出版社アンガス＝ロバートソン社の創業者。第
1次大戦には，イギリス派遣軍経理総監，参謀総
長(1915～18)。
⇒岩ケ（ロバートソン，サー・ウィリアム・ロバー
　　ト　1860–1933)
　オセ（ロバートソン　1860–1933)
　西洋（ロバートソン　1860.9.14–1933.2.12)

Robilant, Filippo Giovanni Battista Nicolis 〈18世紀〉
イタリアの建築家。
⇒世美（ロビラント，フィリッポ・ジョヴァンニ・
　　バッティスタ・ニコーリス　1723–1783)

Robineau, Adelaide Alsop 〈19・20世紀〉
アメリカの陶芸家。

⇒世女日（ロビノー，アデレード・オルソップ
　　1865–1929)

Robins, Benjamin 〈18世紀〉
イギリスの数学者，軍事技術者。1740年代の多
くの実験によって，砲術科学に最初の重要な礎
石をおいた。
⇒岩ケ（ロビンズ，ベンジャミン　1707–1751)
　国小（ロビンズ　1707–1751.7.29)

Robinson, Edward Austin Gossage 〈20世紀〉
イギリスの経済学者。ケンブリッジ大学教授
(1950～)。
⇒岩世（ロビンソン　1897.11.20–1993.6.1)
　経済（ロビンソン　1897–)
　西洋（ロビンソン　1897.11.20–)
　二十（ロビンソン，エドワード・オースティン・
　　G.　1897–?)

Robinson, Joan Violet 〈20世紀〉
イギリスの女流経済学者。主著『不完全競争の
経済学』(1933)，『資本蓄積論』(56) など。
⇒岩世（ロビンソン，ジョーン・V（ヴァイオレッ
　　ト）　1903–1983)
　岩世（ロビンソン　1903.10.31–1983.8.5)
　才世（ロビンソン，ジョーン・ヴァイオレット
　　1903–1983)
　経済（ロビンソン　1903–1983)
　現人（ロビンソン　1903.10.31–)
　広辞5（ロビンソン　1903–1983)
　広辞6（ロビンソン　1903–1983)
　国小（ロビンソン　1903.10.31–)
　コン3（ロビンソン　1903–1983)
　思想（ロビンソン，ジョーン（ヴァイオレット）
　　1903–1983)
　西洋（ロビンソン　1903.10.31–)
　世女（ロビンソン，ジョーン・ヴァイオレット
　　1903–1986)
　世女日（ロビンソン，ジョーン・ヴァイオレット
　　1903–1983)
　世西（ロビンソン　1903.10.31–)
　世百（ロビンソン　1903–)
　世百新（ロビンソン　1903–1983)
　全書（ロビンソン　1903–1983)
　大辞2（ロビンソン　1903–1983)
　大辞3（ロビンソン　1903–1983)
　大百（ロビンソン　1903–)
　伝世（ロビンソン，J.V.　1903.10.31–)
　ナビ（ロビンソン　1903–1983)
　二十（ロビンソン，J.V.　1903.10.31–1983)
　百科（ロビンソン　1903–1983)
　名著（ロビンソン　1903–)

Robinson, *Sir* Joseph Benjamin 〈19・20世紀〉
南アフリカの鉱山王。ロビンソン鉱山以下諸鉱
山を創業。
⇒コン2（ロビンソン　1840–1929)

コン3（ロビンソン　1840–1929）

Robinson, Lennox 〈19・20世紀〉

イギリス（アイルランド）の劇作家, 小説家, 劇場経営者。アベー座の主事（1919～23）を務めた。

⇒岩ケ（ロビンソン,（エズメ・スチュアート・）レノックス　1886–1958）
　岩世（ロビンソン　1886.10.4–1958.10.14）
　演劇（ロビンソン, レノックス　1886–1958）
　才世（ロビンソン, レノックス　1886–1958）
　国小（ロビンソン　1886.10.4–1958.10.14）
　集世（ロビンソン, レノックス　1886.10.4–1958.10.14）
　集文（ロビンソン, レノックス　1886.10.4–1958.10.14）
　人物（ロビンソン　1886.10.4–1958）
　西洋（ロビンソン　1886.10.4–1958.10.14）
　世百（ロビンソン　1886–1958）
　全書（ロビンソン　1886–）
　大百（ロビンソン　1886–1958）
　二十（ロビンソン, レノックス　1886.10.4–1958.10.14）
　二十英（Robinson,（Esmé Stuart）Lennox　1886–1958）

Robinson, Smokey 〈20世紀〉

アメリカ・ミシガン州生まれのソングライター・プロデューサー。

⇒岩世（ロビンソン　1940.2.19–）
　洋ヒ（ロビンソン, スモーキー　1940–）

Robinson, Tom 〈19・20世紀〉

アメリカ, メイン州生まれの建築家, 作家。

⇒児作（Robinson, Tom　ロビンソン, トム　1878–?）

Robinson, William John 〈19・20世紀〉

イギリスの貿易商。日本で2番目のゴルフクラブ, 横屋ゴルフ・アソシエーションを創立。

⇒来日（ロビンソン　1852–1931）

Robson, Mark 〈20世紀〉

アメリカの映画監督, プロデューサー。

⇒外国（ロブソン　1913–）
　監督（ロブスン, マーク　1913.12.4–）
　西洋（ロブソン　1913–1978.6.20）
　世映（ロブスン, マーク　1913–1978）
　世俳（ロブソン, マーク　1913.12.4–1978.6.20）
　二十（ロブソン, マーク　1913.12.4–1978.6.20）

Robuchon, Joël 〈20世紀〉

フランスの料理人, レストラン経営者。

⇒岩世（ロビュション　1945.4.7–）

Roche, Eamon Kevin 〈20世紀〉

アメリカの建築家。作品にニューヨークの『フォード財団本部ビル』（1968）など。

⇒現人（ローチ　1922.6.14–）
　新美（ローチ, ケヴィン　1922.6.14–）
　二十（ローチ, ケビン・R.　1922.6.14–）

Roche, James M. 〈20世紀〉

アメリカの自動車メーカー経営者。ゼネラル・モーターズ社（GM）副社長, 社長, 会長をつとめた。

⇒現人（ローチェ　1906.12.16–）
　二十（ローチェ, ジェームス・M.　1906–）

Roches, Léon 〈19世紀〉

フランスの外交官。1864年（元治1）駐日公使として来日。日仏貿易に努力。幕府を支持して, 横浜仏語学校の創設, 工場の設計, 兵制改革の献策などに貢献した。イギリスに対抗したが失敗し, 68年（明治1）退任, 帰国。

⇒岩世（ロッシュ　1809.9.27–1900.6.23）
　外国（ロッシュ　1809–?）
　広辞4（ロッシュ　1809–1901）
　広辞5（ロッシュ　1809–1901）
　広辞6（ロッシュ　1809–1901）
　国史（ロッシュ　1809–1901）
　国小（ロッシュ　1809.9.27–1901）
　国百（ロッシュ, レオン　1809.9.27–1901.6.26）
　コン2（ロッシュ　1808頃–1901頃）
　コン3（ロッシュ　1809–1901）
　人物（ロッシュ　1809?–1901?）
　西洋（ロシュ　1808–?）
　世西（ロッシュ）
　世東（ロッシュ　19世紀頃）
　世百（ロシュ　1809–1901）
　全書（ロッシュ　1809–1901）
　大辞（ロッシュ　1809–1901）
　大辞2（ロッシュ　1809–1901）
　大辞3（ロッシュ　1809–1901）
　大百（ロッシュ　1809–1901）
　デス（ロッシュ　1809–1901）
　ナビ（ロッシュ　1809–1901）
　日人（ロッシュ　1809–1901）
　百科（ロッシュ　1809–1901）
　来日（ロッシュ　1809–1901）
　歴史（ロッシュ　1809–1901）

Rochester, Anna 〈19・20世紀〉

アメリカの歴史家, 経済学者。主著, 『アメリカの支配者』（1936）。

⇒コン2（ロチェスター　1880–1950）
　コン3（ロチェスター　1880–1950）

Röchling, Karl 〈19・20世紀〉

ドイツの大実業家。「レヒリング・コンツェルン」の創立者。

⇒岩世（レヒリング　1827.2.25–1910.5.26）
　西洋（レヒリング　1827.2.25–1910.5.26）

rock 522 西洋人物レファレンス事典

Rock, Pete 〈20世紀〉

アメリカの音楽ヒップホップ DJ, プロデュー
サー, ラッパー。
⇒実ク（ロック, ピート）
標音（ロック, ピート）

Rockefeller, Abby 〈19・20世紀〉

アメリカの実業家の妻。ニューヨーク近代美術
館の設立者。
⇒国小（ロックフェラー, アビー　1874–1948）
世女日（ロックフェラー, アビィ　1874–1948）

Rockefeller, David 〈20世紀〉

アメリカの銀行家。アメリカ一の富豪といわれ
るジョン・D・ロックフェラーの5番目の孫。
⇒岩ケ（ロックフェラー, デイヴィド　1915–）
岩世（ロックフェラー　1915.6.12–）
現人（ロックフェラー　1915.6.12–）
国小（ロックフェラー, デービッド　1915–）
国百（ロックフェラー, デービッド　1915–）
コン3（ロックフェラー　1915–）
西洋（ロックフェラー　1915.6.12–）
世西（ロックフェラー　1915.6.12–）
二十（ロックフェラー, ディビッド　1915.6.12–）

Rockefeller, John Davison 〈19・20世紀〉

アメリカの実業家, 慈善家。スタンダード石油
の設立者。シカゴ大学（1892）なども設立。
⇒アメ（ロックフェラー　1839–1937）
逸話（ロックフェラー　1839–1937）
岩ケ（ロックフェラー, ジョン・D（デイヴィソ
ン）　1839–1937）
岩世（ロックフェラー（父）　1839.7.8–1937.5.
23）
英米（Rockefeller, John Davison　ロックフェ
ラー　1839–1937）
旺世（ロックフェラー　1839–1937）
外国（ロックフェラー　1839–1937）
看護（ロックフェラー　1839–1937）
キリ（ロックフェラー, ジョン・デイヴィスン
1839.7.8–1937.5.23）
現ア（ロックフェラー, ジョン・D　1839–1937）
広辞4（ロックフェラー　1839–1937）
広辞5（ロックフェラー　1839–1937）
広辞6（ロックフェラー　1839–1937）
国小（ロックフェラー　1839.7.8–1937.5.23）
国百（ロックフェラー, ジョン・デビソン　1839.
7.8–1937.5.23）
コン2（ロックフェラー　1839–1937）
コン3（ロックフェラー　1839–1937）
人物（ロックフェラー　1839.7.8–1937.5.23）
西洋（ロックフェラー（父）　1839.7.8–1937.5.
23）
世人（ロックフェラー　1839–1937）
世西（ロックフェラー　1839.7.8–1937.5.23）
世百（ロックフェラー　1839–1937）
全書（ロックフェラー　1839–1937）
大辞（ロックフェラー　1839–1937）

大辞2（ロックフェラー　1839–1937）
大辞3（ロックフェラー　1839–1937）
大百（ロックフェラー　1839–1937）
デス（ロックフェラー　1839–1937）
伝世（ロックフェラー, J.D.　1839.7.8–1937.5.
23）
ナビ（ロックフェラー　1839–1937）
二十（ロックフェラー, ジョン・D.（1世）　1839.
7.8–1937.5.23）
百科（ロックフェラー　1839–1937）
評世（ロックフェラー　1839–1937）
山世（ロックフェラー　1839–1937）
歴史（ロックフェラー　1839–1937）

Rockefeller, John Davison III 〈20世紀〉

アメリカの実業家。ジョン・D・ロックフェ
ラーの孫。ロックフェラー財団と一般教育委員
会の会長。
⇒国小（ロックフェラーIII　1906.3.21–1978.7.10）
国百（ロックフェラー, ジョン・デビソン, III
1906–）
コン3（ロックフェラー　1906–1978）
二十（ロックフェラー, ジョン・D.（3世）　1906.
3.21–1978.7.10）

Rockefeller, John Davison IV 〈20世紀〉

アメリカの実業家。スタンダード石油会社を創
立し, 合衆国最初の大石油成金になり, 一族の
名を高めた。
⇒国百（ロックフェラー, ジョン・デビソン, IV
1938–）
二十（ロックフェラー, ジョン・D.（4世）　1937.
6.18–）

Rockefeller, John Davison （Jr.） 〈19・20世紀〉

アメリカの富豪, 慈善家。ロックフェラー財団
の理事長として活躍。
⇒岩ケ（ロックフェラー, ジョン・D（デイヴィソ
ン）, ジュニア　1874–1960）
岩世（ロックフェラー（子）　1874.1.29–1960.5.
11）
キリ（ロックフェラー, ジョン・デイヴィスン
（子）　1874.1.29–1960.5.11）
国小（ロックフェラー2世　1874.1.29–1960.5.
11）
国百（ロックフェラー, ジョン・デビソン, 二世
1874.1.29–1960.5.11）
コン2（ロックフェラー　1874–1960）
コン3（ロックフェラー　1874–1960）
人物（ロックフェラー　1874.1.29–1960）
西洋（ロックフェラー（子）　1874.1.29–1960.5.
11）
世西（ロックフェラー　1874.1.29–1960.5.11）
世百（ロックフェラー2世　1874–1960）
伝世（ロックフェラー, J.D., Jr.　1874.1.29–
1960.5.11）
二十（ロックフェラー, ジョン・D.（2世）　1874.

1.29–1960.5.10)

Rockefeller, Laurance Spelman 〈20世紀〉
アメリカの実業家。ジョン・D・ロックフェラーの三番目の孫。
⇒岩ケ（ロックフェラー，ローレンス（・スペルマン）1910–）
国小（ロックフェラー，ローレンス 1910–）
国百（ロックフェラー，ローランス・S. 1910–）

Rockwilder 〈20世紀〉
アメリカのヒップホップ系の音楽プロデューサー。
⇒ヒ人（ロックワイルダー）

Rodari, Bernardino 〈15・16世紀〉
イタリアの建築家，彫刻家。
⇒世美（ロダーリ，ベルナルディーノ （活動）15–16世紀）

Rodari, Donato 〈15・16世紀〉
イタリアの建築家，彫刻家。
⇒世美（ロダーリ，ドナート （活動）15–16世紀）

Rodari, Giacomo 〈15・16世紀〉
イタリアの建築家，彫刻家。
⇒世美（ロダーリ，ジャーコモ （活動）15–16世紀）

Rodari, Tommaso 〈15・16世紀〉
イタリアの建築家，彫刻家。
⇒世美（ロダーリ，トンマーゾ （活動）15–16世紀）

Rodbertus, Johann Karl 〈19世紀〉
ドイツの経済学者，社会主義者。マルクス経済学の形成に影響を与えた。
⇒岩ケ（ロトベルトゥス，ヨハン・カール 1805–1875）
岩世（ロトベルトゥス 1805.8.12–1875.12.6）
外国（ロードベルトゥス 1805–1875）
角世（ロートベルトゥス 1805–1875）
キリ（ロートベルトゥス，カール・ヨーハン 1805.8.12–1875.12.6）
国小（ロートベルトゥス 1805.8.12–1875.12.6）
コン2（ロートベルトゥス 1805–1875）
コン3（ロートベルトゥス 1805–1875）
人物（ロートベルトゥス 1805.8.12–1875.12.6）
西洋（ロトベルトゥス 1805.8.12–1875.12.6）
世西（ロートベルトゥス 1805.8.12–1875.12.6）
世百（ロートベルトゥス 1805–1875）
全書（ロートベルトゥス 1805–1875）
大百（ロートベルトゥス 1805–1875）
デス（ロートベルトゥス 1805–1875）
百科（ロートベルトゥス 1805–1875）
評世（ロードベルツス 1805–1875）
名著（ロートベルトゥス 1805–1875）

Rodchenko, Alexander Mikhailovich 〈20世紀〉
ロシアの造形作家，デザイナー。家具，写真，ポスターなどの実践創作活動に参加。
⇒岩ケ（ロドチェンコ，アレクサンドル・ミハイロヴィチ 1891–1956）
岩世（ロトチェンコ 1891.11.23［12.5］–1956.12.3）
オ西（ロドチェンコ，アレクサンドル・ミハイロヴィチ 1891–1956）
国小（ロドチェンコ 1891–1956）
新美（ロドチェンコ，アレクサンドル 1891.11.23（12.5）–1956.12.3）
西洋（ロドチェンコ 1891.12.5–1956.12.3）
世芸（ロドチェンコ，アレクサンドル 1891–1956）
世百（ロドチェンコ 1891–1956）
世美（ロドチェンコ，アレクサンドル・ミハイロヴィチ 1891–1956）
世百（ロドチェンコ 1891–1956）
世百新（ロドチェンコ 1891–1956）
全書（ロドチェンコ 1891–1956）
大百（ロドチェンコ 1891–1956）
二十（ロドチェンコ，アレクサンドル 1891.12.5–1956.12.3）
百科（ロドチェンコ 1891–1956）
ロシ（ロドチェンコ 1891–1956）

Roddick, Anita Lucia 〈20世紀〉
イギリスの小売業者。
⇒岩ケ（ロディック，アニータ（・ルチア） 1943–）
世女（ロディック，アニータ（アニタ・ルチア・ペレーラ） 1942–）

Roderick, George H. 〈20世紀〉
アメリカの政治家，実業家。
⇒二十（ロデリック，ジョージ・H. 1900–）

Rodgers, Nile 〈20世紀〉
アメリカのギタリスト，コンポーザー，プロデューサー。ニューヨーク生まれ。
⇒ロ人（ロジャース，ナイル 1952–）

Rodi, Faustino 〈18・19世紀〉
イタリアの建築家。
⇒建築（ロディ，ファウスティーノ 1751–1833）
世美（ローディ，ファウスティーノ 1751–1835）

Rodorian, Fred 〈20世紀〉
ドイツのキンダーブーフ出版社の社長。
⇒児作（Rodorian, Fred ロドリアン，フレッド 1926–）

Rodrigues, Olinde Benjamin 〈18・19世紀〉
フランスの実業家，思想家。
⇒岩世（ロドリグ 1795.10.6–1851.12.17）

Rodríguez, Lorenzo ⟨18世紀⟩
スペインの建築長。
⇒建築（ロドリーゲス, ロレンソ　1704-1774）

Rodríguez, Miguel Angel ⟨20世紀⟩
コスタリカの政治家, 経済学者。コスタリカ大統領。
⇒世政（ロドリゲス, ミゲル・アンヘル　1940.1.9-）

Rodriguez, Robert ⟨20世紀⟩
アメリカ生まれの映画監督, 映画脚本家, 撮影監督, 映画編集者, 映画音楽作曲家, 映画製作者。
⇒世映（ロドリゲス, ロバート　1968-）

Rodríguez Alfonso ⟨16世紀⟩
スペインの建築長。
⇒建築（ロドリーゲス, アルフォンソ　（活動)16世紀）

Rodríguez Tizón, Ventura ⟨18世紀⟩
スペインの建築家。スペインのロココ様式を発展させた。
⇒岩世（ロドリゲス　1717.7.14-1785.8.26）
　キリ（ロドリゲス, ベントゥラ　1717.7.14-1785.8.25）
　建築（ロドリーゲス・ティソン, ベントゥーラ　1717-1785）
　国小（ロドリゲス　1717.7.14-1785.8.26）
　新美（ロドリーゲス, ベントゥーラ　1717.7.14-1785.8.26）
　西洋（ロドリゲス　1717.7.14-1785.8.26）
　世美（ロドリゲス, ベントゥーラ　1717-1785）

Roe, *Sir* Alliott Verdon ⟨19・20世紀⟩
イギリスの飛行設計家, 飛行機製造家。ソーンダーズ・ロー飛行機会社を設立。
⇒岩ケ（ロー, サー・（エドウィン・）アリオット・ヴァードン　1877-1958）
　岩世（ロウ　1877.4.26-1958.1.4）
　西洋（ロー　1877.4.26-1958.1.4）
　世科（ロー　1877-1958）
　二十（ロー, アリオット・バードン　1877.4.26-1958.1.4）

Roebling, John Augustus ⟨19世紀⟩
ドイツ生まれのアメリカの橋梁技術者。ニューヨーク市のブルックリン橋の建設者。
⇒岩ケ（ローブリング, ジョン・オーガスタス　1806-1869）
　岩世（ローブリング　1806.6.12-1869.7.22）
　国小（レーブリング　1806.6.12-1869.7.22）
　コン2（ローブリング　1806-1869）
　コン3（ローブリング　1806-1869）
　西洋（ローブリング　1806.6.12-1869.7.22）
　世百（レーブリング　1806-1869）

　百科（レーブリング　1806-1869）

Roebling, Mary ⟨20世紀⟩
アメリカの銀行家。
⇒世女日（ローブリング, メアリー　1906-1994）

Roebling, Washington Augustus ⟨19・20世紀⟩
アメリカの土木技師。ブルックリン橋建設主任技師。
⇒岩世（ローブリング　1837.5.26-1926.7.21）
　コン2（ローブリング　1837-1926）
　コン3（ローブリング　1837-1926）
　西洋（ローブリング　1837.5.26-1926.7.21）
　世百（レーブリング　1837-1926）

Roebuck, John ⟨18世紀⟩
イギリスの発明家。硫酸を鉛室内で製造することを発明（1746)。
⇒岩世（ローバック　1718-1794.7.17）
　外国（ローバック　1718-1794）
　科史（ローバック　1718-1794）
　コン2（ローバック　1718-1794）
　コン3（ローバック　1718-1794）
　人物（ローバック　1718-1794.7.17）
　西洋（ローバック　1718-1794.7.17）
　世西（ローバック　1718-1794.7.17）
　全書（ローバック　1718-1794）
　大百（ローバック　1718-1794）
　百科（ローバック　1718-1794）

Roentgen, David ⟨18・19世紀⟩
ドイツの家具製作者。作品はルイ16世, マリー・アントアネットらに愛用された。
⇒国小（レントゲン　1743.8.11-1807.2.12）
　新美（レントゲン, ダーヴィト　1743.8.11-1807.2.12）
　世美（レントゲン, ダーヴィト　1743-1807）
　百科（レントゲン　1743-1807）

Roesler, Karl Friedrich Hermann ⟨19世紀⟩
ドイツの法学者, 経済学者。1878年日本政府法律顧問として来日, 明治憲法の制定, 旧商法の起草に貢献。
⇒岩世（レースラー（慣ロエスレル）　1834.12.18-1894.12.2）
　外国（レスラー　1834頃-1894）
　角世（ロエスレル　1834-1894）
　広辞4（ロエスレル　1834-1894）
　広辞6（ロエスレル　1834-1894）
　国史（レースレル　1834-1894）
　国小（レースラー　1834.12.18-1894.12.2）
　コン2（ロエスレル　1834-1894）
　コン3（ロエスレル　1834-1894）
　人物（ロエスレル　1834.12.18-1894.12.2）
　西洋（レースラー　1834.12.18-1894.12.2）
　世百（レースラー　1834-1894）

全書（ロエスレル　1834–1894）
大辞（ロエスレル　1834–1894）
大辞3（ロエスレル　1834–1894）
大百（ロエスレル　1834–1894）
デス（ロエスレル　1834–1894）
日人（レースラー　1834–1894）
百科（レースラー　1834–1894）
来日（ロエスレル　1834.12.18–1894.12.2）
歴史（ロエスレル　1834–1894）

Roethlisberger, Fritz Jules 〈20世紀〉
アメリカの経営学者。
⇒二十（レスリスバーガー，フリッツ・J.　1898–
　　1974）
　名著（レスリスバーガー　1898–）

Rogent Amat, Elíes 〈19世紀〉
スペインの建築家。
⇒建築（ロージェント・アマット，エリアス
　　1821–1897）

Roger II 〈11・12世紀〉
シチリア王（在位1130～54）。王国を封建制に
基づいて組織し，中央集権的な王権の確立にも
成功。
⇒外国（ロジェ2世　1095頃–1154）
　角世（ルッジェーロ2世　1095–1154）
　建築（ロジェーロ2世　（活動）11–12世紀）
　皇帝（ロジェ2世　1095頃–1154）
　国小（ロジェール2世　1095.12.22–1154.2.26）
　コン2（ロジェル2世　1093–1154）
　コン3（ロジェル2世　1093–1154）
　西洋（ロジェール二世　1093–1154）
　世人（ロジェール（ルッジェーロ）2世　1093–
　　1154）
　全書（ルッジェーロ二世　1095–1154）
　伝世（ロジェール2世　1095–1154.2.26）
　統治（ルッジェーロ二世，大王　（在位）1105–
　　1154）
　百科（ルッジェーロ2世　1095–1154）
　山世（ルッジェーロ2世　1095–1154）

Rogers, Ernesto Nathan 〈20世紀〉
イタリアの建築家。
⇒世美（ロジェルス，エルネスト・ナータン
　　1909–1969）

Rogers, James Edwin Thorold 〈19世
紀〉
イギリスの経済学者。自由貿易の理論家，経済
政策家。
⇒岩世（ロジャーズ　1823–1890.10.12）
　外国（ロジャーズ　1823–1890）
　国小（ロジャーズ　1823–1890.10.12）
　コン2（ロジャーズ　1823–1890）
　コン3（ロジャーズ　1823–1890）
　西洋（ロジャーズ　1823–1890.10.12）
　世西（ロージャーズ　1823–1890.10.12）

世百（ロジャーズ　1823–1890）
全書（ロジャーズ　1823–1890）
百科（ロジャーズ　1823–1890）
名著（ロジャーズ　1823–1890）

Rogers, Richard 〈20世紀〉
イギリスの建築家。パリのポンピドー・セン
ター国際競技で一等となった他，多数のコンペ
に入賞。
⇒岩ケ（ロジャーズ，リチャード　1933–）
　岩世（ロジャーズ　1933.7.23–）
　二十（ロジャース，リチャード　1933–）

Roggeveen, Jacob 〈17・18世紀〉
オランダの航海者。「南の大陸」を求めて太平
洋を航海し，ヨーロッパ人として初めてイース
ター島を発見した。
⇒オセ（ロッヘフェーン　1659–1729）
　探検1（ロゲベーン　1659–1729）

Roll, Eric 〈20世紀〉
イギリスの経済学者。主著『経済学説史』
（1937）。
⇒岩世（ロル　1907.12.1–2005.3.30）
　西洋（ロル　1907.12.1–）
　名著（ロル　1907–）

Rolls, Charles Stewart 〈19・20世紀〉
イギリスの実業家，飛行家。自動車工業家。イ
ギリス人として最初に英仏海峡を横断飛行して
成功（1910）。
⇒岩ケ（ロールズ，C（チャールズ）・S（スチュワー
　　ト）　1877–1910）
　岩世（ロールズ　1877.8.27–1910.7.12）
　西洋（ロールズ　1877.8.27–1910.7.12）
　デス（ロールズ　1877–1910）

Romberg, Hendrik Casper 〈18世紀〉
オランダの長崎商館長。
⇒岩世（ロンベルフ　?–1793）

Romeijn, Vicent 〈16・17世紀〉
オランダの船員，在日貿易商。長崎に在住し，
随時朱印船やオランダ船に便乗してトンキンや
安南で貿易。
⇒岩世（ロメイン　1569–1642.3.12）
　西洋（ロメイン　1569–1642.3.12）

Romney, George Wilcken 〈20世紀〉
アメリカの政治家，実業家。住宅・都市開発
長官。
⇒岩ケ（ロムニー，ジョージ（・ウィルケン）
　　1907–1995）
　二十（ロムニー，ジョージ・W.　1907–）

R

ronal 526 西洋人物レファレンス事典

R

Ronalds, Francis 〈18・19世紀〉

イギリスの通信・気象技術者。有線電信による通信の実験を最終的に完成。

⇒世百 （ロナルズ 1788–1873）
全書 （ロナルズ 1788–1873）
百科 （ロナルズ 1788–1873）

Rondelet, Jean Baptiste 〈18・19世紀〉

フランスの建築家。パリの理工科大学創設者の一人。

⇒岩世 （ロンドレ 1743–1829）
建築 （ロンドレ, ジャン＝バティスト 1743–1829）
西洋 （ロンドレ 1743–1829）
世美 （ロンドレ, ジャン＝バティスト 1734–1829）

Roni Size 〈20世紀〉

イギリス出身の音楽プロデューサー, レーベル・オーナー。

⇒実ク （ロニ・サイズ）
標音 （ロニ・サイズ）

Röntgen, Wilhelm Conrad 〈19・20世紀〉

ドイツの物理学者。裕福な織物商の子。放射線の存在を発見, X線写真を発明。第1回ノーベル物理学賞を受賞。

⇒逸話 （レントゲン 1845–1923）
岩ケ （レントゲン, ヴィルヘルム・コンラート・フォン 1845–1923）
岩世 （レントゲン 1845.3.27–1923.2.10）
旺世 （レントゲン 1845–1923）
外国 （レントゲン 1845–1923）
科学 （レントゲン 1845.3.27–1923.2.10）
科技 （レントゲン 1845.3.27–1923.2.10）
科史 （レントゲン 1845–1923）
科人 （レントゲン, ヴィルヘルム・コンラート 1845.3.27–1923.2.10）
科大 （レントゲン 1845–1923）
科大2 （レントゲン 1845–1923）
角世 （レントゲン 1845–1923）
看護 （レントゲン 1845–1923）
広辞4 （レントゲン 1845–1923）
広辞5 （レントゲン 1845–1923）
広辞6 （レントゲン 1845–1923）
国小 （レントゲン 1845.3.27–1923.2.10）
国百 （レントゲン, ヴィルヘルム・コンラート 1845.3.27–1923.2.10）
コン2 （レントゲン 1845–1923）
コン3 （レントゲン 1845–1923）
人物 （レントゲン 1845.3.27–1923.2.10）
西洋 （レントゲン 1845.3.27–1923.2.10）
世科 （レントゲン 1845–1923）
世人 （レントゲン 1845–1923）
世西 （レンチェン（レントゲン） 1845.3.27–1923.2.10）
世百 （レントゲン 1845–1923）
全書 （レントゲン 1845–1923）

大辞 （レントゲン 1845–1923）
大辞2 （レントゲン 1845–1923）
大辞3 （レントゲン 1845–1923）
大百 （レントゲン 1845–1923）
デス （レントゲン 1845–1923）
伝世 （レントゲン 1845.3.27–1923.2.10）
ナビ （レントゲン 1845–1923）
二十 （レントゲン, ウィルヘルム・C. 1845.3.27 (28) –1923.2.10）
ノ物 （レントゲン, ヴィルヘルム・コンラード 1845–1923）
ノベ （レントゲン, W.K. 1845.3.27–1923.2.10）
百科 （レントゲン 1845–1923）
ノベ3 （レントゲン, W.K. 1845.3.27–1923.2.10）
評世 （レントゲン（レンチェン） 1845–1923）
山世 （レントゲン 1845–1923）
歴史 （レントゲン 1845–1923）

Room, Abram 〈20世紀〉

ソ連邦の映画監督。1926年『死の入江』を製作。

⇒外国 （ローム ?–）
監督 （ローム, アブラム 1894.6.28–）

Roosa, Robert Vincent 〈20世紀〉

アメリカの経済専門家。ケネディ政権の財務次官。

⇒現人 （ローザ 1918.6.21–）

Roosevelt, Franklin Delano 〈19・20世紀〉

アメリカの政治家。第32代大統領（1933～45）。大恐慌後の復興政策を強力に推進。大規模な財政支出による失業救済活動や社会保障制度の整備を進める経済政策は「ニュー・ディール政策」と呼ばれ, 資本主義経済のあり方に大きな影響を与えた。

⇒アメ （ローズベルト 1882–1945）
逸話 （ルーズヴェルト 1882–1945）
岩世 （ローズヴェルト, フランクリン・D（デラノ） 1882–1945）
岩世 （ローズヴェルト 1882.1.30–1945.4.12）
英米 （Roosevelt, Franklin D (elano) ローズヴェルト（フランクリン） 1882–1945）
旺世 （ローズヴェルト（フランクリン） 1882–1945）
外国 （ローズベルト 1882–1945）
現人 （ルーズベルト 1882.1.30–1945.4.12）
広辞5 （ルーズベルト 1882–1945）
広辞6 （ルーズベルト 1882–1945）
国小 （ルーズベルト 1882.1.30–1945.4.12）
国百 （ルーズベルト, フランクリン・デラノ 1882.1.30–1945.4.12）
コン3 （ルーズヴェルト 1882–1945）
人物 （ルーズベルト 1882.1.13–1945.4.12）
西洋 （ルーズヴェルト 1882.1.30–1945.4.12）
世人 （ルーズヴェルト, フランクリン 1882–1945）
世政 （ルーズヴェルト, フランクリン 1882.1.30–1945.4.12）

世西（ルーズベルト　1882.1.30–1945.4.12）
世百（ルーズヴェルト　1882–1945）
世百新（ルーズヴェルト　1882–1945）
全書（ルーズベルト　1882–1945）
大辞2（ルーズベルト　1882–1945）
大辞3（ルーズベルト　1882–1945）
大百（ルーズベルト　1882–1945）
伝世（ルーズヴェルト, F. 1882.1.30–1945.4.12）
ナビ（ルーズベルト　1882–1945）
二十（ルーズベルト, フランクリン・D. 1882.1.30–1945.4.12）
百科（ルーズベルト　1882–1945）
評世（ルーズベルト　1882–1945）
名著（ルーズヴェルト　1882–1945）
山世（ルーズヴェルト（フランクリン）　1882–1945）
歴史（ルーズヴェルト　1882–1945）

Roosevelt, Theodore 〈19・20世紀〉

アメリカの政治家。第26代大統領。革新主義を掲げトラスト規制・労働者保護・資源保存の経済政策を推進。パナマ運河を建設。日露の和平会談で仲介の労をとり，1906年ノーベル平和賞受賞。牧場経営，アフリカでの狩猟のほか，ブラジル未探査地域の探検も行った。
⇒アメ（ローズベルト　1858–1919）
岩ケ（ローズヴェルト, シーオドア　1858–1919）
岩世（ローズヴェルト　1858.10.27–1919.1.6）
英米（Roosevelt, Theodore　ローズヴェルト（セオドア）　1858–1919）
旺世（ローズヴェルト（セオドア）　1858–1919）
外国（ローズヴェルト　1858–1919）
角世（ローズヴェルト（セオドア）　1858–1919）
広辞4（ルーズヴェルト　1858–1919）
広辞5（ルーズヴェルト　1858–1919）
広辞6（ルーズヴェルト　1858–1919）
国史（ルーズベルト　1858–1919）
国小（ルーズベルト　1858.10.27–1919.1.6）
国百（ルーズベルト, セオドア　1858.10.27–1919.1.6）
コン2（ルーズベルト　1858–1919）
コン3（ルーズベルト　1858–1919）
人物（ルーズベルト　1858.10.27–1919.1.6）
西洋（ローズヴェルト　1858.10.27–1919.1.6）
世人（ルーズヴェルト, セオドア　1858–1919）
世政（ルーズベルト, セオドア　1858.10.27–1919.1.6）
世西（ルーズベルト　1858.10.27–1919.1.6）
世百（ローズヴェルト　1858–1919）
全書（ルーズベルト　1858–1919）
大辞（ルーズベルト　1858–1919）
大辞2（ルーズベルト　1858–1919）
大辞3（ルーズベルト　1858–1919）
大百（ルーズベルト　1858–1919）
探検2（ローズヴェルト　1858–1919）
デス（ルーズベルト　1858–1919）
伝世（ローズヴェルト　1858.10.27–1919.1.6）
ナビ（ルーズベルト　1858–1919）
二十（ルーズベルト, T. 1858.10.27–1919）
ノベ（ルーズベルト, T. 1858.10.27–1919.1.6）

百科（ローズベルト　1858–1919）
ノベ3（ルーズベルト, T. 1858.10.27–1919.1.6）
評世（ルーズベルト　1858–1919）
山世（ルーズヴェルト, セオドア　1858–1919）
歴史（ルーズヴェルト　1858–1919）

Root, George Frederick 〈19世紀〉

アメリカの作曲家，音楽出版者。カンタータ，歌曲，教会音楽の作品がある。
⇒岩世（ルート　1820.8.30–1895.8.6）
キリ（ルート, ジョージ・フレドリク　1820.8.30–1895.8.6）
西洋（ルート　1820.8.30–1895.8.6）

Root, John Wellborn 〈19世紀〉

アメリカの建築家。シカゴ派の先駆的存在。
⇒建築（ルート, ジョン・ウェルボーン　1850–1891）
国小（ルート　1850.1.10–1891.1.15）
西洋（ルート　1850.1.10–1891.1.15）
世美（ルート, ジョン・ウェルボーン　1850–1891）

Roots Manuva 〈20世紀〉

イギリスのラッパー，プロデューサー。
⇒ヒ人（ルーツ・マヌーヴァ）

Röpke, Wilhelm 〈20世紀〉

ドイツの経済学者，社会学者。ナチス政権の確立と共に亡命し（1933），ジュネーヴの国際高等研究所教授。
⇒岩世（レプケ　1899.10.10–1966.2.12）
経済（レプケ　1899–1966）
西洋（レプケ　1899.10.10–1966.2.12）
全書（レプケ　1899–1966）
二十（レプケ, W. 1899–1966）

Rosa, Carl 〈19世紀〉

ドイツの興行主，ヴァイオリン奏者。
⇒岩ケ（ローザ, カール（・アウグスト・ニコラス）　1842–1889）
音大（ローザ　1842.3.22–1889.4.30）

Rosati, Rosato 〈16・17世紀〉

イタリアの建築家。
⇒世美（ロザーティ, ロザート　1560–1622）

Roscher, Wilhelm Georg Friedrich 〈19世紀〉

ドイツの経済学者。国民経済の歴史的，有機体的性格を強調。
⇒岩世（ロッシャー　1817.10.21–1894.6.4）
旺世（ロッシャー　1817–1894）
外国（ロッシャー　1817–1894）
角世（ロッシャー　1817–1894）
国小（ロッシャー　1817.10.21–1894.6.4）

コン2（ロッシャー　1817–1894）
コン3（ロッシャー　1817–1894）
人物（ロッシャー　1817.10.21–1894.6.4）
西洋（ロッシャー　1817.10.21–1894.6.4）
世西（ロッシャー　1817.10.21–1894.6.4）
世百（ロッシャー　1817–1894）
全書（ロッシャー　1817–1894）
大百（ロッシャー　1817–1894）
デス（ロッシャー　1817–1894）
百科（ロッシャー　1817–1894）
評世（ロッシャー　1817–1894）
名著（ロッシャー　1817–1894）

Rose, Billy 〈20世紀〉
アメリカのソングライター，ブロードウェイの
プロデューサー，興行主。『ジャンボ』(1935)
などのミュージカルを制作。
⇒岩ケ（ローズ，ビリー　1899–1966）
　国小（ローズ　1899.9.6–1966.2.10）
　二十（ローズ，ビリー　1899.9.6–1966.2.10）
　ユ人（ローズ，ビリー　1899–1966）

Rose, Frederik Cornelis
オランダの長崎商館長。
⇒岩世（ローゼ）

Rose, Heinrich 〈18・19世紀〉
ドイツの化学者。五塩化アンチモンの発見など
分析化学の建設に貢献。
⇒岩世（ローゼ　1795.8.6–1864.1.27）
　国小（ローゼ　1795.8.6–1864.1.27）
　西洋（ローゼ　1795.8.6–1864.1.27）

Rosen, Larry 〈20世紀〉
アメリカのジャズ・プロデューサー，録音エン
ジニア，GRPレコードのオーナー。
⇒ジヤ（ローゼン，ラリー　1940.5.25–）

Rosenbach, Abraham Simon Wolf
〈19・20世紀〉
アメリカの書籍収集家，学者。フィラデルフィ
アの商人。
⇒岩ケ（ローゼンバック，エイブラハム（・サイモ
　ン・ウルフ）　1876–1952）
　国小（ローゼンバック　1876–1952）
　世児（ローゼンバック，A（エイブラハム）・S（サ
　イモン）・W（ウォルフ）　1876–1952）

Rosenplüt, Hans 〈15世紀〉
ドイツ中世後期の手工業者，詩人。別名おしゃ
べり。作品に『医者の芝居』など。
⇒集世（ローゼンプリュート，ハンス　1400頃–
　1470頃）
　集文（ローゼンプリュート，ハンス　1400頃–
　1470頃）

Rosenstein-Rodan, Paul Narcyz 〈20
世紀〉
オーストリア・ウィーン生まれの開発経済学者。
⇒経済（ローゼンシュタイン - ロダン　1902–1985）

Rosenthal, Ida 〈19・20世紀〉
ロシア生まれの実業家。
⇒世女日（ローゼンタール，イーダ　1886–1973）

Rosenthal, Jean 〈20世紀〉
アメリカの舞台照明デザイナー。
⇒世女日（ローゼンタール，ジーン　1912–1969）
　バレ（ローゼンタール，ジーン　1912.3.16–1969.
　5.1）

Rosenwald, Julius 〈19・20世紀〉
アメリカの実業家，慈善家。
⇒ユ人（ローゼンウォールド，ジュリアス　1862–
　1932）

Rosovsky, Henry 〈20世紀〉
アメリカの経済学者。ハーバード大学教授，同
大文理学部長。
⇒二十（ロソフスキー，ヘンリー　1927–）

Ross, Donald James 〈19・20世紀〉
アメリカのゴルフ場設計者。
⇒岩世（ロス　1872.11.23–1948.4.26）

Rossellino, Bernardo 〈15世紀〉
イタリアの建築家，彫刻家。初期ルネサンスの
代表的美術家。特に墓碑彫刻に新たな様式を発
展させた。
⇒岩ケ（ロッセリーノ，ベルナルド　1409–1464）
　岩世（ロッセッリーノ　1409–1464.9.23）
　芸術（ロスセリーノ，ベルナルド　1409–1464）
　建築（ロッセリーノ，ベルナルド　1409–1464）
　国小（ロッセリーノ　1409–1464.9.23）
　コン2（ロッセリーノ　1409–1464）
　コン3（ロッセリーノ　1409–1464）
　新美（ロッセルリーノ，ベルナルド　1409–1464.
　9.23）
　人物（ロッセリーノ　1409–1464.9.23）
　西洋（ロッセリーノ　1409–1464.9.23）
　世西（ロッセリーノ　1409–1464）
　世美（ロッセッリーノ，ベルナルド　1409–1464）
　全書（ロッセリーノ　1409–1464）
　大百（ロッセリーノ　1409–1464）
　百科（ロッセリーノ　1409–1464）

Rosseter, Philip 〈16・17世紀〉
イギリスのリュート奏者，出版者。劇場のマネ
ジャーや楽譜出版にも従事。
⇒音楽（ロセッター，フィリップ　1567/68–1623.
　5.5）
　ラル（ロセター，フィリップ　1567/68頃–1623）

Rossetti, Biagio 〈15・16世紀〉

イタリアの建築家, 都市計画家。

⇒建築 (ロッセッティ, ビアジョ　1447頃–1516)
　世美 (ロッセッティ, ビアージョ　1447–1516)

Rossi, Aldo 〈20世紀〉

イタリアの建築家。合理主義的な構成と歴史主義的な造形が融合した独特の表現で, 現代建築に強い影響を与え続けている。作品に1979年ベネツィア–ビエンナーレ展の『世界劇場』, 福岡市のホテル–イル–パラッツォなど。

⇒世美 (ロッシ, アルド　1931–)
　ナビ (ロッシ　1931–)
　二十 (ロッシ, アルド　1931–)

Rossi, Domenico 〈17・18世紀〉

イタリアの建築家。

⇒建築 (ロッシ, ドメニコ　1678–1742)
　世美 (ロッシ, ドメーニコ　1657–1737)

Rossi, Karl Ivanovich 〈18・19世紀〉

ロシアの建築家。ペテルブルク中心街に一連の大建築物を建造。

⇒建築 (ロッシ, カルロ　1775–1849)
　コン2 (ロッシ　1775–1849)
　コン3 (ロッシ　1775–1849)
　世美 (ロッシ, カルル・イヴァノヴィチ　1775–1849)

Rossi, Mattia de 〈17世紀〉

イタリアの建築家。

⇒建築 (デ・ロッシ, マッティア　1637–1695)

Rossi, Pellegrino Luigi Odoardo 〈18・19世紀〉

イタリアの政治家, 法学者, 経済学者。

⇒岩世 (ロッシ　1787.7.12–1848.11.15)
　キリ (ロッシ, ペルレグリーノ　1787.7.13–1848.11.15)
　西洋 (ロッシ　1787.7.12–1848.11.15)
　世西 (ロッシ　1787.7.13–1849.11.15)

Rostow, Walt 〈20世紀〉

アメリカの経済学者。

⇒最世 (ロストウ, ウォルト　1902–1987)

Rostow, Walt Whitman 〈20世紀〉

アメリカの経済学者。ケネディ大統領時代の特別補佐官。著書に『経済成長の諸段階』(1960)など。

⇒岩ケ (ロストー, ウォルト・ウィットマン　1916–)
　岩世 (ロストー　1916.10.7–2003.2.13)
　角世 (ロストウ　1916–)
　経済 (ロストウ　1916–)

現人 (ロストウ　1916.10.7–)
コン3 (ロストー　1916–)
人物 (ロストウ　1916.10.7–)
西洋 (ロストウ　1916.10.7–)
世西 (ロストウ　1916.10.7–)
世百 (ロストー　1916–)
全書 (ロストウ　1916–)
大辞2 (ロストー　1916–)
大辞3 (ロストー　1916–2003)
大百 (ロストウ　1916–)
伝世 (ロストー　1916–)
二十 (ロストウ, ウォルト・ホワイトマン　1916.10.7–)
歴学 (ロストウ　1916–)
歴史 (ロストウ　1916–)

Rota, Giuseppe 〈19世紀〉

イタリアの造船家。多くの艦艇の独創的な設計や, W.フルードの船型試験方法の発展に業績があった。

⇒岩世 (ロータ　1860–1953)
　西洋 (ロータ　1860–?)

Roth, Alfred 〈20世紀〉

スイスの建築家。チューリヒ近郊のアパートが初期の代表作。

⇒国小 (ロート　1903–)
　世芸 (ロート, アルフレッド　1903–1972)
　世美 (ロート, アルフレート　1903–)

Roth, Alvin E. 〈20世紀〉

アメリカの経済学者。[賞]2012年ノーベル経済学賞受賞。

⇒ノベ3 (ロス, A.　1951–)

Roth, William M. 〈20世紀〉

アメリカの実業家。特別通商交渉副代表。ケネディ・ラウンド交渉に当たる。

⇒二十 (ロス, ウィリアム・M.　1916–)

Rotha, Paul 〈20世紀〉

イギリスの映画監督, 映画製作者, 映画批評家。著書『記録映画論』(1936)は映画理論史上で大きな位置を占める。

⇒岩世 (ローサ　1907.6.3–1984.3.7)
　外国 (ローサ　1907–)
　監督 (ローザ, ポール　1907.6.3–)
　コン3 (ローサ　1907–)
　世映 (ローサ, ポール　1907–1984)
　大百 (ローサ　1907–)
　二十 (ローサ, ポール　1907–)
　名著 (ローサ　1907–)

Rotheim, Erik 〈20世紀〉

ノルウェーの発明家。

⇒岩ケ (ロートハイム, エリック　1898–1938)

Rothermere, Esmond Cecil Harmsworth, 2nd Viscount 〈20世紀〉

イギリスの新聞経営者。「デーリー・メール」など16紙を支配し，新聞王といわれる。

⇒岩世（ロザミーア　1898.5.29–1978.7.12）
　西洋（ロザミーア　1898.5.29–1978.7.11）

Rothermere, Harold Sidney Harmsworth, 1st Viscount 〈19・20世紀〉

イギリスの新聞経営者。

⇒岩ケ（ハームズワース，ハロルド（・シドニー），
　　初代ローザミア子爵　1868–1940）
　岩世（ロザミーア　1868.4.26–1940.11.26）
　国小（ロザミア　1868.4.26–1940.11.26）
　西洋（ロザミーア　1868–1940）
　世西（ロザミア　1868.4.20–1940.11.26）
　全書（ロザミア　1868–1940）
　大百（ロザミア　1868–1940）
　二十（ロザミア　1868–1940）

Rothschild

ドイツ（ユダヤ系）の国際的金融業者の家系。

⇒岩世（ロートシルト家）

Rothschild, Alphonse de 〈19・20世紀〉

フランスのユダヤ系銀行家。パリ・ロートシルト商会の初代，ジェームズの長男。

⇒二十（ロートシルト，A.　1827–1905）
　百科（ロートシルト　1827–1905）

Rothschild, Amschel M. 〈18・19世紀〉

ユダヤ系の国際的金融資本家。初代マイアーの長男。

⇒西洋（ロートシルト　1773–1855）
　世百（ロスチャイルド，アムシェル　1773–1855）

Rothschild, Bethsabee (Batsheva) de 〈20世紀〉

イスラエル，アメリカのダンス興行師，演出家。

⇒バレ（ロスチャイルド，ベスビー（バットシェ
　ヴァ）・デ　1914–1999.4.20）

Rothschild, Guy de 〈20世紀〉

フランスの富豪。

⇒現人（ロスチャイルド　1909.5.21–）

Rothschild, James 〈18・19世紀〉

ユダヤ系の国際的金融資本家。初代マイアーの5男。パリに定住。

⇒西洋（ロートシルト　1792–1868）
　世百（ロスチャイルド，ジェームズ　1792–1868）

Rothschild, Karl 〈18・19世紀〉

ユダヤ系の国際的金融資本家。初代マイアーの4男。ナポリに定住。

⇒西洋（ロートシルト　1780–1855）
　世百（ロスチャイルド，カール　1788–1855）

Rothschild, Lionel Nathan 〈19世紀〉

ユダヤ系の国際的金融資本家。ディズレーリの主導したスエズ運河株購入を金融。

⇒英米（Rothschild, Lionel Nathan de　ロスチャ
　イルド，ライオネル・ネイサン・ド　1808–
　1879）
　外国（ロスチャイルド，ライオネル　1808–1879）
　西洋（ロスチャイルド，ライオネル　1808–1879）

Rothschild, Mayer Amschel 〈18・19世紀〉

ユダヤ系の国際的金融資本家。全ヨーロッパに支店をもつ金融業を樹立。

⇒岩ケ（ロスチャイルド，マイアー（・アムシェル）
　1743–1812）
　外国（ロスチャイルド，マイヤー・アムシェル
　1743–1812）
　国小（ロスチャイルド，マイアー・アンセルム
　1743–1812）
　コン2（ロートシルト，マイアー　1743–1812）
　コン3（ロートシルト，マイアー　1743–1812）
　人物（ロートシルト　1743–1812）
　西洋（ロートシルト，マイアー　1743–1812）
　世人（ロスチャイルド（ロートシルト）　1743–
　1812）
　世西（ロートシルト　1743–1812.9.19）
　世百（ロスチャイルド，マイヤー・アムシェル・
　ロートシルト　1743–1812）

Rothschild, Nathan Meyer 〈18・19世紀〉

ユダヤ系の国際的金融資本家。初代マイアーの3男。

⇒岩世（ロスチャイルド　1777.9.16–1836.7.28）
　英米（Rothschild, Nathan Meyer　ロスチャイ
　ルド，ネイサン・マイヤー　1777–1836）
　コン2（ロスチャイルド　1777–1836）
　コン3（ロスチャイルド　1777–1836）
　人物（ロスチャイルド　1777.9.16–1836.7.28）
　西洋（ロスチャイルド　1777.9.16–1836.7.28）
　世西（ロスチャイルド　1777.9.16–1836.7.28）
　世百（ロスチャイルド，ネーサン・マイヤー
　1777–1836）

Rothschild, Solomon 〈18・19世紀〉

ユダヤ系の国際的金融資本家。初代マイアーの次男。ウィーンに定住。

⇒西洋（ロートシルト　1774–1826）
　世百（ロスチャイルド，ゾロモン　1774–1855）

Rouché, Jacques 〈19・20世紀〉

フランスの興行主，演出家。

経済・産業篇　　　　　　　*531*　　　　　　　**rubel**

⇒ラル（ルーシェ，ジャック　1862–1957）

Rousseau, Pierre 〈18・19世紀〉
フランスの建築家。
⇒建築（ルッソー，ピエール　1750頃–1810）

Routledge, George 〈19世紀〉
イギリスの出版業者。古典を一冊1シリングで
出版（レールウェー・ライブラリ）（1848）。
⇒岩ケ（ラウトリッジ，ジョージ　1812–1888）
　岩世（ラウトリッジ　1812.9.23–1888.12.13）
　集文（ラウトリッジ，ジョージ　1812.9.23–1888.
　　12.13）
　西洋（ラトリジ（ラウトリジ）　1812.9.23–1888.
　　12.13）
　世児（ラウトリッジ，ジョージ　1812–1888）

Roux-Spitz, Michel 〈19・20世紀〉
フランスの建築家。1945年ナント市再建を
担当。
⇒国小（ル・スピッツ　1888–1957）
　世美（ルー=スピッツ，ミシェル　1888–1957）

Rovira, Alex 〈20世紀〉
スペインの作家，ビジネスコンサルタント，経
済学者。
⇒海新（ロビラ，アレックス　1969–）
　海作4（ロビラ，アレックス　1969–）

Rowland, Pants Clarence Henry 〈19・20世紀〉
カブス副社長。
⇒メジ（パンツ・ロウランド　1879.2.12–1969.5.
　　17）
　メジ（ロウランド，パンツ　1879.2.12–1969.5.
　　17）

Rowland, Tiny 〈20世紀〉
イギリスの金融業者。
⇒岩ケ（ローランド，タイニー　1917–）

Rowling, Wallace Edward 〈20世紀〉
ニュージーランドの政治家。1974年首相兼外相
に就任，アジア開発銀行理事会議長も兼任。
⇒岩ケ（ローリング，サー・ウォレス・エドワード
　　1927–1995）
　現人（ローリング　1927.11.15–）
　世政（ローリング，ウォレス　1927.11.15–1995.
　　10.31）
　二十（ローリング，W.E.　1927.11.15–）

Rowntree, Benjamin Seebohm 〈19・20世紀〉
イギリスの社会学者，製造業者，博愛主義者。
1906年企業内での恩給制度を確立，19年週休2
日制を実施。

⇒岩ケ（ラウントリー，B（ベンジャミン）・シー
　　ボーム　1871–1954）
　キリ（ラウントリー，ベンジャミン・シーボーム
　　1871.7.7–1954.10.7）
　国小（ラウントリー　1871.7.7–1954.10.7）
　全書（ロウントリイ　1871–1954）
　大百（ラウントリー　1871–1954）
　デス（ローントリー　1871–1954）
　二十（ロウントリイ，ベンジャミン・S.　1871–
　　1954）
　百科（ラウントリー　1871–1954）
　名著（ローントリー　1871–1954）

Rowntree, Joseph 〈19・20世紀〉
イギリスのクエーカー教徒の実業家，改革家。
⇒岩ケ（ラウントリー，ジョゼフ　1836–1925）
　キリ（ラウントリー，ジョウゼフ　1836–1925）

Rowohlt, Ernst 〈19・20世紀〉
ドイツの出版者。
⇒岩世（ローヴォルト　1887.6.23–1960.12.1）

Roy, René 〈20世紀〉
経済学者，統計学者。ロワの等式（恒等式）の名
で有名。主な研究は実証分析の便宜を考えた双
対的アプローチによる需要分析。
⇒二十（ロア，R.　1894–?）

Royce, *Sir* Frederick Henry 〈19・20世紀〉
イギリスの工業技術者。ロールズ・ロイス会社
をダービーに設立（1907），自ら主任技師とし
て自動車を製造。
⇒岩ケ（ロイス，サー・（フレデリック・）ヘンリー
　　1863–1933）
　岩世（ロイス　1863.3.27–1933.4.22）
　西洋（ロイス　1863–1933.4.22）
　世科（ロイス　1863–1933）
　二十（ロイス，フレデリック・ヘンリー　1863.3.
　　27–1933.4.22）

Rozenberg, David Iokhelevich 〈19・20世紀〉
ソ連邦の経済学者。主著『経済学史』。
⇒岩世（ローゼンベルグ　1879.11.15[27]–1950.2.
　　17）
　外国（ローゼンベルク　1879–）
　経済（ローゼンベルク　1879–1950）
　コン2（ロゼンベールク　1879–1950）
　コン3（ロゼンベールク　1879–1950）
　西洋（ローゼンベルグ　1879–1950.2.17）
　名著（ローゼンベルグ　1879–1950）

Rubel, Ira Washington 〈19・20世紀〉
アメリカの印刷業者。
⇒岩世（ルーベル　1846–1908）

rubel 532 西洋人物レファレンス事典

Rubel, Maximillien 〈20世紀〉
オーストリア＝ハンガリー帝国生まれの経済思
想家。
⇒経済（リュベル 1905–1996）

Rubenstein, Blanche 〈20世紀〉
アメリカのホテル業者。
⇒世女日（ルーベンシテイン，ブランシ 1897?–
1969）

Rubik Ern"o 〈20世紀〉
ハンガリーの建築家，ルービック・キューブの
創始者。
⇒岩ケ（ルビク，エルネー 1944–）
　岩世（ルービック 1944.7.13–）
　科人（ルービック，エルノー 1944.7.13–）
　最世（ルビク，エルネー 1944–）

Rubin, Isaak Il'ich 〈19・20世紀〉
ロシア生まれの経済思想家。
⇒経済（ルービン 1886–1937）

Rubin, Rick 〈20世紀〉
アメリカの音楽プロデューサー。コロムビア・
レコードの共同社長。
⇒ロ人（ルービン，リック 1963–）

Rubinson, David 〈20世紀〉
アメリカのジャズ・プロデューサー。
⇒ジヤ（ルービンソン，デビッド ?–）

Rubinstein, Helena 〈19・20世紀〉
ポーランドの実業家。美肌クリームの販売を手
はじめに，自分の名を冠した化粧品を売りま
くった美容帝国の女王。
⇒岩ケ（ルビンシュタイン，ヘレナ 1870–1965）
　岩世（ルビンスタイン 1870.12.20–1965.4.1）
　スパ（ルビンシュタイン，ヘレナ 1872?–1965）
　世女（ルビンスタイン，ヘレナ 1870–1965）
　世女日（ルビンシテイン，ヘレナ 1870–1965）
　二十（ルビンシュタイン，ヘレナ 1872–1965）
　ユ人（ルービンシュタイン（ルービンスタイン），
　　ヘレナ 1871–1965）

Rucker, Rudy von Bitter 〈20世紀〉
アメリカのSF作家，コンピュータ科学者。
⇒海作4（ラッカー，ルーディ 1946.3.22–）

Ruckers 〈16世紀〉
フランドルのチェンバロ・ヴァージナル製作者。
⇒音楽（リュッケルス，ハンス 1540頃–1598）
　音大（リュッケルス，ハンス 1540/-50頃–1598）

Ruckers 〈16・17世紀〉
フランドルのチェンバロ・ヴァージナル製作
者。ハンスの次男。
⇒音楽（リュッケルス，アンドレーアス1世 1579–
　　1645）
　音大（リュッケルス，アンドレアス 1579.8.15
　　（洗礼）–1645以後）

Ruckers 〈17世紀〉
フランドルのチェンバロ・ヴァージナル製作
者。アンドレーアス1世の息子。
⇒音楽（リュッケルス，アンドレーアス2世 1607–
　　1667）
　音大（リュッケルス，アンドレアス 1607.3.31
　　（洗礼）–1667以前）

Ruckers, Joannes 〈16・17世紀〉
フランドルのチェンバロ・ヴァージナル製作
者。ハンスの長男。
⇒音楽（リュッケルス，ヨハネス（ヤン，ハンス）
　　1578–1643）
　音大（リュッケルス，ヨアンネス 1578.1.15（洗
　　礼）–1643.4.24）

Rudbeck, Olof 〈17・18世紀〉
スウェーデンの医学者，植物学者。医学をまな
び，リンパ管を発見した。ウプサラに植物園を
創設。
⇒岩ケ（ルードベック，オーロフ 1630–1702）
　岩世（ルードベック（リュードベック） 1630.9.
　　12–1702.12.12）
　科学（ルードベック 1630.12.12–1702.9.17）
　科技（ルードベック 1630.12.12–1702.9.17）
　科史（ルドベック 1630–1702）
　科人（ルドベック，ウーラフ 1630.12.12–1702.
　　9.17）
　看護（ルードベック 1630–1702）
　コン2（ルードベック 1630–1702）
　コン3（ルードベック 1630–1702）
　集世（ルートベック，ウーロヴ 1630.9.12–1702.
　　12.12）
　集文（ルートベック，ウーロヴ 1630.9.12–1702.
　　12.12）
　西洋（ルードベック 1630.9.12–1702.12.12）
　世西（ルードベック 1630.9.13–1702.12.12）

Rudkin, Margaret Fogarty 〈20世紀〉
アメリカの実業家でパン類製造販売業者。
⇒岩ケ（ラドキン，マーガレット 1897–1967）
　世女（ラドキン，マーガレット（フォガーティ）
　　1897–1967）
　世女日（ラトキン，マーガレット 1897–1967）

Rudolf, Konrad 〈18世紀〉
スペインで活躍の建築家。
⇒建築（ルドルフ，コンラート ?–1732）

Rudolph, Paul 〈20世紀〉
アメリカの建築家。壁面処理に特徴のある個性的で自由なデザインによって，近代建築の発展のうえで独自の足跡を残す。
⇒岩世　（ルドルフ　1918.10.23–1997.8.8)
　新美　（ルドルフ, ポール　1918.10.28–）
　西洋　（ルドルフ　1918.10.23–）
　世美　（ルードルフ, ポール　1918–）
　二十　（ルドルフ, ポール　1918.10.28–）

Rueff, Jacques 〈20世紀〉
フランスの経済学者。ド・ゴール政権下でフランスの経済的危機と取り組み，フランの切り下げなどに指導的役割を果たした。
⇒岩世　（リュエフ　1896.8.23–1978.4.23）
　現人　（リュエフ　1896.8.23–）
　二十　（リュエフ, ジャック.L.　1897（96）–1978.
　　4.23）

Ruffin, Edmund 〈18・19世紀〉
アメリカの農業改良家。
⇒岩世　（ラッフィン　1794.1.5–1865.6.17）
　西洋　（ラッフィン　1794–1865）

Ruggeri, Ferdinando 〈17・18世紀〉
イタリアの建築家，美術著述家。
⇒世美　（ルッジェーリ, フェルディナンド　1691頃
　　–1741）

Ruggeri, Giovanni 〈18世紀〉
イタリアの建築家。
⇒世美　（ルッジェーリ, ジョヴァンニ　?–1745頃）

Ruggiero, Renato 〈20世紀〉
イタリアの外交官。イタリア外相，世界貿易機関（WTO）事務局長。
⇒最世　（ルジェロ, レナート　1930–）
　世政　（ルジェロ, レナート　1930.4.9–）

Ruhmkorff, Heinrich Daniel 〈19世紀〉
ドイツの物理学者。電気計器製造者。彼の名を冠する誘導コイルを発明した（1851）。
⇒岩世　（ルームコルフ　1803.1.15–1877.12.20）
　外国　（ルームコルフ　1803–1877）
　科学　（ルームコルフ　1803.1.15–1877.12.20）
　科史　（リュームコルフ　1803–1877）
　人物　（ルームコルフ　1803.1.15–1877.12.20）
　西洋　（ルームコルフ　1803.1.15–1877.12.20）
　世科　（リュームコルフ　1803–1877）
　世西　（ルームコルフ　1803.1.15–1877.12.20）
　世百　（ルームコルフ　1803–1877）
　大百　（リューンコルフ　1803–1877）
　百科　（リュームコルフ　1803–1877）

Rui-Vidal, François 〈20世紀〉
フランスの絵本出版者，評論家。
⇒児文　（リュイ＝ヴィダル, フランソワ　1931–）
　二十　（リュイ・ヴィダル, フランソワ　1931–）

Ruiz, Fernán I 〈16世紀〉
スペインの建築家。
⇒世美　（ルイス, フェルナン1世　?–1547）

Ruiz, Fernán II 〈16世紀〉
スペインの建築家。
⇒世美　（ルイス, フェルナン2世　1515頃–1569）

Ruiz, Fernán III 〈16世紀〉
スペインの建築家。
⇒世美　（ルイス, フェルナン3世　1556–1600頃）

Ruiz Embito, Simón 〈16世紀〉
スペインの商人，銀行家。
⇒岩世　（ルイス・エンビート　1525?–1597.3.1）

Ruml, Beardsley 〈20世紀〉
アメリカの社会・経済学者。租税制度の改革を主張，その改革案は議会によって採用された（1943）。
⇒岩ケ　（ラムル, ビアズリー　1894–1960）
　岩世　（ラムル　1894.11.5–1960.4.18）
　西洋　（ラムル　1894.11.5–1960.4.18）

Rumschöttel, Hermann 〈19・20世紀〉
ドイツの鉄道技師。お雇い外国人として九州地方の鉄道建設およびその経営指導にあたった。
⇒来日　（ルムシュテル　1844–1918）

Rumsey, James 〈18世紀〉
アメリカの汽船研究家，技師，発明家。汽船の研究に着手し，1786年に最初の成功を収めた。
⇒岩ケ　（ラムジー, ジェイムズ　1743–1792）
　科学　（ラムジー　1743–1792.12.23）
　世百　（ラムゼー　1743–1792）
　百科　（ラムゼー　1743–1792）

Rumyantsev 〈20世紀〉
ソ連邦の経営学者。主著『社会主義工業企業経済学』（共編）。
⇒名著　（ルミヤンツェフ　?–）

Rumyantsev, Aleksei Matveevich 〈20世紀〉
ソ連邦の経済学者。ソ連邦科学アカデミー副総裁。
⇒二十　（ルミャーンツェフ, アレクセイ　1905.2.
　　16–）

Runciman, Walter, 1st Viscount
〈19・20世紀〉

イギリスの政治家，実業家。ドイツのチェコ併
合政策でヨーロッパの政治的危機が高まった
際，使節としてチェコ・ドイツ間の調停に当る。
⇒岩ケ（ランシマン，ロード・ウォルター・ランシ
　マン，初代子爵　1870–1949）
　岩世（ランシマン　1870.11.19–1949.11.14）
　外国（ランシマン　1870–1949）
　コン2（ランシマン　1870–1949）
　コン3（ランシマン　1870–1949）
　西洋（ランシマン　1870.11.19–1949.11.14）

Rundgren, Todd〈20世紀〉

アメリカのミュージシャン，音楽プロ
デューサー。
⇒実ク（ラングレン，トッド）
　二十（ラングレン，トッド　1948.6.22–）
　標音（ラングレン，トッド）
　洋ヒ（ラングレン，トッド　1948–）
　ロ人（ラングレン，トッド　1948–）

Runge, Friedlieb Ferdinand〈18・19
世紀〉

ドイツの有機化学者。1834年コールタール蒸溜
物から染料の製造法を発見。
⇒岩世（ルンゲ　1795.2.8–1867.3.25）
　科学（ルンゲ　1794.2.8–1867.3.25）
　科人（ルンゲ，フリードリーブ・フェルディナン
　ト　1795.2.8–1867.3.25）
　国小（ルンゲ　1794.2.8–1867.3.25）
　コン2（ルンゲ　1795–1867）
　コン3（ルンゲ　1795–1867）
　西洋（ルンゲ　1795.2.8–1867.3.25）
　世百（ルンゲ　1795–1867）
　全書（ルンゲ　1795–1867）
　大百（ルンゲ　1795–1867）
　百科（ルンゲ　1794–1867）

Runkle, John Daniel〈19・20世紀〉

アメリカの初等・中等学校に手工訓練を導入し
た指導者。最初の夏期鉱業学校を創立した
（1871）ほか，ローウェル実用意匠学校の設立
にも大きな努力を払った。
⇒教育（ランクル　1822–1902）

Runnerström, Bent-Anne〈20世紀〉

イラストレーター，絵本作家，子ども向けテレ
ビ番組製作者。
⇒児イ（Runnerström, Bent-Anne　ルーネルスト
　ロム, B.A.　1944–）

Rupert, Anthony Edward〈20世紀〉

南アフリカの金融業者，芸術のパトロン，自然
保護運動の指導者。
⇒岩ケ（ルパート，アントニー・エドワード
　1916–）

Rusca, Luigi〈18・19世紀〉

イタリアの建築家。
⇒建築（ルスカ，ルイジ　1758–1822）
　世美（ルスカ，ルイージ　1758–1822）

Rusconi, Giovanni Antonio〈16世紀〉

イタリアの建築家，建築理論家。
⇒世美（ルスコーニ，ジョヴァンニ・アントーニオ
　1520頃–1587）

Rush, Kenneth〈20世紀〉

アメリカの外交官，実業家。駐仏大使。
⇒二十（ラッシュ，K.　1910–）

Ruska, Ernst〈20世紀〉

ドイツの電子技術者。ボリエスとともに磁界型
電子顕微鏡を製作。
⇒岩ケ（ルスカ，エルンスト　1906–1988）
　岩世（ルスカ　1906.12.25–1988.5.27）
　外国（ルスカ　?–）
　科人（ルスカ，エルンスト・アウグスト・フリー
　ドリヒ　1906.12.25–1988.5.30）
　世西（ルスカ　1906.12.25–1988.5.27）
　大辞2（ルスカ　1906–1988）
　ノベ3（ルスカ，E.　1906.12.25–1988.5.27）

Rusnati, Giuseppe〈17・18世紀〉

イタリアの彫刻家，建築家。
⇒世美（ルスナーティ，ジュゼッペ　1650頃–1713）

Russel, Gordon〈20世紀〉

イギリスの工芸家。
⇒世芸（ラッセル，ゴードン　1892–1961）

Russell, Alan〈20世紀〉

アメリカの作家，ホテルコンサルタント。
⇒海作4（ラッセル，アラン　1956–）

Russell, John Scott〈19世紀〉

スコットランドの造船家，造船学者。イギリス
初の装甲巡洋艦ウォリア号を建造。
⇒岩ケ（ラッセル，ジョン・スコット　1808–1882）
　岩世（ラッセル　1808.5.8–1882.6.8）
　西洋（ラッセル　1808.5.8–1882.6.8）
　大百（ラッセル　1808–1882）

Russell, Ross〈20世紀〉

アメリカのプロデューサー。
⇒二十（ラッセル，ロス　1909–）

Russell, Samuel〈19世紀〉

アメリカの商人。中国における最初のアメリカ
人商社ラッセル商会を広東に開設した（1824）。

⇒岩世（ラッセル　1789.8.25–1862）
西洋（ラッセル）

Russell, Sir (Sydney) Gordon 〈20世紀〉
イギリスの家具デザイナー。
⇒岩ケ（ラッセル，サー・(シドニー・)ゴードン　1892–1980）

Rust, Wilhelm 〈19世紀〉
ドイツのオルガン奏者，ピアノ奏者，作曲家，出版者。
⇒音大（ルスト，ヴィルヘルム　1822.8.15–1892.5.2）
ラル（ルスト，ヴィルヘルム　1822–1892）

Rüstow, Alexander 〈19・20世紀〉
ドイツ生まれの経済思想家。東欧全体主義との対決，西欧文明の伝統の遵守といった問題意識に拠って研究。雄大な文明史的考察や現代大衆社会の位置づけを展開している。
⇒経済（リュストウ　1885–1963）
名著（リュストー　1885–）

Rutenberg, Pinchas 〈19・20世紀〉
ロシアの革命家，パレスチナ電力会社の創立者。
⇒ユ人（ルーテンベルク，ピンハス　1879–1942）

Ruysbroeck, Jan van 〈15世紀〉
ベルギーの建築家。
⇒建築（ルイスブルック，ヤン・ヴァン　?–1485）

Ryabushkin, Timon Vasilievich 〈20世紀〉
ソ連邦の統計学者で経済学者。
⇒数学（リャブーシキン　1915.1.12–1986.12.22）
数学増（リャーブシキン　1915.1.12–1986.12.22）

Ryan, Catherine 〈19・20世紀〉
アイルランド生まれの発明家。
⇒世女日（ライアン，キャサリン　1865–1936）

Ryan, Meg 〈20世紀〉
アメリカ生まれの女優，映画製作者。
⇒外女（ライアン，メグ　1961.11.19–）
世映（ライアン，メグ　1961–）
世俳（ライアン，メグ　1961.11.19–）

Ryazanov, David Borisovich 〈19・20世紀〉
ソ連邦のマルクス主義文献学者，経済思想学者。ウクライナ生まれ。
⇒岩世（リャザーノフ　1870.2.26[3.10]–1938.1.21）

岩哲（リャザノフ　1870–1938）
外国（リャザノフ　1870–）
角世（リャザーノフ　1870–1938）
経済（リャザーノフ　1870–1938）
広辞4（リャザーノフ　1870–1938）
広辞5（リャザーノフ　1870–1938）
広辞6（リャザーノフ　1870–1938）
コン2（リャザーノフ　1870–1938）
コン3（リャザーノフ　1870–1938）
西洋（リャザーノフ　1870.3.10–1938.1.21）
世西（リャザノフ　1870.3.10–）
世百（リャザノフ　1870–1938）
全書（リャザーノフ　1870–1938）
百科（リャザーノフ　1870–1938）
名著（リャザノフ　1870–?）
ロシ（リャザーノフ　1870–1938）

Rybczynski, Tadeusz Mieczyslaw 〈20世紀〉
イギリスの経済学者。
⇒二十（リブチンスキー，T.M.　1923–）

Ryder, Samuel 〈19・20世紀〉
イギリスの実業家。
⇒岩ケ（ライダー，サミュエル　1859–1936）

Ryder, Winona 〈20世紀〉
アメリカ生まれの女優，映画製作者。
⇒外女（ライダー，ウィノナ　1971.10.29–）
世映（ライダー，ウィノナ　1971–）
世俳（ライダー，ウィノナ　1971.10.29–）

Rykiel, Sonia 〈20世紀〉
フランスのファッションデザイナー。
⇒スパ（リキエル，ソニヤ　?–）
ナビ（リキエル　1930–）

Rylands, John 〈19世紀〉
イギリス・マンチェスタの綿業資本家。
⇒岩ケ（ライランズ，ジョン　1801–1888）
キリ（ライランズ，ジョン　1801.2.7–1888.12.11）

Ryti, Risto Heikki 〈19・20世紀〉
フィンランドの政治家，銀行家。フィンランド銀行総裁(1923～40，44～45)，首相(39～40)，大統領(4044)。
⇒岩世（リュティ　1889.2.3–1956.10.25）
角世（リュティ　1889–1956）
西洋（リュティ　1889.2.3–1956.10.25）
二十（リュティ，R.H.　1889–1956）

Ryuiteli, Arnold Feodorovich 〈20世紀〉
ソ連邦の農業技師，政治家。エストニヤ共和国最高会議議長。

⇒二十（リュイテリ，アルノーリド　1928.5.10–）

Rza 〈20世紀〉
アメリカのヒップホップ系の音楽プロ
デューサー。
⇒ヒ人（レザ）

Ržiha, Franz von 〈19世紀〉
オーストリアの鉄道技術者。鉄道およびトンネ
ル工事の権威。
⇒西洋（ルジーハ　1831.3.28–1897.6.23）

【 S 】

Saarinen, Eero 〈20世紀〉
フィンランド生まれのアメリカの建築家。主作品
は，ゼネラル・モーターズ技術センター（1948
〜56），ダレス空港ビル（58〜62）など。
⇒岩ケ（サーリネン，エーロ　1910–1961）
　岩世（サーリネン　1910.8.20–1961.9.1）
　オ西（サーリネン，エーロ　1910–1961）
　現人（サーリネン　1910.8.20–1961.9.1）
　国小（サーリネン　1910.8.20–1961.9.1）
　国百（サーリネン，エーロ　1910.8.20–1961.9.1）
　コン3（サーリネン　1910–1961）
　新美（サーリネン，イーロ　1910.8.20–1961.9.1）
　西洋（サーリネン　1910.8.20–1961.9.1）
　世美（サーリネン，イーロ　1910–1961）
　世百（サーリネン，エロ　1910–1961）
　世百新（サーリネン父子　1910–1961）
　全書（サーリネン（父子））
　大辞2（サーリネン　1910–1961）
　大辞3（サーリネン　1910–1961）
　大百（サーリネン　1910–1961）
　伝世（サーリネン，エーロ　1910.8.20–1961.9.1）
　ナビ（サーリネン　1910–1961）
　二十（サーリネン，E.　1910.8.20–1961.9.1）
　百科（サーリネン父子）

Saarinen, Eliel 〈19・20世紀〉
フィンランドの生まれのアメリカの建築家。パ
リ万国博覧会におけるフィンランド・パビリオ
ンの設計により名声を確立。クランブルック美
術アカデミー（1934）などを建造した。
⇒岩ケ（サーリネン，（ゴットリーブ・）エリエル
　　1873–1950）
　岩世（サーリネン　1873.8.20–1950.7.1）
　オ西（サーリネン，エリエル　1873–1950）
　国小（サーリネン　1873.8.20–1950.7.1）
　国百（サーリネン，エリエル　1873.8.20–1950.7.
　　1）
　新美（サーリネン，エリエル　1873.8.20–1950.7.
　　1）
　西洋（サーリネン　1873.8.20–1950.6）

　世美（サーリネン，エリエル　1873–1950）
　世美（サヘリネン，エリエル　1873–1950）
　世百（サーリネン，エリエル　1873–1950）
　全書（サーリネン（父子））
　大百（サーリネン　1873–1950）
　伝世（サーリネン，エリエル　1873.8.20–1950.7.
　　1）
　二十（サーリネン，ゴットリーブ・エリエル
　　1873.8.20–1950.7.1）
　百科（サーリネン父子）

Saatchi, Charles 〈20世紀〉
イギリスの広告業者（1943—）。
⇒岩ケ（サーチ・アンド・サーチ）

Saatchi, Maurice 〈20世紀〉
イギリスの広告業者（1946—）。
⇒岩ケ（サーチ・アンド・サーチ）

Saba, Elias 〈20世紀〉
レバノンの経済学者，政治家。著作に『戦後に
おけるシリア・レバノン外為制度の進展』
（1962）がある。
⇒中東（サバ　1932–）

Sabancı, Hacı Ömer 〈20世紀〉
トルコの実業家，財閥創業者。死後にサバン
ジュ財閥はトルコ二大財閥の一つに発展した。
⇒岩世（サバンジュ　1906–1966.2.2）

Sabatini, Francesco 〈18世紀〉
イタリアの建築家。
⇒建築（サバティーニ，フランチェスコ　1721–
　　1797）

Sabbattini, Nicola 〈16・17世紀〉
イタリアの建築師。劇場テアトロ・デル・ソー
レの設計者。
⇒国小（サッバティーニ　1574–1654）
　世美（サッバティーニ，ニッコロ　1574–1654）

Sacchetti, Franco 〈14世紀〉
イタリアの詩人，小説家。フィレンツェの商
人。主著は，当時の市民生活を活写した300篇
の『三百小話集』（1395）がある。
⇒岩世（サッケッティ　1332頃–1400）
　外国（サッケッティ　1330/5頃–1400頃）
　広辞4（サッケッティ　1330頃–1400頃）
　広辞6（サッケッティ　1330頃–1400）
　国小（サッケッティ　1330–1400）
　コン2（サッケッティ　1335頃–1400頃）
　コン3（サッケッティ　1330頃–1400）
　集世（サッケッティ，フランコ　1330頃–1400頃）
　集文（サッケッティ，フランコ　1330頃–1400頃）
　西洋（サッケッティ　1332頃–1400頃）
　世西（サケッティ　1330頃–1400頃）

世百 （サッケッティ　1330?–1400）
世文 （サッケッティ，フランコ　1332頃–1400）
全書 （サッケッティ　1332頃–1400）
大辞 （サッケッティ　1330頃–1400頃）
大辞3 （サッケッティ　1330頃–1400頃）
大百 （サッケッティ　1332頃–1400頃）
デス （サッケッティ　1330頃–1400）
百科 （サッケッティ　1330頃–1400）
名著 （サケッティ　1335–1400）

Sacchetti, Giovanni Battista 〈18世紀〉
イタリア・バロックの建築家。1735年マドリードに王宮（38〜64）を建てた。
⇒建築 （サッケッティ，ジョヴァンニ・バッティスタ　1700–1764）
国小 （サケッティ　1700–1764）
新美 （サッケッティ，ジョヴァンニ・バッティスタ　1700–1764.12.3）
世美 （サッケッティ，ジョヴァンニ・バッティスタ　?–1764）

Sacconi, Giuseppe 〈19・20世紀〉
イタリアの建築家。
⇒世美 （サッコーニ，ジュゼッペ　1854–1905）

Sacher, Anna 〈19・20世紀〉
オーストリアの実業家。
⇒世女日 （ザッハー，アンナ　1859–1930）

Sachs, Jeffrey David 〈20・21世紀〉
アメリカの経済学者。
⇒岩世 （サックス　1954.11.5–）

Sadleir, Michael Thomas Harvey 〈19・20世紀〉
イギリスの小説家，出版業者，書誌学者。書籍収集家としても有名。
⇒岩世 （サドラー　1888.12.25–1957.12.13）
才世 （サドラー，マイケル　1888–1957）
国小 （サドラー　1888.12.25–1957.12.15）
二十英 （Sadleir, Michael　1888–1957）

Sadler, Michael Thomas 〈18・19世紀〉
イギリスの政治家，工場改革者。メソジスト教徒の博愛主義者。労働改革法を下院に提出，改革法委員長を務めた。
⇒岩ケ （サドラー，マイケル・トマス　1780–1835）
国小 （サドラー　1780.1.3–1835.7.29）

Saenredam, Jan 〈16・17世紀〉
オランダの版画家，版画出版者。ビュランの技法による精妙な銅版彫刻（エングレービング）で知られる。
⇒国小 （サーンレダム　1565–1607.4.6）

Sagardoy, Bernard 〈20世紀〉
フランスの服飾デザイナー。ワンピースとジャケットの組合せによるアンサンブルは彼が発案したもの。
⇒大百 （ベルナール・サガルドイ　?–）

Sagrara, Guillén 〈14・15世紀〉
スペインの建築家，彫刻家。
⇒建築 （サグレーラ，ギジェン　1380–1456）
西洋 （サグララ　?–1456）
世美 （サグレラス，ギリェルモ　?–1452/56）

Saha, Kamal 〈20世紀〉
バングラデシュの詩人，デザイナー。
⇒児作 （Saha, Kamal　シャハ，カマル　1950–）

Sahlins, Marshall David 〈20世紀〉
アメリカの人類学者，経済思想家。未開社会と産業社会の経済構造の差異を研究した。
⇒岩世 （サーリンズ　1930.12.27–）
岩哲 （サーリンズ　1930–）
経済 （サーリンズ　1930–）
最世 （サーリンズ，デイヴィド　1930–）
思想 （サーリンズ，マーシャル（デーヴィド）　1930–）

Said, Amina el- 〈20世紀〉
エジプトの出版社ダール・エル・ヒラールの社主，ジャーナリスト。
⇒スパ （サイド，アミーナ・エル　?–）

Said bin Taimur 〈20世紀〉
オマーン国王（スルタン）（在位32〜70年）。1951年イギリスと通商航海条約を更新し両国の伝統的関係とオマーンの独立国としての地位を確立。70年息子であるスルタン・カブースの宮廷クーデターにより追放された。
⇒中東 （サイード　1910–1972）

Sainsbury (of Drury Lane), Alan John Sainsbury, Baron 〈20世紀〉
イギリスの小売り商人。
⇒岩ケ （セインズベリー（ドルリー・レーンの），アラン・ジョン・セインズベリー，男爵　1902–）

Sainte-Claire Deville, Henri Etiennes 〈19世紀〉
フランスの化学者。アルミニウムの工業的生産方法を発明（1854）。
⇒岩ケ （サント＝クレール・ドヴィル，アンリ・エティエンヌ　1818–1881）
岩世 （サント＝クレール・ドヴィル　1818.3.9–1881.7.1）
外国 （サント・クレール・ドヴィル　1818–1881）
科技 （サント・クレール・ドビール　1818.3.11–

1881.7.1）
科人（サント・クレール・ドヴィーユ，アンリ・
　エティエンヌ　1818.3.11–1881.7.1）
西洋（サント・クレール・ドヴィル　1818.3.11–
　1881.7.1）
世科（サン・クレール・ドゥヴィル　1818–1881）
大百（ドビル　1818–1881）

Saint Joseph, John Kenneth Sinclair〈20世紀〉
イギリスの航空写真家，考古学者。
⇒岩ケ（セント・ジョゼフ，ジョン・ケネス・シン
　クレア　1912–1994）

Saint-Laurent, Yves〈20世紀〉
フランスの服飾デザイナー。C.ディオールの片
腕となって活躍し，ディオールの死後，後継者
となる。1958年に発表したトラペーズシルエッ
トは特に有名である。
⇒岩ケ（サン・ローラン，イヴ（・アンリ・ドナ・マ
　テュー）1936–）
　岩世（サン＝ローラン　1936.8.1–2008.6.1）
　現人（サン・ローラン　1936.8.1–）
　国小（サン・ローラン　1936.8.1–）
　コン3（サン・ローラン　1936–）
　最世（サン，ローラン，イヴ　1936–）
　世西（サン・ローラン　1936.8.1–）
　世百新（サン・ローラン　1936–）
　全書（サン・ローラン　1936–）
　大百（サンローラン　1936–）
　ナビ（サン＝ローラン　1936–）
　二十（サン・ローラン，イヴ　1936.8.1–）
　百科（サン・ローラン　1936–）

Saint Pierre, Joseph〈18世紀〉
フランスの建築家。
⇒建築（サン・ピエール，ジョゼフ　1709–1754）
　世美（サン＝ピエール，ジョゼフ　1709–1754）

Saint-Simon, Claude Henri de Rouvroy, Comte de〈18・19世紀〉
フランスの哲学者，経済学者。アメリカ独立戦
争に参加。主著『新キリスト教論』（1825）。
⇒岩ケ（サン＝シモン，クロード・アンリ・ド・
　ルーヴロワ，伯爵　1760–1825）
　岩世（サン＝シモン　1760.10.17–1825.5.19）
　岩哲（サン＝シモン　1760–1825）
　旺世（サン＝シモン　1760–1825）
　外国（サン・シモン　1760–1825）
　科史（サン・シモン　1760–1825）
　角世（サン・シモン　1760–1825）
　教育（サン・シモン　1760–1825）
　キリ（サン‐シモン，クロード・アンリ・ド・ル
　ヴロワ　1760.10.17–1825.5.19）
　広辞4（サン・シモン　1760–1825）
　広辞6（サン・シモン　1760–1825）
　国小（サン・シモン　1760.10.17–1825.5.19）
　国百（サン・シモン，クロード・アンリ・ド・
　ルーブロア　1760.10.17–1825.5.19）

　コン2（サン・シモン　1760–1825）
　コン3（サン・シモン　1760–1825）
　集世（サン＝シモン，クロード＝アンリ・ド
　1760.10.17–1825.5.19）
　集文（サン＝シモン，クロード＝アンリ・ド
　1760.10.17–1825.5.19）
　人物（サン・シモン　1760.10.17–1825.5.19）
　西洋（サン・シモン　1760.10.17–1825.5.19）
　世人（サン・シモン　1760–1825）
　世西（サン・シモン　1760.10.17–1825.5.19）
　世百（サンシモン　1760–1825）
　全書（サン・シモン　1760–1825）
　大辞（サン・シモン　1760–1825）
　大辞3（サンシモン　1760–1825）
　大百（サン・シモン　1760–1825）
　デス（サン・シモン　1760–1825）
　伝世（サン・シモン伯　1760–1825）
　百科（サン・シモン　1760–1825）
　評世（サンシモン　1760–1825）
　名著（サン・シモン　1760–1825）
　山世（サン・シモン　1760–1825）
　歴史（サンシモン　1760–1825）

Saint-Venant, Adhémar Jean Claude Barré de〈18・19世紀〉
フランスの物理学者。橋梁，堤防の力学的研究
を行い，特に弾性力学において「サン＝ヴナン
の原理」を発見。
⇒外国（サン・ヴナン　1797–1886）
　数学（サン・ヴェナン，（バレ・ドゥ・セント・
　ヴェナン）1797.8.23–1886.1.6）
　数学増（サン・ヴェナン，（バレ・ドゥ・セント・
　ヴェナン）1797.8.23–1886.1.6）
　世西（サン・ヴナン　1797.8.23–1886.1.6）

Salaam Remi〈20世紀〉
アメリカのヒップホップ系の音楽プロ
デューサー。
⇒ヒ人（サラーム・レミ　1972–）

Salazar, Ana〈20世紀〉
ポルトガル・リスボン生まれの女性ファッショ
ン・デザイナー。
⇒スペ（サラザール　1944–）

Salin, Edgar〈20世紀〉
スイスの経済学者，社会学者。哲学，社会学，
歴史学の深い造詣を基礎とする『経済学の歴
史』（1951）を書いて名声を得た。
⇒岩世（ザーリン　1892.2.10–1974.5.17）
　経済（ザーリン　1892–1974）
　人物（ザーリン　1892.2.10–）
　西洋（ザーリン　1892.2.10–1974.5.17）
　世西（ザーリン　1892–）
　二十（ザーリン，エドガー　1892–1974）
　名著（ザリーン　1892–）

Salins, Nicolas-Alexandre de〈18・19

世紀〉
フランスの建築家。
⇒建築（サラン（ド・モンフォール），ニコラ＝アレクサンドル 1753-1839）
世美（サラン，ニコラ＝アレクサンドル・ド 1753-1839）

Salkīs, Nicolas 〈20世紀〉
アラブのオイル・エコノミスト，コンサルタント。「アラブ石油研究所」を設立。中東の最も気鋭の経済学者の1人とみなされている。
⇒現人（サルキス 1935-）

Salmon, Alfred 〈19・20世紀〉
イギリスの仕出し業者。
⇒ユ人（サルモン，アルフレッド 1868-1928）

Salmon, Claudine Marie Helen 〈20世紀〉
フランスのインドネシア，マレーシア華僑・華人学者。
⇒華人（サルモン，クローディーヌ 1938-）

Salomon, Haym 〈18世紀〉
アメリカの銀行家。ポーランドからアメリカに移住。ペンシルバニア州のユダヤ人就業法の改善に努力。
⇒国人（サロモン 1740-1785.1.6）

Salomon, Johann Peter 〈18・19世紀〉
ドイツのヴァイオリン奏者，作曲家，興行主。1813年ロンドのフィルハーモニー協会の設立に参加。
⇒音楽（ザロモン，ヨハン・ペーター 1745.2.20洗礼-1815.11.28）
音大（ザロモン 1745.2.20（洗礼）-1815.11.25）
人物（ザロモン 1745.1-1815.11.28）
ラル（ザロモン，ヨーハン・ペーター 1745-1815）

Salt, Sir Titus 〈19世紀〉
イギリスの工場主，慈善家。
⇒岩ケ（ソルト，サー・タイタス 1803-1876）

Salvi, Niccoló 〈17・18世紀〉
イタリアの建築家。ローマ・バロック様式の名残りをとどめる最後の建築家。
⇒岩ケ（サルヴィ，ニッコロ 1697-1751）
建築（サルヴィ，ニッコロ 1697-1751）
国小（サルビ 1697-1751）
新美（サルヴィ，ニッコロ 1697.8.6-1751.2.8）
世西（サルヴィ 1699-1751）
世美（サルヴィ，ニッコロ 1697-1751）
全書（サルビ 1697-1751）
大百（サルビ 1639-1751）

Salviati, Antonio 〈19世紀〉
イタリアの美術ガラス細工師。
⇒岩世（サルヴィアーティ 1816.3.18-1890.1.25）
西洋（サルヴィアーティ 1816.3.18-1890.1.25）

Salvioli, Giuseppe 〈19・20世紀〉
イタリアの法制史家，経済史家。経済史と法制史の総合的研究に意を注いだ。主著『イタリア法制史』（1890）。
⇒岩世（サルヴィオーリ 1857.9.13-1928.11.24）
国小（サルビオリ 1857-1928）
コン2（サルヴィオリ 1857-1928）
コン3（サルヴィオリ 1857-1928）
西洋（サルヴィオリ 1857.9.13-1928.11.24）
世百（サルヴィオリ 1857-1928）
全書（サルビオリ 1857-1928）
二十（サルビオリ, G. 1857-1928）
名著（サルヴィオリ 1857-1928）

Salvisberg, Otto Rudolf 〈19・20世紀〉
ドイツの建築家。主作品に国立窒素工場ジードルング（1916）がある。
⇒岩世（ザルヴィスベルク 1882.10.19-1940.12.23）
西洋（ザルヴィスベルク 1882.10.19-1940.12.23）

Samaranch, Juan Antonio 〈20世紀〉
スペインの外交官，実業家。IOC会長（1980）。
⇒最世（サマランチ，アントニオ 1920-）
スペ（サマランチ 1920-）
世西（サマランチ 1920.7.17-）
二十（サマランチ, J.アントニオ 1920.7.17-）

Sambin, Hugues 〈16・17世紀〉
フランスの建築家，彫刻家，版画家。
⇒建築（サンバン，ユーグ 1515/20-1601/02）
世美（サンバン，ユーグ 1510/20-1601/02）

Sami'i, Muhammad Mehdi 〈20世紀〉
イランの経済学者。1973年農業開発基金総裁となる。
⇒中東（サミイー）

Sampedro, José Luis 〈20世紀〉
スペインの作家，経済学者。マドリード・コンプルテンセ大学構造経済学教授。
⇒海作4（サンペドロ，ホセ・ルイス 1917-）

Samset, Ivar 〈20世紀〉
ノルウェーの林業工学者。林業における作業研究および林業機械の性能評価についてすぐれた業績をのこしている。
⇒岩世（サムセット 1918.12.4-）
西洋（サムセット 1918-）

Samuels, Warren Joseph 〈20世紀〉

アメリカ生まれの経済思想家。

⇒経済 (サミュエルズ 1933–)

Samuelson, Paul Anthony 〈20世紀〉

アメリカの理論経済学者。1947年学問的業績により最初のクラーク賞を受賞。1970年ノーベル経済学賞受賞。

⇒アメ (サミュエルソン 1915–)
 岩ケ (サムエルソン, ポール(・アンソニー) 1915–)
 岩世 (サムエルソン 1915.5.15–2009.12.13)
 才世 (サミュエルソン, ポール・アンソニー 1915–)
 外国 (サミュエルソン 1915–)
 経済 (サミュエルソン 1915–)
 現人 (サミュエルソン 1915.5.15–)
 広辞5 (サムエルソン 1915–)
 広辞6 (サムエルソン 1915–)
 国小 (サミュエルソン 1915.5.15–)
 コン3 (サミュエルソン 1915–)
 最世 (サミュエルソン, P.A. 1915–)
 思想 (サムエルソン, ポール A(アンソニー) 1915–)
 人物 (サムエルソン 1915.5.5–)
 西洋 (サミュエルソン 1915.5.15–)
 世西 (サミュエルソン 1915.5.5–)
 世百 (サムエルソン 1915–)
 世百新 (サミュエルソン 1915–)
 全書 (サミュエルソン 1915–)
 大辞2 (サミュエルソン 1915–)
 大辞3 (サミュエルソン 1915–)
 大百 (サムエルソン 1915–)
 伝世 (サミュエルソン 1915.5.15–)
 ナビ (サミュエルソン 1915–)
 二十 (サミュエルソン, ポール・アンソニー 1915.5.15–)
 ノベ (サミュエルソン, P.A. 1915.5.15–)
 百科 (サミュエルソン 1915–)
 ノベ3 (サミュエルソン, P.A. 1915.5.15–2009. 12.13)
 名著 (サミュエルソン 1915–)
 ユ人 (サミュエルソン, ポール・アンソニー 1915–2009)

Sandby, Thomas 〈18世紀〉

イギリスの美術家, 建築家。

⇒岩ケ (サンドビー, トマス 1721–1798)
 世美 (サンドビー, トマス 1721–1798)

Sanders, Colonel 〈19・20世紀〉

アメリカのファストフードチェーン経営者。

⇒岩世 (サンダーズ 1890.9.9–1980.12.16)

Sanderson, Robert 〈17世紀〉

アメリカの鉱山冶金業者。1652年ボストン・シリング(またはベイ・シリング)貨を鋳造。

⇒国小 (サンダーソン 生没年不詳)

Sané, Jacques Noël, Baron 〈18・19世紀〉

フランスの造船家。ナポレオン1世により造船大監に任ぜられた。

⇒岩世 (サネ 1754.2.18–1831.8.22)
 西洋 (サネ 1754–1831)

Sanfelice, Ferdinando 〈17・18世紀〉

イタリアの画家, 建築家。

⇒世美 (サンフェリーチェ, フェルディナンド 1675–1748)

Sangallo, Antonio da 〈15・16世紀〉

イタリアの建築家。代表作はサン・ビアジオ聖堂など。

⇒国小 (サンガロ 1455頃–1534)
 国百 (サンガロ, アントニオ・ダ(イル・ベッキオ) 1455頃–1534)
 世美 (サンガッロ・イル・ヴェッキオ, アントーニオ・ダ 1453頃–1534)
 世百 (サンガロ, アントニオ 1455–1534)
 全書 (サンガッロ, アントニオ・ダ 1455–1534)
 大百 (サンガロ 1455–1534)
 伝世 (サンガッロ, 大アントーニオ 1453頃–1534)

Sangallo, Antonio Picconi da 〈15・16世紀〉

イタリアの建築家。ラファエロの後継者としてサン・ピエトロ大聖堂の造営監督。

⇒岩ケ (サンガロ, アントニオ・(ジャンベルティ・)ダ 1483–1546)
 岩世 (サンガッロ(小) 1484–1546.8.3)
 キリ (サンガルロ, アントーニオ・ダ 1483–1546.8.3)
 国小 (サンガロ 1483–1546)
 国百 (サンガロ, アントニオ・ダ(イル・ジョーバネ) 1483–1546)
 新美 (サンガルロ, アントーニオ・ダ 1483–1546.8.3)
 西洋 (サンガロ(小) 1485–1546.8.3)
 世西 (サンガルロ 1485–1546)
 世美 (サンガッロ・イル・ジョーヴァネ, アントーニオ・ダ 1485–1546)
 世百 (サンガロ, アントニオ・コリオラーニ 1485–1546)
 全書 (サンガッロ, アントニオ 1483–1546)
 大百 (サンガロ, アントニオ 1483–1546)
 伝世 (サンガッロ, アントーニオ(小) 1483–1546.8.3)
 百科 (サンガロ 1484–1546)

Sangallo, Bastiano da 〈15・16世紀〉

イタリアの建築家, インターリオ(装飾彫り)作家。

⇒世美 (サンガッロ, バスティアーノ・ダ 1481–1551)

経済・産業篇　　　　　　　　*541*　　　　　　　　**sante**

Sangallo, Francesco da 〈15・16世紀〉

イタリアの建築家, インターリオ (装飾彫り) 作家。サン・ピエトロ大聖堂の造営に装飾彫刻家として活動。

⇒国小 (サンガロ　1494–1576)
　世美 (サンガッロ, フランチェスコ　15世紀)

Sangallo, Gian Battista 〈15・16世紀〉

イタリアの建築家, インターリオ (装飾彫り) 作家。

⇒世美 (サンガッロ, ジャン・バッティスタ　1496–1552)

Sangallo, Giuliano da 〈15・16世紀〉

イタリアの建築家。

⇒国小 (サンガロ　1445頃–1516)
　国百 (サンガロ, ジュリアーノ・ダ　1445頃–1516)
　新美 (サンガルロ, ジュリアーノ・ダ　1445–1516.10.20)
　世西 (サンガルロ　1445–1519)
　世美 (サンガッロ, ジュリアーノ・ダ　1445–1516)
　世百 (サンガロ, ジュリアーノ　1445–1516)
　全書 (サンガッロ, ジュリアーノ　1445–1516)
　大百 (サンガロ　1445–1516)
　伝世 (サンガッロ, ジュリアーノ　1443頃–1516)
　百科 (サンガロ　1443頃–1516)

Sanger, *Lord* George 〈19・20世紀〉

イギリスの興行師。アストリー円形劇場で, スペクタクルを上演した。ジョージ卿と自称。

⇒国小 (サンガー　1827–1911)

Sangster, Robert Edmund 〈20世紀〉

イギリスの実業家, 競走馬生産家。

⇒岩世 (サングスター　1936.5.23–2004.4.7)

San Micheli 〈15・16世紀〉

イタリアの建築家。

⇒岩ケ (サンミケーレ, ミケーレ　1484–1559)
　岩世 (サンミケーレ　1484 (87, 88)–1559)
　キリ (サン・ミケーリ (サン・ミケーレ)　1484–1559)
　建築 (サンミケーリ, ミケーレ　1484–1559)
　国小 (サン・ミケーリ　1484–1559.9)
　新美 (サンミケーリ, ミケーレ　1484–1559.9)
　西洋 (サン・ミケーリ　1484–1559)
　世美 (サンミケーリ, ミケーレ　1484–1559)
　全書 (サンミケーリ　1484–1559)
　大百 (サンミケーリ　1484–1559)
　伝世 (サンミケーリ　1484頃–1559.8)
　百科 (サンミケーリ　1484–1559)

Sansovino, Andrea 〈15・16世紀〉

イタリアの彫刻家, 建築家。サン・アゴスティーノ聖堂の『聖アンナと聖母子』群像など

の作品がある。

⇒岩ケ (サンソヴィーノ　1460–1529)
　岩世 (サンソヴィーノ　1460頃–1529)
　キリ (サンソヴィーノ, アンドレーア　1467頃–1529)
　芸術 (サンソヴィーノ, アンドレア　1460–1529)
　建築 (サンソヴィーノ, アンドレア・コントゥッチ　1460–1529)
　広辞4 (サンソヴィーノ　1460頃–1529)
　広辞6 (サンソヴィーノ　1460頃–1529)
　国小 (サンソビーノ　1467頃–1529)
　新美 (サンソヴィーノ, アンドレーア　1460–1529)
　西洋 (サンソヴィーノ　1460–1529)
　世西 (サンソヴィーノ　1460–1529)
　世美 (サンソヴィーノ, アンドレーア　1460–1529頃)
　世百 (サンソヴィーノ　1460–1529)
　全書 (サンソビーノ　1460頃–1529)
　百科 (サンソビーノ　1460頃–1529)

Sansovino, Jacopo 〈15・16世紀〉

イタリアの彫刻家, 建築家。

⇒岩ケ (サンソヴィーノ, ヤコポ　1486–1570)
　岩世 (サンソヴィーノ　1486–1570.11.27)
　キリ (サンソヴィーノ, ヤーコポ　1486–1570.11.27)
　芸術 (サンソヴィーノ, ヤコポ　1486–1570)
　建築 (サンソヴィーノ, ヤコポ・タッティ　1486–1570)
　広辞4 (サンソヴィーノ　1486–1570)
　広辞6 (サンソヴィーノ　1486–1570)
　国小 (サンソビーノ　1486.7.2–1570.11.27)
　コン2 (サンソヴィーノ　1486–1570)
　コン3 (サンソヴィーノ　1486–1570)
　新美 (サンソヴィーノ, ヤーコポ　1486–1570.11.27)
　西洋 (サンソヴィーノ　1486–1570.11.27)
　世西 (サンソヴィーノ　1486–1570)
　世美 (サンソヴィーノ, ヤーコポ　1486–1570)
　世百 (サンソヴィーノ　1486–1570)
　全書 (サンソビーノ　1486–1570)
　大百 (サンソヴィーノ　1486–1570)
　伝世 (サンソヴィーノ　1486–1570)
　百科 (サンソビーノ　1486–1570)

Sant' Elia, Antonio 〈19・20世紀〉

イタリアの建築家。〈未来派の建築〉を宣言し (1914), リズミカルな美を生かした計画図を残した。

⇒岩世 (サンテリア　1888.4.30–1916.10.10)
　オ西 (サンテリア, アントニオ　1888–1916)
　新美 (サン・テリア, アントーニオ　1888.4.30–1916.10.10)
　西洋 (サン・テリア　?–1916)
　世美 (サンテリーア, アントニオ　1888–1916)
　世百新 (サンテリア　1888–1916)
　全書 (サンテリア　1888–1916)
　大百 (サンテリア　1888–1916)
　ナビ (サンテリア　1888–1916)

S

二十（サンテリア，アントーニオ 1888.4.30-
1916.10.10）
百科（サンテリア 1888-1916）

Santi, Lorenzo 〈18・19世紀〉
イタリアの建築家。
⇒世美（サンティ，ロレンツォ 1783-1839）

Santi di Tito 〈16・17世紀〉
イタリアの画家，建築家。
⇒新美（ティート，サンティ・ディ 1536.10.6?-
1603.7.24）
世美（サンティ・ディ・ティート 1536-1603）

Santini-Aichel, Giovanni 〈17・18世紀〉
ボヘミア地方の建築家。
⇒建築（サンティーニ＝アイチェル，ジョヴァンニ
1667-1723）

Santos, Nelson Pereira dos 〈20世紀〉
ブラジル生まれの映画監督，映画製作者。
⇒世映（サントス，ネルソン・ペレイラ・ドス
1928-）

Santos-Dumont, Alberto 〈19・20世紀〉
ブラジルの飛行家，航空機開発者。ガソリン機
関による飛行船を初めて製作（1898）。
⇒岩ケ（サントス＝ドゥモント，アルベルト 1873-
1932）
岩世（サントス＝ドゥモン 1873.7.20-1932.7.
24）
人物（サントス・デュモン 1873.7.20-1932.7.
24）
西洋（サントス・ドゥモント 1873.7.20-1932.7.
24）
世西（サントス・デュモン 1873.7.20-1932.7.
24）
全書（サントス・ドゥモン 1873-1932）
大百（サントス・ドゥモン 1873-1932）
二十（サントス・ドゥモン，A. 1873-1932）

Santvoort, Melchior van
オランダの商人。
⇒岩世（サントフォールト）

Sanudo, Marino il Vecchio 〈13・14世紀〉
ベネチアの航海者，文学者。『聖地の状態』
（1306）を著し，十字軍の派遣を提唱。
⇒国小（サヌード（大サヌード） 1270-1343）

Sapir, Pinchas 〈20世紀〉
イスラエルの財務相。
⇒ユ人（サピール，ピンハス 1907-1975）

Sapori, Armando 〈20世紀〉
イタリアの経済史家。中世，近世の経済史研究
の第一人者。主著『経済史研究：13，14，15世
紀』（1955）。
⇒国小（サポリ 1892-）

Sapper, Richard 〈20世紀〉
ドイツの工業デザイナー。
⇒岩世（ザッパー 1932.5.30-）

Saqr bin Muhammad al-Qasimi, Sheikh 〈20世紀〉
アラブ首長国連邦のラアス・ル・ハイマ首長
（1948）。農業開発，インフラストラクチャー
整備に力を注いでいる。
⇒中東（サクル 1920-）

Sarandon, Susan 〈20世紀〉
アメリカ・ニューヨーク生まれの女優，映画製
作者。
⇒外女（サランドン，スーザン 1946.10.4-）
最世（サランドン，スーザン 1946-）
世映（サランドン，スーザン 1946-）
世俳（サランドン，スーザン 1946.10.4-）
二十（サランドン，スーザン 1946.10.4-）

Sarda, Paul Pierre 〈19・20世紀〉
フランスの建築家。横浜ゲーテ座，指路教会大
会堂を設計。
⇒日人（サルダ 1844-1905）
来日（サルダ 1844-1905）

Sardi, Giuseppe 〈17世紀〉
イタリアの建築家。
⇒建築（サルディ，ジュゼッペ 1621頃-1699）
世美（サルディ，ジュゼッペ 1630-1699）

Sardi, Giuseppe 〈17・18世紀〉
イタリアの建築家。
⇒世美（サルディ，ジュゼッペ 1680-1753）

Sarfati, Alain 〈20世紀〉
モロッコ生まれの建築家。
⇒二十（サルファティ，アラン 1937-）

Sarg, Tony（Anthony）Frederick 〈19・20世紀〉
ドイツ人の人形師。トニー・サーグ・マリオ
ネット座を設立。1921年アメリカに帰化。
⇒国小（サーグ 1882-1942）
世児（サーグ，トニー 1882-1942）

Sargent, Thomas J. 〈20世紀〉
アメリカ生まれの経済思想家。
⇒経済（サージェント 1943-）
　二十（サージェント, トーマス・J. 1943-）
　ノベ3（サージェント, T.J. 1943.7.19-）

Sarich, Ralph 〈20世紀〉
オーストラリアの発明家。
⇒岩ケ（サリッチ, ラルフ 1939頃-）

Saris, John 〈16・17世紀〉
イギリスの東インド会社貿易船隊司令官。1613年平戸に着き，イギリス商館を設置。
⇒岩世（サリス 1579頃-1643.12.11）
　国史（セーリス ?-1643）
　国小（セーリス 1579/80-1643.12.11）
　コン2（サリス ?-1646）
　コン3（サリス ?-1646）
　人物（セーリス 1579頃-1643.12.11）
　西洋（セーリス 1579頃-1643.12.11）
　世西（セーリス 1579/80-1643）
　世百（セーリス 1579-1643）
　全書（セーリス 1579頃-1643）
　対外（セーリス ?-1643）
　大百（セーリス 1579頃-1643）
　デス（セーリス 1579-1643）
　日人（セーリス 1579-1643）
　百科（セーリス 1579?-1643）
　来日（セーリス 1579/80-1643.12.2）

Sarkis, Elias 〈20世紀〉
レバノンの銀行家，政治家。中央銀行総裁として，銀行制度の改革に実績をあげた。1976年，大統領に就任。
⇒世政（サルキス, エリアス 1924.7.20-1985.6.27）
　中東（サルキス 1924-）
　二十（サルキス, E. 1924.7.20-1985.6.27）

Sarmiento de Gamboa, Pedro 〈16世紀〉
スペイン人航海者。
⇒角世（サルミエント・デ・ガンボア 1532-1592）
　百科（サルミエント・デ・ガンボア 1532-1592?）
　ラテ（サルミエント・デ・ガンボア 1532-92?）

Sarnoff, David 〈20世紀〉
ロシア生まれのアメリカの無線技術者，実業家。1926年NBC設立の際に会長30年にRCA社長就任。アメリカ放送業界の先頭に立ち，その発展に貢献した。
⇒岩ケ（サーノフ, デイヴィド 1891-1971）
　岩世（サーノフ 1891.2.27-1971.12.12）
　国小（サーノフ 1891.2.27-1971.12.12）
　西洋（サーノフ 1891.2.27-1971.12.12）
　伝世（サーノフ 1891.2.27-1971.12.12）
　二十（サーノフ, デビッド 1891.2.27-1971.12.12）
　ユ人（サーノフ, ディビッド 1891-1971）

Sarnoff, Robert W. 〈20世紀〉
アメリカの実業家。米NBC会長。
⇒二十（サーノフ, ロバート・W. 1918-）

Saro-Wiwa, Ken 〈20世紀〉
ナイジェリアの実業家，小説家，劇作家，政治評論家。
⇒岩世（サロ＝ウィワ 1941.10.10-1995.11.10）
　才世（サロ＝ウィワ, ケン 1941-1995）
　二十英（Saro-Wiwa, Ken 1941-1995）

Sarpaneva, Timo 〈20世紀〉
フィンランドのプロダクト・デザイナー。
⇒岩世（サルパネヴァ 1926.10.31-2006.10.6）

Sartiris, Alberto 〈20世紀〉
イタリアの建築家。
⇒世美（サルトーリス, アルベルト 1901-）

Sartori, Giuseppe Antonio 〈18世紀〉
イタリアの建築家，彫刻家。
⇒世美（サルトーリ, ジュゼッペ・アントーニオ 1717頃-1792）

Sartorius von Waltershausen, August Freiherr 〈19・20世紀〉
ドイツの経済学者。
⇒岩世（ザルトーリウス 1852.5.23-1938）
　西洋（ザルトーリウス 1852.5.23-?）

Sartorius von Waltershausen, Freiherr von W.Georg 〈18・19世紀〉
ドイツの経済学者。スミス学説を初めてドイツ学界に紹介。
⇒岩世（ザルトーリウス 1765.8.25-1828.8.24）
　西洋（ザルトーリウス 1765.8.25-1828.8.24）

Sassetti, Filippo 〈16世紀〉
イタリアの文学者，商人。インドのマラバールでの見聞は後に『既刊未刊書簡集』として出版される。
⇒集世（サッセッティ, フィリッポ 1540.9.26-1588.9.3）
　集文（サッセッティ, フィリッポ 1540.9.26-1588.9.3）

Sassoon, Sir Albert Abdullah David 〈19世紀〉
イギリスに帰化したユダヤ人の豪商。バグダードの有力な商人David Sassoonの子。

⇒外国（サッスーン　1818–1892）

Sassoon, David 〈18・19世紀〉

スペイン・ユダヤ系の商人。ボンベイで銀行業および商業を営み，イギリスの東洋貿易に寄与。

⇒岩世（サスーン　1792–1864.11.7）
　コン2（サスーン　1792–?）
　コン3（サスーン　1792–1864）
　人物（サッスーン　1792–1864）
　西洋（サスーン　1792–?）
　世西（サスーン　1792–?）
　世東（サッスーン　1792–1864）

Sassoon, *Sir* Ellice Victor 〈19・20世紀〉

イギリスの銀行家。インドの立法議会議員（1922～23，26～29）。サスーン銀行会社社長で金融界の有力者。

⇒コン3（サスーン　1881–1961）
　西洋（サスーン　1881.12.30–1961.8.12）

Satpaev, Kanysh Imantaevich 〈20世紀〉

ソ連邦の地質学者。中央カザフスタンの鉱石埋蔵に関する研究を行いジェズカズガンの銅鉱床の開発に寄与した。

⇒コン3（サトパーエフ　1899–1964）

Sats, Nataliya Iliinichna 〈20世紀〉

ソ連邦の演出家，劇作家，俳優。モスクワ児童音楽劇場支配人。

⇒児文（サーツ，ナターリヤ・И.　1903–）
　二十（サーツ，ナターリヤ　1903–）

Sauvage, Henri 〈19・20世紀〉

フランスの建築家。インテリア・デザイナー。主として鉄筋コンクリート建築を手がける。

⇒国小（ソーバージュ　1873.5.10–1932.3）
　世美（ソーヴァージュ，アンリ　1873–1932）

Savage, Henry 〈19・20世紀〉

アメリカの興行師。

⇒オベ（サヴェジ，ヘンリー　1859.3.21–1927.11.29）

Savage, James 〈18・19世紀〉

アメリカの銀行家，好古家。合衆国最初の貯蓄銀行「ボストン貯蓄銀行」を設立。

⇒国小（サベージ　1784.7.13–1873.3.8）

Savage, Leonard Jimmie 〈20世紀〉

アメリカの統計学者，経済思想家。主観的確率が最大化される公理を研究。

⇒経済（サヴェッジ　1917–1971）
　数学（サヴェジ　1917–1971）

数学増（サヴェジ　1917.11.20–1971.11.1）
二十（サベージ，L.　1917–1971）

Savary, Jacques 〈17世紀〉

フランスの商人，経済学者。

⇒岩世（サヴァリ　1622–1690）
　外国（サヴァリー　1622–1690）
　西洋（サヴァリ　1622–1690）
　名著（サヴァリー　1622–1690）

Savery, Thomas 〈17・18世紀〉

イギリスの技術家。水を吸上げる実用的な揚水ポンプ機関を発明した（1698）。

⇒岩ケ（セイヴァリー，トマス　1650頃–1715）
　岩世（セイヴァリー　1650頃–1715）
　英米（Savery, Thomas　セイヴァリー　1650頃–1715）
　外国（セーヴァリ　1650–1715）
　科学（セーヴェリ　1650頃–1715.5）
　科技（セーベリ　1650頃–1715.5）
　科史（セーヴァリ　1650頃–1715）
　科人（セーヴァリ，トーマス　1650–1715）
　コン2（セヴァリー　1650頃–1715）
　コン3（セヴァリー　1650頃–1715）
　西洋（セーヴァリ　1650頃–1715.5）
　世科（セイヴァリ　1650頃–1715）
　世西（セーヴァリ　1650頃–1715.5）
　世百（セヴァリー　1650?–1715）
　全書（セーベリ　1650–1715）
　大辞3（セバリー　1650頃–1715）
　大百（セーバリ　1650?–1715）
　百科（セーバリー　1650頃–1715）

Saville, Victor 〈20世紀〉

イギリス生まれの映画監督，映画製作者。

⇒監督（サヴィル，ヴィクター　1897.9.25–）
　世映（サヴィル，ヴィクター　1897–1979）

Savioli, Leonardo 〈20世紀〉

イタリアの建築家，都市計画家。

⇒世美（サヴィオーリ，レオナルド　1917–1981）

Sawyer, Gordon E. 〈20世紀〉

アメリカ生まれの映画録音技師。

⇒世映（ソーヤー，ゴードン・E　1905–1980）

Sax, Adolphe 〈19世紀〉

ベルギーの楽器製作者。サキソフォン等を発明。

⇒岩ケ（サックス，アントワーヌ・ジョゼフ　1814–1894）
　岩世（サックス　1814.11.6–1894.2.4）
　音楽（サックス，アドルフ　1814.11.6–1894.2.4）
　音大（サックス，アドルフ　1814.11.6–1894.2.4）
　西洋（サクス　1814.11.6–1894.2.4）
　ラル（サックス，アントワーヌ・ジョゼフ　1814–1894）

Sax, Charles-Joseph 〈18・19世紀〉
ベルギーの管楽器製作者。
⇒音大（サックス，シャルル・ジョゼフ 1791.2.1-1865.4.26）
ラル（サックス，シャルル‐ジョゼフ 1791-1865）

Sax, Emil 〈19・20世紀〉
オーストリアの経済学者，プラーハ大学教授（1879～93），下院議員（79）。財政学，交通論等を専攻。
⇒岩世（ザックス 1845.2.8-1927.3.25）
西洋（ザクス 1845.2.8-1927.3.25）
世百（ザックス 1845-1927）
名著（ザックス 1845-1927）

Saxton, Christopher 〈16・17世紀〉
イギリスの測量家，地図製作者。
⇒岩ケ（サクストン，クリストファー 1544頃-1611頃）

Saxton, Joseph 〈18・19世紀〉
アメリカの発明家。差働歯車，深海温度計，万年筆やシャープ・ペンシル等を発明。
⇒岩世（サクストン 1799-1873）
西洋（サクストン 1799-1873）

Say, Jean Baptiste 〈18・19世紀〉
フランスの経済学者。スミスの経済学をフランスに紹介。主観的な効用価値説に立ち生産・分配・消費の三部構成で経済学の体系化を図った。主著「経済学概論」。
⇒岩ケ（セー，J（ジャン）・B（バティスト） 1767-1832）
岩世（セイ 1767.1.5-1832.11.15）
外国（セー 1767-1832）
教育（セー 1767-1832）
広辞6（セー 1767-1832）
国小（セー 1767.1.5-1832.11.15）
コン2（セー 1767-1832）
コン3（セー 1767-1832）
人物（セー 1767.1.5-1832.11.15）
西洋（セー 1767.1.5-1832.11.15）
世西（セー 1767.1.5-1832.11.16）
世百（セー 1767-1832）
全書（セー 1767-1832）
大辞（セー 1767-1832）
大辞3（セー 1767-1832）
大百（セー 1767-1832）
デス（セイ 1767-1832）
伝世（セー 1767.1.5-1832.11.15）
百科（セー 1767-1832）
名著（セー 1767-1832）
山世（セー 1767-1832）

Say, Jean Baptiste Léon 〈19世紀〉
フランスの財政家。社会主義に反対の立場をとった。

⇒岩世（セイ 1826-1896）
外国（セー 1826-1896）
西洋（セー 1826-1896）

Sayegh, Yusif 〈20世紀〉
パレスチナ生まれの経済学者。1964～74年PLO民族基金理事長。
⇒中東（サーイグ 1916-）

Sayers, Richard Sidney 〈20世紀〉
イギリスの経済学者。ラドクリフ委員会委員。
⇒二十（セイヤーズ，リチャード・シドニー 1908-）

Sayles, John 〈20・21世紀〉
アメリカ生まれの映画監督，映画製作者，男優，映画脚本家，小説家。
⇒岩世（セイルズ 1950.9.28-）
幻文（セイルズ，ジョン 1951-）
世映（セイルズ，ジョン 1950-）

Sayre, Lewis Albert 〈19世紀〉
アメリカの外科医。整形外科で有名。脊柱の支持のために石膏ギプスを発明した（77）。
⇒岩世（セイヤー 1820.2.29-1900.9.21）
看護（セア 1820-1900）
西洋（セア 1820-1900）

Scalera, Garret 〈20世紀〉
アメリカの経済学者。スタンフォード戦略研究所。
⇒二十（スカレラ，ギャレット 1941-）

Scalfarotto, Giovanni Antonio 〈18世紀〉
イタリアの建築家。
⇒世美（スカルファロット，ジョヴァンニ・アントーニオ 1700頃-1764）

Scalza, Ippolito 〈16・17世紀〉
イタリアの建築家，彫刻家。
⇒世美（スカルツァ，イッポーリト 1532-1617）

Scamozzi, Vincenzo 〈16・17世紀〉
イタリアのルネサンス後期の建築家。
⇒岩世（スカモッツィ 1552-1616.8.7）
キリ（スカモッツィ，ヴィンチェンツォ 1552-1616.8.7）
建築（スカモッツィ，ヴィンチェンツォ 1552-1616）
国小（スカモッツィ 1552-1616.8.7）
コン2（スカモッツィ 1552-1616）
コン3（スカモッツィ 1552-1616）
新美（スカモッツィ，ヴィンチェンツォ 1552-1616.8.7）
西洋（スカモッツィ 1552-1616.8.7）

世美（スカモッツィ，ヴィンチェンツォ 1552–1616)
全書（スカモッツィ 1552–1616)
大百（スカモッツィ 1552–1616)
デス（スカモッツィ 1552–1616)
百科（スカモッツィ 1548–1616)

Scappi, Bartolomeo 〈16世紀〉
イタリアの料理人。
⇒岩世（スカッピ ?–1577)

Scarf, Herbert Eli 〈20世紀〉
アメリカの経済学者。
⇒二十（スカーフ，ハーバート・エリ 1930–)

Scarpa, Carlo 〈20世紀〉
イタリアの建築家。作品にベローナのカステルベッキオ美術館など。
⇒岩世（スカルパ 1906.6.2–1978.11.28)
世美（スカルパ，カルロ 1906–1978)
ナビ（スカルパ 1906–1978)

Scarpagnino 〈16世紀〉
イタリアの建築家。
⇒世美（スカルパニーノ ?–1549)

S ## Scaurus, Marcus Aemilius 〈前1世紀〉
ローマの軍人，政治家。ポンペイウスのもとで財務官に就任。第3次ミトリダテス戦争（前66〜61）に参加。
⇒国小（スカウルス 生没年不詳)

Schacht, Horace Greeley Hjalmar 〈19・20世紀〉
ドイツ財政家。ダルムシュタット国立銀行頭取，ライヒスバンク総裁，経済相などを歴任。ヒトラーと対立したため強制収容所に入れられた。
⇒岩ケ（シャハト，（ホラス・グリーリ・）ヒャルマー 1877–1970)
岩世（シャハト 1877.1.22–1970.6.3)
旺世（シャハト 1877–1970)
外国（シャハト 1877–)
角世（シャハト 1877–1970)
経済（シャハト 1877–1970)
広辞4（シャハト 1877–1970)
広辞5（シャハト 1877–1970)
広辞6（シャハト 1877–1970)
国小（シャハト 1877.1.22–1970.6.4)
コン2（シャハト 1877–1970)
コン3（シャハト 1877–1970)
最世（シャハト，ヒャルマー 1877–1970)
人物（シャハト 1877.1.22–)
西洋（シャハト 1877.1.22–1970.6.3)
世人（シャハト 1877–1970)
世西（シャハト 1877.1.21–)
世百（シャハト 1877–)
全書（シャハト 1877–1970)

大辞（シャハト 1877–1970)
大辞2（シャハト 1877–1970)
大辞3（シャハト 1877–1970)
デス（シャハト 1877–1970)
伝世（シャハト 1877.1.22–1970.6.4)
ナチ（シャハト，ヒャルマー 1877–1970)
ナビ（シャハト 1877–1970)
二十（シャハト，H.G.ヒャルマー 1877.1.22–1970.6.3)
百科（シャハト 1877–1970)
評世（シャハト 1877–1970)
名著（シャハト 1877–)
山世（シャハト 1877–1970)
歴史（シャハト 1877–1970)

Schädel, Gottfried 〈17・18世紀〉
ドイツの建築家。
⇒建築（シェーデル，ゴットフリート 1680頃–1752)
世美（シェーデル，ゴットフリート 1680頃–1752)

Schaedel, Juriaen 〈17世紀〉
オランダの砲術家。
⇒国史（スハーデル 17世紀)
西洋（スハーデル 17世紀)
対外（スハーデル 17世紀)
日人（スハーデル 生没年不詳)

Schaeder, Reinhard Paul Wilhelm 〈20世紀〉
ドイツの経済学者。主著『社会科学辞典』（共編）。
⇒名著（シェーダー 1905–)

Schaeffer, Pierre 〈20世紀〉
フランスの作曲家，電気技術者。「ミュージック・コンクレート（具体音楽）」の創始者。
⇒岩世（シェフェール 1910.8.14–1995.8.19)
音楽（シェフェール，ピエール 1910.8.14–)
音大（シェフェ・ル 1910.8.14–)
クラ（シェフェール，ピエール 1910–)
現人（シェフェール 1910.8.14–)
国小（シェフェル 1910.8.14–)
作曲（シェフェール，ピエール 1910–1995)
西洋（シェフェール 1910.8.14–)
世百新（シェフェール 1910–1995)
二十（シェフェール，ピエール 1910.8.14–)
百科（シェフェール 1910–)
ラル（シェフェール，ピエール 1910–)

Schaep, Hendrick Corneliszoon 〈17世紀〉
オランダの航海家。M.フリースによる日本の北辺探検航海の際，バタヴィアを出帆して北航したが，難航のため分離して単独北上し，帰路薪水欠乏し，陸奥南部領山田浦に寄港，上陸。
⇒岩世（スハープ)

西洋（スハーブ）

Schäfer, Erich 〈20世紀〉
ドイツの経営学者。現代の市場論研究の第一人者。
⇒名著（シェーファー 1900-）

Schäffer, Fritz 〈19・20世紀〉
ドイツ（西ドイツ）の政治家。西ドイツ自由人民党議員、西ドイツ蔵相、バイエルン州首相。
⇒二十（シェファー, フリッツ 1888.5-?）

Schäffle, Albert Eberhard Friedrich 〈19・20世紀〉
ドイツの社会学者, 経済学者, 財政学者。社会有機体説に立ち, 経済生活を営む人間自身の究明に経済理論の根拠を求めた。主著『社会の構造と生活』(1875〜78)。
⇒岩世（シェフレ 1831.2.24-1903.12.25）
　外国（シェフレ 1831-1903）
　国小（シェフレ 1831.2.24-1903.12.25）
　コン2（シェフレ 1831-1903）
　コン3（シェフレ 1831-1903）
　西世（シェフレ 1831.2.24-1903.12.25）
　世西（シェッフレ 1831.2.24-1903.12.25）
　世百（シェフレ 1831-1903）
　全書（シェフレ 1831-1903）
　名著（シェフレ 1831-1903）

Schairer, George Swift 〈20世紀〉
アメリカの航空技術者。ボーイング社研究開発副所長。
⇒科学（シャイラー 1913.5.19-）
　二十（シャイラー, ジョージ・スイフト 1913.5.19-）

Schall von Bell, Johann Adam 〈16・17世紀〉
ドイツ人のイエズス会士。漢名, 湯若望。1622年中国に渡航。明・清両朝に仕え, 天文・暦法をつかさどり, 望遠鏡・大砲などを製造。
⇒岩ケ（シャール（・フォン・ベル）,（ヨハン・）アダム 1591-1666）
　岩世（シャル・フォン・ベル 1592.5.1-1666.8.15）
　岩哲（シャール・フォン・ベル 1592-1666）
　旺世（アダム=シャール 1591-1666）
　外国（シャリ 1591-1666）
　科史（シャール・フォン・ベル 1592-1666）
　角世（アダム・シャール 1591-1666）
　キリ（シャル・フォン・ベル, ヨーハン・アーダム 1592.5.1-1666.8.15）
　広辞4（アダム・シャル 1591-1666）
　広辞6（アダム・シャル 1591-1666）
　国小（アダム・シャル 1591-1666）
　コン2（シャル・フォン・ベル 1591-1668）
　コン3（アダム・シャール 1591-1668）
　人物（アダム・シャール 1591-1666）
　西洋（シャル・フォン・ベル 1592.5.1-1666.8.15）
　世人（シャル=フォン=ベル 1591-1666/68）
　世百（アダム・シャール 1591-1666）
　世西（シャール 1591-1666）
　全書（アダム・シャール 1591-1666）
　大辞（アダム・シャール 1591-1668）
　大辞3（アダム・シャール 1591-1668）
　大百（アダム・シャール 1591-1666）
　中史（湯 若望 とうじゃくぼう 1591-1666）
　デス（アダム・シャール 1591-1666）
　天文（アダム・シャール・フォン・ベル 1591-1666）
　百科（シャール 1591-1666）
　評世（アダム=シャール 1591-1666）
　山世（アダム・シャール 1591-1666）

Schank, Roger Carl 〈20世紀〉
アメリカのコンピューター科学者。
⇒科人（シャンク, ロジャー・カール 1946.3.6-）

Schär, Johann Friedrich 〈19・20世紀〉
スイス生まれのドイツの経済学者。商業経営学の提唱と物的二勘定学説の完成において広く知られている。主著『薄記および貸借対照表』(1919)。
⇒国小（シェア 1846.3.21-1924.9.25）
　世百（シェア 1846-1924）
　全書（シェア 1846-1924）
　二十（シェア, ヨハン・フリードリッヒ 1846-1924）
　名著（シェーア 1846-1924）

Scharoun, Hans 〈20世紀〉
ドイツの建築家。ベルリン工科大学教授(1946〜48)、ベルリン美術アカデミーの院長(55〜68)などを歴任。
⇒岩世（シャロウン 1893.9.20-1972.11.25）
　西世（シャルーン 1893.9.20-1972.11.25）
　世美（シャロウン, ハンス 1893-1972）
　全書（シャローン 1893-1972）
　大百（シャローン 1893-1972）
　二十（シャローン, ハンス 1893-1972）

Schary, Doré 〈20世紀〉
アメリカの映画製作者。劇作家, 俳優, 新聞記者(1926〜32), シナリオ作家(33〜37)などを経て, 映画製作者となる。
⇒西洋（シェリ 1905.8.31-1980.7.7）
　世映（シャリー, ドーリ 1905-1980）
　世俳（シャーリー, ドー 1905.8.31-1980.7.7）

Schaube, Adolf 〈19・20世紀〉
ドイツの経済史家。中世商業史に関する先駆的業績を残した。
⇒名著（シャウベ 1851-1934）

Schawlow, Arthur Leonard 〈20世紀〉

アメリカの物理学者。レーザー光線の共同発明者のひとり。
⇒岩ケ（シャウロー, アーサー（・レナード）1921-）
岩世（ショーロー　1921.5.5-1999.4.28）
科学（ショーロウ　1921.5.5-）
科人（ショーロウ, アーサー・レナード　1921.5.5-）
人物（ショーロウ　1921.5.5-）
世科（ショーロー　1921-）
二十（ショーロー, アーサー・L.　1921.5.5-）
ノベ3（シャウロウ, A.L.　1921.5.5-1999.4.28）

Schayk, Toer van 〈20世紀〉

オランダのダンサー, 振付家, 舞台デザイナー。
⇒バレ（スハイク, トゥーア・ファン　1936.9.28-）

Schechner, Richard 〈20世紀〉

アメリカの演出家, プロデューサー。演技者と観客との全人的接触によって新しい演劇空間の創造を目ざす「環境演劇」を提唱。
⇒現人（シェクナー　1934-）
コン3（シェクナー　1934-）
二十（シェクナー, リチャード　1934-）
二十英（Schechner, Richard　1934-）

S Scheel, Hans von 〈19・20世紀〉

ドイツの統計学者, 経済学者。ドイツ統計局長官（1891）。経済統計, 労働統計, 犯罪統計の整備に尽力。
⇒岩世（シェール　1839.12.29-1901.9.27）
西洋（シェール　1839.12.29-1901.9.27）
世西（シェール　1839.12.29-1901.9.27）

Scheffler, Karl 〈19・20世紀〉

ドイツの芸術学者。建築芸術論の分野に貢献。
⇒岩世（シェフラー　1869.2.27-1951.10.25）
西洋（シェッフラー　1869.2.27-1951.10.25）
名著（シェッフラー　1869-1951）

Scheimpflug, Theodor 〈19・20世紀〉

オーストリアの写真技術者, 陸軍軍人。移動する地点からの写真測量を研究し, 独創的な製図装置を発明（1897）。
⇒岩世（シャインプフルーク　1865.10.7-1911.8.22）
西洋（シャインプフルーク　1865-1911）

Schelling, Thomas Cromble 〈20世紀〉

アメリカの経済学者。外交政策の軍事的政治的側面を研究し, 国家安全保障政策の権威。
⇒現人（シェリング　1921.4.14-）
ノベ3（シェリング, T.C.　1921.4.14-）

Schenck, Joseph M. 〈19・20世紀〉

ロシア生まれの映画製作者, 企業家。
⇒世映（スケンク, ジョゼフ・M　1878-1961）

Scheurer-Kestner, Daniel Nicolas Auguste 〈19世紀〉

フランスの実業家, 政治家。
⇒岩世（シュレル＝ケストネル　1833.2.11-1899.9.19）

Scheurleer, Daniel François 〈19・20世紀〉

オランダの実業家, 音楽学者。
⇒音大（スフールレール　1855.11.13-1927.2.6）

Schiaparelli, Elsa 〈20世紀〉

フランス・パリで活躍したイタリアの女性デザイナー。シャネルとともに今日のセーターの普及のきっかけをつくった。南国的で強烈な色彩, ショッキング・ピンク, スリーピング・ブルーを好んだ。
⇒岩ケ（スキャパレリ, エルザ　1896-1973）
岩世（スキャパレリ　1890.9.10-1973.11.13）
国小（スキアパレリ　1896.9.10-1973.11.13）
スパ（スキャパレリ, エルザ　1896-1973）
世女（スキャパレリ, エルザ　1890-1973）
世女日（スキアパレリ, エルザ　1890-1973）
世百新（スキャパレリ　1890?-1973）
大百（スキャパレリ　1896-1973）
ナビ（スキャパレリ　1890-1973）
二十（スキャパレリ, E.　1890-1973）
百科（スキャパレリ　1890?-1973）

Schichau, Ferdinand 〈19世紀〉

ドイツの技術家, 造船業者。ドイツで初の水雷艇を建造（1877）。
⇒岩世（シヒャウ　1814.1.30-1896.1.23）
西洋（シハウ　1814.1.30-1896.1.23）

Schiff, Jacob Henry 〈19・20世紀〉

アメリカの実業家。
⇒世西（シッフ　1847.1.10-1920.9.25）
二十（シッフ, ヤコブ・ヘンリー　1847-1920）
百科（シッフ　1847-1920）
ユ人（シフ, ジェイコブ・ヘンリー　1847-1920）

Schiff, Stuart David 〈20世紀〉

アメリカの編集者, 出版者。
⇒幻文（シフ, スチュアート・デイヴィッド　1946-）

Schikaneder, Johann Emanuel 〈18・19世紀〉

オーストリアの台本作家, 劇場支配人。
⇒音楽（シカネーダー, ヨハン・エマヌエル　1751.

9.1–1812.9.21）
音大（シカネーダー　1751.9.1–1812.9.21）
クラ（シカネーダー，エマヌエル　1751–1812）
集文（シカネーダー，エマーヌエル　1751.9.1–1812.9.21）
ラル（シカネーダー，エマーヌエル　1751–1812）

Schiller, Karl 〈20世紀〉
ドイツの政治家，経済学者。ハンブルク大学経済学教授，ドイツ経済・財政相。
⇒現人（シラー　1911.4.24–）
　国小（シラー　1911–）
　世政（シラー，カール　1911.4.24–1994.12.26）
　二十（シラー，カール　1911–）

Schillings, Max von 〈19・20世紀〉
ドイツの作曲家，指揮者，経営者。
⇒岩れ（シリングス　1868.4.19–1933.7.24）
　演奏（シリングス，マックス・フォン　1868.4.19–1933.7.24）
　オペ（シリングス，マックス・フォン　1868.4.19–1933.7.24）
　音楽（シリングス，マックス・フォン　1868.4.19–1933.7.23）
　音大（シリングス　1868.4.19–1933.7.24）
　外国（シリングス　1868–1933）
　西洋（シリングス　1868.4.19–1933.7.24）
　ラル（シリングス，マックス・フォン　1868–1933）

Schindler, Oskar 〈20世紀〉
ドイツの実業家。
⇒岩世（シンドラー　1908.4.28–1974.10.9）
　ユ人（シンドラー，オスカー　1908–1974）

Schindler, Rudolf Michael 〈19・20世紀〉
オーストリアの建築家（のちアメリカに帰化）。
⇒世美（シンドラー，ルードルフ・マイケル　1887–1953）

Schinkel, Karl Friedrich 〈18・19世紀〉
ドイツの建築家。ベルリン市の主席建築家。主要建築にベルリン建築アカデミー（1832～35）などがある。
⇒岩ケ（シンケル，カール・フリードリヒ　1781–1841）
　岩世（シンケル　1781.3.13–1841.10.9）
　外国（シンケル　1781–1841）
　キリ（シンケル，カール・フリードリヒ　1781.3.13–1841.10.9）
　建築（シンケル，カール・フリードリヒ　1781–1841）
　国小（シンケル　1781.3.13–1841.10.9）
　国日（シンケル，カール・フリードリヒ　1781.3.13–1841.10.9）
　コン2（シンケル　1781–1841）
　コン3（シンケル　1781–1841）

新美（シンケル，カール・フリードリヒ　1781.3.13–1841.10.9）
西洋（シンケル　1781.3.13–1841.10.9）
世西（シンケル　1781–1841）
世美（シンケル，カール・フリードリヒ　1781–1841）
世百（シンケル　1781–1841）
全書（シンケル　1781–1841）
大辞3（シンケル　1781–1841）
大百（シンケル　1781–1841）
伝世（シンケル　1781.3.13–1841.10.9）
百科（シンケル　1781–1841）

Schlaun, Johann Conrad 〈17・18世紀〉
ドイツの建築家。バロックの主要な建築家。主作品は『領主司教』（1767～73）。
⇒国小（シュラウン　1695.6.5–1773.10.21）
　新美（シュラウン，ヨーハン・コンラート　1695.6.5–1773.10.21）
　世美（シュラウン，ヨハン・コンラート　1695–1773）

Schlemmer, Oskar 〈19・20世紀〉
ドイツの画家，舞台美術家，デザイナー。バウハウス校舎やフォルクワング美術館に壁画を制作し，また舞台美術の先鋭的な実験を試みる。
⇒岩ケ（シュレンマー，オスカー　1888–1943）
　岩世（シュレンマー　1888.9.4–1943.4.13）
　才西（シュレンマー，オスカー　1888–1943）
　国小（シュレンマー　1888–1943）
　新美（シュレンマー，オスカー　1888.9.4–1943.4.13）
　西洋（シュレンマー　1888.9.4–1943.4.13）
　世芸（シュレムマー，オスカー　1888–1943）
　世美（シュレンマー，オスカー　1888–1943）
　世百（シュレマー　1888–1943）
　世百新（シュレンマー　1888–1943）
　二十（シュレンマー，オスカー　1888.9.4–1943.4.13）
　バレ（シュレンマー，オスカー　1888.9.4–1943.4.13）
　百科（シュレンマー　1888–1943）

Schlesinger, Adolph Martin 〈18・19世紀〉
ドイツの出版者。
⇒音大（シュレジンガー，アドルフ・マルティン　1769.10.4–1838.10.11）

Schlesinger, Helmut 〈20世紀〉
ドイツの銀行家。
⇒岩世（シュレージンガー　1924.9.4–）

Schlesinger, James Rodney 〈20世紀〉
アメリカの経済学者，戦略問題専門家。「力を背景とした緊張緩和」を主張，対ソ戦略兵器制限交渉（SALT）ではキッシンジャー国務長官と意見が対立し，1975年国防長官を解任される。

schle 550 西洋人物レファレンス事典

⇒現人（シュレジンジャー　1929.2.15–）
　世政（シュレシンジャー，ジェームズ　1929.2.
　15–）

Schlesinger, Moritz Adolph 〈18・19世紀〉
ドイツの出版者。
⇒音大（シュレジンガー，モーリツ・アドルフ
　1798.10.30–1871.2.25）

Schleyer, Hanns Martin 〈20世紀〉
ドイツの実業家。
⇒岩世（シュライアー　1915.5.1–1977.10.18）

Schlick, Arnolt 〈15・16世紀〉
ドイツの名オルガン奏者，作曲家，製作家。オ
ルガン建造の鑑定士。各地に招かれ，オルガン
演奏や楽器の検分を行った。主著『オルガン製
作者と奏者の鏡』。
⇒音楽（シュリック，アルノルト　1460頃–1521以
　後）
　音大（シュリック　1460以前–1521以後）
　ラル（シュリック，アルノルト　1445頃–1525頃）

Schlick, Otto 〈19・20世紀〉
ドイツの造船家，造船学者。船体振動の研究で
知られる。
⇒岩世（シュリック　1840.6.16–1913.4.10）
　西洋（シュリック　1846.6.16–1913.4.10）

Schliemann, Heinrich 〈19世紀〉
ドイツの実業家，考古学者。トルコのヒッサリ
クを発掘し，城壁，財宝などを発見。
⇒逸話（シュリーマン　1822–1890）
　岩ケ（シュリーマン，ハインリヒ　1822–1890）
　岩世（シュリーマン　1822.1.6–1890.12.26）
　旺世（シュリーマン　1822–1890）
　外国（シュリーマン　1822–1890）
　角世（シュリーマン　1822–1890）
　広辞4（シュリーマン　1822–1890）
　広辞6（シュリーマン　1822–1890）
　国小（シュリーマン　1822.1.6–1890.12.26）
　コン2（シュリーマン　1822–1890）
　コン3（シュリーマン　1822–1890）
　児作（Schliemann, Heinrich　ハインリヒ・シュ
　リーマン　1822–1890）
　集文（シュリーマン，ハインリヒ　1822.1.6–
　1890.12.26）
　新美（シュリーマン，ハインリヒ　1822.1.6–
　1890.12.26）
　人物（シュリーマン　1822.1.6–1890.12.26）
　西洋（シュリーマン　1822.1.6–1890.12.26）
　世人（シュリーマン　1822–1890）
　世西（シュリーマン　1822.1.6–1890.12.26）
　世美（シュリーマン，ハインリヒ　1822–1890）
　世百（シュリーマン　1822–1890）
　全書（シュリーマン　1822–1890）
　大辞（シュリーマン　1822–1890）

　大辞3（シュリーマン　1822–1890）
　大百（シュリーマン　1822–1890）
　デス（シュリーマン　1822–1890）
　伝世（シュリーマン　1822.1.6–1890.12.25）
　日研（シュリーマン，ハインリッヒ　1822–1890）
　百科（シュリーマン　1822–1890）
　評世（シュリーマン　1822–1890）
　名著（シュリーマン　1822–1890）
　山世（シュリーマン　1822–1890）
　歴学（シュリーマン　1822–1890）
　歴史（シュリーマン　1822–1890）

Schlitten, Don 〈20世紀〉
アメリカのジャズ・プロデューサー。
⇒ジヤ（シュリッテン，ドン　1932.3.4–）
　二十（シュリッテン，ドン　1932.3.4–）

Schlumberger, Conrad 〈20世紀〉
フランスの電気探鉱技術者。兄弟で比抵抗法の
四電極配置の考案や油井に対する電気検層法を
最初に開発した。
⇒国小（シュランベルジェ，コンラッド）

Schlumberger, Marcel 〈20世紀〉
フランスの電気探鉱技術者。兄弟で比抵抗法の
四電極配置の考案や油井に対する電気検層法を
最初に開発した。
⇒国小（シュランベルジェ，マルセル）

Schlüter, Andreas 〈17・18世紀〉
ドイツ，バロックの代表的建築家，彫刻家。フ
リードリヒ3世の宮廷建築，彫刻家。
⇒岩世（シュリューター　1660頃(64)–1714.6.23
　以前）
　芸術（シュリューター，アンドレアス　1660頃–
　1714）
　建築（シュリューター，アンドレアス　1664–
　1714）
　国小（シュリューター　1664.5.22–1714）
　コン2（シュリューター　1664頃–1714）
　コン3（シュリューター　1664頃–1714）
　新美（シュリューター，アンドレアス　1660頃–
　1714.6.23）
　西洋（シュリューター　1664.5.20–1714.6.23）
　世美（シュリューター，アンドレアス　1664頃–
　1714）
　世百（シュリューター　1660頃–1714）
　全書（シュリューター　1664頃–1714）
　大百（シュリューター　1664頃–1714）
　伝世（シュリューター　1660頃–1714）
　百科（シュリューター　1660頃–1714）

Schmacker, Philipp Bernhard 〈19世紀〉
ドイツの横浜外商。日本産貝類の研究を
行った。
⇒日人（シュマッケル　1852–1896）
　来日（シュマッケル　1852.12–1896.3.26）

Schmalenbach, Eugen 〈19・20世紀〉

ドイツ経営経済学の確立者。貸借対照表の財務計算機能を否定し，それを損益計算の補助手段として，損益計算中心の近代的会計思考を樹立した。

⇒岩世（シュマーレンバッハ　1873.8.20–1955.2.20）
　外国（シュマーレンバッハ　1873–）
　国小（シュマーレンバハ　1873.8.20–1955.2.20）
　コン2（シュマーレンバハ　1873–1955）
　コン3（シュマーレンバハ　1873–1955）
　人物（シュマーレンバハ　1873.8.20–）
　西洋（シュマーレンバハ　1873.8.20–1955.2.20）
　世百（シュマーレンバハ　1873–1955）
　全書（シュマーレンバハ　1873–1955）
　大百（シュマーレンバハ　1873–1955）
　デス（シュマーレンバハ　1873–1955）
　ナビ（シュマーレンバハ　1873–1955）
　二十（シュマーレンバハ，オイゲン　1873.8.20–1955.2.20）
　百科（シュマーレンバハ　1873–1955）
　名著（シュマーレンバハ　1873–1955）

Schmidt, Adolf 〈19・20世紀〉

ドイツの地磁気学者。シュミット式磁力計を考案。

⇒岩世（シュミット　1860.7.23–1944.10.17）
　外国（シュミット　1860–1944）
　コン2（シュミット　1860–1944）
　コン3（シュミット　1860–1944）
　人物（シュミット　1860.7.23–1944.10.17）
　西洋（シュミット　1860.7.23–1944.10.17）
　世西（シュミット　1860.7.23–）
　世百（シュミット　1860–1944）
　全書（シュミット　1860–1944）
　大百（シュミット　1860–1944）
　二十（シュミット，アドルフ・フリードリッヒ・カール　1860.7.23–1944.10.17）

Schmidt, Bernhard 〈19・20世紀〉

ドイツの光学機械製作者。シュミット・カメラを発明（1930）。

⇒岩ケ（シュミット，ベルンハルト・フォルデマー　1879–1935）
　岩世（シュミット　1879.3.30–1935.12.1）
　科学（シュミット　1879.3.30–1935.12.1）
　科技（シュミット　1879.3.30–1935.12.1）
　科人（シュミット，ベルンハルト・フォルデマール　1879.3.30–1935.12.1）
　科大（シュミット　1879–1935）
　科大2（シュミット　1879–1935）
　広辞4（シュミット　1879–1935）
　広辞5（シュミット　1879–1935）
　広辞6（シュミット　1879–1935）
　国小（シュミット　1879–1935）
　西洋（シュミット　?–1935.12.1）
　世科（シュミット　1879–1935）
　天文（シュミット　1879–1935）
　二十（シュミット，B.V.　1879.3.30–1935.12.1）
　百科（シュミット　1879–1935）

Schmidt, Conrad 〈19・20世紀〉

東プロイセン（現ロシア連邦）生まれの経済思想学者。

⇒経済（シュミット　1863–1932）

Schmidt, Friedrich, Freiherr von 〈19世紀〉

オーストリアの建築家。ゴシック様式復興者の一人。代表作ウィーン市庁舎（1872～82）。

⇒岩世（シュミット　1825.10.22–1891.1.23）
　国小（シュミット　1825–1891）
　新美（シュミット，フリードリヒ・フライヘル・フォン　1825.10.22–1891.1.23）
　西洋（シュミット　1825.10.22–1891.1.23）
　世美（シュミット，フリードリヒ・フォン　1825–1891）

Schmidt, Helmut 〈20世紀〉

ドイツの政治家，エコノミスト。西ドイツ首相。

⇒岩ケ（シュミット，ヘルムート（・ハインリヒ・ヴァルデマー）　1918–）
　岩世（シュミット　1918.12.23–）
　旺世（シュミット　1918–）
　現人（シュミット　1918.12.23–）
　広辞5（シュミット　1918–）
　広辞6（シュミット　1918–）
　国小（シュミット　1917–）
　最世（シュミット，ヘルムート　1918–）
　西洋（シュミット　1918.12.23–）
　世人（シュミット　1918–）
　世政（シュミット，ヘルムート　1918.12.23–）
　世西（シュミット　1918.12.23–）
　全書（シュミット　1918–）
　大百（シュミット　1918–）
　ナビ（シュミット　1918–）
　二十（シュミット，H.　1918.12.23–）
　評世（シュミット　1918–）
　山世（シュミット　1918–）

Schmidt, Julius August Fritz 〈19・20世紀〉

ドイツの経営経済学者。実体資本維持の立場を展開した。著書として『有機的貸借対照表学説』がある。

⇒岩世（シュミット　1882.3.13–1950.10.1）
　外国（シュミット　1882–1950）
　国小（シュミット　1882.3.13–1950.2.1）
　コン3（シュミット　1882–1950）
　人物（シュミット　1882.3.13–1950.2.1）
　西洋（シュミット　1882.3.13–1950.2.1）
　世西（シュミット　1882.3.13–1950.2.1）
　世百（シュミット　1882–1950）
　全書（シュミット　1882–1950）
　大百（シュミット　1882–1950）
　二十（シュミット，J.A.F.　1882.3.13–1950.2.1）
　名著（シュミット　1882–1950）

Schmidt, Michael Norton 〈20世紀〉
イギリスの出版者, 詩人。
⇒才世（シュミット, マイケル（・ノートン）
1947-）
二十英（Schmidt, Michael（Norton） 1947-）

Schmidt, Richard 〈19・20世紀〉
フライブルク大学の刑法, 刑事訴訟法の教授。
国家の問題を, 哲学的, 史学的, 経済学的, お
よび自然科学的観点から解明している。
⇒名著（シュミット 1862-1944）

Schmitthenner, Paul 〈19・20世紀〉
ドイツの建築家。小住宅の窓の規格化に業績を
残した。代表作『ヘッヒンゲン市庁舎』(1957)。
⇒岩世（シュミットヘンナー 1884.12.15-1972.11.
11）
国小（シュミットヘナー 1884-1972.11.11）
西洋（シュミットヘンナー 1884.12.15-1972.11.
11）

Schmitz, Bruno 〈19・20世紀〉
ドイツの建築家。ライプチヒの諸国民戦争記念
碑（1898～1913）など記念碑を多数製作。
⇒岩世（シュミッツ 1858.11.21-1916.4.27）
西洋（シュミッツ 1858.11.21-1916.5.20）

S Schmoller, Gustav von 〈19・20世紀〉
ドイツ歴史学派の代表的経済学者。経済学者の
最大の団体「ドイツ社会政策学会」の創設を主
導。主著『国民経済学概論』(1900～04)。
⇒岩世（シュモラー 1838.6.24-1917.6.27）
岩哲（シュモラー 1838-1917）
旺世（シュモラー 1838-1917）
外国（シュモラー 1838-1917）
角世（シュモラー 1838-1917）
経済（シュモラー 1838-1917）
広辞4（シュモラー 1838-1917）
広辞5（シュモラー 1838-1917）
広辞6（シュモラー 1838-1917）
国小（シュモラー 1838.6.24-1917.6.27）
コン2（シュモラー 1838-1917）
コン3（シュモラー 1838-1917）
人物（シュモラー 1838.6.24-1917.6.27）
西洋（シュモラー 1838.6.24-1917.6.27）
世西（シュモラー 1838.6.24-1917.6.27）
全書（シュモラー 1838-1917）
大辞（シュモラー 1838-1917）
大辞2（シュモラー 1838-1917）
大辞3（シュモラー 1838-1917）
大百（シュモラー 1838-1917）
デス（シュモラー 1838-1917）
伝世（シュモラー 1838.6.24-1917）
ナビ（シュモラー 1838-1917）
二十（シュモラー, グスタフ 1838-1917）
百科（シュモラー 1838-1917）
評世（シュモラー 1838-1917）
名著（シュモラー 1838-1917）

歴学（シュモラー 1838-1917）
歴史（シュモラー 1838-1917）

Schneck, Adolf G. 〈19・20世紀〉
ドイツの建築家。近代的家具の設計にすぐれて
いる。
⇒岩世（シュネック 1883.6.7-1971.3.27）
西洋（シュネック 1883-）

Schneemelcher, Wilhelm 〈19・20世紀〉
ドイツの牧師, 社会福祉事業家。
⇒キリ（シュネーメルヒャー, ヴィルヘルム
1872-1928）

Schneider, Erich 〈20世紀〉
ドイツの経済学者。寡占理論, 限界生産力説の
展開に関する研究に業績を残している。主著に
『経済理論入門』(1947)。
⇒岩世（シュナイダー 1900.12.14-1970.12.5）
経済（シュナイダー 1900-1970）
現人（シュナイダー 1900.12.14-1970.12.5）
国小（シュナイダー 1900.12.14-1970.12.5）
コン3（シュナイダー 1900-1970）
人物（シュナイダー 1900.7.14-）
西洋（シュナイダー 1900.12.14-1970.12.5）
世百（シュナイダー 1900-）
全書（シュナイダー 1900-1970）
大百（シュナイダー 1900-）
二十（シュナイダー, E. 1900.12.14-1970.12.5）

Schneider, Joseph Eugène 〈19世紀〉
フランスの実業家, 政治家。商相となり
(1851), ナポレオン3世のクーデタ(51.12.2)
を援助。
⇒岩世（シュネデール 1805.3.29-1875.11.27）
外国（シュネーデル 1805-1875）
コン2（シュネーデル 1805-1875）
コン3（シュネーデル 1805-1875）
西洋（シュネデール 1805.3.29-1875.11.27）
世西（シュネデル 1805.3.29-1875.11.27）

Schneider, Karl 〈20世紀〉
ドイツの建築家。主としてハンブルクで建築に
従事。
⇒岩世（シュナイダー 1892.5.15-1945.12.11）
西洋（シュナイダー 1892-）

Schneider-Esleben, Paul 〈20世紀〉
ドイツの建築家。
⇒世美（シュナイダー＝エスレーベン, パウル
1915-）

Schnell, Edward 〈19世紀〉
オランダの貿易商。幕末の横浜外商で武器輸入
に従事。
⇒国史（スネル 生没年不詳）

経済・産業篇　　　　　　　　　　　553　　　　　　　　　　　**schon**

日人（スネル　生没年不詳）
来日（スネル　生没年不詳）

Schnell, Henry 〈19世紀〉
オランダの貿易商。会津藩軍事顧問。
⇒国史（スネル　生没年不詳）
日人（スネル　生没年不詳）
来日（スネル　生没年不詳）

Schnitger, Arp 〈17・18世紀〉
ドイツのオルガン製作者。作品にフローニンゲンのマルティン教会（1691～2作）。
⇒音楽（シュニットガー，アルプ　1648.7.2–1719.
7.24）
音大（シュニットガー　1648.7.2–1719.7.28（埋葬））
キリ（シュニットガー（シュニットカー），アルプ
1648.7.2–1719.7.24）
百科（シュニットガー　1648–1719）

Schocken, Gershom Gustav 〈20世紀〉
イスラエルの編集・出版者。日刊紙「ハーレツ」の編集長，ショッケン出版社の経営者。
⇒中東（ショッケン　1912–）

Schocken, Salman 〈19・20世紀〉
ユダヤ系の出版業者。ポーゼン出身のドイツ系ユダヤ人。
⇒岩世（ショッケン　1877.10.30–1959.8.21）
二十（ショッケン，サルマン　1877–1959）
百科（ショッケン　1877–1959）
ユ人（ショッケン，ザルマン　1877–1959）

Schoedsack, Ernest Beaumont 〈20世紀〉
アメリカ生まれの映画製作者，映画監督。
⇒世映（シュードザック，アーネスト・B　1893–
1979）
世俳（ショードサック，アーネスト・B　1893.6.
8–1979.12.23）

Schöffer, Peter 〈15・16世紀〉
ドイツの印刷業者。
⇒岩ケ（シェッファー，ペーター　1425頃–1502）
岩世（シェッファー　1425頃–1502（03））
音大（シェッファー　1475/-80–1547）
キリ（シェッファー，ペーター　1425頃–1502.12.
20/03.4.8）
西洋（シェッファー　1425頃–1502/3）

Scholes, Myron 〈20世紀〉
アメリカの経済学者。1997年ノーベル経済学賞。
⇒岩世（ショールズ　1941.7.1–）
ノベ（ショールズ，M.　1941.7.1–）
ノベ**3**（ショールズ，M.　1941.7.1–）

ユ人（ショールズ，マイロン（ミロン）　1941–）

Scholl, William 〈19・20世紀〉
アメリカの医者，実業家。
⇒岩ケ（ショル，ウィリアム　1882–1968）

Schomburgk, *Sir* Robert Hermann
〈19世紀〉
ドイツ生まれのイギリスの探検家，測量家。英領ギアナの地理学的・植物学的調査を行い，ギアナとヴェネズエラとの境界を確定（1841～
43）した。
⇒岩ケ（ションブルク，サー・ロバート・ハーマン
1804–1865）
西洋（ションバーク　1804.6.5–1865.3.11）
探検**2**（ションバーク　1804–1865）

Schönbein, Christian Friedrich 〈18・
19世紀〉
スイスの化学者。オゾンの発見（1839）。また，綿火薬を発明。
⇒岩世（シェーンバイン　1799.10.18–1868.8.29）
外国（シェーンバイン　1799–1868）
科学（シェーンバイン　1799.10.18–1868.8.29）
科技（シェーンバイン　1799.10.18–1868.8.29）
科人（シェーンバイン，クリスティアン・フリードリヒ　1799.10.18–1868.8.29）
国小（シェーンバイン　1799–1868）
コン**2**（シェーンバイン　1799–1868）
コン**3**（シェーンバイン　1799–1868）
人物（シェンバイン　1799.10.18–1868.8.29）
西洋（シェーンバイン　1799.10.18–1868.8.29）
世西（シェーンバイン　1799.10.18–1868.8.29）
世百（シェーンバイン　1799–1868）
全書（シェーンバイン　1799–1866）
大辞（シェーンバイン　1799–1868）
大辞**3**（シェーンバイン　1799–1868）
大百（シェーンバイン　1799–1866）
百科（シェーンバイン　1799–1868）

Schönberg, Gustav Friedrich von
〈19・20世紀〉
ドイツの経済学者。新歴史学派。
⇒岩世（シェーンベルク　1839.7.21–1908.1.3）
西洋（シェーンベルク　1839.7.21–1908.1.3）

Schone, Frederic Henri 〈19世紀〉
スイスの横浜外商。
⇒来日（ショーネー　1837–1895.6）

Schöner, Johann 〈15・16世紀〉
ドイツの数学者，地理学者，地図製作者。
⇒岩世（シェーナー　1477–1547.1.16）
外国（シェーナー　1477–1547）
コン**2**（シェーナー　1477–1547）
コン**3**（シェーナー　1477–1547）
人物（シェーナー　1477–1547.1.16）

西洋（シェーナー　1477–1547.1.16)
世西（シェーナー　1477–1547.1.16)
天文（シェーナー　1477–1547)

Schönitz, Hans

ドイツの経済学者。同国の経営経済学の開
拓者。
⇒名著（シェーニツ　生没年不詳)

Schönpflug, Fritz 〈20世紀〉

ドイツの経営学者。ドイツ経営学における最初
の本格的な方法論の研究をし，そのアカデミッ
クな学風と分類は，今日なお多くの学者の支持
を受けている。
⇒名著（シェーンプルーク　1900–1936)

Schott, Friedrich Otto 〈19・20世紀〉

ドイツの化学者。ガラス工業家。光学器機用お
よび実験室用の特殊ガラスを製作。
⇒岩世（ショット　1851.12.17–1935.8.27)
　コン2（ショット　1851–1935)
　コン3（ショット　1851–1935)
　西洋（ショット　1851.12.17–1935.8.27)
　全書（ショット　1851–1935)
　大百（ショット　1851–1935)
　二十（ショット，フレディリック・オットー
　　1851–1935)

Schouten, Joost 〈17世紀〉

オランダのシャム（アユタヤ）商館長。
⇒岩世（スハウテン　?–1644.7)
　西洋（スハウテン　?–1644.7)
　名著（スハウテン　?–1644)

Schouten, Wilem Corneliszoon van 〈16・17世紀〉

オランダの航海者。オランダ東インド会社によ
る東インド諸島との貿易の独占を終わらせるた
めに，新しい航路の開拓に出発。南米大陸南端
ホーン岬を回航，ティエラ・テル・フエゴ沿岸
を踏査した。
⇒岩ケ（スハウテン，ヴィレム・コルネリスゾーン
　　1580頃–1625)
　オセ（スハウテン　?–1625)
　コン2（スハウテン　1567頃–1625)
　コン3（スハウテン　1567頃–1625)
　探検1（スコウテン　1567–1625)
　伝世（スハウテン　1580頃–1625)
　百科（スハウテン　?–1625)

Schoyer, Raphael 〈19世紀〉

アメリカの実業家。横浜でジャパン・エキスプ
レスを創刊。
⇒岩世（ショイヤー)
　西洋（ショイアー)
　来日（ショイヤー　1800–1865.8.21)

Schröder, Kurt Freiherr von 〈19・20世紀〉

ケルンの銀行家。
⇒ナチ（シュレーダー，クルト・フライヘル・フォ
　　ン　1889–1965?)

Schröder, Rudolf Alexander 〈19・20世紀〉

ドイツの詩人，翻訳家，画家，建築家，作曲家。
主著，詩集『人生のなかば』(1930)。
⇒岩世（シュレーダー　1878.1.26–1962.8.22)
　キリ（シュレーダー，ルードルフ・アレクサン
　　ダー　1878.1.26–1962.8.22)
　国小（シュレーダー　1878.1.26–1962.8.22)
　集世（シュレーダー，ルードルフ・アレクサン
　　ダー　1878.1.26–1962.8.22)
　集文（シュレーダー，ルードルフ・アレクサン
　　ダー　1878.1.26–1962.8.22)
　西洋（シュレーダー　1878.1.26–1962.8.22)
　世文（シュレーダー，ルードルフ・アレクサン
　　ダー　1878–1962)
　全書（シュレーダー　1878–1962)
　二十（シュレーダー，ルードルフ・アレクサン
　　ダー　1878.1.26–1962.8.22)
　名詩（シュレーダー，ルードルフ・アレクサン
　　ダー　1878–1962)

Schroeder, Barbet 〈20世紀〉

イラン生まれの映画監督，映画製作者。
⇒監督（シュレーデル，バルベ　1941.8.26–)
　世映（シュレーダー，バルベ　1941–)
　世俳（シュレーダー，バーベット　1941.8.26–)
　世俳（シュレーデル，バルベ　1941.8.26–)

Schubart, Johann Christian 〈18世紀〉

ドイツの農業改良家。
⇒岩世（シューバルト　1734.2.24–1787.4.23 (20))
　西洋（シューバルト　1734.2.24–1787.4.23/20)

Schuckert, Johann Sigismund 〈19世紀〉

ドイツの電機工業家。
⇒岩世（シュッケルト　1846.10.18–1895.9.17)
　西洋（シュッケルト　1846.10.18–1895.9.17)
　世百（シュッケルト　1846–1895)
　全書（シュッケルト　1846–1895)

Schuke, Carl Alexander 〈19・20世紀〉

ドイツのオルガン製作者。
⇒音大（シュケ，カール・アレクサンダー　1879–
　　1933)

Schuke, Hans Joachim 〈20世紀〉

ドイツのオルガン製作者。
⇒音大（シュケ，ハンス・ヨアヒム　1908–)

経済・産業篇　　　　　555　　　　　**schum**

Schuke, Karl 〈20世紀〉
ドイツのオルガン製作者。
⇒音大（シュケ, カール　1906–）
　二十（シュケ, カール　1906–）

Schulte, Aloys 〈19・20世紀〉
ドイツの歴史家。中世の商業史, 交通史の研究で著名。
⇒岩世（シュルテ　1857.8.2–1941.2.14）
　国小（シュルテ　1857–1941）
　西洋（シュルテ　1857.8.2–1941.2.14）

Schultz, Alfred 〈20世紀〉
オーストリアの社会学者, 哲学者, 銀行家。ニュー・スクール・フォア・ソーシャル・リサーチ大学院教授。
⇒二十（シュルツ, アルフレッド　1899–1959）

Schultz, Henry 〈20世紀〉
アメリカ（ポーランド生まれ）の経済学者。計量経済学における貢献で知られる。
⇒岩世（シュルツ　1893.9.4–1938.11.26）
　経済（シュルツ　1893–1938）
　西洋（シュルツ　1893.9.4–1938.11.26）
　全書（シュルツ　1893–1938）
　二十（シュルツ, ヘンリー　1893–1938）
　名著（シュルツ　1893–1938）

Schultz, Howard 〈20・21世紀〉
アメリカのコーヒーチェーン経営者。
⇒岩世（シュルツ　1953.7.19–）

Schultz, Theodore William 〈20世紀〉
アメリカの農業経済学者。低開発国では教育研究投資により人間の生産要素としての能力を高め, 技術革新の原動力として農業近代化を進めるべきことを主張した。
⇒岩ケ（シュルツ, シーオドア（・ウィリアム）　1902–）
　岩世（シュルツ　1902.4.30–1998.2.26）
　経済（シュルツ　1902–）
　現人（シュルツ　1902.4.30–）
　コン3（シュルツ　1902–）
　最世（シュルツ, T.W.　1902–）
　人物（シュルツ　1902.4.30–）
　西洋（シュルツ　1902.4.30–）
　世百新（シュルツ　1902–）
　二十（シュルツ, テオドーア・W.　1902.4.30–）
　ノベ（シュルツ, T.W.　1902.4.30–）
　百科（シュルツ　1902–）
　ノベ3（シュルツ, T.W.　1902.4.30–1998.2.26）

Schultze, Charles L. 〈20世紀〉
アメリカの経済学者。アメリカ大統領経済諮問委員会委員長。
⇒二十（シュルツ, チャールズ・L.　1924.12.12–）

Schultze-Naumburg, Paul 〈19・20世紀〉
ドイツの画家, 建築家。北ドイツの地方住居建築を数多く制作した。著書に『風景の理解と享受』（1924）など。
⇒国小（シュルツェ・ナウムブルク　1869–1949）

Schulze-Delitzsch, Franz Hermann 〈19世紀〉
ドイツの政治家, 経済学者。プロシア政府に最初の産業組合法を設定させた。
⇒岩世（シュルツェ＝デーリッチュ　1808.8.29–1883.4.29）
　国小（シュルツェ・デリッチュ　1808.8.29–1883.4.29）
　コン2（シュルツェ・デーリチュ　1808–1883）
　コン3（シュルツェ・デーリッチュ　1808–1883）
　人物（シュルツェ・デリッチ　1808.8.28–1883.4.29）
　西洋（シュルツェ・デーリチュ　1808.8.29–1883.4.29）
　世西（シュルツェ・デリッチ　1808.8.28–1883.3.29）
　世百（シュルツェデーリッチュ　1808–1883）
　百科（シュルツェ・デーリッチュ　1808–1883）

Schulze-Gävernitz, Gerhart von 〈19・20世紀〉
ドイツの経済学者。フライブルク大学教授（1896〜1926）, 国会議員（12〜18）。企業経営, 信用, 外国貿易等に関する研究がある。
⇒岩世（シュルツェ＝ゲファーニッツ　1864.7.25–1943.7.10）
　経済（シュルツェ・ゲーファニッツ　1864–1943）
　西洋（シュルツェ・ゲヴェルニッツ　1864.7.24–1943.7.10）

Schumacher, Ernst Friedrich 〈20世紀〉
ドイツ生まれの経済思想家。第二次大戦後, イギリス政府機関や石炭公社（1950〜70）の経済顧問, また60年代から発展途上国の政府顧問として活動。
⇒岩ケ（シューマッハー, E.F.　1911–1977）
　岩世（シューマッハー　1911.8.16–1977.9.4）
　才世（シューマッハー, E.F.（エルンスト・フリードリッヒ）　1911–1977）
　経済（シューマッハー　1911–1977）
　最世（シューマッハー, E.F　1911–1977）
　西洋（シュマッハー　1911.8.16–1977.9.4）
　世西（シューマッハー　1911.8.16–1977.9.4）
　大辞2（シュマッハー　1911–1977）
　大辞3（シュマッハー　1911–1977）
　二十（シューマッハー, エルンスト・フリードリッヒ　1911–1977）

Schumacher, Fritz 〈19・20世紀〉
ドイツの建築家。大都市の都市計画にたずさわり, 公共建築物を設計。著書『建築芸術の精

神』(1938) など。
⇒岩世 (シューマッハー 1869.11.4-1947.11.4)
国小 (シューマッハー 1869.11.4-1947.11.5)
人物 (シューマッハー 1869.11.4-1947.11.4)
西洋 (シューマッハー 1869.11.4-1947.11.4)
世美 (シューマッハー, フリッツ 1869-1947)
世百 (シューマッハー 1869-1947)
全書 (シューマッハー 1869-1947)
大百 (シューマッハー 1869-1947)
二十 (シューマッハー, フリッツ 1869-1947)

Schumacher, Kurt 〈20世紀〉

ドイツの政治家，経済学者。社会民主党の指導者。共産党とナチスを激しく批判し，収容所に投獄された。敗戦に伴い釈放され，社会民主党の再建に着手し，党首に選ばれた。
⇒岩ケ (シューマッハー, クルト・エルンスト・カール) 1895-1953)
岩世 (シューマッハー 1895.10.13-1952.8.21)
旺世 (シューマッハー 1895-1952)
外国 (シューマッハー 1895-1951)
角世 (シューマッハー 1895-1952)
現人 (シューマッハー 1895.10.13-1952.8.20)
広辞5 (シューマッハー 1895-1952)
広辞6 (シューマッハー 1895-1952)
国小 (シューマッハー 1895-1952)
コン3 (シューマハー 1895-1952)
人物 (シューマッハー 1895.10.13-1952.8.21)
西洋 (シューマッハー 1895.10.13-1952.8.21)
世西 (シューマッヒャー 1895.10.30-1952.8.21)
世百 (シューマッハー 1895-1952)
全書 (シューマッハー 1895-1952)
大辞3 (シューマッハー 1895-1952)
大百 (シューマッハー 1895-1952)
二十 (シューマッハー, クルト 1895.10.13-1952.8.20)
評世 (シューマッハー 1895-1952)
山世 (シューマッハー 1895-1952)
歴史 (シューマッハー 1895-1952)

Schuman, Robert 〈19・20世紀〉

フランスの政治家。外相として，ヨーロッパ石炭鉄鋼共同体を提唱，西ヨーロッパ6カ国によって調印されたが，最終的に批准されず，実現しなかった。石炭・鉄鋼の共同市場は1951年に設立され，後のEU(欧州共同体)に至る経済統合の原点となった。
⇒岩ケ (シューマン, ロベール 1886-1963)
岩世 (シューマン 1886.6.29-1963.9.4)
旺世 (シューマン(政治家) 1886-1963)
外国 (シューマン 1886-)
角世 (シューマン(ロベール) 1886-1963)
現人 (シューマン 1886.6.29-1963.9.4)
国小 (シューマン 1886.6.29-1963.9.4)
国百 (シューマン, ロベール 1886.6.29-1963.9.4)
コン3 (シューマン 1886-1963)
西洋 (シューマン 1886.6.29-1963.9.4)
世人 (シューマン, ロベール 1886-1963)
世政 (シューマン, ロベール 1886.6.29-1963.9.

世西 (シューマン 1886.6.29-)
世百 (シューマン 1886-1963)
世百新 (シューマン 1886-1963)
全書 (シューマン 1886-1963)
大辞3 (シューマン 1886-1963)
大百 (シューマン 1886-1963)
伝世 (シューマン 1886.6.29-1963.9.4)
二十 (シューマン, ロベール 1886.6.29-1963.9.4)
百科 (シューマン 1886-1963)
山世 (シューマン(ロベール) 1886-1963)

Schumann, Maurice 〈20世紀〉

フランスの政治家。第2次世界大戦中ロンドンに亡命，自由フランス運動に参加した。戦後，科学技術相，社会事業相，外相を歴任。
⇒岩世 (シューマン 1911.4.10-1998.2.9)
外国 (シューマン 1911-)
現人 (シューマン 1911.4.10-)
国小 (シューマン 1911.4.10-)
西洋 (シューマン 1911.4.10-)
世政 (シューマン, モーリス 1911.4.10-1998.2.10)
世西 (シューマン 1911.4.10-)
二十 (シューマン, モーリス 1911.4.10-)

Schumpeter, Joseph Alois 〈19・20世紀〉

アメリカの経済学者。静態的均衡理論の展開，経済発展のメカニズムの解明と景気循環の理論的，実証的分析などの独創的な業績を残した。
⇒アメ (シュンペーター 1883-1950)
岩世 (シュンペーター 1883.2.8-1950.1.8)
岩哲 (シュンペーター 1883-1950)
旺世 (シュンペーター 1883-1950)
才世 (シュンペーター, ジョーゼフ・アロイス 1883-1950)
外国 (シュンペーター 1883-1950)
角世 (シュンペーター 1883-1950)
経済 (シュンペーター 1883-1950)
現人 (シュンペーター 1883.2.8-1950.1.8)
広辞5 (シュンペーター 1883-1950)
広辞6 (シュンペーター 1883-1950)
国小 (シュンペーター 1883.2.8-1950.1.8)
国百 (シュンペーター, ジョーゼフ・アロイス 1883.2.8-1950.1.8)
コン3 (シュンペーター 1883-1950)
思想 (シュムペーター, ヨゼフ(アロイス) 1883-1950)
人物 (シュンペーター 1883.2.8-1950.1.8)
西洋 (シュンペーター 1883.2.8-1950.1.8)
世人 (シュンペーター 1883-1950)
世西 (シュンペーター 1883.2.8-1950.1.8)
世百 (シュンペーター 1883-1950)
世百新 (シュンペーター 1883-1950)
全書 (シュンペーター 1883-1950)
大辞2 (シュンペーター 1883-1950)
大辞3 (シュンペーター 1883-1950)
大百 (シュンペーター 1883-1950)

伝世（シュンペーター　1883.2.8‐1950.1.8）
ナビ（シュンペーター　1883‐1950）
二十（シュンペーター, ジョセフアロイ・A.
　1883.2.8‐1950.1.8）
百科（シュンペーター　1883‐1950）
評世（シュンペーター　1883‐1950）
名著（シュンペーター　1883‐1950）
山世（シュンペーター　1883‐1950）
歴史（シュンペーター　1883‐1950）

Schuster, Max Lincoln 〈20世紀〉
アメリカの出版業者、ペーパーバックの創始者。
⇒ユ人（シュスター, マックス・リンカーン
　1897‐1971）

Schütte-Lihotzky, Margarete 〈20世紀〉
オーストリアの建築家。
⇒世女日（シュッテ＝リホツキー, マルガレーテ
　1897‐2000）

Schuyler, Philip John 〈18・19世紀〉
アメリカの政治家、軍人。連邦上院議員。北ア
メリカ植民地軍の北部地域軍司令官。A.ハミル
トンの保護貿易主義と財政計画を積極的に
支持。
⇒岩ケ（スカイラー, フィリップ・ジョン　1733‐
　1804）
　国小（スカイラー　1733‐1804）
　伝世（スカイラー　1733.11.11‐1804.11.18）

Schwartz, Anna Jacobson 〈20世紀〉
アメリカの経済学者。「1867年から, 1960年ま
でのアメリカにおける通貨の歴史」(1963),
「通貨統計」(1970)を発表。
⇒世女（シュワルツ, アンナ・ヤコブソン　1915‐）

Schwartz, Norman 〈20世紀〉
アメリカの音楽プロデューサー。グリフォン・
レコードを設立。
⇒ジヤ（シュワルツ, ノーマン　?‐）
　二十（シュワルツ, ノーマン）

Schwarz, Berthold 〈14世紀頃〉
ドイツの僧侶。大砲の発明者(14世紀頃)とい
われる。
⇒国小（シュワルツ　生没年不詳）

Schwarz, Franz Xaver 〈19・20世紀〉
ナチス党財務局長, 国会議員。
⇒ナチ（シュヴァルツ, フランツ・クサフェル
　1875‐1947）

Schwarz, Harvey Fisher 〈20世紀〉
アメリカの電気エンジニア。
⇒岩ケ（シュウォーツ, ハーヴィー（・フィッ

シャー）　1905‐1988）

Schwarz, Rudolf 〈20世紀〉
ドイツの建築家。
⇒キリ（シュヴァルツ, ルードルフ　1897.5.15‐
　1961.4.3）

Schwedler, Johann Wilhelm 〈19世紀〉
ドイツの土木技術者。鉄骨骨組構造理論の先覚
者。主著『鋼橋構造結論』(1865), 『円屋根』
(77)。
⇒岩世（シュヴェードラー　1823.6.23‐1894.6.9）
　西洋（シュヴェードラー　1823.6.23‐1894.6.9）

Schweigger, Johann Salomo Christoph 〈18・19世紀〉
ドイツの物理学者。電磁倍率器を発明(1820)。
⇒岩世（シュヴァイガー　1779.4.8‐1857.9.6）
　外国（シュヴァイガー　1779‐1857）
　科学（シュヴァイガー　1779.4.8‐1857.9.6）
　科人（シュヴァイガー, ヨハン・ザロモ・クリス
　トフ　1779.4.8‐1857.9.6）
　コン2（シュヴァイガー　1779‐1857）
　コン3（シュヴァイガー　1779‐1857）
　西洋（シュヴァイガー　1779.4.8‐1857.9.6）
　世西（シュヴァイガー　1779.4.8‐1857.9.6）
　全書（シュワイガー　1779‐1857）
　大百（シュワイガー　1779‐1857）

Schweitzer, Pierre-Paul 〈20世紀〉
フランスの金融専門家。ノーベル平和賞のシュ
バイツァー博士の甥。1963年IMFの専務理事と
なる。
⇒現人（シュバイツァー　1912.5.29‐）
　国小（シュバイツァー　1912.5.29‐）
　二十（シュバイツァー, ピエール・ポール　1912.
　5.29‐1994.1.2）

Schwerz, Johann Nepomuk von 〈18・19世紀〉
ドイツの農業地理学者, 農業改良家。
⇒岩世（シュヴェルツ　1759.6.11‐1844.12.11）
　西洋（シュヴェルツ　1759.6.11‐1844.12.11）

Scitovsky, Tibor 〈20世紀〉
ブダペスト生まれの経済思想家。
⇒経済（シトフスキー　1910‐）
　二十（シトフスキー, チボー　1910‐）

Scitovsky, Tibor de 〈20世紀〉
ハンガリー出身のアメリカの経済学者。
⇒岩世（シトフスキー　1910.11.3‐2002.6.1）

Scorel, Jan Van 〈15・16世紀〉
オランダの画家, 建築家, エンジニア。イタリ

S

scors　　　　　　　　　558　　　　　西洋人物レファレンス事典

ア絵画から受けた明るい色彩の作品を描いた。
⇒岩ケ（スコレル，ヤン・ファン　1495–1562）
　キリ（スホーレル，ヤン・ヴァン　1495.8.1–
　　1562.12.6）
　芸術（スコレル，ヤン・ヴァン　1495–1562）
　芸術（ファン・スコーレル，ヤン　1495–1562）
　国小（スコーレル　1495.8.1–1562.12.6）
　コン2（スコレル　1495–1562）
　コン3（スコレル　1495–1562）
　新美（スコレル，ヤン・ファン　1495–1562.
　　12.6）
　西洋（スコーレル　1495.8.1–1562.12.5）
　世美（ファン・スコーレル，ヤン　1495–1562）
　世百（スコーレル　1495–1562）
　全書（スコレル　1495–1562）
　大百（スコレル　1495–1562）
　百科（ファン・スコレル　1495–1562）

Scorsese, Martin〈20世紀〉
アメリカの映画監督，脚本家，プロデューサー。
⇒岩ケ（スコセッシ，マーティン　1942–）
　監督（スコーシーズ，マーティン　?–）
　現ア（Scorsese, Martin　スコセッシ，マーティ
　　ン　1942–）
　最世（スコセッシ，マーティン　1942–）
　世映（スコセッシ，マーティン　1942–）
　世俳（スコセッシ，マーティン　1942.11.17–）

S Scott, Charles Prestwich〈19・20世紀〉
イギリスのジャーナリズム経営者。新聞「マン
チェスター・ガーディアン」に入社し，「ガー
ディアン」を一流紙に発展させた。
⇒岩ケ（スコット，C（チャールズ）・P（プレスト
　　ウィッチ）　1846–1932）
　岩世（スコット　1846.10.26–1932.1.1）
　国小（スコット　1846.10.26–1932）
　世百（スコット　1846–1932）
　全書（スコット　1846–1932）
　大百（スコット　1846–1932）
　二十（スコット，チャールズ・P.　1846–1932）
　百科（スコット　1846–1932）

Scott, Elizabeth Whitworth〈20世紀〉
イギリスの建築家。
⇒世女（スコット，エリザベス・ウィットワース
　　1898–1972）
　世女日（スコット，エリザベス・ホイットワース
　　1898–1972）

Scott, Sir George Gilbert〈19世紀〉
イギリスの建築家。ビクトリア時代のイギリ
ス・ゴシック建築の代表者。
⇒岩ケ（スコット，サー・ジョージ・ギルバート
　　1811–1878）
　岩世（スコット　1811.7.13–1878.3.27）
　キリ（スコット，ジョージ・ギルバート　1811–
　　1878.3.27）
　建築（スコット，サー・ジョージ・ギルバート
　　1811–1878）

　国小（スコット　1811–1878.3.27）
　コン2（スコット　1811–1878）
　コン3（スコット　1811–1878）
　新美（スコット，ジョージ・ギルバート　1811–
　　1878.3.27）
　人物（スコット　1811–1878.3.27）
　西洋（スコット　1811–1878.3.27）
　世美（スコット，ジョージ・ギルバート（父）
　　1811–1878）
　全書（スコット　1811–1878）
　百科（スコット　1811–1878）

Scott, George Gilbert（Jr.）〈19世紀〉
イギリスの建築家。
⇒世美（スコット，ジョージ・ギルバート（子）
　　1837–1897）

Scott, Giles Gilbert〈19・20世紀〉
イギリスの建築家。
⇒岩ケ（スコット，サー・ジャイルズ・ギルバート
　　1880–1960）
　世美（スコット，ジャイルズ・ギルバート
　　1880–1960）

Scott, James〈19・20世紀〉
スコットランドの機械技師。佐渡鉱山技師。
⇒来日（スコット　1837–1925）

Scott, John Oldrid〈19・20世紀〉
イギリスの建築家。
⇒世美（スコット，ジョン・オールドリッド
　　1841–1913）

Scott, Mackay Hugh Baillie〈19・20世紀〉
イギリスの建築家，デザイナー。
⇒岩ケ（スコット，マッカイ・ヒュー・ベイリー
　　1865–1945）

Scott, Mathew〈19世紀〉
アメリカの財政家。大蔵省雇，横浜税関顧問，
銀行・貨幣制度を建言。
⇒来日（スコット　1838–1879.11.15）

Scott, Sir Percy Moreton〈19・20世紀〉
イギリスの海軍司令官，砲術専門家。
⇒岩ケ（スコット，サー・パーシー・モートン
　　1853–1924）

Scott, Randolph〈20世紀〉
アメリカ生まれの男優，映画製作者。
⇒外男（スコット，ランドルフ　1903.1.23–1987.3.
　　2）
　世映（スコット，ランドルフ　1898–1987）
　世俳（スコット，ランドルフ　1898.1.23–1987.3.

2)

Scotto, Girolamo 〈16世紀〉
イタリアの楽譜出版業者。
⇒音大（スコット　1505頃-1572.9.3）

Scott Storch 〈20世紀〉
アメリカのヒップホップ系の音楽プロデューサー，キーボーディスト。
⇒ヒ人（スコット・ストーチ）

Scribner, Charles 〈19世紀〉
アメリカの実業家。チャールズ・スクリブナーズ・サンズ社長。雑誌『スクリブナーズ・マガジン』を発行。
⇒国小（スクリブナー（子）　1854-?）

Scribner, Charles 〈19世紀〉
アメリカの実業家。出版社ベーカー・アンド・スクリブナー社を創設。
⇒岩ケ（スクリブナー，チャールズ　1821-1871）
　岩世（スクリブナー　1821.2.21-1871.8.26）
　国小（スクリブナー（父）　1821.2.21-1871.8.26）
　コン2（スクリブナー　1821-1871）
　コン3（スクリブナー　1821-1871）
　西洋（スクリブナー　1821.2.21-1871.8.26）

Scripps, Edward Wyllis 〈19・20世紀〉
アメリカの新聞記者，新聞経営者。新聞のシンジケート「新聞企業連合」を形成した。
⇒岩世（スクリップス　1854.6.18-1926.3.12）
　外国（スクリップス　1854-1926）
　国小（スクリップス　1854.6.18-1926.3.12）
　コン2（スクリップス　1854-1926）
　コン3（スクリップス　1854-1926）
　人物（スクリップス　1854.6.18-1926.3.12）
　西洋（スクリップス　1854.6.18-1926.3.12）
　伝世（スクリップス　1854.6.18-1926.3.12）

Scripps, Robert Pain 〈20世紀〉
アメリカの新聞経営者。Edward W.Scrippsの子。〈スクリップス・ハワード〉という新聞系列を確立。
⇒コン3（スクリップス　1895-1938）

Scullin, James Henry 〈19・20世紀〉
オーストラリアの政治家。労働党を率いて連邦首相の座についたが，世界恐慌にあって経済政策遂行に失敗。
⇒伝世（スカリン　1876-1953.1.28）

Seacole, Mary 〈19世紀〉
ジャマイカ生まれの看護師，実業家。
⇒世女（シーコール，メアリ（ジェイン）　1805-1881）
　世女日（シーコール，メアリー　1805-1881）

Seagal, Steven 〈20世紀〉
アメリカ生まれの男優，映画監督，映画脚本家，映画製作者。
⇒外男（セガール，スティーヴン　1950.4.10-）
　世映（セガール，スティーヴン　1951-）
　世俳（スィーガル，スティーヴン　1951.4.10-）

Seager, Henry Rogers 〈19・20世紀〉
アメリカの経済学者。コロンビア大学教授(1905〜30）。
⇒岩世（シーガー　1870.7.21-1930.8.23）
　西洋（シーガー　1870-1930）

Seagram, Joseph Emm 〈19・20世紀〉
カナダの醸造業者，競馬通，カナダの政治家。
⇒岩ケ（シーグラム，ジョゼフ・エム　1848-1919）

Sears, Isaac 〈18世紀〉
アメリカ植民地時代の商人，貿易業者。イギリスの商業政策に対立する急進的な指導者。
⇒国小（シアズ　1730.7.1-1786.10.28）
　世西（シアーズ　1730-1786）

Sears, Richard Warren 〈19・20世紀〉
アメリカの企業家。シアーズーローバック社を設立(1893）。
⇒岩ケ（シアーズ，R（リチャード）・W（ウォレン）　1863-1914）
　岩世（シアーズ　1863.12.7-1914.9.28）
　広辞6（シアーズ　1863-1914）
　コン2（シアーズ　1863-1914）
　コン3（シアーズ　1863-1914）
　西洋（シアーズ　1863.12.7-1914.9.28）

Seckendorff, Veit Ludwig von 〈17世紀〉
ドイツの政治家，歴史，経済学者。
⇒岩世（ゼッケンドルフ　1626.12.20-1692.12.18）
　外国（ゼッケンドルフ　1626-1692）
　キリ（ゼッケンドルフ，ファイト・ルートヴィヒ・フォン　1626.12.20-1692.12.18）
　国小（ゼッケンドルフ　1626.12.20-1692.12.18）
　コン2（ゼッケンドルフ　1626-1692）
　コン3（ゼッケンドルフ　1626-1692）
　人物（ゼッケンドルフ　1629.12.20-1692.12.18）
　西洋（ゼッケンドルフ　1626.12.20-1692.12.18）
　世西（ゼッケンドルフ　1629.12.20-1692.12.18）
　名著（ゼッケンドルフ　1626-1692）

Sedgwick, Ellery 〈19・20世紀〉
アメリカのジャーナリスト。"Atlantic Monthly"誌の編集者として(1908〜38），同誌をアメリカ最高級の雑誌に仕立てた。
⇒西洋（セジウィック　1872.2.27-1960.4.22）
　二十（セジウィック，E.　1872.2.27-1960.4.22）

Sedlmayr, Hans 〈20世紀〉

オーストリアの美術史家。バロック建築や中世建築の研究を通して「構造分析」という独自の方法論を確立。主著『近代芸術の革命』(1955)。

⇒岩世（ゼードルマイアー　1896.1.18–1984.7.9)
才西（ゼードルマイヤー，ハンス　1896–1984)
キリ（ゼードルマイア，ハンス　1896.1.18–)
国小（ゼーデルマイヤー　1896.1.18–)
集世（ゼードルマイアー，ハンス　1896.1.18–1984.7.9)
集文（ゼードルマイアー，ハンス　1896.1.18–1984.7.9)
新美（ゼードルマイア，ハンス　1896.1.18–)
西洋（ゼーデルマイヤ　1896.1.18–)
世西（ゼーデルマイア　1896.1.18–1984.7.9)
世美（ゼーデルマイヤ，ハンス　1896–1984)
世百（ゼーデルマイヤー　1896–)
世百新（ゼードルマイヤー　1896–1984)
全書（ゼードルマイヤー　1896–1984)
二十（ゼードルマイヤー，ハンス　1896.1.18–1984)
百科（ゼードルマイヤー　1896–1984)
名著（ゼードルマイル　1896–)

Sée, Henri 〈19・20世紀〉

フランスの経済史学者。

⇒岩世（セー　1864.9.6–1936.3.10)
外国（セー　1864–1936)
国小（セー　1864.4.6–1936.3)
コン2（セー　1864–1936)
コン3（セー　1864–1936)
人物（セー　1864.9.6–1936.3.10)
西洋（セー　1864.9.6–1936.3.10)
世百（セー　1864–1936)
全書（セー　1864–1936)
大百（セー　1864–1936)
二十（セー，アンリ　1864–1936)
名著（セー　1864–1936)
歴学（セー　1864–1936)
歴史（セー　1864–1936)

Seeber, Guido 〈19・20世紀〉

ドイツ生まれの技術者，映画撮影監督。

⇒世映（ゼーバー，グイード　1879–1940)

Seghers, Gerard 〈16・17世紀〉

フランドルの画家，画商，収集家。

⇒岩世（セーヘルス　1591.3.17(受洗)–1651.3.18)

Segrè, Marcellino 〈18世紀〉

イタリアの建築家。

⇒世美（セグレ，マルチェッリーノ　(活動)1771–1800頃)

Seguin, Marc 〈18・19世紀〉

フランスの土木・機械技術者。

⇒岩ケ（セガン，マルク　1786–1875)

岩世（スガン　1786.4.20–1875.2.24)
科学（セグアン　1786.4.20–1875.2.24)
世科（セガン　1786–1875)

Seidel, Robert 〈19・20世紀〉

ドイツ生まれの布織工。1870年以来スイスで独学で教師の検定試験を通る。労働学校に尽力し，実業学校の父とも称されている。

⇒教育（ザイデル　1850–1933)

Seidler, Harry 〈20世紀〉

オーストラリアの建築家。

⇒岩ケ（サイドラー，ハリー　1923–)
最世（サイドラー，ハリー　1923–)

Seidler-Winkler, Karl 〈19・20世紀〉

ドイツのピアノ奏者，指揮者。ドイツ・グラモフォン社の録音プロデューサーとして，ニキシュ指揮ベルリン・フィルハーモニーによるベートーヴェンの交響曲第5番の歴史的録音を完成させた。

⇒演奏（ザイドラー・ウィンクラー，カール　1880.7.18–1960.10.19)

Seitz, Johannes 〈18世紀〉

ドイツの建築家。

⇒建築（ザイツ，ヨハネス　1717–1779)

Selfridge, Harry Gordon 〈19・20世紀〉

ウィスコンシン州出身の事業家。1909年に同名のデパートを開業。

⇒岩ケ（セルフリッジ，ハリー・ゴードン　1864頃–1947)

Seligman, Edwin Robert Anderson 〈19・20世紀〉

アメリカの経済学者，財政学者。主著『租税転嫁論』(1892)は，近代租税転嫁論の集大成とされる。

⇒岩世（セリグマン　1861.4.25–1939.7.18)
外国（セリグマン　1861–1941)
経済（セリグマン　1861–1939)
国小（セリグマン　1861.4.24–1939.7.18)
コン2（セリグマン　1861–1939)
コン3（セリグマン　1861–1939)
人物（セリグマン　1861.4.25–1939.7.18)
西洋（セリグマン　1861.4.25–1939.7.18)
世西（セリグマン　1861.4.25–1939.7.18)
世百（セリグマン　1861–1939)
全書（セリグマン　1861–1939)
大百（セリグマン　1861–1939)
デス（セリグマン　1861–1939)
伝世（セリグマン　1861.4.25–1939)
二十（セリグマン，エドウィン・ロバート・アンダーソン　1861–1939)
百科（セリグマン　1861–1939)
名著（セリグマン　1861–1939)

Sellers, William 〈19・20世紀〉
アメリカの実業家，発明家。〈セラーズねじ方式〉を発表(1864)。これはアメリカの標準ねじ方式として広く用いられた。
⇒岩世（セラーズ　1824.9.19-1905.1.24）
　コン2（セラーズ　1824-1905）
　コン3（セラーズ　1824-1905）
　西洋（セラーズ　1824-1905）
　世百（セラーズ　1824-1905）
　全書（セラーズ　1824-1905）
　大百（セラーズ　1824-1905）
　二十（セラーズ，ウィリアム　1824-1905）
　百科（セラーズ　1824-1905）

Selten, Reinhard 〈20世紀〉
ドイツの経済学者。1994年ノーベル経済学賞。
⇒岩世（ゼルテン　1930.10.5-）
　ノベ（ゼルテン, R.　1930.10.5-）
　ノベ3（ゼルテン, R.　1930.10.5-）

Selva, Giovanni Antonio 〈18・19世紀〉
イタリアの建築家。
⇒建築（セルヴァ，ジョヴァンニ・アントニオ　1753-1819）
　世美（セルヴァ，ジョヴァンニ・アントーニオ　1751-1819）

Selvatico Estense, Pietro 〈19世紀〉
イタリアの建築家，美術批評家。
⇒世美（セルヴァーティコ・エステンセ，ピエトロ　1803-1880）

Selznick, David Oliver 〈20世紀〉
アメリカの映画製作者。『風と共に去りぬ』(1939)など製作。
⇒岩ケ（セルズニック，デイヴィド・O（オリヴァー）　1902-1965）
　岩世（セルズニック　1902.5.10-1965.6.22）
　外国（セルズニック　1902-）
　国小（セルズニック　1902-1965）
　コン3（セルズニック　1902-1965）
　西洋（セルズニック　1902.5.10-1965.6.22）
　世映（セルズニック，デイヴィッド・O　1902-1965）
　世百新（セルズニック　1902-1965）
　大百（セルズニック　1902-1965）
　二十（セルズニック，デビッド・オリバー　1902.5.10-1965.6.22）
　百科（セルズニック　1902-1965）
　ユ人（セルズニック，ディビッド　1902-1965）

Semper, Gottfried 〈19世紀〉
ドイツの建築家，建築理論家。ウィーンで国立劇場，美術館などを設計。主著『様式論』(1860～63)。
⇒岩世（ゼンパー　1803.11.29-1879.5.15）
　外国（ゼンパー　1803-1879）
　建築（ゼンパー，ゴットフリート　1803-1879）
　国小（ゼンパー　1803.11.29-1879.5.15）
　コン2（ゼンパー　1803-1879）
　コン3（ゼンパー　1803-1879）
　新美（ゼンパー，ゴットフリート　1803.11.29-1879.5.15）
　西洋（ゼンパー　1803.11.29-1879.5.15）
　世西（ゼンパー　1803-1879）
　世美（ゼンパー，ゴットフリート　1803-1879）
　世百（ゼンパー　1803-1879）
　全書（ゼンパー　1803-1879）
　大辞（ゼンパー　1803-1879）
　大辞3（ゼンパー　1803-1879）
　大百（ゼンパー　1803-1879）
　百科（ゼンパー　1803-1879）
　名著（ゼンパー　1803-1879）

Sen, Amartya Kumar 〈20世紀〉
インドの経済学者。1998年ノーベル経済学賞。
⇒イ哲（セン, A.　1933-）
　岩ケ（セン，アマルティヤ・クマール　1933-）
　岩世（セン　1933.11.3-）
　岩哲（セン　1933-）
　経済（セン　1933-）
　広辞6（セン　1933-）
　最世（セン, A.　1933-）
　南ア（セン　1933-）
　二十（セン, A.K.　1933-）
　ノベ（セン, A.K.　1933.11.3-）
　ノベ3（セン, A.K.　1933.11.3-）

Sen, Rāmkamal 〈18・19世紀〉
インドの知識人，実業家。
⇒伝世（セーン　1783-1844.8）

Senāpati, Fakīrmohan 〈19・20世紀〉
インド，オリヤー語の小説家。オリッサにおける印刷・出版・ジャーナリズムの開拓者。作品に『6エーカー半の土地』(1902)がある。
⇒コン2（セナーパティ　1843-1918）
　コン3（セナーパティ　1843-1918）

Senderens, Jean Baptiste 〈19・20世紀〉
フランスの化学者。P.サバティエの協力を得て，硬化油製造法を完成(1899)。
⇒科学（サンドラン　1856.1.27-1937.9.26）
　西洋（サンドラン　1856-1937.9.26）
　二十（サンドラン，ジェーン・バプティスト　1856.1.27-1937.9.26）

Seneca, Lucius Annaeus 〈前1・後1世紀〉
ローマの哲学者，詩人，政治家。後期ストア派。弁護士，元老院議員，国家財務官を歴任。八年間のコルシカ配流の後，ネロの師となるが，謀反の疑いを受け自殺。著書に『対話篇』『自然篇』他。

senef 562 西洋人物レファレンス事典

⇒イ文 (Seneca, Lucius Annaeus 前4頃–後65)
　岩ケ (セネカ, ルキウス・アンナエウス　前5頃–
　　後65)
　岩哲 (セネカ　前1 (?) –前65)
　演劇 (セネカ　前4頃–後65)
　旺世 (セネカ　前5/4頃–後65)
　外国 (セネカ　4/5–65)
　科史 (セネカ　前5/4–後64)
　角世 (セネカ　前4?–後65)
　教育 (セネカ　前4/5–後65)
　キリ (セネカ, ルーキウス・アナエウス　前5/4頃
　　–後65)
　ギロ (セネカ　前4頃–後65)
　広辞4 (セネカ　前4頃–後65)
　広辞6 (セネカ　前4頃–後65)
　国小 (セネカ (小)　前4頃–後65)
　国百 (セネカ, ルキウス・アンナエウス　前4頃–
　　後65)
　コン2 (セネカ　前5/4–後65)
　コン3 (セネカ　前4/5–後65)
　集世 (セネカ, ルキウス・アンナエウス (小セネ
　　カ)　前4頃–後65)
　集文 (セネカ, ルキウス・アンナエウス (小セネ
　　カ)　前4頃–後65)
　人物 (セネカ　前4頃–65)
　スペ (セネカ　前4頃–後65)
　西洋 (セネカ　前5/4–後65)
　世人 (セネカ　前4頃–後65)
　世西 (セネカ　前4頃–後65頃)
　世百 (セネカ　前5/4–後65)
　世文 (セネカ, ルーキウス・アンナエウス　前4頃
　　–後65)
　全書 (セネカ (小)　前4頃–後65)
　大辞 (セネカ　前4頃–後65)
　大辞3 (セネカ　前4頃–後65)
　大百 (セネカ　前4頃–後65)
　デス (セネカ　前5頃–後65)
　伝世 (セネカ　前4頃–後65)
　百科 (セネカ　前4頃–後65)
　評世 (セネカ　前4–後65)
　名著 (セネカ　前5/4頃–後65)
　山世 (セネカ　前4?–後65)
　歴史 (セネカ　前4頃–後65)
　ロマ (セネカ　?–65)

Senefelder, Aloys 〈18・19世紀〉
ドイツの発明家。チェコのプラハ生まれ。楽譜を印刷するため, 石版印刷 (リトグラフィー) の方法を発明。
⇒岩ケ (ゼーネフェルダー, アロイス　1771–1834)
　科学 (ゼーネフェルダ　1771–1834)
　科史 (ゼーネフェルダー　1771–1834)
　コン2 (ゼーネフェルダー　1771–1834)
　コン3 (ゼーネフェルダー　1771–1834)
　人物 (ゼーネフェルダー　1771.11.6–1834.2.26)
　西洋 (ゼーネフェルダー　1771.11.6–1834.2.26)
　世西 (ゼーネフェルダー　1771.11.11–1834.2.26)
　世百 (ゼーネフェルダー　1771–1834)
　全書 (ゼーネフェルダー　1771–1834)
　大辞 (ゼーネフェルダー　1771–1834)
　大辞3 (ゼーネフェルダー　1771–1834)

　大百 (ゼーネフェルダー　1771–1834)
　百科 (ゼーネフェルダー　1771–1834)

Senior, Nassau William 〈18・19世紀〉
イギリスの経済学者。利潤制欲説, 賃金基金説を提唱。主著『経済学概要』(1836)。
⇒岩世 (シーニア　1790.9.26–1864.6.4)
　外国 (シーニアー　1790–1864)
　国小 (シーニア　1790.9.26–1864.6.4)
　コン2 (シーニア　1790–1864)
　コン3 (シーニア　1790–1864)
　人物 (シーニアー　1790.9.26–1864.6.4)
　西洋 (シーニアー　1790.9.26–1864.6.4)
　世西 (シーニアー　1790.9.26–1864.6.4)
　世百 (シーニア　1790–1864)
　全書 (シーニア　1790–1864)
　大百 (シーニア　1790–1864)
　デス (シーニア　1790–1864)
　百科 (シーニアー　1790–1864)
　名著 (シーニア　1790–1864)

Senmut
古代エジプト第18王朝のハトシェプスト女王時代の建築家。セネンムートともいう。
⇒新美 (センムート)

Sennett, Mack 〈19・20世紀〉
カナダの映画監督, プロデューサー, 俳優。
⇒岩ケ (セネット, マック　1880–1960)
　岩世 (セネット　1880.1.17–1960.11.5)
　外国 (セネット　1884–)
　監督 (セネット, マック　1880.1.17–1960.11.5)
　国小 (セネット　1880.1.7–1960.11.5)
　コン3 (セネット　1884–1960)
　世映 (セネット, マック　1880–1960)
　世百 (セネット　1884–1960)
　全書 (セネット　1880–1960)
　大百 (セネット　1880–1960)
　二十 (セネット, マック　1884 (80) 1.17–1960.
　　11.5)
　百科 (セネット　1880–1960)

Sepp von Reinegg, Anton 〈17・18世紀〉
イタリア生まれの聖職者, 音楽家, 建築家。
⇒岩世 (セップ・フォン・レネック　1655.11.22–
　　1733.1.13)

Sequeira, Diogo Lopes de 〈15・16世紀〉
ポルトガルの航海者, 軍人。
⇒スペ (セケイラ　1466–1530)
　百科 (セケイラ　1466–1530)

Seregni, Vincenzo 〈16世紀〉
イタリアの建築家。
⇒世美 (セレーニ, ヴィンチェンツォ　1504頃–

1594)

Sering, Max 〈19・20世紀〉
ドイツの経済学者。農業研究所を創設し，その所長となった(1921)。
⇒岩世（ゼーリング 1857.1.18-1939.11.12）
西洋（ゼーリング 1857.1.18-1939）

Serlio, Sebastiano 〈15・16世紀〉
イタリアの建築家，建築理論家。
⇒岩ケ（セルリオ, セバスティアーノ 1475-1554）
岩世（セルリオ 1475.9.6-1554）
建築（セルリオ, セバスティアーノ 1475頃-1554頃）
国小（セルリオ 1475.9.6-1554）
コン2（セルリョ 1475-1554）
コン3（セルリョ 1475-1554）
新美（セルリオ, セバスティアーノ 1475.9.6-1554）
西洋（セルリョ 1475-1554）
世美（セルリオ, セバスティアーノ 1475-1554）
世百（セルリョ 1475-1554）
全書（セルリオ 1475-1554頃）
大百（セルリオ 1475-1554）
デス（セルリョ 1475-1554）
百科（セルリオ 1475-1554）

Sermon, Erick 〈20世紀〉
アメリカのラッパー，プロデューサー。
⇒ヒ人（サーモン, エリック）

Serra, Antonio 〈16世紀〉
イタリアの経済学者（1613年頃活動）。
⇒岩世（セラ）
人物（セラ 1580-?）
西洋（セラ）
世西（セラ 1580-?）
名著（セラ 1580-?）

Serrano, Jorge 〈20世紀〉
グァテマラの政治家，実業家。大統領。
⇒世政（セラノ, ホルヘ 1945.4.26-）

Serrão, Francisco 〈16世紀〉
ポルトガルの軍人，航海者。
⇒岩世（セラン ?-1521）

Serrato, José 〈19・20世紀〉
ウルグアイの政治家。1924～28年大統領。銀行，保険制度を改革。
⇒国小（セラート 1868-1960）

Sert i López, Josep Lluís 〈20世紀〉
スペイン生まれのアメリカの建築家。主作品はバグダードのアメリカ大使館（1955～60），ボストン大学チャールズ・リバー・キャンパス（60～65）など。
⇒岩世（セルト 1902.7.1-1983.3.15）
国小（セルト 1902-）
新美（セルト, ホセー・ルイス 1902.7.1-）
スペ（セルト 1902-1983）
西洋（セルト 1902.7.1-）
二十（セルト, ホセー・ルイス 1902.7.1-）

Serumaga, Robert 〈20世紀〉
ウガンダの小説家，劇作家，舞台美術家，経済学者。
⇒集文（セルマガ, ロバート（ロベルト） 1939-1980）
二十英（Serumaga, Robert 1939-1980）

Servandoni, Giovanni Niccolò 〈17・18世紀〉
イタリアの建築家，舞台美術家，画家。サン・スリュピスのファサード（1733～49）などを設計。
⇒岩世（セルヴァンドーニ 1695.5.2-1766.1.19）
建築（セルヴァンドーニ, ジョヴァンニ・ニコロ 1695-1766）
国小（セルバンドーニ 1695-1766）
新美（セルヴァンドーニ, ジャン＝ニコラ 1695.5.2-1766.1.19）
西洋（セルヴァンドーニ 1695-1766）
世美（セルヴァンドーニ, ジョヴァンニ・ニッコロ 1695-1766）

Sesostris II 〈前20・19世紀〉
古代エジプト第12王朝の王。都ファイユームの近くにピラミッドを建設。
⇒外国（セソストリス2世 前19世紀）
国小（セソストリス2世 前1906頃-1887頃）

Seton, Francis 〈20世紀〉
オーストリア生まれの経済思想家。
⇒経済（シートン 1920-）

Seversky, Alexander Procofieff de 〈20世紀〉
アメリカ（ロシア生まれ）の航空技師。高速機の設計や航空機に関する多くの発明がある。
⇒岩世（セヴァスキー 1894.6.7-1974.8.24）
西洋（セヴァースキー 1894.6.7-1974.8.24）

Sevoz, Denis 〈19世紀〉
フランスの鉱業技師。生野銀山で技術指導。
⇒日人（セボス 1836-1896）
来日（セヴォス 1836-1896.10.14）

Sewall, Samuel 〈17・18世紀〉
アメリカ植民地時代のセーレムの商人，裁判官。
⇒ア文（シューアル, サミュエル 1652.3.28-1730）

1.1）
岩世（シューアル 1652.3.18–1730.1.1）
キリ（シューアル，サミュエル 1652.3.28–1730.
1.1）
国小（シューワル 1652.3.28–1730.1.1）
伝世（シューアル 1652.3.28–1730.1.1）

Seymour, Mary Foot 〈19世紀〉
アメリカの実業家。
⇒世女日（セイモア，メアリー・フート 1846–
1893）

Shaath, Nabil 〈20世紀〉
パレスチナ・PLO企画センター所長，経済学
者。パレスチナ革命の目標として「アラブ人，
ユダヤ人が共有する一つの民主パレスチナ国
家」という概念の理論的基礎を作った。
⇒中東（シャース 1938–）

Shackle, Gerge Lennox Sharman
〈20世紀〉
イングランド生まれの経済思想家。
⇒岩世（シャックル 1903.7.14–1992.3.3）
経済（シャックル 1903–1992）

Shad, Bab 〈20世紀〉
アメリカの音楽プロデューサー。メインスト
リーム・レコードのオーナー。
⇒ジヤ（シャッド，ボブ ？–）
二十（シャッド，ボブ 1919–1985.3）

Shad, John S.R. 〈20世紀〉
アメリカの銀行家。米国証券取引委員会委
員長。
⇒二十（シャッド，ジョン・S.R. 1921–）

Shafer, Walter S. 〈20世紀〉
アメリカの実業家。米国商務省国際見本市
局長。
⇒二十（シェイファー，ウォルター 1900–）

Shaftesbury, Anthony Ashley Cooper, 7th Earl of 〈19世紀〉
イギリスの政治家，工場改革運動家。博愛主義
者として著名。
⇒岩ケ（シャフツベリー，アントニー・アシュ
リー・クーパー，7代伯爵 1801–1885）
岩世（シャフツベリ 1801.4.28–1885.10.1）
英米（Shaftesbery, Anthony Ashley Cooper,
7th Earl of シャッフツベリー伯（7代）
1801–1885）
旺文（シャフツベリ（7世） 1801–1885）
外国（シャフツベリー伯 1801–1885）
角世（シャフツベリー 1801–1885）
キリ（シャーフツベリ，アンソニ・アシュリ・
クーパー 1801.4.28–1885.10.1）

国小（シャフツベリー（7代）伯 1801.4.28–1885.
10.1）
コン2（シャフツベリー 1801–1885）
コン3（シャフツベリー 1801–1885）
人物（シャフツベリ 1801.4.28–1885.10.1）
西洋（シャフツベリ 1801.4.28–1885.10.1）
世西（シャフツベリ 1801.4.28–1885.10.11）
世百（シャフツベリー 1801–1885）
全書（シャフツベリ伯7世 1801–1885）
大百（シャフツベリー 1801–1885）
デス（シャフツベリー 1801–1885）
伝世（シャフツベリー7代伯 1801.4.28–1885.10.
1）
百科（シャフツベリー伯 1801–1885）
評世（シャフツベリー7世 1801–1885）
山世（シャフツベリ（7代伯） 1801–1885）

Shahn, Ben 〈20世紀〉
アメリカの画家，グラフィック・デザイナー。
第2次世界大戦中『リディス』など，多くの反ナ
チズムのポスターを制作した。ほかに『福竜丸
（ラッキー・ドラゴン）』シリーズ（1961～62），
『マーチン・ルーサー・キング牧師肖像』など。
⇒アメ（シャーン 1898–1969）
岩ケ（シャーン，ベン（ベンジャミン） 1898–
1969）
岩世（シャーン 1898.9.12–1969.3.14）
オ西（シャーン，ベン 1898–1969）
外国（シャーン 1898–）
現人（シャーン 1898.9.12–1969.3.14）
広辞5（シャーン 1898–1969）
広辞6（シャーン 1898–1969）
国小（シャーン 1898.9.12–1969.3.14）
コン3（シャーン 1898–1969）
集文（シャーン，ベン 1898.9.12–1969.3.14）
新美（シャーン，ベン 1898.9.12（24）–1969.3.
14）
西洋（シャーン 1898.9.12–1969.3.14）
世芸（シャーン，ベン 1898–1969）
世美（シャーン，ベン 1898–1969）
世百（シャーン 1898–）
世百新（シャーン 1898–1969）
全書（シャーン 1898–1969）
大辞2（シャーン 1898–1969）
大辞3（シャーン 1898–1969）
大百（シャーン 1898–1969）
伝世（シャーン 1898–1969）
ナビ（シャーン 1898–1969）
二十（シャーン，ベン 1898.9.12–1969.3.14）
百科（シャーン 1898–1969）
ユ人（シャーン，ベン 1898–1969）

Shaista Khān 〈17世紀〉
ベンガルの太守。イギリス人に免税の特許状を
与えた。
⇒国小（シャイスタ・ハーン ？–1694）
世東（シャーイスタ・ハーン ？–1694）
世百（シャーイイスタハーン ？–1694）

経済・産業篇　　　　　　565　　　　　　**shash**

Shakespeare, John 〈16・17世紀〉
イギリスの手袋製造業者，羊毛業者。
⇒岩ケ（シェイクスピア，ジョン　1530頃–1601）

Shamir, Adi 〈20・21世紀〉
イスラエルのコンピューター科学者，暗号学者。
⇒岩世（シャミア　1952.7.6–）

Shand, Alexander Allan 〈19・20世紀〉
イギリスの財政家。大蔵省紙幣寮顧問を務め，銀行制度を確立した。
⇒外国（シャンド　生没年不詳）
コン**2**（シャンド　1844–1930）
コン**3**（シャンド　1844–1930）
二十（シャンド，アレクサンドル・アラン　1844–1930）
来日（シャンド　1844?–1930）

al-Shanfari, Said Ahmad 〈20世紀〉
オマーンの政治家，実業家。1974年から農業・漁業・石油・鉱物資源相。
⇒中東（シャンファーリー　1939–）

Shann, Theodore 〈19世紀〉
イギリスの鉄道技師。新橋・横浜間の鉄道改良工事に尽力。
⇒来日（シャン　1850.4.19–1878.11.28）

Shannon, Claude Elwood 〈20世紀〉
アメリカの電気工学者，数学者。エントロピーという概念を用いて，情報を定量化し，情報量や伝達に関する理論を数学の確率論の上に組み立てた。
⇒岩ケ（シャノン，クロード・E（エルウッド）1916–）
岩世（シャノン　1916.4.30–2001.2.24）
岩哲（シャノン　1916–）
科学（シャノン　1916.4.30–）
科技（シャノン　1916.4.30–）
科史（シャノン　1916–）
科人（シャノン，クロード・エルウッド　1916.4.30–）
科大（シャノン　1916–）
科大**2**（シャノン　1916–）
現人（シャノン　1916.4.30–）
広辞**6**（シャノン　1916–2001）
国小（シャノン　1916.4.30–）
コン**3**（シャノン　1916–）
人物（シャノン　1916.4.30–）
数学（シャノン　1916.4.30–）
数学増（シャノン　1916.4.30–2001.2.24）
西洋（シャノン　1916.4.30–）
世科（シャノン　1916–）
世西（シャノン　1916.4.30–）
世百新（シャノン　1916–2001）
全書（シャノン　1916–）
大辞**3**（シャノン　1916–2001）

伝世（シャノン　1916.4.30–）
二十（シャノン，C.E.　1916.4.30–）
百科（シャノン　1916–）

Shapiro, Irving Saul 〈20世紀〉
アメリカの企業経営者。デュポン社に入社（1951），法律畑を歩んで昇進，最高経営執行者兼会長となった（74～）。
⇒岩世（シャピロ　1916.7.15–2001.9.13）
西洋（シャピーロ　1916.7.15–）

Shapiro, Isaac 〈20世紀〉
アメリカの法律家，実業家。ジャパン・ソサエティー会長。
⇒二十（シャピロ，I.　1931–）

Shapley, Lloyd S. 〈20世紀〉
アメリカの経済学者。[賞]2012年ノーベル経済学賞受賞。
⇒ノベ**3**（シャプレー，L.　1923.6.2–）

Shaposhnikov, Vladimir Nikolaevich 〈19・20世紀〉
ソ連邦の細菌学者。乳酸バクテリアの研究を行い乳酸生産の工業化に寄与。
⇒コン**3**（シャポシニコフ　1884–1968）

Sharaff, Irene 〈20世紀〉
アメリカの舞台衣装デザイナー。
⇒世女日（シャラフ，アイリーン　1910–1993）

Sharkov, Aleksandr Mikhailovoch 〈20世紀〉
ソ連邦の経済学者。ソ連共産党中央委員会付属社会科学アカデミー。
⇒二十（シャルコフ，アレクサンドレ　1913–）

Sharp, Mitchell William 〈20世紀〉
カナダの自由党政治家。通産相，蔵相，外相などを歴任。
⇒現人（シャープ　1911.5.11–）
国小（シャープ　1911.5.11–）
コン**3**（シャープ　1911–）
世政（シャープ，ミッチェル　1911.5.11–）
二十（シャープ，ミッチェル・W.　1911.5.11–）

Sharpe, William Forsyth 〈20世紀〉
アメリカの経済学者。1990年ノーベル経済学賞。
⇒ノベ（シャープ，W.F.　1934.6.16–）
ノベ**3**（シャープ，W.F.　1934.6.16–）

Shashin, Valentin Dmitrievich 〈20世

S

shata 566 西洋人物レファレンス事典

紀〉
ソ連邦の政治家。ソ連邦石油工業相。
⇒二十（シャシン, ワレンチン　1916.6.16–1977.3. 22）

Shatalin, Stanislav Sergeevich 〈20世紀〉
ロシアの数理経済学者。
⇒世西（シャタリン　1934.8.24–）
　ロシ（シャターリン　1934–1997）

Shaver, Dorothy 〈20世紀〉
アメリカの実業家。
⇒世女日（シェイヴァー, ドロシー　1897–1959）

Shaw, Edward Stone 〈20世紀〉
アメリカの経済学者。
⇒二十（ショー, エドワード・ストーン　1908–）

Shaw, Joshua E. 〈18・19世紀〉
アメリカの発明家。雷管を大幅に改良し, 機関銃の登場をもたらした。
⇒国小（ショー　1776–1860）

Shaw, Percy 〈19・20世紀〉
イギリスの発明家。
⇒岩ケ（ショー, パーシー　1890–1976）

Shaw, Richard Norman 〈19・20世紀〉
イギリスの建築家。19世紀後半のギリスにおける最も重要な住居建築家。主作品はベドファド・パークの田園都市計画（1878）など。
⇒岩ケ（ショー,（リチャード・）ノーマン　1831–1912）
　岩世（ショー　1831.5.7–1912.11.17）
　オ西（ショー, リチャード・ノーマン　1831–1912）
　国小（ショー　1831.5.7–1912.11.17）
　新美（ショー, リチャード・ノーマン　1831.5.7–1912.11.17）
　西洋（ショー　1831.5.7–1912）
　世美（ショー, リチャード・ノーマン　1831–1912）
　全書（ショー　1831–1912）
　ナビ（ショー　1831–1912）
　二十（ショー, リチャード・ノーマン　1831.5.7–1912.11.17）
　百科（ショー　1831–1912）

Shcherbina, Boris Evdokimovich 〈20世紀〉
ソ連（ウクライナ）の政治家。ソ連邦石油ガス工業企業建設相, ソ連邦閣僚会議副議長。
⇒二十（シチェルビナ, ボリス　1919.10.4–1990.8. 22）

Shchukin, Sergei Ivanovich 〈19・20世紀〉
帝政ロシア時代の実業家, 美術コレクター。
⇒オ西（シチューキン, セルゲイ・イヴァノヴィッチ　1854–1937）
　新美（シチューキン, セルゲイ　1854–1936）
　二十（シチューキン, セルゲイ　1854–1936）
　百科（シチューキン　1854–1936）

Shchusev, Aleksei Viktorovich 〈19・20世紀〉
帝政ロシア, ソ連の建築家。
⇒岩世（シシューセフ　1873.9.26[10.8]–1949.5. 24）

Sheffield, Charles 〈20世紀〉
イギリス生まれの作家, 物理学者。アース・サテライト・コーポレーション副社長。
⇒海作4（シェフィールド, チャールズ　1935–2002）
　二十（シェフィールド, チャールズ）

Shekhtel, Fyodor Osipovich 〈19・20世紀〉
帝政ロシアの建築家。
⇒岩世（シェフテリ　1859.7.26[8.7]–1926.7.7）

Sheldon, Oliver 〈20世紀〉
イギリスの経営管理研究家。主著『管理の原理』。
⇒名著（シェルドン　生没年不詳）

Shelekhov, Grigori Ivanovich 〈18世紀〉
ロシアの商人。シベリアにおける最初の恒久的植民地建設に貢献。
⇒国小（シェレホフ　1747–1795）
　百科（シェリホフ　1747–1795）
　ロシ（シェリホフ　1747–1795）

Shen, Chien-Pai 〈20世紀〉
アメリカの企業家。中国系。
⇒華人（シェン, チェンパイ）

Shepherd, Charles 〈19世紀〉
イギリスの技師。1870年来日し, 工部省鉄道局建築首長。
⇒岩世（セッパルト（シェパード）　?–1875.8.23）
　コン2（セッパルト（シェパード）　?–1875）
　コン3（セッパルト（シェパード）　?–1875）
　人物（セッパルト　?–1875）
　西洋（セッパルト（シェパード）　?–1875）
　日人（シェパード　?–1875）
　来日（シェパード　?–1875.8.23）

経済・産業篇　　　　　　　567　　　　　　**shock**

Shepherd, William Geoffrey 〈20世紀〉

アメリカの経済学者。
⇒二十（シェファード，ウィリアム　1936-）

Sheraton, Thomas 〈18・19世紀〉

イギリスの家具デザイナー。
⇒岩ケ（シェラトン，トマス　1751-1806）
　岩世（シェラトン　1751-1806.10.22）
　英米（Sheraton, Thomas　シェラトン　1751-
　　1806）
　芸術（シェラトン，トーマス　1751頃-1806）
　建築（シェラトン，トーマス　1751-1806）
　国小（シェラトン　1751-1806.10.22）
　新美（シェラトン，トーマス　1751-1806.10.22）
　西洋（シェラトン　1751-1806.10.22）
　世美（シェラトン，トマス　1751-1806）
　全書（シェラトン　1751-1806）
　大百（シェラトン　1751頃-1806）
　伝世（シェラトン　1751-1806.10.22）
　百科（シェラトン　1751-1806）

Sherbrooke, Robert Lowe, Viscount 〈19世紀〉

イギリスの政治家。枢密院議員。蔵相，内相を
歴任。1880年爵位を授かる。
⇒岩ケ（シャーブルック（シャーブルックの），ロ
　バート・ロー，子爵　1811-1892）
　国小（シャーブルック　1811-1892）

Sheriff, Lawrence 〈16世紀〉

イギリスのラグビー生まれの雑穀商。
⇒岩ケ（シェリフ，ローレンス　?-1567）
　岩世（シェリフ　1515頃-1567）
　西洋（シェリフ　?-1567）
　世西（シェリフ　?-1567.10.20）

Sherman, John 〈19世紀〉

アメリカの政治家。ヘイズ大統領時代の財務長
官。反トラスト法，銀購入法を立案。
⇒岩世（シャーマン　1823.5.10-1900.10.22）
　外国（シャーマン　1823-1900）
　国小（シャーマン　1823.5.10-1900.10.22）
　コン2（シャーマン　1823-1900）
　コン3（シャーマン　1823-1900）
　人物（シャーマン　1823.5.10-1900.10.22）
　西洋（シャーマン　1823.5.10-1900.10.22）
　世人（シャーマン　1823-1900）
　世西（シャーマン　1823.5.10-1900.10.22）

Sherwood, Adrian 〈20世紀〉

イギリスの音楽プロデューサー，エンジニア。
ロンドン生まれ。
⇒ロ人（シャーウッド，エイドリアン　1958-）

Sherwood, Thomas Kilgore 〈20世紀〉

アメリカの化学技術者。
⇒科学（シャウッド　1903.7.25-）
　二十（シャーウッド，トーマス・K.　1903.7.25-）

Shewhart, Walter Andrew 〈20世紀〉

アメリカの統計学者，技術者。管理図法の創
始者。
⇒岩世（シューハート　1891.3.18-1967.3.11）
　人物（シューハート　1891.3.18-）
　西洋（シューハート　1891.3.18-1967.3.11）

Shimanskii, Yulian Aleksandrovich 〈19・20世紀〉

ソ連邦の造船技術者。造船技術の近代化に
貢献。
⇒コン3（シマンスキー　1883-1962）

Shimizu, Christine 〈20世紀〉

フランスの陶芸研究家。
⇒二十（シミズ，C.　1950-）

al-Shirawi, Yousuf bin Ahmad 〈20世紀〉

バハレーンの政治家。1971年開発工業相に就
任，工業開発推進の中心となってきた。
⇒中東（シラウィー　1925-）

Shmidt, Otto Yulievich 〈20世紀〉

ソ連邦の数学者，地理学者，探検家。浮遊ス
テーション〈北極第1号〉を指導，極地開発に貢
献した。
⇒外国（シュミット　1891-）
　数学（シュミット（オットー）　1891.9.30-1956.
　　9.7）
　数学増（シュミット（オットー）　1891.9.30-
　　1956.9.7）
　西洋（シュミット　1891.9.18-1956.9.7）
　全書（シュミット　1891-1958）
　大百（シュミット　1891-1956）
　名著（シュミット　1891-1956）

Shockley, William Bradford 〈20世紀〉

アメリカの物理学者。P-N接合型トランジスタ
を発明。1956年ノーベル物理学賞受賞。
⇒岩世（ショックリー　1910.2.13-1989.8.12）
　科学（ショックリー　1910.2.13-）
　科技（ショックリー　1910.2.13-）
　科史（ショックリー　1910-）
　科人（ショックレー，ウィリアム・ブラッド
　　フォード　1910.2.13-1989.8.12）
　科大（ショックレー　1910-）
　科大2（ショックレー　1910-1989）
　現人（ショックリー　1910.2.13-）
　広辞5（ショックレー　1910-1989）
　広辞6（ショックレー　1910-1989）

S

国小（ショックリー　1910.2.13–）
コン3（ショックレー　1910–1989）
最世（ショクリー，ウィリアム　1910–1989）
人物（ショックリー　1910–）
西洋（ショクリ　1910.2.13–）
世西（ショックレイ　1910.2.13–）
世百（ショックリー　1910–）
大辞2（ショックレー　1910–1989）
大辞3（ショックレー　1910–1989）
大百（ショックリー　1910–）
伝世（ショックリー　1910.2.13–）
ナビ（ショックレー　1910–1989）
二十（ショックリー，ウィリアム・ブラッド
　フォード　1910.2.13–1989.8.12）
ノ物（ショクレー，ウィリアム・ブラッドフォー
　ド　1910–1989）
ノベ（ショックレー，W.　1910.2.13–1989.8.12）
ノベ3（ショックレー，W.　1910.2.13–1989.8.
　12）

Shoenberg, Isaac 〈19・20世紀〉
イギリスの電気エンジニア。
⇒岩ケ（シェーンバーグ，アイザック　1880–1963）

Sholes, Christopher Latham 〈19世紀〉
アメリカのジャーナリスト，発明家。タイプラ
イターを発明。
⇒岩ケ（ショールズ，クリストファー・レイサム
　1819–1890）
　岩世（ショールズ　1819.2.14–1890.2.17）
　西洋（ショールズ　1819.2.14–1890.2.17）

Shondrae 〈20世紀〉
アメリカのヒップホップ系の音楽プロ
デューサー。
⇒ヒ人（ションドレイ）

Shoraka, Jalil 〈20世紀〉
イランの高等文官。1978年イラン・メッリー銀
行総裁。
⇒中東（ショラカー　1930–）

Shore, John 〈18世紀頃〉
イギリスの物理学者。1711年音叉を発明。
⇒世西（ショア　18世紀初頃）

Shorin, Aleksandr Fyodorovich
〈19・20世紀〉
ソ連邦の電信技術者。1928年ショーリン式音響
再生器を発明。
⇒コン3（ショーリン　1890–1941）

Short, Hugh Oswald 〈20世紀〉
イギリスの飛行機設計・製造家。兄ホリス，
ユースティスと共に，世界最初の航空機製造会
社〈ショート兄弟およびハールランド会社〉を

創立（1908）。
⇒岩世（ショート　1883.1.16–1969.12.4）
　西洋（ショート）

Short, James 〈18世紀〉
スコットランドの光学技師。
⇒天文（ショート　1710–1768）

Shoup, Carl Sumner 〈20世紀〉
アメリカの財政学者。
⇒岩世（シャウプ　1902.10.26–2000.3.23）
　経済（シャウプ　1902–2000）
　世百新（シャウプ　1902–2000）
　日人（シャウプ　1902–2000）

Shove, Gerald Frank 〈19・20世紀〉
イングランド生まれの経済思想家。
⇒経済（ショウヴ　1887–1947）

Shriver, Robert Sargent (Jr.) 〈20世紀〉
アメリカの実業家。「平和部隊」初代長官。フ
ランス駐在大使。
⇒現人（シュライバー　1915.11.9–）
　国小（シュライバー　1915.11.9–）
　コン3（シュライヴァー　1915–）
　世西（シュライバー　1915.11.9–）
　二十（シュライバー，ロバート・S.（Jr.）　1915–）

Shtorkh, Andrei (Genrikh) Karlovich 〈18・19世紀〉
ロシアの経済学者。
⇒岩世（シトルフ　1766.2.18–1835.11.1）
　西洋（シトルフ　1766–1835）

Shubert, Jacob 〈19・20世紀〉
アメリカの劇場支配人。兄弟でシューバート劇
場組織を設立。アメリカ主要都市の演劇界を
支配。
⇒国小（シューバート，ジェイコブ　1880–1964）
　二十（シューバト，J.J.　1878（80）.8.15–1963.
　12.26）

Shubert, Lee 〈19・20世紀〉
アメリカの劇場支配人。兄弟でシューバート劇
場組織を設立。アメリカ主要都市の演劇界を
支配。
⇒国小（シューバート，リー　1875–1953）
　二十（シューバト，リー　1875（73）.3.15–1953.
　12.25）

Shubert, Sam 〈19・20世紀〉
アメリカの劇場支配人。兄弟でシューバート劇
場組織を設立。アメリカ主要都市の演劇界を
支配。

⇒演劇（シューバート, サム　1879–1905）
　国小（シューバート, サム　1876–1905）
　二十（シューバト, サム　1876 (75) –1905.5.11）

Shufeldt, Robert Wilson 〈19世紀〉
アメリカの軍人, 外交官。朝鮮との修好通商条約締結に尽力, 米韓条約の締結に成功 (1882)。
⇒岩世（シューフェルト　1822–1895）
　西洋（シューフェルト　1822–1895）
　世東（シューフェルト　1822–1895）
　朝人（シューフェルト　1822–1895）

Shukhov, Vladimir Grigorievich 〈19・20世紀〉
ソ連邦の設計技術者。
⇒コン2（シューホフ　1853–1939）
　コン3（シューホフ　1853–1939）

Shultz, George Pratt 〈20世紀〉
アメリカの経済学者, 経済担当の行政官。ニクソン政権の経済政策を担当した。
⇒岩ケ（シュルツ, ジョージ・P（プラット）1920–）
　現人（シュルツ　1920.12.13–）
　コン3（シュルツ　1920–）
　世政（シュルツ, ジョージ　1920.12.13–）
　世西（シュルツ　1920.12.13–）
　二十（シュルツ, ジョージ・プラット　1920.12.13–）

Shuster, Joe 〈20世紀〉
アメリカの漫画キャラクターデザイナー。
⇒岩世（シャスター　1914.7.10–1992.7.30）

Shuster, William Morgan 〈19・20世紀〉
アメリカの財政専門家, 法律家。著書に『ペルシアの圧殺』(1912)。
⇒コン2（シャスター　1877–1960）
　コン3（シャスター　1877–1960）
　世東（シャスター　1877–1960）

Shute, John 〈16世紀〉
イギリスの画家, 建築家。イギリス最初の建築書の著者。1550年ノーサンバーランド公によってイタリアに派遣された。
⇒国小（シュート　?–1563）

Shvetsov, Arkadii Dmitrievich 〈20世紀〉
ソ連邦の航空技術者。1923年M・8PAMやM・11エンジンを設計。
⇒コン3（シヴェツォーフ　1892–1953）

Shylock
シェイクスピアの喜劇《ヴェニスの商人》中のユダヤ人金貸し。
⇒岩世（シャイロック）

Sibai, Omar 〈20世紀〉
シリアの技術者, 政治家。シリア共産党を代表している。
⇒中東（シバイ　1924–）

Sīdī Muḥammad II 〈19世紀〉
モロッコのスルタン（在位1859～73）。ヨーロッパ諸国に貿易の自由を認めた。
⇒コン2（ムハンマド2世　1803–1873）
　コン3（ムハンマド2世　1803–1873）

Siebel, Erich Lothar Max 〈20世紀〉
ドイツの塑性工学者。塑性加工の学問的体系の樹立に功績がある。
⇒岩世（ジーベル　1891.5.17–1961.10.17）
　西洋（ジーベル　1891.5.17–1961.10.17）
　二十（ジーベル, E.L.M.　1891.5.17–1961.10.17）

Sieber, Eugen H. 〈20世紀〉
ドイツの経営経済学者, 会計学者。主著『経営経済学の対象と考察方法』。
⇒名著（ジーバー　1901–）

Sieff, Israel Moses, Baron 〈19・20世紀〉
イギリスの実業家, シオニスト。
⇒岩ケ（シーフ（ブリンプトンの）, イズレイアル・モーゼズ・シーフ, 男爵　1889–1972）
　ユ人（シーフ, イスラエル・モーゼス男爵　1889–1972）

Siegel, Carl F.W. 〈19世紀〉
ドイツの出版者。
⇒音大（ジーゲル　?–1869）

Siegen, Ludwig van 〈17世紀〉
ドイツの画家, 版画家, 発明家。メゾチントの創始者で, 『フェルディナント3世』(54) その他数点の肖像銅版画を残している。
⇒岩ケ（ジーゲン, ルートヴィヒ・フォン　1609–1675頃）
　国小（ジーゲン　1609頃–1680）
　新美（ジーゲン, ルートヴィヒ・フォン　1609–1680?）

Siegfried, André 〈19・20世紀〉
フランスの経済学者。政治評論家。著書に『今日のイギリス』(1924), 『今日の合衆国』(27) など。

⇒外国（シーグフリード　1875-）
国小（シーグフリード　1875.4.21-1959）
コン**2**（シーグフリード　1875-1959）
コン**3**（シーグフリード　1875-1959）
思想（シーグフリード，アンドレ　1875-1959）
西洋（シーグフリード　1875.4.21-1959.3.28）
世百（シーグフリード　1875-1959）
全書（シーグフリード　1875-1959）
二十（シーグフリード，アンドレ　1875.4.21-
1959.3.28）

Siemens 〈19世紀〉

ドイツの技術者ウィルヘルムの子。バグダード
鉄道などに投資。

⇒旺世（ジーメンス　1839-1901）

Siemens, Carl Friedrich von 〈19・20世紀〉

ドイツの実業家。ジーメンス・ハルスケ会社社
長。1920〜24年民主党代議士，23〜33年臨時経
済議会会長。

⇒旺世（ジーメンス　1872-1941）
外国（ジーメンス　1872-1941）
世西（ジーメンス　1872.9.5-1941.7.10）
評世（ジーメンス　1872-1941）

Siemens, Carl von 〈19・20世紀〉

ドイツの電気事業家。ジーメンス家の1人。
ジーメンス会社の経営にあたり，ロシアでケー
ブルおよび電気機器製作に従事。

⇒世百（ジーメンス　1829-1906）
百科（ジーメンス　1829-1906）

Siemens, Friedrich 〈19・20世紀〉

ドイツの窯業技術者。ガラス製造法・加熱方式
等に発明がある。

⇒コン**2**（ジーメンス　1826-1904）
コン**3**（ジーメンス　1826-1904）
世人（ジーメンス兄弟　1826-1904）
世百（ジーメンス　1826-1904）
全書（ジーメンス　1826-1904）
百科（ジーメンス　1826-1904）
山世（ジーメンス　1826-1904）

Siemens, Werner von 〈19世紀〉

ドイツの電気技術者，電信事業経営者。指針電
信機の改良と地下ケーブルを発明。

⇒岩ケ（ジーメンス，（エルンスト・）ヴェルナー・
フォン　1816-1892）
岩世（ジーメンス　1816.12.13-1892.12.6）
旺世（ジーメンス　1816-1892）
外国（ジーメンス　1816-1892）
科学（ジーメンス　1816.12.13-1892.12.6）
科人（ジーメンス，エルンスト・ヴェルナー・
フォン　1816.12.13-1892.12.6）
角世（ジーメンス　1816-1892）
広辞**4**（ジーメンス　1816-1892）
広辞**6**（ジーメンス　1816-1892）

国小（ジーメンス　1816.12.13-1892.12.6）
コン**2**（ジーメンス　1816-1892）
コン**3**（ジーメンス　1816-1892）
人物（ジーメンス　1816.12.13-1892.12.6）
西洋（ジーメンス　1816.12.13-1892.12.6）
世科（ジーメンス　1816-1892）
世人（ジーメンス兄弟　1816-1892）
世西（ジーメンス　1816.12.13-1892.12.6）
世百（ジーメンス　1816-1892）
全書（ジーメンス　1816-1892）
大辞（ジーメンス　1816-1892）
大辞**3**（ジーメンス　1816-1892）
大百（ジーメンス　1816-1892）
デス（ジーメンス　1816-1892）
伝世（ジーメンス　1816.12.13-1892）
百科（ジーメンス　1816-1892）
名著（ジーメンス　1816-1892）
山世（ジーメンス　1816-1892）
歴史（ジーメンス　1816-1892）

Siemens, Wilhelm von 〈19・20世紀〉

ドイツの電気技術者。ヴェルナー・フォン・
ジーメンスの次男。ジーメンス・ウント・ハル
スケ商会の第2代社長。

⇒広辞**4**（ジーメンス　1855-1919）
広辞**5**（ジーメンス　1855-1919）
広辞**6**（ジーメンス　1855-1919）
世百（ジーメンス　1855-1919）

Siemens, *Sir* William 〈19世紀〉

ドイツ生まれのイギリスの冶金・電気技術者，
発明家。蒸気機関の差動調速機や再生蒸気機関
を発明。また，弟フリードリヒの協力を得て平
炉製鋼法を発明。

⇒岩ケ（ジーメンス，サー・（チャールズ・）ウィリ
アム　1823-1883）
岩世（ジーメンス　1823.4.4-1883.11.19）
旺世（ジーメンス　1823-1883）
外国（シーメンス　1823-1883）
科学（ジーメンス　1823.4.4-1883.11.19）
科史（シーメンス　1823-1883）
科人（シーメンズ，チャールズ・ウィリアム
1823.4.4-1883.11.18）
広辞**4**（ジーメンス　1823-1883）
広辞**6**（ジーメンス　1823-1883）
国小（シーメンズ　1823.4.4-1883.11.19）
コン**2**（シーメンズ　1823-1883）
コン**3**（シーメンズ　1823-1883）
人物（ジーメンス　1823.4.4-1883.11.19）
西洋（ジーメンス　1823.4.4-1883.11.19）
世人（ジーメンス兄弟　1823-1883）
世西（ジーメンス　1823.4.4-1883.11.19）
世百（ジーメンス　1823-1883）
全書（ジーメンス　1823-1883）
大辞（ジーメンス　1823-1883）
大辞**3**（ジーメンス　1823-1883）
大百（ジーメンス　1823-1883）
百科（シーメンズ　1823-1883）
山世（ジーメンス　1823-1883）

経済・産業篇　　　　　　　*571*　　　　　　silkw

Sieur De Monts〈16・17世紀〉
フランス領カナダにおける恒久的植民地建設に
貢献した貿易業者。
⇒キリ（シュール・ド・モン（ピエール・デュ・
　ガー・ド・モン）　1560頃/58–1611/28）

Sieveking, Heinrich Johann〈19・20
世紀〉
ドイツの経済史家。
⇒西洋（ジーフェキング　1871–1938）
　名著（ジーフェキング　1871–1932）

Šik, Ota〈20世紀〉
チェコスロヴァキアの経済学者，政治家。1968
年の「プラハの春」で副首相になったが，ソ連
軍などの軍事介入でスイスに逃れる。
⇒岩世（シク　1919.9.11–2004.8.22）
　角世（シク　1919–）
　現人（シク　1919.9.11–）
　コン3（シク　1919–）
　西洋（シク　1919.9.11–）
　世政（シク，オタ　1919–）
　全書（シーク　1919–）
　東欧（シク　1919–）
　二十（シク，O.　1919.9.11–）

Sikorsky, Igor Ivan〈19・20世紀〉
ロシア生まれのアメリカの航空技術者。大型飛
行機とヘリコプタの開発と実用化に功績が
あった。
⇒岩ケ（シコルスキー，イーゴー（・イヴァン）
　1889–1972）
　岩世（シコルスキー　1889.5.13［25］–1972.10.
　26）
　外国（シコルスキー　1889–）
　科学（シコルスキー　1889.5.25–1972.10.26）
　国小（シコルスキー　1889.5.25–1972.10.26）
　コン3（シコルスキー　1889–1972）
　人物（シコルスキー　1889.5.25–）
　西洋（シコルスキー　1889.5.25–1972.10.26）
　世科（シコルスキー　1889–1972）
　世西（シコルスキー　1889.5.25–）
　全書（シコルスキー　1889–1972）
　大辞2（シコルスキー　1889–1972）
　大辞3（シコルスキー　1889–1972）
　伝世（シコルスキー　1889–1972）
　ナビ（シコルスキー　1889–1972）
　二十（シコルスキー，I.イワン　1889.5.25–1972.
　10.26）

Silaev, Ivan Stepanovich〈20世紀〉
ソ連邦の政治家。ソ連邦航空工業相，ソ連邦副
首相，ロシア首相。
⇒世政（シラーエフ，イワン　1930.10.21–）
　二十（シラーエフ，イワン　1930.10.21–）

Silbermann, Andreas〈17・18世紀〉
ドイツのオルガンおよびチェンバロ製作者。
⇒岩世（ジルバーマン　1678.5.16–1734.3.16）
　音楽（ジルバーマン，アンドレーアス　1678.5.
　16–1734.3.16）
　音大（ジルバーマン，アンドレアス　1678.5.16–
　1734.3.16）
　西洋（ジルベルマン　1678.5.16–1743.3.16）
　百科（ジルバーマン，アンドレアス　1678–1734）

Silbermann, Gottfried〈17・18世紀〉
ドイツの鍵盤楽器製作者。ドレスデン，フライ
ベルクの教会のオルガンをはじめ50近いオルガ
ンを製作。
⇒岩世（ジルバーマン　1683.1.14–1753.8.4）
　音楽（ジルバーマン，ゴットフリート　1683.1.
　14–1753.8.4）
　音大（ジルバーマン，ゴットフリート　1683.1.
　14–1753.8.4）
　キリ（ジルバマン，ゴットフリート　1683.1.14–
　1753.8.4）
　国小（ジルバーマン　1683.1.14–1753.8.4）
　人物（ジルバーマン　1683.1.14–1753.8.4）
　西洋（ジルベルマン　1683.1.14–1753.8.4）
　百科（ジルバーマン，ゴットフリート　1683–
　1753）

Silbermann, Serge〈20世紀〉
ポーランド生まれの映画製作者。
⇒世映（シルベルマン，セルジュ　1917–2003）

Silberston, Aubrey Zangwill〈20世
紀〉
イギリスの経済学者。
⇒岩世（シルバーストーン　1922.1.26–）

Silberston, Zangwill Aubrey〈20世
紀〉
イギリス・ロンドン生まれの経済思想家。
⇒経済（シルバーストン　1922–）

Silhouette, Etienne de〈18世紀〉
フランスの政治家。財務総監（1759.3.〜11.）。
⇒岩ケ（シルエット，エティエンヌ・ド　1709–
　1767）
　外国（シルエット　1709–1767）
　国小（シルエット　1709–1767）
　コン2（シルエット　1709–1767）
　コン3（シルエット　1709–1767）
　西洋（シルエット　1709.7.5–1767.1.20）

Silkwood, Karen〈20世紀〉
アメリカの原子力工場管理者。
⇒世女日（シルクウッド，カレン　1946–1974）

S

Sillman, Leonard 〈20世紀〉

アメリカのミュージカル製作・演出家。

⇒二十（シルマン, レナード　1908.5.9-）

Siloé, Diego de 〈15・16世紀〉

スペインの彫刻家, 建築家。主要作品はブルゴス聖堂の黄金の階段（1519～23）など。

⇒岩世（シロエ　1495頃-1563.10.22）
キリ（シロエ, ディエゴ・デ　1495頃-1563.10.22）
芸術（シロエ, ディエゴ・デ　1495頃-1563）
建築（シロエ, ディエゴ・デ　1495頃-1563）
国小（シロエ　1495頃-1563.10.22）
新美（シロエ, ディエーゴ・デ　1495頃-1563.10.22）
西洋（シロエ　1495頃-1563.10.22）
世美（シロエ, ディエゴ・デ　1495頃-1563）

Silva, Juan de 〈16・17世紀〉

スペインの植民地行政官。フィリピン群島長官兼高等法院長としてマニラに着任（1609）, オランダ艦隊と交戦（15）。また日本との国交, 貿易の促進に努めた。

⇒岩世（シルバ　?-1616.4.19）
西洋（シルバ　?-1616.4.19）

Silvani, Gherardo 〈16・17世紀〉

イタリアの建築家, 彫刻家。

⇒建築（シルヴァーニ, ゲラルド　1579-1675）
世美（シルヴァーニ, ゲラルド　1579-1675）

Silveira, Gonçalo da 〈17世紀〉

ポルトガルの貿易家。対日貿易総司令官（カピタン=モール）。

⇒岩世（シルヴェイラ　?-1640）
国史（シルベイラ　?-1640）
西洋（シルヴェイラ　?-1640）
対外（シルベイラ　?-1640）
日人（シルベイラ　?-1640）

Silver, John

R.L.B.スティーヴンソンの小説《宝島》に登場する片足の海賊。

⇒岩世（シルヴァー）

Silvetti 〈20世紀〉

アルゼンチンの建築家。ハーバード大学建築デザイン大学院準教授。

⇒二十（シルベッティ, ジョージ　1942-）

Sim, Alexander Cameron 〈19世紀〉

イギリスの貿易商。スポーツクラブ・神戸KR&ACを創立。

⇒来日（シム　1840.8.28-1900.11.28）

Simard, C.A. 〈20世紀〉

カナダのグラフィックデザイナー。

⇒世芸（シマール, C・A　1943-）

Simiand, François Joseph 〈19・20世紀〉

フランスの社会経済学者。実証的な社会学の研究方法を経済学の分野に適用し, 独自の体系を樹立しようとした。

⇒岩世（シミアン　1873.4.18-1935.4.13）
国小（シミアン　1873.4.18-1935.4.13）
コン3（シミアン　1873-1935）
西洋（シミアン　1873.4.18-1935.4.13）
世百（シミアン　1873-1935）
全書（シミアン　1873-1935）
大辞（シミアン　1873-1935）
大辞2（シミアン　1873-1935）
大辞3（シミアン　1873-1935）
二十（シミアン, F.J.C.　1873-1935）
名著（シミアン　1873-1935）
歴学（シミアン　1873-1935）

Simões, João Gaspar 〈20世紀〉

ポルトガルの小説家, 評論家。雑誌「存在」を創刊, また出版社ポルトゥガーリア・エディトーラを設立。主著『現代小説の傾向』（1931）。

⇒国小（シモンイス　1903.2.25-）
集英（シモンイス, ガスパール　1903.2.25-1987.1.6）
集文（シモンイス, ガスパール　1903.2.25-1987.1.6）

Simon, Franz Eugen 〈20世紀〉

ドイツ系イギリスの物理学者。断熱膨張を利用したヘリウムの液化装置の発明（1926）で有名。

⇒外国（シモン　1893-）
科学（シモン　1893.7.2-1956.10.31）
世科（シモン　1893-1956）
二十（シモン, フランツ・E.　1893.7.2（3）-1956.10.31）

Simon, Herbert Alexander 〈20世紀〉

アメリカの経営学者。アメリカ経営科学会副会長。主著『経営行動』（1945）など。

⇒岩ケ（サイモン, ハーバート（・アレグザンダー）　1916-）
岩世（サイモン　1916.6.15-2001.2.9）
経済（サイモン　1916-）
国小（サイモン　1916.6.15-）
コン3（サイモン　1916-1985）
最世（サイモン, H.A.　1916-1985）
思想（サイモン, ハーバートA（アレグザンダー）　1916-）
数学（サイモン（ハーバート）　1916.6.15-）
数学増（サイモン（ハーバート）　1916.6.15-）
西洋（サイモン　1916.6.15-）
世西（サイモン　1916.6.15-1985.7.9）
世百新（サイモン　1916-2000）

全書（サイモン　1916–）
大辞2（サイモン　1916–1985）
大辞3（サイモン　1916–2001）
ナビ（サイモン　1916–）
二十（サイモン，ハーバート・アレクサンダー
　1916.6.15–1985.7.9）
ノベ（サイモン，H.A.　1916.6.15–2001.2.9）
百科（サイモン　1916–）
ノベ3（サイモン，H.A.　1916.6.15–2001.2.9）
名著（サイモン　1916–）
ユ人（サイモン，ハーバート　1916–2001）

Simon, John 〈20世紀〉

アメリカのプロデューサー，コンポーザー，
キーボード奏者。コネティカット州生まれ。
⇒口人（サイモン，ジョン　1941–）

Simon, John Allsebrook, 1st Viscount 〈19・20世紀〉

イギリスの政治家，法律家。外相（1831～35），
内相（35～37），蔵相（37～40），大法官（40～
45）を歴任。
⇒岩ケ（サイモン（スタックポール・エリダーの），
　ジョン・（オールスブルック・）サイモン，初代子
　爵　1873–1954）
　岩世（サイモン　1873.2.28–1954.1.11）
　英米（Simon, John Allsebrook, 1st Viscount
　Simon　サイモン　1873–1954）
　外国（サイモン　1873–）
　コン2（サイモン　1873–1954）
　コン3（サイモン　1873–1954）
　人物（サイモン　1873.2.28–1954.1.11）
　西洋（サイモン　1873.2.28–1954.1.11）
　世西（サイモン　1873.11.28–1954.1.11）
　二十（サイモン，ジョン　1873.2.28–1954.1.11）

Simon, William Edward 〈20世紀〉

アメリカの政治家，金融家。アメリカ財務長官。
⇒現人（サイモン　1927.11.27–）
　世政（サイモン，ウィリアム　1927.11.27–2000.
　6.3）
　二十（サイモン，ウイリアム・エドワード　1927.
　11.27–）

Simonetti, Michelangelo 〈18世紀〉

イタリアの建築家。
⇒世美（シモネッティ，ミケランジェロ　1724–
　1787）

Simonis, Udo Ernst 〈20世紀〉

ドイツの経済学者。ベルリン工科大学教授，ベ
ルリン科学センター所長。
⇒二十（ジモーニス，U.エルンスト　1937–）

Simons, Henry 〈20世紀〉

アメリカの経済学者。19世紀的自由主義の長所
をかたく信じ，ケインズ，ハンセンの国家財政

政策は全体主義におちいるとして，それに反対
した。
⇒名著（サイモンズ　生没年不詳）

Simpson, Adele 〈20世紀〉

アメリカの女性服飾デザイナー。1946年ネーマ
ン＝マーカス賞・アメリカファッション評論家
賞を同時に受賞。
⇒大百（シンプソン　?–）

Sims, Christopher 〈20世紀〉

アメリカの経済学者。［賞］2011年ノーベル経済
学賞受賞。
⇒ノベ3（シムズ，C.　1942.10.21–）

Sinan, Mimar 〈15・16世紀〉

トルコの建築家。オスマン・トルコ帝国時代を
代表するモスク建築家。
⇒岩世（スィナン　1489.5.21（4.15）–1588）
　外国（シナーン　1489–1578）
　角世（シナン　1489/90–1587/88）
　建築（シナン・イブン・アブド・アル＝マナン（シ
　ナン・ミマール）　1489/91–1578/88）
　国小（シナン　1489頃–1587）
　コン2（スィナン　1489–1587）
　コン3（スィナン　1489–1587）
　新美（シナン　1489–1578/88）
　西洋（スィナン　1489.5.21/（4.15）–1578.7.1）
　世人（ミマール＝シナン　1489/94/99–1578）
　世東（シナン　1489–1578）
　世美（シナーン　1489–1578/88）
　世百（シナン　1490–1579）
　百科（シナン　1490–1579）

Sinatra, Frank Albert 〈20世紀〉

アメリカのポピュラー歌手，映画俳優。1953年
には映画『地上より永遠に』でアカデミー助演
男優賞，60年にはレコード会社リプリーズを創
設した。
⇒アメ（シナトラ　1915–1998）
　岩ケ（シナトラ，フランク　1915–）
　音楽（シナートラ，フランク　1915.12.12–）
　音大（シナトラ　1915.12.12–）
　外男（シナトラ，フランク　1915.12.12–）
　現ア（Sinatra, Frank　シナトラ，フランク
　1915–1998）
　現人（シナトラ　1915.12.12–）
　広辞6（シナトラ　1915–1998）
　国小（シナトラ　1915.12.12–）
　コン3（シナトラ　1915–1998）
　最世（シナトラ，フランク　1915–1998）
　実ク（シナトラ，フランク　1915–1998）
　ジヤ（シナトラ，フランク　1915.1.12–）
　人物（シナトラ　1917.12.12–）
　西洋（シナトラ　1915.12.12–）
　世映（シナトラ，フランク　1915–1998）
　世西（シナトラ　1915.12.12–）
　世俳（シナトラ，フランク　1915.12.12–1998.5.

sincl 574 西洋人物レファレンス事典

14)
世百（シナトラ　1917-）
世百新（シナトラ　1915-1998）
全書（シナトラ　1915-）
大辞2（シナトラ　1915-）
大辞3（シナトラ　1915-1998）
大百（シナトラ　1915-）
ナビ（シナトラ　1915-）
二十（シナトラ，フランク　1915.12.12-）
俳優（シナトラ，フランク　1915.12.12-）
百科（シナトラ　1915-）
標音（シナトラ，フランク）
洋ヒ（シナトラ，フランク　1915-1998）

Sinclair, *Sir* Clive Marles 〈20世紀〉
イギリスの電子エンジニア，発明家。
⇒岩ケ（シンクレア，サー・クライヴ（・マールズ）
1940-）

Sinclair, *Sir* John 〈18・19世紀〉
イギリス（スコットランド）の財政家，農業改良
家。イギリス羊毛改良協会を創立（1791）。
⇒岩世（シンクレア　1754.5.10-1835.12.21）
西洋（シンクレア　1754.5.10-1835.12.21）

Singer, Isaac Merrit 〈19世紀〉
アメリカの発明家，企業家。
⇒岩ケ（シンガー，アイザック（・メリット）
1811-1875）
岩世（シンガー　1811.10.27-1875.7.23）
科学（シンガー　1811-1875）
科史（シンガー　1811-1875）
広辞4（シンガー　1811-1875）
広辞6（シンガー　1811-1875）
国小（シンガー　1811.10.27-1875.7.23）
コン2（シンガー　1811-1875）
コン3（シンガー　1811-1875）
人物（シンガー　1811.10.27-1875.7.23）
西洋（シンガー　1811.10.27-1875.7.23）
世科（シンガー　1811-1875）
世西（シンガー　1811.10.27-1875.7.23）
世百（シンガー　1811-1875）
全書（シンガー　1811-1875）
大辞（シンガー　1811-1875）
大辞3（シンガー　1811-1875）
大百（シンガー　1811-1875）
デス（シンガー　1811-1875）
百科（シンガー　1811-1875）

Singh, Dinesh 〈20世紀〉
インドの政治家。商業相。外相，工業開発相な
どを歴任。
⇒国小（シン　1925-）
世政（シン，ディネシュ　1925.7.19-1995.11.30）

Singh, Manmohan 〈20世紀〉
インドの政治家，エコノミスト。インド首相。

⇒世政（シン，マンモハン　1932-）

Singh, Sardar Swaran 〈20世紀〉
インドの政治家。鉄道相，国防相（1966），外相
（64，70）などを歴任。
⇒現人（シン　1907.8.19-）
国小（シン　1907.8.19-）
コン3（スワラン・スィン　1907-）
二十（シン，S.S.　1907.8.19-）
二十（スワラン，シン　1907-）

Singhania, *Sir* Padampat 〈20世紀〉
インドの政治家，実業家。インドにおける繊維，
砂糖，鉄鋼，木材，化学などの諸産業の先駆者。
⇒外国（シンガニア　1905-）

Singleton, John 〈20世紀〉
アメリカ生まれの映画監督，映画脚本家，映画
製作者。
⇒ア事（シングルトン，ジョン　1968-）
世映（シングルトン，ジョン　1968-）

Sinyavsky, Mikhail Isaakovich 〈20世紀〉
ソ連邦の建築家。
⇒世美（シニャーフスキー，ミハイル・イサアコ
ヴィチ　1895-）

Siren, Heikki 〈20世紀〉
フィンランドの建築家。
⇒岩世（シレン　1918.10.5-2013.2.25）

Sir Jinx 〈20世紀〉
アメリカのDJ，プロデューサー。
⇒ヒ人（サー・ジンクス）

Sironi, Paolo 〈19・20世紀〉
イタリアの建築家。
⇒世美（シローニ，パーオロ　1858-1927）

Sismondi, Jean Charles Léonard Simonde de 〈18・19世紀〉
スイスの歴史家，経済学者。過小消費説に立つ
経済恐慌の理論を構想した。
⇒岩世（シスモンディ　1773.5.9-1842.6.25）
外国（シスモンディ　1773-1842）
角世（シスモンディ　1773-1842）
国小（シスモンディ　1773.5.9-1842.6.25）
コン2（シスモンディ　1773-1842）
コン3（シスモンディ　1773-1842）
人物（シスモンディ　1773.5.9-1842.6.25）
西洋（シスモンディ　1773.5.9-1842.6.25）
世西（シスモンディ　1773.5.9-1842.6.25）
世百（シスモンディ　1773-1842）
全書（シスモンディ　1773-1842）

大百 （シスモンディ　1773–1842）
デス （シスモンディ　1773–1842）
伝世 （シスモンディ　1773.5.9–1842.6.25）
百科 （シスモンディ　1773–1842）
評世 （シスモンディ　1773–1842）
名著 （シスモンディ　1773–1842）
歴学 （シスモンディ　1773–1842）
歴史 （シスモンディ　1773–1842）

Sisto, Fra 〈13世紀〉
イタリアの建築家。
⇒世美 （シスト, フラ　?–1290）

Sitte, Camillo 〈19・20世紀〉
オーストリアの画家, 建築家。著書『都市計画』(1889)。
⇒国小 （ジッテ　1843–1903）
新美 （ジッテ, カミロ　1843.4.17–1903.11.16）
世美 （ジッテ, カミロ　1843–1903）
二十 （ジッテ, C.　1843–1903）
百科 （ジッテ　1843–1903）

Siza, Alvaro 〈20世紀〉
ポルトガル生まれの建築家。ボルドー美術学校助教授。
⇒二十 （シザ, アルヴァロ　1933–）

Sjöström, Victor 〈19・20世紀〉
スウェーデンの無声映画時代の代表的な映画監督, 映画製作者。主作品『霊魂の不滅』(1920)など。
⇒岩ケ （ショーストレーム, ヴィクトル　1879–1960）
岩世 （シェーストレム　1879.9.20–1960.1.3）
外国 （シェーストレム　1879–）
監督 （シェーストレーム, ヴィクトール　1879.9.20–1960.1.3）
国小 （シェーストレム　1879.9.23–1960.1.3）
コン2 （シェストレーム　1879–1960）
コン3 （シェストレーム　1879–1960）
世映 （シェーストレーム, ヴィクトル　1879–1960）
世百 （シェストレム　1879–1960）
全書 （シェーストレム　1879–1960）
大百 （シェストレム　1879–1960）
デス （シェストレム　1879–1960）
ナビ （シェストレム　1879–1960）
二十 （シェーストレーム, ビクトル　1879.9.20–1960.1.3）
俳優 （シェーストレーム, ヴィクトル　1879.9.20–1960.1.3）
百科 （シェーストレーム　1879–1960）
百科 （シェストレム　1879–1960）

Ski Beats 〈20世紀〉
アメリカのヒップホップ系の音楽プロデューサー。
⇒七人 （スキー・ビーツ）

Skidmore, Louis 〈20世紀〉
アメリカの建築家。1936年スキッドモア・オウイングズ・メリル建築事務所を開設。おもな建築に『テラス・プラッツァ・ホテル』などがある。
⇒国小 （スキッドモア　1897.4.8–1962.9.27）

Skinner, Andrew Stewart 〈20世紀〉
イギリス・スコットランド生まれの経済思想家。
⇒岩世 （スキナー　1935.1.11–2011.11.21）
経済 （スキナー　1935–）

Skira, Albert 〈20世紀〉
スイスの実業家。
⇒新美 （スキラ, アルベール　1904.8.10–1973.9.14）
二十 （スキラ, アルベール　1904.8.10–1973.9.14）

Skladanowsky, Max 〈19・20世紀〉
ドイツ・ベルリン生まれの発明家, 映画撮影監督, 興行者。
⇒世映 （スクラダノフスキー, マックス　1863–1939）

Skoda, Emil von 〈19世紀〉
チェコスロヴァキアの技術者, 企業家, 騎士, 貴族院議員。ピルゼンで機械工場を継承して(1866)、軍需品工場とし, 特に大砲, 機関銃等の製作に従った(90来)。
⇒国小 （シュコダ　1839.11.19–1900.8.8）
西洋 （スコーダ　1839.11.19–1900.8.8）
東欧 （シュコダ　1839–1900）

Skopas 〈前4世紀頃〉
ギリシアの彫刻家, 建築家。作品に『陶酔のマイナス』『メレアグロス』など。
⇒岩ケ （スコパス　前4世紀頃）
岩世 （スコパス　前370-30年頃）
旺世 （スコパス　生没年不詳）
外国 （スコパス　前4世紀）
ギリ （スコパス　（活動）前370–330）
ギロ （スコパス　前4世紀）
芸術 （スコパス）
広辞4 （スコパス）
広辞6 （スコパス）
国小 （スコパス　生没年不詳）
コン2 （スコパス　前4世紀）
コン3 （スコパス　生没年不詳）
新美 （スコパース）
人物 （スコパス　生没年不詳）
西洋 （スコパス　前4世紀）
世人 （スコパス　前395頃–前350頃）
世西 （スコパス　前420頃–340頃）
世美 （スコパス　前4世紀）
世百 （スコパス　前4世紀）
全書 （スコパス　生没年不詳）

大辞3（スコパス　前4世紀頃）
大百（スコパス　生没年不詳）
デス（スコパス　生没年不詳）
伝世（スコパス　前4世紀頃）

Skouras, Spyros 〈20世紀〉

ギリシア生まれの企業家。
⇒世映（スクーラス, スパイロス　1893–1971）

Skowroneck, Martin 〈20世紀〉

ドイツのハープシコード製作者。
⇒音大（スコヴロネク　1926.12.21–）

Slaby, Adolph Karl Heinrich 〈19・20世紀〉

ドイツの電気技術者。
⇒世百（スラビー　1849–1913）
大百（スラビー　1849–1913）

Slater, Samuel 〈18・19世紀〉

アメリカ紡績機械の製造家。1789年渡米。アメリカ木綿工業の創始者。また, アメリカにおける日曜学校の創始者。
⇒岩ケ（スレイター, サミュエル　1768–1835）
岩世（スレイター　1768.6.9–1835.4.21）
外国（スレーター　1768–1835）
キリ（スレイター, サミュエル　1768.6.9–1835.4.21）
国小（スレーター　1768.6.9–1835.4.21）
コン2（スレーター　1768–1835）
コン3（スレーター　1768–1835）
人物（スレーター　1768.6.9–1835.4.21）
西洋（スレーター　1768.6.9–1835.4.21）
伝世（スレイター　1768.6.9–1835）
百科（スレーター　1768–1835）
評世（スレイター　1768–1835）

Slichter, Sumner Huber 〈20世紀〉

アメリカの経済学者。労働問題の経済学的解明で特に有名。
⇒岩世（スリクター　1892.1.8–1959.9.27）
西洋（スリクター　1892.1.8–1959.9.27）

Sloan, Alfred Pritchard 〈19・20世紀〉

アメリカの企業家。1923年ゼネラル・モーターズ社（GM）社長。のち同社会長（46）, 名誉会長（56）。
⇒岩ケ（スローン, アルフレッド・P（プリチャード）, ジュニア　1875–1966）
岩世（スローン　1875.5.23–1966.2.17）
コン2（スローン　1875–1966）
コン3（スローン　1875–1966）
西洋（スローン　1875.5.23–1966.2.17）
全書（スローン　1875–1966）
伝世（スローン, A.P.　1875.5.23–1966.2.17）
二十（スローン, アルフレッド・プリチャード（Jr.）　1875.5.23–1966.2.17）

百科（スローン　1875–1966）

Slutskii, Evgenii 〈19・20世紀〉

ソ連邦の統計学者, 経済学者。数理経済学にいわゆる〈スルーツキー方法〉を導入したほか, 時系列論, 確率論等の分野で独特の研究を発表した。
⇒岩世（スルツキー　1880.4.7[19]–1948.3.10）
経済（スルツキー　1880–1948）
数学（スルーツキー　1880.4.19–1948.3.10）
数学増（スルーツキー　1880.4.19–1948.3.10）
西洋（スルツキー　1880–1948.3.10）
二十（スルツキー, ユーゲン　1880–1948）

Smart, William 〈19・20世紀〉

イギリスの経済学者。思想的にはカーライルやラスキンに影響され, またベーム・バヴェルク等の大陸の経済学者の紹介にも力を致した。
⇒岩世（スマート　1853.4.10–1915.3.19）
西洋（スマート　1853.4.10–1915.3.19）

Smeaton, John 〈18世紀〉

イギリスの土木技術者。イギリス海峡のエディストン燈台の再建者。
⇒岩ケ（スミートン, ジョン　1724–1794）
岩世（スミートン　1724.6.8–1792.10.28）
外国（スミートン　1724–1792）
科史（スミートン　1724–1792）
国小（スミートン　1724.6.8–1792.10.28）
コン2（スミートン　1724–1792）
コン3（スミートン　1724–1792）
人物（スミートン　1724.6.8–1792.10.28）
西洋（スミートン　1724.6.8–1792.10.28）
世科（スミートン　1724–1792）
世西（スミートン　1724.6.8–1792.10.28）
世百（スミートン　1724–1792）
全書（スミートン　1724–1792）
大辞（スミートン　1724–1792）
大辞3（スミートン　1724–1792）
大百（スミートン　1724–1792）
伝世（スミートン　1724.1.8–1792.10.28）
百科（スミートン　1724–1792）

Smellie, William 〈18世紀〉

イギリスの編集者, 印刷業者, 古物研究家。
⇒岩ケ（スメリー, ウィリアム　1740–1795）

Smirke, *Sir* Robert 〈18・19世紀〉

イギリスの古典主義建築家。
⇒岩ケ（スマーク, サー・ロバート　1781–1867）
岩世（スマーク　1780.10.1–1867.4.18）
建築（スマーク, サー・ロバート　1780–1867）
国小（スマーク　1780.10.1–1867.4.18）
新美（スマーク, ロバート　1781.10.1–1867.4.18）
西洋（スマーク　1781–1867.4.18）
世西（スマーク　1781–1867）
世美（スマーク, ロバート　1780–1867）

百科（スローン　1875–1966）

経済・産業篇　　　　　577　　　　　**smith**

全書（スマーク　1781–1867）
大百（スマーク　1781–1867）
百科（スマーク　1781–1867）

Smith, Adam 〈18世紀〉

イギリスの経済学者, 哲学者。ことに古典学派
経済学の祖として著名。
⇒逸話（アダム＝スミス　1723–1790）
イ哲（スミス, A.　1723–1790）
イ文（Smith, Adam　1723–1790）
岩ケ（スミス, アダム　1723–1790）
岩世（スミス　1723.6.5頃–1790.7.17）
岩哲（スミス, A　1723–1790）
英米（Smith, Adam　スミス, アダム　1723–
1790）
旺世（アダム＝スミス　1723–1790）
外国（スミス　1723–1790）
科史（スミス　1723–1790）
角世（スミス（アダム）　1723–1790）
教育（スミス　1723–1790）
キリ（スミス, アダム　1723.6.5–1790.7.17）
広辞4（スミス　1723–1790）
広辞6（スミス　1723–1790）
国小（スミス　1723.6.5洗礼–1790.7.17）
国百（スミス, アダム　1723–1790.7.17）
コン2（スミス　1723–1790）
コン3（スミス　1723–1790）
集成（スミス, アダム　1723.6.5–1790.9.17）
集文（スミス, アダム　1723.6.5–1790.9.17）
人物（アダム・スミス　1723.6.5–1790.7.17）
西洋（スミス　1723.6.5–1790.7.17）
世人（スミス, アダム　1723–1790）
世西（スミス　1723.6.5–1790.7.17）
世百（スミス　1723–1790）
世文（スミス, アダム　1723–1790）
全書（スミス　1723–1790）
大辞（スミス　1723–1790）
大辞3（スミス　1723–1790）
大百（スミス　1723–1790）
デス（スミス　1723–1790）
伝世（スミス, A.　1723.6.5–1790.7.19）
百科（スミス　1723–1790）
評世（スミス　1723–1790）
名著（スミス　1723–1790）
山世（スミス　1723–1790）
歴史（アダム＝スミス　1723–1790）

Smith, Delia 〈20世紀〉

イギリスの料理研究家, テレビ出演者。
⇒世女（スミス, デリア　1941–）

Smith, Donald Alexander 〈19・20世紀〉

カナダの政治家, 外交官, 慈善家。毛皮交易,
鉄道事業, 銀行業など幅広い事業を手がけて巨
億の財を築いた産業界の主導者。
⇒伝世（スミス, D.A.　1820.8.6–1914.1.21）

Smith, Erasmus Peshine 〈19世紀〉

アメリカの法律学者, 経済学者。日本政府法律
顧問として来日。
⇒岩世（スミス　1814.3.2–1882.10.21）
国史（スミス　1814–1882）
コン2（スミス　1814–1882）
コン3（スミス　1814–1882）
西洋（スミス　1814–1882）
日人（スミス　1814–1882）
来日（スミス　1814.3.2–1882.10.21）

Smith, *Sir* Francis Pettit 〈19世紀〉

イギリスの発明家。船のスクリュープロペラの
改良, 普及に大きな役割を果した。
⇒岩世（スミス　1808–1874.2.12）
外国（スミス　1808–1874）
科学（スミス　1808.2.9–1874.2.12）
国小（スミス　1808–1874）
コン2（スミス　1808–1874）
コン3（スミス　1808–1874）
西洋（スミス　1808–1874）
世西（スミス　1808.2.9–1874.2.12）
世百（スミス　1808–1874）
全書（スミス　1808–1874）
大百（スミス　1808–1874）
百科（スミス　1808–1874）

Smith, George Albert 〈19・20世紀〉

イギリスの映画監督, 製作者。映画製作の先駆
者の一人。
⇒監督（スミス, ジョージ・アルバート　1864–
1959）
世映（スミス, ジョージ・アルバート　1864–
1959）

Smith, George Murray 〈19・20世紀〉

イギリスの出版業者。初期にはラスキン, Ch.
ブロンテ, サッカリ, また後期にはブラウニン
グ, M.アーノルド, L.スティーヴンなどの作を
出版した。
⇒岩ケ（スミス, ジョージ　1824–1901）
岩世（スミス　1824.3.19–1901.4.6）
集文（スミス, ジョージ・マリー　1824.3.19–
1901.4.6）
西洋（スミス　1824.3.19–1901.4.6）

Smith, James H. 〈20世紀〉

アメリカの実業家。国際協力局長官。
⇒二十（スミス, ジェームス・H.　1909–）

Smith, Jededlah Strong 〈18・19世紀〉

アメリカの猟師, 毛皮商人, 探検家。ウインド
川を遡行, 米国南西部の, 一時メキシコ領と
なったことのあるシエラネバダを初縦断し, カ
リフォルニア, オレゴン沿岸を探索。
⇒岩ケ（スミス, ジェディダイア（・ストロング）
1799–1831）

S

国小（スミス　1799–1831）
探検2（スミス　1799–1831）

Smith, John 〈16・17世紀〉

イギリスの軍人，植民地開拓者，著作家。北ア
メリカ最初の恒久的なイギリス植民地の建設者
の一人。
⇒アメ（スミス　1579/80–1631）
　岩ケ（スミス，ジョン　1580–1631）
　岩世（スミス　1579.1頃–1631.6.21）
　英米（Smith, John　スミス，ジョン　1580頃–
　　1631）
　外国（スミス　1579?–1631）
　角世（スミス（ジョン）　1580?–1631）
　国小（スミス　1580頃–1631.6）
　コン2（スミス　1579–1631）
　コン3（スミス　1579–1631）
　西洋（スミス　1579.1.9–1631.6.21）
　全書（スミス　1579/80–1631）
　探検1（スミス　1580–1631）
　伝世（スミス，J.　1579–1631.6）
　百科（スミス　1579/80–1631）
　評世（スミス　1580–1631）

Smith, Oliver 〈20世紀〉

アメリカの舞台装置家，監督。『サウンド・オ
ブ・ミュージック』(1959) などのミュージカル
の装置の製作で有名。
⇒国小（スミス　1918–）
　世俳（スミス，オリヴァー）
　二十（スミス，オリヴァー）
　バレ（スミス，オリヴァー　1918.2.13–1994）

Smith, Robert 〈18・19世紀〉

イギリスのエンジニア。
⇒建築（スミス，ロバート　1787–1873）

Smith, Robert Henry 〈19・20世紀〉

イギリスの工学者。開成学校，東京帝国大学で
機械工学，土木工学を教授。
⇒日人（スミス　1852–1916）
　来日（スミス　1852–1916）

Smith, Roger 〈20世紀〉

アメリカの俳優，歌手，脚本家，映画プロ
デューサー。
⇒外男（スミス，ロジャー　1932.12.18–）
　世俳（スミス，ロジャー　1932.12.18–）
　俳優（スミス，ロジャー　1932.12.18–）
　洋ヒ（スミス，ロジャー　1932–）

Smith, Roger Bonham 〈20世紀〉

アメリカの実業家。
⇒世西（スミス　1925.7.12–）

Smith, Tony 〈20世紀〉

アメリカの彫刻家，建築家。ミニマル・アート
をはじめとする立体表現に影響をおよぼした。
⇒新美（スミス，トニー　1912–1980.12）
　世美（スミス，トニー　1912–1980）
　全書（スミス　1912–1981）
　二十（スミス，トニー　1912–1981）
　美術（スミス，アンソニー　1912–）

Smith, Vernon L. 〈20世紀〉

アメリカの経済学者。2002年ノーベル経済
学賞。
⇒ノベ（スミス，V.L.　1927.1.1–）
　ノベ3（スミス，V.L.　1927.1.1–）

Smith, William 〈18・19世紀〉

イギリスの土木技師，地質学者。
⇒岩ケ（スミス，ウィリアム　1769–1839）
　岩世（スミス　1769.3.23–1839.8.28）
　外国（スミス　1769–1839）
　科学（スミス　1769.3.23–1839.8.28）
　科技（スミス　1769.3.23–1839.8.28）
　科史（スミス　1769–1839）
　科人（スミス，ウィリアム　1769.3.23–1839.8.
　　28）
　国小（スミス　1769.3.23–1839.8.28）
　国百（スミス，ウィリアム　1769.3.23–1839.8.
　　28）
　コン2（スミス　1769–1839）
　コン3（スミス　1769–1839）
　人物（スミス　1769.3.23–1839.8.28）
　西洋（スミス　1769.3.23–1839.8.28）
　世西（スミス　1769.3.23–1839.8.28）
　世百（スミス　1769–1839）
　全書（スミス　1769–1839）
　大辞（スミス　1769–1839）
　大辞3（スミス　1769–1839）
　大百（スミス　1769–1839）
　百科（スミス　1769–1839）
　名著（スミス　1769–1839）

Smith, William Alexander 〈19・20世紀〉

スコットランドの実業家。フリー・コレッジ・
チャーチ・ミッション日曜学校主事，ボーイ
ズ・ブリゲイド創立者。
⇒岩ケ（スミス，サー・ウィリアム　1854–1914）
　キリ（スミス，ウィリアム・アレグザーンダ
　　1854.10.27–1914.5.10）

Smith, William Henry 〈19世紀〉

イギリスの新聞雑誌小売業者，書籍販売人，政
治家。
⇒岩ケ（スミス，W（ウィリアム）・H（ヘンリー）
　　1825–1891）

Smithies, Arthur 〈20世紀〉
アメリカの経済学者。
⇒二十（スミシーズ, アーサー　1907-1981）

Smithson
イギリスの近代建築家。
⇒岩世（スミッソン夫妻）

Smithson, Alison Margaret 〈20世紀〉
イギリスの女流建築家。夫婦での共同作品「ハ
ンスタントン中学校」(1954) は, ブルータリズ
ム (Brutalism) なる語を生んだ。
⇒現人（スミッソン　1928.6.22-）
スパ（スミッソン, アリソン　1928-）
世女（スミッソン, アリソン　1928-1993）
世女日（スミスソン, アリソン　1928-1993）
世美（スミスソン（夫妻））

Smithson, Huntingdon 〈17世紀〉
イギリスの建築家。
⇒世美（スミスソン, ハンティドン　?-1678）

Smithson, John 〈17世紀〉
イギリスの建築家。
⇒世美（スミスソン, ジョン　?-1634）

Smithson, Peter Denham 〈20世紀〉
イギリスの建築家。夫婦での共同作品「ハンス
タントン中学校」(1954) は, ブルータリズム
(Brutalism) なる語を生んだ。
⇒現人（スミッソン　1923.9.18-）
世美（スミスソン（夫妻））

Smyth, Admiral William Henry
〈18・19世紀〉
イギリスの海軍軍人で水路測量家。
⇒天文（スミス　1788-1865）

Smythson, Robert 〈16・17世紀〉
イギリスの建築家。誇大かつ華麗なウーラト
ン・ホールを建てた。
⇒岩ケ（スマイズソン, ロバート　1535頃-1614）
岩世（スミッソン　1536-1614）
建築（スミスソン　1536頃-1614）
国小（スマイズソン　1535頃-1614）
新美（スミスソン, ロバート　1535頃-1614）
世美（スミスソン, ロバート　1536頃-1614）

Snell van Roijen, Willebrord 〈16・17世紀〉
オランダの数学者。光の屈折の法則（スネルの
法則）を確立。また三角測量の方法を見出した。
⇒岩ケ（スネル, ヴィレブロルト・ファン・ローエ
ン　1580-1626）

岩世（スネル　1580-1626.10.30）
岩哲（スネル　1580-1626）
外国（スネル　1591-1626）
科学（スネル　1580-1626.10.30）
科技（スネル　1591-1626.10.30）
科史（スネル　1580-1626）
科人（スネル, ウィレブロード・ファン・ロイエ
ン　1591-1626.10.30）
国小（スネル　1591-1626）
コン2（スネル　1591-1626）
コン3（スネル　1591-1626）
人物（スネル　1591-1626.10.31）
数学（スネリウス（スネル）　1580-1626.10.30）
数学増（スネリウス（スネル）　1580-1626.10.
30）
西洋（スネル　1591-1626.10.31）
世科（スネル　1580-1626）
世西（スネル　1591-1626.10.30）
全書（スネル　1591-1626）
大辞（スネル　1591-1626）
大辞3（スネル　1591-1626）
大百（スネル　1591-1626）
伝世（スネル　1580-1626.10.30）
天文（スネル　1591-1626）

Snider, Jacob 〈19世紀〉
アメリカの発明家。〈スナイダー旋条銃〉を発明
し, イギリス政府に採用された。
⇒岩世（スナイダー（慣スナイドル）　?-1866）
西洋（スナイダー　?-1866）

Snipes, Wesley 〈20世紀〉
アメリカ生まれの男優, 映画製作者。
⇒ア事（スナイプス, ウェズリー　1962-）
外男（スナイプス, ウェズリー　1962/63.7.31-）
世映（スナイプス, ウェズリー　1962-）
世俳（スナイプス, ウェズリー　1962.7.31-）

Snoecq, Dircq
オランダの長崎商館長。
⇒岩世（スヌーク）

Snowden, Philip, 1st Viscount 〈19・
20世紀〉
イギリス労働党政治家。雄弁家, 婦人解放論者
としても著名。著書は『労働と国家財政』
(1920)。
⇒岩世（スノードン　1864.7.18-1937.5.15）
英米（Snowden, Philip, 1st Viscount Snowden
スノーデン　1864-1937）
旺世（スノーデン　1864-1937）
外国（スノーデン　1864-1937）
角世（スノーデン　1864-1937）
国小（スノーデン　1864.7.18-1937.5.15）
コン2（スノーデン　1864-1937）
コン3（スノーデン　1864-1937）
人物（スノーデン　1864.7.18-1937.5.15）
西洋（スノーデン　1864.7.18-1937.5.15）

snowd 　　　　　　　580　　　　西洋人物レファレンス事典

世西　（スノーデン　1864.7.8-1937.5.15）
世百　（スノーデン　1864-1937）
全書　（スノーデン　1864-1937）
大百　（スノーデン　1864-1937）
ナビ　（スノーデン　1864-1937）
二十　（スノーデン，フィリップ　1864-1937）
百科　（スノードン　1864-1937）
評世　（スノーデン　1864-1937）
山世　（スノーデン　1864-1937）

Snowdon, Antony Armstrong-Jones, 1st Earl of 〈20世紀〉
イギリスの写真家，設計者。
⇒岩ケ　（スノードン，アントニー・アームストロング＝ジョーンズ，初代伯爵　1930-）

Snyder, John 〈20世紀〉
アメリカのジャズ・プロデューサー。
⇒ジヤ　（スナイダー，ジョン　?-）
二十　（スナイダー，ジョン　1948-）

Snyder, John Wesley 〈20世紀〉
アメリカの銀行家，政治家。1945年財務長官。
⇒外国　（スナイダー　1896-）
コン3　（スナイダー　1895-）
人物　（スナイダー　1895.6.21-）
世政　（スナイダー，ジョン　1895.6.21-1985.10.8）
世西　（スナイダー　1895.6.21-）

Snyder, Richard 〈20世紀〉
アメリカの出版社，サイモン・アンド・シュスター社社長。
⇒ア人　（スナイダー，リチャード）

Soane, *Sir John* 〈18・19世紀〉
イギリスの建築家。代表作品は英国銀行（1795〜1827），ピッツァンガー館（02）など。
⇒岩ケ　（ソーン，サー・ジョン　1753-1837）
岩世　（ソーン　1753.9.10-1837.1.20）
建築　（ソーン，サー・ジョン　1753-1837）
国小　（ソーン　1753.9.10-1837.1.20）
コン2　（ソーン　1753-1837）
コン3　（ソーン　1753-1837）
新美　（ソーン，ジョン　1753.9.10-1837.1.20）
西洋　（ソーン　1752.9.10-1837.1.20）
世美　（ソーン，ジョン　1753-1837）
百科　（ソーン　1753-1837）

Soave, Felice 〈18・19世紀〉
イタリアの建築家。
⇒世美　（ソアーヴェ，フェリーチェ　1749-1803）

Sobre, Jean-Nicolas 〈18・19世紀〉
フランスの建築家。

⇒建築　（ソブル，ジャン＝ニコラ　1755頃-1805）
世美　（ソーブル，ジャン＝ニコラ　1755/60-1802以降）

Soetbeer, Georg Adolf 〈19世紀〉
ドイツの経済学者，統計学者。貨幣用金属およびその価格の統計に関する研究がある。
⇒岩世　（ゼートベーア　1814.11.23-1892.10.23）
西洋　（ゼートベール　1814.11.23-1892.10.22）

Solanas, Fernando Ezequiel 〈20世紀〉
アルゼンチン生まれの映画監督，映画製作者。
⇒岩世　（ソラナス　1936.2.16-）
世映　（ソラナス，フェルナンド・エセキエル　1936-）

Solari, Cristoforo 〈15・16世紀〉
イタリアの彫刻家，建築家。代表作『ロドビコ・イル・モロとベアリンチェ・デステの墓』（1497〜99）。
⇒キリ　（ソラーリオ（ソラーリ），クロストーフォロ　1460頃-1527）
建築　（ソラリオ（ソラリ），クリストーフォロ　1460頃-1527）
国小　（ソラーリ　?-1527）
新美　（ソラーリ，クリストフォロ　1460頃-1527）
西洋　（ソラーリ　15世紀）
世美　（ソラーリオ，クリストーフォロ　1460頃-1527）

Solari, Giovanni 〈15世紀〉
イタリアの建築家。ミラノの大聖堂の仕事などを行う。
⇒国小　（ソラーリ　1410頃-1480）
世美　（ソラーリ，ジョヴァンニ　1410頃-1480頃）

Solari, Guiniforte 〈15世紀〉
イタリアの建築家。ジョハンニの息子。
⇒建築　（ソラーリ，グイニフォルテ　1429-1481）
国小　（ソラーリ　1427-1481）
新美　（ソラーリ，グイニフォルテ　1429-1481.1）
世美　（ソラーリ，グイニフォルテ　1429-1481）

Solari, Pietro Antonio 〈15世紀〉
イタリアの建築家，彫刻家。ロシアに赴き，グラノビターヤ宮殿を建造。
⇒国小　（ソラーリ　1450以後-1493）
新美　（ソラーリ，ピエトロ・アントーニオ　1450以後-1493）
世美　（ソラーリ，ピエトロ・アントーニオ　1450頃-1493）

Solari, Santino 〈16・17世紀〉
イタリアの建築家，彫刻家。
⇒新美　（ソラーリ，サンティーノ　1576-1646.4.10）

世美 （ソラーリ, サンティーノ　1576–1646）

Soleri, Paolo 〈20世紀〉

イタリアの建築家。コサンティ財団主宰。
⇒世美 （ソレーリ, パーオロ　1919–）
　二十 （ソレリ, パオロ　1919–）

Soli, Giuseppe Maria 〈18・19世紀〉

イタリアの建築家。
⇒建築 （ソリ, ジュゼッペ・マリア　1748–1823）
　世美 （ソーリ, ジュゼッペ・マリーア　1745–1823）

Solimena, Francesco 〈17・18世紀〉

イタリアの画家, 建築家。通称L'Abbate
Ciccio。後期バロックのナポリの代表的な画家。
⇒岩世 （ソリメーナ　1657.10.4–1747.4.5）
　芸術 （ソリメナ, フランチェスコ　1657–1747）
　国小 （ソリメーナ　1657.10.4–1747.4.3）
　新美 （ソリメーナ, フランチェスコ　1657.10.4–1747.4.5）
　西洋 （ソリメーナ　1657.10.4–1747.4.5）
　世美 （ソリメーナ, フランチェスコ　1657–1747）

Söllheim, Fritz 〈19・20世紀〉

ドイツの経営学者。経営学方法論の分野では資
料の整理をし, 画期的な体系づけを行う。
⇒名著 （ゼルハイム　1888–）

Solomon 〈前10世紀頃〉

イスラエル統一王国3代目の王(在位前961～
922)。経済に明るく, 通商によって莫大な利を
得, 盛んに建築工事を行った。エルサレム神殿
を建築。
⇒逸話 （ソロモン　前967–前928頃）
　岩ケ （ソロモン(旧約聖書)　前10世紀）
　旺世 （ソロモン　生没年不詳）
　外国 （ソロモン　?–前933頃）
　角世 （ソロモン　(在位)前961?–922?）
　教育 （ソロモン　前900頃）
　広辞4 （ソロモン）
　広辞6 （ソロモン　(在位)前961頃–922頃）
　皇帝 （ソロモン　?–前922）
　国小 （ソロモン　生没年不詳）
　コン2 （ソロモン(シェロモ)）
　コン3 （ソロモン(シェロモ)）
　新美 （ソロモン）
　人物 （ソロモン　前971頃–932頃）
　聖書 （ソロモン　(在位)前965頃–926）
　西洋 （ソロモン）
　世人 （ソロモン　生没年不詳）
　世西 （ソロモン　前990頃–933頃）
　世東 （ソロモン　前990頃–933頃）
　世百 （ソロモン）
　全書 （ソロモン　生没年不詳）
　大辞 （ソロモン　前10世紀頃）
　大辞3 （ソロモン　前10世紀頃）
　大百 （ソロモン　?–前930頃）

　デス （ソロモン）
　伝世 （ソロモン　?–前925頃）
　統治 （ソロモン(シェローモー)　(在位)前970–931）
　百科 （ソロモン　?–前928頃）
　評世 （ソロモン　生没年不詳）
　山世 （ソロモン　生没年不詳）
　歴史 （ソロモン）

Solomon, Flora 〈20世紀〉

ロシア系イギリス人の福祉事業家。
⇒世女 （ソロモン, フローラ　1895–1984）
　世女日 （ソロモン, フローラ　1895–1984）

Solomon, John 〈19・20世紀〉

イギリスのトランペット奏者。トランペットの
楽器改良に大きく貢献。B♭管コルネット用の
教本がある。
⇒演奏 （ソロモン, ジョン　1856.8.2–1953.2.1）

Solomon, Solomn Joseph 〈19・20世紀〉

イギリスの画家, 迷彩法の考案者。
⇒ユ人 （ソロモン, ソロモン・ジョセフ　1860–1927）

Solov'yov, Yulii Filippovich 〈20世紀〉

ソ連邦の政治家。ソ連邦工業建設相。
⇒二十 （ソロビヨフ, ユーリイ　1925–）

Solow, Robert Merton 〈20世紀〉

アメリカの経済学者。[賞]1987年ノーベル経済
学賞受賞。「経済成長理論への貢献」
⇒岩ケ （ソロー, ロバート(・マートン)　1924–）
　岩世 （ソロー　1924.8.23–）
　経済 （ソロー　1924–）
　広辞6 （ソロー　1924–）
　コン3 （ソロー　1924–）
　最世 （ソロー, R.M.　1924–）
　西洋 （ソロー　1924.8.23–）
　世百新 （ソロー　1924–）
　大辞2 （ソロー　1924–）
　大辞3 （ソロー　1924–）
　二十 （ソロー, ロバート・M.　1924.8.23–）
　ノベ （ソロー, R.M.　1924.8.23–）
　百科 （ソロー　1924–）
　ノベ3 （ソロー, R.M.　1924.8.23–）
　名著 （ソロー　1926–）
　ユ人 （ソロー, ロバート・マートン　1924–）

Solvay, Ernest 〈19・20世紀〉

ベルギーの化学者。アンモニアソーダ法（ソル
ベー法）を発明。
⇒岩ケ （ソルヴェー, エルネスト　1838–1922）
　岩世 （ソルヴェ(ソルヴェイ)　1838.4.16–1922.5.26）

外国（ソールヴェー 1838-1922）
科学（ソルヴェイ 1838.4.16-1922.5.26）
科技（ソルベー 1838.4.6-1922.5.26）
科史（ソルヴェー 1838-1922）
科人（ソルヴェイ, エルネスト 1838.4.16-1922.5.26）
科大（ソルベー 1838-1922）
科大2（ソルベー 1838-1922）
広辞4（ソルヴェー 1838-1922）
広辞5（ソルヴェー 1838-1922）
広辞6（ソルヴェー 1838-1922）
国小（ソルベー 1838-1922）
コン2（ソルヴェー 1838-1922）
コン3（ソルヴェー 1838-1922）
人物（ソルベ 1838.4.16-1922.5.26）
西洋（ソルヴェー 1838.4.16-1922.5.26）
世科（ソルヴェイ 1838-1922）
世西（ソルヴェー 1838.4.16-1922.5.26）
世百（ソルヴェー 1838-1922）
全書（ソルベー 1838-1922）
大辞（ソルベー 1838-1922）
大辞2（ソルベー 1838-1922）
大辞3（ソルベー 1838-1922）
大百（ソルベー 1838-1922）
デス（ソルベー 1838-1922）
ナビ（ソルベー 1838-1922）
二十（ソルヴェイ, エルンスト 1838.4.16-1922.5.26）
百科（ソルベー 1838-1922）

S **Sombart, Werner** 〈19・20世紀〉
ドイツの経済学者, 社会学者。著書に『近代資本主義』(1902, 28), 『三つの国民経済学』(30) など。
⇒岩世（ゾンバルト 1863.1.19-1941.5.18）
岩哲（ゾンバルト 1863-1941）
旺世（ゾンバルト 1863-1941）
外国（ゾンバルト 1863-1942）
角世（ゾンバルト 1863-1941）
経済（ゾンバルト 1863-1941）
広辞4（ゾンバルト 1863-1941）
広辞5（ゾンバルト 1863-1941）
広辞6（ゾンバルト 1863-1941）
国小（ゾンバルト 1863.1.19-1941.5.19）
コン2（ゾンバルト 1863-1941）
コン3（ゾンバルト 1863-1941）
思想（ゾンバルト, ヴェルナー 1863-1941）
人物（ゾンバルト 1863.1.19-1941.5.19）
西洋（ゾンバルト 1863.1.19-1941.5.19）
世西（ゾンバルト 1863.1.19-1941.5.19）
世百（ゾンバルト 1863-1941）
全書（ゾンバルト 1863-1941）
大辞（ゾンバルト 1863-1941）
大辞2（ゾンバルト 1863-1941）
大辞3（ゾンバルト 1863-1941）
大百（ゾンバルト 1863-1941）
デス（ゾンバルト 1863-1941）
伝世（ゾンバルト 1863.1.19-1941.5.13）
二十（ゾンバルト, ヴェルナー 1863-1941）
百科（ゾンバルト 1863-1941）
評世（ゾンバルト 1863-1941）

名著（ゾンバルト 1863-1941）
山世（ゾンバルト 1863-1941）
歴学（ゾンバルト 1863-1941）
歴史（ゾムバルト 1863-1941）
歴史（ゾムバルド 1863-1941）

Somers, Sir George 〈16・17世紀〉
イギリスの植民地開拓者, サウス・ヴァージニア会社創設者。
⇒岩ケ（ソマーズ, サー・ジョージ 1554-1610）

Somerset, Edward, 6th Earl and 2nd Marquis of Worcester 〈17世紀〉
イギリス王党派の軍人, 発明家。王政復古後は機械実験に没頭し『発明の世紀』(1663) を出版。
⇒外国（サマセット 1601-1667）
科史（サマセット 1601-1667）
コン2（サマーセット 1601-1667）
コン3（サマーセット 1601-1667）

Sommaruga, Giuseppe 〈19・20世紀〉
イタリアの建築家。
⇒世美（ソンマルーガ, ジュゼッペ 1867-1917）

Sonck, Lars Eliel 〈19・20世紀〉
フィンランドの建築家。
⇒岩世（ソンク 1870.8.10-1956.3.14）
世美（ソンク, ラーシュ 1870-1956）

Sonnenfels, Joseph von 〈18・19世紀〉
ドイツの法学者。マリア・テレジア, ヨーゼフ2世らの顧問を歴任。主著『警察学, 取引学および財政学の原理』(65〜67)。
⇒岩世（ゾンネンフェルス 1732-1817.4.25）
国小（ゾンネンフェルス 1732-1817.4.25）
西洋（ゾンネンフェルス 1732-1817.4.25）
世西（ゾンネンフェルス 1732-1817.4.25）
百科（ソンネンフェルス 1733/32-1817）
名著（ゾンネンフェルス 1732-1817）

Sonnenschein, Hugo Freund 〈20世紀〉
アメリカの数理経済学者。
⇒二十（ソネンシャイン, ヒューゴ・F. 1940-）

Sonnino, Giorgio Sidney 〈19・20世紀〉
イタリアの経済学者, 政治家。
⇒岩ケ（ソンニーノ, （ジョルジョ・）シドニー, 男爵 1847-1922）
岩世（ソンニーノ 1847.3.11-1922.11.24）
コン2（ソンニーノ 1847-1924）
コン3（ソンニーノ 1847-1922）
西洋（ソンニーノ 1847.3.11-1924.11.23）
全書（ソンニーノ 1847-1922）
二十（ソンニーノ, G.S. 1847-1922）
百科（ソンニーノ 1847-1922）

山世 （ソンニーノ　1847-1922）
ユ人 （ソンニノ, シドニー　1847-1922）

Sontag, Susan 〈20世紀〉

アメリカの作家, 批評家, 映画製作者。女性解
放運動の論客としても知られる。
⇒ア人 （ソンタグ, スーザン　1933-）
アメ （ソンタグ　1933-）
岩ケ （ソンタグ, スーザン　1933-）
岩世 （ソンタグ　1933.1.16-2004.12.28）
英文 （ソンタグ, スーザン　1933-2004）
才世 （ソンタグ, スーザン　1933-）
海作4 （ソンタグ, スーザン　1933.1.16-2004.12.
28）
広辞6 （ソンタグ　1933-2004）
コン3 （ソンタグ　1933-）
思想 （ソンタグ, スーザン　1933-）
集世 （ソンタグ, スーザン　1933.1.16-）
集文 （ソンタグ, スーザン　1933.1.16-）
女作 （Sontag, Susan　ソンタグ, スーザン
1933.1.16-）
スパ （ソンタグ, スーザン　1933-）
世女 （ソンタグ, スーザン　1933-2004）
世人 （ソンタグ　1933-2004）
世俳 （ソンタッグ, スーザン）
世百新 （ソンタグ　1933-2004）
世文 （ソンタグ, スーザン　1933-）
全書 （ソンタグ　1933-）
大辞2 （ソンタグ　1933-）
大辞3 （ソンタグ　1933-2004）
二十 （ソンタグ, スーザン　1933-）
二十英 （Sontag, Susan　1933-2004）
百科 （ソンタグ　1933-）

Sonzogno, Edoardo 〈19・20世紀〉

イタリアの出版者。
⇒オペ （ソンゾーニョ, エドアルド　1836.4.21-
1920.3.14）

Soopafly 〈20世紀〉

アメリカのヒップホップ系の音楽プロ
デューサー。
⇒ヒ人 （スーパーフライ）

Sopwith, *Sir* Thomas Octavius Murdock 〈19・20世紀〉

イギリスの飛行機操縦者, 飛行機設計および製
造家。ホーカー型飛行機を製造。
⇒岩ケ （ソップウィス, サー・トマス（・オクテイ
ヴ・マードック）　1888-1989）
岩世 （ソッピース　1888.1.18-1989.1.27）
西洋 （ソップウィス　1888.1.18-）

Soratini, Paolo 〈17・18世紀〉

イタリアの建築家。
⇒世美 （ソラティーニ, パーオロ　1682-1762）

Sörgel, Hermann 〈19・20世紀〉

ドイツの建築家, 建築学者。建築芸術における
空間性を重視した。
⇒岩世 （ゼルゲル　1885.4.2-1952.12.25）
西洋 （ゼルゲル　1885-）

Soria, Georges 〈20世紀〉

チュニジア生まれのジャーナリスト, 劇作家。
文学芸術通信社社長。
⇒二十 （ソリヤ, G.　1914-）

Soria, Giovanni Battista 〈16・17世紀〉

イタリアの建築家。
⇒世美 （ソリーア, ジョヴァンニ・バッティスタ
1581-1651）

Soria y Mata, Arturo 〈19・20世紀〉

スペインの都市計画家, 美術理論家。
⇒世美 （ソリア・イ・マータ, アルトゥーロ　1844-
1920）

Soros, George 〈20世紀〉

アメリカ（ハンガリー生まれ）の投資家, 慈善活
動家。
⇒岩世 （ソロス　1930.8.12-）
東欧 （ソロス　1930-）

Sorp, John 〈18・19世紀〉

アメリカの発明家。1928年にリング精紡機を
発明。
⇒百科 （ソープ　1784-1848）

Sostratus 〈前3世紀〉

ギリシアの建築家。
⇒ギロ （ソストラトス　前3世紀）

Sottosass, Ettore (Jr.) 〈20世紀〉

イタリアのデザイナー。事務機器メーカー, オ
リベッティ社の電子部門のプロダクト・デザイ
ナーとなり, 電子計算機, 電動タイプライター
などをデザイン。
⇒岩世 （ソットサス, エットレ, 2世　1917-）
現人 （ソットサス　1917-）
新美 （ソットサス, エットーレ　1917.9.14-）
世百新 （ソットサス　1917-）
二十 （ソットサス, エットーレ （Jr）　1917.9.
14-）
百科 （ソットサス　1917-）

Soufflot, Jacques Germain 〈18世紀〉

フランスの建築家。国王の首席建築家。
⇒岩ケ （スフロ, ジャック・ジェルマン　1713-
1780）
岩世 （スフロ　1713.7.22-1780.8.29）
建築 （スフロ, ジャック＝ジェルマン　1713-

1780)
国小（スフロー　1713.7.22-1780.7.29）
コン2（スフロ　1713-1780）
コン3（スフロ　1713-1780）
新美（スフロ, ジャック＝ジェルマン　1713.7.
22-1780.7.29）
西洋（スフロ　1713.7.22-1780.8.29）
世西（スーフロ　1713-1780）
世美（スフロ, ジャック＝ジェルマン　1713-
1780）
世百（スーフロー　1713-1780）
全書（スーフロー　1713-1780）
大辞3（スフロ　1713-1780）
大百（スフロー　1713-1780）
伝世（スフロー　1713.7.22-1780.8.29）
百科（スフロ　1713-1780）

Soule, George Henry (Jr.) 〈19・20世紀〉
アメリカの新聞編集者, 経済学者。1924年
『ニュー・リパブリック』を編集。
⇒コン3（ソウル　1887-1970）

Sousa, Martin Afonso de 〈16世紀〉
ポルトガルの航海者, 軍人。ブラジル総督とし
て南アメリカに最初の恒久的なポルトガル植民
地を建設。
⇒岩世（ソウザ　1500頃-1564 (71)）
　伝世（ソーザ　1500頃-1564.7.21）

Sousa Byrne, Goncalo 〈20世紀〉
ポルトガルの建築家。
⇒二十（ソウザ・ビルネ, ゴンサーロ　1941-）

Southworth, George Clark 〈19・20世紀〉
アメリカの物理学者, 電気学者。マイクロ
ウェーブ通信などの研究の先駆者。
⇒岩世（サウスワース　1890.8.24-1972.7.6）
　コン3（サウスワース　1890-1972）
　西洋（サウスワース　1890.8.24-1972.7.6）
　世西（サウスワース　1890.8.24-）
　世百（サウスワース　1890-）
　全書（サウスワース　1890-1972）
　大百（サウスワース　1890-）
　二十（サウスワース, G.　1890.8.24-1972.7.6）

Souto-Maior, Nuno 〈17世紀〉
ポルトガルの艦隊司令官, 遣日特派使節。マー
ドレ・デウス号撃沈 (1610) 後, 停止された日本
貿易再開交渉のため澳門（マカオ）政庁から派
遣され, 長崎を避けて薩摩に上陸。
⇒西洋（ソート・マヨール　17世紀）

Souza, Fernao de 〈16世紀〉
ポルトガルの澳門（マカオ）総督。遣日貿易船
隊司令官。平戸に入港したが (61), 乗組員と平

戸町民との間に争闘が起り, 彼も乗組員14名と
共に殺された。
⇒岩世（ソウザ　?-1561）
　西洋（ソザ　?-1561）

Souza, Lionel de 〈16世紀〉
ポルトガルの澳門（マカオ）総督, 遣日貿易船隊
司令官。広東貿易を行い, ついで豊後に来航
(1558)。
⇒西洋（ソザ　16世紀）

Soxhlet, Franz 〈19・20世紀〉
チェコスロヴァキアの農芸化学者。煮沸による
牛乳殺菌法を考案したが, それと共にビタミン
を喪失することが判明し, この殺菌法は非とさ
れた。
⇒西洋（ソクスレト　1848.1.13-1926.5.6）

Spanberg, Martin Petrovich 〈18世紀〉
ロシアの航海者。
⇒日人（シュパンベルグ　?-1761）

Spangenberg, Hans 〈19・20世紀〉
ドイツの法制・経済史家。等族制の本質規定と
位置づけに貢献したほか, 領邦官僚制や都市経
済の分析にも卓見を示した。
⇒名著（シュパンゲンベルク　1868-1936）

Spann, Othmar 〈19・20世紀〉
オーストリアの社会学者, 経済学者, 哲学者。
普遍主義の立場をとり, 真の国家は身分国家で
あるとする主張は, のちナチズムに利用され
た。著書『経済学説』(1910) など多数。
⇒岩世（シュパン　1878.10.1-1950.7.8）
　岩哲（シュパン　1878-1950）
　外国（シュパン　1878-1947）
　キリ（シュパン, オトゥマル　1878.10.1-1950.7.
8）
　経済（シュパン　1878-1950）
　国小（シュパン　1878.10.1-1950.7.8）
　コン2（シュパン　1878-1950）
　コン3（シュパン　1878-1950）
　人物（シュパン　1878.10.1-1950.7.8）
　西洋（シュパン　1878.10.1-1950.7.8）
　世西（シュパン　1878.10.1-）
　世百（シュパン　1878-1950）
　全書（シュパン　1878-1950）
　ナチ（シュパン, オトマール　1878-1950）
　二十（シュパン, オトゥマル　1878.10.1-1950.7.
8）
　百科（シュパン　1878-1950）
　名著（シュパン　1878-1950）

Spavento, Giorgio 〈15・16世紀〉
イタリアの建築家。
⇒建築（スパヴェント, ジョルジョ　?-1509頃）

世美（スパヴェント，ジョルジョ　?–1509頃）

Specchi, Alessandro 〈17・18世紀〉
イタリアの建築家，版画家。
⇒建築（スペッキ，アレッサンドロ　1668–1729）
世美（スペッキ，アレッサンドロ　1668–1729）

Spector, Phil 〈20世紀〉
アメリカの音楽プロデューサー。ニューヨーク
生まれ。
⇒岩世（スペクター　1940.12.26–）
実ク（スペクター，フィル）
大辞2（スペクター　1940–）
二十（スペクター，フィル　1940–）
標音（スペクター，フィル）
口人（スペクター，フィル　1940–）

Specx, Jacques 〈16・17世紀〉
オランダの平戸商館長，東インド総督。
⇒岩世（スペックス　1585頃–1645頃）
外国（スペックス　1588–1638）
国史（スペックス　生没年不詳）
国小（スペックス　1585頃–1645頃）
人物（スペックス　1585頃–1645頃）
西洋（スペックス　1585頃–1645頃）
世東（スペックス　16世紀頃–17世紀）
全書（スペックス　1588–?）
対外（スペックス　生没年不詳）
日人（スペックス　1585?–1645?）
百科（スペックス　1585頃–1645頃）

Speelman, Cornelis 〈17世紀〉
オランダ東インド会社の総督[1681–84]。
⇒岩世（スペールマン　1628.3.3–1684.1.11）

Speer, Albert 〈20世紀〉
ドイツの建築家。ナチス・ドイツ軍需相。ベル
リン都市計画立案責任者。軍事裁判で禁錮20年
の刑を宣告され服役した。
⇒岩ケ（シュペーア，アルベルト　1905–1981）
岩世（シュペーア　1905.3.19–1981.9.1）
国小（シュペール　1905.3.19–）
コン3（シュペーア　1905–1981）
新美（シュペーア，アルバート　1905.3.19–1981.
9.1）
西洋（シュペーア　1905.3.19–1981.9.1）
世美（シュペーア，アルベルト　1905–1981）
世百新（シュペアー　1905–1981）
全書（シュペーア　1905–1981）
大辞3（シュペーア　1905–1981）
ナチ（シュペーア，アルベルト　1905–1981）
二十（シュペアー，アルバート　1905.3.19–1981.
9.1）
百科（シュペアー　1905–1981）

Speeth, Peter 〈18・19世紀〉
ドイツの建築家。

⇒世美（シュペート，ペーター　1772–1831）

Spence, Sir Basil Urwin 〈20世紀〉
イギリスの建築家。大学図書館をはじめ多くの
公共建造物を設計。イギリス王立建築研究
所長。
⇒岩ケ（スペンス，サー・バジル（・アーウィン）
1907–1976）
国小（スペンス　1907.8.13–1976.11.18）
世美（スペンス，バジル　1907–1976）

Spence, Michael 〈20世紀〉
アメリカの経済学者。2001年ノーベル経済
学賞。
⇒ノベ（スペンス，M.　1943–）
ノベ3（スペンス，M.　1943–）

Spence, Peter 〈19世紀〉
イギリスの工業化学者。
⇒科人（スペンス，ピーター　1806.2.19–1883.7.5）

Spence, Thomas 〈18・19世紀〉
イギリス（スコットランド）の書籍商，土地改革
論者。土地私有略奪論を唱え，土地の教会区有
を主張。
⇒岩世（スペンス　1750.6.21–1814.9.1）
西洋（スペンス　1750–1814）
名著（スペンス　1750–1814）

Sperry, Elmer Ambrose 〈19・20世紀〉
アメリカの発明家，電気技師。強力アーク灯を
発明。
⇒岩ケ（スペリー，エルマー・アンブローズ
1860–1930）
岩世（スペリー　1860.10.12–1930.6.16）
科学（スペリー　1860.10.12–1930.6.12）
科技（スペリー　1860.10.12–1930.6.16）
科人（スペリー，エルマー・アンブローズ　1860.
10.12–1930.6.16）
コン3（スペリー　1860–1930）
西洋（スペリー　1860.10.12–1930.6.16）
世科（スペリー　1860–1930）
全書（スペリー　1860–1930）
大百（スペリー　1860–1930）
二十（スペリー，エルマー・A.　1860.10.12–
1930.6.12）
日人（スペリー　1860–1930）
百科（スペリー　1860–1930）
来日（スペリー　1860–1930）

Speyer, James 〈19・20世紀〉
アメリカの銀行家。
⇒コン2（スパイヤー　1861–1941）
コン3（スパイヤー　1861–1941）

Spiegel, Sam 〈20世紀〉
ポーランド生まれの映画製作者。

⇒世映（スピーゲル, サム　1903–1985）

Spielberg, Steven 〈20世紀〉

アメリカの映画監督, プロデューサー, 脚本家。代表作に『ジョーズ』『ET』などがある。
⇒岩ケ（スピルバーグ, スティーヴン　1947–）
　岩世（スピルバーグ　1946.12.18–）
　監督（スピールバーグ, スティーヴン　1947/9–）
　現ア（Spielberg, Steven　スピルバーグ, スティーヴン　1947–）
　幻文（スピルバーグ, スティーヴン　1948–）
　コン3（スピルバーグ　1947–）
　最世（スピルバーグ, スティーヴン　1947–）
　世映（スピルバーグ, スティーヴン　1946–）
　全書（スピルバーグ　1947–）
　大辞2（スピルバーグ　1947–）
　大辞3（スピルバーグ　1946–）
　ナビ（スピルバーグ　1947–）
　二十（スピルバーグ, スティーブン　1947/48/49–）
　ユ人（スピルバーグ, スティーブン　1946–）

Spielrein, Isaak Naftulovich 〈20世紀〉

ソ連邦の産業心理学者。工場作業の分析により, ソ連邦の産業能率の向上に貢献。
⇒西洋（スピールレイン　1891.5.13–）

Spies-Kjaer, Janni 〈20世紀〉

デンマークの女性実業家。
⇒岩ケ（スピエス＝キエア, ヤンニ　1962–）

Spiess, Gustav 〈19世紀〉

ドイツの商人。プロシアの東方アジア遠征隊員。経済事情視察員として1860年来日。
⇒国史（シュピース　生没年不詳）
　世西（シュピース）
　世東（シュピース　19世紀）
　日人（シュピース　生没年不詳）

Spiethoff, Arthur August Caspar 〈19・20世紀〉

ドイツの経済学者。近代景気変動理論の先駆者。過剰投資理論を展開した。主著『景気理論』（1925）。
⇒岩世（シュピートホフ　1873.5.13–1957.4.4）
　外国（シュピートホフ　1873–）
　経済（シュピートホフ　1873–1957）
　国小（シュピートホフ　1873.5.13–1957.4.4）
　コン2（シュピートホフ　1873–1957）
　コン3（シュピートホフ　1873–1957）
　西洋（シュピートホフ　1873.5.13–1957.4.4）
　世西（シュピートホフ　1873.5.13–）
　世百（シュピートホフ　1873–1957）
　全書（シュピートホフ　1873–1957）
　大百（シュピートホフ　1873–1957）
　デス（シュピートホフ　1873–1957）
　二十（シュピートホワ, A.A.C.　1873.5.13–

1957.4.4）

Spilhaus, Athelstan Frederick 〈20世紀〉

アメリカの海洋学者。深海温度計の発明（1938）のほか, 採水器その他の考案がある。
⇒岩世（スピルハウス　1911.11.25–1998.3.30）
　コン3（スピルハウス　1911–）
　西洋（スピルハウス　1911.11.25–）

Spillane, Mickey 〈20世紀〉

アメリカの推理作家。大学卒業後はコミック＝ブックを製作。『裁くのは俺だ』（1947）を刊行。
⇒岩ケ（スピレイン, ミッキー　1918–）
　岩世（スピレイン　1918.3.9–2006.7.17）
　現ア（Spillane, Mickey　スピレイン, ミッキー　1918–）
　コン3（スピレーン　1918–）
　最世（スピレイン, ミッキー　1918–）
　児作（Spillane, Mickey　スピレーン, ミッキー　1918–）
　集世（スピレーン, ミッキー　1918.3.9–）
　集文（スピレーン, ミッキー　1918.3.9–）
　人物（スピレーン　1918–）
　世俳（スピルレイン, ミッキー　1918.3.9–2006.7.17）
　世文（スピレイン, ミッキー　1918–）
　全書（スピレーン　1918–）
　大百（スピレーン　1918–）
　ナビ（スピレーン　1918–）
　二十（スピレイン, ミッキー　1918–）
　二十英（Spillane, Mickey　1918–）
　ミハ（スピレイン, ミッキー　1918–）

Spiller, James 〈18・19世紀〉

イギリスの建築家。
⇒建築（スピーラー, ジェームズ　1780頃–1829）
　世美（スピラー, ジェイムズ　（記録）1780頃–1829）

Spillman, William Jasper 〈19・20世紀〉

アメリカの農業経済学者。営農類型と農業のやり方を研究して, 農産局内に農業経営課を新設した（1904）。
⇒岩世（スピルマン　1863.10–1931.7.11）
　西洋（スピルマン　1863–1931）

Spilsbury, John 〈16・17世紀〉

イギリスの牧師, 靴下製造師。
⇒キリ（スピルズベリ, ジョン　1593–1668頃）

Spinner, Francis Elias 〈19世紀〉

アメリカの銀行家, 政治家。連邦政府財務省出納局長。南北戦争期および再建期の国家財政の実務を指揮。
⇒国小（スピンナー　1802.1.21–1890.12.31）

Spinoza, Baruch de 〈17世紀〉

オランダの哲学者，レンズ職人。

⇒逸話（スピノザ　1632–1677）
　岩ケ（スピノザ，ベネディクト・デ　1632–1677）
　岩世（スピノザ　1632.11.24–1677.2.21）
　岩哲（スピノザ　1632–1677）
　旺世（スピノザ　1632–1677）
　外国（スピノザ　1632–1677）
　科史（スピノザ　1632–1677）
　角世（スピノザ　1632–1677）
　教育（スピノザ　1632–1677）
　キリ（スピノーザ，バルーフ（ベネディクトゥ
　　ス）・デ　1632.11.24–1677.2.21）
　広辞4（スピノザ　1632–1677）
　広辞6（スピノザ　1632–1677）
　国小（スピノザ　1632.11.24–1677.2.20）
　国百（スピノザ，ベネディクトゥス・デ　1632.
　　11.24–1677.2.20）
　コン2（スピノザ　1632–1677）
　コン3（スピノザ　1632–1677）
　集世（スピノザ，バルフ・デ　1632.11.24–1677.
　　2.21）
　集文（スピノザ，バルフ・デ　1632.11.24–1677.
　　2.21）
　人物（スピノザ　1632.11.24–1677.2.21）
　西洋（スピノザ　1632.11.24–1677.2.21）
　世人（スピノザ　1632–1677）
　世西（スピノザ　1632.11.24–1677.2.21）
　世百（スピノザ　1632–1677）
　世文（スピノザ，バルフ・ド　1632–1677）
　全書（スピノザ　1632–1677）
　大辞（スピノザ　1632–1677）
　大辞3（スピノザ　1632–1677）
　大百（スピノザ　1632–1677）
　デス（スピノザ　1632–1677）
　伝世（スピノザ　1632.11.24–1677.2.20）
　百科（スピノザ　1632–1677）
　評世（スピノザ　1632–1677）
　名著（スピノザ　1632–1677）
　山世（スピノザ　1632–1677）
　歴史（スピノザ　1632–1677）

Spitz, Armand N. 〈20世紀〉

アメリカのプラネタリウム開発者。

⇒天文（スピッツ　1904–1971）
　二十（スピッツ，A.N.　1904–1971）

Spode, Josiah 〈18・19世紀〉

イギリスの陶工。

⇒岩ケ（スポード，ジョサイア　1755–1827）

Spottiswoode, William 〈19世紀〉

イギリスの数学者，物理学者，出版業者。

⇒岩ケ（スポティスウッド，ウィリアム　1825–
　　1883）
　科学（スポッティズウッド　1825.1.11–1883.6.
　　27）

Sprague, Frank Julian 〈19・20世紀〉

アメリカの電気技術者，発明家。電動機を製作
し，リチモンド（ヴァージニア州）に初めてトロ
リー電車を走らせた（1887）。〈電気鉄道の父〉
といわれた。

⇒岩ケ（スプレイグ，フランク（・ジュリアン）
　　1857–1934）
　岩世（スプレイグ　1857.7.25–1934.10.25）
　コン3（スプレーグ　1857–1934）
　西洋（スプレーグ　1857–1934）
　世百（スプレーグ　1857–1934）
　全書（スプレーグ　1857–1934）
　二十（スプレーグ，フランク・ジュリアン
　　1857–1934）
　百科（スプレーグ　1857–1934）

Sprague, Oliver Mitchell Wentworth 〈19・20世紀〉

アメリカの経済学者。東京帝国大学法科大学で
経済学，財政学を教授。

⇒来日（スプレーグ　1873–1953）

Sprengel, Hermann Johann Philipp 〈19・20世紀〉

ドイツ生まれのイギリスの化学者。液体真空ポ
ンプを発明（1865）。

⇒科学（スプレンゲル　1834.8.29–1906.1.14）
　西洋（シュプレンゲル　1834.8.29–1906.1.14）

Springer, Axel 〈20世紀〉

ドイツ連邦共和国のマスコミ・コンツェルンの
支配者。第2次世界大戦後の占領期に，「ヘー
ル・ツー」を創刊して成功。最盛期には西ドイ
ツの新聞の約40%を支配していた。

⇒岩世（シュプリンガー　1912.5.2–1985.9.22）
　現人（シュプリンガー　1912.5.2–）
　国小（シュプリンガー　1912.5.2–）
　集文（シュプリンガー，アクセル・ツェーザル
　　1912.5.2–1985.9.22）
　西洋（シュプリンガー　1912.5.2–）
　全書（シュプリンガー　1912–1985）
　ナビ（シュプリンガー　1912–1985）
　二十（シュプリンガー，A.C.　1912.5.2–1985）

Springer, Julius 〈19世紀〉

ドイツの出版業者。

⇒岩世（シュプリンガー　1817.5.10–1877.4.17）

Sprung, Adolf 〈19・20世紀〉

ドイツの気象学者。ポツダム気象地磁気観測所
長（1892）。自記気圧計を考案。

⇒岩世（シュプルング　1848.6.5–1909.1.16）
　コン2（シュプルング　1848–1909）
　コン3（シュプルング　1848–1909）
　人物（シュプルング　1848.6.5–1909.1.16）
　西洋（シュプルング　1848.6.5–1909.1.16）
　世西（シュプルング　1848.6.5–1909.1.16）

世百 （シュプルング　1848-1909）
全書 （スプルング　1848-1909）
大百 （スプルング　1848-1909）
二十 （スプルング，アドルフ　1848-1909）

Sprüngli, Niklaus 〈18・19世紀〉
ドイツの建築家。
⇒建築 （シュプリングリ，ニクラウス　1725-1802）

Spry, Constance 〈19・20世紀〉
イギリスのフラワー・アレンジャーで料理人。
⇒世女 （スプライ，コンスタンス　1886-1960）
世女日 （スプリー，コンスタンス　1886-1960）

Spühler, Willy 〈20世紀〉
スイスの政治家。経済学博士。大統領。
⇒国小 （シュピュラー　1902.1.31-）
二十 （シュプーラー，W.　1902-）

Spychalski, Marian 〈20世紀〉
ポーランドの建築家，政治家。1937年ワルシャワ発展計画案でパリ万国博の大賞を受賞。国家会議議長（元首）に就任したが，70年ポーランド暴動の際辞任した。
⇒現人 （スピハルスキ　1906.12.6-）
国小 （スピハルスキー　1906.12.6-）
コン3 （スピハルスキ　1906-1980）
世政 （スピハルスキ，マリアン　1906.12.6-1980.6.7）
世西 （スピハルスキー　1906-）
全書 （スピハルスキ　1906-1980）
二十 （スピハルスキ，M.　1906-1980）

Sraffa, Piero 〈20世紀〉
イタリア生まれの経済学者。リカードの研究に基づく鋭い対新古典派批判と，『リカード全集』の編集とで著名。
⇒岩世 （スラッファ　1898.8.5-1983.9.3）
岩哲 （スラッファ　1898-1983）
才世 （スラッファ，ピエロ　1898-1983）
経済 （スラッファ　1898-1983）
現人 （スラッファ　1898.8.5-）
広辞5 （スラッファ　1898-1983）
広辞6 （スラッファ　1898-1983）
コン3 （スラッファ　1898-1983）
西洋 （スラッファ　1898.8.5-）
世百新 （スラッファ　1898-1983）
大辞2 （スラッファ　1898-1983）
大辞3 （スラッファ　1898-1983）
二十 （スラッファ，ピエロ　1898.8.5-1983）
百科 （スラッファ　1898-1983）

Staal, Jan Frederik 〈19・20世紀〉
オランダの建築家。
⇒世美 （スタール，ヤン・フレデリック　1879-1940）

Stabler, Harold 〈19・20世紀〉
イギリスのデザイナー，職人。
⇒岩ケ （ステイブラー，ハロルド　1872-1945）

Stacchini, Ulisse 〈19・20世紀〉
イタリアの建築家。
⇒世美 （スタッキーニ，ウリッセ　1871-1947）

Stackelberg, Heinrich von 〈20世紀〉
モスクワ（ロシア）近郊生まれの経済思想家。
⇒岩世 （シュタッケルベルク　1905.10.31-1946.10.12）
経済 （シュタッケルベルク　1905-1946）

Stainer, Jakob 〈17世紀〉
オーストリアのヴァイオリン製作者。
⇒音大 （シュタイナー　1617?-1683）

Stakhanov, Aleksei Grigorievich 〈20世紀〉
ソ連邦の炭鉱労働者，技術家。ウクライナ生まれ，ソ連のドンバスで活動。作業能率の増進と社会主義競争の昂揚をめざす〈スタハーノフ運動〉のきっかけを作った。
⇒岩ケ （スタハノフ，アレクセイ・グリゴリエヴィチ　1906-1977）
岩世 （スタハーノフ　1905.12.21［06.1.3］-1977.11.5）
外国 （スタハーノフ　1905-）
コン3 （スタハーノフ　1906-1977）
人物 （スタハーノフ　1905-）
西洋 （スタハーノフ　1906.1.3-1977.11.5）
世人 （スタハノフ　1906-1977）

Stalin, Iosif Vissarionovich 〈19・20世紀〉
ロシアの革命家，ソ連の政治家。一国社会主義を採り，経済建設において五ヵ年計画を開始。農業の集団化や，発電所やダムなどの巨大な建設プロジェクトを推進。
⇒逸話 （スターリン　1879-1953）
岩ケ （スターリン，イオシフ　1879-1953）
岩世 （スターリン　1878.12.6［18］-1953.3.5）
外国 （スターリン　1879-1953）
角世 （スターリン　1879-1953）
教育 （スターリン　1879-1953）
キリ （スターリン，イオーシフ・ヴィッサリオーノヴィチ　1879.12.21-1953.3.5）
経済 （スターリン　1879-1953）
現人 （スターリン　1879.12.21-1953.3.5）
広辞4 （スターリン　1879-1953）
広辞5 （スターリン　1879-1953）
広辞6 （スターリン　1879-1953）
国小 （スターリン　1879.12.21-1953.3.5）
国百 （スターリン，ヨシフ・ビサリオノビチ　1879.12.21-1953.3.5）
コン2 （スターリン　1879-1953）

経済・産業篇 589 starl

コン**3**（スターリン 1879–1953）
集世（スターリン，ヨシフ・ヴィサリオノヴィチ 1879.12.9–1953.3.5）
集文（スターリン，ヨシフ・ヴィサリオノヴィチ 1879.12.9–1953.3.5）
人物（スターリン 1879.12.21–1953.3.5）
西洋（スターリン 1879.12.21–1953.3.5）
世人（スターリン 1879–1953）
世政（スターリン，イオシフ 1878.12.6–1953.3.5）
世西（スターリン 1879.12.21–1953.3.5）
世百（スターリン 1879–1953）
世文（スターリン，ヨシフ・ヴィサリオノヴィチ 1879–1953）
全書（スターリン 1879–1953）
大辞（スターリン 1879–1953）
大辞**2**（スターリン 1879–1953）
大辞**3**（スターリン 1879–1953）
大百（スターリン 1879–1953）
中ユ（スターリン 1879–1953）
デス（スターリン 1879–1953）
伝世（スターリン 1879.12.21–1953.3.5）
ナビ（スターリン 1879–1953）
二十（スターリン，イオーシフ 1879.12.21–1953.3.5）
百科（スターリン 1879–1953）
評世（スターリン 1879–1953）
名著（スターリン 1879–1953）
山世（スターリン 1879–1953）
ユ人（スターリン（ジュガシビリ），ヨシフ・ビッサリオノビッチ 1879–1953）
歴史（スターリン 1879–1953）
ロシ（スターリン 1879–1953）

Stallman, Richard Matthew 〈20・21世紀〉
アメリカのコンピューター技術者，社会運動家。
⇒岩世（ストールマン 1953.3.16–）

Stam, Mart 〈20世紀〉
オランダの建築家。ジュネーブのコルナビン停車場の建築案は有名。
⇒岩世（スタム 1899.8.5–1986.2.23）
国小（シュタム 1899–）
西洋（スタム 1899–）
世美（スタム，マルト 1899–）

Stamp, Josiah Charles 〈19・20世紀〉
イギリスの経済思想学者。ロンドン北西のキルボーン生まれ。男爵。
⇒岩ケ（スタンプ（ショートランズの），ジョサイア・チャールズ・スタンプ，男爵 1880–1941）
経済（スタンプ 1880–1941）

Stanford, Amasa Leland 〈19世紀〉
アメリカの政治家，鉄道建設者。カリフォルニア州知事（1861～63）。
⇒岩ケ（スタンフォード，（アマサ・）リーランド 1824–1893）

岩世（スタンフォード 1824.3.9–1893.6.21）
英米（Stanford, Leland スタンフォード 1824–1893）
外国（スタンフォード 1824–1893）
コン**2**（スタンフォード 1824–1893）
コン**3**（スタンフォード 1824–1893）
西洋（スタンフォード 1824.3.9–1893.6.21）
世西（スタンフォード 1824.3.9–1893.6.21）
伝世（スタンフォード 1824.3.9–1893.6.21）
百科（スタンフォード 1824–1893）

Stanhope, Charles, 3rd Earl 〈18・19世紀〉
イギリスの印刷者，政治家，科学者。
⇒岩世（スタナップ 1763.8.3–1816.12.15）

Stanhope, James, 1st Earl 〈17・18世紀〉
イギリスの軍人，政治家。スペイン継承戦争（1701～14）で各地に転戦。大蔵総裁兼蔵相としてホイッグ党内閣を主宰（17～21）。
⇒岩ケ（スタナップ，ジェイムズ・スタナップ，初代伯爵 1675–1721）
岩世（スタナップ 1673頃–1721.2.5）
西洋（スタナップ 1673頃–1721.2.5）

Stanier, *Sir* **William Arthur** 〈19・20世紀〉
イギリスの機械工学家。
⇒岩ケ（スタニア，サー・ウィリアム・アーサー 1876–1965）

Stanley, William 〈19・20世紀〉
アメリカの電気技術者。変圧器製作工場「スタンリー電機会社」を創設。
⇒岩ケ（スタンリー，ウィリアム 1858–1916）
コン**3**（スタンリー 1858–1916）
世百（スタンリー 1858–1916）
全書（スタンリー 1858–1916）
二十（スタンリー，ウィリアム 1858–1916）

Stans, Maurice Hubert 〈20世紀〉
アメリカの財界人。ホーガン・シュターツ投資会社社長。商務長官。
⇒現人（スタンズ 1908.3.22–）
国小（スタンズ 1908.3.22–）
二十（スタンズ，モーリス 1908–）

Starck, Philippe 〈20世紀〉
フランス生まれのインテリアデザイナー，建築家。作品に東京都のアサヒビール吾妻（あづま）橋ホールなど。
⇒ナビ（スタルク 1949–）

Starley, James 〈19世紀〉
イギリスの発明家。自転車を改良し実用化。

S

staro 590 西洋人物レファレンス事典

⇒岩ケ（スターリー，ジェイムズ　1830–1881）
　岩世（スターリー　1830.4.21–1881.6.17）
　西洋（スターリ　1830.6.13–1881.6.17）

Starov, Ivan Egorovich 〈18・19世紀〉
ロシアの建築家。
⇒建築（スターロフ，イヴァン・エゴロヴィッチ
　1744–1808）
　世美（スターロフ，イヴァン・エゴロヴィチ
　1745–1808）

Starr, Ellen Gates 〈19・20世紀〉
アメリカの社会事業家，人権労働問題活動家。
⇒キリ（スター，エレン・ゲイツ　1859.3.19–1940.
　2.10）
　世女日（スター，エレン・ゲイツ　1859–1940）

Stasov, Vasilij Petrovich 〈18・19世紀〉
ロシアの建築家。
⇒建築（スターソフ，ヴァシーリー・ベトロヴィッ
　チ　1769–1848）
　世美（スターソフ，ヴァシリー・ベトロヴィチ
　1769–1848）

Statiras, Gus 〈20世紀〉
アメリカのジャズ・プロデューサー。
⇒ジヤ（スタティラス，ガス　1922.7.6–）
　二十（スタティラス，ガス　1922.7.6–）

Statler, Ellsworth Milton 〈19・20世紀〉
アメリカのホテル経営者。
⇒岩ケ（スタトラー，エルズワース（・ミルトン）
　1863–1928）
　岩世（スタットラー　1863.10.26–1928.4.16）

Staunton, *Sir* George Thomas 〈18・19世紀〉
イギリスの東インド会社員。東インド会社広東商館書記（1798），貿易監督官（04），通訳（08）。
⇒岩世（ストーントン　1781.5.26–1859.8.10）
　外国（ストーントン　1781–1859）
　コン2（ストーントン　1781–1859）
　コン3（ストーントン　1781–1859）
　西洋（ストーントン　1781.5.26–1859.8.10）

Stechkin, Boris Sergeevich 〈20世紀〉
ソ連邦の航空ジェットエンジン理論創始者。ソ連邦科学アカデミー・エンジン研究所所長，モスクワ自動車道路大学教授。
⇒二十（ステーチキン，ボリス　1891.7.24–1969.4.
　2）

Steedman, Ian 〈20世紀〉
イギリス・ロンドン生まれの経済思想家。
⇒岩世（スティードマン　1941–）

経済（スティードマン　1941–）

Stefani, Guglielmo 〈19世紀〉
イタリアのジャーナリスト。通信社〈Agentia Stefani〉を創立（1853）。
⇒西洋（ステーファニ　1819.7.5–1861.6.11）

Steiff, Margarete 〈19・20世紀〉
ドイツの人形製造者。
⇒岩世（シュタイフ　1847.7.24–1909.5.9）
　世女日（シュタイフ，マルガレーテ　1847–1909）

Stein, Herbert 〈20世紀〉
アメリカの経済学者，行政官。米国大統領経済諮問委員長，バージニア大学教授。
⇒二十（スタイン，ハーベルト　1916–）

Stein, Johann Andreas 〈18世紀〉
ドイツ・オーストリアのオルガン，ピアノ製造業者。
⇒ラル（シュタイン，ヨーハン・アンドレーアス
　1728–1792）

Stein, Lorenz von 〈19世紀〉
ドイツの国家学者，社会学者。保守的社会主義あるいは国家的社会主義の理論家。主著『財政学』（1860）。
⇒岩世（シュタイン　1815.11.15–1890.9.23）
　岩哲（シュタイン，L.　1815–1890）
　外国（シュタイン　1815–1890）
　角世（シュタイン（ローレンツ）　1815–1890）
　教育（シュタイン　1815–1890）
　広辞4（シュタイン　1815–1890）
　広辞6（シュタイン　1815–1890）
　国史（シュタイン　1815–1890）
　国小（シュタイン　1815.11.15–1890.9.23）
　コン2（シュタイン　1815–1890）
　コン3（シュタイン　1815–1890）
　人物（シュタイン　1815.11.15–1890.9.23）
　西洋（シュタイン　1815.11.15–1890.9.23）
　世西（シュタイン　1815.11.15–1890.9.23）
　世百（シュタイン　1815–1890）
　全書（シュタイン　1815–1890）
　大辞（シュタイン　1815–1890）
　大辞3（シュタイン　1815–1890）
　大百（シュタイン　1815–1890）
　デス（シュタイン　1815–1890）
　日研（シュタイン，ローレンツ・フォン　1815.
　11.15–1890.9.23）
　日人（シュタイン　1815–1890）
　百科（シュタイン　1815–1890）
　名著（シュタイン　1815–1890）
　山世（シュタイン，ローレンツ　1815–1890）

Stein, Matthäus Andreas 〈18・19世紀〉
ドイツ・オーストリアのオルガン，ピアノ製造

経済・産業篇　　591　　steph

業者。
⇒ラル（シュタイン, マテーウス・アンドレーアス
1776–1842）

Steinberg, Saul 〈20世紀〉
ルーマニア生まれのアメリカの漫画家, 商業美
術家。雑誌「ニュー・ヨーカー」のスタッフと
なり, アメリカ漫画界の寵児として活躍。
⇒岩ケ（スタインバーグ, ソール　1914–）
　岩世（スタインバーグ　1914.6.15–1999.5.12）
　現人（スタインバーグ　1914.6.15–）
　国小（スタインベルグ　1914–）
　コン3（スタインバーグ　1914–）
　最世（スタインバーグ, ソール　1914–1999）
　集文（スタインバーグ, ソール　1914.6.15–）
　新美（スタインバーグ, ソール　1914.6.15–）
　人物（スタインベルク　1914–）
　世芸（スタインバーグ, ソール　1914–）
　世百新（スタインバーグ　1914–1999）
　全書（スタインバーグ　1914–）
　大百（スタインベルグ　1914–）
　ナビ（スタインバーグ　1914–）
　二十（スタインバーグ, ソール　1914.6.15–）
　百科（スタインバーグ　1914–）
　ユ人（スタインバーグ, サウル　1914–1999）

Steindl Imre 〈19・20世紀〉
ハンガリーの建築家。
⇒建築（シュタインドル, イムレ　1839–1902）

Steindl, Joseph 〈20世紀〉
オーストリアの経済学者。1930年代におけるア
メリカ資本主義の停滞の原因を, 独占化による
私的資本蓄積の減退に求める。
⇒経済（シュタインドル　1912–1993）
　世百（シュタインドル　1912–）
　全書（シュタインドル　1912–）
　二十（シュタインドル, ジョセフ　1912–）

Steinman, David B 〈19・20世紀〉
アメリカの橋梁建設者。
⇒ユ人（スタインマン, ディビッド B　1886–1960）

Steinmann, Horst 〈20世紀〉
ドイツの経営学者, 経営倫理学者。
⇒岩世（シュタインマン　1934.7.17–）

Steinmetz, Charles Proteus 〈19・20世紀〉
アメリカ（ポーランド生まれ）の電気技術者。
ヒステリシス法則の発見, 過渡現象論, 複素数
による交流回路計算法の確立などの業績をあ
げた。
⇒岩ケ（スタインメッツ, チャールズ（・プロテュー
ス）　1865–1923）
　岩世（スタインメッツ（シュタインメッツ）
　1865.4.9–1923.10.26）
　英米（Steinmetz, Charles Proteus　スタイン
　メッツ　1865–1923）
　外国（シュタインメッツ　1865–1923）
　科学（シュタインメッツ　1865.4.9–1925.10.26）
　科技（シュタインメッツ　1865.4.9–1923.10.26）
　科史（スタインメッツ　1865–1923）
　国小（スタインメッツ　1865.4.9–1923.10.26）
　コン2（スタインメッツ　1865–1923）
　コン3（スタインメッツ　1865–1923）
　人物（スタインメッツ　1865.4.3–1923.10.26）
　西洋（スタインメッツ（シュタインメッツ）
　1865.4.3–1923.10.26）
　世西（スタインメッツ　1865.4.9–1923.10.26）
　世百（スタインメッツ　1865–1923）
　全書（スタインメッツ　1865–1923）
　大辞（スタインメッツ　1865–1923）
　大辞2（スタインメッツ　1865–1923）
　大辞3（スタインメッツ　1865–1923）
　大百（スタインメッツ　1865–1923）
　二十（シュタインメッツ, チャールズ・プロテウ
　ス　1865.4.9–1923.10.26）
　百科（スタインメッツ　1865–1923）
　名著（シュタインメッツ　1865–1923）

Steinway, Henry Engelhard 〈18・19世紀〉
アメリカのピアノ製造家。ドイツ出身。
⇒岩ケ（スタインウェイ, ヘンリー（・エンゲルハー
ド）　1797–1871）
　岩世（スタインウェイ　1797.2.15–1871.2.7）
　コン3（スタインウェイ　1797–1871）
　人物（シュタインベーク　1797–1871）
　西洋（スタインウェー　1797.2.15–1871.2.7）

Stephensen, Percy Reginald 〈20世紀〉
オーストラリアの作家, 出版者。
⇒二十英（Stephensen, P（ercy）R（eginald）
1901–1965）

Stephenson, George 〈18・19世紀〉
イギリスの技術者。蒸気機関車の発明者。
⇒岩ケ（スティーヴンソン, ジョージ　1781–1848）
　岩世（スティーヴンソン　1781.6.9–1848.8.12）
　英米（Stephenson, George　スティーヴンソン
　1781–1848）
　旺世（スティーヴンソン　1781–1848）
　外国（スティーヴンソン　1781–1848）
　科学（スチーヴンソン　1781.6.9–1848.8.12）
　科技（スチーブンソン　1781.6.9–1848.8.12）
　科史（スティーヴンソン　1781–1848）
　科人（スティーヴンスン, ジョージ　1781.6.9–
　1848.8.12）
　角世（スティーヴンソン（ジョージ）　1781–
　1848）
　広辞4（スティーヴンソン　1781–1848）
　広辞6（スティーヴンソン　1781–1848）
　国小（スチーブンソン　1781.6.9–1848.8.12）
　国百（スチーブンソン, ジョージ　1781.6.9–

steph 592 西洋人物レファレンス事典

1848.8.12)
コン2（スティーヴンソン 1781–1848）
コン3（スティーヴンソン 1781–1848）
人物（スチーブンソン 1781.6.9–1848.8.12）
西洋（スティーヴンソン 1781.6.9–1848.8.12）
世科（スティーヴンソン 1781–1848）
世人（スティーヴンソン 1781–1848）
世西（スティーヴンソン 1781.6.9–1848.8.12）
世百（スチーブンソン 1781–1848）
全書（スティーヴンソン 1781–1848）
大辞（スチーブンソン 1781–1848）
大辞3（スチーブンソン 1781–1848）
大百（スチーブンソン 1781–1848）
デス（スティーヴンソン 1781–1848）
伝世（スティーヴンソン，ジョージ 1781.7.9–
1848.8.12）
百科（スティブンソン 1781–1848）
評世（スチブンソン 1781–1848）
山世（スティーヴンソン 1781–1848）
歴史（スティーヴンソン 1781–1848）

Stephenson, George Robert 〈19・20世紀〉
イギリスの技術者。
⇒世百（スティヴンソン 1819–1905）

Stephenson, John 〈19世紀〉
アメリカの技術者。最初の馬車鉄道車両を製作。
⇒世百（スティヴンソン 1809–1893）

Stephenson, Robert 〈19世紀〉
イギリスの土木技術者。蒸気機関車の発明者G.スチーブンソンの子。
⇒岩ケ（スティーヴンソン，ロバート 1803–1859）
岩世（スティーヴンソン 1803.10.16–1859.10.12）
科史（スティーヴンソン 1803–1859）
国小（スチーブンソン 1803.10.16–1859.10.12）
コン2（スティーヴンソン 1803–1859）
コン3（スティーヴンソン 1803–1859）
西洋（スティーヴンソン 1803.10.16–1859.10.12）
世科（スティーヴンソン 1803–1859）
世西（スティーヴンソン 1803.10.16–1859.10.12）
世百（スティヴンソン 1803–1859）
全書（スティーブンソン 1803–1859）
大百（スチーブンソン 1803–1859）
デス（スティーブンソン 1803–1859）
伝世（スティーヴンソン，ロバート 1803.10.6–1859.10.12）
百科（スティヴンソン 1803–1859）

Stern, Abraham 〈18・19世紀〉
ポーランドの数学者，力学者でコンピューターの発明者。
⇒数学（シュテルン，アブラハム 1769–1842）
数学増（シュテルン，アブラハム 1769–1842）

Stern, Raffaello 〈18・19世紀〉
イタリアの建築家。
⇒世美（ステルン，ラッファエッロ 1774–1820）

Sternberg, Fritz 〈20世紀〉
経済学者，歴史学者。ドイツ生まれ。マルクスの方法・理論に立脚しながら，帝国主義を段階としてでなく政策とみなし，資本主義の矛盾を市場狭隘化に求める。
⇒名著（シュテルンベルク 1895–）

Sterner, Richard 〈20世紀〉
スウェーデンの経済学者。ミュルダール，ローズらと協同してアメリカにおけるニグロ問題を分析し，大著『アメリカのディレンマ』を著わした。
⇒名著（スターナー ?–）

Stetheimer, Hans 〈14・15世紀〉
ドイツ，後期ゴシックの建築家。代表作はランツフートの聖マルティン聖堂。
⇒建築（シュテートハイマー（フォン・ランツフート，フォン・ブルクハウゼン），ハンス 1350頃/-60–1432）
国小（シュテットハイマー 1360頃–1432）
新美（シュテットハイマー，ハンス 1350/60–1432.8.10）
西洋（シュテットハイマー 1360頃–1432.8.10）

Stetson, John Batterson 〈19・20世紀〉
アメリカの帽子製造業者。ステットソン大学の設立に尽力。
⇒コン2（ステットソン 1830–1906）
コン3（ステットソン 1830–1906）

Stettinius, Edward Reilley 〈19・20世紀〉
アメリカの実業家。リンの有害物質を除く特許を公開し，マッチ工場に働く労働者の恐怖を取り去る。
⇒コン2（ステッティニアス 1865–1925）
コン3（ステッティニアス 1865–1925）

Stettinius, Edward Reilly（Jr.）〈20世紀〉
アメリカの実業家，政治家。国際連合の創設に尽し，ヤルタ会談，ダンバートン・オークス会談で重要な役割を果した。初代の国連総会アメリカ代表。
⇒岩世（ステッティニアス 1900.10.22–1949.10.31）
外国（ステッティニアス 1900–1949）
国小（ステッティニアス 1900.10.22–1949.10.31）
コン3（ステッティニアス 1900–1949）
西洋（ステッティニアス 1900.10.22–1949.10.31）
伝世（ステッティニアス 1900.10.2–1949.2）

二十（ステティニス，エドワード　1900–1949）

Steuart, *Sir* James Denham 〈18世紀〉
イギリスの経済学者。主著『政治経済学原理の研究』(1767) を執筆。重商主義的政策体系の総合化を試みた。
⇒イ哲（ステュアート, J.　1713–1780）
　岩世（ステュアート　1712.10.21–1780.11.26）
　岩哲（ステュアート, J.D.　1713–1780）
　外国（ステュアート　1712–1780）
　国小（ステュアート　1712.10.21–1780.11.20）
　コン2（スチュアート　1712–1780）
　コン3（スチュアート　1712–1780）
　西洋（ステュアート　1712.10.21–1780.11.20）
　世西（ステュアート　1713–1780）
　世百（ステュアート　1713–1780）
　全書（ステュアート　1713–1780）
　大辞（ステュアート　1712–1780）
　大辞3（スチュアート　1712–1780）
　大百（ステュアート　1712–1780）
　デス（ステュアート　1712–1780）
　百科（ステュアート　1712–1780）
　名著（ステュアート　1712–1780）

Stevens, John 〈18・19世紀〉
アメリカの技術家，発明家。
⇒岩ケ（スティーヴンズ，ジョン（・コックス）1749–1838）
　岩世（スティーヴンズ　1749–1838.3.6）
　コン2（スティーヴンズ　1749–1838）
　コン3（スティーヴンズ　1749–1838）
　西洋（スティーヴンズ　1749–1838.3.6）
　全書（スティーヴンズ　1749–1838）
　大百（スチーブンズ　1749–1838）
　伝世（スティーヴンズ, J.　1749–1838）
　百科（スティーブンズ　1749–1838）

Stevens, Robert Livingston 〈18・19世紀〉
アメリカのエンジニア，発明家。
⇒岩ケ（スティーヴンズ，ロバート・リヴィングストン　1787–1856）

Stevens, Wallace 〈19・20世紀〉
アメリカの詩人。弁護士，保険会社副社長などを経て，40歳をすぎて処女詩集を発表。『詩集』(1954) でピュリッツァー賞を受賞。
⇒ア文（スティーヴンズ，ウォラス　1879.10.2–1955.8.2）
　アメ（スティーブンズ　1879–1955）
　岩ケ（スティーヴンズ，ウォレス　1879–1955）
　岩世（スティーヴンズ　1879.10.2–1955.8.2）
　英文（スティーヴンズ，ウォーレス　1879–1955）
　才世（スティーヴンズ，ウォレス　1879–1955）
　現人（スティーブンズ　1879.10.2–1955.8.2）
　広辞5（スティーヴンズ　1879–1955）
　広辞6（スティーヴンズ　1879–1955）
　国小（スチーブンズ　1879.10.2–1955.8.2）
　コン2（スティーヴンズ　1879–1955）
　コン3（スティーヴンズ　1879–1955）
　集世（スティーヴンズ，ウォレス　1879.10.2–1955.8.2）
　集文（スティーヴンズ，ウォレス　1879.10.2–1955.8.2）
　世西（スティーヴンズ　1879.10.2–1955.8.2）
　世百（スティーヴンズ　1879–1955）
　世文（スティーヴンズ，ウォレス　1879–1955）
　全書（スティーヴンズ　1879–1955）
　大辞2（スティーブンズ　1879–1955）
　大辞3（スティーブンズ　1879–1955）
　大百（スチーブンズ　1879–1955）
　デス（スティーブンズ　1879–1955）
　伝世（スティーヴンズ, T.　1879.10.2–1955.8.2）
　二十（スティーブンス，ウォレス　1879.10.2–1955.8.2）
　二十英（Stevens, Wallace　1879–1955）
　百科（スティーブンズ　1879–1955）
　名詩（スティーブンズ，ウォーレス　1879–1955）

Stevin, Simon 〈16・17世紀〉
オランダの数学者，物理学者，技術者。
⇒岩ケ（ステフィン，シモン　1548–1620）
　岩世（ステヴィン　1548頃–1620頃）
　外国（ステヴィン　1548–1620）
　科技（ステビン　1548–1620）
　科史（ステヴィン　1548–1620）
　科人（ステヴィーン，シモン　1548–1620.5）
　国小（ステビーン　1548–1620）
　コン2（ステヴィン　1548–1620）
　コン3（ステヴィン　1548–1620）
　数学（ステヴィン　1548–1620）
　数学増（ステヴィン　1548頃–1620頃）
　西洋（ステヴィン　1548頃–1620頃）
　世科（ステヴィン　1548頃–1620頃）
　世西（ステーフィン　1548頃–1620頃）
　世百（ステヴィン　1548–1620）
　全書（ステビン　1548–1620）
　大辞（ステビン　1548–1620）
　大百（ステビン　1548–1620）
　伝世（ステーフィン　1548–1620）
　名著（ステヴィン　1548–1620）

Stewart, Ellen 〈20世紀〉
アメリカのオフ・オフ・ブロードウェー演劇運動を推進する女性。ラ・ママ実験演劇クラブを創設し多数の劇作家，演出家，舞台美術家を育成。
⇒岩世（ステュアート　1919.11.7–2011.1.13）
　全書（スチュアート　1920?–）
　二十（スチュアート，エレン　1920?–）

Stewart, Jon 〈20・21世紀〉
アメリカのコメディアン，テレビ・プロデューサー。
⇒岩世（ステュアート　1962.11.28–）

Stewart, Martha 〈20世紀〉

アメリカのライフスタイル・コンサルタント。
⇒現ア（Stewart, Martha　スチュワート, マーサ 1942–）

Stibitz, George Robert 〈20世紀〉

アメリカのコンピューターの開拓者。
⇒岩世（スティビッツ　1904.4.20–1995.1.31）
　科人（スティビッツ, ジョージ・ロバート　1904. 4.30–）

Stickley, Gustav 〈19・20世紀〉

アメリカの家具デザイナー。
⇒岩ケ（スティクリー, グスタフ　1858–1942）

Stiegel, Henry William 〈18世紀〉

ドイツ生まれのアメリカのガラス製造業者。
⇒西洋（スティーゲル　1729.5.13–1785.1.10）

Stigler, George Joseph 〈20世紀〉

アメリカの経済学者。
⇒岩ケ（スティグラー, ジョージ・J（ジョゼフ） 1911–1991）
　岩世（スティグラー　1911.1.17–1991.12.1）
　経済（スティグラー　1911–1991）
　最世（スティグラー, G.J.　1911–1991）
　大辞2（スティグラー　1911–1991）
　大辞3（スティグラー　1911–1991）
　二十（スティグラー, ジョージ・ジョセフ　1911. 1.17–1991.12.1）
　ノベ（スティグラー, G.J.　1911.1.17–1991.12. 1）
　ノベ3（スティグラー, G.J.　1911.1.17–1991. 1）

Stiglitz, Joseph 〈20世紀〉

アメリカの経済学者。2001年ノーベル経済学賞。
⇒岩世（スティグリッツ　1943.2.9–）
　ノベ（スティグリッツ, J.　1943.2.9–）
　ノベ3（スティグリッツ, J.　1943.2.9–）
　ユ人（スティグリッツ, ジョセフ　1943–）

Stigwood, Robert 〈20世紀〉

アメリカの音楽・映画プロデューサー。『サタデー・ナイト・フィーバー』などを製作。
⇒ア人（スティグウッド, ロバート）
　演劇（スティグウッド, ロバート　1930–）

Stillman, James 〈19・20世紀〉

アメリカの銀行家。ニューヨーク市のナショナル・シティ銀行頭取を務めた。
⇒世西（スティルマン　1850.6.9–1918.3.15）

Stinnes, Hugo 〈19・20世紀〉

ドイツ, ルール地方の実業家。シュティンネス・コンツェルンを形成した。
⇒岩世（シュティネス　1870.2.12–1924.4.10）
　外国（シュティネス　1870–1924）
　角世（シュティネス　1870–1924）
　国小（シュティネス　1870.2.12–1924.4.10）
　西洋（シュティネス　1870.2.12–1924.4.10）
　世西（シュティネス　1870.2.12–1924.4.10）
　全書（シュティネス　1870–1924）
　ナチ（シュティネス, フーゴ　1870–1924）
　二十（シュティネス, ヒューゴ　1870–1924）
　百科（シュティネス　1870–1924）
　山世（シュティネス　1870–1924）

Stirling, James 〈20世紀〉

イギリスの建築家。ル・コルビュジエに深く学びながら, 近代建築の合理的原理の超克を目ざす。
⇒現美（スターリング　1926–）
　新美（スターリング, ジェームズ　1926.4.22–）
　世美（スターリング, ジェイムズ　1926–）
　二十（スターリング, ジェームズ・F.　1926. 4. 22–1992.6.25）

Stirling, Sir James 〈18・19世紀〉

イギリスの海軍東インド艦隊司令長官。1854年長崎に来航し, 日英約定7条を締結。
⇒外国（スターリング　1791–1865）
　国史（スターリング　1791–1865）
　コン2（スターリング　1791–1865）
　コン3（スターリング　1791–1865）
　人物（スターリング　1791–1865.4.22）
　西洋（スターリング　1791–1865.4.22）
　世西（スターリング　1791–1865.4.25）
　日人（スターリング　1791–1865）
　来日（スターリング　1791–1865.4.22）

Stirling, Sir James Frazer 〈20世紀〉

イギリスのポスト・モダニズム建築家。
⇒岩世（スターリング　1926.4.22–1992.6.25）

Stirling, Patrick 〈19世紀〉

イギリスのエンジニア。
⇒岩ケ（スターリング, パトリック　1820–1895）

Stirling, Robert 〈18・19世紀〉

イギリスの牧師, 発明家。
⇒岩ケ（スターリング, ロバート　1790–1878）
　科人（スターリング, ロバート　1790.10.25– 1878.6.6）
　世科（スターリング　1790–1878）

Stoddard, William Osborn 〈19・20世紀〉

アメリカの作家, 発明家。

経済・産業篇　　　　　595　　　　　strac

⇒英児（Stoddard, William Osborn　スタッダード，ウィリアム・オズボーン　1835–1925）
世児（ストッダード，ウィリアム・O（オズボーン）　1835–1925）

Stoddert, Benjamin 〈18・19世紀〉
アメリカの軍人，実業家。
⇒国小（ストダート　1751–1813.12.18）

Stodola, Aurel 〈19・20世紀〉
スイス（チェコスロヴァキア生まれ）の機械技術者。チューリヒ工科大学教授（1892〜1929）。蒸気タービンを研究。
⇒岩世（ストドラ　1859.5.10–1942.12.25）
西洋（ストドラ　1859.5.10–1942.12.25）

Stoeke, Janet Morgan 〈20世紀〉
アメリカのグラフィック・デザイナー。
⇒児作（Stoeke, Janet Morgan　ストーク，ジャネット・モーガン）

Stokes, Donald Gresham 〈20世紀〉
イギリスの財界人。レイランド自動車の会長。同社はブリティッシュ・モーター社と合併，ブリティッシュ・レイランド・モーターとなり，国有化され，ブリティッシュ・レイランド社に改名された。
⇒岩世（ストークス　1914.3.22–2008.7.21）
現人（ストークス　1914.3.22–）
西洋（ストークス　1914.3.22–）

Stolper, Wolfgang Friedrich 〈20世紀〉
アメリカの経済学者。
⇒二十（ストルパー，ウルフギャング　1912–）

Stoltenberg, Jens 〈20・21世紀〉
ノルウェーの政治家。ノルウェー首相，ノルウェー蔵相。
⇒岩世（ストルテンベルグ　1959.3.16–）
世政（ストルテンベルグ，イエンス　1959.3.16–）

Stone, Edward Durell 〈20世紀〉
アメリカの建築家。
⇒岩ケ（ストーン，エドワード・ダレル　1902–1978）

Stone, John Richard Nicholas 〈20世紀〉
イギリスの経済学者。1984年ノーベル経済学賞。
⇒岩ケ（ストーン，サー（ジョン・）リチャード（・ニコラス）　1913–1991）
経済（ストーン　1913–1991）
最世（ストーン，J.R.N.　1913–1991）
二十（ストーン，ジョン・リチャード・ニコラス　1913.8.30–1991.12.6）

ノベ（ストーン，J.R.N.　1913.8.30–1991.12.6）
ノベ3（ストーン，J.R.N.　1913.8.30–1991.12.6）

Stone, Melville Elijah 〈19・20世紀〉
アメリカのジャーナリスト。AP通信社の総支配人（1893〜1921）。
⇒岩世（ストーン　1848.8.22–1929.2.15）
西洋（ストーン　1848.8.22–1929.2.15）

Stone, Nicolas 〈16・17世紀〉
イギリスの彫刻家，建築家。
⇒国小（ストーン　1586–1647.8.24）
世美（ストーン，ニコラス　1587–1647）

Stone, William Henry 〈19・20世紀〉
イギリスの工学者。逓信省顧問として電信事業を指導。
⇒岩世（ストーン　1837.6.18–1917.6.3）
西洋（ストーン　?–1917.6.3）
二十（ストーン，ウィリアム・ヘンリー　1837–1917）
日人（ストーン　1837–1917）
来日（ストーン　1837–1917）

Stoneman, Abigail 〈18世紀〉
アメリカ植民地時代のパブ店主。
⇒世女日（ストーンマン，アビゲイル　1740頃–1777）

Storch, Nikolaus 〈15・16世紀〉
ドイツの毛織物製造業者。狂信的宗教運動の指導者。幼児の洗礼に反対。
⇒キリ（シュトルヒ，ニーコラウス　?–1525）
西洋（シュトルヒ　1490頃–1530）

Storie, Frank Robert 〈19世紀〉
スコットランドの機械技師。長崎造船所機械師長。
⇒来日（ストーリー　1844.1.28–1892）

Stornebrink, Ludwicus 〈19・20世紀〉
オランダの実業家。横浜に機械製氷所を創設。
⇒来日（ストルンブリンク　1847–1917）

Stout, William Bushnell 〈19・20世紀〉
アメリカの航空技術者。アメリカ最初の全金属製飛行機を製作（1922）。
⇒西洋（スタウト　1880.3.16–1956.3.20）

Strachey, Christopher 〈20世紀〉
イギリスのコンピューター科学者。
⇒岩世（ストレイチー　1916.11.16–1975.5.8）
科人（ストレイチー，クリストファー　1916.11.16–1975.3.18）

Strachey, John 〈20世紀〉

イングランド生まれの経済思想家。

⇒岩ケ（ストレイチー，（イーヴリン・）ジョン（・セント・ルー）　1901–1963）
岩世（ストレイチー　1901.10.21–1963.7.15）
外国（ストレーチー　1901–）
経済（ストレイチー　1901–1963）
国小（ストレーチー　1901.10.21–1963.7.15）
コン3（ストレーチー　1901–1963）
人物（ストレーチ　1901.10.21–）
西洋（ストレーチ　1901.10.21–1963.7.15）
世百（ストレーチー　1901–1963）
全書（ストレーチー　1901–1963）
大百（ストレーチー　1901–1963）
二十（ストレーチー，E.ジョン　1901.10.21–1963.7.15）
名著（ストレーチー　1901–）

Stradivari, Antonio 〈17・18世紀〉

イタリアのヴァイオリン製作者。現在の標準型ヴァイオリンの創始者。

⇒岩ケ（ストラディヴァリ，アントニオ　1644頃–1737）
岩世（ストラディヴァーリ　1644（43）–1737.12.18）
音楽（ストラディヴァーリ，アントーニオ　1644–1737.12.18）
音大（ストラディヴァーリ　1644–1737.12.18）
外国（ストラディヴァリ　1644–1737）
国小（ストラディバリ　1644?–1737.12.18）
コン2（ストラディヴァリ　1644/8/9–1737）
コン3（ストラディヴァリ　1644頃–1737）
人物（ストラディバリ　1644頃–1737.12.18）
西洋（ストラディヴァーリ　1644頃–1737.12.18）
世人（ストラディヴァリ　1644/48/49–1737）
世百（ストラディヴァリ　1644?–1737）
全書（ストラディバリ　1644–1737）
大辞3（ストラディバリ　1644–1737）
大百（ストラディバリ　1644–1737）
デス（ストラディバリ　1644頃–1737）
ラル（ストラディヴァーリ，アントニオ　1644–1737）

Straight, Willard Dickerman 〈19・20世紀〉

アメリカの外交官。中国におけるアメリカ銀行家代表。アメリカ陸軍の予備役軍務局長。

⇒国史（ストレイト　1880–1918）
国小（ストレート　1880.1.31–1918.12.1）
コン2（ストレート　1880–1918）
コン3（ストレート　1880–1918）
世東（ストレート　1880–1918）
二十（ストレート，ウィラード・D.　1880–1918）
百科（ストレート　1880–1918）
山世（ストレート　1880–1918）

Strange, Susan 〈20世紀〉

イギリスの経済学者。著『ポンドとイギリスの政策』『カジノ資本主義』など。

⇒岩世（ストレンジ　1923.6.9–1998.10.25）
世女日（ストレンジ，スーザン　1923–1998）
大辞2（ストレンジ　1923–）

Stratemeyer, Edward L 〈19・20世紀〉

アメリカの作家，本のシンジケート経営者。

⇒岩ケ（ストラテマイヤー，エドワード・L　1862–1930）

Straumer, Heinrich 〈19世紀〉

ドイツの建築家。国会議事堂建築に従事。

⇒岩世（シュトラウマー　1876.12.7–1937.11.22）
西洋（シュトラウマー　1876–）

Straus, Isidor 〈19・20世紀〉

ドイツ生まれのアメリカの実業家。"メーシー"を世界最大の百貨店にした。

⇒伝世（ストラウス　1845.2.6–1912.4.15）

Straus, Nathan 〈19・20世紀〉

アメリカの実業家，慈善事業家。

⇒ユ人（シュトラウス，ネイサン（ナタン）　1848–1931）

Strauss, Lewis Lichtenstein 〈20世紀〉

アメリカの実業家。原子力委員会（AEC）委員長。ソ連邦の原爆保有後，アメリカの水爆製造を推進した一人。

⇒国小（ストローズ　1896.1.31–1974.1.21）
二十（ストロース，ルイス・L.　1896–1974）

Street, George Edmond 〈19世紀〉

イギリスの建築家。ビクトリア時代のゴシック様式の代表者。作品にロンドンの王立裁判所。

⇒岩ケ（ストリート，ジョージ・エドマンド　1824–1881）
建築（ストリート，ジョージ・エドムンド　1824–1881）
国小（ストリート　1824.6.20–1881.12.18）
世美（ストリート，ジョージ・エドマンド　1824–1881）
百科（ストリート　1824–1881）

Strehler, Giorgio 〈20世紀〉

イタリアの演出家，劇場支配人。現代イタリア演劇の第一人者。演出作品にはシェークスピア，ブレヒト，チェーホフのものが多い。

⇒岩ケ（ストレーレル，ジョルジョ　1921–）
岩世（ストレーレル　1921.8.14–1997.12.25）
演劇（ストレーレル，ジョルジョ　1921–1997）
オペ（ストレーレル，ジョルジョ　1921.8.14–）
クラ（ストレーレル，ジョルジョ　1921–1997）
現人（ストレーレル　1921.8.14–）
広辞6（ストレーレル　1921–1997）
コン3（ストレーレル　1921–1997）
西洋（ストレーレル　1921.8.14–）

世百新（ストレーレル　1921–1997）
全書（ストレーレル　1921–）
ナビ（ストレーレル　1921–1997）
二十（ストレーレル, G.　1921.8.14–）
百科（ストレーレル　1921–）

Strickland, Mabel 〈20世紀〉
マルタの新聞社主。
⇒世女日（ストリックランド, メイベル　1899–1988）

Strickland, William 〈18・19世紀〉
アメリカの建築家。主要建築はほとんどフィラデルフィアにある。
⇒建築（ストリックランド, ウィリアム　1788–1854）
　国小（ストリックランド　1787–1854.4.7）
　新美（ストリックランド, ウィリアム　1787頃–1854.4.6）
　世美（ストリックランド, ウィリアム　1788–1854）

Strieder, Jacob 〈19・20世紀〉
ドイツの経済史家。フッガー家の事績および近代資本主義の起源等に関して多くの業績がある。
⇒西洋（シュトリーダー　1877.12.18–1936.7.24）

Strike, Clifford Stewart 〈20世紀〉
アメリカの技術コンサルタント。対日賠償に関するストライク報告で知られる。
⇒現人（ストライク　1902.8.28–）

Strnad, Oskar 〈19・20世紀〉
オーストリアの建築家。パリ博覧会でオーストリア館を建築。舞台装置家としても知られる。
⇒岩世（シュトルナート　1879.10.26–1935.9.3）
　西洋（シュトルナート　1879–1935.9.3）

Stroganov
帝政ロシアの大実業家一族。
⇒岩世（ストローガノフ家）

Stroganov, Grigori 〈16世紀〉
ロシアの大商人, ストロガノフ家の事実上の創立者。
⇒外国（ストロガノフ　?–1576頃）

Strok, Alexander 〈19・20世紀〉
ラトビア出身の音楽興行師。
⇒岩世（ストローク　1877–1956.7.1）

Strong, Maurice Frederick 〈20世紀〉
カナダの実業家。国連環境計画（UNEP）の初代事務局長。ペトロ・カナダ石油会社会長。

⇒現人（ストロング　1929.4.29–）
　二十（ストロング, モーリス・F.　1929.4.29–）

Stroof, Ignaz 〈19・20世紀〉
ドイツの化学技術者。1980, 90年代のドイツ化学工業興起期に重要な役割を演じた。
⇒世百（シュトローフ　1838–1920）
　二十（シュトローフ, I.　1838–1920）
　百科（シュトローフ　1838–1920）

Stroud, William 〈19・20世紀〉
イギリスの物理学者, 発明家。
⇒岩ケ（ストラウド, ウィリアム　1860–1938）

Strumilin, Stanislav Gustavovich 〈19・20世紀〉
ソ連邦の経済学者。著書に『ソ連における商業資本の諸問題』(1925), 『ロシアの産業革命』(44), 『ロシア・ソヴェト経済史概説』(66) がある。
⇒外国（ストルミリン　1877–）
　コン2（ストルミーリン　1877–1974）
　コン3（ストルミーリン　1877–1974）
　全書（ストルミリン　1877–1974）
　二十（ストルーミン, スタニスラフ・G.　1877–?）
　二十（ストルミリン, スタニスラーフ　1877.1.29–1974.1.25）

Strutt, Jedediah 〈18世紀〉
イギリスの木綿紡績業者, 靴下編機改良家。うね編靴下の製造工場を経営。
⇒岩世（ストラット　1726.7.28–1797.5.7）
　科史（ストラット　1726–1797）
　国小（ストラット　1726–1797）
　西洋（ストラット　1726.7.28–1797）
　全書（ストラット　1726–1797）
　大百（ストラット　1726–1797）

Strutt, William 〈18・19世紀〉
イギリスの木綿織物事業者, 発明家。工場建築の防火対策について研究。
⇒世百（ストラット　1756–1830）

Struve, Petr Berngardovich 〈19・20世紀〉
ロシアの経済学者, 政治家, 評論家。1905年立憲民主党（カデット）創立に際し中央委員, 十月革命後は, 反革命政府に参加したのちパリへ亡命。主著に『経済と価格』(13～16) がある。
⇒岩ケ（ストルーヴェ, ピョートル・ベルンガルドヴィチ　1870–1940）
　岩世（ストルーヴェ　1870.1.26[2.7]–1944.2.26）
　岩哲（ストルーヴェ　1870–1944）
　外国（ストルーヴェ　1870–1940）
　角世（ストルーヴェ　1870–1944）

国小 （ストルーベ　1870-1944）
コン**2**（ストルーヴェ　1870-1944）
コン**3**（ストルーヴェ　1870-1944）
集世 （ストルーヴェ, ピョートル・ベルンガール
　　ドヴィチ　1870.1.26-1944.2.26）
集文 （ストルーヴェ, ピョートル・ベルンガール
　　ドヴィチ　1870.1.26-1944.2.26）
西洋 （ストルーヴェ　1870-1944）
世西 （ストルーヴェ　1870-1940）
世百 （ストルーヴェ　1870-1944）
世文 （ストルーヴェ, ピョートル・ベルンガルド
　　ヴィチ　1870-1944）
全書 （ストルーベ　1870-1944）
二十 （ストルーベ, ピョートル・B.　1870-1944）
百科 （ストルーベ　1870-1944）
評世 （ストルベ　1870-1940）
ロシ （ストルーヴェ　1870-1944）

Stuart, Alexander 〈20世紀〉

イギリスの小説家, シナリオ作者, 映画プロ
デューサー。
⇒二十英（Stuart, Alexander　1955-）

Stuart, George Hay 〈19世紀〉

アメリカの改革派長老教会会員, 実業家, 博愛
事業家。
⇒キリ（ステュアート, ジョージ・ヘイ　1816.4.2-
　　1890.4.11）

Stuart, James 〈18世紀〉

イギリスの画家, 建築家, 古代研究家。
⇒岩世（ステュアート　1713-1788.2.2）
建築 （スチュアート, ジェームズ　1713-1788）
新美 （スチュアート, ジェームズ　1713-1788.2.
　　2）
西洋 （ステュアート　1713-1788.2.2）
世美 （ステュアート, ジェイムズ　1713-1788）

Stübben, Joseph Hermann 〈19・20世紀〉

ドイツの都市計画家。
⇒世美（シュテュッベン, ヨーゼフ・ヘルマン
　　1845-1936）

Stuck, Franz von 〈19・20世紀〉

ドイツの画家, 彫刻家, 建築家。神話的主題の
作品を多く制作し, 裸体表現を好んだ。挿絵画
家としても活躍。
⇒岩世（シュトゥック　1863.2.23-1928.8.30）
キリ （シュトゥック, フランツ・フォン　1863.2.
　　23-1928.8.30）
芸術 （シュトゥック, フランツ・フォン　1863-
　　1928）
国小 （シュトゥック　1863.2.23-1928.8.30）
新美 （シュトゥック, フランツ・フォン　1863.2.
　　23-1928.8.30）
西洋 （シュトゥック　1863.2.23-1928.8.30）
世芸 （シュトゥック, フランツ・フォン　1863-

1928）
世美 （シュトゥック, フランツ・フォン　1863-
　　1928）
全書 （シュトゥック　1863-1928）
二十 （シュトゥック, フランツ・フォン　1863.2.
　　23-1928.8.30）
百科 （シュトゥック　1863-1928）

Studebaker, Clement 〈19・20世紀〉

アメリカの車両製造業者。スチュードベーカー
兄弟会社を組織し, 社長に就任。
⇒岩ケ（スチュードベイカー, クレメント　1831-
　　1891）
コン**2**（スチュードベーカー　1831-1901）
コン**3**（スチュードベーカー　1831-1901）

Studebaker, John Mohler 〈19・20世紀〉

アメリカの自動車製造業者。1858年, C&J.M・
スチュードベーカー社を設立。
⇒全書（スチュードベーカー　1833-1917）
二十 （スチュードベーカー, ジョン・M.　1833-
　　1917）

Student 〈19・20世紀〉

イギリスの醸造技術者, 数理統計学者。
⇒岩世（ステューデント　1876.6.13-1937.10.16）

Stüler, Friedrich August 〈19世紀〉

ドイツの建築家。
⇒岩世（シュテューラー　1800.1.28-1865.3.18）
キリ （シュテューラー, フリードリヒ・アウグス
　　ト　1800.1.28-1865.3.18）
西洋 （シュテューラー　1800.1.28-1865.3.18）

Stumm, Karl von 〈19・20世紀〉

ドイツの工業家, 政治家。シュトゥム・コン
ツェルンを組織。ドイツ国会議員（1867〜81,
89）。
⇒岩世（シュトゥム　1836.3.30-1901.3.8）
西洋 （シュトゥム　1836.3.10-1901.3.8）

Sturgeon, William 〈18・19世紀〉

イギリスの電気技師。電磁石を製作（1823）。
イギリスで最初の電気雑誌 "Annais of
Electricity" を創刊（36）。
⇒岩ケ（スタージョン, ウィリアム　1783-1850）
岩世 （スタージョン　1783.5.22-1850.12.4）
科学 （スタージョン　1783.5.22-1850.12.4）
科技 （スタージョン　1783.5.22-1850.12.4）
科人 （スタージョン, ウィリアム　1783.5.22-
　　1850.12.4）
西洋 （ステュルジャン　1783.5.22-1850.12.4）
世科 （スタージョン　1783-1850）
全書 （スタージョン　1783-1850）
大百 （スタージョン　1783-1850）
百科 （スタージャン　1783-1850）

経済・産業篇　599　sully

Sturgis, Russell 〈19・20世紀〉
アメリカの建築家。ニューヨーク建築同盟会長
美術連盟初代会長を歴任。
⇒国小（スタージス　1836.10.16–1909.2.11）
　西洋（スタージス　1836–1909）

Sturler, Joan Willem de 〈19世紀〉
オランダの長崎出島商館長。シーボルトに同道
して来日（1823），江戸参府（26）。
⇒岩世（ストゥルレル（ステュルレル））
　西洋（ストゥルレル）

Sualem, Renkin 〈17・18世紀〉
低地地方（現ベルギー）の技師。
⇒岩世（スアレム　1645.1.29–1708.7.29）

Sublette, William Lewis 〈18・19世紀〉
アメリカの軍人，毛皮取引商人。
⇒国小（サブレット　1799頃–1845.7.23）

Suhaim bin Hamad al-Thani, Sheikh 〈20世紀〉
カタールの政治家，実業家。1972年の宮廷クー
デターで外相。
⇒中東（スハイム　1940?–）

Suhrkamp, Peter 〈20世紀〉
ドイツの出版業者，随筆家。文芸総合誌「新評
論」の編集者。1950年ズールカンプ社を創立。
⇒岩世（ズーアカンプ　1891.3.28–1959.3.31）
　国小（ズールカンプ　1891.3.28–1959.3.31）

Sukhanov, H. 〈19・20世紀〉
ロシアの経済学者，評論家。著書『ロシア革命
についての覚書』（7巻，1922〜23）。
⇒コン3（スハーノフ　1882–1940）
　世百新（スハノフ　1882–1940）
　二十（スハノフ，ニコライ　1882–1940）
　百科（スハノフ　1882–1940）

Sukselainen, Vieno Johannes 〈20世紀〉
フィンランドの経済学者，政治家。1959〜61年
首相。
⇒国小（スクセライネン　1906.10.12–）
　二十（スクセライネン，V.J.　1906–）

Sulaimān 〈8・9世紀〉
イスラム教徒。アラビア人かペルシア人らし
い。中国の広州に往復した貿易商人。
⇒角世（スライマーン　680–717）
　西洋（スライマーン　8/9世紀）

Sulaimān al-Mahrī al-Muḥammadī
〈16世紀〉
アラビアの航海者。シヒルの人。航海指針の書
を著した。
⇒岩世（スライマーン・マフリー）
　外国（スレイマン・アル・マフリー　16世紀）
　コン2（スライマーン・アルマフリー　?–1554）
　コン3（スライマーン・アルマフリー　?–1554頃）
　西洋（スライマーン・アル・マハリー　16世紀）

Sulaymān al-Tājir
アラブ商人，旅行者。
⇒岩世（スライマーン・タージル）

Sullivan, Louis Henry 〈19・20世紀〉
アメリカの建築家。機能主義の立場で鉄骨高層
ビルディングを設計，近代建築の先駆者となっ
た。代表作はシカゴ博覧会の交通館（1893）
など。
⇒アメ（サリバン　1856–1924）
　岩ケ（サリヴァン，ルイス（・ヘンリー）　1856–1924）
　岩世（サリヴァン　1856.9.3–1924.4.14）
　英米（Sullivan, Louis Henri　サリヴァン（ルイス）　1856–1924）
　オ西（サリヴァン，ルイス・H.　1856–1924）
　外国（サリヴァン　1856–1924）
　国小（サリヴァン　1856.9.3–1924.4.14）
　国百（サリバン，ルイス・ヘンリー　1856.9.3–1924.4.14）
　コン2（サリヴァン　1856–1924）
　コン3（サリヴァン　1856–1924）
　思想（サリヴァン，ルイス（ヘンリー）　1856–1924）
　新美（サリヴァン，ルイス・ヘンリー　1856.9.3–1924.4.14）
　人物（サリバン　1856.9.3–1924.4.14）
　西洋（サリヴァン　1856.9.3–1924.4.14）
　世西（サリヴァン　1856–1924）
　世美（サリヴァン，ルイス・ヘンリー　1856–1924）
　世文（サリヴァン　1856–1924）
　全書（サリヴァン　1856–1924）
　大辞2（サリバン　1856–1924）
　大辞3（サリバン　1856–1924）
　大百（サリバン　1856–1924）
　伝世（サリヴァン，L.　1856.9.3–1924.4.14）
　ナビ（サリバン　1856–1924）
　二十（サリバン，ルイス・ヘンリー　1856.9.3–1924.4.14）
　百科（サリバン　1856–1924）

Sullivan, Pat 〈19・20世紀〉
オーストラリア生まれの映画製作者。
⇒世映（サリヴァン，パット　1887–1933）

Sully, Maximilien de Béthune, Duc de 〈16・17世紀〉
フランスの軍人，財務官，政治家。ユグノー派。
アンリ4世の政治顧問。大臣として宗教戦争後

の国家再建に尽力。

⇒岩ケ（シュリー，マクシミリアン・ド・ベテューン，公爵　1560–1641）
旺世（シュリ　1560–1641）
外国（シュリー　1559–1641）
国小（シュリー　1559.12.13–1641.12.22）
コン2（シュリー　1560–1641）
コン3（シュリー　1560–1641）
人物（シュリー　1560.12.13–1641.12.22）
西洋（シュリー　1560.12.13–1641.12.22）
世百（シュリー　1560–1641）
全書（シュリ　1559–1641）
大百（シュリー　1559–1641）
デス（シュリー　1560–1641）
百科（シュリー　1559–1641）
評世（シュリー　1560–1641）
山世（シュリ　1559–1641）

Sultan, Herbert 〈20世紀〉
ドイツの財政社会学者。社会化や国家資本主義の問題に興味をもち，財政事象の社会学的研究をおこなった。

⇒名著（ズルタン　1898–1955）

Sultan bin Ahmad al-Mualla, Sheikh 〈20世紀〉
アラブ首長国連邦の政治家。1973年以来連邦経済・貿易相。貿易や経済開発面で大活躍。

⇒中東（スルタン　1935–）

Sultan bin Muhammad al-Qasimi, Sheikh 〈20世紀〉
アラブ首長国連邦のシャルジャ首長（1972〜）。石油生産の収入をテコに，外国企業の誘致など意欲的な工業化政策を推進。

⇒中東（スルタン　1939–）

Sulzberger, Arthur Hays 〈20世紀〉
アメリカの新聞発行人。「ニューヨーク・タイムス」紙の2代目の社長。

⇒岩世（サルズバーガー　1891.9.12–1968.12.11）
現人（サルズバーガー　1891.9.12–1968.12.11）
西洋（サルズバーガー　1891.9.12–1968.12.11）

Sulzberger, Arthur Ochs 〈20世紀〉
アメリカのジャーナリスト。ニューヨーク・タイムズ紙社長。

⇒コン3（サルツバーガー　1926–1993）
二十（ザルツバーガー，アーサー・O.　1926–）

Sumbatov, Aleksandr Ivanovich 〈19・20世紀〉
ロシアの俳優，劇作家。モスクワの帝国劇場に出演，のち同劇場支配人（1906）。

⇒西洋（スンバートフ　1853.9.16–1927.9.17）
世西（スンバートフ　1853.9.16–1927.9.17）

Summers, Elaine 〈20世紀〉
アメリカのダンサー，振付家，映画製作者。

⇒バレ（サマーズ，イレイン　1925.2.20–）

Summers, Lawrence Henry 〈20・21世紀〉
アメリカの経済学者，官僚。

⇒岩世（サマーズ　1954.11.30–）

Sumner, William Graham 〈19・20世紀〉
アメリカの経済学者，社会学者。著書『民習論』（1907）は集団的慣習や道徳や道徳的慣習の研究に新しい視野を与えた。

⇒岩世（Sumner, William Graham　サムナー（ウィリアム）　1840.10.30–1910.4.12）
英米（Sumner, William Graham　サムナー（ウィリアム）　1840–1910）
外国（サムナー　1840–1910）
教育（サムナー　1840–1910）
キリ（サムナー，ウィリアム・グレイアム　1840.10.30–1910.4.12）
経済（サムナー　1840–1910）
国小（サムナー　1840.10.30–1910.4.12）
コン2（サムナー　1840–1910）
コン3（サムナー　1840–1910）
西洋（サムナー　1840.10.30–1910.4.12）
世西（サムナー　1840.10.30–1910.4.12）
世百（サムナー　1840–1910）
全書（サムナー　1840–1910）
大百（サムナー　1840–1910）
伝世（サムナー，W.　1840.10.30–1910.4.12）
二十（サムナー，ウィリアム・グラハム　1840.10.30–1910.4.12）
百科（サムナー　1840–1910）
名著（サムナー　1840–1910）

Sunkel, Osvaldo 〈20世紀〉
チリの経済学者。ニューヨークの世界法財団の平和研究「世界秩序モデル計画」に従事している。

⇒現人（スンケル　?–）

Susato, Tylman 〈16世紀〉
アントワープの音楽出版業者，作曲家。

⇒音楽（スザート，ティルマン　1500頃–1561/4）
音大（スザート　1500頃–1561/-4）
ラル（スザート，ティルマン　1500頃–1561/64）

Süss-Oppenheimer, Joseph 〈17・18世紀〉
ドイツのユダヤ人財政家。

⇒岩世（ジュース＝オッペンハイマー　1692.2.12–1738.2.5）
西洋（ジュース・オッペンハイマー　1698頃–1738.2.4）

経済・産業篇　　　　　601　　　　　swan

Sustris, Friedrich 〈16世紀〉

ドイツの建築家，画家。バイエルン大公ヴィルヘルム5世の為にトラウジッツ城を築造（1573～79）。
⇒岩世　（ズストリス　1540頃–1599）
　建築　（ズストリス，フリードリヒ　1540頃–1599）
　西洋　（ズストリス　1524/6–1599）
　世美　（シュストリス，フレデリック　1540頃–1599）

Sutcliffe, Robert B. 〈20世紀〉

イングランド生まれの経済思想家。
⇒経済　（サトクリフ　1939–）

Sutherland, Ivan E. 〈20世紀〉

アメリカのコンピューター科学者。
⇒岩世　（サザーランド　1938.5.16–）
　世科　（サザーランド　1938–）
　大辞3　（サザーランド　1938–）
　二十　（サザーランド，イワン・エドワード　1938.5.16–）

Sutter, Johann August 〈19世紀〉

アメリカ（ドイツ生まれ）の植民経営者。
⇒岩ケ　（サッター，ジョン・オーガスタス　1803–1880）
　岩世　（サッター　1803.2.23–1880.6.18）
　外国　（サッター　1803–1880）
　国小　（サッター　1803.2.15–1880.6.18）
　コン2　（ズッター　1803–1880）
　コン3　（サッター　1803–1880）
　コン3　（ズッター　1803–1880）
　西洋　（ズッター　1803.2.23–1880.6.18）
　伝世　（サッター　1803.2.15–1880.6.18）

Sutter, Joseph P 〈20世紀〉

アメリカの航空機の設計者。
⇒岩ケ　（サッター，ジョゼフ・P　1921–）

Sutton, Philip 〈20世紀〉

イギリス生まれの陶芸家。
⇒世芸　（サトン，フィリップ　1928–）

al-Suweidi, Abdullah bin Nasir 〈20世紀〉

カタールの政治家，実業家。1970年通信・運輸相。
⇒中東　（スウェイディ）

al-Suweidi, Ahmad Khalifa 〈20世紀〉

アラブ首長国連邦の政治家。連邦通貨委員会，連邦投資委員会の各副議長のほか，アブダビ・ナショナル銀行頭取と財政・金融面でも中心的役割を果している。
⇒中東　（スウェイディ　1937–）

Svevo, Italo 〈19・20世紀〉

イタリアの小説家。トリエステの実業家で，のち文学を志す。スベーボのペンネームで小説を執筆。精神分析を最初に小説に持込んだ作家。
⇒岩世　（ズヴェーヴォ，イタロ　1861–1928）
　岩世　（ズヴェーヴォ　1861.12.19–1928.9.13）
　外国　（ズヴェーヴォ　1861–1928）
　広辞4　（ズヴェーヴォ　1861–1928）
　広辞5　（ズヴェーヴォ　1861–1928）
　広辞6　（ズヴェーヴォ　1861–1928）
　国中　（ズベーボ　1861.12.19–1928.9.13）
　国百　（ズベーボ，イタロ　1861.12.19–1928.9.13）
　コン2　（ズヴェーヴォ　1861–1928）
　コン3　（ズヴェーヴォ　1861–1928）
　集世　（スヴェーヴォ，イータロ　1861.12.19–1928.9.11）
　集文　（ズヴェーヴォ，イータロ　1861.12.19–1928.9.11）
　西洋　（スヴェーヴォ　1861.12.19–1928.9.31）
　世百　（ズヴェーヴォ　1861–1928）
　世文　（ズヴェーヴォ，イータロ　1861–1928）
　全書　（ズベーボ　1861–1928）
　大辞2　（ズベーボ　1861–1928）
　大辞3　（ズベーボ　1861–1928）
　大百　（ズベーボ　1861–1928）
　デス　（ズベーボ　1861–1928）
　伝世　（ズヴェーヴォ　1861.12.19–1928.9.13）
　ナビ　（ズベーボ　1861–1928）
　二十　（ズベーボ，イタロ　1861.9.16–1928.9.13）
　百科　（ズベーボ　1861–1928）
　名著　（ズヴェーヴォ　1861–1928）
　ユ人　（スベーボ，イタロ（エットレ・シュニッツ）1861–1928）

Svilova, Elizaveta 〈20世紀〉

ロシアの映画製作者。
⇒世女日　（スヴィロヴァ，エリザヴェータ　1900–1975）

Swan, *Sir* Joseph Wilson 〈19・20世紀〉

イギリスの化学者，写真感光材企業家。1864年カーボン印画法（ピグメント）を発明，カーボン印画法を完成した。やがて乾板および臭化銀印画紙（ブロマイド）の製造に着手，特許をとった（79）。
⇒岩ケ　（スウォン，サー・ジョゼフ（・ウィルソン）1828–1914）
　岩世　（スワン　1828.10.31–1914.5.27）
　科学　（スウォン　1828.10.31–1914.5.27）
　科技　（スオン　1828.10.31–1914.5.27）
　科人　（スワン，サー・ジョゼフ・ウィルソン　1828.10.31–1914.5.27）
　国小　（スワン　1828.10.31–1914.5.27）
　コン2　（スワン　1828–1914）
　コン3　（スワン　1828–1914）
　人物　（スワン　1828.10.31–1914.5.27）
　西洋　（スワン　1828.10.31–1914.5.27）
　世科　（スウォン　1828–1914）
　世百　（スワン　1828–1914）
　全書　（スワン　1828–1914）

大百（スワン　1828–1914）
二十（スワン, ジョセフ・ウィルソン　1828–1914）
百科（スワン　1828–1914）

Swan, Peter Lawrence 〈20世紀〉

オーストラリアの経済学者。
⇒二十（スワン, ピーター・ローレンス　1944–）

Sweezy, Alan Richardson 〈20世紀〉

アメリカの経済学者。その立場はケーンズ派に近い。
⇒岩世（スウィージー　1907.6.29–1994.12.24）
西洋（スウィージ　1907.6.29–）

Sweezy, Paul Marlor 〈20世紀〉

アメリカのマルクス主義経済学者。主著『資本主義発展の理論』（1942）でその学問的立場を確立したが, いわゆる正統派マルクス主義の側から多くの批判もうけた。
⇒アメ（スウィージー　1910–）
岩世（スウィージー　1910.4.10–2004.2.27）
外国（スウィージー　1910–）
経済（スウィージー　1910–）
現人（スウィージー　1910.10–）
広辞5（スウィージー　1910–）
広辞6（スウィージー　1910–2004）
コン3（スウィージー　1910–）
人物（スウィージー　1910.10.10–）
西洋（スウィージ　1910.10.10–）
世西（スウィージー　1910.10.10–）
世百（スウィージー　1910–）
世百新（スウィージー　1910–2004）
全書（スウィージー　1910–）
大辞2（スウィージー　1910–）
大辞3（スウィージー　1910–2004）
大百（スウィージー　1910–）
二十（スウィージー, ポール・マーロー　1910.10.10–）
百科（スウィージー　1910–）
名著（スウィージー　1910–）
歴学（スウィージー　1910–）

Sweynheym, Konrad 〈15世紀〉

ドイツ出身の印刷者。
⇒キリ（シュヴァインハイム, コンラート　15世紀）

Swift, Gustavus Franklin 〈19・20世紀〉

アメリカの精肉業者。冷凍車を考案, 肉の副産物（人造バータ油・石けん・肥料など）の開発に先鞭をつけた。
⇒岩ケ（スウィフト, グスターヴァス・フランクリン　1839–1903）
コン2（スウィフト　1839–1903）
コン3（スウィフト　1839–1903）
世西（スウィフト　1839.6.24–1903.3.29）
百科（スウィフト　1839–1903）

Swinburne, Sir James 〈19・20世紀〉

イギリスの科学者, 技術者。
⇒岩ケ（スウィンバーン, サー・ジェイムズ　1858–1958）
世科（スウィンバーン　1858–1958）
二十（スウィンバーン, ジェームス　1858.2.28–1958）

Swingle, Walter Tennyson 〈19・20世紀〉

アメリカの農業植物学者。いちじく, なつめやし, エジプト綿, 柑橘類の移植, 改良に努め, メタキセニア説を発表（1928）。
⇒岩世（スウィングル　1871.1.8–1952.1.19）
人物（スウィングル　1871.1.8–1952）
西洋（スウィングル　1871.1.8–1952）

Swinson, Cyril 〈20世紀〉

イギリスの出版業者, 著述家。
⇒バレ（スウィンソン, シリル　1910–1963.1.3）

Swinton, Alan Archibald Campbell 〈19・20世紀〉

イギリスの電気技師, 発明家。
⇒岩ケ（スウィントン, アラン・アーチボルド・キャンベル　1863–1930）

Swinton, Sir Ernest Dunlop 〈19・20世紀〉

イギリスの軍人, 作家, 発明家。
⇒岩ケ（スウィントン, サー・アーネスト・ダンロップ　1868–1951）

Swope, Gerard 〈19・20世紀〉

アメリカの電気技術者。ゼネラル・エレクトリック電気会社社長（1922〜39, 42〜44）。
⇒岩世（スウォープ　1872.12.1–1957.11.20）
西洋（スウォープ　1872.12.1–1957.11.20）

Sylos-Labini, Paolo 〈20世紀〉

現代イタリアの代表的経済学者。著書に『寡占と技術進歩』（1956）がある。
⇒岩世（シロス＝ラビーニ　1920.10.30–2005.12.7）
経済（シロス・ラビーニ　1920–）
全書（シロス・ラビーニ　1920–）
二十（シロス・ラビーニ, パオロ　1920–）

Symington, William 〈18・19世紀〉

スコットランドの機械技師, 発明家。
⇒岩ケ（サイミントン, ウィリアム　1763–1831）
岩世（サイミントン　1763–1831.3.22）
外国（シミントン　1763–1831）
科史（サイミントン　1763–1831）
西洋（サイミントン　1763–1831）
世西（シミントン　1763–1831.3.22）

Symons, Arthur William 〈19・20世紀〉

イギリスの詩人，批評家。イギリスにおける象徴派運動の先駆者。文学から建築まで多分野で評論活動を行った。

⇒イ文（Symons, Arthur（William）　1865–1945）
岩ケ（シモンズ，アーサー（・ウィリアム）　1865–1945）
英文（シモンズ，アーサー（・ウィリアム）　1865–1945）
外国（シモンズ　1865–1945）
広辞4（シモンズ　1865–1945）
広辞5（シモンズ　1865–1945）
広辞6（シモンズ　1865–1945）
国小（シモンズ　1865.2.28–1945.1.22）
コン2（シモンズ　1865–1945）
コン3（シモンズ　1865–1945）
集世（シモンズ，アーサー　1865.2.28–1945.1.22）
集文（シモンズ，アーサー　1865.2.28–1945.1.22）
人物（シモンズ　1865.2.28–1945.1.22）
西洋（シモンズ（サイモンズ）　1865.2.28–1945.1.22）
世百（シモンズ　1865–1945）
世文（シモンズ，アーサー　1865–1945）
全書（シモンズ　1865–1945）
大辞（シモンズ　1865–1945）
大辞2（シモンズ　1865–1945）
大辞3（シモンズ　1865–1945）
大百（シモンズ　1865–1945）
デス（シモンズ　1865–1945）
二十（シモンズ，アーサー・ウィリアム　1865.2.28–1945.1.22）
二十英（Symons, Arthur（William）　1865–1945）
百科（シモンズ　1865–1945）

Syrkius, Helena 〈20世紀〉

ポーランドの建築家。

⇒世女（シルキウス，ヘレナ　1900–1982）
世女日（シルキウス，ヘレーナ　1900–1982）

Sytin Ivan Dmitrievich 〈19・20世紀〉

ロシアの印刷・出版業者。ルボーク画や大衆用廉価本を刊行。

⇒集文（スイチン，イワン・ドミトリエヴィチ　1851.1.24–1934.11.23）
ロシ（スイチン　1851–1934）

Szymczyk, Bill 〈20世紀〉

アメリカのプロデューサー。ミシガン州生まれ。

⇒口人（シムジク，ビル　1943–）

Szyszkowicz, Carla 〈20世紀〉

オーストリアの建築家。

⇒二十（シスコビッツ，カルラ　1944–）

Szyszkowicz, Michael 〈20世紀〉

オーストリアの建築家。

⇒二十（シスコビッツ，ミハエル　1944–）

【 T 】

Tabart, Benjamin 〈18・19世紀〉

ロンドンの書籍商。

⇒世児（タバート，ベンジャミン　（活動）1801–1818）

Tafuri, Manfredo 〈20世紀〉

イタリアの建築学者，歴史家。ベネチア大学主任教授。

⇒二十（タフーリ，マンフレード　1935–1994）

Tağiyev, Haji Zeynalabdin 〈19・20世紀〉

ロシア革命前のバクー石油王の一人。

⇒中ユ（タギエフ　1838–1924）

Taher, Abdul-Hady H. 〈20世紀〉

サウジアラビアの政治家。1962年石油・鉱物資源公社（ペトロミン）の設立以来総裁。

⇒中東（タヘル　1930頃–）

Taillevent 〈14世紀〉

フランスの料理人。

⇒岩世（タイユヴァン　1310（15）頃–1395頃）

Tait, Thomas Smith 〈19・20世紀〉

イギリスの建築家。

⇒岩ケ（テイト，トマス・スミス　1882–1952）

Tait, William 〈18・19世紀〉

イギリスの出版業者。

⇒岩ケ（テイト，ウィリアム　1792–1864）

Tajir, Said Muhammad Mahdi al- 〈20世紀〉

アラブ首長国連邦の外交官，実業家。ドバイ・ドライ・ドック会社，ドバイ国営銀行役員など金融・実業界のドバイきっての実力者。

⇒中東（タージル　1931–）

Tal'at Harb 〈19・20世紀〉

エジプトのイスラム民族資本家，思想家。エジプト近代産業の先駆者。

⇒角世（タラアト・ハルブ　1867–1941）

ナビ（タラアト＝ハルブ　1867–1941）
二十（タラアト・ハルブ　1867–1941）
百科（タラアト・ハルブ　1867–1941）
歴史（タラアト＝ハルブ　1867–1941）

Talbot, William Henry Fox 〈19世紀〉

イギリスの科学者，写真の発明者，言語学者。
タルボタイプを発明。

⇒岩ケ（トールボット，ウィリアム・ヘンリー・
　　フォックス　1800–1877）
岩世（トールボット　1800.2.11–1877.9.17）
外国（トールボット　1800–1877）
科学（トルボット　1800.2.11–1877.9.7）
科技（トールボット　1800.2.11–1877.9.17）
科史（トールボット　1800–1877）
芸術（タルボット，ウィリアム・ヘンリー・
　　フォックス　1800–1877）
国小（タルボット　1800.2.11–1877.9.17）
コン2（トールボット　1800–1877）
コン3（トールボット　1800–1877）
人物（トールボット　1800.2.11–1877.9.17）
西洋（トールボット　1800.2.11–1877.9.17）
世科（トールボット　1800–1877）
世西（トールボット　1800.2.11–1877.9.17）
世百（タルボット　1800–1877）
全書（タルボット　1800–1877）
大辞3（タルボット　1800–1877）
大百（トールボット　1800–1877）
デス（タルボット　1800–1877）
百科（タルボット　1800–1877）
名著（タルボット　1800–1877）

Talcott, Andrew 〈18・19世紀〉

アメリカの軍人で機械技師。
⇒天文（タルコット　1797–1883）

Talegani, Khalil 〈20世紀〉

イランの土木工学者，政治家。1960〜62年工鉱
業開発銀行会長。60年グッドリッチ・タイヤ製
造会社会長，タレガーニー・ダフタリー会社取
締役。

⇒世宗（ターレガーニー　1910–1979）
世東（ターレガーニー　1910–1979）
世百新（ターレガーニー　1910–1979）
中東（タレガーニー　1913–）
二十（ターレガーニー　1910–1979）
百科（ターレガーニー　1910–1979）
歴史（ターレガーニー　1910–1979）

Talenti, Francesco 〈14世紀〉

イタリアの建築家，彫刻家。
⇒建築（タレンティ，フランチェスコ　1300頃–
　　1369）
新美（タレンティ，フランチェスコ　1300頃–
　　1369頃）
世美（タレンティ，フランチェスコ　1300頃–
　　1369以降）

Talenti, Simone 〈14世紀〉

イタリアの建築家，彫刻家。
⇒建築（タレンティ，シモーネ　1340頃–1381）
世美（タレンティ，シモーネ　1340/45–1381以
　　降）

Ṭālibof, 'Abd al-Raḥīm 〈19・20世紀〉

イランの啓蒙家。コーカサスの商人。著書『慈
善家の道』。
⇒コン2（ターリブオフ　1855–1910）
コン3（ターリブオフ　1855–1910）
全書（ターリボフ　1844–1910）
二十（ターリボフ，M.　1844–1910）

Talman, William 〈17・18世紀〉

イギリスの建築家。
⇒建築（タルマン，ウィリアム　1650–1720）

Talû, Naim 〈20世紀〉

トルコの銀行家，政治家。1970〜71年中央銀行
総裁。73年4月〜74年1月首相。
⇒中東（タルー　1919–）

Tam, Vivienne 〈20世紀〉

アメリカのファッション・デザイナー。中国生
まれ。
⇒華人（タム，ビビアン　1956–）

Tanaquil 〈前7世紀頃〉

エトルリアの伝説的女性。ローマ第5代の王タ
ルクィニウス・プリスクスの妻。機織りの名手。
⇒国小（タナクィル　前7世紀頃）
世女日（タナカイル　前8・7世紀）
ロマ（タナクィル）

Tanguy, le père 〈19世紀〉

フランスの画材商，美術品コレクター。
⇒岩世（タンギー爺さん　1825.6.28–1894.2.9）
国小（ペール・タンギー　1825–1894）
新美（ペール・タンギー　1825–1894）

Tanner, Väinö Alfred 〈19・20世紀〉

フィンランドの政治家，財政家。首相，蔵相等
を歴任。
⇒岩世（タンネル　1881.3.12–1966.4.19）
角世（タンネル　1881–1966）
西洋（タンネル　1881.3.12–1966.4.19）
世百新（タンネル　1881–1966）
二十（タンネル，V.アルフレッド　1881.3.12–
　　1966.4.9）
百科（タンネル　1881–1966）

Tannery, Paul 〈19・20世紀〉

フランスの技術者，科学史学者。P.フェルマお
よびデカルトの全集の編者。

経済・産業篇 605 tata

⇒岩世（タンヌリ　1843.12.20–1904.11.27)
外国（タンヌリ　1843–1904)
科史（タンヌリ　1843–1904)
国小（タンヌリー　1843–1904)
コン2（タンヌリ　1843–1904)
コン3（タンヌリ　1843–1904)
人物（タンヌリ　1843.12.20–1904.11.27)
数学（タンヌリ（ポール）　1843.12.20–1904.11.27)
数学増（タンヌリ, ポール　1843.12.20–1904.11.27)
西洋（タンヌリ　1843.12.20–1904.11.27)
伝世（タンヌリ　1843–1904.11.27)
二十（タンヌリー, ポール　1843–1904)
百科（タンヌリー　1843–1904)
名著（タンヌリー　1843–1904)

Tapan, Lewis 〈18・19世紀〉
アメリカの長老派教会会員, 実業家, 博愛事業家。
⇒キリ（タッパン, ルーイス　1788.5.23–1873.6.21)

Tapie, Bernard Roger 〈20世紀〉
フランスの実業家, 政治家。
⇒岩世（タピ　1943.1.26–)

Tappan, Arthur 〈18・19世紀〉
アメリカの絹商人。奴隷制廃止運動の経済的支援者。
⇒キリ（タッパン, アーサー　1786.5.22–1865.7.23)
国小（タッパン　1786–1865)

Tarantino, Quentin 〈20・21世紀〉
アメリカ生まれの映画監督, 映画脚本家, 映画製作者, 男優。
⇒岩世（タランティーノ　1963.3.27–)
現ア（Tarantino, Quentin　タランティノ, クエンティン　1963–)
世映（タランティーノ, クエンティン　1963–)

Tariq bin Taimur al-Said 〈20世紀〉
オマーンの政治家, 行政官。1972年からオマーン中央銀行総裁。英・独語に堪能。
⇒中東（ターリク　1922–)

Tarshis, Lorie 〈20世紀〉
カナダ生まれの経済思想家。
⇒経済（ターシス　1911–1993)

Taskin, Henry Joseph 〈18・19世紀〉
ベルギー出身のフランスのクラヴサン奏者, 音楽教師, 楽譜出版者。
⇒音大（タスカン, アンリ・ジョゼフ　1779.8.24–1852.5.4)
ラル（タスカン, アンリ・ジョゼフ　1778–1852)

Tasman, Abel Janszoon 〈17世紀〉
オランダの航海家, 探検家。東インド会社から派遣され, インド洋・太平洋南部を探査。タスマニア島（1642）など太平洋上の多くの島を発見。
⇒岩ケ（タスマン, アーベル・ヤンスゾーン　1603–1659頃)
岩世（タスマン　1603–1659.10.10)
旺世（タスマン　1603–1659)
オセ（タスマン　1603–1659)
外国（タスマン　1603–1659)
科学（タスマン　1620頃–1659)
角世（タスマン　1603–1659)
国小（タスマン　1603頃–1659頃)
コン2（タスマン　1603–1659)
コン3（タスマン　1603–1659)
人物（タスマン　1603–1659)
西洋（タスマン　1603–1659)
世人（タスマン　1603–1659)
世西（タスマン　1603頃–1659)
世東（タスマン　1602頃–1659)
世百（タスマン　1603?–1659)
全書（タスマン　1603–1659)
大辞3（タスマン　1603–1659)
大百（タスマン　1603–1659)
探検1（タスマン　1603–1659)
デス（タスマン　1603?–1659)
伝世（タスマン　1603頃–1659)
百科（タスマン　1603?–1659)
評世（タスマン　1603–1659)
山世（タスマン　1603–1659)
歴史（タスマン　1603?–1659)

Tassel, Richard 〈16・17世紀〉
フランスの画家, 彫刻家, 建築家。
⇒世美（タッセル, リシャール　1583–1666/68)

Tātā, Sir Jamshedji Nusserwanji 〈19・20世紀〉
インドの実業家, タタ財閥の基礎を築いた創始者。
⇒岩世（タタ（ターター）　1839.3.3–1904.5.19)
外国（タタ　1839–1904)
国小（タタ　1839–1904.5.19)
コン2（ターター　1839–1904)
コン3（ターター　1839–1904)
人物（タタ　1839–1904.5.19)
西洋（タタ　1839–1904.5.19)
伝世（ターター　1839–1904)

Tata, Jehangir Ratanji Dadabhoy 〈20世紀〉
インドの財界人。タタ財閥の関連企業の会長を兼任あるいは歴任。
⇒現人（タタ　1904.7.29–)
コン3（ターター　1904–1993)
全書（タタ　1904–)
二十（タタ, J.R.D.　1904.7.29–1993.11.29)

T

Tate, *Sir* Henry 〈19世紀〉
イギリスの砂糖精製業者，芸術の後援者，慈善家。
⇒岩ケ（テイト，サー・ヘンリー　1819–1899）

Tatlin, Vladimir Evgrafovich 〈19・20世紀〉
ロシアの彫刻家，建築家。構成主義の代表者。
⇒岩ケ（タトリン，ウラジーミル　1885–1953）
　岩世（タートリン　1885.12.16[28]–1953.5.31）
　才西（タトリン，ウラディーミル・エフグラーフォヴィッチ　1885–1953）
　国小（タトリン　1885–1956）
　コン3（タトリン　1885–1953）
　新美（タトリン，ウラジーミル　1885.12.16（28）–1953.5.31）
　人物（タートリン　1885–1956）
　西洋（タトリン　1885.12.28–1953.5.31）
　世芸（タトリン，ラウディーミル　1885–1953）
　世美（タートリン，ヴラディミル・エヴグラフォヴィチ　1885–1953）
　世百新（タトリン　1885–1953）
　全書（タトリン　1885–1953）
　大辞2（タトリン　1885–1953）
　大辞3（タトリン　1885–1953）
　大百（タートリン　1885–1953）
　ナビ（タトリン　1885–1953）
　二十（タトリン，ウラジーミル　1885.12.28（16）–1953.5.31）
　百科（タトリン　1885–1953）
　ロシ（タトリン　1885–1953）

T Tauchnitz, Christian Bernhard von 〈19世紀〉
ドイツの出版社主。廉価本によって，ヨーロッパ大陸に英米の新しい文学を普及させるのに貢献。
⇒集文（タウフニッツ，クリスチャン・ベルンハルト・フォン　1816.8.25–1895.8.14）

Taussig, Frank William 〈19・20世紀〉
アメリカの経済学者。主著『経済学原理』（1911）。
⇒岩世（タウシッグ　1859.12.28–1940.11.11）
　外国（タウシッグ　1859–1940）
　経済（タウシッグ　1859–1940）
　広辞4（タウシッグ　1859–1940）
　広辞5（タウシッグ　1859–1940）
　広辞6（タウシッグ　1859–1940）
　国小（タウシッグ　1859.12.28–1940.11.11）
　コン2（タウシッグ　1859–1940）
　コン3（タウシッグ　1859–1940）
　人物（タウシッグ　1859.12.28–1940.11.11）
　西洋（タウシッグ　1859.12.28–1940.11.11）
　世西（タウシッグ　1859.12.28–1940.11.11）
　世百（タウシッグ　1859–1940）
　全書（タウシッグ　1859–1940）
　大辞（タウシッグ　1859–1940）
　大辞2（タウシッグ　1859–1940）

大辞3（タウシッグ　1859–1940）
大百（タウシッグ　1859–1940）
二十（タウシッグ，フランク・ウィリアム　1859–1940）
名著（タウシッグ　1859–1940）

Taut, Bruno 〈19・20世紀〉
ドイツの建築家。ナチス政権下で亡命し，1933年来日。主著『近代建築』(26)，『日本の美術』(36) など。
⇒岩世（タウト　1880.5.4–1938.12.24）
　旺世（タウト　1880–1938）
　才西（タウト，ブルーノ　1880–1938）
　外国（タウト　1880–1938）
　広辞4（タウト　1880–1938）
　広辞5（タウト　1880–1938）
　広辞6（タウト　1880–1938）
　国史（タウト　1880–1938）
　国小（タウト　1880.5.2–1938.12.24）
　コン2（タウト　1880–1938）
　コン3（タウト　1880–1938）
　集文（タウト，ブルーノ　1880.5.4–1938.12.24）
　新美（タウト，ブルーノ　1880.5.4–1938.12.24）
　人物（タウト　1880.5.4–1938.12.24）
　西洋（タウト　1880.5.4–1938.12.24）
　世西（タウト　1880.5.4–1938.12.25）
　世美（タウト，ブルーノ　1880–1938）
　世百（タウト　1880–1938）
　全書（タウト　1880–1938）
　大辞（タウト　1880–1938）
　大辞2（タウト　1880–1938）
　大辞3（タウト　1880–1938）
　大百（タウト　1880–1938）
　デス（タウト　1880–1938）
　伝世（タウト　1880.5.4–1939）
　ナビ（タウト　1880–1938）
　二十（タウトー，ブルーノ　1880.5.4–1938.12.24）
　日研（タウト，ブルーノ　1880.5.4–1938.12.24）
　日人（タウト　1880–1938）
　百科（タウト　1880–1938）
　評世（タウト　1880–1938）
　名著（タウト　1880–1938）
　来日（タウト　1880–1938）
　歴史（ブルノー＝タウト　1880–1938）

Taut, Max 〈19・20世紀〉
ドイツの建築家。B.タウトの弟。代表作は『ドイツ産業組合事務所』，『ドイツ印刷事業組合事務所』など。
⇒岩世（タウト　1884.5.15–1967.3.1）
　国小（タウト　1884.5.15–1967.2.26）
　西洋（タウト　1884.5.15–1967.3.1）
　世美（タウト，マックス　1884–1967）

Tavernier, Jean-Baptiste 〈17世紀〉
フランスの旅行家，インド貿易の開拓者。
⇒岩世（タヴェルニエ　1605–1689.7）
　西洋（タヴェルニエ　1605–1689頃）

Taviani, Paolo Emilio 〈20世紀〉

イタリアの政治家, 経済学者。1943年キリスト教民主党CDPを創設。53年より国防相, 蔵相など歴任。
⇒国小（タビアーニ　1912.11.6–）
　二十（タビアーニ, パオロ　1912–）

Tawney, Richard Henry 〈19・20世紀〉

イギリスの経済史家, 経済学者。主著『16世紀の農業問題』(1912)。
⇒イ哲（トーニー, R.H.　1880–1962)
　岩ケ（トーニー, リチャード・ヘンリー　1880–1962)
　岩世（トーニー　1880.11.30–1962.1.16)
　才世（トーニー, R.H.(リチャード・ヘンリー)　1880–1962)
　外国（トーニー　1880–)
　角世（トーニー　1880–1962)
　教育（トーニー　1880–)
　キリ（トーニ, リチャード・ヘンリ　1880.11.30–1962.1.16)
　現人（トーニー　1880.11.30–1962.1.16)
　国小（トーニー　1880.11.30–1962.1.16)
　コン2（トーニー　1880–1962)
　コン3（トーニー　1880–1962)
　思想（トーニー, R(リチャード)H(ヘンリー)　1880–1962)
　西洋（トーニ　1880–1962.1.16)
　世東（トーニー　1880–?)
　世百（トーニー　1880–1962)
　全書（トーニー　1880–1962)
　大辞（トーニー　1880–1962)
　大辞2（トーニー　1880–1962)
　大辞3（トーニー　1880–1962)
　デス（トーニー　1880–1962)
　伝世（トーニー　1880.11.30–1962.1.16)
　二十（トーニー, リチャード・ヘンリー　1880.11.30–1962.1.16)
　二十英（Tawney, R(ichard)H(enry)　1880–1962)
　百科（トーニー　1880–1962)
　名著（トーニー　1880–)
　歴学（トーニー　1880–1962)
　歴史（トーニー　1880–1962)

Taylor, Creed 〈20世紀〉

アメリカの音楽プロデューサー。CTIレコードオーナー・プロデューサー。
⇒ジヤ（テイラー, クリード　1929.5.13–）
　二十（テイラー, クリード　1929.5.13–）

Taylor, David 〈20世紀〉

イギリスのガラス工芸家。
⇒世芸（テーラー, デヴィド　?–)

Taylor, David Watson 〈19・20世紀〉

アメリカの造船家。
⇒岩世（テイラー　1864.3.4–1940.7.28)

国小（テーラー　1864–1940)
西洋（テーラー　1863.3.4–1940.7.29)

Taylor, Edward Plunket 〈20世紀〉

カナダの実業家, 馬産家。
⇒岩世（テイラー　1901.1.29–1989.5.14)

Taylor, Frederick Winslow 〈19・20世紀〉

アメリカの機械技師。工場管理におけるテーラー・システムの創始者。
⇒岩ケ（テイラー, フレデリック・W(ウィンズロー)　1856–1915)
　岩世（テイラー　1856.3.20–1915.3.21)
　英米（Taylor, Frederick Winslow　テイラー(フレデリック)　1856–1915)
　外国（テーラー　1856–1915)
　科史（テーラー　1856–1915)
　国小（テーラー　1856.3.20–1915.3.21)
　コン2（テーラー　1856–1915)
　コン3（テーラー　1856–1915)
　人物（テーラー　1856.3.20–1915.3.21)
　西洋（テーラー　1856.3.20–1915.3.21)
　世西（テーラー　1856.3.20–1915.3.21)
　世百（テーラー　1856–1915)
　全書（テーラー　1856–1915)
　大辞（テーラー　1856–1915)
　大辞2（テーラー　1856–1915)
　大辞3（テーラー　1856–1915)
　大百（テーラー　1856–1915)
　デス（テーラー　1856–1915)
　ナビ（テーラー　1856–1915)
　二十（テイラー, フレデリック・ウィンスロー　1856–1915)
　百科（テーラー　1856–1915)
　名著（テーラー　1856–1915)
　歴史（テーラー　1856–1915)

Taylor, George 〈18世紀〉

植民地時代のアメリカの製鉄業者。大陸会議へのペンシルバニア代表(1776～77)。
⇒国小（テーラー　1716–1781)

Taylor, Henry Charles 〈19世紀〉

アメリカの農業経済学者。農業経済局を新設。
⇒岩世（テイラー　1873.4.16–1969.4.28)
　西洋（テーラー　1873.4.16–)

Taylor, Jennifer Evelyn 〈20世紀〉

オーストラリアの建築研究者。シドニー大学建築学部準講師。
⇒二十（テイラー, ジェニファー・E.　1936–)

Taylor, Myron Charles 〈19・20世紀〉

アメリカの聖公会信徒, 弁護士, 実業家。
⇒キリ（テイラー, マイロン・チャールズ　1874.1.18–1959.5.6)

Taylor, Nicole 〈20世紀〉

アメリカの脚本家，映画プロデューサー。
⇒児作（Taylor, Nicole　テイラー，ニコル）

Taylor, Robert 〈18世紀〉

イギリスの彫刻家，建築家。
⇒世美（テイラー，ロバート　1714–1788）

Taylor, Robert William 〈20世紀〉

アメリカの研究開発マネージャー。
⇒岩世（テイラー　1932–）

Taylor, Tot 〈20世紀〉

イギリスの音楽プロデューサー，シンガーソング・ライター。
⇒二十（テイラー，トット）
　口人（テイラー，トット）

Taymor, Julie 〈20世紀〉

アメリカの演出家，衣装デザイナー。
⇒最世（テイモア，ジュリー　1952–）

Tchernyshevsky, Nikolai Gavrilovitch 〈19世紀〉

ロシアの批評家，作家，経済学者。
⇒角世（チェルヌィシェーフスキー　1828–1889）
　歴史（チェルヌィシェーフスキー　1828–1889）

Teach, Edward 〈17・18世紀〉

イギリスの海賊。西インド諸島付近で略奪を重ねた。
⇒英米（Teach, Edward　ティーチ　?–1718）
　国小（ティーチ　?–1718.11.22）

Tead, Ordway 〈20世紀〉

アメリカの労使関係コンサルタント。著書
"Personnel Administration"（1920）など。
⇒国小（ティード　1891.9.10–1973.11）

Teague, Walter Dorwin 〈19・20世紀〉

アメリカの工業デザイナー。アメリカ工業デザイン協会初代会長。著書『今日のデザイン』（1940）。
⇒岩ケ（ティーグ，ウォルター（・ドーウィン）
　　1883–1960）
　岩世（ティーグ　1883.12.18–1960.12.5）
　国小（ティーグ　1883–1960）
　西洋（ティーグ　1883.12.18–1960.12.5）
　世百（ティーグ　1885–1960）
　大百（ティーグ　1885–1960）
　二十（ティーグ，ウォルター・D.　1883.12.18–
　　1960.12.5）

Telford, Thomas 〈18・19世紀〉

スコットランドの建築，土木技術者。カレドニア運河（1822）メナイ海峡吊橋（26）などを建設。
⇒岩ケ（テルフォード，トマス　1757–1834）
　岩世（テルフォード　1757.8.9–1834.9.2）
　英米（Telford, Thomas　テルフォード　1757–
　　1834）
　外国（テルファード　1757–1834）
　科史（テルフォード　1757–1834）
　科人（テルフォード，トーマス　1757.8.9–1834.
　　9.2）
　国小（テルフォード　1757.8.9–1834.9.2）
　コン2（テルフォード　1757–1834）
　コン3（テルフォード　1757–1834）
　西洋（テルフォード　1757.8.9–1834.9.2）
　世科（テルフォード　1757–1834）
　世百（テルフォード　1757–1834）
　全書（テルフォード　1757–1834）
　大百（テルフォード　1757–1834）
　百科（テルフォード　1757–1834）

Temanza, Tommaso 〈18世紀〉

イタリアの建築家，著述家。
⇒世美（テマンツァ，トンマーゾ　1705–1789）

Templeman, Ted 〈20世紀〉

アメリカの音楽プロデューサー。
⇒口人（テンプルマン，テッド　1944–）

Templeton, *Sir* John Marks 〈20世紀〉

アメリカの実業家。
⇒岩ケ（テンプルトン，サー・ジョン・マークス
　　1912–）

Templeton, Marks 〈20世紀〉

アメリカの実業家，慈善家。
⇒最世（テンプルトン，マークス　1912–）

Tennant, Charles 〈18・19世紀〉

イギリスの化学工業家。
⇒科人（テナント，チャールズ　1768.5.3–1838.10.
　　10）
　世百（テナント　1768–1838）
　全書（テナント　1768–1838）
　大百（テナント　1768–1838）
　百科（テナント　1768–1838）

Tennant, Henry 〈19世紀〉

イギリスのジャーナリスト。ジャパン・ガゼット社主筆。
⇒来日（テナント　1864.7.10–1899.7.11）

Tenon, Jacques 〈18・19世紀〉

フランスの外科医，病院建築家。
⇒岩世（テノン　1724.2.21–1816.1.15）

Teplov 〈20世紀〉
ソヴェトの経営学者。主著に『社会主義工業企業経済学』(共編)。
⇒名著 (テプロフ ?-)

Terman, Frederick Emmons 〈20世紀〉
アメリカの電気学者。「シリコンバレーの父」といわれる。スタンフォード大学教授(1937来)。
⇒岩ケ (ターマン, フレッド(フレデリック・エモンズ) 1900–1982)
　岩世 (ターマン 1900.6.7–1982.12.19)
　人物 (ターマン 1900.7.7–)
　西洋 (ターマン 1900.7.7–)

Termen, Lev Sergeevich 〈19・20世紀〉
ロシア・ソ連の発明家, 楽器テルミンの発明者。
⇒岩世 (テルミン 1896.8.15[28]–1993.11.3)

Terragni, Giuseppe 〈20世紀〉
イタリアの建築家。〈イタリア合理主義建築運動〉(MIAR)に参加, イタリア近代建築の開拓者となる。
⇒岩世 (テッラーニ 1904.4.18–1943.7.19)
　新美 (テルラーニ, ジュゼッペ 1904.4.18–1942.7.19)
　西洋 (テラーニ 1904.4.18–1943.7.19)
　世美 (テッラーニ, ジュゼッペ 1904–1942)
　二十 (テルラーニ, ジュゼッペ 1904.4.18–1942.7.19)

Terray, Emmanuel 〈20世紀〉
フランスの経済人類学者。社会科学高等研究院教授, 同研究院アフリカ研究センター所長。
⇒二十 (テレー, エマニュエル 1935–)

Terry, Eli 〈18・19世紀〉
アメリカの発明家, 時計製造業者。
⇒岩ケ (テリー, イーライ 1772–1852)

Terry, Paul 〈19・20世紀〉
アメリカの漫画映画プロデューサー。
⇒監督 (テリー, ポール 1887.2.19–1971.10)
　世映 (テリー, ポール 1887–1971)

Tertis, Lionel 〈19・20世紀〉
イギリスのヴィオラ奏者。ヴィオラを大型に改良し, これを「ターティス・モデル」と名づけた。
⇒演奏 (ターティス, ライオネル 1876.12.29–1975.2.22)
　クラ (ターティス, ライオネル 1876–1975)
　現演 (ターティス, ライオネル 1876.12.29–)

Terzaghi, Karl 〈19・20世紀〉
プラハ生まれのアメリカの土木工学者。土質力

学の創始者で, その体系化に力をつくした。
⇒岩ケ (テルツァギー, カール(・アントン・フォン) 1883–1963)
　岩世 (テルツァギ 1883.10.2–1963.10.25)
　西洋 (テルツァギ 1883.10.2–1963.10.25)

Terzi, Filippo 〈16世紀〉
イタリアの建築家, 軍事エンジニア。パッラーディアニスト。
⇒建築 (テルツィ, フィリッポ 1520–1597)

Tesla, Nikola 〈19・20世紀〉
アメリカの電気工学者, 発明家。交流の送電方式(1891)などを発明。
⇒岩ケ (テスラ, ニコラ 1856–1943)
　岩世 (テスラ 1856.7.10–1943.1.7)
　外国 (テスラ 1857–1943)
　科学 (テスラ 1856.7.9–1943.1.7)
　科技 (テスラ 1856.7.9–1943.1.7)
　科史 (テスラ 1857–1943)
　科人 (テスラ, ニコラ 1856.7.9–1943.1.7)
　広辞4 (テスラ 1857–1943)
　広辞5 (テスラ 1857–1943)
　広辞6 (テスラ 1856–1943)
　国小 (テスラ 1856.7.9–1943.1.7)
　コン2 (テスラ 1857–1943)
　コン3 (テスラ 1857–1943)
　人物 (テスラ 1857.7.10–1943.1.7)
　西洋 (テスラ 1857.7.10–1943.1.7)
　世科 (テスラ 1856–1943)
　世西 (テスラ 1857.7.10–1943.1.7)
　世百 (テスラ 1856–1943)
　全書 (テスラ 1856–1943)
　大辞 (テスラ 1857–1943)
　大辞2 (テスラ 1857–1943)
　大辞3 (テスラ 1857–1943)
　大百 (テスラ 1856–1943)
　デス (テスラ 1856–1943)
　ナビ (テスラ 1856–1943)
　二十 (テスラ, ニコラ 1857.7.10–1943.1.7)
　百科 (テスラ 1857–1943)

Tessenow, Heinrich 〈19・20世紀〉
ドイツの建築家。代表作はダルクローツ研究所。
⇒岩世 (テッセノー 1876.4.7–1950.11.1)
　国小 (テッセノー 1876.4.7–1950.11.1)
　西洋 (テッセノー 1876.4.7–1950.11.1)

Tessin, Nicodemus 〈17・18世紀〉
スウェーデンの建築家。
⇒岩世 (テッシン(子) 1654.5.23–1728.4.10)

Tessin, Nicodemus den Äldre 〈17世紀〉
スウェーデンの建築家。
⇒岩ケ (テッシーン, ニコデムス 1615–1681)

建築（テッシン，ニコデムス（父）　1615-1681）
世美（テッシン，ニコデムス（父）　1615-1681）

Tessin, Nicodemus den Yngre ⟨17・18世紀⟩

スウェーデンの建築家。北欧における指導的な
バロック建築家として活躍。代表作はストック
ホルムの王宮。
⇒岩ケ（テッシーン，ニコデムス　1654-1728）
建築（テッシン，ニコデムス（子）　1654-1728）
国小（テシーン　1654-1728）
新美（テッシン，ニコデムス　1654.5.23-1728.5.
10）
世美（テッシン，ニコデムス（子）　1654-1728）

Tetens, Johann Nicolaus ⟨18・19世紀⟩

ドイツの哲学者，心理学者，経済学者。主著
『普遍的思弁哲学』（1775）。
⇒岩哲（テーテンス　1736-1807）
国小（テーテンス　1736.9.16-1807.8.15）
西洋（テーテンス　1736.9.16-1807.8.15）
デス（テーテンス　1736-1807）
名著（テテンス　1736-1807）

Teubner, Benedictus Gotthelf ⟨18・19世紀⟩

ドイツの出版業者。
⇒岩物（トイブナー　1784.6.16-1856.1.21）
人物（トイブナー　1784.6.16-1856.1.21）
西洋（トイブナー　1784.6.16-1856.1.21）
世西（トイブナー　1784.6.16-1856.1.21）

Thacker, Charles P. ⟨20世紀⟩

アメリカのコンピューター技術者。
⇒岩世（サッカー　1943.2.26-）

Thalberg, Irving ⟨20世紀⟩

アメリカの映画製作者。トーキー時代の初期に
MGMの黄金時代を築きあげた。
⇒岩世（サルバーグ（ソールバーグ）　1899.5.30-
1936.9.14）
国小（サルバーグ　1899-1936）
世映（ソールバーグ，アーヴィング・G　1899-
1935）
世百（サルバーグ　1899-1936）
世百新（タルバーグ　1899-1936）
大百（サルバーグ　1899-1936）
二十（タルバーク，I.　1899-1936）
百科（タルバーグ　1899-1936）
ユ人（サルバーグ（タルバーグ），アービング・グ
ラント　1899-1936）

Thatcher, Margaret Hilda ⟨20世紀⟩

イギリスの政治家。初の保守党女性党首
（1975），首相（79）。国有企業の民営化，政府
規制緩和，労働組合活動の規制などの経済政策
を進めた。

⇒イ文（Thatcher, Margaret　1925-）
岩ケ（サッチャー（ケスティヴェンの），マーガ
レット（・ヒルダ），女男爵　1925-）
岩世（サッチャー　1925.10.13-2013.4.8）
英米（Thatcher, Margaret　サッチャー
1925-）
旺世（サッチャー　1925-）
角世（サッチャー　1925-）
現人（サッチャー　1925.10.13-）
広辞5（サッチャー　1925-）
広辞6（サッチャー　1925-）
コン3（サッチャー　1925-）
最世（サッチャー，マーガレット　1925-）
スバ（サッチャー，マーガレット　1925-）
西洋（サッチャー　1925.10.13-）
世女（サッチャー，マーガレット・ヒルダ
1925-）
世人（サッチャー　1925-）
世政（サッチャー，マーガレット　1925.10.13-）
世西（サッチャー　1925.10.13-）
全書（サッチャー　1925-）
大辞2（サッチャー　1925-）
大百（サッチャー　1925-）
ナビ（サッチャー　1925-）
二十（サッチャー，マーガレット・H.　1925.10.
13-）
評世（サッチャー　1925-）
山世（サッチャー　1925-）

The Alchemist ⟨20世紀⟩

アメリカのラッパー，ヒップホップ系の音楽プ
ロデューサー。
⇒ヒ人（アルケミスト）

Thedens, Johannes ⟨17・18世紀⟩

オランダの長崎出島商館長（1723～25）。
⇒岩（テーデンス　1680-1748.3.19）
西洋（テーデンス　1680頃-1748.3.19）

Theodōros ⟨前6世紀⟩

サモス島出身のギリシアの青銅鋳造家，金属工
芸家，建築家。
⇒岩（テオドロス（サモスの）　前6世紀）
国小（テオドロス　生没年不詳）
新美（テオドーロス（サモスの））
世美（テオドロス　前6世紀）

Theodōros ho Samios ⟨前6世紀⟩

前6世紀中頃のギリシアの建築家。
⇒岩世（テオドロス（サモスの））

Theódotos ⟨2世紀⟩

ビザンチン出身の養子論的学性論者，靴職人な
いし革商人。
⇒キリ（テオドトス（皮なめしの）　2世紀）

Théodulf ⟨8・9世紀⟩

オルレアンの西ゴート族の司教。ジェルミ

ニー・デ・プレ教会を建設。
⇒建築（テオドルフ　（活動）8–9世紀）

Theophilus Presbyter 〈11・12世紀〉
ギリシア人修道僧。著作に『もろもろの工芸について』。
⇒岩世（テオフィルス）
　科史（テオフィルス　11世紀–12世紀）
　キリ（テオフィルス　11世紀–12世紀初頭）
　国小（テオフィルス　生没年不詳）
　西洋（テオフィルス　12世紀頃）
　世美（テオフィルス　11–12世紀）
　百科（テオフィルス　生没年不詳）

Thiele, Bob 〈20世紀〉
アメリカのジャズ・プロデューサー。
⇒ジヤ（シール，ボブ　1922.7.27–）
　二十（シール，ボブ　1922.7.27–）

Thiele, Rolf 〈20世紀〉
チェコ生まれの映画監督，映画脚本家，映画製作者。
⇒監督（ティーレ，ロルフ　1918.3.7–）
　世映（ティーレ，ロルフ　1918–1994）

Thiersch, Friedrich von 〈19・20世紀〉
ドイツの建築家。公共建築物や住宅を作った。
⇒岩世（ティーアシュ（ティールシュ）　1852.4.18–1921.12.23）
　西洋（ティールシュ　1852.4.18–1921.12.23）

Third Eye 〈20世紀〉
アメリカのラッパー，プロデューサー。
⇒ヒ人（サード・アイ）

Thom, Alexander 〈20世紀〉
イギリスのエンジニア，古天文学者。
⇒岩ケ（トム，アレグザンダー　1894–1985）
　科人（トム，アレグザンダー　1894.3.26–1985.11.7）

Thomas, Chris 〈20世紀〉
イギリス生まれのプロデューサー。
⇒ロ人（トーマス，クリス　1947–）

Thomas, George Holt 〈19・20世紀〉
イギリスの飛行機製造業者。第1次大戦に多くの飛行機を供給。
⇒西洋（トマス　1869–1929.1.1）

Thomas, Isaiah 〈18・19世紀〉
アメリカの出版印刷業者。
⇒英米（Thomas, Isaiah　トマス，アイゼイア　1750–1831）

世児（トマス，アイザイア　1750–1831）

Thomas, James Henry 〈19・20世紀〉
イギリスの政治家。鉄道員組合出身の下院議員（1910～36）。国際労働組合連合総裁，植民相，自治領相などを歴任。
⇒岩世（トマス　1874.10.3–1949.1.21）
　外国（トマス　1874–1949）
　国小（トマス　1874.10.3–1949.1.21）
　コン2（トマス　1874–1949）
　コン3（トマス　1874–1949）
　人物（トマス　1874.10.3–1949.1.21）
　西洋（トマス　1874.10.3–1949.1.21）

Thomas, Margaret Haig, Viscountess Rhondda 〈19・20世紀〉
イギリスのフェミニスト，出版業者。
⇒岩ケ（トマス，マーガレット・ヘイグ，ロンザ女子爵　1883–1958）

Thomas, Seth 〈18・19世紀〉
アメリカの時計製造者。
⇒岩世（トマス，セス　1785–1859）

Thomas, Sidney Gilchrist 〈19世紀〉
イギリスの製鋼技術者，発明家。トーマス法（塩基性製鋼法）を発明（1875）。
⇒岩世（トマス　1850.4.16–1885.2.1）
　外国（トマス　1850–1885）
　科学（トーマス　1850.4.16–1885.2.1）
　科史（トーマス　1850–1885）
　科人（トーマス，シドニー・ギルクリスト　1850.4.16–1885.2.1）
　広辞4（トーマス　1850–1885）
　広辞6（トマス　1850–1885）
　コン2（トマス　1850–1885）
　コン3（トマス　1850–1885）
　人物（トマス　1850.4.16–1885.2.1）
　西洋（トマス　1850.4.16–1885.2.1）
　世科（トマス　1850–1885）
　世西（トマス　1850.4.16–1885.2.1）
　世百（トマス　1850–1885）
　全書（トーマス　1850–1885）
　大辞（トマス　1850–1885）
　大辞3（トーマス　1850–1885）
　大百（トマス　1850–1885）
　百科（トマス　1850–1885）

Thomas of Canterbury 〈14世紀〉
イギリスの建築家。
⇒世美（トマス・オヴ・カンタベリー　（活動）14世紀前半）

Thomas of Ely 〈13世紀〉
イギリスの建築家。
⇒建築（トーマス・オブ・エリー　（活動）13世紀初め）

thomi 612 西洋人物レファレンス事典

Thomire, Pierre-Philippe 〈18・19世紀〉
フランスのブロンズ制作家，金工家。
⇒世美（トミール，ピエール＝フィリップ　1751–1843）

Thomon, Thomas de 〈18・19世紀〉
フランスの建築家，画家，版画家。
⇒建築（トモン，トマ・ド　1754–1813）
世美（トモン，トマ・ド　1754–1813）

Thompson, Browder Julian 〈20世紀〉
アメリカの無線工学者。1933年に超小形の三極管，五極管が極超短波の発生，増幅を可能にすることを発見。
⇒世百（トムソン　1904–）
二十（トムソン，B.ジュリアン　1904–）

Thompson, David 〈18・19世紀〉
カナダの探検家，地理学者，毛皮商人。北西カナダの地図を作製。
⇒岩世（トンプソン，デイヴィド　1770–1857）
国小（トンプソン　1770–1857）
探検1（トンプソン　1770–1857）
伝世（トンプソン　1770.4.30–1857.2.10）
百科（トンプソン　1770–1857）

Thompson, James Harrison Wilson 〈20世紀〉
アメリカの諜報部員，実業家。
⇒岩世（トンプソン　1906.3.21–1967?）

Thompson, James Walter 〈19・20世紀〉
アメリカの広告業経営者。
⇒岩ケ（トンプソン，J（ジェイムズ）・ウォルター　1847–1928）

Thompson, John Talafierro 〈19・20世紀〉
アメリカの軍人，発明家。
⇒岩ケ（トンプソン，ジョン・T（タラフィエロ）　1860–1940）

Thompson, Kenneth Lane 〈20世紀〉
アメリカの計算機科学者。UNIXの時分割システムを開発。1974年チェスプログラムBelleを開発し，コンピュータチェスの世界チャンピオンとなる。
⇒岩世（トンプソン　1943.2.4–）
ナビ（トンプソン　1943–）

Thompson, William 〈18・19世紀〉
アイルランドの経済学者。リカード派社会主義の代表者の一人。

⇒岩世（トンプソン　1775–1833.3.28）
外国（トムソン　1783–1833）
人物（トムソン　1785–1833.3.28）
西洋（トムソン（トンプソン）　1785–1833.3.28）
世西（トムソン　1785–1833）
全書（トムソン　1775–1833）
名著（トムソン　1785–1833）

Thompson, William Francis 〈19・20世紀〉
アメリカの水産学者。アメリカにおける水産資源測定法の創始者と見なされている。
⇒岩世（トンプソン　1888.4.3–1965.11.7）
コン3（トンプソン　1888–1965）
西洋（トムソン（トンプソン）　1888.4.3–1965.11.7）

Thomsen, Thomas H. 〈20世紀〉
ドイツのチェス収集家，企業家。
⇒岩世（トムセン　1934.7.23–）

Thomson, Alexander 〈19世紀〉
イギリスの建築家。グラスゴーで活躍。
⇒建築（トムソン，アレクサンダー　1817–1875）

Thomson, David Couper 〈19・20世紀〉
イギリスの新聞社経営者。
⇒岩ケ（トムソン，D（デイヴィド）・C（クーパー）　1861–1954）

Thomson, Elihu 〈19・20世紀〉
アメリカの電気工学者，発明家。電波発振器，検波器を考案。抵抗法による電気溶接技術を発明したほか，立体X線写真の考案など，電気技術の発展に大きな業績を残した。
⇒岩ケ（トムソン，イライヒュー　1853–1937）
岩世（トムソン　1853.3.29–1937.3.13）
外国（トムソン　1853–1937）
科史（トムソン　1853–1937）
科人（トムソン，イライヒュー　1853.3.29–1937.3.13）
国小（トムソン　1853.3.29–1937.3.13）
コン2（トムソン　1853–1937）
コン3（トムソン　1853–1937）
人物（トムソン　1853.3.29–1937.3.13）
西洋（トムソン　1853.3.29–1937.3.13）
世西（トムソン　1853.3.29–1937.3.13）
世百（トムソン　1853–1937）
全書（トムソン　1853–1937）
大百（トムソン　1853–1937）
二十（トムソン，E.　1853.3.29–1937.3.13）

Thomson, Roy 〈20世紀〉
カナダ生まれのイギリスの新聞経営者。世界各地でマスコミ企業を所有。1966年「ザ・タイムズ」を買収。
⇒岩ケ（トムソン，（フリートの），ロイ・（ハーバー

経済・産業篇　　613　　thumb

ト・）トムソン，男爵　1894–1976）
国小（トムソン　1894.6.5–1976.8.4）
西洋（トムソン　1894.6.5–1976.8.4）
世西（トムソン　1894.6.5–1976.8.4）
世百新（トムソン　1894–1976）
全書（トムソン　1894–1976）
大百（トムソン　1894–1976）
二十（トムソン，ロイ・ハーバート　1894.6.5–1976.8.4）
百科（トムソン　1894–1976）

Thomson (of Fleet), Kenneth (Roy) Thomson, 2nd Baron 〈20世紀〉
カナダのビジネスマン，財務家。
⇒岩ケ（トムソン，（フリートの），ケネス・（ロイ・）トムソン，2代男爵　1923–）

Thonet, Michael 〈18・19世紀〉
ドイツの家具デザイナー，製造業者。1836〜40年に合板を使用した家具の開発，57年大量生産化に成功。
⇒岩ケ（トネット，ミヒャエル　1796–1871）
岩世（トーネット　1796.7.2–1871.3.3）
建築（トーネット，ミヒャエル　1796–1871）
国小（トネー　1796.7.2–1871.3.3）
新美（トーネット，ミヒャエル　1796.7.2–1871.3.3）
世美（トーネット，ミヒャエル　1796–1871）
百科（トーネット　1796–1871）

Thorfinn Karlsefni 〈11世紀〉
アイスランドの航海者。
⇒コン2（トルフィン・カールセフニ　11世紀）
コン3（トルフィン・カールセフニ　生没年不詳）

Thorndike, Lynn 〈19・20世紀〉
アメリカの中世史家，科学史家。中世の科学・技術関係の写本類の考証，復元に関する論文が多数ある。
⇒科史（ソーンダイク　1882–1965）
世百新（ソーンダイク　1882–1965）
二十（ソーンダイク，L.　1882–1965）
百科（ソーンダイク　1882–1965）
名著（ソーンダイク　1882–）

Thornton, Charles Bates 〈20世紀〉
アメリカの企業経営者。リットン・インダストリーズ社を創立（1953）し，同社をコングロマリットの嚆矢といえる巨大企業に築き上げた。
⇒西洋（ソーントン　1913.7.22–）

Thornton, Edward 〈18・19世紀〉
イギリスのインド研究家。東インド会社統計局長（1846〜57）。
⇒岩世（ソーントン　1799–1875）
西洋（ソーントン　1799–1875）

Thornton, Henry 〈18・19世紀〉
イギリスの銀行家，信用理論家。地金委員会（1810）では，ホーナーやハスキッソンとともに指導的地位を占め，〈地金報告書〉として有名なその報告の起草に従った。『紙券信用論』（1802）。
⇒キリ（ソーントン，ヘンリ　1760–1815）
世百（ソーントン　1760–1815）
百科（ソーントン　1760–1815）
名著（ソーントン　1760–1815）

Thornton, Tex 〈20世紀〉
アメリカの企業経営者。
⇒岩世（ソーントン　1913.7.22–1981.11.24）

Thornton, William 〈18・19世紀〉
アメリカの建築家，発明家。1793年，合衆国国会議事堂設計競技で優勝。
⇒建築（ソーントン，ウィリアム　1759–1828）
国小（ソーントン　1759.5.20–1828.3.28）

Thornton, William Thomas 〈19世紀〉
イギリスの経済学者。インド政府書記官。主著は『人口過剰とその対策』（1845）。
⇒世西（ソーントン　1813.2.14–1880.6.17）

Thornycroft, Sir John Issac 〈19・20世紀〉
イギリスの造船家，工学士。船舶安定装置の発明などで，イギリス海軍に貢献。
⇒国小（ソーニクロフト　1843.2.1–1928.6.28）

Thorp, Willard 〈20世紀〉
アメリカの経済学者。アームハースト大学教授，OECD開発委議長。
⇒二十（ソープ，ウィラード　1899–?）

Thumb, Christian 〈17・18世紀〉
ドイツの建築家。
⇒キリ（トゥンプ，クリスティアン　1645頃–1726.6.4）
建築（トゥンプ　（活動）17–18世紀）
世美（トゥンプ，クリスティアン　?–1726）

Thumb, Michael 〈17世紀〉
オーストリアの建築家。シェーネンベルクの指定参詣聖堂（1686）などを建築。
⇒岩世（トゥンプ　1640頃–1690.2.19）
キリ（トゥンプ，ミヒャエル　?–1690）
西洋（トゥンプ　?–1690）
世美（トゥンプ，ミヒャエル　?–1690）

Thumb, Peter 〈17・18世紀〉
オーストリアの建築家。M.トゥンプの子。

⇒岩世（トゥンプ　1681.12.18–1766.3.4）
キリ（トゥンプ, ペーター　1681.12.18–1766.3.
　4）
西洋（トゥンプ　1681–1766）
世美（トゥンプ, ペーター　1681–1766）

Thünen, Johann Heinrich von 〈18・
19世紀〉
ドイツの農業経済学者。「チューネン圏」理論
は農業立地論の発展の基礎となる。
⇒岩世（テューネン　1783.6.24–1850.9.22）
外国（テューネン　1783–1850）
国小（チューネン　1783.6.24–1850.9.22）
コン2（テューネン　1783–1850）
コン3（チューネン　1783–1850）
人物（チューネン　1783.6.24–1850.9.22）
西洋（テューネン　1783.6.24–1850.9.22）
世西（テューネン　1783.6.24–1850.9.22）
全書（チューネン　1783–1850）
大辞（チューネン　1783–1850）
大辞3（チューネン　1783–1850）
大百（チューネン　1783–1850）
デス（チューネン　1783–1850）
百科（チューネン　1783–1850）
名著（チューネン　1783–1850）

Thura Lauritz, Lauridsen 〈18世紀〉
デンマークの建築家。
⇒建築（トゥーラ・ラウリッツ, ラウリーセン
　1706–1759）

Thurow, Lester C. 〈20世紀〉
アメリカ生まれの経済思想家。
⇒岩世（サロー　1938.5.7–）
経済（サロー　1938–）

Thurston, Robert Henry 〈19・20世紀〉
アメリカの機械工学者, 教育者。
⇒岩ケ（サーストン, ロバート・ヘンリー　1839–
　1903）

Thut, Doris 〈20世紀〉
ドイツの建築家。ウィーン生まれ。
⇒二十（トゥート, ドリス　1945–）

Thut, Ralph 〈20世紀〉
スイス生まれの建築家。
⇒二十（トゥート, ラルフ　1943–）

Thynne, *Sir* **John** 〈16世紀〉
イギリスの建築家。
⇒建築（ティン, サー・ジョン　?–1580）

Thyssen, August 〈19・20世紀〉
ドイツの工業家。圧延工場, 商事会社を拡張し
てテュッセン・コンツェルンを形成。

⇒岩世（テュッセン　1842.5.17–1926.4.4）
西洋（テュッセン　1842.5.17–1926.4.4）
世西（ティッセン　1842.5.17–1926.4.4）

Thyssen, Fritz 〈19・20世紀〉
ドイツの工業家。A.テュッセンの子。
⇒岩世（テュッセン　1873.11.9–1951.2.8）
角世（テュッセン　1873–1951）
西洋（テュッセン　1873.11.9–1951.2.8）
世西（テュッセン　1873.11.9–1951）
全書（ティッセン　1873–1951）
ナチ（ティッセン, フリッツ　1873–1951）
二十（ティッセン, フリッツ　1873.11.9–1951.2.
　8）
百科（ティッセン　1873–1951）

Tibaldi, Pellegrino de' Pellegrini
〈16世紀〉
イタリアの画家, 建築家。
⇒岩世（ティバルディ　1527–1596.5.27）
キリ（ティバルディ, ペルレグリーノ　1527–
　1596.5.27）
建築（ティバルディ, ペッレグリーノ（ペッレグ
　リーニ(通称)）　1527–1596）
新美（ティバルディ, ペルレグリーノ　1527–
　1596.5.27）
西洋（ティバルディ　1527–1596.5.27）
世美（ティバルディ, ペッレグリーノ　1527–
　1596）

Tien, Chang-Lin 〈20世紀〉
アメリカの工学者, 教育者。中国系。
⇒華人（ティエン, チャン・リン　1935–）

Tietmeyer, Hans 〈20世紀〉
ドイツの銀行家。
⇒岩世（ティートマイアー　1931.8.18–）

Tiffany, Charles Lewis 〈19・20世紀〉
アメリカの宝石業者。1878年レジオン・ドヌー
ル勲章受章。
⇒岩ケ（ティファニー, チャールズ（・ルイス）
　1812–1902）
岩世（ティファニー　1812.2.15–1902.2.18）
国小（ティファニー　1812.2.15–1902.2.18）
コン2（ティファニー　1812–1902）
コン3（ティファニー　1812–1902）
西洋（ティファニ　1812.2.15–1902.2.18）

Tiffany, Lewis Comfort 〈19・20世紀〉
アメリカの工芸家。主にガラス工芸で活躍。
⇒アメ（ティファニー　1848–1933）
岩ケ（ティファニー, ルイス（・コンフォート）
　1848–1933）
岩世（ティファニー　1848.2.18–1933.1.17）
オ西（ティファニー, ルイス＝コンフォート
　1848–1933）
国小（ティファニー　1848.2.18–1933.1.17）

経済・産業篇　　　　　　　615　　　　　　　**timur**

コン**3**（ティファニー　1848–1933）
新美（ティファニー，ルイス・カンフォート
　1848.2.19–1933.1.17）
西洋（ティファニ　1848.2.18–1933）
世美（ティファニー，ルイス・カムフォート
　1848–1933）
全書（ティファニー　1848–1933）
大百（ティファニー　1848–1933）
二十（ティファニー，ルイス・カンフォート
　1848.2.19–1933.1.17）
百科（ティファニー　1848–1933）

Tigerman, Stanley 〈20世紀〉
アメリカの建築家。イリノイ大学教授。
⇒二十（タイガーマン，スタンリー　1930–）

Tilden, William August 〈19・20世紀〉
イギリスの化学者。イソプレンをつくり，合成
ゴム工業への道を開いた。
⇒岩ケ（ティルデン，サー・ウィリアム・オーガス
　タス　1842–1926）
科学（チルデン　1842.8.15–1926.12.11）
科人（ティルデン，サー・ウィリアム・オーガス
　タス　1842.8.15–1926.12.11）
国小（チルデン　1842–1926）
西洋（ティルデン　1842.8.15–1926.12.11）
世百（ティルデン　1842–1926）
二十（ティルデン，ウイリアム・A.　1842.8.15–
　1926.12.11）
百科（ティルデン　1842–1926）

Tilghman, Benjamin Chew 〈19・20世紀〉
アメリカの発明家。1867年製紙用の木材パルプ
をつくる亜硫酸法の発明で有名となる。
⇒世百（ティルマン　1821–1901）
百科（ティルマン　1821–1901）

Tillett, Benjamin 〈19・20世紀〉
イギリスの労働運動指導者。1896年船舶・ドッ
ク・河川労働者国際連盟の組織に尽力。
⇒岩ケ（ティレット，ベンジャミン　1860–1943）
コン**2**（ティレット　1860–1943）
コン**3**（ティレット　1860–1943）

Tilley, *Sir* Samuel Leonard 〈19世紀〉
カナダの政治家。1878年マクドナルド内閣
蔵相。
⇒国小（ティリー　1818–1896）
伝世（ティリー　1818.5.8–1896.6.25）
百科（ティリー　1818–1896）

Tilliard, Jean-Baptiste 〈17・18世紀〉
フランスの木彫家，家具制作家。
⇒世美（ティヤール，ジャン＝バティスト　1685–
　1766）

Timbaland 〈20世紀〉
アメリカのヒップホップ系の音楽プロ
デューサー。
⇒実ク（ティンバランド）
ヒ人（ティンバランド　1971–）

Timlin, William M. 〈20世紀〉
イギリスの挿絵画家。本業は建築家。
⇒幻想（ティムリン，ウィリアム・M　1893–1943）

Timoshenko, Gregory Stephen 〈19・20世紀〉
アメリカ（ロシア系）の工学者。応用力学，材料
力学などを研究。
⇒岩世（ティモーシェンコ　1878.12.11［23］–1972.
　5.30）
数学（ティモーシェンコ　1878.12.23–1972.5.30）
数学増（ティモーシェンコ　1878.12.23–1972.5.
　30）
西洋（ティモーシェンコ　1878.12.23–1972.5.30）
二十（ティモーシェンコ，グレゴリー・S.　1878.
　12.23–1972.5.30）

Tīmūr 〈14・15世紀〉
ティムール帝国の創建者。1370年に王となり，
大遠征ののち，中央アジアのほぼ全域に及ぶ大
国を建設。学芸を奨励，イスラム教の普及に努
め，商業，貿易の発達に留意。
⇒岩ケ（ティムール　1336–1405）
旺世（ティムール　1336–1405）
外国（ティムール　1336–1405）
角世（ティムール　1336–1405）
広辞**4**（ティムール　1336–1405）
広辞**6**（ティムール　1336–1405）
皇帝（ティームール　1336–1405）
国小（チムール〔帖木児〕　1336.4.8–1405.2.18）
コン**2**（ティームール〔帖木児〕　1336–1405）
コン**3**（チムール　1336–1405）
新美（ティムール　1336–1405）
人物（チムール　1336.4.11–1405.2.17）
西洋（ティームール　1336.4.8–1405.2.18）
世人（ティムール　1336–1405）
世西（ティムール　1336–1405.4.1）
世東（ティームール〔帖木児〕　1336.4.11–1405.
　2.17）
世百（ティームール　1336–1405）
全書（ティームール　1336–1405）
大辞（チムール　1336–1405）
大辞**3**（チムール　1336–1405）
大百（チムール　1336–1405）
中ユ（ティムール　1336–1405）
デス（ティムール　1336–1405）
伝世（ティムール　1336.4–1405.2.18）
統治（ティームール足悪帝（タメルラン）〔帖木児〕
　（在位）1370–1405）
南ア（ティムール　1336–1405）
百科（ティムール　1336–1405）
評世（チムール　1336–1405）
山世（ティムール　1336–1405）

T

tinbe 616 西洋人物レファレンス事典

歴史 (ティムール 1336–1405)

Tinbergen, Jan 〈20世紀〉

オランダの経済学者。1969年「経済過程の動態
分析を応用，発展させた」功績により第1回
ノーベル経済学賞を受賞。

⇒岩ケ (ティンバーゲン，ヤン 1903–1994)
岩世 (ティンバーゲン (ティンベルヘン) 1903.
4.12–1994.6.9)
経済 (ティンバーゲン 1903–)
現人 (ティンバーゲン 1903.4.12–)
広辞5 (ティンバーゲン 1903–1994)
広辞6 (ティンバーゲン 1903–1994)
国小 (ティンベルヘン 1903.4.12–)
コン3 (ティンバーゲン 1903–1994)
最世 (ティンバーゲン，ヤン 1903–1994)
思想 (ティンベルヘン，ヤン 1903–1994)
西洋 (ティンベルヘン 1903.4.12–)
世百新 (ティンバーゲン 1903–1994)
全書 (ティンバーゲン 1903–)
大辞2 (ティンバーゲン 1903–1994)
大辞3 (ティンバーゲン 1903–1994)
大百 (ティンバーゲン 1903–)
伝世 (ティンベルヘン，J. 1903.4.12–)
二十 (ティンバーゲン，ジャン 1903.4.12–1994.
7.9)
ノベ (ティンバーゲン，J. 1903.4.12–1994.6.9)
百科 (ティンバーゲン 1903–)
ノベ3 (ティンバーゲン，J. 1903.4.12–1994.6.
9)
名著 (ティンベルヘン 1903–)

T Tindemans, Leo 〈20世紀〉

ベルギーの政治家。1973年副首相兼蔵相，74年
首相に就任。

⇒岩世 (ティンデマンス 1922.4.16–)
現人 (チンデマン 1922.4.16–)
西洋 (ティンデマンス 1922.4.16–)
世政 (ティンデマンス，レオ 1922.4.16–)
二十 (チンデマンス，レオ 1922–)

Tīnïshbaev, Mŭkhamedjan 〈19・20世紀〉

カザフ人の政治家，技師，歴史家。

⇒中ユ (トゥヌシュバエフ 1879–1937)

Tino di Camaino 〈13・14世紀〉

イタリアの彫刻家，建築家。オーストリア王妃
カタリナの墓 (23頃) などを制作。

⇒岩ケ (ティノ・ディ・カマイノ 1285–1337頃)
岩世 (ティーノ・ディ・カマイーノ 1285頃–
1337)
建築 (ティーノ・ディ・カマイノ 1280頃–1337)
国小 (ティーノ・ディ・カマイーノ 1280/5–1337)
新美 (ティーノ・ディ・カマイーノ 1285頃–
1337)
世美 (ティーノ・ディ・カマイーノ 1285頃–
1337)

Tintner, Gerhard 〈20世紀〉

アメリカの計量経済学者。オーラトリアの生ま
れ。業績としては，定差解析法など統計数理解
析上のものが多い。

⇒名著 (ティントナー 1907–)

Tippett, Phil 〈20・21世紀〉

アメリカの特殊撮影技術者，映画監督。

⇒岩世 (ティペット 1951–)
世映 (ティペット，フィル 1951–)

Tippu Tip 〈19・20世紀〉

ザンジバルの商人。19世紀後半の奴隷交易時
代，その勢力は，コンゴ地域，東アフリカの大
半の地域に及んだ。

⇒岩世 (ティップー・ティプ 1837–1905.6.14)
角世 (ティップ・ティプ 1837?–1905)
伝世 (ティップ・ティプ 1840頃–1905)

Tipton, Jennifer 〈20世紀〉

アメリカの照明デザイナー。

⇒バレ (ティプトン，ジェニファー 1937.9.11–)

Tirali, Andrea 〈17・18世紀〉

イタリアの建築家。

⇒世美 (ティラーリ，アンドレーア 1660頃–1737)

Tishler, Max 〈20世紀〉

アメリカの有機化学者，製薬化学者。

⇒岩世 (ティシラー 1906.10.30–1989.3.18)
科人 (ティッシュラー，マックス 1906.10.30–
1989)

Tisse, Eduard 〈20世紀〉

ソ連邦の映画カメラマン。多くの歴史的記録を
残す。世界の映画撮影技術に絶大な影響を与
えた。

⇒監督 (ティッセ，エドゥアルド 1897.4.13–)
コン3 (ティッセー 1897–1961)
世映 (ティッセ，エドゥアルド 1897–1961)

Titleman, Russ 〈20世紀〉

アメリカのプロデューサー。

⇒ロ人 (タイトルマン，ラス)

Titsingh, Izaac 〈18・19世紀〉

オランダの外科医，長崎出島のオランダ商館
長。主著『日本人の結婚と葬儀』(1822) など。

⇒岩世 (ティツィング (慣ティチング) 1744頃–
1812.2.9)
外国 (ティチング 1740/4–1812)
看護 (ティチング 1744–1812)
国史 (ティツィング ?–1812)
国小 (ティチング 1744.5–1812.2.9)

経済・産業篇　　　　　　　　617　　　　　　　　togli

コン2（ティチング　1744/5–1812）
コン3（ティチング　1744/5–1812）
人物（チチング　1744頃–1812.2.9）
西洋（ティチング　1744頃–1812.2.9）
世東（ティツイング　1740–1812.2.9）
世百（ティチング　1744/5–1812）
対外（ティツイング　?–1812）
大百（ティチング　1744?–1812）
デス（ティチング　1744頃–1812）
日研（ティチング，イザーク　1745.1.21（洗礼）–
　　1812.2.9）
日人（ティツイング　1745–1812）
百科（ティチング　1744/5–1812）
名著（ティチング　1744?–1812）
来日（ティツイング　1745–1812.2.9）

Titulescu, Nicolas〈19・20世紀〉
ルーマニアの政治家。1933～36年に小協商，バ
ルカン協商の結成に活躍。
⇒国小（ティトゥレスク　1883–1941）
　コン3（ティトゥレスク　1882–1941）
　西洋（ティトゥレスク　1883.10.4–1941.3.17）
　伝世（ティトゥレスク　1882.3.4–1941.3.17）
　東欧（ティトゥレスク　1882–1941）

Tizard, *Sir* **Henry Thomas**〈19・20世紀〉
イギリスの科学者。1941～43年航空産業省の顧
問として航空界の発展に貢献。
⇒岩世（ティザード　1885.8.23–1959.10.9）
　科人（ティザード，サー・ヘンリー（・トーマス）
　　1885.8.23–1959.10.9）
　国小（ティザード　1885.8.23–1959.10.9）
　西洋（ティザード　1885.8.23–1959.10.9）

Tobin, James〈20世紀〉
アメリカの経済学者。とくに金融論ですぐれた
業績をあげている。ノーベル経済学賞受賞
（1981）。
⇒岩ケ（トービン，ジェイムズ　1918–）
　岩世（トービン　1918.3.5–2002.3.11）
　経済（トービン　1918–）
　広辞6（トービン　1918–2002）
　コン3（トービン　1918–）
　最世（トービン，J.　1918–）
　西洋（トービン　1918.3.5–）
　世西（トービン　1918.3.15–）
　世百新（トービン　1918–2002）
　大辞2（トービン　1918–）
　大辞3（トービン　1918–2002）
　二十（トビーン，ジェイムズ　1918.3.5–）
　ノベ（トービン，J.　1918.3.5–2002.3.11）
　百科（トービン　1918–）
　ノベ3（トービン，J.　1918.3.5–2002.3.11）

Tōdar Mall, Rājā〈16世紀〉
インドの行政官，軍人。ムガール帝国アクバル
大帝時代の財政官。「トーダル・マルの税率」
を決定。

⇒角世（トーダル・マル　1523–1589）
　国小（トーダル・マル　1523–1589）
　コン2（トーダル・マル　1523–1589）
　コン3（トーダル・マル　1523–1589）
　人物（トーダル・マル　1523–1589.11.20）
　西洋（トーダル・マル　1523–1589.11.20）
　世東（トーダル・マル　1523–1589）
　世百（トーダルマル　?–1589）
　全書（トーダル・マル　?–1589）
　南ア（トーダル・マル　?–1589）
　百科（トーダル・マル　?–1589）
　山世（トーダル・マル　1523–1589）

Todd, Michael〈20世紀〉
アメリカの映画製作者。ワイドスクリーンの
トッドAO方式を完成。
⇒岩ケ（トッド，マイク　1909–1958）
　国小（トッド　1907–1958）
　二十（トッド，マイクル　1907.6.22–1958.3.22）

Todt, Fritz〈19・20世紀〉
ドイツの政治家，技術者。ナチスの党員となり
（1923），軍需・防備相（40）として北フランス
海岸に潜水艦基地を築造。
⇒岩ケ（トート，フリッツ　1891–1942）
　岩世（トート　1891.9.4–1942.2.8）
　西洋（トート　1891–1942）
　ナチ（トート，フリッツ　1891–1942）

Toepler, August〈19・20世紀〉
ドイツの物理学者。水銀空気ポンプや感応発電
機を製作。
⇒岩世（テプラー　1836.9.7–1912.3.6）
　外国（テプラー　1836–1912）
　人物（テプラー　1836.9.7–1912.3.6）
　西洋（テプラー　1836.9.7–1912.3.6）
　世西（テプラー　1836.9.7–1912.3.6）
　二十（デフホダー　1879–1956）

Tofana〈18世紀〉
イタリアの毒薬製造者。
⇒世女（トファナ　?–1720頃）

Togliatti, Palmiro〈20世紀〉
イタリアの政治家，経済思想家。社会党で工場
評議会運動を推進した後，共産党を創設。1944
～45年副首相。構造改革論を打出し，西欧最大
の共産党に育成した。
⇒岩ケ（トリアッティ　1893.3.26–1964.8.21）
　旺世（トリアッティ　1893–1964）
　外国（トリアッティ　1893–）
　角世（トリアッティ　1893–1964）
　経済（トリアッティ　1893–1964）
　現人（トリアッチ　1893.3.26–1964.8.21）
　広辞5（トリアッティ　1893–1964）
　広辞6（トリアッティ　1893–1964）
　国小（トリアッチ　1893.3.26–1964.8.21）
　国百（トリアッチ，パルミーロ　1893.3.26–1964.

T

8.21)
コン3（トリアッティ 1893–1964）
人物（トリアッチ 1893.3.26–1964.8.21）
西洋（トリアッティ 1893.3.26–1964.8.21）
世人（トリアッティ 1893–1964）
世西（トリアッティ 1893.3.26–1964）
世百（トリアッティ 1893–1964）
世百新（トリアッティ 1893–1964）
全書（トリアッティ 1893–1964）
大辞2（トリアッティ 1893–1964）
大辞3（トリアッティ 1893–1964）
大百（トリアッチ 1893–1964）
伝世（トリアッティ 1893–1964）
ナビ（トリアッティ 1893–1964）
二十（トリアッティ, パルミーロ 1893.3.26–1964.8.21）
百科（トリアッティ 1893–1964）
評世（トリアッチ 1893–1964）
山世（トリアッティ 1893–1964）

Toikka, Oiva 〈20世紀〉
フィンランドの陶芸家, デザイナー。
⇒岩世（トイッカ 1931.5.29–）

Toker, Metin 〈20世紀〉
トルコのジャーナリスト。Akis出版社を経営。
⇒中東（トケル 1924–）

Toledo, Alejandro 〈20世紀〉
ペルーの政治家, 経済学者。ペルー・ポシブレ党首。2001年に大統領。
⇒最世（トレド, アレハンドロ 1945–）
世政（トレド, アレハンドロ 1946.3.28–）

Toledo, Juan Bautista de 〈16世紀〉
スペインの建築家。スペイン王フェリペ2世の壮大な宮殿エル・エスコリアルを設計, 建設。
⇒建築（トレド, ファン・バウティスタ・デ ?–1567）
伝世（トレド, J.B. ?–1567）

Tolley, Howard Ross 〈19・20世紀〉
アメリカの農業経済学者。
⇒岩ケ（トリー, ハワード・ロス 1889–1958）

Tolsá, Manuel 〈18・19世紀〉
スペイン出身のメキシコの建築家, 彫刻家。
⇒キリ（トルサー, マヌエル 1757–1815.12.25）
建築（トルサ, マヌエル 1757–1816）
世美（トルサ, マヌエル 1757–1816）

Tomé, Narciso 〈17・18世紀〉
スペインの建築家, 彫刻家。トレドの聖堂の本祭壇を制作。
⇒岩世（トメ 1694–1742.12.12）
建築（トメ, ナルシソ 1690頃–1742頃）

新美（トメー, ナルシーソ）
西洋（トメ 1721–?）
世美（トメー, ナルシーソ 1690–1742）

Tomlinson, J.William C. 〈20世紀〉
カナダの国際貿易研究者。ブリティッシュ・コロンビア大アジア研究所長。
⇒二十（トムリンソン, J.ウィリアム・C.）

Tompion, Thomas 〈17・18世紀〉
イギリスの時計工。
⇒岩ケ（トンピオン, トマス 1639頃–1713）

Töndury, Hans 〈19・20世紀〉
スイスの経営学者, 教育者, 外交家。商業学から経営学を確立し, 経営の維持発展に着眼して資本協同体を主張した。
⇒名著（テンドゥリー 1883–1938）

Toniolo, Giuseppe 〈19・20世紀〉
イタリアの経済学者。
⇒岩世（トニオーロ 1845.3.6–1918.10.7）
キリ（トニオーロ, ジュゼッペ 1845.3.7–1918.10.7）
二十（トニオーロ, ジュゼッペ 1845.3.7–1918.10.7）
百科（トニオーロ 1845–1918）

Tönnies, Ferdinand 〈19・20世紀〉
ドイツの社会学者。ドイツの経済・社会の分析から, 共同社会（ゲマインシャフト）と利益社会（ゲゼルシャフト）に分類するモデルを提示した。
⇒岩世（テニエス 1855.7.26–1936.4.9）
岩哲（テニエス 1855–1936）
外国（テンニエス 1859–1936）
角世（テニエス 1855–1936）
教育（テニエス 1855–1936）
キリ（テニエス, フェルディナント 1855.7.26–1936.4.9）
経済（テンニース 1855–1936）
広辞4（テンニース 1855–1936）
広辞5（テンニース 1855–1936）
広辞6（テンニース 1855–1936）
国小（テニエス 1855.7.26–1936.4.9）
コン2（テニエス 1855–1936）
コン3（テニエス 1855–1936）
人物（テンニース 1855.7.26–1936.4.9）
西洋（テニエス 1855.7.26–1936.4.9）
世西（テンニース 1855.7.26–1936.4.9）
世百（テニエス 1855–1936）
全書（テンニエス 1855–1936）
大辞（テニエス 1855–1936）
大辞2（テニエス 1855–1936）
大辞3（テンニース 1855–1936）
大百（テニエス 1855–1936）
デス（テンニエス 1855–1936）
伝世（テニエス 1855.7.26–1936.4.9）

経済・産業篇　　　　　　　　　　619　　　　　　　　　　torre

ナビ（テンニエス　1855–1936）
二十（テニエス, フェルディナント　1855.7.26–1936.4.9)
百科（テンニース　1855–1936）
評世（テンニエス　1859–1936）
名著（テンニエス　1855–1936）
歴史（テンニエス　1855–1936）

Tonson, Jacob 〈17・18世紀〉
イギリスの出版業者。
⇒国小（トンソン　1656頃–1736）

Tonti, Lorenzo 〈17世紀〉
イタリアの金融業者。
⇒岩ケ（トンティ, ロレンツォ　1620–1690）

Tooke, Thomas 〈18・19世紀〉
イギリスの経済学者, 実業家。保護関税反対の
「商人請願」(1819)の起草に関与。
⇒世（トゥック　1774.2.22 (28?) –1858.2.26)
外国（トゥック　1774–1858）
国小（トゥック　1774.2.22–1858.2.26)
コン2（トゥーク　1774–1858）
コン3（トゥーク　1774–1858）
人物（トゥーク　1774.2.22–1858.2.26)
西洋（トゥク　1774.2.22–1858.2.26)
世西（トゥーク　1774.2.22–1858.2.26)
世百（トゥーク　1774–1858）
デス（トゥック　1774–1858）
百科（トゥック　1774–1858）
名著（トゥック　1774–1858）

Tookey, Fleur 〈20世紀〉
イギリスのガラス工芸家。
⇒世芸（トゥーキィ, フレア　?–)

Toorop, Jan 〈19・20世紀〉
オランダの画家, 版画家, 工芸家。
⇒岩世（トーロップ　1858.12.20–1928.3.3)
才西（トーロップ, ヤン・テオドール　1858–1928)
キリ（トーロプ, ヤン　1858.12.20–1928.3.3)
芸術（トーロップ, ヤン　1858–1928）
幻想（トーロップ, ヤン　1858–1928）
コン2（トゥーロップ　1858–1928）
コン3（トゥーロップ　1858–1928）
新美（トーロップ, ヤン　1858.12.20–1928.3.3)
西洋（トーロプ　1858.12.20–1928.3.3)
世芸（トーロップ, ヤン　1858–1928）
世美（トーロップ, ヤン (またはヨハネス・テオドール)　1858–1928）
二十（トーロップ, ヤン　1858.12.20–1928.3.3)
百科（トーロップ　1858–1928）

Torelli, Giacomo 〈17世紀〉
イタリアの舞台装置家。ベニスやパリで活躍。
「大魔術師」と呼ばれた。

⇒演劇（トレルリ, ジャコモ　1608–1678）
国小（トレリ　1608.9.1–1678.6.17)
世美（トレッリ, ジャーコモ　1608–1678）
全書（トレッリ　1608–1678）
大百（トレリ　1608–1678）
百科（トレリ　1608–1678）

Torigny, Robert de 〈12世紀〉
フランスの聖職者。ブルターニュのサン・ミ
シェル修道院長。修道院の南西部に新しい施設
を建設した。
⇒建築（トリニー, ロベール・ド (ロベール・デュ・
モン)　1106–1186）

Törngren, Ralf 〈20世紀〉
フィンランドの経済学者, 政治家。フィンラン
ド首相。
⇒二十（トルングレン, ラルフ　1899–?)

Toro, Guillermo del 〈20世紀〉
メキシコ生まれの映画監督, 映画製作者。
⇒世映（トロ, ギジェルモ・デル　1964–)

Torralva, Diego de 〈16世紀〉
スペインの建築家。
⇒建築（トラルバ, ディエゴ・デ　1500–1566）
世美（トラルバ, ディエゴ・デ　1500–1566）

Torreggiani, Alfonso 〈17・18世紀〉
イタリアの建築家。
⇒世美（トッレッジャーニ, アルフォンソ　1682–1764)

Torrens, Robert 〈18・19世紀〉
アイルランド生まれのイギリスの軍人, 政治家,
経済学者。
⇒岩世（トレンズ　1780–1864.5.27)
国小（トレンズ　1780–1864）
人物（トレンズ　1780–1864.5.27)
西洋（トレンズ　1780–1864.5.27)
世西（トレンズ　1780–1864.5.27)
名著（トレンズ　1780–1864）

Torres, Luis Vaez de 〈17世紀〉
スペインの航海者。太平洋で活躍。トレス海峡
を航行 (1606)。
⇒岩世（トーレス　1565頃–1607）
オセ（トレス　17世紀）
外国（トレース　17世紀）
国小（トレス　生没年不詳）
コン2（トレス　17世紀）
コン3（トレス　生没年不詳）
全書（トレス　生没年不詳）
探検1（トーレス　?–1613?)
百科（トレス　生没年不詳）
歴史（トレス　?–1613頃）

T

torro 620 西洋人物レファレンス事典

Torroja, Eduardo 〈20世紀〉

スペインの構造技術家, 建築家。『アルヘシラスの市場』(1933) などによって, 近代建築の開拓者となる。

⇒岩世 (トロハ 1899.8.27–1961.6.15)
新美 (トローハ, エドゥアルド 1899.8.27–1961.6.15)
西洋 (トロハ 1899.8.27–1961)
ナビ (トロハ 1899–1961)
二十 (トローハ, エドゥアルド 1899.8.27–1961.6.15)

Torstensson, Lennart, Count of Ortala 〈17世紀〉

スウェーデンの軍人。傑出した砲術家。1630年世界で最初に創設された砲兵連隊の連隊長となる。

⇒外国 (トルステンソン 1603–1651)
国小 (トルステンソン 1603.8.17–1651.4.7)
西洋 (トルステンソン 1603.8.17–1651.4.7)

Torvalds, Linus 〈20・21世紀〉

フィンランド出身のアメリカのコンピューター技術者。

⇒岩世 (トーヴァルズ 1969.12.28–)

Tory, Geoffroy 〈15・16世紀〉

フランスの印刷家, 書籍の装丁家, 版画家。著書『シャンフルーリ』は古典的名著。

⇒岩世 (トリー 1480頃–1533)
国小 (トリー 1480頃–1533頃)
集世 (トリー, ジョフロワ 1480–1533)
集文 (トリー, ジョフロワ 1480–1533)
西洋 (トリ 1480頃–1533)
百科 (トリー 1480?–1533)

Toscanelli, Paolo dal Pozzo 〈14・15世紀〉

イタリアの天文学者, 地理学者, 医者。「西方航路」を支持し, コロンブスに影響を与えた。アメリカ大陸到達の手引となった地図を作成。

⇒逸話 (トスカネリ 1397–1482)
岩世 (トスカネッリ 1397–1482.5.10)
旺世 (トスカネリ 1397–1482)
外国 (トスカネリ 1397–1482)
科学 (トスカネリ 1397–1482.5.15)
科技 (トスカネリ 1397–1482.5.15)
科人 (トスカネリ, パオロ 1397–1482.5.15)
角世 (トスカネッリ 1397–1482)
キリ (トスカネルリ, パーオロ・ダル・ポッツォ 1397–1482.5.10)
広辞4 (トスカネリ 1397–1482)
広辞6 (トスカネリ 1397–1482)
国小 (トスカネリ 1397–1482.5.15)
コン2 (トスカネリ 1397–1482)
コン3 (トスカネリ 1397–1482)
人物 (トスカネリ 1397–1482.5.15)
西洋 (トスカネリ 1397–1482.5.15)
世人 (トスカネリ 1397–1482)
世西 (トスカネリ 1397–1482.5.15)
全書 (トスカネッリ 1397–1482)
大辞 (トスカネリ 1397–1482)
大辞3 (トスカネリ 1397–1482)
大百 (トスカネリ 1397–1482)
デス (トスカネリ 1397–1482)
天文 (トスカネッリ 1397–1482)
百科 (トスカネリ 1397–1482)
評世 (トスカネリ 1397–1482)
山世 (トスカネッリ 1397–1482)

Tošovský, Josef 〈20世紀〉

チェコの政治家, 銀行家。チェコ首相, チェコ国立銀行(中央銀行) 総裁。

⇒世政 (トショフスキー, ヨゼフ 1950.9.28–)

Tost, Johann 〈18・19世紀〉

オーストリアのヴァイオリン奏者, 商人。

⇒ラル (トスト, ヨーハン 1755頃–1831)

Tottel, Richard 〈16世紀〉

イギリスの印刷業者。

⇒岩ケ (トッテル, リチャード ?–1594)

Tourte, François 〈18・19世紀〉

フランスの弦楽器の弓製作者。

⇒音大 (トゥールト 1747–1835.4.26)

Toussaint, Allen 〈20世紀〉

アメリカの作曲家, プロデューサー, ピアニスト。

⇒二十 (トゥーサン, アラン 1938–)

Towne, Henry Robinson 〈19・20世紀〉

アメリカの経営工学者。新しい能率給制度(タウン分益制) を発表。論文『経済人としての技術者』(1886) も有名。

⇒国小 (タウン 1844.8.28–1924.10.15)

Townsend, Lynn Alfred 〈20世紀〉

アメリカの企業経営者。1961年クライスラー社社長に就任, 同社の奇蹟的なカムバックを実現した。

⇒岩世 (タウンゼンド 1919.5.12–2000.8.17)
西洋 (タウンゼンド 1919.5.12–)

Townshend, Charles 〈18世紀〉

イギリスの政治家。1766年, W.ピット内閣の蔵相。

⇒岩ケ (タウンゼンド, チャールズ 1725–1767)
岩世 (タウンゼンド 1725.8.27–1767.9.4)
英米 (Townshend, Charles タウンゼンド 1725–1767)
国小 (タウンゼンド 1725.8.27–1767.9.4)

経済・産業篇 621 trape

コン**2**（タウンゼンド　1725–1767）
コン**3**（タウンゼンド　1725–1767）
西洋（タウンゼンド　1725.8.29–1767.9.4）
世人（タウンゼント　1725–1767）

Townshend, Charles, 2nd Viscount
〈17・18世紀〉

イギリスの政治家，農業経営専門家。ウォル
ポール内閣を補佐した。後年は農業技術改良に
専心。
⇒岩ケ（タウンゼンド（レイナムの），チャールズ・
タウンゼンド，2代子爵　1674–1738）
岩世（タウンゼンド　1674.4.18–1738.6.21）
英米（Townshend, Charles Townshend, 2nd
Viscount　タウンゼンド子（2代）　1674–1738）
外国（タウンゼンド　1674–1738）
国小（タウンゼンド　1675.4.18–1738.6.21）
西洋（タウンゼンド　1674–1738.6.21）
伝世（タウンゼント，C.　1674–1738）

Toynbee, Arnold 〈19世紀〉

イギリスの経済学者，社会改良家。救貧法管理
委員，協同組合委員として活躍。産業革命の概
念を初めて確立。社会事業にも活躍し，ロンド
ンのイースト・エンドに設立された世界最初の
セツルメントは彼の名を冠する。
⇒岩ケ（トインビー，アーノルド　1852–1883）
岩世（トインビー　1852.8.23–1883.3.9）
英米（Toynbee, Arnold　トインビー（叔父）
1852–1883）
旺世（トインビー（アーノルド）　1852–1883）
外国（トインビー　1852–1883）
角世（トインビー（アーノルド）　1852–1883）
広辞6（トインビー　1852–1883）
人物（トインビー　1852.8.23–1883.3.9）
西洋（トインビ　1852.8.23–1883.3.9）
世人（トインビー，アーノルド　1852–1883）
世西（トインビー　1852.8.23–1883.3.9）
世百（トインビー　1852–1883）
全書（トインビー　1852–1883）
大辞（トインビー　1852–1883）
大辞3（トインビー　1852–1883）
大百（トインビー　1852–1883）
デス（トインビー　1852–1883）
百科（トインビー　1852–1883）
評世（トインビー　1852–1883）
名著（トインビー　1852–1883）
山世（トインビー　1852–1883）
歴学（トインビー　1852–1883）
歴史（トインビー　1852–1883）

Trajanus, Marcus Ulpius Crinitus
〈1・2世紀〉

ローマ皇帝（在位98〜117）。五賢帝の一人。ダ
キアを征服。ローマ帝国の最大版図を現出。
ローマ市内や属州で多くの土木工事を行い，大
建築物を造営，競技を開催し，荒地開拓，港湾
建設など都市基盤を整備した。
⇒岩ケ（トラヤヌス　53頃–117）

岩世（トラヤヌス　53（?）.9.18–117.8.10（?））
旺世（トラヤヌス　53–117）
外国（トラヤヌス　53–117）
角世（トラヤヌス　53–117）
キリ（トラーヤーヌス，マールクス・ウルピウ
ス・クリーニートゥス　52.9.18–117.8.10）
ギロ（トラヤヌス　53–117）
広辞4（トラヤヌス　53–117）
広辞6（トラヤヌス　53–117）
皇帝（トラヤヌス　53頃–117）
国小（トラヤヌス　53–117.8.8）
コン**2**（トラヤヌス　53–117）
コン**3**（トラヤヌス　53–117）
新美（トラーヤーヌス　52.9.18–117.8.10）
人物（トラヤヌス　52.9.18–117.8.10）
スベ（トラヤヌス　53頃–117）
西洋（トラヤヌス　52.9.18–117.8.10）
世人（トラヤヌス　53–117）
世西（トラヤヌス　52頃–117）
世百（トラヤヌス　53–117）
全書（トラヤヌス　53–117）
大辞（トラヤヌス　53–117）
大辞3（トラヤヌス　53–117）
大百（トラヤヌス　53–117）
デス（トラヤヌス　53–117）
伝世（トラヤヌス　53頃–117）
統治（トラヤヌス（M.ウルビウス・トラヤヌス）
（在位）98–117）
百科（トラヤヌス　53頃–117）
評世（トラヤヌス帝　53–117）
山世（トラヤヌス　53–117）
歴史（トラヤヌス　53頃–117）
ロマ（トラヤヌス，マルクス・ウルピウス　（在
任）69/70）

Trakhtenberg, Iosif Adol'fovich
〈19・20世紀〉

ソ連邦の経済学者。資本主義経済の信用理論，
信用制度，信用・貨幣恐慌の専門家。主著『貨
幣論』（1918）。
⇒岩世（トラハテンベルグ　1883.1.15［27］–1960.
9.5）
外国（トラハテンベルク　1883–）
経済（トラハテンベルク　1883–1960）
国小（トラハテンベルク　1883.1.28–1960）
コン**3**（トラフテンベールク　1883–1960）
西洋（トラハテンベルグ　1883.1.28–1960）
世百（トラハテンベルグ　1883–1960）
全書（トラハテンベルグ　1883–1960）
二十（トラハテンベルグ，イオシフ　1883.1.28–
1960）
名著（トラハテンベルグ　1883–1960）

Tramello, Alessio 〈15・16世紀〉

イタリアの建築家。
⇒建築（トラメッロ，アレッシオ　1455頃–1535頃）
世美（トラメッロ，アレッシオ　1455頃–1535頃）

Trapeznikov, Vadim

Aleksandrovich 〈20世紀〉
ソ連邦の機械工学者。1951年からソ連科学アカデミー所長。同年スターリン賞受賞。
⇒現人（トラベズニコフ　1905.11.28-）
　コン3（トラペズニコフ　1905-）
　数学（トラベズニコフ　1905.11.28-）
　数学増（トラベーズニコフ　1905.11.28-）
　二十（トラベズニコフ, V.A.　1905.11.28-）

Traquair, Phoebe Anna 〈19・20世紀〉
アイルランドのエナメル工芸家。
⇒世女日（トラクエール, フィービ・アンナ　1852-1936）

Traube, Moritz 〈19世紀〉
ドイツの化学者。トラウベの測滴器を発明。
⇒岩世（トラウベ　1826.2.12-1894.6.28）
　科学（トラウベ　1826.2.12-1894.6.28）
　科人（トラウベ, モリッツ　1826.2.12-1894.6.28）
　看護（トラウベ　1826-1894）
　西洋（トラウベ　1826.2.12-1894.6.28）
　全書（トラウベ　1826-1894）

Trautwine, John Cresson 〈19世紀〉
アメリカの土木技術者。コロンビアの鉄道工事（1831〜43）などを行った。
⇒西洋（トラウトワイン　1810.3.30-1883.9.14）

Trdat 〈10・11世紀〉
アルメニアの建築家。
⇒世美（トゥルダット　10-11世紀）

Treat, Ulysses S. 〈19世紀〉
アメリカの水産加工技術者。石狩かん詰製造所を設立, 水産技術を伝えた。
⇒日人（トリート　1811-?）
　来日（トリート　生没年不詳）

Tredgold, Thomas 〈18・19世紀〉
イギリスのエンジニア, 家具師。
⇒岩ケ（トレッドゴールド, トマス　1788-1829）

Tree, Dolly 〈20世紀〉
アメリカの衣装デザイナー。
⇒世女日（トリー, ドリー　1909-1992）
　世俳（トリー, ドリー　1899.3.17-1962.5.17）

Tree, *Sir* **Herbert Draper Beerbohm** 〈19・20世紀〉
イギリスの俳優, 劇場支配人。演劇学校も開設し, 王立演劇アカデミーの基礎を築く。
⇒岩ケ（トリー, サー・ハーバート・（ドレイパー・）ビアボーム　1853-1917）
　演劇（トゥリー, サー・ハーバート・ビアボーム

1853-1917）
　国小（トリー　1853.12.12-1917.7.2）
　コン2（トリー　1853-1917）
　コン3（トリー　1853-1917）
　集文（トリー, ハーバート・ビアボウム　1852.12.17-1917.7.2）
　西洋（トリー　1853.12.17-1917.7.2）
　世百（トリー　1853-1917）
　二十英（Tree, Sir Herbert Beerbohm　1852-1917）

Trefftz, Erich Immanuel 〈19・20世紀〉
ドイツの工学者。飛行機の翼, プロペラの流体力学的研究をした。
⇒岩世（トレフツ　1888.2.21-1937.1.21）
　数学（トレフッツ　1888.2.21-1937.1.21）
　数学増（トレフッツ　1888.2.21-1937.1.21）
　西洋（トレフツ　1888.2.21-1937.1.21）

Tremignon, Alessandro 〈17世紀〉
イタリアの建築家。
⇒世美（トレミニョン, アレッサンドロ　（活動）17世紀）

Trésaguet, Pierre-Marie-Jérôme 〈18世紀〉
フランスの土木技術者。道路建設法を改良。
⇒世科（トレザゲ　1716-1796）

Tresguerras, Francisco Eduard 〈18・19世紀〉
メキシコの建築家, 彫刻家, 画家, 著作家。
⇒建築（トレスゲーラス, フランシスコ・エドゥアルド　1745-1833）

Tretyakov, Pavel Mikhailovich 〈19世紀〉
ロシアの美術収集家, 実業家。ロシア写実主義の画家グループ〈移動展覧派〉を支援, その発展に貢献。
⇒岩世（トレチャコーフ　1832.12.15-1898.12.4）
　角世（トレチャコフ　1832-1898）
　コン2（トレチャコーフ　1832-1898）
　コン3（トレチャコーフ　1832-1898）
　山世（トレチャコフ　1832-1898）

Trevithick, Richard 〈18・19世紀〉
イギリスの技術家, 発明家。1804年世界初の実用的蒸気機関車の試作, 試運転に成功。
⇒岩ケ（トレヴィシック, リチャード　1771-1833）
　岩世（トレヴィシク　1771.4.13-1833.4.22）
　英米（Trevithick, Richard　トレヴィシック　1771-1833）
　旺世（トレヴィシック　1771-1833）
　外国（トレヴィシック　1771-1833）
　科学（トレヴィシック　1771.4.13-1833.4.22）
　科技（トレビシック　1771.4.13-1833.4.22）

経済・産業篇　623　troel

科史（トレヴィシック　1771–1833）
角世（トレヴィシック　1771–1833）
広辞4（トレヴィシック　1776–1837）
広辞6（トレヴィシック　1771–1833）
国小（トレビシック　1771.4.13–1833.4.22）
コン2（トレヴィシック　1771–1833）
コン3（トレヴィシック　1771–1833）
人物（トレビシック　1771.4.13–1833.4.22）
西洋（トレヴィシック　1771.4.13–1833.4.22）
世科（トレヴィシック　1771–1833）
世人（トレヴィシック　1771–1833）
世西（トレヴィシック　1771.4.13–1833.4.22）
世百（トレヴィシック　1771–1833）
全書（トレビシック　1771–1833）
大辞（トレビシック　1771–1833）
大辞3（トレビシック　1771–1833）
大百（トレビシック　1771–1833）
百科（トレビシック　1771–1833）
評世（トレビシック　1771–1833）

Trevithick, Richard Francis 〈19・20世紀〉
イギリスの機械技師。神戸工場の機関車を製作。
⇒来日（トレビシック　1845–1913）

Trezzi, Aurelio 〈17世紀〉
イタリアの建築家。
⇒世美（トレッツィ，アウレーリオ　?–1625）

Trezzini, Domenico 〈17・18世紀〉
スイスの建築家。
⇒建築（トレッツィーニ（トレッシーニ），ドメニコ　1670頃–1734）
　新美（トレッツィーニ，ドメーニコ　1670頃–1734）
　世美（トレーボロ　1500–1558）

Tribolo 〈16世紀〉
イタリアの彫刻家，建築家，技師。
⇒建築（トゥリボロ（通称）（ニッコロ・ペリコリ）1500–1558）
　世美（トリーボロ　1500–1558）

Tricky 〈20世紀〉
イギリス生まれのシンガー，プロデューサー。
⇒ロ人（トリッキー　1964–）

Triffin, Robert 〈20世紀〉
ベルギー生まれのアメリカの経済学者。1961年には，ケネディ大統領の経済顧問に就任，ドル防衛対策に活躍した。
⇒岩世（トリフィン　1911.10.5–1993.2.23）
　経済（トリフィン　1911–1993）
　現人（トリフィン　1911.10.5–）
　国小（トリフィン　1911.10.5–）

コン3（トリフィン　1911–）
西洋（トリフィン　1911.10.5–）
全書（トリフィン　1911–）
二十（トリフィン，ロバート　1911–）

Trigano, Gilbert 〈20世紀〉
フランスのホテル経営者。
⇒岩世（トリガノ　1920.7.28–2001.2.4）

Trippe, Juan Terry 〈20世紀〉
アメリカの航空会社の創設者。1927年わずか28歳でパンアメリカン航空を創設。
⇒岩ケ（トリップ，ジュアン・T（テリー）　1899–1981）
　現人（トリップ　1899.6.27–）

Troeltsch, Ernst 〈19・20世紀〉
ドイツのプロテスタント神学者，歴史哲学者。宗教史学派から歴史主義に到り，宗教社会学の分野にも貢献。マックス・ウェーバーの資本主義精神論を支持した。
⇒岩世（トレルチ　1865.2.17–1923.2.1）
　岩哲（トレルチ　1865–1923）
　旺世（トレルチ　1865–1923）
　外国（トレルチ　1865–1923）
　角世（トレルチ　1865–1923）
　教育（トレルチ　1865–1923）
　キリ（トレルチュ，エルンスト　1865.2.17–1923.2.1）
　経済（トレルチ　1865–1923）
　広辞4（トレルチ　1865–1923）
　広辞5（トレルチ　1865–1923）
　広辞6（トレルチ　1865–1923）
　国小（トレルチ　1865.2.17–1923.2.1）
　国百（トレルチ，エルンスト　1865.2.17–1923.2.1）
　コン2（トレルチュ　1865–1923）
　コン3（トレルチュ　1865–1923）
　思想（トレルチ，エルンスト　1865.2.17–1923.2.1）
　人物（トレルチ　1865.2.17–1923.2.1）
　西洋（トレルチ　1865.2.17–1923.2.1）
　世宗（トレルチ　1865–1923）
　世西（トレルチ　1865.2.17–1923.2.1）
　世百（トレルチュ　1865–1923）
　全書（トレルチ　1865–1923）
　大辞2（トレルチ　1865–1923）
　大辞3（トレルチ　1865–1923）
　大百（トレルチ　1865–1923）
　デス（トレルチ　1865–1923）
　伝世（トレルチ　1865–1923）
　二十（トレルチ，エルンスト　1865.2.17–1923.2.1）
　百科（トレルチ　1865–1923）
　評世（トレルチ　1865–1923）
　名著（トレルチ　1865–1923）
　山世（トレルチ　1865–1923）
　歴学（トレルチ　1865–1923）
　歴史（トレルチ　1865–1923）

T

Troepblickii, Gabrill 〈20世紀〉

ソ連邦の作家，農業技師。

⇒児作（Troepoliskij, Gavriel Nikolaevich　トロエポリスキー，ガブリエル　1905–）
集世（トロエポリスキー，ガヴリール・ニコラエヴィチ　1905.11.16–1995.6.30）
集文（トロエポリスキー，ガヴリール・ニコラエヴィチ　1905.11.16–1995.6.30）
世文（トロエポリスキー，ガヴリール・ニコラエヴィチ　1905–）
二十（トロエポリスキー，ガヴリール　1905–）

Trofonio 〈前6世紀〉

ギリシアの建築家。

⇒建築（トロフォニオ　（活動）前6世紀）

Troost, Paul Ludwig 〈19・20世紀〉

ドイツの建築家。

⇒世美（トロースト，パウル・ルートヴィヒ　1878–1934）
ナチ（トロースト，パウル・ルートヴィヒ　1878–1934）

Trotskii, Lev Davidovich 〈19・20世紀〉

ロシアの革命家。ウクライナ生まれ。10月革命の指導者の一人。ソビエトを，資本主義と社会主義の中間にある矛盾した社会と位置づけた。スターリンと対立し，亡命先のメキシコで暗殺された。

⇒逸話（トロツキー　1879–1940）
岩ケ（トロツキー，レフ　1879–1940）
岩哲（トロツキイ）
旺世（トロツキー　1879–1940）
外国（トロツキー　1879–1940）
角世（トロツキー　1879–1940）
キリ（トロツキイ，レーフ・ダヴィードヴィチ　1879.10.26–1940.8.21）
経済（トロツキー　1879–1940）
広辞4（トロツキー　1879–1940）
広辞5（トロツキー　1879–1940）
広辞6（トロツキー　1879–1940）
国小（トロツキー　1879.10.26–1940.8.21）
国百（トロツキー，レフ・ダビドビッチ　1879.10.26–1940.8.21）
コン2（トローツキィ　1879–1940）
コン3（トロツキー　1879–1940）
思想（トロツキー，レオン　1879–1940）
集世（トロツキー，レフ・ダヴィドヴィチ　1879.11.7–1940.8.21）
集文（トロツキー，レフ・ダヴィドヴィチ　1879.11.7–1940.8.21）
人物（トロツキー　1877.10.25–1940.8.2）
西洋（トロツキー　1879.11.7–1940.8.21）
世人（トロツキー　1879–1940）
世政（トロツキー，レフ　1879.11.7–1940.8.21）
世西（トローツキー　1877.10.25–1940.8.21）
世百（トロツキー　1879–1940）
世文（トロツキー，レフ・ダヴィドヴィチ　1879–1940）
全書（トロツキー　1879–1940）

大辞（トロツキー　1879–1940）
大辞2（トロツキー　1879–1940）
大辞3（トロツキー　1879–1940）
大百（トロツキー　1879–1940）
デス（トロツキー　1879–1940）
伝世（トロツキー　1879.11.7–1940.8.21）
ナビ（トロツキー　1879–1940）
二十（トロツキー，レフ　1879.10.26–1940.8.21）
百科（トロツキー　1879–1940）
評世（トロツキー　1877–1940）
名著（トロツキー　1879–1940）
山世（トロツキー　1879–1940）
ユ人（トロツキー，レオン（レブ・ダビドビチ・ブロンシュタイン）　1879–1940）
歴学（トロツキー　1879–1940）
歴史（トロツキー　1879–1940）
ロシ（トロツキー　1879–1940）

Troughton, Edward 〈18・19世紀〉

イギリスの光学器械製作者。

⇒天文（トロートン　1753–1836）

Troup, Bobby 〈20世紀〉

アメリカのジャズ歌手，ピアニスト，作曲家。自作の『ルート66』は大ヒット。妻のジュリー・ロンドンの伴奏者，録音プロデューサーとしても，才腕をふるう。

⇒ジヤ（トループ，ボビー　1918.10.18–）
二十（トゥループ，ボビー　1918.10.18–）

Trübner, Nicholas 〈19世紀〉

イギリスの出版業者。

⇒岩ケ（トリュブナー，ニコラス　1817–1888）

Trumbull, Douglas 〈20世紀〉

アメリカの特殊撮影技術者。

⇒岩世（トランブル　1942.4.8–）
世映（トランブル，ダグラス　1942–）

Trump, Donald 〈20世紀〉

アメリカの不動産開発業者。

⇒岩ケ（トランプ，ドナルド（・ジョン）　1946–）
現ア（Trump, Donald　トランプ，ドナルド　1946–）

Tsai, Jerry 〈20世紀〉

アメリカの金融家，事業家。中国系。

⇒華人（ツァイ，ジェリー　1928–）

Tschichold, Jan 〈20世紀〉

スイスのタイポグラファー（活版印刷術のデザイナー）。"Die neue Typographie" (1928) で，タイポグラフィの新しい原理を確立。65年グーテンベルク賞受賞。

⇒岩世（チヒョルト　1902.4.2–1974.8.11）
新美（チヒョルト，ヤン　1902.4.2–1974.8.11）

西洋（チヒョルト　1902.4.2–1974.8.11）
二十（チヒョルト, ヤン　1902.4.2–1974.8.11）

Tschumi, Bernard 〈20世紀〉
建築家。クーパー・ユニオン客員教授。
⇒ナビ（チュミ　1944–）
　二十（チュミ, バーナード　1944–）

Tsiolkovskii, Konstantin Eduardovich 〈19・20世紀〉
ロシア, ソ連邦の物理学者, 発明家。地方で学校教師を務めるかたわら, 飛行船・飛行機・惑星間飛行などの理論研究を行い, 液体ロケットによる宇宙飛行を提唱。
⇒岩ケ（ツィオルコフスキー, コンスタンチン・エドゥアルドヴィチ　1857–1935）
　岩世（ツィオルコフスキー　1857.9.5[17]–1935.9.19）
　岩哲（ツィオルコフスキイ　1857–1935）
　科技（ツィオルコフスキー　1857.9.17–1935.9.19）
　科人（ツィオルコフスキー, コンスタンティン・エドゥアルドヴィッチ　1857.9.17–1935.9.19）
　幻想（ツィオルコーフスキイ, コンスタンチン・エドゥアルドヴィチ　1857–1935）
　広辞4（ツィオルコフスキー　1857–1935）
　広辞5（ツィオルコフスキー　1857–1935）
　広辞6（ツィオルコフスキー　1857–1935）
　国小（ツィオルコフスキー　1857.9.17–1935.9.19）
　コン2（ツィオルコーフスキィ　1857–1935）
　コン3（ツィオルコフスキー　1857–1935）
　児作（Tsiolkovskii, Konstantin E.　ツィオルコフスキー, コンスタンチン・エドゥアルドビチ　1857–1935）
　集世（ツィオルコフスキー, コンスタンチン・エドゥアルドヴィチ　1857.9.5–1935.9.19）
　集文（ツィオルコフスキー, コンスタンチン・エドゥアルドヴィチ　1857.9.5–1935.9.19）
　人物（ツィオルコフスキー　1857–1935）
　西洋（ツィオルコフスキー　1857.9.17–1935.9.19）
　世科（ツィオルコフスキー　1857–1935）
　世西（ツィオルコフスキー　1857.9.17–1935.9.19）
　世甘（ツィオルコフスキー　1857–1935）
　全書（ツィオルコフスキー　1857–1935）
　大辞2（ツィオルコフスキー　1857–1935）
　大辞3（ツィオルコフスキー　1857–1935）
　大百（ツィオルコフスキー　1857–1935）
　デス（ツィオルコフスキー　1857–1935）
　伝世（ツィオルコフスキー　1857.9.17–1935.9.19）
　天文（ツィオルコフスキー　1857–1935）
　ナビ（ツィオルコフスキー　1857–1935）
　二十（ツィオルコフスキー, コンスタンチン　1857–1935）
　百科（チオルコフスキー　1857–1935）
　ロシ（ツィオルコフスキー　1857–1935）

Tsitsin, Nikolai Vasilievich 〈20世紀〉
ソ連邦の植物学者, 品種改良家。ムギとカモジグサから新品種をつくった。著書『植物の遠縁雑種』(1954)。
⇒コン3（ツィーツィン　1898–1980）
　二十（ツィーツィン, ニコライ　1898.12.18–1980.7.17）

Tsui Hark 〈20・21世紀〉
アメリカ, 香港の映画監督, プロデューサー。ヴェトナム生まれ。製作会社の電影工作室を設立し, "香港のスピルバーグ" と呼ばれた。のちハリウッドにも進出。
⇒岩世（ツイ・ハーク　1951.2.15–）
　華人（ツイ・ハーク　1951–）
　世映（ツイ・ハーク　1951–）
　世俳（ツイ, ハーク〔徐 克〕　1951.1.2–）

Tubman, Harriet 〈19・20世紀〉
アメリカの女性奴隷廃止論者, 鉄道員。地下鉄道の女性車掌として有名。奴隷逃亡を援助し,「モーセ」とあだ名された。
⇒岩ケ（タブマン, ハリエット　1820–1913）
　英米（Tubman, Harriet　タブマン　1821頃–1913）
　黒作（タブマン, ハリエット・R　1820–1913）
　国小（タブマン　1820頃–1913.3.10）
　コン2（タブマン　1821–1913）
　コン3（タブマン　1821–1913）
　世女（タブマン, ハリエット・ロス（アラミンタ）　1820–1913）
　世女日（タブマン, ハリエット　1820頃–1913）
　全書（タブマン　1821頃–1913）
　二十（タブマン, ハリエット　1821頃–1913）

Tuck, Raphael 〈19世紀〉
出版者。
⇒世児（タック, ラファエル　1821–1900）

Tucker, Josiah 〈18世紀〉
イギリスの牧師, 経済学者。自由貿易論の信奉者。
⇒岩世（タッカー　1712–1799.11.4）
　西洋（タッカー　1712–1799.11.4）
　名著（タッカー　1713–1799）

Tueni, Ghassan 〈20世紀〉
レバノンの新聞記者, 政治家, 企業家。「ル・ジュール」紙を創刊(1965)し, 合併して「ロリアン・ル・ジュール」紙(71)の社主となる。
⇒中東（トゥエィニ　1926–）

Tugan-Baranovskii, Mikhail Ivanovich 〈19・20世紀〉
ロシアの経済学者。ナロードニキに対する批判者, 近代的景気理論の父。主著『社会的分配論』(1913)。

⇒岩世（トゥガン＝バラノフスキー　1865.1.8
　　[20]-1919.1.21）
　外国（トゥガン・バラノフスキー　1865-1919）
　角世（トゥガン・バラノフスキー　1865-1919）
　経済（ツガン・バラノフスキー　1865-1919）
　国小（トゥガン・バラノフスキー　1865-1919）
　コン2（トゥガーン・バラノーフスキィ　1865-
　　1919）
　コン3（トゥガーン・バラノーフスキィ　1865-
　　1919）
　人物（ツガン・バラノフスキー　1865-1919）
　西洋（トゥガン・バラノーフスキー　1865-1919）
　世西（トゥガン・バラノフスキー　1865-1919）
　世百（ツガンバラノフスキー　1865-1919）
　全書（トゥガン・バラノフスキー　1865-1919）
　大百（ツガン・バラノフスキー　1865-1919）
　二十（トゥガン・バラノフスキー，ミカエル
　　1865-1919）
　百科（トゥガン・バラノフスキー　1865-1919）
　名著（トゥガン・バラノフスキー　1865-1919）
　ロシ（トゥガン＝バラノフスキー　1865-1919）

Tugwell, Rexford Guy 〈20世紀〉

アメリカの経済学者。農務次官として、
ニュー・ディール政策の立案と実施に貢献した。
⇒岩世（タグウェル　1891.7.10-1979.7.21）
　外国（タグウェル　1891-）
　経済（タグウェル　1891-1979）
　コン3（タグウェル　1891-1979）
　西洋（タグウェル　1891.7.10-1979.7）

Tull, Jethro 〈17・18世紀〉

イギリスの農業家。播種機を発明（1701頃）。
⇒岩ケ（タル，ジェスロ　1674-1741）
　岩世（タル　1674.3.30-1741.2.21）
　英米（Tull, Jethro　タル　1674-1741）
　外国（タル　1674-1741）
　科人（トゥル，ジェスロ　1674-1741.2.21）
　コン2（タル　1674-1741）
　コン3（タル　1674-1741）
　西洋（タル　1674-1741.2.21）
　世科（タル　1674-1741）

Tuma, Elias H. 〈20世紀〉

米カリフォルニア大学経済学教授。パレスチナ
生まれだが米国籍。1975年ニューヨークでイス
ラエル人のペレド退役少佐と会見し、会見後イ
スラエルとパレスチナ人の共存を謳った声明を
発表。
⇒中東（トゥーマ　1928-）

Tuomioja, Sakari S. 〈20世紀〉

フィンランドの政治家。フィンランド首相、国
連欧州経済委事務局長、フィンランド銀行総裁。
⇒二十（トゥオミオヤ，サカリ　1911-1964.9.9）

Tuotilo 〈9・10世紀〉

スイスの修道士。ザンクト・ガレン修道院で建

築家、彫刻家、画家、音楽家、彫金家として
活躍。
⇒新美（トゥオティロ　895-912）

Tupolev, Andrey Nikolaevich 〈19・20世紀〉

ソ連邦の空軍将校、航空機設計技術者。双発
ジェット機TU-104の設計により1957年レー
ニン賞を受賞。超音速輸送機TU-144も設計。
⇒岩ケ（ツポレフ，アンドレイ（・ニコラエヴィチ）
　　1888-1972）
　科学（ツポレフ　1888.11.10-1972.12.23）
　現人（ツポレフ　1888.11.10-1972.12.23）
　国小（ツポレフ　1888.11.10-1972.12.23）
　コン3（トゥーポレフ　1888-1972）
　世百（トゥポレフ　1888-）
　世百新（ツポレフ　1888-1972）
　全書（ツポレフ　1888-1972）
　大百（ツポレフ　1888-1972）
　伝世（トゥーポレフ　1888.11.10-）
　二十（ツポレフ，アンドレイ　1888.11.10-1972.
　　12.23）
　百科（ツポレフ　1888-1972）
　ロシ（ツポレツ　1888-1972）

Turcq, Dominique 〈20世紀〉

フランスの経営学者。アレギエール・マネジメ
ント・スクール教授。
⇒二十（タルク，ドミニク　1950-）

Turgenev, Nikolai Ivanovich 〈18・19世紀〉

ロシアの経済学者、評論家。1818年『租税論』
を著し農奴制を批判。
⇒コン2（トゥルゲーネフ　1789-1871）
　コン3（ツルゲーネフ　1789-1871）
　集世（ツルゲーネフ，ニコライ・イワノヴィチ
　　1789.10.11-1871.10.29）
　集文（ツルゲーネフ，ニコライ・イワノヴィチ
　　1789.10.11-1871.10.29）
　人物（ツルゲーネフ　1789-1871）
　世西（ツルゲーネフ　1789-1871）

Turgot, Anne Robert Jacques 〈18世紀〉

フランスの経済学者、政治家。ルイ16世統治初
期の財務総監。
⇒岩ケ（デュルゴー，アンヌ・ロベール・ジャック
　　1727-1781）
　岩世（テュルゴ　1727.5.10-1781.3.20）
　岩哲（テュルゴー　1727-1781）
　旺世（テュルゴー　1727-1781）
　外国（テュルゴー　1727-1781）
　科史（テュルゴー　1727-1781）
　角世（テュルゴー　1727-1781）
　教育（チュルゴ　1727-1781）
　広辞4（チュルゴー　1727-1781）
　広辞6（チュルゴー　1727-1781）
　国小（テュルゴー　1727.5.10-1781.3.18）

コン2（テュルゴー　1727-1781）
コン3（チュルゴー　1727-1781）
人物（チュルゴー　1727.5.10-1781.3.10）
西洋（テュルゴー　1727.5.10-1781.3.20）
世人（テュルゴー　1727-1781）
世西（テュルゴ　1727.5.10-1781.3.10）
世百（チュルゴー　1727-1781）
全書（チュルゴー　1727-1781）
大辞（チュルゴー　1727-1781）
大辞3（チュルゴー　1727-1781）
大百（チュルゴー　1727-1781）
デス（チュルゴー　1727-1781）
伝世（チュルゴー　1727-1781）
百科（テュルゴー　1727-1781）
評世（チュルゴー　1727-1781）
名著（チュルゴー　1727-1781）
山世（デュルゴ　1727-1781）
歴史（テュルゴー　1727-1781）

Turing, Alan Mathison 〈20世紀〉
イギリスの数学者，物理学者。1936年チューリングの機械と呼ばれる理論上の計算機を考案した。
⇒イ哲（チューリング, A.　1912-1954）
　岩ケ（チューリング，アラン（・マシソン）　1912-1954）
　岩世（チューリング　1912.6.23-1954.6.7）
　岩哲（チューリング　1912-1954）
　科史（テューリング　1912-1954）
　科人（チューリング，アラン・マシソン　1912.6.23-1954.6.7）
　科大2（チューリング　1912-1954）
　現人（チューリング　1912.6.23-1954.6.8）
　広辞5（チューリング　1912-1954）
　広辞6（チューリング　1912-1954）
　国小（チューリング　1912.6.23-1954.6.7）
　コン3（チューリング　1912-1954）
　思想（チューリング，A（アラン）M（マシソン）　1912-1954）
　数学（チューリング　1912.6.23-1954.6.7）
　数学増（チューリング　1912.6.23-1954.6.7）
　世科（チューリング　1912-1954）
　世百新（チューリング　1912-1954）
　全書（チューリング　1912-1954）
　大辞2（チューリング　1912-1954）
　大辞3（チューリング　1912-1954）
　伝世（テューリング　1912.6.23-1954.6.7）
　ナビ（チューリング　1912-1954）
　二十（チューリング, A.M.　1912.6.23（7.23）-1954.6.8）
　百科（チューリング　1912-1954）

Turino di Sano 〈14世紀〉
イタリアの彫刻家，金工家。
⇒世美（トゥリーノ・ディ・サーノ　14世紀後半）

Turnbo-Malone, Annie 〈19・20世紀〉
アメリカの企業家。
⇒世女日（ターンボ=マローン，アニー　1869-1957）

Turnbull, Malcolm Bligh 〈20世紀〉
オーストラリアの銀行家，弁護士，共和主義者。
⇒岩ケ（ターンブル，マルカム・ブライ　1954-）

Turner, Robert Edward, III 〈20世紀〉
アメリカのメディア実業家。
⇒岩世（ターナー　1938.11.19-）

Turner, Samuel 〈18・19世紀〉
イギリスの外交官，旅行家。東インド会社の武官として，チベットとインドとの友好関係の保持につとめた。
⇒人物（ターナー　1749頃-1802.1.2）
　西洋（ターナー　1749/59頃-1802.1.2）
　世西（ターナー　1749-1802）
　世東（ターナー　1759-1802）

Turner, Ted 〈20世紀〉
アメリカのテレビ・ニュース局の経営者。
⇒岩世（ターナー，テッド　1938-）
　現ア（Turner, Ted　ターナー，テッド　1938-）

Tussaud, Marie 〈18・19世紀〉
フランスの女流蠟人形作家。マダム・タッソー蠟人形展示館の創立者。
⇒岩ケ（タッソー，マリー　1761-1850）
　岩世（タッソー　1761.12.1-1850.4.16）
　国小（タッソー　1761.12.7-1850.4.15）
　西洋（テュソー　1760.12.1-1850.4.16）
　世女（タッソー，マリー　1761-1850）
　世女日（タッソー，マリー　1761-1850）
　百科（タッソー夫人　1760-1850）

Twining, Thomas 〈17・18世紀〉
イギリスの喫茶店主，紅茶商。
⇒岩世（トワイニング　1675-1741.5.19）

【 U 】

Udine, Giovanni da 〈15・16世紀〉
イタリアの画家，装飾家，建築家。
⇒岩ケ（ウディネ，ジョヴァンニ・ダ　1487-1564）
　世美（ジョヴァンニ・ダ・ウーディネ　1487-1564）

Ueberroth, Peter Victor 〈20世紀〉
アメリカの実業家。
⇒岩世（ユベロス　1937.9.2-）

Ugolino di Vieri 〈14世紀〉

イタリアの金銀細工師。
⇒世美（ウゴリーノ・ディ・ヴィエーリ　?–1380/85）

Ukhtomskii, Esper Esperovich 〈19・20世紀〉

ロシアの政治家。ニコライ二世の皇太子時代の訪日旅行（1890〜91）に随行。露清密約、東清鉄道契約の締結に尽力。
⇒西洋（ウフトムスキー　1861.8.26–?）

Ulrich, Peter 〈20世紀〉

スイスの経済倫理学者，経済学者。
⇒岩世（ウルリヒ　1948.5.19–）

Underwood, John Thomas 〈19・20世紀〉

アメリカの実業家。「前面打ち」タイプライターの特許を買い取り，アンダーウッド・タイプライターの製造・販売を始め，成功した。
⇒コン2（アンダーウッド　1857–1935）
　コン3（アンダーウッド　1857–1935）

Ungaro, Emanuel 〈20世紀〉

フランスの服飾デザイナー。
⇒岩ケ（ウンガロ，エマニュエル（・マフェオルティ）　1933–）
　岩世（ウンガロ　1933.2.13–）
　最世（ウンガロ，エマニュエル　1933–）
　世西（ウンガロ　1933.2.13–）
　ナビ（ウンガロ　1933–）
　二十（ウンガロ，エマニュエル　1933–）

Unger, Johann Friedrich 〈18・19世紀〉

ドイツの印刷者，出版業者。〈ウンガー・ドイツ活字体〉を作製。
⇒岩世（ウンガー　1753–1804.12.26）
　西洋（ウンガー　1753–1804.12.26）

Ungers, Osvald Mattias 〈20世紀〉

ドイツ生まれの建築家，教育者。ベルリン工科大学教授。
⇒岩世（ウンガース　1926.7.12–2007.9.30）
　世美（ウンガース，オズヴァルト・マティアス　1926–）
　二十（ウンガース，オスヴァルト・M.　1926–）

Ungewitter, Georg Gottlob 〈19世紀〉

ドイツの建築家。ロマン主義の代表者。
⇒岩世（ウンゲヴィッター　1820.9.15–1864.11.6）
　西洋（ウンゲヴィッター　1820.9.15–1864.10.6）

Unseld, Siegfried 〈20世紀〉

ドイツの出版者。
⇒岩世（ウンゼルト　1924.9.28–2002.10.26）

Unthank, Achilles William 〈19・20世紀〉

アメリカの土木技師。東京開成学校で画学，数学，測量学を教授。
⇒日人（アンサンク　1838–1909）
　来日（アンサンク　1838–1909）

Unwin, George 〈19・20世紀〉

イギリスの経済史家。主著『16・17世紀の経済組織』（1904）。
⇒岩世（アンウィン　1870.5.7–1925）
　外国（アンウィン　1870–1925）
　国小（アンウィン　1870–1919）
　コン2（アンウィン　1870–1925）
　コン3（アンウィン　1870–1925）
　西洋（アンウィン　1870–1925）
　世百（アンウィン　1870–1924）
　全書（アンウィン　1870–1925）
　二十（アンウィン，ジョージ　1870–1925）
　百科（アンウィン　1870–1925）
　名著（アンウィン　1870–1925）
　歴学（アンウィン　1870–1925）

Unwin, Sir Raymond 〈19・20世紀〉

イギリスの建築家，都市計画家。ハムステッドおよびレッチウァースの田園都市計画者。
⇒岩世（アンウィン　1863.11.2–1940.6.29）
　西洋（アンウィン　1863–1940）
　世美（アンウィン，レイモンド　1863–1940）

Unwin, Sir Stanley 〈19・20世紀〉

イギリスの出版者。第1次大戦中には検閲に，第2次大戦では書籍課税に反対するなど，業界の主導者の1人。
⇒岩ケ（アンウィン，サー・スタンリー　1884–1968）
　岩世（アンウィン　1884.12.19–1968.10.13）
　二十（アンウィン，スタンレイ　1884–1968）
　名著（アンウィン　1884–）

Upjohn, Richard 〈19世紀〉

アメリカの建築家。ゴシック様式の復活導入を行う。
⇒岩ケ（アップジョン，リチャード　1802–1878）
　岩世（アップジョン　1802.1.22–1878.8.16）
　キリ（アプジョン，リチャード　1802.1.22–1878.8.17）
　建築（アップジョン，リチャード　1802–1878）
　国小（アップジョン　1802–1878）
　コン3（アップジョン　1802–1878）
　新美（アップジョン，リチャード　1802.1.22–1878.8.17）
　西洋（アプジョン　1802–1878）
　伝世（アップジョン　1802.1.22–1878.8.16）

Urban, Charles 〈19・20世紀〉
アメリカ生まれの映画製作者。
⇒世映（アーバン，チャールズ　1867–1942）

Urban, Joseph 〈19・20世紀〉
オーストリア生まれの装置家。1899年オーストリア博覧会の設計で勲章を授与。また，メトロポリタン・オペラの美術監督や建築家としても活躍。
⇒世美（ウルバン，ヨーゼフ　1872–1933）
　二十（アーバン，ジョゼフ　1872.5.26–1933.7.10）

Urdaneta, Andrés de 〈15・16世紀〉
スペインの航海者，従軍司祭。アウグスティノ会宣教師。
⇒岩世（ウルダネータ　1498.11.30–1568.6.3）
　オセ（ウルダネータ　1508–1568）
　キリ（ウルダネータ，アンドレス・デ　1508–1568）
　コン2（ウルダネータ　1508–1568）
　コン3（ウルダネータ　1508–1568）
　西洋（ウルダネタ　1508.6.3）
　全書（ウルダネータ　1498/1508–1568）
　探検1（ウルダネータ　1508–1568）
　百科（ウルダネータ　1498–1568）

Ure, Andrew 〈18・19世紀〉
スコットランドの化学者，経済学者。
⇒岩世（ユーア　1778–1857）
　科人（ユーア，アンドリュー　1778.5.18–1857.1.2）
　西洋（ユーア　1778–1857）

Ure Smith, Sydney George 〈19・20世紀〉
オーストラリアの画家，編集者，出版業者。
⇒岩ケ（ユーア・スミス，シドニー・ジョージ　1887–1949）

Ursulus 〈4世紀〉
古代ローマの財務長官。
⇒ロマ（ウルスルス　(在任) 355–361）

Urwick, Lindall Fownes 〈20世紀〉
イギリスの代表的経営研究家，経営教育者。1960〜61年経営コンサルタント協会ヨーロッパ連盟会長。
⇒国小（アーウィック　1891.3.3–）
　全書（アーウィック　1891–）
　大百（アーウィック　1891–）
　二十（アーウィック，リンドール　1891–?）

Usher, Abbott Payson 〈19・20世紀〉
アメリカの経済史家。主著『英国産業史』(1920)。

⇒岩世（アッシャー　1883.1.13–1965.6.18）
　外国（アッシャー　1883–）
　コン3（アッシャー　1883–1965）
　西洋（アッシャー　1883.1.13–1965.6.18）
　名著（アッシャー　1883–）

Usher, Gary 〈20世紀〉
アメリカのプロデューサー。カリフォルニア州生まれ。
⇒口人（アッシャー，ゲイリー　1938–1990）

Uslar Pietri, Arturo 〈20世紀〉
ベネズエラの小説家，政治家。蔵相・文相・外相，ベネズエラ中央大学文学教授。20世紀歴史派作家として活躍。
⇒国小（ウスラル・ピエトリ　1906–）
　集世（ウスラル＝ピエトリ，アルトゥロ　1906.5.16–2001.2.26）
　集文（ウスラル＝ピエトリ，アルトゥロ　1906.5.16–）
　世政（ウスラル・ピエトリ，アルトゥロ　1906.5.16–2001.2.26）
　世文（ウスラル・ピエトリ，アルトゥロ　1906–）

Usselincx, Willem 〈16・17世紀〉
オランダのアントワープ出身の商人。
⇒百科（ユセリンクス　1567–1647頃）

Ustad Isa Khan 〈17世紀〉
トルコ出身の建築家。
⇒建築（ウスタッド・イサ・カーン　?–1649）

Uthman, Uthman Ahmad 〈20世紀〉
エジプトのコントラクター，実業家。アスワン・ハイダム，スエズ運河施設など，エジプトやアラブ諸国の多くの建設事業に従事。1981年副首相。
⇒中東（オスマーン　1917–）

Utzon, Jorn 〈20世紀〉
デンマークの建築家。1956年の『シドニー・オペラ・ハウス』競技設計入選案は，その独創性と造形力で世界を魅了した。
⇒岩ケ（ウッツォン，イェアン　1918–）
　岩世（ウッツォン(ウトソン)　1918.4.9–2008.11.29）
　現人（ウッツォン　1918.4.9–）
　最世（ウッツォン，イェアン　1918–）
　新美（ウッツォン，ヨルン　1918.4.9–）
　世美（ウーツソーン，ヨーン　1918–）
　ナビ（ウッツォン　1918–）
　二十（ウッツォン，ヨルン　1918.4.9–）

Uztariz, Geronimo de 〈17・18世紀〉
スペインの経済学者。
⇒岩世（ウスタリス　1670.11.16 (受洗)–1732.2.1）

西洋（ウスタリス　1670.11.16–1732.2.1）

【 V 】

Vaccarini, Giovanni Battista 〈18世紀〉
イタリアの建築家。
⇒建築（ヴァッカリーニ，ジョヴァンニ・バッティスタ　1702–1769）
　世美（ヴァッカリーニ，ジョヴァンニ・バッティスタ　1702–1769）

Vaccaro, Domenico Antonio 〈17・18世紀〉
イタリアの画家，彫刻家，建築家。
⇒世美（ヴァッカーロ，ドメーニコ・アントーニオ　1681頃–1750）

Vaccaro, Giuseppe 〈20世紀〉
イタリアの建築家。
⇒世美（ヴァッカーロ，ジュゼッペ　1896–1968）

Vaccaro, Lorenzo 〈17・18世紀〉
イタリアの彫刻家，建築家。
⇒世美（ヴァッカーロ，ロレンツォ　1655頃–1706）

Vaganov, Nikolai Anastasovich 〈20世紀〉
ソ連邦の経済学者。1947年ソ連科学アカデミー世界経済及び国際関係研究所の経済学博士候補となる。その後，中央経済学術研究員を務める。
⇒二十（ヴァガノフ，ニコライ　1909–）

Vagnorius, Gediminas 〈20世紀〉
リトアニアの政治家，経済学者。リトアニア首相。
⇒世政（ワグノリュス，ゲディミナス　1957.6.10–）

Vágó, Pierre 〈20世紀〉
ハンガリー出身のフランスの建築家，都市計画家。
⇒世美（ヴァーゴー，ピエール　1910–）

Vaintsvaig, Nikolai Kononovich 〈20世紀〉
ソ連邦の経済学者。ソ連科学アカデミー東洋学研究所学術研究員。著書『日本のコンツェルン』。
⇒二十（ヴァインツヴァイク，ニコライ　1897–?）

Valadier, Andrea 〈17・18世紀〉
イタリアの金銀細工師。
⇒世美（ヴァラディエル，アンドレーア　1695–1759）

Valadier, Giovanni 〈18・19世紀〉
イタリアの金銀細工師。
⇒世美（ヴァラディエル，ジョヴァンニ　1732–1803）

Valadier, Giuseppe 〈18・19世紀〉
イタリアの建築家，考古学者。
⇒建築（ヴァラディエール，ジュゼッペ　1762–1839）
　新美（ヴァラディエール，ジュゼッペ　1762.4.14–1839.2.1）
　西洋（ヴァラディエ　1762–1839）
　世美（ヴァラディエル，ジュゼッペ　1762–1839）

Valadier, Luigi 〈18世紀〉
イタリアの金銀細工師。
⇒世美（ヴァラディエル，ルイージ　1726–1785）

Valckenier, Adriaan 〈17・18世紀〉
オランダ東インド会社（VOC）の総督［1737–41］。
⇒岩世（ファルケニール　1695.6.6–1751.6.20）

Valdés Tin Tan, German 〈20世紀〉
メキシコ生まれの男優，映画製作者。
⇒世映（バルデス・ティン・タン，ヘルマン　1915–1973）

Valente, Pietro 〈18・19世紀〉
イタリアの建築家。
⇒世美（ヴァレンテ，ピエトロ　1796–1859）

Valenti, Jack 〈20世紀〉
アメリカ生まれの企業家。
⇒世映（ヴァレンティ，ジャック　1921–2007）

Valentijn, François 〈17・18世紀〉
オランダの改革教会宣教師。オランダ人の交易したアジア各地の地理歴史を広く調査。大著"Oud en nieuw Oost-Indien"（24〜26）を出版。
⇒西洋（ファレンテイン　1666.4.17–1727.8.6）
　世東（ファレンタイン　1666–1727）
　名著（ファレンタイン　1666–1727）

Valentino, Mario 〈20世紀〉
イタリアのデザイナー。
⇒大辞3（バレンティノ　1927–1991）

Valeriani, Giuseppe 〈16世紀〉
イタリアの建築家，画家。
⇒世美（ヴァレリアーニ，ジュゼッペ　1542–1596）

Valle, Andrea da 〈16世紀〉
イタリアの建築家。
⇒世美（ヴァッレ，アンドレーア・ダ　?–1577）

Valle, Gino 〈20世紀〉
イタリアの建築家，デザイナー。
⇒世美（ヴァッレ，ジーノ　1923–）

Vallin de La Monthe, Jean-Baptiste-Michael 〈18世紀〉
フランスの建築家。
⇒建築（ヴァラン・ド・ラ・モット，ジャン=バティスト=ミシェル　1729–1800）
　世美（ヴァラン・ド・ラ・モット，ジャン=バティスト=ミシェル　1729–1800）

Valls Vergés, Manuel 〈20世紀〉
スペインの建築家，都市計画家。
⇒世美（バル・ベルジェス，マヌエル　1912–）

Valvassori, Gabriele 〈17・18世紀〉
イタリアの建築家。
⇒世美（ヴァルヴァッソーリ，ガブリエーレ　1683–1761）

Van Braam Houckgeest, Andreas Everadus 〈18・19世紀〉
オランダの中国派遣使節。『オランダ東インド会社中国派遣使節航海記』(2巻，1797～98）を著した。
⇒岩世（ファン・ブラーム・ハウクヘースト　1739.11.1–1801.7.8）
　西洋（ファン・ブラーム・フックヘースト　1739.11.1–1801.7.8）

Vanbrugh, Sir John 〈17・18世紀〉
イギリスの建築家。イギリス・バロック期の代表的作品を残した。
⇒イ文　(Vanbrugh, Sir John　1664–1726)
　岩ケ　(ヴァンブラ，サー・ジョン　1664–1726)
　岩世　(ヴァンブラ　1664.1.24（受洗）–1726.3.26)
　英文　(ヴァンブラ，ジョン　1664–1726)
　英米　(Vanbrugh, Sir John　ヴァンブラ　1664–1726)
　演劇　(ヴァンブラ，サー・ジョン　1664–1726)
　建築　(ヴァンブラ，サー・ジョン　1664–1726)
　国小　(バンブラ　1664.1.24–1726.3.26)
　集世　(ヴァンブラ，ジョン　1664?–1726.3.26)
　集文　(ヴァンブラ，ジョン　1664?–1726.3.26)
　新美　(ヴァンブラ，ジョン　1664–1726.3.26)
　西洋　(ヴァンブルー（ヴァンブラ）　1664–1726.3.26)
　世西　(ヴァンブルー　1666.1.24–1726.3.20)
　世美　(ヴァンブラ，ジョン　1664–1726)
　世文　(ヴァンブラ，サー・ジョン　1664–1726)
　全書　(バンブルー　1664–1726)
　伝世　(ヴァンブラ　1664.1.24洗礼–1726.3.26)
　百科　(バンブラー　1664–1726)
　名著　(ヴァンブルー　1664–1726)

Vance, Lee
アメリカの作家，実業家。
⇒海新（ヴァンス，リー）

Van Cortlandt, Oloff Stevenszen 〈17世紀〉
オランダの商人。渡米しニューヨークに定住，同市長（1655～60, 62～63）。
⇒岩世　(ファン・コルトラント　1600–1684)
　外国　(ファン・コルトラント　1600–1684)
　西洋　(ファン・コルトラント　1600–1684)

Vancouver, George 〈18世紀〉
イギリスの航海者，海軍軍人。北アメリカ北西海岸の探検隊の隊長を務めた。
⇒岩ケ　(ヴァンクーヴァー，ジョージ　1757–1798)
　岩世　(ヴァンクーヴァー　1757.6.22–1798.5.12)
　英米　(Vancouver, George　ヴァンクーヴァー　1757–1798)
　オセ　(バンクーバー　1758–1798)
　国小　(バンクーバー　1757.6.22–1798.5.10)
　コン2　(ヴァンクーヴァー　1758–1798)
　コン3　(ヴァンクーヴァー　1758–1798)
　人物　(バンクーバー　1758頃–1798.5.10)
　西洋　(ヴァンクーヴァー　1758頃–1798.5.10)
　世西　(ヴァンクーヴァー　1758–1798.5.10)
　世百　(ヴァンクーヴァー　1758–1798)
　全書　(バンクーバー　1757–1798)
　探検1　(バンクーバー　1757–1798)
　伝世　(ヴァンクーヴァー　1758–1798.5.10)

Van Damm, Sheila 〈20世紀〉
イギリスの劇場主。
⇒世女日（ヴァン=ダム，シェイラ　1922–1987）

Van de Graaff, Robert Jemison 〈20世紀〉
アメリカの物理学者。バン・デ・グラーフ静電型高電圧発生装置を発明した。
⇒岩ケ　(ヴァン・デ・グラーフ，ロバート（・ジェミソン）　1901–1967)
　岩世　(ヴァン・デ・グラーフ　1901.12.20–1967.1.16)
　科学　(ファン・デ・グラーフ　1901.12.20–1967.1.16)
　科技　(ファン・デ・グラーフ　1901.12.20–)
　科人　(ヴァン・デ・グラーフ，ロバート・ジェミソン　1901.12.20–1967.1.16)
　科大　(バン・デ・グラーフ　1901–1967)

科大2 (バン・デ・グラーフ　1901–1967)
現人 (バン・デ・グラーフ　1901.12.20–1967.1.
　16)
国小 (バン・デ・グラーフ　1901.12.20–1967.1.
　16)
コン3 (ヴァン・デ・グラーフ　1901–1967)
人物 (バン・デ・グラーフ　1901.12.20–)
西洋 (ヴァン・デ・グラーフ　1901.12.20–1967.
　1.16)
世科 (ヴァン・デ・グラーフ　1901–1967)
世西 (ヴァン・デ・グラーフ　1901.12.20–)
世百新 (バン・デ・グラーフ　1901–1967)
全書 (バン・ド・グラーフ　1901–1967)
大辞2 (バン・デ・グラーフ　1901–1967)
大辞3 (バンデ　グラーフ　1901–1967)
大百 (ファン・デ・グラーフ　1901–1967)
二十 (ヴァン・デ・グラーフ, ロバート・J.
　1901.12.20–1967.1.16)
百科 (バン・デ・グラーフ　1901–1967)

Vandekeybus, Wim 〈20世紀〉
ベルギーのダンサー, 振付家, 映画製作者, 舞
踊団監督。
⇒バレ (ヴァンデケイビュス, ヴィム　1964–)

Vandelvira, Andrés de 〈16世紀〉
フランドル出身のスペインの建築家。
⇒建築 (バンデルビーラ, アンドレス・デ　1509–
　1575)

Vandenhove, Charles 〈20世紀〉
ベルギー生まれの建築家。1970年よりモンス理
工学校講師。作品は血液研究所, ヴィラ・メル
ヴェイユ, デルフォルジュ邸など。
⇒二十 (ヴァンデノーヴ, シャルル　1927.7.3–)

Van Depoele, Charles Joseph 〈19世
紀〉
アメリカの電気技術者。トロリー・ポールを発
明し, アメリカとカナダにひろくトロリー路線
を架設。
⇒世百 (ヴァンデプール　1846–1892)

Vanderbilt, Cornelius 〈18・19世紀〉
アメリカの実業家。
⇒アメ (バンダービルト　1794–1877)
　岩ケ (ヴァンダービルト, コーニーリアス
　　1794–1877)
　岩世 (ヴァンダービルト　1794.5.27–1877.1.4)
　英米 (Vanderbilt, Cornelius　ヴァンダービルト
　　1794–1877)
　外国 (ヴァンダービルト　1794–1877)
　コン2 (ヴァンダービルト　1794–1877)
　コン3 (ヴァンダービルト　1794–1877)
　西洋 (ヴァンダビルト　1794.5.27–1877.1.4)
　世西 (ヴァンダビルト　1794.5.27–1877.1.4)
　全書 (バンダービルト　1794–1877)
　伝世 (ヴァンダービルト　1794.5.27–1877.1.4)

百科 (バンダービルド　1794–1877)

Vanderbilt, Gloria 〈20世紀〉
アメリカのデザイナー。1980年ジーンズのデザ
イナーとして脚光を浴びる。莫大な遺産を受け
ついだプリンセスとして早くから世間の話題を
集めた。
⇒ア人 (ヴァンダービルト, グロリア　1924.2.20–)
　岩ケ (ヴァンダービルト, グロリア　1924–)
　世女 (ヴァンダービルト＝クーパー, グロリア
　　(モーガン)　1924–)

Vanderbilt, Harold Stirling 〈19・20世
紀〉
アメリカの発明家。
⇒岩ケ (ヴァンダービルト, ハロルド・S(スターリ
　ング)　1884–1970)

Vanderbilt, William Henry 〈19世紀〉
アメリカの実業家。スタットン・アイランド鉄
道の社長。
⇒西洋 (ヴァンダビルト　1821.5.8–1885.12.8)
　世西 (ヴァンダビルト　1821.5.8–1885.12.8)

Van der Klugt, Cornelius J. 〈20世紀〉
オランダの事業家。
⇒世西 (ファン・デル・クルフト　1925.3.30–)

Vanderlint, Jacob 〈18世紀〉
イギリスの重商主義経済学者。ロンドンの材木
商。『貨幣万能』を1734年に書いた。
⇒名著 (ヴァンダーリント　?–1740)

Vanderlip, Frank Arthur 〈19・20世紀〉
アメリカの財政家。ニューヨークのナショナ
ル・シティー銀行頭取(1909～19)。
⇒西洋 (ヴァンダリップ　1864.11.17–1937)

Van Der Meer, Simon 〈20世紀〉
オランダのエンジニア, 物理学者。1984年ノー
ベル物理学賞受賞。
⇒岩ケ (ファン・デル・メール, シモン　1925–)
　科人 (ヴァン・デル・メール, シモン　1925.11.
　　24–)
　最世 (ファン・デル・メール, シモン　1925–)
　ノ物 (ファン・デル・メーア, シモン　1925–)
　ノベ (バン・デル・メール, S.　1925.11.24–)
　ノベ3 (バン・デル・メール, S.　1925.11.24–)

Van der Pol, Balthasar 〈19・20世紀〉
オランダの物理学者, 数学者で電気技術者。
⇒岩世 (ファン・デル・ポール　1889.1.27–1959.
　10.6)
　数学 (ファン・デル・ポル　1889.1.27–1959.10.
　6)

数学増（ファン・デル・ポル　1889.1.27–1959.
　　10.6）

Van der Vlugt, L.C. 〈20世紀〉
オランダの建築家。主作品『ファン・ネレ煙草会社工場』。
⇒岩世（ファン・デル・フルーフト　1894–1936）
　西洋（ファン・デル・フルーフト　1894–1936）

Van de Velde, Henry Clemens 〈19・20世紀〉
ベルギーの画家, 建築家, デザイナー。パリの美術店の室内装飾で注目を集めた。アール・ヌーボーの代表的デザイナーとして活躍。
⇒岩ケ（フェルデ, ヘンリー・（クレメンス・）ファン・デ　1863–1957）
　岩世（ファン・デ・フェルデ　1863.4.3–1957）
　才西（ヴェルデ, アンリ・ヴァン・デ　1863–1957）
　芸術（ヴァン・デ・ヴェルデ, アンリ　1863–1957）
　広辞4（ヴァン・デ・ヴェルデ　1863–1957）
　広辞5（ヴァン・デ・ヴェルデ　1863–1957）
　広辞6（ヴァン・デ・ヴェルデ　1863–1957）
　国小（ファン・デ・フェルデ　1863.4.3–1957.10.25）
　新美（ヴァン・デ・ヴェルデ, アンリ　1863.4.3–1957.10.25）
　人物（バン・デ・ベルデ　1863.4.3–1926）
　西洋（ヴァン・デ・ヴェルデ　1863.4.3–1957）
　世芸（ヴァン・デ・ヴェルデ, アンリ　1863–1957）
　世西（ヴェルデ　1863–1942）
　世美（ヴァン・ド・ヴェルド, アンリ・クレマン　1863–1957）
　世百（ヴェルデ　1863–1957）
　全書（バン・デ・ベルデ　1863–1957）
　大百（バン・デ・ベルデ　1863–1957）
　デス（フェルデ　1863–1957）
　伝世（ヴァン・デ・ヴェルデ　1863.4.3–1957.10.27）
　ナビ（バン=デ=ベルデ　1863–1957）
　二十（ヴァン・デ・ベルデ, アンリ　1863.4.3–1957.10.25）
　百科（バン・デ・ベルデ　1863–1957）

Van Diemen, Antonio 〈16・17世紀〉
オランダの植民経営者, 政治家。オランダ東インド会社の総督。オランダの極東貿易体制の確立に貢献。
⇒岩世（ディーメン　1593–1645.4.19）
　外国（ヴァン・ディーメン　1593–1645）
　角国（ファン・ディーメン　1593–1645）
　国史（ディーメン　1593–1645）
　国小（ファン・ディーメン　1593–1645.4.19）
　コン2（ファン・ディーメン　1593–1645）
　コン3（ファン・ディーメン　1593–1645）
　人物（ファン・ディーメン　1593–1645.4.19）
　西洋（ディーメン　1593–1645.4.19）
　世西（ファン・ディーメン　1593–1645）
　世東（ファン・ディーメン　1593–1645）
　全書（ディーメン　1593–1645）
　対外（ディーメン　1593–1645）
　伝世（ファン・ディーメン　1593–1645.4.19）
　日人（ディーメン　1593–1645）
　山世（ファン・ディーメン　1593–1645）

Van Doorn, Cornelis Johannes 〈19・20世紀〉
オランダの土木技師。大蔵省土木寮土木技師として福島県安積疏水工事等を技術指導。
⇒岩世（ファン・ドールン　1837.1.5–1906.2.24）
　西洋（ファン・ドールン　1837.1.5–1906）
　全書（ファン・ドールン　1837–1906）
　ナビ（ファン=ドールン　1837–1906）
　二十（ファン・ドールン, C.J.　1837–1906）
　日人（ファン=ドールン　1837–1906）
　百科（ファン・ドールン　1837–1906）
　来日（ファン・ドールン　1837–1906）

Van Eenhorn, Lambertus 〈17・18世紀〉
オランダの陶工。
⇒世美（ファン・エーンホルン, ランベルトゥス　1651–1721）

Van Eesteren, Cornelis 〈20世紀〉
オランダの建築家。
⇒世美（ファン・エーステレン, コルネリス　1897–）

Van Gelder, Rudy 〈20世紀〉
アメリカのレコーディング・エンジニア。
⇒岩世（ヴァン・ゲルダー　1924.11.2–）

Van Gendt, Johann Godart 〈19世紀〉
オランダの土木技師。北海道開拓使水理工師長。
⇒来日（ファン・ゲント　1833–1880.12.21）

Van Goens, Rijckloff 〈17世紀〉
オランダ東インド会社の総督。
⇒岩世（ファン・フーンス　1619.6.24–1682.11.14）

Van Hogendorp, Dirk 〈18・19世紀〉
オランダ東インド会社職員, 政治家。
⇒岩世（ファン・ホーヘンドルプ　1761.10.13–1822.10.29）

Van Horne, William Cornelius 〈19・20世紀〉
アメリカ生まれのカナダの鉄道事業家。カナダの大陸横断鉄道建設の総監督。
⇒伝世（ヴァン・ホーン　1843–1915.9.11）

Van Leur, Jacob C. 〈20世紀〉

オランダの経済史家。インドネシア社会史研究者。
⇒岩世（ファン・ルール　1908–1942.2）
　世百新（ファン・ルール　1908–1942）
　二十（ファン・ルール，J.C.　1908–1942）
　東ア（ファン・ルール　1908–1942）
　百科（ファン・ルール　1908–1942）
　歴学（ファン・ルール　1908–1942）

Van Reed, Eugene Miller 〈19世紀〉

アメリカの冒険的商人，外交官，新聞発行者。神奈川駐在アメリカ領事館書記。「横浜新報もしほ草」を刊行。
⇒岩世（ヴァン・リード　1835–1873.2）
　国史（バン=リード　1835–1873）
　人物（バン・リード　?–1873）
　西洋（ヴァン・リード　?–1873.2）
　日人（バン=リード　1835–1873）
　来日（ヴァン・リード　1835–1873.2）

Van Rensselaer, Kiliaen 〈16・17世紀〉

オランダの商人。オランダ西インド会社を設立し，植民地〈レンセラルスヴィク〉を建設。
⇒岩世（ファン・レンセラール　1596以前–1642以降）
　外国（ファン・レンセラール　1595–1644）
　コン2（ファン・レンセラール　1595–1644）
　コン3（ファン・レンセラール　1595–1644）
　西洋（ファン・レンセラル　1595–1644）
　伝世（ファン・レンセラール　1580頃–1643.10）

Van Rensselaer, Maria 〈17世紀〉

アメリカの実業家。
⇒世女日（ヴァン=レンセレアー，マリア　1645–1688頃）

V　Van Riebeeck, Jan 〈17世紀〉

オランダの東インド会社社員，植民地行政官。
⇒岩世（ファン・リーベック　1619.4.21–1677.1.18）
　角世（ファン・リーベック　1618–1677）
　山世（ヤン・ファン・リーベック　1619–1677）

Van Robais 〈16・17世紀〉

オランダ生まれの毛織物業者。
⇒評世（バン=ロベ　1600–1699）

Van Sant, Gus 〈20世紀〉

アメリカ生まれの映画監督，映画脚本家，映画編集者，映画製作者。
⇒世映（ヴァン・サント，ガス　1952–）

Van Santen, Jan 〈16・17世紀〉

オランダの建築家，版画家。
⇒建築（ヴァザンツィオ，ヤン・ヴァン・サンテン

（ジョヴァンニ（通称））　1550–1621）
　世美（ファン・サンテン，ヤン　1550頃–1621）

Van's Gravesande, Willem Jakob 〈17・18世紀〉

オランダの建築家。
⇒世美（ファン・ス=フラーフェサンデ，アーレント　?–1662）

Van Steenwinkel, Hans I 〈16・17世紀〉

フランドルの建築家。
⇒世美（ファン・ステーンウィンケル，ハンス1世　1545–1601）

Van Steenwinkel, Hans II 〈16・17世紀〉

フランドルの建築家。
⇒世美（ファン・ステーンウィンケル，ハンス2世　1587–1639）

Van Steenwinkel, Hans III 〈17世紀〉

フランドルの建築家。
⇒世美（ファン・ステーンウィンケル，ハンス3世　1639頃–1700）

Van Steenwinkel, Laurens 〈16・17世紀〉

フランドルの建築家。
⇒世美（ファン・ステーンウィンケル，ロレンス　1585頃–1619）

Van't Hoff, Robert 〈19・20世紀〉

現代オランダの建築家。ロッテルダム派の最初からの主脳者。
⇒岩世（ファント・ホフ　1887.11.5–1979.4.25）
　西洋（ファント・ホフ　1887–）

Vantongerloo, Georges 〈19・20世紀〉

ベルギーの画家，彫刻家，建築家。抽象彫刻で知られた。
⇒国小（ファントンゲルロー　1886.11.24–1965）
　新美（ヴァントゲルロー，ジョルジュ　1886.11.24–1965.10.6）
　世芸（ヴァントゲルロー，ジョルジュ　1886–1955）
　世西（ヴァントンゲルロー　1886–）
　二十（ヴァントンゲルロー，ジョルジュ　1886.11.24–1965.10.6）

Vanvitelli, Luigi 〈18世紀〉

イタリアの建築家。ブルボン家のシャルル3世のために『カゼルタの宮殿』を建てた。
⇒岩世（ヴァンヴィテッリ　1700.5.12–1773.3.1）
　建築（ヴァンヴィテッリ，ルイジ　1700–1773）
　国小（バンビテリ　1700–1773）
　新美（ヴァンヴィテルリ，ルイージ　1700.5.12–

1773.3.1)
西洋　(ヴァンヴィテリ　1700.5.12–1773.3.1)
世美　(ヴァンヴィテッリ, ルイージ　1700–1773)

Van Vliet, Jeremias 〈17世紀〉
オランダの平戸商館長。『アユチヤ王朝年代記』『シャム国誌』『シャム国王位継承戦記』等を綴った。
⇒岩世　(ファン・フリート　1602–1663.2)
角世　(ファン・フリート　1602–1663)
国史　(ファン＝フリート　1602–1663)
西洋　(ファン・フリート　1602–1663.2)
世東　(ファン・フリート　1602–1663)
対外　(ファン＝フリート　1602–1663)
日人　(ファン＝フリート　1602–1663)
東ア　(ファン＝フリート　1602–1663)
百科　(ファン・フリート　1602–1663)

Van Wuysthoff, Gerrit
オランダ東インド会社社員。
⇒岩世　(ファン・ヴァイストフ)

Van Zeeland, Paul 〈20世紀〉
ベルギーの政治家, 経済学者。首相に就任 (1935～37)。戦後は外相としてヨーロッパ統合を推進。
⇒岩世　(ファン・ゼーラント　1893.11.11.–1973.9.22)
外国　(ヴァン・ゼーラント　1893–)
国小　(バン・ゼーラント　1893.11.11–)
西洋　(ゼーラント　1893.11.11–1973.9.22)

Varga, Evgenii Samoilovich 〈19・20世紀〉
ハンガリー生まれのソ連邦の経済学者。革命失敗後オーストリアを経てソヴェートに入り (1920), ソ連邦共産党に入党。
⇒岩世　(ヴァルガ　1879–1964.10.8)
旺世　(ヴァルガ　1879–1964)
外国　(ヴァルガ　1879–)
角世　(ヴァルガ　1879–1964)
経済　(ヴァルガ　1879–1964)
現人　(ワルガ　1879.11.6–1964.10.7)
広辞4　(ヴァルガ　1879–1964)
広辞5　(ヴァルガ　1879–1964)
広辞6　(ヴァルガ　1879–1964)
コン2　(ヴァールガ　1879–1964)
コン3　(ヴァルガ　1879–1964)
人物　(バルガ　1879–1964.10.8)
西洋　(ヴァルガ　1879–1964.10.8)
世西　(ヴァルガ　1879–1964.10.8)
世百　(ヴァルガ　1879–)
全書　(バルガ　1879–1964)
大辞　(バルガ　1879–1964)
大辞2　(バルガ　1879–1964)
大辞3　(バルガ　1879–1964)
大百　(バルガ　1879–1964)
デス　(バルガ　1879–1964)
東欧　(バルガ　1879–1964)
百科　(バルガ　1879–1964)
評伝　(バルガ　1879–?)
名著　(ヴァルガ　1879–)
山世　(ヴァルガ　1879–1964)
歴史　(ヴァルガ　1879–1964)
歴世　(ヴァルガ　1879–1964)
ロシ　(ヴォルガ　1879–1964)

Varian, Russel Harrison 〈20世紀〉
アメリカの物理学者, 電気技術者。全く新しい型式の極超短波発振管クライストロンを考案。
⇒岩世　(ヴァリアン　1898.4.24–1959.7.28)
西洋　(ヴァリアン　1898.4.24–1959.7.28)
世百　(ヴェリアン　1898–)
全書　(バリアン　1898–1959)

Varnon-Harcourt, Augustus George 〈19・20世紀〉
イギリスの化学者。ロンドンのガス供給調査委員として, 10燭光の標準ランプ〈ペンタン灯〉を発明。
⇒科学　(ヴァーノン・ハーコート　1834.12.24–1919.8.23)
西洋　(ヴァーノン・ハーコート　1834.12.24–1919.8.23)
二十　(ヴァーノン・ハーコート, オーガスタス　1834.12.24–1919.8.23)

Vasari, Giorgio 〈16世紀〉
イタリアの画家, 建築家, 伝記作者。
⇒岩ケ　(ヴァザーリ, ジョルジョ　1511–1574)
岩世　(ヴァザーリ　1511.7.30–1574.7.27)
旺世　(ヴァザリ)
外国　(ヴァザリ　1511–1574)
角世　(ヴァザーリ　1511–1574)
キリ　(ヴァザーリ, ジョルジョ　1511.7.30–1574.7.27)
芸術　(ヴァサーリ, ジョルジョ　1511–1574)
建築　(ヴァザーリ, ジョルジョ　1511–1574)
広辞4　(ヴァザーリ　1511–1574)
広辞6　(ヴァザーリ　1511–1574)
国小　(バザーリ　1511.7.30–1574.6.27)
コン2　(ヴァザーリ　1511–1574)
コン3　(ヴァザーリ　1511–1574)
集世　(ヴァザーリ, ジョルジョ　1511.7.30–1574.6.27)
集文　(ヴァザーリ, ジョルジョ　1511.7.30–1574.6.27)
新美　(ヴァザーリ, ジョルジョ　1511.7.30–1574.7.27)
人物　(バザーリ　1511.7.30–1574.7.27)
西洋　(ヴァザーリ　1511.7.30–1574.7.27)
世人　(ヴァザーリ　1511–1574)
世西　(ヴァザーリ　1511.7.30–1574.6.27)
世美　(ヴァザーリ, ジョルジョ　1511–1574)
世百　(ヴァサーリ　1511–1574)
世文　(ヴァザーリ, ジョルジュ　1511–1574)
全書　(バザーリ　1511–1574)
大辞　(バザーリ　1511–1574)
大辞3　(バザーリ　1511–1574)

大百（バサーリ 1511–1574）
デス（バサーリ 1511–1574）
伝世（ヴァザーリ 1511.7.30–1570）
百科（バザーリ 1511–1574）
評世（バザリ 1511–1574）
名著（ヴァザリ 1511–1574）
歴学（ヴァザーリ 1511–1574）

Vasconcelos de Menezes, Diogo de 〈17世紀〉

ポルトガルの日本貿易船隊司令官。
⇒岩世（ヴァスコンセロス ?–1640）
西洋（ヴァシュコンセルシュ ?–1640）

Vass, James M. 〈20世紀〉

アメリカの財界人。ニューヨーク日本協会副会長。
⇒二十（ヴォス, ジェームズ・M. 1915–）

Vassiliou, Georgios 〈20世紀〉

キプロスの政治家, 実業家。キプロス大統領。
⇒岩ケ（ヴァシルー, ゲオルギオス・ヴァッソス 1931–）
世政（バシリウ, ゲオルギオス 1931.5.21–）
世西（バシリウ 1931.5.21–）

Vauban, Sébastien Le Prestre, Marquis de 〈17・18世紀〉

フランスの軍事建築家, 戦術家, 経済学者。53回にわたり攻城戦を指揮し, 国境に30の要塞を構築。
⇒岩ケ（ヴォーバン, セバスティアン・ル・プレトル・ド 1633–1707）
岩世（ヴォーバン 1633.5.15–1707.3.30）
外国（ヴォーバン侯 1633–1707）
科史（ヴォーバン 1633–1707）
角世（ヴォーバン 1633–1707）
建築（ヴォーバン, セバスティアン・ルプルスト ル 1633–1707）
国小（ボーバン 1633.5–1707.3.30）
コン2（ヴォーバン 1633–1707）
コン3（ヴォーバン 1633–1707）
新美（ヴォーバン, セバスティアン・ル・プレストル 1633.5–1707.3.30）
人物（ボーバン 1633.5.15–1707.3.30）
西洋（ヴォーバン 1633.5.15–1707.3.30）
世西（ヴォーバン 1633.5.1–1707.3.30）
世美（ヴォーバン, セバスティアン・ル・プレートル 1633頃–1707）
世百（ヴォーバン 1633–1707）
全書（ボーバン 1633–1707）
大百（ボーバン 1633–1707）
伝世（ヴォーバン 1633–1707.3.30）
百科（ボーバン 1633–1707）
評世（ボーバン 1633–1707）
名著（ヴォーバン 1633–1707）

Vaucanson, Jacques de 〈18世紀〉

フランスの発明家。
⇒岩ケ（ヴォカンソン, ジャック・ド 1709–1782）
科史（ヴォーカンソン 1704–1782）
世科（ヴォーカンソン 1709–1782）
世百（ヴォーカンソン 1709–1782）
全書（ボーカンソン 1709–1782）
大百（ボーカンソン 1709–1782）
百科（ボーカンソン 1709–1782）

Vauclain, Samuel Matthews 〈19・20世紀〉

アメリカのエンジニア, 発明家。
⇒岩ケ（ヴォークレイン, サミュエル（・マシューズ 1856–1940）

Vaudoyer, Antoine Leaurent Thomas 〈18・19世紀〉

フランスの建築家。王室関係の修理, 補修を主としてパリで活動。
⇒国小（ボードワイエ 1756–1846）

Vaudoyer, Jean Louis 〈19・20世紀〉

フランスの詩人, 小説家。コメディ・フランセーズ支配人。
⇒二十（ヴォードワイエ, ジーン・ルイス 1883–1963）

Vaux, Calvert 〈19世紀〉

アメリカの建築家。
⇒岩ケ（ヴォー, キャルヴァート 1824–1895）
コン3（ヴォー 1824–1895）

Vavilov, Nikolai Ivanovich 〈19・20世紀〉

ソ連邦の農学者, 作物地理学者, 作物学者。禾本科の作物の収量と外部の諸悪条件に対する抵抗力とを増大するために, 育種と遺伝学とを研究。
⇒岩ケ（ヴァヴィロフ, ニコライ・イヴァノヴィチ 1887–1943）
岩世（ヴァヴィーロフ 1887.11.13[25]–1943.1.26）
岩哲（ヴァヴィロフ, N. 1887–1943）
科学（ヴァヴィーロフ 1887.11.25–1943.1.26）
科史（ヴァヴィーロフ 1887–1943）
科人（ヴァヴィロフ, ニコライ・イヴァノヴィッチ 1887.11.26–1942?/1943?）
コン3（ヴァヴィロフ 1887–1943）
人物（バビロフ 1887–1941.1.25）
西洋（ヴァヴィーロフ 1887–1943）
世百（ヴァヴィーロフ 1887–1943）
世百新（バビロフ 1887–1943）
全書（バビロフ 1887–1943）
大辞2（バビロフ 1887–1943）
大辞3（バビロフ 1887–1943）
大百（バビロフ 1887–1941?）

伝世 （ヴァヴィーロフ　1887.11.25–1943.1.26）
二十 （バビロフ, ニコライ　1887.11.25–1943.1.26）
百科 （バビロフ　1887–1943）
ロシ （ヴァヴィロフ　1887–1943）

Veblen, Thorstein Bunde 〈19・20世紀〉

アメリカの経済学者, 社会学者。制度学派経済学を創始。主著『有閑階級の理論』(1899), 『企業の理論』(1904), 『アメリカ資本主義批判』(23)。
⇒アメ （ベブレン　1857–1929）
岩ケ （ヴェブレン, ソースタイン（・ブンデ）　1857–1929）
岩世 （ヴェブレン　1857.7.30–1929.8.3）
岩哲 （ヴェブレン　1857–1929）
英米 （Veblen, Thorstein Bunde　ヴェブレン　1857–1929）
旺世 （ベブレン　1857–1929）
才世 （ヴェブレン, ソースタイン（・ブンデ）　1857–1929）
外国 （ヴェブレン　1857–1929）
角世 （ヴェブレン　1857–1929）
経済 （ヴェブレン　1857–1929）
広辞4 （ヴェブレン　1852–1929）
広辞5 （ヴェブレン　1852–1929）
広辞6 （ヴェブレン　1857–1929）
国小 （ベブレン　1857.7.30–1929.8.3）
コン2 （ヴェブレン　1857–1929）
コン3 （ヴェブレン　1857–1929）
思想 （ヴェブレン, ソースタイン（バンディ）　1857–1929）
人物 （ベブレン　1857.7.30–1929.8.3）
西洋 （ヴェブレン　1857.7.30–1929.8.3）
世西 （ヴェブレン　1857–1929.8.3）
世百 （ヴェブレン　1857–1929）
全書 （ベブレン　1857–1929）
大辞 （ベブレン　1857–1929）
大辞2 （ベブレン　1857–1929）
大辞3 （ベブレン　1857–1929）
大百 （ベブレン　1857–1929）
デス （ベブレン　1857–1929）
ナビ （ベブレン　1857–1929）
二十 （ベブレン, T.B.　1857–1929）
二十英 （Veblen, Thorstein B (unde)　1857–1929）
百科 （ベブレン　1857–1929）
名著 （ヴェブレン　1857–1929）

Vecchietta 〈15世紀〉

イタリアの画家, 彫刻家, 建築家。
⇒新美 （ヴェッキエッタ, イル　1412頃–1480.6.6）
世美 （ヴェッキエッタ　1412頃–1480）

Vecsei, Eva 〈20世紀〉

カナダの建築家。
⇒世女 （ヴェクセイ, エヴァ　1930–）

Vedeneev, Boris Evgenievich 〈19・20世紀〉

ソ連邦の水力学者, 技術者。1927～34年ドニエプル水力発電所建設に主任技師としてダムおよび建物の建設に独創的方法を駆使した。
⇒コン3 （ヴェジェネーエフ　1884–1946）

Vedrenne, John Eugene 〈19・20世紀〉

イギリスの劇場興行主。
⇒国小 （ベドレン　1867.7.13–1930.2.12）
二十英 （Vedrenne, John Eugene　1867–1930）

Veen, Otto van 〈16・17世紀〉

オランダの画家。スペイン宮廷附技師長兼画家, アルブレヒト大公の宮廷画家。
⇒岩ケ （ファン・フェーン, オットー　1556頃–1634）
新美 （フェーン, オットー・ファン　1556–1629.5.6）
西洋 （フェーン　1556–1629.5.6）

Veiga, Tristão Vaz da 〈16世紀〉

ポルトガルの日本貿易船隊司令官。長崎に来航して開港に尽力。
⇒岩世 （ヴェイガ　1537–1604）
西洋 （ヴェイガ　1537–1590頃）

Veimarn, Pyotr Petrovich 〈19・20世紀〉

ロシアの化学者。1921年来日し, 大阪工業試験所コロイド化学研究室を指導。コロイド化学の権威者。
⇒外国 （ヴェイマルン　1879–1935）
西洋 （ヴェイマルン　1879.7.18–1935.6.2）
世西 （ヴェイマルン　1879.7.18–1935.6.2）
二十 （ヴェイマルン, P.P.　1879.7.18–1935.6.2）

Vekua, Iliya Nesterovich 〈20世紀〉

ソビエトの数学者で工学者, 社会主義労働の英雄 (1969)。
⇒数学 （ヴェークア　1907.4.23–1977.12.2）
数学増 （ヴェークア　1907.4.23–1977.12.2）

Veleslavín 〈16世紀〉

チェコの人文主義者で, 歴史家, 辞書編纂者, 出版者。
⇒岩世 （ヴェレスラヴィーン　1546.8.31–1599.10.18）

Veneroni, Giovanni Antonio 〈18世紀〉

イタリアの建築家。
⇒世美 （ヴェネローニ, ジョヴァンニ・アントーニオ　18世紀）

V

Venet, Philippe 〈20世紀〉
フランスの服飾デザイナー。1961年独立して店をもった。コート類とスーツ類は彼の得意とするもの。
⇒大百（ブネ 1930–）

Venini, Paolo 〈20世紀〉
イタリアのガラス工芸家。ベネチア・グラスの復興に尽力。
⇒国小（ベニーニ 1895–1959）

Venn, John Archibald 〈19・20世紀〉
イギリスの農業経済学者, 歴史家。主著"Foundation of agricultural economics"(1922)。
⇒岩世（ヴェン 1883.11.10–1958.3.15）
　西洋（ヴェン 1883.11.10–1958.3.15）

Ventris, Michael George Francis 〈20世紀〉
イギリスの建築家, 考古学者。ミケーネの線文字Bの解読者。
⇒岩ケ（ヴェントリス, マイケル・ジョージ・フランシス） 1922–1956）
　岩世（ヴェントリス 1922.7.12–1956.9.6）
　旺世（ヴェントリス 1922–1956）
　現人（ベントリス 1922.7.12–）
　国小（ベントリス 1922–1956）
　コン3（ヴェントリス 1922–1956）
　新美（ヴェントリス, マイクル 1922.7.12–1956.9.6）
　西洋（ヴェントリス 1922.7.12–1956.9.6）
　世人（ヴェントリス 1922–1956）
　世西（ヴェントリス 1922.7.12–1956.9.6）
　世百新（ベントリス 1922–1956）
　全書（ベントリス 1923–1956）
　大辞2（ベントリス 1922–1956）
　大辞3（ベントリス 1922–1956）
　二十（ベントリス, マイクル 1922.7.12–1956.9.6）
　百科（ベントリス 1922–1956）
　評世（ベントリス 1922–1956）
　名著（ヴェントリス 1922–1956）
　山世（ヴェントリス 1922–1956）
　歴学（ヴェントリス 1922–1956）
　歴史（ヴェントリス 1922–1956）

Venturi, Robert 〈20世紀〉
アメリカの建築家。1966年, 画一的な合理主義建築論への批判の書『建築の複合と対立』を発表。
⇒岩ケ（ヴェントゥーリ, ロバート 1925–）
　現人（ベンチューリ 1925.6.25–）
　新美（ヴェンチューリ, ロバート 1925.6.25–）
　世ナビ（ヴェンチューリ, ロバート 1925–）
　二十（ベントゥーリ, ロバート 1925.6.25–）

Vérard, Antoine 〈15・16世紀〉
フランスの出版者。
⇒百科（ベラール ?–1513/14）

Vermeulen, Herbert 〈18世紀〉
オランダの長崎商館長。
⇒岩世（フェルメウレン 1738.5.9–1783）

Vermexio, Giovanni 〈17世紀〉
スペイン出身のイタリアの建築家。
⇒建築（ベルメイショ （活動）17世紀）
　世美（ヴェルメーシオ, ジョヴァンニ ?–1648）

Vernier, Pierre 〈16・17世紀〉
フランスの数学者。副尺を発明。
⇒岩世（ヴェルニエ, ピエール 1580頃–1637）
　岩世（ヴェルニエ 1580.8.19–1637.9.14）
　科人（ヴェルニエ, ピエール 1580?–1637.9.14）
　コン2（ヴェルニエ 1580–1637）
　コン3（ヴェルニエ 1580–1637）
　西洋（ヴェルニエ 1580–1637.9.14）
　世科（ヴェルニエ 1584–1638）

Vernon, James 〈20世紀〉
オーストラリアの財界人。1973年から日豪経済合同委員会および太平洋経済委員会のオーストラリア側委員長。
⇒現人（バーノン 1910–）

Vernon, Raymond 〈20世紀〉
アメリカの経済学者。1959年来ハーバード大ビジネス・スクール教授。著書に『多国籍企業の新展開』(71)『大企業と国家』(74)。
⇒現人（バーノン 1913.9.1–）
　二十（ヴァーノン, レイモンド 1913–）

Verny, François Léone 〈19・20世紀〉
フランスの海軍技師。幕府に雇われて来日, 横須賀造船所を建設。
⇒岩世（ヴェルニ 1837.12.2–1908.5.2）
　科学（ヴェルニ 1834–1893.10）
　国史（ベルニ 1837–1908）
　国小（ベルニー 1837–1908）
　西洋（ヴェルニ 1837–75以後）
　世美（ヴェルニ 1837–）
　全書（ベルニー 1837–1908）
　大百（ベルニ 1837–1893）
　日人（ベルニー 1837–1908）
　来日（ヴェルニー 1837–1908）

Veronesi, Giulia 〈20世紀〉
イタリアの女性建築家, 批評家。
⇒世美（ヴェロネージ, ジューリア 1906–1972）

Verrazzano, Giovanni da 〈15・16世紀〉
イタリアの航海士。フィレンツェ出身。フランス国王フランソア1世に仕え、北アメリカの大西洋沿岸を探検。
⇒岩ケ（ヴェラッツァーノ、ジョヴァンニ・ダ 1485–1528）
　角世（ヴェラッツァーノ　1485?–1528?）
　国小（ベラターノ　1485–1528頃）
　探検1（ベラッツァーノ　1485–1528）
　伝世（ヴェラザーノ　1485頃–1528頃）
　評世（ベラツアノ　1485–1528）

Verri, Pietro 〈18世紀〉
イタリアの経済学者、文学者。革新的な文化雑誌『イル・カッフェ』の編集主幹。
⇒岩世（ヴェッリ　1728.12.12–1797.6.28）
　外国（ヴェリ　1728–1797）
　国小（ベリ　1728.12.12–1797.6.28）
　集文（ヴェッリ、ピエートロ　1728.12.12–1797.6.28）
　西洋（ヴェリ　1728.12.12–1797.6.28）
　全書（ベッリ　1728–1797）
　大百（ベルリ　1728–1797）

Verrocchio, Andrea del 〈15世紀〉
イタリアの彫刻家、金銀細工師、画家、建築家。レオナルド＝ダ＝ヴィンチの師。フィレンツェ派の代表的作家。正確な人体把握に基づく写実的作品を残す。
⇒岩ケ（ヴェロッキオ、アンドレア・デル　1435頃–1488）
　岩世（ヴェロッキオ　1435–1488.10.7）
　旺世（ヴェロッキオ　1435頃–1488）
　外国（ヴェロッキオ　1435–1488）
　キリ（ヴェルロッキオ、アンドレーア・デル　1435–1488.10.7）
　芸術（ヴェロッキオ、アンドレア・デル　1435–1488）
　広辞4（ヴェロッキオ　1435頃–1488）
　広辞6（ヴェロッキオ　1435頃–1488）
　国小（ベロッキオ　1435–1488.10.7）
　国百（ベロッキオ、アンドレア・デル　1435–1488）
　コン2（ヴェロッキョ　1435–1488）
　コン3（ベロッキオ　1435–1488）
　新美（ヴェルロッキオ、アンドレーア・デル　1435–1488.10.7）
　人物（ベロッキョ　1436–1488.10.7）
　西美（ヴェロッキオ　1436–1488.10.7）
　世西（ヴェロッキオ　1436–1488）
　世美（ヴェッロッキオ、アンドレア・デル　1435頃–1488）
　世百（ヴェロッキョ　1435–1488）
　全書（ベロッキオ　1435–1488）
　大辞（ベロッキオ　1435–1488）
　大辞3（ベロッキオ　1435–1488）
　大百（ベロッキオ　1435–1488）
　デス（ベロッキョ　1435–1488）
　伝世（ヴェロッキオ　1435–1488）
　百科（ベロッキオ　1435–1488）
　評世（ベロッキォ　1436–1488）

Verstegan, Richard 〈16・17世紀〉
イングランドの出版者、彫版師、著述家。
⇒キリ（ヴァーステガン、リチャード（ロウランズ）　1550頃–1640）

Verstegen, Willem 〈17世紀〉
オランダの出島商館長。東インド会社に入り1634年来日。夫人は日本人。
⇒岩世（フェルステーヘン　1610–1662頃）
　西洋（フェルステーヘン　1610–1662頃）

Very, Edward Wilson 〈19・20世紀〉
アメリカの軍人、兵器発明家。
⇒岩ケ（ヴェリー、エドワード・ウィルソン　1847–1910）

Vesnin
ソ連邦の兄弟建築家。
⇒岩世（ヴェスニーン）

Vesnin, Aleksandr Aleksandrovich 〈19・20世紀〉
ソ連邦の建築家。ヴェスニン三兄弟の一人。
⇒西洋（ヴェスニン、アレクサンドル　1883–1959）
　世西（ヴェスニン　1883–）
　世美（ヴェスニン（兄弟））
　二十（ベスニン、A.　1883–1959）
　ロシ（ヴェスニン兄弟　1883–1959）

Vesnin, Leonid Aleksandrovich 〈19・20世紀〉
ソ連邦の建築家三兄弟の一人。構成主義建築の指導者。
⇒西洋（ヴェスニン、レオニード　1880–1933）
　世美（ヴェスニン、レオニド・アレクサンドロヴィチ　1880–1933）
　世美（ヴェスニン（兄弟））

Vesnin, Viktor Aleksandrovich 〈19・20世紀〉
ソ連邦の建築家三兄弟の一人。ソ連建築アカデミー会長。
⇒人物（ベスニン　1882–）
　西洋（ヴェスニン、ヴィクトル　1882–1950）
　世西（ヴェスニン　1882–）
　世美（ヴェスニン（兄弟））
　ロシ（ヴェスニン兄弟　1882–1950）

Vespasianus, Titus Flavius 〈1世紀〉
ローマ皇帝（在位69〜79）。ネロの自殺後に帝位に就き、破綻した財政を再建。また、コロセウムや神殿の建設に着手、帝国の秩序と繁栄を回復した。

vespi 640 西洋人物レファレンス事典

⇒岩ケ（ウェスパシアヌス　9–79)
旺世（ウェスパシアヌス　9–79)
外国（ウェスパシアヌス　9–79)
角世（ウェスパシアヌス　9–79)
教育（ウェスパシアヌス　9–79)
キリ（ウェスパシアーヌス, ティトゥス・フラー
　ウィウス　9.11.9–79.6.23)
ギロ（ウェスパシアヌス　9–79)
広辞4（ウェスパシアヌス　9–79)
広辞6（ウェスパシアヌス　9–79)
皇帝（ウェスパシアヌス　9–79)
国小（ベスパシアヌス　9–79.6.23)
コン2（ヴェスパシアヌス　9–79)
コン3（ヴェスパシアヌス　9–79)
人物（ベスパシアヌス　9.11.11–79.6.23)
西洋（ウェスパシアヌス　9.11.9–79.6.23)
世西（ヴェスパシアヌス　9.11.17–79.6.24)
世百（ウェスパシアヌス　9–79)
全書（ウェスパシアヌス　9–79)
大辞（ウェスパシアヌス　9–79)
大辞3（ウェスパシアヌス　9–79)
大百（ウェスパシアヌス　9–79)
デス（ウェスパシアヌス　9–79)
伝世（ウェスパシアヌス　9–79)
統治（ウェスパシアヌス（T.フラウィウス・ウェ
　スパシアヌス）（在位)69–79)
百科（ウェスパシアヌス　9–79)
山世（ウェスパシアヌス　9–79)
ロマ（ウェスパシアヌス　9–79)

Vespignani, Francesco〈19世紀〉
イタリアの建築家。
⇒世美（ヴェスピニャーニ, フランチェスコ
　1842–1899)

Vespignani, Virgilio〈19世紀〉
イタリアの建築家。
⇒世美（ヴェスピニャーニ, ヴィルジーリオ
　1808–1882)

Vespucci, Amerigo〈15・16世紀〉
イタリアの商人, 探検家, 地理学者。南米沿岸
を航海。南アメリカがアジア大陸とは別の新大
陸であることを発見。「アメリカ」の呼称は彼
のラテン語名に因む。
⇒岩ケ（ヴェスプッチ, アメリゴ　1454–1512)
岩世（ヴェスプッチ　1454.3.9–1512.2.22)
旺世（アメリゴ＝ヴェスプッチ　1454–1512)
外国（ヴェスプッチ　1451–1512)
科学（ヴェスプッチ　1451.3.9–1512.2.22)
角世（ヴェスプッチ　1454–1512)
キリ（ヴェスプッチ, アメリーゴ　1451.3.9–
　1512.2.22)
広辞4（ヴェスプッチ　1454–1512)
広辞6（ヴェスプッチ　1454–1512)
国小（アメリゴ・ベスプッチ　1454–1512)
コン2（ヴェスプッチ　1454–1512)
コン3（ヴェスプッチ　1454–1512)
人物（ベスプッチ　1451.3.18–1512.2.22)
西洋（ヴェスプッチ　1451.3.9–1512.2.22)

世人（ヴェスプッチ（アメリゴ＝ヴェスプッチ)
　1451/54–1512)
世西（ヴェスプッチ（アメリゴ)　1452.3.18–
　1512.2.22)
世百（ヴェスプッチ　1451–1512)
全書（ベスプッチ　1454–1512)
大辞（ベスプッチ　1454–1512)
大辞3（ベスプッチ　1454–1512)
大百（アメリゴ・ベスプッチ　1451–1512)
探検1（ベスプッチ　1451–1512)
デス（ベスプッチ　1451–1512)
伝世（ヴェスプッチ　1454–1512.2.22)
百科（ベスプッチ　1451–1512)
評世（ベスプッチ　1451–1512)
名著（ヴェスプッチ　1451–1512)
山世（ヴェスプッチ　1454–1512)
ラテ（ベスプッチ　1454–1512)

Vestris, Lucia Elizabeth〈18・19世紀〉
イギリスの舞踊家, 女優, 劇場支配人。パリに
出てオペラに出演した。
⇒世女（ヴェストリス, ルチア（エリザベート)
　1797–1856)
世女日（ヴェストリス, ルシア・エリザベス
　1797–1856)

Viart, Charles〈16世紀〉
フランスの建築家。
⇒建築（ヴィアール, シャルル　?–1537頃)

Vicat, Louis Joseph〈18・19世紀〉
フランスの土木技術者。
⇒建築（ヴィカ, ルイ＝ジョゼ　1786–1861)
世百（ヴィカー　1786–1861)

Vickers, Edward〈19世紀〉
イギリスの製鋼業者。
⇒コン2（ヴィッカース　1804–1897)
コン3（ヴィッカース　1804–1897)
世西（ヴィカーズ　1804–1897)
世百（ヴィッカース　1804–1897)

Vickers, Enoch Howard〈19・20世紀〉
アメリカの経済学者。慶応義塾大学で経済学を
教授。
⇒来日（ヴィッカース　1869–1957)

Vickrey, William〈20世紀〉
カナダの経済学者。1996年ノーベル経済学賞。
⇒ノベ（ビクリー, W.　1914.6.21–1996.10.11)
ノベ3（ビクリー, W.　1914.6.21–1996.10.11)

Vidal, Jean Paul Isidore〈19世紀〉
フランスの医師。新潟病院教師, 富岡製糸工場
診療所, 横須賀造船所診療所医師。
⇒来日（ビダール　1830.2.21–1896.1.1)

V

Vidi, Lucien 〈19世紀〉
フランスの科学者。〈アネロイド気圧計〉を発明。
⇒科学（ヴィディ　1805–1866）
　西洋（ヴィディ　1805–1866）

Vieille, Paul Marie Eugène 〈19・20世紀〉
フランスの化学技術者。1887年に無煙火薬を発明しフランス政府に採用されB火薬と命名、これによって大口径長射程砲の発射薬が完成した。
⇒世百（ヴィエーユ　1854–1934）

Vieira, Álvaro Siza 〈20世紀〉
ポルトガルを代表する建築家。
⇒スペ（ビエイラ　1933–）

Vig, Butch 〈20世紀〉
アメリカのドラマー、プロデューサー、エンジニア。ウィスコンシン州生まれ。
⇒ロ人（ヴィグ, ブッチ　1957–）

Vigarani, Carlo 〈17・18世紀〉
イタリアの建築家、舞台美術家、土木技術者。
⇒世美（ヴィガラーニ, カルロ　1622–1713）

Vigarani, Gaspare 〈16・17世紀〉
イタリアの建築家、舞台美術家、土木技術者。
⇒世美（ヴィガラーニ, ガスパレ　1588–1663）

Vigarani, Giacomo
イタリアの建築家、舞台美術家、土木技術者。
⇒世美（ヴィガラーニ, ジャーコモ　生没年不詳）

Vigarani, Ludovico
イタリアの建築家、舞台美術家、土木技術者。
⇒世美（ヴィガラーニ, ルドヴィーゴ　生没年不詳）

Vignola, Giacinto Barozzi da 〈16世紀〉
イタリアの建築家。
⇒世美（ヴィニョーラ, ジャチント・バロッツィ・ダ　1540–1584）

Vignola, Giacomo Barozzi da 〈16世紀〉
イタリアの建築家。ローマのイエズス会の本部ゲス聖堂の建築に従事。
⇒岩ケ（ヴィニョーラ, ジャコモ・（バロッツィ・）ダ　1507–1573）
　岩世（ヴィニョーラ　1507.10.1–1573.7.7）
　外国（ヴィニョラ　1507–1573）
　キリ（ジャーコモ・ダ・ヴィニョーラ　1507.10.1–1573.7.7）
　建築（ヴィニョーラ, ジャコモ・バロッツィ・ダ　1507–1573）
　国小（ビニョーラ　1507.10.1–1573.7.7）
　国百（ビニョーラ, ジャコモ・バロッツィ・ダ　1507.10.1–1573.7.7）
　コン2（ヴィニョーラ　1507–1573）
　コン3（ヴィニョーラ　1507–1573）
　新美（ヴィニョーラ, ジャーコモ　1507.10.1–1573.7.7）
　人物（ビニョーラ　1507.10.1–1573.7.7）
　西洋（ヴィニョーラ　1507.10.1–1573.7.7）
　世西（ヴィニョーラ　1507–1573）
　世美（ヴィニョーラ, ジャーコモ・バロッツィ・ダ　1507–1573）
　世百（ヴィニョーラ　1507–1573）
　全書（ビニョーラ　1507–1573）
　大百（ビニョーラ　1507–1573）
　伝世（ビニョーラ　1507.10.1–1573.7.7）
　百科（ビニョーラ　1507–1573）

Vignon, Pierre Alexandre 〈18・19世紀〉
フランスの建築家。
⇒建築（ヴィニョン, ピエール・アレクサンドル　1763–1828）
　新美（ヴィニョン, ピエール・アレクサンドル　1763.10.5–1828.5.1）

Villani, Giovanni 〈13・14世紀〉
イタリアの年代記作者。フィレンツェの商人。1348年のペスト流行までのフィレンツェ史を『年代記』に著す。
⇒岩世（ヴィッラーニ　1280頃–1348）
　外国（ヴィラーニ　1275?–1348）
　角世（ヴィラーニ　1280?–1348）
　広辞6（ヴィッラーニ　1280頃–1348）
　国小（ビッラーニ　1275頃–1348）
　コン2（ヴィラーニ　1276頃–1348）
　コン3（ヴィラーニ　1276頃–1348）
　集世（ヴィッラーニ, ジョヴァンニ　1275頃–1348）
　集文（ヴィッラーニ, ジョヴァンニ　1275頃–1348）
　人物（ビラーニ　1276頃–1348）
　西洋（ヴィラーニ　1276頃–1348）
　世西（ヴィラーニ　1280頃–1348）
　世百（ヴィラーニ　1276?–1348）
　世文（ヴィッラーニ, ジョヴァンニ　1275頃–1348）
　伝世（ヴィラーニ　1276頃–1348）
　百科（ビラーニ　1280頃–1348）
　歴学（ヴィッラーニ　1280頃–1348）

Villanueva, Carlos Raúl 〈20世紀〉
ベネズエラの建築家。イギリス生まれ。カラカス大学都市の建設に参加し、『オリンピック・スタジアム』（1950～51）などを建て、また住宅団地の計画にあたった。
⇒岩世（ビリャヌエバ　1900.5.30–1975.8.16）

才西（ビリャヌエーバ, カルロス・ラウル
1900–1975）
西洋（ビリャヌエバ　1900.5.30–）
世美（ビリャヌエバ, カルロス・ラウル　1900–）
世百新（ビリャヌエ新　1900–1975）
二十（ビリャヌエバ, カルロス・R.　1900.5.30–）
百科（ビリャヌエバ　1900–）
ラテ（ビリャヌエバ　1900–1975）

Villanueva, Juan de 〈18・19世紀〉
スペインの建築家。
⇒建築（ビジャヌエバ, ファン・デ　1739–1811）
新美（ビリャヌエバ, ホアン・デ　1739.9.15–
1811.8.22）

Villard, Henry 〈19世紀〉
ドイツ生まれのアメリカのジャーナリスト, 実業家。
⇒岩世（ヴィラード　1835.4.10–1900.11.12）
西洋（ヴィラード　1835.4.10–1900.11.12）

Villard, Oswald Garrison 〈19・20世紀〉
ドイツ生まれのアメリカの新聞経営者, 著述家。「ニューヨーク・イヴニング・ポスト」紙の編集・経営者。
⇒岩世（ヴィラード　1872.3.13–1949.10.1）
西洋（ヴィラード　1872.3.13–1949.10.1）

Villard de Honnecourt 〈12・13世紀〉
フランスの建築家。13世紀前半に活躍したが, 作品は現存しない。
⇒岩世（ヴィラール・ド・オヌクール）
科史（ヴィラール（オヌクールの）　1190頃–1260頃）
キリ（ヴィラール・ド・オンヌクール　（活躍）13世紀中頃）
建築（ヴィラール・ド・オンヌクール　1190頃–1260）
国小（ビラール・ド・オヌクール　生没年不詳）
コン2（ヴィラール・ド・オンヌクール　13世紀）
コン3（ヴィラール・ド・オンヌクール　13世紀）
新美（ヴィラール・ド・オンヌクール）
西洋（ヴィラール・ド・オンヌクール　13世紀）
世美（ヴィラール・ド・オンヌクール　13世紀）
世百（ヴィラールドオンヌクール）
百科（ビラール・ド・オヌクール）

Villegaignon, Nicolas Durand de 〈16世紀〉
フランスの植民地経営者。
⇒キリ（ヴィルゲニオン, ニコラ・デュラン・ド　1510頃–1572）

Vincidor, Tommaso 〈16世紀〉
イタリアの画家, 建築家。
⇒世美（ヴィンチドル, トンマーゾ　?–1536頃）

Viner, Jacob 〈20世紀〉
アメリカ（カナダ生まれ）の経済学者。〈ニュー・ディール政策〉には概して反対の立場をとった。
⇒岩世（ヴァイナー　1892.5.3–1970.9.12）
経済（ヴァイナー　1892–1970）
コン3（ヴァイナー　1892–1970）
西洋（ヴァイナー　1892.5.3–1970.9.12）
全書（バイナー　1892–1970）
二十（バイナー, J.　1892–1970）
名著（ヴァイナー　1892–）

Vinter, Aleksandr Vasilievich 〈19・20世紀〉
ソ連邦の工学者。動力工学, 電力開発の権威。1932年ドニェーブル工業ユシビナートを建設。
⇒岩世（ヴィンテル　1878.9.28[10.10]–1958.3.9）
コン2（ヴィーンテル　1878–1958）
コン3（ヴィーンテル　1878–1958）
西洋（ヴィンテル　1878.10.10–1958.3.9）
二十（ビンテル, アレキサンダー　1878.10.10–1958.3.9）

Viollet-le-Duc, Eugène Emmanuel 〈19世紀〉
フランスの建築家。パリのノートル・ダム大聖堂などの修復を指導。
⇒岩ケ（ヴィオレ＝ル＝デュク, ユージェーヌ（・エマニュエル）　1814–1879）
岩世（ヴィオレ＝ル＝デュク　1814.1.27–1879.9.17）
外国（ヴィオレ・ル・デュク　1814–1879）
キリ（ヴィオレ・ル・デュク, ユジューヌ・エマニュエール　1814.1.27–1879.9.17）
建築（ヴィオレ＝ル＝デュック, ウージェーヌ＝エマニュエル　1814–1879）
国小（ビオレ・ル・デュク　1814.1.27–1879.9.17）
国百（ビオレ・ル・デュク, ウジェーヌ・エマニュエル　1814.1.27–1879.9.17）
コン2（ヴィオレ・ル・デュク　1814–1879）
コン3（ヴィオレ・ル・デュク　1814–1879）
集伝（ヴィオレ＝ル＝デュク, ウージェーヌ・エマニュエル　1814.1.27–1879.9.17）
集文（ヴィオレ＝ル＝デュック, ウージェーヌ・エマニュエル　1814.1.27–1879.9.17）
新美（ヴィオレ＝ル＝デュク, ウジェーヌ・エマニュエル　1814.1.27–1879.9.17）
西洋（ヴィオレ・ル・デュク　1814.1.27–1879.9.17）
世西（ヴィオレ・ル・デュク　1814–1879）
世美（ヴィオレ＝ル＝デュク, ウージェーヌ＝エマニュエル　1814–1879）
世百（ヴィオレルデュク　1814–1879）
全書（ビオレ・ル・デュック　1814–1879）
大辞3（ビオレ・ル・デュック　1814–1879）
大百（ビオレ・ル・デュック　1814–1879）
伝世（ヴィオレ・ル・デュック　1814.1.27–1879.9.17）
百科（ビオレ・ル・デュク　1814–1879）
歴学（ヴィオレ・ル・デュク　1814–1879）

Vionnet, Madeleine 〈20世紀〉

フランスの女性服飾デザイナー。1920年代の巨匠の一人といわれた。コルセットから女性を解放し，自然で柔らかな服をデザインした。

⇒岩世（ヴィオネ　1876.6.22–1975.3.2)
世女（ヴィオネ，マドレーヌ　1876–1975)
世女日（ヴィオネ，マドレーヌ　1876–1975)
大百（ビオネ　生没年不詳)
ナビ（ビオネ　1876–1975)

Virolainen, Johannes 〈20世紀〉

フィンランドの政治家。フィンランド蔵相，フィンランド首相。

⇒二十（ビロライネン，ヨハネス　1914–)

Virtanen, Artturi Ilmari 〈20世紀〉

フィンランドの生化学者。栄養と食料資源の開発に関する研究で，ノーベル化学賞を受けた（1945)。

⇒岩ケ（ヴィルタネン，アルットゥリ・イルマリ　1895–1973)
岩世（ヴィルタネン　1895.1.15–1973.11.11)
外国（ヴィルタネン　1895–)
科学（ヴィルターネン　1895.1.15–1973.11.11)
科技（ビルターネン　1895.1.15–)
科人（ヴィルターネン，アルトゥリ・イルマーリ　1895.1.15–1973.11.11)
コン3（ヴィルタネン　1895–1973)
最世（ヴィルタネン，イルマリ　1895–1973)
人物（ビルタネン　1895.1.15–)
西（ヴィルタネン　1895.1.15–1973.11.11)
世西（ヴィルターネン　1895.1.15–)
世百（ヴィルタネン　1895–1950)
世百新（ビルタネン　1895–1973)
全書（ビルタネン　1895–1973)
伝世（ヴィルタネン　1895.1.15–1973.11.11)
二十（ビルタネン，A.H.　1895.1.15–1973.11.11)
ノ物（ヴィルタネン，アルトゥーリ　1895–1973)
ノベ（ビルターネン，A.I.　1895.1.15–1973.11.11)
百科（ビルタネン　1895–1973)
ノベ3（ビルターネン，A.I.　1895.1.15–1973.11.11)

Viscardi, Giovanni Antonio 〈17・18世紀〉

イタリアの建築家。

⇒建築（ヴィスカル，ジョヴァンニ・アントニオ　1645–1713)

Vischer, Herman der Ältere 〈15世紀〉

ドイツの鋳物師。ニュルンベルクに鋳造所を開いた。

⇒国小（フィッシャー，ヘルマン　?–1488.1.13)
コン2（フィッシャー　?–1488)
コン3（フィッシャー　?–1488)

西洋（フィッシャー　?–1488.1.13頃)
世美（フィッシャー，ヘルマン（年長）　?–1488)
世百（フィッシャー，ヘルマン　1429頃–1488)
全書（フィッシャー　1429頃–1488)

Visconti, Lodovico Tullio Gioacchino 〈18・19世紀〉

ローマ生まれのフランスの建築家。ナポレオン3世の帝室建築家となる（1850)。

⇒岩世（ヴィスコンティ　1791.2.11–1853.12.29)
外国（ヴィスコンティ　1791–1853)
建築（ヴィスコンティ，ルドヴィコ（ルイ・テュリウス・ジョアシャン）　1791–1853)
新美（ヴィスコンティ，ルドヴィーコ　1791.2.11–1853.12.29)
西洋（ヴィスコンティ　1791.2.11–1853.12.29)

Visconti, Tony 〈20世紀〉

アメリカの音楽プロデューサー。ニューヨーク生まれ。

⇒ロ人（ヴィスコンティ，トニー　1944–)

Visentini, Antonio 〈17・18世紀〉

イタリアの建築家，画家，版画家。

⇒世美（ヴィゼンティーニ，アントーニオ　1688–1782)

Visscher, Johann Frederik van Overmeer 〈19世紀〉

オランダの東インド会社員。1820年一等社員として長崎商館に来任。

⇒外国（フィッシェル　1800頃–?)

Vissering, Simon 〈19世紀〉

オランダの経済学者。

⇒百科（フィセリング　1818–1888)

Viśvēśvarayya, Mōkushaṇguṇḍam 〈19・20世紀〉

インドの技術者，行政官，政治家。

⇒全書（ビシュベースバラッヤ　1861–1962)
二十（ビシュベースバラッヤ，M.　1861–1962)

Vitellozzi, Annibale 〈20世紀〉

イタリアの建築家。

⇒世美（ヴィテッロッツィ，アンニーバレ　1903–)

Vitoni, Ventura 〈15・16世紀〉

イタリアの建築家。

⇒世美（ヴィトーニ，ヴェントゥーラ　1442–1522)

Vitruvius Pollio, Marcus 〈前1世紀頃〉

ローマの建築家，建築理論家。

⇒岩ケ（ウィトルウィウス　1世紀)

岩世　（ウィトルウィウス）
岩哲　（ウィトルウィウス　前1世紀）
外国　（ウィトルウィウス　前1世紀）
科学　（ヴィトルヴィウス　前1世紀初期−前25頃）
科技　（ビトルビウス）
科史　（ウィトルウィウス　生没年不詳）
角世　（ウィトルウィウス　生没年不詳）
キリ　（ウィトルウィウス　前70頃−?）
建築　（ウィトルーウィウス・ポリオ，マルクス
　　（活動）前46−30）
広辞4　（ウィトルウィウス）
広辞6　（ウィトルウィウス　前1世紀）
国小　（ウィトルウィウス　生没年不詳）
コン2　（ウィトルウィウス　前1世紀）
コン3　（ウィトルウィウス　前1世紀）
集世　（ウィトルウィウス・ポリオ　前1世紀頃）
集文　（ウィトルウィウス・ポリオ　前1世紀頃）
人物　（ビットルビウス　生没年不詳）
西洋　（ヴィトルヴィウス　前1世紀）
世西　（ウィトルウィウス・ポリオ，マルクス　前1
　　世紀）
全書　（ウィトルウィウス　生没年不詳）
体育　（ビトルビウス　前1世紀頃）
大辞　（ビトルビウス　前1世紀頃）
大辞3　（ウィトルウィウス　前1世紀頃）
大百　（ビトルビウス　生没年不詳）
伝世　（ウィトルウィウス　前1世紀）
百科　（ウィトルウィウス　前100頃）
名著　（ウィトルウィウス　生没年不詳）
山世　（ウィトルウィウス　生没年不詳）
ロマ　（ウィトルウィウス）

Vitte, Sergei Iulievich 〈19・20世紀〉

ロシアの政治家。1892年以来蔵相として工業化
を推進，シベリア鉄道建設による極東進出をは
かる。日露戦争後のポーツマス会議の首席全
権。1905年皇帝に立憲政体を採用させて最初の
首相となる。

⇒逸話　（ヴィッテ　1849−1915）
　旺世　（ヴィッテ　1849−1915）
　外国　（ヴィッテ伯　1849−1915）
　角世　（ヴィッテ　1849−1915）
　広辞4　（ウィッテ　1849−1915）
　広辞5　（ウィッテ　1849−1915）
　広辞6　（ウィッテ　1849−1915）
　国史　（ビッテ　1849−1915）
　国小　（ウィッテ　1849.6.17−1915.3.13）
　コン2　（ヴィッテ　1849−1915）
　コン3　（ヴィッテ　1849−1915）
　人物　（ウィッテ　1849.6.29−1915.3.12）
　西洋　（ヴィッテ　1849.6.29−1915.3.13）
　世人　（ヴィッテ（ウィッテ）　1849−1915）
　世政　（ヴィッテ，セルゲイ　1849.6.29−1915.3.
　　13）
　世西　（ヴィッテ　1849.6.29−1915.3.12）
　世百　（ヴィッテ　1849−1915）
　全書　（ウィッテ　1849−1915）
　大辞　（ウィッテ　1849−1915）
　大辞2　（ウィッテ　1849−1915）
　大辞3　（ウィッテ　1849−1915）

大百　（ウィッテ　1849−1915）
デス　（ウィッテ　1849−1915）
伝世　（ヴィッテ　1849.6.17−1915.3.12露）
ナビ　（ウィッテ　1849−1915）
二十　（ウィッテ，S.　1849−1915）
日研　（ヴィッテ，セルゲイ　1849.6.29−1915.3.
　　13）
百科　（ウィッテ　1849−1915）
評世　（ウィッテ　1849−1915）
山世　（ヴィッテ　1849−1915）
歴史　（ウィッテ　1849−1915）
ロシ　（ヴィッテ　1849−1915）

Vittone, Bernardo Antonio 〈18世紀〉

イタリアの建築家。独特なバロック様式を展開
した。多数の礼拝堂などを建築。

⇒建築　（ヴィットーネ，ベルナルド・アントニオ
　　1705−1770）
　国小　（ビットーネ　1702−1770.10.19）
　世美　（ヴィットーネ，ベルナルド・アントーニオ
　　1705−1770）
　百科　（ビットーネ　1702−1770）

Vittoria, Eduardo 〈20世紀〉

イタリアの建築家，都市計画家。

⇒世美　（ヴィットーリア，エドゥアルド　1923−）

Vittozzi, Ascanio 〈16・17世紀〉

イタリアの建築家，都市計画家。

⇒世美　（ヴィットッツィ，アスカーニオ　1539−
　　1615）

Vivero y Velasco, Don Rodrigo de
〈16・17世紀〉

スペインのフィリピン臨時総督。1609年フィリ
ピンからメキシコに帰任の途中遭難し，日本に
漂着。徳川家康に謁見し，メキシコ貿易を依頼
され帰国した。著書『ドン＝ロドリゴ日本見
聞録』。

⇒外国　（ビベロ　1555−1636）
　広辞4　（ビベロ　?−1636）
　広辞6　（ビベロ　1564−1636）
　国史　（ビベロ＝イ＝ベラスコ　?−1636）
　国小　（ロドリゴ　?−1636）
　人物　（ビベロ　?−1636）
　スペ　（ビベロ　1564−1636）
　西洋　（ビベロ　?−1636）
　世東　（ロドリゴ　?−1636）
　全書　（ビベロ　?−1636）
　対外　（ビベロ＝イ＝ベラスコ　?−1636）
　大辞　（ビベロ　?−1636）
　大辞3　（ビベロ　?−1636）
　大百　（ビベロ　?−1636）
　デス　（ロドリゴ　?−1636）
　日研　（ビベロ，ロドリゴ・デ　1564−1636）
　日人　（ビベロ　1564−1636）
　百科　（ビベロ　1564−1636）
　名著　（ビベロ　?−1636）

Vizcaino, Sebastián 〈16・17世紀〉
スペインの商人，探検家。遣日特派使節。1611年浦賀に来航。徳川家康・秀忠に謁見。沿岸を測量し，支倉常長の船に便乗して帰航。
⇒岩世（ビスカイノ　1548–1624）
外国（ビスカイノ　1550頃–1628頃）
科学（ビスカイノ　1551頃–1615）
広辞4（ビスカイノ　1551?–1615）
広辞6（ビスカイノ　1551?/1548–1615/1628）
国史（ビスカイノ　?–1615）
国小（ビスカイノ　1551頃–1615）
コン3（ヴィスカイノ　1551–1615）
人物（ビスカイノ　1551/70頃–1615）
スペ（ビスカイノ　1548–1628）
西洋（ビスカイノ　1551頃–1615）
世西（ビスカイノ）
世百（ビスカイノ　1551?–1615）
全書（ビスカイノ　1551–1615）
対外（ビスカイノ　?–1615）
大辞（ビスカイノ　1551–1615）
大辞3（ビスカイノ　1551–1615）
大百（ビスカイノ　1551?–1615）
デス（ビスカイノ　1551頃–1615）
日人（ビスカイノ　?–1615）
百科（ビスカイノ　1548–1628）
名著（ビスカイノ　1551?–1615）
来日（ヴィスカイノ　1551–1615）

Vizetelly, Henry Richard 〈19世紀〉
イタリア系の印刷・出版人。
⇒イ文（Vizetelly, Henry (Richard)　1820–1894）

Vlachou, Helene 〈20世紀〉
ギリシアの新聞社主。
⇒世女（ヴラフー，エレーニ　1911–1995）

Vladislavich-Raguzinskii, Savva Lukich 〈17・18世紀〉
ロシアの外交官。エカテリーナ1世のとき中国に特命大使として派遣され（1726～8），通商協定を結んだ。
⇒外国（ウラディスラヴィッチ・ラグジンスキー　1668–1738）
西洋（ヴラジスラーヴィチ・ラグジンスキー　1670–1738）

Vlasov, Aleksandr Vasilievich 〈20世紀〉
ソ連邦の建築家。
⇒世美（ヴラーソフ，アレクサンドル・ヴァシリエヴィチ　1900–1962）

Vlasov, Viktor Alekseevich 〈20世紀〉
ソ連邦の経済学者。ソ連科学アカデミー東洋学研究所上級学術研究員。
⇒二十（ヴラゾフ，ヴィクトル　1927–）

Vogel, Hermann Wilhelm 〈19世紀〉
ドイツの写真化学者。オーソクローム乾板を発明（1873）。
⇒岩世（フォーゲル　1834.3.16–1898.12.17）
科学（フォーゲル　1834.3.16–1898.12.17）
西洋（フォーゲル　1834.3.16–1898.12.17）

Vogel, Julius 〈19世紀〉
19世紀後半ニュージーランドの国家創設期の政治家，財政家。
⇒岩ケ（ヴォーゲル，サー・ジュリアス　1835–1899）
オセ（ボーゲル　1835–1899）
国小（フォーゲル　1835.2.24–1899.3.12）
伝世（ヴォーゲル　1835.2.24–1899.3.12）

Vogel, Rosi 〈20世紀〉
グラフィックデザイナー。
⇒児イ（Vogel, Rosi　フォーゲル, R.）

Vogeler, Heinrich 〈19・20世紀〉
ドイツの画家，版画家，工芸家。
⇒岩世（フォーゲラー　1872.12.12–1942.6.14）
広辞6（フォーゲラー　1872–1942）
新美（フォーゲラー，ハインリヒ　1872.12.12–1942.6.14）
二十（フォーゲラー，ハインリヒ　1872.12.12–1942.6.14）

Vögler, Albert 〈19・20世紀〉
ドイツ最大の鉄鋼トラスト専務理事。
⇒ナチ（フェーグラー，アルベルト　1877–1945）

Vogt, Hans 〈19・20世紀〉
ドイツの電気技術者。発声映画フィルムを作るために，フィルムの上に音を記録する発明をした。
⇒西洋（フォークト　1890–1979.12.4）

Voisin, Charles 〈19・20世紀〉
フランスの航空技術者。先駆者兄弟の弟。
⇒世百新（ボアザン兄弟　1882–1912）
百科（ボアザン兄弟）

Voisin, Gabriel 〈19・20世紀〉
フランスの飛行機製作者。ブレリオと共に，世界で最初の飛行機製作所を設立（1904）。
⇒岩世（ヴォワザン　1880.2.5–1973.12.25）
西洋（ヴォアザン　1880.2.5–1973.12.25）
百科（ボアザン兄弟）

Volcker, Paul A. 〈20世紀〉
アメリカのエコノミスト。円切り上げなど国際通貨調整の直接担当者。1975年ニューヨーク連銀総裁，79年米連邦準備制度理事会（FRB）

議長。
⇒岩ケ （ヴォルカー，ポール・A　1927-）
　現人 （ボルカー　1927.9.5-）
　二十 （ボルガー，ポール　1927.9.5-）

Vollard, Ambroise 〈19・20世紀〉

フランスの画商，版画出版業者。1895年セザンヌ展，99年ナビ派展などを開催，近代美術の推進者。
⇒岩世 （ヴォラール　1866.7.3-1939.7.22）
　才西 （ヴォラール，アンブロワーズ　1865-1939）
　国小 （ボラール　1865-1939）
　新美 （ヴォラール，アンブロワーズ　1868-1939）
　世西 （ヴォラール　1865-1939）
　世美 （ヴォラール，アンブロワーズ　1865-1939）
　二十 （ボラール，A.　1868-1939）
　百科 （ボラール　1868-1939）
　名著 （ヴォラール　1865-1939）

Volpi, Cont Giuseppe 〈19・20世紀〉

イタリアの大資本家。アドリア海沿岸の電力産業を支配，1934年ファシスト工業家連盟会長。
⇒岩世 （ヴォルビ　1877.11.19-1947.11.16）
　国小 （ボルビ　1877.11.19-1947.11.16）
　二十 （ボルビ，G.　1877-1947）
　百科 （ボルビ　1877-1947）

Vol'skii, Arkadii Ivanovich 〈20世紀〉

ロシアの企業家，政治家，ロシア産業家企業家同盟会長。
⇒ロシ （ヴォリスキー　1932-）

Volstead, Andrew Joseph 〈19・20世紀〉

アメリカの政治家。一定量以上のアルコールを含む飲料の製造，販売，輸送を禁止する〈ヴォルステッド法〉を立案，通過させた（1919）。
⇒岩ケ （ヴォルステッド，アンドリュー・J　1860-1947）
　外国 （ヴォルステッド　1860-1947）
　コン3 （ヴォルステッド　1860-1947）
　西洋 （ヴォルステッド　1860-1947）

Volta, Alessandro Giuseppe Antonio Anastasio 〈18・19世紀〉

イタリアの物理学者。電気学の祖。1800年ボルタ電堆，ボルタ電池を発明。
⇒岩ケ （ヴォルタ，アレッサンドロ（・ジュゼッペ・アントニオ・アナスタシオ）　1745-1827）
　岩世 （ヴォルタ　1745.2.18-1827.3.5）
　旺世 （ボルタ　1745-1827）
　外国 （ヴォルタ　1745-1827）
　科学 （ヴォルタ　1745.2.18-1827.3.5）
　科技 （ボルタ　1745.2.18-1827.3.5）
　科史 （ヴォルタ　1745-1827）
　科人 （ヴォルタ（伯爵），アレッサンドロ・ジュゼッペ・アントニオ・アナスタシオ　1745.2.

　18-1827.3.5）
　科大 （ボルタ　1745-1827）
　角世 （ヴォルタ　1745-1827）
　広辞4 （ボルタ　1745-1827）
　広辞6 （ヴォルタ　1745-1827）
　国小 （ボルタ　1745.2.18-1827.3.5）
　コン2 （ヴォルタ　1745-1827）
　コン3 （ヴォルタ　1745-1827）
　人物 （ボルタ　1745.2.18-1827.3.5）
　西洋 （ヴォルタ　1745.2.18-1827.3.5）
　世科 （ヴォルタ　1745-1827）
　世人 （ボルタ　1745-1827）
　世西 （ヴォルタ　1745.2.18-1827.3.5）
　世百 （ヴォルタ　1745-1827）
　全書 （ボルタ　1745-1827）
　大辞 （ボルタ　1745-1827）
　大辞3 （ボルタ　1745-1827）
　大百 （ボルタ　1745-1827）
　デス （ボルタ　1745-1827）
　伝世 （ヴォルタ　1745.2.18-1827.3.5）
　百科 （ボルタ　1745-1827）
　評世 （ボルタ　1745-1827）
　山世 （ヴォルタ　1745-1827）
　歴史 （ヴォルタ　1745-1827）

Von Ohain, Hans Joachim Pabst 〈20世紀〉

ドイツ—アメリカの航空工学者。
⇒科人 （フォン・オハイン，ハンス・ヨアヒム・パブスト　1911.12.14-）

Vories, William Merrell 〈19・20世紀〉

アメリカの宣教師，建築家。日本に帰化。1910年吉田悦蔵らと近江ミッション創立。20年アメリカの家庭薬メンソレータム東洋専売権を得る。
⇒岩世 （ヴォーリズ　1880.10.28-1964.5.7）
　看護 （ヴォーリーズ　1880-）
　教育 （ヴォーリーズ　1880-）
　キリ （ヴォーリズ，ウィリアム・メリル　1880.10.28-1964.5.7）
　国小 （ボリーズ　1880.10.28-1964.5.7）
　西洋 （ヴォリーズ　1880.10.28-1964.5.7）
　世西 （ヴォーリーズ　1880-）
　二十 （ヴォーリズ，ウィリアム・メリル　1880.10.28-1964.5.7）
　来日 （ヴォーリス　1880-1964）

Voronikhin, Andrei Nikiforovich 〈18・19世紀〉

ロシアの建築家。主な建築は「カザンスキィ大寺院」（1801～11）。
⇒建築 （ヴォロニーヒン，アンドレイ・ニキフォロヴィッチ　1759-1814）
　コン2 （ヴォロニーヒン　1759-1814）
　コン3 （ヴォロニヒン　1759-1814）

Voronin, Lev Alekseevich 〈20世紀〉

ソ連邦の政治家。副首相，国家資材技術調達委

員会議長。
⇒世政（ウォローニン，レフ　1928.2.22-）
　　世西（ヴォローニン　1928.2.22-）
　　二十（ボローニン，L.　1928-）

Vorontsov, Vasilii Pavlovich 〈19・20世紀〉
ロシアの経済学者。ペンネームのV.V.で知られる。1880年代初めから合法誌に多くの経済論文を発表。
⇒岩世（ヴォロンツォーフ　1847-1918.12）
　　外国（ヴォロンツォフ　1847-1918）
　　国小（ボロンツォフ　1847-1918）
　　コン2（ヴォロンツォーフ　1847-1918）
　　コン3（ヴォロンツォフ　1847-1918）
　　西洋（ヴォロンツォフ　1847-1918）
　　二十（ボロンツォフ, V.　1847-1918）
　　百科（ボロンツォフ　1847-1918）

Vought, Chance Milton 〈19・20世紀〉
アメリカの航空技術者，飛行機設計者。ルイス・ヴォート飛行機会社を設立（1917）。
⇒岩ケ（ヴォート，チャンス（・ミルトン）　1890-1930）
　　岩世（ヴォート　1888.2.26-1930.7.25）
　　西洋（ヴォート　1890-1930）

Voysey, Charles Annesley 〈19・20世紀〉
イギリスの住宅建築家で，家具，テキスタイル，壁紙などのデザイナー。
⇒岩ケ（ヴォイジー，チャールズ（・フランシス・アネスリー）　1857-1941）
　　岩世（ヴォイジー　1857.5.28-1941）
　　オ西（ヴォイジー，チャールズ・アンズリー　1857-1941）
　　国小（ボイジー　1857.5.28-1941.2.12）
　　新美（ヴォイズィ，チャールズ・フランシス・アンズリ　1857.5.28-1941.2.12）
　　世美（ヴォイジー，チャールズ・フランシス・アンズリー　1857-1941）
　　二十（ヴォイズィ，チャールズ・フランシス・アンズリ　1857.5.28-1941.2.12）

Voznesenskii, Nikolai Alekseevich 〈20世紀〉
ソ連邦の経済学者，政治家。"Voennaya ekonomika SSSR v period Otechestvennoy voyny"（1947）が，スターリンから反マルクス的，反科学的とされ，50年銃殺。
⇒岩世（ヴォズネセンスキー　1903.11.18[12.1]-1950.9.30）
　　外国（ヴォズネセンスキー　1904-）
　　角世（ヴォズネセンスキー（ニコライ）　1903-1950）
　　現人（ヴォズネセンスキー　1903.12.1-1950）
　　国小（ボズネセンスキー　1903.12.1-1950.9.30）
　　コン3（ヴォズネセンスキー　1903-1950）
　　西洋（ヴォズネセンスキー　1903.12.1-1950.9.30）
　　世西（ヴォズネセンスキー　1904-）
　　全書（ボズネセンスキー　1903-1950）
　　二十（ボズネセンスキー，ニコライ　1903.12.1-1950.9.30）
　　名著（ヴォズネセンスキー　1904-1950）

Vrangel, Ferdinand Petrovich 〈18・19世紀〉
ロシアの軍人，航海者。地理学協会の創立者。
⇒岩世（ウランゲリ，フェルジナンド・ペトロヴィチ，男爵　1794-1870）
　　岩世（ヴランゲリ　1796.12.29-1870.5.25）
　　外国（ヴランゲリ　1796-1870）
　　コン2（ウラーンゲリ　1796-1870）
　　コン3（ウランゲリ　1796-1870）
　　西洋（ヴランゲリ　1796.1.9-1870.6.6）
　　ロシ（ウランゲリ　1796-1870）

Vranitzky, Franz 〈20世紀〉
オーストリアの銀行家，政治家。
⇒岩ケ（フラニツキ，フランツ　1937-）
　　岩世（ヴラニツキー　1937.10.4-）
　　世政（フラニツキ，フランツ　1937.10.4-）

Vries, Hans Vredeman de 〈16・17世紀〉
オランダの建築家，画家，装飾美術家。
⇒建築（ヴリース，ハンス・ヴレーデマン・デ　1527-1606頃）
　　国小（フリース　1527-1604/23）
　　新美（フレデマン・デ・フリース，ハンス（ヤン）　1527-1604頃）
　　世美（フレーデマン・デ・フリース，ハンス　1527-1605頃）
　　百科（フレーデマン・デ・フリース　1527-1604頃）

Vries, Maarten Gerritszoon de 〈16・17世紀〉
オランダ東インド会社の職員。
⇒岩世（フリース　1589.2.18-1647）
　　外国（フリース　17世紀）
　　科学（フリース　?-1647）
　　国史（フリース　?-1647）
　　人物（フリース　?-1647）
　　西洋（フリース　?-1647）
　　世西（フリース　?-1647）
　　世東（フリース　17世紀）
　　対外（フリース　?-1647）
　　日人（フリース　?-1647）
　　百科（フリース　?-1647）
　　ロシ（フリース　?-1647）

Vuillaume, Jean-Baptiste 〈18・19世紀〉
フランスの弦楽器製造家。
⇒音大（ヴュイヨーム　1798.10.7-1875.3.19）

Vulgrin 〈11世紀〉
フランスの建築長。
⇒建築（ヴュルグラン （活動）11世紀）

Vuolvinus 〈9世紀〉
イタリアの金銀細工師。
⇒世美（ウオルウィヌス 9世紀）

Vvedenskii, Boris Alekseevich 〈20世紀〉
ソ連邦の電波物理学者, 技術者。ソヴェト大百科事典編集長。極短波の伝播について研究。
⇒コン3（ヴヴェジェーンスキー 1893–1969）

Vyakhirev, Rem Ivanovich 〈20世紀〉
ロシアの企業家, ガスプロム社長。
⇒ロシ（ヴャヒレフ 1934–）

【 W 】

Wabbes, Maria 〈20世紀〉
イラストレーター, 織物デザイナー。
⇒児イ（Wabbes, Maria）

Wachsmann, Konrad 〈20世紀〉
アメリカの建築家。
⇒新美（ワックスマン, コンラート（コンラッド）1901.5.16–1980.11.25）
二十（ワックスマン, コンラート 1901.5.16–1980.11.25）

Wachter, Oralee 〈20世紀〉
教育者, 著述家, 映画のプロデューサー。
⇒児作（Wachter, Oralee ワッチャー, オラリー）

Waddell, John Alexander Low 〈19・20世紀〉
カナダの土木工学者。東京帝国大学で土木を教授。著『日本鉄道橋梁論』。
⇒岩世（ウォデル 1854–1938.3.3）
日人（ワデル 1854–1938）
来日（ワデル 1854–1938）

Wade, Abdoulaye 〈20世紀〉
セネガルの政治家, 法律学者, 経済学者。セネガル大統領。
⇒最世（ワード, アブドゥラエ 1926–）
世政（ワッド, アブドゥラエ 1926.5.29–）

Waeijen, Jacob van der 〈18世紀〉
オランダの出島商館長（1740～41, 42～43, 44～45）。
⇒岩世（ワーイエン ?–1761.10.15）
西洋（ヴァーイエン）

Waerwijck, Wijbrand van 〈16世紀〉
オランダの軍人。東方派遣艦隊司令官。東インド会社設立後第一回派遣艦隊司令官として8船を率いて出帆（1602）。翌年バンタンに着き, 商館を開設した。
⇒西洋（ヴァールヴァイク 1571頃–?）

Wafer, Lionel 〈17・18世紀〉
イギリスのバカニア（スペイン植民地を襲った海賊）。
⇒国小（ウェーファー 1660頃–1705頃）

Wagemann, Ernst 〈19・20世紀〉
チリ生まれのドイツの経済学者, 統計学者。景気予測の研究が最大の業績。主著『景気変動論』（1928）など。
⇒国小（ワーゲマン 1884.2.18–1956.3.20）
世西（ワーゲマン 1884.2.18–）
世百（ヴァーゲマン 1884–1956）
全書（ワーゲマン 1884–1956）
二十（ワーゲマン, E. 1884–1956）
名著（ヴァーゲマン 1884–1956）

Wagenaer, Zacharias 〈17世紀〉
オランダの長崎商館長。
⇒岩世（ワーヘナール 1614.5.10–1668.10.12）

Wagenbach, Klaus 〈20世紀〉
ドイツの出版者。
⇒岩世（ヴァーゲンバッハ 1930.7.11–）

Wagener, Gottfried 〈19世紀〉
ドイツの工芸家。
⇒岩世（ヴァーゲナー（慣ワグネル） 1831.7.5–1892.11.8）

Wagenfeld, Wilhelm 〈20世紀〉
ドイツ連邦共和国の工業デザイナー。ドイツにおける工業デザインの開拓者。
⇒岩ケ（ヴァーゲンフェルト, ヴィルヘルム 1900–）
岩世（ヴァーゲンフェルト 1900.4.15–1990.5.28）
西洋（ヴァーゲンフェルト 1900.4.15–）

Waghemakere, Herman 〈15・16世紀〉
フランドルの建築家。
⇒建築（ワーグマーケル, ヘンルマン 1430頃–1503）

Wagner, Adolf Heinrich Gotthilf
〈19・20世紀〉

ドイツの経済学者，政治家。講壇社会主義右派
の代表的人物。

⇒岩世（ヴァーグナー　1835.3.25–1917.11.8）
　外国（ヴァーグナー　1835–1917）
　キリ（ヴァーグナー，アードルフ・ハインリヒ・
　　ゴットヒルフ　1835.3.25–1917.11.8）
　経済（ヴァーグナー　1835–1917）
　広辞4（ワグナー　1835–1917）
　広辞5（ワグナー　1835–1917）
　広辞6（ワグナー　1835–1917）
　国小（ワグナー　1835.3.25–1917.11.8）
　コン2（ヴァーグナー　1835–1917）
　コン3（ヴァーグナー　1835–1917）
　人物（ワグナー　1835.3.25–1917.11.8）
　西洋（ヴァーグナー　1835.3.25–1917.11.8）
　世西（ワグナー　1835.3.25–1917.11.8）
　世百（ヴァーグナー　1835–1917）
　全書（ワーグナー　1835–1917）
　大辞2（ワグナー　1835–1917）
　大辞3（ワグナー　1835–1917）
　大百（ワーグナー　1835–1917）
　デス（ワーグナー　1835–1917）
　二十（ワーグナー，アードルフ・ハインリヒ・
　　ゴットヒルフ　1835.3.25–1917.11.8）
　百科（ワーグナー　1835–1917）
　名著（ヴァーグナー　1835–1917）

Wagner, Gottfried 〈19世紀〉

ドイツの化学者，工芸家。日本窯業の製造技術
指導に尽力。大学南校で物理を教授。

⇒外国（ヴァーグナー　1831–1892）
　科学（ヴァーゲナー　1831.7.5–1892.11.8）
　科史（ヴァーグナー　1831–1892）
　広辞6（ワグナー　1831–1892）
　国史（ワグナー　1831–1892）
　コン2（ヴァーグナー　1830–1892）
　コン3（ヴァーグナー　1830–1892）
　新美（ワグネル　1831.7.5–1892.11.8）
　人物（ワグネル　1831.7.5–1892.11.8）
　西洋（ヴァーグナー　1831.7.5–1892.11.8）
　世西（ワグナー　1831.7.5–1892.11.8）
　世百（ヴァーグナー　1831–1892）
　全書（ワグネル　1831–1892）
　大辞（ワグナー　1831–1892）
　大辞3（ワグナー　1831–1892）
　大百（ワグナー　1831–1892）
　日研（ワグネル，ゴットフリート　1831.7.5–
　　1892.11.8）
　日人（ワグネル　1831–1892）
　百科（ワグナー　1831–1892）
　来日（ワグネル　1831.7.5–1892.11.8）

Wagner, Herbert 〈20世紀〉

ドイツの工学者。飛行機の薄板構造を研究し，
初めて薄板で箱形梁「ヴァーグナー梁」を作り，
その理論は張力場の理論として発展した。

⇒岩世（ヴァーグナー　1900.5.22–1982.5.28）
　西洋（ヴァーグナー　1900.5.22–）

　二十（ワーグナー，H.　1900.5.22–）

Wagner, Otto 〈19・20世紀〉

オーストリアの建築家。アール・ヌーボーに共
鳴し，新しい建築を主張。

⇒岩ケ（ワーグナー，オットー　1841–1918）
　岩世（ヴァーグナー　1841.7.13–1918.4.12）
　オ西（ヴァーグナー，オットー　1841–1918）
　外国（ヴァーグナー　1841–1918）
　国小（ワーグナー　1841.7.13–1918.4.11）
　コン2（ヴァーグナー　1841–1918）
　コン3（ヴァーグナー　1841–1918）
　新美（ヴァーグナー，オットー　1841.7.13–1918.
　　4.11）
　西洋（ヴァーグナー　1841.7.13–1918.4.12）
　世西（ワグナー　1841.7.13–1918.4.12）
　世美（ヴァーグナー，オットー　1841–1918）
　世百（ヴァーグナー　1841–1918）
　全書（ワーグナー　1841–1918）
　大辞2（ワグナー　1841–1918）
　大辞3（ワグナー　1841–1918）
　大百（ワーグナー　1841–1918）
　ナビ（ワグナー　1841–1918）
　二十（ワーグナー，オットー　1841.7.13–1918.4.
　　11）
　百科（ワーグナー　1841–1918）
　名著（ヴァーグナー　1841–1918）

Wagner, Paul 〈19・20世紀〉

ドイツの農芸化学者。化学肥料と植物栄養との
関係を研究して，施肥量決定に関する研究法を
革新し，また家畜の栄養学にも新分野を開拓。

⇒岩世（ヴァーグナー　1843.3.7–1930.8.25）
　西洋（ヴァーグナー　1843.3.7–1930.8.25）
　世西（ワグナー　1843.3.7–1930.8.25）

Wagner, Wilhelm 〈19・20世紀〉

ドイツの農業技術者。とくに中国農業の体系的
な研究として，先駆的な業績を残した。

⇒名著（ヴァーグナー　1885?–）

Wagner, Wolfgang 〈20世紀〉

ドイツの演出家，舞台装置家，劇場支配人。ベ
ルリン国立歌劇場で舞台監督の助手をつとめ，
1951年より兄Wielandと協力してヴァーグナー
劇の新しい演出を行った。

⇒オペ（ヴァーグナー，ヴォルフガング　1919.8.
　　30–）
　音楽（ヴァーグナー，ヴォルフガング　1919.8.
　　30–）
　音大（ヴァーグナー，ヴォルフガング　1919.8.
　　30–）
　クラ（ヴァーグナー，ヴォルフガング　1919–）
　コン3（ヴァーグナー　1919–）
　二十（ワーグナー，ウォルフガング・マンフレー
　　ト・マルティン　1919.8.30–）
　ラル（ワーグナー，ヴォルフガング　1919–）

Wailly, Charles de 〈18世紀〉

フランスの建築家，画家。
⇒岩世（ヴァイイ　1730.11.9–1798.11.2）
　建築（ヴェリー，シャルル・ド　1730–1798）

Wainright, Samuel Hayman 〈19・20世紀〉

アメリカの南部メソジスト派教会宣教師，教育家，キリスト教出版事業家。大分中学校で英語を教授。
⇒岩世（ウェインライト　1863.4.15–1950.12.7）
　キリ（ウェインライト，サミュエル・ヘイマン　1863.4.15–1950.12.7）
　西洋（ウェーンライト　1863.4.15–1950.12.7）
　二十（ウェインライト，サミュエル・ヘイマン　1863.4.15–1950.12.7）
　来日（ウェンライト　1863–1950）

Wakefield, Edward Gibbon 〈18・19世紀〉

イギリスの経済学者，植民地政治家。オーストラリア南部を自由植民者の居住地にする運動を主唱。
⇒岩ケ（ウェイクフィールド，エドワード・ギボン　1796–1862）
　岩世（ウェイクフィールド　1796.3.20–1862.5.16）
　英米（Wakefield, Edward Gibbon　ウェークフィールド　1796–1862）
　オセ（ウェークフィールド　1796–1862）
　外国（ウェークフィールド　1796–1862）
　国小（ウェークフィールド　1796.3.20–1862.5.16）
　コン2（ウェークフィールド　1796–1862）
　コン3（ウェークフィールド　1796–1862）
　人物（ウェークフィールド　1796.3.20–1862.5.16）
　西洋（ウェークフィールド　1796.3.20–1862.5.16）
　世人（ウェイクフィールド　1796–1862）
　百科（ウェークフィールド　1796–1862）
　名著（ウェークフィールド　1796–1862）

Walb, Ernst 〈19・20世紀〉

ドイツの会計学者，経営学者。会計学における財務的研究の可能性を論証しようとした功績は大である。
⇒名著（ヴァルプ　1880–1946）

Walchand Hirachand 〈19・20世紀〉

インドのワルチャンド財閥の創始者。土建業を中核に海運業・製糖業・空業業などを展開。
⇒全書（ワルチャンド　1882–1953）
　二十（ワルチャンド, H.　1882–1953）

Walcker, Eberhard Friedrich 〈18・19世紀〉

ドイツのオルガン製作者。

⇒音大（ヴァルカー，エーベルハルト・フリードリヒ　1794.7.3–1872.10.2）

Walcker, Oscar 〈19・20世紀〉

ドイツのオルガン製作者。
⇒音大（ヴァルカー，オスカー　1869.1.1–1948.9.4）

Walcker, Werner Walcker-Meyer 〈20世紀〉

ドイツのオルガン製作者。
⇒音大（ヴァルカー，ヴェルナー・ヴァルカー・マイヤー　1923.2.1–）

Wald, Abraham 〈20世紀〉

アメリカ（ルーマニア生まれ）の数理経済学者，推計学者。統計的仮説逐次検定法（1945），統計的決定函数論（同）を創始。
⇒岩世（ウォールド（ヴァルト）　1902.10.31–1950.12.13）
　科大（ワルド　1902–1950）
　科大2（ワルド　1902–1950）
　経済（ワルド　1902–1950）
　コン3（ウォールド　1902–1950）
　数学（ワルド　1902.10.31–1950.12.13）
　数学増（ワルド　1902.10.31–1950.12.13）
　西洋（ウォールド（ヴァルト）　1902.10.31–1950.12.13）
　世百新（ウォールド　1902–1950）
　全書（ワルド　1902–1950）
　大辞2（ワルド　1902–1950）
　大辞3（ワルド　1902–1950）
　二十（ウォールド，アブラハム　1902.10.31–1950.12.13）
　百科（ウォールド　1902–1950）
　名著（ヴァルト　1902–1950）

Wald, Herman 〈20世紀〉

スウェーデンの数理統計学者，計量経済学者。主著に『需要分析』。
⇒名著（ウォルド　1908–）

Waldo, Ruth 〈19・20世紀〉

アメリカの広告業者。
⇒世女日（ウォルドー，ルース　1885–1975）

Waldseemüller, Martin 〈15・16世紀〉

ドイツの人文学者，地図製作者。
⇒岩ケ（ヴァルトゼーミュラー，マルティン　1470頃–1521頃）
　岩世（ヴァルトゼーミュラー　1470頃–1521頃）
　外国（ヴァルトゼーミュラー　1470頃–1518/-21）
　コン2（ヴァルトゼーミュラー　1470頃–1518頃）
　コン3（ヴァルトゼーミュラー　1470頃–1518頃）
　西洋（ヴァルトゼーミュラー　1475頃–1521頃）
　デス（ワルトゼーミュラー　1470–1520頃）
　伝世（ヴァルトゼーミュラー　1470頃–1518頃）
　名著（ヴァルトゼーミュラー　1470?–1518）

経済・産業篇　　　　　　　　651　　　　　　　　**walla**

Walford, Lionel Albert 〈20世紀〉

アメリカの水産学者。水産学，魚類学の研究がある。
⇒岩世 （ウォルフォード　1905.5.9–1979.4.9）
　西洋 （ウォルフォード　1905.5.9–1979.4.9）

Walker, Amasa 〈18・19世紀〉

アメリカの経済学者。自由貿易論者，奴隷反対論者で，マルサスやリカードの理論に反対。
⇒岩世 （ウォーカー　1799.5.4–1875.10.29）
　西洋 （ウォーカー　1799–1875）

Walker, David 〈20世紀〉

イギリスのデザイナー。
⇒バレ （ウォーカー，デイヴィッド　1934.7.18–）

Walker, Fracis Amasa 〈19世紀〉

アメリカの経済学者。
⇒岩世 （ウォーカー　1840.7.2–1897.1.5）
　教育 （ウォーカー　1840–1897）
　人物 （ウォーカー　1840.7.2–1897.1.5）
　西洋 （ウォーカー　1840.7.2–1897.1.5）
　世西 （ウォーカー　1840.7.2–1897.1）

Walker, John 〈18・19世紀〉

イギリスの薬剤師，発明家。赤燐を使用する今日の摩擦マッチを発明した（1827）。
⇒岩ケ （ウォーカー，ジョン　1781頃–1859）
　岩世 （ウォーカー　1781.5.29–1859.5.1）
　科学 （ウォーカー　1781–1859.5.1）
　コン2 （ウォーカー　1781頃–1859）
　コン3 （ウォーカー　1781頃–1859）
　西洋 （ウォーカー　1781頃–1859.5.1）
　世西 （ウォーカー　1781–1859.5.1）
　世百 （ウォーカー　1781–1859）
　大百 （ウォーカー　1781–1859）
　百科 （ウォーカー　1781–1859）

Walker, John Grimes 〈19・20世紀〉

アメリカの海軍軍人。1899年運河地帯開発委員会委員長となり，パナマ運河の建設，運河地帯の民政などに尽力した。
⇒外国 （ウォーカー　1835–1907）

Walker, Joseph Reddeford 〈18・19世紀〉

アメリカの毛皮取引業者。カリフォルニアに至る移民の道を開拓した。
⇒探検2 （ウォーカー　1798–1876）

Walker, Madame C.J. 〈19・20世紀〉

アメリカの頭髪業を営んだ黒人女性実業家。
⇒ア事 （ウォーカー，マダム　1867–1917）

Walker, Maggie Lena 〈19・20世紀〉

アメリカの実業家。
⇒ア事 （ウォーカー，マギー　1867–1934）
　世女日 （ウォーカー，マギー・レナ　1867–1934）

Walker, Robert John 〈19世紀〉

アメリカの法律家，政治家，土地投機家。
⇒国小 （ウォーカー　1801–1869）
　伝世 （ウォーカー　1801.7.19–1869.11.11）

Walker, Sarah 〈19・20世紀〉

アメリカの実業家。
⇒世女 （ウォーカー，セアラ・ブリードラヴ　1867–1919）
　世女日 （ウォーカー，サラ　1867–1919）

Walker, Wilson 〈19・20世紀〉

イギリスの船長，実業家。
⇒日人 （ウォーカー　1851–1914）

Wallace, Andy 〈20世紀〉

アメリカのエンジニア，プロデューサー。ニューヨーク出身。
⇒ロ人 （ウォレス，アンディ）

Wallace, DeWitt 〈19・20世紀〉

アメリカの出版業者。
⇒岩ケ （ウォレス，デウィット　1889–1981）

Wallace, Henry 〈19・20世紀〉

アメリカの農業改良家。ルーズヴェルトの「Country Life Commission」の委員（1908）。
⇒岩世 （ウォレス　1836.3.19–1916.2.22）
　西洋 （ウォレス　1836–1916）
　伝世 （ウォレス，H.　1836.3.19–1916.2.22）

Wallace, Henry Agard 〈19・20世紀〉

アメリカの政治家，農場経営者。修正資本主義者。ルーズベルト政権のもとで活躍。
⇒アメ （ウォーレス　1888–1965）
　岩ケ （ウォレス，ヘンリー・A（エイガード）　1888–1965）
　岩世 （ウォレス　1888.10.7–1965.11.18）
　英米 （Wallace, Henry Agard　ウォレス（ヘンリー）　1888–1965）
　旺世 （ウォーレス　1888–1965）
　外国 （ウォーレス　1888–）
　広辞5 （ウォーレス　1888–1965）
　広辞6 （ウォーレス　1888–1965）
　国小 （ウォレス　1888.10.7–1965.11.18）
　コン3 （ウォーレス　1888–1965）
　人物 （ウォーレス　1888.10.7–）
　西洋 （ウォレス　1888.10.7–1965.11.18）
　世政 （ウォーレス，ヘンリー　1888.10.7–1965.11.18）

W

walla 　　　　　　　　*652* 　　　　　　西洋人物レファレンス事典

世西 （ウォレス　1888.10.7-）
世百 （ウォーレス　1888-）
世百新 （ウォーレス　1888-1965）
全書 （ウォーレス　1888-1965）
大百 （ウォーレス　1888-1965）
伝世 （ウォレス, H.A.　1888.10.7-1965.11.18）
二十 （ウォーレス, ヘンリー　1888.10.7-1965.11.18）
百科 （ウォーレス　1888-1965）
評世 （ウォーレス　1888-1965）
名著 （ウォレス　1888-）
山世 （ウォーレス　1888-1965）
歴史 （ウォーレス　1888-1965）

Wallace, Henry Cantwell 〈19・20世紀〉

アメリカの農業改良家。農業雑誌「Creamery Gazette, Farm and Dairy」の共同所有者としてこれを編集。1921～24年農務長官。
⇒岩ケ （ウォレス, ヘンリー・キャントウェル　1866-1924）
　岩世 （ウォレス　1866.5.11-1924.10.25）
　コン3 （ウォーレス　1866-1924）
　西洋 （ウォレス　1866-1924）

Wallace, John Findlay 〈19・20世紀〉

アメリカの土木技術者。ミシシッピ河他の河川改良工事に従い、パナマ運河工事の初代主任技師にも任命された（1904～05）。
⇒岩世 （ウォレス　1852.9.10-1921.7.3）
　人物 （ウォーレス　1852.9.10-1921.7.3）
　西洋 （ウォレス　1852.9.10-1921.7.3）

Wallace, Lila Acheson 〈19・20世紀〉

アメリカの実業家、事業後援者。
⇒世女 （ウォレス, リラ・アチェソン　1889-1984）
　世女日 （ウォーレス, リーラ・アチソン　1889-1984）

Wallach, Otto 〈19・20世紀〉

ドイツの有機化学者。精油工業に関するテルペン類の研究をし、1910年ノーベル化学賞受賞。
⇒岩世 （ヴァラッハ　1847.3.27-1931.2.26）
　外国 （ヴァラッハ　1847-1931）
　科学 （ヴァラッハ　1847.3.27-1931.2.26）
　科技 （ワルラハ　1847.3.27-1931.2.26）
　科人 （ヴァラッハ, オットー　1847.3.27-1931.2.26）
　科大 （ウァラッハ　1847-1931）
　科大2 （ウァラッハ　1847-1931）
　国小 （ワーラッハ　1847.3.27-1931.2.26）
　コン2 （ヴァラハ　1847-1931）
　コン3 （ヴァラハ　1847-1931）
　西洋 （ヴァラハ　1847.3.27-1931.2.26）
　世西 （ワルラッハ　1847.3.27-1931.3.18）
　世百 （ヴァルラハ　1847-1931）
　全書 （ワラッハ　1847-1931）
　大百 （ワラッハ　1847-1931）
　二十 （ワラッハ, オットー　1847.3.27-1931.2.26）
　ノ物 （ワラッハ, オットー　1847-1931）
　ノベ （ワラッハ, O.　1847.3.27-1931.2.26）
　百科 （ワルラハ　1847-1931）
　ノベ3 （ワラッハ, O.　1847.3.27-1931.2.26）
　ユ人 （ワラッハ, オットー　1847-1931）

Wallack, Henry John 〈18・19世紀〉

イギリス出身のアメリカの俳優、劇場経営者。1837年渡米、ウォラック劇場を経営し、ニューヨークの演劇の発展に重要な役割を果す。
⇒国小 （ウォラック, ヘンリー・ジョン　1790-1870）

Wallenberg, André Oscar 〈19世紀〉

スウェーデンの銀行家。
⇒岩世 （ヴァッレンベリ　1816.11.19-1886.1.12）

Wallenberg, Marcus 〈20世紀〉

スウェーデンの財界人。エンフィルダー銀行会長、スウェーデン産業連盟の会長などを歴任。
⇒現人 （バレンベリー　1899.10.5-）

Wallenberg, Raoul 〈20世紀〉

スウェーデンの実業家、外交官。
⇒岩ケ （ヴァレンベリ, ラウル　1912-1947?）
　岩世 （ヴァッレンベリ（ワレンバーグ）　1912.8.4-1947.7.17?）
　ユ人 （ワレンベルク（ワレンベリ）, ラウル　1912-1947?）

Waller, Judice 〈19・20世紀〉

アメリカの放送事業者。
⇒世女日 （ウォラー, ジュディス　1889-1973）

Waller, Lewis 〈19・20世紀〉

イギリスの俳優、劇場支配人。
⇒演劇 （ウォラー, ルイス　1860-1915）

Wallerstein, Immanuel Maurice 〈20世紀〉

アメリカの社会学者、歴史学者、経済思想家。中核・半周辺・周辺の三層構造論に基づく資本主義世界経済論を展開。
⇒岩世 （ウォーラーステイン　1930.9.28-）
　岩哲 （ウォーラーステイン　1930-）
　旺世 （ウォーラーステイン　1930-）
　経済 （ウォーラーステイン　1930-）
　広辞5 （ウォーラーステイン　1930-）
　広辞6 （ウォーラーステイン　1930-）
　最世 （ウォーラー, ステイン　1930-）
　大辞2 （ウォーラーステイン　1930-）
　大辞3 （ウォーラーステイン　1930-）
　二十 （ウォーラーステイン, イマニュエル　1930-）
　歴学 （ウォーラーステイン　1930-）

Wallis, Barnes Neville 〈19・20世紀〉
イギリスの航空機設計者。
⇒岩ケ（ウォリス，サー・バーンズ（・ネヴィル）1887–1979）
　科人（ウォリス，バーンズ・ネヴィル　1887.9.26–1979.10.30）
　世科（ウォリス　1887–1979）
　二十（ウォーリス，バーンズ　1887.9.26–1979.10.31）

Wallis, Hal B. 〈20世紀〉
アメリカ生まれの映画製作者。
⇒世映（ウォリス，ハル・B　1899–1986）
　世俳（ウォーリス，ハル・B　1899.9.14–1986.10.5）

Wallot, Johann Paul 〈19・20世紀〉
ドイツの建築家。後期バロックの代表者。主作品はベルリンの国会議事堂（1884〜94）。
⇒岩世（ヴァロート　1841.6.26–1912.8.10）
　オ西（ヴァロット，パウル　1841–1912）
　新美（ヴァロット，パウル　1841.6.26–1912.8.10）
　西洋（ヴァロート　1841.6.26–1921.8.10）

Walpole, *Sir* Robert 〈17・18世紀〉
イギリスの政治家。ホイッグ党の指導者。1721年初代首相。平和外交と健全財政に努め，イギリス社会の繁栄に尽力。
⇒イ哲（ウォルポール，R.　1676–1745）
　イ文（Walpole, Robert, 1st Earl of Orford　1676–1745）
　岩ケ（ウォルポール，サー・ロバート，オーフォード伯爵　1676–1745）
　英米（Walpole, Sir Robert, 1st Earl of Orford ウォルポール，ロバート　1676–1745）
　旺世（ウォルポール　1676–1745）
　外国（ウォルポール　1676–1745）
　角世（ウォルポール　1676–1745）
　広辞4（ウォルポール　1676–1745）
　広辞6（ウォルポール　1676–1745）
　国小（ウォルポール　1676.8.26–1745.3.18）
　国百（ウォルポール，ロバート　1676.8.26–1745）
　コン2（ウォルポール　1676–1745）
　コン3（ウォルポール　1676–1745）
　人物（ウォルポール　1676.8.26–1745.3.18）
　西洋（ウォルポール　1676.8.26–1745.3.18）
　世人（ウォルポール　1676–1745）
　世西（ウォルポール　1676.8.26–1745.3.18）
　世百（ウォルポール　1676–1745）
　全書（ウォルポール　1676–1745）
　大辞（ウォルポール　1676–1745）
　大辞3（ウォルポール　1676–1745）
　大百（ウォルポール　1676–1745）
　デス（ウォルポール　1676–1745）
　伝世（ウォルポール　1676.8.26–1745.3.18）
　百科（ウォルポール　1676–1745）
　評世（ウォルポール　1676–1745）
　山世（ウォルポール　1676–1745）
　歴世（ウォルポール　1676–1745）

Walras, Marie Esprit Léon 〈19・20世紀〉
フランスの経済学者。一般均衡理論を樹立。限界理論創始者の一人。
⇒岩世（ワルラス　1834.12.16–1910.1.4）
　岩哲（ワルラス，L.　1834–1910）
　外国（ワルラス　1834–1910）
　経済（ワルラス　1834–1910）
　広辞4（ワルラス　1834–1910）
　広辞5（ワルラス　1834–1910）
　広辞6（ワルラス　1834–1910）
　国小（ワルラス　1834.12.16–1910.1.5）
　国百（ワルラス，マリー・エスプリ・レオン　1834.12.16–1910.1.5）
　コン2（ワルラス　1834–1910）
　コン3（ワルラス　1834–1910）
　人物（ワルラス　1834.12.16–1910.1.4）
　西洋（ヴァルラス　1834.12.16–1910.1.4）
　世西（ワルラ（ワルラス）　1834.12.16–1910.1.5）
　世百（ワルラス　1834–1910）
　全書（ワルラス　1834–1910）
　大辞（ワルラス　1834–1910）
　大辞2（ワルラス　1834–1910）
　大辞3（ワルラス　1834–1910）
　大百（ワルラス　1834–1910）
　デス（ワルラス　1834–1910）
　伝世（ヴァルラ　1834–1910）
　ナビ（ワルラス　1834–1910）
　二十（ワルラス，M.E.L.　1834.12.16–1910.1.5）
　百科（ワルラス　1834–1910）
　名著（ワルラス　1834–1910）

Walschaerts, Egide 〈19・20世紀〉
蒸気機関車の弁装置の一形式を発明したベルギーの鉄道技術者。
⇒岩ケ（ヴァルスハールツ，エヒデ　1820–1901）
　世科（ヴァルスハールツ　1820–1901）

Walsh, John 〈18世紀〉
イギリスの楽譜出版者，楽器製作者。
⇒音大（ウォルシュ　?–1736.3.13）
　ラル（ウォルシュ，ジョン　?–1736）

Walsh, John Glia 〈19世紀〉
アメリカの貿易商，初代アメリカ長崎領事。ウォルシュ・ホール商会を設立。
⇒日人（ウォルシュ　1829–1897）
　来日（ウォルシュ　1829–1897）

Walsh, Thomas 〈19世紀〉
アメリカの貿易商。ウォルシュ・ホール商会を設立。
⇒日人（ウォルシュ　1827–1900）
　来日（ウォルシュ　1827–1900）

Walter, John 〈18・19世紀〉

イギリスの印刷業者。『ロンドン・タイムズ』
の経営者。創刊者である同名の父の子。
⇒国小（ウォルター　1776.2.23–1847.7.28）

Walter, John 〈18・19世紀〉

イギリスの印刷業者。『ロンドン・タイムズ』
の創刊者。
⇒岩ケ（ウォルター，ジョン　1739–1812）
　国小（ウォルター　1738/9–1812.11.16）
　コン2（ウォルター　1739–1812）
　コン3（ウォルター　1739–1812）
　全書（ウォルター　1739–1812）
　大百（ウォルター　1739–1812）

Walter, John 〈19世紀〉

イギリスの新聞経営者。
⇒岩ケ（ウォルター，ジョン　1818–1894）

Walter, Thomas Ustick 〈19世紀〉

アメリカの建築家。コリント風神殿の建築など
を制作。
⇒岩世（ウォルター　1804.9.4–1887.10.30）
　建築（ウォルター，トーマス・アースティック
　　1804–1887）
　国小（ウォルター　1804–1887）
　コン2（ウォルター　1804–1887）
　コン3（ウォルター　1804–1887）
　新美（ウォールター，トーマス　1804.9.4–1887.
　　10.30）
　西洋（ウォルター　1804.9.4–1887.10.30）

Walter of Hereford 〈13・14世紀〉

イギリスの建築長、軍事エンジニア。
⇒建築（ウォルター・オブ・ヘリフォード　1278–
　　1309）

Walters, Thomas James 〈19世紀〉

イギリスの建築家。1868年来日，日本初の都市
計画銀座尾張町の改築工事に従事（71～）。
⇒国史（ウォートルス　生没年不詳）
　新美（ウォートルス　生没年不詳）
　西洋（ウォーターズ（ウォートルス））
　全書（ウォートルス　生没年不詳）
　デス（ウォートルス　生没年不詳）
　日人（ウォートルス　1842–1898）
　百科（ウォートルス　生没年不詳）
　来日（ウォートルス　生没年不詳）

Walther, Johannes 〈15・16世紀・

ドイツの教会音楽家、出版者、讃美歌作詞者。
ルターと協同してプロテスタント最初の讃美歌
集 "Geystlich Gesankbuchleyn"（1524）を編集。
⇒音楽（ヴァルター，ヨハン　1496–1570.3.25）
　音大（ヴァルター　1496–1570.3.25）
　キリ（ヴァルター，ヨーハン　1496–1570.3.25）

　国小（ワルター　1496–1570.3.25/（4.24））
　西洋（ヴァルター　1496–1570.3.25）
　伝世（ヴァルター　1496–1570）
　ラル（ヴァルター，ヨーハン　1496–1570）

Walton, Sam 〈20世紀〉

アメリカの実業家。
⇒現ア（Walton, Sam　ウォルトン，サム　1918–
　　1992）

Walton, Thomas 〈19世紀〉

明治初期に来日したイギリスのガラス技師。
⇒新美（ウォルトン，トーマス　生没年不詳）

Walton, Tony 〈20世紀〉

イギリスの映画技術者。
⇒二十（ウォルトン，トニー　1939.10.24–）

Walworth, _Sir_ William 〈14世紀〉

イギリス中世の魚商人，ロンドン市長。
⇒外国（ウォールワス　?–1385）
　コン2（ウォルワース　?–1385）
　コン3（ウォルワース　?–1385）

Wanamaker, John 〈19・20世紀〉

アメリカの大百貨店主。宗教事業にも尽した。
⇒岩世（ウォナメイカー　1838.7.11–1922.12.12）
　外国（ワナメーカー　1838–1922）
　国小（ワナメーカー　1838.7.11–1922.12.12）
　コン2（ワナメーカー　1838–1922）
　コン3（ワナメーカー　1838–1922）
　人物（ワナメーカー　1838.7.11–1922.12.12）
　西洋（ウォナメーカー　1838.7.11–1922.12.12）
　世西（ワナメーカー　1838.7.11–1922.12.12）
　世百（ワナメーカー　1838–1922）
　大百（ワナメーカー　1838–1922）
　デス（ワナメーカー　1838–1922）
　二十（ワナメーカー，ジョン　1838–1922）
　百科（ワナメーカー　1838–1922）

Wanamaker, Sam 〈20世紀〉

アメリカの俳優，映画監督，映画製作者，舞台
演出家。
⇒岩ケ（ワナメイカー，サム　1919–1993）
　演劇（ワナメイカー，サム　1919–1993）
　外男（ワナメイカー，サム　1919.6.14–1993.12.
　　18）
　監督（ウオナメイカー，サム　1919.6.14–）
　世俳（ワナメイカー，サム　1919.6.14–1993.12.
　　18）
　二十（ワナメーカー，サム　1919.6.14–1993.12.
　　18）
　俳優（ウォナメイカー，サム　1919.6.14–）

Wang, An 〈20世紀〉

アメリカのコンピュータ・エンジニア，実業

家。中国系。
⇒岩ケ（ワン，アン　1920–1989）
　華人（ワン，アン　1920–1990）

Wang, Charles 〈20世紀〉
アメリカの企業家。中国系。
⇒華人（ワン，チャールズ　1944–）

Wangeman, Frank G. 〈20世紀〉
アメリカの財界人，ホテルマン指導者。
⇒二十（ワンゲマン，F.G.　1922–）

Wanger, Walter 〈20世紀〉
アメリカの映画製作者。MGM，コロンビア等の映画会社重役を経て独立製作者。
⇒岩ケ（ウェインジャー，ウォルター　1894–1968）
　岩世（ウェインジャー　1894.7.11–1968.11.18）
　西洋（ウェーンジャー　1894.7.11–1968）
　世映（ウェンジャー，ウォルター　1894–1968）

Wankel, Felix 〈20世紀〉
ドイツ連邦共和国の技術者。ロータリー・エンジンの発明者。
⇒岩ケ（ヴァンケル，フェリックス　1902–）
　岩世（ヴァンケル　1902.8.13–1988.10.9）
　科人（ヴァンケル，フェリックス　1902.8.13–1988.10.9）
　西洋（ヴァンケル　1902.8.13–）
　世科（ヴァンケル　1902–）
　二十（ヴァンケル，F.　1902.8.13–）

Wäntig, Heinrich 〈19世紀〉
ドイツの経済学者。東京帝国大学法科大学で経済学を教授。
⇒外国（ヴェンティッヒ　1870–）
　世西（ヴェンティッヒ　1870.3.21–）
　来日（ヴェンチッヒ　1870–）

Warburg, Paul Moritz 〈19・20世紀〉
アメリカのユダヤ系銀行家，文筆家。連邦準備制度理事会の理事に任命され，20世紀のアメリカ金融政策に大きな影響を与えた。
⇒世百（ヴァールブルク　1868–1931）
　二十（ワールブルク，P.M.　1868–1932）
　百科（ワールブルク　1868–1932）

Ward, Aaron Montgomery 〈19・20世紀〉
アメリカの商人。1872年モントゴメリー・ウォード会社を創設，同社をアメリカ第2の小売チェーン・ストアに育てた。
⇒世ögl（ウォード　1843.2.17–1913.12.7）
　デス（ウォード　1843–1913）
　伝世（ウォード，A.M.　1843–1913）

Ward, Artemas 〈20世紀〉
アメリカの食品研究家，著述家。19世紀末から20世紀初頭にかけて著わした『食品百科事典』で知られている。
⇒名著（ウォード　生没年不詳）

Ward, Barbara 〈20世紀〉
イギリスのエコノミスト，作家，ジャーナリスト。国連人間環境会議の準備作業として『かけがえのない地球』（1972）をまとめた。
⇒現人（ウォード　1914.5.23–）
　世女（ウォード，バーバラ　1914–1981）
　世女日（ウォード，バーバラ　1914–1981）

Wardenaar, Willem 〈19世紀〉
オランダの出島商館長（1800～03）。ドゥフと協力し商館の会計を整理。
⇒岩世（ワルデナール　?–1816.11.12）
　西洋（ヴァルデナール　19世紀）

Ware, Isaac 〈18世紀〉
イギリスの建築家。『ローサム・パーク』（1754）などを制作。
⇒国小（ウェアー　?–1766.1.3）

Ware, William Robert 〈19・20世紀〉
アメリカの建築家。『ユニテリアン教会』（ボストン，1875～77）などを共同制作。
⇒国小（ウェアー　1832.5.27–1915.6.9）

Warfield, A.G. 〈19世紀〉
アメリカの土木技師。
⇒岩世（ウォーフィールド）
　西洋（ウォーフィールド）
　日人（ワーフィールド　生没年不詳）

Warhol, Andy 〈20世紀〉
アメリカの画家，映画製作者。ポップアートの代表的な存在。
⇒ア人（ウォーホール，アンディ　1928–）
　アメ（ウォーホール　1928–1987）
　岩ケ（ウォーホール，アンディ　1928–1987）
　岩世（ウォーホール　1929.8.6–1987.2.22）
　才西（ウォーホール，アンディ（アンドリュー）　1930–1987）
　監督（ウオーホール，アンディ　1928–）
　現ア（Warhol, Andy　ウォーホル，アンディ　1927–1987）
　現人（ウォーホール　?–）
　広辞5（ウォーホル　1928–1987）
　広辞6（ウォーホル　1928–1987）
　コン3（ウォーホル　1928–1987）
　集文（ウォーホール，アンディ　1928.8.6–1987.2.22）
　新美（ウォーホール，アンディ　1928.8.6–）
　西洋（ウォーホル　1929.8.6–）

warne 656 西洋人物レファレンス事典

世映（ウォーホル，アンディ　1928–1987）
世芸（ウォホル，アンディ　1928–1987）
世西（ウォーホル　1928.8.6–1987.2.22）
世俳（ウォーホル，アンディ）
世美（ウォーホル，アンディ　1930–1987）
世百新（ウォーホル　1928–1987）
全書（ウォーホル　1930?–）
大辞2（ウォーホル　1928–1987）
大辞3（ウォーホル　1928–1987）
伝世（ウォーホール　1930–）
ナビ（ウォーホル　1930–1987）
二十（ウォーホル，アンディ　1928.8.6–1987.2.22）
二十英（Warhol, Andy　1928?–1987）
美術（ウォーホル，アンディ　1930–）
百科（ウォーホル　1928–）

Warne, Colston Estey 〈20世紀〉
アメリカの消費者運動のリーダー。アメリカ消費者同盟を設立，その会長となった。
⇒現人（ウォーン　1900.8.14–）
　二十（ウォーン，コルストン　1900.8.14–）

Warne, Frederick 〈19世紀〉
ロンドンの児童書出版者。
⇒世児（ウォーン，フレデリック　1825–1901）

Warner, Albert 〈19・20世紀〉
アメリカの映画企業家。4兄弟によるウォーナー兄弟会社を設立，1912年より映画製作。
⇒コン3（ワーナー　1884–1967）

Warner, Edward Pearson 〈20世紀〉
アメリカの航空技術者。「Aviation」誌を編集した（1929～35）。
⇒岩世（ウォーナー　1894.11.9–1958.7.12）
　西洋（ウォーナー　1894.11.9–1958.7.12）

Warner, Harry Morris 〈19・20世紀〉
アメリカ（ロシア生まれ）の映画企業家。3人の弟と共に草創期の映画事業に入りウォーナー兄弟会社を設立，1912年より映画製作。
⇒岩世（ワーナー（ウォーナー）　1881.12.12–1958.7.25）
　コン3（ワーナー　1881–1958）
　西洋（ウォーナー　1881–1958.7.25）
　二十（ワーナー，ハリー　?–1958）

Warner, Jack L. 〈20世紀〉
アメリカの映画企業家。4兄弟によるウォーナー兄弟会社を設立，1912年より映画製作。
⇒岩ケ（ウォーナー，ジャック　1892–1978）
　コン3（ワーナー　1892–1978）
　世映（ワーナー，ジャック　1892–1978）
　世俳（ウォーナー，ジャック・L　1892.8.2–1978.9.9）

世百新（ワーナー　1892–1978）
二十（ワーナー，ジャック・L．　1892–1978）
百科（ワーナー　1892–1978）

Warner, Samuel Louis 〈19・20世紀〉
アメリカの映画企業家。4兄弟によるウォーナー兄弟会社を設立，1912年より映画製作。
⇒外国（ウォーナー，サミュエル・ルイ　1887–1927）
　コン3（ワーナー　1887–1927）

Waronker, Lenny 〈20世紀〉
アメリカのプロデューサー。ロサンゼルス生まれ。
⇒口人（ワロンカー，レニー　1941–）

Warren, George Frederick (Jr.) 〈19・20世紀〉
アメリカの農業経済学者。実態調査法にもとづく所得形成要因分析の手法の基礎をつくった。
⇒岩世（ウォレン　1874.2.16–1938.5.24）
　西洋（ウォレン　1874.2.16–1938.5.14）

Warren, Gouverneur Kemble 〈19世紀〉
アメリカ陸軍の技術者。アメリカ西部の地図作成に貢献。
⇒国小（ウォーレン　1830–1882）

Warren G 〈20世紀〉
アメリカのラッパー，プロデューサー。
⇒実ク（ウォーレン G）
　ヒ人（ウォーレン・ジー　1971–）
　標音（ウォーレン G）

Was, Don 〈20世紀〉
アメリカのキーボード＆ベース・プレイヤー，プロデューサー。ミシガン州生まれ。
⇒口人（ウォズ，ドン　1952–）

Waschneck, Erich 〈19・20世紀〉
ドイツの映画監督，プロデューサー。
⇒監督（ワシュネック，エーリヒ　1887–1970.9.16）

Washington, Denzel 〈20世紀〉
アメリカ生まれの俳優，映画監督，映画製作者。
⇒ア事（ワシントン，デンゼル　1954–）
　外男（ワシントン，デンゼル　1954.12.28–）
　世映（ワシントン，デンゼル　1954–）
　世俳（ワシントン，デンゼル　1954.12.28–）
　二十（ワシントン，デンゼル　1955–）

Wasmosy, Juan Carlos 〈20世紀〉
パラグアイの政治家,実業家。パラグアイ大統領。
⇒世政 (ワスモシ,フアン・カルロス 1938.12.15-)

Wasserman, Lew 〈20世紀〉
アメリカ生まれの企業家。
⇒世映 (ワッサーマン,ルー 1913-2002)

Wasson, James R. 〈20世紀〉
アメリカの土木技師 (生没年不詳)。1872年来日し,北海道の道路建造に従事し,全道の測量を行った。のち陸軍省雇 (75),東京開成学校土木教師となる。
⇒岩世 (ワッソン)
　西洋 (ワッソン)
　日人 (ワッソン 1845-?)
　来日 (ワッソン 生没年不詳)

Waterhouse, Alfred 〈19・20世紀〉
イギリスの建築家。教育,公共機関の建築を多く設計。
⇒岩ケ (ウォーターハウス,アルフレッド 1830-1905)
　オ西 (ウォーターハウス,アルフレッド 1830-1905)
　国小 (ウォーターハウス 1830.7.19-1905.8.22)

Waters, Thomas James 〈19世紀〉
英国統治下アイルランド生まれの技師。
⇒岩世 (ウォートルス (ウォーターズ) 1842.7.17-1898.2.5)

Watson, Elkanah 〈18・19世紀〉
アメリカの農業改良家。メリノ種の羊を輸入し,農業共進会を催して農民を啓発し,農事協会を創立。
⇒コン2 (ウォトソン 1758-1842)
　コン3 (ウォトソン 1758-1842)
　西洋 (ウォトソン 1758-1842)

Watson, Thomas John 〈19・20世紀〉
アメリカの実業家。IBM社社長,会長。十指に余る大学から文学,経営学,工学などの博士号を受けた。
⇒岩世 (ワトソン 1874.2.17-1956.6.19)
　国小 (ウォトソン 1874.2.17-1956.6.19)
　コン3 (ワトソン 1874-1956)
　西洋 (ウォトソン 1874.2.17-1956.6.19)
　世界 (ウォトソン 1874.2.17-1956.6.19)
　全書 (ワトソン 1874-1956)
　大辞3 (ワトソン 1874-1956)
　二十 (ワトソン,トーマス・ジョン 1874.2.17-1956.6.19)
　百科 (ワトソン 1874-1956)

Watt, James 〈18・19世紀〉
スコットランドの技術者。ピストンを気圧で動かす蒸気機関など多くの発明をし,産業革命に貢献。
⇒i哲 (ワット,J. 1736-1819)
　岩ケ (ワット,ジェイムズ 1736-1819)
　岩世 (ワット 1736.1.19-1819.8.25)
　岩哲 (ウォット 1736-1819)
　英米 (Watt, James　ワット 1736-1819)
　旺世 (ワット 1736-1819)
　外国 (ワット 1736-1819)
　科学 (ワット 1736.1.19-1819.8.19)
　科技 (ワット 1736.1.19-1819.8.19)
　科史 (ウォット 1736-1819)
　科人 (ワット,ジェイムズ 1736.1.19-1819.8.25)
　科大 (ワット 1736-1819)
　角世 (ワット 1736-1819)
　広辞4 (ワット 1736-1819)
　広辞6 (ワット 1736-1819)
　国小 (ワット 1736.1.19-1819.8.19)
　国百 (ワット,ジェームズ 1736.1.19-1819.8.19)
　コン2 (ワット 1736-1819)
　コン3 (ワット 1736-1819)
　人物 (ワット 1736.1.19-1819.8.19)
　西洋 (ウォット 1736.1.19-1819.8.19)
　世科 (ウォット 1736-1819)
　世人 (ワット 1736-1819)
　世西 (ワット 1736.6.19-1819.8.25)
　世百 (ワット 1736-1819)
　全書 (ワット 1736-1819)
　大辞 (ワット 1736-1819)
　大辞3 (ワット 1736-1819)
　大百 (ワット 1736-1819)
　デス (ワット 1736-1819)
　伝世 (ワット 1736.1.19-1819.8.25)
　百科 (ワット 1736-1819)
　評世 (ワット 1736-1819)
　山世 (ワット 1736-1819)
　歴史 (ワット 1736-1819)

Watts, *Sir* Philip 〈19・20世紀〉
イギリスの造船家。在来の船舶設計法を改め,造船に多くの科学的計算法を導入し,軍艦シャノンの建造でその優れた才能を示した。
⇒岩世 (ワッツ 1846.5.30-1926.3.15)
　西洋 (ウォッツ 1846.5.30-1926.3.15)

Waugh, Samuel C. 〈19・20世紀〉
アメリカの実業家,政治家。米国国務次官。
⇒二十 (ウォー,サムエル 1890-?)

Wayss, Gustav 〈19・20世紀〉
ドイツの鉄筋コンクリートの応用と研究面における開拓者。ヴァイス・ウント・フライターク会社を設立して鉄筋コンクリート工法の普及に貢献した。
⇒世百 (ヴァイス 1845-1923)

wayss　　　　　　　　　　658　　　　　　　西洋人物レファレンス事典

Wayß, Gustav Adolf 〈19・20世紀〉
ドイツの土木技術者。
⇒岩世 （ヴァイス　1851.10.16–1917.8.19）
　西洋 （ヴァイス　1851–?）

Weatherby, Meredith 〈20世紀〉
アメリカの財界人。ウェザヒル社・社長兼編集
長。三島由紀夫の小説等の翻訳者、日本美術の
蒐集家としても知られる。
⇒二十 （ウェザビィ，M.　1911–）

Weatherstone, Dennis 〈20世紀〉
アメリカの事業家。
⇒世西 （ウェザーストーン　1930.11.29–）

Weaver, Robert Clifton 〈20世紀〉
アメリカの政治家。1966年住宅・都市開発相の
初代長官。アメリカ史上初の黒人閣僚。
⇒コン3 （ウィーヴァー　1907–）
　世政 （ウィーバー，ロバート　1907.12.29–1997.
　　7.17）
　世西 （ウィーヴァー　1907.12.29–）
　二十 （ウィーバー，ロバート・C.　1907–）

Webb, *Sir* Aston 〈19・20世紀〉
イギリスの建築家。
⇒岩ケ （ウェップ，サー・アストン　1849–1930）

Webb, Beatrice Potter 〈19・20世紀〉
イギリスのフェビアン主義の代表的理論家。
フェビアン協会会長。
⇒イ哲 （ウェップ，B.　1858–1943）
　岩ケ （ウェップ，シドニー・ジェイムズと（マー
　　サ・）ビアトリス）
　英米 （Webb, Beatrice　ウェップ（ベアトリス）
　　1858–1943）
　旺世 （ウェップ夫妻　1858–1943）
　才世 （ウェップ，ビアトリス（・マーサ）　1858–
　　1943）
　外国 （ウェップ，ベアトリス　1858–1943）
　角世 （ウェップ夫妻　1858–1943）
　経済 （ウェップ　1858–1943）
　国小 （ウェップ　1858.1.22–1943.4.30）
　コン2 （ウェップ　1858–1943）
　コン3 （ウェップ　1858–1943）
　思想 （ウェップ，シドニーおよびベアトリス
　　1858.1.22–1943.4.30）
　集世 （ウェップ，ビアトリス　1851.1.22–1943.4.
　　30）
　集文 （ウェップ，ビアトリス　1851.1.22–1943.4.
　　30）
　スパ （ウェップ，ベアトリス　1858–1943）
　西洋 （ウェップ　1858.1.22–1943.4.30）
　世女 （ウェップ，ベアトリス（ポター）　1858–
　　1943）
　世女日 （ウェップ，ビアトリス　1858–1943）
　世人 （ウェップ夫妻　1858–1943）
　世百 （ウェップ　1858–1943）

　全書 （ウェップ（夫妻））
　大百 （ウェップ　1858–1943）
　デス （ウェップ　1858–1943）
　伝世 （ウェップ，B.　1858.1.2–1943.4.30）
　ナビ （夫妻）
　二十 （ウェップ，ビアトリス　1858–1943）
　二十英 （Webb, Beatrice（Martha）　1858–
　　1943）
　評世 （ウェップ夫妻　1858–1943）
　名著 （ウェップ　1858–1943）
　歴学 （ウェップ夫妻　1859–1943）
　歴史 （ウェップ　1858–1946）
　歴史 （ウェップ夫妻）

Webb, Benedict Joseph 〈19世紀〉
アメリカのローマ・カトリック教会信徒，新聞
社主。
⇒キリ （ウェブ，ベネディクト・ジョウゼフ　1814.
　　2.25–1897.8.2）

Webb, Francis Willam 〈19・20世紀〉
ベッセマー製鋼法でいくつかの改良をなしとげ
たイギリス人鉄道技術者，発明家。
⇒世科 （ウェップ　1836–1906）
　世科 （ウェップ　1836–1906）
　二十 （ウェップ，フランシス・ウイリアム　1836.
　　5.21–1906）

Webb, John 〈17世紀〉
イギリスの建築家。グリニッジ宮チャールズ2
世の棟（1664）を制作。
⇒建築 （ウェップ，ジョン　1611–1672）
　国小 （ウェップ　1611–1672）
　新美 （ウェップ，ジョン　1611–1672.10.30）
　西洋 （ウェップ　1611–1672/4.10.30）
　世美 （ウェップ，ジョン　1611–1672）

Webb, Philip Speakman 〈19・20世紀〉
イギリスの建築家で，19世紀末のアカデミーの
硬直した様式から離脱するのにパイオニア的役
割を演じた。
⇒岩ケ （ウェップ，フィリップ　1831–1915）
　岩世 （ウェップ　1831.1.12–1915.4.17）
　才西 （ウェブ，フィリップ・スピークマン
　　1831–1915）
　国小 （ウェップ　1831.1.12–1915.4.17）
　新美 （ウェップ，フィリップ　1831.1.12–1915.4.
　　17）
　西洋 （ウェップ　1831–1915）
　全書 （ウェップ　1831–1915）
　大百 （ウェップ　1831–1915）
　百科 （ウェップ　1831–1915）

Webb, Sidney James 〈19・20世紀〉
イギリスの社会改革家，歴史家，経済学者。
フェビアン主義の指導的理論家。
⇒イ哲 （ウェップ，S.　1859–1947）
　イ文 （Webb　1859–1947）

W

経済・産業篇　　　　　　　*659*　　　　　　　**weber**

岩ケ（ウェッブ, シドニー・ジェイムズと（マー
　サ・）ビアトリス）
英米（Webb, Sidney James, 1st Baron
　Passfield　ウェッブ（シドニー）　1859–1947）
旺世（ウェッブ夫妻　1859–1947）
才世（ウェッブ, シドニー（・ジェイムズ）
　1859–1947）
外国（ウェッブ, シドニー　1859–1947）
角世（ウェッブ夫妻　1859–1947）
教育（ウェッブ　1859–1947）
経済（ウェッブ　1859–1947）
現人（ウェッブ　1859.7.13–1947.10.13）
広辞4（ウェッブ　1859–1947）
広辞5（ウェッブ　1859–1947）
広辞6（ウェッブ　1859–1947）
国小（ウェッブ　1859.7.13–1947.10.13）
コン2（ウェッブ　1859–1947）
コン3（ウェッブ　1859–1947）
思想（ウェッブ, シドニーおよびベアトリス
　1859.7.13–1947.10.13）
集世（ウェッブ, シドニー　1859.7.13–1947.10.
　13）
集文（ウェッブ, シドニー　1859.7.13–1947.10.
　13）
西洋（ウェッブ　1859.7.13–1947.10.13）
世女（ウェッブ, キャサリン　1859–1947）
世女日（ウェッブ, カサリン　1859–1947）
世人（ウェッブ夫妻　1859–1947）
世西（ウェッブ　1859.7.13–1947.10.13）
世百（ウェッブ　1859–1947）
全書（ウェッブ(夫妻)）
大辞（ウェッブ　1859–1947）
大辞2（ウェッブ　1859–1947）
大辞3（ウェッブ　1859–1947）
大百（ウェッブ　1859–1947）
デス（ウェッブ　1859–1947）
伝世（ウェッブ, S.　1859.7.13–1947.10.13）
ナビ（ウェッブ(夫妻)）
二十（ウェッブ, シドニー・ジェームス　1859.7.
　13–1947.10.13）
二十英（Webb, Sidney（James）　1859–1947）
百科（ウェッブ　1859–1947）
評世（ウェッブ夫妻　1859–1947）
名著（ウェッブ　1859–1947）
山世（ウェッブ　1859–1947）
歴学（ウェッブ夫妻　1859–1947）
歴史（ウェッブ　1859–1947）
歴史（ウェッブ夫妻）

Weber, Adolf 〈19・20世紀〉

ドイツの経済学者。主著
"Volkswirtschaftslehre"（1933）。
⇒岩世（ヴェーバー　1876.12.29–1963.1.5）
　西洋（ヴェーバー　1876.12.29–1963.1.5）

Weber, Alfred 〈19・20世紀〉

ドイツの社会学者, 経済地理学者。マックス・
ウェーバーの弟。
⇒岩世（ヴェーバー　1868.7.30–1958.5.2）
　外国（ヴェーバー　1868–）
　経済（ヴェーバー　1868–1958）

現人（ウェーバー　1868.7.30–1958.5.2）
国小（ウェーバー　1868–1958）
コン2（ヴェーバー　1868–1958）
コン3（ヴェーバー　1868–1958）
人物（ウェーバー　1868.7.30–）
西洋（ヴェーバー　1868.7.30–1958.5.2）
世西（ウェーバー　1868.7.30–）
世百（ウェーバー　1868–1958）
全書（ウェーバー　1868–1958）
大百（ウェーバー　1868–1958）
二十（ウェーバー, アルフレッド　1868.7.30–
　1958.5.2）
名著（ウェーバー　1868–1958）
歴史（ウェーバー　1868–1958）

Weber, Horst 〈20世紀〉

アメリカのジャズ・プロデューサー。
⇒ジヤ（ウェーバー, ホルスト　?–）
　二十（ウェーバー, ホルスト）

Weber, Johan Jakob 〈19世紀〉

ドイツの出版業者。ライプチヒに〈J.J.ヴェー
バー出版社〉を設立（1834）。
⇒岩世（ヴェーバー　1803.4.3–1880.3.16）
　西洋（ヴェーバー　1803.4.3–1880.3.16）

Weber, Lois 〈19・20世紀〉

アメリカの映画監督, 女優, 映画製作者。
⇒世映（ウェバー, ロイス　1881–1939）
　世女（ウェーバー, ロイス　1881–1939）
　世女日（ウェーバー, ロイス　1881–1939）
　世俳（ウェーバー, ロイス　1881.6.13–1939.11.13）

Weber, Max 〈19・20世紀〉

ドイツの経済学者, 社会学者。リッケルトらの
影響を受け, 経済行為や宗教現象の社会学的理
論の分野を開拓し, 「理念型論」を提唱, 学界
に大きな影響を与えた。著書に『経済と社会』
『プロテスタンティズムの倫理と資本主義の精
神』など。
⇒岩ケ（ヴェーバー, マックス　1864–1920）
　岩世（ヴェーバー　1864.4.21–1920.6.14）
　岩哲（ヴェーバー, M.　1864–1920）
　旺世（マックス＝ヴェーバー　1864–1920）
　音大（ヴェーバー　1864.4.21–1920.6.14）
　外国（ヴェーバー　1864–1920）
　角世（ヴェーバー（マックス）　1864–1920）
　教育（ウェーバー　1864–1920）
　キリ（ヴェーバー, マックス　1864.4.21–1920.6.
　14）
　経済（ヴェーバー　1864–1920）
　広辞4（ウェーバー　1864–1920）
　広辞5（ウェーバー　1864–1920）
　広辞6（ウェーバー　1864–1920）
　国小（ヴェーバー　1864.4.21–1920.6.14）
　国百（ウェーバー, マックス　1864.4.21–1920.6.
　14）
　コン2（ヴェーバー　1864–1920）

W

weber

コン3（ヴェーバー　1864-1920）
思想（ヴェーバー，マックス　1864-1920）
人物（ウェーバー　1864.4.2-1920.6.14）
西洋（ヴェーバー　1864.4.21-1920.6.14）
世宗（ヴェーバー　1864-1920）
世人（ヴェーバー（マックス=ウェーバー）1864-1920）
世西（ウェーバー　1864.4.21-1920.6.14）
世東（ウェーバー　1864-1920）
世百（ヴェーバー　1864-1920）
全書（ウェーバー　1864-1920）
大辞（ウェーバー　1864-1920）
大辞2（ウェーバー　1864-1920）
大辞3（ウェーバー　1864-1920）
大百（ウェーバー　1864-1920）
デス（ウェーバー　1864-1920）
伝世（ウェーバー，M.　1864.4.21-1920.6.14）
ナビ（ウェーバー　1864-1920）
二十（ウェーバー，マックス　1864.4.21-1920.6.14）
百科（ウェーバー　1864-1920）
評世（ウェーバー　1864-1920）
名著（ヴェーバー　1846-1920）
山世（ヴェーバー　1864-1920）
歴学（ウェーバー　1864-1920）
歴史（ウェーバー（マックス）　1864-1920）
ロシ（ウェーバー　1864-1920）

Weber, Wilhelm Eduard 〈19世紀〉
ドイツの物理学者，電気技術者。ガウスとともに電磁気理論を開拓。磁束のMKSA単位名は彼の名にちなむ。
⇒岩ケ（ヴェーバー，ヴィルヘルム（・エドゥアルト）　1804-1891）
　岩世（ヴェーバー　1804.10.24-1891.6.23）
　外国（ヴェーバー　1804-1891）
　科学（ウェーバー　1804.10.24-1891.6.23）
　科技（ウェーバー　1804.10.24-1891.6.23）
　科史（ウェーバー　1804-1891）
　科人（ヴェーバー，ヴィルヘルム・エドゥアルト　1804.10.24-1891.6.23）
　国小（ウェーバー　1804.10.24-1891.6.23）
　コン2（ヴェーバー　1804-1891）
　コン3（ヴェーバー　1804-1891）
　人物（ウェーバー　1804.10.24-1891.6.23）
　西洋（ヴェーバー　1804.10.24-1891.6.23）
　世科（ヴェーバー　1804-1891）
　世西（ウェーバー　1804.10.24-1891.6.23）
　世百（ヴェーバー　1804-1891）
　大辞（ウェーバー　1804-1891）
　大辞3（ウェーバー　1804-1891）
　大百（ウェーバー　1804-1891）
　百科（ウェーバー　1804-1891）

Webster, Sir David 〈20世紀〉
イギリスの経営者。
⇒オペ（ウェブスター，デーヴィッド　1903.7.3-1971.5.11）

Webster, Margaret 〈20世紀〉
アメリカの女優，プロデューサー，演出家。
⇒岩世（ウェブスター　1905.3.15-1972.11.13）
　演劇（ウェブスター，マーガレット　1905-1972）
　世女日（ウェブスター，マーガレット　1905-1972）

Wechsler, Lazar 〈20世紀〉
ポーランド生まれの映画製作者。
⇒世映（ヴェクスラー，ラザール　1896-1981）

Weddel, John
イギリス人の航海者。イギリス人として初めて中国通商を求めた。
⇒国小（ウェッデル　生没年不詳）
　西洋（ウェッデル）

Weddell, James 〈18・19世紀〉
イギリスの航海者。南極に向って航海し，南緯74°15′，西経34°16′に到達（1823）。
⇒岩ケ（ウェッデル，ジェイムズ　1787-1834）
　岩世（ウェデル　1787.8.24?-1834.9.9）
　外国（ウェッデル　1787-1834）
　西洋（ウェッデル　1787-1834）

Wedgwood, Josiah 〈18世紀〉
イギリスの陶芸家。ウェッジウッド社の創立者。ギリシア・ローマの古典的様式を取入れた。
⇒岩ケ（ウェッジウッド，ジョサイア　1730-1795）
　岩世（ウェッジウッド　1730.7.12-1795.1.3）
　英米（Wedgwood, Josiah　ウェッジウッド　1730-1795）
　外国（ウェッジウッド　1730-1795）
　科史（ウェッジウッド　1730-1795）
　国小（ウェッジウッド　1730.7.12-1795.1.3）
　コン2（ウェッジウッド　1730-1795）
　コン3（ウェッジウッド　1730-1795）
　新美（ウェッジウッド，ジョサイア　1730.7.12-1795.1.3）
　西洋（ウェッジウッド　1730.7.12-1795.1.3）
　世科（ウェッジウッド　1730-1795）
　世美（ウェッジウッド，ジョサイア　1730-1795）
　世百（ウェッジウッド　1730-1795）
　デス（ウェッジウッド　1730-1795）
　伝世（ウェッジウッド　1730.8-1795.1.3）
　百科（ウェッジウッド　1730-1795）

Weed, James Austin 〈19世紀〉
アメリカの農業技術者。
⇒日人（ウィード　1835-?）

Weeks, Sinclair 〈19・20世紀〉
アメリカの政治家。1944年共和党上院議員となり，同党財政部長となる。53〜58年米国商務長官を務める。
⇒二十（ウィークス，シンクレア　1883-?）

W

Weems, Mason Locke〈18・19世紀〉
アメリカの聖職者, 書籍販売者, 作家。
⇒岩ケ（ウィームズ, メイソン・ロック　1750–1825）

Wegner, Hans Jørgensen〈20世紀〉
デンマークの家具デザイナー。
⇒岩世（ウェグナー（ヴェーエナー）　1914.4.2–2007.1.26）
　新美（ウェグナー, ハンス　1914–）
　ナビ（ウェグナー　1914–）
　二十（ウェグナー, ハンス・J.　1914–）

Wehnelt, Arthur Rudolf Berthold〈19・20世紀〉
ドイツの実験物理学者。「ヴェーネルト断続器」,「ヴェーネルト陰極（酸化物陰極）」,「ヴェーネルト円筒（静電レンズ）」など多くを発明, 考案。
⇒岩世（ヴェーネルト　1871.4.4–1944.2.15）
　外国（ヴェーネルト　1871–）
　科学（ヴェーネルト　1871.4.4–1944.2.15）
　西洋（ヴェーネルト　1871.4.4–1944.2.15）
　世西（ヴェーネルト　1871.4.4–）
　二十（ヴェーネルト, アーサー　1871.4.4–1944.2.15）

Weidenbaum, Murray L.〈20世紀〉
アメリカの経済学者, 政治家。経済諮問委員会委員長。
⇒二十（ワイデンボーム, マレイ・L.　1927.2.10–）

Weigl, Thaddäus〈18・19世紀〉
オーストリアの作曲家, 指揮者, 出版者。
⇒ラル（ヴァイグル, タデーウス　1776–1844）

Weil, Saly〈19・20世紀〉
スイスの料理人。
⇒岩世（ワイル　1897–1976.6.26）

Wein, George Theodore〈20世紀〉
アメリカのジャズ・ピアニスト, 歌手。1954年のニューポート・ジャズ・フェスティバルを開催して以来のプロデューサーとして活躍。
⇒ジヤ（ウエイン, ジョージ　1925.10.3–）
　二十（ウエイン, ジョージ　1925.10.3–）

Weinberger, Casper Willard〈20世紀〉
アメリカの政治家, 出版人。フォーブス社社長, アメリカ国防長官。
⇒最世（ワインバーガー, キャスパー　1917–）
　世政（ワインバーガー, キャスパー　1917.8.18–）

Weinbrenner, Friedrich〈18・19世紀〉
ドイツの建築家。生地カールスルーエ市の拡張設計などにあたった。
⇒岩世（ヴァインブレンナー　1766.11.24–1826.3.1）
　建築（ヴァインブレンナー, ヨハン・ヤーコブ・フリードリヒ　1766–1826）
　国小（ワインブレンナー　1766.11.24–1826.3.1）
　西洋（ヴァインブレンナー　1761.11.29–1826.3.1）
　世美（ヴァインブレンナー, フリードリヒ　1766–1826）

Weinstein, Hannah〈20世紀〉
アメリカの映画プロデューサー, 政治活動家。
⇒世女（ワインスタイン, ハンナ　1911–1984）
　世女日（ワインスタイン, ハナ　1911–1984）

Weinstock, Sir Arnold〈20世紀〉
イギリスの財界人。イギリス最大の総合電機会社であるゼネラル・エレクトリック・カンパニー（GEC）の常務取締役。
⇒岩ケ（ワインストック（バウデンの）, アーノルド, 男爵　1924–）
　岩世（ウェインストック　1924.7.29–2002.7.23）
　現人（ウェインストック　1924.7.29–）
　西洋（ウェーンストック　1924.7.29–）
　世西（ウェーンストック　1924.7.29–）

Weinstock, Bob〈20世紀〉
アメリカのジャズ・プロデューサー。プレスティッジ・レコードを設立するが後に売却。後に設立したJAMレコードのオーナー。
⇒ジヤ（ワインストック, ボブ　?–）
　二十（ワインストック, ボブ）

Weintraub, Sidney〈20世紀〉
アメリカのマクロ経済学者。
⇒経済（ワイントラーブ　1914–1983）
　二十（ワイントラーブ, S.　1914–1983）

Weis, Heinrich〈20世紀〉
実業家。シュレーマン・ジマーグ社長, コンキャスト会長。
⇒二十（ヴァイス, ハインリヒ　1918–）

Weisman, Alan〈20世紀〉
アメリカのエコノミスト。
⇒海作4（ワイズマン, アラン　1947–）

Weisweiler, Adam〈18・19世紀〉
ドイツの家具製作者。代表作『マリー・アントアネットの文机』(1784)。
⇒国小（ワイスワイラー　1750頃–1810以後）
　新美（ウェースウェレール, アダム　1750頃–1809/10頃）

weizm 662 西洋人物レファレンス事典

世美（ヴァイスヴァイラー, アダム 1750頃–
1810頃）

Weizmann, Chaim 〈19・20世紀〉
イスラエルの化学者, 政治家。1948年イスラエ
ル共和国建国とともに初代大統領に就任。ま
た, アセトン火薬の大量生産法の開発でも知ら
れる。
⇒岩ケ（ヴァイツマン, ハイム（・アズリエル）
1874–1952）
岩世（ヴァイツマン 1874.10.27–1952.11.9）
旺世（ワイツマン 1874–1952）
外国（ワイズマン 1874–1952）
科学（ヴァイツマン 1874.11.27–1952.11.9）
科技（ワイツマン 1874.11.27–1952.11.9）
科人（ワイツマン, ハイム・アズリエル 1874.
11.27–1952.11.9）
角世（ヴァイツマン 1874–1952）
現人（ワイズマン 1874.11.27–1952.11.9）
国小（ワイツマン 1874.11.27–1952.11.9）
コン2（ワイズマン 1874–1952）
コン3（ワイズマン 1874–1952）
人物（ワイズマン 1874.10.27–1952.11.9）
西洋（ヴァイツマン 1874.10.27–1952.11.9）
世政（ワイツマン, ハイム 1874.11.27–1952.11.
9）
世西（ワイズマン 1874.11.27–1952.11.9）
世百（ワイズマン 1874–1952）
全書（ワイズマン 1874–1952）
大辞（ワイズマン 1874–1952）
大辞2（ワイズマン 1874–1952）
大辞3（ワイズマン 1874–1952）
大百（ワイズマン 1874–1952）
伝世（ヴァイツマン 1874.11.2–1952.11.9）
ナビ（ワイツマン 1874–1952）
二十（ワイツマン, チャイム 1874.11.27–1952.
11.9）
百科（ワイツマン 1874–1952）
評世（ワイツマン 1874–1952）
山世（ヴァイツマン 1874–1952）
ユ人（ワイツマン, ハイム 1874–1952）

Welch, Jack 〈20世紀〉
ゼネラル・エレクトリック（GE）会長兼最高経
営責任者（CEO）。
⇒最世（ウェルチ, ジャック 1935–）

Welch, Robert 〈20世紀〉
イギリスの銀細工師, 銀製品デザイナー。
⇒岩ケ（ウェルチ, ロバート 1929–）

Weldon, Walter 〈19世紀〉
イギリスの化学工業家。
⇒科人（ウェルドン, ウォルター 1832.10.31–
1885.9.20）
西洋（ウェルドン 1832–1885）
大百（ウェルドン 1832–1885）

Wellcome, Henry 〈19・20世紀〉
イギリスの製薬業者。
⇒岩ケ（ウェルカム, ヘンリー 1853–1936）

Welles, George Orson 〈20世紀〉
アメリカの映画監督, 俳優, 脚本家, 製作者。
1938年放送劇『宇宙戦争』を発表, 41年監督主
演第1作『市民ケーン』は映画の技術革命をも
たらした。ほかに出演作品『オセロ』『審判』
『第三の男』など。
⇒岩ケ（ウェルズ,（ジョージ・）オーソン 1915–
1985）
岩世（ウェルズ 1915.5.6–1985.10.10）
演劇（ウェルズ, オーソン 1915–1985）
外国（ウェルズ 1915–）
外男（ウェルズ, オーソン 1915.5.6–1985.10.
10）
監督（ウエルズ, オースン 1915.5.6–）
現ア（Welles, Orson ウェルズ, オーソン
1915–1985）
現人（ウェルズ 1915.5.6–）
広辞5（ウェルズ 1915–1985）
広辞6（ウェルズ 1915–1985）
国小（ウェルズ 1915.5.6–）
コン3（ウェルズ 1915–1985）
最世（ウェルズ, オーソン 1915–1985）
集文（ウェルズ, オーソン 1915.5.6–1985.10.
10）
人物（オーソン・ウェルズ 1915–）
西洋（ウェルズ 1915.5.6–）
世映（ウェルズ, オースン 1915–1985）
世俳（ウェルズ, オーソン 1915.5.6–1985.10.
10）
世百（ウェルズ 1915–）
世百新（ウェルズ 1915–1985）
世文（ウェルズ, オーソン 1915–1985）
全書（ウェルズ 1915–）
大辞2（ウェルズ 1915–1985）
大辞3（ウェルズ 1915–1985）
伝世（ウェルズ 1915.5.6–）
ナビ（ウェルズ 1915–1985）
二十（ウェルズ, オーソン 1915.5.6–1985.10.
10）
二十英（Welles,（George）Orson 1915–1985）
俳優（ウェルズ, オースン 1915.5.6–）
百科（ウェルズ 1915–）

Welles, Henry 〈19世紀〉
アメリカン・エクスプレス会社社長（1850～
68）。
⇒岩ケ（ウェルズ, ヘンリー 1805–1878）
国小（ウェルズ 1805–1878）

Welsch, Maximilian von 〈17・18世紀〉
ドイツのバロック末期の建築家。選帝侯の築城
総監を務めた。
⇒建築（ヴェルシュ, マキシミリアン・フォン
1671–1745）
国小（ウェルシュ 1671–1745）

Welser, Bartholomäus〈15・16世紀〉
ドイツの商人, 銀行家。
⇒岩世（ヴェルザー 1484.6.25–1561.3.28）

Wenckstern, Adolph von〈19・20世紀〉
ドイツの経済学者。日本政府に招聘されて来日（1893）。帝国大学法科大学にて財政学を講じた。
⇒岩世（ヴェンクシュテルン 1862.10.3–1914）
西洋（ヴェンクシュテルン 1862–1914）
来日（ウェンクシュテルン 1862–1914）

Wendel, François de〈19・20世紀〉
フランスの実業家。
⇒岩世（ヴァンデル 1874.5.5–1949.1.12）

Wenner-Gren, Axel Leonard〈19・20世紀〉
スウェーデンの工業家。
⇒岩ケ（ヴェンネル＝グレン, アクセル・レオナルド 1881–1961）
世科（ヴェンナー・グレン 1881–1961）
二十（ヴェンナー・グレン, アクセル・L. 1881.6.5–1961）

Wenzinger, Christian〈18世紀〉
ドイツのロココ彫刻家, 画家, 建築家。
⇒芸術（ヴェンツィンガー, クリスティアン 1710–1797）
国小（ヴェンツィンガー 1710–1797）
新美（ヴェンツィンガー, クリスティアン 1710.12.10–1797.7.1）
西洋（ヴェンツィンガー 1710.12.10–1797.7.1）

Werner, Gustav〈19世紀〉
ドイツのキリスト教社会事業家。家内労働者, 農民および工場労働者の教化に尽力。
⇒外国（ヴェルナー 1809–1887）
キリ（ヴェルナー, グスタフ 1809.3.12–1887.8.2）
西洋（ヴェルナー 1809.3.12–1887.8.2）

Werner, Pierre〈20世紀〉
ルクセンブルグの政治家。1959年首相兼蔵相に就任。
⇒世政（ヴェルナー, ピエール 1913.12.29–2002.6.24）
世西（ヴェルナー 1913.12.29–）
二十（ウェルナー, ピエール 1913.12.29–）

Werser, Bartholomäus〈15・16世紀〉
ドイツの南アメリカ開拓者。ハイチの銅山を経営, またベネズエラに植民を行った。
⇒外国（ヴェルザー, バルトロメウス 1488–1561）
西洋（ヴェルザー 1488–1561）

Wesson, Daniel Baird〈19・20世紀〉
アメリカの銃器製作者。
⇒岩世（ウェッソン, ダニエル・ベアード 1825–1906）

West, Charles Dickinson〈19・20世紀〉
イギリスの機械工学者。工部大学校教師として招かれ来日（1882）。のち東京帝国大学工科で講義をしたほか, 造船学科を設置。
⇒岩世（ウェスト 1848–1908）
科学（ウェスト 1847.1–1908.1.10）
国史（ウェスト 1848–1908）
人物（ウェスト 1848–1908）
西洋（ウェスト 1848–1908）
全書（ウェスト 1848–1908）
大百（ウェスト 1848–1908）
二十（ウェスト, チャールズ・D. 1848–1908.1.10）
日人（ウェスト 1847–1908）
来日（ウェスト 1847–1908）

West, Sir Edward〈18・19世紀〉
イギリスの経済学者。
⇒岩世（ウェスト 1782.3.1–1828.4.18）
コン2（ウェスト 1782–1828）
コン3（ウェスト 1782–1828）
人物（ウェスト 1782–1828）
西洋（ウェスト 1782–1828）
世西（ウェスト 1782–1828）
名著（ウェスト 1782–1828）

West, Kanye〈20世紀〉
アメリカ出身のヒップホップMC, ラッパー, プロデューサー。
⇒実ク（ウェスト, カニエ 1977–）
ヒ人（ウェスト, カンイェ 1977頃–）

West, Meriam Esther〈19・20世紀〉
アメリカの経済学者。主として雇傭問題を研究。
⇒西洋（ウェスト 1887.7.5–）

Westcott, Edward Noyes〈19世紀〉
アメリカの銀行家, 小説家。『デービッド・ヘーラム——アメリカ生活の物語』の作者。
⇒国小（ウェストコット 1846.9.27–1898.3.31）

Westermann, Georg〈19世紀〉
ドイツの出版者。地図, 文学書, 自然科学書, 美術書を出版。
⇒岩世（ヴェスターマン 1810.2.23–1879.9.7）
西洋（ヴェステルマン 1810–1879）

Westinghouse, George〈19・20世紀〉
アメリカの発明家, 事業家。空気ブレーキを発明, 自動式鉄道信号機を考案。ナイアガラ瀑布

に最初の発電所を設け,天然ガスの経済的な輸送供給方法を考案.
⇒岩ケ (ウェスティングハウス, ジョージ 1846–1914)
岩世 (ウェスティングハウス 1846.10.6–1914.3.12)
外国 (ウェスティングハウス 1846–1914)
科学 (ウェスチングハウス 1846.10.6–1914.3.12)
科技 (ウェスティングハウス 1846.10.6–1914.3.12)
科史 (ウェスティングハウス 1846–1914)
科人 (ウェスティングハウス, ジョージ 1846.10.6–1914.3.12)
広辞4 (ウェスティングハウス 1846–1914)
広辞5 (ウェスティングハウス 1846–1914)
広辞6 (ウェスティングハウス 1846–1914)
コン2 (ウェスティングハウス 1846–1914)
コン3 (ウェスティングハウス 1846–1914)
人物 (ウェスチングハウス 1846.10.6–1914.3.12)
西洋 (ウェスティングハウス 1846.10.6–1914.3.12)
世科 (ウェスティングハウス 1846–1914)
世西 (ウェスティングハウス 1846.10.6–1914.3.12)
世百 (ウェスティングハウス 1846–1914)
全書 (ウェスティングハウス 1846–1914)
大辞2 (ウェスティングハウス 1846–1914)
大辞3 (ウェスティングハウス 1846–1914)
大百 (ウェスチングハウス 1846–1914)
伝世 (ウェスティングハウス 1846.10.6–1914.3.12)
ナビ (ウェスティングハウス 1846–1914)
百科 (ウェスティングハウス 1846–1914)

Weston, Edward 〈19・20世紀〉
アメリカの電気技術者.ウェストン・カドミウム電池を考案,国際電気委員会により公式に起電力の標準として採用された(1908).
⇒岩世 (ウェストン 1850.5.9–1936.8.20)
科学 (ウェストン 1850–1936)
科史 (ウェストン 1850–1936)
コン2 (ウェストン 1850–1936)
コン3 (ウェストン 1850–1936)
人物 (ウェストン 1850.5.9–1936.8.20)
西洋 (ウェストン 1850–1936)
世版 (ウェストン 1850.5.9–1936.8.20)
全書 (ウェストン 1850–1936)
二十 (ウェストン, エドワード 1850–1936)
百科 (ウェストン 1850–1936)

Westwood, Vivienne 〈20世紀〉
イギリスの服飾デザイナー.
⇒岩世 (ウェストウッド 1941.4.8–)
世女 (ウェストウッド, ヴィヴィアン 1941–)

Weulersse, Georges 〈19・20世紀〉
フランスの地理学者,経済学者.中国および日本に旅行(1900〜01),経済学では重農学派の歴史と学説とを研究.
⇒岩世 (ヴェレルス 1874–1950)
西洋 (ヴェレルス 1874–)
名著 (ヴーレルス 1874–1950)

Weyermann, Moritz Rudolf 〈19・20世紀〉
ドイツの国民経済学者.主著『科学的私経済学の原理と体系』(1913).
⇒名著 (ヴァイエルマン 1876–)

Wheatstone, Sir Charles 〈19世紀〉
イギリスの物理学者,技術者.電気時計を発明.ホイートストン−ブリッジと呼ばれる電気抵抗の精密測定器を実用化した.
⇒岩ケ (ウィートストン, サー・チャールズ 1802–1875)
岩世 (ホイートストン 1802.2.6–1875.10.19)
外国 (ホイートストン 1802–1875)
科学 (ホイートストン 1802.2–1875.10.19)
科技 (ホイートストン 1802.2–1875.10.19)
科史 (ホイートストーン 1802–1875)
科人 (ホイートストン, サー・チャールズ 1802.2.6–1875.10.19)
国小 (ホイートストン 1802.2–1875.10.9)
コン2 (ホイートストーン 1802–1875)
コン3 (ホイートストーン 1802–1875)
人物 (ホイートストン 1802.2–1875.10.19)
西洋 (ホイートストン 1802.2–1875.10.19)
世科 (ホイートストーン 1802–1875)
世西 (ホイートストン 1802.2–1875.10.19)
世百 (ホイートストン 1802–1875)
全書 (ホイートストン 1802–1875)
大辞 (ホイートストン 1802–1875)
大辞3 (ホイートストン 1802–1875)
大百 (ホイートストン 1802–1875)
百科 (ホイートストン 1802–1875)

Wheeler, Candace Thurber 〈19・20世紀〉
アメリカの織物デザイナー.
⇒世女日 (ホィーラー, キャンダス・サーバー 1827–1923)

Wheeler, David John 〈20世紀〉
イギリスのコンピューター科学者.
⇒岩世 (ホイーラー 1927.2.9–2004.12.13)

Wheeler, William 〈19・20世紀〉
アメリカの土木技師.開拓使に招かれて来日(1876〜79).札幌農学校の教師となる.
⇒岩世 (ウェーラー 1851.12.6–1932.7.1)
教育 (ホイーラー 生没年不詳)
西洋 (ホイーラー)
日人 (ホイラー 1851–1932)
来日 (ホイラー 1851–1932)

Wheeler, William Almon 〈19世紀〉
アメリカの政治家，実業家。1877～81年副大統領。
⇒岩ケ（ウィーラー，ウィリアム（・アーモン）1819-1887）
国小（ホイーラー　1819-1887）
コン3（ウィーラー　1819-1887）

Wheelwright, John Brooks 〈20世紀〉
アメリカの詩人，建築家。
⇒オ世（ホイールライト，ジョン（・ブルックス）1897-1940）
集世（ホイールライト，ジョン　1897.9.9-1940.9.15）
集文（ホイールライト，ジョン　1897.9.9-1940.9.15）
二十英（Wheelwright, John Brooks　1897-1940）

Wheelwright, William 〈18・19世紀〉
イギリスの実業家。チリのカルデラ＝コピアポ鉄道（1850～51）を開設。
⇒国小（ホイールライト　1798.3.16-1873.9.26）

Whinfield, John Rex 〈20世紀〉
イギリスの応用化学者。ポリエステル系合成繊維の発明者。
⇒西洋（ホインフィールド　1916.2.1-）
二十（ホインフィールド，ジョン・レックス　1916.2.1-）

Whipple, Squire 〈19世紀〉
アメリカの土木技術者。〈ホイップ梯形型〉と称される多くの鉄橋を架設（1852～）。
⇒岩世（ホイップル　1804.9.16-1888.3.15）
コン2（ホイップル　1804-1888）
コン3（ホイップル　1804-1888）
西洋（ホイップル　1804.3.24-1888.3.15）
世百（ホイップル　1804-1888）

Whipple, William 〈18世紀〉
アメリカの商人，政治家。独立戦争前後に活躍。
⇒国小（フィップル　1730-1785）

Whitaker, Joseph 〈19世紀〉
イギリスの書籍販売業者，出版業者。
⇒岩ケ（ウィッテカー，ジョゼフ　1820-1895）

Whitchurch, Edward 〈16世紀〉
ロンドンの商人でプロテスタントの印刷業者。
⇒キリ（ホウィットチャーチ，エドワード　?-1561）

White, Barry 〈20世紀〉
アメリカの音楽プロデューサー，シンガー・ソングライター。テキサス州生まれ。
⇒実ク（ホワイト，バリー　?-2003）
標音（ホワイト，バリー）
洋ヒ（ホワイト，バリー　1944-2003）

White, George 〈19・20世紀〉
アメリカの演劇プロデューサー，俳優。『ジョージ・ホワイトのスキャンダル1919年』を毎年上演してニューヨーク名物となった。
⇒国小（ホワイト　1890-1968.10.10）
世俳（ホワイト，ジョージ　1892.3.12-1968.10.11）
二十（ホワイト，ジョージ　1890-1968.10.11）

White, Harry Dexter 〈20世紀〉
アメリカの財政金融の専門家。アメリカが1943年に発表した連合国国際安定基金案はホワイトの立案によるもの。
⇒岩世（ホワイト　1892.10.9-1948.8.16）
現人（ホワイト　1892.10.29-1948.8.16）
コン3（ホワイト　1892-1948）

White, Islael Charles 〈19・20世紀〉
アメリカの地質学者。アメリカ地質学協会の創立者。石油および天然ガスは地層の背斜構造の上部に存在すると唱え，石油地質学の発達および油田・ガス田開発に寄与。
⇒コン2（ホワイト　1848-1927）
コン3（ホワイト　1848-1927）
西洋（ホワイト　1848.11.1-1927.11.24）
世百（ホワイト　1848-1927）
全書（ホワイト　1848-1927）
二十（ホワイト，I.チャールズ　1848-1927）

White, J.Maunsel 〈20世紀〉
アメリカの発明家。1899年にテーラーに協力して，高速度工具鋼の熱処理法を発明。
⇒外国（ホワイト　生没年不詳）

White, Stanford 〈19・20世紀〉
アメリカの建築家。1879年C.マッキム，W.ミードとともにマッキム・ミード・アンド・ホワイト建築事務所を開設。主作品はニューポートのカジノ（81）。
⇒岩ケ（ホワイト，スタンフォード　1853-1906）
国小（ホワイト　1853.11.9-1906.6.25）
コン3（ホワイト　1853-1906）
西洋（ホワイト　1853.11.9-1906.6.25）

White, Sir William Henry 〈19・20世紀〉
イギリスの造船技術者。2百隻に余る軍艦を設計，建造し，水管罐，タービンの装備を提案。主著 "Manual of naval architecture"（1877）。
⇒岩世（ホワイト　1845.2.2-1913.2.27）
コン2（ホワイト　1845-1913）
コン3（ホワイト　1845-1913）
西洋（ホワイト　1845.2.2-1913.2.27）

世百 (ホワイト 1845–1913)
二十 (ホワイト, ウィリアム・ヘンリー 1845–1913)
百科 (ホワイト 1845–1913)

Whitehead, Robert 〈19・20世紀〉

イギリスの工学者。1856～66年水雷を研究, 操舵調整器で正確度の高い水雷を発明。

⇒岩世 (ホワイトヘッド 1823.1.3–1905.11.14)
外国 (ホワイトヘッド 1823–1905)
科学 (ホワイトヘッド 1823.1.3–1905.11.14)
国小 (ホワイトヘッド 1823–1905)
コン2 (ホワイトヘッド 1823–1905)
コン3 (ホワイトヘッド 1823–1905)
人物 (ホワイトヘッド 1823–1905)
西洋 (ホワイトヘッド 1823.1.3–1905.11.14)
世科 (ホワイトヘッド 1823–1905)
世西 (ホワイトヘッド 1823.1.3–1905.11.14)
全書 (ホワイトヘッド 1823–1905)
大百 (ホワイトヘッド 1823–1905)
百科 (ホワイトヘッド 1823–1905)

Whitehill, Arthur M. 〈20世紀〉

アメリカの経済学者。ノースカロライナ大学教授, ハワイ大学教授。

⇒二十 (ホワイトヒル, A.M. 1919–)

Whiting, Robert 〈20世紀〉

アメリカの作家, 実業家。クリエイティブ・リリース・グループ社長。

⇒二十 (ホワイティング, ロバート 1942–)

Whitman, Marina von Neumann 〈20世紀〉

アメリカの経済学者。米国大統領経済諮問委員会委員。

⇒二十 (ホイットマン, マリナ・v.N. 1935–)

Whitman, Meg 〈20世紀〉

イーベイ社長兼最高経営責任者 (CEO)。

⇒最世 (ウイットマン, メグ)

Whitney, Eli 〈18・19世紀〉

アメリカの発明家。綿繰り機を発明して綿花の大増産に貢献。

⇒アメ (ホイットニー 1765–1825)
岩ケ (ウィットニー, イーライ 1765–1825)
岩世 (ホイットニー 1765.12.8–1825.1.8)
英米 (Whitney, Eli ホイットニー 1765–1825)
旺世 (ホイットニー 1765–1825)
外国 (ホイットニー 1765–1825)
科学 (ホイットニー 1765.12.8–1825.1.8)
科技 (ホイットニー 1765.12.8–1825.1.8)
科史 (ホイットニー 1765–1825)
角世 (ホイットニー 1765–1825)
広辞4 (ホイットニー 1765–1825)

広辞6 (ホイットニー 1765–1825)
国小 (ホイットニー 1765.12.8–1825.1.8)
コン2 (ホイットニー 1765–1825)
コン3 (ホイットニー 1765–1825)
人物 (ホイットニー 1765.12.8–1825.1.8)
西洋 (ホイットニ 1765.12.8–1825.1.8)
世科 (ホイットニー 1765–1825)
世人 (ホイットニー 1765–1825)
世西 (ホイットニー 1765.12.8–1825.1.8)
世百 (ホイットニー 1765–1825)
全書 (ホイットニー 1765–1825)
大辞3 (ホイットニー 1765–1825)
大百 (ホイットニー 1765–1825)
デス (ホイットニー 1765–1825)
伝世 (ホイットニー 1765.12.8–1825.1.8)
百科 (ホイットニー 1765–1825)
評世 (ホイットニー 1765–1825)
山世 (ホイットニー 1765–1825)
歴史 (ホイットニー 1765–1825)

Whitney, John 〈20世紀〉

アメリカ生まれの映像作家, コンピューター・アーティスト, アニメーション作家。

⇒世映 (ホイットニー, ジョン 1917–1995)

Whitney, John H. 〈20世紀〉

アメリカの外交官, 実業家。

⇒二十 (ホイットニー, ジョン・H. 1904–1982.2.8)

Whitney, William Collins 〈19・20世紀〉

アメリカの実業家, 政治家。海軍長官を務めたのちニューヨークの市電, 電気関係の実業家として活躍。

⇒外国 (ホイットニー 1841–1904)
国小 (ホイットニー 1841.7.5–1904.2.2)

Whitney, Willis Rodney 〈19・20世紀〉

アメリカの研究組織者, 化学者。ゼネラル・エレクトリック社の中央研究所所長, 研究担当副社長となり (1928～41), のち米国科学アカデミー会員。

⇒西洋 (ホイットニ 1868.8.22–1958.1.9)

Whittington, Richard 〈14・15世紀〉

イギリスの商人, ロンドン市長。伝説, パントマイムの主人公。

⇒イ文 (Whittington, Richard ('Dick') 1358–1423)
岩ケ (ウィッテントン, ディック 1358頃–1423)
英米 (Whittington, Richard ホイッティントン ?–1423)
外国 (ホイッティントン 1358頃–1423)
国小 (ホイッティントン ?–1423.3)
コン2 (ウィッテントン 1358頃–1423)
コン3 (ウィッテントン 1358頃–1423)

Whittle, *Sir* Frank 〈20世紀〉
イギリスの航空技術者。イギリス空軍のジェット機中隊を誕生させた。
⇒岩ケ（ウィットル，サー・フランク 1907-1996）
　岩世（ホイットル 1907.6.1-1996.8.8）
　外国（ホイットル 1907-）
　科学（ホイットル 1907.6.1-）
　科史（ホイットル 1907-）
　科人（ホイットル，サー・フランク 1907.6.1-）
　国小（ホイットル 1907.6.1-）
　コン3（ホイットル 1907-）
　西洋（ホイットル 1907.6.1-）
　世科（ホイットル 1907-）
　世百（ホイットル 1907-）
　世百新（ホイットル 1907-1996）
　全書（ホイットル 1907-）
　大辞2（ホイットル 1907-）
　大辞3（ホイットル 1907-1996）
　大百（ホイットル 1907-）
　ナビ（ホイットル 1907-1996）
　二十（ホイットル，フランク 1907.6.1-）
　百科（ホイットル 1907-）

Whitworth, *Sir* Joseph, Baronet 〈19世紀〉
イギリスの機械技術者。「ホイットワースねじ」は現在も通用するねじ規格。
⇒岩ケ（ウィットワース，サー・ジョセフ 1803-1887）
　岩世（ホイットワース 1803.12.21-1887.1.22）
　外国（ホイットワース 1803-1887）
　科学（ホイットワース 1803.12.21-1887.1.22）
　科史（ホイットワース 1803-1887）
　科人（ホイットワース，サー・ジョゼフ 1802.12.12-1887.1.22）
　国小（ホイットワース 1803.12.21-1887.1.22）
　コン2（ホイットワース 1803-1887）
　コン3（ホイットワース 1803-1887）
　人物（ホワイトワース 1803.12.21-1887.1.22）
　西洋（ホイットワース 1803.12.21-1887.1.22）
　世科（ホイットワース 1803-1887）
　世西（ホイットワース 1803.12.21-1887.1.22）
　世百（ホイットワース 1803-1887）
　全書（ホイットワース 1803-1887）
　大辞3（ホイットワース 1803-1887）
　大百（ホイットワース 1803-1887）
　百科（ホイットワース 1803-1887）

Wickham, *Sir* Henry 〈19・20世紀〉
イギリスの探検家，ゴム産業開拓者。マレーにゴムの栽培場を創設。インド直轄領長官，ホンジュラス長官を歴任。
⇒岩世（ウィッカム 1846.5.29-1928.9.27）
　西洋（ウィッカム 1846-1928）

Wicksell, Johan Gustaf Knut 〈19・20世紀〉
スウェーデンの経済学者。スウェーデン学派（北欧学派）の始祖。

⇒岩世（ヴィクセル 1851.12.20-1926.5.3）
　外国（ヴィクセル 1851-1926）
　経済（ヴィクセル 1851-1926）
　広辞4（ウィクセル 1851-1926）
　広辞5（ウィクセル 1851-1926）
　広辞6（ウィクセル 1851-1926）
　国小（ウィクセル 1851.12.20-1926.5.3）
　国百（ウィクセル，ヨハン・グスタフ・クニュート 1851.12.20-1926.5.3）
　コン2（ヴィクセル 1851-1926）
　コン3（ヴィクセル 1851-1926）
　人物（ウィクセル 1851.12.20-1926.5.3）
　西洋（ヴィクセル 1851.12.20-1926.5.3）
　世西（ヴィックセル 1851.12.20-1926.5.3）
　世百（ヴィクセル 1851-1926）
　全書（ウィクセル 1851-1926）
　大辞（ウィクセル 1851-1926）
　大辞2（ウィクセル 1851-1926）
　大辞3（ウィクセル 1851-1926）
　大百（ウィクセル 1851-1926）
　デス（ウィクセル 1851-1926）
　ナビ（ウィクセル 1851-1926）
　二十（ウィクセル，ジョン 1851-1926）
　百科（ウィクセル 1851-1926）
　名著（ヴィクセル 1851-1926）

Wicksteed, Philip Henry 〈19・20世紀〉
イギリスの経済学者。限界効用理論でジェボンズ説を深化，分配論では限界生産力理論を展開した。
⇒岩世（ウィックスティード 1844.10.25-1927.3.18）
　経済（ウィックスティード 1844-1927）
　全書（ウィックスティード 1844-1927）
　デス（ウィックスティード 1844-1927）
　二十（ウィックスティード，P.H. 1844-1927）
　百科（ウィックスティード 1844-1927）
　名著（ウィックスティード 1844-1927）

Widman, F.Lisle 〈20世紀〉
アメリカの行政官。アメリカ財務省国際金融担当次官補代理をつとめ，日本の経済発展，国際的地位向上に貢献。
⇒二十（ウィドマン，F.ライスル 1919-）

Wieland
古ゲルマン族の伝説に現われる鍛冶工。
⇒西洋（ヴィーラント）

Wien, Max Carl 〈19・20世紀〉
ドイツの物理学者，電気学者。高周波電磁波，高圧における電解質の性能に関する研究のほか，振動回路を医学に応用して成果を収めた。
⇒岩世（ヴィーン 1866.12.25-1938.2.24）
　科学（ヴィーン 1866.12.25-1938.2.24）
　看護（ヴィーン 1866-1938）
　西洋（ヴィーン 1866.12.25-1938.2.24）
　二十（ウィーン，M.C. 1866.12.25-1938.2.24）

Wiene, Robert 〈19・20世紀〉

ポーランド生まれの映画監督, 脚本家, 製作者。

⇒岩世 （ヴィーネ　1873.4.24–1938.7.17)
　監督 （ヴィーネ, ロベルト　1988–1938.7.17)
　幻文 （ヴィーネ, ロベルト　1881–1938)
　コン3 （ヴィーネ　1881–1938)
　世映 （ヴィーネ, ローベルト　1873–1938)

Wiener, Norbert 〈20世紀〉

アメリカの数学者, 電気工学者。情報を扱う新しい科学「サイバネティックス」の提唱者。

⇒アメ （ウィーナー　1894–1964)
　岩ケ （ウィーナー, ノーバート　1894–1964)
　岩世 （ウィーナー　1894.11.26–1964.3.18)
　岩哲 （ウィーナー　1894–1964)
　外国 （ウィーナー　1894–)
　科学 （ウィーナー　1894.11.26–1964.3.18)
　科技 （ウィーナー　1894.11.26–1964.3.18)
　科史 （ウィーナー　1894–1964)
　科人 （ウィーナー, ノーバート　1894.11.26–1964.3.19)
　科大 （ウィーナー　1894–1964)
　科大2 （ウィーナー　1894–1964)
　現人 （ウィーナー　1894.11.26–1964.3.18)
　広辞5 （ウィーナー　1894–1964)
　広辞6 （ウィーナー　1894–1964)
　国小 （ウィーナー　1894.11.26–1964.3.18)
　コン3 （ウィーナー　1894–1964)
　思想 （ウィーナー, ノーバート　1894–1964)
　集文 （ウィーナー, ノーバート　1894.11.26–1964.3.18)
　人物 （ウィーナー　1894.11.26–1964.3.18)
　数学 （ウィーナー　1894.11.26–1964.3.18)
　数学増 （ウィーナー　1894.11.26–1964.3.19)
　西洋 （ウィーナー　1894.11.26–1964.3.18)
　世科 （ウィーナー　1894–1964)
　世西 （ウィーナー　1894–)
　世百 （ウィーナー　1894–1964)
　世百新 （ウィーナー　1894–1964)
　全書 （ウィーナー　1894–1964)
　大辞2 （ウィーナー　1894–1964)
　大辞3 （ウィーナー　1894–1964)
　大百 （ウィーナー　1894–1964)
　伝世 （ウィーナー　1894.11.26–1964.3)
　ナビ （ウィーナー　1894–)
　二十 （ウィーナー, ノバート　1894.11.26–1964.3.18)
　百科 （ウィーナー　1894–1964)
　名著 （ウィーナー　1894–)
　歴史 （ウィーナー　1894–1964)

Wieselsberger, Carl 〈19・20世紀〉

ドイツの流体力学者。日本に招かれて数個所にゲッティンゲン式回流風洞を建設し, 初期の日本航空界に貢献した。

⇒岩世 （ヴィーゼルスベルガー　1887.11.4–1941.8)
　西洋 （ヴィーゼルスベルガー　1887.11.3–1941.8)
　来日 （ウィゼルスベルガー　1887–1941)

Wieser, Friedrich von 〈19・20世紀〉

オーストリアの経済学者, 社会学者。主著『自然価値論』(1889)。

⇒岩世 （ヴィーザー　1851.7.10–1926.7.22)
　経済 （ヴィーザー　1851–1926)
　コン2 （ヴィーザー　1851–1926)
　コン3 （ヴィーザー　1851–1926)
　人物 （ウィーザー　1851.7.10–1926.7.22)
　西洋 （ヴィーザー　1851.7.10–1926.7.22)
　世西 （ヴィーザー　1851.7.10–1926.7.22)
　世百 （ヴィーザー　1851–1926)
　全書 （ウィーザー　1851–1926)
　大百 （ウィーザー　1851–1926)
　デス （ウィーザー　1851–1926)
　二十 （ウィーザー, フリードリッヒ・フォン　1851–1926)
　百科 （ウィーザー　1851–1926)
　名著 （ヴィーザー　1851–1926)

Wiese und Kaiserswaldau, Leopold von 〈19・20世紀〉

ドイツの社会学者, 経済学者。社会学上における「関係説」の提唱者。

⇒岩世 （ヴィーゼ　1876.12.2–1969.1.11)
　外国 （ヴィーゼ　1876–)
　教育 （ヴィーゼ・ウント・カイゼルスヴァルダウ　1876–)
　コン2 （ヴィーゼ　1876–1970)
　コン3 （ヴィーゼ　1876–1970)
　人物 （ウィーゼ　1876.12.2–)
　西洋 （ヴィーゼ・ウント・カイゼルスヴァルダウ　1876.12.2–1969.1.11)
　世西 （ヴィーゼ　1876.12.2–)
　世百 （ヴィーゼ　1876–)
　全書 （ウィーゼ　1876–1969)
　大百 （ウィーゼ　1876–1969)
　二十 （ウィーゼ, レオポルド・フォン　1876.12.2–1969.1.11)
　百科 （ウィーゼ　1876–1969)
　名著 （ヴィーゼ　1876–)

Wiesner, Jerome 〈20世紀〉

アメリカの科学者, 電子工学技術者。

⇒ユ人 （ウィスナー, ジェローム　1915–1994)

Wiggins, James R. 〈20世紀〉

アメリカのジャーナリスト。1955年『ワシントン・ポスト』紙副社長。68～69年国連大使。

⇒国小 （ウィギンズ　1903.12.4–)
　世西 （ウィギンズ　1903.12.4–)

Wilberforce, William 〈18・19世紀〉

イギリスの政治家, 社会事業家。1807年奴隷貿易廃止法を成立させた。

⇒イ文 （Wilberforce, William　1759–1833)
　岩ケ （ウィルバーフォース, ウィリアム　1759–1833)
　岩世 （ウィルバーフォース　1759.8.24–1833.7.

29)

英米（Wilberforce, William　ウィルバーフォース　1759-1833）

外国（ウィルバーフォース　1759-1833）

角世（ウィルバーフォース　1759-1833）

キリ（ウィルバフォース, ウィリアム　1759.8.24-1833.7.29）

広辞4（ウィルバーフォース　1759-1833）

広辞6（ウィルバーフォース　1759-1833）

国小（ウィルバーフォース　1759.8.24-1833.7.29）

コン2（ウィルバーフォース　1759-1833）

コン3（ウィルバーフォース　1759-1833）

人物（ウィルバーフォース　1759.8.24-1833.7.29）

西洋（ウィルバーフォース　1759.8.24-1833.7.29）

世西（ウィルバーフォース　1759.8.24-1833.7.29）

世百（ウィルバーフォース　1759-1833）

全書（ウィルバーフォース　1759-1833）

大辞（ウィルバーフォース　1759-1833）

大辞3（ウィルバーフォース　1759-1833）

デス（ウィルバーフォース　1759-1833）

伝世（ウィルバフォース　1759.8.24-1833）

百科（ウィルバーフォース　1759-1833）

評世（ウィルバーフォース　1759-1833）

山世（ウィルバーフォース　1759-1833）

Wilbrandt, Robert 〈19・20世紀〉

ドイツの経済学者。主著 "Einführung in die Volkswirtschaftslehre"（4巻, 1924〜25）。

⇒岩世（ヴィルブラント　1875.8.29-1954.2.24）

西洋（ヴィルブラント　1875.8.29-1954.2.4）

Wilcox, Herbert 〈20世紀〉

イギリスの映画製作者, 映画監督。

⇒監督（ウイルコックス, ハーバート　1892.9.19-）

世映（ウイルコックス, ハーバート　1892-1977）

世俳（ウイルコックス, ハーバート　1892.4.19-1977.5.15）

Wilcox, Ray Turner 〈20世紀〉

アメリカの服装研究家。服飾新聞「ウーメンズ・ウェア」の初代記者兼美術家およびデザイナーとなり, エドワード出版文化賞を受けた。

⇒名著（ウィルコックス　?-）

Wilcox, Stephen 〈19世紀〉

アメリカの機械技術者。1856年に, スティルマンと共同して水管式ボイラーの特許をとった。

⇒コン3（ウィルコックス　1830-1893）

世科（ウィルコックス　1830-1893）

世百（ウィルコックス　1830-1893）

全書（ウィルコックス　1830-1893）

大百（ウィルコックス　1830-1893）

百科（ウィルコックス　1830-1893）

Wilde, Henry 〈19・20世紀〉

イギリスの電気技術者。強力な電気投光器を作り, のちイギリス海軍の探照灯に採用された（1875）。

⇒岩世（ワイルド　1833-1919.3.28）

西洋（ワイルド　1833-1919）

Wildenstein, Daniel Leopold 〈20世紀〉

フランスの画商, 絵画史研究家, 競馬のオーナーブリーダー。

⇒岩世（ウィルデンシュタイン　1917.9.11-2001.10.23）

Wildt, Adolfo 〈19・20世紀〉

イタリアの彫刻家, デザイナー。

⇒世美（ヴィルト, アドルフォ　1868-1931）

Wiles, Peter 〈20世紀〉

イギリスの経済学者。ロンドン大学教授。

⇒二十（ワイルズ, ピーター　1919-）

Wiley, Harvey Washington 〈19・20世紀〉

アメリカの食品化学者。

⇒岩世（ワイリー, ハーヴィー・ワシントン　1844-1930）

Wilkes, Sir Maurice Vincent 〈20世紀〉

イギリスのコンピューター科学者, 工学者。

⇒岩世（ウィルクス　1913.6.26-2010.11.29）

Wilkins, William 〈18・19世紀〉

イギリスの建築家。「ロンドン国立美術館」（1838）が主作品。

⇒建築（ウィルキンズ, ウィリアム　1778-1839）

西洋（ウィルキンズ　1778-1839）

世美（ウィルキンズ, ウィリアム　1778-1839）

Wilkinson, John 〈18・19世紀〉

イギリスの機械技術者, 製鉄業者。製鉄に石炭を用いることに成功したほか, 1774年, ワットの蒸気機関シリンダーの製造に必要な, 精度の高い中ぐり盤の特許を取得。

⇒岩ケ（ウィルキンソン, ジョン　1728-1808）

岩世（ウィルキンソン　1728-1808.7.14）

英米（Wilkinson, John　ウィルキンソン　1728-1808）

外国（ウィルキンソン　1728-1808）

科史（ウィルキンソン　1728-1808）

コン2（ウィルキンソン　1728-1808）

コン3（ウィルキンソン　1728-1808）

人物（ウィルキンソン　1728-1808.7.14）

西洋（ウィルキンソン　1728-1808.7.14）

世西　（ウィルキンソン　1728–1808.7.14）
世百　（ウィルキンソン　1728–1808）
全書　（ウィルキンソン　1728–1808）
大辞3（ウィルキンソン　1728–1808）
大百　（ウィルキンソン　1728–1808）
百科　（ウィルキンソン　1728–1808）

Will, John Baxter 〈19・20世紀〉
イギリスの航海士。函館ブラキストン・マー商会船長。
⇒日人　（ウィル　1840–1920）
　来日　（ウィル　1840–1920）

William of Ramsey 〈14世紀〉
イギリスの建築家。
⇒建築　（ウィリアム・オブ・ラムセイ　?–1349）

William of Wynford 〈14・15世紀〉
ウェルズのカテドラルの建築長。
⇒建築　（ウィリアム・オブ・ウィンフォード　?–1411/12）

Williams, Albert L. 〈20世紀〉
アメリカの実業家。IBM会長。ニクソン政権の国際投資政策委員会会長を務める。
⇒現人　（ウィリアムズ　1911.3.17–）
　二十　（ウィリアムズ，アルバート・L.　1911–）

Williams, Brian 〈20世紀〉
イギリスの映画製作者，インスタレーション作家，小説家。
⇒海作4　（ウィリアムズ，ブライアン）

Williams, Christopher 〈20世紀〉
イギリスのガラス工芸家。
⇒世芸　（ウイリアムズ，クリストファー　?–）

Williams, Frederick Calland 〈20世紀〉
イギリスの電気技師。
⇒岩ケ　（ウィリアムズ，サー・フレデリック（・キャランド）　1911–1977）
　岩世　（ウィリアムズ　1911.6.26–1977.8.11）
　世科　（ウィリアムズ　1911–1977）
　二十　（ウィリアムズ，フレデリック・カーランド　1911.6.26–1977.8.11）

Williams, George Burchell 〈19・20世紀〉
アメリカの租税官。日本政府財政顧問として租税法を検討。
⇒来日　（ウィリアムズ　1842–1912）

Williams, Lea E. 〈20世紀〉
アメリカの東アジア政治学者。東南アジア華僑史論研究者。
⇒華人　（ウィリアムズ，リー・E.　1924–）

Williams, T.I. 〈20世紀〉
イギリスの科学史家。シンガー，ホームヤードらに協力して『技術史』を編集。
⇒名著　（ウィリアムズ　?–）

Williams, Tony 〈20世紀〉
イギリスのジャズ・プロデューサー，バップ研究家。
⇒ジヤ　（ウイリアムズ，トニー　?–）
　二十　（ウイリアムズ，トニー）

Williams, William 〈18・19世紀〉
アメリカの実業家。独立宣言署名者の一人。
⇒国小　（ウィリアムズ　1731–1811）

Williamson, James 〈19・20世紀〉
イギリス生まれの映画製作者，監督，撮影監督。
⇒世映　（ウィリアムスン，ジェイムズ　1855–1933）

Williamson, James Cassius 〈19・20世紀〉
オーストラリア，ニュージーランド（アメリカ生まれ）の演劇興行師，俳優。
⇒岩ケ　（ウイリアムソン，ジェイムズ・キャシアス　1845–1913）
　岩世　（ウィリアムソン　1844.7.26–1913.7.8）

Williamson, Oliver 〈20世紀〉
アメリカの経済学者。[賞]2009年ノーベル経済学賞受賞。
⇒岩世　（ウィリアムソン　1932.9.27–）
　経済　（ウィリアムソン　1932–）
　ノベ3　（ウィリアムソン，O.　1932.9.27–）

Willis, Bruce 〈20世紀〉
ドイツ生まれの男優，映画製作者。
⇒外男　（ウィリス，ブルース　1955.3.19–）
　現ア　（Willis, Bruce　ウィルス，ブルース　1955–）
　世映　（ウィリス，ブルース　1955–）
　世俳　（ウィリス，ブルース　1955.3.19–）
　二十　（ウィリス，ブルース　1955.3.19–）

Willkie, Wendell Lewis 〈20世紀〉
アメリカの実業家，政治家。1940年大統領選挙の共和党候補。
⇒岩ケ　（ウィルキー，ウェンデル　1892–1944）
　岩世　（ウィルキー　1892.2.18–1944.10.8）
　外国　（ウィルキー　1892–1944）
　国小　（ウィルキー　1892.2.18–1944.10.8）
　コン3　（ウィルキー　1892–1944）

人物（ウィルキー　1892.2.18-1944.10.8）
西洋（ウィルキー　1892.2.18-1944.10.8）
世西（ウィルキー　1892.2.18-1944.10.8）
世百（ウィルキー　1892-1944）
世百新（ウィルキー　1892-1944）
伝世（ウィルキー　1892.2.18-1944.10.8）
二十（ウィルキー，ウェンデル　1892-1944）
百科（ウィルキー　1892-1944）
名著（ウィルキー　1892-1944）

Willner, Hal 〈20世紀〉

アメリカ生まれの音楽プロデューサー，コーディネイター。「サタデイ・ナイト・ライブ」のミュージック・コーディネイター。ジャズ〜ロックを集めたプロデュース・アルバムを発表。

⇒二十（ウィルナー，ハル　1956.4.6-）

Willoughby, *Sir Hugh* 〈16世紀〉

イギリスの航海者。北東から中国およびインドに至る航路を発見しようとした。

⇒岩世（ウィロビー　?-1554頃）
　コン2（ウィロビー　?-1554）
　コン3（ウィロビー　?-1554）
　西洋（ウィロビ　?-1554）
　評世（ウィロービー　?-1554）

Willys, John North 〈19・20世紀〉

アメリカの実業家。自動車の製造を始め，第1次大戦前，「ウィリス・オーヴァーランド」は好評で大量に生産された。

⇒コン2（ウィリス　1873-1935）
　コン3（ウィリス　1873-1935）

Wilm, Alfred 〈19・20世紀〉

ドイツの科学技術者。アルミニウム合金の研究にあたり，ジュラルミンを発明。

⇒コン2（ヴィルム　1869-1937）
　コン3（ヴィルム　1869-1937）
　世百（ヴィルム　1869-1937）
　全書（ヴィルム　1869-1937）
　大百（ヴィルム　1869-1937）
　二十（ウィルム，アルフレード　1869-1937）
　百科（ヴィルム　1869-1937）

Wils, Jan 〈20世紀〉

オランダの建築家。アムステルダムの国際オリンピック大会(1928)の競技場設計者として著名。

⇒岩世（ヴィルス　1891.2.22-1972.2.11）
　西洋（ヴィルス）

Wilson, Charles Edward 〈19・20世紀〉

アメリカの実業家，政治家。1944年ジェネラル・エレクトリックの社長。50〜52年アイゼンハウア内閣のもとで，新設の国防生産局の長官に任命された。

⇒岩ケ（ウィルソン，チャールズ・エドワード

1886-1972）
外国（ウィルソン　1886-）
コン3（ウィルソン　1886-1972）
二十（ウィルソン，チャールズ・エドワード　1886-?）

Wilson, Charles Erwin 〈19・20世紀〉

アメリカの実業家，政治家。1941年ジェネラル・モーターズ会社社長に就任。53年1月アイゼンハウアーの大統領就任とともに国防長官として入閣。

⇒岩ケ（ウィルソン，チャールズ・E（アーウィン）　1890-1961）
　外国（ウィルソン　1890-）
　コン3（ウィルソン　1890-1961）
　大辞3（ウィルソン　1890-1961）
　二十（ウィルソン，チャールズ・エルウィン　1890.7.18-?）

Wilson, Charles Thomson Rees 〈19・20世紀〉

イギリスの物理学者，発明家。気体の電離や気象電気について研究，ウィルソン霧箱を発明。1927年ノーベル物理学賞受賞。

⇒岩ケ（ウィルソン，C（チャールズ）・T（トムソン）・R（リース）　1869-1959）
　岩世（ウィルソン　1869.2.14-1959.11.15）
　外国（ウィルソン　1869-）
　科学（ウィルソン　1869.2.14-1959.11.15）
　科技（ウィルソン　1869.2.14-1959.11.15）
　科史（ウィルソン　1869-1959）
　科人（ウィルソン，チャールズ・トムソン・リーズ　1869.2.14-1959.11.15）
　科大（ウィルソン　1869-1959）
　科大2（ウィルソン　1869-1959）
　現人（ウィルソン　1869.2.14-1959.11.15）
　広辞4（ウィルソン　1869-1959）
　広辞5（ウィルソン　1869-1959）
　広辞6（ウィルソン　1869-1959）
　国小（ウィルソン　1869.2.14-1959.11.15）
　コン2（ウィルソン　1869-1959）
　コン3（ウィルソン　1869-1959）
　最世（ウィルソン，C・T・R　1869-1959）
　人物（ウィルソン　1869.2.4-1959.11.25）
　西洋（ウィルソン　1869.2.14-1959.11.15）
　世科（ウィルソン　1869-1959）
　世西（ウィルソン　1869.2.14-1959.11.15）
　世百（ウィルソン　1869-1959）
　全書（ウィルソン　1869-1959）
　大辞（ウィルソン　1869-1959）
　大辞2（ウィルソン　1869-1959）
　大辞3（ウィルソン　1869-1959）
　大百（ウィルソン　1869-1959）
　伝世（ウィルソン，C.　1869.2.14-1959.11.15）
　二十（ウィルソン，チャールズ・トムソン・リーズ　1869.2.14-1959.11.15）
　ノ物（ウィルソン，チャールズ・トムソン・リーズ　1869-1959）
　ノベ（ウィルソン，C.T.R.　1869.2.14-1959.11.15）
　百科（ウィルソン　1869-1959）

ノベ**3**（ウィルソン，C.T.R. 1869.2.14–1959.
11.15）

Wilson, James 〈19世紀〉
イギリスの経済学者。
⇒岩世（ウィルソン 1805.6.3–1860.8.11）
　西洋（ウィルソン 1805.6.3–1860.8.11）

Wilson, John C. 〈20世紀〉
演劇製作者，演出家。ミュージカルや舞台の製
作，演出を手がける。主な作品『キス・ミー・
ケイト』『紳士は金髪がお好き』など。
⇒二十（ウィルソン，ジョン・C. 1899.8.19–1961.
10.29）

Wilson, Kemmons 〈20世紀〉
アメリカのホテル経営者。
⇒岩ケ（ウィルソン，ケモンズ 1913–）
　岩世（ウィルソン 1913.1.5–2003.2.12）

Wilson, Peter 〈20世紀〉
オーストラリア生まれの建築家。1975年ロンド
ンで「ピーター・ウィルソンとジェーン・シ
レットの近代」展，78年「建築の影」展を開催。
⇒二十（ウィルソン，ピーター 1950–）

Wilson, Peter 〈20世紀〉
イギリスの競売人。
⇒岩ケ（ウィルソン，ピーター 1913–1984）

Wilson, Robert 〈19世紀〉
イギリスの技術者，発明家。船舶用スクリュー
推進機，複動蒸気ハンマーを発明。
⇒コン**2**（ウィルソン 1803–1882）
　コン**3**（ウィルソン 1803–1882）

Wilson, Robert 〈20世紀〉
アメリカのデザイナー，劇作家，演出家。
⇒岩ケ（ウィルソン，ロバート 1941–）
　英文（ウィルソン，ロバート 1941–）
　クラ（ウィルソン，ロバート 1941–）
　ナビ（ウィルソン 1941–）
　バレ（ウィルソン，ロバート 1941.10.4–）

Wilson, Thomas Woodrow 〈19・20世紀〉
アメリカの政治家。第28代大統領（1913〜
1921）。関税軽減・連邦準備銀行制・トラスト
規制など革新的な経済政策を推進。第1次世界
大戦の終結にあたり，18年民族自決・国際連盟
設立・通商障壁撤廃などを含む，講和のための
一四か条の原則を提唱。
⇒アメ（ウィルソン 1856–1924）
　逸話（ウィルソン 1856–1924）
　岩ケ（ウィルソン，（トマス・）ウッドロー

1856–1924）
岩世（ウィルソン 1856.12.28–1924.2.3）
英米（Wilson, Woodrow ウィルソン（ウッド
ロー） 1856–1924）
旺世（ウィルソン（アメリカ） 1856–1924）
外国（ウィルソン 1856–1924）
角世（ウィルソン（ウッドロー） 1856–1924）
教育（ウィルソン 1856–1924）
キリ（ウィルスン，トマス・ウッドロウ 1856.
12.28–1924.2.3）
広辞**4**（ウィルソン 1856–1924）
広辞**5**（ウィルソン 1856–1924）
広辞**6**（ウィルソン 1856–1924）
国小（ウィルソン 1856.12.28–1924.2.3）
国百（ウィルソン，（トマス）・ウッドロー 1856.
12.28–1924.2.3）
コン**2**（ウィルソン 1856–1924）
コン**3**（ウィルソン 1856–1924）
人物（ウィルソン 1856.12.28–1924.2.3）
西洋（ウィルソン 1856.12.28–1924.2.3）
世人（ウィルソン，ウッドロー 1856–1924）
世政（ウィルソン，ウッドロー 1856.12.28–
1924.2.3）
世西（ウィルソン 1856.12.28–1921.3.4）
世百（ウィルソン 1856–1924）
全書（ウィルソン 1856–1924）
大辞（ウィルソン 1856–1924）
大辞**2**（ウィルソン 1856–1924）
大辞**3**（ウィルソン 1856–1924）
大百（ウィルソン 1856–1924）
デス（ウィルソン 1856–1924）
伝世（ウィルソン，W. 1856.12.28–1924.2.3）
ナビ（ウィルソン 1856–1924）
二十（ウィルソン，トマス・ウッドロウ 1856.
12.28–1924.2.3）
ノベ（ウィルソン，T.W. 1856.12.28–1924.2.3）
百科（ウィルソン 1856–1924）
ノベ**3**（ウィルソン，T.W. 1856.12.28–1924.2.
3）
評世（ウィルソン 1856–1924）
名著（ウィルソン 1856–1924）
山世（ウィルソン，ウッドロー 1856–1924）
ユ人（ウィルソン，トマス・ウッドロー 1856–
1924）
歴史（ウィルソン 1856–1924）

Wilson, Tom 〈20世紀〉
アメリカの音楽プロデューサー。ボブ・デュラ
ン，リッチー・ヘブンスらをプロデュースした。
⇒二十（ウィルソン，トム ?–1980年代初め）

Wimshurst, James 〈19・20世紀〉
イギリスの電気工学者。「ウィムズハースト誘
導起電機」を作った（1883）。
⇒岩世（ウィムズハースト 1832.4.3–1903.1.3）
　外国（ウィムズハースト 1832–1903）
　科史（ウィムズハースト 1832–1903）
　コン**2**（ウィムズハースト 1832–1903）
　コン**3**（ウィムズハースト 1832–1903）
　西洋（ウィムズハースト 1832.4.3–1903.1.13）
　世西（ウィムズハースト 1832.4.3–1903.1.13）

Winch, Donald 〈20世紀〉
イギリス・ロンドン生まれの経済思想家。
⇒岩世（ウィンチ　1935.4.15-）
　経済（ウィンチ　1935-）

Winchester, Oliver Fisher 〈19世紀〉
アメリカの銃器製造業者。
⇒岩ケ（ウィンチェスター，オリヴァー（・フィッシャー）　1810-1880）
　コン3（ウィンチェスター　1810-1880）

Winckelmann, Johann Joachim 〈18世紀〉
ドイツの考古学者，最初の美術史家。『ギリシア美術模倣論』(1775)などの研究書を執筆。建築にも言及。
⇒岩ケ（ヴィンケルマン，ヨハン（・ヨアヒム）　1717-1768）
　岩世（ヴィンケルマン　1717.12.9-1768.6.8）
　岩哲（ヴィンケルマン　1717-1768）
　外国（ヴィンケルマン　1717-1768）
　角世（ヴィンケルマン　1717-1768）
　教育（ヴィンケルマン　1717-1768）
　キリ（ヴィンケルマン，ヨーハン・ヨーアヒム　1717.12.9-1768.6.8）
　建築（ヴィンケルマン，ヨハン・ヨアヒム　1717-1768）
　広辞4（ヴィンケルマン　1717-1768）
　広辞6（ヴィンケルマン　1717-1768）
　国小（ウィンケルマン　1717.12.9-1768.6.8）
　コン2（ヴィンケルマン　1717-1768）
　コン3（ヴィンケルマン　1717-1768）
　集世（ヴィンケルマン，ヨハン・ヨアヒム　1717.12.9-1768.6.8）
　集文（ヴィンケルマン，ヨハン・ヨアヒム　1717.12.9-1768.6.8）
　新美（ヴィンケルマン，ヨーハン・ヨーアヒム　1717.12.9-1768.6.8）
　人物（ヴィンケルマン　1717.12.9-1768.6.8）
　西洋（ヴィンケルマン　1717.12.9-1768.6.8）
　世西（ヴィンケルマン　1717.12.9-1768.6.8）
　世美（ヴィンケルマン，ヨハン・ヨアヒム　1717-1768）
　世百（ヴィンケルマン　1717-1768）
　世文（ヴィンケルマン，ヨハン・ヨアヒム　1717-1768）
　全書（ウィンケルマン　1717-1768）
　大辞（ウィンケルマン　1717-1768）
　大辞3（ウィンケルマン　1717-1768）
　大百（ウィンケルマン　1717-1768）
　デス（ウィンケルマン　1717-1768）
　伝世（ウィンケルマン　1717.12.9-1768.6.8）
　百科（ウィンケルマン　1717-1768）
　評世（ウィンケルマン　1717-1768）
　名著（ヴィンケルマン　1717-1768）
　山世（ヴィンケルマン　1717-1768）

Winfrey, Oprah Gail 〈20・21世紀〉
アメリカのテレビ司会者，プロデューサー。
⇒岩世（ウィンフリー　1954.1.29-）

Winkelblech, Karl Georg 〈19世紀〉
ドイツの経済学者，社会主義者。ドイツの科学的社会主義理論の先駆者となった。
⇒岩世（ヴィンケルブレヒ　1810.4.11-1865.1.10）
　西洋（ヴィンケルブレッヒ　1810.4.11-1865.1.10）

Winnix, Leonard 〈17世紀〉
オランダの出島商館長(1654～55)。
⇒西洋（ヴィニクス　生没年不詳）

Winograd, Terry Allen 〈20世紀〉
アメリカのコンピュータ科学者。
⇒科人（ウィノグラード，テリー・アレン　1946.2.24-）
　ナビ（ウィノグラード　1946-）

Winsor, Frederick Albert 〈18・19世紀〉
ドイツ生まれの工業家。1803年ロンドンに渡ってガス灯の普及を志す。
⇒世科（ウィンザー　1763-1830）
　世百（ウィンザー　1763-1830）
　百科（ウィンザー　1763-1830）

Winter, Sidney 〈20世紀〉
アメリカの経済学者。
⇒岩世（ウィンター　1935.4.20-）

Winther, Nils 〈20世紀〉
アメリカのジャズ・プロデューサー。スティープル・チェイス・レコードのオーナー。
⇒ジヤ（ウインター，ニールス　?-）
　二十（ウインター，ニルス）

Winwood, Muff 〈20世紀〉
イギリス生まれのベーシスト，プロデューサー。
⇒ロ人（ウィンウッド，マフ　1943-）

Wirkkala, Tapio Veli Ilmari 〈20世紀〉
フィンランドのプロダクト・デザイナー。
⇒岩世（ヴィルッカラ　1915.6.2-1985.5.19）

Wirth, Karl Joseph 〈19・20世紀〉
ドイツの政治家。蔵相(1920～21)，首相(21～22)を歴任。55年スターリン平和賞受賞。
⇒外国（ヴィルト　1879-）
　角世（ヴィルト　1879-1956）
　コン2（ヴィルト　1879-1956）
　コン3（ヴィルト　1879-1956）
　西洋（ヴィルト　1879.9.6-1956.1.3）
　全書（ヴィルト　1879-1956）
　ナビ（ヴィルト　1879-1956）
　二十（ヴィルト，K.ヨセフ　1879.9.6-1956.1.3）
　山世（ヴィルト　1879-1956）

Wirth, Max 〈19世紀〉
ドイツの経済学者。
⇒岩世 （ヴィルト 1822.1.27–1900.7.18）
西洋 （ヴィルト 1822.1.27–1900.7.18）

Wirth, Niklaus Emil 〈20世紀〉
スイスのコンピューター科学者，工学者。
⇒岩世 （ヴィルト 1934.2.15–）

Wirth, Philip Peter Jacob 〈19・20世紀〉
オーストラリアのドイツ系のサーカス経営者。
⇒岩ケ （ワース，フィリップ・ピーター・ジェイコブ 1864–1937）

Wise, Robert 〈20世紀〉
アメリカの映画監督，映画製作者。代表作の『ウエスト・サイド物語』(1961)，『サウンド・オブ・ミュージック』(65)は，どちらもアカデミー作品賞，監督賞を受賞。
⇒監督 （ワイズ，ロバート 1914.9.10–）
現人 （ワイズ 1914.9.10–）
幻文 （ワイズ，ロバート 1914–）
コン3 （ワイズ 1914–）
人物 （ワイズ 1914.9.10–）
世映 （ワイズ，ロバート 1941–2005）
大辞3 （ワイズ 1914–2005）
大百 （ワイズ 1914–）
二十 （ワイズ，ロバート 1914.9.10–）

Wise, Roger M. 〈20世紀〉
アメリカの電気技術者。砲弾の信管中に小型超短波送受信機を持ち，目標に近づくと，目標からの電波の反射を利用して引火する近接信管を製作した。
⇒西洋 （ワイズ ?–1950）

Witteveen, Hendrikus Johannes 〈20世紀〉
オランダの経済専門の政治家。IMF専務理事に就任。国際通貨制度の再建に主導的役割を演じている。
⇒現人 （ウィッテフェーン 1921.6.12–）
世政 （ウィッテフェーン，ヘンドリカス 1921.6.12–）
二十 （ウィッテフェーン，H.J. 1921–）

Wittfogel, Karl August 〈19・20世紀〉
アメリカ（ドイツ生まれ）の社会学者，経済学者。ナチス政権の成立によりアメリカに亡命，「水力社会」と「東洋的専制」の結びつきを明らかにした。
⇒アメ （ウィットフォーゲル 1896–）
岩世 （ウィットフォーゲル 1896.9.6–1988.5.25）
旺世 （ウィットフォーゲル 1896–1990）
外国 （ヴィットフォーゲル 1897–）
角世 （ヴィットフォーゲル 1896–1988）
現人 （ウィットフォーゲル 1896–）
広辞5 （ウィットフォーゲル 1896–1988）
広辞6 （ウィットフォーゲル 1896–1988）
国小 （ウィットフォーゲル 1896–）
コン3 （ヴィットフォーゲル 1896–1990）
人物 （ウィットフォーゲル 1896.9.6–）
西洋 （ヴィットフォーゲル 1896.9.6–）
世人 （ウィットフォーゲル 1896–1988）
世西 （ウィットフォーゲル 1896.9.6–）
世百 （ウィットフォーゲル 1896–）
世百新 （ウィットフォーゲル 1896–1988）
大辞2 （ウィットフォーゲル 1896–1990）
大辞3 （ウィットフォーゲル 1896–1990）
大百 （ウィットフォーゲル 1896–）
二十 （ウィットフォーゲル，K.A. 1896.9.6–1990）
百科 （ウィットフォーゲル 1896–）
名著 （ウィットフォーゲル 1896–）
山世 （ウィットフォーゲル 1896–1988）
歴学 （ヴィットフォーゲル 1896–1990）
歴史 （ヴィットフォーゲル 1896–）

Wittman, Sally 〈20世紀〉
アメリカのデザイナー，テキスタイル・アーティスト。
⇒児作 （Wittman, Sally ウィットマン，サリー 1941–）

Wohlwill, Emil 〈19・20世紀〉
ドイツの電気化学技術者，科学史家。ガリレイの研究 "Galilei und sein Kampf für die copernikanische Lehre"（第1巻，1909，第2巻，1926）で有名。
⇒岩世 （ヴォールヴィル 1835.11.24–1912.2.2）
西洋 （ヴォールヴィル 1835.11.24–1912.2.2）
名著 （ヴォールヴィル 1835–1912）

Wojciechowski, Stanisław 〈19・20世紀〉
ポーランドの政治家，経済学者。内相（1919～20），大統領（22～26）を歴任。
⇒岩世 （ヴォイチェホフスキ 1869.3.15–1953.4.9）
西洋 （ヴォイチェホフスキ 1869–1953.4.9）
東欧 （ボイチェホフスキ 1869–1953）
二十 （ボイチェホフスキ，スタニスラフ 1869–1953）
百科 （ボイチェホフスキ 1869–1953）

Wolf, Julius 〈19・20世紀〉
ドイツの経済学者。主著 "Sozialismus und kapitalistische Gesellschaftsordnung"（1892）。
⇒岩世 （ヴォルフ 1862.4.20–1935）
西洋 （ヴォルフ 1862.4.20–1935）

Wolf, Ricard 〈19・20世紀〉
ドイツ生まれのキューバの実業家，ユダヤのノーベル賞といわれるウルフ賞の創設者。

⇒ユ人（ウルフ，リカルド　1887–1981）

Wolfers, Nicolas L.M. 〈20世紀〉
イギリスの実業家。英市中銀行重役，ロンドン区議。
⇒二十（ウォルファース，ニコラス　1946–）

Wolff, Irving 〈20世紀〉
アメリカの超短波無線技術者。アメリカにおけるレーダの先覚者。
⇒世百（ウォルフ　1894–）

Wolff, Jacob 〈16・17世紀〉
ドイツの建築家。ルネサンス様式を市民建築に適用。ニュルンベルクの市庁舎の改築を行う。
⇒国小（ウォルフ（子）　1571–1620）

Wolff, Jacob 〈16・17世紀〉
ドイツの建築家。ルネサンス様式を市民建築に適用。主作品はニュルンベルクのペラーハウス。
⇒国小（ウォルフ（父）　1546頃–1612）

Wolff, Kurt 〈19・20世紀〉
ドイツの出版者。
⇒岩世（ヴォルフ　1887.3.3–1963.10.21）

Wolfit, *Sir* Donald Woolfitt 〈20世紀〉
イギリスの俳優，劇場支配人。巡業劇団を結成し，シェークスピアなど古典を上演。
⇒岩ケ（ウルフィット，サー・ドナルド　1902–1968）
演劇（ウルフィット，サー・ドナルド　1902–1968）
国小（ウォルフィット　1902.4.20–）
世俳（ウルフィット，ドナルド　1902.4.20–1968.2.17）

Wolfowitz, Paul Dundes 〈20世紀〉
世界銀行（IBRD）総裁（第10代），アメリカ国防副長官，ジョンズ・ホプキンズ大学高等国際問題研究所（SAIS）所長。
⇒世政（ウォルフォウィッツ，ポール　1943.12.22–）

Wolfson, *Sir* Isaac 〈20世紀〉
イギリスのビジネスマン，慈善家。
⇒岩ケ（ウルフソン，サー・アイザック　1897–1991）
ユ人（ウォルフソン，サー・アイサク　1897–1991）

Wolfson, Theresa 〈20世紀〉
アメリカの経済学者。
⇒世女日（ウォルフソン，テレサ　1897–1972）

Wollaston, William Hyde 〈18・19世紀〉
イギリスの化学者，物理学者。偏光プリズムなど発明。
⇒岩ケ（ウォラストン，ウィリアム・ハイド　1766–1828）
岩世（ウラストン（慣ウォラストン）　1766.4.6–1828.12.22）
外国（ウォラストン　1766–1828）
科学（ウォラストン　1766.4.6–1828.12.22）
科技（ウォラストン　1766.8.6–1828.12.22）
科史（ウラストン　1766–1828）
科人（ウォラストン，ウィリアム・ハイド　1766.8.6–1828.12.22）
広辞4（ウラストン　1766–1828）
広辞6（ウラストン　1766–1828）
国小（ウォラストン　1766.8.6–1828.12.22）
コン2（ウォラストン　1766–1828）
コン3（ウォラストン　1766–1828）
人物（ウォラストン　1766.4.1–1828.12.22）
西洋（ウラストン　1766.4.6–1828.12.22）
世科（ウラストン　1766–1828）
世西（ウォラストン　1766.4.1–1828.12.22）
全書（ウォラストン　1766–1828）
大辞（ウォラストン　1766–1828）
大辞3（ウォラストン　1766–1828）
大百（ウーラストン　1766–1828）
百科（ウォラストン　1766–1828）

Wollheim, Donald Allen 〈20世紀〉
アメリカのSF編集者，出版家。Daw Books社を創設。
⇒幻想（ウォルハイム，ドナルド・A　1914–）
二十（ウォルハイム，ドナルド・アレン　1914–?）

Wong, Evan 〈19・20世紀〉
英領ギアナ（現ガイアナ）の実業家。中国系商人。
⇒華人（ワン，イバン　1868–）

Wood, Beatrice 〈20世紀〉
アメリカの陶芸家。
⇒世女日（ウッド，ビアトリス　1893–1998）

Wood, Fernando 〈19世紀〉
アメリカの実業家。ニューヨーク市長を務めた。
⇒国小（ウッド　1812–1881）

Wood, John 〈18世紀〉
イギリスの建築家。ロイヤル・クレセントを建造。
⇒新美（ウッド，ジョン　1728–1781.6.18）
世美（ウッド，ジョン2世　1728–1781）
デス（ウッド（子）　1728頃–1781）

Wood, John 〈18世紀〉

イギリスの建築家。バス市の都市計画の他に
〈ブリストルの取引所〉（1740～43）等の作品が
ある。

⇒岩ケ （ウッド，ジョン　1704頃–1754）
岩世 （ウッド　1704.8.26–1754.5.23）
建築 （ウッド1世，ジョン　1704–1754）
新美 （ウッド，ジョン　1704–1754.5.23）
西洋 （ウッド　1705–1754）
世美 （ウッド，ジョン1世　1704–1754）
デス （ウッド（父）　1704–1754）
百科 （ウッド父子　1704–1754）

Wood, John 〈19世紀〉

イギリスの地理学者。東インド会社に入り
（1826），海上勤務の傍らカーブル河渓谷の地勢
を研究，オクサス河の水源地を究めた。

⇒岩世 （ウッド　1811–1871.11.13）
西洋 （ウッド　1811–1871.11.13）

Wood, Robert Williams 〈19・20世紀〉

アメリカの実験物理学者。第一次大戦には秘密
信号法を発明，第二次大戦には原子爆弾の発達
に寄与。

⇒岩ケ （ウッド，ロバート（・ウィリアムズ）
　　　1868–1955）
岩世 （ウッド　1868.5.2–1955.8.11）
外国 （ウッド　1868–）
科学 （ウッド　1868.5.2–1955.8.11）
科人 （ウッド，ロバート・ウィリアムズ　1868.5.
　　　2–1955.8.11）
コン2 （ウッド　1868–1955）
コン3 （ウッド　1868–1955）
西洋 （ウッド　1868.5.2–1955.8.11）
世西 （ウッド　1868.5.2–1955.8.11）
全書 （ウッド　1868–1955）
大百 （ウッド　1868–1955）
二十 （ウッド，ロバート　1868.5.2–1955.8.11）

Wood, Roy 〈20世紀〉

イギリス生まれのマルチ・プレイヤー，シン
ガー，コンポーザー，プロデューサー。

⇒口人 （ウッド，ロイ　1946–）

Wood, Stuart 〈19・20世紀〉

アメリカの社会経済学者。主著 "The theory of
wages" （1889）。

⇒岩世 （ウッド　1853.5.30–1914.3.2）
西洋 （ウッド　1853.5.30–1914.3.2）

Woodfall, Henry Sampson 〈18・19世紀〉

イギリスの印刷屋。『パブリック・アドバタイ
ザー』の編集人。

⇒国小 （ウッドフォール　1739.6.21–1805.12.12）

Woodhull, Victoria Claflin 〈19・20世紀〉

アメリカの女性運動家，著述家，株式仲買など
の投資家。同国初の女性大統領候補者。

⇒岩ケ （ウッドハル，ヴィクトリア　1838–1927）
岩世 （ウッドハル　1838.9.23–1927.6.9）
国小 （ウッドハル　1838–1927）
コン3 （ウッドハル　1838–1927）
世女 （ウッドハル，ヴィクトリア　1838–1927）
世女日 （ウッドハル，ヴィクトリア　1838–1927）
二十 （ウッドハル，ビクトリア　1838–1927）
百科 （ウッドハル　1838–1927）

Woodin, William Hartman 〈19・20世紀〉

アメリカの実業家，財政家。1933年ローズヴェ
ルトのもとで財務長官となり，非常銀行法案の
立案などによってニュー・ディール初期の財政
危機を巧みに切りぬけた。

⇒外国 （ウッドン　1868–1934）

Woodrough, Frederick Charles 〈19・20世紀〉

アメリカの機械技師。熊本高等工業学校，東京
高等工業学校教師。

⇒来日 （ウッドラフ　1874–1958）

Woodruff, Robert 〈19・20世紀〉

アメリカの実業家。

⇒岩ケ （ウッドラフ，ロバート　1890–1985）

Woodruff, William 〈20世紀〉

イギリス生まれの経済史家。

⇒海作4 （ウッドラフ，ウィリアム　1916–）
児作 （Woodruff, William　ウドラフ，ウィリア
　　　ム　1916–）

Woods, George D. 〈20世紀〉

アメリカの経済人。1963～68年世界銀行総裁。

⇒世西 （ウッズ　1901.7.27–）
二十 （ウッズ，ジョージ　1901–）

Woods, Robert Archey 〈19・20世紀〉

アメリカの社会事業家。全米セツルメント連盟
（1911）の発起者で，のち会長となった。

⇒キリ （ウッズ，ロバート・アーチ　1865.12.9–
　　　1925.2.18）
コン3 （ウッズ　1865–1925）
世百 （ウッズ　1865–1925）
全書 （ウッズ　1865–1925）
大百 （ウッズ　1865–1925）
二十 （ウッズ，ロバート・アーチ　1865.12.9–
　　　1925.2.18）
百科 （ウッズ　1865–1925）

Woodward, Calvin Milton 〈19・20世紀〉

紀〉

アメリカの教育家。1865年ワシントン大学に奉職。セント・ルイス手工業学校を設立した（1880）。

⇒教育（ウッドワード　1837–1914）

Woodward, Tracy A.M. 〈19・20世紀〉

アメリカの貿易商。日本切手収集・研究の第一人者。

⇒日研（ウッドワード，トレイシー　1876–1937）
　来日（ウッドワード　1876–1937）

Woolf, Albert Edward 〈19・20世紀〉

アメリカの発明家。複式膨脹蒸気機関を製作。

⇒西洋（ウルフ　1846.9.26–1920.4.12）

Woolf, Arthur 〈18・19世紀〉

イギリスの機械技術者。

⇒岩ケ（ウルフ，アーサー　1766–1837）
　岩世（ウルフ　1766–1837.10.26）
　科史（ウルフ　1766–1837）

Woolf, Leonard Sidney 〈19・20世紀〉

イギリスの評論家，出版業者。バージニア・ウルフの夫。『帝国主義と文明』（1928）など。

⇒岩ケ（ウルフ，レナード（・シドニー）　1880–1969）
　才世（ウルフ，レナード（・シドニー）　1880–1969）
　国小（ウルフ　1880.11.25–1969.8.14）
　集文（ウルフ，レナード　1880.11.25–1969.8.14）
　二十（ウルフ・レナード・シドニー　1880–?）
　二十英（Woolf, Leonard (Sidney)　1880–1969）

Woolton, Frederick James Marquis, Baron 〈19・20世紀〉

イギリスの政治家，実業家。

⇒岩ケ（ウルトン，フレデリック・ジェイムズ・マーキス，男爵　1883–1964）
　二十（ウールトン，フレデリック・ジェームス　1883–1964）

Woolworth, Frank Winfield 〈19・20世紀〉

アメリカの実業家。バラエティストアを最初に始めた。

⇒岩ケ（ウルワース，フランク・W（ウィンフィールド）　1852–1919）
　岩世（ウルワース　1852.4.13–1919.4.8）
　国小（ウールワース　1852.4.13–1919.4.8）
　コン2（ウルワース　1852–1919）
　コン3（ウルワース　1852–1919）
　西洋（ウルヴァース　1852.4.13–1919.4.7）
　世百（ウルワース　1852–1919）
　デス（ウールワース　1852–1919）
　伝世（ウルワース　1852–1919）

Wootton, Barbara Fracnes 〈20世紀〉

イギリスの女流経済学者。経済学の啓蒙的な批判や普及につとめた。

⇒岩ケ（ウートン（アビンジャーの），バーバラ・フランシス・ウートン，女男爵　1897–1988）
　岩世（ウットン　1897.4.14–1988.7.11）
　西洋（ウートン　1897–）

Worde, Wynkyn De 〈16世紀〉

イギリスの印刷・書籍販売業者。

⇒世児（ウォード，ウィンキン・ド　?–1534?）

Wornum, Robert 〈18・19世紀〉

イギリスのピアノ製造業者。

⇒音大（ワーナム　1780–1852）

Worth, Charles Frederick 〈19世紀〉

イギリスのデザイナー。男性ドレスメーカー，オートクチュールの創始者。

⇒岩ケ（ワース，チャールズ・フレデリック　1825–1895）
　岩世（ウォルト　1825.10.13–1895.3.10）
　国小（ウォルト　1826–1895）
　百科（ワース　1825–1895）

Worthington, Henry Rossiter 〈19世紀〉

アメリカの発明家，機械技術者。

⇒百科（ワーシントン　1817–1880）

Wouldhave, William 〈18・19世紀〉

イギリスの救命ボートの発明者。

⇒岩ケ（ウッドハヴ，ウィリアム　1751–1821）

Wozniak, Steve 〈20・21世紀〉

アメリカの発明家。

⇒岩世（ウォズニアック　1950.8.11–）

Wren, Sir Christopher 〈17・18世紀〉

イギリスの建築家，科学者。代表作セント・ポール大聖堂（1675～1710）。

⇒イ哲（レン，C.　1632–1723）
　イ文（Wren, Sir Christopher　1632–1723）
　岩ケ（レン，サー・クリストファー　1632–1723）
　岩世（レン　1632.10.20–1723.2.25）
　英米（Wren, Sir Christopher　レン　1632–1723）
　外国（レン　1632–1723）
　科技（レン　1632.10.20–1723.2.26）
　科史（レン　1632–1723）
　キリ（レン，クリストファー　1632.10.20–1723.2.25）
　建築（レン，サー・クリストファー　1632–1723）
　国小（レン　1632.10.20–1723.2.25）
　コン2（レン　1632–1723）

コン**3**（レン　1632–1723）
集文（レン，クリストファー　1632.10.20–1723.
　2.25）
新美（レン，クリストファー　1632.10.20–1723.
　2.25）
数学増（レン　1632.10.20–1723.2.25）
西洋（レン　1632.10.20–1723.2.25）
世西（レン　1632–1723）
世美（レン，クリストファー　1632–1723）
世百（レン　1632–1723）
全書（レン　1632–1723）
大辞**3**（レン　1632–1723）
大百（レン　1632–1723）
デス（レン　1632–1723）
伝世（レン　1632.10.20–1723.2.25）
百科（レン　1632–1723）
山世（レン　1632–1723）

Wright, Benjamin 〈18・19世紀〉
アメリカの土木技師。
⇒岩ケ（ライト，ベンジャミン　1770–1842）

Wright, Carroll Davidson 〈19・20世紀〉
アメリカ生まれの経済思想学者。1902年から09
年までクラーク・カレッジの学長。『ストライ
キとロックアウト』(1887)，『実際社会学入門』
(99) など社会・経済上の問題についての著書
が多い。
⇒教育（ライト　1840–1909）
　経済（ライト　1840–1909）

Wright, David McCord 〈20世紀〉
アメリカの経済学者。19世紀の自由主義経済理
論を好況の経済学，ケインズ理論を不況の経済
学とみなし，後者のインフレ政策を批判した。
⇒名著（ライト　1909–）

Wright, Frank Lloyd 〈19・20世紀〉
アメリカの建築家。アメリカ近代建築運動の指
導的な存在。1916年来日して，代表作の一つと
される『帝国ホテル』を建築，日本の近代建築
に大きな影響を与えた。
⇒アメ（ライト　1867–1959）
　逸話（ライト　1869–1959）
　岩ケ（ライト，フランク・ロイド　1867–1959）
　岩世（ライト　1867.6.8–1959.4.9）
　英米（Wright, Frank Lloyd　ライト（フランク・
　ロイド）　1867–1959）
　旺世（ライト　1869–1959）
　才西（ライト，フランク・ロイド　1867/69–
　1959）
　外国（ライト　1869–）
　科学（ライト　1867.6.8–1959.4.8）
　科史（ライト　1869–1959）
　角世（ライト（フランク・ロイド）　1867–1959）
　教育（ライト　1869–）
　キリ（ライト，フランク・ロイド　1867 (69) .6.
　8–1959.4.9）

現人（ライト　1867.6.8–1959.4.9）
広辞**4**（ライト　1869–1959）
広辞**5**（ライト　1867–1959）
広辞**6**（ライト　1867–1959）
国史（ライト　1867–1959）
国小（ライト　1867.6.8–1959.4.9）
国百（ライト，フランク・ロイド　1867.6.8–
　1959.4.9）
コン**2**（ライト　1867–1959）
コン**3**（ライト　1867–1959）
思想（ライト，フランク・ロイド　1867–1959）
新美（ライト，フランク・ロイド　1867/69.6.8–
　1959.4.9）
人物（ライト　1869.6.8–1959.4.9）
西洋（ライト　1896.6.8–1959.4.9）
世西（ライト　1869–1959）
世美（ライト，フランク・ロイド　1869–1959）
世百（ライト　1869–1959）
全書（ライト　1867–1959）
大辞（ライト　1867–1959）
大辞**2**（ライト　1867–1959）
大辞**3**（ライト　1867–1959）
大百（ライト　1867–1959）
デス（ライト　1867–1959）
伝世（ライト，F.L.　1869.6.8–1959.4.9）
ナビ（ライト　1867–1959）
二十（ライト，フランク・ロイド　1867 (69) .6.
　8–1959.4.9 (8))
日人（ライト　1867–1959）
百科（ライト　1867–1959）
評世（ライト　1869–1959）
来日（ライト　1869–1959）

Wright, Orgiwanna Lloyd 〈20世紀〉
アメリカの全寮制の建築集団「タリアセン」を
主宰，建築家F.L.ライトの最後の夫人。
⇒スパ（ライト，オルギワナ・ロイド　?–）

Wright, Orville 〈19・20世紀〉
アメリカの発明家。人類初の動力飛行に成功。
研究者として航空技術の発展に貢献。
⇒岩ケ（ライト兄弟）
　岩世（ライト　1871.8.19–1948.1.30）
　英米（Wright, Willbur and Orville　ライト兄弟
　1871–1948）
　旺世（ライト兄弟　1871–1948）
　外国（ライト　1871–1948）
　科技（ライト　1871.8.19–1948.1.30）
　科史（ライト　1871–1948）
　科人（ライト，オーヴィル　1871.8.19–1948.1.
　30）
　角世（ライト兄弟　1871–1948）
　現人（ライト　1871.8.19–1948.1.30）
　広辞**6**（ライト　1871–1948）
　国小（ライト，オービル　1871.8.19–1948.1.30）
　国百（ライト，オービル　1871.8.19–1948.1.30）
　コン**3**（ライト　1871–1912）
　人物（ライト　1871.8.19–1948.5.30）
　西洋（ライト　1871.8.19–1948.1.30）
　世科（ライト，オーヴィル　1871–1948）

世科（ライト兄弟）
世人（ライト兄弟　1871–1948）
世西（ライト　1871.8.19–1948.1.31）
世百（ライト，オーヴィル　1871–1948）
全書（ライト（兄弟））
大辞（ライト　1871–1948）
大辞2（ライト兄弟）
大辞3（ライト兄弟　1871–1948）
大百（ライト　1871–1948）
デス（ライト，オービル　1871–1948）
伝世（ライト，オーヴィル　1871.8.19–1948.1.
　30）
ナビ（ライト（兄弟））
二十（ライト，オービル　1871.8.19–1948.1.30）
百科（ライト兄弟）
評世（ライト兄弟　1871–1948）
山世（ライト兄弟　1871–1948）
歴史（ライト　1871–1948）
歴史（ライト兄弟）

Wright, Russel 〈20世紀〉
アメリカの工芸家。合理的で機能的な家庭用品をデザインして，現代生活の簡易化を主唱した。
⇒国小（ライト　1904–）

Wright, Wilbur 〈19・20世紀〉
アメリカの発明家。航空界のパイオニア。人類初の動力飛行に成功。ライト航空機会社を設立。
⇒岩ケ（ライト兄弟）
　岩世（ライト　1867.4.16–1912.5.30）
　英米（Wright, Willbur and Orville　ライト兄弟
　　1867–1912）
　旺世（ライト兄弟　1867–1912）
　外国（ライト　1867–1912）
　科技（ライト　1867.4.16–1912.5.30）
　科史（ライト　1867–1912）
　科人（ライト，ウィルバー　1867.4.16–1912.5.
　　30）
　角世（ライト兄弟　1867–1912）
　広辞4（ライト　1867–1912）
　広辞5（ライト　1867–1912）
　広辞6（ライト　1867–1912）
　国小（ライト，ウィルバー　1867.4.16–1912.5.
　　30）
　国百（ライト，ウィルバー　1867.4.16–1912.5.
　　30）
　コン2（ライト　1867–1912）
　コン3（ライト　1867–1912）
　人物（ライト　1867.4.16–1912.5.30）
　西洋（ライト　1867.4.16–1912.5.30）
　世科（ライト，ウィルバー　1867–1912）
　世科（ライト兄弟）
　世人（ライト兄弟　1867–1912）
　世西（ライト　1867–1912.5.29）
　世百（ライト，ウィルバー　1867–1912）
　全書（ライト（兄弟））
　大辞（ライト　1867–1912）
　大辞2（ライト兄弟）
　大辞3（ライト兄弟　1867–1912）

大百（ライト　1867–1912）
デス（ライト，ウィルバー　1867–1912）
伝世（ライト，ウィルバー　1867.7.16–1912.5.
　30）
ナビ（ライト（兄弟））
二十（ライト，ウィルバー　1867.4.16–1912.5.
　30）
百科（ライト兄弟）
評世（ライト兄弟　1867–1912）
山世（ライト兄弟　1867–1912）
歴史（ライト兄弟）

Wrigley, William（Jr.）〈19・20世紀〉
アメリカのチューインガム製造業者。
⇒岩ケ（リグリー，ウィリアム，ジュニア　1861–
　1932）

Wriston, Walter Bigelow 〈20世紀〉
アメリカの銀行家。シティバンクならびに同行持株会社シティコープ会長。CD（譲渡可能定期預金証書）を他行にさきがけて開発。
⇒岩世（リストン　1919.8.3–2005.1.19）
　西洋（リストン　1919.8.3–）

Wurlitzer, Rudolph 〈19・20世紀〉
アメリカの楽器製作者。
⇒岩ケ（ワーリッツァー，ルドルフ　1831–1914）

Wyatt, James 〈18・19世紀〉
イギリスの建築家。主作品，カステルクール
（1790）。
⇒岩ケ（ワイアット，ジェイムズ　1746–1813）
　岩世（ワイアット　1746.8.3–1813.9.4）
　キリ（ワイアット，ジェイムズ　1746.8.3–1813.
　　9.4）
　建築（ワイアット，ジェームズ　1746頃–1813）
　国小（ワイアット　1746.8.3–1813.9.4）
　新美（ワイヤット，ジェームズ　1746.8.3–1813.
　　9.4）
　西洋（ワイアット　1746.8.3–1813.9.4）
　世美（ワイアット，ジェイムズ　1746–1813）
　百科（ワイアット　1746–1813）

Wyatt, John 〈18世紀〉
イギリスの発明家。回転ローラーによる紡績機を考案して特許を得た。
⇒岩世（ワイアット　1700.4–1766.11.29）
　外国（ワイアット　1700–1766）
　人物（ワイアット　1700.4–1766.11.29）
　西洋（ワイアット　1700.4–1766.11.29）
　世西（ワイアット　1700–1766）
　世百（ワイヤット　1700–1766）
　全書（ワイアット　1700–1766）
　大百（ワイアット　1700–1766）
　百科（ワイアット　1700–1766）

W

Wyatt, *Sir* Mathew Digby 〈19世紀〉
イギリスの建築家。ロンドンの第1回万国博覧会 (1851) の実行委員となり, 会場を設計。
⇒西洋（ワイアット　1820.7.28–1877.5.21）

Wyndham, *Sir* Charles 〈19・20世紀〉
イギリスの俳優, 劇場支配人。
⇒岩世（ウィンダム　1837.3.23–1919.1.12）

Wyndham White, Eric 〈20世紀〉
イギリスの経済専門家。「関税ならびに貿易に関する一般協定」(GATT) が締結された際, その産婆役をつとめた。
⇒現人（ウィンダム・ホワイト　1913.1.26–）
　二十（ウィンダム, ホワイト・E.　1913–）

【 X 】

Xenakis, Iannis 〈20世紀〉
ギリシア, 後にフランスの作曲家, 建築家。
⇒岩ケ（クセナキス, イアンニス　1922–）
　音楽（クセナキス, ヤニス　1922.5.29–）
　音大（クセナキス　1922.5.1–）
　クラ（クセナキス, ヤニス　1922–2001）
　現人（クセナキス　1922.5.22–）
　幻文（クセナキス, ヤニス　1922–）
　広辞5（クセナキス　1922–）
　広辞6（クセナキス　1922–2001）
　国小（クセナキス　1922.5.29–）
　コン3（クセナキス　1922–）
　作曲（クセナキス, ヤニス　1922–2001）
　実ク（クセナキス, ヤニス　1922–2001）
　人物（クセナキス　1923.5.22–）
　西洋（クセナキス　1922.5.29–）
　世西（クセナキス　1922.5.29–）
　世百新（クセナキス　1922–2001）
　全書（クセナキス　1922–）
　大辞2（クセナキス　1922–）
　大辞3（クセナキス　1922–2001）
　伝世（クセナキス　1922–）
　二十（クセナキス, ヤニス　1922.5.22–）
　百科（クセナキス　1922–）
　標音（クセナキス, ヤニス　1922–2001）
　ラル（クセナキス, ヤニス　1922–）

【 Y 】

Yablochkov, Pavel Nikolaevich 〈19世紀〉
ロシアの電気技術者。アーク灯を発明し, 特別の交流発電機を考案し, 工場で生産した。
⇒岩世（ヤーブロチコフ　1847.9.2–1894.3.19）
　コン2（ヤーブロチコフ　1847–1894）
　コン3（ヤーブロチコフ　1847–1894）
　西洋（ヤブロチコフ　1847–1894）
　世西（ヤブロチコフ　1847.9.14–1894.3.19）
　世百（ヤブロチコフ　1847–1894）
　百科（ヤブロチコフ　1847–1894）

Yahya, Ahmad Hassan 〈20世紀〉
南イエメンの政治家。経済, 工業, 通信相などの官僚を1975年まで歴任。78年改編発足した「イエメン社会党」では政治局員の末席。
⇒中東（ヤヒヤ　1930?–）

Yakovlev, Aleksandr Sergeevich 〈20世紀〉
ソ連邦の航空機設計家。1945年超音速ジェット機を設計。
⇒コン3（ヤコヴレフ　1906–1989）
　二十（ヤコブレフ, アレクサーンドル　1906.4.1–1989.8.22）

Yale, Elihu 〈17・18世紀〉
イギリスの東インド会社役員。多額の寄付によりエール大学に名を残す。
⇒岩ケ（イェール, イライヒュー　1649–1721）
　教育（イェール　1648–1721）
　国小（エール　1649–1721）
　西洋（イェール　1649.4.5–1721.7.8）

Yale, Linus 〈19世紀〉
アメリカの鍵職人, イェール錠の発明者。
⇒岩ケ（イェール, ライナス　1821–1868）

Yamasaki, Minoru 〈20世紀〉
アメリカの建築家。
⇒アメ（ヤマサキ　1912–1986）
　新美（ヤマサキ, ミノル　1912.12.1–）
　世百新（ヤマサキ　1912–1986）
　ナビ（ヤマサキ　1912–1986）
　二十（ヤマサキ, ミノル　1912.12.1–1986.2.6）
　日人（ヤマサキ　1912–1986）
　百科（ヤマサキ　1912–）

Yanenko, Nikolai Nikolaevich 〈20世紀〉
ソ連邦の数学者で力学者。
⇒数学（ヤネンコ　1921.5.22–1984.1.16）
　数学増（ヤネンコ　1921.5.22–1984.1.16）

Yang, Jerry 〈20・21世紀〉
アメリカの企業家, コンピューター技術者。インターネット検索サービスの最大手「Yahoo!」

の共同創業者の一人。中国系。
⇒岩世（ヤン　1968.11.6–）
　華人（ヤン, ジェリー　1968–）

Yap Ah Loy 〈19世紀〉
マレーの華僑指導者。
⇒岩世（ヤップ・アーロイ　1837.3.14–1885.4.15）
　東ア（ヤップ・アロイ　1837–1885）
　百科（ヤップ・ア・ロイ　1837–1885）

Yassin, Muhammad Osman 〈20世紀〉
スーダンの外交官。1970～75年国連開発計画（ヨルダン）に出向。財政通の外交官。
⇒中東（ヤシーン　1915–）

Yateem, Husain Ali 〈20世紀〉
バハレーンの実業家。バハレーン初の水蒸留・冷凍プラントを設立。ヤティーム・A・M・ブラザーズ社社長。
⇒中東（ヤティーム　1914–）

Yavlinsky, Grigory Alekseevich 〈20・21世紀〉
ソ連邦の経済学者, ロシアの政治家。
⇒岩世（ヤヴリンスキー　1952.4.10–）

Ybl, Niklos 〈19世紀〉
ハンガリーの建築家。
⇒建築（イブル, ニコラス　1814–1891）

Yeats, Lily 〈19・20世紀〉
アイルランドの出版社主。
⇒世女日（イェイツ, リリー　1866–1949）

Yeganeh, Mohammad 〈20世紀〉
イランの政治家。1977年経済・蔵相。
⇒中東（イェガーネ　1923–）

Yeluwadji, Mahmūd 〈13世紀〉
モンゴルの政治家。財政官として著名。オゴダイ・ハンの治世帝国東部の行政を担当。
⇒角世（ヤラワチ　?–1255?）
　国小（イェルワジ〔牙老瓦赤〕　?–1255頃）
　世東（マフムード・イェルワジ　?–1255頃）
　百科（ヤラワチ　?–1255?）

Yerkes, Charles Tyson 〈19・20世紀〉
アメリカの金融家。フィラデルフィアで銀行を経営したのち, 1886年からシカゴ市電の大部分を支配。
⇒岩ケ（ヤーキズ, チャールズ（・タイソン）　1837–1905）
　国小（ヤークス　1837.6.25–1905.12.29）

Yerovi Indaburo, Clemente 〈20世紀〉
エクアドルの政治家。開発銀行総裁等を歴任し, 1966年3～11月まで臨時大統領。
⇒世西（イェロビ・インダブロ　1904–）

Yevele, Henry 〈14世紀〉
イギリスの建築家。
⇒建築（イェヴェル, ヘンリー　1320頃–1400）
　新美（イェーヴェル, ヘンリー　?–1400頃）
　世美（イェーヴェル, ヘンリー　?–1400）

Ying, James 〈20世紀〉
アメリカの実業家。中国系。
⇒華人（イン, ジェームズ）

Yorke, Francis Reginald Stevens 〈20世紀〉
イギリスの建築家。主作品は『ガトウィック空港』(1958)。
⇒岩世（ヨーク　1906.12.3–1962.6.10）
　国小（ヨーク　1906–1962）
　西洋（ヨーク　1906.12.3–1962.6.10）

Yoshino, Michael Yotaro 〈20世紀〉
アメリカの経営学者。ハーバード・ビジネス・スクール教授。
⇒二十（ヨシノ, M.ヨータロー）

Young, Allyn Abbott 〈19・20世紀〉
アメリカ生まれの経済思想学者。
⇒岩世（ヤング　1876.9.19–1929.3.7）
　経済（ヤング　1876–1929）

Young, Arthur 〈18・19世紀〉
イギリスの農業理論家。農業技術の改善と新経営方法の普及に努めた。
⇒岩ケ（ヤング, アーサー　1741–1820）
　岩世（ヤング　1741.9.11–1820.4.20）
　英米（Young, Arthur　ヤング, アーサー　1741–1820）
　旺世（ヤング　1741–1820）
　外国（ヤング　1741–1820）
　角世（ヤング　1741–1820）
　広辞4（ヤング　1741–1820）
　広辞6（ヤング　1741–1820）
　国小（ヤング　1741–1820）
　コン2（ヤング　1741–1820）
　コン3（ヤング　1741–1820）
　人物（ヤング　1741.9.11–1820.4.20）
　西洋（ヤング　1741.9.11–1820.4.20）
　世西（ヤング　1741.9.11–1820.4.20）
　世百（ヤング　1741–1820）
　全書（ヤング　1741–1820）
　大辞（ヤング　1741–1820）
　大辞3（ヤング　1741–1820）
　大百（ヤング　1741–1820）

デス（ヤング　1741–1820）
百科（ヤング　1741–1820）
評世（ヤング　1741–1820）
名著（ヤング　1741–1820）
山世（ヤング　1741–1820）
歴史（ヤング　1741–1820）

Young, James〈19世紀〉

イギリスの化学技術者，パラフィン工業の創立者。
⇒科人（ヤング，ジェイムズ　1811.7.13–1883.5.3）
世百（ヤング　1811–1883）
百科（ヤング　1811–1883）

Young, Owen D.〈19・20世紀〉

アメリカの弁護士，実業家，財務家。弁護士を経て，ゼネラル・エレクトリック社の顧問・会長を歴任。そのほか多くの会社・銀行に関与。第一次大戦のドイツ賠償問題についてヤング案を提出。
⇒岩世（ヤング　1874.10.27–1962.7.11）
外国（ヤング　1874–）
広辞4（ヤング　1874–1962）
広辞5（ヤング　1874–1962）
広辞6（ヤング　1874–1962）
コン2（ヤング　1874–1962）
コン3（ヤング　1874–1962）
人物（ヤング　1874.10.27–）
西洋（ヤング　1874.10.27–1962.7.11）
世人（ヤング　1874–1962）
世西（ヤング　1874.10.27–）
世百（ヤング　1874–1962）
大辞（ヤング　1874–1962）
大辞2（ヤング　1874–1962）
大辞3（ヤング　1874–1962）
大百（ヤング　1874–1962）
伝世（ヤング，O.D.　1874.10.27–1962.7.11）
二十（ヤング，O.D.　1874–?）
評世（ヤング　1874–1962）

Young, Robert〈19・20世紀〉

イギリスのジャーナリスト。1888年来日，神戸ジャパン・クロニクル社主。
⇒岩世（ヤング　1858–1922.11.7）
コン3（ヤング　1857–1922）
西洋（ヤング　1857–1922.11.7）
大辞（ヤング　1857–1922）
大辞2（ヤング　1857–1922）
大辞3（ヤング　1857–1922）
来日（ヤング　1858–1922）

Z　Young (of Graffham), David Ivor, Baron〈20世紀〉

イギリスの政治家，実業家。
⇒岩ケ（ヤング（グラファムの），デイヴィド・アイヴァー，男爵　1932–）

Yu, Ronny〈20世紀〉

アメリカの映画監督，映画製作家。香港出身の中国系。
⇒華人（ユー，ロニー　1950–）

Yunus, Muhammad〈20世紀〉

バングラデシュの銀行家・経済学者。［賞］2006年ノーベル平和賞受賞。
⇒ノベ3（ユヌス，M.　1940.6.28–）

Yuriev, Boris Nikolaevich〈19・20世紀〉

ソ連邦の気体力学者。スクリュー推進機の対地速度算定公式を導き出す。ヘリコプターの理論と設計に関しても研究。
⇒コン3（ユーリエフ　1889–1957）

Yushchenko, Viktor〈20世紀〉

ウクライナの政治家，エコノミスト。ウクライナ大統領。
⇒世政（ユーシェンコ，ヴィクトル　1954.2.23–）

【Z】

Zabaleta, Nicanor〈20世紀〉

スペインのハープ奏者。ペダル8個のハープを考案。テクニック，音の美しさはともに現代最高。
⇒岩ケ（サバレータ，ニカノル　1907–）
演奏（サバレータ，ニカノル　1907.1.7–）
音楽（サバレタ，ニカノル　1907.1.7–）
音大（サバレタ　1907.1.7–）
クラ（サバレタ，ニカノール　1907–1993）
現演（サバレタ，ニカノール　1907–）
二十（サバレタ，ニカノール　1907.1.7–1993.3.31）
ラル（サバレタ，ニカノル　1907–）

Zabar, Lilian〈20世紀〉

ウクライナ生まれの実業家。
⇒世女日（ザバル，リリアン　1905?–1995）

Zabelin, Ivan Egorovich〈19・20世紀〉

ロシアの考古学者，歴史家。『モスクヴァの歴史・考古学・統計資料』（1884～91）をはじめ手工業史，生活史，芸術史に関する多数の著作を通じてロシア文化の独自性を主張した。
⇒外国（ザベーリン　1820–1908）

Zaccagni, Benedetto〈15・16世紀〉

イタリアの建築家。

⇒世美（ザッカーニ，ベネデット　1487-1558）

Zaccagni, Bernardino, il Vecchio
〈15・16世紀〉
イタリアの建築家。
⇒世美（ザッカーニ，ベルナルディーノ（年長）
　1455/65-1529/31）

Zaccagni, Giovan Francesco 〈15・16
世紀〉
イタリアの建築家。
⇒世美（ザッカーニ，ジョヴァン・フランチェスコ
　1491-1543）

Zadeh, Lotfi Asker 〈20世紀〉
アメリカのシステム工学者。ファジー理論を
提唱。
⇒ナビ（ザデー　1921-）

Zaentz, Saul 〈20世紀〉
アメリカ生まれの映画製作者。
⇒世映（ゼインツ，ソール　1921-）

Zaharoff, *Sir* Basil 〈19・20世紀〉
イギリスの実業家。
⇒岩ケ（ザハーロフ，サー・バジル　1849-1936）
　岩世（ザハロフ　1849.10.6-1936.11.27）
　外国（ザハロフ　1850-1936）
　広辞4（ザハロフ　1850-1936）
　広辞5（ザハロフ　1850-1936）
　広辞6（ザハロフ　1849-1936）
　コン2（ザハーロフ　1850-1936）
　コン3（ザハロフ　1850-1936）
　人物（ザハロフ　1849.10.6-1936.11.27）
　西洋（ザハロフ　1849.10.6-1936.11.27）
　世西（ザハロフ　1849.10.6-1936.11.27）
　世百（ザハロフ　1849/50-1936）
　全書（ザハロフ　1849-1936）
　大辞（ザハロフ　1850-1936）
　大辞2（ザハロフ　1850-1936）
　大辞3（ザハロフ　1850-1936）
　大百（ザハロフ　1849-1936）
　デス（ザハロフ　1850-1936）
　二十（ザハロフ，B.　1849-1936）

Zaibek, Abdul-Kader 〈20世紀〉
アルジェリアの政治家。1964～77年郵便・通信
相兼公共事業相。77年国民議会財務委員長。
⇒中東（ザイベク　1923-）

Zaist, Giovanni Battista 〈18世紀〉
イタリアの建築家，画家。
⇒世美（ザイスト，ジョヴァンニ・バッティスタ
　1700-1757）

Zakharov, Adrian Dimitrievich
〈18・19世紀〉
ロシアの建築家。
⇒建築（ザハロフ，アンドレイ・ドミトリエヴィッ
　チ　1761-1811）
　国小（ザハロフ　1761-1811）
　新美（ザハロフ，アドリアン・ドミートリヴィチ
　1761.8.8/19-1811.8.27/9.8）

Zamyatin, Leonid Mitrofanovich
〈20世紀〉
ソ連邦の外交官，報道関係幹部。国営タス通信
社総支配人（社長）。重要な外交問題について
外国人特派員向けのスポークスマンを務めて
いる。
⇒現人（ザミャーチン　1922-）
　世政（ザミャーチン，レオニード　1922.3.9-）
　二十（ザミャーチン，レオニード　1922.3.9
　(5)-）

Zander, Fridrikh Arturovich 〈19・20
世紀〉
ソ連邦のロケット工学者。ソ連ではじめて液体
燃料によるロケットエンジンの実験を行った。
⇒コン3（ザーンデル　1887-1933）

Zanoia, Giuseppe 〈18・19世紀〉
イタリアの建築家。
⇒世美（ザノイア，ジュゼッペ　1747-1817）

Zanuck, Darryl Francis 〈20世紀〉
アメリカの映画製作者。ギャング問題をとりあ
げた〈暗黒街映画〉，ニュー・ディール時代のア
メリカの社会的矛盾を暴露した問題作を提供。
⇒岩ケ（ザナック，ダリル・F（フランシス）
　1902-1979）
　岩世（ザナック　1902.9.5-1979.12.22）
　外国（ザナック　1902-）
　コン3（ザナック　1902-1979）
　西洋（ザナック　1902.9.5-1979.12.22）
　世映（ザナック，ダリル・F　1902-1979）
　世俳（ザナック，ダリル・F　1902.9.5-1979.12.
　22）
　世百新（ザナック　1902-1979）
　大辞3（ザナック　1902-1979）
　二十（ザナック，D.F.　1902.9.5-1979.12.22）
　百科（ザナック　1902-1979）

Zanuck, Richard Darryl 〈20世紀〉
アメリカ生まれの映画製作者。
⇒世映（ザナック，リチャード・D　1934-）

Zanuso, Marco 〈20世紀〉
イタリアの建築家，デザイナー。
⇒世美（ザヌーゾ，マルコ　1916-）

Zaslavskaja, Tat'jana Ivanovna 〈20

世紀〉
ロシアの経済学者，社会学者。
⇒岩ケ（ザスラフスカヤ，タチヤナ・イヴァノヴナ
1927-）

Zawadzki, Wladyslaw 〈19・20世紀〉
ポーランドの理論経済学者。ローザンヌ学派に
属し，一般均衡理論の立場を固守した。
⇒世百（ザワズキー　1885-1939）

Zawawi, Qais Abdul-Moneim al- 〈20世紀〉
オマーンの行政官，実業家。現在，外務担当国
務相。
⇒中東（ザワウィー　1935-）

Zayd bin Sultān al-Nahyān Sheikh 〈20世紀〉
アラブ首長国連邦の初代大統領，アブダビ首長。
1971年「アラブ経済開発アブダビ基金」を創設。
⇒現人（ザイド　1916-）
　コン3（ザイド　1918-）
　世西（ザイド　1918-）
　世東（ザーイド　1918-）
　中東（ザーイド　1918-）
　二十（ザイド・b.S.N.　1918-）

Zecca, Ferdinand 〈19・20世紀〉
フランス・パリ生まれの映画監督，製作者。
『バビロンの女王』(1906)などの作品がある。
⇒監督（ゼッカ，フェルディナント　1864-1947）
　世映（ゼッカ，フェルディナン　1864-1947）

Zecchin, Vittorio 〈19・20世紀〉
イタリアの画家，ガラス工芸家。
⇒世美（ゼッキン，ヴィットーリオ　1878-1947）

Zeckendorf, William 〈20世紀〉
アメリカの不動産開発業者。
⇒岩ケ（ゼッケンドーフ，ウィリアム　1905-1976）

Zedillo, Ernesto 〈20・21世紀〉
メキシコの政治家，エコノミスト。メキシコ大
統領。
⇒岩世（セディージョ　1951.12.27-）
　世政（セディジョ，エルネスト　1951.4.27-）

Z　Zedler, Johann Heinrich 〈18世紀〉
ドイツの出版者。
⇒岩世（ツェードラー　1706.1.7-1751.3.21）

Zehrfuss, Bernard 〈20世紀〉
フランスの建築家。1939年ローマ賞受賞。パリ
のユネスコ本部の共同設計者。

⇒国小（ツェールフス　1911-）
　新美（ゼールフス，ベルナール　1911.10.20-）
　二十（ゼールフス，ベルナール　1911.10.20-）

Zeiss, Carl 〈19世紀〉
ドイツの光学機械製作者。高性能顕微鏡を科学
的に設計，製作。カール・ツァイス社を創設。
⇒岩ケ（ツァイス，カール　1816-1888）
　岩世（ツァイス　1816.9.11-1888.12.3）
　科学（ツァイス　1816.9.11-1888.12.3）
　科史（ツァイス　1816-1888）
　角世（ツァイス　1816-1888）
　国小（ツァイス　1816.9.11-1888.12.3）
　コン2（ツァイス　1816-1888）
　コン3（ツァイス　1816-1888）
　人物（ツァイス　1816.9.11-1888.12.3）
　西洋（ツァイス　1816.9.11-1888.12.3）
　世百（ツァイス　1816-1888）
　全書（ツァイス　1816-1888）
　大辞3（ツァイス　1816-1888）
　大百（ツァイス　1816-1888）
　百科（ツァイス　1816-1888）
　評世（ツァイス　1816-1888）

Zenale, Bernardino 〈15・16世紀〉
イタリアの画家，建築家。
⇒世美（ゼナーレ，ベルナルディーノ　1456頃-
1526）

Zenger, John Peter 〈17・18世紀〉
ドイツ生まれのアメリカの印刷業者，新聞発行
者。アメリカの新聞の自由の確立者といわ
れる。
⇒岩世（ゼンガー　1697.10.26-1746.7.28）
　外国（ゼンガー　1697-1746）
　国小（ゼンガー　1697-1746.7.28）
　コン2（ゼンガー　1697-1746）
　コン3（ゼンガー　1697-1746）
　西洋（ゼンガー　1697-1746.7.28）

Zēnōn 〈2世紀〉
小アジアの建築家。アスペンドス劇場の作者。
⇒建築（ゼノン　（活動)2世紀）

Zeppelin, Ferdinand Graf von 〈19・20世紀〉
ドイツの軍人，航空技術者。伯爵。陸軍中将を
退役後，ツェッペリン飛行船を開発。
⇒岩ケ（ツェッペリン，フェルディナント（・アドル
フ・アウグスト・ハインリヒ)，伯爵　1838-
1917）
　岩世（ツェッペリン　1838.7.8-1917.3.8）
　旺世（ツェッペリン　1838-1917）
　外国（ツェッペリン　1838-1917）
　科学（ツェッペリン　1838.7.8-1917.3.8）
　科技（ツェッペリン　1838.7.8-1917.3.8）
　科史（ツェッペリン　1838-1917）
　角世（ツェッペリーン　1838-1917）

広辞4（ツェッペリン　1838–1917）
広辞5（ツェッペリン　1838–1917）
広辞6（ツェッペリン　1838–1917）
コン2（ツェッペリン　1838–1917）
コン3（ツェッペリン　1838–1917）
人物（ツェッペリン　1838.7.8–1917.3.8）
西洋（ツェッペリン　1838.7.8–1917.3.8）
世科（ツェッペリン　1838–1917）
世人（ツェッペリン　1838–1917）
世西（ツェッペリン　1838.7.8–1917.3.3）
世百（ツェッペリン　1838–1917）
全書（ツェッペリン　1838–1917）
大辞（ツェッペリン　1838–1917）
大辞2（ツェッペリン　1838–1917）
大辞3（ツェッペリン　1838–1917）
大百（ツェッペリン　1838–1917）
デス（ツェッペリン　1838–1917）
伝世（ツェッペリーン　1838.7.8–1917）
ナビ（ツェッペリン　1838–1917）
二十（ツェッペリン，フェルディナンド・フォン　1838.7.8–1917.3.8）
百科（ツェッペリン　1838–1917）
評世（ツェッペリン　1838–1917）
山世（ツェッペリン　1838–1917）
歴史（ツェッペリン　1838–1917）

Zetkin, Clara 〈19・20世紀〉

ドイツの婦人革命家。1916年スパルタクス団創設に加わる。24年コミンテルン婦人局長。
⇒岩ケ（ツェトキン，クララ　1857–1933）
外国（ツェトキン　1857–1933）
角世（ツェットキン　1857–1933）
経済（ツェトキン　1857–1933）
国小（ツェトキン　1857.7.5–1933.6.20）
コン2（ツェトキン　1857–1933）
コン3（ツェトキン　1857–1933）
人物（ツェトキン　1857.7.5–1933.7.20）
スパ（ツェトキン，クララ　1857–1933）
西洋（ツェトキン　1857.7.5–1933.7.20）
世女（ツェトキン，クラーラ　1857–1933）
世女日（ツェトキン，クララ　1857–1933）
世西（ツェトキン　1857.7.5–1933.6.20）
世百（ツェトキン　1857–1933）
全書（ツェトキン　1857–1933）
大辞2（ツェトキン　1854–1933）
大百（ツェトキン　1857–1933）
デス（ツェトキン　1857–1933）
二十（ツェトキン，クララ　1857–1933.6.20）
百科（ツェトキーン　1857–1933）
山世（ツェトキン　1857–1933）

Zeuthen, Frederik Ludvig Bang
〈19・20世紀〉

デンマークの経済学者。
⇒二十（ツォイテン，フレデリック・L.B.　1888–1959）

Zevi, Bruno 〈20世紀〉

イタリアの建築家，建築史家，建築批評家。

⇒世美（ゼーヴィ，ブルーノ　1918–）

Zholtovsky, Ivan Vladislavovich
〈19・20世紀〉

帝政ロシア・ソ連の建築家。
⇒岩世（ジョルトフスキー　1867.11.15[27]–1959.7.16）

Zhukovskii, Nikolai Egorovich 〈19・20世紀〉

ソ連邦の物理学者。ソ連邦中央航空力学研究所の創立者。
⇒科学（ジューコフスキー　1847–1921）
コン2（ジュコーフスキィ　1847–1921）
コン3（ジュコフスキー　1847–1921）
人物（ジュコーフスキー　1847–1921）
数学（ジュコーフスキー　1847.1.17–1921.3.17）
数学増（ジュコーフスキー　1847.1.17–1921.3.17）
西洋（ジュコーフスキー　1847–1921）
世西（ジュコーフスキー　1847–1921）
全書（ジュコフスキー　1847–1921）
大百（ジュコーフスキー　1847–1921）
二十（ジュコーフスキー，ニコライ　1847–1921）
百科（ジュコーフスキー　1847–1921）
ロシ（ジュコフスキー　1847–1921）

Ziber, Nikolai Ivanovich 〈19世紀〉

ロシアの経済学者。キエフ大学の経済学および統計学の教授。
⇒外国（ジーベル　1844–1888）
コン2（ジーベル　1844–1888）
コン3（ジーベル　1844–1888）
世百（ジーベル　1844–1888）
名著（ジーベル　1844–1888）

Ziegfeld, Florenz 〈19・20世紀〉

アメリカの興行師。ジーグフェルド劇場を開設，『ショー・ボート』（1927）などのミュージカルを上演。
⇒アメ（ジーグフェルド　1867–1932）
岩ケ（ジーグフェルド，フローレンツ　1869–1932）
岩世（ジーグフェルド　1869.3.21–1932.7.22）
演劇（ジーグフェルド，フロレンツ　1867–1932）
国小（ジーグフェルド　1869.3.21–1932.7.22）
コン2（ジーグフェルド　1867–1932）
コン3（ジーグフェルド　1867–1932）
西洋（ジグフェルド　1867–1932）
世百（ジーグフェルド　1869–1932）
全書（ジーグフェルド　1869–1932）
伝世（ジーグフェルド　1869.3.21–1932.7.22）
二十（ジーグフェルド，フロレンツ　1869.3.15–1932.7.22）
百科（ジーグフェルド　1867–1932）
ユ人（ジーグフェルド，フローレンツ　1869–1932）

Zijlstra, Jelle 〈20世紀〉
オランダの政治家、銀行家。経済相、蔵相、首相、オランダ銀行総裁、IMF総裁を歴任。
⇒国小（ザイルストラ　1918.8.27-）

Zimbalo, Giuseppe 〈17・18世紀〉
イタリアの建築家。
⇒建築（ジンバロ、ジュゼッペ（ジンガレッロ（通称））　1617/20-1710）
世美（ジンバロ、ジュゼッペ　1617/20-1710）

Zimin, Sergei 〈19・20世紀〉
ロシアの興行師。
⇒オベ（ジミン、セルゲイ　1875.7.3-1942.8.26）

Zimmerman, Erich Walter 〈19・20世紀〉
アメリカの経済学者。資源論および経済学の第一人者。
⇒名著（ジンマーマン　1888-）

Zimmerman, Mark A. 〈20世紀〉
アメリカの実業家。在日アメリカ商工会議所会頭、ウィンスロップ・ラボラトリーズ総支配人。
⇒二十（ジンマーマン、マーク　1938-）

Zimmermann, Alfred 〈19・20世紀〉
ドイツの著作者。ドイツおよびヨーロッパの植民政策とその歴史、植民地、ドイツの貿易政策について多くの本を書き、これらはドイツの植民政策研究の規準となった。
⇒名著（ツィンメルマン　1859-1925）

Zimmermann, Dominikus 〈17・18世紀〉
ドイツの建築家。ウィースの巡礼聖堂（1746～54）などを制作。
⇒キリ（ツィママン、ドミーニクス　1685.6.30-1766.11.16）
建築（ツィンマーマン、ドミニクス　1685-1766）
国小（ツィンメルマン　1685.6.30-1766.11.16）
新世（ツィンマーマン、ドミニクス　1685.6.30-1766.11.16）
西洋（ツィンメルマン　1685.6.30-1766.11.16）
世美（ツィンマーマン、ドミニクス　1685-1766）
世百（ツィンマーマン　1685-1766）
伝世（ツィンマーマン、ドメニクス　1685.6.30-1766.11.16）
百科（ツィンマーマン　1685-1766）

Zinoviev, Grigorii Evseevich 〈19・20世紀〉
ソ連邦の革命家、政治家。ウクライナ生まれのユダヤ人。レーニンの片腕として革命運動に参加。農民宥和と賃金不平等化政策など、スターリンの路線を批判して処刑された。

⇒岩ケ（ジノヴィエフ、グリゴリー・エフセエヴィチ　1883-1936）
旺世（ジノヴィエフ　1883-1936）
外国（ジノヴィエフ　1883-1937）
角世（ジノヴィエフ　1883-1936）
経済（ジノヴィエフ　1883-1936）
広辞5（ジノーヴィエフ　1883-1936）
広辞6（ジノーヴィエフ　1883-1936）
国小（ジノヴィエフ　1883.9-1936.8.25）
国百（ジノビエフ、グリゴーリ・エフセイビッチ　1883.9-1936.8.25）
コン3（ジノヴィエフ　1883-1936）
人物（ジノビエフ　1883.9-1936.8.25）
西洋（ジノーヴィエフ　1883.9-1936.8.25）
世人（ジノヴィエフ　1883-1936）
世政（ジノヴィエフ、グリゴリー　1883.9-1936.8.25）
世西（ジノヴィエフ　1883.9-1936.8.25）
世百（ジノヴィエフ　1883-1936）
世百新（ジノビエフ　1883-1936）
世文（ジノヴィエフ、アレクサンドル・アレクサンドロヴィチ　1922-）
全書（ジノビエフ　1883-1936）
大辞2（ジノビエフ　1883-1936）
大辞3（ジノビエフ　1883-1936）
大百（ジノビエフ　1883-1936）
伝世（ジノーヴィエフ　1883-1935.8.25）
二十（ジノビエフ、グリゴリイ　1883-1936）
百科（ジノビエフ　1883-1936）
評世（ジノビエフ　1883-1936）
山世（ジノヴィエフ　1883-1936）
ユ人（ジノビエフ、グリゴリ・エフセイエヴィチ　1883-1936）
ロシ（ジノヴィエフ　1883-1936）

Zion, Gene Eugene 〈20世紀〉
アメリカのグラフィックデザイナー、絵本作家。
⇒英児（Zion, Gene　ザイオン、ジーン　1913-1975）
英文（ジオン、ジーン　1913-1975）
児作（Zion, Gene　ジオン、ジーン　1913-1975）
児文（ジオン、ジーン　1913-1975）
二十（ジオン、ジーン・E.　1913-1975）

Zipernovsky Károly 〈19世紀〉
ハンガリーの発明家、電気技術者。ブダペスト工業大学教授（1893～1924）。
⇒岩世（ジベルノフスキ　1853.4.4-1942.11.29）
西洋（ジベルノフスキー　1853.4.4-?）

Zipprodt, Patricia 〈20世紀〉
アメリカの舞台衣装デザイナー。
⇒世女日（ジプロト、パトリシア　1925-1999）

Zolotas, Xenophon 〈20世紀〉
ギリシアの政治家、経済学者。首相、ギリシア中央銀行名誉総裁。
⇒世政（ゾロタス、クセノフォン　1904.3.26-2004.

6.10）

Zolotov, Evgenii Vasilievich〈20世紀〉
ソ連邦の技術者で数学者。
⇒数学（ゾーラトフ　1922.4.29–）
　数学増（ゾーラトフ　1922.4.29–）

Zorig, Sanjaasurengiin〈20世紀〉
モンゴルの政治家。モンゴル社会基盤開発相代行，モンゴル民主連盟議長。
⇒世政（ゾリグ，サンジャースレンギン　1962.4.20–1998.12.2）

Zschimmer, Eberhard〈19・20世紀〉
ドイツの哲学者。ドイツ観念論の立場から技術の哲学を説いた。
⇒岩世（チンマー　1873.11.4–1940.8.15）
　西洋（チンマー　1873.11.4–1940頃）
　名著（チンマー　1873–1940頃）

Zsigmondy, Richard Adolf〈19・20世紀〉
ドイツのコロイド化学者。オーストリア生まれ。限外顕微鏡を発明。1925年ノーベル化学賞受賞。
⇒岩ケ（ジグモンディ，リヒャルト（・アドルフ）　1865–1929）
　岩世（ジグモンディ　1865.4.1–1929.9.24）
　外国（ジグモンディ　1865–1929）
　科学（ジグモンディ　1865.5.1–1929.9.24）
　科技（ジグモンディ　1865.4.1–1929.9.24）
　科人（ツィグモンディー，リヒャルト・アドルフ　1865.4.1–1929.9.29）
　科大（ツィグモンディ　1865–1919）
　広辞4（ジグモンディ　1865–1929）
　広辞5（ジグモンディ　1865–1929）
　広辞6（ジグモンディ　1865–1929）
　国小（シグモンディー　1865–1929）
　コン2（ジーグモンディー　1865–1929）
　コン3（ジグモンディー　1865–1929）
　西洋（ジーグモンディー　1865.4.1–1929.9.29）
　世科（ジグモンディ　1865–1929）
　世西（ジグモンディ　1865.4.1–1929.9.23）
　世百（ジーグモンディー　1865–1929）
　全書（ジグモンディ　1865–1929）
　大百（ジグモンディ　1865–1929）
　二十（ジグモンディ，リチャード・アドルフ　1865.4.1 (5.1)–1929.9.24）
　ノ物（ジグモンディ，リヒャルト・アドルフ　1865–1929）
　ノベ（ジグモンディ，R.A.　1865.4.1–1929.9.24）
　百科（ジグモンディ　1865–1929）
　ノベ3（ジグモンディ，R.A.　1865.4.1–1929.9.24）

Zubair, Muhammad〈20世紀〉
オマーンの政治家，実業家。1966年マスカット貿易会社を設立。74年から商業・工業相。

⇒中東（ズバイル　1940–）

Züblin, Eduard〈19・20世紀〉
スイスの技術者。鉄筋コンクリート建築の促進に努めた。
⇒岩世（チューブリン　1850.3.11–1916.11.25）
　西洋（チューブリン　1850.3.11–1916.11.25）

Zubov, Vasily Pavlovich〈20世紀〉
ソ連邦の科学史家。中世，ルネサンスの芸術史，技術史，建築史を研究した。
⇒科史（ツボフ　1899–1963）

Zukor, Adolph〈19・20世紀〉
アメリカの映画製作者，企業家。パラマウント映画で勢力をふるった。
⇒岩世（ズーカー　1873.1.7–1976.6.10）
　外国（ズーカー　1873–）
　国小（ズーカー　1873.1.7–1976.6.10）
　コン2（ズーカー　1873–1967）
　コン3（ズーカー　1873–1976）
　西洋（ズーカー　1873.1.7–1976.6.10）
　世映（ズーカー，アドルフ　1873–1976）
　世百（ズーカー　1873–）
　大百（ズーカー　1873–1976）
　二十（ズーカー，アドルフ　1873.1.7–1976.6.10）
　ユ人（ズーカー（ズコール），アドルフ　1873–1976）

Zum, Reinier van't〈17世紀〉
オランダの出島商館長（1645.11〜46.10）。
⇒西洋（ツム　17世紀）

Zuse, Konrad〈20世紀〉
ドイツの発明家，コンピューター技術者。
⇒岩ケ（ツーゼ，コンラート　1910–1995）
　岩世（ツーゼ　1910.6.22–1995.12.18）
　科人（ツーゼ，コンラート　1910.6.22–）
　数学（ツーゼ　1910.6.22–）
　数学増（ツーゼ　1910.6.22–1995.12.18）

Zverev, Arseni Grigor'evich〈20世紀〉
ソ連邦の政治家。1946年，49年大蔵大臣。財政行政の専門家。
⇒外国（ズヴェレフ　1900–）
　世西（スヴェーレフ）
　二十（ズベレフ，A.　1900–）

Zworykin, Vladimir Kosma〈19・20世紀〉
ロシア生まれのアメリカの物理学者，電気技術者。1938年実用テレビカメラを初めて作り，電子顕微鏡も改良して実用に耐えるものに仕上げた。47年RCA副社長。
⇒岩ケ（ズウォーリキン，ヴラディミア（・コスマ）

1889–1982)
岩世 （ズウォーリキン　1889.7.18［30］–1982.7.
29）
外国 （ツヴォリキン　1888/9–）
科学 （ツヴォリキン　1889.7.30–）
科技 （ズヴォーリキン　1889.7.30–）
科史 （ツヴォリキン　1889–）
科人 （ツヴォリキン，ウラディミール・コズマ
1889.7.30–1982.8.18）
現人 （ズウォーリキン　1889.7.30–）
国小 （ズウォーリキン　1889.7.30–）
国小 （ツヴォリキン　1889.7.30–）
コン3 （ズウォーリキン　1889–1982）
人物 （ズボーリキン　1889.7.30–）
西洋 （ズウォーリキン　1889.7.30–）
世科 （ズウォーリキン　1889–）
世西 （スヴォリキン　1889.7.30–）
世百 （ツウォリキン　1889–）
世百新 （ツウォリキン　1889–1982）
全書 （ツウォリキン　1889–1982）
大辞2 （ツウォーリキン　1889–1982）
大辞3 （ツウォーリキン　1889–1982）
大百 （ズウォリキン　1889–）
伝世 （ズウォーリキン　1889.7.30–）
二十 （ツウォリキン，ウラジミル・K.　1889.7.
30–1982.7.29）
百科 （ツウォリキン　1889–1982）

カタカナ表記索引

さくいん・用語集

【ア】

アアルト
→Aalto, Hugo Alvar Henrik 3
アイアコッカ
→Iacocca, Lido Anthony Lee 302
アイアーマン
→Eiermann, Egon 188
アイアマン
→Eiermann, Egon 188
アイヴズ
→Ives, Frederick Eugene 307
→Ives, James Merritt 307
アイエルマン
→Eiermann, Egon 188
アイクトヴェズ
→Eigtved, Nicolai 188
アイクナー
→Eichner, Alfred Solomon 188
アイサード
→Isard, Walter 305
アイザード
→Isard, Walter 305
アイスナー
→Eisner, Robert 189
アイズナー
→Eisner, Michael 189
アイデ
→Eyde, Samuel 198
アイト
→Eyth, Max von 198
アイトヴェズ
→Eigtved, Nicolai 188
アイヒェル
→Aichel, Johann Santin 9
アイヒャー
→Eicher, Manfred 187
アイヒヤー
→Eicher, Manfred 187
アイヒンガー
→Eichinger, Bernd 188
アイヘル
→Aichel, Johann Santin 9
→Eichel, Hans 187

アイモニーノ
→Aymonino, Carlo 31
アイルノース
→Ailnoth 10
アイルベルトゥス
→Eilbertus aus Köln 188
アイワークス
→Iwerks, Ubbe Ert Iwwerks 307
アイン・アリー
→Ayn Ali 31
アインチッヒ
→Einzig, Paul 189
アインチヒ
→Einzig, Paul 189
アイントーヴェン
→Einthoven, Willem 188
アイントーフェン
→Einthoven, Willem 188
アイントーベン
→Einthoven, Willem 188
アイントホーヴェン
→Einthoven, Willem 188
アイントホーフェン
→Einthoven, Willem 188
アイントホーフエン
→Einthoven, Willem 188
アインミラー
→Ainmiller, Max Emanuel 10
アウアー
→Auer von Welsbach, Carl 30
アヴァネル
→Avenel, Marie France 31
アヴァンツィーニ
→Avanzini, Bartolomeo 31
アーウィック
→Urwick, Lindall Fownes 629
アーウィン
→Irwin, Robert Walker 305
アーヴィン
→Ervine, St.John Greer 194
アーヴィング
→Irving, Sir Henry 305
アウェイダ
→Aweida, Rashid 31
アウエル
→Auer von Welsbach, Carl 30

アウエル・フォン・ウェルスバッハ
→Auer von Welsbach, Carl 30
アウクシュタイン
→Augstein, Rudolf 30
アウスピッツ
→Auspitz, Rudolf 31
アウズラー
→Oursler, Charles Fulton 460
アウト
→Oud, Jacobus Johannes Pieter 460
アウトホールン
→Outhoorn, Cornelis van 460
アヴネル
→Avenel, Georges, Vicomte d' 31
アウマン
→Auman, Robert 30
アウレンティ
→Aulenti, Gaetana 30
アガシ
→Agassiz, Alexander Emmanuel Rodolphe 8
アガシー
→Agassiz, Alexander Emmanuel Rodolphe 8
アカーロフ
→Akerlof, George Arthur 10
アカロフ
→Akerlof, George Arthur 10
アーガン
→Argand, Aimé 24
アガンベギャン
→Aganbegyan, Abel Gezevich 8
アキム
→Hakim, Robert 265
アクサイ
→Aksay, Hasan 10
アクーニャ
→Acuña, Pedro Bravo de 6
アクニャ
→Acuña, Pedro Bravo de 6
アクーニャ・デ・フィゲロア
→Acuña de Figueroa, Francisco 6
アクヨル
→Akyol, Mete 10

アークライト
→Arkwright, Sir Richard 24

アクリー
→Ackley, Gardner 6

アグリエッタ
→Aglietta, Michel 8

アグリッパ
→Agrippa, Marcus Vipsanius 9

アグレスト
→Agrest, Diana 9

アゴスティーノ
→Duccio, Agostino di 175

アゴスティーノ・ディ・ジョヴァンニ
→Agostino di Giovanni 9

アゴスティーノ・ディ・ジョバンニ
→Agostino di Giovanni 9

アゴスティーノ・ディ・ドゥッチオ
→Duccio, Agostino di 175

アゴスティーノ・ディ・ドゥッチョ
→Duccio, Agostino di 175

アコフ
→Ackoff, Russell L. 6

アーザム
→Asam, Cosmas Damian 27
→Asam, Egid Quirin 27

アサム
→Asam, Cosmas Damian 27
→Asam, Egid Quirin 27

アザム
→Asam, Cosmas Damian 27
→Asam, Egid Quirin 27

アサム兄弟
→Asam, Cosmas Damian 27
→Asam, Egid Quirin 27

アシェット
→Hachette, Louis Christophe François 264

アシュトン
→Ashton, Thomas Southcliffe 28

アシュバートン
→Ashburton, Alexander Baring, 1st Baron 27

アシュビ
→Ashbey, Arthur Wilfred 27

アシュビー
→Ashbee, Charles Robert 27
→Ashbey, Arthur Wilfred 27

アシュリ
→Ashley, Sir William James 27

アシュリー
→Ashley, Laura 27
→Ashley, William Henry 27
→Ashley, Sir William James 27

アシュレー
→Ashley, Sir William James 27

アシュレイ
→Ashley, Laura 27

アシレイ
→Ashley, William Henry 27

アスキエーリ
→Aschieri, Pietro 27

アスキュー
→Askew, Reubin O. 28

アースキン
→Erskine, Ralph 194

アスター
→Astor, John Jacob 28, 29
→Astor, John Jacob, Baron 29
→Astor, Sarah Todd 29
→Astor, William Waldorf Astor, 1st Viscount 29

アスター（ヒーヴァーの）
→Astor, John Jacob, Baron 29

アステンゴ
→Astengo, Giovanni 28

アストベリー
→Astbury, John 28

アストリー
→Astley, Philip 28

アスピノール
→Aspinall, Sir John Audley Frederick 28

アスピンウォール
→Aspinwall, William Henry 28

アスプディン
→Aspdin, Joseph 28

アスブディン
→Aspdin, Joseph 28

アスプルッチ
→Asprucci, Antonio 28

アスプルント
→Asplund, Erik Gunnar 28

アスブルンド
→Asplund, Erik Gunnar 28

アスルテュルク
→Asiltürk, O$guzhan 28

アゼベード
→Azevedo, Belmiro de 32

アダック
→Adak, Fehim 6

アタナソフ
→Atanasoff, John Vincent 29

アダム
→Adam, James John 6
→Adam, John 6
→Adam, Robert 6
→Adam, William 6

アダム・シャール
→Schall von Bell, Johann Adam 547

アダム・シャル
→Schall von Bell, Johann Adam 547

アダム‐シャール
→Schall von Bell, Johann Adam 547

アダム＝シャール
→Schall von Bell, Johann Adam 547

アダム・シャール・フォン・ベル
→Schall von Bell, Johann Adam 547

アダムス
→Adams, Truda 7
→Adams, William 7

アダムズ
→Adams, Henry Carter 6
→Adams, Thomas Sewall 6
→Adams, William 7
→Adams, William Bridges 7

アダム・スミス
→Smith, Adam 577

アダム＝スミス
→Smith, Adam 577

アダーモ・ディ・アローニョ
→Adamo di Arogno 6

アタリ
→Attali, Jacques 29

アチキ
→ 'Atīqī, 'Abd al-Rahmān Salīm al- 29

経済・産業篇　　　　693　　　　アハキ

アチソン
　→Acheson, Edward Goodrich
　5

アーチャー
　→Archer, Frederick Scott　22
　→Archer, Kenneth　22
　→Archer, Thomas　23

アッカーマン
　→Ackerman, William　5
　→Ackermann, Rudolph　5

アッザウィ
　→al-Azzawi, Hikmat　32

アッシャー
　→Usher, Abbott Payson　629
　→Usher, Gary　629

アッシュ
　→Ash, Roy Lawrence　27

アッズッリ
　→Azzurri, Francesco　32

アッタール
　→al-Attar, Muhammad Said
　29

アッチクス
　→Atticus, Titus Pomponius
　30

アッティクス
　→Atticus, Titus Pomponius
　30

アッティコス
　→Atticus, Herodes　30

アッティーヤ
　→al-Attiyah, Khalid bin
　Abdullah　30

アッテンボロー
　→Attenborough, David
　Frederick　29
　→Attenborough, Richard　29

アッテンボロー・サー・リチャー
ド・サミュエル
　→Attenborough, Richard　29

アッバース
　→al-'Abbās b.'Abdu'l-Muṭṭalib
　3

アッビ
　→Abbe, Cleveland　3

アッピウス・クラウディウス・カ
イクス
　→Claudius Caecus, Appius
　122

アップジョン
　→Upjohn, Richard　628

アッベ
　→Abbe, Cleveland　3
　→Abbe, Ernst Karl　3

アッペルマン
　→Apelman, Jan Amel　22

アッ・ラーズィー
　→al-Rāzī, Muḥammad　508

アッリオ
　→Allio, Donato Felice　14

アデーア
　→Adair, James　6

アデア
　→Adair, James　6
　→Adair, John　6

アティーキー
　→ 'Atīqī, 'Abd al-Rahmān
　Salīm al-　29

アテナイのカリマコス
　→Kallimachos ho Athenaios
　322

アテニャン
　→Attaignant, Pierre　29

アデール
　→Adair, James　6
　→Ader, Clément　7

アーデン
　→Arden, Elizabeth　23

アテンバラ
　→Attenborough, Richard　29

アトウッド
　→Attwood, Thomas　30
　→Atwood, Charles Bowler　30

アトキンスン
　→Atkinson, Thomas Witlam
　29

アトキンソン
　→Atkinson, Robert D'escourt
　29
　→Atkinson, Thomas Witlam
　29

アドサーニー
　→Adsani, Mahmoud　8

アードマン
　→Erdman, Paul E.　194

アードラー
　→Adler, Dankmar　7
　→Adler, Friedrich　7
　→Adler, Georg　7
　→Adler, Max　7
　→Adler, Victor　8

アドラー
　→Adler, Dankmar　7
　→Adler, Georg　7
　→Adler, Lou　7
　→Adler, Max　7
　→Adler, Polly　7
　→Adler, Victor　8

アトラス
　→Atlas, Charles　29

アドリア
　→Adrià, Ferran　8

アードロン
　→Adlon, Percy　8

アナスターシウス1世
　→Anastasius I　18

アナスタシウス1世
　→Anastasius I　18

アナスタシウス一世
　→Anastasius I　18

アナスタシオス1世
　→Anastasius I　18

アニェッリ
　→Agnelli, Giovanni　8

アニェリ
　→Agnelli, Giovanni　8

アニエリ
　→Agnelli, Giovanni　8
　→Agnelli, Umberto　9

アーニョロ・ディ・ヴェントゥーラ
　→Agnolo di Ventura　9

アニング
　→Anning, Mary　20

アネス・アルバレス
　→Anes Álaverez de Castrillón,
　Gonzalo　19

アネンバーグ
　→Annenberg, Walter Hubert
　20

アーノッフ
　→Arnoff, E.Leonard　25

アーノフ
　→Arnoff, E.Leonard　25

アーノルト
　→Arnold, Engelbert　25

アーノルド
　→Arnold, Harold DeForest　25
　→Arnold, John Oliver　25
　→Arnold, Samuel　25

アバキャン
　→Avakian, George　31

ア

アーバークロンビー
→Abercrombie, Sir Leslie
Patrick 5

アバークロンビー
→Abercrombie, Sir Leslie
Patrick 5

アバクロンビ
→Abercrombie, Sir Leslie
Patrick 5

アバクロンビー
→Abercrombie, Sir Leslie
Patrick 5

アバディ
→Abadie, Paul 3
→Abbadi, Beshir Ahmad 3

アハテルンブッシュ
→Achternbusch, Herbert 5

アハマ
→Ahmad 9

アバルーオールー
→Abalioglu, Nadir Nadi 3

アバルキン
→Abalkin, Leonid Ivanovich
3

アーバン
→Urban, Charles 629
→Urban, Joseph 629

アビラ・ヒロン
→Avila Giron, Bernardino de
31

アビラ=ヒロン
→Avila Giron, Bernardino de
31

アービング
→Irving, Sir Henry 305
→Irving, Henry Brodribb 305

アビンジャーのウートン
→Wootton, Barbara Fracnes
677

アブー・ザイド
→Abū Zayd Sayyid Shams al-
Dīn al-Ḥasanī 5

アプジョン
→Upjohn, Richard 628

アブス
→Abs, Hermann J. 5

アブス
→Abs, Hermann J. 5

アブー・ターヒル
→Abū Ṭāhir 5

アフタリオン
→Aftalion, Albert 8
→Aftalion, Robert 8

アフタリヨン
→Aftalion, Albert 8

アブデル・ワリー
→Abdul-Wali, Abdul-Aziz 4

アブドー
→Abdoh, Jalal 4

アブド・アルアジーズ
→Ibn Saʿūd, ʿAbd al-ʿAzīz
302

アブド・アルアジーズ・ブン・サ
ウード
→Ibn Saʿūd, ʿAbd al-ʿAzīz
302

アブド=アルアジーズ=ブン=サ
ウード
→Ibn Saʿūd, ʿAbd al-ʿAzīz
302

アブド・アル=アズィーズ
→Ibn Saʿūd, ʿAbd al-ʿAzīz
302

アブドゥルアジーズ
→Ibn Saʿūd, ʿAbd al-ʿAzīz
302

アブドゥル・アズィーム
→ ʿAbdu'l-ʿAẓīm 4

アブドゥル・ラフマーン
→ ʿAbd al-Rahmān Khān 4

アブドゥル・ラーマン
→ ʿAbd al-Rahmān Khān 4

アブドル・アジズ
→Ibn Saʿūd, ʿAbd al-ʿAzīz
302

アブドル・ガーニー
→Abdul-Ghani, Abdul-Aziz 4

アブドルガニ
→Abdul-Ghani, Abdul-Aziz 4

アフマ
→Ahmad 9

アフマッド
→Ahmad 9

アフマド
→Ahmad 9

アフマド・イブン・ウマル・アル=
ダーキー
→Aḥmad ibn Umar al-Dhaki
9

アブラモヴィチ
→Abramovich, Roman
Arkad'evich 5

アブラーモヴィッツ
→Abramovitz, Max 5

アプルトン
→Appleton, Daniel 22
→Appleton, Nathan 22

アベイ
→Abbey, Richard 4

アベグレン
→Abegglen, James 4

アーベル
→Abel, Adolf 4
→Abel, Sir Frederick Augustus
4
→Abel, Wilhelm 5

アベル
→Apel, Hans Eberhard 22
→Habel, Daniel 263

アペール
→Appert, Nicolas François 22

アペル
→Apel, Hans Eberhard 22

アボット
→Abbott, Douglas C. 4
→Abbott, Edgar 4
→Abbott, Edith 4
→Abbott, George 4

アボルチン
→Aboltin, V.Ya 5

アポロドルス・オブ・ダマスカス
→Apollodōros of Damascus
22

アポロドロス
→Apollodōros of Damascus
22

アポロドロス（ダマスカスの）
→Apollodōros of Damascus
22

アポロドロス（ダマスクス出身の）
→Apollodōros of Damascus
22

アポロドロス（ダマスクスの）
→Apollodōros of Damascus
22

アポロドロス（ダマスコスの）
→Apollodōros of Damascus
22

アーマー
→Armour, Elizabeth Isabel
24
→Armour, Philip Danforth 24

アマシス
→Amasis 16
→Amasis Painter 16

経済・産業篇　　　　695　　　　アルア

アマシスの画家
→Amasis Painter　16

アマダス
→Amadas, Philip　16

アーマッド
→Ahmad　9

アマーティ
→Amati, Andrea　16
→Amati, Antonio　16
→Amati, Carlo　16
→Amati, Girolamo Ⅱ　16
→Amati, Girolamo Hieronimus
　16

アマーティー
→Amati, Andrea　16
→Amati, Antonio　16
→Amati, Girolamo Ⅱ　16

アマデーオ
→Amadeo, Giovanni Antonio
　16

アマデオ
→Amadeo, Giovanni Antonio
　16

アマート
→Amato, Giacomo　17

アマーナト
→Amarnat, Hosein　16

アマバハ
→Amerbach, Johannes　17

アマラル
→Amaral, João Maria Ferreira
　do　16

アマランテ
→Amarante, Carlos Luiz
　Ferreira da Cruz　16

アーミテイジ
→Armitage, Merle　24

アミリ
→al-Amiri, Hassan Ali　17

アミーン
→Amīn, Samīr　17

アミン
→Amīn, Samīr　17

アームストロング
→Armstrong, Edwin Howard
　25
→Armstrong, Michel　25
→Armstrong, Sir William
　George　25

アムゼガール
→Amuzegar, Jahangir　18

アムダール
→Amdahl, Gene Myron　17

アムマン
→Ammann, Othmar　17

アーメド
→Ahmed, Tajuddin　9

アメネムヘット2世
→Amenemhet Ⅱ　17

アメノーテス
→Amenhotep　17

アメリゴ=ヴェスプッチ
→Vespucci, Amerigo　640

アメリゴ・ベスプッチ
→Vespucci, Amerigo　640

アーメルバッハ
→Amerbach, Johannes　17

アーメルバハ
→Amerbach, Johannes　17

アメルバハ
→Amerbach, Johannes　17

アメンエムハト2世
→Amenemhet Ⅱ　17

アメン・エム・ヘト2世
→Amenemhet Ⅱ　17

アメン・エム・ヘト二世
→Amenemhet Ⅱ　17

アメンエムヘト2世
→Amenemhet Ⅱ　17

アメンホテップ
→Amenhotep　17

アモローゾ
→Amoroso, Luigi　18

アモロゾ
→Amoroso, Luigi　18

アモン
→Amonn, Alfred　17

アヤリ
→Ayari, Chedly　31

アユイ
→Haüy, Valentin　277

アライア
→Alaia, Azzedine　10

アラー・ウッディーン・ジュワ
イニー
→Juwaynī, ‘Alā’ al-Dīn ‘Aṭā’
　Malik　320

アラクネ
→Arachnē　22

アラクネー
→Arachnē　22

アラップ
→Arup, Sir Ove Nyquist　27

アラートン
→Allerton, Issac　14

アラトン
→Allerton, Issac　14

アラバ
→Alava, Juan de　10

アラン
→Allan, Sir Hugh　13

アリ
→Alley, Rewi　14

アリー
→Ali, Anwar　13
→Alley, Rewi　14

アリー・イブン・ハムード
→Ali ibn Hammud　13

アリー・イブン・フサイン
→Ali ibn Husayn　13

アリエータ
→Arrieta, Pedro de　26

アリオン
→Alion, Isaac Alfred　13

アリステイデス
→Aristeidēs　24

アリスティド・カヴァイエ‐コル
→Cavaillé-Coll, Aristide　107

アリストティレ・ダ・ボローニャ
→Fioravanti, Aristoteli　207

アリストノトス
→Aristonothos　24

アリナーリ
→Alinari, Leopoldo　13

アリバウ
→Aribau, Bonaventura Carles
　24

アリファ
→Arifa, Akwasi A.　24

アリベルティ
→Aliberti, Giovanni Carlo　13

アリー・ムバーラク
→ ‘Alī Mubārak　13

アル・アッバース
→al-‘Abbās b.‘Abdu’l-Muṭṭalib
　3

ア

アルヴァレス
→Alvares, Alfonso 16
→Alvarez, Jorge 16

アルヴィーノ
→Alvino, Enrico 16

アルカティリ
→Alkatiri, Mari 13

アルガルディ
→Algardi, Alessandro 13

アルガン
→Argand, Aimé 24

アルギージ
→Alghisi, Galasso 13

アルキメデス
→Archimēdēs 23

アルキロコス
→Archilochos 23

アルケミスト
→The Alchemist 610

アルコ
→Arco, Georg, Graf von 23

アルゴス
→Argos 24

アルシーア
→Althea 15

アール・ジェイ・ディー・トゥー
→Rjd2 518

アルージュ
→'Arūj 26

アルーダ
→Arruda, Diego de 26

アルチュセール
→Althusser, Louis 15

アルチュセル
→Althusser, Louis 15

アルディーティ
→Arditi, Andrea 23

アルデグレーヴァー
→Aldegrever, Heinrich 11

アルデグレーファー
→Aldegrever, Heinrich 11

アルデグレファー
→Aldegrever, Heinrich 11

アルテネック
→Hefner-Alteneck, Friedrich
von 280

アルデマンス
→Ardemáns, Teodoro 23

アルテュセール
→Althusser, Louis 15

アルテンシュタイン
→Altenstein, Karl, Freiherr von
Stein zum 15

アルデンネ
→Ardenne, Manfred, Baron
von 23

アールト
→Aalto, Aino 3
→Aalto, Hugo Alvar Henrik 3

アールトー
→Aalto, Hugo Alvar Henrik 3

アルドアン=マンサール
→Mansart, Jules Hardouin
398

アルドゥアン=マンサール
→Mansart, Jules Hardouin
398

アルドゥス・マヌティウス
→Manutius, Aldus 398

アルトドルファー
→Altdorfer, Albrecht 15
→Altdorfer, Erhard 15

アルトマン
→Altman, Benjamin 15
→Altman, Robert 15

アルドワン・マンサール
→Mansart, Jules Hardouin
398

アールニオ
→Aarnio, Eero 3

アルノー
→Arnault, Bernard Jean
Étienne 25

アルノース
→Ailnoth 10

アルノードゥス
→Ailnoth 10

アルノー・ド・ズヴォル
→Arnault de Zwolle, Henri 25

アルノルト・フォン・ヴェスト
ファーリア
→Arnold von Westfalen 25

アルノルト・フォン・ヴェスト
ファーレン
→Arnold von Westfalen 25

アルノルフォ
→Arnolfo di Cambio 26

アルノルフォ・ディ・カンビオ
→Arnolfo di Cambio 26

アルノルフォディカンビオ
→Arnolfo di Cambio 26

アルバース
→Albers, Josef 10

アルバーズ
→Albers, Josef 10

アルバート=マオリ=キキ
→Kiki, Albert Maori 331

アルバネーゼ
→Albanese, Giambattista 10

アルバレス
→Alvarez, Jorge 16

アルバレス・カブラル
→Cabral, Pedro Álvarez 93

アルバン
→Alban 10
→Alban, Joseph 10
→Alban, Matthias 10
→Alban, Michael 10

アルビーニ
→Albini, Franco 11

アルフィエーリ
→Alfieri, Benedetto 13

アルフィエリ
→Alfieri, Benedetto 13

アルフェ
→Arfe, Antonio 23
→Arfe, Enrique 23
→Arfe y Villafañe, Juan de 23

アルフェ・イ・ビリャファニェ
→Arfe y Villafañe, Juan de 23

アルブケルク
→Albuquerque, Affonso de 11

アルブケルケ
→Albuquerque, Affonso de 11

アルブレヒト
→Albrecht, Gerhard 11

アルベリー
→Albery, Sir Bronson 11

アルベルス
→Albers, Josef 10

アルベルチ
→Alberti, Leon Battista 10

アルベルティ
→Alberti, Leon Battista 10

アルベルトッリ
→Albertolli, Ferdinando 11
→Albertolli, Giocondo 11

アルマーニ
→Armani, Giorgio 24

アルマンクール
→al-Mankour, Sheikh Nasser 397

アルマンニ
→Armanni, Osvaldo 24

アルミニヨン
→Arminjon, Vittorio F. 24

アルムクヴィスト
→Almquist, Osvald 15

アルムノー
→Armenault, Daniel 24

アルメイダ
→Almeida, João de 14

アルメル
→Harmel, Léon 272

アルモドーバル
→Almodóvar, Pedro 14

アルモドバル
→Almodóvar, Pedro 14

アルモドーバル・カバリェロ
→Almodóvar, Pedro 14

アルント
→Arnd, Karl 25

アレ
→Allais, Maurice 13

アレー
→Allais, Maurice 13
→Alley, Rewi 14

アレアンドリ
→Aleandri, Ireneo 12

アレイジャディーニョ
→Aleijadinho, Antonio Francisco Lisboa 12

アレオッティ
→Aleotti, Giovanni Battista 12

アレキサンダー
→Alexander, Thomas 13

アレクサンダー
→Alexander 12
→Alexander, Christopher 12
→Alexander, Mary 12

アレグザンダー
→Alexander, Christopher 12
→Alexander, Sir George 12

アレクサンダーソン
→Alexanderson, Ernst Frederick Werner 13

アレグザンダーソン
→Alexanderson, Ernst Frederick Werner 13

アレグザンダソン
→Alexanderson, Ernst Frederick Werner 13

アレクサンドリアのクテシビオス
→Ktēsibios 346

アレクサンドリアのコスマス
→Kosmas 341

アレクサンドリアのヘロン
→Heron of Alexandria 284

アレクサンドレイアのコスマス
→Kosmas 341

アレクペロフ
→Alekperov, Vagit Yusufovich 12

アレサンドリ
→Alessandri Rodriguez, Jorge 12

アレサンドリ・ロドリゲス
→Alessandri Rodriguez, Jorge 12

アレッサンドリ
→Alessandri Rodriguez, Jorge 12

アレッシ
→Alessi, Andrea 12
→Alessi, Galeazzo 12

アレバロ
→Arévalo, Luis de 23

アーレボー
→Aereboe, Friedrich 8

アレン
→Allen, George 14
→Allen, George C. 14
→Allen, Lewis 14
→Allen, Louis A. 14
→Allen, Roger E. 14
→Allen, Roy George Douglas 14
→Allen, William Mcpherson 14
→Allen, Woody 14

アロー
→Arrow, Kenneth Joseph 26

アロイージオ・ヌオーヴォ
→Aloisio Nuovo 15

アロイジオ・ヌオヴォ
→Aloisio Nuovo 15

アロウ
→Arrow, Kenneth Joseph 26

アロル
→Arrol, Sir William 26

アーロン
→Aron, Hermann 26

アロン
→Aron, Raymond 26

アロンソン
→Aaronsohn, Aaron 3

アンウィン
→Unwin, George 628
→Unwin, Sir Raymond 628
→Unwin, Sir Stanley 628

アンガー
→Anger, Hal Oscar 20

アンガス
→Angas, George Fife 19

アンカール
→Hankar, Paul 269

アンギス
→Anguis, Emmanuel 20

アングリス
→Angliss, Sir William Charles 20

アングリン
→Anglin, James Raymond 20

アンコーナのキリアクス
→Cyriacus Ciriacus Anconitanus 147

アンコーナのシリアクス
→Cyriacus Ciriacus Anconitanus 147

アンサリ
→al-Ansari, Ali bin Ahmed 20
→Ansari, Houshang 20

アンサンク
→Unthank, Achilles William 628

アンジェルー
→Angelou, Maya 19

アンジェルマン
→Engelman, Godefroy 192

アンジェロウ
→Angelou, Maya 19

アンジェロ・ダ・オルヴィエート
→Angelo da Orvieto 19

アーンスタイン
→Arnstein, Karl 26

アンスティ
→Anstey, Vera 20

アンセット
→Ansett, Sir Reginald Myles
20

アンセルミ
→Anselmi, Alessandro 20

アンソニー
→Anthony, Douglas William
21
→Anthony, John D. 21

アンゾフ
→Ansoff, H.Igor 20

アンダーウッド
→Underwood, John Thomas
628

アンダーソン
→Anderson, Gerry 18
→Anderson, James 18
→Anderson, Sir John 18
→Anderson, Robert B. 18

アンダソン
→Anderson, James 18
→Anderson, Sir John 18

アンダロー
→Andalo, di Savignone 18

アンチセル
→Antisell, Thomas 21

アンティーコ
→Antico 21
→Antico, Andrea 21

アンティセル
→Antisell, Thomas 21

アンティノーリ
→Antinori, Giovanni 21

アンテミウス
→Anthemius of Tralles 21

アンテミウス・オブ・トラーレス
→Anthemius of Tralles 21

アンテミオス
→Anthemius of Tralles 21

アンテミオス（トラレイスの）
→Anthemius of Tralles 21

アンテミオス（トラレスの）
→Anthemius of Tralles 21

アンテーラミ
→Antelami, Benedetto 20

アンテラミ
→Antelami, Benedetto 20

アンデルソン
→Andersson, Jan-Aake 18

アントアーヌ
→Antoine, André 21
→Antoine, Jacques Denis 21

アントゥネス
→Antunes, João 22

アンドキデス
→Andokidēs 18

アントーニオ・ディ・ヴィンチェ
ンツォ
→Antonio di Vincenzo 22

アントニオ・デ・ピエトロ・アヴェ
ルリーノ
→Filarete, Antonio 206

アントネッリ
→Antonelli, Alessandro 21
→Antonelli, Cristiano 21
→Antonelli, Giovanni Battista
22

アントネリ
→Antonelli, Étienne 21

アントーノフ
→Antonov, Oleg
Konstantinovich 22

アントノフ
→Antonov, Aleksei
Konstantinovich 22

アント・バンクス
→Ant Banks 20

アンドラーデ
→Andrade, Domingo Antonio
de 18

アントリーニ
→Antolini, Giovanni Antonio
21

アンドルーエ・デュ・セルソー
→Androuet du Cerceau,
Jacques 19
→Du Cerceau, Baptiste
Androuet 175
→Du Cerceau, Jacques
Androuet 176
→Du Cerceau, Jean Androuet
176

アンドルーズ
→Andrews, John B. 19

アンドルチョプロス
→Androutsopoulos,
Adamantios 19

アンドレ
→Andrae, Ernst Walter 18
→André, Johann 18
→André, Johann Anton 18
→André, Karl August 19

アンドレー
→Andrae, Ernst Walter 18

アンドレア・ダ・ポンテデラ
→Pisano, Andrea 484

アンドレア・ディ・チオーネ
→Orcagna, Andrea 457

アンドレアデス
→Andreades, Andreas Michael
19

アンドレアーニ
→Andreani, Aldo 19

アンドレーア・ピサーノ
→Pisano, Andrea 484

アンドレア・ピサーノ
→Pisano, Andrea 484

アンドレーエ
→Andreae, Wilhelm 19

アンドレオーリ
→Andreoli, Giorgio di Pietro
19

アンドロニクス・オブ・キロス
→Andronicus of Kyrrhos 19

アンドロニコス
→Andronicus of Kyrrhos 19

アンドロニコス（キュロス出身の）
→Andronicus of Kyrrhos 19

アンドロニコス（キルルホスの）
→Andronikos Kyrrhestū 19

アントワーヌ
→Antoine, André 21
→Antoine, Jacques Denis 21

アントン
→Antone, John 21

アンヌビク
→Hennebique, François 282

アンネンスキー
→Annenskii, Nikolai
Fyodorovich 20

アンノーニ
→Annoni, Ambrogio 20

アンバース
→Ambase, Emilio 17

アンファンタン
→Enfantin, Barthélemy
Prosper 191

アンブロジオ
→Ambrosio, Arturo 17

アンボー
→Imbault, Jean Jérôme 304

経済・産業篇　　　　　　　　　　699　　　　　　　　　　イナマ

アンマナーティ
→Ammanati, Bartolommeo
17

アンマン
→Ammann, Othmar　17

アンマンナーティ
→Ammanati, Bartolommeo
17

アンリ・デュナン
→Dunant, Jean Henri　179

【 イ 】

イヴァーノフ
→Ivanov, Il'ya Ivanovich　306

イェイツ
→Yeats, Lily　681

イェーヴェル
→Yevele, Henry　681

イエヴェル
→Yevele, Henry　681

イェガーネ
→Yeganeh, Mohammad　681

イェヒト
→Jecht, Horst　312

イェール
→Yale, Elihu　680
→Yale, Linus　680

イェルワジ
→Yeluwadji, Mahmūd　681

イェロビ・インダブロ
→Yerovi Indaburo, Clemente
681

イェンセン
→Jensen, Georg　314

イェンセン=クリント
→Jensen-Klint, Peder Vilhelm
314

イーガン
→Egan, Sir John Leopold　186

イクチノス
→Iktinos　303

イクティヌス
→Iktinos　303

イクティーノス
→Iktinos　303

イクティノス
→Iktinos　303

イクバル
→Eghbal, Manuchehr　187

イーゲラス
→Higueras, Fernando　287

イーゴリ
→Igor I Ryurikovich　303

イーゴリ (1世)
→Igor I Ryurikovich　303

イーゴリ1世
→Igor I Ryurikovich　303

イーゴリ一世
→Igor I Ryurikovich　303

イーゴリ1世 (大公)
→Igor I Ryurikovich　303

イーゴリ公
→Igor I Ryurikovich　303

イゴル
→Igor I Ryurikovich　303

イザベッロ
→Isabello, Pietro　305

イサレスク
→Isărescu, Constantin Mugurel
306

イシゴニス
→Issigonis, Alec　306

イシドロス
→Isidōros of Miletus　306

イシドロス (ミレトス出身の)
→Isidōros of Miletus　306

イシドーロス (ミーレートスの)
→Isidōros of Miletus　306

イシドロス (ミレトスの)
→Isidōros ho Milēsios　306
→Isidōros of Miletus　306

イージー・モー・ビー
→Easy Mo Bee　183

イシャウッド
→Isherwood, Sir Joseph
William　306

イシュチェル
→Ixchel　307

イーズ
→Eads, James Buchanan　183

イースト
→East, Edward Murray　183
→East, Thomas　183

イーストウッド
→Eastwood, Eric　183

イーストマン
→Eastman, George　183

イーストレイク
→Eastlake, Charles Lock　183

イスマーイール
→Ismā'il　306

イスマイル
→Ismā'il　306

イソラ
→Isola, Maija　306

イタルス
→Italus, Franciscus　306

イッデスリー
→Northcote, Sir Stafford
Henry, 1st Earl of Iddesleigh
451

イッテン
→Itten, Johannes　306

イットルフ
→Hittorff, Jacques Ignace　289

イデス
→Ides, Ebert Isbrand　303

イーデン
→Eden, Sir Frederick Morton
185

イードソン
→Eidson, Tom　188

イトルフ
→Hittorff, Jacques Ignace　289

イートン
→Eaton, Cyrus Stephen　183
→Eaton, Theophilus　184
→Eaton, William　184

イナマ
→Inama-Sternegg, Karl
Theodor Ferdinand Michael
von　304

イナーマ・シュテルネック
→Inama-Sternegg, Karl
Theodor Ferdinand Michael
von　304

イナーマ=シュテルネック
→Inama-Sternegg, Karl
Theodor Ferdinand Michael
von　304

イナマ・シュテルネック
→Inama-Sternegg, Karl
Theodor Ferdinand Michael
von　304

イ

イナマ 700 西洋人物レファレンス事典

イナマ・シュテルネッグ
→Inama-Sternegg, Karl
 Theodor Ferdinand Michael
 von 304

イニス
→Innis, Harold Adams 305

イーネ
→Ihne, Ernst von 303

イーノ
→Eno, Brian 193

イーバー
→Iveagh, Edward Cecil
 Guinness, 1st Earl of 307

イバーチェフ
→Ipatieff, Vladimir
 Nikolaevich 305

イバーチエフ
→Ipatieff, Vladimir
 Nikolaevich 305

イパチェフ
→Ipatieff, Vladimir
 Nikolaevich 305

イパチエフ
→Ipatieff, Vladimir
 Nikolaevich 305

イパティエフ
→Ipatieff, Vladimir
 Nikolaevich 305

イフラント
→Iffland, August Wilhelm
 303

イブル
→Ybl, Niklos 681

イブン・サウード
→Ibn Sa'ūd, 'Abd al-'Azīz
 302

イブン・サウド
→Ibn Sa'ūd, 'Abd al-'Azīz
 302

イブン=サウード
→Ibn Sa'ūd, 'Abd al-'Azīz
 302

イブン=サウド
→Ibn Sa'ūd, 'Abd al-'Azīz
 302

イブンサウド
→Ibn Sa'ūd, 'Abd al-'Azīz
 302

イブン・フィルナース
→Ibn Firnās, Abū'l-Qāsim
 'Abbās 302

イブン・マージド
→Ibn Mājid, Shihāb al-Dīn
 Aḥmad 302

イブン=マージド
→Ibn Mājid, Shihāb al-Dīn
 Aḥmad 302

イマデイ
→Imadi, Muhammad 304

イームズ
→Eames, Charles 183

イムヘテプ
→Imhetep 304
→Imhotep 304

イム‐ホテプ
→Imhotep 304

イムホテプ
→Imhotep 304

イムホフ
→Imhoff, Gustaaf Willem van
 304

イメルト
→Immelt, Jeffrey R. 304

イーライ
→Eligh 189

イーリ
→Ely, Richard Theodore 190

イーリー
→Ely, Reginald 190
→Ely, Richard Theodore 190

イリー
→Ely, Richard Theodore 190

イリューシン
→Ilyushin, Sergei
 Vladimirovich 303

イリン
→Il'in, Yakov Naumovich 303

イリンスキー
→Iliinskii, Mikhail
 Aleksandorovich 303

イリーンスキィ
→Iliinskii, Mikhail
 Aleksandorovich 303

イール
→La Hire, Philippe de 349

イルク
→Ilg, Alfred 303

イル・ベルガマスコ
→Castello, Giambattista 106

イル・ボロニェーゼ
→Grimaldi, Giovanni
 Francesco 256

イーレンハンマー
→Gyllenhammar, Pehr Gustaf
 263

イワーノフ
→Ivanov, Il'ya Ivanovich 306

イワノーフ
→Ivanov, Il'ya Ivanovich 306

イワノフ
→Ivanov, Il'ya Ivanovich 306

イン
→Ying, James 681

インウッド
→Inwood, Henry William 305

インガソル
→Ingersoll, Robert Stephen
 304

インクスター
→Inkster, Ian 305

イングラム
→Ingram, John Kells 304

イングランド
→England, John 192

インス
→Ince, Thomas Harper 304

インスル
→Insull, Samuel 305

インソレーラ
→Insolera, Italo 305

インダイク
→Indijck, Hendrick 304

インダコ
→Fiorentino, Jacobo 207

インチケープ
→Inchcape, Kenneth J.W.M.
 304

インニス
→Innis, Harold Adams 305

インホテプ
→Imhotep 304

インホフ
→Imhoff, Gustaaf Willem van
 304

インメルマン
→Immermann, Max Franz
 304

【ウ】

ヴァイイ
　→Wailly, Charles de　650

ヴァイエルマン
　→Weyermann, Moritz Rudolf　664

ヴァーイエン
　→Waeijen, Jacob van der　648

ヴァイグル
　→Weigl, Thaddäus　661

ヴァイス
　→Wayss, Gustav　657
　→Wayß, Gustav Adolf　658
　→Weis, Heinrich　661

ヴァイスヴァイラー
　→Weisweiler, Adam　661

ヴァイツマン
　→Weizmann, Chaim　662

ヴァイナー
　→Viner, Jacob　642

ヴァインツヴァイク
　→Vaintsvaig, Nikolai Kononovich　630

ヴァインブレンナー
　→Weinbrenner, Friedrich　661

ヴァヴィーロフ
　→Vavilov, Nikolai Ivanovich　636

ヴァヴィロフ
　→Vavilov, Nikolai Ivanovich　636

ヴァガノフ
　→Vaganov, Nikolai Anastasovich　630

ヴァーグナー
　→Wagner, Adolf Heinrich Gotthilf　649
　→Wagner, Gottfried　649
　→Wagner, Herbert　649
　→Wagner, Otto　649
　→Wagner, Paul　649
　→Wagner, Wilhelm　649
　→Wagner, Wolfgang　649

ヴァグナー
　→Wagner, Otto　649

ヴァーゲナー
　→Wagener, Gottfried　648
　→Wagner, Gottfried　649

ヴァーゲマン
　→Wagemann, Ernst　648

ヴァーゲンバッハ
　→Wagenbach, Klaus　648

ヴァーゲンフェルト
　→Wagenfeld, Wilhelm　648

ヴァーゴー
　→Vágó, Pierre　630

ヴァサーリ
　→Vasari, Giorgio　635

ヴァザーリ
　→Vasari, Giorgio　635

ヴァザリ
　→Vasari, Giorgio　635

ヴァザンツィオ
　→Van Santen, Jan　634

ヴァシュコンセルシュ
　→Vasconcelos de Menezes, Diogo de　636

ヴァシリュー
　→Vassiliou, Georgios　636

ヴァスコ・ダ・ガマ
　→Gama, Vasco da　229

ヴァスコ＝ダ＝ガマ
　→Gama, Vasco da　229

ヴァスコンセロス
　→Vasconcelos de Menezes, Diogo de　636

ヴァーステガン
　→Verstegan, Richard　639

ヴァッカリーニ
　→Vaccarini, Giovanni Battista　630

ヴァッカーロ
　→Vaccaro, Domenico Antonio　630
　→Vaccaro, Giuseppe　630
　→Vaccaro, Lorenzo　630

ヴァッレ
　→Valle, Andrea da　631
　→Valle, Gino　631

ヴァッレンベリ
　→Wallenberg, André Oscar　652
　→Wallenberg, Raoul　652

ヴァーノン
　→Vernon, Raymond　638

ヴァーノン・ハーコート
　→Varnon-Harcourt, Augustus George　635

ウァラッハ
　→Wallach, Otto　652

ヴァラッハ
　→Wallach, Otto　652

ヴァラディエ
　→Valadier, Giuseppe　630

ヴァラディエール
　→Valadier, Giuseppe　630

ヴァラディエル
　→Valadier, Andrea　630
　→Valadier, Giovanni　630
　→Valadier, Giuseppe　630
　→Valadier, Luigi　630

ヴァラハ
　→Wallach, Otto　652

ヴァラン・ド・ラ・モット
　→Vallin de La Monthe, Jean-Baptiste-Michael　631

ヴァリアン
　→Varian, Russel Harrison　635

ヴァールヴァイク
　→Waerwijck, Wijbrand van　648

ヴァルヴァッソーリ
　→Valvassori, Gabriele　631

ヴァールガ
　→Varga, Evgenii Samoilovich　635

ヴァルカー
　→Walcker, Eberhard Friedrich　650
　→Walcker, Oscar　650
　→Walcker, Werner Walcker-Meyer　650

ヴァルガ
　→Varga, Evgenii Samoilovich　635

ヴァルスハールツ
　→Walschaerts, Egide　653

ヴァルター
　→Walther, Johannes　654

ヴァルデナール
　→Wardenaar, Willem　655

ヴァルト
　→Wald, Abraham　650

ヴァルトゼーミュラー
　→Waldseemüller, Martin　650

ヴァルプ
　→Walb, Ernst　650

ウアル　　　　　　　　　　　　702　　　　　　　西洋人物レファレンス事典

ウ

ヴァールブルク
→Warburg, Paul Moritz　655

ヴァルラ
→Walras, Marie Esprit Léon
653

ヴァルラス
→Walras, Marie Esprit Léon
653

ヴァルラハ
→Wallach, Otto　652

ヴァレリアーニ
→Valeriani, Giuseppe　631

ヴァレンテ
→Valente, Pietro　630

ヴァレンティ
→Valenti, Jack　630

ヴァレンベリ
→Wallenberg, Raoul　652

ヴァロット
→Wallot, Johann Paul　653

ヴァロート
→Wallot, Johann Paul　653

ヴァンヴィテッリ
→Vanvitelli, Luigi　634

ヴァンヴィテリ
→Vanvitelli, Luigi　634

ヴァンヴィテルリ
→Vanvitelli, Luigi　634

ヴァンクーヴァー
→Vancouver, George　631

ヴァンケル
→Wankel, Felix　655

ヴァン・ゲルダー
→Van Gelder, Rudy　633

ヴァン・サント
→Van Sant, Gus　634

ヴァン・ゼーラント
→Van Zeeland, Paul　635

ヴァンダービルト
→Vanderbilt, Cornelius　632
→Vanderbilt, Gloria　632
→Vanderbilt, Harold Stirling
632

ヴァンダビルト
→Vanderbilt, Cornelius　632
→Vanderbilt, William Henry
632

ヴァンダービルト＝クーパー
→Vanderbilt, Gloria　632

ヴァン＝ダム
→Van Damm, Sheila　631

ヴァンダリップ
→Vanderlip, Frank Arthur
632

ヴァンダーリント
→Vanderlint, Jacob　632

ヴァン・ディーメン
→Van Diemen, Antonio　633

ヴァン・デ・ヴェルデ
→Van de Velde, Henry
Clemens　633

ヴァン・デ・グラーフ
→Van de Graaff, Robert
Jemison　631

ヴァンデケイビュス
→Vandekeybus, Wim　632

ヴァンデノーヴ
→Vandenhove, Charles　632

ヴァンデプール
→Van Depoele, Charles Joseph
632

ヴァン・デ・ベルデ
→Van de Velde, Henry
Clemens　633

ヴァンデル
→Wendel, François de　663

ヴァン・デル・メール
→Van Der Meer, Simon　632

ヴァン・ド・ヴェルド
→Van de Velde, Henry
Clemens　633

ヴァントンゲルロー
→Vantongerloo, Georges　634

ヴァンブラ
→Vanbrugh, Sir John　631

ヴァンブルー
→Vanbrugh, Sir John　631

ヴァン・ホーン
→Van Horne, William
Cornelius　633

ヴァン・リード
→Van Reed, Eugene Miller
634

ヴァン＝レンセレアー
→Van Rensselaer, Maria　634

ヴィアール
→Viart, Charles　640

ウィーヴァー
→Weaver, Robert Clifton　658

ヴィエーユ
→Vieille, Paul Marie Eugène
641

ヴィオネ
→Vionnet, Madeleine　643

ヴィオレ・ル・デュク
→Viollet-le-Duc, Eugène
Emmanuel　642

ヴィオレ・ル・デュク
→Viollet-le-Duc, Eugène
Emmanuel　642

ヴィオレ＝ル＝デュク
→Viollet-le-Duc, Eugène
Emmanuel　642

ヴィオレルデュク
→Viollet-le-Duc, Eugène
Emmanuel　642

ヴィオレ・ル・デュック
→Viollet-le-Duc, Eugène
Emmanuel　642

ヴィオレ＝ル＝デュック
→Viollet-le-Duc, Eugène
Emmanuel　642

ヴィカ
→Vicat, Louis Joseph　640

ヴィカー
→Vicat, Louis Joseph　640

ヴィカーズ
→Vickers, Edward　640

ヴィガラーニ
→Vigarani, Carlo　641
→Vigarani, Gaspare　641
→Vigarani, Giacomo　641
→Vigarani, Ludovico　641

ウィギンズ
→Wiggins, James R.　668

ヴィグ
→Vig, Butch　641

ウィークス
→Weeks, Sinclair　660

ウィクセル
→Wicksell, Johan Gustaf Knut
667

ヴィクセル
→Wicksell, Johan Gustaf Knut
667

ウィーザー
→Wieser, Friedrich von　668

ヴィーザー
→Wieser, Friedrich von　668

経済・産業篇　　703　　ウイラ

ヴィスカイノ
→Vizcaino, Sebastián　645

ヴィスカル
→Viscardi, Giovanni Antonio
643

ヴィスコンティ
→Visconti, Lodovico Tullio
Gioacchino　643
→Visconti, Tony　643

ウイスナー
→Wiesner, Jerome　668

ウィーゼ
→Wiese und Kaiserswaldau,
Leopold von　668

ヴィーゼ
→Wiese und Kaiserswaldau,
Leopold von　668

ヴィーゼ・ウント・カイゼルス
ヴァルダウ
→Wiese und Kaiserswaldau,
Leopold von　668

ウィゼルスベルガー
→Wieselsberger, Carl　668

ヴィーゼルスベルガー
→Wieselsberger, Carl　668

ヴィゼンティーニ
→Visentini, Antonio　643

ヴィッカース
→Vickers, Edward　640
→Vickers, Enoch Howard　640

ウィッカム
→Wickham, Sir Henry　667

ウィックスティード
→Wicksteed, Philip Henry
667

ヴィックセル
→Wicksell, Johan Gustaf Knut
667

ウィッテ
→Vitte, Sergei Iulievich　644

ヴィッテ
→Vitte, Sergei Iulievich　644

ウィッテカー
→Whitaker, Joseph　665

ヴィッテ伯
→Vitte, Sergei Iulievich　644

ウィッテフェーン
→Witteveen, Hendrikus
Johannes　674

ウィッテントン
→Whittington, Richard　666

ヴィットッツィ
→Vittozzi, Ascanio　644

ウィットニー
→Whitney, Eli　666

ヴィットーネ
→Vittone, Bernardo Antonio
644

ウィットフォーゲル
→Wittfogel, Karl August　674

ヴィットフォーゲル
→Wittfogel, Karl August　674

ウィットマン
→Wittman, Sally　674

ウイットマン
→Whitman, Meg　666

ヴィットーリア
→Vittoria, Eduardo　644

ウィットル
→Whittle, Sir Frank　667

ウィットワース
→Whitworth, Sir Joseph,
Baronet　667

ヴィッラーニ
→Villani, Giovanni　641

ヴィディ
→Vidi, Lucien　641

ヴィテッロッツィ
→Vitellozzi, Annibale　643

ウィード
→Weed, James Austin　660

ウィートストン
→Wheatstone, Sir Charles
664

ヴィトーニ
→Vitoni, Ventura　643

ウィドマン
→Widman, F.Lisle　667

ウイトルウィウス
→Vitruvius Pollio, Marcus
643

ヴィトルヴィウス
→Vitruvius Pollio, Marcus
643

ウイトルウィウス・ポッリオ
→Vitruvius Pollio, Marcus
643

ウィトルーウィウス・ポリオ
→Vitruvius Pollio, Marcus
643

ウィトルウィウス・ポリオ
→Vitruvius Pollio, Marcus
643

ウィーナー
→Wiener, Norbert　668

ヴィニクス
→Winnix, Leonard　673

ヴィニョーラ
→Vignola, Giacinto Barozzi da
641
→Vignola, Giacomo Barozzi da
641

ヴィニョラ
→Vignola, Giacomo Barozzi da
641

ヴィニョン
→Vignon, Pierre Alexandre
641

ヴィーネ
→Wiene, Robert　668

ウィノグラード
→Winograd, Terry Allen　673

ウィーバー
→Weaver, Robert Clifton　658

ウィームズ
→Weems, Mason Locke　661

ウィムズハースト
→Wimshurst, James　672

ウィーラー
→Wheeler, William Almon
665

ヴィラード
→Villard, Henry　642
→Villard, Oswald Garrison
642

ヴィラーニ
→Villani, Giovanni　641

ヴィラール（オヌクールの）
→Villard de Honnecourt　642

ヴィラール・ド・オヌクール
→Villard de Honnecourt　642

ヴィラール・ド・オンヌクール
→Villard de Honnecourt　642

ヴィラールドオンヌクール
→Villard de Honnecourt　642

ヴィーラント
→Wieland　667

ウィリ　　　　　　　　　　　　　704　　　　　　西洋人物レファレンス事典

ウィリアム（サンスの）
→Guillaume de Sens　261

ウィリアム＝アダムス
→Adams, William　7

ウィリアム・オブ・ウィンフォード
→William of Wynford　670

ウィリアム・オブ・ラムセイ
→William of Ramsey　670

ウィリアムズ
→Williams, Albert L.　670
→Williams, Brian　670
→Williams, Frederick Calland　670
→Williams, George Burchell　670
→Williams, Lea E.　670
→Williams, T.I.　670
→Williams, William　670

ウイリアムス
→Williams, Tony　670

ウィリアムズ
→Williams, Christopher　670

ウィリアムスン
→Williamson, James　670

ウィリアムソン
→Williamson, James Cassius　670
→Williamson, Oliver　670

ウィリアム・ペン
→Penn, William　472

ウィリアム＝ペン
→Penn, William　472

ウィリス
→Willis, Bruce　670
→Willys, John North　671

ウィル
→Will, John Baxter　670

ウィルキー
→Willkie, Wendell Lewis　670

ウィルキンズ
→Wilkins, William　669

ウィルキンソン
→Wilkinson, John　669

ウィルクス
→Wilkes, Sir Maurice Vincent　669

ヴィルゲニオン
→Villegaignon, Nicolas Durand de　642

ウィルコックス
→Wilcox, Herbert　669

→Wilcox, Ray Turner　669
→Wilcox, Stephen　669

ウイルコックス
→Wilcox, Herbert　669

ウィルス
→Willis, Bruce　670
→Wils, Jan　671

ヴィルス
→Wils, Jan　671

ウィルスン
→Wilson, Thomas Woodrow　672

ウィルソン
→Wilson, Charles Edward　671
→Wilson, Charles Erwin　671
→Wilson, Charles Thomson Rees　671
→Wilson, James　672
→Wilson, John C.　672
→Wilson, Kemmons　672
→Wilson, Peter　672
→Wilson, Robert　672
→Wilson, Thomas Woodrow　672
→Wilson, Tom　672

ヴィルターネン
→Virtanen, Artturi Ilmari　643

ヴィルタネン
→Virtanen, Artturi Ilmari　643

ヴィルッカラ
→Wirkkala, Tapio Veli Ilmari　673

ウィルデンシュタイン
→Wildenstein, Daniel Leopold　669

ウィルト
→Wirth, Karl Joseph　673

ヴィルト
→Wildt, Adolfo　669
→Wirth, Karl Joseph　673
→Wirth, Max　674
→Wirth, Niklaus Emil　674

ウィルトン
→Bancroft, Marie　38

ウィルナー
→Willner, Hal　671

ウィルバーフォース
→Wilberforce, William　668

ウィルバフォース
→Wilberforce, William　668

ヴィルブラント
→Wilbrandt, Robert　669

ウィルム
→Wilm, Alfred　671

ヴィルム
→Wilm, Alfred　671

ウィロービー
→Willoughby, Sir Hugh　671

ウィロビ
→Willoughby, Sir Hugh　671

ウィロビー
→Willoughby, Sir Hugh　671

ウィーン
→Wien, Max Carl　667

ヴィーン
→Wien, Max Carl　667

ウィンウッド
→Winwood, Muff　673

ヴィンケルブレッヒ
→Winkelblech, Karl Georg　673

ヴィンケルブレヒ
→Winkelblech, Karl Georg　673

ウィンケルマン
→Winckelmann, Johann Joachim　673

ヴィンケルマン
→Winckelmann, Johann Joachim　673

ウィンザー
→Winsor, Frederick Albert　673

ヴィンザー
→Winsor, Frederick Albert　673

ウィンター
→Winter, Sidney　673

ウインター
→Winther, Nils　673

ウィンダム
→Wyndham, Sir Charles　680
→Wyndham White, Eric　680

ウィンダム・ホワイト
→Wyndham White, Eric　680

ウィンチ
→Winch, Donald　673

経済・産業篇　　　　　　　　　705　　　　　　　　　ウエツ

ウィンチェスター
→Winchester, Oliver Fisher
673

ヴィンチドル
→Vincidor, Tommaso　642

ヴィーンテル
→Vinter, Aleksandr Vasilievich
642

ヴィンテル
→Vinter, Aleksandr Vasilievich
642

ウィンフリー
→Winfrey, Oprah Gail　673

ヴヴェジェーンスキー
→Vvedenskii, Boris
Alekseevich　648

ウーヴラール
→Ouvrard, Gabriel Julien
460

ウヴラール
→Ouvrard, Gabriel Julien
460

ウェアー
→Ware, Isaac　655
→Ware, William Robert　655

ヴェイガ
→Veiga, Tristão Vaz da　637

ウェイクフィールド
→Wakefield, Edward Gibbon
650

ヴェイマルン
→Veimarn, Pyotr Petrovich
637

ウエイン
→Wein, George Theodore　661

ウェインジャー
→Wanger, Walter　655

ウェインストック
→Weinstock, Sir Arnold　661

ウェインライト
→Wainright, Samuel Hayman
650

ヴェーエナー
→Wegner, Hans Jørgensen
661

ヴェークア
→Vekua, Iliya Nesterovich
637

ヴェクスラー
→Wechsler, Lazar　660

ヴェクセイ
→Vecsei, Eva　637

ウェグナー
→Wegner, Hans Jørgensen
661

ウェークフィールド
→Wakefield, Edward Gibbon
650

ウェザーストーン
→Weatherstone, Dennis　658

ウェザビィ
→Weatherby, Meredith　658

ヴェジェネーエフ
→Vedeneev, Boris Evgenievich
637

ウェースウェレール
→Weisweiler, Adam　661

ヴェスターマン
→Westermann, Georg　663

ウェスタン・アイルズのリー
ヴァーヒューム
→Leverhulme, William
Hesketh, 1st Viscount　368

ウェスチングハウス
→Westinghouse, George　663

ウェスティングハウス
→Westinghouse, George　663

ヴェステルマン
→Westermann, Georg　663

ウェスト
→West, Charles Dickinson
663
→West, Sir Edward　663
→West, Kanye　663
→West, Meriam Esther　663

ウエスト
→West, Kanye　663

ウェストウッド
→Westwood, Vivienne　664

ウェストコット
→Westcott, Edward Noyes
663

ヴェストリス
→Vestris, Lucia Elizabeth　640

ウェストン
→Weston, Edward　664

ヴェスニーン
→Vesnin　639

ヴェスニン
→Vesnin, Aleksandr
Aleksandrovich　639

→Vesnin, Leonid
Aleksandrovich　639
→Vesnin, Viktor
Aleksandrovich　639

ヴェスニン（兄弟）
→Vesnin, Aleksandr
Aleksandrovich　639
→Vesnin, Leonid
Aleksandrovich　639
→Vesnin, Viktor
Aleksandrovich　639

ウェスパシアーヌス
→Vespasianus, Titus Flavius
639

ウェスパシアヌス
→Vespasianus, Titus Flavius
639

ヴェスパシアヌス
→Vespasianus, Titus Flavius
639

ヴェスパジアーノ・ダ・ビス
ティッチ
→Bisticci, Vespasiano da　62

ヴェスピニャーニ
→Vespignani, Francesco　640
→Vespignani, Virgilio　640

ヴェスプッチ
→Vespucci, Amerigo　640

ヴェッキエッタ
→Vecchietta　637

ウェッジウッド
→Wedgwood, Josiah　660

ウェッソン
→Wesson, Daniel Baird　663

ウェッデル
→Weddel, John　660
→Weddell, James　660

ウェッブ
→Webb, Sir Aston　658
→Webb, Beatrice Potter　658
→Webb, Francis Willam　658
→Webb, John　658
→Webb, Philip Speakman
658
→Webb, Sidney James　658

ウェッブ
→Webb, Beatrice Potter　658
→Webb, Francis Willam　658
→Webb, Sidney James　658

ウエッブ
→Webb, Sidney James　658

ウェッブ（夫妻）
→Webb, Beatrice Potter　658
→Webb, Sidney James　658

ウ

ウェップ夫妻
→Webb, Beatrice Potter *658*
→Webb, Sidney James *658*

ヴェッラッツァーノ
→Verrazzano, Giovanni da
　639

ヴェッリ
→Verri, Pietro *639*

ヴェッロッキオ
→Verrocchio, Andrea del *639*

ウェデル
→Weddell, James *660*

ヴェーネルト
→Wehnelt, Arthur Rudolf
　Berthold *661*

ヴェネローニ
→Veneroni, Giovanni Antonio
　637

ウェーバー
→Weber, Alfred *659*
→Weber, Horst *659*
→Weber, Lois *659*
→Weber, Max *659*
→Weber, Wilhelm Eduard
　660

ウェバー
→Weber, Lois *659*

ヴェーバー
→Weber, Adolf *659*
→Weber, Alfred *659*
→Weber, Johan Jakob *659*
→Weber, Max *659*
→Weber, Wilhelm Eduard
　660

ウェブ
→Webb, Benedict Joseph *658*
→Webb, Philip Speakman
　658

ウェーファー
→Wafer, Lionel *648*

ウェブスター
→Webster, Sir David *660*
→Webster, Margaret *660*

ヴェブレン
→Veblen, Thorstein Bunde
　637

ヴェラザーノ
→Verrazzano, Giovanni da
　639

ヴェラッツァーノ
→Verrazzano, Giovanni da
　639

ヴェリ
→Verri, Pietro *639*

ヴェリー
→Very, Edward Wilson *639*
→Wailly, Charles de *650*

ヴェリアン
→Varian, Russel Harrison *635*

ウェルカム
→Wellcome, Henry *662*

ヴェルザー
→Welser, Bartholomäus *663*
→Werser, Bartholomäus *663*

ウェルシュ
→Welsch, Maximilian von
　662

ヴェルシュ
→Welsch, Maximilian von
　662

ウェルズ
→Welles, George Orson *662*
→Welles, Henry *662*

ウエルズ
→Welles, George Orson *662*

ウェルズ・コーツ
→Coates, Wells *125*

ウェルスバハ
→Auer von Welsbach, Carl *30*

ヴェルスバハ
→Auer von Welsbach, Carl *30*

ウェルタ
→Huerta, Adolfo de la *298*

ウエルタ
→Huerta, Adolfo de la *298*

ヴェルダンのニコラ
→Nicholas de Verdun *446*

ヴェルダンのニコラウス
→Nicholas de Verdun *446*

ウェルチ
→Welch, Jack *662*
→Welch, Robert *662*

ヴェルデ
→Van de Velde, Henry
　Clemens *633*

ウェルドン
→Weldon, Walter *662*

ウェルナー
→Werner, Pierre *663*

ヴェルナー
→Werner, Gustav *663*
→Werner, Pierre *663*

ヴェルニ
→Verny, François Léone *638*

ヴェルニー
→Verny, François Léone *638*

ヴェルニエ
→Vernier, Pierre *638*

ヴェルメーシオ
→Vermexio, Giovanni *638*

ヴェルロッキオ
→Verrocchio, Andrea del *639*

ウェルロッキオ
→Verrocchio, Andrea del *639*

ヴェレスラヴィーン
→Veleslavín *637*

ヴェロッキオ
→Verrocchio, Andrea del *639*

ヴェロッキョ
→Verrocchio, Andrea del *639*

ヴェロネージ
→Veronesi, Giulia *638*

ヴェン
→Venn, John Archibald *638*

ウェンクシュテルン
→Wenckstern, Adolph von
　663

ヴェンクシュテルン
→Wenckstern, Adolph von
　663

ウェーンジャー
→Wanger, Walter *655*

ウェンジャー
→Wanger, Walter *655*

ウェーンストック
→Weinstock, Sir Arnold *661*

ヴェンチッヒ
→Wäntig, Heinrich *655*

ヴェンチューリ
→Venturi, Robert *638*

ウェンツィンガー
→Wenzinger, Christian *663*

ヴェンツィンガー
→Wenzinger, Christian *663*

ヴェンティッヒ
→Wäntig, Heinrich *655*

ヴェントゥーリ
→Venturi, Robert *638*

ヴェントリス
→Ventris, Michael George
Francis 638

ヴェンナー・グレン
→Wenner-Gren, Axel Leonard
663

ヴェンナー・グレン
→Wenner-Gren, Axel Leonard
663

ヴェンネル=グレン
→Wenner-Gren, Axel Leonard
663

ウェーンライト
→Wainright, Samuel Hayman
650

ウェンライト
→Wainright, Samuel Hayman
650

ウォー
→Waugh, Samuel C. 657

ヴォー
→Vaux, Calvert 636

ヴォアザン
→Voisin, Gabriel 645

ヴォイジー
→Voysey, Charles Annesley
647

ヴォイズィ
→Voysey, Charles Annesley
647

ヴォイチェホフスキ
→Wojciechowski, Stanisław
674

ウォーカー
→Walker, Amasa 651
→Walker, David 651
→Walker, Fracis Amasa 651
→Walker, John 651
→Walker, John Grimes 651
→Walker, Joseph Reddeford
651
→Walker, Madame C.J. 651
→Walker, Maggie Lena 651
→Walker, Robert John 651
→Walker, Sarah 651
→Walker, Wilson 651

ヴォーカンソン
→Vaucanson, Jacques de 636

ヴォカンソン
→Vaucanson, Jacques de 636

ヴォークレイン
→Vauclain, Samuel Matthews
636

ヴォーゲル
→Vogel, Julius 645

ウォズ
→Was, Don 656

ヴォス
→Vass, James M. 636

ウォズニアック
→Wozniak, Steve 677

ウォズネセンスキー
→Voznesenskii, Nikolai
Alekseevich 647

ヴォズネセンスキー
→Voznesenskii, Nikolai
Alekseevich 647

ウォーターズ
→Walters, Thomas James
654
→Waters, Thomas James 657

ウォートルス
→Walters, Thomas James
654

ウォーターハウス
→Waterhouse, Alfred 657

ウォッツ
→Watts, Sir Philip 657

ウォット
→Watt, James 657

ウォデル
→Waddell, John Alexander
Low 648

ウォード
→Ward, Aaron Montgomery
655
→Ward, Artemas 655
→Ward, Barbara 655
→Worde, Wynkyn De 677

ヴォート
→Vought, Chance Milton 647

ウォトソン
→Watson, Elkanah 657
→Watson, Thomas John 657

ウォートルス
→Walters, Thomas James
654
→Waters, Thomas James 657

ヴォードワイエ
→Vaudoyer, Jean Louis 636

ウォーナー
→Warner, Edward Pearson
656
→Warner, Harry Morris 656
→Warner, Jack L. 656

→Warner, Samuel Louis 656

ウォナメイカー
→Wanamaker, John 654
→Wanamaker, Sam 654

ウオナメイカー
→Wanamaker, Sam 654

ウォナメーカー
→Wanamaker, John 654

ヴォーバン
→Vauban, Sébastien Le
Prestre, Marquis de 636

ヴォーバン侯
→Vauban, Sébastien Le
Prestre, Marquis de 636

ウォーフィールド
→Warfield, A.G. 655

ウォーホール
→Warhol, Andy 655

ウォーホル
→Warhol, Andy 655

ウォホル
→Warhol, Andy 655

ウオーホール
→Warhol, Andy 655

ウオーホル
→Warhol, Andy 655

ウォーラー
→Wallerstein, Immanuel
Maurice 652

ウォラー
→Waller, Judice 652
→Waller, Lewis 652

ウォーラーステイン
→Wallerstein, Immanuel
Maurice 652

ウォラストン
→Wollaston, William Hyde
675

ウォラック
→Wallack, Henry John 652

ヴォラール
→Vollard, Ambroise 646

ウォーリス
→Wallis, Barnes Neville 653
→Wallis, Hal B. 653

ウォリス
→Wallis, Barnes Neville 653
→Wallis, Hal B. 653

ヴォーリス
→Vories, William Merrell 646

ヴォーリズ
→Vories, William Merrell 646

ウォリ 708 西洋人物レファレンス事典

ヴォリーズ
→Vories, William Merrell 646

ヴォリスキー
→Vol'skii, Arkadii Ivanovich
646

ウォリングフォードのリチャード
→Richard 514

ウオルウィヌス
→Vuolvinus 648

ヴォールヴィル
→Wohlwill, Emil 674

ヴォルカー
→Volcker, Paul A. 645

ウォルシュ
→Walsh, John 653
→Walsh, John Glia 653
→Walsh, Thomas 653

ヴォルステッド
→Volstead, Andrew Joseph
646

ウォールター
→Walter, Thomas Ustick 654

ウォルター
→Walter, John 654
→Walter, Thomas Ustick 654

ヴォルタ
→Volta, Alessandro Giuseppe
Antonio Anastasio 646

ヴォルタ (伯爵)
→Volta, Alessandro Giuseppe
Antonio Anastasio 646

ウォルター・オブ・ヘリフォード
→Walter of Hereford 654

ウォールディンガムのローピンズ
→Robens (of Woldingham),
Alfred Robens, Baron 519

ウォールド
→Wald, Abraham 650

ウォルト
→Worth, Charles Frederick
677

ウォルド
→Wald, Herman 650

ウォルドー
→Waldo, Ruth 650

ウォルトン
→Walton, Sam 654
→Walton, Thomas 654
→Walton, Tony 654

ウォルハイム
→Wollheim, Donald Allen
675

ヴォルピ
→Volpi, Cont Giuseppe 646

ウォルフ
→Wolff, Irving 675

ヴォルフ
→Wolf, Julius 674
→Wolff, Kurt 675

ウォルフ (父)
→Wolff, Jacob 675

ウォルフ (子)
→Wolff, Jacob 675

ウォルファース
→Wolfers, Nicolas L.M. 675

ウォルフィット
→Wolfit, Sir Donald Woolfitt
675

ウォルフォウィッツ
→Wolfowitz, Paul Dundes
675

ウォルフォード
→Walford, Lionel Albert 651

ウォルフソン
→Wolfson, Sir Isaac 675
→Wolfson, Theresa 675

ウォールポール
→Walpole, Sir Robert 653

ウォルポール
→Walpole, Sir Robert 653

ウォールワス
→Walworth, Sir William 654

ウォルワース
→Walworth, Sir William 654

ウォーレス
→Wallace, Henry Agard 651
→Wallace, Henry Cantwell
652
→Wallace, John Findlay 652
→Wallace, Lila Acheson 652

ウォレス
→Wallace, Andy 651
→Wallace, DeWitt 651
→Wallace, Henry 651
→Wallace, Henry Agard 651
→Wallace, Henry Cantwell
652
→Wallace, John Findlay 652
→Wallace, Lila Acheson 652

ウォーレン
→Warren, Gouverneur Kemble
656

ウォレン
→Warren, George Frederick
(Jr.) 656

ウォーレン G
→Warren G 656

ウォーレン・ジー
→Warren G 656

ヴォロニーヒン
→Voronikhin, Andrei
Nikiforovich 646

ヴォロニヒン
→Voronikhin, Andrei
Nikiforovich 646

ウォローニン
→Voronin, Lev Alekseevich
646

ヴォローニン
→Voronin, Lev Alekseevich
646

ヴォロンツォーフ
→Vorontsov, Vasilii Pavlovich
647

ヴォロンツォフ
→Vorontsov, Vasilii Pavlovich
647

ヴォワザン
→Voisin, Gabriel 645

ウォーン
→Warne, Colston Estey 656
→Warne, Frederick 656

ウゴリーノ・ディ・ヴィエーリ
→Ugolino di Vieri 628

ウスタッド・イサ・カーン
→Ustad Isa Khan 629

ウスタリス
→Uztariz, Geronimo de 629

ウスラル・ピエトリ
→Uslar Pietri, Arturo 629

ウスラル=ピエトリ
→Uslar Pietri, Arturo 629

ウッズ
→Woods, George D. 676
→Woods, Robert Archey 676

ウーツソーン
→Utzon, Jorn 629

ウッツォン
→Utzon, Jorn 629

ウッド
→Wood, Beatrice　675
→Wood, Fernando　675
→Wood, John　675, 676
→Wood, Robert Williams　676
→Wood, Roy　676
→Wood, Stuart　676

ウッド1世
→Wood, John　676

ウッド(父)
→Wood, John　676

ウッド(子)
→Wood, John　675

ウッドハヴ
→Wouldhave, William　677

ウッドハル
→Woodhull, Victoria Claflin
676

ウッドフォール
→Woodfall, Henry Sampson
676

ウッド父子
→Wood, John　676

ウッドラフ
→Woodrough, Frederick
Charles　676
→Woodruff, Robert　676
→Woodruff, William　676

ウッドワード
→Woodward, Calvin Milton
676
→Woodward, Tracy A.M.　677

ウットン
→Wootton, Barbara Fracnes
677

ウッドン
→Woodin, William Hartman
676

ウディネ
→Udine, Giovanni da　627

ウトソン
→Utzon, Jorn　629

ウード・ド・モントルイユ
→Eudes de Montreuil　196

ウドラフ
→Woodruff, William　676

ウドリ
→Houdry, Eugène Jules　296

ウートン
→Wootton, Barbara Fracnes
677

ウートン(アビンジャーの)
→Wootton, Barbara Fracnes
677

ウビガン
→Houbigant, Jean-François
296

ウフトムスキー
→Ukhtomskii, Esper
Esperovich　628

ヴァヒレフ
→Vyakhirev, Rem Ivanovich
648

ヴュイヨーム
→Vuillaume, Jean-Baptiste
647

ヴェルグラン
→Vulgrin　648

ヴラジスラーヴィチ・ラグジン
スキー
→Vladislavich-Raguzinskii,
Savva Lukich　645

ウーラストン
→Wollaston, William Hyde
675

ウラストン
→Wollaston, William Hyde
675

ヴラーソフ
→Vlasov, Aleksandr Vasilievich
645

ヴラゾフ
→Vlasov, Viktor Alekseevich
645

ウラディスラヴィッチ・ラグジン
スキー
→Vladislavich-Raguzinskii,
Savva Lukich　645

ヴラニツキー
→Vranitzky, Franz　647

ヴラフー
→Vlachou, Helene　645

ウラーンゲリ
→Vrangel, Ferdinand Petrovich
647

ウランゲリ
→Vrangel, Ferdinand Petrovich
647

ヴランゲリ
→Vrangel, Ferdinand Petrovich
647

ヴリース
→Vries, Hans Vredeman de
647

ウルウァース
→Woolworth, Frank Winfield
677

ウルスルス
→Ursulus　629

ウルタード
→Hurtado, Francisco　300

ウルダネータ
→Urdaneta, Andrés de　629

ウルダネタ
→Urdaneta, Andrés de　629

ウールトン
→Woolton, Frederick James
Marquis, Baron　677

ウルトン
→Woolton, Frederick James
Marquis, Baron　677

ウルバン
→Urban, Joseph　629

ウルフ
→Wolf, Ricard　674
→Woolf, Albert Edward　677
→Woolf, Arthur　677
→Woolf, Leonard Sidney　677

ウルフィット
→Wolfit, Sir Donald Woolfitt
675

ウルフソン
→Wolfson, Sir Isaac　675

ウルリヒ
→Ulrich, Peter　628

ウルリヒ・フォン・エンジンガー
→Ensingen, Ulrich von　193

ウールワース
→Woolworth, Frank Winfield
677

ウルワース
→Woolworth, Frank Winfield
677

ヴーレルス
→Weulersse, Georges　664

ヴェルス
→Weulersse, Georges　664

ウンガー
→Unger, Johann Friedrich
628

ウンカ　710　西洋人物レファレンス事典

ウンガース
→Ungers, Osvald Mattias　628

ウンガロ
→Ungaro, Emanuel　628

ウンゲヴィッター
→Ungewitter, Georg Gottlob
628

ウンゼルト
→Unseld, Siegfried　628

【エ】

エアー
→Ayer, Harriet Hubbard　31

エアーズ
→Ayres, Clarence Edwin　32

エーアトマンスドルフ
→Erdmannsdorff, Friedrich
Wilhelm von　194

エアトン
→Ayrton, William Edward　32

エアネス
→Eanes, Gil　183

エーアハルト
→Erhard, Ludwig　194

エアハルト
→Erhard, Ludwig　194

エーアリヒ
→Ehrlich, Paul　187

エイ
→Hay, Alexandre　278

エイカーズ
→Acres, Birt　6
→Akers, Sir Wallen Allen　10

エイキン
→Aiken, Howard Hathaway　9

エイグトヴェト
→Eigtved, Nicolai　188

エイクマン
→Aickman, Robert Fordyce　9

エイケン
→Aiken, Howard Hathaway　9

エイジー
→Agee, W.M.　8

エイスケンス
→Eyskens, Gaston　198

エイソス
→Athos, Anthony G.　29

エイデ
→Eyde, Samuel　198

エイトヴェド
→Eigtved, Nicolai　188

エイトケン
→Aitken, Jane　10

エイドリアン
→Adrian　8

エイドルマン
→Adleman, Leonard Max　7

エイナウディ
→Einaudi, Luigi　188

エイブルズ
→Abeles, Sir（Emil
Herbert）Peter　5

エイベル
→Abel, Sir Frederick Augustus
4

エイミス
→Amies, Sir（Edwin）Hardy
17

エイミズ
→Amies, Sir（Edwin）Hardy
17

エイモリ
→Amory, Heathcoat　18

エイモリー
→Amory, Heathcoat　18

エイヤー
→Ayer, Harriet Hubbard　31

エイル
→Eyre, Edward　198

エイルベルトゥス
→Eilbertus aus Köln　188

エイントーフェン
→Einthoven, Willem　188

エヴァーディング
→Everding, Augst　197

エヴァーリー
→Everleigh, Ada　197
→Everleigh, Minna　197

エヴァンズ
→Evans, Edmund　197
→Evans, Oliver　197

エウテューミデース
→Euthymidēs　197

エウテュミデス
→Euthymidēs　197

エウテュメネス（マッシリアの）
→Euthymenēs　197

エウドクソス
→Eudoxos of Cyzicus　196

エウドクソス（キュジコスの）
→Eudoxos ho Kyzikēnos　196
→Eudoxos of Cyzicus　196

エウドクソス（ギュジコスの）
→Eudoxos of Cyzicus　196

エウパリヌス
→Eupalinos　197

エウパリノス
→Eupalinos　197

エウパリノス（メガラの）
→Eupalinos　197

エウフロニオス
→Euphronios　197

エウポレモス
→Eupolemos　197

エヴラール・ドルレアン
→Évrard d'Orléans　197

エオザンダー
→Eosander, Johann Friedrich
von　193

エオザンデル
→Eosander, Johann Friedrich
von　193

エガス
→Egas, Enrique　186
→Egas, Hanequin　186

エカズリー
→Eckersley, Peter Pendleton
184

エキスネル
→Exner, Heinrich Ottomar
198

エクスター
→Exter, Aleksandra　198

エクステル
→Exter, Aleksandra　198

エクスナー
→Exner, Christian Friedrich
198

エクセーキアース
→Exēkias　198

エクセキアス
→Exēkias　198

経済・産業篇　711　エトワ

エクバール
→Eghbal, Manuchehr　187

エクバル
→Eghbal, Manuchehr　187

エグバール
→Eghbal, Manuchehr　187

エグバル
→Eghbal, Manuchehr　187

エーグル
→Egell, Paul　187

エクルズ
→Eccles, Marriner S.　184

エクレストン
→Ecclestone, Bernie　184

エグロッフ
→Egloff, Gustav　187

エグロフ
→Egloff, Gustav　187

エーゲダッハー
→Egedacher, Johann
Christoph　186
→Egedacher, Johann Ignaz
186
→Egedacher, Joseph Christoph
186

エーゲル
→Egell, Paul　187

エゲル
→Egell, Paul　187

エシーク
→Eschig, Max　195

エジザジュバシュ
→Eczacibasi, Nejat F.　184

エジソン
→Edison, Thomas Alva　185

エジャートン
→Edgerton, Harold Eugene
185

エジャトン
→Edgerton, Harold Eugene
185

エシュバック
→Eshbach, Lloyd Arthur　195

エスキベル
→Esquiber, Adolfo Parez　195

エスコフィエ
→Escoffier, Auguste　195

エスティエンヌ
→Estienne, Henri　196

エストベリ
→Östberg, Ragnar　459

エストベリー
→Östberg, Ragnar　459

エストレ
→Estrées, Jean　196

エスペホ
→Espejo, Antonio de　195

エスヘル
→Escher, George Arnold　195

エスペンシード
→Espenschied, Lloyd　195

エスマン
→Esmein, Jean　195

エーダー
→Eder, Manfred A. J.　185

エッカズリ
→Eckersley, Peter Pendleton
184

エッカート
→Eckert, John Presper　184

エッガート
→Eggert, Udo　187

エックマン
→Eckmann, Otto　184

エッケナー
→Eckener, Hugo　184

エッゲルト
→Eggert, Udo　187

エッケレン
→Eckeren, Gerard van　184

エッサー
→Esser, Max　196

エッシェル
→Escher, George Arnold　195

エッジェル
→Edgell, George Harold　185

エッシャー
→Escher, Alfred　195
→Escher, George Arnold　195

エッシャー・フォン・デア・リント
→Escher von der Linth,
Johann Konrad　195

エッシャー・フォン・デル・リント
→Escher von der Linth,
Johann Konrad　195

エッジワース
→Edgeworth, Francis Ysidro
185

→Edgeworth, Richard Lovell
185

エッセラー
→Eseler, Niclaus　195

エッセル
→Escher, George Arnold　195

エッティンガー
→Ettinger, Akiva Jacob　196

エッフェル
→Eiffel, Alexandre Gustave
188

エッフェンベルガー
→Effenberger, Theodor　186

エッフナー
→Effner, Joseph　186

エティエンヌ
→Estienne, Henri　196
→Estienne, Robert　196

エティエンヌ・ド・ボヌイユ
→Étienne de Bonneuil　196

エディスン
→Edison, Thomas Alva　185

エディソン
→Edison, Thomas Alva　185

エテクス
→Etex, Antoine　196

エテックス
→Etex, Antoine　196

エドガー
→Edgar, Graham　185

エードストレム
→Edström, Johannes Sigfrid
186

エドストレーム
→Edström, Johannes Sigfrid
186

エドストレム
→Edström, Johannes Sigfrid
186

エドストローム
→Edström, Johannes Sigfrid
186

エドマンズ
→Edmunds, Dave　186

エドモンズ
→Edmunds, Dave　186

エドワーズ
→Edwardes, George　186
→Edwardes, Sir Michael Owen
186

エヌヒ　　　　　　　　　712　　　　　西洋人物レファレンス事典

→Edwards, Agustín　186
→Edwards, Corwin D.　186
→Edwards, Esmond　186
→Edwards, George　186

エヌビク
→Hennebique, François　282

エノク
→Enocq, Étienne　193

エバソール
→Ebersol, Dick　184

エバリー
→Eberle, William Denman
　184

エーバレ
→Eberle, Josef　184

エーバン
→Oeben, Jean François　453

エバン
→Oeben, Jean François　453

エバンズ
→Evans, Edmund　197
→Evans, Oliver　197

エピクテートス
→Epiktētos　193

エピクテトス
→Epiktētos　193

エピクレス
→Epicles　193

エピマコス
→Epimachos　193

エフィモフ
→Efimov　186

エフェソスのペオニオ
→Peonio of Efesos　472

エーフェルディンク
→Everding, Augst　197

エプテハージ
→Ebtehaj, Abol Hassan　184

エフナー
→Effner, Joseph　186

エーブハルト
→Ebhardt, Bodo　184

エフロン
→Ephron, Nora　193

エーベル
→Abel, Sir Frederick Augustus
　4

エーベルト
→Ebert, Carl　184

エベルトー
→Hébertot, Jacques　280

エマソン
→Emerson, Harrington　191

エマニュエル
→Emanuel, Arghiri　191
→Emmanuel, Arghiri　191

エーミシェン
→Oehmichen, Étienne　454

エミンガー
→Emminger, Otmar　191

エム
→M　386

エメット兄弟
→Emmett Brothers　191

エメリゴン
→Émérigon, Balthazard Marie
　191

エメリック
→Emerick, Geoff　191

エラール
→Erard, Charles　193
→Érard, Pierre　193
→Erard, Sébastien　193

エリアフ
→Eliav, Arie　189

エリオット
→Elliot, Sir Henry Miers　190
→Elliott, John Dorman　190
→Elliott, Missy　190

エリギウス
→Eligius　189

エリギウス（聖）
→Eligius　189

エリギウス（ノワヨンの）
→Eligius　189

エリギウスまたはエロワ
→Eligius　189

エリクソン
→Ericsson, John　194
→Ericsson, Nils　194
→Leif Ericsson　362

エリコット
→Ellicott, Andrew　190

エリス
→Ellis, Sir Albert　190
→Ellis, Howard Sylvester　190

エリックソン
→Erickson, Arthur Charles
　194

エリック・ラウディ
→Erik Raudi　194

エール
→Yale, Elihu　680

エルー
→Héroult, Paul Louis
　Toussaint　284

エルヴィン
→Erwin von Steinbach　195

エルヴィン・フォン・シュタイン
バッハ
→Erwin von Steinbach　195

エルカーノ
→Elcano, Juan Sebastián　189

エルギン
→Elgin, James Bruce, 8th Earl
　of, and 12th Earl of
　Kincardine　189

エルキンズ
→Elkins, Stephen Benton　189

エルキントン
→Elkington, George Richards
　189

エルゴティーモス
→Ergotimos　194

エルゴティモス
→Ergotimos　194

エルザー
→Elser, Johann Georg　190

エルサン
→Hersant, Robert Joseph
　Émile　285

エルジン伯
→Elgin, James Bruce, 8th Earl
　of, and 12th Earl of
　Kincardine　189

エルスター
→Elster, Ludwig　190

エルセヴィル
→Elzevir, Abraham　191
→Elzevir, Bonaventura　191
→Elzevir, Lodewijk　191

エルゼヴィール
→Elzevir, Lodewijk　191

エルゼヴィル
→Elzevir　191

エルゼッサー
→Elsässer, Martin　190

エルセラック
→Elserack, Jan van　190

エルダー
→Elder, Sir Thomas　*189*

エルツ
→Herz, Henri　*285*

エルツベルガー
→Erzberger, Matthias　*195*

エルデイ
→Erdei Ferenc　*194*

エールトマンスドルフ
→Erdmannsdorff, Friedrich Wilhelm von　*194*

エルトマンスドルフ
→Erdmannsdorff, Friedrich Wilhelm von　*194*

エルニュ
→Hernu, Charles　*284*

エルバカン
→Erbakan, Necmettin　*193*

エルフィンストーン
→Elphinstone, Mountstuart　*190*

エルフィンストン
→Elphinstone, Mountstuart　*190*

エルベルフェルト
→Erberfelt, Pieter　*194*

エルムズリー
→Elmslie, George Grant　*190*

エル・モソ
→Herrera, Francisco de el Joven　*285*

エールリ（ッ）ヒ
→Ehrlich, Paul　*187*

エールリッヒ
→Ehrlich, Paul　*187*

エールリヒ
→Ehrlich, Paul　*187*

エル・ワキル
→El Wakil, Abdel Wahed　*190*

エレ
→Héré de Corny, Emmanuel　*283*

エレット
→Ellet, Charles　*190*

エレト
→Ellet, Charles　*190*

エレ・ド・コルニ
→Héré de Corny, Emmanuel　*283*

エレ・ド・コルニー
→Héré de Corny, Emmanuel　*283*

エーレベ
→Aereboe, Friedrich　*8*

エーレボー
→Aereboe, Friedrich　*8*

エレーラ
→Herrera, Francisco de el Joven　*285*
→Herrera, Juan Bautista de　*285*

エレラ
→Herrera, Juan Bautista de　*285*

エレラ（小）
→Herrera, Francisco de el Joven　*285*

エレーラ・イ・グティエレス・デ・ラ・ベーガ
→Herrera, Juan Bautista de　*285*

エーレンバウム
→Ehrenbaum, Ernst　*187*

エーレンベルク
→Ehrenberg, Richard　*187*

エンイエルブレクト
→Engelbrekt, Engelbrektsson　*192*

エンイエルブレクト
→Engelbrekt, Engelbrektsson　*192*

エングル
→Engle, Robert F.　*193*

エンゲル
→Engel, Christian Lorenz Ernst　*192*
→Engel, Johann Carl Ludwig　*192*

エンゲルス
→Engels, Friedrich　*192*

エンゲルト
→Engerth, Wilhelm, Freiherr von　*192*

エンゲルバート
→Engelbart, Douglas Carl　*192*

エンゲルブレクト
→Engelbrekt, Engelbrektsson　*192*

エンジェル
→Angel, Robert　*19*
→Angell, Sir Norman　*19*

エンジェル・L.
→Angell, Sir Norman　*19*

エンジバス
→Engibous, Thomas　*192*

エンジンガー
→Ensingen, Ulrich von　*193*

エンジンゲン
→Ensingen, Ulrich von　*193*

エンダービー
→Enderby, Samuel　*191*

エンツォーラ
→Enzola, Gianfrancesco　*193*

エンデ
→Ende, Hermann　*191*

エンデル
→Endell, August　*191*

エンヌビク
→Hennebique, François　*282*

エンペルガー
→Emperger, Fritz von　*191*

エンリケ
→Henrique o Navegador　*282*

エンリケ（航海者）
→Henrique o Navegador　*282*

エンリケ航海王
→Henrique o Navegador　*282*

エンリケ航海王子
→Henrique o Navegador　*282*

エンリッケ
→Enrique, Maestro　*193*

エンロース
→Enroth, David D.　*193*

【オ】

オ・アレイジャディーニョ
→Aleijadinho, Antonio Francisco Lisboa　*12*

オイギンス
→O'Higgins, Ambrosio　*454*

オイケン
→Eucken, Walter　*196*

オイ・ムバ
→Oýe-Mba, Casimir　*461*

オイレンブルク
→Eulenburg, Ernst　*196*
→Eulenburg, Franz　*196*

オイレ

→Eulenburg, Friedrich Albert
196

オイレンブルク伯
→Eulenburg, Friedrich Albert
196

オーインズ
→Owens, Robert Bowie 461

オーヴァーストン
→Overstone, Samuel Jones
Loyd, Baron 460

オーヴァストン
→Overstone, Samuel Jones
Loyd, Baron 460

オーウィン
→Orwin, Charles Stewart 458
→Orwin, Christabel Susan
458

オーウェン
→Owen, Robert 461

オウエン
→Owen, Robert 461

オーウェンズ
→Owens, Michael Joseph 461
→Owens, Robert Bowie 461

オウゲテ
→Ouguete 460

オウト
→Oud, Jacobus Johannes
Pieter 460

オーエン
→Owen, Henry D. 461
→Owen, Robert 461
→Owens, Michael Joseph 461

オーエンズ
→Owens, Michael Joseph 461
→Owens, Robert Bowie 461

オオウチ
→Ouchi, William G. 460

オオシマ
→Oshima, Harry T. 458

オーカット
→Orcutt, William Dana 457

オカーニュ
→Ocagne, Maurice d' 453

オカニュ
→Ocagne, Maurice d' 453

オカーマン
→Åkerman, Gustaf 10

オーカン
→Okun, Arthur 454

オキーフ
→O'Keefe, David Dean 454

オーギュスト
→Auguste, Henri 30
→Auguste, Robert-Joseph 30

オギルヴィ
→Ogilvy, David 454

オクウェイ
→Okwei, Omu 454

オクスタブール
→Auxtabours, Jean 31

オグデン
→Ogden, Peter Skene 454

オーグルヴィー・トンプソン
→Ogilvie Thompson, Julian
454

オーグルソープ
→Oglethorpe, James Edward
454

オグルソープ
→Oglethorpe, James Edward
454

オーグルビー
→Ogilby, John 454

オグンデ
→Ogunde, Hubert 454

オゴルマン
→O'Gorman, Juan 454

オザル
→Özal, Korkut 461

オジェ
→Ojjeh, Akram 454

オシュデ
→Hoschedé, Ernest 295

オスヴァルト
→Oswald, Richard 459

オズカン
→Özkan, Mustafa 461

オースティン
→Austin, Herbert, 1st Baron
31
→Austin, John Paul 31

オースティン（ロングブリッジの）
→Austin, Herbert, 1st Baron
31

オステルマン
→Osterman, Natan
Abramovich 459

オステンドルフ
→Ostendorf, Friedrich 459

オストヴァルト
→Ostwald, Friedrich Wilhelm
459

オストロヴィーチャノフ
→Ostrovityanov, Konstantin
Vasilievich 459

オストロヴィチャーノフ
→Ostrovityanov, Konstantin
Vasilievich 459

オストロヴィチャノフ
→Ostrovityanov, Konstantin
Vasilievich 459

オストロビチャノフ
→Ostrovityanov, Konstantin
Vasilievich 459

オストワルト
→Ostwald, Friedrich Wilhelm
459

オストワルド
→Ostwald, Friedrich Wilhelm
459

オーストン
→Owston, Alan 461

オズボーン
→Osborn, Alex F. 458

オースマン
→Haussmann, Georges Eugéne
277

オスマーン
→Uthman, Uthman Ahmad
629

オスマン
→Haussmann, Georges Eugéne
277

オスモン
→Osmond, Floris 458

オスワルド
→Oswald, John Clyd 459

オーゼル
→Hauser, Henri 276

オゼル
→Hauser, Henri 276

オセンディー・アファナ
→Osende-Afana 458

オーソン・ウェルズ
→Welles, George Orson 662

経済・産業篇　　　　　　　　　715　　　　　　　　　オリヒ

オタイバ
→al-Otaiba, Saeed bin Ahmad
459

オーチス
→Otis, Elisha Graves　460

オッセンドフスキ
→Ossendowski, Ferdynand
Antoni　458

オッセンドフスキー
→Ossendowski, Ferdynand
Antoni　458

オッソラ
→Ossola, Rinaldo　459

オッディ
→Oddi, Muzio　453

オット
→Ott, Hans　460

オットー
→Otto, Frei　460
→Otto, Nikolaus August　460

オットテール
→Hotteterre, Martin　295
→Hotteterre, Nicolas　296

オッペノール
→Oppenordt, Gilles Marie
457

オッペルト
→Oppert, Ernst Jacob　457

オッペンハイマー
→Oppenheimer, Sir Ernest
456
→Oppenheimer, Franz　457
→Oppenheimer, Harry
Frederick　457

オーデ
→Odeh, Hanna　453

オディオ
→Odiot, Jean-Baptiste-Claude
453

オーティス
→Otis, Elisha Graves　460

オティス
→Otis, Elisha Graves　460

オトテール
→Hotteterre, Jean　295
→Hotteterre, Martin　295
→Hotteterre, Nicolas　296

オド・ド・メッツ
→Eudes de Metz　196

オードネル
→Odner, Vitgolid Teofilovich
453

オートリー
→Oatley, Sir Charles　453

オドリア
→Odría, Manuel　453

オドンネル
→O'Donnell, Cyril　453

オナシス
→Onasis, Christina　456
→Onassis, Aristotle Socrates
456

オナハン
→Onahan, William James
456

オニール
→O'Neill, Paul　456

オヌクールのヴィラール
→Villard de Honnecourt　642

オービット
→Orbit, William　457

オーフェルトワーテル
→Overtwater, Pieter
Anthoniszoon　461

オーフェルワーテル
→Overtwater, Pieter
Anthoniszoon　461

オプダイク
→Opdyke, George　456

オブノール
→Oppenordt, Gilles Marie
457

オプノール
→Oppenordt, Gilles Marie
457

オブライエン
→O'Brien, Brendan　453
→O'Brien, Patrick Karl　453

オブライエン・ジョン
→O'Brien, John　453

オブラズツォーフ
→Obraztsov, Vladimir
Nikolaevich　453

オブラズツォフ
→Obraztsov, Vladimir
Nikolaevich　453

オーブリオ・ユーグ
→Aubriot Hugues　30

オーベール
→Aubert, Jean　30

オベール
→Aubert, Jean　30

オペル
→Opel, Fritz von　456

オポリヌス
→Oporinus, Johannes　456

オーマン
→Auman, Robert　30

オミッド
→Omid　456

オーム
→Orme, Robert　458

オームステッド
→Olmsted, Frederick Law　456

オーモンド
→Ormond, John　458

オーラー
→Oehler, Dale Dixon　453

オライリー
→O'Reilly, Tony　458

オランダ
→Holanda, Francisco de　292

オリヴァー
→Oliver, James　455

オリヴィエ
→Olivier, Sir Laurence Kerr
455

オリヴィエ（ブライトンの）
→Olivier, Sir Laurence Kerr
455

オリヴェ
→Oliver, Raymond　455

オリヴェイラ・マルティンス
→Oliveira Martins, Joaquim
Pedro de　455

オリヴェッティ
→Olivetti, Adriano　455

オリオール
→Auriol, Vincent　31

オリオル
→Auriol, Vincent　31

オリー＝ケリー
→Orry-Kelly　458

オリビエ
→Olivier, Sir Laurence Kerr
455

オリファント
→Olyphant, Davin Washington
　Cincinnatus　456

オリベイラ・マルティンス
→Oliveira Martins, Joaquim
　Pedro de　455

オーリン
→Ohlin, Bertil Gotthard　454

オリーン
→Ohlin, Bertil Gotthard　454

オルカーニャ
→Orcagna, Andrea　457

オルーク
→O'Rourke, Jim　458

オルシーニ
→Orsini, Giorgio　458

オルジョニキーゼ
→Ordzhonikidze, Grigorii
　Konstantinovich　457

オルジョニキッゼ
→Ordzhonikidze, Grigorii
　Konstantinovich　457

オールストン
→Allston, Aaron　14

オルセン
→Olsen, Kenneth Harry　456

オルソン
→Olson, Harry F.　456

オルタ
→Horta, Victor Pierre　295

オールダム
→Oldham, Andrew Loog　455
→Oldham, John　455

オルディニ
→Ordini, Pietro degli　457

オルテス
→Ortes, Giammaria　458

オルデンブルク
→Oldenbourg, Rudolf　455

オールドフィールド
→Oldfield, Bruce　455

オールドリチ
→Aldrich, Henry　12
→Aldrich, Nelson Wilmarth
　12
→Aldrich, Winthrop Williams
　12

オールドリッチ
→Aldrich, Henry　12

→Aldrich, Nelson Wilmarth
　12
→Aldrich, Winthrop Williams
　12

オルニョニキーゼ
→Ordzhonikidze, Grigorii
　Konstantinovich　457

オールビー
→Albee, Edward Franklin　10

オルフォード
→Alford, Leon Pratt　13

オールブライト
→Albright, Arthur　11

オルブリッヒ
→Olbrich, Joseph Maria　454

オルブリヒ
→Olbrich, Joseph Maria　454

オルムステッド
→Olmsted, Frederick Law　456

オルリッチ
→Orlich, Francisco J.　458

オレーク
→Oleg　455

オレーグ
→Oleg　455

オレーム
→Oresme, Nicole d'　458

オレム
→Oresme, Nicole d'　458

オロー
→Horeau, Hector　294

オンケン
→Oncken, August　456

【カ】

カー
→Carr, John　103
→Kerr, Clark　329

カイアン
→Kyan, John Howard　347

ガイガー
→Geiger, Hans Wilhelm　234

カイザー
→Kaiser, Henry John　321
→Keyser, Hendrik de　330

カイザーリング
→Kaysering, Leon H.　327

カイサル・イブン・アビル・カー
スィム
→Qayṣar ibn Abī al-Qāsim
　499

カイシ
→al-Kaissi, Fawzi Abdullah
　321

ガイスラー
→Geissler, Heinrich　235

カイセル
→Keyser, Hendrik de　330
→Keyser, Jacob de　330
→Keyser, Thomas de　330

ガイツキル
→Gaitskell, Hugh Todd Naylor
　227

カイピアイネン
→Kaipiainen, Birger　321

カイペルス
→Cuypers, Petrus Josephus
　Hubertus　147

ガイヤール
→Gailhard, Pierre　227

カイユテ
→Cailletet, Louis Paul　95

カイヨー
→Caillaux, Joseph Pierre
　Marie Auguste　95

ガインサ
→Gainza, Martín de　227

ガウ
→Gau, Franz Christian　233

カーヴァー
→Carver, Thomas Nixon　105

カヴァイエ
→Cavaillé, Jean-Pierre　107
→Cavaillé, Joseph　107

カヴァイエ・コール
→Cavaillé-Coll, Aristide　107

カヴァイエ・コル
→Cavaillé-Coll, Aristide　107

カヴァイエ・コル
→Cavaillé-Coll, Aristide　107
→Cavaillé-Coll, Dominique
　107

カヴァイエ＝コル
→Cavaillé-Coll, Aristide　107

カヴァルカンティ
→Cavalcanti, Alberto　107
→Cavalcanti, Andrea di
　Lazzaro　108

経済・産業篇　　　　717　　　　カステ

カウィ
→Cowie, William Clark　140

カーウェン
→Curwen, John　146
→Curwen, John Spencer　146

カヴェンディシュ
→Cavendish, Thomas　108

ガヴォー
→Gaveau, Étienne　234
→Gaveau, Gabriel-Joseph-
Emmanuel　234
→Gaveau, Joseph-Emmanuel
234

ガウクラー
→Gaugler, Eduard　233

カウツキー
→Kautsky, Karl Johann　326

カウディ
→Gaudí y Cornet, Antonio
233

ガウディ
→Gaudí y Cornet, Antonio
233

ガウディー
→Goudy, Frederic William
249

ガウディ・イ・コルネ
→Gaudí y Cornet, Antonio
233

ガウディ・イ・コルネット
→Gaudí y Cornet, Antonio
233

ガウディ・イ・コルネト
→Gaudí y Cornet, Antonio
233

カウフマン
→Kaufman, Henry　326
→Kaufmann, Eugen　326
→Kaufmann, Oskar　326

ガウランド
→Gowland, William　250

カウン
→Cam, Diogo　96

カオ
→Kao, Charles Kuen　323

カーク
→Kyrk, Hazel　347

カクストン
→Caxton, William　108

カーク・ダグラス
→Douglas, Kirk　172

カークビー
→Kirkby, John　333

カザコーフ
→Kazakov, Matvei Fëdorovich
327

カザコフ
→Kazakov, Matvei Fëdorovich
327

カーサス・イ・ノボア
→Casas y Novoa, Fernando
105

カサス・イ・ノボア
→Casas y Novoa, Fernando
105

カザン
→Cazin, Jean Charles　108

カシェッラ
→Cascella, Andrea　105
→Cascella, Pietro　105
→Cascella, Tommaso　105

ガーシェンクロン
→Gerschenkron, Alexander
236

ガジーニ
→Gagini, Bernardino　227
→Gagini, Domenico　227
→Gagini, Elia　227
→Gagini, Giovanni　227
→Gagini, Pace　227

ガシャール
→Gachard, Louis Prosper　226

カシューギ
→Khashoggi, Adnan
Muhammad　331

カション
→Cachon, l'Abbé Mermet de
93

カスクーナ
→Cuscuna, Michael　146

ガスコイン
→Gascoigne, William　232

カースタイン
→Kirstein, Lincoln Edward
333

ガースタッカー
→Gerstacker, Carl A.　236

カスタルディ
→Castaldi, Pamfilo　106

カスチリオーネ
→Castiglione, Giuseppe　106

カスチリョーネ
→Castiglione, Giuseppe　106

カスティヨ
→Castillo, Antonio Canovas
del　106

カスティリアーノ
→Castigliano, Carlo Alberto
106

カスティリオーニ
→Castiglioni, Enrico　106

カスティリオーネ
→Castiglione, Giuseppe　106

カスティリャーノ
→Castigliano, Carlo Alberto
106

カスティーリョ
→Castilho, João de　106
→Castillo, Hernando del　106

カスティリョ
→Castilho, João de　106
→Castillo, Hernando del　106

カスティリョーネ
→Castiglione, Giuseppe　106

カースティーン
→Kirstein, Lincoln Edward
333

カースティン
→Kirstein, Lincoln Edward
333

カーステイン
→Kirstein, Lincoln Edward
333

ガースティン
→Garstin, Sir William
Edmund　232

カステッラモンテ
→Castellamonte, Amedeo　106
→Castellamonte, Carlo　106

カステッロ
→Castello, Giambattista　106

カステリ
→Castelli, Leo　106

カステルバジャック
→Castelbajac, Jean-Charles de
106

カステロ
→Castello, Matteo da　106

カーステン
→Kirstein, Lincoln Edward
333

ガズデン
→Gadsden, Christopher　227

カ

カステ　　　　　　　　　　　718　　　　　　　西洋人物レファレンス事典

力

ガーステンバーグ
→Gerstenberg, Richard C.
236

カストナー
→Castner, Hamilton Young
107

カーズナー
→Kirzner, Israel M.　333

カスバート
→Cuthbert, St　146

ガスパラン
→Gasparin, Adrien Étienne
Pierre, Comte de　232

ガスパリ
→Gaspari, Antonio　232

カスパル
→Caspar　105

ガスリー
→Guthrie, Alexander　262
→Guthrie, Donna W.　263

カースル
→Castle, William　106

カズロン
→Caslon, William　105

カセム
→Qassem, Habeeb Ahmad
499

カーソン
→Carson, Johnny　104

カタネオ
→Cattaneo, Danese di Michele
107

カ・ダ・モスト
→Cada Mosto, Alvise da　94

カダ・モースト
→Cada Mosto, Alvise da　94

カダ・モスト
→Cada Mosto, Alvise da　94

カダモースト
→Cada Mosto, Alvise da　94

カダモスト
→Cada Mosto, Alvise da　94

カタラーノ
→Catalano, Eduard Fernando
107

カータレット
→Carteret, Philip　104

カータレト
→Carteret, Philip　104

カーチス
→Curtis, Charles Goldon　146
→Curtis, Cyrus Hermann
Kotzschmar　146
→Curtiss, Glenn Hammond
146

カチャッリ
→Cacialli, Giuseppe　94

カーツェンボゲン
→Katsenbogen, B.Ya.　325

カッサブ
→Kassab, Adnan Ali　325

カッシーニ
→Cassini, Oleg　105

カッシーラー
→Cassirer, Bruno　105

ガッセ
→Gasse, Étienne　232

カッセル
→Cassel, Sir Ernest Joseph
105
→Cassel, John　105
→Cassel, Karl Gustav　105

カッソン
→Casson, Sir Hugh Maxwell
105
→Casson, Sir Lewis　105

カッターネオ
→Cattaneo, Carlo　107
→Cattaneo, Danese di Michele
107
→Cattaneo, Raffaele　107

カッタネオ
→Cattaneo, Carlo　107

ガッタポーネ
→Gattapone　233

カッチーニ
→Caccini, Giovanni Battista
93

カッツ
→Katz, Gary　325

ガッティ
→Gaddi, Agnolo di Taddeo
226

ガッディ
→Gaddi, Agnolo di Taddeo
226

ガッティ・カザッツァ
→Gatti-Casazza, Giulio　233

ガッティ‐カザッツァ
→Gatti-Casazza, Giulio　233

ガッティ=カザッツァ
→Gatti-Casazza, Giulio　233

カッテンダイケ
→Kattendijke, Willem Johan
Cornelis, Ridder Huijssen
van　325

カッテンデイク
→Kattendijke, Willem Johan
Cornelis, Ridder Huijssen
van　325

カッテンディーケ
→Kattendijke, Willem Johan
Cornelis, Ridder Huijssen
van　325

カットマスター・カート
→Kutmasta Kurt　347

カッドーリ
→Qaddori, Fakhri Yasin　499

ガットリング
→Gatling, Richard Jordan
232

カッハーレ
→Kahale, Subhi　320

カッピ
→Cappi, Giovanni　100
→Cappi, Pietro　100

カップ
→Kapp, Ernst　324
→Kapp, Karl William　324

カッフィエーリ
→Caffieri, Daniele　94
→Caffieri, Filippo　94
→Caffieri, Giacomo　94
→Caffiéri, Jean Jacques　94

カッペッレッティ
→Cappelletti, Giovanni
Battista Vincenzo Giuseppe
100

カッペレッティ
→Cappelletti, Giovanni
Vincenzo　100

ガッロ
→Gallo, Francesco　229

カーティ
→Carty, John Joseph　104

カーディ
→al-Qadi, Abdel Qadr　499

ガディエ
→Gadier, Pierre　227

ガーディオ
→Gadio, Bartolomeo　227

経済・産業篇　719　カフ

カーティス
→Curtice, Harlowe Herbert
146
→Curtis, Charles Goldon　146
→Curtis, Cyrus Hermann
Kotzschmar　146
→Curtiss, Glenn Hammond
146
→Curtiz, Michael　146

カーティズ
→Curtiz, Michael　146

ガーディナー
→Gardiner, James MacDonald
231

カディヤック
→Cadillac, Antoine Laumet de
la Mothe, sieur de　94

カデナ
→Cadena, Ozzie　94

カーデュー
→Cardew, Michael　101

ガードギール
→Gādgīl, Dhananjay
Ramchandra　226

ガドギル
→Gādgīl, Dhananjay
Ramchandra　226

ガトキント
→Gutkind, Erwin Anton　263

カトーナ
→Katona, George　325

カドベリー
→Cadbury, George　94

カトラー
→Cutler, Manasseh　147

カートライト
→Cartwright, Edmund　104
→Cartwright, Sir Richard John
104

カドーリ
→Kadoorie, Sir Ellis　320

カドリップ
→Cudlipp, Reginald　144

ガトリング
→Gatling, Richard Jordan
232

カートレット
→Carteret, Philip　104

ガーナー
→Garner, John Nance　231

カナレハス
→Canalejas y Méndez, José
98

カナレハス・イ・メンデス
→Canalejas y Méndez, José
98

カナン
→Cannan, Edwin　98

ガーニ
→Gurney, Sir Goldsworthy
262
→Gurney, Joseph John　262

カニアーナ
→Caniana, Antonio　98
→Caniana, Caterina　98
→Caniana, Giacomo　98
→Caniana, Gian Antonio　98
→Caniana, Gian Battista　98
→Caniana, Giuseppe　98

カニーナ
→Canina, Luigi　98

カニヤール
→Cagniard de la Tour, Charles
94

カニヤール・ド・ラ・トゥール
→Cagniard de la Tour, Charles
94

カニヤール・ド・ラトゥール
→Cagniard de la Tour, Charles
94

ガニュー
→Gagneux, Marie Christine
227

カニョーラ
→Cagnola, Luigi　95

カニンガム
→Cunningham, Allan　145
→Cunningham, John　145
→Cunningham, William　145

カニング
→Canning, Sir Samuel　99

カヌー
→Kanoo, Ahmad Ali　323

カネヴァーリ
→Canevari, Antonio　98

カーネギ
→Carnegie, Andrew　102

カーネギー
→Carnegie, Andrew　102
→Carnegie, Hattie　103
→Carnegie, Louise　103

カネッラ
→Canella, Guido　98

カーネマン
→Kahneman, Daniel　321

カーノ
→Cano, Alonso　99

カノ
→Cano, Alonso　99
→Cano, Juan Sebastian del
99

カノー
→Cano, Juan Sebastian del
99
→Canot, Theodore　99

ガーノー
→Garnaut, Ross　231

カノーツィ・ダ・レンディナーラ
→Canozi da Lendinara,
Andrea　99
→Canozi da Lendinara,
Cristoforo　99
→Canozi da Lendinara,
Lodovico　99
→Canozi da Lendinara,
Lorenzo　99

カノーニカ
→Canonica, Luigi　99

カノニカ
→Canonica, Luigi　99

ガーバー
→Garber, Joseph R.　231
→Gerber, Daniel Frank　236

カバコ・シルバ
→Cavaco Silva, Aníbal　107

カバルカンティ
→Cavalcanti, Alberto　107

カバルス
→Cabarrus, François　92

カバロ
→Cavallo, Domingo Felipe
108

カービー
→Kirby, Edward Charles　333
→Kirby, Edward Stuart　333
→Kirby, Jack　333

ガービア
→Gerbier, Balthasar　236

カビール
→Kabīr　320

カーブ
→Curb, Mike　146

ガフ
→Goff, Bruce　245

カフィエリ
→Caffiéri, Jacques　94
→Caffiéri, Jean Jacques　94

ガーフィールド
→Garfield, Eugene　231

カーブース
→Qaboos bin Said　499

カブース
→Qaboos bin Said　499

カブース・ビン・サイド
→Qaboos bin Said　499

カーブース・ブン・サイード
→Qaboos bin Said　499

ガーブラー
→Gabler, Joseph　226

ガブラー
→Gabler, Joseph　226

カブラル
→Cabral, Pedro Álvarez　93

カプラン
→Kaplan, Eliezer　324
→Kaplan, Viktor　324

カプリアーニ
→Capriani, Francesco　100

ガブリエル
→Gabriel, Jacques I　226
→Gabriel, Jacques IV　226
→Gabriel, Jacques V　226
→Gabriel, Jacques Ange　226

カブリーリョ
→Cabrillo, Juan Rodríguez　93

カブリリョ
→Cabrillo, Juan Rodríguez　93

カプール
→Kapoor, Raj　324

カブレーラ
→Cabrera, Luis　93

カブレラ
→Cabrera, Luis　93

ガブレンツ
→Gablenz, Carl August　226

カプローニ
→Caproni, Giovanni Battista　100

カベイロイ
→Kabeiroi　320

ガベッティ
→Gabetti, Roberto　226

カペラーニ
→Capellani, Albert　100

カペラニ
→Capellani, Albert　100

ガーベルスベルガー
→Gabelsberger, Franz Xaver　226

ガベルスベルガー
→Gabelsberger, Franz Xaver　226

カペレッティ
→Cappelletti, Giovanni Vincenzo　100

カペーロ
→Capelo, Hermenegildo de Brito　100

カーペンター
→Carpenter, Josse Fairfield　103

カボット
→Caboto, Giovanni　92
→Caboto, Sebastiano　93

カボット（父）
→Caboto, Giovanni　92

カボット（子）
→Caboto, Sebastiano　93

カポディフェッロ
→Capodiferro, Gianfrancesco　100

カボート
→Caboto, Giovanni　92
→Caboto, Sebastiano　93

カボート（父）
→Caboto, Giovanni　92

カボート（子）
→Caboto, Sebastiano　93

カポラーリ
→Caporali, Giovan Battista　100

ガーマ
→Duarte da Gama　175

ガマ
→Gama, Duarte da　229
→Gama, Vasco da　229

カーマーン
→Kármán, Theodore von　325

カミッリアーニ
→Camilliani, Camillo　96
→Camilliani, Francesco　96

カム
→Cam, Diogo　96

カムストック
→Comstock, Henry Tompkins Paige　131

カムパーニ
→Campani, Giuseppe　97

カメニツェル
→Kamenitser, Solomon Efremovich　323

カメーリオ
→Camelio, Vittore　96

カーライル
→Carlisle, John Griffin　102

ガラヴァーニ
→Garavani, Valentino　231

カラカシュ
→Karakas, Cahit　324

カラカッラ
→Caracalla, Marcus Aurelius Antoninus　100

カラカラ
→Caracalla, Marcus Aurelius Antoninus　100

カラカラ帝
→Caracalla, Marcus Aurelius Antoninus　100

カラザース
→Carothers, Wallace Hume　103

カラザーズ
→Carothers, Wallace Hume　103

カラシニコフ
→Kalashnikov, Mikhail　321

カラス
→Calas, Jean　95

カラッティ
→Caratti, Francesco　101

ガラティン
→Gallatin, Abraham Alfonse Albert　228

カラドッソ
→Caradosso, Cristoforo Foppa　101

ガラバーニ
→Garabani, Valentino　231

カラバン
→Carabin, François-Rupert　100

経済・産業篇　　　721　　　カルニ

カラム
→Kalam, Abdul　321

カラムエル
→Caramuel, Juan　101

カラムエル・ロブコヴィッツ
→Caramuel, Juan　101

カラメッカ
→Calamecca, Andrea　95

ガラモン
→Garamond, Claude　231

ガーリー
→Gurley, John Grey　262

カリアー
→Currier, Nathaniel　146

ガリァーニ
→Galiani, Ferdinando　228

ガリアーニ
→Galiani, Ferdinando　228

ガリアニ
→Galiani, Ferdinando　228

ガリァーノ
→Gagliano, Alessandro　227

ガリアーノ
→Gagliano, Alessandro　227

カリエルギス
→Kalliérgēs, Zacharías　322

カリクラテース
→Kallikratēs　322

カリクラテス
→Kallikratēs　322

カリクラテス（スパルタ出身の）
→Kallikratēs　322

カリチェフスキー
→Kalichevsky, Vladimir
Anatole　322

ガリック
→Garrick, David　232

カリニコス
→Callinicus of Heliopolis　96

ガリニャーニ
→Galignani, John Anthony
228

カリマコス
→Kallimachos ho Athenaios
322

カリマコス（アテナイ出身の）
→Kallimachos ho Athenaios
322

カリマコス（アテナイ?の）
→Kallimachos ho Athenaios
322

ガリマール
→Gallimard, Gaston　229

カリミーニ
→Carimini, Luca　101

ガリャーニ
→Galiani, Ferdinando　228

カリル
→Callil, Carmen Therese　96

ガリレイ
→Galilei, Alessandro　228

カリンスカ
→Karinska, Barbara　324

カール
→Karl Ⅰ der Grosse　324

カル
→Karu, Erkki　325

ガル
→Gall, Heinrich Ludwig
Lambert　228

カール（1世）
→Karl Ⅰ der Grosse　324

カール1世
→Karl Ⅰ der Grosse　324

カール一世
→Karl Ⅰ der Grosse　324

カール・アウエル
→Auer von Welsbach, Carl　30

カルヴァーリョ
→Carvalho, Lopo Sarmento de
104

カルヴァリョ
→Carvalho, Lopo Sarmento de
104

カルヴィ
→Calvi, Robert　96

カルカーニ
→Calcagni, Tiberio　95

カルキスのクラテス
→Kratēs Chalkideus　343

ガルシア
→García, Manuel　231

ガルシア・デ・キニョーネス
→García de Quiñones, Andrés
231

カルステン
→Karsten, Karl Johann
Bernhard　325

カールソン
→Carlson, Chester Floyd　102

カール大帝
→Karl Ⅰ der Grosse　324

カール大帝（1世）
→Karl Ⅰ der Grosse　324

ガルダーノ
→Gardano, Antonio　231

カルダン
→Cardin, Pierre　101

カルチエ
→Cartier, Jacques　104

カルティエ
→Cartier, Jacques　104
→Cartier, Louis-François　104

ガルディラ
→Gardella, Ignazio　231

ガルデッラ
→Gardella, Ignazio　231

カルデリーニ
→Calderini, Guglielmo　95

ガルデルラ
→Gardella, Ignazio　231

ガルト
→Galt, Sir Alexander Tilloch
229

カルドア
→Kaldor, Nicholas　322

カルドア（ニューナムの）
→Kaldor, Nicholas　322

カルドゥーチョ
→Carducci, Bartolommeo　101

カルドゥッチ
→Carducci, Bartolommeo　101

ガルトネル
→Gaertner, R.　227

カルトリエ
→Cartelier, Jean　104

カルドルフ
→Kardorff, Wilhelm von　324

ガルニエ
→Garnier, Germain, Marquis
231
→Garnier, Jean Louis Charles
231
→Garnier, Pierre　231
→Garnier, Tony　231

カルニ 722 西洋人物レファレンス事典

ガルニエ・パージェス
→Garnier-Pagès, Louis
Antoine 232

ガルニエ・パジェス
→Garnier-Pagès, Louis
Antoine 232

ガルニエ＝パジェス
→Garnier-Pagès, Louis
Antoine 232

ガルニェ＝パジュス
→Garnier-Pagès, Louis
Antoine 232

ガルネリ
→Guarneri, Giuseppe Antonio
259

カルネリヴァーリ
→Carnelivari, Matteo 103

カルバリュ
→Carvalho, Lopo Sarmento de
104

カルフ
→Kalf, Willem 322

ガルブレイス
→Galbraith, John Kenneth
228

ガルブレース
→Galbraith, John Kenneth
228

ガルベス
→Gálvez, José 229

カルボ・ソテーロ
→Calvo Sotelo, José 96

カルボ・ソテロ
→Calvo Sotelo, José 96

カルボネル
→Carbonel, Alonso 101

カールマルシュ
→Karmarsch, Karl 325

カールマーン
→Kármán, Theodore von 325

カールマン
→Kármán, Theodore von 325

カルマン
→Kálmán, Rudolf Emile 322
→Kármán, Theodore von 325

カルミ
→Carmi, Eugenio 102

カルミツ
→Karmitz, Marin 325

カルミッツ
→Karmitz, Marin 325

カルム
→Kalm, Pehr 322

カルムス
→Kalmus, Natalie 323

カルモンテル
→Carmontelle, Louis de 102

カルラン
→Carlin, Martin 102

カルリ
→Carli, Giovanni Rinaldo,
Conte 102
→Carli, Guido 102

カルリュ
→Carlu, Jean Georges Léon
102

カルリュー
→Carlu, Jean Georges Léon
102

カルル一世
→Karl I der Grosse 324

カルル大帝
→Karl I der Grosse 324

カルレッチ
→Carletti, Francesco 102

カルレッティ
→Carletti, Francesco 102

カルローネ
→Carlone, Antonio di Battista
102
→Carlone, Carlo Antonio 102
→Carlone, Taddeo 102

ガレ
→Gallé, Emile 228

ガレー
→Gallé, Emile 228

カレツキ
→Kalecki, Michał 322

カレツキー
→Kalecki, Michał 322

ガレッニャーニ
→Garegnani, Pierangelo 231

ガレニャーニ
→Garegnani, Pierangelo 231

カレーム
→Carême, Antonin 101

カレール
→Carrère, John Merven 103

カレンダー
→Callender, Marie 96

カレンダーリオ
→Calendario, Filippo 96

カロ
→Caro, Heinrich 103

ガロー
→Gallo, Ernest 229

カーロ・イドローゴ
→Caro Idrogo, Pedro 103

ガローヴェ
→Garove, Michelangelo 232

カローザズ
→Carothers, Wallace Hume
103

カロザース
→Carothers, Wallace Hume
103

カロザーズ
→Carothers, Wallace Hume
103

カロルス大帝
→Karl I der Grosse 324

カロン
→Caron, François 103

カロン（大）
→Caron, François 103

カロンヌ
→Calonne, Charles Alexandre
de 96

ガワー
→Gower, Erasmus H.M. 250

カワイ
→Kawai, Jose Tatsuo Komori
326

皮なめしのテオドトス
→Theódotos 610

カワーム・アッディーン
→Qiwāmu'd-Dīn, Ustād 500

カワームッ・ディーン
→Qiwāmu'd-Dīn, Ustād 500

カワームッ・ディーン
→Qiwāmu'd-Dīn, Ustād 500

カーン
→Kahn, Albert 320
→Kahn, Louis Isadore 321
→Kahn, Otto Hermann 321
→Kahn, Richard Ferdinand
321
→Kahn, Robert Elliot 321

カン
→Kan, Yue-Sai 323
→Kann, Eduard 323

→Kann, Jacobus Henricus 323
カーンヴァイラー
  →Kahnweiler, Daniel Henry 321
カーンウェイレル
  →Kahnweiler, Daniel Henry 321
カンガ・アルグェリェス
  →Canga Argüelles, José 98
カンクリーン
  →Kankrin, Egor Frantsevich 323
カンクリン
  →Kankrin, Egor Frantsevich 323
カンジー
  →Gāndhī, Mohandās Karamchand 230
ガンジー
  →Gāndhī, Mohandās Karamchand 230
カンスタブル
  →Constable, Archibald 133
ガンスブール
  →Gunsbourg, Raoul 261
ガンズブール
  →Gainsbourg, Serge 227
ガンター
  →Gunter, Edmund 261
ガーンディー
  →Gāndhī, Mohandās Karamchand 230
ガンディ
  →Gāndhī, Mohandās Karamchand 230
  →Gandy, Joseph Michall 230
  →Gandy, Michael 230
  →Gandy, Peter 230
ガンディー
  →Gāndhī, Mohandās Karamchand 230
  →Gandy, Joseph Michall 230
ガンディー（偉大なる魂）
  →Gāndhī, Mohandās Karamchand 230
カンディド
  →Candid, Pieter 98
カンティヨン
  →Cantillon, Richard 99
カンディリス
  →Candilis, Georges 98

カンティロン
  →Cantillon, Richard 99
カンデーラ
  →Candela, Félix 98
カンデラ
  →Candela, Félix 98
カーント
  →Kahnt, Christian Friedrich 321
ガント
  →Gantt, Henry Laurence 230
カントーネ
  →Cantone, Simone 99
カンドラー
  →Candler, Asa Griggs 98
カンドール
  →Cundall, Joseph 145
カントローヴィチ
  →Kantorovich, Leonid Vital'evich 323
カントロヴィチ
  →Kantorovich, Leonid Vital'evich 323
カントロヴィッチ
  →Kantorovich, Leonid Vital'evich 323
カントロビチ
  →Kantorovich, Leonid Vital'evich 323
カントロビッチ
  →Kantorovich, Leonid Vital'evich 323
ガンドン
  →Gandon, James 230
カーンバイラー
  →Kahnweiler, Daniel Henry 321
カンパーニャ
  →Campagna, Gerolamo 97
カンピ
  →Campi, Giulio 97
  →Campi, Mario 97
ガンビーノ
  →Gambino, Christopher J. 229
カンファイス
  →Camphijs, Johannes 97
カンフェイス
  →Camphijs, Johannes 97
カンプス
  →Camps, Leonard 98

カンプハイス
  →Camphijs, Johannes 97
カンプハウゼン
  →Camphausen, Ludolf 97
  →Camphausen, Otto von 97
ガンブル
  →Gamble, William 230
カンペ
  →Campe, Julius Johann Wilhelm 97
カンベッロッティ
  →Cambellotti, Duilio 96
カンベル・バナマン
  →Campbell-Bannerman, Sir Henry 97
カンペン
  →Kampen, Jakob van 323
カンボー
  →Cambó, Francisco 96
ガンボア
  →Gamboa, João Caiado 230
カンポス
  →Campos, Humberto de 98
カンポマネス
  →Campomanes, Conde de, Pedro Rodríguez 97
カンポマネス伯
  →Campomanes, Conde de, Pedro Rodríguez 97
カンポレージ
  →Camporesi, Francesco 98
カンポレーゼ
  →Camporese, Giuseppe 97
カンボン
  →Cambon, Pierre Joseph 96
カーンワイラー
  →Kahnweiler, Daniel Henry 321

【 キ 】

キアヴェーリ
  →Chiaveri, Gaetano 117
キアヴェリ
  →Chiaveri, Gaetano 117
キアットーネ
  →Chiattone, Mario 117

キウア　　　　　724　　　西洋人物レファレンス事典

キヴァームッディーン
→Qiwāmu'd-Dīn, Ustād　500

キオソーネ
→Chiossone, Edoardo　117

キオッソーネ
→Chiossone, Edoardo　117

キキ
→Kiki, Albert Maori　331

ギーキー
→Geekie, James P.　234

キース
→Keith, Benjamin Franklin
331
→Keith, Minor Cooper　327

キースラー
→Kiesler, Frederick John　331

ギゾー
→Guizot, François Pierre
Guillaume　261

キチン
→Kitchin, Joseph　334
→Kitchin, Joseph Armstrong
334

キッジョ
→Chiggio, Ennio　117

キッド
→Kidd, William　331

ギッバード
→Gibberd, Sir Frederick　238

キッフィン
→Kiffin, William　331

ギッフェン
→Giffen, Robert　238

ギップス
→Gibbs, James　238

ギッブズ
→Gibbs, James　238
→Gibbs, William Francis　238

キッペンベルク
→Kippenberg, Anton　333

ギティアダス
→Gitiadas　242

キドランド
→Kydland, Finn K.　347

ギネス
→Guinness, Sir Benjamin Lee
261

ギバード
→Gibberd, Sir Frederick　238

ギブ
→Gibb, Sir Alexander　238

ギブズ
→Gibbs, James　238
→Gibbs, William Francis　238

ギブソン
→Gibson, Ronald　238

ギブニー
→Gibney, Frank　238

キープニュース
→Keepnews, Orin　327

ギベルチ
→Ghiberti, Lorenzo　237

ギベルティ
→Ghiberti, Lorenzo　237

ギマール
→Guimard, Hector　261

キム
→Kim, Youn Suk　332

ギムソン
→Gimson, Ernest William
240

ギーメ
→Guimet, Emile Etienne　261

ギメ
→Guimet, Emile Etienne　261

キャヴェーリ
→Chiaveri, Gaetano　117

キャヴェンディシュ
→Cavendish, Thomas　108

キャヴェンディッシュ
→Cavendish, Thomas　108

キャクストン
→Caxton, William　108

ギヤース・ウッディーン・アリー・
ヤズディー
→Ghiyāth al-Dīn 'Alī Yezdī
237

ギヤース・ウッディーン・
ジャーミー
→Ghiyāth al-Dīn Jāmī　237

ギャースッ・ディーン・アリー
→Ghiyāth al-Dīn 'Alī Yezdī
237

ギャースッ・ディーン・アリー
→Ghiyāth al-Dīn 'Alī Yezdī
237

ギャースッ・ディーン・ジャーミー
→Ghiyāth al-Dīn Jāmī　237

ギャースッ・ディーン・
ジャーミー
→Ghiyāth al-Dīn Jāmī　237

キャストナー
→Castner, Hamilton Young
107

キャッシー
→Kathy　325

キャッスル
→Castle, William　106

キャッセル
→Cassel, John　105

キャッチポール
→Catchpole, Allen　107

キャトナク家
→Catnach, James　107
→Catnach, John　107

キャドベリ
→Cadbury, George　94

キャドベリー
→Cadbury, George　94
→Cadbury, John　94

ギャトリング
→Gatling, Richard Jordan
232

キャナン
→Cannan, Edwin　98

キャネル
→Cannell, Stephen J.　99

キャフィエリ
→Caffiéri, Jacques　94
→Caffiéri, Jean Jacques　94

キャプテン・キッド
→Captain Kidd　100

キャプラン
→Kaplan, Robert S.　324

キャベンディシュ
→Cavendish, Thomas　108

ギャミジ
→Gamage, Albert Walter　229

キャム
→Camm, Sir Sydney　97

キャメロン
→Cameron, Charles　96

ギャラップ
→Gallup, George Horace　229

ギャラティン
→Gallatin, Abraham Alfonse
Albert　228

経済・産業篇　　　　　　　725　　　　　　　キルヒ

キャラハン
　→Callahan, Patrick Henry　96

キャラン
　→Karan, Donna　324

キャリアー
　→Carrier, Willis Haviland
　104

ギャリエンヌ
　→Le Gallienne, Eva　361

ギャリック
　→Garrick, David　232

ギャルブレイス
　→Galbraith, John Kenneth
　228

キャロル
　→Carrol, Earl　104

キャンデラ
　→Candela, Félix　98

キャンビアス
　→Cambias, James L.　96

ギャンブル
　→Gamble, Josias Christopher
　230
　→Gamble, William　230

キャンベル
　→Campbell, Colen　97
　→Campbell, Persia Crawford
　97

キャンベル・バナマン
　→Campbell-Bannerman, Sir
　Henry　97

キャンベル＝バナマン
　→Campbell-Bannerman, Sir
　Henry　97

ギュイヨー
　→Guyot, Yves　263

キュヴィイエ
　→Cuvilliés, Jean François de
　147

キュヴィーエ
　→Cuvilliés, Jean François de
　147

キュヴィエ
　→Cuvilliés, Jean François de
　147

キュジコスのエウドクソス
　→Eudoxos of Cyzicus　196

ギュジコスのエウドクソス
　→Eudoxos of Cyzicus　196

キュー・ディー・スリー
　→Q.D.Ⅲ　499

キュー・ティップ
　→Q-Tip　500

キュナード
　→Cunard, Nancy Clara　145
　→Cunard, Sir Samuel, 1st
　Baronet　145

キュニョ
　→Cugnot, Nicolas-Joseph　144

キュニョー
　→Cugnot, Nicolas-Joseph　144

キュニヨ
　→Cugnot, Nicolas-Joseph　144

キューネ
　→Kühne, Max Hans　346

キュビイエ
　→Cuvilliés, Jean François de
　147

キュビエ
　→Cuvilliés, Jean François de
　147

キュービット
　→Cubitt, Thomas　144
　→Cubitt, Sir William　144

キュロス出身のアンドロニコス
　→Andronicus of Kyrrhos　19

ギュンター
　→Günther, Eberhard　262
　→Günther, Franz Ignaz　262

キョソーネ
　→Chiossone, Edoardo　117

キョソネ
　→Chiossone, Edoardo　117

キヨソーネ
　→Chiossone, Edoardo　117

キヨソネ
　→Chiossone, Edoardo　117

キョプリュリュ・ザデ・ムスタ
　ファ・パシャ
　→Köprülü Zadeh Muṣṭafa
　Pasha　340

ギヨーム（サーンスの）
　→Guillaume de Sens　261

ギョーム・ド・サンス
　→Guillaume de Sens　261

ギヨーム・ド・サンス
　→Guillaume de Sens　261

キーラ
　→Keillor, Garrison　327

キーラー
　→Keillor, Garrison　327

ギリ
　→Gilly, David　240
　→Gilly, Friedrich　240

ギリー
　→Gilly, Friedrich　240

キリアクス（アンコーナの）
　→Cyriacus Ciriacus
　Anconitanus　147

キリアクス（アンコナの）
　→Cyriacus Ciriacus
　Anconitanus　147

ギリアット
　→Gilliat, Sidney　240

キリアン
　→Killian, James（Jr.）　332

キリグルー
　→Killigrew, Thomas　332

ギリンゲッリ
　→Ghiringhelli, Antonio　237

ギル
　→Gill, Arthur Eric Rowton
　239
　→Gill, Irving John　240

ギルコン
　→Girkon, Paul　242

キルドール
　→Kildall, Gary　332

キルドルフ
　→Kirdorf, Emil　333

キルトン
　→Kirton, Lisa Keiko　333

キルハー
　→Kircher, Athanasius　333

ギルバート
　→Gilbert, Sir Alfred　238
　→Gilbert, Carl J.　238
　→Gilbert, Cass　239
　→Gilbert, Sir Humphrey　239
　→Gilbert, James William　239

キルバーン
　→Kilburn, Tom　331

キルビ
　→Kiby, Jack St.Clair　331
　→Kilby, Jack St.Clair　331

キルビー
　→Kiby, Jack St.Clair　331
　→Kilby, Jack St.Clair　331

キ

ギルビー
→Gilbey, Sir Walter 239

キルヒナー
→Kirchner, Johann Gottlob 333

キルヒャー
→Kircher, Athanasius 333

ギルブレス
→Gilbreth, Frank Bunker 239
→Gilbreth, Lilian Evelyn 239

ギルブレス（夫妻）
→Gilbreth, Frank Bunker 239

ギルブレス・アンド・ギルブレス
→Gilbreth, Frank Bunker 239

キルヘア
→Kircher, Athanasius 333

ギルルース
→Gilruth, Robert Rowe 240

ギレスピー
→Gillespie, Alastair 240

キロス
→Quiros, Pedro Fernandez de 501

キロッシュ
→Quiros, Pedro Fernandez de 501

キワーム・ウッディーン
→Qiwāmu'd-Dīn, Ustād 500

キワームッ・ディーン
→Qiwāmu'd-Dīn, Ustād 500

キーン
→Keene, Laura 327

ギン
→Ginn, Edward 240

キング
→King, Allan 332
→King, Archbald 332
→King, Cecil Harmsworth 332
→King, Charles 332
→King, Edward Julian 332
→King, Henrietta 332
→King, James Foster 333
→King, Jessie Marion 333

キングズバリ
→Kingsbury, Albert 333

キングズベリ
→Kingsbury, Albert 333

ギンスブルグ
→Ginzburg, Moisei 240

ギンズブルグ
→Ginzburg, Moisei 240

キンダー
→Kinder, Thomas William 332

キンダーマン
→Kindermann, Hans Gerhard 332

ギンツブルク
→Ginzburg, Vera Genrikhovna 240

キントナー
→Kintner, Robert E. 333

キンドル
→Kinder, Thomas William 332

キンドルバーガー
→Kindleberger, Charles 332
→Kindleberger, Charles Poor 332

キンボール
→Kimball, Fiske 332
→Kimball, George E. 332

【ク】

グァス
→Guas, Juan 259

グアス
→Guas, Juan 259

クアスト
→Quast, Hendricksen Matthijs 501

グァダニーニ
→Guadagnini, Giovanni Battista 258
→Guadagnini, Giuseppe 258

クァドリオ
→Quadrio, Giovanni Battista 500

クアドリオ
→Quadrio, Antonio 500
→Quadrio, Giovanni Battista 500
→Quadrio, Girolamo 500

クアーリオ
→Quaglio, Angelo I 500
→Quaglio, Angelo II 500
→Quaglio, Giovanni Maria I 500
→Quaglio, Giulio I 500
→Quaglio, Giulio II 500

→Quaglio, Giuseppe 500
→Quaglio, Lorenzo I 500
→Quaglio, Simon 500

クァリーニ
→Quarini, Mario Ludovico 500

クアリーニ
→Quarini, Mario Ludovico 500

グァリーニ
→Guarini, Guarino 258

グァリニ
→Guarini, Guarino 258

グアリーニ
→Guarini, Guarino 258

クアーリョ
→Quaglio, Simon 500

グアルニエリ
→Guarneri, Giuseppe Antonio 259

グァルネーリ
→Guarneri, Andrea 259

グァルネリ
→Guarneri, Andrea 259
→Guarneri, Giuseppe 259
→Guarneri, Giuseppe Antonio 259
→Guarneri, Pietro 259
→Guarneri, Pietro Giovanni 259

グアルネーリ
→Guarneri, Andrea 259
→Guarneri, Giuseppe 259
→Guarneri, Giuseppe Antonio 259
→Guarneri, Pietro 259
→Guarneri, Pietro Giovanni 259

グアルネリ
→Guarneri, Andrea 259
→Guarneri, Giuseppe Antonio 259

クァレンギ
→Quarenghi, Giacomo Antonio Domenico 500

クアレンギ
→Quarenghi, Giacomo Antonio Domenico 500

クアント
→Quant, Mary 500

グイデッティ
→Guidetti, Guidetto 260

グイデット
→Guidetto 260

経済・産業篇　　727　　クテイ

グイドボーノ
→Guidobono, Bartolomeo
260
→Guidobono, Domenico　260
→Guidobono, Giovanni
Antonio　260
→Guidobono, Niccolò　261

クイーン
→Queen, Emma　501

グインネット
→Gwinnett, Button　263

クインビー
→Quimby, Fred C.　501

グヴィンナー
→Gwinner, Arthur von　263

クウェイ
→Quay, Matthew Stanley　501

クーウェンホーヴェン
→Kouwenhoven, William
Bennet　342

クーウェンホーベン
→Kouwenhoven, William
Bennet　342

クーヴ・ド・ミュルヴィル
→Couve de Murville, Maurice
140

クエストラヴ
→Questluv　501

グエッラ
→Guerra, Giovanni　259

クォーリッチュ
→Quaritch, Bernard　500

クォールズ
→Quarles, Donald A.　501

クオント
→Quant, Mary　500

クーケバッケル
→Coeckebacker, Nicolaes　127
→Couckebacker, Nicolaes　138

グゲンハイム
→Guggenheim, Meyer　260

グジェンコ
→Guzhenko, Timofei
Borisovich　263

グージョン
→Goujon, Jean　249

グシンスキー
→Gusinskii, Vladimir
Aleksandrovich　262

クーストー
→Cousteau, Jacques-Yves
139

クストー
→Cousteau, Jacques-Yves
139

クストーディ
→Custodi, Pietro　146

クズネツォフ
→Kuznetsov, Stepan
Matveevich　347

クズネック
→Kuznets, Simon Smith　347

クズネッツ
→Kuznets, Simon Smith　347

クスベルト
→Cuthbert, St　146

グゼヴァトゥイ
→Guzevatyi, Yaropolk
Nikolaevich　263

クセナキス
→Xenakis, Iannis　680

クーダー
→Cooder, Ry　133

グーチ
→Gooch, Daniel　247

クチーンスキー
→Kuczynski, Jürgen Peter
346

クチンスキー
→Kuczynski, Jürgen Peter
346

クーツ
→Coutts, Morton　140
→Coutts, Thomas　140

クック
→Coecke van Aelst, Pieter
127
→Coke, Thomas William, Earl
of Leicester of Holkham　128
→Cook, David Caleb　133
→Cook, James　133
→Cook, Peter　134
→Cook, Thomas　134
→Cook, William Paul　134
→Cooke, Jay　134
→Cooke, Morris Llewellyn
134
→Cooke, Sir William Fothergill
134

クック・オヴ・ホルカム
→Coke, Thomas William, Earl
of Leicester of Holkham　128

クック船長
→Cook, James　133

クック・ファン・アールスト
→Coecke van Aelst, Pieter
127

クックワージー
→Cookworthy, William　134

グッゲンハイム
→Guggenheim, Daniel　260
→Guggenheim, Meyer　260
→Guggenheim, Solomon
Robert　260

グッゲンハイム（一族）
→Guggenheim, Solomon
Robert　260

グッチ
→Gucci, Santi　259

グッチョ・ディ・マンナイア
→Guccio di Mannaia　259

グッドイア
→Goodyear, Charles　248

グッドイヤ
→Goodyear, Charles　248

グッドイヤー
→Goodyear, Charles　248

グッドウィン
→Goodwin, Richard Murphey
248

グッドハート・レンデル
→Goodhart-Rendel, Harry
Stuart　247

グッドヒュー
→Goodhue, Bertram
Grosvenor　247

グッドマン
→Goodhue, Bertram
Grosvenor　247

グッドリチ
→Goodrich, Chauncy Allen
248
→Parley, Peter　466

グッドリッチ
→Goodrich, Benjamin Franklin
247
→Goodrich, Chauncy Allen
248
→Goodrich, Samuel Griswold
248

グティエレス・デ・サン・マルティン
→Gutiérrez de San Martin,
Pedro Luis　263

ク

クテシビウス
→Ktēsibios　346

クテシビオス
→Ctesibius of Alexandria　144
→Ktēsibios　346

クテシビオス（アレクサンドリア
の）
→Ktēsibios　346

クテュリエ
→Couturier, Pierre Marie
Alain　140

グーテンベルク
→Gutenberg, Erich　262
→Gutenberg, Johannes
Gensfleisch　262

グーテンベルグ
→Gutenberg, Johannes
Gensfleisch　262

クートー
→Coutaud, Lucien　139

クトー
→Coutaud, Lucien　139

グトノフ
→Gutnov, Alexei　263

クトベルツス
→Cuthbert, St　146

クドリン
→Kudrin, Aleksei Leonidovich
346

グナイム
→al-Ghunaim, Khalifa Khalid
237

クナッパー
→Knapper, Gerd　336

クナップ
→Knapp, Georg Friedrich　336

クーニー
→Cooney, Ray　134

クニース
→Kneese, Allen Victor　336
→Knies, Karl Gustav Adolf
336

クニーチ
→Knietsch, Theophil Josef
Rudolf　336

クニッピング
→Knipping, Erwin　337

クーニャ
→Cunha, João Serrão da　145
→Cunha, Tristão da　145

クネーゼ
→Kneese, Allen Victor　336

クーノ
→Cuno, Wilhelm　145

クーノー
→Cuno, Wilhelm　145
→Cunow, Heinrich Wilhelm
Carl　145

クノー
→Cuno, Wilhelm　145
→Cunow, Heinrich Wilhelm
Carl　145

クーノウ
→Cunow, Heinrich Wilhelm
Carl　145

クノップ
→Knopf, Alfred Abraham　337
→Knopf, Blanche　337

クノーベルスドルフ
→Knobelsdorf, Georg
Wenzeslaus von　337

クーパー
→Cooper, Thomas Thorniville
135

クーパー
→Cooper, Hugh Lincoln　134
→Cooper, Jackie　135
→Cooper, Kent　135
→Cooper, Kyle　135
→Cooper, Mary　135
→Cooper, Merian Coldwell
135
→Cooper, Peter　135
→Cooper, Susie　135
→Cooper, Thomas　135
→Cooper, Thomas Thorniville
135
→Cooper, Warren E.　135

グーフェ
→Gouffé, Jules　249

クーブ・ド・ミュルビル
→Couve de Murville, Maurice
140

クーブ＝ド＝ミュルビル
→Couve de Murville, Maurice
140

クープマンス
→Koopmans, Tjalling Charles
340

クープマンズ
→Koopmans, Tjalling Charles
340

クーホールン
→Coehoorn, Menno van　127

クーホルン
→Coehoorn, Menno van　127

クラ
→Kula, Witold　346

クライアー
→Cleyer, Andreas　123

クライヴ
→Clive, Robert, Baron Clive of
Plassey　124

クライヴ（プラッシーの）
→Clive, Robert, Baron Clive of
Plassey　124

クライエル
→Cleyer, Andreas　123

クライシ
→al-Quraishi, Abdul-Aziz
501

クライス
→Kreis, Wilhelm　343

クライスト
→Kleist, Ewald Georg von
334
→Kleist, Heinrich von　334

クライスラー
→Chrysler, Walther Percy
118

クライブ
→Clive, Robert, Baron Clive of
Plassey　124

クライマー
→Clymer, George　124

クライヤー
→Cleyer, Andreas　123

クライン
→Klein, Anne Hannah　334
→Klein, Calvin　334
→Klein, Lawrence Robert　334
→Klein, Matthew　334

グラウ
→Grau, Maurice　253

クラウアー
→Clower, Robert Wayne　124

グラヴァー
→Glover, Danny　243
→Glover, John　244
→Glover, Thomas Blake　244

クラヴィエール
→Clavière, Étienne　122

クラヴェル
→Clavell, James du Maresq
122

グラウコス
→Glaukos 243

クラウザー
→Crowther, Geoffrey
  Crowther, Baron 144
→Crowther, James Gerald
  144
→Klauser, Arther E. 334

クラウス
→Klaus, Josef 334
→Klaus, Václav 334
→Kraus, Johannes Baptista
  343

クラウセン
→Clausen, Alden Winship
  122

クラウディウス
→Claudius Caecus, Appius
  122

クラウディウス・カエクス
→Claudius Caecus, Appius
  122

クラウディウス-カエクス
→Claudius Caecus, Appius
  122

クラウトハイマー
→Krautheimer, Richard 343

グラウバー
→Glauber, Johann Rudolf
  243

グラウント
→Graunt, John 253

クラーエ
→Krahe, Peter Joseph 342

クラーク
→Clark, Alvan 121
→Clark, Alvan Graham 121
→Clark, Colin Grant 121
→Clark, George Rogers 121
→Clark, John Bates 121
→Clark, John Maurice 121
→Clark, John Willis 121
→Clark, Josiah Latimor 121
→Clark, Rodney 121
→Clark, Samuel 122
→Clark, Victor Selden 122
→Clarke, Edith 122
→Clerk, Sir Dugald 123
→Klerk, Michaël de 335

クラーコ
→Kurako, Mikhail
  Konstantinovich 346

クラーシン
→Krasin, Leonid Borisovich
  342

グラース
→Gras, Norman Scott Brien
  252

グラス
→Glasse, Hannah 243
→Gras, Norman Scott Brien
  252

グラスラン
→Graslin, Jean Joseph Louis
  252

グラスリー
→Grassley, Charles Ernest
  252

クラーゼン
→Klasen, Karl 334

クラタンダー・アンドレーアス
→Cratander, Andreas 141

グラッシ
→Grassi, Orazio 252

グラッセ
→Glasse, Hannah 243
→Grasset, Bernard 252

クラッパム
→Clapham, John Harold 120
→Clapham, Michael John
  Sinclair 120

クラップ
→Clapp, Sir Harold Winthrop
  120

グラップ
→Grubb, Sir Howard 257

グラッブ
→Grubb, Sir Howard 257

クラテス (カルキスの)
→Kratēs Chalkideus 343

クラネス
→Clunes, Alec Sheriff de Moro
  124

グラバー
→Glover, John 244
→Glover, Thomas Blake 244

クラパム
→Clapham, John Harold 120

クラビン
→Klabin, Mauricio 334

グラーフ
→Graaff, Sir David Pieter de
  Villers 250
→Graf, Urs 251

グラファムのヤング
→Young (of Graffham), David
  Ivor, Baron 682

グラブスキ
→Grabski, Władysław 250

クラフツ
→Crafts, Prescott C. (Jr.)
  140

クラフト
→Cruft, Charles 144

グラフトン
→Grafton, Richard 251

クラペイロン
→Clapeyron, Benoit Pierre
  Émile 120

クラペーロン
→Clapeyron, Benoit Pierre
  Émile 120

クラペロン
→Clapeyron, Benoit Pierre
  Émile 120

クラポンヌ
→Craponne, Adam de 141

クラーマン
→Clurman, Harold 124

グラマン
→Grumman, Leroy Randle
  258

クラム
→Cram, Ralph Adams 140

グラム
→Gramme, Zénobe Théophile
  251

クラムゴールド
→Krumgold, Joseph Quincy
  344

グラムシ
→Gramsci, Antonio 251

クラーメル
→Kramer, Pieter Lodewijk
  342

クラルシー
→Claretie, Jules 120

クラルティ
→Claretie, Jules 120

グランヴィル・バーカー
→Granville-Barker, Harley
  252

グランヴィル=バーカー
→Granville-Barker, Harley
  252

グランヴィルバーカー
→Granville-Barker, Harley
  252

クランス
→Crans, Jan 141

クランストン
→Cranston, Kate 141

グランツ
→Granz, Norman 252

グラント
→Grant, Donald Metcalf 252
→Graunt, John 253

グランバック
→Grumbach, Antoine 258

グランビル・バーカー
→Granville-Barker, Harley
252

クランフィールド
→Cranfield, Lionel, 1st Earl of
Middlesex 141

クランプトン
→Crampton, Thomas Russell
140

グリアスン
→Grierson, John 255

グリアソン
→Grierson, John 255

クリアマウンテン
→Clearmountain, Bob 122

クリエ
→Krier, Rob 343

グリエルモ
→Guglielmo, Fra 260

グリーグ
→Greig, James 254

グリグソン
→Grigson, Jane 255

クリーゲル
→Kregel, Jan Allen 343

クリコ
→Clicquot, François Henri
123
→Clicquot, Robert 123

グリゴーリエフ
→Grigoriev, Afanasy
Grigorievich 255

クーリシェル
→Kulischer, Joseph 346

クリシュナマチャリ
→Krishnamachari, Tiruvallur
T. 343

クリスタルディ
→Cristaldi, Franco 142

クリスチャン・ジャック
→Christian-Jaque 118

クリスチャン＝ジャック
→Christian-Jaque 118

クリスティ
→Christy, Frederick Collier
118

クリスティアニ
→Cristiani, Alfredo F. 142

クリスティアン
→Christian-Jaque 118

クリスティアンジャック
→Christian-Jaque 118

クリステンセン
→Kristensen, Thorkil 343

クリスト
→Christ, Carl Finley 118

クリストーフォリ
→Cristofori, Bartolommeo di
Francesco 142

クリストフォリ
→Cristofori, Bartolommeo di
Francesco 142

クリストーフォロ・ディ・ジェレ
ミーア
→Cristoforo di Geremia 142

クリストーフォロ・ディ・ベルト
ラーモ・ダ・コニーゴ
→Cristoforo di Beltramo da
Conigo 142

グリーソン
→Gleason, Kate 243

クリーチュ
→Klíč, Karel 335

グリックマン
→Glickman, Norman J. 243

クーリッジ
→Coolidge, Charles Allerton
134
→Coolidge, William David
134

クーリッシェル
→Kulischer, Joseph 346

クーリッシャー
→Kulischer, Joseph 346

グリッデン
→Glidden, Joseph Farwel 243

グリッフィーニ
→Griffini, Enrico 255

クリップス
→Cripps, Sir Richard Stafford
142

クリード
→Creed, Frederick George
141

グリーナー
→Greener, William 253

グリーナウェイ
→Greenaway, Peter 253

グリネル
→Grinnell, Henry 256

グリーノー
→Greenough, Horatio 253

グリノー
→Greenough, Horatio 253

グリーノウ
→Greenough, Horatio 253

クリハラ
→Kurihara, Kenneth K. 347

クリービン
→Kulibin, Ivan Petrovich 346

クリフ
→Cliff, Clarice 124

グリフィス
→Griffith, David Lewelyn
Wark 255
→Griffith, Sir Richard John
255

グリフィン
→Griffin, Charles Summer
255
→Griffin, Marion 255
→Griffin, Walter Burley 255

クリマ
→Klima, Viktor 335

グリマルディ
→Grimaldi, Fabrizio 255
→Grimaldi, Francesco 256
→Grimaldi, Giovanni
Francesco 256

グリムソープ
→Grimthorpe, Edmund
Beckett Denison
Grimthorpe, Baron 256

クリーモフ
→Klimov, Vladimir
Yakovlevich 335

クリューゲル
→Kreuger, Ivar 343

経済・産業篇　　731　　クルマ

クリュシー
→Crucy, Mathurin　144

グリュゾン
→Gruson, Claude　258

グリュッケル
→Glückel von Hameln　244

グリューネヴァルト
→Grünewald, Matthias　258

グリューネワ ル ト
→Grünewald, Matthias　258

グリューネワ ル ド
→Grünewald, Matthias　258

グリューンベルク
→Grünberg, Carl　258

グリーン
→Green, Hetty　253

グリーンウェイ
→Greenway, Francis Howard　254

グリンウォルト
→Greenewalt, Crawford Hallock　253

グリーンスパン
→Greenspan, Alan　254

クリント
→Klint, Kaare Jensen　335

クリントン
→Clinton, George　124

グリンネル
→Grinnell, Henry　256

クール
→Coeur, Jacques　127

グルアモンテ
→Gruamonte　257

クルイローフ
→Krylov, Aleksei Nikolaevich　345

クルイロフ
→Krylov, Aleksei Nikolaevich　345

クルーヴァー
→Klüver, Billy　336

グルーエ
→Grue, Carlantonio　257
→Grue, Francesco Antonio　257
→Grue, Francesco Antonio Saverio　257
→Grue, Liborio　257
→Grue, Saverio　258

クルーガー
→Krueger, Anne O.　344

グルグ
→Gourgues, Dominique de　250

クルーグマン
→Krugman, Paul　344
→Krugman, Paul Robin　344

クルジャンスキー
→Kurzhanskii, Aleksandr Borisovich　347

クルージウス
→Crusius, Klaus　144

クルジジャノーフスキー
→Krzhizhanovskii, Gleb Maksimilianovich　345

クルジジャノフスキー
→Krzhizhanovskii, Gleb Maksimilianovich　345

クルジジャノーフスキィ
→Krzhizhanovskii, Gleb Maksimilianovich　345

グルーゾン
→Gruson, Hermann August Jacques　258

グルソン
→Gruson, Hermann August Jacques　258

クルチ
→Kiliç, Selahattin　332

クルチャートフ
→Kurchatov, Igor Vasilievich　346

クルチャトフ
→Kurchatov, Igor Vasilievich　346

クルックス
→Crookes, Sir William　143

クルップ
→Krupp, Alfred　344
→Krupp, Friedrich　345
→Krupp, Friedrich Alfred　345
→Krupp von Bohen und Halbach, Gustav　345
→Krupp von Bohlen und halbach, Alfried　345

クルップ・フォン・ボーレン・ウント・ハルバハ
→Krupp von Bohen und Halbach, Gustav　345
→Krupp von Bohlen und halbach, Alfried　345

クルティウス
→Donker-Curtius, Jan Hendrik　170

クルーデン
→Cruden, Alexander　144

グールド
→Gould, Benjamin Apthorp　250
→Gould, Jay　250
→Gould, John　250

クールトア
→Courtois, Bernard　139

クールトワ
→Courtois, Bernard　139

クールトンヌ
→Courtonne, Jean　139

クルトンヌ
→Courtonne, Jean　139

グールネー
→Gournay, Jean Claude Marie Vincent de　250

グルネー
→Gournay, Jean Claude Marie Vincent de　250

グルーネバウム
→Grunebaum, Hermann　258

クールノ
→Cournot, Antoine Augustin　139

クールノー
→Cournot, Antoine Augustin　139

クルノー
→Cournot, Antoine Augustin　139

グルーバー
→Gruber, Johann Gottfried　257
→Gruber, Otto von　257

クールハウス
→Koolhaas, Rem　340

クールハース
→Koolhaas, Rem　340

クループ
→Krupp, Bertha　345

グルベンキアン
→Gulbenkian, Calouste Sarkis　261

クールマン
→Culmann, Karl　145
→Kuhlmann, Charles Fréderic　346

クルム　　　　　　　　　　　　　732　　　　　　　　西洋人物レファレンス事典

グルーム
→Groom, Arthur Hesketh
256

クルームゴールド
→Krumgold, Joseph Quincy
344

クルムフォルツ
→Krumpholtz, Johann Baptist
344

クルムホルツ
→Krumpholtz, Johann Baptist
344

クルーロー
→Clewlow, Warren Alexander
Morten 123

グルンディヒ
→Grundig, Lea 258

クルンパー
→Krumper, Hans 344

クーレ
→Coullet 138

クーレー
→Coullet 138

クレー
→Clay, Henry 122
→Clay, Lucius Dubignon 122

グレ
→Grès, Alix 254

グレー
→Gray, Elisha 253
→Gray, Robert 253

クレア・マーケットのロビンズ
→Robbins, Lionel Charles
519

グレーアム
→Grahame, Kenneth 251

グレアム
→Graham, Frank Dunstone
251
→Graham, George 251
→Graham, Katharine 251
→Grahame, Kenneth 251

グレーアム・ホワイト
→Grahame-White, Claude
251

グレアム＝ホワイト
→Grahame-White, Claude
251

クレイ
→Clay, Henry 122
→Clay, Lucius Dubignon 122
→Cray, Seymour Roger 141

グレイ
→Gray, Eileen 253
→Gray, Elisha 253
→Gray, Jim 253
→Gray, Milner Connorton
253

グレイアム
→Graham, George 251

グレイサー
→Glaser, Milton 243

グレイザー
→Glaser, Milton 243

グレイター
→Gruyter, Walter de 258

グレイトヘッド
→Greathead, James Henry
253

グレイドン
→Graydon, Jay 253

グレイブス
→Graves, Michael 253

クレイボーン
→Claiborne, Craig 120

クレイマー
→Kramer, Raymond C. 342
→Kramer, Stanley 342
→Kramer, Stanley Earl 342

グレインジ
→Grange, Kenneth Henry
252

グレヴィチ
→Gurevich, Mikhail Iosifovich
262

クレーヴン
→Craven, Alfred Wingate 141

クレオフラデス
→Kleophrades 335

クレオメネス
→Kleomenes of Naukratis
335

クレオメネス（ナウクラティスの）
→Kleomenes of Naukratis
335

クレオメネス（ナウクラテスの）
→Kleomenes of Naukratis
335

クレーゲル
→Kregel, Jan Allen 343

グレゴッティ
→Gregotti, Vittorio 254

グレゴリ
→Gregory, James 254

グレゴリー
→Gregory, Sir Augustus 254
→Gregory, Gene Adrian 254
→Gregory, James 254

グレゴリーニ
→Gregorini, Domenico 254

グレーザー
→Glazer, Herbert 243

クレサン
→Cressent, Charles 142

クレシェンツィ
→Crescenzi, Giovanni Battista
141

グレシャム
→Gresham, Sir Thomas 254

クレージュ
→Courrèges, André 139

グレース
→Grace, William Russell 250

グレス
→Grès, Alix 254

クレスウェル
→Creswell, Archibald 142

クレズギ
→Kresge, Sebastian Spering
343

グレズリー
→Gresley, Nigel 254

クレッグ
→Clegg, Samuel 123

グレッグ
→Gregg, John Robert 254

クレッサン
→Cressent, Charles 142

グレッセル
→Grässel, Hans 252

グレッチュ
→Gretsch, Hermann 255

クレーナー
→Kröner, Adolf von 344
→Kröner, Alfred 344

グレナン
→Glennan, T.Keith 243

グレナンデル
→Grenander, Alfred Frederik
Elias 254

グレニーアス
→Greanias, Thomas 253

グレフ
→Gref, German Oskarovich 254

クレプス
→Kreps, Juanita 343

グレーブス
→Graves, Michael 253

クレプファー
→Klöpfer, Eugen 335

クレベンジャー
→Clevenger, Thomas R. 123

クレーマー
→Kraemer, Adolf 342
→Kramer, Raymond C. 342
→Kramer, Stanley 342

クレム
→Klemm, Hanns 335

クレメンス
→Clemens I 123

クレメンス1世
→Clemens I 123

クレメンス一世
→Clemens I 123

クレメンス1世 (聖)
→Clemens I 123

クレーメンス1世 (ローマのクレーメンス)
→Clemens I 123

クレメンス (ローマの)
→Clemens I 123

クレメンチ
→Clementi, Muzio 123

クレメンツ
→Clements, Sir John 123
→Clements, William P. (Jr.) 123

クレメンティ
→Clementi, Muzio 123

クレモーナ
→Cremona, Italo 141

クレモーナのホモボーヌス
→Homobonus (Cremona) 293

クレリソー
→Clérisseau, Charles Louis 123

クレーリチ
→Clerici, Felice 123

クレリッソー
→Clérisseau, Charles Louis 123

クレレ
→Crelle, August Leopold 141

グレンジャー
→Granger, Clive W.J. 252

クレンツェ
→Klenze, Leo von 335

クレンツエ
→Klenze, Leo von 335

クロ
→Cros, Emile Hortensius Charles 143

クロイガー
→Kreuger, Ivar 343

クロウ
→Crowe, Dame Sylvia 144

グローヴ
→Grove, Sir William Robert 257

グローヴァー
→Glover, Danny 243

クロウリ
→Crowley, Robert 144

クロジャー
→Crozier, William 144

クロージング
→Clausing, Roth 122

クローズ
→Clowes, William 124

クロス
→Cros, Emile Hortensius Charles 143
→Cross, Charles Frederick 143
→Cross, Joan 144

グロス
→Gross, Charles 257

クロズビー
→Crosby, Theo 143

グロースマン
→Grossmann, Henryk 257

グロスマン
→Grossmann, Henryk 257

クロスリー
→Crossley, Sir Francis 144

グロセイエ
→Groseilliers, Medard Chouart des 256

クローセン
→Clausen, Alden Winship 122

クローチェ
→Croce, Francesco 142

クロック
→Kroc, Ray A. 343

グロッシュ
→Grosch, Christian Heinrik 256

グロッシンガー
→Grossinger, Jennie 257

グロッス
→Gross, Charles 257

グロッソ
→Grosso, Niccolò Il Caparra 257

クロッツ
→Klotz, Ägidius Sebastian 336
→Klotz, Anton 336
→Klotz, Balthasar 336
→Klotz, Georg 336
→Klotz, Johann Karl 336
→Klotz, Josef Anton 336
→Klotz, Josef Thomas 336
→Klotz, Matthias 336
→Klotz, Sebastian 336

グローテル
→Grotell, Maija 257

クロード
→Claude, Georges 122

グロート
→Grote, George 257

クローナカ
→Cronaca, Il 143

クロナーカ
→Cronaca, Il 143

クロナカ
→Cronaca, Il 143

クローネ
→Krohne, Gottfried Heinrich 343

グローバー
→Glover, Danny 243

グローピウス
→Gropius, Walter 256

グロピウス
→Gropius, Walter 256

グローブ
→Grove, Sir William Robert 257

クローフォード
→Crawford, Cheryl *141*
→Crawford, Joan *141*
→Crawford, Joseph Ury *141*

クローフォド
→Crawford, Joan *141*
→Crawford, Sir John Grenfell *141*

クロフォード
→Crawford, Cheryl *141*
→Crawford, Joan *141*
→Crawford, Joseph Ury *141*
→Crawford, William Harris *141*

クロプトン
→Clopton, Sir Hugh *124*

クロポートキン
→Kropotkin, Pëtr Alekseevich *344*

クロポトキン
→Kropotkin, Pëtr Alekseevich *344*

クローマー
→Cromer, Evelyn Baring, 1st Earl of *142*

クローマー初代伯
→Cromer, Evelyn Baring, 1st Earl of *142*

グローマン
→Grohmann, Nikolaus *256*

クロムトン
→Crompton, Samuel *143*

クロムハウト
→Kromhout, Willem *344*

クローリ
→Crowley, Robert *144*

クローリー
→Crowley, Bob *144*
→Crowley, Robert *144*

グローリア
→Gloria, Giovanni *243*

グロリエ
→Grolier de Servieres, Jean, Vicomte d'Aguisy *256*

グロリエー
→Grolier de Servieres, Jean, Vicomte d'Aguisy *256*

グロリエ・ド・セルヴィエール
→Grolier de Servieres, Jean, Vicomte d'Aguisy *256*

クロール
→Kroll, Lucien *343*
→Kroll, Wilhelm J. *343*

クロル
→Kroll, Wilhelm J. *343*

クーロン
→Coulomb, Charles Augustin de *138*

クロンプトン
→Crompton, Rookes Evelyn Bell *142*
→Crompton, Samuel *143*

クワスト
→Quast, Hendricksen Matthijs *501*

クワント
→Quant, Mary *500*

クワント
→Quant, Mary *500*

クーン
→Coen, Jan Pieterszoon *127*
→Kuhn, Thomas Samuel *346*

クーンツ
→Koontz, Harold *340*

グーン・ディップ
→Goon Dip *248*

【 ケ 】

ケー
→Kay, John *326*

ゲー
→Gay, Edwin Francis *234*

ケアード
→Caird, Sir James *95*

ケアド
→Caird, Sir James *95*

ケアホルム
→Kjærholm, Poul *334*

ケアリ
→Carey, Henry Charles *101*
→Carey, Mathew *101*
→Cary, John *105*

ケアリー
→Carey, Henry Charles *101*
→Carey, Mathew *101*

→Cary, John *105*

ゲアリー
→Gary, Elbert Henry *232*

ケアンズ
→Cairnes, John Elliott *95*

ケイ
→Kay, Alan Curtis John *326*
→Kay, Barry *326*
→Kay, John *326*
→Key, Lieven de *330*

ゲイ
→Gay, Edwin Francis *234*

ケイア
→Keir, James *327*

ケイガー＝スミス
→Caiger-Smith, Alan *95*

ケイジ
→Cage, Nicolas *94*

ケイセル
→Keyser, Hendrik de *330*
→Keyser, Thomas de *330*

ケイゼル
→Keyser, Hendrik de *330*
→Keyser, Thomas de *330*

ケイセン
→Kaysen, Carl *326*

ゲイツ
→Gates, Bill *232*

ゲイッケル
→Gaitskell, Hugh Todd Naylor *227*

ゲイツケル
→Gaitskell, Hugh Todd Naylor *227*

ケイブ
→Cave, Edward *108*

ケイプ
→Cape, Jonathan *99*

ゲイブラー
→Gabler, Milt *226*

ケイプロン
→Capron, Horace *100*

ケイリー
→Cayley, Sir George *108*

ゲイル
→Gale, Douglas Maxwell *228*

ゲイン
→Gaine, Hugh *227*

経済・産業篇　　　　　　　735　　　　　　　ケリ

ケインズ
→Keynes, John Maynard　330
→Keynes, John Neville　330

ケインズ（ティルトンの）
→Keynes, John Maynard　330

ケーザル
→Caezar, Martinus　94

ケーシ
→Casey, Edward Pearce　105

ケージ
→Cage, Nicolas　94

ゲショフ
→Gešov, Ivan Evstratiev　237

ケズウィック
→Keswick, William　329

ケスティヴェンのサッチャー
→Thatcher, Margaret Hilda
　610

ゲステトナー
→Gestetner, Sigmund　237

ゲスナー
→Gesner, Abraham　237

ケスレル
→Kessler, Hermann　329

ゲセッリウス
→Gesellius, Herman　236

ゲゼル
→Gesell, Silvio　236

ケタリング
→Kettering, Charles Franklin
　329

ケチュケ
→Kötzschke, Rudolf　341

ゲーツケル
→Gaitskell, Hugh Todd Naylor
　227

ゲッシェン
→Göschen, Georg Joachim
　249

ゲッティー
→Getty, Jean Paul　237

ゲッテイ
→Getty, Jean Paul　237

ゲッディズ
→Geddes, Norman Bel　234

ゲッデス
→Geddes, Sir Eric Campbell
　234
→Geddes, Norman Bel　234

ゲッデズ
→Geddes, Norman Bel　234

ゲーデ
→Gaede, Wolfgang　227

ゲティ
→Getty, Jean Paul　237

ゲティー
→Getty, Jean Paul　237

ゲデス
→Geddes, Norman Bel　234

ゲーテ男爵
→Eosander, Johann Friedrich
　von　193

ケーニッヒ
→Koenig, John　339
→Koenig, Lester　339
→König, Friedrich　339
→König, Karl Rudolph　340

ケニー・ドープ
→Kenny Dope　329

ケーニヒ
→König, Friedrich　339
→König, Karl Rudolph　340

ゲニーン
→Geneen, Harold Sydney　235

ケネ
→Quesnay, François　501

ケネー
→Quesnay, François　501

ケネディ
→Kennedy, David M.　329
→Kennedy, John Russell　329
→Kennedy, Joseph Patrick
　329
→Kennedy, Rose Fitzgerald
　329

ケネリ
→Kennelly, Arthur Edwin
　329

ケネリー
→Kennelly, Arthur Edwin
　329

ケーネン
→Koenen, Mathias　339

ゲーバー
→Jabir ibn Hayyan　307

ゲバラ
→Guevara de la Serna, Ernest
　(Che)　260

ケーブロン
→Capron, Horace　100

ケプロン
→Capron, Horace　100

ケペッシュ
→Kepes, György　329

ゲーベル
→Jabir ibn Hayyan　307

ゲームズ
→Games, Abram　230

ケムズリ
→Kemsley, Viscount　328

ケムズリー
→Kemsley, Viscount　328

ケムズレー
→Kemsley, Viscount　328

ケメーニ
→Kemény Zoltán　328

ケメニー
→Kemény Zoltán　328

ケメーニュ
→Kemény Zoltán　328

ケメラー
→Kemmerer, Edwin Walter
　328

ケヤホルム
→Kjærholm, Poul　334

ケーラー
→Koehler, Florence　339
→Köhler, Horst　339

ケラー
→Keller, Friedrich Gottlob
　327

ゲラ・イ・サンチェス
→Guerra y Sanchez, Ramiro
　260

ゲラシチェンコ
→Gerashchenko, Viktor
　Vladimirovich　236

ゲラール
→Guérard, Michel　259

ゲラルディ
→Gherardi, Antonio　237
→Gherardi, Piero　237

ゲラン
→Guerlain, Pierre Francois
　Pascal　259

ケーリ
→Cayley, Sir George　108

ケーリー
→Cayley, Sir George　108

ケリ
→Kelly, William 327

ケリー
→Kelly, William 327

ゲーリー
→Gary, Elbert Henry 232
→Gehry, Frank O. 234

ゲーリケ
→Guericke, Otto von 259

ケリス
→Chelis 115

ゲーリッケ
→Guericke, Otto von 259

ゲリッツ
→Goeritz, Mathias 245

ケルヴィン
→Kelvin, William Thomson,
Baron 327

ケルヴィン（ラーグズの）
→Kelvin, William Thomson,
Baron 327

ケルヴィン卿
→Kelvin, William Thomson,
Baron 327

ゲルカン
→Gerkan, Armin von 236

ゲルゲス
→Görges, Johannes 248

ケルゲラン＝トレマレク
→Kerguélen-Trémarec, Yves
Joseph de 329

ケルゲレン・トレマレク
→Kerguélen-Trémarec, Yves
Joseph de 329

ケルシフロン
→Chersiphron 116

ゲルストナー
→Gerstner, Paul 236

ゲルツ
→Goertz, Hans Jürgen 245
→Goerz, Carl Paul 245

ケルテース
→Curtiz, Michael 146

ケルテス
→Curtiz, Michael 146

ケルデルマンス
→Keldermans, Andries 327
→Keldermans, Antoon 327
→Keldermans, Antoon Ⅱ 327
→Keldermans, Jan 327

→Keldermans, Jan Ⅱ 327
→Keldermans, Rombout Ⅱ
327

ゲルトナー
→Gärtner, Friedrich von 232

ケルナー
→Kellner, Karl 327

ゲルバー
→Gerber, Johann Gottfried
Heinrich 236

ゲルハルト
→Gerardus 236

ケルビン
→Kelvin, William Thomson,
Baron 327

ゲルラッハ
→Gerlach, Philipp 236

ゲルラハ
→Gerlach, Philipp 236

ゲルラン
→Guerlain, Pierre Francois
Pascal 259

ゲルレ
→Gerle, Hans 236

ケルロイター
→Gerloff, Wilhelm 236

ゲルロフ
→Gerloff, Wilhelm 236

ケルン
→Kern, Alfred 329

ゲレイロ
→Guerreiro, Helio Mario 260

ゲレロ
→Guerrero, Manuel Perez 260

ゲーレン
→Geelen, Harrie 234

ケロッグ
→Kellogg, Clara Louise 327
→Kellogg, Willie Keith 327

ケーンズ
→Keynes, John Maynard 330
→Keynes, John Neville 330

ゲンスブール
→Gainsbourg, Serge 227

ゲンズブール
→Gainsbourg, Serge 227

ケンダル
→Kendal, William Hunter
328

→Kendall, Donald McIntosh
328

ゲンツ
→Gentz, Heinrich 235

ケント
→Kent, Clark 329
→Kent, William 329

ケンドラー
→Kändler, Johann Joachim
323

ケンドール
→Kendall, Donald McIntosh
328

ケンドル
→Kendall, Donald McIntosh
328

ケンプ
→Kemp, Murray 328

ケンプフ
→Kempf, Günther 328

ケンプフェルト
→Kaempfert, Bert 320

ケンブル
→Kemble, Charles 328

ケンプレン
→Kempelen, Wolfgang von
328

賢明王
→Charles V le Sage 114

ケンメラー
→Kemmerer, Edwin Walter
328

【 コ 】

コー
→Caus, Salomon de 107

ゴー
→Gau, Franz Christian 233

コアニー
→Coignet, François 128

コーアン
→Cohan, George Michael 127

コアンダ
→Coanda, Henri 124

コイヴィスト
→Koivisto, Mauno Henrik
339

コイエット
　→Coyett, Frederik　140

コイトゲン
　→Keutgen, Friedrich　330

コイビスト
　→Koivisto, Mauno Henrik
　　339

コイペルス
　→Cuypers, Petrus Josephus
　　Hubertus　147

コヴァーチ
　→Kováč, Michal　342

コヴァチ
　→Kováč, Michal　342

コーウェンホーヴェン
　→Kouwenhoven, William
　　Bennet　342

コーエン
　→Cohen, Jerome Bernald　128
　→Cohen, Ruth Louisa　128

コーエンホーヴェン
　→Kouwenhoven, William
　　Bennet　342

コーカー
　→Coker, Ernest George　128

コカラル
　→Cockerell, Charles Robert
　　126

コカレル
　→Cockerell, Charles Robert
　　126
　→Cockerell, Sir Christopher
　　Sydney　126
　→Cockerell, Samuel Pepys
　　126

コーク
　→Coke, Humphrey　128
　→Coke, Thomas William, Earl
　　of Leicester of Holkham　128

コクシー
　→Coxey, Jacob Sechler　140

コクラン
　→Cochran, Sir Charles Blake
　　126
　→Coquelin, Charles　136

ゴーゲル
　→Gogel, Daniel　245

コケーン
　→Cockayne, Sir William　126

コサ
　→Cosa, Juan de la　137

ゴサイビー
　→al-Gosaibi, Ahmad Hamad
　　248

ゴザーリー
　→Ghozali, Said Ahmad　237

ゴザリ
　→Ghozali, Said Ahmad　237

ゴーサルズ
　→Goethals, George
　　Washington　245

ゴシェ・ド・ランス
　→Gaucher de Reims　233

コジェルフ
　→Koželuch, Leopold　342

ゴーシェン
　→Goschen, George Joachim
　　Goschen, 1st Viscount　248

コジオール
　→Kosiol, Erich　341

コジモ一世
　→Medici, Cosimo I de'　410

コジモ1世・デ・メディチ
　→Medici, Cosimo I de'　410

コジモ・イル・ヴェッキオ（長老）
　→Cosimo the Elder　137

コシモ・デ・メジチ
　→Medici, Cosimo de'　410

コシモ・デ・メディチ
　→Medici, Cosimo de'　410

コシモ=デ=メディチ
　→Medici, Cosimo de'　410

コシモデメディチ
　→Medici, Cosimo de'　410

コジモ・デ・メディチ
　→Medici, Cosimo de'　410

コジモ=デ=メディチ
　→Medici, Cosimo de'　410

コージンツェフ
　→Kozintsev, Grigorii
　　Mikhailovich　342

コジンツェフ
　→Kozintsev, Grigorii
　　Mikhailovich　342

コース
　→Coase, Ronald　124
　→Coase, Ronald Harry　124

コスィギン
　→Kosygin, Aleksei Nikolaevich
　　341

コスイギン
　→Kosygin, Aleksei Nikolaevich
　　341

コスタ
　→Coata, Don　124
　→Costa, Lúcio　138

コスター
　→Coster, Laurens Janszoon
　　138

コステル
　→Coster, Laurens Janszoon
　　138

コストフ
　→Kostov, Ivan Jordanov　341

ゴスノールド
　→Gosnold, Bartholomew　249

コスマス
　→Kosmas　341

コスマス（アレクサンドリアの）
　→Kosmas　341

コスマス（アレクサンドレイアの）
　→Kosmas　341

コスマス・インディコプレウス
テース
　→Kosmas　341

コスマス・インディコプレウステス
　→Kosmas　341

コズローフ
　→Kozlov, G.A.　342

ゴーセット
　→Gosset, William Sealy　249

ゴセット
　→Gosset, William Sealy　249

コーソン
　→Corson, Juliet　137

ゴータイン
　→Gothein, Eberhard　249

ゴダード
　→Goddard, Mary Katherine
　　244
　→Goddard, Sarah Updike　244

コタール
　→Cottard, Pierre　138

ゴダール
　→Godard, André　244

ゴータルス
　→Goethals, George
　　Washington　245

ゴーダン
　→Gaudin, Antoine Marc　233

コタン   738   西洋人物レファレンス事典

→Gaudin, Martin Michel
　Charles, duc de Gaète 233

ゴダン
　→Godin, Jean-Baptiste André
　244

コチ
　→Koç, Vehbi 338

ゴーチェ
　→Goutier, Paul Ferdinand
　250

ゴーチエ
　→Goutier, Paul Ferdinand
　250

コチェラ
　→Kotěra, Jan 341

ゴチャール
　→Gočár, Josef 244

コーチャン
　→Kotchian, Archibold Carl
　341

コーチン
　→Kochin, Nikolai Evgrafovich
　338

コーツ
　→Coates, Gordon 124
　→Coates, Wells 125
　→Coats, Alfred William 125
　→Coats, Thomas 125

コツェブー
　→Kotzebue, Otto von 341

コッカリル
　→Cockerill, Wilham 126

コッカレル
　→Cockerell, Charles Robert
　126
　→Cockerell, Sir Christopher
　Sydney 126
　→Cockerell, Samuel Pepys
　126

コッキング
　→Cocking, Samuel 126

コック
　→Cock, Hieronymus 126
　→Cocke, John 126
　→Coke, Humphrey 128
　→Cook, James 133

コックス
　→Cocks, Richard 126
　→Cox, James Middleton 140
　→Cox, Phillip, Sutton 140
　→Cox, William 140
　→Coxe, Tench 140

コック・ブロムホフ
　→Blomhoff, Jan Cock 65

コックレル
　→Cockerell, Sir Christopher
　Sydney 126

コッケイウス・アウクトゥス
　→Cocceius Auctus, Lucius
　126

コッザレルリ
　→Cozzarelli, Giacomo 140

ゴッシェン
　→Goschen, George Joachim
　Goschen, 1st Viscount 248

コッスティウス
　→Cossutius 137

ゴッセン
　→Gossen, Hermann Heinrich
　249

コッタ
　→Cotta, Johann Georg 138
　→Cotta von Cottendorf,
　Johann Friedrich Freiherr
　138

コッチ
　→Koch, Howard W. 338

コッツァレッリ
　→Cozzarelli, Giacomo 140

コッツェブ
　→Kotzebue, Otto von 341

コッツェブー
　→Kotzebue, Otto von 341

コット
　→Cotte, Robert de 138

コッド
　→Codd, Edgar Frank 126

ゴッドウィン
　→Godwin, William 244

ゴッドファーザー・ドン
　→Godfather Don 244

ゴッドフレイ
　→Godfrey, Bob 244

ゴッドフロワ・ド・ユイ
　→Godefroid de Huy 244

ゴットリーブ
　→Gottlieb, Robert 249

ゴットル
　→Gottl-Ottlilienfeld, Friedrich
　von 249

コットル・オットリーリエンフェ

ルト
　→Gottl-Ottlilienfeld, Friedrich
　von 249

ゴットル・オットリーリエンフェ
ルト
　→Gottl-Ottlilienfeld, Friedrich
　von 249

ゴットル・オットリリエンフェルト
　→Gottl-Ottlilienfeld, Friedrich
　von 249

ゴットル・オットリリエンフェ
ルト
　→Gottl-Ottlilienfeld, Friedrich
　von 249

ゴットル＝オットリーリエンフェ
ルト
　→Gottl-Ottlilienfeld, Friedrich
　von 249

ゴットル・オトリリエンフェルト
　→Gottl-Ottlilienfeld, Friedrich
　von 249

コットレル
　→Cottrell, Frederick Gardner
　138

コットン
　→Cotton, William 138

コッブ
　→Cobb, Henry Ives 125

コッペデ
　→Coppedé, Gino 136

コッホ
　→Koch, Gaetano 338
　→Koch, Robert 338

ゴッホ
　→Gogh, Theodor van 245

コッポラ
　→Coppola, Francis Ford 136

コーディ
　→Cody, William Frederick
　127

コティ
　→Coty, François 138

コティー
　→Coty, François 138

コディ
　→Cody, William Frederick
　127

ゴーディー
　→Godey, Louis Antoine 244

コーティーン
　→Courteen, Sir William 139

経済・産業篇　　　　　　　　　*739*　　　　　　　　　コモン

ゴーテル
　→Gotell, Walter　*249*

ゴテル
　→Gotell, Walter　*249*

コート
　→Cort, Henry　*137*

ゴドウィン
　→Godwin, Edward William
　　244
　→Godwin, William　*244*
　→Jane, Mary　*310*

ゴドウィン＝オースティン
　→Godwin-Austen, Henry
　　Haversham　*245*

コドゥッシ
　→Coducci, Mauro　*126*

コドゥッチ
　→Coducci, Mauro　*126*

ゴードゥロー
　→Gaudreau, Antoine Robert
　　233

ゴートハイン
　→Gothein, Eberhard　*249*

ゴドフリー
　→Godfrey, Bob　*244*

ゴドフロア
　→Godeffroy, Johan Cesar　*244*

ゴドフロア・ド・ユイ
　→Godefroy de Huy de Claire
　　244

ゴドフロア・ド・ユイ
　→Godefroy de Huy de Claire
　　244

ゴドフロワ
　→Godeffroy, Johan Cesar　*244*

ゴドフロワ・ド・ユイ
　→Godefroid de Huy　*244*

コトラー
　→Kotler, Philip　*341*

コートールド
　→Courtauld, Samuel　*139*

ゴードロー
　→Gaudreau, Antoine Robert
　　233

ゴードン
　→Gordon, David M.　*248*
　→Gordon, Peter　*248*
　→Gordon, Robert Aaron　*248*

コナブル
　→Conable, Baber Benjamin
　　131

コナリー
　→Connally, John Bowden
　　（Jr.）　*132*

コナント
　→Conant, Charles Arthur　*131*
　→Conant, Kenneth John　*131*

コーネリス
　→Cornelys, Theresa　*137*

コネル
　→Connel, Amyas Douglas　*132*

コノバー
　→Conover, Willis Clark　*132*

コノワーロフ
　→Konovalov, Aleksandr
　　Ivanovich　*340*

コーパー
　→Coper, Hans　*136*

コバーチ
　→Kováč, Michal　*342*

コバチ
　→Kováč, Michal　*342*

ゴーハム
　→Gorham, William R.　*248*

コバルビアス
　→Covarrubias, Alonso de　*140*

コーハン
　→Cohan, George Michael　*127*

コハン
　→Cohan, George Michael　*127*

コバーン
　→Coburn, John　*125*

コブ
　→Cobb, John　*125*

コーファー
　→Mcknight Kauffer, Edward
　　391

コフィン
　→Coffin, Levi　*127*

コブデン
　→Cobden, Richard　*125*

コブデン・サンダーソン
　→Cobden-Sanderson, Thomas
　　James　*125*

コブデン・サンダソン
　→Cobden-Sanderson, Thomas
　　James　*125*

コブデン＝サンダーソン
　→Cobden-Sanderson, Thomas
　　James　*125*

コープマンス
　→Koopmans, Tjalling Charles
　　340

コープマンズ
　→Koopmans, Tjalling Charles
　　340

ゴブラン
　→Gobelin　*244*

コープランド
　→Copeland, Miles　*136*
　→Copeland, Morris Albert
　　136
　→Copeland, William　*136*
　→Copeland, William Taylor
　　136

コーベット
　→Corbett, Harvey Wiley　*136*

コベット
　→Cobbett, William　*125*

コーベルガー
　→Koberger, Anton　*338*

コベルゲール
　→Cobergher, Wenceslas　*125*

コーヘン
　→Cohen, R.　*128*
　→Cohen, Sir Robert Waley
　　128

コポー
　→Copeau, Jacques　*135*

コボルト
　→Cobbold, Cameron F.　*125*

コマロフ
　→Komarov, Aleksandr
　　Vasil'evich　*339*

コーマン
　→Corman, Roger William
　　136

コムパーニ
　→Compagni, Dino　*131*

ゴメス・デ・モーラ
　→Gómez de Mora, Juan　*247*

ゴモリ
　→Gomory, Ralph E.　*247*

ゴーモン
　→Gaumont, Léon　*233*

コモンズ
　→Commons, John Rogers　*131*

コヤマ

コヤマ
→Koyama, Micael S. *342*

コラス
→Collasse, Richard *129*

コーラ・ダ・カプラローラ
→Cola da Caprarola *128*

コーラ・デッラマトリーチェ
→Cola dell'Amatrice *128*

コラドン
→Colladon, Daniel *129*

ゴーラン
→Golan, Menahem *245*

ゴランツ
→Gollancz, Sir Victor *246*

ゴーランド
→Gowland, William *250*

コーリ
→Corey, Lewis *136*

コーリー
→Corey, Lewis *136*

コリア
→Coriat, Benjamin *136*
→Correa, Charles M. *137*

コリアー
→Collier, Peter Fenelon *129*

コーリス
→Corliss, George Henry *136*

ゴリャーチキン
→Goryachkin, Vasilii Prokhorovich *248*

ゴリュノーフ
→Goryunov, Dmitriy *248*

コリングズ
→Collings, Jesse *129*

コリンズ
→Collins, William *129*

コール
→Cohl, Emile *128*
→Cole, George Douglas Howard *129*
→Cole, Sir Henry *129*
→Kohr, Leopold *339*

コルヴィン
→Colvin, Brenda *131*

コルゲート
→Colgate, William *129*

コルシュ
→Korsch, Karl *340*

コルター
→Colter, John *130*
→Colter, Mary Elizabeth *130*

コルダ
→Korda, Sir Alexander *340*

ゴルツ
→Goltz, Theodor Baron von der *246*

ゴルディー
→Goldie, George Dashwood Taubman *245*

ゴルティエ
→Gaultier, Jean-Paul *233*

コルデヴァイ
→Koldewey, Robert Johann *339*

コルデス
→Cordes, Simon de *136*

コルト
→Colt, Samuel *130*

ゴールト
→Galt, Sir Alexander Tilloch *229*

ゴールド
→Gold, Stuart Avery *245*

ゴールドウィン
→Goldwyn, Samuel *246*

コールドウェル
→Caldwell, Sarah *95*

ゴルトシュミット
→Goldschmidt, Hans *246*
→Goldschmidt, Rudolf *246*

ゴルドシュミット
→Goldschmidt, Hans *246*

コルトーナ
→Cortona, Pietro da *137*

コルトナ
→Cortona, Pietro da *137*

ゴールドバーグ
→Goldberg, Whoopi *245*

ゴールドマーク
→Goldmark, Peter Carl *246*

ゴールドマン
→Reinhardt, Max *509*

コルトン
→Colton, Frank Benjamin *130*

ゴルドン
→Gordon, Peter *248*

コルナイ
→Kornai János *340*

コルネリア
→Cornelia *137*

コルネリウス
→Cornelius, Publius *137*

コルネリス・ド・ヴリーント
→Floris de Vriendt, Cornelis *211*

コールハース
→Koolhaas, Rem *340*

コールハーゼ
→Kohlhase, Hans *339*

コルバト
→Corbató, Fernando José *136*

コルピッツ
→Colpitts, Edwin Henry *130*

コルビノー
→Corbineau, Étienne *136*
→Corbineau, Jacques *136*
→Corbineau, Pierre *136*

コルベール
→Colbert, Jean Baptiste *128*

コールマイ
→Kohlmey, Gunther *339*

コールマン
→Colman, George *129, 130*

コールマン (父)
→Colman, George *129*

コールマン (子)
→Colman, George *130*

コルム
→Colm, Gerhard *129*

コルメッラ
→Columella, Lucius Junius Moderatus *131*

コルメラ
→Columella, Lucius Junius Moderatus *131*

コルモン
→Cormont, Thomas de *137*

コールラウシュ
→Kohlrausch, Rudolph Herrmann Arndt *339*

ゴレッタ
→Goretta, Claude *248*

コレット
→Collet, Clara Elizabeth *129*

経済・産業篇　　　741　　　コンラ

ゴローヴニン
　→Golovnin, Vasilii
　　Mikhailovich　246

ゴロウニン
　→Golovnin, Vasilii
　　Mikhailovich　246

ゴロヴニーン
　→Golovnin, Vasilii
　　Mikhailovich　246

ゴロヴニン
　→Golovnin, Vasilii
　　Mikhailovich　246

コロカシデス
　→Colocassides, Michael G.
　　130

コロゼ
　→Corrozet, Gilles　137

ゴーロソフ
　→Golosov, Ilya Aleksandrovich
　　246

ゴロソフ
　→Golosov, Ilya Aleksandrovich
　　246

ゴローニン
　→Golovnin, Vasilii
　　Mikhailovich　246

コロネッリ
　→Coronelli, Marco Vincenzo
　　137

コロネリ
　→Coronelli, Marco Vincenzo
　　137

ゴローブニン
　→Golovnin, Vasilii
　　Mikhailovich　246

ゴロブニーン
　→Golovnin, Vasilii
　　Mikhailovich　246

ゴロブニン
　→Golovnin, Vasilii
　　Mikhailovich　246

コロリョフ
　→Korolev, Sergei Pavlovich
　　340

コロレフ
　→Korolev, Sergei Pavlovich
　　340

コロン
　→Columbus, Christopher　130

コロンブ
　→Colomb, Philip Howard　130

コロンブス
　→Columbus, Christopher　130

コロンボ
　→Colombo, Joe　130

コワニー
　→Coignet, François　128

コワニエ
　→Coignet, François　128

コーン
　→Cohn, Gustav　128
　→Cohn, Harry　128

ゴーン
　→Ghosn, Carlos　237

コングリーヴ
　→Congreve, Sir William Bart
　　132

コングリーブ
　→Congreve, Sir William Bart
　　132

コンコーニ
　→Conconi, Luigi　131

ゴンザーガ
　→Gonzaga, Pietro　247

ゴンサルベス
　→Gonçalves, Jorge Manuel
　　Jardim　247

ゴンザレス
　→Gonzalez, Victor　247

ゴンサーレス・ベラスケス
　→González Velázquez, Isidro
　　247

ゴンサロ
　→Gonçalves, Manuel　247

コンズ
　→Cons, Emma　133

コンスタブル
　→Constable, Archibald　133

コンソルマーニョ
　→Consolmagno, Edison　133

コンダー
　→Conder, Claude Reignier
　　131
　→Conder, Josiah　132

コンタマン
　→Contamin, Victor　133

ゴンタール
　→Gontard, Karl Philipp
　　Christian von　247

ゴンタルト
　→Gontard, Karl Philipp
　　Christian von　247

コンタン・ディヴリ
　→Contant d'Ivry, Pierre　133

コンタン・ディヴリー
　→Contant d'Ivry, Pierre　133

コンティ
　→Conti, Bill　133
　→Conti, Niccolò de'　133

コンティーニ
　→Contini, Gianbattista　133

コンティーノ
　→Contino, Antonio　133

コンデル
　→Condell, Henry　131

ゴンドゥアン
　→Gondoin, Jacques　247

コンドラーチェフ
　→Kondrat'ev, Nikolai
　　Dmitrievich　339

コンドラーチエフ
　→Kondrat'ev, Nikolai
　　Dmitrievich　339

コンドラチェフ
　→Kondrat'ev, Nikolai
　　Dmitrievich　339

コンドラチエフ
　→Kondrat'ev, Nikolai
　　Dmitrievich　339

コンドル
　→Conder, Josiah　132

コンパー
　→Comper, Sir John Ninian
　　131

コンパーニ
　→Compagni, Dino　131

コンビ
　→Combi, Enrico　131

コンフォルト
　→Conforto, Gian Giacomo
　　132

ゴンベルク
　→Gomberg, Léon　247

コンラッド
　→Conrad, Frank　132

コンラート
　→Conrad, Johannes　132

コンラン
　→Conran, Jasper　132

→Conran, Shirley *132*
→Conran, Sir Terence Orby *133*

コンリート
→Conried, Heinrich *133*

コンロイ
→Conroy, Frank *133*

コンロン
→Conlon, Richard P. *132*

【サ】

ザイオン
→Zion, Gene Eugene *686*

サーイグ
→Sayegh, Yusif *545*

ザイスト
→Zaist, Giovanni Battista *683*

ザイツ
→Seitz, Johannes *560*

ザイデル
→Seidel, Robert *560*

サイード
→Said bin Taimur *537*

サイド
→Said, Amina el- *537*

ザーイド
→Zayd bin Sultān al-Nahyān Sheikh *684*

ザイド
→Zayd bin Sultān al-Nahyān Sheikh *684*

ザイド・b.S.N.
→Zayd bin Sultān al-Nahyān Sheikh *684*

サイドラー
→Seidler, Harry *560*

ザイドラー・ウィンクラー
→Seidler-Winkler, Karl *560*

ザイベク
→Zaibek, Abdul-Kader *683*

サイミントン
→Symington, William *602*

サイモン
→Simon, Herbert Alexander *572*
→Simon, John *573*

→Simon, John Allsebrook, 1st Viscount *573*
→Simon, William Edward *573*

サイモン（スタックポール・エリダーの）
→Simon, John Allsebrook, 1st Viscount *573*

サイモンズ
→Simons, Henry *573*
→Symons, Arthur William *603*

ザイルストラ
→Zijlstra, Jelle *686*

サヴァリ
→Savary, Jacques *544*

サヴァリー
→Savary, Jacques *544*

サヴィオーリ
→Savioli, Leonardo *544*

サヴィル
→Saville, Victor *544*

サヴェジ
→Savage, Henry *544*
→Savage, Leonard Jimmie *544*

サヴェッジ
→Savage, Leonard Jimmie *544*

サウスワース
→Southworth, George Clark *584*

サーグ
→Sarg, Tony（Anthony）Frederick *542*

サクス
→Sax, Adolphe *544*

ザクス
→Sax, Emil *545*

サクストン
→Saxton, Christopher *545*
→Saxton, Joseph *545*

サグララ
→Sagrara, Guillén *537*

サクル
→Saqr bin Muhammad al-Qasimi, Sheikh *542*

サグレーラ
→Sagrara, Guillén *537*

サグレラス
→Sagrara, Guillén *537*

サケッティ
→Sacchetti, Franco *536*
→Sacchetti, Giovanni Battista *537*

サザーランド
→Sutherland, Ivan E. *601*

サージェント
→Sargent, Thomas J. *543*

サー・ジンクス
→Sir Jinx *574*

サーストン
→Thurston, Robert Henry *614*

ザスラフスカヤ
→Zaslavskaja, Tat'jana Ivanovna *683*

サスーン
→Sassoon, David *544*
→Sassoon, Sir Ellice Victor *544*

サーチ・アンド・サーチ
→Saatchi, Charles *536*
→Saatchi, Maurice *536*

サーツ
→Sats, Nataliya Iliinichna *544*

サッカー
→Thacker, Charles P. *610*

ザッカーニ
→Zaccagni, Benedetto *682*
→Zaccagni, Bernardino, il Vecchio *683*
→Zaccagni, Giovan Francesco *683*

サックス
→Sachs, Jeffrey David *537*
→Sax, Adolphe *544*
→Sax, Charles-Joseph *545*

ザックス
→Sax, Emil *545*

サッケッティ
→Sacchetti, Franco *536*
→Sacchetti, Giovanni Battista *537*

サッコーニ
→Sacconi, Giuseppe *537*

サッスーン
→Sassoon, Sir Albert Abdullah David *543*
→Sassoon, David *544*

サッセッティ
→Sassetti, Filippo *543*

サッター
　→Sutter, Johann August　601
　→Sutter, Joseph P　601
サッチャー
　→Thatcher, Margaret Hilda
　　610
サッチャー(ケスティヴェンの)
　→Thatcher, Margaret Hilda
　　610
サットン・スコットニーのランク
　→Rank, Sir Joseph Arthur
　　504
ザッハー
　→Sacher, Anna　537
ザッパー
　→Sapper, Richard　542
サッバティーニ
　→Sabbattini, Nicola　536
ザデー
　→Zadeh, Lotfi Asker　683
サード・アイ
　→Third Eye　611
サトクリフ
　→Sutcliffe, Robert B.　601
サトパーエフ
　→Satpaev, Kanysh
　　Imantaevich　544
サドラー
　→Sadleir, Michael Thomas
　　Harvey　537
　→Sadler, Michael Thomas
　　537
サトン
　→Sutton, Philip　601
ザナック
　→Zanuck, Darryl Francis　683
　→Zanuck, Richard Darryl　683
ザヌーゾ
　→Zanuso, Marco　683
サヌード(大サヌード)
　→Sanudo, Marino il Vecchio
　　542
サネ
　→Sané, Jacques Noël, Baron
　　540
ザノイア
　→Zanoia, Giuseppe　683
サーノフ
　→Sarnoff, David　543
　→Sarnoff, Robert W.　543

サバ
　→Saba, Elias　536
サバティーニ
　→Sabatini, Francesco　536
ザバル
　→Zabar, Lilian　682
サバレータ
　→Zabaleta, Nicanor　682
サバレタ
　→Zabaleta, Nicanor　682
ザハーロフ
　→Zaharoff, Sir Basil　683
ザハロフ
　→Zaharoff, Sir Basil　683
　→Zakharov, Adrian
　　Dimitrievich　683
サバンジュ
　→Sabancı, Hacı Ömer　536
サピール
　→Sapir, Pinchas　542
サーフ
　→Cerf, Bennett Alfred　109
　→Cerf, Vinton Gray　109
サブレット
　→Sublette, William Lewis
　　599
サベージ
　→Savage, James　544
　→Savage, Leonard Jimmie
　　544
サヘリネン
　→Saarinen, Eliel　536
ザベーリン
　→Zabelin, Ivan Egorovich　682
サポリ
　→Sapori, Armando　542
サマーズ
　→Summers, Elaine　600
　→Summers, Lawrence Henry
　　600
サマーセット
　→Somerset, Edward, 6th Earl
　　and 2nd Marquis of
　　Worcester　582
サマセット
　→Somerset, Edward, 6th Earl
　　and 2nd Marquis of
　　Worcester　582
サマランチ
　→Samaranch, Juan Antonio
　　539

サミイー
　→Sami'i, Muhammad Mehdi
　　539
ザミャーチン
　→Zamyatin, Leonid
　　Mitrofanovich　683
サミュエルズ
　→Samuels, Warren Joseph
　　540
サミュエルソン
　→Samuelson, Paul Anthony
　　540
サムエルソン
　→Samuelson, Paul Anthony
　　540
サムセット
　→Samset, Ivar　539
サムナー
　→Sumner, William Graham
　　600
サモスのテオドーロス
　→Theodōros　610
サモスのテオドロス
　→Theodōros　610
サーモン
　→Sermon, Erick　563
サラザール
　→Salazar, Ana　538
サラミス出身のヘルモドロス
　→Hermodoros　284
サラーム・レミ
　→Salaam Remi　538
サラン
　→Salins, Nicolas-Alexandre de
　　538
サラン・ド・モンフォール
　→Salins, Nicolas-Alexandre de
　　538
サランドン
　→Sarandon, Susan　542
サリヴァン
　→Sullivan, Louis Henry　599
　→Sullivan, Pat　599
サリス
　→Saris, John　543
サリッチ
　→Sarich, Ralph　543
サーリネン
　→Saarinen, Eero　536
　→Saarinen, Eliel　536

サーリネン（父子）
→Saarinen, Eero 536
→Saarinen, Eliel 536

サーリネン父子
→Saarinen, Eero 536
→Saarinen, Eliel 536

サリバン
→Sullivan, Louis Henry 599

ザーリン
→Salin, Edgar 538

ザリーン
→Salin, Edgar 538

サーリンズ
→Sahlins, Marshall David 537

サルヴィ
→Salvi, Niccoló 539

サルヴィアーティ
→Salviati, Antonio 539

サルヴィオーリ
→Salvioli, Giuseppe 539

サルヴィオリ
→Salvioli, Giuseppe 539

ザルヴィスベルク
→Salvisberg, Otto Rudolf 539

サルキス
→Salkīs, Nicolas 539
→Sarkis, Elias 543

サルズバーガー
→Sulzberger, Arthur Hays 600

サルダ
→Sarda, Paul Pierre 542

サルツバーガー
→Sulzberger, Arthur Ochs 600

ザルツバーガー
→Sulzberger, Arthur Ochs 600

サルディ
→Sardi, Giuseppe 542

サルトーリ
→Sartori, Giuseppe Antonio 543

ザルトーリウス
→Sartorius von Waltershausen, August Freiherr 543
→Sartorius von Waltershausen, Freiherr von W.Georg 543

サルトーリス
→Sartiris, Alberto 543

サルバーグ
→Thalberg, Irving 610

サルパネヴァ
→Sarpaneva, Timo 543

サルビ
→Salvi, Niccoló 539

サルビオリ
→Salvioli, Giuseppe 539

サルファティ
→Sarfati, Alain 542

サルミエント・デ・ガンボア
→Sarmiento de Gamboa, Pedro 543

サルモン
→Salmon, Alfred 539
→Salmon, Claudine Marie Helen 539

サロー
→Thurow, Lester C. 614

サロ＝ウィワ
→Saro-Wiwa, Ken 543

サロモン
→Salomon, Haym 539

ザロモン
→Salomon, Johann Peter 539

ザワウィー
→Zawawi, Qais Abdul-Moneim al- 684

ザワズキー
→Zawadzki, Wladyslaw 684

サン
→Saint-Laurent, Yves 538

サン・ヴェナン
→Saint-Venant, Adhémar Jean Claude Barré de 538

サン・ヴナン
→Saint-Venant, Adhémar Jean Claude Barré de 538

サンガー
→Sanger, Lord George 541

サンガッロ
→Sangallo, Antonio da 540
→Sangallo, Antonio Picconi da 540
→Sangallo, Bastiano da 540
→Sangallo, Francesco da 541
→Sangallo, Gian Battista 541
→Sangallo, Giuliano da 541

サンガッロ（小）
→Sangallo, Antonio Picconi da 540

サンガッロ・イル・ヴェッキオ
→Sangallo, Antonio da 540

サンガッロ・イル・ジョーヴァネ
→Sangallo, Antonio Picconi da 540

サンガルロ
→Sangallo, Antonio Picconi da 540
→Sangallo, Giuliano da 541

サンガロ
→Sangallo, Antonio da 540
→Sangallo, Antonio Picconi da 540
→Sangallo, Francesco da 541
→Sangallo, Giuliano da 541

サンガロ（小）
→Sangallo, Antonio Picconi da 540

サングスター
→Sangster, Robert Edmund 541

サン・クレール・ドゥヴィル
→Sainte-Claire Deville, Henri Etiennes 537

サン・シモン
→Saint-Simon, Claude Henri de Rouvroy, Comte de 538

サン・シモン
→Saint-Simon, Claude Henri de Rouvroy, Comte de 538

サン＝シモン
→Saint-Simon, Claude Henri de Rouvroy, Comte de 538

サンシモン
→Saint-Simon, Claude Henri de Rouvroy, Comte de 538

サン・シモン伯
→Saint-Simon, Claude Henri de Rouvroy, Comte de 538

サンスのウィリアム
→Guillaume de Sens 261

サーンスのギヨーム
→Guillaume de Sens 261

サンソヴィーノ
→Sansovino, Andrea 541
→Sansovino, Jacopo 541

サンソビーノ
→Sansovino, Andrea 541
→Sansovino, Jacopo 541

サンダーズ
→Sanders, Colonel 540

サンダーソン
→Sanderson, Robert 540
サンティ
→Santi, Lorenzo 542
サンティ・ディ・ティート
→Santi di Tito 542
サンティーニ=アイチェル
→Santini-Aichel, Giovanni 542
サン・テリア
→Sant' Elia, Antonio 541
サンテリーア
→Sant' Elia, Antonio 541
サンテリア
→Sant' Elia, Antonio 541
ザーンデル
→Zander, Fridrikh Arturovich 683
サント-クレール・ドヴィーユ
→Sainte-Claire Deville, Henri Etiennes 537
サント・クレール・ドヴィル
→Sainte-Claire Deville, Henri Etiennes 537
サント=クレール・ドヴィル
→Sainte-Claire Deville, Henri Etiennes 537
サント・クレール・ドビール
→Sainte-Claire Deville, Henri Etiennes 537
サントス
→Santos, Nelson Pereira dos 542
サントス・デュモン
→Santos-Dumont, Alberto 542
サントス・ドゥモン
→Santos-Dumont, Alberto 542
サントス=ドゥモン
→Santos-Dumont, Alberto 542
サントス・ドゥモント
→Santos-Dumont, Alberto 542
サントス=ドゥモント
→Santos-Dumont, Alberto 542
サンドビー
→Sandby, Thomas 540

サントフォールト
→Santvoort, Melchior van 542
サンドラン
→Senderens, Jean Baptiste 561
サンバン
→Sambin, Hugues 539
サン・ピエール
→Saint Pierre, Joseph 538
サン=ピエール
→Saint Pierre, Joseph 538
サンフェリーチェ
→Sanfelice, Ferdinando 540
サンペドロ
→Sampedro, José Luis 539
サン・ミケーリ
→San Micheli 541
サンミケーリ
→San Micheli 541
サン・ミケーレ
→San Micheli 541
サンミケーレ
→San Micheli 541
サーンレダム
→Saenredam, Jan 537
サン・ローラン
→Saint-Laurent, Yves 538
サン=ローラン
→Saint-Laurent, Yves 538
サンローラン
→Saint-Laurent, Yves 538

【 シ 】

ジアーギレフ
→Diaghilev, Sergei Pavlovich 162
ジアギレフ
→Diaghilev, Sergei Pavlovich 162
シアーズ
→Sears, Isaac 559
→Sears, Richard Warren 559
シアズ
→Sears, Isaac 559

ジアニーニ
→Giannini, Amadeo Peter 238
ジィンケヴィッチ
→Dinkevich, Anarolii 166
ジヴァンシー
→Givenchy, Hubert De 243
シヴェツォーフ
→Shvetsov, Arkadii Dmitrievich 569
ジェー
→Jay, Douglas Patrick Thomas 311
シェーア
→Schär, Johann Friedrich 547
シェア
→Schär, Johann Friedrich 547
ジェイ
→Jay, Douglas Patrick Thomas 311
シェイヴァー
→Shaver, Dorothy 566
シェイクスピア
→Shakespeare, John 565
シェイス
→Chijs, Jacobus Anne van der 117
ジェイダ
→Jaidah, Ali Muhammad 309
ジェイ・ディー
→Jay Dee 311
シェイファー
→Shafer, Walter S. 564
ジェイミソン
→Jamieson, John Kenneth 309
ジェイムズ
→James, John 309
→James, Peter 309
ジェイムソン
→Jameson, Sir Leander Starr 309
ジェイ・ロウルズ
→J.Rawls 318
ジェヴォンズ
→Jevons, William Stanley 314
シェヴロレー
→Chevrolet, Louis 116
ジェキル
→Jekyll, Gertrude 312

シエク 746 西洋人物レファレンス事典

シェクナー
→Schechner, Richard 548

ジェーコブソン
→Jacobson, Maurice 308

シェジー
→Chézy, Antoine de 116

ジェーズ
→Jèze, Gaston 314

シェーストレーム
→Sjöström, Victor 575

シェーストレム
→Sjöström, Victor 575

シェストレーム
→Sjöström, Victor 575

シェストレム
→Sjöström, Victor 575

ジェソップ
→Jessop, William 314

シェーダー
→Schaeder, Reinhard Paul
Wilhelm 546

シェッファー
→Schöffer, Peter 553

シェッフラー
→Scheffler, Karl 548

シェッフレ
→Schäffle, Albert Eberhard
Friedrich 547

シェーデル
→Schädel, Gottfried 546

シェーナー
→Schöner, Johann 553

ジェニ
→Jenney, William Le Baron
313

ジェニー
→Jenney, William Le Baron
313

シェーニツ
→Schönitz, Hans 554

ジェニーン
→Geneen, Harold Sydney 235

ジェニン
→Jenin, Alexis 313

ジェヌワイン
→Jennewein, Carl Paul 313

ジェノヴェーシ
→Genovesi, Antonio 235

ジェノヴェージ
→Genovesi, Antonio 235

ジェノヴェーゼ
→Genovese, Gaetano 235

ジェノベージ
→Genovesi, Antonio 235

シェパード
→Shepherd, Charles 566

シェーファー
→Schäfer, Erich 547

シェファー
→Schäffer, Fritz 547
→Schöffer, Peter 553

ジェファスン
→Jefferson, Thomas 312

ジェファーソン
→Jefferson, Carl E. 312
→Jefferson, Thomas 312

ジェファソン
→Jefferson, Thomas 312

シェファード
→Shepherd, William Geoffrey
567

シェフィールド
→Sheffield, Charles 566

シェフェール
→Schaeffer, Pierre 546

シェフェ・ル
→Schaeffer, Pierre 546

シェフェル
→Schaeffer, Pierre 546

シェフテリ
→Shekhtel, Fyodor Osipovich
566

シェフラー
→Scheffler, Karl 548

シェフレ
→Schäffle, Albert Eberhard
Friedrich 547

ジェボンズ
→Jevons, William Stanley
314

ジェーミソン
→Jamieson, John Kenneth
309

ジェームズ
→James, Eleanor 309

ジェームズ・オブ・セント・

ジョージ
→James of St.George, Master
309

ジェームソン
→Jameson, Sir Leander Starr
309

シェラトン
→Sheraton, Thomas 567

ジェラルドゥス
→Gerardus 236

シェリ
→Schary, Doré 547

シェリー
→Chelly, Tijani 115

シェリフ
→Sheriff, Lawrence 567

シェリホフ
→Shelekhov, Grigori Ivanovich
566

ジェリー・ロール
→Jelly Roll 313

シェリング
→Schelling, Thomas Cromble
548

シェール
→Scheel, Hans von 548

ジェール
→Geer, Louis de 234

ジェル
→Jel 313

シェルドン
→Sheldon, Oliver 566

シェルバ
→Cierva, Juan de la 119

シエルバ
→Cierva, Juan de la 119

ジェルボー
→Gerbault, Allain 236

ジェルマン
→Germain, Antoine Marie
Henri 236
→Germain, Thomas 236

シェルメイエフ
→Chermayeff, Serge 115

シェレホフ
→Shelekhov, Grigori Ivanovich
566

ジェロニモ
→Jeronimo de Jesus 314

ジェロニモ・デ・ジェズス
→Jeronimo de Jesus　314
ジェロニモ＝デ＝ジェズス
→Jeronimo de Jesus　314
シェローモー
→Solomon　581
シェロモ
→Solomon　581
シェン
→Shen, Chien-Pai　566
ジェンガ
→Genga, Girolamo　235
ジェンキンス
→Jenkins, Roy Harris　313
ジェンキンズ
→Jenkins, Charles Francis　313
→Jenkins, Robert　313
→Jenkins, Roy Harris　313
ジェンキンズ（ヒルヘッドの）
→Jenkins, Roy Harris　313
ジェンキンソン
→Jenkinson, Anthony　313
ジェンティーレ
→Gentile, Bernardino, il Giovane　235
→Gentile, Bernardino I　235
→Gentile, Bernardino II　235
→Gentile, Carmine　235
→Gentile, Giacomo I　235
→Gentile, Giacomo II　235
ジェンナー
→Jenner, Edward　313
ジェンニイ
→Jenney, William Le Baron　313
シェーンバイン
→Schönbein, Christian Friedrich　553
シェンバイン
→Schönbein, Christian Friedrich　553
シェーンバーグ
→Shoenberg, Isaac　568
シェーンプルーク
→Schönpflug, Fritz　554
シェーンベルク
→Schönberg, Gustav Friedrich von　553
ジョヴァンニ・ダルマタ
→Giovanni Dalmata　241

ジョットー
→Giotto di Bondone　241
ジォット
→Giotto di Bondone　241
ジォット・ディ・ボンドーネ
→Giotto di Bondone　241
ジオネット
→Giotto di Bondone　241
ジォヤ
→Gioja, Flavio　241
ジオン
→Zion, Gene Eugene　686
シーガー
→Seager, Henry Rogers　559
シカネーダー
→Schikaneder, Johann Emanuel　548
シキュオンのリュシッポス
→Lysippos　386
ジーキル
→Jekyll, Gertrude　312
シーク
→Šik, Ota　571
シク
→Šik, Ota　571
ジクーシン
→Dikushin, Vladimir Ivanovich　165
ジクシン
→Dikushin, Vladimir Ivanovich　165
ジーグフェルド
→Ziegfeld, Florenz　685
ジグフェルド
→Ziegfeld, Florenz　685
シーグフリード
→Siegfried, André　569
シグモンディー
→Zsigmondy, Richard Adolf　687
ジーグモンディー
→Zsigmondy, Richard Adolf　687
ジクモンディ
→Zsigmondy, Richard Adolf　687
ジグモンディ
→Zsigmondy, Richard Adolf　687

ジグモンディー
→Zsigmondy, Richard Adolf　687
シーグラム
→Seagram, Joseph Emm　559
ジーゲル
→Siegel, Carl F.W.　569
ジーゲン
→Siegen, Ludwig van　569
シーコール
→Seacole, Mary　559
シコルスキー
→Sikorsky, Igor Ivan　571
シザ
→Siza, Alvaro　575
ジシ
→al-Jishi, Majid Jawad　314
シシューセフ
→Shchusev, Aleksei Viktorovich　566
シスコビッツ
→Szyszkowicz, Carla　603
→Szyszkowicz, Michael　603
シスト
→Sisto, Fra　575
シスモンディ
→Sismondi, Jean Charles Léonard Simonde de　574
ジゾール
→Gisors　242
ジタール
→Gittard, Daniel　242
シチェルビナ
→Shcherbina, Boris Evdokimovich　566
シチューキン
→Shchukin, Sergei Ivanovich　566
ジッテ
→Sitte, Camillo　575
シッテルス
→Citters, Jan Willem Fredrik van　120
ジッド
→Gide, Charles　238
シッフ
→Schiff, Jacob Henry　548
ジード
→Gide, Charles　238

シトフ　　　　　　　　　　　　　748　　　　　西洋人物レファレンス事典

シトフスキー
→Scitovsky, Tibor 557
→Scitovsky, Tibor de 557

シトルフ
→Shtorkh, Andrei (Genrikh)
Karlovich 568

シトロエン
→Citroën, André Gustav 120

シートン
→Seton, Francis 563

シ　シナートラ
→Sinatra, Frank Albert 573

シナトラ
→Sinatra, Frank Albert 573

シナール
→Chinard, Philippe 117

シナーン
→Sinan, Mimar 573

シナン
→Sinan, Mimar 573

シナン・イブン・アブド・アル=マ
ナン
→Sinan, Mimar 573

シナン・ミマール
→Sinan, Mimar 573

ジーニ
→Gini, Corrado 240

ジニ
→Gini, Corrado 240

シーニア
→Senior, Nassau William 562

シーニアー
→Senior, Nassau William 562

シニャーフスキー
→Sinyavsky, Mikhail
Isaakovich 574

ジノーヴィエフ
→Zinoviev, Grigorii Evseevich
686

ジノヴィエフ
→Zinoviev, Grigorii Evseevich
686

ジノビエフ
→Zinoviev, Grigorii Evseevich
686

シバー
→Cibber, Caius Gabriel 119

ジーバー
→Sieber, Eugen H. 569

シバイ
→Sibai, Omar 569

シハウ
→Schichau, Ferdinand 548

ジバンシー
→Givenchy, Hubert De 243

シビエ
→Chipiez, Charles 118

シヒャウ
→Schichau, Ferdinand 548

シーフ
→Sieff, Israel Moses, Baron
569

シフ
→Schiff, Jacob Henry 548
→Schiff, Stuart David 548

シーフ（ブリンブトンの）
→Sieff, Israel Moses, Baron
569

ジファール
→Giffard, Henri Jacques 238

ジーフェキング
→Sieveking, Heinrich Johann
571

ジプロト
→Zipprodt, Patricia 686

ジーベル
→Jabir ibn Hayyan 307
→Siebel, Erich Lothar Max
569
→Ziber, Nikolai Ivanovich
685

ジベルノフスキ
→Zipernovsky Károly 686

ジベルノフスキー
→Zipernovsky Károly 686

シマール
→Simard, C.A. 572

シマンスキー
→Shimanskii, Yulian
Aleksandrovich 567

シミアン
→Simiand, François Joseph
572

シミズ
→Shimizu, Christine 567

ジミン
→Zimin, Sergei 686

シミントン
→Symington, William 602

シム
→Sim, Alexander Cameron
572

シムジク
→Szymczyk, Bill 603

シムズ
→Sims, Christopher 573

シーメンス
→Siemens, Sir William 570

シーメンズ
→Siemens, Sir William 570

ジーメンス
→Siemens 570
→Siemens, Carl Friedrich von
570
→Siemens, Carl von 570
→Siemens, Friedrich 570
→Siemens, Werner von 570
→Siemens, Wilhelm von 570
→Siemens, Sir William 570

ジーメンス兄弟
→Siemens, Friedrich 570
→Siemens, Werner von 570
→Siemens, Sir William 570

ジモーニス
→Simonis, Udo Ernst 573

シモネッティ
→Simonetti, Michelangelo
573

シモーネ・デル・ポライオーロ
→Cronaca, Il 143

シモン
→Simon, Franz Eugen 572

シモンイス
→Simões, João Gaspar 572

シモンズ
→Symons, Arthur William
603

シャイイ
→Chailly, Luciano 109

シャーイイスタハーン
→Shaista Khān 564

シャイス
→Chijs, Jacobus Anne van der
117

シャーイスタ・ハーン
→Shaista Khān 564

シャイスタ・ハーン
→Shaista Khān 564

シャイラー
→Schairer, George Swift 547

シャイロック
→Shylock 569

シャインプフルーク
→Scheimpflug, Theodor 548

シャーウッド
→Sherwood, Adrian 567
→Sherwood, Thomas Kilgore 567

シャウッド
→Sherwood, Thomas Kilgore 567

シャウプ
→Shoup, Carl Sumner 568

シャウベ
→Schaube, Adolf 547

シャウロー
→Schawlow, Arthur Leonard 548

シャウロウ
→Schawlow, Arthur Leonard 548

ジャカード
→Jacquard, Joseph Marie 308

ジャカール
→Jacquard, Joseph Marie 308

ジャーギレフ
→Diaghilev, Sergei Pavlovich 162

ジャクソン
→Jackson, Barbara 307
→Jackson, Sir Barry Vincent 307
→Jackson, Sir Thomas Graham 308

ジャクッツィ
→Jacuzzi, Candido 308

ジャグデオ
→Jagdeo, Bharrat 308

ジャク・ドローズ
→Jaques-Droz, Pierre 311

シャグノン
→Chagnon, Donald R. 109

ジャコブ
→Jacob, Georges 308

ジャーコモ・ダ・ヴィニョーラ
→Vignola, Giacomo Barozzi da 641

ジャジー・フェイ
→Jazze Pha 311

ジャーシム
→Jassim bin Muhammad al-Thani, Sheikh 311

シャシン
→Shashin, Valentin Dmitrievich 565

シャース
→Shaath, Nabil 564

シャスター
→Shuster, Joe 569
→Shuster, William Morgan 569

ジャスター
→Juster, Norton 319

シャスティヨン
→Chastillon, Claude 114

ジャスト・ブレイズ
→Just Blaze 319

ジャスパール
→Jaspar, Henri 311

シャターリン
→Shatalin, Stanislav Sergeevich 566

シャタリン
→Shatalin, Stanislav Sergeevich 566

ジャタール
→Jathar, Ganesh Bhaskar 311

ジャック
→Christian-Jaque 118

ジャック・エイム
→Heim, Jacques 281

ジャック・オブ・ニューベリー
→Jack of Newbury 307

ジャック・グリフ
→Griffe, Jacques 255

ジャック=クール
→Coeur, Jacques 127

ジャック・ファット
→Fath, Jacques 201

シャックル
→Shackle, Gerge Lennox Sharman 564

シャッド
→Shad, Bab 564
→Shad, John S.R. 564

シャップ
→Chappe, Claude 113

ジャッフェ
→Jaffé, William 308
→Jaffee, Dwight M. 308

シャッフツベリー伯(7代)
→Shaftesbury, Anthony Ashley Cooper, 7th Earl of 564

ジャーディン
→Jardine, Doctor William 311

ジャニーニ
→Giannini, Amadeo Peter 238

シャニュト
→Chanute, Octave 112

シャヌート
→Chanute, Octave 112

シャネル
→Chanel, Gabrielle 112

シャノン
→Shannon, Claude Elwood 565

シャハ
→Saha, Kamal 537

シャハト
→Schacht, Horace Greeley Hjalmar 546

シャバネー
→Chabaneix, Philippe 109

ジャービル
→Jabir ibn Hayyan 307

ジャービル・イブン・ハイヤーン
→Jabir ibn Hayyan 307

ジャービル・イブン・ハイヤン
→Jabir ibn Hayyan 307

ジャービル・イブン=ハイヤーン
→Jabir ibn Hayyan 307

ジャービル・ビン・ハイヤーン
→Jabir ibn Hayyan 307

ジャービルビンハイヤーン
→Jabir ibn Hayyan 307

ジャービル・ブン・ハイヤーン
→Jabir ibn Hayyan 307

ジャービル=ブン=ハイヤーン
→Jabir ibn Hayyan 307

ジャービル・ブン・ハッヤーン
→Jabir ibn Hayyan 307

ジャービル‐ブン‐ハッヤーン
→Jabir ibn Hayyan 307

シャビーロ
→Shapiro, Irving Saul 565

シャビロ
→Shapiro, Irving Saul 565
→Shapiro, Isaac 565

シャープ
→Sharp, Mitchell William
565
→Sharpe, William Forsyth
565

シャプタル
→Chaptal, Jean Antoine,
Comte de Chanteloup 113

シャーフツベリ
→Shaftesbury, Anthony Ashley
Cooper, 7th Earl of 564

シャフツベリ
→Shaftesbury, Anthony Ashley
Cooper, 7th Earl of 564

シャフツベリー
→Shaftesbury, Anthony Ashley
Cooper, 7th Earl of 564

シャフツベリー7世
→Shaftesbury, Anthony Ashley
Cooper, 7th Earl of 564

シャフツベリ（7世）
→Shaftesbury, Anthony Ashley
Cooper, 7th Earl of 564

シャフツベリー（7代）伯
→Shaftesbury, Anthony Ashley
Cooper, 7th Earl of 564

シャフツベリー7代伯
→Shaftesbury, Anthony Ashley
Cooper, 7th Earl of 564

シャフツベリ（7代伯）
→Shaftesbury, Anthony Ashley
Cooper, 7th Earl of 564

シャフツベリー伯
→Shaftesbury, Anthony Ashley
Cooper, 7th Earl of 564

シャフツベリ伯7世
→Shaftesbury, Anthony Ashley
Cooper, 7th Earl of 564

シャーブルック
→Sherbrooke, Robert Lowe,
Viscount 567

シャーブルック（シャーブルック
の）
→Sherbrooke, Robert Lowe,
Viscount 567

シャーブルックのシャーブルック
→Sherbrooke, Robert Lowe,
Viscount 567

シャプレ
→Chaplet, Ernest 112

シャプレー
→Shapley, Lloyd S. 565

シャベル
→Chapel, Alain 112

シャポシニコフ
→Shaposhnikov, Vladimir
Nikolaevich 565

シャーマン
→Sherman, John 567

ジャーマン
→Jarman, Derek 311

シャミア
→Shamir, Adi 565

ジャミール
→Jameel, Fathulla 309

ジャムジューム
→Jamjoom, Ahmad Salah
309

シャラフ
→Sharaff, Irene 565

ジャラル
→Jalal, Muhammad bin
Yousuf 309

シャーリー
→Schary, Doré 547

シャリー
→Schary, Doré 547

シャリエ
→Charrier, Jacques 114

シャーリップ
→Charlip, Remy 114

シャリニョン
→Charignon, Antoine J.H.
114

シャール
→Schall von Bell, Johann
Adam 547

シャルグラン
→Chalgrin, Jean-François
Thérèse 109

シャルコフ
→Sharkov, Aleksandr
Mikhailovoch 565

シャルダン
→Chardin, Jean 113

ジャルダン
→Jardin, Nicolas 311

シャルドネ
→Chardonnet, Hilaire
Bernigaud come de 113

シャルドネ伯
→Chardonnet, Hilaire
Bernigaud come de 113

シャルトルのフュルベール
→Fulbert de Chartres 224

シャルトルのフルベルツス
→Fulbert de Chartres 224

シャルトルのフルベルトゥス
→Fulbert de Chartres 224

シャルドンネ
→Chardonnet, Hilaire
Bernigaud come de 113

シャルドンネ（伯爵）
→Chardonnet, Hilaire
Bernigaud come de 113

シャルパンティエ
→Charpentier, Alexandre 114
→Charpentier, Georges 114

シャール・フォン・ベル
→Schall von Bell, Johann
Adam 547

シャル・フォン・ベル
→Schall von Bell, Johann
Adam 547

シャル＝フォン＝ベル
→Schall von Bell, Johann
Adam 547

シャルル（5世）
→Charles Ⅴ le Sage 114

シャルル5世
→Charles Ⅴ le Sage 114

シャルル五世
→Charles Ⅴ le Sage 114

シャルル五世（賢明）
→Charles Ⅴ le Sage 114

シャルル大帝
→Karl Ⅰ der Grosse 324

シャルルマーニュ
→Karl Ⅰ der Grosse 324

シャルロ
→Charlot, Andrè 114

シャルロー
→Charlot, Andrè 114

シャルーン
→Scharoun, Hans　547

シャロウン
→Scharoun, Hans　547

シャローン
→Scharoun, Hans　547

シャーン
→Shahn, Ben　564

シャン
→Shann, Theodore　565

シャンク
→Schank, Roger Carl　547

ジャンクリストーフォロ・ロマーノ
→Giancristoforo Romano　237

ジャンスキー
→Jansky, Karl Guthe　310

ジャンソン
→Jenson, Nicolaus　314

ジャン・ダンドリィ
→Jean d'Andely　312

ジャン・デ・シャン
→Jean Deschamps　312

ジャン・デシャン
→Jean Deschamps　312

シャンド
→Shand, Alexander Allan　565

ジャン・ド・シェル
→Jean de Chelles　312

ジャン・ド・バユー
→Jean de Bayeux　312

ジャン・ド・ルーアン
→Jean de Rouen　312

ジャン・ド・ルアン
→Jean de Rouen　312

ジャン・ド・ルービエール
→Jean de Loubière　312

ジャン・ド・ルビエル
→Jean de Loubière　312

ジャン・ドルベ
→Jean d'Orbais　312

ジャン・ドルベー
→Jean d'Orbais　312

ジャン・ドワジー
→Jean d'Oisy　312

ジャンニーニ
→Giannini, Amadeo Peter　238

ジャンヌレ
→Jeanneret, Pierre　312

ジャン・パツー
→Patou, Jean　468

ジャン‐ピエール・カヴァイエ
→Cavaillé, Jean-Pierre　107

シャンビージュ
→Chambiges, Léger　111
→Chambiges, Louis　111
→Chambiges, Martin　111
→Chambiges, Pierre I　111
→Chambiges, Pierre II　111

シャンファーリー
→al-Shanfari, Said Ahmad　565

シャンブレット
→Chambrette, Jacques　112

ジャンボローニャ
→Bologna, Giovanni da　70

シューアル
→Sewall, Samuel　563

シュヴァイガー
→Schweigger, Johann Salomo Christoph　557

ジュヴァイニー
→Juwaynī, 'Alā' al-Dīn 'Aṭā' Malik　320

シュヴァインハイム
→Sweynheym, Konrad　602

シュヴァリエ
→Chevalier, Michel　116

シュヴァルツ
→Schwarz, Franz Xaver　557
→Schwarz, Rudolf　557

ジュウェット
→Jewett, Frank Baldwin　314

シュヴェードラー
→Schwedler, Johann Wilhelm　557

シュヴェヌマン
→Chevénement, Jean Pierre　116

ジュウェル
→Jewell, Marshall　314

シュヴェルツ
→Schwerz, Johann Nepomuk von　557

シュウォーツ
→Schwarz, Harvey Fisher　557

シュヴォテ
→Chevotet, Jean-Michel　116

ジューエット
→Jewett, Frank Baldwin　314

ジュエル
→Juel, Christian Sophus　319

ジュガシビリ
→Stalin, Iosif Vissarionovich　588

ジュグラー
→Juglar, Joséph Clément　319

ジュグラール
→Juglar, Joséph Clément　319

シュケ
→Schuke, Carl Alexander　554
→Schuke, Hans Joachim　554
→Schuke, Karl　555

シュコダ
→Skoda, Emil von　575

ジューコフスキー
→Zhukovskii, Nikolai Egorovich　685

ジュコーフスキー
→Zhukovskii, Nikolai Egorovich　685

ジュコフスキー
→Zhukovskii, Nikolai Egorovich　685

ジュコーフスキィ
→Zhukovskii, Nikolai Egorovich　685

ジュジャーロ
→Giugiaro, Giorgio　242

ジュース・オッペンハイマー
→Süss-Oppenheimer, Joseph　600

ジュース＝オッペンハイマー
→Süss-Oppenheimer, Joseph　600

シュスター
→Schuster, Max Lincoln　557

シュストリス
→Sustris, Friedrich　601

シュタイナー
→Stainer, Jakob　588

シュタイフ
→Steiff, Margarete　590

シュタイン
→Stein, Johann Andreas　590
→Stein, Lorenz von　590
→Stein, Matthäus Andreas　590

シュタ

シュタインドル
→Steindl Imre 591
→Steindl, Joseph 591

シュタインベーク
→Steinway, Henry Engelhard
591

シュタインマン
→Steinmann, Horst 591

シュタインメツ
→Steinmetz, Charles Proteus
591

シュタインメッツ
→Steinmetz, Charles Proteus
591

シュタッケルベルク
→Stackelberg, Heinrich von
588

シュタム
→Stam, Mart 589

シュッケルト
→Schuckert, Johann Sigismund
554

シュッテ＝リホツキー
→Schütte-Lihotzky, Margarete
557

シュティネス
→Stinnes, Hugo 594

シュティンネス
→Stinnes, Hugo 594

シュテットハイマー
→Stetheimer, Hans 592

シュテートハイマー
→Stetheimer, Hans 592

シュテトハイマー
→Stetheimer, Hans 592

シュデーニウス
→Chydenius, Anders 119

シュテュッベン
→Stübben, Joseph Hermann
598

シュテューラー
→Stüler, Friedrich August
598

シュテルン
→Stern, Abraham 592

シュテルンベルク
→Sternberg, Fritz 592

シュート
→Shute, John 569

シュトゥック
→Stuck, Franz von 598

シュトゥム
→Stumm, Karl von 598

シュードザック
→Schoedsack, Ernest
Beaumont 553

シュトラウス
→Straus, Nathan 596

シュトラウマー
→Straumer, Heinrich 596

シュトリーダー
→Strieder, Jacob 597

シュトルナート
→Strnad, Oskar 597

シュトルヒ
→Storch, Nikolaus 595

シュトローフ
→Stroof, Ignaz 597

シュナイダー
→Schneider, Erich 552
→Schneider, Karl 552

シュナイダー＝エスレーベン
→Schneider-Esleben, Paul
552

シュニットカー
→Schnitger, Arp 553

シュニットガー
→Schnitger, Arp 553

シュネック
→Schneck, Adolf G. 552

シュネーデル
→Schneider, Joseph Eugène
552

シュネデール
→Schneider, Joseph Eugène
552

シュネデル
→Schneider, Joseph Eugène
552

シュネーメルヒャー
→Schneemelcher, Wilhelm
552

ジュノー
→Juneau, Solomon Laurent
319

シュバイツァー
→Schweitzer, Pierre-Paul 557

シューハート
→Shewhart, Walter Andrew
567

シューバート
→Shubert, Jacob 568
→Shubert, Lee 568
→Shubert, Sam 568

シューバト
→Shubert, Jacob 568
→Shubert, Lee 568
→Shubert, Sam 568

シュバリエ
→Chevalier, Michel 116

シュバル
→Cheval, Joseph Ferdinand
116

シューバルト
→Schubart, Johann Christian
554

シュパン
→Spann, Othmar 584

シュパンゲンベルク
→Spangenberg, Hans 584

シュパンベルグ
→Spanberg, Martin Petrovich
584

シュピース
→Spiess, Gustav 586

シュピートホフ
→Spiethoff, Arthur August
Caspar 586

シュピートホワ
→Spiethoff, Arthur August
Caspar 586

シュピュラー
→Spühler, Willy 588

ジュファリ
→Juffali, Ahmad 319

シューフェルト
→Shufeldt, Robert Wilson
569

ジュフダル
→Joukhdar, Muhammad Salem
318

シューラー
→Spühler, Willy 588

シュプリンガー
→Springer, Axel 587
→Springer, Julius 587

シュプリングリ
→Sprüngli, Niklaus 588

シュプルング
→Sprung, Adolf 587

シュプレンゲル
→Sprengel, Hermann Johann
Philipp 587

ジュフロア・ダバン
→Jouffroy d'Abbans, Claude
François Dorothée, Marquis
de 318

シュペーア
→Speer, Albert 585

シュペアー
→Speer, Albert 585

シュペート
→Speeth, Peter 585

シュベヌマン
→Chevénement, Jean Pierre
116

シュペール
→Speer, Albert 585

シューホフ
→Shukhov, Vladimir
Grigorievich 569

シュマッケル
→Schmacker, Philipp Bernhard
550

シューマッハー
→Schumacher, Ernst Friedrich
555
→Schumacher, Fritz 555
→Schumacher, Kurt 556

シュマッハー
→Schumacher, Ernst Friedrich
555

シューマッヒャー
→Schumacher, Kurt 556

シューマハー
→Schumacher, Kurt 556

シュマーレンバッハ
→Schmalenbach, Eugen 551

シュマーレンバハ
→Schmalenbach, Eugen 551

シューマン
→Schuman, Robert 556
→Schumann, Maurice 556

シューマン (政治家)
→Schuman, Robert 556

シュミッツ
→Schmitz, Bruno 552

シュミット
→Schmidt, Adolf 551
→Schmidt, Bernhard 551
→Schmidt, Conrad 551

→Schmidt, Friedrich, Freiherr
von 551
→Schmidt, Helmut 551
→Schmidt, Julius August Fritz
551
→Schmidt, Michael Norton
552
→Schmidt, Richard 552
→Shmidt, Otto Yulievich 567

シュミットヘナー
→Schmitthenner, Paul 552

シュミットヘンナー
→Schmitthenner, Paul 552

シュムペーター
→Schumpeter, Joseph Alois
556

シュメトフ
→Chemetov, Paul 115

シュモラー
→Schmoller, Gustav von 552

シュライアー
→Schleyer, Hanns Martin 550

シュライヴァー
→Shriver, Robert Sargent
(Jr.) 568

シュライバー
→Shriver, Robert Sargent
(Jr.) 568

シュラウン
→Schlaun, Johann Conrad
549

シュランベルジェ
→Schlumberger, Conrad 550
→Schlumberger, Marcel 550

シュリ
→Sully, Maximilien de
Béthune, Duc de 599

シュリー
→Sully, Maximilien de
Béthune, Duc de 599

ジュリアーノ・ダ・マイアーノ
→Giuliano da Maiano 242

ジュリウス・ラチェル
→Julius, Lacer 319

ジュリオ・ピッピ・デ・ジャヌッ
ツイ
→Giulio Romano 242

ジューリオ・ロマーノ
→Giulio Romano 242

ジュリオ・ロマーノ
→Giulio Romano 242

シュリック
→Schlick, Arnolt 550
→Schlick, Otto 550

シュリッテン
→Schlitten, Don 550

シュリーマン
→Schliemann, Heinrich 550

シュリューター
→Schlüter, Andreas 550

ジュリョ・ロマーノ
→Giulio Romano 242

ジュール
→Juhl, Finn 319

ジュールダン
→Jourdain, Frantz 318
→Jourdain, John 318

シュルツ
→Schultz, Alfred 555
→Schultz, Henry 555
→Schultz, Howard 555
→Schultz, Theodore William
555
→Schultze, Charles L. 555
→Shultz, George Pratt 569

シュルツェ・ゲヴェルニッツ
→Schulze-Gävernitz, Gerhart
von 555

シュルツェ - ゲーファニッツ
→Schulze-Gävernitz, Gerhart
von 555

シュルツェ=ゲファーニッツ
→Schulze-Gävernitz, Gerhart
von 555

シュルツェ・デーリチュ
→Schulze-Delitzsch, Franz
Hermann 555

シュルツェ・デリッチ
→Schulze-Delitzsch, Franz
Hermann 555

シュルツェ・デーリッチュ
→Schulze-Delitzsch, Franz
Hermann 555

シュルツェ・デリッチュ
→Schulze-Delitzsch, Franz
Hermann 555

シュルツェ=デーリッチュ
→Schulze-Delitzsch, Franz
Hermann 555

シュルツェデーリッチュ
→Schulze-Delitzsch, Franz
Hermann 555

シュル 754 西洋人物レファレンス事典

シュルツェ・ナウムブルク
→Schultze-Naumburg, Paul
555
シュルテ
→Schulte, Aloys 555
ジュールデン
→Jourdain, John 318
シュール・ド・モン
→Sieur De Monts 571
シュレージンガー
→Schlesinger, Helmut 549
シュレジンガー
→Schlesinger, Adolph Martin
549
→Schlesinger, Moritz Adolph
550
シュレシンジャー
→Schlesinger, James Rodney
549
シュレジンジャー
→Schlesinger, James Rodney
549
シュレーダー
→Schröder, Kurt Freiherr von
554
→Schröder, Rudolf Alexander
554
→Schroeder, Barbet 554
シュレーデル
→Schroeder, Barbet 554
シュレマー
→Schlemmer, Oskar 549
シュレムマー
→Schlemmer, Oskar 549
シュレル=ケストネル
→Scheurer-Kestner, Daniel
Nicolas Auguste 548
ジュレンハンマル
→Gyllenhammar, Pehr Gustaf
263
シュレンマー
→Schlemmer, Oskar 549
シュワイガー
→Schweigger, Johann Salomo
Christoph 557
ジュワイニー
→Juwaynī, 'Alā' al-Dīn 'Aṭā'
Malik 320
シューワル
→Sewall, Samuel 563

シュワルツ
→Schwartz, Anna Jacobson
557
→Schwartz, Norman 557
→Schwarz, Berthold 557
ジュンティ
→Giunti, Domenico 243
シュンペーター
→Schumpeter, Joseph Alois
556
ショー
→Shaw, Edward Stone 566
→Shaw, Joshua E. 566
→Shaw, Percy 566
→Shaw, Richard Norman 566
ショア
→Shore, John 568
ショアジ
→Choisy, François Auguste
118
ショアジー
→Choisy, François Auguste
118
ジョアン・ダ・ノヴァ
→João da Nova 315
ジョイ
→Joy, Bill 318
ショイアー
→Schoyer, Raphael 554
ジョイア
→Gioia, Melchiorre 241
ジョイナー
→Joyner, Henry Batson 318
→Joyner, Marjorie 318
ジョイネル
→Joyner, Henry Batson 318
ショイヤー
→Schoyer, Raphael 554
ジョヴァンニ
→Van Santen, Jan 634
ジョヴァンニ・ダ・ヴェローナ
→Giovanni da Verona 241
ジョヴァンニ・ダ・ウーディネ
→Udine, Giovanni da 627
ジョヴァンニ・ダ・カンピオーネ
→Giovanni da Campione 241
ジョヴァンニ・ダ・グッビオ
→Giovanni da Gubbio 241
ジョヴァンニ・ダゴスティーノ
→Giovanni d'Agostino 241

ジョヴァンニ・ダ・ボローニャ
→Bologna, Giovanni da 70
ジョヴァンニダボローニャ
→Bologna, Giovanni da 70
ジョヴァンニ・ダルマータ
→Giovanni Dalmata 241
ジョヴァンニ・ダルマタ
→Giovanni Dalmata 241
ジョヴァンニ・ダンブロージョ
→Giovanni d'Ambrogio 241
ジョヴァンニ・ディ・バルドゥッ
チョ
→Giovanni di Balduccio 241
ジョヴァンニ・ディ・ビッチ・デ・
メディチ
→Medici, Giovanni di Bicci de'
410
ジョヴァンニ・ディ・ボニーノ
→Giovanni di Bonino 241
ジョヴァンニ・デッリ・エレミ
ターニ
→Giovanni degli Eremitani
241
ジョヴァンニーノ・デ・グラッシ
→Giovannino de' Grassi 242
ジョヴァンニ・ピサーノ
→Pisano, Giovanni 484
ジョヴァンノーニ
→Giovannoni, Gustavo 242
ショウヴ
→Shove, Gerald Frank 568
(小) エレラ
→Herrera, Francisco de el
Joven 285
(小) サンガッロ
→Sangallo, Antonio Picconi da
540
(小) サンガロ
→Sangallo, Antonio Picconi da
540
(小) セネカ
→Seneca, Lucius Annaeus
561
(小) ピット
→Pitt, William 485
小ピット
→Pitt, William 485
(小) ポリュクレイトス
→Polykleitos 490

(小) メトゾー
　→Metezeau, Clément　416
ジョウンズ
　→Jones, Inigo　317
ショクリ
　→Shockley, William Bradford　567
ショクリー
　→Shockley, William Bradford　567
ショクレー
　→Shockley, William Bradford　567
ジョコンド
　→Giocondo, Fra Giovanni　240
　→Giocondo, Lisa del　241
ジョーシー
　→Jōshī, Gopāl Vāsudev　318
ジョージ
　→George, Henry　235
ジョージェスク・レーゲン
　→Georgescu-Roegen, Nicholas　235
ジョージェスク・レーゲン
　→Georgescu-Roegen, Nicholas　235
ジョージェスク＝レーゲン
　→Georgescu-Roegen, Nicholas　235
ジョージェスクー＝ローゲン
　→Georgescu-Roegen, Nicholas　235
ジョージ＝マーシャル
　→Marshall, George Catlett　402
ショーストレーム
　→Sjöström, Victor　575
ジョセフ
　→Joseph, Keith Sinjohn　318
ジョゼフ（ポートソーケンの）
　→Joseph, Keith Sinjohn　318
ジョゼフ・カヴァイエ
　→Joseph Cavaillé　318
ジョーダン
　→Jordan, Neil　317
ショックリ
　→Shockley, William Bradford　567
ショックリー
　→Shockley, William Bradford　567

ショックレー
　→Shockley, William Bradford　567
ショックレイ
　→Shockley, William Bradford　567
ショッケン
　→Schocken, Gershom Gustav　553
　→Schocken, Salman　553
ショット
　→Schott, Friedrich Otto　554
ジョット
　→Giotto di Bondone　241
ジョットー
　→Giotto di Bondone　241
ジョット・ディ・ボンドーネ
　→Giotto di Bondone　241
ジョッフレード
　→Gioffredo, Mario　241
ショート
　→Short, Hugh Oswald　568
　→Short, James　568
ジョドアン
　→Jodoin, René　315
ショードサック
　→Schoedsack, Ernest Beaumont　553
ショートランズのスタンプ
　→Stamp, Josiah Charles　589
ジョナス
　→Jonas, Frederick Maurice　316
ジョニー・ジェイ
　→Johnny J　315
ショーネー
　→Schone, Frederic Henri　553
ジョバンニ・ダ・ボローニャ
　→Bologna, Giovanni da　70
ジョバンニ・ダルマータ
　→Giovanni Dalmata　241
ジョバンニ・ピサーノ
　→Pisano, Giovanni　484
ジョブズ
　→Jobs, Steven　315
ショーメ
　→Chaumet, Joseph　115
ジョーヤ
　→Gioia, Melchiorre　241

ショラカー
　→Shoraka, Jalil　568
ジョリヴェ
　→Jolivet, André　316
ジョリベ
　→Jolivet, André　316
ショーリン
　→Shorin, Aleksandr Fyodorovich　568
ショル
　→Scholl, William　553
ジョルゲンソン
　→Jorgenson, Dale Weldeau　317
ジョルジェスク・レーゲン
　→Georgescu-Roegen, Nicholas　235
ショールズ
　→Scholes, Myron　553
　→Sholes, Christopher Latham　568
ジョルダーニ
　→Giordani, Gian Luigi　241
ジョルトフスキー
　→Zholtovsky, Ivan Vladislavovich　685
ショーロー
　→Schawlow, Arthur Leonard　548
ショーロウ
　→Schawlow, Arthur Leonard　548
ショワジ
　→Choisy, François Auguste　118
ショワジー
　→Choisy, François Auguste　118
ジョワユーズ
　→Joyeuse, Jean de　318
ジョン
　→Jean, Wyclef　312
ジョン・オブ・グローチェスター
　→John of Gloucester　315
ジョン＝ケイ
　→Kay, John　326
ジョーンズ
　→Jones, David　317
　→Jones, Eliot　317
　→Jones, Inigo　317
　→Jones, Owen　317
　→Jones, Quincy　317

シヨン   756   西洋人物レファレンス事典

→Jones, Richard 317
→Jones, Samuel Milton 317

ジョンズ
→Johns, Glyn 315

ジョン=ステュアート=ミル
→Mill, John Stuart 420

ジョンストン
→Johnston, Eric 316
→Johnstone, Anna Hill 316

ジョンスン
→Johnson, Philip Cortelyou 316

ジョンソン
→Johnson, Alvin Saunders 315
→Johnson, Bryan Stanley 315
→Johnson, Clarence Leonard 315
→Johnson, Edward 315
→Johnson, Emory Richard 316
→Johnson, Harry Gordon 316
→Johnson, Howard Deering 316
→Johnson, Hugh Samuel 316
→Johnson, Isaac Charles 316
→Johnson, Philip Cortelyou 316
→Johnson, Sir William 316

ションドレイ
→Shondrae 568

ションバーク
→Schomburgk, Sir Robert Hermann 553

ションブルク
→Schomburgk, Sir Robert Hermann 553

ジョン・ヘンリー
→John Henry 315

シラー
→Schiller, Karl 549

シラウィー
→al-Shirawi, Yousuf bin Ahmad 567

シラーエフ
→Silaev, Ivan Stepanovich 571

ジラード
→Girard, Stephen 242

ジラール
→Girard, Philippe Henri de 242
→Girard, Stephen 242

ジラルダン
→Girardin, Émile de 242

ジラルディ
→Gilardi, Domenico 238

ジリ
→Gilli, Marcel 240

ジリー
→Gilly, David 240
→Gilly, Friedrich 240

シリアクス (アンコーナの)
→Cyriacus Ciriacus Anconitanus 147

シリアニ
→Ciriani, Henri 120

シリングス
→Schillings, Max von 549

シール
→Thiele, Bob 611

シルヴァー
→Silver, John 572

シルヴァーニ
→Silvani, Gherardo 572

シルヴェイラ
→Silveira, Gonçalo da 572

シルエット
→Silhouette, Etionne de 571

シルキウス
→Syrkius, Helena 603

シルクウッド
→Silkwood, Karen 571

シルバ
→Silva, Juan de 572

シルバーストーン
→Silberston, Aubrey Zangwill 571

シルバーストン
→Silberston, Zangwill Aubrey 571

ジルバーマン
→Silbermann, Andreas 571
→Silbermann, Gottfried 571

ジルバマン
→Silbermann, Gottfried 571

シルベイラ
→Silveira, Gonçalo da 572

シルベッティ
→Silvetti 572

ジルベール
→Gilbert, Philéas 239

ジルベル
→Gilbert, Gustav Jean Marie 239

シルベルマン
→Silbermann, Serge 571

ジルベルマン
→Silbermann, Andreas 571
→Silbermann, Gottfried 571

シルマン
→Sillman, Leonard 572

ジレット
→Gillette, King Camp 240

シレン
→Siren, Heikki 574

シロエ
→Siloé, Diego de 572

シロス・ラビーニ
→Sylos-Labini, Paolo 602

シロス・ラビーニ
→Sylos-Labini, Paolo 602

シロス=ラビーニ
→Sylos-Labini, Paolo 602

シローニ
→Sironi, Paolo 574

ジェロニム・デ・ジズス
→Jeronimo de Jesus 314

ジローラモ・ダ・カルピ
→Girolamo da Carpi 242

ジロルド・ディ・ヤーコポ・ダ・コーモ
→Giroldo di Iacopo da Como 242

ジロン
→Dillon, Clarence Douglas 165

シン
→Singh, Dinesh 574
→Singh, Manmohan 574
→Singh, Sardar Swaran 574

シンガー
→Singer, Isaac Merrit 574

シンガニア
→Singhania, Sir Padampat 574

ジンガレッロ
→Zimbalo, Giuseppe 686

シングルトン
→Singleton, John 574

シンクレア
　→Sinclair, Sir Clive Marles 574
　→Sinclair, Sir John 574
シンケル
　→Schinkel, Karl Friedrich 549
ジンジ・ブラウン
　→Djinji Brown 167
シンドラー
　→Schindler, Oskar 549
　→Schindler, Rudolf Michael 549
ジンバロ
　→Zimbalo, Giuseppe 686
シンプソン
　→Simpson, Adele 573
ジンマーマン
　→Zimmerman, Erich Walter 686
　→Zimmerman, Mark A. 686

【ス】

ズーアカンプ
　→Suhrkamp, Peter 599
スアレム
　→Sualem, Renkin 599
スィーガル
　→Seagal, Steven 559
スイチン
　→Sytin Ivan Dmitrievich 603
スィナン
　→Sinan, Mimar 573
スウィージ
　→Sweezy, Alan Richardson 602
　→Sweezy, Paul Marlor 602
スウィージー
　→Sweezy, Alan Richardson 602
　→Sweezy, Paul Marlor 602
スウィフト
　→Swift, Gustavus Franklin 602
スヴィロヴァ
　→Svilova, Elizaveta 601
スウィングル
　→Swingle, Walter Tennyson 602

スウィンソン
　→Swinson, Cyril 602
スウィントン
　→Swinton, Alan Archibald Campbell 602
　→Swinton, Sir Ernest Dunlop 602
スウィンバーン
　→Swinburne, Sir James 602
スウェイディ
　→al-Suweidi, Abdullah bin Nasir 601
　→al-Suweidi, Ahmad Khalifa 601
スヴェーヴォ
　→Svevo, Italo 601
スヴェヴォ
　→Svevo, Italo 601
ズヴェーヴォ
　→Svevo, Italo 601
スヴェーレフ
　→Zverev, Arseni Grigor'evich 687
ズヴェレフ
　→Zverev, Arseni Grigor'evich 687
スウォープ
　→Swope, Gerard 602
スヴォリキン
　→Zworykin, Vladimir Kosma 687
ズウォーリキン
　→Zworykin, Vladimir Kosma 687
ズウォリキン
　→Zworykin, Vladimir Kosma 687
スウォン
　→Swan, Sir Joseph Wilson 601
スオン
　→Swan, Sir Joseph Wilson 601
ズーカー
　→Zukor, Adolph 687
スカイラー
　→Schuyler, Philip John 557
スカウルス
　→Scaurus, Marcus Aemilius 546
スカッピ
　→Scappi, Bartolomeo 546

スカーフ
　→Scarf, Herbert Eli 546
スカモッツィ
　→Bertotti-Scamozzi, Ottavio 58
　→Scamozzi, Vincenzo 545
スカリン
　→Scullin, James Henry 559
スカルツァ
　→Scalza, Ippolito 545
スカルパ
　→Scarpa, Carlo 546
スカルパニーノ
　→Scarpagnino 546
スカルファロット
　→Scalfarotto, Giovanni Antonio 545
スカレラ
　→Scalera, Garret 545
スガン
　→Seguin, Marc 560
スキアパレリ
　→Schiaparelli, Elsa 548
スキッドモア
　→Skidmore, Louis 575
スキナー
　→Skinner, Andrew Stewart 575
スキー・ビーツ
　→Ski Beats 575
スキャパレリ
　→Schiaparelli, Elsa 548
スキラ
　→Skira, Albert 575
スクセライネン
　→Sukselainen, Vieno Johannes 599
スクーラス
　→Skouras, Spyros 576
スクラダノフスキー
　→Skladanowsky, Max 575
スクリップス
　→Scripps, Edward Wyllis 559
　→Scripps, Robert Pain 559
スクリプス
　→Scripps, Edward Wyllis 559
スクリブナー
　→Scribner, Charles 559

スクリブナー（父）
→Scribner, Charles　559

スクリブナー（子）
→Scribner, Charles　559

スケンク
→Schenck, Joseph M.　548

スコウテン
→Schouten, Wilem
Corneliszoon van　554

スコヴロネク
→Skowroneck, Martin　576

スコーシーズ
→Scorsese, Martin　558

スコセッシ
→Scorsese, Martin　558

スコーダ
→Skoda, Emil von　575

スコット
→Scott, Charles Prestwich
558
→Scott, Elizabeth Whitworth
558
→Scott, Sir George Gilbert
558
→Scott, George Gilbert（Jr.）
558
→Scott, Giles Gilbert　558
→Scott, James　558
→Scott, John Oldrid　558
→Scott, Mackay Hugh Baillie
558
→Scott, Mathew　558
→Scott, Sir Percy Moreton
558
→Scott, Randolph　558
→Scotto, Girolamo　559

スコット・ストーチ
→Scott Storch　559

スコパース
→Skopas　575

スコパス
→Skopas　575

ズコール
→Zukor, Adolph　687

スコーレル
→Scorel, Jan Van　557

スコレル
→Scorel, Jan Van　557

スザート
→Susato, Tylman　600

ズストリス
→Sustris, Friedrich　601

スター
→Starr, Ellen Gates　590

スタイン
→Stein, Herbert　590

スタインウェー
→Steinway, Henry Engelhard
591

スタインウェイ
→Steinway, Henry Engelhard
591

スタインバーグ
→Steinberg, Saul　591

スタインベルク
→Steinberg, Saul　591

スタインベルグ
→Steinberg, Saul　591

スタインマン
→Steinman, David B　591

スタインメッツ
→Steinmetz, Charles Proteus
591

スタウト
→Stout, William Bushnell
595

スタージス
→Sturgis, Russell　599

スタージャン
→Sturgeon, William　598

スタージョン
→Sturgeon, William　598

スターソフ
→Stasov, Vasilij Petrovich
590

スタッキーニ
→Stacchini, Ulisse　588

スタックポール・エリダーのサイ
モン
→Simon, John Allsebrook, 1st
Viscount　573

スタッダード
→Stoddard, William Osborn
594

スタットラー
→Statler, Ellsworth Milton
590

スタティラス
→Statiras, Gus　590

スタトラー
→Statler, Ellsworth Milton
590

スターナー
→Sterner, Richard　592

スタナップ
→Stanhope, Charles, 3rd Earl
589
→Stanhope, James, 1st Earl
589

スタニア
→Stanier, Sir William Arthur
589

スタハーノフ
→Stakhanov, Aleksei
Grigorievich　588

スタハノフ
→Stakhanov, Aleksei
Grigorievich　588

スタム
→Stam, Mart　589

スターリ
→Starley, James　589

スターリー
→Starley, James　589

スターリン
→Stalin, Iosif Vissarionovich
588

スターリング
→Stirling, James　594
→Stirling, Sir James　594
→Stirling, Sir James Frazer
594
→Stirling, Patrick　594
→Stirling, Robert　594

スタール
→Staal, Jan Frederik　588

スタルク
→Starck, Philippe　589

スターロフ
→Starov, Ivan Egorovich　590

スタローフ
→Starov, Ivan Egorovich　590

スタンズ
→Stans, Maurice Hubert　589

スタンプ
→Stamp, Josiah Charles　589

スタンプ（ショートランズの）
→Stamp, Josiah Charles　589

スタンフォード
→Stanford, Amasa Leland
589

スタンリー
→Stanley, William　589

経済・産業篇　　　759　　　ストラ

スチーヴンソン
→Stephenson, George　591

スチーブンズ
→Stevens, John　593
→Stevens, Wallace　593

スチーブンソン
→Stephenson, George　591
→Stephenson, Robert　592

スチブンソン
→Stephenson, George　591

スチュアート
→Steuart, Sir James Denham
　593
→Stewart, Ellen　593
→Stuart, James　598

スチュードベイカー
→Studebaker, Clement　598

スチュードベーカー
→Studebaker, Clement　598
→Studebaker, John Mohler
　598

スチュワート
→Stewart, Martha　594

ズッター
→Sutter, Johann August　601

スツルベ
→Struve, Petr Berngardovich
　597

スティーヴンズ
→Stevens, John　593
→Stevens, Robert Livingston
　593
→Stevens, Wallace　593

スティーヴンスン
→Stephenson, George　591

スティーヴンソン
→Stephenson, George　591
→Stephenson, Robert　592

スティヴンソン
→Stephenson, George　591
→Stephenson, George Robert
　592
→Stephenson, John　592
→Stephenson, Robert　592

スティグウッド
→Stigwood, Robert　594

スティグラー
→Stigler, George Joseph　594

スティクリー
→Stickley, Gustav　594

スティグリッツ
→Stiglitz, Joseph　594

スティーゲル
→Stiegel, Henry William　594

スティードマン
→Steedman, Ian　590

スティビッツ
→Stibitz, George Robert　594

スティブラー
→Stabler, Harold　588

スティーブンス
→Stevens, Wallace　593

スティーブンズ
→Stevens, John　593
→Stevens, Wallace　593

スティーブンソン
→Stephenson, George　591
→Stephenson, Robert　592

スティブンソン
→Stephenson, George　591

スティルマン
→Stillman, James　594

ステヴィーン
→Stevin, Simon　593

ステヴィン
→Stevin, Simon　593

ステーチキン
→Stechkin, Boris Sergeevich
　590

ステッティニアス
→Stettinius, Edward Reilley
　592
→Stettinius, Edward Reilly
　(Jr.)　592

ステットソン
→Stetson, John Batterson
　592

ステティニアス
→Stettinius, Edward Reilly
　(Jr.)　592

ステティニス
→Stettinius, Edward Reilly
　(Jr.)　592

ステビーン
→Stevin, Simon　593

ステビン
→Stevin, Simon　593

ステーファニ
→Stefani, Guglielmo　590

ステファヌス
→Estienne, Henri　196

ステーフィン
→Stevin, Simon　593

ステフィン
→Stevin, Simon　593

ステュアート
→Steuart, Sir James Denham
　593
→Stewart, Ellen　593
→Stewart, Jon　593
→Stuart, George Hay　598
→Stuart, James　598

ステューデント
→Gosset, William Sealy　249
→Student　598

ステュルジャン
→Sturgeon, William　598

ステュルレル
→Sturler, Joan Willem de　599

ステルン
→Stern, Raffaello　592

ストゥルレル
→Sturler, Joan Willem de　599

ストーク
→Stoeke, Janet Morgan　595

ストークス
→Stokes, Donald Gresham
　595

ストダート
→Stoddert, Benjamin　595

ストッダード
→Stoddard, William Osborn
　594

ストドラ
→Stodola, Aurel　595

ストライク
→Strike, Clifford Stewart　597

ストラウス
→Straus, Isidor　596

ストラウド
→Stroud, William　597

ストラット
→Strutt, Jedediah　597
→Strutt, William　597

ストラディヴァーリ
→Stradivari, Antonio　596

ストラディヴァリ
→Stradivari, Antonio　596

ストラディバリ
→Stradivari, Antonio　596

ス

ストラ

Column 1

ストラテマイヤー
→Stratemeyer, Edward L　596

ストーリー
→Storie, Frank Robert　595

ストリックランド
→Strickland, Mabel　597
→Strickland, William　597

ストリート
→Street, George Edmond　596

ストルーヴェ
→Struve, Petr Berngardovich
597

ストルテンベルグ
→Stoltenberg, Jens　595

ストルパー
→Stolper, Wolfgang Friedrich
595

ストルーペ
→Struve, Petr Berngardovich
597

ストールマン
→Stallman, Richard Matthew
589

ストルミーリン
→Strumilin, Stanislav
Gustavovich　597

ストルミリン
→Strumilin, Stanislav
Gustavovich　597

ストルーミン
→Strumilin, Stanislav
Gustavovich　597

ストルンブリンク
→Stornebrink, Ludwicus　595

ストレイチー
→Strachey, Christopher　595
→Strachey, John　596

ストレイト
→Straight, Willard Dickerman
596

ストレーチ
→Strachey, John　596

ストレーチー
→Strachey, John　596

ストレート
→Straight, Willard Dickerman
596

ストレーレル
→Strehler, Giorgio　596

ストレンジ
→Strange, Susan　596

Column 2

ストロガノフ
→Stroganov, Grigori　597

ストローガノフ家
→Stroganov　597

ストローク
→Strok, Alexander　597

ストロース
→Strauss, Lewis Lichtenstein
596

ストローズ
→Strauss, Lewis Lichtenstein
596

ストロング
→Strong, Maurice Frederick
597

ストーン
→Stone, Edward Durell　595
→Stone, John Richard
Nicholas　595
→Stone, Melville Elijah　595
→Stone, Nicolas　595
→Stone, William Henry　595

ストーントン
→Staunton, Sir George
Thomas　590

ストーンヘイヴンのリース
→Reith (of Stonehaven), John
(Charles Walsham) Reith,
Baron　510

ストーンマン
→Stoneman, Abigail　595

スナイダー
→Snider, Jacob　579
→Snyder, John　580
→Snyder, John Wesley　580
→Snyder, Richard　580

スナイドル
→Snider, Jacob　579

スナイプス
→Snipes, Wesley　579

スヌーク
→Snoecq, Dircq　579

スネリウス
→Snell van Roijen, Willebrord
579

スネル
→Schnell, Edward　552
→Schnell, Henry　553
→Snell van Roijen, Willebrord
579

スノーデン
→Snowden, Philip, 1st
Viscount　579

Column 3

スノードン
→Snowden, Philip, 1st
Viscount　579
→Snowdon, Antony
Armstrong-Jones, 1st Earl of
580

スハイク
→Schayk, Toer van　548

スハイム
→Suhaim bin Hamad al-Thani,
Sheikh　599

スパイヤー
→Speyer, James　585

ズバイル
→Zubair, Muhammad　687

スパヴェント
→Spavento, Giorgio　584

スハウテン
→Schouten, Joost　554
→Schouten, Wilem
Corneliszoon van　554

スハーデル
→Schaedel, Juriaen　546

スハーノフ
→Sukhanov, H.　599

スハノフ
→Sukhanov, H.　599

スハープ
→Schaep, Hendrick
Corneliszoon　546

スーパーフライ
→Soopafly　583

スパルタ出身のカリクラテス
→Kallikratēs　322

スピエス=キエア
→Spies-Kjaer, Janni　586

スピーゲル
→Spiegel, Sam　585

スピッツ
→Spitz, Armand N.　587

スピノーザ
→Spinoza, Baruch de　587

スピノザ
→Spinoza, Baruch de　587

スピハルスキ
→Spychalski, Marian　588

スピハルスキー
→Spychalski, Marian　588

スピーラー
→Spiller, James　586

スピラー
→Spiller, James　586

スピルズベリ
→Spilsbury, John　586

スピルハウス
→Spilhaus, Athelstan Frederick　586

スピールバーグ
→Spielberg, Steven　586

スピルバーグ
→Spielberg, Steven　586

スピルマン
→Spillman, William Jasper　586

スピールレイン
→Spielrein, Isaak Naftulovich　586

スピルレイン
→Spillane, Mickey　586

スピレイン
→Spillane, Mickey　586

スピレーン
→Spillane, Mickey　586

スピンナー
→Spinner, Francis Elias　586

ズーフ
→Doeff, Hendrik（Jr.）　168

ヅーフ
→Doeff, Hendrik（Jr.）　168

スプライ
→Spry, Constance　588

スプリー
→Spry, Constance　588

スフールレール
→Scheurleer, Daniel François　548

スプルング
→Sprung, Adolf　587

スプレイグ
→Sprague, Frank Julian　587

スプレーグ
→Sprague, Frank Julian　587
→Sprague, Oliver Mitchell Wentworth　587

スプレンゲル
→Sprengel, Hermann Johann Philipp　587

スーフロ
→Soufflot, Jacques Germain　583

スーフロー
→Soufflot, Jacques Germain　583

スフロ
→Soufflot, Jacques Germain　583

スフロー
→Soufflot, Jacques Germain　583

スペクター
→Spector, Phil　585

スペッキ
→Specchi, Alessandro　585

スペックス
→Specx, Jacques　585

スベーボ
→Svevo, Italo　601

ズベーボ
→Svevo, Italo　601

スペリ
→Sperry, Elmer Ambrose　585

スペリー
→Sperry, Elmer Ambrose　585

スペールマン
→Speelman, Cornelis　585

ズベレフ
→Zverev, Arseni Grigor'evich　687

スペンス
→Spence, Sir Basil Urwin　585
→Spence, Michael　585
→Spence, Peter　585
→Spence, Thomas　585

スポッティズウッド
→Spottiswoode, William　587

スポティスウッド
→Spottiswoode, William　587

スポード
→Spode, Josiah　587

ズボーリキン
→Zworykin, Vladimir Kosma　687

スホーレル
→Scorel, Jan Van　557

スマイズソン
→Smythson, Robert　579

スマーク
→Smirke, Sir Robert　576

スマート
→Smart, William　576

スミシーズ
→Smithies, Arthur　579

スミス
→Smith, Adam　577
→Smith, Delia　577
→Smith, Donald Alexander　577
→Smith, Erasmus Peshine　577
→Smith, Sir Francis Pettit　577
→Smith, George Albert　577
→Smith, George Murray　577
→Smith, James H.　577
→Smith, Jededlah Strong　577
→Smith, John　578
→Smith, Oliver　578
→Smith, Robert　578
→Smith, Robert Henry　578
→Smith, Roger　578
→Smith, Roger Bonham　578
→Smith, Tony　578
→Smith, Vernon L.　578
→Smith, William　578
→Smith, William Alexander　578
→Smith, William Henry　578
→Smyth, Admiral William Henry　579

スミスソン
→Smithson, Alison Margaret　579
→Smithson, Huntingdon　579
→Smithson, John　579
→Smythson, Robert　579

スミスソン（夫妻）
→Smithson, Alison Margaret　579
→Smithson, Peter Denham　579

スミッソン
→Smithson, Alison Margaret　579
→Smithson, Peter Denham　579
→Smythson, Robert　579

スミッソン夫妻
→Smithson　579

スミートン
→Smeaton, John　576

スメリー
→Smellie, William　576

スライマーン
→Sulaimān　599

スライマーン・アル・マハリー
→Sulaimān al-Mahrī al-Muḥammadī　599

スライ　　　　　　　　　　　　762　　　　　　　　　西洋人物レファレンス事典

スライマーン・アルマフリー
→Sulaimān al-Mahrī al-
Muḥammadī　599

スライマーン・タージル
→Sulaymān al-Tājir　599

スライマーン・マフリー
→Sulaimān al-Mahrī al-
Muḥammadī　599

スラッファ
→Sraffa, Piero　588

スラビー
→Slaby, Adolph Karl Heinrich
576

スリクター
→Slichter, Sumner Huber　576

ズールカンプ
→Suhrkamp, Peter　599

スルタン
→Sultan bin Ahmad al-Mualla,
Sheikh　600
→Sultan bin Muhammad al-
Qasimi, Sheikh　600

ズルタン
→Sultan, Herbert　600

スルーツキー
→Slutskii, Evgenii　576

スルツキー
→Slutskii, Evgenii　576

スレイター
→Slater, Samuel　576

スレイマン・アル・マフリー
→Sulaimān al-Mahrī al-
Muḥammadī　599

スレーター
→Slater, Samuel　576

スローン
→Sloan, Alfred Pritchard　576

スワラン
→Singh, Sardar Swaran　574

スワラン・スィン
→Singh, Sardar Swaran　574

スワン
→Swan, Sir Joseph Wilson
601
→Swan, Peter Lawrence　602

スンケル
→Sunkel, Osvaldo　600

スンバートフ
→Sumbatov, Aleksandr
Ivanovich　600

【 セ 】

セー
→Say, Jean Baptiste　545
→Say, Jean Baptiste Léon
545
→Sée, Henri　560

セア
→Sayre, Lewis Albert　545

セイ
→Say, Jean Baptiste　545
→Say, Jean Baptiste Léon
545

セイヴァリー
→Savery, Thomas　544

聖エリギウス
→Eligius　189

聖カスバート
→Cuthbert, St　146

聖クレメンス1世
→Clemens I　123

聖パウロ
→Paulos　469

セイモア
→Seymour, Mary Foot　564

セイヤー
→Sayre, Lewis Albert　545

セイヤーズ
→Sayers, Richard Sidney　545

聖ヨセフ
→Joseph　317

セイルズ
→Sayles, John　545

セインズベリー（ドルリー・レーン
の）
→Sainsbury (of Drury Lane),
Alan John Sainsbury, Baron
537

ゼインツ
→Zaentz, Saul　683

セヴァースキー
→Seversky, Alexander
Procofieff de　563

セヴァスキー
→Seversky, Alexander
Procofieff de　563

セーヴァリ
→Savery, Thomas　544

セヴァリー
→Savery, Thomas　544

ゼーヴィ
→Zevi, Bruno　685

セーヴェリ
→Savery, Thomas　544

セヴォス
→Sevoz, Denis　563

セガール
→Seagal, Steven　559

セガン
→Seguin, Marc　560

セグアン
→Seguin, Marc　560

セグレ
→Segrè, Marcellino　560

セケイラ
→Sequeira, Diogo Lopes de
562

セーザル
→Caezar, Martinus　94

セジウィック
→Sedgwick, Ellery　559

セシル＝ローズ
→Rhodes, Cecil John　512

セソストリス2世
→Sesostris II　563

ゼッカ
→Zecca, Ferdinand　684

ゼッキン
→Zecchin, Vittorio　684

ゼッケンドーフ
→Zeckendorf, William　684

ゼッケンドルフ
→Seckendorff, Veit Ludwig von
559

セッハルト
→Shepherd, Charles　566

セッパルト
→Shepherd, Charles　566

セップ・フォン・レネック
→Sepp von Reinegg, Anton
562

セディージョ
→Zedillo, Ernesto　684

セディジョ
→Zedillo, Ernesto　684

ゼーデルマイヤ
→Sedlmayr, Hans　560

ゼーデルマイヤー
  →Sedlmayr, Hans 560
ゼートベーア
  →Soetbeer, Georg Adolf 580
ゼートベール
  →Soetbeer, Georg Adolf 580
ゼードルマイア
  →Sedlmayr, Hans 560
ゼードルマイアー
  →Sedlmayr, Hans 560
ゼードルマイヤー
  →Sedlmayr, Hans 560
ゼードルマイル
  →Sedlmayr, Hans 560
セナーパティ
  →Senāpati, Fakīrmohan 561
ゼナーレ
  →Zenale, Bernardino 684
セネカ
  →Seneca, Lucius Annaeus 561
セネカ (小)
  →Seneca, Lucius Annaeus 561
セネット
  →Sennett, Mack 562
ゼーネフェルダー
  →Senefelder, Aloys 562
ゼネフェルダ
  →Senefelder, Aloys 562
ゼネフェルダー
  →Senefelder, Aloys 562
ゼノン
  →Zēnōn 684
ゼーバー
  →Seeber, Guido 560
セーバリ
  →Savery, Thomas 544
セーバリー
  →Savery, Thomas 544
セバリー
  →Savery, Thomas 544
セーベリ
  →Savery, Thomas 544
セーヘルス
  →Seghers, Gerard 560
セボス
  →Sevoz, Denis 563

セラ
  →Serra, Antonio 563
セラーズ
  →Sellers, William 561
セラート
  →Serrato, José 563
セラノ
  →Serrano, Jorge 563
セラン
  →Serrão, Francisco 563
ゼーラント
  →Van Zeeland, Paul 635
セリグマン
  →Seligman, Edwin Robert Anderson 560
セーリス
  →Saris, John 543
ゼーリング
  →Sering, Max 563
セルヴァ
  →Selva, Giovanni Antonio 561
セルヴァーティコ・エステンセ
  →Selvatico Estense, Pietro 561
セルヴァンドーニ
  →Servandoni, Giovanni Niccolò 563
ゼルゲル
  →Sörgel, Hermann 583
セルシフロン・オブ・クロイソス
  →Cersifrón of Croisos 109
セルズニック
  →Selznick, David Oliver 561
セルダ・イ・スニェール
  →Cerdà i Sunyer, Ildefonso 109
ゼルテン
  →Selten, Reinhard 561
セルト
  →Sert i López, Josep Lluís 563
ゼルハイム
  →Söllheim, Fritz 581
セルバンドーニ
  →Servandoni, Giovanni Niccolò 563
ゼールフュス
  →Zehrfuss, Bernard 684

セルフリッジ
  →Selfridge, Harry Gordon 560
セルマガ
  →Serumaga, Robert 563
セルリオ
  →Serlio, Sebastiano 563
セルリョ
  →Serlio, Sebastiano 563
セレーニ
  →Seregni, Vincenzo 562
ゼロニモ・デ・ゼズス
  →Jeronimo de Jesus 314
ゼロニモデゼズス
  →Jeronimo de Jesus 314
セーン
  →Sen, Rāmkamal 561
セン
  →Sen, Amartya Kumar 561
ゼンガー
  →Zenger, John Peter 684
セント・ジョゼフ
  →Saint Joseph, John Kenneth Sinclair 538
ゼンパー
  →Semper, Gottfried 561
センムート
  →Senmut 562

【ソ】

ソアーヴェ
  →Soave, Felice 580
ソーヴァージュ
  →Sauvage, Henri 544
ソウザ
  →Sousa, Martin Afonso de 584
  →Souza, Fernao de 584
ソウザ・ビルネ
  →Sousa Byrne, Goncalo 584
ソウル
  →Soule, George Henry (Jr.) 584
ソクスレト
  →Soxhlet, Franz 584

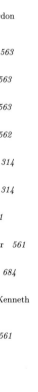

ソーザ
→Sousa, Martin Afonso de
584

ソザ
→Souza, Fernao de　584
→Souza, Lionel de　584

ソストラトス
→Sostratus　583

ソットサス
→Sottosass, Ettore（Jr.）　583

ソッピース
→Sopwith, Sir Thomas
Octavius Murdock　583

ソップウィス
→Sopwith, Sir Thomas
Octavius Murdock　583

ソート・マヨール
→Souto-Maior, Nuno　584

ソーニクロフト
→Thornycroft, Sir John Issac
613

ソネンシャイン
→Sonnenschein, Hugo Freund
582

ソーバージュ
→Sauvage, Henri　544

ソープ
→Sorp, John　583
→Thorp, Willard　613

ソーブル
→Sobre, Jean-Nicolas　580

ソブル
→Sobre, Jean-Nicolas　580

ソマーズ
→Somers, Sir George　582

ゾムバルト
→Sombart, Werner　582

ゾムバルド
→Sombart, Werner　582

ソーヤー
→Sawyer, Gordon E.　544

ソラティーニ
→Soratini, Paolo　583

ゾーラトフ
→Zolotov, Evgenii Vasilievich
687

ソラナス
→Solanas, Fernando Ezequiel
580

ソラーリ
→Solari, Cristoforo　580
→Solari, Giovanni　580
→Solari, Guiniforte　580
→Solari, Pietro Antonio　580
→Solari, Santino　580

ソラリ
→Solari, Cristoforo　580

ソラーリオ
→Solari, Cristoforo　580

ソラリオ
→Solari, Cristoforo　580

ソーリ
→Soli, Giuseppe Maria　581

ソリ
→Soli, Giuseppe Maria　581

ソリーア
→Soria, Giovanni Battista
583

ソリア・イ・マータ
→Soria y Mata, Arturo　583

ゾリグ
→Zorig, Sanjaasurengiin　687

ソリメーナ
→Solimena, Francesco　581

ソリメナ
→Solimena, Francesco　581

ソリヤ
→Soria, Georges　583

ソールヴェー
→Solvay, Ernest　581

ソルヴェ
→Solvay, Ernest　581

ソルヴェー
→Solvay, Ernest　581

ソルヴェイ
→Solvay, Ernest　581

ソルト
→Salt, Sir Titus　539

ソールバーグ
→Thalberg, Irving　610

ソルベ
→Solvay, Ernest　581

ソルベー
→Solvay, Ernest　581

ソレーリ
→Soleri, Paolo　581

ソレリ
→Soleri, Paolo　581

ソロー
→Solow, Robert Merton　581

ソロス
→Soros, George　583

ゾロタス
→Zolotas, Xenophon　686

ソロビヨフ
→Solov'yov, Yulii Filippovich
581

ソロモン
→Solomon　581
→Solomon, Flora　581
→Solomon, John　581
→Solomon, Solomn Joseph
581

ソロモン（旧約聖書）
→Solomon　581

ソーン
→Soane, Sir John　580

ソンク
→Sonck, Lars Eliel　582

ソンゾーニョ
→Sonzogno, Edoardo　583

ソーンダイク
→Thorndike, Lynn　613

ソンタグ
→Sontag, Susan　583

ソンタッグ
→Sontag, Susan　583

ソーントン
→Thornton, Charles Bates
613
→Thornton, Edward　613
→Thornton, Henry　613
→Thornton, Tex　613
→Thornton, William　613
→Thornton, William Thomas
613

ソンニーノ
→Sonnino, Giorgio Sidney
582

ソンニノ
→Sonnino, Giorgio Sidney
582

ソンネンフェルス
→Sonnenfels, Joseph von　582

ゾンネンフェルス
→Sonnenfels, Joseph von　582

ゾンバルト
→Sombart, Werner　582

ソンマルーガ
→Sommaruga, Giuseppe　582

【タ】

ダイアー
　→Dyer, Henry　182
　→Dyer, Samuel　182

ダイアック
　→Diack, John　162

ダイアモンド
　→Diamond, Charles　163
　→Diamond, Peter A.　163

ダイアモンド・ディー
　→Diamond D　163

ダイヴァー
　→Diver, Jenny　167

ダイエル
　→Dyer, Henry　182

タイガーマン
　→Tigerman, Stanley　615

(大) カロン
　→Caron, François　103

ダイクストラ
　→Dijkstra, Edsger Wybe　165
　→Dykstra, John Charles　182

ダイケル
　→Duiker, Johannes　177

ダイシ
　→Dicey, Albert Venn　163

ダイシー
　→Dicey, Albert Venn　163

ダイセンベルフ
　→Duisenberg, Willem　177

ダイダロス
　→Daidalos　148

ダイデ
　→Daydé, Bernard　154

タイトルマン
　→Titleman, Russ　616

(大) ポリュクレイトス
　→Polukleitos　490

(大) ポンペイウス・マグヌス
　→Pompeius Magnus, Gnaeus　490

ダイムラー
　→Daimler, Gottlieb Wilhelm　148

(大) メトゾー
　→Metezeau, Clément　416

ダイヤー
　→Dyer, Henry　182

ダイヤモンド
　→Diamond, Peter A.　163

タイユヴァン
　→Taillevent　603

ダインズ
　→Dines, William Henry　165

ダウ
　→Dow, Herbert Henry　172

ダヴィウ
　→Davioud, Gabriel Jean Antoine　153

ダーヴィト
　→David, Eduard　153

ダヴィドソン
　→Davidson, David　153

ダヴィナント
　→Davenant, Sir William　153

ダヴィレ
　→Daviller, Charles Augustin　153

ダヴィレール
　→Daviller, Charles Augustin　153

ダ・ヴィンチ
　→Leonardo da Vinci　364

ダヴェナント
　→Davenant, Charles　153
　→Davenant, Sir William　153

タヴェルニエ
　→Tavernier, Jean-Baptiste　606

ダヴェンポート
　→Davenport, Herbert Joseph　153

タウシッグ
　→Taussig, Frank William　606

ダウゼンベルヒ
　→Duisenberg, Willem　177

ダウッド
　→Dawood, Ahmed　154

ダヴット
　→Davut, Aga　154

ダウティー
　→Dowty, George　173

タウト
　→Taut, Bruno　606
　→Taut, Max　606

タウトー
　→Taut, Bruno　606

ダウド
　→Dowd, Tom　172

ダヴナント
　→Davenant, Charles　153
　→Davenant, Sir William　153

ダウニング
　→Downing, Andrew Jackson　172

タウフニッツ
　→Tauchnitz, Christian Bernhard von　606

タウン
　→Towne, Henry Robinson　620

タウンゼント
　→Townshend, Charles　620
　→Townshend, Charles, 2nd Viscount　621

タウンゼンド
　→Townsend, Lynn Alfred　620
　→Townshend, Charles　620
　→Townshend, Charles, 2nd Viscount　621

タウンゼンド (レイナムの)
　→Townshend, Charles, 2nd Viscount　621

タウンゼンド子 (2代)
　→Townshend, Charles, 2nd Viscount　621

ダ＝ガマ
　→Gama, Vasco da　229

タギエフ
　→Tağiyev, Haji Zeynalabdin　603

タグウェル
　→Tugwell, Rexford Guy　626

ダグラス
　→Daglous, William K.　147
　→Douglas, Donald Wills　172
　→Douglas, Kirk　172
　→Douglas, Lewis Williams　172
　→Douglas, Michael　172
　→Douglas, Paul Howard　172

ダグラーテ
　→D'Agrate, Gian Francesco Ferreri　147

ダグーレ
　→Dagouret, P.　147

タゲール
→Daguerre, Louis Jacques
Mandé *147*

ダゲール
→Daguerre, Louis Jacques
Mandé *147*

ダーシー
→D'Arcy, William Knox *152*

ターシス
→Tarshis, Lorie *605*

ダジャーニ
→Dajani, Ali Taher *148*

ダジャーニイ
→Dajani, Ali Taher *148*

タージル
→Tajir, Said Muhammad
Mahdi al- *603*

タスカン
→Taskin, Henry Joseph *605*

ダズ・ディリンジャー
→Daz Dillinger *154*

タスマン
→Tasman, Abel Janszoon *605*

ダスラー
→Dassler, Horst *152*

ダソー
→Dassault, Marcel *152*

ターター
→Tātā, Sir Jamshedji
Nusserwanji *605*
→Tata, Jehangir Ratanji
Dadabhoy *605*

タタ
→Tātā, Sir Jamshedji
Nusserwanji *605*
→Tata, Jehangir Ratanji
Dadabhoy *605*

タッカー
→Tucker, Josiah *625*

タック
→Tuck, Raphael *625*

ダッシェ
→Dashe, Lilly *152*

ダッジョン
→Dudgeon, Gus *176*

タッセル
→Tassel, Richard *605*

タッソー
→Tussaud, Marie *627*

ダッソー
→Dassault, Madeleine *152*
→Dassault, Marcel *152*

タッソー夫人
→Tussaud, Marie *627*

ダッタロ
→Dattaro, Francesco *152*

ダッデル
→Duddell, William du Bois
176

ダット
→Dutt, Guru *182*

ダッドリ
→Dudley, Dud *176*
→Dudley, Sir Edmund *176*

ダッドリー
→Dudley, Dud *176*
→Dudley, Sir Edmund *176*
→Dudley, Sir Robert *176*

タッパン
→Tapan, Lewis *605*
→Tappan, Arthur *605*

ダッリオ
→Allio, Donato Felice d' *14*

ダッレ・マゼーニェ
→Dalle Masegne, Iacobello
149
→Dalle Masegne, Pier Paolo
149

ダディ・オー
→Daddy O *147*

ターティス
→Tertis, Lionel *609*

ダデル
→Duddell, William du Bois
176

ダドリ
→Dudley, Dud *176*

ダドリー
→Dudley, Dud *176*
→Dudley, Sir Edmund *176*

タートリン
→Tatlin, Vladimir Evgrafovich
606

タトリン
→Tatlin, Vladimir Evgrafovich
606

ターナー
→Turner, Robert Edward, III
627
→Turner, Samuel *627*
→Turner, Ted *627*

タナクィル
→Tanaquil *604*

タナクイル
→Tanaquil *604*

ダニエーリ
→Danieli, Cecilia *151*

ダニエリソーン
→Daniel'son, Nikolai
Frantsevich *151*

ダニエリソン
→Daniel'son, Nikolai
Frantsevich *151*

ダニエル
→Daniel, Thomas *151*
→Daniell, John Frederic *151*

ダニエルソン
→Daniel'son, Nikolai
Frantsevich *151*

ダニエル・デフォー
→Defoe, Daniel *156*

ダニコ
→Dan'ko, Nataliia Shioevna
151

ダニレーフスキー
→Danilevskij, Viktor
Vasil'evich *151*

ダネーリ
→Daneri, Luigi Carlo *151*

タバート
→Tabart, Benjamin *603*

タピ
→Tapie, Bernard Roger *605*

ダービ
→Darby, Abraham I *151*

ダービー
→Darby, Abraham I *151*
→Darby, Abraham II *152*
→Darby, Abraham III *152*

ダービー1世
→Darby, Abraham I *151*

ダービー2世
→Darby, Abraham II *152*

ダービー3世
→Darby, Abraham III *152*

ダービ(父)
→Darby, Abraham I *151*

ダービ(子)
→Darby, Abraham II *152*

タビアーニ
→Taviani, Paolo Emilio *607*

経済・産業篇 767 タンサ

ダビト4世
→Davit IV 154

ダービー父子
→Darby, Abraham I 151

ダービン
→Durbin, Evan Frank Mottram 181

ダフ=ゴードン
→Duff-Gordon, Lucy 177

ダブナント
→Davenant, Sir William 153

タブマン
→Tubman, Harriet 625

タフーリ
→Tafuri, Manfredo 603

ダブルデイ
→Doubleday, Frank Nelson 172

ダベナント
→Davenant, Sir William 153

タヘル
→Taher, Abdul-Hady H. 603

ダ・ポンテ
→Da Ponte, Antonio 151

ダマスカスのアポロドロス
→Apollodōros of Damascus 22

ダマスクス出身のアポロドロス
→Apollodōros of Damascus 22

ダマスクスのアポロドロス
→Apollodōros of Damascus 22

ダマスコスのアポロドロス
→Apollodōros of Damascus 22

ダマディアン
→Damadian, Raymond Vahan 150

ターマン
→Terman, Frederick Emmons 609

タム
→Tam, Vivienne 604

タメルラン
→Tīmūr 615

ダラー
→Dollar, Robert 169

タラアト・ハルブ
→Ṭal‘at Ḥarb 603

タラアト=ハルブ
→Ṭal‘at Ḥarb 603

タランティーノ
→Tarantino, Quentin 605

タランティノ
→Tarantino, Quentin 605

ダリ
→Dalí, Salvador 149

ターリク
→Tariq bin Taimur al-Said 605

ターリブオフ
→Ṭālibof, ‘Abd al-Raḥīm 604

ターリボフ
→Ṭālibof, ‘Abd al-Raḥīm 604

タル
→Tull, Jethro 626

タルー
→Talû, Naim 604

ダール
→Dahl, Ole-Johan 148

ダルウィッシュ
→Darwish, Yusuf 152

タルク
→Turcq, Dominique 626

ダールグレン
→Dahlgren, John Adolphus Bernard 148

ダルグレン
→Dahlgren, John Adolphus Bernard 148

タルコット
→Talcott, Andrew 604

ダルシー
→Darcy, Henri Philibert Gaspard 152

ダルジェル兄弟
→Dalziel Brothers 150

ダルトン
→Dalton, George 149

タルバーク
→Thalberg, Irving 610

タルバーグ
→Thalberg, Irving 610

ダルビソーラ
→D’Albisola, Tullio 148

ダールベリ
→Dahlberg, Erik 148

ダールベルク
→Dahlberg, Erik 148

タルボット
→Talbot, William Henry Fox 604

タルマン
→Talman, William 604

ダールミア
→Dālmiā, Ramkrishna 149

ダルミア
→Dālmiā, Ramkrishna 149

ダルリンプル
→Dalrymple, Alexander 149

ダレイン
→Dalén, Nils Gustaf 148

ターレガーニー
→Talegani, Khalil 604

タレガーニー
→Talegani, Khalil 604

ダーレス
→Derleth, August William 160

ダレス
→Dulles, Eleanor Lansing 178

ダレーン
→Dalén, Nils Gustaf 148

ダレン
→Dalén, Nils Gustaf 148

タレンティ
→Talenti, Francesco 604
→Talenti, Simone 604

ダロー
→Darrow, Charles 152

ダロンコ
→D’Aronco, Raimondo 152

ダワニ
→Dawani, Abdul Hussain Khalil 154

ダン
→Dun, Edwin 179
→Dunne, Griffin 180
→Dunne, John William 180

ダンカン
→Duncan, Charles W. 179

タンギー爺さん
→Tanguy, le père 604

ダンサー
→Dancer, John Benjamin 150

タンシ　　　　　　　　　768　　　　西洋人物レファレンス事典

ダン・ジ・オートメーター
→Dan The Autometer　151

ダンス
→Dance, George　150

ダンス・ザ・ヤンガー
→Dance, George　150

ダンティ
→Danti, Giulio　151
→Danti, Vincenzo　151

ダントニ
→D'Antoni, Philip　151

ダンドラーデ
→D'Andrade, Alfredo　151

ダンドレ
→Dandre, Victor E.　151

ダンドロ
→Dandolo, Giovanna　151

タンヌリ
→Tannery, Paul　604

タンヌリー
→Tannery, Paul　604

タンネル
→Tanner, Väinö Alfred　604

ダンバー
→Dunbar, Charles Franklin
179

ダンピア
→Dampier, Alfred　150
→Dampier, William　150
→Dampier, Sir William Cecil
150

ダンピアー
→Dampier, William　150
→Dampier, Sir William Cecil
150

ターンブル
→Turnbull, Malcolm Bligh
627

タンブル
→Raymond du Temple　507

ターンボ＝マローン
→Turnbo-Malone, Annie　627

ダンマルタン
→Dampmartin, Drouet　150
→Dampmartin, Guy　150
→Dampmartin, Jean　150

ダンラップ
→Dunlap, William　179

ダンロップ
→Dunlop, John Boyd　179
→Dunlop, John Thomas　180

【 チ 】

チヴィターリ
→Civitali, Matteo　120
→Civitali, Nicolao　120

チヴィターリ・マッテオ
→Civitali, Matteo　120

チヴェルキオ
→Civerchio, Vincenzo　120

チヴス
→Cheves, Langdon　116

チェイス
→Chase, Lucia　114

チェイニー
→Cheney, Dick　115

チェイピン
→Chapin, Aaron Lucius　112

チェインバーズ
→Chambers, Aidan　111
→Chambers, Robert　111
→Chambers, William　111

チェザリアーノ
→Cesariano, Cesare　109

チェース
→Chase, Lucia　114
→Chase, Stuart　114

チェタム
→Chetham, Humphrey　116

チェッピ
→Ceppi, Carlo　109

チェッリーニ
→Cellini, Benvenuto　108

チェネリー
→Chenery, Hollis Burnley　115

チェビシェフ
→Chebychev, Pafnutiy Lvovich
115

チェーピン
→Chapin, Aaron Lucius　112

チェブイシェフ
→Chebychev, Pafnutiy Lvovich
115

チェブイショーフ
→Chebychev, Pafnutiy Lvovich
115

チェブイショフ
→Chebychev, Pafnutiy Lvovich
115

チェラーノ
→Cerano　109

チェラノ
→Cerano　109

チェリーニ
→Cellini, Benvenuto　108

チェリニ
→Cellini, Benvenuto　108

チェルヴェニ
→Červený, Václav František
109

チェルヴェニー
→Červený, Václav František
109

チェルッティ
→Cerruti, Nino　109

チェルヌィシェーフスキー
→Tchernyshevsky, Nikolai
Gavrilovitch　608

チェルヌィシェフスキー
→Chernyshevsky, Nikolai
Gavrilovich　116

チェルヌイシェーフスキー
→Chernyshevsky, Nikolai
Gavrilovich　116

チェルヌイシェフスキー
→Chernyshevsky, Nikolai
Gavrilovich　116

チェルヌイシェーフスキィ
→Chernyshevsky, Nikolai
Gavrilovich　116

チェルヌイシェフスキイ
→Chernyshevsky, Nikolai
Gavrilovich　116

チェルヌースキ
→Cernuschi, Enrico　109

チェルヌスキ
→Cernuschi, Enrico　109

チェルノムイルジン
→Chernomyrdin, Viktor　116

チェルマイエフ
→Chermayeff, Serge　115

チェルリーニ
→Cellini, Benvenuto　108

チェルリーニ
→Cellini, Benvenuto　108

チェレール
→Celer　108

チェン
→Chen, Olivia　115

チェンニーニ
  →Cennini, Bernardo　109
チェーンバーズ
  →Chambers, Sir Paul　111
  →Chambers, Robert　111
  →Chambers, Sir William　111
チェンバース
  →Chambers, Sir William　111
チェンバーズ
  →Chambers, Aidan　111
  →Chambers, George Michael　111
  →Chambers, Robert　111
  →Chambers, Sir (Stanley) Paul　111
  →Chambers, Sir William　111
  →Chambers, William　111
チェンバリン
  →Chamberlain, Arthur Neville　110
  →Chamberlain, Sir Joseph Austen　110
  →Chamberlin, Edward Hastings　110
チェンバレン
  →Chamberlain, Arthur Neville　110
  →Chamberlain, Sir Joseph Austen　110
  →Chamberlayne, Edward　110
  →Chamberlayne, John　110
チェン・リン
  →Chen Lin　115
チオルコフスキー
  →Tsiolkovskii, Konstantin Eduardovich　625
チカーロフ
  →Chkalov, Valeri Pavlovich　118
チカロフ
  →Chkalov, Valeri Pavlovich　118
チーゴリ
  →Cigoli, Lodovico Cardi da　119
チゴーリ
  →Cigoli, Lodovico Cardi da　119
チザム
  →Chisum, John Simpson　118
チチェーリン
  →Chicherin, Georgi Vasilievich　117

チチェリン
  →Chicherin, Georgi Vasilievich　117
チチング
  →Titsingh, Izaac　616
チッペンデイル
  →Chippendale, Thomas　118
チッペンデール
  →Chippendale, Thomas　118
チーノ
  →Cino, Giuseppe　120
チビショーフ
  →Chebychev, Pafnutiy Lvovich　115
チヒョルト
  →Tschichold, Jan　624
チプリアーニ
  →Cipriani, Sebastiano　120
チペンデール
  →Chippendale, Thomas　118
チムール
  →Tīmūr　615
チャイルド
  →Child, Sir Josiah　117
  →Child, Julia　117
チャヴァン
  →Chavan, Yeshwantrao Balwantrao　115
チャーチ
  →Church, Alexander Hamilton　119
チャーチウォード
  →Churchward, George Jackson　119
チャーチマン
  →Churchman, Charles West　119
チャーチル
  →Churchill, Lord Randolph Henry Spencer　119
チャットーパーディヤーヤ
  →Chattopadhyay, Kamaldevi　114
チャップリン
  →Chaplin, Charles Spencer　113
  →Chaplin, Winfield　113
チャドウィック
  →Chadwick, Roy　109

チャトパドヤヤ
  →Chattopadhyay, Kamaldevi　114
チャドリー
  →Chudleigh, Elizabeth　118
チャバン
  →Chavan, Yeshwantrao Balwantrao　115
チャブ
  →Chubb, Charles　118
チャフィー
  →Chaffey, George　109
  →Chaffey, William　109
チャプリン
  →Chaplin, Charles Spencer　113
  →Chaplin, Winfield　113
チャマーイエフ
  →Chermayeff, Serge　115
チャーマーズ
  →Chalmers, James　110
チャモロ
  →Chamorro, Vieleta Barrios de　112
チャーヤノフ
  →Chayanov, Aleksandr Vasil'ervich　115
チャヤーノフ
  →Chayanov, Aleksandr Vasil'ervich　115
チャーリップ
  →Charlip, Remy　114
チャールズ
  →Booth, Charles　71
チャンス
  →Chance, Alexander Macomb　112
チャンスラー
  →Chancellor, Richard　112
チャンセラー
  →Chancellor, Richard　112
チャンドス
  →Chandos, Oliver Lyttelton Chandos, 1st Viscount　112
チャンドラー
  →Chandler, Alfred　112
  →Chandler, Chas　112
チャンドラレーカー
  →Chandralekha　112
チャンドラレカー
  →Chandralekha　112

チャンバーノウン
→Champernowne, David
　Gawen　112

チュウ
→Chew, Thomas Foon　116

チュエカ
→Chueca Goitia, Fernando
　118

チューガエフ
→Chugaev, Lev
　Aleksandrovich　118

チュガーエフ
→Chugaev, Lev
　Aleksandrovich　118

チュー・チォン
→Chew Chong　116

チュート
→Chute, John　119

チュドレイ
→Chudleigh, Elizabeth　118

チューネン
→Thünen, Johann Heinrich
　von　614

チュバイス
→Chubais, Anatolii Borisovich
　118

チューブリン
→Züblin, Eduard　687

チューマン
→Chuman, Frank F.　119

チュミ
→Tschumi, Bernard　625

チュリゲーラ
→Churriguerra, José Benito de
　119

チュリゲラ
→Churriguerra, José Benito de
　119

チュリゲーラ・アルベルト
→Churriguera, Alberto　119

チュリゲーラ一族
→Churriguera　119

チュリゲーラ・ホアキン
→Churriguera, Joaquín　119

チュリゲーラ・ホセ
→Churriguerra, José Benito de
　119

チューリング
→Turing, Alan Mathison　627

チュルゴ
→Turgot, Anne Robert
　Jacques　626

チュルゴー
→Turgot, Anne Robert
　Jacques　626

チョードリ
→Chaudhri, Sachindra　115

チルデン
→Tilden, William August　615

チン・ギーヒー
→Chin Gee Hee　117

チンデマン
→Tindemans, Leo　616

チンデマンス
→Tindemans, Leo　616

チンマー
→Zschimmer, Eberhard　687

【ツ】

ツァイ
→Tsai, Jerry　624

ツァイス
→Zeiss, Carl　684

ツァイス
→Zeiss, Carl　684

ツイ
→Tsui Hark　625

ツィオルコフスキー
→Tsiolkovskii, Konstantin
　Eduardovich　625

ツィオルコーフスキィ
→Tsiolkovskii, Konstantin
　Eduardovich　625

ツィオルコーフスキイ
→Tsiolkovskii, Konstantin
　Eduardovich　625

ツィオルコフスキイ
→Tsiolkovskii, Konstantin
　Eduardovich　625

ツィグモンディ
→Zsigmondy, Richard Adolf
　687

ツィグモンディー
→Zsigmondy, Richard Adolf
　687

ツィーツィン
→Tsitsin, Nikolai Vasilievich
　625

ツィナー
→Czinner, Paul　147

ツイ・ハーク
→Tsui Hark　625

ツィママン
→Zimmermann, Dominikus
　686

ツィンナー
→Czinner, Paul　147

ツィンマーマン
→Zimmermann, Dominikus
　686

ツィンメルマン
→Zimmermann, Alfred　686
→Zimmermann, Dominikus
　686

ツウォーリキン
→Zworykin, Vladimir Kosma
　687

ツウォリキン
→Zworykin, Vladimir Kosma
　687

ツヴォリキン
→Zworykin, Vladimir Kosma
　687

ツェットキン
→Zetkin, Clara　685

ツェッペリーン
→Zeppelin, Ferdinand Graf
　von　684

ツェッペリン
→Zeppelin, Ferdinand Graf
　von　684

ツェトキーン
→Zetkin, Clara　685

ツェトキン
→Zetkin, Clara　685

ツェードラー
→Zedler, Johann Heinrich
　684

ツェールフス
→Zehrfuss, Bernard　684

ツォイテン
→Zeuthen, Frederik Ludvig
　Bang　685

ツガン・バラノフスキー
→Tugan-Baranovskii, Mikhail
　Ivanovich　625

経済・産業篇　　　771　　　テイタ

ツガン‐バラノフスキー
→Tugan-Baranovskii, Mikhail
Ivanovich　625

ツガンバラノフスキー
→Tugan-Baranovskii, Mikhail
Ivanovich　625

ツーゼ
→Zuse, Konrad　687

ツボフ
→Zubov, Vasily Pavlovich
687

ツポレツ
→Tupolev, Andrey Nikolaevich
626

ツポレフ
→Tupolev, Andrey Nikolaevich
626

ツム
→Zum, Reinier van't　687

ツルゲーネフ
→Turgenev, Nikolai Ivanovich
626

【テ】

デー
→Day, Murray S.　154
→Day, Robin　154

ディ
→Day, Murray S.　154

ディー
→Dee, John　155

ディ
→Day, John　154
→Day, Sir（Judson）Graham
154
→Day, Robin　154

ディア
→Deere, John　155

ディアー
→Deere, John　155

ディアーギレフ
→Diaghilev, Sergei Pavlovich
162

ディアギレフ
→Diaghilev, Sergei Pavlovich
162

ティーアシュ
→Thiersch, Friedrich von　611

ディアシュ
→Dias, Bartholomeu　163

ディアス
→Dias, Bartholomeu　163

ディアズ
→Dias, Bartholomeu　163

ディアス・デ・ノバエス
→Dias, Bartholomeu　163

ディアデン
→Dearden, Basil　155

ディアベッリ
→Diabelli, Anton　162

ディアベリ
→Diabelli, Anton　162

ディアマン・ベルジェ
→Diamant-Berger, Henri　162

ディアマン＝ベルジェ
→Diamant-Berger, Henri　162

ディヴィジア
→Divisia, François　167

デイヴィス
→Davis, Alexander Jackson
153
→Davis, Arthur Vining　153
→Davis, John　154

ディヴィーニ
→Divini, Eustachio　167

ティエン
→Tien, Chang-Lin　614

ディオクレチアヌス
→Diocletianus, Gaius Aurelius
Valerius　166

ディオクレティアーヌス
→Diocletianus, Gaius Aurelius
Valerius　166

ディオクレティアヌス
→Diocletianus, Gaius Aurelius
Valerius　166

ディオティサルヴィ
→Diotisalvi　166

ディオール
→Dior, Christian　166

ディーカンプ
→Diehl, Karl　164

ディキンソン
→Dickinson, Henry Winram
163

ティーグ
→Teague, Walter Dorwin　608

ディクシー
→Dicksee, Cedric Bernard
163

ディークストラ
→Dijkstra, Edsger Wybe　165

ディクストラ
→Dijkstra, Edsger Wybe　165

ディクスナール
→D'Ixnard, Michel　167
→Ixnard, Pierre-Michel d'
307

ディクスン
→Dickson, William Kennedy
Laurie　163

ディクソン
→Dixon, Jeremiah　167
→Dixon, Willie　167

ディークマン
→Dieckmann, Max　164

ディクマン
→Dijckman, Hendrick　165

ディーコン
→Deacon, Henry　155

ティザード
→Tizard, Sir Henry Thomas
617

D.J.プレミア
→DJ Premier　167

ディー・ジェイ・プレミア
→DJ Premier　167

ティシラー
→Tishler, Max　616

ディズニー
→Disney, Walt　166

ディースバッハ
→Diesbach, Heinrich　164

ディズレイリ
→Disraeli, Benjamin, 1st Earl
of Beaconsfield　167

ディズレーリ
→Disraeli, Benjamin, 1st Earl
of Beaconsfield　167

ディスレリー・ベンジャミン
→Disraeli, Benjamin, 1st Earl
of Beaconsfield　167

ディーゼル
→Diesel, Rudolf　164

ディターリーン
→Dietterlin, Wendel　165

テ

テイチ

ティーチ
→Teach, Edward　608

ティチング
→Titsingh, Izaac　616

ディーツ
→Dietz, Johann Christian
　165

ティツィング
→Titsingh, Izaac　616

ディーツェル
→Dietzel, Heinrich　165
→Dietzel, Karl August　165

ティッシュラー
→Tishler, Max　616

ディッシンガー
→Dischinger, Franz　166

ティッセ
→Tisse, Eduard　616

ティッセー
→Tisse, Eduard　616

ティッセン
→Thyssen, August　614
→Thyssen, Fritz　614

ディッターリン
→Dietterlin, Wendel　165

ティップ・ティプ
→Tippu Tip　616

ティップー・ティプ
→Tippu Tip　616

ディーデリヒス
→Diederichs, Eugen　164

ティート
→Santi di Tito　542

ティード
→Tead, Ordway　608

テイト
→Tait, Thomas Smith　603
→Tait, William　603
→Tate, Sir Henry　606

ディド
→Didot, Ambroise Firmin
　163
→Didot, François Ambroise
　164

ディドー
→Didot, Firmin　163
→Didot, François　163
→Didot, François Ambroise
　164

ティトゥレスク
→Titulescu, Nicolas　617

ティートマイアー
→Tietmeyer, Hans　614

ディーニ
→Dini, Lamberto　166

ディノクラテス
→Deinocrates　157
→Deinokratēs　157

ディノクラテース
→Deinokratēs　157

ディノクラテス
→Deinokratēs　157

ティーノ・ディ・カマイーノ
→Tino di Camaino　616

ティーノ・ディ・カマイノ
→Tino di Camaino　616

ティノ・ディ・カマイーノ
→Tino di Camaino　616

ティノ・ディ・カマイノ
→Tino di Camaino　616

ティバルディ
→Tibaldi, Pellegrino de'
　Pellegrini　614

ティファニ
→Tiffany, Charles Lewis　614
→Tiffany, Lewis Comfort　614

ティファニー
→Tiffany, Charles Lewis　614
→Tiffany, Lewis Comfort　614

ディブディン
→Dibdin, Charles　163

ティプトン
→Tipton, Jennifer　616

ティペット
→Tippett, Phil　616

デイム・グリース
→Dame Greace　150

ティムリン
→Timlin, William M.　615

ティームール
→Tīmūr　615

ティムール
→Tīmūr　615

ティームール足悪帝
→Tīmūr　615

ディーメン
→Van Diemen, Antonio　633

テイモア
→Taymor, Julie　608

ティモーシェンコ
→Timoshenko, Gregory
　Stephen　615

ディモック
→Dimock, Marshall Edward
　165

デイモン・ダッシュ
→Damon Dash　150

ティヤール
→Tilliard, Jean-Baptiste　615

テイラー
→Taylor, Creed　607
→Taylor, David Watson　607
→Taylor, Edward Plunket
　607
→Taylor, Frederick Winslow
　607
→Taylor, Henry Charles　607
→Taylor, Jennifer Evelyn　607
→Taylor, Myron Charles　607
→Taylor, Nicole　608
→Taylor, Robert　608
→Taylor, Robert William　608
→Taylor, Tot　608

ティラーリ
→Tirali, Andrea　616

ティリー
→Tilley, Sir Samuel Leonard
　615

ディリー
→Daly, John Augustin　150

デイリー
→Daly, Herman　150
→Daly, John Augustin　150

ディーリング
→Deering, William　156

ディール
→Diehl, Karl　164

デイル
→Dale, Margaret　148

ティールシュ
→Thiersch, Friedrich von　611

ティルデン
→Tilden, William August　615

ティルトンのケインズ
→Keynes, John Maynard　330

ティルマン
→Tilghman, Benjamin Chew
　615

経済・産業篇　　　　　　773　　　　　　テツラ

ティーレ
→Thiele, Rolf　611

ティレット
→Tillett, Benjamin　615

ディロン
→Dillon, Clarence Douglas
165

ティン
→Thynne, Sir John　614

ディーン
→Dean, Basil　155
→Dean, Joel　155
→Deane, Silas　155

ディングリンガー
→Dinglinger, Johann Melchior
165

ディーンツェンホーファー
→Dientzenhofer, Christoph
164
→Dientzenhofer, Georg　164
→Dientzenhofer, Johann　164
→Dientzenhofer, Johann
Leonhard　164
→Dientzenhofer, Kilian Ignaz
164

ティンデマンス
→Tindemans, Leo　616

ティントナー
→Tintner, Gerhard　616

ティンバーゲン
→Tinbergen, Jan　616

ティンバランド
→Timbaland　615

ティンベルヘン
→Tinbergen, Jan　616

デーヴィス
→Davis, Arthur Powell　153
→Davis, John　154

デヴィッドソン
→Davidson, Paul　153

デーヴィド
→David, Sir Percival Victor
153

デ＝ウォルフ
→De Wolfe, Elsie　162

デヴャートコフ
→Devyatkov, Nikolai
Dmitrievich　161

デ・ウルフ
→De Wolfe, Elsie　162

テオドトス（皮なめしの）
→Theódotos　610

テオドルフ
→Théodulf　610

テオドロス
→Theodōros　610

テオドーロス（サモスの）
→Theodōros　610

テオドロス（サモスの）
→Theodōros　610
→Theodōros ho Samios　610

テオフィルス
→Theophilus Presbyter　611

デカー
→Doeker, Richard　168

デ・カルロ
→De Carlo, Giancarlo　155

デクスター
→Dexter, Brad　162

デ・グラッシ
→De'Grassi, Giovannino　156

デ・クレルク
→Klerk, Michaël de　335

デ・グロフ
→De Groff, Willem　156

デ・ケイセル
→Keyser, Hendrik de　330

デーサーイー
→Desai, Shri Morarji
Ranchhodji　160

デサーイー
→Desai, Shri Morarji
Ranchhodji　160

デサイ
→Desai, Shri Morarji
Ranchhodji　160

デザルグ
→Desargues, Gérard　161

デ・サンクティス
→De Sanctis, Francesco　161

デジニョフ
→Dezhnyov, Semyon Ivanovich
162

テシビウス
→Ctesibius of Alexandria　144

デシムク
→Deshmukh, Sir Chintaman
Dwarkanath　161

デシャン
→Jean Deschamps　312

デシュムク
→Deshmukh, Sir Chintaman
Dwarkanath　161

テシーン
→Tessin, Nicodemus den
Yngre　610

デースブルク
→Doesburg, Theo van　168

テスラ
→Tesla, Nikola　609

デターディング
→Deterding, Sir Henri
Wilhelm August　161

デタディング
→Deterding, Sir Henri
Wilhelm August　161

デッカー
→Decker, Paul　155
→Döcker, Richard　168

テッシーン
→Tessin, Nicodemus den Äldre
609
→Tessin, Nicodemus den
Yngre　610

テッシン
→Tessin, Nicodemus den Äldre
609
→Tessin, Nicodemus den
Yngre　610

テッシン（子）
→Tessin, Nicodemus　609

テッセノ
→Tessenow, Heinrich　609

テッセノー
→Tessenow, Heinrich　609

デッベリン
→Doebbelin, Karl Theophilus
168

デッラ・ガッタ
→Bartolommeo dalla Gatta
42

デッラ・グレーカ
→Della Greca, Felice　157
→Della Greca, Vincenzo　157

テッラーニ
→Terragni, Giuseppe　609

デッラ・ポルタ
→Della Porta, Giovanni,
Giacomo　157
→Porta, Giacomo della　492

デッラ・ロッビア
→Robbia, Andrea della　518

テ

テテヤ　　　　　　　　　　774　　　　　西洋人物レファレンス事典

デデヤン
→Dedeyan, Claire　155

テーテンス
→Tetens, Johann Nicolaus
610

テーデンス
→Thedens, Johannes　610

テテンス
→Tetens, Johann Nicolaus
610

デ・ドミーニチス
→De Dominicis, Carlo　155

デナム
→Denham, Sergei　159

テナント
→Tennant, Charles　608
→Tennant, Henry　608

デニ
→Denny, William　159

デニー
→Denny, William　159

テニエス
→Tönnies, Ferdinand　618

テノン
→Tenon, Jacques　608

デノン
→Denon, Dominique Vivant de
159

デパイスター
→Depeyster, Abraham　159

デ・ハヴィランド
→De Havilland, Sir Geoffrey
156

デ・ハウトマン
→Houtman, Cornelis de　296

デ・ハビランド
→De Havilland, Sir Geoffrey
156

デービス
→Davis, Alexander Jackson
153
→Davis, John　154
→Davis, W.Kenneth　154

デービソン
→Davison, Henry Pomeroy
154

デービット
→David, Edward E.（Jr.）
153

デビッドソン
→Davidson, David　153

デ・ビニ
→De Vinne, Theodore Low
161

デピュー
→Depew, Chauncey Mitchell
159

デ・フィネッティ
→De Finetti, Giuseppe　156

デフォー
→Defoe, Daniel　156

デフォウ
→Defoe, Daniel　156

デ・フォス
→De Vos, Cornelis　161

デ・フォレスト
→De Forest, Lee　156

デフ・ジェフ
→Def Jef　156

デフホダー
→Toepler, August　617

テプラー
→Toepler, August　617

デ・ブリート
→De Brito, Filipe　155

デプレ
→Deprez, Marcel　160
→Desprez, Jean-Louis　161

デブレット
→Debrett, John　155

テプロフ
→Teplov　609

デ・マルキ
→De Marchi, Francesco　158

テマンツァ
→Temanza, Tommaso　608

デミ
→Demme, Jonathan　159

デミードフ
→Demidov, Nikita Demidovich
158

デ・ミル
→De Mille, Cecil Blount　158

デ・ミル
→De Mille, Cecil Blount　158

デ・ミル
→De Mille, Cecil Blount　158

デミル
→De Mille, Cecil Blount　158

デミレル
→Demirel, Süleyman　158

デメテリオ
→Demetrius　158

デメトリオ
→Demetrius　158

デメトリオ・オブ・エフェソス
→Dēmētrios　158

デメトリオス
→Dēmētrios　158

デメル
→Demel, Anna　158

デモレスト
→Demorest, Ellen Louise　159

デューア
→Dewar, Sir James　161

デューアー
→Dewar, Sir James　161

デュアー
→Dewar, Sir James　161

デュアメル・デュ・モンソー
→Duhamel-Dumonceau, Henri
Louis　177

デュアメル・デュモンソー
→Duhamel-Dumonceau, Henri
Louis　177

デュイスベルク
→Duisberg, Carl　177

デュイフォプリュカール
→Duiffoprugcar, Gaspard　177
→Duiffoprugcar, Léonard　177
→Duiffoprugcar, Léonardo
l'âiné　177
→Duiffoprugcar, Magno　177
→Duiffoprugcar, Magno le
vieux　177
→Duiffoprugcar, Wendelin
177

デュヴィーン
→Duveen, Joseph Duveen,
Baron　182

デュヴィーン（ミルバンクの）
→Duveen, Joseph Duveen,
Baron　182

デュヴェ
→Duvet, Jean　182

デュカス
→Ducasse, Alain　175

デューク
→Duke, Angier Brddle　177

経済・産業篇　　　775　　　テユモ

→Duke, Benjamin Newton
177
→Duke, James Buchanan　178

デュークス
→Dukes, Ashley　178

デューク・ブーティ
→Duke Bootee　178

デュクロ・デュ・オーロン
→Ducos du Hauron, Louis
176

デュコ・デュ・オーロン
→Ducos du Hauron, Louis
176

デュ・シュマン
→Du Chemin, Nicolas　176

デュースベルク
→Duisberg, Carl　177

デュスベルク
→Duisberg, Carl　177

デュ・セルソー
→Du Cerceau, Baptiste
Androuet　175
→Du Cerceau, Jacques
Androuet　176
→Du Cerceau, Jean Androuet
176

デュセルソー
→Du Cerceau, Baptiste
Androuet　175
→Du Cerceau, Jacques
Androuet　176
→Du Cerceau, Jean Androuet
176

デューゼンベリ
→Duesenberry, James Stemble
176

デューゼンベリー
→Duesenberry, James Stemble
176

テュソー
→Tussaud, Marie　627

デュッケンホフ
→Dyckenhoff, Eugen　182

テュッセン
→Thyssen, August　614
→Thyssen, Fritz　614

デュテール
→Dutert, Ferdinand Charles
Louis　182

デュードク
→Dudok, Willem Marinus
176

デュドク
→Dudok, Willem Marinus
176

デュドック
→Dudok, Willem Marinus
176

デュナン
→Dunand, Jean　179
→Dunant, Jean Henri　179

テューネン
→Thünen, Johann Heinrich
von　614

デュノアイエ
→Dunoyer, Barthélemy
Charles Pierre Joseph　180

デュノワイエ
→Dunoyer, Barthélemy
Charles Pierre Joseph　180

デュ・パキエ
→Du Paquier, Claudius
Innocentius　180

デュバン
→Duban, Félix Louis Jacques
175

デュピュイ
→Dupuis, Jean　181
→Dupuit, Jule Juvénal　181

デュビュク
→Dubuque, Julien　175

デュビーン
→Duveen, Joseph Duveen,
Baron　182

デュブランフォー
→Dubrunfaut, Auguste Pierre
175

デュプリ
→Dupri, Jermaine　181

デュプリー
→Dupri, Jermaine　181

デュプレ
→Dupleix, Joseph François
180

デュプレクス
→Dupleix, Joseph François
180

デュプレックス
→Dupleix, Joseph François
180

デュベ
→Duvet, Jean　182

デュペラク
→Dupérac, Etienne　180

デュペラック
→Dupérac, Etienne　180

デュベーン
→Duveen, Joseph Duveen,
Baron　182

デュボワ
→Dubois, Jacques　175
→Dubois, Urbain François
175

デュ・ポン
→Du Pont, Pierre Samuel　180
→Du Pont de Nemours,
Eleuthère Irénée　180

デュポン
→Dupont, Emil　180
→Dupont, Ewald André　180
→Du Pont, Pierre Samuel　180
→Du Pont de Nemours,
Eleuthère Irénée　180
→Du Pont de Nemours, Pierre
Samuel　181

デュ・ポン・ド・ヌムール
→Du Pont de Nemours,
Eleuthère Irénée　180
→Du Pont de Nemours, Pierre
Samuel　181
→Du Pont de Nemours,
Thomas Coleman　181
→Du Pont de Nemours, Victor
Marie　181

デュポン・ド・ヌムール
→Du Pont de Nemours,
Eleuthère Irénée　180
→Du Pont de Nemours, Henry
181
→Du Pont de Nemours, Pierre
Samuel　181

デュ・モーリア
→Du Maurier, Sir Gerald
Hubert Edward Busson　178

デュ・モーリエ
→Du Maurier, Sir Gerald
Hubert Edward Busson　178

デュモン
→DuMont, Reinhold Neven
178

デュモン・デュルヴィル
→Dumont d'Urville, Jules
Sébastien César　178

デュモン・デュルビル
→Dumont d'Urville, Jules
Sébastien César　178

デュモン＝デュルビル
→Dumont d'Urville, Jules
Sébastien César　178

テ

テユモ　　　　　　　　　　　　　　776　　　　　　　　西洋人物レファレンス事典

デュ・モント
→Du Mont, Allen Balcom　178

デュラク
→Dulac, Edmund　178

デュラック
→Dulac, Edmund　178

デューラフォア
→Dieulafoy, Marcel Auguste
165

デュラフォア
→Dieulafoy, Marcel Auguste
165

デューラフォワ
→Dieulafoy, Marcel Auguste
165

デュラン
→Dullin, Charles　178
→Durand, Jean Nicolas Louis
181

デュラント
→Durant, William Crapo　181

デュランド
→Durand, William Frederick
181

デュラン・リュエル
→Durand-Ruel, Paul　181

デュラン＝リュエル
→Durand-Ruel, Paul　181

デュリュット
→Dulhut, Daniel Greysolon,
Sieur　178

チューリング
→Turing, Alan Mathison　627

デューリング
→Dühring, Karl Eugen　177

テュルゴ
→Turgot, Anne Robert
Jacques　626

テュルゴー
→Turgot, Anne Robert
Jacques　626

デュルゴ
→Turgot, Anne Robert
Jacques　626

デュルゴー
→Turgot, Anne Robert
Jacques　626

デュールコープ
→Duurkoop, Hendrik Godfried
182

デュルコープ
→Durkoop, Hendrik Godfried
181

デュルファー
→Dülfer, Martin　178

デュワー
→Dewar, Sir James　161

テーラー
→Taylor, David　607
→Taylor, David Watson　607
→Taylor, Frederick Winslow
607
→Taylor, George　607
→Taylor, Henry Charles　607

デ・ラヴァル
→Laval, Carl Gustaf Patrik de
356

デ・ラウレンティース
→Laurentiis, Dino De　356

デ・ラウレンティス
→Laurentiis, Dino De　356

テラーニ
→Terragni, Giuseppe　609

デ・ラ・バレ
→De la Vallée, Jean　157

デ・ラ・レンタ
→De la Renta, Oscar　157

デ＝ラ＝レンタ
→De la Renta, Oscar　157

デラ・ロッビア
→Robbia, Luca della　519

テリー
→Terry, Eli　609
→Terry, Paul　609

デーリー
→Daly, John Augustin　150
→Daly, Marcus　150

デリ
→Déri, Max　160

デリパスカ
→Deripaska, Oleg
Vladimirovich　160

デリンジャー
→Dellinger, John Howard　157
→Deringer, Henry　160
→Derringer, Rick　160

デール
→Dale, David　148
→Dale, Earnest　148

デル
→Dell, Edmund　157

デル・ヴェッキオ
→Del Vecchio, Gustavo　158

デル・キンデレン
→Der Kinderen, Antonius
Johannes　160

デル・グランデ
→Del Grande, Antonio　157

テルツァーギ
→Terzaghi, Karl　609

テルツァギー
→Terzaghi, Karl　609

テルツィ
→Terzi, Filippo　609

デル・デッビオ
→Del Debbio, Enrico　157

デル・ドゥーカ
→Del Duca, Jacopo　157

デルビシュ
→Derviş, Kemal　160

テルファード
→Telford, Thomas　608

テルフェルト
→Dörpfeld, Wilhelm　171

テルフォード
→Telford, Thomas　608

テルプフェルト
→Dörpfeld, Wilhelm　171

テルミン
→Termen, Lev Sergeevich　609

テルラーニ
→Terragni, Giuseppe　609

テルラーニ
→Terragni, Giuseppe　609

デルラ・ロッビア
→Robbia, Andrea della　518
→Robbia, Luca della　519

デル・ルース
→Del Ruth, Roy　158

テレー
→Terray, Emmanuel　609

デレク
→Derek, John　160

デ・レーケ
→De Rijke, Johannes　160

デ＝レーケ
→De Rijke, Johannes　160

デ・レンツィ
→De Renzi, Mario　160

デ・ロッシ
→De Rossi, Giovanni, Antonio
160
→Rossi, Mattia de 529
デ・ロング
→De Long, Charles E. 158
デ=ロング
→De Long, Charles E. 158
デロング
→De Long, Charles E. 158
デンツィンガー
→Denzinger, Franz Joseph
159
デント
→Dent, Sir Alfred 159
→Dent, Edward Joseph 159
→Dent, Frederick B. 159
→Dent, Joseph Mallaby 159
テンドゥリー
→Töndury, Hans 618
テンニェス
→Tönnies, Ferdinand 618
テンニエス
→Tönnies, Ferdinand 618
テンニース
→Tönnies, Ferdinand 618
デン・ハルトーグ
→Den Hartog, Jacob Pieter
159
テンプルトン
→Templeton, Sir John Marks
608
→Templeton, Marks 608
テンプルマン
→Templeman, Ted 608

【 ト 】

ドイセンベルク
→Duisenberg, Willem 177
トイッカ
→Toikka, Oiva 618
ドイッチ
→Deutsch, André 161
トイブナー
→Teubner, Benedictus
Gotthelf 610

トイブナー
→Teubner, Benedictus
Gotthelf 610
ドイリー・カート
→D'Oyly Carte, Richard 173
トインビ
→Toynbee, Arnold 621
トインビー
→Toynbee, Arnold 621
トインビー（叔父）
→Toynbee, Arnold 621
トーヴァルズ
→Torvalds, Linus 620
ドゥーイヴォーのロイド＝ジョージ
→Lloyd George, David, 1st
Earl of Dufor 375
ドゥイスベルク
→Duisberg, Carl 177
ドゥイムシツ
→Dymshits, Veniamin
Emmanuilovich 182
ド・ヴィル
→De Ville, Antoine 161
→De Ville, Arnold 161
ドヴェ
→Dewez, Laurent-Benoît 162
トゥエィニ
→Tueni, Ghassan 625
ドゥエスブルグ
→Doesburg, Theo van 168
トゥオティロ
→Tuotilo 626
トウオミオヤ
→Tuomioja, Sakari S. 626
ドヴォライツキー
→Dvolaitski, Sholom
Moiseevich 182
トゥガン・バラノーフスキー
→Tugan-Baranovskii, Mikhail
Ivanovich 625
トゥガン・バラノフスキー
→Tugan-Baranovskii, Mikhail
Ivanovich 625
トゥガン＝バラノフスキー
→Tugan-Baranovskii, Mikhail
Ivanovich 625
トゥガーン・バラノーフスキィ
→Tugan-Baranovskii, Mikhail
Ivanovich 625
トゥーキィ
→Tookey, Fleur 619

トゥーク
→Tooke, Thomas 619
トゥク
→Tooke, Thomas 619
トゥーサン
→Toussaint, Allen 620
ドゥースブルフ
→Doesburg, Theo van 168
トゥック
→Tooke, Thomas 619
ドゥッチオ
→Duccio, Agostino di 175
ドゥッチョ
→Duccio, Agostino di 175
ドゥット
→Dutt, Guru 182
トゥート
→Thut, Doris 614
→Thut, Ralph 614
ドゥドック
→Dudok, Willem Marinus
176
トゥヌシュバエフ
→Tinïshbaev, Mŭkhamedjan
616
ドゥーフ
→Doeff, Hendrik（Jr.） 168
ドゥフ
→Doeff, Hendrik（Jr.） 168
ドゥフラス
→Douglas, Abraham 172
トゥーポレフ
→Tupolev, Andrey Nikolaevich
626
トゥポレフ
→Tupolev, Andrey Nikolaevich
626
トゥーマ
→Tuma, Elias H. 626
ドゥ・モルガン
→De Morgan, William 159
ドゥラー
→Durrer, Robert 182
トゥーラ・ラウリッツ
→Thura Lauritz, Lauridsen
614
トゥリー
→Tree, Sir Herbert Draper
Beerbohm 622

トゥリ　　　　　　　　　778　　　　　西洋人物レファレンス事典

ドゥリェー
→Duryea, Charles Edgar　182

ドゥリェイ
→Duryea, Charles Edgar　182

ドゥーリス
→Douris　172

ドゥリス
→Douris　172

ドウリス
→Douris　172

トゥリーノ・ディ・サーノ
→Turino di Sano　627

トゥリボロ
→Tribolo　623

トゥル
→Tull, Jethro　626

ドゥルー
→Drew, John　174

トゥルゲーネフ
→Turgenev, Nikolai Ivanovich
　626

トゥルダット
→Trdat　622

トゥールト
→Tourte, François　620

トゥループ
→Troup, Bobby　624

トゥーロップ
→Toorop, Jan　619

ドゥロルム
→Delorme, Philibert　158

ドゥンカー
→Duncker, Karl　179

トゥンプ
→Thumb, Christian　613
→Thumb, Michael　613
→Thumb, Peter　613

ドカティ
→Docherty, Peter　168

ドカーニュ
→Ocagne, Maurice d'　453

ドカニュー
→D'Ocagne, Maurice　168

ドクシアディス
→Doxiadis, Konstantinos
　Apostolos　173

ドクシアデス
→Doxiadis, Konstantinos
　Apostolos　173

ドクター・ドレ
→Dr.Dre　173

ドクター・ドレー
→Dr.Dre　173

ドクール
→Decœur, Émile　155

ドクレルク
→De Clerk, Willy　155

ド・グロイター
→Gruyter, Walter de　258

トケル
→Toker, Metin　618

ド・コー
→Caus, Salomon de　107

ド・コット
→Cotte, Robert de　138

ド・コマ
→De Colmar, Charles Xavier
　Thomas　155

ドザルグ
→Desargues, Gérard　161

ドシー
→Doshi, Balkrishna Vithaldas
　171

ドージオ
→Dosio, Giovanni, Antonio
　171

ドシオ
→Dosio, Giovanni, Antonio
　171

トショフスキー
→Tošovský, Josef　620

ドーズ
→Dawes, Charles Gates　154
→Dawes, William　154

トスカネッリ
→Toscanelli, Paolo dal Pozzo
　620

トスカネリ
→Toscanelli, Paolo dal Pozzo
　620

トスカネルリ
→Toscanelli, Paolo dal Pozzo
　620

トスト
→Tost, Johann　620

ドースブルク
→Doesburg, Theo van　168

ドースブルグ
→Doesburg, Theo van　168

ドースブルフ
→Doesburg, Theo van　168

ドズリ
→Dodsley, Robert　168

ドズリー
→Dodsley, Robert　168

トーダル・マル
→Tōdar Mall, Rājā　617

トーダルマル
→Tōdar Mall, Rājā　617

ドックラ
→Dockwra, William　168

ドッジ
→Dodge, Joseph Morrell　168

ドッズリー
→Dodsley, Robert　168

ドッティ
→Dotti, Carlo Francesco　172

トッテル
→Tottel, Richard　620

トーット
→Todt, Fritz　617

トッド
→Todd, Michael　617

ドッブ
→Dobb, Maurice Herbert　167

トッレッジャーニ
→Torreggiani, Alfonso　619

トート
→Todt, Fritz　617

ドナーティ
→Donati, Danilo　170

ドナティ
→Donati, Danilo　170

ドナート・ディ・パスクイッチョ・
　ディ・アントニオ
→Bramante, Donato d'Angelo
　77

ドナルド
→Donald, Henry　170

ドナルドソン
→Donaldson, Walter　170

トーニ
→Tawney, Richard Henry　607

トーニー
→Tawney, Richard Henry　607

トニオーロ
→Toniolo, Giuseppe　618

トネー
→Thonet, Michael 613

トーネット
→Thonet, Michael 613

トネット
→Thonet, Michael 613

ドノソ
→Donoso, José Ximenez 171

ドノン
→Denon, Dominique Vivant de 159

ドーバー
→Dawber, Edward Guy 154

ド・ビック
→De Vick, Henri 161

ドビル
→Sainte-Claire Deville, Henri Etiennes 537

トービン
→Tobin, James 617

トビーン
→Tobin, James 617

トファナ
→Tofana 617

ド・フォレ
→De Forest, Lee 156

ド・フォレスト
→De Forest, Lee 156

ド=フォレスト
→De Forest, Lee 156

ドフォレスト
→De Forest, Lee 156

ドープシュ
→Dopsch, Alfons 171

ドプシュ
→Dopsch, Alfons 171

ドーブニー
→Daubeny, Sir Peter 152

ドーフマン
→Dorfman, Joseph 171
→Dorfman, Robert 171

ドブリュー
→Debreu, Gerard 155

ドブルー
→Debreu, Gerard 155

ドブレ
→Deprez, Marcel 160

ドブロヴィンスキー
→Dobrovinskii, Boris N. 168

ドヘニー
→Doheny, Edward Laurence 169

ドーマー
→Domar, Evsey David 170

ドマー
→Domar, Evsey David 170

トーマス
→Thomas, Chris 611
→Thomas, Sidney Gilchrist 611

トマス
→Thomas, George Holt 611
→Thomas, Isaiah 611
→Thomas, James Henry 611
→Thomas, Margaret Haig, Viscountess Rhondda 611
→Thomas, Seth 611
→Thomas, Sidney Gilchrist 611

トマス・オヴ・カンタベリー
→Thomas of Canterbury 611

トーマス・オブ・エリー
→Thomas of Ely 611

トマス=マン
→Mun, Thomas 435

ド・マレ
→De Maré, Rolf 158

ドーマン
→Dauman, Anatole 153

ドミチウス・アヘノバルブス
→Domitius Ahenobarbus, Gnaeus 170

ドミティウス・アヘノバルブス
→Domitius Ahenobarbus, Gnaeus 170

ドミニク・イアサント・カヴァイエ・コル
→Dominique-Hyacinthe Cavaillé-Coll 170

トミール
→Thomire, Pierre-Philippe 612

ドミンゲス
→Domingues, Afonso 170

トム
→Thom, Alexander 611

ドーム
→Daum, Antoine 152
→Daum, Auguste 152

ドーム（兄弟）
→Daum, Antoine 152
→Daum, Auguste 152

ドーム兄弟
→Daum, Antoine 152
→Daum, Auguste 152

トムスン
→Kelvin, William Thomson, Baron 327

トムセン
→Thomsen, Thomas H. 612

トムソン
→Kelvin, William Thomson, Baron 327
→Thompson, Browder Julian 612
→Thompson, William 612
→Thompson, William Francis 612
→Thomson, Alexander 612
→Thomson, David Couper 612
→Thomson, Elihu 612
→Thomson, Roy 612

トムソン（フリートの）
→Thomson, Roy 612
→Thomson (of Fleet), Kenneth (Roy) Thomson, 2nd Baron 613

トムリンソン
→Tomlinson, J.William C. 618

トメ
→Tomé, Narciso 618

トメー
→Tomé, Narciso 618

ド・メストラル
→De Mestral, Georges 158

ドメーニコ・ダ・コルトーナ
→Domenico da Cortona 170

ドメニコ・ダ・コルトーナ
→Domenico da Cortona 170

ドメーニコ・ディ・ニッコロ・デ・コーリ
→Domenico di Niccolò de'Cori 170

ドメネク・イ・モンタネール
→Doménech y Montaner, Lluis 170

ドメネック・イ・モンタネル
→Doménech y Montaner, Lluis 170

ド・モーガン
→De Morgan, William 159

トモン
→Thomon, Thomas de 612

ド・モン
→Sieur De Monts 571

ドライス
→Drais, Karl, Freiherr von
  Sauerbronn 173

ドライスデール
→Drysdale, Peter 175

ドライゼ
→Dreyse, Johann Nikolaus von
  174

ド・ラ・イール
→La Hire, Philippe de 349

ド・ラヴァル
→Laval, Carl Gustaf Patrik de
  356

トラウトワイン
→Trautwine, John Cresson
  622

トラウベ
→Traube, Moritz 622

トラクエール
→Traquair, Phoebe Anna 622

ドラッカー
→Drucker, Peter Ferdinand
  174

トラハテンベルク
→Trakhtenberg, Iosif
  Adol'fovich 621

トラハテンベルグ
→Trakhtenberg, Iosif
  Adol'fovich 621

ド・ラバル
→Laval, Carl Gustaf Patrik de
  356

ド=ラバル
→Laval, Carl Gustaf Patrik de
  356

トラフテンベールク
→Trakhtenberg, Iosif
  Adol'fovich 621

トラベスニコフ
→Trapeznikov, Vadim
  Aleksandrovich 621

トラベーズニコフ
→Trapeznikov, Vadim
  Aleksandrovich 621

トラベズニコフ
→Trapeznikov, Vadim
  Aleksandrovich 621

トラメッロ
→Tramello, Alessio 621

ドラメル
→Delamair, Pierre-Alexis 157

ドラモンド
→Drummond, Dugald 175
→Drummond, George 175
→Drummond, Henry 175
→Drummond, Sir John 175
→Drummond, Thomas 175

トラーヤーヌス
→Trajanus, Marcus Ulpius
  Crinitus 621

トラヤヌス
→Trajanus, Marcus Ulpius
  Crinitus 621

トラヤヌス帝
→Trajanus, Marcus Ulpius
  Crinitus 621

トラルバ
→Torralva, Diego de 619

トラレイスのアンテミオス
→Anthemius of Tralles 21

トラレスのアンテミオス
→Anthemius of Tralles 21

ド・ランシー
→De Lancy, James（Jr.） 157
→De Lancy, Oliver 157

トランプ
→Trump, Donald 624

トランブル
→Trumbull, Douglas 624

トリ
→Tory, Geoffroy 620

トリー
→Tolley, Howard Ross 618
→Tory, Geoffroy 620
→Tree, Dolly 622
→Tree, Sir Herbert Draper
  Beerbohm 622

トリアッチ
→Togliatti, Palmiro 617

トリアッティ
→Togliatti, Palmiro 617

ドリーヴォ・ドブロヴォリスキー
→Dolivo-Dobrowolski, Michail
  169

ドリーヴォ・ドブロヴォーリスキィ
→Dolivo-Dobrowolski, Michail
  169

ドリヴォ・ドブロヴォルスキー
→Dolivo-Dobrowolski, Michail
  169

ドリヴォ=ドブロヴォルスキー
→Dolivo-Dobrowolski, Michail
  169

ドリヴォドブロヴォルスキー
→Dolivo-Dobrowolski, Michail
  169

トリガノ
→Trigano, Gilbert 623

ドリーセン
→Driessen, M.G. 174

トリッキー
→Tricky 623

トリップ
→Trippe, Juan Terry 623

トリート
→Treat, Ulysses S. 622

トリニー
→Torigny, Robert de 619

トリフィン
→Triffin, Robert 623

ドリボ・ドブロウォルスキー
→Dolivo-Dobrowolski, Michail
  169

ドリボ・ドブロボルスキー
→Dolivo-Dobrowolski, Michail
  169

トリーボロ
→Tribolo 623

ドリュー
→Drew, Jane 174

トリュブナー
→Trübner, Nicholas 624

ドルー
→Drew, Daniel 174
→Drew, Jane 174
→Drew, Richard 174

トルサ
→Tolsá, Manuel 618

トルサー
→Tolsá, Manuel 618

トルステンソン
→Torstensson, Lennart, Count
  of Ortala 620

ドルチ
→Dolci, Giovanni di Pietro de' 169

ドルチェブオーノ
→Dolcebuono, Gian Giacomo 169

ドールトン
→Dalton, Edward Hugh John Neale 149
→Doulton, Sir Henry 172

ドルトン
→Dalton, Edward Hugh John Neale 149

ドルニエ
→Dornier, Claudius 171

ドルビー
→Dolby, Thomas 169

トループ
→Troup, Bobby 624

トルフィン・カールセフニ
→Thorfinn Karlsefni 613

トルフィン‐カールセフニ
→Thorfinn Karlsefni 613

ドルベ
→Dorbay, François 171

ドルベー
→Dorbay, François 171

トールボット
→Talbot, William Henry Fox 604

トルボット
→Talbot, William Henry Fox 604

ドルメッチ
→Dolmetsch, Arnold 169

ドルリー・レーンのセインズベリー
→Sainsbury (of Drury Lane), Alan John Sainsbury, Baron 537

トルングレン
→Törngren, Ralf 619

ドレ
→Dolet, Étienne 169

ドレー
→Dolet, Étienne 169

ドレイク
→Drake, Edwin Laurentine 173
→Drake, Eric 173
→Drake, Sir Francis 173

ド・レイケ
→De Rijke, Johannes 160

ドレイパー
→Draper, William Henry 173

トレヴィシク
→Trevithick, Richard 622

トレヴィシック
→Trevithick, Richard 622

ドレーク
→Drake, Edwin Laurentine 173
→Drake, Sir Francis 173

ドレクセル
→Drechsel, Thomas 174
→Drexel, Anthony Joseph 174
→Drexel, Francis Martin 174

トレザゲ
→Trésaguet, Pierre-Marie-Jérôme 622

トーレス
→Torres, Luis Vaez de 619

トレース
→Torres, Luis Vaez de 619

トレス
→Torres, Luis Vaez de 619

トレスゲーラス
→Tresguerras, Francisco Eduard 622

トレチャコーフ
→Tretyakov, Pavel Mikhailovich 622

トレチャコフ
→Tretyakov, Pavel Mikhailovich 622

ドレッサー
→Dresser, Christopher 174

トレッシーニ
→Trezzini, Domenico 623

トレッツィ
→Trezzi, Aurelio 623

トレッツィーニ
→Trezzini, Domenico 623

トレッドゴールド
→Tredgold, Thomas 622

ドレッベル
→Drebbel, Cornelis 174

トレッリ
→Torelli, Giacomo 619

トレド
→Toledo, Alejandro 618
→Toledo, Juan Bautista de 618

ドレーパー
→Draper, William Henry 173

トレビシック
→Trevithick, Richard 622
→Trevithick, Richard Francis 623

ドレヒュス
→Dreyfus, Pierre 174

ドレフェス
→Dreyfuss, Henry 174

トレフツ
→Trefftz, Erich Immanuel 622

トレフッツ
→Trefftz, Erich Immanuel 622

ドレフュス
→Dreyfus, Pierre 174
→Dreyfuss, Henry 174

ドレベル
→Drebbel, Cornelis 174

トレミニョン
→Tremignon, Alessandro 622

トレリ
→Torelli, Giacomo 619

トレルチ
→Troeltsch, Ernst 623

トレルチュ
→Troeltsch, Ernst 623

トレルリ
→Torelli, Giacomo 619

トレンズ
→Torrens, Robert 619

トロ
→Toro, Guillermo del 619

トロエポリスキー
→Troepblickii, Gabrill 624

トロースト
→Troost, Paul Ludwig 624

トローツキー
→Trotskii, Lev Davidovich 624

トロッキー
→Trotskii, Lev Davidovich 624

トロツキー
→Trotskii, Lev Davidovich
624

トローツキィ
→Trotskii, Lev Davidovich
624

トローツキイ
→Trotskii, Lev Davidovich
624

トロツキイ
→Trotskii, Lev Davidovich
624

ドロッパーズ
→Droppers, Garrett　174

トーロップ
→Toorop, Jan　619

トロートン
→Troughton, Edward　624

ドローヌ
→Delaulne, Étienne　157
→Derosne, Louis Charles　160

ドロネ
→Derosne, Louis Charles　160

トローハ
→Torroja, Eduardo　620

トロハ
→Torroja, Eduardo　620

トーロプ
→Toorop, Jan　619

トロフォニオ
→Trofonio　624

ド・ロルム
→Delorme, Philibert　158

ドロルム
→Delorme, Philibert　158

ドロンド
→Dollond, John　169

ドワイト
→Dwight, John　182

トワイニング
→Twining, Thomas　627

ドーン
→Dorn, Marion　171

ドンキン
→Donkin, Bryan　170

ドンクール
→D'Honnecourt, Villard　162

ドンクル＝キュルシウス
→Donker-Curtius, Jan Hendrik
170

ドンクル・クルシウス
→Donker-Curtius, Jan Hendrik
170

ドンケル・クルチウス
→Donker-Curtius, Jan Hendrik
170

ドンケル＝クルチウス
→Donker-Curtius, Jan Hendrik
170

ドンケル＝クルティウス
→Donker-Curtius, Jan Hendrik
170

トンソン
→Tonson, Jacob　619

トンティ
→Tonti, Lorenzo　619

ドンディ
→Dondi, Giovanni de　170

ドンバール
→Dombasle, Christophe
Joseph Alexandre Mathieu
de　170

トンピオン
→Tompion, Thomas　618

トンプソン
→Thompson, David　612
→Thompson, James Harrison
Wilson　612
→Thompson, James Walter
612
→Thompson, John Talafierro
612
→Thompson, Kenneth Lane
612
→Thompson, William　612
→Thompson, William Francis
612

ドーンブッシュ
→Dornbusch, Rudiger　171

【ナ】

ナイ
→Nye, Steve　452

ナイエンローデ
→Neijenroode, Conelis van
442

ナイキスト
→Nyquist, Harry　453

ナイクィスト
→Nyquist, Harry　453

ナイディッチ
→Nidetch, Jean　447

ナイト
→Knight, Charles　337
→Knight, Frank Hyneman
337
→Knight, Margaret　337
→Knight, Sarah Kemble　337

ナウア
→Naur, Peter　440

ナヴィエ
→Navier, Louis Marie Henri
440

ナウクラティスのクレオメネス
→Kleomenes of Naukratis
335

ナウクラテスのクレオメネス
→Kleomenes of Naukratis
335

ナウンドルフ
→Naundorff, Karl Wilhelm
440

ナカシマ
→Nakashima, George　438

ナカシマ＝ジョージ
→Nakashima, George　438

ナカムラ
→Nakamura, James I.　438

ナギーブ
→Naguib, Ibrahim　438

ナシ
→Nasi, Gracia Mendes　440
→Nasi, Joseph　440

ナジーブ・ムズヒルッ・ディーン
→Najīb Muẓhir al-Dīn　438

ナジーブ・ムズヒルッディーン
→Najīb Muẓhir al-Dīn　438

ナジマバーディ
→Najmabadi, Farrokh　438

ナーシル
→Nasir bin Khalid al-Thani,
Sheikh　440

ナース
→Nourse, Edwin Griswold
451

経済・産業篇　　　　783　　　　ニコラ

ナスト
　→Nast, Condé Montrose　440
ナスミス
　→Nasmyth, James　440
ナスミズ
　→Nasmyth, James　440
ナズミス
　→Nasmyth, James　440
ナスリジノワ
　→Nasriddinova, Yadgal
　　Sadikovna　440
ナスリディーノワ
　→Nasriddinova, Yadgal
　　Sadikovna　440
ナタリーニ
　→Natalini, Adolfo　440
ナタン
　→Nathan, Jacques　440
ナッシュ
　→Nash, John　439
　→Nash, John Forbes（Jr.）
　　439
ナッソーニ
　→Nassoni, Niccolò　440
ナップ
　→Knapp, Seaman Asahel　336
ナーディ
　→Nadi, Giuseppe　438
ナディ
　→Nadi, Giuseppe　438
ナテーサン
　→Natēsan, G.A.　440
ナデルマン
　→Naderman, Henri　438
　→Naderman, Jean Henri　438
ナトゥージウス
　→Nathusius, Hermann
　　Engelhard von　440
ナドル・イブン・ハーリス
　→al-Naḍr ibn al-Ḥārith　438
ナノ
　→Nano, Fatos Thanas　439
ナハーバンディ
　→Nahavandi, Hushang　438
ナビエ
　→Navier, Louis Marie Henri
　　440
ナブ
　→Nabb, Magdalen　438

ナフィールド
　→Nuffield, William Richard
　　Morris, 1st Viscount of　452
ナフィールド子
　→Nuffield, William Richard
　　Morris, 1st Viscount of　452
ナポレオン14世
　→Napoleon ⅩⅣ　439
ナルトヴィチ
　→Narutowicz, Gabrjel　439
ナワーズ・シャリーフ
　→Nawāz Sharīf, Miyān
　　Muḥammad　440
ナワル・キショール
　→Nawal Kishōr, Munshī　440
ナンセン
　→Nansen, Peter　439
ナンテゥイユ
　→Nanteuil, Robert　439
ナンテーユ
　→Nanteuil, Robert　439
ナントイユ
　→Nanteuil, Robert　439
ナントゥイユ
　→Nanteuil, Robert　439

【 ニ 】

ニアリング
　→Nearing, Scott　441
ニアルコス
　→Niarchos, Stavros Spyros
　　446
ニエープス
　→Niépce, Joseph-Nicéphore
　　448
ニエプス
　→Niépce, Joseph-Nicéphore
　　448
ニエプス・ド・サン・ヴィクトル
　→Niépce de Saint-Victor,
　　Claude Félix Abel　448
ニエプス・ド・サン＝ヴィクトール
　→Niépce de Saint-Victor,
　　Claude Félix Abel　448
ニキーチン
　→Nikitin, Afanasii　448

ニケフォルス1世
　→Nicephorus Ⅰ Logothus
　　446
ニケフォルス一世
　→Nicephorus Ⅰ Logothus
　　446
ニケフォルス1世ロゴテトス
　→Nicephorus Ⅰ Logothus
　　446
ニケフォルス2世
　→Nicephorus Ⅱ Phocas　446
ニケフォルス二世
　→Nicephorus Ⅱ Phocas　446
ニケフォルス二世フォカス
　→Nicephorus Ⅱ Phocas　446
ニケーフォロス1世
　→Nicephorus Ⅰ Logothus
　　446
ニケフォロス1世
　→Nicephorus Ⅰ Logothus
　　446
ニケフォロス一世
　→Nicephorus Ⅰ Logothus
　　446
ニケフォロス2世
　→Nicephorus Ⅱ Phocas　446
ニケフォロス二世
　→Nicephorus Ⅱ Phocas　446
ニケーフォロス2世（フォーカス）
　→Nicephorus Ⅱ Phocas　446
ニーコステネース
　→Nikosthenes　448
ニコステネス
　→Nikosthenes　448
ニコラ（ヴェルダンの）
　→Nicholas de Verdun　446
ニコライ
　→Nicolai, Christoph Friedrich
　　447
ニコラウス
　→Nicholas de Verdun　446
ニコラウス（ヴェルダンの）
　→Nicholas de Verdun　446
　→Nicolaus　447
ニコラウス・オレスミウス
　→Oresme, Nicole d'　458
ニコーラ・ダ・グアルディアグ
　レーレ
　→Nicola da Guardiagrele　447

ニコラ・ド・ヴェルダン
→Nicholas de Verdun 446

ニコラ・ド・ショーム
→Nicolas de Chaumes 447

ニコラ・ド・ベルダン
→Nicholas de Verdun 446

ニコーラ・ピサーノ
→Pisano, Nicola 484

ニコラ・ピサーノ
→Pisano, Nicola 484

ニコル
→Nicol, William 447

ニコル・オレーム
→Oresme, Nicole d' 458

ニコルズ
→Nichols, John 446
→Nichols, Minerva Parker 446
→Nichols, Roger 446

ニコルソン
→Nicholson, Joseph Shield 446
→Nicholson, William 447

ニジェッティ
→Nigetti, Matteo 448

ニストロム
→Nystrom, Paul Henry 453

ニーダム
→Needham, Joseph 441

ニックス
→Nix, Don 449

ニックリシュ
→Nicklisch, Heinrich 447

ニックリッシュ
→Nicklisch, Heinrich 447

ニッコリーニ
→Niccolini, Antonio 446

ニッコロ・ペリコリ
→Tribolo 623

ニッツォーリ
→Nizzoli, Marcello 449

ニッティ
→Nitti, Francesco Saverio 449

ニト
→Nitot, Marie-Étienne 448

ニナ・リッチ
→Ricci, Nina 514

ニニョン
→Nignon, Édouard 448

ニーノ・ピサーノ
→Pisano, Nino 484

ニーフ
→Neef, Joseph 441

ニプコー
→Nipkow, Paul Gottlieb 448

ニーブール
→Niebuhr, Carsten 447

ニーマイアー
→Niemeyer, Oscar Saores Filho 448

ニーマイヤー
→Niemeyer, Oscar Saores Filho 448

ニマタッラー
→Nimatallah, Yousuf Abdullah Wahib 448

ニーマン
→Niemann, Johannes Erdewin 447

ニューエル
→Newell, Allan 445

ニューカム
→Newcomb, Simon 445

ニューカメン
→Newcomen, Thomas 445

ニューゴー
→Nygaard, Kristen 453

ニューコメン
→Newcomen, Thomas 445

ニュートン
→Newton, John 446

ニューナムのカルドア
→Kaldor, Nicholas 322

ニュネズ・ヤノヴスキイ
→Nuñez Yanowsky, Manolo 452

ニューハウス
→Newhouse, Samuel 445

ニューハム
→Newham, Annabel 445

ニューベリ
→Newbery, John 445

ニューベリー
→Newbery, John 445

ニューベリー
→Newbery, John 445

ニューマーク
→Neumark, Nathan Mortimore 444

ニューマン
→Neumann, Johann (Janos) Ludwig von 443
→Newman, Paul 445
→Newman, Susan Kendall 446
→Newman, Tom 446
→Newman, William H. 446

ニューロプ
→Nyrop, Martin 453

ニューンズ
→Newnes, Sir George 446

ニーヨ
→Ne-Yo 446

ニール
→Neal, Michael A. 441

ニールセン
→Nielsen, Arthur Charles 447

ニールソン
→Neilson, James Beaumont 442

【ヌ】

ヌイツ
→Nuyts, Pieter 452

ヌーヴェル
→Nouvel, Jean 451

ヌードセン
→Knudsen, William Signius 338

ヌネシュ
→Nunes, Pedro 452

ヌーバール・パシャ
→Nubar Pasha 452

ヌバル・パシャ
→Nubar Pasha 452

ヌムール
→Du Pont de Nemours, Pierre Samuel 181

ヌルクセ
→Nurkse, Ragnar 452

ヌルメスニエミ
→Nurmesniemi, Vuokko Eskolin- 452

【 ネ 】

ネアルコス
　→Nearchos　*441*

ネイエンローデ
　→Neijenroode, Conelis van　*442*

ネイスミス
　→Nasmyth, James　*440*

ネイズミス
　→Nasmyth, James　*440*

ネイダー
　→Nader, Ralph　*438*

ネイピア
　→Napier, John, Laird of Merchiston　*439*
　→Napier, William John, 8th Baron of　*439*

ネクラーソフ
　→Nekrasov, Aleksandr Ivanovich　*442*

ネグリン
　→Negrin, Juan　*441*

ネグリン・ロペス
　→Negrin, Juan　*441*

ネーゲリ
　→Nägeli, Hans Georg　*438*

ネーゲリー
　→Nägeli, Hans Georg　*438*

ネケル
　→Necker, Jacques　*441*

ネスフィールド
　→Nesfield, William Eden　*443*

ネーズミス
　→Nasmyth, James　*440*

ネスミス
　→Nasmyth, James　*440*

ネーダー
　→Nader, Ralph　*438*

ネッカーマン
　→Neckermann, Joseph　*441*

ネッケル
　→Necker, Jacques　*441*

ネットー
　→Netto, Curt Adolph　*443*

ネーピア
　→Napier, John, Laird of Merchiston　*439*
　→Napier, William John, 8th Baron of　*439*

ネビオロ
　→Nebiolo, Primo　*441*

ネビル
　→Nevile, John W.　*445*

ネフ
　→Nef, John Ulric　*441*

ネープヴォー
　→Nepveau, Pierre　*442*

ネーベニウス
　→Nebenius, Karl Friedrich　*441*

ネベーニウス
　→Nebenius, Karl Friedrich　*441*

ネベニウス
　→Nebenius, Karl Friedrich　*441*

ネムチーノフ
　→Nemchinov, Vasilii Sergeevich　*442*

ネムチノフ
　→Nemchinov, Vasilii Sergeevich　*442*

ネーメト
　→Németh Miklós　*442*

ネーリング
　→Nering, Johann Arnold　*442*

ネルヴィ
　→Nervi, Pier Luigi　*443*

ネルスン
　→Nelson, Ricky　*442*

ネルソン
　→Nelson, George　*442*
　→Nelson, Richard R.　*442*
　→Nelson, Ricky　*442*
　→Nelson, Thomas　*442*
　→Nelson, Thomas (Jr.)　*442*
　→Nelson, Wilbur Lundin　*442*

ネルビ
　→Nervi, Pier Luigi　*443*

ネレッティ
　→Neretti, Horatio　*442*

ネーレン
　→Noehren, Robert　*449*

ネローニ
　→Neroni, Bartolomeo　*443*

【 ノ 】

ノー・アイ・ディー
　→No I.D.　*450*

ノイジードラー
　→Neusidler, Hans　*444*

ノイス
　→Noyce, Robert Norton　*452*

ノイズ
　→Noyes, Eliot　*452*

ノイツ
　→Nuyts, Pieter　*452*

ノイッペル
　→Knoeppel, Charles Edward　*337*

ノイトラ
　→Neutra, Richard Josef　*444*

ノイバー
　→Neuber, Friederike Caroline　*443*
　→Neuber, Heinz　*443*

ノイフヴィレ
　→Neufville, Carl de　*443*

ノイマン
　→Neumann, Angelo　*443*
　→Neumann, Johann Balthasar　*443*
　→Neumann, Johann (Janos) Ludwig von　*443*
　→Neumann, Stanislav Kostka　*444*

ノイラート
　→Neurath, Otto　*444*
　→Neurath, Wilhelm　*444*

ノヴィ
　→Aloisio Nuovo　*15*

ノーヴィコフ
　→Novikov, Nikolai Ivanovich　*451*

ノヴィコーフ
　→Novikov, Nikolai Ivanovich　*451*

ノヴィコフ
　→Novikov, Nikolai Ivanovich　*451*

ノヴェッロ
　→Novello, Vincent　*451*

ノヴェッロウ
　→Novello, Vincent　*451*

ノウエ　　　　　　　　　　　786　　　　　　西洋人物レファレンス事典

ノヴェロ
→Novello, Joseph Alfred　451
→Novello, Vincent　451

ノーウッド
→Norwood, Richard　451

ノウルズ
→Knowles, Beyonce　337

ノォーレ
→Nollet, Jean Antoine, Abbé
451

ノーク
→Noke, Charles John　450

ノージック
→Nozick, Robert　452

ノース
→North, Douglass Cecil　450
→North, John Dudley　450
→Nourse, Edwin Griswold
451

ノースクリッフ
→Northcliffe, Alfred Charles
William Harmsworth,
Viscount　450

ノースクリフ
→Northcliffe, Alfred Charles
William Harmsworth,
Viscount　450

ノースクリフ卿
→Northcliffe, Alfred Charles
William Harmsworth,
Viscount　450

ノースクリフ子
→Northcliffe, Alfred Charles
William Harmsworth,
Viscount　450

ノースコート
→Northcote, Sir Stafford
Henry, 1st Earl of Iddesleigh
451

ノースロップ
→Northrop, John Kundsen
451

ノックス
→Knox, Archibald　338
→Knox, Robert　338
→Knox, Rose　338
→Knox, William Franklin　338

ノット
→Nott, Eliphalet　451
→Nott, Sir John William
Frederick　451

ノットリーニ
→Nottolini, Lorenzo　451

ノーデン
→Norden, Carl Lucas　450

ノーバディ
→Nobody　449

ノービコフ
→Novikov, Nikolai Ivanovich
451

ノビコフ
→Novikov, Ignaty Trofimovich
451
→Novikov, Nikolai Ivanovich
451

ノービレ
→Nobile, Pietro　449
→Nobile, Umberto　449

ノビーレ
→Nobile, Umberto　449

ノビレ
→Nobile, Umberto　449

ノフシンガー
→Noffsinger, James Philip
449

ノーブル
→Noble, Alfred　449

ノーベル
→Nobel, Alfred Bernhard　449

ノベル
→Nobel, Alfred Bernhard　449

ノボジーロフ
→Novozhilov, Viktor
Valentinovich　452

ノーマン
→Norman, Leslie　450
→Norman, Montagu Collet
450
→Norman, Robert　450
→Norman, Robert Wentworth
450

ノリントン
→Norrington, Sir Arthur
Lionel Pugh　450

ノールズ
→Knowles, Lilian Charlotte
Anne　337
→Knowles, William Standish
337

ノルトジーク
→Nordsieck, Fritz　450

ノルトホッフ
→Nordhoff, Heinrich　450

ノルトホフ
→Nordhoff, Heinrich　450

ノルマン
→Normand, Charles-Pierre-
Joseph　450

ノレ
→Nollet, Jean Antoine, Abbé
450

ノレー
→Nollet, Jean Antoine, Abbé
450

ノレル
→Norell, Norman　450

ノーレン
→Noehren, Robert　449

ノワヨンのエリギウス
→Eligius　189

【ハ】

バー
→Burr, William Hubert　90

バイアー
→Bayer, Herbert　45
→Bayer, Otto George Wilhelm
45

ハイアット
→Hyatt, John Wesley　301

バイアラム
→Byrom, John　92

ハイエク
→Hayek, Friedrich August von
278

ハイエック
→Hayek, Friedrich August von
278

パイオニオス（エフェソスの）
→Paiōnios ho Ephesios　462

パイク
→Puyck, Nicolaes　499

バイコーフ
→Baikov, Alexander M.　34

バイコフ
→Baikov, Alexander M.　34

パイシュ
→Pais, Francisco　462
→Pais, Sidónio Bernardino
Cardosa da Silva　462

パイス
→Pais, Francisco　462

ハイゼ
→Heise, Wilhelm 281
ハイ・テック
→Hi-Tek 289
バイテンヘム
→Buytenhem, Hendrick van 92
ハイト
→Heyd, Wilhelm 286
ハイトケンペル
→Heidkämper, George Friedrich Hermann 281
バイナー
→Viner, Jacob 642
ハイニシュ
→Hainisch, Michael 265
ハイニッシュ
→Hainisch, Michael 265
ハイネ
→Heine, Ernst W. 281
ハイネケン
→Heineken, Alfred Henry Freddy 281
ハイネマン
→Heinemann, Edward 281
→Heinemann, William 281
パイパー
→Piper, William Thomas 483
パイヒル
→Peichl, Gustav 471
ハイヘンス
→Huygens, Christiaan 301
ハイマー
→Hymer, Stephen 302
ハイマン
→Heimann, Eduard 281
→Heyman, Jacques 286
バイヤー
→Bayer, Friedrich 45
→Bayer, Herbert 45
バイヤール
→Bayard, Hippolyte 45
バイリス
→Baylis, Lilian Mary 45
ハイル・アッディーン
→Khayru'd-Dīn at-Tūnīsī 331
ハイル=アッディーン
→Khayru'd-Dīn at-Tūnīsī 331

バイルズ
→Biles, Sir John Harvard 61
ハイルッ・アッディーン
→Khayru'd-Dīn at-Tūnīsī 331
ハイルディーン
→Khayru'd-Dīn at-Tūnīsī 331
バイルビー
→Beilby, Sir George Thomas 51
ハイルブローナー
→Heilbroner, Robert L. 281
バイレフェルト
→Bijleveld, Willem 61
バイロム
→Byrom, John 92
バイロン
→Byron, Augusta Ada, Countess of Lovelace 92
ハイン
→Hine, Rupert 288
ハインケ
→Heincke, Johann Friedrich 281
ハインケル
→Heinkel, Ernst 281
ハインゼ
→Heinze, Frederick Augustus 281
ハインツ
→Heintz, Joseph der Ältere 281
→Heinz, Henry John 281
ハインドマン
→Hyndman, Henry Mayers 302
ハウ
→How, Clearence Decature 296
→Howe, Elias 297
→Howe, George 297
バウアー
→Bauer, Catherinr 44
→Bauer, Otto 44
→Bauer, Wilhelm Sebastian Valentin 44
ハーヴァード
→Harvard, John 275
ハウアード
→Howard, Sir Ebenezer 297

ハーヴィー
→Harvey, Sir John Martin 275
ハーヴィー=ジョーンズ
→Harvey-Jones, Sir John Henry 275
パーヴィス
→Purvis, Frank Prior 499
ハーウィッツ
→Hurwicz, Leonid 301
ハーヴィッツ
→Hurwicz, Leonid 301
ハウイー・ティー
→Howie Tee 297
ハーヴェイ
→Harvey, Michael 275
パウエル
→Powell, Adam Clayton (Jr.) 494
→Powell, Michael 494
ハーヴェルモ
→Haavelmo, Trygve 263
バウエルンファイント
→Bauernfeind, Karl Maximilian von 44
ハーヴェン
→Haven, Lambert van 277
ハウザー
→Hauser, Otto 276
ハウズ
→Howes, Betsy 297
ハウスヘル
→Haussherr, Hans 277
ハウスマン
→Houseman, John 296
ハウズマン
→Houseman, John 296
ハウタッカー
→Houthakker, Hendriks Samuel 296
バウティスタ
→Bautista, Fray Francisco 45
バウデンのワインストック
→Weinstock, Sir Arnold 661
ハウトマン
→Houtman, Cornelis de 296
→Houtman, Cornelius 296
ハウトン
→Houghton, Alanson Bigelow 296

ハウナ　　　　　　　　　　　　　788　　　　　　　西洋人物レファレンス事典

パウナル
→Pownall, C.A.W.　*494*

パウネル
→Pownall, C.A.W.　*494*

ハウプト
→Haupt, Albrecht　*276*

ハウヘンス
→Huygens, Christiaan　*301*

ハヴマイアー
→Havemeyer, Henry Osborne
277

バウムガルト
→Baumgart, Klaus　*45*

バウムガルトナー
→Baumgartner, Ulrich　*45*
→Baumgartner, Wilfrid S.　*45*

バウリ
→Bowley, Sir Arthur Lyon　*75*

バウリー
→Bowley, Sir Arthur Lyon　*75*

ハヴリーチェク
→Havlíček, Josef　*277*

バウリング
→Bowring, Sir John　*75*

パウル
→Paul, Bruno　*468*

パウルス2世
→Paulus Ⅱ　*469*

パウルセン
→Poulsen, Valdemar　*494*

パウルゼン
→Poulsen, Valdemar　*494*

パウロ
→Paulos　*469*

パウロ (使徒)
→Paulos　*469*

パウロ (聖)
→Paulos　*469*

パウロス (聖)
→Paulos　*469*

バウワー
→Bauer, Otto　*44*

パウンズ
→Pounds, John　*494*

ハウンスフィールド
→Hounsfield, Godfrey Newbold
296

ハウンズフィールド
→Hounsfield, Godfrey Newbold
296

バーカー
→Barker, Charles Spackmann
40
→Granville-Barker, Harley
252

パーカー
→Parker, Carleton Hubbell
465
→Parker, Daniel S.　*465*

パガーノ
→Pagano Pogatschnig,
Giuseppe　*462*

パガーノ・ポガシュニック
→Pagano Pogatschnig,
Giuseppe　*462*

バカン
→Buchan, Sir John, 1st Baron
Tweedsmuir　*86*

パーキン
→Perkin, Sir William Henry
474

バキンガム
→Buckingham, Earle　*87*

パーキンス
→Perkins, Elizabeth Peck　*474*

パーキンズ
→Perkins, Jacob　*474*

パーキンソン
→Parkinson, Cyril Northcote
465

パークス
→Parkes, Alexander　*465*
→Parkes, Sir Henry　*465*

バクスター
→Baxter, John　*45*

ハクスタウゼン
→Haxthausen, August von
278

ハクストハウゼン
→Haxthausen, August von
278

パクストン
→Paxton, Sir Joseph　*469*

バーグソン
→Bergson, Abram　*56*

ハークネス
→Harkness, Stephen
Vanderburg　*272*

バークハウゼン
→Barkhausen, Georg Heinrich
40

バークベック
→Birkbeck, George　*62*

パクラ
→Pakula, Alan J.　*463*

バークリー
→Barclay, Robert　*39*

ハーグリーヴス
→Hargreaves, James　*271*

ハーグリーヴズ
→Hargreaves, James　*271*

ハーグリーブズ
→Hargreaves, James　*271*

ハーグレイヴ
→Hargrave, Lawrence　*271*

ハーグレーヴ
→Hargrave, Lawrence　*271*

バグワティー
→Bhagwati, Jagdish N.　*60*

ハーゲナウアー
→Hagenauer, Friedrich　*265*
→Hagenauer, Wolfgang　*265*

バーケマ
→Bakema, Jacob Berend　*35*

バケマ
→Bakema, Jacob Berend　*35*

ハーゲン
→Hagen, Gotthilf　*265*

ハーゲンベック
→Hagenbeck, Karl　*265*

ハーコート
→Harcourt, Sir William
George Granville Venables
Vernon　*270*

ハーサニ
→Harsanyi, John Charles　*274*

ハーサニー
→Harsanyi, John Charles　*274*

ハーサニー・ジョン
→Harsanyi, John Charles　*274*

バサーリ
→Vasari, Giorgio　*635*

バザーリ
→Vasari, Giorgio　*635*

バザリ
→Vasari, Giorgio　*635*

経済・産業篇　　789　　ハスリ

バーザルガーン
→Bazargan, Mehdi　46

バザルガン
→Bazargan, Mehdi　46

バザルジェット
→Bazalgette, Sir Joseph
William　46

バサンカ
→Bazanka, Kacper　46

バサンダイン
→Bassendyne, Thomas　43

ハサン・ベイザーデ・アフメト・パ
シャ
→Hasan Beyzâde Ahmed Paşa
275

ハーシー
→Hershey, Milton Snavely
285

ハシー
→Hussey, Obed　301

パーシー
→Percy, Charles H.　473

パシ
→Passy, Frédéric　467

パシー
→Passy, Frédéric　467

パーシヴァル
→Perceval, John de Burgh
472
→Perceval, Spencer　472

パーシェ
→Passche, Hermann　467

バージェス
→Burges, William　89
→Burgess, Gregory　89

バージェズ
→Burges, William　89

バジェーノフ
→Bajenov, Vasilij Ivanovich
35

バジェノフ
→Bajenov, Vasilij Ivanovich
35

パシオン
→Pasion　467

パシネッティ
→Pasinetti, Luigi Lodovico
467

ハシブ
→Hasib, Khair al-Din　275

ハーシュホーン
→Hirshhorn, Joseph Herman
289

ハーシュマン
→Hirschman, Albert Otto
289

ハーシュライファー
→Hirshleifer, Jack　289

バシュリエ
→Bachelier, Nicolas　33

パジョ
→Pajot, Charles　462

パジョー
→Pajot, Charles　462

バジョット
→Bagehot, Walter　34

バシリウ
→Vassiliou, Georgios　636

バジル
→Basil, Colonel de　42

バジル大佐
→Basil, Colonel de　42

バジーレ
→Basile, Ernesto　42
→Basile, Giovanni Battista
Filippo　42

パジーレク
→Pazdírek, Bohumil　470
→Pazdírek, František　470

ハース
→Haas, Dirck de　263

バース
→Bath, Henry Frederick
Thynne, 6th Marquis of　43

バス
→Bass, Michael Thomas　43
→Bass, Saul　43

パス
→Paz, Alberto Gainza　469

バーズアイ
→Birdseye, Clarence　62

ハーズウェル
→Haswell, John　276

バスカヴィル
→Baskervill, John　43

パスカル
→Pascale, Richard Tanner
467

ハスキソン
→Huskisson, William　301

ハスキッソン
→Huskisson, William　301

バスコ
→Basco y Vargas, José　42

バスコ・イ・バルガス
→Basco y Vargas, José　42

バスコ・ダ・ガマ
→Gama, Vasco da　229

バスコ＝ダ＝ガマ
→Gama, Vasco da　229

ハスダーイ
→Hasdai ibn Shaprut　275

ハスダイ・イブン・シャブルト
→Hasdai ibn Shaprut　275

バスターブル
→Bastable, Charles Francis
43

バスタブル
→Bastable, Charles Francis
43

バスチア
→Bastiat, Claude Frédéric　43

バスチャン
→Bastien, Edmond Auguste
43

バスツール
→Pasteur, Louis　467

バスティア
→Bastiat, Claude Frédéric　43

ハースト
→Hearst, George　279
→Hearst, Phoebe　279
→Hearst, William Randolph
279
→Hearst, William Randolph
(Jr.)　279
→Hurst, Margery　300

パストゥール
→Pasteur, Louis　467

ハーズバーグ
→Herzberg, Frederick　285

ハースバッハ
→Hasbach, Wilhelm　275

ハースバハ
→Hasbach, Wilhelm　275

バー・スミス
→Barr Smith, Robert　41

バスリ
→Basri, Meer S.　43

ハ

ハスリ 790 西洋人物レファレンス事典

ハスリンガー
→Haslinger, Carl 275
→Haslinger, Tobias 275

ハスレット
→Haslett, Caroline 275

パースンズ
→Parsons, Sir Charles
Algernon 466

ハーゼ
→Haase, Carl 263

バーセイヴィ
→Basevi, George 42

バゼーヌ
→Bazaine, Pierre Dominique
45

ハーゼブレック
→Hasebroek, Johannes 275

パーセル
→Purcell, William R. 498

ハーゼルヴァンダー
→Haselwander, Friedrich
August 275

バセンドワ
→Basendwa, Muhammad
Salem 42

パーソンス
→Parsons, Sir Charles
Algernon 466

パーソンズ
→Parsons, Sir Charles
Algernon 466
→Parsons, Talcott 466

バーダー
→Baader, Johannes 32

パターソン
→Paterson, William 467
→Patterson, Joseph Medill
468

パタソン
→Paterson, William 467

パタナッツィ
→Patanazzi, Alfonso 467
→Patanazzi, Antonio 467
→Patanazzi, Francesco 467
→Patanazzi, Lodovico 467
→Patanazzi, Vincenzo 467

バターフィールド
→Butterfield, William 92

パタフィールド
→Butterfield, William 92

バダホス
→Badajoz, Juan de 33

バチェラー
→Bachelor, Joy 33

ハチスン
→Hutchison, Terence Wilmot
301

ハチソン
→Hutchison, Terence Wilmot
301

パチノッティ
→Pacinotti, Antonio 462

バチャ
→Bat'a, Tomáš 43

バーチューチャン
→Bachchan, Amitabh 33

パチル
→Patil, Sadashiv K. 468

パツァック
→Patzak, Peter 468

パツァリデス
→Patsalides, Andreas 468

ハッカー
→Hacker, Louis Morton 264

バッカー
→Backer, Steve 33

パッカー
→Packer, Sir Douglas Frank
Hewson 462

パッカーシ
→Paccasi, Nikolaus von 462

パッカス
→Backus, John Warner 33

パッカード
→Packard, David 462
→Packard, James Ward 462

パッカーニ
→Baccani, Gaetano 32

バッカン
→Buchan, Sir John, 1st Baron
Tweedsmuir 86

バック
→Buck, John Lossing 87

バックストレーム
→Backström, Sven 33

パックストン
→Paxton, Sir Joseph 469

ハックワース
→Hackworth, Timothy 264

ハッサン
→Hassan, Mahmud Ali 275
→Hassan bin Talal 276

ハッサン・ビン・タラール
→Hassan bin Talal 276

ハッシー
→Hussey, Obed 301

バッシ
→Bassi, Martino 43

パッシー
→Passy, Frédéric 467

バッタージョ
→Battagio, Giovanni 44

バッタリア
→Battaglia, Antonio 44
→Battaglia, Carmelo 44
→Battaglia, Francesco 44

バッチオ・ダーニョロ
→Baccio d'Agnolo 33

バッチオ・ダーニョロ・バリオーニ
→Baccio d'Agnolo 33

バッチャン
→Bachchan, Amitabh 33

バッチョ・ダーニョロ
→Baccio d'Agnolo 33

バッチョ・ダ・モンテルーポ
→Baccio da Montelupo 33

バッツ
→Butz, Earl L. 92

バッテン
→Patten, Simon Nelson 468

バット
→Patte, Pierre 468

バットナム
→Puttnam, David 499

ハッドフィールド
→Hadfield, Sir Robert Abbott
264

ハットン
→Hutton, Barbara 301

ハッパー
→Happer, John Stewart 270

バッハ
→Bach, Johann Michael 33
→Bach, Julius Carl von 33

バップ
→Papp, Joseph 464

バッファロー・ビル
　→Cody, William Frederick
　　127
バッフィン
　→Baffin, William　34
バップワース
　→Papworth, John Buonarroti
　　464
パッラーディオ
　→Palladio, Andrea　463
パッラディオ
　→Palladio, Andrea　463
パッラルディーニ
　→Ballardini, Gaetano　37
バーデ
　→Baade, Fritz　32
パテ
　→Pathé, Charles　468
ハーディド
　→Hadid, Zaha　264
ハディード
　→Hadid, Muhammad Haj Hussein　264
パティーニョ
　→Patiño, Simón Ituri　468
パティニョ
　→Patiño, Simón Ituri　468
ハーディン
　→Hardin, Clifford W.　271
バーディーン
　→Bardeen, John　39
バーディン
　→Bardeen, John　39
パティンキン
　→Patinkin, Don　468
ハーテム
　→Hātim, Muhammad 'Abd al-Qādir　276
ハテム
　→Hātim, Muhammad 'Abd al-Qādir　276
バーテュー
　→Bartewe, Thomas　42
バーデュー
　→Perdue, Franklin Parsons
　　473
ハート
　→Hart, Albert Gailord　274
　→Hart, Josephine　274

→Hart, Sir Robert　274
バード
　→Bard, Allen J.　39
　→Byrd, William　92
　→Byrd Ⅱ, William　92
バード2世
　→Byrd Ⅱ, William　92
パトゥ
　→Patou, Jean　468
パトゥー
　→Patou, Jean　468
ハードウィック
　→Hardwick, Philip　271
ハトシェプスト
　→Hatshepsut　276
ハドソン
　→Hudson, George　297
　→Hudson, Henry　298
　→Hudson, Sir William　298
パトナム
　→Putnam, George Palmer
　　499
　→Puttnam, David　499
ハートネット
　→Hartnett, Sir Laurence John
　　274
ハートネル
　→Hartnell, Sir Norman　274
ハトフィールド
　→Hatfield, Henry Rand　276
ハドフィールド
　→Hadfield, Sir Robert Abbott
　　264
バトマン
　→Batman, John　43
バトラー
　→Butler, George　91
　→Butler, Richard Austen　91
ハートリ
　→Hartley, Sir Charles Augustus　274
ハートリー
　→Hartley, Sir Charles Augustus　274
　→Hartley, David　274
ハドリー
　→Hadley, Arthur Twining
　　264
パトリチェフ
　→Patolichev, Nikolaj Semenovich　468

パトリック
　→Patrick, Hugh　468
バトルキャット
　→Battlecat　44
ハートレー
　→Hartley, Sir Charles Augustus　274
ハドレ
　→Hadley, Eleanor Martha
　　264
ハドレー
　→Hadley, Eleanor Martha
　　264
バートレット
　→Bartlett, John　42
バトローズ
　→Buttrose, Ita Clare　92
バートン
　→Barton, Gordon Page　42
　→Burton, Decimus　90
　→Burton, Sir Montague　90
　→Burton, William Evans　91
　→Burton, William Meriam　91
バトン
　→Button, Sir Thomas　92
ハナ
　→Hanna, Marcus Alonzo　269
　→Hanna, William　269
ハナウ
　→Hanau, Marthe　268
パーナス
　→Parnas, David Lorge　466
バーナーズ＝リー
　→Berners-Lee, Tim　57
バーナートー
　→Barnato, Barney　40
バーナード
　→Barnard, Chester Irving　40
ハナ＝バーベラ
　→Barbera, Joseph　39
　→Hanna, William　269
バーナビ
　→Barnaby, Sir Nathaniel　40
バーナム
　→Barnum, Phineas Taylor　41
　→Barnum, Zenus　41
　→Burnham, Daniel Hudson
　　90
　→Burnham, Edward Levy Lawson, 1st Baron　90
　→Burnham, James　90

ハナル 792 西洋人物レファレンス事典

八

バナール
→Panhard, René 464

バーナンキ
→Bernanke, Benjamin Shalom 57

ハニー
→Honey, William Bowyer 293

バーニー
→Barney, Nora 41
→Birnie, Cyril Montague 62

バーニカー
→Berniker, Mike 57

バニッチ
→Panić, Milan 464

バーネイズ
→Bernays, Edward L 57

ハーネスト
→Hearst, William Randolph 279

ハネット
→Hannett, Martin 269

バーネット
→Burnett, I.R. 90

バーノン
→Vernon, James 638
→Vernon, Raymond 638

ハーバー
→Haber, Fritz 263

ハーパー
→Harper, James 272
→Harper, Stephen 272

バーバー
→Barber, Anthony 39
→Barber, Edward 39

ハバシ
→Habashi, Wadi 263

ハーバード
→Harvard, John 275

ハバード
→Hubbard, Elbert Green 297

パパネック
→Papanek, Victor 464

ハーバラー
→Haberler, Gottfried 264

バーバリー
→Burberry, Thomas 89

バハル
→Bahar, Abdul-Aziz Ahmad 34

ハバーロフ
→Khabarov, Erofei Pavlovich 330

ハバロフ
→Khabarov, Erofei Pavlovich 330

バハン
→Buchan, Sir John, 1st Baron Tweedsmuir 86

パパン
→Papin, Denis 464

バーバンク
→Burbank, Luther 89

バビエ
→Bavier, Charles Eugene Edward de 45

バビジ
→Babbage, Charles 32

バービス
→Purvis, Frank Prior 499

バビッジ
→Babbage, Charles 32

バビット
→Babbitt, Isaac 32

バビロフ
→Vavilov, Nikolai Ivanovich 636

バフィン
→Baffin, William 34

バフェット
→Buffett, Warren Edward 87

バブコック
→Babcock, George Herman 32

パフ・ダディ
→Puff Daddy 497

ハーフペニー
→Halfpenny, William 266

パブロフ
→Pavlov, Ivan Nikolaevich 469

ハーベー
→Harvey, Sir John Martin 275

ハーベイ
→Harvey, Michael 275

バーベージ
→Burbage, Cuthbert 89
→Burbage, James 89
→Burbage, Richard 89

バーベジ
→Burbage, James 89
→Burbage, Richard 89

バベージ
→Babbage, Charles 32

バベジ
→Babbage, Charles 32

バーベッジ
→Burbage, Cuthbert 89
→Burbage, James 89
→Burbage, Richard 89

バベッジ
→Babbage, Charles 32

バーベラ
→Barbera, Joseph 39

ハーベル
→Haber, Fritz 263

パーボー
→Parbo, Sir Arvi Hillar 465

バーボン
→Barbon, Nicholas 39
→Barebone, Praisegod 39

ハマー
→Hammer, Armand 268

パーマー
→Palmer, Frances Flora 464
→Palmer, Henry Spencer 464
→Palmer, John 464

ハマーショルド
→Hammarskjöld, Dag Hjalmar Agne Carl 267

ハマショールド
→Hammarskjöld, Dag Hjalmar Agne Carl 267

ハマースタイン
→Hammerstein, Oscar 268
→Hammerstein, Oscar, II 268

ハマディ
→Hammadi, Saadoun 267

ハマド
→al-Hamad, Abdul-Latif Yousuf 267
→al-Hamad, Yacob Yousuf 267

バーマン
→Berman, Pandro S. 57

ハミルトン
→Hamilton, Alexander 267
→Hamilton, Earl Jefferson 267
→Hamilton, Hamish 267
→Hamilton, Thomas 267

経済・産業篇　　　　793　　　　ハリル

→Hamilton, Walton Hale 267

ハミング
→Hamming, Richard Wesley 268

ハームズワース
→Northcliffe, Alfred Charles William Harmsworth, Viscount 450
→Rothermere, Harold Sidney Harmsworth, 1st Viscount 530

ハームズワス
→Northcliffe, Alfred Charles William Harmsworth, Viscount 450

ハムダン
→Hamdan bin Rashid al-Maktoum, Sheikh 267

ハムネット
→Hamnett, Katharine 268

ハムリン
→Hamlyn, Paul Bertrand 267

ハメール
→Hameel, Alart du 267

ハメル
→Hamel, Hendric 267

ハモンド
→Hammond, Frederick Dawson 268
→Hammond, John Hays（Jr.） 268
→Hammond, John Henry （Jr.） 268
→Hammond, John Lawrence Le Breton 268
→Hammond, Laurence 268

バラ
→Balat, Alphonse 36

バラガン
→Barragán, Luis 41

バラゲル・イ・シレナ
→Balaguer y Cirena, Víctor 36

バラージ
→Palagi, Pelagio 463

ハラス
→Halas, John 265

パラーディオ
→Palladio, Andrea 463

パラディオ
→Palladio, Andrea 463

パラディーノ
→Baradino, Carlo 38

バラーノフ
→Baranov, Aleksandr Andreevich 38
→Baranov, Fyodor Ilich 39

バラバン
→Balaban, Barney 36

パラビーノ
→Baradino, Carlo 38

ハラリ
→Harari, Manya 270

バラール
→Ballard, Christophe 37
→Ballard, Christophe Jean-François 37
→Ballard, Jean-Baptiste Christophe 37
→Ballard, Pierre 37
→Ballard, Robert 37

バラン
→Baran, Paul Alexander 38

バランタイン
→Ballantyne, James 37
→Ballantyne, John 37

ハーランド
→Harland, Sir Edward James 272
→Herland, Hugh 284

バーリ
→Berle, Adolf Augustus（Jr.） 56

バーリー
→Barry, Sir Charles 41

バリ
→Barry, Sir Charles 41

バリー
→Barry, Sir Charles 41

パーリー
→Parley, Peter 466

パリー
→Parry, Sir William Edward 466

バリアン
→Varian, Russel Harrison 635

バリオーニ
→Baglioni, Giuliano 34

ハリケーン・スミス
→Hurricane Smith 300

パリーシ
→Palissy, Bernard 463

パリージ
→Parigi, Alfonnso 465
→Parigi, Alfonso 465
→Parigi, Giulio 465

パリシー
→Palissy, Bernard 463

バリジョーニ
→Barigioni, Filippo 40

ハリス
→Harris, Sir Augustus 272
→Harris, Benjamin 272
→Harris, John 272, 273
→Harris, Seymour Edwin 273
→Harris, Townsend 273

パーリス
→Perlis, Alan Jay 474

ハリスン
→Harrison, John 273

ハリソン
→Harrison, John 273
→Harrison, Peter 273
→Harrison, Thomas 273
→Harrison, Wallace Kirkman 273

パリッシ
→Palissy, Bernard 463

パリッシー
→Palissy, Bernard 463

ハーリド
→Khalid bin Muhammad al-Mani 330

バーリナー
→Berliner, Emile 56

ハリーハウゼン
→Harryhausen, Ray 274

ハリマン
→Harriman, Edward Henry 272
→Harriman, William Averell 272

ハーリ・ヤーノシュ
→Háry János 275

バリュ
→Ballu, Théodore 37

ハリリ
→Hariri, Rafik Bahaa Edinburghe 271

バリーリ
→Barili, Antonio di Neri 40

ハリール
→Khalil, Mustafa 331

バリーン
→Ballin, Albert　37

バリン
→Ballin, Albert　37

バリンジャー
→Barringer, Daniel Moreau
41

バーリントン
→Burlington, Richard Boyle,
3rd Earl of　90

バーリントン卿
→Burlington, Richard Boyle,
3rd Earl of　90

バーリントン伯
→Burlington, Richard Boyle,
3rd Earl of　90

バーリントン伯リチャード・ボイル
→Burlington, Richard Boyle,
3rd Earl of　90

ハル
→Hull, Albert Wallace　299

バール
→Barre, Raymond Octave
Joseph　41

パル
→Pal, George　463

パルヴィス
→Purvis, Frank Prior　499

パルヴス
→Parvus, Alexander　466

バルガ
→Varga, Evgenii Samoilovich
635

バルガス
→Basco y Vargas, José　42

バルーク
→Baruch, Bernard Mannes
42

バルクハウゼン
→Barkhausen, Georg Heinrich
40

バルグレーヴ
→Palgrave, Sir Robert Henry
Inglis　463

ハルコルト
→Harkort, Friedrich Wilhelm
272

バルコン
→Balcon, Michael　36

バルザック
→Balzac, Edmé Pierre　38

ハルサニ
→Harsanyi, John Charles　274

ハルシャーニ
→Harsanyi, John Charles　274

バールジン
→Bardin, Ivan Pavlovich　39

ハルスケ
→Halske, Georg　266

パルゼヴァル
→Parseval, August von　466

バルセロ
→Barcelo, Gertrudis　39

バールセン
→Bahlsen, Emile　34

バルタール
→Baltard, Louis-Pierre　38
→Baltard, Victor　38

ハルチンク
→Hartsinck, Carel　274

バルツァレット
→Balzaretto, Giuseppe　38

バルツェル
→Baltzer, Franz　38

バルツェロヴィッチ
→Balcerowicz, Leszek　36

バルツェロビチ
→Balcerowicz, Leszek　36

バールック
→Baruch, Bernard Mannes
42

ハルティング
→Hartingh, Nicolaas　274

ハルデス
→Hardes, Hendrik　271

バルデス・ティン・タン
→Valdés Tin Tan, German
630

バルデッサーリ
→Baldessari, Luciano　36

ハルデマン
→Haldeman, Harry Robbins
265

ハルテンシュタイン
→Hartenstein, Gustav　274

ハルデンベルク
→Hardenberg, Karl August,
Fürst von　270

ハルデンベルグ
→Hardenberg, Karl August,
Fürst von　270

ハルデンベルク侯
→Hardenberg, Karl August,
Fürst von　270

バルト
→Barth, Jean　42

ハルトゥング
→Hartung, Adolf　275

バルトニング
→Bartning, Otto　42

ハルトホ
→Dirck Hartog　166
→Hartogh, Joan de　274

ハルトマン
→Hartmann, Rudolf　274

ハルドマン
→Haldeman, Harry Robbins
265

バルトリーノ・ダ・ノヴァーラ
→Bartolino da Novara　42

バルトロメウ＝ディアス
→Dias, Bartholomeu　163

バルトロメオ・スアルディ
→Bramantino　78

バルトロメオ・ダーニョロ
→Baccio d'Agnolo　33

バルトロメオ・デッラ・ガッタ
→Bartolommeo dalla Gatta
42

バルトロメーオ・デルラ・ガッタ
→Bartolommeo dalla Gatta
42

ハルトン
→Hulton, Sir Edward George
Warris　299

ハルパート
→Halpert, Edith Gregor　266

バルバロ
→Barbaro, Giosafat　39

バルバロス・ハイレッディン・パ
シャ
→Barbaros Hayreddin Paşa
39

バルバロッサ
→Barbaros Hayreddin Paşa
39

バルーフ
→Baruch, Bernard Mannes
42

経済・産業篇　795　ハンス

パルファン
→Palfyn, Jean　463

パルフィン
→Palfyn, Jean　463

パルフォア
→Balfour, George　37
→Balfour, Sir George　37

パルブス
→Parvus, Alexander　466

ハルペリン
→Halperin, James L.　266

バル・ベルジェス
→Valls Vergés, Manuel　631

バルボーザ
→Barbosa, Duarte Odoardo
39

バルボサ
→Barbosa, Durte Odrado　39

ハルマ
→Halma, François　266

バルマン
→Balmain, Pierre　38

ハルム
→Halm, Georg　266

パルム
→Palm, Johann Philipp　463

パルムシュテット
→Palmstedt, Erik　464

ハルムス
→Harms, Bernhard　272

パルラー
→Parler, Heinrich　466
→Parler, Peter　466

パルラーディオ
→Palladio, Andrea　463

バーレ
→Berle, Adolf Augustus（Jr.）
56

パーレー
→Parley, Peter　466

パレアーロ
→Palearo, Francesco　463
→Palearo, Giacomo　463
→Palearo, Giorgio　463

バレット
→Barrett, Judi　41

バレッリ
→Barelli, Agostino　40

パレート
→Pareto, Vilfredo　465

バレンシアーガ
→Balenciaga, Cristóbal　37

バレンシアガ
→Balenciaga, Cristóbal　37

バレンシャガ
→Balenciaga, Cristóbal　37

バーレンツ
→Barents, Willem　40

バレンツ
→Barents, Willem　40

バレンティノ
→Valentino, Mario　630

バレンベリー
→Wallenberg, Marcus　652

バロ
→Borough, Stephen　72

バロー
→Barrow, Wilmer Lainer　41

バーロ
→Perlo, Victor　474

バロヴィエル
→Barovier, Angelo　41
→Barovier, Bartolomeo　41
→Barovier, Ercole　41
→Barovier, Marietta　41

バローズ
→Burroughs, William Seward
90

バロック
→Bullock, Charles Jesse　88

ハロッド
→Harrod, Sir Roy Forbes　273

バロット
→Parrot, Robert Parker　466

バローネ
→Barone, Enrico　41

バロビエ
→Barovier, Ercole　41

ハーロンド
→Herland, Hugh　284

パワー
→Power, Eileen Edna　494

パワーズ
→Powers, Harriet　494
→Powers, Pat　494

ハワード
→Howard, Sir Ebenezer　297

→Howard, Roy Wilson　297

ハーン
→Hahn, Albert　265
→Hahn, Eduard　265
→Hahn, Frank　265
→Hahn, Ludwig Albert　265
→Hahn, Ulrich　265

バーン
→Burn, William　90
→Byrne, John　92

バン
→Bunn, Alfred　88

バンカー
→Bunker, Ellsworth　88

ハンカル
→Hankar, Paul　269

パンクック
→Panckoucke, Charles Joseph
464

バンクーバー
→Vancouver, George　631

バンクロフト
→Bancroft, Edward　38
→Bancroft, Hubert Howe　38
→Bancroft, Marie　38
→Bancroft, Sir Squire　38

ハンコク
→Hancock, John　268

パンコーク
→Pankok, Bernhardt　464

ハンコック
→Hancock, John　268
→Hancock, Joseph　269
→Hancock, Lang（ley）George
269
→Hancock Thomas　269

パンコック
→Pankok, Bernhardt　464

ハンザー
→Hanser, Carl　270

ハンサード
→Hansard, Luke　269
→Hansard, Thomas Curson
269

ハンサム
→Hansom, Joseph Aloysius
270

バーンズ
→Barnes, Jhane　40
→Barnes, Roger Lewis　41
→Burns, Arthur Frank　90

ハ

ハンス　　　　　　　　　　　　　　796　　　　　　西洋人物レファレンス事典

バンス
→Vance, Lee　631

ハンスエイカー
→Hunsaker, Jerome Clarke
300

ハンセイカー
→Hunsaker, Jerome Clarke
300

ハンセーカー
→Hunsaker, Jerome Clarke
300

ハンゼマン
→Hansemann, David　269

バン・ゼーラント
→Van Zeeland, Paul　635

ハンセン
→Hansen, Alvin Harvey　270
→Hansen, Christian Frederik
270
→Hansen, Hans Christian　270
→Hansen, Theophilus Edvard
270

ハンゼン
→Hansen, Theophilus Edvard
270

ハンソン＝ダイアー
→Hanson-Dyer, Louise Berta
Mosson　270

ハンソン＝ダイヤー
→Hanson-Dyer, Louise Berta
Mosson　270

ハンター
→Hunter, Edward Huzlitt
300
→Hunter, Ross　300

バンダービルト
→Vanderbilt, Cornelius　632

バンダービルド
→Vanderbilt, Cornelius　632

バンタレオーニ
→Pantaleoni, Maffeo　464

ハンツマン
→Huntsman, Benjamin　300

ハンディ
→Handy, Charles Brian　269

ハンティントン
→Huntington, Collis Potter
300
→Huntington, Henry E.　300

バン デ グラーフ
→Van de Graaff, Robert
Jemison　631

バン・デ・グラーフ
→Van de Graaff, Robert
Jemison　631

バン・デ・ベルデ
→Van de Velde, Henry
Clemens　633

バン＝デ＝ベルデ
→Van de Velde, Henry
Clemens　633

バンデルビーラ
→Vandelvira, Andrés de　632

バン・デル・メール
→Van Der Meer, Simon　632

ハント
→Hunt, Richard Morris　300
→Hunt, Wilson Price　300

バン・ド・グラーフ
→Van de Graaff, Robert
Jemison　631

バン・ドースブルク
→Doesburg, Theo van　168

ハンドラー
→Handler, Ruth　269

ハンドリ・ページ
→Handley Page, Fredrick　269

ハンドリー・ページ
→Handley Page, Fredrick　269

バントン
→Panton, Verner　464

ハンナ
→Hanna, Marcus Alonzo　269

ハンノ
→Hanno　269

ハンノング
→Hannnong, Paul-Anton　269

バンバーター
→Bambaataa　38

バーンハム
→Burnham, Daniel Hudson
90

ハンビー
→Hamby, William　267

バンビテリ
→Vanvitelli, Luigi　634

バンブラ
→Vanbrugh, Sir John　631

バンブラー
→Vanbrugh, Sir John　631

ハンフリー
→Humphrey, George M.　300

ハンフリーズ
→Humphreys, David　300

バンブルー
→Vanbrugh, Sir John　631

バンペリ
→Pumpelly, Raphael　498

バンペリー
→Pumpelly, Raphael　498

バンベルガー
→Bamberger, Ludwig　38
→Bamberger, Simon　38

ハンマルシェルド
→Hammarskjöld, Dag Hjalmar
Agne Carl　267

ハンラハン
→Hanrahan, Kip　269

バン・リード
→Van Reed, Eugene Miller
634

バン＝リード
→Van Reed, Eugene Miller
634

バン＝ロベ
→Van Robais　634

【ヒ】

ピアース
→Pearce, Richard William
470
→Pierce, George Washington
480
→Pierce, John Robinson　481
→Pierce, Samuel Riley（Jr.）
481

ピアス
→Pierce, George Washington
480
→Pierce, John Robinson　481

ピアスン
→Pearson, John Loughborough
470

ピアソール
→Pearsall, Phyllis Isobel　470

ピアソン
→Pearson, John Loughborough
470

ピアチェンティーニ
→Piacentini, Marcello　480

ヒ

ビード
→Beard, Charles Austin 46
ビアード
→Beard, Charles Austin 46
ビアド
→Beard, Charles Austin 46
ピアノ
→Piano, Renzo 480
ビアンヴィル
→Bienville, Jean Baptiste le Moyne de 61
ビアンキ
→Bianchi, Padre Andrés 60
ビアンコ
→Bianco, Bartolomeo 60
ヒーヴァーのアスター
→Astor, John Jacob, Baron 29
ビーヴァーブルック
→Beaverbrook, William Maxwell Aitken 47
ビーヴァブルック
→Beaverbrook, William Maxwell Aitken 47
ビーヴァーブルック（ビーヴァーブルックとチャークリーの）
→Beaverbrook, William Maxwell Aitken 47
ビーヴァーブルック卿
→Beaverbrook, William Maxwell Aitken 47
ビーヴァーブルック男爵
→Beaverbrook, William Maxwell Aitken 47
ビーヴァーブルックとチャークリーのビーヴァーブルック
→Beaverbrook, William Maxwell Aitken 47
ビヴァリジ
→Beveridge, William Henry Beveridge, 1st Baron, of Tuggal 60
ビヴァリッジ
→Beveridge, William Henry Beveridge, 1st Baron, of Tuggal 60
ビーヴァン
→Bevan, Edward John 59
ビヴァン
→Bevan, Edward John 59

ビエイラ
→Vieira, Álvaro Siza 641
ピエティラ
→Pietilä, Reima 481
ピエートロ・ダ・コルトーナ
→Cortona, Pietro da 137
ピエトロ・ダ・コルトーナ
→Cortona, Pietro da 137
ピエトロ・ダ・コルトナ
→Cortona, Pietro da 137
ピエトロ・ダ・コルトナ
→Cortona, Pietro da 137
ピエトロ・ベレッティーニ
→Cortona, Pietro da 137
ピエヒ＝ポルシェ
→Piëch Porche, Louise 480
ビェルクネス
→Bjerknes, Vilhelm Frimann Koren 63
ビエルクネス
→Bjerknes, Vilhelm Frimann Koren 63
ピエール・コンタン
→Contant d'Ivry, Pierre 133
ピエール・ダンジクール
→Pierre d'Angicourt 481
ピエール・ド・セバザ
→Pierre de Cébazat 481
ピエール・ド・モントゥルイユ
→Pierre de Montreau 481
ピエール・ド・モントゥロー
→Pierre de Montreau 481
ピエール・ド・モントルイユ
→Pierre de Montreau 481
ピエール・ド・モントロー
→Pierre de Montreau 481
ピエルマリーニ
→Piermarini, Giuseppe 481
ピエロ（メディチ家の）
→Medici, Piero de 410
ピエロラ
→Piérola, Nicolás de 481
ヒエローン
→Hierōn 287
ヒエロン
→Hierōn 287
ビオネ
→Vionnet, Madeleine 643

ビオレ・ル・デュク
→Viollet-le-Duc, Eugène Emmanuel 642
ビオレ・ル・デュック
→Viollet-le-Duc, Eugène Emmanuel 642
ピガージュ
→Pigage, Nicolas de 481
ヒガーズィー
→Higazi, Abdul-Aziz 287
ピガフェッタ
→Pigafetta, Antonio 481
ピカリング
→Pickering, William Hayward 480
ピカール
→Piccard, Donald Louis 480
→Piccard, Jean Felix 480
ピカール・ル・ドゥ
→Picart le Doux, Jean 480
ピキシ
→Pixii, Antoine-Hippolyte 485
ヒギンソン
→Higginson, Henry Lee 287
ビク
→Bik, Pieter Albert 61
ピグー
→Pigou, Arthur Cecil 481
ピクシ
→Pixii, Antoine-Hippolyte 485
ビクリー
→Vickrey, William 640
ピグレフスカヤ
→Pigulevskaya, Evgeniya Aleksandrovna 482
ビゲロー
→Bigelow, Erastus Brigham 61
ヒゲロウ
→Bigelow, Erastus Brigham 61
ピケンズ
→Pickens, Thomas Boone (Jr.) 480
ピゴット
→Pigott, Nathaniel 481
ピサネッロ
→Pisanello, Antonio 483

ヒサネ　　　　　　　　　　　　　798　　　　　　西洋人物レファレンス事典

ピサネルロ
→Pisanello, Antonio　*483*

ピサネルロ
→Pisanello, Antonio　*483*

ピサネロ
→Pisanello, Antonio　*483*

ピザネロ
→Pisanello, Antonio　*483*

ピサーノ
→Pisanello, Antonio　*483*
→Pisano, Andrea　*484*
→Pisano, Giovanni　*484*
→Pisano, Nicola　*484*
→Pisano, Nino　*484*

ピサのレオナルド
→Fibonacci, Leonardo　*205*

ピサリデス
→Pissarides, Christopher　*484*

ヒ　ピサロ
→Pissarro, Lucien　*485*

ビザンティウムのピロン
→Philōn　*479*

ビージ
→Bisi, Luigi　*62*

ビジャヌエバ
→Villanueva, Juan de　*642*

ビシュベースバラッヤ
→Viśvēśvarayya,
　Mōkushanguṇdam　*643*

ビショップ
→Bishop, Hazel　*62*

ヒース
→Heath, Sir Thomas Little
　279

ビスカイノ
→Vizcaino, Sebastián　*645*

ヒースコート
→Heathcoat, John　*280*

ビスティッチ
→Bisticci, Vespasiano da　*62*

ピストッキ
→Pistocchi, Giuseppe　*485*

ピストルッチ
→Pistrucci, Benedetto　*485*

ビーストン
→Beeston, Christopher
　Hutchinson　*50*

ビーダ
→Bieda, Ken　*61*

ビダー
→Bidder, George Parker　*61*

ピーターズ
→Peters, David　*476*

ピーターソン
→Peterson, Peter G.　*476*
→Peterson, Rudolph A.　*476*

ビダール
→Vidal, Jean Paul Isidore
　640

ビーチ
→Beach, Sylvia　*46*
→Beech, Olive Ann　*49*

ビーチャム
→Beecham, Thomas　*49*

ビーチング
→Beeching, Richard, Baron
　49

ビック
→Bik, Pieter Albert　*61*

ビック
→Pick, Frank　*480*
→Pick, Lupu　*480*

ヒックス
→Hicks, Sir John Richard　*286*

ヒッグズ
→Higgs, Henry　*287*

ビックフォード
→Bickford, William　*61*

ヒックマン
→Hickman, Kenneth Claude
　Devereux　*286*
→Hickman, Tracy　*286*

ヒッケル
→Hickel, Walter J.　*286*

ビッセル
→Bissell, Melville Reuben　*62*

ビッターリヒ
→Bitterlich, Walter　*63*

ヒッチ
→Hitch, Charles Johnston
　289

ヒッチコック
→Hitchcock, Lambert　*289*

ピッチナート
→Piccinato, Luigi　*480*

ヒッツィヒ
→Hitzig, Georg Heinrich
　Friedrich　*289*

ビッテ
→Vitte, Sergei Iulievich　*644*

ピット
→Pitt, Thomas　*485*
→Pitt, William　*485*

ピット（小）
→Pitt, William　*485*

ピット（小～）
→Pitt, William　*485*

ビットーネ
→Vittone, Bernardo Antonio
　644

ピットマン
→Pitman, Sir Isaac　*485*

ビットルビウス
→Vitruvius Pollio, Marcus
　643

ヒットルフ
→Hittorff, Jacques Ignace　*289*

ヒッバート
→Hibbert, Robert　*286*

ビッフィ
→Biffi, Andrea　*61*

ピッフェッティ
→Piffetti, Pietro　*481*

ビッフェン
→Biffen, Sir Rowland Harry
　61

ヒッポダモス
→Hippodamos　*288*
→Hippodamos of Miletus　*288*

ヒッポダモス（ミレトスの）
→Hippodamos of Miletus　*288*

ビッラーニ
→Villani, Giovanni　*641*

ビーティ
→Beatty, Alfred Chester　*46*
→Beatty, Warren　*46*

ピティアス
→Pytheas of Massalia　*499*

ピティオス
→Pytheos　*499*

ピテウス
→Pytheas of Massalia　*499*

ピトー
→Pitot, Henri　*485*

ピトケアン
→Pitcairn, Robert　*485*

ピトマン
　→Pitman, Sir Isaac　485
ビドル
　→Biddle, Nicholas　61
ビトルビウス
　→Vitruvius Pollio, Marcus　643
ヒートン
　→Heaton, Herbert　280
ビートン
　→Beeton, Samuel Orchart　50
ビナーゴ
　→Binago, Lorenzo　62
ピニャテール
　→Pignatel, Victor　481
ピニャテル
　→Pignatel, Victor　481
ビニョーラ
　→Vignola, Giacomo Barozzi da　641
ビネ
　→Binet, René　62
ピネ
　→Pinay, Antoine　482
ピネー
　→Pinay, Antoine　482
ビネスベル
　→Bindesbøll, Michael Gottlieb Birckner　62
ビーネスボル
　→Bindesbøll, Thorwald　62
ピノー
　→Pinault, François　482
　→Pineau, Christian　482
　→Pineau, Nicolas　482
ヒバート
　→Hibbert, Robert　286
ビーバーブルック
　→Beaverbrook, William Maxwell Aitken　47
ビーバリッジ
　→Beveridge, William Henry Beveridge, 1st Baron, of Tuggal　60
ビバリッジ
　→Beveridge, William Henry Beveridge, 1st Baron, of Tuggal　60
ビーバン
　→Bevan, Edward John　59

ビービー
　→Beeby, Thomas Hall　49
ビビエーナ
　→Bibiena, Alessandro Galli da　60
　→Bibiena, Antonio　60
　→Bibiena, Carlo　60
　→Bibiena, Ferdinando　60
　→Bibiena, Francesco　60
　→Bibiena, Giovanni Carlo Sicinio　61
　→Bibiena, Giovanni Maria　61
　→Bibiena, Giuseppe　61
ビビエナ
　→Bibiena, Antonio　60
　→Bibiena, Carlo　60
　→Bibiena, Ferdinando　60
　→Bibiena, Francesco　60
　→Bibiena, Giuseppe　61
ビビエーナ一族
　→Bibiena, Galli da　61
ビビエナ一族
　→Bibiena, Alessandro Galli da　60
　→Bibiena, Antonio　60
　→Bibiena, Carlo　60
　→Bibiena, Ferdinando　60
　→Bibiena, Francesco　60
　→Bibiena, Giovanni Maria　61
　→Bibiena, Giuseppe　61
ビビエナ一家
　→Bibiena, Antonio　60
ピフェッティ
　→Piffetti, Pietro　481
ビベロ
　→Vivero y Velasco, Don Rodrigo de　644
ビベロ＝イ＝ベラスコ
　→Vivero y Velasco, Don Rodrigo de　644
ヒメーネス・ドノーソ
　→Donoso, José Ximenez　171
ヒメネス・ドノーソ
　→Donoso, José Ximenez　171
ビャークネス
　→Bjerknes, Vilhelm Frimann Koren　63
ビヤークネス
　→Bjerknes, Vilhelm Frimann Koren　63

ビャルクネス
　→Bjerknes, Vilhelm Frimann Koren　63
ビヤルクネス
　→Bjerknes, Vilhelm Frimann Koren　63
ビヤンヴィル
　→Bienville, Jean Baptiste le Moyne de　61
ヒューイット
　→Hewitt, Abram Stevens　286
　→Hewitt, James　286
　→Hewitt, Peter Cooper　286
ヒュインズ
　→Hewins, William Albert Samuel　286
ビュザンティオンのフィロン
　→Philōn　479
ピュジェ
　→Puget, Pierre　497
ピュジェー
　→Puget, Pierre　497
ピュジャン
　→Pugin, Augustus-Charles　497
ピュージン
　→Pugin, Augustus Welby Northmore　497
ヒューズ
　→Hughes, David Edward　298
　→Hughes, Howard Robard　298
　→Hughes, John　299
　→Hughes, Thomas Parke　299
ヒューストン
　→Huston, Anjelica　301
ヒューソン
　→Hewson, John　286
ビュッヒャー
　→Bücher, Karl　87
ビュッヒヤー
　→Bücher, Karl　87
ピュテアス
　→Pytheas of Massalia　499
ピュテアス（マッシリアの）
　→Pytheas of Massalia　499
ピュティアス
　→Pytheas of Massalia　499
ピューテオス
　→Pytheos　499

ピュテオス
→Pytheos 499

ビュードリーのボールドウィン
→Baldwin of Bewdley, Stanley
  Baldwin, 1st Earl 36

ビュノー・ヴァリーヤ
→Bunau-Varilla, Philippe Jean
  88

ビュノー・ヴァリヤ
→Bunau-Varilla, Philippe Jean
  88

ビュノー＝ヴァリーヤ
→Bunau-Varilla, Philippe Jean
  88

ビュノー＝ヴァリヤ
→Bunau-Varilla, Philippe Jean
  88

ビュノー・バリヤ
→Bunau-Varilla, Philippe Jean
  88

ビューハー
→Bücher, Karl 87

ビューバーマン
→Huberman, Leo 297

ビューバマン
→Huberman, Leo 297

ビューヒャー
→Bücher, Karl 87

ビュヒャー
→Bücher, Karl 87

ビューピン
→Pupin, Michael Idvorsky
  498

ビューフォー
→Beaufoy, Mark 47

ビュープナー
→Huebner, C. William 298

ビューム
→Hume, David 299
→Hume, Joseph 299

ビュラン
→Bullant, Jean 88

ビューリツァー
→Pulitzer, Joseph 498

ビュリツァー
→Pulitzer, Joseph 498

ビュ―リッツァー
→Pulitzer, Joseph 498

ビュリッツァ
→Pulitzer, Joseph 498

ビュリッツァー
→Pulitzer, Joseph 498

ビュリッツア
→Pulitzer, Joseph 498

ビュリッツアー
→Pulitzer, Joseph 498

ビュルダン
→Burdin, Claude 89

ヒュルツ
→Hültz, Johann 299

ビュレ
→Bullet, Pierre 88

ヒューレットとパッカード
→Hewlett, William 286
→Packard, David 462

ビュレ・ド・シャンブラン
→Bullet de Chamblain, Jean-
  Baptiste 88

ヒューロック
→Hurock, Solomon 300

ピョートル（1世）
→Pëtr Ⅰ Alekseevich 477

ピョートル1世
→Pëtr Ⅰ Alekseevich 477

ピョートル一世
→Pëtr Ⅰ Alekseevich 477

ピョートル大帝
→Pëtr Ⅰ Alekseevich 477

ピョートル大帝（一世）
→Pëtr Ⅰ Alekseevich 477

ピョートル大帝1世
→Pëtr Ⅰ Alekseevich 477

ビラーニ
→Villani, Giovanni 641

ビラーニ
→Pirani, Marcello 483

ビラニ
→Pirani, Marcello 483

ピラネージ
→Piranesi, Giambattista 483

ピラネジ
→Piranesi, Giambattista 483

ヒーラーム
→Ḥiram 288

ビラール・ド・オヌクール
→Villard de Honnecourt 642

ヒーリー
→Heely, Desmond 280

ヒリアー
→Hillier, Edward Guy 288

ビリャヌエーバ
→Villanueva, Carlos Raúl 641

ビリャヌエバ
→Villanueva, Carlos Raúl 641
→Villanueva, Juan de 642

ピリューギン
→Pilyugin, Nikolai Alekseevich
  482

ヒール
→Heal, Sir Ambrose 279

ヒル
→Hill, James Jerome 288
→Hill, Samuel 288

ビール
→Bier, Woldemar 61

ビル
→Bill, Max 61
→Bill, Tony 62

ピルキントン
→Pilkington, Sir Lionel
  Alexander Bethune 482

ビルクナー・ビンデソル
→Birkner Bindesøll, Michael
  Gottlieb 62

ピルグラム
→Pilgram, Anton Ⅱ 482

ピルジャー
→Pilger, John Richard 482

ヒルシュ
→Hirsch, Baron Maurice de
  288
→Hirsch, Paul Adolf 288

ヒルシュマイヤー
→Hirschmeier, Johannes 289

ヒルズ
→Hills, Carla Anderson 288

ピルズベリー
→Pillsbury, Charles Alfred
  482

ピールソン
→Pierson, Nicolaas Gerard
  481

ビルターネン
→Virtanen, Artturi Ilmari
  643

ビルタネン
→Virtanen, Artturi Ilmari
  643

ヒル・デ・オンタニョーン
　→Gil de Hontañon, Juan　239
　→Gil de Hontañon, Rodrigo
　　239
ヒル・デ・オンタニョン
　→Gil de Hontañon, Juan　239
ヒルデガルト（ビンゲンの）
　→Hildebrandt, Johann Lucas
　　von　287
ヒルデスハイムのベルンヴァルト
　→Bernward　58
ヒルデブラント
　→Hildebrand, Bruno　287
　→Hildebrandt, Johann Lucas
　　von　287
ヒルデンブランド
　→Hildenbrand, Werner　287
ヒルト
　→Hirt, Georg　289
ヒルトン
　→Hilton, Conrad Nicholson
　　288
ヒルハウス
　→Hillhouse, Percy Archibald
　　288
ヒルバーザイマー
　→Hilberseimer, Ludwig　287
ヒルバースアイマー
　→Hilberseimer, Ludwig　287
ビールビ
　→Beilby, Sir George Thomas
　　51
ビールビー
　→Beilby, Sir George Thomas
　　51
ヒルファーディング
　→Hilferding, Rudolf　287
ヒルファディング
　→Hilferding, Rudolf　287
ヒルフェルディング
　→Hilferding, Rudolf　287
ヒルヘッドのジェンキンズ
　→Jenkins, Roy Harris　313
ヒルベルスアイマー
　→Hilberseimer, Ludwig　287
ビルラ
　→Biṛala, Ghanaśyam Dasa　62
ビルラー
　→Biṛala, Ghanaśyam Dasa　62

ビロ
　→Biro, Ladislao Jose　62
ビロクレス
　→Philoklēs　479
ビロライネン
　→Virolainen, Johannes　643
ビロン（ビザンティウムの）
　→Philōn　479
ビーン
　→Beene, Geoffrey　50
ピンカム
　→Pinkham, Lydia　483
ビング
　→Bing, Sir Rudolf　62
　→Bing, Samuel　62
ピンクニー
　→Pinckney, Eliza Lucas　482
ピンクハム
　→Pinkham, Lydia　483
ビンゲンのヒルデガルト
　→Hildebrandt, Johann Lucas
　　von　287
ピンショー
　→Pinchot, Gifford　482
ヒンゼ
　→Hinze, Chris　288
ピンソン
　→Pinzón, Martín Alonso　483
　→Pinzon, Vicente Yañez　483
　→Pynson, Richard　499
ピンチベック
　→Pinchbeck, Christopher　482
ピンチョン
　→Pynchon, William　499
ビンテル
　→Vinter, Aleksandr Vasilievich
　　642
ピント
　→Pinto, Aníbal　483
　→Pinto, Fernão Mendes　483
ピントー
　→Pinto, Fernão Mendes　483
ピントゥー
　→Pinto, Fernão Mendes　483
ピントーリ
　→Pintori, Giovanni　483
ピントリー
　→Pintori, Giovanni　483

ヒンメルシュタイン
　→Himmelstein, Lena　288

【 フ 】

フー
　→Fould, Achille　216
ファイアストーン
　→Firestone, Harvey Samuel
　　207
ファイアストン
　→Firestone, Harvey Samuel
　　207
ファイゲンバウム
　→Feigenbaum, Edward Albert
　　203
ファイサル
　→Faisal bin Thani al-Thani,
　　Sheikh　200
ファイデルベ
　→Faidherbe, Lucas　199
ファイトヘルブ
　→Faydherbe, Lucas　202
ファイフ
　→Phyfe, Duncan　480
ファイヨル
　→Fayol, Henri　202
ファイロ
　→Filo, David　206
ファウジイ
　→Fawzī, Ahmad　202
ファウラー
　→Fowler, Charles　216
　→Fowler, Henry H.　217
　→Fowler, John　217
　→Fowler, Sir John　217
ファーヴル
　→Favre, Joseph　202
ファーガスン
　→Fergusson, James　204
ファーガソン
　→Ferguson, Henry George
　　204
　→Ferguson, Patrick　204
　→Fergusson, James　204
ファガーソン
　→Fergusson, James　204
ファクター
　→Factor, Max　199

フアゴ
→Fargo, William George *201*

ファサリ
→Farsari, A. *201*

ファース
→Firth, Mark *207*
→Furse, Margaret *225*

ファット
→Fath, Jacques *201*

ファット・ジョン・ジ・アンプル・
ソウル・フィジシャン
→Fat Jon The Ample Soul
Physician *202*

ファットボーイ・スリム
→Fatboy Slim *201*

ファットレット
→Fattoretto, Giovan Battista
202

ファート
→Fath, Jacques *201*

ファト
→Fath, Jacques *201*

ファーニヴァル
→Furnival, John Sydenham
225

ファーニヴァル・J.S.
→Furnival, John Sydenham
225

ファニエル
→Faneuil, Peter *200*

ファニング
→Fanning, John Thomas *201*

ファーネス
→Furness, Frank *225*

ファノ
→Fano, Robert Mario *201*

ファビアス
→Fabius, Gerhardes *198*

ファビアーニ
→Fabiani, Max *198*

ファビウス
→Fabius, Gerhardes *198*

ファーヒム
→Fahim, Muhammad Abdul
Jalil al- *199*

ファーブル・ブラント
→Favre-Brandt, James *202*

ファブル・ブラント
→Favre-Brandt, James *202*

ファベルジェ
→Fabergé, Peter Carl *198*

ファベル・デュ・フォール
→Faber du Faur, Friedrich von
198

ファーマー
→Farmer, Peter *201*

ファーミン
→Firmin, Peter *207*
→Firmin, Thomas *207*

ファヨール
→Fayol, Henri *202*

ファーラー
→Ferrer, Mel *205*

ファラー
→Farrer, William James *201*
→Ferrer, Mel *205*

ファリーナ
→Farina, Battista *201*

ファリナッチ
→Farinati, Paolo *201*

ファリナーティ
→Farinati, Paolo *201*

ファーリンゲッティ
→Ferlinghetti, Lawrence *204*

ファリンゲッティ
→Ferlinghetti, Lawrence *204*

ファーリンゲティ
→Ferlinghetti, Lawrence *204*

ファールケー
→Phalke, Dhundiraj Govind
478

ファルケニール
→Valckenier, Adriaan *630*

ファルコーネ
→Falcone, Silvio *200*

ファルコネ
→Falconet, Étienne-Maurice
200

ファルコネット
→Falconetto, Giovanni Maria
200

ファールバーグ
→Fahlberg, Konstantin *199*

ファールベルク
→Fahlberg, Konstantin *199*

ファルマン
→Farman, Henri *201*
→Farman, Maurice *201*

ファルマン兄弟
→Farman, Henri *201*
→Farman, Maurice *201*

ファルマンファルマイャーン
→Farmanfarmaian, Khodadad
201

ファレーズ
→Phalèse, Pierre *478*

ファレル
→Farrell, Terry *201*

ファーレンカンプ
→Fahrenkamp, Emil *199*

ファレンタイン
→Valentijn, François *630*

ファレンテイン
→Valentijn, François *630*

ファーレンハイト
→Fahrenheit, Gabriel Daniel
199

ファロン
→Fallon, Valère *200*

ファン・アールスト
→Coecke van Aelst, Pieter
127

ファン・インホフ
→Imhoff, Gustaaf Willem van
304

ファン・ヴァイストフ
→Van Wuysthoff, Gerrit *635*

ファン・エーステレン
→Van Eesteren, Cornelis *633*

ファン・エルセラック
→Elserack, Jan van *190*

ファン・エーンホルン
→Van Eenhorn, Lambertus
633

ファン・カンペン
→Kampen, Jakob van *323*

ファンキー・ディー・エル
→Funky DL *225*

ファンク
→Fanck, Arnold *200*
→Funk, Isaac Kauffman *225*

ファン・ゲント
→Van Gendt, Johann Godart
633

ファン・コルトラント
→Van Cortlandt, Oloff
Stevenszen *631*

ファンサーガ
　→Fansaga, Cosimo　201
ファンサーゴ
　→Fansaga, Cosimo　201
ファンザーゴ
　→Fansaga, Cosimo　201
ファン・サンテン
　→Van Santen, Jan　634
ファン・スコーレル
　→Scorel, Jan Van　557
ファン・スコレル
　→Scorel, Jan Van　557
ファン・ステーンウィンケル
　→Van Steenwinkel, Hans Ⅰ
　634
　→Van Steenwinkel, Hans Ⅱ
　634
　→Van Steenwinkel, Hans Ⅲ
　634
　→Van Steenwinkel, Laurens
　634
ファン・ス＝フラーフェサンデ
　→Van's Gravesande, Willem
　Jakob　634
ファン・ゼーラント
　→Van Zeeland, Paul　635
ファンチェッリ
　→Fancelli, Luca　200
ファンチェリ
　→Fancelli, Luca　200
ファンチェルリ
　→Fancelli, Luca　200
ファンツァーゴ
　→Fansaga, Cosimo　201
ファン・ディーメン
　→Van Diemen, Antonio　633
ファン・デ・グラーフ
　→Van de Graaff, Robert
　Jemison　631
ファン・デ・フェルデ
　→Van de Velde, Henry
　Clemens　633
ファン・デル・クルフト
　→Van der Klugt, Cornelius J.
　632
ファン・デル・フルーフト
　→Van der Vlugt, L.C.　633
ファン・デル・ポール
　→Van der Pol, Balthasar　632
ファン・デル・ポル
　→Van der Pol, Balthasar　632

ファン・デル・メーア
　→Van Der Meer, Simon　632
ファン・デル・メール
　→Van Der Meer, Simon　632
ファン・ドゥースブルフ
　→Doesburg, Theo van　168
ファント・ホフ
　→Van't Hoff, Robert　634
ファン・ドールン
　→Van Doorn, Cornelis
　Johannes　633
ファン＝ドールン
　→Van Doorn, Cornelis
　Johannes　633
ファン・ドレッベル
　→Drebbel, Cornelis　174
ファントンゲルロー
　→Vantongerloo, Georges　634
ファンニング
　→Fanning, John Thomas　201
ファンファーニ
　→Fanfani, Amintore　200
ファン・フェーン
　→Veen, Otto van　637
ファン・ブラーム・ハウクヘースト
　→Van Braam Houckgeest,
　Andreas Everadus　631
ファン・ブラーム・フックヘースト
　→Van Braam Houckgeest,
　Andreas Everadus　631
ファン・フリート
　→Van Vliet, Jeremias　635
ファン＝フリート
　→Van Vliet, Jeremias　635
ファン・フーンス
　→Van Goens, Rijckloff　633
ファン・ボーデヘム
　→Boeghem, Louis van　67
ファン・ホーヘンドルプ
　→Van Hogendorp, Dirk　633
ファン・リーゼンブルフ
　→Risenburgh, Bernard Ⅱ van
　518
ファン・リーベック
　→Van Riebeeck, Jan　634
ファン・ルール
　→Van Leur, Jacob C.　634
ファン・レンセラール
　→Van Rensselaer, Kiliaen　634

ファン・レンセラエル
　→Van Rensselaer, Kiliaen　634
フィオラヴァーンティ
　→Fioravanti, Aristoteli　207
フィオラヴァンティ
　→Fioravanti, Aristoteli　207
フィオレンティーノ
　→Fiorentino, Jacobo　207
　→Fiorentino, Mario　207
ブイグ
　→Bouygues, Francis　75
フィゲス
　→Figges, John　206
フィゲロア
　→Figueroa, Leonardo de　206
フィジーニ
　→Figini, Luigi　206
フィスカ
　→Fisker, Kay Otto　209
フィスカー
　→Fisker, Kay Otto　209
フィスク
　→Fisk, Sir Ernest Thomas
　208
　→Fisk, James　208
　→Fiske, Bradley Allen　209
　→Fiske, Harrison Grey　209
フィスター
　→Pfister, Marcus　478
フィセリング
　→Vissering, Simon　643
フィータス
　→Foetus, Jim　211
フィッシェル
　→Visscher, Johann Frederik
　van Overmeer　643
フィッシャー
　→Fischer, Alfred　207
　→Fischer, Carl　207
　→Fischer, Guido　207
　→Fischer, Johann Michael
　207
　→Fischer, Reinhard　207
　→Fischer, Samuel von　207
　→Fischer, Theodor　208
　→Fischer von Erlach, Johann
　Bernhard　208
　→Fisher, Alva John　208
　→Fisher, Franklin Marvin
　208
　→Fisher, Irving　208
　→Fisher, Mark　208

→Vischer, Herman der Ältere
643

フィッシャー・フォン・エルラッハ
→Fischer von Erlach, Johann
Bernhard 208
→Fischer von Erlach, Joseph
Emanuel 208

フィッシャー・フォン・エルラハ
→Fischer von Erlach, Johann
Bernhard 208
→Fischer von Erlach, Joseph
Emanuel 208

フィッシャーフォンエルラハ
→Fischer von Erlach, Johann
Bernhard 208

フィッシュ
→Fysh, Sir (Wilmot) Hudson
226

フィッチ
→Fitch, James Marston 209
→Fitch, John 209
→Fitch, Ralph 209

フィッツ=ギボン
→Fitz-Gibbon, Bernice Bowles
209

フィッツギボン
→Fitz-Gibbon, Bernice Bowles
209

フィッツジェラルド
→Fitzgerald, John Francis
209

フィッツパトリック
→Fitzpatrick, Thomas 209

フィップル
→Whipple, William 665

フィディアス
→Pheidias 478

フィニグエッラ
→Finiguerra, Maso 206

フィニグエラ
→Finiguerra, Maso 206

フィニグエルラ
→Finiguerra, Maso 206

フィボナッチ
→Fibonacci, Leonardo 205

フィボナッチ(ピサのレオナルド)
→Fibonacci, Leonardo 205

フィヤード
→Feuillade, Louis 205

フィヤード
→Feuillade, Louis 205

フィラレーテ
→Filarete, Antonio 206

フィラレテ
→Filarete, Antonio 206

フィリッピ
→Filippi, Gian Maria 206

フィリップス
→Philips, Anton Frederik 479
→Philips, Frederick 479
→Philips, Frederik J. 479
→Philipse, Margaret 479
→Phillips, Alban William
Housego 479
→Phillips, Julia 479
→Phillips, Sir Lionel 479
→Phillips, Sam 479

フィリップソン
→Philippson, Franz M 479

フィリッポヴィチ
→Philippović, Eugen, Freiherr
von Philippsberg 479

フィリッポヴィッチ
→Philippović, Eugen, Freiherr
von Philippsberg 479

フィリッポ・ダ・カンペッロ
→Filippo da Campello 206

フィリッポビッチ
→Philippović, Eugen, Freiherr
von Philippsberg 479

フィールズ
→Fields, James Thomas 206
→Fields, Joe 206

フィールド
→Field, Agnes Mary 205
→Field, Cyrus West 206
→Field, Joshua 206
→Field, Marshall 206

フィロ
→Philōn 479

フィロカルス
→Filocalus, Furius Dionysius
206

フィロクセノス
→Philoxenos 480

フィロクレス
→Filocles 206
→Philoklēs 479

フィロン
→Philōn 479

フィロン(ビュザンティオンの)
→Philōn 479

フィロン・オブ・エレウシス
→Filon of Eleusis 206

フィンク
→Fink, Albert 207

フィンスターヴァルダー
→Finsterwalder, Sebastian
207

フィンステルヴァルダー
→Finsterwalder, Sebastian
207

フィンステルリン
→Finsterlin, Hermann 207

フィンチ
→Finch, Alfred William 206

フィンティアス
→Phintias 480

フィンリー
→Finley, James 207

フーヴァー
→Hoover, William Henry 294

フエ
→Hue, Otto 298

フェアチャイルド
→Fairchild, Sherman Mills
199

フェアバンクス
→Fairbanks, Douglas 199
→Fairbanks, Erastus 199

フェアファックス
→Fairfax, John 200

フェアベアン
→Fairbairn, Sir William 199

フェアリ
→Fairey, Sir Charles Richard
200

フェアリー
→Fairey, Sir Charles Richard
200

フェアレス
→Fairless, Bemjamin F. 200

フェイガン
→Fagan, James Bernard 199

フェイスフル
→Faithfull, Emily 200

フェイディアース
→Pheidias 478

フェイディアス
→Pheidias 478

フェイデルブ
→Faidherbe, Lucas 199
フェイト
→Feith, Arend Willem 203
フェイヨール
→Fayol, Henri 202
フェイヨル
→Fayol, Henri 202
フェーグラー
→Vögler, Albert 645
フェセンデン
→Fessenden, Reginald Aubrey 205
フェッセンデン
→Fessenden, Reginald Aubrey 205
フェッター
→Fetter, Frank Albert 205
フェップル
→Föppl, August 213
→Föppl, Ludwig 213
フェティズ
→Fettes, Sir William 205
フェデリーギ
→Federighi, Antonio 202
フェデリーチ
→Federici, Cesare 202
フェデルブ
→Faydherbe, Lucas 202
フェードチエフ
→Fedotiev, Pavel Pavlovich 203
フェドチエフ
→Fedotiev, Pavel Pavlovich 203
フェドン
→Fedden, Sir（Albert Hubert）Roy 202
フェノローサ
→Fenollosa, Ernest Francisco 203
フェノロサ
→Fenollosa, Ernest Francisco 203
フェヒナー
→Fechner, Max 202
フェラー
→Ferrer, Mel 205
フェラガモ
→Ferragamo, Fiamma 204

→Ferragamo, Salvatole 204
フェラーリ
→Ferrari, Enzo 204
フェラーリス
→Ferraris, Galileo 204
フェラリス
→Ferraris, Galileo 204
フェランティ
→Ferranti, Sebastian Ziani de 204
フェリス
→Ferris, George Washington Gale 205
フェリトマン
→Fel'dman, Grigoriy Aleksandrovich 203
フェーリング
→Fehling, Herman 203
フェルスター
→Förster, Ludwig von 214
フェルステーヘン
→Verstegen, Willem 639
フェルステル
→Ferstel, Heinrich von 205
フェルデ
→Van de Velde, Henry Clemens 633
フェルドスタイン
→Feldstein, Martin S. 203
フェルトマン
→Fel'dman, Grigoriy Aleksandrovich 203
フェルトリネッリ
→Feltrinelli, Giangiacomo 203
フェルナー
→Fellner, Ferdinand 203
→Fellner, William John 203
フェルナンデス
→Fernandes, Francisco Hermenegildo 204
→Fernandes, Mateus 204
フェルプス
→Phelps, Edmund Strother 479
フェルプス・ブラウン
→Phelps Brown, Ernest Henry 479
フェルメウレン
→Vermeulen, Herbert 638

フェルラータ
→Ferraris, Galileo 204
フェロー
→Féraud, Louis 204
フェーン
→Fehn, Sverre 203
→Veen, Otto van 637
フェンスケ
→Fenske, Merrell Robert 204
フォイアー
→Feuer, Cy 205
フォイエルアーベント
→Feuerabend, Sigismund 205
フォイン
→Foyn, Svend 217
フォーク
→Fowke, Francis 216
フォークト
→Vogt, Hans 645
フォークナー
→Faulkner, Harold Underwood 202
フォーゲラー
→Vogeler, Heinrich 645
フォーゲル
→Fogel, Robert William 211
→Vogel, Hermann Wilhelm 645
→Vogel, Julius 645
→Vogel, Rosi 645
フォーコニエ
→Fauconnier, Jacques-Henri 202
フォーサイス
→Forsyth, Alexander John 214
→Forsyth, Bill 214
→Forsyth, Gordon Mitchell 214
フォース
→Force, Juliana Rieser 213
フォースター
→Foster, William Trufant 215
フォスター
→Foster, Norman Robert, Baron F. of Thames Bank 215
→Foster, Sir William 215
→Foster, William Trufant 215
フォーセット
→Fawcett, Henry 202

フォセ　　　　　　　　　　　806　　　　　　西洋人物レファレンス事典

→Fawcett, Dame Millicent
　Garrett　202

フォーセット夫人
　→Fawcett, Dame Millicent
　Garrett　202

フォッカー
　→Fokker, Anthony Herman
　Gerard　212

フォックス
　→Fox, Carol　217
　→Fox, Vicente　217
　→Fox, William　217

フォックスウェル
　→Foxwell, Ernest　217
　→Foxwell, Herbert Somerton
　217

フォッケ
　→Focke, Heinrich　211

フォッシー
　→Fosse, Bob　215

フォッジーニ
　→Foggini, Giovanni Battista
　211
　→Foggini, Giulio　212

フォード
　→Ford, Glenn　213
　→Ford, Henry　213
　→Ford, Henry, II　214

フォードII
　→Ford, Henry, II　214

フォードリニア
　→Fourdrinier, Henry　216

ブオナッローティ
　→Michelangelo Buonarroti
　417

ブオナミーチ
　→Buonamici, Giovan Francesco
　88

フォノイル
　→Fonoll, Rainard　212

フォノル
　→Fonoll, Rainard　212

フォーブス
　→Forbes, Brian　213
　→Forbes, George　213
　→Forbes, Leslie　213
　→Forbes, Malcolm Stevenson
　213
　→Forbes, Robert James　213
　→Forbes, Steve　213
　→Forbes, William Cameron
　213

フォーブズ
　→Forbes, Brian　213
　→Forbes, George　213
　→Forbes, Malcolm Stevenson
　213
　→Forbes, Robert James　213
　→Forbes, William Cameron
　213

フォーブス=ロバートソン
　→Forbes-Robertson, Sir
　Johnston　213

フォーブズ・ロバートソン
　→Forbes-Robertson, Sir
　Johnston　213

フォーブズ=ロバートソン
　→Forbes-Robertson, Sir
　Johnston　213

フォミーン
　→Fomin, Ivan Aleksandrovich
　212

フォーリー
　→Fowley, Kim　217

フォリッツァ
　→Forrester, Jay Wright　214

フォルサム
　→Folsom, Marion Bayard　212

フォルジャー
　→Folger, Henry Clay　212

フォルスター
　→Forster, Georg　214

フォルタン
　→Fortin, Jean Nicholas　214

フォルチュニー
　→Fortuny, Mariano　215

フォルノーヴォ
　→Fornovo, Giovanni Battista
　214

フォレスター
　→Forrester, Jay Wright　214

フォレスタル
　→Forrestal, James Vincent
　214

フォレット
　→Follet, Mary Parker　212

フォン
　→Fong, Hiram　212

ブオン
　→Buon, Bartolomeo　88

フォン・ヴェルスバッハ
　→Auer von Welsbach, Carl　30

フォン・オハイン
　→Von Ohain, Hans Joachim
　Pabst　646

フォン・カルマン
　→Kármán, Theodore von　325

フォンターナ
　→Fontana, Carlo　212
　→Fontana, Domenico　212

フォンタナ
　→Fontana, Carlo　212
　→Fontana, Domenico　212

ブォンタレンティ
　→Buontalenti, Bernardo　89

ブオンタレンティ
　→Buontalenti, Bernardo　89

フォンテーヌ
　→Fontaine, Hippolyte　212
　→Fontaine, Pierre François
　Léonard　212

フォンドゥーティ
　→Fonduti, Agostino　212

フォン ノイマン
　→Neumann, Johann (Janos)
　Ludwig von　443

フォン・ノイマン
　→Neumann, Johann (Janos)
　Ludwig von　443

フォン・ノイマン
　→Neumann, Johann (Janos)
　Ludwig von　443

フーガ
　→Fuga, Ferdinando　223

ブガッティ
　→Bugatti, Carlo　87
　→Bugatti, Ettore Arco Isidoro
　87

ブカナン
　→Buchanan, David　86

ブーガンヴィル
　→Bougainville, Louis Antoine,
　comte de　73

ブキャナン
　→Buchanan, Colin　86
　→Buchanan, Daniel Houston
　86
　→Buchanan, David　86
　→Buchanan, James Mcgill　86
　→Buchanan, James McGill
　(Jr.)　86

フーケ
　→Fouquet, Nicolas　216

フーケー
→Fouquet, Nicolas　*216*

ブーケ
→Boeke, Julius Herman　*67*

ブケ・ド・ラ・グリー
→Bouquet de la Grye, Jean
Jacques Anatole　*74*

ブーゲン
→Boeghem, Louis van　*67*

ブーゲンヴィル
→Bougainville, Louis Antoine,
comte de　*73*

ブーゲンビル
→Bougainville, Louis Antoine,
comte de　*73*

フーゲンベルク
→Hugenberg, Alfred　*298*

フーコー
→Foucault, Jean Bernard Léon
215
→Foucault, Michel　*215*

フコー
→Foucault, Michel　*215*

フーコー（哲学者）
→Foucault, Michel　*215*

フーコー（物理学者）
→Foucault, Jean Bernard Léon
215

ブーサイーディー
→Bousaidi, Salim bin Nasr al-
75

ブーサック
→Boussac, Marcel　*75*

フジイ
→Fujii, Emi　*224*

ブーシェ
→Boucher, Guillaume　*73*

ブシェット
→Buscheto　*91*

ブシェート
→Buscheto　*91*

ブシェリオン
→Boucheljon, Joan　*73*

ブーシコー
→Boucicaut, Aristide　*73*

ブシコー
→Boucicaut, Aristide　*73*

フジーナ
→Fusina, Andrea　*225*

プジャード
→Poujade, Pierre Marie　*493*

プジャド
→Poujade, Pierre Marie　*493*

プジョー
→Peugeot, Armand Pierre
Geoffroy　*478*

ブシリ
→Bushiri　*91*

ブジーリ＝ヴィーチ
→Busiri-Vici, Andorea　*91*
→Busiri-Vici, Carlo　*91*

ブース
→Booth, Charles　*71*
→Booth, Frank Stelle　*71*
→Booth, Herbert Cecil　*71*
→Booth, Junius Brutus Junior
71

ブーズ
→Booth, Herbert Cecil　*71*

ブスケート
→Buscheto　*91*

ブスタマンテ
→Bustamante, Bartolomé de
91

ブステッリ
→Bustelli, Franz Anton　*91*

ブステト
→Pustet, Friedrich　*499*

ブステリ
→Bustelli, Franz Anton　*91*

フスト
→Fust, Johann　*225*

ブズルグ・イブン・シャハリヤール
→Buzurg ibn Šahriyār al-
Rāmhurmuzī　*92*

ブズルグ・イブン・シャフリヤール
→Buzurg ibn Šahriyār al-
Rāmhurmuzī　*92*

ブズルグ・ブン・シャハリヤール
→Buzurg ibn Šahriyār al-
Rāmhurmuzī　*92*

ブズルグ・ブン・シャハリヤール
→Buzurg ibn Šahriyār al-
Rāmhurmuzī　*92*

ブズルグ・ブン・シャフリヤール
→Buzurg ibn Šahriyār al-
Rāmhurmuzī　*92*

フセイン
→Ḥusayn, Uday　*301*

ブーゼマン
→Busemann, Adolf　*91*

フタイム
→al-Futtaim, Majid
Muhammad　*225*

ブーダン
→Boudin, Léonard　*73*

プーチ・イ・カダファルク
→Puig i Cadafalch, Josep　*498*

フッカー
→Hooker, Stanley　*294*

フッガー
→Fugger, Anton　*223*
→Fugger, Hans Jacob　*223*
→Fugger, Jacob　*224*
→Fugger, Jacob Ⅱ　*224*
→Fugger, Johannes　*224*

フッガー家
→Fugger　*223*

フックス
→Fuchs, Johann Gregor　*223*
→Fuchs, Karl Johannes　*223*

ブッシュ
→Busch, Emil　*91*
→Bush, Jeb　*91*
→Bush, Vannevar　*91*

ブッシュネル
→Bushnell, David　*91*
→Bushnell, Nolan　*91*

ブッダ・グプタ
→Buddha Gupta　*87*

プッチ
→Pucci, Emilio, marchese de
Barsento　*497*

プッチ・イ・カダファルク
→Puig i Cadafalch, Josep　*498*

フッド
→Hood, Raymond Mathewson
294

プットマン
→Putman, Andrée　*499*

プティ
→Petit, Georges　*476*
→Petit, Pascal　*476*

プティト
→Petitot, Ennemond-
Alexandre　*476*

ブート
→Boot, Sir Jesse, Baron Trent
71

フードリ
→Houdry, Eugène Jules　296

フードリニア
→Fourdrinier, Henry　216

ブーニアティアン
→Bouniatian, Mentor　74

ブネ
→Venet, Philippe　638

フネロン
→Fourneyron, Benoît　216

フーバー
→Huber, Wolf　297

ブハティ
→Bhatty, Emanuel Charles
60

ブハーリン
→Bukharin, Nikolai Ivanovich
87

プービーン
→Pupin, Michael Idvorsky
498

プーピン
→Pupin, Michael Idvorsky
498

プピン
→Pupin, Michael Idvorsky
498

プーフスバウム
→Puchsbaum, Hans　497

ブブノフ
→Bubnov, Ivan Grigorievich
86

ブーベリ
→Boberg, Gustav Ferdinand
66

ブーヘリオン
→Boucheljon, Joan　73

フーマン
→Humann, Carl　299

フューセンス
→Huyssens, Piter　301

フュルベール
→Fulbert de Chartres　224

フュルベール（シャルトルの）
→Fulbert de Chartres　224

フョードロヴィッチ
→Fedorovitch, Sophie　203

フョードロフ
→Fyodorov, Boris Grigor'evich
225

→Fyodorov, Evgenii
Stepanovich　225

フラー
→Fuller, Richard Buckminster
224

フライ
→Fry, Edwin Maxwell　223
→Fry, Joseph　223
→Fry, Laura Ann　223

ブライアリー
→Brierley, Sir Ronald Alfred
81

ブライアン
→Bryan, Samuel Magill　86

ブライアント
→Bryant, Hazel　86
→Bryant, Lane　86

ブライエル
→Pleyel, Ignaz　487

ブライザー
→Preiser, Erich　495

フライジュ
→al-Fulaij, Faisal Saud　224

フライス
→Gruijs, Jacob　258

ブライス
→Brice, Calvin Stewart　81

プライス
→Price, Ken　495
→Price, Langford Lovell
Frederick Rice　495
→Price, William Hyde　496

ブライトコプ
→Breitkopf, Johann Gottlob
Immanuel　80

ブライトコプフ
→Breitkopf, Johann Gottlob
Immanuel　80

ブライトシャイト
→Breitscheid, Rudolf　80

ブライトハウプト
→Breithaupt, Johann
Christian　80

ブライトンのオリヴィエ
→Olivier, Sir Laurence Kerr
455

ブライヒレーダー
→Bleichröder, Gerson von　65

フライヤー
→Fryer, Robert　223

ブライユ
→Braille, Louis　77

ブラーウ
→Blaeu, Willem Janszoon　64

ブラウ
→Blaeu, Willem Janszoon　64

ブラウエル
→Brouwer, Hendrik　83

ブラウグ
→Blaug, Mark　64

ブラウシュタイン
→Blaustein, Jacob　65

ブラウニング
→Browning, John Moses　84

ブラウン
→Braun, Karl Ferdinand　79
→Brown, Albert Richard　83
→Brown, Alexander　83
→Brown, David　83
→Brown, George Harold　83
→Brown, Joseph Rogers　83
→Brown, Lancelot　83
→Brown, Lew　84
→Brown, Sidney George　84

ブラウンズウェグ
→Braunsweg, Julian　79

ブラウント
→Brount, Winton C.　83

フラウンホーファー
→Fraunhofer, Joseph von　219

ブラキストン
→Blakiston, Thomas Wright
64

ブラケット
→Blacket, Edmund Thomas
63
→Brackett, Charles　76

フラ・ジョコンド
→Giocondo, Fra Giovanni　240

ブラス
→Blass, Bill　64

プラスケット
→Plaskett, John Stanley　486

プラーター
→Platter, Thomas　486

フラッグ
→Flagg, Ernest　209
→Flagg, James Montgomery
209

ブラック
→Black, Conrad Moffat　63

→Black, Eugene Robert 63
→Black, Fischer 63
→Black, George 63
→Black, Harold Stephen 63
→Black, John Donald 63
→Black, Misha 63

ブラックウェル
→Blackwell, Sir Basil Henry 63
→Blackwell, Mr. Richard 64

ブラックウッド
→Blackwood, William 64

ブラックトン
→Blackton, James Stuart 63

ブラックバーン
→Blackburn, Robert 63

ブラッシー
→Brassey, Thomas 78

ブラッシーのクライヴ
→Clive, Robert, Baron Clive of Plassey 124

フラッシュ
→Frasch, Hermann 219

ブラッシュ
→Brasch, Heìnz 78
→Brush, Charles Francis 85

ブラッター
→Platter, Thomas 486

ブラッチ
→Bracci, Sebastiano 76

ブラッツ
→Platz, Gustav Adolf 486

ブラッツイ
→Brazzi, Rossano 79

ブラッツイ
→Brazzi, Rossano 79

ブラット
→Blatt, Anny 64

ブラット
→Pratt, Enoch 495
→Pratt, Sir Roger 495

ブラッドショー
→Bradshaw, George 77

ブラッドフィールド
→Bradfield, John Job Crew 77

ブラッドフォード
→Bradford, Andrew 77
→Bradford, William 77

ブラッドベリ
→Bradbury, William Batchelder 77

ブラッドベリー
→Bradbury, John Swanwick Bradbury, 1st Baron 76

ブラッドレー
→Bradley, Humphery 77

フラーティー
→Flaherty, Robert Joseph 209

ブラディ
→Brady, Mildred Eddie 77

ブラティアヌ
→Brătianu, G.I. 78

フラートン
→Fullarton, John 224

フラニガン
→Flanigan, Peter M. 210

フラニツキ
→Vranitzky, Franz 647

フラハーティ
→Flaherty, Robert Joseph 209

フラハティ
→Flaherty, Robert Joseph 209

ブラーマ
→Bramah, Joseph 77

ブラーマー
→Bramah, Joseph 77

ブラマ
→Bramah, Joseph 77

ブラマー
→Bramah, Joseph 77

ブラマンテ
→Bramante, Donato d'Angelo 77

ブラマンティーノ
→Bramantino 78

フラーム
→Frahm, Hermann 217

フラムプトン
→Frampton, Sir George James 217

ブラーユ
→Braille, Louis 77

プーラール
→Poelaert, Joseph 487

プーラールト
→Poelaert, Joseph 487

プーラルト
→Poelaert, Joseph 487

プラールト
→Poelaert, Joseph 487

プラルト
→Poelaert, Joseph 487

フラワー
→Flower, Walter Newman 211

プラン
→Belain, Pierre 51

ブランカ
→Branca, Giovanni 78

フランカール
→Francart, Jacques 217

フランカル
→Francart, Jacques 217

フランキ
→Francqui, Lucien Joseph Émile 218

ブランキ
→Blanqui, Adolphe Jérôme 64

フランク
→Franck, Kaj 218
→Frank, Adolf 218
→Frank, Andre Gunder 218
→Frank, Josef 218
→Frank, Melvin 218

プランク
→Planck, Conny 485

フランクス
→Franks, Oliver 219

フランクリン
→Franklin, Ann Smith 219
→Franklin, Benjamin 219
→Franklin, James 219

フランクル
→Frankl, Paul 219

フランケ
→Francke, Paul 218

プランケット
→Plunkett, Walter 487

フランケル
→Frankel Leó 218
→Frankel, Sally Herbert 218

フラン　　　　　　　　　　　　　　　810　　　　　　　　西洋人物レファレンス事典

フランケンシュタイン
→Franckenstein, Klemens,
Freiherr von　218

ブランコ
→Branco, Paulo　78

フランシス
→Francis, James Bicheno　218

ブランシャール
→Blanchard, Jean Pierre　64

フランシュヴィル
→Francheville, Pierre　218

フランソア・クラエー
→François Crahay, Jules　218

ブランタウアー
→Prandtauer, Jakob　494

ブランタウアー
→Prandtauer, Jakob　494

ブランダウアー
→Prandtauer, Jakob　494

ブランタン
→Plantin, Christophe　486

フランチア
→Francia, Francesco　218

フランチェスコ・ディ・ジョルジ
オ・マルティーニ
→Francesco di Giorgio Martini
217

フランチェスコ・ディ・ジョルジョ
→Francesco di Giorgio Martini
217

フランチェスコ・ディ・ジョル
ジョ・マルティーニ
→Francesco di Giorgio Martini
217

フランチャ
→Francia, Francesco　218

ブランチャード
→Blanchard, Thomas　64

フランチョーネ
→Francione　218

プランテ
→Planté, Raimond Louis
Gaston　485

プランティエリ
→Plantery, Gian Giacomo
486

フランディソン
→Grandisson, Edouard　252

プランテーリ
→Plantery, Gian Giacomo
486

プランテリ
→Plantery, Gian Giacomo
486

プランテリー
→Plantery, Gian Giacomo
486

ブラント
→Brand, Hennig　78
→Brandt, Max August Scipio
von　78

ブランド
→Brand, Hennig　78

ブラントン
→Brunton, Richard Henry　85

フランプトン
→Frampton, Sir George James
217
→Frampton, Kenneth　217

ブランリ
→Branly, Edouard Eugène
Désiré　78

ブランリー
→Branly, Edouard Eugène
Désiré　78

ブリ
→Bry, Théodore de　86

フリーア
→Freer, Charles Lang　220

ブリアーティ
→Briati, Giuseppe　80

フーリエ
→Fourier, François Marie
Charles　216

ブーリエ
→Boullier, Jean　74

ブリエンヌ
→Loménie de Brienne, Etienne
Charles de　377

ブリオスコ
→Briosco, Andrea　82

ブリジウォーター
→Bridgewater, Francis
Egerton, 3rd Duke of　81

ブリジェンス
→Bridgens, R.P.　81

フリジメーリカ
→Frigimelica, Gerolamo　222

ブリジンス
→Bridgens, R.P.　81

フリース
→Vries, Hans Vredeman de
647
→Vries, Maarten Gerritszoon
de　647

ブリス
→Bliss, Cornelius Newton　65

プリース
→Preece, Sir William Henry
495

ブリスク
→Briske, Rudolf　82

フリーズ・グリーン
→Friese-Greene, William　222

フリーズ・グリーン
→Friese-Greene, William　222

フリーズ=グリーン
→Friese-Greene, William　222

フリゾーニ
→Frisoni, Donato Giuseppe
222

ブリタン
→Brittan, Leon　82

ブリツァー
→Pulitzer, Joseph　498

フリック
→Flick, Friedrich　210
→Frick, Henry Clay　221

ブリックス
→Brix, Joseph　82

ブリッグマン
→Bryggman, Erik　86

ブリックリン
→Bricklin, Dan　81

ブリッジウォーター
→Bridgewater, Francis
Egerton, 3rd Duke of　81

ブリッジウォーター公
→Bridgewater, Francis
Egerton, 3rd Duke of　81

フリッシネ
→Freyssinet, Eugène　221

ブリッジャー
→Bridger, James　81

フリッシュ
→Frisch, Max　222
→Frisch, Ragner Anton Kittil
222

フリッチェ
→Fritzsche, Gottfried 222
フリッチュ
→Fritsch, Elizabeth 222
フリットクロフト
→Flitcroft, Henry 211
フリッドマン
→Fridmann, Dave 221
フリード
→Freed, Arthur 220
フリートのトムソン
→Thomson, Roy 612
→Thomson (of Fleet), Kenneth (Roy) Thomson, 2nd Baron 613
フリードマン
→Friedman, Milton 221
→Friedman, Yona 221
フリードリー
→Freedley, Vinton 220
フリードリヒ
→Friedrich, Ernst 222
ブリトン
→Britton, John 82
プリーニ
→Purini, Franco 498
ブリネル
→Brinell, Johann August 81
ブリーフス
→Briefs, Goetz 81
プリマコーフ
→Primakov, Evgenii Maksimovich 496
プリマコフ
→Primakov, Evgenii Maksimovich 496
プリマティッチオ
→Primaticcio, Francesco 496
プリマティッチョ
→Primaticcio, Francesco 496
フリーマン
→Freeman, Morgan 220
→Freeman, Sir Ralph 220
プリムソル
→Plimsoll, Samuel 487
フリーモン
→Fremont, John Charles 220
フリーモント
→Fremont, John Charles 220

ブリュアン
→Bruant, Léibral 84
→Bruyn, Guillaume de 85
ブリュグマン
→Bryggman, Erik 86
ブリュゴス
→Brugos 84
→Brygos 86
ブリュック
→Brück, Karl Anton 84
ブリュッゲマン
→Brüggemann, Hans 84
フリュッゲ＝ロッツ
→Flügge-Lotz, Irmgard 211
ブリュッハー
→Blücher, Franz 66
ブリュッヒャー
→Blücher, Franz 66
ブリュートナー
→Blüthner, Julius Ferdinand 66
ブリューナ
→Brunat, Paul 84
ブリュム
→Blum, René 66
フリュールシャイム
→Flürscheim, Michael 211
ブリュローフ
→Bryullov, Aleksandr Pavlovich 86
ブリュロフ
→Bryullov, Aleksandr Pavlovich 86
ブリーン
→Breen, Joseph L. 79
プリン
→Brin, Sergey 81
ブリンクマン
→Brinkman, Johannes Andreas 81
→Brinkmann, Carl 81
→Brinkmann, Theodor 82
ブリンクリ
→Brinkley, Francis 81
→Brinkley, Stephen 81
ブリンクリー
→Brinkley, Francis 81
→Brinkley, Jack Ronald 81
ブリングル
→Pringle, Elizabeth 496

プリンス
→Prince 496
→Prince, Harold 496
プリンス・スミス
→Prince-Smith, John 496
プリンス＝スミス
→Prince-Smith, John 496
プリンス・ポール
→Prince Paul 496
プリンス・マーキー・ディー
→Prince Markie Dee 496
フリント
→Flynt, Larry 211
ブリンドリ
→Brindley, James 81
ブリンドリー
→Brindley, James 81
プリンプトンのシーフ
→Sieff, Israel Moses, Baron 569
ブール
→Boulle, André Charles 74
プール
→Poole, Jack 491
フルィノフ
→Khlynov, Vladimir Nikolaevich 331
フルヴィッツ
→Hurwicz, Leonid 301
プルーヴェ
→Prouvé, Jean 497
プルヴォスト
→Prouvost, Jean Eugène 497
ブルガー
→Burger, Matthias 89
ブルガーコフ
→Bulgakov, Boris Vladimirovich 88
→Bulgakov, Sergei Nikolaevich 88
フルカード
→Fourcade, Jean-Pierre 216
ブルーキングズ
→Brookings, Robert Somers 83
ブルクハウゼン
→Burghausen, Hans von 89
ブルジョア
→Bourgeois, Victor 75

フルシ　812　西洋人物レファレンス事典

ブルジョワ
→Bourgeois, Victor　75

ブルース
→Bruce, Stanley Melbourne
84
→Elgin, James Bruce, 8th Earl
of, and 12th Earl of
Kincardine　189

ブルス
→Brus, Wlodzimierz　85

ブルース（メルボルンの）
→Bruce, Stanley Melbourne
84

ブルストロン
→Brustolon, Andrea　85

フルタード
→Furtado, Celso　225

ブルタレス＝ゴルジエ
→Pourtalès-Gorgier, Comte
494

ブルック
→Broeck, Abraham van den
82
→Broeucq, Jacques　82
→Brooke, John Mercer　83

ブルックス
→Brooks, Benjamin Talbott
83
→Brooks, Fred　83
→Brooks, James L.　83
→Brooks, Mel　83

ブルツクス
→Brutzkus, Boris Davidovich
85

フルテンバッハ
→Furttenbach, Joseph　225

フルテンバハ
→Furttenbach, Joseph　225

フールド
→Fould, Achille　216

フルード
→Froude, William　223

フルド
→Fould, Achille　216

ブールドレー
→Beurdeley, Louis-Auguste-
Alfred　59

フルトン
→Fulton, Robert　224
→Fulton, Thomas Alexander
Wemyss　225

ブールドン
→Bourdon, Eugène　74

ブルドン
→Bourdon, Eugène　74

ブルーナ
→Bruna, Dick　84

ブルナーシュワー
→Brunner Schwer, Hans Georg
85

ブルナチーニ
→Burnacini, Lodovico Ottavio
90

フールニエ
→Fournier, François Ernest
216

フルニエ
→Fournier, François Ernest
216
→Fournier, Pierre Simon　216

フールネイロン
→Fourneyron, Benoît　216

フルネイロン
→Fourneyron, Benoît　216

フルーネヴェーヘン
→Groenewegen, Jacob van
256

ブルネス
→Bulnes, Francisco　88

ブルネッレスキ
→Brunelleschi, Filippo　85

ブルーネル
→Brunel, Isambard Kingdom
84
→Brunel, Sir Marc Isambard
85

ブルネル
→Brunel, Isambard Kingdom
84
→Brunel, Sir Marc Isambard
85

ブルネルレスキ
→Brunelleschi, Filippo　85

ブルネレスキ
→Brunelleschi, Filippo　85

ブルネレスコ
→Brunelleschi, Filippo　85

フールネーロン
→Fourneyron, Benoît　216

フルネーロン
→Fourneyron, Benoît　216

フルネロン
→Fourneyron, Benoît　216

ブルノー＝タウト
→Taut, Bruno　606

ブールビュス
→Pourbus, Pieter I　494

ブルフィンチ
→Bulfinch, Charles　87

ブルフリヒ
→Pulfrich, Karl　498

ブルーベ
→Prouvé, Jean　497

ブールヘム
→Polhem, Christopher　489

フルベルツス（シャルトルの）
→Fulbert de Chartres　224

フルベルトゥス（シャルトルの）
→Fulbert de Chartres　224

ブルマン
→Pullman, George Mortimer
498

ブルム
→Blum, Julius Blum Pasha
66
→Blum, René　66

ブルムステット
→Blomstedt, Yrjö Aulis Uramo
65

ブルメンソール
→Blumenthal, W.Michael　66

ブルーメンタール
→Blumenthal, Oskar　66
→Blumenthal, Tuvia　66

フルーリ
→Fleury, André Hercule de
210

フルーリー
→Fleury, André Hercule de
210

フルリ
→Fleury, André Hercule de
210

フルリー
→Fleury, André Hercule de
210

フルーリ・エラール
→Fleury Hérard, Paul　210

ブールレ＝マルクス
→Burle-marx, Roberto　90

フ

経済・産業篇　　　　　　　　　813　　　　　　　　　フレニ

ブルン
→Brun, Donald　84

ブルンナー
→Brunner, Sir John Tomlinson
85
→Prunnar, Johann Michael
497

ブルンナー
→Prunnar, Johann Michael
497

ブーレ
→Boullée, Étienne Louis　74

ブーレー
→Boullée, Étienne Louis　74

ブレー
→Boullée, Étienne Louis　74

ブレア
→Blair, Catherine　64

フレアール・ド・シャンブレー
→Fréart, de Chambrai Roland
220

ブレイエル
→Pleyel, Camille Josephe
Stephen　487
→Pleyel, Ignaz　487

ブレイキストン
→Blakiston, Thomas Wright
64

フレイク
→Flaig, Karl　209

フレイザー
→Fraser, Simon　219

フレイジ
→Freij, Elias　220

ブレイディ
→Brady, James Buchanan　77
→Brady, William A.　77

ブレイデル＝ブーヴェリー
→Pleydell-Bouverie, Katherine
487

ブレイフェア
→Playfair, Sir Nigel　486
→Playfair, William Henry
486

ブレイフォード
→Playford, John　486

ブレーヴァーマン
→Braverman, Harry　79

ブレオブラジェンスキー
→Preobrazhen-skii, Evhenii
Alekseevich　495

ブレーキストン
→Blakiston, Thomas Wright
64

ブレーク
→Blake, William Philipps　64

ブレークニー
→Blakney, Benbruce　64

ブレグラン
→Pelegrin, Henri Auguste
471

フレーゲ
→Flöge, Emilie　211

ブレゲ
→Bréguet, Abraham Louis　79
→Bréguet, Louis Charles　80

ブレゲー
→Bréguet, Abraham Louis　79
→Bréguet, Louis Charles　80

ブレーゲリ
→Bregel', Enokh Yakovlevich
79

フレーザー
→Fraser, Simon　219

ブレザント
→Pleasant, Mary Ellen　486

フレーシネ
→Freycinet, Charles Louis de
Saulces de　221

フレーシネー
→Freycinet, Charles Louis de
Saulces de　221

フレシネ
→Freycinet, Charles Louis de
Saulces de　221
→Freyssinet, Eugène　221

ブレシャーニ＝トゥッローニ
→Bresciani-Turroni,
Costantino　80

ブレシャーニ・トゥローニ
→Bresciani-Turroni,
Costantino　80

ブレーズ
→Blades, William　64

ブレスコット
→Prescott, Edward C.　495

ブレストン
→Preston, Lewis T.　495

ブレスバーガー
→Pressburger, Emeric　495

ブレスブルガー
→Pressburger, Emeric　495

ブレースラー
→Proesler, Hans　496

フレーゼ
→Freese, Heinrich　220

プレチニク
→Plečnik, Jože　486

プレチュニク
→Plečnik, Jože　486

フレッシネ
→Freyssinet, Eugène　221

ブレッシャーニ・トゥッローニ
→Bresciani-Turroni,
Costantino　80

ブレッシング
→Blessing, Karl　65

フレッチャー
→Fletcher, Sir Banister　210
→Fletcher, Sir Banister Flight
210

ブレット
→Brett, Edwin　80

フレットナー
→Flettner, Anton　210
→Flötner, Peter　211

フレッド・レック
→Fred Wreck　220

ブレーディー
→Brady, James Buchanan　77

ブレーティ
→Preti, Francesco Maria　495

フレーデマン・デ・フリース
→Vries, Hans Vredeman de
647

フレデマン・デ・フリース
→Vries, Hans Vredeman de
647

フレートナー
→Flötner, Peter　211

フレトナー
→Flötner, Peter　211

ブレトーリウス
→Praetorius, Hieronymus　494

ブレトリウス
→Praetorius, Hieronymus　494

ブレーニョ
→Bregno, Andrea　79
→Bregno, Giovanni Battista
79
→Bregno, Lorenzo　79

フ

フレネル
→Fresnel, Augustin Jean 220

プレハーノフ
→Plekhanov, Georgii Valentinovich 486

プレハノフ
→Plekhanov, Georgii Valentinovich 486

プレビッシュ
→Prebisch, Raúl 495

プレーフォード
→Playford, Henry 486
→Playford, John 486

フレマール
→Flémal, Bartholet 210

プレミンガー
→Preminger, Otto 495

フレミング
→Flamming, John Stanton 210
→Fleming, Sir John Ambrose 210
→Fleming, Sir Sandford 210

プレミンジャー
→Preminger, Otto 495

フレモント
→Fremont, John Charles 220

ブレーユ
→Braille, Louis 77

ブレリオ
→Blériot, Louis 65

ブレリオー
→Blériot, Louis 65

フレーリヒ
→Froelich, Carl 222

フレール・オルバン
→Frère-Orban, Hubert Joseph Walther 220

フレロン
→Fréron, Élie Catherine 220

ブーレン
→Boelen, David 68

プレンゲ
→Plenge, Johann 487

ブレンターノ
→Brentano, Lujo 80

ブレンチリーのマンクトン
→Monckton, Walter Turner 425

ブレント
→Brent, Margaret 80

ブロイア
→Breuer, Marcel Lajos 80

ブロイアー
→Breuer, Marcel Lajos 80

ブロイヤー
→Breuer, Marcel Lajos 80

フロイント
→Freund, Peter 221

ブロウ
→Blough, Roger M. 66

フロェトナー
→Flötner, Peter 211

ブローエル
→Brouwer, Hendrik 83

ブロカ
→Broca, Phillippe de 82

ブロクター
→Procter, William 496
→Proctor, Frederick Francis 496
→Proctor, Redfield 496

プロコペ
→Procopé, Hjalmar Johan 496

プロコポヴィッチ
→Prokopovich, Sergei Nikolaevich 497

フロシャウアー
→Froschauer, Christoph 223

ブロス
→Brosse, Salomon de 83

フロスト
→Frost, Sir David Paradine 223

ブロック
→Bloch, Julia Chang 65
→Brock, William Emerson Ⅲ. 82
→Bullock, Charles Jesse 88

ブロックハウス
→Brockhaus, Friedrich Arnold 82

ブロックホイス
→Blockhuys, Edward Joseph 65

ブロッジ
→Broggi, Luigi 82

ブロッス
→Brosse, Salomon de 83

フロットナー
→Flötner, Peter 211

プローディ
→Prodi, Romano 496

プロディ
→Prodi, Romano 496

ブローデル
→Braudel, Fernand 78

ブロデール
→Braudel, Fernand 78

フロート
→Groot, Ferdinand de 256

ブロードウッド
→Broadwood, John 82

ブロートンのマークス
→Marks, Simon 401

プロニ
→Prony, Gaspard Clair François Marie Riche, Baron de 497

プロニ
→Prony, Gaspard Clair François Marie Riche, Baron de 497

ブロニャール
→Brongniart, Alexandre 82
→Brongniart, Alexandre Théodore 83

ブローニング
→Browning, John Moses 84

フロービシャー
→Frobisher, Sir Martin 222

フロービッシャー
→Frobisher, Sir Martin 222

フロビッシャー
→Frobisher, Sir Martin 222

フローベン
→Froben, Johann 222

フローマン
→Frohman, Charles 222

フロマン=ムーリス
→Froment-Meurice, François-Désiré 222

プローミス
→Promis, Carlo 497

プロミス
→Promis, Carlo 497

ブロムベルイ
→Blomberg, Erik 65

ブロムホッフ
　→Blomhoff, Jan Cock　65
ブロムホフ
　→Blomhoff, Jan Cock　65
フローラン
　→Florent, Louis-Felix　211
　→Florent, Vincent Clément　211
フロラン
　→Florent, Louis-Felix　211
　→Florent, Vincent Clément　211
フローリク
　→Frolich, Per Keyser　222
フローリス
　→Floris de Vriendt, Cornelis　211
フロリス
　→Floris de Vriendt, Cornelis　211
フローレス・カネロ
　→Flores Canelo, Raúl　211
フロレンツオーリ
　→Florenzuoli, Pier Francesco　211
フロンチヌス
　→Frontinus, Sextus Julius　223
フロンデ
　→Blondel, Nicolas-François　65
フロンティーヌス
　→Frontinus, Sextus Julius　223
フロンティヌス
　→Frontinus, Sextus Julius　223
ブロンデール
　→Blondeel, Lanceloot　65
ブロンデル
　→Blondel, Jacques François　65
　→Blondel, Nicolas-François　65
ブロンニアール
　→Brongniart, Alexandre　82
　→Brongniart, Alexandre Théodore　83
ブロンニャール
　→Brongniart, Alexandre　82
　→Brongniart, Alexandre Théodore　83
ブロンフェンブレンナー
　→Bronfenbrenner, Martin　82

ブロンフマン
　→Bronfman, Samuel　82
ブローンベルジェ
　→Braunberger, Pierre　79
ブロンベルジェ
　→Braunberger, Pierre　79
ブロンホフ
　→Blomhoff, Jan Cock　65
フロンマン
　→Frommann, Karl Friedrich Ernst　223
フンク
　→Funk, Walter　225
ブーンゲ
　→Bunge, Nikolai Khristianovich　88
ブンゲ
　→Bunge, Nikolai Khristianovich　88
フンデルトヴァッサー
　→Hundertwasser, Friedensreich　300

【 ヘ 】

ヘア
　→Hare, Robert　271
ヘアー
　→Hare, Sir John　271
ベーア
　→Bähr, Georg　34
　→Beer, Georg　50
　→Beer, Johann Michael　50
　→Beer, Max　50
ベア
　→Beer, Max　50
ベアー
　→Beer, Max　50
ベーアウォルド
　→Baerwald, Paul　34
ベアステッド
　→Bearsted, 1st Viscount, Marcus Samuel　46
ベアード
　→Baird, James　35
　→Baird, John Logie　35
ベアト
　→Beato, Felix　46

ベアド
　→Baird, John Logie　35
ベアボーン
　→Barebone, Praisegod　39
ベアリング
　→Baring, Alexander　40
　→Baring, Francis　40
　→Baring, Francis Thornhill　40
　→Baring, Thomas George　40
　→Cromer, Evelyn Baring, 1st Earl of　142
ヘイ
　→Hay, Keith A.　278
ペイ
　→Pei, Ieoh Ming　471
ベイカー
　→Baker, Sir Benjamin　35
　→Baker, George Stephen　35
　→Baker, Sir Herbert　35
　→Baker, Keith　36
ヘイグ
　→Hague, Thomas M.　265
　→Haig, Matt　265
ベイクウェル
　→Bakewell, Robert　36
ベイクランド
　→Baekeland, Leo Hendrik　33
ペイジ
　→Page, Sir Frederick Handley　462
　→Page, Larry　462
　→Page, Walter Hines　462
ペイシストラトス
　→Peisistratos　471
ペイショートー
　→Peixotto, Jessica　471
ヘイズ
　→Hayes, Edward Carey　278
　→Hays, David　279
　→Hays, Will　279
ヘイスティングズ
　→Hastings, Thomas　276
　→Hastings, Warren　276
ベイツ
　→Bates, Alan　43
ベイティ
　→Batey, A.　43
ベイティ
　→Beatty, Warren　46
ペイディアス
　→Pheidias　478

ヘイト　　　　　　　　　　　　　816　　　　　西洋人物レファレンス事典

ベイト
→Beit, Sir Alfred　51

ベイトマン
→Bateman, Hester　43

ヘイドン
→Hayden, Charles　278
→Hayden, Sophia Gregoria
278

ヘイネケン
→Heineken, Alfred Henry
Freddy　281

ヘイプニイ
→Halfpenny, William　266

ベイヤール
→Beyaert, Henri-Joseph-
François　60

ベイ・ヨー・ミン
→Pei, Ieoh Ming　471

ベイリー
→Bailey, Sir Donald Coleman
34
→Bailey, Lydia　35
→Bailey, Samuel　35
→Baillie, Hugh　35

ペイリー
→Paley, William S.　463

ベイリス
→Baylis, Lilian Mary　45
→Baylis, Nadine　45

ベイリュー
→Baillieu, William Lawrence
35

ヘイル
→Hale, George Ellery　266

ベイルビー
→Beilby, Sir George Thomas
51

ベイレフェルト
→Bijleveld, Willem　61

ヘイワード
→Hayward, Leland　279

ベイン
→Bain, Joe Staten　35

ヘインズ
→Haynes, Elwood　279

ベヴァリジ
→Beveridge, William Henry
Beveridge, 1st Baron, of
Tuggal　60

ベヴァリッジ
→Beveridge, William Henry
Beveridge, 1st Baron, of
Tuggal　60

ベヴァン
→Bevan, Edward John　59

ヘヴィサイド
→Heaviside, Oliver　280

ベヴィニャーテ
→Bevignate, Fra　60

ベヴスナー
→Pevsner, Sir Nikolaus　478

ベヴズナー
→Pevsner, Sir Nikolaus　478

ペヴズネル
→Pevzner, Yakov
Khatskelevich　478

ヘーガー
→Höger, Fritz　292

ベーカー
→Baker, Sir Benjamin　35
→Baker, George Fisher　35
→Baker, George Stephen　35

ペギー
→Péguy, Charles Pierre　470

ベークウェル
→Bakewell, Robert　36

ベクサン
→Paixhans, Henri Joseph　462

ヘクシェル
→Heckscher, Eli Filip　280

ヘクシャー
→Heckscher, Eli Filip　280

ヘクト
→Hegt, Marinus Johannes
Benjamin Noordhoek　280

ベークランド
→Baekeland, Leo Hendrik　33

ベーグランド
→Baekeland, Leo Hendrik　33

ペクール
→Pecqueur, Constantin　470

ヘゲデューシュ
→Hegedüs András　280

ベケートフ
→Beketov, Aleksei Nikolaevich
51

ペゴロッチ
→Pegolotti, Francesco dé
Balducci　470

ペゴロッティ
→Pegolotti, Francesco dé
Balducci　470

ベーコン
→Bacon, Francis Thomas　33
→Bacon, Henry　33

ヘザリントン
→Hetherington, Henry　286

ページ
→Page, Sir Frederick Handley
462
→Page, Walter Hines　462

ヘジウス
→Hesius, Willem　285

ペシュ
→Pesch, Heinrich　476

ヘーズ
→Hayes, Edward Carey　278

ヘス
→Hess, Carl Jakob　285

ベスキー
→Boesky, Ivan　68

ヘズス
→Jeronimo de Jesus　314

ヘースチングス
→Hastings, Warren　276

ヘースチングズ
→Hastings, Warren　276

ヘースティングス
→Hastings, Thomas　276
→Hastings, Warren　276

ヘースティングズ
→Hastings, Thomas　276
→Hastings, Warren　276

ヘスティングズ
→Hastings, Warren　276

ベスニン
→Vesnin, Aleksandr
Aleksandrovich　639
→Vesnin, Viktor
Aleksandrovich　639

ベスパシアヌス
→Vespasianus, Titus Flavius
639

ベスパジアーノ・ダ・ビスティッチ
→Bisticci, Vespasiano da　62

ベスプッチ
→Vespucci, Amerigo　640

ベスプッチ
→Vespucci, Amerigo　640

経済・産業篇　　　817　　　ヘテ

ヘースラー
→Haesler, Otto　264

ヘスラー
→Haesler, Otto　264

ベスーン
→Bethune, Louise　59

ベセーラ
→Becerra, Francisco de　48

ベセラ
→Becerra, Francisco de　48

ベセル
→Bethell, Ernest Thomas　59

ヘゼルタイン
→Heseltine, Michael Ray
　Dibdin, Baron　285

ペソア
→Pessoa, André　476

ベソン
→Besson, Jacques　59

ペータース
→Peters, Carl　476

ペーダセン
→Pedersen, Peder Oluf　470

ペタヒア
→Pethahiah of Regensburg
　476

ベダール
→Bédard, Hubert François　49

ベタンクール
→Béthancourt, Jean de　59

ペチー
→Petty, Sir William　477

ベチェマン
→Betjeman, Sir John　59

ベチャマン
→Betjeman, Sir John　59

ベチューン
→Bethune, Louise　59

ベツァルエル
→Bezaleel　60

ベッカー
→Becker, Gary Stanley　49

ベッカリーア
→Beccaria, Cesare Bonesana
　48

ベッカリア
→Beccaria, Cesare Bonesana
　48

ベック
→Beck, Carl Gottlieb　48
→Beck, Julian　48
→Beck, Ludwig　48
→Beck, Martin　49
→Böckh, Philipp August　66

ベックネル
→Becknell, William　49

ヘックマン
→Heckman, James Joseph
　280

ベックマン
→Beckman, Arnold Orville　49
→Beckmann, Ernst Otto　49
→Beckmann, Johan　49
→Böckmann, Wilhelm　66

ヘックロース
→Heckroth, Hein　280

ベックワース
→Beckwourth, Jim　49

ベッケラート
→Beckerath, Erwin von　49
→Beckerath, Herbert von　49
→Beckerath, Rudolf von　49

ヘッケル
→Heckel, Johann Adam　280

ペッシュ
→Pesch, Heinrich　476

ベッセマー
→Bessemer, Sir Henry　59

ベッセリ
→Bessel', Vasiliĭ Vasil'evich
　59

ベッセル
→Bethell, Ernest Thomas　59

ペッソア
→Pessoa, André　476

ペッチェイ
→Peccei, Aurelio　470

ベッチェマン
→Betjeman, Sir John　59

ベッチマン
→Betjeman, Sir John　59

ヘッチュ
→Hetsch, Gustav Friedrich
　286

ペッティ
→Petty, Sir William　477

ベッティハー
→Bötticher, Karl　73

ベッティヒャー
→Bötticher, Karl　73

ベッテルハイム
→Bettelheim, Charles　59

ベッテンコーファー
→Pettenkofer, Max Joseph von
　477

ベッテンコーフェル
→Pettenkofer, Max Joseph von
　477

ヘッド
→Head, Edith　279

ベットガー
→Böttger, Johann Friedrich
　73

ベットーリ
→Bettoli, Nicola　59

ベットレーム
→Bettelheim, Charles　59

ベッハー
→Becher, Johann Joachim　48

ベッパレル
→Pepperrell, William　472

ベッヒャー
→Becher, Johann Joachim　48

ヘップルホワイト
→Hepplewhite, George　283

ヘップルワイト
→Hepplewhite, George　283

ヘップワース
→Hepworth, Cecil M.　283

ベッペルマン
→Pöppelmann, Matthäus
　Daniel　492

ベッラ
→Pella, Giuseppe　471

ベッリ
→Belli, Valerio　52
→Verri, Pietro　639

ベッリッチョーリ
→Pelliccioli, Donato Buono dei
　471

ベッレグリーニ
→Pellegrini, Glauco　471
→Tibaldi, Pellegrino de'
　Pellegrini　614

ペーデ
→Pede, Henri van　470

ヘテイ　　　　　　　　　　　　818　　　　　　　　西洋人物レファレンス事典

ペティ
→Petty, Norman　477
→Petty, Sir William　477

ペティー
→Petty, Sir William　477

ペテイ
→Petty, Sir William　477

ベーデカー
→Baedeker, Gottschalk　33
→Baedeker, Karl　33

ペーテルス
→Peters, Carl　476

ペテルス
→Peters, Carl　476

ペーデルセン
→Pedersen, Peder Oluf　470

ヘテロア
→Jetelová, Magdalena　314

ベート
→Bate, John　43

ペトウホフ
→Petukhov, Konstantin D.
478

ベートゥレーム
→Bettelheim, Charles　59

ヘトガー
→Hoetger, Bernhard　290

ベートガー
→Böttger, Johann Friedrich
73

ベトガー
→Böttger, Johann Friedrich
73

ベドス・ド・セル
→Bedos de Celles, François
49

ベートマン
→Bateman, Hezekiah
Linthicum　43

ペトラコフ
→Petrakov, Nikolai
Yakovlevich　477

ヘドリー
→Hedley, William　280

ペトリーニ
→Petrini, Antonio　477

ペトルッチ
→Petrucci, Ottaviano　477

ペトレイウス
→Petreius, Johann　477

ベトレーム
→Bettelheim, Charles　59

ベドレン
→Vedrenne, John Eugene　637

ベナシー
→Benassy, Jean Pascal　53

ベナルドース
→Benardos, Nikolai
Nikolaevich　53

ベナルドス
→Benardos, Nikolai
Nikolaevich　53

ベニー
→Penney, James Cash　472

ベニコー
→Pénicaud, Léonard　472

ベニーニ
→Venini, Paolo　638

ベニベイカー
→Pennebaker, Donn Alan　472

ヘニング・イェンスン
→Henning-Jensen, Astrid　282

ヘニングセン
→Henningsen, Poul　282

ペニントン
→Pennington, Mary Engle
472

ベネーヴォロ
→Benevolo, Leonardo　53

ベネソーン
→Pennethorne, James　472

ベネット
→Bennett, James Gordon　53,
54
→Bennett, Willard Harrison
54

ベネット（父）
→Bennett, James Gordon　53

ベネット（子）
→Bennett, James Gordon　54

ベネディクト
→Benedict, Manson　53
→Benedikt, Ried von Piesting
53

ベーネディクトソン
→Benediktsson, Einar　53

ベネディクトソン
→Benediktsson, Einar　53

ベネデット・ダ・マイアーノ
→Maiano, Benedetto da　395

ベネデットー・ダ・マヤーノ
→Maiano, Benedetto da　395

ベネデット・ダ・ロヴェッツァーノ
→Benedetto da Rovezzano　53

ベネデット・ディ・レオナルド
→Maiano, Benedetto da　395

ベネトン
→Benetton, Giuliana　53

ベノーニ
→Benoni, Giuseppe　54

ヘパイストス
→Hephaistos　283

ベーハイム
→Behaim, Martin　50

ベハイム
→Behaim, Martin　50

ベバリッジ
→Beveridge, William Henry
Beveridge, 1st Baron, of
Tuggal　60

ヘビサイド
→Heaviside, Oliver　280

ベヒシュタイン
→Bechstein, Friedrich Wilhelm
Carl　48

ベヒテル
→Bechtel, Heinrich　48

ヘファイストス
→Hephaistos　283

ベフスナー
→Pevsner, Sir Nikolaus　478

ペブスナー
→Pevsner, Sir Nikolaus　478

ヘフナー
→Hefner, Hugh　280

ヘーフナー・アルテネック
→Hefner-Alteneck, Friedrich
von　280

ヘーフナー＝アルテネック
→Hefner-Alteneck, Friedrich
von　280

ヘープニー
→Halfpenny, William　266

ベーブリンガー
→Böblinger, Hans der Ältere
66
→Böblinger, Lucas　66
→Böblinger, Matthäus　66

ヘプルホワイト
　→Hepplewhite, George　283
ヴェブレン
　→Veblen, Thorstein Bunde　637
ヘプワース
　→Hepworth, Cecil M.　283
ベヘイリー
　→Beheiry, Mamoun Ahmad　50
ベーベル
　→Bebel, Ferdinand August　47
ベーマー
　→Boehmer, Louis　67
ベーム
　→Böhm, Dominikus　68
　→Böhm, Gottfried　69
　→Böhm, Theobald　69
ベーム・バーヴェルク
　→Böhm-Bawerk, Eugen von　69
ベーム・バウェルク
　→Böhm-Bawerk, Eugen von　69
ベーム・バヴェルク
　→Böhm-Bawerk, Eugen von　69
ベーム・バヴェルク
　→Böhm-Bawerk, Eugen von　69
ベーム＝バーヴェルク
　→Böhm-Bawerk, Eugen von　69
ベームバヴェルク
　→Böhm-Bawerk, Eugen von　69
ベーム・バベルク
　→Böhm-Bawerk, Eugen von　69
ベーム＝バベルク
　→Böhm-Bawerk, Eugen von　69
ヘメンディンガー
　→Hemmendinger, Noel　282
ヘラー
　→Heller, Walter W.　282
ペラ
　→Pella, Giuseppe　471
ヘラウァー
　→Hellauer, Josef　282

ベラウンデ
　→Belaunde Terry, Fernando　51
ベラウンデ・テリ
　→Belaunde Terry, Fernando　51
ベラウンデ・テリー
　→Belaunde Terry, Fernando　51
ベラスコ
　→Belasco, David　51
ベラツァーノ
　→Verrazzano, Giovanni da　639
ベラツアノ
　→Verrazzano, Giovanni da　639
ベラッツァーノ
　→Verrazzano, Giovanni da　639
ヘラッドジュー
　→Kheradjou, Abol-Qassem　331
ペラム
　→Pelham, Mary Singleton　471
ベラール
　→Vérard, Antoine　638
ヘラン
　→Heron, Patrich　284
ベラン
　→Bérain, Jean Louis　55
ベラン
　→Périn, Henri Charles Xavier　474
　→Perrin, Jacques　475
ベランジェ
　→Bélanger, François-Joseph　51
ベーリ
　→Bailey, Samuel　35
　→Baillie, Hugh　35
ベーリー
　→Bailey, Sir Abe　34
　→Baillie, Charles William　35
ベリ
　→Beri, Sridhara Govinda　56
　→Berri, Claude　58
　→Verri, Pietro　639
ペーリ
　→Paley, William S.　463

ペリ
　→Pelli, Cesar　471
　→Perry, Arthur Latham　475
　→Perry, John　475
ペリー
　→Perry, Andrew J.　475
　→Perry, Arthur Latham　475
　→Perry, John　475
　→Perry, Lee "Scratch"　476
ベリアン
　→Perriand, Charlotte　475
ヘリオット
　→Heriot, George　284
ペリクレース
　→Perikles　473
ペリクレス
　→Perikles　473
ペリゴ
　→Péligot, Eugène Melchior　471
ペリゴー
　→Péligot, Eugène Melchior　471
ベーリス
　→Baylis, Lilian Mary　45
ヘリック
　→Herrick, Myron Timothy　285
ベリドール
　→Bélidor, Bernard Forest de　51
ヘリベルトゥス
　→Helibertus　282
ベリャーエフ
　→Belyaev, Mitrofan Petrovich　53
ベリャエフ
　→Belyaev, Mitrofan Petrovich　53
ヘーリング
　→Häring, Hugo　271
　→Hering, Richard　283
ベーリング
　→Bering, Vitus Jonassen　56
ヘリントン
　→Herrington, William Charles　285
ヘール
　→Geer, Louis de　234
　→Hale, George Ellery　266
ベール
　→Bähr, Georg　34

ヘル 820 西洋人物レファレンス事典

→Beer, Georg *50*

ベル
→Bell, Alexander Graham *51*
→Bell, Daniel *52*
→Bell, Henry *52*
→Bell, Sir Issac Lowthian *52*
→Bell, Lawrence Dale *52*
→Bell, Patric *52*
→Bell, Robert Anning *52*
→Bell, Vanessa *52*

ペール
→Peyre, Antoine François *478*
→Peyre, Antoine Marie *478*
→Peyre, Marie Joseph *478*
→Pöhl, Karl Otto *488*

ペルー
→Perroux, François *475*

ベルカ
→Belka, Marek *51*

ベルガー
→Berger, Alfred von *55*

ベルギウス
→Bergius, Friedrich *55*

ベールク
→Berg, Aksel Ivanovich *55*

ベルク
→Berg, Fritz *55*
→Berg, Johann *55*
→Berg, Max *55*

ヘルクナー
→Herkner, Heinrich *284*

ベルグラン
→Belgrand, Marie François Eugène *51*

ベルゲーテ
→Berruguete, Alonso *58*

ベルゲテ
→Berruguete, Alonso *58*

ベル・ゲディス
→Geddes, Norman Bel *234*

ベル・ゲデス
→Geddes, Norman Bel *234*

ベル・ゲデズ
→Geddes, Norman Bel *234*

ベルケン
→Berken, Ludwig von *56*

ベルゴンツォーニ
→Bergonzoni, Giovanni Battista *56*

ベルシェ
→Percier, Charles *473*

ベルシェ
→Percier, Charles *473*

ベルシエ
→Percier, Charles *473*

ベルジョイオーゾ
→Belgioioso, Ludovico Barbiano di *51*

ヘルダー
→Herder, Bartholomä *283*

ベルターニ
→Bertani, Giovanni Battista *58*

ベルタン
→Bertin, Louis Émile *58*
→Bertin, Rose *58*

ペール・タンギー
→Tanguy, le père *604*

ベルチヒ
→Poelzig, Hans *487*

ヘルツ
→Herz, Henri *285*

ベルツィ
→Peruzzi, Baldassare Tommaso *476*

ベルツィッヒ
→Poelzig, Hans *487*

ベルツィヒ
→Poelzig, Hans *487*

ヘルツォーグ
→Herzog, Bertram *285*

ベルッチ
→Berucci, Bartolomeo *59*

ベルッツィ
→Peruzzi, Baldassare Tommaso *476*

ベルッツイ
→Peruzzi, Baldassare Tommaso *476*

ベルツフ
→Bertuch, Friedrich Justin *58*

ヘルツフェルデ
→Herzfelde, Wieland *285*

ヘルツベルハー
→Hertzberger, Herman *285*

ヘルツマノフスキー＝オルランド
→Herzmanovsky-Orlando, Fritz von *285*

ベルディギエ
→Perdiguier, Agricol *473*

ベルテス
→Perthes, Friedrich Andreas *476*
→Perthes, Friedrich Christoph *476*
→Perthes, Johann Georg Justus *476*

ベルトイア
→Bertoia, Harry *58*

ベルトゥー
→Berthoud, Ferdinand *58*

ベルトッティ＝スカモッツィ
→Bertotti-Scamozzi, Ottavio *58*

ベルトーラ
→Bertola, Antonio *58*

ベルトラーミ
→Beltrami, Luca *53*

ベルトーレ
→Berthollet, Claude Louis, Comte de *58*

ベルトレ
→Berthollet, Claude Louis, Comte de *58*

ベルトレー
→Berthollet, Claude Louis, Comte de *58*

ベルトレー（伯爵）
→Berthollet, Claude Louis, Comte de *58*

ベルトン
→Pelton, Lester Allen *471*

ベルナドー
→Bernadot, Marie Vincent *57*

ベルナベイ
→Bernabei, Domenico *57*

ベルナール・サガルドイ
→Sagardoy, Bernard *537*

ベルナール・ド・ソワッソン
→Bernard de Soissons *57*

ベルナルド・ダ・ヴェネーツィア
→Bernardo da Venezia *57*

ベルニ
→Verny, François Léone *638*

ベルニー
→Verny, François Léone *638*

ベルニーニ
→Bernini, Giovanni Lorenzo *57*

ベルニニ
    →Bernini, Giovanni Lorenzo 57
ベルヌヴァル
    →Berneval, Alexandre 57
ベルネーム=ジューヌ
    →Bernheim-Jeune, Alexandre 57
ベールビ
    →Beilby, Sir George Thomas 51
ベルビ
    →Beilby, Sir George Thomas 51
ヘルフェリッヒ
    →Helfferich, Karl 281
ヘルフェリヒ
    →Helfferich, Karl 281
ヘルマン
    →Hermann, Friedrich Benedikt Wilhelm von 284
ヘルムズリー
    →Helmsley, Leona M. 282
ベルメイショ
    →Vermexio, Giovanni 638
ヘルモゲネース
    →Hermogenes 284
ヘルモゲネス
    →Hermogenes 284
ヘルモドーロス
    →Hermodoros 284
ヘルモドロス(サラミス出身の)
    →Hermodoros 284
ベルモント
    →Belmont, August 52
ベルラーヘ
    →Berlage, Hendrik Peterus 56
ベルリ
    →Verri, Pietro 639
ヘルリーゲル
    →Hellriegel, Hermann 282
ベルリナー
    →Berliner, Emile 56
ベルリネル
    →Berliner, Emile 56
ベルルスコーニ
    →Berlusconi, Silvio 57

ベルンヴァルト
    →Bernward 58
ベルンヴァルト(ヒルデスハイムの)
    →Bernward 58
ベルンワルト
    →Bernward 58
ペレ
    →Perret, Auguste 475
    →Perret, Claude 475
    →Perret, Gustave 475
ペレー
    →Perret, Auguste 475
ペレイラ
    →Pereira, Diogo 473
    →Pereira, Galeote 473
    →Pereira, João 473
    →Perreira, João 475
ペレス
    →Pérez Ezquivel, Adolfo 473
ペレスレーギン
    →Pereslegin 473
ベレゾフスキー
    →Berezovsky, Boris Abramovich 55
ペレッスッティ
    →Peressutti, Enrico 473
ベレッタ
    →Beretta, Lodovico 55
ペレーラ
    →Pereira, Jacob Rodriguez 473
ペレール
    →Pereire, Isaac 473
    →Pereire, Jacob Emile 473
ペレール兄弟
    →Pereire 473
ヘーレン
    →Heeren, Arnold Hermann Ludwig 280
ベレンギ
    →Bellenghi, Giuseppe 52
ベーレンス
    →Behrens, Friedrich 50
    →Behrens, Peter 50
ベーレント
    →Behrendt, Walter Curt 50
    →Berendt, Joachim Ernst 55
ペレンニウス
    →Perennius, Marcus 473

ヘレン・ローズ
    →Helen Rose 281
ベロ
    →Bello, Antoine 52
ペロー
    →Perot, Henry Ross 474
    →Perot, Ross 474
    →Perrault, Claude 474
ベロッキオ
    →Verrocchio, Andrea del 639
ベロッキオ
    →Verrocchio, Andrea del 639
ベロッキョ
    →Verrocchio, Andrea del 639
ペロネ
    →Perronet, Jean Rodolphe 475
ベロフ
    →Berov, Lyuben 58
ペロホ・ゴンサレス
    →Perojo González, Benito 474
ヘロルト
    →Herold, Renate 284
ヘロン
    →Heron, Patrich 284
    →Heron of Alexandria 284
ヘロン(アレクサンドリアの)
    →Heron of Alexandria 284
ベーン
    →Bain, Alexander 35
    →Bain, Joe Staten 35
ペーン
    →Paine, James 462
ペン
    →Penn, Sean 472
    →Penn, William 472
ベンヴェヌート・ダ・ボローニャ
    →Benvenuto da Bologna 54
ペンク
    →Penk, A.R. 472
ヘンケル
    →Henkel, Hans-Olaf 282
ベンサム
    →Bentham, Jeremy 54
    →Bentham, Sir Samuel 54
ベン・サラー
    →Ben-Salah, Ahmad 54
ベン・サラーハ
    →Ben-Salah, Ahmad 54

ヘンジ
→Benge, Elden 53

ヘーンズ
→Haynes, Elwood 279

ベンスリマン
→Benslimane, Abdul-Qadir 54

ヘンズロー
→Henslowe, Philip 283

ヘンズロウ
→Henslowe, Philip 283

ヘンスン
→Henson, Jim 283

ヘンソン
→Henson, Jim 283

ベンダー
→Pender, Harold 471
→Pender, Sir John 471

ヘンダースン
→Henderson, Bill 282

ヘンダーソン
→Henderson, Hubert Douglas 282
→Henderson, Richard 282

ベンタム
→Bentham, Jeremy 54

ベンチ・ディ・チョーネ
→Benci di Cione, Dami 53

ベンチューリ
→Venturi, Robert 638

ベンツ
→Bentz, Melitta 54
→Benz, Carl Friedrich 55

ベンツェン
→Bentsen, Lloyd Millard（Jr.） 54

ベンディクセン
→Bendixen, Friedrich 53

ベンディックス
→Bendix, Vincent 53

ベント
→Bent, Charles 54

ベントゥーリ
→Venturi, Robert 638

ベントリー
→Bentley, John Francis 54

ベントリス
→Ventris, Michael George Francis 638

ベントン
→Benton, Jim 54

ヘンミ
→Hemmij, Gijsbert 282

ヘンミー
→Hemmij, Gijsbert 282

ヘンメイ
→Hemmij, Gijsbert 282

ベン・ヤヒヤ
→Ben Yahya, Muhammad Sedik 55

ヘンリ
→Henry, Joseph 283

ヘンリー
→Henrique o Navegador 282
→Henry, Joseph 283

ヘンリー（航海者）
→Henrique o Navegador 282

ヘンリ（航海者）
→Henrique o Navegador 282

ヘンリー・オブ・レインズ
→Henry of Reyns 283

ヘンリー航海王
→Henrique o Navegador 282

ペンローズ
→Penrose, Edith 472
→Penrose, Francis Crammer 472

【 ホ 】

ホー
→Hoe, Richard March 290

ホア
→Hoare, Sir Richard 289

ボアギーユベール
→Boisguillebert, Pierre Le Pesant, Sieur de 69

ボアギュベール
→Boisguillebert, Pierre Le Pesant, Sieur de 69

ボアギュベール
→Boisguillebert, Pierre Le Pesant, Sieur de 69

ボアザン
→Voisin, Charles 645

ボアザン兄弟
→Voisin, Charles 645

→Voisin, Gabriel 645

ボアソン
→Poisson, Pierre 488

ボアトー
→Boiteux, Marcel Paul 69

ボアヌ・ブローク
→Boine Broke, Jehan 69

ボアマン
→Boreman, Thomas 72

ボアレ
→Poiret, Paul 488

ホアン
→Hwang, John 301

ボアンヴィル
→Boinville, C.de 69

ボアンカレ
→Poincaré, Raymond Nicolas Landry 488

ボアンカレー
→Poincaré, Raymond Nicolas Landry 488

ボアンビル
→Boinville, C.de 69

ホイエル
→Goyer, Pieter van 250

ボイエルル
→Peuerl, Paul 478

ボイーガス
→Bohigas, Oriol 68

ホイゲンス
→Huygens, Christiaan 301

ボイジー
→Voysey, Charles Annesley 647

ボイタック
→Boytac 76

ボイチェホフスキ
→Wojciechowski, Stanisław 674

ホイッティントン
→Whittington, Richard 666

ホイットニ
→Whitney, Eli 666
→Whitney, Willis Rodney 666

ホイットニー
→Whitney, Eli 666
→Whitney, John 666
→Whitney, John H. 666

→Whitney, William Collins
666

ホイットマン
→Whitman, Marina von
Neumann 666

ホイットル
→Whittle, Sir Frank 667

ホイットワース
→Whitworth, Sir Joseph,
Baronet 667

ホイップル
→Whipple, Squire 665

ボイデル
→Boydell, John 76

ボイデン
→Boyden, Seth 76

ボーイト
→Boito, Camillo 69

ボイト
→Boit, Elizabeth Eaton 69
→Boito, Camillo 69

ボイド
→Boyd, Arthur Merric
Bloomfield 75
→Boyd, Benjamin 75
→Boyd, Robin Gerard
Penleigh 76
→Boyd, Thomas Alvin 76
→Boyd, William Merric 76

ホィートストン
→Wheatstone, Sir Charles
664

ホイートストーン
→Wheatstone, Sir Charles
664

ホイートストン
→Wheatstone, Sir Charles
664

ホイヘンス
→Huygens, Christiaan 301

ボイヤー
→Boyer, Herbert 76

ホィーラー
→Wheeler, Candace Thurber
664

ホイーラー
→Wheeler, David John 664
→Wheeler, William 664
→Wheeler, William Almon
665

ホイラー
→Wheeler, William 664

ボイル
→Boyle, Richard Vicars 76
→Boyle, Robert 76

ホイールライト
→Wheelwright, John Brooks
665
→Wheelwright, William 665

ボーイング
→Boeing, William Edward 67

ホインフィールド
→Whinfield, John Rex 665

ホウィットチャーチ
→Whitchurch, Edward 665

ボーヴィリエ
→Beauvilliers, Antoine 47

ボーヴェル
→Bovell, Dennis 75

ボヴェール
→Bovell, Dennis 75

ホーヴェルモ
→Haavelmo, Trygve 263

ホーヴガード
→Hovgaard, William 296

ホウズ
→Hawes, Elizabeth 277

ボウリング
→Bowring, Sir John 75

ホウルストン
→Houlston, Frances 296

ポウルセン
→Poulsen, Valdemar 494

ボエット
→Boetto, Giovènale 68

ボーエル
→Powell, Michael 494

ボーカー
→Bowker, Richard Rogers 75

ボガーダス
→Bogardus, James 68

ボガート
→Bogart, Ernest Ludlow 68

ポーガーニ
→Pogany, William (Willy)
Andrew 487

ポガーニー
→Pogany, William (Willy)
Andrew 487

ポガニー
→Pogany, William (Willy)
Andrew 487

ボーカンソン
→Vaucanson, Jacques de 636

ボーキー
→Bokii, Boris Ivanovich 70

ボーキィ
→Bokii, Boris Ivanovich 70

ボキューズ
→Bocuse, Paul 67

ホーキンス
→Hawkins, Sir John 277

ホーキンズ
→Hawkins, Sir John 277
→Hawkins, Sir Richard 277
→Hawkins, Williams 277

ホーキンズ (父)
→Hawkins, Sir John 277

ホーキンズ (子)
→Hawkins, Sir Richard 277

ホークショー
→Hawkshaw, Sir John 278

ホークス
→Hawks, Haward Winchester
277

ボクス
→Box, Sidney 75

ボークスタイン
→Booksteijn, Pieter 71

ボークステイン
→Booksteijn, Pieter 71

ホークスムア
→Hawksmoor, Nicholas 278

ホークスモア
→Hawksmoor, Nicholas 278

ボグダーノフ
→Bogdanov, Aleksandr
Aleksandrovich 68

ボーグル
→Bogle, George 68

ボーゲル
→Vogel, Julius 645

ボゴレーポフ
→Bogolepov, Mikhail
Ivanovich 68

ボサストウ
→Bosustow, Stephen 73

ホジキン
→Hodgkin, Thomas 290

ホジキンソン
→Hodgkinson, Eaton 290

ホシケシ
→Khoshkesh, Yussof 331

ホジスキン
→Hodgskin, Thomas 290

ホジソン
→Hodgson, James D. 290

ボーシャン
→Beauchamp, Pierre 47

ボジャンキーノ
→Bogianckino, Massimo 68

ボース
→Bose, Sir Jagadish Chandra 73

ホスキンズ
→Hoskins, William George 295

ボスク・ベルナート・ベリ
→Bosch Bernat-Verí Jorge 73

ボスタン
→Postan, Michael Moisei 493

ポースト
→Post, George Browne 493

ポスト
→Post, Pieter Jansz 493

ポズナー
→Posner, Richard A. 493

ボズネセンスキー
→Voznesenskii, Nikolai Alekseevich 647

ポセプニ
→Pošepný, Ferencz 493

ポソーシコフ
→Pososhkov, Ivan Tikhonovich 493

ポソシコーフ
→Pososhkov, Ivan Tikhonovich 493

ポソシコフ
→Pososhkov, Ivan Tikhonovich 493

ポーター
→Porter, Alexandre Pope 492
→Porter, Bob 492
→Porter, Edwin Stratton 492
→Porter, Michael 493

ポターニン
→Potanin, Vladimir Olegovich 493

ボダール
→Bodard, Mag 67

ボーダン
→Bodin, Jean 67

ボダン
→Bodin, Jean 67

ボーチ
→Borch, Fred J. 71

ホチキス
→Hotchkiss, Benjamin Berkeley 295

ホッカデイ
→Hockaday, Margaret 290

ボッカドーロ
→Domenico da Cortona 170

ボック
→Bock, Richard 66

ボックス
→Box, Betty 75
→Box, C.J. 75

ポッジ
→Poggi, Giuseppe 488

ホッジャ
→Khodja, Kamel Abdullah- 331

ボッシュ
→Bosch, Karl 72
→Bosch, Robert August 73

ボッタ
→Botta, Mario 73

ポッター
→Potter, Stephen Meredith 493

ホッチキス
→Hotchkiss, Benjamin Berkeley 295

ポッチャンティ
→Poccianti, Pasquale 487

ポッツォ
→Pozzo, Andrea dal 494

ボッド
→Bodt, Jean de 67

ボットゥガー
→Böttger, Johann Friedrich 73

ホッパー
→Hopper, Grace Murray 294

ホップハウス
→Hobhouse, Leonard Trelawney 289

ボッフラン
→Boffrand, Gabriel-Germain 68

ボッラ
→Borra, Giambattista 72

ポッライウオーロ
→Pollaiuolo, Antonio 489

ポッリーニ
→Pollini, Gino 489

ボッロミーニ
→Borromini, Francesco 72

ボーデ
→Bode, Johann Joachim 67

ボデゲン
→Boeghem, Louis van 67

ホテリング
→Hotelling, Harold 295

ホーデル
→Hodel, Donald P. 290

ボテーロ
→Botero, Giovanni 73

ボテロ
→Botero, Giovanni 73

ボーデン
→Borden, Gail 72

ボード
→Baudot, Anatole de 44

ボードー
→Baudeau, Nicholas 44
→Baudot, Anatole de 44
→Baudot, Jean Maurice Emilie 44

ボドー
→Baudot, Anatole de 44
→Baudot, Jean Maurice Emilie 44

ボードアン
→Beaudouin, Eugène 47

ボードイン
→Bauduin, Anthonius Franciscus 44

ボードゥアン
→Beaudouin, Eugène 47

ボードゥイン
→Bauduin, Albertus Johannes 44

ボードウィン
→Bauduin, Anthonius Franciscus 44
ボードウィン
→Bauduin, Anthonius Franciscus 44
ポートソーケンのジョゼフ
→Joseph, Keith Sinjohn 318
ボドーニ
→Bodoni, Giambattista 67
ポドビールニアク
→Podbielniak, Walter Joseph 487
ポドビールニャック
→Podbielniak, Walter Joseph 487
ボードマー
→Bodmer, Johann Georg 67
ホートリ
→Hawtrey, Ralph George 278
ホートリー
→Hawtrey, Ralph George 278
ボドリ
→Bodley, George Frederick 67
ホドルコフスキー
→Khodorkovskii, Mikhail Borisovich 331
ホートレー
→Hawtrey, Ralph George 278
ホートレイ
→Hawtrey, Sir Charles 278
ポードレッカ
→Podrecca, Borris 487
ボードワイエ
→Vaudoyer, Antoine Leaurent Thomas 636
ホートン
→Houghton, Alanson Bigelow 296
→Houghton, Henry 296
ホーナー
→Hohner, Matthias 292
ボーナー
→Boner, Hans 70
ボナー
→Bonar, James 70
ボナーヴィーア
→Bonavia, Giacomo 70
ボナーシャ
→Bonascia, Bartolomeo 70

ボーナッツ
→Bonatz, Paul 70
ボナッツ
→Bonatz, Paul 70
ボナビア
→Bonavia, Giacomo 70
ボナム
→Bonham, Sir Samuel George 70
ボナンノ
→Bonanno Pisano 70
ボナンノ・ピサーノ
→Bonanno Pisano 70
ボーニ
→Boni, Giacomo 71
ボニー
→Bonney, Anne 71
ボニアトフ
→Poniatoff, Alexander 491
ホーニマン
→Horniman, Annie Elizabeth Fredericka 295
ボーヌヴ
→Beauneveu, André 47
ボーヌヴー
→Beauneveu, André 47
ボーヌブー
→Beauneveu, André 47
ボネ
→Bonnet, Georges Etienne 71
ボネー
→Bonnet, Georges Etienne 71
ボノーミ
→Bonomi, Joseph 71
ホーバート・パシャ
→Hobart Pasha 289
ホーバン
→Hoban, James 289
ボーバン
→Vauban, Sébastien Le Prestre, Marquis de 636
ホープ
→Hope, Alexander James Beresdorf 294
→Hope, Thomas 294
ホフ
→Hoff, Ted 291
ホーファー
→Hofer, Andreas 290

ボフィール
→Bofill, Guillen 68
ボフィル
→Bofill, Ricardo 68
ボブキャット
→Bobcat 66
ホプキンズ
→Hopkins, Johns 294
ホプキンスン
→Hopkinson, Francis 294
ホプキンソン
→Hopkinson, Francis 294
→Hopkinson, John 294
ホブズボウム
→Hobsbawm, Eric John Ernest 289
ホブズボーム
→Hobsbawm, Eric John Ernest 289
ホブスン
→Hobson, John Atkinson 290
ホブソン
→Hobson, John Atkinson 290
→Hobson, Thomas 290
ホープトマン
→Houptman, Emanuel 296
ホブハウス
→Hobhouse, Leonard Trelawney 289
ホフマイスター
→Hoffmeister, Franz Anton 291
ホーフマン
→Hofmann, August Wilhelm von 291
→Hofmann, Konrad 292
ホフマン
→Hoffman, Paul 291
→Hoffman, Samuel Kurtz 291
→Hoffmann, Alexander 291
→Hoffmann, Bruno 291
→Hoffmann, Friedrich 291
→Hoffmann, Josef 291
→Hoffmann, Ludwig 291
→Hoffmann, Lutz 291
→Hoffmann, Paul G. 291
→Hoffmann, Walther Gustav 291
→Hofmann, August Wilhelm von 291
→Hohuman, Amerigo 292

ボフラン
→Boffrand, Gabriel-Germain
68

ホープリッチ
→Hoeprich, Eric　290

ボーベリ
→Boberg, Gustav Ferdinand
66

ボヘリオン
→Boucheljon, Joan　73

ホーベルモ
→Haavelmo, Trygve　263

ポポーフ
→Popov, Aleksandr
Stepanovich　491
→Popov, Gavriil Kharitonovich
492

ポポフ
→Popov, Aleksandr
Stepanovich　491
→Popov, Gavriil Kharitonovich
492
→Popov, Konstantin
Mikhailovich　492

ホホル
→Chohol, Josef　118

ポマー
→Pommer, Erich　490

ボーム
→Bohm, Hark　69

ホームズ・ア・コート
→Holmes a Court, Michael
Robert Hamilton　293

ホムート
→Homoet, Hendrik van　293

ボーメ
→Baumé, Antoine　45

ホモボーヌス（クレモーナの）
→Homobonus（Cremona）
293

ボーモル
→Baumol, William　45

ボーモント
→Beaumont, Cyril William
47
→Beaumont, Hugh　47

ボーヤー
→Bowyer, William　75

ボヤルディ
→Boiardi, Helen　69

ポライウォーロ
→Pollaiuolo, Antonio　489

ポライウォロ
→Pollaiuolo, Antonio　489

ポライウオロ
→Pollaiuolo, Antonio　489

ポライウォーロ兄弟
→Pollaiuolo, Antonio　489

ホライン
→Hollein, Hans　293

ポラック
→Pollack, Agoston　489
→Pollack, Joseph　489
→Pollack, Leopold　489
→Pollack, Michael Johann
489
→Pollack, Sydney　489

ホラデー
→Holaday, William M.　292

ポラーニ
→Polanyi, Karl　488
→Polanyi, Michael　489

ポラニ
→Polanyi, Michael　489

ポラニー
→Polanyi, Karl　488
→Polanyi, Michael　489

ボラニョス
→Bolaños, Enrique　70

ホラバード
→Holabird, William　292

ボラール
→Vollard, Ambroise　646

ポランスキー
→Polansky, Lois　488

ホランダー
→Hollander, Samuel　293

ホーランド
→Holland, John Philip　292
→Holland, Perry G.　293
→Holland, Sidney George　293

ホランド
→Holland, Clifford Milburn
292
→Holland, Henry　292
→Holland, John Philip　292
→Holland, Sidney George　293

ボランニー
→Polanyi, Karl　488
→Polanyi, Michael　489

ボーリー
→Bowley, Sir Arthur Lyon　75

ポリカルポフ
→Polikarpov, Nikolai
Nikolaevich　489

ポリクレイトス
→Polukleitos　490

ボリーズ
→Vories, William Merrell　646

ポリュクレイスト
→Polukleitos　490

ポリュクレイトス
→Polukleitos　490
→Polykleitos　490

ポリュクレイトス（大）
→Polukleitos　490

ポリュクレイトス（小）
→Polykleitos　490

ホール
→Hall, Alfred Rupert　266
→Hall, Charles Martin　266
→Hall, Ken G.　266
→Holl, Steven　292

ホル
→Holl, Elias　292

ボール
→Ball, Charles Olin　37
→Ball, Macmahon　37

ポール
→Paul, Charles Kegan　468
→Paul, Les　469
→Paul, Lewis　469
→Paul, Robert William　469

ボルカー
→Volcker, Paul A.　645

ボルガー
→Volcker, Paul A.　645

ボールガール
→Beauregard, Georges de　47

ポールケ
→Pohlke, Karl Wilhelm　488

ボルザンパルク
→Portzamparc, Christian de
493

ポール・シー
→Paul C　469

ポルシェ
→Porsche, Ferdinand　492

ボルジッヒ
→Borsig, August　72

ボルジヒ
→Borsig, August　72

ボルジャー
　→Bolger, Dermot　70
ボールズ
　→Bowles, Samuel　75
ホールストロム
　→Hallstrom, Sir Edward John Lees　266
ポルスブルック
　→Polsbroeck, Dirk de Graeff van　490
ポールセン
　→Poulsen, Valdemar　494
ボルタ
　→Volta, Alessandro Giuseppe Antonio Anastasio　646
ポルタ
　→Porta, Giacomo della　492
ボルダーリョ＝ピネイロ
　→Bordallo-Pinheiro, Raphael　72
ポルターレス
　→Portales, Diego Jose Victor　492
ポルタレス
　→Portales, Diego Jose Victor　492
ボールチ
　→Balch, Emily Greene　36
ボルチ
　→Balch, Emily Greene　36
ホルツバウアー
　→Holzauber, Wilhelm　293
ホルツマイスター
　→Holzmeister, Clemens　293
ホルツマン
　→Holzmann, Johann Philipp　293
ボールティング
　→Boulting, John　74
　→Boulting, Roy　74
ボールディング
　→Boulding, Kenneth Ewart　74
ポルテーラ
　→Portela, Cesar　492
ホールデン
　→Holden, Charles　292
　→Holden, Sir Edward Wheewall　292
ポルテン
　→Porten, Henny　492

ホルト
　→Holt, Harold Edward　293
　→Holt, N.W.　293
ボールドウィン
　→Baldwin, Charles Henry　36
　→Baldwin, Mathias William　36
　→Baldwin of Bewdley, Stanley Baldwin, 1st Earl　36
ボールドウィン（ビュードリーの）
　→Baldwin of Bewdley, Stanley Baldwin, 1st Earl　36
ポルトゥガル
　→Portugal, Paulo de　493
ボルトキエーヴィチ
　→Bortkiewicz, Ladislaus von　72
ボルトキエヴィチ
　→Bortkiewicz, Ladislaus von　72
ボルトキェヴィッチ
　→Bortkiewicz, Ladislaus von　72
ボルトキエビチ
　→Bortkiewicz, Ladislaus von　72
ボルトキエビッチ
　→Bortkiewicz, Ladislaus von　72
ポルトゲージ
　→Portoghesi, Paolo　493
ホルトハウス
　→Holthaus Fusako　293
ボールドリッジ
　→Baldrige, Malcolm　36
ボールトン
　→Boulton, Matthew　74
ホルバート
　→Horvat, Branko　295
　→Horvat, Dmitrii Leonidovich　295
ボルピ
　→Volpi, Cont Giuseppe　646
ホールフォード
　→Holford, William　292
ボルマン
　→Borman, Jan　72
ポルライウォーロ
　→Pollaiuolo, Antonio　489
ポルライウオーロ
　→Pollaiuolo, Antonio　489

ボルロミーニ
　→Borromini, Francesco　72
ホールン
　→Hoorn, Nicolaas Joan van　294
　→Hoorn, Pieter van　294
ポーレー
　→Pauley, Edwin Wendell　469
ポレッティ
　→Poletti, Luigi　489
ボレッラ
　→Borella, Carlo　72
ホレリス
　→Hollerith, Herman　293
ポーレルト
　→Poelaert, Joseph　487
ポーロ
　→Marco Polo　400
　→Polo, Maffeo　489
　→Polo, Nicolo　490
ホロウィッツ
　→Horowitz, David　295
ホロウェー
　→Holloway, Thomas　293
ホーロック
　→Horlock, John　294
ポロック
　→Polock, Moses　490
ボローニャ
　→Bologna, Giovanni da　70
ボローニン
　→Voronin, Lev Alekseevich　646
ホロビッツ
　→Horowitz, David　295
ボロミーニ
　→Borromini, Francesco　72
ボロミニ
　→Borromini, Francesco　72
ボロンソー
　→Polonceau, Jean Barthélemy Camille　490
ボロンツォフ
　→Vorontsov, Vasilii Pavlovich　647
ボワイエ
　→Boyer, Robert　76
ホワイティング
　→Whiting, Robert　666

ホワイト
→White, Barry　665
→White, George　665
→White, Harry Dexter　665
→White, Islael Charles　665
→White, J.Maunsel　665
→White, Stanford　665
→White, Sir William Henry
　665

ホワイトヒル
→Whitehill, Arthur M.　666

ホワイトヘッド
→Whitehead, Robert　666

ホワイトワース
→Whitworth, Sir Joseph,
　Baronet　667

ボワギュベール
→Boisguillebert, Pierre Le
　Pesant, Sieur de　69

ボワギルベール
→Boisguillebert, Pierre Le
　Pesant, Sieur de　69

ボワソン
→Poisson, Pierre　488

ボワレ
→Poiret, Paul　488

ボワロー
→Boileau, Louis-Auguste　69

ボワン
→Point, Fernand　488

ボワンヴィル
→Boinville, C.de　69

ボワンカレ
→Poincaré, Raymond Nicolas
　Landry　488

ボワンビル
→Boinville, C.de　69

ホーン
→Hone, Philip　293
→Horn, Trevor　294

ボーン
→Bone, Sir Muirhead　70
→Bourne, Sir Frederick Samuel
　Augustus　75

ボン
→Buon, Bartolomeo　88

ボンウィル
→Bonwill, W.G.A.　71

ホングレイプ
→Gongrijp, G.　247

ボンシニョーリ
→Bonsignore, Ferdinando　71

ホーンズフィールド
→Hounsfield, Godfrey Newbold
　296

ポンスレ
→Poncelet, Jean Victor　491

ポンスレー
→Poncelet, Jean Victor　491

ポンツィオ
→Ponzio, Flaminio　491

ポンツェッロ
→Ponzello, Domenico　491
→Ponzello, Giovanni　491

ポンティ
→Ponti, Carlo　491
→Ponti, Gio　491

ポンティフ
→Pontifs, Guillaume　491

ポンテッリ
→Pontelli, Baccio　491

ボンド
→Bond, Alan　70

ボンヌイユ
→Étienne de Bonneuil　196

ボンヌビル
→Bonneville, Benjamin Louis
　Eulalie de　71

ボンネ
→Bonné, Alfred　71

ホーンビー
→Hornby, Frank　295

ボンピアーニ
→Bompiani, Valentino　70

ホーンブローアー
→Hornblower, Jonathan　295
→Hornblower, Jonathan Carter
　295

ホーンブロウア
→Hornblower, Jonathan Carter
　295

ポンペイ
→Pompei, Alessandro　490

ポンペイウス
→Pompeius Magnus, Gnaeus
　490

ポンペーイウス・マグヌス
→Pompeius Magnus, Gnaeus
　490

ポンペイウス・マグヌス
→Pompeius Magnus, Gnaeus
　490

ポンペイウス・マグヌス（大）
→Pompeius Magnus, Gnaeus
　490

ポンベルク
→Bomberg, Daniel　70

ポンマー
→Pommer, Erich　490

【 マ 】

マイ
→May, Ernst　408
→May, Joe　408

マイアー
→Mayer, Hans　408
→Mayer, Theodor　408
→Mayr, Georg von　409
→Meyer, Adolf　416
→Meyer, Hannes　416
→Meyer, Joseph　417
→Meyer, Rudolf Hermann
　417

マイアーノ
→Maiano, Benedetto da　395

マイアーホーフ
→Meyerhof, Otto Fritz　417

マイアホーフ
→Meyerhof, Otto Fritz　417

マイエット
→Mayet, Paul　408

マイエト
→Mayet, Paul　408

マイエフスキー
→Maievskii, Nikolai
　Vladimirovich　395

マイエーフスキィ
→Maievskii, Nikolai
　Vladimirovich　395

マイエール
→Mayer, René　408

マイエル
→Mayer, René　408

マイエルホーフ
→Meyerhof, Otto Fritz　417

マイク・ラッド
→Mike Ladd　419

マイケル
　→Michell, Sir Lewis Loyd　418

マイスターマン
　→Meistermann, Georg　412

マイスナー
　→Meissner, Alexander　411
　→Meissner, Herrmann　411

マイゼンバッハ
　→Meisenbach, Georg　411

マイゼンバハ
　→Meisenbach, Georg　411

マイターニ
　→Maitani, Lorenzo　395

マイバッハ
　→Maybach, Wilhelm　408

マイバハ
　→Maybach, Wilhelm　408

マイーフスキー
　→Maievskii, Nikolai Vladimirovich　395

マイヤ
　→Mayr, Georg von　409

マイヤー
　→Mayer, Hans　408
　→Mayer, Leopold　408
　→Mayer, René　408
　→Mayer, Theodor　408
　→Mayr, Georg von　409
　→Meier, Richard　411
　→Meyer, Agnes Ernst　416
　→Meyer, Hannes　416
　→Meyer, Joseph　417

マイヤーソン
　→Myerson, Roger　437
　→Myerson, Roger B.　437

マイヤーノ
　→Giuliano da Maiano　242
　→Maiano, Benedetto da　395

マイヤーホーフ
　→Meyerhof, Otto Fritz　417

マイヤーホフ
　→Meyerhof, Otto Fritz　417

マイヤホーフ
　→Meyerhof, Otto Fritz　417

マイヤール
　→Maillart, Robert　395

マイル
　→Mayr, Georg von　409

マイルー
　→Maillu, David　395

マウアー子爵
　→Mauá　406

マウロ
　→Mauro, Alessandro　407
　→Mauro, Antonio　407
　→Mauro, Domenico　407
　→Mauro, Francesco　407
　→Mauro, Gaspare　407
　→Mauro, Girolamo　407
　→Mauro, Giuseppe　407
　→Mauro, Pietro　407
　→Mauro, Romualdo　407

マオア
　→Mouer, Ross E.　433

マオホ
　→Mauch, Thomas　406

マガイアー
　→McGuire, Peter J.　390

マカーサー
　→MacArthur, John　387

マカーシー
　→McCarthy, John　387

マカダム
　→McAdam, John Loudon　387

マカード
　→Machado　390

マカドゥー
　→McAdoo, William Gibbs　387

マカートニ
　→Macartney, Sir George　387

マカートニー
　→Macartney, Sir George　387
　→Macartney, George 1st Earl　387

マカートニー伯
　→Macartney, George 1st Earl　387

マガリャインシュ
　→Magellan, Ferdinand　394

マガリャインシユ
　→Magellan, Ferdinand　394

マガリャエンシュ
　→Magellan, Ferdinand　394

マガリャンイス
　→Magellan, Ferdinand　394

マカルピン
　→McAlpine, William Jarvis　387

マカロヴァ
　→Makarova, Natalia Romanovna　395

マカロック
　→MacCulloch, John Ramsay　388

マカロワ
　→Makarova, Natalia Romanovna　395

マーカンド
　→Marquand, Hilery A.　401

マギー
　→Maggi, Julius　394

マキシム
　→Maxim, Sir Hiram Stevens　407

マキム
　→McKim, Charles Follen　391

マキンタイア
　→McIntire, Samuel　390

マキンタイヤー
　→McIntire, Samuel　390

マキントッシュ
　→Mackintosh, Charles Rennie　391

マーク
　→Merck, George Wilhelm Emanuel　414

マークィス
　→Marquis, Frederick James, 1st Earl of Woolton　401

マクヴェイ
　→MacVeagh, Charles　393

マクヴェーグ
　→MacVeagh, Charles　393

マクギボン
　→MacGibbon, Ross　389

マクシム
　→Maxim, Sir Hiram Stevens　407

マークス
　→Marks, Samuel　401
　→Marks, Simon　401
　→Marx, Josef　404

マークス(ブロートンの)
　→Marks, Simon　401

マクスウェル
　→Maxwell, Ian Robert　408
　→Maxwell, Vera　408

マクストフ
→Maksutov, Dmitrii
Dmitrievich　*396*

マクダーモット
→McDermott, Gerald　*388*

マクドナルド
→Macdonald, Donald S.　*388*
→MacDonald, James Ramsay
388
→McDonald, Richard　*389*

マクドネル
→McDonnell, James Smith
389

マクナイト・カウファー
→Mcknight Kauffer, Edward
391

マクナマラ
→McNamara, Frank　*393*
→McNamara, Robert Strange
393

マグニン
→Magnin, Cyril　*394*

マクノート
→McNaught, William　*393*

マクノートン
→Macnaghten, Anne　*392*

マクファデン
→McFadden, Daniel Little
389

マクベイ
→MacVeagh, Charles　*393*

マクマード
→Mackmurdo, Arthur Heygate
391

マクマードー
→Mackmurdo, Arthur Heygate
391

マクマホン
→McMahon, Vince　*392*

マクマレイ
→McMurray, Bette　*392*

マクミラン
→Macmillan, Alexander　*392*
→McMillan, Charles J.　*392*
→Macmillan, Daniel　*392*
→Macmillan, Kirkpatrick　*392*
→Macmillan, Maurice Harold
392

マクラウド
→Macleod, Henry Dunning
392
→Macleod, Ian N.　*392*

マクラクラン
→Mclachlan, Edward　*392*

マクラッケン
→McCracken, Paul Winston
388

マクラレン
→McLaren, Louise Leonard
392

マクレー
→Macrae, Norman　*393*

マクレガー
→McGregor, Douglas M.　*389*

マクレナン
→McLennan, Ian Munro　*392*

マクロイ
→McCloy, John J.　*388*

マクロード
→Macleod, Henry Dunning
392

マグワイア
→Maguire, John William
Rochfort　*394*

マクワーター
→McWhirter, Norris Dewar
393

マケーイェフ
→Makeev, Viktor Prtrovich
395

マケッカン
→MacEchen, Alan J.　*389*

マケナ
→McKenna, Reginald　*390*

マーゲンサーラー
→Mergenthaler, Ottmar　*414*

マケンジ
→Mackenzie, Sir Alexander
390
→Mackenzie, Sir Compton
391

マケンジー
→Mackenzie, Sir Alexander
390

マーゲンターラー
→Mergenthaler, Ottmar　*414*

マーコウィッツ
→Markowitz, Harry　*401*

マコヴェッツ
→Makovecz Imre　*396*

マーコビッツ
→Markowitz, Harry　*401*

マーコービッツ
→Markowitz, Harry　*401*

マコーミク
→McCormick, Cyrus Hall　*388*

マコーミック
→McCormick, Cyrus Hall　*388*
→McCormick, Robert
Rutherford　*388*

マコールモン
→McAlmon, Robert　*387*

マーサー
→Mercer, John　*414*

マシー
→Massey, Chesler D.　*405*

マシェット
→Mushet, David　*436*

マジェラン
→Magellan, Ferdinand　*394*

マジェンタ
→Magenta, Giovanni Ambrogio
394

マジストレッティ
→Magistretti, Vico　*394*

マジソン
→Matheson, Hugh　*406*
→Matheson, James　*406*

マジーディー
→al-Mazidi, Faisal M.　*409*

マーシャック
→Marschak, Jacob　*401*

マーシャル
→Marshal, John　*402*
→Marshall, Alfred　*402*
→Marshall, George Catlett
402
→Marshall, John　*402*
→Marshall, Penny　*402*
→Marshall, William　*402*

マーシュ
→Marsh, Jonathan　*401*

マシュー
→Matthew, Robert Hogg　*406*

マシューズ
→Mathews, Charles James
406

マショー
→Machault d'Arnouville, Jean-
Baptiste de　*390*

マジョレル
→Majorelle, Louis　*395*

マシーレ
　→Masire, Guett Ketumile Joni　404
マスウーディー
　→Massoudi, Farhad　405
マスウード・ベイ
　→Mas'ūd Bey　405
マスウードベイ
　→Mas'ūd Bey　405
マスウード・ベク
　→Mas'ūd Bey　405
マスキン
　→Maskin, Eric　405
マスグレイヴ
　→Musgrave, Richard Abel　436
マスグレイブ
　→Musgrave, Richard Abel　436
マスグレーヴ
　→Musgrave, Richard Abel　436
マスグレーブ
　→Musgrave, Richard Abel　436
マスケリーノ
　→Mascherino, Ottaviano　404
マスコーレル
　→Mas-Colell, Andrew　404
マスターズ
　→Masters, Sybilla　405
マスード
　→al-Masoud, Rahma Muhammad　405
マスード・ベイ
　→Mas'ūd Bey　405
マスプラット
　→Muspratt, James　436
マセード
　→Macedo de Carvalho, Jerónimo　389
マセド
　→Macedo de Carvalho, Jerónimo　389
マゼラン
　→Magellan, Ferdinand　394
マーゼル
　→Maazel, Lorin　386
マゼール
　→Maazel, Lorin　386

マゼル
　→Maazel, Lorin　386
マセロ
　→Macero, Teo　389
マーセン
　→Maassen, Karl Georg　386
マソル
　→Massol, Joseph　405
マータス
　→Matas, Niccolò　405
マチダ
　→Machida, Shigenobu　390
マチャキーニ
　→Maciachini, Carlo　390
マチューカ
　→Machuca, Pedro de　390
マチョス
　→Matschoß, Conrad　406
マーチン
　→Martin, C.K.Marshall　403
　→Martin, Glenn Luther　403
マーツァイケル
　→Maetsuycker, Joan　394
マッカイ
　→MacKaye, James Morrison Steele　390
マッカーサー
　→Macarthur, Elizabeth　387
　→MacArthur, John　387
マッカーシー
　→McCarthy, John　387
マッカダム
　→McAdam, John Loudon　387
マッカッチョン
　→McCutcheon, Wallace　388
マッカーデル
　→McCardell, Claire　387
マッカドゥー
　→McAdoo, William Gibbs　387
マッカートニー
　→Macartney, George 1st Earl　387
マッカルッチ
　→Maccarucci, Bernardino　388
マッカルッツィ
　→Maccarucci, Bernardino　388

マッカロック
　→MacCulloch, John Ramsay　388
マッギ
　→Maggi, Julius　394
マッキム
　→McKim, Charles Follen　391
マッキュアン
　→McEwen, John　389
マッギル
　→McGill, James　389
マッキントッシュ
　→Macintosh, Charles　390
　→Mackintosh, Cameron Anthony　391
　→Mackintosh, Charles Rennie　391
　→Mackintosh, Margaret　391
マック
　→Mack, M.　390
　→Mack, Nila　390
マックス=ウェーバー
　→Weber, Max　659
マックス=ヴェーバー
　→Weber, Max　659
マックマード
　→Mackmurdo, Arthur Heygate　391
マックマードー
　→Mackmurdo, Arthur Heygate　391
マックリーディ
　→MacCready, Paul Beattie　388
マッグレガー
　→McGregor, Sir Ian Kinloch　390
マックレーン
　→McLane, Louis　392
マックロイ
　→McCloy, John J.　388
マックローリン
　→McLaughlin, Louise　392
マッケアリー
　→McCarey, Leo　387
マッケクロン
　→MacEachron, David　389
マッケリー
　→McCarey, Leo　387
マッケロイ
　→McElroy, Neil H.　389

マツケ　　　　　　　　　　832　　　　　西洋人物レファレンス事典

マッケンジー
→Mackenzie, Sir Alexander
390
→Mackenzie, Sir Compton
391
→McKenzie, Lionel Wilfred
391
→Mackenzie, William　391

マッコイ
→McCoy, Van　388

マッコーミック
→McCormick, Cyrus Hall　388
→McCormick, Nettie Fowler
388

マッコーン
→McCone, John A.　388

マッサ
→Massa, Frank　405

マッサーリ
→Massari, Giorgio　405

マッシー
→Massie, Joseph　405

マッジーニ
→Maggini, Giovanni Paolo
394

マッジョリーニ
→Maggiolini, Giuseppe　394

マッシリアのエウテュメネス
→Euthymenēs　197

マッシリアのピュテアス
→Pytheas of Massalia　499

マッタルノヴィ
→Mattarnovi, Georg Johann
406

マッツェリガー
→Matzeliger, Jan Earnst　406

マッツォーニ
→Mazzoni, Sebastiano　409

マッツッコテッリ
→Mazzuccotelli, Alessandro
409

マッテイ
→Mattei, Enrico　406

マッテーオ・ダ・カンピオーネ
→Matteo da Campione　406

マッテーオ・デ・パスティ
→Matteo de' Pasti　406

マットヘーファー
→Matthöfer, Hans　406

マッドリブ
→Madlib　393

マッハルプ
→Machlup, Fritz　390

マティ
→Mathy, Karl　406

マディソン
→Maddison, Angus　393

マーティノー
→Martineau, Harriet　404

マーティン
→Martin, Sir George Henry
403
→Martin, Glenn Luther　403
→Martin, James　403
→Martin, John Leslie　403
→Martin, Ruby Elizabeth
404

マーディン
→Mardin, Arif　400

マーティン＝ハーヴェイ
→Harvey, Sir John Martin
275

マテオ
→Mateo　405
→Mateo, El maestro　405

マテュー・ダラース
→Mathieu d'Arras　406

マテリーフ
→Matelief de Jonge, Cornelis
405

マーデルスペルガー
→Madersperger, Joseph　393

マデルナ
→Maderna, Carlo　393

マデルノ
→Maderna, Carlo　393

マドゥロ
→Maduro, Ricardo　393

マードック
→Murdoch, John　435
→Murdoch, Keith Rupert　435
→Murdock, Louise Caldwell
436
→Murdock, William　436

マートン
→Merton, Robert C.　415
→Merton, Sir Thomas Ralph
415
→Murton, John　436

マナーズ
→Manners, Charles　398

マナセ・ベン・イスラエル
→Manasseh ben Israel　397

マニー・フレッシュ
→Mannie fresh　398

マニョカヴァッロ
→Magnocavallo, Francesco
Ottavio　394

マヌーツィオ
→Manutius, Aldus　398

マヌティウス
→Manutius, Aldus　398
→Manutius, Paulus　399

マーネス
→Manes, Alfred　397

マネッティ
→Manetti, Antonio di Tuccio
397

マハーラノビス
→Mahalanobis, Prasanta
Chandra　394

マハラノビス
→Mahalanobis, Prasanta
Chandra　394

マハループ
→Machlup, Fritz　390

マハルプ
→Machlup, Fritz　390

マヒュー
→Mahu, Jacques　395

マピルトン
→Mapilton, Thomas　399

マーフィ
→Murphy, Franklin D.　436
→Murphy, John Joseph　436
→Murphy, William Martin
436

マプトン
→Mapilton, Thomas　399

マフムード・イェルワジ
→Yeluwadji, Mahmūd　681

マフルーグ
→Mahroug, Samil　395

ママリ
→Mummery, Albert Frederick
435

ママリー
→Mummery, Albert Frederick
435

マーモントフ
　→Mamontov, Savva Ivanovich 397

マヤーノ
　→Maiano, Benedetto da 395

マヤノ
　→Maiano, Benedetto da 395

マヤール
　→Maillart, Robert 395

マユーロフ
　→Maiurov, Aleksei Ivanovich 395

マラー
　→Mueller, George E 433

マランヴォー
　→Malinvaud, Edmond 396

マランボー
　→Malinvaud, Edmond 396

マーリ
　→Murray, John 436

マリ
　→Mari, Iela 400

マリー
　→Murray, John 436
　→Murray, Keith Bay Pearce 436
　→Murray, Matthew 436
　→Murray, William Staite 436

マリオット
　→Marriott, John Willard 401

マリキヤル
　→Malikyar, Abdullah 396

マリー・クワント
　→Quant, Mary 500

マーリーズ
　→Mirrlees, James Alexander 422

マリス
　→Marris, Robin Lapthorn 401

マリスチェッリ
　→Marcelli, Paolo 399

マリソン
　→Marrison, Warren 401

マリニー
　→Marigny, Enguerrand de 400

マリノ
　→Marinot, Maurice 401

マーリー・マール
　→Marley Marl 401

マリーン
　→Malynes, Gerard de 397

マルヴィ
　→Malvy, Louis Jean 397

マルヴィー
　→Malvy, Louis Jean 397

マルヴーリア
　→Marvuglia, Venanzio 404

マルガイ
　→Margai, Albert Michael 400

マルカリヤン
　→Markar'yan, Seda Bagdasarovna 401

マルキ
　→Marchi, Virgilio 399

マルキオンニ
　→Marchionni, Calro 399

マルクス
　→Marx, Karl Heinrich 404

マルクス・アウレリウス・アントニヌス
　→Caracalla, Marcus Aurelius Antoninus 100

マルク・ボアン
　→Marc Bohan 399

マルケージ
　→Marchesi, Andrea di Pietro 399
　→Marchesi, Giorgio 399
　→Marchesi, Gualtiero 399

マルケリウス
　→Markelius, Sven Gottfried 401

マルコヴィチ
　→Marković, Ante 401

マルコーニ
　→Marconi, Guglielmo 399

マルコーニ（侯爵）
　→Marconi, Guglielmo 399

マルコビッチ
　→Marković, Ante 401

マルコ・ポーロ
　→Marco Polo 400

マルコ＝ポーロ
　→Marco Polo 400

マルコポーロ
　→Marco Polo 400

マルサス
　→Malthus, Thomas Robert 396

マルサリス
　→Marsalis, Delfeayo 401

マルジェラ
　→Margiela, Martin 400

マルシャ
　→Marchat, Jean 399

マルシャック
　→Marschak, Jacob 401

マルシャン
　→Marchand, Nicolas Jean 399

マルシュアス
　→Marsyas 402

マルセル
　→Marcel, Étienne 399

マルセル＝エティエンヌ
　→Marcel, Étienne 399

マルゼルブ
　→Malesherbes, Chrétien Guillaume de Lamoignon de 396

マルタン
　→Martin, Étienne-Simon 403
　→Martin, François 403
　→Martin, Germain 403
　→Martin, Guillaume 403
　→Martin, Pierre Émile 403

マルチェッリ
　→Marcelli, Paolo 399

マルチンス
　→Oliveira Martins, Joaquim Pedro de 455

マルティウス
　→Martius, Karl Alexander von 404

マルティーニ
　→Martini, Giovanni 404

マルティネッリ
　→Martinelli, Domenico 404

マルティノー
　→Martineau, Harriet 404

マルティン
　→Martin, Karl Heinz 403

マルテランジュ
　→Martellange 402

マルテンス
　→Martens, Adolf 403

マルト　834　西洋人物レファレンス事典

マルドナード
→Maldonado, Tomás　396

マルトノ
→Martenot, Maurice　403

マルファッティ
→Malfatti, Franco Maria　396

マレ
→De Maré, Rolf　158
→Marey, Étienne Jules　400

マレー
→Marey, Étienne Jules　400
→Murray, John　436

マレイ
→Marey, Étienne Jules　400

マレスカ
→Maresca, Francesco　400

マレ=ステヴァン
→Mallet-Stevens, Robert　396

マレ=ステヴァンス
→Mallet-Stevens, Robert　396

マレット
→Mallet, Rodert　396

マレーフスキー・マレーヴィチ
→Malevskii-Malevich, Nikolai　396

マロ
→Marot, Daniel　401
→Marot, Jean　401

マロー
→Marot, Daniel　401

マン
→Mann, Fritz Karl　397
→Mann, Thomas　397
→Mun, Thomas　435

マンキアヴィチュ
→Mankiewicz, Joseph Leo　397

マンキーウィッツ
→Mankiewicz, Joseph Leo　397

マンキウィッツ
→Mankiewicz, Joseph Leo　397

マンク
→Minc, Alain Jacques Richard　422
→Monk, Meredith　426

マンクトン（ブレンチリーの）
→Monckton, Walter Turner　425

マンクール
→al-Mankour, Sheikh Nasser　397

マンゴーネ
→Mangone, Fabio　397

マンザネラ
→Manzanera, Phil　399

マンサール
→Mansart, François　398
→Mansart, Jules Hardouin　398

マンシ
→Munsey, Frank Andrew　435

マンシー
→Munsey, Frank Andrew　435

マンジー
→Munsey, Frank Andrew　435

マンジャロッティ
→Mangiarotti, Angelo　397

マンジョ
→Mangeot, Edouard Joseph　397

マンソール
→Mansour, Ibrahim Moneim　398

マンダル
→Mandel, Frank　397

マンデル
→Mandel, Ernest　397
→Mundell, Robert　435
→Mundell, Robert Alexander　435

マンナイ
→Mannai, Ahmed　398

マンヌッチ
→Mannucci, Edgardo　398

マンネスマン
→Mannesman, Reinhard　398

マンフォード
→Mumford, Lewis　434

マンボシェ
→Mainbocher　395

マンマリー
→Mummery, Albert Frederick　435

マンメリー
→Mummery, Albert Frederick　435

マンリ
→Manly, Charles Matthews　397

マンリー
→Manly, Charles Matthews　397

マンリッヒャー
→Mannlicher, Ferdinand, Ritter von　398

マンリハー
→Mannlicher, Ferdinand, Ritter von　398

マンリヒャー
→Mannlicher, Ferdinand, Ritter von　398

マンロー
→Monro, Harold Edward　426
→Munro, Sir Thomas　435

【 ミ 】

ミウラアンジン
→Adams, William　7
→Adams, William　7

ミーカ
→Mika　419

ミカティ
→Mikati, Najib　419

ミーク
→Meek, Ronald L.　410
→Mique, Richard　422

ミクニス
→Mikunis, Shmuel　420

ミクリチ・ラデツキー
→Mikulicz-Radecki, Johann von　419

ミクリチ・ラデツキー
→Mikulicz-Radecki, Johann von　419

ミクリッチ・ラデツキ
→Mikulicz-Radecki, Johann von　419

ミクリッチラデツキー
→Mikulicz-Radecki, Johann von　419

ミクリッツ・R.
→Mikulicz-Radecki, Johann von　419

ミクーリン
→Mikulin, Aleksandr Aleksandrovich　419

ミークル
→Meikle, Andrew　411

ミクル
→Meikle, Andrew 411
ミケーラ
→Michela, Costanzo 417
ミケランジェロ
→Michelangelo Buonarroti 417
ミケランジェロ・ブオナッローティ
→Michelangelo Buonarroti 417
ミケランジェロ・ブオナルローティ
→Michelangelo Buonarroti 417
ミケランジェロ・ブオナロッティ
→Michelangelo Buonarroti 417
ミケランジェロ・ブオナローティ
→Michelangelo Buonarroti 417
ミーケル
→Miquel, Johannes von 422
ミケル
→Miquel, Johannes von 422
ミケルッチ
→Michelucci, Giovanni 418
ミケロッツィ
→Michelozzo di Bartolommeo 418
ミケロッツィ・ディ・バルトロンメオ
→Michelozzo di Bartolommeo 418
ミケロッツィ(ミケロッツォ)・ディ・バルトロメーオ
→Michelozzo di Bartolommeo 418
ミケロッツォ
→Michelozzo di Bartolommeo 418
ミケロッツォ・ディ・バルトロメーオ
→Michelozzo di Bartolommeo 418
ミケロッツォ・ディ・バルトロメオ
→Michelozzo di Bartolommeo 418
ミケロッツォディバルトロメオ
→Michelozzo di Bartolommeo 418
ミケロッツォ・ディ・バルトロ

メーオ・ミケロッツィ
→Michelozzo di Bartolommeo 418
ミシェル
→Michel, Ed 417
→Michel, Smark 417
ミシャル
→Mishal, Said Muhammad 423
ミシャン
→Mishan, Edward Joshua 423
ミージュ
→Miege, Guy 418
ミシュラン
→Michelin, André 418
→Michelin, François 418
ミジョン二世
→Migeon II, Pierre 419
ミジリ
→Midgley, Thomas 418
ミジリー
→Midgley, Thomas 418
ミース
→Mies van der Rohe, Ludwig 419
ミーズ
→Mees, Charles Edward Kenneth 410
ミース・ヴァン・デル・ローエ
→Mies van der Rohe, Ludwig 419
ミース・ファン・デア・ローエ
→Mies van der Rohe, Ludwig 419
ミース・ファン・デル・ロー
→Mies van der Rohe, Ludwig 419
ミース ファン デル ローエ
→Mies van der Rohe, Ludwig 419
ミース・ファン・デル・ローエ
→Mies van der Rohe, Ludwig 419
ミース・ファン・デル・ローエ
→Mies van der Rohe, Ludwig 419
ミース=ファン=デル=ローエ
→Mies van der Rohe, Ludwig 419

ミースファンデルローエ
→Mies van der Rohe, Ludwig 419
ミーゼス
→Mises, Ludwig Edler von 423
ミゼローニ
→Miseroni, Dionisio 422
→Miseroni, Ottavio 423
ミーチ
→Meech, Annette 410
ミーチ・ウェルズ
→Meech Wells 410
ミチェロッツォ
→Michelozzo di Bartolommeo 418
ミック
→Mique, Richard 422
ミックヴィツ
→Mickvitz, Gunner 418
ミッシェル
→Michel, Ed 417
ミッジリー
→Midgley, Thomas 418
ミッソーニ
→Missoni, Tai Otavio 423
ミッチェル
→Michell, Humfrey 418
→Mitchel, Reginald Joseph 423
→Mitchell, James Fitzallen 423
→Mitchell, John Cameron 423
→Mitchell, Sir Thomas Livingstone 423
→Mitchell, Wesley Clair 423
→Mitchell, W.H. 423
→Mitchell, Willie 423
ミッドグレー
→Midgley, Thomas 418
ミード
→Mead, William Rutherford 409
→Meade, Holly 409
→Meade, James Edward 409
ミドラー
→Midler, Bette 418
ミニエ
→Minié, Claude Étienne 422
ミーニュ
→Migne, Jacques-Paul 419

ミネルウァ
→Minerva 422

ミネルヴァ
→Minerva 422

ミヘリス
→Mikhelis, Panayotis A. 419

ミマール=シナン
→Sinan, Mimar 573

ミューア
→Muir, Jean Elizabeth 433
→Muir, Percy 434

ミュア
→Muir, Jean Elizabeth 433
→Muir, Percy 434

ミュグレー
→Mugler, Thierry 433

ミュシェンブルーク
→Musschenbroek, Petrus van 437

ミュース
→Muth, John Fraser 437

ミュセンブルーク
→Musschenbroek, Petrus van 437

ミューダール
→Myrdal, Karl Gunnar 437

ミュッシェンブローク
→Musschenbroek, Petrus van 437

ミュッセンブルーク
→Musschenbroek, Petrus van 437

ミューディ
→Mudie, Charles Edward 433

ミュラー
→Müller, Adam Heinrich 434
→Müller, Albert 434
→Müller, Caspar 434
→Müller, Franz Hermann 434
→Muller, Gertrude 434

ミュラー・アルマック
→Müller-Armack, Alfred 434

ミュルダール
→Myrdal, Karl Gunnar 437

ミュルレル
→Müller, Albert 434

ミュンツェンベルク
→Münzenberg, Willi 435

ミラー
→Miller, Jimmy 421

→Miller, Jonathan 421
→Miller, Merton Howard 421
→Miller, Oskar von 421
→Miller, William G. 421

ミラー（父）
→Miller, Ferdinand von 420

ミランダ
→Miranda, Aires Gonçalves 422

ミリッシュ
→Mirisch, Walter 422

ミリューチン
→Milyutin, Nikolay Aleksandrovich 421
→Milyutin, Vladimir Alekseevich 421
→Milyutin, Vladimir Pavlovich 421

ミル
→Mil, Mikhail L. 420
→Mill, Henry 420
→Mill, James 420
→Mill, John Stuart 420

ミルケン
→Milken, Michael Robert 420

ミールジナー
→Mielziner, Jo 419

ミルジーナー
→Mielziner, Jo 419

ミールジュムラ
→Mīr Jumla 422

ミルズ
→Mills, Frederick Cecil 421
→Mills, Robert 421
→Mills, Wilbur Daigh 421

ミルスポー
→Millspaugh, Arthur Chester 421

ミールダール
→Myrdal, Karl Gunnar 437

ミルダール
→Myrdal, Karl Gunnar 437

ミールツィーナー
→Mielziner, Jo 419

ミールツィナー
→Mielziner, Jo 419

ミルバンクのデュヴィーン
→Duveen, Joseph Duveen, Baron 182

ミルワード
→Milward, Reginald Stutfield 421

ミルン
→Milne, John 421

ミレトス出身のイシドロス
→Isidōros of Miletus 306

ミーレートスのイシドーロス
→Isidōros of Miletus 306

ミレトスのイシドロス
→Isidōros of Miletus 306

ミレトスのヒッポダモス
→Hippodamos of Miletus 288

ミレル
→Miller, Aleksei Borisovich 420

ミロリオ
→Miroglio, Jean-Baptiste 422

ミンゲッティ
→Minghetti, Marco 422

ミーンズ
→Means, Gardiner Coit 409

ミンスキー
→Minsky, Hyman Philip 422

ミンツ
→Minc, Hilary 422
→Mintz, Charles 422

ミンツバーグ
→Mintzberg, Henry 422

ミント
→Myint, Hla 437

ミンドリン
→Mindlin, José Ephin 422

ミントン
→Minton, Thomas 422

【ム】

ムーア
→Moore, Bernard 428
→Moore, Billy 428
→Moore, Charles Willard 428
→Moore, Daniel McFarlan 428
→Moore, Demi 428
→Moore, George Edward 428
→Moore, Henry Ludwell 428
→Moore, Michael Kenneth 428

ムア
→Moore, Charles Willard 428
→Moore, Daniel McFarlan 428

→Moore, George Edward　*428*
→Moore, Henry Ludwell　*428*

ムーアクロフト
→Moorcroft, William　*427,*
428

ムアクロフト
→Moorcroft, William　*427*

ムーアズ
→Moores, Sir John　*428*

ムアッラ
→al-Mualla, Muhammad Said
433

ムケルジー
→Mukerjee, Radhakamal　*434*

ムーシェ
→Mouchet, Emile Theophile
433

ムスリム・イブン・ダッハーン
→Muslim ibn al-Dahhān　*436*

ムーツィオ
→Muzio, Giovanni　*437*
→Muzio, Virginio　*437*

ムツィオ
→Muzio, Giovanni　*437*

ムッキ
→Mucchi, Gabriele　*433*

ムッセンブルック
→Musschenbroek, Petrus van
437

ムットーニ
→Muttoni, Francesco Antonio
437

ムーディー
→Moody, John　*427*

ムテージウス
→Muthesius, Hermann　*437*

ムテジウス
→Muthesius, Hermann　*437*

ムナーリ
→Munari, Bruno　*435*

ムナーリー
→Munari, Bruno　*435*

ムナリ
→Munari, Bruno　*435*

ムーニー
→Mooney, James David　*427*

ムネシクレ
→Mnēsiklēs　*424*

ムネーシクレース
→Mnēsiklēs　*424*

ムネシクレス
→Mnēsiklēs　*424*

ムネシデ
→Mnēsiklēs　*424*

ムハマド・ユースフ
→Muhammad Yusuf al-Ali
433

ムハンマド2世
→Sīdī Muḥammad Ⅱ　*569*

ムハンマド・イブン・アル=ザイン
→Muḥammad ibn al-Zayn
433

ムハンマド・イブン・ザイン
→Muḥammad ibn al-Zayn
433

ムハンマド・ビン・ジャービル
→Muhammad bin Jabir al-
Thani, Sheikh　*433*

ムヒトジーノフ
→Mukhitdinov, Nuritdin
Akramovich　*434*

ムルゲ
→Mourguet, Laurent　*433*

ムルケン
→Mulcken, Arnold van　*434*

ムルデル
→Mulder, Anthome Thomas
Lubertus Rouwenhorst　*434*

ムーレ
→Moullet, Luc　*433*

ムレ
→Moullet, Luc　*433*

ムーン
→Moon, William　*427*

【 メ 】

メイスン
→Mason, Lowell　*405*

メイソン
→Mason, Biddy　*405*
→Mason, Edward Sagendorph
405
→Mason, Lowell　*405*

メイディアス
→Meidias　*411*

メイノード
→Mayneord, William Valentine
409

メイビルトン
→Mapilton, Thomas　*399*

メイフィールド
→Mayfield, Curtis　*409*

メイベック
→Maybeck, Bernard Ralph
408

メイマン
→Maiman, Theodore Harold
395

メイモン
→Maymont, Paul　*409*

メイヤー
→Mayer, Louis Burt　*408*

メイヤス
→Meillassoux, Claude　*411*

メイヨー=スミス
→Mayo-Smith, Richmond　*409*

メイラン
→Meijlan, Germain Felix　*411*

メヴィッセン
→Mevissen, Gustav von　*416*

メウッチ
→Meucci, Antonio　*416*

メガハーツ
→Megahertz　*410*

メガラのエウパリノス
→Eupalinos　*197*

メーク
→Meik, Charles Scott　*411*

メグズ
→Meigs, Montgomery
Cunningham　*411*

メクレル
→Mekler, Grigorii Kononovich
412

メーコン
→Macon, Nathaniel　*393*

メーサ
→Mesa, Juan de　*415*

メーザー
→Mather, Samuel Livingston
406

メサウディン
→Messaududine, Said　*415*

メ

メサロ　　　　　　　　　　　838　　　　　　西洋人物レファレンス事典

メサロビッツ
→Mesarovic, Mihajlo D. *415*

メシュエン
→Methuen, Sir Algernon
Methuen Marshall *416*

メージュ・ムリエス
→Mège Mouriés, Hippolyte
411

メース
→Mace, Ronald L. *389*

メスエン
→Methuen, Sir Algernon
Methuen Marshall *416*

メスタ
→Mesta, Perle *415*

メスター
→Messter, Oskar *415*

メスネル
→Messner, Zbiqniew *415*

メスバーザーデ
→Mesbahzadeh, Mostafa *415*

メソニエ
→Meissonier, Juste Aurèle
411

メーソン
→Mason, Lowell *405*
→Mason, William Benjamin
405

メーダ
→Meda, Giuseppe *410*

メタゲネス
→Metagenes *416*

メツ
→Metsue, Adriaan Anthonisz
416

メツー
→Metsue, Adriaan Anthonisz
416

メッケネム
→Meckenem, Israhel van *409*

メッゲル
→Mezger, Adolph *417*

メッサーシュミット
→Messerschmitt, Wilhelm
415

メッセル
→Messel, Alfred *415*
→Messel, Rudolph *415*

メッセルシュミット
→Messerschmitt, Wilhelm
415

メッソニエ
→Meissonier, Juste Aurèle
411

メッツラー
→Metzler, Lloyd Appleton
416

メツラー
→Metzler, Lloyd Appleton
416

メーデ
→Moede, Walter *424*

メティウス
→Metius, Jacobus *416*

メディチ
→Medici, Cosimo I de' *410*
→Medici, Cosimo de' *410*
→Medici, Giovanni di Bicci de'
410
→Medici, Piero II *410*
→Medici, Piero de *410*

メディチ家
→Medici *410*

メディチ家のピエロ
→Medici, Piero de *410*

メトカーフ
→Metcalf, John *416*
→Metcalfe, Robert Melancton
416

メトゾー
→Metezeau, Louis *416*
→Metezeau, Thibaut *416*

メトゾー（大）
→Metezeau, Clément *416*

メトゾー（小）
→Metezeau, Clément *416*

メトフォード
→Metford, William Ellis *416*

メトリコヴィツ
→Metlicovitz, Leopoldo *416*

メネル
→Meynell, Sir Francis *417*

メネンデス・デ・アビレース
→Menéndez de Avilés, Pedro
413

メネンデス・デ・アビレス
→Menéndez de Avilés, Pedro
413

メノッティ
→Menotti, Ciro *414*

メビッセン
→Mevissen, Gustav von *416*

メヘラーン
→Mehran, Hassan Ali *411*

メヘル
→Mehr, Farhang *411*

メーマン
→Maiman, Theodore Harold
395

メーヤー
→Mayer, Louis Burt *408*

メーヨー
→Mayo, Richard Southwell
Bourke, 6th Earl of *409*

メーヨー・スミス
→Mayo-Smith, Richmond *409*

メラン
→Melan, Joseph *412*

メーリアン
→Merian, Matthäus *414*

メリアン
→Merian, Matthäus *414*

メーリアン（父）
→Merian, Matthäus *414*

メリエー
→Méliès, Georges-Jean *412*

メリエス
→Méliès, Georges-Jean *412*

メリク
→Merrick, David *414*

メリック
→Merrick, David *414*

メーリニコフ
→Melnikov, Konstantin
Stepanovich *413*

メリニコフ
→Melnikov, Konstantin
Stepanovich *413*

メリーヌ
→Méline, Félix Jules *412*

メリマン
→Merriman, John Xavier *415*
→Merriman, Mansfield *415*

メリル
→Merrill, Charles Edward
415

メーリンク
　→Mehring, Franz　411
メーリング
　→Mehring, Franz　411
メール
　→Le Maire, Maximiliaen　362
メルカディエ
　→Mercadier de Bélesta, Jean Baptiste　414
メルクル
　→Merkl, Willy　414
メルゲンターラー
　→Mergenthaler, Ottmar　414
メルシエ・ド・ラ・リヴィエール
　→Mercier de la Rivière　414
メルシュ
　→Mörsch, Emil　431
メルチェット
　→Melchett, Alfred Moritz, Lord　412
メルツァー
　→Meltzer, Allan H.　413
メルツェル
　→Maelzel, Johann Nepomuk　393
メルヒオール
　→Melchior, Carl Joseph　412
メルボルンのブルース
　→Bruce, Stanley Melbourne　84
メル・マン
　→Mel-Man　412
メルメ・ド・カション
　→Cachon, l'Abbé Mermet de　93
メルロ
　→Merlo, Carlo Giuseppe　414
メルン
　→Mylne, Robert　437
メーレ
　→Le Maire, Maximiliaen　362
メレローウィチ
　→Mellerowicz, Konrad　412
メレロヴィチ
　→Mellerowicz, Konrad　412
メレロヴィツ
　→Mellerowicz, Konrad　412
メローラ
　→Merola, Gaetano　414

メロラ
　→Merola, Gaetano　414
メロン
　→Mellon, Andrew William　412
　→Mellon, Thomas　412
メンガー
　→Menger, Anton　413
　→Menger, Karl von　413
メンゴーニ
　→Mengoni, Giuseppe　414
メンシング
　→Menssingh, Hermanus　414
メンダナ
　→Mendaña de Neyra, Álvaro de　413
メンダーニャ
　→Mendaña de Neyra, Álvaro de　413
メンダーニャ・デ・ネイラ
　→Mendaña de Neyra, Álvaro de　413
メンダニャ・デ・ネイラ
　→Mendaña de Neyra, Álvaro de　413
メンデリソン
　→Mendel'son, Lev Abramovich　413
メンデルスゾーン
　→Mendelsohn, Erich　413
メンデルゾーン
　→Mendelsohn, Erich　413
メンドンサ
　→Mendonça, Manoel de　413
メンニ
　→Menni, Alfredo　414

【 モ 】

モーア
　→Mohr, Karl Friedrich　424
モアイード
　→al-Muayyid, Yousuf Khalil　433
モーアクロフト
　→Moorcroft, William　427

モアサン
　→Moissan, Ferdinand Frédéric Henri　424
モアッサン
　→Moissan, Ferdinand Frédéric Henri　424
モーエンセン
　→Mogensen, Børge Vestergaard　424
モオタメディ
　→Mo'tamedi, Karim　432
モーガン
　→Morgan, Charles　429
　→Morgan, John Pierpont　429
　→Morgan, John Pierpont, II　429
　→Morgan, Julia　429
　→Morgan, Junius S.　429
モクソン
　→Moxon, Edward　433
モークリー
　→Mauchly, John　406
モーゲンソー
　→Morgenthau, Henry (Jr.)　430
モーゲンソーII
　→Morgenthau, Henry (Jr.)　430
モーザー
　→Moser, Karl　432
モジェスキー
　→Modjeski, Ralph　424
モジャーイスキィ
　→Mozhaiskii, Aleksandr Fëdorovich　433
モース
　→Morse, Christopher Jeremy　431
　→Morse, Philip McCord　431
　→Morse, Samuel Finley Breese　431
モス
　→Moss, Eric Owen　432
モスカ
　→Mosca, Giovanni Maria　432
　→Mosca, Simone　432
モスト
　→Most, Johann Joseph　432
　→Most, Mickie　432
モースブルッガー
　→Moosbrugger, Caspar　428

モ

モスリ　　　　　　　　　　　840　　　　　西洋人物レファレンス事典

モーズリ
→Maudslay, Henry　407

モーズリー
→Maudslay, Henry　407

モーズレー
→Maudslay, Henry　407

モーズレイ
→Maudslay, Henry　407

モーゼズ
→Moses, Sir Charles Joseph
　Alfred　432

モーゼル
→Mauser, Peter Paul　407

モーツ
→Motz, Friedrich Christian
　Adolf von　433

モッタ
→Motta, Antonio da　433

モッツ
→Motz, Friedrich Christian
　Adolf von　433

モッリーノ
→Mollino, Carlo　425

モディリアーニ
→Modigliani, Franco　424

モデルヌ
→Moderne, Jacques　424

モデルノ
→Moderno　424

モーテンセン
→Mortensen, Dale T.　432
→Mortensen, Erik　432

モート
→Mort, Thomas Sutcliffe　432

モード
→Maude, Cyril Francis　407

モードリング
→Maudling, Reginald　407

モートン
→Morton, Charles　432
→Morton, Levi Parsons　432
→Morton, Rogers　432
→Morton, Thomas　432

モナシュ
→Monash, Sir John　425

モナッシュ
→Monash, Sir John　425

モニエ
→Monier, Joseph　425

モネ
→Monnet, Jean　426

モネー
→Monnet, Jean　426

モノー
→Monot, Pierre　426

モーラ
→Mora, Francisco de　428

モラー
→Moller, Georg　425

モラウタ
→Morauta, Mekere　429

モランディ
→Morandi, Antonio　428

モーリ
→Morley, Thomas　430

モーリー
→Morey, Samuel　429
→Morley, Thomas　430

モーリア
→Moglia, Domenico　424

モリージャ
→Morigia, Camillo　430

モーリス
→Maurice　407
→Morris, William　431

モリス
→Morris, Gouverneur　430
→Morris, John　430
→Morris, Joseph　431
→Morris, May　431
→Morris, Robert　431
→Morris, William　431

モリソン
→Morrison, James　431
→Morrison, William Ralls
　431

モリニュー
→Molyneux, Edward　425

モリヌー
→Molyneux, Edward　425

モール
→Mohr, Bernhard　424
→Mohr, Karl Friedrich　424
→Moór, Emánuel　427

モルガン
→Morgan, John Pierpont　429

モルゲンシュテルン
→Morgenstern, Oskar　429

モールス
→Morse, Samuel Finley Breese
　431

モルチャノフ
→Molchanov, Pavel
　Aleksandrovich　424

モルテーニ
→Molteni, Giuseppe　425

モルデンハウアー
→Moldenhauer, Friedrich　425

モールトン
→Moulton, Harold Glenn　433

モレイラ
→Moreira, Jorge Machado
　429

モレッティ
→Moretti, Gaetano　429

モレッリ
→Morelli, Cosimo　429

モレル
→Morel, Edmund　429
→Morrell, Jacque Cyrus　430

モロー
→Morrow, Dwight Whitney
　431

モロゾフ
→Morozoff, Fedorovich
　Dimitriich　430
→Morozov　430
→Morozov, Ivan
　Aleksandrovich　430
→Morozov, Savva Timofeevich
　430

モロダー
→Moroder, Giorgio　430

モローデル
→Moroder, Giorgio　430

モローニ
→Moroni, Andrea　430
→Moroni, Giovanni Battista
　430

モワサン
→Moissan, Ferdinand Frédéric
　Henri　424

モワッサン
→Moissan, Ferdinand Frédéric
　Henri　424

モンク
→Monk, Meredith　426

モンクトン
→Monckton, Walter Turner
　425

モンクレチアン
→Montchrétien, Antoine de
426

モンクレチヤン
→Montchrétien, Antoine de
426

モンクレティアン
→Montchrétien, Antoine de
426

モンゴルフィエ
→Montgolfier, Jacques-Étienne
427
→Montgolfier, Joseph Michel
427

モンジュ
→Monge, Gaspard, Comte de
Péluse 425

モンタギュー
→Montagu, Samuel, Baron
Swaythling 426

モンタナ
→Montana, Claude 426

モンタニェ
→Montagné, Prosper 426

モンタニャーナ
→Montagnana, Domenico 426

モンタランベール
→Montalembert, Marc René,
Marquis de 426

モンテス
→Montes, Fernando 427

モンテフィオーリ
→Montefiore, Sir Moses Haim,
1st Baronet 427

モント
→Mond, Ludwig 425

モンド
→Mond, Alfred Moritz, Baron
Melchett 425
→Mond, Ludwig 425
→Mond, Robert Ludwig 425

モントゲラス伯
→Montgelas, Maximilian
Joseph, Graf von 427

モントルイユ
→Pierre de Montreau 481

モントロー
→Montreau, Eudes de 427
→Pierre de Montreau 481

モンブラン
→Montblanc, Comte des
Cantons de 426

モンロー
→Monro, Harold Edward 426
→Monroe, Steve 426

【ヤ】

ヤヴリンスキー
→Yavlinsky, Grigory
Alekseevich 681

ヤーキズ
→Yerkes, Charles Tyson 681

ヤークス
→Yerkes, Charles Tyson 681

ヤクボウスカ
→Jakubowska, Wanda 309

ヤクボフスカ
→Jakubowska, Wanda 309

ヤコヴレフ
→Yakovlev, Aleksandr
Sergeevich 680

ヤコービ
→Jacobi, Moritz Hermann
308
→Jacoby, Johann 308

ヤコービー
→Jacoby, Johann 308

ヤコビ
→Jacobi, Moritz Hermann
308

ヤコブ2世・フッガー
→Fugger, Jacob II 224

ヤーコブセン
→Jacobsen, Johan 308

ヤコブセン
→Jacobsen, Arne 308
→Jacobsen, Jacob Christian
308

ヤコブセン
→Jacobsen, Arne 308

ヤコブソン
→Jacobsson, Per 308

ヤコブ・フッガー二世
→Fugger, Jacob II 224

ヤコブ＝フッガー（ヤコブ2世）
→Fugger, Jacob II 224

ヤコブレフ
→Yakovlev, Aleksandr
Sergeevich 680

ヤーコポ・ダ・ピエトラサンタ
→Iacopo da Pietrasanta 302

ヤーコポ・テデスコ
→Iacopo Tedesco 302

ヤシーン
→Yassin, Muhammad Osman
681

ヤチーニ
→Jacini, Stefano 307

ヤップ・ア・ロイ
→Yap Ah Loy 681

ヤップ・アーロイ
→Yap Ah Loy 681

ヤップ・アロイ
→Yap Ah Loy 681

ヤッペッリ
→Japelli, Giuseppe 311

ヤッペリ
→Japelli, Giuseppe 311

ヤティーム
→Yateem, Husain Ali 681

ヤトー
→Jatho, Karl 311

ヤナーク
→Janák, Pavel 310

ヤニングス
→Jannings, Emil 310

ヤーネシ
→Eanes, Gil 183

ヤネンコ
→Yanenko, Nikolai Nikolaevich
680

ヤヒヤ
→Yahya, Ahmad Hassan 680

ヤーブロチコフ
→Yablochkov, Pavel
Nikolaevich 680

ヤブロチコフ
→Yablochkov, Pavel
Nikolaevich 680

ヤマサキ
→Yamasaki, Minoru 680

ヤムニッツァー
→Jamnitzer, Albrecht 309
→Jamnitzer, Christoph 309
→Jamnitzer, Wenzel 309

ヤーラチ
　→Jaracz, Stefan　*311*

ヤラワチ
　→Yeluwadji, Mahmūd　*681*

ヤーン
　→Jahn, Gunner　*308*
　→Jahn, Helmut　*309*
　→Jahnn, Hans Henny　*309*

ヤン
　→Yang, Jerry　*680*

ヤング
　→Young, Allyn Abbott　*681*
　→Young, Arthur　*681*
　→Young, James　*682*
　→Young, Owen D.　*682*
　→Young, Robert　*682*

ヤング（グラファムの）
　→Young (of Graffham), David
　　Ivor, Baron　*682*

ヤンコ
　→Jankó, Paul von　*310*

ヤンコー
　→Jankó, Paul von　*310*

ヤンス
　→Jansz, Willem　*311*

ヤンスゾーン
　→Janszoon, Laurens　*311*
　→Janszoon, Willem　*311*

ヤンセン
　→Jansen, Zacharias　*310*

ヤン・ファン・リーベック
　→Van Riebeeck, Jan　*634*

ヤン・ヨーステン
　→Jan Joosten van Loodenstijn
　　310

ヤンーヨーステン
　→Jan Joosten van Loodenstijn
　　310

ヤン＝ヨーステン
　→Jan Joosten van Loodenstijn
　　310

ヤンヨーステン
　→Jan Joosten van Loodenstijn
　　310

【 ユ 】

ユー
　→Yu, Ronny　*682*

ユーア
　→Ure, Andrew　*629*

ユーア・スミス
　→Ure Smith, Sydney George
　　629

ユイのルニエ
　→Renier de Huy　*510*

ユーイング
　→Ewing, Sir James Alfred
　　197

ユヴァーラ
　→Iuvara, Eutichio　*306*
　→Iuvara, Francesco　*306*
　→Iuvara, Francesco Natale
　　306
　→Iuvara, Pietro　*306*
　→Iuvara, Sebastiano　*306*
　→Juvarra, Filippo　*320*

ユエット
　→Huet, Pièrre　*298*

ユゴー・ドニー
　→Hugo d'Oignie　*299*

ユーシェンコ
　→Yushchenko, Viktor　*682*

ユスティ
　→Justi, Johann Heinrich
　　Gottlieb von　*320*

ユセリンクス
　→Usselincx, Willem　*629*

ユーダイヒ
　→Judeich, Johann Friedrich
　　319

ユード・ド・モントルイユ
　→Eudes de Montreuil　*196*

ユヌス
　→Yunus, Muhammad　*682*

ユーハイム
　→Juchheim, Karl　*318*

ユバラ
　→Juvarra, Filippo　*320*

ユベロス
　→Ueberroth, Peter Victor
　　627

ユーリエフ
　→Yuriev, Boris Nikolaevich
　　682

ユール
　→Juhl, Finn　*319*

ユーレンハマー
　→Gyllenhammar, Pehr Gustaf
　　263

ユンカース
　→Junkers, Hugo　*319*

ユンク
　→Jungk, Robert　*319*

ユング
　→Jung-Stilling, Johann
　　Heinrich　*319*

ユング・シュティリング
　→Jung-Stilling, Johann
　　Heinrich　*319*

ユング＝シュティリング
　→Jung-Stilling, Johann
　　Heinrich　*319*

ユングステッド
　→Ljungstedt, Sir Andrew J.
　　375

ユンケル
　→Juncker, Jean-Claude　*319*

ユンケルス
　→Junkers, Hugo　*319*

【 ヨ 】

ヨアンネス3世
　→Joannes Ⅲ Doucus Vatatzes
　　314

ヨアンネス三世
　→Joannes Ⅲ Doucus Vatatzes
　　314

ヨアンネス三世ウァタゼス
　→Joannes Ⅲ Doucus Vatatzes
　　314

ヨーアンネース3世・ドゥカス・
　ウァタツェス
　→Joannes Ⅲ Doucus Vatatzes
　　314

ヨアンネス3世（バタウエス）
　→Joannes Ⅲ Doucus Vatatzes
　　314

ヨーク
　→Yorke, Francis Reginald
　　Stevens　*681*

ヨシノ
　→Yoshino, Michael Yotaro
　　681

ヨセフ
　→Joseph　*317*

ヨーゼフ（2世）
　→Joseph Ⅱ　*318*

ヨーゼフ2世
　→Joseph Ⅱ　318
ヨーゼフ二世
　→Joseph Ⅱ　318
ヨゼフ2世
　→Joseph Ⅱ　318
ヨゼフ二世
　→Joseph Ⅱ　318
ヨセフ(キリストの養父)
　→Joseph　317
ヨセフ(聖)
　→Joseph　317
ヨッフェ
　→Joffe, Eliezer Lipa　315
ヨート
　→Hjorth, Michael　289
ヨハネス2世
　→Johannes ⅩⅩⅡ　315
ヨハネス3世
　→Joannes Ⅲ Doucus Vatatzes　314
ヨハネス三世
　→Joannes Ⅲ Doucus Vatatzes　314
ヨハネス(22世)
　→Johannes ⅩⅩⅡ　315
ヨハネス二十二世
　→Johannes ⅩⅩⅡ　315
ヨハネス二二世
　→Johannes ⅩⅩⅡ　315
ヨハネス22世
　→Johannes ⅩⅩⅡ　315
ヨハンセン
　→Johansen, John Maclane　315
　→Johansen, Leif　315
ヨハンゼン
　→Johannsen, Otto　315
ヨハンネス3世
　→Joannes Ⅲ Doucus Vatatzes　314
ヨハンネス22世
　→Johannes ⅩⅩⅡ　315
ヨハンネス二十二世
　→Johannes ⅩⅩⅡ　315
ヨファン
　→Iofan, Boris Mikhailovich　305

【ラ】

ラーイ
　→Rāy, Sir Prafulla Chandra　507
ライアン
　→Ryan, Catherine　535
　→Ryan, Meg　535
ライアンズ
　→Lyons, Sir Joseph　385
ライオン
　→Lion, Alfred　372
ライシュ
　→Reich, Robert Bernard　509
ライス
　→Reis, Johann Philipp　510
　→Rice, George Samuel　514
ライスティコー
　→Leistikow, Hans　362
ライダー
　→Ryder, Samuel　535
　→Ryder, Winona　535
ライター=ソファー
　→Reiter-Soffer, Domy　510
ライツ
　→Leitz, Ernst　362
ライト
　→Wright, Benjamin　678
　→Wright, Carroll Davidson　678
　→Wright, David McCord　678
　→Wright, Frank Lloyd　678
　→Wright, Orgiwanna Lloyd　678
　→Wright, Orville　678
　→Wright, Russel　679
　→Wright, Wilbur　679
ライト(兄弟)
　→Wright, Orville　678
　→Wright, Wilbur　679
ライト兄弟
　→Wright, Orville　678
　→Wright, Wilbur　679
ライトナー
　→Leitner, Friedrich　362
ライトマン
　→Reitman, Ivan　510
ライナルディ
　→Rainaldi, Carlo　503

→Rainaldi, Girolamo　503
ライナルド
　→Rainaldo　503
ライネーリ
　→Raineri, Giorgio　503
ライヒェンバッハ
　→Reichenbach, Georg von　509
ライヒリン
　→Reichilin, Bruno　509
ライヒェ
　→Reichel, Hans　509
　→Reichle, Hans　509
ライヘル
　→Reichel, Hans　509
ライベンシュタイン
　→Leibenstein, Harvey　362
ライベンスタイン
　→Leibenstein, Harvey　362
ライヘンバッハ
　→Reichenbach, Georg von　509
　→Reichenbach, Karl, Freiherr von　509
ライヘンバハ
　→Reichenbach, Georg von　509
　→Reichenbach, Karl, Freiherr von　509
ライマン
　→Lyman, Benjamin Smith　385
ライランズ
　→Rylands, John　535
ラ・イール
　→La Hire, Philippe de　349
ラインハルト
　→Reinhardt, Max　509
ラウ
　→Rau, Sir Benegal Rama　507
　→Rau, Karl Heinrich　507
　→Rhau, Georg　512
ラヴァール
　→Laval, Carl Gustaf Patrik de　356
ラヴァル
　→Laval, Carl Gustaf Patrik de　356
ラヴァルマナナ
　→Ravalomanana, Marc　507

ラ・ヴァレー
→De la Vallée, Jean　157

ラ・ヴァレンヌ
→La Varenne　356

ラヴァロマナナ
→Ravalomanana, Marc　507

ラヴィ
→Ravy, Jean　507

ラヴィロット
→Lavirotte, Jules-Aimé　356

ラーヴォチキン
→Lavochkin, Semyon Alekseevich　356

ラウダー
→Lowder, John Frederic　380

ラウトリジ
→Routledge, George　531

ラウトリッジ
→Routledge, George　531

ラウドン
→Loudon, John　379
→Loudon, John Claudius　379

ラウフミラー
→Rauchmiller, Matthias　507

ラウラーナ
→Laurana, Francesco da　355
→Laurana, Luciano da　355

ラウラナ
→Laurana, Francesco da　355
→Laurana, Luciano da　355

ラウル
→Laur, Ernst　355

ラウルセン
→Laursen, Paul Kristian　356

ラヴレー
→Laveleye, Emile Louis Victor de　356

ラヴレース伯爵夫人
→Byron, Augusta Ada, Countess of Lovelace　92

ラヴレーンチエフ
→Lavrentiev, Mikhail Alekseevich　356

ラヴレンチエフ
→Lavrentiev, Mikhail Alekseevich　356

ラウレンティス
→Laurentiis, Dino De　356

ラウンズ
→Lowndes, Robert Augustine Ward　380

ラウントリー
→Rowntree, Benjamin Seebohm　531
→Rowntree, Joseph　531

ラエネク
→Laënnec, René Théophile Hyacinthe　348

ラエネック
→Laënnec, René Théophile Hyacinthe　348

ラエンネック
→Laënnec, René Théophile Hyacinthe　348

ラーオ
→Rāo, Vijayēndra Kastūri Ranga Varaderāja　505

ラガーフェルド
→Lagerfeld, Karl Otto　349

ラカン
→Lacam, Pierre　348

ラーグズのケルヴィン
→Kelvin, William Thomson, Baron　327

ラグッツィーニ
→Raguzzini, Filippo　503

ラグルネ
→Lagrené, Théodose Marie Melchior Joseph de　349

ラクレード
→Laclède, Pierre　348

ラクロワ
→Lacroix, Christian　348

ラゲブ
→Ragheb, Ali Abu al　503

ラケル
→Lacer, Caius Iulius　348

ラゴス
→Lagos, Ricardo　349

ラシッド・ウッディーン
→Rashīd al-Dīn Faḍl Allāh　505

ラシッド=ウッディン
→Rashīd al-Dīn Faḍl Allāh　505

ラシッヒ
→Raschig, Friedrich　505

ラシード
→Rashīd al-Dīn Faḍl Allāh　505

ラシード・アッ=ディーン
→Rashīd al-Dīn Faḍl Allāh　505

ラシード・アッディーン
→Rashīd al-Dīn Faḍl Allāh　505

ラシード・アッディーン
→Rashīd al-Dīn Faḍl Allāh　505

ラシード=アッディーン
→Rashīd al-Dīn Faḍl Allāh　505

ラシード・ウッディーン
→Rashīd al-Dīn Faḍl Allāh　505

ラシード・ウッディン
→Rashīd al-Dīn Faḍl Allāh　505

ラシード=ウッディーン
→Rashīd al-Dīn Faḍl Allāh　505

ラシードゥッ・デイーン
→Rashīd al-Dīn Faḍl Allāh　505

ラシードゥッディーン
→Rashīd al-Dīn Faḍl Allāh　505

ラシードウッディーン
→Rashīd al-Dīn Faḍl Allāh　505

ラシード・ウッ・ディーン・ファズル・ウッラー
→Rashīd al-Dīn Faḍl Allāh　505

ラシードゥッ・ディーン・ファズルッラー
→Rashīd al-Dīn Faḍl Allāh　505

ラシヒ
→Raschig, Friedrich　505

ラージ・プロフェッサー
→Large Professor　354

ラ・シャペル
→La Chapelle, Vincent　348

ラジャラトナム
→Rajaratnam, Sinnathamby　503

ラシュー
→Lassus, Jean Baptiste Antoine　354

ラ・シュヴァルディエール
　→La Chevardière, Louis Balthasar de　*348*

ラシュス
　→Lassus, Jean Baptiste Antoine　*354*

ラシーン
　→Rasin, Alois　*505*

ラーズィー
　→al-Rāzī, Muḥammad　*508*

ラズウェル
　→Laswell, Bill　*354*

ラスキー
　→Lasky, Jesse L.　*354*

ラズダン
　→Lasdun, Sir Denys Louis　*354*

ラステル
　→Rastell, John　*506*
　→Rastell, William　*506*

ラストリック
　→Rastrick, John Urpeth　*506*

ラストレッリ
　→Rastrelli, Bartolomeo Francesco　*506*
　→Rastrelli, Caro Bartolomeo　*506*
　→Rastrelli, Varfolomei Varfolomeevich　*506*

ラストレリ
　→Rastrelli, Caro Bartolomeo　*506*
　→Rastrelli, Varfolomei Varfolomeevich　*506*

ラストレールリ
　→Rastrelli, Caro Bartolomeo　*506*
　→Rastrelli, Varfolomei Varfolomeevich　*506*

ラストレルリ
　→Rastrelli, Varfolomei Varfolomeevich　*506*

ラスパイレス
　→Laspeyres, Étienne　*354*

ラスボーン
　→Rathbone, Eleanor Florence　*506*

ラズミンスキー
　→Rasminsky, Louis　*505*

ラスムッセン
　→Rasmussen, Knud Johan Victor　*505*

ラーセン
　→Larsen, Henning　*354*

ラダット
　→Ladatte, François　*348*

ラチェンズ
　→Lutyens, Sir Edwin Landseer　*384*

ラッカー
　→Rucker, Rudy von Bitter　*532*

ラックマン
　→Rachman, Peter　*502*

ラッサム
　→Rassam, Jean-Pierre　*506*

ラッシュ
　→Rush, Kenneth　*534*

ラッセル
　→Russel, Gordon　*534*
　→Russell, Alan　*534*
　→Russell, John Scott　*534*
　→Russell, Ross　*534*
　→Russell, Samuel　*534*
　→Russell, Sir (Sydney) Gordon　*535*

ラッチェンス
　→Lutyens, Sir Edwin Landseer　*384*

ラッチェンズ
　→Lutyens, Sir Edwin Landseer　*384*

ラッド
　→Lud, Ned　*382*

ラッファー
　→Laffer, Arthur　*349*

ラッファエッロ・サンツィオ
　→Raffaello Santi　*502*

ラッファエッロ・ダ・モンテルーポ
　→Raffaello da Montelupo　*502*

ラッファエロ・サンツィオ
　→Raffaello Santi　*502*

ラッフィン
　→Ruffin, Edmund　*533*

ラッフルズ
　→Raffles, Sir Thomas Stamford　*502*

ラーディ
　→Radi, Lorenzo　*502*

ラティア
　→Ratia, Armi　*507*

ラディソン
　→Radisson, Pierre Esprit, Sieur de　*502*

ラティマー
　→Latimer, Lewis Howard　*354*

ラーテナウ
　→Rathenau, Emil　*506*
　→Rathenau, Walther　*506*

ラテナウ
　→Rathenau, Emil　*506*
　→Rathenau, Walther　*506*

ラトー
　→Rateau, Camille Edmond Auguste　*506*

ラトキン
　→Rudkin, Margaret Fogarty　*532*

ラドキン
　→Rudkin, Margaret Fogarty　*532*

ラートゲン
　→Rathgen, Karl　*507*

ラートドルト
　→Ratdolt, Erhard　*506*

ラドナー
　→Radner, Roy　*502*

ラトリジ
　→Routledge, George　*531*

ラトローブ
　→Latrobe, Benjamin Henry　*354*

ラーナ
　→Rana, Carlo Amedeo　*504*

ラーナー
　→Lerner, Abba　*366*

ラーネッド
　→Learned, Dwight Whitney　*357*

ラノア
　→Lanois, Daniel　*353*

ラバッコ
　→Labacco, Antonio　*347*

ラバル
　→Laval, Carl Gustaf Patrik de　*356*

ラパール
　→Rappard, William Emmanuel　*505*

ラバロマナナ
　→Ravalomanana, Marc　*507*

ラハン　　　　　　　　　　　　　　*846*　　　　　　　　西洋人物レファレンス事典

ラバンヌ
→Rabanne, Paco　*501*

ラビット
→Rabbitt, James Aloiysius
501

ラピドス
→Lapidus, Ted　*353*

ラービフ
→Rabīḥ Zubayr　*501*

ラビーフ
→Rabīḥ Zubayr　*501*

ラビーリウス
→Rabirius　*502*

ラビリウス
→Rabirius　*502*

ラーピン
→Lapin, Sergei Georgievich
353

ラピンスキー
→Lapinskii, Pavel　*354*

ラファエッロ
→Raffaello Santi　*502*

ラファエリ
→Raffaelli, Jean François　*502*

ラファエルロ
→Raffaello Santi　*502*

ラファエルロ・サンティ
→Raffaello Santi　*502*

ラファエロ
→Raffaello Santi　*502*

ラファエロ・サンティ
→Raffaello Santi　*502*

ラ・ファージ
→La Farge, Christopher　*349*

ラファルグ
→Lafargue, Paul　*349*

ラフィット
→Laffite, Jean　*349*
→Laffitte, Jacques　*349*

ラフォージ
→LaForge, Margaret　*349*

ラ・フォッス
→La Fosse, Louis-Rémy de
349

ラフォンテーヌ
→Lafontaine, Oskar　*349*

ラブダ
→Labuda, Ben　*348*

ラプトン
→Lupton, Thomas Goff　*383*

ラフマ
→Laffemas, Barthélemy de,
Sieur de Beausemblant　*349*

ラフマス
→Laffemas, Barthélemy de,
Sieur de Beausemblant　*349*

ラフマーン
→Rahman, Allah Rakka　*503*

ラブリオーラ
→Labriola, Arturo　*347*

ラフリン
→Laughlin, James Laurence
355

ラブルース
→Labrousse, Camille Ernest
348

ラブルースト
→Labrouste, Pierre François
Henri　*348*

ラブルスト
→Labrouste, François Marie
Théodore　*348*
→Labrouste, Pierre François
Henri　*348*

ラフレーリ
→Lafrèri, Antonio　*349*

ラ・ペルース
→La Pérouse, Jean François de
Galaup, Comte de　*353*

ラ・ペルーズ
→La Pérouse, Jean François de
Galaup, Comte de　*353*

ラ＝ペルーズ
→La Pérouse, Jean François de
Galaup, Comte de　*353*

ラペルーズ
→La Pérouse, Jean François de
Galaup, Comte de　*353*

ラーベンヴォルフ
→Labenwolf, Pankraz　*347*

ラーベンボルフ
→Labenwolf, Pankraz　*347*

ラボ
→Labò, Mario　*347*

ラボス＝タバーレス
→Raposo Tavares, Antônio
505

ラボック
→Lubbock, Sir John, 1st Baron
Avebury　*380*

ラボフ
→Raboff, Ernes　*502*

ラーマラーオ
→Rama Rao, Nandamuri
Taraka　*503*

ラミーエフ兄弟
→Rämiev, Mökhämmädshakir
504

ラム
→Lamb, Thomas　*350*
→Lam See-Chai, David　*351*

ラムジー
→Ramsey, Frank Plumpton
504
→Rumsey, James　*533*

ラムス
→Rams, Dieter　*504*

ラムスデン
→Ramsden, Jesse　*504*

ラムズデン
→Ramsden, Jesse　*504*

ラムゼー
→Ramsey, Frank Plumpton
504
→Rumsey, James　*533*

ラムゼイ
→Ramsaye, Terry　*504*

ラムゼス
→Ramzes, Vadim Borisovich
504

ラムゼン
→Lumsden, J.　*383*

ラムベルト
→Lambert, Johann Heinrich
350

ラムラニ
→Lamrani, Mohammed Karim
351

ラムール
→Lamour, Jean　*351*

ラムル
→Ruml, Beardsley　*533*

ラーメ
→Lamé, Gabriel　*350*

ラメ
→Lamé, Gabriel　*350*

ラメー
→Lamé, Gabriel　*350*

ラメッリ
　→Ramelli, Agostino　504
ラーモ・ディ・パガネッロ
　→Ramo di Paganello　504
ラモーン
　→Ramone, Phil　504
ラモント
　→Lamont, Norman Stewart Hughson　350
　→Lamont, Thomas William　350
ラランド
　→Lalande, Georg de　350
ラランヌ
　→Lalanne, Maxine　350
ラーリ
　→Lari, Anton Maria　354
　→Raleigh, Sir Walter　503
ラリック
　→Lalique, René　350
ラリュス
　→Larus, Eliane　354
ラルース
　→Larousse, Pierre Athanase　354
ラルダイン
　→Lardijn, Cornelis　354
ラロシュ
　→Laroche, Guy　354
ラロンジュ
　→L'Arronge, Adolf　354
ラロンド
　→Lalonde, Richard de　350
ランヴァン
　→Lanvin, Jeanne　353
ランカスター
　→Lancaster, Burt　351
　→Lancaster, Sir James　351
　→Lancaster, Sir Osbert　351
ランガム
　→Langham, Simon　353
ランキン
　→Rankine, William John Macquorn　504
ランク
　→Lang, Fritz　352
　→Rank, Sir Joseph Arthur　504
ラング
　→Lang, Fritz　352

→Lange, Robert John Mutt　352
ランク（サットン・スコットニーの）
　→Rank, Sir Joseph Arthur　504
ランクハンス
　→Langhans, Carl Gotthard　353
ラングハンス
　→Langhans, Carl Ferdinand　353
　→Langhans, Carl Gotthard　353
ランクフォード
　→Lankford, Terrill　353
ランクル
　→Runkle, John Daniel　534
ラングレン
　→Rundgren, Todd　534
ラングロワ
　→Langlois, Pierre　353
ランゲ
　→Lange, Ludwig　352
　→Lange, Mads Johansen　352
　→Lange, Oscar Richard　352
ランゲヴィーシェ
　→Langewiesche, Karl Robert　352
　→Langewiesche, Wilhelm　352
ランゲンシャイト
　→Langenscheidt, Gustav　352
ランサム
　→Ransome, James Edward　505
ランシマン
　→Runciman, Walter, 1st Viscount　534
ランシング
　→Lansing, Sherry　353
ランスト
　→Ranst, Constantijn　505
ランストン
　→Lanston, Tolbert　353
ランターナ
　→Lantana, Giovanni Battista　353
ランダル
　→Randall, Samuel Jackson　504
ランチ
　→Lanci, Baldassarre　351

ランチェスター
　→Lanchester, Frederick William　351
ランツ
　→Lantz, Walter　353
ランデイロ
　→Landeiro Vaz, Bartolomeu　351
ランド
　→Land, Edwin Herbert　351
　→Rand, Paul　504
ランドウ
　→Landau, Jon　351
ランドリアーニ
　→Landriani, Paolo　352
ランドン
　→Landon, Alfred Mossman　351
ランバート
　→Lambert, Johann Heinrich　350
ランバン
　→Lanvin, Jeanne　353
ランファン
　→L'Enfant, Pierre Charles　363
ランプソン
　→Lampson, Butler W.　351
ランフランコ
　→Lanfranco　352
ランベルティ
　→Lamberti, Niccolò　350
ランベルト
　→Lambert, Johann Heinrich　350

【リ】

リー
　→Lea, Henry Charles　357
　→Lee, James Paris　360
　→Lee, Joseph　360
　→Lee, Lester　360
　→Lee, Ming Cho　360
　→Lee, Spike　360
　→Lee, William　360
　→Leigh, Jennifer Jason　362
　→Rie, Dame Lucie　516
リア
　→Lear, Norman　357
　→Lear, William Powell　357

リアーニョ
→Riaño, Diego de 513

リーヴァーヒューム
→Leverhulme, William
Hesketh, 1st Viscount 368

リーヴァヒューム
→Leverhulme, William
Hesketh, 1st Viscount 368

リーヴァーヒューム（ウェスタン・アイルズの）
→Leverhulme, William
Hesketh, 1st Viscount 368

リーヴィ
→Levey, Barnett 368

リヴィングストン
→Livingston, Philip 374
→Livingstone, David 375

リヴェスト
→Rivest, Ronald Linn 518

リヴェット
→Revett, Nicholas 512

リヴォフ
→Lvov, Nikolai Aleksandrovich
384

リエップ
→Riepp, Karl Joseph 517

リオ
→Lyot, Bernard Ferdinand
385

リオー
→Lyot, Bernard Ferdinand
385

リオネッリ
→Lionelli, Niccolò 372

リオンニ
→Lionni, Leo 373

リーガー
→Rieger, Wilhelm 517

リカート
→Likert, Rensis 371

リカード
→Ricardo, David 513
→Ricardo, Harry Ralph 513

リカビー
→Rickerby, Charles D. 515

リカール・ド・モンフェラン
→Ricard de Montferrand,
Auguste 513

リカルド・ラゴス
→Lagos, Ricardo 349

リーガン
→Reagan, Ronald 508
→Regan, Donald Thomas 509

リキエル
→Rykiel, Sonia 535

リキーニ
→Richini, Francesco Maria
515

リギーニ
→Righini, Pietro 517

リグビー
→Rigby, Harry 517

リグリー
→Wrigley, William (Jr.) 679

リクルゴス
→Lykourgos 385

リケー
→Riquet, Pierre Paul de 517

リーコック
→Leacock, Richard 357
→Leacock, Stephen Butler
357

リゴッティ
→Rigotti, Annibale 517

リゴーリオ
→Ligorio, Pirro 370

リゴリオ
→Ligorio, Pirro 370

リゴーリョ
→Ligorio, Pirro 370

リコルディ
→Ricordi, Giovanni 516
→Ricordi, Giulio 516
→Ricordi, Tito I 516
→Ricordi, Tito II 516

リーザ
→Lisa, Manuel 373

リーサビイ
→Lethaby, William Richard
367

リザンブール二世
→Risenburgh, Bernard II van
518

リシアス
→Lȳsiās 386

リシツキー
→Lisitskij, Lazar' Markovich
374

リシッポス
→Lysippos 386

リシャール
→Richard, François 514

リシャール・ド・モンフェラン
→Ricard de Montferrand,
Auguste 513

リース
→Ries, Franz 517

リース（ストーンヘイヴンの）
→Reith (of Stonehaven), John
(Charles Walsham) Reith,
Baron 510

リスター
→Lister, Joseph Jackson 374
→Lister, Samuel Cunliffe, 1st
Baron Masham 374

リスト
→List, Friedrich 374
→Rist, Charles 518

リストーロ
→Ristoro, Fra 518

リストン
→Wriston, Walter Bigelow
679

リースナー
→Riesener, Jean Henri 517

リーズネー
→Riesener, Jean Henri 517

リーズネル
→Riesener, Jean Henri 517

リスボア
→Lisbôa, António Francisco
373

リズボア
→Lisbôa, António Francisco
373

リース・ロス
→Leith-Ross, Sir Frederick
William 362

リーゼナー
→Riesener, Jean Henri 517

リーゼネル
→Riesener, Jean Henri 517

リーゼンブルヒ
→Risenburgh, Bernard I van
518
→Risenburgh, Bernard II van
518
→Risenburgh, Bernard III van
518

リソルグ
→Lyssorgues, Guillaume de
386

リーチ
→Leach, Bernard Howell 357
リチャーズ
→Richards, Ellen Henrietta 514
リチャード
→Butler, Richard Austen 91
→Richard 514
リチャード (ウォリングフォードの)
→Richard 514
リチャード・オブ・ファーレイ
→Richard of Farleight 514
リチャードスン
→Richardson, Henry Hobson 514
→Richardson, Samuel 515
リチャードソン
→Richardson, Charles Lenox 514
→Richardson, C.S. 514
→Richardson, Henry Hobson 514
→Richardson, Sir Owen Willans 514
→Richardson, Samuel 515
リッカート
→Likert, Rensis 371
→Rickert, Heinrich 515
リッカビ
→Rickerby, Charles 515
リッキー
→Rickey, Branch Wesley 516
リッキーニ
→Richini, Francesco Maria 515
リッキーノ
→Richini, Francesco Maria 515
リック
→Lick, James 370
リックス
→Rix, Sir Brian Norman Roger 518
リックマン
→Rickman, Thomas 516
リックライダー
→Licklider, Joseph Carl Robnett 370
リック・ロック
→Ric Rock 516

リッケルト
→Rickert, Heinrich 515
リッジウェー
→Ridgeway, Robert 516
リッジウェイ
→Ridgeway, Robert 516
リッシャー
→Rischer, Johann Jakob 517
リッター
→Ritter, Karl 518
リッチ
→Ricci, Nina 514
→Rich, John 514
リッチー
→Richey, Charles A. 515
→Ritchie, Dennis MacAlistair 518
リッチオ
→Riccio, Andrea 514
リッチオーニ
→Liccioni, Antoine 370
リッチュル
→Ritschl, Hans 518
リッチョ
→Riccio, Andrea 514
リッツ
→Ritz, César 518
リッツィ
→Rizzo, Antonio 518
リッツォ
→Rizzo, Antonio 518
リッティンガー
→Rittinger, Franz, Ritter von 518
リットマン
→Littmann, Max 374
リットル
→Little, Archibald John 374
リッピンコット
→Lippincott, Joseph Wharton 373
→Lippincott, Joshua Ballinger 373
リップスキン
→Lipskin, Mike 373
リップマン
→Lippmann, Gabriel 373
リッペルスハイ
→Lippershey, Hans 373

リッペルスヘイ
→Lippershey, Hans 373
リーディンガー
→Riedinger, Georg 516
リート
→Ried, Benedikt 516
リード
→Read, John B. 508
→Reed, Alexander Wyclif 508
→Reed, Sir Edward James 509
→Reed, Ishmael Scott 509
→Reid, Sir Bob 509
→Reid, Helen 509
→Reid, Rose Marie 509
→Ried, Benedikt 516
リートフェルト
→Rietveld, Gerrit Thomas 517
リトル
→Little, Archibald John 374
リトルウッド
→Littlewood, Joan Maud 374
リトルトン
→Lyttelton of Frankley, George Lyttelton, 1st Baron 386
リートルフ
→Litolff, Henry Charles 374
リトルフ
→Litolff, Henry Charles 374
リドルフィ
→Ridolfi, Mario 516
リドルフォ
→Ridolfo, Fioraventi 516
リナルディ
→Rinaldi, Antonio 517
リノヴィチ
→Linowitz, Sol Myron 372
リーバー
→Reber, Grote 508
リーバーマン
→Liebermann, Karl Theodor 370
→Liebermann, Rolf 370
リーヒー
→Leahy, J.Michael J. 357
リヒター
→Richter, Christian I 515
→Richter, Christian II 515
→Richter, Johann Adolf 515
→Richter, Johann Moritz I 515

リヒユ

→Richter, Johann Moritz II 515
→Richter, Johann Moritz III 515

リピューマ
→Lipuma, Tommy 373

リビングストン
→Livingston, Philip 374
→Livingstone, David 375

リピンコット
→Lippincott, Joseph Wharton 373
→Lippincott, Joshua Ballinger 373

リファーイ
→Rifai, Kashid al- 517

リプシー
→Lipsey, Richard George 373

リプソン
→Lipson, Ephram 373

リプチンスキー
→Rybczynski, Tadeusz Mieczyslaw 535

リプトン
→Lipton, Sir Thomas Johnstone 373

リーフマン
→Liefmann, Robert 370

リ

リープマン
→Liefmann, Robert 370

リプリー
→Ripley, Thomas 517

リベスキン
→Libeskind, Daniel 370

リーベラ
→Libera, Adalberto 370

リベーラ
→Ribera, Pedro de 513

リベラ
→Libera, Adalberto 370

リベルジェ
→Libergier, Hughues 370

リーベルマン
→Liberman, Evsej Grigorievich 370
→Liebermann, Karl Theodor 370

リーベン
→Lieben, Richard 370
→Lieben, Robert von 370

リー=ペンバートン
→Leigh-Pemberton, Robert (Robin) Leigh-Pemberton, Baron 362

リボー
→Ribot, Alexandre Félix Joseph 513

リボン
→Libōn ho Ēleios 370

リボン (エリスの)
→Libōn ho Ēleios 370

リーマーシュミット
→Riemerschmid, Richard 517

リーマーシュミート
→Riemerschmid, Richard 517

リーマン
→Lehman, Herbert henry 361

リミンジ
→Lyminge, Robert 385

リム
→Lim, Harry 371

リムーザン
→Limosin, Léonard 371

リムザン
→Limosin, Léonard 371

リーメルシュミット
→Riemerschmid, Richard 517

リモザン
→Limosin, Léonard 371

リャザーノフ
→Ryazanov, David Borisovich 535

リャザノフ
→Ryazanov, David Borisovich 535

リヤザノフ
→Ryazanov, David Borisovich 535

リャーシチェンコ
→Lyashchenko, Pëtr Ivanovich 385

リャシチェンコ
→Lyashchenko, Pëtr Ivanovich 385

リヤシチェンコ
→Lyashchenko, Pëtr Ivanovich 385

リャーブシキン
→Ryabushkin, Timon Vasilievich 535

リャブーシキン
→Ryabushkin, Timon Vasilievich 535

リュイ・ヴィダル
→Rui-Vidal, François 533

リュイ=ヴィダル
→Rui-Vidal, François 533

リュイテリ
→Ryuiteli, Arnold Feodorovich 535

リュウ
→Lu, William 380

リュエフ
→Rueff, Jacques 533

リュクールゴス
→Lykourgos 385

リュクルゴス
→Lykourgos 385

リューケンス
→Lukens, Rebecca Pennock 383

リュザルシュ
→Robert de Luzarches 519

リューシアース
→Lȳsiās 386

リュシアス
→Lȳsiās 386

リューシッポス
→Lysippos 386

リュシッポス
→Lysippos 386

リュシッポス (シキュオンの)
→Lysippos 386

リュース
→Luce, Henry Robinson 381

リュストー
→Rüstow, Alexander 535

リュストウ
→Rüstow, Alexander 535

リューダー
→Lueder, August Ferdinand 382

リュッケルス
→Ruckers 532
→Ruckers, Joannes 532

リュティ
→Ryti, Risto Heikki 535

リューデリッツ
→Lüderitz, Adolf 382

リュトゲ
　→Lütge, Friedrich　384
リュートゲンス
　→Lütgens, Rudolf　384
リュドゴーフスキー
　→Lyudogovskii, Aleksei Petrovich　386
リュードス
　→Lydos　385
リュドス
　→Lydos　385
リュードベック
　→Rudbeck, Olof　532
リュートン
　→Lewton, Val　369
リュビーモフ
　→Lyubimov, Lev Yakovlevich　386
リュビモフ
　→Lyubimov, Lev Yakovlevich　386
リューベトキン
　→Lubetkin, Berthold　381
リュベル
　→Rubel, Maximillien　532
リュポー
　→Lupot, Nicolas　383
リュミエール
　→Lumière, Auguste　383
　→Lumière, Louis Jean　383
リュミエール(兄弟)
　→Lumière, Auguste　383
　→Lumière, Louis Jean　383
リュミエール兄弟
　→Lumière, Auguste　383
　→Lumière, Louis Jean　383
リュームコルフ
　→Ruhmkorff, Heinrich Daniel　533
リュルサ
　→Lurçat, André　384
リューンコルフ
　→Ruhmkorff, Heinrich Daniel　533
リヨ
　→Lyot, Bernard Ferdinand　385
リヨー
　→Lyot, Bernard Ferdinand　385

リーリエンタール
　→Lilienthal, Otto　371
リリエンタール
　→Lilienthal, Otto　371
リリーホワイト
　→Lillywhite, Steve　371
リリュー
　→Rillieux, Norbert　517
リル・ジョン
　→Lil Jon　371
リン
　→Lin, Maya Ying　371
　→Lynne, Jeff　385
リンガー
　→Ringer, Frederick　517
リンカーン
　→Lincoln, Mary Johnson　371
リンク
　→Link, Edwin Albert　372
リンジェーリ
　→Lingeri, Pietro　372
リンダー
　→Linder, Harold F.　372
リンダール
　→Lindahl, Erik Robert　371
リンチ
　→Lynch, Kevin　385
　→Lynch, Philip R.　385
リンデ
　→Linde, Carl von　372
リンデグレン
　→Lindegren, Yrjö　372
リンデンソール
　→Lindenthal, Gustav　372
リンド
　→Lindo, Isaac Anne　372
リンドウ
　→Lindow, L.H.　372
リンドバーグ
　→Lindbergh, Charles Augustus　371
リンドバーグ・チャールズ・A
　→Lindbergh, Charles Augustus　371
リンドベック
　→Lindbeck, Assar　371
リンドベリ
　→Lindberg, Stig　371

リン・トンイェン
　→Lin Tung Yen　372
リンネバハ
　→Linnebach, Adolf　372

【ル】

ルー
　→Lu, David John　380
ルイ
　→Louis, Victor　379
ルイ(14世)
　→Louis ⅩⅣ le Grand　379
ルイ14世
　→Louis ⅩⅣ le Grand　379
ルイ一四世
　→Louis ⅩⅣ le Grand　379
ルイ十四世
　→Louis ⅩⅣ le Grand　379
ルイ十四世(大王,太陽)
　→Louis ⅩⅣ le Grand　379
ルイ(16世)
　→Louis ⅩⅥ　380
ルイ16世
　→Louis ⅩⅥ　380
ルイ一六世
　→Louis ⅩⅥ　380
ルイ十六世
　→Louis ⅩⅥ　380
ルーイス
　→Lewis, Sir William Arthur　369
ルイス
　→Lewis, David　369
　→Lewis, Isaac Newton　369
　→Lewis, Karl　369
　→Lewis, Rosa　369
　→Lewis, Sir William Arthur　369
　→Ruiz, Fernán Ⅰ　533
　→Ruiz, Fernán Ⅱ　533
　→Ruiz, Fernán Ⅲ　533
ルイス・エンビート
　→Ruiz Embito, Simón　533
ルイスブルック
　→Ruysbroeck, Jan van　535
ルイ大王
　→Louis ⅩⅣ le Grand　379

ルイフ　　　　　　　　　　　　852　　　　　西洋人物レファレンス事典

ルイ・フェロー
→Féraud, Louis　204

ルヴァスール
→Levasseur, Pierre Emile　368

ルヴァソール
→Levassor, Émile　368

ル・ヴォー
→Le Vau, Louis　368

ルヴォ
→Le Vau, Louis　368

ルヴォー
→Le Vau, Louis　368

ルーカス
→Lucas, Colin Anderson　381
→Lucas, George　381
→Lucas, Robert E.（Jr.）　381
→Lukas, Eduard　383

ルカーチ
→Lukács György　382

ルカーチ・ゲオルク
→Lukács György　382

ルカーチ・ジェルジェ
→Lukács György　382

ルカーチ・ジェルジュ
→Lukács György　382

ルカーツ
→Lukáts Kató　383

ルカ＝デラ＝ロビア
→Robbia, Luca della　519

ルーカ・デルラ・ロッビア
→Robbia, Luca della　519

ルガリアンヌ
→Le Gallienne, Eva　361

ル・ガリエンヌ
→Le Gallienne, Eva　361

ル＝ガリエンヌ
→Le Gallienne, Eva　361

ルー・ギムゴン
→Lue Gim-Gong　382

ルキャノヴァ
→Luk'yanova, Mariya
Ivanovna　383

ル・ギャリエンヌ
→Le Gallienne, Eva　361

ルク
→Lequeu, Jean-Jacques　366

ルクー
→Lequeu, Jean-Jacques　366

ルクセンブルク
→Luxemburg, Rosa　384

ルクセンブルグ
→Luxemburg, Rosa　384

ル・クトル
→Le Coutre, Walter　359

ルクレール
→Leclair, Antoine　359
→Leclerc, Charles Victor
Emmanuel　359

ルーケンス
→Lukens, Rebecca Pennock
383

ル コルビュジエ
→Le Corbusier　359

ル・コルビュジエ
→Le Corbusier　359

ル・コルビュジエ
→Le Corbusier　359

ル - コルビュジエ
→Le Corbusier　359

ル＝コルビュジエ
→Le Corbusier　359

ル＝コルビュジエ
→Le Corbusier　359

ルコルビュジエ
→Le Corbusier　359

ルコント
→Lecomte, Roger André　359

ルシア・ミンガロ
→Lucia Mingarro, Luis　382

ルーシェ
→Rouché, Jacques　530

ルジェロ
→Ruggiero, Renato　533

ルジーハ
→Ržiha, Franz von　536

ル・シャトリエ
→Le Chatelier, Henry Louis
358

ル・ジャトリエ
→Le Chatelier, Henry Louis
358

ル＝シャトリエ
→Le Chatelier, Henry Louis
358

ルシャトリエ
→Le Chatelier, Henry Louis
358

ルーシュール
→Loucheur, Louis　379

ルシュール
→Loucheur, Louis　379

ルース
→Luce, Henry Robinson　381

ルーズヴェルト
→Roosevelt, Franklin Delano
526
→Roosevelt, Theodore　527

ルスカ
→Rusca, Luigi　534
→Ruska, Ernst　534

ルスコーニ
→Rusconi, Giovanni Antonio
534

ルスト
→Rust, Wilhelm　535

ルスナーティ
→Rusnati, Giuseppe　534

ル・スピッツ
→Roux-Spitz, Michel　531

ルー＝スピッツ
→Roux-Spitz, Michel　531

ルーズベルト
→Roosevelt, Franklin Delano
526
→Roosevelt, Theodore　527

ルタルイイ
→Letarouilly, Paul-Marie　367

ルツァッティ
→Luzzatti, Luigi　384

ルツァット
→Luzzatto, Gino　384

ルックハルト
→Luckhard, Hans　382

ルックハルト（兄弟）
→Luckhard, Hans　382
→Luckhardt, Wassili　382

ルッジェーリ
→Ruggeri, Ferdinando　533
→Ruggeri, Giovanni　533

ルッジェーロ2世
→Roger Ⅱ　525

ルッジェーロ二世
→Roger Ⅱ　525

ルッジェーロ大王
→Roger Ⅱ　525

ル

経済・産業篇　　　　　　　　　　853　　　　　　　　　　ルヘン

ルッソー
→Rousseau, Pierre　531

ルッツ
→Lutz, Friedrich August　384

ルッツァッティ
→Luzzatti, Luigi　384

ルーツ・マヌーヴァ
→Roots Manuva　527

ル・デュク
→Le Duc, Auguste　360
→Le Duc, Pierre　360
→Le Duc, Simon　360

ルデュク
→Le Duc, Auguste　360
→Le Duc, Pierre　360
→Le Duc, Simon　360

ルーテンベルク
→Rutenberg, Pinchas　535

ルート
→Root, George Frederick　527
→Root, John Wellborn　527

ルド
→Ledoux, Claude Nicolas　360

ルドー
→Ledoux, Claude Nicolas　360

ルドゥー
→Ledoux, Claude Nicolas　360
→Ledoux, Louis Vernon　360

ルードウィク
→Ludwig, Daniel Keith　382

ルードヴィセ
→Ludwig, Johann Friedrich　382

ルートヴィヒ
→Ludwig, Johann Friedrich　382

ルートベック
→Rudbeck, Olof　532

ルードベック
→Rudbeck, Olof　532

ルドベック
→Rudbeck, Olof　532

ルードルフ
→Rudolph, Paul　533

ルドルフ
→Rudolf, Konrad　532
→Rudolph, Paul　533

ル・トローヌ
→Le Trone, Guillaume François　367

ルートン
→Lewton, Val　369

ルニエ（ユイの）
→Renier de Huy　510

ルニエ・ド・ユイ
→Renier de Huy　510

ルーネルストロム
→Runnerström, Bent-Anne　534

ルノー
→Renault, Louis　510

ルノアール
→Lenoir, Jean Joseph Etienne　364

ル・ノートル
→Le Nôtre, André　364

ルノートル
→Le Nôtre, André　364
→Lenôtre, Gaston　364

ルノワール
→Lenoir, Jean Joseph Etienne　364

ル・バ
→Le Bas, Louis Hippolyte　358

ルバ
→Le Bas, Louis Hippolyte　358

ルバスール
→Levasseur, Pierre Emile　368

ルバート
→Rupert, Anthony Edward　534

ルビク
→Rubik Ern"o　532

ルービック
→Rubik Ern"o　532

ルービッチ
→Lubitsch, Ernst　381

ルビッチ
→Lubitsch, Ernst　381

ルービッチュ
→Lubitsch, Ernst　381

ルビッチュ
→Lubitsch, Ernst　381

ルービン
→Lubin, David　381
→Lubin, Sigmund　381
→Rubin, Isaak Il'ich　532
→Rubin, Rick　532

ルビンシテイン
→Rubinstein, Helena　532

ルービンシュタイン
→Rubinstein, Helena　532

ルビンシュタイン
→Rubinstein, Helena　532

ルービンスタイン
→Rubinstein, Helena　532

ルビンスタイン
→Rubinstein, Helena　532

ルービンソン
→Rubinson, David　532

ル・ブテリエル
→Le Bouteillier, Jean　358

ルフト
→Lufft, Hans　382

ルフュエル
→Lefuel, Hector Martin　361

ルブラン
→Leblanc, Nicolas　358
→Lebrun, Charles François, Duc de Plaisance　358

ル・ブルトン
→Le Breton, Gilles　358

ル・プレ
→Le Play, Pierre Guillaume Frédéric　366

ル・プレー
→Le Play, Pierre Guillaume Frédéric　366

ループレー
→Le Play, Pierre Guillaume Frédéric　366

ルプレー
→Le Play, Pierre Guillaume Frédéric　366

ル・ブロン
→Le Blond, Alexandre Jean Baptiste　358
→Le Blond, Jacques Christophe　358

ルベトキン
→Lubetkin, Berthold　381

ルーベル
→Rewbell, Jean François　512
→Rubel, Ira Washington　531

ルベル
→Rewbell, Jean François　512

ルーベンシテイン
→Rubenstein, Blanche　532

ル

ル・ボー
→Le Vau, Louis　368

ルボウスキー
→Lubowski, Adolph　381

ルボック
→Lubbock, Sir John, 1st Baron
　Avebury　380

ル・ポートル
→Lepautre, Antoine　365
→Lepautre, Jean　366
→Lepautre, Pierre　366

ル・ポトル
→Lepautre, Antoine　365

ルポートル
→Lepautre, Antoine　365
→Lepautre, Jean　366
→Lepautre, Pierre　366

ルボン
→Lebon, Philippe　358

ル・マルシャン
→Le Marchand, Fordinandus
　Johannes　362

ル＝マルシャン
→Le Marchand, Fordinandus
　Johannes　362

ルミエール
→Lumière, Louis Jean　383

ルミャーンツェフ
→Rumyantsev, Aleksei
　Matveevich　533

ルミヤンツェフ
→Rumyantsev　533

ル・ミュエ
→Le Muet, Pierre　363

ルームコルフ
→Ruhmkorff, Heinrich Daniel
　533

ルムシュテル
→Rumschöttel, Hermann　533

ル・メール
→Le Maire, Jacob　362
→Le Maire, Maximiliaen　362

ル＝メール
→Le Maire, Maximiliaen　362

ルメルシェ
→Lemercier, Jacques　362

ルメルシエ
→Lemercier, Jacques　362

ル・メルシエ・ド・ラ・リヴィ
エール
→Mercier de la Rivière　414

ルラーゴ
→Lurago, Anselmo Martino
　383
→Lurago, Antonio　384
→Lurago, Carlo　384
→Lurago, Rocco　384

ル・ルー
→Le Roux, Roland　366

ルルー
→Leleu, Jean-François　362
→Le Roux, Roland　366

ルーロー
→Reuleaux, Franz　511

ルロア・ボーリュー
→Leroy-Beaulieu, Pierre Paul
　366

ル・ロワ
→Le Roy, Adrian　366
→Le Roy, Julien-David　366

ルロワ・ボーリュー
→Leroy-Beaulieu, Pierre Paul
　366

ルロワ＝ボーリュー
→Leroy-Beaulieu, Pierre Paul
　366

ルロン
→Lelong, Lucien　362

ルンゲ
→Lunge, Georg　383
→Runge, Friedlieb Ferdinand
　534

ルンドストレーム
→Lundström, Johan Edvard
　383

ルントベリー
→Lundberg, Erik　383

ルンドベリ
→Lundberg, Erik　383

【 レ 】

レー
→Lay, Horatio Nelson　357

レアード
→Laird, Macgregor　350

レアド
→Laird, Donald Anderson
　349

レアール
→Réard, Louis　508

レーアン
→Layens, Mathieu de　357

レイ
→Lay, Horatio Nelson　357

レイヴ・エイリークスソン
→Leif Ericsson　362

レイヴル・エイリフソン
→Leif Ericsson　362

レイヴンズズクロフト
→Ravenscroft, George　507
→Ravenscroft, Thomas　507

レイカー
→Laker, Sir Freddie　350

レイク
→Lake, Simon　350

レイスウェイト
→Laithwaite, Eric Roberts
　350

レイディ
→Reidy, Affonso Eduardo　509

レイディー
→Reidy, Affonso Eduardo　509

レイナムのタウンゼンド
→Townshend, Charles, 2nd
　Viscount　621

レイニウス
→Reinius, Leif　510

レイノー
→Raynaud, Jean-Pierre　508
→Reynaud, Emile　512

レイビー
→Reibey, Molly　509

レイフ・エリクソン
→Leif Ericsson　362

レイモン
→Raymon, Carl W.　507

レイモン・デュ・タンプル
→Raymond du Temple　507

レイモンド
→Raymond, Antonin　507

レイヨンフーヴッド
→Leijonhufvud, Axel　362

レイヨンフーヴド
→Leijonhufvud, Axel Stig
　Bengt　362

レイン
→Lane, Sir Allen　352
→Lane, John　352

レヴァーヒューム
　→Leverhulme, William Hesketh, 1st Viscount　368
レヴァンズ
　→Revans, Reginald William　512
レーヴィ
　→Lèvi, Rino　368
レヴィ
　→Levy, Marc　369
　→Lévy, Maurice　369
　→Lévy, Raoul J.　369
レヴィ・ストロース
　→Lévi-Strauss, Claude　368
レヴィーストロース
　→Lévi-Strauss, Claude　368
レヴィ・ストロース
　→Lévi-Strauss, Claude　368
レヴィ＝ストロース
　→Lévi-Strauss, Claude　368
レヴィストロース
　→Lévi-Strauss, Claude　368
レヴィット
　→Levitt, Theodore　369
レーヴィナ
　→Levina, Revekka Saulovna　368
レーヴィ・モンタルチーニ
　→Levi Montalcini, Gino　368
レヴィンシュタイン
　→Levinstein, Ivan　368
レヴェル
　→Revell, Viljo　512
レーヴェレンツ
　→Lewerentz, Sigurd　369
レーヴェンスクロフト
　→Ravenscroft, Thomas　507
レーウェンフーク
　→Leeuwenhoek, Antoni van　360
レーウェンフク
　→Leeuwenhoek, Antoni van　360
レーウェンフック
　→Leeuwenhoek, Antoni van　360
レーヴェンフック
　→Leeuwenhoek, Antoni van　360

レウエンフック
　→Leeuwenhoek, Antoni van　360
レヴソン
　→Revson, Charles Haskell　512
レーヴンスクロフト
　→Ravenscroft, Thomas　507
レオ
　→Leo, Ludwich　364
レオナルド
　→Fibonacci, Leonardo　205
レオナルド（ピサの）
　→Fibonacci, Leonardo　205
レオナルド・ダ・ヴィンチ
　→Leonardo da Vinci　364
レオナルド＝ダ＝ヴィンチ
　→Leonardo da Vinci　364
レオナルドダヴィンチ
　→Leonardo da Vinci　364
レオナルド・ダ・ピサ
　→Fibonacci, Leonardo　205
レオナルド・ダ・ビンチ
　→Leonardo da Vinci　364
レオナルド＝ダ＝ビンチ
　→Leonardo da Vinci　364
レオナルド・ピサーノ
　→Fibonacci, Leonardo　205
レオーニ
　→Leoni, Giacomo　365
　→Leoni, Leone　365
　→Lionni, Leo　373
レオニダス
　→Leonidas　365
レオニードフ
　→Leonidov, Ivan Iliich　365
レオパルディ
　→Leopardi, Alessandro　365
レオ・レオーニ
　→Lionni, Leo　373
レオワルト
　→Leowald, Georg　365
レオーンチエフ
　→Leontiev, Lev Abramovich　365
レオンチェフ
　→Leontief, Wassily W.　365
　→Leontiev, Lev Abramovich　365

レオンチエフ
　→Leontief, Wassily W.　365
レオンチーフ
　→Leontief, Wassily W.　365
レオンティエフ
　→Leontief, Wassily W.　365
レオンティーフ
　→Leontief, Wassily W.　365
レオンハルト
　→Leonhardt, Fritz　365
レーガン
　→Reagan, Ronald　508
レギーア
　→Leguía y Salcedo, Augusto Bernardino　361
レギーア
　→Leguía y Salcedo, Augusto Bernardino　361
レギーア＝イ＝サルセド
　→Leguía y Salcedo, Augusto Bernardino　361
レギア・イ・サルセド
　→Leguía y Salcedo, Augusto Bernardino　361
レキシス
　→Lexis, Wilhelm　369
レーク
　→Lake, Simon　350
レクシス
　→Lexis, Wilhelm　369
レークラム
　→Reclam, Anton Philipp　508
レクラム
　→Reclam, Anton Philipp　508
レザ
　→Rza　536
レザーノフ
　→Rezánov, Nikolai Petrovich　512
レザノフ
　→Rezánov, Nikolai Petrovich　512
レサビ
　→Lethaby, William Richard　367
レサビー
　→Lethaby, William Richard　367
レスカーズ
　→Lescaze, William　367

レスカ　　　　　　　　　　856　　　　　　西洋人物レファレンス事典

レスカス
→Lescasse, Jules　367

レスコ
→Lescot, Pierre　367

レスコー
→Lescot, Pierre　367

レースラー
→Roesler, Karl Friedrich
Hermann　524

レスラー
→Roesler, Karl Friedrich
Hermann　524

レスリ
→Leslie, Thomas Edward
Cliffe　367

レスリー
→Leslie, Thomas Edward
Cliffe　367

レズリ
→Leslie, Thomas Edward
Cliffe　367

レズリー
→Leslie, Thomas Edward
Cliffe　367

レスリスバーガー
→Roethlisberger, Fritz Jules
525

レ　レースレル
→Roesler, Karl Friedrich
Hermann　524

レセップス
→Lesseps, Ferdinand Marie,
Vicomte de　367

レセプス
→Lesseps, Ferdinand Marie,
Vicomte de　367

レツェル
→Letzel, Jan　367

レッグ
→Legge, Walter　361

レッシュ
→Lösch, August　379

レッツ
→Letts, Thomas　367

レッツェル
→Letzel, Jan　367

レッドフォード
→Redford, Robert　508

レッドマン
→Redman, Henry　508

レッペ
→Reppe, Walter　511

レツル
→Letzel, Jan　367

レーデ・トット・デ・パルケレル
→Rheede tot de Parkeler,
Johan Frederik van　512

レーデラー
→Lederer, Emil　359

レーテンバッハー
→Redtenbacher, Ferdinand
508

レナート
→Lenat, Douglas　363

レニ
→Rennie, George　511
→Rennie, John　511
→Rennie, Sir John　511

レニー
→Rennie, John　511
→Rennie, Sir John　511

レニツァ
→Lenica, Jan　363

レーニン
→Lenin, Vladimir Iliich　363

レネック
→Laënnec, René Théophile
Hyacinthe　348

レーバー
→Reber, Grote　508

レビ
→Lévy, Maurice　369

レビ ストロース
→Lévi-Strauss, Claude　368

レビ・ストロース
→Lévi-Strauss, Claude　368

レビ - ストロース
→Lévi-Strauss, Claude　368

レビ＝ストロース
→Lévi-Strauss, Claude　368

レヒター
→Lechter, Melchior　359

レビッソーン
→Levyssohn, Joseph Henry
369

レヒナー
→Lechner, Leonhard　359

レヒネル
→Lechner Ödön　359

レヒネル・エデン
→Lechner Ödön　359

レヒリング
→Röchling, Karl　521

レビン
→Levin, Solomon　368

レビングストン
→Levingston, Robert Marcelo
368

レーブ
→Loeb, James　376

レフィスゾーン
→Levyssohn, Joseph Henry
369

レーフ・エリクソン
→Leif Ericsson　362

レーフ・エリックソン
→Leif Ericsson　362

レプケ
→Röpke, Wilhelm　527

レプソルト
→Repsold, Johann Adolf　511

レプソルト
→Repsold, Johann Adolf　511
→Repsold, Johann Georg　511

レプトン
→Repton, George Stanley　511
→Repton, Humphry　511
→Repton, John Adey　511

レフラク
→Lefrak, Samuel Jayson　361

レーブリング
→Roebling, John Augustus
524
→Roebling, Washington
Augustus　524

レーベデフ
→Lebedev, Sergei Vasilievich
358

レベデフ
→Lebedev, Sergei Vasilievich
358

レ・ベルジェ
→Libergier, Hughues　370

レーマン
→Lehman, Herbert henry　361
→Lehman, Robert　361
→Lehmann, Carl Wilhelm
Heinrich　361
→Lehmann, Ernst August
361
→Lehmann, Maurice　361

→Lehmann, Max Rudolf 361
→Lehmann, Rudolf 361

レミントン
→Remington, Eliphalet 510
→Remington, Philo 510

レムリ
→Laemmle, Carl 348

レムリー
→Laemmle, Carl 348

レムレ
→Laemmle, Carl 348

レーモンド
→Raymond, Antonin 507

レール
→Löhr, Albert 377

レルシュ
→Lersch, Heinrich 366

レルシュタープ
→Rellstab, Johann Carl
Friedrich 510

レルド・デ・テハーダ
→Lerdo de Tejada, Miguel
366

レルド・デ・テハダ
→Lerdo de Tejada, Miguel
366

レルヒャー
→Lörcher, Siegfried 378

レン
→Wren, Sir Christopher 677

レンウィック
→Renwick, James 511

レンカー
→Lencker, Christoph 363
→Lencker, Elias der Ältere
363
→Lencker, Hans der Ältere
363
→Lencker, Johannes 363

レンジノー
→Lenginour, Richard 363

レンチェン
→Röntgen, Wilhelm Conrad
526

レンディナラ
→Canozi da Lendinara,
Lorenzo 99
→Lendinara, Cristoforo da
363

レンデル
→Rendel, James Meadows
510

レントゲン
→Roentgen, David 524
→Röntgen, Wilhelm Conrad
526

レンナー
→Renner, Karl 510

レンネク
→Laënnec, René Théophile
Hyacinthe 348

レーンホルム
→Löhnholm 377

【 ロ 】

ロー
→Law, John 356
→Low, Frederick Ferdinand
380
→Lowe, Robert, 1st Viscount
Sherbrooke 380
→Roe, Sir Alliott Verdon 524

ロア
→Roy, René 531

ローイ
→Loewy, Raymond 376
→Rāy, Sir Prafulla Chandra
507

ロイガー
→Läuger, Max 355

ロイコス
→Rhoikos 513

ロイコス（サモスの）
→Rhoikos ho Samios 513

ロイス
→Royce, Sir Frederick Henry
531

ロイター
→Reuter, Paul Julius, Freiherr
von 511

ロイド
→Lloyd, Edward 375

ロイド・ジョージ
→Lloyd George, David, 1st
Earl of Dufor 375

ロイド＝ジョージ
→Lloyd George, David, 1st
Earl of Dufor 375

ロイドジョージ
→Lloyd George, David, 1st
Earl of Dufor 375

ロイド＝ジョージ（ドゥーイヴォー
の）
→Lloyd George, David, 1st
Earl of Dufor 375

ロイピン
→Leupin, Herbert 368

ロイポルト
→Leupold, Jacob 368

ロウ
→Loew, Marcus 376
→Low, Frederick Ferdinand
380
→Roe, Sir Alliott Verdon 524

ローウィ
→Loewy, Raymond 376

ローウェ
→Lowe, Adolph 380

ローウェル
→Lowell, Francis Cabot 380

ローヴォルト
→Rowohlt, Ernst 531

ロウランド
→Rowland, Pants Clarence
Henry 531

ロウントリイ
→Rowntree, Benjamin
Seebohm 531

ロエスレル
→Roesler, Karl Friedrich
Hermann 524

ローエル
→Lowell, Francis Cabot 380

ローエンフェルト
→Loewenfeldt, Charles von
376

ロカスト
→Loquasto, Santo 378

ロカナサン
→Lokanathan, Palamadai
Samu 377

ローカナータン
→Lokanathan, Palamadai
Samu 377

ロガリ
→Logali, Hilary Paul 377

ロクァスト
→Loquasto, Santo 378

ロゲベーン
→Roggeveen, Jacob 525

ロサ   *858*   西洋人物レファレンス事典

ローサ
→Rotha, Paul 529

ローサー
→Lowther, William 380

ローザ
→Roosa, Robert Vincent 526
→Rosa, Carl 527
→Rotha, Paul 529

ロザーティ
→Rosati, Rosato 527

ロザミーア
→Rothermere, Esmond Cecil
Harmsworth, 2nd Viscount
530
→Rothermere, Harold Sidney
Harmsworth, 1st Viscount
530

ロザミア
→Rothermere, Harold Sidney
Harmsworth, 1st Viscount
530

ローザ=ルクセンブルク
→Luxemburg, Rosa 384

ロージイ
→al-Lozi, Salim 380

ロージェ
→Laugier, Marc Antoine 355

ロージェ
→Laugier, Marc Antoine 355

ロジェ
→Laugier, Marc Antoine 355

ロジェー2世
→Roger Ⅱ 525

ロジェ2世
→Roger Ⅱ 525

ロジェール2世
→Roger Ⅱ 525

ロジェール二世
→Roger Ⅱ 525

ロジェル2世
→Roger Ⅱ 525

ロジェルス
→Rogers, Ernesto Nathan
525

ロージェント・アマット
→Rogent Amat, Elíes 525

ロージャーズ
→Rogers, James Edwin
Thorold 525

ロジャース
→Rodgers, Nile 523

→Rogers, Richard 525

ロジャーズ
→Rogers, James Edwin
Thorold 525
→Rogers, Richard 525

ロシュ
→Roches, Léon 521

ロース
→Loos, Adolf 378

ローズ
→Lawes, Sir John Bennet 356
→Rhodes, Cecil John 512
→Rhodes, James Ford 513
→Rhodes, Zandra 513
→Rose, Billy 528

ロス
→Ross, Donald James 528
→Roth, Alvin E. 529
→Roth, William M. 529

ローズヴェルト
→Roosevelt, Franklin Delano
526
→Roosevelt, Theodore 527

ロスセリーノ
→Rossellino, Bernardo 528

ロスチャイルド
→Rothschild, Amschel M.
530
→Rothschild, Bethsabee
(Batsheva) de 530
→Rothschild, Guy de 530
→Rothschild, James 530
→Rothschild, Karl 530
→Rothschild, Lionel Nathan
530
→Rothschild, Mayer Amschel
530
→Rothschild, Nathan Meyer
530
→Rothschild, Solomon 530

ロストー
→Rostow, Walt Whitman 529

ロストウ
→Rostow, Walt 529
→Rostow, Walt Whitman 529

ローズベルト
→Roosevelt, Franklin Delano
526
→Roosevelt, Theodore 527

ローゼ
→Rose, Frederik Cornelis 528
→Rose, Heinrich 528

ロセター
→Rosseter, Philip 528

ロセッター
→Rosseter, Philip 528

ローセフ
→Losev, Sergei Andrrevich
379

ローゼン
→Rosen, Larry 528

ローゼンウォールド
→Rosenwald, Julius 528

ローゼンシュタイン・ロダン
→Rosenstein-Rodan, Paul
Narcyz 528

ローゼンタール
→Rosenthal, Ida 528
→Rosenthal, Jean 528

ローゼンバック
→Rosenbach, Abraham Simon
Wolf 528

ローゼンプリュート
→Rosenplüt, Hans 528

ローゼンベルク
→Rozenberg, David
Iokhelevich 531

ローゼンベルグ
→Rozenberg, David
Iokhelevich 531

ロゼンベールク
→Rozenberg, David
Iokhelevich 531

ロソフスキー
→Rosovsky, Henry 528

ローソン
→Lawson, Nigel 357

ロータ
→Rota, Giuseppe 529

ローダー
→Lauder, Estée 355

ローダテール
→Lauderdale, James Maitland,
8th Earl of 355

ローダデール
→Lauderdale, James Maitland,
8th Earl of 355

ロダーリ
→Rodari, Bernardino 523
→Rodari, Donato 523
→Rodari, Giacomo 523
→Rodari, Tommaso 523

ロータル
→Lothar, Ernst 379

ロタール
　→Lothar, Ernst　379
ローチ
　→Roach, Hal　518
　→Roche, Eamon Kevin　521
ローチェ
　→Roche, James M.　521
ロチェスター
　→Rochester, Anna　521
ローツ
　→Lods, Marcel　376
ロッキード
　→Lockheed, Allan Haines　376
ロック
　→Locke, Joseph　375
　→Rock, Pete　522
ロックウッド
　→Lockwood, William W.　376
ロックフェラー
　→Rockefeller, Abby　522
　→Rockefeller, David　522
　→Rockefeller, John Davison　522
　→Rockefeller, John Davison Ⅲ　522
　→Rockefeller, John Davison Ⅳ　522
　→Rockefeller, John Davison (Jr.)　522
　→Rockefeller, Laurance Spelman　523
ロックフェラー2世
　→Rockefeller, John Davison (Jr.)　522
ロックフェラー(父)
　→Rockefeller, John Davison　522
ロックフェラー(子)
　→Rockefeller, John Davison (Jr.)　522
ロックフェラーIII
　→Rockefeller, John Davison Ⅲ　522
ロックリン
　→Laughlin, James (Jr.)　355
ロックワイルダー
　→Rockwilder　523
ロッシ
　→Rossi, Aldo　529
　→Rossi, Domenico　529
　→Rossi, Karl Ivanovich　529
　→Rossi, Pellegrino Luigi Odoardo　529

ロッシャー
　→Roscher, Wilhelm Georg Friedrich　527
ロッシュ
　→Roches, Léon　521
ロッシング=バック
　→Buck, John Lossing　87
ロッズ
　→Lods, Marcel　376
ロッセッティ
　→Rossetti, Biagio　529
ロッセッリーノ
　→Rossellino, Bernardo　528
ロッセリーノ
　→Rossellino, Bernardo　528
ロッセルリーノ
　→Rossellino, Bernardo　528
ロッツ
　→Lotz, Johann Friedrich Eusebius　379
ロッティ
　→Lotti, Lorenzo　379
ロッビア
　→Robbia, Andrea della　518
　→Robbia, Luca della　519
ロッヘフェーン
　→Roggeveen, Jacob　525
ロッリ
　→Lolli, Antonio　377
ローディ
　→Rodi, Faustino　523
ロディ
　→Rodi, Faustino　523
ロディーギン
　→Lodygin, Aleksandr Nikolaevich　376
ロディック
　→Roddick, Anita Lucia　523
ローテラー
　→Lauterer, Arch　356
ロデリック
　→Roderick, George H.　523
ロート
　→Roth, Alfred　529
ロード・エーブリー
　→Lord Avebury　378
ロトカ
　→Lotka, Alfred James　379

ロートシルト
　→Rothschild, Alphonse de　530
　→Rothschild, Amschel M.　530
　→Rothschild, James　530
　→Rothschild, Karl　530
　→Rothschild, Mayer Amschel　530
　→Rothschild, Solomon　530
ロートシルト家
　→Rothschild　530
ロドチェンコ
　→Rodchenko, Alexander Mikhailovich　523
ロトチェンコ
　→Rodchenko, Alexander Mikhailovich　523
ロドチェンコ
　→Rodchenko, Alexander Mikhailovich　523
ロートハイム
　→Rotheim, Erik　529
ロード・フィネス
　→Lord Finesse　378
ロードベルツス
　→Rodbertus, Johann Karl　523
ロートベルトゥス
　→Rodbertus, Johann Karl　523
ロードベルトゥス
　→Rodbertus, Johann Karl　523
ロトベルトゥス
　→Rodbertus, Johann Karl　523
ロードリ
　→Lodoli, Carlo　376
ロドリアン
　→Rodorian, Fred　523
ロドリグ
　→Rodrigues, Olinde Benjamin　523
ロドリーゲス
　→Rodríguez, Lorenzo　524
　→Rodríguez Alfonso　524
　→Rodríguez Tizón, Ventura　524
ロドリゲス
　→Rodríguez, Miguel Angel　524
　→Rodriguez, Robert　524

ロトリ　860　西洋人物レファレンス事典

→Rodríguez Tizón, Ventura
524

ロドリーゲス・カブリージョ
→Cabrillo, Juan Rodríguez
93

ロドリーゲス・ティソン
→Rodríguez Tizón, Ventura
524

ロドリゴ
→Vivero y Velasco, Don
Rodrigo de　644

ロナルズ
→Ronalds, Francis　526

ロニ・サイズ
→Roni Size　526

ローニング
→Loening, Grover Cleveland
376

ロバーツ
→Roberts, Sir Gilbert　519
→Roberts, Richard　519

ローバック
→Roebuck, John　524

ロバート＝オーウェン
→Owen, Robert　461

ロバート・オブ・セント＝アルバ
ンス
→Robert of Saint-Albans　519

ロバート・オブ・ベヴァリー
→Robert of Beverley　519

ロバートソン
→Robertson, Sir Dennis Holme
519
→Robertson, George　520
→Robertson, Sir Howard
Morley　520
→Robertson, Sir William
Robert　520

ロビア
→Robbia, Andrea della　518
→Robbia, Luca della　519

ロビノー
→Robineau, Adelaide Alsop
520

ロビュション
→Robuchon, Joël　521

ロビラ
→Rovira, Alex　531

ロビラント
→Robilant, Filippo Giovanni
Battista Nicolis　520

ロビンス
→Robbins, Tim　519

ロビンズ
→Robbins, Lionel Charles
519
→Robins, Benjamin　520

ロービンズ（ウォールディンガム
の）
→Robens (of Woldingham),
Alfred Robens, Baron　519

ロビンズ（クレア・マーケットの）
→Robbins, Lionel Charles
519

ロビンソン
→Robinson, Edward Austin
Gossage　520
→Robinson, Joan Violet　520
→Robinson, Sir Joseph
Benjamin　520
→Robinson, Lennox　521
→Robinson, Smokey　521
→Robinson, Tom　521
→Robinson, William John
521

ローブ
→Loeb, James　376
→Loeb, Solomon　376

ロブコヴィツのカラムエル
→Caramuel, Juan　101

ロブスン
→Robson, Mark　521

ロブソン
→Robson, Mark　521

ロフティング
→Lofting, Hugh John　376

ローブーフ
→Laubeuf, Maxim　355

ローブリング
→Roebling, John Augustus
524
→Roebling, Mary　524
→Roebling, Washington
Augustus　524

ロペス・アグアート
→López Aguado, Antonio　378

ロベール
→Robert, Phillipe　519

ロベール・ド・クシー
→Robert de Coucy　519

ロベール・ド・リュザルシュ
→Robert de Luzarches　519

ロボ
→Lobo, Agostinho　375

ロマーコ
→Lomako, Petr Fadeevich
377

ロマーノ
→Giulio Romano　242

ローマのクレメンス
→Clemens Ⅰ　123

ローム
→Room, Abram　526

ロムニー
→Romney, George Wilcken
525

ロメイン
→Romeijn, Vicent　525

ロメニ・ド・ブリエンヌ
→Loménie de Brienne, Etienne
Charles de　377

ロメニー・ド・ブリエンヌ
→Loménie de Brienne, Etienne
Charles de　377

ローランド
→Rowland, Tiny　531

ローリ
→Raleigh, Sir Walter　503

ローリー
→Raleigh, Sir Walter　503

ローリア
→Loria, Achille　379

ロリア
→Loria, Achille　379

ローリング
→Rowling, Wallace Edward
531

ロル
→Roll, Eric　525

ロールズ
→Rolls, Charles Stewart　525

ロールニヤ
→Lorgna, Antonio Maria　379

ローレン
→Lauren, Ralph　355

ローレンス
→Lawrence, Mary　357

ロレンセン
→Lorenzen, Peter Hiort　378

ロレンツォ・ダ・ボローニャ
→Lorenzo da Bologna　378

ロワゾー
→Loiseau, Bernard　377

ローン
　→Rhone, Trevor　513
ロン
　→Leong, Paul　365
ロンギ
　→Longhi il Giovane, Martino　378
　→Longhi il Vecchio, Martino　378
ロング
　→Long, Huey Pierce　377
　→Long, Stephen Harriman　378
　→Longe, Francis Davy　378
ロングブリッジのオースティン
　→Austin, Herbert, 1st Baron　31
ロングマン
　→Longman, Thomas　378
ロングリューヌ
　→Longuelune, Zacharias　378
ロンゲーナ
　→Longhena, Baldassare　378
ローンダー
　→Launder, Frank　355
ロンダ
　→Rhondda, Lady Margaret Haig Thomas　513
ローントリー
　→Rowntree, Benjamin Seebohm　531
ロンドレ
　→Rondelet, Jean Baptiste　526
ロンバール
　→Lombard, Lambert　377
ロンバルト
　→Lombard, Lambert　377
ロンバルド
　→Lombardo, Antonio　377
　→Lombardo, Cristoforo　377
　→Lombardo, Pietro　377
　→Lombardo, Tullio　377
ロンベルフ
　→Romberg, Hendrik Casper　525

【ワ】

ワイアット
　→Wyatt, James　679
　→Wyatt, John　679
　→Wyatt, Sir Mathew Digby　680
ワーイエン
　→Waeijen, Jacob van der　648
ワイズ
　→Wise, Robert　674
　→Wise, Roger M.　674
ワイズマン
　→Weisman, Alan　661
　→Weizmann, Chaim　662
ワイスワイラー
　→Weisweiler, Adam　661
ワイツマン
　→Weizmann, Chaim　662
ワイデンボーム
　→Weidenbaum, Murray L.　661
ワイヤット
　→Wyatt, James　679
　→Wyatt, John　679
ワイリー
　→Wiley, Harvey Washington　669
ワイル
　→Weil, Saly　661
ワイルズ
　→Wiles, Peter　669
ワイルド
　→Wilde, Henry　669
ワインスタイン
　→Weinstein, Hannah　661
ワインストック
　→Weinstock, Bob　661
ワインストック（バウデンの）
　→Weinstock, Sir Arnold　661
ワイントラーブ
　→Weintraub, Sidney　661
ワインバーガー
　→Weinberger, Casper Willard　661
ワインブレンナー
　→Weinbrenner, Friedrich　661

ワーグナー
　→Wagner, Adolf Heinrich Gotthilf　649
　→Wagner, Gottfried　649
　→Wagner, Herbert　649
　→Wagner, Otto　649
　→Wagner, Wolfgang　649
ワグナー
　→Wagner, Adolf Heinrich Gotthilf　649
　→Wagner, Gottfried　649
　→Wagner, Otto　649
　→Wagner, Paul　649
ワグネル
　→Wagener, Gottfried　648
　→Wagner, Gottfried　649
ワグノリュス
　→Vagnorius, Gediminas　630
ワーグマーケル
　→Waghemakere, Herman　648
ワーゲマン
　→Wagemann, Ernst　648
ワシュネック
　→Waschneck, Erich　656
ワーシントン
　→Worthington, Henry Rossiter　677
ワシントン
　→Washington, Denzel　656
ワース
　→Wirth, Philip Peter Jacob　674
　→Worth, Charles Frederick　677
ワスモシ
　→Wasmosy, Juan Carlos　657
ワックスマン
　→Wachsmann, Konrad　648
ワッサーマン
　→Wasserman, Lew　657
ワッソン
　→Wasson, James R.　657
ワッチャー
　→Wachter, Oralee　648
ワッツ
　→Watts, Sir Philip　657
ワット
　→Watt, James　657
ワッド
　→Wade, Abdoulaye　648

ワテル　　　　　　　　　　　　　　*862*　　　　　　　西洋人物レファレンス事典

ワデル
→Waddell, John Alexander
　Low　*648*

ワード
→Wade, Abdoulaye　*648*

ワトソン
→Watson, Elkanah　*657*
→Watson, Thomas John　*657*

ワーナー
→Warner, Albert　*656*
→Warner, Harry Morris　*656*
→Warner, Jack L.　*656*
→Warner, Samuel Louis　*656*

ワーナム
→Wornum, Robert　*677*

ワナメイカー
→Wanamaker, Sam　*654*

ワナメーカー
→Wanamaker, John　*654*
→Wanamaker, Sam　*654*

ワーフィールド
→Warfield, A.G.　*655*

ワーヘナール
→Wagenaer, Zacharias　*648*

ワーラッハ
→Wallach, Otto　*652*

ワラッハ
→Wallach, Otto　*652*

ワーリッツァー
→Wurlitzer, Rudolph　*679*

ワルガ
→Varga, Evgenii Samoilovich
　635

ワルター
→Walther, Johannes　*654*

ワルチャンド
→Walchand Hirachand　*650*

ワルデナール
→Wardenaar, Willem　*655*

ワルト
→Wald, Abraham　*650*

ワルド
→Wald, Abraham　*650*

ワルトゼーミュラー
→Waldseemüller, Martin　*650*

ワールブルク
→Warburg, Paul Moritz　*655*

ワルラ
→Walras, Marie Esprit Léon
　653

ワルラス
→Walras, Marie Esprit Léon
　653

ワルラッハ
→Wallach, Otto　*652*

ワルラハ
→Wallach, Otto　*652*

ワレンバーグ
→Wallenberg, Raoul　*652*

ワレンベリ
→Wallenberg, Raoul　*652*

ワレンベルク
→Wallenberg, Raoul　*652*

ワロンカー
→Waronker, Lenny　*656*

ワン
→Wang, An　*654*
→Wang, Charles　*655*
→Wong, Evan　*675*

ワンゲマン
→Wangeman, Frank G.　*655*

ワ

西洋人物レファレンス事典
経済・産業篇

2017 年 10 月 25 日　第 1 刷発行

発 行 者／大高利夫
編集・発行／日外アソシエーツ株式会社
　　　　　〒140-0013 東京都品川区南大井 6-16-16 鈴中ビル大森アネックス
　　　　　電話 (03)3763-5241 (代表)　FAX(03)3764-0845
　　　　　URL http://www.nichigai.co.jp/
発 売 元／株式会社紀伊國屋書店
　　　　　〒163-8636 東京都新宿区新宿 3-17-7
　　　　　電話 (03)3354-0131 (代表)
　　　　　ホールセール部 (営業) 電話 (03)6910-0519

　　　　　電算漢字処理／日外アソシエーツ株式会社
　　　　　印刷・製本／光写真印刷株式会社

不許複製・禁無断転載　　　　　　　　　《中性紙三菱クリームエレガ使用》
<落丁・乱丁本はお取り替えいたします>
ISBN978-4-8169-2687-7　　　　　**_Printed in Japan, 2017_**

本書はディジタルデータでご利用いただくことが
できます。詳細はお問い合わせください。

西洋人物レファレンス事典 政治・外交・軍事篇

A5・1,430頁（2分冊） セット定価（本体27,000円＋税） 2013.12刊

西洋の政治・外交・軍事分野の人物がどの事典にどんな見出しで掲載されているかがわかる事典索引。古代エジプトから現代まで、欧米、アフリカ、中東、インド、中央アジアなどの各国にわたる皇帝、国王、大統領、首相、外交官、議員、軍人、革命家、独立運動家、平和運動家など、149種352冊の事典から1.7万人を収録。

西洋人物レファレンス事典 女性篇

A5・530頁 定価（本体16,000円＋税） 2016.7刊

紀元前から19世紀末までに生まれた西洋の女性が、どの事典にどんな見出しで掲載されているかがわかる事典索引。古代の女王から、中世の聖女、近代の女優・作家・科学者まで、ヨーロッパ、アメリカ、中東、インドなど147種351冊の事典から7,400人を収録。

西洋人物レファレンス事典 文芸篇

A5・1,670頁（2分冊） セット定価（本体28,500円＋税） 2013.1刊

古代から現代までの西洋の文芸分野の人物がどの事典にどんな見出しで掲載されているかがわかる事典索引。古代ギリシアのホメロスから21世紀の現代作家まで、欧米、イスラム圏、インドなどの西洋各国にわたる小説家、詩人、劇作家、シナリオライター、エッセイスト、コラムニスト、児童文学者、絵本作家など、150種353冊の事典から1.8万人を収録。

西洋人物レファレンス事典 思想・哲学・歴史篇

A5・960頁 定価（本体23,800円＋税） 2012.12刊

古代から現代までの西洋の思想家、哲学者、歴史家がどの事典にどんな見出しで掲載されているかがわかる事典索引。152種356冊の事典から6,800人を収録。

国政選挙総覧 1947〜2016

B5・690頁 定価（本体19,000円＋税） 2017.7刊

戦後の国政選挙の候補者と当落結果を都道府県別に一覧できる資料集。各県の選挙結果を実施年順に並べ、候補者氏名・当落結果・党派・得票数を明記。調査しづらい補欠選挙の結果も網羅。全候補者延べ約4万人を五十音順で引ける「候補者氏名索引」付き。

データベースカンパニー
日外アソシエーツ

〒140-0013 東京都品川区南大井6-16-16
TEL.(03)3763-5241 FAX.(03)3764-0845 http://www.nichigai.co.jp/